Großkommentare der Praxis

Löwe-Rosenberg

Die Strafprozeßordnung und das Gerichtsverfassungsgesetz

Großkommentar

27., neu bearbeitete Auflage

herausgegeben von
Jörg-Peter Becker, Volker Erb, Robert Esser,
Kirsten Graalmann-Scheerer, Hans Hilger, Alexander Ignor

Vierter Band
Teilband 1
§§ 112–136a

Bearbeiter:
§§ 112–118b, 120, 123–124: Detlef Lind
§§ 119–119a, 121–122a, 125–130: Kerstin Gärtner
§§ 131–132, 133–136a: Sabine Gleß
§ 132a: Brian Valerius
Sachregister: Christian Klie

DE GRUYTER

ISBN 978-3-11-027476-9
e-ISBN (PDF) 978-3-11-027492-9
e-ISBN (EPUB) 978-3-11-038116-0

Library of Congress Control Number: 2019937005

Bibliografische Information der Deutschen Nationalbibliothek
Die Deutsche Nationalbibliothek verzeichnet diese Publikation in der Deutschen Nationalbibliografie; detaillierte bibliografische Daten sind im Internet über http://dnb.dnb.de abrufbar.

Datenkonvertierung und Satz: jürgen ullrich typosatz, 86720 Nördlingen
Druck und Bindung: Hubert & Co. GmbH & Co. KG, Göttingen

www.degruyter.com

Die Bearbeiter der 27. Auflage

Jörg-Peter Becker, Vors. Richter am Bundesgerichtshof, Karlsruhe und Obernburg a.D.
Dr. *Johannes Berg*, Richter am Bundesgerichtshof, Karlsruhe
Dr. *Camilla Bertheau*, Rechtsanwältin in Berlin
Gabriele Cirener, Richterin am Bundesgerichtshof, Karlsruhe
Dr. *Volker Erb*, Professor an der Johannes Gutenberg-Universität Mainz
Dr. *Robert Esser*, Professor an der Universität Passau
Dr. *Karsten Gaede*, Professor an der Bucerius Law School, Hamburg
Dr. *Klaus Ferdinand Gärditz*, Professor an der Rheinischen Friedrich-Wilhelms-Universität Bonn, Richter am OVG Nordrhein-Westfalen im Nebenamt, stellvertretender Richter am VerfGH Nordrhein-Westfalen
Kerstin Gärtner, Richterin am Kammergericht Berlin
Dr. *Dirk Gittermann*, Richter am Oberlandesgericht Celle Dr. *Sabine Gleß*, Professorin an der Universität Basel
Dr. Dr. h.c. *Karl Heinz Gössel*, em. Professor an der Friedrich-Alexander-Universität Erlangen-Nürnberg, Richter am Bayerischen Obersten Landesgericht a.D., München
Dr. *Kirsten Graalmann-Scheerer*, Generalstaatsanwältin in Bremen, Honorarprofessorin an der Hochschule für öffentliche Verwaltung in Bremen
Klaus-Peter Hanschke, Richter am Kammergericht Berlin
Dr. *Pierre Hauck*, Professor an der Universität Gießen
Dr. *Hans Hilger*, Ministerialdirektor im Bundesministerium der Justiz a.D., Bad Honnef
Dr. Dr. *Alexander Ignor*, Rechtsanwalt in Berlin, Apl. Professor an der Humboldt-Universität zu Berlin
Dr. *Christian Jäger*, Professor an der Friedrich-Alexander-Universität Erlangen-Nürnberg
Dr. *Matthias Jahn*, Professor an der Goethe-Universität Frankfurt am Main, Richter am Oberlandesgericht Frankfurt a.M.
Dr. *Björn Jesse*, Richter am Landgericht Berlin
Dr. *Pascal Johann*, Rechtsanwalt in Frankfurt a.M.
Dr. *Daniel M. Krause*, Rechtsanwalt in Berlin
Dr. *Matthias Krauß*, Bundesanwalt beim Bundesgerichtshof, Karlsruhe
Dr. Dr. h.c. mult. *Hans-Heiner Kühne*, em. Professor an der Universität Trier
Detlef Lind, Richter am Kammergericht Berlin
Dr. *Holger Matt*, Rechtsanwalt in Frankfurt am Main, Honorarprofessor an der Goethe-Universität Frankfurt am Main
Dr. *Markus Mavany*, Landgericht Trier
Dr. *Eva Menges*, Richterin am Bundesgerichtshof, Karlsruhe
Dr. *Andreas Mosbacher*, Richter am Bundesgerichtshof, Leipzig, Honorarprofessor an der Universität Leipzig
Dr. *Ali B. Norouzi*, Rechtsanwalt in Berlin
Dr. *Günther M. Sander*, Richter am Bundesgerichtshof, Honorarprofessor an der Humboldt-Universität zu Berlin
Dr. *Frank Peter Schuster*, Professor an der Julius-Maximilians-Universität Würzburg
Dr. *Wolfgang Siolek*, Vors. Richter am Oberlandesgericht Celle a.D.
Dr. *Carl-Friedrich Stuckenberg*, Professor an der Rheinischen Friedrich-Wilhelms-Universität Bonn
Dr. *Michael Tsambikakis*, Rechtsanwalt in Köln, Honorarprofessor an der Universität Passau
Dr. *Brian Valerius*, Professor an der Universität Bayreuth
Marc Wenske, Richter am Bundesgerichtshof, Karlsruhe
Dr. *Raik Werner*, Richter am Oberlandesgericht München

https://doi.org/10.1515/9783110274929-202

Vorwort

Der LÖWE-ROSENBERG feiert 2019 seinen 140. Geburtstag und ist damit das älteste aktuelle Erläuterungswerk zur Strafprozessordnung und der mit ihr verbundenen Gesetze. Als Großkommentar hat er die Aufgabe, den Erkenntnisstand und die rechtlichen Probleme des Strafverfahrensrechts möglichst vollständig darzustellen und Wege zur Lösung auch entlegener Fragen aufzuzeigen. In einem an Praxis und Wissenschaft gleichermaßen gerichteten Werk muss dabei der Praxisbezug theoretischer Streitfragen und die historische Entwicklung heute gültiger Normen deutlich werden. Die Entstehungsgeschichte der Strafprozessordnung und der Strafgerichtsverfassung seit dem Inkrafttreten der Reichsjustizgesetze, nebst dem Strafverfahrensrecht der DDR und dem Recht der Vereinigung Deutschlands sowie die Entstehungsgeschichte der einzelnen Vorschriften sind gerade vor dem Hintergrund einer 2017 in die Wege geleiteten, von einer Expertenkommission des Bundesministeriums der Justiz und für Verbraucherschutz vorbereiteten Reform des deutschen Strafprozessrechts sorgfältig darzustellen.

Die 140-jährige Entwicklung des Strafprozessrechts in Deutschland, die ständigen Änderungen sowie eine sich zunehmend verfeinernde und immer stärker ausdifferenzierende Entwicklung in der Strafrechtswissenschaft und Rechtsprechung stellen eine stetige Herausforderung dar. Die Aufgabe eines Großkommentars besteht darin, sowohl den Rückgriff auf die Grundprinzipien zu ermöglichen als auch die Ausdifferenzierung zu dokumentieren und soweit erforderlich, zu bewerten und zu systematisieren.

Inhaltlich wird die Konzeption des LÖWE-ROSENBERG auch in der 27. Auflage im Wesentlichen beibehalten. Der Einfluss der Menschenrechte, des Rechts der Europäischen Union und der Rechtsprechung europäischer und internationaler Gerichte sowie das Recht der Strafgerichtsverfassung und die Rechtsprechung nationaler Gerichte werden eingehend berücksichtigt.

Auf der Grundlage dieser Konzeption ist jeder Autor für den Inhalt seiner Kommentierung verantwortlich.

Die zunehmende Flut der Veröffentlichungen hat inzwischen einen Umfang erreicht, der es nicht mehr in allen Bereichen möglich macht, den Grundsatz der vollständigen Dokumentation des Materials uneingeschränkt zu erfüllen. Es bleibt daher der Verantwortung eines jeden Autors überlassen, ob und in welchem Umfang er eine Auswahl trifft.

Für die 27. Auflage sind derzeit zwölf Bände mit voraussichtlich etwa 14.000 Seiten geplant, wobei die Bände 3, 4 und 5 in jeweils zwei Teilbände aus Gründen der Aktualität des Werkes unterteilt werden. Das Werk wird wie bisher bandweise erscheinen und soll voraussichtlich im Jahre 2021 abgeschlossen werden. Sechs Herausgeber betreuen den Kommentar weiterhin, wobei jeweils zwei Herausgeber als Bandredakteure verantwortlich sind. Die Autoren sind im Autorenverzeichnis eines jeden Bandes aufgeführt.

Verlag, Herausgeber und Autoren sind stets bemüht, die hohen Erwartungen zu erfüllen, die sich mit dem LÖWE-ROSENBERG seit jeher verbinden.

Mit der Fertigstellung der 26. Auflage im Jahre 2014 ist MD a.D. Dr. Hans Hilger als langjähriger Autor ausgeschieden, aber dem LÖWE-ROSENBERG als Herausgeber erhalten geblieben. Die Kommentierung des Untersuchungshaftrechts sowie des Rechts der einstweiligen Unterbringung haben Richter am Kammergericht Detlef Lind und Richterin am Kammergericht Kerstin Gärtner übernommen. Die Kommentierung der Vorschriften über das vorläufige Berufsverbot hat Prof. Dr. Brian Valerius anstelle von Frau Prof. Dr. Sabine Gleß bearbeitet, die in der 27. Auflage die Vorschriften über die Vernehmung des Beschuldigten kommentiert. Prof. Dr. Klaus Lüderssen, der dem LÖWE-ROSENBERG viele Jahre durch die Kommentierung der Vorschriften über die Verteidigung – zuletzt ge-

https://doi.org/10.1515/9783110274929-203

meinsam mit Prof. Dr. Matthias Jahn – verbunden war und der am 4.6.2016 verstorben ist, gebührt für sein langjähriges Engagement großer Dank. Seine Kommentierung wird nunmehr von Prof. Dr. Matthias Jahn alleine fortgeführt.

Der hiermit vorgelegte Band 4/1 hat weitgehend den Bearbeitungsstand von Mitte 2018. Teilweise wurde bei der Kommentierung einzelner Vorschriften auch noch später erschienene Rechtsprechung und Schrifttum berücksichtigt.

Berlin, im Juni 2019 Die Herausgeber

Hinweise für die Benutzung des Löwe-Rosenberg

1. Inhalt der Kommentierung

Der LÖWE-ROSENBERG kommentiert die StPO, das EGStPO, das GVG und das EGGVG mit Ausnahme der nur den Zivilprozess betreffenden Teile, sowie – mit dem Schwerpunkt auf den strafverfahrensrechtlich besonders bedeutsamen Regelungen – die EMRK und den IPBPR. Wenig bekannte oder schwer auffindbare strafverfahrensrechtliche Nebengesetze, deren Wortlaut für die Kommentierung erforderlich ist, werden bei den einschlägigen Erläuterungen im Kleindruck wiedergegeben.

2. Erscheinungsweise und Stand der Bearbeitung

Die 27. Auflage des LÖWE-ROSENBERG erscheint in **Bänden**, deren Erscheinungs-Reihenfolge von der des Gesetzes abweichen kann. Die Bände werden in der vom Gesetz vorgegebenen Reihenfolge durchnumeriert.

Der **Stand der Bearbeitung** ist dem Vorwort jedes Bandes zu entnehmen. Die Autoren sind bemüht, besonders wichtige Änderungen und Entwicklungen auch noch nach diesem Stichtag bis zur Drucklegung des Bandes zu berücksichtigen.

3. Bearbeiter

Jeder Bearbeiter (in der Fußzeile angegeben) trägt für seinen Teil die alleinige inhaltliche Verantwortung. Die Stellungnahmen zu Rechtsfragen, die an mehreren Stellen des Kommentars behandelt werden, können daher voneinander abweichen. Auf solche Abweichungen wird nach Möglichkeit hingewiesen.

4. Aufbau der Kommentierung

Neben der umfassenden Einleitung zum Gesamtwerk sind den Untereinheiten der kommentierten Gesetze (Bücher, Abschnitte, Titel), soweit erforderlich, **Vorbemerkungen** vorangestellt, die das für die jeweilige Untereinheit Gemeinsame erläutern.

Der den Vorbemerkungen und den Kommentierungen der einzelnen Vorschriften erforderlichenfalls vorangestellte Abschnitt **Geltungsbereich** enthält Hinweise auf zeitliche und örtliche Besonderheiten. Der Abschnitt **Entstehungsgeschichte** gibt, abgesehen von ganz unwesentlichen Änderungen, die Entwicklung der geltenden Fassung der Vorschrift vom Erlass des jeweiligen Gesetzes an wieder. Fehlt er, so kann davon ausgegangen werden, dass die Vorschrift unverändert ist. Der Hinweis auf **geplante Änderungen** verzeichnet Änderungsvorschläge, die sich beim Abschlusszeitpunkt der Lieferung im parlamentarischen Gesetzgebungsverfahren befinden.

Die Erläuterungen sind nach systematischen Gesichtspunkten gegliedert, die durch Überschriften oder Stichworte hervorgehoben sind. In der Regel ist den Erläuterungen eine **systematische Übersicht** vorangestellt. Soweit angebracht wird sie bei besonders umfangreichen Erläuterungen durch eine **alphabetische Übersicht** ergänzt. Bei den Erläuterungen selbst werden für jede Vorschrift (zur Erleichterung des Zitierens) durchlaufende Randnummern verwendet.

https://doi.org/10.1515/9783110274929-204

5. Schrifttum

Der Kommentar enthält am Anfang jedes Bandes ein allgemeines Literaturverzeichnis, das nur die häufiger verwendete oder allgemeine Literatur enthält. Den Vorbemerkungen und den Kommentierungen der einzelnen Vorschriften sind Schrifttumsverzeichnisse vorangestellt, die einen Überblick über das wesentliche Schrifttum zu dem jeweils behandelten Thema geben.

6. Zitierweise

Literatur, die in diesen Schrifttumsverzeichnissen enthalten ist, wird im laufenden Text im allgemeinen nur mit dem Namen des Verfassers (ggfs. mit einer unterscheidenden Kurzbezeichnung) oder der sonstigen im Schrifttumsverzeichnis angegebenen Kurzbezeichnung zitiert, doch wird bei Veröffentlichungen in Zeitschriften vielfach auch die genaue Fundstelle nachgewiesen. Sonst sind selbständige Werke mit (gelegentlich verkürztem) Titel und Jahreszahl, unselbständige Veröffentlichungen (auch Beiträge in Festschriften u.ä.) mit der Fundstelle angegeben. **Auflagen** sind durch hochgestellte Zahlen gekennzeichnet; fehlt eine solche Angabe, so wird aus der Auflage zitiert, die im allgemeinen Schrifttumsverzeichnis angegeben ist. Hat ein Werk Randnummern, so wird nach diesen, sonst nach Seitenzahl oder Gliederungspunkten zitiert.

Befindet sich beim Zitat anderer **Kommentare** die in Bezug genommene Stelle im gleichen Paragraphen, so wird nur die Randnummer oder (bei deren Fehlen) der Gliederungspunkt angegeben; wird auf die Erläuterungen bei einem anderen Paragraphen Bezug genommen, so wird dieser genannt. Entsprechend wird auch im LÖWE-ROSENBERG selbst verwiesen. Bei diesem wird, wenn nichts anderes angegeben ist, auf die gegenwärtige 27. Auflage verwiesen. Ist der Band mit den Erläuterungen, auf die verwiesen werden soll, noch nicht erschienen, so ist, soweit dies sachdienlich erschien, in Klammern ergänzend die genaue Fundstelle in der 26. Auflage angegeben.

Zeitschriften werden regelmäßig mit dem Jahrgang zitiert. Ausnahmen (Bandangabe) bilden namentlich ZStW, GA (bis 1933) und VRS; hier ist regelmäßig die Jahreszahl zusätzlich angegeben. Bei der Angabe der Fundstelle eines amtlichen Verkündungsblattes wird die Jahreszahl nur angegeben, wenn sie von der Jahreszahl der Rechtsvorschrift abweicht.

Entscheidungen werden im allgemeinen nur mit einer Fundstelle angegeben. Dabei hat die amtliche Sammlung eines obersten Bundesgerichtes den Vorrang, sonst die Fundstelle, die die Entscheidung mit Anmerkung oder am ausführlichsten wiedergibt.

7. Abkürzungen

Die verwendeten Abkürzungen, namentlich von Gesetzen, Verwaltungsvorschriften, Entscheidungssammlungen, Zeitschriften usw. sind im Abkürzungsverzeichnis nachgewiesen.

Inhaltsverzeichnis

Abkürzungsverzeichnis

AA	Auswärtiges Amt
a.A.	anderer Ansicht
aaO	am angegebenen Orte
Abg.	Abgeordneter
AbgG	Gesetz über die Rechtsverhältnisse der Mitglieder des Deutschen Bundestages (Abgeordnetengesetz – AbgG) vom 18.2.1977 i.d.F. der Bek. vom 21.2.1996 (BGBl. I S. 326)
abl.	ablehnend
ABl.	Amtsblatt
ABlEG	Amtsblatt der Europäischen Gemeinschaften; Ausgabe C: Mitteilungen und Bekanntmachungen; Ausgabe L: Rechtsvorschriften (zit.: ABlEG Nr. L ... /(Seite) vom ...)
ABlEU	Amtsblatt der Europäischen Union (ab 2003); Ausgabe C: Mitteilungen und Bekanntmachungen; Ausgabe L: Rechtsvorschriften (zit.: ABlEU Nr. L .../(Seite) vom ...)
ABMG	Autobahnmautgesetz für schwere Nutzfahrzeuge vom 5.4.2002 (BGBl. I S. 1234)
Abs.	Absatz
Abschn.	Abschnitt
abw.	abweichend
AChRMV	Afrikanische Charta der Rechte der Menschen und Völker vom 26.6.1981, deutsche Übersetzung EuGRZ 1990, 348
AcP	Archiv für die civilistische Praxis
AdoptG	Adoptionsgesetz vom 2.7.1976 (BGBl. I S. 1749)
AdVermiG	Adoptionsvermittlungsgesetz vom 27.11.1989 (BGBl. I S. 2014) i.d.F. der Bek. vom 22.12.2001 (BGBl. 2002 I S. 354)
a.E.	am Ende
AEPC	Association of European Police Colleges
ÄndG	Änderungsgesetz
ÄndVO	Änderungsverordnung
a.F.	alte Fassung
AfkKR	Archiv für katholisches Kirchenrecht
AfP	Archiv für Presserecht, Zeitschrift für Medien- und Kommunikationsrecht
AG	Amtsgericht; in Verbindung mit einem Gesetz: Ausführungsgesetz
AGIS	Beschluss des Rates der Europäischen Union vom 22.7.2002 über ein Rahmenprogramm für die polizeiliche und justitielle Zusammenarbeit in Strafsachen – AGIS (ABlEG Nr. C 203 vom 1.8.2002, S. 5)
AGGewVerbrG	Ausführungsgesetz zum Gesetz gegen gefährliche Gewohnheitsverbrecher und über Maßregeln der Sicherung und Besserung vom 24.11.1933 (RGBl. I S. 1000)
AGGVG	Gesetz zur Ausführung des Gerichtsverfassungsgesetzes (Landesrecht)
AGS	Zeitschrift für das gesamte Gebührenrecht und Anwaltsmanagement
AGStPO	Ausführungsgesetz zur Strafprozessordnung (Landesrecht)
AHK	Alliierte Hohe Kommission
AIDP	Association Internationale de Droit Pénal
AJIL	American Journal of International Law
AktG	Gesetz über Aktiengesellschaften und Kommanditgesellschaften auf Aktien (Aktiengesetz) vom 6.9.1965 (BGBl. I S. 1089)
AktO	Anweisung für die Verwaltung des Schriftguts bei den Geschäftsstellen der Gerichte und der Staatsanwaltschaften (Aktenordnung)
allg. M.	allgemeine Meinung
Alsb.E	Die strafprozessualen Entscheidungen der Oberlandesgerichte, herausgegeben von Alsberg und Friedrich (1927), 3 Bände
Alt.	Alternative
a.M.	anderer Meinung
AMRK	Amerikanische Menschenrechtskonvention vom 22.11.1969 (Pact of San José), deutsche Übersetzung EuGRZ 1980, 435
amtl.	amtlich

https://doi.org/10.1515/9783110274929-206

amtl. Begr.	amtliche Begründung
Anh.	Anhang
AnhRügG	Gesetz über die Rechtsbehelfe bei Verletzung des Anspruchs auf rechtliches Gehör (Anhörungsrügengesetz) vom 9.12.2004 (BGBl. I S. 3220)
Anl.	Anlage
Anm.	Anmerkung
AnwBl.	Anwaltsblatt
AöR	Archiv des öffentlichen Rechts
AO	Abgabenordnung vom 16.3.1976 (BGBl. I S. 613) i.d.F. der Bek. vom 1.10.2002 (BGBl. I S. 3866)
AOStrÄndG	Gesetz zur Änderung strafrechtlicher Vorschriften der Reichsabgabenordnung und anderer Gesetze vom 10.8.1967 (BGBl. I S. 877)
apf	Ausbildung Prüfung Praxis – Zeitschrift für die staatliche und kommunale Verwaltung
APR	Allgemeines Persönlichkeitsrecht
APuZ	Aus Politik und Zeitgeschichte (Zeitschrift)
ArbGG	Arbeitsgerichtsgesetz vom 3.9.1953 i.d.F. der Bek. vom 2.7.1979 (BGBl. I S. 853)
ArchKrim.	Archiv für Kriminologie
ArchPF	Archiv für das Post- und Fernmeldewesen
ArchVR	Archiv des Völkerrechts
arg.	argumentum
Art.	Artikel
ASIL	The American Society of International Law
AsylVfG	Gesetz über das Asylverfahren i.d.F. der Bek. vom 2.9.2008 (BGBl. I S. 1798), zuletzt geändert durch Art. 1 des Gesetzes vom 4.12.2018 (BGBl. I S. 2250)
ATDG	Gesetz zur Errichtung einer standardisierten zentralen Antiterrordatei von Polizeibehörden und Nachrichtendiensten von Bund und Ländern (Antiterrordateigesetz – ATDG) v vom . 22.12.2006
AtomG	Gesetz über die friedliche Verwendung der Kernenergie und den Schutz gegen ihre Gefahren (Atomgesetz) vom 31.10.1976 (BGBl. I S. 3053) i.d.F. der Bek. vom 15.7.1985 (BGBl. I S. 1565)
AufenthG	Gesetz über den Aufenthalt, die Erwerbstätigkeit und die Integration von Ausländern im Bundesgebiet (Aufenthaltsgesetz – AufenthG), neugefasst durch Bek. vom 25.2.2008 (BGBl. I S. 162); zuletzt geändert durch Art. 1 des Gesetzes vom 12.7.2018 (BGBl. I S. 1147)
aufg.	aufgehoben
Aufl.	Auflage
AUILR	American University International Law Review
AUR	Agrar- und Umweltrecht
AuR	Arbeit und Recht (Zeitschrift)
ausf.	ausführlich
AuslG	Gesetz über die Einreise und den Aufenthalt von Ausländern im Bundesgebiet (Ausländergesetz) vom 9.7.1990 (BGBl. I S. 1354), außer Kraft getreten am 31.12.2004
AusnVO	Ausnahme-(Not-)Verordnung (1) VO zur Sicherung von Wirtschaft und Finanzen vom 1.12.1930 (RGBl. I S. 517) (2) VO zur Sicherung von Wirtschaft und Finanzen vom 6.10.1931 (RGBl. I S. 537, 563) (3) VO zur Sicherung von Wirtschaft und Finanzen und zum Schutz des inneren Friedens vom 8.12.1931 (RGBl. I S. 743) (4) VO über Maßnahmen auf dem Gebiet der Rechtspflege und Verwaltung vom 14.6.1932 (RGBl. I S. 285)
AV	Allgemeine Verfügung
AVG	Allgemeines Verwaltungsverfahrensgesetz (Österreich)
AVR	Archiv des Völkerrechts
AWG	Außenwirtschaftsgesetz vom 28.4.1961 (BGBl. I S. 481)

Az	Aktenzeichen
AZR-Gesetz	Gesetz über das Ausländerzentralregister (AZR-Gesetz) vom 2.9.1994 (BGBl. I S. 2265) i.d.F. der Bek. vom 23.12.2003 (BGBl. I S. 2848)
BAFin	Bundesanstalt für Finanzdienstleistungsaufsicht
BAG	Bundesarbeitsgericht
BAGE	Sammlung der Entscheidungen des Bundesarbeitsgerichts
BÄO	Bundesärzteordnung, neugefasst durch Bek. vom 16.4.1987 (BGBl. I S. 1218); zuletzt geändert durch Art. 5 des Gesetzes vom 23.12.2016 (BGBl. I S. 3191)
BAK	Blutalkoholkonzentration
BAnz.	Bundesanzeiger
BaWü.	Baden-Württemberg
Bay.	Bayern, bayerisch
BayAGGVG	Bayerisches Gesetz zur Ausführung des Gerichtsverfassungsgesetzes und von Verfahrensgesetzen des Bundes vom 23.6.1981 (BayGVBl. S. 188)
BayBS	Bereinigte Sammlung des Bayerischen Landesrechts (1802 bis 1956)
BayObLG	Bayerisches Oberstes Landesgericht
BayObLGSt	Sammlung von Entscheidungen des Bayerischen Obersten Landesgerichts in Strafsachen
BayPAG	Gesetz über die Aufgaben und Befugnisse der Bayerischen Staatlichen Polizei (Polizeiaufgabengesetz – PAG) i.d.F. d. Bek. vom 14.9.1990 (GVBl. S. 397), zuletzt geändert durch § 1 des Gesetzes vom 18.5.2018 (GVBl. S. 301, 434)
BayRS	Bayerische Rechtssammlung (ab 1.1.1983)
BayStVollzG	Bayerisches Strafvollzugsgesetz
BayVerf.	Verfassung des Freistaates Bayern vom 2.12.1946 (BayBS. I 3)
BayVerfGH	Bayerischer Verfassungsgerichtshof
BayVerfGHE	s. BayVGHE
BayVerwBl.	Bayerische Verwaltungsblätter
BayVGH	Bayerischer Verwaltungsgerichtshof
BayVGHE	Sammlung von Entscheidungen des Bayerischen Verwaltungsgerichtshofs mit Entscheidungen des Bayerischen Verfassungsgerichtshofes, des Bayerischen Dienststrafhofs und des Bayerischen Gerichtshofs für Kompetenzkonflikte
BayZ	Zeitschrift für Rechtspflege in Bayern (1905–34)
BB	Betriebs-Berater (Zeitschrift)
BBG	Bundesbeamtengesetz vom 14.7.1953 (BGBl. I S. 551) i.d.F. der Bek. vom 31.3.1999 (BGBl. I S. 675)
Bbg.	Brandenburg
BbgVerfG	Brandenburgisches Verfassungsgericht
BC	Business Compliance (Zeitschrift)
Bd.	Band
BDG	Bundesdisziplinargesetz vom 9.7.2001 (BGBl. I S. 1510)
BDH	Bundesdisziplinarhof (jetzt Bundesverwaltungsgericht)
BDSG	Bundesdatenschutzgesetz i.d.F. der Bek. vom 14.1.2003 (BGBl. I S. 66)
beA	besonderes elektronisches Anwaltspostfach
BeamtStG	Gesetz zur Regelung des Statusrechts der Beamtinnen und Beamten in den Ländern (Beamtenstatusgesetz – BeamtStG) vom 17.6.2008 (BGBl. I S. 1010)
Begr.	Begründung
BegrenzungsVO	Verordnung über die Begrenzung der Geschäfte des Rechtspflegers bei der Vollstreckung in Straf- und Bußgeldsachen vom 26.6.1970 (BGBl. I S. 992) i.d.F. der Bek. vom 16.2.1982 (BGBl. I S. 188)
BEG-SchlußG	Zweites Gesetz zur Änderung des Bundesentschädigungsgesetzes vom 14.9.1965 (BGBl. I S. 1315)
Bek.	Bekanntmachung
Bek. 1924	Strafprozeßordnung i.d.F. der Bek. vom 22.3.1924 (RGBl. I S. 299, 322)
Bek. 1950	Strafprozeßordnung i.d.F. der Bek. vom 12.9.1950 (BGBl. I S. 629)

Bek. 1965	Strafprozeßordnung i.d.F. der Bek. vom 17.9.1965 (BGBl. I S. 1373)
Bek. 1975	Strafprozeßordnung i.d.F. der Bek. vom 7.1.1975 (BGBl. I S. 129)
Bek. 1987	Strafprozeßordnung i.d.F. der Bek. vom 7.4.1987 (BGBl. I S. 1074)
ber.	berichtigt
BerathG	Gesetz über Rechtsberatung und Vertretung für Bürger mit geringem Einkommen (Beratungshilfegesetz) vom 18.6.1980 (BGBl. I S. 689)
BerlVerfGH	Berliner Verfassungsgerichtshof
BerRehaG	Gesetz über den Ausgleich beruflicher Benachteiligungen für Opfer politischer Verfolgung im Beitrittsgebiet (Berufliches Rehabilitierungsgesetz – BerRehaG) vom 23.6.1994 (BGBl. I S. 1314)
Beschl.	Beschluss
Bespr.	Besprechung
BeurkG	Beurkundungsgesetz vom 28.8.1969 (BGBl. I S. 1513)
BewHi.	Bewährungshilfe (Zeitschrift)
BezG	Bezirksgericht
Bf.	Beschwerdeführer
BFH	Bundesfinanzhof
BFHE	Sammlung der Entscheidungen des Bundesfinanzhofs (BFH)
BfJG	Gesetz über die Errichtung des Bundesamtes für Justiz = Art. 1 des Gesetzes zur Errichtung und zur Regelung der Aufgaben des Bundesamtes für Justiz vom 17.12.2006 (BGBl. I S. 3171)
BGB	Bürgerliches Gesetzbuch vom 18.8.1896 (RGBl. S. 195) i.d.F. der Bek. vom 2.1.2002 (BGBl. I S. 42, ber. S. 2909 und BGBl. 2003 I S. 738).
BGBl. I, II, III	Bundesgesetzblatt Teil I, II und III
BGer	Schweizerisches Bundesgericht
BGH	Bundesgerichtshof
BGH-DAT	Datenbank der Rechtsprechung des Bundesgerichtshofs auf CD-ROM, herausgegeben von Werner Theune
BGH (ER)	Ermittlungsrichter beim Bundesgerichtshof
BGHE Strafs.	Rechtsprechung des Bundesgerichtshofes in Strafsachen auf CD-ROM, herausgegeben von Mitgliedern des Gerichts
BGHGrS	Bundesgerichtshof, Großer Senat (hier in Strafsachen)
BGHR	BGH-Rechtsprechung in Strafsachen (Loseblattsammlung)
BGHRZ	BGH-Rechtsprechung in Zivilsachen (Loseblattsammlung)
BGHSt	Entscheidungen des Bundesgerichtshofs in Strafsachen
BGHZ	Entscheidungen des Bundesgerichtshofs in Zivilsachen
BGSG	Gesetz über den Bundesgrenzschutz (Bundesgrenzschutzgesetz – BGSG) vom 19.10.1994 (BGBl. I S. 2978)
BGSNeuRegG	Gesetz zur Neuregelung der Vorschriften über den Bundesgrenzschutz (Bundesgrenzschutzneuregelungsgesetz – BGSNeuRegG) vom 19.10.1994 (BGBl. I S. 2978)
BHRJ	Business and Human Rights Journal
BinnSchiffG	Gesetz betr. die privatrechtlichen Verhältnisse der Binnenschiffahrt (Binnenschiffahrtsgesetz) vom 15.6.1895 i.d.F. der Bek. vom 15.6.1898 (RGBl. S. 868)
BinSchiffVfG	Gesetz über das gerichtliche Verfahren in Binnenschiffahrts- und Rheinschiffahrtssachen vom 27.9.1952 (BGBl. I S. 641)
BJM	Basler Juristische Mitteilungen
BJOG	An International Journal of Obstetrics and Gynaecology
BKA	Bundeskriminalamt
BKAG	Gesetz über das Bundeskriminalamt und die Zusammenarbeit des Bundes und der Länder in kriminalpolizeilichen Angelegenheiten (Bundeskriminalamtgesetz – BKAG) vom 7.7.1997 (BGBl. I S. 1650)
Bln.	Berlin
Bln.GVBl.Sb.	Sammlung des bereinigten Berliner Landesrechts, Sonderband I (1806 bis 1945) und II (1945 bis 1967)

Blutalkohol	Blutalkohol, Wissenschaftliche Zeitschrift für die medizinische und juristische Praxis
BMI	Bundesminister(-ium) des Innern
BMinG	Gesetz über die Rechtsverhältnisse der Mitglieder der Bundesregierung (Bundesministergesetz) vom 17.6.1953 (BGBl. I S. 407) i.d.F. der Bek. vom 27.7.1971 (BGBl. I S. 1166)
BMJ	Bundesminister(-ium) der Justiz
BNDG	Gesetz über den Bundesnachrichtendienst vom 20.12.1990 (BGBl. I S. 2979) i.d.F. der Bek. vom 9.1.2002 (BGBl. I S. 361 f.)
Bonn.Komm.	Kommentar zum Bonner Grundgesetz (Loseblattausgabe)
BORA	Berufsordnung für Rechtsanwälte i.d.F. der Bek. vom 1.11.2001
BPolBG	Bundespolizeibeamtengesetz i.d.F. der Bek. vom 3.6.1976 (BGBl. I S. 1357)
BR	s. BRat
BRAGO	Bundesgebührenordnung für Rechtsanwälte vom 26.7.1957 (BGBl. I S. 907); ersetzt durch das Rechtsanwaltsvergütungsgesetz (RVG)
BRAK	Bundesrechtsanwaltskammer
BRAK-Mitt.	Mitteilungen der Bundesrechtsanwaltskammer
BranntWMonG	Branntweinmonopolgesetz vom 8.4.1922 (RGBl. I S. 405; BGBl. III 612-7)
BRAO	Bundesrechtsanwaltsordnung vom 1.8.1959 (BGBl. I S. 565); zuletzt geändert durch Art. 3 des Gesetzes vom 30.10.2017 (BGBl. I S. 3618)
BRat	Bundesrat
BRDrucks.	Drucksachen des Bundesrats
BReg.	Bundesregierung
Brem.	Bremen
BRJ	Bonner Rechtsjournal
BRProt.	Protokolle des Bundesrates
BS	Sammlung des bereinigten Landesrechts
BSG	Bundessozialgericht
Bsp.	Beispiel
BT	Bundestag
BTDrucks.	Drucksachen des Bundestags
BtG	Gesetz zur Reform des Rechts der Vormundschaft und Pflegschaft für Volljährige (Betreuungsgesetz – BtG) vom 12.9.1990 (BGBl. I S. 2002)
BtMG	Gesetz über den Verkehr mit Betäubungsmitteln (Betäubungsmittelgesetz) vom 28.7.1981 (BGBl. I S. 681) i.d.F. der Bek. vom 1.3.1994 (BGBl. I S. 358)
BTProt.	s. BTVerh.
BTRAussch.	Rechtsausschuss des Deutschen Bundestags
BTVerh.	Verhandlungen des Deutschen Bundestags
BVerfG	Bundesverfassungsgericht
BVerfGE	Entscheidungen des Bundesverfassungsgerichts
BVerfGG	Gesetz über das Bundesverfassungsgericht vom 12.3.1951 i.d.F. der Bek. vom 11.8.1993 (BGBl. I S. 1473)
BVerfGK	Kammerentscheidungen des Bundesverfassungsgerichts
BVerfSchG	Gesetz über die Zusammenarbeit des Bundes und der Länder in Angelegenheiten des Verfassungsschutzes und über das Bundesamt für Verfassungsschutz (Bundesverfassungsschutzgesetz) vom 20.12.1990 (BGBl. I S. 2954)
BVerwG	Bundesverwaltungsgericht
BVerwGE	Entscheidungen des Bundesverwaltungsgerichts
BV-G	Bundesverfassungsgesetz (österreichische Verfassung)
BW	Baden-Württemberg
BWahlG	Bundeswahlgesetz neugefasst durch Bek. vom 23.7.1993 BGBl. I S. 1288, 1594
bzgl.	bezüglich
BZRG	Gesetz über das Zentralregister und das Erziehungsregister (Bundeszentralregistergesetz), neugefasst durch Bek. vom 21.9.1984 (BGBl. I S. 1229, 1985 I S. 195); zuletzt geändert durch Art. 1 des Gesetzes vom 18.7.2017 (BGBl. I S. 2732)

2. BZRÄndG	Zweites Gesetz zur Änderung des Bundeszentralregistergesetzes (2. BZRÄndG) vom 17.7.1984 (BGBl. I S. 990)
bzw.	beziehungsweise
CAT	siehe UN-CAT
Causa Sport	Die Sport-Zeitschrift für nationales und internationales Recht sowie für Wirtschaft
CCBE	Council of the Bars and Law Societies of the European Union
CCC	Constitutio Criminalis Carolina
CCJE	Consultative Council of European Judges
CCPR	siehe HRC
CCZ	Corporate Compliance Zeitschrift
CD	Collection of Decisions Bd. 1 bis 46 (1960 bis 1974), Entscheidungen der Europäischen Kommission für Menschenrechte über die Zulässigkeit von Beschwerden
CDDH	Steering Committee for Human Rights (Europarat)
CDE	Cahiers de droit européen (Zeitschrift)
CDPC	European Committee on Crime Problems
CEAS	Common European Asylum System
CELJ	China-EU Law Journal
CEPEJ	European Commission on the Efficiency of Justice
CEPOL	European Police College (Budapest)
CERD	Internationales Übereinkommen zur Beseitigung von jeder Form von Rassendiskriminierung (CERD) vom 7.3.1966
CERT	Computer Emergency Response Team
CETS	(vgl. CTS)
ChE	Chiemsee-Entwurf (Verfassungsausschuß der Ministerpräsidentenkonferenz der Westlichen Besatzungszonen. Bericht über den Verfassungskonvent auf Herrenchiemsee vom 10. bis 23.8.1948) (1948)
ChemG	Chemikaliengesetz i.d.F. der Bek. vom 20.6.2002 (BGBl. I S. 2090)
CJ	Corpus Juris
CJEL	Columbia Journal of European Law
CMLRev	Common Market Law Review
COSI	Ständiger Ausschuss für die operative Zusammenarbeit im Bereich der inneren Sicherheit (EU)
CPP	Code de procédure pénale
CPS	Crown Prosecution Service
CPT	Committee for the Prevention of Torture – Europäischer Ausschuss zur Verhütung von Folter und unmenschlicher oder erniedrigender Behandlung oder Strafe (Europarat)
CR	Computer und Recht (Zeitschrift)
CRC	Übereinkommen über die Rechte des Kindes vom 20.11.1989 (BGBl. 1992 II S. 122)
Crim.L.R.	Criminal Law Review
CrimeLawSocChange	Crime, Law and Social Change (Zeitschrift)
CSW	Cross-Border Surveillance Working Group
CWÜAG	Ausführungsgesetz zum Chemiewaffenübereinkommen vom 2.8.1994 (BGBl. I S. 1954)
DA	Dienstanweisung
DAG	Deutsches Auslieferungsgesetz vom 23.12.1929 (BGBl. I S. 239), aufgehoben durch IRG vom 23.12.1982 (BGBl. I S. 2071)
DAJV-Newsletter	Zeitschrift der Deutsch-Amerikanischen Juristen-Vereinigung e.V.
DAR	Deutsches Autorecht (Zeitschrift)
DAV	DeutscherAnwaltVerein
DB	Der Betrieb (Zeitschrift)
DDevR	Deutsche Devisen-Rundschau (1951–59)
DDR	Deutsche Demokratische Republik
ders.	derselbe

DERechtsmittelG	Diskussionsentwurf für ein Gesetz über die Rechtsmittel in Strafsachen, im Auftrag der JMK vorgelegt von der Bund-Länder-Arbeitsgruppe Strafverfahrensreform (1975)
DG	Disziplinargesetz (der Länder)
Die Justiz	Die Justiz, Amtsblatt des Justizministeriums Baden-Württemberg
Die Polizei	Die Polizei (seit 1955: Die Polizei – Polizeipraxis)
dies.	dieselbe
Diss.	Dissertation
DiszO	Disziplinarordnung (der Länder)
DJ	Deutsche Justiz, Rechtspflege und Rechtspolitik (1933–45)
DJT	Deutscher Juristentag (s. auch VerhDJT)
DJZ	Deutsche Juristenzeitung (1896–1936)
DNA-AnalyseG	Gesetz zur Novellierung der forensischen DNA-Analyse vom 12.8.2005 (BGBl. I S. 2360)
DNA-IFG	DNA-Identitätsfeststellungsgesetz vom 7.9.1998 (BGBl. I S. 2646; 1999 I S. 1242)
DNP	Die Neue Polizei
DNutzG	Gesetz zur effektiveren Nutzung von Dateien im Bereich der Staatsanwaltschaften vom 10.9.2004 (BGBl. I S. 2318)
DÖD	Der Öffentliche Dienst
DÖV	Die Öffentliche Verwaltung
DOGE	Entscheidungen des Deutschen Obergerichts für das Vereinigte Wirtschaftsgebiet
DPA	Deutsches Patentamt
DR	Deutsches Recht (1931 bis 1945) Decisions and Reports (ab 1975): Entscheidungen über die Zulässigkeit von Beschwerden; Berichte der Europäischen Kommission für Menschenrechte; Resolutionen des Ministerkomitees des Europarates
DRechtsw.	Deutsche Rechtswissenschaft (1936–43)
DRiG	Deutsches Richtergesetz, neugefasst durch Bek. vom 19.4.1972 (BGBl. I S. 713); zuletzt geändert durch Art. 9 des Gesetzes vom 8.6.2017 (BGBl. I S. 1570)
DRiZ	Deutsche Richterzeitung
DRpfl.	Deutsche Rechtspflege (1936–1939)
DRsp.	Deutsche Rechtsprechung, herausgegeben von Feuerhake (Loseblattsammlung)
Drucks.	Drucksache
DRZ	Deutsche Rechts-Zeitschrift (1946 bis 1950)
DSB	Datenschutz-Berater
DSteuerR	Deutsches Steuerrecht (Zeitschrift)
DStR	Deutsches Strafrecht (1934 bis 1944)
DStRE	Deutsches Steuerrecht Entscheidungsdienst (Zeitschrift)
DStrZ	Deutsche Strafrechts-Zeitung (1914 bis 1922)
DStZ	Deutsche Steuer-Zeitung
dt.	deutsch
DtBR	Das Deutsche Bundesrecht, Gesetzessammlung mit Erläuterungen (Loseblattausgabe)
DtZ	Deutsch-Deutsche Rechts-Zeitschrift
DuD	Datenschutz und Datensicherheit (Zeitschrift)
DuR	Demokratie und Recht (Zeitschrift)
DVBl.	Deutsches Verwaltungsblatt (Zeitschrift)
DVO	Durchführungsverordnung
DVollzO	Dienst- und Vollzugsordnung
DVOVereinf.VO	Verordnung zur Durchführung der Verordnung über Maßnahmen auf dem Gebiete der Gerichtsverfassung und der Rechtspflege vom 8.9.1939 (RGBl. I S. 1703)
DVOZust.VO	Verordnung zur Durchführung der Verordnung über die Zuständigkeit der Strafgerichte, die Sonderstrafgerichte sowie sonstige strafverfahrensrechtliche Vorschriften vom 13.3.1940 (RGBl. I S. 489)
DVP	Deutsche Verwaltungspraxis – Fachzeitschrift für die öffentliche Verwaltung
DVR	Datenverarbeitung im Recht (Zeitschrift)
DWiR	Deutsche Zeitschrift für Wirtschaftsrecht

E	Entwurf
E. & P.	International Journal of Evidence & Proof
ebda.	Ebenda
EA	Vertrag über Gründung der Europäischen Atomgemeinschaft i.d.F. nach dem 1.5.1999
EAG	Europäische Atomgemeinschaft
EAGV	Vertrag zur Gründung der Europäischen Atomgemeinschaft vom 25.3.1957, Ges. vom 27.7.1957 (BGBl. II S. 753), Bek. vom 27.12. 1957 (BGBl. 1958 II S. 1)
EAJLG	European-Asian Journal of Law and Governance
EAkte	Elektronische Akte
EAkteJEG	Gesetz zur Einführung der elektronischen Akte in der Justiz und zur weiteren Förderung des elektronischen Rechtsverkehrs vom 5.7.2017 (BGBl. I S. 2208)
EAW	European Arrest Warrant, siehe EuHb
EB	Ergänzungsband
EBA	Europäische Beweisanordnung
EBAO	Einforderungs- und Beitreibungsanordnung i.d.F. der Bek. vom 1.4.2001
ECBA	European Criminal Bar Association
ECG	European Cooperation Group on Undercover Activities (ECG)
ECJ	siehe EuGH (European Court of Justice)
ECLAN	European Criminal Law Academic Network
ECOSOC	Wirtschafts- und Sozialrat (UN)
ECPI	European Criminal Policy Initiative
ECPT	Europäisches Übereinkommen zur Verhütung von Folter und unmenschlicher oder erniedrigender Behandlung oder Strafe vom 26.11.1987 (ETS 126; BGBl. 1989 II S. 946)
ECRI	European Commission against Racism and Intolerance/Europäische Kommission gegen Rassismus und Intoleranz
ECRIS	European Criminal Records Information System
EDS/EDU	Europäische Drogeneinheit (Vorläufer von Europol)/European Drug Unit
EDV	Elektronische Datenverarbeitung
EEA	Europäische Ermittlungsanordnung/European Investigation Order (EIO)
EFG	Entscheidungen der Finanzgerichte (Zeitschrift)
EG	Vertrag zur Gründung einer Europäischen Gemeinschaft i.d.F. nach dem 1.5.1999 (vor dem 1.5.1999: EGV); Europäische Gemeinschaft
EGBGB	Einführungsgesetz zum Bürgerlichen Gesetzbuch vom 18.8.1896 (RGBl. S. 604) i.d.F. der Bek. vom 21.9.1994 (BGBl. I S. 2494)
EGFaxÜbk	Abkommen vom 26.5.1989 zwischen den Mitgliedstaaten der Europäischen Gemeinschaften über die Vereinfachung und Modernisierung der Verfahren zur Übermittlung von Auslieferungsersuchen (BGBl. 1995 II S. 969)
EGFinSchÜbk	Übereinkommen vom 26.7.1995 über den Schutz der finanziellen Interessen der Europäischen Gemeinschaften (PIF-Übereinkommen; ABlEG Nr. C 316 vom 27.11.1995, S. 49
EGFinSchG	Gesetz zu dem Übereinkommen vom 26. Juli 1995 über den Schutz der finanziellen Interessen der Europäischen Gemeinschaften (EG-Finanzschutzgesetz – EGFinSchG) vom 10.9.1998 (BGBl. II S. 2322)
EGG	Gesetz über rechtliche Rahmenbedingungen für den elektronischen Geschäftsverkehr (Elektronischer Geschäftsverkehr-Gesetz – EGG) vom 14.12.2001 (BGBl. I S. 3721)
EGGVG	Einführungsgesetz zum Gerichtsverfassungsgesetz vom 27.1.1877 (RGBl. S. 77)
EGH	Ehrengerichtshof in Anwaltssachen
EGInsO	Einführungsgesetz zur Insolvenzordnung vom 5.10.1994 (BGBl. I S. 2911)
EGKS	Europäische Gemeinschaft für Kohle und Stahl
EGKSV	Vertrag über die Gründung der EGKS vom 18.4.1951 (BGBl. II S. 447)
EGMR	Europäischer Gerichtshof für Menschenrechte
EGMR (GK)	Europäischer Gerichtshof für Menschenrechte (Große Kammer)

EGMR (K)	Europäischer Gerichtshof für Menschenrechte (Kammer)
EGMR Serie A/B; Reports	Entscheidungen des Europäischen Gerichtshofs für Menschenrechte, Sammlung in deutscher Übersetzung, Band, Seite; ab 1996: Reports of Judgments and Decisions)
EGMRVerfO	Verfahrensordnung des Europäischen Gerichtshofs für Menschenrechte (Rules of Court) i.d.F. der Bek. vom 14.11.2016 (www.echr.coe.int)
EG-ne bis in idem-Übk	Übereinkommen vom 25.5.1987 zwischen den Mitgliedstaaten der Europäischen Gemeinschaften über das Verbot der doppelten Strafverfolgung – EG-ne bis in idem-Übk (BGBl. 1998 II S. 2227)
EGOWiG	Einführungsgesetz zum Gesetz über Ordnungswidrigkeiten vom 24.5.1968 (BGBl. I S. 503)
EGStGB 1870	Einführungsgesetz zum Strafgesetzbuch vom 31.5.1870 (RGBl. S.195)
EGStGB 1974	Einführungsgesetz zum Strafgesetzbuch vom 2.3.1974 (BGBl. I S.469)
EGStPO	Einführungsgesetz zur Strafprozeßordnung vom 1.2.1877
EGV	Vertrag zur Gründung einer Europäischen Gemeinschaft i.d.F. vor dem 1.5.1999 (nach dem 1.5.1999: EG)
EGVollstrÜbk	Übereinkommen vom 13.11.1991 zwischen den Mitgliedstaaten der Europäischen Gemeinschaft über die Vollstreckung ausländischer strafrechtlicher Verurteilungen
EGZPO	Einführungsgesetz zur Zivilprozeßordnung vom 30.1.1877 (RGBl. S. 244)
EhrenGHE	Ehrengerichtliche Entscheidungen (der Ehrengerichtshöfe der Rechtsanwaltschaft des Bundesgebietes und des Landes Berlin)
EHRLR	European Human Rights Law Review
EhrRiVG	Gesetz zur Vereinfachung und Vereinheitlichung der Verfahrensvorschriften zur Wahl und Berufung ehrenamtlicher Richter vom 21.12.2004 (BGBl. I S. 3599)
Einf.	Einführung
EinigungsV	Vertrag zwischen der Bundesrepublik Deutschland und der Deutschen Demokratischen Republik über die Herstellung der Einheit Deutschlands vom 31.8.1990 (BGBl. II S. 889)
EinigungsVG	Gesetz zu dem Vertrag vom 31.8.1990 zwischen der Bundesrepublik Deutschland und der Deutschen Demokratischen Republik über die Herstellung der Einheit Deutschlands – Einigungsvertragsgesetz – und der Vereinbarung vom 18.9.1990 vom 23.9.1990 (BGBl. II S. 885)
Einl.	Einleitung
EIO	siehe EEA
EIS	Europol-Informationssystem
EJB	Beschluss des Rates (2002/187/JI) vom 28.2.2002 über die Errichtung von Eurojust zur Verstärkung der Bekämpfung der schweren Kriminalität (ABlEG Nr. L 63 vom 6.3.2002, S. 1), geändert durch Beschluss 2003/659/JI des Rates vom 18.6.2003 (ABlEU Nr. L 245 vom 23.9.2003, S. 44) und den Beschluss 2009/426/JI des Rates vom 16.12.2008 zur Stärkung von Eurojust (ABlEU Nr. L 138 vom 4.6.2009, S. 14
EJF	Entscheidungen aus dem Jugend- und Familienrecht (1951–1969)
EJG	Gesetz zur Umsetzung des Beschlusses (2002/187/JI) des Rates vom 28. Februar 2002 über die Errichtung von Eurojust zur Verstärkung der Bekämpfung der schweren Kriminalität (Eurojust-Gesetz – EJG) vom 12.5.2004 (BGBl. I S. 902)
EJKoV	Verordnung über die Koordinierung der Zusammenarbeit mit Eurojust (Eurojust-Koordinierungs-Verordnung –) vom 26.9.2012 (BGBl. I S. 2093)
EJN	Europäisches Justitielles Netz/European Judicial Network
EJTAnV	Verordnung über die Benennung und Einrichtung der nationalen Eurojust-Anlaufstelle für Terrorismusfragen (Eurojust-Anlaufstellen-Verordnung –) vom 17.12.2004 (BGBl. I S. 3520)
EJTN	European Judicial Training Network
EKMR	Europäische Kommission für Menschenrechte
EKMRVerfO	Verfahrensordnung der Europäischen Kommission für Menschenrechte i.d.F. der Bek. vom 29.5.1991 (BGBl. II S. 838)
EL	Ergänzungslieferung

eIDAS	elektronische Identifizierung und Vertrauensdienste für elektronische Transaktionen im Binnenmarkt
eIDASDG	Gesetz zur Durchführung der Verordnung (EU) Nr. 910/2014 des Europäischen Parlaments und des Rates vom 23. Juli 2014 über und zur Aufhebung der Richtlinie 1999/93/EG (eIDAS-Durchführungsgesetz) vom 18.7.2017 (BGBl. I S. 2745)
ELJ	European Law Journal
ELRev	European Law Review
EMCDDA	European Monitoring Centre for Drugs and Drug Addiction
EmmingerVO	Verordnung über Gerichtsverfassung und Strafrechtspflege vom 4.1.1924 (RGBl. I S. 23)
EMöGG	Gesetz zur Erweiterung der Medienöffentlichkeit in Gerichtsverfahren und zur Verbesserung der Kommunikationshilfen für Menschen mit Sprach- und Hörbehinderungen (Gesetz über die Erweiterung der Medienöffentlichkeit in Gerichtsverfahren – EMöGG) vom 8.10.2017 (BGBl. I S. 3546)
EMRK	Konvention zum Schutze der Menschenrechte und Grundfreiheiten vom 4.11.1950 (BGBl. II S. 685, 953) i.d.F. der Bek. vom 22.10.2010 (BGBl. II S. 1198) 1. ZP-EMRK vom 20.3.1952 (BGBl. 1956 II S. 1880) 2. P-EMRK vom 6.5.1963 (BGBl. 1968 II S. 1112) 3. P-EMRK vom 6.5.1963 (BGBl. 1968 II S. 1116) 4. ZP-EMRK vom 16.9.1963 (BGBl. 1968 II S. 423) 5. P-EMRK vom 20.1.1966 (BGBl. 1968 II S. 1120) 6. ZP-EMRK vom 28.4.1983 (BGBl. 1988 II S. 662) 7. ZP-EMRK vom 22.11.1984 8. P-EMRK vom 19.3.1985 (BGBl. 1989 II S. 547) 9. P-EMRK vom 6.11.1990 (BGBl. 1994 II S. 490) 10. P-EMRK vom 25.3.1992 (BGBl. 1994 II S. 490) 11. P-EMRK vom 11.5.1994 (BGBl. 1995 II S. 578) 12. ZP-EMRK vom 4.11.2000 13. ZP-EMRK vom 3.5.2002 (BGBl. 2004 II S. 982) 14. P-EMRK vom 13.5.2004 (BGBl. 2006 II S. 138) 14bis P-EMRK vom 27.5.2009 15. P-EMRK vom 24.6.2013 (BGBl. 2014 II S. 1034) 16. P-EMRK vom 2.10.2013
ENeuOG	Gesetz zur Neuordnung des Eisenbahnwesens (Eisenbahnneuordnungsgesetz – ENeuOG) vom 27.12.1993 (BGBl. I S. 2378)
ENFSI	European Network of Forensic Institute
EntlG	Gesetz zur Entlastung der Gerichte vom 11.3.1921 (RGBl. S. 229)
Entsch.	Entscheidung
entspr.	entsprechend
Entw.	Entwurf
Entw. 1908	Entwurf einer Strafprozeßordnung und Novelle zum Gerichtsverfassungsgesetz nebst Begründung (1908), E 1908, MatStrR-Ref. Bd. 11
Entw. 1909	Entwürfe 1. eines Gesetzes, betreffend Änderungen des Gerichtsverfassungsgesetzes, 2. der Strafprozeßordnung (1909), E 1909 RT-Verhandl. Bd. 254 Drucks. Nr. 1310 = MatStrRRef Bd. 12; Bericht der 7. Kommission des Reichstags 1909 bis 1911 zur Vorbereitung der Entwürfe 1. eines Gesetzes betreffend die Änderung des Gerichtsverfassungsgesetzes, 2. einer Strafprozeßordnung, 3. eines zu beiden Gesetzen gehörenden Einführungsgesetzes = MatStrRRef. Bd. 13
Entw. 1919/1920	Entwürfe 1. eines Gesetzes zur Änderung des Gerichtsverfassungsgesetzes (1919), 2. eines Gesetzes über den Rechtsgang in Strafsachen (1920), E 1919/1920, MatStrRRef. Bd. 14
Entw. 1930	Entwurf eines Einführungsgesetzes zum Allgemeinen Deutschen Strafgesetzbuch und zum Strafvollzugsgesetz 1930, EGStGB-Entw. 1930, RT-Drucks. Nr. 2070 = MatStrRRef. Bd. 7
Entw. 1939	Entwurf einer Strafverfahrensordnung und einer Friedens- und Schiedsmannsordnung (1939), StPO-Entw. 1939, Nachdruck 1954

EP	Europäisches Parlament
EPA	Europäisches Patentamt
EPO	siehe ESA
EPPO	European Public Prosecutor's Office / Europäische Staatsanwaltschaft
EPZ	Europäische Politische Zusammenarbeit
ERA	Europäische Rechtsakademie (Trier)
ERA-Forum	ERA-Forum (Zeitschrift)
ErbR	Zeitschrift für die gesamte erbrechtliche Praxis
erg.	ergänzend
Erg.	Ergänzung; Ergebnis
ErgBd.	Ergänzungsband
Erl.	Erlass; Erläuterung(en)
ESA	Europäische Schutzanordnung/European Protection Order (EPO)
EStG	Einkommensteuergesetz
ETS	European Treaty Series; Übereinkommen des Europarates (fortlaufend nummeriert; www.coe.int; ab 1949)
EU	Vertrag über die Europäische Union
EuAbgG	Europaabgeordnetengesetz vom 6.4.1979 (BGBl. I S. 413)
EuAlÜbk	Europäisches Auslieferungsübereinkommen vom 13.12.1957 (ETS 024; BGBl. 1964 II S. 1369); 2. ZP EuAlÜbk vom 17.3.1978 (ETS 098; BGBl. 1990 II S. 118; 1991 II S. 874)
EUAlÜbk	Übereinkommen vom 27.9.1996 aufgrund von Artikel K.3 des Vertrags über die Europäische Union über die Auslieferung zwischen den Mitgliedstaaten der Europäischen Union (ABlEG Nr. C 313/11 vom 23.10.1996; BGBl. 1998 II S. 2253)
EuArch	Europa-Archiv
EUBestG	Gesetz zu dem Protokoll vom 27. September 1996 zum Übereinkommen über den Schutz der finanziellen Interessen der Europäischen Gemeinschaften (EU-Bestechungsgesetz – EUBestG) vom 10.9.1998 (BGBl. II S. 2340)
EUC	Charta der Grundrechte der Europäischen Union
EUCARIS	Vertrag über ein Europäisches Fahrzeug- und Führerscheininformationssystem
EuCLR	European Criminal Law Review (Zeitschrift)
eucrim	Journal for the Protection of the Financial Interests of the European Communities
EuDrogenÜbk	Übereinkommen vom 31.1.1995 über den unerlaubten Verkehr mit Drogen auf hoher See zur Durchführung des Art. 17 des Übereinkommens der Vereinten Nationen vom 20.12.1988 gegen den unerlaubten Verkehr mit Suchtstoffen und psychotropen Stoffen (ETS 156; BGBl. 2000 II S. 1313)
EuG	Europäisches Gericht erster Instanz (Luxemburg)
EuGeldwÜbk	Übereinkommen vom 8.11.1990 über Geldwäsche sowie Ermittlung, Beschlagnahme und Einziehung von Erträgen aus Straftaten (ETS 141; BGBl. 1998 II S. 519)
EuGH	Gerichtshof der Europäischen Union
EuGH Slg.	Entscheidungen des Gerichtshofs der Europäischen Union (EuGH) – Amtliche Sammlung
EuGHG	Gesetz vom 6.8.1998 betreffend die Anrufung des Gerichtshofs der Europäischen Gemeinschaften im Wege des Vorabentscheidungsverfahrens auf dem Gebiet der polizeilichen Zusammenarbeit und der justitiellen Zusammenarbeit in Strafsachen nach Art. 35 des EU-Vertrages – EuGHG (BGBl. 1998 I S. 2035; 1999 II S. 728)
EuGRAG	Gesetz zur Durchführung der Richtlinie des Rates der EG vom 22.3.1977 zur Erleichterung der tatsächlichen Ausübung des freien Dienstleistungsverkehrs der Rechtsanwälte vom 16.8.1980 (BGBl. I S. 1453)
EuGRZ	Europäische Grundrechte-Zeitschrift
EuHb	Europäischer Haftbefehl/European Arrest Warrant (EAW)
EuHbG	Gesetz zur Umsetzung des Rahmenbeschlusses über den Europäischen Haftbefehl und die Übergabeverfahren zwischen den Mitgliedstaaten der Europäischen Union (Europäisches Haftbefehlsgesetz – EuHbG) vom 21.7.2004 (BGBl. I S. 1748) und vom 20.7.2006 (BGBl. I S. 1721)

EuJCCCJ	European Journal of Crime, Criminal Law and Criminal Justice (Zeitschrift)
EuKonv	Europäischer Konvent
EUMC	siehe ECRI
EuOEÜbk	Europäisches Übereinkommen vom 24.11.1983 über die Entschädigung für Opfer von Gewalttaten (ETS 116; BGBl. 2000 II S. 1209)
EuR	Europarecht (Zeitschrift)
EuRAG	Gesetz über die Tätigkeit europäischer Rechtsanwälte in Deutschland vom 9.3.2000 (BGBl. I S. 182)
EuRhÜbk	Europäisches Übereinkommen über die Rechtshilfe in Strafsachen vom 20.4.1959 (ETS 30; BGBl. 1964 II S. 1369; 1976 II S. 1799); ZP EuRhÜbk vom 17.3.1978 (ETS 99; BGBl. 1990 II S. 124; 1991 II S. 909); 2. ZP EuRHÜbk vom 8.11.2001 (ETS 182)
EURhÜbk	Rechtshilfeübereinkommen der Mitgliedstaaten der Europäischen Union vom 29.5.2000, ABlEG Nr. C 197 vom 12.7.2000, S. 1; ZP EURHÜbk vom 16.10.2001 (ABlEG Nr. C 326 vom 21.11.2001, S. 1)
EurJCrimeCrLJ	European Journal of Crime, Criminal Law and Criminal Justice
EURODAC	Daktyloskopische Datenbank im Rahmen von Asylantragsverfahren
Eurojust	Europäische Justitielle Clearing- und Dokumentationsstelle (Den Haag)
Europol	Europäisches Polizeiamt (Den Haag)
EuropolG	Europolgesetz vom 16.12.1997 (BGBl. II S. 2150)
EuropolÜbk	Übereinkommen vom 26.7.1995 auf Grund von Artikel K.3 des EUV über die Errichtung eines Europäischen Polizeiamtes, ABlEG Nr. C 316 vom 27.11.1995, S. 1
EuropolVO	Verordnung (EU) 2016/794 des Europäischen Parlaments und des Rates vom 11. Mai 2016 über die Agentur der Europäischen Union für die Zusammenarbeit auf dem Gebiet der Strafverfolgung (Europol) und zur Ersetzung und Aufhebung der Beschlüsse 2009/371/JI, 2009/934/JI, 2009/935/JI, 2009/936/JI und 2009/968/JI des Rates, ABlEU Nr. L 135 vom 23.5.2016, S. 53
EuroPris	European Organisation of Prison and Correctional Services
EuStA	Europäische Staatsanwaltschaft
EuTerrÜbk	Übereinkommen zur Bekämpfung des Terrorismus vom 27.1.1977 (ETS 90; BGBl. 1978 II S. 321, 907)
EUV	Vertrag über die Europäische Union
EUVEntw	Entwurf einer Europäischen Verfassung i.d.F des am 18.6.2004 zwischen den Staats- und Regierungschefs erzielten Konsenses (Dokument der Regierungskonferenz CIG 86/04 vom 25.6.2004)
EUVereinfAlÜbk	Übereinkommen vom 10.3.1995 aufgrund von Artikel K.3 des Vertrags über die Europäische Union über das vereinfachte Auslieferungsverfahren zwischen den Mitgliedstaaten der Europäischen Union (ABlEG Nr. C 78 vom 30.3.1995, S. 1; BGBl. 1998 II S. 2229)
EuVKonv	Entwurf eines Vertrags über eine Verfassung für Europa – vom Europäischen Konvent im Konsensverfahren angenommen am 13.6. und 10.7.2003 – dem Präsidenten des Europäischen Rates in Rom überreicht am 18.7.2003
EuZ	Zeitschrift für Europarecht (Schweiz)
EuZA	Europäische Zeitschrift für Arbeitsrecht
EuZW	Europäische Zeitschrift für Wirtschaftsrecht
evt.	eventuell
EWG	Europäische Wirtschaftsgemeinschaft
EWGV	Vertrag zur Gründung der Europäischen Wirtschaftsgemeinschaft vom 25.3.1957 (BGBl. II S. 766)
EWiR	Entscheidungen zum Wirtschaftsrecht
EWR-Abk.	Gesetz zu dem Abkommen vom 2.5.1992 über den Europäischen Wirtschaftsraum
EYHR	European Yearbook on Human Rights
EZAR	Entscheidungssammlung zum Zuwanderungs-, Asyl- und Freizügigkeitsrecht
EzSt	Entscheidungssammlung zum Straf- und Ordnungswidrigkeitenrecht, 1983 bis 1990 (Loseblattausgabe)

f., ff.	folgende
FamFG	Gesetz über das Verfahren in Familiensachen und in den Angelegenheiten der freiwilligen Gerichtsbarkeit (FamFG), Artikel 1 des Gesetzes vom 17.12.2008 (BGBl. I S. 2586, 2009 I S. 1102); zuletzt geändert durch Art. 13 des Gesetzes vom 18.12.2018 (BGBl. I S. 2639)
FAG	Gesetz über Fernmeldeanlagen vom 6.4.1892 i.d.F. der Bek. vom 3.7.1989 (BGBl. I S. 1455); ersetzt durch das TKG
FamPLG	Gesetz über Aufklärung, Verhütung, Familienplanung und Beratung vom 27.7.1992 (BGBl. I S. 1398)
FamRZ	Zeitschrift für das gesamte Familienrecht
FAO	Fachanwaltsordnung i.d.F. der Bek. vom 1.3.2016, zuletzt geändert durch Beschluss der Satzungsversammlung vom 7.12.2017 (BRAK-Mitt. 2018 S. 29)
FG	Finanzgericht/Festgabe
FGG	Gesetz über die Angelegenheiten der freiwilligen Gerichtsbarkeit vom 17.5.1898 i.d.F. der Bek. vom 20.5.1898 (RGBl. S. 771)
FGO	Finanzgerichtsordnung, neugefasst durch Bek. vom 28.3.2001 (BGBl. I S. 442, 2262, 2002 I S. 679); zuletzt geändert durch Art. 8 des Gesetzes vom 12.7.2018 (BGBl. I S. 1151)
FGPrax	Praxis der freiwilligen Gerichtsbarkeit
1. FiMaNoG	Erstes Gesetz zur Novellierung von Finanzmarktvorschriften auf Grund europäischer Rechtsakte (Erstes Finanzmarktnovellierungsgesetz) vom 30.6.2016 (BGBl. I S. 1514)
2. FiMaNoG	Zweites Gesetz zur Novellierung von Finanzmarktvorschriften auf Grund europäischer Rechtsakte (Zweites Finanzmarktnovellierungsgesetz) vom 23.6.2017 (BGBl. I S. 1693)
FinB	Finanzbehörde
FinVerwG	Gesetz über die Finanzverwaltung vom 6.9.1950 (BGBl. I S. 448) i.d.F. der Bek. vom 30.8.1971 (BGBl. I S. 1426)
FLF	Finanzierung Leasing Factoring (Zeitschrift)
FlRG	Gesetz über das Flaggenrecht der Seeschiffe und die Flaggenführung der Binnenschiffe (Flaggenrechtsgesetz) vom 8.2.1951 i.d.F. der Bek. vom 29.10.1994 (BGBl. I S. 3140)
FIU	Financial Intelligence Unit
Fn.	Fußnote
FN A	Fundstellennachweis des Deutschen Bundesrechts, Bundesrecht ohne völkerrechtliche Vereinbarungen und Verträge mit der DDR
FN B	Fundstellennachweis des Deutschen Bundesrechts, Völkerrechtliche Vereinbarungen und Verträge mit der DDR
FO	Fernmeldeordnung i.d.F. der Bek. vom 5.5.1971 (BGBl. I S. 541)
FoR	Forum Recht (Zeitschrift)
FP-IPBPR	(1.) Fakultativprotokoll zum Internationalen Pakt über bürgerliche und politische Rechte vom 19.12.1966 (BGBl. 1992 II S. 1247)
2. FP-IPBPR	2. Fakultativprotokoll zu dem Internationalen Pakt über bürgerliche und politische Rechte zur Abschaffung der Todesstrafe vom 15.12. 1989 (BGBl. 1992 II S. 390)
FPR	Familie Partnerschaft Recht
FRA	Agentur der Europäischen Union für Grundrechte/Agency for Fundamental Rights
FRONTEX	Europäische Grenzschutzagentur
FS	Forum Strafvollzug – Zeitschrift für Strafvollzug und Straffälligenhilfe (früher ZfStrV)
FS (Name)	Festschrift, auch Festgabe usw. (angefügt Name des Geehrten)
FuR	Familie und Recht
G 10	Gesetz zur Beschränkung des Brief-, Post- und Fernmeldegeheimnisses vom 26.6.2001 (BGBl. I S. 1254), zuletzt geändert durch Art. 12 des Gesetzes vom 17.8.2017 (BGBl. I S. 3202), (Gesetz zu Artikel 10 Grundgesetz)
GA	Goltdammer's Archiv für Strafrecht, zitiert nach Jahr und Seite (bis 1933: Archiv für Strafrecht und Strafpolitik, zitiert nach Band und Seite)

GASP	Gemeinsame Außen- und Sicherheitspolitik
GBA	Generalbundesanwalt
GBl.	Gesetzblatt
GBl./DDR I, II	Gesetzblatt der Deutschen Demokratischen Republik, Teil I und II (1949 bis 1990)
GedS	Gedächtnisschrift (angefügt Name des Geehrten)
gem.	gemäß
GemDatG	Gesetz zur Errichtung gemeinsamer Dateien von Polizeibehörden und Nachrichtendiensten des Bundes und der Länder vom 22.12.2006 (Gemeinsame-Dateien-Gesetz) (BGBl. I S. 3409)
GemProt.	Gemeinsames Protokoll
GenG	Gesetz betreffend die Erwerbs- und Wirtschaftsgenossenschaften vom 1.5.1889, neugefasst durch Bek. vom 16.10.2006 (BGBl. I S. 2230); zuletzt geändert durch Art. 8 des Gesetzes vom 17.7.2017 (BGBl. I S. 2541)
GenStA	Generalstaatsanwaltschaft
GerS	Der Gerichtssaal (1849–1942)
Ges.	Gesetz
GeschlkrG	Gesetz zur Bekämpfung der Geschlechtskrankheiten vom 23.7.1953 (BGBl. I S. 700)
GeschO	Geschäftsordnung
GETZ	Gemeinsames Extremismus- und Terrorismusabwehrzentrum
GewO	Gewerbeordnung vom 21.6.1869, neugefasst durch Bek. vom 22.2.1999 (BGBl. I S. 202); zuletzt geändert durch Art. 1 des Gesetzes vom 29.11.2018 (BGBl. I S. 2666)
GewSchG	Gesetz vom 11.12.2001 zur Verbesserung des zivilgerichtlichen Schutzes bei Gewalttaten und Nachstellungen sowie zur Erleichterung der Überlassung der Ehewohnung bei Trennung (Gewaltschutzgesetz – GewSchG; BGBl. I S. 3513)
GewVerbrG	Gesetz gegen gefährliche Gewohnheitsverbrecher und über Maßregeln der Sicherung und Besserung vom 24.11.1933 (RGBl. I S. 995)
GG	Grundgesetz für die Bundesrepublik Deutschland vom 23.5.1949 (BGBl. S. 1)
ggf.	gegebenenfalls
GKG	Gerichtskostengesetz vom 5.5.2004 (BGBl. I S. 718); zuletzt geändert durch Art. 4 des Gesetzes vom 12.7.2018 (BGBl. I S. 1151)
GKI	Gemeinsame Kontrollinstanz (jeweils eingerichtet bei Europol und Eurojust)
GKÖD	Gesamtkommentar Öffentliches Dienstrecht
GLY	German Law Journal (Internet-Zeitschrift; www.germanlawjournal.de)
GmbH	Gesellschaft mit beschränkter Haftung
GmbHG	Gesetz betreffend die Gesellschaften mit beschränkter Haftung vom 20.4.1892 (RGBl. S. 477); zuletzt geändert durch Art. 10 des Gesetzes vom 17.7.2017 (BGBl. I S. 2446)
GMBl.	Gemeinsames Ministerialblatt
GmS-OGB	Gemeinsamer Senat der obersten Gerichtshöfe des Bundes
GnO	Gnadenordnung
GNotKG	Gesetz über Kosten der freiwilligen Gerichtsbarkeit für Gerichte und Notare (Gerichts- und Notarkostengesetz) vom 23.7.2013
GoJIL	Göttingen Journal of International Law (Online-Zeitschrift)
GoltdA	s. GA
GRC	Europäische Grundrechtecharta
grds.	grundsätzlich
GRECO	Group of States against Corruption
GreifRecht	Greifswalder Halbjahresschrift für Rechtswissenschaft
GRETA	Group of Experts on Action against Trafficking in Human Beings
GREVIO	Expertengruppe zur Überwachung des Übereinkommens zum Schutz von Frauen vor Gewalt und häuslicher Gewalt (CETS 210)
GrSSt	Großer Senat in Strafsachen
Gruchot	Beiträge zur Erläuterung des deutschen Rechts, begründet von Gruchot
GRUR	Gewerblicher Rechtsschutz und Urheberrecht (Zeitschrift)
GRURInt	Gewerblicher Rechtsschutz und Urheberrecht International (Zeitschrift)
GS	Gesetzessammlung

GSNW	Sammlung des bereinigten Landesrechts Nordrhein-Westfalen (1945–56)
GSSchlH	Sammlung des schleswig-holsteinischen Landesrechts, 2 Bände (1963)
GStA	Generalstaatsanwalt
GSZ	Zeitschrift für das Gesamte Sicherheitsrecht
GÜG	Gesetz zur Überwachung des Verkehrs mit Grundstoffen, die für die unerlaubte Herstellung von Betäubungsmitteln mißbraucht werden können (Grundstoffüberwachungsgesetz – GÜG) vom 7.10.1994 (BGBl. I S. 2835)
GuP	Gesundheit und Pflege (Zeitschrift)
GÜV	Gesetz zur Überwachung strafrechtlicher und anderer Verbringungsverbote vom 24.5.1961 (BGBl. I S. 607)
GV	Gemeinsame Verfügung (mehrerer Ministerien)
GVBl.	Gesetz- und Verordnungsblatt
GVBl. II	Sammlung des bereinigten Hessischen Landesrechts
GVG	Gerichtsverfassungsgesetz vom 27.1.1877 i.d.F. der Bek. vom 9.5.1975 (BGBl. I S. 1077)
GVGA	Geschäftsanweisung für Gerichtsvollzieher
GVGÄG 1971	Gesetz zur Änderung des Gerichtsverfassungsgesetzes vom 8.9.1971 (BGBl. I S. 1513)
GVGÄG 1974	Gesetz zur Änderung des Gerichtsverfassungsgesetzes vom 25.3.1974 (BGBl. I S. 761)
GVG/DDR	Gesetz über die Verfassung der Gerichte der Deutschen Demokratischen Republik – Gerichtsverfassungsgesetz – vom 27.9.1974 (GBl. I S. 457), zuletzt geändert durch Gesetz vom 5.7.1990 (GBl. I S. 595)
GVO	Gerichtsvollzieherordnung
GVVG-ÄndG	Gesetz zur Änderung der Verfolgung der Vorbereitung von schweren staatsgefährdenden Gewalttaten vom 12.6.2015 (BGBl. I S. 926)
GVVO	Verordnung zur einheitlichen Regelung der Gerichtsverfassung vom 20.3.1935 (RGBl. I S. 403) in der im BGBl. III Gliederungsnummer 300-5 veröffentlichten bereinigten Fassung
GWB	Gesetz gegen Wettbewerbsbeschränkungen vom 27.7.1957 i.d.F. der Bek. vom 26.8.1998 (BGBl. I S. 2546)
GwG	Gesetz über das Aufspüren von Gewinnen aus schweren Straftaten (Geldwäschegesetz – GwG) vom 25.10.1993 (BGBl. I S. 1770)
GWR	Gesellschafts- und Wirtschaftsrecht (Zeitschrift)
GYIL	German Yearbook of International Law (Zeitschrift)
Haager Abk.	Haager Abkommen über den Zivilprozeß vom 17.7.1905 (RGBl. 1909 S. 409)
HalbleiterschutzG	Gesetz über den Schutz der Topographien von mikroelektronischen Halbleitererzeugnissen (Halbleiterschutzgesetz) vom 22.10.1987 (BGBl. I S. 2294)
Hamb.	Hamburg
HambJVBl.	Hamburgisches Justizverwaltungsblatt
Hans.	Hanseatisch
HansGZ	Hanseatische Gerichtszeitung (1880 bis 1927)
HansJVBl.	Hanseatisches Justizverwaltungsblatt (bis 1946/47)
HansOLGSt	Entscheidungen des Hanseatischen Oberlandesgerichts in Strafsachen (1879 bis 1932/33)
HansRGZ	Hanseatische Rechts- und Gerichtszeitschrift (1928–43), vorher:
HansRZ	Hanseatische Rechtszeitschrift für Handel, Schiff-Fahrt und Versicherung, Kolonial- und Auslandsbeziehungen sowie für Hansestädtisches Recht (1918 bis 1927)
HbStrVf/*Verfasser*	Handbuch zum Strafverfahren, hrsg. von Heghmanns/Scheffler
HdR	Handwörterbuch der Rechtswissenschaft, herausgegeben von Stier-Somlo und Elster (1926 bis 1937)
Hess.	Hessen
HESt	Höchstrichterliche Entscheidungen, Sammlung von Entscheidungen der Oberlandesgerichte und der Obersten Gerichte in Strafsachen (1948–49)

HGB	Handelsgesetzbuch vom 10.5.1897 (RGBl. S. 219)
HKÜ	Haager Übereinkommen über die zivilrechtlichen Aspekte internationaler Kindesentführung vom 25.10.1980
h.M.	herrschende Meinung
HmbStVollzG	Hamburgisches Strafvollzugsgesetz
HRC	Human Rights Committee – UN-Menschenrechtsausschuss
HRLR	Human Rights Law Review
HRN	Hamburger Rechtsnotizen (Zeitschrift)
HRR	Höchstrichterliche Rechtsprechung (1928 bis 1942)
HRRS	Online-Zeitschrift für Höchstrichterliche Rechtsprechung im Strafrecht (www.hrr-strafrecht.de)
HRSt	Entscheidungen zum Strafrecht, Strafverfahrensrecht und zu den Nebengebieten (Höchstrichterliche Rechtsprechung) (ab 1996)
HRLJ	Human Rights Law Journal
Hs.	Halbsatz
HSOG	Hessisches Gesetz über die öffentliche Sicherheit und Ordnung
HStVollzG	Hessisches Strafvollzugsgesetz
HUDOC	Human Rights Documentation des Europarates
HuV-I	Humanitäres Völkerrecht – Informationsschriften
HV	Hauptverhandlung
IAGMR	Interamerikanischer Gerichtshof für Menschenrechte
ICC	siehe IStGH
ICC-Statut	siehe IStGH-Statut
ICJ	siehe IGH
ICLQ	The International and Cooperative Law Quarterly
ICLR	International Criminal Law Review
ICPA	International Corrections and Prisons Association
ICTR	Internationaler Strafgerichtshof für Ruanda
ICTY	Internationaler Strafgerichtshof für das ehemalige Jugoslawien
i.d.F.	in der Fassung
i.d.R.	in der Regel
i.e.S.	im engeren Sinne
IFCCLGE	International Forum on Crime and Criminal Law in the Global Era (Peking)
IGH	Internationaler Gerichtshof ICJ (Den Haag)
i.H.v.	in Höhe von
IKV	Internationale Kriminalistische Vereinigung
ILEA	International Law Enforcement Academy
ILO	International Labour Organization (Internationale Arbeitsorganisation)
InfAuslR	Informationsbrief Ausländerrecht
INPOL	Informationssystem der Polizei
InsO	Insolvenzordnung vom 5.10.1994 (BGBl. I S. 2866); zuletzt geändert durch Art. 24 Abs. 3 des Gesetzes vom 23.6.2017 (BGBl. I S. 1693; 2446)
INTERPA	International Association of Police Academies
IPBPR	Internationaler Pakt über bürgerliche und politische Rechte vom 19.12.1966 (BGBl. 1973 II S. 1534)
IPBPRG	Zustimmungsgesetz zu dem Internationalen Pakt über bürgerliche und politische Rechte vom 15.11.1973 (BGBl. II S. 1533)
IPWSKR	Internationaler Pakt über die wirtschaftlichen, sozialen und kulturellen Rechte vom 19.12.1966 (BGBl. 1973 II S. 1570)
IRG	Gesetz über die internationale Rechtshilfe in Strafsachen i.d.F. der Bek. vom 27.6.1994 (BGBl. I S. 1537); zuletzt geändert durch Art. 3 des Gesetzes vom 27.8.2017 (BGBl. I S. 3295)
i.S.	im Sinne
i.S.d.	im Sinne des/der

IStR	Internationales Steuerrecht – Zeitschrift für europäische und internationale Wirtschaftsberatung
i.S.v.	im Sinne von
IStGH	Internationaler Strafgerichtshof ICC (Den Haag)
IStGHG	Gesetz über die Zusammenarbeit mit dem Internationalen Strafgerichtshof vom 21.6.2002 (BGBl. I S. 2144)
IStGHSt	Gesetz vom 4.12.2000 zum Römischen Statut des Internationalen Strafgerichtshofs vom 17. Juli 1998 – IStGH-Statutgesetz (BGBl. II S. 1393)
ITRB	IT-Rechts-Berater
Iurratio	Zeitschrift für Stud. Iur und junge Juristen
i.V.m.	in Verbindung mit
IWG	International Working Group on Police Undercover Activities
i.w.S.	im weiteren Sinne
JA	Juristische Arbeitsblätter für Ausbildung und Examen
JahrbÖR	Jahrbuch des öffentlichen Rechts der Gegenwart
JahrbPostw.	Jahrbuch des Postwesens (1937 bis 1941/42)
JAVollzO	Jugendarrestvollzugsordnung vom 12.8.1966 i.d.F. der Bek. vom 30.11.1976 (BGBl. I S. 3270)
JBeitrO	Justizbeitreibungsordnung vom 11.3.1937 (RGBl. I S. 298)
JBl.	Justizblatt/Juristische Blätter (Österreich)
JBlRhPf.	Justizblatt Rheinland-Pfalz
JBlSaar	Justizblatt des Saarlandes
JGG	Jugendgerichtsgesetz vom 4.8.1953 i.d.F. der Bek. vom 11.12.1974 (BGBl. I S. 3427)
JICJ	Journal of International Criminal Justice
JIR	Jahrbuch für internationales Recht
JK	Jura-Kartei
JKassO	Justizkassenordnung
JKomG	Gesetz über die Verwendung elektronischer Kommunikationsformen in der Justiz (Justizkommunikationsgesetz – JKomG) vom 22.3.2005 (BGBl. I S. 832)
JKostG	Justizkostengesetz (Landesrecht)
JLCJ	Journal of Law and Criminal Justice
jM	juris – Die Monatsschrift
JMBl.	Justizministerialblatt
JMBlNRW, JMBlNW	Justizministerialblatt für das Land Nordrhein-Westfalen
JMK	Justizministerkonferenz (Konferenz der Landesjustizministerinnen und -minister)
JoJZG	Journal der Juristischen Zeitgeschichte
JOR	Jahrbuch für Ostrecht
JöR	Jahrbuch des öffentlichen Rechts
JP	Juristische Person
JR	Juristische Rundschau
JRP	Journal für Rechtspolitik
JSt	Journal für Strafrecht
JugG	Jugendgericht
JugK	Jugendkammer
JugSchG	Jugendschöffengericht
JugStrafgG	Gesetz über die Zusammenarbeit mit dem Internationalen Strafgerichtshof für das ehemalige Jugoslawien (Jugoslawien-Strafgerichtshof-Gesetz) vom 10.4.1995 (BGBl. I S. 485)
Jura	Juristische Ausbildung (Zeitschrift)
JUFIL	Journal on the Use of Force and International Law
JurBüro	Das juristische Büro (Zeitschrift)
JurJahrb.	Juristen-Jahrbuch
JuS	Juristische Schulung (Zeitschrift)
Justiz	Die Justiz, Amtsblatt des Justizministeriums Baden-Württemberg

JV	Justizverwaltung
JVA	Justizvollzugsanstalt
JVBl.	Justizverwaltungsblatt
JVEG	Gesetz über die Vergütung von Sachverständigen, Dolmetscherinnen, Dolmetschern, Übersetzerinnen und Übersetzern sowie die Entschädigung von ehrenamtlichen Richterinnen, ehrenamtlichen Richtern, Zeuginnen, Zeugen und Dritten (Justizvergütungs- und -entschädigungsgesetz) vom 5.5.2004 (BGBl. I S. 718)
JVerwA	Justizverwaltungsakt
JverwB	Justizverwaltungsbehörde
JVKostG	Gesetz über Kosten in Angelegenheiten der Justizverwaltung vom 23.7.2013 (BGBl. I S. 2586)
JVKostO	Verordnung über Kosten im Bereich der Justizverwaltung vom 14.2.1940 (RGBl. I S. 357) – ersetzt durch das JVKostG mit Wirkung zum 1.8.2013
JVollz.	Jugendstrafvollzugsordnung: s. auch JAVollzO
JVollzGB	Gesetzbuch über den Justizvollzug in Baden-Württemberg
JW	Juristische Wochenschrift
JZ	Juristen-Zeitung
1. JuMoG	Erstes Gesetz zur Modernisierung der Justiz (1. Justizmodernisierungsgesetz) vom 24.8.2004 (BGBl. I S. 2198)
2. JuMoG	Zweites Gesetz zur Modernisierung der Justiz (2. Justizmodernisierungsgesetz) vom 22.10.2006 (BGBl. I S. 3416)
Kap.	Kapitel
KAS	Konrad-Adenauer-Stiftung
kes	Zeitschrift für Informations-Sicherheit
KFZ	Kraftfahrzeug
KG	Kammergericht/Kommanditgesellschaft
KGJ	Jahrbuch der Entscheidungen des Kammergerichts in Sachen der freiwilligen Gerichtsbarkeit, in Kosten-, Stempel- und Strafsachen (1881–1922)
KJ	Kritische Justiz (Zeitschrift)
KO	Konkursordnung vom 10.2.1877 i.d.F. der Bek. vom 20.5.1898 (RGBl. S. 612)
KoDD	Koordinierungsdauerdienst (Eurojust)
KOM	Dokument(e) der Europäischen Kommission
KonsG	Gesetz über die Konsularbeamten, ihre Aufgaben und Befugnisse (Konsulargesetz) vom 1.9.1974 (BGBl. I S. 2317)
KostÄndG	Gesetz zur Änderung und Ergänzung kostenrechtlicher Vorschriften vom 26.7.1957 (BGBl. I S. 861)
KostRMoG	Gesetz zur Modernisierung des Kostenrechts vom 5.5.2004 – Kostenrechtsmodernisierungsgesetz (BGBl. I S. 718)
2. KostRMoG	Zweites Gesetz zur Modernisierung des Kostenrechts vom 23.7.2013 – 2. Kostenrechtsmodernisierungsgesetz (BGBl. I S. 2586)
KostMaßnG	Gesetz über Maßnahmen auf dem Gebiet des Kostenrechts vom 7.8.1952 (BGBl. I S. 401)
KostO	Gesetz über die Kosten in Angelegenheiten der freiwilligen Gerichtsbarkeit i.d.F. der Bek. vom 26.7.1957 (BGBl. I S. 861) – ersetzt durch das GNotKG mit Wirkung zum 1.8.2013
KostRÄndG 1994	Gesetz zur Änderung von Kostengesetzen und anderen Gesetzen (Kostenrechtsänderungsgesetz 1994 – KostRÄndG 1994) vom 24.6.1994 (BGBl. I S. 1325)
KostRspr.	Kostenrechtsprechung (Loseblattsammlung)
KostVfg.	Kostenverfügung, Durchführungsbestimmungen zu den Kostengesetzen
K&R	Kommunikation und Recht (Zeitschrift)
KrG	Kreisgericht
Kriminalist	Der Kriminalist (Zeitschrift)
Kriminalistik	Kriminalistik, Zeitschrift für die gesamte kriminalistische Wissenschaft und Praxis
KrimJ	Kriminologisches Journal
KrimPäd.	Kriminalpädagogische Praxis (Zeitschrift)

KriPoZ	Kriminalpolitische Zeitschrift
Krit.	Kritisch
KritV/CritQ/RCrit	Kritische Vierteljahresschrift für Gesetzgebung und Rechtswissenschaft/Critical Quarterly for Legislation and Law/Revue critique trimestrielle de jurisprudence et de législation
KronzG	Gesetz zur Einführung einer Kronzeugenregelung bei terroristischen Straftaten (Art. 4 des StGBÄndG 1989) vom 9.6.1989 (BGBl. I S. 1059)
KronzVerlG	Gesetz zur Änderung des Gesetzes zur Änderung des Strafgesetzbuches, der Strafprozeßordnung und des Versammlungsgesetzes und zur Einführung einer Kronzeugenregelung bei terroristischen Straftaten (Kronzeugen-Verlängerungs-Gesetz) vom 16.2.1993 (BGBl. I S. 238)
2. KronzVerlG	Zweites Gesetz zur Änderung des Gesetzes zur Änderung des Strafgesetzbuches, der Strafprozeßordnung und des Versammlungsgesetzes und zur Einführung einer Kronzeugenregelung bei terroristischen Straftaten (2. Kronzeugen-Verlängerungs-Gesetz) vom 19.1.1996 (BGBl. I S. 58)
KSI	Krisen-, Sanierungs- und Insolvenzberatung (Zeitschrift)
KSZE	Konferenz für Sicherheit und Zusammenarbeit in Europa
KSzW	Kölner Schrift zum Wirtschaftsrecht
KUG	Gesetz über das Urheberrecht an Werken der bildenden Künste und der Fotografie vom 9.1.1907 (RGBl. S. 7)
KUP	Kriminologie und Praxis (Schriftenreihe der Kriminologischen Zentralstelle)
KuR	Kirche und Recht (Zeitschrift)
KUR	Kunst und Recht (Zeitschrift)
k + v	Kraftfahrt und Verkehrsrecht, Zeitschrift der Akademie für Verkehrswissenschaft
KVGKG	Kostenverzeichnis (Anlage 1 zum GKG)
KWKG	Gesetz über die Kontrolle von Kriegswaffen i.d.F. der Bek. vom 22.11.1990 (BGBl. I S. 2506)
LegPer.	Legislaturperiode
Lfg.	Lieferung
LFGB	Lebensmittel-, Bedarfsgegenstände- und Futtermittelgesetzbuch
LG	Landgericht
LJV	Landesjustizverwaltung
LKA	Landeskriminalamt
LKV	Landes- und Kommunalverwaltung (Zeitschrift)
LM	Nachschlagewerk des Bundesgerichtshofs (Loseblattsammlung), hrsg. von Lindenmaier/Möhring u.a.
LMBG	Gesetz über den Verkehr mit Lebensmitteln, Tabakerzeugnissen, kosmetischen Mitteln und sonstigen Bedarfsgegenständen (Lebensmittel- und Bedarfsgegenständegesetz) i.d.F. der Bek. vom 9.9.1997 (BGBl. I S. 2297)
LMG (1936)	Gesetz über den Verkehr mit Lebensmitteln und Bedarfsgegenständen (Lebensmittelgesetz) vom 5.7.1927 i.d.F. der Bek. vom 17.1.1936 (RGBl. I S. 17)
LPartG	Gesetz über die Eingetragene Lebenspartnerschaft (Lebenspartnerschaftsgesetz) vom 16.2.2001 (BGBl. I S. 266)
LPG	Landespressegesetz
LRE	Sammlung lebensmittelrechtlicher Entscheidungen
Ls.	Leitsatz
LuftFzgG	Gesetz über Rechte an Luftfahrzeugen vom 26.2.1959 (BGBl. I 57)
LuftVG	Luftverkehrsgesetz i.d.F. der Bek. vom 27.3.1999 (BGBl. I S. 550)
LuftVO	Luftverkehrs-Ordnung i.d.F. der Bek. vom 27.3.1999 (BGBl. I S. 580)
LV	Literaturverzeichnis, Schrifttumsverzeichnis
LVerf.	Landesverfassung
LVG	Landesverwaltungsgericht
LZ	Leipziger Zeitschrift für Deutsches Recht (1907 bis 1933)

MABl.	Ministerialamtsblatt
MarkenG	Gesetz über den Schutz von Marken und sonstigen Kennzeichen (Markengesetz – MarkenG) vom 25.10.1994 (BGBl. I S. 3082, 1995 I S. 156, 1996 I S. 682); zuletzt geändert durch Art. 1 des Gesetzes vom 11.12.2018 (BGBl. I S. 2357)
Mat.	s. Hahn
MatStrRRef.	Materialien zur Strafrechtsreform, herausgegeben vom BMJ, Bd. 1–15 (1954–1960) (s. auch Entw.)
MBl.	Ministerialblatt
MDR	Monatsschrift für Deutsches Recht
MedR	Medizinrecht (Zeitschrift)
medstra	Zeitschrift für Medizinstrafrecht
MEPA	Mitteleuropäische Polizeiakademie
MiStra.	Anordnung über Mitteilungen in Strafsachen vom 15.3.1985 i.d.F. der Bek. vom 29.4.1998, bundeseinheitlich
MittKV	Mitteilungen der Internationalen Kriminalistischen Vereinigung (1889 bis 1914; 1926 bis 1933)
MMR	MultiMedia und Recht (Zeitschrift)
MOG	Gesetz zur Durchführung der Gemeinsamen Marktorganisation vom 31.8.1972 (BGBl. I S. 1617)
MONEYVAL	Committee of Experts on the Evaluation of Anti-Money Laundering Measures and the Financing of Terrorism
Mot.	Begründung zur Strafprozeßordnung bei Hahn (s. dort)
MR	Medien und Recht (Österreich)
MRG	Militärregierungsgesetz
MSchrKrim.	Monatsschrift für Kriminologie und Strafrechtsreform
MSchrKrimPsych.	Monatsschrift für Kriminalpsychologie und Strafrechtsreform (1904/05 bis 1936)
MStGO	Militärstrafgerichtsordnung i.d.F. der Bek. vom 29.9.1936 (RGBl. I S. 755)
Muster-Entw.	Muster-Entwurf eines einheitlichen Polizeigesetzes, verabschiedet von der JMK am 10./11.6.1976, geändert durch Beschluss der JMK vom 25.11.1977
MV	Mecklenburg-Vorpommern
m.w.B.	mit weiteren Beispielen
m.w.N.	mit weiteren Nachweisen
NachtrSichVG	Gesetz zur Einführung einer nachträglichen Sicherungsverwahrung vom 23.7.2004 (BGBl. I S. 1838)
NATO-Truppenstatut	Abkommen zwischen den Parteien des Nordatlantikvertrags vom 19.6.1951 über die Rechtsstellung ihrer Truppen (BGBl. 1961 II S. 1183, 1190), Bek. vom 16.6.1963 (BGBl. II S. 745)
Nds.	Niedersachsen
NdsAGGVG	Niedersächsisches Ausführungsgesetz zum Gerichtsverfassungsgesetz vom 5.4.1963 (GVBl. S. 225)
NdsRpfl.	Niedersächsische Rechtspflege
n.F.	neue Fassung
N.F.	Neue Folge
Nieders. GVBl. Sb. I, II	Niedersächsisches Gesetz- und Verordnungsblatt, Sonderband I und II, Sammlung des bereinigten niedersächsischen Rechts
NJ	Neue Justiz (bis 1990 DDR)
NJECL	New Journal of European Criminal Law
NJOZ	Neue Juristische Online-Zeitschrift (nur über beck-online abrufbar)
NJVollzG	Niedersächsisches Justizvollzugsgesetz
NJW	Neue Juristische Wochenschrift
NKrimpol.	Neue Kriminalpolitik (Zeitschrift)
NLMR	Newsletter Menschenrechte

noeP	Nicht offen ermittelnder Polizeibeamter
NordÖR	Zeitschrift für Öffentliches Recht in Norddeutschland
NotVO	s. Ausn. VO
NPA	Neues Polizei-Archiv
NRO	Nichtregierungsorganisation
NRW	Nordrhein-Westfalen
NRWO	(österreichisches) Bundesgesetz über die Wahl des Nationalrates (Nationalrats-Wahlordnung 1992)
NStE	Neue Entscheidungssammlung für Strafrecht
NStZ	Neue Zeitschrift für Strafrecht
NStZ-RR	NStZ – Rechtsprechungs-Report (Zeitschrift, ab 1996)
NuR	Natur und Recht (Zeitschrift)
NVwZ	Neue Zeitschrift für Verwaltungsrecht
NWB	NWB Steuer- und Wirtschaftsrecht (Zeitschrift)
NWVBl.	Nordrheinwestfälische Verwaltungsblätter
NZA	Neue Zeitschrift für Arbeitsrecht
NZA-RR	NZA-Rechtsprechungs-Report Arbeitsrecht
NZI	Neue Zeitschrift für Insolvenzrecht
NZM	Neue Zeitschrift für Miet- und Wohnungsrecht
NZS	Neue Zeitschrift für Sozialrecht
NZV	Neue Zeitschrift für Verkehrsrecht
NZWehrr	Neue Zeitschrift für Wehrrecht
NZWiSt	Neue Zeitschrift für Wirtschafts-, Steuer- und Unternehmensstrafrecht
OASG	Gesetz zur Sicherung der zivilrechtlichen Ansprüche der Opfer von Straftaten (Opferanspruchsicherungsgesetz) vom 8.5.1998 (BGBl. I S. 905)
OBLG	Oberstes Landesgericht
OECD	Organisation für Wirtschaftliche Zusammenarbeit und Entwicklung
OEG	Gesetz über die Entschädigung für Opfer von Gewalttaten vom 11.5.1976 (BGBl. I S. 1181) i.d.F. der Bek. vom 7.1.1985 (BGBl. I S. 1)
OER	Osteuropa-Recht
OG	Oberstes Gericht der DDR
OGH	Oberster Gerichtshof (Österreich)
OGHSt	Entscheidungen des Obersten Gerichtshofes für die Britische Zone in Strafsachen (1949/50)
ÖJZ	Österreichische Juristen-Zeitung
OLAF	Europäisches Amt für Betrugsbekämpfung (Office Européen de Lutte Anti-Fraude)
OLG	Oberlandesgericht
OLG-NL	OLG-Report Neue Länder
OLGR	OLG-Report
OLGSt	Entscheidungen der Oberlandesgerichte zum Straf- und Strafverfahrensrecht (Loseblattausgabe, bis 1983)
OLGSt N. F	Entscheidungen der Oberlandesgerichte zum Straf- und Strafverfahrensrecht, Neue Folge (Loseblattausgabe, ab 1983)
OLGVertrÄndG	Gesetz zur Änderung des Rechts der Vertretung durch Rechtsanwälte vor den Oberlandesgerichten vom 23.7.2002 (BGBl. I S. 2850)
OPCAT	siehe UNCAT
OpferRRG	Gesetz zur Verbesserung der Rechte von Verletzten im Strafverfahren (Opferrechtsreformgesetz – OpferRRG) vom 24.6.2004 (BGBl. I S. 1354)
2. OpferRRG	Gesetz zur Stärkung der Rechte von Verletzten und Zeugen im Strafverfahren (2. Opferrechtsreformgesetz) vom 29.7.2009 (BGBl. I S. 2280)
3. OpferRRG	Gesetz zur Stärkung der Opferrechte im Strafverfahren (3. Opferrechtsreformgesetz) vom 21.12.2015 (BGBl. I S. 2525)
OpferschutzG	Erstes Gesetz zur Verbesserung der Stellung des Verletzten im Strafverfahren (Opferschutzgesetz) vom 18.12.1986 (BGBl. I S. 2496)

OrgKG	Gesetz zur Bekämpfung des illegalen Rauschgifthandels und anderer Erscheinungsformen der Organisierten Kriminalität (OrgKG) vom 15.7.1992 (BGBl. I S. 1302)
OrgStA	Anordnung über Organisation und Dienstbetrieb der Staatsanwaltschaften
ÖRiZ	Österreichische Richterzeitung
ÖRZ	Österreichische Raiffeisen-Zeitung
OStA	Oberstaatsanwalt
ÖstAnwBl.	Österreichisches Anwaltsblatt
öStVG	Österreichisches Strafvollzugsgesetz
ÖStZ	Österreichische Steuerzeitung
OSZE	Organisation für Sicherheit und Zusammenarbeit in Europa
ÖVerfG	Österreichischer Verfassungsgerichtshof
OVG	Oberverwaltungsgericht
OWG/DDR	Gesetz zur Bekämpfung von Ordnungswidrigkeiten (der Deutschen Demokratischen Republik) vom 12.1.1968 (GBl. I S. 101), zuletzt geändert durch Gesetz vom 29.6.1990 (GBl. I S. 526)
OWiG	Gesetz über Ordnungswidrigkeiten, neugefasst durch Bek. vom 19.2.1987 (BGBl. I S. 602); zuletzt geändert durch Art. 3 des Gesetzes vom 17.12.2018 (BGBl. I S. 2571)
OWiGÄndG	Gesetz zur Änderung des Gesetzes über Ordnungswidrigkeiten, des Straßenverkehrsgesetzes und anderer Gesetze vom 7.7.1986 (BGBl. I S. 977)
PaO	Patentanwaltsordnung vom 7.9.1966 (BGBl. I S. 557); zuletzt geändert durch Art. 5 des Gesetzes vom 30.10.2017 (BGBl. I S. 3618)
ParlStG	Gesetz über die Rechtsverhältnisse der parlamentarischen Staatssekretäre vom 24.7.1974 (BGBl. I S. 1538)
PartG	Gesetz über die politischen Parteien (Parteiengesetz) neugefasst durch Bek. vom 31.1.1994, BGBl. I S. 149
PaßG	Paßgesetz vom 19.4.1986 (BGBl. I S. 537)
PatG	Patentgesetz, neugefasst durch Bek. vom 16.12.1980 (BGBl. 1981 I S. 1); zuletzt geändert durch Art. 4 des Gesetzes vom 8.10.2017 (BGBl. I S. 3546)
PAuswG	Gesetz über Personalausweise vom 19.12.1950 (BGBl. I S. 807) i.d.F. der Bek. vom 21.4.1986 (BGBl. I S. 548)
PD-I	Practice Direction – Institution of Proceedings (EGMR)
PD-IM	Practice Direction – Interim Measures (EGMR)
PD-JS	Practice Direction – Just Satisfaction Claims (EGMR)
PD-RfA	Practice Direction – Request for Anonymity (EGMR)
PD-SEF	Practice Direction – Secured Electronic Filing (EGMR)
PD-WP	Practice Direction – Written Pleadings (EGMR)
PflVG	Gesetz über die Pflichtversicherung für Kraftfahrzeughalter i.d.F. der Bek. vom 5.4.1965 (BGBl. I S. 213)
PJZS	Polizeiliche und Justizielle Zusammenarbeit in Strafsachen
PKH	Prozesskostenhilfe
PKHÄndG	Gesetz zur Änderung von Vorschriften über die Prozeßkostenhilfe (Prozeßkostenhilfeänderungsgesetz – PKHÄndG) vom 10.10.1994 (BGBl. I S. 2954)
PlenProt.	Plenarprotokoll, Stenographische Berichte der Sitzungen des Deutschen Bundestages
PNR	Passenger Name Record
POGNW	Polizeiorganisationsgesetz (des Landes NRW) i.d.F. der Bek. vom 22.10.1994 (GVNW S. 852)
PolGBW	Polizeigesetz (des Landes BW) i.d.F. der Bek. vom 13.1.1992 (GBl. S. 1)
Polizei	s. Die Polizei
PostG	Gesetz über das Postwesen i.d.F. der Bek. vom 3.7.1989 (BGBl. I S. 1449)
PostO	Postordnung vom 16.5.1963 (BGBl. I S. 341)
PostStruktG	Gesetz zur Neustrukturierung des Post- und Fernmeldewesens und der Deutschen Bundespost (Poststrukturgesetz – PoststruktG) vom 8.6.1989 (BGBl. I S. 1026)
Pr.	Preußen

prALR	Allgemeines Landrecht für die Preußischen Staaten
PräsLG	Präsident des Landgerichts
PräsOLG	Präsident des Oberlandesgerichts
PräsVerfG	Gesetz über die Änderung der Bezeichnungen der Richter und ehrenamtlichen Richter und der Präsidialverfassungen der Gerichte vom 26.5.1972 (BGBl. I S. 841)
PrGS	Preußische Gesetzessammlung (1810–1945)
PrG	Pressegesetz (Landesrecht)
Prot.	Protokoll
ProzeßkostenhG	Gesetz über die Prozeßkostenhilfe vom 13.6.1980 (BGBl. I S. 677)
Pro-Eurojust	Vorgänger- und Gründungseinheit von Eurojust
PrPG	Gesetz zur Stärkung des Schutzes des geistigen Eigentums und zur Bekämpfung der Produktpiraterie (PrPG) vom 7.3.1990 (BGBl. I S. 422)
PrZeugnVerwG	Gesetz über das Zeugnisverweigerungsrecht der Mitarbeiter von Presse und Rundfunk vom 25.7.1975 (BGBl. I S. 1973)
PStR	Praxis Steuerstrafrecht
PTNeuOG	Gesetz zur Neuordnung des Postwesens und der Telekommunikation (Postneuordnungsgesetz – PTNeuOG) vom 14.9.1994 (BGBl. I S. 2325)
PUAG	Gesetz zur Regelung des Rechts der Untersuchungsausschüsse des Deutschen Bundestages (Untersuchungsausschussgesetz – PUAG) vom 19.6.2001 (BGBl. I S. 1142)
PV	Personenvereinigung
PVG	Polizeiverwaltungsgesetz
PVR	Praxis Verkehrsrecht
RA	Rechtsanwalt
RabelsZ	Rabels-Zeitschrift für ausländisches und internationales Privatrecht
RAG/DDR	Rechtsanwaltsgesetz der Deutschen Demokratischen Republik vom 13.9.1990 (GBl. I S. 1504)
RAHG	s. RHG
RANotz.PrG	Gesetz zur Prüfung von Rechtsanwaltszulassungen, Notarbestellungen und Berufungen ehrenamtlicher Richter vom 24.6.1992 (BGBl. I S. 1386)
RAO	Reichsabgabenordnung vom 13.12.1919, aufgehoben durch AO vom 16.3.1976
RAussch.	Rechtsausschuss
RB	Rahmenbeschluss (Art. 34 EU)
RBEuHb	Rahmenbeschluss des Rates (2002/584/JI) vom 13.6.2002 über den Europäischen Haftbefehl und die Übergabeverfahren zwischen den Mitgliedstaaten (ABlEU Nr. L 190 vom 18.7.2002, S. 1)
RBerG	Gesetz zur Verhütung von Mißbrauch auf dem Gebiet der Rechtsberatung vom 13.12.1935 (RGBl. I S. 1478); aufgehoben durch Art. 20 des Gesetzes vom 12.12.2007 (BGBl. I S. 2840)
RdA	Recht der Arbeit
RdErl.	Runderlass
RDG	Gesetz über außergerichtliche Rechtsdienstleistungen (Rechtsdienstleistungsgesetz – RDG) vom 12.12.2007 (BGBl. I. S. 2840)
RDH	Revue des Droits de l'Homme
RDIDC	Revue de droit international et de droit comparé
RdJB	Recht der Jugend und des Bildungswesens (Zeitschrift)
RdK	Das Recht des Kraftfahrers (1926–43, 1949–55)
RdM	Recht der Medizin
RDStH	Entscheidungen des Reichsdienststrafhofs (1939–41)
RDStO	Reichsdienststrafordnung vom 26.1.1937 (RGBl. I S. 71)
RDV	Recht der Datenverarbeitung
Recht	Das Recht, begründet von Soergel (1897 bis 1944)
recht	Information des Bundesministers der Justiz
RefE	Referentenentwurf

Reg.	Regierung
RegBl.	Regierungsblatt
RegE	Regierungsentwurf
RegE TKÜ	Entwurf der Bundesregierung eines Gesetzes zur Neuregelung der Telekommunikationsüberwachung und anderer verdeckter Ermittlungsmaßnahmen sowie zur Umsetzung der Richtlinie 2006/EG vom 18.4.2007
RehabG	Rehabilitierungsgesetz (der Deutschen Demokratischen Republik) vom 6.9.1990 (GBl. I S. 1459), aufgehoben durch StrRehaG
Res.	Resolution
RevMC	Revue du Marché commun et de l'Union européenne
Rev.trim.dr.h.	Revue trimestrielle des droits de l'homme
RG	Reichsgericht
RGBl., RGBl. I, II	Reichsgesetzblatt, von 1922 bis 1945 Teil I und II
RGRspr.	Rechtsprechung des Reichsgerichts in Strafsachen (1879 bis 1888)
RGSt	Entscheidungen des Reichsgerichts in Strafsachen
RGZ	Entscheidungen des Reichsgerichts in Zivilsachen
RheinSchA	Revidierte Rheinschiffahrtsakte (Mannheimer Akte) i.d.F. der Bek. vom 11.3.1969 (BGBl. II S. 597)
RHG	Gesetz über die innerdeutsche Rechts- und Amtshilfe in Strafsachen vom 2.5.1953 (BGBl. I S. 161)
RHGDVO	Verordnung zur Durchführung des Gesetzes über die innerdeutsche Rechts- und Amtshilfe in Strafsachen vom 23.12.1953 (BGBl. I S. 1569)
RhPf.	Rheinland-Pfalz
RiA	Recht im Amt
RichtlRA	Grundsätze des anwaltlichen Standesrechts – Richtlinien gem. § 177 Abs. 2 Satz 2 BRAO vom 21.6.1973
RiG/DDR	Richtergesetz der Deutschen Demokratischen Republik vom 5.7.1990 (GBl. I S. 637)
RiJGG	Richtlinien zum Jugendgerichtsgesetz
RiStBV	Richtlinien für das Strafverfahren und das Bußgeldverfahren vom 1.12.1970 (BAnz. Nr. 17/1971), i.d.F. der Bek. vom 1.2.1997 mit spät. Änderungen, bundeseinheitlich
RiVASt	Richtlinien für den Rechtshilfeverkehr mit dem Ausland in strafrechtlichen Angelegenheiten
RIW	Recht der Internationalen Wirtschaft (Zeitschrift)
RKG(E)	Reichskriegsgericht (Entscheidungen des RKG)
RL	Richtlinie
RMBl.	Reichsministerialblatt, Zentralblatt für das Deutsche Reich (1923–45)
RMilGE	Entscheidungen des Reichsmilitärgerichts
Rn.	Randnummer
ROW	Recht in Ost und West (Zeitschrift)
RpflAnpG	Gesetz zur Anpassung der Rechtspflege im Beitrittsgebiet (Rechtspflege-Anpassungsgesetz – RpflAnpG) vom 26.6.1992 (BGBl. I S. 1147)
RpflAnpÄndG	Gesetz zur Änderung des Rechtspflege-Anpassungsgesetzes – RpflAnpG vom 7.12.1995 (BGBl. I S. 1590)
Rpfleger	Der Deutsche Rechtspfleger
RpflEntlG	Gesetz zur Entlastung der Rechtspflege vom 11.1.1993 (BGBl. I S. 50)
RpflG	Rechtspflegergesetz vom 5.11.1969 (BGBl. I S. 2065)
RpflVereinfG	Rechtspflege-Vereinfachungsgesetz vom 17.12.1990 (BGBl. I S. 2847)
RPsych	Rechtspsychologie (Zeitschrift)
Rspr.	Rechtsprechung
RT	Reichstag
RTDE	Revue trimestrielle de droit européen
RTDrucks.	Drucksachen des Reichstags
RTh	Zeitschrift für Logik und Juristische Methodenlehre, Rechtsinformatik, Kommunikationsforschung, Normen- und Handlungstheorie, Soziologie und Philosophie des Rechts – eJournal

RTVerh.	Verhandlungen des Reichstags
RuP	Recht und Politik (Zeitschrift)
RVerf.	s. WeimVerf.
RVG	Gesetz über die Vergütung der Rechtsanwältinnen und Rechtsanwälte – Rechtsanwaltsvergütungsgesetz vom 5.5.2004 (BGBl. I S. 718)
RVO	Reichsversicherungsordnung vom 19.7.1911 i.d.F. der Bek. vom 15.12.1924 (RGBl. I S. 779)
RW	Rechtswissenschaft – Zeitschrift für rechtswissenschaftliche Forschung
RZ	siehe: ÖRiZ
R&P	Recht und Psychiatrie (Zeitschrift)
r+s	Recht und Schaden (Zeitschrift)
S.	Satz, Seite
Sa.	Sachsen
SaAnh.	Sachsen-Anhalt
SaBremR	Sammlung des bremischen Rechts (1964)
SächsArch.	Sächsisches Archiv für Rechtspflege, seit 1924 (bis 1941/42) Archiv für Rechtspflege in Sachsen, Thüringen und Anhalt
SächsOLG	Annalen des Sächsischen Oberlandesgerichts zu Dresden (1880 bis 1920)
SAM	Steueranwaltsmagazin
SchAZtg	Schiedsamtszeitung
SchiedsmZ	Schiedsmannszeitung (1926 bis 1945), seit 1950 Der Schiedsmann
SchiedsstG	Gesetz (der Deutschen Demokratischen Republik) über die Schiedsstellen in den Gemeinden vom 13.9.1990 (GBl. I S. 1527)
SchlH	Schleswig-Holstein
SchlHA	Schleswig-Holsteinische Anzeigen
SchrR	Schriftenreihe
SchrRAGStrafR	Schriftenreihe der Arbeitsgemeinschaft Strafrecht im Deutschen Anwaltverein
SchRG	Gesetz über Rechte an eingetragenen Schiffen und Schiffsbauwerken vom 15.11.1940 (RGBl. I S. 1499)
SchrRBRAK	Schriftenreihe der Bundesrechtsanwaltskammer
SchwarzArbG	Gesetz zur Bekämpfung der Schwarzarbeit und illegalen Beschäftigung vom 23.7.2004 (Schwarzarbeitsbekämpfungsgesetz – SchwarzArbG), BGBl. I S. 1842
SchwGBG	Gesetz zur Verbesserung der Bekämpfung der Geldwäsche und Steuerhinterziehung vom 28.4.2011 (Schwarzgeldbekämpfungsgesetz), BGBl. I S. 676
SchwJZ	Schweizerische Juristenzeitung
SchwZStr	Schweizer Zeitschrift für Strafrecht
SDÜ	Übereinkommen vom 19.6.1990 zwischen dem Königreich Belgien, der Bundesrepublik Deutschland, der Französischen Republik, dem Großherzogtum Luxemburg und dem Königreich der Niederlande zur Durchführung des am 14.6.1985 in Schengen unterzeichneten Übereinkommens betreffend den schrittweisen Abbau der Kontrollen an den gemeinsamen Grenzen (Schengener Durchführungsübereinkommen; ABlEG Nr. L 239 vom 22.9.2000, S. 19)
1. SED-UnberG	Erstes Gesetz zur Bereinigung von SED-Unrecht (Erstes SED-Unrechtsbereinigungsgesetz – 1. SED-UnberG) vom 29.10.1992 (BGBl. I S. 1814)
2. SED-UnberG	Zweites Gesetz zur Bereinigung von SED-Unrecht (Zweites SED-Unrechtsbereinigungsgesetz – 2. SED–UnBerG) vom 23.6.1994 (BGBl. I S. 1311)
SeeAufgG	Gesetz über die Aufgaben des Bundes auf dem Gebiet der Seeschiffahrt (Seeaufgabengesetz – SeeAufgG) vom 24.5.1965 i.d.F. der Bek. vom 27.9.1994 (BGBl. I S. 2802)
SeemG	Seemannsgesetz vom 26.7.1957 (BGBl. II S. 713)
SeuffBl.	Seufferts Blätter für Rechtsanwendung (1836–1913)
SFHÄndG	Schwangeren- und Familienhilfeänderungsgesetz (SFHÄndG) vom 21.8.1995 (BGBl. I S. 1050)
SFHG	Gesetz zum Schutz des vorgeburtlichen/werdenden Lebens, zur Förderung einer kinderfreundlicheren Gesellschaft, für Hilfe im Schwangerschaftskonflikt und zur

Regelung des Schwangerschaftsabbruchs (Schwangeren- und Familienhilfegesetz) vom 27.7.1992 (BGBl. I S. 1398)

SGb — Die Sozialgerichtsbarkeit (Zeitschrift)

SGB — Sozialgesetzbuch
SGB I – Sozialgesetzbuch, Allgemeiner Teil (1. Buch), vom 27.12. 2003 (BGBl. I S. 3022)
SGB II – Sozialgesetzbuch, Grundsicherung für Arbeitsuchende (2. Buch), vom 24.12.2003 (BGBl. I S. 2954),
SGB III – Sozialgesetzbuch, Arbeitsförderung (3. Buch), vom 27.12. 2003 (BGBl. I S. 3022),
SGB IV – Sozialgesetzbuch, Gemeinsame Vorschriften für die Sozialversicherung (4. Buch) vom 24.7.2003 (BGBl. I S. 1526),
SGB V – Sozialgesetzbuch, Gesetzliche Krankenversicherung (5. Buch) vom 27.12.2003 (BGBl. I S. 3022),
SGB VI – Sozialgesetzbuch, Gesetzliche Rentenversicherung (6. Buch) vom 29.4.2004 (BGBl. I S. 678),
SGB VII – Sozialgesetzbuch, Gesetzliche Unfallversicherung (7. Buch) vom 27.12.2003 (BGBl. I S. 3019),
SGB VIII – Sozialgesetzbuch, Kinder- und Jugendhilfe (8. Buch) vom 27.12.2003 (BGBl. I S. 3022),
SGB IX – Sozialgesetzbuch, Rehabilitation und Teilhabe behinderter Menschen (9. Buch) vom 23.4.2004 (BGBl. I S. 606),
SGB X – Sozialgesetzbuch, Verwaltungsverfahren (10. Buch) vom 5.4.2004 (BGBl. I S. 718),
SGB XI – Sozialgesetzbuch, Soziale Pflegeversicherung (11. Buch) vom 27.12.2003 (BGBl. I S. 3022),
SGB XII – Sozialgesetzbuch, Sozialhilfe (12. Buch) vom 27.12.2003 (BGBl. I S. 3022)

SGG — Sozialgerichtsgesetz, neugefasst durch Bek. vom 23.9.1975 (BGBl. I S. 2535); zuletzt geändert durch Art. 9 des Gesetzes vom 12.7.2018 (BGBl. I S. 1151)

SGV.NW — Sammlung des bereinigten Gesetz- und Verordnungsblatts für das Land Nordrhein-Westfalen (Loseblattsammlung)

SIAK — Zeitschrift für Polizeiwissenschaft und polizeiliche Praxis (Österreich)

SichVG — Gesetz zur Rechtsvereinheitlichung der Sicherungsverwahrung (SichVG) vom 16.6.1995 (BGBl. I S. 818)

SIRENE — Supplementary Information Request at the National Entry (nationale Kontaktstelle des SIS)

SIS — Schengener Informationssystem

SJIR — Schweizerisches Jahrbuch für internationales Recht

SJZ — Schweizerische Juristen-Zeitung/Süddeutsche Juristenzeitung (1946–50), dann Juristenzeitung

SkAufG — Gesetz über dieRechtsstellung ausländischer Streitkräfte bei vorübergehenden Aufenthalten in der Bundesrepublik Deutschland (Streitkräfteaufenthaltsgesetz – SkAufG) vom 20.7.1995 (BGBl. II S. 554)

s.o. — siehe oben

SortSchG — Gesetz über den Schutz von Pflanzensorten (Sortenschutzgesetz) vom 20.5.1968 i.d.F. der Bek. vom 4.1.1977 (BGBl. I S. 105)

SozVw — Die Sozialverwaltung (Zeitschrift)

SprengG — Gesetz über explosionsgefährliche Stoffe (Sprengstoffgesetz – SprengG) vom 13.9.1976 (BGBl. I S. 2737) i.d.F. der Bek. vom 17.4. 1986 (BGBl. I S. 577)

SprengstG — Gesetz über explosionsgefährliche Stoffe (Sprengstoffgesetz) vom 25.8.1969 (BGBl. I S. 1358, ber. BGBl. 1970 I S. 224), aufgehoben durch SprengG vom 13.9.1976

SpuRt — Sport und Recht (Zeitschrift)

SR — Soziales Recht (Zeitschrift)

SRÜ — Seerechtsübereinkommen der Vereinten Nationen vom 10.12.1982 (BGBl. 1994 II S. 1799)

StA	Staatsanwalt, Staatsanwaltschaft
StAG/DDR	Gesetz über die Staatsanwaltschaft der Deutschen Demokratischen Republik vom 7.4.1977 (GBl. I S. 93), zuletzt geändert durch Gesetz vom 5.7.1990 (GBl. I S. 635)
StaatsGH	Staatsgerichtshof
StaatsschStrafsG	Gesetz zur allgemeinen Einführung eines zweiten Rechtszuges in Staatsschutz-Strafsachen vom 8.9.1969 (BGBl. I S. 1582)
StÄG	s. StRÄndG
StAZ	Das Standesamt (Zeitschrift)
StBerG	Steuerberatungsgesetz, neugefasst durch Bek. vom 4.11.1975 (BGBl. I S. 2735); zuletzt geändert durch Art. 8 des Gesetzes vom 30.10.2017 (BGBl. I S. 3618)
StGB	Strafgesetzbuch, neugefasst durch Bek. vom 13.11.1998 (BGBl. I S. 3322); zuletzt geändert durch Art. 14 des Gesetzes vom 18.12.2018 (BGBl. I S. 2639)
StGB/DDR	Strafgesetzbuch der Deutschen Demokratischen Republik vom 12.1.1968 in der Neufassung vom 14.12.1988 (GBl. I S. 93), zuletzt geändert durch Gesetz vom 29.6.1990 (GBl. I S. 526)
StGBÄndG 1976	Gesetz zur Änderung des Strafgesetzbuches, der Strafprozeßordnung, des Gerichtsverfassungsgesetzes, der Bundesrechtsanwaltsordnung und des Strafvollzugsgesetzes vom 18.8.1976 (BGBl. I S. 218l)
StGBÄndG 1989	Gesetz zur Änderung des Strafgesetzbuches, der Strafprozeßordnung und des Versammlungsgesetzes und zur Einführung einer Kronzeugenregelung bei terroristischen Straftaten vom 9.6.1989 (BGBl. I S. 1059)
StORMG	Gesetz zur Stärkung der Rechte von Opfern sexuellen Missbrauchs vom 26.6.2013 (BGBl. I S. 1805)
StPÄG 1964	Gesetz zur Änderung der Strafprozeßordnung und des Gerichtsverfassungsgesetzes vom 19.12.1964 (BGBl. I S. 1067)
StPÄG 1972	Gesetz zur Änderung der Strafprozeßordnung vom 7.8.1972 (BGBl. I S. 1361)
StPÄG 1978	Gesetz zur Änderung der Strafprozeßordnung vom 14.4.1978 (BGBl. I S. 497)
StPÄG 1986	Paßgesetz und Gesetz zur Änderung der Strafprozeßordnung vom 19.4.1986 (BGBl. I S. 537)
StPÄG 1988	Gesetz zur Änderung der Strafprozeßordnung vom 17.5.1988 (BGBl. I S. 606)
StPO	Strafprozeßordnung vom 1.2.1877 i.d.F. der Bek. vom 7.4.1987 (BGBl. I S. 1074)
StPO/DDR	Strafprozeßordnung der Deutschen Demokratischen Republik vom 12.1.1968 in der Neufassung vom 19.12.1974 (GBl. 1975 I S. 61)
StraFo	Strafverteidiger Forum (Zeitschrift)
StrafrAbh.	Strafrechtliche Abhandlungen, herausgegeben von Bennecke, dann von Beling, v. Lilienthal und Schoetensack
StraftVVG	Gesetz zur Verfolgung der Vorbereitung von schweren staatsgefährdenden Gewalttaten vom 30.7.2009 (BGBl. I S. 2437)
StRÄndG	Strafrechtsänderungsgesetz 1. ~ vom 30.8.1951 (BGBl. I S. 739) 2. ~ vom 6.3.1953 (BGBl. I S. 42) 3. ~ vom 4.8.1953 (BGBl. I S. 735) 4. ~ vom 11.6.1957 (BGBl. I S. 597) 5. ~ vom 24.6.1960 (BGBl. I S. 477) 6. ~ vom 30.6.1960 (BGBl. I S. 478) 7. ~ vom 1.6.1964 (BGBl. I S. 337) 8. ~ vom 25.6.1968 (BGBl. I S. 741) 9. ~ vom 4.8.1969 (BGBl. I S. 1065) 10. ~ vom 7.4.1970 (BGBl. I S. 313) 11. ~ vom 16.12.1971 (BGBl. I S. 1977) 12. ~ vom 16.12.1971 (BGBl. I S. 1779) 13. ~ vom 13.6.1975 (BGBl. I S. 1349) 14. ~ vom 22.4.1976 (BGBl. I S. 1056) 15. ~ vom 18.5.1976 (BGBl. I S. 1213) 16. ~ vom 16.7.1979 (BGBl. I S. 1078)

17. ~ vom 21.12.1979 (BGBl. I S. 2324)
18. ~ vom 28.3.1980 (BGBl. I S. 379) – Gesetz zur Bekämpfung der Umweltkriminalität
19. ~ vom 7.8.1981 (BGBl. I S. 808)
20. ~ vom 8.12.1981 (BGBl. I S. 1329)
21. ~ vom 13.6.1985 (BGBl. I S. 963)
22. ~ vom 18.7.1985 (BGBl. I S. 1510)
23. ~ vom 13.4.1986 (BGBl. I S. 1986)
24. ~ vom 13.1.1987 (BGBl. I S. 141)
25. ~ vom 20.8.1990 – § 201 StG – (BGBl. I S. 1764)
26. ~ vom 24.7.1992 – Menschenhandel – (BGBl. I S. 1255)
27. ~ vom 23.7.1993 – Kinderpornographie – (BGBl. I S. 1346)
28. ~ vom 13.1.1994 – Abgeordnetenbestechung – (BGBl. I S. 84)
29. ~ vom 31.5.1994 – §§ 175, 182 StGB – (BGBl. I S. 1168)
30. ~ vom 23.6.1994 – Verjährung von Sexualstraftaten an Kindern und Jugendlichen – BGBl. I S. 1310)
31. ~ vom 27.6.1994 – 2. Gesetz zur Bekämpfung der Umweltkriminalität – (BGBl. I S. 1440)
32. ~ vom 1.6.1995 – §§ 44, 69b StGB – (BGBl. I S. 747)
33. ~ vom 1.7.1997 – §§ 177, 178 StGB (BGBl. I S. 1607)
34. ~ vom 22.8.2002 – § 129b StGB (BGBl. I S. 3390)
35. ~ vom 22.12.2003 – Betrug und Fälschung im Zusammenhang mit unbaren Zahlungsmitteln (BGBl. I S. 2838)
36. ~ vom 30.7.2004 – § 201a StGB (BGBl. I S. 2012)
37. ~ vom 18.2.2005 – §§ 180b, 181 StGB (BGBl. I S. 239)
40. ~ vom 22.3.2007 – Strafbarkeit beharrlicher Nachstellungen (Anti-Stalking-Gesetz) (BGBl. I S. 354)
41. ~ vom 7.8.2007 – Bekämpfung der Computerkriminalität (BGBl. I S. 1786)
42. ~ vom 29.6.2009 – Anhebung der Höchstgrenze des Tagessatzes bei Geldstrafen (BGBl. I S. 1658)
43. ~ vom 29.7.2009 – Strafzumessung bei Aufklärungs- und Präventionshilfe (BGBl. I S. 2288)
44. ~ vom 1.11.2011 – Widerstand gegen Vollstreckungsbeamte (BGBl. I S. 2130)
45. ~ vom 6.12.2011 – Umsetzung der Richtlinie des Europäischen Parlaments und des Rates zum strafrechtlichen Schutz der Umwelt (BGBl. I S. 2557)
46. ~ vom 10.6.2013 – Beschränkung der Möglichkeit zur Strafmilderung bei Aufklärungs- und Präventionshilfe (BGBl. I S. 1497)
47. ~vom 24.9.2013 – Strafbarkeit der Verstümmelung weiblicher Genitalien (BGBl. I S. 3671)
48. ~ vom 23.4.2014 – Erweiterung des Straftatbestandes der Abgeordnetenbestechung (BGBl. I S. 410)
49. ~ vom 21.1.2015 – Umsetzung europäischer Vorgaben zum Sexualstrafrecht (BGBl. I S. 10)
50. ~ vom 4.11.2016 – Verbesserung des Schutzes der sexuellen Selbstbestimmung (BGBl. I S. 2460)
51. ~ vom 11.4.2017 – Strafbarkeit von Sportwettbetrug und der Manipulation von berufssportlichen Wettbewerben (BGBl. I S. 815)
52. ~ vom 23.5.2017 – Stärkung des Schutzes von Vollstreckungsbeamten und Rettungskräften (BGBl. I S. 1226)
53. ~ vom 11.6.2017 – Ausweitung des Maßregelrechts bei extremistischen Straftätern (BGBl. I S. 1612)
54. ~ vom 17.7.2017 – Umsetzung des Rahmenbeschlusses 2008/841/JI des Rates vom 24. Oktober 2008 zur Bekämpfung der organisierten Kriminalität (BGBl. I S. 2440)
55. ~ vom 17.7.2017 – Wohnungseinbruchdiebstahl (BGBl. I S. 2442)

	56. ~ vom 30.9.2017 – Strafbarkeit nicht genehmigter Kraftfahrzeugrennen im Straßenverkehr vom (BGBl. I S. 3532)
StraßenVSichG	1. Gesetz zur Sicherung des Straßenverkehrs (Straßenverkehrssicherungsgesetz) vom 19.12.1952 (BGBl. I S. 832)
	2. Zweites ~ vom 26.11.1964 (BGBl. I S. 921)
StREG	Gesetz über ergänzende Maßnahmen zum 5. StrRG (Strafrechtsreformergänzungsgesetz) vom 28.8.1975 (BGBl. I S. 2289)
StrEG	Gesetz über die Entschädigung für Strafverfolgungsmaßnahmen vom 8.3.1971 (BGBl. I S. 157)
STREIT	Feministische Rechtszeitschrift
StrFG	Straffreiheitsgesetz
	– 1949 vom 31.12.1949 (BGBl. I S. 37)
	– 1954 vom 17.7.1954 (BGBl. I S. 203)
	– 1968 vom 9.7.1968 (BGBl. I S. 773)
	– 1970 vom 20.5.1970 (BGBl. I S. 509)
StRG	Gesetz zur Reform des Strafrechts
	1. ~ vom 25.6.1969 (BGBl. I S. 645)
	2. ~ vom 4.7.1969 (BGBl. I S. 717)
	3. ~ vom 20.5.1970 (BGBl. I S. 505)
	4. ~ vom 23.11.1973 (BGBl. I S. 1725)
	5. ~ vom 18.6.1974 (BGBl. I S. 1297)
	6. ~ vom 26.1.1998 (BGBl. I S. 164)
StRR	StrafRechtsReport – Arbeitszeitschrift für das gesamte Strafrecht
StrRehaG	Gesetz über die Rehabilitierung und Entschädigung von Opfern rechtsstaatswidriger Strafverfolgungsmaßnahmen im Beitrittsgebiet (Strafrechtliches Rehabilitierungsgesetz – StrRehaG) vom 29.10.1992 (BGBl. I S. 1814) i.d.F. der Bek. vom 17.12.1999 (BGBl. I S. 2664)
st.Rspr.	ständige Rechtsprechung
StudZR	Studentische Zeitschrift für Rechtswissenschaft Heidelberg
StUG	Gesetz über die Unterlagen des Staatssicherheitsdienstes der ehemaligen Deutschen Demokratischen Republik (Stasi-Unterlagen-Gesetz – StUG) vom 20.12.1991 (BGBl. I S. 2272)
StuR	Staat und Recht (Zeitschrift DDR, 1950 bis 1990)
StuW	Steuern und Wirtschaft (Zeitschrift)
StV	Strafverteidiger (Zeitschrift)
StVÄG 1979	Strafverfahrensänderungsgesetz 1979 vom 5.10.1978 (BGBl. I S. 1645)
StVÄG 1987	Strafverfahrensänderungsgesetz 1987 vom 27.1.1987 (BGBl. I S. 475)
StVÄG 1999	Strafverfahrensänderungsgesetz 1999 vom 2.8.2000 (BGBl. I S. 1253)
StVG	Straßenverkehrsgesetz vom 3.5.1909 i.d.F. der Bek. vom 19.12.1952 (BGBl. I S. 837)
StVO	Straßenverkehrsordnung vom 16.11.1970 (BGBl. I S. 1565, ber. 1971, S. 38)
StVollstrO	Strafvollstreckungsordnung vom 1.4.2001 (BAnz. Nr. 87) bundeseinheitlich
StVollzG	Gesetz über den Vollzug der Freiheitsstrafe und der freiheitsentziehenden Maßregeln der Besserung und Sicherung – Strafvollzugsgesetz – vom 16.3.1976 (BGBl. I S. 581)
StVollzGK	Strafvollzugsgesetz-Kommissionsentwurf, herausgegeben vom Bundesministerium der Justiz
StVollzK	Blätter für Strafvollzugskunde (Beilage zur Zeitschrift „Der Vollzugsdienst")
1. StVRErgG	Gesetz zur Ergänzung des 1. StVRG vom 20.12.1974 (BGBl. I S. 3686)
1. StVRG	Erstes Gesetz zur Reform des Strafverfahrensrechts vom 9.12.1974 (BGBl. I S. 3393)
StVZO	Straßenverkehrs-Zulassungs-Ordnung vom 13.11.1937 i.d.F. der Bek. vom 28.9.1988 (BGBl. I S. 1793)
s.u.	siehe unten
SubvG	Subventionsgesetz vom 29.7.1976 (BGBl. I S. 2034)
SVR	Straßenverkehrsrecht (Zeitschrift)

SZ	Süddeutsche Zeitung
SZIER	Schweizerische Zeitschrift für internationales und europäisches Recht
TerrorismusG	Gesetz zur Bekämpfung des Terrorismus vom 19.12.1986 (BGBl. I S. 2566)
TerrorBekG	Gesetz vom 9.1.2002 zur Bekämpfung des internationalen Terrorismus (Terrorismusbekämpfungsgesetz) (BGBl. I S. 361)
TerrorBekErgG	Gesetz zur Ergänzung des Terrorismusbekämpfungsgesetzes (Terrorismusbekämpfungsergänzungsgesetz) vom 5.1.2007 (BGBl. I S. 2)
TFTP	Terrorist Finance Tracking Program
ThUG	Gesetz zur Therapierung und Unterbringung psychisch gestörter Gewalttäter (Therapieunterbringungsgesetz) vom 22.12.2010 (BGBl. I S. 2300, 2305)
Thür.	Thüringen
TiefseebergbauG	Gesetz zur vorläufigen Regelung des Tiefseebergbaus vom 16.8.1980 (BGBl. I S. 1457)
TierschG	Tierschutzgesetz vom 24.7.1972 (BGBl. I S. 1277)
TKG	Telekommunikationsgesetz (TKG) vom 25.7.1996 (BGBl. I S. 1120)
TKÜG	Gesetz zur Neuregelung der Telekommunikationsüberwachung und anderer Ermittlungsmaßnahmen sowie zur Umsetzung der Richtlinie 2006/24/EG vom 21.12.2007 (BGBl. I S. 3198)
TKO	Telekommunikationsordnung vom 16.7.1987 (BGBl. I S. 1761)
TMG	Telemediengesetz vom 26.2.2007 (BGBl. I S. 179)
TREVI	Terrorisme, Radicalisme, Extremisme et Violence Internationale (1975) – Koordinierungsgruppe
TVöD	Tarifvertrag für den öffentlichen Dienst
TV/L	Tarifvertrag für den öffentlichen Dienst der Länder
Tz.	Teilziffer
UCLAF	Unité de Coordination de la Lutte Anti-Fraude
UdG	Urkundsbeamter der Geschäftsstelle
ÜAG	Gesetz vom 26.9.1991 zur Ausführung des Übereinkommens über die Überstellung verurteilter Personen vom 21.3.1983 – Überstellungsausführungsgesetz (BGBl. 1991 I S. 1954)
ÜberlG	Gesetz zur Überleitung von Bundesrecht nach Berlin (West) (Sechstes Überleitungsgesetz) vom 25.9.1990 (BGBl. I S. 2106)
ÜberstÜbk	Übereinkommen über die Überstellung verurteilter Personen vom 21.3.1983 (ETS 112; BGBl. 1991 II S. 1006; 1992 II S. 98); ZP ÜberstÜbk vom 18.12.1997 (ETS 167)
Übk	Übereinkommen
ÜF	Übergangsfassung
UFITA	Archiv für Medienrecht und Medienwissenschaft
UHaftÄndG	Gesetz zur Abänderung der Untersuchungshaft vom 27.12.1926 (RGBl. I S. 529)
UN	Vereinte Nationen
UNCAT	Übereinkommen (der Vereinten Nationen) gegen Folter und andere grausame, unmenschliche oder erniedrigende Behandlung oder Strafe vom 10.12.1984 (BGBl. 1990 II S. 246) OPCAT – Fakultativprotokoll vom 18.12.2002 zum Übereinkommen gegen Folter und andere grausame, unmenschliche oder erniedrigende Behandlung oder Strafe; Gesetz vom 26.8.2008 (BGBl. 2008 II S. 854)
UN-CAT	United Nations Committee against Torture – UN-Anti-Folter-Ausschuss
UN-FoltKonv.	Siehe UNCAT
UNHCR	United Nations High Commissioner for Refugees – Hoher Flüchtlingskommissar der Vereinten Nationen
UNO-Pakt	s. IPBPR
UnterbrSichG	Gesetz zur Reform des Rechts der Unterbringung in einem psychiatrischen Krankenhaus und in einer Entziehungsanstalt vom 16.7.2007 (BGBl. I S. 1327)
UrhG	Gesetz über Urheberrecht und verwandte Schutzrechte (Urheberrechtsgesetz) vom 9.9.1965 (BGBl. I S. 1273)

UVollzO	Untersuchungshaftvollzugsordnung vom 12.2.1953 i.d.F. der Bek. vom 15.12.1976, bundeseinheitlich
UZwG	Gesetz über den unmittelbaren Zwang bei Ausübung öffentlicher Gewalt durch Vollzugsbeamte des Bundes vom 10.3.1961 (BGBl. I S. 165)
UZwGBw	Gesetz über die Anwendung unmittelbaren Zwanges und die Ausübung besonderer Befugnisse durch Soldaten der Bundeswehr und verbündeter Streitkräfte sowie zivile Wachpersonen vom 12.8.1965 (BGBl. I S. 796)
VA	Vorzeitige Anwendung (internationaler Übereinkommen)
VBlBW	Verwaltungsblätter für Baden-Württemberg (Zeitschrift)
VDA	Vergleichende Darstellung des deutschen und ausländischen Strafrechts, Allgemeiner Teil, Bd. 1 bis 6 (1908)
VDB	Vergleichende Darstellung des deutschen und ausländischen Strafrechts, Besonderer Teil, Bd. 1 bis 9 (1906)
VerbrbekG	Gesetz zur Änderung des Strafgesetzbuches, der Strafprozeßordnung und anderer Gesetz (Verbrechensbekämpfungsgesetz) vom 28.10.1994 (BGBl. I S. 3186)
VerbringungsverbG	Gesetz zur Überwachung strafrechtlicher und anderer Verbringungsverbote vom 24.5.1961 (BGBl. I S. 607)
VereinfVO	Vereinfachungsverordnung 1. ~, VO über Maßnahmen auf dem Gebiet der Gerichtsverfassung und Rechtspflege vom 1.9.1939 (RGBl. I S. 1658) 2. ~, VO zur weiteren Vereinfachung der Strafrechtspflege vom 13.8.1942 (RGBl. I S. 508) 3. ~, Dritte VO zur Vereinfachung der Strafrechtspflege vom 29.5.1943 (RGBl. I S. 342) 4. ~, Vierte VO zur Vereinfachung der Strafrechtspflege vom 13.12.1944 (RGBl. I S. 339)
VereinhG	Gesetz zur Wiederherstellung der Rechtseinheit auf dem Gebiete der Gerichtsverfassung, der bürgerlichen Rechtspflege, des Strafverfahrens und des Kostenrechts vom 12.9.1950 (BGBl. I S. 455)
VereinsG	Gesetz zur Regelung des öffentlichen Vereinsrechts (Vereinsgesetz) vom 5.8.1964 (BGBl. I S. 593)
VerfGH	Verfassungsgerichtshof
VerfO	Verfahrensordnung (siehe EGMRVerfO)
Verh.	Verhandlungen des Deutschen Bundestages (BT), des Deutschen Juristentages (DJT) usw.
1. VerjährungsG	Gesetz über das Ruhen der Verjährung bei SED-Unrechtstaten vom 26.3.1993 (BGBl. I S. 392)
2. VerjährungsG	Gesetz zur Verlängerung strafrechtlicher Verjährungsfristen vom 27.9.1993 (BGBl. I S. 1657)
VerkMitt.	Verkehrsrechtliche Mitteilungen
VerpflichtG	Gesetz über die förmliche Verpflichtung nichtbeamteter Personen (Verpflichtungsgesetz) vom 2.3.1974 (BGBl. I S. 469)
VerschG	Verschollenheitsgesetz vom 15.1.1951 (BGBl. I S. 59)
VersR	Versicherungsrecht, Juristische Rundschau für die Individualversicherung
VerständigungsG	Gesetz zur Regelung der Verständigung im Strafverfahren vom 29.7.2009 (BGBl. I S. 2353)
VerwArch	Verwaltungsarchiv
VG	Verwaltungsgericht
VGH	Verfassungsgerichtshof; Verwaltungsgerichtshof
vgl.	vergleiche
Vhdlgen	s. Verh.
VIS	Visa-Informations-System
VIZ	Vermögens- und Immobilienrecht (Zeitschrift)
VO	Verordnung; s. auch AusnVO
VOBl.	Verordnungsblatt
VOR	Zeitschrift für Verkehrs- und Ordnungswidrigkeitenrecht

VR	Verwaltungsrundschau
VRR	VerkehrsRechtsReport
VRS	Verkehrsrechts-Sammlung
VRÜ	Verfassung und Recht in Übersee
VStGB	Völkerstrafgesetzbuch
VStGBG	Gesetz vom 26.6.2002 zur Einführung des Völkerstrafgesetzbuches (BGBl. I S. 2254)
VVDStRL	Veröffentlichungen der Vereinigung der Deutschen Staatsrechtslehrer
VVStVollzG	Verwaltungsvorschriften zum Strafvollzugsgesetz (bundeseinheitlich) vom 1.7.1976
VwGO	Verwaltungsgerichtsordnung, neugefasst durch Bek. vom 19.3.1991 (BGBl. I S. 686); zuletzt geändert durch Art. 7 des Gesetzes vom 12.7.2018 (BGBl. I S. 1151)
VwRehaG	Gesetz über die Aufhebung rechtsstaatswidriger Verwaltungsentscheidungen im Beitrittsgebiet und die daran anknüpfenden Folgeansprüche (Verwaltungsrechtliches Rehabilitierungsgesetz – VwRehaG) vom 23.6.1994 (BGBl. I S. 1311)
VwVfG	Verwaltungsverfahrensgesetz vom 25.5.1976 (BGBl. I S. 1253)
VwZG	Verwaltungszustellungsgesetz vom 3.7.1952 (BGBl. I S. 379)
WDO	Wehrdisziplinarordnung vom 15.3.1957 i.d.F. der Bek. vom 9.6.1961 (BGBl. I S. 697)
WehrbeauftrG	Gesetz über den Wehrbeauftragten des Deutschen Bundestages i.d.F. der Bek. vom 16.6.1982 (BGBl. I S. 673)
WeinG	Gesetz über Wein, Likörwein, Schaumwein, weinhaltige Getränke und Branntwein aus Wein (Weingesetz) vom 14.1.1971 (BGBl. I S. 893)
Wiener Übereinkommen	1. Wiener Übereinkommen über diplomatische Beziehungen vom 18.4.1961 (Zustimmungsgesetz vom 6.8.1964, BGBl. II S. 957) 2. Wiener Übereinkommen über konsularische Beziehungen vom 24.4.1963 (Zustimmungsgesetz vom 26.8.1969, BGBl. II S. 1585)
WiJ	Journal der Wirtschaftsstrafrechtlichen Vereinigung e.V.
1. WiKG	Erstes Gesetz zur Bekämpfung der Wirtschaftskriminalität vom 29.7.1976 (BGBl. I S. 2034)
2. WiKG	Zweites Gesetz zur Bekämpfung der Wirtschaftskriminalität vom 15.5.1986 (BGBl. I S. 721)
WiStG	Gesetz zur weiteren Vereinfachung des Wirtschaftsstrafrechts (Wirtschaftsstrafgesetz 1954) vom 9.7.1954 i.d.F. der Bek. vom 3.6.1975 (BGBl. I S. 1313)
WisteV	Wirtschaftsstrafrechtliche Vereinigung e.V.
wistra	Zeitschrift für Wirtschafts- und Steuerstrafrecht
WLR	Weekly Law Reports (Zeitschrift)
WoÜbG	Gesetz zur Umsetzung des Urteils des Bundesverfassungsgerichts vom 3. März 2004 (akustische Wohnraumüberwachung) vom 24.6.2005 (BGBl. I S. 1841)
WRV	Weimarer Verfassung, Verfassung des Deutschen Reichs vom 11.8.1919 (RGBl. S. 1383)
WStG	Wehrstrafgesetz vom 30.3.1957 i.d.F. der Bek. vom 24.5.1974 (BGBl. I S. 1213)
WM	Wertpapiermitteilungen (Zeitschrift)
WuV	Wirtschaft und Verwaltung (Zeitschrift)
WuW	Entscheidungssammlung der Zeitschrift Wirtschaft und Wettbewerb
WÜD	s. 1. Wiener Übereinkommen
WÜK	s. 2. Wiener Übereinkommen
WVK	Wiener Vertragsrechtskonvention vom 23.5.1969 (BGBl. 1985 II S. 926)
WWSUV	Vertrag über die Schaffung einer Währungs-, Wirtschafts- und Sozialunion zwischen der Bundesrepublik Deutschland und der Deutschen Demokratischen Republik vom 18.5.1990 (BGBl. II S. 537)
WWSUVG	Gesetz zu dem Vertrag vom 18.5.1990 über die Schaffung einer Währungs-, Wirtschafts- und Sozialunion ... vom 25.6.1990 (BGBl. II S. 518)
WZG	Warenzeichengesetz vom 5.5.1936 i.d.F. der Bek. vom 2.1.1968 (BGBl. I S. 29)

YEL	Yearbook of European Law
YB	Yearbook of the European Convention of the Human Rights, the European Commission and the European Court of Human Rights/Annuaire de la Convention Européenne des Droits de l'Homme; Commission et Cour Européenne des Droits de l'Homme, hrsg. vom Europarat
ZAG	Zahlungsdiensteaufsichtsgesetz
ZahlVGJG	Gesetz über den Zahlungsverkehr mit Gerichten und Justizbehörden vom 22.12.2006 = Art. 2 des 2. Justizmodernisierungsgesetzes (BGBl. 2006 I S. 3416)
ZAkDR	Zeitschrift der Akademie für Deutsches Recht (1934–44)
ZaöRV	Zeitschrift für ausländisches öffentliches Recht und Völkerrecht
ZAP	Zeitschrift für die Anwaltspraxis
ZAR	Zeitschrift für Ausländerrecht und Ausländerpolitik
ZBJV	Zeitschrift des Bernischen Juristenvereins
ZBlJugR	Zentralblatt für Jugendrecht und Jugendwohlfahrt
ZBR	Zeitschrift für Beamtenrecht
ZCG	Zeitschrift für Corporate Governance
ZD	Zeitschrift für Datenschutz
ZDRW	Zeitschrift für Didaktik der Rechtswissenschaft
ZER	Zeitschrift für Europarecht (Österreich)ZERP Zentrum für europäische Rechtspolitik (Universität Bremen)
ZESAR	Zeitschrift für europäisches Sozial- und Arbeitsrecht
ZEUP	Zeitschrift für europäisches Privatrecht
ZEuS	Zeitschrift für Europarechtliche Studien
ZEV	Zeitschrift für Erbrecht und Vermögensnachfolge
ZfBR	Zeitschrift für deutsches und internationales Bau- und Vergaberecht
ZfC	Zeitschrift für Compliance
ZfDG	Gesetz über das Zollkriminalamt und die Zollfahndungsämter (Zollfahndungsdienstgesetz) vom 16.8.2002 (BGBl. I S. 3202)
ZfJ	Zentralblatt für Jugendrecht
ZfL	Zeitschrift für Lebensrecht
ZfRV	Zeitschrift für Europarecht, Internationales Privatrecht und Rechtsvergleichung
ZfS	Zeitschrift für Schadensrecht
ZFSH SGB	Zeitschrift für die sozialrechtliche Praxis
ZfStrVo	Zeitschrift für Strafvollzug und Straffälligenhilfe (jetzt: FS – Forum Strafvollzug)
ZfWG	Zeitschrift für Wett- und Glücksspielrecht
ZfZ	Zeitschrift für Zölle und Verbrauchssteuern
ZG	Zeitschrift für Gesetzgebung
ZInsO	Zeitschrift für das gesamte Insolvenzrecht
ZIP	Zeitschrift für Wirtschaftsrecht
ZIR	Zeitschrift für Interne Revision
ZIS	Zeitschrift für Internationale Strafrechtsdogmatik (Online-Zeitschrift)
ZJJ	Zeitschrift für Jugendkriminalrecht und Jugendhilfe
ZJS	Zeitschrift für das Juristische Studium (Online-Zeitschrift)
ZKA	Zollkriminalinstitut
ZKJ	Zeitschrift für Kindschaftsrecht und Jugendhilfe
ZLR	Zeitschrift für Lebensmittelrecht
ZOV	Zeitschrift für offene Vermögensfragen
ZÖR	Zeitschrift für öffentliches Recht
ZollG.	Zollgesetz vom 14.6.1961 i.d.F. der Bek. vom 18.5.1970 (BGBl. I S. 529)
ZP	Zusatzprotokoll
ZPO	Zivilprozeßordnung vom 30.1.1877 i.d.F. der Bek. vom 12.9.1950 (BGBl. I S. 533)
ZRFC	Zeitschrift für Risk, Fraud & Compliance
ZRP	Zeitschrift für Rechtspolitik

ZSchG	Gesetz vom 30.4.1998 zum Schutz von Zeugen bei Vernehmungen im Strafverfahren und zur Verbesserung des Opferschutzes (Zeugenschutzgesetz – ZSchG) (BGBl. I S. 820)
ZSE	Zeitschrift für Staats- und Europawissenschaften
ZSEG	Gesetz über die Entschädigung von Zeugen und Sachverständigen vom 26.7.1957 i.d.F. der Bek. vom 1.10.1969 (BGBl. I S. 1756); abgelöst durch das JVEG vom 5.5.2004
ZSHG	Gesetz zur Harmonisierung des Schutzes gefährdeter Zeugen (Zeugenschutz-Harmonisierungsgesetz) vom 11.12.2001 (BGBl. I S. 3510)
ZSR	Zeitschrift für Schweizerisches Recht
ZST	Zeitschrift für Schweizer Recht
ZStW	Zeitschrift für die gesamte Strafrechtswissenschaft
ZTR	Zeitschrift für Tarif-, Arbeits- und Sozialrecht des öffentlichen Dienstes
ZUM	Zeitschrift für Urheber- und Medienrecht
ZUM-RD	Zeitschrift für Urheber- und Medienrecht – Rechtssprechungsdienst
ZUR	Zeitschrift für Umweltrecht
ZusatzAbk.	Zusatzabkommen zum NATO-Truppenstatut vom 3.8.1959 (BGBl. 1961 II S. 1183, 1218)
Zusatzvereinb.	Vereinbarung zwischen der Bundesrepublik Deutschland und der Deutschen Demokratischen Republik zur Durchführung und Auslegung des am 31.8.1990 in Berlin unterzeichneten Vertrages zwischen der Bundesrepublik Deutschland und der Deutschen Demokratischen Republik über die Herstellung der Einheit Deutschlands vom 18.9.1990 (BGBl. II S. 1239)
ZuSEntschG	Gesetz über die Entschädigung von Zeugen und Sachverständigen
zust.	zustimmend
ZustErgG	Gesetz zur Ergänzung von Zuständigkeiten auf den Gebieten des Bürgerlichen Rechts, des Handelsrechts und des Strafrechts (Zuständigkeitsergänzungsgesetz) vom 7.8.1952 (BGBl. I S. 407)
ZustG	Gesetz über die Zuständigkeit der Gerichte bei Änderung der Gerichtseinteilung vom 6.12.1933 (RGBl. I S. 1037)
ZustRG	Gesetz zur Reform des Verfahrens bei Zustellung im gerichtlichen Verfahren (Zustellungsreformgesetz – ZustRG) vom 25.6.2001 (BGBl. I S. 1206)
ZustVO	Verordnung über die Zuständigkeit der Strafgerichte, die Sondergerichte und sonstige strafverfahrensrechtliche Vorschriften vom 21.2.1940 (RGBl. I S. 405)
Zuwanderungsgesetz	Gesetz zur Steuerung und Begrenzung der Zuwanderung und zur Regelung des Aufenthalts und der Integration von Unionsbürgern und Ausländern vom 30.7.2004 (BGBl. I S. 1950)
ZVG	Gesetz über die Zwangsversteigerung und die Zwangsverwaltung (Zwangsversteigerungsgesetz) vom 24.3.1897 i.d.F. der Bek. vom 20.5.1898 (RGBl. S. 369, 713)
ZWehrR	Zeitschrift für Wehrrecht (1936/37–44)
ZWH	Zeitschrift für Wirtschaftsstrafrecht und Haftung im Unternehmen
ZwHeiratBekG	Gesetz zur Bekämpfung der Zwangsheirat und zum besseren Schutz der Opfer von Zwangsheirat sowie zur Änderung weiterer aufenthalts- und asylrechtlicher Vorschriften vom 23.6.2011 (BGBl. I S. 1266)
ZZP	Zeitschrift für Zivilprozeß

Literaturverzeichnis

Achenbach/Ransiek/Rönnau	Achenbach/Ransiek/Rönnau, Handbuch Wirtschaftsstrafrecht, 4. Aufl. (2015)
AE-EV	Alternativ-Entwurf Reform des Ermittlungsverfahrens (AE-EV); Entwurf eines Arbeitskreises deutscher, österreichischer und schweizerischer Strafrechtslehrer (2001)
AE-EuStV	Alternativentwurf Europäische Strafverfolgung; hrsg. von Schünemann (2004)
AE-StuM	Alternativ-Entwurf Strafjustiz und Medien (AE-StuM: Entwurf eines Arbeitskreises deutscher, österreichischer und schweizerischer Strafrechtslehrer (2004)
Ahlbrecht/Böhm/Esser/ Eckelmans	Ahlbrecht/Böhm/Esser/Eckelmans, Internationales Strafrecht, 2. Aufl. (2017)
AK	Alternativkommentar zur Strafprozessordnung, Bd. I (§§ 1 bis 93; 1988), Bd. II 1 (§§ 94 bis 212b; 1992), Bd. II 2 (§§ 213 bis 275; 1993), Bd. III (§§ 276 bis 477; 1996)
AK-GG	Alternativkommentar zum Grundgesetz, 2. Aufl., Bd. I (Art. 1 bis 37; 1989), Bd. II (Art. 38 bis 146; 1989)
AK-StGB	Alternativkommentar zum Strafgesetzbuch, Bd. I (§§ 1 bis 21; 1990), Bd. III (§§ 80 bis 145d; 1986)
AnwK-StGB	Leipold/Tsambikakis/Zöller (Hrsg.), AnwaltKommentar StGB, 2. Aufl. (2015)
AnwK-StPO	Krekeler/Löffelmann/Sommer, AnwaltKommentar zur Strafprozessordnung, 2. Aufl. (2010)
AnwK-UHaft	König (Hrsg.), AnwaltKommentar Untersuchungshaft (2011)
Albrecht	Albrecht, Jugendstrafrecht, 3. Aufl. (2000)
Albrecht (Krim.)	Albrecht, Kriminologie, 4. Aufl. (2010)
Alsberg	Alsberg, Der Beweisantrag im Strafprozess, 6. Aufl. (2013)
Ambos	Ambos, Internationales Strafrecht, 5. Aufl. (2018)
Ambos/König/Rackow	Ambos/König/Rackow (Hrsg.), Rechtshilferecht in Strafsachen (2014)
Arloth	Arloth, Strafprozeßrecht (1995)
Arloth/Krä	Arloth/Krä, Strafvollzugsgesetz, 4. Aufl. (2017)
Aschrott	Reform des Strafprozesses, kritische Besprechung der von der Kommission für die Reform des Strafprozesses gemachten Vorschläge, hrsg. von Aschrott (1906)
Artkämper	Artkämper, Die „gestörte" Hauptverhandlung, 5. Aufl. (2017)
Artkämper/Esders/Jakobs/ Sotelsek	Artkämper/Esders/Jakobs/Sotelsek, Praxiswissen Strafverfahren bei Tötungsdelikten (2012)
Aubert	Aubert, Fernmelderecht I, 3. Aufl. (1976)
Barton	Barton, Mindeststandards der Strafverteidigung (1994)
Barton (Verfahrensg.)	Barton, Verfahrensgerechtigkeit und Zeugenbeweis (2002)
Barton (Strafverteidigung)	Barton, Einführung in die Strafverteidigung, 2. Aufl. (2013)
Baumann	Baumann, Grundbegriffe und Verfahrensprinzipien des Strafprozeßrechts, 3. Aufl. (1979)
Baumann/Weber/Mitsch/ Eisele	Baumann/Weber/Mitsch/Eisele, Strafrecht, Allgemeiner Teil, Lehrbuch, 12. Aufl. (2016)
Baumbach/Lauterbach/ Albers/ Hartmann	Baumbach/Lauterbach/Albers/Hartmann, Zivilprozessordnung, Kurz-Kommentar, 76. Aufl. (2018)
Beck/Berr/Schäpe	Beck/Berr/Schäpe, OWi-Sachen im Straßenverkehrsrecht, 7. Aufl. (2017)
Beck/Bemmann	Beck/Bemmann, Fälle und Lösungen zur StPO (2004)
Beck\`sches Formularbuch	Hamm/Leipold (Hrsg.), Beck\`sches Formularbuch für den Strafverteidiger, 6. Aufl. (2018)
Beling	Beling, Deutsches Reichsstrafprozeßrecht (1928)

https://doi.org/10.1515/9783110274929-207

Bender/Nack/Treuer	Bender/Nack/Treuer, Tatsachenfeststellung vor Gericht, 4. Aufl. (2014)
Benfer/Bialon	Benfer/Bialon, Rechtseingriffe von Polizei und Staatsanwaltschaft, 4. Aufl. (2010)
Bernsmann/Gatzweiler	Bernsmann/Gatzweiler, Verteidigung bei Korruptionsfällen, 2. Aufl. (2014)
Berz/Burmann	Berz/Burmann, Handbuch des Straßenverkehrsrechts, Loseblattausgabe, 2 Bände, 38. Aufl. (2017)
Beulke/Swoboda	Beulke, Strafprozessrecht, 14. Aufl. (2018)
Beulke/Ruhmannseder	Beulke/Ruhmannseder, Die Strafbarkeit des Verteidigers 2. Aufl. (2010)
Birkenstock	Birkenstock, Verfahrensrügen im Strafprozess – Rechtsprechungssammlung, 2 Bände (2004)
Birkmeyer	Birkmeyer, Deutsches Strafprozeßrecht (1898)
Bock	Bock, Criminal Compliance, 2. Aufl. (2013)
Bockemühl	Handbuch des Fachanwalts Strafrecht, hrsg. von Bockemühl, 7. Aufl. (2018)
Bohnert	Bohnert, Beschränkungen der strafprozessualen Revision durch Zwischenverfahren (1983)
Bohnert/Bülte	Bohnert/Bülte, Ordnungswidrigkeitenrecht, 5 Aufl. (2016)
Bonn.Komm.	Kommentar zum Bonner Grundgesetz, Loseblattausgabe (ab 1950)
Booß	Booß, Straßenverkehrsordnung, Kommentar, 3. Aufl. (1980)
Bosbach	Bosbach, Verteidigung im Ermittlungsverfahren 8. Aufl. (2015)
Bouska/Laeverenz	Bouska/Laeverenz, Fahrerlaubnisrecht, 3. Aufl. (2004)
Böhm/Feuerhelm	Böhm/Feuerhelm, Einführung in das Jugendstrafrecht, 4. Aufl. (2004)
Böhm (Strafvollzug)	Böhm, Strafvollzug 3. Aufl. (2002)
Böse	Böse (Hrsg.), Europäisches Strafrecht, Enzyklopädie Europarecht, Band 9 (2013)
Brandstetter	Brandstetter, Straffreiheitsgesetz, Kommentar (1956)
Brenner	Brenner, Ordnungswidrigkeitenrecht (1996)
Brettel/Schneider	Brettel/Schneider, Wirtschaftsstrafrecht, 2. Aufl. 2018
Breyer/Mehle/Osnabrügge/Schaefer	Breyer/Mehle/Osnabrügge/Schaefer, Strafprozessrecht (2005)
von Briel/Ehlscheid	von Briel/Ehlscheid, Steuerstrafrecht, 2. Aufl. (2000)
Bringewat	Bringewat, Strafvollstreckung, Kommentar zu den §§ 449 bis 463d StPO (1993)
Brodag	Brodag, Strafverfahrensrecht, 13. Aufl. (2014)
Brunner	Brunner, Abschlussverfügung der Staatsanwaltschaft, 13. Aufl. (2016)
Brunner/Dölling	Brunner/Dölling, Jugendgerichtsgesetz, Kommentar, 13. Aufl. (2017)
Bruns/Schröder/Tappert	Bruns/Schröder/Tappert, Kommentar zum strafrechtlichen Rehabilitierungsgesetz (1993)
Brüssow/Gatzweiler/Krekeler/Mehle	Brüssow/Gatzweiler/Krekeler/Mehle, Strafverteidigung in der Praxis, 4. Aufl. (2007)
Buddendiek/Rutkowski	Buddendiek/Rutkowski, Lexikon des Nebenstrafrechts, zugleich Registerband zum Erbs/Kohlhaas, Strafrechtliche Nebengesetze, 41. Aufl. (2018)
Burchardi/Klempahn/Wetterich	Burchardi/Klempahn/Wetterich, Der Staatsanwalt und sein Arbeitsgebiet, 5. Aufl. (1982)
Burhoff (Ermittlungsv.)	Burhoff, Handbuch für das strafrechtliche Ermittlungsverfahren, 8. Aufl. (2018)
Burhoff (Hauptv.)	Burhoff, Handbuch für die strafrechtliche Hauptverhandlung, 9. Aufl. (2018)
Burhoff/Stephan	Burhoff/Stephan, Strafvereitelung durch Strafverteidiger (2008)
Burhoff/Kotz	Burhoff/Kotz, Handbuch für strafrechtliche Rechtsmittel und Rechtsbehelfe, 2. Aufl. (2016)
Burmann/Heß/Hühnermann/Jahnke	Burmann/Heß/Hühnermann/Jahnke, Straßenverkehrsrecht, 25. Aufl. (2018)
Ciolek-Krepold	Ciolek-Krepold, Durchsuchung und Beschlagnahme in Wirtschaftsstrafsachen (2000)

Corstens/Pradel	Corstens/Pradel, European Criminal Law (2002)
Cramer	Cramer, Straßenverkehrsrecht StVO – StGB, Kommentar, 2. Aufl. (1977)
Cramer/Bürgle	Cramer/Bürgle, Die strafprozessualen Beweisverwertungsverbote, 2. Aufl. (2004)
Cramer/Cramer	Cramer/Cramer, Anwalts-Handbuch Strafrecht (2002)
Cryer/Friman/Robinson/ Wilmshurst	Cryer/Friman/Robinson/Wilmshurst, An Introduction to International Criminal Law and Procedure, 3rd ed. (2014)
Cullen/Jund	Cullen/Jund, Strafrechtliche Zusammenarbeit in der Europäischen Union nach Tampere (2002)
Dahs (Hdb.)	Dahs, Handbuch des Strafverteidigers, 8. Aufl. (2015)
Dahs (Rechtl. Gehör)	Dahs, Rechtliches Gehör im Strafverfahren (1963)
Dahs	Dahs, Die Revision im Strafprozess, 9. Aufl. (2017)
Dalcke/Fuhrmann/Schäfer	Dalcke/Fuhrmann/Schäfer, Strafrecht und Strafverfahren, Kommentar, 37. Aufl. (1961)
Dallinger/Lackner	Dallinger/Lackner, Jugendgerichtsgesetz und ergänzende Vorschriften, Kommentar, 2. Aufl. (1965)
Dannecker/Knierim	Dannecker/Knierim, Insolvenzstrafrecht, 3. Aufl. (2018)
Deckers	Deckers, Der strafprozessuale Beweisantrag, 3. Aufl. (2013)
Delmas-Marty	Delmas-Marty, Corpus Juris der strafrechtlichen Regelungen zum Schutz der finanziellen Interessen der Europäischen Union (1998)
Delmas-Marty/Vervaele	Delmas-Marty/Verwaele, The Implementation of the Corpus Juris in the Member States, 4 Bände (2001)
Detter	Detter, Revision im Strafverfahren (2011)
Diemer/Schatz/Sonnen	Diemer/Schatz/Sonnen, Jugendgerichtsgesetz, Kommentar, 7. Aufl. (2015)
Dölling/Duttge/Rössner/König	Dölling/Duttge/Rössner/König, Gesamtes Strafrecht – Handkommentar 4. Aufl. (2017) (zit.: HK-GS/*Verfasser*)
Dörndorfer	Dörndorfer, Rechtspflegergesetz, Kommentar, 2. Aufl. 2014
Doswald-Beck/Kolb	Doswald-Beck/Kolb, Judicial Process and Human Rights – United Nations, European, American and African Systems – Texts and summaries of international case law, 2004
Eb. Schmidt	Eberhard Schmidt, Lehrkommentar zur Strafprozeßordnung und zum Gerichtsverfassungsgesetz, Teil I: Die rechtstheoretischen und die rechtspolitischen Grundlagen des Strafverfahrensrechts, 2. Aufl. (1964); Teil II: Erläuterungen zur Strafprozeßordnung und zum Einführungsgesetz (1957); Teil III: Erläuterungen zum Gerichtsverfassungsgesetz und zum Einführungsgesetz (1960), Nachtrag I: Nachträge und Ergänzungen zu Teil II (1967), Nachtrag II: Nachtragsband II (1970)
Eb. Schmidt (Geschichte)	Schmidt, Einführung in die Geschichte der deutschen Strafrechtspflege, 3. Aufl. (1965)
Eb. Schmidt (Kolleg)	Schmidt, Deutsches Strafprozeßrecht, ein Kolleg (1967)
Eberth/Müller/Schütrumpf	Eberth/Müller/Schütrumpf, Verteidigung in Betäubungsmittelsachen, 7. Aufl. (2018)
Eidam	Eidam, Unternehmen und Strafe, 5. Aufl. (2018)
Eisenberg	Eisenberg, Jugendgerichtsgesetz, Kommentar, 20. Aufl. (2018)
Eisenberg (Beweismittel)	Eisenberg, Persönliche Beweismittel in der StPO, 2. Aufl. (1996)
Eisenberg (Beweisrecht)	Eisenberg, Beweisrecht der StPO, Spezialkommentar, 10. Aufl. (2017)
Eisenberg/Kölbel	Eisenberg/Kölbel, Kriminologie, 7. Aufl. (2017)
Endriß (BtM-Verfahren)	Endriß, Verteidigung in Betäubungsmittelverfahren (1998)
Engländer	Engländer, Examensrepetitorium Strafprozessrecht, 9. Aufl. (2018)
Erbs/Kohlhaas	Erbs/Kohlhaas, Strafrechtliche Nebengesetze, Kurzkommentar, Loseblattausgabe, 222. Aufl. (2019)
ERST	Esser/Rübenstahl/Saliger/Tsambikakis (Hrsg.), Wirtschaftsstrafrecht, 2017
Eser	Eser, Einführung in das Strafprozeßrecht (1983)
Eser/Hassemer/Burkhardt	Eser/Hassemer/Burkhardt, Die deutsche Strafrechtswissenschaft vor der Jahrtausendwende (2000)

Esser	Esser, Auf dem Weg zu einem europäischen Strafverfahrensrecht (2002)
Esser, EuStR	Esser, Europäisches und Internationales Strafrecht, 2. Aufl. (2018)
Fahl	Fahl, Rechtsmißbrauch im Strafprozeß (2004)
Feest/Lesting/Lindemann	Feest/Lesting/Lindemann (Hrsg.), Kommentar zum Strafvollzugsgesetz (AK-StVollzG), 7. Aufl. (2017)
Fehn/Wamers	Fehn/Wamers, ZfdG – Zollfahndungsdienstgesetz – Handkommentar (2003)
Feisenberger	Feisenberger, Strafprozeßordnung und Gerichtsverfassungsgesetz (1926)
Ferner	Ferner, Strafzumessung (2005)
Feuerich/Weyland	Feuerich/Weyland, Bundesrechtsanwaltsordnung, Kommentar, 9. Aufl. (2016)
Fezer	Fezer, Strafprozeßrecht, 2. Aufl. (1995)
FG Beulke	Strafverteidigung – Grundlagen und Stolpersteine: Symposion für Werner Beulke (2012)
Fischer	Fischer, Strafgesetzbuch und Nebengesetze, Kommentar, 66. Aufl. (2019)
Flore/Tsambikakis	Flore/Tsambikakis (Hrsg.), Steuerstrafrecht, 2. Aufl. (2016)
Franke/Wienroeder	Franke/Wienroeder, BtMG, 3. Aufl. (2007)
Freyschmidt/Krumm	Freyschmidt/Krumm, Verteidigung in Straßenverkehrssachen, 10. Aufl. (2013)
Fromm	Fromm, Verteidigung in Straßenverkehrs- und Ordnungswidrigkeitenverfahren, 2. Aufl. (2015)
Frowein/Peukert	Frowein/Peukert, Europäische Menschenrechtskonvention, EMRK-Kommentar, 3. Aufl. (2009)
FS 45. DJT	Festschrift für den 45. Deutschen Juristentag (1964)
FS Achenbach	Festschrift für Hans Achenbach zum 70. Geburtstag (2011)
FS Adamovich	Staatsrecht und Staatswissenschaften in Zeiten des Wandels – Festschrift für Ludwig Adamovich zum 60. Geburtstag (1992)
FS AG Strafrecht DAV	Strafverteidigung im Rechtsstaat – 25 Jahre Arbeitsgemeinschaft Strafrecht des Deutschen Anwaltvereins (2009)
FS Amelung	Grundlagen des Straf- und Strafverfahrensrechts – Festschrift für Knut Amelung zum 70. Geburtstag (2009)
FS Androulakis	Festschrift für Nikolaos Androulakis zum 70. Geburtstag (2003)
FS Augsburg	Recht in Europa – Festgabe zum 30-jährigen Bestehen der Juristischen Fakultät Augsburg (2002)
FS Baudenbacher	Economic law and justice in times of globalisation – Festschrift für Carl Baudenbacher (2007)
FS Baumann	Festschrift für Jürgen Baumann zum 70. Geburtstag (1992)
FS Baumgärtel	Festschrift für Gottfried Baumgärtel zum 70. Geburtstag (1990)
FS BayVerfGH	Festschrift zum 50-jährigen Bestehen des Bayerischen Verfassungsgerichtshofs (1997)
FS Bemmann	Festschrift für Günther Bemmann zum 70. Geburtstag (1997)
FS Bernhardt	Recht zwischen Umbruch und Bewahrung – Festschrift für Rudolf Bernhardt (1995)
FS Beulke	Ein menschengerechtes Strafrecht als Lebensaufgabe – Festschrift für Werner Beulke zum 70. Geburtstag (2015)
FS Binding	Festschrift für Karl Binding zum 4. Juni 1911
FS BGH	Festschrift aus Anlass des 50-jährigen Bestehens von Bundesgerichtshof, Bundesanwaltschaft und Rechtsanwaltschaft beim Bundesgerichtshof (2000)
FS II BGH	50 Jahre Bundesgerichtshof, Festgabe aus der Wissenschaft, hrsg. von Roxin/Widmaier, Bd. IV: Strafrecht (2000)
FS Blau	Festschrift für Günter Blau zum 70. Geburtstag (1985)
FS Bockelmann	Festschrift für Paul Bockelmann zum 70. Geburtstag (1979)
FS Böhm	Festschrift für Alexander Böhm zum 70. Geburtstag (1999)

FS Böttcher — Recht gestalten – dem Recht dienen, Festschrift für Reinhard Böttcher zum 70. Geburtstag (2007)
FS Boujong — Verantwortung und Gestaltung, Festschrift für Karlheinz Boujong zum 65. Geburtstag (1996)
FS BRAK — Festschrift zu Ehren des Strafrechtsausschusses der Bundesrechtsanwaltskammer (2006)
FS Brauneck — Ehrengabe für Anne-Eva Brauneck (1999)
FS Breidling — Festschrift für Ottmar Breidling zum 70. Geburtstag (2017)
FS Bruns — Festschrift für Hans-Jürgen Bruns zum 70. Geburtstag (1978)
FS Burgstaller — Festschrift für Manfred Burgstaller zum 65. Geburtstag (2004)
FS Carstens — Einigkeit und Recht und Freiheit, Festschrift für Karl Carstens zum 70. Geburtstag (1984)
FS Dahs — Festschrift für Hans Dahs zum 70. Geburtstag (2005)
FS Damaska — Festschrift for Mirjan Damaska (2008)
FS Delbrück — Liber Amicorum Jost Delbrück (2005)
FS Dencker — Festschrift für Friedrich Dencker zum 70. Geburtstag (2012)
FS Doehring — Staat und Völkerrechtsordnung – Festschrift für Karl Doehring; Beiträge zum ausländischen Recht und Völkerrecht Bd. 98 (1989)
FS Dreher — Festschrift für Eduard Dreher zum 70. Geburtstag (1977)
FS Dünnebier — Festschrift für Hanns Dünnebier zum 75. Geburtstag (1982)
FS Eide — Human rights and criminal justice for the downtrodden; Essays in honour of Asbjørn Eide (2003)
FS Eisenberg — Festschrift für Ulrich Eisenberg zum 70. Geburtstag (2009)
FS Eisenberg II — Für die Sache – Kriminalwissenschaften aus unabhängiger Perspektive – Festschrift für Ulrich Eisenberg zum 80. Geburtstag (2019)
FS Engisch — Festschrift für Karl Engisch zum 70. Geburtstag (1969)
FS Ermacora — Fortschritt im Bewußtsein der Grund- und Menschenrechte, Festschrift für Felix Ermacora zum 65. Geburtstag (1988)
FS Eser — Menschengerechtes Strafrecht, Festschrift für Albin Eser zum 70. Geburtstag (2005)
FS Eser II — Scripta amicitiae – Freundschaftsgabe für Albin Eser zum 80. Geburtstag (2015)
FS Europa-Institut — Europäische Integration und Globalisierung, Festschrift zum 60-jährigen Bestehen des Europa-Instituts (2011)
FS Everling — Festschrift für Ulrich Everling (1993)
FS Faller — Festschrift für Hans Joachim Faller (1984)
FS Fezer — Festschrift für Gerhard Fezer zum 70. Geburtstag (2008)
FS Fiedler — Verfassung – Völkerrecht – Kulturgüterschutz, Festschrift für Wilfried Fiedler zum 70. Geburtstag (2011)
FS Fischer — Festschrift für Thomas Fischer (2018)
FS Flume — Festgabe für Werner Flume zum 90. Geburtstag (1998)
FS Friauf — Festschrift für Karl Heinrich Friauf (1996)
FS Friebertshäuser — Festgabe für den Strafverteidiger Dr. Heino Friebertshäuser (1997)
FS Frisch — Grundlagen und Dogmatik des gesamten Strafrechtssystems – Festschrift für Wolfgang Frisch zum 70. Geburtstag (2013)
FS Fuchs — Festschrift für Helmut Fuchs zum 65. Geburtstag (2014)
FS Gallas — Festschrift für Wilhelm Gallas zum 70. Geburtstag (1973)
FS Geerds — Kriminalistik und Strafrecht, Festschrift für Friedrich Geerds zum 70. Geburtstag (1995)
FS Geiger — Verantwortlichkeit und Freiheit. Die Verfassung als wertbestimmende Ordnung; Festschrift für Willi Geiger zum 80. Geburtstag (1989)
FS Geiß — Festschrift für Karlmann Geiß zum 65. Geburtstag (2000)
FS Geppert — Festschrift für Klaus Geppert zum 70. Geburtstag (2011)
FS Gollwitzer — Verfassungsrecht – Menschenrechte – Strafrecht, Kolloquium für Dr. Walter Gollwitzer zum 80. Geburtstag (2004)

FS Gössel	Festschrift für Karl Heinz Gössel zum 70. Geburtstag (2002)
FS Graf-Schlicker	Festschrift zu Ehren von Marie Luise Graf-Schlicker (2018)
FS Graßhoff	Der verfasste Rechtsstaat, Festgabe für Karin Graßhoff (1998)
FS Grünwald	Festschrift für Gerald Grünwald zum 70. Geburtstag (1999)
FS Grützner	Aktuelle Probleme des Internationalen Strafrechts, Festschrift für Heinrich Grützner zum 65. Geburtstag (1970)
FS Hacker	Wandel durch Beständigkeit, Festschrift für Jens Hacker (1998)
FS Haffke	Das Dilemma des rechtsstaatlichen Strafrechts: Symposium für Bernhard Haffke zum 65. Geburtstag (2009)
FS Hamm	Festschrift für Rainer Hamm zum 65. Geburtstag (2008)
FS Hanack	Festschrift für Ernst-Walter Hanack zum 70. Geburtstag (1999)
FS Hassemer	Festschrift für Winfried Hassemer zum 70. Geburtstag (2010)
FS Heinitz	Festschrift für Ernst Heinitz zum 70. Geburtstag (1972)
FS Heintschel-Heinegg	Festschrift für Bernd von Heintschel-Heinegg zum 70. Geburtstag (2015)
FS Heinz	Festschrift für Wolfgang Heinz zum 70. Geburtstag (2012)
FS Heldrich	Festschrift für Andreas Heldrich zum 70. Geburtstag (2005)
FS Helmrich	Für Staat und Recht, Festschrift für Herbert Helmrich zum 60. Geburtstag (1994)
FS Henkel	Grundfragen der gesamten Strafrechtswissenschaft, Festschrift für Heinrich Henkel zum 70. Geburtstag (1974)
FS Herzberg	Strafrecht zwischen System und Telos, Festschrift für Rolf Dietrich Herzberg zum 70. Geburtstag (2008)
FS Heusinger	Ehrengabe für Bruno Heusinger (1968)
FS Hilger	Datenübermittlungen und Vorermittlungen, Festgabe für Hans Hilger (2003)
FS Hirsch	Berliner Festschrift für Ernst E. Hirsch (1968)
FS B. Hirsch	Mit Recht für Menschenwürde und Verfassungsstaat, Festgabe für Burkhard Hirsch (2007)
FS H. J. Hirsch	Festschrift Hans Joachim Hirsch zum 70. Geburtstag (1999)
FS Höpfel	Vielfalt des Strafrechts im internationalen Kontext – Festschrift für Frank Höpfel zum 65. Geburtstag (2018)
FS HU Berlin	Festschrift 200 Jahre Juristische Fakultät der Humboldt-Universität zu Berlin (2010)
FS Hubmann	Beiträge zum Schutz der Persönlichkeit und ihrer schöpferischen Leistung, Festschrift für Heinrich Hubmann zum 70. Geburtstag (1985)
FS Huber	Recht als Prozess und Gefüge, Festschrift für Hans Huber zum 80. Geburtstag (1981)
FS Imme Roxin	Festschrift für Imme Roxin zum 75. Geburtstag (2012)
FS Ismayr	Analyse demokratischer Regierungssysteme, Festschrift für Wolfgang Ismayr zum 65. Geburtstag (2010)
FS Jahrreiß	Festschrift für Hermann Jahrreiß zum 70. Geburtstag (1964)
FS II Jahrreiß	Festschrift für Hermann Jahrreiß zum 80. Geburtstag (1974)
FS Jakobs	Festschrift für Günther Jakobs zum 70. Geburtstag (2007)
FS Jescheck	Festschrift für Hans-Heinrich Jescheck zum 70. Geburtstag (1985)
FS Jung	Festschrift für Heike Jung zum 65. Geburtstag (2007)
FS JurGes. Berlin	Festschrift zum 125jährigen Bestehen der Juristischen Gesellschaft zu Berlin (1984)
FS Kaiser	Internationale Perspektiven in Kriminologie und Strafrecht, Festschrift für Günther Kaiser zum 70. Geburtstag (1998)
FS Kargl	Festschrift für Walter Kargl zum 70. Geburtstag (2015)
FS Katoh	Blick über den Tellerrand, Festschrift für Hisao Katoh (2008)
FS Arthur Kaufmann	Strafgerechtigkeit, Festschrift für Arthur Kaufmann zum 70. Geburtstag (1993)
FS Kern	Tübinger Festschrift für Eduard Kern (1968)

FS Kerner	Kriminologie – Kriminalpolitik – Strafrecht, Festschrift für Hans-Jürgen Kerner zum 70. Geburtstag (2013)
FS Kielwein	Dogmatik und Praxis des Strafverfahrens, Beiträge anläßlich des Colloquiums zum 65. Geburtstag von Gerhard Kielwein (1989)
FS Kirchberg	Festschrift für Christian Kirchberg zum 70. Geburtstag (2017)
FS Klecatsky	Auf dem Weg zur Menschenwürde und Gerechtigkeit, Festschrift für Hans Klecatsky zum 60. Geburtstag (1980)
FS Klein	Festschrift für Franz Klein zum 60. Geburtstag (1914)
FS Kleinknecht	Strafverfahren im Rechtsstaat, Festschrift für Theodor Kleinknecht zum 75. Geburtstag (1985)
FS Klug	Festschrift für Ulrich Klug zum 70. Geburtstag (1983)
FS Koch	Strafverteidigung und Strafprozeß, Festgabe für Ludwig Koch (1989)
FS Kohlmann	Festschrift für Günter Kohlmann zum 70. Geburtstag (2003)
FS Kralik	Festschrift für Winfried Kralik zum 65. Geburtstag (1986)
FS Krause	Festschrift für Friedrich-Wihelm Krause zum 70. Geburtstag (1990)
FS Krauss	Prozessuales Denken als Innovationsanreiz für das materielle Strafrecht, Kolloquium zum 70. Geburtstag von Detlef Krauss (2006)
FS Kreuzer	Mittler zwischen Recht und Wirklichkeit – Festschrift für Arthur Kreuzer zum 80. Geburtstag (2018)
FS Krey	Festschrift für Volker Krey zum 70. Geburtstag (2010)
FS Kriele	Staatsphilosophie und Rechtspolitik, Festschrift für Martin Kriele zum 65. Geburtstag (1997)
FS Kunert	Freiheit, Gesetz und Toleranz, Symposium zum 75. Geburtstag von Karl Heinz Kunert (2006)
FS Kühl	Festschrift für Kristian Kühl zum 70. Geburtstag (2014)
FS Kühne	Festschrift für Hans-Heiner Kühne zum 70. Geburtstag (2013)
FS Küper	Festschrift für Wilfried Küper zum 70. Geburtstag (2007)
FS Lackner	Festschrift für Karl Lackner zum 70. Geburtstag (1987)
FS Lampe	Jus humanum: Grundlagen des Rechts und Strafrechts, Festschrift für Ernst-Joachim Lampe zum 70. Geburtstag (2003)
FS Landau	Grundgesetz und Europa – Liber Amicorum für Herbert Landau zum Ausscheiden aus dem Bundesverfassungsgericht (2016)
FS Lange	Festschrift für Richard Lange zum 70. Geburtstag (1976)
FS Leferenz	Kriminologie – Psychiatrie – Strafrecht, Festschrift für Heinz Leferenz zum 70. Geburtstag (1983)
FS Lenckner	Festschrift für Theodor Lenckner zum 70. Geburtstag (1998)
FS Lerche	Wege und Verfahren des Verfassungslebens, Festschrift für Peter Lerche zum 65. Geburtstag (1993)
FS Loebenstein	Der Rechtsstaat in der Krise – Festschrift für Edwin Loebenstein zum 80. Geburtstag (1991)
FS Loewenstein	Festschrift für Karl Loewenstein zum 80. Geburtstag (1971)
FS von Lübtow	De iustitia et iure – Festschrift für Ulrich von Lübtow zum 80. Geburtstag (1980)
FS Lüderssen	Festschrift für Klaus Lüderssen zum 70. Geburtstag (2002)
FS Machacek und Matscher	Rechtsschutz gestern – heute – morgen, Festgabe zum 80. Geburtstag für Rudolf Machacek und Franz Matscher (2008)
FS Maelicke	Wertschöpfung durch Wertschätzung, Festschrift für Bernd Maelicke zum 70. Geburtstag (2011)
FS Maihofer	Festschrift für Werner Maihofer zum 70. Geburtstag (1988)
FS Maiwald	Fragmentarisches Strafrecht, Für Manfred Maiwald aus Anlass seiner Emeritierung (2003)
FS Maiwald II	Gerechte Strafe und legitimes Strafen, Festschrift für Manfred Maiwald zum 75. Geburtstag (2010)
FS Mangakis	Festschrift für Georgios Mangakis (1999)
FS Manoledakis	Festschrift für Ioannis Manoledakis (2005)

FS Maurach	Festschrift für Reinhard Maurach zum 70. Geburtstag (1972)
FS Mayer	Beiträge zur gesamten Strafrechtswissenschaft, Festschrift für Hellmuth Mayer zum 70. Geburtstag (1966)
FS Mehle	Festschrift für Volkmar Mehle zum 65. Geburtstag (2009)
FS Meyer-Goßner	Festschrift für Lutz Meyer-Goßner zum 65. Geburtstag (2001)
FS Mezger	Festschrift für Edmund Mezger zum 70. Geburtstag (1954)
FS Middendorf	Festschrift für Wolf Middendorf zum 70. Geburtstag (1986)
FS Miebach	NStZ-Sonderheft – Zum Eintritt in den Ruhestand für Klaus Miebach (2009)
FS Miklau	Strafprozessrecht im Wandel, Festschrift für Roland Miklau zum 65. Geburtstag (2006)
FS Miyazawa	Festschrift für Koichi Miyazawa (1995)
FS Möhring	Festschrift für Philipp Möhring zum 65. Geburtstag (1965)
FS Mosler	Völkerrecht als Rechtsordnung, Internationale Gerichtsbarkeit, Menschenrechte; Festschrift für Hermann Mosler zum 70. Geburtstag (1983)
FS E. Müller	Opuscula Honoraria, Egon Müller zum 65. Geburtstag (2003)
FS E. Müller II	Festschrift für Egon Müller zum 70. Geburtstag (2008)
FS Müller-Dietz	Grundlagen staatlichen Strafens, Festschrift für Heinz Müller-Dietz zum 70. Geburtstag (2001)
FS Nehm	Strafrecht und Justizgewährung, Festschrift für Kay Nehm zum 65. Geburtstag (2006)
FS Neumann	Rechtsstaatliches Strafrecht, Festschrift für Ulfrid Neumann zum 70. Geburtstag (2017)
FS Nishihara	Festschrift für Harua Nishihara zum 70. Geburtstag (1998)
FS Odersky	Festschrift für Walter Odersky zum 65. Geburtstag (1996)
FS Oehler	Festschrift für Dietrich Oehler zum 70. Geburtstag (1985)
FS Ostendorf	Strafrecht – Jugendstrafrecht – Kriminalprävention in Wissenschaft und Praxis – Festschrift für Heribert Ostendorf zum 70. Geburtstag (2015)
FS Otto	Festschrift für Harro Otto zum 70. Geburtstag (2007)
FS Paarhammer	In mandatis meditari, Festschrift für Hans Paarhammer zum 65. Geburtstag (2012)
FS Paeffgen	Strafe und Prozess im freiheitlichen Rechtsstaat – Festschrift für Hans-Ullrich Paeffgen zum 70. Geburtstag (2015)
FS Partsch	Des Menschen Recht zwischen Freiheit und Verantwortung, Festschrift für Karl Josef Partsch zum 75. Geburtstag (1989)
FS Paulus	Festgabe des Instituts für Strafrecht und Kriminologie der Juristischen Fakultät der Julius-Maximilians-Universität Würzburg für Rainer Paulus zum 70. Geburtstag (2009)
FS Pavisic	Kazneno Pravo, Kazneno Postupovno I Kriminalistika, Festschrift für Berislav Pavisic zum 70. Geburtstag (2014)
FS Peters	Einheit und Vielfalt des Strafrechts, Festschrift für Karl Peters zum 70. Geburtstag (1974)
FS Peters II	Wahrheit und Gerechtigkeit im Strafverfahren, Festgabe für Karl Peters zum 80. Geburtstag (1984)
FS Chr. Pfeiffer	Kriminologie ist Gesellschaftswissenschaft, Festschrift für Christian Pfeiffer zum 70. Geburtstag (2014)
FS Pfeiffer	Strafrecht, Unternehmensrecht, Anwaltsrecht, Festschrift für Gerd Pfeiffer zum Abschied aus dem Amt als Präsident des Bundesgerichtshofes (1988)
FS Pfenniger	Strafprozeß und Rechtsstaat, Festschrift zum 70. Geburtstag von H. F. Pfenniger (1976)
FS Platzgummer	Festschrift für Winfried Platzgummer zum 65. Geburtstag (1995)
FS Pöttering	Processus Criminalis Europeus, Festschrift für Hans-Gert Pöttering (2008)
FS Puppe	Strafrechtswissenschaft als Analyse und Konstruktion, Festschrift für Ingeborg Puppe zum 70. Geburtstag (2011)
FS Rebmann	Festschrift für Kurt Rebmann zum 65. Geburtstag (1989)

FS Reichsgericht	Die Reichsgerichtspraxis im deutschen Rechtsleben, Festgabe der juristischen Fakultäten zum 50jährigen Bestehen des Reichsgerichts, Bd. 5, Strafrecht und Strafprozeß (1929)
FS Reichsjustizamt	Vom Reichsjustizamt zum Bundesministerium der Justiz, Festschrift zum 100jährigen Gründungstag des Reichsjustizamtes am 1.1.1877 (1977)
FS Remmers	Vertrauen in den Rechtsstaat, Beiträge zur deutschen Einheit im Recht, Festschrift für Walter Remmers (1995)
FS Rengier	Festschrift für Rudolf Rengier zum 70. Geburtstag (2018)
FS Ress	Internationale Gemeinschaft und Menschenrechte, Festschrift für Georg Ress zum 70. Geburtstag (2005)
FS Richter	Verstehen und Widerstehen, Festschrift für Christian Richter II zum 65. Geburtstag (2006)
FS Rieß	Festschrift für Peter Rieß zum 70. Geburtstag (2002)
FS Rill	Grundfragen und aktuelle Probleme des öffentlichen Rechts – Festschrift für Heinz Peter Rill zum 60. Geburtstag (1995)
FS Rissing-van Saan	Festschrift für Ruth Rissing-van Saan zum 65. Geburtstag (2011)
FS Rittler	Festschrift für Theodor Rittler zu seinem achtzigsten Geburtstag (1957)
FS Rogall	Systematik in Strafrechtswissenschaft und Gesetzgebung – Festschrift für Klaus Rogall zum 70. Geburtstag (2018)
FS Rolinski	Festschrift für Klaus Rolinski zum 70. Geburtstag (2002)
FS Rosenfeld	Festschrift für Ernst Heinrich Rosenfeld zu seinem 80. Geburtstag (1949)
FS Rowedder	Festschrift für Heinz Rowedder zum 75. Geburtstag (1994)
FS Roxin	Festschrift für Claus Roxin zum 70. Geburtstag (2001)
FS Roxin II	Festschrift für Claus Roxin zum 80. Geburtstag (2011)
FS Rössner	Über allem: Menschlichkeit – Festschrift für Dieter Rössner zum 70. Geburtstag (2015)
Rudolphi-Symp.	Zur Theorie und Systematik des Strafprozeßrechts, Symposium zu Ehren von Hans-Joachim Rudolphi zum 60. Geburtstag (1995)
FS Rudolphi	Festschrift für Hans-Joachim Rudolphi zum 70. Geburtstag (2004)
FS Rüping	Recht und Macht: zur Theorie und Praxis von Strafe, Festschrift für Hinrich Rüping zum 65. Geburtstag (2008)
FS Rüter	Festschrift für C. F. Rüter zum 65. Geburtstag (2003)
FS Salger	Straf- und Strafverfahrensrecht, Recht und Verkehr, Recht und Medizin, Festschrift für Hannskarl Salger zum Abschied aus dem Amt als Vizepräsident des Bundesgerichtshofes (1995)
FS Samson	Festschrift für Erich Samson zum 70. Geburtstag (2010)
FS Sarstedt	Festschrift für Werner Sarstedt zum 70. Geburtstag (1981)
FS Sauer	Festschrift für Wilhelm Sauer zu seinem 70. Geburtstag (1949)
FS G. Schäfer	NJW-Sonderheft für Gerhard Schäfer zum 65. Geburtstag (2002)
FS Schäfer	Festschrift für Karl Schäfer zum 80. Geburtstag (1980)
FS W. Schiller	Festschrift für Wolf Schiller zum 65. Geburtstag (2014)
FS Schindler	Im Dienst an der Gemeinschaft, Festschrift für Dietrich Schindler zum 65. Geburtstag (1989)
FS Schmidt	Festschrift für Eberhard Schmidt zum 70. Geburtstag (1961)
FS Schlochauer	Staatsrecht – Völkerrecht – Europarecht, Festschrift für Hans Jürgen Schlochauer (1981)
FS Schlothauer	Festschrift für Reinhold Schlothauer zum 70. Geburtstag (2018)
FS Schlüchter	Freiheit und Verantwortung in schwieriger Zeit, Kritische Studien aus vorwiegend straf(prozess-)rechtlicher Sicht zum 60. Geburtstag von Ellen Schlüchter (1998)
FS H. Schmidt	Kostenerstattung und Streitwert, Festschrift für Herbert Schmidt (1981)
FS Schmidt-Leichner	Festschrift für Erich Schmidt-Leichner zum 65. Geburtstag (1975)
FS Schmitt-Glaeser	Recht im Pluralismus, Festschrift für Walter Schmitt-Glaeser zum 70. Geburtstag (2003)

FS Schneider	Kriminologie an der Schwelle zum 21. Jahrhundert, Festschrift für Hans Joachim Schneider zum 70. Geburtstag (1998)
FS Schomburg	Justice Without Borders – Essays in Honour of Wolfgang Schomburg (2018)
FS Schöch	Festschrift für Heinz Schöch zum 70. Geburtstag (2010)
FS Schreiber	Strafrecht, Biorecht, Rechtsphilosophie, Festschrift für Hans-Ludwig Schreiber zum 70. Geburtstag (2003)
FS Schroeder	Festschrift für Friedrich-Christian Schroeder zum 70. Geburtstag (2006)
FS Schüler-Springorum	Festschrift für Horst Schüler-Springorum zum 65. Geburtstag (1993)
FS Schünemann	Festschrift für Bernd Schünemann zum 70. Geburtstag (2014)
FS Schultz	Lebendiges Strafrecht. Festgabe zum 65. Geburtstag von Hans Schultz (1977)
FS Schwind	Kriminalpolitik und ihre wissenschaftlichen Grundlagen, Festschrift für Hans-Dieter Schwind zum 70. Geburtstag (2006)
FS Seebode	Festschrift für Manfred Seebode zum 70. Geburtstag (2008)
FS Seidl-Hohenveldern	Völkerrecht, Recht der Internationalen Organisationen, Weltwirtschaftsrecht; Festschrift für Ignaz Seidl-Hohenveldern zum 70. Geburtstag (1988)
FS Sendler	Bürger-Richter-Staat, Festschrift für Horst Sendler zum Abschied aus seinem Amt (1991)
FS Spendel	Festschrift für Günter Spendel zum 70. Geburtstag (1992)
FS Spinellis	Festschrift für Dionysios Spinellis zum 70. Geburtstag (1999–2003)
FS StA Schleswig-Holstein	Strafverfolgung und Strafverzicht, Festschrift zum 125jährigen Bestehen der Staatsanwaltschaft Schleswig-Holstein (1992)
FS Steinberger	Tradition und Weltoffenheit des Rechts, Festschrift für Helmut Steinberger (2002)
FS Steinhilper	Kriminologie und Medizinrecht, Festschrift für Gernot Steinhilper zum 70. Geburtstag (2013)
FS Stober	Festschrift für Rolf Stober, Wirtschaft – Verwaltung – Recht (2008)
FS Stock	Studien zur Strafrechtswissenschaft, Festgabe für Ulrich Stock zum 70. Geburtstag (1966)
FS Stöckel	Strafrechtspraxis und Reform, Festschrift für Heinz Stöckel zum 70. Geburtstag (2010)
FS Strauda	Festschrift zu Ehren des Strafrechtsausschusses der Bundesrechtsanwaltskammer anlässlich seiner 196. Tagung vom 13.–15.10.2006 in Münster (2006)
FS Stree/Wessels	Beiträge zur Rechtswissenschaft, Festschrift für Walter Stree und Johannes Wessels zum 70. Geburtstag (1993)
FS Streng	Festschrift für Franz Streng zum 70. Geburtstag (2017)
FS Szwarc	Vergleichende Strafrechtswissenschaft, Frankfurter Festschrift für Andrzej J. Szwarc zum 70. Geburtstag (2009)
FS Tepperwien	NJW-Festheft zum 65. Geburtstag von Ingeborg Tepperwien (2010)
FS Tiedemann	Strafrecht und Wirtschaftsstrafrecht, Festschrift für Klaus Tiedemann zum 70. Geburtstag (2008)
FS Tondorf	Festschrift für Günter Tondorf zum 70. Geburtstag (2004)
FS Trechsel	Strafrecht, Strafprozessrecht und Menschenrechte, Festschrift für Stefan Trechsel zum 65. Geburtstag (2002)
FS Triffterer	Festschrift für Otto Triffterer zum 65. Geburtstag (1996)
FS Tröndle	Festschrift für Herbert Tröndle zum 70. Geburtstag (1989)
FS Trusen	Festschrift für Winfried Trusen zum 70. Geburtstag (1994)
FS Verdross	Völkerrecht und zeitliches Weltbild, Festschrift für Alfred Verdross zum 70. Geburtstag (1960)
FS Verdross II	Ius humanitas, Festschrift für Alfred Verdross zum 90. Geburtstag (1980)
FS Verosta	Völkerrecht und Rechtsphilosophie, Internationale Festschrift für Stephan Verosta zum 70. Geburtstag (1980)
FS Volk	In dubio pro libertate, Festschrift für Klaus Volk zum 65. Geburtstag (2009)
FS von Simson	Grundrechtsschutz im nationalen und internationalen Recht – Festschrift für Werner von Simson zum 75. Geburtstag (1983)

FS Vormbaum	Strafrecht und Juristische Zeitgeschichte – Symposium anlässlich des 70. Geburtstages von Thomas Vormbaum
FS Wassermann	Festschrift für Rudolf Wassermann zum 60. Geburtstag (1985)
FS v. Weber	Festschrift für Hellmuth von Weber zum 70. Geburtstag (1963)
FS Weber	Festschrift für Ulrich Weber zum 70. Geburtstag (2004)
FS Weißauer	Ärztliches Handeln – Verrechtlichung eines Berufsstandes; Festschrift für Walther Weißauer zum 65. Geburtstag (1986)
FS Welp	Strafverteidigung in Forschung und Praxis, Kriminalwissenschaftliches Kolloquium aus Anlaß des 70. Geburtstages von Jügen Welp (2006)
FS Welzel	Festschrift für Hans Welzel zum 70. Geburtstag (1974)
FS Wessing	Unternehmensstrafrecht – Festschrift für Jürgen Wessing zum 65. Geburtstag (2015)
FS Widmaier	Strafverteidigung, Revision und die gesamten Strafrechtswissenschaften – Festschrift für Gunter Widmaier zum 70. Geburtstag (2008)
FS Winkler	Beiträge zum Verfassungs- und Wirtschaftsrecht, Festschrift für Günther Winkler (1989)
FS Wolff	Festschrift für Ernst Amadeus Wolff zum 70. Geburtstag (1998)
FS Wolter	Festschrift für Jürgen Wolter zum 70. Geburtstag (2013)
FS Würtenberger	Kultur, Kriminalität, Strafrecht, Festschrift für Thomas Würtenberger zum 70. Geburtstag (1977)
FS Würtenberger II	Verfassungsstaatlichkeit im Wandel, Festschrift für Thomas Würtenberger zum 70. Geburtstag (2013)
FS Würzburger Juristenfakultät	Raum und Recht, Festschrift 600 Jahre Würzburger Juristenfakultät (2002)
FS Yamanaka	Rechtsstaatliches Strafen, Festschrift für Keiichi Yamanaka zum 70. Geburtstag (2017)
FS Zeidler	Festschrift für Wolfgang Zeidler (1987)
FS Zoll	Rechtsstaat und Strafrecht, Festschrift für Andrzej Zoll zum 70. Geburtstag (2012)
Full/Möhl/Rüth	s. Rüth/Berr/Berz
Gaede	Gaede, Fairness als Teilhabe – das Recht auf konkrete und wirksame Teilhabe durch Verteidigung gemäß Art. 6 EMRK (2007)
Gaier/Wolf/Göcken	Gaier/Wolf/Göcken, Anwaltliches Berufsrecht, 2. Aufl. (2014)
GedS Bleckmann	Rechtsstaatliche Ordnung Europas – Gedächtnisschrift für Albert Bleckmann (2007)
GedS Blomeyer	Recht der Wirtschaft und Arbeit in Europa. Gedächtnisschrift für Wolfgang Blomeyer (2004)
GedS Blumenwitz	Iustitia et Pax, Gedächtnisschrift für Dieter Blumenwitz (2008)
GedS Bruns	Gedächtnisschrift für Rudolf Bruns (1980)
GedS Eckert	Gedächtnisschrift für Jörn Eckert (2008)
GedS Geck	Verfassungsrecht und Völkerrecht, Gedächtnisschrift für Wilhelm Karl Geck (1989)
GedS Heine	Strafrecht als ultima ratio – Gießener Gedächtnisschrift für Günter Heine (2015)
GedS Joecks	Strafrecht – Wirtschaftsstrafrecht – Steuerrecht – Gedächtnisschrift für Wolfgang Joecks (2018)
GedS A. Kaufmann	Gedächtnisschrift für Armin Kaufmann (1986)
GedS H. Kaufmann	Gedächtnisschrift für Hilde Kaufmann (1986)
GedS Keller	Gedächtnisschrift für Rolf Keller (2003)
GedS Küchenhoff	Recht und Rechtsbesinnung, Gedächtnisschrift für Günter Küchenhoff (1987)
GedS Lisken	Lauschen im Rechtsstaat – Zu den Konsequenzen des Urteils des Bundesverfassungsgerichts zum großen Lauschangriff, Gedächtnisschrift für Hans Lisken (2004)
GedS Meurer	Gedächtnisschrift für Dieter Meurer (2002)

GedS Meyer	Gedächtnisschrift für Karlheinz Meyer (1990)
GedS Noll	Gedächtnisschrift für Peter Noll (1984)
GedS H. Peters	Gedächtnisschrift für Hans Peters (1967)
GedS Ryssdal	Protection des droits de l'homme: la perspective européenne/Protecting Human Rights: The European Perspective, Gedächtnisschrift für Rolv Ryssdal (2000)
GedS Schlüchter	Gedächtnisschrift für Ellen Schlüchter (2002)
GedS Schröder	Gedächtnisschrift für Horst Schröder (1978)
GedS Seebode	Im Zweifel für die Freiheit – Gedächtnisschrift für Manfred Seebode (2015)
GedS Trzaskalik	Gedächtnisschrift für Christoph Trzaskalik (2005)
GedS Walter	Kriminologie – Jugendkriminalrecht – Strafvollzug, Gedächtnisschrift für Michael Walter (2014)
GedS Weßlau	Rechtsstaatlicher Strafprozess und Bürgerrechte – Gedächtnisschrift für Edda Weßlau (2016)
GedS Vogler	Gedächtnisschrift für Theo Vogler (2004)
GedS Zipf	Gedächtnisschrift für Heinz Zipf (1999)
Geerds	Handbuch der Kriminalistik, begr. von H. Groß, neubearbeitet von Geerds, 10. Aufl. (Bd. I 1977, Bd. II 1978)
Geiger/Khan/Kotzur	Geiger/Khan/Kotzur, EUV/AEUV, Kommentar, 6. Aufl. (2017)
Gerland	Gerland, Der Deutsche Strafprozeß (1927)
Gerold/Schmidt/v. Eicken/ Madert/Müller-Rabe	Gerold/Schmidt/v. Eicken/Madert/Müller-Rabe, Rechtsanwaltsvergütungsgesetz, Kommentar, 23. Aufl. (2017)
Glaser	Glaser, Handbuch des Strafprozesses, in Binding, Systematisches Handbuch der Deutschen Rechtswissenschaft (Bd. I 1883, Bd. II 1885)
Göbel	Göbel, Strafprozess, 8. Aufl. (2013)
Göhler	Göhler, Ordnungswidrigkeitengesetz, Kurzkommentar erläutert von Erich Göhler, fortgef. von Peter König und Helmut Seitz, 17. Aufl. (2017)
Götz/Tolzmann	Götz/Tolzmann, Bundeszentralregistergesetz, Kommentar, 4. Aufl. (2000); Nachtrag zur 4. Auflage (2003)
Gössel	Gössel, Strafverfahrensrecht, Studienbuch (1977)
Gössel/Dölling	Gössel/Dölling, Strafrecht, Besonderer Teil 1, 2. Aufl. (2004)
Goldschmidt	Goldschmidt, Der Prozeß als Rechtslage (1925)
Grabenwarter/Pabel	Grabenwarter/Pabel, Europäische Menschenrechtskonvention, 6. Aufl. (2016)
Grabitz/Hilf/Nettesheim	Grabitz/Hilf/Nettesheim, Das Recht der Europäischen Union, begr. von Grabitz, Loseblattausgabe, 65. Aufl. (2018)
Graf	Graf, Strafprozessordnung, 3. Aufl. (2018)
Graf/Goers (BGH Jahr)	Graf, BGH-Rechtsprechung Strafrecht 2010 (2011); 2011 (2012); 2012/2013 (2013); 2014 (2014); 2015 (2015); 2016 (2016); 2017 (2017)
Graf/Jäger/Wittig	Graf/Jäger/Wittig, Wirtschafts- und Steuerstrafrecht, 2. Aufl. (2017)
Graf zu Dohna	Graf zu Dohna, Das Strafprozeßrecht, 3. Aufl. (1929)
Greeve/Leipold	Greeve/Leipold, Handbuch des Baustrafrechts (2004)
Grote/Marauhn/Dörr	Grote/Marauhn/Dörr, EMRK/GG, Konkordanzkommentar zum europäischen und deutschen Grundrechtsschutz, 2. Aufl. (2013)
Grunau/Tiesler	Grunau/Tiesler, Strafvollzugsgesetz, Kommentar, 2. Aufl. (1982)
Grützner/Pötz/Kreß/Gazeas	Grützner/Pötz/Kreß/Gazeas, Internationaler Rechtshilfeverkehr in Strafsachen, Loseblattausgabe, 3. Aufl. (ab 2008)
Guradze	Guradze, Die Europäische Menschenrechtskonvention, 1968
Gürtner	Das kommende deutsche Strafverfahren, Bericht der amtlichen Strafprozeßkommission, hrsg. von Gürtner (1938)
Habschick	Habschick, Erfolgreich Vernehmen, 4. Aufl. (2016)
Hackner/Schierholt	Hackner/Schierholt, Internationale Rechtshilfe in Strafsachen, 3. Aufl. (2017)
Hahn	Hahn, Die gesamten Materialien zur Strafprozeßordnung und dem Einführungsgesetz, Bd. I (1880), Bd. II (1881)

Haller/Conzen	Haller/Conzen, Das Strafverfahren, 8. Aufl. (2018)
Hamm/Hassemer/Pauly	Hamm/Hassemer/Pauly, Beweisantragsrecht, 2. Aufl. (2007)
Hamm	Hamm, Die Revision in Strafsachen, 7. Aufl. (2010)
Hanack-Symp.	Aktuelle Probleme der Strafrechtspflege, Beiträge eines Symposions anläßlich des 60. Geburtstags von Ernst Walter Hanack (1991)
Hansens	Hansens, RVG, Rechtsanwaltsvergütungsgesetz, 9. Aufl. (2018)
Hartmann	Hartmann, Kostengesetze, 48. Aufl. (2018)
Hartung/Schons/Enders	Hartung/Schons/Enders, Rechtsanwaltsvergütungsgesetz (RVG), Kommentar, 3. Aufl. (2017)
Haupt/Weber/Bürner/Frankfurth/Luxemburger/Marth	Haupt/Weber/Bürner/Frankfurth/Luxemburger/Marth, Handbuch Opferschutz und Opferhilfe, 2. Aufl. (2003)
HdbStR	Handbuch des Strafrechts, hrsg. von Hilgendorf/Kudlich/Valerius, ab 2018
HdbVerfR	Handbuch des Verfassungsrechts, hrsg. von Benda/Maihofer/Vogel, 2. Aufl. (1994)
Hecker	Hecker, Europäisches Strafrecht, 5. Aufl. (2015)
Heghmanns/Herrmann	Heghmanns/Herrmann, Das Arbeitsgebiet des Staatsanwalts, 5. Aufl. (2017)
Heghmanns, Verteidigung	Heghmanns, Verteidigung in Strafvollstreckung und Strafvollzug, 2. Aufl. (2012)
Heghmanns/Scheffler	Heghmanns/Scheffler, Handbuch zum Strafverfahren (2008) (zit.: HbStrVf/*Verfasser*)
Hellebrand	Hellebrand, Die Staatsanwaltschaft (1999)
Hellmann	Hellmann, Strafprozessrecht, 2. Aufl. (2005)
Henkel	Henkel, Strafverfahrensrecht, Lehrbuch, 2. Aufl. (1968)
Henssler/Prütting	Bundesrechtsanwaltsordnung, Kommentar, hrsg. von Henssler/Prütting, 4. Aufl. (2014)
Hentschel	Hentschel, Trunkenheit, Fahrerlaubnisentziehung, Fahrverbot im Straf- und Ordnungswidrigkeitenrecht, 10. Aufl. (2006)
Hentschel/König/Dauer	Hentschel/König/Dauer, Straßenverkehrsrecht, 45. Aufl. (2019)
Herrmann	Herrmann, Untersuchungshaft (2007)
Heselhaus/Nowak	Heselhaus/Nowak, Handbuch der Europäischen Grundrechte (2006)
Herzog/Mülhausen	Herzog/Mülhausen, Geldwäschebekämpfung und Gewinnabschöpfung (2006)
von Hippel	von Hippel, Der deutsche Strafprozeß, Lehrbuch (1941)
HK	Heidelberger Kommentar zur Strafprozessordnung, 6. Aufl. (2019)
HK-GS	*siehe* Dölling/Duttge/Rössner
Höflich/Schriever/Bartmeier	Höflich/Schriever/Bartmeier, Grundriss Vollzugsrecht, 4. Aufl. (2014)
Hömig/Wolff	Hömig/Wolff, Grundgesetz für die Bundesrepublik Deutschland, 12. Aufl. (2018)
Hofmann	Hofmann, IPBPR Erläuterung, in: Das Deutsche Bundesrecht I A 10c (1986)
von Holtzendorff	von Holtzendorff, Handbuch des deutschen Strafprozesses (1879)
HRRS-FG Fezer	HRRS-Festgabe für Gerald Fezer zum 70. Geburtstag (2008)
Ignor/Mosbacher	Ignor/Mosbacher, Handbuch Arbeitsstrafrecht, 3. Aufl. (2016)
IK-EMRK	Pabel/Schmahl (Hrsg.), Internationaler Kommentar zur Europäischen Menschenrechtskonvention, Loseblattausgabe, 19. Lfg., Kommentar, 8. Aufl. (2015)
Ipsen	Ipsen, Völkerrecht, 7. Aufl. 2018
Isele	Isele, Bundesrechtsanwaltsordnung, Kommentar (1976)
Jacobs/White/Ovey	Jacobs/White/Ovey, The European Convention on Human Rights, 7ed. 2017
Jahn/Krehl/Löffelmann/Güntge	Jahn/Krehl/Löffelmann/Güntge, Die Verfassungsbeschwerde in Strafsachen, 2. Aufl. (2017)
Jahn/Nack (I)	Jahn/Nack (Hrsg.), Strafprozessrechtspraxis und Rechtswissenschaft, 1. Karlsruher Strafrechtsdialog (2007)

Jahn/Nack (II)	Jahn/Nack (Hrsg.), Rechtsprechung, Gesetzgebung, Lehre: Wer regelt das Strafrecht?, 2. Karlsruher Strafrechtsdialog (2009)
Jahn/Nack (III)	Jahn/Nack (Hrsg.), Gegenwartsfragen des europäischen und deutschen Strafrechts, 3. Karlsruher Strafrechtsdialog (2011)
Jahn/Nack (IV)	Jahn/Nack (Hrsg.), Rechtsprechung in Strafsachen zwischen Theorie und Praxis – zwei Seiten einer Medaille?, 4. Karlsruher Strafrechtsdialog (2013)
Jahn/Radtke (V)	Deutsche Strafprozessreform und Europäische Grundrechte – Herausforderungen auch für die Rechtsprechung des BGH in Strafsachen? – Referate und Diskussionen auf dem 5.Karlsruher Strafrechtsdialog (2015)
Jahn/Radtke (VI)	Der Bundesgerichtshof im Spiegel der Öffentlichkeit – Referate und Diskussionen auf dem 6. Karlsruher Strafrechtsdialog (2017)
Jakobs	Jakobs, Strafrecht Allg. Teil, Lehrbuch, 2. Aufl. (1991)
Janiszewski	Janiszewski, Verkehrsstrafrecht, 5. Aufl. (2004)
Jansen	Jansen, Zeuge und Aussagepsychologie, 2. Aufl. (2012)
Janssen	Janssen, Gewinnabschöpfung im Strafverfahren (2007)
Jarass	Jarass, Charta der Grundrechte der Europäischen Union, 3. Aufl. (2016)
Jarass/Pieroth	Jarass/Pieroth, Grundgesetz für die Bundesrepublik Deutschland, 15. Aufl. (2018)
Jescheck/Weigend	Jescheck/Weigend, Lehrbuch des Strafrechts, Allgemeiner Teil, 5. Aufl. (1996)
Jessnitzer/Ulrich	Jessnitzer/Ulrich, Der gerichtliche Sachverständige, Handbuch für die Praxis, 12. Aufl. (2007)
Joachimski/Haumer	Joachimski/Haumer, Strafverfahrensrecht, 7. Aufl. (2015)
Joecks	Joecks, Studienkommentar StPO, 4. Auflage (2015)
Joecks/Jäger/Randt	Joecks/Jäger/Randt, Steuerstrafrecht mit Zoll- und Verbrauchsteuerstrafrecht, 8. Aufl. (2015)
Johann	Johann, Möglichkeiten und Grenzen des neuen Vermögensabschöpfungsrechts (2019)
John	John, Strafprozeßordnung, Kommentar, Bd. I (1884), Bd. II (1888), Bd. III Lfg. 1 (1889)
Jung	Jung, Praxiswissen Strafverteidigung von Ausländern (2009)
Junker	Junker, Beweisantragsrecht im Strafprozess, 3. Aufl. (2019)
Junker/Armatage	Junker/Armatage, Praxiswissen Strafverteidigung (2009)
Kaiser	Kaiser, Kriminologie, Lehrbuch, 3. Aufl. (1996)
Kaiser/Schöch/Kinzig	Kaiser/Schöch/Kinzig, Kriminologie, Jugendstrafrecht, Strafvollzug, Lehrbuch, 8. Aufl. (2015)
Kamann	Kamann, Handbuch für die Strafvollstreckung und den Strafvollzug, 2. Aufl. (2008)
Kammeier	Kommentar zum Maßregelvollzugsrecht, hrsg. von Kammeier, 3. Aufl. (2010)
Karpenstein/Mayer	Karpenstein/Mayer (Hrsg.) EMRK – Konvention zum Schutz der Menschenrechte und Grundfreiheiten, 2. Aufl. (2015)
Katholnigg	Katholnigg, Strafgerichtsverfassungsrecht, 3. Aufl. (1999)
Kämmerer/Eidenmüller	Kämmerer/Eidenmüller, Post- und Fernmeldewesen (1971)
Kindhäuser	Kindhäuser, Strafgesetzbuch, Lehr- und Praxiskommentar, 7. Aufl. (2017)
Kindhäuser/Schumann	Kindhäuser/Schumann, Strafprozessrecht, 5. Aufl. (2019)
Kinzig	Kinzig, Die rechtliche Bewältigung von Erscheinungsformen organisierter Kriminalität (2004)
Kirsch	Kirsch (Hrsg.), Internationale Strafgerichtshöfe (2005)
Kissel/Mayer	Kissel/Mayer, Gerichtsverfassungsgesetz (GVG), 9. Aufl. 2018
KK	Karlsruher Kommentar zur Strafprozeßordnung, hrsg. von Hannich, 7. Aufl. (2013)
KK-OWiG	Karlsruher Kommentar zum Ordnungswidrigkeitengesetz, hrsg. von Senge, 5. Aufl. (2018)
Klein/(Orlopp)	Klein, Abgabenordnung, Kommentar, 14. Aufl. (2018)

Klemke/Elbs	Klemke/Elbs, Einführung in die Praxis der Strafverteidigung, 3. Aufl. (2013)
Klesczewski	Klesczewski, Strafprozessrecht, 2. Aufl. (2013)
KMR	Kommentar zur Strafprozeßordnung und zum Gerichtsverfassungsgesetz, hrsg. von Heintschel-Heinegg/Stöckel, Loseblattausgabe (ab 1998)
Knierim/Rübenstahl/Tsambikakis	Knierim/Rübenstahl/Tsambikakis (Hrsg.), Internal Investigations, 2. Aufl. (2016)
Koch/Scholtz	Koch/Scholtz, Abgabenordnung, Kommentar, 5. Aufl. (1996)
König	König, Anwaltkommentar Untersuchungshaft (2011)
Koeniger	Koeniger, Die Hauptverhandlung in Strafsachen (1966)
Körner/Patzak/Volkmer	Körner/Patzak/Volkmer, Betäubungsmittelgesetz, Kommentar, 9. Aufl. (2019)
Kohlmann	Kohlmann, Steuerstrafrecht mit Ordnungswidrigkeitenrecht und Verfahrensrecht, Loseblattausgabe, Stand April 2017
Kohlrausch	Kohlrausch, Strafprozeßordnung und Gerichtsverfassungsgesetz, Kommentar, 24. Aufl. (1936)
Krack	Krack, Die Rehabilitierung des Beschuldigten im Strafverfahren (2002)
Kramer	Kramer, Grundbegriffe des Strafverfahrensrechts, 8. Aufl. (2014)
Krause/Nehring	Krause/Nehring, Strafverfahrensrecht in der Polizeipraxis (1978)
Krekeler/Werner	Krekeler/Werner, Verteidigung in Wirtschaftsstrafsachen, 2. Aufl. (2013)
Krenberger/Krumm	Krenberger/Krumm, Ordnungswidrigkeitengesetz, 5. Aufl. (2018)
Krey/Heinrich	Krey/Heinrich, Deutsches Strafverfahrensrecht, 2. Aufl. (2018)
von Kries	von Kries, Lehrbuch des Deutschen Strafprozeßrechts (1892)
Kühne	Kühne, Strafprozessrecht, 9. Aufl. (2015)
Kunz	Kunz, StrEG – Gesetz über die Entschädigung für Strafverfolgungsmaßnahmen, 4. Aufl. (2010)
Kunz/Zellner/Gelhausen/Weiner	Kunz/Zellner/Gelhausen/Weiner, Opferentschädigungsgesetz, 6. Aufl. (2015)
Lackner/Kühl	Lackner/Kühl, Strafgesetzbuch, Kommentar, 29. Aufl. (2018)
Laubenthal	Laubenthal, Strafvollzug, 7. Aufl. (2015)
Laubenthal/Baier/Nestler	Laubenthal/Baier/Nestler, Jugendstrafrecht, 3. Aufl. (2015)
Laubenthal/Nestler	Laubenthal/Nestler, Strafvollstreckung, 2. Aufl. (2018)
Laubenthal/Nestler/Neubacher/ Verrel	Laubenthal/Nestler/Neubacher/Verrel, Strafvollzugsgesetze, Kommentar, 12. Aufl. (2015)
Leitner/Michalke	Leitner/Michalke, Strafprozessuale Zwangsmaßnahmen (2007)
Lemke/Mosbacher	Lemke/Mosbacher, Ordnungswidrigkeitengesetz, 2. Aufl. (2005)
Lesch	Lesch, Strafprozeßrecht, 2. Aufl. (2002)
von Lilienthal	von Lilienthal, Strafprozeßrecht, Lehrbuch (1923)
Lindemann	Lindemann, Voraussetzungen und Grenzen legitimen Wirtschaftsstrafrechts (2012)
Lingens/Korte	Lingens/Korte, Wehrstrafgesetz, 5. Aufl. (2012)
Lisken/Denninger	Handbuch des Polizeirechts, hrsg. von Lisken/Denninger, 6. Aufl. (2018)
LK	Leipziger Kommentar zum Strafgesetzbuch, 12. Aufl., hrsg. von Laufhütte/Rissing-van Saan/Tiedemann (ab 2006)
Löffler	Löffler, Presserecht, 6. Aufl. (2015)
LR[25]	Löwe-Rosenberg, Die Strafprozeßordnung und das Gerichtsverfassungsgesetz, hrsg. von Rieß, 26. Aufl. (2012)
LR[26]	Löwe-Rosenberg, Die Strafprozeßordnung und das Gerichtsverfassungsgesetz, hrsg. von Erb, Esser, Franke, Graalmann-Scheerer, Hilger, Ignor, 26. Aufl. (2006 bis 2014), 27. Aufl. (ab 2016)
MAH	Münchener Anwaltshandbuch Strafverteidigung, hrsg. von Widmaier/Müller/Schlothauer, 2. Aufl. (2014)
MAH (WSSt)	Münchener Anwaltshandbuch Verteidigung in Wirtschafts- und Steuerstrafsachen, hrsg. von Volk, 2. Aufl. (2014)
Malek	Malek, Verteidigung in der Hauptverhandlung, 5. Aufl. (2017)

Malek (BtMG)	Malek, Betäubungsmittelstrafrecht, 4. Aufl. (2014)
Malek/Popp (Internet)	Malek/Popp, Strafsachen im Internet, 2. Aufl. (2015)
von Mangoldt/Klein/Starck	von Mangoldt/Klein/Starck, Das Bonner Grundgesetz, 6. Aufl. (2010 ff.), 3. Bd.
Marberth-Kubicki	Marberth-Kubicki, Computer- und Internetstrafrecht, 2. Aufl. (2010)
Marschner/Volckart/Lesting	Marschner/Volckart/Lesting, Freiheitsentziehung und Unterbringung, 5. Aufl. (2010)
Marx/Roderfeld	Marz/Roderfeld, Rechtsschutz bei überlangen Gerichts- und Ermittlungsverfahren (2013)
Marxen/Tiemann	Marxen/Tiemann, Die Wiederaufnahme in Strafsachen, 3. Aufl. (2014)
Matt/Renzikowski	Matt/Renzikowski, StGB, Kommentar (2013)
Maunz/Dürig	Maunz/Dürig, Grundgesetz, Kommentar, Loseblattausgabe, 84. Aufl. (2018)
Maurach/Zipf	Maurach/Zipf, Strafrecht, Allgemeiner Teil, Teilbd. 1, 8. Aufl. (1992)
Maurach/Gössel/Zipf	Maurach/Gössel/Zipf, Strafrecht, Allgemeiner Teil, Teilbd. 2, 8. Aufl. (2014)
Maurach/Schroeder/Maiwald	Maurach/Schroeder/Maiwald, Strafrecht, Besonderer Teil, Teilbd. 1, 10. Aufl. (2009), Teilbd. 2, 10. Aufl. (2013)
Mayer/Kroiß	Mayer/Kroiß, Rechtsanwaltsvergütungsgesetz, 7. Aufl. (2018)
Meier (Kriminologie)	Meier, Kriminologie, 5. Aufl. (2016)
Meier (Sanktionen)	Meier, Strafrechtliche Sanktionen, 4. Aufl. (2014)
Meier/Rössner/Trüg/Wulf	Meier/Rössner/Trüg/Wulf, Jugendgerichtsgesetz, 2. Aufl. (2014)
Mellinghoff	Mellinghoff, Fragestellung, Abstimmungsverfahren und Abstimmungsgeheimnis im Strafverfahren (1988)
Mende	Mende, Grenzen privater Ermittlungen durch den Verletzten einer Straftat (2001)
Merten/Papier	Merten/Papier, Handbuch der Grundrechte in Deutschland und Europa (ab 2004)
Mertens/Stuff/Mück	Mertens/Stuff/Mück, Verteidigervergütung, 2. Aufl. (2016)
Meyer D.	Meyer D., Strafrechtsentschädigung, 10. Aufl. (2016)
Meyer D. (GKG)	Meyer D., GKG/FamGKG, Kommentar, 16. Aufl. (2017)
Meyer/Höver/Bach/Oberlack	Meyer/Höver/Bach/Oberlack, Die Vergütung und Entschädigung von Sachverständigen, Zeugen, Dritten und von ehrenamtlichen Richtern nach dem JVEG, 27. Aufl. (2017)
Meyer-Goßner (Prozess)	Meyer-Goßner, Prozessvoraussetzungen und Prozesshindernisse (2011)
Meyer-Goßner/Schmitt	Meyer-Goßner/Schmitt, Strafprozessordnung mit GVG, Nebengesetzen und ergänzenden Bestimmungen, Kommentar, 62. Aufl. (2019)
Meyer-Goßner/Appl	Meyer-Goßner/Appl, Die Urteile in Strafsachen sowie Beschlüsse und Protokoll der Hauptverhandlung, 29. Aufl. (2014)
Meyer-Ladewig/Nettesheim/Raumer	Meyer-Ladewig/Nettesheim/Raumer, Handkommentar zur EMRK, 4. Aufl. (2017)
Minoggio	Minoggio, Unternehmensverteidigung, 3. Aufl. (2016)
Mitsch	Mitsch, Recht der Ordnungswidrigkeiten, Lehrbuch, 2. Aufl. (2005)
Momsen/Grützner	Momsen/Grützner, Wirtschaftsstrafrecht (2013)
Möller/Warg	Möller/Warg, Allgemeines Polizei- und Ordnungsrecht, 6. Aufl. (2011)
Möthrath/Rüther/Bahr	Möthrath/Rüther/Bahr, Verteidigung ausländischer Beschuldigter (2012)
Müller	Müller, Der Sachverständige im gerichtlichen Verfahren, Handbuch des Sachverständigenbeweises, 3. Aufl. (1988)
Müller (Beiträge)	Müller, Beiträge zum Strafprozessrecht 1969–2001 (2003)
Müller/Sax	s. KMR
Müller-Gugenberger	Müller-Gugenberger, Wirtschaftsstrafrecht, 6. Aufl. (2015)
von Münch/Kunig	von Münch/Kunig, Grundgesetz, Kommentar, 2 Bände, 6. Aufl. (2012)
Münchhalffen/Gatzweiler	Münchhalffen/Gatzweiler, Das Recht der Untersuchungshaft, 3. Aufl. (2009)
Murmann	Murmann, Prüfungswissen Strafprozessrecht, 3. Aufl. (2015)
MüKo	Münchener Kommentar zur Strafprozessordnung, hrsg. von Knauer/Kudlich/Schneider (ab 2014)

MüKo-ZPO	Münchener Kommentar zur Zivilprozessordnung, hrsg. von Krüger/Rauscher, Band 1-2, 5. Aufl. (2016); Band 3, 4. Aufl. (2012)
MüKo-BGB	Münchener Kommentar zum Bürgerlichen Gesetzbuch, hrsg. von Rixecker/Säcker/Limperg/Oetker, 8. Aufl. (2018)
MüKo-StGB	Münchener Kommentar zum Strafgesetzbuch, hrsg. von Joecks/Miebach (ab 2003), 3. Aufl. (ab 2016)
Niese	Niese, Doppelfunktionelle Prozeßhandlungen (1950)
Nipperdey/Scheuner	Nipperdey/Scheuner, Die Grundrechte, 4 Bände (ab 1954)
NK-StGB	Nomos-Kommentar zum Strafgesetzbuch, hrsg. von Kindhäuser/Neumann/Paeffgen, 5. Aufl. (2017)
Nobis	Nobis, Strafverteidigung vor dem Amtsgericht (2011)
Nobis/Schlothauer/Weider	Nobis/Schlothauer/Weider, Untersuchungshaft, 5. Aufl. (2016)
Nowak	Nowak, CCPR – Commentary – Commentary on the U.N. Covenant on Civil and Political Rights, 2nd Edition (2005)
Oetjen/Endriß	Oetjen/Endriß, Leitfaden Untersuchungshaft (1999)
OK-GG	Beck-Online-Kommentar zum GG
OK-StGB	Beck-Online-Kommentar zum StGB
OK-StPO	Beck-Online-Kommentar zur StPO
Ostendorf	Ostendorf, Strafprozessrecht, 3. Aufl. (2018)
Ostendorf (U-Haft)	Ostendorf, Untersuchungshaft und Abschiebehaft (2012)
Ostendorf (JStVollzR)	Ostendorf (Hrsg.), Jugendstrafvollzugsrecht, 3. Aufl. (2016)
Ostendorf (Jugendgerichtsgesetz)	Ostendorf, Jugendgerichtsgesetz, 10. Aufl. (2016)
Ostendorf/Drenkhahn	Ostendorf/Drenkhahn, Jugendstrafrecht, 9. Aufl. (2017)
Palandt	Palandt, Bürgerliches Gesetzbuch, Kurzkommentar, 77. Aufl. (2018)
Park	Park, Handbuch Durchsuchung und Beschlagnahme 4. Aufl. (2018)
Park (Kapitalmarkt)	Park, Kapitalmarktstrafrecht, Handkommentar, 4. Aufl. (2017)
Partsch	Partsch, Die Rechte und Freiheiten der Europäischen Menschenrechtskonvention, 1966 (Sonderdruck aus Bettermann/Neumann/Nipperdey (Hrsg.), Die Grundrechte der Welt Bd. I 1)
Peter (Opferanwalt)	Peter, Das 1x1 des Opferanwalts, 3. Aufl. (2017)
Peter	Peter, Das 1x1 der Hauptverhandlung, 2. Aufl. (2011)
Peters/Altwicker (EMRK)	Peters/Altwicker, Europäische Menschenrechtskonvention, 2. Aufl. (2012)
Peters	Peters, Strafprozeß, Lehrbuch, 4. Aufl. (1985)
Peters (Fehlerquellen)	Peters, Fehlerquellen im Strafprozeß, Band I (1970), Band II (1972), Band III (1974)
Pfeiffer	Pfeiffer, Strafprozessordnung, Kommentar, 5. Aufl. (2005)
Pfordte/Degenhard	Pfordte/Degenhard, Der Anwalt im Strafrecht (2005)
Piller/Hermann	Piller/Hermann, Justizverwaltungsvorschriften, Loseblattsammlung
Plötz (Fürsorgepflicht)	Plötz, Die gerichtliche Fürsorgepflicht im Strafverfahren (1980)
Pohlmann/Jabel/Wolf	Pohlmann/Jabel/Wolf, Strafvollstreckungsordnung, Kommentar, 9. Aufl. (2015)
Poller/Teubel	Poller/Teubel, Gesamtes Kostenhilferecht, 3. Aufl. (2018)
Popp	Popp, Grundzüge der internationalen Rechtshilfe in Strafsachen (2001)
Potrykus	Potrykus, Kommentar zum Jugendgerichtsgesetz, 4. Aufl. (1955)
Protokolle	Protokolle der Kommission für die Reform des Strafprozesses (1905)
Püschel/Bartmeier/Mertens	Püschel/Bartmeier/Mertens, Untersuchungshaft in der anwaltlichen Praxis (2011)
Putzke/Scheinfeld	Putzke/Scheinfeld, Strafprozessrecht, 7. Aufl. (2017)
Quedenfeld/Füllsack	Quedenfeld/Füllsack, Verteidigung in Steuerstrafsachen, 5. Aufl. (2016)
Quellen	Quellen zur Reform des Straf- und Strafprozeßrechts, hrsg. von Schubert/Regge/Rieß/Schmid, I. Abt. – Weimarer Republik, II. Abt. NS-Zeit – Strafgesetzbuch, III. Abt. NS-Zeit – Strafverfahrensrecht (ab 1988)
Radtke/Hohmann	Radtke/Hohmann, Strafprozessordnung, Kommentar (2011)
Randt	Randt, Der Steuerfahndungsfall (2004)

Ranft	Ranft, Strafprozeßrecht, 3. Aufl. (2005)
Rebmann/Roth/Hermann	Rebmann/Roth/Hermann, Gesetz über Ordnungswidrigkeiten, Kommentar, Loseblattausgabe (2016)
Rebmann/Uhlig/Pieper	Rebmann/Uhlig/Pieper, Bundeszentralregistergesetz, Kommentar (1985)
Reisert	Reisert, Anwaltsgebühren im Straf- und Bußgeldrecht, 2. Aufl. (2014)
Ricker/Weberling	Ricker/Weberling, Handbuch des Presserechts, 6. Aufl. (2012)
Riedel/Sußbauer	Riedel/Sußbauer, Rechtsanwaltsvergütungsgesetz, 10. Aufl. (2015)
Rieß	Rieß, Beiträge zur Entwicklung der deutschen Strafprozessordnung (2012)
Rode/Legnaro	Rode/Legnaro, Psychiatrische Sachverständige im Strafverfahren (1994)
Röttle/Wagner	Röttle/Wagner, Strafvollstreckung, 8. Aufl. (2009)
Rolletschke	Rolletschke, Steuerstrafrecht, 4. Aufl. (2012)
Rolletschke/Kemper	Rolletschke/Kemper, Steuerstrafrecht – Kommentar zum Steuerstrafrecht, Loseblattausgabe (2016)
Rosenberg/Schwab/Gottwald	Rosenberg/Schwab/Gottwald, Zivilprozessrecht, 18. Aufl. (2018)
Rosenfeld	Rosenfeld, Deutsches Strafprozeßrecht, 2 Bände (1926)
Rostek	Rostek, Verteidigung in Kapitalstrafsachen, 2. Aufl. (2012)
Rotberg	Rotberg, Gesetz über Ordnungswidrigkeiten, Kommentar, 5. Aufl., bearbeitet von Kleinwefers, Boujong und Wilts (1975)
Rotsch	Rotsch (Hrsg.), Criminal Compliance (2015)
Roxin/Schünemann	Roxin/Schünemann, Strafverfahrensrecht, 29. Aufl. (2017)
Roxin (StrafR)	Roxin, Strafrecht, Allgemeiner Teil, Bd. I, 4. Aufl. (2006), Bd. II (2003)
Roxin-Symp.	Bausteine des Europäischen Strafrechts, Coimbra-Symposium für Claus Roxin, hrsg. von Schünemann/de Figueiredo Dias (1995)
Roxin (I.)	Roxin, I., Die Rechtsfolgen schwerwiegender Rechtsstaatsverstöße in der Strafrechtspflege, 4. Aufl. (2005)
Rönnau	Rönnau, Vermögensabschöpfung in der Praxis, 2. Aufl. (2015)
Rösch (Jugendrichter)	Rösch, Handbuch für den Jugendrichter (2001)
Rösch	Rösch, Das Urteil in Straf- und Bußgeldsachen, 3. Aufl. (2015)
Rüping	Rüping, Das Strafverfahren, 3. Aufl. (1997)
Rüth/Berr/Berz	Rüth/Berr/Berz, Straßenverkehrsrecht, 2. Aufl. (1988)
Sachs	Sachs, Grundgesetz, Kommentar, 8. Aufl. (2018)
Sack	Sack, Umweltschutz-Strafrecht, Erläuterungen der Straf- und Bußgeldvorschriften, Loseblattausgabe (ab 2003)
Satzger	Satzger, Die Europäisierung des Strafrechts (2001)
Satzger (Intern. Strafrecht)	Satzger, Internationales und Europäisches Strafrecht, 8. Aufl. (2018)
Sauer	Sauer, Allgemeine Prozeßrechtslehre (1951)
Sauer/Münkel (Absprachen)	Sauer/Münkel, Absprachen im Strafprozess, 2. Aufl. (2014)
Schäfer	Schäfer, Die Praxis des Strafverfahrens, 7. Aufl. (2018)
Schäfer/Sander/van Gemmeren	Schäfer/Sander/van Gemmeren, Praxis der Strafzumessung, 6. Aufl. (2017)
Schaffstein/Beulke/Swoboda	Schaffstein/Beulke/Swoboda, Jugendstrafrecht, 15. Aufl. (2015)
Schellenberg	Schellenberg, Die Hauptverhandlung im Strafverfahren, 2. Aufl. (2000)
Schenke	Schenke, Polizei- und Ordnungsrecht, 10. Aufl. (2018)
Schenke/Graulich/Ruthig	Schenke/Graulich/Ruthig, Sicherheitsrecht des Bundes 2. Aufl. (2019)
Schilken	Schilken, Gerichtsverfassungsrecht, Lehrbuch, 4. Aufl. (2007)
Schlüchter	Schlüchter, Das Strafverfahren, Lehrbuch, 2. Aufl. (1983)
Schlothauer/Weider/Wollschläger	Schlothauer/Weider/Wollschläger, Verteidigung im Revisionsverfahren, 3. Aufl. (2017)
Schmid	Schmid, Die Verwirkung von Verfahrensrügen im Strafprozess (1967)
Schmidt	s. Eb. Schmidt
Schmidt (Ausländer)	Schmidt, Verteidigung von Ausländern, 4. Aufl. (2016)
Schmidt (Vermögensabschöpfung)	Schmidt, Vermögensabschöpfung, Handbuch für das Straf- und Ordnungswidrigkeitenverfahren, 2. Aufl. (2019)
Schmidt-Bleibtreu/Hofmann/Henneke	Schmidt-Bleibtreu/Hofmann/Henneke, Kommentar zum Grundgesetz, 14. Aufl. (2017)

Schmidt-Räntsch	Schmidt-Räntsch, Deutsches Richtergesetz, Kommentar, 6. Aufl. (2009)
Schneider	Schneider, Kriminologie, Lehrbuch, 3. Aufl. (1992)
Schneider (JVEG)	Schneider, JVEG, Justizvergütungs- und -entschädigungsgesetz, 3. Aufl. (2018)
Schneider/Volpert/Fölsch	Schneider/Volpert/Fölsch (Hrsg.), Gesamtes Kostenrecht, 2. Aufl. (2016)
Schomburg/Lagodny/Gleß/Hackner	Schomburg/Lagodny/Gleß/Hackner, Internationale Rechtshilfe in Strafsachen, 5. Aufl. (2012)
Schönke/Schröder	Schönke/Schröder, Strafgesetzbuch, Kommentar, 30. Aufl. (2019)
Schorn	Schorn, Die Europäische Konvention zum Schutze der Menschenrechte und Grundfreiheiten und ihr Zusatzprotokoll in Einwirkung auf das deutsche Recht (1965)
Schorn/Stanicki	Schorn/Stanicki, Die Präsidialverfassung der Gerichte aller Rechtswege, 2. Aufl. (1975)
Schroeder/Verrel	Schroeder/Verrel, Strafprozessrecht, 7. Aufl. (2017)
Schröder	Schröder, Europäische Richtlinien und deutsches Strafrecht (2002)
Schröder (KapitalStR)	Schröder, Handbuch Kapitalmarktstrafrecht, 3. Aufl. (2015)
Schroth	Schroth, Die Rechte des Opfers im Strafprozess, 3. Aufl. (2018)
Schulz/Berke-Müller/Händel	Schulz/Berke-Müller/Händel, Strafprozeßordnung, 7. Aufl. (1983)
Schünemann-Symp.	Empirische und dogmatische Fundamente, kriminalpolitischer Impetus, Symposium für Bernd Schünemann zum 60. Geburtstag, hrsg. von Hefendehl (2005)
Schwind	Schwind, Kriminologie und Kriminalpolitik, 23. Aufl. (2016)
Schwind/Böhm/Jehle/Laubenthal	Strafvollzugsgesetz, Kommentar, hrsg. von Schwind/Böhm/Jehle/Lauben thal, 6. Aufl. (2013)
Schwinge	Schwinge, Grundlagen des Revisionsrechts, 2. Aufl. (1960)
Seier	Seier, Verteidigung in Straßenverkehrssachen (2012)
Simma/Fastenrath	Simma/Fastenrath, Menschenrechte. Ihr Internationaler Schutz, Textsammlung, 7. Aufl. (2018)
Sieber/Satzger/v. Heintschel-Heinegg	Sieber/Satzger/v. Heintschel-Heinegg, Europäisches Strafrecht, 2. Aufl. (2014)
SK	Systematischer Kommentar zur Strafprozeßordnung. Mit GVG und EMRK, 5. Aufl. (ab 2016)
SK-StGB	Systematischer Kommentar zum Strafgesetzbuch, Bd. 1, Allgemeiner Teil, Bd. 2, Besonderer Teil, Loseblattausgabe (ab 1975)
Sommer	Sommer, Effektive Strafverteidigung, 3. Aufl. (2016)
Sowada	Sowada, Der gesetzliche Richter im Strafverfahren (2002)
SSW-StGB	Satzger/Schluckebier/Widmaier (Hrsg.), Strafgesetzbuch, Kommentar, 4. Aufl. (2019)
SSW	Satzger/Schluckebier/Widmaier (Hrsg.), Strafprozessordnung, Kommentar, 3. Aufl. (2018)
Stein/Jonas	Stein/Jonas, Zivilprozessordnung, 23. Aufl. (ab 2017)
Stern	Stern, Verteidigung in Mord- und Totschlagsverfahren, 3. Aufl. (2013)
Strauda-Denkschrift	Reform der Verteidigung im Ermittlungsverfahren – Thesen mit Begründung, vorgelegt vom Strafrechtsausschuss der Bundesrechtsanwaltskammer (2004)
Streinz/Ohler/Herrmann	Streinz/Ohler/Herrmann, Der Vertrag von Lissabon zur Reform der EU, 3. Aufl. 2010
Streng	Streng, Strafrechtliche Sanktionen, 3. Aufl. (2012)
Tettinger/Stern	Tettinger/Stern, Kölner Gemeinschaftskommentar zur Europäischen Grundrechte-Charta (2006)
Thomas/Putzo	Thomas/Putzo, Zivilprozessordnung, Kommentar, 39. Aufl. (2018)
Tondorf/Tondorf	Tondorf, Psychologische und psychiatrische Sachverständige im Strafverfahren, 3. Aufl. (2011)
Trechsel	Trechsel, Human Rights in Criminal Prodeedings (2005)
Ulsenheimer	Ulsenheimer, Arztstrafrecht in der Praxis, 5. Aufl. (2015)

Umbach/Clemens/Dollinger	Umbach/Clemens/Dollinger, Bundesverfassungsgerichtsgesetz: Mitarbeiterkommentar und Handbuch, 2. Aufl. (2005)
Verdross/Simma	Verdross/Simma, Universelles Völkerrecht, 3. Aufl. (1984)
Villiger	Villiger, Handbuch der Europäischen Menschenrechtskonvention (EMRK), 2. Aufl. 1999
Vogler/Walter/Wilkitzki	Vogler/Walter/Wilkitzki, Gesetz über die internationale Rechtshilfe in Strafsachen, Kommentar (1983)
Volckart/Pollähne/Woynar	Volckart/Pollähne/Woynar, Verteidigung in der Strafvollstreckung und im Vollzug, 5. Aufl. (2014)
Volk (Prozessvoraussetzungen)	Volk, Prozeßvoraussetzungen im Strafrecht (1978)
Volk/Engländer (Strafprozessrecht)	Volk/Engländer, Grundkurs StPO, 9. Aufl. (2018)
Vordermayer/v. Heintschell-Heinegg	Handbuch für den Staatsanwalt, hrsg. von Vordermayer/v. Heintschell-Heinegg, 6. Aufl. (2018)
Wabnitz/Janovsky	Handbuch des Wirtschafts- und Steuerstrafrechts, 4. Aufl. (2014)
Wagner/Kallin/Kruse	Wagner/Kallin/Kruse, Betäubungsmittelstrafrecht, 2. Aufl. (2004)
Wankel	Wankel, Zuständigkeitsfragen im Haftrecht (2002)
Wasmeier/Möhlig	Wasmeier/Möhlig, Strafrecht der Europäischen Union, 2. Aufl. (2008)
Weber	Weber, Betäubungsmittelgesetz: BtMG, 5. Aufl. (2017)
Weidemann/Scherf	Weidemann/Scherf, Die Revision im Strafrecht, 3. Aufl. (2017)
Weiner/Ferber	Weiner/Ferber, Handbuch des Adhäsionsverfahrens, 2. Aufl. (2016)
Welzel	Welzel, Das Deutsche Strafrecht, 11. Aufl. (1969)
Wendler/Hoffmann	Wendler/Hoffmann, Technik und Befragung im Gerichtsverfahren, 2. Aufl. (2015)
Werle/Jeßberger	Werle/Jeßberger, Völkerstrafrecht, 4. Aufl. (2016)
Wieczorek/Schütze	Wieczorek/Schütze, Zivilprozeßordnung und Nebengesetze, 4. Aufl. (ab 2012)
Wiesneth	Wiesneth, Handbuch für das ermittlungsrichterliche Verfahren (2006)
Wiesneth (U-Haft)	Wiesneth, Untersuchungshaft (2010)
Wiesneth (Bereitschaftsdienst)	Wiesneth, Der amtsgerichtliche Bereitschaftsdienst, 2. Aufl. (2012)
Wolf	Wolf, Gerichtsverfassungsrecht aller Verfahrenszweige, 6. Aufl. (1987)
Zieschang/Hilgendorf/Laubenthal	Strafrecht und Kriminalität in Europa, hrsg. von Zieschang/Hilgendorf/Laubenthal (2003)
Zieger/Nöding	Zieger/Nöding, Verteidigung in Jugendstrafsachen, 7. Aufl. (2018)
Ziegert	Ziegert, Grundlagen der Strafverteidigung (2000)
Zipf	Zipf, Kriminalpolitik, 2. Aufl. (1980)
Zöller (ZPO)	Zöller, Zivilprozessordnung, Kommentar, 32. Aufl. (2018)
Zöller	Terrorismusstrafrecht, 2009
Zwiehoff	Zwiehoff, Der Befangenheitsantrag im Strafverfahren, 2. Aufl. (2013)

Strafprozessordnung

Vom 1. Februar 1877 in der Fassung der Bekanntmachung vom 7. April 1987 (BGBl. I S. 1074, 1319)

ERSTES BUCH
Allgemeine Vorschriften

NEUNTER ABSCHNITT
Verhaftung und vorläufige Festnahme

Vorbemerkungen

Schrifttum

1. Allgemein. *Abenhausen* Statistische und empirische Untersuchungen zur Untersuchungshaft, in: Jung/Müller-Dietz, Reform der Untersuchungshaft (1983) 99; *Alsberg* Festnahme und Untersuchungshaft, JW **1925** 1433; *Ambos* Europarechtliche Vorgaben für das (deutsche) Strafverfahren, NStZ **2003** 14; *Amelung* Die Entscheidung des BVerfG zur „Gefahr im Verzug" i.S. des Art. 13 II GG, NStZ **2001** 337; *Amelung* (Mitverf.) Die Untersuchungshaft, Gesetzentwurf und Begründung, Arbeitskreis Strafprozessreform (1983); *Amelung/Wirth* Die Rechtsprechung des Bundesverfassungsgerichts seit 1990 zum Schutz der materiellen Grundrechte im Strafverfahren, StV **2002** 161; *Arbeitsgemeinschaft sozialdemokratischer Juristen (ASJ)* Thesen zur Reform des Rechts der Untersuchungshaft (1984); *Aschaffenburg* Die Bedeutung der Untersuchungshaft für die Ermittlung des Tatbestandes, MSchrKrimPsych. **1932** 257; *Bauer* Frühzeitige Verteidigerbestellung, ZRP **2002** 85; *Baumann* Entwurf eines Untersuchungshaftvollzugsgesetzes (1981); *Baumann* Zur Revisibilität von Haftentscheidungen, FS Pfeiffer (1988) 255; *Baumann* Gesetzliche Regelung des Vollzugs der Untersuchungshaft, JZ **1990** 107; *Beese* „Haftentscheidungshilfe", ein zukunftsträchtiges Experiment für den weiteren Auf- und Ausbau der Gerichtshilfe für Erwachsene, BewHi. **1984** 7; *Benfer* Voraussetzungen der Untersuchungshaft, JuS **1983** 110; *Bittmann* Gesetz zur Änderung des Untersuchungshaftrechts, NStZ **2010** 13; *Bittmann* Änderungen im Untersuchungshaftrecht, JuS **2010** 510; *Bleckmann* Zur Verfassungsbeschwerde gegen Untersuchungshaftbeschlüsse, NJW **1995** 2192; *Bleckmann* Verbotene Diskriminierung von EG-Ausländern bei der Untersuchungshaft, StV **1995** 552; *Bleckmann* Zum Sonderstatus insbesondere der Straf- und Untersuchungsgefangenen, DVBl. **1984** 991; *Böing* Der Schutz der Menschenrechte im Strafverfahren – Eine Darstellung des Rechts der Untersuchungshaft und anderer strafprozessualer Eingriffe, ZStW **91** (1979) 379; *Bohnert* Untersuchungshaft, Akteneinsicht und Verfassungsrecht, GA **1995** 468; *Bosch* Akteneinsicht, Aussageverweigerung und U-Haft – ein in der Strafprozessordnung nicht vorgesehenes Theater? StV **1999** 333; *BRAK* Reform der Verteidigung im Ermittlungsverfahren (2004); *Brand* Dolmetschrechte für Beschuldigte: Magerer zweiter Versuch, DRiZ **2010** 94; *Brocke/Heller* Das neue Untersuchungshaftrecht aus der Sicht der Praxis – Zwischenbilanz nach einem Jahr, StraFo **2011** 1; *Brockhaus/Ullrich* Ungeahnte Möglichkeiten in Haftsachen – Eine Erinnerung an Art. 5 Abs. 5 EMRK, StV **2016** 678; *Brodowski* Strafrechtsrelevante Entwicklungen in der Europäischen Union – ein Überblick, ZIS **2010** 376, 749; **2011** 940; *Broß* Untersuchungshaft im Rechtsstaat, FS AG-Strafrecht DAV (2009) 962; *Brüssow* Strafprozessreform in Raten? FS Koch (1989) 57; *Buckow* Das Untersuchungshaftreformgesetz – Was hat es verändert? Kriminalist **2011** 19; *Burhoff* Neuregelungen in der StPO durch das Gesetz zur Änderung des Untersuchungshaftrechts, ZAP **2010** F. 22, 489; *Burhoff* Das Akteneinsichtsrecht des Strafverteidigers nach § 147, HRRS **2003** 182; *Burhoff* Untersuchungshaft des Beschuldigten – eine Übersicht zur neueren Rechtsprechung, StraFo **2006** 51; *Burmann* Die Sicherungshaft gemäß § 453c StPO (1984); *Busse* Frühe Strafverteidigung und Untersuchungshaft (2008); *Carstensen* Zur Dauer von Untersuchungshaft, MSchrKrim. **63** (1980) 289; *Carstensen* Dauer von Untersuchungshaft, Krim. Forschungen **13** 1981; *Conze* Die Freiheitsbeschränkung durch Verhaftung und vorläufige Festnahme, Diss. Göttingen 1928; *Cornel* Vermeidung und Reduzierung von Untersuchungshaft (1987); *Cornel* Die Praxis der Verhängung von Untersuchungshaft und Möglichkeiten, sie durch das Angebot sozialpädagogischer ambulanter Hilfen zu vermeiden oder zu reduzieren, MSchrKrim. **1987** 65; *Cornel* Alternativen zur U-Haft, NKrimpol. **1989** 41; *Cornel* Untersuchungshaftvermeidung und -reduzierung bei Erwachsenen durch Kooperation von Strafver-

https://doi.org/10.1515/9783110274929-001

teidigung und Sozialarbeit, StV **1994** 202; *Cornel* Der Beitrag der Sozialarbeit zur Vermeidung von Untersuchungshaft, BewHi. **1994** 393; *Cornel* Neuere Entwicklungen hinsichtlich der Anzahl der Inhaftierten in Deutschland, NKrimpol. **2002** 42; *Czerner* Inter partes- versus erga omnes-Wirkung der EGMR-Judikate in den Konventionsstaaten gemäß Art. 46 EMRK – Eine Problemanalyse auch aus strafverfahrensrechtlicher Perspektive, AVR **46** (2008) 345; *Dahs* Der Haftgrund der Fluchtgefahr, AnwBl. **1983** 418; *Dahs sen.* Recht und Unrecht der Untersuchungshaft, NJW **1959** 505; *Dahs sen.* Verfassungswidrige Untersuchungshaft? NJW **1966** 761; *Danckert* Zur Reform der Untersuchungshaft, BRAK-Mitt. **1988** 116; *DAV* AG Strafrecht/Strafrechtsausschuß Beschlusspapier, StraFo **2000** 145; *Deckers* Einige Bemerkungen zum Gesetz zur Änderung des Untersuchungshaftrechts vom 29.7.2009, das am 1.1.2010 in Kraft tritt, StraFo **2009** 441; *Deckers* Untersuchungshaft, in: Brüssow/u.a., Strafverteidigung in der Praxis 365; *Deckers* Die Vorschrift des § 112 Abs. 3 StPO, sogenannter „Haftgrund der Tatschwere", AnwBl. **1983** 420; *Deckers* Verteidigung in Haftsachen, NJW **1994** 2261; *Deckers* Reform der Untersuchungshaft, FS Koch (1989) 151; *Deckers/Lederer* Überprüfung von Haftentscheidungen während einer Hauptverhandlung, StV **2009** 139; *Dessecker* Die Begrenzung langer Untersuchungshaft, HRRS **2007** 112; *Dettmers/Dimter* Aktuelle Justizvorhaben in Europa, SchlHA **2011** 349; *Diemer-Nicolaus* Das geänderte Haftrecht, NJW **1972** 1692; *Dreves* Die Bestimmungen des Strafprozeßänderungsgesetzes über den Haftbefehl, DRiZ **1965** 110; *Dünkel* Zur Situation und Entwicklung von Untersuchungshaft und Untersuchungshaftvollzug in der Bundesrepublik Deutschland, ZfStrVo **1985** 334; *Dünkel* Untersuchungshaft als Krisenmanagment? NKrimpol. **1994** 20; *Dünkel* Praxis der Untersuchungshaft in den 90er Jahren, StV **1994** 610; *Dünnebier* Reform der Untersuchungshaft? in: Probleme der Strafprozeßreform (1975) 29; *Ebermayer* Die Haftunfähigkeit, JW **1925** 1453; *Eidam* Das Apokryphe an den apokryphen Haftgründen, HRRS **2013** 292; *Eidam* Zur Selbstverständlichkeit von Rechtsbrüchen beim Vollzug von Untersuchungshaft, HRRS **2008** 241; *Ender* Zur – erneuten – Reformbedürftigkeit des § 112 StPO, Kriminalistik **1968** 523; *Eser/Kaiser/Weigend* Viertes deutsch-polnisches Kolloquium über Strafrecht und Kriminologie. Strafrechtsreform in Polen und Deutschland – Untersuchungshaft, Hilfeleistungspflicht und Unfallflucht (1991); *Esser* Europäische Initiativen zur Begrenzung der Untersuchungshaft in: Joerden/Szwarc (Hrsg.) Europäisierung des Strafrechts in Polen und Deutschland (2007) 233; *Esser* Grenzen für verdeckte Ermittlungen gegen inhaftierte Beschuldigte aus dem europäischen nemo-tenetur-Grundsatz, JR **2004** 98; *Esser* Auf dem Weg zu einem europäischen Strafverfahrensrecht (2002); *Feest* Untersuchungshaft: Beugung, Bestrafung, Vorbeugung? KJ **1977** 308; *Feest/Pollähne* Haftgründe und Abgründe, FS **2009** 30; *Fezer* Effektiver Rechtsschutz bei Verletzung der Anordnungsvoraussetzung „Gefahr im Verzug", FS Rieß (2002) 93; *Frister* Der Anspruch des Beschuldigten auf Mitteilung der Beschuldigung aus Art. 6 Abs. 3 lit. a EMRK, StV **1998** 159; *Fülber* Die Hauptverhandlungshaft (2000); *Gärditz* Das Strafrecht in der Rechtsprechung der Landesverfassungsgerichte, AöR **129** (2004) 584; *Gärditz* Strafprozess und Prävention (2003); *Gärditz./Gusy* Zur Wirkung europäischer Rahmenbeschlüsse im innerstaatlichen Recht, GA **2006** 225; *Gärtner* Untersuchungshaft zur Sicherung der Zurückgewinnungshilfe? NStZ **2005** 544; *Gallandi* Das nicht vollständige Geständnis als Haftgrund der Verdunkelungsgefahr, StV **1987** 87; *C. Gatzweiler* Die neuen EU-Richtlinien zur Stärkung der Verfahrensrechte (Mindestmaß) des Beschuldigten oder Angeklagten in Strafsachen, StraFo **2011** 293; *N. Gatzweiler* Möglichkeiten und Risiken einer effizienten Strafverteidigung, StraFo **2001** 187; *N. Gatzweiler* Unerträgliche Realität – Zwang zur Totalreform der Untersuchungshaft in der Bundesrepublik Deutschland, StraFo **1999** 325; *Gebauer* Die Rechtswirklichkeit der Untersuchungshaft in der Bundesrepublik Deutschland (1987); *Gebauer* Untersuchungshaft – „Verlegenheitslösung" für nicht-deutsche Straftäter? KrimPäd. **1993** 20; *Gebauer* Chancengleichheit und U-Haft-Verkürzung durch frühe Verteidigermitwirkung, StV **1994** 622; *Geerds* Festnahme und Untersuchungshaft bei Antrags- und Privatklagedelikten, GA **1982** 237; *Gegenfurtner* Das Strafprozeß-Änderungsgesetz in der Praxis, DRiZ **1965** 334; *Gehrlein* Die Rechtsprechung des Bundesverfassungsgerichts zur Untersuchungshaft, FS Boujong (1996) 751; *Geiter* Untersuchungshaft in Nordrhein-Westfalen (1998); *Grau* Der Haftgrund der Fluchtgefahr bei Beschuldigten mit ausländischem Wohnsitz, NStZ **2007** 10; *Gropp* Zum verfahrenslimitierenden Wirkungsgehalt der Unschuldsvermutung, JZ **1991** 804; *Gusy* Freiheitsentziehung und Grundgesetz, NJW **1992** 457; *Gusy* Wirkungen der Rechtsprechung des Europäischen Gerichtshofs für Menschenrechte in Deutschland, JA **2009** 406; *Hamm* Verteidigung bei Zwangsmaßnahmen – Untersuchungshaft, in: Arbeitsgemeinschaft Strafrecht des DAV, Der Bürger im Ermittlungsverfahren (1988) 61; *Hardraht* Modellversuch „Haftentscheidungshilfe" in Hamburg, BewHi. **1980** 182; *Harms* Der Entwurf für ein Gesetz zur Änderung des Untersuchungshaftrechts, FS **2009** 13; *Hartung* Das Recht der Untersuchungshaft (1927); *Hassemer* Die Voraussetzungen der Untersuchungshaft, StV **1984** 38 und AnwBl. **1984** 64; *Heinz* Recht und Praxis der Untersuchungshaft in der Bundesrepublik Deutschland, BewHi. **1987** 5; *Hengsberger* Untersuchungshaft und Strafprozeßänderungsgesetz, JZ **1966** 209; *v. Hentig* Die Bedeutung der Untersuchungshaft für die Ermittlung des Tatbestandes, MschrKrimPsych. **1932** 268; *Hermes* Der Haftgrund der Verdunklungsgefahr im deutschen Strafverfahren (1992); *Herrmann* Zur Reform des Rechts der Untersuchungshaft, StRR **2010** 4; *Hetzer* Anordnung und Vollzug der Untersuchungshaft unter verfassungsrechtlichen Aspekten, in: Jung/Müller-Dietz, Reform der Untersuchungshaft (1983) 47; *Hilger* Die Entwicklung der Untersuchungshaft-Zahlen von 1981 bis 1987, NStZ **1989** 107; *Hilger* § 147 V StPO – Untersuchungshaft, GA **2006** 294; *Hiltl* Die richterliche Praxis der Untersuchungshaft, Diss. Heidelberg 1977; *Hindte* Die Verdachtsgrade im Strafverfahren, Diss. Kiel 1973; *Hinüber* Schutz der Menschenwürde im Vollzug der Freiheitsentziehung aufgrund strafrichterlicher Entscheidung, StV **1994** 212; *Jabel* Die Rechtswirklichkeit der Untersuchungshaft in Niedersachsen (1988); *Jahn* Stürmt Karlsruhe die Bastille? – Das Bundesverfassungsgericht und die überlange Untersuchungshaft, NJW **2006** 652; *Jahn* Untersuchungshaft und frühe Strafverteidigung in zweiten Jahrzehnt des 21. Jahrhunderts, FS Rissing-van Saan (2011) 275; *Jehle* Untersuchungshaft zwischen Unschuldsvermutung und Wiedereingliederung (1985); *Jehle* Entwicklung der Untersuchungshaft aus rechtstatsächlicher und rechtspolitischer Perspektive, FS Schöch (2010) 839; *Jehle* Voraussetzungen und Entwicklungstendenzen der Untersuchungshaft, BewHi. **1994** 373; *Jehle/Hoch* (Hrsg.) Oberlandesgerichtliche Kontrolle langer Untersuchungshaft, KUP Bd. 23 (1998); *Jescheck* Recht und Praxis der Untersuchungshaft in Deutschland, GA **1962** 65; *Jung/Müller-Dietz* Reform der Untersuchungshaft (1983); *Kaiser* Die gesetzliche Regelung über den Vollzug der Untersuchungshaft und ihre Reform, FS JurGes. Berlin (1984) 299; *Kalsbach* Das Recht auf Beistand eines Rechtsanwalts während des Verfahrens in der Bundesrepublik Deutschland, ZStW **83** (1971) 112; *Kamp* Der Haftbefehl nach § 230 Abs. 2 StPO aus der Sicht der Praxis, FS Rudolphi 661; *Kastendieck* Die Voraussetzungen der Untersuchungshaft, Diss. Göttingen 1965; *Kawamura* Zur Praxis der Vermeidung von Untersuchungshaft durch Angebote der Sozialarbeit, BewHi. **1994** 409; *Kay* Der Haftbefehl in polizeilicher Wertung und Sicht, Die Polizei **1990** 151; *Kazele* Änderungen im Recht der Untersuchungshaft, NJ **2010** 1; *Kempf* Die Rechtsprechung des EGMR zum Akteneinsichtsrecht und §§ 114, 115 Abs. 3, 115a Abs. 3 StPO, FS Rieß (2002) 217; *Kerner* Untersuchungshaft und Strafurteil, Analyse von Zusammenhängen nach neueren amtlichen Angaben, GedS Schröder (1978) 549; *Kieschke/Osterwald* Art. 5 IV EMRK contra § 147 II StPO, NJW **2002** 2003; *Klefisch* Zur Reform der Untersuchungshaft, JW **1925** 1449; *Kleinknecht* Entscheidungen über die Untersuchungshaft, MDR **1965** 781; *Kleinknecht/Janischowsky* Das Recht der Untersuchungshaft (1977); *König* Untersuchungsgefangene bekommen mehr Rechte, AnwBl. **2010** 50; *Kohlrausch* Untersuchungshaft, JW **1925** 1440; *Koop/Kappenberg* Praxis der Untersuchungshaft (1988); *Kölbel* Strafrestaussetzung bei Überhaft, StV **1998** 236; *Krehl/Eidam* Die überlange Dauer von Strafverfahren, NStZ **2006** 1; *Kropp* Rechtswidrigkeit des gegenwärtigen Gefangenentransports ZRP **2005** 96; *Krümpelmann* Aktuelle Probleme des Haftrechts in empirischer und verfahrensrechtlicher Sicht, in: Göppinger/Kaiser Kriminologie und Strafverfahren (1976) 44; *Kühl* Zur Göttinger Untersuchungshaft-Studie, StV **1988** 355; *Kühl* Der Einfluß der europäischen Menschenrechtskonvention auf das Strafrecht und Strafverfahrensrecht der Bundesrepublik Deutschland (Teil II) ZStW **100** (1988) 601; *Kühne* Europäische Methodenvielfalt und nationale Umsetzung von Entscheidungen Europäischer Gerichte, GA **2005** 195; *Kühne/Esser* Die Rechtsprechung des Europäischen Gerichtshofs für Menschenrechte (EGMR) zur Untersuchungshaft, StV **2002** 383; *Lammer* Verteidigungsstrategie zur Vermeidung von Untersuchungshaft, StraFo **1999** 366; *Lammer* Zwischenhaft – unzulässig und ungerecht, FS AG Strafrecht DAV (2009) 1003; *Langner* Untersuchungshaftanordnung bei Flucht- und Verdunklungsgefahr (2003); *v. Lilienthal* Zur Reform der Untersuchungshaft, JW **1925** 1448; *Linke* Zwischenhaft, Vollstreckungshaft, Organisationshaft: Haftinstitut ohne Rechtsgrundlage? JR **2001** 358; *Lobe/Alsberg* Die Untersuchungshaft (1927); *Lübbe-Wolff/Frotz* Neuere Rechtsprechung des BVerfG zum Straf-, Untersuchungshaft- und Maßregelvollzug, NStZ **2009** 616 und 677; *Lübbe-Wolff/Geisler* Neuere Rechtsprechung des BVerfG zum Vollzug von Straf- und Untersuchungshaft, NStZ **2004** 478; *Marberth-Kubicki* Die Akteneinsicht in der Praxis, StraFo **2003** 366; *Mayer* Modellprojekt elektronische Fußfessel (2004); *Meyer* Grenzen der Unschuldsvermutung, FS Tröndle (1989) 61; *Michalke* Reform der Untersuchungshaft – Chance vertan? NJW **2010** 17; *Michel* Der Haftbefehl in der Berufungsinstanz, MDR **1991** 933; *Morgenstern* Verfassungs- und europarechtliche Vorgaben für den Untersuchungshaftvollzug, StV **2013** 529; *Müller-Dietz* Das Strafvollzugsgesetz, NJW **1976** 919; *Müller-Dietz* Grundlagen der Untersuchungshaft, in: Ev. Akademie Hessen-Nassau, Probleme der Untersuchungshaft (1977) 4; *Müller-Dietz* Problematik und Reform des Vollzuges der Untersuchungshaft, StV **1984** 79; *Müller-Dietz* Kritik und Reform der Untersuchungshaft, in: 9. Strafverteidigertag (1986) 117; *Müller-Dietz* Untersuchungshaft und Festnahme im Lichte der Menschenrechtsstandards, in: Eser/Kaiser/Weigend, Viertes deutsch-polnisches Kolloquium über Strafrecht und Kriminologie (1991) 219; *Münchhalf-*

fen Behinderung der Verteidigung bei Untersuchungshaft, StraFo **2003** 150; *Münchhalffen* Apokryphe Haftgründe in Wirtschaftsstrafverfahren, StraFo **1999** 332; *Münchhalffen/Gatzweiler*[3] Das Recht der Untersuchungshaft (2009); *v. Nerée Zur* Zulässigkeit der Sicherungshaft gemäß § 112a StPO, insbesondere bei Anwendung von Jugendstrafrecht, StV **1993** 212; *Neumann, U.* Die „Zwischenhaft" – ein verfassungswidriges Institut der Rechtspraxis, in: Jenseits des rechtsstaatlichen Strafrechts (2007) 601; *Nix* Der Haftgrund der Verdunkelungsgefahr, StV **1992** 445; *Nordhues* Untersuchungshaft im Spannungsverhältnis von Recht und Praxis – Zur Bewertung und Bekämpfung von apokryphen Haftgründen, Diss. Münster 2013; *Oetjen/Endriß* Leitfaden zur Untersuchungshaft (1999); *Ohm* Persönlichkeitswandel unter Freiheitsentzug (1964); *Ollinger* Die Entwicklung des Richtervorbehalts im Verhaftungsrecht (1997); *Ostendorf* Die Praxis des U-Haft-Vollzugs – Daten und Fakten, NK **2009** 126; *Ostermann* Haft ohne Rechtsgrundlage – Zum Übergang von der Untersuchungshaft in den Maßregelvollzug, StV **1993** 52; *Paeffgen* § 119 StPO soll reformiert werden!? Anmerkungen zum U-HaftRÄG-Entwurf BT-Drs. 16/11644 vom 21.1.2009, GA **2009** 450; *Paeffgen* Vorüberlegungen zu einer Dogmatik des Untersuchungshaft-Rechts (1986); *Paeffgen* Apokryphe Haftverlängerungsgründe in der Rechtsprechung zu § 121 StPO, NJW **1990** 537; *Paeffgen* Haftgründe, Haftdauer, Haftprüfung, in: Eser/Kaiser/Weigend, Viertes deutsch-polnisches Kolloquium über Strafrecht und Kriminologie (1991) 113; *Paeffgen* Wem dient der Strafprozeß, NJ **1993** 152; *Paeffgen* Zwischenhaft, Organisationshaft, FS Fezer (2008) 35; *Paeffgen/Seebode* Stellungnahme zum Entwurf eines Gesetzes zur Regelung des Vollzuges der Untersuchungshaft (BR-Dr. 249/99 vom 30.4.1999) ZRP **1999** 524; *Parigger* Tendenzen im Haftrecht in der Rechtswirklichkeit, AnwBl. **1983** 423; *Parigger* Aus der Praxis des Rechts der Untersuchungshaft, NStZ **1986** 211; *Park* Der Anspruch auf rechtliches Gehör im Rechtsschutzverfahren gegen strafprozessuale Zwangsmaßnahmen, StV **2009** 276; *Peglau* Haftbefehlserlass im Unterbringungsverfahren nach dem Straftäterunterbringungsgesetz, NJW **2002** 3679; *Peglau* Das Gesetz zur Einführung der vorbehaltenen Sicherungsverwahrung, JR **2002** 449; *Peglau* Akteneinsichtsrecht des Verteidigers in Untersuchungshaftfällen, JR **2012** 231; *Pfordte* Verteidungsinteressen im Zwiespalt zwischen Beschleunigungsgrundsatz und der unvollständigen Beweislage zu Beginn der Hauptverhandlung, FS Widmaier (2008) 411; *Philipp* Das künftige Haftrecht und seine Folgen, DRiZ **1965** 83; *Piel* Beschleunigungsgebot und wirksame Verteidigung, FS Widmaier (2008) 429; *Pieroth/Hartmann* Das verfassungsrechtliche Beschleunigungsgebot in Haftsachen, StV **2008** 276; *Plemper* Haftentscheidungshilfe – Kommentierung aus sozialwissenschaftlicher Sicht, BewHi. **1981** 32; *Plemper* U-Haft-Projekte: Mehr oder weniger soziale Kontrolle? in: Cornel, Vermeidung und Reduzierung von Untersuchungshaft (1987) 18; *Preusker* Zur Notwendigkeit eines Untersuchungshaftvollzugsgesetzes, ZfStrVo **1981** 131; *Prüllage* Zur Dauer der Untersuchungshaft, DRiZ **1979** 278; *Püschel* Vermeidung von Untersuchungshaft, StraFo **2009** 134; *Putzke* Der Richtervorbehalt als Garantie der Unschuldsvermutung, StraFo **2016** 1; *Roesen* Voraussetzungen eines Haftbefehls, NJW **1953** 1733; *Rahlf* Verteidigerwahl und Beschleunigungsgebot, FS Widmaier (2008) 447; *Rau* Rechtliches Gehör auf Grund von Akteneinsicht in strafprozessualen Beschwerdeverfahren, StraFo **2008** 9; *Rössner* Praktische Grenzen einer Untersuchungshaftreform – vier Entwürfe im Vergleich, in: Koop/Kappenberg, Praxis der Untersuchungshaft (1988) 156; *Rössner* Auf dem Weg zu einem Untersuchungshaftvollzugsgesetz, JZ **1988** 116; *Rosenberg* Zur Reform der Untersuchungshaft, JW **1925** 1446; *Rosenberg* Die Reform der Untersuchungshaft ZStW **26** (1906) 339; *Rotthaus* Unzulänglichkeiten der heutigen Regelung der Untersuchungshaft, NJW **1973** 2269; *Rotthaus* Die Reform der inhaltlich-vollzuglichen Gestaltung der Untersuchungshaft, FS Rebmann (1989) 401; *I. Roxin* Ambivalente Wirkungen des Beschleunigungsgebots, GA **2010** 425; *Rückel* Handlungsmöglichkeiten des Strafverteidigers im Haftverfahren, StV **1985** 36; *Rüping* Rechtsfragen der „deutschen Magna Charta", FS Hirsch (1968) 959; *Ruffert* Die Europäische Menschenrechtskonvention und innerstaatliches Recht, EuGRZ **2007** 245; *Rupp* Haftbefehl gemäß § 230 II StPO im Rahmen von Großverfahren, NStZ **1990** 576; *Sarstedt* Reform der Untersuchungshaft, Justiz **1963** 184; *Sauer* Die Praxis der Untersuchungshaft, NJW **1959** 1933; *Schaefer/Rühl* Das Frankfurter Rechtsberatungsprojekt – Ein praktischer Beitrag zur U-Haft-Diskussion, StV **1986** 456; *Schenke* Die Gesetzgebungskompetenz für die Strafverfolgungsvorsorge, FS Paeffgen (2015) 393; *Schloth* Die Haftgründe der Wiederholungsgefahr und der Schwere der Taten (1999); *Schloth* Pflichtverteidigerbeiordnung nach Inhaftierung, FS Samson (2010) 709; *Schlothauer* Die Verteidigung des inhaftierten Mandanten, StraFo **1995** 5; *Schlothauer* Die Bedeutung des materiellen Strafrechts für die Verteidigung in Untersuchungshaftfällen, StV **1996** 391; *Schlothauer* Zum Rechtsschutz des Beschuldigten nach dem StVÄG 1999 bei Verweigerung der Akteneinsicht durch die Staatsanwaltschaft, StV **2001** 192; *Schlothauer/Weider/Nobis* Untersuchungshaft (2016); *Schlüchter* Das neue Haftrecht: Bedeutung und Auslegung für die Praxis, MDR **1973** 96; *Eb. Schmidt* Repression und Prävention im Strafprozeß JR **1970** 204; *G. Schmidt* Die Untersuchungshaft nach dem Recht der Bundesrepublik Deutschland, Dt. strafrechtl. Landesreferate zum VIII. Intern. Kongreß für Rechtsvergleichung, **1975** 77; *U. Schmidt* Das Beschleunigungsgebot in Haftsachen, NStZ **2006** 313; *Schmidt-Leichner* Haftbefehl und Regreß, NJW **1959** 841; *Schmidt-Leichner* Untersuchungshaft und Kleine Strafprozeßreform, NJW **1961** 339; *Schmitt* Strafprozessuale Präventivmaßnahmen, JZ **1965** 193; *Schmitz* Das Recht auf Akteneinsicht bei Anordnung von Untersuchungshaft, wistra **1993** 319; *Schmolz* Die Untersuchungshaft in Theorie und Praxis, Diss. Köln 1930; *Schnarr* Besonderheiten des Rechtsinstituts der Haftprüfung nach §§ 121, 122 StPO und der Widerstreit richterlicher Kompetenzen im Rahmen dieses Verfahrens, MDR **1990** 89; *Schöch* Kurze Untersuchungshaft durch frühe Strafverteidigung? StV **1997** 323; *Schöch* Wird in der Bundesrepublik Deutschland zu viel verhaftet? FS Lackner (1987) 991; *Schöch* Untersuchungshaft im Übergang. Gegenwärtige Situation und Reformvorstellungen beim Vollzug der Untersuchungshaft. Dokumentation einer Tagung der Akademie Hofgeismar (1987); *Schöch/Schreiber* Rechtswirklichkeit der Untersuchungshaft – Zwischenergebnisse einer bundesweiten Untersuchung, DRiZ **1986** 276; *Schorn* Die Rechtsstellung der Untersuchungsgefangenen, JR **1967** 448; *Schreiber/Schilasky* Zum Haftgrund der Wiederholungsgefahr, Kriminalistik **1969** 393; *Schroeder* Eine funktionelle Analyse der strafprozessualen Zwangsmittel, JZ **1985** 1028; *Schroeder* „Untersuchungshaft" – Ein Gang durch die Grundprinzipien und die Geschichte des Strafprozesses, JuS **1990** 176; *Schubarth* Die zeitliche Begrenzung von Untersuchungshaft, AnwBl. **1984** 69; *Schwenn* Straferwartung – ein Haftgrund? StV **1984** 132; *Seebode* Keine Gesetzgebungskompetenz des Bundes für Vorbeugehaft, ZRP **1969** 25; *Seebode* Der Vollzug der Untersuchungshaft (1985); *Seebode* Das Recht der Untersuchungshaft und seine Anwendung in der Praxis, in: Koop/Kappenberg, Praxis der Untersuchungshaft (1988) 28; *Seebode* Aktuelle Reformvorhaben: Weniger Untersuchungshaft, in: Koop/Kappenberg, Praxis der Untersuchungshaft (1988) 177; *Seebode* Recht und Wirklichkeit der Untersuchungshaft, ZfStrVo **1988** 268; *Seebode* Zwischenhaft, ein vom Gesetz nicht vorgesehener Freiheitsentzug (§ 345 StGB) StV **1988** 119; *Seebode* Zur Bedeutung der Gesetzgebung für die Haftpraxis, StV **1989** 118; *Seebode* Rechtswirklichkeit der Untersuchungshaft, in: Eser/Kaiser/Weigend, Viertes deutsch-polnisches Kolloquium über Strafrecht und Kriminologie (1991) 169; *Seebode* Wer regelt den Justizvollzug? FS **2009** 7; *Seebode* Das „Recht der Untersuchungshaftvollzugs" im Sinne des Art. 74 GG, HRRS **2008** 236; *Seibert* Die Praxis in Haftsachen, DRiZ **1949** 106; *Seibert* Der Haftbefehl, NJW **1950** 773; *Senge* Aktuelle Rechtsprechung des Bundesgerichtshofs zur zeitweiligen Beschränkung des Rechtes der Verteidigung auf Akteneinsicht nach § 147 Abs. 2 StPO, FS Strauda (2006) 459; *Sieverts* Die Wirkungen der Freiheitsstrafe und der Untersuchungshaft (1929); *Soiné* Zur Neuregelung der strafprozessualen Öffentlichkeitsfahndung, ZRP **1994** 392; *Sommer* Strafprozessordnung und Europäische Menschenrechtskonvention, in: Brüssow/u.a., Strafverteidigung in der Praxis 1259; *Sommermeyer* Recht der Untersuchungshaft (Kritischer Überblick und Tendenzen) NJ **1992** 336; *Spaniol* Grundrechtsschutz im Ermittlungsverfahren durch qualifizierten Richtervorbehalt und wirksame richterliche Kontrolle, FS Eser (2005) 473; *Speck* Die Geschichte der Voraussetzungen für die Anordnung der Untersuchungshaft, der Art und Weise der Verhaftung und der Überprüfung der Dauer der Untersuchungshaft in der Gesetzgebung seit etwa 1800, Diss. Kiel 1969; *Spiecker* Reform der Haftjustiz, MSchrKrim. **1962** 97; *Staudinger* Dolmetscherzuziehung und/oder Verteidigerbeiordnung bei ausländischen Beschuldigten, StV **2002** 327; *Strafrechtsausschuß der Bundesrechtsanwaltskammer* Reform der Verteidigung im Ermittlungsverfahren (2004); *Strate* Zur deutschen Haftpraxis gegenüber Unionsbürgern, FS AG-Strafrecht DAV (2009) 1048; *Stuckenberg* Die normative Aussage der Unschuldsvermutung, ZStW **111** (1999) 422; *Tepperwien* Beschleunigung über alles? NStZ **2009** 1; *Tsambikakis* Moderne Einwirkungen auf die Strafprozessordnung – Beispiel: Untersuchungshaft, ZIS **2009** 503; *Ufer/Ufer* Die Strafverteidigung des in U-Haft befindlichen Beschuldigten, in: Ziegert, Grundlagen der Strafverteidigung (2000) 121; *Ullenbruch* Nachträgliche Sicherungsverwahrung – Fragen über Fragen, NStZ **2002** 466; *Ullrich* Handlungsmöglichkeiten des Strafverteidigers im Haftverfahren? StV **1986** 268; *Wagner* Zur Anordnung von Untersuchungshaft in Ladendiebstahlsverfahren, NJW **1978** 2002; *Waldschmidt* Probleme des neuen Haftrechts, NJW **1965** 1575; *Wankel* Zuständigkeitsfragen im Haftrecht (2002); *Weider* Das Gesetz zur Änderung des Untersuchungshaftrechts, StV **2010** 102; *Weigend* Der Zweck der Untersuchungshaft, FS Müller (2008) 739; *Welp* Haft und Haftprüfung, FS Richter II (2006) 573; *Welp* Die Gestellung des verhandlungsunfähigen Angeklagten, JR **1991** 265; *Wendisch* Anfechtung von Beschlüssen, die Verhaftungen oder die einstweilige Unterbringung betreffen, FS Dünnebier (1982) 239; *Wiegand* Untersuchungshaft und Aburteilung – eine statistische Bestandsaufnahme unter besonderer Berücksichtigung der Berliner Situation, StV **1983** 437; *Wohlers* Die „unverzügliche" Beiordnung eines Pflichtverteidigers: Gefährdung des Anspruchs auf effektive Verteidigung? StV **2010** 151; *Wolf* Die Fluchtprognose im Untersuchungshaftrecht – Eine empirische Untersuchung der Fluchtgefahr nach § 112 Abs. 2 Nr. 2 StPO (2017), zugl. Diss.

Berlin 2016; *Wollweber* Datenschutz in der Untersuchungshaft, ZRP **1999** 405; *Wolter* Untersuchungshaft, Vorbeugungshaft und vorläufige Sanktionen, ZStW **93** (1981) 452; *Wolter* Aspekte einer Strafprozessreform bis 2007 (1991); *Wolter* Allgemeiner Überblick über Ermittlungsmaßnahmen und Verfahrenssicherung, in: Viertes deutsch-polnisches Kolloquium über Strafrecht und Kriminologie (1991) 89; *Zieger* Akteneinsichtsrecht des Verteidigers bei Untersuchungshaft, StV **1993** 320; *Zoellner* Das Verhältnis von Bundesverfassungsgericht und Europäischem Gerichtshof für Menschenrechte (2009).

2. Jugendstrafrecht. *Blumenberg* Jugendliche in der Untersuchungshaft, ZfStrVo **1978** 139; *Böhm* Zur Reform der Untersuchungshaft an jungen Gefangenen, FS Dünnebier (1982) 677; *Buchhierl* Einstweilige Unterbringung nach §§ 71, 72 JGG, MSchrKrim. **1969** 329; *Cornel* Untersuchungshaft bei Jugendlichen und Heranwachsenden, StV **1994** 628; Deutsche Vereinigung für Jugendgerichte und Jugendgerichtshilfen e.V. Die jugendrichterlichen Entscheidungen – Anspruch und Wirklichkeit (1981); *Dörlemann* Möglichkeiten einer Reduktion der Untersuchungshaft im Jugendstrafverfahren (2001); *Dünkel* Freiheitsentzug für junge Rechtsbrecher (1990); *Eberitzsch* Haftentscheidungshilfe, ZJJ **2012** 296; *Echtler* Jugendliche in Untersuchungshaft – Ergebnisse einer zwei Jahre dauernden Fragebogenaktion, ZfStrVo **1982** 150; *Eisenberg* Streitfragen in der Judikatur zum Jugendstrafrecht, NStZ **2003** 124; *Eisenberg/Tóth* Über Verhängung und Vollzug von Untersuchungshaft bei Jugendlichen und Heranwachsenden, GA **1993** 293; *Eisenhardt* Der Erziehungsauftrag des Jugendgerichtsgesetzes und seine Durchführung in Untersuchungshaft und Jugendarrest, ZBlJugR **1971** 240; *Giemulla/Barton* Die Untersuchungshaft bei Jugendlichen und Heranwachsenden aus verfassungsrechtlicher Sicht, RdJ **1982** 289; *Heinz* Junge Menschen in Untersuchungshaft (1986); *Heßler* Vermeidung von Untersuchungshaft bei Jugendlichen (2001); *Hotter* Untersuchungshaftvermeidung für Jugendliche und Heranwachsende in Baden-Württemberg (2004); *Jehle* Entwicklung der Untersuchungshaft bei Jugendlichen und Heranwachsenden vor und nach der Wiedervereinigung (1995); *Kallien* Untersuchungshaft an jungen Gefangenen und die Grenzen ihrer erzieherischen Ausgestaltung, KrimJ **1980** 116; *Klinger/Welt* Alternativen zur Untersuchungshaft für Jugendliche und Heranwachsende, in: Cornel, Vermeidung und Reduzierung von Untersuchungshaft (1987) 49; *Krause* Anordnung und Vollzug der Untersuchungshaft bei Jugendlichen, Diss. Kiel 1971; *Krebs* Über die Durchführung der Untersuchungshaft, insbesondere die an Minderjährigen, MSchrKrim. **1966** 301 und ZfStrVo **1967** 72; *Kreuzer* Untersuchungshaft bei Jugendlichen und Heranwachsenden, RdJ **1978** 337; *Kury* Junge Rechtsbrecher und ihre Behandlung, ZStW **93** (1981) 319; *Kury* Untersuchungshaft – vorweggenommene Jugendstrafe? in: Die jugendrichterlichen Entscheidungen – Anspruch und Wirklichkeit (1981) 421; *Kury* Rechtliche und tatsächliche Situation der Untersuchungshaft, in: Kury, Prognose und Behandlung bei jungen Rechtsbrechern (1986) 87; *Lüthke* Vorläufige Maßnahmen nach §§ 71, 72 JGG, ZBlJugR **1982** 125; *Matenaer* Haftentscheidungshilfen durch die Jugendgerichtshilfe, ZBlJugR **1985** 158; *Mrozynski* Verfassungsrechtliche Probleme der Untersuchungshaft in Jugendstrafsachen, RdJB **1973** 328; *Schütze* Jugendliche und Heranwachsende in der Untersuchungshaft, MSchrKrim. **1980** 148; *Schulz* Untersuchungshaft – Erziehungsmaßnahme und vorweggenommene Jugendstrafe? in: Die jugendrichterlichen Entscheidungen – Anspruch und Wirklichkeit (1981) 399; *Steinhilper* Untersuchungshaft bei 14- und 15jährigen in Niedersachsen (1985); *Steinhilper* Untersuchungshaft bei 14- und 15jährigen in Niedersachsen, ZfStrVo **1985** 140; *Villmow* Zur Untersuchungshaft und Untersuchungshaftvermeidung bei Jugendlichen, FS Schwind (2006) 469; *Villmow* Zur Untersuchungshaft und Untersuchungshaftvermeidung bei Jugendlichen, FS **2007** 252; *Villmow* Junge Tatverdächtige in der Untersuchungshaft, ZJJ **2009** 226; *Villmow/Savinsky* 14-/15-jährige Beschuldigte zwischen Jugenduntersuchungshaft und Untersuchungshaftvermeidung bzw. -verkürzung – Wie wirksam sind die §§ 71-72a JGG? ZJJ **2013** 388; *Villmow/Savinsky/Woldmann* Praxis des Vollzugs der Jugenduntersuchungshaft – eine erste Bestandsaufnahme, BlStVKunde **2011** 1; *Villmow/Robertz* Vermeidung von Untersuchungshaft bei Jugendlichen in Hamburg (2003); *Walter* Untersuchungshaft und Erziehung bei jungen Gefangenen, MSchrKrim. **1978** 337; *Weinknecht* Die Situation der Untersuchungshaft und der Unterbringung an Jugendlichen und Heranwachsenden, Diss. Kiel 1988; *Wolff* Die benachteiligende Funktion der Untersuchungshaft, KrimJ **1975** 20; *de Wyl* Die Wirkung der Untersuchungshaft bei Jugendlichen und Heranwachsenden, RdJ **1958** 305; *Zender* Untersuchungshaft an weiblichen und männlichen Jugendlichen und Heranwachsenden (1998); *Zirbeck* Die Untersuchungshaft bei Jugendlichen und Heranwachsenden, KrimStudien **1973** 185.

3. Rechtsvergleichung. *Amendt* Die Verfassungsmäßigkeit der strafprozessualen Sicherheitsleistungsvorschriften (§§ 116, 116a, 127a; 132 StPO) (1986); *Bertel* Die Untersuchungshaft, ÖstAnwBl. **1981** 199;

Bertel Die Reform der Untersuchungshaft im StrafrechtsänderungsG 1983, ÖstAnwBl. **1983** 513; *Brandstetter* Aktuelle Probleme des Strafprozessrechts, ÖstJZ **1994** 583; *Budde* Die zeitliche Begrenzung der Untersuchungshaft im italienischen Strafprozess, ZStW **98** (1986) 743; *Czeczot/Grajewski/Skupinski* Untersuchungshaft und andere strafverfahrenssichernde Maßnahmen, in: Viertes deutsch-polnisches Kolloquium über Strafrecht und Kriminologie (1991) 89; *Dessecker/Geissler-Frank* Empirische Forschungsarbeiten zum Strafverfahren und Strafverfahrensrecht (1995); *Deu* Die Untersuchungshaft im spanischen Recht unter besonderer Berücksichtigung der Verfassung von 1978, ZStW **104** (1992) 201; *Dünkel* Neuere Entwicklungen im Bereich der Bewährungshilfe und -aufsicht im internationalen Vergleich, BewHi. **1984** 163; *Dünkel/Vagg* Untersuchungshaft und Untersuchungshaftvollzug (1994); *Eser* Entwicklung des Strafverfahrensrechts in Europa, ZStW **108** (1996) 86; *Frommel* Fremdenfeindliche Gewalt, Polizei und Strafjustiz, KJ **1994** 323; *Gammeltoft/Hansen* Die Untersuchungshaft in Dänemark und Norwegen, ZStW **88** (1976) 516; *Grebing* Die Untersuchungshaft in Frankreich, Rechtsvergleichende Untersuchungen zur gesamten Strafrechtswissenschaft, N.F. 48 (1974); *Hetzel* Die Untersuchungshaft nach deutschem, österreichischem, französischem und englischem Recht (1899); *Jescheck/Krümpelmann* Die Untersuchungshaft im deutschen, ausländischen und internationalen Recht; III. Die Untersuchungshaft in rechtsvergleichender Darstellung (1971); *Jung* Das Institut der Untersuchungshaft im rechtsvergleichenden Überblick, in: Jung/Müller-Dietz, Reform der Untersuchungshaft (1983) 79; *Kain* Grundrechte und Untersuchungshaft, ÖstRiZ **1988** 81; *Kamiguchi* Zulässigkeit der polizeilichen Vernehmung des inhaftierten Beschuldigten in Japan, ZStW **96** (1984) 241; *Korinek/Kain* Grundrechte und Untersuchungshaft (1988); *Krümpelmann* Probleme der Untersuchungshaft im deutschen und ausländischen Recht, ZStW **82** (1970) 1052; *Marx/Grilli* Der neue italienische Strafprozeß, GA **1990** 495; *Morawetz/Stangl* Untersuchungshaft in Österreich, MSchrKrim. **1986** 259; *Morawetz/Stangl* Über den Rückgang der Untersuchungshaft in Österreich, ÖstJZ **1991** 401; *Morgenstern* Die Stärkung prozessualer Garantien im Recht der Untersuchungshaft in Deutschland und Polen, ZIS **2011** 240; *Morgenstern* Untersuchungshaft in Europa: Probleme im Rechts(tatsachen)vergleich, MSchrKrim **94** (2011) 452; *Morgenstern* Von Straßburg nach Schwerin, von Brüssel nach Berlin: Jüngere Entwicklungen von Recht und Praxis der Untersuchungshaft in Deutschland und Europa, KUP **62** (2011) 69; *Morgenstern* Die Untersuchungshaft – Eine Untersuchung unter rechtsdogmatischen, rechtsvergleichenden und europarechtlichen Aspekten (2018); *Müller* Das beschleunigte Verfahren im französischen Strafprozeßrecht, GA **1995** 169; *Reindl* Untersuchungshaft und Menschenrechtskonvention (1997); *Rodriguez* Die Unschuldsvermutung und die materiellen Voraussetzungen der Untersuchungshaft (1995); *G. Schmidt* Die Reform der Untersuchungshaft in Schweden, FS Tröndle (1989) 871; *Soyer* Reform der Untersuchungshaft in Österreich – Rückblick und Ausblick, StV **2001** 536; *Spinellis* Erklärte und „apokryphe" Ziele, Funktionen und Gründe der „vorläufigen Haft" im griechischen Strafprozeßrecht, FS Schroeder (2006) 861; *Swoboda* Voraussetzungen der Außervollzugsetzung eines Haftbefehls vor dem Jugoslawientribunal, GA **2006** 629; *Venier* Zum Grundrecht auf ein gesetzmäßiges Verfahren in Haftsachen, ÖstJZ **1994** 798; *Venier* Das Recht der Untersuchungshaft (1999); *Weigend* Die Reform des Strafverfahrens, ZStW **104** (1992) 486.

Entstehungsgeschichte

Das Recht der Untersuchungshaft und die Anwendung der Vorschriften in der Praxis sind seit langem[1] Gegenstand zum Teil heftiger Kritik und Anlass zahlreicher Reformforderungen (Rn. 109). Dennoch hat sich trotz vieler, zum Teil allerdings nur vorübergehender, Eingriffe in das Haftrecht der ursprüngliche Bestand des neunten Abschnitts[2] bis zum Strafprozessänderungsgesetz 1964 weitgehend erhalten, lässt man die bereits in den Jahren 1926 (§§ 114a bis 114d, 115a bis 115d) bzw. 1933 (§ 126a a.F.) eingeschobenen Bestimmungen unberücksichtigt. Namentlich die „klassischen" Haftgründe des Fluchtverdachts und der Verdunkelungsgefahr sowie die Beschränkung auf sie, die erst das Strafprozessänderungsgesetz 1964 aufgegeben hat, waren ursprünglicher Inhalt des Ab-

1 Vgl. zum Beispiel *Heinemann* ZStW **26** (1906) 507; *Peterson* GA **30** (1882) 322; *Rosenberg* ZStW **26** (1906) 339. Siehe zur Entstehungsgeschichte auch *Speck*; *Seebode* (Vollzug) 26; sowie *Müller-Dietz* (Kolloquium) 219.
2 *Hahn* Mat. **2** 2393.

schnitts. Selbst die sonst tief in den Strafprozess eingreifende „Emminger-Verordnung" hatte das Haftrecht unberührt gelassen. Erst der weite Kreise erregende Tod des ehemaligen Ministers *Höfle* in der Untersuchungshaft war Ansporn, das Haftkontrollverfahren durch ein periodisches Haftprüfungsverfahren neu zu regeln,[3] das freilich schon acht Jahre später wieder abgeschafft wurde.[4]

Kurze Zeit danach wurden die **klassischen Haftgründe** um zwei neue **erweitert**.[5] Die Untersuchungshaft wurde für zulässig erklärt, wenn zu befürchten war, dass der Beschuldigte die **Freiheit zu neuen Straftaten missbrauchen** werde, oder wenn es mit Rücksicht auf die Schwere der Tat und die durch sie hervorgerufene **Erregung der Öffentlichkeit** nicht erträglich wäre, den Beschuldigten in Freiheit zu lassen.

1946 wurde der Haftgrund der Erregung der Öffentlichkeit beseitigt und anschließend kehrte das VereinhG allgemein zu dem Rechtszustand von 1926 zurück. Erhalten blieb der 1933 eingefügte[6] § 126a über die **einstweilige Unterbringung von Schuldunfähigen.** Die §§ 114a (später 114b, nunmehr 114c), 128, 129 und 131 wurden an Art. 104 GG angepasst.

Tiefere Eingriffe brachte erst das **Strafprozessänderungsgesetz 1964** mit dem Ziel, sowohl die Zahl der Verhaftungen als auch die Dauer der Untersuchungshaft einzuschränken. Dazu bediente es sich im Wesentlichen folgender Mittel: Die **Voraussetzungen der Haft** wurden **bestimmter und enger** umschrieben; der Haftgrund der Verdunkelungsgefahr wurde erheblich eingeschränkt, die Begründungspflicht verschärft. Bei **Bagatelldelikten** wurde die Untersuchungshaft weitergehend als früher ausgeschlossen. Der darin liegende Gedanke, die Untersuchungshaft müsse zu dem zu erwartenden Ergebnis des Verfahrens in einem angemessenen Verhältnis stehen, wurde darüber hinaus durch den Grundsatz der **Verhältnismäßigkeit** betont (§ 112 Abs. 1 Satz 2, § 120 Abs. 1 Satz 1, 2. Hs.).

Die **periodische Haftprüfung** wurde **abgeschafft**, jedoch die Regelung eingeführt, dass die Untersuchungshaft vor einem freiheitsentziehenden Urteil grundsätzlich nicht länger als sechs Monate dauern darf (§ 121 Abs. 1 und 2). Zu den bisherigen **sichernden Maßnahmen** vor dem Urteil (§ 111a: vorläufige Entziehung der Fahrerlaubnis; § 126a: einstweilige Unterbringung) fügte der Gesetzgeber den **Haftgrund der Wiederholungsgefahr** bei Sittlichkeitsdelikten an.

Das **Gesetz zur Änderung der Strafprozeßordnung**[7] hat die Haftgründe der **Fluchtgefahr** und der **Verdunkelungsgefahr** wieder weiter gefasst sowie den Haftgrund der **Wiederholungsgefahr** ausgebaut und als selbstständige Vorschrift (§ 112a) ausgestaltet. Durch Art. 21 Nr. 34, 35 und 37 **EGStGB 1974** sind die §§ 126a Abs. 1, 127 Abs. 3 und 130, in der Substanz unverändert, neu gefasst worden.

Der Deliktskatalog des § 112a Abs. 1 Satz 1 Nr. 2 wurde durch Artikel 2 des **StGBÄndG 1989** erweitert und durch Art. 3 Nr. 10 des **OrgKG** Änderungen im BtMG angepasst. Durch das **VerbrbekG** wurde das Haftrecht weiter verschärft; durch Art. 4 Nr. 3 wurde der Deliktskatalog des § 112 Abs. 3 ergänzt und durch Art. 4 Nr. 4 wurde § 112a Abs. 1 Satz 2 aufgehoben. Des Weiteren wurde durch das **Gesetz zur Änderung der Strafprozeßordnung vom 17. Juli 1997**[8] die sog. **Hauptverhandlungshaft** (§ 127b) nebst Fest-

---

3 Gesetz zur Abänderung der Untersuchungshaft vom 27.12.1926 (RGBl. I S. 529).
4 Gesetz zur Änderung von Vorschriften des Strafrechts und des Strafverfahrens vom 24.4.1934 (RGBl. I 341).
5 Art. 5 des Gesetzes zur Änderung von Vorschriften des Strafverfahrens und des Gerichtsverfassungsgesetzes vom 28.6.1935 (RGBl. I S. 844).
6 AGGewVerbrG vom 24.11.1933 (RGBl. I S. 1000).
7 Vom 7.8.1972 (BGBl. I S. 1361).
8 BGBl. I S. 1822.

nahmebefugnis eingeführt. Spätere Änderungen in § 112 Abs. 3 und § 112a Abs. 1 durch weitere Gesetze folgten im Wesentlichen Änderungen im Strafgesetzbuch. Des Weiteren wurde § 116a Abs. 1 durch das **2. Justizmodernisierungsgesetz** ergänzt.[9] Schließlich wurde durch das **Gesetz zur Sicherung der Unterbringung in einem psychiatrischen Krankenhaus und in einer Entziehungsanstalt**[10] § 126a geändert.

Im Jahr 2009 erfuhr § 112a weitere Ergänzungen: Durch Art. 1 Nr. 10 des Gesetzes zur Stärkung der Rechte von Verletzten und Zeugen im Strafverfahren (**2. Opferrechtsreformgesetz – ORRG**) vom 29.7.2009[11] wurde in § 112a Abs. 1 der neue Satz 2 eingefügt.[12] Das **Gesetz zur Verfolgung der Vorbereitung von schweren staatsgefährdenden Gewalttaten** vom 30.7.2009[13] bestimmte in Art. 3 Nr. 5 die Aufnahme des § 89a StGB in den Katalog der Anlasstaten nach Absatz 1 Nummer 2.[14]

Weitere wesentliche und umfangreiche Änderungen brachte das am 1.1.2010 in Kraft getretene **UHaftÄndG** vom 29.7.2009.[15] Schwerpunkt der Novelle war – neben den Änderungen zum Akteneinsichtsrecht (§ 147 Abs. 2, 7)[16] und zur notwendigen Verteidigung (§ 140 Abs. 1 Nr. 4)[17] – die vollständige **Neufassung des § 119**, die den Auswirkungen der Föderalismusreform geschuldet war.[18] Nachdem sich die (konkurrierende) Gesetzgebungskompetenz des Bundes nunmehr auf „das gerichtliche Verfahren (ohne das Recht des Untersuchungshaftvollzugs)" beschränkt, ist mit der Neufassung des § 119 die Regelung der im Bereich der Gesetzgebungskompetenz des Bundes verbliebenen Inhalte des § 119 a.F. und der ihn ergänzenden UVollzO in der Strafprozessordnung erfolgt.[19] Weite Teile der Regelungsmaterie des § 119 a.F. und der ihn ergänzenden UVollzO fallen demgegenüber jetzt in die Gesetzgebungskompetenz der Länder. Diese haben in den **Landesuntersuchungshaftvollzugsgesetzen** die Anordnungs- und Ausführungskompetenz für Beschränkungen, die der Aufrechterhaltung der Sicherheit bzw. der Ordnung in der Anstalt dienen, in der Regel auf die Vollzugsanstalt übertragen. Bezüglich deren Entscheidungen und Maßnahmen war danach in Ausfüllung der Rechtsweggarantie des Art. 19 Abs. 4 Satz 1 GG eine Möglichkeit der gerichtlichen Überprüfung zu schaffen, was der Bundesgesetzgeber, in dessen Zuständigkeit die Regelung der Rechtswegfrage nach wie vor fällt, mit der **Aufnahme des § 119a** in die Strafprozessordnung getan hat.[20] In den **neugefassten bzw. eingefügten §§ 114a bis 114c** wurden in Anlehnung an Art. 5 Abs. 2 EMRK sowie unter Berücksichtigung der Forderungen des CPT die Belehrungspflichten gegenüber dem festgenommenen Beschuldigten zeitlich vorverlagert und inhaltlich erweitert. Überdies wurde dessen (aktives) Benachrichtigungsrecht gestärkt. Aufgrund der **Verweisungen in den §§ 127 Abs. 4, 127b Abs. 1 Satz 2** und 163c Abs. 1 Satz 3 wurde die entsprechende Geltung der Informations-, Belehrungs- und Benachrichtigungspflichten für vorläufige Festnahmen durch Polizei oder Staatsanwaltschaft und das Festhalten zum Zweck der Identitätsfeststellung sichergestellt. Die **neu eingefügten §§ 114d und 114e** sollen – in Umsetzung der Födera-

---

9 S. die Entstehungsgeschichte zu diesen Vorschriften.
10 BGBl. I 2007 S. 2327.
11 BGBl. I S. 2280.
12 Vgl. die Erl. im Nachtrag zur 26. Aufl., § 112a, 1 ff.
13 BGBl. I S. 2437.
14 Vgl. die Erl. im Nachtrag zur 26. Aufl., § 112a, 4 ff.
15 BGBl. I S. 2274.
16 Vgl. die Erl. im Nachtrag zur 26. Aufl., § 147, 1 ff.
17 Vgl. die Erl. im Nachtrag zur 26. Aufl., § 140, 8 ff.
18 Kritik gegen die Kompetenzverlagerung findet sich bei SK/*Paeffgen* 2b.
19 Vgl. die Erl. im Nachtrag zur 26. Aufl., § 119, 1 ff.
20 Vgl. die Erl. im Nachtrag zur 26. Aufl., § 119a, 1 ff.

lismusreform – durch Übernahme früher in der UVollzO enthaltener Regelungen in die StPO gewährleisten, dass Gerichten, Staatsanwaltschaften und Vollzugsanstalten die zur Erfüllung ihrer Aufgaben erforderlichen personenbezogenen Daten zur Verfügung stehen und legen zu diesem Zweck wechselseitige Informationspflichten fest. Mit der **Neufassung des § 115 Abs. 4** wurde klargestellt, dass bei Aufrechterhaltung der Untersuchungshaft umfassend über alle Beschwerdemöglichkeiten und Rechtsbehelfe zu belehren ist. Die **Änderung des § 115a Abs. 2** soll eine Beschleunigung und Verbesserung des Zusammenwirkens zwischen dem nächsten und dem zuständigen Gericht sowie der Staatsanwaltschaft bewirken. In dem **neu eingefügten § 116b** fand das früher nur unvollkommen geregelte Verhältnis der Vollstreckung der Untersuchungshaft zur Vollstreckung anderer freiheitsentziehender Maßnahmen eine ausdrückliche Regelung. Die **Neufassung des § 126 Abs. 1 Satz 1** stellte klar, dass das zuständige Haftgericht auch zu den Entscheidungen nach den neu eingefügten §§ 116b und 119a berufen ist. In den **§§ 117 und 126a** fanden sich **Folgeänderungen**, die wegen der Neuregelungen in § 140 Abs. 1 Nr. 4 bzw. in § 119a erforderlich waren.[21]

Durch das **Gesetz zur Stärkung der Verfahrensrechte von Beschuldigten im Strafverfahren** vom 2.7.2013[22] wurden die Belehrungsinhalte in § 114b Abs. 2 nochmals erweitert.[23]

Das **Gesetz zur Änderung der Verfolgung der Vorbereitung von schweren staatsgefährdenden Straftaten** vom 12.6.2015[24] erbrachte die Aufnahme der in § 89c Abs. 1 bis 4 StGB neu normierten Straftaten der Terrorismusfinanzierung in den Katalog des § 112a Abs. 1 Satz 1 Nr. 2.

Durch Art. 2 Abs. 5 Nr. 5 des **50. Gesetzes zur Änderung des StGB** vom 4.11.2016[25] wurde in § 112a Abs. 1 Satz 1 Nr. 1 der mit Wirkung zum 10.11.2016 weggefallene § 179 StGB aus dem Kreis der Katalogtaten gestrichen.

Art. 2 Nr. 2 des **Gesetzes zur Bekämpfung der Verbreitung neuer psychoaktiver Stoffe** vom 21.11.2016[26] erbrachte die Erweiterung des Katalogs in § 112a Abs. 1 Satz 1 Nr. 2 um den Tatbestand des § 4 Abs. 3 Nr. 1 lit. a des Neue-psychoaktive-Stoffe-Gesetzes (NpSG).

Das **Gesetz zur Änderung des Völkerstrafgesetzbuches** vom 22.12.2016[27] führte durch seinen Art. 2 Abs. 3 Nr. 4 mit Wirkung zum 1.1.2017 zur Aufnahme des § 13 Abs. 1 VStGB in den Katalog des § 112 Abs. 3 und zu dessen redaktioneller Neufassung (allerdings nur hier) durch Ausschreiben der Worte „Absatz" und „Nummer".

Durch Art. 1 Nr. 9 des **Gesetzes zur Einführung der elektronischen Akte** in der Justiz und zur weiteren Förderung des elektronischen Rechtsverkehrs vom 5.7.2017[28] wurde die (weggefallene) Nummer 4 des § 29 Abs. 1 BtMG aus dem Kreis der Katalogtaten des § 112a Abs. 1 Satz 1 Nr. 2 gestrichen, die Vorschrift auch sonst an die Änderung des BtMG angepasst und schließlich redaktionell durch – wiederum nur teilweises – Ausschreiben der Worte „Absatz", „Satz" und „Nummer" neugefasst.

---

21 Wegen der Einzelheiten vgl. jeweils die Erl. zu den jeweiligen Normen im Nachtrag zur 26. Aufl.
22 BGBl. I S. 1938.
23 Vgl. hierzu die Erl. im Nachtrag zur 26. Aufl., § 114b, 4, 16 ff., 21 ff., 29.
24 BGBl. I S. 926.
25 BGBl. I S. 2460.
26 BGBl. I S. 2615.
27 BGBl. I S. 3150.
28 BGBl. I S. 2208.

Übersicht

Alphabetische Übersicht

I. Arten freiheitsentziehender Maßnahmen

1 **1. Freiheitsentziehungen im 9. Abschnitt der StPO.** Der 9. Abschnitt der StPO regelt mit der Untersuchungshaft, der einstweiligen Unterbringung, der vorläufigen Festnahme sowie der Hauptverhandlungshaft verschiedene freiheitsentziehende Zwangsmaßnahmen, die zum Teil unterschiedliche Zwecke verfolgen.

2 **a) Untersuchungshaft (§§ 112 ff.)** ist die Verwahrung eines Beschuldigten in einer Haftanstalt aufgrund eines richterlichen Haftbefehls zur Sicherstellung eines geordneten Strafverfahrens (näher zur Zielrichtung der Untersuchungshaft Rn. 19 ff.).

3 **b) Vorläufige Festnahme (§ 127)** bedeutet die einstweilige Freiheitsentziehung gegenüber einem Verdächtigen zur Sicherung der Strafverfolgung.

4 **c)** Die aufgrund richterlicher Anordnung vorgenommene **einstweilige Unterbringung (§ 126a)** gefährlicher Beschuldigter in einem psychiatrischen Krankenhaus oder in einer Entziehungsanstalt stellt eine vorläufige Maßnahme zum Schutz der Allgemeinheit dar. Sie dient weder der Verfahrenssicherung noch der Sicherung des künftigen Vollzugs einer Freiheitsentziehung.[29] Ihr Zweck ist vielmehr rein **präventiv**, nämlich die Allgemeinheit vor weiteren rechtswidrigen Taten eines Schuldunfähigen (§ 20 StGB) oder eines vermindert Schuldfähigen (§ 21 StGB) zu schützen. Weil der einstweiligen Unterbringung der Charakter des Vorläufigen anhaftet, wird sie weitgehend wie die Untersuchungshaft behandelt (§ 126a Abs. 2 Satz 1). Ihrer Bestimmung nach gehört sie mit der vorläufigen Entziehung der Fahrerlaubnis (§ 111a), dem vorläufigen Berufsverbot (§ 132a) und mit der Präventivhaft gemäß § 112a zu den vorläufigen Maßnahmen vor dem Urteil; diese nehmen – ungeachtet der Frage ihrer systematischen Einordnung – im Ergebnis die Wirkung des erwarteten Urteils vorweg, um die Öffentlichkeit zu schützen (vgl. auch § 112a, 10). Zu verfassungsrechtlichen Fragen siehe Rn. 58.

---

29 Zur (analogen) Anwendung der §§ 112 ff. zur Sicherung einer Unterbringung nach einem Unterbringungsgesetz vgl. OLG Naumburg NStZ **2002** 500; OLG Nürnberg NStZ **2002** 500; *Peglau* NJW **2002** 3679.

d) Die **Hauptverhandlungshaft (§ 127b)** als besondere Art der Untersuchungshaft dient gleichfalls der Verfahrenssicherung, soll nämlich die Durchführung eines beschleunigten Verfahrens (§ 417) gewährleisten; sie ist daher systemgerecht. 5

2. Weitere Freiheitsentziehungen. Neben den genannten Formen freiheitsentziehender Zwangsmaßnahmen finden sich in der StPO und der übrigen Rechtsordnung zahlreiche weitere Haft- und Festnahmearten sowie Freiheitsbeschränkungen, die unterschiedliche Zielrichtungen aufweisen. 6

a) Die **einstweilige Unterbringung nach § 275a Abs. 6 Satz 1 und 3**, nicht jedoch die Untersuchungshaft,[30] dient der Sicherung der nachträglichen bzw. vorbehaltenen Sicherungsverwahrung. Die §§ 114 bis 115a, 117 bis 119a, 126a Abs. 3 gelten entsprechend (§ 275a Abs. 6 Satz 4). 7

b) Die sog. **Ungehorsamshaft** nach §§ 230 Abs. 2, 236, 329 Abs. 3, 412 Satz 1 bezweckt gleichfalls die Sicherung des Verfahrens. Sie soll bewirken, dass der Angeklagte nicht durch sein Ausbleiben eine Hauptverhandlung vereitelt.[31] Das Vorliegen eines Haftgrundes nach den §§ 112, 112a ist nicht erforderlich. Die Regelungen des Haftrechts sind auf diese Haft weitgehend, teils unmittelbar, sonst entsprechend anwendbar. Von § 112 gilt nur Absatz 1 Satz 2 (§ 112, 5). § 121 ist nicht anzuwenden (§ 121, 10). Von § 125 hat nur Absatz 2 Satz 1, erste Alternative, von § 126 nur Absatz 2 Satz 1 und 3 Bedeutung. Die §§ 127 bis 129 können ihrem Inhalt nach, § 130 des Zeitpunkts wegen (§ 130, 15), nicht angewendet werden. Im Übrigen gilt nahezu das gesamte Haftrecht, nämlich §§ 114 bis 116b, 123, 124, 117, 118, 118a, 118b, 119, 119a, 120, 131. Auf die Erläuterungen zu diesen Vorschriften wird verwiesen. 8

c) Vollstreckungssicherung (§§ 453c, 457). Die Haft, die der Sicherung (Durchführung) der Vollstreckung einer im rechtskräftigen Urteil verhängten Freiheitsentziehung dienen soll, ist in den §§ 453c, 457 Abs. 2 speziell geregelt. Die Haftvoraussetzungen weichen zum Teil von denen der §§ 112, 112a ab. Wegen der unterschiedlichen Ausgangslage und Zielsetzungen sind die weiteren Regelungen des Haftrechts (§§ 113 ff.) bei der Haft gemäß § 453c nur teilweise und bei § 457 im Wesentlichen nicht (ausgenommen § 114) anwendbar. Wegen der Einzelheiten wird auf die Erl. zu den §§ 453c, 457 verwiesen. 9

d) Als **sitzungspolizeiliche** Maßnahme ist **Ordnungshaft** auch gegen Zeugen, Sachverständige und Zuhörer zulässig (§§ 177 Satz 1, 178 Abs. 1 Satz 1 GVG). 10

e) Die **Ordnungs-** (§§ 70 Abs. 1, 161a Abs. 2 Satz 2) und **Beugehaft** (§§ 70 Abs. 2, 161a Abs. 2 Satz 2) gegen **Zeugen** hat den Zweck, die Aussage oder Eidesleistung zu erzwingen; ferner ist die **Vorführung** zur Erzwingung des Erscheinens zulässig (§§ 51, 161a Abs. 2 Satz 1). 11

f) Eine besondere Form der Freiheitsentziehung ist die einstweilige Unterbringung gemäß **§ 71 Abs. 2 JGG** (s. Rn. 103). 12

---

30 Meyer-Goßner/*Schmitt* § 275a, 16, 17.

31 *Gollwitzer* StV **1996** 255; s. auch *Kamp* FS Rudolphi 661 ff.; zur Unanwendbarkeit der Haft nach § 230 Abs. 2 im beschleunigten Verfahren siehe OLG Hamburg NStZ **1983** 40.

13 **g)** Als freiheitsentziehende **Maßnahmen des Rechtshilfeverkehrs** sind zu nennen die vorläufige Festnahme des Verfolgten nach § 19 IRG sowie dessen Inhaftierung zur Sicherung der Auslieferung (§§ 15ff. IRG), der Durchlieferung (§ 45 IRG) und der Rücklieferung (§ 68 IRG). Der Europäische Haftbefehl ist seinem Wesen nach kein Haftbefehl, sondern Element eines vereinfachten Auslieferungsverfahrens.[32] Der Überstellungshaftbefehl nach dem IStGHG ist Teil der internationalen Gerichtshilfe. Zu Einzelfragen (Fahndung, Festnahme, Haftprüfung, Zuständigkeit des OLG) s. Einl. D 95ff.

14 **h)** Zur **Abschiebungshaft** s. § 62 AufenthG. Das Verhältnis der Abschiebungs- zur Untersuchungshaft regelt jetzt § 116b Satz 1 ausdrücklich dahin, dass die Untersuchungshaft vorrangig ist.[33]

15 **i)** Eine weitere Form der staatlichen Freiheitsentziehung ist der Gewahrsam nach dem **Ordnungs- und Polizeirecht**, der insbesondere auch zur Verhinderung von Straftaten angeordnet werden kann.

16 **j) Sonstige kurzfristige Maßnahmen.** Daneben gibt es zahlreiche kurzfristige Freiheitsentziehungen bzw. -beschränkungen aus verschiedenen Gründen, wie etwa

- die vorläufige Festnahme von Personen, die strafprozessuale Amtshandlungen außerhalb einer Hauptverhandlung stören (§ 164) oder in einer Hauptverhandlung eine Straftat begehen (§ 183 Satz 2 GVG),
- die befristete Unterbringung des Beschuldigten in einem psychiatrischen Krankenhaus zur Beobachtung (§ 81),
- das kurzzeitige Festhalten zur Durchführung sonstiger strafprozessualer Maßnahmen (§§ 81a, 81b, 102, 111 Abs. 1 Satz 2; §§ 163b, 163c),
- die Vorführung des Beschuldigten (§§ 134, 163a Abs. 3 Satz 2),
- das Festhalten des Angeklagten zur Sicherstellung seiner Anwesenheit in der Hauptverhandlung und seine Ingewahrsamnahme während deren Unterbrechung (§ 231 Abs. 1 Satz 2)
- sowie (zum Teil) entsprechende polizeirechtliche Maßnahmen.

17 **3.** Die sog. **Organisationshaft**[34] ist keine Untersuchungshaft. Unter Organisationshaft, zum Teil auch **Vorbereitungshaft** genannt, wird der Zeitraum verstanden, in dem ein inhaftierter Verurteilter nach rechtskräftig gewordenem Urteil (und somit der h.M.[35] zufolge nach unmittelbar eintretender Beendigung der Untersuchungshaft) darauf wartet, dass der Vollzug einer Maßregel (in der Regel einer solchen nach § 64 StGB), die neben einer Freiheitsstrafe angeordnet ist und vor dieser vollstreckt werden soll (weil es an der Anordnung des Vorwegvollzuges der Freiheitsstrafe gemäß § 67 Abs. 2 StGB fehlt),

---

32 Vgl. Europäisches Haftbefehlsgesetz vom 20.7.2006, BGBl. I S. 1721; s. auch das EuHBG vom 21.7.2004, BGBl. I S. 1748 und dazu BVerfG NJW **2005** 2289; Rahmenbeschluss des Rates vom 13.6.2002 über den Europäischen Haftbefehl – ABlEU Nr. L 190/1–20 vom 18.7.2002.

33 Wegen der Einzelheiten vgl. die Erl. zu § 116b; zum früheren Rechtszustand s. etwa BGH MDR **1995** 536; KG StV **1996** 107.

34 Vgl. dazu BVerfG NStZ **1998** 77; NJW **2006** 427 mit Anm. *Paeffgen* NStZ **2006** 137; OLG Hamm NStZ-RR **2004** 381; OLG Celle NStZ-RR **2002** 349; OLG Dresden NStZ **1993** 511; OLG Brandenburg NStZ **2000** 500; LG Göttingen StV **2016** 514; SK/*Paeffgen* § 120, 14ff.; KK/*Schultheis* § 120, 22; KMR/*Wankel* § 120, 10; ausführlich *Bartmeier* NStZ **2006** 544ff., auch zur Vollzugswirklichkeit und den Auswirkungen der verfassungsgerichtlichen Rechtsprechung auf die Vollstreckungspraxis. Zur Anrechnung der sog. Organisationshaft vgl. *Fischer* StGB § 51, 5 und § 67, 23a m.w.N.; *Morgenstern* StV **2007** 441ff.

35 Vgl. dazu Rn. 93ff.

beginnen kann. Das **BVerfG** hat in einer ersten Entscheidung die vorübergehende Verwahrung des Verurteilten im Strafvollzug während der Wartezeit auf einen Platz im Maßregelvollzug zwar mit Blick auf die in § 67 Abs. 1 StGB vorgesehene Vollstreckungsreihenfolge („Therapie vor Strafe") als „Regelwidrigkeit" bezeichnet,[36] sich aber nicht zur Recht- oder Verfassungsmäßigkeit der Organisationshaft geäußert; es hat sich vielmehr nur mit deren Auswirkungen auf die Strafzeitberechnung befasst und hierzu ausgeführt, dem Verurteilten dürfe insoweit kein Nachteil entstehen. In einer späteren Entscheidung hat es in Bezug auf die verfassungsrechtliche Zulässigkeit der Organisationshaft ausgeführt, dass diese zur „Nutzung der therapeutisch fruchtbaren Zeit" die zu vollziehende Maßregel vorbereite und in diesem Kontext durch die richterliche Maßregelanordnung gedeckt sei. Die Organisationshaft dürfe aber – ohne dass insoweit feste Fristen gelten würden[37] – nur für denjenigen Zeitraum aufrechterhalten werden, den die Vollstreckungsbehörde, die die Überstellung des Verurteilten in den Maßregelvollzug unverzüglich einzuleiten und herbeizuführen habe, unter Beachtung des Beschleunigungsgebotes zur Beschaffung eines Therapieplatzes, der sich unter Umständen auch außerhalb des jeweiligen Bundeslandes befinden könne, benötige.[38]

Zu der – unter den Stichworten **Zwischenhaft** und **Vollstreckungshaft** erörterten – 18
Frage, ob Haftbefehl und Untersuchungshaft nach Rechtskraft eines auf die Verhängung einer unbedingten Freiheitsstrafe lautenden Urteils bis zur förmlichen Einleitung der Vollstreckung fortbestehen, vgl. Rn. 98.

II. Zweck der Untersuchungshaft

1. Legitime Zwecke. Zulässiger Zweck der Untersuchungshaft gemäß § 112 ist nach 19
herrschender Meinung[39] die Durchsetzung des Anspruchs der staatlichen Gemeinschaft auf vollständige Aufklärung der Tat und rasche Bestrafung des Täters; sie soll demnach die **Durchführung eines geordneten Verfahrens** und die sich möglicherweise anschließende **Vollstreckung eines Freiheitsentzuges** sichern.[40] Entgegen einer immer wieder zitierten, irreführenden Formulierung *Hassemers*[41] ist Untersuchungshaft, die zu diesem legitimen Zweck und unter Beachtung der gesetzlichen Voraussetzungen in dem dafür vorgesehenen rechtsförmlichen Verfahren angeordnet wird, keine „Freiheitsberaubung gegenüber einem Unschuldigen", weil es bei dieser staatlichen Zwangsmaßnahme – jedenfalls – an der einer „Freiheitsberaubung" innewohnenden Rechtswidrigkeit fehlt.[42]

---

36 BVerfG NStZ **1998** 77.

37 Demgegenüber hat die Vollzugspraxis weitgehend eine „Organisationsfrist" von drei Monaten angenommen, die der Vollstreckungsbehörde – im Sinne einer festen Zeitspanne – jedenfalls zustehe.

38 BVerfG NJW **2006** 427, 429; so auch schon OLG Brandenburg NStZ **2000** 500 mit Anm. *Rautenberg* 502 = RuP **2000** 150 mit Anm. *Volckart* 153; OLG Celle NStZ-RR **2002** 349; OLG Hamm NStZ-RR **2004** 381, 382 m.w.N; grds. kritisch zur sog. Organisationshaft SK/*Paeffgen* 5b, 30b; Radtke/Hohmann/*Tsambikakis* § 112, 4 und § 120, 13.

39 BVerfGE **19** 342, 349; **20** 49; **32** 87, 93 („die Durchführung eines geordneten Strafverfahrens zu gewährleisten und die spätere Strafvollstreckung sicherzustellen"); BVerfG NStZ **1991** 142; BGHSt **34** 362; KG NStZ **2012** 230; OLG Frankfurt NJW **1958** 1009; OLG Bremen NJW **1960** 2260; OLG Karlsruhe MDR **1980** 598; OLG Düsseldorf MDR **1986** 956; *Hassemer* StV **1984** 38; *Roxin/Schünemann* § 30, 1; *Seebode* (Vollzug) 70, 105; LR/*Hilger*[26] 1; KK/*Graf* 1, 11 sowie § 112, 2; Meyer-Goßner/*Schmitt* 4; KMR/*Wankel* 3; HK-GS/*Laue* § 112, 1; AnwK-StPO/*Lammer* § 112, 6; AK/*Deckers* § 112, 9; HK/*Posthoff* 8; *Wiesneth* (U-Haft) 6.

40 Vgl. auch das Grünbuch der Kommission über die gegenseitige Anerkennung von Überwachungsmaßnahmen ohne Freiheitsentzug im Ermittlungsverfahren – KOM **(2004)** 562 endg., SEK **(2004)** 1046, Annex 2 sowie die Nachweise bei Rn. 113.

41 *Hassemer* StV **1984** 38, 40; vgl. etwa Meyer-Goßner/*Schmitt* 1; AnwK-StPO/*Lammer* § 112, 3; AnwK-UHaft/*König* § 112, 1.

42 SK/*Paeffgen* 9; HK/*Posthoff* 6.

20 Der Zweck der Verfahrenssicherung, der in Rechtsprechung und Literatur unstreitig ist, bezieht sich grundsätzlich auf **alle Abschnitte des Verfahrens.** Eine Sicherung der Revisionsinstanz selbst ist zwar nicht erforderlich, weil das Revisionsverfahren grundsätzlich nicht die Anwesenheit des Angeklagten erfordert; notwendig kann die Verfahrenssicherung während dieses Abschnitts des Strafverfahrens aber schon wegen der Möglichkeit der Zurückverweisung der Sache in die Tatsacheninstanz sein.

21 **Sicherung** eines geordneten Verfahrens meint nicht nur die Sicherung der Durchführbarkeit, also der **Anwesenheit** des Angeklagten für die Hauptverhandlung[43] bei Flucht oder Fluchtgefahr oder gemäß § 127b, sondern nach § 112 Abs. 2 Nr. 3 auch die Sicherung der **Aufklärung.**[44] Dieser Sicherungszweck gilt auch für den Haftgrund der **Schwerkriminalität** (§ 112 Abs. 3).[45] Allerdings sollen mit dieser Haft außerdem oder auch nur Präventivzwecke verfolgt werden können (Rn. 32; § 112, 98). Der Zweck der Verfahrenssicherung bezieht sich grundsätzlich auch auf das **Strafbefehlsverfahren**[46] (s. aber § 112, 105 ff.) und die **Wiederaufnahme** (§ 112, 11). Denn auch hier kann (wenn auch sehr selten) eine Sicherung, namentlich der Aufklärung (etwa bei Verdunklungsgefahr), erforderlich werden. In der Regel aber wird das Strafbefehlsverfahren als mildere Alternative zur Untersuchungshaft in Betracht kommen.[47]

22 Soweit eine **Mindermeinung**[48] **bestreitet**, dass Zweck der Untersuchungshaft gemäß § 112 auch die Sicherung der Vollstreckung einer im rechtskräftigen Urteil verhängten Freiheitsentziehung (Freiheitsstrafe oder freiheitsentziehende Maßregel nach § 61 Nr. 1 bis 4 StGB) ist, legt sie wohl zugrunde,[49] dass die h.M. den **Nebenzweck der Vollstreckungssicherung** nicht nur bis zum rechtskräftigen Verfahrensabschluss, sondern auch für die Zeit danach anerkennt. Eine solche Annahme, insbesondere die Interpretation, die Ansicht der h.M. solle „den rechtskräftigen Strafausspruch umsetzen helfen",[50] trifft jedoch in dieser Weise nicht zu. Denn nach der h.M. wird ein nach § 112 erlassener Haftbefehl mit dem Eintritt der Rechtskraft gegenstandslos und findet die Untersuchungshaft damit ihr Ende, woraus sich ergibt, dass ihr nicht die Aufgabe zugewiesen wird, die Strafvollstreckung über die Zeit des Erkenntnisverfahrens hinaus zu sichern. Die Diskussion über den mit „Sicherung der späteren Strafvollstreckung" beschriebenen Teilaspekt der Untersuchungshaft wird von den Kritikern auch üblicherweise in einen Zusammenhang mit der Frage gestellt, ob und auf welcher rechtlichen Grundlage der nach Urteilserlass (weiterhin) in Untersuchungshaft befindliche Angeklagte nach Rechtskraft des Urteils bis zur förmlichen Einleitung der Vollstreckung in Haft gehalten werden darf. Diese Problematik betrifft indessen nicht den von der h.M. hier gemeinten potenziell vollstreckungssichernden (Neben-)Zweck des Untersuchungshaftbefehls nach § 112, sondern das – in der Tat bislang dogmatisch nicht befriedigend geklärte – Stadium des Übergangs von der beendeten Untersuchungshaft bis zur förmlichen Einleitung der Vollstreckung einer im Urteil rechtskräftig ausgesprochenen freiheitentziehenden Sanktion (vgl. dazu Rn. 98).

---

43 Vgl. *Paeffgen* (Dogmatik) 87 ff., 163; s. auch *Michel* MDR **1991** 933 (zur Berufung).
44 Vgl. *Paeffgen* (Dogmatik) 100 ff., 163.
45 BVerfGE **19** 342, 349 ff.; BGHSt **34** 362.
46 Vgl. auch *Gebauer* 12, 142; **a.A.** *Schlothauer/Weider/Nobis* Rn. 576 ff.
47 Vgl. OLG Rostock StV **2006** 311; *Schlothauer/Weider/Nobis* Rn. 576 ff.
48 SK/*Paeffgen* 5 ff., 11; vgl. auch *Danckert* BRAK-Mitt. **1988** 116, 118; *Gropp* JZ **1991** 804, 810; *Krauß* in: *Müller-Dietz* Strafrechtsdogmatik und Kriminalpolitik (1971) 153, 162; dagegen *Gebauer* 12.
49 Dies bleibt aber unklar. So spricht etwa *Paeffgen* aaO. Rn. 5 von einer entsprechenden Aussage der h.M., „so wie sie (überwiegend) gemeint sein dürfte", ohne den von ihm angenommenen Aussageinhalt konkret zu bezeichnen.
50 So SK/*Paeffgen* 5a.

Die **h.M.** legt mit Recht zugrunde, dass die §§ 112, 112a nach dem Eintritt der Rechtskraft unanwendbar sind. Sie nimmt andererseits – ebenfalls zutreffend – (lediglich) an, dass die Untersuchungshaft ihre **verfahrenssichernde Funktion auch** in der Zeit **nach dem nicht rechtskräftigen Abschluss einer Tatsacheninstanz** noch besitzt und in diesem Zusammenhang nicht mehr die (weitere oder ggf. erneute) Durchführung des Erkenntnisverfahrens sichern soll, sondern nur noch zu dem Zweck aufrechterhalten oder gar angeordnet werden kann, die Anwesenheit des Angeklagten auch beim Rechtskrafteintritt (und bei der nach h.M. hierdurch ohne weiteres Zutun unmittelbar eintretenden Vollstreckung) sicherzustellen. Dem kann nicht entgegen gehalten werden, dass auch das Strafvollstreckungsrecht mit dem Vollstreckungshaftbefehl (§ 457) ein Instrument für die Sicherung der Strafvollstreckung bereithält. Denn dessen Voraussetzung ist u.a. die bereits gegebene Rechtskraft, während deren Eintritt „die Untersuchung und damit die Untersuchungshaft“[51] erst beendet. Auch zeigen sich in der Praxis nicht selten Fälle, in denen es erforderlich ist, nach dem Erlass eines Urteils die Untersuchungshaft aufrechtzuerhalten, obgleich ein Rechtsmittel eingelegt ist. Um ein durchaus zugespitztes Beispiel anzuführen, denke man an den zur Tat eigens aus dem Ausland eingereisten Auftragsmörder, dessen Verurteilung zu lebenslanger Freiheitsstrafe mit der Feststellung besonderer Schuldschwere keinen Bedenken unterliegt, dessen gewöhnlicher Aufenthalt aber ebenso ungewiss ist, wie seine (wahre) Identität. Es kann nicht bezweifelt werden, dass dieser Angeklagte in Untersuchungshaft gehalten werden darf, auch wenn er eine Revision gegen das Urteil führt, die objektiv völlig aussichtslos ist (weshalb den Kritikern der h.M. zufolge im weiteren Verfahren aller Voraussicht nach nichts mehr „zu untersuchen“ sein wird, sondern – demnächst – nur noch die Vollstreckung ansteht). 23

Die **Mindermeinung** erscheint in der Anwendung ihrer Auffassung auch **wenig konsequent**. Zwar nimmt sie einerseits an,[52] dass es unzulässig wäre, einen Haftbefehl nach § 112 wegen Fluchtgefahr zu erlassen, wenn der Angeklagte eine offensichtlich aussichtslose Revision einlegt (zum Beispiel in Fällen des § 346) und die Gefahr besteht, dass er spätestens mit Eintritt der Rechtskraft fliehen werde, weshalb Staatsanwaltschaft und Gericht – da ein Haftbefehl gemäß § 457 Abs. 2 noch nicht ergehen kann – Fluchtvorbereitungen des Verurteilten „tatenlos“ zur Kenntnis nehmen müssten.[53] Andererseits heißt es aber (richtig), dass ein Haftbefehl in jedem Verfahrensabschnitt und auf jeder Stufe bis zur Rechtskraft des Urteils zulässig und erst dann ausgeschlossen ist, wenn das Verfahren insgesamt rechtskräftig abgeschlossen ist.[54] 24

Eine andere – und ernsthaft zu prüfende – Frage ist diejenige, ob im Verfahrensstadium **nach Urteilserlass** mit Blick auf den Verhältnismäßigkeitsgrundsatz grundsätzlich **strengere Anforderungen** für die Bejahung eines Haftgrundes zu gelten haben.[55] 25

2. Unzulässige Zwecke; apokryphe Haftgründe. Die Verfolgung anderer Zwecke mit der Untersuchungshaft sowie die Ausnutzung der besonderen Zwangssituation des Haftvollzuges sind unzulässig.[56] Kein Zweck der Untersuchungshaft ist, den Vollzug vor- 26

51 So die treffende Formulierung von LR/*Wendisch*[24] § 123, 6.
52 SK/*Paeffgen* 5d.
53 Beispiel von LR/*Hilger*[26] 5.
54 SK/*Paeffgen* § 112, 49.
55 Bejahend KG StraFo **2016** 510; s. auch *Danckert* BRAK-Mitt. **1988** 116, 118 („besonders strenge Anforderungen“).
56 SK/*Paeffgen* 11; *Paeffgen* (Dogmatik) 83 ff., 163; *Gärtner* NStZ **2005** 544 (zur Zurückgewinnungshilfe); *Hassemer* StV **1984** 38; vgl. auch EGMR *Allan v. UK*, 48539/99, Urt. v. 5.11.2002 = JR **2004** 127 (Nutzung für verdeckte Ermittlungen) – dazu auch *Esser* JR **2004** 98; BVerfG NStZ **1991** 142; BGH NStZ **1995** 605 mit

behaltener und nachträglicher Sicherungsverwahrung gemäß **§ 275a** (s. dazu Rn. 7),[57] nicht freiheitsentziehender Maßregeln (**§ 61 Nr. 5, 6 StGB**) oder einer **Geldstrafe** zu sichern.[58] Die Untersuchungshaft dient auch nicht der Sicherung des Verfahrens gegen andere Formen der „Verfahrenssabotage" (als Flucht, Verdunkelung und der Gefahr dazu) durch den Beschuldigten (ausgenommen § 127b) oder sonstigen präventiven Zwecken. Sie ist insbesondere **keine „Ordnungsstrafe"** für einen Beschuldigten, der sich der Strafverfolgung nicht stellt.[59] Unzulässig ist grundsätzlich auch ein Haftbefehl im Vorfeld des § 230 Abs. 2 (Rn. 8), wenn also schon vor dem ersten Hauptverhandlungstermin zu befürchten ist, dass der Beschuldigte nicht zu diesem erscheinen werde (§ 112, 5ff., 48ff.), es sei denn, die Voraussetzungen des § 127b[60] sind erfüllt. Sie hat grundsätzlich auch nicht die Funktion, die Allgemeinheit vor weiteren Straftaten zu schützen[61] (zu § 112 Abs. 3 siehe Rn. 32 und zu § 112a Rn. 31).

27 Untersuchungshaft ist namentlich **keine vorweggenommene Strafe** und darf nicht darauf abzielen.[62] Sie hat auch keine erzieherischen oder strafverhütenden Ziele. Ebenso wenig darf damit bezweckt werden, das **Aussageverhalten** des Beschuldigten oder Dritter – über eine Abwendung der Verdunkelungsgefahr (§ 112 Abs. 2 Nr. 3) hinausgehend – zu beeinflussen oder allgemein die **Ermittlungen zu erleichtern.**[63] Zum „nemo-tenetur"-Prinzip siehe Rn. 72.

28 Eine besondere Rolle bei der Frage nach der Legitimation von Untersuchungshaft spielt die Diskussion über deren möglichen Missbrauch, die mit dem Begriff der sog. **apokryphen Haftgründe** verbunden ist. Damit gemeint sind „die wahren (geheimen) Haftgründe", die mit dem Erlass des Haftbefehls tatsächlich verbundenen, vom Gesetz nicht zugelassenen Zielvorstellungen, die sich hinter vorgeschobenen gesetzlichen Haftgründen mit entsprechend floskelhaften Begründungen verbergen können.[64] Als **Beispiele** werden genannt generalpräventive Strategien, etwa eine Strafvorwegnahme als abschreckender „Denkzettel" bei wahrscheinlicher Strafaussetzung zur Bewährung, Kriseninterventionen oder soziale Hilfeleistung, Opferschutz, Rücksichtnahme auf eine öffentliche Erregung, eine bevorstehende Abschiebung des Beschuldigten, das Herbeiführen eines Geständnisdrucks beim Beschuldigten, etwa durch einen noch nicht vollstreckten sog. Haftbefehl „auf Vorrat" (s. auch Rn. 53), die Förderung der Kooperations- oder The-

---

Anm. *Fezer* StV **1996** 77 und *Paeffgen* NStZ **1997** 119; BGHSt **44** 129; LG Hamburg StV **1994** 593 sowie (probl.) OLG Hamburg StV **1994** 590 mit Anm. *Rzepka*; *Volk* NJW **1996** 879; s. aber BGHSt **44** 139.

57 Vgl. Meyer-Goßner/*Schmitt* § 275a, 16, 17; s. auch *Peglau* JR **2002** 451; *Ullenbruch* NStZ **2002** 469.

58 H.M.; **a.A.** wohl *Gössel* GA **1978** 124.

59 OLG Düsseldorf NJW **1969** 439.

60 Vgl. Rn. 5; LR/*Gärtner* § 127b, 1, 3.

61 Siehe aber *Siegert* JW **1925** 930; *Hartung* 926; *Kastendieck* 63.

62 BVerfG NStZ-RR **2007** 379, 381; KK/*Graf* 12.

63 BGHSt **34** 362; BGH NStZ **2005** 279; OLG Düsseldorf StV **1988** 390; OLG Frankfurt StV **1992** 583 mit Anm. *Paeffgen* NStZ **1993** 533; LG Bad Kreuznach StV **1993** 629; KK/*Graf* 12; *Seebode* (Vollzug) 65ff., 71; unklar *Peters* § 47 A 1: „Verwahrung zur Gewährleistung der Ermittlungsaufgaben". Vgl. auch BGH MDR **1989** 86.

64 Zu Definition und Problematik vgl. z.B. SK/*Paeffgen* § 112, 21c, 27; *Paeffgen* (Kolloquium) 130; NJ **1993** 152; NJW **1990** 537; NStZ **1995** 21; *Gebauer* 28, 30, 357ff.; *Krey* 502; *Kühne* 419.1, 427; *Schlothauer/Weider/Nobis* Rn. 680ff., die von Haftanordnung unter einem „Etikettenschwindel" sprechen (Rn. 681); *Münchhalffen/Gatzweiler* Rn. 7f., 248ff.; *Münchhalffen* StraFo **1999** 332; *dies.* FS Rieß 347ff.; *dies.* StraFo **2003** 150; *Cornel* MSchrKrim. **1987** 65ff.; StV **1994** 202; *Dahs* FS Dünnebier 227ff.; AnwBl. **1983** 418ff.; *Deckers* AnwBl. **1983** 422; NJW **1994** 2261; *Dünkel* StV **1994** 610; *Gallandi* StV **1987** 87ff.; *Langner* 115, 129, 182ff.; *Lemme* wistra **2004** 288; *Nix* StV **1992** 445; *Parigger* NStZ **1986** 211; *Seebode* StV **1989** 118; (Vollzug) 65ff.; (Kolloquium) 169; *Theile* wistra **2005** 327; *Widmaier/König* S. 164 Rn. 48; *Wolter* ZStW **93** (1981) 452.

rapiebereitschaft, die Vorsorge gegen Verfahrensverzögerungen,[65] oder die Sicherung der Zurückgewinnungshilfe.[66]

Solche Überlegungen spielen in der **Haftpraxis**, obwohl offensichtlich und unbestritten unzulässig, bei der Anordnung von Untersuchungshaft, nicht zuletzt aber auch bei Entscheidungen über deren Fortdauer, immer noch[67] eine Rolle, und zwar auch bei Haftbefehlen nach § 112a und im Jugendstrafverfahren.[68] Der **Umfang** eines solchen Missbrauchs des Haftrechts ist jedoch **schwer einzuschätzen**;[69] unmittelbare empirische Erkenntnisse fehlen,[70] was allerdings in der Natur der Sache liegen dürfte,[71] und nur selten treten solche „wahren Haftgründe" in der (veröffentlichten) Rechtsprechung zutage.[72] Allerdings lässt das **Ausmaß** in der Haftpraxis feststellbarer **fehlerhafter Prognoseentscheidungen** insbesondere den Haftgrund der Fluchtgefahr betreffend[73] annehmen, dass dieser Haftgrund in nicht unerheblichem Umfang objektiv missbräuchlich angewendet wird. Nach Ansicht derer, die grundsätzlich von einer nicht nur geringen praktischen Relevanz apokrypher Haftgründe überzeugt sind, soll es **typische Anzeichen**, Täterkreise, Taten und tatbezogene Umstände geben, „bei denen sich der Verdacht ergeben kann, dass apokryphe Haftgründe beim Erlass des Haftbefehls berücksichtigt worden sein könnten".[74] Dies lasse sich etwa annehmen, wenn als alleiniges Indiz für die Fluchtgefahr die Höhe der zu erwartenden Strafe genannt oder ähnliche „Leerformeln" verwandt (vgl. § 112, 74), oder die „Gleichgültigkeit gegen Recht und Ordnung" als Begründungselement angeführt würden. Der Verdacht der Wirksamkeit apokrypher Haftgründe entstehe oft auch in Fällen der Haftanordnung bei Bagatelldelikten und geringer Straferwartung (vgl. § 112, 116), gegen Rocker, Zuhälter oder Hausbesetzer, ferner bei der Begründung von Flucht- oder Verdunkelungsgefahr allein im Hinblick auf die „Natur der Straftat" (vgl. § 112, 89 f.), etwa bei Wirtschaftsstrafsachen (insbes. 29

---

65 Vgl. LR/*Hilger*[26] § 112, 54; *Gebauer* 357 ff.; *Schlothauer/Weider/Nobis* Rn. 683 ff.; *Heidig/Langner* StraFo **2002** 156; *Münchhalffen/Gatzweiler* Rn. 248 ff.

66 *Gärtner* NStZ **2005** 544; *Münchhalffen/Gatzweiler* Rn. 260 f.

67 Zum Versuch des Gesetzgebers, diese Haftgründe über § 112 Abs. 3 zurückzudrängen, s. BTDrucks. **IV** 1020, S. 2; *Paeffgen* (Dogmatik) 112; *Gebauer* 28 m.w.N.

68 Vgl. SK/*Paeffgen* 21; § 112a, 20; *Dünkel* StV **1994** 610; *Eisenberg/Tóth* GA **1993** 293 ff.; *Giemulla/Barton* RdJ **1982** 293; *Hotter* 13 ff.; *Kreuzer* RdJ **1978** 337 ff.; *Kühl* StV **1988** 355; *Kühne* StV **1996** 684, 689; *v. Nerée* StV **1993** 212; *Ostendorf* NJ **1995** 62; *Schumann* ZRP **1984** 319; *Gebauer* 28, 30 m.w.N. S. auch OLG Hamburg StV **1994** 590 mit Anm. *Rzepka*; LG Hamburg StV **1994** 593.

69 Vgl. *Gebauer* 29 (m.w.N.), 235 ff., 357 ff.; KrimPäd. **1993** 20; *Theile* wistra **2005** 327.

70 HK/*Posthoff* 9.

71 *Münchhalffen/Gatzweiler* Rn. 8, 248.

72 Vgl. etwa OLG Karlsruhe StV **2000** 91: unzulässige Haftverlängerung infolge – vermeintlicher – „prozessualer Fürsorge" des Gerichts, das dem Angeklagten durch Verfahrensabtrennung den Entschluss zu einem Geständnis ermöglichen wollte; OLG Hamburg StV **1994** 590 mit krit., im Ergebnis aber zust. Anm. *Rzepka*: U-Haft gegenüber Jugendlichen und Heranwachsenden sei auch dann zulässig, wenn Jugendstrafe nicht zu erwarten ist, sofern die Durchführung der Hauptverhandlung aus generalpräventiven Überlegungen erforderlich, aber ohne die Haft nicht erreichbar sei; anders mit Recht LG Hamburg StV **1994** 593: Belange der Generalprävention dürfen bei Erlass eines Haftbefehls gegen Jugendliche und Heranwachsende keine Rolle spielen; s. dazu auch *Böhm* NStZ **1995** 538.

73 Vgl. zuletzt *Wolf* 317 ff. (319), ausweislich deren Untersuchung nur 8,3% der Beschuldigten, die wegen angenommener Fluchtgefahr in Untersuchungshaft genommen worden waren, nach ihrer Entlassung aufgrund einer Entscheidung im besonderen Haftprüfungsverfahren gemäß §§ 121, 122 tatsächlich geflohen oder untergetaucht sind. Eine noch höhere Fehlerquote hat eine Untersuchung von Haftentscheidungen im Bezirk des Kammergerichts, die in den Jahren 2009 bis 2016 getroffen worden sind, ergeben; Vgl. zum Haftgrund der Fluchtgefahr nach § 112 Abs. 2 Nr. 2 in der Praxis: *Lind* StV **2019** 118 ff.

74 Diese zurückhaltenden Formulierungen hat LR/*Hilger*[26] § 112, 54 verwendet.

Steuerhinterziehung, Betrug) und BtM-Delikten.[75] *Hilger*[76] hat darauf hingewiesen, dass solche Gründe nur selten nachweisbar und im Haftbeschwerdeverfahren deshalb nur schwer greif- und bekämpfbar seien. Er hat daraus gefolgert, Verteidigung und Staatsanwaltschaft (!) sollten deshalb, ggf. über Haftprüfung und Beschwerde, darauf hinwirken, dass schon der erstinstanzliche Haftrichter in Zweifelsfällen, namentlich bei „zweifelhaften" Begründungen des Haftbefehls, eine Überprüfung vornehme und ggf. die Haftbefehlsbegründung (insbesondere zu § 114 Abs. 2 Nr. 4) detailliert nachbessere; der Verteidiger solle dabei keine Scheu haben, seinen Verdacht (Zweifel) zu äußern.

30 Auch wenn unbestreitbar ist, dass es in der Praxis Defizite gibt, tut man gut daran, bei der Beurteilung jener Fälle, in denen Haftgerichte bei der Anordnung und Aufrechterhaltung der Untersuchungshaft **rechtsfehlerhafte Überlegungen** angestellt oder aber ihren **Begründungspflichten nicht** – und sei es auch evident nicht – **genügt** haben, nicht ohne weiteres anzunehmen, es müssten also geheime, nicht benannte unzulässige Gründe den Ausschlag für die Haftanordnung oder -fortdauer gegeben haben.[77] Die Beurteilung der Frage, ob ein Beschuldigter in Untersuchungshaft genommen, weil ein Haftgrund – insbesondere jener der Fluchtgefahr – bejaht werden muss, ist eine der schwierigsten Aufgaben, die dem Strafrichter obliegen. Es gibt dabei – anders als etwa bei der Strafzumessung – keine abgestufte Reaktion (auch wenn in der Praxis die Haftverschonung nicht selten als „Ausweg" genutzt wird).[78] Bei der umfassenden Abwägung, die einer Entscheidung über den Haftgrund zugrunde liegt, gibt letztlich oftmals eine Kleinigkeit den Ausschlag für den mit der Untersuchungshaft verbundenen gravierenden Eingriff, und nicht selten mag es auf den Beschuldigten und die Verteidigung so wirken, als habe das Gericht eben diesem einzelnen Aspekt ein unvertretbar hohes Gewicht beigemessen. Ebenso wenig wie andere Rechtsfehler und insbesondere unzutreffende Prognosen sind Fehler oder Fehleinschätzungen auf diesem Gebiet im Regelfall Ausdruck eines (den Vorwürfen zufolge ja bewussten) Rechtsmissbrauchs durch das Gericht.[79]

31 **3. Präventivhaft.** Zweck der **Haft nach § 112a** ist, die Allgemeinheit, namentlich potentielle (deliktsspezifisch gefährdete) Opfergruppen, vor weiteren schwerwiegenden Straftaten von Wiederholungstätern zu bewahren.[80] Diese Haft ist als „Untersuchungshaft" ausgestaltet,[81] nach ihrem Charakter jedoch eine „präventiv-polizeiliche" Maßnahme (Rn. 57).[82] Denn die Haft dient nicht, wie nach § 112, der Sicherung des Verfahrens

---

75 Vgl. LR/*Hilger*[26] § 112, 54 (Fn. 267), der als Beispiele weiterhin nennt: „vereinzelt wohl auch öffentlicher (dienstlicher) Erwartungsdruck" und den „Haftbefehl auf Vorrat", der – obwohl es möglich wäre – längere Zeit nach Erlass noch nicht vollstreckt wird. Ungleich deutlicher von einem bewussten Missbrauch des Haftrechts durch die Rechtspraxis ausgehend: *Münchhalffen/Gatzweiler* Rn. 248 ff.; *Schlothauer/Weider/Nobis* Rn. 680 ff.; s. auch *Roxin/Schünemann* § 30, 3 (es bestehe der Verdacht, dass apokryphe Haftgründe in der Praxis „dominieren").

76 LR/*Hilger*[26] § 112, 54.

77 Vgl. auch HK/*Posthoff* 9, der annimmt, dass das erkennbare deutliche Misstrauen gegenüber der Befähigung und Lauterkeit der Strafjustiz „jeden manifesten Beweis für seine Berechtigung" schuldig bleibe; kritisch gegenüber der These vielfacher Verwendung apokrypher Haftgründe auch *Lemme* wistra **2004** 288.

78 AnwK-StPO/*Lammer* § 116, 1 spricht insoweit anschaulich von einer „Flucht in die Haftverschonung".

79 Auch wenn es zweifellos betrübliche Fälle offensichtlicher Rechtswidrigkeit gibt, bei denen es schwerfällt, Bösgläubigkeit auszuschließen, vgl. etwa BGH NStZ **2005** 279 und StV **2004** 360.

80 BVerfGE **19** 342, 349 ff.; **35** 185, 188.

81 LR/*Hilger*[26] 8.

82 Vgl. BTDrucks. **IV** 3284, S. 3; BTProt. **IV** 6438 B; BTProt. **IV** 6444 A; BVerfGE **19** 342, 349 ff.; **35** 185, 188; *Roxin/Schünemann* § 30, 12; *Rüping* 214; *Paeffgen* (Dogmatik) 138 ff., 141, 147.

(Rn. 19), sie soll vielmehr die **Allgemeinheit vor Gefahren sichern**, die dieser durch weitere erhebliche Straftaten gleicher Art von demselben Täter drohen. Zu verfassungsrechtlichen Fragen siehe Rn. 57, zu systematischen § 112a, 10.

Auch mit der **Haft gemäß § 112 Abs. 3** sollen nach herrschender Meinung[83] nicht nur Zwecke der Sicherung des Strafverfahrens (Rn. 19), sondern **auch präventive Ziele** verfolgt werden können, nämlich – ähnlich wie gemäß § 112a – die Abwehr einer Wiederholungsgefahr. Diese Ausweitung des Haftzwecks ist nicht frei von Bedenken insbesondere systematischer Natur (Rn. 56; § 112, 98ff.). 32

III. Verfassungsrechtliche Fragen

1. Allgemeines. Der staatliche Eingriff in die verfassungsrechtlich geschützte Freiheit (Art. 2 Abs. 2 Satz 2, 104 GG) einer Person durch Untersuchungshaft ist grundsätzlich zulässig, weil Art. 2 Abs. 2 Satz 3 GG unter den Voraussetzungen und in den Grenzen des Art. 104 GG einen gesetzlich geregelten **Eingriff** in dieses **Grundrecht** zulässt. Dies entspricht der unbestreitbaren Erfahrungstatsache, dass das Institut der Untersuchungshaft im Hinblick auf die – aus dem Rechtsstaatsprinzip (Art. 20 Abs. 3 GG) abzuleitende – Notwendigkeit der **Gewährleistung einer rechtsstaatlichen**, der Gerechtigkeit verpflichteten **Strafrechtspflege**[84] prinzipiell unverzichtbar ist. 33

Aber nicht nur zwischen diesen, sondern auch im Verhältnis zu weiteren **grundrechtlich geschützten Positionen** und Erfordernissen (siehe z.B. Art. 2 Abs. 1, Art. 6, 11, 12 GG) besteht ein **Spannungsverhältnis,**[85] das bereits der Gesetzgeber[86] in seine Überlegungen, namentlich in die Bedürfnisprüfung zur Notwendigkeit neuer gesetzlicher Regelungen und in seine Abwägungen zur Einzelausgestaltung der Vorschriften, einzubeziehen hat. Bei diesem Entscheidungsprozess hat der **Gesetzgeber** selbst besondere, letztlich gleichfalls verfassungsrechtlich (insbesondere aus dem Rechtsstaatsprinzip) ableitbare Gesichtspunkte zu berücksichtigen.[87] Dies sind namentlich das Prinzip der Verhältnismäßigkeit (Rn. 60), das Beschleunigungsgebot (Rn. 66), die Unschuldsvermutung (Rn. 70), das „nemo-tenetur“-Prinzip (Rn. 72) und die Gewährleistung einer ungehinderten und effektiven Verteidigung (vgl. auch Rn. 74). 34

Unverkennbar ist, dass der Gesetzgeber in vielfacher Weise, namentlich über die Betonung des Verhältnismäßigkeitsprinzips (Rn. 61), den Abwägungsprozess und die **Verantwortung** für die Auflösung des Spannungsverhältnisses im Einzelfall **der Praxis (mit-)übertragen**[88] und damit hohe Erwartungen an diese gerichtet hat. Diese Übertragung der Verantwortung entbindet jedoch den Gesetzgeber nicht von seiner grundsätzlichen Verantwortung, zumal die Praxis bei der Erfüllung der in sie gesetzten Erwartungen vor erhebliche Schwierigkeiten gestellt ist[89] (bedenkt man die zu Beginn der Ermittlungen oft dürftige Entscheidungsgrundlage und dass zumeist schnell entschieden werden muss). 35

---

83 Z.B. Meyer-Goßner/*Schmitt* § 112, 37 unter Verweis auf BVerfGE **19** 342ff.
84 BVerfGE **80** 367ff.; **77** 65; **64** 116; **57** 28; **53** 152, 160; **35** 185, 190; *Lorenz* GA **1992** 254, 277; JZ **1992** 1000; s. auch LR/*Kühne* Einl. Rn. H 1ff., 12, 14; *Langner* 24ff.
85 BVerfGE **53** 152, 158; BVerfG NStZ **1994** 604; siehe auch BVerfG StV **1991** 565; NJW **1992** 1749; StV **1993** 1 mit Anm. *Lammer*; OLG Bamberg NJW **1995** 1689; *Hetzer* 51; *Seebode* (Vollzug) 136; *Welp* FS Richter II 573; s. auch LR/*Kühne* Einl. Rn. C 6 und H 3ff.
86 BVerfGE **53** 152, 159; **35** 185, 189ff.; vgl. auch *Paeffgen* (Dogmatik) 167ff.; *Danckert* BRAK-Mitt. **1988** 116; *Gusy* NJW **1992** 457.
87 BVerfGE **53** 152, 158; **35** 185, 190; **19** 342, 347ff.; siehe auch SK/*Paeffgen* 20.
88 SK/*Paeffgen* 9; vgl. auch BVerfGK **9** 365 = StraFo **2006** 490; OLG Bamberg NJW **1995** 1689; *Hetzer* 47ff.
89 Vgl. SK/*Paeffgen* 9; *Cornel* MSchrKrim. **1987** 65.

36 Das bedeutet zunächst, dass der **Gesetzgeber** gerade im Haftrecht die **Praxis** sorgfältig zu **beobachten** und notfalls – frühzeitig – einzugreifen hat. Es bedeutet im Hinblick auf die dargestellte verfassungsrechtliche Ausgangslage des Weiteren, dass dem Gesetzgeber für neue Haftregelungen enge Grenzen gesteckt sind und z.B. eine Ausweitung des Haftrechts (etwa eine Erweiterung der Deliktskataloge in den §§ 112 Abs. 3, 112a) oder eine Lockerung der Haftvoraussetzungen, für die kein erhebliches praktisches Bedürfnis besteht, mit dem Verhältnismäßigkeitsprinzip nicht vereinbar (eher wohl eine Gefahr für Missbräuche) und daher verfassungswidrig wäre.

37 Es bedeutet aber auch – für die **Praxis** –, dass stets der **Freiheitsanspruch** des Beschuldigten den für die Strafverfolgung erforderlichen und zweckmäßigen Freiheitsbeschränkungen als **Korrektiv** entgegenzuhalten ist und das Gewicht des Freiheitsanspruches sich gegenüber dem Strafverfolgungsinteresse des Staates mit zunehmender Dauer der Untersuchungshaft verstärkt.[90]

38 **2. Untersuchungshaft als ultima ratio.** Anordnung und Fortdauer der Untersuchungshaft im Einzelfall ist nur dann zulässig, wenn eine Abwägung unter Einbeziehung des Freiheitsanspruches des als unschuldig geltenden Beschuldigten ergibt, dass überwiegende **Belange des Gemeinwohls**, namentlich die Gewährleistung einer rechtsstaatlichen Strafrechtspflege, die **Haft zwingend gebieten**,[91] es also zum schwerwiegenden Grundrechtseingriff des Freiheitsentzugs durch Untersuchungshaft keine Alternative gibt, dieser vielmehr als ultima ratio unausweichlich ist.[92] Eine derartige restriktive Haftpraxis greift nicht immer Platz,[93] liegt aber auch im rechtsstaatlichen Interesse der Strafrechtspflege (Rn. 74).

39 Schon verfassungsrechtlich unverzichtbar sind deshalb auch – neben einer klaren Regelung der Haftgründe und -voraussetzungen – **flankierende Schutzvorschriften**, etwa Regelungen über Alternativen zur Haft, zum rechtlichen Gehör (Art. 103 Abs. 1 GG; Rn. 42), zur Begründung der Haftentscheidung, Benachrichtigungsregelungen (Art. 104 Abs. 4 GG), frühzeitige Einschaltung eines Verteidigers (§§ 140 Abs. 1 Nr. 4, 141 Abs. 3 Satz 4) und Gewährleistung einer freien, unbeeinträchtigten Verteidigung sowie Haft-Kontrollmaßnahmen.

40 Des Weiteren kann das grundrechtlich gebotene **Ziel, Untersuchungshaft möglichst zu vermeiden** oder auf die unerlässliche Dauer zu verkürzen, nur dann erreicht werden, wenn das übrige Verfahrensrecht so gesetzlich ausgestaltet und in der Praxis verwirklicht wird, dass es dieser Zielvorgabe entspricht, also der Erreichung dieses Ziels – etwa über Verfahrensvereinfachungen und -beschleunigungen (ohne Beeinträchtigung der Wahrheitsfindung) – förderlich ist (Rn. 66, 87).

41 Dazu gehört auch, dass die **Praxis** – wenn sie den verfassungsrechtlichen Vorgaben entsprechen will – sich in jedem Einzelfall ihre **hohe Verantwortung** in diesem Eilverfahren und für die auf Verdachtsgrundlage zu treffende Entscheidung **bewusst** macht,

---

90 BVerfGK **17** 517 = StV **2011** 32; BVerfG StV **2008** 421; NJW **2005** 3485.

91 EGMR *Čevizović v. Deutschland*, 49746/99, Urt. v. 29.7.2004 = NJW **2005** 3125 = StV **2005** 136 mit Anm. *Pauly*; BVerfGE **53** 152, 158; **35** 185, 190; **20** 45, 49; **20** 144, 147; **19** 342, 347; siehe auch BVerfG NJW **1992** 1749 = StV **1991** 565.

92 EGMR *Čevizović v. Deutschland*, 49746/99, Urt. v. 29.7.2004 = NJW **2005** 3125 = StV **2005** 136 mit Anm. *Pauly*; BVerfGE **20** 144, 147; BVerfG NJW **2005** 3485; wistra **1994** 341; *Paeffgen* (Dogmatik) 167; *Wolter* ZStW **93** (1981) 452; HK/*Posthoff* 7; KK/*Graf* 6; vgl. auch den Entwurf von Mindestgrundsätzen der Vereinten Nationen für das Strafverfahren, ZStW **105** (1993) 668.

93 Vgl. etwa KG StraFo **2013** 375 = StV **2014** 26 = StRR **2013** 356 mit Anm. *Burhoff* (betreffend einen Fall, in dem das Ausgangsgericht eher geprüft hatte, ob und wie sich die Anordnung der Untersuchungshaft rechtfertigen lasse).

die erforderliche Zeit zur Vorbereitung der jeweiligen Haftentscheidung nimmt und – obwohl gerade für die Haftfrage eventuell erforderliche Ermittlungen besonders beschleunigt und konzentriert zu führen sind – mit hoher Sensibilität und Genauigkeit allen Umständen nachgeht und diese – soweit möglich – aufklärt, wenn sie für die Entscheidung bedeutsam sein können (Rn. 64, 65). Schwerlich hinnehmbar ist, dass Haftrichter – wie gelegentlich in der Praxis zu beobachten – sich auf die Richtigkeit der Angaben als zuverlässig bekannter Staatsanwälte in deren Haftanträgen (ganz oder teilweise) ohne gewissenhafte eigene Prüfung der Aktenlage verlassen und Haftentscheidungen (gleich aus welchen Gründen) nur formelhaft begründen (Rn. 84).[94]

3. Rechtliches Gehör; Akteneinsicht. Aus Art. 103 Abs. 1 GG und Art. 2 Abs. 1, **42**
Art. 20 Abs. 3 GG (Prinzip des rechtsstaatlichen, fairen Verfahrens) folgt grundsätzlich die Pflicht der Strafverfolgungsbehörden und des Haftrichters, den Beschuldigten so weitgehend wie möglich über den **Tatvorwurf** sowie die **Verdachts- und Haftgründe** zu unterrichten. Damit soll dem Beschuldigten insbesondere ermöglicht werden, eine wirksame Verteidigung (namentlich in der Haftfrage) vorzubereiten. Die §§ 114 Abs. 2, 114a (Begründung und Bekanntmachung des Haftbefehls oder wenigstens des Tatvorwurfs und der Haftgründe), §§ 115 Abs. 3 Satz 1, 115a (Hinweis auf die belastenden Umstände in der Vernehmung), § 118a Abs. 3 Satz 1 (Anhörung in der mündlichen Haftprüfung) regeln dies verfahrensrechtlich (vgl. § 114, 16ff.; § 115, 22; § 118a, 31ff.). Zur Gewährung des rechtlichen Gehörs vor Erlass eines Haftbefehls s. die Erl. bei § 114, 27ff.

Nach der Rechtsprechung des **BVerfG**[95] und des **EGMR**[96] ist eine auf die Bedürfnisse **43**
einer wirksamen Strafverfolgung gestützte Einschränkung der Unterrichtung nur begrenzt zulässig. Grundsatz ist die **uneingeschränkte Unterrichtung**, die so substantiiert sein muss, dass der Beschuldigte in die Lage versetzt wird, die Verdachts- und Haftgründe zu entkräften und Tatsachen vorzutragen, die ihn entlasten (§ 115 Abs. 3 Satz 2). Dazu ist dem Beschuldigten das gesamte gegen ihn vorliegende Belastungsmaterial, das den Gegenstand des Verfahrens bildet und für die Haftfrage bedeutsam sein kann, mitzuteilen. Er ist über Tatsachen, Beweise, Beweisanzeichen und sonstige Umstände, die den dringenden Tatverdacht und den Haftgrund ergeben, zu unterrichten; auch Entlastendes ist ihm bekannt zu geben. Eine Einschränkung der gemäß den §§ 114 Abs. 2 und 3, 115 Abs. 3 erforderlichen Unterrichtung ist regelmäßig nicht zulässig.

Vielmehr müssen grundsätzlich, insbesondere wenn im Einzelfall – etwa bei einer **44**
Vielzahl von Zeugenaussagen oder Urkunden zu komplexen Sachverhalten – die Unterrichtung durch das Gericht (z.B. auch über für eine Haftentscheidung erhebliche weitere Ermittlungen, Tatsachen oder Beweismittel)[97] nicht dem Erfordernis der Ermöglichung einer **sachgerechten Verteidigung** genügt, dem Beschuldigten über die in Rn. 42 genannten haftrechtlichen Informationsregelungen (§§ 114ff.) hinaus **weitere Informationsquellen** durch Einsicht (§ 147) in die Akten oder Teile von ihnen, die für die Haft-

94 Siehe z.B. BVerfG NJW **1992** 2280; StV **1992** 237 (Ls.); NJW **1991** 689; **1991** 2821; *Kühne* 427; *Roxin/Schünemann* § 30, 18.
95 BVerfGK **7** 205; BVerfG NJW **1994** 3219.
96 EGMR *Kunkel v. Deutschland*, 29705/05, Beschl. v. 2.6.2009 = EuGRZ **2009** 472; *Falk v. Deutschland*, 41077/04, Beschl. v. 11.3.2008 = NStZ **2009** 164 mit Anm. *Strafner*; *Mooren v. Deutschland*, 11364/03, Urt. v. 9.7.2009 = StV **2010** 490 mit Anm. *Pauly*; *Mooren v. Deutschland*, 11364/03, Urt. v. 13.12.2007 = StV **2008** 475 mit Anm. *Hagmann* 483 und *Pauly* 484; *Lietzow v. Deutschland*, 24479/94; *Schöps v. Deutschland*, 25116/94; *Garcia Alves v. Deutschland*, 23541/94, Urteile v. 13.2.2001 = NJW **2002** 2013ff. mit Anm. *Kieschke* 2003ff. = StV **2001** 201ff. mit Anm. *Kempf* 206f. sowie *Lange* NStZ **2003** 348.
97 Vgl. dazu z.B. BVerfG StV **1994** 1 mit Anm. *Lammer*; **1994** 465; BGH NJW **1996** 734 = StV **1996** 79; s. auch KG StV **1994** 318; **1994** 319 mit Anm. *Schlothauer*; *Burhoff* HRRS **2003** 188; BVerfG NJW **2004** 2443.

frage von Bedeutung sein können und insbesondere dem Haftrichter vorliegen oder vorgelegen haben, eröffnet werden.[98] Der **EGMR**[99] hat in Fällen, in denen Haftentscheidungen ergangen waren, ohne dass der Verteidiger zuvor für die Entscheidung relevante Unterlagen (auch elektronische Speichermedien) einsehen und prüfen konnte, eine Verletzung von **Art. 5 Abs. 4 EMRK** bejaht;[100] eine mündliche Information über die Ermittlungsergebnisse durch den Richter hat der Gerichtshof als nicht ausreichend angesehen.[101]

45 Der Gesetzgeber hat mit der **Ergänzung des § 147 Abs. 2** durch das UHaftÄndG vom 29.7.2009[102] das Ziel verfolgt, diese Rechtsprechung des EGMR und des BVerfG umzusetzen.[103] Zur Gewährung nachträglichen rechtlichen Gehörs gemäß § 33a vgl. die Erl. zu dieser Vorschrift.[104]

46 Für das Haftrecht ist insbesondere die **Konsequenz** einer gegen diese Grundsätze verstoßenden **unzulässigen Informationsbeschränkung** von Bedeutung, etwa wenn die Justiz ihren Informationspflichten nicht genügt oder, z.B. mit der Begründung der Gefährdung des Untersuchungszwecks (§ 147 Abs. 2 Satz 1), unberechtigt Akteneinsicht in für die Haftentscheidung möglicherweise relevante Teile der Akten verweigert. Das Gericht darf nämlich auf diejenigen Tatsachen und Beweismittel, die unberechtigt nicht zur Kenntnis des Beschuldigten gelangen, seine Haftentscheidung (über Anordnung und Fortdauer) nicht stützen[105] mit der Folge, dass die Haft u.U. unzulässig und ein Haftbe-

---

98 Vgl. dazu OLG Köln NStZ **2002** 659 mit Anm. *Lange* NStZ **2003** 348; OLG Hamm StV **2002** 318 mit Anm. *Deckers* sowie *Lange* NStZ **2003** 348; *Welp* FS Richter II 581; die Diskussion über Zeitpunkt der Akteneinsicht sowie Zulässigkeit und Umfang einer Beschränkung (§ 147 Abs. 2) ist nicht hier, sondern bei § 147 zu kommentieren – vgl. die dort. Erl.; s. auch BRAK: Reform der Verteidigung im Ermittlungsverfahren – These 21, 22; *Senge* FS Strauda 459.

99 EGMR *Kunkel v. Deutschland*, 29705/05, Beschl. v. 2.6.2009 = EuGRZ **2009** 472; *Falk v. Deutschland*, 41077/04, Beschl. v. 11.3.2008 = NStZ **2009** 164 mit Anm. *Strafner*; *Mooren v. Deutschland*, 11364/03, Urt. v. 9.7.2009 = StV **2010** 490 mit Anm. *Pauly*; *Mooren v. Deutschland*, 11364/03, Urt. v. 13.12.2007 = StV **2008** 475 mit Anm. *Hagmann* 483 und *Pauly* 484; *Lietzow v. Deutschland*, 24479/94; *Schöps v. Deutschland*, 25116/94; *Garcia Alves v. Deutschland*, 23541/94, Urteile v. 13.2.2001 = NJW **2002** 2013 ff. mit Anm. *Kieschke* 2003 ff. = StV **2001** 201 ff. mit Anm. *Kempf* 206 f. sowie *Lange* NStZ **2003** 348; s. auch EGMR *Nikolova v. Bulgarien*, 31195/96, Urt. v. 25.3.1999 = EuGRZ **1999** 320; *Lamy v. Belgien*,16/1987/139/193, Urt. v. 30.3.1989 = StV **1993** 283 mit Anm. *Zieger* 320; *Sanchez-Reisse v. Schweiz*, 4/1985/90/137, Urt. v. 21.10.1986 = EuGRZ **1988** 523 = NJW **1989** 2179; *Kempf* FS Rieß 217; *Kühne/Esser* StV **2002** 391; *Esser* (Weg) 351 ff.; *Hilger* GA **2006** 294; *Kieschke/Osterwald* NJW **2002** 2003; *Deckers* in: Strafverteidigung in der Praxis § 5, 27 ff.; *Ufer/Ufer* 125; *Welp* FS Richter II 581.

100 Zur Entwicklung dieser Rspr. vgl. z.B. *Kühne/Esser* StV **2002** 390; *Esser/Gaede/Tsambikakis* NStZ **2011** 78, 81; *Münchhalffen/Gatzweiler* Rn. 70 ff.; *Marberth-Kubicki* StraFo **2003** 367; zum Streit, inwieweit diese Rspr. über die des BVerfG hinausgeht s. z.B. auch *Lange* NStZ **2003** 348 ff.

101 EGMR *Schöps v. Deutschland*, 25116/94, Urt. vom 13.2.2001 = NJW **2002** 2018 = StV **2001** 204; vgl. dazu z.B. *Kempf* FS Rieß 217 ff.; *Kühne/Esser* StV **2002** 390 ff.; *Esser* (Weg) 351 ff.; *Lange* NStZ **2003** 348 ff., 353 zu X. 1. – aber **a.A.** zum Umfang der Akteneinsicht S. 352 zu VIII. und S. 353 zu X. 2. S. auch die Erl. zu § 147.

102 BGBl. I S. 2274.

103 Vgl. dazu näher die Erl. zu § 147 im Nachtrag zur 26. Aufl.

104 S. auch LR/*Graalmann-Scheerer* § 33, 43.

105 Vgl. dazu z.B. BVerfG NJW **2006** 1048 = StraFo **2006** 165; NJW **2004** 2443 = StraFo **2004** 310 mit Anm. *Kempf* 299; NJW **1994** 3219 = NStZ **1994** 551 = StV **1994** 465; OLG Hamm StV **2002** 318 mit Anm. *Deckers* sowie *Lange* NStZ **2003** 348; OLG Köln NStZ **2002** 659; StV **1998** 269; OLG Brandenburg NStZ-RR **1997** 107; KG StV **1994** 318; **1994** 319 mit Anm. *Schlothauer* sowie *Paeffgen* NStZ **1995** 22; LG Aschaffenburg StV **1997** 644; LG Magdeburg StV **2004** 327; AG Halberstadt StV **2004** 549; KMR/*Wankel* 6; *Kühne/Esser* StV **2002** 391; *Ambos* NStZ **2003** 15; s. auch *Esser* (Weg) 351 ff.; *Bohnert* GA **1995** 468; *Gehrlein* FS Boujong 773; *Amelung/Wirth* StV **2002** 164; *Schlothauer* StV **2001** 195; *Schlothauer/Weider/Nobis* Rn. 435; *Pfeiffer* FS Odersky 460; *Bosch* StV **1999** 335, 338; vgl. aber auch OLG Saarbrücken NJW **1995** 1440 mit Anm. *Paeffgen* NStZ **1996** 75; s. auch OLG Hamm wistra **2008** 195, 198 (für die Prüfung der besonderen Haftvoraussetzungen des § 121).

fehl aufzuheben ist.[106] Entsprechendes (Verwertungsverbot) muss wohl im Hinblick auf die Urteile des EGMR (Erfordernis eines kontradiktorischen Verfahrens) konsequenterweise auch gelten, wenn Akteneinsicht unberechtigt verweigert wird, die der Verteidiger benötigt, um sich gegen eine Haftentscheidung (die ihr zugrunde liegenden, ihm zur Kenntnis gebrachten Tatsachen/Beweismittel) – z.B. durch Suche und Auffinden von Entlastendem – wehren zu können.[107]

Die vorgenannten **Grundsätze** zur Unverwertbarkeit nicht eingesehener (haftentscheidungserheblicher) Aktenteile **gelten nur im Falle des Haftvollzugs**, auch bei vorläufiger Festnahme (§ 127) und unmittelbar bevorstehender haftrichterlicher Entscheidung über den Vollzug der Untersuchungshaft,[108] nicht aber auch bei einem (noch) nicht vollstreckten Haftbefehl gegen einen auf freiem Fuß befindlichen, insbesondere flüchtigen oder untergetauchten Beschuldigten.[109] Das **BVerfG** hat hierzu am 27.10.1997 ausgeführt,[110] ein vorläufig gegenüber dem Beschuldigten abgeschirmtes Ermittlungswissen der Strafverfolgungsbehörden sei wegen des Auftrags des Strafverfahrens, den Sachverhalt zu erforschen und die Wahrheit zu finden, verfassungsrechtlich unbedenklich. Zwar beschwere auch der bloße Erlass eines Haftbefehls gegen einen flüchtigen Beschuldigten. Seinem Informationsinteresse werde aber durch die Regelung der Strafprozessordnung – insbesondere zur richterlichen Vernehmung – ausreichend Rechnung getragen. § 115 Abs. 3 bestimme, dass der Beschuldigte im Rahmen der Vorführung vor den zuständigen Richter nach Ergreifung aufgrund eines Haftbefehls auf die ihn belastenden Umstände und sein Recht hinzuweisen sei, sich zur Beschuldigung zu äußern oder nicht zur Sache auszusagen. Weiterhin sei ihm Gelegenheit zu geben, die Verdachts- und Haftgründe zu entkräften und die Tatsachen geltend zu machen, die zu seinen Gunsten sprechen. Diese Informationspflicht gehe über die Mitteilung des Inhalts des Haftbefehls hinaus und umfasse auch das die Haft veranlassende Belastungsmaterial in tatsächlicher und rechtlicher Hinsicht. Erst im Rahmen der nach der richterlichen Vernehmung gebotenen Prüfung des Haftbefehls habe das Gericht unter Berücksichtigung der Grundsätze der Entscheidung des BVerfG vom 11.7.1994[111] zu beurteilen, welche Rechtsfolgen sich an eine etwaige Verweigerung der Akteneinsicht knüpfen. **47**

Diese **Grundsätze** der verfassungsgerichtlichen Entscheidung vom 27.10.1997 **gelten weiterhin.** Aus der Neuregelung des § 147 Abs. 2 lassen sich für die Beantwortung **48**

---

106 Vgl. auch KG StraFo **2010** 26: Aufhebung des Haftbefehls infolge Verstoßes gegen des Gebot eines fairen Verfahrens wegen nicht gewährter Akteneinsicht.

107 Ansätze für diese Folgerung finden sich bei EGMR *Lietzow v. Deutschland*, 24479/94; *Schöps v. Deutschland*, 25116/94; *Garcia Alves v. Deutschland*, 23541/94; Urteile vom 13.2.2001 = StV **2001** 202 Nr. 44 2. Absatz, Nr. 47 2. Absatz, 204 Nr. 50 1. Absatz, Nr. 51, 205 Nr. 53, 206 Nr. 41 2. Absatz; s. auch EGMR *Nikolova v. Bulgarien*, 31195/96, Urt. v. 25.3.1999 = EuGRZ **1999** 320 Nr. 58; wie hier *Kempf* StV **2001** 207; vgl. auch BVerfG StraFo **2006** 165 (= NJW **2006** 1048); s. dagegen *Senge* FS Strauda 459.

108 AG Halberstadt StV **2004** 549; *Beulke/Witzigmann* NStZ **2011** 254, 257.

109 BVerfG NStZ-RR **1998** 108 mit Anm. *Paeffgen* NStZ **1999** 74; OLG Hamm NStZ-RR **2001** 254; **1998** 19; KG NStZ **2012** 588 = StV **2012** 358 mit Anm. *Börner* 361 = StraFo **2012** 15 mit Anm. *Herrmann* 17 = StRR **2012** 470 bei *Burhoff* = JR **2012** 260 (s. dazu auch *Peglau* JR **2012** 231); OLG München NStZ-RR **2012** 317 mit Anm. *Peglau* jurisPR-StrafR 18/2012 Anm. 4; NStZ **2009** 109 = StV **2009** 538 mit Anm. *Wohlers* 539; s. aber auch OLG Köln StV **1998** 269 (für einen besonderen Einzelfall, überdies offensichtlich in Unkenntnis der einschlägigen Entscheidung BVerfG NStZ-RR **1998** 108 ergangen); **a.A.** LG Aschaffenburg StV **1997** 644: Bekanntgabe des Inhalts des Haftbefehls im Beschwerdeverfahren erforderlich (zwar unter ausdrücklicher Berufung auf die Rspr. des BVerfG, aber ergangen vor der Entscheidung BVerfG NStZ-RR **1998** 108); ebenfalls **a.A.**, aber ohne Begründung: KMR/*Wankel* 5; zur Problematik ausführlich *Beulke/Witzigmann* NStZ **2011** 254, 257 f. m.w.N.

110 BVerfG NStZ-RR **1998** 108.

111 BVerfG NJW **1994** 3219.

der Rechtsfrage keine Rückschlüsse ziehen.[112] Das BVerfG hat – ebenso wie die EGMR – seine Rechtsgrundsätze zur Akteneinsicht in Untersuchungshaftfällen zu Sachverhalten entwickelt, in denen die Untersuchungshaft vollzogen wurde,[113] und sich zur Fallgestaltung eines erlassenen, aber noch nicht vollstreckten Haftbefehls bislang ausschließlich in seinem Beschluss vom 27.10.1997 geäußert.

49 Soweit sich die **Gegenansicht** auf jüngere Rechtsprechung des BVerfG zu anderen strafprozessualen Zwangsmaßnahmen beruft, tragen solche Hinweise keine andere Beurteilung und insbesondere nicht die vereinzelt geäußerte Auffassung, die Entscheidung vom 27.10.1997 sei „überholt".[114] Das **BVerfG** hat in den Jahren 2004 und 2006 zum dinglichen Arrest entschieden, bei einem Grundrechtseingriff durch einen im Wege der Pfändung und/oder Eintragung von Hypotheken **schon vollzogenen dinglichen Arrest** müsse dem Betroffenen rechtliches Gehör bereits zu dem Rechtseingriff im Arrestverfahren und nicht erst zur endgültigen (Verfall-) Entscheidung gewährt werden. Auf der Grundlage dieser zutreffenden Erkenntnis und der Prämisse, dass die Anwendung des Art. 103 Abs. 1 GG nicht auf Haftfälle beschränkt sei, hat das BVerfG weiter ausgeführt, der Rechtsstaatsgedanke gebiete es, dass der von einer strafprozessualen Eingriffsmaßnahme betroffene Beschuldigte jedenfalls nachträglich, aber noch im gerichtlichen Verfahren über die Rechtmäßigkeit des Eingriffs – und damit **spätestens im Beschwerdeverfahren** –, Gelegenheit erhalte, sich in Kenntnis der Entscheidungsgrundlagen gegen die Eingriffsmaßnahme und den zugrunde liegenden Vorwurf zu verteidigen.[115] Die Ermittlungsbehörden müssten deshalb die Unabdingbarkeit dieser rechtsstaatlichen Verfahrensgarantien mit ihrem etwaigen Interesse, die Ermittlungen zunächst im Verborgenen zu führen, abwägen. Solange sie es für erforderlich hielten, die Ermittlungen dem Beschuldigten nicht zur Kenntnis gelangen zu lassen, müssten sie auf solche Eingriffsmaßnahmen verzichten, die – wie die Untersuchungshaft oder der Arrest – nicht vor dem Betroffenen verborgen werden könnten, schwerwiegend in Grundrechte eingriffen und daher in gerichtlichen Verfahren angeordnet und überprüft werden müssten.[116]

50 Die Tatsache, dass sich die jeweils entscheidende 3. Kammer des Zweiten Senats des BVerfG in diesen neueren Erkenntnissen nicht mit ihrer Entscheidung vom 27.10.1997 auseinandergesetzt hat (was bei einer maßgeblichen Abweichung zu erwarten gewesen wäre), beruht nicht etwa auf einem Versäumnis der Kammer, sondern findet seinen Grund darin, dass weder eine Abweichung von der Rechtsprechung aus dem Jahr 1997, noch gar deren Aufgabe vorliegt. Dies zeigt der Blick auf die den neueren Entscheidungen zugrunde liegenden Sachverhalte, die **jeweils vollzogene Zwangsmaßnahmen** betrafen, und dem folgerichtigen Begründungselement, dass der dingliche Arrest und dessen Vollziehung durch Pfändungsmaßnahmen dem Betroffenen einen **erheblichen Nachteil** zufügten. Es ist vor diesem Hintergrund keinesfalls ein Versehen, dass das BVerfG im Zusammenhang mit der Erörterung schwer-

---

112 *Beulke/Witzigmann* NStZ **2011** 254, 257; unentschlossen LG Berlin StV **2010** 352, 353.
113 BVerfG NJW **1994** 3219.
114 So *Börner* StV **2012** 361 unter Bezugnahme auf LG Berlin StV **2010** 353, das diese Frage jedoch – für den ohnehin nicht vergleichbaren Fall eines bislang nicht vollstreckten Durchsuchungsbeschlusses, in dem infolge der Kenntnis des Beschuldigten von der geplanten Maßnahme in der Tat das Überraschungsmoment in entscheidungserheblicher Weise entfallen sein kann – ausdrücklich offen gelassen hat; vgl. auch *Herrmann* StRR **2008** 476.
115 Ebenso für den Fall eines schon beendeten Grundrechtseingriffs durch eine Telefonüberwachungsmaßnahme BVerfGK **12** 111 = NStZ-RR **2008** 16, 17.
116 BVerfGK **7** 205 = NJW **2006** 1048 = NStZ **2006** 459 = StV **2006** 281 = StraFo **2006** 165; BVerfGK **3** 197 = NJW **2004** 2443 = StV **2004** 411 = StraFo **2004** 309 mit Anm. *Kempf* 299.

wiegend in Grundrechte eingreifender Maßnahmen entgegen anders lautenden Darstellungen nicht etwa vom „Haftbefehl", sondern von „Untersuchungshaft" gesprochen hat.[117]

Auch im Übrigen lohnt sich die Beachtung des Wortlauts der Entscheidungen, die die **abweichende Auffassung** gleichwohl für sich in Anspruch nimmt, und gilt es, **terminologische Ungenauigkeiten** zu vermeiden. So hat das BVerfG – mit Bedacht – von „Haftfällen" gesprochen, zu denen es seine Grundsätze über die Gewährung rechtlichen Gehörs durch Einsichtnahme in die haftentscheidungsrelevanten Akteneile entwickelt habe. Dies sind, dem Wortsinn entsprechend, Fälle von Haft gemeint, d.h. – wie die Analyse der einschlägigen Entscheidungen des BVerfG und des EGMR zeigt – Sachverhalte, in denen der Betroffene (bereits) seiner Freiheit entzogen ist. Vertreter der Gegenansicht argumentieren demgegenüber unscharf, das BVerfG habe von „Haftfragen" gesprochen.[118] Mindestens ungenau ist auch die Formulierung, das BVerfG habe (in den dargestellten Arrestfällen) entschieden, es müsse „vorab" rechtliches Gehör (durch Akteneinsicht) gewährt werden,[119] während das BVerfG tatsächlich ausgeführt hat, die Akteneinsicht müsse bei einem stattgefundenen Grundrechtseingriff (des durch Pfändung und/oder eingetragene Hypothek bereits vollzogenen strafprozessualen Arrests) jedenfalls nachträglich, spätestens im Beschwerdeverfahren, gewährt werden. Die Rechtsprechung, die sich solcher unsorgfältigen Argumentation (zu Recht) nicht angeschlossen hat, ist mit beträchtlicher Schärfe kritisiert worden.[120] Auf der Grundlage der unzutreffenden Annahme, die Entscheidung des BVerfG vom 27.10.1997 sei „überholt", wird vertreten, eine „systemkonforme Lösung" könne in einem Beschwerdeverfahren nur darin bestehen, mit der Entscheidung zuzuwarten, bis die angenommene Gefährdung der Ermittlungen nicht mehr bestehe; der Abschluss des Beschwerdeverfahrens sei bis zum Vollzug des Haftbefehls „zurückzustellen"; dem noch gegebenen „Feststellungsinteresse" müsse nicht mit der gleichen Eilbedürftigkeit nachgekommen werden, wie dem Anfechtungsbegehren, das sich gegen einen fortdauernden Eingriff richte.[121] Diese Ansicht ist aus den genannten Gründen abzulehnen.[122] Die Vielgestaltigkeit der forensischen Praxis widerlegt auch die mitunter geäußerte Auffassung, es sei „wenig lebensnah" anzunehmen, dass durch die Gewährung von (vollständiger) Akteneinsicht das (weitere) Fluchtverhalten des Beschuldigten beeinflusst werden könnte.[123] Der von dieser Ansicht dabei allein genommene Blick auf die Tatsachen und Beweismittel, auf die sich der Haftbefehl stützt, gerät zu eng, weil die Akten darüber hinaus auch Informationen bereithalten können, die für eine Ergreifung des Flüchtigen von Bedeutung 51

---

117 Diesen maßgeblichen Unterschied beachtet *Börner* StV **2012** 361 nicht.

118 So *Herrmann* StraFo **2012** 19 (Anm. zu KG aaO) sowie StRR **2008** 476 (Anm. zu OLG München NStZ **2009** 109); ihm ohne weiteres folgend *Burhoff* StRR **2011** 471 (Anm. zu KG aaO).

119 *Herrmann* StRR **2008** 476 und StraFo **2012** 19.

120 *Herrmann* StRR **2008** 476 (es seien „offenbar wegweisende" Entscheidungen des BVerfG „übersehen" worden).

121 *Börner* StV **2012** 361, der (im Fall einer weiteren Beschwerde) überdies noch annimmt, das von ihm kritisierte Gericht habe „keinesfalls" abschließend entscheiden dürfen, sondern hätte zwar den angefochtenen Beschluss aufheben dürfen, zugleich aber das „alsdann zunächst ruhende" Verfahren an das LG „zur Entscheidung über die Beschwerde unter Wahrung des rechtlichen Gehörs" zurückverweisen müssen.

122 Ob sie mit § 309 Abs. 2 vereinbar ist, erscheint bereits zweifelhaft; sie basiert jedenfalls auf einer falschen Annahme und ist in der Sache unrichtig, vgl. demgegenüber zutreffend KG Beschl. v. 12.7.2000 – 3 Ws 325/00 – (juris); OLG München NStZ **2009** 109; OLG Hamm NStZ-RR **2001** 254.

123 In diesem Sinne *Beulke/Witzigmann* NStZ **2011** 254, 258; ähnlich *Wohlers* StV **2009** 540: „wohl etwas weltfremd"; dagegen (aus Sicht eines Praktikers) zutreffend *Peglau* JR **2012** 235.

sein und von diesem deshalb zur erfolgreichen Fortsetzung der Flucht verwertet werden können.[124]

52 Ob die vorzunehmende Unterrichtung des Beschuldigten im Einzelfall den genannten Grundsätzen (Rn. 42ff.) entspricht, ist über § 147 Abs. 5 und die Rechtsbehelfe des Haftverfahrens zu prüfen.[125] **Umstritten** ist, ob das **Verwertungsverbot** bzgl. der betroffenen Tatsachen und Beweismittel im Hinblick auf das Beschleunigungsgebot davon abhängig ist, dass der nicht auf freiem Fuß befindliche Beschuldigte (zunächst) versucht hat, solchen **Rechtsschutz** (z.B. auch über § 161a Abs. 3) zu erlangen.[126]

53 **4.** Der verfahrensrechtliche **Richtervorbehalt** (§§ 125, 126, 128, 129) entspricht Art. 104 Abs. 2, 3 GG. Zweck ist – ggf. auch präventiv – der effektive Grundrechtsschutz (Art. 2 Abs. 2 Satz 2 GG).[127] Daher kann der Richtervorbehalt auch im Haftrecht prinzipiell **begrenzende Auswirkungen** auf den **Zeitraum** haben, innerhalb dessen ein Haftbefehl vollstreckt werden darf. Die Überlegungen des BVerfG zur zeitlichen Begrenzung der rechtfertigenden Kraft eines richterlichen Durchsuchungsbeschlusses[128] sind grundsätzlich auch bei einem Haftbefehl zu beachten. In der Praxis wird das Problem, dass ein Haftbefehl allein wegen des Zeitablaufs seine rechtfertigende Kraft verlieren kann, allerdings selten auftreten. Denkbar ist zwar z.B., dass die Staatsanwaltschaft nach Erlass eines Haftbefehls die Vollstreckung aus taktischen Gründen einige Zeit aufschiebt, etwa um das weitere Verhalten des Beschuldigten, von dem sie sich die Auffindung von Beweisen erhofft, zu beobachten. Ein solches Zuwarten wird sich aber kaum über einen nennenswerten Zeitraum erstrecken, jedenfalls nicht über einen solchen, der Anlass geben würde, die Legitimation der richterlichen Verhaftungsanordnung allein wegen des Zeitablaufs in Frage zu stellen. Demgegenüber kann es zum Verstreichen einiger Zeit kommen, wenn ein Haftbefehl längere Zeit – erfolglos – einer Fahndung nach § 131 zugrunde liegt. Dabei können sich im Laufe der Zeit die Grundlagen der haftrichterlichen Entscheidung, wie etwa der Tatverdacht oder die der Annahme des Haftgrundes zugrunde liegenden Tatsachen, in entscheidungserheblicher Weise ändern, ohne dass von Gesetzes wegen eine (weitere) richterliche Überprüfung der Haftanordnung vorgesehen ist. Möglich sind auch Fallgestaltungen, in denen es allein der Zeitablauf gebietet, die Haftanordnung aufzuheben. Zu denken ist an die strafmildernde Wirkung des Zeitablaufs, der die Straferwartung im Einzelfall in einer Weise reduzieren kann, dass die Untersuchungshaft nicht mehr verhältnismäßig wäre. Es obliegt in jedem dieser Fälle dem pflichtgemäßen Handeln der **Staatsanwaltschaft**, auf die **Anpassung oder Aufhebung des Haftbefehls hinzuwirken**. Damit ist allerdings nicht mehr als eine Selbstverständlichkeit ausgesprochen.

54 In einer Vielzahl von Fällen kommt es in der Phase zwischen dem Erlass eines Haftbefehls und der Verhaftung indessen zu keiner wesentlichen Änderung der Entscheidungsgrundlagen; hier stellt sich die Frage, ob – und ggf. unter welchen Voraussetzungen – mit Blick auf den Richtervorbehalt allein der Zeitablauf einem Haftbefehl

---

124 Vgl. KG NStZ **2012** 588 = StV **2012** 358 mit Anm. *Börner* 361 = StraFo **2012** 15 mit Anm. *Herrmann* 17 = StRR **2012** 470 bei *Burhoff* = JR **2012** 260; *Peglau* JR **2012** 234 ff. Dies gilt in noch stärkerem Maße für das – den Blick noch weiter verkürzende – Abstellen allein auf den Inhalt des Haftbefehls; so aber LG Aschaffenburg StV **1997** 644, 645.

125 S. dazu auch BGHSt **49** 317, 329, 330.

126 Dafür *Schlothauer* StV **2001** 196; *Schlothauer/Weider/Nobis* Rn. 923; LR/*Hilger*[26] 23; **a.A.** OLG Hamm wistra **2008** 195, 198 (für das besondere Haftprüfungsverfahren nach § 121); Meyer-Goßner/*Schmitt* § 147, 25a; s. dazu auch *Senge* FS Strauda 459.

127 Vgl. Maunz/*Dürig* Art. 104, 23 GG.

128 BVerfGE **96** 44 = NJW **1997** 2165 = StV **1997** 394.

die Wirkkraft nimmt.[129] Eine **Übertragung** der vom BVerfG für die Durchsuchung entwickelten **6-Monats-Grenze**, die *Hilger* befürwortet hat,[130] **scheidet aus**. Zwar trifft es zu, dass der der Rechtsprechung des BVerfG zugrunde liegende Gedanke, wonach der den Grundrechtseingriff anordnende Richter keine Aussage über dessen zukünftige Berechtigung nach einer längeren Zeit treffen kann und trifft, auch im Haftrecht zu beachten ist. Die Rechtsprechung des BVerfG fußt aber in entscheidungserheblicher Weise auf den Besonderheiten der Durchsuchung und ist auf den Haftbefehl nicht ohne weiteres übertragbar. Die Vergleichbarkeit ist nicht gegeben, soweit bei der Durchsuchung für die richterliche Prüfung und insbesondere auch die inhaltliche Begründung der Anordnung besondere Anforderungen gelten, die mit Blick auf die Erforderlichkeit gerade dieser Zwangsmaßnahme zur Erreichung des angestrebten Zwecks und in Bezug auf den Rahmen sowie die Grenzen der Durchsuchungsmaßnahme zu erfüllen sind. Eine in dieser Art differenzierte und abgestufte Prüfung und Darlegung ist bei einem Haftbefehl im Regelfall nicht erforderlich; hier geht es letztlich nur um die Versicherung der Anwesenheit des Beschuldigten, und die Erforderlichkeit der Maßnahme ist bei demjenigen, der lange Zeit nicht ergriffen werden konnte, regelmäßig gegeben. Bei der Durchsuchung können sich zudem im Verlaufe eines Ermittlungsverfahrens in stärkerer Weise grundlegende Änderungen der Entscheidungsgrundlage ergeben, als dies im hier allein interessierenden Fall eines längere Zeit nicht greifbaren Beschuldigten üblicherweise der Fall ist. So hat das BVerfG bei der Beurteilung der „Dauerhaftigkeit der tatsächlichen Grundlagen für die Beurteilung der Erforderlichkeit und Zumutbarkeit der Durchsuchungsmaßnahme" etwa darauf abgestellt, dass „die Beweismittel, zu deren Sicherstellung die Durchsuchung dient, (...) unter Umständen nicht mehr gebraucht (würden) oder (...) nicht mehr an dem im Durchsuchungsbeschluss bezeichneten Ort zu vermuten" seien. Eine solche Argumentation ist auf Fall einer erfolglosen längeren Fahndung nach einem Beschuldigten schwerlich übertragbar. Soweit das BVerfG von der „Befugnis der Staatsanwaltschaft, von der einmal erteilten Durchsuchungsanordnung nach ihrem Ermessen auch zu späterer Zeit Gebrauch zu machen" spricht, das durch objektive Merkmale begrenzt sei, und es für unzulässig erachtet, dass sich die Staatsanwaltschaft „eine Durchsuchungsanordnung gewissermaßen auf Vorrat besorgt oder diese doch vorrätig hält", liegt auf der Hand, dass die (auch längere) erfolglose Fahndung nach einem Beschuldigten aufgrund eines Haftbefehls damit nicht vergleichbar ist. Hinzu tritt, dass im Untersuchungshaftrecht – anders als nach dem Erlass eines Durchsuchungsbeschlusses – in § 115 Abs. 1 eine richterliche Überprüfung der Voraussetzungen der Untersuchungshaft vor deren Vollzug ausdrücklich gesetzlich geregelt ist.[131] Fälle, in denen ein erlassener Haftbefehl schlicht ungenutzt bleibt, werden in der Praxis angesichts der engen Fristkontrollen in Haftsachen ohnehin keine wesentliche Rolle spielen.

Insgesamt dürfte die Frage der zeitlichen Wirkkraft eines Haftbefehls keine nen- 55
nenswerte praktische Relevanz besitzen. Sehr viel gewichtiger erscheinen die **praktischen Probleme des Richtervorbehalts**, die mit der oft unzureichenden **Ausstattung der Justiz** verbunden sind und mitunter die Frage aufwerfen, ob die Haftrichter der ihnen zugewiesenen Aufgabe eines effektiven Grundrechtsschutzes tatsächlich hinreichend genügen können. Auch wenn man nicht so weit gehen muss, den Haftrich-

129 Mitunter wird angenommen, dass ein Haftbefehl wegen Verstoßes gegen das Beschleunigungsgebot unverhältnismäßig sei, wenn er aufgrund fehlerhafter Sachbehandlung durch die Ermittlungsbehörden nicht zügig genug vollstreckt wird, vgl. OLG Köln NStZ-RR **2009** 87. S. dazu § 112, 117.

130 LR/*Hilger*[26] 24a.

131 OLG Hamm NStZ **2016** 304.

ter angesichts begrenzter Kapazitäten als bloßen „Feierlichkeitszeugen" zu bezeichnen,[132] ist die beschränkte Leistungsfähigkeit ein offen zutage liegendes Problem. *Paeffgen*[133] hat zu Recht hervorgehoben, dass deshalb die – insbesondere obergerichtliche – Nachkontrolle richterlicher Haftentscheidungen von besonderer Bedeutung ist.

56 **5.** Der **Haftgrund der Schwerkriminalität** nach § 112 Abs. 3 (Rn. 32, § 112, 98 ff.) ist durch die Rechtsprechung des BVerfG[134] dahingehend konkretisiert worden, dass diese Haft – entgegen dem Wortlaut der Vorschrift („... darf die Untersuchungshaft auch angeordnet werden, wenn ein Haftgrund nach Absatz 2 nicht besteht") – nur angeordnet werden darf, falls „Umstände vorliegen, die die Gefahr begründen, dass ohne Festnahme des Beschuldigten die alsbaldige Aufklärung und Ahndung der Tat gefährdet sein könnte"; der „zwar nicht mit ‚bestimmten Tatsachen' belegbare, aber nach den Umständen des Falles doch nicht auszuschließende Flucht- oder Verdunkelungsverdacht" könne unter Umständen bereits ausreichen, und „ebenso könnte die ernstliche Befürchtung, dass der Beschuldigte weitere Verbrechen ähnlicher Art begeht, für den Erlass eines Haftbefehls genügen". Das BVerfG sieht in dieser Vorschrift eine **Lockerung der strengen Voraussetzungen der Haftgründe des § 112 Abs. 2** mit Rücksicht auf die Schwere der in Absatz 3 bezeichneten Straftaten, um die Gefahr auszuschließen, dass gerade besonders gefährliche Täter sich der Bestrafung entziehen; andere sind demgegenüber der Auffassung, dass das BVerfG eine in ihren Voraussetzungen wenig konturierte Umkehr der Beweislast zugelassen habe[135] (§ 112, 100 ff.).

57 **6.** Auch den **Haftgrund der Wiederholungsgefahr** nach § 112a (Rn. 31) hat das BVerfG nicht beanstandet[136] und dazu unter anderem auf Art. 5 Abs. 1 Buchst. c EMRK verwiesen.[137] Es hat jedoch betont, dass dem Gesetzgeber bei der Ausweitung dieses Haftgrundes auf nicht erfasste Straftatbestände im Hinblick auf Art. 2 Abs. 2 Satz 2 GG **enge Grenzen** gezogen sind; als Anlassdelikt könne nur eine Straftat in Betracht kommen, die schon nach ihrem gesetzlichen Tatbestand einen erheblichen, in der Höhe der Strafandrohung zum Ausdruck kommenden Unrechtsgehalt aufweise und den Rechtsfrieden empfindlich störe (s. auch § 112a, 10). In der Literatur[138] wird allerdings – neben weiterer Kritik (§ 112a, 10, 12) – aus verfassungsrechtlichen Gründen schon die Regelungskompetenz des Bundesgesetzgebers (Art. 70 ff. GG) bestritten und die Vorschrift damit als verfassungswidrig bezeichnet.

58 **7. Regelungskompetenz für § 126a.** Dementsprechend wird in der Literatur[139] auch die Regelungskompetenz des Bundesgesetzgebers (Art. 70 ff. GG) für die präventiv-

---

132 SK/*Paeffgen* 9a m.w.N.
133 SK/*Paeffgen* aaO.
134 BVerfGE **19** 342, 350 (bezogen auf Absatz 4 a.F. – s. § 112a, 4); s. auch **36** 276.
135 Zu Einzelheiten der Kritik siehe LR/*Hilger*[26] § 112, 53 m.w.N.
136 BVerfGE **35** 185, 188; dazu krit. SK/*Paeffgen* 15, 14e.
137 S. dazu LR/*Esser*[26] EMRK Art. 5, 277 ff.
138 SK/*Paeffgen* 11, 12 ff., 19; § 112a, 4 (kompetenzwidrig); *Gärditz* (Prävention) 219 ff., 354, 430 m.w.N.; vgl. auch *Seebode* (Kolloquium) 180; *Hassemer* StV **1984** 41; *Gusy* StV **1991** 499 (zu Art. 73 Nr. 10, 74 Nr. 1 GG); *Hohmann* StV **1997** 311; krit. auch: LR/*Wendisch*[24] § 112a, 11 ff. Gegen eine Vereinbarkeit mit der Unschuldsvermutung u.a. SK/*Paeffgen* § 112a, 5a; *Wolter* (Aspekte) 41; AK/*Deckers* 6; **a.A.** die h.M.; s. auch *Schloth* 165 ff.
139 SK/*Paeffgen* 14 ff., 19; Vor § 126a m.w.N.; *Paeffgen* (Dogmatik) 138 ff.; *Gärditz* (Prävention) 219 ff.; *Seebode* ZRP **1969** 25 ff.

polizeiliche Regelung des § 126a bestritten. Die h.M.[140] leitet dagegen die Regelungskompetenz des Bundesgesetzgebers als Annexkompetenz aus Art. 74 Nr. 1 GG ab.

8. Sonderopfer. Nach herrschender Meinung[141] wird mit der Untersuchungshaft 59
dem Betroffenen, jedenfalls dann, wenn er später nicht verurteilt wird, ein Sonderopfer abverlangt. Die **Gegenmeinung**[142] ist der Auffassung, der Beschuldigte müsse die pflichtgemäß angeordnete Untersuchungshaft als „Störer" des Verfahrens, zumindest als „Anscheinsstörer" hinnehmen; deshalb beruhe die gemäß § 2 StrEG zu zahlende Entschädigung nicht auf dem Aufopferungsgedanken, sondern sei eine Billigkeitsentschädigung (Gefährdungshaftung) eigener Art.

9. Verhältnismäßigkeit. Dem aus der Verfassung (Art. 20 Abs. 3 GG – Rechtsstaats- 60
prinzip) abzuleitenden Grundsatz der Verhältnismäßigkeit, der für das gesamte öffentliche Recht gilt,[143] kommt im Strafverfahrensrecht und in der Verfahrenspraxis, namentlich im Bereich der Untersuchungshaft, besondere **begrenzende Bedeutung**[144] zu. Er wendet sich an Gesetzgeber und Strafverfolgungsorgane. Diese haben vor dem Hintergrund der verfassungsgerichtlichen Rechtsprechung[145] in Erfüllung ihrer Aufgaben die dem Prinzip der Verhältnismäßigkeit innewohnenden Kriterien der **Geeignetheit, Erforderlichkeit** und **Angemessenheit** (d.h. Verhältnismäßigkeit i.e.S.)[146] staatlicher Maßnahmen (Eingriffe) zu beachten, insbesondere ihre Entscheidungen daran auszurichten. Die Verhältnismäßigkeit ist – wie bei jedem die Grundrechte beschränkenden Eingriff – als „eingriffslimitierendes Tatbestandsmerkmal" zu beachten.[147] Der Grundsatz gilt nicht nur für vollzogene Haftbefehle nach den §§ 112, 112a, sondern gleichfalls für außer Vollzug gesetzte Haftbefehle und für solche nach den §§ 230 Abs. 2, 329 Abs. 3, ferner auch bei Überhaft und Auslieferungshaft.[148]

---

140 SK/*Rudolphi*[4] § 111a, 1; SK/*Rogall* § 111a, 1; AK/*Krause* 1; *Möller* Vorläufige Maßregeln, Diss. Bonn 1982, 188 ff., 194; *Starke* Die einstweilige Unterbringung (1991) 63, 68 m.w.N.; *Winter* Die vorläufigen Maßregeln im Strafprozessrecht, Diss. Mannheim 1984 124 ff., 158 (Direktkompetenz Art. 72, 74 Nr. 1 GG). Vgl. dagegen z.B. SK/*Paeffgen* Vor § 126a (auch zur Unschuldsvermutung).

141 BGHZ **60** 302 ff.; **72** 302 ff.; HK/*Posthoff* 26; KK/*Graf* 13; Meyer-Goßner/*Schmitt* 3; *Seebode* (Vollzug) 136 ff.; *Schlothauer/Weider/Nobis* Rn. 485; einschränkend LR/*Wendisch*[24] 18 und § 112a, 10: die Haft nach § 112a sei vorweggenommene Urteilsvollstreckung.

142 *Paeffgen* (Dogmatik) 211 ff., 237, 255 ff.; SK/*Paeffgen* 32: Sonderopfer nur bei rechtswidrig veranlasster oder andauernder Haft; Radtke/Hohmann/*Tsambikakis* 5; vgl. auch *Hassemer* StV **1984** 40; *Wolter* ZStW **93** (1981) 494.

143 BVerfGE **3** 383, 399; **7** 377, 402 ff., 431 ff.; **19** 342 ff.; **30** 292 ff.; vgl. auch BVerfGE **70** 297; SK/*Paeffgen* 20.

144 H.M.; krit. SK/*Paeffgen* 9, 20 ff.; *Paeffgen* (Dogmatik) 165 ff.; siehe auch *Jehle* 10, 14; *Kühne* 406, 416.1; *Schlothauer/Weider/Nobis* Rn. 484 ff.; *Wolter* (Aspekte) 44.

145 Vgl. z.B. BVerfG NJW **2012** 513 = StV **2012** 291; StV **2011** 31 = StraFo **2010** 461; StV **2008** 421 = EuGRZ **2008** 621; NJW **2006** 668, 672, 677 mit Anm. *Jahn* 652 und *Schmidt* NStZ **2006** 313 sowie Anm. *Paeffgen* NStZ **2007** 83 zu S. 668; NJW **2005** 3485 = StraFo **2005** 456; NStZ **2005** 456 mit krit. Anm. *Foth* 457 = StV **2005** 220 mit Anm. *Krehl* 561 = StraFo **2005** 152; NStZ **2002** 100 = StV **2001** 694; StV **1996** 156; NStZ **1995** 292 = StV **1995** 199; NStZ **1994** 553 = StV **1994** 589; wistra **1994** 341; NJW **1993** 3190; **1992** 1750; **1991** 1043; BVerfGE **53** 152, 158; **36** 264, 270; **35** 185, 190; **32** 87, 94; **20** 144, 147; **19** 342, 347 (im Kern: Der Freiheitsanspruch des Beschuldigten sei den zur Strafverfolgung erforderlichen Freiheitsbeschränkungen ständig als Korrektiv entgegenzuhalten und der Eingriff in die Freiheit nur hinzunehmen, soweit volle Aufklärung der Tat und rasche Entscheidung nicht anders als durch Haft gesichert werden könne; diese durch Art. 2 Abs. 1 GG und das Rechtsstaatsprinzip, Art. 20 Abs. 3 GG, gebundene Maßnahme unterliege dem Grundsatz der Verhältnismäßigkeit, müsse deshalb für den Beschuldigten zumutbar sein). S. auch die Nachweise zu Rn. 66.

146 Vgl. BVerfGE **30** 292, 316; *Paeffgen* (Dogmatik) 167 ff.; *Hetzer* 65.

147 AK/*Krause* § 120, 4.

148 KK/*Graf* 7; HK/*Posthoff* 11; KMR/*Wankel* 36a.

61 Der **Gesetzgeber** hat die ihm insoweit obliegende **Verantwortung** weitgehend **auf die Praxis verlagert**, namentlich durch mittelbare oder ausdrückliche Hinweise auf den Grundsatz (§§ 112 Abs. 1 Satz 2, 112a Abs. 1 Satz 1 letzter Hs., 113, 116, 120 Abs. 1 Satz 1, 121, 122a, 126a Abs. 1; § 72 Abs. 1 Satz 1 JGG).[149] Der Grund hierfür mag unter anderem gewesen sein, die Praxis nicht durch (zu) starre Formulierungen zu binden, ihr vielmehr einen im Einzelfall erforderlichen Spielraum für einen oft vielschichtigen Abwägungsprozess zur Verfügung zu stellen. Das Ergebnis ist allerdings eine wenig aussagekräftige, nur durch sehr allgemein gehaltene gesetzliche Leitlinien abgesicherte Anweisung an die Praxis,[150] die dieser im Einzelfall aufbürdet, was der Gesetzgeber nicht abstrakt-generell geleistet hat, und die die Gerichte[151] erheblich belastet.

62 Der Grundsatz der Verhältnismäßigkeit ist also eine besondere Schranke gegen strafprozessuale Grundrechtseingriffe.[152] Er ist **Maßstab für Haftanordnung und Haftdauer.** In die insoweit erforderliche **Abwägung** sind namentlich Art und Schwere der Grundrechtsbeeinträchtigung unter Berücksichtigung der sozialen Verhältnisse, insbesondere der persönlichen Verhältnisse des Beschuldigten, nebst der aus dem Eingriff resultierenden Folgen jeder Art, die Bedeutung der Sache, die zu erwartende Entscheidung, die Bedürfnisse der Strafverfolgungspraxis, die Dauer der Maßnahme und das mit ihr regelmäßig steigende Gewicht des Freiheitsanspruches sowie die Möglichkeiten der Strafverfolgungsorgane, aber auch des Beschuldigten zur Vermeidung oder Reduzierung des Eingriffs, die Unschuldsvermutung (Rn. 70)[153] und das Beschleunigungsprinzip[154] (Rn. 66) einzubeziehen. In diesem Zusammenhang spielt die konkrete Straferwartung (oder erwartete Maßregel) zwar eine gewichtige Rolle,[155] der Grundsatz der Verhältnismäßigkeit setzt der Haftdauer aber auch **unabhängig von der zu erwartenden Strafe** Grenzen.[156]

63 Untersuchungshaft kann danach zum Beispiel unzulässig, weil unverhältnismäßig (nicht erforderlich oder nicht angemessen) sein, wenn ihr **Zweck** nicht mehr oder auch anders, namentlich durch mildere Maßnahmen **erreicht** werden kann, nicht mehr erreicht werden muss oder die Haft, etwa im Hinblick auf das zu erwartende Verfahrensergebnis, **unzumutbar** wäre.[157] In Betracht kommen unter anderem Verhandlungsunfähigkeit, Haftunfähigkeit (§ 112, 123 ff.), Alternativmaßnahmen[158] (s. auch Rn. 104), zu denen

---

149 SK/*Paeffgen* 9, 20; *Gebauer* 18 ff.

150 SK/*Paeffgen* 9, 20; *Paeffgen* (Dogmatik) 167 ff., 210; ablehnend *Eb. Schmidt* NJW **1969** 1137 ff.

151 Auch das BVerfG greift relativ häufig korrigierend ein; vgl. die Nachweise zur neueren Rspr. des BVerfG unter Rn. 60, 62, 65, 66, bei den Erl. zu den §§ 120, 121, 122, sowie aus der ält. Rspr. z.B. StV **1996** 156; **1995** 199; **1994** 589; wistra **1994** 341; NJW **1993** 3190; StV **1992** 121; **1992** 522; NJW **1992** 1749; **1992** 1750; StV **1991** 565; NJW **1991** 689; **1991** 2821 mit Anm. *Paeffgen* NStZ **1992** 530.

152 BVerfG NJW **2005** 3485 = StraFo **2005** 456; StV **2001** 694; NJW **2001** 1341; OLG Düsseldorf StV **1988** 390.

153 BVerfGE **20** 144, 147.

154 Vgl. BVerfG NJW **2005** 3485 = StraFo **2005** 456; NStZ **2005** 456 mit Anm. *Foth* 457 = StV **2005** 220 mit Anm. *Krehl* 561 = StraFo **2005** 152.

155 AK/*Krause* § 120, 5.

156 Vgl. BVerfG NJW **2012** 513 = StV **2012** 291; StV **2011** 31 = StraFo **2010** 461; StV **2008** 421 = EuGRZ **2008** 621; NJW **2005** 3485 = StraFo **2005** 456; NStZ **2005** 456 mit Anm. *Foth* 457 = StV **2005** 220 mit Anm. *Krehl* 561 = StraFo **2005** 152; StV **2001** 694; **1995** 199; **1994** 589; **1992** 522; NJW **1992** 1750; **1991** 2821 mit Anm. *Paeffgen* NStZ **1992** 530; BVerfGE **53** 152, 158; **20** 45, 49; **20** 144, 147; BerlVerfGH NJW **1994** 436; s. auch OLG Hamburg StV **1985** 66; **1986** 66; AG Brühl StV **2005** 393; HK/*Posthoff* § 112, 11; KK/*Schultheis* § 120, 8.

157 Vgl. BVerfGE **19** 342, 347 ff.; BVerfG NJW **1993** 3190; **1991** 1043; AK/*Deckers* § 112, 36; Meyer-Goßner/*Schmitt* § 112, 9 ff.

158 OLG Rostock StV **2006** 311 (Suchvermerk; Strafbefehl); OLG Stuttgart NStZ **1982** 217 (zu § 329); vgl. auch *Cornel* StV **1994** 202; BewHi. **1994** 393; *Dünkel* StV **1994** 610; *Jehle* BewHi. **1994** 373; *Kawamura* BewHi. **1994** 409.

auch vom Beschuldigten freiwillig angebotene, ausreichende (die Haftgründe ausräumende) Ersatzmaßnahmen (§ 112, 118ff.) gehören können, Erwartung einer milden Freiheits- oder einer Geldstrafe oder Erwartung einer niedrigen Restfreiheitsstrafe nach Anrechnung der Untersuchungshaft. Der Grundsatz gilt auch für die einstweilige Unterbringung (§ 126a); er gebietet auch dort die Suche nach und – soweit möglich – den Einsatz von milderen Alternativen.[159]

Bleiben nach Abwägung **Zweifel** hinsichtlich der Verhältnismäßigkeit, so gilt für die Haftentscheidung schon im Hinblick auf den Wortlaut des Gesetzes (§§ 112 Abs. 1 Satz 2, 120 Abs. 1 Satz 1) **nicht** der Grundsatz **„in dubio pro reo"**.[160] Dieses für die Beweiswürdigung in der Hauptverhandlung gültige Prinzip kann nicht auf eine Entscheidung übertragen werden, die in der Regel auf der Würdigung von Verdachtsmomenten aufbaut und sich in Prognosen erschöpft.[161] Das ändert jedoch nichts daran, dass die Einhaltung der Verhältnismäßigkeit im Einzelfall materielle Haftvoraussetzung ist (Rn. 81)[162] (vgl. auch den Wortlaut des § 112a Abs. 1 Satz 1). Ernste, auf Tatsachen gegründete Zweifel sind in die Abwägung und Prognoseentscheidung einzuführen und können, soweit sie sich im Rahmen der Eilentscheidung nicht ausräumen oder mindern lassen, je nach ihrer Bedeutung und ihrem Gewicht zur Annahme der Unzulässigkeit der Haft mangels Verhältnismäßigkeit führen.[163] **64**

Das Haftgericht und die zuständige Staatsanwaltschaft sind gehalten, das Vorliegen der Haftvoraussetzungen zu prüfen und daher auch bei solchen Zweifeln verpflichtet, im Rahmen des (bei einer Eilentscheidung) Möglichen, **Ermittlungen zur Frage der Verhältnismäßigkeit** (etwa zu Tat- und eventuellen Haftfolgen) durchzuführen. Dies wird allerdings vor Haftanordnung – insbesondere nach vorläufiger Festnahme – im Hinblick auf die Eilbedürftigkeit der Entscheidung nur selten und nur unvollkommen möglich sein.[164] Soweit eine (weitere) Prüfung vor der ersten Haftentscheidung ohne ernsthafte Gefährdung des Verfahrens (Haftzwecks) nicht (mehr) möglich ist, darf die Klärung fortbestehender Zweifel – falls ein Haftbefehl trotz dieser Zweifel erlassen werden kann und wird (Rn. 64) – auf einen späteren Zeitpunkt verschoben werden. Die Auffassung, der Haftrichter sei berechtigt, allein nach Lage der Akten zu entscheiden,[165] müsse also keine Ermittlungen zur Verhältnismäßigkeit anstellen, ist in dieser Allgemeinheit[166] schwerlich vereinbar mit der Bedeutung des Grundrechtseingriffs und den sich aus der Unschuldsvermutung (Rn. 70) ergebenden Anforderungen (§ 112, 105ff., 111; § 114, 24). **65**

---

159 Vgl. LR/*Gärtner* § 126a, 12, 14.
160 H.M.; **a.A.** wohl *Eb. Schmidt* Nachtr. I § 112, 10.
161 SK/*Paeffgen* § 112, 10; *Paeffgen* (Dogmatik) 183, 192ff.; *Schlothauer/Weider/Nobis* Rn. 492 zu Fn. 251; siehe auch *Hengsberger* JZ **1966** 209; *Wagner* NJW **1978** 2005; *Gössel* § 5 B IV a; *Henkel* § 91 III 1.
162 LR/*Hilger*[26] 33, 45; § 112, 15, 60; SK/*Paeffgen* § 112, 10; § 120, 5; *Kühne* 415.1, 416.1, 406; HK/*Posthoff* § 112, 1; HK-GS/*Laue* § 112, 7; Radtke/Hohmann/*Tsambikakis* § 112, 64; SSW/*Herrmann* § 112, 107; AnwK-StPO/*Lammer* § 112, 38 (der auch die Anwendung des Zweifelsgrundsatzes befürwortet); *Eb. Schmidt* Nachtr. I § 112, 10; *Gössel* GA **1978** 124; **a.A.** (Haftausschließungsgrund) z.B. OLG Düsseldorf NStZ **1993** 554; Meyer-Goßner/*Schmitt* § 112, 8; KK/*Graf* § 112, 46; AK/*Krause* § 120, 5; *Beulke* 216; *Hetzer* 65; *Jehle* 14; *Kleinknecht* JZ **1965** 113; *Seetzen* NJW **1973** 2001; *Sommermeyer* NJ **1992** 336.
163 LR/*Hilger*[26] 33; SK/*Paeffgen* § 112, 10; *Schlothauer/Weider/Nobis* Rn. 492; AnwK-StPO/*Lammer* § 112, 38; **a.A.** die wohl noch h.M.: z.B. OLG Düsseldorf NStZ **1993** 554 (Unverhältnismäßigkeit ist nur dann zu berücksichtigen, wenn sie feststeht); KK/*Graf* § 112, 46; KMR/*Wankel* § 112, 14; Graf/*Krauß* § 112, 42; Meyer-Goßner/*Schmitt* § 112, 8.
164 Ähnlich SK/*Paeffgen* § 112, 10; vgl. auch BerlVerfGH NJW **1994** 436.
165 Vgl. BTDrucks. **IV** 178 S. 22; siehe auch SK/*Paeffgen* § 112, 10 (Hinweis auf die Eilsituation).
166 Relativierend wohl LR/*Wendisch*[24] § 112, 56; vgl. auch BVerfGE **83** 24, 33 (zur richterlichen Sachaufklärung und Verantwortung bei Haftentscheidungen); BVerfGE **70** 297, 308; BerlVerfGH NJW **1994** 436.

66 **10. Beschleunigungsprinzip.** Diesem aus dem Freiheitsgrundrecht (Art. 2 Satz 2 GG) und dem Rechtsstaatsprinzip (Art. 20 Abs. 3 GG) abzuleitenden, auch in Art. 5 Abs. 3 Satz 2, Art. 6 Abs. 1 EMRK verankerten Grundsatz kommt im Haftrecht, namentlich im Hinblick auf die Unschuldsvermutung, als Korrektiv gegen (über-)lange Haftdauer[167] hohe Bedeutung zu[168] (wegen der Einzelheiten s. § 120, 21ff. sowie die Erl. zu § 121). Er erfordert, dass die Strafverfolgungsbehörden und die Gerichte **alle möglichen und zumutbaren Maßnahmen** ergreifen müssen, um eine rechtskräftige Entscheidung über den Tat(Anklage-)vorwurf mit der gebotenen Schnelligkeit herbeizuführen.[169] Das hiernach geltende **Gebot der bestmöglichen Verfahrensförderung**[170] ist grundsätzlich auch für das Verfahren nach Erlass eines erstinstanzlichen Urteils[171] sowie in einer und infolge einer Rechtsmittelinstanz[172] zu beachten. Die Erfüllung der Aufklärungspflicht

---

167 Es gilt grundsätzlich auch für die einstweilige Unterbringung nach § 126a – s. OLG Celle NdsRpfl. **2002** 369; OLG Koblenz StraFo **2006** 326; LR/*Gärtner* § 126a, 25.

168 S. z.B.: BVerfG StV **2007** 366 und 369 = StraFo **2007** 152; NJW **2006** 668, 672 und 677 mit krit. Bespr. *Jahn* 652 und *Schmidt* NStZ **2006** 313 sowie Anm. *Paeffgen* NStZ **2007** 83 zu S. 668; StV **2006** 703, 251 und 318; StraFo **2006** 196; **2005** 456; **2005** 152 (zum weit. Verfahren BGH StraFo **2005** 237)); NJW **2003** 2895; **2000** 1401; StV **2000** 322; **1999** 328 und 162; **1997** 535; **1995** 199; wistra **1994** 341; StV **1994** 589; **1993** 481; NStZ **1991** 397; NJW **1991** 689; BVerfGE **53** 152, 162; **46** 194, 195; **36** 264, 273; **20** 45; siehe auch: EGMR *B. v. Österreich*, 8/1989/168/224, Urt. v. 28.3.1990 = ÖJZ **1990** 482 = NJW **1990** 3066 (Ls.) mit Anm. *Trechsel* StV **1995** 326; *W. v. Schweiz*, 92/1991/344/417, Urt. v. 26.1.1993 = EuGRZ **1993** 384; *Brincat v. Italien*, 73/1991/325/397, Urt. v. 26.11.1992 = EuGRZ **1993** 390; *Tomasi v. Frankreich*, 27/1991/279/350, Urt. v. 27.8.1992 = EuGRZ **1994** 101; *Erdem v. Deutschland*, 38321/97, Urt. v. 5.7.2001 = NJW **2003** 1439 = EuGRZ **2001** 391; *Kudla v. Polen*, 30210/96, Urt. v. 26.10.2000 = NJW **2001** 2694; *Dželili v. Deutschland*, 65745/01, Urt. v. 10.11.2005 = StV **2006** 474; *Čevizović v. Deutschland*, 49746/99, Urt. v. 29.7.2004 = StV **2005** 136, jeweils mit Anm. *Pauly* StV **2006** 480; EKMR Beschw. Nr. 13091/87, 13319/87 und 14379/88 bei *Strasser* EuGRZ **1993** 425; Nr. 12850/87 bei *Strasser* EuGRZ **1994** 143; BGHSt **21** 81, 84; LR/*Gollwitzer*[25] Art. 5, 113ff. EMRK m.w.N. zur früheren Rechtsprechung des EGMR; LR/*Esser*[26] Erl. zu Art. 5 EMRK; SK/*Paeffgen* EMRK Art. 5, 58ff.; *Schlothauer/Weider/Nobis* Rn. 888ff.; *Ambos/Ruegenberg* NStZ-RR **2000** 194; *Ambos* NStZ **2003** 15; *Baumann* FS Schmidt 536; *Krey* JA **1983** 639; *Vogler* ZStW **82** (1970) 758; ZStW **89** (1977) 773; *Wolter* (Aspekte) 42; s. auch *Sommer* 142, 155 sowie die Nachweise in den Erl. zu §§ 120, 121.

169 EGMR *Dželili v. Deutschland*, 65745/01, Urt. v. 10.11.2005 = StV **2006** 474; *Čevizović v. Deutschland*, 49746/99, Urt. v. 29.7.2004 = StV **2005** 136, jeweils mit Anm. *Pauly* StV **2006** 480; BVerfGE **20** 45, 50; BVerfG NJW **2006** 668, 672 und 677 mit krit. Bespr. *Jahn* 652 und *Schmidt* NStZ **2006** 313; StV **2006** 703, 645 sowie 451 mit Anm. *Hilger* StraFo **2007** 18; **2005** 456; **2005** 152 mit Anm. *Foth* NStZ **2005** 457 und *Krehl* StV **2005** 561; NJW **2003** 2895; StV **2000** 322; **1999** 328; **1997** 535; **1994** 589; s. aber OLG Bamberg NJW **1995** 1689 (kein Vorrang auf Kosten des Kindeswohls – Art. 6 Abs. 1 GG); NJW **1996** 1222. Vgl. auch die Richtlinien und Hinweise der Generalstaatsanwälte der Länder zur Bearbeitung von Haftsachen – z.B. in StV **2006** 612 (Brandenburg); *Jehle/Hoch* S. 213ff.; *Krehl/Eidam* NStZ **2006** 4ff.

170 BVerfG NJW **2006** 677; **2006** 1336; StV **2007** 254.

171 BVerfG NStZ **2005** 456 = StV **2005** 220 mit Anm. *Krehl* 561 = StraFo **2005** 152; NJW **2005** 3485 = StraFo **2005** 456; NJW **2006** 677 = NStZ **2006** 295; StV **2008** 421; **2009** 479 mit Anm. *Hagmann* 592; BGH NJW **2006** 1529 = NStZ **2006** 346 = StV **2006** 237; OLG Naumburg StV **2007** 253; **2008** 201 und 589; **2009** 482; OLG Frankfurt StV **2006** 648; 2007 249; OLG Dresden StV **2007** 93; OLG Saarbrücken StV **2007** 365; OLG Koblenz StV **2006** 645; OLG Oldenburg StV **2008** 200; KG StV **2007** 644; *Schlothauer/Weider/Nobis* Rn. 982ff.; s. a. § 120, 26ff.

172 Vgl. zur Problematik z.B.: BVerfG NJW **2006** 672 mit krit. Bespr. *Jahn* 652 und *Schmidt* NStZ **2006** 313; NJW **2006** 1336; StraFo **2005** 456; **2005** 152 mit Anm. *Foth* NStZ **2005** 457 und *Krehl* StV **2005** 561; NJW **2003** 2897; (krit. einschränkend) BGH NStZ **2006** 346; NStZ-RR **2006** 177; s. auch OLG Koblenz StV **2006** 645; **2004** 329 (BGH und OLG Koblenz StV **2006** 645 auch zu Art. 31 Abs. 1 BVerfGG); OLG Düsseldorf StraFo **2001** 255; NStZ-RR **2000** 250; **1998** 350; OLG Hamm StV **1998** 553; **2006** 191 (Beschleunigungsgebot auch im Haftbeschwerdeverfahren); *Krehl/Eidam* NStZ **2006** 7; § 120, 27ff.; vgl. auch BVerfG NStZ **2006** 680.

und die Möglichkeit effektiver Verteidigung[173] sowie berechtigte Interessen des Verletzten[174] dürfen dabei allerdings nicht zu kurz kommen. Die Justiz hat zur Beschleunigung der Strafverfahren alle bestehenden organisatorischen, sächlichen und personellen Möglichkeiten auszuschöpfen,[175] der **Staat** die **erforderlichen Mittel** zur Verfügung zu stellen.[176]

Es gibt **keine starren Grenzen** für die Einhaltung des Prinzips. Allerdings soll nach der Rechtsprechung des BVerfG spätestens nach einem Jahr Untersuchungshaft ein Urteil ergehen oder die Hauptverhandlung beginnen[177] und dürfen zwischen Eröffnung und Verhandlungsbeginn im Regelfall nicht mehr als drei Monate liegen.[178] Letzteres ist ungenau formuliert, denn im Fall einer Eröffnungsentscheidung kommt es nicht auf deren tatsächlichen Erlass an, sondern es ist maßgeblich, wann bei der gebotenen zügigen Sachbehandlung über die Eröffnung des Hauptverfahrens hätte entschieden werden können (**Eröffnungsreife**).[179] Es wäre mit dem Beschleunigungsgebot unvereinbar, wenn das Gericht trotz bestehender Eröffnungsreife den Erlass des Eröffnungsbeschlusses etwa nur deshalb aufschiebt, um einen größeren zeitlichen Spielraum für die nachfolgende Terminierung zu erlangen. Ebenfalls zu schematisch ist die Auffassung, dass (nur) dann, wenn die Haft bereits ein Jahr dauert, schon eine kurzfristige der Justiz anzulastende Verzögerung (etwa von einem Monat) das Beschleunigungsgebot verletzen könne.[180] Je nach Fallgestaltung kann diese Folge vielmehr auch schon bei kürzerer Haftdauer eintreten, während andererseits die Anwendung eines solchen Grundsatzes bei längerer Haft verfehlt sein kann, etwa wenn das **Prozessverhalten** des Angeklagten den Verfahrensabschluss hindert.[181] 67

Eine besondere Ausformung hat das Prinzip, dem namentlich im Rahmen der Verhältnismäßigkeitsprüfung (§ 120) besondere Bedeutung zukommen kann, in den **§§ 121, 122** erhalten.[182] Es gilt auch dann, wenn der Haftbefehl **außer Vollzug** gesetzt ist (§ 116),[183] dem Beschuldigten nach Haftverschonung erneut Haft droht[184] oder **Über-** 68

---

173 EGMR *Čevizović v. Deutschland*, 49746/99, Urt. v. 29.7.2004 = StV **2005** 136 mit Anm. *Pauly* StV **2006** 480; s. auch BVerfG StV **2007** 366; **2006** 451 mit Anm. *Hilger*; OLG Hamm StV **2006** 482 (zur Verteidigung durch den Verteidiger des Vertrauens).

174 Vgl. BGH JR **2006** 297; s. aber OLG Celle StV **2007** 293 (Vorrang der Beschleunigung vor Adhäsionsverfahren).

175 BVerfGE **36** 264, 272ff.; BVerfG StV **1995** 199; **1994** 589; NStZ **1994** 604 (auch zur gesetzgeberischen, fiskalischen und organisatorischen Verantwortung des Staates); NJW **2006** 668, 672, 677 mit krit. Bespr. *Jahn* 652 und *Schmidt* NStZ **2006** 313; StraFo **2007** 18; StV **2007** 369; vgl. auch BGH bei *Schmidt* MDR **1993** 508.

176 Vgl. BVerfG NJW **2006** 668 mit Anm. *Paeffgen* NStZ **2007** 83; StraFo **2006** 196.

177 Wobei dieser Rechtsgrundsatz wenig hilfreich erscheint; jedenfalls hat das Gericht, soweit ersichtlich, eine differenzierte Betrachtung dieser beiden, oftmals zeitlich erheblich auseinander liegenden Ereignisse bislang nicht vorgenommen.

178 BVerfG NJW **2006** 672 mit krit. Bespr. *Jahn* 652 und *Schmidt* NStZ **2006** 313; s. auch BVerfG StV **2006** 703; **2007** 366.

179 OLG Nürnberg StV **2011** 294; **2009** 367; s. auch KG Beschl. v. 7.3.2014 – 4 Ws 21/14 – (juris); dieser richtigen Ansicht der Fachgerichte hat sich inzwischen auch das BVerfG angeschlossen, vgl. etwa Kammerbeschl. v. 4.5.2011 – 2 BvR 2781/10 = StRR **2011** 246.

180 BVerfG NJW **2006** 672 mit krit. Bespr. *Jahn* 652 und *Schmidt* NStZ **2006** 313.

181 Vgl. etwa KG Beschl. v. 7.3.2014 – 4 Ws 21/14 – und v. 17.6.2015 – 4 Ws 48/15 – (beide bei juris).

182 Vgl. auch die Erl. zu diesen Vorschriften.

183 BVerfG NJW **2006** 668; StV **2003** 30; s. auch § 116, 1.

184 OLG Köln StV **1988** 345; KG StV **2003** 627.

haft (Rn. 88 ff.) notiert ist,[185] und schließlich auch für die sog. **Organisationshaft**[186] (Rn. 17) sowie für die **Auslieferungshaft.**[187]

69 Das Gebot der Verfahrensbeschleunigung erfordert indessen **keinen „kurzen Prozess“**. Das Beschleunigungsgebot darf nicht zur Folge haben, dass durch eine übereilte Anklage, die vorschnelle Eröffnung des Hauptverfahrens oder eine zu eilige Terminierung die sachgerechte Vorbereitung der zu treffenden gerichtlichen Entscheidungen und der Hauptverhandlung beeinträchtigt, dem Beschuldigten die Vorbereitung seiner Verteidigung erschwert wird, und insbesondere zuletzt die Erforschung der Wahrheit leidet.[188] Die notwendigen Ermittlungen müssen geführt und zwingend zusammenhängende Komplexe aufgeklärt werden.

70 **11. Unschuldsvermutung.** Zwischen diesem aus dem Rechtsstaatsprinzip (Art. 20 Abs. 3 GG)[189] abzuleitenden, in Art. 6 Abs. 2 EMRK und auch einigen Landesverfassungen[190] verankerten Grundsatz sowie dem unerlässlichen (Rn. 33), gemäß Art. 5 EMRK zulässigen Institut der Untersuchungshaft besteht ein **grundsätzlicher Gegensatz.**[191] Die in Art. 6 Abs. 2 EMRK garantierte Unschuldsvermutung ist Teil des fairen Strafprozesses, wie ihn Art. 6 Abs. 1 EMRK verlangt; sie erfasst das gesamte Strafverfahren unabhängig von seinem Ausgang. Art. 6 Abs. 2 EMRK garantiert jedem das Recht, nicht als einer Straftat schuldig bezeichnet oder behandelt zu werden, bevor die Schuld gerichtlich festgestellt worden ist.[192] Untersuchungshaft ist auch im Hinblick auf die Unschuldsvermutung zwar zulässig, weil den Strafverfolgungsorganen und Gerichten nicht verwehrt ist, schon vor dem Abschluss einer Hauptverhandlung verfahrensbezogen den Grad des Verdachts einer strafbaren Handlung zu beurteilen,[193] aber nur hinnehmbar, wenn und weil sie auf eine ultima ratio-Maßnahme reduziert, der Beschleunigungsgrundsatz beachtet[194] und außerdem der betroffene Beschuldigte so unvoreingenommen wie ein Unschuldiger behandelt wird, so dass offenbar ist, dass das Strafverfahren (erst) der Verdachtsklärung dient.[195]

71 Demgemäß unterstreicht die Unschuldsvermutung die ohnehin bestehende Notwendigkeit der Achtung der **Menschenwürde** und der Einhaltung des Rechts auf ein **faires Verfahren.**[196] Sie ist nicht Teil des Verhältnismäßigkeitsprinzips, sondern ergänzt

---

185 BVerfG StV **2006** 251; **2003** 30; OLG Hamm StV **2013** 165; OLG Dresden StV **2004** 495; OLG Bremen StraFo **2005** 378; StV **2000** 35; OLG Karlsruhe StV **2002** 317; KG NStZ-RR **2009** 188; StraFo **2007** 27; **2005** 422; **2002** 242; OLG Stuttgart NStZ-RR **2003** 29 und 285; OLG München StV **2002** 555; OLG Oldenburg StV **2001** 520; StraFo **1998** 137; OLG Brandenburg StV **1999** 161; OLG Hamburg StV **1996** 495; LG Krefeld StV **2003** 516; *Schlothauer/Weider/Nobis* Rn. 897 mit zahlr. Nachw.; allg. M.; vgl. dagegen OLG Karlsruhe MDR **1986** 1048 (zum Verhältnismäßigkeitsprinzip bei Überhaft, wenn in anderer Sache ein Haftbefehl vollstreckt wird).

186 BVerfG NJW **2006** 427.

187 BVerfGE **61** 28, 34; BVerfG StV **2000** 27; **2000** 318 mit Anm. *Wallasch*; OLG Düsseldorf StraFo **2006** 24; OLG Karlsruhe NStZ-RR **2005** 116; StV **2004** 325; OLG Hamm StraFo **2000** 29; vgl. auch EGMR *Sanchez-Reisse v. Schweiz*, 4/1985/90/137, Urt. v. 21.10.1986 = EuGRZ **1988** 523 = NJW **1989** 2179.

188 S. *Schlothauer/Weider/Nobis* Rn. 910 m.w.N.

189 BVerfGE **22** 254, 265; BVerfG **2005** 152; vgl. auch SK/*Paeffgen* 21; SK/*Rogall* Vor § 133, 74; *Tiedemann* ZStW **105** (1993) 931.

190 S. dazu SK/*Paeffgen* 21.

191 Vgl. *Hassemer* StV **1984** 40; siehe aber auch *Paeffgen* (Dogmatik) 42 ff.; *Wolter* (Aspekte) 40. S. auch BVerfGE **20** 147; BVerfG StraFo **2005** 152.

192 EGMR *Poncelet v. Belgien*, 44418/07, Urt. v. 30.3.2010 = NJW **2011** 1789.

193 HK/*Posthoff* 14.

194 EGMR *Čevizović v. Deutschland*, 49746/99, Urt. v. 29.7.2004 = StV **2005** 136 mit Anm. *Pauly* StV **2006** 480; BVerfGE **53** 152, 162; BVerfG StV **2005** 220 = StraFo **2005** 152.

195 Eingehend dazu *Stuckenberg* ZStW **111** (1999) 422, 459.

196 Vgl. BVerfG StraFo **2005** 152; *Gropp* JZ **1991** 804; vgl. auch BerlVerfGH NJW **1994** 436.

dessen Begrenzungsfunktion.[197] Sie gilt grundsätzlich **während des gesamten Verfahrens** unverändert, wird insbesondere nicht durch wachsenden Tatverdacht reduziert.[198] Haftmaßnahmen, die – etwa im Vorgriff auf eine zu erwartende Sanktion – in ihrer Wirkung der Vollziehung einer Freiheitsstrafe gleichkommen[199] würden, sind ausgeschlossen. Schließlich ist, wenn der Haftrichter **Zweifel hinsichtlich der Haftvoraussetzungen**, etwa der Verhältnismäßigkeit, hegt, nicht der Beschuldigte verpflichtet, zur Vermeidung der Haft notwendige Umstände darzulegen (obwohl dies zweckmäßig ist); vielmehr ist es Sache der Strafverfolgungsbehörden und des Haftrichters, die Zweifel im Rahmen der bei einer Eilentscheidung begrenzten Möglichkeiten (z.B. durch Einschaltung der Haftentscheidungshilfe, Rn. 104) **von Amts wegen zu klären**.

12. Nemo-tenetur-Grundsatz. Rechtsgrundlage und -natur sowie Reichweite dieses 72
in Art. 14 Abs. 3 Buchstabe g IPBPR verbrieften Grundsatzes, der u.a. auch als Ausfluss des allgemeinen Persönlichkeitsrechts des Beschuldigten (Art. 2 Abs. 1 i.V.m. Art. 1 Abs. 1 GG), des „fair trial"-Grundsatzes des Art. 6 Abs. 1 EMRK und des Rechtsstaatsprinzips (Art. 20 Abs. 3 GG) betrachtet wird, sind unklar und umstritten.[200] Das BVerfG hat ihn in seiner Gemeinschuldnerentscheidung[201] als „seit langem zu den anerkannten Grundsätzen des Strafprozesses" gehörend bezeichnet.[202] Jedenfalls ergibt sich aus ihm das **Verbot**, die Untersuchungshaft – zum Beispiel mit Hilfe der damit verbundenen, insbesondere psychischen Belastungen oder unter Gebrauch von Täuschungen – einzusetzen oder zu nutzen, um **Erklärungen des Inhaftierten zu erlangen**.[203] Verwertbar sind dagegen Tatsachen, die der Beschuldigte unter normalen Haftbedingungen freiwillig, ohne getäuscht worden zu sein, einem Zellengenossen, dem er vertraut, offenbart.[204]

13. Vollzug der Untersuchungshaft. Auch für den Untersuchungshaftvollzug 73
ergeben sich aus der Verfassung Maßstäbe und insbesondere Begrenzungen. Selbstverständlich ist, dass die Ausgestaltung des Vollzugs durch den Gesetzgeber und die Haftbedingungen in der Praxis den Anforderungen des Prinzips der **Achtung der Menschenwürde** (Art. 1 Abs. 1 GG) entsprechen müssen. Dies gilt für den Inhalt von Vollzugsanordnungen (§ 119 Abs. 1) und die Art und Weise ihrer Durchführung.[205] Grundlegende Voraussetzungen individueller und sozialer Existenz müssen auch in der Haft dem Gefangenen erhalten bleiben.[206] Diese Verpflichtung kann in der Praxis über die

197 Vgl. *Haberstroh* NStZ **1984** 289; vgl. auch *Wolter* (Aspekte) 42; SK/*Paeffgen* 22.
198 *Gropp* JZ **1991** 804; *Paeffgen* (Dogmatik) 48; relativierend BVerfGE **82** 106, 116 ff. mit Anm. *Paulus* NStZ **1990** 600.
199 Vgl. BVerfGE **35** 311, 320; *Stuckenberg* ZStW **111** (1999) 459.
200 SK/*Paeffgen* 31; *Lorenz* JZ **1992** 1000.
201 BVerfGE **56**, 37.
202 S. auch Art. 52 Abs. 5 LVerf. Brandenburg.
203 BGHSt **34** 362 mit Anm. *Fezer* StV **1987** 283; *Grünwald* StV **1987** 470; *Seebode* JZ **1987** 936; *Wagner* JR **1988** 426; LG Bad Kreuznach StV **1993** 629; KK/*Graf* 12; SK/*Paeffgen* 31; *Seebode* (Vollzug) 65 ff.
204 BGH NJW **1989** 844 = StV **1989** 2.
205 S. auch EGMR *Kudla v. Polen*, 30210/96, Urt. v. 26.10.2000 = NJW **2001** 2694; Grundsätze und Standards des CPT unter: www.cpt.coe.int.
206 BVerfG NJW **1993** 3190; BVerfGE **45** 187, 228; vgl. auch die „Mindestgrundsätze der Vereinten Nationen für die Behandlung der Gefangenen (Nelson-Mandela-Regeln)" vom 17.12.2015, A/Res/70/175 (abgerufen am 9.10.2018 unter http://www.un.org/depts/german/gv-70/band1/ar70175.pdf), die „Europäischen Strafvollzugsgrundsätze" von 2006 (Empfehlung Rec(2006)2 des Ministerkomitees des Europarats vom 11.1.2006, s. dazu *Dünkel* Die Europäischen Strafvollzugsgrundsätze von 2006 und die deutsche Strafvollzugsgesetzgebung, FS **2012** 141 ff.) sowie schließlich die Europäische Konvention zur Verhütung von Folter und unmenschlicher oder erniedrigender Behandlung oder Strafe vom 26. Juni 1987,

Einzelhaft als Regelvollzug und die Gemeinschaftshaft auf Wunsch des Betroffenen[207] und muss mit Hilfe der erforderlichen organisatorischen, insbesondere baulichen Maßnahmen erfüllt werden.

74 Des Weiteren ist der Vollzug der Untersuchungshaft – durch Gesetzgeber und Praxis – so auszugestalten, dass **Grundrechtsbeeinträchtigungen** generell und in jedem Einzelfall möglichst vermieden oder **auf das Unerlässliche reduziert** werden. Die Grundrechte, insbesondere Art. 1 Abs. 1 und 2 Abs. 1 GG, sowie der Grundsatz der Verhältnismäßigkeit zwingen dazu, in jedem Einzelfall, soweit Anlass besteht auch wiederholt, bei Abwägung aller Umstände zu prüfen, ob und wie der Vollzug für den Betroffenen „erleichtert", also grundrechtsfreundlicher gestaltet und auf unvermeidliche Beschränkungen begrenzt werden kann.[208] Darüber hinaus ist die gesetzlich garantierte (möglichst) **ungehinderte Verteidigung** (§§ 148, 148a; Art. 6 Abs. 3 Buchstaben b und c EMRK) in der Praxis des Vollzugs sicherzustellen;[209] dies ist namentlich im Hinblick auf die praktischen und psychischen Folgen des Haftvollzuges, die die Verteidigungsfähigkeit des Beschuldigten erheblich beeinträchtigen können, und damit auch unter dem Blickwinkel des rechtsstaatlichen Interesses an der Wahrheitsfindung von besonderer Bedeutung.

75 **14. Landesverfassungsrecht.** Einige Landesverfassungen[210] enthalten Bestimmungen, die Landesgrundrechte sowie Schutzvorschriften des Haftrechts festlegen, zum Teil über die Schutzvorschriften der StPO hinausgehend, zum Teil der StPO widersprechend. Ihr Bestand richtet sich nach den **Art. 31, 142 GG**. Der Fortbestand der **Landesgrundrechte**, die mit denen des GG übereinstimmen (Art. 142 GG), ist deshalb von Interesse, weil auf diese Weise die **Anrufung der Landesverfassungsgerichte** ermöglicht wird.[211] Auf die sich daraus ergebenden zahlreichen verfassungsrechtlichen Fragen[212] ist hier nicht näher einzugehen. Soweit durch die Landesverfassungen **von der StPO abweichende Schutzvorschriften** festgelegt werden, sind diese – auch wenn ihnen Landesverfassungsrang zukommt – gemäß Art. 31 GG **nichtig.**[213]

EuGRZ **1989** 502; *Müller-Dietz* (Kolloquium) 228; *Hinüber* StV **1994** 212; *Deckers/Püschel* NStZ **1996** 419; *Gatzweiler* StV **1996** 283; *Wulf* NJ **1996** 227; LG Bremen StV **1995** 93 m.w.N.

207 Vgl. z.B. § 13 UVollzG Bln.

208 Siehe z.B. BVerfG NStZ **1994** 604 (auch zur Verantwortung des Staates insoweit); StV **1993** 592; NJW **1993** 3059; StV **1991** 306; BVerfGE **42** 95; EGMR *Pfeifer und Plankl v. Österreich*, 54/1990/245/316, Urt. v. 25.2.1992 = EuGRZ **1992** 99; *Müller-Dietz* (Kolloquium) 235; vgl. auch *Dünkel* 395; *Deckers/Püschel* NStZ **1996** 419; *Lübbe-Wolff/Geisler* NStZ **2004** 478 (auch zu den Voraussetzungen einer Verfassungsbeschwerde); **2009** 616, 677; LG Karlsruhe StV **2004** 550 sowie die Erl. zu § 119.

209 Vgl. auch § 117, 17 und die Erl. zu den §§ 140, 147, 148, 148a sowie LR/*Esser*[26] EMRK Art. 6, 570 ff., 655 ff.; EGMR *S. v. Schweiz*, 48/1990/239/309-310, Urt. v. 28.11.1991 = EuGRZ **1992** 298; *Lamy v. Belgien*, 16/1987/139/193, Urt. v. 30.3.1989 = StV **1993** 283 mit Anm. *Zieger* 320; BGHSt **37** 204 mit Anm. *Paeffgen* NStZ **1992** 533; OLG Frankfurt ZfStrVo **1984** 383; OLG Köln StV **1992** 8; siehe auch *Seebode* (Vollzug) 125, 137 ff., 189 ff.; *Deckers* NJW **1994** 2261; *Schmitz* wistra **1993** 319.

210 S. z.B. Art. 8 LVerf. Berlin; Art. 5 LVerf. Bremen; Art. 19 LVerf. Hessen; Art. 5 LVerf. Rheinland-Pfalz.

211 Vgl. BVerfGE **96** 345; z.B. SächsVerfGH NJW **1996** 1736; BerlVerfGH NJW **1993** 513; **1993** 515; NJW **1994** 436; vgl. auch BayVerfGH NVwZ **1994** 64; HessStGH NVwZ **1994** 64; *Gärditz* AöR **129** (2004) 584 m.w.N.

212 Dazu z.B. *Bartlsperger* DVBl. **1993** 333; *Berkemann* NVwZ **1993** 409; *Endter* EuGRZ **1995** 227; *Koppernock/Staechelin* StV **1993** 433; *Gärditz* AöR **129** (2004) 584; *Kunig* NJW **1994** 687; *Meurer* JR **1993** 89; *Paeffgen* NJ **1993** 152; *Pestalozza* NVwZ **1993** 340; *Sachs* JuS **1993** 595; *Schoreit* NJW **1993** 881; *Starck* JZ **1993** 231; *Wilke* NJW **1993** 887; vgl. auch BerlVerfGH NJW **1994** 436 m.w.N.; KG NJW **1993** 673.

213 Vgl. BVerfGE **36** 365; **51** 96; OLG Koblenz GA **1984** 130; OLGSt N.F. § 128, 1; vgl. auch BVerfGE **1** 264, 281; *Kunig* NJW **1994** 687; **a.A.** im Wesentlichen *Paeffgen* (Dogmatik) 207; SK/*Paeffgen* § 115, 6b, § 115a, 3, § 128, 5 m.w.N.; *Endter* EuGRZ **1995** 227 m.w.N.

IV. EMRK und IPBPR

Konvention[214] und Pakt sind für das Haftrecht insbesondere im Hinblick auf Art. 5 EMRK, Art. 9 IPBPR (Recht auf Freiheit) und Art. 6 EMRK, Art. 14 IPBPR (rechtsstaatliches Verfahren, insbesondere Beschleunigungsprinzip, Unschuldsvermutung, Verteidigung), aber auch Art. 3 EMRK, Art. 7 IPBPR (Verbot erniedrigender Behandlung) und Art. 8 EMRK, Art. 17 IPBPR (Schutz des Privat- und Familienlebens, der Korrespondenz) bedeutsam (vgl. auch Rn. 71, 73). Die in ihnen gewährleisteten Rechte haben keinen Verfassungsrang, auch nicht, soweit sie mit Grundrechten des GG übereinstimmen, sondern sind prinzipiell **einfaches Bundesrecht.**[215] Dem Beschuldigten günstigere Regelungen des nationalen Rechts haben Vorrang. Bei der Auslegung nationalen Rechts sind die Wertentscheidungen der EMRK und des IPBPR zu beachten.[216] Übereinstimmendes nationales Recht hat durch die Gewährleistungen übernationale Garantien erhalten. Zur Anrufung des EGMR s. Art. 34, 35 EMRK.[217] 76

Schwerpunkte der **Rechtsprechung des EGMR**[218] zu Recht und Praxis der Untersuchungshaft bilden demgemäß die folgenden Problemkreise:[219] 77
- Schutz vor rechtswidriger Festnahme und Verhaftung; Haftzweck, Tatverdacht und Haftgründe;
- Information des Beschuldigten über Tatvorwürfe und Haftgründe; Akteneinsicht; Verteidigerkorrespondenz;
- unverzügliche Vorführung vor den gesetzlichen Richter; effektive richterliche Haftkontrolle;
- Haftdauer und Folgerungen daraus;
- Umfang und Inhalt getroffener Entscheidungen;
- Ausgestaltung des Vollzugs.

Aus der Sicht der deutschen Haftrechtsprechung und -praxis kommt dabei nach den bisherigen Erfahrungen den Themen Begründung der Haftentscheidung (§ 114), Vorführung zum zuständigen Richter (§§ 115, 115a), faires Verfahren und Akteneinsicht (§§ 115, 128, 147), Beschleunigung, Haftdauer und Verhältnismäßigkeit (§§ 120, 121), sowie Ausgestaltung des Vollzugs besondere Bedeutung zu. Die (erst) am 1.12.2009 in Kraft getretene **Charta der Grundrechte** der Europäischen Union[220] (s. etwa das Recht auf Freiheit gem. Art. 6 EUC sowie die Unschuldsvermutung und Verteidigungsrechte gem. Art 48 EUC) besitzt darüber hinaus keine eigenständige Bedeutung für Auslegung und Anwendung des deutschen Untersuchungshaftrechts. 78

---

214 Eingehend hierzu LR/*Esser*[26] Erl. zur EMRK und zum IPBPR (Band 11); s. auch LR/*Kühne* Einl. Rn. D 36 ff., 45 ff.
215 Vgl. BVerfGE **111** 307 = NJW **2004** 3407; *Esser* (Weg) 868 ff.; LR/*Esser*[26] Erl. zur EMRK.
216 BVerfGE **111** 307, 323 ff.; BVerfGE **74** 358, 370; zu den Grenzen der völkerrechtsfreundlichen Auslegung: BVerfGE **128** 326 = NJW **2011** 1931 = StV **2011** 470; vgl. auch *Esser* (Weg) 868 ff. m.w.N.; *Kühne* GA **2005** 200, 207 ff.; zur Beachtung von Rahmenbeschlüssen der EU vgl. EuGH NJW **2005** 2839; BVerfGE **111** 307 = NJW **2004** 3407; s. auch LR/*Kühne* Einl. Rn. D 15; *Gärditz/Gusy* GA **2006** 225.
217 Einzelheiten bei LR/*Esser*[26] Erl. zur EMRK, Teil II A. (Verfahren des europäischen Menschenrechtsschutzes [EGMR]); Entscheidungen des EGMR sind im Internet unter www.echr.coe.int sowie unter www.egmr.org (in deutscher Sprache) zugänglich. Zur Zuständigkeit des EuGH s. *Kühne* GA **2005** 199; LR/*Kühne* Einl. Rn. D 94.
218 Zu wachsendem Umfang und wachsender Bedeutung der Rechtsprechung des EGMR vgl. *Kühne/Esser* StV **2002** 383; *Esser* (Weg) 875 ff.; *Sommer* 129 ff.; SK/*Paeffgen* 28 f.
219 Eingehend hierzu *Kühne/Esser* StV **2002** 383; *Esser* (Weg) 199 ff.; *Ambos* NStZ **2003** 14; Einzelnachweise der Rechtsprechung bei den jeweiligen Vorschriften.
220 ABlEU Nr. C 364 vom 18.12.2000, S. 1 ff.; s. dazu LR/*Esser*[26] Einf. EMRK/IPBPR 131 f.

V. Strafprozessuale Fragen

79 **1. Allgemeines.** Untersuchungshaft gemäß §§ 112, 112a, 127b Abs. 2 ist die aufgrund eines richterlichen Haftbefehls durchgeführte **behördliche Verwahrung** des Beschuldigten zur Verwirklichung der mit den genannten Vorschriften verfolgten Haftzwecke. Einstweilige Unterbringung gemäß § 126a ist entsprechend die richterlich angeordnete Verwahrung eines möglicherweise vermindert schuldfähigen oder schuldunfähigen Beschuldigten in einer speziellen Anstalt zum Schutz der Allgemeinheit.[221] Die **materiellen Voraussetzungen** der richterlichen Anordnung sind in den §§ 112, 112a, 113, 126a, 127b geregelt. Die §§ 127, 127a, 127b Abs. 1, 128, 129 regeln die **vorläufige Sicherung** der Maßnahmen in Form der vorläufigen Festnahme und das weitere Verfahren.

80 **Regelungen im Einzelnen** finden sich in den §§ 114 bis 115a, §§ 117 bis 118b, §§ 120 bis 126a, § 130 betreffend das Verfahren, in § 116b zur Vollstreckungsreihenfolge und in den §§ 117 bis 118b, §§ 120 bis 122a speziell zur Haftüberprüfung und -begrenzung. Die §§ 116, 116a betreffen Alternativen zum Untersuchungshaftvollzug; die §§ 123, 124 stehen damit im Zusammenhang. In § 119 finden sich Regelungen zu Beschränkungen in der Untersuchungshaft. Schließlich regeln die §§ 131ff. die Ausschreibung zur Festnahme und zur Aufenthaltsermittlung und § 132 die Sicherheitsleistung und Zustellungsbevollmächtigung. **Weitere Anordnungen** zur Überprüfung der Untersuchungshaft und einstweiligen Unterbringung treffen § 207 Abs. 4 und § 268b. Ergänzende Bestimmungen finden sich in Nr. 46 bis 60 der **RiStBV**, die sich im Wesentlichen an die Staatsanwaltschaft richten. Der **Vollzug** der Untersuchungshaft ist in den Untersuchungshaftvollzugsgesetzen der Länder geregelt.

81 Die richterliche Anordnung gemäß §§ 114 Abs. 1, 126a Abs. 1 ist die **formelle Voraussetzung** der Untersuchungshaft oder Unterbringung (§ 112, 4).[222] **Materielle Voraussetzungen** der Untersuchungshaft und des Haftbefehls sind Tatverdacht, Haftgrund und Verhältnismäßigkeit[223] (vgl. auch Rn. 64; § 112, 15, 110).[224] Erforderlich für den Vollzug ist außerdem ein schriftliches richterliches Aufnahmeersuchen (§ 114d Abs. 1 Satz 1). Haftbefehl und Unterbringung können nur durch eine richterliche Anordnung aufgehoben werden. Voraussetzung der Entlassung aus der Haft ist außerdem eine richterliche oder staatsanwaltschaftliche Anordnung (Nr. 55 RiStBV; s. auch § 120 Abs. 3 Satz 2). Automatische Folgen der Verletzung richterlicher Pflichten, etwa einer unterlassenen Vernehmung (§ 115 Abs. 2, § 115a Abs. 2), einer übersehenen Entscheidung über einen Antrag auf mündliche Verhandlung (§ 118 Abs. 1), eines unterbliebenen Haftprüfungsverfahrens (§ 117) sieht das Gesetz nicht vor. Deshalb kommt der **Benachrichtigung** Außenstehender von jeder Entscheidung über die Fortdauer der Untersuchungshaft oder der einstweiligen Unterbringung (§ 114c Abs. 2; § 126a Abs. 2 Satz 1) die hohe Bedeutung einer, wenn auch beschränkten, öffentlichen Kontrolle zu. Zur **Anfechtung** von (auch aufgehobenen/gegenstandslosen) Haftbefehlen, etwa zur Feststellung ihrer (schon anfänglichen) Rechtswidrigkeit, s. die Erl. zu §§ 112, 114, 117 und zu §§ 304, 310.

82 Der **Haftbefehl** enthält grundsätzlich auch die **konkludente Ermächtigung** zur Durchführung solcher Maßnahmen, die zur Ergreifung des Beschuldigten typischerweise unerlässlich und verhältnismäßig sind. Dies sind die unerlässlichen Vorbereitungs- und Begleitmaßnahmen, soweit sie den ausdrücklich zugelassenen Eingriff in ihrer Intensität

---

221 LR/*Gärtner* § 126a, 1, 2.
222 *Gössel* GA **1978** 124; LR/*Gärtner* § 126a, 1, 14; § 127b, 8.
223 *Gössel* GA **1978** 124; **a.A.** LR/*Wendisch*[24] § 112, 20, 56; vgl. auch *Schlüchter* 221.
224 S. auch LR/*Gärtner* § 126a, 2; § 127b, 8.

nicht übertreffen.[225] Die Eingriffsvoraussetzungen (-schwellen) besonderer gesetzlicher Regelungen für **Zwangsmaßnahme**n (z.B. §§ 100a ff., 127, 131, 163d, 163e, 163f) sind jedoch zu beachten. Die Beschlagnahme von Personalpapieren des Beschuldigten, auch wenn sie sich im Besitz der Strafverfolgungsbehörden befinden, ist nur analog § 94 zulässig.[226]

2. Vollzug. Untersuchungshaft einerseits, Strafvollzug andererseits unterscheiden sich in der Zielsetzung (vgl. § 2 StVollzG) und Ausgestaltung erheblich. Eingriffe in die Lebensführung der Strafgefangenen sind in der Regel tiefer als bei Untersuchungsgefangenen. Andererseits erlaubt der Strafvollzug Vergünstigungen (vgl. §§ 10 Abs. 1, 11, 13 StVollzG), die mit dem Zweck der Untersuchungshaft nicht vereinbar sind. Die Haftzwecke können außerdem in Einzelfällen (z.B. bei „Ausbrechern", Verdunkelungsgefahr) zu Vollzugsausgestaltungen zwingen, die weiter als der normale Vollzug einer Freiheitsstrafe in die Lebensführung des Verhafteten eingreifen. Die Ausgestaltung des Untersuchungshaftvollzuges wird seit der Novellierung der StPO durch das UHaftÄndG vom 29.7.2009[227] in den Untersuchungshaftvollzugsgesetzen der Länder geregelt, während § 119 nunmehr Bestimmungen ausschließlich zu dem Bereich enthält, der bislang durch § 119 Abs. 3 1. Alt. a.F. erfasst wurde (zu den Einzelheiten vgl. die Erl. zu § 119). **83**

3. Praxis. Ob die Praxis den gesetzlichen Anforderungen immer gerecht wird, ist fraglich. Von der Anwaltschaft und in der Literatur sind wiederholt **Vorwürfe** gegen das Haftrecht (zu Reformforderungen vgl. Rn. 109) und die Haftpraxis erhoben worden, namentlich: Das Haftrecht sei nicht präzise genug, lasse dem Haftrichter zu viel Spielraum bei der Haftanordnung, -kontrolle und -dauer. Es werde zu schnell und zu viel verhaftet, das Verhältnismäßigkeitsprinzip werde, wie z.B. Verhaftungen im Bereich der Bagatellkriminalität oder die Ergebnisse vieler Strafverfahren zeigten, nicht hinreichend beachtet. Die Haft diene in manchen Fällen vermutlich unzulässigen Zwecken, Haftbefehle seien auf apokryphe Haftgründe gestützt (Rn. 28 ff.). Oft seien sie unzureichend begründet. Häufig sei die Haftdauer unverhältnismäßig hoch.[228] **84**

Gerade aus der Sicht der Verteidigung ist Untersuchungshaft nicht nur ein schwerwiegender Eingriff in ein Grundrecht und die Möglichkeit der persönlichen Lebensgestaltung des Beschuldigten (Rn. 33 ff.),[229] sondern steht in einem besonderen **Spannungsverhältnis** zur – unter rechtsstaatlichen Aspekten (Art. 6 Abs. 1, 3 EMRK)[230] bedeutsamen – Möglichkeit der **„Effektivität"** der **Verteidigung.** Sie wirkt sich in der Praxis in erheblichem Maße auf die Verteidigung aus, kann insbesondere deren Ausgangsbedin- **85**

---

225 SK/*Rudolphi*[4] Vor § 94, 31 ff.; *Wohlers* StV **2000** 32; s. auch SK/*Wohlers/Greco* Vor § 94, 2.
226 Im Ergebnis ebenso LG Offenburg NJW **1999** 3502 = StV **2000** 32 mit krit. Anm. *Wohlers* und – **abl.** – *Paeffgen* NStZ **2001** 74.
227 BGBl. I S. 2274.
228 Zu Einzelfragen, insbesondere zur Haftpraxis vgl. z.B. *Bleckmann* StV **1995** 552; *Cornel* StV **1994** 202; **1994** 628; *Dahs* AnwBl. **1983** 418; *Deckers* NJW **1994** 2261; *Dünkel* NKrimPol. **1994** 20; StV **1994** 610; *Gatzweiler* StraFo **2001** 187; **1999** 325; *Gebauer* 26 ff., 120 ff.; KrimPäd. **1993** 20; *Geiter* 34, 174 ff., 224, 242, 255 ff., 338, 344; *Gusy* NJW **1992** 457 ff.; *Hamm* 61; *Hilger* NStZ **1989** 107 ff.; *Jehle* 109 ff.; BewHi. **1994** 373; *Koop* in: Koop/Kappenberg 9 ff.; *Kühne* 427; *Nix* StV **1992** 445; *Langner* 21 ff., 115, 129, 182 ff.; (nochmals ausführlich:) *Wolf* 126 ff., 194 ff., 277 ff. sowie die Nachweise bei Rn. 108; *Nobis* StraFo **2012** 45; *Parigger* AnwBl. **1983** 423; NStZ **1986** 211; *Paeffgen* (Kolloquium) 113 ff.; *Schlothauer/Weider/Nobis* Rn. 6 ff.; *Schwenn* 9. Strafverteidigertag **1985** 68; *Seebode* (Vollzug) 65 ff.; in: Koop/Kappenberg 28 ff.; *Sommermeyer* NJ **1992** 336; *Weinknecht* 47 ff., 201; siehe auch die Nachweise bei Rn. 109 (Reform) sowie *Dessecker/Geissler-Frank* 237 ff.
229 S. auch z.B. *Münchhalffen/Gatzweiler* Rn. 3.
230 Vgl. *Esser* (Weg) 450 ff.

gungen und Möglichkeiten verschlechtern und Strategien behindern.[231] Die Weichen eines Verfahrens werden oftmals im Ermittlungsverfahren gestellt und dort häufig prägend durch Erlass und Vollzug eines Haftbefehls. Die möglichen Auswirkungen angeordneter Untersuchungshaft auf Anlass und Inhalt einer Einlassung des Beschuldigten (Geständnis) sind schwerlich zu bestreiten, ebenso die mögliche Rückwirkung der Einlassung auf die Haftsituation. Verteidigung gegen die Untersuchungshaft kann vorbestimmend sein für die Verteidigung zur Hauptsache und im Hauptverfahren. Sie kann sich zwar gegen alle Haftvoraussetzungen richten, wird sich in der Praxis aber häufig, namentlich um Festlegungen in der Verteidigung zur Hauptsache zu vermeiden, auf die Haftgründe und die Prüfung von Alternativen konzentrieren.

86 Das geltende **Haftrecht** ist allerdings, wenn es **richtig angewendet** wird, **grundsätzlich geeignet**, sowohl der Forderung zu entsprechen, dass Untersuchungshaft ultima ratio ist und die Verteidigung nicht mehr als unvermeidbar tangieren darf, als auch dem Zweck der Untersuchungshaft zu dienen. Das gilt auch für das System der obergerichtlichen Haftprüfung, obwohl dieses der Kritik ausgesetzt ist, es habe sich in der Praxis nicht sonderlich bewährt (§ 121, 11). Gleichwohl ist nicht zu verkennen, dass einzelne Bereiche des Haftrechts einfacher und zugleich präziser geregelt (formuliert) werden könnten. Das geltende Haftrecht **gibt der Haftpraxis**, der die Funktion eines „Seismographen für das rechtspolitische Klima eines Landes" zugemessen wird, einen **nicht unbeträchtlichen Entscheidungsrahmen**, der sich etwa darin gezeigt hat, dass im Verlauf der Haftrechtsdiskussion ab 1981 (wahrscheinlich im Wesentlichen infolge der Sensibilisierung der Praxis durch die Diskussion, jedenfalls ohne dass sich dies auf gesetzgeberische Maßnahmen zurückführen ließe) die jährlichen Haftanordnungen von rund 42.500 (1982) in beträchtlichem Maße auf 26.600 (1988) sanken.[232] Kam es in der Folgezeit zu einem Ansteigen der Untersuchungshaftanordnungen, so zeigte sich in den Jahren seit 1998 wieder ein kontinuierlicher Rückgang der Fallzahlen (zu Einzelheiten s. Rn. 108), ohne dass dies durch ein Nachlassen der Kriminalität erklärbar wäre, weshalb es nahe liegt, dass dieser Entwicklung eine geänderte Auslegung und Anwendung des im Wesentlichen unverändert geltenden Haftrechts zugrunde liegt. Auch bestehen beachtliche **Unterschiede in der Haftpraxis** einzelner Bundesländer,[233] und selbst in der Entscheidungspraxis verschiedener Spruchkörper einzelner Oberlandesgerichte lassen sich mitunter beträchtliche Abweichungen feststellen.

87 Der Praxis stehen Maßnahmen zur Verfügung, die es ermöglichen, Haftentscheidungen auf eine fundierte Grundlage zu stützen und namentlich die Haftdauer zu verkürzen. So können schon vor Erlass des Haftbefehls (soweit bei einer Eilentscheidung möglich) und jedenfalls danach die Informationsmöglichkeiten und Erkenntnisse der **Haftentscheidungshilfe** (Rn. 104) genutzt werden. Die schon seit längerem geforderte[234] **frühzeitige Einschaltung eines Pflichtverteidigers**, in die beträchtliche Hoffnungen auf eine merkliche Reduzierung der Zahl der Anordnungen und insbesondere der Dauer der Untersuchungshaft gesetzt werden, ist nunmehr geregelt (§§ 140 Abs. 1 Nr. 4, 141 Abs. 3 Satz 4). Es bleibt abzuwarten, ob die erwarteten positiven Auswirkungen auf die

---

231 Zu Einzelfragen vgl. z.B. *Schlothauer/Weider/Nobis* Rn. 10 ff., 80 ff., 435 ff., 680 ff., 747 ff.; *Widmaier/König* § 4 S. 153 ff.; s. auch *Lammer* StraFo **1999** 366; *Schlothauer* StV **1996** 391; *Deckers* in: Strafverteidigung in der Praxis, 366 ff.; *Ufer/Ufer* 122 ff.; *Münchhalffen/Gatzweiler* Rn 2 ff.; *Oetjen/Endriß* 13 ff.; s. auch *Münchhalffen* StraFo **2003** 150.

232 *Gebauer* KrimPäd. **1993** 20; *Hilger* NStZ **1989** 107 ff.; *Schlothauer/Weider/Nobis* Rn. 6 f.

233 *Hilger* NStZ **1989** 107 ff.; vgl. auch *Cornel* StV **1994** 202.

234 Vgl. BTDrucks. **11** 5829, S. 28; *Bauer* ZRP **2002** 85; *Schäfer/Rühl* StV **1986** 456; *Gebauer* KrimPäd. **1993** 20; StV **1994** 622; *Schöch* StV **1997** 323; *Schöch* S. 27 ff. in Jehle/Hoch; s. auch *Deckers* NJW **1994** 2261; *Cornel* StV **1994** 202.

Haftpraxis eintreten werden. Haftsachen müssen, als solche gekennzeichnet,[235] **besonders beschleunigt** ausermittelt und bevorzugt terminiert werden.[236] Auch das Anlegen von Doppelakten und Hilfsakten[237] ist im Regelfall geboten. Das Gericht muss notfalls zusätzliche Sitzungstage einlegen.[238] Von Möglichkeiten der Verfahrensstraffung und -vereinfachung sowie der Beschränkung des Prozessstoffes (vgl. §§ 153 ff.) sollte nach Möglichkeit Gebrauch gemacht werden, sofern sich hierdurch eine Verfahrensbeschleunigung erreichen lässt. Vgl. auch Rn. 66 sowie § 113, 11.

4. Mehrfache Haft. Mehrere Haftbefehle wegen derselben Tat im prozessualen Sinne 88
(§ 264) gegen denselben Beschuldigten sind unzulässig; das ergibt sich schon aus dem in Art. 103 Abs. 3 GG verbürgten Grundsatz der Einmaligkeit der Strafverfolgung.[239] Also nur dann, wenn mehrere Strafverfahren gegen denselben Beschuldigten anhängig sind, sind mehrere Haftbefehle gegen ihn zulässig. Werden die Verfahren miteinander verbunden, so besteht nur noch ein Haftbefehl; durch eine Neufassung in Form eines einheitlichen Haftbefehls ist dies klarzustellen.[240] Dass ein Haftbefehl auch dann erlassen werden kann, wenn bereits **in anderer Sache** ein **Haftbefehl** besteht **oder Strafhaft** vollstreckt wird oder der Beschuldigte sich sonst in behördlicher Verwahrung befindet, folgt schon daraus, dass jederzeit, in der Regel ohne Einfluss des Haftrichters, der andere Haftbefehl aufgehoben, Haftverschonung gewährt, die Strafhaft oder sonstige behördliche Verwahrung unterbrochen werden oder enden könnte;[241] außerdem kann die Vollzugsform des Strafvollzugs (z.B. offener Vollzug) Verfahrenssabotage ermöglichen (Rn. 90; § 112, 86 ff.).[242] Das **Beschleunigungsprinzip** ist auch in diesen Fällen zu beachten (Rn. 68).

Wird ein Haftbefehl erlassen, der erst nach Ablauf von Untersuchungshaft in ande- 89
rer Sache oder von Strafhaft vollstreckt werden soll (**Überhaft**),[243] so ist er dem Beschuldigten **bekanntzumachen** (§ 35).[244] Dieser kann gegen ihn **Beschwerde** erheben (s. Rn. 92). Die §§ 116, 116a sind sofort anwendbar.[245] Die §§ 114b bis 115a, 116b bis 118b finden erst Anwendung, wenn der Haftbefehl vollzogen wird.[246] Entsprechendes gilt für § 121. Allerdings sollte eine Vorführung vor den Richter des nächsten Amtsgerichts (§ 115a) im Hinblick auf dessen eingeschränkte Entscheidungsmöglichkeiten (§ 115a, 15 ff.) tunlichst – ggf. durch rechtzeitige Verschubung des Inhaftierten – vermieden werden.[247] Der Haftbefehl ist der **Haftanstalt mitzuteilen** (§ 114d Abs. 1 Satz 1). Diese notiert

---

235 Nr. 52, 56 Abs. 2 RiStBV.
236 S. die Nachweise bei § 120, 21 und LR/*Gärtner* § 121, 79 ff.
237 Nr. 12 Abs. 2 RiStBV; s. auch Nr. 54 Abs. 3 RiStBV; vgl. auch *Spiecker* 102 sowie die Nachweise bei § 120, 21.
238 S. zu allem § 120, 21 ff.
239 BGHSt **38** 54 mit Anm. *Paeffgen* NStZ **1992** 481; s. auch LG Rostock NStZ **1997** 97 mit Anm. *Fahl.*
240 OLG Karlsruhe NJW **1974** 510.
241 OLG Koblenz MDR **1969** 950; OLG Hamm NJW **1971** 1956; NStZ **2004** 221; OLG Düsseldorf NJW **1982** 1826; OLG Köln NStZ **1991** 605 mit krit. Anm. *Möller* und Anm. *Paeffgen* NStZ **1992** 481; vgl. auch BGH bei *Schmidt* MDR **1991** 189; *Kölbel* StV **1998** 236 ff.; OLG Hamm StraFo **2002** 139 (anders für den Fall, dass solche Gefahren völlig ausgeschlossen seien; zw.).
242 SK/*Paeffgen* 34; OLG Hamm NJW **1971** 1956; OLG Köln NStZ **1991** 605 mit krit. Anm. *Möller.*
243 OLG München NStZ **1983** 236: Reihenfolge der Vollstreckung nach Eingang der Aufnahmeersuchen, bei gemeinsamem Aufnahmeersuchen wird grundsätzlich der zuerst genannte Haftbefehl vollstreckt. Zum Verhältnis von Untersuchungshaft und Abschiebungshaft (Überhaft?) nach alter Rechtslage vgl. z.B. OLG Frankfurt StV **2000** 377; zur Auslieferungshaft z.B. OLG Stuttgart NStZ-RR **2003** 91; OLG Hamm StraFo **2002** 139; s. nunmehr § 116b.
244 Vgl. KMR/*Wankel* § 115, 15; *Schlothauer/Weider/Nobis* Rn. 739.
245 KK/*Graf* 17; SK/*Paeffgen* 35.
246 SK/*Paeffgen* 35; **a.A.** *Schlothauer/Weider/Nobis* Rn. 739; vgl. auch OLG Königsberg JW **1932** 965.
247 Ähnlich KMR/*Wankel* § 115, 15.

Überhaft und vollzieht den Haftbefehl ohne weitere Anordnung von dem Augenblick an, in dem der zunächst vollzogene Haftbefehl aufgehoben, sein Vollzug ausgesetzt oder eine Strafvollstreckung beendet oder unterbrochen wird. Es ist Sache der zuständigen Gerichte, für das Verfahren nach § 115 zu sorgen. Die Staatsanwaltschaft hat hierzu Anträge zu stellen.

90 Befindet sich der Beschuldigte in einer Sache in Untersuchungshaft und ist **Überhaft wegen eines weiteren Haftbefehls** notiert, wird meist in beiden Fällen Fluchtgefahr der Haftgrund sein, und, weil der Fluchtgefahr schon dadurch wirksam begegnet wird, dass ein Haftbefehl vollzogen wird, kein Anlass bestehen, auch noch den Haftbefehl in der zweiten Sache zu vollziehen. **Ausnahmsweise** kann aber der **Vollzug des zweiten Haftbefehls** geboten sein, namentlich wenn die Haftbefehle aus unterschiedlichen Gründen ergangen sind, z.B. der erste Haftbefehl wegen Fluchtgefahr oder nach § 112a und der zweite wegen Verdunkelungsgefahr. Dann kann es im Einzelfall angebracht sein, die Untersuchungshaft in der ersten Sache zu unterbrechen und den Haftbefehl in der zweiten Sache zu vollziehen. Im Regelfall wird dies allerdings nicht erforderlich sind, weil es zulässig ist, bei der Anordnung von Beschränkungen nach § 119 Abs. 1 auch haftbefehlsfremde Haftgründe heranzuziehen,[248] sodass auch Haftgründe des anderen Verfahrens berücksichtigt und der dort zu erreichende Untersuchungshaftzweck gesichert werden kann. Die Regelungen des § 119 Abs. 1 bis 5 gelten nach **§ 119 Abs. 6** bei Überhaft entsprechend. Nach dem Willen des Gesetzgebers ist § 119 Abs. 6 ungeachtet dessen Wortlauts (der ausdrücklich nur die in § 116b geregelten Fallkonstellationen betrifft, in denen die Vollstreckung einer anderen freiheitsentziehenden Maßnahme derjenigen der Untersuchungshaft vorgeht) auch dann anzuwenden, wenn mehrere Haftbefehle gegen einen Beschuldigten erlassen worden sind und aus diesem Grund (weitere) Beschränkungen erforderlich sind, die über die Notwendigkeiten des vollzogenen Haftbefehls hinausgehen.[249] Die analoge Anwendung des § 119 Abs. 6 auf diese Überhaftfälle hat zur Folge, dass das Haftgericht, dessen Haftbefehl nicht vollzogen wird, befugt ist, beschränkende Anordnungen nach § 119 Abs. 1 zu erlassen. Zwar wird es in der Praxis selten notwendig sein, dass auf dieser Grundlage mehrere Haftgerichte Beschränkungen anordnen. Geschieht dies aber, kann das zu erheblichen Umständlichkeiten und Verzögerungen führen, wenn etwa Besucher die Erlaubnis mehrerer Stellen einholen müssen oder wenn Post von mehreren Stellen zu kontrollieren ist; auch kann die Zuständigkeit zweier Haftgerichte zu widersprechenden Anordnungen führen. Es verbleibt deshalb bei der von *Hilger*[250] zur alten Rechtslage (unter dem Gesichtspunkt der Doppelhaft) geäußerten Auffassung, dass solche Konstellationen zu vermeiden sind.

91 Das **Verhältnis** der Vollstreckung von Untersuchungshaft **zur Vollstreckung anderer freiheitsentziehender Maßnahmen** hat durch das UHaftÄndG vom 29.7.2009[251] in **§ 116b** eine ausdrückliche Regelung gefunden (wegen der Einzelheiten s. die Erl. zu § 116b). Die Unterbrechung von Strafhaft zur Vollstreckung von Untersuchungshaft ist rechtlich möglich; sie wird in seltenen Fällen nicht zu umgehen sein, etwa wenn sich der Verurteilte im gelockerten Vollzug in einer halboffenen Anstalt befindet oder wenn bei Verdunkelungsgefahr die Überwachung im Strafvollzug nicht gewährleistet ist (§ 455a).[252] Zuständig, die Strafvollstreckung zu unterbrechen, ist die Staatsanwaltschaft, welche die Strafe vollstreckt. Da § 116b im Verhältnis zu § 455a lex specialis ist, setzt die

248 LR/*Gärtner* § 119, 16 ff.
249 LR/*Gärtner* § 119, 152.
250 LR/*Hilger*[26] 53.
251 BGBl. I S. 2274.
252 OLG Düsseldorf JMBlNW **1957** 108; s. auch KG NStZ **2006** 695; jeweils zur früheren Rechtslage.

Unterbrechung der Vollstreckung einer Freiheitsstrafe zum Zwecke der Vollstreckung von Untersuchungshaft immer eine gerichtliche Anordnung voraus.

Die (weitere) **Beschwerde gegen** einen **Überhaftbefehl** ist nach h.M.[253] grundsätzlich zulässig. Die Problematik entspricht der zur Zulässigkeit der (weiteren) Beschwerde bei der Aussetzung des Vollzugs gemäß § 116 (§ 116, 34ff.). Schon der Bestand des Haftbefehls und die mit ihm verbundenen Überhaft-Maßnahmen (Rn. 89ff.) können erheblich in das Persönlichkeits- und Freiheitsrecht des Betroffenen eingreifen. Folgt man der h.M. zur Beschwerdemöglichkeit bei § 116 wegen der entsprechenden Fallgestaltung auch hier, so ist die (weitere) Beschwerde grundsätzlich auch in den Fällen der §§ 304 Abs. 4 Satz 2 Nr. 1, Abs. 5, 305 Satz 2, 310 Abs. 1 zulässig (§ 116, 38, 39); zweifelhaft bleibt jedoch, ob in diesen Fällen auch eine Anfechtung allein der überhaftbedingten Vollzugsbeschränkungen zulässig ist (§ 116, 41ff.). Zur Haftprüfung bei Überhaft vgl. § 117, 8. 92

5. Rechtskraft. Ein Haftbefehl kann grundsätzlich bis zum Eintritt der Rechtskraft des Urteils erlassen werden. Nach der h.M. zum Haftzweck (Rn. 19ff.) ist der Erlass noch nach dem Urteil zur **Vollstreckungssicherung** zulässig,[254] auch dann, wenn eine rechtskräftig verhängte Strafe infolge Anrechnung verbüßter Untersuchungshaft nicht mehr zu vollstrecken, wohl aber der künftige Vollzug einer freiheitsentziehenden Maßregel zu sichern ist, gegen die Rechtsmittel eingelegt wurde.[255] Unklar ist, ob nach der Mindermeinung ein Haftbefehl nach § 112 zum Zwecke der Vollstreckungssicherung unzulässig sein soll (s. dazu Rn. 22ff.). 93

Anordnung von Untersuchungshaft **nach Rechtskraft** ist **grundsätzlich unzulässig** (s. aber § 112, 11ff. zur Wiederaufnahme und Sicherungshaft.). Die Zulässigkeit kann nicht aus § 450 Abs. 1 abgeleitet werden.[256] Diese Vorschrift regelt nur die Anrechnung der Untersuchungshaft. Will die Staatsanwaltschaft nach Rechtskraft die Vollstreckung sichern, so muss sie – wenn erforderlich – gemäß § 457 Abs. 2 verfahren. Die Staatsanwaltschaft kann z.B., wenn die schriftliche Urteilsformel (§ 268 Abs. 2 Satz 1) verlesen ist und allseits Rechtsmittelverzicht erklärt wurde, den Angeklagten mündlich zum sofortigen Strafantritt laden und gegen ihn, wenn er der Flucht verdächtig ist, mündlich Haftbefehl nach § 457 Abs. 2 erlassen. Auch die Vollstreckbarkeitsbescheinigung (§ 451 Abs. 1) kann sofort erteilt werden.[257] 94

Wird ein Urteil rechtskräftig, in dem **nicht auf freiheitsentziehende Strafe oder Maßregel erkannt** wird, in dem die Vollstreckung einer erkannten Freiheitsstrafe ausgesetzt wird, oder in dem festgestellt wird, dass die erkannte Freiheitsstrafe durch Untersuchungshaft verbüßt ist, so wird bestehende Untersuchungshaft unzulässig; eine Verfahrenssicherung ist nicht mehr erforderlich. Der Haftbefehl ist aufzuheben.[258] 95

Teilweise wird vertreten, dass Entsprechendes gelten müsse, wenn ein Urteil rechtskräftig wird, in dem zwar auf eine **zu vollstreckende freiheitsentziehende** Strafe oder 96

---

253 Vgl. OLG Karlsruhe StV **2002** 317; OLG Köln MDR **1994** 609; OLG Koblenz NStZ **1990** 102 mit Anm. *Hohmann* NStZ **1990** 507; StV **1986** 442; *Hohmann* NJW **1990** 1649; *Matt* NJW **1991** 1802; JA **1991** 85; ausführlich *Schlothauer/Weider/Nobis* Rn. 830ff.

254 OLG Hamm NJW **1954** 403; KK/*Graf* § 112, 58; Meyer-Goßner/*Schmitt* § 112, 2; AK/*Deckers* § 112, 10; LR/*Hilger*[26] 1, 3; *Schneidewin* NJW **1954** 298; *Schroeder* JZ **1985** 1028; **a.A.** *Wolf* NJW **1954** 60.

255 OLG Karlsruhe NJW **1957** 312; OLG München NJW **1958** 431; KK/*Graf* § 112, 58; Meyer-Goßner/*Schmitt* § 112, 2; *Eb. Schmidt* Nachtr. I § 120, 14 (Argument aus § 124).

256 LR/*Hilger*[26] 58.

257 LR/*Hilger*[26] 58; vgl. *Bringewat* § 451, 27ff.; *Seebode* StV **1988** 124; zum nicht inhaftierten Angeklagten s. aber OLG Hamburg StV **2000** 518.

258 KK/*Schultheis* § 120, 22; Meyer-Goßner/*Schmitt* § 120, 16; KMR/*Wankel* § 120, 10; zur Zuständigkeit siehe LR/*Gärtner* § 126, 44.

Maßregel erkannt wird, sich der Angeklagte aber – trotz Bestehens eines Haftbefehls gemäß § 112 – **nicht in Untersuchungshaft** befindet (etwa bei Haftverschonung); eine Aufhebung des nach h.M. gegenstandslosen Haftbefehls auch in diesem Fall erscheine schon aus dogmatischer Sicht – als actus contrarius – angebracht.[259] Soweit *Hilger* in diesem Zusammenhang angenommen hat, in einer solchen Konstellation sprächen auch Gründe der Rechtsklarheit und -sicherheit für eine förmliche Aufhebungsentscheidung,[260] trägt die von ihm angeführte Entscheidung[261] diese Ansicht nicht. Denn diese betraf den Fall eines Freispruchs, in dem wegen des Fortbestands des (außer Vollzug gesetzten) Haftbefehls und belastender Maßnahmen nach § 116 dem Grunde nach eine Entschädigungspflicht nach dem StrEG bis zur förmlichen Aufhebung des Haftbefehls und Haftverschonungsbeschlusses angenommen wurde. Die Vergleichbarkeit ist nicht gegeben, denn die gesetzliche Verpflichtung zur Aufhebung des Haftbefehls folgt dort unmittelbar aus § 120 Abs. 1 Satz 2, und in der Konsequenz ist gemäß § 123 Abs. 1 Nr. 1 auch ein Verschonungsbeschluss aufzuheben.

97 Zu (weiteren) Einzelheiten, namentlich zur Entscheidung über eine **Sicherheitsleistung**, siehe § 123, 8 ff., § 124, 9.[262] Zu nachträglichen Entscheidungen gemäß **§ 119** siehe die Erl. bei dieser Vorschrift.

98 **Umstritten** ist, ob Haftbefehl und Untersuchungshaft nach Rechtskraft des Urteils fortbestehen, wenn der in Untersuchungshaft befindliche Angeklagte zu einer zu vollstreckenden Freiheitsentziehung (Strafe, Maßregel) verurteilt worden ist. Nach der h.M. wird in diesen Fällen der Haftbefehl mit **Eintritt der Rechtskraft** gegenstandslos;[263] er kann, muss aber nicht aufgehoben werden. Untersuchungshaft wandelt sich automatisch (ohne förmliche Einleitung der Vollstreckung) in Strafhaft (Maßregelvollzug),[264] nach einer vermittelnden Meinung in sog. Vollstreckungshaft. Haftprüfung und -beschwerde werden in der Regel[265] gegenstandslos.[266] Nach einer anderen Meinung[267] be-

259 LR/*Hilger*[26] 59; generell eine (konstitutive) Aufhebungsentscheidung fordernd: SK/*Paeffgen* § 120, 14.
260 LR/*Hilger*[26] 59.
261 OLG Düsseldorf NStZ **1999** 585.
262 S. auch LR/*Gärtner* § 126, 45.
263 BVerfG NJW **2005** 3131; BVerfGE **9** 160; KG NStZ **2012** 230 = StV **2011** 740 = StraFo **2011** 369; OLG Düsseldorf NStZ **1981** 366; Rpfleger **1984** 73; StV **1988** 110 mit Anm. *Paeffgen* NStZ **1989** 520; NStZ **1999** 585; OLG Hamburg MDR **1977** 949; NJW **1977** 210; OLG Hamm NStZ **2009** 655; **2008** 582; StraFo **2002** 100 mit Anm. *Nobis*; OLG Karlsruhe MDR **1980** 598; OLG Köln JMBlNRW **2005** 22; OLG Schleswig GA **1983** 186; bei *Ernesti/Lorenzen* SchlHA **1986** 97, 104; bei *Lorenzen/Thamm* SchlHA **1991** 124; OLG Stuttgart Justiz **1984** 213; s. auch OLG Frankfurt NStZ-RR **2003** 143; **a.A.** OLG Braunschweig MDR **1950** 755; OLG Celle NJW **1963** 2240; OLG Frankfurt NJW **1979** 665. S. auch die Erl. zu § 450.
264 Vgl. dazu BGHSt **38** 63; BGH bei *Kusch* NStZ **1993** 31; KG NStZ **2012** 230 = StV **2011** 740; OLG Celle NdsRfl. **2012** 75; OLG Düsseldorf NStZ **1999** 585; OLG Karlsruhe NJW **1964** 1085; OLG München Rpfleger **1964** 370; OLG Köln NJW **1966** 1829; OLG Hamburg NJW **1977** 210; MDR **1977** 949; OLG Stuttgart Justiz **1979** 144; OLG Schleswig bei *Ernesti/Lorenzen* SchlHA **1986** 104; ähnlich: OLG Bremen MDR **1966** 349; OLG Celle NJW **1963** 2240; NStZ **1985** 188; OLG Düsseldorf NStZ **1981** 366; StV **1988** 110 mit Anm. *Paeffgen* NStZ **1989** 520 (Untersuchungshaft geht in Vollstreckungshaft über); offen gelassen durch BGHSt **20** 65; **a.A.** OLG Braunschweig MDR **1950** 755; OLG Frankfurt NJW **1979** 665. Eingehend mit weiteren Nachweisen zur Problematik *Seebode* StV **1988** 119 ff.; (Vollzug) 97 ff.; *Bringewat* § 450, 9, 10 (Vollstreckungshaft); *Linke* JR **2001** 358.
265 Zur nachträglichen Feststellung der Rechtswidrigkeit s. § 114, 39.
266 OLG Bremen NJW **1963** 1024; MDR **1966** 349; OLG Düsseldorf NStZ **1981** 366; StV **1988** 110 mit Anm. *Paeffgen* NStZ **1989** 520 (auch zur Frage des Rechtsbehelfs); OLG Hamburg NJW **1977** 210; MDR **1977** 949; OLG Karlsruhe MDR **1980** 598; OLG Köln NJW **1966** 1829; OLG München Rpfleger **1964** 370; KK/*Schultheis* § 120, 22; Meyer-Goßner/*Schmitt* § 117, 13; **a.A.** OLG Celle NJW **1963** 2240 (Haftbefehl ist Grundlage der Vollstreckungshaft); OLG Frankfurt NJW **1979** 665 (erst nach Strafantritt).
267 OLG Braunschweig MDR **1950** 755; OLG Frankfurt NJW **1979** 665; OLG Hamm JZ **1967** 185; *Linke* JR **2001** 358; *Schlothauer/Weider/Nobis* Rn. 1007 ff., 1012 ff.; *Schweckendieck* NStZ **2011** 10, 13.

steht die Untersuchungshaft bis zur (förmlichen) Einleitung der Vollstreckung zu deren Sicherung fort. Nach einer dritten Auffassung[268] ist die Fortdauer der Haft zwischen Eintritt der Rechtskraft und Einleitung der Vollstreckung rechtswidrig.

Die **h.M.** (automatischer Eintritt von Strafhaft/Maßregelvollzug) und die vermit- **99**
telnde Auffassung (Vollstreckungshaft) vertreten die für die Praxis **brauchbarsten Lösungen.** Eine Fortdauer der Untersuchungshaft ist nicht möglich. Der Haftbefehl ist gegenstandslos geworden.[269] Diese Ansicht findet nunmehr in § 47 Abs. 3 Satz 1 ihre Bestätigung; diese Norm enthält eine Fiktion des Wiederauflebens des Haftbefehls, der unter den dort genannten Voraussetzungen „wieder wirksam" wird, was zugrunde legt, dass er durch die eingetretene Rechtskraft zunächst unwirksam (prozessual überholt, gegenstandslos) geworden war.[270] Andererseits wird in der Regel ein Sicherungsbedürfnis bestehen. Materielle Rechtsgrundlage der Vollstreckung ist das Urteil. Allein die formelle Rechtsgrundlage gemäß § 451 Abs. 1 fehlt, bei der vermittelnden Lösung der Haftbefehl gemäß § 457 Abs. 2. In der Praxis dürfte dieses Problem oft zu lösen sein, indem unverzüglich die Vollstreckung eingeleitet wird[271] (Rn. 94). Für die Fälle, in denen dies nicht möglich ist, wird gefordert, es solle im Vollstreckungsrecht eine klarstellende gesetzliche Regelung über die Zulässigkeit der Fortdauer der Haft getroffen werden.[272] Zum rechtlichen Schicksal von Haftverschonungsanordnungen beim Rechtskrafteintritt s. § 123, 8 ff. Zur Zuständigkeit siehe § 126, 43.

Ist der Verurteilte der Auffassung, dass sich die Untersuchungshaft nicht automa- **100**
tisch in Strafhaft (oder Vollstreckungshaft) verwandelt hat, so kann er gemäß § 458 Abs. 1, § 462 Abs. 1 Satz 1 **Einwendungen** gegen die Zulässigkeit der **Strafvollstreckung** erheben.[273] Nr. 55 RiStBV findet in den genannten Fällen, falls die Haft als Strafhaft oder Vollstreckungshaft fortdauern soll, keine Anwendung.

Für eine kurze **Übergangszeit** war nach der Rechtsprechung des BVerfG die Folge **101**
der Gegenstandslosigkeit, dass ggf. ein neuer Haftbefehl erlassen werden musste, wenn ein Wiedereintritt in das Verfahren möglich war bzw. erfolgte, etwa wenn **Wiedereinsetzung** gegen die Versäumung der Revisionsfrist gewährt wurde.[274] Entsprechendes galt für die einstweilige Unterbringung nach § 126a. Der durch Art. 14 Nr. 1 des 2. JuMoG eingefügte **§ 47 Abs. 3** regelt nunmehr, dass – wenn die Wiedereinsetzung die Rechtskraft einer gerichtlichen Entscheidung durchbricht – die Haft- und Unterbringungsbefehle sowie sonstige Anordnungen, die im Zeitpunkt des Eintritts der Rechtskraft bestanden, wieder wirksam werden. Allerdings ordnet bei einem Haft- oder Unterbringungsbefehl das die Wiedereinsetzung gewährende Gericht dann dessen Aufhebung an, wenn sich ohne weiteres ergibt, dass dessen Voraussetzungen nicht mehr vorliegen. Andernfalls hat das nach § 126 Abs. 2 zuständige Gericht unverzüglich eine Haftprüfung durchzuführen. Die genannte Pflicht zur Aufhebung ergibt sich grundsätzlich schon aus § 120 Abs. 1. Die Haftprüfung richtet sich nach den §§ 117 ff.

---

268 SK/*Paeffgen* § 120, 19; *Seebode* StV **1988** 119; (Vollzug) 97 ff., 106; *Ostermann* StV **1993** 52; *Kühne* 424.1; *Lammer* FS AG Strafrecht DAV S. 1003.
269 BVerfG NJW **2005** 3131; BVerfGE **9** 160; SK/*Paeffgen* § 120, 14, 17.
270 Meyer-Goßner/*Schmitt* § 47, 3; KK/*Graf* 20; *Schlothauer/Weider/Nobis* Rn. 1008; s. auch BVerfG NJW **2005** 3131.
271 *Seebode* StV **1988** 124.
272 SK/*Paeffgen* § 120, 19 f.; LR/*Hilger*[26] 61.
273 OLG Düsseldorf StV **1988** 110 mit krit. Anm. *Paeffgen* NStZ **1989** 520 (§ 23 EGGVG). S. auch Rn. 98.
274 Vgl. BVerfG NJW **2005** 3131; eingehend hierzu LR/*Graalmann-Scheerer* § 46, 15 ff.; s. auch *Mosbacher* NJW **2005** 3110; *Burhoff* StraFo **2006** 60.

102 **6. Privatklage.** Im Privatklageverfahren sind Untersuchungshaft und einstweilige Unterbringung ausgeschlossen.[275] Dies lässt sich schon aus § 387 Abs. 3 ableiten. Denn diese Vorschrift lässt, wenn der Angeklagte im Privatklageverfahren ausbleibt, nur die Vorführung, aber keinen Haftbefehl zu. Auch aus dem Gegensatz zu § 230 Abs. 2 kann auf die **Unzulässigkeit der Untersuchungshaft** im Privatklageverfahren geschlossen werden.[276] Ausschlaggebend ist aber wohl die Erwägung – die auch das gesetzgeberische Motiv für § 387 Abs. 3 sein dürfte –, dass nach dem Grundsatz der **Verhältnismäßigkeit** der schwere Eingriff der Untersuchungshaft bei solchen Delikten ausgeschlossen ist, die zu verfolgen der Staat dem Privaten überlässt, weil kein öffentliches Interesse besteht, das von Amts wegen zu tun. Auch die einstweilige Unterbringung scheidet aus ähnlichen Erwägungen aus. Kommt Untersuchungshaft oder einstweilige Unterbringung in Betracht, was nach der Art der Delikte ohnehin selten der Fall sein wird, liegt die Verfolgung im öffentlichen Interesse (§ 376).[277]

103 **7. JGG.** Die Anordnung von Untersuchungshaft ist grundsätzlich auch im jugendgerichtlichen Verfahren zulässig. Allerdings scheidet Untersuchungshaft – jedenfalls in der Regel – als unverhältnismäßig aus, wenn Jugendstrafe nicht in Betracht kommt.[278] Spezielle Regelungen zur Untersuchungshaft enthalten die §§ 68, 72, 72a JGG. § 68 Nr. 5 JGG regelt die unverzügliche Bestellung eines Pflichtverteidigers, wenn Untersuchungshaft oder einstweilige Unterbringung gegen einen noch nicht 18jährigen vollstreckt wird. § 72 JGG, eine besondere Ausformung des Verhältnismäßigkeitsprinzips,[279] betont in Absatz 1 namentlich die Subsidiarität der Untersuchungshaft gegenüber anderen jugendrechtlichen Maßnahmen (vgl. z.B. § 71 JGG).[280] Außerdem wird darauf hingewiesen, dass bei der Prüfung der Verhältnismäßigkeit die besonderen Belastungen des Vollzuges für Jugendliche zu berücksichtigen sind. Des Weiteren wird in § 72 Abs. 1 Satz 3 JGG eine besondere Begründungspflicht dahin bestimmt, dass im Haftbefehl die Gründe anzuführen sind, warum mildere Alternativmaßnahmen nicht ausreichen und die Untersuchungshaft nicht unverhältnismäßig ist.[281] Absatz 2 schränkt die Zulässigkeit der Untersuchungshaft wegen Fluchtgefahr gegen 14- und 15jährige Jugendliche ein. Absatz 5 betont das Beschleunigungsprinzip in besonderer Weise.[282] § 72a JGG regelt die Einschaltung der Jugendgerichtshilfe als Haftentscheidungshilfe (Rn. 104),[283] § 72b JGG den Verkehr bestimmter Personen mit dem inhaftierten Jugendlichen.

---

275 H.M.; KK/*Graf* § 112, 59; SK/*Paeffgen* § 112, 50; ausführliche Nachweise bei den Erl. zu § 387.
276 *Eb. Schmidt* Nachtr. I § 112, 2; **a.A.** *Sangmeister* **1964** 16.
277 Vgl. die Erl. zu §§ 376, 387.
278 Vgl. *Eisenberg* JGG § 72, 3, 5; *Eisenberg* NStZ **2003** 131; KMR/*Wankel* § 112, 26; **a.A.** OLG Hamburg StV **1994** 590 mit krit., im Ergebnis aber zust. Anm. *Rzepka*: U-Haft gegenüber Jugendlichen und Heranwachsenden sei auch dann zulässig, wenn Jugendstrafe nicht zu erwarten ist, sofern die Durchführung der Hauptverhandlung aus generalpräventiven Überlegungen erforderlich, aber ohne die Haft nicht erreichbar sei; anders mit Recht LG Hamburg StV **1994** 593: Belange der Generalprävention dürfen bei Erlass eines Haftbefehls gegen Jugendliche und Heranwachsende keine Rolle spielen; ebenso KMR/*Wankel* 32.
279 Vgl. z.B. OLG Hamm StV **1996** 275.
280 Vgl. OLG Hamm StV **2002** 432; OLG Karlsruhe StraFo **2010** 206; OLG Zweibrücken NStZ-RR **2001** 55; StV **2002** 433; s. auch *Hotter* 73 ff., 109 ff., 303 ff. In Betracht kommen z.B. Maßnahmen nach dem KJHG.
281 OLG Hamm NStZ **2010** 281; OLG Karlsruhe StraFo **2010** 206; OLG Köln Beschl. v. 20.7.2007 – 2 Ws 369/07 – (juris) = StRR **2008** 35 mit Anm. *Mertens*.
282 Siehe dazu OLG Naumburg StraFo **2007** 506.
283 Aus rechtstatsächlicher Sicht vgl. *Eberitzsch* Haftentscheidungshilfe, ZJJ **2012** 296 ff.

VI. Haftentscheidungshilfe

Die **Haftentscheidungshilfe** ist keine Institution. Sie ist ein Verfahren der Strafverfolgungsbehörden und Gerichte, nämlich die auf die §§ 160, 161, 117 Abs. 3 (analog) gestützte[284] Einschaltung geeigneter öffentlicher und nichtöffentlicher Stellen. Ziel ist die Ermittlung und Nutzung der dort oder durch diese Stellen erreichbaren Erkenntnisse über die persönlichen Verhältnisse und das soziale Umfeld des Beschuldigten, um eine **bessere Entscheidungsgrundlage** für Haftentscheidungen zu erhalten. Das Verfahren hat sich in zahlreichen Modellversuchen der Länder bewährt.[285] Üblicherweise werden Sozialdienste der Justiz (Gerichtshilfe, Jugendgerichtshilfe, Bewährungshilfe)[286] ersucht, möglich ist aber auch die Einschaltung freier Straffälligenhilfen, von Suchtberatungsstellen, freier Träger von Jugendwohnmodellen und ähnlicher vertrauenswürdiger Institutionen. Die Klärung der Persönlichkeit des Beschuldigten, seiner persönlichen Verhältnisse und des sonstigen haftentscheidungserheblichen sozialen Umfeldes mit Hilfe dieser Stellen sollte **möglichst vor der Entscheidung** über den Erlass eines Haftbefehls erfolgen; dies dürfte in vielen Fällen (trotz der Eilbedürftigkeit mancher Haftentscheidungen) bei entsprechender Voraussicht und Organisation auch möglich sein. Sie sollte jedenfalls unverzüglich erfolgen. Das Verfahren kann auch als **Haftvermeidungshilfe**[287] genutzt werden, nämlich um durch geeignete sozialhelfende (z.B. Beschaffung von Wohnung, Arbeitsplatz) und therapeutische Betreuungsmaßnahmen Haftgründe, namentlich Fluchtgefahr, auszuräumen (§ 112, 118 ff.) oder wenigstens den Einsatz milderer Alternativen (§ 116) zu ermöglichen. Die Einschaltung der genannten Stellen unterbleibt, wenn eine Gefährdung der Ermittlungen zu befürchten ist. **104**

VII. Nato-Truppenstatut

Die §§ 112 ff. sind auch dann anzuwenden, wenn in Ausübung deutscher Gerichtsbarkeit ein Haftbefehl gegen ein Mitglied der Stationierungsstreitkräfte ergeht und die Untersuchungshaft auf der Grundlage dieses Haftbefehls nach Art. 22 Abs. 3 des Zusatzabkommens im Gewahrsam des Entsendestaates vollzogen wird.[288] Wurde der Beschuldigte nach dem Nato-Truppenstatut aufgrund einer Haftentscheidung des Entsendestaates inhaftiert, so wird nicht deutsche Untersuchungshaft vollzogen, die §§ 121 ff. gelten grundsätzlich nicht.[289] Die Zusammenarbeit zwischen den Strafverfolgungsbehörden und den Behörden des Entsendestaates für die Fälle, in denen die Entsendebehörden die Gerichtsbarkeit ausüben, ist in Teil II, Kapitel 1, Artikel 4a des Gesetzes zum Nato- **105**

---

284 Siehe auch §§ 38 Abs. 2, 72a JGG.

285 Zu Einzelheiten *Beese* BewHi. **1981** 7; *Cornel* (Vermeidung) 4 ff.; MSchrKrim. **1987** 65; NKrimPol. **1989** 41; StV **1994** 202; BewHi. **1994** 393; *Dünkel* NKrimPol. **1994** 20; StV **1994** 610; *Eisenberg/Tóth* GA **1993** 293; *Geiter* 81 ff., 169 ff., 262 ff., 320 ff., 334 ff., 344 ff.; *Geiter/Schuldzinski/Walter* BewHi. **1994** 425; *Hardraht* BewHi. **1980** 182; **1981** 1; *Hubert* ZfJ **1995** 439; *Jehle* 279; BewHi. **1994** 373; *Kawamura* BewHi. **1994** 409; *Middelhof* DVJJ-Journal **1991** 400; *Paeffgen* (Dogmatik) 170; *Schöch* FS Leferenz 137; *Schlothauer/Weider/Nobis* Rn. 526, 536, 541, 601, 677, 698; *Seebode* in: Koop/Kappenberg 194; ZfStrVo **1988** 268; *Villmow* FS Schwind 469. Vgl. auch den Vorschlag eines neuen § 131a im SPD-Entwurf BTDrucks. **11** 688. Anders möglicherweise bei Jugendlichen – vgl. z.B. *Hotter* 197 ff.; *Villmow/Robertz* 70, 87 ff.

286 Zur Gerichtshilfe siehe die Erl. zu § 160; *Geiter* 62 ff., 342.

287 S. auch *Hotter* 73 ff., 109 ff., 303 ff.; *Mayer* 34 ff., 351.

288 OLG Hamm JMBlNW **1974** 166; NStZ **1981** 272; OLG Koblenz NJW **1974** 2193; **a.A.** SK/*Paeffgen* § 121, 4a; OLG Frankfurt NJW **1973** 2218; *Marenbach* NJW **1974** 394. Zum Ausgehverbot (Restriktion) aufgrund eines Haftbefehls s. OLG Zweibrücken NJW **1975** 2150; *Schwenk* JZ **1976** 581; vgl. auch LR/*Kühne* Einl. Rn. E 7; *Dunn* NJW **1979** 1747; *Marenbach* NJW **1978** 2434.

289 KK/*Graf* 14; zu Einzelheiten s. LR/*Gärtner* § 121, 31.

Truppenstatut näher geregelt.[290] Nato-Truppenstatut und Zusatzabkommen gelten nicht im Beitrittsgebiet.[291]

VIII. Anrechnung, Entschädigung

106 Die Untersuchungshaft ist grundsätzlich auf eine erkannte zeitliche Freiheitsstrafe und Geldstrafe anzurechnen (§ 51 StGB).[292] **Art. 5 Abs. 5 EMRK** regelt für den Fall rechtswidriger Festnahme oder Freiheitsentziehung einen verschuldensunabhängigen Schadensersatzanspruch aus Gefährdungshaftung (mit deliktsähnlichem Einschlag) gegen den Staat.[293] Dieser besteht neben Ansprüchen aus dem StrEG und dem BGB. Er umfasst auch immaterielle Schäden[294] und verjährt entsprechend § 195 BGB in drei Jahren.[295] Wird der Beschuldigte nicht verurteilt, so richtet sich die Entschädigung für das „Sonderopfer" der Untersuchungshaft (Rn. 59) nach dem **StrEG.**[296] Außerdem kann die Anordnung oder Unterlassung einer Maßnahme nach den §§ 112ff., §§ 131ff. einen Schadensersatzanspruch gemäß **Art. 34 GG, § 839 BGB** begründen, so etwa die Verletzung der Benachrichtigungspflicht gemäß Art. 104 Abs. 4 GG.[297] Zur Bedeutung der neuen Regelungen über den Ausgleich für unangemessen lange Ermittlungs- und Gerichtsverfahren in **§§ 198, 199 GVG** s. die Erl. zu diesen Vorschriften.[298] Schließlich kann im Zusammenhang mit Untersuchungshaft auch ein Schadensersatzanspruch gegen den Verteidiger entstehen,[299] etwa wegen fehlerhafter Beratung. Zur Erstattung von Auslagen in Haftsachen vgl. die Erl. zu § 464a.

IX. Rechtswirklichkeit; Statistik

107 Die Zahl der jährlichen Haftanordnungen und die Haftdauer waren ab 1981 verstärkt Gegenstand der rechtspolitischen Diskussion. Die statistischen Angaben hierzu können zwar im Wesentlichen der **Strafverfolgungsstatistik** und den **Geschäftsstatistiken** der Justizvollzugsämter entnommen werden. Die Zahlen in diesen Statistiken besitzen aber nur einen begrenzten Aussagewert.[300] Die Geschäftsstatistiken[301] erfassen zu Ver-

290 BGBl. II 1993, 2594.
291 Einigungsvertrag Art. 11, Anl. I Kap. I Abschnitt I Nr. 5, 6.
292 Vgl. *Schlothauer/Weider/Nobis* Rn. 1314ff.
293 Vgl. dazu LR/*Esser*[26] EMRK Art. 5, 375ff.; s. auch EGMR *Dželili v. Deutschland*, 65745/01, Urt. v. 10.11.2005 = StV **2006** 474 mit Anm. *Pauly* (Wegfall der Opfereigenschaft).
294 BGH NJW **1993** 2927; NStZ **2010** 229.
295 BGHZ **45** 58 (§ 852 BGB a.F.); s. BVerfG NJW **2005** 1567.
296 S. auch EGMR *A.L. v. Deutschland*, 72758/01, Urt. v. 28.4.2005 = NJW **2006** 1113 (keine Entschädigung für rechtmäßige Haft); zu Besonderheiten im Jugendstrafverfahren vgl. OLG Stuttgart NStZ **2014** 120 = ZKJ **2013** 508 mit krit. Anm. *Eisenberg* 491.
297 *Maunz/Dürig* Art. 104, 43. Zum Schadensersatz, wenn ein Haftbefehlsantrag nicht gestellt wird, s. BGH NJW **1996** 2373. Zur Amtspflichtwidrigkeit eines Haftbefehlsantrages vgl. BGH StV **2004** 330; **1998** 150; LG Dortmund StV **2005** 451. Zum Schadensersatz wegen der Art des Vollzuges s. z.B. BVerfG StV **2006** 708 mit krit. Anm. *Ostendorf/Nolte*; BGH JR **2004** 292 mit Anm. *Deiters*; BGHZ **161** 33; OLG Karlsruhe NJW-RR **2005** 1267; LG Hannover StV **2003** 568; LG Karlsruhe StV **2004** 550. Vgl. auch *Sommer* 16 sowie LR/*Gärtner* § 119 Fn. 3.
298 Vgl. auch *Graf* Das neue Gesetz über den Rechtsschutz bei überlangen Gerichtsverfahren und strafrechtlichen Ermittlungsverfahren – Beschleunigungsimpuls für die Praxis oder neuer Anreiz für Verständigungen im Strafverfahren? NZWiSt **2012** 121ff.
299 S. dazu z.B. BGH NJW **2004** 3630 = StV **2004** 661 (§ 116, Kaution); KG NJW **2005** 1284 = StV **2005** 449; *Schlothauer/Weider/Nobis* Rn. 609.
300 Vgl. auch AK/*Deckers* § 112, 7.
301 Vgl. Statistisches Bundesamt, Rechtspflege, Strafvollzug Qualitätsbericht Punkt 7, www.destatis.de.

waltungszwecken den Haftbestand und die -bewegungen von Untersuchungsgefangenen zu bestimmten Zeitpunkten. Die Strafverfolgungsstatistik[302] erfasst im Wesentlichen deliktsbezogen die jährliche Zahl der Haftanordnungen, nebst Haftgründen und Haftdauer oder nebst Art der späteren Entscheidung, jedoch nicht die Fälle von Untersuchungshaft, in denen das Verfahren schon vor Anklageerhebung eingestellt oder die Eröffnung abgelehnt wird.[303]

Beide Statistiken ermöglichen damit **keine tiefergehende**, einigermaßen verlässli- **108**
che **Analyse** einer Veränderung der jährlichen Haftzahlen. Zwar lässt sich z.B. über die Strafverfolgungsstatistik, soweit veröffentlicht, ermitteln, in welchen Deliktsbereichen sich Haftanordnungen oder -dauer verstärkt verändert haben und wo möglicherweise in der Haftpraxis „Änderungsspielräume" liegen könnten.[304] Eine genauere Erforschung der Veränderung von Haftzahlen, namentlich ein Ermitteln und Erklären der Ursachen (z.B. gesellschaftliche, insbesondere soziologische Änderungen; Anwachsen bestimmter Kriminalität; Änderung des Anzeigeverhaltens; verbesserte Aufklärung; „härteres Durchgreifen" der Praxis?) ist jedoch über die in den Statistiken veröffentlichten Erkenntnisse nicht möglich.[305] Unverkennbar ist aber, dass die Zahl der Haftanordnungen in der Zeit nach 1982 – möglicherweise infolge der öffentlichen Diskussion über die Haftpraxis und der wissenschaftlichen Reformdiskussion – vorübergehend gesunken, in den Jahren nach 1989 aber wieder angestiegen ist.[306] Nach einem relativen Höchststand im Jahr 1993 (Bestand von knapp 19.000 in Untersuchungshaft befindlichen Gefangenen zum Stichtag 31.12.1993) kam es in der Folgezeit zunächst zu einer kontinuierlichen Verringerung (10.982 Personen in Untersuchungshaft zum 30.11.2012 bzw. 10.898 zum 31.8.2014), bevor es im Jahr 2015 zu einem leichten Anstieg (11.751 Personen im Untersuchungshaftvollzug zum 31.8.2015) und in der Folgezeit schließlich zu einem nicht unerheblichen Anwachsen (13.389 Personen in Untersuchungshaft zum Stichtag

---

302 Statistisches Bundesamt, Rechtspflege, Fachserie 10, Reihe 3, Tabellen 6.1 und 6.2. Weitere Zahlen bei Stat. Bundesamt, Rechtspflege, Fachserie 10, Reihe 2.3 (Strafgerichte), z.B. Tabelle 1.1 und 6.1, sowie Reihe 2.6 (Staatsanwaltschaften) Tabelle 5.1; s. www.destatis.de.

303 Vgl. *Gebauer* 44 ff.

304 Vgl. *Gebauer* KrimPäd. **1993** 20 ff.; *Hilger* NStZ **1989** 107 ff. S. aber *Jehle* (Untersuchungshaft bei Jugendlichen) 3, 9, 28, 91 (Rückgriff auf nicht publizierte Teile der Statistik).

305 Zu statistischen Einzelfragen und -ergebnissen *Cornel* (Vermeidung) 4; MSchrKrim. **1987** 65; StV **1994** 202; **1994** 628; NKrimpol. **2002** 42; *Deckers* FS Koch 151; AK/*Deckers* § 112, 6, 7; *Schlothauer/Weider/Nobis* Rn. 6; *Dünkel* ZfStrVo. **1985** 334; NKrimPol. **1994** 20; StV **1994** 610; *Eisenberg/Tóth* GA **1993** 293; *Gebauer* 44 ff.; KrimPäd. **1993** 20 ff.; StV **1994** 622; *Geiter* 43 ff., 218 ff.; *Hassemer* StV **1984** 38; *Heinz* BewHi. **1987** 5; *Heinz* in: Strafrechtliche Probleme der Gegenwart (1995) 85; *Hilger* NStZ **1989** 107; *Hoch* S. 155 in Jehle/Hoch; *Hotter* 17 ff., 30 ff.; *Kühl* StV **1988** 355; *Langner* 20, 125, 129 ff., 137, 171, 191, 200 ff., 208; *Schöch* FS Lackner 991; *Steinhilper* ZfStrVo. **1985** 140; *Abenhausen* 108 ff.; *Amendt* 21 ff.; *Dessecker/Geissler-Frank* 216 ff.; *Hiltl* 22 ff.; *Jabel* 46 ff.; *Jehle* 31, 80, 109 ff.; BewHi. **1994** 373; (Untersuchungshaft bei Jugendlichen) 2, 18 ff.; *Kaiser/Kerner/Schöch* 91 ff.; *Kalinowsky* Rechtsextremismus und Strafrechtspflegerecht 162, 176; *Krümpelmann* 45 ff.; *Kury* (Situation) 90 ff.; *Seebode* (Vollzug) 14 ff.; (Kolloquium) 169; in: Koop/Kappenberg 28 ff.; ZfStrVo **1988** 268; StV **1989** 118; *Villmow* FS Schwind 469; *Weinknecht* 47 ff.; *Wiegand* StV **1983** 437; *Wolter* (Kolloquium) 89; ZStW **93** (1981) 452; BTDrucks. **9** 1735 (zu § 116); BTDrucks. **9** 2404, S. 4; s. auch *Frommel* KJ **1994** 323; *Münchhalffen/Gatzweiler* Rn. 4 ff. Mit Recht weisen *Schlothauer/Weider/Nobis* Rn. 950, Fn. 240, darauf hin, dass die in manchen Untersuchungen vorgenommene Auswertung nur der veröffentlichten Rechtsprechung zu nicht repräsentativen Ergebnissen führen wird.

306 Vgl. Strafverfolgungsstatistik 2004 Tabellen 6.1, 6.2 – www.destatis.de: etwa 32.000 Haftanordnungen; dazu s. auch Statistik Strafgerichte 2004 Tabelle 1.1: 110 000 amtsgerichtliche Haftentscheidungen (2005: 109 000); *Schlothauer/Weider/Nobis* Rn. 6; *Cornel* StV **1994** 202; *Deckers* NJW **1994** 2261; *Dünkel* NKrimpol. **1994** 20; StV **1994** 610; *Gebauer* KrimPäd. **1993** 20 (Versuch einer Analyse); s. auch *Brunner/Dölling* § 72, 1 JGG; *Eisenberg* § 72, 4 ff. JGG; Grünbuch der Kommission (Fn. 40).

31.3.2016) kam.[307] Wegen der möglichen Ursache nachlassender obergerichtlicher Kontrolle s. Rn. 112.

X. Reform

109 Eine Reform[308] des Haftrechts, insbesondere mit dem Ziel der Reduzierung[309] der Haftanordnungen und der Haftdauer, wurde lange, verstärkt ab 1982, hauptsächlich von der Anwaltschaft und im wissenschaftlichen Schrifttum, gefordert.[310] Zahlreiche **Vorschläge**[311] wurden unterbreitet, z.B.:

– Einrichtung einer besonderen Zulässigkeitsschwelle, Präzisierung (Einengung) der Haftgründe und stärkere Berücksichtigung des Verhältnismäßigkeitsprinzips,
– Verbesserung der Entscheidungsgrundlagen,
– Erhöhung des Haft-Begründungszwangs,
– frühzeitige Überprüfung der Haftanordnung, Verbesserung der Verteidigungsmöglichkeiten und der Effektivität der geltenden Haftkontrollmittel,
– Verbesserung der Haftalternativen,
– zeitliche Haftobergrenze,
– Streichung der §§ 112 Abs. 3, 112a, 115a.

---

307 Statistisches Bundesamt, Rechtspflege, Fachserie 10, Reihe 3 („Bestand der Gefangenen und Verwahrten in den deutschen Justizvollzugsanstalten nach ihrer Unterbringung auf Haftplätzen des geschlossenen und offenen Vollzuges jeweils zu den Stichtagen 31. März, 31. August und 30. November eines Jahres"); s. auch *Ostendorf* NKrimpol. **2009** 126 ff.

308 Zum Vorschlag (Leitgedanken) der Europ. Kommission, Untersuchungshaft durch eine Überwachungsmaßnahme ohne Freiheitsentzug zu ersetzen, vgl. Grünbuch der Kommission Fn. 36 sowie Rn. 113; BRDrucks. 711/04; BRAK Nachrichten aus Brüssel Rs. 17/2004; BRAK Rundschreiben 105/2005.

309 Zu (abgelehnten) Entwürfen mit dem Ziel der Ausweitung des Haftrechts vgl. z.B. BRDrucks. 45/03; BRDrucks. 459/03 (teilw. identisch); BRDrucks. 552/04; BTDrucks. **15** 3651; BTDrucks. **15** 4489; 157. BTSitzg. vom 17.2.2005 Plenarprot. **15** 157, S. 14747 ff.; DAV Stellungn. 29/2003. S. auch BTDrucks. **16** 1110 (zu §§ 116, 121, 126a).

310 *Brüssow* AnwBl. **1983** 115; AnwBl. **1984** 34; FS Koch 57 ff.; *Gatzweiler* StraFo **2001** 187; *Schlothauer* StV **1984** 48; *Stab* NJW **1983** 1039; DAV-Stellungnahme Juni 1986; DAV-Pressedienst vom 23.6.1988; 9. Strafverteidigertag **1985** 47; 13. Strafverteidigertag **1989** 65, 274; Thesenpapier der AG 5 des 39. Strafverteidigertags **2015**; https://www.strafverteidigervereinigungen.org/Strafverteidigertage/strafverteidigertag2015.html (abgerufen am 13.6.2018); SPD-Pressedienst 79/84 vom 22.2.1984; BTDrucks. **9** 2404, S. 4; recht 17/1983; 83/1983; 11/1987; 26/1988; 42/1988; 64/1989; 69. BTSitzg. vom 11.3. 1988 Plenarprot. **11** 69, S. 4685; 103. BTSitzg. vom 27.10.1988 Plenarprot. **11** 103, S. 7157, 7205. Weitere Nachweise in der folg. Fn.

311 Zu Einzelheiten, auch zur Haftpraxis, z.B.: *Abenhausen*, Untersuchungshaft und Massenmedien in: *Jung/Müller-Dietz* (Reform) 205 ff.; ASJ-Thesen (1984); Deutsche Vereinigung für Jugendgerichte (1981), Thesen 441 ff.; *DAV* StraFo **2000** 145; *Deckers* FS Koch 151; AnwBl. **1983** 420; NJW **1994** 2261; Fachausschuss I des Bundeszusammenschlusses für Straffälligenhilfe in: *Jung/Müller-Dietz* (Reform) 6 ff.; *Fülber* 147; *Gatzweiler* StraFo **1999** 325; *Gebauer* 26, 389 ff.; KrimPäd. **1993** 20; *Geiter* 39; *Grau* NStZ **2007** 10; *Hermes* 244 ff.; *Jabel* 8 ff., 20 ff., 62 ff., 203 ff.; *Jehle* 272; BewHi. **1994** 373; *Jung* in: *Jung/Müller-Dietz* (Reform) 79 ff., 91; *Koop* in: Koop/Kappenberg 9 ff.; *Krauß* in: Müller-Dietz Strafrechtsdogmatik und Kriminalpolitik (1971) 176; *Kropp* ZRP **2005** 96; *Kury* (Situation) 88 ff.; *Müller-Dietz* (Kolloquium) 219 ff.; StV **1984** 79 ff.; *Paeffgen* (Dogmatik) 206 ff.; (Kolloquium) 113 ff.; *Schöch* FS Lackner 992 ff; *Seebode* (Vollzug) 43 ff.; (Kolloquium) 169; in: Koop/Kappenberg 28 ff., 177 ff.; ZfStrVo. **1988** 268; StV **1989** 118; *Weinknecht* 227, 276; *Wolter* (Aspekte) 40 ff.; (Kolloquium) 89 ff.; ZStW **93** (1981) 452; *Böhm* FS Dünnebier 677 ff.; *Cornell* (Vermeidung) 4 ff.; MSchrKrim. **1987** 65 ff.; StV **1994** 202; *Danckert* BRAK-Mitt. **1988** 116; *Dünkel* ZfStrVo. **1985** 334; NKrimpol. **1994** 20; StV **1994** 610; *Eisenberg/Tóth* GA **1993** 293; *Gropp* JZ **1991** 804; *Hassemer* AnwBl. **1984** 64; *Heinz* BewHi. **1987** 5; *Kraushaar* NStZ **1996** 528; *Kühl* StV **1988** 355; *Matt* JA **1991** 85; *Schlothauer* StV **1984** 48; *Schubarth* AnwBl. **1984** 69 ff.; *Steinhilper* ZfStrVo. **1985** 140; *Villmow* FS Schwind 469; LR/*Wendisch*[24] Vor § 112, 14 ff.; AK/*Deckers* § 112, 38. Zu § 126a siehe das dort angegebene Schrifttum. Vgl. auch den Entwurf von Mindestgrundsätzen der VN für das Strafverfahren in ZStW **105** (1993) 668. Zur Haftpraxis s. auch Rn. 84.

Dazu wurden **Gesetzentwürfe**[312] vorgelegt, auch ein Referentenentwurf des Bundesministeriums der Justiz.[313] Obwohl die Haftzahlen nach wie vor hoch sind, war es zu dem Thema: „Reform zur Haftreduzierung" zwischenzeitlich stiller geworden. Dies mag seinen Grund auch darin finden, dass insbesondere durch die Rechtsprechung des BVerfG, aber auch der Oberlandesgerichte – wenn auch in zum Teil höchst unterschiedlichem Maße –, engere Grenzen für Anordnung und Dauer von Untersuchungshaft gezogen worden sind.[314] 110

Teile der Reformforderungen sind inzwischen **erfüllt** worden. Durch das UHaftÄndG vom 29.7.2009[315] und das Gesetz zur Stärkung der Verfahrensrechte von Beschuldigten im Strafverfahren vom 2.7.2013[316] sind insbesondere die §§ 114a ff. umgestaltet worden.[317] Vor allem die nunmehr gemäß §§ 141 Abs. 3 Satz 4, 140 Abs. 1 Nr. 4 gebotene **unverzügliche Bestellung eines Pflichtverteidigers** im Fall der Vollstreckung des Haftbefehls hat eine langjährig erhobene Reformforderung aufgegriffen. Die in der Vorauflage[318] als dringend erforderlich angemahnte **gesetzliche Regelung des Untersuchungshaftvollzuges** ist mittlerweile dahin erfolgt, dass anstelle der früheren unzureichenden Generalklausel des § 119 Abs. 3 a.F. jetzt landesgesetzliche Regelungen über den Untersuchungshaftvollzug gelten.[319] Die vorangegangene Reformdiskussion ist in der Vorauflage[320] dargestellt worden, worauf an dieser Stelle verwiesen sei. Auch der **Vollzug der einstweiligen Unterbringung** (§ 126a) ist nunmehr landesgesetzlich geregelt.[321] Zur **elektronischen Fußfessel** als Alternative zum Untersuchungshaftvollzug[322] s. § 116, 23. 111

Auch nach den jüngeren (Teil-)Regelungen sind die **Reformdiskussionen nicht beendet**, was angesichts der zum Teil evidenten **Mängel der Praxis** (s. Rn. 29) nicht verwundert. Andererseits erweist die unterschiedliche Rechtsprechung, dass diese Mängel nicht in erster Linie dem vorhandenen gesetzlichen Instrumentarium, sondern vielmehr verfehlter, jedenfalls defizitärer Rechtsanwendung geschuldet sind; dies zeigt auch die – mitunter gravierend – unterschiedliche Rechtspraxis selbst innerhalb einzelner (Oberlandes-)Gerichte.[323] Gleichwohl ist nicht zu leugnen, dass die oftmals schwer erträglichen Mängel durch eine Verengung der (überdies von der Praxis nicht selten überdehnten) Spielräume zurückgedrängt werden könnten; ein praktikabler Vorschlag hier- 112

---

312 Entwurf des Arbeitskreises Strafprozessreform 1983; Entwurf der SPD-Fraktion BTDrucks. **11** 688 vom 11.8.1987; wistra **1987** Heft 8 S. IX; wistra **1988** Heft 5 S. V; Entwurf der Fraktion Die Grünen BTDrucks. **11** 2181 vom 21.4.1988 sowie **11** 1403 vom 1.12.1987; wistra **1988** Heft 5 S. VIII; s. auch BRDrucks. 326/93 (zu § 121 Abs. 1).

313 *Rössner* JZ **1988** 116 ff.; *Seebode* in: Koop/Kappenberg 177 ff.; *Siegert* wistra **1988** Heft 6 S. V; *Jabel* 216 ff.; BRAK-Mitt. **1988** 185; DAV-Stellungnahme Juni 1986; nochmals ausführlich Stellungnahme des Strafrechtsausschusses des DAV Nr. 61/2008.

314 Vgl. dazu auch KK/*Graf* 22.

315 BGBl. I S. 2274.

316 BGBl. I S. 1938.

317 Vgl. dazu die Erl. zu diesen Vorschriften im Nachtrag zur 26. Auflage. S. auch die Stellungnahmen Nr. 10/2009 (zu UHaftÄndG 2009) und 17/2009 (zu MusterE UVollzG) des Strafrechtsausschusses der BRAK und Stellungnahme Nr. 61-2008 des Strafrechtsausschusses des DAV.

318 LR/*Hilger*[26] 71 m.w.N.

319 S. hierzu näher die Erl. zu § 119 im Nachtrag zur 26. Auflage.

320 Vgl. die zahlreichen Nachweise bei LR/*Hilger*[26] 71 zu Fn. 218 ff.

321 Zum Erfordernis dieser Regelung LR/*Hilger*[26] 73; zu deren – bislang wenig überzeugender – Ausgestaltung s. LR/*Gärtner* § 126a, 26.

322 Dazu etwa SK/*Paeffgen* § 112, 49e; Meyer-Goßner/*Schmitt* 2; Stellungnahme des Strafrechtsausschusses des DAV Nr. 4/2007 S. 5 m.w.N.

323 So sind etwa im Bereich der Strafsenate des Kammergerichts erhebliche Unterschiede bei der obergerichtlichen Kontrolle haftrichterlicher Entscheidungen festzustellen.

zu ist aber noch nicht bekannt geworden.[324] Unverkennbar ist, dass eine verstärkte **Anrufung des BVerfG** eine **Verhaltensänderung** der fachgerichtlichen Haftpraxis herbeiführen kann. Dessen Eingreifen in einer Phase etwa ab dem Jahr 2005[325] hatte für einige Jahre erkennbar disziplinierende Wirkung auf die Praxis (und nicht zuletzt auch auf deren obergerichtliche Kontrolle); seit nicht wenigen Jahren ist jene Praxis weitgehend wieder auf die vom BVerfG seinerzeit für verfassungswidrig erachtete Zustände zurückgefallen, ohne dass von Seiten der Strafverteidiger darauf in ähnlicher Weise wie damals reagiert würde.

XI. Europäische Initiativen

113 Auch politische **Europäische Initiativen** haben das Ziel, nicht nur konkrete Mindeststandards für Anordnung und Vollzug der Untersuchungshaft festzulegen, sondern auch, die Zahl der Anordnungen von Untersuchungshaft (ultima ratio) zu reduzieren und, soweit eine Verfahrenssicherung erforderlich ist, Haft durch Alternativen zu ersetzen.[326] Besondere Bedeutung hat insoweit der **Rahmenbeschluss 2009/829/JI** des Rates der Europäischen Union vom 23.10.2009 über die Anwendung des Grundsatzes der gegenseitigen Anerkennung von Entscheidungen über Überwachungsmaßnahmen als Alternative zur Untersuchungshaft;[327] dieser soll sicherstellen, dass die Strafverfolgung gegen im Ausland lebende Beschuldigte weitgehend ohne Untersuchungshaftvollzug gesichert wird.[328] Die (verspätete) Umsetzung ist durch das **Dritte Gesetz zur Änderung des Gesetzes über die Internationale Rechtshilfe in Strafsachen (IRG)** vom 16.7.2015[329] erfolgt. S. dazu näher § 116, 59.

§ 112
Voraussetzungen der Untersuchungshaft; Haftgründe

(1) ¹Die Untersuchungshaft darf gegen den Beschuldigten angeordnet werden, wenn er der Tat dringend verdächtig ist und ein Haftgrund besteht. ²Sie darf nicht angeordnet werden, wenn sie zu der Bedeutung der Sache und zu der zu erwartenden Strafe oder Maßregel der Besserung und Sicherung außer Verhältnis steht.

---

324 S. aber *Wolf* 215, die dem Vorschlag des Strafverteidigertages 2015 (s. Fn. 310) betreffend eine gesetzliche Neuregelung mit dem Ziel einer Hervorhebung des Regel-Ausnahmeverhältnisses zwischen Freiheit und Inhaftierung und einer entsprechenden Anhebung der richterlichen Begründungsanforderungen beitritt.

325 Das allerdings in einzelnen Fällen auch über das Ziel hinausschoss, vgl. etwa BVerfG NJW **2006** 668, das nicht nur mit dem Arbeitszeit- und Mutterschutzrecht schwer vereinbare Vorstellungen von der Ausdehnung von Hauptverhandlungszeiten zu Papier brachte, sondern dem Landgericht u.a. auch vorhielt, bei der Terminierung der Hauptverhandlung nicht bereits die ein Jahr (!) später geschehene Geburt des Kindes einer Beisitzerin bedacht zu haben; krit. zu den Anforderungen des BVerfG in Bezug auf die Gestaltung des Revisionsverfahrens *Foth* NStZ **2005** 457.

326 Vgl. die Empfehlungen des Europarates, insbes. Rec(2006)13 – Empfehlung des Ministerrats vom 29.8.2006 (www.coe.int); BMJ (Hrsg.) Freiheitsentzug – Die Empfehlungen des Europarates 1962–2003; *Esser* (Initiativen) 233.

327 ABlEU Nr. L 294 vom 11.11.2009, S. 20 ff.

328 Vgl. dazu den Kommissionsvorschlag vom 29.8.2006, KOM (**2006**) 468 endg.; Ratsdok. 12367/06; BRDrucks 654/06; zum Diskussionsprozess s. etwa Stellungnahme des Strafrechtsausschusses des DAV Nr. 4/2007 und BRAK-Stellungnahme Nr. 38/2006; ferner BTDrucks. **16** 11293, **16** 11456 und **16** 12733; s. auch Grünbuch der Kommission (Fn. 40); eingehend dazu – mit weiteren Nachweisen – *Esser* (Initiativen) 233.

329 BGBl. I S. 1197.

https://doi.org/10.1515/9783110274929-002

(2) Ein Haftgrund besteht, wenn auf Grund bestimmter Tatsachen
1. **festgestellt wird, dass der Beschuldigte flüchtig ist oder sich verborgen hält,**
2. **bei Würdigung der Umstände des Einzelfalls die Gefahr besteht, dass der Beschuldigte sich dem Strafverfahren entziehen werde (Fluchtgefahr), oder**
3. **das Verhalten des Beschuldigten den dringenden Verdacht begründet, er werde**
   a) **Beweismittel vernichten, verändern, beiseite schaffen, unterdrücken oder fälschen oder**
   b) **auf Mitbeschuldigte, Zeugen oder Sachverständige in unlauterer Weise einwirken oder**
   c) **andere zu solchem Verhalten veranlassen,**

und wenn deshalb die Gefahr droht, dass die Ermittlung der Wahrheit erschwert werde (Verdunkelungsgefahr).

(3) Gegen den Beschuldigten, der einer Straftat nach § 6 Absatz 1 Nummer 1 oder § 13 Absatz 1 des Völkerstrafgesetzbuches oder § 129a Abs. 1 oder Abs. 2, auch in Verbindung mit § 129b Abs. 1, oder nach den §§ 211, 212, 226, 306b oder § 306c des Strafgesetzbuches oder, soweit durch die Tat Leib oder Leben eines anderen gefährdet worden ist, nach § 308 Abs. 1 bis 3 des Strafgesetzbuches dringend verdächtig ist, darf die Untersuchungshaft auch angeordnet werden, wenn ein Haftgrund nach Absatz 2 nicht besteht.

Schrifttum

Adick Zur Fluchtgefahr bei Sachverhalten mit Auslandsbezug, HRRS **2010** 247; *Anagnostopoulos* Haftgründe der Tatschwere und der Wiederholungsgefahr (§§ 112 Abs. 3, 112a StPO) (1983); *Benfer* Der Haftgrund „Fluchtgefahr", Die Polizei **1983** 81; *Böhm* Auswirkungen des Zusammenwachsens der Völker in der Europäischen Gemeinschaft auf die Haftgründe des § 112 II StPO, NStZ **2001** 633; *Dahs sen.* Untersuchungshaft wegen „erkennbarer Absicht" der Verdunkelung, NJW **1965** 889; *Dahs sen.* Apokryphe Haftgründe – Erwartung einer hohen Strafe = Fluchtgefahr; Charakter der Straftat = Verdunkelungsgefahr, FS Dünnebier (1982) 227; *Dahs sen.* Der Haftgrund der Fluchtgefahr, AnwBl. **1983** 418; *Dahs sen./Riedel* Ausländereigenschaft als Haftgrund? StV **2003** 416; *Deckers* Die Vorschrift des § 112 Abs. 3 StPO, sogenannter „Haftgrund der Tatschwere", AnwBl. **1983** 420; *Deckers/Lederer* Überprüfung von Haftentscheidungen während einer Hauptverhandlung, StV **2009** 139; *Dreves* Der dringende Tatverdacht im Haftbefehl, DRiZ **1966** 368; *Dünnebier* Untersuchungshaft bei Verbrechen wider das Leben, NJW **1966** 231; *Feest/Pollähne* Haftgründe und Abgründe, FS **2009** 30; *Fiegenbaum/Raabe* Verhandlungs-, Haft- und Schuldfähigkeit bei Patienten mit Angst- bzw. Panikstörungen, StraFo **1997** 97; *Franzheim* Der Haftgrund der Verdunkelungsgefahr bei Wirtschaftsstrafsachen, GA **1970** 109; *Freund* Die Anordnung von Untersuchungshaft wegen Flucht und Fluchtgefahr gegen EU-Ausländer (2010); *Fröhlich* Fluchtprognose durch Strafprognose? NStZ **1999** 331; *Gärtner* Untersuchungshaft zu Sicherung der Zurückgewinnungshilfe? NStZ **2005** 544; *Gatzweiler* Haftunfähigkeit, StV **1996** 283; *Geppert* Vorläufige Festnahme, Verhaftung, Vorführung und andere Festnahmearten, Jura **1991** 269; *Gercke* Der Haftgrund der Fluchtgefahr bei EU-Bürgern, StV **2004** 675; *Grau* Der Haftgrund der Fluchtgefahr bei Beschuldigten mit ausländischem Wohnsitz, NStZ **2007** 10; *Habenicht* Englische Haftpraxis und Haftgrund der Verdunkelungsgefahr, JR **1964** 401; *Haberstroh* Voraussetzungen und Vollzug der Untersuchungshaft, Jura **1984** 225; *Hamm* Zur Prognosegenauigkeit der Haftentscheidungen, StV **1986** 499; *Happel* Aufhebung des Haftbefehls nach § 121 StPO, StV **1986** 501; *Hartung* Krankheit und Untersuchungshaft, JR **1925** 928; *Hausen* Zum Haftgrund der Fluchtgefahr, Die Polizei **1983** 65; *Heidig/Langner* Haftbefehl bei Verstoß gegen das Ausländergesetz, StraFo **2002** 156; *Helmken* Bedingte Fluchtgefahr: Scheinproblem oder Regelungslücke im Bereich der Haftgründe des § 112 Abs. 2 Nr. 1 u. 2 StPO? MDR **1984** 532; *Hermes* Der Haftgrund der Verdunkelungsgefahr im deutschen Strafverfahren (1992); *Kanka* Untersuchungshaft bei Mord, Totschlag und Völkermord, NJW **1966** 428; *Kastendieck* Die Voraussetzungen der Untersuchungshaft, Diss. Göttingen 1965; *Koch* Begründungstatsachen der Haftgründe „Flucht" und „Sichverborgenhalten", NJW **1968** 1711; *König/Seitz* Die straf- und strafverfahrensrechtlichen Regelungen des Verbrechensbekämpfungsgesetzes, NStZ **1985** 1; *Kohnke* Die Neuformulierungen zum

Haftrecht im StPÄG 1964, Diss. Heidelberg 1972; *Krekeler* Zum Haftgrund der Verdunkelungsgefahr, insbesondere bei Wirtschaftsdelikten, wistra **1982** 8; *Kühne* Die Definition des Verdachts als Voraussetzung strafprozessualer Zwangsmaßnahmen, NJW **1979** 617; *Leipold* Verdunkelungsgefahr bei eigenen Ermittlungen des Verteidigers? NJW-Spezial **2008** 728; *Lemme* Apokryphe Haftgründe im Wirtschaftsstrafrecht? wistra **2004** 288; *Löchner* Politische Verteidigung in Verfahren gegen terroristische Gewalttäter, FS Rebmann (1989) 303; *Löwenstein* Die Haftunfähigkeit, JW **1925** 1458; *Mehle* Müssen bestimmte Tatsachen i.S.v. § 112 Abs. 2 StPO als Voraussetzung für einen Haftgrund bewiesen sein? FS Tolksdorf (2014) 303; *Morgenstern* Die Untersuchungshaft – Eine Untersuchung unter rechtsdogmatischen, rechtsvergleichenden und europarechtlichen Aspekten (2018); *v. Münch* Greise vor Gericht, JZ **2004** 184; *Münchhalffen* Apokryphe Haftgründe in Wirtschaftsstrafverfahren, StraFo **1999** 332; *Münchhalffen* Tendenzen in der neueren Rechtsprechung der Oberlandesgerichte zur Untersuchungshaft in Wirtschaftsstrafsachen, FS Rieß (2002) 347; *Münchhalffen* Behinderung der Verteidigung bei Untersuchungshaft, StraFo **2003** 150; *Naujok* Kann eine (hohe) Straferwartung zur Begründung der Fluchtgefahr i.S.d. § 112 Abs. 2 Nr. 2 StPO beitragen? StraFo **2000** 79; *Neuhaus* Verteidigung bei Haftunfähigkeit, FS AG-Strafrecht DAV (2009) 1010; *Neumann* Zum Entwurf eines Verbrechensbekämpfungsgesetzes, StV **1994** 273; *Nobis* Plädoyer zur Abschaffung des Haftgrundes der Fluchtgefahr, StraFo **2013** 318; *Nobis* „U-Haft schafft Fakten" – Verteidigung gegen Untersuchungshaft, StraFo **2012** 45; *Oppe* Der unbenannte Haftgrund des § 112 Abs. 4 StPO, NJW **1966** 93; *Oppe* Das Bundesverfassungsgericht und der Haftgrund des § 112 Abs. 4 StPO, MDR **1966** 641; *Park* Der Haftgrund der Verdunkelungsgefahr in Wirtschafts- und Steuerstrafsachen, wistra **2001** 247; *Rüping* Zur Verhältnismäßigkeit der Haft im Steuerstrafverfahren, wistra **2000** 11; *Rupprecht* Verfassungsrechtsprechung zur Untersuchungshaft, NJW **1973** 1633; *Schmidt-Leichner* Untersuchungshaft und Grundgesetz, NJW **1966** 425; *Schreiber/Schilasky* Zum Haftgrund der Wiederholungsgefahr, Kriminalistik **1969** 393; *Schwenn* Straferwartung – Ein Haftgrund? StV **1984** 132; *Seetzen* Zur Verhältnismäßigkeit der Untersuchungshaft, NJW **1973** 2001; *Strafrechtsausschuß des DAV* Zum Entwurf eines Kriminalitätsbekämpfungsgesetzes, StV **1984** 153; *Theile* Apokryphe Haftgründe in Wirtschaftsstrafverfahren, wistra **2005** 327; *Wagner* Zur Anordnung von Untersuchungshaft in Ladendiebstahlsverfahren, NJW **1978** 2002; *Weihrauch* Anpassung des Haftgrundes der Tatschwere an die Rechtsprechung des BVerfG, ZRP **1988** 119; *Wolf* Die Fluchtprognose im Untersuchungshaftrecht – Eine empirische Untersuchung der Fluchtgefahr nach § 112 Abs. 2 Nr. 2 StPO (2017), zugl. Diss. Berlin 2016.

Entstehungsgeschichte

Absatz 1 Satz 1 und Absatz 2 enthalten im Kern Recht, das seit Erlass der Strafprozessordnung in Geltung war. Die Fassung von Absatz 1, Absatz 2 Nr. 1 beruht auf Art. 1 Nr. 1 StPÄG 1964. Dieses Gesetz gebrauchte auch sowohl für die Flucht- als auch für die Verdunkelungsgefahr die Wendung, dass „auf Grund bestimmter Tatsachen" eine bestimmte „Gefahr" bestehe. Bei der Verdunkelungsgefahr wurde zudem auf die Absicht des Beschuldigten abgestellt, die in Absatz 2 Nr. 3 aufgeführten Verdunkelungshandlungen vorzunehmen.

Durch Art. 1 Nr. 1 StPÄG 1972, dem die jetzige Fassung von Absatz 2 Nr. 2 und 3 sowie Absatz 3 entstammt, wurden die Haftvoraussetzungen wieder gelockert und der alte Absatz 3 (Wiederholungsgefahr bei gewissen Sittlichkeitsverbrechen) erweitert und als § 112a aufgeführt.

Der jetzige Absatz 3 war als Absatz 4 durch Art. 1 Nr. 1 StPÄG 1964 eingefügt worden. Er erhielt durch Art. 1 Nr. 1 des Gesetzes vom 7.8.1972 grundsätzlich die jetzige Fassung. Durch Art. 2 Nr. 1 des Gesetzes vom 18.8.1976 (BGBl. I S. 2181) wurde in den Katalog der Straftaten § 129a Abs. 1 StGB eingefügt, durch Art. 4 Nr. 3 des VerbrbekG die §§ 225 und 307 StGB. Durch Art. 3 Nr. 2 des 6. StRG wurde in Absatz 3 die Angabe „§ 225 oder § 307" durch die Angabe „§ 226, 306b oder § 306c" und die Angabe „§ 311 Abs. 1 bis 3" durch „§ 308 Abs. 1 bis 3" ersetzt. Durch Art. 3 Nr. 3 des Gesetzes zur Einführung des Völkerstrafgesetzbuches vom 26.6.2002 (BGBl. I S. 2254) wurde des Weiteren die Angabe „220a Abs. 1 Nr. 1, §§" durch die Angabe von § 6 Abs. 1 Nr. 1 des Völkerstrafgesetzbuches ersetzt. Durch Art. 3 Nr. 3 des 34. StRÄndG wurde in Absatz 3 der Hinweis auf § 129b StGB eingefügt. Durch Art. 3 des Gesetzes zur Umsetzung des Rahmenbeschlusses des Rates vom 13.6.2002 zur Terrorismusbekämpfung und zur Änderung anderer Gesetze vom 22.12.2003 (BGBl. I S. 2836) wurden in Absatz 3 nach § 129a Abs. 1 „oder Abs. 2" eingefügt. Diese Änderungen folgten Änderungen im Strafgesetzbuch. Durch Art. 2 Abs. 3 Nr. 4 des Gesetzes zur Änderung des Völkerstrafgesetzbuches vom 22.12.2016 (BGBl. I S. 3150) wurde mit Wirkung zum 1.1.2017 § 13 Abs. 1 VStGB in den Katalog des § 112 Abs. 3 aufgenommen; ferner erfolgte (allerdings nur zum Teil) eine redaktionelle Neufassung der Bestimmung durch Ausschreiben der Worte „Absatz" und „Nummer".

Übersicht

Alphabetische Übersicht

I. Allgemeines; Reichweite der Vorschrift

1 **1. Abschließende Regelung.** Die sachlichen Voraussetzungen der Untersuchungshaft sind in §§ 112, 112a, 127b abschließend aufgeführt[1] und in § 113 begrenzt. Flucht (Absatz 2 Nr. 1), Fluchtgefahr (Absatz 2 Nr. 2), Verdunkelungsgefahr (Absatz 2 Nr. 3) und Wiederholungsgefahr (§ 112a) werden als Haftgründe bezeichnet; zu § 127b s. dort Rn. 5, 9. Sie schließen eine Erweiterung aus; weder der Erlass eines Haftbefehls noch die Anordnung der Fortdauer der Untersuchungshaft darf daher über den eigentlichen Haftgrund hinaus mit zusätzlichen Erwägungen mit dem Hinweis auf deren mögliche Auswirkungen auf den Beschuldigten begründet werden[2] (zu sog. apokryphen Haftgründen s. Vor § 112 Rn. 28 ff.). Etwas anders gelagert ist der Fall des Absatzes 3 (Verbrechen wider das Leben), wo das Wort „Haftgrund" ausdrücklich vermieden wird. Das kann Bedeutung für den Inhalt des Haftbefehls haben (§ 114, 17).

2 Dringender Tatverdacht und Haftgrund gehören zu den insgesamt drei **(sachlichen) Voraussetzungen der Untersuchungshaft** (§ 120 Abs. 1 Satz 1). Sie rechtfertigen die Haft nur, wenn diese nicht außer Verhältnis zu der Bedeutung der Sache und zu der zu erwartenden Strafe oder Maßregel der Besserung und Sicherung steht (§ 112 Abs. 1 Satz 2; § 120 Abs. 1 Satz 1 Hs. 2). Ein zusammenfassender Ausdruck, der auch diese „negative Voraussetzung" einbezieht, fehlt in § 112, der sich schon (aber nicht allein) dadurch in der Ausdrucksweise als recht kompliziert und missverständlich abgefasst erweist (vgl. Rn. 110). Der zusammenfassende Begriff **„Voraussetzungen eines Haftbefehls"** findet sich erst in § 127 Abs. 2, § 127a Abs. 1, § 132 Abs. 1[3] und – in etwas komplizierterer Form („Voraussetzungen für den Erlass des Haftbefehls") – in § 112a Abs. 2 für den speziellen Fall der Subsidiarität gegenüber § 112.

3 Die sachlichen Voraussetzungen der Untersuchungshaft gelten auch für die **vorläufige Festnahme** nach § 127 Abs. 2.[4] Die vorläufige Festnahme nach § 127 Abs. 1 ist dagegen auch bei weniger strengen Voraussetzungen zulässig.[5] Zu § 127b Abs. 1 s. § 127b, 17.

---

1 Meyer-Goßner/*Schmitt* 4; OLG Karlsruhe StV **2010** 30.
2 *Cornel* StV **1994** 202; *Oehler* JR **1983** 515; s. auch OLG Köln StV **1989** 486.
3 Vgl. LR/*Gleß* § 132, 11.
4 LR/*Gärtner* § 127, 35.
5 LR/*Gärtner* § 127, 23.

Formelle Voraussetzung (Vor § 112, 81) der Untersuchungshaft ist ein schriftlicher Haftbefehl „des Richters" (§ 114). Darunter ist auch ein Kollegialgericht zu verstehen (§ 125 Abs. 2, § 126 Abs. 2), dessen Besetzung bei Haftentscheidungen während einer laufenden Hauptverhandlung umstritten ist und gesetzgeberischer Klarstellung bedarf.[6] 4

2. Verhältnis zur Ungehorsamshaft und Vorführung. Für die sog. Ungehorsamshaft (§ 230 Abs. 2, § 236, je zweite Alt.) gilt von den sachlichen Voraussetzungen der Untersuchungshaft (Rn. 2) nur der Grundsatz der Verhältnismäßigkeit.[7] Allerdings wird er mehr bei der Auswahl der drei Zwangsmaßnahmen (Rn. 9) eine Rolle spielen als bei der Abwägung zu der Bedeutung der Sache und zu der Sanktion, die zu erwarten ist, auch wenn diese Abwägung bei der Auswahl mit zu berücksichtigen ist. Unmittelbar wird er seltener Anwendung finden als bei der Untersuchungshaft. Denn die Ungehorsamshaft endet mit der Hauptverhandlung;[8] sie wird daher häufig kurz sein. Freilich können die Art des Delikts und die zu erwartende Strafe auch einen Haftbefehl der genannten Art ausschließen mit der Folge, dass – wie bei § 113 – das Delikt u.U. unverfolgt bleibt. 5

Abgesehen davon ist die Ungehorsamshaft von den sachlichen Voraussetzungen der Untersuchungshaft ebenso unabhängig wie der Vorführungsbefehl (§ 230 Abs. 2, § 236, je erste Alt.). Die genannten Vorschriften sind gegenüber § 112 und § 134 Abs. 1 **Spezialbestimmungen**. Die Ungehorsamshaft hat ihre Grundlage in dem Ungehorsam des Angeklagten gegenüber einer Ladung (§ 230 Abs. 2) oder Anordnung (§ 236) und in der Aufklärungspflicht des Gerichts. Voraussetzungen sind nur die ordnungsgemäße Ladung und das unentschuldigte Ausbleiben.[9] Die Haftgründe spielen bei ihr keine Rolle. Ebenso wird kein dringender Tatverdacht gefordert, vielmehr genügt der in der Eröffnung des Hauptverfahrens zum Ausdruck kommende hinreichende Verdacht (§ 203). Ein auf § 230 Abs. 2 gestützter Haftbefehl kann deshalb auch nicht auf eine Beschwerde des Angeklagten vom Beschwerdegericht als Haftbefehl nach § 112 aufrechterhalten werden.[10] 6

Nähme man eine Geltung des § 112 an, wären die **Sondervorschriften überflüssig**. Denn wenn die Haftgründe des § 112 vorliegen, kann auch das erkennende Gericht einen Haftbefehl erlassen (§ 125 Abs. 2). § 230 Abs. 2 und § 236, je 2. Alt., wären dann inhaltslose Verweisungsvorschriften. Dass sie das sein sollten, wird durch folgende Überlegung widerlegt: Der Angeklagte entzieht sich dem Verfahren noch nicht, wenn er Ladungen keine Folge leistet, sondern erst, wenn er auch für Zwangsmaßnahmen nicht zur Verfügung steht; der bloße prozessuale Ungehorsam ist kein Entziehen (vgl. Rn. 50; § 124, 17). Wer also auf Ladung ausbleibt, gegen den kann kein Haftbefehl nach § 114 ergehen. Es ist aber ausgeschlossen anzunehmen, dass der Gesetzgeber die Möglichkeit preisgeben wollte (und konnte), auf die Hauptverhandlung und damit auf den Fortgang des Verfahrens dann zu verzichten, wenn sich der Angeklagte nur einem bestimmten Termin (ggf. mehrfach) entzieht, nicht aber dem ganzen Verfahren. Demzufolge können die Haftbefehle des § 230 Abs. 2 und des § 236 nicht von den Haftgründen des § 112 abhängen. Auch die Motive[11] bringen die „Zwangsmaßregeln des § 193 Abs. 3" (jetzt § 230 Abs. 2) nicht mit den Haftgründen des § 112 in Verbindung, sondern stellen allein auf das Erfordernis ab, den Angeklagten während der Verhandlung anwesend zu haben. 7

---

6 KG StraFo **2015** 419 mit Anm. *Herrmann* 423; s. auch BGH NStZ **2011** 356 = StV **2011** 295; OLG Köln NStZ **2009** 589 mit Anm. *Krüger*; OLG Jena OLGSt GVG § 76 Nr. 3; s. näher LR/*Gärtner* § 126, 26 ff.

7 BVerfGE **32** 93.

8 *Hahn* Mat. **1** 187; h.M.

9 OLG Celle NdsRpfl. **1963** 238; OLG Karlsruhe MDR **1980** 868.

10 OLG Karlsruhe MDR **1980** 868; OLG Köln NStZ-RR **2006** 23; OLG Hamm NStZ-RR **2009** 89; OLG Düsseldorf Beschl. v. 22.4.2010 – 3 Ws 175/10 – (juris); HK/*Posthoff* § 114, 23; KMR/*Wankel* Vor § 112, 7.

11 *Hahn* Mat. **1** 187.

8 Die drei Zwangsmaßnahmen (Vorführung, Ungehorsamshaftbefehl und Haftbefehl nach § 114) stehen zunächst in einem **zeitlichen Verhältnis**: Der Ungehorsamshaftbefehl kann erst in Betracht kommen, wenn eine Hauptverhandlung anberaumt war und der Angeklagte nicht erschienen ist.[12]

9 Weiter ergibt sich aus den Grundsätzen der **Verhältnismäßigkeit und Subsidiarität** folgendes Verhältnis: Wenn irgend möglich, ist das am wenigsten einschneidende Mittel der Vorführung zu wählen.[13] Die Vorführung ist in der Regel auch zunächst zu versuchen, doch braucht das Gericht das nicht zu tun, wenn die Unsicherheit, ob der Vorführungsbefehl genügen werde, größer ist als die Erwartung, er werde zum Erfolge führen.[14] Ist zu erwarten, dass der Angeklagte am Vorführungstag mit großer Sicherheit nicht zu Hause zu erreichen sein wird, hat er seinen Aufenthalt mehrfach gewechselt, besteht aber Anlass zu der Annahme, dass er sich nicht dem ganzen Verfahren, sondern nur dem Termin entziehen will, dann ist Haftbefehl nach § 230 Abs. 2, § 236 zu erlassen. Für einen Haftbefehl nach § 112 Abs. 2 Nr. 2 ist erst Raum, wenn die Gefahr besteht, dass sich der Angeklagte dem ganzen Verfahren entziehen will. Liegen die sonstigen Haftgründe vor, scheiden § 230 Abs. 2 und § 236 aus. Befindet sich der Angeklagte in anderer Sache in Strafhaft und steht er deshalb für die Durchführung einer Hauptverhandlung über einen längeren Zeitraum ohnehin sicher zur Verfügung, gebietet der Verhältnismäßigkeitsgrundsatz die Aufhebung auch des nicht vollzogenen Sicherungshaftbefehls nach § 230 Abs. 2.[15] Zur Anwendbarkeit der weiteren Vorschriften des Haftrechts s. Vor § 112, 8.

10 **3. Rechtskraft.** Untersuchungshaft kann grundsätzlich (nur) bis zur Rechtskraft des Urteils angeordnet werden (zu Einzelfragen s. Vor § 112, 93 ff.). Auf zwei Sonderfälle sei jedoch hingewiesen. In beiden läuft nach der Rechtskraft eine neue Untersuchung; sie rechtfertigt die Haft, die im ersten Fall Untersuchungshaft ist, im zweiten Sicherungshaft, in der der Verhaftete wie ein Untersuchungshäftling behandelt wird.[16]

11 **a)** Der erste Fall ist die **Untersuchungshaft im Wiederaufnahmeverfahren.** Hierzu ist gelegentlich die Auffassung vertreten worden, sie sei erst zulässig, wenn die Wiederaufnahme des Verfahrens angeordnet (§ 370 Abs. 2) und dadurch das erste Urteil beseitigt worden ist.[17] Aus § 120 Abs. 1 Satz 2 ist das jedoch nicht abzuleiten; dessen Schranke gegen einen neuen Haftbefehl wird vielmehr gerade durch neue Tatsachen und Beweismittel beseitigt (§ 120, 54). Diese sind stets Voraussetzungen der Wiederaufnahme zuungunsten des Angeklagten (§ 359). Auch sonst sind keine Gründe gegen eine Untersuchungshaft für das Beweisverfahren ersichtlich, das dem Beschluss aus § 370 Abs. 2 vorausgeht. Sie ist vielmehr gegen den Angeklagten, zu dessen Ungunsten die Wiederaufnahme betrieben wird, statthaft, sobald der Antrag für zulässig befunden worden ist (s. die Erl. zu § 369).

12 Hat das Gericht die **Wiederaufnahme** des Verfahrens **angeordnet** (§ 370 Abs. 2), wird das Verfahren wieder rechtshängig.[18] Für die Untersuchungshaft gelten dann die allgemeinen Vorschriften (§ 125 Abs. 2).

12 OLG Hamm NJW **1972** 653; OLG Karlsruhe NJW **1972** 2099. S. auch OLG Hamm StV **1996** 159 (Unzulässigkeit eines Haftbefehls, wenn bei ordnungsgemäßem Verfahren ein Haftbefehl nach § 230 Abs. 2 hätte ergehen können).

13 BVerfGE **32** 93; KG Beschl. v. 19.7.2016 – 4 Ws 104/16 – (juris) m.w.N.; OLG Düsseldorf NStZ **1990** 295; SK/*Paeffgen* 2. S. auch LG Zweibrücken NJW **1996** 737; *Michel* MDR **1991** 933 (zu § 329).

14 *Kühne* DRiZ **1963** 179.

15 OLG Celle NStZ-RR **2009** 157.

16 BTDrucks. **7** 551 S. 98.

17 *Lobe*/*Alsberg* III 2; so auch SK/*Paeffgen* 49.

18 BGHSt **14** 64.

Bei der **Wiederaufnahme zugunsten des Verurteilten** sind neue Tatsachen und Beweismittel, die einen neuen Haftbefehl rechtfertigen würden, allerdings kaum denkbar. Denn in diesem Fall werden sie nicht vorgebracht, um den Schuldspruch zu stützen, sondern um ihn zu beseitigen. Demgemäß kommt, wenn das Verfahren zugunsten des Verurteilten wieder aufgenommen wird, keine Untersuchungshaft in Betracht. 13

b) Den anderen Fall eines Haftbefehls, der nach Rechtskraft des Urteils zulässig ist, bildet die **Sicherungshaft**[19] **nach § 453c**. Sie ist zulässig gegen einen Straftäter, der zu Freiheitsstrafe unter Aussetzung der Vollstreckung der Strafe zur Bewährung (§ 56 Abs. 1 und 2, § 56e, § 57 Abs. 1 und 2 StGB) verurteilt worden ist, wenn hinreichende Gründe für die Annahme bestehen, dass die Aussetzung widerrufen werden wird. Hier kann das Gericht, um sich der Person des Verurteilten während der Vorbereitung seiner Entscheidung zu versichern, vorläufige Maßnahmen treffen, notfalls unter den Voraussetzungen des § 112 Abs. 2 Nr. 1 oder 2 (Flucht und Fluchtgefahr) – nicht § 112a (Wiederholungsgefahr) – einen Haftbefehl erlassen. Für diesen gelten die §§ 114 bis 115a, 119 und § 119a entsprechend, nicht aber die Bestimmungen über die Haftverschonung (§§ 116, 116a sowie auch §§ 123, 124) und die Haftprüfung (§§ 117 bis 118b, §§ 121 bis 122b). Wegen weiterer Einzelfragen s. die Erl. zu § 453c. 14

4. Haftvoraussetzungen im Überblick. Materielle Voraussetzungen der Untersuchungshaft und damit zugleich eines Haftbefehls sind (Absatz 1 Satz 1 und 2) der dringende Tatverdacht (Rn. 16 ff.), ein Haftgrund (Rn. 39 ff.; § 112a, 6, 9, 17), im Falle des Absatzes 3 das Vorliegen bestimmter Straftaten der Schwerkriminalität (Rn. 100) sowie die Verhältnismäßigkeit der Haftanordnung unter Berücksichtigung der Bedeutung der Sache und der zu erwartenden Strafe oder Maßregel (Vor § 112, 81; Rn. 2, 105). Der Wortlaut der Vorschrift bringt Letzteres allerdings nicht (ebenso wenig § 120 Abs. 1) mit der wünschenswerten Klarheit zum Ausdruck (Rn. 110). 15

II. Dringender Tatverdacht

1. Begriff; Voraussetzungen. Der dringende Tatverdacht muss sich darauf erstrecken, dass der Beschuldigte eine Straftat als Täter oder mittelbarer Täter (§ 25 Abs. 1 StGB) oder als Mittäter (§ 25 Abs. 2 StGB) begangen oder versucht (§ 22 StGB) oder dass er den Täter zu dessen vorsätzlich begangener, sei es dann auch nur versuchten, Straftat bestimmt (§ 26 StGB) oder ihm Hilfe geleistet (§ 27 Abs. 1 StGB) hat. 16

Der Verdacht besteht demgemäß nicht, wenn Gründe vorliegen, welche eine **Strafe ausschließen** oder die **Tat rechtfertigen** oder **entschuldigen**,[20] wobei schon die Wahrscheinlichkeit genügt, dass die Tat aus diesen Gründen nicht strafbar ist.[21] Auch wenn anzunehmen ist, dass (wahrscheinlich) **Strafaufhebungsgründe** vorliegen oder nicht behebbare **Verfahrenshindernisse** eingreifen (z.B. Verjährung), deshalb also voraussichtlich die Verurteilbarkeit wegen der Tat ausgeschlossen ist, fehlt normativ der dringende Tatverdacht.[22] Ist es von vornherein unwahrscheinlich oder gar ausgeschlossen, 17

---

19 BTDrucks. **7** 551 S. 98.
20 KK/*Graf* 4; HK/*Posthoff* 4; SK/*Paeffgen* 5.
21 Allg. M.; z.B. KK/*Graf* 4; *Langner* 28.
22 OLG Bremen StV **1990** 25; OLG München StV **1998** 270; StraFo **1998** 208 (keine Geltung deutschen Strafrechts); SK/*Paeffgen* 6; *Paeffgen* (Kolloquium) 115; HK/*Posthoff* 4; KK/*Graf* 4; AK/*Deckers* 10; *Lammer* 10; HK-GS/*Laue* 3; *Münchhalffen*/*Gatzweiler* Rn. 146 f.; *Langner* 40; vgl. auch *Hindte* 194; LG Hamburg StV **1996** 389 (zu § 37 Abs. 1 BtMG). S. auch OLG Dresden StV **2001** 519 mit Anm. *Hübel* (zurzeit nicht behobenes Verfahrenshindernis der Verletzung des Spezialitätsgrundsatzes); LG Bielefeld StV **2006** 642.

dass ein erforderlicher Strafantrag gestellt werden wird, ist aus dem gleichen Grund der Erlass eines Haftbefehls unzulässig.[23]

18 Der dringende Tatverdacht ist rein **begrifflich abzugrenzen** von dem Verdacht einer Straftat (§ 160 Abs. 1) und dem genügenden Anlass, die öffentliche Klage zu erheben (§ 170 Abs. 1); der letzte fällt mit dem Begriff des hinreichenden Verdachts (§ 203) zusammen.[24] Verdacht (§ 160 Abs. 1) liegt vor, wenn zureichende tatsächliche Anhaltspunkte gegeben sind, gegen den Beschuldigten einzuschreiten (§ 152 Abs. 2), hinreichender Verdacht, wenn die Wahrscheinlichkeit besteht, dass die demnächst vom Gericht festgestellten Tatsachen bei Annahme der Strafbarkeit der Tat die Verurteilung erwarten lassen.

19 Der Begriff des dringenden Tatverdachts bringt einen stärkeren Verdachtsgrad zum Ausdruck.[25] Er verlangt einen **hohen Grad von Wahrscheinlichkeit** der Täterschaft und Schuld des Beschuldigten[26] (retrospektive Prognose) und dass dieser deshalb verurteilt werden wird[27] (prospektive Prognose). Die abweichende Auffassung, wonach schon die Möglichkeit der Verurteilung genügen soll,[28] ist nicht näher begründet worden; sie beruft sich letztlich nur auf eine ältere, vereinzelt gebliebene und in ihrer Formulierung undeutliche Entscheidung des BGH,[29] deren Erwägungen in der Folgezeit vom BGH nicht mehr aufrechterhalten worden sind.[30] Sie widerspricht dem Wesen der Untersuchungshaft als ultima ratio zur Sicherung des staatlichen Strafanspruchs, und die ihr zugrunde liegende unterschiedliche Behandlung des Verdachtsgrades einerseits und der Verurteilungsprognose andererseits findet im Gesetz keine Stütze.[31] Sinn macht das **Erfordernis der prospektiven Prognose** etwa für den Fall des (drohenden) Verlustes zentraler, für eine Verurteilung unverzichtbarer Beweismittel,[32] weil dann zwar die hohe

---

23 *Kleinknecht/Janischowsky* 17; *Sommermeyer* NJ **1992** 336 Fn. 9; **a.A.** LR/*Hilger*[26] 14: ein Haftbefehl dürfe in solchen Fällen nicht ergehen, weil es an dessen Erforderlichkeit und damit an einem Element des Verhältnismäßigkeitsprinzips fehle.

24 *Lüttger* GA **1957** 195; LR/*Graalmann-Scheerer* § 170, 22.

25 *Eb. Schmidt* Nachtr. I 4; offengelassen von BGH AnwBl. **1981** 115.

26 BGH StV **2008** 84; BGHSt **38** 276 mit Anm. *Baumann* NStZ **1992** 449 und *Klinghardt* NJ **1992** 321; OLG Dresden StV **2006** 700; OLG Koblenz StV **1994** 316; OLG Köln StV **1991** 304; *Rosenberg* 348; *Alsberg* 1434; *Henkel* § 67 A II 1 a; *Peters* § 47 A II 2 a; *Münchhalffen/Gatzweiler* Rn. 116 f.; *Schlüchter* 206; *Geppert* Jura **1991** 269; *Parigger* NStZ **1986** 211; *Sommermeyer* NJ **1992** 336; ähnlich BVerfG NJW **1996** 1049; KK/*Graf* 3 („große Wahrscheinlichkeit"); Meyer-Goßner/*Schmitt* 5; SK/*Paeffgen* 4; AK/*Deckers* 11; *Deckers* NJW **1994** 2264; enger *Feisenberger* 3 (an Sicherheit grenzende Wahrscheinlichkeit); *Beling* § 102 II 1 b Anm. 4 (nahe an Gewissheit reichender Verdacht); *Benfer* JuS **1983** 111; *Hindte* 167 ff. (sehr hoher Verdachtsgrad, obere Grenze); krit. auch *Dahs* FS Dünnebier 231; AnwBl. **1983** 419; einschränkend *Kühne* NJW **1979** 618 ff. Zur Problematik der Prognose vgl. z.B. *Gebauer* 172, 212; *Jabel* 108, 187.

27 OLG Koblenz StV **1994** 316; OLG Köln JMBlNW **1968** 235; StV **1996** 389; OLG Brandenburg StV **1996** 157; *Eb. Schmidt* 9; HK/*Posthoff* 5; KMR/*Wankel* 2; HK-GS/*Laue* 3; AnwK-StPO/*Lammer* 10; *Nelles* StV **1992** 385; *Parigger* NStZ **1986** 211; *Hindte* 167 ff.; SK/*Paeffgen* 6, 9 ff.; *Paeffgen* (Dogmatik) 56, 183 ff. (Kolloquium) 115; *Wolf* 45 f.

28 AK/*Deckers* 11; Meyer-Goßner/*Schmitt* 5; KK/*Graf* 3; *Münchhalffen/Gatzweiler* Rn. 117.

29 BGH bei *Pfeiffer* NStZ **1981** 94.

30 Vgl. etwa BGHSt **38** 276: es müssen „gerichtsverwertbare Beweise vorhanden sein, durch die der Beschuldigte mit großer Wahrscheinlichkeit überführt werden kann".

31 Gegen die hier abgelehnte Ansicht auch Radtke/Hohmann/*Tsambikakis* 32, der im Übrigen (unter Rn. 22 ff.) den Schwerpunkt bei der prospektiv ausgerichteten Verurteilungsprognose sieht, die den hohen Grad der Täterschaft und Schuld impliziere. Differenzierend, aber aus den genannten Gründen ebenfalls nicht überzeugend, *Langner* 41 (die Möglichkeit der Verurteilung reiche während der Ermittlungen, aber nicht mehr nach deren Abschluss). Zur Schwierigkeit der Prognose s. die Nachweise in Fn. 26.

32 OLG Dresden StraFo **2012** 185 (voraussichtliches Eingreifen des Beweisverwertungsverbotes aus § 252); MüKo/*Böhm/Werner* 24, 29; SK/*Paeffgen* 6; *Paeffgen* (Dogmatik) 56.

Wahrscheinlichkeit von Täterschaft und Schuld weiter besteht, eine Verurteilung aber infolge des Beweismittelverlustes weniger wahrscheinlich werden kann.

Der Verdacht bezieht sich nur auf die Tatfrage (vgl. § 152 Abs. 2: tatsächliche An- 20
haltspunkte); für **Rechtsfragen** gibt es keine Wahrscheinlichkeit.[33] Daher kann das Gericht bei zweifelhafter Rechtslage die Auslegung nicht mit der Begründung offen lassen, wenn es auch zweifelhaft sei, ob eine (nach den Tatsachen eindeutig zu beurteilende) Tat den Tatbestand eines Strafgesetzes verwirkliche, so sei (weil die Auslegung zweifelhaft) doch auf jeden Fall dringender Verdacht begründet. Deshalb darf das Gericht, wenn es die Entscheidung des BVerfG (Art. 100 Abs. 1 Satz 1 GG) einholt, weil es ein Strafgesetz für verfassungswidrig hält, keinen Haftbefehl erlassen und hat einen bestehenden aufzuheben.[34] Die Auffassung,[35] es sei zwar unzulässig, in dieser Lage einen Haftbefehl zu erlassen, das Gericht sei jedoch nicht befugt, einen bestehenden Haftbefehl aufzuheben, weil ihm durch den Aussetzungsbeschluss die Entscheidungsbefugnis insgesamt genommen sei, ist für Haftentscheidungen unzutreffend. Die Haftfrage ist nicht vom BVerfG, sondern vom letzten Tatrichter (§ 126 Abs. 2 Satz 2) zu entscheiden.[36] Diesem sind die Akten mit dem Vorlegungsbeschluss zuzuleiten, ehe die Sache an das BVerfG geht. Der Tatrichter hat den Haftbefehl aufzuheben, weil kein dringender Tatverdacht (mehr) vorliegt. Ggf. muss dies das Beschwerdegericht tun.

2. Veränderlichkeit im Verlauf der Ermittlungen. Der begriffliche Unterschied 21
zwischen hinreichendem und dringendem Tatverdacht darf nicht dazu führen, den dringenden Verdacht an dem hinreichenden Verdacht des § 203 zu messen. Denn dieser ist auf die breitere Beurteilungsbasis im Zeitpunkt der Anklageerhebung bezogen, der dringende Verdacht dagegen auf den jeweiligen, sich in der Regel stetig ändernden Stand der häufig noch unvollständigen Ermittlungen.[37] Demgemäß ist er **nicht für das ganze Verfahren gleich**,[38] so dass etwa zu Beginn der Ermittlungen einzelne starke Indizien auch dann einen dringenden Tatverdacht begründen, wenn die Indizienkette noch nicht geschlossen ist[39] und die Möglichkeit besteht, dass der dringende Tatverdacht bei weiteren Ermittlungen wieder beseitigt wird.[40] Dies führt regelmäßig auch zu dem Erfordernis, den Haftbefehl ggf. inhaltlich an die Ermittlungsfortschritte anzupassen und zu konkretisieren.[41] Sobald feststeht, dass Lücken im Indizienbeweis auch bei weiterer Ermittlung nicht ausgefüllt werden können, ist der Verdacht nicht mehr dringend.[42] Die Dringlich-

33 *Lüttger* GA **1957** 211; *Stratenwerth* JZ **1957** 301; Meyer-Goßner/*Schmitt* 5; KK/*Graf* 5; *Schlothauer*/*Weider*/*Nobis* Rn. 422, 473; *Münchhalffen*/*Gatzweiler* Rn. 143; SK/*Paeffgen* 9d; Radtke/Hohmann/*Tsambikakis* 6; allg. M.; s. auch *Schlothauer* StV **1996** 391.

34 *Stratenwerth* JZ **1957** 301.

35 OLG Köln NJW **1955** 1489 mit Anm. *Schmidt-Leichner*.

36 *SK*/*Paeffgen* 6.

37 BGH bei *Pfeiffer* NStZ **1981** 94; OLG Celle StV **1986** 392; OLG Brandenburg StV **1996** 157; OLG Köln StV **1999** 156; KK/*Graf* 6; *Münchhalffen*/*Gatzweiler* Rn. 119; s. auch OLG Frankfurt StV **1995** 593; EGMR *Kudla v. Polen*, 30210/96, Urt. v. 26.10.2000 = NJW **2001** 2694; *Čevizović v. Deutschland*, 49746/99, Urt. v. 29.7.2004 = NJW **2005** 3125 = StV **2005** 136 mit Anm. *Pauly*.

38 OLG Braunschweig NdsRPfl. **2007** 164; *Schlothauer*/*Weider*/*Nobis* Rn. 417 („dynamische Größe"); Radtke/Hohmann/*Tsambikakis* 6 („oszilliert um das jeweilige Ermittlungsergebnis"); AnwK-StPO/*Lammer* 10 („prozessuale Momentaufnahme"); *Peters* § 47 A II 2 a.

39 BGH AnwBl. **1981** 116; bei *Pfeiffer* NStZ **1981** 94; OLG Celle StV **1986** 392; vgl. auch OLG Frankfurt StV **1987** 110; SK/*Paeffgen* 8; s. aber (einschränkend) LG Berlin StV **1999** 322.

40 BGHZ **27** 351; s. auch OLG Brandenburg StV **1996** 157.

41 OLG Celle StV **2005** 513.

42 OLG Karlsruhe StV **2004** 325; s. auch OLG Köln StV **1999** 156; StraFo **1999** 214.

keit kann im Verlauf des Ermittlungsverfahrens entfallen, wenn die Strafverfolgungsbehörden die gebotenen (weiteren) Ermittlungen nicht mit der notwendigen Beschleunigung betreiben.[43] Auch im **Zeitpunkt der Anklageerhebung** sind an die Annahme eines dringenden Verdachts höhere Anforderungen zu stellen als an den nach § 203 für die Eröffnung erforderlichen hinreichenden Verdacht.[44] Denn es ist zu bedenken, dass die (ablehnende) **Eröffnungsentscheidung** lediglich die „erkennbar aussichtslosen Fälle ausfiltern" soll;[45] der dringende Tatverdacht lässt sich aber nicht in Abgrenzung von erkennbar aussichtslosen Fällen bestimmen.

3. Prüfung durch das Gericht

22 **a) Tatsachengrundlage.** Ob dringender Tatverdacht gegeben ist, hat der Haftrichter im **Freibeweis** „aufgrund bestimmter Tatsachen" zu prüfen.[46] Zwar stellt das Gesetz ausdrücklich nur im Zusammenhang mit den Haftgründen darauf ab, die Einschränkung gilt aber auch in Bezug auf den dringenden Tatverdacht.[47] Gerüchte oder anonyme Anzeigen, soweit nicht objektivierbar, sowie insbesondere **Vermutungen** scheiden als Verdachtsbasis aus.[48] Kriminalistische oder sonstige **Erfahrungen** sind keine bestimmten Tatsachen, dürfen jedoch zu deren Beurteilung und Bewertung mit der gebotenen Sorgfalt herangezogen werden.[49] Im Ermittlungsverfahren bilden die im Zeitpunkt der Entscheidung vorhandenen Ermittlungsakten mit dem darin zusammengetragenen Beweismaterial die Tatsachengrundlage.[50] Das **Ergebnis noch ausstehender Ermittlungen** bleibt außer Betracht; denn grundsätzlich wird nur das im Zeitpunkt der Haftentscheidung bereits angefallene Beweismaterial verwertet.[51] Das Gericht ist jedoch befugt, ergänzende Ermittlungen zu veranlassen oder selbst durchzuführen, wenn dadurch keine unzulässige Verzögerung (Art. 104 Abs. 3 Satz 2 GG) eintritt.[52] Das Haftgericht hat seine Entscheidung immer auf den aktuellsten Stand der Ermittlungen und der Beweislage zu stützen.[53]

23 Bei **Haftentscheidungen während** oder am Ende der **Hauptverhandlung** bildet neben den sich aus den Akten ergebenden (gerichtsverwertbaren) Ermittlungsergebnis-

---

43 OLG Celle StV **1986** 392; OLG Brandenburg StV **2007** 589; LG Köln StV **1994** 581; AG Frankfurt StV **1994** 380; *Schlothauer/Weider/Nobis* Rn. 418. Vgl. auch OLG Brandenburg StV **1996** 157; OLG Karlsruhe StV **2004** 325.

44 Vgl. OLG Koblenz bei *Burhoff* StraFo **2006** 52; OLG Köln StraFo **1998** 207; OLG Frankfurt StV **1987** 110; **1995** 593; Meyer-Goßner/*Schmitt* 6; KK/*Graf* 6; *Langner* 38; näher differenzierend: SK/*Paeffgen* 9; **a.A.** LR/*Hilger*[26] 19; LR/*Rieß*[25] § 203, 12; *Ranft* 625: gleich dringlich; s. auch LR/*Stuckenberg* § 203, 13 ff., 15 mit Fn. 57 (verschieden hoher Wahrscheinlichkeitsgrad nur für den Zeitpunkt des Beschlusses nach § 207 Abs. 4 denkbar).

45 OLG Stuttgart Justiz **2015** 11; OLG Saarbrücken NStZ-RR **2009** 88; LR/*Stuckenberg* § 203, 14.

46 Zu den möglichen Verteidigungsstrategien s. z.B. *Münchhalffen/Gatzweiler* Rn. 120 ff.; *Schlothauer/Weider/Nobis* Rn. 423 ff.

47 KK/*Graf* 7; Meyer-Goßner/*Schmitt* 7; AnwK-StPO/*Lammer* 13.

48 BGH StV **2008** 84 (nicht entschlüsselbare Nachrichten infolge der Verwendung von Tarnbegriffen); KG StRR **2010** 354 (Vermutungen); OLG Frankfurt StV **1992** 583 mit Anm. *Paeffgen* NStZ **1993** 533; KK/*Graf* 9; HK/*Posthoff* 7; AK/*Deckers* 12.

49 Vgl. KK/*Graf* 8; AK/*Deckers* 12; SK/*Paeffgen* 8; krit. zur Berücksichtigung sog. Alltagstheorien *Schlothauer/Weider/Nobis* Rn. 430; *Münchhalffen/Gatzweiler* Rn. 120.

50 KK/*Graf* 7; zur Verteidigung s. *Schlothauer* StV **1996** 391 ff.

51 OLG Koblenz StV **1994** 316 mit Anm. *Paeffgen* NStZ **1995** 22; LG Frankfurt StV **2009** 477; KK/*Graf* 7 und 7a; SK/*Paeffgen* 7; HK/*Posthoff* 7; Radtke/Hohmann/*Tsambikakis* 28; *Parigger* NStZ **1986** 211; *Münchhalffen/Gatzweiler* Rn. 121; s. auch OLG Köln StraFo **2002** 243 (unzureichendes ausl. Urteil).

52 KK/*Graf* 8; SK/*Paeffgen* 8; HK/*Posthoff* 9; HK-GS/*Laue* 5; LR/*Gärtner* § 128, 13.

53 SK/*Paeffgen* 7; näher Rn. 21.

sen auch das Ergebnis der Beweisaufnahme die Tatsachengrundlage.[54] Dies führt jedoch nicht zu einem über die Nachprüfung des dringenden Tatverdachts hinausgehenden Zwischenverfahren mit umfassender Würdigung der Beweislage;[55] der Tatrichter kann im Übrigen Begründungsmängel durch nachträgliche Ergänzung seiner Haftentscheidung um das Ergebnis der Beweisaufnahme heilen[56] (s. dazu auch Rn. 29).

b) Freie Beweiswürdigung. Der Haftrichter trifft seine Entscheidung auf der Grundlage freier Beweiswürdigung.[57] Die Bejahung des dringenden Tatverdachts erfordert nicht, wie bei einer Verurteilung erforderlich, die volle richterliche Überzeugung (§ 261), dass der Beschuldigte tatbestandlich, rechtswidrig und schuldhaft gehandelt hat.[58] Dies entspräche nicht dem Freibeweisverfahren, dem verfahrensförmige Garantien zur Wahrheitsfindung fehlen.[59] Das **Schweigen des Beschuldigten** darf ihm nicht nachteilig angelastet werden.[60] Bestimmte Tatsachen und sie stützende Beweismittel dürfen nur genutzt werden, wenn sie gerichtsverwertbar, also vor Gericht zu Beweiszwecken verwendbar sind, sodass **Beweisverwertungsverbote** zu beachten sind.[61] Die Entscheidung ist unter Benutzung möglichst tatnaher Beweismittel zu treffen.[62] Das vorliegende gerichtsverwertbare Beweismaterial ist auszuwerten und zu würdigen; Schwächen in der Beweiskraft sind sorgfältig zu berücksichtigen.[63] So kann im Einzelfall einer Zeugenaussage nur ein geringer Beweiswert zukommen, wenn der Verdacht besteht, dass es sich um eine eigennützige Aussage handeln könnte.[64] Die Anforderungen an die **Überprüfung der Tatsachen und Beweismittel** und die Art der Beweiserhebung sind umso höher anzusetzen, je schwächer deren Beweiskraft ist.[65] Auch entlastende Umstände sind zu prüfen. Aus bewiesenen oder mit hoher Wahrscheinlichkeit vorliegenden Tatsachen kann auf weitere entscheidungserhebliche Tatsachen, auch die **subjektive Tatseite**, geschlossen werden; in diesem Zusammenhang dürfen auch allgemeine, kriminalisti- 24

---

54 OLG Jena StV **2005** 559; OLG Frankfurt StV **2000** 374; OLG Koblenz StV **1994** 316; KK/*Graf* 7a; SK/*Paeffgen* 7; s. auch BGH StV **1991** 525 mit Anm. *Weider*; KG StV **1993** 252; StV **1986** 539 (Vermutung des Fehlens eines dringenden Tatverdachts bei Freispruch); OLG Köln StV **1996** 389.
55 BGH NStZ-RR **2003** 368; NStZ-RR **2013** 16 = JR **2013** 419 mit Anm. *Breitling*.
56 OLG Karlsruhe StV **2001** 118; s. auch OLG Frankfurt StV **2000** 374; SK/*Paeffgen* 49b.
57 Allg. M.; vgl. nur KK/*Graf* 8; HK/*Posthoff* 9.
58 KK/*Graf* 8; SK/*Paeffgen* 8; HK/*Posthoff* 9; enger wohl *Hengsberger* JZ **1966** 211 (Tatsachen müssen festgestellt sein).
59 SK/*Paeffgen* 8.
60 Allg. M.; vgl. nur HK/*Posthoff* 9; SK/*Paeffgen* 8; AK/*Deckers* 12.
61 KK/*Graf* 7 ff.; Meyer-Goßner/*Schmitt* 5; *Schlothauer/Weider/Nobis* Rn. 446; *Münchhalffen/Gatzweiler* Rn. 149; Radtke/Hohmann/*Tsambikakis* 28; Graf/*Krauß* 16; *Deckers* NJW **1994** 2262; vgl. BGHSt **34** 362; **36** 396; **38** 276 (Erkenntnisse des MfS) mit Anm. *Baumann* NStZ **1992** 449 und *Klinghardt* NJW **1992** 321; BGH bei *Schmidt* MDR **1994** 240; BGH NStZ **1989** 282; StV **1993** 1; OLG Dresden StraFo **2012** 185 (wahrscheinliches Eingreifen eines Beweisverbotes nach § 252); OLG Hamm NStZ-RR **2010** 246 (Ls.) = MMR **2010** 583 mit Anm. *Marlie* (Verwertbarkeit von Telekommunikationsdaten); OLG Köln StraFo **1999** 214; LG Berlin NStZ **1993** 99 (Akten der BStU) mit Anm. *Paeffgen* NStZ **1993** 530; LG Bad Kreuznach StV **1993** 629.
62 KK/*Graf* 8; HK/Posthoff 9.
63 SK/*Paeffgen* 6; vgl. auch *Hindte* 194 (keine Zweifel an Beweiskraft); BGH StV **1997** 196; OLG Frankfurt StV **2006** 642 (Belastung nur durch Mitbeschuldigten ohne bestätigende Umstände unzureichend); OLG Schleswig StV **2005** 140; OLG Koblenz StraFo **2002** 365 (Aussage gegen Aussage); OLG Köln StV **1995** 259 (Lichtbildvorlage); OLG Bremen StV **1992** 383 (Lichtbildvorlage) mit Anm. *Paeffgen* NStZ **1993** 530; OLG Frankfurt StV **1983** 337 (Widerruf einer Zeugenaussage bzgl. eines Mittäters); LG Berlin NStZ **1993** 99 (Militärstaatsanwalt der NVA-DDR) mit Anm. *Paeffgen* NStZ **1993** 530; LG Frankfurt StV **1986** 13 (Lichtbildvorlage).
64 Vgl. OLG Köln StV **1991** 304 mit Anm. *Paeffgen* NStZ **1992** 481; OLG Frankfurt StV **1987** 110; LG Hamburg StV **1994** 317.
65 AK/*Deckers* 12.

sche und strafprozessuale **Erfahrungen** berücksichtigt werden,[66] wobei allerdings Zurückhaltung geboten ist. Aussagen mittelbarer Zeugen vom Hörensagen sind besonders kritisch zu würdigen.[67] Das BVerfG[68] hat keine verfassungsrechtlichen Bedenken gegen die Annahme eines dringenden Tatverdachts, wenn nach den Feststellungen im Haftbefehl der Beschuldigte im unmittelbaren Zusammenhang mit der Tat festgenommen wird. Der Haftrichter hat sich bei seiner Entscheidung mit der **Qualität der Beweismittel** sorgfältig auseinanderzusetzen;[69] zu der Frage, ob die Erwägungen hierzu in die Begründung der Haftentscheidung aufzunehmen sind, vgl. § 114, 16. **Nicht zulässig** ist die in der Praxis bei Unstimmigkeiten und Zweifeln zur Begründung bzw. Aufrechterhaltung von Untersuchungshaft immer wieder verwendete Argumentation, dass „die **Klärung der Hauptverhandlung vorbehalten**" bleibe.

25 **c) Kontrolle im Beschwerdeverfahren.** Besondere Regeln gelten für das Beschwerdegericht, das eine Haftentscheidung **während einer laufenden Hauptverhandlung** nachprüft;[70] die Beurteilung des dringenden Tatverdachts ist in diesem Fall nur in beschränktem Umfang überprüfbar. Das Beschwerdegericht prüft die (vorläufige) Bewertung des bisherigen Ergebnisses der Beweisaufnahme durch das Tatgericht nicht in vollem Umfang auf ihre Richtigkeit, sondern lediglich darauf, ob dessen Haftentscheidung auf einer **rechtsfehlerfreien und vertretbaren Bewertung des Beweisergebnisses** beruht. Denn allein das Gericht, vor dem die Beweisaufnahme stattfindet, ist in der Lage, deren Ergebnisse aus eigener Anschauung festzustellen und zu würdigen sowie auf dieser Grundlage zu bewerten, ob der dringende Tatverdacht nach dem erreichten Verfahrensstand noch fortbesteht.[71] Das Beschwerdegericht hat demgegenüber keine eigenen unmittelbaren Erkenntnisse über den Verlauf der Beweisaufnahme und kann sie sich in der Regel auch nicht verschaffen. Es kann in die Beurteilung des dringenden Tatverdachts durch das Tatgericht nur eingreifen und diese durch eine abweichende eigene Entscheidung ersetzen, wenn sich der Inhalt der angefochtenen Haftentscheidung – ohne Rückgriff auf den Inbegriff der Hauptverhandlung – als **offensichtlich fehlerhaft** erweist, weil das Tatgericht den dringenden Tatverdacht aus Gründen bejaht oder verneint hat, die in tatsächlicher oder rechtlicher Hinsicht nicht vertretbar sind.[72] Der Prüfungsumfang ist insbesondere dann erheblich eingeschränkt, wenn die Beweisaufnahme unmittelbar vor dem Abschluss steht und Beweismittel betrifft, deren mögliche Beweisbedeutung aus den Akten nicht ersichtlich wird.[73] Sinngemäß gilt die beschränkte Prüfungskompetenz des Beschwerdegerichts – mangels hinreichend detaillierter Kenntnis von den aus dem Inbegriff der Hauptverhandlung ge-

---

66 KK/*Graf* 8; SK/*Paeffgen* 8; HK-GS/*Laue* 5; Graf/*Krauß* 16.
67 Vgl. KK/*Graf* 8; SK/*Paeffgen* 6; s. auch BGHSt **38** 276; LG Frankfurt StV **1985** 331.
68 BVerfG NJW **1982** 29.
69 KK/*Graf* 8; s. auch BGH StV **1997** 196; OLG Frankfurt StV **2001** 684 (widersprüchliche Zeugenaussage); LG Frankfurt NJW **1998** 3727; LG Koblenz StV **2000** 508; **a.A.** wohl OLG Düsseldorf StV **1991** 521 mit Anm. *Schlothauer* sowie *Paeffgen* NStZ **1992** 482; StV **1988** 534 mit Anm. *Rudolphi*.
70 KMR/*Wankel* § 117, 15 („Vollständigkeits- und Plausibilitätskontrolle"); MüKo/*Böhm*/*Werner* 28; krit. *Münchhalffen* FS Rieß 357.
71 BGH NJW **2013** 247; NStZ-RR **2013** 16 = JR **2013** 419 mit Anm. *Breitling*.
72 BGH NStZ **2004** 276; NJW **2013** 247; NStZ-RR **2013** 16; OLG Celle StraFo **2015** 113; OLG Hamm NStZ-RR **2010** 158; NJW **2006** 2788, 2789; OLGSt StPO § 112 Nr. 13; OLG Dresden NStZ-RR **2009** 292; OLG Karlsruhe StV **2010** 31; OLG Stuttgart Beschl. v. 12.9.2007 – 4 Ws 305/07 – (juris); KG StraFo **2016** 292; OLGSt StPO § 112 Nr. 17; enger OLG Köln Beschl. v. 7.1.2009 – 2 Ws 640-641/08 – (juris-Rn. 17 ff.), das nur das Vorliegen „grober Fehler" prüft, die das weitere Bejahen dringenden Tatverdachts als „schlechterdings unvertretbar" erscheinen ließen.
73 BGH StV **2004** 143 = BGHR StPO § 112 Tatverdacht 3.

wonnenen Erkenntnissen – auch für die Beurteilung der rechtlichen Wertung der Tat und des Haftgrundes.[74]

Das Beschwerdegericht hat zu untersuchen, ob alle entscheidungserheblichen Tatsachen in der angefochtenen Entscheidung widerspruchsfrei berücksichtigt und gewürdigt worden sind oder ob sonst Rechtsfehler vorliegen.[75] Die **Begründung der tatrichterlichen Haftentscheidung** muss dem Beschwerdegericht die diesem insoweit obliegende Überprüfung ermöglichen. Das Beschwerdegericht muss in die Lage versetzt werden, seine Entscheidung auf einer hinreichend tragfähigen tatsächlichen Grundlage zu treffen, auch, damit es den erhöhten Anforderungen, die nach der Rechtsprechung des Bundesverfassungsgerichts an die Begründungstiefe von Haftfortdauerentscheidungen zu stellen sind,[76] ausreichend Rechnung tragen kann. Daraus folgt aber nicht, dass das erkennende Gericht in seiner Haftentscheidung alle bislang erhobenen Beweise einer umfassenden Darstellung und Würdigung unterziehen muss. Denn das Haftbeschwerdeverfahren führt nicht zu einem über die Nachprüfung des dringenden Tatverdachts hinausgehenden **Zwischenverfahren**, in dem sich das Tatgericht zu Inhalt und Ergebnis aller Beweiserhebungen erklären müsste.[77] Die abschließende Würdigung der Beweise ist vielmehr der Urteilsberatung und ihre entsprechende Darlegung ist den schriftlichen Urteilsgründen vorbehalten.[78] 26

In welchem Umfang das erkennende Gericht im Einzelfall das bisherige Beweisergebnis darlegen muss, hängt von dem Zweck ab, dem Beschwerdegericht die gebotene **Überprüfung der Haftfortdauerentscheidung auf Plausibilität** zu ermöglichen. Verneint das erkennende Gericht den bisher bejahten Tatverdacht, so muss es darlegen, welche (zwangsläufig bislang unbekannten) neuen Tatsachen in der Hauptverhandlung zutage getreten sind, um diese Änderung der Verdachtslage herbeizuführen. Bejaht es den dringenden Tatverdacht weiter, so kommt es maßgeblich darauf an, welche Darlegungen für das Verständnis des Beschwerdegerichts unerlässlich sind. Eine Entscheidung des aufgrund der Hauptverhandlung mit der Sache besonders eingehend befassten Gerichts ist nicht zu beanstanden, wenn sie auf einer vertretbaren Wertung der zurzeit für und gegen den dringenden Tatverdacht sprechenden Umstände beruht und keine Anhaltspunkte dafür ersichtlich sind, dass wesentliche tatsächliche Umstände nicht berücksichtigt oder verkannt worden sind. Die Anforderungen an die Darlegungspflicht des erkennenden Gerichts darf im Rahmen von Haftentscheidungen nicht überspannt werden. Für den Fall, dass sich gegenüber den in der Anklageschrift zusammengetragenen Beweisannahmen Änderungen ergeben haben, sind diese darzustellen;[79] haben sich hingegen die Annahmen nach dem Verständnis des Tatrichters im Wesentlichen bestätigt, so kann es – je nach den Umständen des Einzelfalles – genügen mitzuteilen, dass die Hauptverhandlung zu keiner Änderung der bislang angenommenen Beweislage geführt hat und auf welchen Beweismitteln diese Erkenntnis beruht.[80] 27

---

74 OLG Stuttgart Justiz **2003** 457; s. auch OLG Celle Beschl. v. 6.1.2009 – 1 Ws 629/08 – (juris); SK/*Paeffgen* 49b.

75 Vgl. BGH StV **2004** 143; NStZ-RR **2003** 368; **2003** 2 Nr. 4 bei *Becker*; StV **1991** 525 mit Anm. *Weider*; bei *Schmidt* MDR **1992** 547; OLG Jena StV **2005** 559; OLG Schleswig bei *Döllel/Dreeßen* SchlHA **2003** 188; OLG Karlsruhe StV **2001** 118; **1997** 312; KG StV **2001** 689; **1993** 252; OLG Koblenz StV **1994** 316; OLG Frankfurt StV **2000** 374; **1995** 593 (Schlüssigkeitsprüfung); s. auch OLG Hamm bei *Burhoff* StraFo **2006** 60; *Welp* FS Richter II 583.

76 Vgl. nur BVerfGE **103** 21, 35 f.; BVerfG StraFo **2013** 160 = StV **2013** 640.

77 BGH NStZ-RR **2003** 368; NJW **2013** 247; NStZ-RR **2013** 16 = JR **2013** 419 mit Anm. *Breitling*.

78 BGH NStZ-RR **2003** 368; NJW **2013** 247; BVerfG Beschl. v. 23.1.2008 – 2 BvR 2652/07 – (juris-Rn. 61, insoweit in StV **2008** 198, 200 nicht abgedruckt).

79 OLG Jena StV **2005** 559; OLG Hamm OLGSt StPO § 112 Nr. 13; NStZ-RR **2010** 55 (Ls.).

80 OLG Jena Beschl. v. 28.9.2009 – 1 Ws 373/09 – (juris); OLG Celle Beschl. v. 6.1.2009 – 1 Ws 629/08 – (juris).

28 Ist der Angeklagte **in erster Instanz verurteilt** worden, so ist das in der Regel ein Indiz für den dringenden Tatverdacht. Grundlage der Haftentscheidung ist dann die Tatsachendarstellung und Beweiswürdigung des Urteils, soweit dieses bereits vorliegt.[81] Erforderlich ist jedoch auch hier – soweit möglich – eine genaue Überprüfung aller weiteren Haftvoraussetzungen und der Begründung hierzu. Ist der Angeklagte entsprechend dem Haftbefehlsvorwurf verurteilt worden, reicht es – solange das Urteil noch nicht vorliegt – im Regelfall aus, die Grundzüge der Überzeugungsbildung im Haftfortdauerbeschluss darzulegen, weil hierdurch dem Beschwerdegericht eine Überprüfung ermöglicht wird.[82] Weicht dagegen die Verurteilung vom Vorwurf des ursprünglichen Haftbefehls erheblich ab, bedarf der Haftfortdauerbeschluss nach § 268b einer Begründung, aus der hervorgeht, welcher Taten der Angeklagte dringend verdächtig ist und worauf die richterliche Überzeugungsbildung beruht. In diesen Fällen reicht der bloße Verweis auf den ursprünglichen Haftbefehl oder das zugleich verkündete Urteil nicht aus.[83] Grundsätzlich ist es dem Haftrichter bzw. dem Beschwerdegericht dabei nicht verwehrt, die Erfolgsaussichten eines gegen das verurteilende Erkenntnis erhobenen Rechtsmittels vorausschauend zu beurteilen, jedoch bietet die Hauptverhandlung in der Regel die bessere Entscheidungsgrundlage als der bloße Akteninhalt. Von der Beurteilung des dringenden Tatverdachts durch das Tatgericht kann das Beschwerdegericht im Falle einer **Revision**, da diese lediglich zur Überprüfung auf Rechtsfehler führt, nur dann abweichen, wenn auf der Grundlage der – im Urteil oder in der Haftentscheidung – dargelegten Grundzüge der Überzeugungsbildung des Tatrichters bereits erkennbar ist, dass dessen Beweiswürdigung revisionsrechtlicher Überprüfung nicht standhalten kann, weil sie zwingend oder mit großer Wahrscheinlichkeit durch Rechtsfehler beeinflusst ist.[84] Es kann aber im Einzelfall eine vom Urteil abweichende Beurteilung geboten sein oder die Beweislage kann sich nachträglich wesentlich geändert haben.[85] **Neue Beweismittel** sind, falls Berufung zulässig ist, grundsätzlich in die Bewertung einzubeziehen; ist nur Revision zulässig, sind neue Beweismittel in die Prüfung des Tatverdachts nur dann einzubeziehen, wenn auf der Grundlage dieser Beweismittel ein Wiederaufnahmeverfahren erfolgreich erscheint.[86]

29 **Unterbleibt** die gebotene **schlüssige Darlegung** des für die Haftentscheidung wesentlichen Beweisergebnisses, fehlt also die Grundlage für die (eingeschränkte) Überprüfung, und wird dieser Mangel auch nicht im Beschwerdeverfahren – etwa in der Nichtabhilfeentscheidung oder im Falle einer bereits erfolgten, nicht rechtskräftigen Verurteilung durch das Nachreichen inzwischen gefertigter schriftlicher Urteilsgründe[87] – geheilt (vgl. dazu Rn. 23), so kann dieser Mangel zur **Aufhebung** des angefochtenen Beschlusses und **Zurückverweisung** der Sache an das Ausgangsgericht zu neuer Befassung und Entscheidung führen;[88] **im Regelfall** wird bei vollzogener Untersuchungshaft

---

81 Vgl. BGH NStZ **2004** 276 = StV **2004** 142 = StraFo **2004** 136; NStZ **2006** 297; OLG Koblenz StV **1994** 316; OLG Hamm NStZ **2008** 649; KK/*Graf* 7a.

82 BGH NStZ **2006** 297; OLG Hamm NStZ **2008** 649; OLG Jena StV **2005** 559.

83 OLG Hamm StRR **2012** 317 = NStZ-RR **2012** 221 (Ls.); NStZ-RR **2010** 55 (Ls.); OLG Jena NStZ-RR **2009** 123 (Ls.); StV **2007** 588; OLG Karlsruhe StV **2001** 118; OLG Saarbrücken Beschl. v. 7.7.2015 – 1 Ws 122/15 – (juris) = StV **2016** 443 (Ls.).

84 BGH NStZ **2006** 297.

85 Vgl. OLG Brandenburg StV **2000** 505 (es kann trotz Verurteilung am dringenden Tatverdacht fehlen); s. auch KG StV **1986** 539 (Veränderung der Beweislage nach Freispruch).

86 BGH NStZ **2004** 276.

87 Vgl. dazu OLG Hamm Beschl. v. 3.11.2009 – 3 Ws 412/09 – (juris).

88 BGH NStZ-RR **2013** 16, 18; OLG Jena StV **2005** 559 mit Anm. *Deckers/Lederer* StV **2009** 139; StV **2007** 588; NStZ-RR **2009** 123 (Ls.); OLG Hamm NStZ-RR **2010** 55 (Ls.); NStZ-RR **2013** 86 (Ls.); Graf/*Krauß* 12; KMR/*Wankel* § 117, 15; s. auch OLG Celle Beschl. v. 6.1.2009 – 1 Ws 629/08 – (juris) für den Fall eines außer allerdings, um unnötige Verfahrensverzögerungen und eine Verlängerung u.U. bereits rechtswidrig gewordener Haft zu vermeiden, das Ausgangsgericht aufzufordern sein, die erforderliche **Begründung** innerhalb eines eng gesteckten zeitlichen Rahmens **nachzuholen**, sodass die Entscheidung noch in dem bereits anhängigen Beschwerdeverfahren getroffen werden kann (s. auch § 117, 26).

Auch der Umstand, dass der Tatrichter nach Durchführung der Beweisaufnahme nicht zu einer Verurteilung gelangt ist, sondern mit Blick auf einen möglichen Belastungszeugen die **Hauptverhandlung ausgesetzt** hat, kann für die Frage des dringenden Tatverdachts von Bedeutung sein.[89] 30

III. Haftgründe

1. Allgemeines

a) Tatsachengrundlage. Auch bei den Haftgründen des Absatzes 2 und des § 112a Abs. 1 darf der Schluss, dass der Haftgrund vorliege – im Einzelnen: „festgestellt wird" (Nr. 1); „die Gefahr besteht" (Nr. 2); „den dringenden Verdacht begründet" und „die Gefahr droht" (Nr. 3); „die Gefahr begründen" (§ 112a) – nur aufgrund bestimmter Tatsachen gezogen werden.[90] Damit sind **Vermutungen** ausgeschlossen,[91] die beim Fluchtverdacht des früheren Rechts aufgrund einer damals eingeräumten Begründungserleichterung in der Praxis eine gewisse Rolle spielten und in abgewandelter Form im Fall des Absatzes 3 in der Auslegung des Bundesverfassungsgerichts[92] wieder spielen, weil danach der zwar nicht mit bestimmten Tatsachen belegbare, aber nach den Umständen doch nicht auszuschließende Flucht- oder Verdunkelungsverdacht ausreichen kann. Ausgeschlossen sind damit auch unsubstantiierte **Befürchtungen**, abstrakte Gefahren, intuitiv in Betracht gezogene **Möglichkeiten** und nicht hinreichend bestätigte **Alltagstheorien.**[93] 31

Die **Tatsachen** müssen **bestimmt** sein. Weil aus unbestimmten Tatsachen ohnehin nichts gefolgert werden kann,[94] muss der Inhalt dieses unklaren Begriffs[95] durch Auslegung ermittelt werden. Nach der Ansicht des Bundestags soll auf „bestimmte (objektiv) festgestellte Tatsachen" abgestellt werden.[96] Danach soll sich der Begriff auf die Feststellung der Tatsachen durch den Beobachter beziehen und scheint der Gesetzeswortlaut – weil die meisten unserer Wahrnehmungen Schlüsse sind – als Grundlage des logischen Urteils des Haftrichters äußerlich wahrnehmbare Ereignisse („bestimmte Tatsachen") zu fordern, die zu deuten der Beobachter keiner oder nur einfacher Schlüsse bedarf (Passage buchen, abreisen, einen Brief erbitten, einen Zeugen fragen, ob er sich an den Umstand X erinnere, obwohl der Zeuge, wie der Beschuldigte weiß, den Umstand Y wahrge- 32

Vollzug gesetzten Haftbefehls: Aufhebung nur der Nichtabhilfeentscheidung und Zurückverweisung zur Fassung einer hinreichend begründeten erneuten Nichtabhilfeentscheidung.

89 OLG Koblenz StV **1994** 316.

90 H.M.; OLG Hamm StV **1985** 114; StraFo **2004** 134; OLG Köln StV **1992** 383; **1995** 419; OLG Zweibrücken StV **1992** 476; LG Verden StV **1985** 464. S. auch OLG Köln StV **1995** 475 (Verwertbarkeit kriminalistischer Erfahrungen).

91 Vgl. OLG Karlsruhe StraFo **2010** 206.

92 BVerfGE **19** 342.

93 Vgl. OLG Hamm StV **1985** 114; OLG Köln StV **1992** 383; OLG Zweibrücken StV **1992** 476; AK/*Deckers* 13; *Schlothauer/Weider/Nobis* Rn. 498.

94 *Schlüchter* 209.

95 Vgl. KG NJW **1965** 1390.

96 BTDrucks. **IV** 1020, S. 2. S. auch KK/*Graf* 9: Objektivierung der Haftgründe; ähnlich AK/*Deckers* 13; *Benfer* JuS **1983** 111; *Krekeler* wistra **1982** 8; *Koch* NJW **1968** 1711.

nommen hat). Für den Haftgrund der Verdunkelungsgefahr – aus dessen früherer Fassung die Klausel stammt – dürfte ein solcher Tatsachenbegriff auch der Vorstellung des Gesetzgebers entsprechen.

33 Im Übrigen folgt aus dem vierten Haftgrund, dass nicht nur auf äußerlich zutage liegende, sondern auch auf **innere Tatsachen** abzustellen ist. Denn im Sinne des § 112a Abs. 1 sind „bestimmte Tatsachen", die die Gefahr begründen, der Beschuldigte werde eine bestimmte Straftat wiederholt begehen, nicht allein die Vortaten und die gesamten Lebensumstände (persönliche, familiäre, berufliche, wirtschaftliche; soziales Umfeld; Beziehungen zu Dritten) des Beschuldigten, sondern auch seine nach wissenschaftlichen Erkenntnissen daraus zu schließende (innere) Neigung, bestimmte Straftaten zu begehen.[97] Da Inhalt des Tatsachenbegriffs also nicht allein das äußerlich wahrnehmbare, leicht zu deutende Ereignis ist, muss bei der Fluchtgefahr auch das als Tatsache bewertet werden, was nach der Lebenserfahrung aus dem Inneren eines Menschen erschlossen werden kann, nämlich seine **Antwort auf einen Fluchtreiz**. Strafe und die Änderung wesentlicher Lebensumstände können häufig, natürlich je nach Lage des Einzelfalles insbesondere unter Berücksichtigung der Persönlichkeit des Beschuldigten, ein Anreiz sein, zu fliehen. Dabei ist auch die **subjektive Erwartung des Beschuldigten** betreffend das ihn erwartende Ergebnis des Strafverfahrens von Bedeutung (näher bei Rn. 74, 79).

34 Schließlich dürfen – mit der gebotenen Zurückhaltung – auch kriminalistische und sonstige gesicherte **Erfahrungen**, etwa über typische Verhaltensweisen bestimmter Tätergruppen, bei der Bewertung von Indizien für das Vorliegen eines Haftgrundes berücksichtigt werden.[98]

35 **b) Gefahrenbegriff; Dringlichkeit des Verdachts.** Bei den Haftgründen der Fluchtgefahr (Absatz 2 Nr. 2), der Verdunkelungsgefahr (Absatz 2 Nr. 3) und der Wiederholungsgefahr (§ 112a Abs. 1) ist die Anordnung der Untersuchungshaft davon abhängig, dass eine bestimmte Gefahr bestehe, drohe oder begründet sei. Gefahr ist die **hohe Wahrscheinlichkeit eines schädlichen Erfolgs**, der nach den Gesetzen der Kausalität und der Lebenserfahrung zu erwarten ist.[99] In anderem Zusammenhang (Gemeingefahr) hat der BGH angenommen, eine Gefahr liege nur vor, wenn es wahrscheinlicher sei, dass der Erfolg eintrete, als dass er ausbleibe.[100] Der Gefahrenbegriff ist an den vielen Stellen, an denen er im Strafgesetzbuch und in der Strafprozessordnung verwendet wird, nicht überall gleichmäßig auszulegen. Im Haftrecht ist die Gefahrenklausel eine der geradezu gehäuften Kautelen, mit denen der Gesetzgeber bemüht ist, die Untersuchungshaft zu beschränken. Es liegt daher im Sinn der Gesetzesstelle, den Begriff so auszulegen, dass der Gefahrenfall möglichst selten anzunehmen ist. Deshalb ist für die Annahme, dass der zu vermeidende Erfolg eintritt, eine hohe Wahrscheinlichkeit zu fordern, die stets deutlich höher sein muss als die, dass er ausbleibt.[101]

36 Wenn auch durch die Gesetzesfassung erreicht werden soll, dass Untersuchungshaft nur mit äußerster Zurückhaltung angeordnet wird, so kann doch der Gesetzgeber nichts Unmögliches verlangen. Dass die Gefahr bestehe, drohe oder begründet sei, kann im Haftverfahren regelmäßig nicht mit der gleichen Sicherheit festgestellt werden wie bei

---

97 KG NJW **1965** 1390; KK/*Graf* 9; HK/*Posthoff* 17.

98 OLG Köln StV **1995** 475; KK/*Graf* 9 (z.B. von Agenten; Terroristen); krit. *Schlothauer/Weider/Nobis* Rn. 498; eingehend dazu *Langner* 65 ff., 74.

99 RGSt **6** 397; **66** 100; BGH NJW **1951** 769.

100 BGHSt **8** 31.

101 Vgl. OLG Celle NdsRpfl. **1963** 214; OLG Köln StV **1994** 582; **1995** 419; **1995** 475; **1996** 382; **1996** 389; **2000** 628 (st. Rspr.); OLG Hamm StV **2003** 509 (st. Rspr.); SK/*Paeffgen* 21b, 24; *Geppert* Jura **1991** 270; *Parigger* NStZ **1986** 212; *Langner* 55 ff., 62 (hohe subjektive Wahrscheinlichkeit).

der Beurteilung von Gefahrenlagen – z.B. bei Notwehr oder Verkehrsgefährdung – in einer Hauptverhandlung. Vielmehr muss **derselbe hohe Grad von Wahrscheinlichkeit** ausreichen, wie er für die Feststellung des **dringenden Tatverdachts** erforderlich, aber auch genügend ist;[102] die Ausführungen unter Rn. 22, 24 gelten entsprechend.[103] Der dargestellte Gefahrenbegriff gilt auch für die weitere Gefahr, dass die Ermittlung der Wahrheit erschwert werde.

Absatz 2 **Nr. 3** verlangt den **dringenden Verdacht**, dass der Beschuldigte gewisse **Verdunkelungshandlungen** begehen werde. Als Inhalt des Gefahrbegriffs ist eine hohe Wahrscheinlichkeit dafür gefunden worden, dass der zu vermeidende Erfolg eintrete, die deutlich höher sein muss als die, dass er ausbleibt (Rn. 35).[104] Der zum Vergleich heranzuziehende dringende Tatverdacht verlangt einen hohen Grad von Wahrscheinlichkeit der Täterschaft und der Schuld bzw. der Verurteilung (Rn. 18ff.), der aber dynamisch ist und zu Beginn des Verfahrens anders gestaltet sein kann, als bei der Anklage (Rn. 21). In dem vorläufigen Stadium des Erlasses eines Haftbefehls wird man für die Annahme, dass der Täter, bliebe er in Freiheit, Verdunkelungshandlungen vornehmen werde, wie beim dringenden Tatverdacht zu Beginn des Verfahrens eine hohe Wahrscheinlichkeit genügen lassen müssen. Damit **unterscheidet sich der Begriff nicht von dem der Gefahr**;[105] allerdings wäre es besser gewesen, einen einheitlichen Begriff zu verwenden, um die komplizierten Tatbestände des Haftrechts etwas zu vereinfachen. 37

c) Austausch und Ergänzung von Haftgründen. Wird der Haftgrund nachträglich ausgetauscht oder ein neuer hinzugefügt, ist eine erneute Vernehmung des Beschuldigten entsprechend § 115 durchzuführen[106] (s. auch § 114, 55; § 115, 17). 38

2. Flucht (Abs. 2 Nr. 1). Der erste Haftgrund liegt vor, wenn der Täter **flüchtig** ist oder sich **verborgen** hält. Nach h.M.[107] besteht dieser Haftgrund nicht, wenn die Anwesenheit des Beschuldigten im Verfahren nicht erforderlich ist; zudem wäre in diesem Falle der Erlass eines Haftbefehls auch unverhältnismäßig. 39

Flucht ist anzunehmen, wenn sich der Beschuldigte von seinem bisherigen räumlichen Lebensmittelpunkt absetzt, um für die Strafverfolgungsbehörden und das Gericht in dem gegen ihn anhängigen Verfahren unerreichbar, nicht greifbar zu sein.[108] Das **Erfordernis des Willens**, sich dem Strafverfahren – zumindest für eine längere Zeit – zu entziehen, lässt sich aus Absatz 2 Nr. 2 ableiten.[109] In diesem Zusammenhang 40

---

102 Vgl. OLG Bremen NJW **1955** 1891; OLG Köln NJW **1959** 544; SK/*Paeffgen* 21b; **a.A.** z.B. AK/*Deckers* 19, 23; *Schlothauer/Weider/Nobis* Rn. 498; *Dahs sen.* NJW **1959** 509; **1965** 890; *Koch* NJW **1968** 1711; *Krekeler* wistra **1982** 8; *Münchhalffen* FS Rieß 356; eingehend dazu *Langner* 50ff., 55 (bestimmte Tatsachen müssen feststehen, nicht jedoch Ergebnisse aus Folgerungen). Zur Schwierigkeit (und Unzuverlässigkeit) von Haftprognosen vgl. *Wolf* 66ff., 126ff., 314ff. (aus jüngster Zeit ausführlich); s. ferner *Hamm* StV **1986** 499; *Happel* StV **1986** 501; *Gebauer* 172, 212, 247, 365ff.; *Jabel* 108, 134, 187, 189. S. auch *Schwenn* StV **1984** 133.

103 S. auch OLG Koblenz StV **2004** 491 (Notwendigkeit der Aufklärung und Gesamtabwägung aller relevanten Umstände).

104 OLG Hamm StraFo **2004** 134; OLG Köln StV **2000** 628; KK/*Graf* 26.

105 **A.A.** *Langner* 64.

106 OLG Jena Beschl. v. 27.6.2008 – 1 Ws 240/08 –; OLG Hamm Beschl. v. 5.2.2009 – 3 Ws 39/09 –; OLG Koblenz Beschl. v. 4.4.2011 – 1 Ws 183/11 – (alle bei juris); HK/*Posthoff* 17; s. auch BVerfG StV **2001** 691 mit Anm. *Hagmann*.

107 KG JR **1977** 34; OLG Stuttgart MDR **1982** 516 = NStZ **1983** 40 mit Anm. *Sieg* (jeweils zu § 329); HK/*Posthoff* 18; KK/*Graf* 10; AK/*Deckers* 14; s. auch OLG Brandenburg wistra **2012** 43 (zu § 412).

108 OLG Bremen NStZ-RR **1997** 334 = StV **1997** 533; OLG Düsseldorf NJW **1997** 2965 mit krit. Anm. *Paeffgen* NStZ **1999** 73; **1986** 2204; OLG Frankfurt StV **1994** 581; OLG Saarbrücken NStZ **2001** 74 = StV **2000** 208; KK/*Graf* 11; SK/*Paeffgen* 22d.

109 KK/*Graf* 10; SK/*Paeffgen* 22d.

genügt bedingter Vorsatz, dass also der Beschuldigte diese Folge seines Verhaltens billigend in Kauf nimmt.[110] Dass dieser Vorsatz fehlen könne, wenn ein Elternteil sich mit einem Kind (nur) verbirgt, um dessen Herausgabe zu verhindern,[111] leuchtet nicht ein; in diesem Fall wird der Elternteil jedenfalls auch billigend in Kauf nehmen, für das Strafverfahren nicht zur Verfügung zu stehen.[112] Wer ohne Wissen der Strafbarkeit eines Verhaltens, ohne Kenntnis eines gegen ihn eingeleiteten Verfahrens und ohne den Willen, unerreichbar zu sein, sich auf Reisen begibt, ist demgegenüber nicht flüchtig, auch wenn er tatsächlich nicht erreichbar ist. Das **Erschleichen ärztlicher Bescheinigungen**, um trotz tatsächlich bestehender Reise- und Verhandlungsfähigkeit eine formale Entschuldigung für das Ausbleiben in der Hauptverhandlung vorlegen zu können, soll nicht den Haftgrund der Flucht begründen,[113] kann aber zur Bejahung von Fluchtgefahr führen (Rn. 70).

41 Flüchtig ist vor allem, wer, **um unerreichbar zu sein**, seine Wohnung verlassen hat, ohne eine neue zu beziehen oder wenigstens eine feste Anschrift zu haben, unter der ihn Post sicher erreichen kann.[114] Danach ist ein **Fahnenflüchtiger**, der im Ausland studiert, dort polizeilich gemeldet ist und einen Rechtsanwalt mit seiner Verteidigung beauftragt hat (§ 145a Abs. 1) nicht flüchtig.[115] Um Flucht kann es sich auch handeln, wenn sich der Beschuldigte schon vor Beginn oder Vollendung der Tat wegen des zu erwartenden Verfahrens absetzt.[116] Deshalb wurde der Haftgrund zum Teil bejaht, wenn ein Wehrpflichtiger vor der Einberufung seinen ständigen Aufenthalt ins Ausland verlegte und dort bleiben wollte, um sich den Zugriffsmöglichkeiten der deutschen Justiz zu entziehen.[117] **Postalische Erreichbarkeit** (trotz Flucht) ist unerheblich.[118] Flüchtig kann sein, wer dauernd sein Quartier wechselt, auch wenn er täglich Meldezettel ausfüllt. Dagegen sind z.B. der Seemann, der über seine Reederei, und der Reisende, der über seine Firma oder ein Reiseunternehmen erreicht werden kann, nicht flüchtig.[119]

42 Begibt sich ein **ausländischer Beschuldigter** in Kenntnis des gegen ihn in Deutschland geführten Ermittlungsverfahrens in sein **Heimatland**, ist er nur dann flüchtig,

---

110 BGHSt **23** 380 (384); OLG Koblenz NStZ **1985** 88; LG Hamburg StV **1987** 399; Meyer-Goßner/*Schmitt* 13; KK/*Graf* 11; HK-GS/*Laue* 12; SK/*Paeffgen* 22d; Graf/*Krauß* 18; *Münchhalffen/Gatzweiler* Rn. 153; *Ranft* 630; enger wohl AK/*Deckers* 14 (unmittelbarer innerer Zusammenhang zwischen Ermittlungsverfahren und Flucht); vgl. auch *Kleinknecht* MDR **1965** 732; **a.A.** AnwK-StPO/*Lammer* 14 und HK/*Posthoff* 18, der für seine Ansicht, es sei der „zielgerichtete Wille" erforderlich, sich dem Verfahren zu entziehen, allerdings zu Unrecht die Entscheidungen OLG Hamm NStZ-RR **2004** 278 und KG StRR **2010** 354 (4 Ws 37/10) anführt, die zwar jeweils den Begriff „Fluchtwillen" verwenden, diesem aber nicht die von *Posthoff* angenommene Bedeutung zumessen; vgl. etwa KG StV **2013** 516 und Beschl. v. 25.2.2009 – 4 Ws 13/09 – (nicht veröffentlicht), wo derselbe Senat des KG ausgesprochen hat, dass die hier vertretene Auffassung seiner st. Rspr. entspricht.

111 So OLG Schleswig MDR **1980** 1042.

112 KK/*Graf* 10.

113 OLG Düsseldorf Beschl. v. 22.4.2010 – 3 Ws 175/10 – (juris); OLG Frankfurt StraFo **2015** 112; ebenso HK/*Posthoff* 21.

114 KK/*Graf* 11; AK/*Deckers* 15.

115 OLG Hamm NJW **1972** 653; s. auch OLG Dresden StV **2007** 587.

116 H.M.; **a.A.** wohl OLG Karlsruhe NJW **1972** 2098; SK/*Paeffgen* 22b; *Paeffgen* NStZ **1989** 417.

117 OLG Frankfurt NJW **1974** 1835; OLG Koblenz NStZ **1985** 88; OLG Düsseldorf NJW **1986** 2204; KK/*Graf* 11; Meyer-Goßner/*Schmitt* 13; **a.A.** wohl OLG Karlsruhe NJW **1972** 2098 mit Anm. *Kohlhaas* JR **1973** 76; SK/*Paeffgen* 22b; *Paeffgen* NStZ **1989** 417; *Sommermeyer* NJ **1992** 336; vgl. auch LG Verden StV **1986** 256.

118 OLG Düsseldorf NJW **1986** 2204; JMBlNW **1989** 261; OLG Frankfurt NJW **1974** 1835; LG Verden StV **1986** 256; KK/*Graf* 11; SK/*Paeffgen* 22b; Meyer-Goßner/*Schmitt* 13; *Münchhalffen/Gatzweiler* Rn. 153.

119 KK/*Graf* 11; SK/*Paeffgen* 22b.

wenn sein Verhalten von dem Willen (im Sinne zumindest bedingt vorsätzlichen Handelns) getragen ist, sich dauernd oder länger dem Strafverfahren zu entziehen. Reist er hingegen mit **Rückkehrwillen** zu einem nur vorübergehenden Aufenthalt in sein Heimatland, ist er auch dann nicht flüchtig, wenn die Wirkung der Unerreichbarkeit für die deutschen Strafverfolgungsbehörden und das Gericht tatsächlich eintritt, weil sein Heimatland ihn nicht wieder ausreisen lässt und eigene Staatsangehörige auch nicht an Deutschland zum Zwecke der Strafverfolgung ausliefert.[120] Ist gegen den Beschuldigten in der Annahme, er sei flüchtig, ein Haftbefehl ergangen, so muss er freigelassen werden, wenn feststeht, dass er nicht fliehen wollte und unter einer festen Anschrift erreicht werden kann.

Auch wenn der Beschuldigte seinen Wohnsitz zum Zwecke der Arbeitsaufnahme ins Ausland verlegt[121] oder sonst seinen Lebensmittelpunkt aus **verfahrensunabhängigen Gründen** im Ausland hat oder dorthin verlegt[122] und demgemäß dort wohnt,[123] ist das grundsätzlich keine Flucht. Fluchtwille kann auch fehlen, wenn ein ausländischer Beschuldigter sich seinen Gepflogenheiten entsprechend zu seinem im Ausland gelegenen Wohnsitz begibt.[124] Ein **Ausländer** ist auch dann nicht flüchtig, wenn er sich in sein Heimatland zurückbegibt, ohne dass dies mit der ihm vorgeworfenen Straftat zusammenhängt,[125] etwa um seinen ausländerrechtlichen Verpflichtungen zu genügen.[126] Ein Ausländer, der sich grundsätzlich schon immer, z.B. auch bei der Tat, im Ausland aufgehalten hat und sich nicht freiwillig für das in der Bundesrepublik betriebene Strafverfahren zur Verfügung stellt, ist ebenfalls nicht flüchtig.[127] Jedoch kann bei einer Einreise in die Bundesrepublik, je nach Lage des Einzelfalles, Fluchtgefahr bestehen.[128] Keine Flucht ist ferner anzunehmen, wenn der Beschuldigte sich zwar nicht (mehr) im Inland aufhält, aber seine Bereitschaft erklärt hat, sich einer Hauptverhandlung zu stellen und seinen Anwalt nach § 145a Abs. 2 wirksam ermächtigt hat, Ladungen für ihn entgegen zu nehmen.[129] 43

---

120 KG StV **2013** 516.

121 OLG München StV **2002** 205; s. auch OLG Celle StraFo **2009** 204.

122 OLG Karlsruhe StV **1999** 36; OLG Celle NStZ-RR **2008** 78; KG StRR **2010** 354; OLG Jena Beschl. v. 4.9.2008 – 1 Ws 381/08 – (juris) = StRR **2008** 403 (auch ordnungsgemäße Abmeldung beim Einwohnermeldeamt).

123 OLG Celle NStZ-RR **2008** 78; OLG Dresden StV **2005** 224; OLG Karlsruhe StV **2005** 34 mit Anm. StV **2005** 36; OLG Köln StV **1998** 269; OLG Brandenburg StV **1996** 381;OLG Naumburg StV **1997** 138; LG Offenburg StV **2004** 326; LG Hamburg StV **2002** 205; s. auch OLG Bremen StV **1997** 533.

124 OLG Bremen StV **1997** 533; OLG Saarbrücken StV **1991** 265 mit Anm. *Paeffgen* NStZ **1992** 481; **a.A.** *Weyand* wistra **1991** 358.

125 Vgl. OLG Frankfurt StV **1994** 581 mit Anm. *Paeffgen* NStZ **1996** 23; OLG Saarbrücken StV **2000** 208; OLG Stuttgart StV **1995** 258; **1999** 33; LG Berlin StV **1989** 253; *Böhm* NStZ **2001** 635; s. auch AG Bremerhaven StV **1993** 426 (Abschiebung) mit Anm. *Paeffgen* NStZ **1995** 21; LG Verden StV **1986** 256; vgl. auch *Gercke* StV **2004** 675.

126 S. auch *Heidig/Langner* StraFo **2002** 156 (Ausweisung); *Münchhalffen/Gatzweiler* Rn. 154.

127 BGH (Ermittlungsrichter) StV **1990** 309 (zu dem nicht verallgemeinerungsfähigen Sonderfall von Bewohnern der ehemaligen DDR, die die vorgeworfenen Taten auf deren Staatsgebiet begangen haben sollen und niemals in der Bundesrepublik Deutschland gewesen waren) mit Anm. *Paeffgen* NStZ **1990** 431; OLG Hamm NStZ-RR **2004** 278 = StV **2005** 35 mit Anm. *Hilger* 36; OLG Köln StV **1998** 269; KK/*Graf* 12; s. auch OLG Brandenburg StV **1996** 381; LG Hamburg StV **2002** 205.

128 KK/*Graf* 12; vgl. auch BGH StV **1990** 309 mit Anm. *Paeffgen* NStZ **1990** 431; *Helmken* MDR **1984** 532 (zur bedingten Fluchtgefahr).

129 OLG Dresden StV **2007** 587; Meyer-Goßner/*Schmitt* 13; Graf/*Krauß* 20; SK/*Paeffgen* 22a. Zur Beachtlichkeit einer schriftlichen Ladungsvollmacht nach § 145a Abs. 2 für die Beurteilung des Willens des Beschuldigten, sich dem Verfahren zu stellen, s. auch KG StraFo **2015** 210 = StV **2015** 646.

44 Bloßer **Ungehorsam gegen Vorladungen** und schlichtes **Untätigsein** sind grundsätzlich keine Flucht,[130] ebenso wenig ein lediglich unbekannter Aufenthaltsort oder schlechte Erreichbarkeit im Ausland.[131] S. dazu auch Rn. 50, 52ff.

45 **Verborgen** hält sich der Täter, der seinen Aufenthalt den Behörden vorenthält, namentlich unangemeldet oder unter falschem Namen lebt, seinen Aufenthalt in sonstiger Weise verschleiert oder in anderer Weise bewerkstelligt, dass er für Strafverfolgungsorgane und Gericht nicht auffindbar ist.[132] Ein „Nichtsesshafter" ist also nicht flüchtig und hält sich nicht verborgen, wenn er über eine soziale Anlaufstelle erreichbar ist.[133] Für die subjektive Seite gilt dabei das oben Gesagte entsprechend. Selbstverständlich kann jemand zugleich flüchtig sein und sich verborgen halten.[134]

46 Dass der Beschuldigte flüchtig ist oder sich verborgen hält (Nummer 1), muss das Gericht **aufgrund bestimmter Tatsachen** (Rn. 31ff.) feststellen. Während bei den Nummern 2 und 3 und bei § 112a Abs. 1 unstreitig die im Freibeweis getroffene Feststellung genügt, dass die Gefahr besteht (droht, begründet ist), ein gewisses Ereignis (Flucht, Verdunkelung, Wiederholung) werde eintreten, wird hier – bei der Nummer 1 – dagegen mitunter die Feststellung gefordert, dass das bestimmte Ereignis (Flucht, Verbergen) eingetreten ist. Nähme man die Vorschrift in diesem Sinne wörtlich, könnte der erste Haftgrund nur festgestellt werden, wenn der Beschuldigte einem anderen vor der Flucht offenbart hat, dass er fliehen wolle, oder nach ihr, dass er geflohen sei. Denn dass eine nicht erreichbare Person verunglückt oder verschleppt worden ist oder mit verlorenem Gedächtnis umherirrt, ist, wenn man ihren Willen nicht kennt, nach den äußeren Umständen allein theoretisch meist nicht auszuschließen. Daher sind sichere Feststellungen nur selten möglich, bevor der Täter wieder aufgefunden ist. Von einem so wörtlichen Begriff der Feststellbarkeit kann aber der Gesetzgeber, dem die Regelfälle des täglichen Lebens nicht fremd sind, nicht ausgegangen sein. Es muss daher ausreichen, dass nach den Umständen (Verschwinden, nachdem ein Strafverfahren eingeleitet worden ist) Flucht oder Verbergen näher liegen als – theoretisch ebenfalls denkbare – andere Gründe der Unerreichbarkeit.[135]

47 Der **Haftgrund entfällt**, wenn der Täter, der flüchtig war oder sich verborgen gehalten hatte, ereilt oder aufgespürt worden ist. Dass jemand flüchtig war oder sich verborgen gehalten hatte, ist kein gesetzlicher Haftgrund. Ob die Untersuchungshaft, nachdem der Flüchtige festgenommen worden ist, aufrechterhalten werden kann, ist nunmehr nach Nummer 2 zu beurteilen. Allerdings wird es im Allgemeinen nicht zweifelhaft sein,

---

130 H.M., vgl. nur OLG Celle NStZ-RR **2008** 78; OLG Bremen StV **1997** 533; s. auch BGHSt **23** 380; OLG Frankfurt StraFo **2015** 112 = StV **2016** 163; AnwK-StPO/*Lammer* 14; *Langner* 75; **a.A.** OLG Karlsruhe StV **2005** 35 (Flucht „indiziert"); KG StraFo **2013** 425 (Flucht, weil der zunächst ohne Fluchtwillen in sein Heimatland zurückgekehrte Angeklagte „ohne jede Begründung trotz Ladung zum Hauptverhandlungstermin nicht erschienen" sei). Ein anderer – erweiterter – Fluchtbegriff gilt demgegenüber in Fällen der Überstellung zur Strafvollstreckung in einen anderen Staat, vgl. OLG Celle StraFo **2012** 79 (diese Rechtsprechung ohne die gebotene Unterscheidung auf Untersuchungshaftfälle übertragend: KK/*Graf* 12).

131 OLG Düsseldorf JMBlNW **1989** 261; OLG Frankfurt StV **1994** 581 mit Anm. *Paeffgen* NStZ **1996** 23; SK/*Paeffgen* 22a und 22b; vgl. auch OLG Koblenz StV **1992** 424; OLG Brandenburg StV **1996** 381; LG Verden StV **1986** 256.

132 OLG Saarbrücken StV **2000** 208; OLG Schleswig bei *Döllel/Dreeßen* SchlHA **2006** 260; OLG Hamburg NStZ **2016** 433 (zu asylsuchenden Beschuldigten, die für die zuständige Behörde unerreichbar sind); LG Verden StV **1986** 256.

133 Vgl. LG Zweibrücken NJW **2004** 1679 (Haft wäre unverhältnismäßig).

134 *Kastendieck* 108.

135 KK/*Graf* 14; Meyer-Goßner/*Schmitt* 15;Graf/*Krauß* 22; **a.A.** KMR/*Wankel* 4; *Koch* NJW **1968** 1711 (dringender Tatverdacht reicht nicht; beweisbar).

dass Fluchtgefahr besteht, wenn der Beschuldigte schon einmal geflohen war oder sich verborgen gehalten hatte; anders kann dies u.a. dann sein, wenn der Beschuldigte sich selbst stellt.[136]

3. Fluchtgefahr (Absatz 2 Nr. 2)

a) Begriff. Fluchtgefahr ist gegeben, wenn aufgrund bestimmter Tatsachen (Rn. 31 ff.) bei Würdigung aller Umstände des Einzelfalles die hohe Wahrscheinlichkeit[137] (Rn. 35, 36) besteht, der Beschuldigte werde sich – zumindest für eine gewisse Zeit[138] – **dem Verfahren entziehen**, in welchem erwogen wird, die Untersuchungshaft anzuordnen.[139] Die Frage der Fluchtgefahr ist allein **aus Sicht des anhängigen Verfahrens** zu beurteilen;[140] dass der Beschuldigte in anderer Sache inhaftiert ist, steht ihrer Annahme also nicht entgegen (Vor § 112, 88). Die Tatsachen, die der Fluchtgefahr zugrunde liegen, brauchen nicht zur vollen Überzeugung des Gerichts festzustehen; vielmehr reicht derjenige **hohe** Grad von **Wahrscheinlichkeit** aus, der erforderlich ist, um dringenden Tatverdacht festzustellen[141] (Rn. 19, 35 ff.). 48

b) Entziehungshandlungen. Entziehen ist das vom Beschuldigten oder mit seinem Wissen von anderen vorgenommene Verhalten, das den vom Beschuldigten beabsichtigten, erkannten oder in Kauf genommenen Erfolg hat, den **Fortgang des Verfahrens** dauernd oder vorübergehend durch Aufheben der Bereitschaft zu **verhindern**, für Ladungen, Vollzugs- und Vollstreckungsmaßnahmen zur Verfügung zu stehen[142] (§ 124, 15 bis 17). Bei dem Entziehen ist zwar in erster Linie daran gedacht, dass der Täter flüchten oder sich verbergen werde, doch wird der Begriff des Entziehens damit nicht ausgefüllt. Dem Verfahren kann sich nach h.M. auch entziehen, wer sich durch Einwirkungen auf seinen Körper, namentlich durch Rauschgift, verhandlungsunfähig macht (Rn. 70). Die Klammerbezeichnung „Fluchtgefahr" steht so schlagwortartig nur für die auffälligste Entziehungsart.[143] 49

Dem Verfahren entzieht sich grundsätzlich noch nicht, wer einer **Terminsladung nicht folgt**. Gegen ihn ist zunächst das mildere Zwangsmittel der Vorführung anzuwenden. Nur wenn die Gefahr besteht, der Beschuldigte werde es auch unmöglich machen, ihn vorzuführen, etwa indem er sich verborgen hält, kann ein Haftbefehl zulässig sein. Diese Voraussetzung ist nicht erfüllt, wenn der Beschuldigte seine Wohnung beibehält, es jedoch so einrichtet, dass er bei der Vorführung nicht angetroffen werden wird (etwa zur Arbeitsstelle geht, einen Spaziergang macht usw.). Dies ergibt sich daraus, dass Nr. 2 die Vorbereitungsphase zu Nr. 1 (Flucht, Verbergen) erfassen soll, solche Fälle jedoch 50

---

136 SK/*Paeffgen* 23; HK/*Posthoff* 22; Meyer-Goßner/*Schmitt* 16; KK/*Graf* 15; AK/*Deckers* 17; *Schlothauer*/*Weider*/*Nobis* Rn. 501.
137 S. auch *Kühne*/*Esser* StV **2002** 389 zur Rspr. des EGMR.
138 OLG Hamm NJW **1966** 2075; KK/*Graf* 17.
139 KG StV **2012** 350 = StRR **2012** 155 mit Anm. *Burhoff*; KK/*Graf* 16; Meyer-Goßner/*Schmitt* 18.
140 HK/*Posthoff* 23; KK/*Graf* 16, jeweils m.w.N.
141 OLG Bremen NJW **1955** 1891; **1962** 649; KK/*Graf* 14; Meyer-Goßner/*Schmitt* 22; Graf/*Krauß* 23; HK/*Posthoff* 29; *Dreves* DRiZ **1965** 111; **a.A.** AK/*Deckers* 19 (voller Beweis erforderlich).
142 BGHSt **23** 384; BGH StV **1990** 309; KG JR **1974** 165; OLG Brandenburg StV **1996** 381; OLG Köln JMBlNW **2005** 284; *Parigger* NStZ **1986** 211; krit. *Langner* 78; für einen erweiterten Begriff des Entziehens *Grau* NStZ **2007** 14 (auch passives Verhalten im Ausland, wenn Beschuldigter ausnutzt, dass die Justiz den Strafanspruch nur bei seiner Anwesenheit in der Hauptverhandlung durchsetzen kann; aktive Verfahrenssabotage nicht erforderlich). Zu Rat und Hilfe durch den Verteidiger s. *Krekeler* FS Friebertshäuser (1997) 53 ff.
143 Vgl. *Kohlhaas* JR **1974** 166.

nicht darunter zu fassen sind. Denn es besteht nicht die Gefahr, dass der Beschuldigte fliehen oder sich verbergen wird, insbesondere wird er nicht seinen Aufenthalt verschleiern oder unauffindbar sein. Er hält sich nur nicht (für die zu erwartende) Vorführung bereit, weicht aber nicht von normalen Verhaltensweisen ab (zur Sicherung des beschleunigten Verfahrens in solchen Fällen vgl. § 127b, 13).

51 Ein Entziehen i.S. von Absatz 2 Nr. 2 ist auch zu verneinen, wenn nur der Angeklagte gegen ein Urteil des Amtsgerichts Berufung eingelegt hat, in der darauf anberaumten **Berufungsverhandlung** aber unentschuldigt ausgeblieben ist. In diesem Fall richtet sich das weitere Verfahren nach § 329.[144] Andere Vorschriften, die weitere Zwangsmaßnahmen gegen einen nicht erschienenen Angeklagten zulassen, sind nicht anwendbar.[145] Ihrer bedarf es deshalb nicht, weil § 329 Abs. 1 dem besonderen Zweck dient, einen Angeklagten daran zu hindern, die Entscheidung über sein Rechtsmittel dadurch zu verzögern, dass er sich der Verhandlung entzieht.[146]

52 Schwierigkeiten können insbesondere **Fälle mit Auslandsbezug** bereiten.[147] Grundsätzlich gilt: Ein **Wohnsitz** im Ausland – zumal innerhalb der EU – vermag für sich allein die Annahme von Fluchtgefahr nicht zu begründen,[148] ist aber im Rahmen der stets vorzunehmenden Gesamtwürdigung (Rn. 65) mit zu berücksichtigen.[149] Der Beschuldigte entzieht sich dem Verfahren auch nicht, wenn er Maßnahmen vorbereitet und trifft (z.B. Reisen oder Übersiedlung bzw. Rückkehr ins Ausland), die im Ergebnis – insbesondere mangels der erforderlichen subjektiven Komponente – nicht als Flucht anzusehen wären (Rn. 40 ff.), gleichgültig ob er Deutscher oder Ausländer ist.[150] Fluchtgefahr liegt dagegen vor, wenn der Beschuldigte sich, um dem Verfahren zu entgehen, ins Ausland absetzen will[151] oder, wenn er sich bereits dort befindet (ohne flüchtig zu sein – Rn. 41), dort „untertauchen" oder sich in sonstiger Weise der Erreichbarkeit für Strafverfolgungsbehörden und Gericht entziehen will.[152] Demgegenüber ist Fluchtgefahr im Regelfall nicht begründet, wenn der Beschuldigte lediglich die Strafverfolgung nicht erleichtert, also etwa im Ausland, wo er eine den Strafverfolgungsbehörden bekannte Wohnung hat, verbleibt.[153] Denn **schlichtes Untätigbleiben** im Ausland vermag grundsätzlich keine

---

144 KG JR **1977** 34; s. auch OLG Stuttgart NStZ **1982** 217; *Michel* MDR **1991** 933 (Berufung der StA).
145 OLG Bremen MDR **1970** 165.
146 BGHSt **23** 334.
147 Eingehend hierzu *Wolf* 93 ff.; *Langner* 133 ff.
148 Vgl. KG Beschl. v. 24.3.2010 – 4 Ws 37/10 – (juris) = StRR **2010** 354; Beschl. v. 8.2.2016 – 5 Ws 12/16 – (juris); OLG Brandenburg StV **1996** 381; OLG Dresden StV **2005** 224; OLG Düsseldorf StraFo **2005** 207; **2006** 24; OLG Koblenz StV **2013** 518; OLG Köln StV **2006** 25; **1998** 269; OLG München StraFo **2013** 114; OLG Naumburg StV **1997** 138; OLG Oldenburg StV **2010** 29 (Ls.); OLG Stuttgart StV **1995** 258; LG Aurich NStZ-RR **2011** 219 = StV **2011** 290; LG Neuruppin StV **2009** 652; LG Oldenburg StV **2011** 34; Meyer-Goßner/*Schmitt* 17a und 20a; HK/*Posthoff* 25; *Schlothauer/Weider/Nobis* Rn. 508 f.; *Münchhalffen/Gatzweiler* Rn. 168; problematisch deshalb OLG Frankfurt StV **2007** 249; OLG Nürnberg wistra **2011** 478 mit krit. Anm. *Lind* StRR **2012** 114.
149 KG NStZ-RR **2014** 374 = wistra **2015** 37.
150 S. auch *Gercke* StV **2004** 675 (auch zu EU-Auslieferungsabkommen); vgl. auch Vor § 112, 113.
151 H.M.; LG Hanau NStZ **1987** 41. S. auch AK/*Deckers* 19; *Bleckmann* StV **1995** 552, 554 (Fluchtgefahr entfalle, wenn damit zu rechnen sei, dass ein EU-Ausländer an die Bundesrepublik ausgeliefert werden wird – in dieser Allgemeinheit formuliert eine problematische Auffassung, weil sie dahin missverstanden werden könnte, ein Haftbefehl könne auch dann nicht ergehen, wenn alle Voraussetzungen der Fluchtgefahr erfüllt sind, weil der Beschuldigte ja *später* auf jeden Fall festgenommen werden könne, was allerdings auch wieder den Erlass eines Haftbefehls erfordert; krit. auch KK/*Graf* 22b); vgl. dazu auch OLG Köln StV **1997** 139; **2003** 510; **2005** 393; OLG Düsseldorf StraFo **2006** 24 mit Anm. *Paeffgen* NStZ **2007** 81; OLG Schleswig bei *Döllel/Dreeßen* SchlHA **2006** 260; *Münchhalffen/Gatzweiler* Rn. 178 ff.
152 OLG Frankfurt StV **1994** 581 mit Anm. *Paeffgen* NStZ **1996** 23; OLG Düsseldorf JMBlNW **1989** 261; s. auch LG Hamburg StV **2002** 205; *Böhm* NStZ **2001** 637; *Münchhalffen/Gatzweiler* Rn. 178 ff.
153 Vgl. OLG Karlsruhe NJW **1972** 2099; OLG Frankfurt StV **1994** 581; OLG Stuttgart StV **1995** 258; OLG Brandenburg StV **1996** 381; OLG Dresden StV **2005** 224; s. auch OLG Karlsruhe StV **2013** 518; KG Beschl. v.

Fluchtgefahr zu begründen; sie kann insbesondere dann nicht angenommen werden, wenn der Beschuldigte sich bislang im Verfahren „kooperativ“ verhalten hat und/oder – glaubhaft, jedenfalls bisher nicht widerlegt[154] – versichert, er werde zur Hauptverhandlung erscheinen,[155] wobei auch ein erkennbares, beachtliches Interesse des Beschuldigten an einer Klärung der Tatvorwürfe von Belang ist.[156]

Die Annahme von Fluchtgefahr erfordert vielmehr, dass der Beschuldigte **auf bestimmte Weise zum Ausdruck bringt**, sich dem Verfahren nicht stellen zu wollen.[157] 53
Dafür genügt nicht, dass er sich lediglich einer Verhaftung nicht freiwillig stellen will.[158] Die **Abgrenzung** von reiner Untätigkeit und einem Verhalten, das als „Sicht-Entziehen“ zu würdigen ist, kann im Einzelfall **Schwierigkeiten** bereiten. Teilweise wird Fluchtgefahr bejaht bei dem aus den Umständen erkennbar werdenden oder bekundeten Willen des Beschuldigten, nicht freiwillig für Zwecke des Verfahrens nach Deutschland (wieder) einzureisen.[159] Hierbei wird zuweilen angenommen, der Beschuldigte verletze damit seine strafprozessuale **Mitwirkungspflicht** im Sinne einer Erscheinens- oder Gestellungspflicht, über deren Existenz allerdings keine Einigkeit besteht.[160]

Wann eine Konstellation vorliegt, in der aus dem (konkludenten) Verhalten und/ 54
oder aus Äußerungen des Beschuldigten auf ein Sich-Entziehen geschlossen werden kann, hat die **Rechtsprechung** bislang **nicht einheitlich** entschieden. So ist angenommen worden, es genüge nicht, dass der Beschuldigte ankündigt, nur bei vorheriger Zusicherung einer Strafaussetzung zur Bewährung zu einer Hauptverhandlung in Deutschland zu erscheinen.[161] Gibt ein Angeklagter glaubhaft zu erkennen, dass er die Teilnahme

---

24.3.2010 – 4 Ws 37/10 – (juris) = StRR **2010** 354; OLG Düsseldorf StraFo **2005** 207 (jeweils zum Wohnsitzwechsel in der EU); LG Frankfurt StV **2005** 225; *Heidig/Langner* StraFo **2002** 156; **a.A.** *Grau* NStZ **2007** 12ff.

154 OLG Stuttgart StV **1995** 258; OLG Karlsruhe StV **2005** 33.

155 Vgl. KG Beschl. v. 24.3.2010 – 4 Ws 37/10 – (juris) = StRR **2010** 354; OLG Karlsruhe StV **2005** 33 mit zust. Anm. *Hilger*; **1999** 36; OLG Köln JMBlNW **2005** 284 = StV **2006** 25 (wiederholt Bereitschaft zur Mitwirkung gezeigt); StV **2005** 393; OLG Bremen StV **1997** 533; OLG Naumburg StV **1997** 138; OLG Brandenburg StV **1996** 381; OLG Stuttgart StV **1995** 258 (mit dem zutreffenden Hinweis, dass eine solche Erklärung der Überprüfung bedarf); LG Oldenburg StV **2011** 34; LG Hamburg StV **2002** 205; *Dahs/Riedel* StV **2003** 416; krit. dagegen, letztlich aber offen lassend OLG Köln NStZ **2003** 219 mit krit. Anm. *Paeffgen* NStZ **2004** 78.

156 OLG Karlsruhe StV **2005** 33; OLG Dresden StV **2007** 587.

157 BGHSt **23** 380.

158 OLG Karlsruhe StV **2005** 33 mit Anm. *Hilger* 36; zu dieser Differenzierung auch KG Beschl. v. 24.3.2010 – 4 Ws 37/10 – (juris) = StRR **2010** 354 und OLG Dresden StV **2007** 587.

159 OLG Celle StraFo **2009** 204 (allerdings nicht tragend, zudem mit nicht ganz verständlicher Bezugnahme auf OLG Karlsruhe StV **2005** 33); OLG Köln NStZ-RR **2006** 22; NStZ **2003** 219 (ebenfalls nicht tragend: erwogen auch für die Fallgestaltung, dass der Beschuldigte sich gar nicht äußert in der Gewissheit, von seinem Heimatstaat nicht ausgeliefert zu werden) mit krit. Anm. *Paeffgen* NStZ **2004** 78; OLG Hamm StV **2005** 35 mit krit. Anm. *Hilger* 36; OLG Stuttgart Justiz **1983** 311; StV **1999** 33 mit krit. Anm. *Lagodny*; OLG Düsseldorf JMBlNW **1989** 261; KG Beschl. v. 24.3.2010 – 4 Ws 37/10 – (juris) = StRR **2010** 354 (nicht tragend); KG StraFo **2013** 425 hat den Haftgrund der Flucht neben dem Nichterscheinen zur Hauptverhandlung trotz Ladung auch aus der Erklärung des in seinem Heimatland befindlichen Angeklagten abgeleitet, sich nicht in Deutschland einem Verfahren wegen einer „politischen Straftat“ stellen zu wollen; Meyer-Goßner/*Schmitt* 17a; KMR/*Wankel* 5; ausdrücklich offen gelassen von BGH StV **1990** 309; vgl. auch AG Bremerhaven StV **1993** 426; *Helmken* MDR **1984** 532; **a.A.** *Schlothauer/Weider/Nobis* Rn. 513.

160 **Dafür**: OLG Köln NStZ-RR **2006** 22; OLG Hamm StV **2005** 35 mit krit. Anm. *Hilger* 36; OLG Stuttgart StV **1999** 33 mit abl. Anm. *Lagodny*; **dagegen**: OLG Karlsruhe StV **1999** 36; *Böhm* NStZ **2001** 636; *Paeffgen* NStZ **2006** 139; *Schlothauer/Weider/Nobis* Rn. 513; *Wolf* 104 ff.; s. auch OLG Karlsruhe StV **2005** 33 (Pflicht zur Teilnahme an der Hauptverhandlung, nicht aber, sich freiwillig einer Verhaftung zu stellen).

161 OLG Oldenburg StV **2011** 419 (mit der im Übrigen nicht recht verständlichen Begründung, Untersuchungshaft nach §§ 112ff. diene nicht dazu, „den etwaigen Erlass eines Haftbefehls nach § 230 an der Hauptverhandlung ernsthaft beabsichtigt – und hat er demgemäß u.a. wiederholt versucht, freies Geleit nach § 295 zu erlangen –, vermag allein seine Erklärung, wegen der drohenden Gefahr einer Inhaftierung nicht einreisen zu wollen, nicht den Haftgrund der Fluchtgefahr zu begründen, sondern spiegelt diese Äußerung nur sein legitimes Interesse wider, an der Hauptverhandlung „als freier Mann" teilnehmen zu wollen.[162]

55 Demgegenüber ist – auch mit dem ausdrücklichen Hinweis, es müsse in Zeiten offener Grenzen eine „haftrechtliche Privilegierung" besonders gefährlicher, mobiler ausländischer Straftäter vermieden werden[163] – Fluchtgefahr bejaht worden, wenn der Beschuldigte sich dem Verfahren **nicht vorbehaltlos** zur Verfügung halten will, sondern erklärt, er komme nur dann nach Deutschland, sofern er nicht in Untersuchungshaft genommen werde, er strebe eine Bewährungsstrafe an, wolle aber zumindest eine eventuelle Strafhaft sofort im offenen Vollzug verbüßen.[164] Ein Verhalten, das über einen bloßen passiven Verfahrensungehorsam hinausgehend das Fehlen der Bereitschaft zum Ausdruck bringt, für Ladungen und Vollstreckungsmaßnahmen zur Verfügung zu stehen, ist auch angenommen worden, wenn der Beschuldigte jegliche Kontaktaufnahme zu deutschen Ermittlern auch in seinem Heimatland verweigert,[165] oder wenn er es ausdrücklich ablehnt, zur Vernehmung und Durchführung des Verfahrens nach Deutschland zu kommen und diese ablehnende Haltung dadurch unterstreicht, dass er sich **trotz Zusicherung freien Geleits** mit der Begründung weigert, in einem Verfahren gegen gesondert Verfolgte als Zeuge zu erscheinen und auszusagen, er vertraue der Zusicherung nicht und befürchte seine Verhaftung.[166] Mitunter wird in diesem Zusammenhang noch darauf hingewiesen, dass Fluchtgefahr nicht deshalb angenommen werden könne, weil ein Beschuldigter auf Fragen des Gerichts betreffend seine Bereitschaft, zur Hauptverhandlung zu erscheinen, nicht reagiere; denn eine Verpflichtung des Beschuldigten zur Abgabe einer entsprechend „eingeforderten" Äußerung bestehe nicht.[167]

56 Grundsätzliche **Kritik an dieser Rechtsprechung** ist mit den Argumenten vorgebracht worden, sie sei mit der in einer Entscheidung des BGH[168] zum Ausdruck kommenden Tendenz zur Begrenzung der Definition von Flucht und Fluchtgefahr schwerlich vereinbar; überdies nehme sie eine dogmatisch nicht vertretbare Lückenfüllung vor, die durch die Nichtanwendung des § 230 Abs. 2 in solchen Fällen veranlasst sei.[169] Zu dieser Kritik ist zu sagen, dass aus der angeführten Entscheidung des BGH, die keine Senatsentscheidung war, für die hier maßgebliche Problematik nichts Maßgebliches hergeleitet werden kann. Sie ist ergangen in einer historisch einmaligen Situation zu dem nicht verallgemeinerungsfähigen Sonderfall in der DDR begangener Taten von DDR-Bürgern, die niemals im Geltungsbereich der StPO gewesen waren (weshalb es anders als in vielen der dargestellten Entscheidungen auch nicht um die Frage einer *Rückkehr* in die Bundesrepublik Deutschland ging); sie hat eine „Lückenergänzung" durch Anerkennung einer

---

Abs. 2 vorwegzunehmen"; möglicherweise sieht das OLG den Erlass eines Terminhaftbefehls weiterhin als völlig unproblematisch an, s. dazu Rn. 57).

162 OLG Karlsruhe StV **2005** 33 mit Anm. *Hilger* 36; OLG Dresden StV **2007** 587.

163 OLG Stuttgart NStZ **1998** 427 = StV **1999** 33 mit Anm. *Lagodny*; OLG Köln NStZ **2003** 219.

164 OLG Hamm StV **2005** 35 (mit ausführlicherer Begründung) mit abl. Anm. *Hilger* 36; die uneingeschränkte, bedingungslose Bereitschaft, sich dem Verfahren zu stellen, verlangt auch KG Beschl. v. 27.4.2011 – 4 Ws 38/11 – (nicht veröffentlicht).

165 OLG Köln NStZ **2003** 219.

166 OLG Stuttgart NStZ **1998** 427 = StV **1999** 33 mit Anm. *Lagodny*.

167 MüKo/*Böhm*/*Werner* 48; *Münchhalffen*/*Gatzweiler* Rn. 199; jeweils unter Ablehnung einer Entscheidung des OLG Stuttgart (NStZ **1998** 427 = StV **1999** 33 mit Anm. *Lagodny*), das einen solchen Rechtsgrundsatz aber gar nicht befürwortet hat.

168 BGH (Ermittlungsrichter) StV **1990** 309 mit Anm. *Paeffgen* NStZ **1990** 431; **a.A.** *Grau* NStZ **2007** 12 ff.

169 LR/*Hilger*[26] 33a; *ders.* StV **2005** 36 ff.; s. auch *Schlothauer*/*Weider*/*Nobis* Rn. 513; SK/*Paeffgen* 26a.

bedingten Fluchtgefahr[170] abgelehnt und insbesondere die Frage einer möglichen Auslieferung als „hier nicht einschlägig" ausdrücklich offen gelassen. Der BGH hat in der Folgezeit die ihm zugeschriebene Begrenzung der Definition von Flucht und Fluchtgefahr in Kenntnis der Diskussion auch nicht aufgegriffen oder gar bestätigt. Beachtlich erscheint die Kritik hingegen, soweit sie darauf abzielt, der Erlass eines Haftbefehls nach § 112 Abs. 2 Nr. 2 offenbare (weil wegen des Auslandsbezugs nicht gemäß § 230 Abs. 2 verfahren werden könne oder solle),[171] dass mit einer im Haftrecht unzulässigen oder zumindest problematischen Analogie[172] zu Lasten des Beschuldigten gearbeitet werde; helfen könne insoweit nur – wenn dies überhaupt rechtspolitisch gewollt werde – der Gesetzgeber.[173]

Tatsächlich ist **umstritten**, ob ein **Haftbefehl nach § 230 Abs. 2** erlassen werden 57
kann, wenn die dafür nötige Ladung zur Hauptverhandlung im Ausland bewirkt werden muss, weil fraglich ist, ob eine solche **Ladung** mit der nach § 216 Abs. 1 Satz 1 erforderlichen **Zwangsmittelandrohung** verbunden werden darf.[174] Zum Teil ist ein Vorgehen nach § 230 Abs. 2 ohne weiteres für zulässig erachtet worden, ohne die Ladungsproblematik auch nur zu erwähnen.[175] Andere Teile der Rechtsprechung haben die Möglichkeit einer wirksamen Ladung hingegen verneint.[176] Die inzwischen wohl überwiegende und zutreffende Meinung hält unter Bezugnahme auf die Neufassung der Nr. 116 Abs. 1 RiVASt eine „modifizierte Warnung" an den im Ausland zu ladenden Beschuldigten dergestalt, dass die Vollstreckung der angedrohten Folgen ausschließlich im Geltungsbereich der StPO erfolgen könne, für völkerrechtlich zulässig; eine Ladung mit dieser Form der Androhung ist wirksam.[177]

Nicht überzeugend erscheint es, den Erlass eines Terminshaftbefehls allein aus 58
Gründen der **Prozessökonomie** abzulehnen.[178] Zwar ist das Vorgehen nach § 230 Abs. 2 mit **praktischen Problemen** behaftet, weil der Beschuldigte zunächst – erforderlichenfalls im Wege der Rechtshilfe – zur Hauptverhandlung geladen und diese Verhandlung geplant und vorbereitet werden muss. Die Mühen einer solchen, möglicherweise vergeb-

---

170 Wie von *Helmken* MDR **1984** 532 vorgeschlagen.

171 So OLG Köln NStZ-RR **2006** 22; *Grau* NStZ **2007** 12 ff.; krit. auch OLG Hamm StV **2005** 35; Böhm NStZ **2001** 636 (§ 230 unpraktikabel); **a.A.** OLG Brandenburg StV **1996** 381; OLG Karlsruhe StV **2004** 325; *Lagodny* StV **1999** 35; s. auch OLG Karlsruhe StV **2005** 33; OLG Oldenburg StV **2005** 432.

172 Vgl. LR/*Lüderssen/Jahn* Einl. M 57; *Paeffgen* NStZ **1990** 431; **2006** 139; *Lagodny* StV **1999** 37; StV **2005** 38; s. auch *Münchhalffen/Gatzweiler* Rn. 169; **a.A.** *Grau* NStZ **2007** 12 ff.

173 *Lagodny* StV **1999** 35; *Böhm* NStZ **2001** 637 (zu schaffender Haftgrund der „Auslieferungsermöglichung"); ebenso *Schlothauer/Weider/Nobis* Rn. 513; s. auch *Grau* NStZ **2007** 12 ff.; dagegen (allerdings mit unzutreffenden Annahmen) *Münchhalffen/Gatzweiler* Rn. 199.

174 Vgl. dazu KG NStZ **2011** 653 = StV **2011** 716; StraFo **2013** 425.

175 OLG Brandenburg StV **1996** 381; OLG Dresden StV **2005** 224; OLG Karlsruhe StV **2005** 35 (die Letztgenannten gehen darüber hinaus davon aus, mit dem Nichtbefolgen der Ladung sei der Haftgrund der Flucht indiziert); auch das OLG Oldenburg StV **2005** 432 hat die Möglichkeit des Erlasses eines Terminhaftbefehls offensichtlich als unproblematisch zugrunde gelegt; s. auch *Lagodny* StV **1999** 36 (der sogar – m.E. kaum vertretbar – die Entbehrlichkeit einer Ladung erwägt, im Übrigen aber auch ohne jede Begründung behauptet, nach einer Verurteilung zur einer Freiheitsstrafe sei „ohnehin ein Haftbefehl wegen Fluchtgefahr möglich").

176 OLG Frankfurt NStZ-RR **1999** 18; KG StraFo **2013** 425 (jedenfalls im Bereich des vertraglosen Rechtshilfeverkehrs; dort: Mongolei); ebenso *Grau* NStZ **2007** 12.

177 OLG Karlsruhe StV **2015** 346 = NStZ-RR **2015** 283; KG NStZ **2011** 653; OLG Saarbrücken NStZ-RR **2010** 49; OLG Rostock NStZ **2010** 412; nunmehr auch, in Abkehr von früherer Rechtsprechung, jedoch ohne ausdrückliche Aufgabe derselben: OLG Köln StV **2014** 205 sowie OLG Brandenburg NStZ **2015** 235 = StV **2015** 347 (mit Abgrenzung zu der zur früheren Fassung von Nr. 116 Abs. 1 RiVASt getroffenen entgegenstehenden Entscheidung desselben Senats in StV **2009** 348 [Ls.]).

178 So aber OLG Köln NStZ **2003** 219; OLG Stuttgart NStZ **1998** 427 = StV **1999** 33 mit abl. Anm. *Lagodny*; OLG Hamm NStZ-RR **2004** 278 = StV **2005** 35 mit Anm. *Hilger* 36.

lichen Terminierung und Ladung muss das Gericht aber, ebenso wie bei einem im Geltungsbereich der StPO ansässigen Beschuldigten, auf sich nehmen.[179] Auch dass die Haft nach § 230 Abs. 2 keine Sicherung einer späteren Strafvollstreckung bewirken kann, fällt nicht maßgeblich ins Gewicht und rechtfertigt nicht den schwerwiegenden Eingriff der Untersuchungshaft. Tritt der nach der Hauptverhandlung in sein Heimatland zurückgekehrte Verurteilte eine rechtskräftig verhängte Freiheitsstrafe nicht an, besteht die Möglichkeit, bei dem Heimat- bzw. Aufenthaltsstaat aufgrund eines sodann zu erlassenden Vollstreckungshaftbefehls die Auslieferung zur Vollstreckung zu begehren, oder dieser Staat kann um die Übernahme der Vollstreckung ersucht werden.

59 Diejenigen, die die Wirksamkeit der Ladung im Ausland (und damit die Möglichkeit eines Haftbefehls nach § 230 Abs. 2) verneinen, verfolgen unterschiedliche Lösungen. Im Schrifttum fordern manche, weil das geltende Recht ihrer Auffassung nach keine sachgerechte Lösung biete, einen neuen **Haftgrund der „Auslieferungsermöglichung"**.[180] Andere untersuchen das Verhalten des Beschuldigten nach Umständen, die über bloße Passivität hinausgehen und den Schluss auf seine mangelnde Bereitschaft zur Verfahrensteilnahme zulassen. So wird nicht nur bei entsprechenden Äußerungen des Beschuldigten, sondern auch bei **Nichtbefolgen** einer (nicht mit einer Zwangsmittelandrohung versehenen) **Ladung zur Hauptverhandlung** angenommen, dass nunmehr ein Haftbefehl nach § 112 erlassen werden dürfe.[181] Auch hiernach muss also zunächst terminiert und geladen werden, um gleichsam die Bereitschaft des Beschuldigten zur Verfahrensteilnahme zu „prüfen". Im Rahmen der jederzeit erforderlichen Gesamtwürdigung (Rn. 65) gewinnt somit die mangelnde Gefolgschaft gegenüber einer Ladung zur Hauptverhandlung doch eine Bedeutung, womit der **Rechtsgrundsatz**, dass bloßer Ungehorsam gegenüber Ladungen und reine Untätigkeit nicht für die Annahme von Fluchtgefahr genügten, **relativiert** wird. Dies ist indessen nicht rechtsfehlerhaft, denn der immer wieder zitierte, auf eine ältere Entscheidung des BGH zum Auslieferungsverfahren[182] zurückgehende Rechtsgrundsatz hat nicht die ihm mitunter beigemessene Bedeutung, dass es zwingend einer aktiven Komponente im Verhalten des Beschuldigten bedürfe.[183] Aus der genannten Entscheidung kann diese Ansicht nicht hergeleitet werden.[184] Ein den Zweck der Untersuchungshaft gefährdendes „Sich-Entziehen" im Sinne der oben gegebenen Definition (Rn. 49) kann nicht nur durch aktives Verhalten erfolgen. Auch erfordert die Feststellung, dass der Beschuldigte mit hoher Wahrscheinlichkeit den Fortgang des Verfahrens durch Aufheben der Bereitschaft (mindestens vorübergehend) verhindern will, für Ladungen zur Verfügung zu stehen, nicht, dass zum unentschuldigten

---

179 Ebenso *Grau* NStZ **2007** 12; s. auch LG Aurich NStZ-RR **2011** 219 = StV **2011** 290 (zum Fall einer unwirksamen Ladung).

180 *Böhm* NStZ **2001** 633; MüKo/*Böhm*/*Werner* 48; s. auch *Grau* NStZ **2007** 14 f. (mit der aus Gründen der Verhältnismäßigkeit gebotenen, aber kaum praktikablen Einschränkung, dass ein auf diesen Grund gestützter Haftbefehl zeitlich erst zur Ermöglichung einer Hauptverhandlung erlassen werden könnte).

181 KG StraFo **2013** 425: weil der Beschuldigte „ohne jede Begründung trotz Ladung zum Hauptverhandlungstermin nicht erschienen" sei, liege nicht nur Fluchtgefahr, sondern sogar Flucht vor (zw., weil zwar die subjektive Sabotagetendenz vorliegen mag, es aber an dem objektiven Sabotageverhalten im Sinne der erforderlichen Veränderung des Lebensmittelpunktes fehlt; vgl. dazu *Grau* NStZ **2007** 12 zu Fn. 31); s. auch die nicht tragenden Erwägungen bei OLG Köln NStZ **2003** 219; NStZ-RR **2006** 22 (Haftbefehl nach § 112 zulässig, wenn sich aus dem gesamten Verhalten des Beschuldigten ergibt, dass er nicht bereit ist, seiner Mitwirkungspflicht nachzukommen).

182 BGHSt **23** 381.

183 *Hilger* StV **2005** 37.

184 *Grau* NStZ **2007** 12 f.

Ausbleiben trotz wirksamer Ladung zur Hauptverhandlung noch entsprechende Äußerungen des Beschuldigten hinzutreten.[185]

Manche fordern bei einem im Ausland wohnenden Beschuldigten gar dessen **konkrete Planung**, in seinem Aufenthaltsland unterzutauchen oder in ein drittes Land auszureisen, um sich auch einem (möglichen) Auslieferungsverfahren zu entziehen.[186] Eine solche Feststellung wird in der forensischen Praxis kaum jemals möglich sein, weshalb diese Ansicht nicht praktikabel ist. Im Rahmen der Gesamtabwägung kann es jedoch von Bedeutung sein, wenn der aufgrund eines Europäischen oder Internationalen Haftbefehls im Ausland ergriffene Beschuldigte sich im dortigen Auslieferungsverfahren mit einer **vereinfachten Auslieferung** einverstanden erklärt. Dies mag bereits das Gericht des Aufenthaltsstaates dazu bewegen, keine Haftanordnung zur Sicherung der Auslieferung zu treffen, sondern zunächst abzuwarten, ob sich der Beschuldigte den hiesigen Behörden stellt. Geschieht dies, wird auch das deutsche Haftgericht schwerlich (weiterhin) den Haftgrund der Fluchtgefahr bejahen können. Erfolgt sie ohne triftigen Grund nicht, führt auch die bloße Erklärung des Beschuldigten, mit der vereinfachten Auslieferung einverstanden zu sein, nicht[187] zur Verneinung der Fluchtgefahr (mit der dann zwangsläufigen Folge, dass der nationale Haftbefehl aufgehoben werden müsste, womit die Grundlage für das Auslieferungsbegehren entfiele und das ausländische Auslieferungsverfahren ohne weiteres endete). 60

Soweit bei der Verneinung des Haftgrundes auch damit argumentiert wird, dass der Beschuldigte **mit seiner Auslieferung rechnen** müsste,[188] ist zu beachten, dass es sich notwendigerweise um eine (zunächst) hypothetische Überlegung handeln muss, weil ein Begehren um Auslieferung zum Zweck der Strafverfolgung einen nationalen Haftbefehl voraussetzt.[189] Begründet werden kann allerdings die Unwahrscheinlichkeit eines dauerhaften Entziehens mit der Argument, dass ein Beschuldigter, der nach einer Ausreise nicht wieder freiwillig nach Deutschland zurückkehren würde, um sich der Hauptverhandlung zu stellen, im sodann wahrscheinlichen Fall eines Haftbefehlserlasses und eines darauf gestützten Auslieferungsersuchens von seinem Heimat- bzw. Aufenthaltsland an die Bundesrepublik Deutschland überstellt werden würde, sofern dies im Verhältnis zu dem fraglichen Staat wahrscheinlich ist, und dies dem Beschuldigten auch bewusst ist.[190] In diesem Zusammenhang ist zu Unrecht infrage gestellt worden,[191] dass ein **Haftbefehl nach § 230 Abs. 2** die Grundlage für ein Auslieferungsersuchen sein kann. 61

185 In diesem Sinne aber AnwK-StPO/*Lammer* 16.
186 *Münchhalffen/Gatzweiler* Rn. 199.
187 Entgegen der Annahme von *Münchhalffen/Gatzweiler* Rn. 169.
188 Vgl. etwa OLG Hamm StV **2003** 509; OLG Köln StV **2005** 393; Beschl. v. 27.1.2003 – 2 Ws 22/03 – (juris) = StV **2003** 510 (Ls.); s. auch KG StRR **2010** 354.
189 Vgl. etwa §§ 10 Abs. 1, 83a Abs. 1 IRG; Art. 12 EuAlÜbk; s. auch OLG Celle NStZ-RR **2008** 78; OLG Karlsruhe StV **2005** 33; OLG Stuttgart NStZ **1998** 427. Läge ein solcher nicht vor, bliebe nur die Ausschreibung zur Aufenthaltsermittlung und die Niederlegung eines Suchvermerks im BZR (RiStBV Nr. 41, 43 und Anlage F); s. auch §§ 131 ff.
190 S. auch Rn. 52 bei Fn. 151.
191 *Grau* NStZ **2007** 11 mit unklarem und i.E. auch unzutreffendem Hinweis auf eine Kommentierung zum IRG. *Schomburg/Lagodny/Hackner* § 10 IRG Rn. 17 vertreten vielmehr mit Recht eine andere Auffassung; soweit dort allerdings der Entscheidung des OLG Karlsruhe StV **1999** 261 entgegen getreten wird, hat sich das OLG mit dem nicht vergleichbaren Fall einer vorläufigen Haftanordnung als Vorbeugungsmittel gegen unentschuldigtes Fernbleiben nach der polnischen Strafprozessordnung befasst, bei der fraglich war, ob ihr eine richterliche Tatverdachtsprüfung zugrunde lag; dies ist bei § 230 Abs. 2 indessen nicht zweifelhaft, sonst wäre es nicht zur Anberaumung einer Hauptverhandlung gekommen.

62 Für EU-Ausländer gilt im Grundsatz, dass die **soziale Integration in einem Mitgliedsstaat der EU** der Integration im Inland gleichsteht.[192] Die (zu erwartende) Rückkehr eines Beschuldigten an einen festen Wohnsitz im EU-Ausland kann auch nicht mit der Begründung als fluchtgefahrbegründend oder -erhöhend angesehen werden, dass der Beschuldigte bei einer Rückkehr in seine Heimat **Vollstreckungsvorteile** gegenüber einem Strafvollzug in Deutschland erlangen könnte, weshalb ein „Absetzen" in seine Heimat zu erwarten sei.[193] Zu dem nach deutschem Rechtsverständnis eintretenden Genuss unvertretbarer Milde kann es im Übrigen auch dann kommen, wenn der Beschuldigte in Deutschland nach erlittener Untersuchungshaft verurteilt wird, sich danach wieder nach Hause begibt und sein Heimatland die Vollstreckung übernimmt. Auch tritt die Vergünstigung unabhängig davon ein, ob der Beschuldigte ausgeliefert wird oder nach freiwilliger Einreise und Verurteilung wieder in sein Heimatland zurückkehrt; soweit das OLG Oldenburg annimmt, dieser Gesichtspunkt führe bei der rechtlichen Betrachtung nicht weiter, hat es dies mit keinem Wort begründet.[194] Ungeachtet der durchgreifenden dogmatischen Mängel dieser Auffassung muss auch gefragt werden, ob solche Friktionen, die ihre Grundlage in den unterschiedlichen Strafrechtssystemen und Sanktionsvorstellungen in den Mitgliedsstaaten der EU haben, über den Grundrechtseingriff der Untersuchungshaft aus der Welt geschafft werden dürfen.[195] Es ist daran zu erinnern, dass im Rechtshilfeverkehr mit anderen Staaten die Strukturen und Inhalte fremder Rechtsordnungen und -anschauungen auch dann zu achten sind, wenn sie im Einzelnen nicht mit den innerstaatlichen deutschen Auffassungen übereinstimmen.[196]

63 Soweit es sich um einen in einem EU-Land wohnenden Beschuldigten handelt, wird mitunter angenommen, hier müsse das Fehlen eines inländischen Wohnsitzes mit Blick auf das **EU-Diskriminierungsverbot** generell außer Betracht bleiben.[197] Dagegen lässt sich jedoch vorbringen, dass bei der Beurteilung der Fluchtgefahr der Wohnsitz in einem anderen Unionsstaat mit einem deutschen Inlandswohnsitz nicht völlig gleichzusetzen ist, weil beispielsweise die Vorführmöglichkeit fehlt.[198] Es versteht sich aber von selbst, dass das Fehlen eines inländischen festen Wohnsitzes nur ein Aspekt bei der gebotenen Abwägung aller Gesichtspunkte, keinesfalls aber der allein maßgebliche sein kann.[199]

64 Bei der Beurteilung der Fluchtgefahr kommt der **Europäischen Überwachungsanordnung**[200] keine unmittelbare Bedeutung zu. Zwar soll nach ihrem Art. 2 Abs. 1

---

192 OLG Düsseldorf StraFo **2006** 24; KG Beschl. v. 24.3.2010 – 4 Ws 37/10 – (juris) = StRR **2010** 354; KK/*Graf* 24; SK/*Paeffgen* 26a.

193 So aber bei Drogendelikten für das in den Niederlanden durchgeführte sog. Umwandlungsverfahren OLG Oldenburg StV **2010** 254 und 255 mit zutr. abl. Anm. *Kirsch* 256 ff.; krit. auch Meyer-Goßner/*Schmitt* 17a (europarechtlich bedenklich); zustimmend dagegen HK/*Posthoff* 27; KK/*Graf* 22b. Es sollte auch nicht von einem „Absetzen" gesprochen werden, wenn ein Beschuldigter an seinen festen, den Behörden bekannten heimatlichen Wohnsitz zurückkehrt. Soweit in der Entscheidung OLG Oldenburg StV **2010** 255, die im Übrigen durch einen erstaunlichen Mangel an Argumenten auffällt, für den Fall einer „Flucht in die Niederlande" die Gefährdung einer „schnellen Urteilsfällung" (in einem Berufungsverfahren) besorgt worden ist, hat das OLG ersichtlich § 329 übersehen.

194 OLG Oldenburg StV **2010** 255, 256.

195 *Kirsch* StV **2010** 258.

196 Vgl. etwa BVerfG Kammerbeschl. v. 19.11.2015 – 2 BvR 2088/15 – (juris-Rn. 25) m.w.N.

197 *Kirsch* StV **2010** 257; SK/*Paeffgen* 26b; s. auch Meyer-Goßner/*Schmitt* 20a (unter Hinweis auf OLG München StraFo **2013** 114, das allerdings gar keine Aussage zum Diskriminierungsverbot trifft).

198 KK/*Graf* 21, 22b; LG Kleve NStZ-RR **2011** 342.

199 Dies wird in der Praxis allerdings nicht immer hinreichend beachtet.

200 Rahmenbeschluss 2009/829/JI des Rates vom 23.10.2009 über die Anwendung – zwischen den Mitgliedsstaaten der Europäischen Union – des Grundsatzes der gegenseitigen Anerkennung auf Entscheidungen über Überwachungsmaßnahmen als Alternative zur Untersuchungshaft, ABlEU Nr. L 294/20 vom 11.11.2009.

Buchst. a) sichergestellt werden, „dass die betroffene Person vor Gericht erscheint";[201] ihr Anwendungsbereich ist aber erst nach dem Erlass eines Haftbefehls (und damit der Bejahung eines Haftgrundes) eröffnet. Die Verordnung und ihre Umsetzung in das nationale Recht sind im Rahmen des § 116 von Belang (s. Vor § 112, 113 und § 116, 59).

c) Gesamtabwägung. Bei der Prüfung der Fluchtgefahr sind alle Umstände des Einzelfalles zu würdigen,[202] insbesondere die **persönlichen Verhältnisse** des Beschuldigten (z.B. Alter; persönliche, namentlich familiäre Bindungen; Freundeskreis; Beruf, Einkommen, Vermögen, Kaution der Familie, Wohnverhältnisse, ggf. Erkrankungen)[203] sowie sein **bisheriges Verhalten** im Verfahren (unter Respektierung seiner Rechte).[204] Eine Schematisierung der Gründe und Erwägungen wäre in Anbetracht der zahlreichen möglicherweise zu berücksichtigenden Kriterien und der Schwere des Grundrechtseingriffs nicht sachgerecht.[205] Stets sind die Umstände, die für eine Flucht sprechen, gegen diejenigen abzuwägen, die ihr entgegenstehen. Zu den Umständen, die Fluchtgefahr (mit-)begründen können, gehört auch die **Verfolgung wegen des dringenden Verdachts weiterer Straftaten**, auch wenn sie nicht Gegenstand des Verfahrens sind, in dem der Haftbefehl erlassen werden soll[206] (s.a. Rn. 81, 85). Dass bezüglich der weiteren Tatvorwürfe dringender Tatverdacht erforderlich (und ausreichend) ist, zeigt auch die Neufassung des § 112a Abs. 1 Satz 2, folgt aber bereits aus grundlegenden Erwägungen: Die (fluchtanreizerhöhende) Erwartung einer neben dem Ausgangsverfahren drohenden Bestrafung ist eine bestimmte Tatsache im Sinne des Absatzes 2, für die es in gleicher Weise wie für die Tatsachen des Ausgangsverfahrens einer hohen Wahrscheinlichkeit bedarf. Demgemäß muss das Haftgericht, will es die Erwartung weiterer Bestrafung bei der Gesamtbetrachtung heranziehen und die Anordnung der Untersuchungshaft auch darauf stützen, selbst prüfen und feststellen, dass und weshalb die weitergehende Be- 65

---

201 Vgl. dazu *Gleß* in Schomburg/Lagodny/Gleß/Hackner III B 3 c; vgl. dazu den Kommissionsentwurf vom 29.8.2006 (KOM [**2006**] 468 endg.); s. auch den Antrag verschiedener Angeordneter und der Bundestagsfraktion BÜNDNIS 90/DIE GRÜNEN vom 6.5.2009, BTDrucks. **16** 12856.

202 Eingehend zur Indizverwertung *Langner* 127 ff., 132 ff.

203 Vgl. BGH bei *Schmidt* MDR **1992** 548 (Erkrankung als Fluchtanreiz); OLG Brandenburg StV **2002** 147; OLG Celle StV **1989** 253 (familiäre Bindungen); **1991** 266 (keine sozialen Bindungen in Deutschland); **1991** 473 (Fluchtgefahr trotz familiärer Bindungen); OLG Düsseldorf StraFo **2006** 24 (soziale Integration in einem EU-Land) mit Anm. *Paeffgen* NStZ **2007** 81; StraFo **2005** 207 (Wohnsitzwechsel innerhalb der EU); OLG Frankfurt StV **1997** 138; **2000** 151 (auch zum drohenden Berufsverbot); **2001** 687; OLG Hamburg StV **1987** 496 (zurückhaltend bei homosexueller Partnerschaft); **2002** 490 mit abl. Anm. *J. Meyer*; OLG Hamm StraFo **1999** 248; StV **2001** 685; StraFo **2002** 177; StV **2003** 509 (st. Rspr.); OLG Karlsruhe StV **2006** 312 (Erkrankung mit Notwendigkeit ständiger Medikation und ärztlicher Behandlung); OLG Köln StV **1996** 382; **1996** 386; **1996** 389; **1997** 139 und 642 (Ausländer, sozial verwurzelt); **2000** 508 und 628; OLG Saarbrücken StV **2000** 208 (Straferwartung und familiäre Beziehung ins Ausland reichen in der Regel nicht); LG Köln StV **1996** 385; **1996** 386.

204 Vgl. OLG Frankfurt StV **1997** 138; OLG Hamm StV **2003** 509; OLG Karlsruhe StraFo **2006** 107 (keine Flucht trotz Gelegenheit dazu); StV **1999** 323; KG StV **1998** 207; LG München StV **2000** 371; *Böhm* NStZ **2001** 636; *Münchhalffen/Gatzweiler* Rn. 157 ff.

205 Vgl. SK/*Paeffgen* 24; KK/*Graf* 16; *Geppert* Jura **1991** 269.

206 Vgl. OLG Karlsruhe StV **1999** 323 (Untersuchungshaft in der anderen Sache im Ausland); OLG Düsseldorf StV **1994** 85 = MDR **1993** 371 (wenn in dem anderen Verfahren „die Verhängung weiterer Freiheitsstrafe droht"; bejaht in einem Fall, in dem das AG nach teilweise durchgeführter Hauptverhandlung die Sache wegen nicht mehr ausreichender Strafgewalt an das LG verwiesen hat); Meyer-Goßner/*Schmitt* 19; *Schlothauer/Weider/Nobis* Rn. 549; *Münchhalffen/Gatzweiler* Rn. 175; AnwK-UHaft/*König* 19; nunmehr wohl auch in diese Richtung Graf/*Krauß* 28; **a.A.** KMR/*Wankel* 8 (hinreichender Tatverdacht genügt); noch weiter SK/*Paeffgen* 25a: auch zu berücksichtigen, dass „die Einleitung weiterer Strafverfahren droht"; ebenso KK/*Graf* 20; ähnlich HK/*Posthoff* 27 („weitere anhängige Strafverfahren"); ebenso OLG Hamburg StraFo **2008** 72 mit Anm. *Behm*.

strafung hoch wahrscheinlich ist. Hierbei kommt es – wie auch bei der Beurteilung der Straferwartung im Ausgangsverfahren (vgl. Rn. 79 ff.) – nicht in erster Linie auf subjektive Anschauungen und Befürchtungen des Beschuldigten an, sondern es ist die auf rationalen Erwägungen beruhende, realistische Prognose des Haftgerichts maßgeblich (Rn. 81).

66 Indessen genügt es nicht, dass die äußeren Gelegenheiten einer Flucht günstig sind, vielmehr ist zu prüfen, ob der Beschuldigte von ihnen auch **Gebrauch machen** wird.[207] Das wird häufig anzunehmen sein, wenn der Beschuldigte schon einmal geflohen war oder sich verborgen gehalten hatte, nicht aber schon, wenn er beim Erscheinen des Polizeiautos wegläuft, um unerkannt zu bleiben.[208]

67 **Familiäre Bindungen** und gesicherte Arbeits- und Wohnverhältnisse streiten häufig gegen Fluchtgefahr, während charakterliche Labilität, Drogenabhängigkeit,[209] Ausweislosigkeit sowie gesellschaftlicher und wirtschaftlicher Ruin, der durch die Straftat oder durch eine Verurteilung eintreten wird, für sie sprechen können.[210] Bei der Entscheidung zu berücksichtigen sind nicht nur die persönlichen Verhältnisse und das soziale Umfeld des Beschuldigten, sein Vorleben, die Art und Schwere der vorgeworfenen Tat sowie das Verhalten des Beschuldigten davor und danach. Zu beachten ist beispielsweise auch, ob der Beschuldigte **in früheren Verfahren** Anstalten zur Flucht getroffen hatte, dass er ein umfassendes, glaubhaftes Geständnis abgelegt oder in sonstiger Weise die Ermittlungen gefördert hat, dass er sich dem Verfahren – selbst in Kenntnis eines drohenden Haftbefehls – weiterhin **gestellt** hat; zu berücksichtigen ist je nach Lage des Falles auch die Einschätzung der Verteidigungschancen durch den Beschuldigten selbst (Rn. 33), ferner kann von Bedeutung sein, ob er Unterstützung durch Institutionen, etwa die Hafthilfe, erfährt.[211] Ein bisheriges positives Verfahrensverhalten wird in der Recht-

---

207 OLG Köln NJW **1959** 544; OLG München StraFo **2016** 291; KK/*Graf* 16; SK/*Paeffgen* 24.

208 OLG Zweibrücken StV **1984** 339; s. auch KG Beschl. vom 2.10.2012 – 4 Ws 103/12, 4 Ws 105/12 – (nicht veröffentlicht): Keine Fluchtgefahr zu begründen mit dem von der Staatsanwaltschaft vorgebrachten Argument, dass das Verfahren als Unbekannt-Sache betrieben werden musste, weil die Beschuldigten „zunächst vom Tatort geflüchtet" seien; die – später rechtskräftig zu Bewährungsstrafen verurteilten – Beschuldigten hatten sich nach Bekanntwerden der öffentlichen Fahndung der Polizei gestellt, wurden aber gleichwohl inhaftiert und mussten sich hiergegen mit der Beschwerde wehren.

209 S. aber OLG Koblenz bei *Burhoff* StraFo **2006** 53 (Therapiebereitschaft), s. auch HK/*Posthoff* 27 unter Hinweis auf den nicht veröffentlichten Beschl. des OLG Hamm vom 1.3.2011 – III-3 Ws 56/11: Drogenabhängigkeit muss positiv festgestellt sein. Zu eher widerstreitenden empirischen Erkenntnissen s. aber auch *Wolf* 303, 350 f.

210 OLG Stuttgart Beschl. v. 12.9.2007 – 4 Ws 305/97 – (juris); KG Beschl. v. 21.10.2008 – 1 Ws 351/08 – (drohende erhebliche finanzielle Konsequenzen).

211 Vgl. zum Ganzen BGH bei *Schmidt* MDR **1994** 240 (Flucht in früheren Verfahren); OLG Braunschweig StV **1995** 257 (Handel mit Haschisch; Einschätzung der Schuld und der Resozialisierungschancen; Beschuldigter stellt sich); OLG Bremen StV **1995** 85 (Mitwirkung bei Aufklärung); OLG Dresden NStZ-RR **2009** 292 (dem Verfahren gestellt, Schadensersatzanspruch des Geschädigten anerkannt); OLG Düsseldorf StV **1994** 85 (Art und Gehalt der vorgeworfenen Taten, Vorleben, Vor- und Nachtatverhalten); OLG Frankfurt StV **1997** 138; OLG Hamm StV **2008** 257; OLGSt StPO § 112 Nr. 15 (Zeit der Außervollzugsetzung des Haftbefehls nicht zur Flucht genutzt); StV **2008** 29 (während Haftverschonung langdauernder Hauptverhandlung gestellt); StV **2003** 509 (selbst der Polizei gestellt); OLG Karlsruhe StraFo **2010** 25; StV **2010** 31 (Angeklagter stellt sich während einer Haftverschonung weiterhin der Hauptverhandlung); OLG Köln StV **1989** 486 (frühere Fluchtversuche); **1993** 201 (keine Flucht trotz drohenden Haftbefehls); **1993** 371 (Beschuldigter hat sich bisher dem Verfahren gestellt); **1994** 582 (Verteidigungschancen, wenn Beschuldigter sich stellt; bisher jeweils Rückkehr von Auslandsreisen); **1995** 475; **1996** 382 (Ausländer); **1996** 386; **1996** 389; **2010** 29 (Rückkehr nach vorangegangener Flucht und Selbststellung bei der Polizei); OLG München StraFo **2013** 114 (hat Angeklagter sich stets zuverlässig dem Verfahren gestellt, begründet auch ein Verteidigerwechsel nicht den Haftgrund der Fluchtgefahr); OLG Rostock Beschl. v. 17.9.2009 – I Ws 269/09 –, juris-Rn. 23: Angeklagter stellt sich während einer Haftverschonung der Hauptverhandlung, kehrt auch von einer Auslandsreise zurück); LG Siegen StV **1999** 608 (längere Haftverschonung); LG Köln StV **1996** 385; **1996** 386; s. auch KG StV **2012** 609 (Haftverschonung in einem Fall, in dem sich der auf freiem Fuß sprechung aber auch im Lichte einer **besonders hohen Straferwartung**[212] oder wegen anderer gegen den Beschuldigten sprechender Aspekte, wie etwa einer erheblichen Erweiterung der Vorwürfe,[213] relativiert.

Hat der Beschuldigte im Inland **weder festen Wohnsitz noch Aufenthalt**, so kann das ebenso ein gewichtiges Indiz für die Annahme von Fluchtgefahr sein[214] wie ein häufiger Wohnungswechsel ohne polizeiliche Ummeldung. Fluchtgefahr ist andererseits nicht stets und ohne weitere Nachprüfung zu verneinen, wenn der Beschuldigte einen festen Wohnsitz hat.[215] In der Regel ist sie zu bejahen, wenn der Beschuldigte **konkrete Fluchtvorbereitungen** oder sonstige Maßnahmen – Mieten einer neuen Wohnung unter falschem Namen, Besorgung falscher Pässe und größerer Geldbeträge, Beiseiteschaffen oder „Versilbern" von Vermögenswerten, Bereithalten einer gepackten Reisetasche[216] – trifft, die auf ein Untertauchen hindeuten. Sie kann auch anzunehmen sein, wenn der Beschuldigte keine näheren Inlandsbindungen, wohl aber gute **Auslandsbeziehungen**, insbesondere Beziehungen zu dortigen kriminellen Kreisen, unterhält und (oder) über Auslandskonten[217] oder (zusätzlich) über gute Fremdsprachenkenntnisse verfügt,[218] die geeignet erscheinen, ihm im Falle einer Flucht eine **leichtere Eingliederung im Ausland** zu ermöglichen.[219] Auch bei diesen für Fluchtgefahr sprechenden Kriterien muss indessen stets geprüft werden, ob der Beschuldigte die Möglichkeiten auch nutzen wird.[220] In diesem Zusammenhang kann von Bedeutung sein, mit welchen Folgen/Konsequenzen der Flucht im Ausland der Beschuldigte rechnet oder ersichtlich rechnen muss (vgl. Rn. 33), etwa mit einer besonders rigorosen Strafverfolgung im Ausland. Schließlich dürfen bei bestimmten Delikten – so bei Landesverratsdelikten oder Bildung krimineller Vereinigungen, vor allem auch bei Taten aus dem Bereich der internationalen organisierten Kriminalität, – auch auf die Fluchtgefahr bezogene **deliktsspezifische Erfahrungen** verwertet werden.[221] 68

---

befindliche Angeklagte ungeachtet eines für ihn ungünstigen Verlaufes der Beweisaufnahme der weiteren Durchführung der Hauptverhandlung stellt und trotz Antrags der Staatsanwaltschaft auf Verhängung einer hohen Gesamtfreiheitsstrafe und Erlass eines Haftbefehls auch nach einer mehrstündigen, zum Zwecke der Urteilsberatung eintretenden Verhandlungspause wieder vor Gericht erscheint).

212 OLG Hamm NStZ **2008** 649 (Verurteilung zu 9 Jahren); Beschl. v. 23.6.2008 – 2 Ws 170/08 – juris (Straferwartung von etwa 8 Jahren).

213 OLG Frankfurt StV **2010** 583; s. auch HK/*Posthoff* 27.

214 OLG Hamburg NStZ **2016** 433 (zu asylsuchenden Beschuldigten, die für die zuständige Behörde unerreichbar sind, insbesondere mit Blick auf den Tatvorwurf einer Betäubungsmittelstraftat); KK/*Graf* 21; *Münchhalffen/Gatzweiler* Rn. 167; SK/*Paeffgen* 26, 27 (allerdings krit. zur „Obdachlosigkeit" als apokryphem Haftgrund); s. auch OLG Düsseldorf JMBlNW **1992** 251; LG Zweibrücken NJW **2004** 1679 (Erreichbarkeit über eine soziale Anlaufstelle); s. dazu auch Rn. 45, 52 ff.

215 Bericht des BTRAussch. zu BTDrucks. **VI** 3561 S. 2.

216 BGH Beschl. v. 15.2.2007 – StB 19/06 – (juris): jedenfalls dann, wenn diese auch Unterlagen wie Kontoauszüge und Schriftverkehr enthält, die üblicherweise nicht auf vorübergehende Reisen mitgenommen werden.

217 Vgl. OLG Saarbrücken StV **2000** 489 (Auslandsvermögen allein indiziert nicht); weitergehend HK/*Posthoff* 27 (unter Hinweis auf einen nicht veröffentlichten Beschl. des OLG Hamm vom 16.11.2011 – III-3 Ws 160/11 –).

218 BGH bei *Schmidt* MDR **1992** 547; KK/*Graf* 22; SK/*Paeffgen* 26, 27.

219 S. auch KG StraFo **2013** 375 = StRR **2013** 356 (zur Bedeutung von Sprachkenntnissen und Auslandsbeziehungen eines Geschäftsmannes, die dieser im Rahmen seiner geschäftlichen Betätigung schon mehrere Jahre vor der Zeit der im vorgeworfenen Taten geknüpft und seither unterhalten hat); ähnliche Fallgestaltung bei OLG Köln StV **2006** 25.

220 OLG Köln NJW **1959** 544. Vgl. auch (einschränkend) *Bleckmann* StV **1995** 552.

221 OLG Stuttgart Beschl. v. 4.12.2007 – 1 Ws 328/07 – juris; KK/*Graf* 23; HK/*Posthoff* 30; Graf/*Krauß* 26; vgl. auch BGH bei *Schmidt* MDR **1992** 547; **1993** 508; **1994** 240; OLG Köln StV **1995** 475; krit. *Dahs* FS Dünnebier 234 ff.

69 **d) Selbsttötungsgefahr.** Ein Haftbefehl kann nicht deshalb ergehen, weil der Beschuldigte beabsichtigt, eine Selbsttötung zu begehen. Zwar kann kein Zweifel bestehen, dass bei einem Selbsttötungskandidaten die Gefahr besteht, er werde sich dem Verfahren entziehen. Doch will ein freier Beschuldigter sich den Zwecken des Strafrechts und des Strafverfahrens durch den Tod entziehen und damit das Verfahren beenden, besteht **keine rechtliche Grundlage**, ihn mit Mitteln des Strafprozesses daran zu hindern. Demzufolge ist Selbsttötungsgefahr nicht als Haftgrund i.S.d. § 112 Abs. 2 Nr. 2 anzusehen.[222]

70 **e)** Dagegen können **Einwirkungen auf den Körper** mit dem Ziel, **Verhandlungsunfähigkeit** herbeizuführen oder aufrechtzuerhalten, ein Entziehen i.S.v. Absatz 2 Nr. 2 sein. Erforderlich ist jedoch ein Handeln des Beschuldigten oder Dritter auf seinen Wunsch hin, etwa Gewalteinwirkungen auf den Körper oder die Einnahme von Drogen oder Medikamenten[223] mit dem genannten Ziel. Es macht keinen Unterschied, ob der (grundsätzlich lebenswillige) Beschuldigte ins Ausland oder in den Zustand der Verhandlungsunfähigkeit „flieht". Dies dürfte gleichermaßen gelten, wenn der Beschuldigte durch **Vorlage erschlichener oder falscher ärztlicher Bescheinigungen** einen Zustand der Verhandlungs- oder Vollstreckungsunfähigkeit vortäuscht[224] (s. Rn. 40). Der Erlass eines Haftbefehls kann jedoch, als unverhältnismäßig, unzulässig sein, wenn ein Abwesenheitsverfahren (§§ 231, 231a) möglich und die Anwesenheit des Angeklagten in der Hauptverhandlung nicht erforderlich ist.[225]

71 Umstritten ist, ob der Beschuldigte in Untersuchungshaft genommen werden darf, wenn infolge der **Nichteinnahme notwendiger Medikamente** oder **Verweigerung ärztlicher Behandlung** seine Verhandlungsunfähigkeit eintritt. Mitunter wird angenommen, dass schon im Hinblick auf die Rechtsprechung zur Irrelevanz bloßer Untätigkeit[226] ein „Entziehen" fehle, wenn der Beschuldigte die Verhandlungsunfähigkeit dadurch bewirkt, dass er nur Medikamente zur Erhaltung oder Herstellung der Verhandlungsfähigkeit nicht einnimmt[227] oder in einen darauf abzielenden (insbesondere einen schwerwiegenden, gefährlichen) ärztlichen Eingriff nicht einwilligt.[228] Denn der Beschuldigte sei nicht verpflichtet, dafür zu sorgen, dass für Zwecke des Strafverfahrens

---

222 OLG Dresden *Alsb.* E **1** 293; OLG Oldenburg NJW **1961** 1984; OLG Köln StraFo **1998** 102 mit Anm. *Münchhalffen*; KMR/*Wankel* 7; HK/*Posthoff* 26; Meyer-Goßner/*Schmitt* 18; SK/*Paeffgen* 28, (Dogmatik) 95 ff.; *Eb. Schmidt* Nachtr. I 17; *Münchhalffen*/*Gatzweiler* Rn. 163; *Seetzen* DRiZ **1974** 261; *Langner* 82 ff., 90; vgl. auch *Ostendorf* GA **1984** 321; **a.A.** KK/*Graf* 18; OLG Bremen JZ **1956** 375 mit krit. Anm. *Bader*; s. auch OLG Hamburg StV **1994** 142 (Fluchtgefahr angesichts aus zwei Selbsttötungsversuchen ersichtlicher besonderer Labilität des Angeklagten im Sinne einer Neigung zu Kurzschlusshandlungen) mit Anm. *Schlothauer* und *Paeffgen* NStZ **1995** 21 sowie JR **1995** 72 ff.

223 KG JR **1974** 165 mit Anm. *Kohlhaas*; OLG Koblenz StV **1992** 424; KK/*Graf* 18; Meyer-Goßner/*Schmitt* 18; KMR/*Wankel* 7; *Münchhalffen*/*Gatzweiler* Rn. 163; *Schlothauer*/*Weider*/*Nobis* Rn. 587; *Schlüchter* 211.1 und 3; *Benfer* JuS **1983** 110; *Langner* 82 ff., 89; vgl. auch OLG Düsseldorf NStZ **1990** 296; **a.A.** *Paeffgen* (Dogmatik) 100; *Kühne* 417.

224 OLG Hamm Beschl. v. 22.2.2011 – III-4 Ws 54/11 – (juris); **a.A.** OLG Frankfurt StraFo **2015** 112 = StV **2016** 163 (nicht ohne weiteres); s. auch OLG Düsseldorf Beschl. v. 22.4.2010 – 3 Ws 175/10 – (juris), das bloßen Ungehorsam gegenüber Ladungen annimmt (und den Fall über § 230 Abs. 2 lösen will); die Annahme bloßen Ungehorsams mag nicht überzeugen, geht doch das Verhalten des Beschuldigten erkennbar darüber hinaus.

225 *Schlothauer*/*Weider*/*Nobis* Rn. 587; *Wendisch* StV **1990** 166.

226 Vgl. z.B. BGHSt **23** 383; BGH StV **1990** 309; OLG Frankfurt StV **1994** 581; OLG Koblenz StV **1992** 424; s. auch Rn. 44, 52 ff.

227 Vgl. LR/*Hilger*[26] 38; SK/*Paeffgen* 28; *Paeffgen* NStZ **1990** 431; AnwK-StPO/*Lammer* 18; s. auch *Paeffgen* NJ **1993** 152, 156; *Kühne* 417; *Sommermeyer* NJ **1992** 336; *Schlothauer*/*Weider*/*Nobis* Rn. 587.

228 LR/*Hilger*[26] 38 mit Verweis auf BVerfG StV **1993** 619, 620; BGH StV **1992** 553 und *Paeffgen* NJW **1993** 156.

seine Gesundheit erhalten oder wiederhergestellt wird; nur aktive Verfahrenssabotage sei unzulässig.[229] Abgesehen davon wäre zu prüfen, ob ein Verlangen der Strafverfolgungsbehörden zur Mitwirkung des Beschuldigten an seiner Aburteilung zumutbar wäre.[230]

Andere nehmen ein (aktives) Sich-Entziehen an, weil ein mit Blick auf das Strafver- 72
fahren gezielt vorgenommenes Abbrechen einer zuvor langjährig eingehaltenen Medikation, das – vom Beschuldigten erkannt – zum Eintritt seiner Verhandlungsfähigkeit führt, **rechtlich nicht** als **reine Untätigkeit** anzusehen sei.[231] Zwar ist dieses Argument nicht von der Hand zu weisen und wird das von den Vertretern dieser Ansicht erzielte Ergebnis vielfach einem praktischen Bedürfnis entsprechen, wenngleich eine Differenzierung zwischen dem Absetzen einer schon stattfindenden und der Nichtaufnahme einer gebotenen Medikation wenig überzeugend erschiene. Zudem dürfte die Bezugnahme der Gegenmeinung auf Rechtsprechung des BVerfG und des BGH wenig stichhaltig sein, weil jene des BVerfG zu § 231 und dort zum Anwesenheitsrecht des Angeklagten ergangen ist und die Entscheidung des BGH sich nicht mit – hier in Rede stehender – bewusster Manipulation durch den Beschuldigten befasst hat.

Diese Erkenntnisse können aber nicht darüber hinwegtäuschen, dass die Anord- 73
nung der Untersuchungshaft in solchen Fällen mit deren Zweck schwerlich vereinbar wäre. Zu beachten ist, dass mit ihrer Vollstreckung die (Wieder-)Herstellung der Verhandlungsfähigkeit gar nicht gewährleistet wäre. Die Untersuchungshaft dient nämlich allein der Verfahrenssicherung durch sichere Unterbringung („Einsperren") des Beschuldigten.[232] Dieser hat **lediglich die Beschränkung seiner Bewegungsfreiheit zu dulden**; allein diese darf mithin erzwungen werden. Die Untersuchungshaft soll und kann demgegenüber nicht bewirken, dass der Gefangene eine das Verfahren störende Passivität aufgibt und bestimmte Handlungen vor- oder aufnimmt, hier: an seiner erforderlichen Behandlung aktiv mitwirkt. Zwar dürfen im Rahmen von (schon zulässig angeordneter und vollzogener) Untersuchungshaft unter bestimmten engen Voraussetzungen medizinische Behandlungen auch zwangsweise durchgeführt werden;[233] eine beabsichtigte Zwangsbehandlung darf aber nicht die Grundlage der Anordnung von Untersuchungshaft sein.[234]

f) Straferwartung. Die Erwartung[235] einer (besonders) hohen Freiheitsstrafe kann 74
bei der Frage, ob Fluchtgefahr zu bejahen ist, eine erhebliche Rolle spielen,[236] aber nicht in dem Maße, wie dies häufig in der Praxis angenommen wird. Sie kann erfahrungsgemäß[237] einen Beschuldigten veranlassen, Flucht in Erwägung zu ziehen und bei Würdi-

---

229 *Paeffgen* NStZ **1990** 431; *Sommermeyer* NJ **1992** 336.
230 LR/*Hilger*[26] 38 unter Hinweis auf BVerfG StV **1993** 619, 620 und BGH StV **1992** 553.
231 OLG Oldenburg StV **1990** 165 mit zust. Anm. *Wendisch* und krit. Anm. *Oswald* StV **1990** 500; OLG Hamm NStZ-RR **2015** 283 (Ls.) = StRR **2015** 277 mit Anm. *Lorenz*; KK/*Graf* 18; Meyer-Goßner/*Schmitt* 18; HK/*Posthoff* 26.
232 Vgl. etwa § 2 UVollzG Bln.
233 Vgl. etwa § 21 Abs. 1 UVollzG Bln.
234 *Oswald* StV **1990** 501 ff.
235 Zu den Prognoseproblemen vgl. z.B. *Happel, Hamm, Gebauer, Jabel*, alle bei Rn. 36. Unklar sind auch weitergehende (unmittelbare) Auswirkungen solcher Prognosen (z.B. self fulfilling prophecy? Strafaussetzung als mittelbare Folge derart begründeter Haft?); vgl. zur Problematik auch z.B. SK/*Paeffgen* 17, 18, 24; *Gebauer* 237 ff.; *Jehle* 126 ff.; *Schlothauer/Weider/Nobis* Rn. 572; *Cornel* StV **1994** 202; *Dahs* FS Dünnebier 231; AnwBl. **1983** 418; *Deckers* NJW **1994** 2261; *Deckers/Püschel* NStZ **1996** 419; *Langner* 96 ff., 110, 112, 125; *Rüping* wistra **2000** 11; *Sommermeyer* NJ **1992** 336; *Schwenn* StV **1984** 132.
236 S. auch *Naujok* StraFo **2000** 79 (gegen die Berücksichtigung der Straferwartung).
237 Vgl. auch *Deutscher* jurisPR-StrafR 21/2009 Anm. 2: „als Erfahrungssatz zutreffend".

gung aller Umstände des Einzelfalles ein Indiz für Fluchtgefahr sein, wenn gleichzeitig weitere Gründe für die Möglichkeit einer Flucht sprechen und/oder wesentliche üblicherweise fluchthemmende Kriterien (Familie, sonstige persönliche Bindungen, Beruf usw.) fehlen oder kein ausreichendes Gegengewicht bilden.[238] Die Erwartung einer hohen Strafe kann also (nur im Zusammenhang mit anderen Kriterien) für Fluchtgefahr sprechen; die stets erforderliche **Einzelfallprüfung** kann aber auch ergeben, dass der nach einer solchen Straferwartung zu befürchtende Fluchtanreiz im konkreten Fall gerade nicht besteht, die „Erfahrung" also in diesem Falle nicht zutrifft.[239]

75 Eine hohe Straferwartung allein ist ohnehin kein für die Bejahung von Fluchtgefahr ausreichendes Kriterium.[240] Die zu erwartenden Rechtsfolgen sind lediglich – aber auch nicht weniger als – der **Ausgangspunkt für die Erwägung**, ob ein aus der Straferwartung folgender Fluchtanreiz unter Berücksichtigung aller sonstigen Umstände zu der Annahme führt, der Beschuldigte werde diesem wahrscheinlich nachgeben und flüchtig werden.

76 Hierbei ist **jede schematische Beurteilung** anhand genereller Maßstäbe, insbesondere die Annahme, dass bei einer Straferwartung in bestimmter Höhe stets (oder nie) ein bedeutsamer Fluchtanreiz bestehe, **unzulässig.**[241] Es gibt insbesondere keinen Erfahrungssatz, wonach Fluchtgefahr bestehe, wenn mit Freiheitsstrafe von mehr als einem Jahr[242] oder von mehr als zwei Jahren[243] zu rechnen ist. Unzutreffend ist andererseits auch die Annahme, dass bei einer noch zu verbüßenden Freiheitsstrafe von bis zu zwei Jahren

---

238 Vgl. EGMR *Tomasi v. Frankreich*, 27/1991/279/350, Urt. v. 27.8.1992 = EuGRZ **1994** 101; OLG Bamberg StV **1991** 167 mit Anm. *Paeffgen* NStZ **1991** 422; NJW **1995** 1689; OLG Bremen StV **1995** 85; OLG Celle StV **1989** 253; **1991** 473; OLG Düsseldorf StV **1991** 305; JMBlNW **1992** 251; VRS **86** (1994) 446; OLG Frankfurt NJW **1965** 1342; StV **1985** 374; **1985** 463; **1991** 27 mit Anm. *Paeffgen* NStZ **1991** 422; OLG Hamburg StV **1987** 496; KG NJW **1965** 1390; StV **1986** 107 (die Strafe ist nicht nach dem abstrakten Strafrahmen zu ermitteln); OLG Koblenz (mit probl. Begründung) bei *Paeffgen* NStZ **1996** 24; **2002** 79 und 80; StraFo **2002** 365; bei *Burhoff* StraFo **2006** 53; OLG Köln StV **1991** 472; **1993** 86 mit Anm. *Paeffgen* NStZ **1993** 532; StV **1993** 201; **1993** 371; **1995** 419; **1995** 475; OLG Zweibrücken StV **1984** 339; LG Essen StV **1991** 219; LG Hagen StV **1990** 554; LG München StV **2005** 38; AG Bremerhaven StV **1993** 86.

239 Vgl. z.B. OLG Brandenburg StV **2002** 147; OLG Frankfurt NJW **1965** 1342; **1985** 463; OLG Hamm StraFo **1999** 248; OLG Köln StV **1997** 139; *Dahs* FS Dünnebier 228; *Wendisch* NStZ **1983** 479; s. auch OLG Köln StV **2000** 628; **2003** 510.

240 Vgl. EGMR *Tomasi v. Frankreich*, 27/1991/279/350, Urt. v. 27.8.1992 = EuGRZ **1994** 101; *Kudla v. Polen*, 30210/96, Urt. v. 26.10.2000 = NJW **2001** 2694; OLG Brandenburg StV **2002** 147; OLG Bremen StV **1995** 85; OLG Düsseldorf StV **1991** 305 mit Anm. *Paeffgen* NStZ **1992** 481; OLG Frankfurt StV **1985** 463; OLG Hamm StV **1999** 37 und 215 mit Anm. *Hohmann* StV **2000** 152; **2001** 115 mit Anm. *Deckers*; StV **2003** 170; StraFo **2002** 338; **2004** 134 (st. Rspr.); OLG Karlsruhe StV **2000** 513; **2010** 31; KG StV **1996** 383; **1998** 207; OLG Koblenz StV **2004** 491; StraFo **2002** 365; OLG Köln StV **1993** 86 (auch zum Verlust der Arbeitslosenhilfe) mit Anm. *Paeffgen* NStZ **1993** 532; StV **1993** 371; **1995** 419; StraFo **1997** 279 mit Anm. *Hiebl*; StV **1997** 642; **2000** 628; **2006** 313 (st. Rspr.); OLG Saarbrücken StV **2000** 208; LG Hagen StV **1990** 554; LG München StV **2000** 371; AG Bremerhaven StV **1993** 86; vgl. auch KK/*Graf* 19; Meyer-Goßner/*Schmitt* 24; HK/*Posthoff* 31; SK/*Paeffgen* 25; *Schlothauer/Weider/Nobis* Rn. 568; *Benfer* JuS **1983** 110; *Dahs* FS Dünnebier 227; *Deckers* NJW **1994** 2261; *Sommermeyer* NJW **1992** 336; *Münchhalffen* FS Rieß 351; **a.A.** wohl OLG Düsseldorf VRS **86** (1994) 446; *Krey* 501. S. auch *Fröhlich* NStZ **1999** 331 (einen nicht unproblematischen, weil unrechts- und schuldbezogenen Prüfungsansatz vorschlagend).

241 Vgl. ausführlich KG StV **2012** 350 m.w.N.

242 Vgl. OLG Celle NJW **1950** 240; OLG Düsseldorf StV **1991** 305 mit Anm. *Paeffgen* NStZ **1992** 481; OLG Frankfurt NJW **1965** 1342; OLG Köln StV **1993** 371; LG Oldenburg StV **1983** 248; LG Hagen StV **1990** 554; KK/*Graf* 20; *Dahs sen.* NJW **1959** 111; *Wendisch* NStZ **1983** 479; s. auch OLG Frankfurt StV **1985** 20 (4 Jahre Freiheitsstrafe nach 22 Monaten Untersuchungshaft); OLG Hamm StV **1985** 114 (Freiheitsstrafe von 3 Jahren und 9 Monaten; zu verbüßender Strafrest von 1 Jahr, 11 Monaten); OLG Zweibrücken StV **1984** 339 (Handel mit 2,5 kg Haschisch); LG Essen StV **1991** 219 (Reststrafe von 2 Jahren); LG Hagen StV **1990** 554 (Freiheitsstrafe von mehr als 1 Jahr); LG München StV **2000** 371.

243 So aber KG StV **2010** 585; **a.A.** (zutreffend) KG StRR **2010** 354; StV **2012** 350.

ein „ausreichender" Fluchtanreiz grundsätzlich nicht gegeben sei.[244] Es sind vielmehr stets die auf eine Flucht hindeutenden Umstände gegen diejenigen Tatsachen, die einer Flucht entgegenstehen, umfassend abzuwägen. **Je höher die tatsächliche Straferwartung** (Rn. 84) in concreto ist, umso gewichtiger müssen dabei die den Fluchtanreiz mindernden Gesichtspunkte sein.[245] Das Drohen einer hohen Strafe kann einen Beschuldigten veranlassen, eine Flucht in Erwägung zu ziehen, und mit dem Ansteigen des konkret zu befürchtenden Übels werden der Anreiz zu fliehen und die Neigung eines Beschuldigten hierzu steigen. Dass dieser – auf das Entstehen von **Fluchtanreiz**, nicht jedoch[246] auf das Vorliegen von **Fluchtgefahr** bezogene – Erfahrungssatz „keineswegs gesichert" ist,[247] trifft zwar ebenso zu, wie auch andere Annahmen im Zusammenhang mit (prozessualen) Prognoseentscheidungen nicht immer wissenschaftlich-empirisch belegt sind. Dass der Grundsatz – im Rahmen der gebotenen **umfassenden Gesamtabwägung** aller Entscheidungskriterien – gleichwohl mit Recht angewendet wird, unterliegt angesichts der Erfahrungen in der forensischen Praxis keinem durchgreifenden Zweifel. Wer wollte ernstlich in Frage stellen, dass die persönliche Folgen- und Risikoabwägung ein- und derselben Person mit realistischen Fluchtmöglichkeiten maßgeblich davon beeinflusst wird, ob ihr beispielsweise drei Jahre oder aber 15 Jahre Freiheitsstrafe drohen, dass sie im zweiten Fall eher geneigt sein wird, ihr bisheriges Lebensumfeld aufzugeben?

Nicht unproblematisch ist hingegen die in der Praxis häufig anzutreffende Begründung, aus der Erwartung einer **besonders hohen Strafe** begründe sich ohne weiteres Fluchtgefahr; dann bedürfe es nur noch der Prüfung, ob Tatsachen vorlägen, aufgrund derer der (allein aus der Strafhöhe abgeleitete) Haftgrund ausnahmsweise wieder ausgeschlossen werden könne.[248] Der Gebrauch dieser Klausel geht zwar oftmals einher mit einer im Ergebnis zutreffenden Gesamtabwägung aller Gesichtspunkte, allein ihre (dann wohl gedankenlose) Verwendung ruft aber zu Recht Kritik hervor; insbesondere ist eine solche Praxis aber kritikwürdig, wenn sie den Rechtsgrundsatz nicht nur unbedacht in die Entscheidung einfügt, sondern ihn in seiner wirklichen Bedeutung tatsächlich zur Anwendung bringt. Abgesehen von der Frage, ob ein entsprechender Erfahrungssatz besteht,[249] ist eine solche Rechtsanwendung auch deshalb zu beanstanden, weil sie – in Zielrichtung und Verfahren nicht grundrechtskonform – gleichsam eine **„Fluchtvermutung"** aufstellt. Zum Teil wird in diesem Zusammenhang auch – allerdings wenig passend – von einer „Beweislastumkehr" gesprochen.[250] 77

---

244 So aber OLG Hamm (2. Senat) NStZ-RR **2010**, 158; **a.A.** mit Recht OLG Hamm (3. Senat) Beschl. v. 5.7.2012 – III-3 Ws 159/12 – (juris).

245 OLG Karlsruhe NJW **1978** 333; OLG Jena StV **2011** 735; StraFo **2009** 21; OLG Hamm NStZ-RR **2010** 158; KG StV **2012** 350; **1996** 383 mit Anm. *Wattenberg*; OLG München StraFo **2013** 114, 115; KK/*Graf* 19; Meyer-Goßner/*Schmitt* 24; KMR/*Wankel* 8; SK/*Paeffgen* 25; *Benfer* JuS **1983** 110; *Böhm* NStZ **2001** 635; unschlüssig OLG Dresden NStZ-RR **2009** 292.

246 Dieser bedeutsame Unterschied wird immer wieder verkannt.

247 Vgl. dazu AK/*Deckers* 21; *Schwenn* StV **1984** 133; LR/*Hilger*[26] 39; s. auch *Krekeler* wistra **1983** 44; *Dahs* FS Dünnebier 228 ff.; AnwBl. **1983** 418; *Deckers* NJW **1994** 2261; *Schlothauer/Weider/Nobis* Rn. 570; *Münchhalffen/Gatzweiler* Rn. 189 ff.; *Hohmann* StV **2000** 152; SK/*Paeffgen* 25a.

248 Vgl. OLG Braunschweig JZ **1965** 619 mit Anm. *Neidhard*; OLG Frankfurt NJW **1965** 1342; KG NJW **1965** 1390; OLG Karlsruhe NJW **1978** 333; OLG Düsseldorf StV **1982** 585; OLG München StraFo **2013** 114 (das diesen Grundsatz indessen ohne Not anführt); KK/*Graf* 19; Meyer-Goßner/*Schmitt* 25; vgl. auch OLG Hamburg NJW **1961** 1881 mit abl. Anm. *Dahs sen.*; *Kleinknecht* MDR **1965** 783; **a.A.** SK/*Paeffgen* 25; (Kolloquium) 121; *Dahs* AnwBl. **1983** 418; FS Dünnebier 234; *Krekeler* wistra **1983** 44; *Schwenn* StV **1984** 132; *Schlothauer/Weider/Nobis* Rn. 570; ablehnend auch HK/*Posthoff* 31.

249 Verneinend AK/*Deckers* 21; *Schwenn* StV **1984** 132; s. auch *Dahs* FS Dünnebier 227 ff.

250 Vgl. *Schlothauer/Weider/Nobis* Rn. 570; *Münchhalffen/Gatzweiler* Rn. 191; s. ferner AK/*Deckers* 21; LR/*Hilger*[26] 39, die darüber hinaus sogar eine Kollision mit der Unschuldsvermutung sehen; vgl. auch SK/*Paeffgen* 17 ff.

78 Da die Erwartung einer hohen, Fluchtanreiz bietenden Freiheitsstrafe eine „bestimmte Tatsache“ im Sinne des § 112 Abs. 2 ist, für deren Vorliegen eine hohe Wahrscheinlichkeit gegeben sein muss, kann im **Jugendstrafverfahren** bei der Haftentscheidung angesichts der unterschiedlichen Kriterien für die Bemessung von Freiheitsstrafe einerseits und Jugendstrafe andererseits nicht bis zur Klärung in der Hauptverhandlung offen bleiben, ob die Straftat des Beschuldigten nach allgemeinem Strafrecht zu beurteilen sein oder aber das Jugendstrafrecht auf ihn Anwendung finden wird. Es ist unzulässig, zunächst die Anwendung des allgemeinen Strafrechts zugrunde zu legen, weil hierdurch eine für die Haftanordnung wesentliche Tatsachengrundlage vorübergehend ohne Prüfung zu Lasten des Beschuldigten unterstellt würde.[251]

79 Nicht einheitlich wird die Frage beantwortet, auf wessen Sichtweise bei der Beurteilung der Straferwartung abzustellen ist, welche Rolle insoweit der **Erwartungshorizont des Beschuldigten** spielt. Mitunter ist angenommen worden, die Straferwartung beurteile sich ausschließlich nach der subjektiven Vorstellung des Beschuldigten.[252] So hat *Hilger* in der Vorauflage vertreten, der subjektive Erwartungshorizont sei von erheblicher Bedeutung, und es könne nicht überzeugen, die (mehr objektive) Erwartung des Haftrichters „korrigierend“ zu berücksichtigen. Wenn infolge der Erwartungshaltung des Beschuldigten, möge sie auch falsch sein, kein subjektiver Fluchtanreiz bestehe, ändere daran die realistischere Erwartung des Haftrichters nichts. Die Fluchtgefahr könne in einem solchen Fall aber z.B. – je nach den speziellen Umständen – aus der realistischen (durch bestimmte Tatsachen belegbaren) Erwartung gefolgert werden, dass der Beschuldigte alsbald seinen Irrtum erkennen und dann mit hoher Wahrscheinlichkeit Konsequenzen (Flucht) ziehen werde.[253]

80 Solchen Auffassungen kann nicht gefolgt werden, wobei dahin stehen kann, ob der zuletzt genannte Entscheidungsgegenstand, der eine richterliche Prognose über die bevorstehende Erkenntnis eines Irrtums voraussetzte, jemals praktikabel handhabbar sein könnte. **Maßgeblich** ist vielmehr – man ist fast versucht zu sagen: selbstverständlich – auch bei diesem Aspekt des haftrechtlichen Prüfungsprogramms **in erster Linie** die **Beurteilung durch das Gericht**. Soweit zum Teil argumentiert wird, dass „Straferwartung“ bereits dem Wortsinn nach eine „innere Einstellung“ betreffe, die „richtigerweise nur als feststellende Beurteilung durch den Beschuldigten Bedeutung haben“ könne,[254] ist dies

---

251 KG StraFo **2015** 108 = StV **2016** 715 = ZJJ **2015** 204 = OLGSt StPO § 112 Nr. 19; zustimmend SK/*Paeffgen* 51.

252 OLG München StraFo **1998** 206; es handelt sich um eine oberflächliche, jedenfalls zu der hier in Rede stehenden Rechtsfrage in keiner Weise überzeugende Entscheidung, die sich mit der Problematik nicht ernstlich befasst, sondern sie mit einem eingeschobenen Satzteil („– und nur auf seine Vorstellung kommt es bei der Prüfung der Fluchtgefahr an –“) abtut, ohne sich jedoch auf die begründungslos eingefügte Annahme überhaupt zu stützen. Die in StraFo **1998** 207 veröffentlichte Entscheidung des OLG Köln trägt den dort veröffentlichten Leitsatz, der die Entscheidung in die Nähe des Münchener Satzeinschubs rücken würde, nicht. Zur Problematik s. auch *Münchhalfen/Gatzweiler* Rn. 192 ff. (deren Ansicht nicht widerspruchsfrei ist, soweit es dort unter Rn. 196 – insoweit zu Recht – heißt, es sei sinnvoll und notwendig, in die Prognoseentscheidung die subjektive Erwartung des Beschuldigten „mit einzubeziehen“).

253 LR/*Hilger*[26] 24.

254 *Münchhalfen/Gatzweiler* Rn. 192, die sich unzutreffend auf OLG Köln StV **1996** 389 berufen, das vermeintlich „in diesem Sinne“ entschieden habe, tatsächlich aber – richtigerweise – ausgeführt hat, dass (lediglich) „auch“ auf die subjektive Einstellung des Beschuldigten abzustellen sei. Die Autoren spitzen ihre Ansicht, deren Widersprüchlichkeit bereits erwähnt worden ist (Fn. 252), unter Rn. 196 sogar dahin zu, dass die Prognoseentscheidung des Gerichts „gesetzeswidrig“ sei. Da all' dies nicht zutrifft, ist auch die zu dort weiterhin zu findende Darstellung ohne Belang, dass es „schlechterdings ausgeschlossen“ sei, dass der Haftrichter „auch nur im Entferntesten in der Lage ist zu beurteilen, mit welcher Freiheitsstrafe der Beschuldigte rechnet“. Entscheidend ist vielmehr, womit dieser (objektiv) *zu rechnen hat*.

eine durch nichts belegte These; der Wortlaut legt es nicht einmal nahe, „zunächst" von der Maßgeblichkeit der inneren Einstellung des Beschuldigten auszugehen und die Beurteilung durch das Haftgericht dem lediglich „korrigierend zur Seite zu stellen".[255] Folgte man der Gegenansicht, fiele fast jede richterliche Prognose als Entscheidungskriterium, die es aber in der Rechtsordnung sowohl im materiellen (z.B. §§ 56, 57 StGB) wie auch im prozessualen Recht (z.B. §§ 116, 140 Abs. 2; § 25 Nr. 2 GVG) in vielfacher Weise gibt, aus. Die abgelehnte Ansicht hätte etwa zur Folge, dass gegen einen Beschuldigten, der wider alle Vernunft darauf beharrt, unschuldig zu sein und demgemäß ganz fest daran glaubt, freigesprochen zu werden, ein auf Fluchtgefahr gestützter Haftbefehl nie erlassen werden könnte; denn erwartet er überhaupt keine (Freiheits-) Strafe, hätte er keinen Anlass, über eine Flucht auch nur nachzudenken.

Da sich nur „reale Erwartungsbilder" begegnen und miteinander streiten können,[256] **81** ist Ausgangspunkt die rationale, realistische (Dritt-) Prognose des nach dem Gesetz zuständigen Entscheidungsträgers, also der Erwartungshorizont des Haftgerichts. In dessen Prognoseentscheidung ist bei der vorzunehmenden Gesamtabwägung allerdings die **subjektive Erwartung des Beschuldigten** – auch seine subjektive Betrachtung seiner Verteidigungschancen, ggf. unter Berücksichtigung anwaltlicher Beratung[257] – **mit einzubeziehen**, soweit diese Anschauungen im Rahmen einer gerichtlichen Plausibilitätskontrolle nachvollziehbar sind.[258] Soweit es darum geht, dass der Beschuldigte (auch) in einem weiteren Verfahren unter dringendem Tatverdacht verfolgt wird (vgl. Rn. 65), kommt es ebenfalls in erster Linie auf die Sicht des Haftgerichts an, zumal wenn der Beschuldigte von der Tatsache, dass sich der Tatverdacht bzgl. des weiteren Tatvorwurfs zu einem dringenden verdichtet hat, (noch) keine Kenntnis hat. Auch das BVerfG geht in seiner ständigen Rechtsprechung zu § 116 Abs. 4 von der Maßgeblichkeit der (dort: ursprünglichen) „Prognose des Haftrichters bezüglich der Straferwartung" aus.[259] Nichts anderes haben schließlich die von den Anhängern der Gegenansicht angeführten obergerichtlichen Entscheidungen zum Ausdruck gebracht, soweit sie darauf erkannt haben, dass „auch" auf die subjektiven Vorstellungen des Beschuldigten abzustellen bzw. die subjektive Einschätzung des Beschuldigten „mit zu berücksichtigen" sei[260] (wobei die formulierten Rechtsgrundsätze ohnehin nicht immer tragend waren).

Die Straferwartung konkretisiert sich durch einen **Verständigungsvorschlag**, den **82** das Gericht im Zwischenverfahren in Absprache mit der Staatsanwaltschaft dem Verteidiger macht.[261] Zutreffend ist im Rahmen der vorzunehmenden Gesamtabwägung auch darauf abgestellt worden, dass der Beschuldigte ein beachtliches **Eigeninteresse an der Klärung der Tatvorwürfe** hat,[262] ob aus seiner Sicht trotz drohender hoher Freiheitsstrafe die realistische Erwartung seiner Aufnahme in den **offenen Vollzug** besteht[263] oder er (wenigstens in Gestalt einer „Hoffnung") annehmen durfte, mit seiner Rechtsauffassung,

---

255 So aber OLG Hamm StV **2001** 115 mit Anm. *Deckers*.
256 *Deckers* aaO. S. 117.
257 OLG Braunschweig StV **1995** 257.
258 KG StV **2012** 350; KMR/*Wankel* 8; Radtke/Hohmann/*Tsambikakis* 42; etwas undeutlich Meyer-Goßner/*Schmitt* 23, der zwar KG StV **2012** 350 und OLG Hamm StV **2001** 115 zitiert, hierzu aber ohne Differenzierung und Gewichtung ausführt, dass „vom Erwartungshorizont des Beschuldigten und des Haftrichters auszugehen" sei.
259 Vgl. etwa BVerfG NStZ-RR **2007** 379; wistra **2012** 429; StV **2013** 94.
260 OLG Koblenz StraFo **1998** 170; OLG Köln StV **1996** 389; **1994** 582; StraFo **1998** 207 (darauf, dass die letztgenannten Entscheidung den veröffentlichten Leitsatz nicht trägt, ist schon hingewiesen worden, vgl. Fn. 252).
261 KG StraFo **2015** 201 = StV **2015** 646 = OLGSt StPO § 112 Nr. 20.
262 OLG Karlsruhe StV **2005** 33; KG StraFo **2015** 201 = StV **2015** 646 = OLGSt StPO § 112 Nr. 20.
263 OLG Köln StV **2006** 313.

sich nicht strafbar gemacht zu haben, durchzudringen.[264] Schließlich kann gegen Fluchtgefahr sprechen, dass der Beschuldigte eine Flucht als sinnlos ansieht, weil er mit alsbaldiger **Auslieferung** rechnet oder rechnen müsste[265] (Rn. 61). Entgegen vielfacher Handhabung in der Praxis gibt es keinen Erfahrungssatz, dass allein schon die **Anklageerhebung** oder die **Eröffnung** des Verfahrens dem Beschuldigten „den Ernst der Lage" verdeutliche und den Fluchtanreiz erhöhe.[266]

83 Die aus Sicht des Beschuldigten bestehenden (negativen) **Perspektiven im Falle einer Flucht** werden demgegenüber in der forensischen Praxis bei der Beurteilung der Frage, ob er nach einer Interessen- und Risikoabwägung einem Fluchtanreiz tatsächlich nachgeben wird oder nicht, zu selten in den Blick genommen. Nicht nur in der anwaltlichen Literatur wird zu Recht darauf hingewiesen, dass sich die Alternativen des Beschuldigten nicht auf (vorübergehendes) „Sitzen" oder „Nicht-Sitzen" reduzieren. Die Flucht hat nicht nur die (regelmäßig nicht auf Dauer gesicherte) Erlangung von Freiheit zur Folge, sondern ist in zahlreichen Fällen mit dem **Zurücklassen der bürgerlichen Existenz** oder jedenfalls wesentlicher Teile davon verbunden. Das Haftgericht hat also zu bedenken, dass der Beschuldigte bei der Entscheidung, mögliche Fluchtgedanken in die Tat umzusetzen, nicht nur das (u.U. nur vorübergehende) Vermeiden einer Bestrafung im Auge haben wird, sondern – je nach Ausgestaltung seiner persönlichen Verhältnisse – ggf. um den Preis einer möglicherweise endgültigen Änderung aller wesentlichen bisherigen Lebensumstände handeln müsste.[267]

84 Bei der Prognoseentscheidung ist auch zu berücksichtigen, ob in einem Parallelverfahren eine zu vollstreckende Freiheitsstrafe droht (s. auch Rn. 65). Da der **tatsächlich zu erwartende Freiheitsentzug** maßgeblich ist (sog. „**Nettostraferwartung**"), muss bei der Prognose neben einer Anrechnung der Untersuchungshaft (**§ 51 StGB**)[268] bedacht werden, ob der Beschuldigte mit einer Strafaussetzung zur Bewährung (**§ 56 StGB**) oder einer Strafverbüßung im offenem Vollzug[269] rechnen kann, oder eine Aussetzung der Reststrafe nach **§ 57 StGB** bei realistischer Betrachtung wahrscheinlich,[270] nach engerer Auffassung „im konkreten Fall zu erwarten"[271] ist. Zur letztgenannten Thematik wird in der Praxis – sogar der obergerichtlichen Rechtsprechung – häufig damit argumentiert, dass eine Prognose zur Reststrafaussetzung noch nicht möglich sei, weil diese Entscheidung (auch) von der Entwicklung im Vollzug abhänge. Die Formulierung dieser Selbstverständlichkeit enthebt das Haftgericht indessen – ebenso selbstverständlich – nicht von seiner Pflicht, eine Prognoseentscheidung auf der Grundlage der zur Zeit der Haft-

---

264 OLG Hamm StV **2000** 320.

265 Vgl. OLG Köln StV **1997** 139; s. auch StV **2003** 510; OLG Düsseldorf StraFo **2006** 24 mit Anm. *Paeffgen* NStZ **2007** 81; *Münchhalffen/Gatzweiler* Rn. 169.

266 OLG Hamm StV **2000** 320; LG München StV **2001** 686.

267 Vgl. Radtke/Hohmann/*Tsambikakis* 44; aus der Rspr. s. etwa OLG Koblenz StV **2013** 518; OLG Köln Beschl. v. 20.12.2012 – 2 Ws 867/12 – (juris-Rn. 32) = StV **2013** 518 (Ls.); KG Beschl. v. 9.10.2017 – [4] 161 HEs 39/17 [23/17] – (nicht veröffentlicht).

268 Vgl. OLG Düsseldorf NJW **1982** 1826; StV **1991** 305; JMBlNW **1992** 251; OLG Frankfurt StV **1983** 337; **1985** 20; **1988** 392; **1989** 486 mit Anm. *Paeffgen* NStZ **1990** 431; **2001** 687; OLG Hamm StV **1985** 114 mit Anm. *Paeffgen* NStZ **1990** 431; StV **2003** 170; bei *Burhoff* StraFo **2006** 53; KG NJW **1965** 1390; StV **1986** 107; OLG Köln StV **1989** 486; **1993** 86 mit Anm. *Paeffgen* NStZ **1993** 532; StV **1996** 382; LG Essen StV **1991** 219; LG Köln StV **1996** 385; KK/*Graf* 20; *Schlothauer/Weider/Nobis* Rn. 574. Siehe auch OLG Düsseldorf MDR **1992** 1173 (Berufung der StA mit dem Ziel des Wegfalls der erstinstanzlich gewährten Strafaussetzung).

269 OLG Köln StV **2006** 313; KG StV **2012** 350.

270 KG Beschl. v. 13.9.2016 – 4 Ws 130/16 – (juris).

271 BVerfGK **19** 428, 435; **7** 140, 161 f. = NJW **2006** 677, 680; BVerfG StV **2008** 421, 423; KG Beschl. v. 7.3.2014 – 4 Ws 21/14 – (juris-Rn. 9) = OLGSt StPO § 112 Nr. 18: „im Einzelfall wahrscheinlich bzw. konkret zu erwarten"; HK/*Posthoff* 32: Reststrafaussetzung muss „ernsthaft in Betracht kommen"; s. auch OLG Celle StraFo **2009** 515.

entscheidung gegebenen Sachlage zu treffen;[272] auch diejenigen, die die genannte (untaugliche) Argumentation verwenden, haben im Übrigen keine Bedenken, Entscheidungen über die für den Beschuldigten negativen Prognoseumstände auf nicht gesicherter, sondern nur wahrscheinlicher Grundlage zu treffen.

Die Erwartung einer niedrigen Freiheitsstrafe[273] kann (muss aber nicht) einen nur geringen Fluchtanreiz auslösen. Ferner ist – als zusätzlicher Gesichtspunkt im Rahmen einer Gesamtabwägung – zu berücksichtigen, ob dem Beschuldigten in anderer Sache mit hoher Wahrscheinlichkeit der **Widerruf einer (Rest-)Strafaussetzung** droht.[274] Die Kritik an dieser Auffassung, sie setze sich über die von der Unschuldsvermutung gezogenen Grenzen hinweg,[275] übersieht den Charakter der hier in Rede stehenden Haftentscheidung. Bei ihr geht es um eine auf dringendem Tatverdacht beruhende, notwendigerweise lediglich eine Prognose enthaltende Entscheidung, die niemals „die sichere Überzeugung von der Schuld" äußert. Deshalb sind weder die Grundsätze anwendbar, die für den Widerruf der Strafaussetzung, mit dem die Vollstreckung der Freiheitsstrafe unmittelbar verbunden ist, selbst gelten, noch ist die Rechtsprechung des EGMR zur Unschuldsvermutung verletzt. Eine vielfach in diesem Zusammenhang zitierte Entscheidung des OLG Oldenburg[276] besagt nichts anderes. Das OLG hat entschieden, dass, wenn in der Haftsache die Annahme von Fluchtgefahr nicht begründbar ist, auch die drohende Vollstreckung der (Rest-) Freiheitsstrafe aus einem anderen Verfahren nach dem Widerruf der dortigen Strafaussetzung nicht die Bejahung des Haftgrundes rechtfertigen könne; vielmehr sei in dieser Konstellation dem Verfahren nach § 453c in der Widerrufssache Vorrang eingeräumt. Dieser Vorrang gilt aber nicht für den hier in Rede stehenden, nur mit hoher Wahrscheinlichkeit drohenden Widerruf, der lediglich einen den Fluchtanreiz erhöhenden Umstand im Gefüge einer Gesamtwürdigung bildet. Ein genereller, somit auch für diesen Fall anzunehmender Vorrang des Verfahrens nach § 453c wäre für den Beschuldigten im Übrigen nicht nur vorteilhaft, etwa weil ein Sicherungshaftbefehl nicht außer Vollzug gesetzt werden kann.[277] 85

4. Verdunkelungsgefahr (Absatz 2 Nr. 3)

a) Allgemeines. Mit dem Haftgrund der „Kollusionsgefahr" wird das Ziel verfolgt, unzulässige Einwirkungen des Beschuldigten auf Beweismittel, durch die die Feststellung des Sachverhalts beeinträchtigt werden könnte, zu verhindern.[278] Verdunkelungsgefahr liegt vor, wenn aufgrund bestimmter Tatsachen (Rn. 31 ff.) das Verhalten des Be- 86

272 KG Beschl. v. 13.9.2016 – 4 Ws 130/16 – (juris); s. auch BerlVerfGH StV **2018** 381 = StraFo **2017** 369, 370 f. (einzelfallbezogene eingehende Begründung erforderlich).

273 Vgl. OLG Frankfurt StV **1983** 337 und **1989** 486 mit Anm. *Paeffgen* NStZ **1990** 431; BerlVerfGH Beschl. v. 22.11.2005 – VerfGH 146/05 – (juris).

274 OLG Köln StV **1995** 475 (Gesamtverbüßungsdauer bei drohendem Widerruf der Strafaussetzung); KG StV **2012** 350; **1996** 383 mit Anm. *Wattenberg*; OLG Karlsruhe StraFo **2010** 25; HK/*Posthoff* 32; KK/*Graf* 20; Meyer-Goßner/*Schmitt* 24; vgl. auch OLG Bamberg StV **1991** 167 mit Anm. *Paeffgen* NStZ **1991** 422; *Schlothauer/Weider/Nobis* Rn. 548 (s. aber auch Rn. 574 mit Fn. 514); *Widmaier/König* S. 158 Rn. 13. **a.A.** AK/*Deckers* 22 (unter Hinweis auf OLG Oldenburg StV **1987** 110); *Münchhalffen/Gatzweiler* Rn. 197 (ohne Begründung und in nicht ganz klarem Verhältnis zu den Ausführungen unter Rn. 175).

275 *Wattenberg* StV **1996** 385.

276 OLG Oldenburg StV **1987** 110.

277 *Schlothauer/Weider/Nobis* Rn. 548.

278 Vgl. OLG Hamm StV **1985** 114; *Dahs sen.* NJW **1959** 507 (abschließende Regelung); s. auch *Langner* 161 (auch zu Ungunsten). Rechtstatsächliches z.B. bei *Schöch* FS Lackner 1007; *Gebauer* 230, 240 ff.; *Jabel* 127. S. zur Kritik u.a. *Paeffgen* (Dogmatik) 102 ff.; *Dahs* FS Dünnebier 227 ff.; *Nix* StV **1992** 445; *Parigger* AnwBl. **1983** 423. Zur Haft in Bagatellsachen vgl. § 113, 6.

schuldigten den dringenden Verdacht (Rn. 17, 37) begründet, er werde bestimmte Tätigkeiten (Rn. 93 bis 96) vornehmen,[279] und wenn deshalb die Gefahr (Rn. 35) droht, dass die Ermittlung der Wahrheit im Verfahren gegen den Beschuldigten[280] erschwert werde. Die **Tatsachen müssen nicht voll erwiesen sein,**[281] es genügt dieselbe hohe Wahrscheinlichkeit[282] wie beim Tatverdacht und den übrigen Haftgründen; im Übrigen gelten die Ausführungen in den Rn. 22ff. entsprechend. Es kommt auch nicht darauf an, dass gerade der Beschuldigte selbst die Ermittlungen der Wahrheit erschwert oder erschweren will – wenn das auch in der Regel der Fall sein wird –, sondern allein darauf, dass die Verdunkelungshandlungen zu der Gefahr führen, jene Erschwernis werde eintreten. Der streng subjektive Aufbau der 1964er Fassung („die *Absicht* des Beschuldigten *erkennbar* ist" [Verdunkelungshandlungen vorzunehmen][283] und wenn deshalb die Gefahr droht, dass *er* die Ermittlungen der Wahrheit erschweren werde), ist 1972 durch eine weitgehend **objektivierte Fassung** abgelöst worden.

87 Denn selbst das Verhalten des Beschuldigten wird noch nicht schlechthin abwertend charakterisiert. Es erhält seinen Akzent allein aus der von ihm ausgehenden Wirkung, dass es vom **Standpunkt eines objektiven Beobachters** aus den dringenden Verdacht (Rn. 37) einer bestimmten Handlungsweise begründet, die im Fall des Buchstaben a) moralisch und unter Umständen auch prozessual nicht zu beanstanden ist, aber doch (objektiv, wenn auch vielleicht absichtslos) die Gefahr der Verdunkelung drohen lässt. Die Tendenz von 1972 könnte der von 1964 nicht schärfer widersprechen (der Unterschied in der Praxis wird weniger bedeutend sein), wenn nicht durch das Erfordernis des dringenden Verdachts eine gewisse Schranke bestünde, die an die Perhorreszierung des Haftgrundes der Verdunkelungsgefahr durch die Fassung von Art. 1 Nr. 1 StPÄG eben noch erinnert. Der **klare Gesetzeswille**, den Haftgrund der Verdunkelungsgefahr wieder auszubauen, muss beachtet, doch darf nicht übersehen werden, dass dieser Haftgrund der – gewiss meist unbewussten – Gefahr unterliegt, missbraucht zu werden.

88 Erforderlich ist immer, dass mit hoher Wahrscheinlichkeit Verdunkelungshandlungen erwartet werden müssen, falls der Beschuldigte nicht in Haft genommen wird[284] (Rn. 91ff.). Die bloße **Möglichkeit** oder **Befürchtung** solcher Handlungen oder eine günstige Ausgangslage hierfür **genügt nicht;**[285] es muss vielmehr der dringende Ver-

---

279 OLG Köln StV **1997** 27 (Gefahr, dass der Beschuldigte beeinflusst werden könnte, genügt nicht).
280 OLG Nürnberg StraFo **2003** 89.
281 So aber KK/*Graf* 27; AK/*Deckers* 23; *Schlothauer/Weider/Nobis* Rn. 642; AnwK-StPO/*Lammer* 19; *Widmaier/König* S. 160 Rn. 21; *Dahs sen.* NJW **1959** 509; **1965** 890; *Schorn* NJW **1965** 842; *Krekeler* wistra **1982** 8; *Park* wistra **2001** 249; *Sommermeyer* NJ **1992** 337; *Münchhalffen* FS Rieß 356; vgl. auch *Hengsberger* JZ **1966** 210; *Kleinknecht* JZ **1965** 115; OLG Köln StV **1986** 539.
282 OLG Bremen NJW **1955** 1891; **1962** 649; OLG Düsseldorf StV **1997** 534; OLG Hamm Beschl. v. 14.1.2010 – 2 Ws 347/09 – (juris); StraFo **2004** 134; wistra **2002** 236; **2006** 278 (auch zur eingeschränkten beschwerdegerichtlichen Überprüfung des dringenden Verdachts einer Verdunkelungshandlung während laufender Hauptverhandlung); HK/*Posthoff* 36; KMR/*Wankel* 10; Meyer-Goßner/*Schmitt* 28, 22; SK/*Paeffgen* 30a; *Franzheim* GA **1966** 50; s. auch OLG Zweibrücken StV **1992** 476 mit Anm. *Paeffgen* NStZ **1993** 532; OLG Köln StV **1994** 583; OLG München StV **1995** 86.
283 *Dahs sen.* NJW **1965** 889; *Kleinknecht* JZ **1965** 115; *Dahs* FS Dünnebier 236.
284 OLG Bremen NJW **1955** 1891; OLG Celle NJW **1963** 1264; OLG Köln NJW **1959** 544; Meyer-Goßner/*Schmitt* 27; KK/*Graf* 26.
285 OLG Hamm StV **1985** 114; StraFo **2004** 134; OLG Köln NJW **1961** 1880; StV **1992** 383; **1997** 27 und 642; **1999** 37; StraFo **2000** 135; OLG München StV **1995** 86; KG StV **2009** 534: unkontrollierte Außenkontakte führen ohne konkrete Hinweise noch nicht zur Annahme, dass sie auch zu Beweismanipulationen genutzt werden; LG Köln StV **1997** 28; LG Oldenburg StV **1983** 248; s. auch OLG Zweibrücken StV **1992** 476 mit Anm. *Paeffgen* NStZ **1993** 532.

dacht bestehen, dass der Beschuldigte die Gelegenheit wahrnehmen wird.[286] Keinesfalls rechtfertigen **noch ausstehende Ermittlungen** die Untersuchungshaft.[287] Weil der Beschuldigte nicht verpflichtet ist, sich einzulassen (§ 136 Abs. 1 Satz 2), wird dadurch, dass er sich nicht zur Sache erklärt, keine Verdunkelungsgefahr begründet.[288] Mangels Mitwirkungspflicht des Beschuldigten gilt Entsprechendes, falls er den Tatvorwurf bestreitet,[289] mögliche Mittäter nicht benennt,[290] für die Aufklärung möglicherweise erhebliche Unterlagen nicht freiwillig herausgibt oder die Einsicht in diese verweigert, oder den Verbleib der Beute nicht preisgibt.[291]

Der dringende Verdacht kann aus **Indizien** hergeleitet werden, die **auf bestimmten Tatsachen beruhen**. So ist es nach h.M. zulässig, die Verdunkelungsgefahr aus unternommenen oder durchgeführten Verdunkelungsmaßnahmen, z.B. der Verwendung ge- oder verfälschter Schriftstücke, der Einschüchterung, Bedrohung oder Bestechung von Zeugen, zu folgern,[292] selbst wenn der Beschuldigte diese Maßnahmen vor dem anhängigen Verfahren angewendet hatte, etwa in einem Zivilprozess, aus dem ein Verfahren wegen Verleitung zum Meineid hervorgegangen ist.[293] Der Ansicht, Verdunkelungsgefahr bestehe jedenfalls häufig, wenn die **ganze Lebensführung des Beschuldigten**[294] auf Verheimlichen, Verbergen und Verdunkeln, auf Täuschung, Drohung und Gewalt abgestellt sei,[295] kann mit der Einschränkung gefolgt werden, dass außerdem weitere bestätigende Beweisanzeichen vorliegen müssen.[296] 89

286 OLG Hamm StraFo **2004** 134; StV **1985** 114; OLG Köln StV **1992** 383; OLG München NJW **1996** 941 (tatsachengestützte Mutmaßung); OLG Saarbrücken StV **2002** 489; KK/*Graf* 28; SK/*Paeffgen* 30b; *Dahs sen.* NJW **1965** 889 ff.

287 OLG Schleswig SchlHA **1954** 25; OLG Hamm StV **1985** 114; OLG Köln StV **2000** 628 (fehlende Sicherstellung von Tatgegenständen); OLG München StV **1995** 86; NJW **1996** 941; HK/*Posthoff* 37; *Dahs sen.* NJW **1959** 508; NJW **1965** 890; s. auch *Schmidt-Leichner* NJW **1959** 844 (flüchtige Mittäter).

288 OLG Frankfurt NJW **1960** 352; OLG Hamm StV **1985** 114; OLG Köln StV **1992** 383; OLG München StV **1995** 86; OLG Düsseldorf StV **1997** 534; KK/*Graf* 28; *Gallandi* StV **1987** 87; *Volk* NJW **1996** 883; *Münchhalffen/Gatzweiler* Rn. 205.

289 Vgl. OLG Hamm StV **1985** 114; OLG Köln StV **1992** 383; LG Verden StV **1985** 464.

290 OLG Köln StV **1999** 37; **1992** 383 (unwahre Angaben über Mittäter); LG Verden StV **1982** 374.

291 OLG Frankfurt StV **2009** 652; OLG Düsseldorf NStZ-RR **2014** 218 = StraFo **2014** 248 = StV **2014** 550; Meyer-Goßner/*Schmitt* 28; Wiesneth (U-Haft) Rn. 45.

292 OLG Frankfurt NJW **1960** 352; vgl. auch OLG Zweibrücken StV **1992** 476 mit Anm. *Paeffgen* NStZ **1993** 532; vgl. auch *Kleinknecht/Janischowsky* 61 (vor der Tat abgesprochene Einlassung); *Dahs sen.* NJW **1965** 892, 893; s. aber (krit. bzgl. Bestechlichkeit) OLG Frankfurt StV **1994** 583 mit Anm. *Paeffgen* NStZ **1996** 25; OLG München StV **1995** 86.

293 Vgl. Meyer-Goßner/*Schmitt* 30; KK/*Graf* 31; *Dahs sen.* NJW **1965** 892, 893; *Kleinknecht* JZ **1965** 116 (z.B. auch Vortäuschen einer Straftat oder sonstige einschlägige Störung der Rechtspflege); SK/*Paeffgen* 31; krit.: *Eb. Schmidt* Nachtr. I 23; *Benfer* JuS **1983** 112. Letztlich kommt es auf die Umstände des Einzelfalles an, insbes. wie massiv die Einflussnahme war, ob sie zum Tatbestand der verfolgten Tat gehörte, ob eine Fortsetzung zu befürchten ist, ob weitere bestätigende Indizien vorliegen.

294 Z.B. gewerbsmäßige Hehler; Betrüger; Zuhälter; Agenten; Angehörige krimineller oder terroristischer Vereinigungen; Mitglieder von Banden der Organisierten Kriminalität.

295 Vgl. OLG Köln NJW **1961** 1880; JMBlNW **1963** 252; StV **1999** 37; Meyer-Goßner/*Schmitt* 30; *Dahs sen.* NJW **1965** 893; *Kleinknecht/Janischowsky* 65, 71 bis 73; *Eb. Schmidt* Nachtr. I 24; s. auch *Philipp* DRiZ **1965** 84; *Dreves* DRiZ **1965** 111; *Franzheim* GA **1970** 109; *Benfer* JuS **1983** 112; **a.A.** SK/*Paeffgen* 32a; AK/*Deckers* 24; krit. auch *Schlothauer/Weider/Nobis* Rn. 642 ff.; *Volk* NJW **1996** 879; OLG Bamberg StV **1991** 167; OLG Frankfurt StV **1994** 583 mit Anm. *Paeffgen* NStZ **1996** 25; OLG München StV **1995** 86.

296 Ähnlich *Dahs sen.* NJW **1965** 892; s. auch OLG Köln StV **1999** 37 und 323; OLG Frankfurt NStZ **1997** 200 mit Anm. *Otto*; OLG Hamm wistra **2002** 236.

90 Nach einer vor allem in früherer Zeit verbreiteten Auffassung[297] soll der dringende Verdacht aus früheren Straftaten oder aus der verfolgten Tat selbst, wenn diese ihrer Natur nach auf **Irreführung und Verschleierung** angelegt waren bzw. ist (z.B. Betrug; Bestechung; gewerbsmäßige Hehlerei; Urkundenfälschung; Banden der organisierten Kriminalität), oder aus den besonderen Umständen der Tatbegehung (Anlage und Durchführung) abzuleiten sein. In der neueren Rechtsprechung und Literatur[298] wird dies überwiegend zu Recht differenzierter gesehen. Denn die Ansicht von einer **delikts- oder milieutypischen Verdunkelung** läuft auf eine unzulässige Vermischung von dringendem Tatverdacht und Haftgrund und damit auf einen gesetzeswidrigen Haftgrund der Tatbegehung hinaus.[299] Die Verdunkelungshandlung muss vielmehr über das einer Tat immanente Verschleierungsverhalten hinausgehen.[300] Die Tatsache, dass Verdeckungshandlungen in bestimmten Deliktsbereichen häufiger vorkommen als auf anderen Kriminalitätsfeldern, macht die auf den Einzelfall bezogene Würdigung aller Umstände nicht entbehrlich. Vertretbar ist es allerdings bei der gebotenen umfassenden Gesamtabwägung, im Falle des Vorliegens sonstiger Indizien für eine Verdunkelungsgefahr auch die Deliktsnatur (Typus) und/oder die Begehungsart (ebenso wie gezielte Vorsichtsmaßnahmen zur Verhinderung der Tataufdeckung) mit heranzuziehen. Besonderheiten können für Verbrechen gegen die Menschlichkeit und Kriegsverbrechen nach dem Völkerstrafgesetzbuch gelten, die von militärischen Befehlshabern begangen worden sein sollen, bei denen Einwirkungen auf Zeugen im ausländischen Kriegsgebiet als besonders nahe liegend erscheinen mögen.[301] Ähnliches kann für kriminelle oder terroristische Vereinigungen (§§ 129, 129a, 129b StGB)[302] und beim Vorwurf der geheimdienstlichen Agententätigkeit nach § 99 StGB[303] angenommen werden. Auch Abhängigkeitsverhältnisse zwischen Beschuldigten und Zeugen oder Mitbeschuldigten können ein Indiz für Verdunkelungsgefahr sein, namentlich wenn weitere Beweisanzeichen in diese Richtung deuten.[304] Letztlich kommt es immer auf die einzelfallbezogene Würdigung aller Umstände an, wobei die bestimmten (inneren und äußeren)[305] Tatsachen, aus denen sich der dringende Verdacht der Verdunkelung ergeben soll, nur der Person des Beschuldigten – etwa seine Neigungen, seinem Verhalten, seinen Beziehungen und sonstigen Lebensumständen –, nicht aber der Person eines Dritten entnommen werden

---

297 Vgl. dazu OLG Köln NJW **1961** 1880; Meyer-Goßner/*Schmitt* 30; KK/*Graf* 31; *Dahs sen.* NJW **1965** 892, 893 (krit. aber gegen Rückschlüsse aus den Umständen der Tat); *Dreves* DRiZ **1965** 111; *Philipp* DRiZ **1965** 85; s. auch *Kleinknecht* JZ **1965** 116; *Böhm* NStZ **2001** 634.

298 Vgl. OLG Frankfurt StV **1994** 583 mit Anm. *Paeffgen* NStZ **1996** 25; NStZ **1997** 200 mit Anm. *Otto*; StV **2000** 151; OLG Hamm Beschl. v. 14.1.2010 – 2 Ws 347/09 – (juris); wistra **2002** 236; OLG Köln StV **1986** 539; StraFo **1997** 28; **1999** 37 und 323; StraFo **2000** 135; OLG München StV **1995** 86 (krit. bzgl. Bestechlichkeit); NJW **1996** 941; OLG Saarbrücken StV **2002** 489; OLG Schleswig bei *Lorenzen/Döllel* SchlHA **1999** 174; AK/*Deckers* 24; SK/*Paeffgen* 32a; (Kolloquium) 123; *Schlothauer/Weider/Nobis* Rn. 642ff.; *Dahs* FS Dünnebier 234; *Krekeler* wistra **1982** 8; *Nix* StV **1992** 446; *Parigger* AnwBl. **1983** 423; NStZ **1986** 213; *Sommermeyer* NJ **1992** 337; *Volk* NJW **1996** 879; s. auch *Böhm* NStZ **2001** 634.

299 LR/*Hilger*[26] 43; HK/*Posthoff* 37; AnwK-StPO/*Lammer* 21; AnwK-UHaft/*König* 32; AK/*Deckers* 24; ähnlich MüKo/*Böhm/Werner* 78; *Dahs* FS Dünnebier 234; *Parigger* NStZ **1986** 213; *Park* wistra **2001** 250; *Münchhalffen* FS Rieß 355; *Münchhalffen/Gatzweiler* Rn. 205; s. auch *Krekeler* wistra **1982** 8 (u.a. Umkehr der Beweislast).

300 KMR/*Wankel* 10.

301 Vgl. BGHSt **55** 157 (betreffend einen Rädelsführer paramilitärischer Milizen in Ruanda); KK/*Graf* 26.

302 BGH Beschl. v. 29.5.2009 – AK 8-10/09 – (juris); OLG Bamberg Beschl. v. 7.2.2016 – 1 Ws 700/15 – (juris); s. auch BGHSt **52** 98.

303 Vgl. BGH NStZ **2007** 117; s. auch BGH NStZ-RR **2012** 244 (Ls.).

304 OLG Karlsruhe StV **2001** 118 (Beeinflussung innerhalb einer Lebensgemeinschaft); KK/*Graf* 31; SK/*Paeffgen* 31; *Philipp* DRiZ **1965** 85.

305 KK/*Graf* 29; *Kleinknecht/Janischowsky* 64; *Dahs sen.* NJW **1965** 889.

dürfen.[306] Außerdem ist stets zu prüfen, ob es (noch) geeignete Möglichkeiten der Verdunkelung gibt (Rn. 92, 97).

b) Verdunkelungshandlungen

aa) Grundsatz. Der Haftgrund der Verdunkelungsgefahr besteht nur, wenn aufgrund bestimmter Tatsachen das Verhalten des Beschuldigten den dringenden Verdacht begründet, er werde eine oder mehrere der drei in Nummer 3 (Rn. 93, 95, 96) abschließend[307] aufgeführten Verdunkelungshandlungen begehen, und wenn weiter deshalb die Gefahr droht, dass die Ermittlung der Wahrheit in dem Verfahren wegen derjenigen Tat erschwert wird, deren der Beschuldigte dringend verdächtig ist.[308] Der Haftgrund bezieht sich demgemäß nur auf die dem **Haftbefehl zugrunde liegenden Taten**; unerheblich ist, ob die Verdunkelungsgefahr auch in anderen Fällen, selbst wenn sie Gegenstand des Ermittlungsverfahrens sind, vorliegen könnte.[309] Auch die Vermutung weiterer Taten, die sich noch nicht zu einem dringenden Tatverdacht verdichtet hat, muss außer Betracht bleiben.[310] 91

Die Verdunkelungshandlungen müssen zu dem Zweck, zu verdunkeln, **geeignet**,[311] und dieser Zweck muss ein zukünftiger sein. Nicht erforderlich ist, dass der Beschuldigte die Verdunkelungsmaßnahmen schon (weitgehend) vorbereitet, versucht oder gar vollendet hat.[312] Es genügt, wenn die geplanten oder bereits getroffenen Maßnahmen **prozessordnungswidrig** sind und nicht aussichtslos erscheinen. Die Untersuchungshaft wegen Verdunkelungsgefahr ist aber weder Prozessstrafe noch Beugehaft.[313] Selbst wenn der Beschuldigte Beweismittel vernichtet und Zeugen beeinflusst hat, ist sie unzulässig, wenn durch das Verhalten und durch die Verhältnisse des Beschuldigten und die sonstigen Umstände des Falls und des Verfahrens ausgeschlossen oder wenigstens der Verdacht ausgeräumt ist, dass er **auch in Zukunft** geeignete Verdunkelungshandlungen vornehmen werde, und dass deshalb die Gefahr drohe, die Ermittlung der Wahrheit werde erschwert[314] (s. auch Rn. 97). Die **bloße Fortwirkung** einer früheren Verdunkelungshandlung reicht für die Annahme einer konkreten Gefahr der (aktuellen oder künftigen) Verdunkelung nicht aus.[315] Welche der in Nummer 3a) bis c) umschriebenen Verdunkelungshandlungen drohen, braucht nach h.M.[316] nicht abschließend festgestellt zu werden; ausreichend ist die Feststellung, dass überhaupt eine der gesetzlich missbilligten Handlungen zu befürchten ist. Dies entspricht dem Prognosecharakter der Entscheidung.[317] Die Verdunkelungshandlungen sind im Einzelnen: 92

bb) Einwirken auf sächliche Beweismittel. Verdunkelungshandlungen gegen sächliche Beweismittel finden statt in Gestalt des Vernichtens, Beiseiteschaffens, Unter- 93

---

306 OLG Köln StV **1992** 383; h.M.; s. auch OLG Hamm wistra **2002** 238 (auch früheres Verhalten).
307 *Dahs sen.* NJW **1959** 507; allg. M.
308 Vgl. OLG Celle NdsRpfl. **1963** 212.
309 OLG Stuttgart StV **1987** 110; OLG Frankfurt StV **1994** 583; OLG Schleswig bei *Lorenzen/Döllel* SchlHA **1999** 174; OLG Karlsruhe StV **2001** 686; allg. M.
310 *Sauer* NJW **1960** 351.
311 KG JR **1956** 192.
312 OLG Köln NJW **1961** 1881; h.M.
313 OLG Oldenburg StV **2005** 394; LG Verden StV **1982** 374.
314 OLG Köln StraFo **1997** 279 mit Anm. *Hiebl*; *Dreves* DRiZ **1965** 111.
315 OLG Oldenburg StV **2005** 394; OLG Naumburg StraFo **2010** 112; Meyer-Goßner/*Schmitt* 35; SSW/*Herrmann* 88; HK/*Posthoff* 40.
316 *Kleinknecht* MDR **1965** 782.
317 SK/*Paeffgen* 34; s. auch OLG Hamm wistra **2002** 238.

drückens, Veränderns oder Fälschens (Abs. 2 Nr. 3 Buchst. a). Ob der Beschuldigte berechtigt ist, über das Beweismittel zu verfügen (ein von ihm gefertigtes Tonband zu löschen; einen von ihm geschriebenen, aber noch nicht abgesandten Brief zu verbrennen; die in seinem Eigentum stehende Mordwaffe zu vernichten; eine in der Natur gesetzte Spur zu verwischen), ist gleichgültig. Wer den Verdacht hervorruft, Beweismittel anzugreifen, setzt sich, wenn zugleich die sonstigen Voraussetzungen der Nummer 3 vorliegen, der Verhaftung aus, gleichviel ob sein Verhalten „anstößig" ist[318] oder edel (etwa um eine an der Tat nicht beteiligte Frau nicht zu kompromittieren). Das Merkmal „unlauter" des Buchstaben b) darf nicht auf den Fall des Buchstaben a) übertragen werden; insoweit bedarf es keiner Feststellungen.[319]

94 **Beiseiteschaffen** ist auch die **Veräußerung**, aber nur dann, wenn sie bewirkt, dass das Beweismittel nicht mehr jederzeit und unverändert den Strafverfolgungsbehörden zur Verfügung steht.[320] Das **Verändern** umfasst auch das **Unbrauchbarmachen**, etwa das Löschen eines Tonträgers oder der Aufzeichnung einer elektronischen Datenverarbeitungsanlage und den „Nachtrunk", wenn der Blutalkoholgehalt zur Tatzeit eine Rolle spielt. Dagegen verändert ein Beweismittel nicht, wer sich einer Blutalkoholuntersuchung entzieht; er verhindert nur, dass von einem sich verändernden und vergehenden Beweismittel Gebrauch gemacht werden kann. Die Belastung einer Immobilie mit einem Grundpfandrecht dürfte in der Regel keine Verdunklungshandlung sein, weil es an dem Veräußern oder Verändern eines Beweismittels fehlt.[321] **Fälschen** ist das Verändern eines Beweismittels in der Weise, dass es seinen Beweiswert verliert oder einen anderen Beweisinhalt darbietet, als es ursprünglich hatte, oder das Anfertigen eines Beweismittels, gleichgültig ob sein Inhalt richtig oder falsch ist, das den Eindruck erweckt, es sei vor seiner Anfertigung entstanden.[322] Die genannten Verdunkelungshandlungen können auch beschlagnahmefreie Gegenstände betreffen, falls der Beschuldigte mit einer freiwilligen Herausgabe durch einen Dritten rechnen muss.[323]

95 **cc) Einwirken auf Beweispersonen.** Verdunkelungshandlungen gegen Mitbeschuldigte, Zeugen und Sachverständige – auch wenn sie noch nicht in dieser Eigenschaft am Verfahren beteiligt sind, der Beschuldigte aber damit rechnet[324] – sind nur dann tatbestandsmäßig, wenn sie **in unlauterer Weise** (gesetzeswidrig oder die Wahrheitsfindung in vom Gesetz nicht gebilligter Weise störend; bezogen auf die Mittel der Einwirkung oder/und das Ziel)[325] vorgenommen werden (Abs. 2 Nr. 3 Buchst. b). Das ist immer der Fall, wenn der Mitbeschuldigte oder Zeuge beeinflusst wird,[326] die Unwahrheit zu sagen, oder der Sachverständige, ein falsches Gutachten abzulegen oder Befundtatsa-

---

318 *Kleinknecht* JZ **1965** 116.
319 Vgl. KK/*Graf* 34; Meyer-Goßner/*Schmitt* 32; AK/*Deckers* 27; s. auch *Nix* StV **1992** 446.
320 Vgl. auch OLG Köln StV **2000** 628 (dass „Tatwaffen" nicht sichergestellt werden können, genügt nicht).
321 *Gärtner* NStZ **2005** 544.
322 OLG Zweibrücken StV **1992** 476 (Änderung einer sich nicht auf die angeklagte Tat beziehenden Urkunde, die einem Zeugen vorgehalten werden soll) mit Anm. *Paeffgen* NStZ **1993** 532; **a.A.** *Langner* 163 (jede Neuanfertigung); s. auch *Dahs sen.* NJW **1959** 507.
323 KK/*Graf* 35.
324 KK/*Graf* 36; Meyer-Goßner/*Schmitt* 33; **a.A.** *Nix* StV **1992** 447 (auf objektive Beurteilung abstellend); *Langner* 164.
325 OLG Karlsruhe StV **2001** 118; KK/*Graf* 34, 37; AK/*Deckers* 27; SK/*Paeffgen* 37; (Dogmatik) 110 ff.; *Wolter* ZStW **93** (1981) 452; krit. zu Einzelfällen *Parigger* NStZ **1986** 213.
326 OLG Hamm StV **2001** 688; KK/*Graf* 36; s. auch BGH bei *Schmidt* MDR **1992** 548 (Einwirkung auf Zeugen – Mitarbeiter – des MfS); s. aber (wohl einschränkend) OLG München StraFo **1997** 29.

chen[327] falsch zu bekunden, auch wenn die Aussage oder das Gutachten im Ergebnis (objektiv) richtig sind oder der Beschuldigte sie (subjektiv) für zutreffend hält.[328] Dagegen ist eine **bloße Besprechung mit Verfahrenszeugen,**[329] z.B. über die Frage, wie sich ein Hergang ereignet oder ob sie sich an einen bestimmten Umstand erinnern, nicht unlauter; sie wird es aber, wenn ihnen eine Erinnerung, die sie nicht haben – auch wenn sie sie haben können –, suggeriert[330] oder der Zeuge unter Druck gesetzt[331] wird. Es ist auch nicht unlauter, dass der Beschuldigte Zeugen bittet, von ihrem Zeugnisverweigerungsrecht Gebrauch zu machen.[332] Denn zu seinen Gunsten ist es dem Zeugen eingeräumt, und der Beschuldigte kann ihm wohl die Folgen einer Aussage vorstellen.[333] Dies darf jedoch nicht unter Ausnutzung eines Abhängigkeitsverhältnisses oder in sonstiger unlauterer Weise (Druck, Täuschung) geschehen.[334] Unzulässig ist auch die Einwirkung auf Zeugen und Mitbeschuldigte mit dem Ziel, dass diese sich dem Verfahren durch Flucht oder die Verletzung ihrer Zeugenpflichten entziehen,[335] nicht aber per se die Bitte an einen Mitbeschuldigten zu schweigen.[336]

dd) Anstiftung Dritter. Das prozessordnungswidrige Einwirken kann schließlich auch darin bestehen, einen anderen zu bewegen, die vorgenannten Verdunkelungshandlungen vorzunehmen (Abs. 2 Nr. 3 Buchst. c). Der Beschuldigte muss den Anlass geben, dass der andere handelt, gleichviel ob der andere weiß, welchem Ziel seine Handlungen dienen.[337] Auf der Seite des Beschuldigten genügt nicht jede, auch eine fahrlässige Veranlassung, vielmehr nur eine, die vom Vorsatz des Beschuldigten getragen ist, das Handeln des anderen herbeizuführen. 96

c) Verdunkelungsfolge. Als Folge des prozessordnungswidrigen[338] Verhaltens des Beschuldigten muss die **Gefahr** drohen (Rn. 31, 35, 37, 86), dass die Ermittlung der **Wahrheit erschwert** werde. Diese Gefahr droht nicht bei ungeeigneten (Rn. 92) Maßnahmen, insbesondere, wenn der Beschuldigte bereits ein glaubhaftes richterliches Geständnis abgelegt hat,[339] oder wenn die gefährdeten Beweise so gesichert sind, dass eine Veränderung der Beweislage trotz prozessordnungswidriger Maßnahmen oder Versuche des Beschuldigten nicht mehr zu befürchten ist.[340] Dies wird in der Regel mit Ende der 97

327 Vgl. BGHSt **18** 108.
328 Vgl. KK/*Graf* 36; *Kleinknecht/Janischowsky* 54; SK/*Paeffgen* 36.
329 OLG Köln NJW **1959** 544; OLG Karlsruhe StV **2001** 686.
330 *Dahs sen.* NJW **1965** 890; OLG Düsseldorf VRS **87** (1994) 132: bedrohliches Zufahren auf Belastungszeugin mit einem Pkw bei gleichzeitigem Beschimpfen.
331 *Schlüchter* 213.
332 OLG Bremen MDR **1951** 55 mit Anm. *Dallinger*; OLG Köln NJW **1959** 544; OLG München StV **1995** 86.
333 Vgl. Meyer-Goßner/*Schmitt* 33; KK/*Graf* 37; *Dahs sen.* NJW **1965** 890; *Eb. Schmidt* Nachtr. I 20, 23; krit. *Hengsberger* JZ **1966** 211.
334 KK/*Graf* 37; *Dahs sen.* NJW **1965** 890; s. auch OLG Karlsruhe StV **2001** 118 (bei Lebensgemeinschaften); OLG Saarbrücken StV **2000** 489 (Benennung abhängiger Zeugen zulässig); s. auch *Langner* 166. Zu Geldzuwendungen für die Rücknahme einer Strafanzeige s. *Deckers/Lederer* StV **2009** 140.
335 KK/*Graf* 36; SK/*Paeffgen* 36.
336 OLG Frankfurt StV **2010** 583; Meyer-Goßner/*Schmitt* 33.
337 H.M.; krit. *Nix* StV **1992** 447.
338 OLG Hamm StV **1985** 114.
339 OLG Naumburg StraFo **2011** 393; KG Beschl. v. 11.7.2012 – 4 Ws 73/12 – (juris); OLG Düsseldorf StV **1984** 339; OLG Hamm StV **2002** 318; OLG Stuttgart StV **2005** 225; Meyer-Goßner/*Schmitt* 35; KMR/*Wankel* 13.
340 Z.B. bei gesicherten Aussagen unbeeinflusster Zeugen oder objektiven Beweisen (etwa Fingerabdrücken; Urkunden; Sicherstellung von Tatwerkzeug oder Beute); vgl. OLG Oldenburg StV **2005** 394 (auch wenn frühere Verdunklungshandlungen fortwirken); OLG Stuttgart StV **2005** 225; OLG Frankfurt

letzten Tatsacheninstanz der Fall sein, so dass dann ein allein auf Verdunkelungsgefahr gestützter Haftbefehl grundsätzlich aufzuheben ist.[341] Eine solche Beweissicherung kann auch schon früher erreicht sein,[342] häufig mit der Erhebung der Anklage;[343] dies ist jedoch nicht zwingend,[344] hängt vielmehr u.a. wesentlich von der Sicherung der Beweise in diesem Zeitpunkt ab. Ist der Sachverhalt ausermittelt und sind alle in Betracht kommenden Beweispersonen vernommen, so kann Verdunkelungsgefahr nur noch dann angenommen werden, wenn ausreichende Anhaltspunkte für die Gefahr nachträglicher – erfolgversprechender – Einflussnahmeversuche vorliegen.[345]

98 **5. Untersuchungshaft bei Schwerkriminalität (Absatz 3).** Voraussetzung der Untersuchungshaft ist nach dem **abschließenden Katalog** der Vorschrift, dass der Beschuldigte einer Straftat nach §§ 6 Abs. 1 Nr. 1, 13 Abs. 1 des Völkerstrafgesetzbuches, nach § 129a Abs. 1, 2 StGB, § 129b Abs. 1 StGB, nach den §§ 211, 212, 226, 306b, 306c StGB[346] oder, soweit durch die Tat Leib oder Leben eines anderen gefährdet worden ist, nach § 308 Abs. 1 bis 3 StGB dringend verdächtig ist. Nach der Tatbestandstechnik des Strafgesetzbuchs ist der Haftfall auch gegeben bei **Versuch** (§ 22 StGB),[347] **Anstiftung** (§ 26 StGB), **Beihilfe** (§ 27 StGB) und **Versuch der Beteiligung** (§ 30 StGB), auch wenn er nach der Vorstellung des Gesetzgebers ersichtlich nicht für alle Fälle dieser Art gedacht war.[348] Andererseits ist die Anwendung angesichts des geschlossenen Katalogs ausgeschlossen, wenn zu erwarten ist, dass die Strafe den §§ **213**,[349] **216**[350] oder **323a**

StV **1994** 583; OLG Karlsruhe NJW **1993** 1148; StraFo **2006** 377; OLG Düsseldorf StV **1984** 339; OLG München StraFo **1997** 29; OLG Naumburg StV **1995** 259 (Ls.); OLG Schleswig SchlHA **2001** 135; KG Beschl. v. 11.7.2012 – 4 Ws 73/12 – (juris): erstinstanzliche Aussage des Geschädigten richterlich protokolliert und für glaubhaft befunden; JR **1956** 193; OLG Dresden Beschl. v. 15.1.2015 – 1 Ws 4/15 – (juris) mit Anm. *Mühlenfeld* jurisPR-StrafR 15/2015 Anm. 2 = StRR **2015** 193 mit Anm. *Hübner*; LG Zweibrücken StV **2002** 147; LG Hamburg StV **2000** 373 mit Anm. *J. Meyer*; LG Oldenburg StV **1983** 248; LG Verden StV **1982** 374; *Dahs sen.* NJW **1965** 891; MüKo/*Böhm*/*Werner* 72; HK/*Posthoff* 41; *Kleinknecht* JZ **1965** 116; *Eb. Schmidt* Nachtr. I 25; AnwK-StPO/*Lammer* 23 („unumstößliche Sachbeweise"); wenig überzeugend demgegenüber OLG Braunschweig NdsRpfl **2015** 179 (das sich allerdings nur am Rande mit der Rechtsfrage und vielmehr in erster Linie mit der Maßregelung des Ausgangsgerichts, welches bewusst eine vom OLG abweichende Auffassung vertreten hatte, befasst hat); s. auch OLG Hamm StraFo **2002** 140.

341 OLG Celle NJW **1963** 1264; NdsRpfl. **1993** 166; Meyer-Goßner/*Schmitt* 35; SK/*Paeffgen* 40. Aber nicht stets: etwa wenn aufgrund einer Revision eine erneute Hauptverhandlung in Betracht kommt, vgl. HK/*Posthoff* 41 unter Hinweis auf die nicht veröffentlichte Entscheidung OLG Hamm v. 16.7.2007 – 3 Ws 426/07 –; s. auch OLG Naumburg StV **1995** 259.

342 OLG Frankfurt StV **1994** 583; OLG Karlsruhe NJW **1993** 1148; OLG Düsseldorf StV **1984** 339; LG Hamburg StV **2000** 373 mit Anm. *J. Meyer*; LG Verden StV **1982** 374; vgl. auch *Volk* NJW **1996** 883 (nicht unbedingt mit einem Geständnis).

343 Vgl. OLG Köln StV **1991** 472; **1994** 582; LG Siegen StV **1999** 608; s. auch *Wolter* (Aspekte) 51.

344 Vgl. OLG Bamberg NJW **1995** 1689; OLG Frankfurt StV **1994** 583; OLG Köln NJW **1959** 544; Meyer-Goßner/*Schmitt* 35; KK/*Graf* 39, 49; AK/*Deckers* 28; SK/*Paeffgen* 40; *Dreves* DRiZ **1965** 110; **a.A.** *Krekeler* wistra **1982** 10.

345 OLG Frankfurt StV **1994** 583; OLG Köln StV **1994** 582; weniger eng wohl OLG Bamberg NJW **1995** 1689; s. auch *Kühne*/*Esser* StV **2002** 389 zur Rspr. des EGMR.

346 Vgl. dazu *Dahs* NJW **1995** 553; DAV StV **1994** 153; *Frommel* KJ **1994** 323; *König*/*Seitz* NStZ **1995** 1; *Neumann* StV **1994** 273; BTDrucks. **12** 6853, zu Art. 4 Nr. 3 S. 32.

347 BGHSt **28** 355; OLG Düsseldorf Beschl. v. 16.9.2009 – III-3 Ws 362/09 – (juris); zurückhaltend, die Frage aber letztlich offen lassend: OLG Karlsruhe StV **2010** 30.

348 Vgl. *Kanka* NJW **1966** 428 (Anwendung nur bei besonderen Fällen der genannten Straftaten); s. auch *Schlothauer*/*Weider*/*Nobis* Rn. 662.

349 OLG Köln StV **1996** 382; OLG Frankfurt StV **2001** 687; HK/*Posthoff* 48; Meyer-Goßner/*Schmitt* 36; KK/*Graf* 41; SK/*Paeffgen* 42a; **a.A.** OLG Hamm NJW **1982** 2786; s. auch *Creifelds* NJW **1965** 1363; *Waldschmidt* NJW **1965** 1576.

350 Zum inzwischen weggefallenen § 217 vgl. OLG Düsseldorf NJW **1965** 2119.

StGB[351] zu entnehmen ist, oder wenn dem Beschuldigten der Vorwurf der **Begünstigung** (§ 257 StGB) oder **Strafvereitelung** (§ 258 StGB) in Bezug auf eine Katalogtat zur Last fällt.[352]

Da das bei allen anderen Haftfällen der §§ 112, 112a verwendete Wort Haftgrund vermieden worden ist, könnte man an eine **Art automatischer Haft** bei Straftaten wider das Leben denken, doch ist das mit der Entstehungsgeschichte kaum vereinbar. Die Ansicht, Absatz 3 sei so zu verstehen, wie er zu lesen sei, dass also schon die Begehung einer Katalogtat den Haftgrund bilde und allein das Verhältnismäßigkeitsprinzip begrenzend wirke, wird ersichtlich nicht mehr vertreten. 99

Das **BVerfG**[353] hat die Norm nur unter einschränkender Auslegung unter Berücksichtigung des Grundsatzes der Verhältnismäßigkeit mit dem Ziel, dass der Zweck der Untersuchungshaft – die Verfahrens- und Vollstreckungssicherung (Vor § 112, 19 ff.) – beachtet wird, für verfassungsgemäß erklärt. Im Grundsatz hat es die Vorschrift mit der Erwägung anerkannt, sie lasse sich damit rechtfertigen, dass „mit Rücksicht auf die Schwere der hier bezeichneten Straftaten die strengen Voraussetzungen der Haftgründe des Absatzes 2 gelockert werden sollen, um die Gefahr auszuschließen, daß gerade besonders gefährliche Täter sich der Bestrafung entziehen".[354] Gemäß der vom BVerfG nach eigener Einschätzung vorgenommenen **verfassungskonformen Auslegung** ist die Vorschrift wegen eines sonst darin enthaltenen offensichtlichen Verstoßes gegen den Grundsatz der Verhältnismäßigkeit dahin auszulegen, dass der Erlass eines Haftbefehls nur zulässig ist, wenn Umstände vorliegen, welche die Gefahr begründen, dass ohne Festnahme des Beschuldigten die alsbaldige Aufklärung und Ahndung der Tat gefährdet sein könnte: Der zwar nicht mit „bestimmten Tatsachen" belegbare, aber nach den Umständen des Falles doch nicht auszuschließende Flucht- oder Verdunkelungsverdacht kann u.U. bereits ausreichen; ebenso kann die ernstliche Befürchtung, dass der Beschuldigte weitere Verbrechen ähnlicher Art begeht, für den Erlass eines Haftbefehls genügen.[355] 100

Nach der **fachgerichtlichen Rechtsprechung**, die diese Auffassung umgesetzt hat, ist die Feststellung ausreichend, aber auch erforderlich, dass **nach den Umständen des Einzelfalles**, von deren Prüfung und Darlegung im Haftbefehl das Gericht auch bei Absatz 3 nicht befreit ist,[356] eine verhältnismäßig geringe oder entfernte Gefahr dieser Art besteht oder aber nicht auszuschließen ist.[357] Damit werden also an den Grad der Sicherheit der Prognose, die für die Annahme eines Haftgrundes nach Absatz 2 oder § 112a anzustellen ist, geringere Anforderungen gestellt.[358] Wenn nach den Umständen des Einzelfalles gewichtige Gründe gegen jede Gefahr der Flucht, Verdunkelung oder Wiederholung sprechen, wenn also m.a.W. eine Flucht ganz fern liegend und eine Wiederholung ausgeschlossen ist, oder aber dieser Gefahr durch mildere Maßnahmen begegnet werden 101

---

351 Meyer-Goßner/*Schmitt* 36; HK/*Posthoff* 48; h.M.; s. auch *Dünnebier* NJW **1966** 231 ff.
352 KMR/*Wankel* 22; *Schlothauer*/*Weider*/*Nobis* Rn. 661 m.w.N.
353 BVerfGE **19** 342; s. auch BVerfG NJW **1966** 772; NJW **1991** 2821 mit Anm. *Paeffgen* NStZ **1992** 530.
354 BVerfGE **19** 342; vgl. auch *Vogel* NJW **1978** 1226 (u.a. zu § 129a StGB).
355 BVerfG aaO; BVerfGE **36** 276.
356 BVerfG NJW **1991** 2821.
357 BGH NStZ **2010** 445; BGHR StPO § 112 Abs. 3 Fluchtgefahr 1; OLG Celle StV **2005** 620; OLG Düsseldorf StraFo **2000** 67; VRS **82** (1992) 190; StV **1982** 585; Beschl. v. 16.9.2009 – 3 Ws 362/09 – (juris); OLG Hamm NJW **1966** 2075; **1982** 2786; JZ **1976** 612; OLG Köln Beschl. v. 23.5.2008 – 2 Ws 229/08 – (juris); Beschl. v. 4.10.2011 – 2 Ws 602/11 – (juris); OLG Oldenburg StRR **2010** 163 (Ls.); OLG Rostock Beschl. v. 7.3.2003 – I Ws 84/03 – (juris); OLG Schleswig bei *Ernesti*/*Lorenzen* SchlHA **1982** 154; Meyer-Goßner/*Schmitt* 38; s. auch OLG Bremen StV **1983** 288; OLG Düsseldorf MDR **1983** 152;
358 OLG Karlsruhe StV **2010** 30; HK/*Posthoff* 49.

kann, ist nach dem Grundsatz der Verhältnismäßigkeit vom Erlass eines Haftbefehls gemäß § 112 Abs. 3 abzusehen.[359]

102 Die grundlegende **Kritik an dem Haftgrund** ist auch nach dieser einengenden Interpretation der Norm nicht verstummt. Beanstandet wird, das BVerfG habe in Wahrheit gar keine einschränkende Auslegung der Norm vorgenommen, sondern vielmehr eine **Umdeutung**,[360] durch die der Vorschrift ein vom Gesetzgeber kaum gewollter Inhalt gegeben worden sei.[361] Der Haftgrund sei zudem **systemfremd**, weil er kriminalpolitischen Zwecken diene und nicht auf das Ziel der Verfahrens- und Vollstreckungssicherung abstelle.[362] In besonderer Weise kritisch ist mit Blick auf die gewandelten gesetzlichen Grundlagen die Argumentation der h.M. zur *Befürchtung* einer Wiederholung betrachtet worden.[363] Insgesamt laufe die Auslegung durch das BVerfG auf eine Vermutung der Haftgründe[364] hinaus und wegen der Widerlegbarkeit auf eine dem Strafprozess sonst fremde Umkehr der Beweislast.[365]

103 Der erbitterte Streit um die Zulässigkeit des Haftgrundes steht in keinem Verhältnis zu dessen **rechtstatsächlicher Bedeutung.** Liegen die Voraussetzungen des Absatzes 3 nicht vor, kann gleichwohl ein Haftbefehl ergehen, wenn einer der Haftgründe des Absatzes 2 oder des § 112a gegeben ist.[366] Zulässig ist es aber auch, den Haftbefehl (kumulativ) auf Absatz 2 und 3 zu stützen.[367] So verfährt die Praxis in aller Regel,[368] was erklärt, dass Haftbefehle, die ausschließlich auf § 112 Abs. 3 gestützt werden, sehr selten sind.[369] Insbesondere bei Mordfällen wendet die Praxis die allgemeinen Vorschriften (§ 112 Abs. 2, § 112a) an,[370] wenn auch scheinbar mit zum Teil schwächeren Anforderungen.[371] Die Rechtspraxis führt nach den Erkenntnissen obergerichtlicher Kontrolle zu keiner Rechtsverkürzung für die betroffenen Beschuldigten. Die Bedeutung der Vorschrift besteht lediglich darin, dass die strengen Voraussetzungen der klassischen Haftgründe

---

359 BGH NStZ **2010** 445; OLG Köln NJW **1996** 1686 = NStZ **1996** 403 = StV **1996** 386; StV **1994** 584; OLG Düsseldorf StraFo **2000** 67; StV **1982** 585; OLG Frankfurt StV **2000** 374; OLG Oldenburg StV **2008** 84; LG Kiel StV **2001** 687; KK/*Graf* 42. S. auch (für einen Jugendlichen) OLG Köln Beschl. v. 4.10.2011 – 2 Ws 602/11 – (juris).

360 *Roxin/Schünemann* § 30, 10; SK/*Paeffgen* 42c.

361 Zu den Zielen des Gesetzgebers s. u.a. *Güde*, *Kanka* und *Weber*, Prot. BTRAussch. **IV** 37/7 und 11, IV 4/8 und 4/12; BTVerh. **IV** 6437 ff. (u.a. Zurückdrängen apokrypher Haftgründe); BTDrucks. **IV** 1020 S. 2; *Dünnebier* NJW **1966** 231 ff.; *Kanka* NJW **1966** 429.

362 Vgl. zur kritischen Diskussion z.B. LR/*Hilger*[26] 53; *Wolter* (Kolloquium) 103; ZStW **93** (1981) 481 ff.; (Aspekte) 40 ff.; *Ranft* 650; SK/*Paeffgen* 42b ff.; *Paeffgen* (Dogmatik) 114 ff.; (Kolloquium) 125 ff.; AK/*Deckers* 29; *Deckers* AnwBl. **1983** 420 ff.; FS Koch 151; *Fezer* I 6/32; *Eb. Schmidt* Nachtr. I 28 ff.; Vor § 112, 3 bis 5; *Anagnostopoulos* 31 ff.; 61 ff.; DAV StV **1994** 153; *Baumann* FS Pfeiffer 259; *Brüssow* AnwBl. **1986** 55; *Cornel* MSchrKrim. **1987** 65 ff.; *Dahs* NJW **1966** 763; *Dahs* NJW **1995** 553; *Dencker* StV **1987** 117; *Frommel* KJ **1994** 323; *Gebauer* 390; *Gropp* JZ **1991** 804; *Haberstroh* NStZ **1984** 290; *Hassemer* StV **1984** 41; *Jabel* 20 ff., 205; *Krümpelmann* ZStW **82** (1970) 1052; *Kühl* ZStW **100** (1988) 601; *Löchner* FS Rebmann 318; *Meyer* FS Tröndle 61; *Neumann* StV **1994** 273; *Parigger* NStZ **1986** 213; *Weihrauch* ZRP **1988** 119; vgl. dagegen aber auch *Henkel* 278; *Krey* JA **1983** 508; *Rüping* 67; *Schlüchter* 208.

363 Vgl. dazu im einzelnen LR/*Hilger*[26] 53; s. auch SK/*Paeffgen* 42b ff.

364 *Deckers* AnwBl. **1983** 420.

365 Vgl. *Hilger* aaO m.w.N.; s. auch OLG Düsseldorf MDR **1983** 152; OLG Bremen StV **1983** 289; *Parigger* NStZ **1986** 213 (automatischer Haftgrund).

366 OLG Oldenburg NJW **1965** 1613; OLG Hamm NJW **1965** 2117; h.M.; **a.A.** OLG Düsseldorf NJW **1965** 2118.

367 Meyer-Goßner/*Schmitt* 39; s. auch Nr. 46 Abs. 4 RiStBV (Aktenvermerk bei mehreren Haftgründen).

368 AnwK-StPO/*Lammer* 32; siehe z.B. BGHSt **55** 157.

369 Vgl. SK/*Paeffgen* 41b; AK/*Deckers* 29: etwa 1% aller Haftfälle. S. aber BGH NStZ-RR **2011** 176. Zur praktischen Bedeutung siehe u.a. *Gebauer* 230, 242, 247; *Jabel* 127; *Schöch* FS Lackner 1007.

370 OLG Köln JMBlNW **1968** 235; s. aber OLG Köln StV **1996** 386.

371 OLG Hamm NJW **1966** 2075; **1982** 2786.

gelockert werden. Das BVerfG hat sich mit der Problematik nicht mehr unmittelbar befasst; soweit es sich zu der Norm geäußert hat, hat es seinen von der fachgerichtlichen Rechtsprechung umgesetzten rechtlichen Ausgangspunkt bestätigt.[372] Der Gesetzgeber hat Absatz 3 in Kenntnis der gegen den Haftgrund gerichteten grundlegenden Beanstandungen bei der Überarbeitung des Untersuchungshaftrechts unangetastet gelassen. Die skizzierte Rechtsprechung bringt bei der gebotenen **restriktiven Begrenzung des Anwendungsbereiches**[373] den auch dogmatisch nachvollziehbaren Kern der Norm zur Geltung. Dadurch kommt es weder zu einer Vermutung eines Haftgrundes oder Umkehr der Beweislast, noch ist die Unschuldsvermutung verletzt.[374] Die Vorschrift hat in ihrem engen Anwendungsbereich ihre Berechtigung, und ihre praktische Anwendung findet mit dem Begriff der **Begründungserleichterung** eine passende Beschreibung.[375] Insbesondere ist der Vorwurf einer „Umkehrung der Beweislast" nicht gerechtfertigt, weil das Haftgericht tatsächlich von sich aus Umstände festzustellen hat, die Flucht- oder Verdunkelungsgefahr begründen, auch wenn diese nur geringer Art zu sein brauchen.

Ein auf Absatz 3 gestützter Haftbefehl kann entsprechend § 116 **außer Vollzug gesetzt** werden.[376] Eine Wiederinvollzugsetzung ist nicht etwa unter erleichterten Voraussetzungen möglich, sondern es müssen die Voraussetzungen des § 116 Abs. 4 in vollem Umfang erfüllt sein[377] (s. auch § 116, 30). 104

IV. Verhältnismäßigkeit (Absatz 1 Satz 2)

1. Allgemeines. Dazu, dass mit der Untersuchungshaft in grundrechtlich geschützte Freiheitsrechte eingegriffen wird, zwischen dem Anspruch auf höchstmöglichen Schutz der **Grundrechte** und **öffentlichen Interessen** ein auszugleichendes **Spannungsverhältnis** besteht, der für die Strafverfolgung erforderlichen Freiheitsbeschränkung stets der grundrechtlich verbürgte Freiheitsanspruch des als unschuldig geltenden Beschuldigten als Korrektiv entgegenzuhalten und deshalb der Eingriff in die Freiheit (schon durch Erlass eines Haftbefehls, nicht erst den Vollzug) nur hinzunehmen ist, soweit dem öffentlichen Anspruch, die Tat zügig aufzuklären und den Täter alsbald zu bestrafen, nicht durch mildere, erfolgversprechende Alternativen,[378] sondern nur durch Anordnung der Untersuchungshaft genügt werden kann (Untersuchungshaft als **„ultima ratio"**),[379] wird auf die Ausführungen Vor § 112, 33ff., 60ff. verwiesen. 105

Der Grundsatz der Verhältnismäßigkeit gilt auch für die Aufhebung des Haftbefehls und ist daher in **§ 120 Abs. 1 Satz 1** Hs. 2 wiederholt. Danach darf Untersuchungshaft weder angeordnet noch aufrechterhalten werden, wenn sie zu der Bedeutung der Sache und zu der zu erwartenden Strafe oder Maßregel der Besserung und Sicherung außer Verhältnis steht.[380] Der Grundsatz berührt sich mit der Anordnung in **Art. 5 Abs. 3 EMRK**, dass jedermann Anspruch auf Aburteilung innerhalb einer angemessenen Frist 106

372 Vgl. BVerfGK **7** 239 = StV **2006** 139 = StraFo **2006** 108.
373 Und nicht wegen der undurchsichtigen Voraussetzungen, so jedoch SK/*Paeffgen* 41b.
374 So aber SK/*Paeffgen* 43a m.w.N.
375 Gegen den Haftgrund als solchen lassen sich schwerlich einzelne Entscheidungen anführen, die mit angreifbarer Begründung versehen sind (vgl. dazu etwa *Deckers* AnwBl **1983** 420ff.); denn auch bei anderen Haftgründen gibt es Haftanordnungen mit (zum Teil evident) untauglichen Begründungen.
376 BGH StV **2016** 443; s. auch BGH Beschl. v. 2.7.2014 – AK 16/14 – (juris).
377 BVerfGK **7** 239 = StraFo **2006** 108; HK/*Posthoff* 52.
378 OLG Rostock StV **2006** 311.
379 S. auch Nr. 46 Abs. 2 RiStBV.
380 Vgl. BGH StV **1986** 65; OLG Hamm JMBlNW **1977** 258 (bezogen auf die im Haftbefehl beschriebene Tat und die insoweit zu erwartende Strafe).

oder auf Haftentlassung gegen Sicherheitsleistung hat[381] – eine Norm, die in § 121 ihre nationale Ausgestaltung erhalten hat und ebenfalls auf dem Grundsatz der Verhältnismäßigkeit beruht, wenn auch mit einem anderen Bezugspunkt als die hier behandelten Ausprägungen des Grundsatzes. **§ 114 Abs. 3** konstituiert mit Blick auf den Verhältnismäßigkeitsgrundsatz besondere Begründungsanforderungen für den Haftbefehl.

107 § 112 Abs. 1 Satz 2 ist vor dem Hintergrund der Rechtsprechung des BVerfG namentlich als Hinweis auf das Prinzip und als **Konkretisierung**[382] zu werten, die allerdings gesetzestechnisch nicht gelungen und daher missverständlich ist. Die Formulierung bringt nur undeutlich die im Rahmen der erforderlichen umfassenden Verhältnismäßigkeitsprüfung zu erwägenden Kriterien (vgl. Vor § 112, 60 ff.) zum Ausdruck, zu denen neben der Bedeutung der Sache (Rn. 108) und der Rechtsfolgenerwartung (Rn. 109) u.a. **alle konkreten Auswirkungen** (z.B. Schwere, Dauer) der Haftanordnung und des -vollzuges auf alle Lebensbereiche (z.B. Gesundheit, Familie, Beruf, wirtschaftliche Existenz, Ansehen) des Beschuldigten gehören (s. des Weiteren Vor § 112, 62, 63). Alle diese Umstände sind gemäß Absatz 1 Satz 2 zur Beurteilung der Verhältnismäßigkeit im Rahmen einer Gesamtbetrachtung gegeneinander abzuwägen.[383]

108 Dabei richtet sich die (begrifflich unklare) **Bedeutung der Sache** gemäß h.M.[384] nach Art und Schwere der Straftat, namentlich der Art des verletzten Rechtsgutes, der gesetzlichen Strafandrohung, der konkreten Erscheinungsform der Tat (Serientat? Gelegenheitstat? sozialschädliche Auswirkungen) und der tatbezogenen Umstände aus der Person des Täters (z.B. Neigung zu gleichartigen Taten). Gegen eine Einbeziehung der Schwere der persönlichen Schuld werden unter Hinweis auf die Unschuldsvermutung (Vor § 112, 70) allerdings Bedenken erhoben.[385] Umstritten ist, ob ein öffentliches Interesse an der Strafverfolgung der vorgeworfenen Tat (etwa unter dem Gesichtspunkt der Verteidigung der Rechtsordnung[386] oder eines „legitimen Bedürfnisses der Allgemeinheit"[387] an einer wirksamen Bekämpfung bestimmter für die Gesellschaft besonders gefährlicher Delikte) berücksichtigt werden darf.[388] Diese Frage ist zu verneinen.[389] Fraglich ist schon,

---

381 Vgl. dazu näher LR/*Esser*[26] EMRK Art. 5, 234 ff., 306 ff.

382 Vgl. KK/*Graf* 46; ähnlich AK/*Deckers* 32; SK/*Paeffgen* 10 (Appellcharakter; konstitutive Festlegung von Bezugsgrößen).

383 OLG Düsseldorf StV **1994** 147; NStZ **1993** 554; KK/*Graf* 47, 48; Meyer-Goßner/*Schmitt* 11; AK/*Deckers* 33; *Dreves* DRiZ **1965** 110; s. auch OLG Frankfurt NStZ **1986** 568; StV **1988** 392 mit Anm. *Jehle*; *Kleinknecht/Janischowsky* 109.

384 Vgl. OLG Frankfurt StV **1988** 392 mit Anm. *Jehle*; OLG Düsseldorf StV **1994** 86 mit Anm. *Seebode*; KK/*Graf* 49; Meyer-Goßner/*Schmitt* 11; AK/*Deckers* 34; AK/*Krause* § 120, 5; *Wagner* NJW **1978** 2002; *Seetzen* NJW **1973** 2001; krit. hierzu SK/*Paeffgen* 15, 16 (gegen spezial- oder generalpräventive Argumentationsmuster), 19; § 120, 6; s. auch *Paeffgen* (Dogmatik) 201. Zur Gleichsetzung des Kriteriums mit dem der Rechtsfolgenerwartung vgl. *Hassemer* AnwBl. **1984** 67; *Jehle* StV **1988** 394; s. auch *Kleinknecht/Janischowsky* 109.

385 SK/*Paeffgen* 16. Vgl. auch *Schwenn* StV **1984** 133. Systematisch ist die mutmaßliche (d.h. die für den – hier zugrunde liegenden hochwahrscheinlichen – Fall der Tatbegehung anzunehmende) persönliche Schuld des Beschuldigten ein bei der Rechtsfolgenprognose einzuordnendes Element; s. deshalb Rn. 109.

386 OLG Düsseldorf StV **1994** 86 mit Anm. *Seebode* (der in der Entscheidung enthaltene Passus „letztlich auch der Gesichtspunkt der Verteidigung der Rechtsordnung" wirkt beinahe achtlos eingefügt, spielt jedenfalls in den folgenden Erwägungen des Gerichts keine erkennbare Rolle).

387 OLG Düsseldorf StV **1994** 85 mit Anm. *Seebode*.

388 OLG Frankfurt StV **1988** 392 mit abl. Anm. *Jehle* (der nachvollziehbar darlegt, dass das OLG die fragliche Begründung ohne Not herangezogen hat; jedenfalls hat es den von ihm aufgestellten Rechtsgrundsatz nicht mit der zu erwartenden Gründlichkeit erörtert); LR/*Hilger*[26] 58; KK/*Graf* 49; Meyer-Goßner/*Schmitt* 11; Graf/*Krauß* 45; KMR/*Wankel* 16; s. auch *Wagner* NJW **1978** 2002 (Nutzung der zu den §§ 153 ff. entwickelten Maßstäbe); s. auch (unklar) *Schlothauer/Weider/Nobis* Rn. 487, 489; generell gegen jede generalpräventive Argumentation SK/*Paeffgen* 16.

389 AK/*Deckers* 34; HK/*Posthoff* 12; HK-GS/*Laue* 9; AnwK-StPO/*Lammer* 39.

ob der Bedeutung der Sache neben der Rechtsfolgenerwartung aus dogmatischer Sicht ein eigenständiges Gewicht in dem Sinne zukommen kann, dass mit ihr die Fortdauer einer bereits außer Verhältnis zur konkreten Straferwartung stehenden Untersuchungshaft gerechtfertigt werden könnte. Der abweichenden Ansicht steht jedenfalls entgegen, dass sie Ziele anerkennt, die über den (einzigen) legitimen Zweck der Untersuchungshaft, die (bloße) Sicherung der geordneten Durchführung des Strafverfahrens und einer sich ggf. anschließenden Strafvollstreckung, hinausgehen. Sie kann auch nicht damit begründet werden, dass ein geringes öffentliches Verfolgungsinteresse zur Unverhältnismäßigkeit der Haftanordnung führen könne;[390] denn die Anschauungen der Öffentlichkeit bestimmen die Rechtsanwendung weder in die eine noch in die andere Richtung. Allgemeine Meinung ist demgegenüber, dass auch eine durch die Tat hervorgerufene Erregung der Öffentlichkeit außer Betracht bleiben muss.[391]

Bei der **Prognose der zu erwartenden Rechtsfolgen** ist nur eine grobe Einschätzung möglich. Die Verhältnismäßigkeitsprüfung bezieht sich nur auf die im Haftbefehl genannten Taten;[392] anders als bei der Beurteilung der Fluchtgefahr (Rn. 85) ist hier nicht von Belang, ob ein Widerruf der Strafaussetzung zur Bewährung in anderer Sache in Betracht kommt.[393] Soweit nach dem Erkenntnisstand möglich, sind bei der Prognose grundsätzlich alle Strafzumessungserwägungen (§§ 46 ff. StGB) anzustellen, von denen sich das Gericht am Ende der Hauptverhandlung im Fall einer Schuldfeststellung voraussichtlich leiten lassen wird.[394] Die Prognose hat auch die vermutliche Dauer in Betracht kommender freiheitsentziehender Maßregeln zu umfassen.[395] Gegen das Kriterium der Rechtsfolgenerwartung werden zwar in der Literatur[396] Bedenken erhoben, diese schlagen aber nicht durch. Berechtigt ist allerdings zunächst der Hinweis auf die **Prognoseschwierigkeiten**,[397] deren sich das Gericht bewusst sein und denen es durch eine vorsichtige Einschätzung der maßgeblichen Kriterien Rechnung tragen muss. Der Hinweis auf die verfassungsrechtliche Bedenklichkeit der Rechtsfolgenprognose (Verstoß gegen die Unschuldsvermutung)[398] überzeugt dagegen nicht. Wenn die **Unschuldsvermutung** tangiert wäre, dann in erster Linie dadurch, dass überhaupt vor rechtskräftiger Schuldfeststellung gegen einen als unschuldig zu Behandelnden ein schwerwiegender Grundrechtseingriff angeordnet werden darf. Der Einsatz einer Rechtsfolgenprognose ist nur eine zwangsläufige Folge der Tatsache, dass die Entscheidung über die Anordnung und den Vollzug von Untersuchungshaft auf einer (notwendigerweise vorläufigen) Würdigung von Verdachtsmomenten aufbaut und ein Wahrscheinlichkeitsurteil (Prognose) zugrunde legt; er verfolgt vor diesem Hintergrund das Ziel, diesen Eingriff zu begrenzen. **109**

Die Verhältnismäßigkeit ist **materielle Voraussetzung der Untersuchungshaft** **110**
(Vor § 112, 64, 81). Die Auffassungen, die Verhältnismäßigkeit sei (nur) Voraussetzung

390 So aber LR/*Hilger*[26] 58.
391 KK/*Graf* 49; Meyer-Goßner/*Schmitt* 11; *Baumann* JZ **1962** 652; *Kleinknecht* MDR **1965** 781; *Philipp* DRiZ **1965** 83 ff.; s. auch SK/*Paeffgen* 15 (mit Hinweis auf die abweichende Gesetzeslage in Frankreich).
392 BGH StV **1986** 65; OLG Oldenburg NJW **2006** 2646; s. auch SK/*Paeffgen* 16a m.w.N.
393 OLG Hamm StV **1998** 553; OLG Naumburg NStZ-RR **2011** 123; SSW/*Herrmann* 111.
394 KK/*Graf* 50; AK/*Deckers* 35; HK-GS/*Laue* 10.
395 KK/*Graf* 50.
396 SK/*Paeffgen* 18 ff.: Verstoß gegen die Unschuldsvermutung wegen unzulässiger Schuldantizipation sowie pragmatische Bedenken; s. auch *Münchhalffen/Gatzweiler* Rn. 220 (ohne Begründung; unter Rn. 221 argumentieren die *Verf.* demgegenüber ohne weiteres mit der Straferwartung).
397 Vgl. dazu SK/*Paeffgen* 18b; *Gebauer* 148; 236 ff.; *Jabel* 136 ff.; *Wiegand* StV **1983** 437; *Roxin/Schünemann* § 30, 4. Vgl. auch Rn. 36, 74.
398 SK/*Paeffgen* 18a (konkretisierende Prognose über den Verfahrensausgang ist unzulässige Schuldantizipation); § 120, 8. Bei der Straferwartung als Prognoseelement zur Fluchtgefahr kritisiert SK/*Paeffgen* 25 dies allerdings nicht.

des Haftbefehls (nicht jedoch der Untersuchungshaft)[399] und die Unverhältnismäßigkeit sei Haftausschließungsgrund,[400] überzeugen nicht. Sie gehen zu sehr vom Wortlaut des § 112 Abs. 1 Satz 2 und des § 120 Abs. 1 Satz 1 aus und berücksichtigen nicht hinreichend, dass die Beachtung der Verhältnismäßigkeit **verfassungsrechtlich gebotene Grundvoraussetzung** eines jeden staatlichen Grundrechtseingriffs ist, also auch der Untersuchungshaft (Vor § 112, 60 ff.). Einzuräumen ist, dass der Wortlaut der genannten Vorschriften dies nicht deutlich genug zum Ausdruck bringt. Er ist, gemessen an den verfassungsrechtlichen Vorgaben, auch dann missverständlich, wenn man annimmt, durch die negative Formulierung in § 112 Abs. 1 Satz 2 solle klargestellt werden, dass der Grundsatz „in dubio pro reo" ausgeschlossen sei.[401] Absatz 1 Satz 2 ist also zu lesen: „Sie darf nur angeordnet werden, wenn sie zu der Bedeutung der Sache und der zu erwartenden Strafe oder Maßregel der Besserung und Sicherung im Verhältnis steht". Hätte das Gesetz diese Fassung erhalten, wäre die Verhältnismäßigkeit als Haftvoraussetzung klar herausgestellt. Damit hätte auch die etwas umständliche Fassung des § 120 Abs. 1 Satz 1 vermieden werden können.

111 Dies bedeutet, nimmt man die Verhältnismäßigkeit als materielle Haftvoraussetzung ernst, nicht nur, dass eine Unverhältnismäßigkeit anzunehmen ist, wenn bei Abwägung der Freiheitsgrundrechte des Beschuldigten gegen das staatliche Interesse an einer wirksamen Strafverfolgung ein deutliches Übergewicht der mit dem Freiheitsentzug verbundenen Nachteile gegenüber den Belangen der Strafrechtspflege anzunehmen ist.[402] Weitergehend muss vielmehr die **Verhältnismäßigkeit positiv festgestellt** werden, und dies ist nur dann möglich, wenn die erforderliche Gesamtabwägung ergibt, dass die Nachteile für den Beschuldigten gegenüber den Belangen der Strafrechtspflege deutlich geringer wiegen. Kann dies nicht festgestellt werden, lassen sich insoweit bestehende erhebliche Zweifel nicht ausräumen, so kann die Verhältnismäßigkeit nicht bejaht werden (Vor § 112, 64).

112 **2. Einzelfragen.** Nach dem in Absatz 1 Satz 2 niedergelegten Grundsatz darf die „erlittene" (§ 51 Abs. 1 Satz 1 StGB; § 450 Abs. 1, § 450a Abs. 1 und 2) Untersuchungshaft dem Grundsatz nach nicht schwerer wiegen als das durch die Haft gesicherte Verfahrensziel, die Strafe oder die Maßregel der Besserung und Sicherung (**Übermaßverbot**).[403] Dazu ist nicht nur abzuschätzen, welche freiheitsentziehende Maßregel oder welche Freiheitsstrafe (vgl. § 124 Abs. 1) der Beschuldigte zu erwarten hat, sondern auch zu prüfen,[404] ob die Vollstreckung vielleicht ganz (§ 56 Abs. 1 und 2 StGB)[405] oder teilweise (§ 57 Abs. 1 und 2 StGB)[406] zur **Bewährung** auszusetzen, nach § 60 StGB von Strafe abzusehen oder

---

399 LR/*Wendisch*²⁴ 20.
400 H.M.; KK/*Graf* 46; s. auch Vor § 112, 64.
401 LR/*Wendisch*²⁴ 56 m.w.N.
402 OLG Düsseldorf StV **1994** 147.
403 Im Grundsatz wohl h.M., in Einzelfragen aber, namentlich zur Strafhöhe als Obergrenze der Untersuchungshaft, umstritten. Vgl. § 120, 13 ff.; die dortigen Ausführungen zur Verhältnismäßigkeit sind grundsätzlich auf § 112 Abs. 1 Satz 2 übertragbar, zumal es denkbar ist, dass bei Erlass des Haftbefehls zu berücksichtigen ist, dass in derselben Sache bereits früher – aufgrund eines früheren, zwischenzeitlich aufgehobenen Haftbefehls – Untersuchungshaft vollzogen wurde. S. auch OLG Frankfurt StV **1993** 594; OLG Düsseldorf StV **1994** 85, **1994** 86 mit Anm. *Seebode*; LG Freiburg StV **1988** 394; SK/*Paeffgen* 17 ff.; KK/*Graf* 50 und KK/*Schultheis* § 120, 6 ff.; Meyer-Goßner/*Schmitt* § 120, 4 ff.; *Seetzen* NJW **1973** 2001.
404 *Schultz* JR **1963** 297.
405 OLG Koblenz MDR **1974** 596; LG Freiburg StV **1988** 394; KK/*Graf* 50; s. aber BGH bei *Schmidt* MDR **1984** 186; OLG München NStZ **1986** 424.
406 OLG Schleswig bei *Ernesti*/*Jürgensen* SchlHA **1977** 181; OLG Stuttgart NStZ **1983** 40; OLG Frankfurt StV **1988** 392 mit Anm. *Jehle*; LG Freiburg StV **1988** 394; KK/*Graf* 50; **a.A.** wohl OLG Düsseldorf StV **1994** 85; **1994** 86 mit Anm. *Seebode*.

ob nicht nur eine **Geldstrafe** und in diesem Falle eine Verwarnung mit Strafvorbehalt (§ 59 Abs. 1 StGB) oder eine nicht freiheitsentziehende Maßregel der Besserung und Sicherung (hier § 61 StGB) zu erwarten ist. In diesen Fällen wird häufig schon Fluchtgefahr oder aber die Verhältnismäßigkeit zu verneinen sein (s. auch Rn. 116).[407]

Üblicherweise unter Hinweis auf den Grundsatz, dass es keine schematische Begrenzung der Untersuchungshaft im Hinblick auf die Rechtsfolgenerwartung gibt, wird zum Teil vertreten, dass die Untersuchungshaft die Dauer einer bereits festgesetzten oder der zu erwartenden **Freiheitsstrafe (annähernd) erreichen oder gar übersteigen** dürfe.[408] Diese Fragestellung wird allerdings bei der Anordnung von Untersuchungshaft keine tragende Rolle spielen, sondern ist für die Frage der Fortdauer bereits angeordneter Untersuchungshaft von Belang (s. § 120, 14). Zwar mag es in besonders gelagerten Ausnahmefällen, namentlich wenn der Beschuldigte bereits flüchtig war, zur Verhinderung von (weiteren) Verschleppungsmanövern gerechtfertigt sein, die Untersuchungshaft bis zur Dauer der (mutmaßlichen) Freiheitsstrafe zu vollziehen. Denn ein Beschuldigter darf es nicht in der Hand haben, durch Verschleppung (Flucht) oder Verdunkelung letztlich zu bestimmen, ob und wann es zu einer Aburteilung kommt.[409] Grundsätzlich ist es wegen des verfassungsrechtlich verbürgten **Anspruchs auf Resozialisierung** beim Vollzug von Kriminalstrafe aber problematisch, einen Beschuldigten bis zum Ende der zu erwartenden oder einer bereits (nicht rechtskräftig) ausgesprochenen Freiheitsstrafe in Untersuchungshaft zu halten. Bei deren Vollzug können resozialisierende Maßnahmen nicht oder in nur unzureichendem Maße zur Geltung kommen, weshalb es prinzipiell verfehlt ist, die ausgesprochene oder erwartete Freiheitsstrafe zum Maßstab für die zulässige Dauer von Untersuchungshaft zu machen.[410] **113**

Bei der Verhältnismäßigkeitsprüfung kann auch zu beachten sein, dass die Staatsanwaltschaft das gegenständliche Verfahren zunächst nach **§ 154 Abs. 1** eingestellt und nach Wegfall der dieser Einstellung zugrunde liegenden Prognose nicht zügig wieder aufgenommen hat.[411] **114**

Zur Berücksichtigung von im Ausland erlittener **Auslieferungshaft** s. § 120, 5. Droht dem Beschuldigten bei Auslieferungshaft in einem ersuchten Staat eine menschenunwürdige Behandlung, so kann der Haftbefehl mit der Beschränkung erlassen werden, dass er „einem Ersuchen um Auslieferungshaft aus dem Staat ... nicht zugrunde gelegt werden" dürfe.[412] **115**

---

407 Vgl. dazu OLG Frankfurt StV **1989** 486; *Wagner* NJW **1978** 2002; AK/*Deckers* 35; SK/*Paeffgen* 17, 20.

408 Vgl. OLG Düsseldorf StV **1994** 85; **1994** 86 (keine schematische Begrenzung im Hinblick auf die Rechtsfolgenerwartung) mit Anm. *Seebode*; OLG Frankfurt StV **1988** 392 mit krit. Anm. *Jehle*; KG StV **1988** 208 mit abl. Anm. *Schlothauer*; NStZ-RR **2008** 157 (nicht tragend, da der Fall keinerlei Anlass bot, den Rechtsgedanken in die Entscheidung einzufügen); OLG Stuttgart Justiz **1990** 26; OLG München NStZ **1986** 424; *Kleinknecht/Janischowsky* 114, 117, 120 ff.; *Seebald* NJW **1975** 28; *Seetzen* NJW **1973** 2001; **a.A.** *Münchhalffen/Gatzweiler* Rn. 350; wohl auch OLG Stuttgart Justiz **1997** 62; offen gelassen von BerlVerfGH Beschl. v. 22.11.2005 – VerfGH 146/05 – (juris).

409 Zu weitgehend (in einem Extremfall) OLG Frankfurt StV **1988** 392 mit Anm. *Jehle*; zu Recht eingrenzend (Höchstgrenze die zu erwartende Freiheitsstrafe) OLG Frankfurt StV **1993** 594; OLG Düsseldorf StV **1994** 85; **1994** 86 mit Anm. *Seebode*; SK/*Paeffgen* 19; HK-GS/*Laue* 10.

410 Zum Resozialisierungsgedanken vgl. etwa BVerfGK **7** 140 = NJW **2006** 677; StV **2008** 421; OLG Nürnberg StV **2009** 534; OLG Bamberg StV **1989** 486 (mit der treffenden Formulierung, der mutmaßliche Strafrest dürfe nicht durch die Untersuchungshaft „verbraucht werden"); NJW **1996** 1222 (mit zweifelhaftem Ansatz zu Besonderheiten für „Kinderschänder"); SSW/*Herrmann* 69, 129.

411 OLG Stuttgart StV **2008** 85.

412 *Volckart* StV **1983** 434. Vgl. auch die RiVASt.

116 Untersuchungshaft ist nicht stets unverhältnismäßig, wenn nur eine **Freiheitsstrafe von höchstens 6 Monaten** oder **Geldstrafe** zu erwarten ist.[413] Dies lässt sich aus § 113 Abs. 2 ableiten. Aber von dieser Vorschrift geht ein Signal dahingehend aus, dass in solchen Fällen eine Haftanordnung nur unter besonderen (engen) Voraussetzungen (etwa denen des § 113 Abs. 2) zulässig, die Verhältnismäßigkeitsprüfung also besonders sorgfältig vorzunehmen ist.[414] Bei dieser Prüfung lässt sich § 113 Abs. 2 nicht etwa im Gegenteil zur Legitimation von Untersuchungshaft anführen, wenn eine Straferwartung von zwar mehr als 6 Monaten besteht, aber eine Strafaussetzung zur Bewährung zu erwarten ist.[415] Unverhältnismäßigkeit kann auch anzunehmen sein, wenn der Schaden oder die Tatbeute gering[416] sind.

117 Des Weiteren ist das **Beschleunigungsgebot** zu beachten,[417] das in seiner Ausgestaltung durch die Rechtsprechung des BVerfG bei der Beurteilung der Untersuchungshaft zunehmend eine zentrale Rolle einnimmt. Ist schon bei Erlass des Haftbefehls erkennbar, dass die Hauptverhandlung wegen Überlastung des Gerichts nicht innerhalb von 6 Monaten stattfinden kann, so kann dies ein Grund sein, den Erlass des Haftbefehls abzulehnen.[418] Anderes kann jedoch gelten, wenn die Verfahrensverzögerung durch den Beschuldigten verschuldet wurde, namentlich wenn die Haft erforderlich ist, um Verfahrenssabotage durch den Beschuldigten zu begegnen.[419] Wird ein Verfahren unter Verstoß gegen Art. 6 Abs. 1 EMRK in außergewöhnlicher Weise verzögert betrieben, ist nicht nur bereits angeordnete Untersuchungshaft zu beenden, sondern kann es bereits unzulässig sein, einen Haftbefehl zu erlassen oder erstmals zu vollziehen.[420] Zum Teil wird angenommen, dass ein Haftbefehl wegen Verstoßes gegen das Beschleunigungsgebot unverhältnismäßig sei, wenn er aufgrund fehlerhafter Sachbehandlung durch die Ermittlungsbehörden nicht zügig genug vollstreckt wird.[421] Ob man dieser Ansicht im Grundsatz folgen kann,[422] mag dahinstehen; die vom OLG Köln mitgeteilten Verfahrensdaten tragen die dort gezogene Konsequenz aber sicher nicht (s. auch Vor § 112, 53 f.). Seine wesentliche praktische Bedeutung hat der Beschleunigungsgrundsatz indessen nicht schon bei der Anordnung, sondern bei der Frage der Fortdauer von Untersuchungshaft, weshalb wegen der Einzelheiten auf die Erl. zu §§ 120, 121 verwiesen sei.

---

413 H.M.; vgl. OLG Düsseldorf NJW **1997** 2965 (Strafbefehl, Geldstrafe, Flucht) mit krit. Anm. *Paeffgen* NStZ **1999** 73; OLG Frankfurt StV **1993** 594; OLG Hamburg NStZ **2016** 433; LG Hamburg StV **1987** 399; *Dünnebier* NJW **1968** 1753; **a.A.** z.B. *Wolter* ZStW **93** (1981) 467 ff., 470; (Aspekte) 47 ff.; (Kolloquium) 106 ff. m.w.N. S. auch OLG Frankfurt StV **1988** 392 mit Anm. *Jehle*; AG Brühl StV **2005** 393 (Strafbefehl); SK/*Paeffgen* 17, 20; *Schlothauer*/*Weider*/*Nobis* Rn. 490; Radtke/Hohmann/*Tsambikakis* 71. Zum Verstoß gegen Vorschriften des AsylVfG vgl. LG Hamburg StV **1987** 399; MDR **1992** 65.

414 Vgl. KK/*Graf* 50; AK/*Deckers* 35; SK/*Paeffgen* 20 (z.B. bei offensichtlich fehlerhafter Rechtsanwendung in erster Instanz; bei minderschwerer Kriminalität von Ausländern ohne feste Inlandsbindung empfehle sich ein Vorgehen nach § 132); *Seetzen* NJW **1973** 2002.

415 BVerfG NStZ **2004** 82 = StV **2003** 30.

416 Vgl. OLG Oldenburg StV **1987** 446; AG Ulm StV **1991** 473. Vgl. auch AG Frankfurt StV **1994** 488 (Erwerb von Haschisch in kleineren Mengen).

417 OLG Köln StV **1994** 584; OLG Stuttgart MDR **1970** 346; JZ **1974** 268; vgl. auch LG Köln NStZ **1989** 442; OLG München StV **2002** 555 (Hauptverhandlung erst nach Ende einer Strafhaft); OLG Naumburg StraFo **2007** 240 (keine Förderung des Verfahrens); **a.A.** wohl noch LR/*Wendisch*[24] 56; s. auch OLG Hamm NStZ-RR **1998** 307 (offen).

418 OLG Düsseldorf StV **1988** 390.

419 Vgl. OLG Frankfurt StV **1988** 392 mit Anm. *Jehle*.

420 OLG Stuttgart NJW **1974** 284 = JZ **1974** 268; LG Köln NStZ **1989** 442; KK/*Graf* 47; s. auch BVerfGK **14** 157 (Haftbefehl sieben Jahre nach Eingang der Anklage); eher kritisch, die Rechtsfrage aber letztlich offen lassend OLG Hamm NStZ-RR **1998** 307.

421 OLG Köln NStZ-RR **2009** 87 = StraFo **2008** 468; SK/*Paeffgen* 13a.

422 Eher ablehnend KK/*Graf* 46.

3. Subsidiarität. Sind alle vorher genannten Voraussetzungen erfüllt, darf die Untersuchungshaft gleichwohl nicht verhängt werden, wenn **mildere verfahrensrechtliche Alternativen**[423] ausreichen würden oder der Beschuldigte freiwillig Pflichten übernimmt oder sich freiwillig Beschränkungen unterwirft, durch welche die erstrebte Wirkung erreicht wird, ohne dass der Beschuldigte verhaftet wird.[424] § 116 Abs. 1 sieht bei Maßnahmen, welche die Fluchtgefahr erheblich vermindern, vor, den Vollzug eines Haftbefehls auszusetzen. Ist es indessen nicht notwendig, dem Beschuldigten Pflichten und Beschränkungen aufzuerlegen, wird vielmehr der Haftgrund schon dadurch ausgeschlossen, dass er solche freiwillig (z.B. freiwillige Abgabe von Ausweispapieren) übernimmt, dann entfallen damit die Haftvoraussetzungen.[425] 118

Das kann zwar auch bei **Verdunkelungsgefahr** (§ 116 Abs. 2) der Fall sein, etwa wenn ein kindlicher Zeuge in ein Heim verbracht und sichergestellt wird, dass der Beschuldigte dort mit ihm nicht in Verbindung treten kann. In der Regel wird es allerdings die **Fluchtgefahr** sein, die durch Übernahme von Pflichten ausgeschlossen wird. So kann z.B. bei Vermögenslosen die Abgabe des Personalausweises und Reisepasses die Fluchtgefahr beseitigen, weil er ohne diese Papiere im Ausland im Regelfall keine Arbeitsgenehmigung erhalten wird. Beim Haftgrund der **Wiederholungsgefahr** von Vermögensdelikten (§ 112a Abs. 1 Nr. 2) sind freiwillige Pflichten und Beschränkungen, die die Untersuchungshaft erübrigen, schwer denkbar. Bei **Sittlichkeitsverbrechen** (§ 112a Abs. 1 Nr. 1) ist ein einschlägiger Fall etwa der, dass sich der Täter freiwillig einer geeigneten Behandlung unterzieht. 119

Der Beschuldigte kann jederzeit verlangen, dass freiwillig übernommene Beschränkungen alsbald aufgehoben werden, bzw. die Übernahme widerrufen. Daher macht die **freiwillige Übernahme** von Pflichten und Beschränkungen die Untersuchungshaft nur entbehrlich, wenn eine große Sicherheit dafür gegeben ist, dass sie auch eingehalten werden, und wenn weder behördliche Überwachung notwendig ist, noch andere Sanktionen als der Erlass eines Haftbefehls geboten sind. Ist dagegen die stärkere Drohung erforderlich, es werde alsbald ein bereits erlassener Haftbefehl vollstreckt werden, ist der Weg des § 116 zu wählen. Er ist allein zulässig bei einer Sicherheitsleistung, weil bei formloser Sicherheitsbestellung die Vorschrift des § 124 Abs. 1 (Verfall) keine Anwendung finden kann. 120

Da das Gericht ein weites Ermessen in der Beurteilung der Frage hat, wie die ordnungsgemäße Durchführung des Verfahrens gewährleistet werden kann, schließt der Erlass eines Haftbefehls die **Erteilung sicheren Geleits** gemäß § 295 nicht aus; eine solche Entscheidung hätte zur Folge, dass der Haftbefehl nicht vollstreckt werden darf.[426] 121

In **Jugendsachen** ist das dem allgemeinen Haftrecht angehörende Subsidiaritätsprinzip in § 72 Abs. 1 Satz 1 JGG ausdrücklich festgelegt. Nach dieser Bestimmung darf Untersuchungshaft nur verhängt werden, wenn ihr Zweck nicht durch eine vorläufige Anordnung über die Erziehung oder durch andere Maßnahmen erreicht werden kann. Als solche kommen in Betracht Weisungen über den Aufenthalt, den Arbeitsplatz, Meldepflichten und ähnliches[427] (s. auch Vor § 112, 103). 122

---

423 OLG Rostock StV **2006** 311 (Suchvermerk oder Strafbefehl); *Schlothauer/Weider/Nobis* Rn. 576 ff.; Rn. 105.

424 OLG Frankfurt JR **1951** 92; h.M. Vgl. auch *Dessecker/Geissler-Frank* 248.

425 KK/*Graf* 52; h.M.; s. auch *Cornel* NKrimpol. **1989** 41; StV **1994** 202; *Dünkel* StV **1994** 610; *Kawamura* BewHi. **1994** 409; *Wolter* ZStW **93** (1981) 478; *Geiter* 338; **a.A.** *Kastendieck* 219.

426 OLG Köln NStZ-RR **2007** 243; AnwK-StPO/*Lammer* 41.

427 Vgl. auch OLG Zweibrücken NStZ-RR **2001** 55; StV **2002** 433; LG Zweibrücken StV **1999** 161; *Eisenberg/Tóth* GA **1993** 297; *Hotter* 73 ff., 109 ff., 303 ff.; *Huber* ZfJ **1995** 439; *Jehle* BewHi. **1994** 385.

V. Sonstiges

1. Haft- und Verhandlungsunfähigkeit

123 **a)** Der Begriff der **Haftunfähigkeit** und die Folgen bei ihrem Vorliegen sind nicht gesetzlich geregelt. Die h.M.[428] wendet § 455 entsprechend an. Nach anderer Auffassung sind Begriff und Folgen der Haftunfähigkeit aus allgemeinen verfassungsrechtlichen Prinzipien, wie der Pflicht des Staates zur Achtung der Menschenwürde (Art. 1 Abs. 1 GG), den Freiheitsrechten (Art. 2, Abs. 1, 2 Satz 1 GG) sowie dem Verhältnismäßigkeitsprinzip (vgl. Vor § 112, 60), abzuleiten.[429] Die Ergebnisse beider Ansichten unterscheiden sich nicht. Nach h.M.[430] **hindert** Haftunfähigkeit **grundsätzlich nur den Vollzug** der Untersuchungshaft, nicht schon den Erlass eines Haftbefehls. Dies gilt jedoch dann nicht, wenn voraussichtlich bereits die Kenntnis des Beschuldigten von dieser Anordnung infolge seiner psychischen Verfassung (z.B. hochgradige Haftpsychose mit Suizidgefahr) zu einer konkreten Lebensgefährdung oder der konkreten Gefahr schwerwiegender Schäden an seiner Gesundheit führen würde.[431] Der Vollzug[432] von Untersuchungshaft ist unzulässig, wenn er mit Wahrscheinlichkeit zu einer konkreten **Lebensgefährdung**[433] oder zu **erheblichen physischen oder psychischen Beeinträchtigungen** bei dem Beschuldigten führen kann oder solche Beeinträchtigungen (Erkrankungen) bereits vorliegen[434] und dem nicht durch die Ausgestaltung des Vollzuges (vgl. Rn. 124) Rechnung getragen werden kann.[435] Dabei kommt es im Hinblick auf das Grundrecht des Art. 2 Abs. 2 Satz 1 GG nicht darauf an, ob die Erkrankung haftbedingt ist oder nicht.[436] Andernfalls würde der Beschuldigte zum bloßen Objekt staatlicher Maßnahmen; das Leben und die Gesundheit des als unschuldig geltenden (Art. 6 Abs. 2 EMRK) Beschuldigten stehen grundsätzlich höher als der Haftzweck.[437] Bei Verdacht auf Haftunfähigkeit sind die notwendigen Feststellungen von Amts wegen im **Freibeweisverfahren** zu treffen.[438] Die Aufklärung der medizinischen Grundlagen für die vom Gericht zu treffende Entscheidung erfordert fundierte Untersuchungen durch hinreichend

---

428 BGH NStZ **1993** 493 = StV **1994** 330; OLG Nürnberg StV **2006** 314 mit abl. Anm. *Gatzweiler*; OLG Hamburg wistra **2002** 275; KG NStZ **1990** 142; StV **1992** 584; KK/*Graf* 54; Meyer-Goßner/*Schmitt* 3; AnwK-StPO/*Lammer* 35; s. auch *Münchhalffen/Gatzweiler* Rn. 148.

429 LR/*Hilger*[26] 68 unter Hinweis auf BVerfG NJW **1979** 2349, KG StV **1992** 585 und *Gatzweiler* StV **1996** 284; in diese Richtung jetzt auch BGH NStZ-RR **2012** 114 (betreffend Beugehaft gegen Zeugen).

430 Vgl. OLG Düsseldorf JZ **1984** 248; OLG Frankfurt NJW **1968** 2302; Meyer-Goßner/*Schmitt* 3; *Eb. Schmidt* Nachtr. I 32; KK/*Graf* 54; AK/*Deckers* 37; *Schlothauer/Weider/Nobis* Rn. 483; *Gatzweiler* StV **1996** 284; **a.A.** *Neuhaus* NStZ **2002** 560 und FS AG Strafrecht DAV 1010.

431 OLG Nürnberg OLGSt N.F § 116, 1; KK/*Graf* 54; s. auch *Münchhalffen/Gatzweiler* Rn. 359 ff.; *Fiegenbaum/Raabe* StraFo **1997** 97; **a.A.** wohl noch LR/*Wendisch*[24] 68.

432 Weitergehend BerlVerfGH NJW **1994** 436, 439 (Aufhebung des Haftbefehls).

433 BGH NStZ **1993** 493; BerlVerfGH NJW **1994** 436; OLG Düsseldorf JZ **1984** 248; NStZ **1993** 554; KG NStZ **1990** 142; StV **1992** 584; AK/*Deckers* 37; HK/*Posthoff* 3.

434 BGH NStZ **1993** 493; BerlVerfGH NJW **1994** 436; OLG Nürnberg StV **2006** 314; KG StV **1992** 584; enger wohl KG NStZ **1990** 142; OLG Düsseldorf NStZ **1993** 554 (schwerer Dauerschaden zu besorgen).

435 Vgl. BGH NStZ **1993** 493; KG NStZ **1990** 142; *Gatzweiler* StV **1996** 284 (mit Beispielen). Z.B. besondere ärztliche oder psychologische Betreuung und Gesundheitsfürsorge sowie besondere Sicherungsmaßnahmen; vgl. z.B. §§ 20 ff. UVollzG Bln und entsprechende Untersuchungshaftvollzugsgesetze der Länder; zum früheren Rechtszustand s. Nr. 57 Satz 1, Nrn. 62 bis 66 UVollzO.

436 BGH NStZ **1993** 493; KK/*Graf* 54.

437 *Ebermeyer* 1455; s. auch *v. Münch* JZ **2004** 184.

438 Vgl. dazu BerlVerfGH NJW **1994** 436; BGH StV **1992** 553.

qualifizierte Ärzte. Der Beschuldigte darf, falls er sich weigert, auf richterliche Anordnung zwangsweise untersucht werden.[439]

Bei **krankheitsbedingter Vollzugsunfähigkeit** ist – wenn nicht eine vorrangig zu erwägende Aussetzung des Vollzugs gegen geeignete Auflagen (§ 116)[440] in Betracht kommt oder infolge der Krankheit bereits der Haftgrund (z.B. Fluchtgefahr) entfallen ist – eine Einweisung oder Verlegung in ein **Vollzugskrankenhaus** zulässig; auch ist eine Einweisung in ein anderes Krankenhaus zur Behandlung unter Bewachung zulässig.[441] Ist durch Einweisung in ein Krankenhaus eine geeignete Behandlung der Erkrankung nicht möglich, so ist der Erlass eines Haftbefehls unzulässig, ein bereits bestehender Haftbefehl aufzuheben. Denn der Haftbefehl könnte, da ja auch die vorrangige Haftverschonung ausscheidet, seinen Zweck (vgl. Vor § 112, 19ff.) nicht erreichen. 124

Die dargestellten Grundsätze gelten auch **bei schwersten Straftaten.**[442] Allerdings sind die Voraussetzungen für die Annahme einer Haftunfähigkeit umso strenger zu beurteilen, je schwerer der Tatvorwurf sowie der Grad des dringenden Tatverdachts und des Haftgrundes sind.[443] Die Frage der Haftfähigkeit ist nicht allgemein und abstrakt zu beantworten, sondern es bedarf – außerhalb von Fällen einer konkreten Lebensgefahr – einer **Abwägung zwischen den Belangen des Beschuldigten und den staatlichen Interessen** an einer funktionierenden Strafrechtspflege. In diese Abwägung ist auch einzubeziehen, ob der Beschuldigte eine von ihm geltend gemachte Verschlechterung seines Gesundheitszustandes (oder das Ausbleiben einer Besserung desselben) dadurch mitverursacht hat, dass er aufgrund freier Entscheidung ihm angebotene Therapiemöglichkeiten nicht oder nur unzureichend nutzt.[444] 125

Schwangerschaft[445] ist keine Erkrankung und begründet grundsätzlich keine Vollzugsunfähigkeit, es sei denn, es liegen besondere Komplikationen mit Krankheitswert vor oder sind zu erwarten. Dann gelten die vorstehenden Ausführungen entsprechend. Gleiches gilt im Hinblick auf die besondere psychische Situation Schwangerer, insbesondere gegen Ende der Schwangerschaft.[446] 126

b) Verhandlungsunfähigkeit (zum Begriff vgl. die Erl. zu § 205) und Haftunfähigkeit bedeuten nicht dasselbe. Sie müssen auch nicht gleichzeitig vorliegen. Es ist denkbar, dass ein Beschuldigter den besonderen Belastungen des Haftvollzuges physisch und psychisch gewachsen ist, nicht aber den Anforderungen einer Hauptverhandlung und umgekehrt. Dennoch ist die Wechselbeziehung – insbesondere zwischen Hauptverhandlungsunfähigkeit und Haft – zu beachten. Ist der Beschuldigte, z.B. wegen schwerwie- 127

439 Vgl. OLG Düsseldorf StV **1989** 193 mit krit. Anm. *Paeffgen* NStZ **1989** 423; KK/*Graf* 54. Krit. auch *Müller-Dietz* (Kolloquium) 243. S. auch *Gatzweiler* StV **1996** 287.

440 Vgl. BGH StV **1994** 331; z.B. Aufenthaltsbeschränkung; Anweisung, sich in stationäre Krankenhausbehandlung zu begeben.

441 Vgl. z.B. § 23 UVollzG Bln und entsprechende Untersuchungshaftvollzugsgesetze der Länder; zum früheren Rechtszustand s. Nr. 57 Satz 1 UVollzO. S. auch *Gatzweiler* StV **1996** 284; EGMR *Kudla v. Polen*, 30210/96, Urt. v. 26.10.2000 = NJW **2001** 2694; OLG Nürnberg StV **2006** 314 mit abl. Anm. *Gatzweiler*.

442 H.M.; **a.A.** KMR/*Wankel* 19; LR/*Wendisch*[24] 67 (bei schwersten Straftaten kann Untersuchungshaft trotz Lebensgefährdung vollstreckt werden); unklar insoweit BGH NStZ **1993** 495.

443 KG NStZ **1990** 142; s. auch OLG Schleswig bei *Lorenzen/Görl* SchlHA **1990** 114; OLG Düsseldorf NStZ **1993** 554.

444 OLG Schleswig bei *Lorenzen/Görl* SchlHA **1990** 114; s. zu diesem in der Praxis recht bedeutsamen Aspekt auch KG Beschl. v. 5.10.2009 – 4 Ws 73/09 – und v. 13.1.2010 – 4 Ws 84/09 – (beide nicht veröffentlicht).

445 Vgl. auch BerlVerfGH NJW **2001** 3181 (stillende Mutter).

446 Ähnlich KK/*Graf* 54.

gender physischer oder psychischer Erkrankung (oder konkreter Gefährdung insoweit)[447] voraussichtlich längerfristig oder endgültig verhandlungsunfähig, so liegt ein vorläufiges oder endgültiges **Verfahrenshindernis** (§§ 205, 206a Abs. 1, 260 Abs. 3) vor[448] und der Vollzug des Haftbefehls ist in der Regel zumindest auszusetzen, im Falle endgültiger Verhandlungsunfähigkeit ist der Haftbefehl aufzuheben[449] (§ 120 Abs. 1; vgl. auch Rn. 70, 130). Bei schwerwiegender psychischer Erkrankung ist allerdings stets auch zu prüfen, ob eine einstweilige Unterbringung (§ 126a) in Betracht kommt.

128 Umstritten ist, ob schon bei absehbarer endgültiger Verhandlungsunfähigkeit ein (absoluter) **Haftaufhebungsgrund der begrenzten Lebenserwartung** wegen schwerer Erkrankung anzunehmen ist.[450] Ausgangspunkt der Überlegungen sind Art. 1 Abs. 1 und Art. 20 Abs. 3 GG (Rechtsstaatsprinzip).[451] Auch hier ist vorrangig Haftverschonung in Erwägung zu ziehen; eine Aufhebung des Haftbefehls kommt allenfalls dann in Betracht, wenn auf einer hinreichend verlässlichen Erkenntnisgrundlage[452] mit hoher Wahrscheinlichkeit anzunehmen ist, dass der Beschuldigte wegen einer (auch: nicht haftbedingten) schwerwiegenden unheilbaren Erkrankung das Ende der Hauptverhandlung nicht mehr erleben oder zumindest während des weiteren Verlaufs der Hauptverhandlung endgültig verhandlungsunfähig werden wird,[453] aber **nicht allein wegen hohen Alters**.[454] Andere vertreten demgegenüber die Ansicht – etwa unter Hinweis auf die Schwierigkeiten einer Wahrscheinlichkeitsprognose sowie darauf, dass der Beschuldigte noch verteidigungsfähiges Verfahrenssubjekt sei und ein Interesse an der Fortsetzung des Verfahrens haben könne, und schließlich auf die hohe Bedeutung des staatlichen Strafverfolgungsanspruches sowie die Rechtsfrieden schaffende Wirkung des Urteils –, dass eine Einstellung nur im Falle einer Unverhältnismäßigkeit der Fortsetzung des Verfahrens erfolgen dürfe. Es müsse feststehen, dass die Verhandlungsunfähigkeit noch vor Ende der Hauptverhandlung eintritt; die Verhandlung sei bis zum Eintritt der Verhandlungsunfähigkeit fortzusetzen.[455] Gegen diese Ansichten wird mit einiger Berechtigung eingewandt, dass damit die Gefahr heraufbeschworen ist, den Beschuldigten zu einem „Versuchsobjekt" des Verfahrens zu machen; die Fortführung der Verhandlung könnte auf den Versuch hinaus-

---

447 BVerfG NJW **1979** 2349.

448 Vgl. LR/*Stuckenberg* § 205, 17 ff., 20 ff. m.w.N.

449 BGHSt **41** 16 (ggf. Aufhebung durch das Revisionsgericht auch schon vor der Verhandlung); KG StV **1997** 644; OLG Düsseldorf NStZ **1993** 554; *Gatzweiler* StV **1996** 286.

450 Vgl. dazu BerlVerfGH NJW **1993** 515 mit Anm. (der Red. der) NJ **1993** 130; SSW/*Herrmann* 118; AnwK-StPO/*Lammer* 36; *Bartlsperger* DVBl. **1993** 333; *Berkemann* NVwZ **1993** 410; *Koppernock*/*Staechelin* StV **1993** 433; *Meurer* JR **1993** 89; *Paeffgen* NJ **1993** 152; NStZ **1993** 531; *Pestalozza* NVwZ **1993** 340; *Schoreit* NJW **1993** 881; *Starck* JZ **1993** 231; *Wilke* NJW **1993** 887; s. auch *Endter* EuGRZ **1995** 227; LG Berlin NJW **1993** 1608; Vor § 112, 75.

451 Eingehend dazu z.B. *Paeffgen* NJ **1993** 152; NStZ **1993** 531; *Berkemann* NVwZ **1993** 417.

452 Daran mangelte es in dem der Entscheidung des BerlVerfGH NJW **1993** 515 zugrunde liegenden Verfahren (Fall *Honecker*), in dem die Entscheidung auf nur vermeintlich sicherer Tatsachengrundlage wohl übereilt getroffen wurde.

453 Enger BerlVerfGH NJW **1993** 515: mit an Sicherheit grenzender Wahrscheinlichkeit.

454 BerlVerfGH NJW **1994** 436 (Fall *Mielke*); **a.A.** (ohne Begründung) LR/*Hilger*[26] 72; s. auch *v. Münch* JZ **2004** 184.

455 In diese Richtung wohl: *Bartlsperger* DVBl. **1993** 344 (Verhältnismäßigkeitsabwägung im Hinblick auf den Widerstreit zwischen grundrechtlichem Schutzanspruch und staatlichem Strafverfolgungsinteresse erforderlich, solange Verhandlungsunfähigkeit noch nicht eingetreten sei); *Berkemann* NVwZ **1993** 417; *Meurer* JR **1993** 93 (grundsätzlich Verhandlung bis zum Eintritt der Verhandlungsunfähigkeit oder bis feststeht, dass das Verfahren nicht mehr abgeschlossen werden kann, ohne dass der Tod des Beschuldigten eintreten wird); *Schoreit* NJW **1993** 883; *Starck* JZ **1993** 231; ähnlich (krit.) Meyer-Goßner/*Schmitt* 11a und KK/*Graf* 55 (stets Abwägung im Einzelfall vor dem Hintergrund der Schwere der zur Last gelegten Tat); KMR/*Wankel* 19; *Beulke* 289; *Ranft* 1108 ff.

laufen, das Verfahren noch vor dem (hoch wahrscheinlichen) Eintritt der Verhandlungsunfähigkeit zu einem brauchbaren Ergebnis zu führen, was unter verfassungsrechtlichen Gesichtspunkten problematisch erscheine.[456] Weiter wird darauf hingewiesen, das Strafverfahren könne angesichts dessen, dass es (mit hoher Wahrscheinlichkeit) keinen Adressaten für eine individuelle Schuldzuweisung mehr geben wird, nicht mehr das Instrument einer zwecklos gewordenen Sachverhaltsaufklärung sein.[457]

Unverkennbar liegt die **Schwierigkeit** der hier vertretenen Auffassung in der **Voraussage eines Schadenseintritts** innerhalb eines oftmals nicht genau feststehenden – deshalb ebenfalls zu prognostizierenden und insbesondere nicht allein vom Gericht zu beeinflussenden – Zeitrahmens. Die Schwierigkeit einer Rechtsanwendung führt indessen nicht dazu, diese von vornherein zu verwerfen. Schwierige gerichtliche Prognosen kennt die Rechtsordnung in vielfacher Weise. Ist die zu treffende Prognose der absehbaren endgültigen Verhandlungsunfähigkeit des Angeklagten auf verlässlicher Basis gerechtfertigt, hat die Untersuchungshaft ihrem Zweck nach ihre Legitimation verloren. Soweit es um das zu fällende Wahrscheinlichkeitsurteil geht, bleibt hervorzuheben, dass nicht schon die bloße „Befürchtung" des entsprechenden Schadenseintritts ausreichend ist.[458] 129

Zur Frage, ob bei einer **vom Beschuldigten verursachten** (verschuldeten) **Verhandlungsunfähigkeit** der Erlass eines Haftbefehls zulässig ist, u.a. mit dem Ziel, auf diese Weise die Verhandlungsfähigkeit wieder herzustellen und ob der Beschuldigte verpflichtet ist, an der (Wieder-)Herstellung der Verhandlungsfähigkeit mitzuwirken oder sie zu dulden, vgl. Rn. 70. 130

2. Ermächtigung; Ermessensentscheidung. Ist unter Berücksichtigung aller dieser Umstände die Untersuchungshaft zulässig, so könnte man annehmen, es bestehe eine Verpflichtung, sie zu verhängen.[459] Denn wenn das Mittel der Untersuchungshaft einem bestimmten Verfahrenszweck dient, so scheint das Gericht, weil es diesen Zweck nicht nach Belieben preisgeben kann, dieses Mittel, wenn es zulässig ist, auch anwenden zu müssen. Das Gesetz verordnet aber ausdrücklich, dass die Untersuchungshaft, wenn bestimmte Voraussetzungen vorliegen, verhängt werden darf, nicht dass sie dann zu verhängen ist. Darin liegt die Erkenntnis, dass sich die Haftvoraussetzungen niemals mathematisch berechnen lassen. Die erforderlichen Erwägungen greifen oft ineinander und betreffen verschiedene Haftvoraussetzungen. Wenn sich das Haftgericht auch über jede einzelne von ihnen Rechenschaft zu geben hat, so muss es zuletzt doch **aufgrund einer Gesamtwürdigung nach pflichtgemäßem Ermessen**[460] entscheiden, ob der Zweck des Verfahrens das Mittel der Untersuchungshaft erfordert. Bejaht es dies, muss es allerdings die Haft anordnen und kann nicht in einer Art Gnadenentscheidung willkürlich in dem einen Fall von der Verhaftung absehen, sie in einem anderen Fall aber verhängen. Das Wort „darf" bringt dem Gericht kein freies Ermessen, sondern letztlich nur eine Begründungserleichterung.[461] 131

---

456 LR/*Hilger*[26] 72; vgl. auch *Berkemann* NVwZ **1993** 410; *Koppernock/Staechelin* StV **1993** 433; *Paeffgen* NJ **1993** 152; NStZ **1993** 531; *Pestalozza* NVwZ **1993** 340.
457 AnwK-StPO/*Lammer* 36.
458 So aber LR/*Hilger*[26] 72.
459 So *Siegert* JW **1925** 929; ähnlich SK/*Paeffgen* 48.
460 BVerfGE **19** 349; OLG Hamm NJW **1954** 404.
461 Ähnlich KK/*Graf* 57; vgl. auch *Geppert* GA **1979** 300; krit. dagegen AK/*Deckers* 10; **a.A.** (enger) SK/*Paeffgen* 48.

§ 112a
Haftgrund der Wiederholungsgefahr

(1) [1]Ein Haftgrund besteht auch, wenn der Beschuldigte dringend verdächtig ist,
1. eine Straftat nach den §§ 174, 174a, 176 bis 178 oder nach § 238 Abs. 2 und 3 des Strafgesetzbuches oder
2. wiederholt oder fortgesetzt eine die Rechtsordnung schwerwiegend beeinträchtigende Straftat nach den §§ 89a, 89c Absatz 1 bis 4, nach § 125a, nach den §§ 224 bis 227, nach den §§ 243, 244, 249 bis 255, 260, nach § 263, nach den §§ 306 bis 306c oder § 316a des Strafgesetzbuches oder nach § 29 Absatz 1 Satz 1 Nummer 1, 10 oder Abs. 3, § 29a Abs. 1, § 30 Abs. 1, § 30a Abs. 1 des Betäubungsmittelgesetzes oder nach § 4 Absatz 3 Nummer 1 Buchstabe a des Neue-psychoaktive-Stoffe-Gesetzes

begangen zu haben, und bestimmte Tatsachen die Gefahr begründen, daß er vor rechtskräftiger Aburteilung weitere erhebliche Straftaten gleicher Art begehen oder die Straftat fortsetzen werde, die Haft zur Abwendung der drohenden Gefahr erforderlich und in den Fällen der Nummer 2 eine Freiheitsstrafe von mehr als einem Jahr zu erwarten ist. [2]In die Beurteilung des dringenden Verdachts einer Tatbegehung im Sinne des Satzes 1 Nummer 2 sind auch solche Taten einzubeziehen, die Gegenstand anderer, auch rechtskräftig abgeschlossener Verfahren sind oder waren.

(2) Absatz 1 findet keine Anwendung, wenn die Voraussetzungen für den Erlass eines Haftbefehls nach § 112 vorliegen und die Voraussetzungen für die Aussetzung des Vollzugs des Haftbefehls nach § 116 Abs. 1, 2 nicht gegeben sind.

Schrifttum

Baumann Neue Haftgründe, JZ **1962** 649, 689; *Baumann* Wird die Untersuchungshaft umfunktioniert? JZ **1969** 134; *Becker* Neues Haftrecht in der Bundesrepublik, MDR **1973** 22; *Dessecker/Feltes* Evaluation des Gesetzes zur Verfolgung der Vorbereitung schwerer staatsgefährdender Straftaten (2012); *Diemer-Nicolaus* Das geänderte Haftrecht, NJW **1972** 1693; *Dietrich* Wiederholungsgefahr bei Sittlichkeitsverbrechen. Der Haftgrund des § 112 Abs. 3 StPO in historischer, rechtsdogmatischer und kriminologischer Sicht (1970); *Egg* Zur Rückfälligkeit von Sexualstraftätern, Kriminalistik **1999** 267; *Ender* Zur Frage der Reformbedürftigkeit des § 112 StPO, Kriminalistik **1967** 344; *Ender* Zur erneuten Reform des Haftrechts – insbesondere zur Vorbeugungshaft, NJW **1969** 867; *Gazeas* „Stalking" als Straftatbestand, KJ **2006** 247; *Gnam* Die Wiederholungsgefahr als Grund für die Anordnung von Untersuchungshaft, Entwicklung und rechtsdogmatische Grundlagen, Diss. Nürnberg 1972; *Herzler* Der Haftgrund der Wiederholungsgefahr (§ 112a StPO), NJ **2001** 409; *Hohmann/Matt* Tatfrequenz und Wiederholungsgefahr i.S. des § 112a I Nr. 2 StPO, NStZ **1989** 211; *Humberg* Der Haftgrund der Wiederholungsgefahr gem. § 112a StPO, Jura **2005** 376; *Jescheck/Krümpelmann* Die Untersuchungshaft im deutschen, ausländischen und internationalen Recht (1971); *Kinzig/Zander* Der neue Tatbestand der Nachstellung (§ 238 StGB), JA **2007** 481; *Klug* Rechtsstaatswidrige Vorbeugehaft, ZRP **1969** 1; *Knauer/Reinbacher* Zur Erweiterung der Untersuchungshaftgründe gemäß § 112a Abs. 1 Nr. 1 StPO durch das Gesetz zur Strafbarkeit beharrlicher Nachstellungen, StV **2008** 377; *Krüger* Zur Deeskalationshaft in Fällen von Stalking, NJ **2008** 150; *Krümpelmann* Probleme der Untersuchungshaft im deutschen und ausländischen Recht, ZStW **82** (1970) 1052; *Mitsch* Der neue Stalking-Tatbestand im Strafgesetzbuch, NJW **2007** 1237; *Mitsch* Strafrechtsdogmatische Probleme des neuen „Stalking"-Tatbestands, Jura **2007** 401; *Mosbacher* Nachstellung – § 238 StGB, NStZ **2007** 665; *Müller/Pieroth* Verfassungsmäßigkeit des Haftgrundes der Wiederholungsgefahr, in: Hoffmann-Riem, Sozialwissenschaften im Öffentlichen Recht (1981) 228; *v. Nerée* Zur Zulässigkeit der Sicherungshaft gemäß § 112a StPO, insbesondere bei Anwendung von Jugendstrafrecht, StV **1993** 212; *Neubacher* An den Grenzen des Strafrechts – Stalking, Graffiti, Weisungsverstöße, ZStW **118** (2006) 855; *Neubacher/Seher* Das Gesetz zur Strafbarkeit beharrlicher Nachstellungen

https://doi.org/10.1515/9783110274929-003

(§ 238 StGB), JZ **2007** 1029; *Patzak* Das Neue-psychoaktive-Stoffe-Gesetz (NpSG), NStZ **2017** 263; *Peters* Der Tatbestand des § 238 StGB (Nachstellung) in der staatsanwaltlichen Praxis, NStZ **2009** 238; *Rentzel-Rothe* Der Haftgrund der Wiederholungsgefahr gemäß § 112a Abs. 1 Nr. 2 StPO im Jugendstrafverfahren, StV **2013** 786; *Rieß* Über Verbrechensprävention im Strafrecht und im Strafverfahren, FS Otto (2007) 955; *Seebode* Das „Recht des Untersuchungshaftvollzugs" im Sinne des Art. 74 GG, HRRS **2008** 236; *Schlüchter* Das neue Haftrecht: Bedeutung und Auslegung für die Praxis, MDR **1973** 96; *Schmitt* Strafprozessuale Präventivmaßnahmen, JZ **1965** 193; *Sommerfeld/Voß* Stalking als Straftatbestand – zu unbestimmt und überflüssig? SchlHA **2005** 326.

Entstehungsgeschichte

Durch Art. 1 Nr. 1 StPÄG 1964 wurde in § 112 als Absatz 3 eine Bestimmung eingefügt, die etwa dem jetzigen § 112a Abs. 1 entsprach. Der Katalog wurde der jeweiligen Fassung des Strafgesetzbuchs angepasst durch Art. 9 Nr. 5 des 1. StRG und durch Art. 3 Nr. 3 des 4. StRG. Durch Art. 1 Nr. 1 Buchst. d des StPÄG 1972 wurde dieser Absatz gestrichen und durch Art. 1 Nr. 2 dieses Gesetzes § 112a eingefügt, dessen Absatz 1 Nr. 1 die gestrichene Vorschrift mit geringer Änderung übernahm. Durch Art. 2 Nr. 2 des Gesetzes zur Neuordnung des Betäubungsmittelrechts vom 28.7.1981 (BGBl. I S. 681) wurde als Folge der Novellierung der Strafrechtsnormen im BtMG § 11 Abs. 1 Nr. 1, 2, 3, 6 Buchst. a, Nr. 8 und Abs. 4 durch den neuen § 29 Abs. 1 Nr. 1, 4, 10, Abs. 3 und § 30 Abs. 1 ersetzt. § 125a StGB wurde durch Artikel 2 des StGBÄndG 1989 in Absatz 1 Satz 1 Nr. 2 eingefügt. Durch Art. 3 Nr. 10 des OrgKG wurde die Vorschrift außerdem Änderungen im BtMG angepasst. Durch Art. 4 Nr. 4 des VerbrbekG wurde Absatz 1 Satz 2 (Regelvoraussetzung einer Vorverurteilung für die Annahme der Wiederholungsgefahr) aufgehoben. Durch Art. 2 Abs. 1 Nr. 1 des 33. StRÄndG wurde in Absatz 1 Nr. 1 die Angabe „176 bis 179" durch die Angabe „176, 177 oder § 179" ersetzt. Durch Art. 3 Nr. 3 a) des 6. StRG wurde in Absatz 1 Nr. 1 diese Angabe durch „176 bis 179" und durch Nr. 3b) in Absatz 1 Nr. 2 die Angabe „§§ 223a bis 226" durch „§§ 224 bis 227" und die Angabe „§§ 306 bis 308" durch „§§ 306 bis 306c" ersetzt. Durch das 33. StRÄndG war nämlich der damalige § 178 StGB als Katalogtat entfallen. Durch Art. 2 Nr. 1 des 40. StRÄndG wurde in Absatz 1 Nr. 1 „§ 238 Abs. 2 und 3" eingefügt. Die weiteren Änderungen waren eine Folge der Neuordnung der Strafvorschriften des StGB.[1] Durch Art. 1 Nr. 10 des 2. Opferrechtsreformgesetzes vom 29.7.2009 (BGBl. I S. 2280) wurde Absatz 1 Satz 2 mit Wirkung zum 1.10.2009 eingefügt. Durch Art. 3 Nr. 5 des GVVG vom 30.7.2009 (BGBl. I S. 2437) fand der neue § 89a StGB mit Wirkung zum 4.8.2009 Aufnahme in den Katalog der Anlasstaten nach Absatz 1 Nummer 2. Das GVVG-ÄndG vom 12.6.2015[2] erbrachte mit Wirkung zum 20.6.2015 die Aufnahme der in § 89c Abs. 1 bis 4 StGB neu normierten Straftaten der Terrorismusfinanzierung in diesen Katalog. Durch Art. 2 Abs. 5 Nr. 5 des 50. Gesetzes zur Änderung des StGB vom 4.11.2016[3] wurde in Abs. 1 Satz 1 Nr. 1 der mit Wirkung vom 10.11.2016 weggefallene § 179 StGB aus dem Kreis der Katalogtaten gestrichen. Art. 2 Nr. 2 des Gesetzes zur Bekämpfung der Verbreitung neuer psychoaktiver Stoffe vom 21.11.2016[4] erbrachte die Erweiterung des Katalogs in Absatz 1 Satz 1 Nr. 2 um den Tatbestand des § 4 Abs. 3 Nr. 1 Buchst. a NpSG. Durch Art. 1 Nr. 9 des Gesetzes zur Einführung der elektronischen Akte in der Justiz und zur weiteren Förderung des elektronischen Rechtsverkehrs vom 5.7.2017[5] wurde die Num-

---

1 Einen Vorschlag zur Ergänzung des Satzes 1 um §§ 129a, 129b StGB enthielt der Gesetzesantrag BRDrucks. 1014/01.
2 BGBl. I S. 926.
3 BGBl. I S. 2460.
4 BGBl. I S. 2615.
5 BGBl. I S. 2208.

mer 4 des bisherigen § 29 Abs. 1 BtMG aus dem Kreis der Katalogtaten herausgenommen und die Vorschrift an die Änderung des BtMG angepasst (sowie redaktionell – allerdings nur hier – durch Ausschreiben der Worte „Absatz“, „Satz“ und „Nummer“ neu gefasst).

Übersicht

Alphabetische Übersicht

I. Vorbemerkungen

1. Vorgeschichte. Vor der Änderung durch Art. 1 Nr. 1 StPÄG 1964 regelte § 112 Abs. 1 Nr. 1 die Voraussetzungen der Untersuchungshaft bei sog. Fluchtverdacht. In § 112 Abs. 2 Satz 1 war bestimmt, dass die Tatsachen, die den Fluchtverdacht begründen, aktenkundig zu machen seien. Satz 2 bestimmte u.a.: „Der Verdacht der Flucht bedarf keiner Begründung, wenn ein Verbrechen den Gegenstand der Untersuchung bildet." Obwohl damit eindeutig nur Freiheit von der Begründung eingeräumt, nicht aber Freiheit von der Prüfung des Fluchtverdachts gewährt war[6] entnahm die Rechtsprechung der Fassung eine auf der allgemeinen Erfahrung des Lebens beruhende widerlegbare Vermutung.[7] Die Praxis sprach dann nicht selten davon, dass der gesetzlich begründete Fluchtverdacht nicht ausgeräumt worden sei. 1

Verbrechen waren vor der Änderung durch Art. 1 Nr. 66 und 77 des 1. StrRG u.a. auch Rückfalldiebstahl sowie Rückfallbetrug, und der „apokryphe Haftgrund"[8] des vermuteten Fluchtverdachts fand weitgehend auch auf Rückfallbetrüger und noch mehr auf Rückfalldiebe Anwendung, so dass die Mehrzahl der Dauerrückfälligen, auch wenn der Schaden nicht allzu hoch war, nach der Tat in Untersuchungshaft kam. Damit bestand contra legem für Vermögensdelikte ein Haftgrund der Wiederholungsgefahr, mit dem sich die Praxis „half",[9] indem sie Fluchtverdacht „unterstellte".[10] 2

Nachdem der Bundestag durch die neue Fassung der §§ 112, 114 diesen apokryphen Haftgrund beseitigt hatte (Art. 1 Nr. 1 StPÄG 1964), empfand er „eine nicht zu leugnende **Lücke**" in Bezug auf besonders schwere Verbrechen und die Wiederholungsgefahr.[11] Für den letzten Fall wurde die Lücke durch § 112 Abs. 3 **geschlossen** (s. Entstehungsgeschichte), aber „zur Verhinderung des Rückfalls nur in Fällen schwerer Sittlichkeitsverbrechen...".[12] 3

Auf diese Beschränkung bezog sich eine gelegentliche Bemerkung des BVerfG,[13] der Haftgrund des § 112 Abs. 3 könne damit gerechtfertigt werden, dass es um die Bewahrung eines **besonders schutzbedürftigen** Kreises der Bevölkerung „vor mit hoher Wahrscheinlichkeit drohenden schweren Straftaten" gehe. Auf **schwere Straftaten** blieb daher § 112a bezogen,[14] obwohl die Klagen, die zur Einführung der Nummer 2 der Vorschrift geführt haben, gewiss nicht Schwerkriminalität im Auge hatten.[15] 4

2. Obwohl der Inhalt leicht ersichtlich wird, stellt sich der **Wortlaut** dem grammatikalischen Verständnis zunächst deshalb entgegen, weil das „wenn" des ersten Nebensatzes auf drei weitere Nebensätze bezogen ist, deren einem noch ein mit „daß" eingeleiteter Nebensatz beigegeben und deren erster in zwei Nummern aufgegliedert ist. Will man das „wenn" ausgegliedert lassen (und nicht in Gedanken wiederholen), ist der erste Satz wie folgt zu lesen: 5

Ein Haftgrund besteht auch, wenn

1. der Beschuldigte dringend verdächtig ist,
   a) eine Straftat nach ... oder

---

6 *Roesen* NJW **1953** 1733; *Eb. Schmidt* § 112, 24.
7 OLG Celle NJW **1950** 240; ebenso das BMJ in seiner Stellungnahme zu BVerfGE **19** 343, vgl. dort S. 346.
8 BTProt. **IV** 6441 D.
9 *Schmitt* JZ **1965** 194.
10 *Dörffler* bei Gürtner, S. 268.
11 BTProt. **IV** 6441 D, 6442 A.
12 BTProt. **IV** 6437 C.
13 BVerfGE **19** 358 (zu – damals – § 112 Abs. 4); s. auch *Gehrlein* FS Boujong 756.
14 BTDrucks. **VI** 3248 Vorblatt und S. 3.
15 Vgl. *Gnam* 143 bis 147.

b) wiederholt … eine die Rechtsordnung schwerwiegend bedrohende Straftat nach … begangen zu haben;
2. bestimmte Tatsachen die Gefahr begründen, dass er … weitere erhebliche Straftaten gleicher Art begehen … werde;
3. die Haft zur Abwendung der drohenden Gefahr erforderlich ist;
4. in den Fällen der Nummer 2 eine Freiheitsstrafe von mehr als einem Jahr zu erwarten ist.

6 **3. Inhalt.** Die Vorschrift enthält einen Haftgrund für eine „Haft" (Rn. 9), die unter gewissen einengenden Voraussetzungen zulässig ist, wenn der Beschuldigte gewisse Straftaten („Anlasstaten"; Rn. 16 ff.) begangen hat und wenn die Gefahr begründet ist, er werde weitere Straftaten gleicher Art (Rn. 43) begehen oder fortsetzen. Es ist also eine Haft gegen Wiederholungstäter mit dem Zweck, die drohende Gefahr der Wiederholung (Rn. 54) abzuwenden. Wegen der Bedeutung und des Charakters s. Rn. 9 ff.

7 Die **Straftaten** umfassen inzwischen **neun Gruppen**:
1. schwere Straftaten gegen die sexuelle Selbstbestimmung (Rn. 20);
2. schwerwiegende beharrliche Nachstellungen (Rn. 21);
3. nahezu alle Fälle der Körperverletzung (Rn. 22);
4. bedeutsame Eigentums- und Vermögensdelikte (Rn. 23);
5. die vorsätzliche Brandstiftung und den räuberischen Angriff auf Kraftfahrer (Rn. 24);
6. gewisse Verbrechen und Vergehen gegen das Betäubungsmittelgesetz und das Neue-psychoaktive-Stoffe-Gesetz (Rn. 25);
7. den besonders schweren Fall des Landfriedensbruchs (Rn. 26);
8. die Vorbereitung einer schweren staatsgefährdenden Gewalttat (Rn. 27) und
9. die Terrorismusfinanzierung (Rn. 28).

8 In der ersten Gruppe wird außer der Wiederholungsgefahr (Rn. 54 ff.) und der Erforderlichkeit, diese durch die Haft abzuwenden (Rn. 68), nichts weiter als Voraussetzung der Haft gefordert. In allen anderen Fällen ist die Haft nur zulässig, wenn der Täter schon wiederholt (Rn. 31) eine die Rechtsordnung schwerwiegend beeinträchtigende Straftat (Rn. 43) des Katalogs in Rn. 7 – dort Nr. 2 bis 8 – begangen und wegen einer neuen Tat Freiheitsstrafe von mehr als einem Jahr (Rn. 67) zu erwarten hat. Die Regelung steht unter den Grundsätzen der **Verhältnismäßigkeit** und der **Subsidiarität** (Rn. 69), und diese schließt die Haft aus, wenn der Beschuldigte nach § 112 in Haft gehalten werden kann (Rn. 70).

9 **4. Bedeutung.** Durch die Eingangsworte „ein Haftgrund besteht auch" ist die Vorschrift mit § 112 verbunden, der in Absatz 2 (Flucht; Fluchtgefahr; Verdunkelungsgefahr) – anders in Absatz 3 – von einem Haftgrund spricht. Der Gesetzgeber behandelt die Haft des § 112a also wie Untersuchungshaft, doch gilt dafür das Wort des damaligen Bundesjustizministers Dr. *Bucher*: „Das ist zwar systematisch nicht in Ordnung, da es sich hier eigentlich nicht um eine Frage der Untersuchungshaft, sondern um eine Frage der **Sicherungshaft** handelt; wir haben aber davon abgesehen, hier perfektionistisch zu sein, es als Sicherungshaft zu bezeichnen und durch das ganze Gesetz hindurch entsprechende redaktionelle Änderungen vorzunehmen." Aus diesem Grund ist die Vorschrift zwar als § 112a und nicht, wie früher erwogen,[16] als § 126b eingestellt, aber klar von § 112 getrennt worden, weil die Regelung der „Sicherungshaft" in § 112 die Unterschiede zwi-

16 BTDrucks. V 3633.

schen Untersuchungshaft und „Sicherungshaft" verschleiern würde.[17] Diese Absicht könnte man auch aus der Wortfassung folgern. Denn im Gegensatz zu § 112 spricht die Vorschrift nicht von Untersuchungshaft, sondern von Haft (Rn. 5: Nr. 3). Ebenso ist in § 122a, anders als in § 121 Abs. 1, nicht von Untersuchungshaft die Rede, sondern von Haft. Doch sollte man dieses verbale Argument nicht überbewerten, weil auch in § 115 Abs. 4 und in § 115a Abs. 2 Satz 4 lediglich von Haft gesprochen wird, obwohl § 115 Abs. 1, von dem § 115a lediglich ein Sonderfall ist, auf den Haftbefehl Bezug nimmt, durch den nach § 114 Abs. 1 die Untersuchungshaft angeordnet wird.

Der **Charakter** der Haft dieser Vorschrift ergibt sich nicht nur aus der Begründung, **10** sondern wird auch durch die Rechtsprechung des BVerfG verdeutlicht. Dieses hat zu § 112a u.a. ausgeführt, das übergreifende Interesse der Rechtsgemeinschaft an wirksamer Verbrechensbekämpfung könne auch unmittelbar freiheitsbeschränkende Maßnahmen rechtfertigen; das BVerfG habe daher als weiteren Haftgrund die Wiederholungsgefahr anerkannt, „obwohl hierbei nicht die Sicherung des Strafverfahrens, sondern der Schutz der Allgemeinheit vor weiteren Straftaten, also ein präventiver Gesichtspunkt, maßgebend" sei. Ursprünglich hatte das Gericht die Rechtfertigung des Haftgrundes darauf abgestellt, dass (bei Straftaten gegen die sexuelle Selbstbestimmung) ein besonders schutzbedürftiger Personenkreis vor ihm drohenden schweren Straftaten bewahrt werden müsse (Rn. 4, 20; s. auch Rn. 21).[18] Später hat es (bei der Beurteilung eines besonders schweren Falls des Diebstahls; § 243 Abs. 1 StGB) einen erheblichen, in der Höhe der Strafandrohung zum Ausdruck kommenden Unrechtsgehalt und eine empfindliche Störung des Rechtsfriedens als Charakteristikum der „Anlasstat" gefordert[19] (s. auch Vor § 112, 57). Daraus folgt, dass diese Haft mit Untersuchungshaft nichts tun hat.[20] Denn der Untersuchungszweck kann nur erfordern, dass der Beschuldigte für das Verfahren zur Verfügung steht und Beweismittel nicht angetastet werden. Gerade diesen Zwecken darf die Haft des Absatzes 1 aber nicht dienen, wie sich aus der Subsidiaritätsklausel des Absatzes 2 ergibt. Entgegen der irreführenden Verbindung mit der Untersuchungshaft handelt es sich daher, wie in der Begründung[21] und in der Diskussion[22] gewollt, um eine **vorbeugende Verwahrung** von Straftätern, von denen neue erhebliche Straftaten zu erwarten sind, um eine Sicherungshaft, wie sie bei den ersten Beratungen des Themas schon der damalige Bundesjustizminister Dr. *Bucher*[23] zu Recht genannt hatte.[24] Dies bedeutet, dass der Haftgrund der Wiederholungsgefahr **systemwidrig** ist.[25] Als Maßnahme zur Abwehr schwerwiegender Gefahren im Interesse der Allgemeinheit (s. auch

---

17 BTDrucks. **VI** 3248 S. 3.
18 BVerfGE **19** 350.
19 BVerfGE **35** 192; s. auch *Gehrlein* FS Boujong 756.
20 H.M.; s. SK/*Paeffgen* 3; AK/*Deckers* 3, 4; *Weiß* NJW **1947** 221; *Baumann* JZ **1969** 138.
21 BTDrucks. **VI** 3248 S. 3.
22 BTProt. **VI** 10332 A.
23 BTProt. **IV** 6438 B.
24 BTProt. **IV** 6444.
25 SK/*Paeffgen* 3; AK/*Deckers* 3; *Wolter* (Kolloquium) 102; (Aspekte) 41; ZStW **93** (1981) 452 ff.; *Geppert* Jura **1991** 269; *Hassemer* StV **1984** 41; *Dahs* NJW **1995** 553; *Kniesel* Die Polizei **1989** 231; *Laue* jurisPR-StrafR 16/2008 Anm. 5; s. auch OLG Oldenburg StV **2010** 140; NStZ-RR **2010** 159; StV **2012** 352 („Ausnahme im System der Strafprozessordnung"); OLG Jena StraFo **2009** 21 („präventiv-polizeilicher Natur"); KG OLGSt StPO § 112a Nr. 4; NStZ-RR **2010** 291 = StV **2010** 585 („präventive Sicherungshaft") **a.A.** (Regelung als strafprozessualer Eingriff sachgerecht) Meyer-Goßner/*Schmitt* 1; LR/*Wendisch*[24] 11; KK/*Graf* 5; SSW/*Herrmann* 2; *Krey* II 293; *Kühne* 421; einschränkend auch *Ranft* 651, 652. Zur Kritik an der Vorschrift vgl. auch z.B. *Brüssow* FS Koch 57; *Cornel* MSchrKrim. **1987** 65 ff.; StV **1994** 202; *Deckers* FS Koch 151; *Dünnebier* Probleme der Strafprozessreform 32 ff.; *Gropp* JZ **1991** 804; *Hohmann/Matt* NStZ **1989** 211; *Jehle* BewHi. **1994** 373; *Kühl* ZStW **100** (1988) 601; *v. Nerée* StV **1993** 212; *Roxin* ZStW **82** (1970) 1125 ff.; *Eb. Schmidt* Nachtr. I Vor § 112, 4; *Schöch* FS Lackner 1007; *Seebode* (Kolloquium) 180.

Vor § 112, 31, 57) ist er systematisch dem Polizeirecht zuzuordnen,[26] das bereits Vorschriften enthält, die – wenn auch weniger weitgehend – Freiheitsentziehung zur Verhinderung schwerwiegender Straftaten erlauben.[27] Zur Gesetzgebungskompetenz s. Vor § 112, 57 und Rn. 12.

11 5. Mit der **EMRK** ist die Vorschrift grundsätzlich nicht unvereinbar,[28] denn Art. 5 Abs. 1 Satz 2 Buchst. c EMRK[29] regelt ausdrücklich den Haftgrund der Wiederholungsgefahr. Damit werden jedoch die verfassungsrechtlichen und -politischen Bedenken gegen die Vorschrift nicht ausgeräumt. Die EMRK unterscheidet nicht in der Weise wie das deutsche Recht dogmatisch stringent zwischen Repression und Prävention – wie gerade Art. 5 Abs. 1 Satz 2 EMRK beispielhaft zeigt[30] –, und besagt insbesondere nichts über den systemgerechten Standort einer entsprechenden Regelung im nationalen Recht.

12 **6. Entwicklung.** Die Entscheidungen des BVerfG (Rn. 10) zur Vereinbarkeit des § 112a mit der Verfassung sind hinzunehmen; eine gegenteilige Entscheidung ist nicht zu erwarten, sodass die Praxis mit der Vorschrift wird weiterleben müssen.[31] Mangels Alternativen ist dabei von einer **Annexkompetenz** gemäß **Art. 74 Nr. 1 GG** auszugehen. Verfassungspolitisch und verfassungsrechtlich bedenklich ist jedoch die **weitere Entwicklung**. Die Vorschrift, der in der Praxis (statistisch gesehen) nur eine untergeordnete Bedeutung zukommt,[32] hat sich durch die Änderungen ab 1989 deutlich von dem Inhalt der Vorschrift entfernt, die dem BVerfG zur Entscheidung vorlag. Die Diskussion um die Sicherungshaft wegen Wiederholungsgefahr war ausgelöst worden durch die „Lücke", die eingetreten war, als durch die Neufassung der §§ 112, 114 der apokryphe Haftgrund des „vermuteten Fluchtverdachts" beseitigt worden war (Rn. 1ff.). Mit dem weggefallenen „Haftgrund" waren fast ausschließlich labile, dauerrückfällige Täter erfasst worden. Die Straftaten, die jetzt im Katalog aufgeführt sind, sind hingegen nur zu einem geringen Teil typische Taten von Wiederholungstätern, und wenn sie trotz der einengenden Voraussetzungen unter die Vorschrift fallen könnten, werden sie häufig durch Absatz 2 ausgeschlossen.

13 Mit **§ 125a StGB** ist eine Vorschrift in den Kreis der Anlasstaten eingefügt worden, die man unter kriminologischen Gesichtspunkten zu den „Wiederholungstaten" zählen

---

26 Vgl. dazu *Anagnostopoulos* 141ff.; SK/*Meyer* 4, 5; *Eb. Schmidt* Nachtr. I Vor § 112, 4; AnwK-UHaft/*König* 1; **a.A.** z.B. LR/*Wendisch*[24] 10ff. (Vorwegvollstreckung); KK/*Graf* 5; wohl auch *Dietrich* 61; *Gnam* 183 (Vorwegnahme der Sicherungsfunktion der Strafe). S. auch *Krey*/*Heinrich* (Neuauflage); *Kühl* ZStW **100** (1988) 601; *Kühne* 421; *Wolter* (Kolloquium) 102; (Aspekte) 41. Zu Reformvorschlägen vgl. u.a. *Kühl* ZStW **100** (1988) 637; *Wolter* ZStW **93** (1981) 489; (Aspekte) 41ff.; SK/*Paeffgen* 7 sowie (Dogmatik) 152ff. m.w.N.

27 Vgl. z.B. §§ 29ff. ASOG Berlin; Art. 17ff. PAG Bayern; §§ 13ff. SOG Hamburg; §§ 13ff. des Saarl. Polizeigesetzes; s. *Schenke* Rn. 141ff. m.w.N.

28 S. auch KMR/*Wankel* 3, 13; SK/*Meyer* EMRK Art. 5, 32a; *Kühne*/*Esser* StV **2002** 385.

29 S. dazu näher LR/*Esser*[26] EMRK Art. 5, 101ff.

30 Vgl. LR/*Gollwitzer*[25] EMRK Art. 5, 70; s.a. LR/*Esser*[26] EMRK Art. 5, 131ff.

31 Vgl. *Laue* jurisPR-StrafR 16/2008 Anm. 5.

32 *Gebauer* KrimPäd. **1993** 20; *Seebode* (Kolloquium) 180; *Ostendorf* NK **2009** 126. S. auch die Strafverfolgungsstatistik des Statistischen Bundesamtes (Fachserie 10, Reihe 3, 6.1; abzurufen unter https://www.destatis.de/DE/Publikationen/Thematisch/Rechtspflege/StrafverfolgungVollzug/Strafverfolgung2100300147004.pdf;jsessionid=E5A389AD7A0A01F52B39612B06CD3255.cae4?__blob=publicationFile): Im Jahr 2014 entfielen auf insgesamt 26.696 erfasste Personen mit Untersuchungshaft nur 1.620 Fälle mit dem Haftgrund der Wiederholungsgefahr; dies entspricht einem Anteil von etwa 6 %. Da mehrere Haftgründe nebeneinander möglich sind und der Haftgrund der Wiederholungsgefahr in der Praxis oftmals unter Verstoß gegen die Subsidiaritätsklausel „hilfsweise" zur Begründung der Haft herangezogen wird, dürfte die Zahl der mit diesem Haftgrund tragend angeordneten Haftfälle noch deutlich geringer sein. S. auch Rn. 71.

könnte, jedoch ist die Erforderlichkeit der Aufnahme zweifelhaft. Denn die Straftaten radikaler Täter (reisender Gewalttäter), die so erfasst werden sollen,[33] dürften häufig auch über gleichzeitig verwirklichte Tatbestände nach den §§ 224 ff., 306 ff. StGB sowie über § 112, insbesondere dessen Absatz 3, erfasst werden.[34] Die Aufnahme des **§ 89a StGB** in den Katalog der Nr. 2 erbrachte erstmals die Zugehörigkeit einer gegen die Gefährdung des demokratischen Rechtsstaats gerichteten Straftat, die ein abstraktes Gefährdungsdelikt darstellt,[35] zu den Anlasstaten. Ob dieses Delikt, mit dem (teilweise weit) im Vorfeld einer konkreten strafrechtlichen Betätigung liegende Verhaltensweisen unter Strafe gestellt sind, zu den Taten zu zählen ist, bei denen nach kriminalitischer Erfahrung mit Wiederholung zu rechnen ist, erscheint ebenso offen, wie die Frage der praktischen Bedeutung des Delikts als Anlasstat (näher Rn. 27). Ähnliches gilt für die nunmehr in einer eigenen Vorschrift normierten Straftaten der Terrorismusfinanzierung nach **§ 89c Abs. 1 bis 4 StGB**[36] (dazu Rn. 28).

Bedenklich ist die durch das VerbrbekG (mit Wirkung zum 1.12.1994) erfolgte **Streichung** der im füheren Absatz 1 Satz 2 enthaltenen **Regelvoraussetzung einer Vorverurteilung** für die Annahme der Wiederholungsgefahr („in den Fällen der Nummer 2 setzt die Annahme einer solchen Gefahr in der Regel voraus, dass der Beschuldigte innerhalb der letzten fünf Jahre wegen einer Straftat gleicher Art rechtskräftig zu Freiheitsstrafe verurteilt worden ist").[37] Durch diese Voraussetzung, die eine Ausprägung des Prinzips der Verhältnismäßigkeit darstellte, wurde die Ungewissheit, die der Prognose zum künftigen strafrechtlichen Verhalten innewohnt, abgemildert und damit die durch das Merkmal der Erforderlichkeit gebotene Prüfung der Subsidiarität der Haft und ihrer Verhältnismäßigkeit verbessert. Außerdem war die Regelvoraussetzung grundsätzlich geeignet, wenigstens in einem gewissen Maße der Bildung apokrypher Haftgründe (Vor § 112, 28 ff.) entgegenzuwirken.[38] Dieses Element ist nun, zu Lasten dessen, für den die Unschuldsvermutung streitet, verlorengegangen. Die Freiheit des Menschen ist aber eines seiner höchsten, durch Verfassung und die EMRK (Rn. 11) geschützten Güter, der Entzug der Freiheit einer der massivsten Eingriffe in das Leben eines Menschen. Freiheitsbeschränkungen und dementsprechende Verschärfungen des Rechts der Untersuchungshaft müssen die ultima ratio des Gesetzgebers bleiben. Hinzu kommt, dass im Recht der Untersuchungshaft diese ultima ratio auf das Ziel dieses Rechts bezogen sein muss, also die Verfahrenssicherung (§ 112) oder – nach der Rechtsprechung des Bundesverfassungsgerichts – die Verhinderung der Wiederholung erheblicher Rechtsverletzungen besonders wichtiger Rechtsgüter. 14

Bei weiteren Änderungen im Haftrecht sollte bedacht werden: Haftrecht ist nicht präventiv-polizeiliche Drohgebärde und ebensowenig Instrument zur Steuerung einer Korrektur politischer Fehlentwicklungen. Haftrechtsverschärfungen sind in einem liberalen, demokratischen Rechtsstaat nur zulässig, wenn sie unerlässlich und außerdem 15

---

33 BTDrucks. **11** 2834 S. 11.

34 Krit. dazu *Brüssow* FS Koch 57; *Jung* JuS **1989** 1025; *Hassemer* StV **1989** 78; *Kniesel* Die Polizei **1989** 231; *Krauß* StV **1989** 315; *Kunert/Bernsmann* NStZ **1989** 449; *Wächtler* StV **1989** 410; SK/*Paeffgen* 14.

35 NK-StGB/*Paeffgen* § 89a, 7 m.w.N.

36 S. dazu die Gesetzentwürfe der Fraktionen der CDU/CSU und SPD vom 24.2.2015 (BTDrucks. **18** 4078) und der Bundesregierung vom 11.3.2015 mit der Stellungnahme des Bundesrates sowie der Gegenäußerung der Bundesregierung (BTDrucks. **18** 4297).

37 Vgl. BTDrucks. **12** 6853 S. 33 (Grund der Streichung: praxisgerechtere Handhabbarkeit der Vorschrift); *König/Seitz* NStZ **1995** 1.

38 Vgl. zur Kritik: *Hohmann* StV **1997** 311; *Dahs* NJW **1995** 553; *Frommel* KJ **1994** 323; *Neumann* StV **1994** 273 (insbesondere zur Unschuldsvermutung); s. auch *Gebauer* 68; *v. Nerée* StV **1993** 212 (zu apokryphen Haftgründen); DAV StV **1994** 153.

hinreichend erfolgsgeeignet sind, das erstrebte verfassungskonforme Haftziel zu erreichen. Gleichwohl gibt es weiterhin **Bestrebungen, den Haftgrund auszuweiten**. So sah der Entwurf eines Gesetzes zur Effektivierung des Haftgrundes der Wiederholungsgefahr der Freien und Hansestadt Hamburg vom 18.1.2011[39] unter dem Topos eines (vermeintlich gebotenen und angemessenen) „effektiven Schutzes der Bevölkerung" u.a. vor, auch die einfache Körperverletzung nach § 223 StGB sowie Taten nach § 30a Abs. 2 BtMG in den Katalog der Anlasstaten der Nummer 2 (mit deren bisherigen Voraussetzungen) aufzunehmen, während einige schwerwiegendere Taten aus diesem Katalog unter Verzicht auf das Erfordernis einer Vortat in einer eigenständigen Nummer aufgeführt werden sollten. Ferner sollte das BZRG geändert werden, um Entscheidungen nach § 27 JGG länger als bisher im Register zu belassen, sodass die zugrunde liegenden Taten bei der nach § 112a zu treffenden Prognoseentscheidung berücksichtigt werden können. Die entsprechenden Bemühungen, die mitunter als bloße Verschärfung des Haftrechts kritisiert werden,[40] sind bislang nicht weiter verfolgt worden.

II. Anlasstat

16 **1. Grundsatz.** Als Maßnahme nach der Strafprozessordnung muss die Sicherungshaft an einen Umstand anknüpfen, der für „den Strafprozess" – das Strafverfahren (§ 112 Abs. 2 Nr. 2), das Verfahren (§ 113 Abs. 2 Nr. 1), die Untersuchung (§ 124 Abs. 1) – Anlass gibt. Demgemäß erfordert § 112a, ähnlich den vorläufigen Maßnahmen nach den §§ 111a, 126a, 132a (die das Vorliegen einer rechtswidrigen Tat verlangen), jedoch in Anlehnung an § 112 auf **schuldhaft begangene Straftaten** beschränkt, dass der Beschuldigte dringend verdächtig ist, eine Straftat begangen zu haben (Absatz 1 Satz 1). Damit werden alle vorläufigen Maßnahmen vor dem Urteil dadurch zusammengeschlossen, dass sie nur „aus Anlass" einer Tat, der sog. „**Anlasstat**", zulässig sind.

17 **2. Dringender Tatverdacht** hinsichtlich der Anlasstat. Bei der vorläufigen Entziehung der Fahrerlaubnis (§ 111a Abs. 1 Satz 1) und bei dem vorläufigen Berufsverbot (§ 132a Abs. 1 Satz 1) werden „dringende Gründe" für die Annahme gefordert, dass die Fahrerlaubnis (endgültig) entzogen oder das Berufsverbot (endgültig) angeordnet wird (§ 69 Abs. 1 Satz 1, § 70 Abs. 1 StGB). Die einstweilige Unterbringung ist nur zulässig, wenn „dringende Gründe" für die Annahme vorhanden sind, dass jemand eine rechtswidrige Tat begangen hat (§ 126a Abs. 1). Dieselbe Dringlichkeit wird für die Anordnung der Untersuchungshaft (§ 114 Abs. 1) mit der Wendung gefordert, dass der Beschuldigte der Tat „dringend verdächtig" ist (§ 112 Abs. 1 Satz 1; § 114 Abs. 2 Nr. 2). Da der Gesetzgeber die Sicherungshaft wie Untersuchungshaft behandelt, wird in Absatz 1 Satz 1, zweiter Halbsatz nahezu die gleiche Fassung verwendet: wenn der Beschuldigte „dringend verdächtig" ist, ... eine Straftat begangen zu haben.

18 Allerdings besteht eine **Komplikation**. Nach § 112 Abs. 1 Satz 1 gehören zu den Voraussetzungen der Untersuchungshaft dringender Tatverdacht und ein Haftgrund (§ 112, 15). § 112a ergänzt nur die Haftgründe (ein Haftgrund besteht *auch*), so dass die weitere Voraussetzung der Haft, der dringende Tatverdacht, aus § 112 Abs. 1 Satz 1 zu entnehmen ist. Trotz seiner Selbständigkeit ist § 112a, im Wortlaut noch auffälliger als der alte Absatz 3, wie ein reformierter Absatz 3 formuliert worden. In § 112 ist das Wort „Haftgrund" eine zusammenfassende Bezeichnung, die es gestattet, den Gesetzestext einfach

39 BRDrucks. 24/11 vom 18.1.2011.
40 Scharfe Kritik etwa bei SSW/*Herrmann* 5 (der allerdings den geplanten Regelungsinhalt möglicherweise nicht ganz zutreffend erfasst hat).

zu halten. In einem selbständigen § 112a, der nur *einen* Haftgrund enthält, hätte auf das Wort verzichtet werden können. Die Vorschrift wäre als selbstständige Bestimmung richtig formuliert, wenn sie mit den Worten begönne: „Sicherungshaft darf (oder: Untersuchungshaft darf auch) angeordnet werden, wenn der Beschuldigte dringend verdächtig ist, eine Straftat nach ... begangen zu haben". So, wie sie gefasst worden ist, nämlich nur auf den Haftgrund abstellend, müsste man eigentlich **§ 112 Abs. 1 Satz 1 ergänzend dazulesen.**[41] Dann lautet der Text: Die Untersuchungshaft (wegen Wiederholungsgefahr) darf gegen den Beschuldigten angeordnet werden, wenn er der Tat, nämlich einer Straftat nach § ... (wie § 112a Abs. 1 Nr. 1 und 2) dringend verdächtig ist. Die Praxis sollte sich durch diese nichtssagende Unsauberkeit (der Gesetzgeber wollte die Sicherungshaft zwar *wie* Untersuchungshaft behandeln, aber doch nicht geradezu *als* Untersuchungshaft bezeichnen und hat deshalb nicht an das Wort „Untersuchungshaft", sondern an dasjenige „Haftgrund" angeknüpft) nicht beirren lassen, sondern allein auf den dringenden Tatverdacht abstellen. Wegen dieses Begriffs s. § 112, 16 ff.

3. Katalog

a) Vorbemerkung. Die Anlasstaten sind in einem in zwei Nummern gegliederten Katalog (Rn. 7) zusammengefasst. Der Katalog ist **abschließend** und darf nicht durch Analogien ergänzt werden. Im Einzelnen umfasst er die in den folgenden Randnummern aufgeführten Straftaten. Dabei bedeutet Straftat nach dem Sprachgebrauch der Strafprozessordnung[42] den sachlich-rechtlichen Begriff des Strafgesetzbuches, also die **tatbestandsmäßige, rechtswidrige und schuldhafte Handlung.**[43] Daraus folgt: Eine zwar rechtswidrige (§ 11 Abs. 1 Nr. 5 StGB), aber nicht schuldhafte Tat kann keine Anlasstat sein. Wie die Untersuchungshaft ist auch die Sicherungshaft unzulässig. Zulässig bleibt allein die einstweilige Unterbringung (§ 126a Abs. 1 und 2), wenn deren Voraussetzungen vorliegen. 19

b) Die **Straftaten gegen die sexuelle Selbstbestimmung** in Absatz 1 Satz 1 Nr. 1 sind der alte Kern der Vorschrift. Umfasst werden folgende Straftaten: Sexueller Missbrauch von Schutzbefohlenen (§ 174 StGB), von Gefangenen, behördlich Verwahrten oder Kranken und Hilfsbedürftigen in Anstalten, unter Ausnutzung einer Amtstellung oder eines Beratungs-, Behandlungs- oder Betreuungsverhältnisses (§§ 174a ff. StGB) sowie von Kindern (§§ 176 ff. StGB) und schließlich der sexuelle Übergriff, die sexuelle Nötigung und Vergewaltigung (§§ 177, 178 StGB). Die Strafandrohungen sind zum Teil: Geldstrafe oder erhebliche Freiheitsstrafe, zum Teil nur hohe Freiheitsstrafe. Die zu **erwartenden Strafen** sind zwar im Durchschnitt hoch, aber mit jenen in anderen Gruppen vergleichbar. Gleichwohl wird auf die bei Nummer 2 verlangten Erfordernisse verzichtet, die Anlasstat müsse wiederholt oder fortgesetzt begangen sein und die Rechtsordnung schwerwiegend beeinträchtigen. Der Gesetzgeber kann das auch nicht gleichsam vermutet haben, denn dann bliebe die Frage offen, warum er die Vermutung nicht auf die mit viel höheren Strafen bedrohten gemeingefährlichen Straftaten erstreckt hat. Die besondere Behandlung der Straftaten gegen die sexuelle Selbstbestimmung kann außer mit historischen Überlegungen (s. Entstehungsgeschichte) auch mit 20

41 H.M.; KK/*Graf* 6.
42 BTDrucks. 7 550 S. 191.
43 *Dünnebier* JR **1975** 24.

dem betroffenen „**besonders schutzbedürftigen Kreis** der Bevölkerung“ erklärt werden.[44]

21 **c)** Mit Wirkung zum 31.3.2007 wurden – auf Initiative des Bundesrates gegen ursprüngliche verfassungsrechtliche Bedenken der damaligen Bundesregierung – die Straftaten der **qualifizierten Nachstellungen (§ 238 Abs. 2 und 3 StGB)** in den Katalog des Absatzes 1 Satz 1 Nr. 1 aufgenommen.[45] Durch die Haft für besonders gefährliche Täter soll vorhersehbaren schweren Taten gegen Leib oder Leben vorgebeugt werden.[46] Schon früh ist kritisiert worden, dass der mit der sog. **Deeskalationshaft** in Fällen beharrlicher Nachstellung beabsichtigte Schutz für das Opfer einer erfolgsqualifizierten Nachstellung zu spät komme und sich das Instrument auch deshalb als praktisch wenig wirksam erweisen könnte.[47] Über eine nennenswerte **praktische Bedeutung** der Ausweitung des Katalogs, die vereinzelt durchaus erwartet oder wenigstens optimistisch betrachtet wurde,[48] ist nichts bekannt.[49] Von Ausnahmen abgesehen,[50] war die Vorschrift bislang nicht Gegenstand der veröffentlichten Rechtsprechung. Ob dies darin begründet ist, dass sich die Praxis der Ansicht angeschlossen hat, in verfassungskonformer Auslegung komme bei diesen, als Vergehen ausgestalteten Delikten – ebenso wie bei § 112a Abs. 1 Nr. 2 –, die Sicherungshaft nur dann in Betracht, wenn der Beschuldigte dringend verdächtig ist, die Tat wiederholt oder fortgesetzt begangen zu haben,[51] kann noch nicht beurteilt werden. Gegen eine solche einengende Auslegung ließe sich allerdings der eindeutige Wortlaut der Nummern 1 und 2 anführen.[52]

22 **d)** Von den Straftaten der (vorsätzlichen) **Körperverletzung** sind außer dem Grundtatbestand (§ 223 StGB) alle aufgenommen. Die Strafandrohungen sind (zum Teil hohe) Freiheitsstrafen.

23 **e)** Bei den **Eigentums-** und **Vermögensdelikten** sind nur die schwereren aufgeführt, doch fällt auf, dass zwar der Grundtatbestand des Diebstahls (§ 242 Abs. 1 StGB) weggelassen, aber bei gleicher Strafandrohung (Freiheitsstrafe bis zu fünf Jahren) diejenigen des Betrugs (§ 263 Abs. 1 StGB) und der Erpressung (§ 253 Abs. 1 StGB) aufgenommen worden sind, obwohl es technisch durchaus möglich gewesen wäre, wie beim Dieb-

---

44 Vgl. BVerfGE **19** 350. S. auch OLG Bremen NStZ-RR **2001** 220; *Hellmer* NJW **1965** 1728; *Diemer-Nicolaus* NJW **1972** 1694; KK/*Graf* 7; Meyer-Goßner/*Schmitt* 6 (Wiederholungsgefahr infolge Persönlichkeitsdefekts); krit. dagegen SK/*Paeffgen* 9 unter Hinweis auf OLG Köln StV **2003** 517; zum Ausmaß der Wiederholungsgefahr s. *Egg* Kriminalistik **1999** 267; vgl. auch *Münchhalffen/Gatzweiler* Rn. 229, 236 (auch zur Prognoseforschung).

45 Vgl. auch die Erl. im Nachtrag zur 26. Aufl., § 112a, 7; näher zur Entstehungsgeschichte *Krüger* NJ **2008** 150f. m.w.N.

46 Vgl. BTDrucks. **15** 5410 und **16** 3641; krit. dazu *Gazeas* 247 ff., 264 m.w.N.

47 *Krüger* NJ **2008** 153; *Kinzig/Zander* JA **2007** 486; skeptisch auch *Knauer/Reinbauer* StV **2008** 378: „Symbolische Gesetzgebung“, zugleich mit beachtlicher Kritik zur Einstellung in den Katalog der Nr. 1 aus Gründen der Gesetzessystematik.

48 *Mitsch* NJW **2007** 1242; Jura **2007** 406; HK/*Posthoff* 6.

49 Vgl. *Peters* NStZ **2009** 243; *Buß* JR **2011** 87.

50 Vgl. OLG Karlsruhe StRR **2008** 243 mit recht knapper Prüfung der Voraussetzungen des § 112a (Fall des Widerrufs einer Haftverschonung wegen eines Auflagenverstoßes durch erneute Kontaktaufnahme mit dem Tatopfer bei schon rechtskräftigem Schuldspruch nach § 238 Abs. 2 StGB).

51 So AnwK-UHaft/*König* 5; *Knauer/Reinbauer* StV **2008** 381; diese Ansicht nur referierend KMR/*Wankel*[4].

52 Wenngleich nicht zu verkennen ist, dass auch das BVerfG bei der verfassungskonformen Auslegung den klaren Wortlaut einer Norm als Auslegungsgrenze nicht stets konsequent respektiert, vgl. dazu etwa *Sachs* JuS **2011** 476 m.w.N.

stahl, die besonders schweren Fälle z.B. durch die Bezeichnung „§ 263 Abs. 3 i.V.m. Absatz 1 StGB" (entspr. für § 253 Abs. 4 StGB) auszusondern[53] (vgl. Rn. 50). Im **Einzelnen** handelt es sich um folgende **Straftaten**: besonders schwerer Fall des Diebstahls (§ 243 Abs. 1 StGB – ein Regelbeispiel muss aber nicht erfüllt sein); Diebstahl mit Waffen, Bandendiebstahl, Wohnungseinbruchdiebstahl (§ 244 Abs. 1 StGB); Raub (§ 249 StGB), schwerer Raub (§ 250 StGB), Raub mit Todesfolge (§ 251 StGB); räuberischer Diebstahl (§ 252 StGB); Erpressung (§ 253 StGB); räuberische Erpressung (§ 255 StGB); gewerbsmäßige Hehlerei (§ 260 StGB); Betrug (§ 263 Abs. 1 StGB) einschließlich des schweren Betrugs (§ 263 Abs. 3 StGB). Der schwere Bandendiebstahl (§ 244a StGB) wird über die in dieser Vorschrift genannten §§ 243, 244 StGB erfasst. Die Strafandrohungen enthalten Geldstrafen, aber auch die Androhung von (allein) sehr hohen Freiheitsstrafen. Vgl. auch Rn. 29, 43ff.

f) Bei den **gemeingefährlichen Straftaten** ist eine Auswahl solcher erkennbar, bei denen nach kriminalistischer Erfahrung mit Wiederholung zu rechnen ist: Brandstiftung (§§ 306 bis 306c StGB) und räuberischer Angriff auf Kraftfahrer (§ 316a Abs. 1 StGB). Die Strafandrohungen sind überwiegend hohe Freiheitsstrafen. 24

g) Betäubungsmitteldelikte; Straftaten nach dem NpSG. Bei dieser Katalognummer sind nur die gefährlichsten Delikte des BtMG aufgeführt. Erfasst werden die Tathandlungen gemäß § 29 Abs. 1 Nr. 1 **BtMG**[54] (also z.B. das illegale Handeltreiben, die illegale Herstellung, Einfuhr und Veräußerung von Betäubungsmitteln), gemäß § 29 Abs. 1 Nr. 10 BtMG (also z.B. das Verschaffen einer Gelegenheit zum unerlaubten Erwerb oder die öffentliche oder eigennützige Mitteilung von Gelegenheiten, Betäubungsmittel illegal zu genießen, zu erwerben, abzugeben), die besonders schweren, durch Regelbeispiele gekennzeichneten Fälle des illegalen Betäubungsmittelverkehrs (§ 29 Abs. 3 BtMG), sowie die Verbrechen nach den §§ 29a Abs. 1, 30 Abs. 1 und 30a Abs. 1 BtMG. Die Strafandrohungen sind auch hier Geldstrafe oder (zum Teil, allein) hohe Freiheitsstrafen. Von den vom strafrechtlichen Verbot des **NpSG** erfassten Tathandlungen (die generell nur solche sind, die auf eine Weitergabe der sog. Designerdrogen abzielen, nicht also der Erwerb und Besitz zum Zwecke des Eigenkonsums) haben Aufnahme in den Katalog nur die in § 4 Abs. 3 Nr. 1a enthaltenen, mit Freiheitsstrafe von einem bis zu zehn Jahren bedrohten Qualifikationstatbestände des gewerbs- oder bandenmäßig begangenen Handeltreibens, Inverkehrbringens, Verabreichens, Herstellens oder Verbringens der fraglichen Stoffgruppen gefunden, die in einer Anlage zum NpSG definiert sind. 25

h) Besonders schwerer Fall des Landfriedensbruchs. Mit dem besonders schweren Fall des Landfriedensbruchs nach § 125a StGB (Strafdrohung: allein Freiheitsstrafe) wurde **erstmals** eine **Straftat gegen die öffentliche Ordnung**, ein die öffentliche Sicherheit schützender Tatbestand, als Anlasstat in den bis dahin lediglich am Individualschutz orientierten Katalog eingestellt.[55] Dass die Vorschrift eine Strafzumessungsrege- 26

53 Vgl. aber KK/*Graf* 10 (hätte gesetzestechnische Schwierigkeiten bereitet).
54 Nachdem der bisher im Katalog genannte § 29 Abs. 1 Nr. 4 BtMG durch Art. 3 Nr. 3 a) cc) des Gesetzes vom 2.8.1993 (BGBl. I S. 1407) aufgehoben und durch Art. 3 Nr. 3 a) ee) dieses Gesetzes – in präzisierter Fassung – als neue Nr. 13 in § 29 Abs. 1 BtMG eingestellt, § 112a aber zunächst – bis ins Jahr 2017 hinein – nicht angepasst worden war (vgl. dazu die Entstehungsgeschichte; die redaktionelle Folgeänderung kam erst aufgrund einer Empfehlung des Ausschusses für Recht und Verbraucherschutz zustande, s. BTDrucks. **18** 12203 S. 74), war zwischenzeitlich zweifelhaft, ob dieser Fall noch von der Vorschrift erfasst wird; vgl. dazu LR/*Hilger*[26] 21 bei Fn. 37.
55 SK/*Paeffgen* 14.

lung (keinen Qualifikationstatbestand) enthält, ist kein Argument gegen die Aufnahme der Vorschrift in den Katalog der Anlasstaten,[56] wohl aber stellt sich die Bedürfnisfrage (Rn. 13).

27 **i) Vorbereitung einer schweren staatsgefährdenden Gewalttat.** Die Aufnahme des **§ 89a StGB** in den Katalog des Satzes 1 Nr. 2 (Rn. 13) beruht auf der gesetzgeberischen Annahme, dass es sich bei den Straftaten, deren Vorbereitung durch diesen neuen Tatbestand unter Strafe gestellt wird, ausnahmslos um solche handele, die mit schwersten Folgen für die Opfer verbunden seien, weshalb es zum Schutz der Allgemeinheit vor solchen Taten möglich sein müsse, gegen wiederholt oder fortgesetzt vorbereitend tätig werdende Beschuldigte einen Haftbefehl wegen Wiederholungsgefahr zu erlassen. Die Anordnung der Untersuchungshaft könne aufgrund des ideologisch gesteuerten und gefährdenden Verhaltens der Beschuldigten erforderlich sein, auch wenn keine ausreichenden Anhaltspunkte für eine Flucht- oder Verdunkelungsgefahr vorlägen.[57] Die **praktische Bedeutung** dieses Straftatbestands, gegen den in beträchtlichem Maße Kritik geäußert wird,[58] ist noch nicht abschließend zu beurteilen; sein Anwendungsbereich bedarf weiterhin der Ausgestaltung durch die Rechtsprechung. Zunächst veröffentlichte Entscheidungen ließen annehmen, dass die Norm restriktiv ausgelegt wird, während der Anwendungsbereich in der jüngeren Zeit insbesondere durch die Judikatur des BGH großzügiger gestaltet worden ist.[59] Dessen ungeachtet dürfte die Beurteilung der für die Untersuchungshaft maßgeblichen Frage, wann eine Anlasstat nach ihrem Erscheinungsbild im konkreten Fall die Rechtsordnung **„schwerwiegend"** beeinträchtigt, **erhebliche Schwierigkeiten** bereiten. Denn Art und Ausmaß eines angerichteten Schadens fallen als objektivierbare, auch nach der Rechtsprechung des BVerfG[60] u.a. maßgebliche Kriterien aus. Es verbleibt als Merkmal der Unrechtsgehalt der Tat im Übrigen, wobei nach der Vorstellung des Gesetzgebers nicht das Maß des Unrechts der Vorbereitung entscheidend sein soll, sondern es vielmehr auf die in Aussicht genommene Tat gegen das Leben oder die Freiheit von Menschen ankommen soll. Da diese aber zur Beeinträchtigung oder Verletzung der in § 89a StGB genannten Schutzgüter geeignet sein muss, wäre die weithin geforderte Beeinträchtigung des Rechtsfriedens oder des Gefühls der Rechtssicherheit in der Bevölkerung[61] per se zu bejahen und liefe bei diesem Verständnis das begrenzende Merkmal der „schwerwiegenden" Beeinträchtigung der Rechtsordnung leer. Auch ließe sich kein unmittelbarer Zusammenhang zwischen der nach dem Wortlaut maßgeblichen (Vorbereitungs-)Tat und der Haft mehr erkennen.[62] Es sind deshalb Zweifel angebracht, ob die Rechtsprechung der dargestellten gesetzgeberischen Intention bei Beachtung der Wortlautgrenze zur Geltung verhelfen kann.

---

56 *Kunert/Bernsmann* NStZ **1989** 449.
57 BTDrucks. **16** 12428 S. 20.
58 Vgl. statt vieler nur *Fischer* § 89a, 7 ff.; NK-StGB/*Paeffgen* § 89a, 1 ff.; Schönke/Schröder/*Sternberg-Lieben* § 89a, 1 ff., jeweils m.w.N. Der BGH hält die Vorschrift bei verfassungskonformer Auslegung für mit dem Grundgesetz vereinbar, BGHSt **59** 218; **62** 102.
59 BGHSt **54** 264 = NJW **2010** 2448; BGHSt **59** 218 = NJW **2014** 3459; BGHSt **61** 36 = NJW **2016** 260; EBE/BGH **2015** 403; KG StraFo **2012** 68 = StV **2012** 345; OLG Karlsruhe StV **2012** 348 und 350; OLG Celle Urt. v. 7.12.2015 – 4-1/15 – (juris); vgl. dazu *Fischer* § 89a, 7 ff.
60 BVerfGE **35** 185, 191 f.
61 LR/*Hilger*[26] 33.
62 SK/*Paeffgen* 14b meint, der hiesigen (zweifellos kritischen) Bewertung mit dem Hinweis *widersprechen* zu müssen, der Gesetzgeber habe gerade einen solchen, auf subjektiven Zuschreibungen beruhenden Präventivhaftgrund gewollt, es nur nicht laut gesagt.

j) Terrorismusfinanzierung (§ 89c Abs. 1 bis 4 StGB). Mit dem neuen § 89c StGB ist – zur Umsetzung des Internationalen Übereinkommens der Vereinten Nationen zur Bekämpfung der Finanzierung des Terrorismus vom 9.12.1999 (BGBl. 2003 II S. 1923), der Resolution 2178 des Sicherheitsrates der Vereinten Nationen vom 24.9.2014 und zur Erfüllung entsprechender Forderungen der Financial Action Task Force (FATF) an Deutschland[63] – ein eigenständiger Straftatbestand der Terrorismusfinanzierung geschaffen worden, der den bisherigen § 89a Abs. 2 Nr. 4 StGB ersetzt und die Finanzierung terroristischer Taten nunmehr in einer einheitlichen Regelung unter Strafe stellt. Der Gesetzgeber hat in der Annahme, dass sich das GVVG bei der praktischen Ermittlungsarbeit als gewinnbringend erwiesen habe, weil die durch dieses Gesetz möglich gewordenen Ermittlungsmethoden eine für die Tätigkeit der Ermittler hilfreiche Verdichtung der Erkenntnisse erbracht hätten,[64] das strafprozessuale Instrumentarium und damit auch die Zwangsmaßnahme der Untersuchungshaft auf die Verfolgung dieser Delikte erstreckt.[65] 28

4. Besondere Deliktsformen

a) Versuch (§§ 22, 23 StGB), **Anstiftung** (§ 26 StGB) und **Beihilfe** (§ 27 StGB) zu den genannten Delikten sind nach dem Sprachgebrauch des Strafgesetzbuchs unter dem Begriff der Tat mit zu verstehen.[66] Das Gleiche gilt für den Versuch der Beteiligung (§ 30 StGB).[67] Bei der **Mittäterschaft** (§ 25 Abs. 2 StGB) ist dies selbstverständlich. Ebenso sind mit der Nennung des Delikts auch dessen **besonders schwere** und **minder schwere Fälle** mit umfasst. Doch scheiden die minder schweren Fälle – häufig, wenn auch nicht stets – für die Anwendung der Vorschrift aus; letztlich entscheidend ist der **Unrechtsgehalt der konkreten Tat** im Einzelfall (vgl. Rn. 43 ff.). 29

b) Vollrausch. In Literatur und Rechtsprechung[68] wird die Haft auch dann als zulässig angenommen, wenn der Beschuldigte der – im Katalog nicht genannten – Volltrunkenheit (§ 323a StGB) dringend verdächtig ist, falls dabei als Bedingung der Strafbarkeit eine der im Katalog aufgeführten Straftaten in Betracht kommt. Dazu wird darauf abgestellt: Die Ausdehnung des Haftgrunds werde dem Präventionscharakter der Vorschrift gerecht; bezöge man § 323a StGB nicht ein, werde nur ein unvollkommener Schutz erreicht. Dieser Satz ist zwar richtig, trüge aber die Folgerung nicht, wenn bei der Würdi- 30

---

63 Vgl. dazu näher BTDrucks. **18** 4078 S. 1, 6 f. Zu den gesetzgeberischen Erwägungen s. ferner die Nachw. bei Fn. 36.

64 BTDrucks. **18** 4078 S. 6. Diese Annahme ist nicht näher ausgeführt worden, sondern stützt sich pauschal auf eine von *Dessecker* und *Feltes* geleitete Untersuchung der Kriminologischen Zentralstelle der Ruhr-Universität Bochum zur Evaluation des GVVG (Endbericht mit Stand vom 14.8.2012, abzurufen unter http://www.krimz.de/fileadmin/dateiablage/E-Publikationen/Endbericht_GVVG_Evaluierung.pdf). Zur praktischen Bedeutung s. auch die Antwort der Bundesregierung vom 7.3.2011 BTDrucks. **17** 4988 auf die Kleine Anfrage BTDrucks. **17** 4817.

65 S. zu den – recht knappen – Erwägungen BTDrucks. **18** 4078 S. 13.

66 Vgl. RGSt **31** 40; **68** 169; BGHSt **2** 361; OLG Frankfurt NJW **1988** 2900 ff.; KK/*Graf* 15; AnwK-StPO/*Lammer* 4; **a.A.** *Schlothauer/Weider/Nobis* Rn. 665 für Deliktsformen mit obligatorischer Strafrahmenmilderung.

67 Vgl. BGHSt **2** 360; **6** 213.

68 OLG Frankfurt NJW **1965** 1728; OLG Hamm NJW **1974** 1667; *Eb. Schmidt* Nachtr. I 26; KK/*Graf* 15; Meyer-Goßner/*Schmitt* 4; KMR/*Wankel* 3; *Hengsberger* JZ **1966** 211; *Dietrich* 92; *Schlüchter* 217 ff.; *Münchhalffen/Gatzweiler* Rn. 230; **a.A.** *Blei* JA **1974** 757; *Dünnebier* NJW **1966** 231 ff.; HK/*Posthoff* 5; *Schlothauer/Weider/Nobis* Rn. 665, 670; AnwK-UHaft/*König* 3; AnwK-StPO/*Lammer* 6; Radtke/Hohmann/*Tsambikakis* 6; SK/*Paeffgen* 8a; *Paeffgen* NStZ **1990** 431 Fn. 7; AK/*Deckers* 9; *Krey* II 269.

gung des Begriffs der „schweren" Straftat[69] der **Schuld** eine angemessene oder gar besondere Bedeutung beigemessen würde. Davon kann die Auslegung jedoch nicht mehr ausgehen, nachdem das BVerfG[70] auf einen erheblichen, in der Höhe der Strafandrohung zum Ausdruck kommenden **Unrechts**gehalt und eine empfindliche Störung des Rechtsfriedens abstellt, die beide auch vorliegen können, wenn der Täter schuldlos handelt. Wer in Übereinstimmung damit in erster Linie – der Schuld kommt in der Strafandrohung stets auch Bedeutung zu – auf das Unrecht des Geschehens abstellt, mag eine Ausdehnung des Katalogs auf § 323a StGB für den Fall als gerechtfertigt ansehen, dass als Bedingung der Strafbarkeit eine Katalogtat in Betracht kommt.[71]

5. Wiederholungstat

31 **a) Allgemeines.** Während eine Straftat nach Absatz 1 Satz 1 Nr. 1 schlechthin als Anlasstat angesehen wird (Rn. 20, 21), kommt den im **Katalog der Nummer 2** aufgeführten Straftaten (Rn. 22ff.) diese Bedeutung nur zu, wenn der Beschuldigte dringend verdächtig ist (Rn. 17), eine von ihnen **wiederholt oder fortgesetzt** (Rn. 32ff., 39) begangen zu haben.

32 **Wiederholt** ist eine Straftat unstrittig dann begangen, wenn wenigstens zweimal durch verschiedene Taten der **Tatbestand desselben Strafgesetzes** verwirklicht worden ist.[72] Allerdings ist Absatz 1 Nr. 2 nicht dahin auszulegen, dass alle Wiederholungstaten stets dasselbe Strafgesetz verwirklichen müssen. Zwar enthält beispielsweise bei den Straftaten der Körperverletzung die jeweilige Tatbestandsbeschreibung die Darstellung einer in eine besondere Richtung gehenden missbilligten Handlung, wenn man die Tatbestände vergleicht. Es kann aber, wenn zwei gefährliche Körperverletzungen (§ 224 StGB) genügen, nicht darauf ankommen, ob eine davon zur Folge des § 226 oder § 227 StGB geführt hat. Bei sachgerechter Auslegung des Tatbestandsmerkmals der wiederholten Begehung „einer Straftat" ist daher zum einen die **Qualifikation dem** (im Katalog enthaltenen) **Grunddelikt gleichzustellen,**[73] gleichgültig, in welcher Reihenfolge beide verübt worden sind. Daraus ergibt sich das Folgende:

33 Bei den **gemeingefährlichen Delikten** (Rn. 24) steht § 316a StGB für sich allein. Gleiches gilt für **§ 125a** StGB. Bei den **Brandstiftungsdelikten** liegt die Qualifikation desselben Strafgesetzes in Bezug auf die §§ 306, 306a, 306c, 306b Abs. 2 Nr. 1 StGB auf der Hand. Sie könnte für Nr. 3 zweifelhaft sein, wird hier aber bejaht. Dagegen kann § 306b Abs. 2 Nr. 2 StGB wegen der besonderen Absicht nicht als Qualifikation des § 306 StGB verstanden werden. Dadurch wird klar, dass der den Begriff „desselben" Strafgesetzes erweiternde Qualifikationsbegriff prozessual und nicht aus dem sachlichen Recht zu gewinnen ist, wenn auch gewiss in Anlehnung daran.

34 Unter den **Eigentums**- und **Vermögensdelikten** (Rn. 23) scheiden sich Betrug, Diebstahl und Hehlerei deutlich als verschiedene Straftaten voneinander. § 244 StGB steht zu den Fällen des § 243 StGB im Verhältnis der Qualifikation. Abgesehen von der höheren Mindeststrafe besteht der Unterschied zu den Beispielsfällen des § 243 StGB nur darin, dass die Fälle des § 244 Abs. 1 StGB obligatorisch den höheren Strafrahmen auslösen.

---

69 BVerfGE **19** 350.

70 BVerfG **35** 192.

71 Zur Kritik an der Arbeit des Gesetzgebers vgl. LR/*Wendisch*[24] 29 Fn. 12.

72 OLG Bremen StV **2013** 773 (im Verlauf der Entscheidung modifiziert das OLG dann allerdings diesen Rechtsgrundsatz); OLG Hamm NStZ-RR **2013** 86 (Ls.); Meyer-Goßner/*Schmitt* 8; KK/*Graf* 13; SK/*Paeffgen* 11; AnwK-UHaft/*König* 6; *Münchhalffen/Gatzweiler* Rn. 232.

73 KK/*Graf* 13; SK/*Paeffgen* 11, 12; Graf/*Krauß* 5; Meyer-Goßner/*Schmitt* 8; AnwK-UHaft/*König* 6; s. auch OLG Koblenz JBlRhPf. **2002** 318.

Auch beim schweren Bandendiebstahl (§ 244a StGB) ergeben sich insoweit keine Schwierigkeiten, weil er ohnehin (nur) über die in dieser Vorschrift genannten §§ 243, 244 StGB erfasst wird (Rn. 23). Beim **Raub** sind die Fälle der §§ 250, 251 StGB Qualifikationen des § 249 StGB, während § 252 StGB wegen der anderen Tatgestaltung nicht als die Verwirklichung desselben Strafgesetzes angesehen werden kann. Dasselbe gilt für die **Erpressung** (§ 253 StGB), die sich als Delikt des erzwungenen Gebens von dem Wegnahmedelikt des Raubs als andere Straftat unterscheidet, woran die Verbindung durch § 255 StGB prozessrechtlich nichts ändert. Dagegen wird man die räuberische Erpressung (§ 255 StGB) trotz ihrer Bezeichnung als eine Qualifikation der Erpressung ansehen dürfen.

Die genannten **BtM-Straftaten** sind zum Teil verschiedene Straftaten; von derselben Straftat kann aber im Hinblick auf die in Rn. 31, 32 genannten Kriterien gesprochen werden, soweit § 29 Abs. 3 an § 29 Abs. 1 Nr. 1, 10 BtMG anknüpft und soweit die Delikte nach den §§ 29a, 30, 30a BtMG auf der Realisierung eines anderen hier genannten Tatbestandes aufbauen, wie etwa § 30 Abs. 1 Nr. 1 und 2 BtMG. Wegen der Taten nach § 4 Abs. 3 Nr. 1a **NpSG** s. Rn. 25.[74] 35

Zusammenfassend kann man dem Wortlaut und dem Sinn (vgl. Rn. 32) der Vorschrift also zunächst entnehmen, dass eine Straftat jedenfalls dann wiederholt begangen worden ist, wenn der Täter wenigstens zweimal den Tatbestand desselben Strafgesetzes oder einen dazu gehörigen Qualifikationstatbestand verwirklicht. 36

Über dieses Ergebnis besteht weitgehend Einigkeit. Mitunter wird angenommen, dass damit der Anwendungsbereich der Norm erschöpft sei; wiederholte Verstöße gegen **verschiedene Strafgesetze**, die **derselben Deliktsgruppe** der Nummer 2 angehören, sollen danach nicht genügen.[75] Der Wortlaut der Vorschrift gebietet eine solche enge Auslegung jedoch nicht, insbesondere besteht kein Gegensatz zu den „Straftaten gleicher Art" (Rn. 64).[76] Auch die Verbindung der „Wiederholung" mit der „Fortsetzung" einer Straftat, die nur in der weiteren Verwirklichung desselben Strafgesetzes bestehen kann, erzwingt aus systematischen Gründen keine solche enge Auslegung, da es sich um verschiedene Varianten von Anlasstaten handelt.[77] Mit dem Wortlaut („wiederholt ... eine Straftat *nach den §§* ...) ist es ohne weiteres vereinbar, als wiederholte Tatbegehung auch den (erneuten) Verstoß gegen eine oder mehrere der in der jeweiligen Deliktsgruppe (jeweils nach dem Wort „nach") zusammengefassten Normen des materiellen Strafrechts zu begreifen.[78] Die abweichende Auslegung ist aber weder durch den Wortlaut veranlasst, noch wird die getrennte Betrachtung der Tatbestände der nämlichen Deliktsgruppe aus formalen Gründen dem Sinn und Zweck des Haftgrundes gerecht; sie stünde vielmehr dem von der Norm bezweckten Schutz der Bevölkerung vor erheblichen Straftaten besonders gefährlicher Serienstraftäter entgegen und würde diese unvertretbar privilegieren. So ist es häufig lediglich dem Zufall geschuldet, ob aus einer Tat der Deliktsgruppe (etwa einem Wohnungseinbruchsdiebstahl) ein schwereres Delikt derselben Deliktsgruppe wird (im soeben genannten Beispiel etwa ein – ggf. sogar schwerer – Raub, weil 37

74 Näher dazu *Patzak* NStZ **2017** 263 ff.
75 Vgl. SK/*Paeffgen* 11 (unter Berufung auf die Entscheidungen OLG Frankfurt StV **1984** 159 und OLG Schleswig NStZ **2002** 276, die indessen zu einer anderen, nämlich der durch die Einfügung des Satzes 2 entschiedenen rechtlichen Fragestellung ergangenen sind; vgl. dazu die Erl. bei Rn. 40; auch KK/*Graf* 13 bezieht sich auf die zuletzt genannte Entscheidung).
76 **A.A.** SK/*Paeffgen* 11.
77 **A.A.** LR/*Hilger*[26] 26.
78 HK/*Posthoff* 11 f.; KMR/*Wankel* 6; weitergehend, da deliktsgruppenübergreifend: OLG Köln Beschl. v. 10.5.2007 – 2 Ws 226/07 – (juris-Rn. 21), wonach eine schwere Körperverletzung im Verhältnis zu einem vorangegangenen Raub, der unter Verabreichung von Schlägen gegen das Opfer verübt worden war, als wiederholte Anlasstat anzusehen sei.

der Wohnungsinhaber während der Tat in der Wohnung erscheint und der Täter sogleich Gewalt gegen diesen anwendet, um seine auf Zueignung fremder Vermögenswerte gerichteten Interessen unbedingt durchzusetzen). Mit dem Sinn und Zweck des § 112a wäre es schwerlich vereinbar, den Haftgrund gerade bei besonders gefährlichen Tätern, die vor einer solchen Eskalation nicht zurückschrecken und hierdurch eine gesteigerte kriminelle Energie sowie erhöhte Gefährlichkeit offenbart haben, aus rein formalen Gründen von vornherein auszuscheiden. Daher ist eine wiederholte Tatbegehung auch dann anzunehmen, wenn die Anlasstat nur deswegen nicht als rechtlich selbständige Handlung zum Tragen kommt, weil sie im Wege der **Gesetzeskonkurrenz** hinter eine **noch schwerwiegendere Tat aus der Deliktsgruppe** zurücktritt.[79]

38 Für die Annahme einer wiederholten Tatbegehung sind geringfügige **Abweichungen in der rechtlichen Beurteilung** ohne Bedeutung.[80] Die Voraussetzungen einer wiederholten Tatbegehung liegen auch dann vor, wenn eine wiederholte Anlasstat rechtlich nur deshalb nicht zum Tragen kommt, weil sie im Wege der Gesetzeskonkurrenz hinter die Begehung einer noch schwerwiegenderen Tat, die keine Katalogtat ist, zurücktritt. Dies ist etwa der Fall, wenn beim Tatvorwurf einer gefährlichen Körperverletzung das früher abgeurteilte Vordelikt ein Totschlag war, bei dem eine gefährliche Körperverletzung als **notwendiges Durchgangsstadium** zu dem Tötungsdelikt verwirklicht war.[81]

39 **Fortgesetzt** ist die Tat begangen – wie die Gleichstellung mit der Wiederholung erweist –, wenn die Straftat mit oder ohne einen Gesamtvorsatz tatsächlich dadurch fortgesetzt wird, dass in gleicher Weise wie bisher der Tatbestand verwirklicht wird.[82] Die Deliktsform (Rn. 29) ist gleichgültig.

40 **b) Taten außerhalb des Anlassverfahrens (Absatz 1 Satz 2).** Hinsichtlich des Tatbestandsmerkmals der wiederholten Tatbegehung war bis zur **Einfügung von Satz 2 durch das 2. ORRG**[83] umstritten, ob auch Taten außerhalb des aktuellen Anlassverfahrens berücksichtigt werden dürfen. Überwiegend wurde schon unter der Geltung der alten Fassung angenommen, dass auch Taten aus anderen Verfahren berücksicht werden dürfen, es also genügend sei, dass das Verfahren, in dem der Haftgrund zu prüfen ist, nur eine Tat zum Gegenstand hat, und der Beschuldigte wegen der anderen schon vorher verfolgt worden ist, d.h. bereits (nicht unbedingt rechtskräftig) verurteilt wurde oder unter dringendem Tatverdacht verfolgt wird.[84] Demgegenüber haben Teile des Schrifttums und der Rechtsprechung die Ansicht vertreten, einer solchen Auslegung stünden der Gesetzeswortlaut sowie die Gesetzessystematik und gesetzgeberischen Motive entgegen. Deshalb müssten Taten, deren wiederholter Begehung der Beschuldigte dringend verdächtig sei, zum einen Gegenstand desselben Ermittlungsverfahrens sein, und zum anderen hätten rechtskräftig abgeurteilte Anlasstaten außer Betracht zu bleiben, weil der

---

79 OLG Bremen StV **2013** 773; HK/*Posthoff* 12.

80 OLG Hamm NStZ-RR **2010** 292 (zur Bewertungseinheit bei Betäubungsmitteltaten); Beschl. v. 20.11.2012 – 1 Ws 604/12 – (juris) = NStZ-RR **2013** 86 (Ls.); Meyer-Goßner/*Schmitt* 8.

81 OLG Hamm Beschl. v. 20.11.2012 – 1 Ws 604/12 – (juris) = NStZ-RR **2013** 86 (Ls.); Meyer-Goßner/*Schmitt* 7.

82 LR/*Hilger*[26] 30; enger Meyer-Goßner/*Schmitt* 7, 8; KK/*Graf* 8a, 13 unter Hinweis auf BGH GrSSt **40** 138.

83 2. ORRG vom 29.7.2009 (BGBl. I S. 2280), s. dazu auch die Erl. zur Entstehungsgeschichte.

84 OLG Hamburg NJW **1980** 2367; OLG Hamm MDR **1981** 956; StV **1997** 310 mit abl. Anm. *Hohmann*; OLG Karlsruhe NStZ-RR **2006** 210; OLG Stuttgart NStZ **1988** 326; OLG Jena StV **1999** 101 mit abl. Anm. *Hohmann* StraFo **1999** 214; OLG Schleswig NStZ **2002** 276 mit Anm. *Paeffgen* NStZ **2003** 79; KG StV **2009** 83 (frühere Taten eines Heranwachsenden, durch die ein „verfestigtes kriminelles Handlungsmuster" ersichtlich werde); LG Bremen StV **2005** 618; KK/*Graf* 13; HK/*Lemke*[4] 10; *Herzler* NJ **2001** 410; *Humberg* Jura **2005** 381; KMR/*Wankel* 6.

Beschuldigte insoweit der Tat nicht (mehr nur) „dringend verdächtig", sondern ihrer schuldig sei.[85] Mit der Einfügung von Satz 2 ist die kontroverse Diskussion gegenstandslos geworden. Die Neuregelung soll Ergebnisse vermeiden, die „vor allem unter den Gesichtspunkten der Prävention und des Opferschutzes bedenklich" erschienen;[86] ein derartiges Ergebnis läge nach der Gesetzesbegründung etwa dann vor, wenn gegen einen – unter Umständen bereits mehrfach – einschlägig vorbestraften Beschuldigten kein Haftbefehl wegen Wiederholungsgefahr erlassen werden könne, obwohl dies aus Gründen des durch die Norm bezweckten Schutzes der Allgemeinheit vor weiteren erheblichen Straftaten des Beschuldigten geboten sei. Infolge der Gesetzesänderung wird vermieden, dass **potentiell besonders gefährliche Mehrfachtäter** bei der Gefahrenprognose dadurch privilegiert werden, dass ihre bereits abgeurteilten oder anderweitig verfolgten schwerwiegenden Straftaten durch die abweichende Mindermeinung außer Betracht gelassen werden. Zu berücksichtigen sind bei rahmenbeschlusskonformer Auslegung unter Berücksichtigung des Rahmenbeschlusses 2008/675/JI[87] auch **Verurteilungen aus anderen EU-Mitgliedsstaaten.**[88] Zu beachten ist allerdings, dass die heranzuziehenden früheren Taten den Schluss auf eine aktuelle Gefahrenlage zulassen müssen, weshalb ein hinreichender zeitlicher Zusammenhang zu fordern ist (dazu Rn. 58).

Wiederholte Anlasstat kann auch eine **Tat** sein, die **nicht Gegenstand des anhängigen Ermittlungs- oder Strafverfahrens** ist, in dieses aber einbezogen werden kann.[89] Auch hier ist die Deliktsform (Rn. 29) gleichgültig. Sind nicht alle Taten, die für die Feststellung der Wiederholungsgefahr von Bedeutung sind, Gegenstand des Verfahrens, in dem die Untersuchungshaft angeordnet werden soll, so muss das über die Haftfrage entscheidende Gericht den dringenden Tatverdacht bezüglich der verfahrensfremden Taten eigenverantwortlich prüfen.[90] 41

Nach dem Willen des Gesetzgebers kann ein Verfahren nicht nur durch Urteil, sondern **auch durch Einstellung rechtskräftig abgeschlossen** worden sein.[91] Er hat hierbei auch an Einstellungen nach § 154 gedacht, wobei sich allerdings die Frage stellt, ob eine Tat, die das Gewicht des § 112a Abs. 1 Satz 1 Nr. 2 erreicht, im Sinne des § 154 Abs. 1 Nr. 1 neben anderen „nicht beträchtlich ins Gewicht" fallen wird.[92] Die Verfahrensbeendigung durch Einstellung soll auch für andere Fälle der Einstellung gelten, wie etwa nach § 205.[93] Selbstverständlich muss in jedem Fall festgestellt werden, dass in dem eingestellten Verfahren die Voraussetzung des dringenden Verdachts einer (hinreichend gewichtigen) Anlasstat erfüllt ist bzw. gegeben war.[94] 42

---

85 OLG Frankfurt StV **1984** 159; StRR **2008** 395 und – nochmals ausführlich – StV **2008** 364 mit krit. Anm. *Laue*, jurisPR-StrafR 16/2008; LG Zweibrücken StraFo **2006** 107; *Paeffgen* NStZ **2003** 79; *Meyer-Goßner* 8 (bis zur 55. Aufl.); AK/*Deckers* 13; *Hohmann/Matt* NStZ **1989** 221; *v. Nerée* StV **1993** 217; *Schlothauer/Weider*³ Rn. 625 ff.

86 BTDrucks. **16** 12098 S. 19; vgl. zu den Einzelheiten die Erl. im Nachtrag zur 26. Aufl., § 112a, 1 f.

87 Rahmenbeschluss des Rates vom 24.7.2008 zur Berücksichtigung der in anderen Mitgiedsstaaten der Europäischen Union ergangenen Verurteilungen in einem neuen Strafverfahren, ABlEU Nr. L 220, S. 32 vom 15.8.2008.

88 S. BTDrucks. **16** 13673 S. 9.

89 OLG Schleswig MDR **1978** 952; KK/*Graf* 13; *Schlüchter* 216.

90 OLG Hamm NStZ-RR **2013** 86 (Ls.); KK/*Graf* 16.

91 BTDrucks. **16** 12098 S. 19.

92 Ebenso SK/*Paeffgen* 20a.

93 AnwK-UHaft/*König* 6; KMR/*Wankel* 6. Soweit *Schlothauer/Weider/Nobis* Rn. 672 ausführen, eingestellte Strafverfahren könnten die Wiederholungsgefahr nicht begründen, trägt die von ihnen hierzu zitierte Entscheidung OLG Dresden StV **2006** 534 diese Auffassung nicht; das OLG Dresden hat sich vielmehr mit dem (dort ersichtlich fehlenden) Gewicht der Straftat beschäftigt, die einem gemäß § 153a eingestellten Verfahren zugrunde lag. Gegen die Ansicht von *Schlothauer/Weider/Nobis* auch *Burhoff* (Ermittlungsv.) Rn. 3744.

94 Ebenso SK/*Paeffgen* 20a.

43 **6. Schwerwiegende Beeinträchtigung der Rechtsordnung.** Zu dem Erfordernis, dass eine der in Absatz 1 Satz 1 Nr. 2 aufgeführten Straftaten nur dann als Anlasstat in Betracht kommt, wenn sie wiederholt oder fortgesetzt begangen worden ist (Rn. 31 ff.), tritt als weitere Voraussetzung, dass sie eine die Rechtsordnung schwerwiegend beeinträchtigende Straftat sein muss. Weil jede Straftat die Rechtsordnung beeinträchtigt, kommt es ausschlaggebend nur auf das Wort „schwerwiegend" an.

44 Das zusätzliche Erfordernis ist zwar schon Auswahlkriterium für die Einstellung in den **Katalog** gewesen, die aufgenommenen Delikte sind also **schon generell schwerwiegender Natur.**[95] Da aber die danach ausgewählten Tatbestände für die konkrete Tatbestandsgestaltung weiten Raum bieten, wird zusätzlich zu der gesetzlichen Abgrenzung des Katalogs verlangt, dass die Anlasstat auch nach der **konkreten Ausgestaltung des Einzelfalls** die Rechtsordnung schwerwiegend beeinträchtigt.[96] Dabei kommt es, was nach dem Präventionscharakter der Vorschrift sicher gerechtfertigt ist, nach der Rechtsprechung des BVerfG wesentlich auf den Unrechtsgehalt der Tat an,[97] wobei in erster Linie (aber gewiss nicht allein) auf Art und Ausmaß des angerichteten Schadens abzustellen ist.[98]

45 Bei einer Mehrzahl von Taten muss der erforderliche Schweregrad **grundsätzlich in jeder einzelnen Tat** vorliegen, die Tatschwere darf also im Regelfall nicht nach dem Gesamtschaden beurteilt werden.[99] Jedoch können in einem solchen Fall, etwa bei Serientaten mit vielen Geschädigten, Art und Umfang aller Schäden mit von Bedeutung sein, solange nicht die Tatschwere nach dem Gesamtschaden bewertet wird.[100]

46 Bei einer **bereits abgeurteilten Vortat** wird die Voraussetzung „schwerwiegend" in der Regel anzunehmen sein, wenn eine Freiheitsstrafe von **mindestens einem Jahr** verhängt wurde.[101]

47 Die Auffassung, dass im Hinblick auf die Unschuldsvermutung nicht auf die **Schwere der Schuld** abgestellt werden sollte[102] bzw. dürfe,[103] übersieht den Charakter der Haftentscheidung. Bei ihr geht es um eine auf Verdachtsgründen beruhende, notwendigerweise lediglich eine Prognose enthaltende Beurteilung, die niemals ein endgültiges Urteil über die Schuld des Beschuldigten umfasst, sondern lediglich eine vorläufige Bewertung der äußeren und inneren Tathergänge.[104]

---

95 BTDrucks. **VI** 3561, Art. 1 Nr. 2 II; s. auch BVerfGE **35** 191.

96 Kritisch hierzu Radtke/Hohmann/*Tsambikakis* 13: maßgeblich ist „das Maß der Eignung der Anlasstat zur normativen Verunsicherung".

97 BVerfGE **35** 191; OLG Karlsruhe NStZ-RR **2006** 210.

98 OLG Köln StV **1996** 158; OLG Naumburg StraFo **2011** 393 = NStZ-RR **2013** 49; OLG Frankfurt StV **2010** 583; OLG Jena NStZ-RR **2009** 143; OLG Bremen StV **2013** 773; KK/*Graf* 14a; HK/*Posthoff* 8.

99 OLG Köln StV **1996** 158; OLG Jena StV **1999** 101; NStZ-RR **2009** 143; OLG Frankfurt StV **2000** 209; **2010** 583; **2016** 816; OLG Karlsruhe StV **2002** 147; LG Gera StV **2000** 320 (zu § 29 Abs. 1 Nr. 1 BtMG); OLG Braunschweig StV **2012** 352; OLG Hamm StV **2011** 291 = NStZ-RR **2011** 124 (Ls.); OLG Jena NStZ-RR **2009** 143 = StV **2009** 251 = OLGSt StPO § 112a Nr. 3; OLG Frankfurt StV **2010** 31 und Beschl. v. 24.11.2009 – 1 Ws 126/09 = StV **2010** 141 (Ls.); OLG Oldenburg Beschl. v. 17.12.2014 – 1 Ws 625/14 – (juris) = StRR **2015** 42 (Ls.); Meyer-Goßner/*Schmitt* 9; KK/*Graf* 14a; MüKo/*Böhm* 26, 28; SK/*Paeffgen* 13,15; **a.A.** KMR/*Wankel* 7, der grundsätzlich auf die Taten in ihrer Gesamtheit abstellen will.

100 Vgl. OLG Karlsruhe StV **2002** 147; SK/*Paeffgen* 15 (längeres „Anhäufen" kleinerer Schäden oder Verknüpfung solcher Schäden mit einem schweren Schaden genügt nicht); anders bei der fortgesetzten Tat, bei der auch auf den Gesamtschaden abgestellt werden kann, KK/*Graf* 14a; Graf/*Krauß* 8; AnwK-UHaft/*König* 7; *Münchhalffen/Gatzweiler* Rn. 231; s. auch OLG Hamburg MDR **1973** 242; OLG Stuttgart Justiz **1973** 255.

101 OLG Jena StV **1999** 101.

102 LR/*Hilger*[26] 32.

103 SK/*Paeffgen* 15; **a.A.** LR/*Wendisch*[24] 36; s. auch OLG Karlsruhe NStZ-RR **2006** 210.

104 S. auch OLG Karlsruhe Beschl. v. 15.6.2016 – 2 Ws 193/16 – (juris): Berücksichtigung eines (voraussichtlich) geringen individuellen Schuldvorwurfs bei einem untergeordneten Gehilfenbeitrag, die zur Aufhebung des Haftbefehls führte.

Interpretation und Verwendung des Begriffs „schwerwiegend" bereiten der Praxis, nicht nur wegen der Unklarheit dieses Begriffes, sondern auch im Hinblick auf ähnliche, zum Teil vergleichbare Eingrenzungen (vgl. z.B.: Absatz 1 Satz 1: „weitere erhebliche" Straftaten; § 100c Abs. 1: „besonders schwere Straftat"; §§ 98a Abs. 1 Satz 1, 110a Abs. 1 Satz 1, 163e Abs. 1 Satz 1: „Straftat von erheblicher Bedeutung"; § 110a Abs. 1 Satz 4: „besondere Bedeutung" der Tat) gewisse Schwierigkeiten. Aus der Entstehungsgeschichte der Vorschrift lässt sich wenig ableiten.[105] Aber angesichts der Verwendung zweier ähnlicher Begriffe in § 112a Abs. 1 Satz 1 („schwerwiegend" und „erheblich") wird man davon ausgehen können, dass der Gesetzgeber damit Unterschiedliches gemeint hat.[106] Nimmt man weiterhin an, dass bereits mit der Verwendung des Begriffes „erheblich" in seinen unterschiedlichen Ausformungen ein deutlich angehobener Schweregrad, insbesondere eine Tat mit deutlich über dem Durchschnitt liegendem Unrechtsgehalt gemeint sein soll – dafür spricht z.B., dass das „erheblich" in Absatz 1 Satz 1 auch auf die in Satz 1 Nr. 1 genannten Delikte bezogen ist, sowie die Verwendung des Begriffes bei intensiven grundrechtsrelevanten Ermittlungsmaßnahmen (§§ 98a, 110a, 163e) –, so kann man annehmen, dass mit dem Kriterium „schwerwiegend" solche Taten ausgegrenzt werden sollen, die – im Einzelfall – nach ihrem Unrechtsgehalt (Art und Schwere der konkreten Tat) nicht **wenigstens der „gehobenen mittleren Kriminalität"**[107] zugerechnet werden können, insbesondere nicht geeignet sind, den Rechtsfrieden oder das Gefühl der **Rechtssicherheit der Bevölkerung** ganz erheblich zu beeinträchtigen.[108] Für eine solche Interpretation, die bedeutet, dass „schwerwiegend" graduell noch über „erheblich" liegt, spricht schließlich auch die Straferwartung in Absatz 1 Satz 1. 48

Demgemäß hat man unter einer die Rechtsordnung schwerwiegend beeinträchtigenden Straftat zu verstehen: Schwere Straftaten und Straftaten, die in der **oberen Hälfte der mittelschweren Straftaten** liegen, wenn sie für den durch sie geschützten Personenkreis eine Gefahr für Leib oder Leben, namentlich auch durch Drogenabhängigkeit, für Sachen und Vermögenswerte von bedeutendem Wert oder die Gefahr begründen, mit Gewalt oder gefährlicher Drohung zu Vermögensverfügungen gezwungen zu werden. Nach dieser Definition scheiden als Anlasstaten **minder schwere Fälle** der Nummer 2 aus,[109] soweit sie schon nach Wortlaut und Strafrahmen und (oder) nach den konkreten Umständen des Einzelfalles keine schwerwiegende Beeinträchtigung erfassen. 49

Insbesondere scheidet danach bei der Anlasstat die **kleinere Kriminalität** von vornherein aus.[110] Dies ist auch bedeutsam für die **einfache Erpressung** (§ 253 Abs. 1 StGB) und den einfachen **Betrug** (§ 263 Abs. 1 StGB), die als Anlasstaten im Katalog stehen, während beim Diebstahl der einfache Diebstahl (§ 242 StGB) dort fehlt; die Wegnahmedelikte beginnen erst mit dem besonders schweren Fall des Diebstahls (§ 243 StGB). Diese Abweichung wird darauf zurückgeführt, dass beim Betrug die gleiche Differenzierung wie beim Diebstahl aus gesetzestechnischen Gründen nicht möglich gewesen sei.[111] Ob das zutrifft, ist fraglich, weil § 263 Abs. 3 StGB und § 243 Abs. 1 Satz 1 StGB abgesehen von der Strafandrohung übereinstimmen (vgl. auch § 253 Abs. 4 Satz 1 StGB) und 50

105 Vgl. dazu LR/*Wendisch*[24] 36, 38.
106 **A.A.** wohl *Schlüchter* 216; MDR **1973** 99.
107 Ähnlich LG Bonn StV **1988** 439; KK/*Graf* 14a; s. auch OLG Karlsruhe StV **2001** 686; NStZ-RR **2006** 210; OLG Köln StV **1995** 475; LG Köln StV **1996** 386; *Schlothauer/Weider/Nobis* Rn. 671 ff.; s. aber auch AK/*Deckers* 14, der lediglich die „leichteren Fälle" ausschließen will.
108 Vgl. dazu OLG Hamm NStZ-RR **2010** 292; HK/*Posthoff* 8; Meyer-Goßner/*Schmitt* 9; *Schlüchter* MDR **1973** 98; (krit.) SK/*Paeffgen* 15; *v. Nerée* StV **1993** 220; s. auch *Herzler* NJ **2001** 410.
109 Ähnlich SK/*Paeffgen* 15; AK/*Deckers* 12; vgl. auch *v. Nerée* StV **1993** 219.
110 BVerfGE **35** 191. S. auch OLG Hamm StV **1996** 275.
111 OLG Stuttgart Justiz **1973** 254.

§ 243 Abs. 1 Satz 2 StGB nur den besonders schweren Fall illustrierende Regelbeispiele enthält, so dass es bei Erpressung und Betrug ebenso wie beim Diebstahl „gesetzestechnisch" möglich gewesen wäre, nur den besonders schweren Fall des § 263 Abs. 3 StGB in den Katalog aufzunehmen (Rn. 23). Auf jeden Fall wird man die Folgerung ziehen müssen, dass beim Betrug und bei der Erpressung nur solche Fälle Anlasstaten sein können, die nach dem Unrechtsgehalt etwa dem besonders schweren Fall des Diebstahls entsprechen.[112] Straftaten nach **§ 29 Abs. 1 BtMG** dürften trotz des vergleichsweise niedrigen Strafrahmens oftmals nicht der kleineren Kriminalität zuzurechnen sein.[113]

51 Die **Rechtsprechung** bestimmt den für den Schweregrad maßgeblichen Unrechtsgehalt in erster Linie nach der Schadenshöhe[114] und verfolgt hierbei eine eher restriktive Auslegung. So reichen beim Vorwurf eines (gewerbsmäßig begangenen) **Betruges** Schadenshöhen von 100 bis zu 330 Euro,[115] unter 1.000 Euro,[116] unter 2.000 Euro,[117] von knapp 1.800 Euro,[118] zwischen 1.000 und 1.905 Euro[119] bzw. zwischen 500 und 2.000 Euro[120] nicht aus. Eine Straftat nach **§ 243 StGB** darf nur dann als Anlasstat eingestuft werden, wenn sie hinsichtlich des Beutewerts einen überdurchschnittlichen Schweregrad aufweist.[121] Bei Taten der **gefährlichen Körperverletzung** ist die **Opferperspektive** zu berücksichtigen, weshalb es auch darauf ankommt, aus welchem Grund es zu dem Übergriff gekommen ist und welche Folgen dieser für das Opfer hatte.[122] Die strengen Prüfungsmaßstäbe gelten (selbstverständlich) in gleicher Weise für die nach Absatz 1 Satz 2 einzubeziehenden Taten.[123] Der Umstand, dass der Beschuldigte zum Zeitpunkt der Begehung der ihm vorgeworfenen Anlasstat **unter Bewährung** stand, reicht allein nicht aus, ihr einen überdurchschnittlichen Schweregrad beizumessen.[124]

52 Beim **Wohnungseinbruchdiebstahl** nach § 244 Abs. 1 Nr. 3 StGB liegt eine schwerwiegende Tat in der Regel unabhängig vom Wert des schließlich erlangten Diebesguts vor. Die Höhe des entstandenen bzw. zu befürchtenden Schadens ist zwar ein wesentliches, aber lediglich eines von mehreren Kriterien, und die Rechtsordnung wird zumindest aus Sicht der betroffenen Be- und auch Anwohner bei unbefugtem Einsteigen in einen Wohnraum in ganz erheblicher Weise beeinträchtigt, während der Wert des erlangten Diebesgu-

112 OLG Stuttgart Justiz **1973** 254; OLG Hamburg MDR **1973** 242; KK/*Graf* 10; Meyer-Goßner/*Schmitt* 7.
113 S. aber LG Gera StV **2001** 321 (zu § 29 Abs. 1 Nr. 1 BtMG).
114 S. aber auch OLG Hamm NStZ-RR **2015** 115 = StRR **2015** 194 mit Anm. *Burhoff* (keine Begrenzung der Katalogtat des § 263 StGB nach der Schadenshöhe, sondern umfassende Gesamtwürdigung von Tat und Täter auch anhand der Beweggründe und Ziele des Täters, seines Vorlebens und Nachtatverhaltens, seiner Gesinnung und des bei der Tat aufgewendeten Willens sowie der Art der Ausführung und Auswirkungen der Tat erforderlich).
115 OLG Frankfurt StV **2010** 141 (Ls.).
116 OLG Jena Beschl. v. 23.1.2008 – 1 Ws 29/08 – (juris); ähnlich OLG Oldenburg Beschl. v. 17.12.2014 – 1 Ws 625/14 – (juris).
117 OLG Hamburg Beschl. v. 20.7.2017 – 2 Ws 110/17 – (juris).
118 KG NStZ-RR **2015** 115.
119 OLG Hamm StV **2011** 292 (unter Bezugnahme auf den Vermögensverlust großen Ausmaßes im Sinne des § 263 Abs. 3 Satz 2 StGB).
120 OLG Naumburg StraFo **2011** 393 = NStZ-RR **2013** 49.
121 OLG Braunschweig StV **2012** 352: Keine schwerwiegende Beinträchtigung der Rechtsordnung bei Fahrraddiebstählen mit einem Beutewert von 700 bzw. 1.300 Euro, zumal die Geschädigten die Fahrräder jeweils noch am selben Tag zurück erhielten. Keine Erheblichkeit auch beim Diebstahl älterer Pkw im Wert von jeweils allenfalls 1.000 Euro, mit denen ein heranwachsender Beschuldigter herumfährt und die er anschließend abstellt: OLG Jena NStZ-RR **2009** 143; vgl. auch LG Berlin StV **2009** 652; LG Bremen StV **2010** 141. Siehe aber auch die Bejahung der Haftvoraussetzungen gegen einen Jugendlichen bei Trickdiebstählen mit (teilweise deutlich) geringeren Schäden bei OLG Köln StRR **2008** 35 mit Anm. *Mertens*.
122 OLG Frankfurt StV **2008** 364 = StraFo **2008** 240; OLG Karlsruhe NStZ-RR **2006** 210; HK/*Posthoff* 10.
123 KG NStZ-RR **2010** 291 = StV **2010** 585.
124 OLG Hamm StV **2011** 291; KK/*Graf* 14a.

tes nach kriminologischer Erfahrung nicht im Vordergrund steht. Derartige Taten sind auch von der aufgewendeten kriminellen Energie mit sonstigen Vermögenstaten meist nicht zu vergleichen, und das Sicherheitsgefühl der Bevölkerung sowie deren „Gefühl der Geborgenheit im Recht" werden gerade bei Serieneinbruchstaten ungleich stärker beeinträchtigt.[125] Die mit Wirkung zum 22.7.2017 bestimmte Qualifizierung des auf eine dauerhaft genutzte Privatwohnung bezogenen Wohnungseinbruchdiebstahls zu einem Verbrechenstatbestand durch § 244 Abs. 4 StGB n.F. bestätigt diese Überlegung.

Teilweise wird vertreten, die Haft könne nicht auf frühere Straftaten des Beschuldigten gestützt werden, die nur mit **jugendgerichtlichen Zuchtmitteln** geahndet wurden, weil diese Sanktion zeige, dass kein überdurchschnittlicher Schweregrad vorgelegen habe. Da in einem solchen Fall auch keine schädlichen Neigungen festgestellt worden seien, könne wegen solcher früherer Taten zudem keine Neigung des Beschuldigten zur Begehung erheblicher Straftaten angenommen werden, die eine Wiederholungsgefahr begründen könnte.[126] Diese Auffassung ist abzulehnen; sie beachtet die **Voraussetzungen für die Verhängung von Jugendstrafe** nicht hinreichend. Bei der Frage, ob Jugendstrafe auszusprechen ist, kommt zum einen dem äußeren Unrechtsgehalt der Tat keine selbstständige Bedeutung zu,[127] und zum anderen ist stets sorgfältig zu prüfen, ob die Sanktionierung mit einer Jugendstrafe als „ultima ratio" auch im Zeitpunkt der gerichtlichen Entscheidung noch erforderlich ist, insbesondere auch, ob etwaige schädliche Neigungen auch zu diesem Zeitpunkt noch gegeben sind.[128] Deshalb können aus der Tatsache allein, dass in einem vorangegangenen Verfahren keine Jugendstrafe verhängt worden ist, keine tragfähigen Schlüsse auf den Schweregrad der zugrunde liegenden Tat gezogen werden, sondern die Tat ist vielmehr nach den allgemeinen Maßstäben darauf zu untersuchen, ob sie nach ihrer konkreten Ausgestaltung die Rechtsordnung schwerwiegend beeinträchtigt hat.[129] Daneben ist allerdings zu betonen, dass im **Jugendstrafverfahren** grundsätzlich nur mit **Zurückhaltung** von dem Haftgrund Gebrauch zu machen ist.[130] **53**

III. Wiederholungsgefahr

1. Grundsatz. Um die Sicherungshaft bei Wiederholungsgefahr aus verfassungsrechtlichen Gründen in engen Grenzen zu halten,[131] ist einmal der Deliktskatalog in der gesetzlichen Auswahl und in der richterlichen Anwendungsmöglichkeit (Rn. 44) beschränkt. Zum anderen werden neben der Prognose der Wiederholungsgefahr Voraussetzungen aufgestellt, von denen am bedeutsamsten sind: die „Erforderlichkeit" der Sicherungshaft (Rn. 5: Nr. 3; Rn. 68) und die Erwartung einer Freiheitsstrafe von einem Jahr (Rn. 5: Nr. 4; Rn. 67). **54**

---

125 OLG Celle NdsRpfl. **2014** 127 = StRR **2014** 42 (Ls.).
126 OLG Oldenburg NStZ-RR **2010** 159 = StV **2010** 139 = StRR **2010** 196; StV **2012** 352 = StraFo **2012** 186; ebenso KK/*Graf* 12a; SSW/*Herrmann* 12; MüKo/*Böhm* 40, 41; HK/*Posthoff* 13 (unter Hinweis auf einen nicht veröffentlichten Beschl. des OLG Hamm vom 8.2.2011 – III-3 Ws 28/11 –, in welchem die Frage offen gelassen worden sei).
127 BGH NStZ **2012** 164 m.w.N.
128 BGH NStZ-RR **2010** 387, 388 m.w.N.
129 Zutreffend deshalb etwa KG StV **2009** 83; OLG Bremen StV **2013** 773; **a.A.** SK/*Paeffgen* 16b; unverständlich Meyer-Goßner/*Schmitt*, der sich unter Rn. 9 der einen und unter Rn. 14 der entgegengesetzten Meinung anschließt. Das OLG Oldenburg hat inzwischen seine Auffassung eingeschränkt, vgl. Beschl. v. 17.12.2014 – 1 Ws 625/14 – (juris-Rn 10): Verhängung von Zuchtmitteln könne „nicht – zumindest nicht wesentlich – herangezogen werden", wobei nicht klar ist, was das OLG mit „nicht wesentlich" meint.
130 KMR/*Wankel* 14; Radtke/Hohmann/*Tsambikakis* 21.
131 Vgl. etwa OLG Bremen NStZ-RR **2001** 220.

55 **2. Bestimmte Tatsachen** sind Grundlage für die Prognose der Wiederholungsgefahr, die natürlich im Zeitpunkt der jeweiligen Haftentscheidung vorliegen muss.[132] Der Ausdruck stammt aus § 112 Abs. 2 Hs. 2. Er ist unklar (§ 112, 32) und passt für diese Vorschrift nicht recht (§ 112, 33). Denn nach deren Zweck können die Tatsachen (das nichtssagende Wort „bestimmte" kann zur Klärung nichts beitragen) in der Regel keine Realitäten in der Außenwelt sein, etwa der Umstand, dass der Beschuldigte sich anschickt, eine neue Straftat zu begehen; schon daran soll er gehindert werden. Die die Gefahr begründende Tatsache ist – in der Regel – eine **starke innere Neigung**,[133] vergleichbare erhebliche Straftaten zu begehen. Auf diese innere Einstellung ist nach den Grundsätzen der Prognosemethodik **aufgrund (äußerer) Hilfstatsachen zu schließen.** Diese im Freibeweisverfahren festzustellenden Tatsachen umfassen (grundsätzlich auch – vgl. Rn. 57) die Vortaten und alle Lebensverhältnisse des Beschuldigten,[134] welche die Prognose zulassen, es sei die Gefahr (Rn. 60) begründet, dass der Beschuldigte weitere Straftaten begehen werde.

56 Das **Erfordernis**, dass die Gefahr der **Begehung weiterer erheblicher Straftaten** gleicher Art auf die Feststellung bestimmter Tatsachen gegründet werden muss, **gilt auch für die Katalogtaten der Nr. 1.**[135] Auch wenn in dieser Alternative eine einmalige Tatbegehung genügen kann, indiziert – entgegen einer früher vertretenen Ansicht[136] – allein der dringende Verdacht der Begehung einer solchen Tat mithin nicht den Haftgrund. Es darf also nicht automatisch von der Tat auf die Gefahr der Wiederholung geschlossen werden, sondern es bedarf auch hier zusätzlich[137] der Feststellung von (Indiz-) Tatsachen, aus denen sich eine starke innere Neigung des Beschuldigten zu weiteren gleichartigen erheblichen Taten erkennen lässt.[138]

57 Der Grundsatz der **Verhältnismäßigkeit** (Rn. 68) wurde bisher in dem durch das VerbrbekG gestrichenen früheren Absatz 1 Satz 2 dadurch betont, dass in den Fällen der Nr. 2 die Gefahr, zu deren Abwendung die Haft erforderlich sein muss – allerdings nur „in der Regel" –, allein dann angenommen werden durfte, wenn der Beschuldigte innerhalb der letzten fünf Jahre wegen einer Straftat gleicher Art rechtskräftig zu Freiheitsstrafe verurteilt worden war. Obwohl diese Haftvoraussetzung nun entfallen ist (vgl. Entstehungsgeschichte und Rn. 14), kommt **Vorstrafen** für die Prognose der Wiederholungsgefahr – in den Fällen der Nr. 1 und 2 – nach wie vor erhebliche Bedeutung zu. Sie können, je nach

---

132 LG Cottbus StraFo **2002** 68.

133 OLG Jena StV **2014** 750; OLG Koblenz StraFo **2014** 295 = StV **2014** 550; OLG Frankfurt Beschl. v. 3.2.2010 – 1 HEs 8/10 – (juris); OLG Karlsruhe StraFo **2010** 198; OLG Dresden StV **2006** 534 (weitergehend: innere Neigung „oder wenigstens Bereitschaft"); Radtke/Hohmann/*Tsambikakis* 16; ähnlich SK/*Paeffgen* § 112, 24, § 112a, 16; Meyer-Goßner/*Schmitt* 14; KK/*Graf* 19.

134 Z.B. Vorleben des Beschuldigten; soziales Umfeld, also z.B. Kontakte zur kriminellen Szene; Arbeitsverhältnisse; Drogenabhängigkeit; Persönlichkeitsstruktur. Vgl. auch OLG Stuttgart NStZ **1988** 326; OLG Hamm StV **1992** 20; OLG Bremen NStZ-RR **2001** 220; OLG Dresden StV **2006** 534. Wiederholungsgefahr kann fehlen, wenn eine Rückkehr des Beschuldigten in die kriminelle Szene nicht möglich – LG Erfurt StV **2002** 315 –, seine Geschäftsräume geschlossen wurden – LG Köln StV **1997** 28, OLG Karlsruhe StV **2002** 147, StV **2001** 686 –, oder die Tat Folge eines einmaligen Versagens, etwa situationsbedingt, ist – vgl. OLG Köln StraFo **2002** 366; *Benfer* JuS **1983** 112 (auch zur Frage der Alkoholisierung bei Straftaten nach der Nr. 1). S. dazu auch OLG Frankfurt NJW **1965** 1728; *Schlüchter* 217.

135 OLG Bremen StraFo **2008** 72 mit Anm. *Behm*; OLG Karlsruhe StraFo **2010** 198; OLG Köln StV **2003** 517; Radtke/Hohmann/*Tsambikakis* 9.

136 *Pfeiffer* 2.

137 HK/*Lemke*[4] 11.

138 Einschränkend KMR/*Wankel* 11: Anders bei Serientaten. Vgl. hierzu auch OLG Hamm NStZ-RR **2010** 292 zum Fall einer serienmäßigen Begehung von Betäubungsmitteltaten ungeachtet zwischenzeitlicher polizeilicher Festnahmen sowie OLG Stuttgart Beschl. v. 21.4.2011 – 2 HEs 37-39/11 – (juris) zur serienmäßigen Begehung von Diebestaten, die trotz Beschlagnahmen und vorläufiger Festnahme unvermindert fortgesetzt wurden (insoweit in StV **2011** 749 nicht abgedruckt).

Zahl, Art und Erheblichkeit der Vortaten und -strafen sowie nach Art und Umständen der Tatbegehung und der sog. Rückfallgeschwindigkeit[139] wichtige Prognosekriterien[140] sein.

Von Belang ist auch der **Zeitablauf.** Im Rahmen der vorzunehmenden Gesamtabwägung darf eine **Vorstrafe** regelmäßig nur berücksichtigt werden, wenn sie noch nicht zu **lange zurückliegt**; auch wenn die frühere Fünfjahresfrist entfallen ist, wird ein erheblicher Zeitlablauf seit der Begehung vorangegangener Taten in der Regel der Annahme des Haftgrundes entgegen stehen.[141] Andererseits soll auch eine lange Zeit der Haftverschonung ohne erneute Straftaten die Anordnung der Haft nicht hindern, wenn weitere Sexualstraftaten gegenüber Kindern im Raum stehen.[142] Die zu berücksichtigende Vortat muss überdies zumindest der mittleren Kriminalität zuzurechnen gewesen sein.[143] Die Bejahung der Wiederholungsgefahr ist – wie bisher – nicht zwingend von dem Vorliegen einer Vorbestrafung abhängig, jedoch kann das Fehlen einer solchen ein wichtiges Indiz gegen eine solche Gefahr sein.[144] **Fehlt eine Vorstrafe,** so darf eine Wiederholungsgefahr – namentlich in den Fällen der Nr. 2 – nur bejaht werden, wenn sonstige schwerwiegende Gründe die Wiederholung mit hoher Wahrscheinlichkeit erwarten lassen.[145] Soll die Prognose auf eine zuvor verhängte Freiheitsstrafe gestützt werden, so darf diese noch nicht nach den Bestimmungen des BZRG getilgt worden oder tilgungsreif oder aus sonstigen Gründen unverwertbar sein. **Rechtskraft** der Vorverurteilung ist nicht erforderlich,[146] wenn die Richtigkeit dieser Entscheidung in anderer Weise (z.B. durch glaubhaftes Geständnis oder erdrückende Beweislage) untermauert wird. Ist eine Vorstrafe oder eine andere Tat herangezogen worden, um die Voraussetzung der „wiederholten" oder „fortgesetzten" Begehung (Nr. 2) zu bejahen, so ist der Umstand, dass diese Tat begangen wurde, ein bei der Prüfung der Wiederholungsgefahr zu beachtendes Indiz. Seiner Berücksichtigung steht nicht entgegen, dass die Prognose der Wiederholungsgefahr eine eigenständige Haftvoraussetzung ist.[147] Denn diese Prognose muss die **gesamte Delinquenzgeschichte** des Beschuldigten und damit auch bereits abgeurteilte (insbesondere einschlägige) Vortaten in Betracht ziehen; der Gesetzgeber hat dies bei der Einfügung des neuen Absatz 1 Satz 2 (mit Recht als selbstverständlich) vorausgesetzt. 58

Die Wiederholungsgefahr kann bei **bandenmäßiger Begehungsweise** ausscheiden, wenn infolge der Inhaftierung der weiteren Bandenmitglieder keine hinreichenden 59

---

139 Z.B. serienmäßige Tatverwirklichung (s. dazu auch Fn.138); Straftaten nach Haftentlassung oder in Kenntnis eines schon laufenden Verfahrens; Ankündigung der Wiederholung.

140 Meyer-Goßner/*Schmitt* 14; KK/*Graf* 19. S. auch OLG Hamm StV **1992** 20 (zur Wiederholungsgefahr bei BtM-Delikten); OLG Stuttgart NStZ **1988** 326; *Schlothauer/Weider/Nobis* Rn. 668, 674; *Schloth* 111.

141 OLG Jena StraFo **2009** 21 (mehr als acht Jahre); OLG Karlsruhe StraFo **2010** 198 = Justiz **2011** 73 = StRR **2010** 163 (sieben Jahre, davon mehr als die Hälfte in Haft verbracht; m.E. nicht ganz unproblematisch); OLG Oldenburg StV **2010** 140 (mehrere Jahre); OLG Frankfurt Beschl. v. 3.2.2010 – 1 HEs 8/10 – (juris); KG NStZ-RR **2010** 291 = StV **2010** 585 (Vortat als Jugendlicher zehn Jahre zuvor begangen); LG Bremen StV **2005** 618; vgl. auch OLG Hamm Beschl. v. 20.11.2012 – 1 Ws 604/12 – (juris) = NStZ-RR **2013** 86 (Ls.): keine feste zeitliche Grenze, die den Haftgrund zwingend entfallen ließe (hier: sechs Jahre unschädlich); siehe auch LG Koblenz BeckRS **2011** 05937.

142 OLG Köln OLGSt StPO § 112a Nr. 2; zweifelhaft.

143 OLG Oldenburg StV **2005** 618.

144 Vgl. auch OLG Köln StraFo **2002** 366 (einmalige Begehung eines Sexualdelikts).

145 OLG Dresden StV **2006** 534; OLG Frankfurt StV **2010** 583, 585 (in einem solchen Fall lasse sich die geforderte hohe Wahrscheinlichkeit „schwer begründen"); Meyer-Goßner/*Schmitt* 15; *Schlothauer/Weider/Nobis* Rn. 674; s. auch *Hohmann* StraFo **1999** 213.

146 OLG Stuttgart NStZ **1988** 326; krit. *v. Nerée* StV **1993** 216 (Verstoß gegen Unschuldsvermutung).

147 So schon zum Rechtszustand vor Einfügung des neuen Satzes 2 in den Absatz 1 (u.a.) OLG Schleswig NStZ **2002** 276 mit krit. Anm. *Paeffgen* NStZ **2003** 79; OLG Stuttgart NStZ **1988** 326; **a.A.** LR/*Hilger*[26] 37 („Doppelverwertung"); ähnlich SK/*Paeffgen* 11; AK/*Deckers* 13.

Anhaltspunkte dafür gegeben sind, dass der Beschuldigte sein im Bandengefüge begangenes strafbares Verhalten fortsetzen werde.[148]

60 **3.** Zum **Gefahrbegriff** vgl. § 112, 35. Der Begriff „Gefahr" ist identisch mit dem in § 112. Denn die Wiederholung des gleichen Worts in zwei aufeinander folgenden Paragraphen kann schon deshalb nur dasselbe bedeuten, weil Absatz 1 Satz 1 Nr. 1 früher § 112 Abs. 3 war, und das Wort Gefahr innerhalb desselben Paragraphen in Absatz 3 nicht anderes gelesen werden konnte als in Absatz 2 Nr. 2 und Nr. 3, letzter Satzteil. Erforderlich ist eine **hohe Wahrscheinlichkeit** der Tatwiederholung. Die allgemeine Befürchtung, dass es in einem unbestimmten Zeitraum zu gleichartigen Taten kommen könne, genügt nicht.[149]

4. Weitere Straftaten

61 **a) Übersicht.** Die Gefahr (§ 112, 35), die in der Regel durch die Neigung des Beschuldigten (Rn. 55) begründet wird, muss dahin gehen, dass der Beschuldigte, bevor er rechtskräftig (s. dazu die Erl. Vor § 296) abgeurteilt worden ist, weitere (Rn. 62) erhebliche (Rn. 63) Straftaten (Rn. 62) gleicher Art (Rn. 64) begehen oder die Straftat fortsetzen (Rn. 66) werde.[150]

62 **b)** Wegen des Begriffs Straftat vgl. Rn. 19. Die Prognose, der Beschuldigte werde vor rechtskräftiger Aburteilung, also in absehbarer, aber unbestimmter Zeit, nicht nur eine, sondern **mehrere weitere Straftaten** begehen, ist in dieser Form oft schlechthin unmöglich.[151] Man muss die Stelle deshalb dahin lesen, dass der Beschuldigte weiterhin erheblich und in gleicher Art straffällig werden werde.[152]

63 **c) Erheblichkeit** ist schon sprachlich kein eindeutiger Begriff.[153] Man wird, ohne damit viel zu gewinnen, von Straftaten sprechen können, die sich über die Masse erheben, jedoch – weil das Wort schwerwiegend nicht wiederholt wird – zwar schwer, aber nicht unbedingt so schwer sind, wie es die Anlasstat ist, so dass wohl die **ganze mittlere Kriminalität** erfasst wird[154] (vgl. Rn. 48). Diese Abstufung trägt im Ergebnis auch den Schwierigkeiten Rechnung, die mit der Prognoseentscheidung verbunden sind.[155]

64 **d) Gleichartigkeit.** Die Sicherungshaft sichert vor Wiederholungsgefahr, und diese besteht, wenn die Gefahr begründet ist, der Täter, der dringend bestimmter Straftaten (Rn. 19 ff.) verdächtig ist, werde weitere erhebliche **Straftaten gleicher Art** begehen (oder die Tat „fortsetzen"). Die Straftaten gleicher Art stehen begrifflich neben „derselben" Wiederholungstat, bei welcher der Identitätsbegriff allerdings bereits zu erweitern war (vgl. Rn. 31 ff.).

---

148 OLG Düsseldorf StV **2010** 585 (geringere Straftaten zur bloßen Suchtfinanzierung genügen nicht); HK-GS/*Laue* 3.
149 OLG Karlsruhe StraFo **2010** 198 (strengerer Maßstab als bei § 454 Abs. 2 Satz 2); OLG Koblenz StraFo **2014** 296 = StV **2014** 550 (bloße Möglichkeit reicht nicht); KK/*Graf* 19; HK/*Posthoff* 16.
150 Vgl. *Kleinknecht* JZ **1965** 113.
151 Vgl. auch AK/*Deckers* 15 (Überforderung).
152 **A.A.** *v. Nerée* StV **1993** 215 (unzulässige Ausweitung).
153 Vgl. SK/*Paeffgen* 17; KK/*Graf* 18.
154 KK/*Graf* 18; Meyer-Goßner/*Schmitt* 12; KMR/*Wankel* 10; KG NStZ-RR **2010** 291; ähnlich (aber wohl enger) *v. Nerée* StV **1993** 219; vgl. auch *Münchhalffen/Gatzweiler* Rn. 238; *Schlüchter* MDR **1973** 99; SK/*Paeffgen* 17; HK/*Posthoff* 18.
155 Krit. SK/*Paeffgen* 17 (Pseudoeinschränkung).

Straftaten gleicher Art liegen vor, wenn die bisherige und künftig zu erwartende Delinquenz bei rechtsethischer und psychologischer Vergleichbarkeit der Taten **im Erscheinungsbild übereinstimmen**. Im Allgemeinen wird man zur gleichen Art diejenigen Straftaten zählen können, die in den jeweils mit dem Wort „nach" gebildeten **Gruppen** des Absatzes 1 Satz 1 **zusammengefasst** sind[156] (Rn. 7). Dabei wird allerdings § 316a StGB nicht zur Gruppe der Brandstiftungsdelikte (Rn. 24) zu zählen, wohl aber mit Raub und Erpressung (vgl. Rn. 23) gruppengleich sein.[157] Indem die Vorschrift mit den Worten „gleicher Art" auf den Katalog (Rn. 7) zurückverweist, werden die zu erwartenden Straftaten, wenn auch mit der Gruppenauswahlmöglichkeit, auf die im Katalog genannten beschränkt. Es sind also keine Straftaten gleicher Art zu erwarten und es ist keine Sicherungshaft zulässig, wenn die Gefahr begründet ist, der Beschuldigte werde (nur) einen einfachen Diebstahl (§ 242 StGB) oder eine einfache Körperverletzung (§ 223 StGB) begehen. Freilich sind solche **Feinheiten der Prognose kaum möglich.** 65

e) Wegen der **Begehung** und **Fortsetzung** der neuen Straftat vgl. Rn. 29, 31ff. 66

5. Straferwartung. Die richterliche Prüfung der Verhältnismäßigkeit wird erleichtert durch die Anforderung, dass in den Fällen der Nr. 2 eine Freiheitsstrafe von mehr als einem Jahr zu erwarten ist. Der Strafrahmen ist so gewählt, dass die Vollstreckung der Strafe grundsätzlich (§ 56 Abs. 1 StGB) nicht zur Bewährung ausgesetzt werden kann; der Fall des § 56 Abs. 2 StGB wird bei Wiederholungstätern kaum je vorliegen.[158] Die Erwartung einer solchen Strafe ist erforderlich und in der Praxis sehr ernst zu nehmen, damit nicht mit der Sicherungshaft – im Ergebnis (vgl. Vor § 112, 27) – eine Freiheitsentziehung vorweggenommen, die dann in Wirklichkeit nicht ausgesprochen wird.[159] Liegt schon ein nicht rechtskräftiges Urteil vor, so ist die erkannte Strafe maßgeblich.[160] **Freiheitsstrafe** ist zunächst diejenige der §§ 38, 39 StGB. Ihr steht nach h.M. die **Jugendstrafe** der §§ 18, 19 JGG gleich.[161] Insoweit ist überwiegend anerkannt, dass bei der Bildung einer **Einheitsjugendstrafe** nach § 31 Abs. 2 JGG die Straferwartung auch ohne die Einbeziehung eines Vorerkenntnisses mehr als ein Jahr betragen muss.[162] Dies gilt in gleicher Weise für den Fall, dass aus einer Katalogtat und Nichtkatalogtaten eine einheitliche Jugendstrafe zu bilden ist; auch hier muss also die Straferwartung schon für die Katalogtat bei mindestens einem Jahr liegen, weil andernfalls die gesetzgeberische Wertung betreffend das 67

156 Vgl. OLG Bremen StV **2013** 773; KK/*Graf* 17 (eine in sich gleichartige Serie von Taten); Meyer-Goßner/*Schmitt* 13 (Übereinstimmung im Erscheinungsbild); SK/*Paeffgen* 17 (Gleichartigkeit des Schutzgutes bei Ähnlichkeit von Handlungssituation und -motivation); KMR/*Wankel* 9; HK/*Posthoff* 17; *Münchhalffen/Gatzweiler* Rn. 239; s. auch BezG Meiningen NStE Nr. 2 zu § 112a; *Herzler* NJ **2001** 410; *Humberg* Jura **2005** 383.

157 KK/*Graf* 17.

158 KK/*Graf* 21; *v. Nerée* StV **1993** 216; *Münchhalffen/Gatzweiler* Rn. 242; **a.A.** wohl Meyer-Goßner/*Schmitt* 10.

159 Vgl. LG Zweibrücken StV **1996** 158 (Wiederholungsgefahr bei Jugendlichen); SK/*Paeffgen* 19 (probl. im Hinblick auf die Unschuldsvermutung).

160 OLG Hamm StV **2011** 291; KK/*Graf* 21; Meyer-Goßner/*Schmitt* 10 (einschränkend für den Fall, dass die Staatsanwaltschaft zuungunsten des Angeklagten ein Rechtsmittel eingelegt hat).

161 OLG Braunschweig StraFo **2008** 330 = StV **2009** 84; OLG Celle NdsRpfl. **2014** 127; KG OLGSt StPO § 112a Nr. 4; StV **2009** 83; OLG Köln StRR **2008** 35; KMR/*Wankel* 14; Meyer-Goßner/*Schmitt* 10; KK/*Graf* 21, 22; Radtke/Hohmann/*Tsambikakis* 21; SK/*Paeffgen* 19; *Münchhalffen/Gatzweiler* Rn. 242; AnwK-UHaft/*König* 15; **a.A.** OLG Karlsruhe StraFo **2010** 206 = StRR **2010** 235; *Eisenberg* JGG § 72, 7a.

162 KMR/*Wankel* 14; HK/*Posthoff* 15; *Schlothauer/Weider/Nobis* Rn. 673; *Burhoff* (Ermittlungsv.) Rn. 3742; LG Kiel StV **2002** 433; LG Itzehoe StV **2007** 587.

Gewicht der Katalogtat (Anlasstat) nicht beachtet würde.[163] Dieser Gesichtspunkt verbietet es zugleich, bei Anwendung des allgemeinen Strafrechts im Falle mehrerer Anlasstaten auf die zu erwartende **Gesamtfreiheitsstrafe** abzustellen.[164]

68 **6. Erforderlichkeit.** Die Sicherungshaft ist fest und verhältnismäßig eng begrenzt und von strengen Voraussetzungen abhängig. Das ausschlaggebende Merkmal, sie auf die notwendigsten Fälle zu beschränken, liegt darin, dass die Haft allein dann verhängt werden darf, wenn sie erforderlich ist, die drohende Wiederholungsgefahr abzuwenden. Daraus folgt zweierlei: Die Haft darf nur dann verhängt werden, wenn das Ziel, den Rechtsfrieden zu wahren, auf keine andere Weise erreicht werden kann **(Subsidiarität)**. Zum anderen ist der Erforderlichkeitsklausel die Pflicht zur Prüfung zu entnehmen, ob es wirklich geboten ist, die Wiederholungsgefahr abzuwenden, oder ob eine erwartete Straftat nicht hingenommen werden muss, wenn man das sichere Übel der Haft gegen die ungewisse Wiederholungsgefahr abwägt. Das Merkmal bringt also auch den Grundsatz der **Verhältnismäßigkeit** zum Ausdruck, wenn diesem auch bei den vielen Voraussetzungen, die die Verhältnismäßigkeit schon im Allgemeinen sichern, bei der Einzelprüfung nur selten eine Rolle zukommen wird, dann aber u.U. die ausschlaggebende. Unzulässig ist die Haft demnach, wenn der Wiederholungsgefahr durch andere (auch behördliche) Maßnahmen (z.B. freiwillige Behandlung eines Sexualtäters oder eines Drogenabhängigen) wirksam begegnet werden kann.[165] Bedürfen diese Alternativmaßnahmen einer „Absicherung" (oder auch des „Nachdrucks") durch eine richterliche Anordnung, so kommt eine Aussetzung über § 116 Abs. 3 (§ 116, 28) in Betracht. Vgl. auch Rn. 70. Ob bei signifikant erhöhter Gefahr der wiederholten Begehung **erheblicher Sexualdelikte** an die Verhältnismäßigkeit der Untersuchungshaft im Vergleich zu anderen Haftgründen geringere Anforderungen zu stellen sind, soweit es um die Beurteilung vermeidbarer Verfahrensverzögerungen geht,[166] ist fraglich.[167]

IV. Subsidiarität (Absatz 2)

69 **1. Bedeutung der Klausel.** Wie bereits ausgeführt (Rn. 68), ist die Erforderlichkeit der Haft das ausschlaggebende Merkmal der Bestimmung. Ihm ist neben dem Grundsatz der Verhältnismäßigkeit derjenige der Subsidiarität zu entnehmen. Schon danach ist die Sicherungshaft nicht erforderlich, die Wiederholungsgefahr abzuwenden, wenn der Beschuldigte auf andere Weise daran gehindert werden kann, Straftaten zu begehen oder fortzusetzen. Das ist hauptsächlich der Fall, wenn er nach § 112 in Untersuchungshaft genommen worden ist und gehalten wird. Absatz 2 stellt das ausdrücklich klar, besonders für die Fälle, in denen Haftgründe nach § 112 mit dem des § 112a konkurrieren.

---

163 OLG Braunschweig StraFo **2008** 330 = StV **2009** 84; Meyer-Goßner/*Schmitt* 10; KK/*Graf* 21; Graf/*Krauß* 11.

164 H.M.; vgl. etwa MüKo/*Böhm* 41; Meyer-Goßner/*Schmitt* 10; **a.A.** OLG Hamm StV **2011** 291; HK/*Posthoff* 14.

165 Allg. M.; OLG Frankfurt StV **1992** 425; OLG Hamm StV **2002** 432 (Maßnahme nach § 71 Abs. 2 JGG kann ausreichen). Vgl. auch LG Hamburg StV **1996** 389 (zu § 37 Abs. 1 BtMG); LG Zweibrücken StV **1996** 158 (Verhältnismäßigkeit bei Jugendlichen); s. auch KK/*Graf* 20; SSW/*Herrmann* 15; Graf/*Krauß* 15; HK-GS/*Laue* 4; Meyer-Goßner/*Schmitt* 16; SK/*Paeffgen* 18; HK/*Posthoff* 19; ausführlich *Schlothauer/Weider/Nobis* Rn. 668 und 676 f.

166 In diesem Sinne OLG Jena StV **2011** 735, 737 mit abl. Anm. *Tsambikakis*; krit. auch SK/*Paeffgen* 18 bei Fn. 191.

167 *Tsambikakis* StV **2011** 738 ff.; abl. auch *Burhoff* (Ermittlungsv.) Rn. 3739.

2. Voraussetzungen. Bevor erwogen wird, ob ein Haftbefehl nach § 112a zu erlassen ist, sind daher immer zunächst die **Voraussetzungen eines Haftbefehls nach § 112** zu prüfen. Ein Haftbefehl nach § 112 kann die Wiederholungsgefahr indessen nur dann ausschließen, wenn er auch vollzogen wird. Denn wenn der Vollzug ausgesetzt worden ist, ist der Beschuldigte auf freiem Fuß, und nach § 112a wird er ja gerade festgenommen, um die Freiheit nicht zu neuen Straftaten zu missbrauchen. Zwar kann auch der Haftbefehl aus § 112a ausgesetzt werden (§ 116 Abs. 3), aber doch wohl nur sehr selten und dann mit speziellen Auflagen, die diesem Haftgrund angepasst sind (§ 116, 28). Demgemäß wird in Absatz 2 bestimmt, dass die Sicherungshaft zwar unzulässig ist, wenn ein Haftbefehl nach § 112 erlassen werden kann, aber nur, wenn der **Vollzug** dieses Haftbefehls nicht **nach § 116 Abs. 1 und 2 ausgesetzt** werden kann. Bei Flucht (§ 112 Abs. 2 Nr. 1) kann der Vollzug grundsätzlich (vgl. aber § 116, 2) nicht ausgesetzt werden, weil gegen den Flüchtigen kein Haftbefehl vollzogen wird. § 116 Abs. 1 und 2 beziehen sich auf die Haftgründe der Fluchtgefahr (§ 112 Abs. 2 Nr. 2) und der Verdunkelungsgefahr (§ 112 Abs. 2 Nr. 3) sowie auf die Untersuchungshaft bei Schwerkriminalität.[168] 70

3. Folgen. Ist ein Haftbefehl nach § 112 erlassen worden, dessen Vollzug auch nicht nach § 116 Abs. 1 und 2 ausgesetzt werden kann, dann ist es unzulässig, die Haft nach § 112a anzuordnen. Es ist unzulässig, einen Haftbefehl **konkurrierend** sowohl auf § 112 als auch auf § 112a zu stützen; auch **„hilfsweise"** ist dies **unzulässig,**[169] wenngleich dies in der Praxis vielfach vorkommt.[170] Wird der nach § 112 erlassene Haftbefehl aufgehoben oder wird sein Vollzug nach § 116 ausgesetzt, ist der Weg zu einem Haftbefehl nach § 112a eröffnet.[171] Da das Gericht die Haftfrage immer umfassend zu prüfen hat, ist es nicht notwendig, durch einen Aktenvermerk darauf hinzuweisen, dass bei Wegfall der Voraussetzungen des § 112 oder einer Haftverschonung der Haftgrund des § 112a zu prüfen sein wird;[172] ein solcher Vermerk ist jedoch nicht unzulässig und kann im Einzelfall, etwa für den Verteidiger, hilfreich sein. 71

§ 113
Untersuchungshaft bei leichteren Taten

(1) Ist die Tat nur mit Freiheitsstrafe bis zu sechs Monaten oder mit Geldstrafe bis zu einhundertachtzig Tagessätzen bedroht, so darf die Untersuchungshaft wegen Verdunkelungsgefahr nicht angeordnet werden.

(2) In diesen Fällen darf die Untersuchungshaft wegen Fluchtgefahr nur angeordnet werden, wenn der Beschuldigte

---

168 BVerfGE **19** 353.

169 H.M.; Meyer-Goßner/*Schmitt* 17; Graf/*Krauß* 16; KK/*Graf* 25; SK/*Paeffgen* 21; AnwK-StPO/*Lammer* 9; AnwK-UHaft/*König* 13; LG Gera StraFo **2000** 205; LG Bonn StV **1988** 439; s. auch EGMR *Erol v. Deutschland*, 68250/11, Urt. v. 7.9.2017 (juris).

170 Vgl. HK/*Posthoff* 20 („ständig"); SSW/*Herrmann* 20. Die Missachtung dieser Rechtslage ist auch in der obergerichtlichen Rechtsprechung festzustellen, s. etwa OLG Naumburg Beschl. v. 22.2.2008 – 1 Ws 104/08 – (juris); OLG Köln OLGSt StPO § 112a Nr. 2; OLGSt StPO § 121 Nr. 35 = StRR **2009** 363 (Ls.); probl. auch OLG Köln StV **2010** 29. S. auch MüKo/*Böhm* 56, der für die hilfsweise Aufnahme des Haftgrundes in den Haftbefehl gar ein „unabwendbares Bedürfnis der Praxis" annimmt, um „der Gefahr der Vernachlässigung der Sicherungshaft zu begegnen".

171 Vgl. auch OLG Jena StV **2011** 735, 736 (Eingreifen des Haftgrundes der Wiederholungsgefahr, wenn die Aufrechterhaltung des auf Fluchtgefahr gestützen Haftbefehls wegen vermeidbarer Verfahrensverzögerungen unverhältnismäßig wäre) mit abl. Anm. *Tsambikakis*.

172 Vgl. dazu KK/*Graf* 25; Meyer-Goßner/*Schmitt* 17; SK/*Paeffgen* 21.

https://doi.org/10.1515/9783110274929-004

1. sich dem Verfahren bereits einmal entzogen hatte oder Anstalten zur Flucht getroffen hat,
2. im Geltungsbereich dieses Gesetzes keinen festen Wohnsitz oder Aufenthalt hat oder
3. sich über seine Person nicht ausweisen kann.

Entstehungsgeschichte

Die Einschränkung der Untersuchungshaft galt früher für Taten, die nur mit Haft oder Geldstrafe bedroht waren. Eine Ausnahme war vorgesehen für Übertretungen, bei denen Überweisung an die Landespolizeibehörde angeordnet werden konnte. Durch Art. 2 Nr. 5 GewVerbrG wurde dafür die Anordnung der Unterbringung in einem Arbeitshaus eingesetzt. Die Ausnahme wurde durch Art. 9 Nr. 6 Buchst. b des 1. StrRG beseitigt, weil die Maßregel der Unterbringung in einem Arbeitshaus abgeschafft worden war. Durch Art. 1 Nr. 1 StPÄG 1964 und Art. 9 Nr. 6 Buchst. a des 1. StrRG wurde in Absatz 1 die Strafandrohung auf Freiheitsstrafe bis zu sechs Monaten oder Geldstrafe (bis zu 10.000 DM) festgesetzt und Absatz 2 erhielt seine jetzige Fassung. Die Geldstrafe wurde durch Art. 21 Nr. 31 EGStGB 1974 auf das Höchstmaß von 180 Tagessätzen festgesetzt.

Übersicht

I. Bagatelldelikte

1 Die Vorschrift stellt für den Bereich der kleinen Kriminalität eine gesetzliche **Konkretisierung des Prinzips der Verhältnismäßigkeit** (§ 112 Abs. 1 Satz 2, § 120 Abs. 1 Satz 1 Hs. 2) dar; dieses Prinzip ist ohnehin in den Fällen des § 113 anzuwenden, so dass in jedem Einzelfall zu prüfen ist, ob die Untersuchungshaft zu der zu erwartenden Sanktion in einem angemessenen Verhältnis steht. Das schränkt die Untersuchungshaft bei Bagatelldelikten – theoretisch[1] – erheblich ein, namentlich wenn Geldstrafe zu erwarten ist. Schon bevor die beiden genannten Vorschriften eingefügt wurden, galt der allgemeine Grundsatz der Verhältnismäßigkeit, der freilich in der recht einfachen Form Ausdruck fand, dass auf die angedrohte Höchststrafe abgestellt wurde. Als der Gesetzgeber in den eingangsgenannten Vorschriften auf die zu erwartende Sanktion abstellte, lag es nahe, auch § 113 entsprechend zu reformieren; es blieb aber beim alten Schema. Außerdem wurden die Strafandrohungen mit einem Höchstmaß von sechs Monaten Freiheitsstrafe, weil kriminalpolitisch unerwünscht, auf Ausnahmefälle beschränkt.[2] Dadurch hat die Vorschrift **praktisch ihre Bedeutung verloren.**[3] Zur Bedeutung für die Abwägung nach

1 Zur Haftpraxis *Gebauer* 18, 19 Fn. 1, 34, 175; *Dünkel* NKrimpol. **1994** 24. Siehe auch Strafverfolgungsstatistik des Statistischen Bundesamtes (zur Fundstelle s. § 112a, 12 Fn. 32).

2 BTDrucks. **7** 550, Begr. zu Art. 18 Nr. 143, S. 263. In Frage kommen wenige randständige Normen wie z.B. §§ 107b, 160, 184f, 285 StGB; § 25 VersammlG; § 21 Abs. 2 StVG; § 41 Abs. 3 WStG; § 23 Abs. 2 ArbzG; § 60 Abs. 2 LuftVG.

3 Zur Kritik an der Vorschrift vgl. AK/*Deckers* 1; SK/*Paeffgen* 2, 3; SSW/*Herrmann* 11 f.; *Amelung* 28, 61; *Gebauer* 19, 34; *Jehle* 14; *Krümpelmann* 50; *Seebode* ZfStrVo **1988** 268; StV **1989** 118; *Wolter* ZStW **93** (1981) 466; (Kolloquium) 89, 106; (Aspekte) 49.

dem allgemeinen Verhältnismäßigkeitsprinzip vgl. § 112, 105ff., 116. Bei der nach allgemeinen Grundsätzen vorzunehmenden Verhältnismäßigkeitsprüfung lässt sich, wenn eine Straferwartung von zwar mehr als sechs Monaten Freiheitsstrafe besteht, aber eine Strafaussetzung zur Bewährung zu erwarten ist, die Anordnung und Aufrechterhaltung von Untersuchungshaft nicht etwa mit einem Hinweis auf § 113 Abs. 2 legitimieren.[4] Zu Reformfragen vgl. Vor § 112, 109ff.[5]

Die **Ungehorsamshaft** (§ 230 Abs. 2, § 236, § 329 Abs. 3) wird von der Vorschrift 2 nicht berührt.[6] Zur Unzulässigkeit der Untersuchungshaft in Privatklageverfahren vgl. Vor § 112, 102.

II. Strafandrohung

Der Vorschrift ist zu entnehmen, dass Untersuchungshaft grundsätzlich auch ange- 3 ordnet werden darf, wenn die Straferwartung gering, insbesondere lediglich die Verhängung einer Geldstrafe zu erwarten ist.[7] Sie bezieht sich, abgesehen von Strafarrest, auf alle Tatbestände, die die Strafandrohung enthalten: „wird mit Freiheitsstrafe bis zu sechs Monaten oder mit Geldstrafe bis zu 180 Tagessätzen bestraft“. Entscheidend ist die **abstrakte Strafandrohung**; auf die im Einzelfall zu erwartende Strafe kommt es nicht an. Ob neben einer der beiden angedrohten Hauptstrafen auch auf eine Nebenstrafe, z.B. Einziehung, erkannt werden kann oder muss, ist gleichgültig. **Strafarrest**, dessen Höchstmaß sechs Monate ist (§§ 9 Abs. 1, 12 WStG), ist, da er in Freiheitsentziehung besteht (§ 9 Abs. 2 Satz 1 WStG), Freiheitsstrafe. **Jugendarrest** (§ 16 JGG) ist keine Strafe, sondern ein Zuchtmittel (§ 13 Abs. 2 Nr. 3, Absatz 3 JGG), aber zuweilen wie eine Strafe zu behandeln. Da aber die Strafrahmen des allgemeinen Strafrechts nicht gelten (§ 18 Abs. 1 Satz 2 JGG) und die hier behandelte Strafandrohung im Jugendgerichtsgesetz nicht vorgesehen ist, findet § 113 auf Jugendliche keine Anwendung.

III. Folgen

1. Unberührt von der Vorschrift bleibt der **Haftgrund der Flucht** (§ 112 Abs. 2 Nr. 1); 4 jedoch ist hier die allgemeine **Verhältnismäßigkeit** (§ 112 Abs. 1 Satz 2) besonders sorgfältig zu prüfen. Entsprechendes gilt für die Hauptverhandlungshaft.[8]

2. Unanwendbar ist die Vorschrift in den **Fällen des § 112 Abs. 3** und bei **Wieder-** 5 **holungsgefahr** (§ 112a), weil die in diesen Bestimmungen genannten Delikte alle mit einer höheren Strafe als Freiheitsstrafe bis zu sechs Monaten oder Geldstrafe bis zu 180 Tagessätzen bedroht sind.

3. Wegen **Verdunkelungsgefahr** (§ 112 Abs. 2 Nr. 3) ist die Anordnung der Untersu- 6 chungshaft (§ 114) schlechthin ausgeschlossen (Absatz 1 letzter Halbsatz).

4. Bei **Fluchtgefahr** (§ 112 Abs. 2 Nr. 2) ist die Untersuchungshaft nur zulässig, wenn 7 besondere Voraussetzungen (Gefahren-Indikatoren) vorliegen. Sie werden häufig Flucht-

---

4 Vgl. BVerfG NStZ **2004** 82 = StV **2003** 30.
5 S. auch AK/*Deckers* 2; SK/*Paeffgen* 3.
6 KK/*Graf* 2.
7 OLG Düsseldorf NJW **1997** 2965; Meyer-Goßner/*Schmitt* 1; HK-GS/*Laue* 1; s. auch OLG Hamburg NStZ-RR **2016** 433.
8 LR/*Gärtner* § 127b, 23.

gefahr begründen, brauchen das aber nicht immer.[9] Sie brauchen auf der anderen Seite nicht die Tatsachen zu sein, aus denen sich die Fluchtgefahr ergibt. Daraus und weil § 113 den § 112 einschränkt, folgt, dass bei Bagatelldelikten sowohl die Voraussetzungen des § 112 Abs. 2 Nr. 2 als auch zusätzlich diejenigen des § 113 Abs. 2 festgestellt werden müssen.[10] Die **besonderen Voraussetzungen** sind gegeben, wenn der Beschuldigte

8 – sich dem Verfahren **bereits einmal**, z.B. durch Flucht oder Verbergen, **entzogen** hatte, oder wenn er **Anstalten zur Flucht** getroffen hat. Das kommt in Betracht, wenn er nach einer Straftat, namentlich aber nachdem ihm die Strafverfolgung bekanntgeworden ist, Geld flüssigmacht, sich Fahrkarten besorgt, einen Reisepass erteilen lässt und sonst kein Anlass (Geschäftsreise, Verwandtenbesuch) zu der Reise ersichtlich ist;

9 – in der Bundesrepublik **keinen festen Wohnsitz** oder Aufenthalt hat. Da der Wohnsitz[11] zwar regelmäßig (§ 7 Abs. 1 BGB), aber nicht stets mit dem tatsächlichen Lebensmittelpunkt übereinstimmt, verlangt die Vorschrift einen „festen" Wohnsitz, d.h. die tatsächliche Niederlassung, nicht die bloße polizeiliche Anmeldung, für eine auf eine gewisse Dauer berechnete Zeit. Damit nähert sich der Begriff dem in § 116a Abs. 3 gebrauchten des Wohnens. Der **Aufenthalt** braucht nicht der gewöhnliche Aufenthalt[12] zu sein, muss aber ebenfalls einen „festen" darstellen, d.h. einen tatsächlichen Aufenthalt für eine gewisse Dauer, an dem der Beschuldigte wenigstens für eine bestimmt angegebene Zeit erreichbar ist (Beispiel: längerer Landaufenthalt). Wohnsitz im **Ausland** reicht nach dem ausdrücklichen Gesetzeswortlaut („im Geltungsbereich dieses Gesetzes") nicht aus, ist jedoch andererseits – jedenfalls allein – kein Grund, einen Haftbefehl zu erlassen;[13]

10 – sich über seine Person **nicht ausweisen** kann. Solchen Personen ist gleichzustellen, wer sich nicht ausweisen will; wer seinen Namen verschweigt; oder wer ihn falsch angibt.[14] Im Übrigen kommt es auf den guten oder bösen Willen nicht an: Die Tatsache, dass sich jemand nicht ausweisen kann, ist entscheidend; die Gründe hierfür spielen keine Rolle, können aber zu dringlichen, ggf. mit Mitteln der modernen Telekommunikation durchzuführenden Ermittlungen nötigen. Die Vorschrift findet keine Anwendung, wenn der Beschuldigte, der sich nicht ausweisen kann, von Person bekannt ist.[15]

IV. Beschleunigte Erledigung

11 Ist ein Haftbefehl nach § 113 ergangen oder anzunehmen, dass die zu erwartende Strafe den Strafrahmen des Absatzes 1 nicht überschreiten wird, so ist der Einhaltung des Verhältnismäßigkeitsprinzips erhöhte Aufmerksamkeit zu widmen; insbesondere ist nach Möglichkeiten der besonderen Beschleunigung des Verfahrens zu suchen und diese sind auszuschöpfen. Namentlich ist zu prüfen, ob eine frühzeitige Erledigung des Verfahrens durch **Einstellung** (§§ 153, 153a) oder eine Aburteilung durch **Strafbefehl** oder im **beschleunigten Verfahren** möglich ist. Dies gilt insbesondere, wenn nur mit einer

---

9 *Benfer* JuS **1983** 112.

10 *Kleinknecht* MDR **1965** 782; *Wagner* NJW **1978** 2002; HK/*Posthoff* 6; KK/*Graf* 6; Meyer-Goßner/*Schmitt* 4; SK/*Paeffgen* 5; **a.A.** *Dreves* DRiZ **1965** 112 (Haftgründe des § 112 können fehlen).

11 Zum Begriff s. LR/*Erb* § 8, 2.

12 S. dazu LR/*Erb* § 8, 3.

13 Zur Bedeutung eines festen Wohnsitzes im (insbesondere EU-) Ausland vgl. die Erl. bei § 112, 43, 52 ff.

14 OLG Hamburg GA **72** (1928) 275.

15 *Feisenberger* § 112, 7.

Geldstrafe zu rechnen ist; in diesen Fällen ist auch darauf zu achten, dass die Haftdauer die voraussichtliche **Ersatzfreiheitsstrafe** nicht übersteigt.[16]

§ 114
Haftbefehl

(1) Die Untersuchungshaft wird durch schriftlichen Haftbefehl des Richters angeordnet.

(2) In dem Haftbefehl sind anzuführen
1. **der Beschuldigte,**
2. **die Tat, deren er dringend verdächtig ist, Zeit und Ort ihrer Begehung, die gesetzlichen Merkmale der Straftat und die anzuwendenden Strafvorschriften,**
3. **der Haftgrund sowie**
4. **die Tatsachen, aus denen sich der dringende Tatverdacht und der Haftgrund ergibt, soweit nicht dadurch die Staatssicherheit gefährdet wird.**

(3) Wenn die Anwendung des § 112 Abs. 1 Satz 2 naheliegt oder der Beschuldigte sich auf diese Vorschrift beruft, sind die Gründe dafür anzugeben, daß sie nicht angewandt wurde.

Schrifttum

Baumann Zur Revisibilität von Haftentscheidungen, FS Pfeiffer (1988) 255; *Benfer* Die strafprozessuale Haussuchung als implizierte Befugnis? NJW **1980** 1911; *Burmann* Die Sicherungshaft gemäß § 453c StPO (1984); *Creifelds* Die Begründung des Haftbefehls nach dem Strafprozeß-Änderungsgesetz, NJW **1965** 946; *Dünnebier* Beschwerdeentscheidungen über Haftbefehle bezirksfremder Amtsrichter, MDR **1968** 185; *Ellersiek* Die Beschwerde im Strafprozeß (1981); *Gottschalk* Kann ein Haftbefehl zur Nachtzeit in der Wohnung des Beschuldigten vollstreckt werden? NStZ **2002** 568; *Hohmann* Rechtsbehelf bei „Überhaft": Antrag auf Haftprüfung oder Haftbeschwerde? NJW **1990** 1649; *Kaiser* Notwendigkeit eines Durchsuchungsbefehls bei strafprozessualen Maßnahmen, NJW **1980** 875; *Kempf* Die Rechtsprechung des EGMR zum Akteneinsichtsrecht und §§ 114, 115 Abs. 3, 115a Abs. 3 StPO, FS Rieß (2002) 217; *Lüderssen* Kompetenzgrenzen des Haftrichters, FS Pfeiffer (1988) 239; *Matt* Zu Problemen der Haftbeschwerde und des Haftprüfungsantrags, JA **1991** 85; *Matt* Zur (weiteren) Beschwerde nach §§ 304, 310 StPO, NJW **1991** 1801; *Mayer/Hunsmann* Leitlinien für die verfassungsrechtlich gebotene Begründungstiefe in Untersuchungshaftsachen, NStZ **2016** 325; *Schlicht/Leipold* Zur praktischen Anwendung des § 307 Abs. 2 StPO, StraFo **2005** 90; *Vogt* Entbehrlichkeit der Staatssicherheitsklausel in § 114 II Nr. 4 StPO, NStZ **1982** 21; *Volckart* Rechtsschutz gegen Einlieferungsmaßnahmen, StV **1983** 434; *Volk* Haftbefehle und ihre Begründungen (1995); *Wendisch* Anfechtung von Beschlüssen, die Verhaftungen oder die einstweilige Unterbringung betreffen, FS Dünnebier (1982) 239.

Entstehungsgeschichte

§ 114 Abs. 1 und 2 lautete früher: „Die Verhaftung erfolgt aufgrund eines schriftlichen Haftbefehls des Richters. In dem Haftbefehl ist der Angeschuldigte genau zu bezeichnen und die ihm zur Last gelegte Handlung sowie der Grund der Verhaftung sind anzugeben." Die gegenwärtige Fassung beruht auf Art. 1 Nr. 1 StPÄG 1964. Neu sind Absatz 2 Nr. 3 und Absatz 3. Der frühere Absatz 3 (Bekanntmachung des Haftbefehls) hat jetzt als § 114a eine selbständige Stellung erhalten. Durch Art. 21 Nr. 32 EGStGB 1974 wurden die Worte „strafbare Handlung" durch „Straftat" ersetzt.

---

16 *Seetzen* NJW **1973** 2001; *Wagner* NJW **1978** 2005; KK/*Graf* 7; AnwK-StPO/*Lammer* 4; AnwK-UHaft/*König* 6; SK/*Paeffgen* 7; SSW/*Herrmann* 10; Meyer-Goßner/*Schmitt* 8; HK/*Posthoff* 10; vgl. auch OLG Frankfurt StV **1993** 594; OLG Rostock StV **2006** 311; *Dünkel* NKrimpol. **1994** 24.

https://doi.org/10.1515/9783110274929-005

Übersicht

Alphabetische Übersicht

I. Haftbefehl (Absatz 1)

1 **1. Allgemeines.** Zu den formellen und materiellen Voraussetzungen der Untersuchungshaft (des Haftbefehls) s. Vor § 112, 33 ff., 79 ff.; § 112, 15 ff.; § 127b, 8. Die materiellen **Voraussetzungen** des Haftbefehls sind in den §§ 112, 112a, 113, 127b abschließend enthalten. § 114 Abs. 1 und 2 führt, ebenfalls abschließend, die Bestimmungen über die

Form des Haftbefehls (Absatz 1) und über seinen Inhalt (Absatz 2) auf und regelt unvollständig (Rn. 2) die Zuständigkeit, ihn zu erlassen. Der Erlass eines **aufschiebend bedingten** Haftbefehls (etwa für den Fall der Wiedereinreise des Beschuldigten in den Geltungsbereich der StPO) kommt nicht in Betracht.[1] Auch ein Haftbefehl nach **§ 230 Abs. 2** muss den Anforderungen des § 114 Abs. 2 entsprechen.[2] Bei einem Haftfortdauerbeschluss nach **§ 268b** ist ein Verweis auf den Haftbefehl im Regelfall nicht ausreichend, wenn die Verurteilung von den darin aufgeführten ursprünglichen Vorwürfen wesentlich abweicht[3] (zu Bezugnahmen s. auch Rn. 9; zur **beschwerdegerichtlichen Kontrolle** von Haftentscheidungen, die während oder nach einer Hauptverhandlung getroffen wurden, s. näher die Erl. bei § 112, 25ff.). Zur Bedeutung der **Begründungspflicht** im Allgemeinen vgl. Rn. 16. Wegen der Vorschrift des § 120 Abs. 1 wird bei jeder Entscheidung über die Haftverhältnisse und auch die Haftverschonungsauflagen inzident zugleich über den Bestand des Haftbefehls entschieden; derartige Beschlüsse enthalten daher auch ohne ausdrücklichen Ausspruch die Entscheidung, dass die Voraussetzungen des Haftbefehls weiterhin vorliegen, was für eine Unterbrechung der Verjährung nach § 78c Abs. 1 Nr. 5 StGB von Bedeutung sein kann.[4]

2. Zuständigkeit. Absatz 1 behält die Anordnung der Untersuchungshaft in Ausführung von Art. 104 Abs. 2 Satz 2 GG dem Richter vor. Die Vorschrift wird ergänzt durch § 125; dort wird bestimmt, welcher Richter in den verschiedenen Verfahrensabschnitten zuständig ist, den Haftbefehl zu erlassen. Die **alleinige Zuständigkeit des Richters**, die Untersuchungshaft anzuordnen, erleidet keine Ausnahme. Zwar ist in § 127 Abs. 1 und 2 für genau abgegrenzte Fälle die Festnahme ohne vorherige richterliche Anordnung zugelassen; die Anordnung der Untersuchungshaft, d.h. die Entscheidung über die Zulässigkeit einer Freiheitsentziehung i.S.d. Art. 104 Abs. 2 Satz 1 und 2 GG, ist aber auch dort dem Richter vorbehalten (§ 128 Abs. 2 Satz 1). 2

3. Form. Die Untersuchungshaft kann allein **schriftlich** angeordnet werden. Es ist aber zulässig, einen Haftbefehl zu verkünden (§ 114a), der noch nicht vollständig schriftlich abgefasst ist, wenn dies unverzüglich nachgeholt wird.[5] Der Schriftform ist genügt, wenn der Haftbefehl in ein Protokoll aufgenommen wird.[6] Die Angaben des Absatzes 2, und ggf. des Absatzes 3, müssen dann ebenfalls im **Protokoll** enthalten sein; die Personalangaben (Rn. 8) können dem Protokolleingang entnommen werden, die Unterschrift kann der Richter anfügen, wenn er das Protokoll unterschreibt. Ein solches Verfahren ist aber schon deshalb nicht zu empfehlen, weil der Beschuldigte, wenn er verhaftet wird, eine Abschrift des Haftbefehls erhalten muss (§ 114a Satz 1); diese ist leichter nach dem üblichen **Vordruck** als aus dem Protokoll anzufertigen. Es wird daher grundsätzlich ein Haftbefehl nach dem Vordruck auszustellen, zu unterschreiben und dem Protokoll als Anlage beizufügen sein.[7] Es ist auch zulässig, ein vervielfältigtes Schriftstück (als Formular) zu verwenden, namentlich wenn zahlreiche Beschuldigte gleichartiger Straftaten verdächtig sind;[8] die gebotene **Einzelfallprüfung** muss aber gewährleistet bleiben.[9] 3

---

1 BGH StV **2013** 304.
2 OLG Frankfurt StV **1995** 237; LG Zweibrücken NJW **2009** 1828; KK/*Graf* 1; HK/*Posthoff* 4 m.w.N.
3 Zu den Einzelheiten vgl. die Erl. zu § 268b; s. auch HK/*Posthoff* 10 m.w.N.
4 BGHR StGB § 78c Abs. 1 Nr. 5 Haftbefehl 2 = StraFo **2009** 27.
5 LR/*Hilger*[26] 3.
6 Allg. M., vgl. etwa OLG Celle StraFo **1998** 171 = StV **1998** 385.
7 OLG Celle StraFo **1998** 171 = StV **1998** 385.
8 BVerfG NJW **1982** 29; BayVerfGH NJW **1984** 1874; s. auch BGHSt **42** 105; krit. AK/*Deckers* 3; *Langner* 208.
9 *Kühne* 427; *Roxin/Schünemann* § 30, 20; s. auch *Kühne/Esser* StV **2002** 389 zur Rspr. des EGMR.

4 Haftbefehl ist nach der Definition des Absatzes 1 die gerichtliche Entscheidung, dass gegen den Beschuldigten die Untersuchungshaft angeordnet wird. Diese Anordnung („Gegen den Beschuldigten wird die Untersuchungshaft angeordnet"; „der Beschuldigte ist zur Untersuchungshaft zu bringen") ist **notwendiger Inhalt** des Haftbefehls. Fehlt ein die Untersuchungshaft anordnender Satz, liegt kein Haftbefehl vor; die Bezeichnung als Haftbefehl ersetzt die fehlende **ausdrückliche Anordnung** nicht.[10] Der Mangel kann zwar jederzeit, auch vom Beschwerdegericht, geheilt werden,[11] macht aber die Festnahme rechtswidrig, wenn bei dieser keine Gefahr in Verzug[12] vorliegt (§ 127 Abs. 2). Zu § 127b s. dort Rn. 22.

5 **4. Prozessvoraussetzungen.** Ein Haftbefehl darf nicht erlassen werden, wenn Prozesshindernisse (z.B. Verjährung) der Bestrafung entgegenstehen oder Prozessvoraussetzungen fehlen[13] (§ 112, 17). Daher darf, soweit die Strafverfolgung von der Genehmigung des Parlaments abhängt (Art. 46 Abs. 2 GG), ein Haftbefehl erst ergehen, nachdem die Verhaftung genehmigt worden ist, es sei denn, dass der **Abgeordnete** bei Begehung der Tat oder im Laufe des folgenden Tages festgenommen worden ist. Im letzten Fall bedarf weder die Strafverfolgung im Allgemeinen noch die Verhaftung im Besonderen der parlamentarischen Genehmigung. Soweit der Abgeordnete nicht verfolgbar ist (Art. 46 Abs. 1 GG), darf gegen ihn auch kein Haftbefehl ergehen. Vgl. auch Nrn. 192ff. RiStBV.

6 Ein Prozesshindernis ist auch das **Fehlen deutscher Gerichtsbarkeit**. Daher ist kein Haftbefehl zulässig gegen Exterritoriale. Zu Einzelfragen vgl. die Erl. zu § 18 GVG.

7 Ausnahmsweise wird die Anordnung der Untersuchungshaft nicht ausgeschlossen (§ 127 Abs. 3; § 130 Satz 1), wenn der **Strafantrag** (§ 77 StGB; § 127, 52), eine Ermächtigung oder ein Strafverlangen (§ 127, 53) fehlt, aber noch angebracht werden kann. Weil indessen die Klage nicht erhoben werden kann, solange kein Strafantrag gestellt oder keine Ermächtigung erteilt ist, kommt dem Erlass eines Haftbefehls ohne Strafantrag usw. nur für das vorbereitende Verfahren (§§ 158 bis 177) Bedeutung zu. Beide Regelungen (§ 127 Abs. 3; § 130 Satz 1) sind Ausnahmevorschriften. Ihnen kann nicht der allgemeine Gedanke entnommen werden, dass dringende Prozesshandlungen nicht zurückgestellt werden müssen, bis Prozessvoraussetzungen, die noch geschaffen werden können, erfüllt sind, so dass etwa ein Abgeordneter schon vor der Genehmigung des Parlaments verhaftet werden dürfte. Es ist auch unmöglich, aus ihnen zu folgern, dass die Prozessvoraussetzungen vor dringenden Zwangsmaßnahmen nicht geprüft zu werden bräuchten.[14] Denn der Grundsatz, dass Prozesshandlungen untersagt sind, wenn ihnen Prozesshindernisse entgegenstehen oder Prozessvoraussetzungen für sie fehlen, ist so bedeutsam, dass er nur durch ausdrückliche Gesetzesvorschriften außer Kraft gesetzt werden kann.

II. Inhalt des Haftbefehls (Absatz 2)[15]

8 **1. Personalangaben (Nummer 1).** Nach der früheren Fassung des § 114 Abs. 2 war der Beschuldigte im Haftbefehl „genau" zu bezeichnen. Obwohl dieses Wort jetzt fehlt, ist der Anordnung, dass der Beschuldigte „anzuführen" ist, keine Abschwächung zu

---

10 OLG Oldenburg StraFo **2006** 282 (zu zahlreichen schweren Mängeln); KK/*Graf* 3; Meyer-Goßner/*Schmitt* 4.
11 OLG Celle StraFo **1998** 171 = StV **1998** 385; KK/*Graf* 3.
12 LR/*Gärtner* § 127, 31.
13 H.M.; **a.A.** wohl noch *Peters* § 47 A II 4.
14 *Stratenwerth* JZ **1957** 302.
15 Zur Praxis in NRW s. *Geiter* 232ff.; zum Haftbefehlsinhalt s. auch OLG Oldenburg StraFo **2006** 282.

entnehmen. Denn der Haftbefehl, der oft weit entfernt von dem Ort vollstreckt wird, an dem er erlassen worden ist, muss den Beschuldigten eindeutig, also „genau", angeben. Die Bezeichnung muss so präzise sein, dass die Identität derjenigen Person, über die das Gericht die Untersuchungshaft verhängt hat, mit derjenigen, gegen die der Haftbefehl vollstreckt werden soll, außer jedem Zweifel steht. Dazu sind Vor- und Familiennamen, ggf. auch der alias-Name,[16] Beruf,[17] Geburtstag und -ort erforderlich, soweit die Geburtsdaten nicht ausnahmsweise unbekannt sind. Auch die Wohnung zur Zeit der Verhaftung ist, wenn irgend möglich, beizufügen, falls erforderlich auch eine frühere Wohnung.[18] Eine Personalbeschreibung (§ 131 Abs. 4) ist in der Regel entbehrlich, aber erforderlich, wenn wesentliche, für die Identitätsfeststellung erforderliche Personalien nicht bekannt sind,[19] z.B. wenn der Beschuldigte nur mit Spitz- oder Decknamen bzw. Profil- oder Nickname bezeichnet werden kann. Zulässig ist in solchen Fällen auch die (ergänzende) Bezugnahme auf eine bei den Akten befindliche Abbildung (Lichtbild; „Phantomzeichnung").[20] Bei Ausländern sollte die Staatsangehörigkeit angegeben werden. Soll aufgrund des Haftbefehls beantragt werden, den Beschuldigten aus dem Ausland nach Deutschland **einzuliefern**, sollte der Haftbefehl mit einer Personalbeschreibung versehen werden (vgl. Nr. 94 Buchst. a RiVASt). Wegen der **Ausschreibung zur Festnahme** s. die Erl. zu § 131.

2. Straftat (Nummer 2). Der strafrechtliche Vorwurf, der die Untersuchungshaft rechtfertigen soll, ist in ähnlicher Weise wie in der Anklageschrift (§ 200 Abs. 1 Satz 1) zu bezeichnen.[21] Dies bedeutet, dass der Tatvorgang als solcher in seinen bedeutsamen konkreten Erscheinungsformen mitgeteilt werden muss.[22] Es sind also anzugeben: 9

– die **Tat**, deren der Beschuldigte dringend verdächtig ist. Dazu ist der historische Vorgang so genau anzugeben, dass der Beschuldigte den Vorwurf und seine Begrenzung genau erkennen kann.[23] Eine knappe zusammenfassende Darstellung kann dazu ausreichen; erforderlich ist jedoch, dass für jedes gesetzliche Tatbestandsmerkmal erkennbar ist, durch welchen Teil des Geschehens es erfüllt ist, und dass Teilnahmeformen, Straferschwerungen und ein Tatversuch ebenso verdeutlicht werden.[24] **Bezugnahmen** auf dem Haftbefehl nicht beigefügte Urkunden[25] oder ein gleichzeitig erlassenes Urteil[26] sind unzulässig; Entsprechendes gilt für einen Daten-

16 Meyer-Goßner/*Schmitt* 5; KK/*Graf* 5.
17 Meyer-Goßner/*Schmitt* 5; KK/*Graf* 5.
18 Deren Angabe kann – nach Lage des Einzelfalles – die Identifizierung erleichtern, aber auch die Festnahme.
19 KMR/*Wankel* 2.
20 Vgl. Meyer-Goßner/*Schmitt* 5; KK/*Graf* 5; *Senge* NStZ **1997** 348.
21 OLG Hamm HESt **3** 21; OLG Köln StV **1999** 156; LG Bochum StV **1996** 551; LG München StV **1998** 384; SK/*Paeffgen* 6; *Schlothauer/Weider/Nobis* Rn. 424 ff. (auch für die „Serientat" – frühere fortgesetzte Handlung).
22 OLG Stuttgart GA **1980** 193; NJW **1982** 1296.
23 BGH NStZ-RR **2017** 347; OLG Celle StV **2005** 513; OLG Karlsruhe StV **2002** 147; OLG Hamm StV **2000** 153; OLG Brandenburg StV **1997** 140; OLG Stuttgart Justiz **1985** 31; **1985** 217; **1997** 62; OLG Düsseldorf StV **1996** 440 mit Anm. *Weider*; LG Bochum StV **1996** 551; LG Gera NStZ-RR **2000** 211 (großzügig bei Vielzahl gleichartiger sexueller Übergriffe).
24 OLG Köln StV **1999** 156; AG Frankfurt am Main StV **2001** 684; Meyer-Goßner/*Schmitt* 7; KK/*Graf* 6; SK/*Paeffgen* 6; *Münchhalffen/Gatzweiler* Rn. 91; *Creifelds* NJW **1965** 946.
25 OLG Celle StV **1998** 385; StraFo **2015** 113 = StV **2015** 304; OLG Stuttgart NJW **1982** 1296; GA **1980** 192; KG Beschl. vom 17.8.2016 – (2) 121 HEs 14/16 (16-17/16) – (juris) = OLGSt N.F. StPO § 114 Nr. 4; LG Zweibrücken VRS **94** (1998) 267.
26 Vgl. OLG Frankfurt StV **2000** 374; OLG Jena StV **2007** 588; OLG Karlsruhe NJW **1974** 510; wistra **1991** 277; OLG Stuttgart Justiz **1985** 31; **1985** 217; **1997** 62.

träger, der dem Haftbefehl als „Anlage“ beigefügt wird.[27] Mit dem Fortgang der Ermittlungen und der Haftdauer steigen die Anforderungen an die Konkretisierung der Darstellung des Tatvorwurfs;[28]
- der **Ort** der Tat **und** die **Zeit**, zu der sie begangen sein soll,[29] zumindest nach dem Jahr,[30] und wenn die Tat der Zeit nach verjährt ist, sollten auch die Handlungen benannt werden, die die Verjährung unterbrochen haben;
- die **Straftat** nach ihren gesetzlichen Merkmalen und die anzuwendenden Strafvorschriften. Die Tatbeschreibung und die Angabe der gesetzlichen Merkmale können ineinander verflochten werden. Dabei können die Tatangaben die Merkmale der Straftat in einfachen Fällen ersetzen („eine Geldkassette, Eigentum des Gastwirts Müller, diesem in der Absicht weggenommen zu haben, sie sich rechtswidrig zuzueignen“).

10 Die Untersuchungshaft braucht **nicht wegen sämtlicher Taten** angeordnet zu werden, wegen deren die Untersuchung geführt wird; mitunter kann es zweckmäßig sein, sie auf „sichere Fälle“ zu beschränken. Je nach Fallgestaltung kann es im Interesse der Ermittlungen auch unter Berücksichtigung des fair-trial-Prinzips zulässig sein, bestimmte Tatvorwürfe, hinsichtlich deren die Voraussetzungen für die Anordnung von Untersuchungshaft bereits vorliegen, gleichwohl (zunächst noch) nicht in den Haftbefehl aufzunehmen.[31] So kann es sachgerecht sein, solche Tatvorwürfe herauszunehmen, zu denen noch Ermittlungen erforderlich sind, von denen der Beschuldigte keine Kenntnisse erlangen soll. Sobald jedoch diese – dann offenzulegenden – **„Sachgründe von einigem Gewicht“**[32] entfallen, ist der Haftbefehl unverzüglich auf alle bekannten Tatvorwürfe zu erstrecken. Dies gebietet bereits der Anspruch des Beschuldigten auf ein faires Verfahren sowie auf rechtliches Gehör. Hinzu treten das Erfordernis, (auch) dem Beschwerdegericht eine umfassende Beurteilungsgrundlage zu verschaffen, sowie die Probleme, die sich im Falle des Widerrufs einer Haftverschonung (§ 116 Abs. 4 Nr. 3) durch das (bewusste) **Zurückhalten von Tatvorwürfen** ergeben können,[33] und nicht zuletzt auch die Problematik im besonderen Haftprüfungsverfahren nach den §§ 121, 122, die mit dem Begriff „derselben Tat“ verbunden ist.[34] In jedem Fall ist darauf zu achten, dass durch eine bewusste Begrenzung des Haftbefehls nicht die Verteidigungsmöglichkeiten eingeschränkt werden, insbesondere nicht der Beschuldigte über den Umfang der Notwendigkeit einer Verteidigung getäuscht wird[35] oder die Staatsanwaltschaft in einem Haftprüfungstermin erst bei sich anbahnender Entscheidung zugunsten des Beschuldigten einen in „Reserve“ gehaltenen Tatvorwurf präsentiert.

11 Ideal konkurrierende Strafvorschriften können wegbleiben, denn der Zweck des Haftbefehls besteht nicht darin, den Beschuldigten über den Verfahrensgegenstand zu

---

27 HK/*Posthoff* 9 m.w.N.

28 BGH NStZ-RR **2017** 347; OLG Celle StV **2005** 513; Rn. 16.

29 OLG Oldenburg StV **2005** 226.

30 H. M.; OLG Frankfurt StV **1992** 583 mit Anm. *Paeffgen* NStZ **1993** 533; Meyer-Goßner/*Schmitt* 7.

31 OLG Stuttgart GA **1980** 193; OLG Düsseldorf JZ **1984** 540; KK/*Graf* 9; Meyer-Goßner/*Schmitt* 9; h.M.; krit. SK/*Paeffgen* 7; **a.A.** OLG Hamm NJW **1971** 1325; AK/*Deckers* 6; *Kleinknecht* JZ **1968** 114.

32 So in treffender Formulierung AnwK-StPO/*Lammer* 8.

33 Vgl. dazu AK/*Deckers* 6.

34 S. etwa OLG Saarbrücken Beschl. vom 22.4.2015 – 1 Ws 7/15 (H) – (juris) mit Anm. *Rinklin* jurisPR-StrafR 14/2015 Anm. 1.

35 Dies gilt insbesondere, wenn die Staatsanwaltschaft beabsichtigt, den Haftbefehl später zu ergänzen, sowie dann, wenn der Beschuldigte Haftverschonung anstrebt. Ähnlich KK/*Graf* 9; SK/*Paeffgen* 7. Vgl. auch *Hengsberger* JZ **1966** 209.

unterrichten, sondern die **Grundlage der Haft anzugeben**. Die Auffassung,[36] der Haftbefehl sei spätestens bei Eröffnung des Hauptverfahrens den Tatvorwürfen der Anklageschrift anzupassen, überzeugt nicht, soweit damit gemeint sein sollte, er sei bei vorheriger Beschränkung auf alle in der Anklage genannten Taten zu erstrecken. Es kann auch in diesem Zeitpunkt sachgerecht sein, ihn auf die Fälle zu beschränken, die seinen Erlass ohne Zweifel rechtfertigen, also z.B. geringfügige Taten, bei denen allein der Haftbefehl nicht ergangen wäre, auszuklammern.

Soll eine **Einlieferung** aus dem Ausland in die Bundesrepublik Deutschland beantragt werden, bedarf die Tatdarstellung besonderer Angaben, die den ausländischen Behörden die Prüfung ermöglichen, ob die Tat auch dort mit Strafe bedroht und verfolgbar ist (vgl. Nr. 94 Buchst. b RiVASt).[37] Beim **Europäischen Haftbefehl** ist ein Formular nach dem Vordruck Nr. 40 zu verwenden und der Haftbefehl stets auf dem aktuellen Stand zu halten (vgl. Nr. 162 RiVASt). 12

3. Haftgründe (Nummer 3). Nach Nr. 3 ist im Haftbefehl der Haftgrund aufzuführen. Haftgründe sind gemäß § 112 Abs. 2 und § 112a Abs. 1 Flucht, Fluchtgefahr, Verdunkelungsgefahr und Wiederholungsgefahr. Nach § 112 Abs. 3 ist Untersuchungshaft bei bestimmten Straftaten wider das Leben zulässig, doch spricht das Gesetz dabei nicht von einem Haftgrund. 13

Demzufolge ist im Haftbefehl anzugeben, ob der Beschuldigte wegen Flucht (§ 112 Abs. 2 Nr. 1), wegen Fluchtgefahr (§ 112 Abs. 2 Nr. 2), wegen Verdunkelungsgefahr (§ 112 Abs. 2 Nr. 3) oder wegen Wiederholungsgefahr (§ 112a Abs. 1) oder aus mehreren Haftgründen in Untersuchungshaft genommen wird. Wird der Haftbefehl nach **§ 112 Abs. 3** erlassen, sind statt der Haftgründe die vom BVerfG bezeichneten Umstände (§ 112, 100) kurz anzugeben, weil die Möglichkeit fehlt, den „Haftgrund" aufzuführen.[38] Wird der Haftbefehl auf **§ 112a** gestützt, muss das zum Ausdruck kommen („... wird die Untersuchungshaft nach § 112a Abs. 1 Nr. ... StPO angeordnet"), weil die Sicherungshaft des § 112a Abs. 1 der Untersuchungshaft des § 112 subsidiär ist (§ 112a Abs. 2) und das Ergebnis der Prüfung, ob § 112a Abs. 1 „Anwendung findet" (§ 112a Abs. 2 Hs. 1) im Haftbefehl selbst klar zum Ausdruck kommen muss. Liegen **mehrere Haftgründe** vor, soll nach verbreiteter Auffassung der Haftbefehl nicht auf alle gestützt werden müssen; oftmals empfehle es sich, allein den Haftgrund anzugeben, der keinem Angriff ausgesetzt sei.[39] Diese Ansicht ist problematisch; auch hier gelten die in Rn. 10 genannten Grundsätze. Die Verteidigungsmöglichkeiten des Beschuldigten dürfen nicht eingeschränkt werden, insbesondere darf er nicht in die Lage geraten, sich vorsorglich gegen ihm nicht eröffnete Haftgründe verteidigen zu müssen.[40] In diesem Zusammenhang ist zu bedenken, dass sich die Entscheidung über eine mögliche Haftverschonung 14

---

36 Meyer-Goßner/*Schmitt* 9; HK/*Posthoff* 12.

37 S. auch OLG Karlsruhe NStZ **1986** 134.

38 H.M.; vgl. auch BVerfG NJW **1991** 2821 mit Anm. *Paeffgen* NStZ **1992** 530.

39 Graf/*Krauß* 7; LR/*Hilger*[26] 13; KK/*Graf* 12 („im Allgemeinen sollten möglichst" alle Haftgründe aufgenommen werden; auch mit überholtem Hinweis auf § 119 Abs. 3); *Oppe* NJW **1966** 93; einschränkend Meyer-Goßner/*Schmitt* 14, HK/*Posthoff* 14 und AnwK-UHaft/*König* 7 (bei Flucht- und Verdunkelungsgefahr seien beide Haftgründe zu nennen); vgl. dazu auch Nr. 46 Abs. 4 RiStBV. S. auch (zu § 119 Abs. 3 a.F.) OLG Hamm StV **1998** 35 mit krit. Anm. *Paeffgen*. **A.A.** SK/*Paeffgen* 8; *Hengsberger* JZ **1966** 212; *Schlothauer/Weider/Nobis* Rn. 278; KMR/*Wankel* 5; Radtke/Hohmann/*Tsambikakis* 7; AnwK-StPO/*Lammer* 9; HK-GS/*Laue* 7. Zur hilfsweisen Benennung eines Haftgrundes vgl. *Creifelds* NJW **1965** 946.

40 Ausführlich *Schlothauer/Weider/Nobis* Rn. 278; SSW/*Herrmann* 22; Radtke/Hohmann/*Tsambikakis* 7; zum grundsätzlich anerkennenswerten Interesse des Beschuldigten an der Klärung der Frage, welche Haftgründe dem Haftbefehl zugrunde liegen, vgl. auch BGHSt **34** 34.

(auch) nach den angenommenen Haftgründen richtet. Darüber hinaus sind die einzeln zu begründenden Beschränkungen beim Vollzug der Untersuchungshaft nach § 119 Abs. 1 an den offenzulegenden Haftgründen auszurichten.[41] Insbesondere ist jedes Taktieren der Strafverfolgungsbehörden im Sinne eines „Nachschiebens" von Gründen auszuschließen. Wegen der Pflicht zur Angabe mehrerer Straftaten s. Rn. 10.

15 Bei Haftbefehlen nach **§ 230 Abs. 2, § 236, § 329 Abs. 3** ist anzugeben, aus welchem Grund (unentschuldigtes Ausbleiben, im Fall des § 236 trotz der Aufforderung, persönlich zu erscheinen) die Verhaftung angeordnet wird. Zu § 127b s. dort Rn. 23.

16 **4. Begründung (Nummer 4).** Die Angaben nach Absatz 2, namentlich die schriftliche Begründung, dienen der möglichst umfassenden Information des Beschuldigten,[42] der Nachprüfung des Haftbefehls durch ihn und seinen Verteidiger sowie durch das Beschwerdegericht und schließlich der Selbstkontrolle des Gerichts.[43] Im Hinblick auf diese Zwecke sind die in Absatz 2 zwingend vorgeschriebenen Angaben die Mindestangaben, die ein Haftbefehl enthalten muss. Dabei steigen die Anforderungen an die Konkretheit der Darstellung mit zunehmender Dauer der Ermittlungen.[44] Sie können die mündliche Unterrichtung (§§ 114a, 115, 115a, 128) sowie eine umfassende Akteneinsicht (§ 147) nicht ersetzen.[45] Nr. 4 geht als Spezialvorschrift über § 34 hinaus. Die Bestimmung fordert ausdrücklich als Begründung die **Angabe der Tatsachen**, aus denen sich der dringende Tatverdacht und der Haftgrund ergeben. Die Angabe der Tatsachen gemäß Nr. 4 hat den strengen Anforderungen, die sich aus Art. 103 Abs. 1 GG ergeben, zu genügen. Wird der dringende Tatverdacht auf **Indizien** gestützt, sind auch diese mitzuteilen.[46] Bei der Raschheit, mit der in Haftsachen meist gearbeitet werden muss, kann die Tatsachenangabe allerdings nur in knapper Form gefordert werden, doch sind alle (wesentlichen) Tatsachen aufzuführen.[47] Auch werden trotz fehlender gesetzlicher Anordnung in aller Regel die **Beweismittel** („nach der Angabe seines Arbeitgebers"; „aufgrund seines Briefes vom … an seinen Tatgenossen …") anzugeben sein, damit der Beschuldigte in die Lage versetzt wird, sie zu entkräften, den Haftbefehl sachgemäß im Haftprüfungsverfahren oder mit der Beschwerde anzugreifen, Material zu seiner Verteidigung beizubringen oder das Verfahren durch ein Geständnis abzukürzen.[48] Eine Beschränkung dahin, dass durch die Benennung der Beweismittel nicht die Ermittlungen gefährdet werden dürften,[49] erscheint angesichts der Sonderregelung in § 114 Abs. 2 Nr. 4 fraglich;[50] durch die Neufassung des § 147 Abs. 2 Satz 2 dürfte dieser Streitfrage

---

41 Vgl. dazu im Einzelnen LR/*Gärtner* § 119, 14 ff.
42 Vgl. BVerfG StV **1994** 465; *Schlothauer/Weider/Nobis* Rn. 432; *Kempf* FS Rieß 217 ff.
43 OLG Frankfurt NJW **1965** 1342; allg. M.
44 Vgl. BGH NStZ-RR **2017** 347; OLG Brandenburg StV **1997** 140; OLG Karlsruhe StV **2002** 147; OLG Celle StV **2005** 513; s. auch LG Gera NStZ-RR **2000** 211; KMR/*Wankel* 3; *Schlothauer/Weider/Nobis* Rn. 424; SK/*Paeffgen* 9a; *Kühne/Esser* StV **2002** 389 zur Rspr. des EGMR.
45 Eingehend dazu *Kempf* FS Rieß 217 ff.; s. auch Vor § 112, 42 ff.
46 KK/*Graf* 13; HK/*Posthoff* 16; *Creifelds* NJW **1965** 946; *Kleinknecht* MDR **1965** 781.
47 S. auch BGHSt **42** 349 (unzureichende formelhafte Hinweise); OLG Hamm NStZ-RR **2002** 335; OLG Koblenz bei *Paeffgen* NStZ **2007** 144; Beschl. v. 21.1.2009 – 1 Ws 9/09 = JurionRS **2009** 38926: gestraffte Darstellung der wesentlichen, die Verdachtsmomente enthaltenden Ermittlungsergebnisse.
48 OLG Düsseldorf JZ **1984** 540; StV **1991** 521 mit Anm. *Schlothauer*; *Rudolphi* StV **1988** 534; *Kempf* FS Rieß 219; vgl. auch KG StV **1994** 318; **1994** 319 mit Anm. *Schlothauer* sowie *Paeffgen* NStZ **1995** 22; HK/*Posthoff* 16; AK/*Deckers* 4; AnwK-StPO/*Lammer* 11; *Schlothauer/Weider/Nobis* Rn. 432; *Langner* 212.
49 OLG Hamburg MDR **1992** 693; OLG Düsseldorf VRS **86** (1994) 446; StV **1991** 521 mit Anm. *Schlothauer*; KK/*Graf* 13; Meyer-Goßner/*Schmitt* 11.
50 HK-GS/*Laue* 8; AnwK-StPO/*Lammer* 11; *Paeffgen* NStZ **1992** 482; *Rudolphi* StV **1988** 534; i.E. auch *Münchhalffen/Gatzweiler* Rn. 97 (unter Hinweis auf BVerfG StV **1994** 465 und KG StV **1994** 318).

allerdings im Wesentlichen die praktische Relevanz genommen sein. Eine **Beweiswürdigung** ist nach h.M.[51] nicht erforderlich, kann jedoch in schwierigen Fällen als nobile officium anzusehen sein, wenn sich nicht schon die Notwendigkeit aus der aus Art. 103 Abs. 1 GG abzuleitenden Pflicht zur sachgerechten und damit auch für den Beschuldigten verständlichen (nachvollziehbaren) Information ergibt.[52] Abzugrenzen sind jedoch die an einen Haftbefehl zu stellenden Begründungsanforderungen von jenen, die für Haftfortdauerentscheidungen gelten; dies wird nicht immer hinreichend beachtet.[53]

Größere Ausführlichkeit, wenn auch bei Knappheit im Ausdruck, wird den **Haftgründen** zu widmen sein, damit jede Routine vermieden wird. Begründung ist auch erforderlich, wenn der Haftbefehl auf § 112 Abs. 3 (Verbrechen wider das Leben) gestützt wird. Die Praxis wird die Umstände angeben, die im Beschluss des BVerfG[54] (§ 112, 100) angeführt sind. 17

In **Jugendstrafverfahren** bestehen weitergehende Begründungsanforderungen. Mit Blick auf die ausdrücklich angeordnete Subsidiarität von Untersuchungshaft (§ 72 Abs. 1 Satz 1 JGG) sind nach § 72 Abs. 1 Satz 3 JGG im Haftbefehl auch die Gründe anzugeben, aus denen sich ergibt, dass andere Maßnahmen, insbesondere eine einstweilige Unterbringung in einem Heim der Jugendhilfe, nicht ausreichend sind und die Untersuchungshaftanordnung nicht unverhältnismäßig ist.[55] 18

Genügen die Begründung des Haftbefehls und die Mitteilungen des Haftrichters gemäß den §§ 114a, 115 Abs. 2, 3, 115a und ggf. § 118a Abs. 3 Satz 1 nicht den Erfordernissen einer **wirksamen Verteidigung**, so ist diesen über die Gewährung von **Akteneinsicht** (§ 147) Rechnung zu tragen (Vor § 112, 42ff.).[56] Dabei kommt der Akteneinsicht umso mehr Bedeutung zu, je knapper die Information des Beschuldigten und seines Verteidigers nach den genannten Vorschriften ist. Ob eine Begrenzung der zur Begründung der Haftentscheidung gegebenen Informationen mit Blick auf eine mögliche **Gefährdung der Ermittlungen** zulässig ist, ist umstritten.[57] Fraglich erscheint, ob sie mit der Intention der verfassungsgerichtlichen Rechtsprechung und der Rechtsprechung des EGMR 19

---

51 OLG Düsseldorf StV **1988** 534 mit krit. Anm. *Rudolphi*; StV **1991** 521 mit krit. Anm. *Schlothauer* sowie *Paeffgen* NStZ **1992** 482; KK/*Graf* 13; HK-GS/*Laue* 8; Meyer-Goßner/*Schmitt* 11; **a.A.** SK/*Paeffgen* 9a; *Kempf* FS Rieß 221; *Langner* 213.

52 Vgl. AnwK-StPO/*Lammer* 12; s. auch OLG Frankfurt StV **2006** 642 (Ls.): erhöhte Anforderungen im Fall der ausschließlichen Belastung durch einen Mitbeschuldigten.

53 Vgl. etwa SSW/*Herrmann* 29, der sich zu Unrecht für die Ansicht, in jedem Haftbefehl sei eine Beweiswürdigung geboten, auf die Entscheidungen OLG Jena NStZ-RR **2009** 123 (der von *Herrmann* gegebene Hinweis auf NStZ ist unzutreffend) und OLG Hamm NStZ **2008** 649 beruft; denn diese befassen sich mit Haftentscheidungen nach einem Urteil, dessen schriftliche Gründe noch nicht vorliegen, wobei das OLG Jena zudem eine erweiterte Begründungspflicht erst für die Nichtabhilfeentscheidung im Beschwerdeverfahren bejaht hat. Die Begründung einer Haftfortdauerentscheidung in jenem Verfahrensstadium dient nämlich vor allem der Gewährleistung einer Überprüfung durch das Beschwerdegericht, vgl. dazu auch HK/*Posthoff* 10. S. aber auch SK/*Paeffgen* 9, der Rechtsprechung des BVerfG und des EGMR anführt, die ebenfalls Haftfortdauerentscheidungen betrifft.

54 BVerfGE **19** 350; s. auch *Langner* 217 (eingehende Begründung für und wider, auch zu den Indizien).

55 OLG Köln StRR **2008** 35 mit Anm. *Mertens*; OLG Hamm NStZ **2010** 281; OLG Karlsruhe StraFo **2010** 206 = ZJJ **2011** 327; HK/*Posthoff* 20.

56 Vgl. BVerfG StV **1994** 465; **1994** 1 mit Anm. *Lammer*; BGH StV **1996** 79; KG StV **1994** 318; **1994** 319 mit Anm. *Schlothauer* und *Paeffgen* NStZ **1995** 22.

57 Dafür (jedenfalls im Ergebnis, zumindest für Beweismittel, mit der Argument, § 147 Abs. 2 a.F. dürfe nicht unterlaufen werden) OLG Düsseldorf StV **1988** 534; **1991** 521; OLG Hamburg MDR **1992** 693; vgl. auch OLG Saarbrücken NJW **1995** 1440 sowie Meyer-Goßner/*Schmitt* 11 und § 115, 8; dagegen SK/*Paeffgen* 9a; *Paeffgen* NStZ **1992** 482; *Rudolphi* StV **1988** 534; *Schlothauer*/*Weider*/*Nobis* Rn. 432.

zur Akteneinsicht (s. Vor § 112, 42ff.) vereinbar wäre; jedenfalls müsste sie in der Praxis vermehrt die unerwünschte Folge haben, dass Tatsachen und Beweismittel nicht zur Begründung von Haftbefehlen herangezogen werden dürfen.[58]

20 Ausnahmsweise sind Tatsachen nach Nr. 4 nicht anzuführen, soweit dadurch die **Staatssicherheit gefährdet** würde. Diese Ausnahme gilt in erster Linie für Staatsschutzdelikte, ist aber nicht auf diese beschränkt.[59] Die Gefährdung muss darauf bezogen sein, dass die entsprechenden Tatsachen in dem (offenen) Haftbefehl schriftlich niedergelegt werden.[60] Der Haftbefehl muss einen Hinweis auf die aus diesem Grund vorgenommene Beschränkung seiner Begründung enthalten.[61] Die Tatsachen, die den dringenden Tatverdacht und den Haftgrund rechtfertigen, dürfen dem Beschuldigten nicht endgültig vorenthalten werden. Sie sind ihm, sobald die Gründe für die Anwendung der Ausnahmeklausel entfallen sind, spätestens aber dann mitzuteilen, wenn er nach dem Ergreifen gehört wird (§ 115 Abs. 3).[62] Der Begründungsverzicht wird durch die Wortfassung („soweit") auf das unbedingt Notwendige eingeschränkt. Alles was nicht **unmittelbar** die Staatssicherheit gefährdet, ist in die Begründung aufzunehmen. Die Ausführungen in Rn. 10, 19 und Vor § 112, 42ff. gelten sinngemäß auch hier.

21 **5. Begründung der Verhältnismäßigkeit (Absatz 3).** Nach § 112 Abs. 1 Satz 2 darf die Untersuchungshaft nicht angeordnet werden, wenn sie zur Bedeutung der Sache und zu der zu erwartenden Strafe oder Maßregel der Besserung und Sicherung außer Verhältnis steht. Absatz 3 verlangt, dass der Haftbefehl sich darüber verhält, warum diese Vorschrift nicht angewendet worden ist, **in zwei Fällen**: Einmal, wenn ihre Anwendung naheliegt, zum anderen, wenn der Beschuldigte sich auf diese Vorschrift beruft.[63] Der letzte Fall wird selten eintreten, weil Haftbefehle in der Regel ohne Gehör des Beschuldigten ergehen und dieser daher vor der Anordnung kaum die Unverhältnismäßigkeit geltend machen kann. Tut er es nach der Verhaftung, besteht keine Verpflichtung, den Haftbefehl zu ergänzen; das Gericht lehnt, wenn es den Haftbefehl nicht aufhebt, die Anwendung von § 112 Abs. 1 Satz 2 vielmehr in dem Beschluss ab, mit dem es einen auf diese Vorschrift gestützten Haftentlassungsantrag verwirft.

22 Die Regel des ersten Falles (wenn die **Anwendung des § 112 Abs. 1 Satz 2 naheliegt**) kann in der Praxis zu erheblichen Schwierigkeiten führen, nämlich wenn es um die Erläuterung geht, warum die Nähe der Anwendbarkeit der Klausel eben doch noch nicht die Anwendungsnotwendigkeit selbst war. Die Begründung wird z.B. dann zu geben sein, wenn eine Geldstrafe oder eine Freiheitsstrafe zu erwarten ist, deren Vollstreckung zur Bewährung auszusetzen sein wird, der Beschuldigte aber gleichwohl verhaftet werden muss, etwa weil er geflohen war und nicht darauf verzichtet werden kann, das Verfahren durchzuführen.

23 **6.** Ein **Verstoß** gegen die **Begründungspflichten** nach Nr. 1 bis 4 führt unter Berücksichtigung der Differenzierung zwischen unwirksamen und fehlerhaften gerichtli-

---

58 Vgl. auch KG StV **1994** 318; **1994** 319 mit Anm. *Schlothauer.*

59 Graf/*Krauß* 9; Meyer-Goßner/*Schmitt* 12; KK/*Graf* 15; HK/*Posthoff* 18; *Creifelds* NJW **1965** 946; *Eb. Schmidt* Nachtr. I 9. **a.A.** SK/*Paeffgen* 10; LR/*Hilger*[26] 18, der die abweichende Ansicht aus dem Wort „dadurch" ableitet.

60 LR/*Hilger*[26] 18; *Schlüchter* 223; krit. zur Vorschrift SK/*Paeffgen* 10; s. auch *Vogt* NStZ **1982** 21 (Streichung der Vorschrift).

61 KK/*Graf* 15; *Creifelds* NJW **1965** 946. S. auch Nr. 46 Abs. 3 RiStBV.

62 KK/*Graf* 15; abweichend LR/*Hilger*[26] 18: nach dem Ergreifen; darüber hinaus dem Verteidiger unter Geheimschutz entweder mündlich oder durch Akteneinsicht bekanntzumachen.

63 KK/*Graf* 15; *Schlüchter* 223. Vgl. auch Nr. 46 Abs. 2 RiStBV.

chen Entscheidungen[64] grundsätzlich nicht zur Unwirksamkeit des Haftbefehls.[65] Die Rechtsfehlerhaftigkeit kann in der Beschwerdeinstanz geheilt werden[66] (s. Rn. 47); nicht jedoch im Verfahren nach den §§ 121, 122 (§ 122, 31). Ein zur Unwirksamkeit führender Mangel mag im Einzelfall gegeben sein bei einem schweren Verstoß gegen Nr. 1, etwa wenn nicht erkennbar ist, gegen wen sich der Haftbefehl richten soll.

III. Verfahren

1. Grundlage der Entscheidung sind die Akten, im Fall des § 128 Abs. 2 Satz 2 die Angaben, die der Beschuldigte etwa gemacht hat, sowie ggf. das Ergebnis weiterer Ermittlungen (Vor § 112, 65, 104; § 115, 27),[67] in den Fällen des § 268b auch das Urteil; zu § 127b s. dort Rn. 10. Ist der Verdacht nicht dringend, darf auch dann kein Haftbefehl ergehen, wenn die **Tat noch nicht abschließend beurteilt werden kann.**[68] Es ist grundsätzlich Sache der Polizei und der Staatsanwaltschaft, vor der Vorführung – ggf. durch Nutzung moderner Kommunikationstechniken – die notwendigen Unterlagen zu beschaffen.[69] Es ist unzulässig, bis zur genauen Klärung erst einmal einen Haftbefehl zu erlassen, auch wenn er – wozu das Gesetz keine Handhabe bietet – **zeitlich beschränkt**[70] erlassen würde. Das würde dazu führen, dass unzulässiger Weise an Vermutungen statt an den dringenden Tatverdacht angeknüpft würde. Die Folge, dass ein Beschuldigter zu Unrecht in Untersuchungshaft kommen könnte, kann nicht deshalb hingenommen werden, weil die korrekte Gesetzesanwendung dazu führt, dass Beschuldigte zunächst nicht verhaftet werden, obwohl später Haftgründe erkennbar werden. 24

2. Beteiligung der Staatsanwaltschaft. Wegen der Veranlassung der Entscheidung (auf Antrag[71] der Staatsanwaltschaft oder von Amts wegen) s. § 125, 18. Die Staatsanwaltschaft ist vor Anordnung der Untersuchungshaft **zu hören**, gleichviel ob die Entscheidung im Laufe einer Hauptverhandlung (§ 33 Abs. 1) oder außerhalb einer solchen (§ 33 25

---

64 Vgl. nur BGH NStZ **1984** 279.
65 OLG Frankfurt StV **2000** 374; OLG Karlsruhe NStZ **1986** 134; KG StV **1994** 318; LG München StV **1998** 384 (Aufhebung bei Verstoß gegen Nr. 2); krit. AK/*Deckers* 4. S. auch OLG Düsseldorf StV **1996** 440 mit Anm. *Weider*. Die Differenzierung zwischen Unwirksamkeit einer freiheitsentziehenden gerichtlichen Entscheidung und deren (bloßer) Fehlerhaftigkeit, die im Beschwerdeverfahren geheilt werden kann, erkennt auch der EGMR an; vgl. etwa EGMR (GK) *Mooren v. Deutschland*, 11364/03, Urt. v. 9.7.2009 = StV **2010** 490 m. Anm. *Pauly* = EuGRZ **2009** 566 (nur bei groben offensichtlichen Fehlern ist ein Haftbefehl *ex facie* unwirksam); s. dazu näher LR/*Esser*[26] EMRK Art. 5, 46 ff.
66 Vgl. dazu (teils einschränkend): OLG Brandenburg NStZ-RR **1997** 107 (§ 309 Abs. 2; gilt auch im Ermittlungsverfahren; hinreichend bestimmter Antrag der Staatsanwaltschaft erforderlich); OLG Brandenburg StV **1997** 140; OLG Celle StV **1998** 385; OLG Düsseldorf StV **1996** 440 (Erlass des neuen Haftbefehls aber durch das zuständige Haftgericht, wenn der mangelhafte Haftbefehl nicht vollzogen wird) mit Anm. *Weider*; OLG Hamburg MDR **1992** 693; OLG Hamm StV **2000** 153; OLG Karlsruhe StV **2002** 147; **2001** 118 (nach ergänzender Entscheidung des Tatrichters); KG StV **1994** 318; OLG Oldenburg StraFo **2006** 282 (nicht bei schwer wiegenden Mängeln); OLG Stuttgart Justiz **1997** 62; **1985** 217; OLG Jena StV **2005** 559; LG München StV **1998** 384 (befristete Aussetzung des Vollzugs der Aufhebung, um der Staatsanwaltschaft einen nachgebesserten Haftbefehlsantrag zu ermöglichen); vgl. auch OLG Stuttgart NJW **1982** 1296 (Prüfung der Voraussetzungen des § 114 Abs. 2 auch dann, wenn die Staatsanwaltschaft mit der Beschwerde die Aufhebung eines Haftverschonungsbeschlusses erstrebt); LG Lübeck StraFo **2004** 21 (Zurückverweisung bei Unzuständigkeit); **a.A.** *Schlothauer/Weider/Nobis* Rn. 425 (keine Änderung während des Ermittlungsverfahrens).
67 Vgl. BVerfG NJW **1991** 1283.
68 *Schmidt-Leichner* NJW **1959** 842.
69 *Dencker* NJW **1969** 305.
70 Vgl. *Cordiers* NJW **1968** 1716.
71 S. Nr. 46 RiStBV.

Abs. 2) ergeht. Der Pflicht dazu ist genügt, wenn das Gericht auf einen Antrag der Staatsanwaltschaft entscheidet, gleichgültig, ob es ihm entspricht oder ihn ablehnt.

26 Bei **Gefahr im Verzug** (wegen des Begriffs s. § 125, 19; § 127, 31) braucht die Staatsanwaltschaft nicht gehört zu werden, wenn sie nicht erreichbar ist (§ 125 Abs. 1). In diesem Fall hat die Staatsanwaltschaft, alsbald nachdem die Untersuchungshaft angeordnet worden ist, in entsprechender Anwendung des § 167 zu prüfen, ob auch sie den Haftbefehl für erforderlich hält; das Ergebnis der Prüfung wird sie zu den Akten vermerken. Verneint sie, dass ein Haftbefehl notwendig ist, hat sie nach § 120 Abs. 3 Satz 1 zu beantragen, den Haftbefehl wieder aufzuheben und zugleich (§ 120, 64) anzuordnen, dass der Beschuldigte freizulassen ist (§ 120 Abs. 3 Satz 2). Hält sie zwar den Haftbefehl, nicht aber die Vollstreckung für notwendig, wird sie beantragen, den Vollzug des Haftbefehls auszusetzen. Es entspricht nicht der Amtspflicht der Staatsanwaltschaft, wenn sie die Entlassung unterlässt, weil der Beschuldigte, in der Erwartung, dass die Untersuchungshaft angerechnet werde (§ 51 Abs. 1 Satz 1 StGB), selbst keinen Antrag stellt.

27 **3. Gehör des Beschuldigten.** Ergeht der Haftbefehl **während einer Hauptverhandlung**, ist der Angeklagte vorher zu hören (§ 33 Abs. 1). Das Gericht kann dazu aufgrund vorläufiger Beratung einen schriftlichen Haftbefehl bereithalten, diesen, nachdem es den Angeklagten gehört hat, durch stillschweigende Verständigung (endgültig) beschließen und während dieses Vorganges Sicherungen treffen, um den Beschuldigten alsbald festnehmen zu können.

28 Wird die Untersuchungshaft **außerhalb der Hauptverhandlung** angeordnet, gilt grundsätzlich § 33 Abs. 3. Danach ist der Beschuldigte zu hören, bevor zu seinem Nachteil Tatsachen oder Beweisergebnisse verwertet werden, zu denen er noch nicht gehört worden ist. Das wird regelmäßig wenigstens in Bezug auf die Tatsachen der Fall sein, die den Haftgrund rechtfertigen. Indessen würde durch das vorherige Gehör oftmals die Verhaftung unmöglich werden, es sei denn, dass ein Vorführungsbefehl zum Zweck der Anhörung erginge. Das würde das Problem aber nicht lösen, sondern nur verschieben, weil § 33 Abs. 3, wenn er ohne Ausnahme gälte, auch auf den Vorführungsbefehl Anwendung finden müsste.

29 Aus diesem Grund ist es in der Regel notwendig, den Beschuldigten zu überraschen. Daher ist – in Übereinstimmung mit der Rechtsprechung des BVerfG[72] – in **§ 33 Abs. 4 Satz 1** bestimmt, dass bei Anordnung der Untersuchungshaft außerhalb der Hauptverhandlung dann **davon abzusehen** ist, den Beschuldigten **vorher zu hören**, wenn das den Zweck der Anordnung, den Beschuldigten zu verhaften, gefährden würde. Das wird bei einem nicht vorläufig festgenommenen Beschuldigten zumeist der Fall sein.[73] Doch ist der nicht vorher gehörte Beschuldigte alsbald nach seiner Verhaftung zu vernehmen (§ 115 Abs. 2 und 3). Dagegen ist für die **vorläufige Festnahme** in § 128 Abs. 1 Satz 2 ausdrücklich vorgeschrieben, dass der Verhaftete zu hören („vernimmt") ist, bevor der Haftbefehl erlassen wird. Zum nachträglichen rechtlichen Gehör gemäß **§ 33a** s. die Erl. zu dieser Vorschrift sowie § 33, 43.

30 **4. Beteiligung der Jugendgerichtshilfe.** Nach **§ 72a JGG** ist die Jugendgerichtshilfe, die in Haftsachen beschleunigt über das Ergebnis ihrer Nachforschungen zu berichten hat (§ 38 Abs. 2 Satz 3 JGG) und dementsprechend auch das Recht auf Kontakt zu einem inhaftierten Jugendlichen hat, von einer vorläufigen Festnahme zu unterrichten,

72 BVerfGE **9** 89.
73 S. auch OLG Hamm NStZ-RR **1998** 19 (flüchtiger Beschuldigter).

wenn nach dem Stand der Ermittlungen zu erwarten ist, dass der Jugendliche gemäß § 128 dem Richter vorgeführt wird. Jedenfalls von der Vollstreckung eines Haftbefehls ist sie unverzüglich zu informieren. Diese Gesetzesbefehle werden in der **Praxis nicht selten missachtet**. Welche Folgen mit einer verspäteten oder unterlassenen Beteiligung der Jugendgerichtshilfe verknüpft sind, hat die Rechtsprechung noch nicht geklärt.[74] Dass ein Haftbefehl nur dann aufzuheben sein soll, wenn durch eine gezielte Unterlassung mit dem Zweck einer Beschneidung der Verteidigungsmöglichkeiten des jugendlichen oder heranwachsenden Beschuldigten ein objektiv willkürliches Vorgehen der Ermittlungsbehörden oder des Haftgerichts vorliege,[75] erscheint zweifelhaft; eine solche Feststellung wird sich in der Praxis kaum treffen lassen, weshalb die gesetzlichen Anordnungen im Wesentlichen ihren Wert verlören.

5. Vollstreckung. Der Haftbefehl wird vollstreckt durch die Verhaftung. **Verhaftung** ist der Akt, durch den sich der Staat aufgrund des Haftbefehls des Beschuldigten tatsächlich bemächtigt (s. auch § 114b, 3). Sie ist nach § 36 Abs. 2 Satz 1 letzter Hs. Sache der Staatsanwaltschaft, die sich dazu ihrer Ermittlungspersonen (§ 152 GVG) und der sonstigen Behörden und Beamten des Polizeidienstes (§ 161) bedient, ohne Rücksicht darauf, in welchem Land der Bundesrepublik die Verhaftung vorzunehmen ist (§ 160 GVG). 31

Bei **Abgeordneten** muss die Verhaftung vom Bundestag genehmigt sein, es sei denn, dass der Abgeordnete bei Begehung der Tat oder im Laufe des folgenden Tages festgenommen wird (Art. 46 Abs. 2 GG). Soll ein Abgeordneter im Bundestag verhaftet werden, ist zusätzlich die Genehmigung des Präsidenten des Bundestags erforderlich, wenn nicht bekannt ist, wo der Abgeordnete sich aufhält und der Bundestag deshalb zum Zweck der Verhaftung durchsucht werden (§ 103 Abs. 1) muss. Denn die Durchsuchung darf nicht ohne Genehmigung des Präsidenten stattfinden (Art. 40 Abs. 2 Satz 2 GG). Dasselbe gilt nach den Landesverfassungen für die Abgeordneten der Länder. 32

Zur **Nachtzeit** kann ohne Beschränkung verhaftet werden,[76] wenn der zu Verhaftende außerhalb einer Wohnung, eines Geschäftsraumes oder eines befriedeten Besitztums betroffen wird oder diese Örtlichkeiten auf eine Aufforderung, deren Zweck ihm erkennbar ist, freiwillig verlässt. Tut er das nicht und muss eine Wohnung usw. zum Zweck der Verhaftung betreten werden, liegt darin eine Durchsuchung, die nur unter den Voraussetzungen des § 104 zulässig ist.[77] Im Übrigen enthält ein Haftbefehl zugleich den richterlichen Befehl, zur Ergreifung des Beschuldigten auch dessen Wohnung zu durchsuchen (sog. **Ergreifungsdurchsuchung**).[78] Die abweichende Auffassung, jede Durchsuchung zum Zwecke der Verhaftung bedürfe einer Anordnung gemäß § 105, und eine solche solle mit dem Haftbefehl verbunden werden, soweit die Notwendigkeit der Durchsuchung beim Erlass des Haftbefehls voraussehbar sei,[79] ist nicht praktikabel. Die Durchsuchung fremder Wohnungen ist hingegen nur unter den Voraussetzungen der §§ 103, 105 zulässig.[80] 33

Das **öffentliche Interesse**, eine Realisierung der im Haftbefehl genannten Haftgründe (z.B. Flucht, Verdunklung, Wiederholung) zu verhindern, gebietet in der Regel 34

---

74 Offengelassen z.B. von OLG Hamm NStZ **2010** 281 und KG StraFo **2015** 108 = ZJJ **2015** 204.
75 So HK/*Posthoff* 20.
76 RGSt **40** 67.
77 Im Ergebnis ebenso *Gottschalk* NStZ **2002** 568 (für klärende Ergänzung des § 104).
78 Meyer-Goßner/*Schmitt* 20; KK/*Graf* 22; HK/*Posthoff* 25; MüKo/*Böhm* 44; **a.A.** SK/*Paeffgen* 15; Graf/*Krauß* 15.
79 LR/*Hilger*[26] 30.
80 OLG Düsseldorf StraFo **2008** 238; Radtke/Hohmann/*Tsambikakis* 13; vgl. zur Durchsuchung auch OLG Celle StV **1982** 561; *Kaiser* NJW **1980** 875.

eine **unverzügliche Einleitung der Vollstreckung** (s. auch Vor § 112, 28: kein „Haftbefehl auf Vorrat"), d.h. die Einleitung der dazu erforderlichen Maßnahmen (Festnahme oder bei unbekanntem Aufenthalt Fahndungsmaßnahmen). Nur ausnahmsweise kann es geboten sein, eine Vollstreckung aus (z.B.) ermittlungstaktischen (s. Vor § 112, 53) oder sonstigen wichtigen Gründen (etwa zur Erleichterung/Ermöglichung einer weniger gefährlichen Festnahme) für gewisse Zeit aufzuschieben, wenn ein Aufschub der erforderlichen Maßnahmen verantwortet werden kann und durch das Abwarten die Gefahr einer Realisierung der Haftgründe nicht vergrößert wird. Ein Vollstreckungshindernis besteht während der Schutzfrist des **sicheren Geleits.**[81]

IV. Beschwerde

1. Zulässigkeit

35 **a) Grundsätze.** Haftentscheidungen können grundsätzlich mit Beschwerde (§ 304) und weiterer Beschwerde (§ 310; Rn. 42) angefochten werden.[82] Zum Verhältnis zur Haftprüfung vgl. § 117, 27;[83] zur Anrufung des Gerichts gegen Maßnahmen im Vollzug s. die Erl. zu § 119a; zum Rechtsschutz bei Festnahme vgl. § 127, 59.

36 **Ziele der Anfechtung** können z.B. (s. aber Rn. 40) sein: Erlass eines Haftbefehls nach Ablehnung eines Haftbefehlsantrages; Aufhebung eines Haftbefehls, auch wenn er nicht vollzogen wird (§ 116, 34ff.; zur Überhaft vgl. Vor § 112, 89); inhaltliche Änderung des Haftbefehls, etwa durch Gewährung oder Ablehnung von Haftverschonung (§ 116, 23ff.); Einbeziehung oder Ausscheidung von Tatvorwürfen und (oder) Haftgründen; Beschränkung der Verwendbarkeit des Haftbefehls zur Auslieferung aus bestimmten Staaten;[84] Änderung von Haftverschonungsbeschlüssen, namentlich durch Änderung der Haftersatzmaßnahmen (Rn. 40; § 116, 34ff.). **Entsprechendes gilt** für die Anfechtung einer Entscheidung nach § 126a.[85] Auch Haftbefehle nach § 230 Abs. 2, § 236 und § 329 Abs. 3 sind beschwerdefähig. Ebenso z.B. Entscheidungen nach § 114c (§ 114c, 41ff.), im Haftprüfungsverfahren erlassene Entscheidungen (§ 117, 24), Entscheidungen gemäß § 118 (§ 118a, 40), Ablehnung der Haftunterbrechung (§ 116b, 17), Entscheidungen nach den §§ 123, 124 (Rn. 40; § 123, 39; § 124, 40).

37 Die Beschwerde ist auch zulässig, wenn die Entscheidung über die Verhaftung vom **erkennenden Gericht** erlassen wurde (§ 305 Satz 2).[86] Sie ist unzulässig gegen Haftentscheidungen des **BGH** (§ 304 Abs. 4 Satz 1) und des **OLG**, soweit dieses nicht erstinstanzlich zuständig ist (§ 304 Abs. 4 Satz 2), grundsätzlich aber zulässig (vgl. aber Rn. 40) gegen Haftentscheidungen des erstinstanzlich zuständigen OLG (§ 304 Abs. 4 Satz 2 Nr. 1), sowie des Ermittlungsrichters des BGH und des OLG (§ 304 Abs. 5).

38 Bei mehreren aufeinander folgenden, denselben Gegenstand betreffenden Haftentscheidungen kann grundsätzlich **nur die jeweils letzte Entscheidung**[87] angefochten

---

81 OLG Köln NStZ-RR **2007** 243 = StraFo **2007** 294; Meyer-Goßner/*Schmitt* 20.

82 Vgl. zur Haftbeschwerde, auch zur Untätigkeitsbeschwerde in Haftsachen, OLG Braunschweig StV **2005** 39; OLG Hamm NStZ-RR **2006** 17, zur Haftprüfung nach § 117 und zur nachträglichen Feststellung der Rechtswidrigkeit einer Haftentscheidung bei besonderem Feststellungsinteresse auch die Erl. bei LR/*Matt*[26] Vor § 304 und § 304.

83 Zur Umdeutung eines unzulässigen Haftprüfungsantrags bei Überhaft in eine Beschwerde vgl. *Hohmann* NJW **1990** 1649; s. auch OLG Hamburg NStZ-RR **2002** 381 (zu § 117 Abs. 2, § 115a Abs. 3 Satz 1).

84 *Volckart* StV **1983** 434.

85 LR/*Gärtner* § 126a, 38.

86 Vgl. OLG Hamburg NStZ **2001** 274.

87 OLG Hamburg StV **1994** 323 mit Anm. *Paeffgen* NStZ **1995** 23; OLG Düsseldorf MDR **1995** 950; StV **1993** 592 mit Anm. *Paeffgen* NStZ **1995** 22; h.M.; s. auch § 116, 37. Zur Beschwerde gegen eine aufgehobene

werden. Die Beschwerde ist schon dann zulässig, wenn die Entscheidung ergangen, aber noch nicht vollstreckt ist.[88] Auch dann, wenn sie dem Beschuldigten noch nicht bekannt ist.[89] Er muss z.B. in der Lage sein, auf diese Weise zu ermitteln, ob ein – eventuell aus taktischen Gründen noch nicht vollstreckter – Haftbefehl gegen ihn besteht, damit er sich gegen diesen frühzeitig, nicht erst aus der Vollzugsanstalt heraus, verteidigen kann. Zur Rechtsbehelfsbelehrung s. § 115 Abs. 4 (§ 115, 28ff.; § 116, 36).

Mit **Rechtskraft des Urteils** werden unerledigte Haftbeschwerden in der Regel **gegenstandslos**;[90] dies kann das Beschwerdegericht feststellen. Ausnahmsweise kann jedoch wegen der Schwere des Grundrechtseingriffs und seiner Folgen ein nachwirkendes Rechtsschutzinteresse an der **nachträglichen Feststellung der Rechtswidrigkeit** der Anordnung der Untersuchungshaft bestehen;[91] etwa dann, wenn ein Haftbefehl ohne vorheriges rechtliches Gehör (Rn. 29) erlassen wird, dem Beschuldigten durch den Haftbefehl erhebliche Schäden entstehen oder vor richterlicher Entscheidung über eine Haftbeschwerde des Beschuldigten der Haftbefehl gemäß § 120 Abs. 3 aufgehoben wird.[92] War ein (aufgehobener/erledigter) Haftbefehl von Anfang an rechtswidrig, so ist das (ggf. im Beschwerdeverfahren) ausdrücklich festzustellen.[93] Zu weiteren dabei entstehenden Einzelfragen vgl. auch Vor § 112, 93ff.; § 119, 147; § 123, 9; § 124, 9, 10; § 126, 43, 45. Namentlich bei Entscheidungen nach den §§ 119, 123, 124 kann es notwendig sein, nach Rechtskraft des Urteils das Beschwerdeverfahren fortzusetzen und eine Beschwerdeentscheidung zu treffen. S. auch § 117, 41. 39

b) Entscheidungen der Oberlandesgerichte und des BGH. Eine Beschwerde gegen Haftentscheidungen des erstinstanzlich zuständigen OLG sowie des Ermittlungsrichters des BGH und des OLG (Rn. 37) ist allerdings nur zulässig, sofern die Entscheidungen „die **Verhaftung** ... (einstweilige Unterbringung) ... **betreffen**" (**§ 304 Abs. 4 Satz 2 Nr. 1, Abs. 5**). Das ist nach h.M.[94] der Fall, wenn die Entscheidung unmittelbar[95] den Entzug der persönlichen Freiheit bestimmt (Haftanordnung, auch bei Haftverschonung; Haftfortdauer), auch wenn sie im Haftprüfungsverfahren (§ 117) getroffen wird. Unzulässig soll demgemäß die Beschwerde gegen Entscheidungen dieser Stellen sein, wenn z.B. der Beschwerdeführer nur einen von mehreren im Haftbefehl genannten Haftgründen beanstandet[96] (ohne dass dies unmittelbarer Auswirkungen auf Bestand oder Vollzug des Haftbefehls hätte), lediglich die Erweiterung eines bestehenden Haftbefehls im Tat- 40

Haftentscheidung im Falle einer Verfassungsbeschwerde s. BVerfG StraFo **2006** 20 sowie die Erl. zu §§ 304, 310.

88 OLG Stuttgart NStZ **1990** 247.

89 OLG Hamm NStZ-RR **2001** 254; vgl. auch BGHSt **25** 187; OLG Hamm NStZ **1981** 200 (Ls.); OLG Jena NStZ-RR **2012** 180; LR/*Jesse*[26] Vor § 296, 30; anders OLG Hamm VRS **37** (1969) 61.

90 OLG Hamburg MDR **1977** 69; OLG Schleswig bei *Ernesti/Lorenzen* SchlHA **1986** 104; vgl. auch OLG Schleswig bei *Lorenzen/Thamm* SchlHA **1991** 124.

91 Vgl. BVerfGE **96** 27, 40; BVerfGK **6** 303 = StraFo **2006** 20; OLG Düsseldorf StV **2001** 332; offen gelassen von OLG Hamm StraFo **2002** 100 mit Anm. *Nobis*; s. dagegen OLG Hamm NJW **1999** 229 (zu § 230 Abs. 2); *Kühne* 556.1; vgl. auch LR/*Gärtner* § 127, 60ff.; LR/*Matt*[26] Erl. vor § 304; BVerfG NJW **2006** 427.

92 Vgl. BVerfG StraFo **2006** 20.

93 Vgl. BVerfG StraFo **2006** 20; OLG München StV **2006** 317 mit Anm. *Kirchner*; Erl. zu §§ 304, 310.

94 BGHSt **25** 120; **26** 270; **29** 200; eingehend zur Problematik *Matt* JA **1991** 85; NJW **1991** 1801; *Wendisch* FS Dünnebier 239; vgl. im Übrigen die Erl. zu §§ 304, 305, 310 und die Nachweise bei § 116, 38; § 123, 39; § 124, 40 sowie LR/*Gärtner* § 119, 136.

95 Vgl. OLG Celle NJW **1957** 393; s. auch KG JR **1967** 192 (Beschlagnahme von Belastungsmaterial, das die Haftanordnung rechtfertigt).

96 BGHSt **34** 34; krit. *Baumann* FS Pfeiffer 255. Vgl. auch BGHSt **47** 249 (Hinzutreten eines Haftgrundes) mit krit. Anm. *Paeffgen* NStZ **2004** 79; OLG Nürnberg MDR **1964** 943; OLG Hamburg NStZ **2001** 274.

vorwurf erstrebt[97] oder wenn die Entscheidungen nur Modalitäten des Freiheitsentzuges, etwa Änderungen der Auflagen bei einer Haftverschonung (§ 116), die Art und Weise der Haftprüfung[98] oder des Haftvollzuges (§ 119) oder den Verfall einer Sicherheit (§§ 123, 124) betreffen.

41 **Gegen diese einengende Auslegung**, die auch Auswirkungen auf die Zulässigkeit der weiteren Beschwerde nach § 310 (Rn. 42) hat, bestehen Bedenken.[99] Abgesehen davon, dass nach dem Wortsinn durchaus angenommen werden kann, dass auch solche Entscheidungen die „Verhaftung betreffen", ist die Begründung für diese Interpretation, die im Wesentlichen auf den – im Gesetzgebungsverfahren[100] hervorgehobenen – Ausnahmecharakter[101] der Beschwerdezulassung in § 304 Abs. 4 Satz 2 abstellt, nicht überzeugend. Denn es kommt dabei zu kurz, dass jedenfalls ein Teil der genannten Entscheidungen im Einzelfall **erhebliche Grundrechtseingriffe** (z.B. bzgl. Art. 2, 14 GG) enthalten, namentlich – wie der BGH selbst einräumt[102] – für die Aussichten auf Wiedererlangung der Freiheit oder für Freiheitsbeschränkungen im Haftvollzug von erheblicher Bedeutung sein kann. Letztlich ist auch schwer verständlich, dass Beschuldigte in Verfahren, die erstinstanzlich dem OLG zugewiesen sind, bei diesen Haftentscheidungen geringere Anfechtungsmöglichkeiten haben sollen als Beschuldigte, die mit einer Anklage vor dem Amts- oder Landgericht rechnen müssen. Eine Auslegung des § 304 Abs. 4 Satz 2, die die Zulässigkeit der Beschwerde vereinheitlichen würde, wäre wohl sachgerechter, zumal der im Wortlaut ähnliche § 305 Satz 2 nicht von der Rechtsprechung in dieser Weise einengend interpretiert wird. Im Übrigen wird auf die Überlegungen und Nachweise bei § 114c, 41; § 116, 41, 42; § 123, 39; § 124, 40 verwiesen.

42 **2. Weitere Beschwerde.** Beschwerdeentscheidungen des LG sowie solche des – an sich – erstinstanzlich entscheidenden OLG über Beschwerden gegen Verfügungen eines Ermittlungsrichters (§ 120 Abs. 3 Satz 2 GVG) und gegen Verfügungen und Entscheidungen der Staatsschutzkammer (§§ 74a, 120 Abs. 4 GVG) unterliegen der weiteren Beschwerde, sofern sie Verhaftungen oder die einstweilige Unterbringung betreffen (§ 310 Abs. 1). Insofern gilt das zuvor Ausgeführte (Rn. 40 f.) sinngemäß.[103]

43 **3. Beschwerdeberechtigte** sind der Beschuldigte, der Verteidiger und der gesetzliche Vertreter (§§ 297, 298) sowie die Staatsanwaltschaft (§ 296). Dieser steht auch die weitere Beschwerde zu.[104] Der Nebenkläger ist nicht beschwerdeberechtigt; er ist nicht beschwert.[105]

44 **4. Beschwerdeverfahren.** Für das Beschwerdeverfahren, das den Anforderungen eines fairen Verfahrens entsprechen muss,[106] gelten die allgemeinen Vorschriften.[107] Die

---

97 BGHSt **37** 347.
98 Vgl. OLG Celle OLGSt § 310, 4.
99 S. auch § 114c, 41.
100 Vgl. BTDrucks. **V** 4086 S. 11; s. aber *Baumann* FS Pfeiffer 255.
101 Vgl. BGHSt **37** 347 (Hinweis auf die auf Beschleunigung und Konzentration angelegte Natur des Haftverfahrens).
102 BGHSt **34** 34.
103 S. auch BVerfG StraFo **2006** 20 (weitere Beschwerde zur Ausschöpfung des Rechtsweges).
104 OLG Stuttgart JR **1967** 431; h.M.
105 H.M.; **a.A.** SK/*Paeffgen* § 115, 14; zur Rechtsstellung des Nebenklägers s. auch OLG Hamm NStZ-RR **2008** 219 (keine Anhörung im Haftbeschwerdeverfahren).
106 EGMR *Nikolova v. Bulgarien*, 31195/96, Urt. v. 25.3.1999 = EuGRZ **1999** 320; zu den Folgen einer „Informationsverweigerung" s. Vor § 112, 42 ff.
107 Zur Praxis bzgl. § 307 Abs. 2 vgl. *Schlicht*/*Leipold* StraFo **2005** 90.

Weiterleitung der Akten erfolgt gemäß § 306 Abs. 2;[108] die Akten sind vollständig vorzulegen.[109] Das Beschwerdegericht entscheidet zunächst im Rahmen der Prüfung der Zulässigkeit der Beschwerde incidenter auch darüber, ob ein wirksamer Rechtsmittelverzicht vorliegt.[110] Des Weiteren kann es **Ermittlungen**, auch analog § 117 Abs. 3 für künftige Entscheidungen des Haftgerichts,[111] anordnen oder selbst vornehmen (§ 308 Abs. 2). Das kann geboten sein, wenn zu erwarten ist, dass der Beschuldigte entlassen und der Haftbefehl aufgehoben (§ 120 Abs. 1) oder sein Vollzug ausgesetzt (§ 116; § 72 Abs. 1 JGG) wird. Dagegen sind keine Ermittlungen zulässig, die einen aufhebungsreifen Haftbefehl vielleicht stützen könnten. Denn das Beschwerdegericht hat zu entscheiden, ob in dem Augenblick, da ihm die Sache zur Entscheidung vorgelegt wird, der Tatverdacht dringend und ein gesetzlicher Haftgrund gegeben ist. Muss es das verneinen, hat es keinen Rechtsgrund, den alsdann zu Unrecht inhaftierten Gefangenen länger festzuhalten.[112] Zum Zweck seiner Entscheidung kann das Beschwerdegericht auf Antrag des Beschuldigten oder von Amts wegen **mündliche Verhandlung** anordnen[113] (§ 118 Abs. 2). Dies kann ausnahmsweise dann geboten sein, wenn sich die angefochtene Entscheidung, etwa bei den Haftgründen, auf den persönlichen Eindruck des Gerichts vom Beschuldigten stützt.

Zum Umfang der **Überprüfung** der Haftentscheidungen des erkennenden Gerichts **während der Hauptverhandlung** durch das Beschwerdegericht vgl. § 112, 25ff. Die Haftbeschwerde hat **keine aufschiebende Wirkung**; sie hemmt nicht den Vollzug des Haftbefehls (§ 307 Abs. 1). Wurde der Haftbefehl aufgehoben und die Freilassung des Beschuldigten angeordnet, so ist eine Aussetzung nach § 307 Abs. 2 nicht zulässig (§ 120 Abs. 2). Zur Umwandlung eines Haftbefehls nach § 230 Abs. 2 vgl. Rn. 53 und § 112, 6. 45

Wegen der **Anhörung der Beteiligten** gilt nach § 308 Abs. 1 Satz 2 dasselbe, wie unter Rn. 29 für die Anordnung der Untersuchungshaft ausgeführt. Hat der erste Richter einen Antrag der Staatsanwaltschaft, einen Haftbefehl zu erlassen, ohne Gehör des Beschuldigten zurückgewiesen, so braucht das von der Staatsanwaltschaft angegangene Beschwerdegericht, das der Beschwerde stattgeben will, den Beschuldigten – entgegen § 308 Abs. 1 Satz 1 – nicht zu hören, wenn durch vorgängiges Anhören das mit der Untersuchungshaft verfolgte Ziel gefährdet würde. Der Beschuldigte kann seine Einwendungen mit weiterer Beschwerde vorbringen.[114] Abgesehen von diesem Fall gebietet es das rechtliche Gehör (Art. 103 Abs. 1 GG; § 33) auch, den Beschuldigten über das Ergebnis der während des Beschwerdeverfahrens durchgeführten Ermittlungen zu informieren.[115] Ein **schwerwiegender Verstoß** gegen das Gebot des rechtlichen Gehörs kann zur **Aufhebung des Haftbefehls und Zurückverweisung** führen[116] (s. auch Vor § 112, 42). Ist das Beschwerdegericht der **BGH** oder das **OLG**, wenn gegen dessen Entscheidungen keine weitere Beschwerde zulässig ist (§ 304 Abs. 4), dann ist der Verhaftete **nachträglich zu hören** (§ 311a Abs. 1 Satz 1). Das ist auch ohne Antrag zulässig; es ist geboten, wenn we- 46

108 OLG Hamm StraFo **2002** 177; s. aber die Erl. zu § 306.
109 OLG Brandenburg NStZ-RR **1997** 107; s. auch OLG Oldenburg StV **1995** 87.
110 OLG Karlsruhe wistra **1997** 156.
111 OLG Hamburg wistra **2002** 275.
112 OLG Bremen NJW **1951** 46.
113 Zum Anwesenheitsrecht des Mitbeschuldigten vgl. *Rieß* StV **1996** 304. S. auch SchwBG EuGRZ **1996** 468 (rechtl. Gehör bzgl. Stellungnahme der StA).
114 Zur Nachholung des rechtlichen Gehörs im Verfahren der weiteren Beschwerde s. OLG Brandenburg NStZ-RR **1997** 108; allgemein zur nachträglichen Gewährung rechtlichen Gehörs im Beschwerdeverfahren BVerfG NStZ-RR **2013** 379.
115 Vgl. BVerfG StV **1994** 65; KG StV **1994** 318; **1994** 319.
116 KG StV **1994** 318; **1994** 319.

sentliche neue Tatsachen die Entscheidung tragen und der Beschuldigte, der aus Ungeschicklichkeit keinen Antrag stellt, erkennen lässt, dass er die verwendeten Tatsachen leugnet und sich gegen sie verteidigen möchte. Zufolge des Gehörs kann das Gericht den **Vollzug des Haftbefehls aussetzen** (§ 311a Abs. 2 i.V.m. § 307 Abs. 2) – was häufig unangebracht sein wird – und Ermittlungen anstellen (§ 311a Abs. 2 i.V.m. § 308 Abs. 2). Aufgrund der Einlassung des Beschuldigten und etwaiger Ermittlungen hat es seine Entscheidung zu prüfen und auf Antrag des Beschuldigten zu ändern oder aufzuheben (§ 311a Abs. 1 Satz 1). Das kann es auch ohne Antrag tun (§ 311a Abs. 1 Satz 2). Die Notwendigkeit, auch ohne Antrag zu entscheiden, ergibt sich aus der Verpflichtung des jeweils mit der Sache befassten Gerichts, alsbald den Haftbefehl aufzuheben, wenn der dringende Tatverdacht oder die Haftgründe entfallen sind, oder eine Entscheidung nach § 116 zu treffen, wenn dessen Voraussetzungen vorliegen.

47 Bei Fehlerhaftigkeit der angefochtenen Entscheidung, also auch des Haftbefehls, **entscheidet das Beschwerdegericht in der Regel selbst** in der Sache (§ 309 Abs. 2). Es darf einen Haftbefehl z.B. verständlich fassen oder dazu ersetzen,[117] Tatvorwürfe und Haftgründe auswechseln.[118] Allerdings kommt in der Praxis auch – zu häufig[119] – die Aufhebung und Zurückverweisung zur Nachbesserung des Haftbefehls vor.[120] S. auch Rn. 23, 46, 53. Jedenfalls bei so schwerwiegenden Begründungsmängeln, dass die Haftanordnung nicht mehr rechtsstaatlichen Anforderungen genügt, kommt eine solche **„Nachbesserung"** über § 309 Abs. 2 nicht in Betracht; die Entscheidung ist vielmehr aufzuheben.[121] Die Entscheidung des Beschwerdegerichts ist für das Gericht, dessen Entscheidung angefochten war – nicht auch für dasjenige, an das es im Prozessverlauf gelangt –, zwar nicht förmlich, aber ggf. inhaltlich bindend.[122] Das Gericht bleibt allerdings befugt und verpflichtet, eine abweichende Entscheidung zu treffen, wenn die Veränderung der Sachlage eine solche gebietet. Eine **erneute Beschwerde** gegen dieselbe Haftentscheidung nach Durchlaufen des Instanzenzuges ist nicht zulässig,[123] lässt sich aber in einen **Haftprüfungsantrag umdeuten**[124] (§ 117, 36). Nimmt der Beschuldigte seine Haftbeschwerde zurück, so wird darin häufig ein **Verzicht** auf das Rechtsmittel liegen,

---

117 OLG Stuttgart NJW **1982** 1296; Justiz **1985** 31; OLG Brandenburg NStZ-RR **1997** 107; StV **1997** 140; s. auch OLG Karlsruhe StV **2001** 118 (Heilung des Begründungsmangels einer Haftfortdauerentscheidung nach Ergänzungsbeschluss des Tatrichters).

118 OLG Stuttgart Justiz **1982** 217; OLG Dresden StV **2006** 700 mit krit. Anm. *Bosbach*.

119 Vgl. KG StraFo **2015** 419 mit Anm. *Herrmann*.

120 Vgl. zur Problematik z.B.: OLG Brandenburg NStZ-RR **1997** 108; OLG Celle StV **1998** 385 (hier aber eigene Sachentscheidung unzweckmäßig, weil sie auf einen Teil der Vorwürfe beschränkt wäre); OLG Düsseldorf StV **1996** 440 mit Anm. *Weider*; OLG Hamm StV **2000** 153 (einschränkend); OLG Karlsruhe StV **2002** 147; KG StV **1998** 384 mit krit. Anm. *Fröhlich* NStZ **1999** 585 (Haftbefehl aber aufzuheben, wenn örtlich unzuständiges Gericht entschieden hat, das nicht zum Bezirk des Beschwerdegerichts gehört); OLG Stuttgart Justiz **1997** 62; OLG Jena StV **2005** 559; **1999** 101; LG Lübeck StraFo **2004** 21 (Aufhebung und Zurückverweisung bei Unzuständigkeit); *Kunisch* StV **1998** 687. Zum Verschlechterungsverbot vgl. OLG Düsseldorf StV **1993** 480; zur Abhilfeentscheidung durch ein unzuständiges Gericht OLG Zweibrücken StV **1988** 70; zur Abgabe einer Haftbeschwerde analog §§ 209, 209a durch eine Wirtschaftsstrafkammer OLG Koblenz NStZ **1986** 327 mit Anm. *Rieß* NStZ **1986** 426 (unter 7); s. auch *Wankel* 26, 27; KMR/*Wankel* § 126, 13 (Besetzungsfehler).

121 Vgl. BVerfG StraFo **2004** 415; OLG Oldenburg StraFo **2006** 282; zu Einzelheiten s. LR/*Matt*[26] § 309, 13 ff.

122 Zu weitgehend, ohne die nötige Differenzierung: OLG Braunschweig NdsRPfl. **2015** 179.

123 H.M.; KK/*Graf* § 115, 24. Zur Unzulässigkeit einer außerordentlichen Beschwerde gegen rechtskräftige Haftentscheidungen s. BGH NStZ **2002** 274; zur grundsätzlichen Unzulässigkeit von Gegenvorstellungen s. OLG Stuttgart Justiz **1996** 147.

124 OLG Karlsruhe Justiz **1976** 83; OLG Düsseldorf StV **1992** 237; KK/*Graf* § 115, 24; SK/*Paeffgen* § 115, 16. Bei Nichtvollzug des Haftbefehls Umdeutung in einen Aufhebungsantrag: OLG Karlsruhe Justiz **1989** 437; Meyer-Goßner/*Schmitt* § 117, 8.

der einer erneuten Erhebung entgegensteht;[125] dies gilt jedoch nicht, wenn die angefochtene Entscheidung nach der Rücknahme geändert worden ist.

5. Zuständigkeit. Zur Entscheidung über die Beschwerde ist das Gericht berufen, das als nächsthöheres im Instanzenzug demjenigen Gericht übergeordnet ist, dessen Haftbefehl angefochten wird.[126] Ist der Haftbefehl auf Beschwerde oder weitere Beschwerde von einem höheren Gericht erlassen worden, so ist für die Beschwerdeentscheidung das Gericht zuständig, das als nächsthöheres dem Gericht übergeordnet ist, das nach § 125 für den Erlass des Haftbefehls zuständig war.[127] 48

Tritt ein **Wechsel in der Zuständigkeit** ein, nachdem die dann später angefochtene Entscheidung erlassen war – sei es, weil die Sache einem anderen Richter beim Amtsgericht übertragen wird (§ 126 Abs. 1 Satz 2), sei es, weil sie im Prozessgang an ein anderes Gericht gelangt –, dann sind die Entscheidungen des Gerichts, das die Zuständigkeit verloren hat, wie solche des Gerichts zu behandeln, auf das die Zuständigkeit übergegangen ist (§ 125, 17; § 126, 20);[128] s. aber Rn. 51, 52. Demzufolge entscheidet das Beschwerdegericht, das dem Gericht übergeordnet ist, welches die Zuständigkeit erlangt hat,[129] und zwar auch dann, wenn die Beschwerde eingelegt war, bevor der erste Richter die Sache abgegeben hatte.[130] Das Gericht, das dann infolge des Zuständigkeitswechsels die Verantwortung für die vorhergegangene (angefochtene) Entscheidung trägt, hat, bevor das neue Beschwerdegericht entscheidet, zu prüfen, ob es der Beschwerde abhilft (§ 306 Abs. 2). 49

Gibt der Generalbundesanwalt das Verfahren ab (§ 142a Abs. 2, 4 GVG)[131] oder erhebt er Anklage vor dem OLG (§ 120 GVG),[132] so entfällt die **Beschwerdezuständigkeit des BGH** (§ 304 Abs. 5) für Entscheidungen seines Ermittlungsrichters. Außerdem endet die Beschwerdezuständigkeit für Haftentscheidungen des OLG (§ 304 Abs. 4 Satz 2 Nr. 1), wenn dieses das Hauptverfahren vor dem LG eröffnet.[133] 50

Mit der **Erhebung der öffentlichen Klage** wird das mit der Hauptsache befasste Tatgericht für Haftentscheidungen zuständig. Der Zuständigkeitswechsel beendet den bisherigen Instanzenzug.[134] Bereits anhängige, aber noch nicht beschiedene (oder nachfolgende) Haftbeschwerden sind **umzudeuten** in einen Haftprüfungsantrag (§ 117 Abs. 1), über den das (nun) mit dem Verfahren befasste Gericht der Hauptsache zu befinden hat;[135] erst 51

---

125 OLG Karlsruhe Justiz **1977** 356; KK/*Graf* § 115, 21; **a.A.** BayObLG JR **1968** 108 mit Anm. *Sarstedt*; OLG Celle NJW **1962** 67; SK/*Paeffgen* § 115, 15; *Schlüchter* 652; *Specht* GA **1977** 72. Vgl. auch die Erl. zu § 302.
126 Wird eine selbstständige Maßnahme nach § 115a angefochten, so ist Beschwerdegericht insoweit das dem nächsten Richter übergeordnete LG, nicht aber, wenn der nächste Richter nur eine Entscheidung des Haftrichters verkündet: LG Frankfurt am Main StV **1985** 464.
127 OLG Hamburg MDR **1974** 861.
128 Vgl. OLG Karlsruhe NStZ **1984** 184; vgl. auch LG Itzehoe SchlHA **1988** 36 (zu § 119); krit. SK/*Paeffgen* § 126, 5.
129 BGHSt **14** 180; OLG München NJW **1957** 760; OLG Karlsruhe NStZ **1984** 184 (zu § 119).
130 OLG Hamburg NJW **1966** 606; OLG Frankfurt NJW **1973** 479; Meyer-Goßner/*Schmitt* § 126, 3; KK/*Schultheis* § 126, 7; **a.A.** KG JR **1985** 256; wohl auch SK/*Paeffgen* § 126, 4.
131 BGH NJW **1973** 477.
132 BGHSt **27** 253.
133 BGHSt **29** 200; krit. SK/*Paeffgen* § 126, 6.
134 OLG Karlsruhe Justiz **1998** 130; OLG Stuttgart NStZ **1990** 141; OLG Celle NdsRpfl. **1995** 111; allg. M.; **a.A.** *Rostek* StV **2002** 225. Dagegen wird eine Beschwerde nach § 124 Abs. 2 Satz 2 nicht durch Anklageerhebung oder Wechsel des Gerichts der Hauptsache unzulässig, und auch die Zuständigkeit des ursprünglichen Beschwerdegerichts bleibt bestehen: OLG Hamm NStE § 124 StPO, 7.
135 Vgl. OLG Celle NdsRpfl. **1995** 111; OLG Düsseldorf wistra **1999** 318; MDR **1983** 152; VRS **83** (1992) 195 (bzw. Antrag, den Haftbefehl aufzuheben); NStZ-RR **1996** 366 (§ 119; Antrag auf Aufhebung der angefochtenen Maßnahme); OLG Frankfurt NStZ-RR **1996** 302; NJW **1985** 1233; OLG Hamm JMBlNW **1977**

gegen dessen Entscheidung ist Beschwerde zulässig.[136] Entsprechendes gilt für eine anhängige, aber noch nicht beschiedene (oder nachfolgende) weitere Beschwerde, wenn Anklage zum LG erhoben wird;[137] nicht gelten soll dies nach teilweise vertretener Auffassung allerdings, wenn in einem solchen Fall das LG kurz vorher eine hinreichend begründete Haftbeschwerdeentscheidung getroffen hatte; zw.[138]

52 Nach Eingang der Akten beim **Berufungsgericht** (§ 321 Satz 2) ist eine noch nicht erledigte (oder nachfolgende) Beschwerde als Antrag auf Haftprüfung (§ 117 Abs. 1) durch das Berufungsgericht zu behandeln.[139] Eine weitere Beschwerde bleibt statthaft, wenn das LG kurz vor Zuleitung der Akten (§ 321 Satz 2) über die Haftbeschwerde entschieden hatte.[140] Schließlich ist eine unerledigte Beschwerde nach Zurückverweisung der Hauptsache aus der **Revision** an einen anderen Spruchkörper als **Haftprüfungsantrag** zu behandeln, über den das nunmehr zuständige Tatgericht zu entscheiden hat.[141]

V. Änderungen

53 Der Haftbefehl muss geändert werden, wenn sich **wesentliche Umstände**, auf denen er beruht, ändern oder sich herausstellt, dass sie unzutreffend angenommen wurden (z.B. Wegfall einzelner Taten, Änderung der rechtlichen Bewertung, Fortfall bzw. Änderung des Haftgrundes, wesentliche Änderung der Tatsachen gemäß Nr. 4).[142] Allerdings besteht **während laufender Hauptverhandlung** bei einer Vielzahl von Anklagevorwürfen keine Verpflichtung, fortlaufend aufgrund von Zwischenergebnissen den Haftbefehl an die jeweilige Beweissituation anzupassen, solange Bestand und Vollzug des Haftbefehls nicht berührt werden.[143] Der Haftbefehl kann in der Weise geändert werden, dass er für die Zukunft auf anderen Haftvoraussetzungen oder auf einem anderen Haftgrund beruht, d.h., dass sich der dringende Tatverdacht zusätzlich oder allein auf eine andere

---

249; OLG Karlsruhe Justiz **1998** 130 (für § 119); StV **1994** 664 (auch bei Beschwerdeeinlegung nach Zuständigkeitswechsel); NJW **1972** 1723; Justiz **1973** 253; **1976** 83; **1979** 444; KG NStZ-RR **1996** 365 (zu § 119 Abs. 3); NStZ **2000** 444 (Zurückverweisung nach Revision); OLG Naumburg NStZ-RR **1997** 307 mit Anm. *Paeffgen* NStZ **1999** 74; OLG Schleswig bei *Lorenzen/Schiemann* SchlHA **1997** 153; bei *Lorenzen/Döllel* SchlHA **1998** 174 (zu § 126a); bei *Döllel/Dreeßen* SchlHA **2006** 260 (§ 126a); bei *Lorenzen/Görl* SchlHA **1990** 114 (Beschwerdeeingang nach Anklageerhebung); OLG Stuttgart StV **2003** 552; Justiz **2004** 166; **1977** 103; LG Gera StraFo **2000** 206; KK/*Schultheis* § 126, 8; Meyer-Goßner/*Schmitt* § 117, 12; SK/*Paeffgen* § 126, 5; *Münchhalffen/Gatzweiler* Rn. 419; krit. *Schlothauer/Weider/Nobis* Rn. 851; **a.A.** *Rostek* StV **2002** 225; KMR/*Wankel* § 126, 22 (für Beschwerde nach Zuständigkeitswechsel).

136 H.M.; s. auch OLG Düsseldorf JMBlNW **1999** 278 (Zulässigkeit einer Beschwerde nach OLG-Entscheidung in Unkenntnis des Instanzwechsels).

137 OLG Oldenburg NJW **1957** 233; OLG Karlsruhe Justiz **1979** 444; OLG Düsseldorf VRS **86** (1994) 349 (bei Nichtvollzug als Antrag, den Haftbefehl aufzuheben); OLG Schleswig OLGSt N.F § 117, 2; bei *Lorenzen/Görl* SchlHA **1990** 114; bei *Döllel/Dreeßen* SchlHA **2006** 260 (§ 126a); OLG Celle NdsRpfl. **1995** 111; OLG Hamm wistra **1996** 321; krit. *Schlothauer/Weider/Nobis* Rn. 851.

138 OLG Karlsruhe Justiz **1977** 433; OLG Hamm NStZ-RR **2010** 358 (Ls.); KK/*Schultheis* § 126, 8; krit. SK/*Paeffgen* § 126, 5; **a.A.** OLG Hamm wistra **1996** 321; OLG Schleswig bei *Lorenzen/Schiemann* SchlHA **1997** 153; bei *Döllel/Dreeßen* SchlHA **2006** 260; OLG Frankfurt StV **2010** 33. Vgl. auch OLG Karlsruhe StV **1994** 665.

139 OLG Hamm NJW **1974** 1574; OLG Düsseldorf StV **1993** 482 (zur weiteren Beschwerde); StraFo **2002** 142; OLG Schleswig bei *Ernesti/Lorenzen* SchlHA **1983** 110; KK/*Schultheis* § 126, 8; SK/*Paeffgen* § 126, 5. Bei Nichtvollzug als Antrag, den Haftbefehl aufzuheben: OLG Karlsruhe Justiz **1986** 144; OLG Frankfurt NStZ-RR **1996** 302; KK/*Schultheis* § 126, 8; SK/*Paeffgen* § 126, 5.

140 OLG Karlsruhe Justiz **1977** 433; **1979** 444; s. auch KG NStZ **2000** 444.

141 KG NStZ **2000** 444.

142 H.M.; OLG Koblenz NStZ-RR **2008** 92 (Ls.); vgl. auch OLG Karlsruhe wistra **1991** 277; OLG Stuttgart Justiz **2007** 238 = StRR **2007** 38 mit Anm. *Herrmann* (zu § 268b).

143 OLG Köln NStZ-RR **2012** 125 (Ls.).

als die bisher angenommene Tat erstreckt oder dass neben Fluchtgefahr oder an deren Stelle Verdunkelungsgefahr oder ein anderer Haftgrund eingesetzt wird und umgekehrt. War der Haftbefehl z.B. aus Gründen der Vereinfachung nur auf unbefugten Gebrauch eines Fahrzeugs gestützt, kann er, wenn der Tatverdacht deshalb nicht mehr dringend ist, nunmehr auf einen weiterhin begangenen Betrug umgestellt werden. War er wegen Verdunkelungsgefahr ergangen und ist diese weggefallen, kann er auf eine gleichfalls bestehende Fluchtgefahr gestützt werden. Auch kann ein nach § 230 Abs. 2 erlassener Haftbefehl in einen nach § 114 umgestellt werden.[144]

In diesen Fällen muss das Haftgericht einen den Haftbefehl **ergänzenden Beschluss** erlassen; das Beschwerdegericht kann die Änderung in den Gründen seiner Beschwerdeentscheidung vornehmen. Der Text des Haftbefehls braucht nicht geändert zu werden, doch wird es sich in der Regel empfehlen, den Haftbefehl im Text umzustellen.[145] Die Änderung erfolgt auf Antrag oder von Amts wegen. Die Beseitigung schwerwiegender Mängel, insbesondere Lücken, der Begründung[146] sowie die Einbeziehung weiterer Taten erfordert im Ermittlungsverfahren einen bestimmten Antrag der Staatsanwaltschaft.[147] Trennt das Gericht den Tatvorwurf, der dem Haftbefehl zugrunde liegt, ab und soll wegen anderer Tatvorwürfe des Verfahrens ein Haftbefehl ergehen, so ist nicht der bestehende Haftbefehl zu ändern, sondern ein weiterer zu erlassen.[148] 54

Eine jede solche Änderung ist **wie ein neuer Haftbefehl zu behandeln**,[149] d.h. sie löst alle in den §§ 114a ff. geregelten Folgen und Verpflichtungen aus,[150] wie es ein neuer Haftbefehl tun würde, nachdem der alte aufgehoben worden ist,[151] und eröffnet – als selbstständige Entscheidung – die Beschwerde, auch wenn sie nur dagegen eingelegt wird, dass dem einen Haftgrund ein weiterer angefügt wird.[152] Wegen der Berechnung der Sechsmonatsfrist in § 121 Abs. 1 s. § 121, 33. 55

Bevor der Haftbefehl geändert wird, ist der **Beschuldigte zu hören**, wenn zu seinem Nachteil Tatsachen oder Beweisergebnisse verwertet werden sollen, zu denen er noch nicht gehört worden ist (§ 33 Abs. 3). § 33 Abs. 4, wonach bei Anordnung der Untersuchungshaft unter Umständen davon abgesehen werden kann, den Beschuldigten vorher zu hören, ist nicht anzuwenden, wenn die Haft vollzogen wird; denn dann kann eine Anhörung (jedenfalls in der Regel) den Zweck nicht gefährden, der mit der Umstellung des Haftbefehls verfolgt wird. Im Beschwerdeverfahren gilt das Gleiche nach § 308 Abs. 1 Satz 1. 56

Die Bestimmung des § 33 Abs. 2 (**Gehör der Staatsanwaltschaft**) gilt nach § 309 Abs. 1 nicht uneingeschränkt, obwohl die meisten Beschwerdegerichte sie regelmäßig anwenden. Auch wo das nicht geschieht, sollte, bevor ein Haftbefehl umgestellt wird, die Staatsanwaltschaft stets gehört werden, wenn sie die öffentliche Klage noch nicht erhoben hat. Denn dann liegt es in ihrer Hand, ob sie die Umstellung hinnehmen oder für den Haftrichter bindend beantragen will, den Haftbefehl aufzuheben (§ 120 Abs. 3 Satz 1; § 120, 57). Das 57

144 OLG Celle NdsRpfl. **1964** 238; nicht jedoch in der Beschwerdeinstanz auf Haftbeschwerde des Beschuldigten: § 112, 6.
145 Meyer-Goßner/*Schmitt* 18.
146 OLG Brandenburg NStZ-RR **1997** 107; StV **1997** 140 (fehlt ein solcher Antrag, fasst das Gericht den Haftbefehl, die zu beanstandenden Einzelvorwürfe auslassend, neu oder hebt auf).
147 LR/*Gärtner* § 125, 18.
148 OLG Stuttgart Justiz **1997** 344.
149 OLG Stuttgart NStZ **2006** 588 = StraFo **2005** 377; OLG Koblenz NStZ-RR **2012** 93 (Ls.); OLG Celle StraFo **2017** 67; allg. M.
150 OLG Hamburg NStZ-RR **2003** 346; h.M.; Meyer-Goßner/*Schmitt* 18. S. auch OLG Köln NStZ **2007** 608 (zu § 118 Abs. 3).
151 OLG Hamm NJW **1960** 587; JMBlNW **1979** 191.
152 OLG Nürnberg MDR **1964** 943.

Beschwerdegericht sollte es vermeiden, dass die Gerichte in die Lage geraten, einen ohne Zustimmung der Staatsanwaltschaft umgestellten Haftbefehl auf deren Antrag aufheben zu müssen.

58 Die Grundsätze gelten auch, wenn ein Haftbefehl deshalb aufgehoben wird, weil der Täter zur Tatzeit geisteskrank war, und gleichzeitig ein **Unterbringungsbefehl nach § 126a** ergeht.

§ 114a
Aushändigung des Haftbefehls; Übersetzung

[1]Dem Beschuldigten ist bei der Verhaftung eine Abschrift des Haftbefehls auszuhändigen; beherrscht er die deutsche Sprache nicht hinreichend, erhält er zudem eine Übersetzung in einer für ihn verständlichen Sprache. [2]Ist die Aushändigung einer Abschrift und einer etwaigen Übersetzung nicht möglich, ist ihm unverzüglich in einer für ihn verständlichen Sprache mitzuteilen, welches die Gründe für die Verhaftung sind und welche Beschuldigungen gegen ihn erhoben werden. [3]In diesem Fall ist die Aushändigung der Abschrift des Haftbefehls sowie einer etwaigen Übersetzung unverzüglich nachzuholen.

Schrifttum

Bittmann Gesetz zur Änderung des Untersuchungshaftrechts, NStZ **2010** 13; *Bittmann* Änderungen im Untersuchungshaftrecht, JuS **2010** 510; *Brand* Dolmetschrechte für Beschuldigte: Magerer zweiter Versuch, DRiZ **2010** 94; *Brocke/Heller* Das neue Untersuchungshaftrecht aus der Sicht der Praxis – Zwischenbilanz nach einem Jahr, StraFo **2011** 1; *Brodowski* Strafrechtsrelevante Entwicklungen in der Europäischen Union – ein Überblick, ZIS **2010** 376, 749; **2011** 940; *Buckow* Das Untersuchungshaftreformgesetz – Was hat es verändert? Kriminalist **2011** 19; *Burhoff* Neuregelungen in der StPO durch das Gesetz zur Änderung des Untersuchungshaftrechts, ZAP **2010** F. 22, 489; *Deckers* Einige Bemerkungen zum Gesetz zur Änderung des Untersuchungshaftrechts vom 29.7.2009, das am 1.1.2010 in Kraft tritt, StraFo **2009** 441; *Dettmers/Dimter* Aktuelle Justizvorhaben in Europa, SchlHA **2011** 349; *C. Gatzweiler* Die neuen EU-Richtlinien zur Stärkung der Verfahrensrechte (Mindestmaß) des Beschuldigten oder Angeklagten in Strafsachen, StraFo **2011** 293; *Harms* Der Entwurf für ein Gesetz zur Änderung des Untersuchungshaftrechts, FS **2009** 13; *Herrmann* Zur Reform des Rechts der Untersuchungshaft, StRR **2010** 4; *Kazele* Änderungen im Recht der Untersuchungshaft, NJ **2010** 1; *König* Untersuchungsgefangene bekommen mehr Rechte, AnwBl. **2010** 50; *Kotz* Anspruch auf Dolmetsch- und Übersetzungsleistungen im Strafverfahren, StV **2012** 626; *Michalke* Reform der Untersuchungshaft – Chance vertan? NJW **2010** 17; *Paeffgen* § 119 StPO soll reformiert werden!? Anmerkungen zum U-HaftRÄG-Entwurf BT-Drs. 16/11644 vom 21.1.2009, GA **2009** 450; *Staudinger* Dolmetscherzuziehung und/oder Verteidigerbeiordnung bei ausländischen Beschuldigten, StV **2002** 327; *Tsambikakis* Moderne Einwirkungen auf die Strafprozessordnung – Beispiel: Untersuchungshaft, ZIS **2009** 503; *Weider* Das Gesetz zur Änderung des Untersuchungshaftrechts, StV **2010** 102.

Entstehungsgeschichte

Die Vorschrift ging ursprünglich – als § 114 Abs. 3 – dahin, dass dem Beschuldigten der Haftbefehl und die Möglichkeit der Beschwerde bei der Verhaftung, spätestens am Tage nach seiner Einlieferung ins Gefängnis, bekanntzumachen sei. Durch Abschnitt A Nr. 2 des StPÄG vom 27.12.1926 (RGBl. I 529) wurde bestimmt, dass der Beschuldigte, wenn der Haftbefehl durch Verkünden bekanntgemacht werde, darauf hinzuweisen sei, dass er eine Abschrift verlangen könne. Für den Fall der Unmöglichkeit der Bekanntgabe des Haftbefehls wurde die Verpflichtung eingefügt, dem Beschuldigten den Tatverdacht vorläufig mitzutei-

https://doi.org/10.1515/9783110274929-006

len und die Bekanntgabe sodann unverzüglich nachzuholen. Der neue Standort der Vorschrift ergab sich aus Art. 1 Nr. 1 StPÄG 1964, durch das die Regelung des alten § 114a in einen neu geschaffenen § 114b einfloss. In die durch das StPÄG 1964 geschaffene Neufassung des § 114a wurde die unbedingte Anordnung eingefügt, dass der Beschuldigte eine Abschrift des Haftbefehls zu erhalten habe (damals Absatz 2). Durch Art. 1 Nr. 2 des UHaftÄndG vom 29.7.2009 (BGBl. I S. 2274) wurde die Vorschrift mit Wirkung zum 1.1.2010 schließlich durch Einführung erweiterter Informationspflichten neu gefasst.[1]

Übersicht

Alphabetische Übersicht

I. Bedeutung

Art. 5 Abs. 2 EMRK regelt die staatliche Pflicht, den Verhafteten alsbald über Festnahmegrund und Beschuldigung in einer ihm verständlichen Sprache zu informieren.[2] Dem wurde § 114a schon in der vor dem 1.1.2010 geltenden Fassung gerecht.[3] Mit der Neufassung hat der Gesetzgeber das Ziel verfolgt, die Informationspflichten gegenüber Personen, die aufgrund eines bestehenden Haftbefehls festgenommen werden, in ausdrücklicher **Anlehnung an Art. 5 Abs. 2 EMRK** umfassender als bisher gesetzlich zu normieren,[4] und die Vorschrift für den Rechtsanwender verständlicher sowie übersichtlicher zu gestalten.[5] Darüber hinaus hat er insbesondere durch die Verweisungen in den §§ 127 Abs. 4 und 127b Abs. 1 Satz 2 auch auf einen **Bericht des CPT**,[6] des Europäischen Ausschusses zur Verhütung von Folter und unmenschlicher oder erniedrigender Behandlung oder Strafe, reagiert. In diesem Bericht[7] war hervorgehoben worden, dass das Risiko der Einschüchterung und Misshandlung in dem Zeitraum unmittelbar nach der Freiheitsentziehung am größten sei, weshalb der Information und Belehrung des Beschuldigten sowie der Einräumung von Benachrichtigungsmöglichkeiten und des Zugangs zu einem Verteidiger **schon zu Beginn der Freiheitsentziehung** besondere Bedeutung zukomme. 1

1 Zu den Einzelheiten s. die Erl. zu § 114a im Nachtrag zur 26. Aufl.
2 Vgl. EGMR *Tanli v. Türkei*, 26129/95, Urt. v. 10.4.2001, Slg. 2001-III.
3 LR/*Hilger*[26] 1.
4 BTDrucks. **16** 11644 S. 15.
5 BTDrucks. **16** 11644 S. 13.
6 European Committee for the Prevention of Torture and Inhuman or Degrading Treatment or Punishment; näher zu den Aufgaben und der Rechtsstellung des Ausschusses *Tsambikakis* ZIS **2009** 506.
7 Abzurufen unter http://www.cpt.coe.int/documents/deu/2007-18-inf-deu.pdf.

II. Geltungsbereich

2 Die in § 114a normierten Informationspflichten gelten aufgrund der Verweisungen in den §§ 127 Abs. 4, 127b Abs. 1 Satz 2, 163c Abs. 1 Satz 3, 453c Abs. 2 Satz 2 entsprechend für **vorläufige Festnahmen** durch Polizei oder Staatsanwaltschaft und das **Festhalten** zum Zweck der Identitätsfeststellung sowie den **Sicherungshaftbefehl**. Anwendbar ist die Vorschrift ferner auf **sonstige Verhaftungen**, nämlich solche aufgrund eines Unterbringungsbefehls (§ 126a Abs. 2 Satz 1)[8] und aufgrund eines Haftbefehls in den Fällen der §§ 230 Abs. 2, 236, 329 Abs. 3, 412 Satz 1. Die Vorschrift gilt auch für Beschlüsse, die einen Haftbefehl ändern oder ergänzen,[9] nicht hingegen für Ordnungshaft nach §§ 177, 178 GVG und für Beugehaft (z.B. nach § 70).[10]

III. Inhalt

3 § 114a regelt die **Art und Weise** sowie den – von § 35 abweichenden – **Zeitpunkt der Bekanntgabe** des Haftbefehls. Die Bekanntgabe als solche ist entgegen der alten Fassung nicht mehr ausdrücklich erwähnt, was sachgerecht ist, weil die Bekanntgabepflicht bereits aus der allgemeinen Regelung in § 35 folgt. Hiernach sind Entscheidungen dem Betroffenen grundsätzlich bekanntzumachen, bevor sie vollstreckt werden (§ 35). Beim Haftbefehl ist das in der Regel aber nicht möglich (z.B. wenn der Beschuldigte flüchtig ist oder sich verborgen hält) oder unangebracht, weil der Erfolg der Untersuchungshaft, z.B. Flucht oder Verdunkelung zu verhindern, vereitelt werden könnte, falls dem Beschuldigten der Haftbefehl vor dem Zugriff bekannt würde. Deshalb befreit § 33 Abs. 4 Satz 1 schon von der Pflicht, den Beschuldigten, ehe der Haftbefehl erlassen wird, zu hören, wenn sonst dessen Zweck gefährdet würde. § 114a Abs. 1 Satz 1 schiebt aus dem gleichen Grunde die Pflicht, den Haftbefehl bekanntzugeben, bis zur Vollstreckung, deren Zeitpunkt von der Staatsanwaltschaft bestimmt wird (§ 36 Abs. 2 Satz 1), hinaus. Die Interessen des Beschuldigten werden dadurch gewahrt, dass er nach seiner Festnahme unverzüglich dem Richter vorzuführen ist, der ihm – verfassungsrechtlich unbedenklich – nachträglich rechtliches Gehör gewährt (§§ 115, 115a).[11]

4 Für die **Form der Bekanntmachung** gilt nach dem Grundsatz des § 35: Der Haftbefehl ist zu verkünden, wenn er in Anwesenheit des Beschuldigten erlassen worden ist (§ 35 Abs. 1 Satz 1). Ist er in dessen Abwesenheit ergangen, dann genügt, weil durch die Bekanntmachung keine Frist in Lauf gesetzt wird, dass er dem Beschuldigten formlos mitgeteilt wird (§ 35 Abs. 2 Satz 2);[12] ihn zuzustellen (§ 35 Abs. 2 Satz 1), wird in der Regel nicht geboten sein. Die formlose Mitteilung besteht darin, dass dem Beschuldigten eine Ausfertigung oder eine beglaubigte Abschrift des Haftbefehls ausgehändigt oder sein Inhalt schriftlich mitgeteilt wird. Da die Mitteilung formlos ist, kann sie auch in der Weise ausgeführt werden, dass der Haftbefehl, namentlich im Vorführungstermin (§ 115), verkündet wird, auch durch einen anderen Richter als den, der die Untersuchungshaft angeordnet hat.

---

8 Beachte § 126a Abs. 4, der die Bekanntgabe auch an gesetzliche Vertreter und Bevollmächtigte vorschreibt.

9 LR/*Hilger*[26] 5; Graf/*Krauß* 3; Meyer-Goßner/*Schmitt* 4; SK/*Paeffgen* 5, 6; Radtke/Hohmann/*Tsambikakis* 7.

10 Kritik wegen der unterlassenen Erstreckung auf Erzwingungs- und Ordnungshaft findet sich bei *Michalke* NJW **2010** 19.

11 Vgl. BVerfGE **9** 106; s. auch OLG Hamm NStZ-RR **1998** 19; OLG Stuttgart NStZ **1990** 247 (Abschrift des Haftbefehls an Verteidiger des flüchtigen Beschuldigten); *Rückel* StV **1985** 36; *Ullrich* StV **1986** 268.

12 OLG Hamburg NStZ-RR **2003** 346 (Erweiterung des Haftbefehls im Beschluss gemäß § 207 Abs. 4).

IV. Aushändigung einer Haftbefehlsabschrift bei Verhaftung

Die ausdrückliche Anordnung, dass dem Beschuldigten schon bei der Verhaftung eine Abschrift des Haftbefehls auszuhändigen ist, hat die Neufassung zum 1.1.2010 erbracht; § 114a Abs. 2 a.F. enthielt insoweit keine Zeitangabe. Den Polizeibeamten, die um die Festnahme ersucht werden, sind die nötigen Unterlagen mitzugeben (vgl. Nr. 48 RiStBV). Die Abschrift ist, wie das im Behördenverkehr selbstverständlich ist, zu beglaubigen. Es ist unschädlich, wenn dem Beschuldigten statt der beglaubigten Abschrift eine Ausfertigung des Haftbefehls erteilt wird. Die Abschrift erhält der Verhaftete von Amts wegen, doch ist dieser Akt keine Voraussetzung des weiteren Verfahrens. Demzufolge kann der Beschuldigte auf die Abschrift verzichten.[13] Ihm einen **Verzicht** nahezulegen, widerspräche jedoch der Absicht des Gesetzgebers.[14] 5

Ist die **Aushändigung** einer Haftbefehlsabschrift bei der Verhaftung **nicht möglich**, muss dem Beschuldigten bei der Festnahme nicht nur mitgeteilt werden, welcher Tat er verdächtig ist, sondern ihm sind zugleich die **Gründe für die Verhaftung** zu benennen; hierdurch erhält er eine konkrete Information über den Haftgrund, die ihm auch insoweit sogleich eine sachgerechte Verteidigung ermöglicht. Die Mitteilungen versetzen den Beschuldigten in die Lage, in der ihm gegebenen Zeit bis zur anstehenden Vernehmung eine Entscheidung darüber zu treffen, ob er aussagen oder schweigen, oder schon in der Vorführungsverhandlung nach den §§ 115, 115a, 128 gegen seine Inhaftierung konkrete Einwendungen vorbringen soll.[15] 6

Eine Abschrift ist auch von Beschlüssen, sei es des Haftrichters, sei es des Beschwerdegerichts, zu erteilen, mit denen ein Haftbefehl **geändert,** etwa ergänzt wird (§ 114, 55); jedoch werden diese Beschlüsse ohnehin in der Regel dadurch bekanntgemacht, dass dem Beschuldigten eine Abschrift zugesandt oder zugestellt wird. 7

V. Bekanntgabe in einer dem Beschuldigten verständlichen Sprache

1. Grundsatz: Schriftliche Übersetzung. Die aus Art. 5 Abs. 2 EMRK folgende staatliche Pflicht, einen der deutschen Sprache nicht hinreichend mächtigen Festgenommenen alsbald („promptly"; „dans le plus court délai") über Festnahmegrund und Beschuldigung in einer ihm verständlichen Sprache zu informieren, ist **nunmehr in der StPO geregelt**. Zuvor waren die zu beachtenden Anforderungen lediglich in Nr. 181 Abs. 2 RiStBV angesprochen. Diese Regelung durch eine bloße Verwaltungsvorschrift wurde dem Umstand, dass die national gewährleisteten Rechte den Maßstäben der EMRK in deren Interpretation durch die Rechtsprechung des EGMR genügen müssen und jene wegen der Pflicht zur konventionskonformen Auslegung der Gesetze[16] faktischen Vorrang vor dem einfachen deutschen Recht genießen, schwerlich gerecht. Der neue § 114a Satz 1 geht **über die Gewährleistungen der EMRK hinaus**. Während nach der Rechtsprechung des EGMR eine schriftliche Begründung nicht erforderlich ist,[17] sieht die Vorschrift vor, dass dem Beschuldigten im Falle seiner Verhaftung grundsätzlich eine Übersetzung des Haftbefehls in einer ihm verständlichen Sprache auszuhändigen ist. Ob schriftliche Übersetzungen **sons-** 8

13 OLG Hamburg NStZ-RR **2003** 346; KK/*Graf* 6; SK/*Paeffgen* 3a; Meyer-Goßner/*Schmitt* 4; HK/*Posthoff* 6; AnwK-StPO/*Lammer* 1; AnwK-UHaft/*König* 2; **a.A.** AK/*Deckers* 4; kritisch auch (mit Verweis auf die Stärkung der Informations- und Dokumentationspflichten der staatlichen Stellen) SSW/*Herrmann* 10.

14 LR/*Hilger*[26] 5; SK/*Paeffgen* 3a.

15 *Weider* StV **2010** 102.

16 BVerfGE **111** 307 ff. (Fall Görgülü).

17 EGMR *Tanli v. Türkei*, 26129/95, Urt. v. 10.4.2001, Slg. 2001-III Rn. 166; KK/*Schädler*/*Jakobs* EMRK Art. 5, 30.

tiger Haftentscheidungen, die im weiteren Verfahrensgang getroffen werden, erforderlich sind, lässt sich nicht allgemein beantworten.[18] Eine Pflicht zu schriftlicher Übersetzung generell aller weiteren „Haftentscheidungen"[19] lässt sich nicht begründen. Entscheidungen, die **in den Bestand des Haftbefehls eingreifen**, diesen etwa um weitere Vorwürfe erweitern oder hinsichtlich der Haftgründe ändern, werden aber im Regelfall, da sie für die Wahrnehmung der Verteidigungsrechte des Beschuldigten wesentlich sind, schriftlich zu übersetzen sein.[20] Ein Beschluss, der auf eine Haftbeschwerde des Beschuldigten ergeht und lediglich dessen Argumentation verwirft, bedarf bei einem verteidigten Beschuldigten hingegen keiner schriftlichen Übersetzung.[21]

9 **2. Ersatzweise mündliche Information.** Ist die Aushändigung einer schriftlichen Übersetzung des Haftbefehls nicht möglich, so sind dem Beschuldigten die **Haftgründe und** die **Beschuldigung unverzüglich** in einer ihm verständlichen Sprache mündlich mitzuteilen. Der Gesetzgeber hat angenommen, dass dies die Ausnahme sein und eine schriftliche Übersetzung im Regelfall vorliegen wird.[22] Die Beobachtung der Praxis wird erweisen, ob sich diese Erwartung erfüllt.[23] Zweifel ergeben sich im Grundsätzlichen für die nicht ganz seltenen Fälle, in denen der Erlass und die Vollstreckung eines Haftbefehls unter Zeitdruck geschehen (müssen). Aber auch dann, wenn die Sprachkompetenz des Beschuldigten unklar oder nicht bekannt ist, in welcher Sprache er den Inhalt des Haftbefehls (vermutlich am besten) erfassen kann, erscheint die Versuchung für die Praxis – nicht nur für den „störrischsten Amtswalter"[24] – groß, auf die Anfertigung zeitaufwendiger Übersetzungen vor der Einleitung der Vollstreckung zunächst zu verzichten. Man wird sich wohl darauf einstellen müssen, dass § 114a Satz 1 2. Hs. seltener als vom Gesetzgeber angenommen zur Anwendung kommen wird. Aber auch für die Fälle der in Satz 2 geregelten Informationsvariante erscheint ungewiss, ob es der Polizei stets möglich sein wird, **bereits bei der Verhaftung** einen **geeigneten Dolmetscher** bereit zu halten. Dies mag unproblematisch sein, wenn die Festnahme des Beschuldigten bei einem „gezielten Zugriff",[25] dessen Erfolgsaussichten vorhersehbar groß waren, erfolgt. Demgegenüber kommt es etwa im Massengeschäft einer Großstadt, in der zahlreiche Polizeieinheiten zu gleicher Zeit an verschiedenen Orten tätig sind, zu einer nicht geringen Zahl spontaner bzw. zufälliger Verhaftungen, bei denen schwerlich jeweils ein passender Dolmetscher zur Verfügung stehen wird.

10 Unter welchen **Voraussetzungen** im Sinne von Satz 2 eine **Aushändigung nicht möglich** ist, wird unterschiedlich beurteilt. Unstreitig ist dies etwa bei Gegenwehr des Festzunehmenden,[26] unübersichtlicher Festnahmesituation oder bedrohlicher Einwirkung Dritter auf die festnehmenden Beamten der Fall.[27] Die Auffassung, dass das Fehlen einer Abschrift oder Übersetzung als „logistische Unzulänglichkeit" die bloße Mitteilung der Gründe für die Verhaftung und der Beschuldigungen nicht rechtfertigen könne,[28] ist nicht überzeugend begründet worden und geht unter Zugrundelegung des Schutzzwecks der Verfahrensvorschrift zu weit. Zwar trifft es zu, dass allein eine mündliche Unterrich-

---

18 Vgl. OLG Stuttgart Justiz **1986** 307 (die Frage zur früheren Rechtslage verneinend).
19 So wohl KK/*Graf* 7; s. auch LR/*Hilger*[26] 7.
20 Vgl. SK/*Paeffgen* 5/6.
21 Zu Einzelfragen vgl. die Erl. bei LR/*Krauß* zu § 187 GVG im Nachtrag zur 26. Aufl.
22 BTDrucks. **16** 11644 S. 16: „Es kann allerdings vorkommen ...".
23 KMR/*Wankel* 3 nimmt an, dass die Übersetzung in der Regel nicht vorliegen wird.
24 Den SK/*Paeffgen* 1 im Blick hat.
25 AnwK-StPO/*Lammer* 2; AnwK-UHaft/*König* 3.
26 LR/*Hilger*[26] 3 m.w.N.
27 Meyer-Goßner/*Schmitt* 5; *Paeffgen* GA **2009** 451.
28 Radtke/Hohmann/*Tsambikakis* 3.

tung es dem oftmals in einer psychischen Ausnahmesituation befindlichen Beschuldigten kaum ermöglichen wird, komplexe Sachverhalte und Entscheidungsgründe vollständig wahrzunehmen und angemessen zu verarbeiten. Deshalb besteht die unbedingte und unverzüglich zu erfüllende **Nachholpflicht nach Satz 3**. Soweit die abweichende Ansicht auf einen angenommenen Wertungswiderspruch zu § 114b gestützt wird, übersieht sie die gestaffelten Belehrungsformen des § 114b, insbesondere dessen Absatz 1 Satz 3. Bei der Auslegung der neuen Vorschrift ist der Sinn der Informations- und Belehrungspflichten im Blick zu behalten. Diese Pflichten sollen innerhalb möglichst kurzer Frist[29] die Ungewissheit für den Beschuldigten beseitigen und die Möglichkeit zu einer effektiven Verteidigung gewährleisten,[30] ihn insbesondere in die Lage setzen, den ihm möglichen Rechtsschutz durch eine richterliche Haftkontrolle zu erlangen.[31] Dieser Zweck ist nicht gefährdet, wenn die Information nach § 114a Satz 3, wie zu verlangen ist,[32] **spätestens bei der Vorführung nach § 115** erfolgt.

VI. Sonstiges

In der **Vorführungsverhandlung** nach § 115 hat der Haftrichter in eigener Verant- 11
wortung zu prüfen, ob bei der Verhaftung den Anforderungen des § 114a Genüge getan wurde und ggf. das Nötige nachzuholen, wobei die entsprechenden Pflichten im Wesentlichen auch schon bisher galten (§ 115 Abs. 3). Wird ein Haftbefehl in einer Verhandlung gemäß § 128 erlassen, richten sich die aus § 114a folgenden Pflichten unmittelbar an das Haftgericht. Ein **Verstoß gegen die Pflichten des § 114a** bleibt für den Bestand des Haftbefehls folgenlos.[33] Für das Verfahren betreffend die **Auslieferung** an das Ausland findet sich in § 20 IRG eine unverändert gebliebene besondere Verfahrensvorschrift; dort bleibt es bei dem Rechtszustand, der durch die Rechtsprechung aus dem Rechtsstaatsprinzip (Art. 20 Abs. 3 GG) in Verbindung mit der Gewährleistung des Art. 5 Abs. 2 EMRK entwickelt worden ist.[34]

VII. Weitere Reformforderungen

Im Schrifttum mitunter erhobene weitergehende Forderungen, etwa nach Aushän- 12
digung von **Übersetzungen der einschlägigen Vorschriften der StPO**,[35] haben bei den jüngsten Änderungen der Norm kein Gehör gefunden. Gleiches gilt für das praxisferne Verlangen, dem Beschuldigten müsse bei der Aushändigung „auch der **Sinn des Inhalts des Haftbefehls erschlossen**" werden.[36] Diese Forderung, die nicht mit der Darlegung des Nutzens einer solchen Erläuterung für den Festgenommenen verbunden worden ist, vermengt die – hier lediglich zu leistende – Erstinformation mit einer (beginnenden) inhaltlichen Vernehmung. Wollte man sie gleichwohl aufgreifen, könnte dies zudem –

---

29 So die Formulierung in Art. 5 Abs. 2 EMRK.
30 *Kazele* NJ **2010** 3 m.w.N.
31 KK/*Schädler/Jakobs* EMRK Art. 5, 30.
32 SK/*Paeffgen* 4.
33 AnwK-StPO/*Lammer* 2.
34 Vgl. aber Schomburg/Lagodny/Gleß/Hackner/*Schomburg/Hackner* IRG § 20, 3, die aus Art. 5 Abs. 2 EMRK einen Anspruch auf Aushändigung einer schriftlichen Übersetzung ableiten wollen. Die Problematik hat keine große praktische Bedeutung, weil die Festnahme aufgrund eines schon bestehenden Auslieferungshaftbefehls die Ausnahme ist. Folgt dessen Erlass – wie üblich – der Festnahme (§ 19 IRG) und amtsgerichtlichen Anhörung des Verfolgten gemäß §§ 22, 28 IRG nach, so ist es überwiegende ständige Praxis, dem Verfolgten umgehend eine Übersetzung des vom OLG erlassenen Auslieferungshaftbefehls zu übersenden.
35 *Staudinger* StV **2002** 329 (dort Fn. 30) m.w.N.
36 Vgl. SK/*Paeffgen* 3b m.w.N. („in einer für ihn verständlichen Weise").

man denke nur an komplexe Betrugsfälle oder Wirtschaftsdelikte, die in umfangreichen Haftbefehlen dargelegt sind – zu im Ergebnis ganz nutzlosen Streitigkeiten über (tatsächliche oder vermeintliche) Mängel einer solchen Erläuterung durch die Festnehmenden führen. Die in den meisten Fällen mit Festnahmen befassten Polizeibeamten des Vollzugsdienstes sind zur Bewältigung einer derartigen Aufgabe, die sachgerecht in der zeitnahen richterlichen Vorführungsverhandlung erfüllt wird, nicht berufen und hierfür im Regelfall auch nicht hinreichend qualifiziert.

VIII. Europarechtliche Entwicklungen

13 Auf europäischer Ebene hat die Umsetzung des vom Rat der Europäischen Union beschlossenen Fahrplans zur Stärkung der Verfahrensrechte von Verdächtigen oder Beschuldigten im Strafverfahren[37] zu der **Richtlinie 2010/64/EU** des Europäischen Parlaments und des Rates über das Recht auf Dolmetschleistungen und Übersetzungen in Strafverfahren vom 20.10.2010[38] geführt. Die darin enthaltenen Standards gehen, soweit es die Festnahme aufgrund eines Haftbefehls betrifft, über die Gewährleistungen der EMRK und die gegenwärtige Rechtslage in Deutschland nicht hinaus.[39] Das zur Umsetzung der Richtlinie beschlossene Gesetz zur Stärkung der Verfahrensrechte von Beschuldigten im Strafverfahren vom 2.7.2013 (BGBl. I S. 1938)[40] hat demgemäß keine Veränderung des § 114a erbracht, sondern insbesondere zu einer grundlegenden Umgestaltung des § 187 GVG geführt.[41]

§ 114b
Belehrung des verhafteten Beschuldigten

(1) [1]Der verhaftete Beschuldigte ist unverzüglich und schriftlich in einer für ihn verständlichen Sprache über seine Rechte zu belehren. [2]Ist eine schriftliche Belehrung erkennbar nicht ausreichend, hat zudem eine mündliche Belehrung zu erfolgen. [3]Entsprechend ist zu verfahren, wenn eine schriftliche Belehrung nicht möglich ist; sie soll jedoch nachgeholt werden, sofern dies in zumutbarer Weise möglich ist. [4]Der Beschuldigte soll schriftlich bestätigen, dass er belehrt wurde; falls er sich weigert, ist dies zu dokumentieren.

(2) [1]In der Belehrung nach Absatz 1 ist der Beschuldigte darauf hinzuweisen, dass er

1. unverzüglich, spätestens am Tag nach der Ergreifung, dem Gericht vorzuführen ist, das ihn zu vernehmen und über seine weitere Inhaftierung zu entscheiden hat,
2. das Recht hat, sich zur Beschuldigung zu äußern oder nicht zur Sache auszusagen,
3. zu seiner Entlastung einzelne Beweiserhebungen beantragen kann,
4. jederzeit, auch schon vor seiner Vernehmung, einen von ihm zu wählenden Verteidiger befragen kann,

---

37 ABlEU Nr. C 295 vom 4.12.2009.

38 ABlEU Nr. L 280 vom 26.10.2010.

39 Zu Einzelheiten vgl. *Brand* DRiZ **2010** 94; *Brodowski* ZIS **2010** 382, 754; *Dettmers/Dimter* SchlHA **2011** 349, 350; LR/*Esser*[26] IPBPR Art. 14, EMRK Art. 6, 563 f., 869 ff.

40 Vgl. hierzu den Gesetzentwurf der Bundesregierung vom 28.2.2013, BTDrucks. **17** 12578, sowie die Beschlussempfehlung und den Bericht des Rechtsausschusses vom 15.5.2013, BTDrucks. **17** 13528.

41 S. zu den Einzelheiten die Erl. bei LR/*Krauß* zu § 187 GVG im Nachtrag zur 26. Aufl.

https://doi.org/10.1515/9783110274929-007

4a. in den Fällen des § 140 Absatz 1 und 2 die Bestellung eines Verteidigers nach Maßgabe des § 141 Absatz 1 und 3 beanspruchen kann,
5. das Recht hat, die Untersuchung durch einen Arzt oder eine Ärztin seiner Wahl zu verlangen,
6. einen Angehörigen oder eine Person seines Vertrauens benachrichtigen kann, soweit der Zweck der Untersuchung dadurch nicht erheblich gefährdet wird,
7. nach Maßgabe des § 147 Absatz 4 beantragen kann, die Akten einzusehen und unter Aufsicht amtlich verwahrte Beweisstücke zu besichtigen, soweit er keinen Verteidiger hat, und
8. bei Aufrechterhaltung der Untersuchungshaft nach Vorführung vor den zuständigen Richter
   a) eine Beschwerde gegen den Haftbefehl einlegen oder eine Haftprüfung (§ 117 Absatz 1 und 2) und eine mündliche Verhandlung (§ 118 Absatz 1 und 2) beantragen kann,
   b) bei Unstatthaftigkeit der Beschwerde eine gerichtliche Entscheidung nach § 119 Absatz 5 beantragen kann und
   c) gegen behördliche Entscheidungen und Maßnahmen im Untersuchungshaftvollzug eine gerichtliche Entscheidung nach § 119a Absatz 1 beantragen kann.

[2]Der Beschuldigte ist auf das Akteneinsichtsrecht des Verteidigers nach § 147 hinzuweisen. [3]Ein Beschuldigter, der der deutschen Sprache nicht hinreichend mächtig ist oder der hör- oder sprachbehindert ist, ist in einer ihm verständlichen Sprache darauf hinzuweisen, dass er nach Maßgabe des § 187 Absatz 1 bis 3 des Gerichtsverfassungsgesetzes für das gesamte Strafverfahren die unentgeltliche Hinzuziehung eines Dolmetschers oder Übersetzers beanspruchen kann. [4]Ein ausländischer Staatsangehöriger ist darüber zu belehren, dass er die Unterrichtung der konsularischen Vertretung seines Heimatstaates verlangen und dieser Mitteilungen zukommen lassen kann.

Schrifttum

Esser Rechtsfolgen eines Verstoßes gegen die Belehrungspflicht aus Artikel 36 WÜK, JR **2008** 271; *Gleß/Peters* Verwertungsverbot bei Verletzung der Pflicht zur Belehrung nach Art. 36 WÜK? StV **2011** 369; *Jahn* Untersuchungshaft und frühe Strafverteidigung im zweiten Jahrzehnt des 21. Jahrhunderts, FS Rissing-van Saan (2011) 275; *Kotz* Dolmetsch- und Übersetzungsleistungen zur Überwindung von Sprachbarrieren im Strafverfahren, StRR **2012** 124; *Kreß* Die verfassungsrechtliche Pflicht der deutschen Strafverfolgungsbehörden zur Berücksichtigung des Wiener Konsularabkommens, GA **2007** 296; *Kreß* Das Wiener Konsularrechtsübereinkommen und das nationale Strafprozessrecht, GA **2004** 691; *Paulus/Müller* Konsularische Information vor deutschen Gerichten – Never Ending Story oder Happy End? StV **2009** 495; *Pest* Die konsularische Unterstützung im Strafverfahren – Aktuelle Tendenzen der höchstrichterlichen Rechtsprechung, JR **2015** 359; *Petzold/Englert* Neue Dokumentationspflicht für die Beschuldigtenbelehrung, StRR **2015** 404; **2016** 4; *Schomburg/Schuster* Unterlassene Informationen nach Artikel 36 WÜK – Anmerkungen zur aktuellen Rechtsprechung, NStZ **2008** 593; *Walter* Der deutsche Strafprozess und das Völkerrecht, JR **2007** 99; *Walther* Völkerrechtliche Nachbesserung der Strafprozessordnung – jetzt! HRRS **2004** 126; *Weigend* Festgenommene Ausländer haben ein Recht auf Benachrichtigung ihres Konsulats … und die Verletzung dieses Rechts hat Konsequenzen, StV **2008** 39; weiteres Schrifttum bei § 114a.

Entstehungsgeschichte

Die Vorschrift erhielt durch Art. 1 Nr. 2 des UHaftRÄndG vom 29.7.2009 (BGBl. I S. 2274) mit Wirkung zum 1.1.2010 eine neue Fassung, während der bis dahin geltende § 114b (a.F.) zum jetzigen § 114c (in leicht veränderter Fassung) wurde. Art. 2 Nr. 2 des am

6.7.2013 in Kraft getretenen Gesetzes zur Stärkung der Verfahrensrechte von Beschuldigten im Strafverfahren vom 2.7.2013 (BGBl. I S. 1938) erweiterte die Belehrungsinhalte in Absatz 2 (durch Einfügung der Nrn. 4a, 7 und 8 in den Katalog des Satzes 1 und den neuen Satz 2). Der in der Fassung vom 1.1.2010 geltende Satz 2[1] wurde zu Satz 3, der bis dahin geltende Satz 3 zum jetzigen Satz 4. Durch Art. 1 Nr. 2 des 2. Gesetzes zur Stärkung der Verfahrensrechte von Beschuldigten im Strafverfahren und zur Änderung des Schöffenrechts vom 27.8.2017 (BGBl. I S. 3295) wurde in Absatz 2 Satz 1 Nummer 6 vor dem Wort „gefährdet“ das Wort „erheblich“ eingefügt, und durch Art. 1 Nr. 10 des Gesetzes zur Einführung der elektronischen Akte in der Justiz und zur weiteren Förderung des elektronischen Rechtsverkehrs vom 5.7.2017 (BGBl. I S. 2208) wurde Absatz 2 Satz 1 Nummer 7 mit Wirkung zum 1.1.2018 neu gefasst.

Übersicht

Alphabetische Übersicht

1 Dieser lautete: „Ein Beschuldigter, der der deutschen Sprache nicht hinreichend mächtig ist, ist darauf hinzuweisen, dass er im Verfahren die unentgeltliche Hinzuziehung eines Dolmetschers verlangen kann“.

I. Bedeutung; Normzweck

Die durch Änderungsgesetze vom 29.7.2009 und 2.7.2013 entstandene Bestimmung (s. Entstehungsgeschichte) erlangt ihre Bedeutung vor allem durch ihre entsprechende Anwendung bei vorläufigen Festnahmen (Rn. 2). Nachdem die bislang schon für den Zeitpunkt der Festnahme geltenden Belehrungspflichten nicht gesetzlich verankert waren, bezweckt der neu gefasste § 114b eine entsprechende **Vorverlagerung** und auch **Klarstellung der Belehrungspflichten** gegenüber verhafteten Personen. Die überaus umfangreiche Vorschrift soll sicherstellen, dass alle Verhafteten bundesweit einheitlich so früh wie möglich über die ihnen zustehenden Rechte belehrt werden;[2] sie enthält vom **CPT** (§ 114a, 1) geforderte Belehrungspflichten.[3] Dieser Ausschuss hatte bemängelt, dass die StPO in § 114b a.F. ein Recht auf Benachrichtigung von Angehörigen von einer erfolgten Festnahme formell nur für aufgrund eines Haftbefehls festgenommene Personen, nicht aber für vorläufig Festgenommene vorsah. Ferner war beanstandet worden, dass eine Belehrung von Beschuldigten über ihre Rechte bereits bei der Festnahme nicht gesetzlich vorgeschrieben sei, von der Polizei festgehaltene Personen in vielen Fällen über ihr Recht auf Zugang zu einem Arzt ihrer Wahl überhaupt nicht belehrt würden und weitere Informationen, etwa über das Recht auf Benachrichtigung naher Angehöriger oder Dritter sowie auf Konsultation eines Verteidigers, häufig nicht zu Beginn einer Freiheitsentziehung erfolgten. Die vorzunehmenden Belehrungen sollten gleich zu Beginn der Freiheitsentziehung mündlich durchgeführt und durch die Aushändigung eines die Rechte der festgenommenen Person „klar und deutlich" aufführenden Schriftstücks ergänzt werden. Dieses Formblatt solle in geeigneten Sprachen vorgehalten werden.[4] Die entsprechenden Belehrungen, die in der Praxis schon in der Vergangenheit oftmals vorgenommen wurden, sind **nunmehr ausdrücklich verpflichtend** ausgestaltet. Die neue Bestimmung erfüllt damit auch grundsätzliche Anforderungen an ein faires Verfahren, die aus Art. 6 EMRK folgen.[5] Das Änderungsgesetz vom 2.7.2013 diente der Umsetzung der Richtlinie 2012/13/EU des Europäischen Parlaments und des Rates vom 22.5.2012 über das Recht auf Belehrung und Unterrichtung in Strafverfahren.[6] 1

II. Geltungsbereich

Die Belehrungspflichten gelten aufgrund der Verweisungen in den §§ 127 Abs. 4, 127b Abs. 1 Satz 2, 163c Abs. 1 Satz 3, 453c Abs. 2 Satz 2 entsprechend für **vorläufige Festnahmen** durch Polizei oder Staatsanwaltschaft und das **Festhalten** zum Zweck der Identitätsfeststellung[7] sowie für den **Sicherungshaftbefehl**. Anwendbar ist sie auch auf **sonstige Verhaftungen**, nämlich solche aufgrund eines Unterbringungsbefehls (§ 126a Abs. 2 Satz 1) sowie aufgrund eines Haftbefehls in den Fällen der §§ 230 Abs. 2, 236, 329 Abs. 3, 412 Satz 1. Die bereits bestehenden Belehrungspflichten bei Beginn einer Vernehmung (§§ 136 Abs. 1, 163a Abs. 4) bleiben unberührt. 2

---

2 BTDrucks. **16** 11644 S. 16.
3 Vgl. BTDrucks. **16** 11644 S. 13.
4 S. BTDrucks. **16** 11644 S. 13.
5 *Kazele* NJ **2010** 3.
6 AblEU Nr. L 142 vom 1.6.2012; die Richtlinie gehört zur zweiten Stufe des Fahrplans des Rates zur Stärkung der Verfahrensrechte von Verdächtigen oder Beschuldigten im Strafverfahren (ABlEU Nr. C 295 vom 4.12.2009).
7 Zur Abgrenzung des belehrungspflichtigen „Festhaltens" vom bloßen „Anhalten" zwecks Befragung nach Namen und Anschrift sowie Einsicht in freiwillig ausgehändigte Ausweispapiere vgl. Meyer-Goßner/*Schmitt* § 163b, 7. Ein Praxisbeispiel findet sich bei *Brocke/Heller* StraFo **2011** 2.

III. Belehrungspflicht (Absatz 1)

3 **1. Grundsatz: Unverzügliche schriftliche Belehrung (Satz 1).** Mit der Festnahme aufgrund eines Haftbefehls ist der Beschuldigte „verhaftet" im Sinne der Vorschrift. Er ist damit unverzüglich, d.h. **ohne schuldhaftes Zögern**, über seine in Absatz 2 aufgeführten Verfahrensrechte zu belehren. Das Merkmal der Unverzüglichkeit soll gewährleisten, dass die Polizei vor der Mitteilung noch **unaufschiebbare Maßnahmen** veranlassen darf[8] und insbesondere auch einen Dolmetscher beiziehen kann, sofern dies für eine nötige mündliche Belehrung nach den Sätzen 2 oder 3 erforderlich ist.[9] Ein nicht durch zwingende Gründe gerechtfertigtes Zuwarten mit der Belehrung, etwa bis zur Verbringung des Beschuldigten auf die Polizeidienststelle oder gar bis zu dessen Vernehmung unter Vornahme weiterer aufschiebbarer Maßnahmen, ist nicht zulässig.[10] Kein Fall schuldhaften Zögerns wird demgegenüber anzunehmen sein bei Gegenwehr des Festzunehmenden, unübersichtlicher Festnahmesituation oder bedrohlicher Einwirkung Dritter auf die festnehmenden Beamten.[11]

4 Die Belehrung hat **grundsätzlich schriftlich** in einer dem Beschuldigten **verständlichen Sprache** zu erfolgen, die nicht zwingend seine Muttersprache sein muss. Die Pflicht zu schriftlicher Belehrung wird der besonderen Lage des Verhafteten gerecht, der sich aufgrund der Festnahme in einer psychischen Ausnahmesituation befinden und deshalb in seiner Aufnahmefähigkeit eingeschränkt sein kann. Mit der Aushändigung eines schriftlichen Belehrungsbogens soll er in die Lage gesetzt werden, seine Rechte durch Nachlesen in einer Phase gewisser Beruhigung – und sei es auch nur während seines Transportes zur Polizeidienststelle oder in der Wartezeit bis zur Vernehmung – tatsächlich zur Kenntnis zu nehmen, inhaltlich zu erfassen, sie bei der Entscheidung über sein weiteres (Verteidigungs-)Verhalten zu berücksichtigen und von ihnen auch tatsächlich Gebrauch zu machen. Die Strafverfolgungsorgane nutzen in der **Praxis** inzwischen weitgehend[12] entsprechende **Belehrungsformblätter**, deren Darstellungsweise nur zum Teil (s. Rn. 15) in der gebotenen Weise den juristischen Laienstatus der meisten Beschuldigten berücksichtigt. Von den insgesamt fünf Formblättern hält das Bundesministerium der Justiz und für Verbraucherschutz auf seiner Internetseite Übersetzungen in zahlreichen Sprachen bereit.[13]

5 **2. Ergänzende mündliche Belehrung (Satz 2).** Eine Pflicht zu einer ergänzenden mündlichen Belehrung besteht, wenn die **schriftliche Belehrung „erkennbar nicht ausreicht"**. Wann eine solche Erkennbarkeit vorliegt, ist dem Gesetz nicht zu entnehmen. Der Gesetzgeber hatte den Fall eines Analphabeten sowie den Fall vor Augen, dass ein Beschuldigter Nachfragen stellt.[14] Vergleichbar wird es sein, wenn der Festgenommene zur Lektüre des Merkblattes ersichtlich nicht in der Lage ist[15] oder sich beim Studi-

---

8 Fallbeispiel bei *Brocke/Heller* StraFo **2011** 2: Sicherung einer noch zu durchsuchenden Wohnung, in der die Festnahme erfolgt ist.
9 BTDrucks. **16** 11644 S. 16.
10 *Weider* StV **2010** 102; *Brocke/Heller* StraFo **2011** 2.
11 Hier dürfte entgegen SK/*Paeffgen* 4 nicht nur die Möglichkeit einer *schriftlichen* Belehrung fehlen.
12 *Brocke/Heller* StraFo **2011** 1.
13 Mit Stand November 2018 lagen die Formblätter in 46 Fremdsprachen vor (abrufbar auf der Homepage des BMJV unter der Rubrik „Service"/„Belehrungsformulare für festgehaltene Personen").
14 BTDrucks. **16** 11644 S. 16; enger *Joecks* 2: wenn der Betreffende nicht lesen kann; weiter *Schlothauer/Weider/Nobis* Rn. 147: fast immer (jedoch ohne eindeutige Begründung: „im Hinblick auf den Umfang des Belehrungstextes").
15 SK/*Paeffgen* 3 („vor lauter Aufregung").

um des Textes zwar unauffällig verhält und Verständnis signalisiert, aber Anzeichen für eine Dyslexie oder Intelligenzminderung erkennbar sind oder eine solche Beeinträchtigung dem Verhaftenden schon bekannt ist. In den Fällen des § 126a wird man der Aufnahmefähigkeit des Verhafteten grundsätzlich besondere Aufmerksamkeit widmen müssen.

Im Übrigen trifft den Verhaftenden zwar eine **Überprüfungspflicht** dahin, ob der Festgenommene die schriftliche Belehrung ihrem **wesentlichen Gehalt nach verstanden** hat.[16] Weder aus dem Wortlaut der Vorschrift noch aus den Materialien oder dem Zweck der Norm ist aber eine Pflicht des Amtsträgers abzuleiten, den Festgenommen stets – ggf. unter Heranziehung eines Dolmetschers, der dann bei jeder Festnahme eines der deutschen Sprache nicht Mächtigen mitwirken müsste, – zu fragen, ob er nähere Erläuterungen wünsche.[17] Soweit mitunter eine Kategorie „allg. Unerfahrenheit in rechtlichen Fragen" genannt wird, in der eine Pflicht zu (wohl: ergänzender) mündlicher Belehrung bestehe,[18] ist diese Auffassung nicht begründet worden. Sie kann auch im Ergebnis nicht überzeugen: Da der Befund rechtlicher Unerfahrenheit wohl auf den größten Teil der Rechtsunterworfenen zutrifft, hätte der Gesetzgeber, wäre er jenem Gedanken näher getreten, eine obligatorische mündliche Belehrung vorsehen können. Er wäre damit immerhin den Vorstellungen des CPT zum Verhältnis zwischen mündlicher Belehrung und (ergänzender) Aushändigung eines Schriftstückes näher gekommen. Dies hat er indessen nicht getan. Es fragt sich zudem, ob die Vorschrift hinreichend praktikabel bliebe, wäre der Festnehmende gehalten, sich über das Maß (straf-)rechtlicher Erfahrungen des Festzunehmenden Gedanken zu machen. Der vorliegenden gesetzgeberischen Entscheidung wird schließlich auch die Ansicht nicht gerecht, dass in der Regel zusätzlich mündlich belehrt werden *sollte*.[19] 6

Inhaltlich muss die mündliche **Belehrung** so beschaffen sein, dass sie den Beschuldigten in die Lage setzt, seine Rechte verstehen und von ihnen Gebrauch machen zu können.[20] Dass das Vorlesen oder die Wiedergabe des auswendig gelernten schriftlichen Textes durch den Festnehmenden dieser Anforderung nicht genüge,[21] trifft für den Regelfall nicht zu. Denn auch im Fall der Lektüre nimmt der Betroffene nicht mehr zur Kenntnis; die Belehrung ist zudem nicht mit einer Vernehmung oder gar Beratung zu verwechseln (s. auch § 114a, 12). 7

Gegen **Unwilligkeit des Betroffenen** muss der Festnehmende nicht ankämpfen. Er ist nicht verpflichtet, einen Beschuldigten, der sich der schriftlichen Belehrung widersetzt, indem er etwa das überreichte Formblatt bewusst vernichtet, gleichsam zwangsweise mündlich zu belehren und hierzu ggf. gar einen Dolmetscher heranzuziehen, der den Festgenommenen durch Ansprache (in einer vermutlich tauglichen Sprache) beleh- 8

---

16 Soweit Radtke/Hohmann/*Tsambikakis* 4 hinsichtlich des Prüfungsmaßstabes eine Differenzierung danach vornehmen wollen, ob der Festgenommene verteidigt ist oder nicht, werden die Fälle, in denen der Verteidiger dem Festgenommen bereits bei der Verhaftung zur Seite steht, selten sein.

17 So aber *Bittmann* NStZ **2010** 14; ihm folgend HK-GS/*Laue* 4. *Bittmann* aaO verwirft immerhin („Das ginge ... zu weit.") den fast schon grotesken Gedanken, der Verhaftende könnte gehalten sein, sich noch durch prüfungsartige Fragen darüber Gewissheit zu verschaffen, ob der Festgenommene „auch wirklich alles verstanden hat".

18 HK-GS/*Laue* 4.

19 So aber SK/*Paeffgen* 3, der in Fn. 7 zwar einräumt, diese Ansicht entspreche nicht dem Willen des Gesetzgebers, die zusätzliche mündliche Belehrung aber „als eine Art rechtsethischer Obligation für rechtsbeflissene Angehörige des Justizstabes" ansieht; *Schlothauer/Weider/Nobis* Rn. 144 nehmen die Kommentierung *Paeffgens* zu Unrecht für ihre noch weitergehende Ansicht in Anspruch, die mündliche Belehrung *müsse stets* zusätzlich geschehen.

20 Zur Belehrung nach § 136 Abs. 1 vgl. BGHR StPO § 136 Belehrung 17 = StRR **2010** 342.

21 *Weider* StV **2010** 103; *Schlothauer/Weider/Nobis* Rn. 144 („Herunterrattern").

ren soll. Hierfür spricht die gesetzgeberische Wertung, die der Regelung in Satz 4 zugrunde liegt (Rn. 10). Es genügt auch im Falle einer vollständigen Weigerungshaltung des Beschuldigten bei der Belehrung, dass der Amtsträger einen Aktenvermerk hierüber fertigt.

9 **3. Ersetzende mündliche Belehrung (Satz 3).** Ist eine schriftliche Belehrung nicht möglich, etwa beim Fehlen der nötigen fremdsprachigen Texte im Falle einer vorläufigen Festnahme,[22] ist zunächst mündlich zu belehren. In diesem Fall soll die schriftliche Belehrung nachgeholt werden, sofern dies in zumutbarer Weise möglich ist. Nicht verständlich ist, weshalb die **Nachholung der schriftlichen Belehrung** – anders als bei § 114a Satz 3 – **nur fakultativ** ausgestaltet und **ohne zeitliche Eingrenzung** geblieben ist; die Gesetzesmaterialien schweigen hierzu. Angesichts der erkennbaren Zielsetzung des Gesetzgebers, die staatlichen Stellen zu beschleunigter Sachbehandlung anzuhalten,[23] darf man das Fehlen der Anordnung einer obligatorischen Nachholung und des Merkmals der Unverzüglichkeit als gesetzgeberische Fehlleistung ansehen. Diese kann der Rechtsanwender allerdings nicht ohne weiteres durch Ignorieren des Gesetzestextes aus der Welt schaffen.[24] Soweit die Nachholung zudem unter den Vorbehalt der **Zumutbarkeit** gestellt ist, dürfte diese Einschränkung geringe praktische Bedeutung haben, weil kaum Fallgestaltungen eintreten werden, in denen die (zeitlich nicht einmal eingegrenzte) Aushändigung eines Belehrungsbogens unzumutbar sein wird.[25] Zu denken ist wohl an den Fall, dass eigens die Übersetzung in eine „exotische" Sprache erforderlich wäre, in welcher Merkblätter nicht vorgehalten werden,[26] während eine erteilte mündliche Belehrung offenkundig ihren Zweck erfüllt hat oder bereits der Kontakt zu einem Verteidiger hergestellt ist.[27]

10 **4. Dokumentation (Satz 4).** Ein Novum in der Dogmatik des deutschen Strafverfahrensrechts stellt die **schriftliche Bestätigung** des Beschuldigten über die ihm erteilte (schriftliche oder mündliche) Belehrung nach Satz 4 dar. Sie dient Beweiszwecken und unterstreicht die Bedeutung der Belehrung.[28] Bei einer **Weigerung** des Verhafteten, die in der Praxis durchaus vorkommt,[29] ist dies in der Akte zu dokumentieren. Sowohl die Bestätigungserklärung durch den Verhafteten als auch der Vermerk über eine Weigerung sind in den in der Praxis verwendeten Formblättern bereits vorgesehen. Weitergehende Forderungen nach einer **„Gegenzeichnung"** durch einen „Dritten/Zeugen" sind mit Recht ganz vereinzelt geblieben;[30] sie sind praxisfern[31] und beruhen ersichtlich auf ei-

22 Graf/*Krauß* 4; HK-GS/*Laue* 4.
23 *Bittmann* NStZ **2010** 17 spricht sogar von deutlich zutage tretendem Misstrauen gegenüber den Strafverfolgungsbehörden und dem Anschein, der Gesetzgeber wolle diesen „Beine machen".
24 Siehe aber Meyer-Goßner/*Schmitt* 1; *Weider* StV **2010** 102; Radtke/Hohmann/*Tsambikakis* 2, die die Nachholung als obligatorisch erachten. Polemisch gegen die hiesige Ansicht SK/*Paeffgen* 4a, der unter Rn. 4 sogar eine unverzüglich zu erfüllende Nachholpflicht als „selbstverständlich" annimmt.
25 *Bittmann* NStZ **2010** 14.
26 BTDrucks. **16** 11644 S. 16.
27 **A.A.** Radtke/Hohmann/*Tsambikakis* 2: Kein Fall denkbar.
28 Zum Gewicht und zur Umsetzung der Dokumentation in der Praxis vgl. (aus Verteidigersicht) *Petzold/Englert* StRR **2015** 404 ff.
29 Meyer-Goßner/*Schmitt* 2.
30 *Paeffgen* GA **2009** 452.
31 Man denke an die – ebenfalls unverzüglich zu erteilenden – Belehrungen in den regelmäßig vorkommenden unübersichtlichen und nicht selten gefährlichen Festnahmesituationen außerhalb der bei SK/*Paeffgen* 5 allein in den Blick gelangten „deutschen Amtsstuben" (deren – aus seiner Sicht durchgehend beklagenswerten – „Zustände" *Paeffgen* zu kennen glaubt).

nem mit den Erfahrungen des forensischen Alltags nicht erklärbaren tiefen Misstrauen gegenüber allen Strafverfolgungsorganen.

IV. Belehrungsinhalte (Absatz 2)

1. Für alle Beschuldigten geltende Belehrungen

a) Der **Katalog mit** nunmehr **neun Unterpunkten in Satz 1** enthält die für alle Beschuldigten geltenden Belehrungen.[32] 11

In **Nummer 1** ist nunmehr eine ausdrückliche Belehrung über die durch Art. 104 Abs. 2 und 3 GG gewährleisteten und in den §§ 115, 115a einfachgesetzlich geregelten Rechte des Verhafteten auf **unverzügliche Vorführung** vor und **Vernehmung** durch das zuständige Gericht sowie auf dessen **Entscheidung** über die Fortdauer der Inhaftierung vorgesehen. 12

Die Belehrungen der **Nummern 2 bis 4** entsprechen denen, die gemäß § 136 Abs. 1 Satz 2 und 3, § 163a Abs. 3 Satz 2 und 4 auch bei der ersten Vernehmung gelten und unberührt bleiben (**Selbstbelastungsfreiheit, Beweisantragsrecht,** Recht auf **Verteidigerkonsultation**). Die frühzeitige Erfüllung dieser Belehrungspflichten ist sachgerecht; die Belehrung soll eine angemessene Vorbereitung auf die erste Vernehmung ermöglichen.[33] Die Änderung der Reihenfolge der Belehrungen gegenüber § 136 Abs. 1 Satz 2 hat keine materiellen Gründe; darin liegt auch kein redaktionelles Versehen.[34] Das Fehlen der in § 136 Abs. 1 Satz 4 vorgesehenen Belehrungen über die Möglichkeiten zu schriftlicher Äußerung und eines Täter-Opfer-Ausgleichs findet seinen Grund darin, dass sich der gerade Festgenommene in einer anderen Situation befindet als der unmittelbar vor seiner Vernehmung stehende Beschuldigte, soweit es um die Form und inhaltliche Aspekte einer etwaigen Sachäußerung geht.[35] Sofern in der Begründung des Gesetzentwurfs hervorgehoben worden ist, das Recht auf Verteidigerkonsultation begründe keine Kostenübernahmepflicht des Staates,[36] dürfte dieser für sich genommen richtige Hinweis in der Rechtswirklichkeit wenig Auswirkungen haben;[37] denn nach der gebotenen Vorfinanzierung durch die Staatskasse werden die Kosten der Verteidigung infolge Mittellosigkeit des Inhaftierten auch im Fall rechtskräftiger Verurteilung in aller Regel beim Staat bleiben. 13

Die Belehrung nach **Nummer 4a** soll der gemäß Art. 4 i.V.m. Art. 3 Abs. 1 Buchst. b der Richtlinie 2012/13/EU zu erteilenden (schriftlichen) Unterrichtung des Beschuldigten über „den etwaigen Anspruch auf **unentgeltliche Rechtsberatung** und die Voraussetzungen für diese Rechtsberatung" gerecht werden. Die Regelung greift zudem entsprechende Forderungen der Literatur auf, die beim UHaftRÄndG vom 29.7.2009 noch unbeachtet geblieben waren.[38] 14

Die vorgeschriebene Belehrung ist zwar in ihrer **Zielrichtung sachgerecht,**[39] müsste aber in ihrer praktischen Ausgestaltung wegen der Bezugnahme auf Verfahrensregeln 15

---

32 Vgl. zu den neugefassten Belehrungen schon die Erl. zu § 114b, 13 ff. im Nachtr. zur 26. Aufl.
33 BTDrucks. **16** 11644 S. 17.
34 Siehe aber *Michalke* NJW **2010** 19.
35 Die weitergehenden Belehrungspflichten müssen nicht ergänzend herangezogen werden; so aber ersichtlich Radtke/Hohmann/*Tsambikakis* 7.
36 BTDrucks. **16** 11644 S. 17; s. auch Rn. 26.
37 SK/*Paeffgen* 9 („Applizieren weißer Salbe").
38 Vgl. hierzu näher die Erl. zu § 114b, 17 f. im Nachtrag zur 26. Aufl.
39 Die Belehrung ist nunmehr auch bei der Belehrung nach § 136 Abs. 1 zu erteilen, was die Benachteiligung nicht verhafteter Beschuldigter (vgl. dazu Rn. 26) zumindest insoweit beseitigt.

kompliziert ausfallen.[40] Der entsprechende Passus „nach Maßgabe des § 141 Absatz 1 und 3“ ist erst nachträglich im Gesetzgebungsverfahren auf einen Vorschlag des Bundesrates[41] eingefügt worden,[42] ersichtlich ohne dass die Frage der **praktischen Umsetzung** der zu erteilenden Belehrung in den Blick genommen wurde. Es erscheint fraglich,[43] ob das Belehrungsformular hinsichtlich der Nummern 4 und 4a des § 114b Abs. 1 Satz 1 ebenso kurz und leicht verständlich sein kann, wie die Belehrung nach dem **„Musterbeispiel der Erklärung der Rechte“**, welches der Richtlinie 2012/13/EU als Anhang I angefügt ist.[44] Diese Musterbelehrung lautet in wohltuend informativer Form und klarer, verständlicher Sprache: „Sie haben das Recht, vertraulich mit einem Rechtsanwalt zu sprechen. Ein Rechtsanwalt ist von der Polizei unabhängig. Wenn Sie Hilfe benötigen, um Kontakt mit einem Rechtsanwalt aufzunehmen, bitten Sie die Polizei um Unterstützung; die Polizei muss Ihnen behilflich sein. In manchen Fällen kann die Hinzuziehung eines Rechtsanwalts unentgeltlich sein. Bitten Sie die Polizei um weitere Auskünfte.“

16 Die der **deutschen Praxis** zur Verfügung gestellten **Musterbelehrungsformulare** (Rn. 4) sind zwar nicht in der befürchteten[45] Form kompliziert gestaltet, sie werden aber auch dem Anliegen einer sachgerechten und vollständigen Information des Verhafteten wie auch den Erwägungen der Richtlinie nicht gerecht. So findet der **wichtige Aspekt der Kostenfreiheit** nicht die erforderliche ausdrückliche Erwähnung. Ebenfalls nicht enthalten ist der in der Praxis bedeutsame Hinweis auf die Existenz **anwaltlicher Notdienste**,[46] der bei der ersten Vernehmung nunmehr gemäß dem mit Wirkung vom 5.9.2017 neu gefassten § 136 Abs. 1 Satz 4 zu erfolgen hat. Nicht zuletzt durch den Versuch, die in Bezug genommenen Verfahrensregeln des § 141 Absatz 1 und 3 aufzugreifen, ist der Text der Musterbelehrung juristisch geraten; er enthält normative Merkmale und dürfte auch durch die Verwendung einschränkender Begriffe (wie „insbesondere“, „gegebenenfalls“) dem Betroffenen eher das Gefühl vermitteln, etwas unterschreiben zu sollen, das er nicht in Gänze richtig verstehen konnte. Einfache, klare Hinweise, etwa darauf, dass ein Anspruch auf Hilfestellung gerade durch die Polizei besteht,[47] fehlen demgegenüber. Nicht enthalten ist auch der Hinweis, dass im Fall der Vollstreckung des Haftbefehls **unverzüglich** ein (nach dem Vorschlag des Beschuldigten auszuwählender) Verteidiger bestellt werde. Wortreich und hierdurch unnötig verwirrend sind die Formulare hingegen durch die verwendete „geschlechtsneutrale Sprache“; es hätte der Sache sicher nicht geschadet, wären demgegenüber die Inhalte der Belehrung stärker beachtet worden. Möglicherweise gelingt es der (insbesondere polizeilichen) Praxis, die gesetzgeberischen und administrativen Fehlleistungen durch mündliche Erläuterungen auszugleichen.

17 Die Belehrung nach **Nummer 5** betrifft das **Recht auf freie Arztwahl.** Im Gesetzgebungsverfahren hatte der Bundesrat gegen die Gestattung der freien Arztwahl **Bedenken**

---

40 Zustimmend SK/*Paeffgen* 9c.

41 Vgl. BTDrucks. **17** 12578 S. 22; die Bundesregierung hat sich in ihrer Gegenäußerung dieser Erwägung angeschlossen: BTDrucks. **17** 12578 S. 23.

42 S. dazu auch die Erl. zu § 114b, 18 im Nachtrag zur 26. Aufl.

43 S. Fn. 42.

44 ABlEU Nr. L 142, S. 8 f.

45 S. Fn. 42.

46 Dieser Hinweis ist in der Reformdiskussion vielfach gefordert worden; vgl. etwa *Paeffgen* GA **2009** 452; Stellungnahme der BRAK Nr. 37/2008 vom 9.7.2008 (http://www.brak.de/w/files/stellungnahmen/Stn37-2008.pdf) S. 6; zu entsprechenden Forderungen für die erste Belehrung schon nach früherer Rechtslage s. LR/*Lüderssen*/*Jahn* [26] § 137, 66b.

47 Ein Aspekt, der erfahrungsgemäß außerhalb der Vorstellungswelt von Beschuldigten insbesondere aus anderen Kulturkreisen liegt.

erhoben, die bei der Gesetzesfassung jedoch keine Berücksichtigung gefunden haben. Der Bundesrat hatte mit Recht angemerkt, dass die dem Gesetzentwurf zugrunde liegende, auf Anmerkungen des CPT basierende Erwägung, die freie Arztwahl sei notwendig, um den Beschuldigten vor Polizeiwillkür zu schützen, für den Geltungsbereich der StPO fernliegend sei, weil auch die von Polizei und Justiz beschäftigten oder hinzugezogenen Ärzte gemäß ihrem Standesrecht verpflichtet seien, Festgenommene nach den Regeln der ärztlichen Kunst zu untersuchen und zu versorgen. Dies schließe auch nicht aus, dass in besonderen Fallkonstellationen ein vom Beschuldigten gewählter Arzt (im Regelfall zur Konsultation in der Anstalt) hinzugezogen werde. Die uneingeschränkte Gestattung der freien Arztwahl, die auch in der Gesellschaft nicht immer möglich sei (z.B. bei der Bundeswehr), lasse hingegen Missbrauch und Verzögerungen besorgen. Auch könne die Regelung den Eindruck erwecken, der Staat habe für die freie Arztkonsultation aufzukommen; zwar werde in der Begründung des Gesetzentwurfs das Gegenteil behauptet; der Gesetzeswortlaut lasse aber eine andere Interpretation zu.[48] Ebenfalls unbeachtet blieb der Vorschlag *Paeffgens*, die Problematik wenigstens durch Einfügen des Wortes „ergänzend" zu entschärfen;[49] es dürfte angesichts des klaren Wortlauts und der Gesetzgebungshistorie auch nicht gelingen, diese vernünftige Position in die geltende Fassung der Norm hineinzulesen.[50]

Die **Musterbelehrung** (Rn. 4) verschärft die Lage durch eine besonders prägnante, apodiktische Formulierung („Sie können die Untersuchung durch einen Arzt oder eine Ärztin ihrer Wahl verlangen."), die das Recht auf eine jederzeitige, einschränkungsfreie Heranziehung externer Ärzte suggeriert, wobei die Musterbelehrung zudem die Kostenfrage auch hier – ebenso wie bei der Belehrung nach Nummer 4a – mit keinem Wort erwähnt. **18**

Ungeachtet der gesetzgeberischen Mängel und unbefriedigenden Musterbelehrung bleibt klarzustellen, dass der Haftrichter nicht verpflichtet ist, die Zuführung eines zum Untersuchungshaftvollzug aufzunehmenden Beschuldigten zu einem Arzt (einer Ärztin) seiner Wahl **außerhalb der Vollzugsanstalt** zu veranlassen.[51] Selbstverständlich darf die Zuführung des Festgenommenen zu einem frei gewählten Arzt durch die festnehmenden Organe auch nicht zu einer Überschreitung der **Vorführfristen** führen.[52] Schließlich ist festzuhalten, dass nach dem Willen des Gesetzgebers mit der Rechtsgewährung der freien Arztwahl **keine Kostentragungspflicht des Staates** verbunden ist.[53] **19**

Nummer 6 legt die Belehrung über das nunmehr in § 114c Abs. 1 geregelte (aktive) **Benachrichtigungsrecht** des Beschuldigten fest.[54] Die mit Wirkung zum 5.9.2017 vorgenommene Änderung, wonach dieses Recht nur bei einer erheblichen Gefährdung des Untersuchungszweckes entfallen darf, soll der Angleichung an Art. 5 Abs. 3 Buchst. b der Richtlinie 2013/48/EU dienen und sowohl die Bedeutung des Benachrichtigungsrechts als auch den engen Ausnahmecharakter der Einschränkungsmöglichkeit hervorheben.[55] **20**

---

48 BTDrucks. **16** 11644 S. 40 = BRDrucks. **829/08** (Beschluss) S 2.
49 *Paeffgen* GA **2009** 454.
50 So aber SK/*Paeffgen* 10a.
51 *Buckow* Kriminalist **2011** 21.
52 *Buckow* Kriminalist **2011** 21, der zutreffend darauf verweist, dass die Polizei in einem solchen Fall den Wunsch des Beschuldigten zu dokumentieren und darzulegen hat, dass der Transport zu dem gewünschten Arzt oder das Zuwarten auf dessen Erscheinen auf der Dienststelle zu einer Überschreitung der Vorführfrist bzw. des Zeitpunktes der unverzüglichen Vorführung vor einen Richter führen würde.
53 BTDrucks. **16** 11644 S. 17; s. auch Rn. 26.
54 Zur Kritik an dem Vorbehalt der Gefährdung des Untersuchungszwecks vgl. *Paeffgen* GA **2009** 454 sowie die Erl. zu § 114c, 16.
55 Vgl. BTDrucks. **18** 9534 S. 14, 21.

21 Die nach **Nummer 7** vorgesehene Belehrung über das Recht auf **Akteneinsicht des Beschuldigten** dient der Umsetzung des Art. 4 Abs. 2 Buchst. a der Richtlinie 2012/13/EU. Die Neufassung zum 1.1.2018 (s. Entstehungsgeschichte) ist Folge der Änderung des § 147, dessen neuer Absatz 4 – unter Wegfall des bisherigen § 147 Abs. 7 – nunmehr das unmittelbare Akteneinsichtsrecht des Beschuldigten, der keinen Verteidiger hat, regelt.[56] In der Literatur war schon für die Gesetzesfassung vom 1.1.2010 vereinzelt vertreten worden, dass sich die Belehrung nach § 114b auch auf die damals in § 147 Abs. 2 und 7 neu gefassten wesentlichen Informationsrechte zu erstrecken habe.[57] Dagegen ist eingewandt worden, eine solche Belehrung müsse zwangsläufig kompliziert ausfallen und dürfe den gerade verhafteten Beschuldigten, der sich aufgrund seiner Festnahme ohnehin in einer Stresssituation befinde, in der Regel überfordern.[58] In der Tat kann eine Belehrung, die Merkmale einschließen muss, die einer juristischen Bewertung bedürfen (§ 147 Abs. 4: „soweit der Untersuchungszweck, auch in einem anderen Strafverfahren, nicht gefährdet werden kann und nicht überwiegende schutzwürdige Interessen Dritter entgegenstehen“), kontraproduktiv wirken. Dies gilt im Übrigen für jede Ausweitung des Belehrungskanons, die grundsätzlich die Gefahr einer Überfrachtung birgt. Eine Erweiterung des Belehrungskataloges liegt nicht per se im Interesse des Betroffenen. Bei jedem zusätzlichen Belehrungsinhalt sollte auch die Frage gestellt werden, ob er sich systemgerecht in die (hier so genannten) „Belehrungen der ersten Stunde“ einfügt, das heißt, mit diesen das Ziel verfolgt, dem Beschuldigten die notwendigen Kenntnisse über seine elementaren Rechte und den möglichen **Rechtsschutz gegen die Freiheitsentziehung**, um den es bei § 114b allein geht, zu vermitteln.

22 In der zu Nummer 7 vorgesehenen **Musterbelehrung** für die deutsche Praxis (Rn. 4) fehlt gerade ein solcher ausdrücklicher Bezug zur Verteidigung gegen die Freiheitsentziehung, der in dem knappen und einprägsamen „Musterbeispiel der Erklärung der Rechte“ (s. Rn. 15) demgegenüber richtiger Weise wie folgt zum Ausdruck kommt: „Wenn Sie festgenommen und inhaftiert werden, haben Sie (oder Ihr Rechtsanwalt) das Recht auf Einsicht in wesentliche Dokumente, die Sie benötigen, um gegen die Festnahme oder Inhaftierung vorzugehen“. Die Musterbelehrung (Rn. 4) wiederholt demgegenüber schlicht den komplexen Gesetzestext und dürfte für die meisten Beschuldigten keine große Hilfe sein.

23 Soweit es die Belehrungen des Beschuldigten – auch eines lediglich vorläufig festgenommenen Beschuldigten – über die **späteren Rechtsmittel und Rechtsbehelfe** im Rahmen eines möglichen **Untersuchungshaftvollzugs** nach **Nummer 8** angeht, erschließt sich nicht, weshalb die entsprechenden, in § 115 Abs. 4 (sinnvoller Weise nur) für den Fall der Aufrechterhaltung der Haft vorgesehenen Belehrungen nicht ausreichen sollen, zumal dem inhaftierten Beschuldigten stets ein Verteidiger zur Seite steht. Die Gesetzesbegründung hat die Annahme ihrer Verfasser, dass die nunmehr kodifizierten (auch inhaltlich überladenen) Belehrungen schon zu diesem frühen Zeitpunkt erforderlich sein sollen, um den Gewährleistungen der Richtlinie gerecht zu werden,[59] mit keinem Wort erklärt. Die Belehrungsinhalte dürften auch über die Vorstellungen der Richtlinie betreffend „einige grundlegende Informationen“ über die Möglichkeiten, „die Rechtmäßigkeit der Festnahme anzufechten, eine Haftprüfung zu erwirken oder einen Antrag auf vorläufig Haftentlassung zu stellen“, hinausgehen. Das erwähnte **Musterbeispiel** (Rn. 15) sieht hierzu folgende Belehrung vor: „Erkundigen Sie sich bei Ihrem

56 Zu den gesetzgeberischen Erwägungen vgl. BTDrucks. **18** 9416 S. 60.
57 *Deckers* StraFo **2009** 442.
58 *Brocke/Heller* StraFo **2011** 2.
59 BTDrucks. **17** 12578 S. 17.

Rechtsanwalt oder dem Richter nach der Möglichkeit, gegen Ihre Festnahme vorzugehen, eine Haftprüfung zu erwirken oder einen Antrag auf vorläufige Haftentlassung zu stellen." Ob die nach der Nummer 8 stattdessen vorzunehmende Belehrung – insbesondere einem lediglich vorläufig Festgenommenen gegenüber – diesem Verständnis entspricht, und ob die deutsche **Musterbelehrung** (Rn. 4) die Anforderungen der nach Art. 4 Abs. 4 der Richtlinie vorgesehenen „einfachen und verständlichen Sprache" erfüllt, darf bezweifelt werden. Jedenfalls kann ein nur vorläufig festgenommener Beschuldigter, der möglicher Weise zu Recht annehmen darf, bald wieder entlassen zu werden, vermutlich – zumal, wenn er mit der deutschen Rechtsordnung nicht vertraut ist, – unnötig verängstigt werden, wenn er zu einem so frühen Zeitpunkt mit einzelnen Rechtsschutzmöglichkeiten gegen Maßnahmen im Vollzug der Untersuchungshaft konfrontiert wird.[60]

Jedenfalls mit den in Nummern 7 und 8 vorgesehenen Belehrungen dürfte sich die zu besorgende (Rn. 21) Gefahr einer **Überfrachtung der Belehrung** und **Überforderung des Beschuldigten** realisiert haben. Es bleibt zu wünschen, dass der Festgenommene nach dem Überstehen des Belehrungsmarathons noch die Konzentration aufbringt, seine Interessen in der Sache zu wahren. Die Wahrscheinlichkeit, dass Nachfragen auftreten, die eine ergänzende mündliche Belehrung und Erläuterungen erforderlich machen, ist angesichts der Erweiterung der Belehrungsinhalte – nicht zuletzt auch mit Blick auf die zweifelhafte Belehrung nach dem neuen Satz 2 (s. Rn. 25) – sicher gestiegen. Die damit möglicherweise verbundene Ausweitung des „Belehrungskomplexes" einer Vernehmung kann sich insgesamt, auch auf Seiten der beteiligten Amtswalter, zulasten der eigentlichen Sacharbeit auswirken. 24

b) Auch die Belehrung des Beschuldigten über das **Akteneinsichtsrecht des Verteidigers (Satz 2)** hat die Umsetzung des Art. 4 Abs. 2 Buchst. a der Richtlinie 2012/13/EU zum Ziel.[61] Hier stellt sich die Frage, ob diese Belehrung für den Beschuldigten irgendeinen konkreten Nutzen haben oder nicht vielmehr – wie dies insbesondere im Fall der Belehrung nach Satz 1 Nummer 8 zu befürchten steht (s. Rn. 23, 24) – eher Schaden anrichten kann. Das Misstrauen, insbesondere mit der deutschen Rechtsordnung nicht vertrauter Beschuldigter, gegenüber einem „vom Staat bezahlten" Verteidiger ist weit verbreitet; dessen Einsatzbereitschaft und Leistungsfähigkeit werden nicht selten in Frage gestellt. Wie mag es auf einen solchen Beschuldigten wirken, wenn ihm erklärt wird, dass sein demnächst für ihn tätig werdender Verteidiger das Recht hat, („nach § 147") die Akten einzusehen? Vielleicht wird sich mancher Beschuldigte die Frage stellen, ob er dies seinem künftigen Verteidiger, weil dieser es selbst nicht weiß, also mitteilen sollte. Mit der Frage, welche Folgen die Bezugnahme auf die komplexe Norm des § 147 für die Ausgestaltung der Belehrung hat,[62] haben sich die Verfasser der **Musterbelehrung** (Rn. 4) nicht weiter befasst. In dieser heißt es schlicht und ergreifend, zudem inhaltlich verfälscht und verkürzt (s. Vor § 112, 42ff. sowie die Erl. zu § 147): „Ihre Verteidigerin/Ihr Verteidiger kann Einsicht in die Ermittlungsakten *beantragen.*" (Hervorhebung hier). 25

2. Belehrungen für einzelne Personengruppen

a) Unentgeltlicher Dolmetscher (Satz 3). Das Recht auf unentgeltliche Hinzuziehung eines Dolmetschers für Beschuldigte, die **der deutschen Sprache nicht hinrei-** 26

60 Ebenfalls krit. SK/*Paeffgen* 11b.
61 BTDrucks. **17** 12578 S. 17.
62 Vgl. die Erl zu § 114b, 25 im Nachtrag zur 26. Aufl.

chend mächtig oder hör- oder sprachbehindert sind, über das nunmehr nach Absatz 2 Satz 3 zu belehren ist, ergibt sich für das gesamte Strafverfahren aus **Art. 6 Abs. 3 Buchst. e EMRK** und ist in der Rechtsprechung anerkannt.[63] Die Einfügung des Wortes „unentgeltliche" geht auf eine Anregung des Bundesrates zurück und dient der Klarstellung der Kostenfreiheit, soll aber auch im Umkehrschluss deutlich machen, dass hinsichtlich der Arzt- und Verteidigerkonsultation eine solche nicht gewährleistet ist.[64] Da Verhaftete über das Recht auf unentgeltlichen Beistand eines Dolmetschers oftmals nicht informiert sind, ist die Erfüllung der entsprechenden Belehrungspflicht von praktischer Bedeutung.[65] Es war deshalb durchaus überraschend, dass das UHaftÄndG vom 29.7.2009 die ausdrückliche Hinweispflicht nicht auch in den Belehrungskanon des § 136 Abs. 1 aufgenommen hatte; denn Beschuldigte ohne hinreichende Sprachkenntnisse oder mit einer Hör- oder Sprachbehinderung bedürfen des Schutzes der Belehrung nicht nur dann, wenn sie verhaftet werden. Nach den Neuregelungen des § 163a Abs. 5 und des § 187 Abs. 1 Satz 2 GVG durch das Gesetz zur Stärkung der Verfahrensrechte von Beschuldigten im Strafverfahren vom 2.7.2013[66] besteht nunmehr eine entsprechende Belehrungspflicht sowohl für staatsanwaltschaftliche und polizeiliche Vernehmungen eines **nicht inhaftierten Beschuldigten**, als auch für dessen richterliche Erstvernehmung nach § 136.

27 Inhaltlich hat die Belehrung klarzustellen, dass die **Hinzuziehung nur verfahrensbezogen** in Betracht kommt, also etwa für Vernehmungen oder Gespräche mit dem Verteidiger[67] sowie Übersetzungen wesentlicher Verfahrensunterlagen.

28 Schon zu der seit dem 1.1.2010 geltenden Fassung der Norm (s. Rn. 1) wurde mit Recht darauf hingewiesen, dass die Hinzuziehung des Dolmetschers ungeachtet der damaligen Formulierung „verlangen kann" **von Amts wegen** erfolgen müsse, also kein Verlangen des Beschuldigten abgewartet werden dürfe. Ein Schweigen des Beschuldigten dürfe nicht als konkludenter **Verzicht** auf die Hinzuziehung verstanden werden; von ihr dürfe nur dann abgesehen werden, wenn der Beschuldigte ausdrücklich darauf verzichte.[68] Ungeachtet dieses richtigen Hinweises wird ein pflichtbewusster Amtsträger auch bei Vorliegen eines solchen Verzichts allemal nicht ohne Unterstützung durch einen Dolmetscher agieren, wenn Verständigungs- und Verständnisprobleme des Beschuldigten erkennbar werden. Im Übrigen ist zu bedenken, dass es in Zweifelsfällen der Betroffene selbst am besten beurteilen kann, ob seine Sprachkenntnisse ihm erlauben, auch zu komplexen Themen Aussagen zu machen oder Erklärungen anderer Personen zu verstehen, die durch die Verwendung von Fachbegriffen geprägt sein und hierdurch Verunsicherung auslösen können. Die Erfahrungen aus der Praxis zeigen, dass viele Menschen, die den „normalen" Alltag sprachlich ohne größere Schwierigkeiten bewältigen, in Vernehmungssituationen die Unterstützung durch einen Dolmetscher wünschen und dies auch äußern. Der vorgesehene Belehrungsinhalt wird den Interessen der nicht hinreichend sprachkundigen Beschuldigten ohne weiteres gerecht.

29 Die durch das Gesetz zur Stärkung der Verfahrensrechte von Beschuldigten im Strafverfahren vom 2.7.2013 vorgenommenen Änderungen in Satz 3 (gegenüber dem Satz 2 in der seit dem 1.1.2010 geltenden Fassung) dienen der vollständigen Umsetzung der in

63 EGMR NJW **1979** 1091; BVerfGK **1** 331 = NJW **2004** 50; BGHSt **46** 178 = NJW **2001** 309.
64 BTDrucks. **16** 11644 S. 40; ebenso die Beschlussempfehlung des Rechtsausschusses, vgl. BTDrucks. **16** 13097 S. 18.
65 Meyer-Goßner/*Schmitt* 8.
66 S. hierzu die Erl. zu § 163a und § 187 GVG im Nachtrag zur 26. Aufl.
67 BTDrucks. **16** 11644 S. 17.
68 AnwK-StPO/*Lammer* 4; AnwK-UHaft/*König* 5, 6.

Art. 3 Abs. 1 Buchstabe d) der Richtlinie 2012/13/EU vorgesehenen Belehrung und stützen sich dem Wortlaut nach auf die Neufassung des § 187 Abs. 1 Satz 2 GVG. Die Formulierung „**beanspruchen**" anstelle „verlangen" soll klarstellen, dass ein förmlicher Antrag des Beschuldigten angesichts der von Amts wegen zu beachtenden Vorschrift des § 187 Abs. 1 Satz 1 GVG nicht erforderlich ist.[69]

b) Unterrichtung der konsularischen Vertretung (Satz 4). Die Belehrung von Ausländern über die aus **Art. 36 Abs. 1 Buchst. b Satz 1 und 2 WÜK** folgenden Benachrichtigungs- und Übermittlungspflichten[70] ist nunmehr in der StPO – allerdings nicht auch in § 136 Abs. 1[71] – gesetzlich verankert worden. Danach hat der Festnehmende auf Verlangen des Verhafteten **unverzüglich**[72] die konsularische Vertretung des Heimatstaates zu unterrichten und von diesem an die Vertretung gerichtete Mitteilungen unverzüglich weiterzuleiten. Weitere Ansprüche, etwa auf „erste Hilfe" bei einer Kontaktaufnahme mit dem Konsulat oder auf Hinweise zu einer möglichen Hilfestellung des Konsulats bei der Suche nach einem geeigneten Verteidiger, hat der Festgenommene nicht.[73] Auch besteht **keine Pflicht, mit der Vernehmung zuzuwarten**, bis der Kontakt zur konsularischen Vertretung zustande gekommen ist.[74] Die Belehrungspflicht gilt auch bei Ausländern, die ihren Lebensmittelpunkt im Inland haben,[75] sofern sie nicht zugleich auch die deutsche Staatsangehörigkeit besitzen.[76] Zu der Belehrung waren auch nach bisheriger Rechtslage aufgrund der jüngeren Rechtsprechung des BVerfG schon die festnehmenden Polizeibeamten verpflichtet.[77] Bei der Neuregelung durch das UHaftÄndG nicht berücksichtigt worden sind die in der Praxis[78] bedeutsamen Fragen, ob bei der Benachrichtigung auch der **Tatvorwurf mitzuteilen** ist, und ob der Festgenommene ggf. auch darauf hingewiesen werden muss, dass die Amtsträger des deutschen Staates im Verhältnis zu einigen Entsendestaaten[79] eine **Benachrichtigungspflicht** zu erfüllen haben, was bei Beschuldigten aus manchen Staaten durchaus Anlass zur Sorge gibt[80] (s. auch 114c, 45). 30

V. Folgen unterbliebener Belehrung

Welche Folgen Verstöße gegen die Belehrungspflichten haben, beantwortet das Gesetz nicht. Auch die Materialien enthalten hierzu keine Ausführungen oder Hinweise. 31

69 BTDrucks. **17** 12578 S. 17.
70 Vgl. auch Nr. 135 RiVASt.
71 Dies ist mit Blick auf die Rspr. des IStGH schon frühzeitig gefordert worden, vgl. *Walther* HRRS **2004** 126; *Esser* JR **2008** 279 („dringend geboten"); zurückhaltender *Kreß* GA **2007** 302 (Änderung der RiVASt dürfe sich empfehlen).
72 Vgl. hierzu IStGH Fall *Avena* u.a. ILM 43 (**2004**) 581 ff. (Absatz 89): Jedenfalls ein Zeitraum von 40 Stunden nach der Festnahme im Bewusstsein der fremden Staatsangehörigkeit ist nicht mehr unverzüglich.
73 Graf/*Krauß* 17; *Weigend* StV **2008** 40; **a.A.** *Buckow* Kriminalist **2011** 20; *Walter* JR **2007** 101; HK/*Posthoff* 12.
74 Graf/*Krauß* 17; *Kreß* GA **2007** 304; *Esser* JR **2008** 274; vgl. auch BVerfGK **9** 174, 196 = NJW **2007** 499, 503 zu Tz. 71-72: Die Belehrung muss nicht notwendig einer Vernehmung vorausgehen.
75 BVerfGK **9** 174, 194 = NJW **2007** 499, 503; BGHSt **52** 48 = NJW **2008** 307.
76 Meyer-Goßner/*Schmitt* 9 m.w.N.
77 BVerfGK **9** 174, 194 = NJW **2007** 499, 503; s. auch LR/*Gleß* § 136, 55; **a.A.** noch BGH NStZ **2002** 168.
78 *Buckow* Kriminalist **2011** 20.
79 Z.B. Griechenland, Großbritannien, Italien, Russische Föderation, Spanien, Weißrussland.
80 Darauf, dass die konsularische Betreuung durchaus ambivalente Wirkungen entfalten kann, etwa bei selbstbelastenden Angaben, weist *Pest* JR **2015** 362 f. hin.

Hinsichtlich der Konsequenzen unterbliebener Belehrungen ist richtigerweise **nach den einzelnen Belehrungsinhalten zu differenzieren.**[81] Demgegenüber folgern manche Stimmen allein aus der Tatsache, dass es zu einer umfassenden Neuregelung verpflichtender Belehrungen und der Statuierung einer Dokumentationsobliegenheit gekommen ist, dass (jegliche) Belehrungsverstöße generell zu einem Beweisverwertungsverbot führen müssten.[82] Diese Ansicht ist mit den Grundsätzen, die nach h.M. für nicht normierte Beweisverwertungsverbote gelten,[83] schwerlich vereinbar; sie ist auch nicht, zumal unter der notwendigen Auseinandersetzung mit der Beweisverwertungsdogmatik, näher begründet worden. Dass die Annahme kategorischer Beweisverwertungsverbote im Einzelfall zu unangemessenen Ergebnissen führen würde, tritt hinzu.

32 **1. Absatz 2 Sätze 1 und 2.** Zutreffend ist die Auffassung, dass das Unterlassen der Belehrung nach Absatz 2 Satz 1 **Nummern 1 und 5** kein Beweisverwertungsverbot zur Folge hat. Dass ein solcher Verstoß für das Aussageverhalten des Beschuldigten ursächlich war, wird kaum festzustellen sein.[84] Ob im Einzelfall ein kausaler Zusammenhang zwischen der unterbliebenen Belehrung über das Arztkonsultationsrecht und der Aussagebereitschaft des Festgenommenen in Fällen erheblicher gesundheitlicher Beeinträchtigungen denkbar ist,[85] bedürfte genauer Prüfung. Auch in einem solchen Fall wäre zudem bei Anwendung der Abwägungslehre die Frage zu stellen, ob die Festnehmenden die (von ihnen erkannten) Gesundheitsprobleme des Festgenommenen ausgenutzt haben, um eine darauf ggf. beruhende Aussagegeneigtheit unter bewusstem Hinauszögern oder Unterlassen der Belehrung zu erhalten. Hiervon unberührt bleibt selbstverständlich die Frage der Vernehmungsfähigkeit des Beschuldigten.

33 Bei einem Verstoß gegen die Belehrungspflichten nach Absatz 2 Satz 1 **Nummern 2 bis 4** gelten die gleichen Rechtsfolgen wie bei einer Verletzung der sich aus § 136 Abs. 1 für die erste Vernehmung ergebenden entsprechenden Pflichten.[86] Die Verletzung der **„Kardinalbelehrungspflichten"**[87] der Nummern 2 und 4 hat demgemäß ein Beweisverwertungsverbot zur Folge, während der unterlassene Hinweis auf das Beweisantragsrecht nach Nummer 3 entsprechend der Rechtslage bei § 136 Abs. 1 Satz 5 im Regelfall, wenn nicht besonders schwere Verstöße zugleich die Aussagefreiheit beeinträchtigen, zu keinem Beweisverwertungsverbot führt.[88] Hat sich der Beschuldigte ohne die nach Nummern 2 oder 4 gebotene Belehrung zur Sache geäußert, ist eine **qualifizierte Belehrung** vor der anschließenden ersten Vernehmung erforderlich.

34 Die Behandlung von Fällen, in denen ein Beschuldigter einem **Irrtum** über seine Möglichkeiten erlag, sich **trotz Mittellosigkeit** vor einer ersten Vernehmung mit einem **Verteidiger** zu beraten (weil ihm ein Pflichtverteidiger bestellt werden kann oder es in der Praxis erfahrungsgemäß Rechtsanwälte gibt, die bereit sind, auch mittellosen Beschuldig-

81 Siehe aber auch *Bittmann* NStZ **2010** 14: Über den bisherigen Umfang hinaus sei grundsätzlich kein Beweisverwertungsverbot anzunehmen; Meyer-Goßner/*Schmitt* 10: Kein Beweisverwertungsverbot, weil der Beschuldigte bei seiner Vernehmung nach § 136 Abs. 1 (erneut) zu belehren sei und erst die hierbei begangenen Verstöße ein Verwertungsverbot nach sich zögen.

82 *Weider* StV **2010** 103; Radtke/Hohmann/*Tsambikakis* 13; *Tsambikakis* ZIS **2009** 507; *Herrmann* StRR **2010** 6.

83 Vgl. dazu nur KK/*Pfeiffer*/*Hannich* Einl. 120 ff; Meyer-Goßner/*Schmitt* Einl. 55 ff.

84 AnwK-StPO/*Lammer* 5: Ein kausaler Zusammenhang werde „in der Regel fehlen"; siehe auch HK/*Posthoff* 14.

85 AnwK-StPO/Lammer 5.

86 AnwK-StPO/*Lammer* 5; KMR/*Wankel* 9; der von SK/*Paeffgen* 16 Fn. 103 bemängelte Widerspruch in der hiesigen Aussage beruht auf deren Fehlverständnis.

87 Diesen treffenden Begriff verwendet KMR/*Wankel* 9.

88 LR/*Gleß* § 136, 103; vgl. auch Meyer-Goßner/*Schmitt* § 136, 21.

ten sofort – und sei es nur in Gestalt einer telefonischen Beratung – beizustehen), war nach der alten Rechtslage umstritten. Der BGH hat für Fälle der Erkennbarkeit eines solchen Irrtums zwar angenommen, der Vernehmende hätte den Beschuldigten darauf hinweisen sollen, dass diesem ungeachtet des Fehlens eigener wirtschaftlicher Mittel die Gelegenheit gegeben werden könne, bei einem Rechtsanwalt seines Vertrauens bzw. einem anwaltlichen Notdienst anzurufen. Er hat aber auf der Grundlage der Abwägungslehre darauf erkannt, dass auch dann, wenn man bei Unterlassen eines solchen Hinweises einen Verfahrensverstoß bejahen wollte, die Annahme eines Verwertungsverbotes nicht nahe liege. Hierbei hat er darauf abgestellt, dass kein aktives, zielgerichtet betriebenes Verhalten der Amtswalter vorgelegen habe und insbesondere kein Verstoß gegen eine Belehrungspflicht nach § 136 Abs. 1 Satz 2 im Raum stehe, der im Grundsatz zu einem Verwertungsverbot führe.[89] Diese Argumentation trägt nach der ausdrücklichen Bestimmung einer Pflicht zur Belehrung über der Kostenfreiheit anwaltlicher Beratung nach Nummer 4a nicht mehr. Bei einem Verstoß gegen diese Belehrungspflicht gelten jetzt vielmehr die gleichen Folgen wie bei den Nummern 2 und 4 (s. Rn. 33).

Die bislang oftmals umstrittene Frage, ob ein Beschuldigter vor einem (informatori- 35
schen) **Vorgespräch** durch die Polizei ordnungsgemäß belehrt wurde, sollte keine praktische Relevanz mehr haben, da die Belehrung nun jedem inhaltlichen Gespräch vorangehen und dies dokumentiert werden muss.[90]

Ob die unverzügliche Belehrung des Verhafteten bzw. vorläufig Festgenommenen 36
auch die Problematik der so genannten **Spontanäußerungen** entschärfen wird,[91] bleibt abzuwarten. Wirkliche Spontanäußerungen, die nicht durch ein bewusstes Zuwarten mit der Belehrung generiert sind, werden auch in Zukunft festzustellen und verwertbar sein. Allerdings ist anzunehmen, dass deren Häufigkeit und Umfang geringer ausfallen werden als bisher. Wenn der über den Sachverhalt informierte **Amtsträger erkennen kann**, dass der unbelehrte Festzunehmende oder gerade Festgenommene **inhaltliche Erklärungen abzugeben beginnt**, wird ein unverzüglicher Hinweis auf die Selbstbelastungsfreiheit und das Recht auf Verteidigerkonsultation geboten sein und dessen bewusstes Unterlassen zur Unverwertbarkeit belastender Äußerungen führen. Denn insoweit kommt nicht mehr nur, wie nach bisheriger Rechtslage, eine Verletzung der Grundsätze eines fairen Verfahrens in Betracht, sondern es liegt ein **Verstoß gegen eine positiv geregelte Belehrungspflicht** vor.[92] Problembehaftet können sich Fälle darstellen, in denen auf Seiten der Strafverfolgungsbehörden keine Personenidentität besteht und die die Äußerungen entgegen nehmenden Beamten nicht sicher wissen, dass die Belehrung des Beschuldigten (noch) fehlt. Dies kann eintreten in den gar nicht seltenen Fällen, in denen die die Festnahme aussprechenden Beamten den Beschuldigten nicht auf dem Transport zur Dienststelle und bis zur ersten Vernehmung bewachen. Nehmen die den Beschuldigten bewachenden Beamten nun tatbezogene Äußerungen des Beschuldigten zur Kenntnis, dürften die bisher in der Rechtsprechung des BGH lediglich geäußerten Bedenken[93] zukünftig durchschlagen, wobei dies nicht nur auf Fälle beschränkt wäre, in denen die Beamten den Beschuldigten „über eine beträchtliche Zeitspanne“ Einzelheiten der Tat berichten ließen, was nach Ansicht des BGH einer gezielten Umgehung der Be-

89 BGH NStZ-RR **2006** 181 = StV **2006** 567; NStZ **2006** 236 = StV **2006** 566 mit. krit. Anm. *Beulke/Barisch* 569; kritisch auch Meyer-Goßner/*Schmitt* § 136, 10.
90 *Weider* StV **2010** 103.
91 So AnwK-StPO/*Lammer* 5.
92 *Bittmann* JuS **2010** 512 f.; zust. Graf/*Krauß* 23; siehe auch *Brocke/Heller* StraFo **2011** 2.
93 BGH NJW **2009** 3589 mit Anm. *Meyer-Mews* = NStZ **2010** 464 mit Anm. *Ellbogen*.

lehrungspflichten „äußerst nahe" kommt.[94] Denn die gesetzgeberische Grundentscheidung, die der Neuregelung der frühzeitigen Belehrungspflichten zugrunde liegt, wird man in solchen Fallgestaltungen bei der Abwägungsentscheidung nun maßgeblich in Rechnung stellen und deshalb von den Beamten erwarten müssen, dass sie **bei erkennbaren Sachäußerungen nicht bloß passiv bleiben**, sondern sich vergewissern, ob die gebotenen Belehrungen bereits vorgenommen worden sind; ist dies nicht der Fall, müssen sie das Versäumte ihrerseits nachholen. Die bisherige Annahme, dass dem Polizeibeamten bei der Frage, zu welchem Zeitpunkt (vor der ohnehin gebotenen Belehrung nach §§ 136 Abs. 1 Satz 2, 163a Abs. 3 Satz 2, Abs. 4 Satz 2) er ggf. eine Beschuldigtenbelehrung vorzunehmen hat, ein Beurteilungsspielraum zustehe, den er lediglich nicht missbrauchen dürfe (um die Belehrung möglichst weit hinauszuschieben), ist nicht mehr zu rechtfertigen. Um Auseinandersetzungen in der Praxis über die Verwertbarkeit von Beschuldigtenäußerungen im Zusammenhang mit der Festnahme zu vermeiden, werden die Strafverfolgungsbehörden darauf zu achten haben, den **genauen Zeitpunkt der Belehrung** und auch den Zeitpunkt zu **dokumentieren**, zu dem erstmals die Notwendigkeit einer Belehrung erkennbar und deren Durchführung möglich war, was insbesondere bei unübersichtlicher Festnahmesituation von Belang sein kann.[95]

37 Der Belehrung nach **Nummer 6** kommt für die in autonomer Selbstbestimmung zu treffende Entscheidung des Beschuldigten, ob (und wie) er sich zu den Vorwürfen äußern möchte oder nicht, keine maßgebliche Bedeutung zu. Ihr Unterlassen führt deshalb zu keinem unselbstständigen Beweisverwertungsverbot. Auch hier stellte sich im Übrigen die praktisch kaum zu handhabende Frage der Kausalität, zumal hinsichtlich des Vorbehalts der Gefährdung des Untersuchungszwecks noch eine juristische Bewertung, die der Beschuldigte vorzunehmen hätte, zu berücksichtigen wäre.

38 Entsprechendes gilt im Ergebnis für die Belehrungen über die Akteneinsichtsrechte nach **Nummer 7** und dem neuen **Satz 2**. Es ist nicht anzunehmen, dass ein ansonsten ordnungsgemäß belehrter Beschuldigter, der seine (essentiellen) Rechte der Selbstbelastungsfreiheit und auf (ggf. kostenfreie) Verteidigerkonsultation kennt, wegen des Unterlassens dieser, ohnehin nicht unproblematischen (s. Rn. 21f. und 25), Hinweise überhaupt oder anders als nach solchen Belehrungen aussagt. Eine Entscheidung über die Folgen einer unterbliebenen Belehrung ist im Übrigen nicht ohne den Blick auf die anderen Belehrungen möglich (vgl. dazu Rn. 40).

39 Das Unterlassen der Belehrung nach **Nummer 8** führt zweifellos nicht zu einem (unselbstständigen) Beweisverwertungsverbot.

40 **2. Absatz 2 Satz 3**. Dass ein Verstoß gegen die Pflicht zur Belehrung über **unentgeltliche Dolmetscherleistungen** für eine belastende Aussage des Beschuldigten ursächlich war, sofern die übrigen Belehrungspflichten ordnungsgemäß erfüllt wurden, dürfte kaum erweislich sein. Mit Blick auf die Verwertungsproblematik ist **keine eigenständige Bedeutung** dieser Belehrung anzunehmen. Ein Beschuldigter, der in hinreichender Weise über seine (essentiellen) Rechte der Selbstbelastungsfreiheit und auf (ggf. kostenfreie) Verteidigerkonsultation informiert worden ist, wird nicht deshalb (über-

94 BGH NJW **2009** 3589.

95 Vgl. *Buckow* Kriminalist **2011** 19 mit einem Praxisbeispiel: Der Beschuldigte wird anlässlich einer vorläufigen Festnahme aufgrund bestehenden Haftbefehls bei gleichzeitigem Durchsuchungsbeschluss in seiner Wohnung festgenommen. Aus Eigensicherungsgründen aufgrund des Tatvorwurfs wird die Wohnung schlagartig betreten. Die Polizei sieht sich einer Vielzahl von Personen gegenüber. Einzelne Beamte sichern die Räume und die anwesenden Personen. Bis zur Identifizierung des gesuchten Beschuldigten fängt dieser ein Gespräch mit dem ihn bewachenden Polizeibeamten an und macht dabei selbst belastende Äußerungen.

haupt oder anders) aussagen, weil er über die Möglichkeit der unentgeltlichen Hilfestellung durch einen Dolmetscher nicht informiert ist. Es erscheint ohnehin kaum denkbar, dass eine ordnungsgemäße Belehrung erteilt werden kann, wenn ein Dolmetscher fehlt, auf den der Beschuldigte angewiesen ist. Ist der Dolmetscher nötig, wird ohne ihn eine wirksame Erfüllung der Kardinalbelehrungspflichten nicht möglich sein, ist er aber nicht nötig, liegt kein Verstoß gegen die Belehrungspflicht vor. Eine Entscheidung über die Folgen einer unterbliebenen Belehrung nach Absatz 2 Satz 3 ist deshalb nicht ohne den Blick auf die übrigen Belehrungen möglich. Dies entspricht letztlich der Rechtsprechung des EGMR, wonach ein Verstoß gegen Gewährleistungen des Art. 6 Abs. 3 EMRK nicht automatisch zu einem Verwertungsverbot führt, sondern zu prüfen ist, ob das **Verfahren insgesamt fair** gewesen ist.[96]

3. Absatz 2 Satz 4. Hinsichtlich der Frage, welche Folgen eine verspätete oder unterbliebene Belehrung eines ausländischen Beschuldigten über das Recht auf **konsularischen Beistand** hat, kann auf die Grundsätze, die zur Belehrungspflicht nach Art. 36 Abs. 1 Buchst. b Satz 3 WÜK entwickelt worden sind, zurückgegriffen werden. Insoweit war es zuletzt, nachdem die Bestimmung lange Zeit ein Schattendasein gefristet hatte, zu einer **intensiven Rechtsprechungstätigkeit** gekommen. Ausgangspunkt für diese Entwicklung war eine Kammerentscheidung des BVerfG vom 19.9.2006,[97] die auf mehrere Verfassungsbeschwerden gegen Beschlüsse des BGH vom 7.11.2001[98] und vom 29.1.2003[99] erging. 41

a) Rechtsprechung zu Art. 36 WÜK. Der **BGH** hatte in seinem Beschluss vom 7.11.2001 bei der ersichtlich erstmaligen Befassung mit der Problematik die Frage, ob die Norm (zumindest auch) darauf ausgerichtet ist, strafprozessuale Schutz- und Verteidigungsinteressen eines Beschuldigten zu wahren, verneint und angenommen, sie verfolge ausschließlich andere, selbstständig neben Verteidigungsbelangen stehende Zwecke.[100] Der mit der Sache befasste ***5. Strafsenat*** war zwar in Übereinstimmung mit der Rechtsprechung des IStGH[101] der Ansicht, dass Art. 36 Abs. 1 Buchst. b Satz 3 WÜK nicht nur eine objektiv-rechtliche Verpflichtung des Staates regele, sondern dem festgenommenen Ausländer ein subjektives Recht auf Inanspruchnahme konsularischer Unterstützung gewähre, nahm aber an, dass dieses subjektive Recht dessen **prozessuale Stellung im Strafprozess nicht berühre**. Denn dem Ausländer solle kein über die Belehrungsvorschriften der § 136 Abs. 1, § 163a Abs. 4 hinausgehender Schutz gewährt und er nicht vor Äußerungen geschützt werden, die er vor der Kontaktaufnahme mit dem für ihn zuständigen Konsularbeamten bzw. der entsprechenden Belehrung über seine diesbezüglichen Rechte gemacht hat. Vielmehr solle durch die Benachrichtigung der konsularischen 42

---

96 EGMR *Jalloh v. Deutschand*, 54810/00, Urt. v. 11.7.2006 = NJW **2006** 3117, 3122; *Bykov v. Russland*, 4378/02, Urt. v. 10.3.2009 = NJW **2010** 213, 215; Meyer-Goßner/*Schmitt* EMRK Art. 6, 16.
97 BVerfGK **9** 174 = NJW **2007** 499 = NStZ **2007** 159 = JZ **2007** 887 mit krit., nur im Ergebnis zust. Anm. *Burchard* JZ **2007** 891 = JR **2007** 117 mit zust. Bespr. *Walter* JR **2007** 99 = StV **2008** 1 mit teilweise krit. Bespr. *Weigend* StV **2008** 39.
98 BGH 5 StR 116/01 = NStZ **2002** 168 = StV **2003** 57 mit abl. Anm. *Paulus* StV **2003** 57 ff.; den zugrunde liegenden Fall stellt aus der Sicht des Revisionsführers und seines Verteidigers näher vor *Strate* Die Abschaffung des Revisionsrechts durch die Beweisverbotslehre – Demonstriert am Beispiel des Falles *Wilson Fernandes*, HRRS **2008** 76 ff.
99 BGH 5 StR 475/02 = NStZ-RR **2004** 5 (Ls.).
100 *Walther* HRRS **2004** 128.
101 Fall *LaGrand* EuGRZ **2001** 287 mit zust. Anm. *Oellers-Frahm* EuGRZ **2001** 265 = JZ **2002** 91 mit Anm. *Hillgruber* JZ **2002** 94 sowie Fall *Avena u.a.* ILM 43 (**2004**) 581.

Vertretung verhindert werden, dass Angehörige eines Entsendestaates, die außerhalb ihrer Heimat vielfach nur über geringe oder gar keine Sozialkontakte verfügten, dort aufgrund staatlichen Zugriffs spurlos aus der Öffentlichkeit verschwänden. Allein insoweit ergänze das WÜK deutsches Strafverfahrensrecht, insbesondere – bei ansonsten identischer Zielrichtung – Art. 104 Abs. 4 GG und § 114b (a.F.). Für eine „zusätzliche Privilegierung" von Angehörigen der dem WÜK beigetretener Staaten gegenüber anderen Beschuldigten gebe das Übereinkommen nichts her. Überdies obliege es **nicht der festnehmenden Polizei**, sondern dem in §§ 115, 115a, 128 genannten Richter, den festgenommenen Ausländer nach Art. 36 Abs. 1 Buchst. b Satz 3 WÜK zu belehren.

43 Das **BVerfG** hob diese Entscheidung auf und verwies die Sache an den BGH zurück.[102] Es hat die **Revisibilität** eines Verstoßes gegen den im Range eines Bundesgesetzes stehenden Art. 36 Abs. 1 Buchst. b Satz 3 WÜK im Sinne eines relativen Revisionsgrundes anerkannt. Der BGH habe die Norm in einer Weise ausgelegt, die der Rechtsprechung des IStGH zum Konsularrechtsübereinkommen – welche die deutschen Fachgerichte angesichts der **Völkerrechtsfreundlichkeit** des GG und der Bindung der Rechtsprechung an Gesetz und Recht von Verfassungs wegen zu berücksichtigen hätten[103] – widerspreche, ohne sich mit dieser Rechtsprechung hinreichend auseinandergesetzt zu haben. Diese Missachtung der **Berücksichtigungspflicht** stelle eine Verletzung des Rechts auf ein rechtsstaatliches, **faires Strafverfahren** dar, das auch durch völkervertragsrechtliche Vorschriften ausgestaltet werde. Die Pflicht zur Belehrung über die konsularische Unterstützung obliege allen zuständigen Strafverfolgungsorganen und damit schon den festnehmenden Polizeibeamten. Nach der Rechtsprechung des IStGH sei überdies anzunehmen, dass Art. 36 Abs. 1 Buchst. b Satz 3 WÜK die Verteidigungsmöglichkeiten des ausländischen Beschuldigten konstituiere, weshalb die Vorschrift entgegen der Auffassung des BGH dessen **verfahrensrechtliche Stellung berühre**. Ob diese Interpretation der Rechtsprechung des IStGH durch die Kammer zutrifft, wird durchaus bezweifelt;[104] dies kann und soll hier aber nicht vertieft werden. Zu der Frage, ob die Verletzung der Belehrungspflicht ein Beweisverwertungsverbot zur Folge hat, hat sich das BVerfG nicht geäußert; ein **zwingendes Verwertungsverbot** hat es jedenfalls **verneint**.[105] Über diese Frage habe der BGH durch eine auf der Grundlage der Rechtsprechung des IStGH vorzunehmende erneute Auslegung von Art. 36 WÜK zu entscheiden. Hierbei könne der BGH auf seine zu den Folgen von Verstößen gegen Belehrungspflichten entwickelte Rechtsprechung zurückgreifen, wobei jene zu § 136 Abs. 1 nicht ohne weiteres auf den Fall einer Verletzung von Art. 36 WÜK übertragbar sein werde.[106]

44 Die **Rechtsprechung des BGH** in der Folgezeit hat sich **uneinheitlich** entwickelt. Nur zwei Wochen, bevor der nach der Zurückverweisung zur Entscheidung berufene *5. Strafsenat* abermals über die Rechtsfrage befand, hat sich der ***1. Strafsenat*** zu der

102 BVerfGK **9** 174 = NJW **2007** 499 = NStZ **2007** 159 = JZ **2007** 887 mit krit., nur im Ergebnis zust. Anm. *Burchard* JZ **2007** 891 = JR **2007** 117 mit zust. Bespr. *Walter* JR **2007** 99 = StV **2008** 1 mit teilweise krit. Bespr. *Weigend* StV **2008** 39.

103 Was faktisch auch dann gilt, wenn diese Rspr. nicht in konkreten Rechtsstreitigkeiten gegenüber der Bundesrepublik Deutschland ergangen ist, vgl. BVerfG NJW **2007** 502 zu Tz. 60 bis 62 (wo von einer „faktischen Präzedenzwirkung" gesprochen wird).

104 Für primär konsularrechtlichen Charakter *Burchard* JZ **2007** 892 ff. (mit der Annahme der Revisibilität sei der Rspr. des IStGH Genüge getan); vgl. auch *Esser* JR **2008** 273; *Kreß* GA **2004** 701 („Hilfe bei der Strafverteidigung").

105 BVerfGK **9** 174, 195 = NJW **2007** 503 (unter Hinweis auf *Paulus* StV **2003** 58 [richtig: S. 59]); ebenso *Esser* JR **2008** 275; *Kreß* GA **2007** 304 ff. und GA **2004** 707; einschränkend *Paulus/Müller* StV **2009** 499; **a.A.** *Walther* HRRS **2004** 130 f.

106 BVerfGK **9** 174, 194 ff. = NJW **2007** 502 ff., wobei die Kammer erstaunlich konkrete Hinweise für den Abwägungsvorgang gibt.

Problematik geäußert. Er hat die Annahme eines **Beweisverwertungsverbotes** für **möglich** erachtet, die Frage nach dessen Vorliegen in dem zu entscheidenden Fall (einer verspäteten Belehrung erst durch den Ermittlungsrichter) aber dahinstehen lassen, weil es für ihn infolge der Anwendung der sog. Widerspruchslösung darauf nicht ankam. Der **Widerspruch** habe **spezifisch** in Bezug auf die unterlassene Belehrung über das Recht auf konsularischen Beistand zu erfolgen, was der Revisionsführer versäumt habe. Ausdrücklich offen gelassen hat der Senat, ob ein solcher Verwertungswiderspruch auch bei gänzlich unterbliebener Belehrung erforderlich gewesen wäre.[107]

Demgegenüber hat sich der ***5. Strafsenat*** in seinem Beschluss vom 25.9.2007 darauf **45** festgelegt, dass der vom *1. Strafsenat* verlangte themenbezogene Widerspruch jedenfalls dann nicht als Rügevoraussetzung erforderlich sei, wenn die Belehrung zu keinem Zeitpunkt nachgeholt, der Verstoß also nicht geheilt worden ist. Denn andernfalls käme es zu dem aus Sicht des IStGH zu beanstandenden Ausschluss der Revisibilität. Ferner hat der Senat die Ansicht vertreten, dass ein Verstoß gegen die Belehrungspflicht aus Art. 36 Abs. 1 Buchst. b Satz 3 WÜK **generell kein Beweisverwertungsverbot** nach sich ziehe, das anzunehmen Völker- oder Verfassungsrecht nicht geböten.[108] Insoweit stelle sich die Rechtslage in Abwägung der widerstreitenden Interessen namentlich unter Berücksichtigung von Art und Gewicht des Verstoßes und von wesentlichen Belangen der Urteilsfindung im Strafverfahren anders dar als bei der in § 136 Abs. 1 Satz 2 vorgeschriebenen Belehrung über das Schweigerecht und das Verteidigerkonsultationsrecht. Durch diese würden die wesentlichen Rechte des Beschuldigten auf Selbstbelastungsfreiheit und effektive Verteidigung unmittelbar bezogen auf die Vernehmungssituation zentral geschützt. Die einem Beschuldigten nach Art. 36 Abs. 1 Buchst. b Satz 3 WÜK zu erteilende Belehrung sei diesen Belehrungspflichten hinsichtlich ihrer Voraussetzungen und – was für die Annahme eines Verwertungsverbots wesentlich sein könne – ihrer Bedeutung für ein mögliches Beweisergebnis zu Lasten des Beschuldigten nicht ausreichend ähnlich. Allerdings dürfe die Verletzung des Verfahrensrechts nicht folgenlos bleiben. Deshalb müsse der Betroffene jedenfalls dann, wenn eine erhebliche Strafe verhängt worden sei und der Verstoß nicht nur kurzfristig gewirkt habe, eine **Wiedergutmachung** für die erlittene Beeinträchtigung seiner Rechtsposition aus Art. 36 WÜK durch Kompensation in der Weise erhalten, dass ein bestimmter Teil der verhängten Freiheitsstrafe (im Sinne der sog. **„Vollstreckungslösung“**) als vollstreckt gelte.[109]

Der ***3. Strafsenat*** ist dem hinsichtlich der **Ablehnung eines Beweisverwertungsverbotes** mit im Wesentlichen gleich lautender Begründung gefolgt. Er hat aber auch **46** eine Kompensation im Weg der **Vollstreckungslösung verworfen** und dies damit begründet, dass die Rechtsfolgen, die Verletzungen des Verfahrensrechts im Revisionsverfahren nach sich ziehen, in den **Vorschriften über die Revision abschließend** geregelt seien und es dem Staat verwehrt sei, auf Verfahrensverstöße, die sich auf das Urteil ausgewirkt haben, mit einem Strafabschlag zu reagieren; andernfalls komme es zu einer nicht hinnehmbaren Relativierung des Verfahrensrechts.[110]

---

107 BGHSt **52** 38, 41 f.; krit. zur Widerspruchslösung im Allgemeinen und gegen deren Anwendung im Fall einer Verletzung des Art. 36 Abs. 1 Buchst. b Satz 3 WÜK im Besonderen *Gaede* Schlechtverteidigung – Tabus und Präklusionen zum Schutz vor dem Recht auf wirksame Verteidigung, HRRS **2007** 405 f.; ungewöhnlich heftige Kritik an der Entscheidung findet sich bei *Strate* HRRS **2008** 87 (dort bei Fn. 83).

108 Dezidiert gegen ein Beweisverwertungsverbot auch *Esser* JR **2008** 275 f.

109 BGHSt **52** 48, 54 ff.; zust. *Kreß* GA **2007** 306; HK-GS/*Laue* 8; AnwK-StPO/*Lammer* 5; *Schomburg/Schuster* NStZ **2008** 596 f.

110 BGHSt **52** 110, 114 ff.; zust. Graf/*Krauß* 19; gegen die Kompensation auf der Rechtsfolgenebene auch Meyer-Goßner/*Schmitt* 9; *Paulus/Müller* StV **2008** 500 f.; *Kraatz* Die neue „Vollstreckungslösung“ und ihre Auswirkungen, JR **2008** 194; *Esser* JR **2008** 277. Kritik wegen der unterlassenen Vorlage der Sache an den

47 Gegen die neue Entscheidung des *5. Strafsenats* (Rn. 45) ist abermals Verfassungsbeschwerde erhoben worden, über die das **BVerfG** am **8.7.2010** entschieden hat.[111] Es hat auch die zweite Revisionsentscheidung des BGH wegen Verletzung des Grundrechts auf ein faires Verfahren aufgehoben und die Sache nach § 95 Abs. 2 BVerfGG an einen anderen Strafsenat des BGH zurück verwiesen.[112] Auf der Grundlage einer reduzierten verfassungsgerichtlichen Kontrolldichte, wonach das Fachgericht nur bei erkennbar fehlerhafter Rezeption gegen die Berücksichtigungspflicht verstoße,[113] hat das BVerfG wiederum – auf prozeduraler Ebene – beanstandet, dass der BGH seiner verfassungsrechtlichen Pflicht zur Berücksichtigung der Rechtsprechung des IStGH nicht in hinreichender Weise nachgekommen sei. Indem der BGH die Belehrung über das Recht auf konsularischen Beistand als für die Ausgestaltung der Verteidigung nicht zentrales pauschales Sonderrecht des Ausländers qualifiziert hat, habe er die vom IStGH „in aller Deutlichkeit geforderte – ergebnisneutrale – Prüfung" der Frage, ob dem Beschuldigten im konkreten Einzelfall aus der fehlenden Belehrung im weiteren Verlauf des Strafverfahrens ein Nachteil im Sinne einer tatsächlichen Verschlechterung seiner verfahrensrechtlichen Stellung entstanden ist, gerade ausgeschlossen. Für die aufgrund einer Einzelfallprüfung zu entscheidende Frage, ob wegen eines solchen Nachteils ein Beweisverwertungsverbot anzunehmen sei, bleibe kein Raum, wenn und weil der BGH ein solches Verwertungsverbot schon auf der vorgelagerten Normebene ablehne.[114] Das BVerfG hat wiederum betont, dass sich seine Beanstandung nicht auf das Ergebnis der angegriffenen Entscheidung beziehe und die innerstaatlichen Rechtsfolgen eines Verstoßes gegen die Berücksichtigungspflicht von Verfassungs wegen nicht festgelegt seien. Zwar möge ein Widerspruch zwischen dem Prüfungsansatz des BGH und den Vorgaben des IStGH nicht bereits für sich genommen verfassungswidrig sein, da eine Abweichung von diesen Vorgaben mit Blick auf Grundrechte Dritter oder sonstige Verfassungsbestimmungen erforderlich sein könne. Es sei aber zum einen nicht ersichtlich, dass eine Abweichung zwingend geboten wäre; jedenfalls hätte der BGH sein Abweichen offen legen und die Gründe dafür benennen müssen, woran es gefehlt habe, weil der BGH auf die zentralen Aussagen der *Avena*-Entscheidung nicht einmal eingegangen sei.

48 Zur **Behandlung des Belehrungsverstoßes** hat sich das BVerfG recht deutlich positioniert: Einem durch den Belehrungsverstoß verursachten Nachteil könne bereits im Rahmen der **Beweiserhebung und Beweiswürdigung** Rechnung getragen werden.[115] Das BVerfG wiederholt in diesem Zusammenhang auch seinen bereits 2006 gegebenen Hinweis auf die verfassungsrechtlich unbedenkliche Rechtsprechung des BGH zu nicht speziell geregelten Beweisverwertungsverboten und die grundsätzliche Anwendbarkeit der **Abwägungslösung**, wobei die Kammer einen Zusatz dahin anbringt, dass bei der Bestimmung des Schutzzweckes zukünftig die Vorgaben des IStGH zu berücksichtigen seien. Auch im Revisionsverfahren ließen sich diese Vorgaben umsetzen. Auffällig

---

Großen Senat findet sich bei *Schomburg/Schuster* NStZ **2008** 597 und *Paulus/Müller* StV **2008** 495; dieses Unterlassen lediglich bedauernd *Esser* JR **2008** 278; die Voraussetzungen einer Divergenzvorlage nach § 132 GVG waren indessen nicht gegeben.

111 BVerfG NJW **2011** 207 = StV **2011** 329 mit Bespr. *Gleß/Peters* StV **2011** 369.

112 Nur betreffend den Beschwerdeführer aus dem Ausgangsverfahren 5 StR 475/02 des BGH; betreffend das Ausgangsverfahren 5 StR 116/01 sind die Verfassungsbeschwerden erfolglos geblieben, weil der Belehrungsverstoß nicht die Beschwerdeführer, sondern einen Mitangeklagten betroffen hatte.

113 Vgl. dazu *Gleß/Peters* StV **2011** 369 f.

114 BVerfG NJW **2011** 209 f.

115 BVerfG NJW **2011** 210 unter Hinweis auf *Esser* JR **2008** 276 f.

ist der wiederholte Hinweis der Kammer auf die Ausführungen des GBA in dessen Antrag auf Verwerfung der Revision, die nach Auffassung des BVerfG in die Richtung deuteten, dass auch bei der gebotenen Auseinandersetzung mit der Rechtsprechung des IStGH kein anderes Ergebnis zu erzielen gewesen wäre, weil die Prüfung im innerstaatlichen Revisionsverfahren im konkreten Fall nur zu der Verneinung eines Beweisverwertungsverbotes oder der Beruhensfrage führen könne. Dass die „Weichen nunmehr klarer in Richtung eines Beweisverwertungsverbotes als angemessene Sanktion für die Verletzung der Belehrungspflicht nach dem WÜK gestellt" seien,[116] konnte den Gründen hiernach nicht entnommen werden.[117] Mit der Anwendung der sog. **Vollstreckungslösung** hat sich die Kammer des BVerfG nicht näher befasst; sie hat diese auch nicht als solche kritisiert,[118] sondern ausdrücklich offen gelassen, ob eine Kompensation auf der Rechtsfolgenebene „im Einzelfall in der Lage sein könnte", den in der Missachtung der Berücksichtigungspflicht liegenden Grundrechtsverstoß auszuräumen.[119]

Nach der erneuten Zurückverweisung der Sache an den **BGH** war dessen mit der Thematik noch nicht befasster ***4. Strafsenat*** zur Entscheidung berufen. Dieser hat in seinem Beschluss vom 7.6.2011[120] angenommen, dass das Fehlen eines spezifizierten Widerspruchs der Geltendmachung des Belehrungsverstoßes jedenfalls deshalb nicht entgegenstehe, weil die Belehrung auch nicht zu einem späteren Zeitpunkt erfolgt ist. Denn die vom IStGH verlangte Möglichkeit einer umfassenden Überprüfung und Neubewertung des Schuld- und Strafausspruchs dürfe nicht unter Hinweis auf das Fehlen eines nach nationalem Prozessrecht erforderlichen Einwandes ausgeschlossen werden. In der Sache sei ein **Beweisverwertungsverbot nicht von vornherein ausgeschlossen**, sondern es sei entsprechend der Rechtsprechung des IStGH im Einzelfall zu untersuchen, ob dem Betroffenen aus dem Belehrungsverstoß im weiteren Verfahrensverlauf tatsächlich ein Nachteil entstanden ist, wobei die Grundsätze der Abwägungslehre anzuwenden seien. Den **Schutzzweck der Belehrung** hat der Senat in Übereinstimmung mit dem BVerfG und im Anschluss an *Esser*[121] dahin bestimmt, dass sie die Verwirklichung des Rechts auf konsularische Unterstützung bei der effektiven Wahrnehmung der eigenen Verteidigungsrechte gewährleisten solle, wobei im Zentrum dieser Unterstützung die **Vermittlung anwaltlichen Beistands** stehe; geschützt werde nicht speziell die Aussagefreiheit, sondern allgemein das Recht des Beschuldigten auf effektive Verteidigung. 49

Im zu entscheidenden, **konkreten Fall** führte der **Abwägungsvorgang** nach Ansicht des BGH zu einem **derart eindeutigen Ergebnis**, dass die Entscheidung kaum Hinweise gibt, welche Maßstäbe in weniger klaren Fällen gelten werden. Der Senat hat[122] folgende Gesichtspunkte genannt, die bei der Abwägung zur Verneinung eines Beweisverwertungsverbotes führten: Der Angeklagte, ein türkischer Staatsangehöriger, hatte keine „ausländerspezifischen Verteidigungsdefizite"; er war in Deutschland geboren und aufgewachsen, hatte keine sprachlichen Verständigungsschwierigkeiten oder Sozialisationsdefizite, sondern lebte insgesamt integriert in Deutschland. Vor seiner maßgeblichen Beschuldigtenvernehmung bei der Polizei war er ausführlich über sein Recht auf Verteidigerkonsultation belehrt worden. Nachdem er bereits verteidigt war (und damit 50

116 So *Gleß/Peters* StV **2011** 370.
117 S. schon die Erl. zu § 114b, 48 im Nachtrag zur 26. Aufl.
118 So aber *Gleß/Peters* StV **2011** 370.
119 BVerfG NJW **2011** 211 zu B I. 2. b) ee) der Gründe.
120 BGH StV **2011** 603 = StraFo **2011** 319.
121 *Esser* JR **2008** 274 f.
122 Im Anschluss an die erwähnte Stellungnahme des GBA (vgl. Rn. 48).

der Zustand hergestellt war, den sicherzustellen der Hauptzweck des Art. 36 Abs. 1 WÜK sei), wiederholte er seine Angaben aus der ersten polizeilichen Beschuldigtenvernehmung.[123] Dem öffentlichen Interesse an einer möglichst vollständigen Wahrheitsermittlung kam angesichts der Schwere des in Rede stehenden Kapitalverbrechens besondere Bedeutung zu. Schließlich hätten die Polizeibeamten die Belehrung nicht unter bewusster Umgehung der Vorschrift unterlassen, zumal nach damaliger verbreiteter Rechtsauffassung[124] die Polizei nicht die für die Belehrung „zuständige Behörde" war. Ein **Beruhen** des Urteils „in sonstiger Weise auf der unterbliebenen Belehrung" hat der BGH ausgeschlossen. Mit der Frage, was unter einem Nachteil zu verstehen ist, hat sich der Senat zwar nicht ausdrücklich beschäftigt. Den zutreffenden Ausführungen zum Schutzzweck kann aber entnommen werden, dass es in erster Linie um die Beeinträchtigung der Verteidigungsmöglichkeiten des Beschuldigten geht. Von der Anwendung der **Vollstreckungslösung** auf den Belehrungsverstoß nach WÜK hat sich der *4. Strafsenat* distanziert, ohne diese Frage abschließend zu beantworten, weil es im konkreten Fall an einem Nachteil im Sinne der Rechtsprechung des IStGH fehle.[125]

51 Seinen Abschluss fand der Ausgangsfall (Rn. 42) durch den Beschluss des **BVerfG** vom **5.11.2013**,[126] der auf die abermalige Verfassungsbeschwerde des Verurteilten erging und diese nicht zur Entscheidung annahm. Das BVerfG stellte klar, dass ein völkerrechtswidriger Belehrungsausfall als **relativer Revisionsgrund** in Betracht komme. Das Völkerrecht gebiete im Falle der Verletzung der Belehrungspflicht nach Art 36 WÜK **kein zwingendes Beweisverwertungsverbot**, weshalb es dem Fachgericht unbenommen sei, hinsichtlich der Folgen eines Belehrungsausfalls auf die **Abwägungslehre** zurückzugreifen. Auch dürfe die Aufhebung des Urteils davon abhängig gemacht werden, dass das Urteil auf dem Verfahrensfehler **beruht**, weil auch der IStGH nicht in jedem Fall eine Sanktionierung des Völkerrechtsverstoßes verlange, vielmehr zwischen dem Völkerrechtsverstoß und dem erforderlichen konkreten Nachteil für den Betroffenen ein Ursachenzusammenhang bestehen müsse. In die Abwägung habe der BGH auch den Umstand einstellen dürfen, dass der Beschuldigte ordnungsgemäß gemäß §§ 136 Abs. 1, 163a belehrt worden war; demgegenüber habe er nicht berücksichtigen müssen, dass die zweite polizeiliche Vernehmung ohne anwaltlichen Beistand erfolgte, da der Beschwerdeführer zu diesem Zeitpunkt bereits einen Verteidiger konsultiert hatte, so dass jedenfalls der **Schutzzweck** der völkerrechtlichen Belehrungspflicht, die Möglichkeit zu gewährleisten, über den konsularischen Beistand einen Verteidiger beizuziehen, erfüllt gewesen sei. Dass keine Kompensation im Rahmen der sog **Vollstreckungslösung** gewährt wurde, könne den Beschuldigten nicht in seinem Anspruch auf ein faires Verfahren verletzen, weil die Vollstreckungslösung keine Möglichkeit eröffnet, die Fragen der Schuld und der Strafzumessung neu zu bewerten, wie dies im Falle des Belehrungsausfalls bei Verurteilung zu einer langjährigen Freiheitsstrafe völkerrechtlich geboten sei.

52 **b) Bedeutung für die aktuelle Rechtslage.**[127] Die aus der Verfassung abgeleitete Berücksichtigungspflicht ist auch für die (völkerrechtskonforme) Auslegung der neuen

---

123 Diesen Aspekt hatte die Revision verschwiegen, was nach Auffassung des BGH die Verwerfung der Revision als unzulässig zur Folge gehabt hätte. Daran sah sich der Senat indessen durch die Bindungswirkung der Entscheidung des BVerfG gehindert.

124 Vgl. noch BGH NStZ **2002** 168.

125 Allerdings hat der Senat mit Blick auf eine rechtsstaatswidrige Verfahrensverzögerung *im Revisionsverfahren* eine Kompensation nach der Vollstreckungslösung ausgesprochen.

126 BVerfG NJW **2014** 532 = JR **2015** 389.

127 S. schon die Erl. zu § 114b, 51 im Nachtrag zur 26. Aufl.

Norm von Bedeutung. Bei der Prüfung eines grundsätzlich in Betracht kommenden Beweisverwertungsverbotes wird im Rahmen der **Abwägung** nunmehr auch zu beachten sein, dass jetzt ein **ausdrücklicher Gesetzesbefehl** zur Belehrung auch in der StPO enthalten ist. Gleichwohl wird sich ein Verwertungsverbot nur in Ausnahmefällen annehmen lassen.[128] Der Belehrungsverstoß kann mit der **Revision** geltend gemacht werden. Die Frage, ob das Urteil auf dem Verfahrensmangel beruht (§ 337), ist im Einzelfall nach den allgemeinen Grundsätzen zu beurteilen,[129] wobei ein **Beruhen** wohl in der Regel zu verneinen sein wird.[130] Dass ein über das Recht auf konsularischen Beistand belehrter Beschuldigter (aus diesem Grunde) regelmäßig von einer (belastenden) Aussage absehen und vielmehr zunächst Kontakt mit seinem Konsulat aufnehmen werde,[131] ist eine These, die mit den Beobachtungen aus der Praxis schwerlich in Einklang zu bringen ist,[132] nicht nur in den zahlreichen Fällen, in denen der ausländische Beschuldigte mit der Lebenswirklichkeit des Empfangsstaates schon vertraut ist. Ungeachtet dessen ist nicht anzunehmen, dass sich die unterlassene oder verspätete Belehrung über das Recht auf konsularischen Beistand auf die Aussage eines im Übrigen nach § 114b (insbesondere Absatz 2 Satz 1 Nummern 2, 4 und 4a) vollständig und ordnungsgemäß belehrten Beschuldigten auswirken wird.[133] Eine mitunter befürwortete **Kausalitätsvermutung**[134] ist aber nicht nur aus diesem Grund abzulehnen, sondern auch deshalb, weil die Organe des Festnahmestaates nach der Rechtsprechung des IStGH nicht gehalten sind, die Belehrung schon vor der ersten Vernehmung zu erteilen oder mit der Vernehmung bis zu einer Kontaktaufnahme mit dem Konsulat zuzuwarten.[135] Gegen die **Vollstreckungslösung** (und jede andere „Strafzumessungslösung")[136] spricht die Tatsache, dass der IStGH eine Nachprüfung des Schuld- und Strafausspruchs und damit auch eine Auseinandersetzung mit den Folgen des Belehrungsausfalls auf den Schuldspruch verlangt, die bei

128 Hierzu instruktiv *Weigend* StV **2008** 43: Denkbar etwa in Fallgestaltungen, in denen – wie im Fall *LaGrand* – die gebotene Belehrung während des gesamten Verfahrens unterbleibt und der Beschuldigte *deshalb* gar keinen oder nur einen ungeeigneten Verteidiger hat. Beachtenswerte Vorschläge zur Kompensation des Gesetzesverstoßes schon im Rahmen der Beweiserhebung finden sich bei *Esser* JR **2008** 276, der auch zutreffend eine Beweiswürdigungslösung verwirft (aaO S. 276 f.). Für eine Modifikation der Beweisverwertungslehre in Fällen mit internationalem Bezug und im Ergebnis für die Annahme eines Beweisverwertungsverbotes treten ein *Gleß/Peters* StV **2011** 373 ff.

129 *Esser* JR **2008** 278; Kreß GA **2007** 307; *Weigend* StV **2008** 43; Meyer-Goßner/*Schmitt* 9. Die von *Walther* HRSS **2004** 131 erhobene Forderung nach einem neuen absoluten Revisionsgrund ist demgegenüber nicht zu begründen, dagegen zutreffend *Esser* JR **2008** 277 und *Weigend* StV **2008** 42.

130 *Kreß* GA **2007** 307; *Weigend* StV **2008** 43; Graf/*Krauß* 18. Zum Beruhen vgl. auch *Esser* JR **2008** 278.

131 *Paulus/Müller* StV **2008** 500.

132 Vgl. *Walter* JR **2007** 100: „Allerdings hat jene Belehrung kaum je einen Beschuldigten bewogen, konsularischen Beistand in Anspruch zu nehmen"; zustimmend SK/*Paeffgen* 23.

133 **A.A.** (für die Belehrung nach § 136 Abs. 1 S. 2) *Paulus/Müller* StV **2008** 500, die ersichtlich aber auch anzweifeln, dass ein Beruhen auszuschließen ist, wenn der Beschuldigte nach einer verspäteten Belehrung ausdrücklich die Benachrichtigung des Konsulats abgelehnt hat (demgegenüber nimmt der IStGH an, dass bei einem Verzicht des Betroffenen der Verstoß gegen Art. 36 Abs. 1 Buchst. b WÜK entfällt, vgl. dazu näher *Esser* JR **2008** 272 bei Fn. 24).

134 *Gleß/Peters* StV **2011** 372, allerdings mit der Einschränkung, die Kausalität „müsste wohl" vermutet werden.

135 IStGH Fall *Avena* u.a. ILM 43 (**2004**) 581 ff. (Absätze 85 ff.); s. auch *Kreß* GA **2007** 306; *Weigend* StV **2008** 42; *Esser* JR **2008** 274.

136 Dafür aber – beim Fehlen einer Einlassung – *Walter* JR **2007** 102, der einer Strafmilderung „immerhin ... gegenüber den Strafverfolgungsbehörden eine gewisse disziplinierende Wirkung" beimessen will. Dies kann nicht überzeugen, da die strafverfahrensrechtliche Beurteilung der vorliegenden Problematik nichts mit der Disziplinierung von Polizeibeamten zu tun hat.

einer Überprüfung und Kompensation allein auf der Rechtsfolgenebene von vornherein nicht möglich ist.[137]

VI. Sonstiges

53 Das Haftgericht hat in der **Vorführungsverhandlung nach § 115 bzw. § 128** zu prüfen, ob bei der (vorläufigen) Festnahme die aus § 114b folgenden Pflichten erfüllt worden sind, und etwaige **Versäumnisse auszugleichen**. Er ist aber nicht gehalten, die in § 114b vorgeschriebenen Belehrungen „rein vorsorglich" zu wiederholen.[138] Auch ist er ohne konkrete Anhaltspunkte in der Verhandlung nach § 128 nicht verpflichtet, den Beschuldigten zu befragen, ob dieser die ihm bei der vorläufigen Festnahme erteilten Belehrungen inhaltlich zutreffend erfasst hat.[139] Hierfür bieten weder der Wortlaut der beteiligten Vorschriften noch die Gesetzesmaterialien einen Anknüpfungspunkt. Es wäre auch zu erwarten, dass eine solche Verfahrensweise einen unnötigen, der eigentlichen Sacharbeit wenig zuträglichen Formalismus auslöste. Die Erfahrung zeigt, dass derartige Nachfragen bei den Betroffenen nicht selten die (unbegründete) Erwartung hervorrufen, man solle sich die Sache „also besser doch noch einmal genauer erklären lassen". Schließlich führt auch nicht die Anordnung des Untersuchungshaftvollzugs dazu, dass der Haftrichter die Belehrungen nach § 114b nochmals vornehmen sollte.[140] Im Einzelfall kann es jedoch sachgerecht sein, nach der Vollzugsanordnung das (aktive) Benachrichtigungsrecht (§ 114c Abs. 1) ausdrücklich in Erinnerung zu rufen, weil ein Festgenommener zunächst mit guten Gründen von einer Benachrichtigung Abstand genommen haben und mit der Vollzugsanordnung eine psychisch belastende Zäsur eintreten kann. Auch sollte die **praktische Bedeutung** einer mitunter geforderten[141] **erneuten Belehrung** nicht überschätzt werden, weil in der haftrichterlichen Praxis die Frage an den Beschuldigten, ob eine Benachrichtigung gewünscht sei, ohnehin zum üblichen Ablauf gehört und zu erwarten ist, dass der Beschuldigte sich jedenfalls hierdurch auch an die ihm zuvor nach Absatz 1 Satz 1 Nr. 6 erteilte (und in den Händen gehaltene) Belehrung erinnern wird, weshalb eine Rechtsverkürzung nicht zu befürchten ist. Im Übrigen ist zu bedenken, dass die Benachrichtigungspflicht des Gerichts nach § 114c Abs. 2 hinzutritt.

VII. Europarechtliche Entwicklungen

54 Soweit es um Kommunikations- und Konsultationsrechte des Beschuldigten geht, ist die **Richtlinie 2013/48/EU** des Europäischen Parlaments und des Rates vom 22.10.2013 über das Recht auf **Zugang zu einem Rechtsbeistand** in Strafverfahren und in Verfahren zur Vollstreckung des Europäischen Haftbefehls sowie über das Recht auf **Benachrichtigung** eines Dritten bei Freiheitsentzug und das Recht auf **Kommunikation** mit Dritten und mit Konsularbehörden während des Freiheitsentzugs[142] zu beachten, die zur dritten

---

137 *Esser* JR **2008** 277; *Weigend* StV **2008** 44; *Pest* JR **2015** 366; SK/*Paeffgen* 24.
138 Siehe aber *Weider* StV **2010** 104; *Schlothauer/Weider/Nobis* Rn. 340: der Haftrichter *sollte* dies tun, weil die Belehrungspflichten nach § 114b weitergehend seien als jene nach § 115 Abs. 3.
139 In diesem Sinne *Weider* StV **2010** 104 („sollte").
140 So aber *Weider* StV **2010** 104 („empfiehlt sich").
141 *Weider* StV **2010** 104; *Schlothauer/Weider/Nobis* Rn. 331.
142 ABlEU Nr. L 294 vom 6.11.2013, S. 1 ff.; zum entsprechenden Vorschlag der Kommission (KOM (**2011**) 326 endg. vom 8.6.2011) s. etwa *Brodowski* ZIS **2011** 947; *Dettmers/Dimter* SchlHA **2011** 351; *C. Gatzweiler* StraFo **2011** 296; Stellungnahme Nr. 21/11 des DRB (abzurufen unter http://www.drb.de/cms/

Maßnahme des sog. Fahrplans zur Stärkung der Verfahrensrechte von Verdächtigen und Beschuldigten in Strafverfahren[143] gehört. Auch wenn die Rechtslage in Deutschland den Mindeststandards der genannten Richtlinie nach überwiegender Auffassung bereits entsprach, hat es der deutsche Gesetzgeber für erforderlich erachtet, in Absatz 2 Satz 1 Nummer 6 durch die Einfügung des Wortes „erheblich" vor den Wörtern „gefährdet wird" den engen Ausnahmecharakter der Regelung in Art. 5 Abs. 3 Buchst. b der Richtlinie „zu unterstreichen" (s. Entstehungsgeschichte und Rn. 20). Infolge der geplanten „Neuregelung des Rechts der notwendigen Verteidigung" durch ein Gesetz dieses Titels,[144] das (u.a.) der Umsetzung der **Richtlinie 2016/1919/EU** des Europäischen Parlaments und des Rates vom 26.10.2016 über Prozesskostenhilfe für Verdächtige und beschuldigte Personen in Strafverfahren sowie für gesuchte Personen in Verfahren zur Vollstreckung eines Europäischen Haftbefehls (sog. **PKH-Richtlinie**)[145] dienen soll, ist eine Änderung des Absatz 2 Satz 1 Nummer 4a dahin vorgesehen, dass diese Bestimmung lauten wird: „in den Fällen des § 140 die Bestellung eines Verteidigers nach Maßgabe des § 141 Absatz 1 beantragen kann.".

§ 114c
Benachrichtigung von Angehörigen

(1) Einem verhafteten Beschuldigten ist unverzüglich Gelegenheit zu geben, einen Angehörigen oder eine Person seines Vertrauens zu benachrichtigen, sofern der Zweck der Untersuchung dadurch nicht erheblich gefährdet wird.

(2) [1]Wird gegen einen verhafteten Beschuldigten nach der Vorführung vor das Gericht Haft vollzogen, hat das Gericht die unverzügliche Benachrichtigung eines seiner Angehörigen oder einer Person seines Vertrauens anzuordnen. [2]Die gleiche Pflicht besteht bei jeder weiteren Entscheidung über die Fortdauer der Haft.

Schrifttum

Händel Grundrechte im Widerstreit – Zum Verzicht des Inhaftierten auf Benachrichtigung von Angehörigen oder Vertrauenspersonen, FS Krebs (1969) 149; *Kohlhaas* Benachrichtigungspflicht bei Verhaftungen, NJW **1951** 262; *Kreß* Das Wiener Konsularrechtsübereinkommen und das nationale Strafprozessrecht, GA **2004** 691; *Lorenzen* Die Nachricht von der Verhaftung, SchlHA **1959** 163; *Wagner* und *Dünnebier* Die Benachrichtigung gemäß Art. 104 Abs. 4 GG, § 114a StPO, JZ **1963** 689, 693.

Entstehungsgeschichte

Durch Abschnitt A Nr. 2 des StPÄG vom 27.12.1926 (RGBl. I S. 529) wurde als § 114a eine Bestimmung über ein Benachrichtigungsrecht des Beschuldigten in die StPO eingefügt. Statt „Person seines Vertrauens" war von „anderen Personen" die Rede. Die Benachrichtigung war auf Verlangen des Verhafteten von Amts wegen zu bewirken. Durch Art. 3 Nr. 45 VereinhG wurde eine staatliche Benachrichtigungspflicht eingefügt mit dem

---

index.php?id=32); Stellungnahmen Nr. 39/2012 und Nr. 2/2013 der BRAK (abzurufen unter http://www.brak.de/zur-rechtspolitik/stellungnahmen-pdf/stellungnahmen-deutschland).

143 S. Fn. 6.

144 Zum Referentenentwurf vom 11.10.2018 s. https://www.bmjv.de/SharedDocs/Gesetzgebungsverfahren/Dokumente/RefE_notwendige_Verteidigung.pdf;jsessionid=D0BBDD3AD88B1E8D04B96C978E6B263A.1_cid289?__blob=publicationFile&v=2 (abgerufen am 30.10.2018).

145 ABlEU Nr. L 297 vom 4.11.2016, S. 1 ff.; Nr. L 91 vom 5.4.2017, S. 40 ff.

https://doi.org/10.1515/9783110274929-008

Ziel, die strafprozessuale Regelung an Art. 104 Abs. 4 GG anzugleichen. Art. 1 Nr. 1 StPÄG 1964, durch das § 114a (alt) zu § 114b wurde, normierte ausdrücklich die Zuständigkeit des Richters für die Anordnung der Benachrichtigung, womit allerdings nur eine schon bestehende Rechtslage[1] geklärt werden sollte.[2] Durch Art. 1 Nr. 2 UHaftÄndG vom 29.7. 2009 (BGBl. I S. 2274) trat § 114c an die Stelle des § 114b a.F. und wurde unter Umstellung der beiden Absätze zum Teil neu gefasst.[3] Durch Art. 1 Nr. 2 des 2. Gesetzes zur Stärkung der Verfahrensrechte von Beschuldigten im Strafverfahren und zur Änderung des Schöffenrechts vom 27.8.2017 (BGBl. I S. 3295) wurde in Absatz 1 vor den Wörtern „gefährdet wird" das Wort „erheblich" eingefügt.

Übersicht

Alphabetische Übersicht

I. Allgemeines

1 **1. Sinn der Vorschrift.** Die Vorschrift verwirklicht das Gebot des Art. 104 Abs. 4 GG im Strafverfahren. Nach Zweck und Entstehungsgeschichte der **doppelfunktionalen Norm**[4] dient sie dem öffentlichen Interesse (Rn. 22)[5] und ist zugleich eine Schutzvor-

1 BVerfGE **16** 123.
2 BTDrucks. **III** 2037 S. 21.
3 Näher dazu s. die Erl. zu § 114c im Nachtrag zur 26. Aufl.
4 SK/*Paeffgen* 2.
5 Vgl. LG Frankfurt NJW **1959** 61; *Dallinger* SJZ **1950** 738; *Lorenzen* SchlHA **1959** 167; *Sommermeyer* NJ **1992** 339; KK/*Graf* 2; Meyer-Goßner/*Schmitt* 3; s. auch von Mangoldt/Klein/Starck/*Gusy* Art. 104, 2; *Maunz/Dürig* Art. 104, 43; von *Münch/Kunig* Art. 104, 34; *Wagner* JZ **1963** 691 (der verfassungsrechtliche Streit, welcher Zweck im Vordergrund steht, kann hier offen bleiben).

schrift für den Beschuldigten,[6] gewährt ein mit der Verfassungsbeschwerde durchsetzbares subjektives öffentliches Recht.[7] Durch die Benachrichtigung soll verhindert werden, dass die Staatsgewalt Menschen spurlos verschwinden lässt. Jedermann soll sicher sein können, dass über eine Haft ein Angehöriger oder ein Vertrauter des Inhaftierten informiert sind. Letztlich besagt die Norm, dass es **kein Geheimverfahren** gibt. Sie dient, wie das Prinzip der Öffentlichkeit (§ 169 Satz 1 GVG), in dessen Kreis sie gehört,[8] dem Vertrauen in die Rechtsstaatlichkeit der Strafrechtspflege. Das Vertrauen der Allgemeinheit in die Strafverfolgungsbehörden und die Rechtsstaatlichkeit des Verfahrens sollen gewährleistet werden.[9] Außerdem soll der Beschuldigte, durch die Haft in seinen Handlungsmöglichkeiten beschränkt, dem Verfahren nicht hilflos ausgesetzt sein.

Für den **Verhafteten** äußert die Vorschrift zwei Folgen, die seine Interessen ver- 2
schieden, teils gegensätzlich, berühren: Auf der einen Seite garantiert sie ihm, dass er Beistand von außen erbitten kann, auf der anderen Seite beschränkt sie seine Befugnis, die Haft geheim zu halten. Trotz eines der Benachrichtigung entgegenstehenden Interesses kann er wegen des öffentlichen Interesses daran **nicht darauf verzichten**, dass der Vorschrift Genüge getan wird. Das Opfer, das vom Beschuldigten hiermit verlangt wird, ist jedoch nicht größer als das, was jeder Angeklagte erbringen muss, wenn er sich in öffentlicher Hauptverhandlung verteidigen muss. Durch die Möglichkeit, eine Vertrauensperson zu benennen, wird seinen Interessen soweit als möglich Rechnung getragen. Aber ausschlaggebend ist nicht sein Interesse, sondern das der Allgemeinheit.

Das BVerfG spricht, wenn eine **Verfassungsbeschwerde** wegen Verletzung des 3
Art. 104 Abs. 4 GG begründet ist, nur aus, dass die Unterlassung der Benachrichtigung das Grundrecht des Verhafteten verletzt habe.[10]

Das subjektiv-öffentliche Recht (Rn. 1) gilt nicht für **Dritte,**[11] auch nicht für Angehö- 4
rige des Inhaftierten. Zu Auskünften gemäß **Art. 6 Abs. 1, 3 GG** an Ehepartner und an Eltern minderjähriger Inhaftierter vgl. Rn. 43, 44.

Das in Absatz 1 geregelte **Benachrichtigungsrecht** des Beschuldigten ist unabhän- 5
gig von den staatlichen **Benachrichtigungspflichten** und steht als individualschützendes subjektives Recht **gleichrangig** neben diesen.[12]

2. Bedeutung der Neuregelung zum 1.1.2010. Die Neufassung durch das UHaft- 6
ÄndG vom 29.7.2009 hat ihre eigentliche Bedeutung durch die **Vorverlagerung** der Benachrichtigungsrechte und -pflichten auf den Zeitpunkt der **vorläufigen Festnahme** (durch die Verweisung in § 127 Abs. 4) entsprechend den Forderungen des CPT.[13] Die früher vertretene Auffassung, dass die vorläufige Festnahme als nur einstweilige Maßnahme, die alsbald ihr Ende finden oder in Untersuchungshaft übergehen müsse, die Benachrichtigungspflicht noch nicht auslöse,[14] ist damit hinfällig. Die beiden Absätze sind

---

6 SK/*Paeffgen* 2; AK/*Deckers* 1; *von Münch*/*Kunig* Art. 104, 36; s. auch *Rüping* FS Hirsch 972; zur Praxis vgl. *Gebauer* 225.
7 BVerfGE **16** 122; **38** 32.
8 *Lorenzen* SchlHA **1959** 167.
9 *Lorenzen* SchlHA **1959** 167.
10 BVerfGE **16** 119, 123; **38** 32, 34; KK/*Graf* 19; s. auch BbgVerfG NStZ-RR **2000** 185 (nachträgliche Verfassungsbeschwerde).
11 SK/*Paeffgen* 2.
12 SK/*Paeffgen* 3; Radtke/Hohmann/*Tsambikakis* 7.
13 Näher hierzu die Erl. zu § 114c, 1 im Nachtrag zur 26. Aufl.
14 LR/*Hilger*[26] § 114b, 7; *Kohlhaas* NJW **1951** 262; bereits zum früheren Rechtszustand **a.A.** *Lang* DJZ **1972** 782; *Benfer* JuS **1983** 114.

im Vergleich zur Vorgängernorm, § 114b a.F., umgestellt worden, was allgemein die **Subjektstellung** des Beschuldigten im Strafverfahren unterstreicht, insbesondere aber aus Gründen der Gesetzessystematik das **aktive Benachrichtigungsrecht** des Beschuldigten, das überdies nunmehr **unverzüglich** zu gewähren ist, hervorhebt.

7 **3. Verhaftungen und gleichgestellte Maßnahmen.** Verhaftungen sind alle in der Strafprozessordnung geregelten Festnahmen zu dem Zweck, einen Beschuldigten für das Strafverfahren festzuhalten. Das Benachrichtigungsrecht sowie die Benachrichtigungspflicht gelten außer für die Untersuchungshaft (§ 114) aufgrund der Verweisungen in den §§ 127 Abs. 4, 127b Abs. 1 Satz 2, 163c Abs. 1 Satz 3, 453c Abs. 2 Satz 2 für **vorläufige Festnahmen** durch Polizei oder Staatsanwaltschaft und das **Festhalten** zum Zweck der Identitätsfeststellung[15] sowie für den **Sicherungshaftbefehl** entsprechend. Anwendbar ist die Regelung ferner auf Verhaftungen aufgrund eines Unterbringungsbefehls (**§ 126a Abs. 2 Satz 1**) sowie aufgrund eines Haftbefehls in den Fällen der **§§ 230 Abs. 2, 236, 329 Abs. 3, 412 Satz 1**, nicht aber auf die in diesen Vorschriften geregelte bloße Vorführung.[16]

8 Verhaftung ist auch der Haftbeginn in einer Sache, für die bisher **Überhaft** notiert war, nach Beendigung der alten Haft[17] (Vor § 112, 8 ff.).

9 Nach ihrem Standort bezieht sich die Vorschrift nicht auf **Strafhaft** (§ 457), **Ordnungshaft** (z.B. § 70 Abs. 1; § 178 GVG), **Erzwingungshaft** (§ 70 Abs. 2) und Haft der **Sitzungspolizei** (§ 164; § 177 GVG).[18]

10 **4. Angehörige und Vertrauenspersonen.** Der Begriff **Angehöriger** ist, weil das Gesetz keine Begriffsbestimmung gibt, durch Auslegung zu bestimmen. § 11 Abs. 1 Nr. 1 StGB kann, da er in einem der hier geregelten Materie fremden Zusammenhang steht, nicht angewendet werden; Gleiches gilt für den engen Begriff des Angehörigen in § 52 Abs. 1.[19] Nach dem Zweck der Vorschrift und wegen der Zusammenstellung mit der „Vertrauensperson" ist der Begriff im weitesten Sinne zu verstehen. Demnach sind selbst Personen, die nur in einem entfernten Grade oder auch gar nicht mit dem Betroffenen verwandt oder verschwägert sind, Angehörige i.S.d. Absatzes 1. Namentlich zählen hierzu der Ehegatte sowie Adoptiv- und Pflegeeltern.

11 **Personen des Vertrauens** sind u.a. Freunde, Vereins- und Parteimitglieder, Berufskollegen, Seelsorger, u.U. auch berufliche Vorgesetzte, bei Ausländern der zuständige Konsul. Der Wahlverteidiger ist stets als Vertrauensperson anzusehen, der Pflichtverteidiger dann, wenn der Beschuldigte sich ihn selbst als Pflichtverteidiger gewünscht hat oder wenn er ihn als Vertrauensperson bezeichnet.[20] Bei Flüchtlingen kann u.U. auch die Benachrichtigung einer Organisation in Betracht kommen. Die Vertrauensperson entscheidet aus eigener Entschließung, ob sie Angehörige benachrichtigt, wann und welche von ihnen. Sie hat die Wünsche des Beschuldigten zu beachten, ist aber von diesen und von der Auffassung des Gerichts unabhängig.

---

15 Dies sah schon § 163c Abs. 2 a.F. vor, der mit Wirkung zum 1.1.2010 aufgehoben worden ist.
16 SK/*Paeffgen* 4.
17 KK/*Graf* 11; SK/*Paeffgen* 4.
18 Kritik wegen der fehlenden Erstreckung auf Erzwingungs- und Ordnungshaft bei *Michalke* NJW **2010** 19; SSW/*Herrmann* 2; krit. auch HK-GS/*Laue* 2.
19 Meyer-Goßner/*Schmitt* 2; *Sommermeyer* NJ **1992** 339 Fn. 72.
20 BVerfGE **16** 124; HK/*Posthoff* 8; krit. Radtke/Hohmann/*Tsambikakis* 12; s. auch BbgVerfG NStZ-RR **2000** 185 (Zweifel des Gerichts an der Vertrauensbeziehung).

II. Benachrichtigungsrecht (Absatz 1)

1. Grundsatz. Die Vorschrift will dem Verhafteten die Möglichkeit geben, seine Angehörigen oder Vertrauten zu beruhigen, sie um Beistand zu bitten und Vorsorge für seine persönlichen Angelegenheiten (Miete, Arbeitsplatz, Autoabmeldung usw.) zu treffen. Damit dient sie den Interessen des Verhafteten. Wegen dieses Zwecks steht sie **selbstständig neben Absatz 2**, der öffentliche Interessen sicherstellt. Aus dieser Selbstständigkeit folgt: Weder kann das Gericht von der Benachrichtigung nach Absatz 2 absehen, weil der Beschuldigte eine solche vornimmt, noch kann dem Beschuldigten seine Benachrichtigung nach Absatz 1 mit der Begründung versagt werden, dass schon amtliche Nachricht ergehe. 12

Dass dem Beschuldigten die Gelegenheit zur Wahrnehmung seines (aktiven) Benachrichtigungsrechts **„unverzüglich"** zu gewähren ist, stellt eine Neuerung gegenüber § 114b Abs. 2 a.F. dar und soll nach der Gesetzesbegründung der Klarstellung dahin dienen, dass das Recht nicht erst nach der Vorführung vor den Richter entsteht.[21] Tatsächlich war die bisherige Behandlung des Benachrichtigungsrechts gekennzeichnet durch die hergebrachte Vorstellung über die Rechtsgewährung durch einen sog. **Zugangsbrief**, über die (erst) der Richter entscheide,[22] der auch den Empfänger einer solchen (schriftlichen, auf dem Postweg zu versendenden) Nachricht bestimme.[23] Dementsprechend wurde dem Beschuldigten nach bisheriger Praxis auch im Fall einer Verhaftung aufgrund eines Haftbefehls die Benachrichtigung nicht schon vor seiner Zuführung vor den Richter, vielfach nicht einmal vor der Vernehmung ermöglicht, sondern erst im Falle einer Haftanordnung im Anschluss an diese. 13

Nunmehr ist der eindeutige Gesetzesbefehl ausgesprochen, dass dem Beschuldigten sein Recht unverzüglich nach der Festnahme schon durch den Verhaftenden zu gewähren ist, wobei grundsätzlich auch die **Nutzung moderner Kommunikationsmittel** einzuräumen ist,[24] sofern auch in diesen Fällen die zum Ausschluss von Missbrauch gebotene **Überwachung gewährleistet** ist. Im Regelfall wird die Benachrichtigung per E-Mail nicht in Betracht kommen. Dies gilt nicht nur dann, wenn aufgrund der E-Mail-Adresse nicht deutlich ist, wer tatsächlich der Empfänger der Nachricht sein wird,[25] sondern auch deshalb, weil z.B. eine für den Absender nicht ersichtliche automatische Weiterleitung an eine oder mehrere weitere E-Mail-Adressen zu Missbräuchen führen kann. 14

Die Ansicht, es genüge, dass die Erstbenachrichtigung von einem Vertreter einer Strafverfolgungsbehörde vorgenommen wird, ist ungeachtet der ratio legis mit dem Wortlaut unvereinbar und kann auch nicht mit dem fortbestehenden Recht des Beschuldigten auf Briefverkehr begründet werden.[26] Der **Wert einer persönlichen Benachrichtigung** von Angehörigen oder einer Vertrauensperson durch den Beschuldigten – insbe- 15

---

21 BTDrucks. **16** 11644 S. 18.

22 KK/*Graf*[6] § 114b, 8; HK/*Lemke*[4] § 114b, 13.

23 Meyer-Goßner/*Schmitt* 2; AnwK-UHaft/*König* 3.

24 Meyer-Goßner/*Schmitt* 1; AnwK-StPO/*Lammer* 8; *Michalke* NJW **2010** 19, der zutreffend darauf hinweist, dass dies besondere Bedeutung bei erforderlicher Benachrichtigung von Angehörigen im Ausland hat.

25 KK/*Graf* 7.

26 So aber *Bittmann* NStZ **2010** 15 (der allerdings ungeachtet der Neufassung des § 119 auch annimmt, dass der Briefverkehr weiterhin *regelmäßig* überwacht werde); ähnlich zur alten Rechtslage LR/*Hilger*[26] § 114b, 29 (der von einer „veralteten Vorschrift" gesprochen und darauf verwiesen hat, der Verhaftete könne „jederzeit schreiben"). Zur Übernahme der Benachrichtigung durch den Verteidiger vgl. SSW/*Herrmann* 8 und *Schlothauer/Weider/Nobis* Rn. 331.

sondere in einem fernmündlichen Kontakt – sollte nicht zu gering geschätzt, das aktive Benachrichtigungsrecht nicht als „weitgehend überflüssig“[27] erachtet werden; auch hat das eigene Benachrichtigungsrecht des Beschuldigten keinesfalls wegen der Normierung einer gerichtlichen Benachrichtigungspflicht einen „nur noch beschränkten Inhalt“.[28]

16 **2. Gefährdungsvorbehalt.** Der Vorbehalt der Gefährdung des Untersuchungszwecks hat einen geringeren Anwendungsbereich, als mitunter angenommen wird.[29] Das einmalig gegebene, auf den Zeitpunkt der Verhaftung beschränkte Benachrichtigungsrecht kann nicht ganz entfallen, sondern im Wesentlichen nur **Einschränkungen** hinsichtlich der **Art und Weise der Benachrichtigung** oder **des Empfängerkreises** erfahren, soweit dies mit Blick auf die Sicherung des Untersuchungszecks unerlässlich ist.[30] Hierbei ist der Zweck der im Interesse einer wirksamen Strafrechtspflege eingefügten Einschränkung zu bedenken: Nicht selten sind nach einer Festnahme noch weitere Ermittlungstätigkeiten durchzuführen, deren Erfolg gefährdet sein könnte, wenn der Verhaftete unmittelbar nach der Festnahme ohne Einschränkung andere Personen von der Verhaftung informieren würde.[31] Daher kann in einem solchen Verfahrensstadium dem Beschuldigten je nach Lage des Einzelfalles verwehrt werden, sich zum Beispiel mit Tatgenossen oder Hintermännern in Verbindung zu setzen. Erfordert es der Untersuchungszweck, die Verhaftung geheim zu halten (eine Bande soll unsicher werden und auffliegen), so kann dieser Zweck nur dadurch berücksichtigt werden, dass die Auswahl der Empfänger beschränkt wird; soweit unerlässlich, ist auch eine Einflussnahme auf den Inhalt der Nachricht zulässig.[32] Gänzlich beseitigt werden darf das Recht des Verhafteten aber nicht.[33] Denn Absatz 2 schließt die Geheimhaltung der Verhaftung aus und äußert insoweit seine Wirkung auch auf Absatz 1. Insbesondere dürfen Gesichtspunkte der Vereinfachung oder Beschleunigung von Verfahrensabläufen keine Rolle spielen.[34] Die mit Wirkung zum 5.9.2017 vorgenommene Änderung, wonach das Benachrichtigungsrecht nur bei einer **erheblichen Gefährdung** des Untersuchungszweckes entfallen darf, soll der Angleichung an Art. 5 Abs. 3 Buchst. b der Richtlinie 2013/48/EU dienen und sowohl die Bedeutung des Benachrichtigungsrechts als auch den engen Ausnahmecharakter der Einschränkungsmöglichkeit hervorheben.[35]

17 Allerdings darf die Wahrnehmung des Benachrichtigungsrechts nicht dazu führen, dass richterliche Maßnahmen unterlaufen werden, die den Zweck verfolgen, eine **Gefährdung öffentlicher oder privater Interessen** infolge der Benachrichtigung nach

---

27 So indessen SK/*Paeffgen* 3; HK/*Posthoff* 2.
28 In diesem Sinne aber LR/*Hilger*[26] § 114b, 29 unter Hinweis auf *Seebode* (Vollzug) 121.
29 Vgl. etwa *Tsambikakis* ZIS **2009** 508; Radtke/Hohmann/*Tsambikakis* 15f. Die Kritik an der Vorbehaltsklausel, etwa auch bei *Paeffgen* GA **2009** 454, beachtet nicht hinreichend die gebotene Differenzierung zwischen dem (aktiven) Recht des Beschuldigten auf Benachrichtigung und der staatlichen Benachrichtigungspflicht.
30 LR/*Hilger*[26] § 114b, 32; AnwK-UHaft/*König* 2; Meyer-Goßner/*Schmitt* 1; AnwK-StPO/*Lammer* 8; KMR/*Wankel* 2; HK-GS/*Laue* 3; **a.A.** Graf/*Krauß* 3 (jedoch ohne eindeutige Begründung: die Benachrichtigung könne „je nach Gefährdungslage“ ganz untersagt werden).
31 BTDrucks. **16** 11644 S. 18. Dem kann keinesfalls entgegen gehalten werden, dass in hochkriminellen Strukturen die Verhaftung zentraler Figuren „ohnehin auffallen“ werde; so jedoch *Tsambikakis* ZIS **2009** 508; gegen ihn auch SK/*Paeffgen* 7.
32 LR/*Hilger*[26] § 114b, 32.
33 **A.A.** wohl *Seebode* (Vollzug) 121 Fn. 52. Vgl. auch LR/*Gärtner* § 119, 47 ff.
34 Vgl. SK/*Paeffgen* 7: „Bequemlichkeit“.
35 Vgl. BTDrucks. **18** 9534 S. 14, 21.

Absatz 2 zu vermeiden (Rn. 19 bis 25, 32). In diesen Fällen geht es zwar nicht um Gefährdungen des Untersuchungszwecks, jedoch ist auch insoweit – in entsprechender Anwendung der Vorbehaltsklausel – eine Einflussnahme auf die Auswahl des Empfängers und notfalls auch den Inhalt des Schreibens zulässig.

III. Benachrichtigungspflicht (Absatz 2)

1. Inhalt. Nach dem Sinn der Vorschrift ist die Pflicht zur Benachrichtigung **zwingend**; sie unterliegt nicht dem Willen (**Verzicht, Widerspruch**) des Beschuldigten.[36] Die Gegenmeinung, die Ausnahmen zugesteht, namentlich einen Widerspruch des Beschuldigten beachtet wissen will,[37] geht im Wesentlichen von der Auffassung aus, als Gesetzeszweck stehe im Vordergrund das Interesse des Verhafteten. Diese Ansicht wird indessen widerlegt durch den Zweck der Vorschrift, nach dem System der beiden Vorschriften über die Haftbenachrichtigung und aus der Entstehungsgeschichte des Art. 104 Abs. 4 GG.[38] **Technische Schwierigkeiten**, denen zuweilen Gewicht beigemessen wird, müssen, um dem Verfassungsbefehl zu genügen, überwunden werden. Die Polizei ermittelt häufig erfolgreich Angehörige; Gleiches muss dem Richter, wenn der Verhaftete schweigt, auch möglich sein. Die Benachrichtigung darf namentlich nicht unterbleiben oder aufgeschoben werden, wenn durch sie der **Untersuchungszweck** gefährdet wird, wie ein Vergleich der Absätze 1 und 2 zweifelsfrei ergibt,[39] doch kann die Gefährdung dadurch gemildert werden, dass der Richter den Empfänger der Mitteilung mit Bedacht auswählt (Rn. 25, 32). 18

2. Keine Ausnahmen

a) Grundsatz. Art. 104 Abs. 4 GG gehört zu der wertgebundenen Ordnung des Grundgesetzes. Dieses bestimmt selbst, inwieweit wegen des mit Art. 104 Abs. 4 GG erstrebten Zwecks die Freiheit des Individuums zurückzutreten habe. Daher ist es abzulehnen, das Grundgesetz aus Erwägungen einzuschränken, die dem Grundgesetzgeber bekannt gewesen sind oder grundsätzlich hätten in Betracht gezogen werden können. 19

b) Gefährdung der Staatssicherheit. Eine Ausnahme gilt auch dann nicht, wenn zu befürchten ist, dass die Sicherheit des Staates gefährdet werde. Dass eine solche Gefährdung eintreten kann, wenn die Benachrichtigung z.B. in die Hand eines fremden Nachrichtendienstes fällt, wird – wenn auch nur in seltenen Fällen – nicht auszuschließen sein. Keine in diesen Zusammenhängen beachtliche Staatsgefährdung wäre zwar der Verlust möglicher nachrichtendienstlicher Gewinne, die einzubringen wären, wenn die Verhaftung unbekannt bliebe. Eine schwerwiegende Gefährdung der Staatssicherheit 20

---

36 LG Frankfurt NJW **1959** 61; *Dünnebier* JZ **1963** 693; *Schlüchter* 225; *Henkel* § 67 A III 3; *Peters* § 47 A V c; *Eb. Schmidt* Nachtr. I 5; *Roxin/Schünemann* § 30, 24; KK/*Graf* 14; HK/*Posthoff* 12; KMR/*Wankel* 5; Meyer-Goßner/*Schmitt* 6; SK/*Paeffgen* 10; Graf/*Krauß* 6; AnwK-StPO/*Lammer* 2; AnwK-UHaft/*König* 7; Radtke/Hohmann/*Tsambikakis* 14; AK/*Deckers* 2; *Dalcke/Fuhrmann* 4; *Dallinger* SJZ **1950** 738; *Erdsiek* NJW **1959** 232; *Lorenzen* SchlHA **1959** 163; *Benfer* JuS **1983** 114; *Born* JR **1983** 56; *Sommermeyer* NJ **1992** 339; zur Praxis vgl. *Gebauer* 225.

37 *Gehrlein* FS *Boujong* 773; *Händel* FS Krebs 161 und NJW **1959** 544; *Eckels* NJW **1959** 1908; *Odersky* MDR **1958** 832; *Wagner* JZ **1963** 690; *Maunz/Dürig* Art. 104, 43 (Widerspruch in Ausnahmefällen beachtlich); *von Münch/Kunig* Art. 104, 39; *Rüping* 222; *Rüping* FS Hirsch 972; differenzierend von Mangoldt/Klein/Starck/*Gusy* Art. 104, 74; s. auch *Schlothauer/Weider/Nobis* Rn. 331; BVerfGE **16** 119, 122.

38 *Dünnebier* JZ **1963** 694; SK/*Paeffgen* 4; vgl. auch *Kohlhaas* NJW **1951** 262.

39 *Nüse* JR **1950** 554; *Loesdau* MDR **1962** 774; Meyer-Goßner/*Schmitt* 6; KK/*Graf* 14; HK/*Posthoff* 13.

könnte jedoch vorliegen, wenn mit der Festnahme eigener Agenten zu rechnen wäre, falls diese nicht gewarnt werden können, bevor die Verhaftung des Beschuldigten bekannt wird.

21 Auch in diesen und ähnlich schwerwiegenden Fällen kann jedoch nicht von der unverzüglichen Benachrichtigung abgesehen werden.[40] Der Verfassungsgesetzgeber hat das Gebot des Art. 104 Abs. 4 GG ohne Einschränkung aufgestellt. Mit Überlegungen, die er selbst anstellen konnte, ist es nicht nachträglich einzuengen. Es ist kaum anzunehmen, dass der Parlamentarische Rat, als er den Verfassungsbefehl des Art. 104 Abs. 4 GG statuierte, nicht auch an die besonderen Fallgestaltungen, Probleme und Gefahren im Zusammenhang mit Festnahmen im Interesse des Staatsschutzes gedacht hat. Nach den Erfahrungen, die in der nationalsozialistischen Zeit gemacht worden waren, wollte er im Grundsatz selbst eine **unantastbare Sicherung** schaffen. Daher kann man, wollte man aus Gründen der Staatssicherheit von einer Benachrichtigung – ganz oder zeitweise – absehen, nicht schlechthin davon ausgehen, dass der Tatbestand für den Gesetzgeber nicht voraussehbar war. Wer nun Art. 104 Abs. 4 GG in Staatsschutzsachen einschränken will, könnte sich allenfalls darauf berufen, seit 1949 seien Gefährdungen erwachsen, die sich der Verfassungsgesetzgeber nicht vorstellen konnte. Ob dies zu bejahen ist, erscheint zumindest derzeit und für die Bundesrepublik zweifelhaft.[41]

22 Weiterhin ist zu berücksichtigen, dass die Benachrichtigung im **Interesse der Allgemeinheit** liegt. Es stehen sich nicht allein ein Einzelinteresse und ein Allgemeininteresse gegenüber, sondern im Wesentlichen zwei Grundsätze, die gleichermaßen dem Interesse der Allgemeinheit dienen. Gerade in diesem Zusammenhang ist der **Abwägung**, die der Verfassungsgesetzgeber selbst getroffen hat, indem er davon abgesehen hat, den Tatbestand einzuschränken oder mit einem – an sich nahe liegenden – Gesetzesvorbehalt zu versehen, besondere (abschließende) Bedeutung beizumessen.

23 Entscheidend dürfte letztlich auch sein, dass im Hinblick auf die Bedeutung des Prinzips des Art. 104 Abs. 4 GG jede Möglichkeit der Einschränkung bereits im Ansatz unterbunden werden sollte, namentlich, um der **Befürchtung von Missbräuchen** und unabsehbarer Entwicklungen (schleichender Aushöhlung) von vornherein vorzubeugen.[42]

24 Für diese (enge) Lösung spricht im Übrigen auch die Entscheidung des Gesetzgebers zum **Kontaktsperregesetz** (§§ 31ff. EGGVG), in dem er – trotz zahlreicher Beschränkungen zu Lasten des Inhaftierten – den § 114b a.F. unangetastet ließ.

25 Eventuellen schwerwiegenden Gefahren für die Staatssicherheit müsste also **notfalls in anderer Weise**, ggf. durch Auswahl der zu benachrichtigenden Personen (Rn. 32) begegnet werden.

26 **c) Sonstige Gründe.** Ebenso wenig können Einschränkungen aus anderen Gründen gebilligt werden. Nicht nur Rücksichten auf Ruf, Fortkommen, Familienwohl und Ähnliches scheiden aus, sondern auch schwerwiegende Gründe, wie z.B. **notstandsähnliche Situationen,**[43] schwerwiegende **Gefährdungen Dritter**[44] (etwa im Bereich der Organisierten Kriminalität), „übermäßige" **Eingriffe in grundgesetzlich geschützte Sphä-**

---

40 AK/*Deckers* 2; Meyer-Goßner/*Schmitt* 6; SK/*Paeffgen* 10; **a.A.** KK/*Graf* 14; *Kleinknecht*/*Janischowsky* 163; LR/*Wendisch*[24] § 114b, 13.

41 **A.A.** LR/*Wendisch*[24] § 114b, 14.

42 S. auch AnwK-StPO/*Lammer* 2.

43 **A.A.** SK/*Paeffgen* 11; KMR/*Wankel* 5 hat hingegen seine frühere abweichende Ansicht aufgegeben.

44 **A.A.** KK/*Graf* 14; LR/*Wendisch*[24] § 114b, 12.

ren[45] durch die Benachrichtigung oder ihre Folgen. Hier gilt das zuvor Gesagte entsprechend. Private Interessen müssen hinter dem in Art. 104 Abs. 4 GG verankerten öffentlichen Interesse, der Erfüllung des grundgesetzlichen Auftrages, zurückstehen. Solchen Gefahren und Interessenkonflikten, die in der Praxis selten sind, muss in anderer Weise, unter anderem durch Auswahl der zu benachrichtigenden Personen und effektive präventiv-polizeiliche Maßnahmen, begegnet werden.

3. Verfahren

a) Unverzügliche Benachrichtigung. Nach der alten Gesetzesfassung hatte das Gericht den Angehörigen oder die Vertrauensperson unverzüglich zu benachrichtigen. Unverzüglich bedeutet ohne jede nicht durch die Sachlage gerechtfertigte Verzögerung (§ 115, 10), die Benachrichtigung muss also **so bald als möglich** erfolgen. Eine Nachricht an den Verteidiger erst nach Ablauf von zwei Wochen stellt eine Grundrechtsverletzung dar.[46] Das Gebot der Unverzüglichkeit gilt auch in den in Rn. 19 bis 25 genannten Fällen. Überlässt der Richter die Ausführung der Benachrichtigung der Geschäftsstelle (Rn. 34), so hat er diese zu kontrollieren. 27

Jedenfalls vor dem Hintergrund des vom Gesetzgeber erhobenen Anspruchs einer Präzisierung der Norm[47] erscheint in der Neufassung das **Tatbestandsmerkmal „anzuordnen"** in Satz 1 angesichts des durchgängigen Bestrebens um Beschleunigung als gesetzgeberische Fehlleistung. Da die neue Norm die bisherige Rechtslage sicher nicht verschlechtern sollte, kann man nicht ernsthaft annehmen, dass nicht mehr – wie in § 114b a.F. – die Benachrichtigung selbst, sondern lediglich deren Anordnung den Anknüpfungspunkt für die Unverzüglichkeit des staatlichen Handelns bilden soll. Der in der alten Fassung (aber in anderem Zusammenhang) enthaltene Begriff der Anordnung ist offenbar ohne Problembewusstsein übernommen worden, und auch die Bemühungen um eine geschlechtsneutrale Sprache haben das Ihre zur jetzigen Fassung beigetragen: Mit dem „Gericht" soll der bzw. die amtierende Haftrichter(in) gemeint sein, aber nach zutreffender Interpretation obliegt die Ausführung der richterlichen Anordnung der gerichtlichen Geschäftsstelle[48] und damit institutionell ebenfalls „dem Gericht". Ungeachtet der missglückten Vorschrift ist selbstverständlich (auch) die Ausführung, also die **tatsächliche Benachrichtigung unverzüglich vorzunehmen**. Anstelle des Tatbestandsmerkmals „anzuordnen" ist deshalb das Wort „vorzunehmen" in den Text zu lesen. 28

Die Neuregelung ist im **Schrifttum kritisiert** worden, weil mit der Formulierung „wird ... Haft vollzogen" für den Beschuldigten eine **Verschlechterung der Rechtslage** eingetreten sei. Denn nach bisherigem Recht sei unverzüglich nach der Festnahme ein Angehöriger oder eine Person des Vertrauens zu benachrichtigen gewesen, während die gerichtliche Benachrichtigungspflicht nunmehr erst nach der Vorführung bei vollzogener Haft greife, was jedenfalls bei einem Ausschluss des Benachrichtigungsrechts wegen Gefährdung des Untersuchungszwecks auch zu einer tatsächlichen Schlechterstellung des Beschuldigten führe.[49] Diese Kritik trifft zwar bei formaler Betrachtung zu. Sie basiert aber auf einer Annahme, die für die alte Rechtslage in der Praxis nicht zutraf. Nach § 114b Abs. 1 Satz 2 a.F. war für die Anordnung der (unverzüglichen) Benachrichtigung 29

---

45 **A.A.** KK/*Graf* 14; *Kleinknecht/Janischowsky* 163.
46 BVerfGE **38** 32; KK/*Graf* 15.
47 BTDrucks. **16** 11644 S. 17.
48 KMR/*Wankel* 7; SK/*Paeffgen* 14.
49 *Tsambikakis* ZIS **2009** 508.

der Richter zuständig. Darauf gründete sich die Auslegung, dass für die Frage der Unverzüglichkeit die Zeitspanne in den Blick zu nehmen sei, die nach der ersten Befassung des Richters mit der Angelegenheit lief,[50] sodass nach bisheriger Praxis die Benachrichtigung im Regelfall nicht schon bei der Verhaftung oder vor der Zuführung des Beschuldigten vor den Richter oder zumindest vor der Vernehmung vorgenommen wurde, sondern ebenfalls erst im Falle einer Haftanordnung.

30 Benennt der Verhaftete keinen Mitteilungsempfänger, hat das Gericht, um dem Verfassungsgebot des Art. 104 Abs. 4 GG zu genügen, soweit als möglich **Ermittlungen nach Angehörigen** anzustellen.[51] Solche Nachforschungen können unterbleiben, wenn der Beschuldigte keinen Namen benennt und auch sonst keine Anhaltspunkte gegeben sind. Derartige Anhaltspunkte können etwa Akten früherer Verfahren oder Vorgängen der Jugendgerichtshilfe zu entnehmen sein. Bei vorläufigen Festnahmen werden die tätig werdenden Amtspersonen schon aus Zeitgründen keine Nachforschungen vornehmen müssen, sondern können diese dem Gericht vorbehalten.

31 **Mittel der Benachrichtigung** ist zweckmäßig eine schriftliche Mitteilung, doch kann u.U. im Interesse der Beschleunigung eine mündliche (telefonische) Benachrichtigung oder eine solche per Telefax – etwa an den Verteidiger – geboten sein. Die Mitteilung beschränkt sich auf die Tatsache, dass der Beschuldigte verhaftet, eine Haftbeschwerde verworfen sei usw. und den Aufenthaltsort (Vollzugsanstalt); die Haftgründe werden schon mit Rücksicht auf das Dienstgeheimnis nicht mitgeteilt.

32 Den **Empfänger** der Benachrichtigung **bestimmt grundsätzlich das Gericht**. Es hat jedoch dem Wunsch des Inhaftierten Rechnung zu tragen,[52] falls dies möglich ist. Der Inhaftierte kann ein Interesse daran haben, dass seine Verhaftung bestimmten Angehörigen nicht bekannt wird; deshalb ist es regelmäßig unzulässig, einen bestimmten Angehörigen zu benachrichtigen, wenn der Inhaftierte diese Person abgelehnt hat.[53] Der Wahlverteidiger ist grundsätzlich Vertrauensperson, der Pflichtverteidiger jedenfalls dann, wenn seine Person auf Vorschlag oder im Einverständnis des Beschuldigten bestimmt wurde.[54] Auch wer Vertrauensperson ist, ist vom Standpunkt des Beschuldigten aus zu beurteilen.[55] Die Benachrichtigung einer anderen Person (Angehöriger oder Vertrauensperson) als der vom Inhaftierten vorgeschlagenen ist zum Beispiel zulässig, wenn dies zur Abwendung eines offensichtlichen **Missbrauchs** erforderlich ist, etwa weil Tatgenossen oder Hintermänner gewarnt oder zu Verdeckungshandlungen verleitet werden sollen.[56] Erst wenn der Inhaftierte keine geeignete Person benennen kann oder will, darf

---

50 Vgl. nur LR/*Hilger*[26] § 114b, 21 ff.
51 KK/*Graf* 13 KMR/*Wankel* 5; HK-GS/*Laue* 7; HK/*Posthoff* 9; AnwK-StPO/*Lammer* 5; *Ranft* 669; **a.A.** Meyer-Goßner/*Schmitt* 4; SSW/*Herrmann* 3; AnwK-UHaft/*König* 6; *Eckels* NJW **1959** 1908; *Wagner* JZ **1963** 690; vgl. auch SK/*Paeffgen* 11a, 9 (keine Nachforschungen gegen den ausdrücklichen Willen des Inhaftierten).
52 SK/*Paeffgen* 5, 9, 10a; *Benfer* JuS **1983** 114; *Kern* MDR **1950** 585; *Schlothauer/Weider/Nobis* Rn. 331; **a.A.** Meyer-Goßner/*Schmitt* 4, 8; LR/*Wendisch*[24] § 114b, 17.
53 LR/*Hilger*[26] § 114b, 22.
54 Vgl. BVerfGE **16** 119, 123; BbgVerfG NStZ **2000** 185.
55 KK/*Graf* 13; *Kleinknecht/Janischowsky* 164.
56 H.M., vgl. HK/*Posthoff* 9; AnwK-StPO/*Lammer* 4; KK/*Graf* 13; ähnlich KMR/*Wankel* 4; von Mangoldt/Klein/Starck/*Gusy* Art. 104, 73. **A.A.** SSW/*Herrmann* 9; Radtke/Hohmann/*Tsambikakis* 12; SK/*Paeffgen* 9, die annehmen, etwaige Missbräuche seien nur unter dem – bei Absatz 2 gerade nicht maßgeblichen – Aspekt der Gefährdung des Untersuchungszwecks denkbar; hier geht es allerdings nicht um das – in der Tat beschränkungsfreie – „Ob“, sondern um das „Wie“ der Nachricht. Für weitergehende Einschränkungen der Auswahlfreiheit des Beschuldigten demgegenüber LR/*Hilger*[26] § 114b, 22 (bei Unerlässlichkeit wegen Gefährdung des Untersuchungszwecks oder sonstiger überwiegend öffentlicher oder privater Interessen).

der Richter Vorschläge unterbreiten;[57] lehnt der Inhaftierte diese ab, so ist der Richter in seiner Auswahl frei.[58]

b) Zuständigkeit. Zuständig, die Benachrichtigung anzuordnen, d.h. den Empfänger und das Benachrichtigungsmittel zu bestimmen, ist im unmittelbaren Anwendungsbereich der Norm der **Richter,**[59] dem der ergriffene Beschuldigte nach § 115 Abs. 1 unverzüglich, nachdem er verhaftet worden ist, zugeführt wird. Nach der Erstreckung der Benachrichtigungspflicht auf den Fall der vorläufigen Festnahme (§ 127 Abs. 4) wird die erste Nachricht allerdings in Zukunft vielfach schon der **Festnehmende** (und nicht erst der Richter des § 128 Abs. 1) geben. Wird der Beschuldigte nicht vor den zuständigen, sondern vor den nächsten Richter gebracht (§ 115a Abs. 1), gibt dieser die Nachricht, wenn er das alsbald tun kann. Sind dazu Ermittlungen erforderlich, kann er diese und die Benachrichtigung dem zuständigen Richter überlassen. Welches Gericht in den einzelnen Verfahrensabschnitten zuständig ist, bestimmt § 126; werden Haftbeschwerden verworfen, ist es das Beschwerdegericht;[60] im Verfahren nach §§ 121, 122 das OLG, wenn nicht der BGH nach § 121 Abs. 4 Satz 2 zuständig ist.[61] Im Kollegialgericht liegt die Zuständigkeit beim Vorsitzenden. 33

Behält sich der Richter die Benachrichtigung nicht selbst vor, führt sie die **Geschäftsstelle** aus. Die auf § 36 Abs. 1 a.F. gestützte Ansicht, dass das Gericht die von ihm angeordnete Benachrichtigung der Staatsanwaltschaft überlassen könne,[62] ist auf jeden Fall durch die jetzige Fassung des § 36 überholt, wonach der Vorsitzende die Zustellung von Entscheidungen anordnet und die Geschäftsstelle (des Gerichts) sie bewirkt.[63] Was für Entscheidungen verordnet ist, gilt ebenso – in Abweichung vom früheren Recht – für Ladungen (§ 214 Abs. 1). Aus diesen beiden, die Hauptfälle umfassenden Bestimmungen ist der Grundsatz zu entnehmen, dass richterliche Anordnungen, soweit sie nicht der Vollstreckung bedürfen (§ 36 Abs. 2 Satz 1), von der Geschäftsstelle des Gerichts ausgeführt werden, die sich dazu anderer Beamten (z.B. Gerichtswachtmeister) und Stellen (z.B. Post) bedienen kann. 34

Die Staatsanwaltschaft wird die Benachrichtigung beantragen, wenn das Gericht sie unterlassen hat, damit sie ggf. durch **Beschwerde** erzwungen werden kann. 35

Abzulehnen ist die gelegentlich zu beobachtende **Praxis der Polizei,**[64] aus eigener Initiative – gestützt auf einen Erlass des Innenministeriums – Angehörige eines Inhaftierten selbst zu informieren. Abgesehen davon, dass für diese persönlichkeitsrechtlich relevante Informationsübermittlung die erforderliche gesetzliche Grundlage in der Strafprozessordnung fehlt, kann eine solche Praxis auch zu Gefährdungen öffentlicher oder privater Interessen führen, wenn der Polizei die für eine Beurteilung und Abwägung der Interessen (Rn. 32) erforderlichen Erkenntnisse – mangels Überblick über den Ermittlungsstand und die weiteren Zusammenhänge des Verfahrens – fehlen. 36

Die **alleinige Zuständigkeit des Gerichts**[65] verbietet zugleich die Annahme, das Gericht könne die Benachrichtigung durch die Staatsanwaltschaft vornehmen las- 37

57 SK/*Paeffgen* 9.
58 LR/*Hilger*[26] § 114b, 22.
59 Vgl. *Schlothauer/Weider/Nobis* Rn. 331 (zur zusätzlichen Benachrichtigung durch den Verteidiger).
60 BVerfGE **16** 123.
61 BVerfGE **38** 34.
62 BVerfGE **38** 34.
63 Dies verkennt Radtke/Hohmann/*Tsambikakis* 5; s. auch Rn. 37 mit Fn. 66.
64 Vgl. *Kay* Die Polizei **1990** 154.
65 Zutreffend in aller Klarheit, wenn auch nicht in politisch korrekter Terminologie, AnwK-StPO/*Lammer* 7: „ausschließlich der Richter".

sen.[66] Das Gericht ist auch dann zur Benachrichtigung verpflichtet, wenn zuvor bereits die Polizei[67] oder die Staatsanwaltschaft eine solche vorgenommen hat.[68] Es ist von seiner eigenen Pflicht auch dann nicht enthoben, wenn es sich vergewissert, ob eine vorherige Benachrichtigung durch Unzuständige tatsächlich beim Empfänger angekommen ist.[69]

38 **4. Weitere Entscheidungen (Absatz 2 Satz 2).** Weitere Entscheidungen über die Fortdauer der Haft sind solche, mit denen die Fortdauer ausdrücklich beschlossen (§ 207 Abs. 4, § 268b), der Haftbefehl von dem Richter beim Amtsgericht, dem mit der Sache befassten Gericht (§ 115 Abs. 4, § 117, § 118 Abs. 1, § 118a Abs. 4) oder in dem besonderen Verfahren der §§ 121, 122[70] aufrechterhalten oder die Beschwerde (§ 304 Abs. 1)[71] oder weitere Beschwerde (§ 310 Abs. 1) gegen einen Haftbefehl oder gegen eine der vorgenannten Entscheidungen verworfen wird (§ 309 Abs. 1, § 310).[72]

39 Entscheidungen, die die Haft **beenden**, sei es endgültig (§ 120, § 121 Abs. 2 Hs. 1), sei es vorläufig (§ 116), fallen nach Wortlaut und Sinn der Vorschrift nicht unter Absatz 1 Satz 1.[73] Denn diese soll nicht den Aufenthalt des Beschuldigten nachweisen, sondern sicherstellen, dass die Verhaftung, die Haft und ihre Fortdauer einem Angehörigen oder einer Vertrauensperson bekannt werden. Jedoch dürfen die Entlassung und in der Regel auch die Entlassungsanschrift **dem benachrichtigten Angehörigen mitgeteilt** werden, wenn er darum nachsucht. Das Dienstgeheimnis verbietet, da diesem durch die Nachricht von der Verhaftung die Haft bekannt ist, es nicht, diesem auch ihr Ende mitzuteilen. In seltenen Fällen kann aber der Wille des Entlassenen erkennbar sein, dass er seine Anschrift nur den Behörden anvertrauen will.

40 Die Benachrichtigungspflicht bei **Entscheidungen über die Haftfortdauer** (Satz 2) wird auch durch die Information eines Pflichtverteidigers erfüllt.[74]

IV. Beschwerde

41 Gegen die Entscheidung, dass **keine Benachrichtigung** gegeben werde, und gegen die **Verweigerung des eigenen Benachrichtigungsrechts** des Beschuldigten ist – we-

---

66 HK-GS/*Laue* 8; **a.A.** Radtke/Hohmann/*Tsambikakis* 5 mit der unverständlichen Begründung, die Staatsanwaltschaft habe nach § 36 Abs. 1 StPO „ohnehin die erforderlichen Zustellungen zu veranlassen." Diese fehlerhafte Argumentation beruht ersichtlich auf der Übernahme einer Passage aus einer Entscheidung des BVerfG, die zum Rechtszustand vor dem 1.1.1975 ergangen ist.

67 Großzügiger *Münchhalffen/Gatzweiler* Rn. 268 (die aber gleichwohl die gerichtliche Pflicht nicht entfallen lassen): Wenn der Beschuldigte einverstanden sei, solle einer polizeilichen Benachrichtigung im Interesse der Beschleunigung nicht entgegengetreten werden.

68 S. schon die Erl. zu § 114c, 9 im Nachtrag zur 26. Aufl. **A.A.** KMR/*Wankel* 7 („Benachrichtigung durch jedes Staatsorgan ersetzt die Tätigkeit des zuständigen Richters"); Graf/*Krauß* 8 und Meyer-Goßner/*Schmitt* 8 (Benachrichtigung durch Polizei oder Staatsanwaltschaft brauche nicht wiederholt zu werden). Diese Ansicht kann – neben dem entgegen stehenden Wortlaut – auch mit Blick auf die praktische Umsetzung nicht überzeugen, weil die Benachrichtigung die Angabe des Verbleibs, mithin auch die konkrete JVA, enthalten muss, vgl. etwa HK/*Posthoff* 10; AnwK-StPO/*Lammer* 7; AnwK-UHaft/*König* 5; SSW/*Herrmann* 5 (der nachvollziehbar auch die Nennung der Aktenzeichen von Gericht und Staatsanwaltschaft sowie der Kontaktdaten eines ggf. bereits beigeordneten Verteidigers für sinnvoll erachtet). Wie hier auch MüKo/*Böhm/Werner* 14 (Gesetz ist insoweit eindeutig und sieht keine Ausnahme vor).

69 So aber SK/*Paeffgen* 14; HK/*Posthoff* 14; wie hier SSW/*Herrmann* 17.

70 Vgl. BVerfGE **38** 34.

71 BVerfGE **16** 123.

72 S. auch BbgVerfG NStZ-RR **2000** 185.

73 KK/*Graf* 12; SK/*Paeffgen* 8; SSW/*Herrmann* 12; HK/*Posthoff* 7; Meyer-Goßner/*Schmitt* 7; **a.A.** noch *Eb. Schmidt* Nachtr. I 6; *Kleinknecht/Janischowsky* 163.

74 KMR/*Wankel* 3 f.; entgegen AnwK-UHaft/*König* 8 nicht nur „in aller Regel".

gen des öffentlichen Interesses unabhängig davon, ob eine der beiden Benachrichtigungen schon gegeben ist[75] – Beschwerde der Staatsanwaltschaft und des Verhafteten statthaft. Die Beschwerde ist auch gegen Entscheidungen des erkennenden Gerichts (§ 305) gegeben, weil diese nicht der Urteilsvorbereitung dienen. Sie ist auch in den Fällen des **§ 304 Abs. 4 Satz 2, Abs. 5** zulässig, weil die Entscheidung durch ihren engen Zusammenhang mit dem tatsächlichen Freiheitsentzug (Rn. 7) die Verhaftung betrifft;[76] jedenfalls eine grundsätzliche Unzulässigkeit der Beschwerde in den Fällen des Absatzes 2 wäre kaum vereinbar mit der besonderen verfassungsrechtlichen Bedeutung dieser Vorschrift.[77] Aus demselben Grund ist **weitere Beschwerde** (§ 310) zulässig.[78] Die Beschwerde ist im Fall des Absatzes 2 nicht nur zulässig, wenn das Gericht es ausdrücklich ablehnt, Benachrichtigung zu geben, sondern auch, wenn es die vorgeschriebene Benachrichtigung **unterlässt.** Denn das Gericht bringt, wenn es von dem Verfassungsbefehl abweicht, eine ablehnende Verfügung zum Ausdruck. Der Staatsanwaltschaft, die in solchen Fällen in erster Linie zur Beschwerde verpflichtet ist, steht es indessen, ebenso wie dem Verhafteten, frei, eine ausdrückliche Entscheidung herbeizuführen.

Da Absatz 2 auf dem Grundgesetz beruht (Art. 104 Abs. 4 GG), wird die **Staatsanwaltschaft** Beschwerde einzulegen haben, wenn das Gericht es unterlässt, die Benachrichtigung von Amts wegen zu geben. Dem **Nebenkläger** steht keine Beschwerde zu; er ist nicht beschwert. Auch übergangene **Angehörige** oder Vertrauenspersonen haben kein Beschwerderecht; sie sind, weil der einzelne aus dem Kreis der möglichen Nachrichtenempfänger kein Recht hat, dass gerade er benachrichtigt werde, nicht betroffen i.S.d. § 304 Abs. 2 (Rn. 4).[79] **42**

V. Weitere Mitteilungen

Die Verhaftung eines **Jugendlichen** und der Haftort waren schon nach alter Rechtslage infolge von Art. 6 Abs. 3 GG dem Erziehungsberechtigten und dem gesetzlichen Vertreter mitzuteilen.[80] Nunmehr ist durch Art. 4 Nr. 1 des Zweiten Gesetzes zur Stärkung der Verfahrensrechte von Beschuldigten im Strafverfahren und zur Änderung des Schöffenrechts vom 27.8.2017 (BGBl. I S. 3295) – zur Umsetzung von Art. 5 Absätze 2 bis 4 der **Richtlinie 2013/48/EU** (s. dazu auch § 114b, 54) – in einem neuen **§ 67a JGG** mit Wirkung vom 5.9.2017 die („so bald wie möglich"[81] zu erfüllende) Pflicht zur Benachrichtigung der Erziehungsberechtigten und gesetzlichen Vertreter über den Freiheitsentzug gegen einen Jugendlichen und die Gründe hierfür bestimmt (§ 67a Abs. 1 JGG). Bei einer erheblichen Gefährdung des „Kindeswohls" ist unter den Voraussetzungen des § 67 Abs. 4 Sätze 1 und 2 JGG die ausnahmsweise Unterrichtung einer geeigneten anderen volljährigen Person geregelt (§ 67a Abs. 2 JGG). In § 67a Abs. 3 JGG ist für den Fall, dass den Unterrichtungen nach § 67a Abs. 1 oder Abs. 2 JGG eine erhebliche Gefährdung des Untersuchungszwecks entgegensteht, eine Pflicht zur Unterrichtung der Jugendgerichtshilfe (als einer „für den Schutz und das Wohlergehen von Kindern zuständigen **43**

75 KK/*Graf* 18; SK/*Paeffgen* 15; Meyer-Goßner/*Schmitt* 9; HK/*Posthoff* 15; SSW/*Herrmann* 21; **a.A.** *Eb. Schmidt* Nachtr. I 14.
76 SK/*Paeffgen* 15; **a.A.** KK/*Graf* 18; wohl auch LR/*Matt*[26] § 304, 74 ff., 85; § 310, 29 ff.; vgl. auch § 116, 38 ff.
77 Vgl. auch SK/*Paeffgen* 15; *Eb. Schmidt* Nachtr. I 13.
78 LR/*Hilger*[26] § 114b, 34; SK/*Paeffgen* 15; *Eb. Schmidt* Nachtr. I 13; **a.A.** die h.M., vgl. etwa KK/*Graf* 18; AK/*Deckers* Vorbem. 13; KMR/*Wankel* 9; Meyer-Goßner/*Schmitt* 9; HK/*Posthoff* 15; Graf/*Krauß* 9; wohl auch LR/*Matt*[26] § 310, 29 ff.; s. auch § 116, 38 ff.
79 KK/*Graf* 18; Meyer-Goßner/*Schmitt* 9; SK/*Paeffgen* 15; KMR/*Wankel* 9; HK/*Posthoff* 15.
80 S. LR/*Hilger*[26] § 114b, 36 (auch zu Einschränkungen nach früherem Recht).
81 Zur abweichenden Terminologie s. BTDrucks. **18** 9534 S. 29.

Behörde“) vorgesehen. Die Pflicht zur Unterrichtung der **Jugendgerichtshilfe** von der Vollstreckung eines Haftbefehls und von der vorläufigen Festnahme eines Jugendlichen (bei zu erwartender Vorführung nach § 128) sowie die Obliegenheit zu deren Unterrichtung schon vom Erlass desselben sind in **§ 72a JGG** mit Blick auf deren Mitwirkung als **Haftentscheidungshilfe** (§ 38 Abs. 2 Satz 3 JGG; vgl. auch Vor § 112, 103) geregelt.[82] Entsprechendes gilt nach § 109 Abs. 1 JGG für Heranwachsende.

44 **Ehepartner** sind berechtigt, unabhängig von Absatz 1 Auskunft über den Haftort zu verlangen (Art. 6 Abs. 1 GG), sofern nicht schwerwiegende Gründe dagegen sprechen.[83]

45 Zu den Aufgaben der diplomatischen oder **konsularischen Vertretungen** gehört es, den Angehörigen des von ihnen vertretenen Staates und ihren sonstigen Schutzbefohlenen Rat und Beistand zu gewähren. Ein Ausländer, der in Haft genommen wird, kann daher verlangen, dass seine Mitteilung über seine Verhaftung und seinen Aufenthaltsort unverzüglich an die Vertretung seines Landes kostenfrei weitergeleitet wird (Nr. 135 Abs. 1 RiVASt). Gegenüber einzelnen Staaten besteht die **vertragliche Verpflichtung**, die konsularische Vertretung von Amts wegen zu benachrichtigen. Nach **Art. 36 Abs. 1 Buchst. b WÜK**[84] ist jede konsularische Vertretung auf Verlangen des Verhafteten unverzüglich zu benachrichtigen.[85] Um die Aufgaben der konsularischen Vertretungen zu erleichtern, wird das Abkommen allgemein angewendet, ohne zu prüfen, ob das Heimatland dem Abkommen beigetreten ist und es ratifiziert hat (vgl. auch Nr. 135 Abs. 1 RiVASt). Die Maßnahmen des Heimatlandes werden sich oft danach richten, was dem Verhafteten vorgeworfen wird. Es bestehen keine Bedenken, das mitzuteilen, aber nur, wenn der Verhaftete zustimmt. Dazu ist er zu befragen, wenn er über sein Recht unterrichtet wird, die Benachrichtigung zu verlangen (s. auch § 114b, 30).

46 Die Benachrichtigung obliegt dem **Gericht**, bei Haftbefehlen nach § 457 der Vollstreckungsbehörde.

§ 114d
Mitteilungen an die Vollzugsanstalt

(1) [1]Das Gericht übermittelt der für den Beschuldigten zuständigen Vollzugsanstalt mit dem Aufnahmeersuchen eine Abschrift des Haftbefehls. [2]Darüber hinaus teilt es ihr mit
1. **die das Verfahren führende Staatsanwaltschaft und das nach § 126 zuständige Gericht,**
2. **die Personen, die nach § 114c benachrichtigt worden sind,**
3. **Entscheidungen und sonstige Maßnahmen nach § 119 Abs. 1 und 2,**
4. **weitere im Verfahren ergehende Entscheidungen, soweit dies für die Erfüllung der Aufgaben der Vollzugsanstalt erforderlich ist,**
5. **Hauptverhandlungstermine und sich aus ihnen ergebende Erkenntnisse, die für die Erfüllung der Aufgaben der Vollzugsanstalt erforderlich sind,**
6. **den Zeitpunkt der Rechtskraft des Urteils sowie**

---

82 Es handelt sich hierbei nicht um einen Unterfall des § 114c, vgl. KMR/*Wankel* 8; unklar HK-GS/*Laue* 10 f.

83 SK/*Paeffgen* 12.

84 Vgl. dazu Gutachten des Interamerikanischen Gerichtshofes für Menschenrechte vom 2.10.1999 – Rundschreiben Nr. 73/2000 der BRAK vom 29.8.2000 (Individualrecht/Schutz der Menschenrechte); IStGH EuGRZ **2001** 287 mit Anm. *Hillgruber* JZ **2002** 91.

85 Zur Belehrung über die Rechte nach Art. 36 WÜK und zu den Rechtsfolgen (Revision) bei einem Verstoß s. die Erl. zu § 114b, 30, 41 ff.

https://doi.org/10.1515/9783110274929-009

7. **andere Daten zur Person des Beschuldigten, die für die Erfüllung der Aufgaben der Vollzugsanstalt erforderlich sind, insbesondere solche über seine Persönlichkeit und weitere relevante Strafverfahren.**

[3]Die Sätze 1 und 2 gelten bei Änderungen der mitgeteilten Tatsachen entsprechend. [4]Mitteilungen unterbleiben, soweit die Tatsachen der Vollzugsanstalt bereits anderweitig bekannt geworden sind.

(2) [1]Die Staatsanwaltschaft unterstützt das Gericht bei der Erfüllung seiner Aufgaben nach Absatz 1 und teilt der Vollzugsanstalt von Amts wegen insbesondere Daten nach Absatz 1 Satz 2 Nr. 7 sowie von ihr getroffene Entscheidungen und sonstige Maßnahmen nach § 119 Abs. 1 und 2 mit. [2]Zudem übermittelt die Staatsanwaltschaft der Vollzugsanstalt eine Abschrift der Anklageschrift und teilt dem nach § 126 Abs. 1 zuständigen Gericht die Anklageerhebung mit.

Schrifttum

Siehe bei § 114a.

Entstehungsgeschichte

Die Vorschrift ist durch Art. 1 Nr. 2 des UHaftÄndG vom 29.7.2009 (BGBl. I S. 2274) mit Wirkung zum 1.1.2010 in die StPO eingefügt worden. Durch Art. 1 Nr. 11 des Gesetzes zur Einführung der elektronischen Akte in der Justiz und zur weiteren Förderung des elektronischen Rechtsverkehrs vom 5.7.2017 (BGBl. I S. 2208) wurde in Absatz 2 Satz 2 mit Wirkung zum 1.1.2018 das Wort „Ausfertigung" durch das Wort „Abschrift" ersetzt.

Übersicht

I. Bedeutung

Die Vorschrift soll zusammen mit dem ebenfalls zum 1.1.2010 eingefügten § 114e gewährleisten, dass Gerichten, Staatsanwaltschaften und Vollzugsanstalten die zur Erfüllung ihrer Aufgaben erforderlichen personenbezogenen Daten zur Verfügung stehen und legt zu diesem Zweck wechselseitige Informationspflichten fest.[1] § 114d ist ein Teil der Umsetzung der Föderalismusreform und übernimmt **früher** in der **UVollzO** enthaltene Regelungen in die StPO, soweit sie das gerichtliche Verfahren im Sinne des Art. 74 Abs. 1 Nr. 1 GG betrafen. Derjenige (überwiegende) Teil der UVollzO, der materiell den Untersuchungshaft*vollzug* betrifft, ist infolge der Übertragung der Gesetzgebungskompetenz auf die Länder demgegenüber in Landesgesetzen geregelt. Inhaltliche **Kritik gegen die** 1

1 BTDrucks. **16** 11644 S. 6.

neue Regelung wird mit Blick auf den Datenschutz und die allgemeinen Persönlichkeitsrechte des Beschuldigten[2] sowie angesichts des in Absatz 1 Satz 2 Nummern 4, 5 und 7 enthaltenen Kriteriums der Erforderlichkeit wegen fehlender Bestimmtheit der Norm erhoben[3] (dazu näher Rn. 11 ff.).

II. Gesetzgebungskompetenz

2 Die Gesetzgebungskompetenz des Bundes zur Regelung der Informationsrechte und -pflichten wird zum Teil infrage gestellt.[4] Nach der Gesetzesbegründung soll sie sich daraus ergeben, dass es um die Sicherstellung des Zwecks der Untersuchungshaft gehe und die Regelung insoweit noch als Teil des gerichtlichen Verfahrens anzusehen sei, als Informationspflichten des Haftgerichts ein **unmittelbarer Ausfluss der gerichtlichen Entscheidungen** seien.[5] Dem hat sich die überwiegende Auffassung im Ergebnis angeschlossen.[6] Hinsichtlich der von der Gesetzesbegründung nicht in den Blick genommenen weiteren Regelungsgegenstände, die also nicht gerichtliche Informationspflichten betreffen, wird damit argumentiert, insoweit seien **verfahrensbezogene Wahrnehmungen** des Gerichts bzw. der Staatsanwaltschaft und damit das „gerichtliche Verfahren" i.S.v. Art. 74 Abs. 1 Nr. 1 GG betroffen.[7]

III. Mitteilungspflichten des Gerichts (Absatz 1)

3 **1. Übermittlung einer Haftbefehlsabschrift (Satz 1).** Die in Satz 1 bestimmte gerichtliche Pflicht zur Übermittlung einer Abschrift des Haftbefehls und eines Aufnahmeersuchens hat die früher in Nr. 15 Abs. 1 und 3 UVollzO enthaltenen Regelungen in Gesetzesform überführt. Die Verwendung eines **Aufnahmeersuchens** entspricht der bisherigen praktischen Handhabung, die sich bewährt hat. In der inhaltlichen Gestaltung des Ersuchens ist die Praxis frei, jedoch liegt es nahe, die in Satz 2 aufgeführten Inhalte aufzunehmen.

2. Katalog mitzuteilender Inhalte (Satz 2)

4 **a) Nummern 1, 2, 3 und 6.** Die in diesen Nummern konkret bezeichneten Inhalte verstehen sich von selbst und bedürfen keiner näheren Erläuterung. Zu den gesetzgeberischen Motiven lässt sich Folgendes sagen: Die Unterrichtung nach **Nummer 1** soll der Vollzugsanstalt ermöglichen, den ihr gemäß § 114e gegenüber dem Gericht und der Staatsanwaltschaft obliegenden, mitunter sehr kurzfristig zu erfüllenden Pflichten leichter nachkommen zu können.

5 Die Mitteilung nach **Nummer 2**[8] soll die Vollzugsanstalt in die Lage setzen, in Notfällen einen Angehörigen oder eine Vertrauensperson des Inhaftierten zu benachrichtigen und die Erforderlichkeit weiterer Benachrichtigungen zu beurteilen, die vom Inhaftierten gewünscht werden.[9] Die hiergegen gerichtete **Kritik**, die die Erforderlichkeit der Information mit Blick darauf infrage stellt, dass die Vollzugsanstalt Notfälle ohnehin der

---

2 SK/*Paeffgen* 7; *Tsambikakis* ZIS **2009** 509; Radtke/Hohmann/*Tsambikakis* 3; SSW/*Herrmann* 21.
3 SK/*Paeffgen* 12, 13.
4 *Tsambikakis* ZIS **2009** 509; Radtke/Hohmann/*Tsambikakis* 3; ihm folgend *Herrmann* StRR **2010** 6.
5 BTDrucks. **16** 11644 S. 12 und 18.
6 AnwK-StPO/*Lammer* 1; Meyer-Goßner/*Schmitt* 1; AnwK-UHaft/*König* 1; HK-GS/*Laue* 1; HK/*Posthoff* 1.
7 Vgl. AnwK-UHaft/*König* 1.
8 Die der früheren Regelung in Nr. 15 Abs. 2 Satz 2 UVollzO entspricht.
9 BTDrucks. **16** 11644 S. 19.

Staatsanwaltschaft und dem Gericht zu melden habe,[10] erscheint **nicht gerechtfertigt**. Zwar mag über den Begriff des Notfalls zu streiten sein; der Vollzugsalltag in seiner Vielgestaltigkeit erweist aber, dass Inhaftierte durchaus ein Interesse daran haben können, dringende Angelegenheiten durch einen Angehörigen auch zu Zeiten umgehend regeln zu lassen, zu denen der normale Geschäftsbetrieb von Gericht und Staatsanwaltschaft ruht.[11] Die mit Blick auf den Daten- und Persönlichkeitsschutz vorgebrachten Bedenken scheinen doch zu sehr von der unbegründeten Vorstellung getragen, die Bediensteten der Vollzugsgeschäftsstellen hätten Zeit und Muße, ohne sachlichen Anlass in den Gefangenenpersonalien zu schmökern.

Die Informationen nach **Nummer 3** benötigt die Vollzugsanstalt, weil sich die 6 Staatsanwaltschaft bei der Ausführung der **nach § 119 Abs. 1 angeordneten Beschränkungen**, die das Gericht ihr übertragen kann, der Hilfe der Vollzugsanstalt bedienen kann (§ 119 Abs. 2 Satz 2). Darüber hinaus muss die Vollzugsanstalt in eigener Zuständigkeit prüfen, welche (weiteren) Beschränkungen aus vollzuglichen Gründen nach dem Landesuntersuchungshaftvollzugsgesetz erforderlich sind. Es soll auch sichergestellt werden, dass einerseits alle erforderlichen Beschränkungen angeordnet, andererseits aber nicht gleichzeitig verfahrenssichernde und vollzugsbedingte Einschränkungen mit im Ergebnis gleicher Zielrichtung ausgesprochen werden.[12] Ferner soll es der Vollzugsanstalt ermöglicht werden, Maßnahmen zur Ausführung der vom Gericht angeordneten Beschränkungen bei diesem oder im Fall der Zuständigkeitsverlagerung bei der Staatsanwaltschaft anzuregen.

Der nach **Nummer 6** mitzuteilende **Rechtskrafteintritt** ist für die Vollzugsanstalt von 7 Belang, weil nach h.M. mit dem Eintritt der Rechtskraft die Untersuchungshaft ohne weiteres in Strafhaft übergeht und der vielfach kritisierte Zustand der sog. Organisations- oder Zwischenhaft eintritt (s. dazu Vor § 112, 17 f.). Diese Mitteilung muss ihrem Zweck nach, der früheren Regelung in Nr. 7 Abs. 2 UVollzO entsprechend, unverzüglich geschehen, um die Vollzugsanstalt in die Lage zu setzen, die notwendigen organisatorischen Maßnahmen zu ergreifen, damit dieser Zustand schnellstmöglich beendet und mit dem Vollzug der Freiheitsstrafe oder freiheitsentziehenden Maßregel förmlich begonnen werden kann.

b) Nummern 4, 5 und 7 (insbesondere Erforderlichkeit). Die Mitteilungspflichten 8 nach den Nummern 4, 5 und 7 stehen unter der Voraussetzung, dass die aufgeführten Informationen für die Erfüllung der Aufgaben der Vollzugsanstalt erforderlich sind. Der **Begriff der Erforderlichkeit** bestimmt sich für jeden Mitteilungsinhalt unter Berücksichtigung aller Umstände des Einzelfalles besonders und ist nach der Intention des Gesetzgebers nicht dahin zu verstehen, dass die Kenntnis der Daten für die Aufgabenerfüllung zwingend notwendig sein müsste; vielmehr soll es ausreichen, dass die Aufgabenerfüllung durch die Datenübermittlung nicht nur unwesentlich gefördert wird[13] (s. dazu Rn. 14).

Im Fall der **Nummer 4** soll dies etwa zutreffen für eine Haftentscheidung, in der sich 9 Ausführungen zu vom Beschuldigten ausgehenden Gefahren finden.[14] Mitteilungen nach **Nummer 5** von den Hauptverhandlungsterminen sind stets erforderlich, weil die Voll-

---

10 SK/*Paeffgen* 7.

11 Die hiergegen von SK/*Paeffgen* 7 zu Fn. 16 erhobene Kritik lässt sich am ehesten mit dessen fehlendem Einblick in die praktischen Gegebenheiten erklären.

12 Wenngleich der Gesetzgeber die Möglichkeit „gewisser Überschneidungen" gesehen und in Kauf genommen hat, vgl. die Begründung zum neuen § 119, BTDrucks. **16** 11644 S. 23; s. dazu auch LR/*Gärtner* § 119, 10.

13 BTDrucks. **16** 11644 S. 19.

14 BTDrucks. **16** 11644 S. 19.

zugsanstalt die nötigen organisatorischen Maßnahmen, wie beispielsweise zur Vorführung des Angeklagten, treffen muss. Inhaltlich ist über die Hauptverhandlung etwa dann zu berichten, wenn es möglich erscheint, dass ein für den Angeklagten negativer Verlauf der Verhandlung die Gefahr aggressiven Verhaltens gegen sich oder andere birgt, aber auch, wenn konkrete Fluchtgedanken oder gar -pläne zutage getreten sind oder sich neue Erkenntnisse über den seelischen oder körperlichen Zustand ergeben haben, die für die vollzugliche Behandlung des Untersuchungsgefangenen von Belang sein können.

10 Die in **Nummer 7** vorgesehenen Mitteilungen sollen einen sicheren und an den spezifischen Bedürfnissen des Beschuldigten ausgerichteten Vollzug gewährleisten.[15] Die Norm ist **bewusst generalklauselartig gefasst** und soll die (klarere) Regelung in Nr. 7 Abs. 1 UVollzO ersetzen und erweitern. Nach jener Verwaltungsvorschrift bezog sich die Mitteilungspflicht auf „alle für die Persönlichkeit des Gefangenen und dessen Behandlung und Verwahrung bedeutsamen Umstände", die sich im Laufe des Verfahrens ergeben oder ändern, was namentlich von „Überhaft, Vorstrafen und weiteren schwebenden Strafverfahren" anzunehmen sei. Ferner galt die Unterrichtungspflicht für die „Mitbeschuldigten und die wichtigsten Zeugen, soweit sie in Haft sind". Hinzuweisen war ferner auf Umstände, die auf „besonderen Fluchtverdacht, auf die Gefahr gewalttätigen Verhaltens, des Selbstmordes oder der Selbstbeschädigung, auf gleichgeschlechtliche Neigungen oder auf seelische oder geistige Abartigkeiten hindeuten", schließlich auch auf ansteckende Krankheiten.

11 Mit Recht wird beanstandet,[16] dass es nunmehr, obgleich ein Gesetzesbefehl an das Gericht ausgesprochen und an die Stelle einer für den Richter unverbindlichen Verwaltungsvorschrift getreten ist, zu einer **Verminderung der Normbestimmtheit** gekommen ist. Der gesetzgeberische Begründungsversuch, eine Aufzählung könne „ohnehin nie vollständig sein",[17] kann die fehlende Normklarheit nicht rechtfertigen. Dieses vermeintliche Problem träfe auf alle Vorschriften zu, die im Wege der Regelbeispielstechnik gestaltet sind. Solche Beispiele könnten auch im hiesigen Zusammenhang – wie es früher die UVollzO getan hat – einen großen Anwendungsbereich abdecken und böten zudem Anknüpfungspunkte für die Normauslegung. Diese müssen nach der Vorstellung des Gesetzgebers[18] nun in den Materialien und damit letztlich in der UVollzO – einer außer Kraft gesetzten bloßen Verwaltungsvorschrift – gesucht werden.

12 Orientiert man sich am Wortlaut, mag bei der Unterrichtung über „weitere relevante Strafverfahren" die gegen den Beschuldigten geführt werden, noch leicht Klarheit zu gewinnen sein. Ganz undeutlich ist hingegen, was mit **„Daten (...) über seine Persönlichkeit"** gemeint ist. Gewiss ist nur, dass sich der Gesetzgeber eine Ausweitung gegenüber der UVollzO vorgestellt hat. Die Motive nennen als Beispiele frühere **Berichte der Bewährungshilfe** sowie im anhängigen oder in früheren Strafverfahren erstellte „psychologische" **Gutachten** über den Beschuldigten.[19] Dass dies vor dem Hintergrund des (eingeschränkten) Aufgabenbereichs einer Untersuchungshaftvollzugsanstalt grundsätzlich problematisch ist, liegt auf der Hand. Weshalb die oftmals tief in die Persönlichkeit und das gesamte soziale Umfeld des Gefangenen greifenden Inhalte solcher Berichte und Gutachten für dessen Verwahrung von Belang sein sollten, ist nicht ausgeführt worden.

---

15 BTDrucks. **16** 11644 S. 19.
16 SK/*Paeffgen* 12f; s. auch HK-GS/*Laue* 9.
17 BTDrucks. **16** 11644 S. 19.
18 Vgl. BTDrucks. **16** 11644 S. 19: Die in der UVollzO aufgezählten Beispielsfälle würden „künftig von der allgemeiner gehaltenen Regelung (...) erfasst".
19 BTDrucks. **16** 11644 S. 19f. Damit sollen sicher auch die über Beschuldigte wesentlich häufiger erstellten *psychiatrischen* Gutachten gemeint sein.

Denn der Untersuchungshaftvollzug soll (lediglich) durch sichere Unterbringung des Beschuldigten die Durchführung eines geordneten Strafverfahrens gewährleisten und der Gefahr weiterer Straftaten begegnen.[20] Die Untersuchungshaftvollzugsgesetze sehen zwar vor, dass es dafür ggf. auch der **Unterstützung des Inhaftierten** bedarf,[21] **nicht aber** der **Kenntnis oder gar Erforschung seiner gesamten Persönlichkeit und Familiengeschichte.** Die kritischen Einwände gegen eine der Gesetzesbegründung entsprechende Rechtsanwendung gehen ersichtlich davon aus, dass solche Berichte und Gutachten in vollständiger Form übermittelt würden. Wäre dies so, müsste der Kritik beigetreten werden. Soweit einzelne Aspekte aus solchen Untersuchungen und Berichten für den Vollzug der Untersuchungshaft von Bedeutung sein können, mögen sie (nach entsprechender Auswahl durch einen hoffentlich mit genügend Zeit und Hintergrundwissen ausgestatteten Richter bzw. Staatsanwalt) mitgeteilt werden. Die Gefahr einer bedenken- oder jedenfalls gedankenlosen umfänglichen Weitergabe ist durch die Fassung und Begründung des Gesetzes indessen heraufbeschworen. 13

Entgegen der gesetzgeberischen Vorstellung (Rn. 8) wird man die Bestimmung unter Berücksichtigung des Rechts des Inhaftierten auf informationelle Selbstbestimmung (Art. 2 Abs. 1 i.V.m. Art 1 Abs. 1 GG), das durch Zugänglichmachen von Informationen aus strafrechtlichen Ermittlungsakten betroffen ist,[22] im Wege **verfassungskonformer einschränkender Auslegung** dahin verstehen müssen, dass Informationen nur dann übermittelt werden dürfen, wenn ihre Kenntnis für die Erfüllung der Aufgaben der Anstalt **zwingend erforderlich** sind.[23] Denn Einschränkungen des betroffenen Rechts dürfen nach dem Verhältnismäßigkeitsprinzip nicht weiter gehen, als es zum Schutz öffentlicher Interessen unerlässlich ist.[24] 14

3. Änderungen; unnötige Mitteilungen (Sätze 3 und 4). Alle Mitteilungen sind auch bei Änderungen der entsprechenden Umstände zu machen (Satz 3). Die in Satz 4 enthaltene Einschränkung wird in erster Linie in den Fällen greifen, in denen die Staatsanwaltschaft nach Absatz 2 Satz 1 die nötigen Informationen bereits weitergegeben (und davon auch das Gericht in Kenntnis gesetzt) hat. 15

4. Aktenvermerk. Die vorgenommenen Mitteilungen und übermittelten Daten sind zur Gewährleistung des rechtlichen Gehörs in den Akten zu vermerken.[25] 16

IV. Pflichten der Staatsanwaltschaft (Absatz 2)

1. Unterstützung des Gerichts (Satz 1). Die Staatsanwaltschaft „unterstützt das Gericht bei der Erfüllung seiner Aufgaben" – ein Fall von Gesetzeslyrik.[26] Der eigentliche gesetzliche Auftrag an die Verfolgungsbehörde folgt im zweiten Halbsatz, dessen Kodifizierung gereicht hätte. Immerhin hat die Normierung einer (vermeintlich) bloßen Unterstützerfunktion der Staatsanwaltschaft auch etwas Gutes: Soweit mit Blick auf die doppelte Zuständigkeit die Befürchtung geäußert worden ist, mangels Klarheit werde sich der eine auf den anderen verlassen,[27] kann dem entgegen gehalten werden, dass das 17

20 So etwa § 2 UVollzG Bln.
21 Vgl. etwa § 6 UVollzG Bln („Soziale Hilfe").
22 BVerfGK **14** 472; NJW **2007** 1052.
23 Vgl. SK/*Paeffgen* 12f.; HK/*Posthoff* 9 f.; **a.A.** SSW/*Herrmann* 13; KK/*Graf* 8, 12.
24 BVerfGK **14** 472.
25 Vgl. AnwK-StPO/*Lammer* 11; HK/*Posthoff* 9.
26 Zust. SK/*Paeffgen* 15 zu Fn. 25.
27 *Bittmann* NStZ **2010** 15.

Gericht sich nicht darauf wird berufen können, sich auf eine bloße Gehilfin verlassen zu haben, und deshalb in erster Linie selbst handeln muss.

18 Die Bestimmung der **Doppelzuständigkeit** soll sicherstellen, „dass die erforderlichen Informationen auch tatsächlich übermittelt werden".[28] Ob diesem gesetzgeberischen Motiv praktische Erfahrungen über Informationsdefizite zugrunde liegen, ist nicht bekannt. Es wird sich in der Praxis erweisen, ob die Regelung nicht eher die **doppelte Übermittlung** mehr oder weniger wichtiger Informationen oder aber häufige **wechselseitige Nachfragen** mit sich bringen wird, ob der jeweils andere die Informationen schon weitergeleitet habe.[29]

19 Zutreffend ist demgegenüber die Überlegung des Gesetzgebers, dass die Staatsanwaltschaft aus den fortlaufenden Ermittlungen häufig vollzugsrelevante Informationen über den Beschuldigten erlangen wird, die sie – **ohne Zwischenschaltung des Gerichts** – direkt an die Vollzugsanstalt weitergeben sollte. Dies wird schon aus Gründen der **Beschleunigung** geboten sein. Ob daneben auch einer praktisch relevanten „Gefahr des Verlorengehens"[30] der Informationen entgegen gewirkt werden muss, sei dahingestellt. Im Ergebnis ist es jedenfalls richtig, den Ermittlungsrichter, der in manchen Phasen des Ermittlungsverfahrens mit der Sache nicht (mehr) befasst ist, nicht allein zum Zweck der Weitergabe einer Mitteilung an die Vollzugsanstalt mit einer Aktenvorlage zu befassen.

20 **2. Mitteilungen nach Satz 2.** Die Mitteilung von **Entscheidungen und Maßnahmen nach § 119 Abs. 1 und 2** betrifft nicht nur diejenigen, deren Überwachung vom Gericht der Staatsanwaltschaft übertragen wurde, sondern auch die von ihr selbst in Ausübung ihrer Eilkompetenz nach § 119 Abs. 1 Satz 4 angeordneten Beschränkungen.

21 Die Übermittlung einer Abschrift der **Anklageschrift** an die Vollzugsanstalt entspricht der früheren Regelung in Nr. 7 Abs. 2 UVollzO. Weshalb allerdings die tatsächliche und rechtliche Würdigung in der Anklageschrift auch für den Untersuchungshaftvollzug von Bedeutung sein soll, hat die Gesetzesbegründung[31] nicht erläutert.[32] Mit der Anklageerhebung ist aber im Regelfall eine Veränderung der gerichtlichen Zuständigkeit verbunden (§ 126); davon muss die Vollzugsanstalt erfahren. Ausreichend ist es zum Erreichen dieses Zweckes, dass die Anstalt – gemäß § 32f ggf. auch in elektronischer Form – eine Abschrift der Anklageschrift erhält; einer Ausfertigung bedarf es hierfür nicht.[33]

22 Sinnvoll ist aus diesem Grund auch die Unterrichtung des nach § 126 Abs. 1 zuständigen Gerichts (i.d.R. des Ermittlungsrichters) von der **Anklageerhebung**. Mit dieser Regelung ist eine bereits geübte Rechtsanwendungspraxis kodifiziert worden.

§ 114e
Übermittlung von Erkenntnissen durch die Vollzugsanstalt

[1]Die Vollzugsanstalt übermittelt dem Gericht und der Staatsanwaltschaft von Amts wegen beim Vollzug der Untersuchungshaft erlangte Erkenntnisse, soweit

---

28 BTDrucks. **16** 11644 S. 20.
29 Skeptisch auch SK/*Paeffgen* 15.
30 BTDrucks. **16** 11644 S. 20.
31 BTDrucks. **16** 11644 S. 20; nochmals BTDrucks. **18** 9416 S. 59: eine gegenüber dem Haftbefehl veränderte tatsächliche oder rechtliche Würdigung der Tat in der Anklageschrift „könnte" „gegebenenfalls auch Auswirkungen auf den Vollzug der Untersuchungshaft haben".
32 Krit. auch SK/*Paeffgen* 16.
33 BTDrucks. **18** 9416 S. 59.

https://doi.org/10.1515/9783110274929-010

diese aus Sicht der Vollzugsanstalt für die Erfüllung der Aufgaben der Empfänger von Bedeutung sind und diesen nicht bereits anderweitig bekannt geworden sind. [2]Sonstige Befugnisse der Vollzugsanstalt, dem Gericht und der Staatsanwaltschaft Erkenntnisse mitzuteilen, bleiben unberührt.

Schrifttum

Siehe bei § 114a.

Entstehungsgeschichte

Die Vorschrift ist durch Art. 1 Nr. 2 UHaftÄndG vom 29.7.2009 (BGBl. I S. 2274) mit Wirkung zum 1.1.2010 in die StPO eingefügt worden.

Übersicht

I. Bedeutung und Gesetzgebungskompetenz

1 Zur Bedeutung der Bestimmung siehe § 114d, 1. Wie bei jener Norm wird auch in Bezug auf § 114e die **Gesetzgebungskompetenz** des Bundes in Frage gestellt, hier mit der Begründung, der Bundesgesetzgeber könne **Organe der Bundesländer** nicht mit derartigen **Amtshilfepflichten** belegen.[1] Die Gesetzesbegründung[2] führt zu den kompetenzrechtlichen Bedenken aus, dass die im Vollzug gewonnenen Erkenntnisse jedenfalls auch dem in die Kompetenz des Bundes fallenden gerichtlichen Verfahren zuzurechnen seien, weil sie unmittelbar in dem anhängigen Verfahren Verwendung finden sollten.[3] Deshalb könne der Bundesgesetzgeber „insbesondere regeln, unter welchen Voraussetzungen bestimmte Personen oder Stellen verpflichtet sein sollen, für die Frage der strafrechtlichen Schuld einer Person bedeutsame Umstände mitzuteilen".[4] Soweit die Mitteilungspflicht Umstände betreffe, die nicht für die Schuldfrage, sondern für andere in dem Verfahren zu treffende Entscheidungen von Bedeutung sein könnten (etwa die Aufrechterhaltung des Haftbefehls oder die Erforderlichkeit von Beschränkungen), dienten auch diese der Durchführung des gerichtlichen Verfahrens, in dem die Vollzugsanstalten die Strafverfolgungsbehörden zu unterstützen hätten.[5]

---

1 SK/*Paeffgen* 4; *Paeffgen* GA **2009** 455; HK-GS/*Laue* 1; *Schlothauer/Weider/Nobis* Rn. 1170; *Weider* StV **2010** 108; SSW/*Herrmann* 5.
2 BTDrucks. **16** 11644 S. 20.
3 Zustimmend AnwK-UHaft/*König* 1; KK/*Graf* 2; Graf/*Krauß* 1; wohl auch KMR/*Wankel* 1.
4 BTDrucks. **16** 11644 S. 20. Die Frage, ob überhaupt eine Mitteilungs- und Unterstützungspflicht besteht, soll sich hiernach also gar nicht stellen; zw.
5 BTDrucks. **16** 11644 S. 20. Dagegen SK/*Paeffgen* 4, der Verfassungswidrigkeit der Norm mit dem Argument annimmt, die Kompetenz, einen Amtsträger zur Informationsweitergabe zu verpflichten, richte sich nicht nach dem Inhalt des mitzuteilenden Erkenntnisses, sondern nach dem rechtlichen Rahmen, innerhalb dessen dieses bekannt geworden ist.

II. Mitteilungspflichten der Vollzugsanstalt (Satz 1)

2 **1. Mitteilungsinhalte.** Die der Vollzugsanstalt obliegenden Mitteilungspflichten nach Satz 1 lehnen sich an die **frühere Regelung in Nr. 8 UVollzO** an. Diese verpflichtete den Anstaltsleiter, den „zuständigen Richter oder Staatsanwalt von allen für die Durchführung des Strafverfahrens bedeutsamen Maßnahmen, Wahrnehmungen und anderen wichtigen Umständen, die den Gefangenen betreffen“, zu verständigen.

3 Im Referentenentwurf zu § 114e waren noch – in Entsprechung zu § 114d Abs. 1 Satz 2 Nr. 7 – die Begriffe „Daten“ und „erforderlich“ enthalten. Mit der demgegenüber Gesetz gewordenen Fassung soll Forderungen der vollzuglichen Praxis nach besserer Verständlichkeit und Handhabbarkeit entsprochen worden sein.[6] Die Bediensteten der Vollzugsanstalten hätten insbesondere nicht beurteilen können, welche Daten im Einzelfall erforderlich seien und welche nicht.[7] Der allgemeinere Terminus **„Erkenntnisse“** soll die in der UVollzO aufgezählten Maßnahmen, Wahrnehmungen und anderen wichtigen Umstände umfassen, allerdings nur, soweit deren Kenntnis **aus Sicht der Vollzugsanstalt** für die Erfüllung der Aufgaben der Empfänger **von Bedeutung** ist. Ob die jetzige Fassung an das Beurteilungsvermögen der Vollzugsbediensteten geringere Anforderungen stellt, als dies bei der Bewertung der Erforderlichkeit von Daten der Fall gewesen wäre,[8] mag dahinstehen.[9]

4 Die Problematik der Norm, die in ihrer Konturenarmut angelegt ist, kann jedenfalls auch in ihrer jetzigen Gestalt nicht übersehen werden. **Zweifel** an ihrer **Praktikabilität** bestehen zum einen, soweit es um die Frage geht, wie die Behörde einschätzen soll, ob bestimmte Umstände dem Gericht oder der Staatsanwaltschaft **bereits anderweitig bekannt** geworden sind. Ein insoweit bestehendes Wissensdefizit kann allerdings, wenn auch um den Preis unnötigen Aufwands, beseitigt werden. Ansonsten wird auch diese Gesetzespassage, die materiell überflüssig ist,[10] unnötige Doppelinformationen nicht vermeiden.

5 Zum anderen steht vor allem in Frage, nach welchen Kriterien die Vollzugsanstalt die **Verfahrensrelevanz einzelner Erkenntnisse** beurteilen soll.[11] Diese Frage ließe sich kaum überzeugend beantworten, wollte man den Kreis der Erkenntnisse so weit ziehen, wie es sich der Gesetzgeber vorgestellt hat. Denn ginge es ohne jede Einschränkung (auch) um „die Schuldfrage“, also die „für die Frage der strafrechtlichen Schuld einer Person bedeutsame Umstände“, wäre der Vollzugsanstalt letztlich die Pflicht auferlegt, nahezu alles mitzuteilen, was ihr zur Person und Persönlichkeit des Inhaftierten sowie zu der ihm vorgeworfenen Tat bekannt wird.

6 Demgegenüber erscheint die weitergehende Kritik, mit der Norm sei eine Totalüberwachung in dem Sinne *angestrebt*, dass unter Umgehung des Schweigerechts und Verstoß gegen § 136a durch die Einflussnahme Dritter Erkenntnisse über die Persönlichkeit

6 *Harms* FS **2009** 14.
7 BTDrucks. **16** 11644 S. 21.
8 Zweifelnd AnwK-UHaft/*König* 1; HK/*Posthoff* 2 prognostiziert mit Recht, dass die Norm häufig ins Leere laufen wird, da den Bediensteten der Kenntnisstand der Strafverfolgungsbehörden oft kaum bekannt ist.
9 Krit. SK/*Paeffgen* 6b.
10 Und mit der stilblütenhaften Gesetzesbegründung verknüpft bleiben wird, dass „vermeidbare Eingriffe“ … „zu vermeiden“ seien, vgl. BTDrucks. **16** 11644 S. 21. Die gesetzgeberische Sorge um vermeidbare Eingriffe in das Recht auf informationelle Selbstbestimmung erscheint geradezu rührend, wenn man sich vor Augen führt, dass zugleich die – wenig sinnvolle, vgl. die Erl. bei Rn. 14 – generelle Pflicht zur Übermittlung aller Erkenntnisse an beide Empfänger positiviert worden ist.
11 Recht zurückhaltend formulieren dies Graf/*Krauß* 2 und KMR/*Wankel* 2 („ohne dass dies aus Sicht der Vollzugsanstalt immer sicher zu beurteilen ist“).

des Beschuldigten gewonnen werden sollten, die dieser von sich aus nicht preisgeben wolle,[12] überzogen.[13] Der Formulierung, dass es um „erlangte" Kenntnisse geht, kann ohne weiteres entnommen werden, dass die Norm **keine Befugnis zur (gezielten) Erhebung von Daten** vermitteln soll. Dies entspricht der Erkenntnis, dass es grundsätzlich nicht die Aufgabe einer Untersuchungshaftvollzugsanstalt ist, Ermittlungen zu den Untersuchungsgefangenen vorzunehmen. An dem entsprechenden Selbstverständnis der (schon an die frühere UVollzO gebundenen) Vollzugsbediensteten dürfte die neue Vorschrift nichts geändert haben. Auch ist die mitunter geäußerte Befürchtung unberechtigt, die Vollzugsanstalt könnte sich zu einer verstärkten Beobachtung des Untersuchungsgefangenen veranlasst sehen und – infolge Unkenntnis der Details des Verfahrensgegenstandes – eine Vielzahl tatsächlich irrelevanter Beobachtungen mitteilen, um nicht später den „Vorwurf" zu riskieren, sie habe wichtige Tatsachen nicht erkannt und übermittelt.[14] Die Vollzugsanstalt wird sich vielmehr auf die Erfüllung ihrer gesetzlich bestimmten Aufgaben besinnen und beschränken.

Aber auch ohne gezielte Beobachtung des Inhaftierten oder gar dessen Degradierung zu einem „Explorationsobjekt"[15] enthielte die Vorschrift **erhebliches Konfliktpotential**, wollte man sie der Vorstellung des Gesetzgebers gemäß auslegen. Mit Recht ist bereits bei den Beratungen darauf hingewiesen worden,[16] dass **letztlich alle Informationen** über den Untersuchungsgefangenen für das Strafverfahren – und sei es nur für eine angemessene Rechtsfolgenentscheidung – **bedeutsam sein können**. Alle persönlichen Neigungen, Haltungen und Ansichten sind für das Verständnis der Persönlichkeit des Beschuldigten, gegebenenfalls aber auch der ihm vorgeworfenen Tat, potenziell von Belang. Solche Erkenntnisse über die Persönlichkeit des Inhaftierten erlangen die Bediensteten im Vollzugsalltag in den verschiedensten Zusammenhängen. Man denke nur an die Soziale Hilfe für den Gefangenen[17] oder an das Aufnahmeverfahren,[18] in deren Rahmen den Bediensteten, wenn der Inhaftierte ihre Beratung und Unterstützung annimmt, zahlreiche persönliche Aspekte bekannt werden können. Darüber hinaus kann auch das gesamte Verhalten des Inhaftierten während des Vollzuges (etwa betreffend Arbeit, Bildung, Freizeit, Religionsausübung, Kontakte zur Familie oder zu anderen Personen sowie zu – ggf. ausgewählten – Mitgefangenen, Schriftverkehr, Einbringung von Gegenständen, Inanspruchnahme medizinischer Hilfe, Auftreten gegenüber den Bediensteten und Mitgefangenen usw.) bedeutsame Erkenntnisse zutage fördern. 7

---

12 *Tsambikakis* ZIS **2009** 509; Radtke/Hohmann/*Tsambikakis* 4, unter wörtlicher Übernahme des Textes der in anderem rechtlichem Zusammenhang ergangenen Entscheidung des BVerfG NJW **2002** 283 – einschließlich unpassender Terminologie („Beschwerdeführer"); ihm folgend *Herrmann* StRR **2010** 6; vgl. auch *Schlothauer/Weider/Nobis* Rn. 1170; *Weider* StV **2010** 109 („läuft auf ein Persönlichkeitsscreening hinaus"). Die von den Vertretern dieser Ansicht gezogene Parallele zur Unterbringung des Beschuldigten in einem psychiatrischen Krankenhaus zum Zwecke der Beobachtung nach § 81 ist angesichts der Situation des Beschuldigten im Untersuchungshaftvollzug, der zwar sicher verwahrt, nicht aber zwecks Erforschung seiner Persönlichkeit (gezielt) beobachtet werden soll, nicht zu begründen.

13 Vgl. auch Graf/*Krauß* 1: Kritik geht an der Vollzugspraxis vorbei.

14 So aber *Schlothauer/Weider/Nobis* Rn. 1170; *Weider* StV **2010** 109.

15 SK/*Paeffgen* 6.

16 *Paeffgen* GA **2009** 454 (die Ausführungen entsprechen im Wesentlichen der schriftlichen Stellungnahme, die der *Verf.* als Sachverständiger zur Anhörung des Rechtsausschusses des Bundestages am 22.4.2009 vorgelegt hat); vgl. auch die Stellungnahme Nr. 37/2008 der BRAK zum Referentenentwurf des BMJ, S. 7 f. (abgerufen unter http://www.brak.de/zur-rechtspolitik/stellungnahmen-pdf/stellungnahmen-deutschland/2008/september/stellungnahme-der-brak-2008-37.pdf).

17 Gemäß § 6 UVollzG Bln. und den entsprechenden anderen Landesregelungen.

18 Vgl. § 7 UVollzG Bln. und die entsprechenden anderen Landesregelungen.

8 Wollte man annehmen, dass die Vollzugsanstalt verpflichtet sei, alle Umstände mitzuteilen, die nach ihrer – zwangsläufig unzulänglichen – Einschätzung verfahrensrelevant sein können, brächte dies nicht nur die **Vollzugsbediensteten**, sondern auch den **Inhaftierten in eine schwierige Lage**. Dieser müsste mit der Vorstellung leben, dass sein gesamtes Verhalten beobachtet werde und die hierbei gewonnenen Informationen an Staatsanwaltschaft und Gericht zur Verwertung bei der „Schuldfrage" weitergeleitet werden können, was sein gesamtes Verhalten im Vollzugsalltag beeinflussen und ihn auch dazu verleiten kann, sich nötiger oder jedenfalls sinnvoller Hilfe und Unterstützung zu verschließen.

9 Angesichts dessen ist eine **enge Auslegung** der dem Wortlaut nach scheinbar grenzenlosen Vorschrift **geboten**. Wenig aussagekräftig erscheint die teilweise vorgeschlagene, dogmatisch nicht eindeutig zu verankernde Beschränkung der Mitteilungspflicht auf solche Erkenntnisse, deren Kenntnis für das anhängige Strafverfahren „unerlässlich"[19] oder die „erkennbar von erheblichem Gewicht" bzw. „offensichtlich unbedingt notwendig"[20] seien. Wonach sich in diesem Sinne die Qualität eines Erkenntnisses bestimmen soll, ist von den Vertretern dieser Auffassungen nicht näher dargelegt worden.

10 Eine am Wortlaut der Norm orientierte Abgrenzung lässt sich vornehmen, indem die von Gericht und Staatsanwaltschaft zu erfüllenden **Aufgaben** unter Berücksichtigung der Stellung der Vorschrift genauer definiert werden. Die Aufgaben müssen **mit Blick auf den Zweck der Untersuchungshaft bestimmt** werden. Die Vorschrift dient, dies erhellt ihre Stellung im 9. Abschnitt, der Verfahrenssicherung durch vorläufige Inhaftnahme des Beschuldigten. Die Vollzugsanstalt hat durch sichere Unterbringung der Untersuchungsgefangenen die Durchführung eines geordneten Strafverfahrens zu gewährleisten.[21] Sie ist hingegen nicht gehalten, die Ermittlungsbehörden bei der Erforschung des Sachverhalts im Sinne des § 160 Abs. 1 zu unterstützen; es fehlt etwa eine dem § 160 Abs. 3 Satz 2[22] entsprechende Regelung.[23]

11 Deshalb können die von Gericht und Staatsanwaltschaft zu erfüllenden Aufgaben im hier gegebenen Zusammenhang nur auf die Gewährleistung der individuellen Untersuchungshaftzwecke bezogen sein. Es geht also (lediglich) um solche **Tatsachen, die für die Beurteilung** des Haftgrundes bzw. **der Haftgründe bedeutsam sein können.**[24] Diese kann die Vollzugsanstalt auch zuverlässiger bewerten, als solche, die die „Frage der strafrechtlichen Schuld" betreffen. Letztere sind damit aber nicht generell aus dem Kreis der mitzuteilenden Erkenntnisse ausgeschlossen. Zu diesen gehören vielmehr auch Umstände, die für die Rechtsfolgenentscheidung von Belang sein können, weil etwa die konkrete Straferwartung die Beurteilung der Fluchtgefahr maßgeblich mit bestimmt.[25] Im Übrigen dürfte unstreitig sein, dass Vorbereitungen für Flucht- oder Verdunkelungsver-

---

19 So die Stellungnahme Nr. 37/2008 der BRAK (vgl. Fn. 16).
20 AnwK-UHaft/*König* 1.
21 In diesem Sinne ist – neben der Abwehr der Gefahr weiterer Straftaten – landesgesetzlich die Aufgabe des Untersuchungshaftvollzuges beschrieben, vgl. etwa § 2 UVollzG Bln.
22 Betreffend die Einbindung der Gerichtshilfe in die Ermittlungen zu Rechtsfolgenumständen.
23 Die allgemeinen landesgesetzlichen Aufgabenregelungen, z.B. in § 3 UVollzG Bln., verpflichten die Vollzugsanstalten (lediglich) dazu, mit Gericht und Staatsanwaltschaft zusammenzuarbeiten, um die Aufgabe des Untersuchungshaftvollzuges zu erfüllen und die Sicherheit und Ordnung zu gewährleisten. Ferner haben sie die zur Begegnung einer Flucht-, Verdunkelungs- oder Wiederholungsgefahr getroffenen verfahrenssichernden Anordnungen zu beachten und umzusetzen.
24 Die im Sinne der Terminologie *Paeffgens* „haftbefehls-erheblich" sind, vgl. SK/*Paeffgen* 8; dies muss aber nicht für jedermann erkennbar sein, sondern obliegt der pflichtgemäßen Beurteilung des Bediensteten, die auch von Kenntnissen beeinflusst sein mag, die nicht jedermann besitzt.
25 KG StV **2012** 350 = StRR **2012** 155 mit Anm. *Burhoff*.

suche mitzuteilen sind.[26] Aber auch den Fall, dass ein Bediensteter im Rahmen der Besuchsüberwachung davon Kenntnis erlangt, dass die Ehe des Untersuchungsgefangenen zu zerbrechen droht,[27] wird man hierzu zählen müssen, und zwar nicht nur dann, wenn die ehelichen Bande vom Beschuldigten gerade in einem Haftprüfungs- oder Haftbeschwerdeverfahren als Fluchtanreiz mindernd geltend gemacht worden sind.

Keine Mitteilungspflicht besteht hingegen bei Erkenntnissen, die allein für die Be- 12 oder Entlastung des Beschuldigten betreffend den **Tatvorwurf** relevant sein können und ohne den Willen des Beschuldigten oder eines Dritten, der sich etwa als Zeuge zur Verfügung stellen möchte, an Gericht und Staatsanwaltschaft gelangen würden. Auch Umstände, die allein die **Sicherheit und Ordnung der Anstalt** betreffen, unterfallen nicht der Mitteilungspflicht.[28]

Bei einer solcherart vorgenommenen Begrenzung der Mitteilungspflicht auf Umstän- 13 de, die auf die Abwehr einer Flucht-, Verdunkelungs- oder Wiederholungsgefahr bezogen sind, erscheint es auch **kompetenzrechtlich gerechtfertigt**, den Landesbediensteten (bundesgesetzlich) eine Mitwirkungspflicht aufzuerlegen. Denn die Kompetenz des Bundesgesetzgebers im Zusammenhang mit der Ausführung von Untersuchungshaftanordnungen beschränkt sich, dies zeigen § 119 Abs. 1 und die dazu entwickelte Rechtsprechung, auf Maßnahmen zur Abwehr der genannten Haftgründe.

2. Mitteilungsempfänger. Die Mitteilung **sowohl an Gericht als auch Staatsan- 14 waltschaft** soll nach der Vorstellung des Gesetzgebers sicherstellen, dass die Informationen „auch an der Stelle ankommen, wo sie benötigt werden".[29] Hier stellt sich wie bei § 114d[30] die offen gebliebene Frage, ob es in der bisherigen Praxis zu nennenswerten Informationsdefiziten gekommen ist. Die Vorschrift wird im Ermittlungsverfahren – jedenfalls im Massengeschäft an größeren Gerichten – vermutlich dazu führen, dass Ermittlungsrichter Informationen erhalten, die sie im Regelfall mangels Aktenführung lediglich an die Staatsanwaltschaft weiterleiten werden. Denn diese führt nicht nur die Akten, sondern hat regelmäßig auch weitergehende Erkenntnisse über den aktuellen Verfahrensgegenstand als das Gericht. Dass die gesetzliche Konzeption, wonach der Staatsanwaltschaft auch im Ermittlungsverfahren lediglich eine unterstützende Rolle zufällt, mit der Haftpraxis kaum sinnvoll zu vereinbaren ist, wurde bereits im Gesetzgebungsverfahren bei der Sachverständigenanhörung angesprochen.[31]

3. Praktische Auswirkungen und Handhabung. Mitunter prognostizierte[32] erheb- 15 liche praktische Auswirkungen der Vorschrift sind durch die bisherigen **Erfahrungen in der haftrichterlichen Praxis**[33] nicht bestätigt worden. Soweit man die Anzahl der auf Feststellung der Rechtswidrigkeit von Informationsübermittlungen gerichteten Anträge

26 SK/*Paeffgen* 8.
27 Diesen Fall spricht AnwK-StPO/*Lammer* 3 an; krit. SK/*Paeffgen* 8 bei Fn. 16 („Durchstechereien").
28 Anders wohl SK/*Paeffgen* 6 und 8 („anstalts-bezügliche Gefahrenabwehr im U-Haft-Vollzug"); HK/*Posthoff* 3.
29 BTDrucks. **16** 11644 S. 21.
30 Siehe die Erl. zu § 114d, 18.
31 Vgl. die schriftliche Stellungnahme des langjährig als Ermittlungsrichter am AG Tiergarten in Berlin tätigen RiAG *Frank Buckow*, abgerufen unter http://webarchiv.bundestag.de/cgi/show.php?fileToLoad=1394&id=1134.
32 AnwK-StPO/*Lammer* 3.
33 Diese beruhen auf einer Befragung des bei Fn. 31 erwähnten RiAG *Buckow*, der über die Erfahrungen in den sechs Ermittlungsrichterabteilungen des AG Tiergarten, die jährlich insgesamt etwa 2.000 Haftsachen bearbeiten, berichtet hat; für seine Auskünfte darf ich mich herzlich bedanken.

nach § 119a Abs. 1 Satz 1 als weiteren Indikator für die Bedeutung der Norm ansehen wollte, ließe sich auch daraus nicht deren praktisches Gewicht entnehmen.

16 Hinsichtlich der **Handhabung der Norm** in der Praxis dürfte Einvernehmen darüber bestehen, dass die **übermittelten Informationen aktenkundig zu machen** sind, damit der Beschuldigte die Gelegenheit erhält, sich hierzu zu erklären. Für den Fall, dass sich ein von der Vollzugsanstalt mitgeteilter Umstand nach der maßgeblichen Beurteilung durch die Staatsanwaltschaft bzw. – nach Anklageerhebung – seitens des Gerichts als für das Verfahren nicht bedeutsam erweist, sollte dies durch einen entsprechenden Aktenvermerk zum Ausdruck gebracht werden. Will man die für das Verfahren **unerheblichen Informationen** nicht – unter Beifügung dieses Vermerks – in eine verschlossene Hülle zur Akte nehmen, so ist in sonstiger Weise sicherzustellen, dass die fragliche Mitteilung von der Gewährung einer **Akteneinsicht für Verletzte** (§ 406e) oder **Nichtverfahrensbeteiligte** (§§ 474 ff.) **ausgenommen** wird, etwa durch vorübergehendes Entheften der Mitteilung vor der Einsichtnahme.[34] Denn ein berechtigtes Interesse an der Akteneinsicht wird hinsichtlich solcher Erkenntnisse, die für das Verfahren ohne Bedeutung sind, nicht gegeben sein.

III. Sonstige Mitteilungsbefugnisse der Vollzugsanstalt (Satz 2)

17 In Satz 2 findet sich die überflüssige Regelung, wonach sonstige Mitteilungsbefugnisse der Vollzugsanstalt, etwa nach den Landesgesetzen über den Untersuchungshaftvollzug,[35] unberührt bleiben. Dass diese **Selbstverständlichkeit** tatsächlich der Klarstellung[36] bedurfte, will nicht einleuchten. Zweifellos hätte beim Fehlen dieser Regelung niemand einer landesgesetzlichen Ermächtigung zur Informationsübermittlung die Wirksamkeit abgesprochen.[37]

§ 115
Vorführung vor den zuständigen Richter

(1) Wird der Beschuldigte auf Grund des Haftbefehls ergriffen, so ist er unverzüglich dem zuständigen Gericht vorzuführen.

(2) Das Gericht hat den Beschuldigten unverzüglich nach der Vorführung, spätestens am nächsten Tage, über den Gegenstand der Beschuldigung zu vernehmen.

(3) [1]Bei der Vernehmung ist der Beschuldigte auf die ihn belastenden Umstände und sein Recht hinzuweisen, sich zur Beschuldigung zu äußern oder nicht zur Sache auszusagen. [2]Ihm ist Gelegenheit zu geben, die Verdachts- und Haftgründe zu entkräften und die Tatsachen geltend zu machen, die zu seinen Gunsten sprechen.

(4) Wird die Haft aufrechterhalten, so ist der Beschuldigte über das Recht der Beschwerde und die anderen Rechtsbehelfe (§ 117 Abs. 1, 2, § 118 Abs. 1, 2, § 119 Abs. 5, § 119a Abs. 1) zu belehren. § 304 Abs. 4 und 5 bleibt unberührt.

34 Entsprechend der Herausnahme der BZR-Auskunft aus den Akten, vgl. Nr. 16 Abs. 2 Satz 2 RiStBV.
35 Z.B. in § 48 Abs. 2 UVollzG Bln. (Übermittlung zur Identifizierung des Beschuldigten dienender Daten zu Fahndungszwecken bei einer Entweichung).
36 BTDrucks. **16** 11644 S. 21.
37 SK/*Paeffgen* 18.

https://doi.org/10.1515/9783110274929-011

Schrifttum

Deckers Verteidigung beim ersten Zugriff der Polizei, NJW **1991** 1151; *v. Dellingshausen* Zum Anwesenheitsrecht eines Mitbeschuldigten bei der richterlichen Vernehmung des anderen Mitbeschuldigten im Ermittlungsverfahren, FS Stree/Wessels (1993) 685; *Dvorak* Unverzüglichkeit der Vorführung vor den zuständigen Richter – nur eine unverbindliche Empfehlung für die Behandlung vorläufig festgenommener Personen? StV **1983** 514; *Endriss* Vom Fragerecht des Beschuldigten im Vorverfahren, FS Rieß (2002) 65; *Fischer* Zur Zuständigkeitsverteilung und Transportart zwischen „nächstem" und „zuständigem" Richter nach den §§ 115, 115a, StPO, NStZ **1994** 321; *Kropp* Zur Haftbefehlszuständigkeit der Amtsgerichte nach §§ 115, 115a StPO, NJ **2000** 238; *Küpper/Mosbacher* Anwesenheitsrechte bei der richterlichen Vernehmung des Mitbeschuldigten – BGHSt 42, 391, JuS **1998** 690; *Larsen* Zum Anwesenheitsrecht des Beschuldigten und seines Verteidigers bei der richterlichen Vernehmung des Mitbeschuldigten in analoger Anwendung des § 168c StPO, FS E. Müller (2003) 3; *Lüderssen* Kompetenzgrenzen des Haftrichters, FS Pfeiffer (1988) 239; *Müller-Christmann* Aktuelles Strafprozeßrecht, JuS **1998** 154; *Schlothauer* Der Beweiserhebungsanspruch des Beschuldigten gegenüber dem Ermittlungsrichter (§ 166 Abs. 1 StPO), StV **1995** 158; *Schmitz* Der verhaftete Beschuldigte und sein erster Richter (§§ 115, 115a StPO), NStZ **1998** 165; *Schramm/Bernsmann* Haftrichter ohne Akten – rechtswidrige Zustände im Eildienst (§ 115 StPO), StV **2006** 442; *Schulz* Die analoge Anwendung des § 168c II StPO auf die Vernehmung des Mitbeschuldigten, StraFo **1997** 294; *Wiesneth* Der amtsgerichtliche Bereitschaftsdienst – Neuerungen, DRiZ **2010** 46.

Entstehungsgeschichte

Wesentliche Teile der Vorschrift waren ursprünglich in § 114 Abs. 3 und § 115 geregelt. Durch das StPÄG vom 27.12.1926 (RGBl. I S. 529) wurde ein Teil des Inhalts der jetzigen Absätze 1 bis 3 in § 114b zusammengefasst sowie durch Art. 1 Nr. 1 StPÄG 1964 Absatz 3 in Übereinstimmung mit § 136 Abs. 1 gebracht und Absatz 4 angefügt. Die Rechtsmittelbelehrung war früher in § 114 Abs. 3, ab 1927 in § 115 für den Zeitpunkt der Bekanntmachung des Haftbefehls vorgesehen. Durch Art. 1 Nr. 3 UHaftÄndG vom 29.7.2009 (BGBl. I S. 2274) sind die Absätze 1, 2 und 4 mit Wirkung zum 1.1.2010 neu gefasst worden.[1] Die Änderungen in den Absätzen 1 und 2 bestehen in der Ersetzung des Begriffs „Richter" durch das Wort „Gericht" und sollen der Verwirklichung des Ziels einer geschlechtsneutralen Gesetzessprache dienen,[2] während Absatz 4 eine inhaltliche Ergänzung dahin erfahren hat, dass die bisherigen Belehrungspflichten, die bei Vollzug des Untersuchungshaftbefehls galten, erweitert worden sind, und die Klarstellung erfolgt ist, dass umfassend über alle Beschwerdemöglichkeiten und Rechtsbehelfe zu belehren ist.[3]

Übersicht

---

1 S. dazu BTDrucks. **16** 11644 S. 21.

2 Zu den Inkonsequenzen dieser Bemühungen s. etwa die Erl. zu § 114b, 3 im Nachtrag zur 26. Auflage; bei der Einfügung der Normüberschrift im Jahr 2015 haben sie zudem einen Rückschlag erlitten.

3 Näher zur Bedeutung der Neufassung s. die Erl. zu § 115 im Nachtrag zur 26. Auflage.

Alphabetische Übersicht

I. Allgemeines

1 **1. Bedeutung; Normzweck.** Die Vorschrift beruht ursprünglich, wie auch die des § 115a, auf Art. 114 Abs. 2 WeimVerf. Danach war Personen, denen die Freiheit entzogen worden ist, unverzüglich Gelegenheit zu geben, Einwendungen gegen ihre Freiheitsentziehung vorzubringen. Dass sie dazu einem Richter vorzuführen waren, war nicht bestimmt, folgte aber jedenfalls für den Strafprozess aus der Tatsache, dass dort Verhaftungen, soweit sie nicht auf einem Strafurteil beruhen, nur ein Richter anordnen kann. Sie ist heute die verfahrensrechtliche Regelung zu **Art. 103 Abs. 1, Art. 104 Abs. 2 Satz 1, Abs. 3 GG, Art. 5 Abs. 2, Abs. 3 Satz 1, Art. 6 Abs. 3 Buchst. a EMRK.**[4] Ausdrücklich angeordnet wird die unverzügliche Vorführung vor einen Richter („oder einer anderen, gesetzlich zur Ausübung richterlicher Funktionen ermächtigten Person") in Art. 5 Abs. 3 Satz 1 EMRK. Dagegen bezieht sich Art. 104 Abs. 3 GG nur auf vorläufig Festgenommene; ihm entspricht § 128. Doch ist jener Verfassungsvorschrift der allgemeine Gedanke zu entnehmen, dass ein Verhafteter alsbald nach seiner Verhaftung Anspruch hat, richterlich gehört zu werden.[5]

2 Dieser Anspruch kann sinnvoll nur so erfüllt werden, dass der Beschuldigte dem **Gericht** vorgeführt wird, das die **Strafsache kennt** und das **zuständig** ist, den Vollzug des Haftbefehls auszusetzen (§ 116), den Haftbefehl aufzuheben (§ 120) und die Entscheidungen zu treffen, die sich auf die Untersuchungshaft beziehen (§ 126 Abs. 1 Satz 1). Demzufolge ist der Ergriffene grundsätzlich dem zuständigen Gericht vorzuführen und nur hilfsweise (§ 115a Abs. 1 Hs. 1) dem nächsten Amtsgericht (§ 115a Abs. 1 Hs. 2). S. auch § 127b, 28. Die Informationspflichten nach § 115 Abs. 3 Satz 1 und auch nach § 115a Abs. 3 können das Akteneinsichtsrecht nach § 147 nicht ersetzen; sie stehen beide als unterschiedliche Konkretisierung des Anspruchs auf rechtliches Gehör nebeneinander und ergänzen sich.[6]

---

4 S. dazu *Frister* StV **1998** 159.

5 *Eb. Schmidt* Nachtr. I 7; s. auch *Bohnert* GA **1995** 468.

6 Vgl. EGMR *Lietzow v. Deutschland*, 24479/94; *Garcia Alves v. Deutschland*, 23541/94; *Schöps v. Deutschland*, 25116/94, Urteile v. 13.2.2001 = StV **2001** 201 ff. mit Anm. *Kempf*; s. auch EGMR *Lamy v. Belgien*, 16/1987/139/193, Urt. v. 30.3.1989 = StV **1993** 283; *Kempf* FS Rieß 222; Vor § 112, 42 ff.

2. Anwendungsbereich; Begriffe. Das Verfahren findet Anwendung, wenn der Beschuldigte aufgrund eines Haftbefehls ergriffen wird. Es gilt für **alle Haftbefehle** (vgl. § 114 Abs. 1, § 127b Abs. 2 Satz 1, § 128 Abs. 1 Satz 2, § 230 Abs. 2, § 236; § 329 Abs. 3; § 453c).[7] Es ist gleichgültig, ob der Haftbefehl erlassen worden ist oder vollstreckt wird, bevor die öffentliche Klage erhoben worden ist, oder nach diesem Zeitpunkt, solange nur noch die Untersuchung andauert, d.h. noch kein rechtskräftiges Urteil vorliegt. Unter **Ergreifung** ist die Verhaftung, d.h. die Festnahme des Beschuldigten durch die öffentliche Gewalt zum Zweck der Vollstreckung des Haftbefehls, zu verstehen (§ 114, 31). Mit der Rechtskraft des Urteils erlischt sowohl die Möglichkeit, einen Haftbefehl zu erlassen, als auch die, ihn zu vollstrecken (Vor § 112, 93). Wegen zweier Ausnahmen s. § 112, 10ff. Eine weitere Ausnahme gilt für den nicht mehr der Untersuchung, sondern der **Vollstreckung** dienenden Haftbefehl des § 457 Abs. 1. Für diesen gelten, weil er nach beendeter Untersuchung ergeht, die §§ 115, 115a nicht.[8] 3

§ 115 ist auch anzuwenden, wenn der **Haftbefehl geändert**,[9] z.B. erweitert[10] oder ausgewechselt, nach Aufhebung ein neuer Haftbefehl erlassen[11] oder der **Vollzug nach § 116 Abs. 4 angeordnet**[12] wird (s. auch Rn. 17). Sie gilt nicht, wenn der Beschuldigte nach der Vernehmung flieht und aufgrund des Haftbefehls erneut festgenommen wird.[13] Die **Vorführung eines ohne Haftbefehl Festgenommenen** (§ 127 Abs. 1 und 2; § 127b Abs. 1) zum Richter ist für Festnahmen vor Klageerhebung in § 128 Abs. 1 und für solche nach Klageerhebung in § 129 geregelt. 4

II. Vorführung (Absatz 1)

1. Allgemeines. Das Wort „vorführen" ist[14] **nicht wörtlich zu** nehmen und bedeutet nicht die persönliche Gegenüberstellung mit dem zuständigen Richter. Denn der Vorführende kann nicht über dessen Zeit verfügen; bei größeren Gerichten hat er in der Regel gar nicht die Möglichkeit, mit dem Verhafteten selbst zum Richter zu gehen. Wo er es kann, ist es oft unangebracht, das zu tun, weil der Vorführ- und Überwachungsdienst auf die dienstlichen Bedürfnisse des Richters und des Gerichtspersonals abgestimmt und keinen Eingriffen zugänglich ist. **Vorführen** bedeutet daher, den Verhafteten **in den Machtbereich des Gerichts** zu **bringen,**[15] ihn dem zuständigen Richter so zu überantworten, dass dieser die Möglichkeit erhält, über die Person des Verhafteten zu verfügen, d.h. ihn durch das Personal des Gerichts oder der Haftanstalt körperlich vor sich bringen zu lassen (sog. institutionelle Vorführung). 5

Dazu ist der Verhaftete in der Regel in den **Gewahrsamsbereich des zuständigen Gerichts** oder in die für dieses zuständige **Untersuchungshaftanstalt** einzuliefern und dem Richter die Möglichkeit zu verschaffen, von dem Beginn der Untersuchungshaft 6

---

7 OLG Stuttgart MDR **1990** 75 (zu § 230).
8 OLG Königsberg DRiZ **1931** 782; KK/*Graf* 3.
9 Vgl. BVerfG StV **2001** 691 mit Anm. *Hagmann*; NJW **1992** 1749; BGH Beschl. v. 28.7.2016 – AK 41/16 – (juris) = StV **2014** 824 (Ls.); OLG Celle StraFo **2017** 67 (auch bei Neufassung nach dem Urteilsspruch); OLG Hamm JMBlNW **1979** 191; StV **1995** 200; StV **1998** 273; LG Gera StraFo **2000** 206; s. auch OLG Karlsruhe Die Justiz **1997** 140.
10 OLG Stuttgart StraFo **2005** 377; AK/*Deckers* 8.
11 SK/*Paeffgen* 3; Meyer-Goßner/*Schmitt* 2, 12.
12 SK/*Paeffgen* 3; Meyer-Goßner/*Schmitt* 2; KK/*Graf* 3.
13 SK/*Paeffgen* 3; Meyer-Goßner/*Schmitt* 2; KK/*Graf* 3.
14 **A.A.** *Maunz/Dürig* Art. 104, 42; Radtke/Hohmann/*Tsambikakis* 3 (m.E. nicht in der gebotenen Weise zwischen Vorführung und Vernehmung unterscheidend).
15 H.M.; s. Meyer-Goßner/*Schmitt* 3; KK/*Graf* 2; *Eb. Schmidt* Nachtr. I 5. Vgl. auch OLG Frankfurt NJW **1991** 1903 (Haftrichterdienst im Polizeigebäude).

Kenntnis zu nehmen. Ob dieser das tut, ist für die **weitere Frist** des Absatzes 2 gleichgültig. Das Gericht hat dafür Sorge zu tragen, dass es sie einhält. Wenn die Polizei nach Dienstschluss keinen Notdienst vorfindet und die Akten mit der Nachricht, dass der Beschuldigte in die zuständige Untersuchungshaftanstalt eingeliefert sei, in den Gerichtsbriefkasten einwirft, ist der Beschuldigte vorgeführt. Es ist Sache des Gerichts, den Vorführungsdienst so zu regeln, dass der zuständige Richter von den Vorführungsakten unverzüglich Kenntnis erhält. Die **engere Auffassung**,[16] zur Fristwahrung sei die persönliche Gegenüberstellung mit dem zuständigen Richter zur Vernehmung zu verlangen, würde den Vorführenden und die Beamten der Vollzugsanstalt nicht selten überfordern, wäre im Regelfall mit der Praxis des gerichtlichen Dienstbetriebes nicht vereinbar und kann auch nicht allein mit einem pauschalen Hinweis auf den Beschleunigungsgrundsatz begründet werden.[17]

7 Kann ein vorläufig Festgenommener nicht in den dienstlichen Machtbereich des Gerichts gebracht werden, etwa weil er im Haftkrankenhaus oder in einem psychiatrischen Krankenhaus liegt, sind die Akten gleichwohl unverzüglich dem Richter vorzulegen (sog. **symbolische Vorführung**; Nr. 51 RiStBV; vgl. dazu Rn. 14).

8 Zur Vorführung gehört die **Vorlage von Akten** oder Vorgängen,[18] die in der Hand des vorführenden Beamten oder der Behörde sind, der er angehört. Befindet sich am Sitz des Gerichts eine Staatsanwaltschaft, werden die Akten, wenn die Zeit es zulässt, dort vorzulegen sein, damit durch die Anhörung (§ 33 Abs. 2) keine weitere Zeit verlorengeht. Das ist namentlich geboten, wenn die öffentliche Klage noch nicht erhoben ist, weil sich dann die Vorgänge bei der Staatsanwaltschaft befinden und diese ggf. nach § 120 Abs. 3 verfahren kann. Ist der Staatsanwaltschaft die (rechtzeitige) **Herbeischaffung** der Ermittlungsakten **nicht möglich**, hat dies nicht ohne weiteres zur Konsequenz, dass der Haftbefehl aufzuheben ist.[19] Das Gericht wird vielmehr im Einzelfall in eigener Verantwortung zu beurteilen haben, ob mit den ihm vorliegenden Unterlagen eine sachgerechte Vernehmung nach Absatz 2 möglich ist.

9 **2. Vorführungsfrist.** Der ergriffene Beschuldigte ist nach Absatz 1 unverzüglich dem zuständigen Gericht vorzuführen. In der früheren Fassung (§ 114b) war die Vorführung „unverzüglich, spätestens am Tag der Ergreifung" angeordnet, doch galt zugleich der mit dem jetzigen § 115a Abs. 1 übereinstimmende § 114c Abs. 1. Danach war – und ist – der Beschuldigte spätestens am Tag nach der Ergreifung dem nächsten Amtsgericht vorzuführen, wenn er in dieser Frist nicht dem zuständigen Gericht vorgeführt werden kann. Mit der jetzigen Fassung des § 115 Abs. 1 soll das Verhältnis beider Vorschriften klarer dargestellt werden: Der Beschuldigte ist auf jeden Fall **spätestens am Tage nach der Ergreifung** einem Richter vorzuführen, und zwar entweder beim zuständigen Gericht oder dem nächsten Amtsgericht.[20] Die beiden Gerichte stehen dem vorführenden Beamten aber nicht zur Wahl (§ 115a, 1 bis 3).

---

16 *Rüping* FS Hirsch 970; SK/*Paeffgen* 4.

17 So aber SK/*Paeffgen* 4, der die entstehenden Probleme – wenig realistisch – mit einer „Erhöhung der Zahl der Bereitschaftsrichter" aus der Welt schaffen will.

18 Eingehend dazu *Schramm*/*Bernsmann* StV **2006** 442.

19 So aber *Schramm*/*Bernsmann* StV **2006** 442; SSW/*Herrmann* 9; Radtke/Hohmann/*Tsambikakis* 17; AnwK-UHaft/*König* 2; wie hier Meyer-Goßner/*Schmitt* 3; s. auch Graf/*Krauß* 3 (Übermittlung der Vorgänge, die der vorführende Beamte über die Sache besitzt); nicht eindeutig HK/*Posthoff* 7. Überzogen ist die Auffassung von Radtke/Hohmann/*Tsambikakis* 4, wonach jede Haftentscheidung ohne Kenntnis der Ermittlungsakten „willkürlich" sei.

20 BTDrucks. **IV** 178 S. 23.

Die Vorführung ist unverzüglich nach der Festnahme, spätestens am Tag nach ihr, 10
zu bewirken. Tag ist **jeder Kalendertag**, so dass die Vorführung auch an Werktagen, an denen nicht gearbeitet wird, namentlich an Sonnabenden, und an Sonn- und Feiertagen durchzuführen und die Möglichkeit dazu durch die Dienstgestaltung, insbesondere einen **Bereitschaftsdienst**,[21] sicherzustellen ist. **Unverzüglich** bedeutet: ohne jede durch die Lage der Sache nicht gerechtfertigte Verzögerung, oder positiv ausgedrückt: mit der nach Lage der Sache und unter Berücksichtigung der Geschäftsverhältnisse der beteiligten Behörden notwendigen Beschleunigung. Ein Richter begeht ein **Dienstvergehen**, wenn er im Bereitschaftsdienst nicht unverzüglich die Vorführung eines Festgenommenen veranlasst, sondern anordnet, dass der Festgenommene über Nacht im Polizeigewahrsam verbleiben soll, damit er dem Richter vorgeführt wird, der am anderen Tag Bereitschaftsdienst hat.[22] Weitere Ermittlungen zur Sachaufklärung rechtfertigen keine Verzögerung,[23] doch darf der Beamte den Festgenommenen identifizieren, ein Protokoll aufnehmen und einen Festnahmebericht fertigen. Der Vorführende darf die **Frist nicht ausnutzen**: wenn irgend möglich, muss er den Verhafteten früher als am Tag nach der Ergreifung einliefern.[24] Die Praxis bietet freilich nicht selten ein anderes Bild.[25] Dem verfassungsrechtlichen Beschleunigungsgebot (Vor § 112, 66) kommt hier eine hervorgehobene Bedeutung zu; zum Landesverfassungsrecht siehe Vor § 112, 75. Die Frist gestattet im Grundsatz **keinerlei Verlängerung**. Sie kann nur in Fällen höherer Gewalt (Krieg, Seuchen, Streik) überschritten werden. Die früher verbreitete Meinung, wonach eine Fristüberschreitung nicht zur Freilassung des Verhafteten führen sollte,[26] hat mit Recht an Anhängerschaft verloren. Die **Fristüberschreitung** verlangt die **unverzügliche Freilassung**,[27] denn ohne eine solche Konsequenz wäre die Vorführungsfrist eine bloße Richtlinie für Strafverfolgungsorgane ohne wirkliche Schutzwirkung für den Beschuldigten; das entspräche nicht der Bedeutung der Vorschrift. Eine Freilassung mag zwar im Einzelfall unerwünscht und risikobehaftet sein; eine zwingende Freilassung bei Mängeln im Verantwortungsbereich der Justiz ist dem Haftrecht jedoch nicht fremd (s. § 121). Aufhebung des Haftbefehls und Freilassung des Festgenommenen richten sich nach § 120 Abs. 3.[28] Bei Fristverstoß kann die Aussage des Beschuldigten aus einer polizeilichen Vernehmung unter bestimmten Voraussetzungen nach den Grundsätzen der Abwägungslehre einem **Verwertungsverbot** unterliegen;[29] dies erfordert die Erhebung eines Verwertungswiderspruchs sowie eine entsprechende

21 S. dazu BVerfG NJW **2002** 3161; LG Hamburg StV **2009** 485; *Wiesneth* DRiZ **2010** 46.

22 DienstG bei dem LG Saarbrücken DRiZ **2009** 193; s. auch Dienstgerichtshof des Landes Brandenburg Urt. v. 20.4.2012 – DGH Bbg. 2/12 – [juris] (zu § 128 Abs. 1 Satz 1).

23 BGH JR **1991** 84 mit Anm. *Fezer*; StV **1995** 283; KK/*Graf* 4; KMR/*Wankel* 5; *Eb. Schmidt* Nachtr. I 7; *Dvorak* StV **1983** 515, 516; *Schlothauer/Weider/Nobis* Rn. 339; vgl. auch *Nelles* StV **1992** 388; *Deckers* NJW **1991** 1151. Zur Vorführungsfrist bei § 128 vgl. LR/*Gärtner* § 128, 12.

24 OLG Frankfurt HESt **2** 350.

25 SSW/*Herrmann* 16.

26 Vgl. die Nachweise bei LR/*Hilger*[26] 9.

27 SK/*Paeffgen* 7; HK/*Posthoff* 9; SSW/*Herrmann* 38; HK-GS/*Laue* 4; AnwK-UHaft/*König* 4; AnwK-StPO/*Lammer* 4; Radtke/Hohmann/*Tsambikakis* 17; ähnlich *Kühne* 433, 434; *Sommermeyer* NJ **1992** 336; *Schlothauer/Weider/Nobis* Rn. 233, 339; nunmehr auch (unter Aufgabe der früher vertretenen abweichenden Ansicht) KK/*Graf* 5a; Meyer-Goßner/*Schmitt* 5; differenzierend Graf/*Krauß* 5; vgl. auch OLG Frankfurt SJZ **1950** 53. Zur Anfechtung bei Fristverletzung (§ 23 EGGVG) vgl. AK/*Deckers* Vorbem. 13.

28 Vgl. *Benfer* JuS **1983** 110.

29 Vgl. hierzu BGH StV **1995** 283; BGHSt **34** 365; HK/*Posthoff* 10; KK/*Graf* 5a; weitergehend (generelles Beweisverwertungsverbot): *Schlothauer/Weider/Nobis* Rn. 235, 339; SSW/*Herrmann* 38; Radtke/Hohmann/*Tsambikakis* 17.

Verfahrensrüge nach § 344 Abs. 2 Satz 2.[30] Ein Verwertungsverbot kann etwa anzunehmen sein, wenn die Polizeibeamten die gebotene fristgerechte Vorführung bewusst unterlassen haben, um die Verteidigerbestellung durch den Haftrichter zu umgehen; demgegenüber können bei der Abwägung gegen ein Verwertungsverbot die Schwere des Tatvorwurfs sowie die Umstände sprechen, dass die Frist des Art. 104 Abs. 3 GG eingehalten und der Beschuldigte nach der Vorführung zum Haftrichter nach zutreffender Belehrung unter ausdrücklichem Verzicht auf Verteidigerbeistand ausgesagt hat.[31]

11 **3. Vorführung zum zuständigen Gericht.** Den Verhafteten innerhalb der Vorführungsfrist dem zuständigen Gericht vorzuführen, muss das Ziel der Beamten sein, die mit der Vorführung befasst sind. Sie und ihre Dienststellen sind dafür verantwortlich, dass dem Gesetz, soweit das irgend möglich ist, genügt wird. Die Überführung hat in einem beschleunigt zu organisierenden und durchzuführenden Transport zu erfolgen, wenn dadurch das zuständige Gericht noch rechtzeitig erreicht werden kann.[32] Nur wenn dies nicht möglich erscheint oder Sicherheitsgründe einem solchen Transport entgegenstehen, darf die Vorführung vor das nächste Amtsgericht erfolgen. Ein **Verzicht** des Beschuldigten auf die innerhalb der Frist mögliche Vorführung zum zuständigen Gericht ist im Hinblick auf die grundrechtssichernde Funktion der Vorschrift sowie im wohlverstandenen Interesse des Beschuldigten ohne Wirkung.[33] Das gilt auch für die Unverzüglichkeit.[34] Auch die **Einwilligung** des Beschuldigten, später vorgeführt zu werden, damit zunächst Zeugen vernommen und dem Beschuldigten gegenübergestellt werden, ist aus den genannten Gründen unbeachtlich.

12 Das **zuständige Gericht** ist in der Regel dasjenige, das den Haftbefehl erlassen hat. Insbesondere bei größeren Gerichten wird häufig nicht derjenige Richter die Vernehmung vornehmen, der den Haftbefehl erlassen hat und schon mit der Sache befasst war, sondern ein Richter des Tagesdienstes, der sich vor der Vernehmung mit der Angelegenheit vertraut machen muss.[35] Zu § 127b s. dort Rn. 28. In Ausnahmefällen ist ein Zuständigkeitswechsel denkbar; das zuständige Gericht ist dann nach § 126 zu ermitteln. Es wird der Staatsanwaltschaft, die die Vollstreckung des Haftbefehls angeordnet hat (§ 36 Abs. 2 Satz 1), bekannt sein; diese wird den festnehmenden Beamten benachrichtigen. Liegen die Akten – etwa zufolge der Beschwerde des Verteidigers eines flüchtigen und dann wieder ergriffenen Verhafteten – beim Beschwerdegericht, so ist nicht dieses zuständig, sondern vor Klageerhebung das Amtsgericht, das den Haftbefehl erlassen hat (§ 126 Abs. 1 Satz 1 i.V.m. § 125 Abs. 1), und nach diesem Zeitpunkt das Gericht, das mit der Sache befasst ist (§ 126 Abs. 2).

---

30 BGHSt **60** 38 = NStZ **2014** 722 mit Anm. *Knauer* = JR **2015** 279 mit Anm. *Wohlers* = StV **2015** 144 mit Anm. *Eisenberg* StV **2015** 180; Meyer-Goßner/*Schmitt* 16.

31 BGH NStZ **2014** 722, 724 mit Anm. *Knauer*.

32 H.M.; KK/*Graf* 5; AK/*Deckers* § 115a, 1; *Eb. Schmidt* Nachtr. I 6, 8; *Waldschmidt* NJW **1965** 1577; s. auch *Roxin/Schünemann* § 30, 25; **a.A.** *O. Fischer* NStZ **1994** 321 (grundsätzlich Vorführung beim Richter nach § 115a und Sammeltransport); s. auch *Krey* 519; dagegen *Koch* NStZ **1995** 71; *Schmitz* NStZ **1998** 165; *Kropp* NJ **2000** 238 (Änderung der Praxis der Transporte); s. auch *Kropp* ZRP **2005** 96.

33 Allg. M.

34 Allg. M.

35 Krit. hierzu AnwK-StPO/*Lammer* 5; vgl. auch *Lüderssen* FS Pfeiffer 239 (zur Zuständigkeit der Haftrichter bei größeren Amtsgerichten) sowie die Erl. zu § 22d GVG.

III. Vernehmung (Absätze 2 und 3)

1. Zeitpunkt der Vernehmung. Der zuständige Richter – wie auch der des nächsten Amtsgerichts – hat den Beschuldigten **unverzüglich** nach der Vorführung, spätestens am Tag nach ihr, zu vernehmen. Für die Begriffe „unverzüglich" und „Tag" gilt das zu Rn. 10 Ausgeführte. Die Notwendigkeit, die Sache durchzuarbeiten, und die „sachlichen Gegebenheiten des Dienstbetriebs" rechtfertigen einen Aufschub, der seine äußerste Grenze am Ende des Tages nach der Vorführung findet.[36] Da die Vorführung darin liegt, den Beschuldigten für das Gericht bereitzustellen, kommt es nicht darauf an, wann diesem die Akten vorgelegt werden. Ist der Gefangene am Sonnabendnachmittag eingeliefert worden, dann läuft die Vernehmungsfrist am Sonntag ab, auch wenn der Richter erst an diesem Tage Kenntnis von der Einlieferung und von den Akten erhält. Es ist seine Amtspflicht, die technischen Voraussetzungen zu schaffen, dass ihm Vorführungen rechtzeitig zur Kenntnis gebracht werden und dass er die Vernehmung auch an Sonnabenden, Sonn- und Festtagen und, wenn die Frist abzulaufen droht, auch sonst außerhalb der Dienststunden durchführen kann. 13

Die **Vernehmungsfrist** des Absatzes 2 kann, ebenso wie die Vorführungsfrist (Rn. 10), **grundsätzlich nicht verlängert** werden;[37] eine Verschiebung der Vernehmung auf den nächsten Tag (§ 115 Abs. 2) wird je nach dem Zeitpunkt der Benachrichtigung und der Geschäftslage für möglich erachtet, ist aber tunlichst zu vermeiden (siehe aber Rn. 13). Außerdem gestattet höhere Gewalt (Krieg, Seuchen, Streik) Ausnahmen. Eine **Ausnahme** kann sich aus dem Zustand des Beschuldigten ergeben: Kann ein Verhafteter nicht in den Machtbereich des Richters gebracht werden (Rn. 5), dann ist es dessen Pflicht, sich entweder selbst zur Vernehmung an den Verwahrungsort (Haftkrankenhaus usw.) zu begeben oder das nächste Amtsgericht (§ 115a) um die unverzügliche Vernehmung zu ersuchen. Diese Verpflichtung ruht indessen, solange der Beschuldigte nicht vernehmungsfähig ist, etwa weil er operiert werden musste oder weil er einen Selbstmordversuch unternommen hatte. Die **Vernehmungsunfähigkeit** muss, jedenfalls bei einem Zeitraum von mehreren Tagen, amtsärztlich festgestellt werden; es ist fortlaufend zu prüfen, ob sie behoben ist. Ist das der Fall, ist die Vernehmung unverzüglich (Rn. 10) nachzuholen. Ist anzunehmen, dass die Vernehmungsunfähigkeit länger (mehrere Tage) bestehen wird, so ist dem Beschuldigten, der noch keinen Verteidiger hat, im Hinblick auf Art. 2 Abs. 2, Art. 104 GG ein Pflichtverteidiger zu bestellen (§ 140 Abs. 2);[38] dieser ist zu informieren, und ihm ist Gelegenheit zu geben, Einwendungen, insbesondere gegen den Verdacht und die Haftgründe, geltend zu machen (Verfahren entsprechend Absatz 3).[39] 14

2. Form der Vernehmung. Der zuständige Richter, wie auch der Richter des nächsten Amtsgerichts, hat grundsätzlich (§ 168 Satz 2) einen Urkundsbeamten zuzuziehen. Über die Vernehmung ist ein **Protokoll** aufzunehmen (§§ 168, 168a); dieses ist vom Beschuldigten zu unterschreiben, oder es ist darin anzugeben, weshalb die Unterschrift 15

---

36 Vgl. LG Düsseldorf DRiZ **1967** 308.

37 KK/*Graf* 7; SK/*Paeffgen* 8; *Münchhalffen/Gatzweiler* Rn. 274; **a.A.** KMR/*Wankel* 8 (bei rechtzeitigem Beginn, falls erforderlich, um eine substanzielle Haftentscheidung zu treffen); weitergehend OLG Frankfurt NJW **2000** 2037 mit krit. Anm. *Schaefer* 1996; *Paeffgen* NStZ **2001** 80; *Gubitz* NStZ **2001** 253.

38 Ein „Beginn der Vollstreckung" i.S.d. § 141 Abs. 3 Satz 4 liegt noch nicht vor, vgl. BGH NStZ **2014** 722; LR/*Lüderssen/Jahn*[26] § 141 Nachtr., 5; **a.A.** KK/*Graf* 11a (allerdings nicht ohne weiteres vereinbar mit den dortigen Ausführungen unter Rn. 8); s. auch § 115a, 9.

39 SK/Paeffgen 8; KK/Graf 8.

unterblieben ist (§ 168a Abs. 1, 3).[40] Ist zuständiges Gericht ein **Kollegialgericht**, sollte es grundsätzlich den Beschuldigten nicht durch einen beauftragten Richter, sondern in Beschlussbesetzung vernehmen.[41] Dies dürfte eher der Bedeutung der Vernehmung für die zu treffende Entscheidung (Rn. 27) entsprechen. Dieser Auffassung kann man schon mit Blick auf den andernfalls eintretenden, im Einzelfall möglicherweise nicht unbeträchtlichen Zeitverzug schwerlich entgegenhalten, dass es um eine bloße „Verkündung des Haftbefehls" gehe und der „Verkündungstermin" lediglich der Vorbereitung der Entscheidung des Kollegialgerichts diene.[42] Außerdem erscheint fraglich, ob ein mit der Vernehmung beauftragter Richter des Kollegiums eine im Sinne des Art. 5 Abs. 3 EMRK ausreichende Kompetenz[43] besitzt. Der Vorsitzende kann die Vernehmung allein durchführen, wenn sie im Rahmen seiner beschränkten Eilkompetenz gemäß § 126 Abs. 4 Satz 2 erfolgt.[44]

16 Der zuständige Richter darf die Vernehmung auch **nicht im Wege der Rechtshilfe** durch den Richter des nächsten Amtsgerichts oder sonst ein ersuchtes Amtsgericht durchführen lassen.[45] Das ergibt sich auch aus der gesetzlichen Regelung, mit der zwei Richter, der zuständige und der des nächsten Amtsgerichts, für ausschließlich zuständig erklärt werden. Das in § 115a Abs. 3 Satz 1 dem Beschuldigten eingeräumte Recht zu verlangen, dass er dem zuständigen Richter vorgeführt werde, wäre wertlos, wenn der zuständige Richter seine Vernehmungsaufgabe auf einen anderen Richter übertragen könnte.[46]

17 Die Pflicht zur Vernehmung gilt grundsätzlich **in jeder Lage des Verfahrens**, auch wenn der Beschuldigte früher schon einmal richterlich vernommen wurde, auch nach Eröffnung des Hauptverfahrens oder nach Verkündung eines Urteils.[47] § 115 gilt entsprechend, wenn ein Haftbefehl **wesentlich geändert**, etwa **erweitert** wird.[48] Denn es ist möglich, dass bis dahin insbesondere die aktuellen Haftgründe nicht ausreichend mit dem Beschuldigten erörtert worden sind.[49] Die Vernehmung zur Tatfrage kann allerdings unterbleiben, wenn der Haftbefehl ergeht, nachdem der Angeklagte in der Hauptver-

---

40 KK/*Graf* 12, 13; SK/*Paeffgen* 10; OLG Düsseldorf VRS **85** (1993) 430 (zur Mitwirkung einer Protokollführerin, die – anders als der Richter – die [Fremd-]Sprache des Beschuldigten nicht versteht).

41 KMR/*Wankel* 12; *Wankel* 31 ff., 34; SSW/*Herrmann* 20; **a.A.** OLG Köln OLGSt StPO § 115 Nr. 2 = NStZ **2008** 175 (Ls.); dieser Entscheidung folgen ohne nähere Auseinandersetzung Graf/*Krauß* 3; Meyer-Goßner/*Schmitt* 9; KK/*Graf* 12; HK/*Posthoff* 12, 17; s. auch AnwK-UHaft/*König* 9.

42 So aber OLG Köln aaO, u.a. unter Hinweis auf die „hohen Geschäftsbelastungen der Spruchkörper" (die fraglos gegeben sind, aber nicht die Rechtsanwendung bestimmen); ablehnend auch SSW/*Herrmann* 20; SK/*Paeffgen* 8 („durchaus zweifelhafte Argumentation").

43 Vgl. LR/*Esser*[26] EMRK Art. 5, 208 ff., 213; LR/*Gollwitzer*[25] EMRK Art. 5, 109; SK/*Paeffgen* EMRK Art. 5, 52 ff.; *Esser* (Weg) 273, 274; EGMR *Schiesser v. Schweiz*, Urt. v. 4.12.1979 = EuGRZ **1980** 202; *de Jong u.a. v. Niederlande*, 2/1983/58/88-90, Urt. v. 22.5.1984 = EuGRZ **1985** 700; *Nikolova v. Bulgarien*, 31195/96, Urt. v. 25.3.1999 = EuGRZ **1999** 320; *Aquilina u.a. v. Malta*, 25642/94, Urt. v. 29.4.1999 = NJW **2001** 51; *Kühne/Esser* StV **2002** 387; *Ambos/Ruegenberg* NStZ-RR **2000** 195; s. auch LR/*Gärtner* § 126, 37.

44 *Wankel* 31 ff.

45 OLG Köln JMBlNW **1968** 129; OLG Stuttgart NStZ **2006** 588 = StraFo **2005** 377; OLG Koblenz OLGSt StPO § 117 Nr. 4; HK/*Posthoff* 12; s. auch OLG Frankfurt NStZ **1988** 471.

46 OLG Stuttgart NStZ **2006** 588 = StraFo **2005** 377.

47 KK/*Graf* 7; *Eb. Schmidt* Nachtr. I 12.

48 Vgl. BVerfG StV **2001** 691 mit Anm. *Hagmann*; NJW **1992** 1749; BGH Beschl. v. 28.7.2016 – AK 41/16 – (juris) = StV **2014** 824 (Ls.); OLG Hamburg NStZ-RR **2003** 346; OLG Hamm StV **1998** 273; Beschl. v. 13.4.2010 – 3 Ws 140/10 – (juris); OLG Braunschweig NdsRpfl. **2007** 164; OLG Jena Beschl. v. 27.6.2008 – 1 Ws 240/08 – (juris); OLG Koblenz NStZ-RR **2012** 93 (Ls.); s. aber auch OLG Hamm Beschl. v. 13.9.2012 – 1 Ws 469/12 – (juris): keine Pflicht bei bloßer Konkretisierung des alten Haftbefehls, jedenfalls Wirksamkeit eines Verzichts des Beschuldigten auf die Vernehmung in diesem Fall; ebenso KK/*Graf* 6a.

49 OLG Jena Beschl. v. 27.6.2008 – 1 Ws 240/08 – (juris); OLG Hamm Beschl. v. 5.2.2009 – 3 Ws 39/09 – (juris); *Eb. Schmidt* Nachtr. I 12.

handlung vernommen worden ist, namentlich wenn der Haftbefehl im Anschluss an die Vernehmung oder unmittelbar nach der Urteilsverkündung erlassen wird; sie wäre dann eine leere Formalität. Dagegen muss der Angeklagte stets, also auch in den genannten Fällen, zu den Haftgründen vernommen werden. Nicht erforderlich ist die Vernehmung auch dann, wenn sich die Erweiterung eines Haftbefehls im **Berufungsverfahren** auf Taten beschränkt, hinsichtlich derer infolge einer Berufungsbeschränkung auf den Rechtsfolgenausspruch bereits ein rechtskräftiger Schuldspruch vorliegt, und das Berufungsgericht in Bezug auf die übrigen Voraussetzungen der Untersuchungshaft keinerlei Änderung des ursprünglichen Haftbefehls vorgenommen hat.[50] Dementsprechend bedarf es auch dann keiner erneuten Vernehmung, wenn lediglich **einzelne Tatvorwürfe** aus dem früheren Haftbefehl infolge Verfahrensabtrennung **entfallen**.[51] Findet die Hauptverhandlung am Tage der Vorführung, oder wenn der Beschuldigte erst am Tage nach der Ergreifung vernommen werden kann, an diesem Tage statt (etwa in Fällen des § 127b), dann kann die Vernehmung mit der nach § 243 Abs. 2 Satz 2 verbunden werden; sie muss dann aber auf den besonderen Inhalt des Absatzes 3 erstreckt werden und bei mehrtägiger Hauptverhandlung am ersten Verhandlungstag erfolgen.[52] Hat das Haftgericht die erforderliche Vernehmung vor Erlass der Haftentscheidung unterlassen und nach Einlegung einer **Beschwerde** auch nicht im Rahmen des Abhilfeverfahrens nachgeholt, ist die Abhilfeentscheidung vom Beschwerdegericht aufzuheben und dem Haftgericht Gelegenheit zur Nachholung der Vernehmung zu geben.[53]

Eine Vernehmung soll nicht erforderlich sein, wenn der Haftrichter nach Aktenlage **18**
den dringenden Tatverdacht[54] oder das Vorliegen der angegebenen Haftgründe verneint. Eine solche **eindeutige Aktenlage** wird allerdings selten vorliegen; bei nicht ganz unzweifelhafter Ermittlungslage wird eine Vernehmung zur Gewinnung einer breiteren und zuverlässigeren Beurteilungsgrundlage sowie mit Blick auf mögliche Rechtsmittel erforderlich sein[55] (siehe auch Vor § 112, 65).

An der Vernehmung können **Staatsanwalt** und **Verteidiger teilnehmen**[56] (§ 168c **19**
Abs. 1). Sie sind von dem Termin zu benachrichtigen, soweit das möglich ist, ohne dass der Untersuchungserfolg gefährdet wird (vgl. § 128, 15). Sie können aber nicht verlangen, dass der Termin verlegt wird (§ 168c Abs. 5). Die **Benachrichtigung** der Staatsanwaltschaft (z.B. fernmündlich von Geschäftsstelle zu Geschäftsstelle) bietet keine Schwierigkeit. Dass der Beschuldigte einen Verteidiger hat, wird der Richter oft nicht wissen; meist wird der Beschuldigte noch keinen gewählt haben. Die Fürsorgepflicht gebietet es, alsbald nach Ergreifung des Beschuldigten zu klären, ob er anwaltlich vertreten ist oder einen Verteidiger wählen möchte. Zur Belehrung gemäß § 136 siehe Rn. 24. Wünscht der Beschuldigte einen Verteidiger zu bestellen und zuzuziehen, ist ihm Gelegenheit zu geben, das – in der Regel fernmündlich – zu tun. Dem Beschuldigten ist auch zu ermöglichen, einen **Anwaltsnotdienst** in Anspruch zu nehmen; er ist auf dessen Bestehen hinzuweisen, falls er keinen Verteidiger benennen kann (vgl. § 136 Abs. 1 Satz 4).[57] Der

---

50 Vgl. OLG Jena Beschl. v. 26.9.2007 – 1 Ws 365/07 – (juris); HK/*Posthoff* 3.

51 Vgl. HK/*Posthoff* 2 unter Hinweis auf einen nicht veröffentlichten Beschl. des OLG Hamm v. 23.9.2010 (3 Ws 422/10).

52 *Eb. Schmidt* Nachtr. I 12.

53 OLG Jena Beschl. v. 27.6.2008 – 1 Ws 240/08 – (juris); OLG Hamm Beschl. v. 5.2.2009 – 3 Ws 39/09 – (juris); OLG Koblenz NStZ-RR **2012** 93 (Ls.); Graf/*Krauß* 6; HK/*Posthoff* 4.

54 *Lüderssen* FS Pfeiffer 239, 249 ff.

55 KK/*Graf* 7; HK/*Posthoff* 13.

56 BGH NStZ **1989** 282 mit Anm. *Hilger*.

57 Vgl. (schon zur früheren Rechtslage) AK/*Deckers* 3; *Schlothauer/Weider/Nobis* Rn. 262 ff.; *Münchhalffen/Gatzweiler* Rn. 279.

Richter hat (trotz § 168c Abs. 5 Satz 2) notfalls auf den vom Termin informierten Verteidiger zu **warten** und dazu die Vernehmung um **angemessene Zeit** zurückstellen,[58] doch darf er die Fristen des § 115 Abs. 2 (und des § 115a Abs. 2 Satz 1) nicht überschreiten. Der Haftrichter hat dem Beschuldigten auch mitzuteilen, wieviel Zeit er ihm für die (telefonische) Kontaktaufnahme und die in der Regel notwendige[59] Besprechung mit einem Verteidiger gewähren kann.[60] Die Hinzuziehung eines **Dolmetschers** richtet sich nach § 187 GVG.[61] Zur Teilnahme des Beistands oder Vertreters des Verletzten an der Vernehmung vgl. die Erl. zu § 406g.

20 Ein **Verstoß gegen wesentliche Formvorschriften** für die Vernehmung beeinträchtigt grundsätzlich nicht die Wirksamkeit der Haftentscheidung.[62] Die Versagung des rechtlichen Gehörs (Art. 103 Abs. 1 GG) bewirkt indessen die Fehlerhaftigkeit einer darauf beruhenden Haftentscheidung.[63] Eine Verletzung der Pflicht zur Benachrichtigung des Verteidigers (§ 168c Abs. 5) oder eine Verweigerung der erbetenen Besprechung des Beschuldigten mit seinem Verteidiger kann zur Unverwertbarkeit der Angaben des Beschuldigten in der Hauptverhandlung führen.[64]

21 Umstritten ist die Frage, ob dem Beschuldigten und seinem Verteidiger analog § 168c Abs. 2 ein **Anwesenheitsrecht** bei der richterlichen **Vernehmung eines Mitbeschuldigten** im Vorverfahren zusteht.[65] Ein solches Anwesenheitsrecht in einer Vernehmung des Haftverfahrens, etwa gemäß § 115 Abs. 2 oder §§ 118, 118a, wird von der h.M.[66] – verfassungsrechtlich unbedenklich[67] – im Wesentlichen unter Hinweis auf den abschließenden Charakter der strukturell besonderen Regelungen des Haftverfahrens abgelehnt. Für eine analoge Anwendung des § 168c Abs. 2 bei Vernehmungen des Mitbeschuldigten im Haftverfahren wird zwar geltend gemacht, die Interessenlage des Beschuldigten sei hier vergleichbar mit der bei richterlicher Vernehmung eines Mitbeschuldigten außerhalb des Haftverfahrens.[68] Voraussetzung einer Analogie wäre aber auch hier – zunächst – das Vorliegen einer planwidrigen Regelungslücke des Gesetzes.[69] Das Vorliegen einer solchen Lücke erscheint jedoch im Hinblick auf die strukturelle Ausgestaltung der Vorschriften des Haftverfahrens[70] noch zweifelhafter[71] als bei der Ausgangsfallgestaltung zu § 168c Abs. 2.

---

58 Vgl. BbgVerfG StV **2003** 511; VerfGH RhPf. StraFo **2006** 199; JBlRhPf. **2006** 119.
59 Vgl. *Schlothauer/Weider/Nobis* Rn. 262.
60 KK/*Graf* 10.
61 Zur alten Rechtslage s. BVerfGE **64** 146.
62 KK/*Graf* 13; HK/*Posthoff* 17; Meyer-Goßner/*Schmitt* 11; HK-GS/*Laue* 9; Graf/*Krauß* 11; SK/*Paeffgen* 10; OLG Düsseldorf VRS **85** (1993) 430; vgl. auch KG StV **1994** 318; **a.A.** SSW/*Herrmann* 37 (generell Beweisverwertungsverbot); krit. auch Radtke/Hohmann/*Tsambikakis*18.
63 Allg. M.; vgl. etwa KK/*Graf* 13; OLG Düsseldorf VRS **85** (1993) 430 (Mitwirkung einer Protokollführerin, die – anders als der Richter – die [Fremd-]Sprache des Beschuldigten nicht versteht); KG StV **1994** 318.
64 BGH NStZ **1989** 282; BGHSt **38** 372 = NJW **1993** 338. Zum Verwertungsverbot bei Versagung von Akteneinsicht vgl. Vor § 112, 42ff. S. auch *Deckers* NJW **1994** 2261 (zum Verwertungsverbot bei Unterlassen des Hinweises auf das Recht der Anwaltskonsultation).
65 Vgl. LR/*Erb* § 168c, 15ff.
66 Vgl. BGHSt **42** 391; BGH NStZ **2010** 159; OLG Karlsruhe StV **1996** 302 mit Anm. *Rieß* sowie *Theisen* JR **1996** 436; OLG Köln NStZ **2012** 174; *v. Dellingshausen* 700ff.; *Fezer* JZ **1997** 1020; LR/*Erb* § 168c, 16; *Wohlers* StV **2002** 586; KK/*Graf* 11; ablehnend SK/*Paeffgen* 9b; SK/*Wohlers/Albrecht* § 168c, 9ff.
67 BVerfGK **8** 355 = NJW **2007** 204, 205; BVerfGE **96** 68, 96.
68 *Schulz* StraFo **1997** 296; *Larsen* 12ff.; *Endriß* 72.
69 Eingehend hierzu *Küpper/Mosbacher* JuS **1998** 693 (für Vernehmungen außerhalb des Haftverfahrens die Zulässigkeit der Analogie bejahend).
70 *Fezer* JZ **1997** 1020.
71 **A.A.** *Schulz* StraFo **1997** 296; *Larsen* 15ff.; wohl auch *Endriß* 72.

3. Inhalt der Vernehmung. Der Beschuldigte ist über den Gegenstand der Beschuldigung zu vernehmen (Absatz 2). Dabei sind ihm hinreichend substantiiert der **Tatvorwurf** und das gesamte zusammengetragene **Be- und Entlastungsmaterial**, das den Gegenstand des Verfahrens bilden und für die Haftfrage bedeutsam sein kann, **mitzuteilen**; dies entspricht den Erfordernissen eines rechtsstaatlichen, fairen Verfahrens (Art. 2 Abs. 1, Art. 20 Abs. 3 GG).[72] Namentlich sind mit ihm alle belastenden Umstände und alle Verdachts- und Haftgründe zu erörtern (Absatz 3). Die Erwähnung der Gründe für den (dringenden) Verdacht weist auf die Notwendigkeit hin, dem Beschuldigten die gesamte Beweisgrundlage (auch z.B. Indizien oder der wesentliche Inhalt einer Zeugenaussage)[73] mitzuteilen.[74] Ihm soll Gelegenheit gegeben werden, alle Verdachts- und Haftgründe zu entkräften und alle Tatsachen geltend zu machen, die zu seinen Gunsten sprechen (Absatz 3 Satz 2).[75] Daher darf der Richter nicht warten, ob der Beschuldigte Erklärungen abgeben will; er hat ihn vielmehr ausdrücklich darauf hinzuweisen, dass er das tun kann. Haftgründe sind sowohl die in § 112 Abs. 2 aufgeführten (Flucht, Fluchtgefahr, Verdunkelungsgefahr) als auch der des § 112a Abs. 1 (Wiederholungsgefahr). Bei der Verhaftung wegen des Haftgrundes der Schwerkriminalität (§ 112 Abs. 3) sind die Umstände zu erörtern, die der Verhaftung nach der Rechtsprechung des BVerfG zugrunde liegen (§ 112, 98 ff.). Des Weiteren sind dem Beschuldigten die vorliegenden entlastenden Umstände in der Vernehmung mitzuteilen,[76] damit er beurteilen kann, inwieweit der Vortrag weiterer Entlastungsmomente erforderlich ist. Der Beschuldigte ist auch über die Umstände zu informieren, die für die Anwendung des Verhältnismäßigkeitsgrundsatzes von Bedeutung sein könnten.[77] Ihm ist **Gelegenheit** zu geben, **alles vorzubringen**, was nach seiner Ansicht für die Haftentscheidung von Bedeutung sein könnte. Schließlich wird der Haftrichter in geeigneten Fällen auch die **rechtliche Bewertung** des Vorwurfs **erläutern**, damit der Beschuldigte diese wenigstens laienhaft beurteilen und auch insoweit seine Verteidigung einrichten kann.[78] 22

Die **Praxis** wird diesen Anforderungen häufig nicht gerecht, weil sie nicht selten von der Vorstellung getragen ist, es gehe lediglich um eine **„Verkündung des Haftbefehls"**.[79] Die Eröffnung des Haftbefehls ist aber nicht nur eine Formalität, bei der es allein um die Mitteilung des Haftbefehls und (allenfalls noch) die Entgegennahme der Beschuldigtenerklärung geht; wegen des schwerwiegenden Eingriffs in die Freiheitsrechte des Inhaftierten muss der zuständige Richter dem Beschuldigten vielmehr die Möglichkeit zu umfassender Erklärung geben, denn nur auf diese Weise bekommt das Gebot der 23

---

72 BVerfG NStZ **1994** 551 = StV **1994** 465; NJW **1994** 573 = StV **1994** 1 mit Anm. *Lammer*; s. auch BVerfG NStZ-RR **1998** 108; vgl. auch KG StV **1994** 318; **1994** 319 mit Anm. *Schlothauer* sowie *Deckers* NJW **1994** 2261; *Bohnert* GA **1995** 468; *Gehrlein* FS Boujong 772.

73 BVerfG StV **1994** 465; KG StV **1994** 319 mit Anm. *Schlothauer*; **1993** 370 mit Anm. *Schlothauer* (auch zur Akteneinsicht).

74 BVerfG StV **1994** 465; **1994** 1 mit Anm. *Lammer* (auch zur Akteneinsicht); s. auch *Münchhalffen/Gatzweiler* Rn. 276.

75 S. auch EGMR *Sanchez-Reisse v. Schweiz*, 4/1985/90/137, Urt. v. 21.10.1986 = EuGRZ **1988** 523 = NJW **1989** 2179; *Lietzow v. Deutschland*, 24479/94; *Garcia Alves v. Deutschland*, 23541/94; *Schöps v. Deutschland*, 25116/94, Urteile vom 13.2.2001 = StV **2001** 201 ff. mit Anm. *Kempf*.

76 BVerfG StV **1994** 465.

77 KK/*Graf* 9.

78 KK/*Graf* 9.

79 Diese Fehlvorstellung findet sich auch in obergerichtlicher Rechtsprechung, vgl. etwa OLG Köln OLGSt StPO § 115 Nr. 2 = NStZ **2008** 175 (Ls.) mit Hinweis auf die (fraglos gegebene, aber nicht die Rechtsanwendung bestimmende) hohe Arbeitsbelastung der Gerichte; s. auch AnwK-StPO/*Lammer* 8 (aus anwaltlicher Sicht).

mündlichen Anhörung das nötige substanzielle Gewicht.[80] Im Falle der Rückverweisung nach einer Haftbeschwerde kann es erforderlich werden, den Beschuldigten, um ihm eine wirksame Verteidigung zu ermöglichen, auch über das Ergebnis zwischenzeitlicher weiterer Ermittlungen zu unterrichten.[81] Vgl. auch Vor § 112, 42 ff.; § 114, 19, 46.

24 Die Vorschriften enthalten gegenüber sonstigen Vernehmungen eine **Verstärkung der richterlichen Verpflichtung**. Sie ist in der Notwendigkeit der Fürsorge für den von der Außenwelt abgeschnittenen Gefangenen begründet. Das rechtfertigt die **Erweiterung gegenüber § 136,**[82] der indessen zusätzlich zu beachten ist. Diese Vorschrift gilt für jede erste Vernehmung,[83] also auch für die nach § 115. Die richterliche Belehrungspflicht besteht auch dann, wenn der Beschuldigte zuvor von der Polizei entsprechend belehrt wurde.[84] Nach § 136 Abs. 1, dessen Inhalt nur teilweise in § 115 Abs. 3 wiederholt wird, ist der Beschuldigte darauf hinzuweisen, dass es ihm freistehe, sich zu der Beschuldigung zu äußern oder nicht zur Sache auszusagen; dass er jederzeit, auch schon vor seiner Vernehmung, einen von ihm zu wählenden Verteidiger befragen darf; in geeigneten Fällen auch, dass er sich schriftlich äußern kann. Möchte der Beschuldigte vor seiner Vernehmung einen Verteidiger befragen, sind ihm Informationen zur Verfügung zu stellen, die es ihm erleichtern, einen Verteidiger zu kontaktieren; hierbei ist auf bestehende anwaltliche Notdienste hinzuweisen. Verweigert der Beschuldigte seine Einlassung, dürfen daraus keine Schlüsse zu seinem Nachteil gezogen werden.

25 Veranlasst die Vernehmung zu einer der angeführten Voraussetzungen den Richter, den **Haftbefehl aufzuheben** (§ 120), den Vollzug des Haftbefehls auszusetzen (§ 116) oder bei einem Jugendlichen von der Vollstreckung des Haftbefehls abzusehen (§ 72 Abs. 1 JGG), wird er die Vernehmung nur dann auf weitere Voraussetzungen erstrecken, wenn er – bei zweifelhafter Sachlage – mit einer Beschwerde der Staatsanwaltschaft rechnen muss.[85]

26 Zwar hat der Haftrichter in der Vorführungsverhandlung nach § 115 bzw. § 128 zu prüfen, ob bei der (vorläufigen) Festnahme die **Pflichten nach § 114b** erfüllt worden sind und etwaige Versäumnisse auszugleichen. Er ist aber nicht gehalten, die in § 114b vorgeschriebenen Belehrungen vorsorglich zu wiederholen (s. dazu näher § 114b, 53).

27 **4. Entscheidung.** Der zuständige Richter hat sämtliche Voraussetzungen eines Haftbefehls (§ 112, 2, 15, 111; § 127b, 8) **in vollem Umfang zu prüfen** und danach zu entscheiden, ob der Haftbefehl aufrechtzuerhalten oder aufzuheben (§ 120), zu ergänzen (§ 114, 53ff.), der Vollzug (§ 116 Abs. 1 bis 3) oder bei einem Jugendlichen die Vollstreckung des Haftbefehls auszusetzen ist (§ 72 Abs. 1 JGG). Der Sache nach ist seine Entscheidung eine **Haftprüfungsentscheidung** (§ 117, 9).[86] Beweisanträgen des Beschuldigten, die auf eine Freilassung zielen, hat er dazu nachzukommen (§ 166 Abs. 1).[87] Aber

---

80 So in aller Klarheit OLG Stuttgart NStZ **2006** 588; aus richterlicher Sicht ebenso HK/*Posthoff* 14 und KMR/*Wankel* 10 („substanzielle Vernehmung").
81 KG StV **1994** 319 mit Anm. *Schlothauer*.
82 *Kleinknecht* JZ **1965** 155; vgl. auch BVerfG StV **1994** 1 mit Anm. *Lammer* sowie *Deckers* NJW **1994** 2261; Erl. zu § 136.
83 H. M.; **a.A.** *Dreves* DRiZ **1965** 113; *Gegenfurtner* DRiZ **1965** 334.
84 KK/*Graf* 10.
85 *Lobe/Alsberg* § 114 II 2 a.
86 OLG Stuttgart MDR **1990** 75; OLG Hamburg NStZ-RR **2003** 346; NStZ-RR **2002** 381.
87 Meyer-Goßner/*Schmitt* 8; KK/*Graf* 10; AK/*Deckers* 6; vgl. *Borowsky* StV **1986** 455; *Nelles* StV **1986** 74; *Schlothauer* StV **1995** 158; *Ullrich* StV **1986** 268; BVerfGE **83** 24, 33; OLG Hamm StraFo **2002** 100 mit Anm. *Nobis*. Unklar insoweit OLG Karlsruhe StV **1996** 302; *v. Dellingshausen* FS Stree/Wessels 703; krit. dagegen *Rieß* StV **1996** 304.

auch von Amts wegen hat der Richter entlastende Umstände (auch zur Verhältnismäßigkeit) aufzuklären, soweit dies erforderlich erscheint und im Rahmen einer Eilentscheidung möglich ist (Vor § 112, 65; § 114, 24); dazu kann er insbesondere die Haftentscheidungshilfe in Anspruch nehmen (Vor § 112, 104). Er ist nicht verpflichtet, von Amts wegen belastende Umstände zu ermitteln, sondern kann sich insoweit mit dem **Inhalt der Akten** begnügen.[88] Reicht dieser nicht aus, um die Haftvoraussetzungen zu bejahen, so ist der Haftbefehl aufzuheben. Gleiches gilt, wenn dem Haftrichter nicht die Akten zur Verfügung gestellt werden, so dass er die Haftvoraussetzungen nicht prüfen kann.[89] War die Staatsanwaltschaft trotz Benachrichtigung im Termin nicht vertreten, findet § 33 Abs. 2 keine Anwendung.[90]

IV. Rechtsmittelbelehrung (Absatz 4)

Hält das zuständige Gericht die Haft aufrecht, hat es den Beschuldigten über das Recht der Beschwerde (§ 304 Abs. 1, 4 Satz 2 zweiter Satzteil Nr. 1) und über die Rechtsbehelfe der Haftprüfung (§ 117 Abs. 1), der mündlichen Verhandlung im Haftprüfungsverfahren (§ 118 Abs. 1) und im Beschwerdeverfahren (§ 118 Abs. 2) sowie jene nach § 119 Abs. 5 und § 119a Abs. 1 zu belehren (Absatz 4). Ferner hat es ihn darauf hinzuweisen, dass durch den Antrag auf Haftprüfung die Beschwerde ausgeschlossen wird (§ 117 Abs. 2). 28

Nach der Neuregelung zum 1.1.2010 ist der **Begriff der Beschwerde**, der bislang ausschließlich als „Haftbeschwerde" verstanden worden ist, weiter auszulegen. War der Beschuldigte bislang vor allem über das Recht zu belehren, Beschwerde (gegen den Haftbefehl) einlegen sowie (mündliche) Haftprüfung beantragen zu können,[91] so erstreckt sich die Belehrungspflicht nunmehr auch auf das Recht zur Beschwerde gemäß den §§ 304 ff. gegen gerichtliche Entscheidungen der Amts- und Landgerichte nach § 119 Abs. 1 und 2 sowie insbesondere auch auf das Recht, im Falle der Unstatthaftigkeit der Beschwerde gegen Entscheidungen und sonstige (faktische) Maßnahmen nach § 119 Abs. 1 und 2 StPO gerichtliche Entscheidung nach § 119 Abs. 5 beantragen zu können. Der letztgenannte Rechtsbehelf betrifft beispielsweise Fälle, in denen die Staatsanwaltschaft eine Eilanordnung nach § 119 Abs. 1 Satz 4 getroffen oder ihre Ermittlungspersonen nach § 119 Abs. 2 Satz 2 i.V.m. Abs. 1 Satz 7 einen Besuch oder ein Telefonat des Beschuldigten beendet haben. Aber auch die Entscheidungen der Oberlandesgerichte und des Ermittlungsrichters beim BGH nach § 119 Abs. 1 und 2 werden, wegen des sich aus § 304 Abs. 4 Satz 2 Nr. 1, Abs. 5 ergebenden Ausschlusses der Beschwerde,[92] von § 119 Abs. 5 erfasst. 29

Da in § 115a Abs. 3 abweichend die Wendung gebraucht wird: „Wird der Beschuldigte nicht freigelassen", könnten Zweifel bestehen, ob in Absatz 4 („die Haft aufrechterhalten") der Vollzug oder die Anordnung der Haft gemeint ist, zumal da die Haftbeschwerde zulässig bleibt, auch wenn der Vollzug des Haftbefehls ausgesetzt wird. Da aber Haftprüfung und mündliche Verhandlung bei ihr nur zulässig sind, wenn die **Untersuchungshaft vollzogen** wird (§ 117, 7), wäre eine Anordnung sinnlos, die Belehrung insoweit auch bei einem nicht vollzogenen Haftbefehl vorschriebe. Daher kann sich das Wort „Haft" in Absatz 4 nur auf den Vollzug der Haft, nicht aber auf ihre Anordnung beziehen. 30

---

88 *Lüderssen* FS Pfeiffer 239, 249 ff.
89 *Schramm/Bernsmann* StV **2004** 442.
90 KK/*Graf* 14.
91 Vgl. LR/*Hilger* [26] 21.
92 Den der Gesetzgeber glaubte in Absatz 4 Satz 2 ausdrücklich klarzustellen zu müssen, vgl. BTDrucks. **16** 11644 S. 21.

Demzufolge bedeutet der Wortlaut in Absatz 4 dasselbe wie in § 115a Abs. 3: Die Belehrung ist nur dann zu erteilen, wenn der Beschuldigte in Haft verbleibt; sie entfällt, wenn der Vollzug der Haft nicht aufrechterhalten, d.h. der Beschuldigte freigelassen wird, mag auch die Anordnung der Untersuchungshaft, der Haftbefehl, selbst bestehen bleiben, wie das bei der Aussetzung des Vollzugs der Untersuchungshaft nach § 116 Abs. 1 bis 3 oder nach § 72 Abs. 1 JGG der Fall ist.[93] Die Erweiterung der Belehrungspflichten hat auch nur im Fall der Aufrechterhaltung der Untersuchungshaft ihre Berechtigung; § 114b Abs. 2 Satz 1 Nr. 8, der eine (verfrühte)[94] Belehrung für die im Fall des § 115 Abs. 4 eintretende Situation vorschreibt, spricht demgemäß von der „Aufrechterhaltung der Untersuchungshaft nach Vorführung" vor den zuständigen Richter.

31 Erfolgt nur eine **vorläufige Festnahme** und wird sodann ein Haftbefehl erlassen, ist § 115 Abs. 4 über § 128 Abs. 2 Satz 3 entsprechend anwendbar. Gleiches gilt über § 115a Abs. 3 Satz 2, falls der aufgrund eines Haftbefehls Festgenommene dem **nächsten Amtsgericht** vorzuführen ist und dieses den Haftbefehl aufrechterhält.

32 Die Belehrung hat das zuständige Gericht stets zu geben, es sei denn, dass der Haftbefehl von einem Strafsenat als Rechtsmittelgericht erlassen worden ist (**§ 304 Abs. 4**). Dagegen ist der Beschuldigte über die Möglichkeit, **weitere Beschwerde** einzulegen, wo sie statthaft ist (§ 310 Abs. 1), nicht zu belehren.[95] Eine Belehrung des **gesetzlichen Vertreters** (§ 118b, § 298 Abs. 1) ist nicht vorgeschrieben und in der Regel nicht angebracht.

33 Erlässt das **OLG** oder der **BGH** einen in der unteren Instanz abgelehnten oder aufgehobenen Haftbefehl auf Beschwerde der Staatsanwaltschaft, ohne den Beschuldigten vorher zu hören (§ 33 Abs. 4), so hat es den Beschuldigten auf seinen Antrag oder, wenn er einen solchen nicht stellt, von Amts wegen nachträglich zu hören (§ 311a Abs. 1).

V. Beschwerde

34 Wegen der **Beschwerde** gilt das zu § 114, 35 ff. Ausgeführte.

VI. Mehrere Haftbefehle

35 Liegen mehrere Haftbefehle vor, ist der Verfolgte allen zuständigen Gerichten **nacheinander vorzuführen**, doch wird in der Regel feststehen, dass er nicht allen am Tage nach der Ergreifung vorgeführt werden kann. Der vorführende Beamte muss daher zunächst die Vorführungen soweit bewirken, als das bis zum Tage nach der Festnahme möglich ist. Kann er mehrere Gerichte erreichen, hat er das nächste von ihnen auszuwählen, doch ist es gerechtfertigt, wenn er den Beschuldigten zu dem Gericht vorführt, das den Haftbefehl wegen des schwersten Delikts erlassen hat. Nachdem der Beschuldigte von diesem vernommen worden ist, ist er den nächsten weiter zuständigen Richtern vorzuführen, wenn das noch am Tage nach der Festnahme geschehen kann (s. auch § 115a, 6 f.).

36 Wird ein Haftbefehl nicht vollzogen, sondern nur **Überhaft** notiert, dann finden die §§ 115, 115a grundsätzlich erst Anwendung, wenn die Überhaft vollstreckt wird.[96] Als-

93 KK/*Graf* 17b; SK/*Paeffgen* 12 (zweifelnd).
94 Vgl. § 114b, 23.
95 KK/*Graf* 17; Meyer-Goßner/*Schmitt* 13; HK/*Posthoff* 20; Radtke/Hohmann/*Tsambikakis* 20; HK-GS/*Laue* 12; SK/*Paeffgen* 12 (zweifelnd); **a.A.** AK/*Deckers* 10.
96 H.M.; OLG Hamm Beschl. v. 22.2.1988 – 2 Ws 80/88 – (juris); Meyer-Goßner/*Schmitt* 12; KMR/*Wankel* 15; HK/*Posthoff* 1 unter Hinweis auf OLG Hamm Beschl. v. 20.11.2008 – 3 Ws 436/08 –; OLG Königsberg JW **1932** 965; **a.A.** *Kunt* DStRZ **1920** 46.

dann ist – wofür Gericht und Staatsanwaltschaft durch Fristnotierung Sorge zu tragen haben – das Verfahren durchzuführen; jedoch ist es nicht unzulässig, dies schon vorher zu tun.[97] Sind aufgrund eines Haftbefehles, für den nur Überhaft notiert wurde, allerdings den Beschuldigten zusätzlich beschwerende Vollzugsbeschränkungen erlassen worden,[98] so wird man § 115 auch für den weiteren (nur notierten) Haftbefehl anzuwenden haben.[99]

§ 115a
Vorführung vor den Richter des nächsten Amtsgerichts

(1) Kann der Beschuldigte nicht spätestens am Tage nach der Ergreifung dem zuständigen Gericht vorgeführt werden, so ist er unverzüglich, spätestens am Tage nach der Ergreifung, dem nächsten Amtsgericht vorzuführen.

(2) [1]Das Gericht hat den Beschuldigten unverzüglich nach der Vorführung, spätestens am nächsten Tage, zu vernehmen. [2]Bei der Vernehmung wird, soweit möglich, § 115 Abs. 3 angewandt. [3]Ergibt sich bei der Vernehmung, dass der Haftbefehl aufgehoben, seine Aufhebung durch die Staatsanwaltschaft beantragt (§ 120 Abs. 3) oder der Ergriffene nicht die in dem Haftbefehl bezeichnete Person ist, so ist der Ergriffene freizulassen. [4]Erhebt dieser sonst gegen den Haftbefehl oder dessen Vollzug Einwendungen, die nicht offensichtlich unbegründet sind, oder hat das Gericht Bedenken gegen die Aufrechterhaltung der Haft, so teilt es diese dem zuständigen Gericht und der zuständigen Staatsanwaltschaft unverzüglich und auf dem nach den Umständen angezeigten schnellsten Wege mit; das zuständige Gericht prüft unverzüglich, ob der Haftbefehl aufzuheben oder außer Vollzug zu setzen ist.

(3) [1]Wird der Beschuldigte nicht freigelassen, so ist er auf sein Verlangen dem zuständigen Gericht zur Vernehmung nach § 115 vorzuführen. [2]Der Beschuldigte ist auf dieses Recht hinzuweisen und gemäß § 115 Abs. 4 zu belehren.

Schrifttum

Diehm Die begrenzten Kompetenzen des „nächsten Richters" – partiell eine Verletzung der EMRK, StraFo **2007** 231; *Enzian* Die Freilassungsbefugnis des nächsten Amtsrichters, NJW **1956** 1786; *Enzian* Befehlsverweigerung oder blinder Gehorsam des Vorführungsrichters gegenüber unbegründeten Haftbefehlen: § 115a StPO? NJW **1973** 838; *Heinrich* Die Entscheidungsbefugnisse des „nächsten Amtsrichters" nach § 115a StPO, StV **1995** 660; *Kropp* Rechtswidrigkeit des gegenwärtigen Gefangenentransports, ZRP **2005** 96; *Maier* Was darf der „nächste" Richter nach § 115a StPO? NStZ **1989** 59; *Mroß* Realität und Rechtswidrigkeit der gegenwärtigen Transporthaft, StV **2008** 611; *Nibbeling* Gesetzliche Fesseln des Richters bei der Haftentscheidung, ZRP **1998** 342; *M. Schmitz* Der verhaftete Beschuldigte und sein erster Richter (§§ 115, 115a StPO), NStZ **1998** 165; *Christian Schröder* Freiheitsentzug entgegen richterlicher Erkenntnis? StV **2005** 241; *Claus Schröder* Zur Kompetenz des Richters beim nächsten Amtsgericht, NJW **1981** 1425; *Seetzen* Kompetenzverteilung zwischen Haftrichter und nächstem Amtsrichter, NJW **1972** 1889; *Spendel* Unzulässiger richterlicher Eingriff in eine Haftsache, JZ **1998** 85; *Ziegert* Der Richter des nächsten Amtsgerichts – Richter oder Urkundsbeamter? StV **1997** 439; *Zieschang* Die Entscheidungsbefugnisse des Richters des nächsten Amtsgerichts gemäß § 115a StPO, FS Würzburger Juristenfakultät (2002) 665.

---

97 *Eb. Schmidt* Nachtr. I 19; KK/*Graf* 16.
98 Vgl. hierzu LR/*Gärtner* § 119, 152.
99 KK/*Graf* 16; SK/*Paeffgen* 12; AK/*Deckers* 9; vgl. auch OLG Frankfurt NStZ **1988** 471 (Unzulässigkeit der Verkündung eines Überhaftbefehls im Wege der Rechtshilfe durch den Richter nach § 115a).

https://doi.org/10.1515/9783110274929-012

Entstehungsgeschichte

Die Vorschrift wurde durch das StPÄG vom 27.12.1926 (RGBl. I S. 529) als § 114c in die StPO eingestellt und durch Art. 1 Nr. 1 StPÄG 1964 in dreifacher Hinsicht geändert: Einmal ist in Absatz 1 die Vorführung, die bisher nur auf Verlangen des Beschuldigten zu bewirken war, obligatorisch gemacht worden. Zum anderen ist Satz 4 des Absatzes 2 angefügt worden. Endlich ist in Absatz 3 bestimmt worden, dass der nicht freigelassene Beschuldigte nur auf sein Verlangen dem zuständigen Richter vorzuführen ist. Durch Art. 1 Nr. 29 des 1. StVRG sind die Richterbezeichnungen geändert worden. Art. 1 Nr. 3a des UHaftÄndG vom 29.7.2009 (BGBl. I S. 2274) hat zur Ersetzung des Begriffs „Richter" durch den Terminus „Gericht" geführt; ferner ist in Absatz 2 eine inhaltliche Neuregelung mit dem Ziel der Beschleunigung und Verbesserung des Zusammenwirkens zwischen den beteiligten Gerichten sowie der Staatsanwaltschaft erfolgt.[1]

Übersicht

I. Subsidiarität; Normzweck.

1 Die Vorschrift regelt eine im Verhältnis zu § 115 **subsidiäre** haftrichterliche **Zuständigkeit**.[2] Sie soll mit Blick auf **Art. 104 GG** sicherstellen, dass der Beschuldigte auch dann einem Gericht vorgeführt wird und von diesem vernommen wird, wenn er wegen großer Entfernung oder aus anderen Gründen, etwa wegen Krankheit, nicht dem zuständigen Gericht (rechtzeitig) zugeführt werden kann. Der Wortlaut („*kann* der Beschuldigte nicht ... dem zuständigen Gericht vorgeführt werden") scheint die objektive Unmöglichkeit des Verfahrens nach § 115 als Bedingung desjenigen nach § 115a aufzustellen. Das kann jedoch nicht der Sinn der Bestimmung sein. Denn dann fände überhaupt keine Vorführung, auch nicht vor das nächste Amtsgericht statt, wenn die vor dem zuständigen möglich war, aber versäumt oder die Möglichkeit dazu (z.B. durch besonderen beschleunigten Transport) verkannt worden ist. Der Beschuldigte ist auch in diesen Fällen dem nächsten Amtsgericht vorzuführen. Mit der Fassung soll lediglich darauf hingewiesen werden, dass § 115a gegenüber § 115 nur hilfsweise anzuwenden ist. Die Subsidiarität bedeutet, dass im Einzelfall auch zu prüfen ist, ob sich der nach § 126 zuständige Richter an den Verwahrort des Beschuldigten begeben kann.

2 Keinesfalls darf der Beschuldigte dem nächsten Amtsgericht nur aus **fiskalischen Erwägungen**, **Bequemlichkeit** oder **Routine** oder wegen **Personalmangels** vorgeführt

1 Näher zur Bedeutung der Neufassung s. die Erl. zu § 115a, 1 ff. im Nachtrag zur 26. Auflage.
2 OLG Frankfurt NStZ **1988** 471; OLG Celle NdsRpfl. **2005** 287; **a.A.** wohl *Heinrich* StV **1995** 666 (Globalzuweisung aller Befugnisse des zuständigen Richters).

werden.[3] Das Verfahren hat strikten Ausnahmecharakter und ist ausschließlich dann zulässig, wenn der Beschuldigte auch unter **Nutzung aller** zur Verfügung stehenden sächlichen und personellen **Mittel** – hierzu gehört auch der Einzeltransport[4] – nicht bis zum Ende des Tages nach seiner Ergreifung vor das zuständige Gericht gebracht werden kann.[5] Wird, was in der Praxis nicht selten geschieht, der Grundsatz der Nachrangigkeit des § 115a missachtet und die Untersuchungshaft hierdurch (unnötig) verlängert, kann dies bei einer Entscheidung über die Verhältnismäßigkeit der Fortdauer der Untersuchungshaft (§ 120; §§ 121, 122) von Bedeutung sein.

Kann der Beschuldigte auch unter Beachtung des strikten Ausnahmecharakters der Norm nicht bis zum Ende des Tages nach seiner Ergreifung vor das zuständige Gericht gebracht werden, ist das **Verfahren nach § 115a unerlässlich und unverzichtbar.** Die Vorführung zum nächsten Amtsgericht darf nicht etwa deshalb aufgeschoben werden, weil der Beschuldigte damit einverstanden ist, unter Fristversäumnis vor den zuständigen Richter gebracht zu werden. Ein solches Vorgehen widerspricht den Verfassungsgarantien des Art. 104 Abs. 2 Satz 3 und Abs. 3 GG.[6] Denn die Gewalt über den Verhafteten soll am Tag nach der Verhaftung von der Polizei auf das Gericht übergehen. Diese Kontrolle der Freiheitsentziehung liegt im öffentlichen Interesse und kann nicht der Verfügung des Beschuldigten überlassen werden. Das folgt auch aus dem System der §§ 115, 115a. Diesem ist ein doppelter Zweck zu entnehmen: Einmal soll der Beschuldigte in gerichtliche Obhut gelangen, zum anderen soll die Möglichkeit geboten werden, die Untersuchung zu fördern. Indem Absatz 3 es dem zum nächsten Amtsgericht gebrachten Beschuldigten überlässt, ob er es dabei bewenden lassen oder seine Vorführung zum zuständigen Gericht verlangen will, wird der Gesichtspunkt der Sachförderung zurückgesetzt und der Initiative des Richters, des Staatsanwalts oder des Beschuldigten größere Bedeutung eingeräumt. Damit wird zugleich das Gewicht der Vorschrift mehr auf ihren ersten Zweck verlagert, in kurzer Frist die alleinige Gewalt des Gerichts über den der Freiheit verlustigen Beschuldigten sicherzustellen. S. auch § 115, 2. 3

II. Vorführung (Absatz 1)

1. Nächstes Amtsgericht. Nächstes Amtsgericht ist nicht stets das räumlich nächste, sondern dasjenige, das im Hinblick auf die Verkehrsmittel und -möglichkeiten **am schnellsten erreicht** werden kann.[7] Das Gericht braucht seinen Sitz nicht in dem Bezirk zu haben, in dem der Beschuldigte verhaftet worden ist. Nach Wortlaut und Zweck des Gesetzes ist es gleichgültig, ob das Gericht, wenn die Landesregierung oder die von ihr ermächtigte Landesjustizverwaltung Strafsachen bestimmten Amtsgerichten aufgrund des **§ 58 Abs. 1 GVG** zugewiesen hat, zuständig ist, Straf- und Haftsachen zu bearbeiten.[8] 4

---

3 MüKo/*Böhm*/*Werner* 10.

4 Radtke/Hohmann/*Tsambikakis* 2.

5 AG Krefeld MDR **1966** 691 („Notbehelf"); AnwK-UHaft/*König* 2; HK/*Posthoff* 1; vgl. aber auch *F. Fischer* NStZ **1994** 321; dagegen *Koch* NStZ **1995** 71; *Schmitz* NStZ **1998** 165; *Kropp* NJ **2000** 238 (Änderung der Praxis der Transporte).

6 Allg. M.

7 OLG Frankfurt NStZ **1988** 471; Graf/*Krauß* 2; SK/*Paeffgen* 2; *Eb. Schmidt* Nachtr. I 4; AnwK-StPO/*Lammer* 2; s. aber auch OLG München StRR **2010** 203 = StV **2010** 585 (Ls.); KK/*Graf* 1; Radtke/Hohmann/*Tsambikakis* 4.

8 SK/*Paeffgen* 2; vgl. aber auch OLG München StRR **2010** 203 = StV **2010** 585 (Ls.); KK/*Graf* 1; Graf/*Krauß* 2; Meyer-Goßner/*Schmitt* 2; AnwK-UHaft/*König* 3; HK/*Posthoff* 2; *Münchhalffen*/*Gatzweiler* Rn. 287: grds. Vorrang des nach § 58 GVG zuständigen Gerichts; ebenso AnwK-StPO/*Lammer* 2 (der hierdurch eintretende Verzögerungen bis zu sechs Stunden akzeptieren will).

5 Der vorführende Beamte hat jedoch auf solche Zuweisungen, wie auch darauf, ob sich am Gerichtsort **Hafträume** befinden, Bedacht zu nehmen. Das mit einem Haftrichter besetzte und mit Hafträumen versehene Amtsgericht ist diesenfalls das nächste. Der vorführende Beamte kann zu diesem Verfahren durch eine allgemeine Anweisung angehalten werden. Die Verzögerung, die eintritt, weil er solche Umstände beachtet, ist nach der Sachlage gerechtfertigt. Wird jedoch die **Frist** – Tag nach der Ergreifung – **in Frage gestellt**, dann hat der vorführende Beamte alle anderen Erwägungen beiseite zu setzen und den Beschuldigten dem nächsten Amtsgericht, das er fristgerecht erreichen kann, vorzuführen. Denn nur bei einem Richter kann sich der Beschuldigte mit Sicherheit gegen unzulässige, etwa zu lang ausgedehnte, Vernehmungen wehren und die Pflicht auslösen, Angehörige zu benachrichtigen (§ 114c Abs. 2). Nach der Vernehmung ist er dem mit Hafteinrichtungen versehenen nächsten Amtsgericht weiterzuleiten, wenn er nicht alsbald zu dem zuständigen Gericht, sei es auf Verlangen (Rn. 26), sei es von Amts wegen (Rn. 28), gebracht werden kann.

6 **2. Vorführungsfrist.** Wegen der Vorführungsfrist und des Begriffs unverzüglich s. § 115, 9, 10. Liegen **mehrere Haftbefehle** vor und ist es nicht möglich, den Beschuldigten allen zuständigen Gerichten spätestens am Tag nach der Ergreifung vorzuführen, ist der Beschuldigte dem nächsten Amtsgericht wegen aller noch unerledigten Haftbefehle vorzuführen. Ist einer der zuständigen Richter, denen der Beschuldigte bis zum Tag nach der Festnahme vorgeführt wird, Richter bei einem Amtsgericht, ist er zugleich der Richter des nächsten Amtsgerichts für alle Haftbefehle, wegen deren der Beschuldigte nicht mehr bis zum Tag nach der Ergreifung dem zuständigen Gericht vorgeführt werden kann. Ein **Kollegialgericht** hat keine Zuständigkeit, die Geschäfte des nächsten Amtsgerichts zu übernehmen.[9]

7 Nach der Vernehmung durch das nächste Amtsgericht ist der Beschuldigte **nacheinander** denjenigen zuständigen Gerichten, die ihn noch nicht vernommen haben und zu denen er die Vorführung verlangt, **vorzuführen**. Diese Umständlichkeit wird vermeidbar sein, wenn sich die beteiligten Gerichte untereinander abstimmen und vereinbaren, dass nur einer der Haftbefehle vollstreckt, für die anderen aber Überhaft vermerkt wird (siehe § 115, 35).

III. Vernehmung (Absatz 2)

8 **1. Frist und Inhalt.** Das nächste Amtsgericht hat seine **unverzüglich** (Abs. 2 Satz 1) durchzuführende Vernehmung, soweit möglich, nach Absatz 2 Satz 2 inhaltlich ebenso zu gestalten wie das zuständige Gericht (§ 115, 19 ff.). Diese Möglichkeit besteht immer für die in § 115 Abs. 3 Satz 1 und in § 136 Abs. 1 Satz 2 ff. aufgeführten Hinweise auf die Rechte des Beschuldigten. Im Übrigen wird die Vernehmung in der Regel notwendigerweise von der des zuständigen Gerichts abweichen. Der Hinweis auf die belastenden Umstände (§ 115 Abs. 3) setzt ebenso Aktenkenntnis voraus wie das Einräumen der Gelegenheit, den dringenden Tatverdacht und die Haftgründe zu entkräften. Diese Kenntnis fehlt dem nächsten Amtsgericht im Regelfall. Gleichwohl muss es versuchen, seiner **Verpflichtung nachzukommen**; die Erfahrung in der Bearbeitung von Haftsachen wird ihm dabei Hilfe leisten, mehr zu tun, als den Haftbefehl zu erläutern und Erklärungen entgegenzunehmen. Um seine Verpflichtungen erfüllen zu können, wird sich der Richter des nächsten Amtsgerichts – unabhängig von den Mitteilungs*pflichten* nach Absatz 2 Satz 4 – mit dem

9 **A.A.** *Eb. Schmidt* § 115b, 2a.

zuständigen, sachkundigen Gericht in Verbindung setzen. Hierbei wird er den schnellsten Weg wählen, also telefonisch oder mittels anderer elektronischer Kommunikationsmedien **Kontakt aufnehmen.**[10] Ist der zuständige Richter nicht alsbald erreichbar, wird zu versuchen sein, bei der zuständigen Staatsanwaltschaft die für eine sachgerechte Vernehmung erforderlichen Informationen zu erlangen.[11] Kommt es zu Verzögerungen bei der Informationsbeschaffung, kann es sachgerecht sein, die Vernehmung am Tag nach der Vorführung fortzusetzen.[12]

Im Hinblick auf die **Mitwirkung eines Verteidigers** wird vertreten, dass das nächs- 9
te Amtsgericht – da es unstreitig nicht die Kompetenz hat, einen Pflichtverteidiger zu bestellen – eine speziell auf die Vorführung im Verfahren nach § 115a ausgerichtete **befristete Beiordnung** schon vor der Vernehmung aussprechen müsse und dürfe (sog. „Notverteidiger").[13] Zugrunde gelegt wird hierbei, dass bei einer Festnahme aufgrund eines schon bestehenden Haftbefehls ein Verteidiger erforderlich (§ 140 Abs. 1 Nr. 4) und unverzüglich zu bestellen (§ 141 Abs. 3 Satz 4) sei, weil schon mit der Festnahme die Untersuchungshaft vollzogen werde. Dies trifft indessen nach dem eindeutigen Wortlaut, der den Willen des Gesetzgebers unzweifelhaft widerspiegelt, nicht zu; ein „Beginn der Vollstreckung" i.S.d. § 141 Abs. 3 Satz 4 liegt noch nicht vor.[14]

2. Mitteilungspflichten. Von besonderer Bedeutung für das Verfahren nach § 115a 10
ist die umgehende und inhaltlich substanzielle **Einbindung des zuständigen Gerichts und der Staatsanwaltschaft**. Schon die vom nächsten Amtsgericht zu prüfende Frage, ob ein Haftbefehl (noch) besteht, wird sich nicht immer allein aus der Vernehmung und aus den Ausschreibungsunterlagen ergeben, sondern ggf. durch Rückfragen beim zuständigen Gericht oder der Staatsanwaltschaft geklärt werden müssen. Die Vorbereitung der vom nächsten Amtsgericht zu treffenden Entscheidung erfordert eine **ernsthafte Kommunikation** mit den über die notwendige Sachkenntnis verfügenden Stellen.

Die Verpflichtung, mit diesen ins Benehmen zu treten, wird dem nächsten Amtsge- 11
richt in Absatz 2 Satz 4 1. Halbsatz auferlegt, wenn der Beschuldigte **Einwendungen** gegen den Haftbefehl oder dessen Vollzug erhebt, die nicht offensichtlich unbegründet sind, oder wenn es **selbst Bedenken** trägt, die Haft aufrechtzuerhalten. In diesen Fällen hat der sog. „Zuführrichter" die Einwendungen oder Bedenken dem zuständigen Richter fernmündlich (wegen weiterer Rückfragen besser als fernschriftlich) mitzuteilen,[15] dessen Entscheidung herbeizuführen und diese, wenn sie in einer Freilassung besteht, im Wege der Rechtshilfe durchzuführen.[16] Insbesondere über förmliche Anträge entscheidet der nach § 115 zuständige Richter.[17] Das nächste Amtsgericht wird seinen Pflichten nicht gerecht, wenn es nur einen einzigen (ergebnislosen) Versuch der Kontaktaufnahme unternimmt.[18]

Die **Einwendungen des Beschuldigten** können sich gegen den Tatverdacht oder 12
gegen den Haftgrund richten. Sie können aber auch – unter Berufung auf § 116 Abs. 1

---

10 AnwK-UHaft/*König* 5; AnwK-StPO/*Lammer* 3; SK/*Paeffgen* 6a.
11 Enger (Kontaktaufnahme nur bei Zweifeln) KK/*Graf* 4a.
12 *Schlothauer/Weider/Nobis* Rn. 367 f.
13 AnwK-UHaft/*König* 5; KK/*Graf* 7; SSW/*Herrmann* 6 ff.; MüKo/*Böhm/Werner* 15; *Schlothauer/Weider/Nobis* Rn. 353; zu Fragen der Akteneinsicht aus Verteidigersicht vgl. SSW/*Herrmann* 10; AnwK-UHaft/*König* 5; *Schlothauer/Weider/Nobis* Rn. 362 ff.
14 BGHSt **60** 38 = NStZ **2014** 722; eingehend LR/*Lüderssen/Jahn*[26] § 141 Nachtr., 5; s. auch § 115, 14 mit Fn. 38.
15 Vgl. BGHSt **42** 343; *Ziegert* StV **1997** 440.
16 KK/*Graf* 4.
17 KK/*Graf* 4b.
18 BGHSt **42** 343.

bis 3 oder auf § 72 Abs. 1 JGG – allein gegen den Vollzug des Haftbefehls erhoben werden. Die Pflicht, Einwendungen dem zuständigen Gericht mitzuteilen, entfällt, wenn sie **offensichtlich unbegründet** sind. Das ist der Fall, wenn auf der Hand liegt, dass sie entweder unglaubhaft sind oder dass sie keinen Einfluss auf die Entscheidung haben können. Das nächste Amtsgericht sollte in dieser Weise jedoch äußerst zurückhaltend verfahren. **Bedenken des nächsten Amtsgerichts**, die Haft aufrechtzuerhalten, werden z.B. entstehen, wenn es Verjährung oder Amnestie annehmen kann oder nach den ihm bekannten Umständen erkennt, dass das zuständige Gericht irrigerweise Fluchtgefahr angenommen hat, oder eine früher zu Recht angenommene Fluchtgefahr inzwischen weggefallen ist.

13 Nach der zum 1.1.2010 in Kraft getretenen Neuregelung muss das nächste Amtsgericht nicht nur, wie bisher, dem zuständigen Gericht schnellstmöglich Mitteilung machen, sondern es hat auch die zuständige Staatsanwaltschaft über die aus seiner Sicht entscheidungserheblichen (neuen) Gesichtspunkte in gleicher Weise zu informieren. Dass die **Staatsanwaltschaft** als im Ermittlungsverfahren aktenführende Stelle **unmittelbar einzubinden** ist und sogleich selbst prüfen und entscheiden muss,[19] ob sie bei dem zuständigen Gericht, dem oftmals keine Akten mehr vorliegen werden,[20] die Aufhebung oder Außervollzugsetzung des Haftbefehls zu beantragen hat, ist im Interesse einer schnelleren Entscheidung über nicht offensichtlich unbegründete Einwendungen des Beschuldigten oder über Bedenken des nächsten Gerichts in besonderer Weise sachgerecht.

14 **3. Unverzügliche Prüfung durch das zuständige Gericht.** Das mit der Neuregelung verfolgte gesetzgeberische Ziel, das Zusammenwirken von nächstem und zuständigem Gericht sowie der zuständigen Staatsanwaltschaft im Interesse einer schnellen Entscheidung über Einwendungen des Beschuldigten oder sonst aufgetretene entlastende Gesichtspunkte zu verbessern,[21] hat in Absatz 2 **Satz 4 2. Halbsatz** zur Positivierung der Verpflichtung des zuständigen Gerichts geführt, über eine Aufhebung bzw. Außervollzugsetzung des Haftbefehls unverzüglich zu entscheiden, sobald es die Mitteilung des nächsten Gerichts nach Absatz 2 Satz 4 1. Halbsatz erhalten hat.[22] Das Wort „unverzüglich" eröffnet dem zuständigen Gericht die **notwendige Flexibilität**, ohne eine Bindung an feste Fristen zunächst etwa erforderliche Informationen zu der Berechtigung der mitgeteilten Einwendungen oder Bedenken einzuholen.[23] Das Haftgericht muss sich nach dem Eingang der Mitteilung umgehend die Akten beschaffen, sofern sie ihm nicht bereits vorliegen, und weitere notwendige Informationen sowie ggf. eine Stellungnahme der Staatsanwaltschaft einholen; besteht sodann in tatsächlicher Hinsicht eine ausreichende Entscheidungsgrundlage, hat es die Haftentscheidung ohne jede Verzögerung zu treffen.[24] Im Hinblick auf die Rechtsprechung des EGMR[25] dürfte eine längere Zeitspanne als

---

19 Von einer Prüfungs*pflicht* geht auch die Gesetzesbegründung aus, BTDrucks. **16** 13097 S. 18; ebenso *Weider* StV **2010** 105; *Schlothauer/Weider/Nobis* Rn. 365.

20 Zu diesem oftmals vernachlässigten, praktisch höchst bedeutsamen Aspekt vgl. auch die Erl. zu § 114e, 14 im Nachtrag zur 26. Auflage.

21 BTDrucks. **16** 13097 S. 18.

22 Mit Recht wird allerdings darauf hingewiesen, dass sich die Verpflichtung des zuständigen Gerichts zu unverzüglicher Prüfung aus Gründen der in Haftsachen in besonderer Weise gebotenen Verfahrensbeschleunigung an sich von selbst versteht, vgl. etwa AnwK-StPO/*Lammer* 5; AnwK-UHaft/*König* 7.

23 BTDrucks. **16** 13097 S. 18.

24 Vgl. KMR/*Wankel* 1a.

25 Vgl. EGMR *McKay v. GB*, 543/03, Urt. v. 3.10.2006 = NJW **2007** 3699; *Medvedyev u.a. v. Frankreich*, 3394/03, Urt. v. 29.3.2010 = NJOZ **2011** 231 = BeckRS **2010** 30532; s. auch SK/*Paeffgen* EMRK Art. 5, 54 m.w.N.

vier Tage seit dem Beginn der Freiheitsentziehung nicht vertretbar sein. **Entsprechende Pflichten** gelten für die Prüfung und Entscheidung durch die **Staatsanwaltschaft**, nachdem diese eine Mitteilung nach Absatz 2 Satz 4 1. Halbsatz erhalten hat.

IV. Entscheidung des nächsten Amtsgerichts

1. Eingeschränkte Befugnisse. Der Richter des nächsten Amtsgerichts entscheidet 15 aufgrund eigener Zuständigkeit, nicht im Wege der Rechtshilfe, als ersuchter Richter. Die zum 1.1.2010 in Kraft getretene Neuregelung hat wenig daran geändert, dass er weit **geringere Entscheidungsbefugnisse** als das zuständige Gericht hat. Ihm ist, weil er immer nur beschränkt unterrichtet sein kann, grundsätzlich nicht die Macht erteilt, über den Bestand des Haftbefehls zu verfügen. Daher darf er aus eigenem Recht – im Regelfall – weder den Haftbefehl aufheben, noch dessen Vollzug nach § 116 oder nur vorläufig,[26] aussetzen, bis das zuständige Gericht entschieden hat[27] (siehe aber Rn. 16, 20). Er darf aber jederzeit, solange der Beschuldigte sich in seinem Zuständigkeitsbereich befindet und das zuständige Gericht noch nicht entschieden hat, das Verfahren wieder aufgreifen, etwa wenn sich nach seiner Entscheidung neue Erkenntnisse oder Zweifel ergeben.[28]

Der Prüfung des nächsten Amtsgerichts unterliegen nur die Fragen, ob ein **wirksamer Haftbefehl** besteht, d.h. ob ein Haftbefehl von einem Gericht erlassen (§ 114, 4) 16 und, wenn dies geschehen, nicht wieder aufgehoben ist, sowie ob der Ergriffene und der Verfolgte **personengleich** sind. Muss der Richter des nächsten Amtsgerichts diese Fragen verneinen, hat er den Beschuldigten freizulassen. Durch die Neuregelung in Absatz 2 Satz 3 hinzugekommen ist die Befugnis zur Freilassung des Beschuldigten, wenn der Haftbefehl zwar noch besteht, die zuständige **Staatsanwaltschaft** aber gemäß **§ 120 Abs. 3** (als „Herrin" des Ermittlungsverfahrens) dessen Aufhebung beantragt hat. Entsprechendes wird man zur Vermeidung jeder fraglichen Freiheitsentziehung auch für einen **Außervollzugsetzungsantrag** der zuständigen Staatsanwaltschaft im Ermittlungsverfahren annehmen dürfen,[29] ohne dass es in diesem Zusammenhang auf die umstrittene Frage (s. § 120, 58) der Bindungswirkung eines solchen Antrags für das Gericht ankäme; denn hier geht es nicht um eine Entscheidungs*pflicht*, sondern um die Entscheidungs*befugnis* des nächsten Gerichts.

Demgegenüber darf das nächste Amtsgericht die Wirksamkeit des Haftbefehls nicht 17 verneinen, weil die beigefügte **Begründung** – z.B. Annahme von Verdunkelungsgefahr, „weil die Ermittlungen noch nicht abgeschlossen sind" – fehlerhaft ist.[30] Denn ihm fehlen die Unterlagen, aus denen sich durchaus ergeben kann, dass der Haftrichter bei einem tatsächlich bestehenden Haftgrund nur eine schlechte Begründung gegeben hat. Mängel in der Begründung des Haftbefehls können zudem jederzeit behoben werden (siehe aber Rn. 20).

---

26 So *Lang* DJZ **1927** 780; *Seetzen* NJW **1972** 1889; *Chr. Schröder* StV **2005** 241 (§ 116 analog); s. auch *Widmaier/König* § 4 S. 167 Rn. 68.
27 Vgl. BGHSt **42** 343; KK/*Graf* 4; Meyer-Goßner/*Schmitt* 5; SK/*Paeffgen* 5; AK/*Deckers* 3; *Eb. Schmidt* Nachtr. I 7; *Schlüchter* 225; *Münchhalffen/Gatzweiler* Rn. 290; *Ullrich* StV **1986** 270; **a.A.** *Dreves* DRiZ **1965** 113; *Seetzen* NJW **1972** 1889; *Enzian* NJW **1973** 838; *Cl. Schröder* NJW **1981** 1425; *Maier* NStZ **1989** 59; *Heinrich* StV **1995** 660; *Sommermeyer* NJ **1992** 340; *Ziegert* StV **1997** 439; *Zieschang* FS Würzburger Juristenfakultät 665, 679; vgl. auch *Schlothauer/Weider/Nobis* Rn. 364.
28 BGHSt **42** 343; vgl. auch *Ziegert* StV **1997** 440.
29 KMR/*Wankel* 3.
30 KK/*Graf* 4; Meyer-Goßner/*Schmitt* 5; SK/*Paeffgen* 5; *Schlüchter* 225; **a.A.** *Enzian* NJW **1973** 838; *Cl. Schröder* NJW **1981** 1425 (für erhebliche Mängel).

18 Ebenso darf der Richter des nächsten Amtsgerichts einen Haftbefehl nicht deshalb aufheben,[31] weil **Verjährung oder Amnestie** vorliegen kann oder weil die rechtskräftige Erledigung der Sache oder die Unschuld urkundlich erwiesen ist. Der letzte Punkt bedarf keiner Widerlegung (siehe aber Rn. 20). Die Verjährung kann unterbrochen, die Angabe der unterbrechenden Maßnahmen im Haftbefehl übersehen worden sein.[32] Amnestievoraussetzungen sind nicht immer eindeutig; meist kommt es auf die Strafe an, die der Täter zu erwarten hat, oft gibt es Amnestiehindernisse, und regelmäßig können weitere Taten die Einstellung ausschließen. Das alles kann das nächste Amtsgericht nicht beurteilen. Die Frage der anderweiten Verurteilung ist stets schwierig und ohne Akten nicht zu entscheiden.

19 Schon im Ansatz verfehlt ist die Auffassung,[33] die den Richter des nächsten Amtsgerichts als „Befehlsempfänger" des Richters ansieht, der den Haftbefehl erlassen hat, und jenem das Recht der **„Befehlsverweigerung"** einräumt, wenn der Haftbefehl offensichtlich unbegründet ist. Das nächste Amtsgericht vollzieht nicht Befehle des Gerichts, das den Haftbefehl erlassen hat. Es erfüllt eine selbständige, ihm durch Gesetz zugewiesene und begrenzte richterliche Aufgabe in einer bestimmten Prozesslage. Die §§ 156 bis 159 GVG finden keine Anwendung. Denn das Gericht nach § 115a ist kein ersuchtes Gericht i.S.d. § 157 GVG.[34]

20 In zwei **Ausnahmefällen** (vgl. Rn. 15, 16) kann – im Interesse eines möglichst weitgehenden Grundrechtsschutzes – eine eigene Entscheidungsbefugnis des nächsten Amtsgerichts praeter legem anerkannt werden: Bei krankheitsbedingter **Haftunfähigkeit** des Beschuldigten darf es sofort Haftverschonung gewähren,[35] weil und sofern das zuständige Gericht auch mit der Verfahrensakte über keine besseren Erkenntnismöglichkeiten verfügt als der ggf. (amts-)ärztlich beratene nächste Richter.[36] Gleiches sollte gelten, falls der **Tatverdacht** gegen den Beschuldigten – obwohl die Akten dem Richter nicht vorliegen – **zweifelsfrei** und völlig **ausgeräumt** wird (z.B. wenn die vorführende Polizei erklärt, der wirkliche Täter stehe inzwischen zweifelsfrei fest, es sei wohl versäumt worden, den Haftbefehl aufzuheben, der zuständige Staatsanwalt jedoch nicht zu erreichen ist), oder wenn eindeutig erkennbar ist, dass der zugrunde gelegte Sachverhalt keinen Straftatbestand erfüllt. Es darf sich aber nicht nur um einen (möglicherweise nicht gleich erkennbaren) Darstellungs- oder Begründungsmangel handeln. Vielmehr muss zweifelsfrei feststehen, dass der Haftbefehl aufgehoben werden müsste, also eine Absatz 2 Satz 3 vergleichbare Sachlage vorliegen. Solche Fallgestaltungen werden in der Praxis äußerst selten sein;[37] ein „zweifelsfreies Alibi" oder „offensichtliche Unverhält-

---

31 So *Dreves* DRiZ **1965** 113.

32 Zweifelhaft für den Fall absoluter Verjährung.

33 *Enzian* NJW **1973** 839.

34 KG JR **1976** 253; LG Frankfurt StV **1985** 464.

35 LG Frankfurt StV **1985** 464; SK/*Paeffgen* 5; Meyer-Goßner/*Schmitt* 5; KK/*Graf* 4; Graf/*Krauß* 4; MüKo-StPO/*Böhm*/*Werner* 17; AK/*Deckers* 3; *Roxin*/*Schünemann* § 30, 28; *Heinrich* StV **1995** 660; *Ziegert* StV **1997** 441; vgl. auch *BRAK* 57; *Nibbeling* ZRP **1998** 345; *Schmitz* NStZ **1998** 171; OLG Frankfurt NStZ **1988** 471; krit. *Schröder* StV **2005** 243 (Privilegierung gegenüber dem nach § 115 Vorgeführten).

36 Vgl. LG Frankfurt StV **1985** 464.

37 Ähnlich SK/*Paeffgen* 6; weitergehend wohl AK/*Deckers* 3; *Maier* NStZ **1989** 61 (mit Beispielen): offensichtlich klar gelagerte Fälle; *Chr. Schröder* StV **2005** 241 (§ 116 analog, wenn Rücksprache mit zust. Richter nicht möglich und Haftvollzug unvertretbar wäre); Graf/*Krauß* 4; Meyer-Goßner/*Schmitt* 5, 6; *Sommermeyer* NJ **1992** 340 (evident unbegründet); *Heinrich* StV **1995** 660 (Pflicht zu Aufhebung des Haftbefehls, wenn der Richter sicher ist, dass seine Voraussetzungen nicht mehr vorliegen, z.B. bei Unverhältnismäßigkeit); ähnlich *Ziegert* StV **1997** 441; *Zieschang* FS Würzburger Juristenfakultät 679, 681 (Entscheidungsbefugnisse gemäß §§ 116, 120); s. auch *F. Fischer* NStZ **1994** 321; *Schlothauer*/*Weider*/*Nobis* Rn. 364; **a.A.** etwa KK/*Graf* 4.

nismäßigkeit" z.B. reichen in der Regel nicht aus, weil sie möglicherweise aus den Akten widerlegt werden können. Auf die rechtliche Bewertung lässt sich diese analoge Lösung nicht übertragen, weil der Richter die Bewertung ohne Akten nicht hinreichend zweifelsfrei vornehmen kann. Da entgegen einer zum Teil vertretenen Auffassung[38] die Verfahrensituation des § 115a nicht mit jener der Anhörung nach § 22 IRG im Auslieferungsverfahren vergleichbar ist, weil diese keinen subsidiären Charakter hat, es also keinen an sich zuständigen anderen Richter gibt, kommt der Rechtsprechung des BVerfG zur Prüfungspflicht des Amtsgerichts in sog. Evidenzfällen[39] im hier gegebenen Zusammenhang keine maßgebliche Bedeutung zu.

2. Zur Kritik. Die eingeschränkten Kompetenzen des nächsten Amtsgerichts haben 21
der Norm den Ruf eingetragen, sie gehöre „zu den umstrittensten Vorschriften des Haftrechts".[40] Es hat demgemäß wiederholt Vorschläge gegeben, dem Zuführgericht erweiterte Entscheidungsbefugnisse einzuräumen, ihm etwa bei Unerreichbarkeit des zuständigen Richters auch die Aufhebung oder Außervollzugsetzung des Haftbefehls zu gestatten, wenn dieser an evidenten Mängeln leidet bzw. offensichtlich unrechtmäßig ist.[41] Diese Ansichten haben sich nicht durchgesetzt.[42] Der **Gesetzgeber** des UHaftÄndG vom 29.7.2009 hat in Kenntnis der Kritik die dem nächsten Amtsgericht zukommenden Kompetenzen nicht umfassender gestaltet. Jedenfalls nach dieser gesetzgeberischen Entscheidung ist es angesichts des klaren Wortlauts der Vorschrift nicht zulässig, dem nächsten Amtsgericht weitergehende Entscheidungskompetenzen zuzugestehen.[43] Es ist in Konfliktfällen auf den Weg der Kommunikation mit dem zuständigen Gericht und/oder der zuständigen Staatsanwaltschaft verwiesen. Zwar kann der **Einsatz moderner Kommunikationsmittel** die Problematik der Vorschrift nicht völlig aus der Welt schaffen; sie besteht etwa unverändert, wenn der zuständige Richter und der sachkundige Staatsanwalt während einer Serie von Feiertagen nicht erreicht werden können.[44] Im Regelfall aber kann unter Einbeziehung der Bereitschaftsdienste durch die Nutzung von Telefon, Telefax und/oder E-Mail gewährleistet werden, dass das nächste Amtsgericht eine sachgerechte Entscheidung treffen kann, sodass kein praktisches Bedürfnis besteht, entgegen dem klaren Wortlaut des Gesetzes weitere Entscheidungskompetenzen des nächsten Amtgerichts zu bejahen. Die Schaffung einer sachgerechten Entscheidungsgrundlage setzt natürlich die **Bereitschaft des nächsten Gerichts** voraus, seine Aufgabe nicht nur in einer „Verkündung des Haftbefehls" zu sehen und die eigene Rolle nicht als die eines bloßen „Protokollbeamten" zu verstehen, sondern vielmehr zu versuchen, die notwendigen Informationen für eine eigene Sachentscheidung in Abstimmung mit dem zuständigen Gericht (und/oder der Staatsanwaltschaft) zu erlangen. Bei alldem ist

---

38 MüKo/*Böhm/Werner* 19; KMR/*Wankel* 4.

39 Krit. zur Begründung dieser Prüfungspflicht durch das BVerfG und zur fehlenden Bestimmung der sog. Evidenzfälle KG Beschl. v. 29.11.2010 – (4) Ausl.A. 915/06 (183/06) – (juris-Rn. 48 ff.), insoweit in NStZ-RR **2011** 207 nicht abgedruckt.

40 MüKo/*Böhm/Werner* 2.

41 Krit. etwa (Vorschrift zu eng; z.T.: nicht verfassungskonform; z.T. mit Reformvorschlägen) KMR/*Wankel* 4a; *Wankel* 45 ff. (verfassungswidrig und Verstoß gegen EMRK); *Diehm* StraFo **2007** 231; *Kropp* ZRP **2005** 96; *Ziegert* StV **1997** 439; *Spendel* JZ **1998** 87; *Nibbeling* ZRP **1998** 342; *Schmitz* NStZ **1998** 165; *Zieschang* FS Würzburger Juristenfakultät 665, 679; s. auch *BRAK* 57.

42 *Schlothauer/Weider/Nobis* Rn. 364.

43 In aller Klarheit *Roxin/Schünemann* § 30, 28: Gegenmeinung seit der Novelle mit dem Wortlaut nicht mehr zu vereinbaren; ebenso HK-GS/*Laue* 4; MüKo/*Böhm/Werner* 17, 18; s. auch AnwK-UHaft/*König* 7 f.; Meyer-Goßner/*Schmitt* 5 (aber anders bei Rn. 6: „wenn Aufrechterhaltung des Haftbefehls schlechthin unvertretbar wäre").

44 Vgl. z.B. BGHSt **42** 343 mit Anm. *Seebode* JR **1997** 474; *Spendel* JZ **1998** 85.

zu bedenken, dass die mit der eingeschränkten Kompetenz verbundene Problematik sich in der Praxis deutlich vermindern dürfte, würde die Vorschrift ihrer Konzeption entsprechend tatsächlich selten angewendet, d.h. ihr strikter Ausnahmecharakter (Rn. 1f.) hinreichend beachtet. Käme es dann, wie anzunehmen ist, zu deutlich weniger Anwendungsfällen, hätten die Beteiligten in den noch verbleibenden Fällen – ihr Bewusstsein für die Problematik vorausgesetzt – die Gelegenheit und Zeit, im Wege der modernen Kommunikation die notwendigen Entscheidungsgrundlagen zu schaffen, um dem nächsten Amtsgericht eine sachgerechte, jedenfalls unnötige Härten ausschließende Sachbehandlung und Entscheidung zu ermöglichen.

22 **3. Keine Verfassungs- und Konventionswidrigkeit.** Die Vorschrift dürfte trotz ihrer weiterhin engen Fassung nicht gegen **Art. 103 Abs. 1, Art. 104 Abs. 2 Satz 1 GG, Art. 5 Abs. 3 Satz 1, Art. 6 Abs. 1 Satz 1 EMRK** verstoßen,[45] berücksichtigt man die Informationsmöglichkeiten und -pflichten des nächsten Amtsgerichts, dass die Vorschrift streng subsidiären Charakter hat und dass schließlich effektives rechtliches Gehör sowie die im Hinblick auf die Rechtsprechung insbesondere des EGMR[46] notwendige Entscheidung durch ein mit den notwendigen Befugnissen ausgestattetes Gericht sowie dessen Verpflichtung zu unverzüglichem Handeln über Absatz 2 Satz 4, Absatz 3 sichergestellt werden.

23 **4. Reformüberlegungen.** Das Gesetz zur Intensivierung des Einsatzes von Videokonferenztechnik in gerichtlichen und staatsanwaltschaftlichen Verfahren (VidVerfG) vom 25.4.2013 (BGBl. I S. 935) hat mit Wirkung zum 1.11.2013 in verschiedenen Verfahrensordnungen für die unterschiedlichsten Beteiligten die Möglichkeiten der **Nutzung von Videokonferenztechnik** erweitert. Die Änderungen betrafen auch einzelne Normen der StPO, nicht aber den Fall des § 115a, was auf Kritik gestoßen ist.[47]

24 Diese Thematik wird indessen noch einer **genaueren Diskussion** bedürfen, bei der die Besonderheiten einer solchen Vorführung im Blick zu behalten sind. Es ist der im Regelfall gegebene Zeitdruck zu bedenken, der den hier vorliegenden Sachverhalt von den durch das VidVerfG geregelten anderen Fällen unterscheidet. Dieser Zeitdruck könnte sich jedenfalls bei einer Ergreifung im Zuständigkeitsbereich kleinerer Gerichte, die (auch in Zukunft) nicht über ausreichende Videokonferenztechnik[48] verfügen werden, hinsichtlich der rechtzeitigen Herstellung einer Videokonferenz negativ auswirken. Allerdings dürfte diesem praktischen Problem durch eine Zuständigkeitskonzentration (in den von dieser Problematik betroffenen Flächenbundesländern) zu begegnen sein. Da bei einer **bloßen „Zuschaltung“ per Videotechnik** eines Richters des zuständigen Gerichts gegenüber der schon jetzt jederzeit möglichen telefonischen Erörterung regel-

---

45 So aber – eingehend begründet – *Wankel* 35 ff., 45 ff. m.w.N.; KMR/*Wankel* 4a. S. auch *Diehm* StraFo **2007** 231; HK/*Posthoff* 5; HK-GS/*Laue* 4; *Münchhalffen/Gatzweiler* Rn. 292; LR/*Esser*[26] EMRK Art. 5, 213; *Esser* (Weg) 264 ff., 272 ff.; LR/*Gollwitzer*[25] EMRK Art. 5, 102 ff., 109 ff.; SK/*Paeffgen* EMRK Art. 5, 53; *Gehrlein* FS Boujong 772; *Kropp* ZRP **2005** 96 (Streichung des § 115a und Ausbau der Kompetenz des Richters vor Ort). Eine andere, durchaus betrübliche Problematik betrifft die Anwendungsdefizite in der Praxis.

46 Vgl. z.B. EGMR *Schiesser v. Schweiz*, Urt. v. 4.12.1979 = EuGRZ **1980** 202; *de Jong u.a. v. Niederlande*, 2/1983/58/88-90, Urt. v. 22.5.1984 = EuGRZ **1985** 700; *Nikolova v. Bulgarien*, 31195/96, Urt. v. 25.3.1999 = EuGRZ **1999** 320; *Aquilina u.a. v. Malta*, 25642/94, Urt. v. 29.4.1999 = NJW **2001** 51; *McKay v. GB*, 543/03, Urt. v. 3.10.2006 = NJW **2007** 3699; *Medvedyev u.a. v. Frankreich*, 3394/03, Urt. v. 29.3.2010 = NJOZ **2011** 231 = BeckRS **2010** 30532.

47 Vgl. etwa die Stellungnahme des Strafrechtsausschusses des DAV Nr. 42/2010 (http://anwaltverein.de/downloads/stellungnahmen/SN-10/SN42.pdf), S. 5; siehe auch *Buckow* ZIS **2012** 557.

48 Zu den Anforderungen s. § 118a, 21.

mäßig keine maßgebliche Verbesserung der Situation zu erreichen wäre, müsste eine Neuregelung in Bezug auf die Verhandlungsleitung und Entscheidungskompetenzen grundlegender Natur sein. Die Neuregelung könnte grundsätzlich nur die Vernehmung durch das zuständige Gericht unter Nutzung der Videokonferenztechnik zum Ziel haben; diese wäre zudem verpflichtend zu regeln, ohne dass ein gerichtlicher Ermessensspielraum in Betracht käme. Vor einer solchen Neuregelung und bei deren näherer Ausgestaltung werden allerdings die Gesichtspunkte der Verfügbarkeit einer hinreichenden Technik (s.o.), der sicheren Datenübertragung, der Protokollierung[49] und der sonstigen praktischen Umsetzung (Übermittlung und Durchführung von Entscheidungen eines Gerichts des Bundeslandeslandes A im Bundesland B; Erforderlichkeit einer Beteiligung der *Justiz* des Bundeslandeslandes B), hinreichend zu bedenken, aber auch Regelungen für mögliche (längere) Ausfälle der Technik zu treffen sein.

Im Auge zu behalten bleibt bei allem, dass auch die Nutzung der Videokonferenz- 25
technik eine **grundsätzliche Problematik** der Ergreifung des Beschuldigten in großer räumlicher Entfernung zum zuständigen Gericht nicht beseitigen würde: Die Möglichkeit einer Vernehmung per Videokonferenz ändert nichts daran, dass der mit dem Fall und den Akten vertraute zuständige Richter häufig nicht innerhalb der Zeitspanne des Art. 104 Abs. 2 GG – zudem unter Zugriff auf die Sachakten – zur Verfügung steht. Die elektronische Aktenführung mag insoweit einen Teil der noch bestehenden Schwierigkeiten aus dem Weg räumen.

V. Vorführung zum zuständigen Gericht (Absatz 3)

1. Weitere Vorführung. Hat das nächste Amtsgericht den Beschuldigten nicht frei- 26
gelassen, kann dieser nach **Satz 1** verlangen,[50] dass er dem zuständigen Gericht zur Vernehmung nach § 115 vorgeführt werde. Verlangt der Beschuldigte, dem zuständigen Gericht vorgeführt zu werden, dann ist dem **unverzüglich** nachzukommen.[51] Das Gesetz sagt dies zwar nicht, es ist ihm aber zu entnehmen. Denn die Vorführung zum nächsten Amtsgericht ist nur ein Behelf. Der Beschuldigte kann sämtliche Möglichkeiten, die Freilassung zu erzielen, nur dadurch ausschöpfen, dass der zuständige Richter ihn vernimmt und entscheidet. Daher kann in allen Fällen, die nicht völlig zweifelsfrei sind, allein die unverzügliche Vorführung zum zuständigen Gericht im Sinn des Vorführungssystems liegen. Im Übrigen gilt das allgemeine Beschleunigungsgebot (Vor § 112, 66). Eine Übertragung der verlangten Vernehmung auf den Richter nach § 115a als ersuchten Richter ist unzulässig.[52]

2. Hinweis; Belehrung. Der Richter des nächsten Amtsgerichts hat den Beschuldig- 27
ten nach **Satz 2** auf das Recht, die Vorführung zum zuständigen Gericht zu verlangen, hinzuweisen. Er wird ihm einen solchen **Antrag nahelegen**, wenn er bei der Vernehmung den Eindruck gewonnen hat, dass das zuständige Gericht, weil diesem die Akten vorliegen, den Beschuldigten besser vernehmen und entweder zu einer diesem günstigeren Beurteilung der Haftfrage gelangen könnte oder Aussagen erzielen werde, die das Verfahren fördern könnten. Ferner hat das nächste Amtsgericht die Belehrungen nach **§ 115 Abs. 4** zu geben.

---

49 S. dazu und auch zu weiteren Aspekten der (technischen) Durchführung *Buckow* ZIS **2012** 555 ff.
50 Vgl. AG Bremerhaven MDR **1967** 855 (kein Antragsrecht der StA).
51 *Koch* NStZ **1995** 71; KK/*Graf* 5 (Folge des Beschleunigungsgebots).
52 OLG Köln JMBlNW **1968** 129; vgl. OLG Frankfurt NStZ **1988** 471 (Unzulässigkeit der Verkündung eines Überhaftbefehls im Wege der Rechtshilfe durch den Richter nach § 115a).

28 **3. Transport.**[53] Auch wenn der Verhaftete nicht verlangt, dem zuständigen Gericht vorgeführt zu werden, ist dafür Sorge zu tragen, dass er in dessen Bezirk verbracht wird, weil er nur dort seine weiteren Rechte auf Haftprüfung und auf mündliche Verhandlung sinnvoll wahrnehmen kann. Im Allgemeinen wird der Transport dorthin, oftmals noch **„Verschubung"** genannt, von der Staatsanwaltschaft beim zuständigen Gericht oder nach Rechtshängigkeit auch vom Vorsitzenden des zuständigen Gerichts veranlasst werden. Doch hat auch das nächste Amtsgericht Sorge dafür zu tragen, dass der Verhaftete nicht ohne Not länger als erforderlich bei einem Gericht einsitzt, das nicht das sachnächste und damit dasjenige ist, das über die Sach- und Haftfrage am besten unterrichtet ist oder sich – während des Ermittlungsverfahrens – leicht und rasch unterrichten kann. Der in Haftsachen generell geltende **Beschleunigungsgrundsatz** erfordert, dass der Transport durch einen **Einzeltransport** vorgenommen wird. Demgegenüber ist in der Praxis nach den bundeseinheitlichen Gefangenentransportvorschriften der Sammeltransport die Regel.[54] Diese besonders belastende, zeitaufwendige und die Verteidigungsmöglichkeiten eines Untersuchungsgefangenen faktisch einschränkende Transportart ist mit diesem Grundsatz und den Grundrechten des Beschuldigten nicht vereinbar.[55]

VI. Rechtsmittel

29 Wegen der **Beschwerde** gilt das zu § 114, 35 ff. Ausgeführte. Neben dem Antrag auf Vorführung zum zuständigen Gericht gemäß Absatz 3 Satz 1 ist die Haftbeschwerde unzulässig, weil die Vorführung der Sache nach eine Haftprüfung ist (§ 117 Abs. 2).[56] § 159 GVG findet keine Anwendung (Rn. 19). Trifft das nächste Amtsgericht eine eigene Entscheidung, ist das ihm übergeordnete Beschwerdegericht zur Entscheidung über eine erhobene Beschwerde berufen, sonst ist das dem zuständigen Gericht übergeordnete Beschwerdegericht zuständig.[57] Im erstgenannten Fall können zwei **unterschiedliche Beschwerderechtszüge** gegeben sein; werden allerdings sowohl der Haftbefehl angegriffen als auch die Entscheidung des nächsten Amtsgerichts über die Aufrechterhaltung der Untersuchungshaft, kommt dem Beschwerdegericht, das dem zuständigen Haftgericht übergeordnet ist, der Vorrang zu.[58]

---

53 Vgl. auch *Koch* NStZ **1995** 71; *Kropp* NJ **2000** 238; *ders.* ZRP **2005** 96; *Schmitz* NStZ **1998** 165.

54 Die genauen Fahrtrouten sind einem „Kursbuch für den Gefangenensammeltransport" zu entnehmen.

55 MüKo/*Böhm*/*Werner* 21; Radtke/Hohmann/*Tsambikakis* 12; zurückhaltender HK-GS/*Laue* 5 und Meyer-Goßner/*Schmitt* 8 („ggf." Einzeltransport durchzuführen); unklar AnwK-StPO/*Lammer* 7 (einerseits: „notfalls" Einzeltransport; andererseits: in der Praxis zu beobachtende wochenlange „Verschiebung ... unter keinen Umständen hinnehmbar"); zu den jedenfalls im Bereich der Untersuchungshaft inakzeptablen Zuständen bei Sammeltransporten vgl. etwa SSW/*Herrmann* 30; *Moß* StV **2008** 611; *Kropp* ZRP **2005** 96.

56 OLG Hamburg NStZ-RR **2002** 381.

57 KG JR **1976** 253; LG Frankfurt StV **1985** 464; s. auch § 114, 48.

58 OLG München StRR **2010** 203 = StV **2010** 585 (Ls.); KK/*Graf* 4b; SSW/*Herrmann* 24; Meyer-Goßner/*Schmitt* 7 und KMR/*Wankel* 5 stellen sich zwar gegen das OLG München, ihre Ablehnung beruht aber ersichtlich auf einem Missverständnis des Inhalts der Entscheidung.

§ 116
Aussetzung des Vollzugs des Haftbefehls

(1) [1] Der Richter setzt den Vollzug eines Haftbefehls, der lediglich wegen Fluchtgefahr gerechtfertigt ist, aus, wenn weniger einschneidende Maßnahmen die Erwartung hinreichend begründen, daß der Zweck der Untersuchungshaft auch durch sie erreicht werden kann. [2] In Betracht kommen namentlich
1. die Anweisung, sich zu bestimmten Zeiten bei dem Richter, der Strafverfolgungsbehörde oder einer von ihnen bestimmten Dienststelle zu melden,
2. die Anweisung, den Wohn- oder Aufenthaltsort oder einen bestimmten Bereich nicht ohne Erlaubnis des Richters oder der Strafverfolgungsbehörde zu verlassen,
3. die Anweisung, die Wohnung nur unter Aufsicht einer bestimmten Person zu verlassen,
4. die Leistung einer angemessenen Sicherheit durch den Beschuldigten oder einen anderen.

(2) [1] Der Richter kann auch den Vollzug eines Haftbefehls, der wegen Verdunkelungsgefahr gerechtfertigt ist, aussetzen, wenn weniger einschneidende Maßnahmen die Erwartung hinreichend begründen, daß sie die Verdunkelungsgefahr erheblich vermindern werden. [2] In Betracht kommt namentlich die Anweisung, mit Mitbeschuldigten, Zeugen oder Sachverständigen keine Verbindung aufzunehmen.

(3) Der Richter kann den Vollzug eines Haftbefehls, der nach § 112a erlassen worden ist, aussetzen, wenn die Erwartung hinreichend begründet ist, daß der Beschuldigte bestimmte Anweisungen befolgen und daß dadurch der Zweck der Haft erreicht wird.

(4) Der Richter ordnet in den Fällen der Absätze 1 bis 3 den Vollzug des Haftbefehls an, wenn
1. der Beschuldigte den ihm auferlegten Pflichten oder Beschränkungen gröblich zuwiderhandelt,
2. der Beschuldigte Anstalten zur Flucht trifft, auf ordnungsmäßige Ladung ohne genügende Entschuldigung ausbleibt oder sich auf andere Weise zeigt, daß das in ihn gesetzte Vertrauen nicht gerechtfertigt war, oder
3. neu hervorgetretene Umstände die Verhaftung erforderlich machen.

Schrifttum

Albrecht/Arnold/Schädler Der hessische Modellversuch zur Anwendung der „elektronischen Fußfessel", ZRP **2000** 466; *M. Amelung* Sicherheitsleistung gem. §116 StPO, StraFo **1997** 300; *Amendt* Die Verfassungsmäßigkeit der strafprozessualen Sicherheitsleistungsvorschriften (§§116, 116a; 127a; 132 StPO) (1986); *Banzer/Scherzberg* Elektronische Fußfessel als Alternative? ZRP **2009** 31; *Barthe* Untersuchungshaft, Rechtskraft und §116 StPO: Nach wie vor ungelöste Rechtsprobleme im geltenden Haftrecht? NStZ **2016** 71; *Dahs* Im Banne der elektronischen Fußfessel, NJW **1999** 3469; *Fehn* Aufhebung eines Haftverschonungsbeschlusses wegen neu hervorgetretener Umstände im Sinne von §116 Abs. 4 Nr. 3 StPO, Kriminalistik **2008** 257; *Fünfsinn* Die elektronische Fußfessel in Hessen, FS Eisenberg (2009) 691; *Fünfsinn/Kolz* Gegenwärtige Nutzung und Anwendungsperspektiven der elektronischen Überwachung in Deutschland, StV **2016** 191; *Herrmann* Neue Umstände i.S.v. §116 Abs. 4 Nr. 3 StPO, StRR **2013** 12; *Hochmayr* Elektronisch überwachter Hausarrest – Gegenwart und Zukunft in Deutschland und Österreich, NStZ **2013** 13; *Hohlweck* Sicherheitsleistung bei Verdunklungsgefahr, NStZ **1998** 600; *Jungfer* Sicherheitsleistung zur Verminderung der Verdunkelungsgefahr? GedS Meyer (1990) 227; *Mayer* Modellprojekt elektronische Fußfessel (2004); *Morgenstern* Die Europäische Überwachungsanordnung – Überkomplexes Ungetüm oder sinnvolles Instrument zur Untersuchungshaftvermeidung von Ausländern? ZIS **2014** 216; *Neuhaus* Haftverschonungsauflagen und ihre Kontrolle, StV **1999** 340; *Neuhaus* Die Befristung der Haftverschonung: Stets unzulässiger Urlaub aus der Untersuchungshaft?

https://doi.org/10.1515/9783110274929-013

StraFo **2000** 13; *Ostendorf* Die „elektronische Fessel", ZRP **1997** 473; *Pawlik* Haftverschonung von Ausländern, NJW **1978** 1730; *Püschel* Vermeidung von Untersuchungshaft, StraFo **2009** 134; *Redlich* Die elektronische Überwachung – Entwicklung, Bestandsaufnahme und Perspektiven (2005); *Retemeyer* Sicherheitsleistung durch Bankbürgschaft (1994); *Rixen* Kaution durch die Kommune? – § 116 I 2 Nr. 4 StPO und das Kommunalrecht, NStZ **1999** 329; *Schlothauer* Zur Haftverschonung, StraFo **2009** 104; *Schlothauer* Caution – Kaution! Fallstricke für Beschuldigte und Verteidiger, FS AG Strafrecht DAV (2009) 1039; *Schweckendieck* § 116 StPO und Rechtskraft, NStZ **2011** 10; *Volp* Einsatz elektronischer Überwachung im ambulanten Bereich, FS **2010** 335; *Weichert* Der elektronische Hausarrest aus Sicht des Datenschutzes, StV **2000** 335.

Entstehungsgeschichte

Die Strafprozessordnung sah ursprünglich (in § 117) die Verschonung des Beschuldigten von dem Vollzug der Untersuchungshaft nur für den Fall vor, dass sie allein wegen Fluchtverdachts gerechtfertigt war. Einziges Mittel zur Abwendung des Vollzugs war zunächst die Sicherheitsleistung. Durch Art. 4 Nr. 16 des 3. StRÄndG wurde die Verschonung allgemein aufgrund von Maßnahmen zugelassen, die geeignet waren, die Fluchtgefahr erheblich zu vermindern. Durch Art. 1 Nr. 1 StPÄG 1964 sind namentlich eingefügt worden der Katalog des Absatzes 1, die Möglichkeit, den Vollzug des Haftbefehls bei den drei genannten Haftgründen auszusetzen, und die Regelung des Widerrufs der Aussetzung durch Absatz 4. Infolge der Einfügung des § 112a wurde Absatz 3 neu gefasst durch Art. 1 Nr. 3 StPÄG 1972.

Übersicht

Alphabetische Übersicht

I. Bedeutung

1. Inhalt. Die Vorschrift ist eine **besondere Ausformung** des Prinzips der **Verhältnismäßigkeit** (Vor § 112, 60).[1] Danach ist der Freiheitsanspruch des noch nicht rechtskräftig verurteilten Beschuldigten stets gegen die Notwendigkeit einer im Interesse der Strafrechtspflege[2] liegenden Freiheitsbeschränkung abzuwägen, auch zu berücksichtigen, dass das Gewicht des Freiheitsanspruchs gegenüber den Interessen der Strafrechtspflege mit zunehmender Haftdauer regelmäßig schwerer wiegt[3] und das Verhältnismäßigkeitsprinzip der Haftdauer auch unabhängig von der Höhe der zu erwartenden Strafe Grenzen setzt,[4] und eine weniger einschneidende Maßnahme als den Vollzug der Haft anzuordnen, wenn die Erwartung gerechtfertigt erscheint, dass auch durch sie der verfolgte strafprozessuale Zweck (Haftzweck) erreicht werden kann. Dies entspricht dem verfassungsrechtlichen Gebot, dass bei einer den Bürger belastenden Maßnahme Mittel und Zweck in angemessenem Verhältnis zueinander stehen müssen.[5] Die Vorschrift unterstreicht damit, dass **Haftvollzug** die **ultima ratio**[6] ist; ihr kommt deshalb im Untersuchungshaftrecht eine zentrale, in der Praxis oftmals nicht hinreichend beachtete Bedeutung zu. Die genannten Gesichtspunkte gelten prinzipiell **auch für den außer Vollzug gesetzten Haftbefehl.**[7] Dies bedeutet: Der Haftbefehl ist aufzuheben, wenn seine Aufrechterhaltung trotz Aussetzung des Vollzugs unverhältnismäßig ist.[8] Denn auch die 1

1 BVerfGE **19** 342; **35** 185; **36** 264; BVerfG NJW **1991** 1043; StV **2008** 25; BGH NStZ **1985** 560; LG Koblenz StV **1993** 372; zur Anwendung des § 116 wegen Personalnot der Vollzugsanstalt vgl. AG Hamburg-Harburg StraFo **2005** 198.
2 Zu den Haftzwecken vgl. Vor § 112, 19 ff.
3 BVerfGE **36** 264.
4 BVerfGE **20** 45; **20** 144.
5 BVerfGE **32** 87, 94 ff.; BVerfG NJW **1991** 1043.
6 AK/*Deckers* 1.
7 BVerfGE **53** 153; BVerfG NJW **2006** 668; StV **1996** 156; h.M.; vgl. z.B. OLG Karlsruhe StV **2000** 210; OLG Düsseldorf StraFo **2003** 378.
8 OLG Hamburg StV **1985** 66; **1986** 66; OLG Düsseldorf StraFo **2003** 378; OLG Köln StV **2005** 396; LG Bremen StV **1986** 66; LG Frankfurt StV **2007** 253; s. auch BGHSt **39** 233.

Haftersatzmaßnahmen können erhebliche Grundrechtseingriffe sein,[9] die auf das unerlässliche Minimum zu begrenzen sind. In diesem Zusammenhang ist auch das **Beschleunigungsprinzip** (Vor § 112, 66) bedeutsam.[10] Zwar zwingt eine vermeidbare Verfahrensverzögerung der Strafverfolgungsbehörden nicht ohne weiteres zur Aufhebung eines außer Vollzug gesetzten Haftbefehls, weil eine Abwägung aller bedeutsamen Gesichtspunkte erforderlich ist.[11] Aber die Aufhebung kann erforderlich werden, wenn eine Reduzierung der Haftersatzmaßnahmen nicht ausreicht, weil selbst deren Fortdauer wegen der damit immer noch verbundenen erheblichen Einschränkungen der Freizügigkeit nicht mehr hinnehmbar wäre.[12] Außerdem kann bei vermeidbaren Verfahrensverzögerungen durch die Strafverfolgungsbehörden eine erneute Inhaftierung des Beschuldigten vor Urteilserlass unzulässig sein, z.B. dann, wenn damit Haft vollzogen würde, die bei angemessener Beschleunigung vermieden worden wäre.[13]

2 Der Vollzug des Haftbefehls kann grundsätzlich **bei jeder Straftat**[14] und **bei jedem Haftgrund**, auch bei der Hauptverhandlungshaft (§ 127b, 24) – nach h.M.[15] ausgenommen Flucht (§ 112 Abs. 2 Nr. 1) – ausgesetzt werden; eine Aussetzung ist auch mehrfach möglich.[16] Die Zulässigkeit der Aussetzung beim Haftgrund der **Schwerkriminalität** (§ 112 Abs. 3) – unabhängig vom Wortlaut der Vorschrift[17] – folgt aus der Rechtsprechung des BVerfG[18] (Rn. 30). Aber auch bei **Flucht** (§ 112 Abs. 2 Nr. 1) muss es – unabhängig vom Wortlaut der Vorschrift – im Hinblick auf die Pflicht der Justiz zur Beachtung des übergeordneten Verhältnismäßigkeitsprinzips möglich sein, den Vollzug auszusetzen, etwa wenn der Beschuldigte sich – z.B. über seinen Verteidiger – bereit erklärt, die Flucht abzubrechen und sich dem Verfahren zu stellen, falls gegen ausreichende Auflagen, etwa (hohe) Sicherheitsleistung, eine Haftverschonung gewährt wird;[19] dem wird die Praxis durchaus gerecht. Soweit dem entgegen gehalten wird, das UHaftÄndG vom 29.7.2009 (BGBl. I S. 2274) habe die Vorschrift unverändert gelassen,[20] steht dieser Gedanke der entsprechenden Anwendung nicht zwingend entgegen. Im Jahr 2009 sind mehrere in der Diskussion stehende materielle Fragen des Untersuchungshaftrechts nicht geregelt worden, ohne dass daraus stets der Schluss auf eine bewusste gesetzgebe-

---

9 Vgl. BVerfG Beschl. v. 13.10.2016 – 2 BvR 1275/16 – (juris) m.w.N.; SK/*Paeffgen* 2; KK/*Graf* 1; s. auch OLG Düsseldorf StraFo **2003** 378.

10 Vgl. BVerfG NJW **2006** 668; StV **2003** 30; OLG Hamburg StV **1985** 66; **1986** 66; OLG Hamm wistra **2002** 238; KG StV **1985** 67; **1989** 68; **1991** 473; StV **2003** 627; OLG Bremen StV **1992** 383; **1994** 666; OLG Düsseldorf StraFo **2003** 378; OLG Dresden StV **2004** 495; wistra **2014** 78; s. auch OLG Köln StV **1992** 8; StraFo **2004** 137; StV **2005** 396; OLG Stuttgart NStZ-RR **2003** 29; LG Bremen StV **1986** 66; LG Dortmund StV **1989** 254; LG Frankfurt StV **1989** 486; **2003** 31; **2007** 253; LG Hamburg StV **1985** 20; LG Köln NStZ **1989** 442; LG Leipzig StV **2005** 141.

11 OLG Schleswig bei *Lorenzen/Thamm* SchlHA **1991** 122; OLG Hamm wistra **2002** 238.

12 BVerfG NJW **2006** 668; StV **2003** 30; OLG Dresden StV **2004** 495; OLG Düsseldorf StraFo **2003** 378; OLG Köln StraFo **2004** 137; OLG Hamburg StV **1985** 66; **1986** 66; OLG Frankfurt StV **1989** 486; KG StV **1989** 68; **1991** 473; **2003** 627.

13 Vgl. OLG Köln StraFo **2007** 155; StV **1988** 345; Meyer-Goßner/*Schmitt* 1; SK/*Paeffgen* 4; s. auch OLG Düsseldorf StV **1994** 147; § 120, 21 ff.

14 Einschränkend für Straftaten nach den §§ 94, 99, 129, 129a StGB BGH bei *Schmidt* MDR **1994** 240; **1993** 508; **1992** 548; **1990** 106. Vgl. auch KG NJW **1991** 2656 mit Anm. *Paeffgen* NStZ **1992** 482 („Mauerschützen"); OLG Hamm StV **1999** 606.

15 KK/*Graf* 3; SK/*Paeffgen* 3, 5; HK/*Posthoff* 3; MüKo/*Böhm* 5.

16 OLG Hamm StV **1999** 161.

17 Vgl. dazu LR/*Hilger*[26] 2; LR/*Wendisch*[24] 1.

18 BVerfGE **19** 342, 351 ff.

19 Vgl. OLG Stuttgart NStZ **1990** 247; AK/*Deckers* 3; *Schlothauer/Weider/Nobis* Rn. 514 f.; *Neuhaus* StV **1999** 341; Radtke/Hohmann/*Tsambikakis* 31 f.; s. auch BVerfG StV **1996** 157.

20 SK/*Paeffgen* 3; HK/*Posthoff* 3.

rische Entscheidung gezogen werden müsste;[21] das Schweigen des Gesetzgebers ist nicht in jedem Fall ein „beredtes". Bei Flucht kann überdies freies Geleit (§ 295) in Betracht gezogen werden.[22] Die Vorschrift ist bei Anwendung unter Beachtung der Rechtsprechung des BVerfG insbesondere zum Prinzip der Verhältnismäßigkeit (Vor § 112, 60ff.), zur Notwendigkeit der Gewährleistung einer rechtsstaatlichen Strafrechtspflege (Vor § 112, 33) sowie zu Art. 2 Abs. 2, Art. 3 Abs. 1 GG **verfassungsrechtlich unbedenklich**, auch soweit sie eine Aussetzung gegen Sicherheitsleistung erlaubt.[23] Die angeführten Grundsätze und Erwägungen hat nicht nur das Haftgericht, sondern auch die Staatsanwaltschaft, z.B. bei Haftanträgen, zu beachten[24] (s. auch § 116a, 2). Sowohl rechtstatsächliche Erkenntnisse (Vor § 112, 107f.)[25] als auch die Beobachtung der **Praxis** wecken ernste **Zweifel**, ob von § 116 – dem kriminalpolitischen Ziel der Vorschrift entsprechend (Einschränkung des Vollzugs, soweit vertretbar) – hinreichend Gebrauch gemacht wird.[26] Zu Reformvorschlägen vgl. Vor § 112, 109.[27]

2. Anwendungsbereich. Weil die Vorschrift dem Zweck dient, den Vollzug der Untersuchungshaft soweit als möglich einzuschränken, ist sie anzuwenden, wenn ein Haftbefehl erlassen wird, also die grundsätzlichen Haftvoraussetzungen (§§ 112, 112a, 127b) erfüllt sind, und dann so lange, als ein erlassener Haftbefehl nicht aufgehoben (§ 120) oder durch Rechtskraft erledigt ist. Es ist **nicht zulässig**, in der Praxis aber nicht selten zu beobachten, einen **Haftbefehl trotz Zweifeln** hinsichtlich des Vorliegens der Haftvoraussetzungen zu erlassen und diesen Zweifeln durch (**großzügige**) **Haftverschonung** Rechnung zu tragen (Rn. 4, 6).[28] Die Anwendung der Vorschrift ist bei der Anordnung der Untersuchungshaft, bei jeder Haftprüfung, **bei jeder Entscheidung** über die Fortdauer der Untersuchungshaft und bei jeder Beschwerdeentscheidung **von Amts wegen** zu prüfen. Häufigster Anwendungsfall ist die Haft wegen Fluchtgefahr, denn Verdunkelungs- und Wiederholungsgefahr lassen sich nur selten durch Haftersatzmaßnahmen reduzieren. Zur Haftunfähigkeit vgl. § 112, 123. Zur – nach h.M. – nur eingeschränkten Überprüfbarkeit im Beschwerdeverfahren vgl. Rn. 38ff. 3

Bei der Entscheidung ist nach dem Wortlaut von Absatz 3 der im Haftbefehl angegebene **Haftgrund** entscheidend, während in den Fällen der Absätze 1 und 2 geprüft werden muss, aus welchem Grunde die Untersuchungshaft gerechtfertigt ist. In Wirklichkeit ist auch in den Fällen des Absatzes 3 die Prüfung unentbehrlich, ob nicht auch Flucht- oder Verdunkelungsgefahr vorliegt, im Fall des Absatzes 2, ob auch Fluchtgefahr, und im Fall des Absatzes 1, ob auch Verdunkelungsgefahr gegeben ist. Nur darf in den Fällen der Absätze 1 und 2 nicht untersucht werden, ob die Haft nicht auch nach § 112a gerechtfertigt ist; denn für diesen Fall ist der im Haftbefehl angegebene Haftgrund maßgebend (Absatz 3). Da das Gericht auch im Falle des Absatzes 3 nicht gehindert ist, den Haftbefehl auf einen der 4

21 Ähnlich SSW/*Herrmann* 14.
22 SK/*Paeffgen* 3.
23 *Amendt* 41ff., 139ff., 159ff.; SK/*Paeffgen* 14; vgl. BVerfG NJW **1991** 1043; BGHSt **38** 345. S. auch *Meyer* FS Tröndle 61ff.; BTDrucks. **9** 1735. Krit.: *Krauß* in: *Müller-Dietz* Strafrechtsdogmatik und Kriminalpolitik (1971) 153, 161.
24 Vgl. RiStBV Nr. 54 Abs. 1 Buchst. b.
25 Vgl. insbesondere *Gebauer* 249ff., 381ff., 398ff.; *Geiter* 224ff.; *Jabel* 46ff., 144ff.; *Schöch* FS Lackner 991ff.; *Seebode* (Kolloquium) 169; *Amendt* 21ff.; s. auch BTDrucks. **9** 1735.
26 Vgl. auch MüKo/*Böhm* 2f., 25; HK/*Posthoff* 2 (jeweils aus obergerichtlicher Sicht).
27 Insbesondere *Gebauer* 370ff., 398; *Jabel* 20ff., 205ff.; *Jehle* 16, 280; *Wolter* (Aspekte) 49 Fn. 147; *Paeffgen* (Dogmatik) 170ff.; § 116, 2; *Danckert* BRAK-Mitt. **1988** 116; AK/*Deckers* § 112, 38; *Münchhalffen*/*Gatzweiler* Rn. 308; SPD-Entwurf BTDrucks. **11** 688; AK-Entwurf 1983; Entwurf Die Grünen BTDrucks. **11** 2181 und **11** 1403; Straffälligenhilfe in: *Jung*/*Müller-Dietz* (Reform) 6ff.; ASJ-Thesen (1984).
28 AnwK-StPO/*Lammer* 1 spricht feinsinnig von „Flucht in die Haftverschonung".

beiden genannten Gründe umzustellen oder zu erweitern (§ 114, 53 ff.), ist nach alledem nur bedeutsam, dass die obligatorische Aussetzung des Absatzes 1 nur geboten ist, wenn der Haftbefehl lediglich wegen Fluchtgefahr gerechtfertigt ist; liegt außerdem noch Verdunkelungsgefahr vor, dann müssen zugleich auch die Voraussetzungen des Absatzes 2 erfüllt sein, und steht die Aussetzung im – freilich beschränkten (Rn. 8) – Ermessen des Gerichts.

5 Aus der unbeschränkten Wirksamkeit des Grundsatzes der Verhältnismäßigkeit folgt trotz des Wortlauts der Vorschrift, dass diese auch bei der sog. **Ungehorsamshaft** (§ 230 Abs. 2, § 236, § 329 Abs. 3) anzuwenden ist.[29] Denn der Ungehorsamshaftbefehl der genannten Vorschriften will der Entziehung von nur einem Termin entgegenwirken (§ 112, 5). Für ihn muss also erst recht gelten, was geboten ist, wenn sich der Beschuldigte dem ganzen Verfahren entziehen will. Entsprechendes gilt für die Hauptverhandlungshaft (§ 127b, 24). Dagegen erfasst die Vorschrift nicht die **Vorführung** (§ 134; § 230 Abs. 2; § 236, § 329 Abs. 3, je erste Alt.), weil sie zu keinem längeren Festhalten führen kann, sowie die **Ordnungshaft** (§§ 177, 178 GVG), weil sie keine Untersuchungshaft ist. Bei dem Haftbefehl vor Widerruf einer Aussetzung der Strafvollstreckung (**Sicherungshaftbefehl, § 453c Abs. 1**) ist § 116 nach dem ausdrücklichen Wortlaut des Gesetzes (§ 453c Abs. 2) nicht anzuwenden, doch kann das gleiche Ergebnis erzielt werden, weil der Haftbefehl nur „notfalls" erlassen werden kann, wenn sonstige vorläufige Maßnahmen nicht ausreichen.[30] Vgl. im Übrigen Vor § 112, 8. Zur Aussetzung bei **einstweiliger Unterbringung** vgl. § 126a, 14; zur Möglichkeit der Aussetzung einer Unterbringung gemäß **§ 275a Abs. 5** die Erl. zu dieser Vorschrift. Im **Auslieferungsverfahren** findet sich in § 25 IRG eine gesonderte gesetzliche Regelung.

6 **3. Aussetzung des Vollzugs.** Mit der Wortfassung, dass der Vollzug des Haftbefehls ausgesetzt wird, trägt das Gesetz dem Umstand Rechnung, dass der Haftbefehl bestehen bleibt. Bestehen bleiben kann der Haftbefehl nur, wenn die Haftgründe ebenfalls fortbestehen. **Bei jeder Entscheidung** über die Haftverschonung wird **inzident** auch über den **Bestand des Haftbefehls** entschieden.[31] Da die Haftgründe nur bei einer durch Tatsachen belegten konkreten Gefahr gegeben sind, ist auch die den Fortbestand des Haftbefehls rechtfertigende fortbestehende Gefahr nicht nur eine theoretische, sondern eine konkrete, wenn auch eine gegenüber dem nicht durch Maßnahmen gesicherten Zustand erheblich herabgesetzte. Das Gesetz nimmt also ein gewisses Risiko in Kauf. Das Risiko ist im Einzelfall vom Gericht zu bemessen. Dabei hat es auch das Unrecht der Tat und die Schuld des Täters zu berücksichtigen. Die Grundentscheidung des **in Kauf genommenen Risikos** bleibt aber maßgebend. Sie ist bei der Auswahl und Bewertung der Maßnahmen zu berücksichtigen. Wird aber durch die Übernahme von Pflichten oder von Beschränkungen, etwa bei einem Sexualstraftäter durch den Eintritt in ein psychiatrisches Krankenhaus, der Haftgrund nicht nur abgeschwächt, sondern ganz beseitigt, darf kein Haftbefehl erlassen und muss ein erlassener aufgehoben werden.

7 Aus dem Umstand, dass der Haftbefehl, wenn sein Vollzug ausgesetzt wird, bestehen bleibt, folgt, dass die **Aussetzung unzulässig** ist, wenn der **Haftbefehl aufzuheben ist.**[32] Ob das geboten ist (§ 120 Abs. 1), muss daher geprüft werden, bevor eine Entscheidung nach § 116 getroffen wird. Zur Prüfung des Haftgerichts, ob der Haftbefehl etwa nach § 121 Abs. 1 aufzuheben sein wird, s. § 122, 9, 33, 57. Wegen des OLG s. § 122, 43.

---

29 H.M.; BVerfG Beschl. v. 21.9.2017 – 2 BvR 1071/15 – (juris); KG GA **1972** 128; OLG Frankfurt StV **2005** 432.

30 Vgl. auch OLG Hamburg JR **1979** 174 mit – zu Recht – krit. Anm. *Gössel* (Verkennung des Verhältnisses von § 295 zu § 116).

31 BGHSt **39** 233; OLG Köln StV **1994** 321 mit Anm. *Paeffgen* NStZ **1995** 22.

32 OLG Hamburg JR **1983** 259 mit Anm. *Rieß*; vgl. auch Strafk. AG Bremerhaven StV **1993** 86.

4. Bindung. Liegen die Voraussetzungen der Vorschrift vor, ist im Fall des Absatzes 1 der Vollzug des Haftbefehls auszusetzen (der Richter „setzt ... aus“). Für die Absätze 2 und 3 gibt das Gesetz dem Gericht scheinbar größere Freiheit (der Richter „kann ... aussetzen“). Es ist aber gleichwohl gebunden durch den Grundsatz, dass stets die am wenigsten einschneidende Maßnahme zu wählen ist. Wird der Zweck der Untersuchungshaft durch solche Maßnahmen erreicht, ist der Vollzug des Haftbefehls **zwingend auszusetzen.**[33] Das in beiden Absätzen gebrauchte Wort „kann“ stellt das Gericht daher nicht in der Entscheidung frei, sondern nur, weil bei der Anwendung unbestimmter Rechtsbegriffe die ausschlaggebenden Erwägungen und Abwägungen nicht stets deutlich in Worte zu fassen sind, in der Begründung. Der früher zur Haftverschonung gegen Sicherheitsleistung geführte Streit, ob der Beschuldigte, wenn die Voraussetzungen der Absätze 2 und 3 vorliegen, ein Recht darauf habe, dass der Vollzug ausgesetzt werde, ist müßig. Der Frage käme nur Bedeutung zu, wenn das Ermessen nicht oder nur beschränkt nachprüfbar wäre. Das ist aber nicht der Fall. Denn im Beschwerdeverfahren spielt die **Unterscheidung zwischen Rechts- und Ermessensentscheidung keine Rolle.** Das Beschwerdegericht hat, wenn ein Ermessen obwalten darf, seines an die Stelle desjenigen des Vorderrichters zu setzen. 8

5. Keine Befristung. Umstritten ist, ob eine befristete Haftverschonung zulässig ist, das Gericht also den Vollzug der Untersuchungshaft auch nur auf bestimmte Zeit aussetzen kann. Vereinzelt wird dies für besondere Ausnahmefälle – etwa zur Wahrnehmung wichtiger Termine des Beschuldigten – bejaht,[34] wobei meist angenommen wird, die Leistung einer angemessenen Sicherheit (Absatz 1 Satz 2 Nr. 4), oder aber – je nach Sachlage – auch die Aufsicht einer bestimmten (Privat-)Person (Absatz 1 Satz 2 Nr. 3) sei als Sicherungsmaßnahme zu verlangen.[35] Dem ist entgegenzutreten. Eine befristete Außervollzugsetzung ist **nicht dogmatisch überzeugend zu begründen**. Die Frage, ob der Zweck der Untersuchungshaft durch weniger einschneidende Maßnahmen zu erreichen ist, gestattet keine zeitlich differenzierte Beurteilung, sondern lässt sich nur einheitlich beantworten; eine kurzfristige Aussetzung führte zudem zur Umgehung des Verbots, Urlaub aus der Untersuchungshaft zu gewähren.[36] Für eine befristete Aussetzung des Untersuchungshaftvollzugs besteht auch **kein praktisches Bedürfnis**. Soweit die Gegenansicht eine solche Entscheidung z.B. für abschließende kurze Geschäftsverhandlungen und einen Vertragsabschluss, an denen der Beschuldigte sehr interessiert ist, anführt,[37] wird man den berechtigten Interessen des Untersuchungsgefangenen ohne weiteres durch eine entsprechende **Ausführung**[38] gerecht werden können.[39] Der weiter- 9

---

33 BVerfGE **19** 342; KK/*Graf* 4; Meyer-Goßner/*Schmitt* 4; HK/*Posthoff* 7; SK/*Paeffgen* 5; SK/*Paeffgen* EMRK Art. 5, 63; AK/*Deckers* 5.

34 Vgl. LG Köln StV **1982** 374; **1984** 342; LG Verden StV **1996** 387; AG Krefeld NStZ **2002** 559 mit zust. Anm. *Neuhaus*; LR/*Hilger*[26] 9; SK/*Paeffgen* 7 (wesensgleiches Minus zur Aussetzung); AK/*Deckers* 6; *Neuhaus* StraFo **2000** 13; Radtke/Hohmann/*Tsambikakis* 6; *Schlothauer*/*Weider*/*Nobis* Rn. 591; s. auch KMR/*Wankel* 1 (in „extrem gelagerten Ausnahmefällen“).

35 Vgl. LR/*Hilger*[26] 9 m.w.N.

36 OLG Schleswig SchlHA **1971** 69; OLG Zweibrücken MDR **1979** 517; OLG Stuttgart MDR **1980** 423; KK/*Graf* 6; HK/*Posthoff* 6; Meyer-Goßner/*Schmitt* 2; SSW/*Herrmann* 6; MüKo/*Böhm* 9; Graf/*Krauß* 4; AnwK-StPO/*Lammer* 2; gegen das Argument der Umgehung des Urlaubsverbots aber LR/*Hilger*[26] 9 Fn. 33 mit dem Hinweis, die befristete Aussetzung lasse Auflagen zu, die bei einer Beurlaubung nicht möglich wären. Zum Urlaubsverbot vgl. *Neuhaus* NStZ **2002** 559.

37 Weitere Beispiele bei *Neuhaus* StraFo **2000** 15 und NStZ **2002** 560.

38 Vgl. etwa § 9 Abs. 2 UVollzG Berlin (und vergleichbare Landesgesetze, die auf dem Musterentwurf der Untersuchungshaftvollzugsgesetze der Bundesländer beruhen).

39 Meyer-Goßner/*Schmitt* 2; SK/*Paeffgen* 7. In den vom LG Köln StV **1982** 374; **1984** 342 entschiedenen Fällen handelte es sich in Wahrheit um Fallgestaltungen von Ausführungen.

hin genannte Beispielsfall eines stationären Krankenhausaufenthalts des in seinen Fluchtmöglichkeiten eingeschränkten (z.B. erheblich gehbehinderten) Beschuldigten führt ebenso wenig dazu, ein praktisches Bedürfnis für eine befristete Außervollzugsetzung anzuerkennen. Soweit nicht ohnehin ein besonderes Vollzugskrankenhaus vorhanden ist, in dem die Behandlung erfolgen und in das der Beschuldigte verlegt oder überstellt werden kann, besteht die Möglichkeit der Ausführung zur medizinischen Behandlung.[40] Die Gegenansicht offenbart zudem, dass sie die befristete Aussetzung letztlich wohl nur in solchen Konstellationen in Erwägung ziehen würde, in denen ohnehin eine Haftverschonung vertretbar wäre, soweit sie darauf hinweist, dass das Haftgericht spätestens mit Ablauf der Befristung werde prüfen müssen, ob – und warum nicht – die Aussetzung unter geänderten Umständen mit anderen (schärferen) Auflagen fortgeführt werden könne.[41] Erfordert also die Ablehnung weiterer Haftverschonung auch nach nur kurzer befristeter Gewährung (etwa für einen einzigen Termin) eine besondere Begründung, liegt es nahe, dass in Wahrheit schon vorher eine grundsätzlich positive Prognose zu stellen und auf unbefristete Haftverschonung zu erkennen war.

10 **6. Mehrere Haftbefehle.** Die Aussetzung des Vollzugs und bei Jugendlichen das Absehen von der Vollstreckung haben Wirkung nur in dem Verfahren, in dem sie bewilligt worden sind. Sie haben daher, wenn in mehreren Verfahren Haftbefehle ergangen oder zu erwarten sind, für den Beschuldigten in der Regel nur dann Bedeutung, wenn der Vollzug in allen Verfahren ausgesetzt wird. Dazu wird der Verhaftete entsprechende Anträge stellen. Wenn auch, anders als bei der Gewährung sicheren Geleits, kein amtliches Interesse daran besteht, dass sich die beteiligten Gerichte von Amts wegen verständigen, so kann das doch durch die Fürsorgepflicht für den Beschuldigten, aber auch aus Gründen der Zweckmäßigkeit, jedenfalls dann geboten sein, wenn eine Bewilligung sämtlicher Anträge zu erwarten ist. Die Entlassung aus der Haft erfolgt erst dann, wenn alle Haftbefehle außer Vollzug gesetzt worden sind. Vgl. auch Vor § 112, 88ff.

II. Aussetzung des Vollzugs

11 **1. Anforderungen; Erwartungsprognose.** Nach **§ 72 Abs. 1 JGG**, der § 116 in Jugendstrafsachen ersetzt, darf Untersuchungshaft nur verhängt und vollstreckt werden, wenn ihr Zweck nicht durch eine vorläufige Anordnung über die Erziehung oder durch andere Maßnahmen erreicht werden kann. In der **Terminologie des § 116** heißt das, dass der Jugendrichter den Vollzug des Haftbefehls gegen einen Jugendlichen aussetzt, wenn der Zweck der Untersuchungshaft auch durch weniger einschneidende Maßnahmen erreicht werden kann.[42]

12 Das stimmt nahezu überein mit der **Fassung von Absatz 1** (Aussetzung bei Fluchtgefahr), nur wird dort das Unsicherheitsmoment, das notwendigerweise bei der Abschätzung der Wirkung einer Maßnahme auftritt, betont durch die Worte, dass weniger einschneidende Maßnahmen die Erwartung „hinreichend" begründen, der Haftzweck werde durch sie erreicht werden „können". Da die Aussetzung des Vollzugs stets, also auch im Jugendrecht, ein Risiko in sich birgt, ist der Unterschied in der Fassung nicht erheblich, doch macht Absatz 1 ganz deutlich, dass das Gericht zwar das Risiko sorgfältig

---

40 Vgl. z.B. § 23 UVollzG Berlin (und vergleichbare Landesgesetze, die auf dem Musterentwurf der Untersuchungshaftvollzugsgesetze der Bundesländer beruhen).

41 Vgl. LR/*Hilger*[26] 9.

42 Zu den – erhöhten – Begründungsanforderungen bei Haftbefehlen gegen Jugendliche vgl. OLG Hamm NStZ **2010** 281; s. auch § 114, 18.

zu berechnen hat (Rn. 6), aber doch keine absolute Sicherheit anstreben, keine fest bestimmten Erwartungen hegen darf, sondern eine hinreichend begründete Erwartung ausreichen lassen muss.[43] **Hinreichend begründet** ist die **Erwartung**, wenn die Maßnahme zwar keinen absolut sicheren Erfolg, aber bei Übernahme eines gewissen Risikos die **große Wahrscheinlichkeit des Erfolges** begründet, der Beschuldigte werde sich dem Strafverfahren nicht entziehen.[44]

Auch in **Absatz 2** (Aussetzung bei **Verdunkelungsgefahr**) kehrt die Verbindung der **13** weniger einschneidenden Maßnahmen mit einer hinreichend begründeten Erwartung wieder. Hier geht die Erwartung aber nicht dahin, dass der Haftzweck erreicht werden könne, sondern dass die Verdunkelungsgefahr erheblich vermindert werde. Es wird also scheinbar mehr und gleichzeitig weniger („werden" statt „kann"; „erheblich" vermindert statt „erreicht") verlangt als in Absatz 1. Die anders formulierte Anforderung wird ausgeglichen durch eine freiere Stellung des Gerichts (Rn. 8).[45]

In **Absatz 3** (Aussetzung bei **Wiederholungsgefahr**) ist wiederum die gleiche Fas- **14** sung „kann aussetzen" gewählt; sonst wird in der Formulierung eine Parallele zu Absatz 2 gesucht, aber nicht auf eine Minderung der Gefahr abgestellt, sondern auf die Erwartung, dass der Haftzweck erreicht werde, also durch die vom Gericht bestimmten Anweisungen die Wiederholungsgefahr gebannt wird.

Alle Fassungen weichen also offensichtlich in Nuancen voneinander ab. Die Praxis **15** wird im zu entscheidenden Einzelfall diese **Unterschiede nur selten** deutlich herausarbeiten und **näher begründen können**. Sie wird in diesen Fällen fragen, ob durch weniger einschneidende Maßnahmen die Gefahr, der mit der Verhaftung begegnet werden soll, so erheblich vermindert wird, dass, wenn man ein gewisses Risiko in Kauf nimmt, erwartet werden kann, der Haftzweck werde auch ohne Haftvollzug erreicht werden.[46] Dazu ist eine **Abwägung aller Umstände** des Einzelfalles einschließlich der Beachtung des **Beschleunigungsprinzips**[47] erforderlich. In Betracht kommen alle für den Vollzug des Haftbefehls sprechenden sowie alle den Haftgrund entkräftenden oder abschwächenden Umstände, namentlich persönliche (familiäre oder berufliche) Verhältnisse,[48] Straf- oder Strafaussetzungserwartung[49] sowie Folgen der Straftat,[50] das bisherige Verhalten im Verfahren[51] und nicht zuletzt Möglichkeit und voraussichtliche Wirksamkeit von Ersatzmaßnahmen.[52] Auch bei **Erwartung einer erheblichen Strafe** können die den

---

43 LG Köln StV **1984** 342.

44 Vgl. OLG Karlsruhe StraFo **1997** 91; OLG Koblenz StV **2003** 171.

45 Vgl. auch Begr. BTDrucks. **IV** 178 S. 23.

46 Vgl. SK/*Paeffgen* 10; KK/*Graf* 10; MüKo/*Böhm* 17.

47 Vgl. OLG Hamm JMBlNW **1977** 131; LG Dortmund StV **1989** 254; AG Leipzig StV **1996** 158; HK/*Posthoff* 12; SK/*Paeffgen* 10; KK/*Graf* 10. Siehe Rn. 1.

48 Vgl. OLG Braunschweig StV **1985** 331; OLG Celle StV **1991** 266; **1991** 473; **1995** 644 (Wirkung der bisherigen Haft) mit Anm. *Paeffgen* NStZ **1997** 76; OLG Frankfurt StV **1985** 463; **1985** 374; KG StV **1994** 601; OLG Hamburg StV **1995** 420 (Beschuldigter reist in Kenntnis des Haftbefehls ein und stellt sich); OLG Hamm StV **1997** 643; StraFo **2002** 339; LG Frankfurt StV **1989** 68 (Verzicht auf Drogenkonsum); Strafk. AG Bremerhaven StV **1993** 645.

49 OLG Bamberg StV **1989** 486; OLG Celle StV **1991** 266; OLG Frankfurt StV **1985** 20 und 463; **2000** 372; OLG Hamm StV **1985** 114; **1997** 643; KG StV **1986** 107; OLG Köln StV **1996** 389; StraFo **1998** 103; **1999** 103; OLG Koblenz StraFo **1998** 170; OLG Karlsruhe StV **2000** 508; LG Dortmund StV **1989** 372; LG Koblenz StV **1993** 372.

50 Z.B. hohe Schadensersatzforderungen als Fluchtanreiz oder erhebliche Schadenswiedergutmachung, die gegen Fluchtmöglichkeit spricht.

51 OLG Hamm StraFo **2002** 339; OLG Koblenz StV **2003** 171; s. auch BGH StraFo **2006** 244 (Ankündigung der Rechtsmittelrücknahme).

52 Vgl. OLG Frankfurt StV **1991** 27 (Drogentherapie) mit Anm. *Paeffgen* NStZ **1991** 422; **1992** 425; OLG Celle StV **1995** 644; s. auch KG bei *Kotz*/*Rahlf* NStZ-RR **2000** 74.

Haftgrund entkräftenden oder abschwächenden Umstände so stark sein, dass nach § 116 verfahren werden kann.[53]

16 **2. Voraussetzungen; Grundsatz.** Die Absätze 1 und 2 lassen zu, den Vollzug des Haftbefehls gegen Maßnahmen auszusetzen, die weniger einschneidend sind als die Untersuchungshaft und die geeignet sind, die zu Rn. 11ff. angegebenen Erwartungen zu begründen. In den Absätzen 1 und 2 sind Beispielsfälle genannt, in Absatz 3 und in § 72 Abs. 1 JGG nicht. Die **gesetzlichen Beispiele** beziehen sich zwar auf den jeweils geregelten Fall; sie können aber auch in anderen Fällen als Beispiel dienen, wenn das sinnvoll ist. **Unzulässig** ist eine **Aussetzung ohne** Anordnung von **Haftersatzmaßnahmen**; in diesem Fall wäre der Erlass eines Haftbefehls abzulehnen oder ein bereits bestehender aufzuheben.[54] Mitunter wird vertreten, dass der Beschuldigte sich **freiwillig bestimmten Beschränkungen unterwirft**, um den Erlass eines Haftbefehls abzuwenden.[55] Dies ist mit der derzeitigen Rechtslage nicht vereinbar.[56] Für solche rechtlichen Konstruktionen bestünde im Übrigen, würde Untersuchungshaftvollzug in der gebotenen Weise als ultima ratio verstanden, auch kein praktisches Bedürfnis. Zulässig ist eine **Änderung**, auch eine **zeitweise Aussetzung**, einzelner Haftersatzmaßnahmen.[57] Die Maßnahmen werden meist in Anweisungen bestehen, durch die das Gericht dem Beschuldigten Pflichten und Beschränkungen (Absatz 4 Nr. 1) auferlegt; sie können aber auch einen anderen Inhalt haben, selbst Handlungen eines Dritten sein, wie sich aus § 116a ergibt. Die Ersatzmaßnahmen müssen mit der **Menschenwürde** (Art. 1 GG) vereinbar sein, dürfen nicht unzulässig in Grundrechte eingreifen,[58] **keinesfalls Strafcharakter** haben,[59] keine **unzumutbaren Forderungen** an den Beschuldigten stellen[60] und keinen **Arbeitszwang** beinhalten, weil auch die Haft keine Arbeitspflicht kennt.[61] Es dürfen keine Weisungen ausgesprochen werden, mit denen ein **vom Haftgrund nicht getragenes Ziel** verfolgt wird, die also durch den im Haftbefehl genannten Haftgrund nicht gerechtfertigt sind.[62] Diese Beschränkung wird in der Praxis nicht immer beachtet. Wird etwa bei einem auf Fluchtgefahr gestützten Haftbefehl auch ein Kontaktverbot (zu Mitbeschuldigten oder Zeugen) ausgesprochen, muss zumindest im Aussetzungsbeschluss[63] näher begründet werden, warum diese Weisung auch zur Reduzierung der Fluchtgefahr führt und erforderlich ist;[64] daran fehlt es regelmäßig.[65]

---

53 KG StV **2012** 609 = OLGSt StPO § 116 Nr. 9; KK/*Graf* 10a.

54 Meyer-Goßner/*Schmitt* 5; KMR/*Wankel* 2; KK/*Graf* 5; SK/*Paeffgen* 6; MüKo/*Böhm* 8; **a.A.** AK/*Deckers* 2; LR/*Wendisch*[24] 23 („Entlassung auf Ehrenwort").

55 KK/*Graf* 5.

56 MüKo/*Böhm* 8; SK/*Paeffgen* 6, der diese bestehende Rechtslage mit Blick auf das Übermaßverbot für verfassungsrechtlich bedenklich erachtet.

57 OLG Hamm StV **1999** 38.

58 Vgl. OLG Koblenz Beschl. v. 28.11.2000 – 2 Ws 729/00 – (juris): Durchführung einer Herzoperation.

59 H.M.; eingehend dazu *Neuhaus* StV **1999** 342ff.; vgl. auch BVerfG NStZ **1991** 142 (zur Sicherheitsleistung).

60 Vgl. OLG Saarbrücken NJW **1978** 2460; *Kleinknecht* MDR **1965** 781; *Neuhaus* StV **1999** 343; s. auch *Heinitz* JR **1965** 265.

61 H.M.

62 OLG Celle StV **1988** 207 (Weisung, der Ladung eines Sachverständigen zu folgen); OLG Frankfurt StV **1992** 583 (Aussageverhalten); LG Dortmund StV **1999** 607 (Auflage, *jeder* polizeilichen Ladung zu folgen).

63 Vgl. BGHR StPO § 116 Agent 2; KK/*Graf* 11; zw. MüKo/*Böhm* 19: förmliche Ergänzung des Haftbefehls; s. auch Rn. 33.

64 MüKo/*Böhm* 19.

65 Auch in der obergerichtlichen Judikatur, vgl. etwa OLG Hamm Beschl. v. 14.11.2007 – 2 Ws 342/07 – (juris); OLG Stuttgart Beschl. v. 25.8.2008 – 1 Ws 254/08 – (juris), insoweit nicht abgedruckt in StraFo **2009**

Die **Sicherheitsleistung**, ausdrücklich genannt in **Art. 5 Abs. 3 Satz 3 EMRK**,[66] wird dabei in erster Linie verwendet werden, um Fluchtgefahr abzuwenden, weil sie nicht nur den Zweck hat, den ungestörten Gang der Untersuchung zu gewährleisten, sondern darüber hinaus auch sichern kann (Vor § 112, 19ff.; § 123, 8ff.), dass der zu Freiheitsstrafe oder zu einer freiheitsentziehenden Maßregel der Besserung und Sicherung Verurteilte diese auch antritt (§ 124 Abs. 1), ein Ergebnis, das nicht erreicht werden soll, wenn die Sicherheitsleistung einen anderen Haftgrund abschwächen soll. 17

Die Sicherheitsleistung ist grundsätzlich aber auch beim Haftgrund der **Tatschwere** (§ 112 Abs. 3),[67] als sonstige Maßnahme bei **Verdunkelungsgefahr** (Absatz 2),[68] als Inhalt einer Anweisung bei **Wiederholungsgefahr** nach Absatz 3 (vgl. Rn. 28) oder als Sicherung bei Vorliegen **mehrerer Haftgründe** zulässig.[69] Dies folgt aus der Pflicht zur Beachtung des übergeordneten Prinzips der Verhältnismäßigkeit.[70] Die Sicherheitsleistung wird in den genannten Fällen **allerdings nur selten** als wirksame Ersatzmaßnahme **geeignet** sein; grundsätzlich ausgeschlossen erscheint es jedoch nicht, in einem solchen Fall über eine Sicherheitsleistung zu erreichen, dass der Beschuldigte jedes Verhalten unterlassen wird, das geeignet sein könnte, den Verfall der Sicherheit herbeizuführen.[71] Jedoch wird in Fällen des § 112a (Rn. 28) die Ursache der **Wiederholungsgefahr** besonders zu beachten sein und in Fällen der **Verdunkelungsgefahr**, dass eine trotz Sicherheitsleistung erfolgte Verdunkelung in der Regel irreparabel sein wird, während ein Geflohener oft wieder gefasst werden kann. Technische Schwierigkeiten, insbesondere das nicht zu leugnende Problem, dass eine Verdunkelung häufig schwerer nachzuweisen ist als Flucht und daher bei der Verfallentscheidung (§ 124) Unsicherheiten auftreten können, sind kein Argument, den Einsatz der Sicherheitsleistung bei den genannten Haftgründen grundsätzlich abzulehnen.[72] Zum Inhalt der Entscheidung vgl. Rn. 32; § 124, 21. § 124 Abs. 1 (Verfall bei Entziehen) gilt grundsätzlich, wenn eine Sicherheitsleistung gegen Fluchtgefahr angeordnet war (s. auch § 124, 21 – analoge Anwendung in sonstigen Fällen). Vgl. auch § 127b, 24. 18

---

104 (mit – aus anderen Gründen krit. – Anm. *Schlothauer*); OLG Zweibrücken Beschl. v. 16.3.2012 – 1 Ws 58/12 – (juris), insoweit in StraFo **2012** 186 nicht abgedruckt.

66 S. dazu LR/*Esser*[26] EMRK Art. 5, 306ff.

67 BGH Beschl. v. 2.7.2014 – AK 16/14 – (juris); OLG Köln NJW **1996** 1686; OLG Frankfurt StV **2000** 374.

68 H.M.; vgl. OLG Hamm StV **2001** 688 (zur Sicherung eines Kontaktverbotes); OLG Köln StraFo **1997** 93; OLG Nürnberg StraFo **2003** 89; LG Bochum StV **1998** 207; *Ranft* 647; *Hohlweck* NStZ **1998** 603; *Park* wistra **2001** 251; *Püschel* StraFo **2009** 138; KK/*Graf* 19; AK/*Deckers* 7; MüKo/*Böhm* 31, 34, 40; HK/*Posthoff* 22ff.; Radtke/Hohmann/*Tsambikakis* 20; SSW/*Herrmann* 41, 49; *Münchhalffen/Gatzweiler* Rn. 314; *Schlothauer/Weider/Nobis* Rn. 656 (Verdunkelungsgefahr); **a.A.** KMR/*Wankel* 4f. (mit der – im Hinblick auf die Entstehungsgeschichte der Norm fraglichen – These, die Sicherheitsleistung sei dem deutschen Strafprozess eher fremd); Meyer-Goßner/*Schmitt* 16.

69 OLG Hamburg NJW **1966** 1329; MDR **1974** 595 (zu Absatz 2); LG Bochum StV **1998** 207; KK/*Graf* 19 (Gebot effektiven Grundrechtsschutzes); AK/*Deckers* 7; *Kleinknecht/Janischowsky* 200ff.; *Sommermeyer* NJ **1992** 336, 340; *Jungfer* GedS Meyer 227ff. (zu Absatz 2); *Hohlweck* NStZ **1998** 603; **a.A.** OLG Frankfurt NJW **1978** 838 (zu Absatz 2); KG JR **1990** 34 mit Anm. *Paeffgen* NStZ **1992** 482 (Abhilfe nur durch Gesetzgeber möglich); SK/*Paeffgen* 18 (zu Absatz 2 und 3); Meyer-Goßner/*Schmitt* 16, 17 (zu Absatz 2 und 3); *Eb. Schmidt* Nachtr. I 11; *Tiedemann* NJW **1977** 1977.

70 Eingehend *Jungfer* GedS Meyer 227ff.

71 KK/*Graf* 19.

72 KK/*Graf* 20; **a.A.** KG JR **1990** 34.

3. Die Beispielsfälle des Gesetzes

a) Fluchtgefahr; Katalog (Absatz 1 Satz 2)

19 **Nummer 1:** Die Anweisung wird in der Regel die **Meldung** auf einem bestimmten Polizeirevier zum Inhalt haben, deren Beamte dazu gewohnheitsrechtlich zur Verfügung stehen. Die Anweisung, der Beschuldigte solle sich bei der Strafverfolgungsbehörde oder einer anderen Behörde (Dienststelle) melden, setzt, weil das Gericht über deren Personal nicht verfügen kann, das Einverständnis dieser Behörde voraus. Die Meldestelle ist über die Meldeauflage zu informieren und zu ersuchen, Verstöße unverzüglich der Staatsanwaltschaft oder dem Gericht mitzuteilen. **Unzulässig** ist dagegen die Auflage, der Beschuldigte habe jeder **polizeilichen Ladung** Folge zu leisten.[73]

20 **Nummer 2:** Ob der Beschuldigte die Anweisung befolgt, einen **bestimmten Ort nicht** unerlaubt zu **verlassen**, ist **häufig kaum kontrollierbar** (vgl. aber Rn. 23). Die Aussetzung des Vollzugs kommt daher einer Entlassung auf Ehrenwort nahe; sie setzt ein besonderes Vertrauen des Gerichts in den Beschuldigten voraus. Verspricht der Beschuldigte, der Anweisung nachzukommen, so kann darin bei ehrenhaften Menschen eine größere Sicherung liegen, als sie etwa mit der Meldeauflage zu erzielen ist. Sinnvoll kann auch eine Verbindung mit anderen Maßnahmen (Meldepflicht, Abgabe des Passes, freiwillige Drogentherapie in einer Wohngruppe oder Langzeittherapieeinrichtung) sein.[74] Eine stichprobenartige Kontrolle durch uniformierte Polizei kann im Einzelfall zu einer unangemessenen sozialen Bloßstellung führen und ist in einem solchen Fall unzulässig.[75]

21 **Nummer 3:** Der Anweisung, die **Wohnung nur unter Aufsicht zu verlassen,**[76] wird namentlich bei Jugendlichen Bedeutung zukommen. Bei Erwachsenen wird es einer sehr **sorgfältigen Auswahl der Aufsichtsperson** bedürfen, damit die Aufsicht nicht zur Demütigung wird. Die Aufsichtsperson – ggf. auch eine Privatperson – muss nicht nur besonders zuverlässig, sondern auch in der Lage sein, die Kontrolle so zu übernehmen, dass der Beschuldigte nicht ohne ihre Aufsicht handelt. Die Aufsicht braucht nicht in steter Begleitung zu bestehen. Es kann u.U. genügen, dass der Beschuldigte sich auf dem Wege zur Arbeit und von ihr bei der Aufsichtsperson meldet, wenn diese zugleich die Gelegenheit hat, durch Stichproben festzustellen, dass der Beschuldigte auch wirklich zur Arbeit geht. Im Einzelfall kann auch eine (tages-)zeitlich befristete **„Ausgangssperre"** eine geeignete Haftverschonungsauflage sein.[77]

22 **Nummer 4:** Die Einzelheiten der **Sicherheitsleistung** (s. Rn. 17f.) sind bei § 116a behandelt.

23 **b) Fluchtgefahr; sonstige Maßnahmen.** Der **Katalog** der Maßnahmen ist **nicht abschließend.**[78] Die Umstände des Einzelfalles lassen dem Gericht Raum zu sonstigen Maßnahmen, die hinreichend bestimmt sein müssen und durchaus einen freiwilligen Verzicht auf die Ausübung von Grundrechten bewirken können, ihre Grenze aber in der

---

73 LG Dortmund StV **1999** 607; *Neuhaus* StV **1999** 340.

74 Vgl. auch OLG Frankfurt StV **1991** 27 mit Anm. *Paeffgen* NStZ **1991** 422; OLG Celle StV **1991** 473; OLG Karlsruhe StV **2010** 30; kritisch zur Therapieweisung AnwK-UHaft/*König* 10.

75 Meyer-Goßner/*Schmitt* 8; SK/*Paeffgen* 12; *Eb. Schmidt* Nachtr. I 7; **a.A.** *Kleinknecht* JZ **1965** 113, 118; MüKo/*Böhm* 23.

76 Vgl. auch *Schlothauer/Weider/Nobis* Rn. 601 (Einsatz ambulanter Hafthilfeprojekte); OLG Frankfurt StV **1991** 27 mit Anm. *Paeffgen* NStZ **1991** 422; *Seebode* (Vollzug) 56, 59, 90ff.; krit. *Eb. Schmidt* Nachtr. I 8.

77 Vgl. OLG Köln StV **2010** 29 (zur Ausräumung von Wiederholungsgefahr); KK/*Graf* 17.

78 OLG Saarbrücken NJW **1978** 2461; SK/*Paeffgen* 9.

Achtung der Menschenwürde finden.[79] Zulässig ist in diesen Grenzen auch der Einsatz sog. **elektronischer Fußfesseln,**[80] die signalisieren, wo der Beschuldigte sich gerade aufhält; der Einsatz wäre ggf. mit einer Anweisung nach Absatz 1 Nr. 2, 3 zu verbinden. Die Anwendung der elektronischen Fußfessel stellt keine haftgleiche Freiheitsentziehung dar und ist deshalb nicht auf eine verhängte Freiheitsstrafe anzurechnen, sondern bildet lediglich einen allgemeinen Strafzumessungsgrund zugunsten des Angeklagten.[81] Dem Beschuldigten kann auch die Auflage erteilt werden, den **Personalausweis abzugeben.**[82] Er genügt dann der Pflicht, den Personalausweis vorzulegen (§ 1 Abs. 1 PAuswG), wenn er eine amtliche Bescheinigung vorweist, wonach er den Ausweis abgeliefert hat.[83] Die für die Erteilung eines neuen Ausweises zuständige Behörde ist von der amtlichen Verwahrung des Ausweises zu unterrichten, der Beschuldigte auf diese Unterrichtung hinzuweisen.[84] Als weitere Maßnahme kommt – einerlei ob es sich um einen Inoder Ausländer handelt – die Verpflichtung in Betracht, den **Reisepass,** wiederum gegen Ausstellung einer Quittung oder Ersatzbescheinigung, abzuliefern;[85] zur Unterrichtung gilt das oben Ausgeführte entsprechend. Gegen die Auflage, einen **ausländischen Reisepass** abzugeben, kann auch nicht eingewandt werden, dass die Sicherstellung eines gültigen ausländischen Passes ein völkerrechtlich verbotener Eingriff in die Passhoheit des fremden Staates sei.[86] Denn darum handelt es sich bei der Hinterlegung eines Reisepasses bei einem deutschen Gericht im Gegensatz zu seiner Sicherstellung im Sinn des Ausländerrechts schon deshalb nicht, weil die Hinterlegung nur vorübergehend, nämlich für die Dauer der Außervollzugsetzung des Haftbefehls, vorgesehen ist, während mit der Sicherstellung der endgültige Zugriff der deutschen Behörde auf den Pass gemeint ist.[87] Zwar hindert die Hinterlegung eines Reisepasses oder auch Personalausweises nicht die Flucht ins Ausland; sie kann dem Beschuldigten den dortigen Aufenthalt aber erschweren, etwa eine Arbeit aufzunehmen. Damit wird bei einem auf Verdienst angewiesenen Beschuldigten die Fluchtgefahr dann erheblich vermindert, wenn er eine ordentliche Lebensführung gewöhnt ist. Will das Gericht einen Auslandsaufenthalt gestatten, kann es anordnen, dass der Beschuldigte einen Zustellungsbevollmächtigten zu bestellen hat, der auch Ladungen in Empfang nehmen kann (§ 145a Abs. 2).

Alle **Maßnahmen** können **einzeln** oder mit anderen **verbunden** angeordnet wer- 24
den. Die Handlungen und Unterlassungen müssen, auch wenn sie auf einer Anweisung beruhen, stets, wenn auch unter dem Druck, dass sonst die Untersuchungshaft fortbestehen würde, **freiwillig** erbracht werden;[88] die „Beschlagnahme" des Passes ist unzulässig. Auch deshalb sollte die Anweisung nur in sehr seltenen Fällen angewendet wer-

79 Vgl. die Eingrenzungen bei Rn. 16.
80 S. hierzu Meyer-Goßner/*Schmitt* 9 und Vor § 112, 2; KMR/*Wankel* 2; SSW/*Herrmann* 21 f.; KK/*Graf* 12; MüKo/*Böhm* 30; HK/*Posthoff* 15; *Münchhalffen/Gatzweiler* Rn. 308 (eindringlich gegen die Bedenken, die zum Teil mit Blick auf vermeintlich menschenunwürdige Zwänge geäußert werden); *Neuhaus* StV **1999** 343; s. auch z.B. *Mayer* 34 ff., 343 ff., 351 ff. (krit.) m.w.N.; Stellungnahme des Strafrechtsausschusses des DAV Nr. 4/2007 S. 5 m.w.N. Zurückhaltend SK/*Paeffgen* 15b und § 112, 49e; HK-GS/*Laue* 6; skeptisch (zu erwartende Nutzung lediglich als weitere Maßnahme bei ohnehin zu gewährender Haftverschonung): AnwK-StPO/*Lammer* 5; Radtke/Hohmann/*Tsambikakis* 15 f.; optimistischer demgegenüber *Schlothauer/Weider/Nobis* Rn. 602 (trägt effektiv zur Haftvermeidung bei).
81 BGH NJW **2009** 2546, 2548.
82 OLG Celle StV **1991** 473; OLG Köln StraFo **1999** 607; h.M.; **a.A.** *Oske* JR **1964** 454.
83 OLG Stuttgart Justiz **1971** 330.
84 SK/*Paeffgen* 15.
85 H.M.; **a.A.** AG Frankfurt NJW **1977** 1601 (für ausl. Pässe).
86 OVG Münster NJW **1972** 2199.
87 OLG Saarbrücken NJW **1978** 2461; h.M.
88 *Pawlik* NJW **1978** 1730; *Geppert* GA **1979** 291.

den. Denn man darf die Schwierigkeiten nicht übersehen, die dem Beschuldigten erwachsen, wenn er sich an anderer als polizeilicher Stelle ausweisen muss oder will, etwa um ein Arbeitsverhältnis einzugehen, Kredit aufzunehmen usw.

25 Als **weitere Ersatzmaßnahmen** kommen in Betracht: die Hinterlegung des **Führerscheins**;[89] die regelmäßige **Meldung bei** einer **privaten Stelle** (z.B. Arbeitgeber), die das Einverständnis dieser Stelle sowie deren besondere Vertrauenswürdigkeit und Verschwiegenheit erfordert[90] und keinesfalls zu einer unangemessenen Bloßstellung des Beschuldigten führen darf; die Anweisung, eine **bestimmte Wohnung** zu nehmen, in einer Wohngruppe zu wohnen und unter Aufsicht eines Betreuers freiwillig eine **Drogentherapie** durchzuführen;[91] die **Sperrung von Konten**,[92] so dass Verfügungen eine gerichtliche Zustimmung erfordern; in der Praxis wurde auch schon die Zahlung eines Abschlags auf rückständige Steuern als geeignete Haftverschonungsauflage anerkannt.[93] Unzulässig ist die Auflage eines vorläufigen Berufsverbots; dieses kann nur nach § 132a verhängt werden.[94]

26 **c) Verdunkelungsgefahr** (**Absatz 2**). Namentlich aufgrund der speziellen Umstände, aus denen die Verdunkelungsgefahr im Einzelfall abgeleitet wird, lässt sich beurteilen, ob und ggf. welche Ersatzmaßnahmen geeignet sind, die Gefahr erheblich zu mindern. Die Maßnahmen müssen nämlich **geeignet** sein, der einzelfallspezifischen Gefahr einer Beweisbeeinträchtigung wirksam zu begegnen und die **Wahrheitsfindung zu sichern.**[95] Ob dies möglich erscheint, muss in jedem Einzelfall unter Berücksichtigung aller Umstände, etwa der Person des Beschuldigten und seiner Beziehungen zu potenziellen Zeugen, beurteilt werden. Eine Meldeauflage ist ungeeignet, einer Verdunkelungsgefahr entgegenzuwirken.[96] Die Anweisung, mit Mitbeschuldigten, Zeugen oder Sachverständigen (mündlich, schriftlich, unter Nutzung moderner Kommunikationsmittel, über Dritte) **keine Verbindung aufzunehmen** (Satz 2),[97] kann mit der nach Absatz 1 Nr. 2 gekoppelt werden, etwa wenn dem Beschuldigten eine andere Einflussnahme als im persönlichen Kontakt nicht möglich ist. Mit der genannten Maßregel hat sie gemeinsam, dass sie ein Vertrauen des Gerichts voraussetzt. Auch die Anweisung nach Absatz 1 Nr. 3 kann in Betracht kommen, die unter Nr. 1 nur in Ausnahmefällen, etwa wenn dadurch die persönliche Verbindung mit weit entfernt wohnenden Zeugen unterbunden wird und eine sonstige Verbindung (schriftlich oder durch Mittelsmänner) als Verdunkelungsmöglichkeit ausscheidet. Auch das Verbot, mit Personen zu verkehren, die als Mittelsmänner einer Verdunkelung in Betracht kommen, ist zulässig; aber je weiter man den Kreis zieht, um so weniger kann überwacht werden, ob die Anweisung beachtet wird. Außerdem ist es erforderlich, diese Mittelspersonen – die noch nicht als Beweismittel vorgesehen sind, aber in Betracht kommen – ausdrücklich zu benennen.[98] Unzulässig ist

---

89 *Münchhalffen/Gatzweiler* Rn. 307. Die Ausführungen in Rn. 23 zur Unterrichtung der ausstellenden Behörde gelten entsprechend. Zu einem Verbot des Führens von Kfz als Haftsurrogat s. OLG Köln StV **2010** 29.

90 SK/*Paeffgen* 15a; KK/*Graf* 15.

91 OLG Hamm StV **1984** 123 mit Anm. *Budde*; SK/*Paeffgen* 15a; KK/*Graf* 12; Meyer-Goßner/*Schmitt* 11; vgl. auch OLG Frankfurt StV **1991** 27 mit Anm. *Paeffgen* NStZ **1991** 422; OLG Hamm StV **1999** 606.

92 KK/*Graf* 12; *Eb. Schmidt* Nachtr. I 5.

93 Vgl. den Fall BGH (Zivilsenat) StV **2008** 423.

94 OLG Hamm StraFo **2002** 178.

95 KK/*Graf* 21.

96 OLG Köln Beschl. v. 5.1.2004 – 2 Ws 710/03 – (juris); KK/*Graf* 21.

97 Vgl. dazu OLG Nürnberg StraFo **2003** 89 (in Verbindung mit einer Kaution).

98 SK/*Paeffgen* 16; MüKo/*Böhm* 32; KK/*Graf* 21; vgl. auch *Hengsberger* JZ **1966** 209; (krit.) *Dahs* NJW **1965** 83; *Schorn* NJW **1965** 843.

ein Verbot, Kontakt zu Angehörigen aufzunehmen, die mit dem Beschuldigten in **Hausgemeinschaft** leben.[99] Zur Sicherheitsleistung vgl. Rn. 18.

Die mit den Maßnahmen grundsätzlich verbundene Einschränkung der Verteidigungsmöglichkeiten ist gerechtfertigte Folge der Tatsache, dass der Beschuldigte sich konkret dem Verdacht ausgesetzt hat, die Sachaufklärung zu behindern.[100] Der **Verkehr mit dem Verteidiger** darf nicht verboten werden, wohl aber kann ein Verteidiger, der als Mitbeschuldigter hinreichend verdächtig ist, ausgeschlossen werden (§ 138a Abs. 1). Der Ausschluss darf aber nicht durch ein Verbot des Verkehrs ersetzt werden. Unzulässig wäre auch eine Auflage, die legale Handlungen der Verteidigung beschränken oder verbieten würde.[101] Auch eigenes **legitimes Verteidigungsverhalten** des Beschuldigten darf nicht unterbunden werden. Hat dieser keinen Verteidiger, so kann ihm das Gericht auf Antrag gestatten, zur Vorbereitung seiner Verteidigung – soweit erforderlich sowie unter Sicherung gegen Missbrauch – Erkundigungen auch bei solchen Personen einzuziehen, die eigentlich unter das Kontaktverbot fallen würden.[102] Wegen der Beschränkungsmöglichkeiten bei Gefangenen, gegen die ein Haftbefehl wegen einer Straftat nach § 129a StGB besteht, vgl. §§ 31 ff. EGGVG. 27

d) Wiederholungsgefahr (Absatz 3). In den Fällen des Absatzes 3 wird **nur ausnahmsweise** eine Vollzugsaussetzung zu verantworten sein. Als Ersatzmaßnahmen kommen theoretisch wohl die meisten der bisher genannten in Betracht,[103] eine Sicherheitsleistung (Rn. 18) aber nur ganz selten.[104] In Fällen des **§ 112a Abs. 1 Nr. 1** kann z.B. bei einem Beschuldigten, der sich an seinen Kindern vergangen hat, die Weisung, auswärts Wohnung und Arbeit zu nehmen, bei Beschuldigten mit gesteigertem Geschlechtstrieb diejenige, sich in eine therapeutische Einrichtung zu begeben oder einer ärztlichen Behandlung zu unterziehen, den Haftzweck sichern. In Bezug auf **§ 112a Abs. 1 Nr. 2** kommen im Wesentlichen die unter Rn. 19 ff. aufgeführten Anweisungen in Betracht, jedoch nur in solcher speziellen Ausgestaltung, dass damit die Gefahr abgewendet werden kann, der Beschuldigte werde weitere erhebliche Straftaten begehen.[105] Vgl. auch § 112a, 68, 69 ff. 28

e) Jugendliche. Bei Jugendlichen – nicht bei Heranwachsenden (vgl. § 109 Abs. 2 JGG) – kommt als vorläufige Anordnung über die Erziehung namentlich die **Unterbringung in einem Erziehungsheim** in Betracht (§ 71 Abs. 2 JGG), das geeignet ist, den Jugendlichen an der Flucht oder Verdunkelung zu hindern.[106] Eine solche Unterbringung 29

---

99 OLG Hamburg Rpfleger **1966** 374; *Kleinknecht* MDR **1965** 781, 784.; **a.A.** AnwK-StPO/*Lammer* 7: grundsätzlich keine Einschränkung des Kontakts zu Angehörigen, auch wenn sie nicht in Hausgemeinschaft mit dem Beschuldigten leben, anders aber, wenn das Verfahren den Verdacht einer Straftat zum Nachteil des Angehörigen zum Gegenstand hat; s. auch HK/*Posthoff* 21.

100 KMR/*Wankel* 4; AnwK-UHaft/*König* 11; HK/*Posthoff* 20; Meyer-Goßner/*Schmitt* 15, auch mit Nachw. zur Gegenansicht.

101 Vgl. LG München StraFo **1998** 209 mit krit. Anm. *Wüllrich*.

102 *Hengsberger* JZ **1966** 209, 212; KK/*Graf* 21.

103 Vgl. OLG Celle StV **1995** 644 (z.B. Kontaktverbot); OLG Rostock Beschl. v. 17.9.2009 – I Ws 269/09 – [juris] (Kontaktverbot); OLG Köln StV **2010** 29 (Ausgangssperre; Verbot des Führens von Kfz); s. auch die gesetzlich vorgesehenen Weisungen in § 56c Abs. 2 Nr. 1, 3, 4, Abs. 3 StGB; § 10 Abs. 1 Satz 3 Nr. 1 bis 5 sowie die Maßnahme gem. § 71 Abs. 2 JGG.

104 Vgl. aber OLG Köln StraFo **1997** 150.

105 Z.B. enge Aufsicht und wirksame Unterstützung eines Bewährungshelfers oder einer vertrauenswürdigen Gefangenenhilfe; zur Drogentherapie vgl. OLG Frankfurt StV **1992** 425; s. auch LG Frankfurt StV **1989** 68; weitere Beispiele bei *Wiesneth* (U-Haft) Rn. 99; *Schlothauer/Weider/Nobis* Rn. 677.

106 Vgl. auch BGH NStZ-RR **2014** 59 (zur Anrechnung eines nach § 116 Abs. 1 angeordneten Aufenthalts in einer sog. Jugendgerichtlichen Unterbringung auf die Jugendstrafe gem. § 52a Satz 1 JGG); s. auch LG Osnabrück NdsRpfl. **2001** 23 (Unterbringung in Einrichtung der Jugendhilfe; Kosten).

ist während des Strafverfahrens gegen einen Jugendlichen auch zulässig, um einem Missbrauch der Freiheit zu neuen Straftaten entgegenzuwirken oder um den Jugendlichen vor einer weiteren Gefährdung seiner Entwicklung zu bewahren. In den Fällen des Absatzes 3 in Verb. mit § 112a Abs. 1 Nr. 1 (Wiederholungsgefahr bei Sexualtätern) wird häufig die Unterbringung in einem Erziehungsheim die einzige Maßnahme sein, die sinnvoll angewendet werden kann, um die Vollstreckung der Untersuchungshaft auszusetzen. Das wird nicht selten auch bei sonstigen jugendlichen Serientätern die hauptsächliche Maßnahme sein.[107]

30 **4. Haftbefehl nach § 112 Abs. 3.** Bei einem auf den Haftgrund der Tatschwere nach § 112 Abs. 3 gestützten Haftbefehl ist **im Gesetz keine Aussetzung** des Vollzugs **vorgesehen**. Das war bei einem Haftbefehl sinnvoll, der bei äußerster Beschränkung der Zulässigkeit nur dann ergehen durfte, wenn es unerträglich war, den Beschuldigten in Freiheit zu lassen. Denn wenn das Freisein verhütet werden sollte, konnte es nicht über § 116 gewährt werden. Das **BVerfG** hat jedoch bindend (§ 31 Abs. 1 BVerfGG) entschieden, dass nach dem verfassungsrechtlichen Grundsatz der **Verhältnismäßigkeit** auch bei einem auf § 112 Abs. 3 gestützten Haftbefehl eine Haftverschonung in entsprechender Anwendung des § 116 Abs. 1 bis 3 möglich ist.[108] Das ist wiederum folgerichtig; denn das BVerfG verlangt für einen Haftbefehl nach § 112 Abs. 3 geringere Voraussetzungen als für solche nach § 112 Abs. 2, § 112a und muss daher den für diese Fälle geltenden § 116 auch auf den Fall des § 112 Abs. 3 anwenden. Da das Gericht von der „möglichen" Haftverschonung spricht, dürfte es trotz der Anführung von § 116 Abs. 1 vornehmlich die entsprechende Anwendung der Absätze 2 und 3 ins Auge gefasst haben (der Richter „kann" ... aussetzen). Doch ist der Unterschied zu Absatz 1 (der Richter „setzt ... aus") nur gering. Die Praxis wendet § 116 auch beim Haftbefehl nach § 112 Abs. 3 an.[109] Die Voraussetzungen sind indessen streng; die Verschonungsauflagen müssen hinreichend sicher annehmen lassen, dass eine Tatwiederholung ausgeschlossen erscheint, was etwa bei nicht vernunftgesteuertem, irrationalem Handeln junger Beschuldigter verneint worden ist.[110] Ist ein auf Absatz 3 gestützter Haftbefehl entsprechend § 116 außer Vollzug gesetzt worden, so ist eine Wiederinvollzugsetzung nicht etwa unter erleichterten Voraussetzungen möglich, sondern es müssen die Voraussetzungen des **§ 116 Abs. 4** in vollem Umfang erfüllt sein.[111]

31 **5. Wirkung.** Nach dem Wortlaut des Gesetzes wird der Vollzug des Haftbefehls, also die Verwahrung des Beschuldigten in der Untersuchungshaft, ausgesetzt. Demgegenüber stellt der Wortlaut des § 72 Abs. 1 JGG auf ein Absehen von der Vollstreckung ab. Beides besagt dasselbe: Der Inhalt des Haftbefehls, die Anordnung der Untersuchungshaft (§ 114 Abs. 1), wird nicht mehr vollstreckt. Vollstreckt, etwa durch das Überwachen von Meldeterminen, wird der Aussetzungsbeschluss. Der Haftbefehl bleibt, wie durch den Wortlaut eindeutig klargestellt, bestehen. Die Wirkung der Aussetzung tritt **im Allgemeinen mit der Entscheidung** ein, doch gelten für die Sicherheitsleistung Besonder-

---

107 Vgl. *Hotter* 73 ff., 109 ff., 303 ff.

108 BVerfGE **19** 351.

109 S. BGH NStZ **2006** 297; OLG Köln NJW **1996** 1686 = StV **1996** 386; StV **1999** 606; OLG Frankfurt StV **2000** 374; OLG Celle StV **2005** 620; NdsRpfl. **2012** 75; OLG Karlsruhe StV **2010** 30; OLG Oldenburg StraFo **2008** 27 = StV **2008** 84; Beschl. v. 11.3.2010 – 1 Ws 115/10 – (juris) = StRR **2010** 163 (Ls.).

110 OLG Oldenburg Beschl. v. 11.3.2010 – 1 Ws 115/10 – (Fall junger Männer, die wiederholt mit bedingtem Tötungsvorsatz „aus Jux" Leitpfosten von einer Autobahnbrücke auf die Fahrbahn warfen); zustimmend KK/*Graf* 10; MüKo/*Böhm* 39.

111 BVerfGK **7** 239 = StraFo **2006** 108; HK/*Posthoff* § 112, 52; s. § 112, 104.

heiten (§ 116a, 23). Auch sonst kann das Gericht die Entlassung aus der Haft von dem Eintritt eines Ereignisses abhängig machen, so z.B. von der Zusage einer Therapieeinrichtung oder einer Anstalt, den Beschuldigten aufzunehmen. Hatte ein Angeklagter im Rahmen einer Haftverschonung während eines längeren Zeitraums erhebliche Meldeauflagen zu erfüllen, so hat das erkennende Gericht diesen Umstand bei der Entscheidung über die **Kompensation** einer rechtsstaatswidrigen Verfahrensverzögerung ausreichend zu berücksichtigen.[112]

III. Verfahren

1. Entscheidung. Das Gericht entscheidet über die Aussetzung des Vollzugs (Absatz 1 bis 3) auf Antrag des Beschuldigten, der Staatsanwaltschaft oder von Amts wegen, über die Anordnung des Vollzugs (Absatz 4) auf Antrag der Staatsanwaltschaft oder von Amts wegen. Es darf im **Freibeweisverfahren** seine Überzeugung auch aus Bekundungen von Vertrauenspersonen gewinnen, jedoch müssen solche Bekundungen wegen des tiefen Eingriffs in das Freiheitsgrundrecht des Betroffenen, der aus ihnen resultieren kann, einer besonders kritischen Beurteilung je nach den Umständen des Einzelfalls standhalten.[113] Das Gericht ist an einen **Aussetzungsantrag der Staatsanwaltschaft** nicht gebunden; § 120 Abs. 3 ist insoweit nicht entsprechend anzuwenden.[114] Es hat die Frage der Aussetzung, bei Jugendlichen des Absehens von der Vollstreckung, **bei jeder Haftentscheidung** zu prüfen. Wegen der Zuständigkeit s. § 126. Vor der Entscheidung ist die **Staatsanwaltschaft zu hören** (§ 33 Abs. 2), der Beschuldigte dann, wenn nicht – was der Regelfall sein wird – anzunehmen ist, dass er einer in Aussicht genommenen Maßnahme nachkommen wird. Ggf. ist jedenfalls die in der Regel notwendige[115] Mitwirkungsbereitschaft des Beschuldigten zu klären, wenn auch die Aussetzung rechtlich nicht davon oder gar von einer vorherigen Zustimmung des Beschuldigten abhängig ist.[116] Zur Mitwirkung bei der Sicherheitsleistung siehe § 116a, 3, 10.[117] Vor der Entscheidung sollte auch eine Haftentscheidungshilfe genutzt werden (Vor § 112, 104). 32

Die Entscheidung ergeht als **Beschluss**, der zu begründen ist (§ 34). Wenn auch längere Ausführungen kaum gemacht werden können, weil letztlich eine schwer in Worte zu fassende Abwägung ausschlaggebend ist, so müssen die Maßnahmen doch so eindeutig umschrieben werden, dass der Beschuldigte weiß, wie er sich zu verhalten hat, um sich die Haftvorteile zu sichern.[118] Sollen Auflagen auf einen Haftgrund gestützt werden, der noch nicht im Haftbefehl genannt ist, sollte der Haftbefehl entsprechend ergänzt werden.[119] Der Aussetzungsbeschluss wird den Beteiligten **formlos bekanntgegeben** (§ 35 Abs. 2 Satz 2).[120] Die vielfach geäußerte Auffassung, der Beschluss sei nach § 35 Abs. 2 Satz 1 förmlich zuzustellen, weil er (im Hinblick darauf, dass entweder die Aufhebung des Haftbefehls versagt wird oder die Auflagen zu eingreifend sind) angefochten 33

---

112 BGH Beschl. v. 11.1.2011 – 5 StR 537/10 – (juris) = StV **2011** 365 (Ls.): Zeitraum von einem Jahr und neun Monaten.

113 KG Beschl. v. 5.1.2007 – 4 Ws 228/06 – (juris) = StRR **2007** 197.

114 Umstr., s. § 120, 58; **a.A.** LG Amberg StV **2011** 420.

115 KK/*Graf* 2, 24; SK/*Paeffgen* 4; AK/*Deckers* 4.

116 KK/*Graf* 2; **a.A.** SK/*Paeffgen* 19 (§ 33 Abs. 3: Anhörung immer erforderlich).

117 Vgl. auch BGH NStZ **1992** 286 (Haftentschädigung bei Verweigerung einer Sicherheitsleistung).

118 Meyer-Goßner/*Schmitt* 20; HK/*Posthoff* 13; KMR/*Wankel* 7; KK/*Graf* 9, 20; SK/*Paeffgen* 18; *Kleinknecht* MDR **1965** 784.

119 KK/*Graf* 11; SK/*Paeffgen* 8; vgl. auch BGH DtZ **1992** 62, 64 = BGHR StPO § 116 Agent 2 (zumindest Ergänzung des Haftverschonungsbeschlusses); s. auch Rn. 16.

120 Meyer-Goßner/*Schmitt* 20; SSW/*Herrmann* 71.

werden kann,[121] trifft nicht zu. Für die Pflicht zur Zustellung ist nicht die Anfechtbarkeit an sich entscheidend, sondern es kommt darauf an, ob durch die Bekanntgabe eine strafprozessuale Frist in Lauf gesetzt wird. Dies ist bei einem Haftverschonungsbeschluss nicht der Fall. Eine andere Frage ist, ob im Hinblick auf die Folgen, welche die Zuwiderhandlung gegen auferlegte Pflichten oder Beschränkungen nach sich zieht, eine förmliche Zustellung vorzuziehen ist. Verweigern Polizei oder Staatsanwaltschaft dem Beschuldigten eine Erlaubnis (z.B. den Wohnort zu verlassen), deren Erteilung gemäß dem Haftverschonungsbeschluss diesen Stellen belassen worden ist, so kann der Beschuldigte die Entscheidung des Haftgerichts (und nicht eine solche im Verfahren nach § 23 EGGVG) beantragen.[122] Der nicht vollzogene Haftbefehl wird mit dem Eintritt der **Rechtskraft** des Urteils nicht gegenstandslos, sondern bildet weiterhin die Grundlage für die Vollstreckung sichernde Haftverschonungsauflagen.[123]

34 **2. Beschwerde.** Gegen die Entscheidung, durch die das Gericht **ablehnt**, den **Haftbefehl aufzuheben**, ist – mit bestimmten Ausnahmen – Beschwerde (§ 304) und weitere Beschwerde (§ 310) zulässig (§ 117, 27 ff., auch zur Zulässigkeit eines Haftprüfungsantrages). Sie stehen dem Beschuldigten und der Staatsanwaltschaft (§ 296 Abs. 2) auch zu, wenn das Gericht einen Antrag auf Aussetzung des Vollzugs ablehnt. Die **Staatsanwaltschaft** kann außerdem gegen die Aussetzung des Vollzugs (weitere) Beschwerde einlegen mit dem Ziel, die Aufhebung des Haftbefehls (§ 296 Abs. 2) oder der Aussetzung oder eine Überprüfung der angeordneten Ersatzmaßnahmen (Rn. 36) zu erreichen; das Beschwerdegericht prüft dann auch, ob überhaupt die Voraussetzungen der Untersuchungshaft gegeben sind und ob ein den Voraussetzungen des § 114 Abs. 2 genügender Haftbefehl besteht.[124] Eine Beschwerde der Staatsanwaltschaft ist jedoch unzulässig, wenn die Staatsanwaltschaft ihr Ziel über § 120 Abs. 3 erreichen kann. Da die StPO präventive Rechtsmittel nicht vorsieht, ist die Staatsanwaltschaft nicht befugt, gegen eine vom Haftgericht lediglich beabsichtigte Haftverschonung vorsorglich Beschwerde zu erheben.[125] Dem **Nebenkläger** steht die Beschwerde gegen die Außervollzugsetzung eines Haftbefehls nicht zu; er ist nicht beschwert.[126]

35 Die Entscheidung, den **Vollzug des Haftbefehls auszusetzen**, beinhaltet stets – zuweilen unausgesprochen – diejenige, dass der **Haftbefehl bestehen bleibt** (Rn. 6). Häufig wird die Entscheidung, dass der Vollzug ausgesetzt wird, auf einen Antrag ergehen, den Haftbefehl aufzuheben oder – wenigstens – dessen Vollzug nach § 116 auszusetzen (§ 117 Abs. 1). Dann ist über den weitergehenden Aufhebungsantrag ausdrücklich zu entscheiden. Denn der Aussetzungsantrag ist nur ein **Hilfsantrag**, der die Entscheidung über den Hauptantrag nicht überflüssig macht. Wendet sich der Beschuldigte mit der Beschwerde gegen die Versagung seines weitergehenden Begehrs, den Haftbefehl aufzuheben, darf das **Beschwerdegericht**, das den Erfolg der Verschonungsauflagen bei gleichbleibender Sachlage weniger günstig als das Ausgangsgericht beurteilt, die von diesem gewährte Haftverschonung nicht aufheben und den Vollzug des Haftbefehls anordnen.[127] Hatte der Beschuldigte **allein die Aussetzung beantragt**, ist er, wenn seinem

---

121 LR/*Hilger*[26] 33; MüKo/*Böhm* 42; KK/*Graf* 24; Graf/*Krauß* 16; HK-GS/*Laue* 10.
122 KK/*Graf* 16; Meyer-Goßner/*Schmitt* 8; SK/*Paeffgen* 19.
123 KG NStZ **2012** 230 = StV **2011** 740 = StraFo **2011** 369 = OLGSt StPO § 116 Nr. 8 = StRR **2012** 72 mit. Anm. *Hunsmann*; s. auch § 123, 6 f., 8 ff.
124 Vgl. BGH StV **2008** 84; OLG Stuttgart NJW **1982** 1296.
125 OLG Naumburg NStZ **2013** 543.
126 OLG München StV **2014** 28; OLG Hamm NStZ-RR **2008** 219; MüKo/*Böhm* 44.
127 BVerfGK **6** 295 = StV **2006** 26 = StraFo **2005** 502 mit Anm. *Paeffgen* NStZ **2007** 84; HK/*Posthoff* 29; HK-GS/*Laue* 16; s. auch Rn. 44.

Antrag stattgegeben wird, nicht beschwert. Er kann dann auch die – stillschweigende – Entscheidung, dass der Haftbefehl, dessen Vollstreckung ausgesetzt wird, aufrechterhalten bleibt, mangels Beschwer nicht anfechten, muss vielmehr (eine neue) Beschwerde[128] gegen den bestehen gebliebenen Haftbefehl anbringen (§ 117, 7).

Auch gegen die (Auswahl der) **Haftersatzmaßnahmen** steht dem Beschuldigten und der Staatsanwaltschaft die Beschwerde zu (s. aber Rn. 38 ff.); weil die **Auflagenauswahl** in keinem Zusammenhang mit der Urteilsfällung steht, ist die Beschwerde auch gegen die Entscheidung eines erkennenden Gerichts statthaft (§ 305 Satz 2).[129] Eine **Belehrung** des Beschuldigten über dieses Beschwerderecht ist grundsätzlich nicht erforderlich (arg. aus § 115 Abs. 4), jedoch nobile officium des Haftgerichts, wenn erkennbar wird, dass der Beschuldigte dieses Recht nicht kennt.[130] 36

Bei **mehreren** aufeinanderfolgenden **Entscheidungen** kann in der Regel jeweils nur **die letzte angefochten** werden,[131] es sei denn, in dieser wird nicht über den Bestand des Haftbefehls entschieden.[132] Der Vollzug der angefochtenen Entscheidung richtet sich nach § 307. 37

Gemäß § 304 Abs. 4 Satz 2, Abs. 5 ist die Beschwerde gegen Beschlüsse und Verfügungen der **OLG** und der **Ermittlungsrichter** des BGH sowie der OLG grundsätzlich unzulässig; sie ist jedoch ausnahmsweise zulässig gegen solche Entscheidungen (der OLG, soweit in erster Instanz zuständig), welche die **Verhaftung** (einstweilige Unterbringung) **betreffen** (§ 304 Abs. 4 Satz 2 Nr. 1, Abs. 5). Zulässig ist demgemäß eine Beschwerde gegen einen Beschluss dieser Haftgerichte, in dem grundsätzlich über die Frage der Haftanordnung oder des Haftvollzuges, also auch die Frage des Fortbestandes eines außer Vollzug gesetzten Haftbefehls sowie die Frage der Ersetzung eines Haftbefehls gegen einen anderen, entschieden wird.[133] Die **h.M.**[134] vertritt jedoch die Auffassung, dass eine **Beschwerde**, die sich **nur gegen Haftersatzmaßnahmen** richtet, die das erstinstanzliche OLG oder der Ermittlungsrichter in Verbindung mit einer Aussetzung getroffen hat, **unzulässig** ist. Im Wesentlichen wird dies mit dem Ausnahmecharakter der Vorschrift begründet, der eine enge Auslegung gebiete. Der Gesetzgeber habe nur die Möglichkeit einer Überprüfung von „Bestand und Vollzug des Haftbefehls" – wegen der besonderen Tragweite der Verhaftung – eröffnen wollen, also der Beschlüsse, mit denen unmittelbar entschieden werde, ob der Beschuldigte in Haft zu nehmen oder zu halten sei.[135] Die Entscheidung über Haftersatzmaßnahmen betreffe nicht die Verhaftung, d.h. die in der Strafprozessordnung geregelte Festnahme zu dem Zweck, einen Beschuldigten für das Strafverfahren festzuhalten, sondern die „Modalitäten seines Lebens in Freiheit".[136] Für diese Lösung spreche auch die Regelung des § 304 Abs. 4 Satz 2 Nr. 5[137] (Rn. 42). Unzu- 38

128 Zum Verschlechterungsverbot vgl. die Erl. zu § 304 sowie BVerfG StV **2006** 26 = StraFo **2005** 502 mit Anm. *Paeffgen* NStZ **2007** 84; OLG Düsseldorf VRS **85** (1993) 352.

129 OLG Hamm Beschl. v. 9.9.2008 – 1 Ws 595/08 – (juris) = StRR **2009** 271; Meyer-Goßner/*Schmitt* 31; HK/*Posthoff* 30; AnwK-StPO/*Lammer* 16; KK/*Graf* 25; Graf/Krauß 18.

130 SK/*Paeffgen* 20; vgl. auch *Eb. Schmidt* Nachtr. I 20.

131 OLG Hamburg MDR **1984** 72; OLG Düsseldorf MDR **1992** 399; StV **1993** 592 mit Anm. *Paeffgen* NStZ **1995** 22; MDR **1995** 950; vgl. *Matt* JA **1991** 85; MüKo/*Böhm* 43.

132 OLG Hamburg StV **1994** 323 mit Anm. *Paeffgen* NStZ **1995** 23.

133 BGHSt **25** 120 = MDR **1973** 420; **29** 200; **34** 34; **37** 347.

134 BGHSt **25** 120; **29** 200; **34** 34; **37** 347; KK/*Graf* 26; Meyer-Goßner/*Schmitt* § 304, 13, 19; *Wendisch* FS Dünnebier 239 ff.; *Schlüchter* 660.2; vgl. auch BGHSt **26** 270; OLG Frankfurt NJW **1973** 210; krit. *Matt* NJW **1991** 1801; JA **1991** 85; **a.A.** SK/*Paeffgen* 22 (mit ausführlicher Argumentation). S. auch LR/*Gärtner* § 119, 136 und § 123, 39, 40; § 124, 50 sowie *Baumann* FS Pfeiffer 255.

135 BGHSt **25** 120.

136 LR/*Wendisch*[24] 36.

137 BGHSt **25** 120.

lässig ist nach dieser Auffassung die Beschwerde auch, wenn nur einer von mehreren Haftgründen beanstandet wird, ohne dass dessen Wegfall zur Haftentlassung führen soll,[138] oder wenn die Staatsanwaltschaft mit der Beschwerde nur die Erweiterung eines bestehenden Haftbefehls um einen weiteren Tatvorwurf erstrebt, also den Bestand oder Vollzug der Haftanordnung als solches nicht in Frage stellt[139] (s. auch § 114, 40 f.; § 114c, 41). Zur Kritik vgl. Rn. 41 ff.

39 **3. Weitere Beschwerde.** Folgerichtig vertritt die h.M.[140] des Weiteren die Auffassung, auch die weitere Beschwerde (§ 310) sei nur zulässig, wenn der Bestand oder Vollzug des Haftbefehls schlechthin angegriffen werde. Eine Entscheidung, deren Gegenstand die Frage sei, ob der Beschuldigte in Haft genommen werden könne oder nicht, betreffe die Verhaftung i.S.v. § 310 Abs. 1; ohne Bedeutung sei es, ob der Haftbefehl zur Zeit der Entscheidung vollstreckt werde oder nicht. Dem stehe § 310 Abs. 1 StPO nicht entgegen, der keineswegs dazu zwinge, als Entscheidungen, die die Verhaftung beträfen, nur solche anzusehen, die in die Freiheit des Beschuldigten unmittelbar eingreifen. Entscheidend sei nicht die Unmittelbarkeit des Eingriffs, sondern die **besondere Bedeutung der Entscheidung für die persönliche Freiheit** des Betroffenen. Unzulässig sei dagegen die weitere Beschwerde, soweit sie sich nur gegen Maßnahmen und Anweisungen anlässlich der Aussetzung des Haftbefehls, also gegen die Gestaltung der Auflagen für die Haftverschonung, oder gegen deren Änderung richteten (Rn. 38). Zulässig soll allerdings die weitere Beschwerde sein, wenn sie sich gegen eine Entscheidung richtet, die nur der äußeren Form nach eine Haftverschonungsauflage ist.[141]

40 Eine noch **engere Auffassung**, die jedoch in jüngerer Zeit ersichtlich nicht mehr vertreten worden ist,[142] hält – teilweise unter Hinweis auf den Wortlaut des § 310 Abs. 1 und die Ansicht des BGH, dass die Regelung eine eng auszulegende Ausnahmevorschrift sei[143] – die weitere Beschwerde gegen eine Beschwerdeentscheidung, die zwar einen Haftbefehl aufrechterhalten, seinen Vollzug aber nach § 116 ausgesetzt hat, **generell** für **unzulässig**;[144] Verhaftungen im Sinne von § 310 Abs. 1 beträfen nur solche Beschlüsse, durch die unmittelbar die Frage entschieden werde, ob der Beschuldigte in Haft zu nehmen, unterzubringen oder in Haft oder Unterbringung zu halten sei. Die Frage eines un-

---

138 BGHSt **34** 34; AK/*Deckers* 11 (Möglichkeit der Gegenvorstellung). S. auch *Baumann* FS Pfeiffer 255.
139 BGHSt **37** 347.
140 Vgl. z.B. BGHSt **25** 120; OLG Celle NStZ-RR **2006** 222; OLG Hamm OLGSt § 310, 27; NJW **1981** 294; wistra **2002** 238; KG NJW **1979** 2626 mit Anm. *Kopp*; OLG Karlsruhe Justiz **1980** 208; OLG Düsseldorf StV **1981** 131 mit Anm. *Klawitter*; JMBlNW **1985** 286; MDR **1988** 79; OLG Hamburg MDR **1981** 339; StV **1994** 323 mit Anm. *Paeffgen* NStZ **1995** 23; OLG Schleswig bei *Ernesti/Lorenzen* SchlHA **1982** 113, 124; NJW **1991** 1529; OLG Celle StV **1983** 466; OLG Koblenz StV **1986** 442; NStZ **1990** 102 mit Anm. *Hohmann* NStZ **1990** 507; *Paeffgen* NStZ **1990** 536; OLG Frankfurt StV **1989** 113 mit Anm. *Paeffgen* NStZ **1989** 419; OLG Köln StV **1994** 321 mit Anm. *Paeffgen* NStZ **1995** 22; OLG Bremen StV **1997** 533; **2001** 689; HK/*Posthoff* 32; KK/*Graf* 27; Meyer-Goßner/*Schmitt* § 310, 7; KMR/*Wankel* 15; *Schlüchter* 660.2; *Münchhalffen/Gatzweiler* Rn. 410; AK/*Deckers* 12 (krit.); *Matt* NJW **1991** 1801; JA **1991** 85; LR/*Matt*[26] § 310, 29 ff., 35 f.; *Wendisch* StV **1991** 220; siehe auch BGHSt **26** 270; **29** 200.
141 OLG Hamm StraFo **2002** 178 = StV **2002** 315 betreffend den Sonderfall eines in Gestalt einer Haftverschonungsauflage verhängten (vorläufigen) Berufsverbotes.
142 Vgl. auch LR/*Matt*[26] § 310, 33 (zunehmend weniger vertretene Mindermeinung).
143 BGHSt **25** 120; vgl. auch BGHSt **26** 270; **19** 200; **a.A.** *Kopp* NJW **1979** 2627. S. auch BGHSt **36** 192 (Erzwingungshaft) mit Anm. *Wedel* MDR **1990** 786 ff. und *Kutzer* MDR **1990** 787.
144 Vgl. OLG Hamburg JR **1978** 526 mit Anm. *Gollwitzer*; OLG Hamm OLGSt § 310, 35; OLG Koblenz MDR **1978** 339; NStZ **1988** 327; OLG Stuttgart MDR **1978** 953; OLG Schleswig SchlHA **1979** 55; OLG Zweibrücken MDR **1979** 695; StV **1991** 219 mit Anm. *Wendisch*; OLG München MDR **1980** 74; OLG Nürnberg MDR **1980** 75; OLG Karlsruhe NStZ **1983** 41; OLG Düsseldorf NStZ **1990** 248 mit Anm. *Paeffgen* NStZ **1992** 534 und NStZ **1991** 425; StV **1990** 309 mit Anm. *Paeffgen* NStZ **1991** 425; JMBlNW **2000** 57.

mittelbaren Eingriffs in die persönliche Freiheit des Beschwerdeführers werde aber in diesem Fall des § 116 nicht geprüft, weil der Beschwerdeführer in Freiheit bleibe.

4. Kritik. Auszugehen ist davon, dass § 304 Abs. 4 Satz 2, Abs. 5, § 305 Satz 2, § 310 Abs. 1 mit (leicht) unterschiedlichen Formulierungen die Anfechtbarkeit von Beschlüssen, die „Verhaftungen" betreffen, zulassen. Es besteht jedoch weder aus semantischen, noch aus teleologischen oder sonstigen Gründen Anlass, diese Formulierungen inhaltlich unterschiedlich zu interpretieren.[145] Entscheidend ist bei allen Vorschriften gleichermaßen allein die Frage, **was unter Verhaftungen zu verstehen ist**. Richtig ist, dass es sich um Ausnahmeregelungen handelt, Regelungen also, die grundsätzlich eng ausgelegt werden sollten. Dennoch bestehen Bedenken gegen die unter den Rn. 38 bis 40 dargestellten Zulässigkeitsbeschränkungen. 41

Zunächst ergibt sich weder aus einer **historischen Interpretation,**[146] noch aus dem Wortlaut oder aus teleologischen Erwägungen ein überzeugender Grund für eine Unzulässigkeit der (weiteren) Beschwerde, die sich nur gegen Haftersatzmaßnahmen im Falle der Aussetzung (Rn. 38 ff.) richtet. Der **Wortlaut** von § 304 Abs. 4 Satz 2, Abs. 5, § 305 Satz 2, § 310 Abs. 1 umfasst diese Fallgestaltung; auch Beschlüsse zu Haftersatzmaßnahmen „betreffen die Verhaftung".[147] Entsprechendes gilt für eine **teleologische Interpretation**. Ziel der genannten Vorschriften ist, die (weitere) Beschwerde ausnahmsweise wegen der besonderen Tragweite des Eingriffs in die persönliche Freiheit des Betroffenen zuzulassen.[148] Dieser Zulassungsgrund gilt auch für Entscheidungen über die Festlegung oder Änderung von Haftersatzmaßnahmen durch die in § 304 Abs. 4, 5, § 310 genannten Haftgerichte. Denn solche Maßnahmen können im Einzelfall zu schwerwiegenden Eingriffen in grundrechtlich geschützte Persönlichkeits- und Freiheitsrechte führen,[149] insbesondere auch die berufliche und wirtschaftliche Handlungsfreiheit des Beschuldigten in erheblicher Weise beeinträchtigen. Auch die Unschuldsvermutung[150] lässt sich für eine eher großzügige, auch die Anfechtung allein von Haftersatzmaßnahmen zulassende Interpretation ins Feld führen.[151] Dem zusätzlichen Argument des BGH,[152] für seine enge Auslegung spreche auch **§ 304 Abs. 4 Satz 2 Nr. 5**, wonach nur der Widerruf der Strafaussetzung zur Bewährung durch ein OLG anfechtbar sei, nicht aber die mit der Aussetzung verbundenen Auflagen, kann entgegengehalten werden, dass diese Parallele nicht schlüssig ist, weil in diesem Fall der Gesetzestext **sprachlich eindeutig** die Auflagen nicht in die Rückausnahme einschließt.[153] Wenig überzeugend erscheint schließlich auch das Argument, dass es im Falle der Nichterfüllung von Auflagen zum Widerruf der Haft- 42

---

145 Umstr.; vgl. zur Problematik z.B. BGHSt **25** 120; OLG Zweibrücken JBlRhPf. **2001** 195; OLG Köln StV **1994** 321 mit Anm. *Paeffgen* NStZ **1995** 22; LR/*Matt*[26] § 305, 31 und § 310, 30 ff.; Meyer-Goßner/*Schmitt* § 304, 13; § 305, 7; KK/*Zabeck* § 304, 7; SK/*Paeffgen* 23 ff., § 123, 13.

146 Vgl. dazu *Kopp* NJW **1979** 2627; *Hohmann* NStZ **1990** 508; *Wendisch* StV **1991** 220; FS Dünnebier 248 ff.; *Matt* NJW **1991** 1801; JA **1991** 85; SK/*Paeffgen* 24.

147 Vgl. auch *Hohmann* NStZ **1990** 507 (semantische Unwägbarkeiten); *Matt* NJW **1991** 1801; JA **1991** 85; SK/*Paeffgen* 22; *Baumann* FS Pfeiffer 255.

148 BGHSt **25** 120; BGHSt **36** 192; vgl. *Wendisch* StV **1991** 220.

149 Vgl. BVerfGE **53** 152, 161; OLG Köln StV **1994** 321 mit Anm. *Paeffgen* NStZ **1995** 22; *Hohmann* NStZ **1990** 508; *Matt* NJW **1991** 1801; JA **1991** 85; *Schlothauer/Weider/Nobis* Rn. 832; s. auch OLG Hamburg StV **1985** 66; **1986** 66.

150 Vgl. auch *Hohmann* NStZ **1990** 508, der zudem auf das Gebot der Effektivität des Rechtsschutzes hinweist; *Matt* NJW **1991** 1801.

151 Im Ergebnis ebenso SK/*Paeffgen* 22, 24; *Neuhaus* StV **1999** 342; LR/*Matt*[26] § 310, 35 ff.; vgl. auch *Matt* NJW **1991** 1801.

152 BGHSt **25** 120.

153 SK/*Paeffgen* 22.

verschonung komme, gegen diesen stets auch die (weitere) Beschwerde statthaft sei und in deren Rahmen implizit auch die Frage der Rechtmäßigkeit sowie Zumutbarkeit der verletzten Auflage geprüft werde.[154] Soll der im Einzelfall von einem Übermaß an Auflagen und Weisungen betroffene Beschuldigte tatsächlich erst den Widerruf riskieren und herbeiführen müssen, um erst sodann, ggf. bereits (wieder) inhaftiert, effektiven gerichtlichen Rechtsschutz zu erlangen? Die Rechtsprechung des BGH und der Oberlandesgerichte ist jedoch so festgelegt, dass eine weitergehende Praxis nur über eine Klarstellung durch den Gesetzgeber erreicht werden könnte.

43 **Abzulehnen** ist jedenfalls die noch **engere Auffassung** (Rn. 40), die sogar eine weitere Beschwerde gegen die Haft-Grundentscheidung im Falle der Aussetzung verneint. Diese Auffassung entspricht nicht der Tragweite der anzufechtenden Beschwerdeentscheidung. Sie berücksichtigt insbesondere nicht, dass der Beschuldigte nicht nur durch die Gestaltung einzelner, ggf. in sein Persönlichkeitsrecht oder seine Freiheit eingreifender Haftersatzmaßnahmen betroffen ist und sich dagegen wendet, sondern tiefergehend infolge der grundsätzlichen Aufrechterhaltung der Haftanordnung befürchten muss, dass neue (weitere) in seine Grundrechte eingreifende Maßnahmen getroffen werden könnten.[155] Die für eine Anfechtbarkeit sprechenden Erwägungen (Rn. 42) gelten hier also umso mehr.[156]

IV. Widerruf (Absatz 4)

44 **1. Veränderungen.** Das in Absatz 4 zum Ausdruck kommende Gebot, die Aussetzung des Vollzuges eines Haftbefehls nur dann zu widerrufen, wenn sich die Umstände im Vergleich zu der Beurteilungsgrundlage zur Zeit der Gewährung der Verschonung verändert haben, gehört zu den **bedeutsamsten (Verfahrens-) Garantien**, deren Beachtung Art. 104 Abs. 1 Satz 1 GG fordert und mit grundrechtlichem Schutz versieht.[157] Das Gericht ist an seine Beurteilung der Umstände, auf denen die Vollzugsaussetzung beruht, **grundsätzlich gebunden.**[158] Es kann sie nicht, etwa in neuer Besetzung, bei gleichbleibenden Umständen ändern; es kann namentlich nicht den Vollzug der Untersuchungshaft anordnen, weil es inzwischen den Erfolg der getroffenen Maßnahmen weniger günstig beurteilt als zur Zeit ihrer Anordnung. Ändern sich indessen die Verhältnisse nicht unwesentlich, dann hat das Gericht die Frage der Vollzugsaussetzung einschließlich der Frage der Milderung oder Verschärfung der Ersatzmaßnahmen erneut zu prüfen. Diese Grundsätze gelten auch für das **Beschwerdegericht**. Es kann, wenn nur der Beschuldigte Beschwerde einlegt, etwa weil er eine Aufhebung des Haftbefehls erstrebt, nicht seine (ungünstige) Prognose an die des Gerichts setzen, das die Verschonung gewährt hat; ein Widerruf ist auch jetzt nur unter den engen Voraussetzungen des § 116 Abs. 4 zulässig.[159]

45 Ist durch die **Veränderung** der **Haftgrund beseitigt**, etwa durch Heirat die Fluchtgefahr oder durch Sachaufklärung die Verdunkelungsgefahr, dann hat das Gericht den Haftbefehl und die bei der Vollzugsaussetzung getroffenen Maßnahmen aufzuheben

---

154 HK/*Posthoff* 32.
155 Vgl. *Matt* NJW **1991** 1801 (andauerndes Bedrohungspotential durch den Bestand des Haftbefehls).
156 Im Ergebnis ebenso SK/*Paeffgen* 24; LR/*Hilger*[26] 43; LR/*Matt*[26] § 310, 33; *Hohmann* NStZ **1990** 507; *Matt* NJW **1991** 1801; JA **1991** 95; krit. auch *Wendisch* StV **1991** 219.
157 BVerfGK **12** 45 = NStZ-RR **2007** 379; BVerfG StV **2013** 94, 96; wistra **2012** 429.
158 BVerfGK **7** 239 = StV **2006** 139 = StraFo **2006** 108; OLG München NJW **1978** 771; OLG Düsseldorf StV **1988** 207; OLG Frankfurt StraFo **2001** 144.
159 BVerfGK **6** 295 = StV **2006** 26 = StraFo **2005** 502 mit Anm. *Paeffgen* NStZ **2007** 84; s. auch BVerfGK **7** 239 = StV **2006** 139 = StraFo **2006** 108; BVerfG StraFo **2007** 19 = StV **2007** 84.

(§ 123 Abs. 1 Nr. 1). Hat sich der Haftgrund **nur abgeschwächt**, ist die Möglichkeit einer **Milderung** (Reduzierung) der Haftersatzmaßnahmen zu prüfen. Ebenso kann der Richter, wenn sich die Lage **verschlechtert** hat, die ursprünglich angeordneten Maßnahmen ändern, namentlich **verschärfen**, z.B. die Sicherheit erhöhen. Der Vollzug des Haftbefehls darf nur dann angeordnet werden, wenn die (engen) Voraussetzungen von Absatz 4 Nr. 1, 2 oder 3 erfüllt sind[160] und eine Änderung der Ersatzmaßnahmen nicht ausreicht, um dem Haftgrund entgegenzuwirken;[161] Letzteres ist aus dem **Verhältnismäßigkeitsprinzip** abzuleiten. Zuvor hat das Gericht schon bei der Einschätzung, ob die Voraussetzungen der Nr. 1 bis 3 erfüllt sind, einen gewissen Beurteilungsspielraum[162] (z.B. „gröblich", „Anstalten zur Flucht", „genügende" Entschuldigung, Vertrauen „nicht gerechtfertigt", Verhaftung „erforderlich"). Hat die Anordnung zusätzlicher, den Inhalt des ursprünglichen Aussetzungsbeschluss erheblich verschärfender Auflagen **faktisch** eine **Invollzugsetzung** des Haftbefehls zur Folge, ist eine solche Entscheidung nur unter den einschränkenden Voraussetzungen des Absatzes 4 möglich.[163]

Wird der **Haftbefehl wieder vollzogen**, hat das Gericht die **Maßnahmen aufzuheben** (§ 123 Abs. 1 Nr. 2), die es zur Abwendung der Haft getroffen hatte. Es bestehen keine Bedenken, wenn es das in geeigneten Fällen mit der Vollzugsanordnung verbindet. Eine solche Verbindung wird sich empfehlen, wenn mit Sicherheit feststeht, dass der Haftbefehl ohne Schwierigkeit vollzogen werden kann, aber auch dann, wenn ohnehin nicht mehr zu erwarten ist, dass der Beschuldigte den Anweisungen nachkommt. Über die **Sicherheit** ist gesondert nach den **§§ 123, 124** zu entscheiden. 46

Zum Teil wird angenommen, dass die strenge Regelung des § 116 Abs. 4 auch vom Beschwerdegericht zu beachten sei, wenn sich die **Staatsanwaltschaft** mit einer **Beschwerde gegen einen Haftverschonungsbeschluss** wendet, der durch Entlassung des Beschuldigten „für eine gewisse vertrauensbildende Zeit" bereits umgesetzt worden ist, weil entweder kein Antrag gemäß § 307 Abs. 2 gestellt oder „gar die Beschwerde nicht unverzüglich angebracht wurde"; dann könne auch für das **Beschwerdegericht**, selbst wenn es die Aussetzungsentscheidung nicht getroffen hätte, nichts anderes gelten als für den Erstrichter und müssten für den Wegfall der Haftverschonung die einschränkenden Voraussetzungen des § 116 Abs. 4 vorliegen.[164] Diese auf eine analoge Anwendung der Norm hindeutende und den Entscheidungsrahmen des Beschwerdegerichts ohne sachlichen Grund einschränkende Auffassung ist abzulehnen. Unabhängig davon, wann die Staatsanwaltschaft von einer Aussetzungsentscheidung erfährt, wie schnell sie sodann Beschwerde erhebt und ob sie einen Antrag nach § 307 Abs. 2 stellt oder nicht, fehlt es infolge der Erhebung ihrer Beschwerde – also anders als im gesetzlich geregelten Fall einer unangefochten gebliebenen Aussetzungsentscheidung, die später widerrufen werden soll – an der Grundlage für einen rechtlich beachtlichen Vertrauenstatbestand bei 47

---

160 BVerfGK **12** 45 = NStZ-RR **2007** 379; BVerfGK **6** 295 = StV **2006** 26 = StraFo **2005** 502; BVerfG wistra **2013** 59; **2012** 429; StV **2013** 94; OLG Düsseldorf StV **1988** 207; StV **1993** 480; OLG Dresden NStZ-RR **2009** 292.

161 KK/*Graf* 33b; SK/*Paeffgen* 25; vgl. auch BVerfG wistra **2013** 59; **2012** 429; StV **2013** 94; OLG Düsseldorf StV **1988** 207; KG StraFo **1997** 27.

162 Vgl. auch LR/*Wendisch*[24] 48.

163 OLG Frankfurt Beschl. v. 24.3.2010 – 1 Ws 38/10 – (juris) = StV **2010** 586 (Ls.): zusätzliche Sicherheitsleistung von 250.000 Euro; SSW/*Herrmann* 52; HK/*Posthoff* 26; s. auch BVerfG StV **2013** 96 = wistra **2013** 59 (Erhöhung der Kaution auf das fast Viereinhalbfache der ursprünglichen Sicherheit, überdies zu erbringen als Eigenhinterleger in bar, und zudem ohne Anhörung zur aktuellen wirtschaftlichen Situation des Beschuldigten).

164 OLG Rostock Beschl. v. 17.9.2009 – I Ws 269/09 – (juris); s. auch KG NStZ-RR **2010** 291 = StV **2010** 585 (das unklar vom „Grundgedanken" des § 116 Abs. 4 spricht und auf das Verhalten des Gerichts abstellen will, nämlich darauf, ob dieses „von § 307 Abs. 2 StPO Gebrauch gemacht" hat).

dem Beschuldigten.[165] Eine andere, für die praktische Behandlung aber durchaus bedeutsame Frage ist diejenige, ob infolge des Umstands, dass der entlassene Beschuldigte in solchen Fallgestaltungen faktisch ggf. längere Zeit Gelegenheit hatte, seine Verlässlichkeit unter Beweis zu stellen, eine neue Bewertung des Haftgrundes – insbesondere der Fluchtgefahr – sowie der Eignung milderer Maßnahmen geboten und dieser Umstand nunmehr vom Beschwerdegericht zu beachten ist.[166]

48 **2. Widerrufsumstände.** Nach **Nummer 1** ist der Vollzug anzuordnen, wenn der Beschuldigte den ihm auferlegten Pflichten oder Beschränkungen **gröblich zuwiderhandelt**.[167] Da diese Maßnahmen Grundlage der Erwartung waren, dass der Zweck der Untersuchungshaft auch durch sie erreicht werde, begründet die gröbliche Zuwiderhandlung zumeist die Vermutung, dass der Haftzweck nicht mehr ohne Untersuchungshaft erreicht werden kann (vgl. aber Rn. 45, 49).

49 Die Anordnung des Vollzugs ist **keine Prozessstrafe für enttäuschtes Vertrauen**, sondern Sicherung des Zweckes der Untersuchungshaft. Sie ist daher nicht zulässig, wenn zwar der Beschuldigte den ihm auferlegten Pflichten gröblich zuwiderhandelt (Nummer 1), aber der Haftgrund inzwischen weggefallen ist.[168] Auch sonst ist eine besonders sorgfältige Bewertung erforderlich, wenn die Frage zu beurteilen ist, ob der Beschuldigte den ihm auferlegten Verpflichtungen und Beschränkungen in gröblicher Weise zuwidergehandelt hat. Dabei wird mehr gefordert als ein Verstoß aus **Nachlässigkeit**, Versehen, Unmut oder Verzweiflung, wenn es auch nicht auf böse Gesinnung (Absicht) ankommt;[169] **dauernde Schlamperei** kann durchaus als gröbliche Zuwiderhandlung gewertet werden. Erforderlich ist letztlich ein schwerwiegender, dem Beschuldigten zurechenbarer Verstoß, der das Vertrauen des Gerichts in den Beschuldigten und die Wirksamkeit von Ersatzmaßnahmen nachhaltig erschüttert.[170] Der Schweregrad des Verstoßes ist mit Blick auf die Bedeutung der Anweisung und die Auswirkungen auf die Prognose bezüglich des in Rede stehenden Haftgrundes zu beurteilen.[171]

50 **Nummer 2** gilt, wenn der Beschuldigte **Anstalten zur Flucht** trifft, d.h. eine Veränderung seiner Umstände in die Wege leitet, die es den Strafverfolgungsbehörden unmöglich machen soll, seiner habhaft zu werden, oder entsprechende Maßnahmen Dritter kennt und billigt.[172] War Fluchtgefahr bis dahin nicht bejaht worden, so wird der Vollzug nur angeordnet, falls jetzt die Voraussetzungen des § 112 Abs. 2 Nr. 2 erfüllt sind. Dieser Haftgrund ist dann in den Haftbefehl aufzunehmen.[173] Es ist selbstverständlich, dass es Fluchtanstalten gleichsteht, wenn der Beschuldigte tatsächlich geflohen ist oder sich verborgen hat; ebenso, wenn der Beschuldigte **auf Ladungen ausbleibt**, ohne sich genügend zu entschuldigen (vgl. die Erl. zu § 329). Ladungen in diesem Sinne betreffen

---

165 HK/*Posthoff* 28; KK/*Graf* 28a; SK/*Paeffgen* 22b; OLG Bremen StV **2013** 773, 777; KG StraFo **2012** 62 (jedenfalls für den Fall einer Antragstellung nach § 307 Abs. 2); **a.A.** MüKo/*Böhm* 49, der generell danach differenzieren will, ob die Staatsanwaltschaft einen Antrag nach § 307 Abs. 2 gestellt hat oder nicht.
166 S. etwa KG Beschl. v. 29.7.2013 – 4 Ws 92/13 – (juris).
167 Vgl. OLG Karlsruhe StRR **2008** 243 (Verstoß gegen Kontaktverbot bei Wiederholungsgefahr in Bezug auf § 238 Abs. 2 StGB); *Münchhalffen/Gatzweiler* Rn. 334 (schwerwiegender Verstoß gegen eine zu Kontrollzwecken erteilte Wohnauflage).
168 Vgl. auch OLG Frankfurt StV **1985** 20.
169 Vgl. BGHR StPO § 116 Abs. 4 Umstände neue 1 (Überforderung); KG NStZ **2004** = StV **2002** 607 (zweimaliges verspätetes Erscheinen zur Hauptverhandlung).
170 Ähnlich OLG Frankfurt StV **1995** 476 (Verstärkung des Haftgrundes); SK/*Paeffgen* 26 (bedrohliches Erstarken des Haftgrundes); KK/*Graf* 29 (Aktualisierung der den Haftgrund bildenden Gefahrenlage).
171 Radtke/Hohmann/*Tsambikakis* 40.
172 KMR/*Wankel* 9; KK/*Graf* 30; HK/*Posthoff* 37.
173 Meyer-Goßner/*Schmitt* 25.

Termine, zu denen der Beschuldigte erscheinen muss (§ 133, § 163a Abs. 3, § 230 Abs. 2 oder § 236), gleichviel ob sie an den Beschuldigten oder an seinen Zustellungsbevollmächtigten (§ 116a Abs. 3) gerichtet waren. Es genügt, wenn die Entschuldigungsgründe erkennbar vorliegen, ihr Vortrag durch den Beschuldigten ist nicht erforderlich.[174] **Rechtlich zulässiges (Prozess-) Verhalten** darf dem Beschuldigten nicht zum Nachteil gereichen.[175] Hat der Beschuldigte erklärt, er werde auf jeden Fall von seinem Schweigerecht Gebrauch machen, so ist deshalb ein Widerruf mit der Begründung, der Beschuldigte habe entgegen der Auflage des Haftverschonungsbeschlusses eine staatsanwaltschaftliche Ladung ignoriert, nicht zulässig.[176] Die **Generalklausel des nicht gerechtfertigten Vertrauens** (letzte Alternative) gilt, wenn sich aufgrund neuer oder neu bekannt gewordener Umstände ergibt, dass die Erwartung des Gerichts, der Beschuldigte werde Pflichten und Beschränkungen erfüllen und sich dem Verfahren stellen, ein Irrtum war.[177] Es müssen also Tatsachen vorliegen, die ein Indiz dafür bilden, dass entgegen der Annahme im Aussetzungsbeschluss die Gefahr der Verwirklichung des Haftgrundes durch die getroffenen Maßnahmen nicht erheblich vermindert werden konnte. So kann z.B. die Vertrauensbasis der Aussetzung entfallen, wenn der Beschuldigte zwar die erteilten Anweisungen formal befolgt, sie aber durch ihm nicht ausdrücklich verbotene Verdunkelungsmaßnahmen unterläuft.[178]

Die **Nummer 3** umfasst die Nummern 1 und 2, weil die dort aufgeführten Handlungen **neu hervorgetretene Umstände** sind, und gibt im Übrigen Raum, in Abwägung und Beurteilung sämtlicher Umstände[179] wesentliche[180] (gravierende) Veränderungen der Tatsachengrundlage für die Aussetzung zu berücksichtigen.[181] Ein neuer Umstand kann darin liegen, dass neue Taten[182] oder Einzelakte einer Handlung aufgedeckt werden.[183] Die heranzuziehenden Gesichtspunkte müssen sich **auf die Haftgründe beziehen**. Tritt etwa zur Fluchtgefahr auch noch Verdunkelungsgefahr, dann können sich die getroffenen Maßnahmen als unzulänglich erweisen. Verschärft sich die Fluchtgefahr, dann können die bisher bestehenden Maßnahmen unwirksam sein, den Zweck der Untersuchungshaft auch jetzt noch zu erreichen. Demgegenüber können neu hervorgetretene Umstände **nicht den Tatverdacht** betreffen.[184] Denn dieser musste schon dringend gewesen sein, als der Haftvollzug ausgesetzt wurde, denn sonst hätte der Haftbefehl aufgehoben werden müssen. 51

Da § 116 Abs. 4 die Verfahrensgarantie des Art. 104 Abs. 1 Satz 1 GG zur Durchsetzung der materiellen Freiheitsgarantie des Art. 2 Satz 2 GG gewährleistet, ist die Schwelle 52

---

174 KK/*Graf* 31; HK/*Posthoff* 38.
175 Vgl. auch OLG Hamm StV **2008** 29.
176 OLG Frankfurt StV **1992** 583 mit Anm. *Paeffgen* NStZ **1993** 533.
177 Vgl. BVerfGK **6** 295 = StV **2006** 26 = StraFo **2005** 502; *Münchhalffen/Gatzweiler* Rn. 337.
178 KK/*Graf* 32.
179 OLG Hamm StV **2001** 115 mit Anm. *Deckers*; **2003** 512; OLG Karlsruhe StV **2000** 508; KG StraFo **1997** 27; OLG Köln StraFo **1998** 103; **1999** 103; StV **2002** 553.
180 KG StV **2002** 607 (Nachlässigkeit reicht nicht); *Kühne* 440.
181 SK/*Paeffgen* 28 (Wegfall der „Geschäftsgrundlage" der Aussetzungsentscheidung); s. auch OLG Koblenz StraFo **1998** 170 (ursprüngliche Erwägungen wesentlich erschüttert); OLG Frankfurt StV **2004** 493.
182 OLG Karlsruhe Justiz **1963** 63; OLG Stuttgart StV **1998** 553; krit. hierzu AK/*Deckers* 14; vgl. auch *Kleinknecht* JZ **1968** 342; *Paeffgen* NStZ **1989** 515.
183 Krit. hierzu AK/*Deckers* 14; s. auch OLG Karlsruhe Justiz **2005** 361 (Verdichtung eines schon bestehenden Verdachts insoweit kein Rücknahmegrund).
184 BVerfGK **7** 239 = StV **2006** 139 = StraFo **2006** 108; BVerfG StraFo **2007** 19 = StV **2007** 84; OLG München NJW **1978** 772; OLG Frankfurt StV **1998** 32; **2010** 586; OLG Nürnberg StV **2013** 519; MüKo/*Böhm* 60; Graf/*Krauß* 24; HK/*Posthoff* 44; *Münchhalffen/Gatzweiler* Rn. 339; s. aber OLG Schleswig bei *Lorenzen/Thamm* SchlHA **1996** 91.

für eine Widerrufsentscheidung von Verfassungs wegen grundsätzlich sehr hoch anzusetzen; die Vorschrift bedarf also einer **restriktiven Auslegung.**[185] Dabei ist hervorzuheben, dass neu hervorgetretene Umstände es nicht stets erforderlich machen, den Beschuldigten (erneut) in Untersuchungshaft zu nehmen.[186] Es kann ausreichen, die Beschränkungen zu verschärfen; unter Anwendung des Grundsatzes der Verhältnismäßigkeit ist deshalb stets zu prüfen, ob anstelle einer Rücknahme der Haftverschonung nicht eine solche **Verschärfung** der Auflagen und Weisungen als **milderes Mittel der Verfahrenssicherung** in Betracht kommt.[187]

53 Angesichts der gebotenen engen Auslegung sind nachträglich eingetretene oder bekannt gewordene **Umstände nur dann „neu"**, wenn sie die Gründe des Haftverschonungsbeschlusses in einem so wesentlichen Punkt erschüttern, dass keine Aussetzung bewilligt worden wäre, wenn sie bei der Entscheidung bereits bekannt gewesen wären (**wesentliche Erschütterung der Vertrauensgrundlage**). Eine nachträglich eingetretene oder bekannt gewordene (auch zeitlich vor dem Aussetzungsbeschluss entstandene) schwerwiegende Tatsache kann also nur dann zum Widerruf der Verschonung führen, wenn sie das Gericht, hätte es sie bei der Aussetzungsentscheidung gekannt, zur Ablehnung der Haftverschonung veranlasst hätte.[188] Ob dies der Fall ist, erfordert vor dem Hintergrund der wertsetzenden Bedeutung des Grundrechts der persönlichen Freiheit eine Beurteilung sämtlicher Umstände des Einzelfalls; die Widerrufsentscheidung bedarf sorgfältiger Begründung. Im Rahmen der vorzunehmenden Abwägung stets zu berücksichtigen ist vor allem, dass der Angeklagte inzwischen Gelegenheit hatte, sein Verhalten gegenüber dem Strafverfahren zu dokumentieren und das in ihn gesetzte Vertrauen, namentlich durch strikte Beachtung der ihm erteilten Auflagen und Weisungen, zu rechtfertigen.[189] Das BVerfG formuliert die durch den Freiheitsgrundsatz gesteckten Grenzen dahin, dass der „Begünstigte" einer Haftverschonungsentscheidung **grundsätzlich Anspruch** hat, die **Rechtskraft des Urteils in Freiheit zu erwarten.**[190]

54 Ein neuer Umstand kann, muss aber nicht,[191] vorliegen, wenn der Beschuldigte mit einem **unerwartet hohen Strafantrag der Staatsanwaltschaft** konfrontiert oder **unerwartet streng verurteilt** wird.[192] Dies setzt aber voraus, dass der Rechtsfolgenausspruch des Tatrichters oder die von der Staatsanwaltschaft beantragte Strafe von der ursprünglichen Prognose des Haftrichters bezüglich der Straferwartung erheblich zum Nachteil des Angeklagten abweicht und sich die Fluchtgefahr dadurch wesentlich erhöht.[193] Ist der Haftrichter schon bei der Aussetzungsentscheidung von der Verhängung einer ho-

---

185 Vgl. BVerfGK **12** 45 = NStZ-RR **2007** 379; BVerfG StV **2013** 94, 96; wistra **2012** 429; *Herrmann* StRR **2013** 12; *Lampe* jurisPR-StrafR 16/2012 Anm. 1; HK/*Posthoff* 40 f.

186 SK/*Paeffgen* 25; s. auch KK/*Graf* 28, 33; Meyer-Goßner/*Schmitt* 22. Vgl. auch OLG Düsseldorf StV **1984** 339; OLG Karlsruhe StV **1999** 607; OLG Hamm StV **2003** 512; LG Hagen StV **2001** 688 (Abtretung des Kautionsrückzahlungsanspruches und Verurteilung eines Mitbeschuldigten; s. dazu *Schlothauer/Weider/Nobis* Rn. 1282).

187 BVerfG StV **2013** 94; **2008** 25; wistra **2012** 429; st. Rspr.; s. auch Meyer-Goßner/*Schmitt* 22; HK/*Posthoff* 45; SSW/*Herrmann* 55.

188 BVerfG StraFo **2007** 19 = StV **2007** 84; OLG Bamberg StraFo **2005** 421; OLG Karlsruhe Justiz **2005** 361; OLG Düsseldorf StraFo **2002** 142; OLG Frankfurt StraFo **2001** 144; KG StraFo **1997** 27; OLG München NJW **1978** 771.

189 BVerfGK **12** 45 = NStZ-RR **2007** 379; BVerfG StV **2013** 94, 96; **2006** 139; wistra **2012** 429.

190 Vgl. etwa BVerfGK **12** 45 = NStZ-RR **2007** 379 = StV **2008** 25.

191 Vgl. OLG Hamm StV **2003** 512.

192 Vgl. BVerfGK **7** 239 = StV **2006** 139 = StraFo **2006** 108; OLG Brandenburg StraFo **2001** 32; OLG Düsseldorf JMBlNW **1982** 236; OLG Frankfurt StV **1998** 31; StraFo **2001** 144; OLG Hamm StV **2003** 512; KG JR **1989** 260; StraFo **1997** 27; OLG Koblenz StraFo **1999** 322; OLG Stuttgart StV **1998** 553.

193 BVerfG wistra **2012** 429; StV **2006** 26 und 139; Meyer-Goßner/*Schmitt* 28; Graf/*Krauß* 25.

hen Freiheitsstrafe für den Fall des Schuldnachweises ausgegangen und hat sich **lediglich die Straferwartung realisiert**, von der auch der Beschuldigte ausgehen musste, und fehlen sonstige für einen Widerruf sprechenden Umstände, liegt keine Grundlage für den Widerruf der Haftverschonung vor.[194] Auch der Umstand, dass der um ein günstigeres Ergebnis bemühte Angeklagte infolge des Schlussantrages der Staatsanwaltschaft oder durch das Urteil die Vergeblichkeit seiner Hoffnungen erkennen muss, kann einen Widerruf der Haftverschonung nicht rechtfertigen, sofern ihm die Möglichkeit eines für ihn ungünstigen Ausgangs während der Außervollzugsetzung des Haftbefehls stets vor Augen stand und er gleichwohl allen Auflagen beanstandungsfrei nachkam.[195] Entsprechendes gilt für die Tatsache der **Anklageerhebung**, mag auch der Beschuldigte darauf gehofft haben, dass es dazu nicht kommen werde.[196] In Einzelfällen mag aufgrund einer besonderen psychischen Disposition oder des Prozessverhaltens des Angeklagten allerdings auch schon die Tatsache einer Verurteilung bei der Beurteilung der Widerrufsvoraussetzungen Gewicht haben.[197]

In jedem Fall unzulässig ist es, die Widerrufsentscheidung – ebenso wie die Ent- **55**
scheidung über die Anordnung von Untersuchungshaft – mit einem **prozessual zulässigen Verhalten** des Beschuldigten zu verknüpfen.[198] Das Gericht sollte deshalb schon den bösen Schein vermeiden, dass der (mögliche) Widerruf einer bestehenden Haftverschonung als Druck- oder auch nur als Drohmittel verwandt wird, um den Beschuldigten zu einer Änderung seines Prozessverhaltens – etwa seines Aussageverhaltens, seiner Bereitschaft zu einer Verständigung oder der Erhebung von Rechtsmitteln – zu bewegen.[199] Ein Widerruf soll nach h.M. nicht erfolgen bei einer für das vorliegende Verfahren bedeutungslosen **Einwirkung auf einen Zeugen**;[200] dies erscheint bedenklich, insbesondere dann, wenn Verdunkelungsgefahr der Haftgrund ist.[201] Umstritten ist, ob die **Abtretung einer Kaution** als neuer Umstand zum Widerruf der Haftverschonung führen kann.[202]

---

194 Vgl. BGH NStZ **2006** 297 (mit allerdings fragwürdiger Argumentation zur Begrifflichkeit der „ganz erheblichen mehrjährigen Freiheitsstrafe"); bei *Burhoff* StraFo **2006** 59; OLG Bremen StV **1988** 392; OLG Düsseldorf StV **1988** 207; StV **2000** 211 mit Anm. *Hagmann*; StraFo **2002** 142; OLG Frankfurt StV **2004** 493; OLG Hamm StV **2003** 512; **2008** 29 mit Anm. *Marquardt/Petri*; PStR **2012** 269 mit Anm. *Wegner*; OLG Karlsruhe StraFo **2000** 321; KG JR **1989** 260; OLG Koblenz StraFo **1999** 322; OLG Nürnberg StraFo **2011** 224; OLG Oldenburg StV **2009** 141; OLG Zweibrücken StraFo **2012** 186; LG Hamburg StV **2006** 643; s. aber OLG Schleswig bei *Lorenzen/Thamm* SchlHA **1996** 91.

195 BVerfG StV **2013** 94; wistra **2012** 429; OLG Hamm PStR **2012** 269; OLG Nürnberg StV **2013** 519; OLG Düsseldorf StRR **2014** 42 (Ls.).

196 Vgl. OLG Karlsruhe StV **1999** 607; OLG Stuttgart StraFo **2009** 104; MüKo/*Böhm* 62; HK-GS/*Laue* 14.

197 Vgl. HK/*Posthoff* 41 f. unter Hinweis auf nicht veröffentlichte Beschl. des OLG Hamm v. 16.11.2010 – III-3 Ws 481/10 (besondere Rückfallgefährdung eines Sexualtäters gerade für den Fall seiner Verurteilung) und v. 10.10.2002 – 3 Ws 503/02 (Sexualtäter mit Taten zum Nachteil von Kindern, die gerade wegen der üblicher Weise gegebenen Dominanz gegenüber dem Opfer fest mit einem Freispruch rechnen).

198 BGH NStZ **2005** 279; s. auch § 112, 24.

199 Vgl. dazu *Lampe* jurisPR-StrafR 16/2012 Anm. 1 (Anmerkung zu den Kammerbeschlüssen des BVerfG StV **2013** 96 = wistra **2013** 59; wistra **2012** 429, denen durchaus betrübliche, in der Praxis allerdings nicht selten in solcher Form anzutreffende Entscheidungen der Fachgerichte, die diese Selbstverständlichkeit missachtet hatten, zugrunde lagen).

200 OLG Düsseldorf StV **1984** 339; Meyer-Goßner/*Schmitt* 28; HK/*Posthoff* 44; AnwK-UHaft/*König* 19; dagegen OLG Hamm NStZ-RR **1999** 53.

201 Ähnlich OLG Hamm NStZ-RR **1999** 53 (massive Einwirkung auf einen Zeugen); KK/*Graf* 33a; MüKo/*Böhm* 66.

202 Ablehnend LG Hagen StV **2001** 688 = StraFo **2001** 433 (unter Aufhebung einer abweichenden Entscheidung des AG Hagen); Radtke/Hohmann/*Tsambikakis* 51 ff.; *Schlothauer/Weider/Nobis* Rn. 1282; **a.A.** wohl LG Gießen StV **2006** 643 = StraFo **2006** 324 (damit verbundene Umgehung des

56 **3. Verfahren.** Es gelten die zu Rn. 32 und 33 gemachten Ausführungen entsprechend, doch wird die **Begründung** ausführlicher als bei der Aussetzung des Vollzugs sein müssen.[203] Insbesondere in Fällen, in denen wegen einer unerwartet hohen Bestrafung die zwingende Notwendigkeit[204] der Rücknahme der Haftverschonung angenommen wird, muss das Gericht nachvollziehbar feststellen und darlegen, welche für den Beschuldigten erkennbare Straferwartung das Haftgericht im Zeitpunkt des Aussetzungsbeschlusses hatte.[205] Wird ein außer Vollzug gesetzter Haftbefehl aufgehoben und **durch einen neuen ersetzt**, so ist das der Sache nach eine Entscheidung nach Absatz 4, die nur unter den Voraussetzungen Nr. 1, 2 oder 3 zulässig ist.[206] Der verfassungsrechtlich zu beachtende Maßstab für die Wiederinvollzugsetzung eines ausgesetzten Haftbefehls wegen veränderter Sachlage nach § 116 Abs. 4 Nr. 3 gilt auch dann – erst recht –, wenn der frühere Haftbefehl nicht nur außer Vollzug gesetzt, sondern gerade wegen Nichtvorliegens des – jetzt wieder angenommenen – Haftgrundes sogar aufgehoben worden war.[207] Zur vorläufigen Festnahme vgl. § 127, 37. Zur richterlichen Zuständigkeit s. § 126.

57 **4. Beschwerde.** Soweit mit der Beschwerde eine **Änderung von Maßnahmen** begehrt wird, gilt das zu Rn. 34 ff. Gesagte für die Beschwerde und das zu Rn. 39 ff. Ausgeführte für die weitere Beschwerde entsprechend. Soweit die Anordnung angegriffen wird, dass der **Haftbefehl** (wieder) **zu vollziehen** ist, ist gegen die Entscheidung, wenn sie nicht von einem Strafsenat als Rechtsmittelgericht erlassen worden ist (§ 304 Abs. 4 Satz 2 Hs. 1), Beschwerde zulässig (§ 304 Abs. 1), auch wenn die Entscheidung die eines erkennenden Gerichts ist (§ 305 Satz 2). Gegen die Beschwerdeentscheidung des LG und des erstinstanzlich entscheidenden OLG (§ 120 Abs. 3 und 4 GVG) ist die **weitere Beschwerde** zulässig (§ 310 Abs. 1). Denn Entscheidungen, die den Vollzug anordnen, betreffen unstreitig die Verhaftung (§ 305 Satz 2, § 310 Abs. 1).[208]

58 **5. Wirkung.** Der Haftbefehl ist zu vollstrecken. Das Verfahren der §§ 114b ff. beginnt. War der Beschuldigte schon vor der Aussetzung des Vollzugs in Haft, beginnt es von neuem.[209] Wird der Beschuldigte aufgrund der Widerrufsentscheidung festgenommen, ist er also erneut nach §§ 115, 115a zu vernehmen; die Benachrichtigungsrechte und -pflichten nach § 114c gelten ebenfalls.

Drittzahlungsverbots führe zum Entfallen der gesteigerten fluchthemmenden Wirkung einer Eigenzahlung).

203 KG JR **1956** 192. S. auch OLG Stuttgart NStZ **1982** 217 (Unverzüglichkeit der Entscheidung nach Nr. 3).

204 Entgegen dem in der Praxis regelmäßig anzutreffenden Verständnis geht es nicht darum, ob sich die Wiederinvollzugsetzung rechtfertigen lässt; zum Prüfungsmaßstab vgl. etwa KG StraFo **2013** 375 = StV **2014** 26: bei der Prüfung der Voraussetzungen der Untersuchungshaft ist nicht zu fragen, ob diese angeordnet werden kann, sondern ob ihre Anordnung und Vollziehung – als ultima ratio – wegen überwiegender Belange des Gemeinwohls zwingend geboten ist.

205 Vgl. BVerfG wistra **2012** 429; NStZ-RR **2007** 379; Information StW **2007** 84 mit Anm. *Weyand*; StV **2013** 94; **2006** 139 = StraFo **2006** 108 (die 3. Kammer des 2. Senats stellt in diesem Zusammenhang regelmäßig selbstwidersprüchlich allein auf die Straferwartung des Beschuldigten ab, nachdem sie zunächst – jedenfalls im Ausgangspunkt zutreffend – die Prognose des Haftrichters zugrunde gelegt hatte); s. auch OLG Koblenz StraFo **1999** 322; zum maßgeblichen Erwartungshorizont bei der Beurteilung der Fluchtgefahr s. § 112, 79 ff.

206 BVerfG StraFo **2007** 19 = StV **2007** 84; OLG Düsseldorf StraFo **2002** 142; OLG Hamm StV **2008** 29 mit Anm. *Marquardt/Petri*; OLG Karlsruhe Justiz **2005** 361; OLG Köln StV **2008** 258 (zum Fall, dass sich eine bestimmte Straferwartung bei der früheren Haftentscheidung nicht feststellen lässt); OLG Nürnberg StV **2013** 519; allg. M.

207 OLG Dresden NStZ-RR **2009** 292 (betreffend Fluchtgefahr); MüKo/*Böhm* 51.

208 KMR/*Wankel* 16.

209 Meyer-Goßner/*Schmitt* 29; KK/*Graf* 35.

V. Europarechtliche Entwicklungen

Auf der Ebene der europäischen Rechtssetzung bestehen nicht nur Bestrebungen, 59
konkrete Mindeststandards für die Anordnung und den Vollzug der Untersuchungshaft festzulegen, sondern auch, die Zahl der Anordnungen von Untersuchungshaft (ultima ratio) zu reduzieren und, soweit eine Verfahrenssicherung erforderlich ist, Haft durch Alternativen zu ersetzen.[210] Besondere Bedeutung kommt insoweit dem **Rahmenbeschluss 2009/829/JI** des Rates der Europäischen Union vom 23.10.2009 über die Anwendung des Grundsatzes der gegenseitigen Anerkennung von Entscheidungen über Überwachungsmaßnahmen als Alternative zur Untersuchungshaft[211] zu (sog. **Europäische Überwachungsanordnung**); dieser soll sicherstellen, dass die Strafverfolgung gegen im Ausland lebende Beschuldigte weitgehend ohne Untersuchungshaftvollzug gesichert wird, indem er Regelungen zur vorläufigen Entlassung aus der Untersuchungshaft im Rahmen eines Ermittlungsverfahrens trifft. Der Rahmenbeschluss macht es möglich, dass eine Überwachungsmaßnahme ohne Freiheitsentzug (z. B. eine Verpflichtung, sich an einem bestimmten Ort aufzuhalten oder sich zu bestimmten Zeiten bei einer bestimmten Behörde zu melden) von dem Mitgliedstaat, in dem der Gebietsfremde verdächtigt wird, eine Straftat begangen zu haben, an den Mitgliedstaat übertragen wird, in dem er seinen Wohnsitz hat. Somit kann ein Verdächtiger einer Überwachungsmaßnahme in seinem Heimatmitgliedstaat unterzogen werden, bis das Verfahren in dem anderen Mitgliedstaat stattfindet, anstatt in Untersuchungshaft genommen zu werden.[212] Die praktische Umsetzung soll durch Nutzung eines Formblattes erfolgen, mit dem der ersuchende Staat, der die Auflagen erlassen hat („Anordnungsstaat"), bei demjenigen Staat, in dem sich der Beschuldigte aufhält („Vollstreckungsstaat"), um deren Überwachung nachsucht. Die Überwachung erfolgt sodann, wenn der Vollstreckungsstaat die Maßnahmen anerkannt hat (zu den Ablehnungsgründen s. Art. 15 Abs. 1 Buchst. a bis h RB, zur Anpassung an die eigene Rechtsordnung s. Art. 13 RB), nach den dortigen Vorschriften. Der Rahmenbeschluss war bis zum 1.12.2012 umzusetzen; diese Verpflichtung ist seitens mehrerer Mitgliedsstaaten – darunter auch Deutschland – missachtet worden.[213] Erst mit dem Dritten Gesetz zur Änderung des Gesetzes über die Internationale Rechtshilfe in Strafsachen (IRG) vom 16.7.2015,[214] das am 23.7.2015 in Kraft getreten ist, wurde im Neunten Teil des IRG ein neuer Abschnitt mit den §§ 90o bis 90z IRG eingefügt, die entsprechende Regelungen enthalten.[215]

---

210 Vgl. die Empfehlungen des Europarates, insbes. Rec (**2006**)13 – Empfehlung des Ministerrats vom 29.8.2006 (www.coe.int); BMJ (Hrsg.) Freiheitsentzug – Die Empfehlungen des Europarates 1962–2003; *Esser* (Initiativen) 233.

211 ABlEU Nr. L 294 vom 11.11.2009, S. 20 ff.; s. auch Vor § 112, 113.

212 Vgl. dazu den Kommissionsvorschlag vom 29.8.2006, KOM (**2006**) 468 endg.; Ratsdok. 12367/06; BRDrucks 654/06; zum Diskussionsprozess s. etwa Stellungnahme des Strafrechtsausschusses des DAV Nr. 4/2007 und BRAK-Stellungnahme Nr. 38/2006; ferner BTDrucks. **16** 11293, **16** 11456 und **16** 12733; s. auch Grünbuch der Kommission (Vor § 112 Fn. 36); eingehend dazu – mit weiteren Nachweisen – *Esser* (Initiativen) 233; vgl. auch *Morgenstern* ZIS **2014** 216.

213 Vgl. den Bericht der Kommission vom 5.2.2014 an das Europäische Parlament und den Rat über die Umsetzung der Rahmenbeschlüsse 2008/909/JI, 2008/947/JI und 2009/829/JI, KOM (**2014**) 57 endg.

214 BGBl. I S. 1197; zum Diskussionsprozess vgl. die Stellungnahme Nr. 7/2015 des Strafrechtsausschusses der BRAK (März 2015).

215 S. auch Nrn. 166p ff. RiVASt.

§ 116a
Aussetzung gegen Sicherheitsleistung

(1) [1]Die Sicherheit ist durch Hinterlegung in barem Geld, in Wertpapieren, durch Pfandbestellung oder durch Bürgschaft geeigneter Personen zu leisten. [2]Davon abweichende Regelungen in einer auf Grund des Gesetzes über den Zahlungsverkehr mit Gerichten und Justizbehörden erlassenen Rechtsverordnung bleiben unberührt.

(2) Der Richter setzt Höhe und Art der Sicherheit nach freiem Ermessen fest.

(3) Der Beschuldigte, der die Aussetzung des Vollzugs des Haftbefehls gegen Sicherheitsleistung beantragt und nicht im Geltungsbereich dieses Gesetzes wohnt, ist verpflichtet, eine im Bezirk des zuständigen Gerichts wohnende Person zum Empfang von Zustellungen zu bevollmächtigen.

Schrifttum

Siehe bei § 116.

Entstehungsgeschichte

Die Absätze 1 und 2 sind inhaltlich unverändert, sprachlich geringfügig geändert durch Art. 1 Nr. 1 StPÄG 1964. Durch dieselbe Vorschrift sind die Worte „Geltungsbereich dieses Gesetzes“ an die Stelle der früheren Fassung „Inland“ gesetzt worden. Bezeichnung bis 1964: § 118; Absatz 3: § 119. Durch Art. 14 Nr. 2 des 2. Justizmodernisierungsgesetzes vom 22.12.2006 wurde schließlich in Absatz 1 der Satz 2 angefügt.

Übersicht

I. Allgemeines; Zweck

1 Nach § 116 Abs. 1 muss der Richter den Vollzug eines Haftbefehls, der lediglich wegen Fluchtgefahr gerechtfertigt ist, aussetzen, wenn Maßnahmen, die weniger einschneidend sind als die Untersuchungshaft, die Erwartung hinreichend begründen, dass der Haftzweck auch durch sie erreicht werden kann. Als Beispielsfall ist in Nummer 4 die Leistung einer angemessenen Sicherheit durch den Beschuldigten oder einen anderen genannt. Während die sonstigen Maßnahmen in erster Linie dem Zweck dienen, die **Anwesenheit des Beschuldigten** für die Dauer des Erkenntnisverfahrens **sicherzustellen,** kann durch die Sicherheitsleistung insbesondere auch der Antritt einer erkannten Freiheitsstrafe oder einer freiheitsentziehenden Maßregel der Besserung und Sicherung sichergestellt werden (§ 124 Abs. 1; Vor § 112, 19 ff.; § 123, 8 ff.). **Weitere Zwecke** werden

https://doi.org/10.1515/9783110274929-014

mit der Sicherheitsleistung **nicht** verfolgt.[1] Sie verfällt namentlich nicht – wie der Wortlaut des § 124 Abs. 1 eindeutig besagt –, wenn der Verurteilte eine Geldstrafe nicht bezahlt oder eine Ersatzfreiheitsstrafe nicht antritt (§ 124, 13) oder die Gerichtskosten nicht begleicht.[2]

Die immer wieder aufgeworfene Frage, ob die Haftverschonung gegen Sicherheitsleistung deshalb den **Gleichheitsgrundsatz** verletze, weil sie dem Vermögenden vor dem Vermögenslosen (wegen der Bemessung bei geringem Vermögen s. Rn. 16) einen Vorzug einräume, ist zu verneinen.[3] Das Grundgesetz geht von der bestehenden Wirtschaftsordnung aus, die wirtschaftliche Ungleichheiten kennt. Daher muss die Rechtsordnung zwar die Ausübung von Rechten von der Wirtschaftslage unabhängig stellen, kann aber dem Vermögenden nicht Abhilfe nur deshalb versagen, weil der Vermögenslose sich ihrer nicht bedienen kann.[4] 2

II. Antragserfordernis

Streitig ist, ob der Vollzug des Haftbefehls nur auf Antrag gegen Sicherheitsleistung ausgesetzt werden kann[5] oder ob dies – wie in den Fällen des § 116 Abs. 1 Nr. 1 bis 3 – auch von Amts wegen[6] zulässig ist. Zwar kann der Beschuldigte nicht zur Sicherheitsleistung gezwungen werden. Dies ist aber kein Grund, die Aussetzungsanordnung an einen Antrag zu binden. Auch **Art. 5 Abs. 3 Satz 3 EMRK** bindet die Haftverschonung gegen Sicherheitsleistung nicht an einen Antrag.[7] 3

Wenngleich die Entstehungsgeschichte und der Wortlaut des Absatzes 3 für das Antragserfordernis sprechen mögen,[8] ist die Vorschrift eine Ausprägung des **Verhältnismäßigkeitsprinzips**, das von Amts wegen zu beachten und zu verwirklichen ist. Dies legt es nahe, dem Beschuldigten **von Amts wegen** die Möglichkeit der Haftverschonung gegen Sicherheitsleistung einzuräumen. Diese Lösung hat den Vorzug, dass eine Haftverschonung auch in den Fällen möglich wird, in denen der Beschuldigte nicht nur keinen Antrag stellt, sondern sogar mit der Sicherheitsleistung (Haftverschonung) nicht einverstanden ist, jedoch ein Dritter (Angehöriger) bereit ist, die Sicherheit zu stellen. Letztlich ist die Streitfrage in der Praxis allerdings wenig bedeutsam. 4

III. Arten der Sicherheitsleistung (Absatz 1)

Die Arten der Sicherheitsleistung (Absatz 1) führt das Gesetz **grundsätzlich abschließend**[9] auf: 5

---

1 KK/*Graf* 4; *Münchhalffen/Gatzweiler* Rn. 324. Zur Praxis vgl. *Gebauer* 253; (insbesondere aus Verteidigersicht) *Schlothauer/Weider/Nobis* Rn. 604 ff.; *Münchhalffen/Gatzweiler* Rn. 314 ff.
2 BayObLGSt **7** (1908) 330; vgl. auch BVerfG NStZ **1991** 142.
3 OLG Bamberg MDR **1958** 788; *Tiedemann* GA **1964** 373; *Eynick* ZRP **1969** 216; *Hamel* ZRP **1969** 240; *Böing* ZStW **91** (1979) 379, 385; *Amendt* 41, 139, 159; KK/*Graf* § 116, 18; Meyer-Goßner/*Schmitt* § 116, 10; AK/*Deckers* 3; *Schlothauer/Weider/Nobis* Rn. 604 f.; *Seebode* (Vollzug) 62; *Kleinknecht/Janischowsky* 198; **a.A.** wohl *Seibert* DRiZ **1952** 43; vgl. auch *Setsevits* ZRP **1968** 175.
4 *Tiedemann* GA **1964** 373. Vgl. auch BVerfG NStZ **1991** 142.
5 Vgl. noch LR/*Wendisch*[24] 3; *Eb. Schmidt* § 117, 3; Nachtr. I § 116, 9.
6 KG GA **1972** 128; KK/*Graf* § 116, 18; Meyer-Goßner/*Schmitt* § 116, 10; AK/*Deckers* 2; *Kleinknecht/Janischowsky* 186, 206; s. auch OLG Saarbrücken NJW **1978** 2461 (Streitfrage offen gelassen).
7 S. LR/*Esser*[26] EMRK Art. 5, 314.
8 So noch LR/*Wendisch*[24] 4.
9 Meyer-Goßner/*Schmitt* 1; Graf/*Krauß* 1; AnwK-StPO/*Lammer* 2; vgl. auch BGHSt **42** 343, 350 mit krit. Anm. *Seebode* JR **1997** 471: nur Ordnungsvorschrift; **a.A.** AnwK-UHaft/*König* 2 (nicht abschließend); KMR/*Wankel* 2 („beispielhafte Aufzählung").

6 **1. Hinterlegung** von barem Geld oder von Wertpapieren aller Art, ohne dass es auf Mündelsicherheit ankäme, in beiden Fällen des In- oder Auslands, regelmäßig nach den Hinterlegungsgesetzen, aber auch bei einem Treuhänder, z.B. einer Bank; im Falle der Hinterlegung ist deren ausdrückliche Annahme durch die Staatsanwaltschaft nicht erforderlich.[10] Fraglich ist, ob nach Absatz 1 Satz 1 die Zahlung mit Hilfe einer **Kreditkarte** als Sicherheitsleistung (ähnlich einer Hinterlegung oder Bürgschaft) anerkannt werden kann; dies ist jedenfalls zu verneinen, wenn nicht auszuschließen ist, dass der Karteninhaber gegenüber dem Kreditkartenunternehmen die „Zahlungsanweisung" widerrufen und damit die Sicherheitsleistung nachträglich entwerten kann. Auch ein **Verrechnungsscheck** scheidet als Sicherheit aus.[11] S. auch Rn. 11.

7 **2. Pfandbestellung.** Der Begriff ist nicht im bürgerlich-rechtlichen Sinne zu verstehen, umfasst vielmehr jede Art der Sicherung an beweglichen (Pfand, Sicherungsübereignung) und unbeweglichen Sachen (Grundschulden) sowie an Vermögenswerten (Sicherungsabtretung).[12] In der Praxis hat diese Art der Sicherheitsleistung angesichts des mit ihr verbundenen zeitlichen Aufwands und der hohen Kosten keine große Bedeutung.[13]

8 **3. Bürgschaft geeigneter Personen oder Institutionen.**[14] Die Bürgschaft besteht nicht, wohin nach dem Wortlaut der Vorschrift, die der Sicherheit durch Geld und Geldeswert die Bürgschaft entgegenzustellen scheint, die Auslegung gehen könnte, in der Verbürgung einer Vertrauensperson sowohl des Gerichts als auch des Beschuldigten, dass dieser zur Hauptverhandlung und gerichtlichen Handlungen, die dieser vorangehen, zur Verfügung steht, sondern, wie § 116 Abs. 1 Nr. 4 klar sagt, in der **Leistung einer angemessenen Sicherheit** durch einen anderen als den Beschuldigten.[15]

9 Die Bürgschaft ist, schon weil eine Schuld des Beschuldigten fehlt, **nicht nach bürgerlichem Recht zu beurteilen**. Daher bedarf sie nicht der Schriftform;[16] diese ist jedoch aus Beweisgründen zu empfehlen. Der Bürge hat nicht die Einrede der Vorausklage. Sie kann als aufschiebend bedingtes selbstschuldnerisches Zahlungsversprechen[17] abgegeben werden. In der Regel wird die „Bürgschaft" aber darin bestehen, dass der Dritte Geld oder Wertpapiere bei einer Bank hinterlegt und den Staat ihr gegenüber ermächtigt, die Herausgabe zu verlangen. Der Staat kann von dieser Ermächtigung erst nach Verfall der Sicherheit (§ 124) Gebrauch machen. Hat der Dritte Geld oder Wertpapiere hinterlegt und den Staat ermächtigt, von der Hinterlegungsstelle die Herausgabe zu verlangen, haftet er nur mit der hinterlegten Sache, sonst mit seinem gesamten Vermö-

---

10 OLG Hamm NJW **1991** 2717 mit Anm. *Paeffgen* NStZ **1992** 532; JMBlNW **1991** 58.
11 BGHSt **42** 343; HK/*Posthoff* 1.
12 *Münchhalffen/Gatzweiler* Rn. 320. Zur Abtretung einer gepfändeten Forderung vgl. OLG Karlsruhe NStZ **1992** 204; zu weiteren Einzelfragen (Pfändbarkeit des Rückübertragungsanspruches; Aufrechnung) BGH NStZ **1985** 560; OLG Frankfurt StV **2000** 509; (Verbot einer Abtretung des Anspruches auf Rückzahlung der Kaution) OLG Hamm StRR **2009** 271; OLG München StV **2000** 509 mit krit. Anm. *Sättele*; AG Hamburg StV **2000** 512 mit abl. Anm. *Schlothauer*; (Verbot der Auflage, die Kaution mit Geldstrafe/Verfahrenskosten zu verrechnen) LG München II StV **1998** 554 mit Anm. *Eckstein;* s. dazu näher § 123, 21, 26, 34 ff.
13 *Münchhalffen/Gatzweiler* Rn. 320.
14 Zur Sicherheitsleistung durch Kommunen s. *Rixen* NStZ **1999** 329.
15 Vgl. *Schlothauer/Weider/Nobis* Rn. 611 ff.; *Münchhalffen/Gatzweiler* Rn. 318 f.; *Amelung* StraFo **1997** 300 (auch zur Bankbürgschaft).
16 SK/*Paeffgen* 2a; KK/*Graf* 1; Meyer-Goßner/*Schmitt* 4; **a.A.** OLG Celle GA **60** (1913) 480; krit. *Retemeyer* 87 ff.
17 Vgl. OLG Karlsruhe StV **2001** 120.

gen. Der darin liegende Vorteil wird durch den Nachteil aufgehoben, dass eine besondere Vollstreckung notwendig ist.

Die Bürgschaft und Ermächtigung dürfen **nicht befristet** sein, weil der Zeitpunkt, in dem die Sicherheit frei wird (§ 123 Abs. 2 i.V.m. Abs. 1), niemals mit Bestimmtheit vorausgesagt werden kann. Alsdann könnte bei einer Befristung der Fall eintreten, dass der Beschuldigte am ersten Tage nach dem Fristablauf ohne Folgen für den Bürgen flieht, weil die Verhaftung nicht alsbald möglich ist und Fluchtvorbereitungen (§ 116 Abs. 4 Nr. 2 erste Alt.) vorher nicht erkennbar waren. Die Bürgschaft darf auch angenommen werden, wenn sich der **Beschuldigte nicht** mit ihr **einverstanden** erklärt, d.h. einen Antrag nicht gestellt (Rn. 3, 4) hat. Zulässig ist eine Haftverschonung in einem solchen Fall aber nur, wenn angenommen werden kann, dass der Beschuldigte auch dann nicht fliehen wird, wenn die Bürgschaft ohne seine Zustimmung (gegen seinen Willen) geleistet wird, etwa wenn ihm die Bürgschaftsleistung persönlich unangenehm (peinlich) ist, letztlich jedoch der erforderliche psychische, fluchtverhindernde Druck[18] von der Bürgschaft ausgeht, wenn sie erst einmal geleistet ist.[19] 10

4. Abweichende Regelungen (Absatz 1 Satz 2). Gemäß Absatz 1 Satz 2 bleiben von Absatz 1 Satz 1 abweichende Regelungen, die sich aus einer **Rechtsverordnung** ergeben, die aufgrund des Gesetzes über den Zahlungsverkehr mit der Justiz erlassen wurden, unberührt.[20] 11

5. Wahlbefugnis des Gerichts. Die verschiedenen Arten der Sicherheit stehen dem Gericht zur Wahl, nicht dem Beschuldigten; eine gesetzliche Verpflichtung zur Annahme einer bestimmten angebotenen Sicherheit wäre mit dem angestrebten Sicherungszweck nicht vereinbar. Das Gericht kann sie nebeneinander anordnen und kann sich auch von dem Beschuldigten und einem Dritten nebeneinander Sicherheiten bestellen lassen. Der **Verteidiger** sollte in der Regel die Sicherheit nicht aus eigenen Mitteln leisten, weil andernfalls seine anwaltliche Unabhängigkeit gefährdet sein könnte.[21] 12

Hält das Gericht die **Sicherheitsleistung eines Dritten** für ausreichend, so muss das im Beschluss zum Ausdruck kommen;[22] abgesehen davon kann der Beschuldigte, wenn der Beschluss nichts Gegenteiliges besagt, die Sicherheit auch mit Mitteln leisten, die er sich bei Dritten beschafft hat.[23] Die Sicherheit Dritter wird (nur) zuzulassen sein, wenn nach der Persönlichkeit des Beschuldigten und nach seinen Beziehungen zu dem Dritten zu erwarten ist, er werde diesen nicht durch Verlust der Sicherheit zu Schaden kommen lassen.[24] Wird die Kaution ganz oder teilweise von **Familienangehörigen** auf- 13

---

18 Vgl. *Lobe/Alsberg* § 118, II 4.

19 Ähnlich *Eb. Schmidt* § 118, 3.

20 Vgl. Art. 2 des 2. Justizmodernisierungsgesetzes – §§ 1 ff. ZahlVGJG: Regelungen zur Zulassung unbarer Zahlungen (z.B. durch Kreditkarte, EC-Karte, Einzugsermächtigung) an die Justiz; für den Bund durch RVO des BMJ, für die Länder durch RVOen der Landesregierungen oder Landesjustizverwaltungen. Zu Einzelheiten s. auch LR/*Graalmann-Scheerer* § 176, 4 f.

21 *Schlothauer/Weider/Nobis* Rn. 614.

22 H.M.; OLG Köln Beschl. v. 2.10.2009 – 2 Ws 462/09 – (juris); OLG Frankfurt NJW **2005** 1727; OLG Düsseldorf Rpfleger **1986** 275; NStZ **1990** 97; OLG Stuttgart Justiz **1988** 373; OLG Karlsruhe Justiz **1993** 91; s. auch LG Gießen StraFo **2006** 324; KK/*Graf* 3; Meyer-Goßner/*Schmitt* 4; SK/*Paeffgen* 2a; AK/*Deckers* 5; *Schlothauer/Weider/Nobis* Rn. 613; *Münchhalffen/Gatzweiler* Rn. 321; **a.A.** noch *Kleinknecht/Janischowsky* 204; vgl. zur Problematik auch § 124, 32.

23 OLG Hamm JMBlNW **1991** 58; OLG Düsseldorf NStZ **1990** 97; KK/*Graf* 3; Meyer-Goßner/*Schmitt* 2; *Münchhalffen/Gatzweiler* Rn. 321; vgl. auch *Schlothauer/Weider/Nobis* Rn. 609 f.

24 OLG Düsseldorf Rpfleger **1986** 275; OLG Hamm StraFo **2002** 338; StRR **2009** 271; OLG Köln StraFo **1997** 93 (Sicherheitsleistung durch Verwandte); OLG München StV **2000** 509 mit krit. Anm. *Sättele*; LG gebracht, kann dies ein zusätzlich stabilisierendes Moment darstellen, das einen bestehenden Fluchtanreiz mildert.[25] Entsprechendes kann auch für langjährige Freunde und Geschäftspartner gelten;[26] entscheidend sind jedoch immer die Umstände des Einzelfalls. Einen in der (vor allem untergerichtlichen) Praxis mitunter angeführten Rechtsgrundsatz, dass Sicherheitsleistungen Dritter regelmäßig nicht geeignet seien, gibt es nicht. Hat der Beschuldigte durch die Begehung von Eigentums- und Vermögensdelikten gezeigt, dass er fremde Vermögenswerte gering achtet, kann demgegenüber im Einzelfall eine Sicherheitsleistung durch Dritte abgelehnt werden.[27] Gleiches wird gelten bei einem Agenten, wenn anzunehmen ist, dass dessen Auftragsstaat die Leistung erbringt, um ihn zu sich zu holen und nach einer Flucht ggf. sogar beruflich zu fördern.[28] Erst Recht wird die **Anordnung einer sog. Eigenhinterlegung**, mit der ausdrücklich bestimmt wird, dass die Kaution nur aus dem Vermögen des Beschuldigten geleistet werden darf, erforderlich sein, wenn gewichtige Indizien für ein kollusives Zusammenwirken zwischen Beschuldigtem und dem Sicherungsgeber vorliegen.[29] Die Anordnung einer Eigenhinterlegung ist ausgeschlossen, wenn der Beschuldigte aus rechtlichen Gründen hieran gehindert ist, etwa bei Anhängigkeit eines Privatinsolvenzverfahrens mit den daraus folgenden Beschränkungen (§§ 80 Abs. 1, 81 Abs. 1 Satz 1 InsO).[30]

14 Wird die Sicherheitsleistung eines Dritten zugelassen, dann muss, damit der Dritte die Sicherheit nicht als ein Freundschaftsgeschenk ansehen kann, die **Bürgschaftssumme nach dem Vermögen des Leistenden** festgesetzt werden. In Bezug auf den Beschuldigten, der kein Vermögen, sondern seine Ehre aufs Spiel setzt, verlangt die Form der Bürgschaft geeigneter Personen ein gewisses Vertrauen.

15 Hat das Gericht ausdrücklich wirksam angeordnet, dass der Beschuldigte die Sicherheit als Eigenhinterleger zu erbringen habe, soll nach verbreiteter Auffassung die **Abtretbarkeit des bedingten Rückzahlungsanspruchs** nicht gegeben sein[31] (s. auch § 123, 37). Die hiermit verbundenen weiteren strafprozessualen Fragen – insbesondere die eines Widerrufs der Haftverschonung bei (gleichwohl) erfolgter Abtretung[32] – werden sich lösen lassen, wenn das Haftgericht von vornherein durch eine konkrete Anordnung im Aussetzungsbeschluss bestimmt, dass der bedingte Rückzahlungsanspruch vom Beschuldigten nicht abgetreten werden darf.[33]

Gießen StraFo **2006** 324; KK/*Graf* 3; zur Sicherheitsleistung durch Dritte vgl. auch EGMR *Erol v. Deutschland*, 68250/11, Urt. vom 7.9.2017 (juris); s. auch *Schlothauer/Weider/Nobis* Rn. 605, 613.

25 OLG Hamm StraFo **2002** 338; OLG Zweibrücken StV **2011** 164 (Ls.); *Schlothauer/Weider/Nobis* Rn. 605; HK/*Posthoff* 1 m.w.N.

26 Vgl. etwa KG (nicht veröffentlichter) Beschl. v. 9.4.2015 – 4 HEs 14/15; 4 Ws 31/15 – zu einem Fall, in dem eine größere Gruppe von Sicherungsgebern aus dem privaten und geschäftlichen Umfeld des Angeklagten eingebunden (und der Haftzweck hierdurch erreicht) wurde.

27 OLG Hamm StRR **2009** 271; KK/*Graf* 2.

28 KK/*Graf* 3 unter Hinweis auf BGH Beschl. v. 15.3.1979 – 7 BJs 15/79 – StB 14/79.

29 OLG Hamm StRR **2009** 271.

30 BVerfG StV **2013** 96 = wistra **2013** 59; s. auch BGH WM **2016** 1235 (zu § 91 Abs. 1 InsO).

31 OLG München StV **2000** 509 mit abl. Anm. *Sättele*; OLG Hamm StRR **2009** 271; AG Hamburg StV **2000** 512 mit abl. Anm. *Schlothauer*; AnwK-UHaft/*König* 11; HK/*Posthoff* 2; anders (für den Fall, dass sich der Beschuldigte die Mittel „in zulässiger Weise" durch Darlehen beschafft hat) BGH NStZ **2016** 620 mit Anm. *Bittmann*; *Schlothauer/Weider/Nobis* Rn. 608 und Rn. 1282; *Schlothauer* FS AG Strafrecht DAV (2009) 1042 f.; Radtke/Hohmann/*Tsambikakis* 15; s. auch LG Gießen StV **2006** 643; BGH NJW **2004** 3630 = StV **2004** 661.

32 S. § 116, 55; LG Gießen StV **2006** 643, 645; LG Hagen StV **2001** 688.

33 Diese Möglichkeit ergänzender Anordnung hat auch BGH NStZ **2016** 620, 621 (dort Rn. 27 f.) ausdrücklich angesprochen; damit ist – wenn auch durch ein unzuständiges (vgl. *Bittmann* NStZ **2016** 622) und fachfremdes Gericht – höchstrichterlich anerkannt, dass strafprozessual bestimmt werden darf, eine Kaution sei in nicht abtretbarer Weise zu stellen.

IV. Bemessung (Absatz 2)

Die **Sicherheit des Beschuldigten** ist nach Art und Höhe so zu bemessen, dass auf ihn ein psychischer Druck ausgelöst wird und anzunehmen ist,[34] er werde lieber das Verfahren und die Sanktion als den Verlust der Vermögenswerte hinnehmen. Dazu muss der Verlust empfindlich sein. Zu diesem Zwecke ist die Sicherheit unter Berücksichtigung des Grundsatzes der **Verhältnismäßigkeit**[35] nach dem **Einkommen und Vermögen** des Beschuldigten zu bemessen. Sind Einkommen und Vermögen gering, kann auch eine niedrige Sicherheitsleistung den Beschuldigten von der Flucht abhalten. Es wäre verfehlt, nur absolut beträchtliche Summen als Sicherheitsleistung zuzulassen. Eine Praxis, die eine niedrige Sicherheit allein wegen ihrer Geringfügigkeit ablehnt, obwohl der Verlust den Beschuldigten hart treffen würde, ist bisher nicht bekannt geworden.[36] Sie wäre auch schwerlich mit Art. 3 Abs. 1 GG zu vereinbaren. Für Art und Höhe der Sicherheit sind ferner die **Intensität des Haftgrundes** und die **Bedeutung der Sache** grundlegend. Bei der Ausgestaltung und Bemessung der Sicherheit darf nur ihr verfahrenssichernder Zweck berücksichtigt werden; die Verfolgung anderer Zwecke ist ausgeschlossen, insbesondere darf die Sicherheitsleistung **keinen Strafcharakter** haben, es darf also nicht nach Art einer Strafe ein Rechtsgüterschutz vorweggenommen werden.[37] 16

Bei der Bemessung der Sicherheit ist im Wesentlichen der Wunsch des Beschuldigten, die verstrickten Vermögenswerte sich oder dem Bürgen zu erhalten, dem Verlangen des Beschuldigten gegenüberzustellen, sich der Untersuchung oder dem Antritt einer Strafe oder einer freiheitsentziehenden Maßregel der Besserung und Sicherung (§ 124 Abs. 1) zu entziehen. Diese **Abwägung** ist nicht begründbar; daher gesteht das Gesetz dem Richter für die Festsetzung von Art und Höhe der Sicherheitsleistung **freies Ermessen** zu. Indessen ist auch das freie Ermessen nicht ohne Bindung auszuüben. So dürfen **keine unzumutbaren Anforderungen** gestellt, keine übermäßigen Sicherheiten verlangt werden;[38] insoweit hat auch die zu erwartende Sanktion einen Einfluss auf die Höhe der Sicherheit. Dagegen ist die bloße Angleichung der Sicherheit an die Höhe einer etwa zu erwartenden Geldstrafe oder die überwiegende Rücksicht auf Gerichtskosten und Ersatzansprüche des Verletzten[39] – ohne die im ersten Satz geforderte Abwägung – nicht zulässig. 17

V. Zustellungsvollmacht (Absatz 3)

1. Allgemeines. Für die prozessuale Obliegenheit, einen Zustellungsbevollmächtigten zu bestellen,[40] stellt das Gesetz zwei Voraussetzungen auf. Die erste ist ein Antrag. Wird dieser gestellt, ist grundsätzlich zugleich ein Bevollmächtigter zu bestellen und nachzuweisen, dass er das Mandat angenommen hat. Die Bestellung eines Zustellungs- 18

---

34 BGH NStZ **1985** 560; KK/*Graf* 4; Meyer-Goßner/*Schmitt* 1; SK/*Paeffgen* 3.
35 BVerfG StV **2013** 96 = wistra **2013** 59; NJW **1991** 1043.
36 Anders *Tiedemann* GA **1964** 374.
37 BVerfG StV **2013** 96 = wistra **2013** 59; KK/*Graf* 4.
38 Vgl. BVerfG StV **2013** 96 = wistra **2013** 59.
39 Vgl. *Kühne/Esser* StV **2002** 388 (Berücksichtigung auch des Umfangs des Vermögensschadens) unter Hinweis auf die Rspr. des EGMR; s. dagegen *Amelung* StraFo **1997** 301 (Schadensberücksichtigung einschränkend); *Rüping* wistra **2000** 11 (zur Unzulässigkeit der Sicherung der Steuerschuld durch die Kaution).
40 Zur unionsrechtlichen Zulässigkeit solcher gesetzlicher Regelungen vgl. EuGH Beschl. v. 22.3.2017 in den Rs. C-124/16 u.a., ABlEU **2017** Nr. C 168, S. 15 = JR **2017** 488.

bevollmächtigten ist **keine Verfahrensvoraussetzung,**[41] sondern eine im Gesetz besonders genannte Maßnahme. Demzufolge kann das Gericht einen Antrag, dem es nachkommen möchte, zwar zurückweisen, wenn in ihm weder ein Zustellungsbevollmächtigter benannt, noch nachgewiesen ist, dass er das Mandat angenommen hat. Das Gericht braucht aber nicht so zu verfahren. Vielmehr kann es dem Beschuldigten Gelegenheit geben, die Benennung nachzuholen; es kann aber auch dem Antrag alsbald stattgeben und dem Beschuldigten in dem Aussetzungsbeschluss als Bedingung der Aussetzung des Vollzugs auferlegen, einen Zustellungsbevollmächtigten zu bestellen. Die Freilassung hängt dann davon ab, dass der Beschuldigte diese Pflicht erfüllt hat.[42] Entsprechendes gilt, wenn das Gericht von Amts wegen (Rn. 3) den Vollzug gegen Sicherheitsleistung aussetzen will.

19 Die zweite Voraussetzung ist, dass der Beschuldigte nicht im Geltungsbereich der Strafprozessordnung wohnt. Es kommt nicht auf den Wohnsitz an, sondern darauf, dass der Beschuldigte tatsächlich für eine auf eine gewisse Dauer berechnete Zeit **außerhalb des Geltungsbereichs der Strafprozessordnung** seinen **Aufenthalt** genommen hat. Der Zweck der Regelung ist, die oft nicht unerheblichen Erschwernisse einer Zustellung im Ausland zu vermeiden, wenn dem fluchtverdächtigen Beschuldigten schon der Vollzug der Untersuchungshaft erspart und der weitere Aufenthalt außerhalb der Bundesrepublik erlaubt wird.

20 **b) Zustellungsbevollmächtigter**[43] ist eine bestimmte, zu benennende[44] verhandlungsfähige Person, meist ein Rechtsanwalt, die der Vollmachtgeber ermächtigt hat, Zustellungen für ihn in Empfang zu nehmen, und die bereit ist,[45] solche Zustellungen entgegenzunehmen. Der grundsätzlich dem Beschuldigten obliegende[46] Nachweis über das Einverständnis und damit der wirksamen Bestellung des Zustellungsbevollmächtigten wird regelmäßig durch die zu den Akten überreichte Zustellungsvollmacht erbracht werden. Ist das unterblieben, wird man es auch als ausreichend ansehen können, wenn das Einverständnis auf andere Weise – telefonische Nachfrage – festgestellt und aktenkundig gemacht wird.[47] Entscheidend ist allein, dass die Zustellungsvollmacht erteilt ist; § 145a Abs. 1, wonach sich die Vollmacht bei den Akten befinden muss, findet keine Anwendung. Deshalb genügt es auch, wenn die Vollmacht erst in der Rechtsmittelinstanz nachgewiesen wird, etwa erst dann das die Vollmacht enthaltende Schriftstück zu den Gerichtsakten gelangt.[48]

21 Dem Zweck der Vorschrift, einen außerhalb der Bundesrepublik wohnenden Beschuldigten für die Zustellung so zu behandeln, als ob er dort wohnte, hätte es – zumal im Hinblick auf die Freiheit der Anwaltswahl – genügt, das Wohnen des Zustellungsbevollmächtigten im Geltungsbereich der Strafprozessordnung zu verlangen. Das Gesetz geht aber weiter und verlangt aus Gründen der Geschäftserleichterung, dass der Bevollmächtigte **im Bezirk des** nach § 116 **zuständigen Gerichts** wohnt. Indem das Gesetz von Wohnen und nicht vom Wohnsitz spricht, verlangt es über die Wohnungsanmeldung hinaus einen **tatsächlichen**, wenn auch nicht ununterbrochenen **Aufenthalt** an einem Ort des Gerichtsbezirks. Hat indessen das Gericht seinen Sitz selbst außerhalb seines

---

41 **A.A.** *Lobe/Alsberg* § 119, II; *Eb. Schmidt* § 119, 4.
42 SK/*Paeffgen* 5; KK/*Graf* 6; Meyer-Goßner/*Schmitt* 5.
43 LR/*Graalmann-Scheerer* § 37, 5 ff., 102.
44 Vgl. LG Baden-Baden NStZ-RR **2000** 372.
45 *Dünnebier* NJW **1968** 1752.
46 Vgl. OLG Köln VRS **99** (2000) 431.
47 OLG Zweibrücken VRS **53** (1977) 281; s. auch LG Baden-Baden NStZ-RR **2000** 372.
48 BayObLG JR **1990** 36 mit Anm. *Wendisch*.

Bezirks, wie das LG München II, so muss auch eine Wohnung am Gerichtssitz für ausreichend erachtet werden. Auch sonst kann das Gericht einen außerhalb seines Bezirks wohnenden Bevollmächtigten zulassen.[49] Zwar ist der Beschuldigte verpflichtet, wenn das Gericht das verlangt, sich auf die Wahl eines im Gerichtsbezirk ansässigen Bevollmächtigten zu beschränken. Dem Gericht schreibt das Gesetz keine gleiche Beschränkung vor.

Die Bevollmächtigung hat **Wirksamkeit**, bis die Sicherheit frei wird (§ 123 Abs. 2) 22
oder verfällt (§ 124) oder bis das Strafverfahren durch den Tod des Beschuldigten endet[50] in der Weise, dass alle für den Beschuldigten bestimmten Zustellungen an den Zustellungsbevollmächtigten bewirkt werden können.[51] Er tritt, soweit Zustellungen in Betracht kommen, an die Stelle des Beschuldigten.[52] Dabei besteht kein Unterschied nach der Art oder dem Inhalt des Zustellungsstücks; dem Zustellungsbevollmächtigten können danach auch Ladungen[53] und Urteile[54] zugestellt werden; § 145a Abs. 2 Satz 1, Abs. 3 Satz 1 gelten nicht.[55] Es kommt auch nicht auf die förmliche Zustellung an. Kann diese nach § 35 Abs. 2 Satz 2 durch formlose Mitteilung ersetzt werden, kann eine solche Mitteilung auch dem Bevollmächtigten gegeben werden.[56] Mitteilungen und Zustellungen an den Zustellungsbevollmächtigten haben die Folge, als ob sie an den Beschuldigten selbst bewirkt worden wären. Diesem kann selbstverständlich jederzeit auch selbst zugestellt werden. **Ersatzzustellung** an den Zustellungsbevollmächtigten ist zulässig. Der Zustellungsbevollmächtigte hat den Beschuldigten unverzüglich über die Zustellung zu informieren und das zugestellte Schriftstück an ihn weiterzuleiten.[57]

VI. Wirkung der Sicherheitsleistung

Die **Wirkung der Sicherheitsleistung**, nämlich die Aussetzung des Vollzugs der 23
Untersuchungshaft, tritt ein, sobald die Sicherheitsleistung erbracht, ein Zustellungsbevollmächtigter ernannt und nachgewiesen ist, dass er das Mandat angenommen hat. Freilich ist noch der Akt der richterlichen Entlassung notwendig. Die unmittelbare Wirkung zeigt sich aber darin, dass im vorbereitenden Verfahren die **Staatsanwaltschaft** den Beschuldigten ohne weitere gerichtliche Entscheidung freilassen kann, sobald die genannten Voraussetzungen erfüllt sind.

Ist die öffentliche Klage erhoben, muss das **Gericht** die Entlassung anordnen und 24
veranlassen. Das hat es auch vor Klageerhebung zu tun, wenn die Staatsanwaltschaft erklärt, sich der Entlassung enthalten zu wollen, etwa weil sie Zweifel hat, ob die erbrachte Sicherheit die auferlegte ist oder weil das Gericht einen erst nachträglich benannten Zustellungsbevollmächtigten noch nicht zugelassen hat.

---

49 OLG Düsseldorf VRS **71** (1986) 369; SK/*Paeffgen* 6; KK/*Graf* 7; **a.A.** Meyer-Goßner/*Schmitt* 5; *Münchhalffen*/*Gatzweiler* Rn. 325 m.w.N.

50 BayObLGSt **21** (1922) 100; OLG Düsseldorf VRS **71** (1986) 369; vgl. auch *Greßmann* NStZ **1991** 218.

51 KG NJW **2012** 245.

52 RGSt **77** 212, 214; BGHSt **10** 62; OLG Düsseldorf VRS **71** (1986) 369; OLG Koblenz NStZ-RR **2004** 373.

53 BGHSt **10** 62.

54 RGSt **77** 212, 214; OLG München MDR **1995** 405.

55 Vgl. Meyer-Goßner/*Schmitt* 7; SK/*Paeffgen* 7; KK/*Graf* 8; Graf/*Krauß* 6; SSW/*Herrmann* 27; *Greßmann* NStZ **1991** 218.

56 KK/*Graf* 8; Meyer-Goßner/*Schmitt* 7.

57 *Greßmann* NStZ **1991** 218; Meyer-Goßner/*Schmitt* 7; zur Unwirksamkeit einer Zustellungsbevollmächtigung wegen Verstoßes gegen die Grundsätze des fairen Verfahrens in einem Fall, in dem bekannt war, dass der vom Beschuldigten angegebene Wohnsitz nicht mehr bestand, die vom Bevollmächtigten weiterzuleitenden Schriftstücke diesen also nicht erreichen würden, vgl. auch LG Dresden Beschl. v. 10.1.2017 – 3 Qs 105/16 – (juris).

VII. Änderung der Verhältnisse

25 Die Änderung der Verhältnisse kann auch zu einer **Änderung der Maßnahmen** führen (§ 116, 44 ff.). So können Kursänderungen von Wertpapieren oder ausländischen Geldsorten Anlass bieten, die Sicherheit nominell zu verstärken, um sie ihrem Wert nach auf der ursprünglichen Höhe zu belassen. Dabei ist jedoch zu beachten, dass eine Sicherheit ihren Wert nicht nur aus ihrer absoluten Höhe erhält, sondern weitgehend aus ihrem Verhältnis zum Gesamtvermögen des Leistenden. Wegen dieses Wertverhältnisses kann auch der **Tod des Bürgen** ein Anlass sein, die Sicherheit in ihrer Höhe zu verändern, weil nunmehr auf die Vermögensverhältnisse des Erben abzustellen ist. Der Tod des Bürgen kann auch nötigen, den Haftbefehl zu vollziehen (§ 116 Abs. 4 Nr. 3), wenn das besondere Vertrauensverhältnis zwischen Bürgen und Beschuldigten, das den Beschuldigten zwingt, lieber seine Freiheit als seine Ehre zu verlieren, zu dem Erben nicht besteht.

26 Wenn auch Ersatzzustellungen an den Zustellungsbevollmächtigten zulässig und wirksam sind, so braucht das Gericht sich auf Erschwerungen und **Unsicherheiten bei der Zustellung** nicht einzulassen. Es kann daher den Zustellungsbevollmächtigten als weggefallen ansehen, wenn er seine Bereitschaft, Zustellungen entgegenzunehmen, widerruft (Rn. 29); wenn er ohne einen solchen Widerruf die Zustellung durch Verweigerung der Annahme erschwert; oder wenn er, ohne die Annahme zu verweigern, Zustellungen durch Abwesenheit in ihrer Wirkung unsicher macht. Dagegen muss, wenn das **Verfahren** auf das Gericht eines anderen Bezirks **übergeht**, der Bevollmächtigte nicht etwa deshalb abberufen werden, weil er nunmehr nicht mehr im Bezirk des zuständigen Gerichts wohnt; denn das Gericht ist in der Zulassung des Bevollmächtigten nicht beschränkt (Rn. 21). Es ist aber, da die Vorschrift auf die Zweckmäßigkeit für das zuständige Gericht abstellt, berechtigt, einen Wechsel zu verlangen.[58] Wechselt der Bevollmächtigte innerhalb der Bundesrepublik seinen Wohnsitz, ist das Gericht nicht verpflichtet, wohl aber befugt, ihn abzuberufen und den Beschuldigten aufzufordern, für die Bestellung eines neuen, in seinem Bezirk wohnenden Bevollmächtigten zu sorgen.[59]

VIII. Widerruf

27 Die allgemeine Vorschrift, dass der Richter den Vollzug des Haftbefehls anordnet (§ 116 Abs. 4) und die getroffenen Maßnahmen aufhebt (§ 123 Abs. 1 Nr. 2), wenn die besonderen Umstände des § 116 Abs. 4 Nr. 1 bis 3 vorliegen, gilt zwar auch für die Aussetzung des Vollzugs gegen Sicherheitsleistung, jedoch mit der **Besonderheit**, dass nach den **§§ 123 Abs. 2 und 3, 124 Abs. 1** entschieden wird, ob die Sicherheit freigeworden oder verfallen ist.

28 Der Beschuldigte kann auch selbst bewirken, dass die Sicherheit frei wird. Zwar ist sie **unkündbar**, gleichviel ob der Beschuldigte oder ein Dritter sie bestellt hat,[60] doch können der Beschuldigte und der Dritte, dieser allerdings nur im Einverständnis mit dem Beschuldigten, sie **freimachen**: Traut der Beschuldigte sich nicht mehr die Kraft zu, seinem Fluchtbegehren zu widerstehen, oder benötigt er die Sicherheit zu anderen Zwecken, so muss er sich in die Haft begeben; vertraut ihm der Dritte nicht mehr oder will er über sein Vermögen anderweitig verfügen, so muss er bewirken, dass der Beschuldigte sich stellt (§ 123, 18).

29 Die **Zustellungsvollmacht** kann der Beschuldigte nicht einseitig zurücknehmen, der Bevollmächtigte kann die dem Beschuldigten und dem Gericht gegenüber übernom-

---

58 KK/*Graf* 7.
59 KK/*Graf* 7; SK/*Paeffgen* 6.
60 KK/*Graf* 5; SK/*Paeffgen* 4; vgl. auch *Hartung* § 118, 5; nach *Eb. Schmidt* § 118, 4 ist Rücknahme möglich.

mene Verpflichtung, Zustellungen entgegenzunehmen, nicht durch Vertrag mit dem Beschuldigten kündigen oder dem Gericht gegenüber einseitig aufgeben,[61] es sei denn, das Gericht stimmt zu.[62] Tritt indessen ein solcher Fall ein, dann handelt der Beschuldigte der Pflicht, einen empfangsbereiten Zustellungsbevollmächtigten zur Verfügung zu halten, zuwider. Die Zuwiderhandlung ist gröblich, wenn er nicht alsbald einen neuen, dem Gericht genehmen Bevollmächtigten benennt. Alsdann ist der Vollzug des Haftbefehls anzuordnen (§ 116 Abs. 4 Nr. 1).

IX. Haftverschonung unter anderen Ersatzmaßnahmen

Auch bei Haftverschonung unter anderen Ersatzmaßnahmen als Sicherheitsleistung 30
kann das Gericht dem Beschuldigten die Auflage machen oder als aufschiebende Bedingung festsetzen, dass der Beschuldigte einen Zustellungsbevollmächtigten benennt.[63] Die **vorstehenden Ausführungen** gelten für diesen Fall **sinngemäß.**

§ 116b
Verhältnis von Untersuchungshaft zu anderen freiheitsentziehenden Maßnahmen

[1]Die Vollstreckung der Untersuchungshaft geht der Vollstreckung der Auslieferungshaft, der vorläufigen Auslieferungshaft, der Abschiebungshaft und der Zurückweisungshaft vor. [2]Die Vollstreckung anderer freiheitsentziehender Maßnahmen geht der Vollstreckung der Untersuchungshaft vor, es sei denn, das Gericht trifft eine abweichende Entscheidung, weil der Zweck der Untersuchungshaft dies erfordert.

Schrifttum

Siehe bei § 114a.

Entstehungsgeschichte

Die Norm ist durch Art. 1 Nr. 4 UHaftÄndG vom 29.7.2009 (BGBl. I S. 2274) mit Wirkung zum 1.1.2010 neu eingefügt worden.[1]

Übersicht

I. Bedeutung

Mit der Vorschrift hat das früher nur unvollkommen geregelte Verhältnis der Untersu- 1
chungshaftvollstreckung zur Vollstreckung anderer freiheitsentziehender Maßnahmen

---
61 OLG Düsseldorf VRS **71** (1986) 369; KK/*Graf* 8; SK/*Paeffgen* 7; Meyer-Goßner/*Schmitt* 6.
62 KK/*Graf* 8; SK/*Paeffgen* 7; Meyer-Goßner/*Schmitt* 6.
63 KK/*Graf* 9.

1 Vgl. zu der Gesetzesnovelle im Einzelnen die Erl. im Nachtrag zur 26. Aufl.

https://doi.org/10.1515/9783110274929-015

eine **ausdrückliche Regelung** gefunden, die Rechtsklarheit schafft und insgesamt sachgerecht ist.

2 Die **Rechtslage vor dem 1.1.2010** stellte sich wie folgt dar: Für den Fall, dass bei Anordnung von Untersuchungshaft gegen den Beschuldigten bereits eine andere freiheitsentziehende Maßnahme vollstreckt wurde, hat man diese Vollstreckung mangels entgegenstehender Regelungen grundsätzlich fortgesetzt. Hierbei unterlag der Gefangene im Vollzug der Freiheitsstrafe nach dem alten § 122 Abs. 1 StVollzG[2] zusätzlichen Beschränkungen seiner Freiheit, die der Zweck der Untersuchungshaft erforderte. Waren die zur Erreichung des Untersuchungshaftzwecks erforderlichen Maßnahmen im Rahmen des Strafvollzugs nicht sicherzustellen, konnte die Vollstreckungsbehörde die Vollstreckung der Freiheitsstrafe bzw. freiheitsentziehenden Maßregel der Besserung und Sicherung nach § 455a unterbrechen. Standen **Strafvollstreckung** und Vollzug der **Untersuchungshaft gleichzeitig** an, leitete die Strafvollstreckungsbehörde in aller Regel die Strafvollstreckung ein, ohne dass insoweit eine ausdrückliche gesetzliche Regelung bestand. Die Möglichkeit, zum Zwecke der Vollstreckung einer Freiheitsstrafe bzw. freiheitsentziehenden Maßregel die vollzogene Untersuchungshaft zu unterbrechen, war lediglich in der Verwaltungsanordnung des **Nr. 92 Abs. 1 bzw. 5 UVollzO**, einer Kann-Vorschrift, vorgesehen. Es fehlte damit nicht nur eine gesetzliche Regelung, die innerhalb bestimmbarer Zeit eine klare und justiziable Entscheidung erbrachte, sondern der frühere Rechtszustand führte oftmals auch zu unbefriedigenden Ergebnissen. Denn die Unterbrechung war nicht selten von der Zufälligkeit anhängig, zu welchem Zeitpunkt der zuständige Haftrichter von der zu vollstreckenden anderen freiheitsentziehenden Maßnahme Kenntnis erhielt.

3 Angesichts des Wegfalls der UVollzO und deren Ablösung durch Landesgesetze zum Untersuchungshaftvollzug[3] war es das **Ziel des Gesetzgebers**, die bisher nicht ausdrücklich geregelten Voraussetzungen für das Zurücktreten des Untersuchungshaftvollzuges gegenüber der Vollstreckung einer bereits laufenden oder gleichzeitig anstehenden freiheitsentziehenden Maßnahme bzw. gegenüber der Vollstreckung einer sich erst im Laufe der Untersuchungshaft ergebenden Freiheitsentziehung **einheitlich und klar zu regeln.**[4] Da die Entscheidung über eine Unterbrechung der Untersuchungshaft nicht das in die Gesetzgebungskompetenz der Länder fallende „Wie" des Untersuchungshaftvollzugs betrifft, sondern das im Rahmen der Zuständigkeit für das gerichtliche Verfahren in der Kompetenz des Bundes verbliebene „Ob" des Untersuchungshaftvollzugs, ist die Regelung in der StPO erfolgt.

4 In der Sache stellt die Neuregelung sicher, dass **Untersuchungshaft nur dann vollzogen wird, wenn dies unabdingbar** ist. Damit ist nicht nur den Freiheitsrechten der Beschuldigten Rechnung getragen, sondern auch eine Entlastung der Haftanstalten beabsichtigt,[5] ohne dass dadurch die Zwecke des Strafverfahrens beeinträchtigt werden.

II. Begriff der Untersuchungshaft

5 Untersuchungshaft i.S.d. § 116b ist nicht nur die Haft aufgrund eines nach den §§ 112, 112a erlassenen Haftbefehls, sondern auch die Hauptverhandlungshaft nach § 127b und die Haft aufgrund von Haftbefehlen nach § 230 Abs. 2, den §§ 236, 329 Abs. 3 und § 412 Satz 1.

---

2 Dessen Regelungsgehalt sich nunmehr in § 119 Abs. 6 findet.
3 Infolge der Übertragung der Gesetzgebungskompetenz für den Vollzug der Untersuchungshaft auf die Länder im Zuge der Föderalismusreform durch Änderung des Art. 74 Abs. 1 Nr. 1 GG.
4 BTDrucks. **16** 11644 S. 22.
5 BTDrucks. **16** 11644 S. 22.

In § 126a findet sich kein Hinweis auf § 116b, sodass das Verhältnis der **einstweiligen Unterbringung** zu den in Satz 1 genannten Maßnahmen (Rn. 7) als auch zu der Vollstreckung anderer freiheitsentziehender Maßnahmen (Rn. 9) keine ausdrückliche Regelung erfahren hat (s. auch § 126a, 22), sondern lediglich ihr Vorrang vor der Untersuchungshaft geklärt ist (s. Rn. 9). 6

III. Vorrang der Untersuchungshaft (Satz 1)

Nach Satz 1 ist zur Sicherstellung der innerstaatlichen Strafverfolgung Untersuchungshaft immer vorrangig zu vollstrecken, wenn es um das Verhältnis zu der Vollstreckung von **Auslieferungshaft** und vorläufiger Auslieferungshaft (§§ 15, 16 IRG), zur **Abschiebungshaft** (§ 62 AufenthG, auch in Verbindung mit § 57 Abs. 3 AufenthG), und zur **Zurückweisungshaft** (§ 15 Abs. 5 AufenthG) geht, sodass gewährleistet ist, dass der Beschuldigte bei anhängigem innerstaatlichem Strafverfahren diesem uneingeschränkt zur Verfügung steht. Dieser unbedingte Vorrang gründet sich nicht nur auf die Bedeutung, die der Gesetzgeber der innerstaatlichen Strafverfolgung beimisst, sondern er ist auch angesichts der zeitlichen Unwägbarkeiten, die einem Verfahren mit Auslandsbezug oftmals innewohnen, angemessen. 7

IV. Vorrang anderer freiheitsentziehender Maßnahmen (Satz 2)

1. Grundsatz (Halbsatz 1). Nach Satz 2 Halbsatz 2 kommt der Vollstreckung anderer freiheitsentziehender Maßnahmen (die der Gefangene auf jeden Fall verbüßen muss) grundsätzlich der Vorrang vor der Untersuchungshaft zu. Dies ist zwingende Folge der Tatsache, dass ein Untersuchungsgefangener bis zu seiner rechtskräftigen Verurteilung als unschuldig gilt (**Unschuldsvermutung**, Art. 6 Abs. 2 EMRK). Es ist im Zeitpunkt der Anordnung der Untersuchungshaft nicht abzusehen, ob er in dem der Untersuchungshaft zugrunde liegenden Verfahren tatsächlich eine Freiheitsstrafe zu verbüßen haben wird.[6] Der Untersuchungshaftvollzug tritt gegenüber der Vollstreckung einer bereits laufenden, gleichzeitig anstehenden oder sich erst im Laufe der Untersuchungshaft ergebenden anderen Freiheitsentziehung zurück. 8

Andere freiheitsentziehende Maßnahmen i.S.d. Norm sind nach der Gesetzesbegründung vor allem: Freiheitsstrafe (§ 38 StGB), Ersatzfreiheitsstrafe (§ 43 StGB), Jugendstrafe (§ 17 JGG), Jugendarrest (§ 16 JGG), Unterbringung in einem psychiatrischen Krankenhaus (§ 63 StGB), Unterbringung in einer Entziehungsanstalt (§ 64 StGB), Unterbringung in der Sicherungsverwahrung (§ 66 StGB), Ordnungshaft (z. B. § 51 Abs. 1 Satz 2, § 70 Abs. 1 Satz 2, §§ 177, 178 GVG), Erzwingungshaft (z. B. § 70 Abs. 2, § 96 OWiG, § 901 ZPO), zivilrechtliche Sicherungshaft (z. B. § 918 ZPO), strafrechtliche Sicherungshaft (§ 453c), Unterbringung zur Beobachtung (§ 81), einstweilige Unterbringung (§ 126a), Unterbringung bei zu erwartender Sicherungsverwahrung (§ 275a Abs. 5) und Haft aufgrund einer Anordnung nach § 4 ÜAG. Nach der gesetzgeberischen Bewertung ergibt sich der Vorrang der strafrechtlichen Sicherungshaft (§ 453c) daraus, dass bei ihr die Wahrscheinlichkeit, dass letztlich Freiheitsstrafe zu verbüßen ist, in der Regel höher als bei der Untersuchungshaft ist. Im Verhältnis zur einstweiligen Unterbringung (§ 126a) ist deren Vorrangigkeit darin begründet, dass im Rahmen der Unterbringung besser auf die 9

6 Ebenso SK/*Paeffgen* 6. Dass diese Erwägung praktisch bedeutsam ist, zeigte schon die erste veröffentlichte Entscheidung KG StraFo **2011** 108 = StRR **2011** 237; dort wurde der Betroffene in dem Verfahren, in dem Untersuchungshaft vollzogen worden war, schließlich rechtskräftig freigesprochen.

in diesen Fällen regelmäßig bestehenden besonderen Bedürfnisse des Beschuldigten eingegangen werden kann.[7]

10 Der Vorrang der Vollstreckung einer anderen freiheitsentziehenden Maßnahme tritt **kraft Gesetzes** jedenfalls **mit dem Eingang des Aufnahmeersuchens** der Staatsanwaltschaft in der JVA ein. Da es nach der gesetzlichen Konzeption zu vermeiden gilt, dass ein Verurteilter Untersuchungshaft anstelle von anstehender Strafhaft verbüßt, kommt aber auch ein früherer Zeitpunkt in Betracht, wenn die **Staatsanwaltschaft auf andere Weise** – etwa durch den Erlass eines Vollstreckungshaftbefehls – unmissverständlich **zum Ausdruck bringt**, dass gegen den in Untersuchungshaft befindlichen Verurteilten nunmehr **Strafvollstreckung ansteht.**[8]

11 Nach dem Sinn und Zweck des § 116b tritt die Folge, dass von Gesetzes wegen die Vollstreckung der anderen freiheitsentziehenden Maßnahme vorgeht, **automatisch, ohne haftgerichtliche Entscheidung,** ein. Denn nach der eindeutigen gesetzlichen Regelung setzt nur die Unterbrechung der Vollstreckung der anderen freiheitsentziehenden Maßnahme zugunsten der Untersuchungshaft eine richterliche Anordnung voraus.[9] § 116b Abs. 2 geht der Verwaltungsvorschrift des § 38 Nr. 4 StVollstrO, der nicht mehr ohne weiteres auf die neue Gesetzeslage angewendet werden kann, vor.[10]

12 Aus dem kraft Gesetzes eintretenden Vorrang folgt auch, dass der Verurteilte **keinen Anspruch auf Anhörung** vor Einleitung der Vollstreckung einer rechtskräftig verhängten anderen freiheitsentziehenden Maßnahme hat.[11]

13 **2. Ausnahmen (Halbsatz 2).** Ausnahmen von dem Grundsatz des Vorrangs anderer freiheitsentziehender Maßnahmen vor der Vollstreckung der Untersuchungshaft, weil der **Zweck der Untersuchungshaft dies erfordert**, sind mit Blick auf die Unschuldsvermutung **nur in besonderen Fällen** zulässig. Die Begrenzung auf enge Ausnahmefälle folgt aus dem Umstand, dass dem Beschuldigten mit der Untersuchungshaft in einem Verfahren die Freiheit entzogen wird, in dem es möglicherweise nicht zu einer rechtskräftigen freiheitsentziehenden Verurteilung kommt.

14 Ein solcher Ausnahmefall kommt in Betracht, wenn **Maßnahmen nach § 119 Abs. 1**, die zur Abwehr der die Untersuchungshaft begründenden Gefahren (insbesondere bei Verdunkelungsgefahr)[12] erforderlich sind, in einer im Vergleich zu einer Untersuchungshaftanstalt offener organisierten Anstalt auch bei erheblichen Anstrengungen mit angemessenen Mitteln nicht zu gewährleisten ist.[13] Letzteres wird insbesondere bei einer Jugendarrestanstalt häufig der Fall sein. Vor der Anordnung der vorrangigen Vollstre-

---

7 BTDrucks. **16** 11644 S. 23; LR/*Gärtner* § 126a, 22.

8 KG StraFo **2011** 108 = StRR **2011** 237; HK/*Posthoff* 6; SK/*Paeffgen* 7a; anders, aber nicht praktikabel, AnwK-StPO/*Lammer* 2; AnwK-UHaft/*König* 4: Bereits mit Beginn der Freiheitsentziehung auf der Grundlage des Haftbefehls beginne die Vollstreckung der freiheitsentziehenden Maßnahme.

9 KG NStZ-RR **2011** 189, 190. **A.A.** Meyer-Goßner/*Schmitt* Vor § 112, 14 („gerichtlich anzuordnen, wenn nicht der Zweck der UHaft deren Vollstreckung erfordert"); ebenfalls unrichtig KMR/*Wankel* 7, der annimmt, auch bei Anordnung der Vollstreckung der anderen freiheitsentziehenden Maßnahme sei generell eine Entscheidung des für die Untersuchungshaftsache zuständigen Haftgerichts erforderlich, dessen „Genehmigung" die vollstreckende fremde Stelle einholen müsse. Den praktischen Problemen, die mit dem kraft Gesetzes eintretenden Vorrang verbunden sein können, kann entgegen AnwK-UHaft/*König* 4 jedenfalls nicht durch eine Entscheidung nach Satz 2 Halbsatz 2 begegnet werden; vgl. demgegenüber KG StraFo **2011** 108 mit zutreffender Darlegung der Konsequenzen der Neuregelung für die Strafzeitberechnung. S. dazu auch Rn. 17.

10 KG StraFo **2011** 108.

11 KG NStZ-RR **2011** 189, 190.

12 KG StraFo **2011** 108.

13 BTDrucks. **16** 11644 S. 23.

ckung der Untersuchungshaft wird allerdings stets zu prüfen sein, ob als milderes Mittel die Vollstreckung der anderen freiheitsentziehenden Maßnahme in einer Untersuchungshaftanstalt möglich ist.

Die nach **Anhörung der Verfahrensbeteiligten**[14] zu treffende Entscheidung über eine Abweichung von dem Grundsatz des Vorrangs der Vollstreckung der anderen freiheitsentziehenden Maßnahmen liegt in der **Zuständigkeit des Haftgerichts** (§ 126 Abs. 1),[15] was sinnvoll ist, da der Haftrichter auch entscheidet, welche Beschränkungen nach § 119 geboten sind. Er kann daher am besten beurteilen, ob der Zweck der Untersuchungshaft auch im Rahmen der Vollstreckung einer anderen freiheitsentziehenden Maßnahme erreicht werden kann oder ob die Vollstreckung der Untersuchungshaft geboten ist.[16] 15

§ 116b ist **im Verhältnis zu § 455a lex specialis**, d.h. die Unterbrechung der Vollstreckung einer Freiheitsstrafe zum Zwecke der Vollstreckung von Untersuchungshaft setzt immer eine gerichtliche Anordnung voraus. 16

Gegen die gerichtliche Entscheidung nach Satz 2 Halbsatz 2 über das Abweichen vom Grundsatz des Vorrangs der Vollstreckung der anderen freiheitsentziehenden Maßnahmen steht dem Beschuldigten die **Beschwerde** nach § 304 zu; auch eine **weitere Beschwerde** ist statthaft.[17] Unzutreffend ist die Auffassung, für die Anfechtung seien die §§ 119 Abs. 5, 119a einschlägig,[18] da es sich bei der Entscheidung nach Satz 2 Halbsatz 2 nicht um eine Entscheidung oder Maßnahme im Sinne der §§ 119, 119a handelt. Demgegenüber kann der Beschuldigte keine Unterbrechung der Vollstreckung der anderen freiheitsentziehenden Maßnahme und den Vollzug der Untersuchungshaft mit der Begründung begehren, dies sei für ihn in seiner konkreten Vollstreckungssituation günstiger. Für eine Beschwerde gegen die ein solches Begehren ablehnende Entscheidung des Haftgerichts, das zu Recht die gesetzlich bestimmte Voraussetzung für eine Entscheidung nach Satz 2 Halbsatz 2 verneint hat, fehlt dem Beschuldigten die für die Zulässigkeit eines jeden Rechtsmittels erforderliche Beschwer.[19] 17

§ 117
Haftprüfung

(1) Solange der Beschuldigte in Untersuchungshaft ist, kann er jederzeit die gerichtliche Prüfung beantragen, ob der Haftbefehl aufzuheben oder dessen Vollzug nach § 116 auszusetzen ist (Haftprüfung).

---

14 KG NStZ-RR **2011** 189, 190.

15 Damit ist nicht die Zuständigkeit des Vorsitzenden nach § 126 Abs. 2 Satz 3 gemeint.

16 BTDrucks. **16** 11644 S. 23.

17 Vgl. zur Ablehnung der richterlichen Genehmigung der Unterbrechung der Untersuchungshaft nach altem Recht OLG Hamburg NStZ **1992** 206; KK/*Graf* vor § 112, 18; LR/*Hilger*[26] Vor § 112, 54. Zum neuen Recht siehe *Schlothauer/Weider/Nobis* Rn. 740 (die dort ebenfalls in Anspruch genommene Entscheidung OLG Düsseldorf JMBlNW **1996** 138 betraf allerdings keinen Fall einer *weiteren* Beschwerde).

18 So aber Meyer-Goßner/*Schmitt* 6 und bei § 117, 10; HK/*Posthoff* 9; KK/*Graf* 13; unverständlich SK/*Paeffgen* 10, der einerseits – richtig – ausführt, dass Beschwerde und weitere Beschwerde gegeben seien, andererseits aber auf §§ 119 Abs. 5 und 119a verweist; wie hier Graf/*Krauß* 8.

19 KG Beschl. v. 29.8.2012 – 4 Ws 79/12 – (juris) = OLGSt StPO § 116b Nr. 1 = NStZ-RR **2013** 159 (Ls.); in jenem Fall wollte der Beschuldigte die rückwirkende Unterbrechung der Vollstreckung einer Freiheitsstrafe zum 2/3-Zeitpunkt des § 57 Abs. 1 StGB erreichen, um sich im Fall der – von ihm für wahrscheinlich gehaltenen – Verurteilung in dem Verfahren, in dem die Untersuchungshaft angeordnet war, die Möglichkeit einer gemeinsamen Entscheidung über die Reststrafaussetzung im Sinne des § 454b Abs. 2 Satz 3 zu erhalten; zustimmend KK/*Graf* Vor § 112, 18. Zum Ausschluss der Beschwerde gegen die richterliche Bewilligung der Untersuchungshaftunterbrechung mangels Beschwer nach altem Recht vgl. LR/*Hilger*[26] Vor § 112, 54; KK/*Graf* Vor § 112, 18 m.w.N.

https://doi.org/10.1515/9783110274929-016

(2) [1]Neben dem Antrag auf Haftprüfung ist die Beschwerde unzulässig. [2]Das Recht der Beschwerde gegen die Entscheidung, die auf den Antrag ergeht, wird dadurch nicht berührt.

(3) Der Richter kann einzelne Ermittlungen anordnen, die für die künftige Entscheidung über die Aufrechterhaltung der Untersuchungshaft von Bedeutung sind, und nach Durchführung dieser Ermittlungen eine neue Prüfung vornehmen.

Schrifttum

Hohmann Rechtsbehelfe bei Überhaft – Antrag auf Haftprüfung oder Haftbeschwerde? NJW **1990** 1649; *Matt* Zu Problemen der Haftbeschwerde und des Haftprüfungsantrags, JA **1991** 85; *Mayer/Hunsmann* Leitlinien für die verfassungsrechtlich gebotene Begründungstiefe in Untersuchungshaftsachen, NStZ **2015** 325; *Park/Schlothauer* Rechtswidrige Untersuchungshaft: Nachträglicher Rechtsschutz und Wiedergutmachung, FS Widmaier (2008) 387; *Rostek* Die aufgedrängte Haftprüfung, StV **2002** 225; *Chr. Schröder* Die jederzeitige Haftprüfung von Amts wegen, NStZ **1998** 68; *Welp* Haft und Haftprüfung, FS Richter (2006) 572.

Entstehungsgeschichte

Die Vorschrift ist eingefügt worden durch Art. 1 Nr. 1 StPÄG 1964. Sie enthält Bruchstücke aus früheren Bestimmungen, die sich aber zumeist auf die mündliche Verhandlung bezogen, ist jedoch im Ganzen neu: Früher hatte das Gericht die Haftfrage von Amts wegen periodisch zu prüfen, seit der Änderung erfolgt die Überprüfung nur auf Antrag.[1] Nach drei Monaten Untersuchungshaft war ursprünglich ein Verteidiger nur für die Prüfungsverhandlung zuzuziehen, aufgrund der Fassung des StPÄG 1964 wurde er – auf Antrag – für die gesamte Dauer der Untersuchungshaft bestellt. Durch Art. 1 Nr. 4a UHaftÄndG vom 29.7.2009 (BGBl. I S. 2274) sind die bisherigen Absätze 4 und 5 mit Wirkung zum 1.1.2010 infolge der Neuregelungen in den §§ 140 Abs. 1 Nr. 4, 141 Abs. 3 Satz 4 entfallen (s. Rn. 4, 17).

Übersicht

1 Vgl. näher zur Entwicklung der Norm AK/*Krause* 3.

Alphabetische Übersicht

I. Bedeutung der Vorschrift

Der Prozess ist ein Fortschreiten der Untersuchung, die zur Verurteilung des Angeklagten, zu dessen Freisprechung oder zur Einstellung des Verfahrens führen kann. Demzufolge kann der dringende Tatverdacht sich entweder bestätigen oder abschwächen, oder es können Prozesshindernisse entstehen oder bekannt werden. Namentlich die Haftgründe sind im Verlauf des Prozesses der Veränderung unterworfen: Die Fluchtgefahr kann durch eine Veränderung der Verhältnisse oder deshalb schwinden, weil die zu erwartende Strafe im Verhältnis zur bereits erlittenen Untersuchungshaft nur noch gering ist; die Verdunkelungsgefahr kann durch Sachaufklärung gebannt sein. Deshalb haben Gericht und Staatsanwaltschaft gleicherweise **in jeder Lage des Verfahrens** ohne Anträge der Beteiligten und unabhängig vom Haftprüfungsverfahren **von Amts wegen**[2] zu prüfen, ob der Haftbefehl aufgehoben (§ 120) oder sein Vollzug ausgesetzt werden kann (§ 116; § 72 Abs. 1 JGG).[3] Auch die Staatsanwaltschaft hat deshalb, ggf. mit Hilfe von Zweitakten[4] und einem Haftsonderheft, stets die Haftfrage im Auge zu behalten und nach dem jeweiligen Ermittlungsfortschritt zu prüfen. 1

Dieser dauernden stillschweigenden Haftprüfung[5] wird in **§ 117** ein **förmliches Haftprüfungsverfahren gegenübergestellt**. In diesem wird das nach § 126 Abs. 1 zuständige Gericht – regelmäßig durch einen Antrag des Beschuldigten – zum rechtlichen Gehör (§ 33 Abs. 3), zur mündlichen Verhandlung (§ 118 Abs. 1) und zur ausdrücklichen Entscheidung gezwungen. Die Vorschrift würde falsch verstanden, wenn man sie dahin 2

2 S. auch Vor § 112, 53 sowie § 47 Abs. 3 – Haftprüfung nach Wiedereinsetzung (Vor § 112, 101).
3 Vgl. BGH MDR **1971** 547; SK/*Paeffgen* 2; *Schnarr* MDR **1990** 89; *Lüderssen* FS Pfeiffer 242; Nr. 54 Abs. 1 RiStBV.
4 Vgl. auch Nr. 12, 54 Abs. 3 RiStBV.
5 AK/*Krause* 5: „ständige informelle Haftkontrolle“.

auslegte, dass die gesamte Haftprüfung von der Initiative des Beschuldigten abhängig wäre. Nach wie vor ist es Pflicht des Gerichts und der Staatsanwaltschaft, dauernd die Haftfrage von Amts wegen zu prüfen.[6] Der Inhalt des Absatzes 1 wäre entbehrlich. Denn es versteht sich von selbst, dass der Beschuldigte jederzeit eine richterliche Prüfung der Haftfrage verlangen kann, solange das Gesetz nicht, wie dies für die mündliche Verhandlung in § 118 Abs. 3 und 4 geschehen ist, Beschränkungen verordnet. Erst durch das rechtliche Gehör (§ 33 Abs. 3) und durch die Verbindung mit der mündlichen Verhandlung (§ 118) gewinnt § 117 seinen eigentlichen Inhalt.

3 Außerdem besteht die Möglichkeit, über **Haftanträge und -beschwerden**[7] zu versuchen, auf die Haftentscheidung Einfluss zu nehmen und Änderungen zu veranlassen. Eine Abgrenzung regelt Absatz 2 (Rn. 27). Dieses differenzierte Rechtsschutzsystem mag zwar der Bedeutung des Grundrechtseingriffs entsprechen, erhöht jedoch nicht, jedenfalls nicht erkennbar, die Effizienz des Rechtsschutzes, erscheint vielmehr wenig praktisch und für Unkundige wohl auch verwirrend.[8] Mit einer **Verfassungsbeschwerde** kann gegen die Untersuchungshaft erst dann zulässig vorgegangen werden, wenn das Haftprüfungsverfahren durchgeführt worden ist.[9]

4 Da nach den §§ 140 Abs. 1 Nr. 4, 141 Abs. 3 Satz 4 dem Beschuldigten unverzüglich nach dem Beginn der Untersuchungshaft ein **Verteidiger** beizuordnen ist, hat die **bisherige Regelung** in **§ 117 Abs. 5 a.F.** (über eine von Amts wegen durchzuführende Haftprüfung nach Ablauf von drei Monaten vollzogener Untersuchungshaft bei nicht verteidigten Inhaftierten) keinen Anwendungsbereich mehr.

II. Voraussetzungen (Absatz 1)

5 **1. Haftbefehl.** Nach dem Zweck der Vorschrift, die Rechtmäßigkeit der Untersuchungshaft zu prüfen, kommt das Verfahren hauptsächlich bei einem Haftbefehl nach § 114 zur Anwendung. Dabei ist es gleichgültig, ob der Haftbefehl vor Erhebung der öffentlichen Klage (§ 125 Abs. 1) oder danach (§ 125 Abs. 2) erlassen ist oder vollstreckt wird. Im weiteren Sinn zählt zur Untersuchungshaft auch die den Zwecken der Untersuchung dienende **Ungehorsamshaft** (§ 230 Abs. 2, § 236, § 329 Abs. 3, je zweite Alt.).

6 Dagegen ist die **Sicherungshaft** des § 453c Abs. 1 nach § 453c Abs. 2 Satz 2 von der Haftprüfung ausdrücklich ausgenommen.[10] Der Gesetzgeber geht davon aus, dass bereits ein verurteilendes Erkenntnis – wenn auch mit noch ausgesetzter Vollstreckung der Strafe – vorliegt und wohl auch, dass die Sicherungshaft in aller Regel sehr rasch in Strafhaft übergeht. Aus diesen Gründen wird der gesetzgeberischen Entscheidung zuzustimmen sein. Die Haftprüfung findet ferner nicht statt bei der **Vorführung** (§ 134; § 230 Abs. 2; § 236, § 329 Abs. 3, je erste Alt.), bei der Haft als Maßnahme der **Sitzungspolizei** (§ 177 GVG) und der **Ordnungshaft** (§ 178 GVG) sowie bei einem Haftbefehl zur **Strafvollstreckung** (§ 457 Abs. 1).

7 **2. Haftvollzug.** Da die Vorschrift dem Inhaftierten Schutz gewähren soll, ist sie nach ihrem ausdrücklichen Wortlaut nur anwendbar, wenn sich der Beschuldigte tatsächlich

---

6 S. auch *Chr. Schröder* NStZ **1998** 68; EGMR *Aquilina u.a. v. Malta*, 25642/94, Urt. v. 29.4.1999 = NJW **2001** 51; *Sanchez-Reisse v. Schweiz*, 4/1985/90/137, Urt. v. 21.10.1986 = EuGRZ **1988** 523 = NJW **1989** 2179; Rn. 12.

7 Zum möglichen Zweck der Haftprüfung aus Sicht des Verteidigers, im Unterschied zur Haftbeschwerde vgl. *Deckers* NJW **1994** 2261.

8 Krit. auch z.B. SK/*Paeffgen* 2; *Roxin/Schünemann* § 30, 65; **a.A.** *Matt* JA **1991** 91; LR/*Matt*[26] Erl. Vor § 304.

9 BVerfG StV **1992** 235 mit Anm. *Tondorf*.

10 Krit. *Paeffgen* NStZ **1989** 520.

in Untersuchungshaft befindet, und zwar aufgrund desjenigen Haftbefehls, zu dessen Überprüfung das Haftprüfungsverfahren dienen soll. **Antragsvoraussetzung** ist also, dass der Haftbefehl, über dessen Aufrechterhaltung oder Außervollzugsetzung entschieden werden soll, vollzogen wird.[11] Demzufolge ist der Antrag unzulässig, wenn bei bestehendem Haftbefehl

- der Vollzug eines Haftbefehls ausgesetzt ist (§ 116);
- der Haftbefehl gegen einen Jugendlichen nicht vollstreckt wird (§ 72 Abs. 1 JGG);
- der Beschuldigte flüchtig ist oder sich verborgen hält; sicheres Geleit (§ 295) zur mündlichen Verhandlung bei der Haftprüfung (§ 118 Abs. 1 und 2) findet nicht statt;
- nur Überhaft notiert ist (Rn. 8).

Dass der Beschuldigte sich **in anderer Sache** in **Haft** befindet, sei es in Untersuchungshaft,[12] sei es in Strafhaft,[13] macht den Antrag nicht zulässig, doch wird der Antrag als zulässig angesehen, wenn das Ende der Strafhaft in naher Zukunft bevorsteht.[14] Der grundsätzliche Ausschluss der Haftprüfung bei **Überhaft** ist problematisch, wenn sich die Überhaftnotierung durch Einschränkungen auf den laufenden Haftvollzug auswirkt; in diesen Fällen kann nur die Haftbeschwerde helfen (Vor § 112, 92).[15] Ein danach mangels Haftvollzugs unzulässiger Haftprüfungsantrag ist **in eine Beschwerde umzudeuten.**[16] 8

Das Haftprüfungsverfahren ist während der gesamten Dauer des Verfahrens statthaft, **sobald und solange** sich der Beschuldigte in **Untersuchungshaft** befindet. Aus dem Umstand, dass der Haftvollzug Antragsvoraussetzung ist, folgt, dass der Beschuldigte nicht schon dann im Sinne der Norm „in Untersuchungshaft ist", sobald er aufgrund eines Haftbefehls ergriffen worden ist oder der Richter gegen einen vorläufig Festgenommenen (§ 127 Abs. 1 und 2) Haftbefehl erlassen hat (§ 128 Abs. 2) oder der im Ausland festgenommene Beschuldigte einer deutschen Behörde übergeben worden ist,[17] sondern erst dann, wenn das zuständige Haftgericht nach der Vorführungsverhandlung den Vollzug der Untersuchungshaft angeordnet hat. Die Annahme eines früheren Beginns der Untersuchungshaft hat auch nur akademischen Wert: Die abweichende Auffassung führt zu keiner weiter reichenden Rechtsgewährung, weil der Beschuldigte nach seiner Festnahme aufgrund eines schon bestehenden Haftbefehls kraft Gesetzes in der Verhandlung nach § 115 Abs. 2 eine richterliche Prüfung der Haftvoraussetzungen erfährt, ohne dass es eines Antrags bedürfte. Auch im Fall des § 128 Abs. 2 Satz 2 führt nicht allein der Erlass des Haftbefehls, sondern nur dessen Vollzug zu dem Beginn der Untersuchungshaft; denn im Fall des bloßen Erlasses des Haftbefehls, aber der Entlassung des Beschuldigten aufgrund einer Haftverschonung liegen die Voraussetzungen des § 117 Abs. 1 unstreitig nicht vor. Die **Untersuchungshaft endet**, wenn der Haftbefehl aufgehoben wird (§ 120) oder wenn ein zu Freiheitsstrafe verurteilendes Erkenntnis rechtskräftig wird (Vor § 112, 93ff.). 9

Der Haftvollzug ist auch **Voraussetzung der Entscheidung**; wenn die Entscheidung ergeht, muss der Vollzug der Untersuchungshaft (Rn. 7) noch andauern. Deshalb 10

11 Meyer-Goßner/*Schmitt* 4.
12 OLG Bremen NJW **1951** 45.
13 OLG Hamburg MDR **1974** 861; OLG Stuttgart Justiz **1977** 103; OLG Karlsruhe Justiz **1989** 437; LG Saarbrücken NJW **1990** 1679; SK/*Paeffgen* 3; KK/*Graf* 2.
14 OLG Hamburg MDR **1974** 861; OLG Stuttgart Justiz **1977** 103; h.M.; weitergehend *Matt* JA **1991** 90.
15 **A.A.** *Matt* JA **1991** 90 (Haftprüfung zulässig); s. auch OLG Stuttgart Justiz **1977** 103 (Umdeutung in Antrag auf schriftliche gerichtliche Haftprüfung); KK/*Schultheis* § 126, 8a; SK/*Paeffgen* § 126, 5; § 114, 35ff.
16 OLG Karlsruhe Justiz **1989** 437; *Hohmann* NJW **1990** 1649; HK/*Posthoff* 4; h.M.; s. aber (krit., zum Teil **a.A.**) *Matt* JA **1991** 90.
17 So aber LR/*Hilger*[26] 6.

wird ein zulässiger Antrag unzulässig, wenn nach Antragstellung, aber vor der Entscheidung des Gerichts einer der vorgenannten Hinderungsgründe eintritt oder wenn der Haftbefehl aufgehoben wird. Zur Umdeutung s. Rn. 8. Fällt der Hinderungsgrund später wieder weg, wird etwa eine durch Strafhaft unterbrochene Untersuchungshaft wieder vollzogen, so **lebt** der **frühere Antrag nicht wieder auf**.

3. Antrag

11 **a) Antragsberechtigte.** Die förmliche Haftprüfung hat das Gericht nur auf Antrag vorzunehmen (Absatz 1). Über das Antragsrecht hat der Richter den Beschuldigten zu **belehren**, wenn er die Haft nach der Vorführungsvernehmung aufrechterhält (§ 115 Abs. 4); die sonst Antragsberechtigten erhalten keine Belehrung. Antragsberechtigte sind der Verhaftete sowie (§ 118b) sein Verteidiger, jedoch nicht gegen den ausdrücklichen Willen des Beschuldigten (§ 297), und sein gesetzlicher Vertreter (§ 118b, 2, 3). Wer den Antrag gestellt hat, kann ihn auch **zurücknehmen**, der Verteidiger freilich nur mit ausdrücklicher Ermächtigung des Beschuldigten (§ 118b, § 302 Abs. 2).

12 Das Gericht hat zwar die Haftfrage jederzeit zu prüfen; das **förmliche Haftprüfungsverfahren** kann es aber **nicht von Amts wegen** durchführen.[18] Diese Beschränkung ist darin begründet, dass bei der Haftprüfung von Amts wegen nach mündlicher Verhandlung entschieden werden kann (§ 118 Abs. 1) und durch diese Verhandlung weitere Anträge auf mündliche Verhandlung befristet ausgeschlossen werden (§ 118 Abs. 3). Würde das Haftprüfungsverfahren gegen den Willen des Beschuldigten oder des für ihn handelnden gesetzlichen Vertreters betrieben, könnte es zu einem Zeitpunkt stattfinden, wo er seine Verteidigungsmittel nicht bereit hat; und er wäre, wenn sie ihm später zur Verfügung stehen, für die Dauer von drei Monaten an einem neuen Antrag auf mündliche Verhandlung gehindert, falls in einem von Amts wegen durchgeführten Verfahren nach mündlicher Verhandlung entschieden worden ist[19] (§ 118, 2).

13 Diese Überlegungen lassen erkennen, dass das **Antragsrecht dem Beschuldigten** (und dem für ihn handelnden gesetzlichen Vertreter) **persönlich zusteht.** Demzufolge können die Staatsanwaltschaft und der Nebenkläger den Antrag nicht stellen; sie sind nicht in der Lage, die Verteidigungsbereitschaft des Beschuldigten zu beurteilen und dürfen in sein Recht, sich vorzubereiten, nicht eingreifen. Von dem Grundsatz, dass allein der Beschuldigte bestimmt, wann das förmliche Haftprüfungsverfahren stattfindet, macht das Gesetz in **Absatz 3** eine **Ausnahme**. Diese liegt zwar im Interesse des Beschuldigten, ist aber nicht ohne Bedenken, weil dessen Recht auf mündliche Verhandlung (§ 118 Abs. 1) eingeschränkt wird (§ 118 Abs. 3), wenn bei der von Amts wegen angestellten Haftprüfung von Amts wegen nach mündlicher Verhandlung entschieden worden ist. Die Ausnahme ist daher eng auszulegen.

14 **b) Form.** Für den Rechtsbehelf (§ 115 Abs. 4) des Haftprüfungsantrags sind wesentliche Vorschriften für Rechtsmittel für anwendbar erklärt (§ 118b), doch schweigt das Gesetz über die Form und den Adressaten. Aus allgemeinen Grundsätzen ist dafür das Folgende herzuleiten. Der Antrag ist **formfrei** und an **keine Frist** gebunden. Er ist bei dem zuständigen Gericht (§ 126) zu stellen. Anzubringen ist er schriftlich oder zu Protokoll des Urkundsbeamten der Geschäftsstelle des angerufenen Gerichts oder des Amtsge-

---

18 **A.A.** *Chr. Schröder* NStZ **1998** 68; KMR/*Wankel* 29 (für den Fall der beabsichtigten Aufhebung des Haftbefehls, die allerdings – das erkennt auch *Wankel* an – jederzeit auch im schriftlichen Verfahren erfolgen kann, ohne dass das Gericht „von sich aus einen Haftprüfungstermin ansetzen" müsste).

19 S. dazu *Chr. Schröder* NStZ **1998** 68.

richts, in dessen Bezirk die Untersuchungshaftanstalt liegt (§ 118b, § 299 Abs. 1). Wird der Beschuldigte am Sitz eines zuständigen höheren Gerichts (Strafkammer, Strafsenat) verwahrt, dann stehen ihm die Geschäftsstellen dieses Gerichts und des Amtsgerichts zu seiner Wahl.[20] Der Antrag kann auch mündlich gestellt werden,[21] etwa anlässlich der Vernehmung vor dem Richter des nächsten Amtsgerichts (§ 115a Abs. 2 Satz 1).[22] Wird der Antrag in einer Hauptverhandlung gestellt, so entscheidet der Vorsitzende über den Zeitpunkt der Entgegennahme im Rahmen seiner Verhandlungsleitung (§ 238 Abs. 1), er muss also nicht sofort behandelt werden.[23]

Geht der Antrag bei einer **unzuständigen Stelle** ein, hat diese ihn in der Regel unverzüglich dem zuständigen Gericht weiterzuleiten, das ihn als bei sich eingegangen zu behandeln hat.[24] Lässt der Beschuldigte indessen erkennen, dass er ausdrücklich die Entscheidung des von ihm angerufenen Gerichts wünscht – etwa eines unzuständigen OLG oder des Nachbargerichts, weil er das zuständige Gericht für befangen ansieht –, dann hat dieses den Antrag als unzulässig zu verwerfen. 15

c) Inhalt. Der Antrag muss das **Begehren** zum Ausdruck bringen, die **Haftfrage** gerichtlich **zu prüfen.** Einen ausdrücklichen Antrag, den Haftbefehl aufzuheben oder dessen Vollzug auszusetzen, braucht er nicht zu enthalten, doch ist andererseits ein solcher bestimmter Antrag stets ein Antrag auf Haftprüfung. Ein **Irrtum** in der Bezeichnung des Antrags ist unschädlich (§ 118b; § 300); es ist ggf. im Wege der **Auslegung** des Begehrens der wahre Wille des Beschuldigten zu ermitteln. So ist ein Antrag auf mündliche Verhandlung ein solcher auf Haftprüfung (§ 117 Abs. 1), verbunden mit dem weiteren Begehren, nach mündlicher Verhandlung zu entscheiden (§ 118 Abs. 1). 16

III. Verfahren; Entscheidung

1. Verteidigerbestellung. Dem Beschuldigten, der noch keinen Verteidiger hat, ist gemäß **§ 140 Abs. 1 Nr. 4** für die Dauer der Untersuchungshaft – unverzüglich mit dem Beginn ihrer Vollstreckung, **§ 141 Abs. 3 Satz 4** – ein Verteidiger zu bestellen. Die vor dem 1.1.2010 geltende Regelung in § 117 Abs. 4 a.F., wonach dem noch unverteidigten Beschuldigten nach Ablauf von drei Monaten vollzogener Untersuchungshaft ein Verteidiger zu bestellen war, ist infolgedessen entbehrlich geworden.[25] 17

2. Gehör

a) Staatsanwaltschaft und Beschuldigter. Die Entscheidung wird erlassen, nachdem sich die Staatsanwaltschaft mündlich oder – was die Regel ist – schriftlich erklärt hat (§ 33 Abs. 2). Der Beschuldigte ist zu hören, bevor zu seinem Nachteil Tatsachen oder Beweisergebnisse verwertet werden, zu denen er nicht schon gehört ist (§ 33 Abs. 3). Dieses frühere Gehör braucht kein richterliches zu sein; es genügt, wenn die Staatsanwaltschaft oder die Polizei dem Beschuldigten die Aussagen von Zeugen vorgehalten hat. Auch das Gehör nach § 33 Abs. 3 muss der Richter nicht stets selbst und mündlich vor- 18

---

20 OLG Bremen Rpfleger **1956** 290.
21 *Lobe/Alsberg* § 114d, I 3 b.
22 KK/*Graf* 4.
23 BGH NStZ **2006** 463; Meyer-Goßner/*Schmitt* 3.
24 **A.A.** *Feisenberger* DRiZ **1927** 5 (Verwerfung als unzulässig).
25 Vgl. zur früheren Rechtslage LR/*Hilger*[26] 34 ff.; zur Neuregelung s. die Erl. zu § 117 im Nachtrag zur 26. Auflage.

nehmen. Er kann das **schriftlich** tun, etwa dadurch, dass er dem Beschuldigten Abschriften der Protokolle über die Vernehmung von Zeugen und Sachverständigen übersendet und ihm Gelegenheit gibt, sich zu äußern.[26] Auch kann er sich der Geschäftsstelle bedienen, um dem Beschuldigten Tatsachen und Beweisergebnisse bekanntzugeben und seine Erklärungen entgegenzunehmen. Er wird jedoch stets zu prüfen haben, ob der Zweck des Gehörs, dem Beschuldigten die Verteidigung zu erleichtern, nicht richterliches Gehör erfordert. Ist das der Fall, wird oft Entscheidung **nach mündlicher Verhandlung** (§ 118 Abs. 1) zweckmäßig sein. Unzulässig ist allerdings ein an das Amtsgericht des Haftortes gerichtetes Ersuchen, eine vom Beschuldigten im Haftprüfungsverfahren beantragte mündliche Verhandlung im Wege der **Rechtshilfe** (§§ 156, 158 GVG) durchzuführen.[27] Dieses Ziel kann der an sich zuständige Richter nur durch eine Übertragung seiner Zuständigkeit auf den Richter des Amtsgerichts des Vollzugsorts erreichen (§ 126 Abs. 1 Satz 3).

19 **b) Verteidiger.** Ein gesondertes Gehör des Verteidigers wird nicht gefordert. Es ist Sache des Beschuldigten, den Verteidiger zu unterrichten. Der Beschuldigte kann aber verlangen, dass der Verteidiger, dessen Beistand er sich in jeder Lage des Verfahrens bedienen kann (§ 137 Abs. 1), zu dem Gehör nach § 33 Abs. 3 dann zugezogen wird, wenn es mündlich stattfindet. Damit keine Vertagung notwendig wird, empfiehlt es sich, den Verteidiger zu einem Gehörstermin zu laden. Das wird in der Regel zu einer mündlichen Verhandlung (§ 118 Abs. 1) führen. Sowohl eine mündliche Verhandlung als auch mündliches Gehör werden oft dadurch erspart werden können, dass der Richter dem Verteidiger **Akteneinsicht** gewährt und eine Stellungnahme anheim gibt. Damit ist den Erfordernissen des § 33 Abs. 3 meist am sachdienlichsten Genüge getan.

20 **c) Kein Absehen vom Gehör.** Es ist nicht statthaft, von dem Gehör des Beschuldigten aufgrund des **§ 33 Abs. 4** abzusehen.[28] Einmal besteht diese Befugnis nur bei Anordnung der Untersuchungshaft, der Beschlagnahme oder anderer Maßnahmen (wie etwa der Durchsuchung), nicht aber, wenn eine bereits erlassene Anordnung später überprüft und bestätigt wird. Zum anderen kann die Anhörung nur unterbleiben, wenn sie den Zweck der Anordnung gefährden würde. Der Zweck der Anordnung besteht in der Verhinderung der Flucht, der Verdunkelung, der Wiederholung bestimmter schwerer Straftaten und in der Sicherung der Aburteilung von Verbrechen wider das Leben. Dieser Zweck wird durch die Untersuchungshaft gesichert; solange diese besteht, kann er durch das rechtliche Gehör nicht mehr gefährdet werden. **Ausnahmsweise** könnte man eine solche Gefährdung bei Untersuchungshaft wegen Verdunkelungsgefahr annehmen, wenn man dem Verteidiger zutraute, dass er für den Verhafteten Verdunkelungshandlungen (§ 112 Abs. 2 Nr. 3) vornehmen oder vornehmen lassen werde. Dem wirkt § 148 Abs. 2 entgegen. Liegt der hinreichende Verdacht einer Begünstigung vor, kann der Verteidiger von der Verteidigung ausgeschlossen werden (§ 138a Abs. 1).

---

26 Zu der aus Art. 5 Abs. 4 EMRK abgeleiteten Verpflichtung des OLG als Beschwerdegericht, dem Beschuldigten die schriftliche Stellungnahme der erstmals am Verfahren beteiligten GStA zuzuleiten (um dem Rechtsmittelverfahren „wahrhaft kontradiktorischen" Charakter zu geben), s. EGMR *Stollenwerk v. Deutschland*, 8844/12, Urt. v. 7.9.2017 (juris). Die mit 4:3 Stimmen ergangene Entscheidung mutet recht formalistisch an; lesenswert sind die drei abweichenden Meinungen. S. dazu auch BVerfG Beschl. v. 18.9.2018 – 2 BvR 745/18 – (juris).

27 OLG München MDR **1958** 81; vgl. auch KG JR **1976** 253.

28 SK/*Paeffgen* 9; KK/*Graf* 10. S. auch SchwBG EuGRZ **1996** 469 (Gehör auch bzgl. der Stellungnahme der Staatsanwaltschaft).

3. Entscheidung. Findet keine mündliche Verhandlung nach § 118 Abs. 1 statt, entscheidet das Gericht nach Gehör im schriftlichen Verfahren. Es verfügt über eine **umfassende Entscheidungskompetenz** und prüft demgemäß den dringenden Tatverdacht, die Haftgründe (§ 112 Abs. 1 Satz 1) sowie die Verhältnismäßigkeit der Untersuchungshaft zu der Sanktion, die zu erwarten ist (§ 112 Abs. 1 Satz 2, § 120 Abs. 1 Satz 1 Hs. 2). Es ist bei dieser Prüfung nicht auf die im Haftbefehl angegebenen Taten und Haftgründe beschränkt, sondern hat vielmehr den **gesamten Inhalt der Akten** sowie das gesamte Vorbringen des Beschuldigten[29] zu berücksichtigen. Ist eine im Haftbefehl angenommene Verdunkelungsgefahr weggefallen, aber inzwischen Fluchtgefahr begründet worden, kann es die Untersuchungshaft mit dem neuen Haftgrund aufrechterhalten. Aufgrund der Prüfung hat das Gericht zu entscheiden, ob der Haftbefehl aufrechtzuerhalten, aufzuheben (§ 120), der Vollzug des Haftbefehls auszusetzen (§ 116) oder bei einem Jugendlichen die Vollstreckung auszusetzen ist (§ 72 Abs. 1 JGG). Auch kann der Haftbefehl wegen neuer Taten erweitert oder ergänzt werden (§ 114, 53). In diesem Falle hat sich sofort das Verfahren nach §§ 114a, 115 Abs. 2 und 3 anzuschließen. 21

Müsste die Haft aufrechterhalten werden, ergibt sich aber ein **Anhaltspunkt**, dass weiteres **entlastendes Material** beigebracht werden könnte, kann das erkennende Gericht vor seiner Entscheidung die erforderlichen **Beweise erheben** oder durch einen beauftragten oder ersuchten Richter aufnehmen lassen. Auch kann die Staatsanwaltschaft ersucht werden, wenn Maßnahmen durchzuführen sind, für die es den Gerichten an einer besonderen gesetzlichen Grundlage fehlt, während sie für die Staatsanwaltschaft gegeben ist.[30] Das ist bei polizeilichen Ermittlungen der Fall. Bei diesen ist das Gericht auf die allgemeine Amtshilfe angewiesen, die Staatsanwaltschaft hat dagegen ein Anordnungs- (§ 152 Abs. 1 GVG) und Auftragsrecht (§ 161 Abs. 1 Satz 2). Demzufolge kann das Gericht die Staatsanwaltschaft ersuchen, polizeiliche Ermittlungen zu veranlassen. Der Richter darf in dieser Weise auch ohne Antrag nach § 166 tätig werden (s. auch § 118a, 32).[31] Voraussetzung derartiger Beweiserhebungen ist indessen, dass hierdurch **kein wesentlicher Zeitverlust** eintritt.[32] In jedem Fall unzulässig ist es, eine nach der Aktenlage gebotene Aufhebung des Haftbefehls deshalb zu unterlassen, weil weitere Ermittlungen vielleicht noch **Belastungsmaterial** erbringen könnten[33] (s. auch Vor § 112, 65; § 115, 27). Denn der Haftbefehl ist aufzuheben, *sobald* die Voraussetzungen der Untersuchungshaft nicht mehr vorliegen (§ 120 Abs. 1 Satz 1 Hs. 1); die Aufhebung darf daher nicht unterbleiben, weil die Voraussetzungen möglicherweise wieder entstehen könnten. 22

Die Entscheidung ergeht als **Beschluss,** der mit Gründen zu versehen ist (§ 34). Die Gründe müssen dem Beschuldigten seine weitere Verteidigung möglich machen und dem Beschwerdegericht gestatten, die ergangene Entscheidung nachzuprüfen.[34] Sie haben sich daher mit neuen Tatsachen und Beweismitteln zu befassen, die seit Erlass des Haftbefehls oder seit der letzten Entscheidung beigebracht worden sind. Im Übrigen gelten die Erl. in § 114, 16 ff. und § 122, 44 ff. – entsprechend der jeweiligen Sachlage des Einzelfalles – sinngemäß; ein Haftfortdauerbeschluss muss sich also ggf. mit Verfahrensverzögerungen und der Einhaltung des Beschleunigungsprinzips befassen. Das BVerfG 23

---

29 S. dazu auch EGMR *Ilijkov v. Bulgarien*, 33977/96, Urt. v. 26.7.2001, Rn. 94; *Erdem v. Deutschland*, 38321/97, Urt. v. 5.7.2001 = EuGRZ **2001** 391, 394.
30 OLG Celle GA **59** (1912) 366.
31 LR/*Erb* § 166, 8; h.M.
32 HK/*Posthoff* 8; KK/*Graf* 10; SK/*Paeffgen* 9.
33 Vgl. *Lüderssen* FS Pfeiffer 239, 249 ff.
34 OLG Celle StV **1989** 253; s. auch OLG Jena StV **2007** 588 (Haftfortdauerentscheidung bei vom Haftbefehl abweichender Verurteilung).

hat die Anforderungen an die **Begründungstiefe von Haftfortdauerentscheidungen** in jüngerer Zeit nicht unerheblich verschärft.[35] Danach sind, da der Grundrechtsschutz auch durch die Verfahrensgestaltung zu bewirken ist, in der Regel in jedem Beschluss über die Anordnung der Fortdauer der Untersuchungshaft aktuelle Ausführungen zu dem weiteren Vorliegen ihrer Voraussetzungen, zur Abwägung zwischen dem Freiheitsgrundrecht des Beschuldigten und dem Strafverfolgungsinteresse der Allgemeinheit sowie zur Frage der Verhältnismäßigkeit geboten, weil sich die dafür maßgeblichen Umstände angesichts des Zeitablaufs in ihrer Gewichtigkeit verschieben können. Die zugehörigen Ausführungen müssen in Inhalt und Umfang eine Überprüfung des Abwägungsergebnisses am Grundsatz der Verhältnismäßigkeit nicht nur für den Betroffenen selbst, sondern auch für das Haftgericht im Rahmen einer Eigenkontrolle gewährleisten und in sich schlüssig und nachvollziehbar sein.[36] Ist hingegen der **Sachstand**, namentlich bei späteren Entscheidungen, völlig **unverändert**, kann es genügen, auf die Gründe des Haftbefehls oder einer früheren Entscheidung zu verweisen. Im Fall der Freilassung sind die Gründe hierfür anzugeben. Hatte die Staatsanwaltschaft die Freilassung beantragt, wird die Begründung in der Regel nur kurz sein; wegen der Begründung im vorbereitenden Verfahren s. § 120, 61. Die Entscheidung wird dem Beschuldigten und der Staatsanwaltschaft bekanntgemacht. **Formlose Mitteilung** genügt, weil durch die Bekanntmachung der Entscheidung keine Frist in Lauf gesetzt wird (§ 35 Abs. 2 Satz 2).

24 **4. Beschwerde (Absatz 2 Satz 2).** Gegen die Entscheidung im Haftprüfungsverfahren ist, soweit sie nicht von einem Strafsenat als Rechtsmittelgericht erlassen ist (§ 304 Abs. 4), Beschwerde zulässig (§ 304 Abs. 1), auch wenn sie die eines erkennenden Gerichts ist (§ 305 Satz 2). Gegen Beschwerdeentscheidungen des LG und des erstinstanzlich entscheidenden OLG (§ 120 Abs. 3 und 4 GVG) ist die weitere Beschwerde gegeben (§ 310 Abs. 1). S. auch § 114, 40 ff.

25 Der **Beschuldigte** kann Beschwerde erheben, wenn der Haftbefehl entgegen seinem Antrag aufrechterhalten wird. Hatte er jedoch nur beantragt, den Vollzug des Haftbefehls auszusetzen (§ 116), dann hat er, wenn das Gericht dem Antrag nachgekommen ist, mangels Beschwer kein Beschwerderecht. Es steht ihm aber frei, Beschwerde gegen den bestehen gebliebenen Haftbefehl anzubringen. Wenn der Beschuldigte beschwert ist, können auch sein **Verteidiger,** jedoch nicht gegen den ausdrücklichen Willen des Beschuldigten (§ 297), und sein gesetzlicher Vertreter (§ 298 Abs. 1) Beschwerde einlegen. Die Beschwerde steht auch der **Staatsanwaltschaft** zu. Sie hat zugunsten oder zuungunsten des Beschuldigten auch die weitere Beschwerde (§ 114, 43).

26 Wegen des **Verfahrens** gilt das zu § 114, 44 ff. Gesagte entsprechend, namentlich auch wegen der Anhörung, falls das zuständige Gericht den Beschuldigten freigelassen

---

35 S. dazu eingehend *Mayer/Hunsmann* NStZ **2015** 325 ff.

36 Vgl. etwa BVerfGK **7** 421; **10** 294; **15** 474; BVerfG JR **2014** 488 = StV **2015** 39; StraFo **2013** 160; Beschl. v. 18.9.2018 – 2 BvR 745/18 – (juris), v. 25.6.2018 – 2 BvR 631/18 – (juris) und v. 20.12.2017 – 2 BvR 2552/17 – (juris) mit Anm. *Peglau* juris-PR/StrafR 5/2108 Anm. 2. Aus der fachgerichtlichen Rspr., für die die vom BVerfG formulierten verfassungsrechtlichen Grundsätze indessen, soweit es strafprozessuale Beschwerdeverfahren angeht, angesichts der aus § 309 Abs. 2 folgenden Verpflichtung des Beschwerdegerichts zu eigener Sachverhaltsermittlung und Sachentscheidung nicht in gleicher Weise entscheidungserhebliche Bedeutung haben können (vgl. Rn. 26 sowie § 112, 29, § 114, 46 f.), s. etwa BGH NJW **2017** 341; OLG Bremen Beschl. v. 3.1.2018 – 1 Ws 143-145/17 – (juris) = OLGSt StPO § 112 Nr. 23; beide mit probl. Zurückverweisung bei vollzogener Untersuchungshaft; OLG Hamm Beschl. v. 20.11.2012 – 1 Ws 604/12 – (juris) = NStZ-RR **2013** 86 (Ls.); OLG Celle Beschl. v. 6.1.2009 – 1 Ws 629/08 – (juris), beide für den Fall eines außer Vollzug gesetzten Haftbefehls: Aufhebung nur der Nichtabhilfeentscheidung und Zurückverweisung zur Fassung einer hinreichend begründeten erneuten Nichtabhilfeentscheidung; s. auch KG Beschl. v. 17.6.2016 – 4 Ws 48/15 – (juris). Vgl. zur Begründungstiefe auch HK/*Posthoff* 10.

und die Staatsanwaltschaft dagegen Beschwerde eingelegt hat. Wegen der Zuständigkeit s. § 114, 48ff., wegen der bindenden Wirkung s. § 114, 47. Hervorzuheben ist, dass das Beschwerdegericht im Untersuchungshaftverfahren in aller Regel selbst in der Sache zu entscheiden hat (§ 309 Abs. 2) und **keine Zurückverweisung** an das Ausgangsgericht vornehmen darf,[37] was in der Praxis nicht immer hinreichend beachtet wird.[38] Zur eingeschränkten Überprüfung der Entscheidung zum dringenden Tatverdacht auf eine Vollständigkeits- und Plausibilitätskontrolle durch das Beschwerdegericht während einer laufenden oder nach einer bereits durchgeführten Hauptverhandlung s. § 112, 25ff.

IV. Subsidiarität der Haftbeschwerde (Absatz 2 Satz 1)

1. Inhalt. Die Vorschrift schränkt § 304 Abs. 1 dadurch ein, dass **neben dem Antrag** auf mündliche Verhandlung, nicht jedoch nach einer im Haftprüfungsverfahren ergangenen Entscheidung (Satz 2, s. Rn. 24f.), die **Beschwerde** in derselben Sache **ausgeschlossen** wird. Voraussetzung ist allerdings, dass auch mit ihr die Aufhebung des Haftbefehls oder dessen Außervollzugsetzung erstrebt wird; auf ein anderes Ziel gerichtete Beschwerden bleiben mithin zulässig.[39] Es ist selbstverständlich, dass eine laufende Beschwerde einen Antrag auf mündliche Verhandlung nicht hindert,[40] vielmehr macht der Antrag die Beschwerde unzulässig (Rn. 29). Unter **Beschwerde** ist sowohl die erste (§ 304 Abs. 1) als auch die weitere (§ 310 Abs. 1) zu verstehen.[41] Der Beschwerde über den Haftbefehl stehen Beschwerden gegen Entscheidungen gleich, mit denen die Fortdauer der Untersuchungshaft angeordnet (§ 207 Abs. 4, § 268b Satz 1) oder der Haftbefehl aufrechterhalten (§ 115 Abs. 4, § 118 Abs. 3) wird. Denn auch sie sind ihrem Inhalt nach Beschwerden gegen den Haftbefehl. 27

Für die bloße **schriftliche Haftprüfung** ist die Vorschrift von untergeordneter Bedeutung. Denn es ist schwer einzusehen, warum ein Beschuldigter, den eine Entscheidung des Haftrichters nicht befriedigt, statt gegen sie Beschwerde einzulegen, nochmals dessen Entscheidung nachsuchen sollte. Hier wird sie nur Bedeutung gewinnen, wenn der Beschuldigte Ermittlungen nach Absatz 3 anregen will. Ihre eigentliche Bedeutung hat die Wahl zwischen Haftprüfung und Beschwerde, wenn der Beschuldigte beantragt, nach **mündlicher Verhandlung** zu entscheiden (§ 118 Abs. 1). Dann hat der Beschuldigte, dessen Initiative im Interesse der Verfahrensbeschleunigung beschränkt wird, die sinnvolle Wahl, ob er die größere Freiheit der Äußerung und die Möglichkeit besserer Aufklärung in mündlicher Verhandlung vor dem zuständigen Gericht suchen[42] oder lieber die Entscheidung eines höheren Gerichts begehren soll, bei dem er sich, weil er dort die mündliche Verhandlung nicht erzwingen kann (§ 118 Abs. 2), ggf. mit schriftlichen Ausführungen begnügen muss. 28

2. Vorrang der Haftprüfung. Wenn die Beschwerde „neben" dem Antrag unzulässig ist, also die Haftprüfung den Vorrang vor der Haftbeschwerde hat, bedeutet das zunächst, dass keine Beschwerde angebracht werden kann, sobald ein Antrag auf Haftprüfung eingegangen ist, und so lange, bis das Gericht über ihn entschieden hat. Dem 29

---

37 KMR/*Wankel* 15; s. auch § 114, 47.
38 S. etwa KG (3. Strafsenat) StraFo **2015** 110; dagegen mit Recht KG (4. Strafsenat) StV **2016** 171 m.w.N. = StraFo **2015** 419 mit Anm. *Herrmann*.
39 KK/*Graf* 6; allg. M.
40 RG JW **1931** 3560.
41 OLG Düsseldorf MDR **1969** 779; OLG Hamburg MDR **1984** 72.
42 S. auch *Deckers* NStZ **1994** 2261.

Zweck der Vorschrift, das Nebeneinander von Haftprüfung und Beschwerdeverfahren mit der Gefahr divergierender Entscheidungen auszuschließen,[43] ist aber damit, dass neue Beschwerden nach Eingang des Antrags ausgeschlossen werden, noch nicht Genüge getan. Ihrem Sinn wird nur die Auslegung gerecht, dass nicht nur eine nach dem Antrag angebrachte Beschwerde unzulässig ist, sondern auch eine **bereits laufende Beschwerde**, sei es des Beschuldigten, sei es des gesetzlichen Vertreters (§ 298), unzulässig wird, sobald der Beschuldigte die Haftprüfung beantragt.[44] Hat er sich entschlossen, sein Glück beim zuständigen Gericht zu suchen, dann muss er abwarten, wie dieses entscheidet, ehe er, was ihm Satz 2 ausdrücklich vorbehält, das Beschwerdegericht mit der Sache dadurch befasst, dass er nunmehr die im Haftprüfungsverfahren ergangene Entscheidung angreift. Das alte Beschwerdeverfahren wird völlig hinfällig, so dass auch nicht nach Abschluss des Haftprüfungsverfahrens weitere Beschwerde gegen eine vor diesem Verfahren ergangene Beschwerdeentscheidung zulässig ist.[45]

30 Diese Ergebnisse gelten auch, wenn der **gesetzliche Vertreter** (§ 118b, § 298) – der Verteidiger (§ 297) kann nicht gegen den Willen des Beschuldigten handeln – die Haftprüfung beantragt. Zwar kann er auf diese Weise dem Beschuldigten die Entscheidung auf eine weitere Beschwerde abschneiden, doch erkennt das Gesetz den übergeordneten Willen des gesetzlichen Vertreters an (§ 118b, 4).

31 Da die Unzulässigkeit, die durch den Antrag eingetreten ist, nicht wieder beseitigt werden kann, wird eine Beschwerde nicht wieder zulässig, wenn der Beschuldigte oder sein gesetzlicher Vertreter den **Antrag wieder zurücknimmt.**[46] Das ist nicht unbillig; denn wer den Antrag zurücknimmt, kann damit mit wenigen Worten eine neue Beschwerde verbinden, freilich nur eine erste. Zulässig bleibt die Haftbeschwerde jedoch, wenn der Beschuldigte oder sein gesetzlicher Vertreter zugleich oder nachträglich nur einen **vorsorglichen Haftprüfungsantrag** für den Fall stellen, dass die Haftbeschwerde erfolglos bleibt,[47] oder wenn der Haftprüfungsantrag, was allerdings kaum vorkommen dürfte, unzulässig ist.

32 **Liegt**, wenn ein Haftprüfungsantrag eingeht, beim zuständigen Gericht **noch eine Beschwerde vor,** dann weist dieses den Beschuldigten beim rechtlichen Gehör darauf hin, dass seine Beschwerde unzulässig geworden ist. Nimmt er sie alsdann nicht zurück, sind die Akten dem Beschwerdegericht vorzulegen; dieses hat die Beschwerde als unzulässig zu verwerfen.[48] Das hat es auch zu tun, wenn sich die Akten auf eine Beschwerde bei ihm befinden und der Beschuldigte der Entscheidung mit einem Antrag auf Haftprüfung zuvorkommt. Hat das **Beschwerdegericht** nach dem Antrag auf Haftprüfung, aber vor der Entscheidung des zuständigen Gerichts **in Unkenntnis des Haftprüfungsantrags** noch sachlich über die unzulässig gewordene Beschwerde **entschieden,** ist seine

---

43 Vgl. OLG Oldenburg MDR **1986** 163; OLG Hamburg MDR **1984** 72; wistra **2002** 199; OLG Karlsruhe StV **1994** 664.

44 OLG Karlsruhe StV **1994** 324; OLG Stuttgart NStZ **1994** 401; vgl. auch OLG Stuttgart MDR **1990** 75 mit Anm. *Paeffgen* NStZ **1990** 432.

45 OLG Düsseldorf MDR **1969** 779; OLG Hamburg MDR **1984** 72; OLG Schleswig bei *Ernesti/Lorenzen* SchlHA **1986** 104; OLG Stuttgart NStZ **1994** 401; Justiz **2005** 334; h.M.; s. auch *Paeffgen* NStZ **1989** 420; NStZ **1990** 432.

46 OLG Düsseldorf StV **1991** 526; OLG Karlsruhe StV **1994** 324; OLG Stuttgart NStZ **1994** 401; Justiz **2005** 334; OLG Schleswig bei *Lorenzen/Görl* SchlHA **1988** 109; OLG Hamm Beschl. v. 18.5.2017 – 4 Ws 85/17 – (juris); KK/*Graf* 7; s. auch *Wankel* 115; **a.A.** *Schlothauer/Weider/Nobis* Rn. 816 (unnötiger Formalismus).

47 OLG Oldenburg MDR **1986** 163; Meyer-Goßner/*Schmitt* 14; SK/*Paeffgen* 7; MüKo/*Böhm/Werner* 47; *Schlothauer/Weider/Nobis* Rn. 814; *Matt* JA **1991** 86; **a.A.** OLG Zweibrücken JurBüro **1982** 1857; KK/*Graf* 8; AK/*Krause* 8. S. auch OLG Saarbrücken wistra **1996** 80 (jedenfalls Unzulässigkeit der weiteren Beschwerde) mit Anm. *Mertes*.

48 KK/*Graf* 9.

Entscheidung wirksam, aber auf weitere Beschwerde aufzuheben.[49] Hat das Beschwerdegericht den Haftbefehl aufgehoben, entfällt die Haftprüfung; nicht aber, wenn es ihn ausgesetzt (§ 116) oder bei einem Jugendlichen von der Vollstreckung des Haftbefehls abgesehen hat (§ 72 Abs. 1 JGG), und – was selbstverständlich ist – wenn es eine Beschwerde des Beschuldigten als unbegründet zurückgewiesen hat; in diesen Fällen muss über den noch nicht erledigten, vorrangigen Haftprüfungsantrag entschieden werden, weil eine dem Beschuldigten günstigere Entscheidung als die des Beschwerdegerichts noch möglich ist. Ergehen, was vermeidbar ist, in Unkenntnis der Verfahren **gleichzeitig** oder kurz nacheinander **Entscheidungen** sowohl des zuständigen als auch des Beschwerdegerichts, so geht – solange beide Entscheidungen Bestand haben – die dem Beschuldigten günstigere vor, auch wenn sie vor der ihm nachteiligeren ergangen ist.

Hat das OLG nach durchgeführter besonderer Haftprüfung im Verfahren nach den 33 §§ 121, 122 die weitere Haftprüfung gemäß **§ 122 Abs. 3 Satz 3** befristet dem nach allgemeinen Vorschriften zuständigen Gericht übertragen, ist dieses bis zum Ende der festgelegten Frist für die antragsgebundene Haftprüfung nach § 117 Abs. 1 zuständig. Auch obliegt diesem Gericht wieder die von Amts wegen vorzunehmende dauernde Prüfung der Haftfrage nach den §§ 120, 116; umstritten ist, ob diese Kompetenz schon mit dem Eingang des Antrags der Staatsanwaltschaft, die Akten dem OLG zur erneuten Haftprüfung (§ 112 Abs. 4) vorzulegen, endet.[50]

3. Prozessuale Überholung; Umdeutung

a) Anfechtungsgegenstand. § 117 Abs. 2 Satz 1 ist der allgemeine Grundsatz zu entnehmen, dass sich der Angeklagte jeweils nur gegen **die letzte** von Amts wegen oder auf einen Antrag hin ergangene **Haftentscheidung**, sofern diese eine Entscheidung über den Bestand des Haftbefehls enthält,[51] wenden kann. Dies beruht auf dem Gedanken, dass es einem sinnvollen Verfahrensablauf widerspräche, könnte der Angeklagte ungeachtet einer zwischenzeitlich ergangenen neuen Haftentscheidung (etwa anlässlich der Eröffnungsentscheidung) beliebig auf frühere, denselben Sachvorgang betreffende Haftentscheidungen zurückgreifen, obwohl deren Begründung möglicherweise bereits überholt ist.[52] Darüber hinaus wäre durch die Möglichkeit der isolierten Anfechtung auch die dem Gesetzeszweck (s. Rn. 29) zuwider laufende Gefahr eröffnet, dass verschiedene Gerichte voneinander abweichende Entscheidungen treffen. In einem solchen Fall ist deshalb eine gegen eine frühere Haftentscheidung gerichtete Beschwerde grundsätzlich prozessual überholt und damit unzulässig. Das Verfahren des Beschwerdegerichts bei einer solchen Fallgestaltung und seine Entscheidung richten sich aber nach den Umständen des Einzelfalls. 34

49 OLG Schleswig bei *Lorenzen/Görl* SchlHA **1988** 109; KK/*Graf* 9; s. auch OLG Düsseldorf JMBlNW **1999** 278 (keine mat. Rechtskraft der Beschwerdeentscheidung); **a.A.** OLG Stuttgart NStZ **1994** 401 (kein Rechtsschutzbedürfnis). OLG Düsseldorf MDR **1990** 75 (mit krit. Anm. *Paeffgen* NStZ **1990** 432) nimmt – verfehlt – prozessuale Überholung des Haftprüfungsantrages an, wenn trotzdem über die Beschwerde entschieden wurde.

50 Dafür MüKo/*Böhm/Werner* 13, 60; dagegen (mit ausführlicher Begründung) KG Beschl. v. 6.3.2012 – (2) 131 HEs 1/11 (13/12) – (juris); s. auch *Schlothauer/Weider/Nobis* Rn. 767.

51 OLG Hamburg StV **1994** 323; OLG Frankfurt Beschl. v. 3.7.2008 – 1 Ws 64/08 – (juris).

52 Vgl. OLG Düsseldorf MDR **1990** 75 mit Anm. *Paeffgen* NStZ **1990** 432; MDR **1992** 399; StV **1993** 592 mit Anm. *Paeffgen* NStZ **1995** 22; MDR **1995** 950; OLG Hamburg MDR **1984** 72; StV **1994** 323 mit Anm. *Paeffgen* NStZ **1995** 23; MDR **1995** 950; OLG Hamburg wistra **2002** 199; OLG Schleswig SchlHA **2001** 135; OLG Köln StraFo **2013** 24; KG wistra **1994** 38; Beschl. v. 28.1.2013 – 4 Ws 12-13/13 – (juris).

35 Eine sachgerechte Behandlung der Sache erfordert es zunächst, unter Berücksichtigung des aus § 300 folgenden allgemeinen Rechtsgedankens zu prüfen, ob sich das Rechtsmittel bei **verständiger Auslegung** (auch) gegen die letzte Haftentscheidung richtet. Bei dieser Prüfung ist keine formalistische Betrachtung vorzunehmen und allein auf den vom Rechtsmittelführer gewählten Wortlaut abzustellen, sondern es kommt auf eine inhaltliche, auf die Beschwerdebegründung und das Vorliegen eines Anfechtungswillens abstellende Betrachtungsweise an. Dies wird in der Praxis überwiegend anerkannt.[53] Verfehlt erscheint es demgegenüber, eine „gegen den Haftbefehl" gerichtete Beschwerde ohne weiteres allein deshalb als unzulässig zu verwerfen, weil inzwischen eine neue Haftentscheidung getroffen wurde, obgleich das Rechtsmittel erkennbar durch die aktuelle Haftentscheidung veranlasst ist und sich – etwa während schon länger andauernder Hauptverhandlung unter Auseinandersetzung mit dem aktuellen Verfahrensstand und unter Bezugnahme auf das Beschleunigungsgebot – inhaltlich gegen die (weitere) Aufrechterhaltung der Untersuchungshaft richtet.[54] Insbesondere bei Angriffen gegen den Haftbefehl ist auch zu bedenken, dass dieser das grundlegende Angriffsziel einer Haftbeschwerde bleibt[55] und – als Grundlage der Untersuchungshaft – bei einer der Beschwerde stattgebenden Entscheidung mit aufzuheben ist.[56] Unvertretbar erscheint es insbesondere, jedenfalls aus Gründen des fairen Verfahrens und zur Vermeidung bloßer Förmelei, in einem solchen Fall das Rechtsmittel ohne jede Nachfrage beim Beschwerdeführer wegen (scheinbar) eindeutiger Wahl eines (vermeintlich) falschen Anfechtungsgegenstands als unzulässig zu verwerfen.[57]

36 Bei zutreffender Sachbehandlung wird die Beschwerde im Regelfall nicht (mit einer dem Beschuldigten ungünstigen Kostenentscheidung) als unzulässig zu verwerfen sein; vielmehr ist die Sache, wenn das Beschwerdegericht nicht sogleich in der Sache zu entscheiden hat, bei **Umdeutung in einen Antrag auf Haftprüfung** durch das mit der Sache befasste Haftgericht an dieses zur Durchführung der Haftprüfung abzugeben. (Nur) Im Fall eines ausdrücklichen und bewussten Angriffs gegen die überholte Entscheidung, wenn der Beschuldigte trotz eines gerichtlichen Hinweises auf einer Entscheidung über den von ihm bezeichneten, überholten Anfechtungsgegenstand besteht, ist das Rechtsmittel als unzulässig zu verwerfen[58] (vgl. auch Rn. 32).

37 Im Einzelfall kann die strikte Anwendung des Grundsatzes, dass nur die letzte Haftentscheidung anfechtbar und die Sache zur Durchführung eines Haftprüfungsverfahrens an das mit der Sache befasste Gericht abzugeben ist, zu einem Formalismus mit der Fol-

---

53 Vgl. OLG Düsseldorf MDR **1992** 399; VRS **92** (1992) 352; OLG Naumburg Beschl. v. 5.7.2005 – 1 Ws 367/05 – (juris); OLG Schleswig SchlHA **2001** 135 und Beschl. v. 23.7.1987 – 1 Ws 436/87 – (juris); KG Beschl. v. 21.11.2014 – 4 Ws 122/14 –, v. 18.1.2010 – 4 Ws 3/10 – und v. 14.10.2011 – 1 Ws 84/11 – (jeweils nicht veröffentlicht); zur verständigen Auslegung des Anfechtungsgegenstands und -zieles s. auch BGHSt **27** 253.

54 Anders für anwaltlich formulierte Rechtsmittel aber KG (3. Strafsenat) Beschl. v. 31.10.2014 – 3 Ws 573/14 – und v. 25.2.2015 – 3 Ws 73/15 – (beide nicht veröffentlicht); das KG beruft sich dabei zu Unrecht auf die Entscheidung OLG Köln NStZ-RR **2011** 283 und die Kommentierung von Meyer-Goßner/*Schmitt* zu § 300, 3, die die Wahl des Rechtsmittels und nicht des Anfechtungsziels betreffen und zudem nicht das Prinzip infrage stellen, dass ein Rechtsmittel so zu deuten ist, dass der mit ihm erkennbar erstrebte Erfolg möglichst erreichbar ist.

55 KMR/*Wankel* 12.

56 Weshalb der Antrag, diesen aufzuheben, entgegen KG (3. Strafsenat) Beschl. v. 25.2.2015 – 3 Ws 73/15 – (nicht veröffentlicht) nicht zur Unzulässigkeit der Beschwerde führt; zutreffend demgegenüber KG (4. Strafsenat) Beschl. v. 22.1.2016 – 4 Ws 9/16 – (juris).

57 So aber KG (3. Strafsenat) bei Fn. 54, 56; zum Erfordernis einer vorherigen Befragung des Rechtsmittelführers s. auch LR/*Jesse*[26] § 300, 10, 12 m.w.N.; vgl. auch OLG Schleswig SchlHA **2001** 135.

58 S. auch OLG Stuttgart Justiz **2004** 166 (für den Fall eines Zuständigkeitswechsels).

ge einer unnötigen Verzögerung des Verfahrens geraten. Dies gilt etwa dann, wenn die jüngere Haftentscheidung ganz pauschaler Art ist. In der Rechtsprechung wird deshalb angenommen, dass die **Beschwerde ausnahmsweise zulässig** ist (bzw. bleibt), wenn das Haftgericht nach einer kurz zuvor getroffenen, ausreichend begründeten Haftentscheidung zwischenzeitlich – beispielsweise im Eröffnungsbeschluss – lediglich ganz knapp die Fortdauer der Untersuchungshaft aus den fortbestehenden Gründen beschlossen hat, ohne dass seit der näher begründeten früheren Entscheidung eine maßgebliche Änderung der Sachlage eingetreten wäre, weshalb eine abweichende Bewertung der Haftfrage durch denselben Spruchkörper nicht zu erwarten ist.[59] Man wird dem im Grundsatz zustimmen können, wenngleich nicht zu verkennen ist, dass die Anwendung dieser Grundsätze mit einigen Unsicherheiten behaftet ist. Zum einen ist keine klare, allgemeingültige Bestimmung des maßgeblichen Zeitraumes („kurz zuvor") möglich;[60] auch stellt sich die Frage, ob eine maßgebliche Änderung der Sachlage innerhalb dieses Zeitraums feststehen muss, oder ob das Erfordernis einer erneuten Sachprüfung durch das Ausgangsgericht schon dann besteht, wenn eine solche Änderung nicht ausschließbar ist.[61] Zum anderen ist stets die – im Einzelfall durchaus schwierige – sorgfältige Prüfung erforderlich, ob eine neuere Entscheidung hinreichend substanziell begründet ist und deshalb die ältere verdrängt.

b) Zuständigkeitswechsel. Für die richterlichen Entscheidungen, die sich auf die Untersuchungshaft oder die Aussetzung ihres Vollzuges beziehen, ist das mit der Sache befasste Gericht im Sinne des § 126 Abs. 2 Satz 1 zuständig. Bei einem Zuständigkeitswechsel, der etwa durch **Anklageerhebung** oder **Zuleitung der Akten an das Berufungsgericht** eintritt und der auch die dem ursprünglichen Haftgericht zugeordnete(n) Beschwerdeinstanz(en) erfasst, kommt es ebenfalls zur prozessualen Überholung einer nicht erledigten (weiteren) Haftbeschwerde; diese ist deshalb grundsätzlich als Antrag auf Haftprüfung durch das nunmehr mit der Sache befasste Gericht[62] bzw. im Fall der Überhaft als (einfacher) Antrag an das Haftgericht auf Aufhebung des Haftbefehls[63] zu behandeln. Dies beruht auf dem Gedanken, dass die sachgerechteste Haftentscheidung von dem mit der Hauptsache befassten, sachnächsten Gericht zu erwarten ist.[64] Erst gegen dessen Haftprüfungsentscheidung ist sodann die Beschwerde zulässig, wobei es gleichgültig ist, ob die prozessual überholte Haftbeschwerde vor dem Eintritt des Zuständigkeitswechsels eingelegt, aber in diesem Zeitpunkt noch nicht erle- 38

---

59 OLG Hamm NStZ-RR **2010** 358 und Beschl. v. 27.5.2008 – 4 Ws 136/08 – (juris); OLG Karlsruhe Justiz **1977** 433; StV **1994** 664 = Justiz **1995** 22; OLG Koblenz Beschl. v. 25.3.2013 – 2 Ws 134/13 – (juris); **a.A.** (ohne Begründung) MüKo/*Böhm/Werner* 53.

60 Vgl. OLG Koblenz Beschl. v. 25.3.2013 – 2 Ws 134/13 – (juris): „vor wenigen Tagen"; OLG Karlsruhe StV **1994** 664: jedenfalls nicht bei einem Zeitraum von drei Monaten; die Rspr. ist nicht einheitlich, vgl. etwa OLG Hamm NStZ-RR **2010** 358 (wo immerhin schon ein Monat vergangen war); Beschl. v. 27.5.2008 – 4 Ws 136/08 – (juris): sechs Tage. Wegen der Unklarheit des maßgeblichen Zeitablaufs grundsätzlich krit. OLG Jena Beschl. v. 1.9.2005 – 1 Ws 336/05 – (juris).

61 So etwa OLG Karlsruhe StV **1994** 664 = Justiz **1995** 22.

62 OLG Düsseldorf NStZ-RR **1996** 366 (Ls.); StV **1993** 482; VRS **83** (1992) 195; NStE Nr. 2 zu § 125; MDR **1983** 152; OLG Frankfurt StV **2010** 33; NStZ-RR **1996** 302; NJW **1985** 1233; OLG Hamm Beschl. v. 6.8.2013 – 5 Ws 286/13 –, v. 19.3.2013 – 2 Ws 93/13 – und v. 16.10.2007 – 3 Ws 93/07 – (alle bei juris); wistra **1996** 321; OLG Jena Beschl. v. 1.9.2005 – 1 Ws 336/05 – (juris); KG NStZ **2000** 444; kritisch (wegen der Einflussmöglichkeit der Staatsanwaltschaft auf anhängige Beschwerdeverfahren durch „eilige" Anklageerhebung) SK/*Paeffgen* 7a; ablehnend auch SSW/*Herrmann* 43 (unter Hinweis auf „Rechtsmittelautonomie"); *Schlothauer/Weider/Nobis* Rn. 851 (unangemessene Verfahrensverzögerung).

63 OLG Hamm Beschl. v. 5.1.2012 – 3 Ws 435/11 – (juris).

64 OLG Karlsruhe Justiz **1989** 437; **1986** 144.

digt war, oder erst nach dem in § 126 Abs. 2 Satz 1 genannten Zeitpunkt erhoben wurde.[65]

39 Auch hier soll nach teilweise vertretener Auffassung etwas anderes gelten, wenn die Zurückgabe der Sache zum Zweck der Durchführung einer Haftprüfung lediglich zu einer sachlich nicht gebotenen kurzfristigen erneuten Haftentscheidung desselben Spruchkörpers führen und die **erstrebte Anrufung des Beschwerdegerichts** dadurch ohne sachlich zwingende Gründe **verzögert** würde, weil derselbe Spruchkörper erst kurz zuvor – etwa seinerseits als Beschwerdegericht – eine ausführlich begründete Haftentscheidung getroffen hatte, eine maßgebliche Änderung der Sachlage seither nicht eingetreten ist und es deshalb als formalistisch erschiene, den Angeklagten auf eine neue Beschwerde (gegen die zu erwartende erneute Haftfortdauerentscheidung) zu verweisen[66] (s. auch § 114, 51 f.). Hiergegen wird indessen mit einiger Berechtigung eingewandt, dass dieser Umstand die einmal entfallene Zuständigkeit und die damit verbundene Beendigung des Instanzenzuges nicht rückgängig machen könne.[67]

40 Mitunter wird erwogen, ob in einem solchen Fall eine auf die Beschwerde hin (zu Unrecht) noch getroffene **Nichtabhilfeentscheidung** des nach § 126 Abs. 2 zuständigen Gerichts als Haftfortdauerbeschluss im Sinne des § 117 Abs. 1 **auszulegen** und die Beschwerde als gegen diese gerichtet anzusehen ist, sodass das Beschwerdegericht sogleich entscheiden kann.[68] Da hierfür aber jedenfalls vorausgesetzt wird, dass die Nichtabhilfeentscheidung begründet sowie dem Beschwerdeführer bekannt gemacht worden ist[69] und sich zudem dessen Anfechtungswille auch auf die Nichtabhilfeentscheidung beziehen muss,[70] dürfte eine solche Deutung schon aus tatsächlichen Gründen nur selten in Betracht kommen. Richtigerweise wird man ohnehin annehmen müssen, dass eine bloße Nichtabhilfeentscheidung eine Haftprüfungsentscheidung nach § 117 Abs. 1 nicht ersetzen kann;[71] sie besitzt keine selbstständige Bedeutung und eröffnet insbesondere keine selbstständige Anfechtungsmöglichkeit.[72] Eine nach dem Zuständigkeitswechsel zu Unrecht noch erlassene **(förmliche) Beschwerdeentscheidung** des Berufungsgerichts ist hingegen als Haftprüfungsentscheidung anzusehen, sodass eine dagegen als „weitere" Beschwerde erhobene Haftbeschwerde als (erste) Beschwerde zulässig ist.[73]

41 **c) Gegenstandslosigkeit.** Mit einer **Entscheidung des OLG** im besonderen Haftprüfungsverfahren **nach § 122** sowie bei Eintritt der **Urteilsrechtskraft** wird eine unerledigte Haftbeschwerde gegenstandslos;[74] das Beschwerdeverfahren endet infolge Erledigung des Rechtsmittels ohne Kostenentscheidung. Infolge der Schwere des mit der Untersuchungshaft verbundenen Grundrechtseingriffs kommt in anderen Fällen der pro-

---

65 OLG Frankfurt StV **2010** 33; OLG Düsseldorf wistra **1999** 318; OLG Karlsruhe StV **1994** 664; Meyer-Goßner/*Schmitt* 12; KK/*Schultheis* § 126, 8a; s. auch OLG Stuttgart NStZ-RR **2003** 142.

66 OLG Karlsruhe Justiz **1977** 433; OLG Köln Beschl. v. 11.11.2003 – 2 Ws 599/03 – (juris); s. auch KG NStZ **2000** 444; **a.A.** OLG Hamm wistra **1996** 321; OLG Frankfurt StV **2010** 33; Meyer-Goßner/*Schmitt* 12; KK/*Schultheis* § 126, 8a.

67 OLG Frankfurt StV **2010** 33.

68 In diese Richtung auch BGHSt **27** 253.

69 OLG Hamm Beschl. v. 5.11.1991 – 2 Ws 413/91 – (juris); OLG Stuttgart Justiz **2004** 166.

70 OLG Karlsruhe StV **1994** 664; OLG Jena Beschl. v. 29.11.2006 – 1 Ws 397/06 – (juris).

71 OLG Hamm Beschl. v. 19.3.2013 – 2 Ws 93/13 – (juris); OLG Celle StV **1989** 253; OLG Schleswig SchlHA **1990** 114 und OLGSt StPO § 117 Nr. 2; Meyer-Goßner/*Schmitt* 7.

72 KG Beschl. v. 23.3.1999 – 5 Ws 160/99 – (juris) und v. 1.3.2010 – 4 Ws 22/10 – (nicht veröffentlicht).

73 Meyer-Goßner/*Schmitt* 12; KG Beschl. v. 4.9.2014 – 4 Ws 83/14 – (nicht veröffentlicht).

74 OLG Hamm NStZ **2008** 582 (Rechtskraft); Graf/*Krauß* 12; Meyer-Goßner/*Schmitt* 13; SSW/*Herrmann* 39.

zessualen Überholung allerdings eine (ggf. weitere) Beschwerde wegen eines nachwirkenden Rechtsschutzinteresses an der **Feststellung der Rechtswidrigkeit** in Betracht (sog. Fortsetzungsfeststellungsbeschwerde). Während früher eine nachträgliche gerichtliche Klärung schwerwiegender Grundrechtseingriffe davon abhängig gemacht wurde, dass deren direkte Belastung sich typischerweise auf eine Zeitspanne beschränkt, in der der Betroffene die gerichtliche Entscheidung in dem von der maßgeblichen Prozessordnung vorgesehenen Verfahren kaum erlangen kann, hängt nach der neueren Rechtsprechung des BVerfG die Gewährung von Rechtsschutz im Hinblick auf das bei Freiheitsentziehungen bestehende Rehabilitierungsinteresse weder vom konkreten Ablauf des Verfahrens und dem Zeitpunkt der Erledigung der Maßnahme noch davon ab, ob Rechtsschutz typischerweise noch vor Beendigung der Haft erlangt werden kann. Dies gilt sowohl für den Fall der strafrechtlichen Untersuchungshaft als auch für den Sitzungshaftbefehl.[75] Die (weitere) Beschwerde darf in solchen Fällen also nicht wegen prozessualer Überholung als unzulässig verworfen werden, sondern es ist die Rechtmäßigkeit der zwischenzeitlich erledigten Maßnahme zu prüfen und gegebenenfalls deren Rechtswidrigkeit festzustellen. Ein solches **Rehabilitierungsinteresse** besteht aber **nicht**, wenn die Beendigung der Untersuchungshaft darauf beruht, dass infolge der Verwerfung eines Rechtsmittels gegen das Urteil dessen **Rechtskraft** eintritt. Denn die vom Beschwerdeführer erlittene **Untersuchungshaft** wird kraft Gesetzes auf die zu vollstreckende Freiheitsstrafe **angerechnet** (§ 51 StGB). Da sich die Vollstreckung von Untersuchungshaft in ihren Auswirkungen auf das Freiheitsrecht einer Person nicht von der Vollstreckung einer Freiheitsstrafe unterscheidet, besteht im Hinblick auf die rechtskräftig verhängte Freiheitsstrafe und die darauf anzurechnende Untersuchungshaft – anders als bei einer Aufhebung eines Haftbefehls – grundsätzlich (s. aber auch § 114, 39) kein Anspruch auf nachträgliche gerichtliche Prüfung der Rechtsmäßigkeit der Haftanordnung.[76] Dies hat auch in anderen Fällen zu gelten, in denen verbüßte Untersuchungshaft als Gegenstand eines durch rechtskräftiges Urteil ausgesprochenen Freiheitsentzugs anzusehen und hierdurch gleichsam zu dessen Inhalt geworden ist, etwa wenn im Jugendstrafrecht ein verhängter Dauerarrest durch die erlittene Untersuchungshaft als verbüßt gilt.[77]

V. Neue Ermittlungen und Prüfung (Absatz 3)

Nach Absatz 3 kann der Richter „einzelne Ermittlungen anordnen, die für die künftige Entscheidung über die Aufrechterhaltung der Untersuchungshaft von Bedeutung sind, und nach Durchführung dieser Ermittlungen eine neue Prüfung vornehmen".[78] Die Vorschrift hat **keine große praktische Bedeutung**.[79] Über ihren Sinn ist den Materialien nichts zu entnehmen. Da das Gesetz von einer neuen Prüfung spricht, findet das Verfahren nicht statt, um die bereits in Gang gesetzte Prüfung vorzubereiten, sondern *nach* die- 42

75 Zum Untersuchungshaftbefehl: BVerfG NStZ-RR **2017** 379 = StraFo **2017** 415 = JR **2018** 524 m.w.N.; zum Sitzungshaftbefehl: BVerfG Beschl. v. 11.4.2018 – 2 BvR 2601/17 – (juris) m.w.N. = NJW **2018** 2469 (Ls.); beide Entscheidungen verhalten sich auch zur Auslegung des Begriffs der „Verhaftung" in § 310 Abs. 1 Nr. 1; s. auch BVerfG Beschl. v. 25.6.2018 – 2 BvR 631/18 – und v. 23.10.2016 – 2 BvR 1275/16 – (beide bei juris).

76 OLG Hamm NStZ **2008** 582; KK/*Schultheis* § 120, 22.

77 **A.A.** KG StraFo **2017** 29 = StV **2017** 455 (mit wenig überzeugender Argumentation zur verfassungsrechtlichen Bewertung effektiven Rechtsschutzes, auch ohne Auseinandersetzung mit der Entscheidung des OLG Hamm NStZ **2008** 582 bzw. den jener Entscheidung zugrunde liegenden Erwägungen).

78 S. auch SchwBG EuGRZ **1998** 511.

79 MüKo/*Böhm*/*Werner* 55.

ser Prüfung, um sie zu ergänzen. Demzufolge muss jene Prüfung mit der Anordnung abgeschlossen worden sein, dass die Untersuchungshaft und ihr Vollzug fortzudauern haben.[80] Es geht also um ergänzende Ermittlungen zur **Vorbereitung einer künftigen Entscheidung.**[81] Dem Sinn des Gesetzes ist zu entnehmen, dass das Verfahren nicht angewendet wird, wenn zu erwarten ist, dass die Untersuchungshaft auch nach Abschluss der künftigen Ermittlungen aufrechterhalten werde, sondern nur, wenn damit zu rechnen ist, dass der Haftbefehl aufgrund der zu erwartenden neuen Erkenntnisse aufgehoben oder dessen Vollzug nach § 116 ausgesetzt werden könnte.[82] Die Vorschrift gilt also nicht, wenn der Vollzug bereits ausgesetzt ist. Ziel der Ermittlungen kann aber sein, die Frage der Aussetzung, ihrer Voraussetzungen und Modalitäten zu klären. Die Vorschrift gilt auch für das **besondere Haftprüfungsverfahren** nach den §§ 121, 122 und im **Beschwerdeverfahren**;[83] das Gericht kann anordnen, ihm die Akten erneut zur eigenen Nachprüfung vorzulegen oder die Beweisanordnung für eine künftige Prüfung durch den Haftrichter treffen.[84]

43 Unklar ist, an welchen **Adressaten** das Gericht seine Anordnung richten kann. Nachdem die Anklage erhoben worden ist, ist das Verfahren ein gerichtliches. Das Gericht kann Beweise durch einen beauftragten oder ersuchten Richter erheben lassen, und, wenn polizeiliche Ermittlungen veranlasst sind, die Staatsanwaltschaft ersuchen, solche vornehmen zu lassen (Rn. 22). Meist sind die Entscheidungen aber **im vorbereitenden Verfahren** vom Richter beim Amtsgericht zu treffen, der dort nur sehr beschränkte Befugnisse hat (§ 166) und von Amts wegen nur tätig werden kann, wenn Gefahr im Verzug und ein Staatsanwalt nicht erreichbar ist (§ 165). Der Fall wird aber, weil ein Staatsanwalt fast stets zu erreichen ist, in der Regel nicht vorliegen. Nach zutreffender h.M. kann das Gericht die Vornahme der erforderlichen einzelnen **Ermittlungen gegenüber der Staatsanwaltschaft anordnen.**[85]

44 Zwar wird vereinzelt vorgebracht, die Annahme einer solchen Befugnis sei mit der **Systematik des Strafprozesses und der Gerichtsverfassung** nicht vereinbar. Im Hinblick auf § 150 GVG und die Systematik der Strafprozessordnung dürfe wohl nicht anzunehmen sein, dass dem Richter durch Absatz 3 diese Befugnis verliehen worden sein sollte. Auch könne der Richter von Amts wegen eine neue Prüfung vornehmen und in diesem Zusammenhang der Staatsanwaltschaft die Punkte bezeichnen, deren Aufklärung er für eine Entlassung des Beschuldigten als bedeutungsvoll erachtet, weshalb anzunehmen sei, dass die Staatsanwaltschaft angesichts der Verantwortung, die der Haftrichter für die Haftfrage trägt, seine Vorstellungen sorgsam beachten werde. Absatz 3, der in den Worten „Ermittlungen anordnen" mit § 173 Abs. 3 (s. auch § 202 Satz 1) übereinstimme, dürfe daher in diesem Punkt im Wesentlichen (Ausnahme: § 166 Abs. 2) erst nach der Anklage bei einem Kollegialgericht Bedeutung erlangen. Allerdings seien Staatsanwaltschaft und Polizei befugt, die richterlich angeordneten Ermittlungen durchzuführen.[86]

45 Diese Auffassung wird aber dem besonderen Gewicht, das dem mit der Untersuchungshaft eingeschränkten **Freiheitsgrundrecht** zukommt, der Bedeutung des **Be-**

---

80 *Kleinknecht* JZ **1965** 120.
81 HK/*Posthoff* 23; KK/*Graf* 12; **a.A.** offenbar SSW/*Herrmann* 61 ff.
82 *Kleinknecht* MDR **1965** 786.
83 OLG Hamburg wistra **2002** 275.
84 OLG Hamburg wistra **2002** 275; Meyer-Goßner/*Schmitt* 17.
85 KK/*Graf* 12; AK/*Krause* 11; Meyer-Goßner/*Schmitt* 15; HK/*Posthoff* 23; AnwK-StPO/*Lammer* 7; *Eb. Schmidt* Nachtr. I 7; *Schlothauer/Weider/Nobis* Rn. 799; *Münchhalffen/Gatzweiler* Rn. 395; *Kleinknecht* MDR **1965** 786; **a.A.** SK/*Paeffgen* 11 (nur Anregung).
86 LR/*Hilger*[26] 30.

schleunigungsgebots in Haftsachen und der besonderen, durch die Verfassung hervorgehobenen **Stellung des Gerichts** bei der Anordnung von Eingriffen in dieses Freiheitsgrundrecht nicht gerecht. Zudem kann der Richter nach dem Wortlaut der Norm Ermittlungen anordnen. Gibt es für diese **„Anordnung"** keinen Adressaten, sondern sind die in Betracht kommenden staatlichen Stellen, die im Strafverfahren zur Vornahme von Ermittlungen generell zuständig und verpflichtet sind, nur dazu befugt, die Ermittlungen vorzunehmen, können sie also über das „Ob" und auch das „Wie" der Beweiserhebungen selbst befinden, würde aus der vom Gesetz vorgesehenen Anordnung lediglich ein bloßer Vorschlag oder Wunsch. Das Haftgericht geriete in die Situation, dass es – obgleich (auch) von Verfassungs wegen allein ihm die Verantwortung für den Freiheitsentzug zukommt – auf fremdes Gutdünken angewiesen wäre, soweit es um die notwendige Aufklärung des Sachverhalts geht. Mutet man ihm dies zu und unterbleiben die erforderlichen Ermittlungen, bliebe ihm nur die Entscheidung auf unzureichender tatsächlicher Grundlage. Da für jegliche haftbegründende, dem Beschuldigten ungünstige Tatsache eine hohe Wahrscheinlichkeit vorliegen muss und die Untersuchungshaft nicht unter Unterstellung (des Fortbestehens) solcher Tataschen angeordnet werden oder fortdauern darf,[87] im Fall von Absatz 3 aber gerade konkrete Anhaltspunkte für das Aufdecken günstiger (bzw. das Beseitigen solcher negativer) Hafttatsachen gegeben sind, könnte die unter Inkaufnahme eines (noch) ungeklärten, aber aufklärbaren Sachverhalts zu treffende Entscheidung nur auf Entlassung des Beschuldigten lauten. Ein solches Ergebnis ist weder sachgerecht, noch aufgrund der Gesetzeslage zwingend. § 117 Abs. 3 enthält vielmehr – seinem Wortlaut entsprechend – eine **Anordnungskompetenz.**[88] Durchgreifende systematische Gründe stehen dem nicht entgegen. Denn das Gericht hat auch im Ermittlungsverfahren, soweit es die Untersuchungshaft anbelangt, infolge seiner von der Verfassung hervorgehobenen Stellung eine Verfahrensherrschaft, woraus sich die Anordnungsbefugnis gegenüber der Staatsanwaltschaft von selbst ergibt.[89] Die auf systematische Erwägungen gestützte Gegenauffassung vermag ihrerseits auch nicht zu erklären, weshalb ein in den allgemeinen Vorschriften der StPO ausgesprochener Gesetzesbefehl erst im Zwischenverfahren – und dort auch nur für einen Teil der gerichtlichen Verfahren – gelten soll.

Gegen die nach allem zulässige richterliche Ermittlungsanordnung kann die **Staatsanwaltschaft** nach h.M. **Beschwerde** erheben;[90] tut sie dies nicht oder bleibt ihr Rechtsmittel erfolglos, hat sie die Ermittlungen durchzuführen.[91] 46

Nicht zulässig ist eine **Befristung des Haftbefehls** bis zum Abschluss der Ermittlungen;[92] die StPO erlaubt eine solche Befristung nicht. Es genügt auch, wenn das Gericht intern eine Wiedervorlage der Akten verfügt und je nach Ausgang der weiteren Ermittlungen in eine erneute Haftprüfung eintritt.[93] 47

87 Vgl. KG StraFo **2015** 108.
88 MüKo/*Böhm*/*Werner* 56.
89 AK/*Krause* 11.
90 H.M.; **a.A.** insoweit (mit durchaus beachtlichen Gründen) AK/*Krause* 11.
91 AnwK-StPO/*Lammer* 7.
92 KK/*Graf* 13; Meyer-Großner/*Schmitt* 16; AK/*Krause* 11.
93 Meyer-Großner/*Schmitt* 15, 16 (jedenfalls sind die Akten dem Richter nach Abschluss der Ermittlungen vorzulegen).

§ 118
Verfahren bei der Haftprüfung

(1) Bei der Haftprüfung wird auf Antrag des Beschuldigten oder nach dem Ermessen des Gerichts von Amts wegen nach mündlicher Verhandlung entschieden.

(2) Ist gegen den Haftbefehl Beschwerde eingelegt, so kann auch im Beschwerdeverfahren auf Antrag des Beschuldigten oder von Amts wegen nach mündlicher Verhandlung entschieden werden.

(3) Ist die Untersuchungshaft nach mündlicher Verhandlung aufrechterhalten worden, so hat der Beschuldigte einen Anspruch auf eine weitere mündliche Verhandlung nur, wenn die Untersuchungshaft mindestens drei Monate und seit der letzten mündlichen Verhandlung mindestens zwei Monate gedauert hat.

(4) Ein Anspruch auf mündliche Verhandlung besteht nicht, solange die Hauptverhandlung andauert oder wenn ein Urteil ergangen ist, das auf eine Freiheitsstrafe oder eine freiheitsentziehende Maßregel der Besserung und Sicherung erkennt.

(5) Die mündliche Verhandlung ist unverzüglich durchzuführen; sie darf ohne Zustimmung des Beschuldigten nicht über zwei Wochen nach dem Eingang des Antrags anberaumt werden.

Entstehungsgeschichte

Die Vorschrift ist eingefügt durch Art. 1 Nr. 1 StPÄG 1964. Absatz 1 stammt von § 115a Abs. 4 Satz 1 a.F., Absatz 5 von § 114d Abs. 2 a.F., Absatz 4 ist eine Abwandlung von § 115b Satz 1 a.F., wonach nach Eröffnung des Hauptverfahrens keine mündliche Verhandlung über den Haftbefehl mehr stattfinden durfte. Absatz 3 verwertet Gedanken aus § 115a Abs. 3 a.F. Absatz 2 enthält eine wesentliche Ausnahme von § 309 Abs. 1 Hs. 1. Die Formulierung „Besserung und Sicherung“ in Absatz 4 ist eingesetzt durch Art. 21 Nr. 33 EGStGB 1974.

Übersicht

I. Inhalt

1 Das Recht auf mündliche Verhandlung über den Haftbefehl, Bestandteil des Haftrechts seit 1926, verwirklicht die alte Reformforderung,[1] dass der Verhaftete Anspruch auf mündliche Verhandlung vor dem zuständigen Gericht haben müsse. Die Vorschriften über die mündliche Verhandlung sind als **Kernstück der Schutzvorschriften** für den verhafteten Beschuldigten bezeichnet worden,[2] und eine gut vorbereitete und durchge-

1 Verhandlungen des 16. Anwaltstages (**1903**), 52; Mitteilungen des IKV **11** 684, 694, 809, 818, 844; **12** 288, 302; *Gneist* Vier Fragen zur deutschen Strafprozeßordnung, 74; *von Liszt* Reform des Strafverfahrens 45.

2 *Feisenberger* DRiZ **1927** 4; s. auch *Matt* JA **1991** 91.

https://doi.org/10.1515/9783110274929-017

führte mündliche Verhandlung am Anfang der Untersuchungshaft ist ein wirksames Mittel, das Verfahren zu konzentrieren und die Haft abzukürzen.[3]

Das **Strafprozessänderungsgesetz** 1964 hat die bis dahin etwas unübersichtlichen Vorschriften über Haftprüfung und mündliche Verhandlung **vereinfacht**: Die mündliche Verhandlung (Absatz 1) ist eine Form der Haftprüfung. Dieser Form muss sich das Gericht (Ausnahmen in Absatz 3 und 4) auf Antrag des Beschuldigten bedienen; es kann sie nach seinem Ermessen auch von Amts wegen wählen. Danach kann jede Haftprüfung nach mündlicher Verhandlung durchgeführt werden. Ob aber überhaupt eine Haftprüfung stattfindet, liegt allein in der Hand des Beschuldigten (oder seines gesetzlichen Vertreters). Dieser wiederum kann zwar jederzeit die Haftprüfung erzwingen, die mündliche Verhandlung aber nur in angemessenen Fristen (Absatz 3) und nach einem freiheitsentziehenden Urteil überhaupt nicht mehr (Absatz 4). Auf diese Weise werden weitgehend bloß routinemäßige mündliche Verhandlungen ausgeschaltet. Damit wird der Weg frei, dem etwas verkümmerten Kernstück des Haftschutzes die ihm zukommende Bedeutung in der Praxis zu verschaffen. Wie der Beschuldigte können auch sein **Verteidiger**, jedoch nicht gegen den Willen des Beschuldigten (§ 118b; § 297), und sein **gesetzlicher Vertreter** Antrag auf Entscheidung in mündlicher Verhandlung stellen (§ 118b; § 298) mit der gleichen Wirkung, als hätte der Beschuldigte den Antrag gestellt (§ 118b, 4). Auch die **Staatsanwaltschaft** kann auf mündliche Verhandlung antragen, doch kommt ihrem Antrag nicht, wie dem des Beschuldigten, zwingende Wirkung zu, sondern er hat den Charakter einer Anregung. Wer den Antrag gestellt hat, kann ihn auch wieder zurücknehmen. Die §§ 118, 118a gelten grundsätzlich auch bei einer Haftprüfung von Amts wegen.[4] § 118 Abs. 3 kann dann jedoch nur angewendet werden, wenn der Beschuldigte beantragt hatte, nach mündlicher Verhandlung zu entscheiden (Absatz 1); andernfalls könnte das Gericht über eine mündliche Haftprüfung von Amts wegen die Möglichkeit des Beschuldigten, eine weitere mündliche Verhandlung zu beantragen, einschränken (§ 118a, 6).[5] Entsprechendes gilt für das Beschwerdeverfahren (Rn. 3). 2

II. Mündliche Verhandlung im Beschwerdeverfahren (Absatz 2)

§ 309 Abs. 1 Hs. 1 verbietet die mündliche Verhandlung im Beschwerdeverfahren. Das Verbot ist nicht immer praktisch und für das Verfahren bei Verfall einer Sicherheit bereits durchbrochen (§ 124 Abs. 2 Satz 2). Auch im Haftbeschwerdeverfahren kann es erwünscht sein, den Beschuldigten zu sehen, seine mündliche Einlassung zu hören und ihm Zeugen gegenüberzustellen. Daher wird dem Gericht hier in Abweichung von § 309 Abs. 1 die **Befugnis** eingeräumt, über Haftbeschwerden nach mündlicher Verhandlung zu entscheiden. Der Beschuldigte, wie auch die Staatsanwaltschaft, können das beantragen, doch entscheidet allein das pflichtgemäße **Ermessen des Beschwerdegerichts**, ob eine mündliche Verhandlung stattfindet.[6] Damit wird das Verfahren auf Fälle beschränkt, in denen es angebracht ist. Das werden nicht sehr viele sein, doch sollte das Beschwerdegericht von der mündlichen Verhandlung Gebrauch machen, wenn sie Nutzen verspricht. Das ist z.B. der Fall,[7] wenn bei zweifelhafter Sachlage erwartet werden kann, dass sich zufolge der mündlichen Erörterung des Materials bei persönlicher Gegenwart des Beschuldigten, sei- 3

---

3 *Alsberg* JW **1925** 1437.
4 Meyer-Goßner/*Schmitt* 1; KK/*Graf* 1 (beide noch unter Hinweis auf den aufgehobenen § 117 Abs. 5); h.M.
5 *Matt* JA **1991** 93; ähnlich KMR/*Wankel* § 117, 29; **a.A.** die wohl h.M., s. dazu Rn. 6.
6 OLG Celle NdsRpfl. **1965** 255; AK/*Krause* 3.
7 S. auch VerfGHRhPf. JBlRhPf. **2006** 119 (Gefahr der Perpetuierung eines vorinstanzlichen Verfahrensfehlers, wenn die Anhörung unterbleibt).

nes Verteidigers und ggf. von Zeugen Unklarheiten beseitigen lassen und der dringende Tatverdacht sowie die Haftgründe sicherer als im schriftlichen Verfahren beurteilt werden können (s. auch § 114, 44: persönlicher Eindruck vom Beschuldigten). Die Vorschrift ist nicht anzuwenden, wenn die Beschwerde sich nicht gegen Bestand oder Vollzug des Haftbefehls richtet, sondern gegen die Ablehnung eines Haftbefehlsantrages.[8]

III. Weitere mündliche Verhandlung (Absatz 3)

4 **1. Zeitliche Beschränkung.** Nach § 117 Abs. 1 kann der Beschuldigte während der ganzen Dauer der Untersuchungshaft ohne jede Beschränkung die förmliche Haftprüfung beantragen; bei dieser ist gemäß § 118 Abs. 1 auf seinen Antrag nach mündlicher Verhandlung zu entscheiden. Gälte die letzte Vorschrift ohne Einschränkung, könnte das Gericht zu einer dauernden Wiederholung der mündlichen Verhandlung auch dann gezwungen werden, wenn seit der letzten kein Material beigebracht worden ist, das den dringenden Tatverdacht oder die Haftgründe in Frage zu stellen geeignet wäre. Die mündliche Verhandlung würde dann zu einer Formalität, und diese Bewertung könnte sich auf das ganze Institut übertragen und das Verfahren auch dort zur Routine werden lassen, wo eine sorgfältige Verhandlung das Verfahren und die Haft abkürzen könnte.

5 Deshalb schränkt Absatz 3 die Wirkung des nach Absatz 1 zulässigen Antrags dahin ein, dass unter bestimmten Voraussetzungen **kein Anspruch auf mündliche Verhandlung** besteht. Die Zulässigkeit des Antrags selbst bleibt unberührt; er hat nur nicht die zwingende Wirkung, die er ohne die Einschränkung des Absatzes 3 zufolge des Wortlauts von Absatz 1 hätte. Die Befugnis des Gerichts, nach seinem Ermessen von Amts wegen nach mündlicher Verhandlung zu entscheiden (Absatz 1), bleibt unberührt. Die **Beschränkung**, die für die Wirkung des Antrags des Beschuldigten eintritt, wird gesetzgeberisch so ausgedrückt, dass **zwei Fristen** (Gesamtdauer der Untersuchungshaft: drei Monate; Dauer seit der letzten mündlichen Verhandlung: zwei Monate) angegeben werden, nach deren Ablauf der Antrag wieder seine zwingende Wirkung erhält. Daraus folgt, dass ein Antrag, der vor Ablauf der Fristen gestellt und daher zunächst wirkungslos ist, nachträglich wirksam wird, wenn vor der Entscheidung die Fristen von drei und zwei Monaten beide noch ablaufen.

6 **2. Voraussetzungen.** Die Beschränkung (Rn. 5) tritt ein, wenn die Untersuchungshaft nach mündlicher Verhandlung – auch im Beschwerdeverfahren – aufrechterhalten worden ist.[9] Nach h.M. soll die Einschränkung nach Absatz 3 nicht nur dann greifen, wenn die mündliche Verhandlung **auf Antrag des Inhaftierten durchgeführt** worden ist, sondern auch dann, wenn sie von Amts wegen in einem Haftprüfungsverfahren gewählt worden ist, das ebenfalls von Amts wegen stattgefunden hat, oder in einem Beschwerdeverfahren von Amts wegen.[10] Dies ist abzulehnen, weil das Gericht sonst über eine mündliche Haftprüfung von Amts wegen, die nicht stets im Interesse des Beschuldigten liegt, dessen Möglichkeit, zu einem für ihn günstigen Zeitpunkt eine weitere mündliche Verhandlung zu beantragen, einschränken könnte (s. auch Rn. 2; § 117, 13;

---

8 KK/*Graf* 2; AK/*Krause* 3.

9 S. *Chr. Schröder* NStZ **1998** 70 (keine Beschränkung nach mündl. Haftprüfung von Amts wegen); § 117, 12. S. auch OLG Köln NStZ **2007** 608 = JMBlNW **2008** 64 (Frist des Absatzes 3 beginnt mit Verkündung eines geänderten Haftbefehls neu); ebenso KG Beschl. v. 14.4.2010 – 2 Ws 208/10 – (nicht veröff.).

10 HK/*Posthoff* 1, 5; Meyer-Goßner/*Schmitt* 2; *Münchhalffen*/*Gatzweiler* Rn. 392; MüKo/*Böhm*/*Werner* 11; KK/*Graf* 3; SSW/*Herrmann* 8; in diese Richtung auch OLG Köln NStZ **2007** 608 = JMBlNW **2008** 64 (aber nicht tragend).

§ 118a, 6).[11] Die Praxis gesteht dem Beschuldigten die Möglichkeit zu, den Eintritt der Sperrwirkung zu vermeiden, indem er in der mündlichen Verhandlung, etwa nach (offener) Erörterung der Haftfrage mit dem Gericht, seinen **Haftprüfungsantrag zurücknimmt**, um diesen ggf. nach Beibringung entlastenden Materials oder zu erwartender Verbreiterung der Tatsachengrundlage, erneut zu stellen. Gegen eine solche Verfahrensweise lassen sich mit Blick auf das Gewicht des Freiheitsgrundrechts und die Notwendigkeit einer fundierten Entscheidungsgrundlage keine durchgreifenden Bedenken erheben.[12]

Für die Beschränkung des Anspruchs auf mündliche Verhandlung kommt es nach 7
dem Wortlaut, der dem Sinn der Bestimmung entspricht, nicht darauf an, dass der Haftbefehl, sondern darauf, dass die **Untersuchungshaft aufrechterhalten** worden ist. War der Vollzug der Untersuchungshaft ausgesetzt worden (§ 116; § 72 Abs. 1 JGG), dann findet Absatz 3 ebenso wie bei der Aufhebung des Haftbefehls (§ 120) keine Anwendung, vielmehr beginnt das Verfahren der §§ 114a ff. erneut. Die **Dreimonatsfrist** und die **Zweimonatsfrist** sind daher wie folgt zu **berechnen**: Zeiten, die vor einer Entlassung (§ 120) oder vor einer Freilassung bei Aussetzung des Vollzugs eines Haftbefehls (§ 116; § 72 Abs. 1 JGG) liegen, scheiden für die Dauer jeder der beiden Fristen aus. Wird dagegen die Untersuchungshaft unterbrochen, ohne dass der Beschuldigte freigelassen wird, z.B. bei Verbüßung von Strafhaft oder von Untersuchungshaft in anderer Sache, dann zählen die Zeiten vor der Unterbrechung mit; die Zeiten vor und nach der Unterbrechung werden zusammengerechnet.

IV. Verfahrensbedingte Beschränkungen (Absatz 4)

1. Hauptverhandlung. Stellt Absatz 3 für die Beschränkung des Rechts auf mündli- 8
che Verhandlung auf die Dauer der Untersuchungshaft ab, so bringt Absatz 4 eine Beschränkung für bestimmte Verfahrensabschnitte. Der erste ist die Hauptverhandlung: der Beschuldigte hat keinen Anspruch auf mündliche Verhandlung, „solange die Hauptverhandlung andauert". War der Antrag vor Beginn der Hauptverhandlung angebracht, konnte aber bis zu deren Beginn noch nicht in der Sache entschieden werden, so **entfällt** mit dem Beginn der Hauptverhandlung nachträglich der Anspruch auf mündliche Verhandlung.[13] **Hauptverhandlung** ist diejenige erster Instanz (§ 226) und die in der Berufungsinstanz (§ 324). Für die Revisionsinstanz ist die Regelung ohne Bedeutung. Denn es ist kaum vorstellbar, dass während des Revisionsverfahrens noch Untersuchungshaft vollzogen wird, obwohl das Tatgericht nicht auf ein freiheitsentziehendes Urteil erkannt hat. Liegt aber ein freiheitsentziehendes Urteil vor, entfällt der Anspruch auf mündliche Verhandlung zufolge der zweiten Alternative von Absatz 4.

Die **Hauptverhandlung beginnt** mit dem Aufruf der Sache (§ 243 Abs. 1 Satz 1); 9
sie schließt grundsätzlich mit der Verkündung des Urteils (§ 260 Abs. 1 Satz 1), aber auch mit einer Verweisung an das zuständige Gericht (§ 270 Abs. 1) oder mit Aussetzung der Hauptverhandlung (§ 228 Abs. 1 Satz 1, § 145 Abs. 1 bis 3, § 246 Abs. 2, § 265 Abs. 3 und 4). Dagegen beendet eine Unterbrechung die Hauptverhandlung nicht; denn es ist dieselbe Hauptverhandlung, die nach der Unterbrechung „fortgesetzt" werden muss (§ 229 Abs. 4).

---

11 AnwK-StPO/*Lammer* 3; AnwK-UHaft/*König* 2.

12 SSW/*Herrmann* 13; Radtke/Hohmann/*Tsambikakis* 3; AnwK-UHaft/*König* 2; *Wiesneth* (U-Haft) Rn. 111; **a.A.** OLG Köln NStZ **2007** 608 = JMBlNW **2008** 64 (andernfalls könne der Beschuldigte die Fristenregelung des Abs. 3 „unterlaufen"); Meyer-Goßner/*Schmitt* 2; MüKo/*Böhm*/*Werner* 11; KK/*Graf* 3; HK-GS/*Laue* 4.

13 SK/*Paeffgen* 5; KK/*Graf* 4.

10 Nach dem Sinn der Vorschrift und nach ihrem Wortlaut („andauert“) kann nicht auf das Ende der Hauptverhandlung abgestellt werden, sondern vielmehr auf das **Andauern des wirklichen Verhandelns**. Denn die Verneinung des Anspruchs auf mündliche Verhandlung während der Hauptverhandlung rechtfertigt sich aus zwei Gründen: einmal ist das Gericht mit der Sache besonders nachdrücklich befasst und daher mit dem gleichen gesteigerten Nachdruck verpflichtet, die Haftfrage zu prüfen. Zum anderen wäre der Anspruch auf mündliche Verhandlung wenig sinnvoll, da ja das Gericht schon mündlich verhandelt, dabei den Angeklagten hört, die Tatsachen erörtert, die den dringenden Tatverdacht begründen, und jederzeit auch die Haftgründe und die Verhältnismäßigkeit prüfen kann und muss.

11 Während einer **Unterbrechung** entfällt unter Umständen der zweite Grund und verliert der erste an Gewicht. Zwar kann die Unterbrechung gerade deshalb notwendig werden, weil das Gericht außerhalb des Sitzungssaales einen umfangreichen Stoff sichten und ordnen muss, wobei es ebenso intensiv wie in der Hauptverhandlung selbst mit der Sache befasst ist. Es können aber auch ganz andere Gründe (Verteidigerwechsel; § 145 Abs. 3; Nachladung von Zeugen und Sachverständigen; Krankheit von Prozessbeteiligten; Urlaub) die Unterbrechung notwendig machen und die Haftfrage aus der gerichtlichen Betrachtung rücken. Daher dauert die Hauptverhandlung jedenfalls während einer **Unterbrechung gemäß § 229 Abs. 2** grundsätzlich nicht an.[14] Etwas anderes muss jedoch – weil dann die genannten Gründe nicht zutreffen und zur Vermeidung nicht sachgerechter Ergebnisse – für **ganz kurze Unterbrechungen** (z.B. Unterbrechung der Verhandlung über das Wochenende) gelten; in solchen Fällen dauert die Hauptverhandlung i.S.v. Absatz 4 noch an. Danach zu differenzieren, ob ein Haftprüfungsantrag in zeitlicher Nähe zum letzten Hauptverhandlungstermin einer länger unterbrochenen Sache gestellt ist und ob er im Vergleich zum Sachstand in der Hauptverhandlung ein neues Vorbringen enthält (bzw. auf ein solches hindeute) oder nicht,[15] mag in bestimmten Konstellationen einem praktischen Bedürfnis entsprechen; eine solche, auf die Umstände des Einzelfalles abstellende Betrachtungsweise erscheint aber systemfremd und auch aus Gründen der Rechtsklarheit wenig überzeugend.[16] Ob ein Andauern der Hauptverhandlung stets zu verneinen ist, wenn eine Unterbrechung die **Zwei-Wochen-Frist des Absatzes 5** übersteigt[17] bzw. zu überschreiten droht,[18] ist fraglich; diese Streitfrage dürfte indessen angesichts der Tatsache, dass es auch in den Fällen des Absatzes 4 bei der Befugnis des Gerichts verbleibt, nach seinem Ermessen von Amts wegen nach mündlicher Verhandlung zu entscheiden,[19] vor allem aber wegen der mit der Frist des Absatzes 5 zusammenhängende Fragen (dazu Rn. 16ff.) von geringer praktischer Bedeutung sein.

12 **2. Freiheitsentziehendes Urteil.** Dem Antrag auf mündliche Verhandlung wird seine zwingende Wirkung weiter für den Fall genommen, dass ein Urteil ergangen ist, in dem gegen den Verhafteten auf Freiheitsstrafe oder auf eine freiheitsentziehende Maßregel der Besserung und Sicherung erkannt worden ist. Es kommt jede **Freiheitsstrafe** in Betracht: die Freiheitsstrafe (§§ 38, 39 StGB), die Jugendstrafe (§§ 18, 19 JGG) und der Strafarrest (§ 9 WStG). Der **Jugendarrest** (§ 16 JGG) ist ein Zuchtmittel (§ 13 Abs. 2 Nr. 3

---

14 KK/*Graf* 4; Meyer-Goßner/*Schmitt* 3; HK/*Posthoff* 6; AK/*Krause* 5; SK/*Paeffgen* 5; AnwK-StPO/*Lammer* 4; AnwK-UHaft/*König* 5; SSW/*Herrmann* 16.

15 OLG Celle NStZ-RR **1996** 171.

16 HK/*Posthoff* 6; MüKo/*Böhm*/*Werner* 14.

17 AnwK-StPO/*Lammer* 4; AnwK-UHaft/*König* 5.

18 SSW/*Herrmann* 16.

19 Dessen Ermessensentscheidung kann allerdings nicht mit der Beschwerde angefochten werden, vgl. KG Beschl. v. 7.9.1999 – 3 Ws 369/99 – (juris).

JGG). Aber hier ist er nach dem Sinn der Vorschrift, das Recht auf mündliche Verhandlung auszuschließen, wenn durch Urteil auf Freiheitsentziehung erkannt wird, den Freiheitsstrafen und freiheitsentziehenden Maßregeln gleichzusetzen.[20] Die Freiheitsstrafe muss selbst als Strafe ausgesprochen sein; die Verbüßung einer Ersatzfreiheitsstrafe (§ 43 StGB) schließt das Recht auf mündliche Verhandlung nicht aus.

Dagegen spielt es für den Ausschluss des Rechts auf mündliche Verhandlung keine Rolle, wenn die **Vollstreckung** der Freiheitsstrafe zur Bewährung **ausgesetzt** ist (§ 56 Abs. 1 und 2 StGB) oder wenn die gesamte Strafe durch Anrechnung von Untersuchungshaft oder einer anderen Freiheitsentziehung (§ 51 Abs. 1 bis 3 StGB) erreicht worden ist; allerdings wird in diesen Fällen regelmäßig der Haftbefehl aufzuheben sein (§ 120, 18). 13

Als **freiheitsentziehende Maßregeln** der Besserung und Sicherung kommen die Unterbringung in einem psychiatrischen Krankenhaus (§ 63 Abs. 1 StGB) und in einer Entziehungsanstalt (§ 64 Abs. 1 StGB) in Betracht. Denn auf sie kann auch neben einer Geldstrafe erkannt werden. Dagegen ist die Unterbringung in der Sicherungsverwahrung (§ 66 StGB) nur neben einer Freiheitsstrafe zulässig, so dass der Anspruch auf mündliche Verhandlung schon wegen der Verurteilung zu Freiheitsstrafe untergeht. 14

Der Anspruch auf mündliche Verhandlung endet, wenn ein freiheitsentziehendes Urteil ergangen ist. Es wird nicht auf die Verurteilung abgestellt, sondern auf das **Ergehen des Urteils.** Danach kommt es nicht darauf an, ob das Urteil Bestand hat; maßgebend ist allein die Tatsache, dass ein freiheitsentziehendes Urteil erlassen worden ist (vgl. auch § 120, 33; § 121, 16). Daraus folgt: Der Anspruch auf mündliche Verhandlung lebt nicht wieder auf, wenn das Urteil durch ein Rechtsmittelgericht aufgehoben wird. Denn die Aufhebung beseitigt zwar die Verurteilung, schafft aber die Tatsache nicht aus der Welt, dass ein Urteil ergangen ist, in dem auf Freiheitsstrafe oder auf eine freiheitsentziehende Maßregel der Besserung und Sicherung erkannt worden ist. Die Entscheidung des Gesetzgebers entbehrt auch nicht des Sinns: In der Hauptverhandlung ist über den dringenden Tatverdacht umfassend verhandelt worden. Dazu kann eine spätere mündliche Verhandlung nichts mehr erbringen, auch wenn das verurteilende Erkenntnis vom Revisionsgericht aufgehoben wird, ohne dass es zum Freispruch des Angeklagten kommt, bei dem der Haftbefehl aufzuheben ist (§ 120 Abs. 1 Satz 2; § 126 Abs. 3). Die Haftgründe werden sich nach der Hauptverhandlung nur selten ändern, so dass die gesetzgeberische Entscheidung, für den Regelfall – von Amts wegen kann immer nach mündlicher Verhandlung entschieden werden – auf die mündliche Verhandlung zu verzichten, nicht unbegründet ist. 15

V. Unverzüglicher Termin (Absatz 5)

Das Verfahren bei der mündlichen Verhandlung ist in § 118a geregelt, doch ist hier – redaktionell nicht ganz glücklich – die Bestimmung vorweggenommen, dass die mündliche Verhandlung unverzüglich durchzuführen ist. **Unverzüglich** bedeutet: ohne jede durch die Lage der Sache nicht gerechtfertigte Verzögerung,[21] oder positiv ausgedrückt: mit der nach Lage der Sache und unter Berücksichtigung der Geschäftsverhältnisse der beteiligten Behörden notwendigen Beschleunigung (s. auch § 115, 10). Als **äußerste Frist** für den Termin zur mündlichen Verhandlung werden zwei Wochen nach dem Eingang des Antrags festgesetzt. Demgegenüber wird in der Praxis die gesetzliche Höchstfrist 16

20 KK/*Graf* 5; HK-GS/*Laue* 5.
21 Vgl. auch BVerfG Beschl. v. 4.9.2009 – 2 BvR 2520/07 – (juris).

regelmäßig ausgeschöpft,[22] wobei hinzutritt, dass die Staatsanwaltschaft die Akten mit dem Haftprüfungsantrag nicht immer mit der gebotenen Schnelligkeit an das Gericht weiterleitet. Dies ist von Belang, weil es für den **Fristbeginn** nach ganz h.M. auf den Tag des Eingangs bei dem zuständigen Gericht ankommt.[23] Ist allerdings der Antrag nach § 118b i.V.m. § 299 Abs. 1 zu Protokoll der Geschäftsstelle des Amtsgerichts angebracht, in dessen Bezirk die Untersuchungshaftanstalt liegt, dann rechnet die Frist von dem Tag an, an dem das Protokoll aufgenommen worden ist (**§ 299 Abs. 2**).[24]

17 Für die Frist gilt **§ 43**: Geht der Antrag dienstags ein, muss die mündliche Verhandlung spätestens am übernächsten Dienstag stattfinden. Fällt das Ende der Frist auf einen Sonnabend, einen Sonntag oder einen allgemeinen Feiertag, dann endet die Frist mit Ablauf des nächsten Werktags. Die Frist wird nicht dadurch verlängert, dass nach dem Antrag ein Wechsel der Zuständigkeit, etwa durch Anklage, eintritt.

18 Da die mündliche Verhandlung von einem – zurücknehmbaren – Antrag des Beschuldigten abhängt, kann er auch einer **Verlängerung** der vom Gesetzgeber zu seinen Gunsten bestimmten Frist **zustimmen**. Doch wird die Zustimmung nur zu erfragen sein, wenn Beweiserhebungen laufen, die zu einer dem Beschuldigten günstigen Haftentscheidung führen können, nicht dagegen wegen der Geschäftslage. Die Zustimmung muss sich nicht nur darauf erstrecken, dass die Frist überschritten wird, sondern auch auf das Ausmaß, in dem dies geschehen soll.

19 Ist der Antrag nicht vom Beschuldigten, sondern vom **Verteidiger** oder vom **gesetzlichen Vertreter** gestellt (§ 118b, §§ 297, 298 Abs. 1), so ist für die Fristverlängerung dessen Zustimmung erforderlich, nicht auch diejenige des Beschuldigten, doch bedarf der Verteidiger in entsprechender Anwendung von § 302 Abs. 2 i.V.m. § 118b der ausdrücklichen Ermächtigung des Beschuldigten.[25]

20 Die bisherige rechtliche Beurteilung einer **Fristüberschreitung** ist von der überkommenen Vorstellung gekennzeichnet, die Vorschrift stelle eine bloße „**Ordnungsvorschrift**" dar, deren Missachtung keine Folgen für Bestand und Vollzug des Haftbefehls habe. Indessen ist zu bedenken, dass in das Freiheitsgrundrecht aus Art. 2 Abs. 2 Satz 3 GG nur aufgrund eines freiheitsbeschränkenden Gesetzes eingegriffen werden darf und Art. 104 Abs. 1 Satz 1 GG die Rechtposition des Bürgers auch dahin mit Verfassungsrang ausstattet, dass die Freiheitbeschränkung nur unter Beachtung der in dem förmlichen Eingriffsgesetz niedergelegten Förmlichkeiten geschehen darf.[26] Die Verletzung dieser Formvorschriften bedeutet somit auch eine Verletzung des Freiheitsgrundrechts, was mit der Annahme, § 118 Abs. 5 sei eine bloße Ordnungsvorschrift, kaum vereinbar ist.[27] Es lässt sich nicht anzweifeln, dass die **Missachtung der Fristvorschrift** einen **Rechtsverstoß** darstellt.

21 Über die **Folgen dieses Rechtsverstoßes** besteht **Uneinigkeit**. Einige Stimmen folgern aus dem Verstoß die unbedingte Konsequenz, dass der Haftbefehl aufzuheben und

---

22 AnwK-StPO/*Lammer* 5; Radtke/Hohmann/*Tsambikakis* 5. Ein vergleichbares Fehlverständnis einer gesetzlichen Höchstfrist findet sich bei § 121 Abs. 1; auch dort verfährt die Praxis nicht selten nach der Devise, die 6-Monats-Frist stehe zunächst einmal zur Verfügung, bevor die Pflicht zu besonderer Beschleunigung Platz greife, vgl. dazu die Erl. bei §§ 120, 121.

23 Ablehnend, soweit ersichtlich, nur AnwK-StPO/*Lammer* 5; unverständlich SK/*Paeffgen* 6.

24 HK/*Posthoff* 7; Graf/*Krauß* 4; Meyer-Goßner/*Schmitt* 4; MüKo/*Böhm*/*Werner* 18; AK/*Krause* 6; SK/*Paeffgen* 6; AnwK-UHaft/*König* 5; **a.A.** KK/*Graf* 6.

25 SK/*Paeffgen* 6; AK/*Krause* 6; **a.A.** KK/*Graf* 6; Meyer-Goßner/*Schmitt* 4; HK/*Posthoff* 7.

26 Vgl. BVerfG NStZ **2002** 157 m.w.N.

27 BerlVerfGH StV **2015** 649 mit Anm. *König* = StRR **2015** 276 mit Anm. *Herrmann*; OLG Hamm NStZ-RR **2006** 17; SSW/*Herrmann* 20; HK/*Posthoff* 8; ähnlich HK-GS/*Laue* 6; SK/*Paeffgen* 6; s. auch OLG Köln StV **2009** 653 (das sich dem OLG Hamm wohl auch insoweit anschließt); **a.A.** aber noch ohne weiteres MüKo/*Böhm*/*Werner* 21; KMR/*Wankel* 5.

der Beschuldigte demgemäß sofort aus der Untersuchungshaft zu entlassen sei.[28] Nach h.M. führt die Fristüberschreitung hingegen nicht zur Aufhebung des Haftbefehls und/oder Freilassung des Beschuldigten.[29] Soweit für diese Ansicht überhaupt eine Begründung gegeben wird, erfolgt meist – mit durchaus dramatischem Vokabular – der Hinweis darauf, dass eine „Entlassungsautomatik" den „Grundsätzen einer funktionstüchtigen Strafrechtspflege" zuwiderliefe[30] bzw. ein „absolutes Haftfortdauerverbot" zu „untragbaren Folgen für die Strafrechtspflege" führte.[31] Mitunter wird die Konsequenz einer Haftentlassung (nur) für den Fall gezogen, dass das Versäumnis bei der Staatsanwaltschaft liegt, die dem Gericht nicht innerhalb der Zwei-Wochen-Frist die Akten zum Zwecke der Durchführung des Haftprüfungstermins vorgelegt hat.[32] Die Vertreter der h.M. gestehen dem Beschuldigten lediglich zu, er könne den Richter, der die fristgerechte Anberaumung des Haftprüfungstermins (bewusst, willkürlich) verzögert, wegen **Besorgnis der Befangenheit** ablehnen; auch wird angenommen, gegen die nicht rechtzeitige Durchführung der mündlichen Verhandlung über seinen Haftprüfungsantrag stehe ihm das Recht zu, eine **Untätigkeitsbeschwerde** zu erheben.[33] Entgegen einer mitunter geäußerten Auffassung[34] kann man nicht ernsthaft annehmen, dass hierdurch der Beschuldigte gegen die Missachtung der Fristvorschrift „hinreichend geschützt" sei bzw. seine „Interessen hinreichend gewahrt" blieben; in der Praxis sind beide Instrumente schon angesichts der zeitlichen Abläufe nicht geeignet, die Durchsetzung des in § 118 Abs. 5 enthaltenen Gesetzesbefehls sicherzustellen. Auch mit einem Ablehnungsgesuch muss der Beschuldigte, will er nicht den Vorwurf riskieren, es vorschnell anzubringen, bis zum nahen Ende der Frist abwarten. Angesichts der folgenden Abläufe scheidet eine Entscheidung, die noch einen Einfluss auf die Terminierung haben könnte – ebenso wie erst recht bei der Untätigkeitsbeschwerde –, fraglos aus. Lässt man die (allerdings praktisch bedeutsame) Frage der Nachweisbarkeit einer willkürlichen, bewussten Verschleppung der Terminsanberaumung einmal außer Betracht, hätte ein Ablehnungsgesuch deshalb allenfalls für Folgeanträge Bedeutung, will man einem erfolgreichen Ablehnungsantrag eine gewisse disziplinierende Wirkung auf den betroffenen (und weiterhin zuständigen) Richter zubilligen.

Richtig ist, dass die von der Mindermeinung gezogene **Konsequenz der Haftbefehlsaufhebung** (oder zumindest einer – dogmatisch wenig überzeugenden – Haftverschonung) gewiss in höchstem Maße eine disziplinierende Wirkung hätte. Richtig ist aber 22

---

28 SSW/*Herrmann* 20 (mit nicht ganz zutreffenden Rechtsprechungsnachweisen); *Schlothauer/Weider/Nobis* Rn. 783 (angesichts der festgelegten h.M. aber eher resignierend); ähnlich Radtke/Hohmann/*Tsambikakis* 5; krit. zur h.M. auch HK-GS/*Laue* 6; *Münchhalffen/Gatzweiler* Rn. 399 mit Fn. 21; SK/*Paeffgen* 6 (der „durchaus praktischen" Erwägung der h.M. fehle es schlicht an einer gesetzlichen Ermächtigung).

29 OLG Hamm NStZ-RR **2006** 17 mit Anm. *Paeffgen* NStZ **2007** 85; OLG Köln StV **2009** 653; KG Beschl. v. 20.7.2009 – 4 Ws 72/09 – (juris) in nicht tragenden Ausführungen; AnwK-UHaft/*König* 8; AnwK-StPO/*Lammer* 5; Graf/*Krauß* 4; KK/*Graf* 6; MüKo/*Böhm/Werner* 21; KMR/*Wankel* 5; Meyer-Goßner/*Schmitt* 4.

30 MüKo/*Böhm/Werner* 21.

31 OLG Hamm NStZ-RR **2006** 17; OLG Köln StV **2009** 653; HK/*Posthoff* 9; gegen diese Argumentation *Kühne* StV **2009** 654, der pointiert die Frage stellt, ob nicht vielmehr das Versagen der Justiz, nämlich die Versäumung einer absoluten gesetzlichen Frist durch ein Gericht, weniger erträglich für die Rechtspflege (deren Funktionsfähigkeit er als „undefinierte Allzweckwaffe" bezeichnet) sei.

32 AG Hamburg-Harburg StraFo **2005** 198 mit Anm. *Meyer-Lohkamp* (Haftverschonung, falls Vorführung zum Termin wegen Personalmangels nicht möglich); AG Frankfurt am Main StV **1993** 33 (Aufhebung des Haftbefehls, wenn dieser in einer Haftprüfung nicht überprüft werden kann, weil die Staatsanwaltschaft die Akten auch nach Fristablauf nicht vorlegt); s. auch AG Kamen StV **2002** 315; **1995** 476; MüKo/*Böhm/Werner* 23; vgl. auch OLG Oldenburg StV **1995** 87 (in einem Haftbeschwerdeverfahren außer Kontrolle geratene Akten).

33 OLG Braunschweig StV **2005** 39.

34 MüKo/*Böhm/Werner* 21; HK/*Posthoff* 9.

auch, dass eine völlige Gleichstellung mit § 115 Abs. 2 nicht gerechtfertigt ist und die Konsequenz der Entlassung des Beschuldigten – etwa eines zur Tatbegehung eigens aus dem Ausland eingereisten Auftragsmörders unbekannter Identität – **in keinem Verhältnis zu einfachen** (nicht bewussten, nicht willkürlichen) **Versäumnissen**, die in der Praxis bei der Terminsbestimmung vorkommen, stehen kann. Zum Teil wird deshalb, obgleich es um die Anwendung einer klar definierten gesetzlichen Höchstfrist geht, versucht, in einer wertenden Betrachtung nach dem Ausmaß der Fristüberschreitung und des Versagens der Justiz zu differenzieren.[35] Ob dies den Anforderungen gerecht wird, darf angezweifelt werden. Unverkennbar ist, dass sich die **Praxis in einem Dilemma** befindet. Sie kann sich damit behelfen, dass sie den Termin (gleichsam „um jeden Preis") fristgerecht bestimmt und die mündliche Verhandlung (ggf. auch nicht hinreichend vorbereitet) beginnt, um sie zu einem späteren Zeitpunkt fortzusetzen. Die Missachtung der Norm könnte im Einzelfall auch den Ausschlag bei der Prüfung geben, ob das besondere Beschleunigungsgebot in Haftsachen bei einer Gesamtschau des Verfahrensgangs hinreichend beachtet worden ist. Die haftrichterliche Praxis kann jedenfalls nicht, wie jüngst ein Verfassungsgericht,[36] eine klare Stellungnahme zu der Problematik dadurch vermeiden, dass danach gefragt wird, ob die Untersuchungshaft durch eine nachträgliche (wenn auch aufgrund eines verspäteten Termins ergangene) Haftfortdauerentscheidung „legitimiert" worden ist. Der **Gesetzgeber** täte gut daran, der Norm in Kenntnis der widerstreitenden Auffassungen und deren Konsequenzen eine eindeutige Kontur zu geben.

§ 118a
Mündliche Verhandlung bei der Haftprüfung

(1) Von Ort und Zeit der mündlichen Verhandlung sind die Staatsanwaltschaft sowie der Beschuldigte und der Verteidiger zu benachrichtigen.

(2) [1]Der Beschuldigte ist zu der Verhandlung vorzuführen, es sei denn, daß er auf die Anwesenheit in der Verhandlung verzichtet hat oder daß der Vorführung weite Entfernung oder Krankheit des Beschuldigten oder andere nicht zu beseitigende Hindernisse entgegenstehen. [2]Das Gericht kann anordnen, dass unter den Voraussetzungen des Satzes 1 die mündliche Verhandlung in der Weise erfolgt, dass sich der Beschuldigte an einem anderen Ort als das Gericht aufhält und die Verhandlung zeitgleich in Bild und Ton an den Ort, an dem sich der Beschuldigte aufhält, und in das Sitzungszimmer übertragen wird. [3]Wird der Beschuldigte zur mündlichen Verhandlung nicht vorgeführt und nicht nach Satz 2 verfahren, so muss ein Verteidiger seine Rechte in der Verhandlung wahrnehmen.[4]In diesem Falle ist ihm für die mündliche Verhandlung ein Verteidiger zu bestellen, wenn er noch keinen Verteidiger hat. [5]Die §§ 142, 143 und 145 gelten entsprechend.

(3) [1]In der mündlichen Verhandlung sind die anwesenden Beteiligten zu hören. [2]Art und Umfang der Beweisaufnahme bestimmt das Gericht. [3]Über die Verhandlung ist ein Protokoll aufzunehmen; die §§ 271 bis 273 gelten entsprechend.

(4) [1]Die Entscheidung ist am Schluß der mündlichen Verhandlung zu verkünden. [2]Ist dies nicht möglich, so ist die Entscheidung spätestens binnen einer Woche zu erlassen.

---

35 KG Beschl. v. 14.10.2014 – 1 Ws 83/14 – (juris) = StRR **2015** 82 (Ls.).
36 BerlVerfGH StV **2015** 649 mit Anm. *König* = StRR **2015** 276 mit Anm. *Herrmann*.

https://doi.org/10.1515/9783110274929-018

Schrifttum

Buckow Der Einsatz „neuer Medien" im Dezernat des Ermittlungsrichters, ZIS **2012** 551; *Schlothauer* Die audio-visuelle Haftprüfung, StV **2014** 55.

Entstehungsgeschichte

Die Vorschrift wurde eingefügt durch das Gesetz vom 27.12.1926. Die derzeitige Fassung hat die Bestimmung im Grundsatz erhalten durch Art. 1 Nr. 1 StPÄG 1964 (Bezeichnung bis 1964: § 115d). Durch Art. 6 Nr. 2 VidVerfG[1] wurde der vormalige Satz 2 des Absatzes 2 mit Wirkung zum 1.11.2013 durch die neuen Sätze 2 und 3 ersetzt; hierdurch ist bei Verhinderung des Beschuldigten dessen Teilnahme an der Verhandlung im Wege der zeitgleichen Bild- und Tonübertragung ermöglicht worden.[2] Durch Art. 1 Nr. 11 des Gesetzes zur Einführung der elektronischen Akte in der Justiz und zur weiteren Förderung des elektronischen Rechtsverkehrs vom 5.7.2017 (BGBl. I S. 2208) wurden in Absatz 3 Satz 2 mit Wirkung zum 1.1.2018 die Wörter „eine Niederschrift" durch die Wörter „ein Protokoll" ersetzt.

Übersicht

I. Allgemeines

1. Bedeutung. Die schriftliche und geheime Vorbereitung des Strafprozesses vermindert zwar die Möglichkeit zu verdunkeln und fördert auch die Gründlichkeit der Ermittlungen. Das schriftliche Verfahren kann aber der Zielstrebigkeit, Konzentration und Schnelligkeit der Untersuchung oft im Wege stehen und hat auch den Nachteil, dass es einer frühzeitigen wirksamen Verteidigung hinderlich sein kann. Da allein die Hauptverhandlung für das Urteil maßgebend ist (§ 261), ihr Ablauf aber nicht vorausgesehen werden kann, wird im Ermittlungsverfahren in der Regel vorsichtshalber der Schnelligkeit eine Gründlichkeit vorgezogen, die – vom Verhalten des Beschuldigten in der Hauptverhandlung aus rückblickend betrachtet – zuweilen nicht notwendig gewesen wäre. Deshalb ist die mündliche Verhandlung in Haftsachen ein verfassungs- und verfahrensrechtlich wünschenswerter Einbruch der Mündlichkeit ins vorbereitende Verfah- 1

1 Gesetz zur Intensivierung des Einsatzes von Videokonferenztechnik in gerichtlichen und staatsanwaltschaftlichen Verfahren vom 25.4.2013 (BGBl. I S. 935).
2 Näheres zur Neufassung bei den Erl. zu § 118a, 1 ff. im Nachtrag zur 26. Auflage.

ren (Rn. 31). Zur entsprechenden Anwendung von Absatz 2 bei der Verhandlung im Beschwerdeverfahren gemäß § 124 Abs. 2 s. § 124, 46.

2 Die **erste mündliche Verhandlung** bringt den Beschuldigten mit Gericht und Staatsanwaltschaft zusammen und gibt ihm, nachdem er bei der Verhaftung von der Beschuldigung erfahren hat (§ 115 Abs. 2 und 3, § 115a Abs. 2), die Gelegenheit, sich nach näherer Überlegung und Beratung durch seinen Verteidiger aktiv am Verfahren zu beteiligen und, indem er Beweismittel benennt und Handlungen eingesteht, auch zu dessen Abkürzung beizutragen. Die Staatsanwaltschaft kann ihrerseits den Gang der Ermittlungen festlegen, das Verfahren konzentrieren und abkürzen, seinen Abschluss beschleunigen und auf diese Weise die Untersuchungshaft, den schwersten Eingriff in die Rechte des als unschuldig geltenden Beschuldigten (Art. 6 Abs. 2 EMRK), wirksam einschränken. Dem ist bei der Vorbereitung und bei der Durchführung der Verhandlungen Rechnung zu tragen.

3 Insbesondere die erste Verhandlung sollte, wenn ihre Nutzlosigkeit nicht auf der Hand liegt, **keine Routine** sein. Findet sie im vorbereitenden Verfahren statt, kann sie die Weichen für die weitere Behandlung der Haftsache stellen. Im Einzelfall kann es geboten sein, wichtige Zeugen in Anwesenheit des Beschuldigten zu vernehmen und seine Beweisanträge entgegen zu nehmen und – wenn nötig nach kurzer Vertagung – zu erledigen. Allerdings darf die mündliche Verhandlung **nicht über ihr Ziel**, neben den Haftgründen den dringenden Tatverdacht zu prüfen, **hinausgehen**; die Sicherheit von Schuldfeststellungen darf sie nicht anstreben.

4 In **späteren Verhandlungen** wird im Regelfall seltener, durchaus aber in großen Sachen, ein Gewinn an Erkenntnissen in Bezug auf den dringenden Tatverdacht gegenüber der schriftlichen Prüfung zu erzielen sein. Auch in Bezug auf die Haftgründe wird dann eine mündliche Verhandlung in der Regel nicht mehr viel erbringen. In den wenigen Fällen der Verhaftung wegen Verdunkelungsgefahr wird ohnehin laufend, spätestens bei der Eröffnung des Hauptverfahrens (§ 207 Abs. 4) geprüft, ob der Fortgang oder Abschluss der Ermittlungen nicht wirksam eine weitere Verdunkelung schon deshalb ausschließt, weil es, wenigstens praktisch, nichts mehr zu verdunkeln gibt. Die Umstände, die die Fluchtgefahr begründen, werden sich im Laufe des Verfahrens, abgesehen von dem Verhältnis der Haft zu der zu erwartenden Sanktion, häufig nicht wesentlich verändern. Die Gründe des § 112a Abs. 1 (Wiederholungsgefahr) und des § 112 Abs. 3 (Straftaten wider das Leben) können kaum eine Veränderung erfahren.

5 Auch sonst wird in manchen Fällen eine vom Beschuldigten veranlasste mündliche Verhandlung, auch eine erste, das Verfahren nicht fördern können, wenn die Verteidigung bekannt und alles Sachdienliche schon veranlasst ist. Das kann im vorbereitenden Verfahren der Fall sein, wenn die Staatsanwaltschaft frühzeitig den Beschuldigten und seinen Verteidiger gehört hat. Wo aber die **Möglichkeit einer Sachförderung** besteht, würde der Zweck der mündlichen Verhandlung, jedenfalls einer ersten, verfehlt, wenn sie routinemäßig ohne Anwesenheit der Staatsanwaltschaft und eines Verteidigers dadurch abgewickelt würde, dass der Beschuldigte gehört wird und Gelegenheit erhält, zu einigen vorgehaltenen oder vorgelesenen Zeugenaussagen Stellung zu nehmen.

6 **2. Verhandlungen außerhalb des förmlichen Haftprüfungsverfahrens.** Die mündliche Verhandlung ist Teil des förmlichen Haftprüfungsverfahrens (§ 118 Abs. 1). Sie kann auf Antrag des Beschuldigten stattfinden oder von Amts wegen. Findet die Haftprüfung von Amts wegen in mündlicher Verhandlung statt, so darf dies, da der Beschuldigte möglicherweise bis zum Verhandlungstermin seine Verteidigung noch nicht ausreichend vorbereitet hat und deshalb einen späteren Termin bevorzugt hätte, nicht zu der dem Beschuldigten nachteiligen Folge des § 118 Abs. 3 führen (§ 118, 2, 6). Das Gericht kann

außerdem jederzeit **außerhalb eines förmlichen Haftprüfungsverfahrens** mündlich verhandeln, wenn ihm dies geboten erscheint. Namentlich kann die Vernehmung nach § 115 Abs. 2 in die Form einer mündlichen Verhandlung gekleidet und auch beim Kollegialgericht vor diesem (§ 126, 37) durchgeführt werden.

Wird im **beschleunigten Verfahren** (§§ 417 ff.) die Aburteilung in dieser Verfahrensart abgelehnt (§ 419), kann der Termin, wenn die Zuständigkeitsverhältnisse es gestatten, als mündliche Verhandlung zur Haftprüfung ausgestaltet werden. Solche Verhandlungen haben nicht die Folge des § 118 Abs. 3, wenn nicht der Beschuldigte förmliche Haftprüfung beantragt (§ 117 Abs. 1) und damit dem Gericht die Möglichkeit eröffnet, nach § 118 Abs. 1 von Amts wegen in mündlicher Verhandlung zu entscheiden. Auf der anderen Seite kann die mündliche Verhandlung des § 118a, wenn der für die Haftsache zuständige Richter auch für das beschleunigte Verfahren zuständig ist, in dieses übergeführt werden. Davon sollte Gebrauch gemacht werden, wenn der Sachverhalt klar ist. Das beschleunigte Verfahren wiederum kann einer beantragten mündlichen Verhandlung im Haftprüfungsverfahren zuvorkommen und sie unnötig machen, wenn es mit einem Urteil endet. 7

II. Terminbenachrichtigung (Absatz 1)

Benachrichtigung von Ort und Zeit der mündlichen Verhandlung erhalten der Beschuldigte, sein Verteidiger, gleichgültig ob es ein Wahl- oder ein Pflichtverteidiger ist, und die Staatsanwaltschaft. Keine Benachrichtigung erhalten der im selben Verfahren **Mitbeschuldigte** sowie dessen Verteidiger, die auch kein Anwesenheitsrecht haben.[3] Ebenfalls nicht beteiligt am Haftprüfungsverfahren sind der **Nebenkläger** und dessen Vertreter, sodass auch sie, da nicht teilnahmeberechtigt, nicht zu benachrichtigen sind.[4] Der **Einziehungsbeteiligte** (§ 431 Abs. 1 Satz 1) wird ebenfalls nicht benachrichtigt. Bei **Jugendlichen** sollen der Erziehungsberechtigte und der gesetzliche Vertreter, sofern sie nicht schon als Antragsteller nach §§ 118b, 299 Terminsnachricht erhalten, benachrichtigt werden (§ 67 Abs. 2 JGG), doch darf, wenn sie unbekannt sind, die Terminsfrist nicht überschritten werden, um sie zu ermitteln. Für den Beistand eines Jugendlichen (§ 69 Abs. 1 JGG) sieht § 69 Abs. 3 JGG Rechte nur in der Hauptverhandlung vor, doch wird ihn der Jugendrichter, wenn er ihn schon im vorbereitenden Verfahren bestellt hat, auch von der mündlichen Verhandlung über den Haftbefehl benachrichtigen. 8

Da der Beschuldigte vorgeführt wird, ist er nicht zu laden. Auch bei den anderen Beteiligten, mit Ausnahme des Verteidigers und bei Zeugen und Sachverständigen, scheidet, da sie zum Erscheinen nicht verpflichtet sind, die Form der Ladung aus. Ihnen ist der **Termin** vielmehr **formlos mitzuteilen**. Wegen der kurzen Frist ist es zulässig, die Beteiligten fernmündlich[5] oder unter Nutzung sonstiger elektronischer Kommunikationsmittel zu benachrichtigen. Die Benachrichtigung ordnet der Vorsitzende an und führt die Geschäftsstelle aus. Zwar ist die Nachricht keine Ladung, doch ist § 214 Abs. 1 schon deshalb entsprechend anzuwenden, weil keine Zuständigkeit der Staatsanwaltschaft gegeben ist. 9

---

3 BGHSt **42** 391 = NJW **1977** 1790; StV **2002** 584; OLG Karlsruhe StV **1996** 302 mit Anm. *Rieß* = JR **1996** 434 mit Anm. *Theisen*; OLG Köln NStZ **2012** 174; KMR/*Wankel* 1, 3; HK/*Posthoff* 1; MüKo/*Böhm*/*Werner* 3; KK/*Graf* 1, 4; **a.A.** wohl *Schulz* Strafo **1997** 294; AnwK-StPO/*Lammer* 1.

4 LG Freiburg Beschl. v. 21.12.2006 – 3 Qs 129/06 – (juris); AK/*Krause* 2; MüKo/*Böhm*/*Werner* 3; HK/*Posthoff* 1; KK/*Graf* 1, 4; Graf/*Krauß* 1; SSW/*Herrmann* 3; KMR/*Wankel* 1; *Schlothauer*/*Weider*/*Nobis* Rn. 791; s. auch OLG Hamm NStZ-RR **2008** 219 (für das Haftbeschwerdeverfahren); **a.A.** SK/*Paeffgen* 2.

5 OLG Hamm Rpfleger **1949** 85; *Sommermeyer* NJ **1992** 342.

10 Ist zu der mündlichen Verhandlung ein **Verteidiger** zuzuziehen (Absatz 2 Satz 3, 4; s. dazu Rn. 23f.), kann im Hinblick auf den nach Absatz 2 Satz 5 entsprechend anzuwendenden § 145 Abs. 4 (Verurteilung in die Kosten der Aussetzung, wenn der Verteidiger sie durch sein Ausbleiben verschuldet hat) eine Ladung in Betracht kommen, doch wird in der Regel von ihr abgesehen werden. Ist sie ausnahmsweise geboten, ordnet sie der Vorsitzende an (Rn. 9).

III. Vorführung (Absatz 2)

11 **1. Grundsatz.** Gegenüber der schlichten Haftprüfung liegt der Sinn der mündlichen Verhandlung darin, dass der Sachverhalt und die Haftgründe mit dem Beschuldigten **mündlich erörtert** werden, damit dieser Gelegenheit erhält, sich in Rede und Gegenrede gegen die Vorwürfe zu verteidigen, er sei einer Tat verdächtig, dieser Verdacht sei dringend, es bestehe die Gefahr, dass er fliehe oder verdunkele, oder es liege einer der in § 112 Abs. 3, § 112a Abs. 1 genannten Haftgründe vor. Diese Verteidigung kann er sinnvoll nur führen, wenn er in der mündlichen Verhandlung anwesend ist. Dazu ist er grundsätzlich vorzuführen.

2. Ausnahmen

12 **a) Verzicht des Beschuldigten.** Verzichtet der Beschuldigte auf die Vorführung, kann sie unterbleiben. Da das Gericht auch von Amts wegen mündliche Verhandlung bestimmen kann, ist es an den Verzicht nicht gebunden und kann gleichwohl die Vorführung anordnen.[6] Dem Befreiungsgrund kommt in der Praxis **wenig Bedeutung** zu, weil der Beschuldigte, wenn er schon mündliche Verhandlung beantragt hat, im Allgemeinen keinen Anlass haben wird, einen Verzicht zu erklären. Noch weniger wird er dazu Veranlassung finden, wenn das Gericht die mündliche Verhandlung von Amts wegen anberaumt und dadurch den Wunsch zu erkennen gegeben hat, die Sach- und Haftfrage mit ihm zu erörtern. Nicht nur in diesem Falle, sondern auch bei einer Verhandlung auf Antrag des Beschuldigten wird es sich, da der Staat an einer wirksamen Haftkontrolle selbst Interesse hat, auch nicht empfehlen, dem Beschuldigten nahezulegen, auf die Vorführung zu verzichten. Daraus wäre auch bei weiter, aber der Teilnahme nicht hinderlicher Entfernung kein Gewinn zu erzielen, weil dem Verteidiger eine Reise zum Beschuldigten zu bezahlen wäre; schriftliche Information wird für die Zwecke der mündlichen Verhandlung regelmäßig nicht genügen. Allenfalls könnte der Verzicht einem Beschuldigten empfohlen werden, der zwar nicht so krank ist, dass er an der Verhandlung nicht teilnehmen kann, bei dem aber, etwa wegen der Aufregung als Folge der Teilnahme, eine wesentliche Verschlimmerung der Krankheit zu erwarten ist.

13 Der **Verzicht ist widerruflich**,[7] doch kommt dem Widerruf nur insoweit Bedeutung zu, als er noch berücksichtigt werden kann. Eine Verlegung des Termins kann der seinen Verzicht spät widerrufende Beschuldigte im Regelfall nicht verlangen. Mit Blick auf die Bedeutung der mündlichen Haftprüfungsverhandlung wird allerdings zu erwägen sein, ob der Termin nach Rücksprache mit dem Verteidiger unter Zustimmung zur Fristverlängerung neu angesetzt werden kann; so sollte jedenfalls dann verfahren werden, wenn sich der Beschuldigte nicht regelmäßig widersprüchlich verhält.

---

6 H.M., vgl. etwa AK/*Krause* 3; KK/*Graf* 2; MüKo/*Böhm*/*Werner* 5.
7 KK/*Graf* 2; SK/*Paeffgen* 3; Meyer-Goßner/*Schmitt* 2.

b) Nicht zu beseitigende Hindernisse. Die Vorführung kann ferner unterbleiben, wenn ihr Hindernisse entgegenstehen, die nicht zu beseitigen sind. Als **Beispiele** nennt das Gesetz weite Entfernung und Krankheit. Wegen des Zwecks der mündlichen Verhandlung müssen die Hinderungsgründe **eng ausgelegt** und die Hindernisse nach Möglichkeit beseitigt werden. Stehen sie nicht der Vorführung, sondern der Einhaltung der Frist entgegen, so ist, bevor ohne den Beschuldigten verhandelt wird, dieser zunächst zu befragen, ob er zustimmt, dass die Frist des § 118 Abs. 5 verlängert wird (§ 118, 18). Ein Hindernis kann auch dadurch beseitigt werden, dass die **Art der Vorführung** verändert, mit einem erkrankten Verhafteten also nicht im Gericht, sondern im Vorführraum der Untersuchungshaftanstalt oder ihres Krankenhauses, ggf. auch unmittelbar am Krankenbett, die mündliche Verhandlung durchgeführt wird. 14

Weite Entfernung wird nur selten ein Hinderungsgrund sein. Jedenfalls bei der ersten mündlichen Verhandlung wird die Vorführung mittels Transports dem Sinn des Gesetzes entsprechen. Die Transportzeit kann dazu führen, die Zustimmung zu einer Fristverlängerung herbeizuführen. Erhöhte Fluchtgefahr bei einem notorischen Ausbrecher kann ein Hinderungsgrund sein, wenn der Verhaftete von einem anderen Ort zur Verhandlung transportiert werden muss. Sitzt er am Gerichtsort ein, kann die Verhandlung in der Anstalt stattfinden. Dagegen ist es ein Hinderungsgrund, wenn die Gefahr besteht, dass schwerwiegende **Krankheiten** ein- oder ausgeschleppt werden, falls der Verhaftete die Anstalt verlässt oder dort aufgesucht wird. Zustimmung zur Fristverlängerung wird den Hinderungsgrund regelmäßig nicht beseitigen können. 15

3. Bild- und Tonübertragung (Satz 2). Die durch das VidVG[8] vorgenommene Ergänzung des Absatzes 2 ermöglicht es dem Gericht in den Fällen des Satzes 1, alternativ zur Verhandlung in Abwesenheit des Beschuldigten dessen Teilnahme an der Verhandlung im Wege der zeitgleichen Bild- und Tonübertragung anzuordnen. Über die Verweisungsnorm des § 122 Abs. 2 Satz 2 gilt dies auch für das Haftprüfungsverfahren bei dem OLG. 16

Die Entscheidung über die Anordnung der Bild- und Tonübertragung obliegt dem **pflichtgemäßen Ermessen** des Gerichts, wodurch nach den Vorstellungen der Gesetzesverfasser gewährleistet werden soll, „dass das jeweils entscheidende Gericht unter Beachtung aller Umstände des Einzelfalls dafür Sorge trägt, dass Videokonferenztechnik nur in hierfür geeigneten Fällen zum Einsatz kommt".[9] Für die mündliche Haftprüfung passt diese gesetzgeberische Erwägung – wie nahezu die gesamte Gesetzesbegründung, in der auch von einem „Serviceangebot einer kundenorientierten Justiz"[10] die Rede ist, – nicht. Denn anders als in anderen Verfahrensordnungen geht es hier **nicht** um die **Ersetzung der ansonsten möglichen Anwesenheit** des Beschuldigten. Der Anwendungsbereich der neuen Bestimmung ist vielmehr erst bei Vorliegen eines der in Satz 1 genannten, durch restriktive Auslegung zu bestimmenden Hinderungsgründe eröffnet. Anders als mitunter angenommen,[11] eröffnet die Neuregelung dem Gericht also nicht etwa die Möglichkeit, nach seinem Ermessen anstelle der (möglichen) unmittelbaren 17

---

8 S. Fn. 1.

9 BTDrucks. **17** 1224 S. 16. Kritik an der (einseitigen) Anordnungsbefugnis des Gerichts nach dessen Ermessen hat *Gaede* als Sachverständiger in seiner schriftlichen Stellungnahme zur Anhörung durch den Rechtsausschuss des Deutschen Bundestages geäußert (abgerufen unter http://webarchiv.bundestag.de/cgi/show.php?fileToLoad=2549&id=1206, Seiten 8 f.).

10 BTDrucks. **17** 1224 S. 2 und 12.

11 Vgl. etwa die Kritik an dem Gesetzentwurf in der Stellungnahme der BRAK Nr. 30/2010 (abgerufen unter http://www.brak.de/zur-rechtspolitik/stellungnahmen-pdf/stellungnahmen-deutschland/2010/oktober/stellungnahme-der-brak-2010-30.pdf, S. 5).

Anwesenheit des Beschuldigten die mediale Variante zu wählen, sondern es geht um die Gewährleistung wenigstens einer durch die Bild- und Tonübertragung vermittelten Anwesenheit desjenigen Beschuldigten, der ansonsten gar nicht mitwirken könnte. Nennenswerte **praktische Relevanz** dürfte das neue „Serviceangebot" im Haftprüfungsverfahren angesichts dessen nicht erlangen.

18 Soweit es die **Ermessensausübung** durch das Gericht angeht, wird, wenn ein Hinderungsfall nach Satz 1 zu bejahen ist, im Regelfall allein die Nutzung verfügbarer Videokonferenztechnik zur Ermöglichung wenigstens der „hilfsweisen" Art der Teilhabe an der Verhandlung dem pflichtgemäßen Ermessen des Gerichts entsprechen. Deshalb hätte es nahe gelegen, sogleich eine Verpflichtung des Gerichts zur Verhandlung unter Nutzung der Bild- und Tonübertragung festzuschreiben.[12]

19 Mit Blick auf die praktischen **Nachteile**, die mit der **Videokonferenztechnik** angesichts der fehlenden Unmittelbarkeit des Kontaktes grundsätzlich verbunden sind und die die Rechtsprechung in unterschiedlichen rechtlichen Zusammenhängen zur Zurückhaltung bei der Anwendung solcher Technik bewogen haben,[13] wird auch unter der Neuregelung eine **restriktive Auslegung der Hinderungstatbestände** beizubehalten sein. Es gelten also nicht etwa deshalb geringere Anforderungen, weil nunmehr auf die Videokonferenz zurückgegriffen werden kann. Denn auch bei der Durchführung eines Haftprüfungstermins kann es für das Gericht von erheblicher Bedeutung sein, sich ein unmittelbares, persönliches Bild von dem anzuhörenden Beschuldigten zu machen.[14] Auch hier ist – wie etwa in den von der Rechtsprechung entschiedenen Fällen der Zeugenvernehmung und Anhörung im Vollstreckungsverfahren – zu bedenken, dass die lediglich mediale „Zuschaltung" des Untersuchungsgefangenen dessen Ausdrucksmöglichkeiten einengen und bei diesem Hemmungen und Nervosität hervorrufen kann. Nicht zu verkennen sind auch die in einer Haftprüfung zu erwartenden praktischen Probleme, die durch die **„technische Distanz"** bedingt sind, z.B. beim Vorhalt von Schriftstücken, Plänen und anderen Augenscheinsobjekten, wie etwa Videoaufnahmen von Überwachungskameras, die in der Verhandlung vorgeführt werden sollen.[15]

20 Ein weiterer Aspekt soll nicht verschwiegen werden: Der vom Gesetzgeber insbesondere mit Blick auf die Anwaltschaft in den Vordergrund gerückte Gesichtspunkt der **Wirtschaftlichkeit** kann sich bei der Haftprüfung durchaus ins Gegenteil kehren. Man denke an die nicht seltenen Fälle, in denen Verteidiger die Anwesenheit des Beschuldigten an Gerichtsstelle sogleich zu Besprechungen mit ihren Mandanten nutzen, und sei es nur zur unmittelbaren Vorbereitung der Haftprüfungsverhandlung. Verteidiger halten sich oftmals ohnehin an Gerichtsstelle auf und können – jedenfalls bei günstiger Terminierung, auf die sie Einfluss nehmen können, – an einem Tag ohne zusätzliche Anreise nicht nur mehr als einen Haftprüfungstermin wahrnehmen, sondern bei dieser Gelegen-

---

12 Vgl. *Gaede* aaO (Fn. 9).

13 BGH NJW **1999** 3788, 3790 zur Zeugenvernehmung gemäß § 247a; OLG Frankfurt NStZ-RR **2006** 357 und OLG Stuttgart NStZ-RR **2012** 323, jeweils zur mündlichen Anhörung des Verurteilten gemäß § 454 Abs. 1 Satz 3.

14 S. auch *Schlothauer* StV **2014** 56 (auch zu den Folgen für die Verteidigung); Graf/*Krauß* 2 (zurückhaltender Gebrauch).

15 Vgl. zu diesem Gesichtspunkt näher *Buckow* ZIS **2012** 556 f. Die hiergegen von SK/*Paeffgen* 5b erhobenen Einwände verkennen, dass es um Vorhalte und Stellungnahmen dazu und nicht in erster Linie um „richterliche Auge(n)scheineinnahme" geht (welchen Sinn sollte denn allein diese in einem Haftprüfungstermin haben, legt *Paeffgen* etwa zugrunde, dass das Gericht den Akteninhalt erst in einem solchen Termin zur Kenntnis nimmt?); sie offenbaren überdies angesichts des Hinweises, es gehe „nicht um eine Beweiswürdigungsmöglichkeit à la Hauptverhandlung", ein eigentümliches Verständnis von dem Gewicht und der Bedeutung eines (effektiven) Haftprüfungsverfahrens.

heit auch entsprechende Mandantengespräche führen. Bei lediglich „medialer Anwesenheit“ des Beschuldigten in der Haftprüfungsverhandlung bliebe ihnen demgegenüber nur die Pflicht, zwecks Durchführung solcher Mandantengespräche (zuvor und/oder anschließend) den Weg in die Haftanstalt zu absolvieren, will man nicht den – vom Gesetz nicht vorgesehenen und auch praktisch kaum handhabbaren – Weg von Mandantengesprächen unter Nutzung der gerichtlichen Videokonferenztechnik in Betracht ziehen.

Bei allen Bestrebungen nach einem verstärkten Einsatz der Videotechnik ist überdies die praktisch bedeutsame **Qualität der technischen Ausstattung** zu beachten. Soweit in der Gesetzesbegründung an manchen Stellen von „Möglichkeiten webbasierender Bild- und Tonübertragung mit kostengünstigen Kameras und der IT-technischen Bürostandardausstattung“ oder dem „Einsatz von Webtechnik“ die Rede ist,[16] muss angenommen werden, dass dies einer unangemessenen Euphorie geschuldet ist, die mitunter auch in den Beratungen des Deutschen Bundestages ihren Ausdruck gefunden hat. Diese in Bezug auf die moderne Technologie verbreitete Hochstimmung wird den Blick auf die Erfordernisse des Gerichtsalltags hoffentlich nicht dauerhaft verstellen. Die Ansprüche an eine brauchbare Technik sind im forensischen Alltag schon grundsätzlich nicht gering, und insbesondere im strafprozessualen Bereich sind die erhöhten Anforderungen, die mit der Bedeutung der Verfahren sowie der Komplexität der Ausdrucksformen und Interaktionen im Sitzungssaal verbunden sind, zu bedenken. Auf die Bedeutung der technischen Aspekte ist aus der haftrichterlichen Praxis bereits hingewiesen worden.[17] 21

Ein Überblick über die **verfügbaren gerichtlichen Videokonferenzanlagen** nebst Kontaktdaten der jeweiligen Ansprechpartner findet sich im Justizportal des Bundes und der Länder.[18] 22

4. Pflichtverteidigerbestellung (Sätze 3 bis 5). Nach dem früheren Absatz 2 Sätze 2 und 3 wurde dem Beschuldigten, der zur mündlichen Verhandlung nicht vorgeführt wird, ein Verteidiger bestellt. Nunmehr soll im Fall der „Zuschaltung“ des Beschuldigten zur mündlichen Haftprüfungsverhandlung per Videotechnik eine Pflichtverteidigerbestellung entbehrlich sein. Dies dürfte zwar angesichts der Neuregelungen in den §§ 140 Abs. 1 Nr. 4, 141 Abs. 3 Satz 4,[19] wonach „unverzüglich nach Beginn der Vollstreckung“ der Untersuchungshaft ein Verteidiger bestellt wird, im Ergebnis unschädlich sein; auch die in Satz 4 aufrechterhaltene Regelung des früheren Satzes 3 wird **ohne nennenswerte praktische Relevanz** bleiben.[20] Keinesfalls zutreffend und völlig unverständlich ist aber die Annahme des Gesetzgebers, eine Verteidigerbestellung sei bei dem Einsatz von Videotechnik im Rahmen einer mündlichen Haftprüfung „überflüssig, da der Beschuldigte mittels Videokonferenz selbst in der Lage ist, seine Rechte wahrzunehmen“.[21] 23

Der – sei es zufolge Wahl, sei es zufolge Bestellung – vorhandene Verteidiger muss die **Rechte des Beschuldigten** in der Verhandlung für diesen auch **tatsächlich wahrnehmen**, es genügt also nicht, dass der abwesende Beschuldigte überhaupt einen Verteidiger hat. Erscheint der Verteidiger nicht, etwa weil er verhindert ist oder entgegen der 24

---

16 BTDrucks. **17** 1224 S. 10 und 11.
17 *Buckow* ZIS **2012** 556 f.
18 Unter der Rubrik „Verzeichnisse“; siehe https://www.justiz.de/verzeichnis/zwi_videokonferenz/videokonferenzanlagen.pdf.
19 Durch das Gesetz zur Änderung des Untersuchungshaftrechts vom 29.7.2009 (BGBl. I S. 2274).
20 *Gaede* (Fn. 9) hat sich deshalb für die Streichung des bisherigen Satzes 3 ausgesprochen. Der (Referenten-)Entwurf eines Gesetzes zur Neuregelung des Rechts der notwendigen Verteidigung vom 11.10.2018 (s. dazu § 114b, 54) sieht folgerichtig die Aufhebung der jetzigen Sätze 4 und 5 vor.
21 BTDrucks. **17** 1224 S. 13; krit. auch SK/*Paeffgen* 5a.

Ansicht des Gerichts die mündliche Verhandlung für nutzlos hält, ist dem Beschuldigten für die Dauer der Verhandlung ein Verteidiger zu bestellen.[22] Diese Bestellung erstreckt sich nur auf die Verhandlung; doch stehen dem Verteidiger auch außerhalb der Verhandlung diejenigen Rechte zu, deren er bedarf, um sich auf sie vorzubereiten, namentlich das Recht auf Akteneinsicht (§ 147) und auf Verkehr mit dem Beschuldigten (§ 148). Damit er diese Rechte ausüben kann, ist er so frühzeitig wie möglich zu bestellen, alsbald nachdem das Bedürfnis hervorgetreten ist. Die Bestellung und die mit ihr verbundenen Befugnisse erlöschen mit dem Ende der mündlichen Verhandlung, jedoch muss der Verteidiger noch die Möglichkeit haben, den Beschuldigten über den Gang und Inhalt der Verhandlung zu informieren, damit dieser auf sachgerechter Grundlage entscheiden kann, ob er gegen eine ihm ungünstige Entscheidung vorgehen soll.[23] Da die mündliche Verhandlung bei Abwesenheit des Beschuldigten genau so wie eine Hauptverhandlung bei notwendiger Verteidigung nur stattfinden kann, wenn ein Verteidiger anwesend ist, findet § 145 entsprechende Anwendung (Satz 5).

IV. Mündliche Verhandlung (Absatz 3)

25 **1. Vorbereitung der Beweisaufnahme.** Nach Absatz 3 Satz 2 bestimmt das Gericht Art und Umfang der Beweisaufnahme. Die Vorschrift gilt für die Verhandlung, hat aber auch für deren Vorbereitung Bedeutung. Wenn der Beschuldigte in seinem Antrag nicht eindeutig zum Ausdruck bringt, wogegen er sich wenden will, wird das Gericht festzustellen haben, ob der Beschuldigte den Tatverdacht, dessen Dringlichkeit oder den Haftgrund angreifen will und was er dazu vorzubringen hat. Alsdann wird es, unter Umständen nach Kontaktaufnahme mit der Staatsanwaltschaft und dem Verteidiger, die ggf. Anträge stellen werden, bestimmen, **welche Beweismittel in der Verhandlung benötigt werden**. Wenn allerdings auf der Hand liegt, welche Beweismittel für die mündliche Verhandlung in Betracht kommen, bedarf es dieses Verfahrens nicht; dann veranlasst der Vorsitzende, dass die Beweismittel herbeigeschafft und die Zeugen und ggf. Sachverständigen geladen werden. Ihre Namen sind dem Beschuldigten in der Benachrichtigung vom Termin bekanntzugeben.

26 Der **Beschuldigte** kann **beantragen**, weitere Zeugen zu laden; er kann sie auch **selbst laden** oder **stellen**.[24] Zwar braucht das Gericht, weil es Art und Umfang der Beweisaufnahme selbst bestimmt, weder einem Antrag zu entsprechen, noch geladene oder gestellte Zeugen zu vernehmen; es kann aber tunlich sein, dies zu tun, soweit sich die Anträge auf den dringenden Tatverdacht und die Haftgründe beziehen (Rn. 32). Zulässig sind auch Ermittlungen des Gerichts zur Vorbereitung der Verhandlung; deren Ergebnis ist den Beteiligten rechtzeitig mitzuteilen.

27 **2. Verhandelndes Gericht.** Wegen der Zuständigkeit s. § 126. Das Gericht verhandelt und entscheidet außerhalb einer Hauptverhandlung in Beschlussbesetzung in nichtöffentlicher Sitzung. § 23 findet keine Anwendung.[25] Die Übertragung der Verhandlung auf ein anderes Gericht oder auf einen beauftragten oder ersuchten Richter ist unzulässig, weil die Überzeugung des gesamten zuständigen Gerichts in der mündlichen

---

22 KK/*Graf* 3; SK/*Paeffgen* 4 („Situativverteidiger").
23 AK/*Krause* 4.
24 KK/*Graf* 5a; h.M.
25 RGSt **61** 416.

Verhandlung unmittelbar gebildet werden muss.[26] Die mündliche Verhandlung kann – auch wenn der Beschuldigte dann keinen Anspruch auf sie hat – **auch während** der **Hauptverhandlung** stattfinden. Mit der Sache befasst (§ 126 Abs. 2 Satz 1) ist dann das erkennende Gericht, das in Spruchbesetzung (z.B. § 76 Abs. 2 GVG) verhandelt und entscheidet.

3. Beteiligte. An der Verhandlung müssen das Gericht mit einem Urkundsbeamten (vgl. Rn. 34) und der Beschuldigte teilnehmen. Gegen **mehrere Beschuldigte** kann die mündliche Verhandlung gleichzeitig durchgeführt werden, wenn diese gleichzeitig Anträge gestellt haben. Einen Anspruch auf gleichzeitige Verhandlung haben sie nicht[27] (s. auch Rn. 8 und § 115, 21). Diese unterbleibt, wenn ihr die Gefahr der Verdunkelung entgegensteht. 28

Liegen für den Beschuldigten die Ausnahmegründe von Absatz 2 Satz 1 vor, so dass er zur mündlichen Verhandlung nicht vorgeführt wird, muss der **Verteidiger**, von mehreren wenigstens einer, an der gesamten Verhandlung teilnehmen, wie sich namentlich aus dem Zitat des § 145 ergibt. Dieser ist zu vergleichen für die Fälle, dass der Verteidiger ausbleibt, sich entfernt, sich weigert, die Verteidigung zu führen, oder dass ein Verteidiger erst in der mündlichen Verhandlung bestellt wird. Ist der Antragsteller nicht der Beschuldigte, braucht er an der Verhandlung nicht teilzunehmen. 29

Die Teilnahme der **Staatsanwaltschaft** ist für die Hauptverhandlung in § 226 vorgeschrieben. Hätte der Gesetzgeber gewollt, dass diese Vorschrift für die mündliche Verhandlung entsprechend anzuwenden sei, hätte er das – bei aller Dürftigkeit der Vorschrift – in § 118a anordnen müssen. Da er das nicht getan hat, ist die Folgerung geboten, dass es der Staatsanwaltschaft nach dem Willen des Gesetzgebers freistehen soll, ob sie an der mündlichen Verhandlung teilnehmen will.[28] Der gesetzgeberischen Entscheidung ist nicht entgegenzutreten für wiederholte Verhandlungen, die oft ohne Aussicht auf Sachförderung beantragt werden. Bei ihnen mag die Staatsanwaltschaft, wenn ihre dienstlichen Verhältnisse die Teilnahme erschweren, sich für oder gegen diese anhand der Akten entscheiden. Die **erste Verhandlung** indessen, die in der Regel ins vorbereitende Verfahren fällt, dürfte nicht ohne die Staatsanwaltschaft stattfinden, die in diesem Verfahrensabschnitt am besten unterrichtet ist und zudem nach § 120 Abs. 3 über den Bestand des Haftbefehls verfügen kann. Daher sollte die Staatsanwaltschaft es als ihre Pflicht ansehen, an einer ersten mündlichen Verhandlung teilzunehmen. Wegen des **Nebenklagebefugten** s. Rn 8. 30

4. Verhandlung. Die anwesenden **Beteiligten sind zu hören**, in erster Linie und regelmäßig als erster der Beschuldigte. Da Absatz 3 Satz 1 neben § 33 Abs. 3 gilt, besagt die Vorschrift, dass bei Erforderlichkeit der gesamte Tatsachenstoff zu erörtern ist, auch wenn der Beschuldigte zu ihm schon früher, etwa von der Polizei, gehört worden ist. Das Gehör geht also weiter als im Falle des § 117 (§ 117, 18). § 33 Abs. 4 ist grundsätzlich nicht anwendbar[29] (§ 117, 20). Bei dem Gehör ist der Beschuldigte auf die belastenden Umstände hinzuweisen. Ihm ist Gelegenheit zu geben, die Verdachtsgründe zu beseitigen und 31

---

26 OLG München MDR **1958** 181; KG JR **1964** 267.

27 S. auch OLG Karlsruhe StV **1996** 302 mit Anm. *Rieß* sowie *Theisen* JR **1996** 436; *v. Dellingshausen* FS Stree/Wessels 685 (kein Anwesenheitsrecht bei Vernehmungen z.B. des Mitbeschuldigten); BGH NStZ **1997** 351 mit Anm. *Rieß*; **a.A.** wohl *Schulz* StraFo **1997** 296.

28 H.M.; **a.A.** noch *Lobe/Alsberg* § 115d I 4 b.

29 SK/*Paeffgen* 6; s. aber zur Gefährdung des Untersuchungszwecks bei noch laufenden Ermittlungen KK/*Graf* 5 unter Hinweis auf BVerfG NStZ **1994** 551.

die Tatsachen geltend zu machen, die zu seinen Gunsten sprechen (§ 115 Abs. 3). § 136 Abs. 1 ist zu beachten. Ist der Beschuldigte nicht anwesend, ist für ihn der Verteidiger zu hören. Wenn anwesend, sind auch die sonstigen Beteiligten zu hören, namentlich der Staatsanwalt, der Gelegenheit nehmen wird, auch die zur Entlastung dienenden Umstände zu ermitteln (§ 160 Abs. 2) und auf sie hinzuweisen. Im Übrigen gelten die Ausführungen in § 115, 22ff. entsprechend. Insgesamt ist der Ermittlungsstand dem Beschuldigten so substantiiert darzulegen, dass er in die Lage versetzt wird, seine Verteidigung effektiv zu gestalten (Vor § 112, 42). Eine **Unterbrechung** der Verhandlung darf mit Blick auf Absatz 4 Satz 2 ohne Zustimmung des Beschuldigten nicht länger als eine Woche dauern.[30] Zur Haftprüfung nach dem KontaktsperreG vgl. §§ 34 Abs. 3 Nr. 5, 34a Abs. 2 Satz 2 EGGVG.

32 Das Gericht ist frei, **Art und Umfang der Beweisaufnahme** zu bestimmen. Nach sachgerechtem Ermessen des Gerichts werden die Beweise im Freibeweisverfahren erhoben.[31] § 166 ist anwendbar[32] (s. aber auch § 117, 22; § 115, 27). Im Hinblick auf Absatz 3 Satz 2 sind **Beweisanträge** praktisch jedoch nur Anregungen, die nicht förmlich beschieden werden müssen[33] und deren Ablehnung nicht (isoliert) mit der Beschwerde angefochten werden kann,[34] weil dem Beschuldigten die weitergehende allgemeine Haftbeschwerde zur Verfügung steht, in deren Rahmen inzident auch die Ablehnung der Beweiserhebung mitgeprüft wird.[35] Die §§ 244, 245 gelten nicht.[36] Das Gericht ist im Hinblick auf Absatz 3 Satz 2 nicht verpflichtet, vom Beschuldigten selbst gestellte oder geladene, erschienene Zeugen auch zu vernehmen (vgl. § 245 Abs. 2),[37] es sei denn, die Pflicht zur Beweiserhebung ergibt sich aus § 166 Abs. 1.[38] Danach hat der Haftrichter einem Antrag auf Vernehmung einer entlastenden Beweisperson u.a. dann zu entsprechen, wenn diese zur Freilassung des Beschuldigten (Aufhebung oder Außervollzugsetzung des Haftbefehls) führen kann; sie ist dann immer erheblich im Sinne dieser Vorschrift. Da die Leitung und Gestaltung des Ermittlungsverfahrens der Staatsanwaltschaft obliegt und der Beschuldigte deshalb keine der Entlastung dienende Gesamterforschung des Sachverhalts verlangen kann, muss es sich um **einzelne Beweiserhebungen** handeln, die für sich allein oder in Verbindung mit dem aus der Akte sich ergebenden Sachverhalt geeignet sind, die **Freilassung** des Beschuldigten zu begründen. Die Vernehmung einer Beweisperson kommt namentlich dann in Betracht, wenn **begründete Anhaltspunkte** dafür vorliegen, dass ein Zeuge oder Mitbeschuldigter seine den Beschuldigten belastende Aussage zurücknehmen oder relativieren werde oder wenn konkrete Aussicht besteht, dass sich durch eine persönliche Vernehmung Zweifel an der Glaubwürdigkeit der Beweisperson bzw. an der Glaubhaftigkeit ihrer Angaben erhärten lassen.[39] Im Übrigen kann das Gericht, statt Zeugen zu vernehmen, gerichtliche und po-

---

30 KMR/*Wankel* 10; AnwK-UHaft/*König* 5.
31 BGHSt **28** 116, 118.
32 OLG Köln NStZ-RR **2009** 123; AK/*Krause* 5; KK/*Graf* 5; KMR/*Wankel* 6a; HK-GS/*Laue* 3; *Schlothauer/Weider/Nobis* Rn. 796; *Schlothauer* StV **1995** 161; *Nelles* StV **1986** 78.
33 KG Beschl. v. 17.4.1997 – 4 Ws 86/97 – (juris); HK/*Posthoff* 5; Meyer-Goßner/*Schmitt* 4; **a.A.** *Schlothauer/Weider/Nobis* Rn. 796.
34 LG Zweibrücken VRS **113** (2007) 236; HK/*Posthoff* 8; MüKo/*Böhm/Werner* 22; Meyer-Goßner/*Schmitt* 7; s. auch LR/*Erb* § 166, 14; **a.A.** SK/*Paeffgen* 6; *Schlothauer/Weider/Nobis* Rn. 796 bei Fn. 103. Eingehend dazu *Schlothauer* StV **1995** 164.
35 KMR/*Wankel* 6a.
36 KK/*Graf* 5a; SK/*Paeffgen* 6.
37 Meyer-Goßner/*Schmitt* 4; KK/*Graf* 5a; HK/*Posthoff* 5; *Schlothauer/Weider/Nobis* Rn. 796; *Nelles* StV **1986** 78; **a.A.** SK/*Paeffgen* 6; AK/*Krause* 5; *Ullrich* StV **1986** 270.
38 *Schlothauer/Weider/Nobis* Rn. 796; *Schlothauer* StV **1995** 161. S. auch § 115, 27.
39 OLG Köln NStZ-RR **2009** 123; KK/*Graf* 5a.

lizeiliche Protokolle verlesen oder auch nur vortragen. Die Rücksicht auf den Untersuchungszweck kann dem Vortrag noch nicht abgeschlossener Beweiserhebungen entgegenstehen, doch sollte das belastende Material soweit als irgend möglich Gegenstand der Verhandlung sein. Die Erfahrung, dass Zeugen in Gegenwart des Beschuldigten und in Rede und Gegenrede mit ihm mitunter anders aussagen als vor der Polizei, sollte Anlass geben, hinsichtlich der Vernehmung wichtiger Zeugen insbesondere in der ersten Verhandlung nicht zu kleinlich zu verfahren. In der **Praxis** lässt sich indessen beobachten, dass von der Möglichkeit, im mündlichen Haftprüfungsverfahren Beweise zu erheben, generell nur mit **Zurückhaltung** Gebrauch gemacht wird und sich der Termin im Regelfall auf die Anhörung des Beschuldigten beschränkt,[40] womit der Zweck der mündlichen Haftprüfung durchaus in Frage gestellt sein kann.

Beweisverbote sind zu beachten, namentlich findet § 252 entsprechende Anwendung. Das Gericht braucht Zeugen nicht zu vereidigen, es kann sich mit uneidlicher Aussage oder mit Glaubhaftmachung begnügen. Findet die mündliche Verhandlung, wie in der Regel, im vorbereitenden Verfahren statt, dürfen Zeugen und Sachverständige nur unter den Voraussetzungen der §§ 65, 72 vereidigt werden. 33

5. Protokoll. Die wesentlichen Vorschriften für das Hauptverhandlungsprotokoll werden für anwendbar erklärt, doch ist zu beachten, dass sie nur **entsprechend** gelten. So entfällt die Angabe der Schöffen ebenso wie die, dass öffentlich verhandelt ist, schon wegen der anderen Verfahrensart. Auf die Anwesenheit eines **Urkundsbeamten** kann nicht verzichtet werden; § 168 gilt wegen der Verweisung in Absatz 3 auf § 271 nicht.[41] § 273 ist nach dem Zweck der Verhandlung zu modifizieren. Es sind regelmäßig, wie im Hauptverfahren vor dem Strafrichter und dem Schöffengericht (§ 273 Abs. 2), die wesentlichen Ergebnisse der Vernehmungen in das Protokoll aufzunehmen. Denn sie dienen stets zugleich dem weiteren Verfahren; so kann eine protokollierte Aussage gemäß § 254 in der Hauptverhandlung verlesen werden. Ist die Einlassung des Beschuldigten jedoch nichtssagend, muss der Hinweis genügen, dass er gehört worden ist. Wiederholt er nur, was er bereits früher gesagt hat, sind Verweisungen auf frühere, auch polizeiliche, Protokolle erlaubt. Auf jeden Fall muss das Protokoll, wenn gegen die ergehende Entscheidung (Absatz 4) Beschwerde zulässig ist (Rn. 40), so abgefasst sein, dass das Beschwerdegericht die Entscheidungsgrundlagen nachprüfen kann. § 274 hat nur für die Hauptverhandlung Sinn. Die Verweisung nimmt ihn daher zu Recht von den Vorschriften aus, die entsprechend anzuwenden sind. Durch die Gesetzesänderung zum 1.1.2018, die zur Verwendung des Begriffs „Protokoll" an Stelle des Begriffs „Niederschrift" geführt hat, soll sprachlich verdeutlicht werden, dass „Niederschriften" bei elektronischer Aktenführung auch in elektronischer Form erstellt werden können; ferner soll die Neufassung sprachlicher Vereinheitlichung dienen.[42] 34

V. Entscheidung (Absatz 4)

1. Prüfungsumfang; Begründung. Das Gericht stellt dieselbe Prüfung an und hat dieselben Entscheidungsmöglichkeiten wie im schriftlichen Verfahren (§ 117, 21). Es verwertet neben dem Inhalt der mündlichen Verhandlung den gesamten Akteninhalt. Der 35

---

40 SSW/*Herrmann* 2; AnwK-StPO/*Lammer* 3; Radtke/Hohmann/*Tsambikakis* 3; *Schlothauer/Weider/Nobis* Rn. 796 (Skepsis der Haftrichter gegenüber einer „kleinen Hauptverhandlung").

41 LR/*Erb* § 168, 7; AK/*Krause* 5; SSW/*Herrmann* 8; HK-GS/*Laue* 3; *Schlothauer/Weider/Nobis* Rn. 797; **a.A.** (ohne Begründung) BGH StV **1996** 131; Graf/*Krauß* 3.

42 Vgl. dazu BTDrucks. **18** 9416 S. 59.

Sachverhalt kann aktualisiert und die Haftgründe können ausgetauscht werden. Wird der Haftbefehl wegen neuer Taten erweitert oder ergänzt (§ 114, 53), ist sofort das Verfahren nach §§ 114a, 115 Abs. 2 und 3 durchzuführen (§ 117, 21).

36 Die Entscheidung ergeht – wenn die Staatsanwaltschaft nicht anwesend ist, nach ihrer schriftlichen Erklärung (§ 33 Abs. 2) – als Beschluss. Der Beschluss ist zu begründen (§ 34). Die **Gründe** müssen es dem Beschwerdegericht ermöglichen, die ergangene Entscheidung zu überprüfen. Daher müssen sie, wenn der Haftbefehl aufrechterhalten wird, die Tatsachen angeben, aus denen der dringende Verdacht einer bestimmten Tat begründet ist. Das Gericht hat sich mit § 112 Abs. 1 Satz 2 und mit § 116 Abs. 1 bis 3 auseinanderzusetzen (§ 117, 21). Auf den Haftbefehl oder eine frühere Entscheidung zu verweisen, ist zulässig, reicht aber nur aus, wenn keine neuen Umstände zutage getreten sind, die es erfordern, die Verdachtsfrage neu zu erörtern.

37 Die Begründung muss ferner die Tatsachen angeben, aus denen sich der **Haftgrund** ergibt. Hatten die bei der Entscheidung angenommenen Haftgründe auch schon dem Haftbefehl oder einer früheren Entscheidung zugrunde gelegen und sind sie unverändert, kann hierauf verwiesen werden. Die gleichen Angaben müssen gemacht werden, wenn der Vollzug des Haftbefehls ausgesetzt wird (§ 116 Abs. 1 bis 3; § 72 Abs. 1 JGG). Denn bei dieser Entscheidung bleibt der Haftbefehl unberührt und bedarf der Begründung. Zusätzlich sind auch die tragenden Gründe für die Aussetzung anzugeben. S. auch § 117, 21. Je intensiver die Beweisbeibringung und je substantiierter das Entlastungsvorbringen des Beschuldigten, umso höher sind, wenn den Begehren nicht nachgegangen wurde, die Begründungsanforderungen.[43] Zu den durch die Rechtsprechung des BVerfG verschärften Anforderungen an die **Begründungstiefe** s. § 117, 23.

38 Wird der Haftbefehl hingegen **aufgehoben**, braucht das Gericht nur zu begründen, warum es entweder den Tatverdacht, dessen Dringlichkeit oder den Haftgrund verneint.

39 **2. Bekanntmachung.** Die Entscheidung ist grundsätzlich am Schluss der mündlichen Verhandlung vom Vorsitzenden in Gegenwart des Beschuldigten oder, wenn dieser nicht vorgeführt worden ist, in Gegenwart des Verteidigers zu verkünden. Sonst Teilnahmeberechtigten, die am Schluss der mündlichen Verhandlung nicht anwesend sind, ist der Beschluss mitzuteilen. Die formlose Mitteilung genügt, weil durch die Bekanntmachung der Entscheidung keine Frist in Lauf gesetzt wird (§ 35 Abs. 2 Satz 2). Auch dem Beschuldigten oder seinem Verteidiger ist die Entscheidung mitzuteilen, wenn sie nicht am Schluss der mündlichen Verhandlung ergehen konnte, etwa weil eine längere Beratung erforderlich war. Wird die Entscheidung nicht am Verhandlungsschluss verkündet, so ist sie möglichst rasch, spätestens binnen einer Woche, zu erlassen und umgehend bekanntzumachen. Neue Tatsachen, die nach Schluss der mündlichen Verhandlung bekannt werden, dürfen nicht verwertet werden, doch kann das Gericht die Verhandlung wieder eröffnen, solange die Entscheidung noch nicht ergangen (§ 33, 9) ist.[44]

VI. Beschwerde

40 Gegen die Entscheidung ist, wenn sie nicht von einem Strafsenat als Rechtsmittelgericht ergeht (§ 304 Abs. 4), Beschwerde zulässig, selbst wenn die Entscheidung die eines erkennenden Gerichts – auch die eines im ersten Rechtszug entscheidenden OLG

---

43 KMR/*Wankel* 6.
44 KK/*Graf* 6; SK/*Paeffgen* 7.

(§ 304 Abs. 4 Satz 2 Nr. 1) – ist (§ 305 Satz 2). Mit der Beschwerde kann auch die Verletzung von **Formvorschriften** geltend gemacht werden, etwa dass die Verhandlung statt vor dem Gericht nur vor dem Vorsitzenden oder einem beauftragten Richter oder in Abwesenheit eines Verteidigers stattgefunden habe, obwohl einer mitwirken musste. Das **Protokoll** hat hierfür, da § 274 in Absatz 5 nicht angeführt ist, keine Beweiskraft. Hat die Beschwerdeentscheidung das LG oder das OLG (§ 120 Abs. 3 und 4 GVG) getroffen, ist weitere Beschwerde zulässig (§ 310 Abs. 1). **Beschwerdeberechtigt** sind die Teilnahmeberechtigten (Rn. 28f.), die Staatsanwaltschaft stets, die übrigen, soweit sie beschwert sind. Dem Nebenkläger steht die Beschwerde nicht zu, denn er ist nicht beschwert.[45]

Die **Beschwerdeentscheidung** ergeht nach Lage der Akte, so dass auch zu berücksichtigen ist, was nach Schluss der mündlichen Verhandlung zu den Akten gebracht worden ist. Sind **Formvorschriften** verletzt, kann das Beschwerdegericht die in der Sache erforderliche Entscheidung, weil diese eine mündliche Verhandlung voraussetzt, nur erlassen, wenn es nach § 118 Abs. 2 in mündlicher Verhandlung entscheidet; andernfalls muss es die Sache zur erneuten Verhandlung und Entscheidung an das zuständige Gericht zurückverweisen.[46] Im Übrigen gilt das zu § 117, 24ff., und das zu § 114, 44ff. Ausgeführte entsprechend. Zum Ausschluss der Beschwerde gegen die Ablehnung eines Beweisantrages (§ 166) s. Rn. 32. 41

Zulässig ist schließlich eine **Untätigkeitsbeschwerde** gegen das Unterbleiben einer beantragten mündlichen Haftprüfung.[47] Die Beschwer des Beschuldigten dürfte grundsätzlich unzweifelhaft sein; die Beschränkung auf nicht von vornherein aussichtslose Haftprüfungen erscheint problematisch – sie dürfte wohl nicht die Frage der Zulässigkeit der Beschwerde betreffen, sondern allenfalls (aber auch das erscheint fraglich) deren Begründetheit. Da es in diesem Zusammenhang nicht im Allgemeinen um Rechtsschutz gegen eine überlange Verfahrensdauer, sondern um das Unterlassen eines in einem förmlichen Verfahren zu gewährenden rechtlichen Gehörs in einer spezifischen Verfahrenssituation unter Missachtung eines konkreten Gesetzesbefehls geht, ist der Rechtsbehelf nicht durch den nunmehr in § 198 GVG geregelten Entschädigungsanspruch ausgeschlossen.[48] 42

§ 118b
Anwendung von Rechtsmittelvorschriften

Für den Antrag auf Haftprüfung (§ 117 Abs. 1) und den Antrag auf mündliche Verhandlung gelten die §§ 297 bis 300 und 302 Abs. 2 entsprechend.

Entstehungsgeschichte

Eingefügt wurde die Vorschrift durch das Gesetz vom 27.12.1926. Durch Art. 1 Nr. 1 StPÄG 1964 wurde Absatz 1 auf die dort eingeführte Haftprüfung erstreckt und Absatz 2 (betr. das Beschwerderecht) entfiel.

---

45 Vgl. § 114, 43.
46 OLG Hamm Rpfleger **1949** 519; BayObLGSt **1953** 202; KK/*Graf* 7; Meyer-Goßner/*Schmitt* 7; Graf/*Krauß* 5; SSW/*Herrmann* 11; s. auch SK/*Paeffgen* 8.
47 OLG Braunschweig StraFo **2005** 26.
48 MüKo/*Böhm*/*Werner* 23; s. auch LR/*Krauß*[26] Nachtr. GVG § 198, 69.

https://doi.org/10.1515/9783110274929-019

Übersicht

I. Inhalt der Verweisung

1 Der Antrag auf Haftprüfung (§ 117 Abs. 1) ist ein **Rechtsbehelf**, der Antrag auf mündliche Verhandlung (§ 118 Abs. 1) ist eine Modifizierung des Rechtsbehelfs und daher selbst als solcher anzusehen. Für diese Rechtsbehelfe werden wesentliche Vorschriften für die Rechtsmittel für anwendbar erklärt:

2 Die Anträge kann für den Beschuldigten dessen **Verteidiger** stellen, jedoch nicht gegen dessen ausdrücklichen Willen (§ 297). Für die Rücknahme des Antrags bedarf es einer ausdrücklichen Ermächtigung des Beschuldigten (§ 302 Abs. 2). Entsprechendes gilt für die Zustimmung des Verteidigers zur Verlängerung der Frist des § 118 Abs. 5 (§ 118, 19).[1] Auch der **gesetzliche Vertreter** kann die Anträge anbringen (§ 298), unabhängig vom Willen des Beschuldigten.[2] Der Erziehungsberechtigte hat ein Antragsrecht gemäß § 67 Abs. 1 JGG. Der **nicht auf freiem Fuß** befindliche Beschuldigte hat Vergünstigungen für das Anbringen der Anträge (§ 299; § 117, 14). Eine fehlerhafte Bezeichnung des Antrags ist unschädlich (§ 300); s. auch § 117, 16.

II. Gesetzlicher Vertreter

3 § 298 verleiht dem gesetzlichen Vertreter des Beschuldigten (wegen des Begriffs s. Erl. zu § 298) die Befugnis, Rechtsmittel selbständig, **auch gegen den Willen des Beschuldigten**, einzulegen. Wegen des Verbots der reformatio in peius (§ 331 Abs. 1, § 358 Abs. 2 Satz 1) können Rechtsmittel dem Angeklagten grundsätzlich – lässt man die Kostenfrage, gewisse Maßregelentscheidungen (§ 331 Abs. 2, § 358 Abs. 2 Satz 2) und die Möglichkeit der Änderung des Schuldspruchs beiseite – nur nützen. Die „entsprechende" Anwendung des § 298, die § 118b vorschreibt, könnte daher zu der Auslegung führen, dass dem gesetzlichen Vertreter der Gebrauch des Antrags auf Haftprüfung und auf mündliche Verhandlung untersagt sei, wenn damit das Recht des Beschuldigten gefährdet wird, sich zu der Zeit zu verteidigen, die er für geeignet hält. Weil diese Gefährdung aber wegen der Befugnis des Gerichts, von Amts wegen nach mündlicher Verhandlung zu entscheiden (§ 118 Abs. 1), und dadurch weitere Anträge auf mündliche Verhandlung zu begrenzen (§ 118 Abs. 3), mit jedem Antrag auf Haftprüfung eintritt, bliebe bei dieser Auslegung für die entsprechende Anwendung des § 298 kein Raum.

4 Durch die Anordnung der entsprechenden Anwendung hat der Gesetzgeber jedoch zum Ausdruck gebracht, dass die Wendung „entsprechend" **nicht** die Forderung enthält, der Rechtsbehelf müsse dem Beschuldigten wie das Rechtsmittel grundsätzlich **nur nützlich** sein. Trotz der Selbständigkeit des Antrags des gesetzlichen Vertreters und trotz der Freiheit des Beschuldigten, sich selbst des Rechtsbehelfs zu bedienen, wirkt hier der Wille des gesetzlichen Vertreters auf die Rechte des Vertretenen ein, wie das im Zivilrecht die Regel, im Strafprozess aber eine seltene Ausnahme ist. De lege ferenda wird indessen zu prüfen sein, ob die Handlungen des Vertreters, die dem Vertretenen nicht nur nützlich sein können, auch weiterhin zugelassen werden sollen.

---

1 SK/*Paeffgen* 2; AK/*Krause* 2; SSW/*Herrmann* 1; HK/*Posthoff* 1; **a.A.** KK/*Graf* 1; Meyer-Goßner/*Schmitt* § 118, 4; MüKo/*Böhm*/*Werner* 4.

2 SK/*Paeffgen* 3; Meyer-Goßner/*Schmitt* 1.

§ 119
Haftgrundbezogene Beschränkungen während der Untersuchungshaft

(1) [1] Soweit dies zur Abwehr einer Flucht-, Verdunkelungs- oder Wiederholungsgefahr (§§ 112, 112a) erforderlich ist, können einem inhaftierten Beschuldigten Beschränkungen auferlegt werden. [2] Insbesondere kann angeordnet werden, dass

1. **der Empfang von Besuchen und die Telekommunikation der Erlaubnis bedürfen,**
2. **Besuche, Telekommunikation sowie der Schrift- und Paketverkehr zu überwachen sind,**
3. **die Übergabe von Gegenständen bei Besuchen der Erlaubnis bedarf,**
4. **der Beschuldigte von einzelnen oder allen anderen Inhaftierten getrennt wird,**
5. **die gemeinsame Unterbringung und der gemeinsame Aufenthalt mit anderen Inhaftierten eingeschränkt oder ausgeschlossen werden.**

[3] Die Anordnungen trifft das Gericht. [4] Kann dessen Anordnung nicht rechtzeitig herbeigeführt werden, kann die Staatsanwaltschaft oder die Vollzugsanstalt eine vorläufige Anordnung treffen. [5] Die Anordnung ist dem Gericht binnen drei Werktagen zur Genehmigung vorzulegen, es sei denn, sie hat sich zwischenzeitlich erledigt. [6] Der Beschuldigte ist über Anordnungen in Kenntnis zu setzen. [7] Die Anordnung nach Satz 2 Nr. 2 schließt die Ermächtigung ein, Besuche und Telekommunikation abzubrechen sowie Schreiben und Pakete anzuhalten.

(2) [1] Die Ausführung der Anordnungen obliegt der anordnenden Stelle. [2] Das Gericht kann die Ausführung von Anordnungen widerruflich auf die Staatsanwaltschaft übertragen, die sich bei der Ausführung der Hilfe durch ihre Ermittlungspersonen und die Vollzugsanstalt bedienen kann. [3] Die Übertragung ist unanfechtbar.

(3) [1] Ist die Überwachung der Telekommunikation nach Absatz 1 Satz 2 Nr. 2 angeordnet, ist die beabsichtigte Überwachung den Gesprächspartnern des Beschuldigten unmittelbar nach Herstellung der Verbindung mitzuteilen. [2] Die Mitteilung kann durch den Beschuldigten selbst erfolgen. [3] Der Beschuldigte ist rechtzeitig vor Beginn der Telekommunikation über die Mitteilungspflicht zu unterrichten.

(4) [1] Die §§ 148, 148a bleiben unberührt. [2] Sie gelten entsprechend für den Verkehr des Beschuldigten mit

1. **der für ihn zuständigen Bewährungshilfe,**
2. **der für ihn zuständigen Führungsaufsichtsstelle,**
3. **der für ihn zuständigen Gerichtshilfe,**
4. **den Volksvertretungen des Bundes und der Länder,**
5. **dem Bundesverfassungsgericht und dem für ihn zuständigen Landesverfassungsgericht,**
6. **dem für ihn zuständigen Bürgerbeauftragten eines Landes,**
7. **dem Bundesbeauftragten für den Datenschutz und die Informationsfreiheit, den für die Kontrolle der Einhaltung der Vorschriften über den Datenschutz in den Ländern zuständigen Stellen der Länder und den Aufsichtsbehörden nach § 38 des Bundesdatenschutzgesetzes,**
8. **dem Europäischen Parlament,**
9. **dem Europäischen Gerichtshof für Menschenrechte,**
10. **dem Europäischen Gerichtshof,**
11. **dem Europäischen Datenschutzbeauftragten,**
12. **dem Europäischen Bürgerbeauftragten,**
13. **dem Europäischen Ausschuss zur Verhütung von Folter und unmenschlicher oder erniedrigender Behandlung oder Strafe,**

https://doi.org/10.1515/9783110274929-020

14. der Europäischen Kommission gegen Rassismus und Intoleranz,
15. dem Menschenrechtsausschuss der Vereinten Nationen,
16. den Ausschüssen der Vereinten Nationen für die Beseitigung der Rassendiskriminierung und für die Beseitigung der Diskriminierung der Frau,
17. dem Ausschuss der Vereinten Nationen gegen Folter, dem zugehörigen Unterausschuss zur Verhütung von Folter und den entsprechenden Nationalen Präventionsmechanismen,
18. den in § 53 Abs. 1 Satz 1 Nr. 1 und 4 genannten Personen in Bezug auf die dort bezeichneten Inhalte,
19. soweit das Gericht nichts anderes anordnet,
a) den Beiräten bei den Justizvollzugsanstalten und
b) der konsularischen Vertretung seines Heimatstaates.

[3] Die Maßnahmen, die erforderlich sind, um das Vorliegen der Voraussetzungen nach den Sätzen 1 und 2 festzustellen, trifft die nach Absatz 2 zuständige Stelle.

(5) [1] Gegen nach dieser Vorschrift ergangene Entscheidungen oder sonstige Maßnahmen kann gerichtliche Entscheidung beantragt werden, soweit nicht das Rechtsmittel der Beschwerde statthaft ist. [2] Der Antrag hat keine aufschiebende Wirkung. [3] Das Gericht kann jedoch vorläufige Anordnungen treffen.

(6) [1] Die Absätze 1 bis 5 gelten auch, wenn gegen einen Beschuldigten, gegen den Untersuchungshaft angeordnet ist, eine andere freiheitsentziehende Maßnahme vollstreckt wird (§ 116b). [2] Die Zuständigkeit des Gerichts bestimmt sich auch in diesem Fall nach § 126.

Schrifttum

Engelstätter Erste Rechtsprechung zum Vollzug der Untersuchungshaft gem. § 119 StPO neuer Fassung – neue praktische Anforderungen für (Haft-)Richter und Staatsanwälte? SchlHA **2011** 365; *Esser* Die Fesselung des Angeklagten in der Hauptverhandlung – eine haftgrundbezogene Beschränkung der Untersuchungshaft? GedS Wesslau (2016) 97; *Feest/Pollähne* Haftgründe und Abgründe – Eine Zwischenbilanz zur Untersuchungshaftgesetzgebung, FS **2009** 30; *Hemm* Der Anspruch auf Verteidigertelefonate während der Untersuchungshaft NStZ **2018** 433; *Kirschke/Brune* Der gemeinsame Gesetzentwurf der länderübergreifenden Arbeitsgruppe zum Untersuchungshaftvollzugsgesetz, FS **2009** 18; *König* Zur Neuregelung der haftrichterlichen Zuständigkeiten in § 119 StPO, NStZ **2010** 185; *Lammer* Neuerungen im Recht der Untersuchungshaft – eine erste Bilanz, AnwBl. **2013** 325; *Oppenborn/Schäferskiüpper* Das „Recht des Untersuchungshaftvollzugs" in Niedersachsen, FS **2009** 21; *Paeffgen* Das Niedersächsische Justizvollzugsgesetz vom 14.12.2007, StV **2009** 46; *Seebode* Das „Recht des Untersuchungshaftvollzugs" im Sinne des Art. 74 GG, HRRS **2008** 236; *ders.* Wer regelt den Justizvollzug? Vollzugsgesetze und formelles Verfassungsrecht, FS **2009** 7; *Wiesneth* Die Untersuchungshaft (2010); weiteres Schrifttum bei § 114a.

Entstehungsgeschichte

Der Entwurf zur StPO (1873) enthielt in § 102 (allein) die Bestimmung, dass dem Verhafteten „nur solche Beschränkungen auferlegt werden" dürfen, „die der Zweck der Untersuchungshaft oder die Ordnung in der Vollzugsanstalt erfordert". Die Justizkommission des Reichstages formulierte dann mit § 116 eine Vorschrift, die im Wesentlichen der des § 119 in der bis zum 31.12.2009 geltenden Fassung entsprach und neben der genannten Bestimmung den Trennungsgrundsatz, die Garantie von Bequemlichkeiten und den Richtervorbehalt für die Gestaltung des Vollzugs der Untersuchungshaft festschrieb. Nachdem der Untersuchungsgefangene durch die AV des Reichsjustizministers vom 23.3.1938 (DJ 447) für „grundsätzlich arbeitspflichtig" erklärt worden war, erhielt § 116 durch Art. 9 § 3 der 2. VereinfVO folgende Fassung:

(1) Dem Verhafteten dürfen die Beschränkungen auferlegt werden, die der Zweck der Untersuchungshaft, die Ordnung in der Anstalt oder die Sicherheit erfordern. Er kann zur Arbeit angehalten werden.

(2) Der Verhaftete soll in Einzelhaft untergebracht werden; das muß geschehen, wenn es der Zweck des Verfahrens erfordert.

(3) Über Maßnahmen zur Sicherung des Strafverfahrens entscheidet im Vorverfahren der Amtsrichter oder der Staatsanwalt, in der Voruntersuchung der Untersuchungsrichter und im Hauptverfahren der Vorsitzende des Gerichts. In dringenden Fällen kann der Anstaltsleiter vorläufige Anordnungen treffen; sie bedürfen der Bestätigung durch den Richter oder Staatsanwalt.

(4) Die näheren Rechts- und Verwaltungsvorschriften über den Vollzug der Untersuchungshaft erläßt der Reichsminister der Justiz.

Mit Art. 3 Nr. 47 VereinhG wurde § 116 wieder mit geringen Abweichungen auf seinen ursprünglichen Inhalt zurückgeführt. Durch Art. 1 Nr. 1 StPÄG 1964 erhielt die Vorschrift die jetzige Paragraphenbezeichnung (§ 119). Der bisherige Absatz 1 wurde, um den Trennungsgrundsatz schärfer zum Ausdruck zu bringen, in zwei Absätze aufgeteilt und Absatz 5 ausführlicher gehalten. Sie erhielt folgenden Wortlaut, der bis zum 31.12.2009 unverändert blieb:

(1) Der Verhaftete darf nicht mit anderen Gefangenen in demselben Raum untergebracht werden. Er ist auch sonst von Strafgefangenen, soweit möglich, getrennt zu halten.

(2) Mit anderen Untersuchungsgefangenen darf er in demselben Raum untergebracht werden, wenn er es ausdrücklich schriftlich beantragt. Der Antrag kann jederzeit in gleicher Weise zurückgenommen werden. Der Verhaftete darf auch dann mit anderen Gefangenen in demselben Raum untergebracht werden, wenn sein körperlicher oder geistiger Zustand es erfordert.

(3) Dem Verhafteten dürfen nur solche Beschränkungen auferlegt werden, die der Zweck der Untersuchungshaft oder die Ordnung in der Vollzugsanstalt erfordert.

(4) Bequemlichkeiten und Beschäftigungen darf er sich auf seine Kosten verschaffen, soweit sie mit dem Zweck der Haft vereinbar sind und nicht die Ordnung in der Vollzugsanstalt stören.

(5) Der Verhaftete darf gefesselt werden, wenn

1. die Gefahr besteht, daß er Gewalt gegen Personen oder Sachen anwendet, oder wenn er Widerstand leistet,
2. er zu fliehen versucht oder wenn bei Würdigung der Umstände des Einzelfalles, namentlich der Verhältnisse des Beschuldigten und der Umstände, die einer Flucht entgegenstehen, die Gefahr besteht, daß er sich aus dem Gewahrsam befreien wird,
3. die Gefahr des Selbstmordes oder der Selbstbeschädigung besteht

und wenn die Gefahr durch keine andere, weniger einschneidende Maßnahme abgewendet werden kann. Bei der Hauptverhandlung soll er ungefesselt sein.

(6) Die nach diesen Vorschriften erforderlichen Maßnahmen ordnet der Richter an. In dringenden Fällen kann der Staatsanwalt, der Anstaltsleiter oder ein anderer Beamter, unter dessen Aufsicht der Verhaftete steht, vorläufige Maßnahmen treffen. Sie bedürfen der Genehmigung des Richters.

§ 119 wurde ergänzt durch Bestimmungen des StVollzG sowie die §§ 93, 110 JGG.

Die Vorschrift ist durch Artikel 1 Nummer 5 des Gesetzes zur Änderung des Untersuchungshaftrechts vom 29.7.2009 (BGBl. I S. 2274) mit Wirkung zum 1.1.2010 vollständig neu gefasst worden und hat mit Wirkung zum 25.7.2015[1] – im Kontext der Schaffung einer dem Gesetz zur Modernisierung und Erleichterung der Rechtsanwendung[2] vorangestellten amtlichen Inhaltsübersicht – ihre Überschrift erhalten.

1 Art. 1 Nr. 13 des Gesetzes zur Stärkung des Rechts des Angeklagten auf Vertretung in der Berufungshauptverhandlung und über die Anerkennung von Abwesenheitsentscheidungen in der Rechtshilfe vom 17.7.2015

2 BTDrucks. **18** 3562 S. 77.

Übersicht

Alphabetische Übersicht

I. Vorbemerkungen

1. Allgemeines. Die §§ 119, 119a betreffen den **Vollzug der Untersuchungshaft** und stellen die (einzigen) bundeseinheitlichen Regelungen insoweit dar. Grundsätzlich gilt, dass der Vollzug der Untersuchungshaft **menschenwürdig** und insgesamt so auszuge- 1 stalten ist, dass **Grundrechtsbeeinträchtigungen** generell und in jedem Einzelfall möglichst vermieden oder **auf das Unerlässliche reduziert** werden.[3] Grundrechtsbeschränkungen, die über die mit dem Vollzug der Untersuchungshaft notwendig verbundene Einschränkung der körperlichen Bewegungsfreiheit hinausgehen, sind daher nur ausnahmsweise zulässig, nämlich wenn zwingende Gründe diese erfordern und weniger einschränkende Maßnahmen, die gleichfalls ausreichend erfolgsgeeignet erscheinen, nicht zur Verfügung stehen. Anordnungen und sonstige Maßnahmen, die sich mit der Menschenwürde nicht vereinbaren lassen, sind unzulässig.

2 **2. Erfordernis gesetzlicher Regelung.** Die deshalb in der Vorauflage[4] als aus rechtsstaatlichen Gründen dringend erforderlich angemahnte **gesetzliche Regelung des Untersuchungshaftvollzugs** ist mittlerweile **erfolgt**. Dass dies nicht bundeseinheitlich in einem Untersuchungshaftvollzugsgesetz geschehen ist, ist in erster Linie den Auswirkungen der **Föderalismusreform** geschuldet. Mit Art. 1 Nr. 7 a) aa) des 52. Gesetzes zur Änderung des Grundgesetzes vom 28.8.2006 (BGBl. I S. 2034) ist eine Neuverteilung der Gesetzgebungskompetenz für den Bereich der Untersuchungshaft zwischen Landes- und Bundesgesetzgeber vorgenommen worden. Die (konkurrierende) Gesetzgebungskompetenz des Bundes beschränkt sich nach Art. 70 Abs. 1 i.V.m. Art. 74 Abs. 1 Nr. 1 GG nunmehr auf „das gerichtliche Verfahren (ohne das Recht des Untersuchungshaft*vollzugs*)". Damit wurden weite Teile der Regelungsmaterie des § 119 a.F. und der ihn ergänzenden Untersuchungshaftvollzugsordnung (UVollzO) in die Gesetzgebungskompetenz der Länder übertragen, von der diese nach und nach mit der Verabschiedung von Landesuntersuchungshaftvollzugsgesetzen[5] Gebrauch gemacht haben. Diese regeln nunmehr die allgemeine Ausgestaltung der Untersuchungshaft sowie die Eingriffsbefugnisse zur Gewährleistung der Sicherheit und Ordnung in der Vollzugsanstalt. Welches Landesgesetz anzuwenden ist, richtet sich danach, in welchem Bundesland die Untersuchungshaft vollzogen wird, nicht danach, wo das die Untersuchungshaft anordnende Gericht seinen Sitz hat.[6]

3 **3. Bedeutung der Neuregelung; Inhalt der Norm.** Mit der Neufassung des § 119 sollte dagegen die **Regelung der im Bereich der Gesetzgebungskompetenz des Bundes verbliebenen Inhalte des § 119 a.F.** und der ihn ergänzenden UVollzO erfolgen.[7] Zugleich sollte dieser bislang im Wesentlichen außerhalb der Strafprozessordnung (nämlich in der UVollzO) normierte Bereich **in die bundesgesetzliche Regelung integriert** und so eine Zentralisation der bundesgesetzlichen Vorschriften zum gerichtlichen Verfahren i.S. des Art. 74 Abs. 1 Nr. 1 GG in der Strafprozessordnung herbeigeführt werden. Die am Rande mit der Neufassung des § 119 zudem verfolgte Zielsetzung der für den

---

3 EGMR *Kudla v. Polen*, 30210/96, Urt. v. 26.10.2000 = NJW **2001** 2694; zur Zulässigkeit einer engen, insbesondere Kontakte nahezu ausschließenden Sicherheitsverfügung bei schwersten Straftaten zur Sicherung der Haftzwecke s. BerlVerfGH NStZ-RR **1999** 316; zum Schadensersatz bei menschenunwürdiger Unterbringung BVerfG StV **2006** 708 mit krit. Anm. *Ostendorf/Nolte*; OLG Karlsruhe NJW-RR **2005** 1267; LG Karlsruhe StV **2004** 550; s. auch LG Marburg StV **1998** 563; LR/*Lind* Vor § 112 Rn. 73 f.

4 LR/*Hilger*[26] Vor § 112, 71 m.w.N.

5 Baden-Württemberg: JVollzGB BW v. 10.11.2009; Bayern: BayUVollzG v. 20.12.2011; Berlin: Berliner UVollzG v. 3.12.2009; Brandenburg: BbgUVollzG v. 8.7.2009; Bremen: BremUVollzG v. 2.3.2010; Hamburg: HmbUVollzG v. 15.12.2009; Hessen: HUVollzG v. 28.6.2010; Mecklenburg-Vorpommern: UVollzG M-V v. 17.12.2009; Niedersachsen: NJVollzG v. 14.12.2007, geändert durch Gesetz v. 20.2.2009 und Art. 2 des Gesetzes v. 25.3.2009; Nordrhein-Westfalen: UVollzG NRW v. 27.10.2009; Rheinland-Pfalz: LUVollzG RhPf v. 15.9.2009; Saarland: SUVollzG v. 1.7.2009; Sachsen: SächsUHaftVollzG v. 14.12.2010; Sachsen-Anhalt: UVollzG LSA v. 22.3.2010; Schleswig-Holstein: UVollzG v. 16.12.2011; Thüringen: ThürUVollzG v. 8.7.2009.

6 Vgl. KK/*Schultheis* 5.

7 BTDrucks. **16** 11644 S. 23.

Rechtsanwender verständlicheren und **übersichtlicheren Gestaltung** der Regelung hat Ausdruck in ihrem Absatz 4 gefunden, der nunmehr alle Fälle erfasst, in denen dem inhaftierten Beschuldigten grundsätzlich ohne Einzelfallprüfung ein unbeschränkter (und unüberwachter) Verkehr mit Dritten zu gewähren ist, nachdem sich die bisherigen – unvollständigen – Regelungen hierzu in verschiedenen Rechtsvorschriften außerhalb der Strafprozessordnung fanden.[8] Soweit § 119 Abs. 1 in Satz 3 von der grundsätzlichen Anordnungskompetenz und in Satz 5 von der Genehmigung des „Gerichts", nicht mehr von dem „Richter" (§ 119 Abs. 6 Satz 1 und 3 a.F.) als zuständigem Organ spricht, handelt es sich – analog zu der entsprechenden Änderung in den §§ 115, 126 – um eine sprachliche Angleichung an die bei strafprozessualen Untersuchungshandlungen bereits bisher (§ 162 a.F.) gewählte Bezeichnung und die Umsetzung des gesetzgeberischen Ziels einer **geschlechtsneutralen Gesetzessprache.**[9] Eine inhaltliche Änderung ist damit nicht verbunden. Gleiches gilt für die Verwendung der Begriffe „Staatsanwaltschaft" – anstelle der Bezeichnung „der Staatsanwalt" in § 119 Abs. 6 Satz 2 a.F. – und „Vollzugsanstalt" – statt „der Anstaltsleiter oder ein anderer Beamter, unter dessen Aufsicht der Verhaftete steht" – in Satz 4.

Hatte § 119 in der bis zum 31.12.2009 geltenden Fassung in seinem Absatz 3 auch noch die nunmehr in die Regelungskompetenz der Länder (s. Rn. 2) fallenden Beschränkungen umfasst, die der Richter (§ 119 Abs. 6 a.F.) dem Verhafteten auferlegen durfte, wenn sie zur Aufrechterhaltung der Ordnung in der Anstalt erforderlich waren, regelt § 119 nunmehr ausschließlich den Bereich, der bislang durch **§ 119 Abs. 3 1. Alt. a.F.** erfasst wurde. Dabei normiert die Vorschrift – dem anerkannten Reformbedarf folgend – die bislang unter dem Gesichtspunkt „Zweck der Untersuchungshaft" möglichen **Beschränkungen der Freiheitsrechte des inhaftierten Beschuldigten, ihre Anordnung und Ausführung, die Zuständigkeiten sowie den diesbezüglich gewährten gerichtlichen Rechtsschutz** weit umfassender und präziser als die Generalklausel des § 119 Abs. 3 a.F. Dies trägt dem verfassungsrechtlichen Gesetzlichkeitsprinzip differenzierter Rechnung als die bisherige Regelung.[10] Eine inhaltliche Veränderung der möglichen Maßnahmen im Vergleich zur bisherigen Rechtslage beabsichtigte der Gesetzgeber dabei aber nicht.[11] 4

Die Vorschrift sieht **keine standardmäßige Geltung von Beschränkungen** zur Erreichung des Haftzwecks im Untersuchungshaftvollzug vor. Vielmehr legt sie fest, dass jede – über den Freiheitsentzug durch die Inhaftierung hinausgehende – Beschränkung der Freiheitsrechte des inhaftierten Beschuldigten **im Einzelfall** auf ihre konkrete Erforderlichkeit geprüft und **ausdrücklich angeordnet** sowie begründet werden muss.[12] Damit entzieht sie der bisher üblichen, auf die UVollzO zurückgehenden Praxis der regelmäßig weitreichenden Beschränkungen der Freiheitsrechte und ausnahmsweisem Absehen hiervon die Grundlage und stellt dieses Regel-Ausnahme-Verhältnis in Umsetzung der Unschuldsvermutung und des Verhältnismäßigkeitsgrundsatzes „vom Kopf auf die Füße".[13] 5

---

8 BTDrucks. **16** 11644 S. 14.
9 BTDrucks. **16** 11644 S. 14, 21, 33.
10 *Bittmann* NStZ **2010** 14; *Michalke* NJW **2010** 17.
11 BTDrucks. **16** 11644 S. 12, 24.
12 OLG Frankfurt NStZ-RR **2010** 294; OLG Hamm NStZ-RR **2010** 221; KG StV **2010** 370; *Brocke/Heller* StraFo **2011** 2.
13 *König* NStZ **2010** 185; *ders.* AnwBl. **2010** 50; *ders.* StV **2011** 704.

6 **4. Gesetzgebungskompetenzen.** Während die ausschließliche legislative Zuständigkeit für den Untersuchungshaft*vollzug* (das „Wie" der Untersuchungshaft) mit der Föderalismusreform auf die Länder übergegangen ist, verblieb die Regelung des **Untersuchungshaftrechts** (das „Ob" der Untersuchungshaft) in der Kompetenz des Bundesgesetzgebers. Dazu gehört die Regelung der Untersuchungshaft selbst einschließlich der Voraussetzungen, unter denen sie angeordnet und vollzogen werden kann, und ihrer Dauer.

7 Dass die **Regelungskompetenz des Bundes** auch Bestimmungen mit dem Ziel, die ordnungsgemäße Durchführung des Strafverfahrens zu sichern, umfasst und der Bund deshalb auch solche **Maßnahmen** regeln kann, **die der Zweck der Untersuchungshaft erfordert**, wie es die Motive des Gesetzgebers ausweisen,[14] wird teilweise infrage gestellt.[15] Nach der Gesetzesbegründung[16] soll die in § 119 Abs. 3 1. Alt. a.F. geregelte Anordnung solcher Beschränkungen, die zur Erreichung des Zwecks der Untersuchungshaft, mithin zur Abwehr von Flucht-, Verdunkelungs- und Wiederholungsgefahren und der Sicherung der ordnungsgemäßen Durchführung des Strafverfahrens bzw. der Abwehr erheblicher Gefahren für bedeutende Rechtsgüter erforderlich sind, weiterhin in die Gesetzgebungskompetenz des Bundes fallen. Ebenso wie die Anordnung der Freiheitsentziehung selbst würden sich diese, über sie hinausgehenden Beschränkungen eben gerade aus diesem Zweck rechtfertigen. Diesem engen Verständnis des Begriffs des Untersuchungshaftvollzugs hat sich mittlerweile die ganz überwiegende Auffassung in Rechtsprechung und Schrifttum angeschlossen.[17]

8 **Abweichend** hiervon vertritt das **OLG Celle**[18] in weiter Auslegung des Vollzugsbegriffs die Auffassung, die **Länder** seien für sämtliche Entscheidungen und sonstigen Maßnahmen im Untersuchungshaftvollzug zuständig, die nicht die Entscheidung über die Zulässigkeit und Fortdauer der Untersuchungshaft an sich, sondern das „Wie" der Untersuchungshaft betreffen, also für alle Eingriffsmaßnahmen, die einen Verdächtigen nur wegen seiner Inhaftierung und zusätzlich zu dieser treffen können, und damit **auch** für **Beschränkungen, die dem Zweck der Untersuchungshaft dienen**. Von dieser Regelungskompetenz habe der niedersächsische Landesgesetzgeber mit der Verabschiedung des NJVollzG[19] Gebrauch gemacht, so dass § 119 für den Bereich des Untersuchungshaftvollzugs in Niedersachsen überhaupt keine Anwendung finde. Dieses weite Verständnis des Untersuchungshaftvollzugsbegriffs wird durch die Auslegung *Seebodes* gestützt.[20]

---

14 BTDrucks. **16** 11644 S. 12.

15 Mit beachtlichen Argumenten *Seebode* HRRS **2008** 236, 239, 241; *ders.* FS **2009** 7.

16 BTDrucks. **16** 11644 S. 23.

17 BGH (Ermittlungsrichter) StraFo **2012** 227; KG StV **2010** 370; OLG Frankfurt NStZ-RR **2010** 294; OLG Hamm StV **2010** 369 (insoweit nicht abgedruckt in NStZ-RR **2010** 221); NStZ-RR **2010** 292; OLG Köln NStZ **2011** 55; OLG Rostock NStZ **2010** 350, 351; *Bittmann* NStZ **2010** 14; *Brocke/Heller* StraFo **2011** 3; *Deckers* StraFo **2009** 441; *Harms* FS **2009** 13; *Kazele* NJ **2010** 4; *ders.* StV **2010** 258; *Kirschke/Brune* FS **2009** 18; Graf/*Krauß* 2, 3; AnwK-StPO/*Lammer* 1, 2; Meyer-Goßner/*Schmitt* 2; *Michalke* NJW **2010** 19; *Paeffgen* StV **2009** 47 f.; SK/*Paeffgen* 2; HK/*Posthoff* 1; *Weider* StV **2010** 106; hinsichtlich der Abwehr einer Fluchtgefahr differenzierend *König* NStZ **2010** 186; AnwK-UHaft/*König* 9.

18 OLG Celle StV **2010** 194 mit abl. Anm. *Kazele* StV **2010** 258; *Nestler* HRRS **2010** 546; festhaltend StraFo **2012** 228 – gegen BGH (Ermittlungsrichter) StraFo **2012** 227; anders für den Vollzug der Auslieferungshaft NStZ **2012** 649 (Zuständigkeit des Senatsvorsitzenden für Beschränkungen in Auslieferungssachen, die den Zweck der Auslieferungshaft betreffen, auch in Niedersachsen nach § 27 Abs. 1 IRG i.V.m. § 119 StPO und § 27 Abs. 3 IRG).

19 Niedersächsisches Justizvollzugsgesetz (NJVollzG) vom 14.12.2007 (Nds.GVBl. Nr. 41/2007 S. 720), geändert durch das Gesetz vom 20.2.2009 (Nds. GVBl. Nr.3/2009 S. 32) und Art. 2 des Gesetzes vom 25.3.2009 (Nds. GVBl. Nr. 6/2009 S. 72).

20 *Seebode* HRRS **2008** 236 ff.; *ders.* FS **2009** 7.

Die **Reichweite der Kompetenzänderung**, die mit der Föderalismusreform eingetreten ist, konnte einer ausdrücklichen **verfassungsgerichtlichen Klärung** nicht zugeführt werden. Eine auf der Annahme, die Regelungen des NJVollzG über die Zuständigkeiten für die Kontrolle der Post des Untersuchungsgefangenen beträfen nicht den Untersuchungshaft*vollzug* und seien wegen fehlender Gesetzgebungsbefugnis des Landes verfassungswidrig, fußende Vorlage des OLG Oldenburg[21] hat der 2. Senat des BVerfG für unzulässig erklärt.[22] Auch eine nachfolgende, dieselben Bestimmungen betreffende Vorlage des AG Meppen[23] wurde mit Kammerbeschluss als unzulässig wegen nicht ausreichender Darlegung der Entscheidungserheblichkeit zurückgewiesen.[24] Nachdem das BVerfG in seinem stattgebenden Kammerbeschluss vom 30.10.2014[25] ausgeführt hat, dass § 119 Abs. 1 für beschränkende „Maßnahmen, die dem Zweck der Untersuchungshaft zu dienen bestimmt sind“, auch nach der Übertragung der Gesetzgebungskompetenz für den Untersuchungshaftvollzug auf die Länder „die generalklauselartige Rechtsgrundlage“ darstelle, ist jedoch davon auszugehen, dass es sich in der Sache selbst im Sinne des Gesetzgebers positioniert hat. 9

Das der gesetzlichen Regelung zugrunde liegende enge Verständnis des Begriffs des Untersuchungshaftvollzugs hat hinsichtlich der Beschränkungen, die einem inhaftierten Beschuldigten über den Freiheitsentzug hinaus auferlegt werden können, je nach dem Grund für die Anordnung derselben eine **Überschneidung der Gesetzgebungskompetenzen** von Bund und Ländern zur Folge.[26] Dieselbe Beschränkung, beispielsweise die Fesselung des Untersuchungsgefangenen oder die Überwachung seines Schriftverkehrs, kann sowohl (haftrichterlich) zum Zwecke der Abwehr etwa einer bestehenden Flucht- oder Verdunkelungsgefahr, als auch (auf länderrechtlicher Grundlage und regelmäßig durch die Vollzugsanstalt) aus vollzuglichen Gründen, zum Beispiel um der Gefahr der Gewaltanwendung gegen Personen oder Sachen durch den Untersuchungsgefangenen zu begegnen oder zu verhindern, dass dieser Ziele und Methoden terroristischer Vereinigungen propagiert und Sympathiewerbung für sie betreibt, angeordnet werden.[27] Daraus resultierende Abgrenzungsschwierigkeiten zwischen haftrichterlichen und Anordnungszuständigkeiten der Vollzugsanstalten hat der Gesetzgeber nicht gesehen.[28] So steht der Anordnung einer Beschränkung zur Sicherung des Haftzwecks nach § 119 grundsätzlich nicht entgegen, dass die Vollzugsanstalt bereits dieselbe (oder eine vergleichbare) Regelung auf der Grundlage des Landesuntersuchungshaftvollzugsgesetzes zur Aufrechterhaltung der Sicherheit und Ordnung in der Anstalt getroffen hat. Vielmehr bestehen beide Anordnungen nebeneinander und sind solange (nebeneinander) auszuführen, bis eine der Anordnungen von dem zuständigen Entscheidungsträger nicht mehr für erforderlich (zur Erreichung des jeweiligen Anordnungsziels) gehalten und aufgehoben wird. Die damit ggf. verbundenen Mehrbelastungen für den Untersuchungsgefangenen – etwa die zu Verzögerungen führende doppelte Postkontrolle durch zwei unterschiedliche Stellen – sind in die Verhältnismäßigkeitserwägungen bei der Anordnung der Beschränkung und ihrer Ausführung einzubeziehen. Umgekehrt ist die – nach den Landesgesetzen re- 10

---

21 StV **2008** 195.
22 BVerfGE **121** 233.
23 Vorlagebeschl. v. 11.9.2008 – NZS 21 Gs 276/08 –, nicht veröffentlicht.
24 BVerfG Beschl. v. 20.11.2008 – 2 BvL 16/08 – (juris).
25 NStZ-RR **2015** 79.
26 BTDrucks. **16** 11644 S. 12, 23: „... unvermeidbare Konsequenz der durch die Föderalismusreform in Artikel 74 GG getroffenen Kompetenzzuweisung“; HK/*Posthoff* 4; KK/*Schultheis* 3; Meyer-Goßner/*Schmitt* 2; *Brocke/Heller* StraFo **2011** 3; *Weider* StV **2010** 106.
27 BTDrucks. **16** 11644 S. 12, 23.
28 BTDrucks. **16** 11644 S. 23 f.

gelmäßig hierfür zuständige – Vollzugsanstalt nicht gehindert, eine Beschränkung, die vom Richter zur Erreichung der Haftzwecke nicht für erforderlich gehalten wird, zur Aufrechterhaltung der Sicherheit und Ordnung in der Anstalt auf der Grundlage landesgesetzlicher Regelung selbst anzuordnen, wenn die Voraussetzungen hierfür vorliegen. Trifft der Richter aber eine Anordnung nach § 119, ist diese von der Vollzugsanstalt zu beachten und – in ihrem Zuständigkeitsbereich – umzusetzen, auch wenn sie die angeordnete Beschränkung ihrerseits aus vollzuglichen Gründen nicht für erforderlich erachtet.[29]

11 **5. Sachlicher Geltungsbereich.** Die Regelungen des § 119 gelten – trotz ihrer systematischen Stellung im Gesetz – nicht nur für den Vollzug der Untersuchungshaft auf der Grundlage eines nach den §§ 112, 112a ergangenen Haftbefehls und die Hauptverhandlungshaft nach § 127b, sondern **auch** für die **Haft aufgrund von Haftbefehlen nach** den **§§ 230 Abs. 2, 236, 329 Abs. 3 und 412 Satz 1.**[30] Durch die Verweisungen in den §§ 126a Abs. 2 Satz 1, 453c Abs. 2 Satz 2 und 275a Abs. 6 Satz 4[31] sind die Vorschriften auch auf die einstweilige Unterbringung in einem psychiatrischen Krankenhaus oder einer Entziehungsanstalt,[32] die Sicherungshaft, wenn ein Widerruf der Strafaussetzung zur Bewährung erwogen wird, und die Unterbringung bei erwarteter Anordnung der nachträglichen Sicherungsverwahrung anwendbar. In den beiden zuletzt genannten Fällen soll durch Beschränkungen nach § 119 Abs. 1 aber kein strafrechtliches Erkenntnisverfahren gesichert werden, sondern das (Bewährungs-)Widerrufsverfahren bzw. das Verfahren, in dem nachträglich die Sicherungsverwahrung angeordnet wird; dass insoweit eine konkrete Verdunkelungsgefahr bestehen könnte, der durch Beschränkungsmaßnahmen nach § 119 Abs. 1 begegnet werden müsste, erscheint nahezu ausgeschlossen. Beschränkungsanordnungen können aber zur Abwehr einer konkreten Fluchtgefahr erforderlich sein. § 27 Abs. 1 IRG bestimmt, dass (auch) für den Vollzug der vorläufigen Auslieferungshaft, der Auslieferungshaft und der Haft aufgrund einer (Festhalte-)Anordnung des Richters beim Amtsgericht – neben den landesrechtlichen Vorschriften über den Vollzug der Untersuchungshaft – § 119 entsprechend gilt. Wird Untersuchungshaft gegen Jugendliche oder Heranwachsende vollzogen (§ 72 JGG), richten sich Anordnung, Ausführung und Überprüfung der haftgrundbezogenen Beschränkungen ebenfalls nach § 119.

12 **6. Vollzugsanstalt.** § 119 gilt unabhängig davon, in welcher konkreten Anstalt die – richterlich nur als solche angeordnete – Untersuchungs-, Sicherungs- oder Auslieferungshaft bzw. die einstweilige Unterbringung[33] vollzogen wird. Welche Anstalt zuständig ist, ergibt sich aus dem in Ausführung des jeweiligen Untersuchungshaftvollzugsgesetzes ergehenden **Vollstreckungsplan** der Länder. An diese hat das die Untersuchungshaft anordnende Gericht sein Aufnahmeersuchen (§ 114d Abs. 1 Satz 1) zu richten; dieser sind nach § 114d Abs. 1 Satz 2 Nr. 3 (durch das Gericht) und § 114d Abs. 2 Satz 1 (durch die Staatsanwaltschaft) Entscheidungen und sonstige Maßnahmen nach § 119 Abs. 1 und 2

---

29 Zum Verhältnis der richterlichen Anordnungen nach § 119 zu denen der Vollzugsanstalt auf landesgesetzlicher Grundlage vgl. ausführlich KK/*Schultheis* 3.

30 BTDrucks. **16** 11644 S. 24. Die dort ausdrücklich erwähnte Haftanordnung nach § 329 Abs. 4 findet sich nach der Änderung dieser Vorschrift durch das Gesetz v. 17.7.2015 mit Geltung seit dem 25.7.2015 in deren Absatz 3.

31 Bis zum 31.12.2010 wortgleich in § 275a Abs. 5 Satz 4.

32 Siehe insoweit aber § 126a, 28 ff.

33 Auch insoweit ordnet der Richter regelmäßig nicht an, in welcher konkreten Anstalt die einstweilige Unterbringung zu erfolgen hat, sondern nur, in welcher Art von Anstalt (psychiatrisches Krankenhaus oder Entziehungsanstalt); s. dazu § 126a, 15 f.

mitzuteilen. Ausnahmsweise kann eine **Verlegung** des Beschuldigten in eine **andere Anstalt** erforderlich werden. Ist dies aus den Gründen des § 119 Abs. 1 Satz 1 der Fall (und nicht zur Aufrechterhaltung der Sicherheit oder Ordnung in der Anstalt), etwa zur Verhinderung einer Flucht des Untersuchungsgefangenen unabdingbar, hat sich der Richter mit der landesrechtlich bestimmten Aufsichtsbehörde für die Vollzugsanstalten ins Benehmen zu setzen.

II. Beschränkungen, Grundsatz (Absatz 1 Satz 1)

1. Anordnung im Einzelfall. Über den Freiheitsentzug durch Inhaftierung hinaus 13 können dem inhaftierten Beschuldigten nach Absatz 1 Satz 1 Beschränkungen auferlegt werden, soweit dies zur Abwehr einer Flucht-, Verdunkelungs- oder Wiederholungsgefahr erforderlich ist. Die Vorschrift sieht – anders als noch der dem Gesetzesentwurf der Bundesregierung vorausgehende Referentenentwurf des Bundesministeriums der Justiz – **keine standardmäßige Geltung von Beschränkungen** zur Erreichung des Haftzwecks im Untersuchungshaftvollzug vor (Rn. 5). Zwar galt dies nach dem Wortlaut des § 119 Abs. 3 1. Alt. a.F. auch schon vor der Neuregelung der Materie durch das Gesetz zur Änderung des Untersuchungshaftrechts. Die in Ergänzung und Ausgestaltung der gesetzlichen Regelung von den Landesjustizverwaltungen geschaffene, am 12.2.1953 bundeseinheitlich beschlossene, zum 1.1.1977 neu gefasste und in der Folgezeit mehrfach geänderte UVollzO stellte dieses Regel-Ausnahme-Verhältnis aber „auf den Kopf". In der Praxis führte das dazu, dass die Anordnung weitreichender Beschränkungen der Normalfall war, der „beschränkungsfreie" Vollzug der Untersuchungshaft dagegen nur äußerst selten stattfand. Zwar konnte diese Verwaltungsvorschrift den nach § 119 Abs. 6 a.F. für die Anordnung jeglicher Beschränkungen grundsätzlich zuständigen Richter nicht binden, stellte lediglich eine – unzulässige (§ 25 DRiG) – Handlungsempfehlung für ihn dar. Gleichwohl hielten sich die Haftrichter aber in aller Regel an die UVollzO und transformierten das von ihr vorgegebene Muster in eine richterliche Anordnung, indem sie die Geltung der Verwaltungsvorschrift für den Vollzug der Untersuchungshaft im Einzelfall – fast ausschließlich formularmäßig mit dem Aufnahmeersuchen an die Vollzugsanstalt – anordneten. Abweichende, weniger einschränkende Anordnungen wurden nur selten und zumeist erst nach Intervention des Verhafteten getroffen, obwohl dem Richter von Gesetzes wegen eine solche Entscheidung auferlegt war, wenn er durch diese – ohne wesentliche Beeinträchtigung des Haftzwecks und der Anstaltsordnung – eine „grundrechtsfreundlichere" Gestaltung des Vollzugs ermöglichen konnte, also nicht nur, wenn besondere Gründe vorlagen. Dieser Praxis ist mit dem Wegfall der UVollzO und der Neuregelung der Beschränkungen in Umsetzung der Untersuchungshaftzwecke innerhalb der Strafprozessordnung die Grundlage entzogen. Jede über den Freiheitsentzug durch die Inhaftierung hinausgehende **Beschränkung** der Freiheitsrechte des inhaftierten Beschuldigten muss nunmehr – der Unschuldsvermutung und dem Gewicht des mit den Beschränkungen verbundenen Grundrechtseingriffs Rechnung tragend – **im Einzelfall** auf ihre konkrete Erforderlichkeit geprüft und **ausdrücklich angeordnet** sowie begründet werden.[34] Die Nichtanordnung von Beschränkungen nach § 119 Abs. 1 ist – zu-

34 BTDrucks. **16** 11644 S. 24; vgl. BerlVerfGH NStZ-RR **2011** 94; KG StV **2010** 370; StV **2015** 306; OLG Frankfurt NStZ-RR **2010** 294, OLG Hamm NStZ-RR **2010** 221; LG Magdeburg StV **2016** 822; *Brocke/Heller* StraFo **2011** 2; *Burhoff* ZAP **2010** F.22, 489; *Harms* FS **2009** 13; *Herrmann* StRR **2010** 4; *König* NStZ **2010** 185; AnwK-UHaft/*König* 17; Graf/*Krauß* 11; KK/*Schultheis* 7; Meyer-Goßner/*Schmitt* 7; *Michalke* NJW **2010** 19 f.; *Paeffgen* GA **2009** 456; SK/*Paeffgen* 5; HK/*Posthoff* 7; KMR/*Wankel* 4; *Weider* StV **2010** 106; kritisch *Bittmann* NStZ **2010** 16.

mindest in Ermittlungsverfahren ohne Bezug zur organisierten Kriminalität und zum internationalen Terrorismus – der sich nach und nach auch in der Praxis durchsetzende gesetzliche Regelfall, die Beschränkung nach eingehender Einzelfallprüfung unter Beachtung des Verhältnismäßigkeitsprinzips die Ausnahme.

14 **2. Haftzwecke.** In der Absicht der Klarstellung benennt Satz 1 die zulässigen Zwecke der Untersuchungshaft mit **Abwehr einer Flucht-, Verdunkelungs- oder Wiederholungsgefahr** ausdrücklich. Eine inhaltliche Änderung hinsichtlich der eine Beschränkung der dem inhaftierten Beschuldigten verbliebenen Freiheiten rechtfertigenden Gründe im Verhältnis zu § 119 Abs. 3 1. Alt. a.F. („Zweck der Untersuchungshaft") soll damit nicht verbunden sein.[35] Nach wie vor liegt der Zweck der Untersuchungshaft mithin im Fall des Bestehens von Flucht- oder Verdunkelungsgefahr (§ 112 Abs. 2 Nr. 2 und 3) in der **Sicherstellung der ordnungsgemäßen Durchführung des Strafverfahrens** durch Verhinderung von Flucht und Verdunkelungshandlungen; bei bestehender Wiederholungsgefahr (§ 112a) in der **Abwehr erheblicher Gefahren für bedeutende Rechtsgüter** durch Verhinderung bestimmter Wiederholungstaten. Andere Zwecke[36] dürfen mit der Anordnung von Beschränkungen nach § 119 nicht verfolgt werden.

15 Die von *König* vorgenommene Differenzierung, nach der Beschränkungen nach § 119 nur dann auf den Aspekt der **Abwehr einer Fluchtgefahr** gestützt werden können, „wenn Vorsorge gegen eine Flucht des (noch) Inhaftierten *für den Fall der Wiedererlangung seiner Freiheit* (sei es durch Entlassung, sei es durch Ausbruch) zu treffen ist", während die Vollzugsanstalt (auf der Grundlage des jeweiligen Landes-UVollzG) Maßnahmen zur „Abwehr der *Gefahr eines Ausbruchs* aus der Haftanstalt" zu treffen habe,[37] führt in der Praxis nicht zu einer Einschränkung der haftrichterlichen Anordnungskompetenzen. Zwar trifft es zu, dass sich die Gefahr des Ausbruchs nur aus dem Status des Beschuldigten als Inhaftiertem ergeben kann. Praktisch ist es aber so, dass ein inhaftierter Beschuldigter, der seinen Ausbruch aus der Vollzugsanstalt plant, sich nach dessen Gelingen mit einiger Wahrscheinlichkeit nicht dem Verfahren zur Verfügung halten, sondern nach Wiedererlangung der Freiheit fliehen oder untertauchen wird. Anhaltspunkte, die darauf schließen lassen, dass der Beschuldigte seinen Ausbruch aus der Anstalt vorbereitet, begründen damit zugleich die Gefahr der Flucht für den Fall, dass ihm dieser gelingt. Insofern rechtfertigt die konkrete Gefahr des Ausbruchs auch bei dieser einschränkenden Definition des Haftzwecks sowohl die haftrichterliche Anordnung von Beschränkungen nach § 119, als auch Maßnahmen der Vollzugsanstalt zur Aufrechterhaltung der Sicherheit und Ordnung in dieser.

16 Die Zulässigkeit der **Heranziehung haftbefehlsfremder Haftgründe** zur Rechtfertigung von Beschränkungsanordnungen zur Erreichung des Zwecks der Untersuchungshaft war in der Vergangenheit umstritten. Für die Anordnungen nach § 119 Abs. 1 soll es nach dem Willen des Gesetzgebers – der sich insoweit auf die nach bisheriger Rechtslage bereits „geübte und vom Bundesverfassungsgericht für zulässig erachtete Praxis" beruft, die Beschränkungen nach § 119 Abs. 3 1. Alt. a.F. nicht nur zur Abwehr des im Haftbefehl ausdrücklich genannten Haftgrundes zuließ, sondern auch zur Abwendung dort nicht genannter Gefahren für die Haftzwecke – nicht darauf ankommen, ob der Haftbefehl, der

35 BTDrucks. **16** 11644 S. 24: „Eine sachliche Erweiterung oder Einschränkung der Kompetenzen ist damit nicht verbunden."

36 Nach LG Hof, Beschl. v. 2.12.2015 – 4 Qs 151/15 – (juris), dienen Maßnahmen zur Verhinderung der Vereitelung von Vermögensabschöpfungsmaßnahmen nicht der Abwehr einer realen Gefahr für die Zwecke der Untersuchungshaft.

37 *König* NStZ **2010** 186.

der Inhaftierung zugrunde liegt, ausdrücklich auf den Haftgrund (Flucht-, Verdunkelungs- oder Wiederholungsgefahr) gestützt ist, zu dessen Abwehr eine Beschränkung nach Absatz 1 angeordnet werden soll.[38]

Dafür, dass auch haftbefehlsfremde Haftgründe **für die (nachträgliche) Anordnung von Beschränkungen** nach § 119 Abs. 1 herangezogen werden dürfen, spricht, dass sich während des Vollzuges der (wegen eines bestimmten Haftgrundes angeordneten) Untersuchungshaft konkrete Anhaltspunkte für das Vorliegen eines (weiteren) Haftgrundes, auf den die Inhaftierung bislang nicht gestützt ist, ergeben können, durch den der Haftzweck gefährdet ist. Zumindest dann, wenn es sich in beiden Fällen um einen Haftgrund nach § 112 handelt, Untersuchungshaft also wegen Fluchtgefahr angeordnet wurde und sich später Anhaltspunkte dafür ergeben, dass auch Verdunkelungsgefahr besteht (oder umgekehrt), erscheint es **nicht erforderlich**, den **Haftbefehl** vor Anordnung einer Beschränkung zur Abwehr des neu zutage getretenen Haftgrundes um diesen **zu ergänzen.** Denn unabhängig davon, dass eine ggf. mehrfache Umstellung des Haftbefehls bei sich ändernder Erkenntnislage zu weiteren Haftgründen mit Blick etwa auf die Verkündungspflicht nicht praktikabel erscheint, dient sowohl die Verhinderung der Flucht als auch die Verhinderung von Verdunkelungshandlungen der Sicherung der ordnungsgemäßen Durchführung des Strafverfahrens und damit *demselben* Haftzweck. 17

Ist der Haftbefehl, der gegen den Beschuldigten vollstreckt wird, auf § 127b gestützt oder auf die §§ 230 Abs. 2, 236, 329 Abs. 3 oder 412 Satz 1, muss schon die **ursprüngliche Anordnung** von Beschränkungen auf die Abwehr eines dort nicht genannten Haftgrundes gestützt werden können. Da die Anordnung der Hauptverhandlungshaft nach § 127b weder Flucht- oder Verdunkelungsgefahr noch Wiederholungsgefahr voraussetzt, sondern (nur) die Wahrscheinlichkeit einer Entscheidung im beschleunigten Verfahren (binnen einer Woche nach Festnahme) und die Befürchtung des Fernbleibens in der Hauptverhandlung,[39] findet sich dort – wie im Falle der Haftanordnung nach den §§ 230 Abs. 2, 236, 329 Abs. 3 oder 412 Satz 1 – keiner der drei in § 119 genannten Haftzwecke ausdrücklich im Haftbefehl. Anordnungen nach § 119 Abs. 1 wären in diesen Fällen schlicht nicht möglich, selbst wenn konkrete Anhaltspunkte für eine Flucht- oder Verdunkelungsgefahr bestünden, wollte man nicht auch ein Abstellen auf haftbefehlsfremde Haftgründe zulassen. 18

Soll eine Beschränkung zur **Abwehr einer Wiederholungsgefahr** angeordnet werden, muss in dem Fall, in dem neben dieser auch eine Flucht- oder Verdunkelungsgefahr besteht, ebenfalls auf einen haftbefehlsfremden Haftgrund zurückgegriffen werden, denn der Haftbefehl kann nach § 112a Abs. 2 nur dann auf die Wiederholungsgefahr gestützt werden, wenn ein Haftgrund nach § 112 (Flucht- oder Verdunkelungsgefahr) nicht vorliegt. Besteht also neben dem Haftgrund der Wiederholungsgefahr auch der der Flucht- oder Verdunkelungsgefahr, findet sich ersterer nicht im Haftbefehl. 19

Wird eine Beschränkungsanordnung auf einen haftbefehlsfremden Haftgrund gestützt, muss dieser aber jedenfalls **in der gerichtlichen Entscheidung nach § 119 Abs. 1 wie in einem Haftbefehl (§ 114 Abs. 2 Nr. 3)** ausdrücklich **mit den bestimmten Tatsa-** 20

38 BTDrucks. **16** 11644 S. 24; vgl. KG StV **2010** 370, 371; **2010** 371; Beschl. v. 7.2.2012 – 4 Ws 11/12 – (juris); OLG Bremen StV **2017** 455 (Ls.); OLG Hamm NStZ-RR **2010** 292, 293; OLG Karlsruhe StV **2010** 198; OLG Köln NStZ **2011** 55; StraFo **2013** 71 für die Heranziehung haftbefehlsfremder Haftgründe zur Rechtfertigung von Beschränkungen nach § 119 Abs. 1; OLG Celle NStZ-RR **2010** 160 ebenso für das NJVollzG; so auch *Brocke/Heller* StraFo **2011** 3; HK/*Posthoff* 6; KK/*Schultheis* 8; KMR/*Wankel* 7 f.; Meyer-Goßner/*Schmitt* 5; **a.A.** (wohl) OLG Rostock StV **2010** 198; *König* NStZ **2010** 185, 187; AnwK-UHaft/*König* 14; SK/*Paeffgen* 10; Radtke/Hohmann/*Tsambikakis* 7.

39 Vgl. § 127b, 9 ff.

chen, die seiner Annahme zugrunde liegen, **angeführt** werden, damit dem inhaftierten Beschuldigten die Möglichkeit eröffnet wird, sich auch insoweit zu verteidigen.

21 **3. Gefahrenprognose.** An die Feststellung des Vorliegens einer Gefahr für die Erfüllung der Haftzwecke sind dabei im Hinblick auf die Unschuldsvermutung und die Grundrechtsrelevanz der zu ihrer Abwehr zu treffenden Beschränkungen hohe Anforderungen zu stellen. Anordnungen nach § 119 Abs. 1 sind nur zulässig, wenn aufgrund **konkreter Anhaltspunkte** eine **reale Flucht-, Verdunkelungs- oder Wiederholungsgefahr** besteht, **der allein durch die Inhaftierung** des Beschuldigten **nicht hinreichend begegnet** werden kann; die bloße Möglichkeit, dass ein Untersuchungsgefangener seine (verbliebenen) Freiheiten missbraucht, genügt – wie nach früherer Rechtslage[40] – nicht.[41] Unzureichend ist es, die Annahme einer – mit Beschränkungen nach § 119 Abs. 1 zu begegnenden „besonderen" – Flucht-, Verdunkelungs- oder Wiederholungsgefahr allein auf die Würdigung zu stützen, die der Anordnung bzw. der Fortdauer der Untersuchungshaft zugrunde liegt, ohne die durch die Inhaftierung geänderte Situation des Beschuldigten zu berücksichtigen.[42] So folgen konkrete Anhaltspunkte für eine reale Gefährdung des Haftzwecks bei einem beschränkungsfreien Vollzug der Untersuchungshaft nicht automatisch aus der Annahme, der – noch oder wieder – auf freiem Fuß befindliche Beschuldigte werde untertauchen oder sich absetzen, denn eine Flucht aus der Untersuchungshaftanstalt bedarf anderer Planungen und Anstrengungen als das Untertauchen des in Freiheit befindlichen Beschuldigten.[43] Auch der pauschale Verweis auf den Tatvorwurf – etwa das Handeltreiben mit Betäubungsmitteln – oder auf die „Verstrickung in die organisierte Kriminalität" reicht angesichts der Vielgestaltigkeit möglicher Tathergänge und -zusammenhänge allein zur Begründung einer realen Gefahr für die Haftzwecke nicht aus.[44] Das gilt auch für Beschuldigte terroristischer Gewalttaten. Die Annahme, sie werden ihre Tätigkeit aus der Anstalt heraus fortsetzen oder Fluchtversuche einleiten und dadurch die Haftzwecke gefährden, kann nicht allein damit begründet werden, der Beschuldigte sei einer Straftat gemäß § 129a StGB (dringend) verdächtig. Allerdings können nach der Gesetzesbegründung insbesondere in Fällen der organisierten Kriminalität (und bei dringendem Verdacht der Begehung terroristischer Taten) im Rahmen der vorzunehmenden Abwägung auch allgemeine Erfahrungen mit entsprechenden Tätergruppen und Erkenntnisse über sie berücksichtigt werden.[45] Die bloße Bezugnahme auf einen sog. Erfahrungssatz bei Tatbeteiligten,[46] wonach der unkontrollierte Informationsaustausch untereinander die Gefahr der Erschwerung oder sogar Vereitelung der Wahrheitsfindung mit sich bringt, vermag aber ohne Betrachtung des Tatvorwurfs und der gesamten Umstände des Einzelfalls die Annahme einer Gefährdung des Haftzwecks (durch Verdunkelungshandlungen) und die Anordnung von Beschränkungsmaßnahmen allein nicht zu rechtfertigen, auch dann nicht, wenn die Be-

---

40 BVerfGE **35** 5.
41 BVerfG NStZ-RR **2015** 79; StV **2009** 253; KG StV **2010** 371; **2012** 612; **2014** 229; **2015** 306; OLG Dresden StraFo **2016** 206; OLG Düsseldorf StV **2011** 746; StV **2014** 229; OLG Frankfurt StV **2016** 443; OLG Hamm NStZ-RR **2010** 221; **2010** 293; OLG Köln StV **2011** 743; StraFo **2013** 71; LG Magdeburg StV **2016** 822.
42 BerlVerfGH StV **2011** 166.
43 KG StV **2012** 612; BerlVerfGH aaO.
44 BVerfG NStZ-RR **2015** 79; OLG Hamm NStZ-RR **2010** 221; OLG Rostock NStZ **2010** 350. **A.A.** KMR/*Wankel* 16, der konkrete Anhaltspunkte für die Gefährdung der Haftzwecke, die die Überwachung – dort akustische Besuchsüberwachung – rechtfertigen, in „genügendem" Umfang in „Anzeichen aus der Deliktsnatur der verfolgten Tat (z.B. Falschaussagedelikt, bandenmäßige Begehungsweise)" sehen will.
45 BTDrucks. **16** 11644 S. 26.
46 Vgl. KG NStZ-RR **2014** 377; StV **2014** 231; LG Meiningen Beschl. v. 27.1.2017 – 6 Qs 7/17 – (juris).

schuldigten nicht geständig sind, sondern zu den Tatvorwürfen schweigen.[47] Vielmehr müssen sich aus den konkreten Tathergängen und sonstigen Umständen des Einzelfalls Anhaltspunkte dafür ergeben, dass bei einem unkontrollierten Kontakt des inhaftierten Beschuldigten mit Mitbeschuldigten, Zeugen oder Sachverständigen auf deren Aussageverhalten **in unlauterer Weise**[48] Einfluss genommen werden soll, sie namentlich von einer den Untersuchungsgefangenen belastenden (wahrheitsgemäßen) Einlassung (etwa durch Drohung) abgehalten oder zu einer unwahren Aussage veranlasst werden sollen. Nach Durchführung der Hauptverhandlung und Verurteilung des Angeklagten in der letzten Tatsacheninstanz besteht in der Regel keine Verdunkelungsgefahr mehr, die haftgrundbezogene Beschränkungen rechtfertigen könnte.[49]

Konkrete Anhaltspunkte für eine Gefährdung der Haftzwecke können sich danach aus dem (Vortat-, Tat- und Nachtat-)Verhalten und den persönlichen Verhältnissen des Beschuldigten, aber auch aus den (sonstigen) Umständen der Tatbegehung und der Art der dem Beschuldigten zur Last gelegten Tat(en) ergeben.[50] Die **Gefahrenprognose** muss aber in jedem Falle **tatsachenfundiert** sein und **alle Umstände des Einzelfalls** im Rahmen einer Gesamtwürdigung beleuchten. 22

4. Erforderlichkeit der Beschränkung. Bereits nach dem bis zum 31.12.2009 geltenden Recht war anerkannt, dass der Untersuchungsgefangene, für den die Unschuldsvermutung streitet und der trotz seiner Inhaftierung Grundrechtsträger bleibt,[51] **ausschließlich unvermeidbaren Beschränkungen** unterworfen werden darf.[52] Daran hat sich mit der Neuregelung des § 119 nichts geändert.[53] Nach wie vor ist sowohl für die Entscheidung, ob überhaupt eine Beschränkung der Freiheiten des Beschuldigten über die Inhaftierung hinaus angeordnet (und aufrechterhalten) werden muss, als auch für die Auswahl der möglichen Beschränkungen der **Grundsatz der Verhältnismäßigkeit** strikt zu beachten. Jede Beschränkungsanordnung ist an dem durch sie eingeschränkten Grundrecht zu messen und stets so zu wählen, dass sie das mildeste, zur Erreichung des Zwecks geeignete Mittel darstellt.[54] Zulässig ist also nur die Anordnung der im konkreten Einzelfall zur Gefahrenabwehr **geeigneten und unerlässlichen** Maßnahmen. Sie sind regelmäßig von Amts wegen darauf zu prüfen, ob eine Lockerung oder Aufhebung oder wenigstens die Erlaubnis von Ausnahmen geboten ist. Die Gefahr gesundheitlicher Schädigungen durch die Haftbedingungen verschärfende Beschränkungsanordnungen ist selbstverständlich zu vermeiden. 23

III. Beschränkungen im Einzelnen (Absatz 1 Satz 2)

1. Mögliche Beschränkungen. Die grundsätzlich zur Sicherung der Haftzwecke in Betracht kommenden **Beschränkungen** regelt Absatz 1 **Satz 2** in seinen Nummern 1 bis 5 exemplarisch und – wie sich bereits aus dem Wortlaut („insbesondere") ergibt – **nicht** 24

---

47 **A.A.** LG Meiningen Beschl. v. 27.1.2017 – 6 Qs 7/17 – (juris); Meyer-Goßner/*Schmitt* 7 a.E.
48 S. LR/*Lind* § 112, 91 ff.
49 Vgl. KG Beschl. v. 20.6.2018 – 4 Ws 90/18 – m.w.N.
50 Vgl. OLG Düsseldorf NStZ-RR **2003** 126.
51 BVerfGE **15** 293: Die Untersuchungshaft schafft kein die Grundrechte umfassend verdrängendes („besonderes") Gewaltverhältnis.
52 Vgl. hierzu ausführlich LR/*Hilger*[26] 21 ff., 36 ff.
53 KG StV **2010** 370; **2015** 306; OLG Düsseldorf StV **2014** 229; OLG Koblenz Beschl. v. 29.9.2016 (juris); HK/*Posthoff* 8; KK/*Schultheis* 9; SK/*Paeffgen* 7 f.
54 Vgl. AnwK-UHaft/*König* 18; Graf/*Krauß* 12; HK/*Posthoff* 8; KK/*Schultheis* 9; Radke/Hohmann/*Tsambikakis* 6; SK/*Paeffgen* 7.

abschließend. Dieser Katalog umfasst die bei Vorliegen einer Flucht-, Verdunkelungs- oder Wiederholungsgefahr, der durch die Inhaftierung allein nicht hinreichend sicher begegnet werden kann, **häufig in Betracht kommenden Beschränkungen**, ohne dem Gericht die Möglichkeit zu nehmen, in diesem Katalog nicht genannte, auf den konkreten Einzelfall und seine Besonderheiten abgestimmte Maßnahmen – zusätzlich zu den genannten oder statt dieser – anzuordnen.[55]

25 **2. Beschränkungen der Außenkontakte des Untersuchungsgefangenen.** Das Recht, Besuche zu empfangen und mit anderen Menschen zu kommunizieren, gehört zu dem von Art. 2 Abs. 1 i.V.m. Art. 1 Abs. 1 GG geschützten Lebensbereich jedes Grundrechtsträgers. Für den Untersuchungsgefangenen sind derartige Kontakte zu Personen außerhalb der Vollzugsanstalt, insbesondere zu Familienangehörigen und ihm vergleichbar nahe stehenden Menschen, von besonderer Bedeutung. Ihre Ausgestaltung – einschließlich der Normierung von Beschränkungsmöglichkeiten aus Gründen des Untersuchungshaftvollzugs (§ 119 Abs. 3 a.F.: „Ordnung in der Vollzugsanstalt")[56] – obliegt grundsätzlich dem Landesgesetzgeber (s. Rn. 2); (behördlich angeordnete) Beschränkungen auf dieser Grundlage unterliegen der gerichtlichen Überprüfung nach Maßgabe des § 119a. Allerdings kann (auch) der Haftrichter (s. Rn. 85) auf der Grundlage von § 119 Abs. 1 Beschränkungen der Außenkontakte des Untersuchungsgefangenen, namentlich die in Absatz 1 Satz 2 Nummern 1 bis 3 vorgesehenen Beschränkungen des Besuchs-, Telekommunikations- sowie Schrift- und Paketverkehrs anordnen. Da diese ganz erhebliche Eingriffe in den grundrechtlich geschützten Lebensbereich sowohl des Untersuchungsgefangenen als auch des Besuchers bzw. Kommunikationspartners darstellen, sind sie nur zulässig, wenn **konkrete Anhaltspunkte** dafür gegeben sind, dass **im Einzelfall** durch den unbeschränkten und unkontrollierten Kontakt des Untersuchungsgefangenen mit der Außenwelt eine **reale Gefahr für die Haftzwecke** besteht.[57]

26 **a) Erlaubnisvorbehalt für Besuche und Telekommunikation (Nummer 1).** Das grundrechtlich geschützte Recht des Untersuchungsgefangenen, Besuche zu empfangen,[58] – und sein Recht auf Schriftwechsel – ist in den Untersuchungshaftvollzugsgesetzen der Länder (einfachgesetzlich) ausgestaltet.[59] Diese regeln auch die Telekommunikation des Untersuchungsgefangenen mit Personen außerhalb der Anstalt,[60] auf die dieser allerdings – trotz der Alltäglichkeit dieser Kommunikationsform in der modernen Gesellschaft und des Angleichungsgrundsatzes – keinen Anspruch hat.[61] Daneben gibt § 119 Abs. 1 Satz 2 **Nr. 1** dem Haftrichter die Befugnis, unter den Voraussetzungen des Satzes 1 anzuordnen, dass der **Empfang von Besuchen und/oder die Telekommunikation** der (grundsätzlich gerichtlichen) **Erlaubnis** bedürfen. Das in der entsprechenden Anordnung liegende **Verbot mit Erlaubnisvorbehalt** suspendiert das einfachgesetzlich normierte Recht des Untersuchungsgefangenen, Besuche zu empfangen, und stellt einen

---

55 Vgl. BTDrucks. **16** 11644 S. 25; HK/*Posthoff* 25. Zu den insoweit in Betracht kommenden Anordnungen s. Rn. 73 ff.; KK/*Schultheis* 43 ff.
56 S. insoweit ausführlich LR/*Hilger*[26] zu § 119 a.F.
57 KG StV **2015** 306.
58 Einfachgesetzlich festgeschrieben z.B. in § 33 UVollzG Bln.
59 Vgl. z.B. §§ 33 ff., 36 ff. UVollzG Bln.
60 Vgl. z.B. §§ 40 ff. UVollzG Bln.
61 Nach § 40 UVollzG Bln „kann" dem Untersuchungsgefangenen z.B. lediglich „gestattet werden, auf eigene Kosten Telefongespräche zu führen".

ganz erheblichen Eingriff in seine Freiheitsgrundrechte dar.[62] Die Anordnung nach Nummer 1 kann regelmäßig (nur) dann **gerechtfertigt** werden, **wenn** zur Abwehr einer konkreten Gefahr für einen der Haftzwecke der **Kontakt** des Untersuchungsgefangenen zu bestimmten Personen oder Personengruppen – ausnahmsweise – vollständig **unterbunden** werden muss **oder** wenn aus diesem Grund (auch) eine Anordnung nach Nummer 2 geboten ist. Denn müssen die Besuchskontakte des inhaftierten Beschuldigten und seine Telekommunikation zur Sicherung der Haftzwecke **überwacht** werden, muss sich das Haftgericht bzw. die die Anordnungen ausführende Staatsanwaltschaft (s. Rn. 107) durch das Erfordernis der Antragstellung Kenntnis von der Person des (potentiellen) Kommunikationspartners verschaffen und – im Fall der Erteilung der Erlaubnis – Einfluss auf den Zeitpunkt und die Umstände der Kontaktaufnahme nehmen können, um die zur Verfahrenssicherung oder zur Abwehr einer Wiederholungsgefahr erforderliche Kontrolle ausüben zu können. Zudem kann es erforderlich sein, die Außenkontakte des Untersuchungsgefangenen in diesem Fall auf einen Umfang zu beschränken, der eine sachgerechte Überwachung erst ermöglicht.[63] Ist die inhaltliche Überwachung der Kontakte eines Untersuchungsgefangenen zu bestimmten Personen nicht erforderlich (oder nicht zulässig), kann es geboten sein, diese von der Erlaubnispflicht für Besuchskontakte (für Telefonate s. Rn. 29) von vornherein auszunehmen.[64]

Ist eine Anordnung nach Nummer 1 getroffen, muss in **Ausführung** derselben **im Einzelfall** entschieden werden, ob die **beantragte Besuchs- oder Telefonerlaubnis** unter dem Aspekt der Gefährdung der Haftzwecke **erteilt** werden kann **oder versagt** werden muss. Ohne konkrete Anhaltspunkte dafür, dass ein Untersuchungsgefangener den beantragten **Besuch** zur Vorbereitung einer Flucht oder zur Verdunkelung bzw. Wiederholung von Katalogtaten (§ 112a) missbrauchen wird, ist die Erlaubnis zu erteilen; ihre Versagung ist dann rechtswidrig.[65] Hinsichtlich einer beantragten **Telefonerlaubnis** soll der Untersuchungsgefangene (und sein Telekommunikationspartner) – weil kein Anspruch auf Telekommunikation besteht – auch bei Fehlen von konkreten Anhaltspunkten für einen derartigen Missbrauch keinen Anspruch auf deren Erteilung, sondern nur auf **ermessensfehlerfreie Entscheidung** über seinen Antrag haben.[66] Wird die Telekommunikation erlaubt, hat der Gefangene ihre Kosten grundsätzlich selbst zu tragen.[67] 27

Die Besuchs- oder Telefonerlaubnis wird regelmäßig als **Einzelerlaubnis** erteilt, wobei grundsätzlich auch die räumliche und personelle Ausstattung der Vollzugsanstalt und die sich daraus ergebenden Grenzen für die Abwicklung der Außenkontakte der Untersuchungsgefangenen berücksichtigt werden dürfen.[68] Daher ist es nicht zu beanstanden, wenn eine Besuchserlaubnis (nur) für einen konkreten, von dem Besucher mit der Vollzugsanstalt vorab abgestimmten Termin erteilt und bei der Erteilung der Telefonerlaubnis auf die technischen Möglichkeiten der Anstalt – von denen sich das Haftgericht Kenntnis zu verschaffen hat – Rücksicht genommen wird. Bestehen keine konkreten Anhaltspunkte für die Annahme einer realen Gefahr dahingehend, dass der inhaftierte Beschuldigte einen akustisch nicht überwachten Besuch oder 28

---

62 **A.A.** LG Meiningen Beschl. v. 27.1.2017 – 6 Qs 7/17 – (juris); KK/*Schultheis* 13 („niederschwelligster, aber zugleich regelmäßig gebotener Eingriff", der den Untersuchungsgefangenen „nur in einem geringfügigen und hinnehmbaren Umfang belastet").

63 Vgl. BTDrucks. **16** 11644 S. 25; HK/*Posthoff* 10.

64 Zur Besuchserlaubnis für Journalisten s. LR/*Hilger*[26] 126 f.; *Mansdörfer* ZStW 123 (**2011**) 570 ff.

65 Vgl. OLG Düsseldorf StV **2014** 196.

66 KK/*Schultheis* 19.

67 KK/*Schultheis* 19 a.E.

68 BVerfGE **42** 101; BVerfG NJW **1993** 3059; OLG Frankfurt StV **2002** 208.

ein solches Telefonat zu konkreten Verdunkelungshandlungen, Fluchtvorbereitungen oder zur Wiederholung schwerwiegender Straftaten nutzen würde, ist die Anordnung der akustischen Überwachung unverhältnismäßig und damit rechtswidrig; die Erlaubnis ist dann **ohne** Anordnung der akustischen **Überwachung** des Kontaktes zu erteilen.[69]

29 Ist die akustische Überwachung der Kontakte eines Untersuchungsgefangenen zu einer bestimmten Person insgesamt nicht (mehr) erforderlich, kann es geboten sein, dieser eine **Dauererlaubnis** für Besuche und/oder Telefonate zu erteilen. Um sicherzustellen, dass telefonische Kontakte tatsächlich nur mit dieser Person zustande kommen, reicht die stichprobenweise Überwachung der Telefongespräche aus.[70] Auch dann, wenn die Kontakte des Untersuchungsgefangenen zu einer bestimmten Person zur Sicherung der Haftzwecke überwacht werden müssen, kommt grundsätzlich die Erteilung einer Dauererlaubnis in Betracht; im Hinblick auf die organisatorischen Erfordernisse der Überwachung – ggf. durch einen in die Sache eingearbeiteten Ermittlungsbeamten – sollte dies jedoch die Ausnahme darstellen. Dem psychiatrischen Sachverständigen ist zur Vorbereitung eines im Auftrag der Verteidigung in der Hauptverhandlung zu erstattenden Gutachtens zur Frage der strafrechtlichen Verantwortlichkeit des Angeklagten aber in der Regel eine Dauerbesuchserlaubnis zu erteilen, weil der Vollzug der Untersuchungshaft das Recht des Angeklagten auf die Stellung präsenter Beweismittel nicht untergraben darf; die Besuche sind ohne optische und akustische Überwachung zu gestatten.[71] Ist eine Dauererlaubnis erteilt, obliegt die konkrete Ausgestaltung der Kontakte – einschließlich einer aus Gründen der Ordnung in der Anstalt etwa erforderlichen Beschränkung von Dauer und Häufigkeit der Besuche und Telefonate – den nach landesgesetzlicher Regelung für den Untersuchungshaftvollzug zuständigen Stellen, regelmäßig der Vollzugsanstalt; gegen deren (behördliche) Entscheidung kann nach § 119a gerichtliche Entscheidung (zum Haftrichter) beantragt werden.[72]

30 Die **Versagung** einer beantragten **Besuchs- oder Telefonerlaubnis** kommt unter Verhältnismäßigkeitsaspekten **nur** dann in Betracht, wenn der **Gefahr** für den Haftzweck **nicht anders**, namentlich nicht durch die – auch akustische – Überwachung des Kontaktes hinreichend **begegnet** werden kann. Lästigkeiten der **Überwachung** sind generell hinzunehmen,[73] wenn durch sie Erlaubnisfähigkeit hergestellt werden kann. Denn die Grundrechte bestehen nicht nur nach Maßgabe dessen, was an Verwaltungseinrichtungen üblicherweise vorhanden ist.[74] Verwaltungstechnische Gesichtspunkte dürfen nur dann zu einer Grundrechtsbeschränkung führen, wenn dies völlig unvermeidbar ist (z.B. unzumutbarer Aufwand);[75] „normale" Kontrollschwierigkeiten (etwa bei fremdsprachiger Kommunikation) müssen grundsätzlich hingenommen werden.[76] Der Hinweis auf die Ausschöpfung und Grenzen der vorhandenen Verwaltungskapazitäten entbindet daher nicht von der Beachtung des Verhältnismäßigkeitsgrundsatzes. Vielmehr ist es grundsätzlich Sache des Staates, im Rahmen des Zumutbaren alle Maß-

---

69 Vgl. OLG Dresden StraFo **2016** 206; OLG Frankfurt StV **2016** 443.
70 Vgl. OLG Karlsruhe StV **2013** 164.
71 OLG Frankfurt StV **2006** 701 f.; vgl. auch BGHSt **43** 173 f.
72 OLG Karlsruhe StV **2013** 164.
73 Vgl. OLG München NStZ **1984** 333; KG StraFo **2004** 168.
74 BVerfGE **15** 296; vgl. auch BVerfG NStZ **1994** 604 mit Anm. *Rotthaus*.
75 BVerfGE **15** 295; wesentlich weiter wohl OLG Köln StV **2006** 537 (Beschränkungen seien zunehmend unter Berücksichtigung der hohen Belegung und der angespannten Personalsituation zu prüfen); dagegen mit guten Gründen *Seebode* StV **2006** 552.
76 Vgl. BVerfGE **34** 380 f.; KG StraFo **2004** 168.

nahmen zu treffen, die geeignet und nötig sind, um Verkürzungen der (Grund-)Rechte von Untersuchungsgefangenen zu vermeiden.[77]

Eine Besuchs- oder Telekommunikationserlaubnis ist zudem mit **Weisungen** zu versehen, wenn (nur) hierdurch die Erlaubnisfähigkeit hergestellt werden kann. So kann der Beschuldigte angewiesen werden, bestimmte Themen mit seinem Kommunikationspartner nicht zu erörtern. Die Erteilung einer Besuchserlaubnis kann im Einzelfall auch davon abhängig gemacht werden, dass sich der Besucher vor dem Kontakt zum Untersuchungsgefangenen – namentlich nach Waffen oder Ausbruchswerkzeug – durchsuchen lässt[78] oder – etwa bei Vorliegen konkreter Anhaltspunkte für eine Gefährdung des Haftzwecks durch Übergabe von Gegenständen bei einem Besuch – dass der (private) Besuch in einem mit einer Trennscheibe versehenen Raum stattfindet, und zwar selbst dann, wenn weder der Haftbefehl auf § 129a StGB gestützt ist noch die Untersuchung sich auf eine solche Tat erstreckt.[79] Das gilt allerdings nur dann, wenn allein durch diese Maßgaben der realen Gefahr für einen Haftzweck hinreichend begegnet und die Erlaubnisfähigkeit des Besuchs hergestellt werden kann. Die einschränkungslose Anordnung einer generellen Besuchssperre ist unzulässig[80] (ausgen. §§ 31 ff. EGGVG). 31

Sind **mehrere Untersuchungsgefangene** in derselben Anstalt untergebracht, können sie sich unter denselben Voraussetzungen besuchen, unter denen sie es könnten, wenn der Besucher in Freiheit wäre.[81] 32

b) Überwachung von Besuchen, Telekommunikation sowie Schrift- und Paketverkehr (Nummer 2). Die Außenkontakte des Untersuchungsgefangenen wurden in der Vergangenheit nahezu ausnahmslos überwacht. Die – vom Richter regelmäßig in eine Anordnung nach § 119 Abs. 3, 6 a.F. transformierte – UVollzO sah in Nr. 27 Abs. 1 die Überwachung der Besuche, in Nr. 32, 33 und 39 Abs. 1 die Überwachung des Schrift- und Paketverkehrs und in Nr. 38 Abs. 1 die Überwachung der Telekommunikation des Untersuchungsgefangenen als Standard vor. Zwar wird auch nach neuer Rechtslage häufiger für diese als für andere Beschränkungen zur Erreichung des Haftzwecks Anlass bestehen, weil dem inhaftierten Beschuldigten mit ihnen die Möglichkeit der Absprache von Fluchtplänen und Verdunkelungshandlungen bzw. der Steuerung der Begehung weiterer Straftaten aus der Untersuchungshaft heraus genommen und den Untersuchungshaftzwecken effektiv zur Geltung verholfen werden kann.[82] Standardmäßig darf aber (auch) eine **Überwachung der Außenkontakte** nicht angeordnet werden. Vielmehr kann auch die Anordnung einer solchen Beschränkung nur das Ergebnis einer an den Grundrechten des Untersuchungsgefangenen (und seines Kommunikationspartners) gemessenen, die Unschuldsvermutung und den Verhältnismäßigkeitsgrundsatz beachtenden **Einzelfallprüfung** sein; sie ist nur zulässig, wenn konkrete 33

---

77 BVerfGE **34** 380 f.; BVerfG NStZ **2008** 522.

78 BGH NJW **1973** 1657; KK/*Schultheis* 26; SK/*Paeffgen* 22. Vgl. auch BVerfG ZfStrVo **1982** 377; *Hinüber* StV **1994** 212; *Müller-Dietz* ZfStrVo **1995** 214.

79 OLG Celle NStZ **1981** 196; LG Frankfurt NStZ **1981** 496; AnwK-UHaft/*König* 35; KK/*Schultheis* 26; SK/*Paeffgen* 22; *Schlüchter* 230.

80 OLG Düsseldorf StV **1994** 324. Vgl. auch LG Frankfurt StV **1998** 494 (kein längerer Ausschluss der Besuchsmöglichkeit, nur weil kein – polizeilicher – Überwachungsbeamter zur Verfügung steht).

81 OLG Hamburg NJW **1965** 364; OLG Koblenz NStZ **1991** 207; **a.A.** OLG Stuttgart OLGSt § 119 S. 70.

82 Vgl. OLG Köln NStZ **2011** 55, wonach das Begehren des Untersuchungsgefangenen, Telefonate mit Personen außerhalb der Vollzugsanstalt zu führen, in der Regel dem Zweck der Untersuchungshaft widerstreiten soll (zweifelhaft, s. dazu auch HK/*Posthoff* 17).

Anhaltspunkte dafür gegeben sind, dass durch den unkontrollierten Kontakt des Untersuchungsgefangenen mit der Außenwelt im Einzelfall eine reale Gefahr für die Haftzwecke besteht.[83]

34 **aa)** Das Erfordernis der **Überwachung von Besuchen und Telekommunikation** kann sich im Einzelfall auf bestimmte Personen oder Personengruppen – etwa bei einer entsprechenden Anordnung zur Abwehr einer Wiederholungsgefahr nach § 112a auf frühere Mittäter, Anstifter oder Gehilfen bzw. auf der Beteiligung an der Anlasstat dringend Verdächtige – beschränken. In diesem Fall kann die Anordnung der **Überwachung von Besuchen** von vornherein auf diese Personen(gruppen) beschränkt werden, wenn ihre namentliche Bezeichnung im Beschluss möglich ist. Umgekehrt können bestimmte Personen aus der generellen Anordnung der Besuchsüberwachung von vornherein ausgenommen werden, wenn im unkontrollierten Kontakt des Gefangenen mit diesen keine Gefährdung der Haftzwecke liegt.[84] Ist die **Überwachung der Telekommunikation** hinsichtlich bestimmter Personen oder Personengruppen **nicht erforderlich**, kann durch (lediglich) stichprobenweise Überwachung sichergestellt werden, dass der Untersuchungsgefangene nur mit diesen telefoniert.[85] Das Haftgericht hat in diesen Fällen bereits in der Überwachungsanordnung entsprechende Einschränkungen vorzunehmen.[86]

35 Hinsichtlich der **Art und Weise der Überwachung** ist **bei Besuchskontakten** zu beachten, dass die (nur) optische Überwachung in jedem Falle das mildere Mittel darstellt. Die akustische Gesprächsüberwachung tangiert das Recht auf informationelle Selbstbestimmung aus Art. 2 Abs. 1 i.V.m. Art. 1 Abs. 1 GG sowohl des Untersuchungsgefangenen als auch seines Besuchers und darf als eingriffsintensivere Maßnahme unter Verhältnismäßigkeitsaspekten nur angeordnet werden, wenn die optische Überwachung des Besuchs allein Gefahren für den Haftzweck nicht hinreichend abwehren kann.[87] Wegen der Intensität des mit einer akustischen Überwachung verbundenen Eingriffs in den grundrechtlich geschützten Lebensbereich der Kommunikationspartner darf eine solche zur Abwehr einer konkreten Fluchtgefahr nur angeordnet werden, wenn Anhaltspunkte dafür bestehen, dass nicht akustisch überwachte Gespräche (mit einer bestimmten Person oder Personen eines bestimmten Kreises) der Vorbereitung oder Förderung von Ausbruchs- und Fluchtplänen dienen könnten; allein die Tatsache, dass der Beschuldigte eine längere Strafvollstreckung zu erwarten hat, reicht dabei nicht aus, eine derartige Besorgnis zu begründen. Besteht Verdunkelungsgefahr, werden dagegen häufig die Voraussetzungen für die Anordnung einer akustischen Gesprächsüberwachung gegeben sein. Der Umstand, dass dem (erstinstanzlich verurteilten) Beschuldigten eine bandenmäßige Begehung von Betäubungsmitteldelikten vorgeworfen wird und er im Rahmen der Tatbegehung konspirative Verhaltensweisen an den Tag gelegt hat, können aber für

---

83 Vgl. KG StV **2015** 306; OLG Dresden StraFo **2016** 206. Für die Anordnung der Überwachung der Telekommunikation weniger streng aber KK/*Schultheis* 27.

84 Anordnung, dass die Besuche von A, B und C bei dem Untersuchungsgefangenen (optisch oder auch akustisch) zu überwachen sind oder dass die Besuche des Untersuchungsgefangenen (optisch oder auch akustisch) zu überwachen sind, mit Ausnahme der Besuche seiner Ehefrau D und seiner Kinder E und F.

85 Vgl. OLG Karlsruhe StV **2013** 164.

86 Etwa in der Weise, dass die Telekommunikation des Untersuchungsgefangenen (der Erlaubnis bedarf und) zu überwachen ist, diejenige mit seiner Ehefrau (der eine Dauertelefonerlaubnis erteilt wird) jedoch nur stichprobenartig daraufhin, ob die Gespräche ausschließlich mit ihr geführt werden.

87 Vgl. OLG Hamm StV **2016** 166; HK/*Posthoff* 15.

sich allein die Befürchtung konkreter Verdunkelungshandlungen bei akustisch nicht kontrollierten Gesprächen nicht rechtfertigen.[88]

Ist die akustische Besuchsüberwachung oder die Überwachung der Telekommunikation eines (ausländischen) Untersuchungsgefangenen unter **Hinzuziehung eines Dolmetschers** – vom Haftgericht[89] – angeordnet worden, weil der Untersuchungsgefangene und sein(e) Besucher bzw. Telekommunikationspartner sich nicht in deutscher Sprache verständigen können, so ist der hinzugezogene Dolmetscher aus der Staatskasse zu vergüten.[90] 36

Eine Rechtsgrundlage für eine heimliche Überwachung und die **Aufzeichnung der Telekommunikation** oder des Gesprächs bei Besuchen stellt Nummer 2 nicht dar. Diese kann nur nach Maßgabe anderer Normen, insbesondere nach den §§ 100a bzw. 100f, und in der hierfür vorgesehenen Art und Weise angeordnet werden.[91] 37

Hinsichtlich der nach Absatz 1 Satz 2 Nummer 2 angeordneten **Überwachung der Telekommunikation** statuiert **Absatz 3** die Verpflichtung, dem Gesprächspartner des Beschuldigten die beabsichtigte Überwachung unmittelbar nach Herstellung der Verbindung mitzuteilen. Die **Mitteilungspflicht** resultiert daraus, dass die Telekommunikationsüberwachung nicht nur in die Grundrechte des inhaftierten Beschuldigten, sondern auch in die seines Gesprächspartners eingreift. Sie dient dem Schutz des Rechts des Gesprächspartners des Gefangenen auf informationelle Selbstbestimmung aus Art. 2 Abs. 1 i.V.m. Art. 1 Abs. 1 GG.[92] Die Mitteilung der Überwachung zu Beginn des Telefonats ermöglicht dem Kommunikationspartner des Beschuldigten, eine Entscheidung darüber zu treffen, ob er trotz der Überwachung überhaupt mit dem Beschuldigten sprechen oder ob und welche Themen er von dem Gespräch ausnehmen möchte, beispielsweise weil sie höchstpersönlicher Natur sind. 38

Der Beschuldigte ist nach Absatz 3 Satz 3 rechtzeitig vor Beginn der Telekommunikation über die Mitteilungspflicht zu unterrichten. Nur unter dieser Voraussetzung ist es ihm überhaupt möglich, von der ihm mit Satz 2 eingeräumten Befugnis, seinem Gesprächspartner **selbst** Mitteilung davon zu machen, dass das Telefonat überwacht wird, Gebrauch zu machen. Weigert sich der Beschuldigte, die Mitteilung selbst vorzunehmen, oder gibt er nicht zu erkennen, ob er dies tun wird, hat die Mitteilung an den Gesprächspartner des Beschuldigten durch den mit der Überwachung Betrauten zu erfolgen. Ein mögliches Interesse des Untersuchungsgefangenen, gegenüber seinem Gesprächspartner den Umstand seiner Inhaftierung geheim zu halten, muss hinter dem grundrechtsrelevanten Informationsinteresse des Gesprächspartners zurückstehen.[93] Absatz 3 übernimmt die von § 32 Satz 3 und 4 StVollzG (des Bundes) für den Strafvollzug vorgesehene Regelung wegen der vergleichbaren Schutzbedürftigkeit des Gesprächspartners im Kontakt mit dem Untersuchungsgefangenen. 39

---

88 Vgl. OLG Hamm NStZ-RR **2010** 222; **2009** 124; s. auch OLG Bremen StV **2017** 455 (Ls.); OLG Frankfurt StV **2016** 443; OLG Rostock NStZ **2010** 351 (zu Beschränkungsmaßnahmen während des Revisionsverfahrens).

89 OLG Frankfurt StV **1984** 427 m. Anm. *Korte*.

90 BVerfG NStZ **2004** 275; OLG Düsseldorf NStZ **1991** 403; LG Düsseldorf StV **2012** 357; OLG München StV **1996** 491 m. Anm. *Degenhard*.

91 BTDrucks. **16** 11644 S. 25. Vgl. aber BGHSt **53** 294 m. Anm. *Klesczewski* StV **2010** 462 und *Zuck* JR **2010** 17: Ein heimliches Abhören gem. § 100f von Ehegattengesprächen in einem eigens dafür zugewiesenen separaten Besuchsraum in der Untersuchungshaft ohne die übliche erkennbare Überwachung kann gegen das Recht auf ein faires Verfahren (Art. 20 Abs. 3 i.V.m. Art. 2 Abs. 1 GG) verstoßen und zu einem Beweisverwertungsverbot führen.

92 BTDrucks. **16** 11644 S. 27.

93 BTDrucks. **16** 11644 S. 27 f.

40 Nach **Satz 7** schließt die Anordnung nach Satz 2 Nummer 2 die **Ermächtigung** ein, **Besuche und Telekommunikation abzubrechen**, wenn andernfalls der Zweck der Untersuchungshaft gefährdet wäre. Ohne eine solche Befugnis des die Anordnung Ausführenden könnte die Überwachung keine Wirkung entfalten, soll durch sie doch eine Absprache des Beschuldigten mit Dritten zur Fluchtvorbereitung, über Maßnahmen zur Verdunkelung oder zur Steuerung der Begehung weiterer Straftaten verhindert, nicht nur aufgedeckt werden. Ergeben sich bei der Überwachung also Anhaltspunkte dafür, dass der Kontakt in einer Haftzwecke gefährdenden Weise missbraucht wird, ist der Besuch oder das Telefonat abzubrechen.[94] Die für die Ausführung einer Anordnung nach Nummer 1 zuständige Stelle ist, sofern sie nicht zugleich die mit der Überwachung des Kontaktes betraute ist, von dem Gesprächsabbruch in Kenntnis zu setzen, damit der Missbrauch des Kontaktes bei der Entscheidung über einen zukünftigen Antrag – etwa durch ausdrückliche Weisungserteilung – Berücksichtigung finden kann.

41 **bb)** Besteht für die **Besuche von und** die **Telekommunikation mit Familienangehörigen**, namentlich Ehegatten oder eingetragenen Lebenspartnern, deren oder eigenen Kindern sowie Eltern des Untersuchungsgefangenen, ein Erlaubnisvorbehalt nach Nummer 1, etwa weil konkrete Anhaltspunkte für eine Verdunkelung durch den Austausch von Informationen zwischen dem Untersuchungsgefangenen und seinen Angehörigen bei Besuchen oder Telefonaten oder für die konkrete Gefahr der Fluchthilfe durch diese Personen bestehen, ist bei der **Prüfung**, ob im Einzelfall eine solche **Erlaubnis** zu erteilen oder zu versagen ist, dem grundgesetzlichen **Schutz von Ehe und Familie** und dem Umstand Rechnung zu tragen, dass **zusätzlich** zu den bei jedem sonstigen Kommunikationspartner von dieser Entscheidung berührten Grundrechten hier auch ein Eingriff in das Grundrecht beider Beteiligter aus **Art. 6 Abs. 1 GG** erfolgt.[95] Derselbe **Maßstab** gilt für die Prüfung, ob dem Untersuchungsgefangenen der unkontrollierte Kontakt zu diesen Personen ermöglicht oder die **Überwachung** der Besuche und/oder der Telekommunikation insoweit angeordnet werden muss.

42 Die **Erteilung der Besuchserlaubnis** für Ehegatten, Lebenspartner und Familienangehörige muss danach der Regelfall sein. Auch dem Antrag auf Erteilung einer **Telefonerlaubnis** ist, wenn er für Familienangehörige gestellt wird, eher zu entsprechen als bei anderen Kommunikationspartnern, insbesondere, wenn die Angehörigen des Untersuchungsgefangenen – etwa durch große Entfernung zwischen ihrem Wohnort und der Vollzugsanstalt oder durch Krankheit oder Gebrechlichkeit[96] – ihr Besuchsrecht nur eingeschränkt oder gar nicht wahrnehmen können.

43 Eine **Versagung der Besuchserlaubnis** kann in diesen Fällen nur aus schwerwiegenden Gründen in Betracht kommen;[97] namentlich dann, wenn einer konkreten Gefährdungslage keinesfalls, auch nicht durch eine (notfalls) Summierung verschiedener

---

94 KK/*Schultheis* 24.

95 Vgl. BVerfG StraFo **2006** 490; NStZ **1994** 52; **1994** 604 mit Anm. *Rotthaus*; OLG Celle NdsRpfl. **2016** 314; OLG Düsseldorf StV **1994** 324; StV **1996** 323 mit Anm. *Nibbeling*; StraFo **1997** 251; **2000** 67; OLG Frankfurt StV **1985** 375; OLG Hamm StV **1996** 325; KG NStZ **1992** 558; OLG Nürnberg ZfStrVo **1999** 303; OLG Stuttgart StV **2003** 628 (Zusammenführung in Haft befindlicher Eheleute); s. auch BVerfGE **57** 170 (auch volljährige Kinder); *Rotthaus* ZfStrVo **1996** 3. Vgl. auch die Erl. zu Art. 8 EMRK; SK/*Paeffgen* Art. 8, 76 EMRK. S. auch *Kühne/Esser* StV **2002** 383.

96 Vgl. OLG Frankfurt StV **1992** 281; OLG Hamm NStZ-RR **1996** 303; OLG Schleswig SchlHA **2003** 188 f.; OLG Stuttgart StV **1995** 260 (Familienangehörige im Ausland); LG Dresden StV **2011** 744 f.; LG München StV **2005** 514 (fehlende Besuchsmöglichkeit).

97 OLG Hamm StV **1996** 325; OLG Bremen StV **1995** 645; **1998** 33.

Kontrollmaßnahmen, hinreichend begegnet werden kann.[98] Das ist nur ganz ausnahmsweise der Fall;[99] regelmäßig wird dem gefährdeten Haftzweck (auch hier) jedenfalls mit einer (optischen) Besuchs- und (akustischen) Gesprächsüberwachung, ggf. durch einen in das Ermittlungsverfahren eingearbeiteten Kriminalbeamten und in Anwesenheit eines Dolmetschers, hinreichend genügt werden können. Der mit einer solchen Überwachung verbundene, zweifellos hohe personelle und organisatorische Aufwand ist zumindest dann nicht mehr geeignet, die Versagung von Besuchen unter Eheleuten zu rechtfertigen, wenn diese seit mehreren Monaten keinen persönlichen Kontakt mehr hatten.[100]

Befinden sich **inhaftierte Eheleute in verschiedenen Vollzugsanstalten**, so kann je nach Lage des Falles (Dauer der Haft, Entfernung der Vollzugsanstalt usw.) eine **Besuchszusammenführung** geboten sein; dies gilt insbesondere, wenn der Haftgrund der Verdunkelungsgefahr nicht gegeben ist.[101] Aber auch dann, wenn einer möglichen Besorgnis von Verdunkelungshandlungen anlässlich eines Besuchs durch die optische und akustische Überwachung der Kommunikation hinreichend begegnet werden kann, sind Eheleute in angemessenem zeitlichen Abstand und Umfang zum Besuch zusammenzuführen.[102] Zu **in derselben Anstalt** inhaftierten Ehepartnern und sonstigen Angehörigen s. Rn. 32. 44

Überwachungsmaßnahmen sind im Übrigen auf das **unbedingt erforderliche Minimum** (etwa nur optische Überwachung von Besuchen, stichprobenweise Überwachung der Telefonkontakte auf Identität des Gesprächspartners) zu beschränken,[103] denn bei Besuchen naher Familienangehöriger und Telefonaten mit diesen überwiegt regelmäßig das Gewicht des auf Seiten des Untersuchungsgefangenen (und seines Besuchers bzw. Kommunikationspartners) bestehenden Grundrechts aus Art. 6 Abs. 1 GG das staatliche Interesse an der Sicherung des Verfahrens durch die getroffene Beschränkung des Freiheitsgrundrechts. Der Umstand allein, dass ein möglicher Missbrauch des Freiheitsrechts nicht völlig auszuschließen ist, reicht – sofern hierfür im Einzelfall keine konkreten Anhaltspunkte bestehen – nicht aus, um eine Beschränkung durch akustische Überwachung von Besuchen engster Familienangehöriger (und Telefonaten mit diesen) anzuordnen.[104] 45

Die vorgenannten Grundsätze gelten auch für **Verlobte** des inhaftierten Beschuldigten und – allerdings nicht mit demselben grundrechtlichen Schutz versehen – **Partner** einer nichtehelichen Lebensgemeinschaft und enge Freunde.[105] 46

---

98 Vgl. KG NStZ **1992** 558; OLG Bremen StV **1995** 645; OLG Celle NdsRpfl **2016** 314; OLG Düsseldorf NStZ **1989** 549; StV **1994** 324; OLG Hamburg StV **1998** 34; OLG Hamm StV **1996** 325 (beabsichtigte Vernehmung von Familienangehörigen); **1997** 260; OLG München StV **1996** 491 mit Anm. *Degenhard*; OLG Nürnberg ZfStrVo **1999** 303; LG Göttingen NStZ-RR **2004** 28; KK/*Schultheis* 17; vgl. auch LG Osnabrück StraFo **1998** 137; LG Berlin StV **1992** 282 (Vorrang familiärer Bindungen vor etwaigen Gefahren der Ermittlungsbeeinträchtigung).

99 Vgl. zu einem solchen Ausnahmefall OLG Celle NStZ-RR **2010** 160.

100 LG Karlsruhe StraFo **2016** 71.

101 Vgl. OLG Düsseldorf NStZ **1989** 549 mit Anm. *Paeffgen* NStZ **1990** 531; OLG Frankfurt MDR **1979** 1043; OLG Köln StraFo **1995** 118; OLG Stuttgart StV **2003** 628; KK/*Schultheis* 25.

102 OLG Düsseldorf NStZ **2017** 117.

103 Vgl. BVerfG NStZ **1994** 52; OLG Dresden StraFo **2016** 206 (akustischen Überwachung nur bei konkreten Anhaltspunkten für die Annahme einer realen Gefahr dahingehend, dass der Angeklagte akustisch unüberwachte Besuche mit seiner Ehefrau bzw. seinen Töchtern zu konkreten Verdunkelungsmaßnahmen nutzen würde); OLG Hamm StV **2016** 166; **1997** 259; **1998** 35; *Kruis/Cassardt* NStZ **1995** 523.

104 OLG Hamm StV **2016** 166.

105 Vgl. BVerfG NStZ **1994** 52; LG Köln StV **1994** 587 mit Anm. *Paeffgen* NStZ **1996** 72; SK/*Paeffgen* 15; s. auch OLG Hamburg StV **1998** 34.

47 **cc) Überwachung des Schriftverkehrs.** Das Recht des Beschuldigten auf freien, grundsätzlich unüberwachten Briefverkehr ergibt sich aus **Art. 2 Abs. 1,**[106] **Art. 10 Abs. 1 GG.**[107] Soweit seine Briefe Werturteile usw. enthalten, kommt **Art. 5 Abs. 1 Satz 1 GG** hinzu,[108] sind sie an den Ehepartner bzw. Familienangehörige gerichtet oder stammen sie von diesen, greift zudem **Art. 6 Abs. 1 GG** den Schutz verstärkend ein.[109] Schließlich ist auf **Art. 8 Abs. 1 EMRK** als weitere Schutznorm hinzuweisen.[110] Das dergestalt grundrechtlich geschützte Recht des Untersuchungsgefangenen auf Schriftwechsel wird durch die Untersuchungshaftvollzugsgesetze der Länder (einfachgesetzlich) ausgestaltet.[111] Diese stellen auch die Grundlage für Eingriffe in das Freiheitsrecht des Untersuchungsgefangenen aus Gründen des Untersuchungshaftvollzugs (§ 119 Abs. 3 a.F.: „Ordnung in der Vollzugsanstalt")[112] dar, die der gerichtlichen Überprüfung nach Maßgabe von § 119a unterliegen. Daneben gibt § 119 Abs. 1 – als zu den allgemeinen Gesetzen (Art. 5 Abs. 2 GG), in denen die Freiheit der Meinungsäußerung ihre Schranken findet, gehörender, die allgemeine Handlungsfreiheit nach Art. 2 Abs. 1 GG begrenzender Bestandteil der verfassungsgemäßen Ordnung und das Briefgeheimnis einschränkendes Gesetz (Art. 10 Abs. 2 Satz 1 GG)[113] – dem Haftrichter die Befugnis, unter den Voraussetzungen des Satzes 1 anzuordnen, dass der **Schriftverkehr** des inhaftierten Beschuldigten **zu überwachen ist.** Allerdings ist (auch) diese Anordnung nur zulässig, wenn **im Einzelfall** konkrete Anhaltspunkte dafür gegeben sind, dass ohne die Überwachung **eine reale Gefahr für die Haftzwecke** besteht.[114]

48 Das Grundrecht des Art. 6 Abs. 1 GG, das den **Briefverkehr mit Familienangehörigen** umfasst, enthält die immanente Schranke, dass die zur verfassungsmäßigen Ordnung gehörige Strafrechtspflege auch für diesen Verkehr Einschränkungen zulässt. Dabei ist allerdings – wie bei der Anordnung der (akustischen) Überwachung der Besuche von und der Telefonate mit Familienangehörigen (s. Rn. 45) – größte Zurückhaltung geboten, so dass, wenn kein konkreter Verdacht der Fluchtvorbereitung oder Verdunkelung (trotz Haft) durch die Familienangehörigen besteht, zumindest insoweit unkontrollierter Verkehr zu gewähren ist.[115]

49 Ist die Überwachung des Schriftverkehrs angeordnet, unterliegen sowohl Schreiben, die an den Untersuchungsgefangenen gerichtet sind (**eingehende Schreiben**), als auch von diesem herrührende **ausgehende Schreiben** (Briefe, Post- und Ansichtskarten sowie Telegramme) der Kontrolle durch Einsichtnahme.[116] Insoweit werden die Verfassungsrechte des Beschuldigten (und seines Briefpartners) gesetzlich durch § 119 Abs. 1 eingeschränkt (Rn. 47).

50 Von der Überwachung **ausgenommen** ist Verteidigerpost – mit der einzigen Ausnahme der Durchsicht durch einen verfahrensfremden Richter in Verfahren nach § 129a

---

106 BVerfGE **35** 39; **35** 315; **57** 177.
107 BVerfGE **33** 11 (Kontrolle ausgehender Briefe).
108 BVerfGE **33** 14; **42** 236; BVerfG NJW **1997** 185. Zur Informationsfreiheit gemäß Art. 5 Abs. 1 GG vgl. auch BVerfGE **34** 400.
109 BVerfGE **57** 178; BVerfG NJW **1997** 185.
110 Vgl. dazu EGMR *Pfeifer und Plankl v. Österreich*, 54/1990/245/316, Urt. v. 25.2.1992 = EuGRZ **1992** 99; s. auch *Kühne/Esser* StV **2002** 383.
111 Vgl. z.B. 36 ff. UVollzG Bln.
112 S. insoweit ausführlich LR/*Hilger*[26] zu § 119 a.F.
113 Vgl. BVerfGE **34** 395; 401; **15** 293; KK/*Schultheis* 29.
114 KG StV **2010** 371; **2015** 306; OLG Düsseldorf StV **2011** 746; OLG Hamm NStZ-RR **2010** 293; StV **2014** 29; OLG Jena NStZ-RR **2012** 28 f. **A.A.** KMR/*Wankel* 4, 19 (Briefkontrolle unabhängig vom Haftgrund grundsätzlich unentbehrlich; konkreter Anhaltspunkte für eine Gefährdung des Haftzwecks bedarf es nicht).
115 BVerfGE **57** 177; vgl. auch BGHSt **26** 307.
116 H.M.; **a.A.** für eingehende Briefe *Franz* NJW **1965** 25.

StGB (§ 148 Abs. 2)[117] – und der Schriftverkehr mit den anderen in Absatz 4 aufgeführten Personen und Institutionen.[118] Nach verbreiteter Ansicht gilt das nicht für **Schreiben an** (sonstige) **Behörden**, weil bei der Menge der Bediensteten, die sich Zugang zu den Eingängen verschaffen können, unzulässige Kontakte nicht völlig auszuschließen seien.[119] Indessen dürfte die Gefahr des Missbrauchs gering sein und regelmäßig keine konkrete.[120] Ist im Einzelfall eine konkrete Gefahr erweislich, und kann sie, was aber wohl regelmäßig möglich sein wird, nicht abgestellt werden, hat die Kontrolle sich darauf zu beschränken, dass das Schreiben nicht etwa Nachrichten an andere Personen als den Empfänger enthält. Letzterem gegenüber dürfte in der Regel die Befürchtung ausscheiden, das Schreiben könne den Zweck der Untersuchungshaft tatsächlich beeinträchtigen.[121]

Aus dem Grundsatz der Verhältnismäßigkeit (Vorrang des milderen Mittels) ergibt sich für **ausgehende Schreiben**[122] im Übrigen, dass – zumindest dort, wo eine umfassende Textkontrolle nicht erforderlich erscheint, etwa weil konkrete Anhaltspunkte für eine Verdunkelungsgefahr nicht bestehen – eine **Stichprobenkontrolle** einer ausnahmslosen Kontrolle der Post vorzuziehen ist,[123] falls überhaupt die Notwendigkeit einer Kontrolle besteht, also auf wenigstens eine Stichprobe – z.B. im Hinblick auf eine konkrete Ausbruchsgefahr – nicht verzichtet werden kann. Auch bei **eingehenden Schreiben** kann die Überwachung – bereits bei ihrer Anordnung oder nachträglich – auf Stichproben oder (namentlich bei einer Anordnung wegen konkreter Flucht- i.S.v. Ausbruchs-/Befreiungsgefahr) auf eine Sichtkontrolle[124] beschränkt werden. **51**

Um Art. 10 Abs. 1 GG soweit als möglich gerecht zu werden, werden eingehende Briefe **verschlossen** (in Begleitumschlägen), (unverschlossen vorzulegende) abgehende Briefe in verschlossenen Begleitumschlägen der die Postkontrolle ausführenden Stelle zugeleitet; nur diese darf die Umschläge öffnen.[125] Nach Durchsicht und Genehmigung gibt sie eingehende Briefe in verschlossenem Begleitumschlag, auf dem sie die Genehmigung vermerkt, der Anstalt weiter, die sie im Begleitumschlag dem Untersuchungsgefangenen aushändigt. Ausgehende Briefe verschließt sie, vermerkt die Genehmigung auf dem Begleitumschlag und leitet sie der Anstalt zur Absendung zu oder gibt sie selbst zur Post, um den Postlauf zu beschleunigen.[126] Der letztere Umstand ist auf dem Begleitumschlag, der an die Anstalt zurückgeht, zu vermerken. **52**

Die **Inhaltskontrolle** sollte, soweit sie unverzichtbar ist, großzügig sein. Der sie Ausführende muss sich bewusst bleiben, dass der Untersuchungsgefangene trotz seiner **53**

---

117 Vgl. die Erl. zu den §§ 148, 148a sowie Rn. 120.
118 Zu den Einzelheiten insoweit vgl. Rn. 121 ff.
119 Vgl. OLG Frankfurt NStZ-RR **2004** 94; OLG Hamm GA **1969** 126; KK/*Schultheis* 30; *Veit* 134; s. auch OLG Karlsruhe Justiz **1983** 57; *Münchhalffen/Gatzweiler* 525; **a.A.** SK/*Paeffgen* 38.
120 *Kreuzer* GA **1968** 244.
121 OLG Bremen NJW **1950** 395.
122 S. auch OLG Hamm StV **2003** 514 (zu Portokosten); OLG Düsseldorf NStZ **2001** 224 (blutverschmierter Brief).
123 Vgl. BVerfG NJW **2004** 1096; KG NStZ **1992** 558; OLG Hamburg NJW **1967** 1973; OLG Zweibrücken StV **1982** 530; AnwK-UHaft/*König* 38; Graf/*Krauß* 32; KK/*Schultheis* 30; SK/*Paeffgen* 28a; *Berndt* NStZ **1996** 117 ff.; enger *Veit* 125 ff. (bei Verdunkelungsgefahr); vgl. auch BGHSt **26** 307. Stichproben reichen z.B., wenn überhaupt eine Kontrolle wegen konkreter Gefährdungslage erforderlich sein sollte, für den Briefverkehr mit Rechtsanwälten, die nicht Verteidiger sind.
124 KK/*Schultheis* 30; zur Sichtkontrolle insgesamt *Wiesneth* 237.
125 OLG Düsseldorf NStZ **2001** 224 (keine Kontrolle eines blutverschmierten Briefes).
126 Vgl. auch OLG Düsseldorf JMBlNW **1990** 81 (Vertrauen des Beschuldigten/Rechtsmittelführers/zügige Weiterleitung der Post); OLG Koblenz ZfStrVo **1995** 180 (Weiterleitung eingehender Post im Strafvollzug).

Inhaftierung Grundrechtsträger bleibt und in seinem Handeln frei ist, soweit nicht die Haftzwecke eine Beschränkung erfordern; dass er nicht unter Vormundschaft des Gerichts steht oder von ihm erzogen werden soll; und dass er daher grundsätzlich das Gleiche schreiben kann wie in der Freiheit.[127]

54 **dd)** Eine **Einschränkung des Schriftverkehrs** – hinsichtlich des Kommunikationspartners oder hinsichtlich seines Umfangs (s. Rn. 55f.) – sieht § 119 Abs. 1 Satz 2 Nr. 2 nicht vor; als im Katalog des Satzes 2 nicht genannte „andere" Beschränkungsmaßnahme kommt sie **in Einzelfällen** aber grundsätzlich in Betracht. Sie darf – wie jede Beschränkung nach § 119 Abs. 1 – **nur** dann angeordnet werden, wenn der Haftzweck es erfordert, die Maßnahme also zur Sicherung desselben **unvermeidlich** ist. Das wird nur äußerst selten der Fall sein. Ist die Beschränkung erforderlich, ist sie mit Art. 2 Abs. 1 GG vereinbar,[128] wenn dabei allein auf das Verhalten (und die Verhältnisse) des einzelnen Untersuchungsgefangenen abgestellt wird. Die Beschränkung kann sich im Allgemeinen nur auf **einzelne Schreiben**, in seltenen Fällen auf den **Briefverkehr mit einer bestimmten Person** (Tatgenosse, Verdunkelungshelfer) beziehen, muss aber sonst die Freiheit des Schriftverkehrs unangetastet lassen. Eine **generelle Beschränkung** ist also in der Regel unzulässig,[129] ausnahmsweise jedoch erlaubt, wenn der konkreten Gefährdung der Haftzwecke nicht anders, insbesondere nicht durch Einzelmaßnahmen, begegnet werden kann.[130]

55 Der Untersuchungsgefangene darf entsprechend der verfassungsrechtlichen Vorgabe auch dann **in unbeschränktem Umfang** schriftlich mit der Außenwelt kommunizieren, wenn eine Überwachung des Schriftverkehrs erforderlich ist. Er kann so viele Schreiben absenden und empfangen, wie er will;[131] Überlastung des die Postkontrolle Ausführenden sowie Zahl und Umfang der Briefe rechtfertigen in der Regel nicht eine generelle Beschränkung.[132] Eine Einschränkung dieses Rechts kann nur ausnahmsweise dann gerechtfertigt sein, wenn der Schriftwechsel ein solches Ausmaß erreicht, dass eine erforderliche (vollständige) Kontrolle nicht mehr mit vertretbarem Aufwand durchgeführt werden kann.[133]

56 Der unbeschränkte **Schriftwechsel** ist auch dann die Regel, wenn er **in einer Fremdsprache** geführt werden muss, weil der Untersuchungsgefangene – oder/und sein Briefpartner – die deutsche Sprache nicht beherrscht. Insbesondere darf der Briefverkehr zwischen einem der deutschen Sprache nicht mächtigen Beschuldigten und seinen Angehörigen nicht wegen der mit einer Übersetzung verbundenen Lästigkeiten und Kosten untersagt werden.[134] Allerdings kann hier, wenn eine ständige Kontrolle erforderlich ist, also die Übersetzung von **Stichproben** nicht ausreicht, eine **angemessene Be-**

127 OLG Hamburg MDR **1966** 168; allg. M.

128 KG JR **1967** 429.

129 KG NStZ **1992** 558; s. auch KG StV **1985** 66.

130 KG NStZ **1992** 558; OLG Zweibrücken StV **1982** 530. Vgl. auch BVerfGE **34** 384 ff.

131 Vgl. OLG Hamm MDR **1974** 248; OLG Zweibrücken NStZ **1985** 141 (auch innerhalb der JVA). Vgl. auch EGMR *Pfeifer und Plankl v. Österreich*, 54/1990/245/316, Urt. v. 25.2.1992 = EuGRZ **1992** 99.

132 KG NStZ **1992** 558; OLG Zweibrücken StV **1982** 530. Vgl. auch OLG Hamm MDR **1974** 248 und *Veit* 139 (Ausnahmen bei Rechtsmissbrauch; wenn erforderliche Kontrolle nicht mehr mit vertretbarem Aufwand zu bewältigen ist); *Kropp* JR **2003** 55; einschränkend SK/*Paeffgen* 41. Bei umfangreichem Briefverkehr muss der Beschuldigte Verzögerungen hinnehmen – vgl. OLG Hamm MDR **1974** 248.

133 Vgl. OLG Celle StV **2010** 143 f., das in diesen Fällen eine Beschränkung des Schriftwechsels auf ein noch kontrollierbares Maß, das bei durchschnittlich einem Brief von knapp 10 Seiten pro Tag noch nicht überschritten sein soll, für zulässig erachtet.

134 LG Berlin StV **1994** 325. S. auch *Steinke* BewHi. **1995** 170 ff.; *Kropp* JR **2003** 55. Zu den Übersetzungskosten vgl. die Erl. zu § 464a, § 464c und Art. 6 EMRK.

schränkung der Zahl und des Umfangs der Briefe zulässig sein.[135] Einem ausländischen Beschuldigten, der die deutsche Sprache beherrscht, kann auferlegt werden, den Briefwechsel mit ebenfalls deutschsprachigen Angehörigen in deutscher Sprache zu führen.[136]

ee) Überwachung des Paketverkehrs. Auch hinsichtlich des Paketverkehrs des Untersuchungsgefangenen sieht Nummer 2 lediglich die Überwachung desselben, nicht seine Einschränkung – etwa hinsichtlich der Person des Absenders an den inhaftierten Beschuldigten übersandter Pakete, ihres Inhalts oder der Anzahl von Paketen, die der Untersuchungsgefangene empfangen darf – vor. Allerdings obliegt die Ausgestaltung des Untersuchungshaftvollzugs den Ländergesetzgebern, die – neben der Möglichkeit der Überwachung des Schrift- und Paketverkehrs – aus Gründen der Sicherheit und Ordnung in der Anstalt regelmäßig eine Beschränkung des Paketverkehrs der Untersuchungsgefangenen (oder die Möglichkeit hierzu) in ihren Untersuchungshaftvollzugsgesetzen vorgesehen haben.[137] Ganz ausnahmsweise kann auch hier eine entsprechende Anordnung als „andere" Beschränkungsmaßnahme i.S.d. § 119 Abs. 1 in Betracht kommen, wenn die Einzelfallprüfung ergibt, dass eine konkrete Gefährdung eines Haftzwecks nicht anders abgewendet werden kann. Dabei dürfte es sich aber im Hinblick darauf, dass den Haftzwecken regelmäßig durch die Kontrolle des Paketinhalts (und ggf. das Anhalten des Pakets bei beanstandungswürdigen Inhalten, s. Rn. 59ff.) genügt werden kann, um eine nur theoretische Möglichkeit handeln. 57

Besteht aufgrund konkreter Anhaltspunkte eine **reale Gefahr** dahingehend, dass dem Untersuchungsgefangenen mit (eingehenden) Paketen **Fluchtwerkzeuge** oder -pläne zur Verfügung gestellt oder – eher unwahrscheinlich – der Inhaftierte mit (ausgehenden) Paketen in Verdunkelungsabsicht auf den Empfänger einwirken oder die Begehung weiterer Straftaten fördern will, kann angeordnet werden, dass (eingehende oder/und ausgehende) Pakete durchgesehen, der **Paketverkehr** des Untersuchungsgefangenen **überwacht** wird. Erforderlich ist dabei unter Umständen nur die auf **Stichproben** beschränkte Paketkontrolle. 58

ff) Die Anordnung nach Satz 2 Nummer 2 schließt nach Satz 7 (auch) die **Ermächtigung zum Anhalten von Schreiben und Paketen** ein, wenn andernfalls der Zweck der Untersuchungshaft gefährdet wäre. Ohne eine solche Befugnis des die Anordnung Ausführenden könnte die Überwachung keine Wirkung entfalten, soll durch sie doch die Flucht, eine Verdunkelung[138] oder die Steuerung der Begehung weiterer Straftaten verhindert, nicht nur aufgedeckt werden. 59

Schreiben und Pakete (bzw. diesen beigefügte Schriftstücke), die **nicht** oder nur mit erheblichen Schwierigkeiten bzw. großem Aufwand[139] **kontrolliert werden können,** 60

---

135 Vgl. BVerfG NJW **2004** 1095; OLG München NStZ **1984** 333.
136 OLG Düsseldorf NStZ **1994** 559 mit Anm. *Paeffgen* NStZ **1996** 73; *Kropp* JR **2003** 55; zweifelnd *Schlothauer/Weider/Nobis* 1225.
137 Vgl. z.B. § 41 UVollzG Bln. S. zu den Beschränkungen des Paketverkehrs aus Gründen der „Ordnung in der Vollzugsanstalt" ausführlich LR/*Hilger*[26] zu § 119 a.F. Zur gerichtlichen Überprüfung der auf dieser Grundlage getroffenen behördlichen Maßnahmen s. Erl. zu § 119a.
138 Vgl. zum Anhalten eines Briefes des inhaftierten Beschuldigten, durch den eine Zeugin zum Zwecke der Beeinflussung ihres künftigen Aussageverhaltens psychisch unter Druck gesetzt werden soll, OLG Jena NStZ-RR **2012** 28.
139 Vgl. OLG Brandenburg NStZ-RR **1997** 74. S. aber auch KG StraFo **2004** 168: Lästigkeiten und Schwierigkeiten bei der Postkontrolle sind grundsätzlich hinzunehmen; der Haftrichter hat sich bei der Postkontrolle einiger Mühewaltung zu unterziehen.

können angehalten werden. Ein solcher Fall liegt insbesondere vor, wenn ein Schreiben unleserlich, in einer für einen uneingeweihten Leser unverständlichen Form;[140] in einer Geheimsprache oder -schrift, in Kurzschrift oder ohne zwingenden Grund in einer fremden Sprache abgefaßt ist. Letzteres ist anzunehmen, wenn ein Inländer ohne erkennbaren Anlass (Empfänger keine europäische Institution, kein Ausländer o.ä.) eine Fremdsprache verwendet. In diesen Fällen kann von dem Absender verlangt werden, dass er eine deutsche Übersetzung, bei Verwendung von nicht allgemeinverständlichen Abkürzungen eine entsprechende Liste beifügt,[141] wenn er die Beförderung gleichwohl erreichen will.

61 Nach dem Zweck der Kontrolle sind Schreiben und Pakete **anzuhalten**, mit denen eine **Flucht vorbereitet oder Verdunkelung betrieben**[142] wird. Indessen sollte der den Schrift- und Paketverkehr Überwachende sich vor Kleinlichkeiten hüten und nicht jeden Brief beanstanden, in dem ein Untersuchungsgefangener seiner Frau versichert, er sei unschuldig. Lediglich deshalb, „weil sich der Brief mit der Straftat befasst", darf er nicht angehalten werden.[143] Auch unberechtigte Kritik am Strafverfahren in einem an die Presse gerichteten Brief rechtfertigt es nicht, diesen anzuhalten.[144] Dabei kommt es auf den **Inhalt des Schreibens** an; allein der Versuch einer Umgehung der Kontrolle rechtfertigt nicht den Beförderungsausschluss.[145] Ein Brief ist vielmehr im Hinblick auf das laufende Strafverfahren nur dann zu **beanstanden**, wenn sein Inhalt entweder die konkrete Gefahr begründet, der Beschuldigte werde sich (trotz Haft) dem Strafverfahren entziehen oder die Ermittlung der Wahrheit erschweren (§ 112 Abs. 2 Nr. 2 und 3).[146] Auch eine konkrete Förderung weiterer (Katalog-)Straftaten (§ 112a) kann ein Anhalten des Schreibens (oder Paketes) grundsätzlich rechtfertigen. Allerdings sind wirkliche Verdunkelungen in der Regel nicht zu erkennen; Fluchtvorbereitungen werden kaum mit Briefen betrieben, sondern mit Kassibern.[147]

62 Wird der Inhalt[148] beanstandet, ist das Schreiben (oder Paket) **anzuhalten und zur Habe des Beschuldigten zu nehmen.**[149] Eingehende Schreiben oder Pakete können auch an den Absender zurückgesandt werden,[150] wenn dies ohne eine Gefährdung des Zwecks der Untersuchungshaft möglich ist. Als milderes Mittel ist grundsätzlich die Möglichkeit in Betracht zu ziehen, die zu beanstandenden Passagen unkenntlich zu machen und das Schriftstück danach weiterzuleiten.[151] Allerdings dürfte diese Vorgehensweise –

140 OLG Hamburg MDR **1973** 244; s. auch KG StraFo **2004** 168; OLG Schleswig bei *Döllel/Dreeßen* SchlHA **2005** 258 (unklare/dunkle/unverständliche Hinweise/Passagen).

141 Vgl. KG StraFo **2004** 168.

142 OLG Hamm NStZ-RR **1999** 52 (briefliche Auslobung also grundsätzlich zulässig); OLG Schleswig StV **2001** 465 (Brief an Sachverständigen, der sich mit dem Verfahren befasst, grundsätzlich zulässig); OLG Düsseldorf NStZ **1998** 319 (eingehender Brief, der sich mit der Anklage befasst).

143 Vgl. OLG Hamm StV **1994** 326; NStZ-RR **1999** 52; OLG Düsseldorf NStZ **1998** 319; OLG Schleswig StV **2001** 465; *Schmitt* SchlHA **1964** 276; *Driewer* 208; **a.A.** *Engelbrechten* DRiZ **1959** 238.

144 KG JR **1971** 386. Vgl. aber BVerfG NJW **1994** 244 (zum Strafvollzug).

145 OLG Düsseldorf StV **1991** 221; OLG Zweibrücken StV **1992** 237. S. aber OLG Koblenz NStZ-RR **1996** 61 (Anhalten des Briefes wegen einer möglichen Gefährdung der Anstaltsordnung zulässig).

146 OLG Hamburg MDR **1966** 168; OLG Schleswig bei *Lorenzen* SchlHA **1987** 109; LG Itzehoe SchlHA **1988** 37.

147 Zur Beanstandung von Schreiben und Paketen aus Gründen der „Ordnung in der Vollzugsanstalt", insbesondere auch zu Schreiben beleidigenden Inhalts, s. ausführlich LR/*Hilger*[26] zu § 119 a.F.

148 Zum Verwertungsverbot vgl. z.B. *Schlothauer/Weider/Nobis* 1230; *Münchhalffen/Gatzweiler* 531.

149 OLG Schleswig bei *Lorenzen* SchlHA **1987** 109; bei *Lorenzen/Döllel* SchlHA **1999** 175.

150 BTDrucks. **16** 11644 S. 26.

151 OLG Zweibrücken NJW **1975** 357; *Schlothauer/Weider/Nobis* 1241; HK/*Posthoff* 22; KK/*Schultheis* 37; vgl. auch OLG Bamberg StV **1982** 174 (ebenso für Zeitschriften); EGMR *Pfeifer und Plankl v. Österreich*, 54/1990/245/316, Urt. v. 25.2.1992 = EuGRZ **1992** 99.

unabhängig von den hiergegen erhobenen Bedenken[152] – nur sehr selten praktikabel sein. Im Rahmen der Paketkontrolle können auch einzelne Gegenstände zurückgewiesen oder zur Habe des Untersuchungsgefangenen genommen werden,[153] wenn so das Anhalten des gesamten Pakets vermieden werden kann.

Neben der durch Satz 7 gegebenen Möglichkeit, Schreiben (und Pakete) anzuhalten, 63
kommt auch deren **Beschlagnahme** – im Original oder, soweit ausreichend, in Fotokopie – nach § 94 Abs. 2 in Betracht, wenn der Inhalt des Schriftstücks oder die Schreibleistung des inhaftierten Beschuldigten als solche (etwa als Vergleichsmaterial für ein zu erstellendes Schriftgutachten) als **Beweismittel für die Untersuchung** in der Sache, in der er sich in Untersuchungshaft befindet, oder in einem anderen (neuen) Verfahren von Bedeutung sein kann, und zwar sowohl bei Beweisbedeutung für den Tatvorwurf selbst als auch für die Haftfrage.[154] Gefährdet die Beförderung eines Schreibens die Haftzwecke, weil mit ihm eine Flucht des Untersuchungsgefangenen vorbereitet oder eine Verdunkelung betrieben werden soll, kommt regelmäßig auch seine Beschlagnahme in Betracht, weil sein Inhalt (zumindest) für spätere Haftfortdauerentscheidungen von Bedeutung sein wird.[155] Eine Sicherstellung nach § 94 Abs. 1 ist (statt der Beschlagnahme) nur möglich, wenn der Untersuchungsgefangene ausdrücklich zustimmt. Denn der die Postkontrolle Ausführende übt, solange er den Brief (oder das Paket) in seinen Händen hält, den Gewahrsam an diesem für den Untersuchungsgefangenen aus. Allerdings kann er – sofern er nicht selbst für die Beschlagnahme zuständig ist – in analoger Anwendung des § 108 das Schriftstück einstweilen in Beschlag nehmen und dieses (oder, wenn dies ausreicht, eine Fotokopie desselben) der Staatsanwaltschaft zuleiten, damit diese bei dem zuständigen Gericht eine Beschlagnahme erwirken oder den Brief zur Habe des Verhafteten geben oder zurücksenden kann.[156] Dabei sind die **Grenzen** zu beachten, die § 108 zieht. Der in der gegenwärtigen Sache gemachte **Zufallsfund** darf für eine andere Sache nur dann vorläufig sichergestellt werden, wenn er auf die **Verübung einer** anderen **Straftat** hindeutet, also in einem anderen Strafverfahren, auch wenn es bereits anhängig ist, beweisgeeignet sein könnte.[157] Die – ggf. von der Anhaltekompetenz nach Satz 7 verschiedene – **Zuständigkeit** für die Beschlagnahme und das **Beschlagnahmeverfahren** (Gehör nach § 33 Abs. 3; schriftliche Anordnung nach § 98 Abs. 1; Begründung gem. § 34; Bekanntmachung nach § 35 Abs. 2) sind zu beachten. Unzulässig ist es, Briefe sowie Ablichtungen oder Abschriften von ihnen ohne Beschlagnahme (oder eine sie ersetzende besondere Anordnung nach § 94 Abs. 1) zu den Akten zu nehmen.[158]

c) Erlaubnisvorbehalt für die Übergabe von Gegenständen bei Besuchen. Auch 64
die Anordnung nach **Nummer 3**, dass die Übergabe von Gegenständen bei Besuchen[159] der Erlaubnis bedarf, beschränkt die Außenkontakte des Untersuchungsgefangenen. Das

152 Vgl. LR/*Hilger*[26] 88.
153 OLG Düsseldorf JMBlNW **2000** 56; OLG Oldenburg NJW **1964** 215.
154 Vgl. OLG Düsseldorf NJW **1993** 327; OLG Hamburg NJW **1967** 166.
155 Vgl. KK/*Schultheis* 37.
156 BGHSt **28** 349; BayObLG MDR **1976** 1037; KG JR **1968** 31; OLG Hamm NStZ **1985** 93; OLG Schleswig bei *Lorenzen/Döllel* SchlHA **1999** 174.
157 Vgl. LR/*Tsambikakis* § 108, 8 ff.; s. auch BGH MDR **1990** 116. Enger OLG Celle NJW **1974** 806; LR/*Hilger*[26] 92. Vgl. auch OLG Düsseldorf NJW **1993** 3278. Für eine deutlich engere Begrenzung *Berndt* NStZ **1996** 161 ff. (z.B. Verwertbarkeit nur bei Delikten aus dem Katalog des § 100a StPO).
158 BGH NJW **1961** 2069.
159 Soweit die Einbringung von Gegenständen auf anderem Weg in Frage steht, handelt es sich nicht um eine Beschränkung nach Nummer 3; ein diesbezüglicher Erlaubnisvorbehalt kann aber bei Vorliegen der Voraussetzungen des § 119 Abs. 1 Satz 1 als „andere" Beschränkung angeordnet werden. S. dazu auch Rn. 74 ff.

(Bundes-)Gesetz selbst konstituiert keinen Erlaubnisvorbehalt diesbezüglich, sondern eröffnet lediglich die Möglichkeit der Anordnung einer solchen Maßnahme im Einzelfall und bei bestehender realer Gefahr für einen Haftzweck.[160] Diese soll verhindern, dass der inhaftierte Beschuldigte in den Besitz von Gegenständen gelangt, die ihm eine Flucht erleichtern oder Verdunkelungshandlungen oder die Begehung weiterer Straftaten ermöglichen könnten. In erster Linie ist hier an die Übergabe von Mobiltelefonen oder Karten für solche an den Beschuldigten zu denken. Zugleich soll auch die Übergabe von Gegenständen vom Gefangenen an den Besucher unterbunden werden, die der Verdunkelung dienen können. Zur Wahrung der Verhältnismäßigkeit sind **Ausnahmen vom Erlaubnisvorbehalt** vorzusehen, sofern dies ohne Gefährdung des Haftzwecks möglich ist. Dies muss jedenfalls für den in vielen Vollzugsanstalten üblichen „Automatenzug" gelten. Die Übergabe von Gegenständen, etwa Tabak- oder Süßwaren, die der Besucher auf eigene Kosten aus einem, von der Vollzugsanstalt im Besucherraum aufgestellten und hinsichtlich der Warenbestückung überwachten Automaten „gezogen" hat, wird den Haftzweck kaum gefährden können und muss daher regelmäßig von der Erlaubnispflicht ausgenommen werden. Hilfsweise kommt insoweit die Erteilung einer generellen Erlaubnis zur Übergabe solcher Gegenstände durch den (oder alle) Besucher des Beschuldigten an diesen in Betracht.

65 **3. Beschränkungen der Kontakte des Untersuchungsgefangenen in der Anstalt.** Die von den **Nummern 4 und 5** vorgesehenen **Trennungsanordnungen** sind nicht identisch mit den Trennungsgrundsätzen in § 119 Abs. 1 und 2 a.F. Die Regelung der Unterbringung der Untersuchungsgefangenen in den Vollzugsanstalten, einschließlich der Umsetzung des Gebots der Trennung von Gefangenen anderer Haftarten (namentlich Strafgefangenen) und der Einzelunterbringung, ist nach der Föderalismusreform in die Gesetzgebungskompetenz der Länder übergegangen, die durch die Verabschiedung ihrer Untersuchungshaftvollzugsgesetze hiervon Gebrauch gemacht haben.

66 Die nach Nummer 4 zulässige Anordnung, dass der Beschuldigte von einzelnen oder allen anderen Inhaftierten getrennt wird, dient ebenso wie die Anordnung, dass die gemeinsame Unterbringung und der gemeinsame Aufenthalt mit anderen Inhaftierten eingeschränkt oder ausgeschlossen wird (Nummer 5), – wie alle Beschränkungsanordnungen nach § 119 Abs. 1 – **allein** der **Abwehr von Gefahren für den Untersuchungshaftzweck.** Diese Anordnungen dürfen nur getroffen werden, wenn bestimmte Tatsachen die konkrete Gefährdung der Haftzwecke bei unkontrollierter Kontaktaufnahme begründen.[161] Dabei wird es eher eine bestehende **Verdunkelungs- oder Wiederholungsgefahr** erfordern, dass die Kontaktaufnahme zwischen (bestimmten) in derselben Vollzugsanstalt inhaftierten Untersuchungsgefangenen durch Trennungsanordnungen im vorgenannten Sinne unterbunden wird, als dies bei einer konkreten Gefahr des Entweichens der Fall ist.

---

160 Die Untersuchungshaftvollzugsgesetze der Länder statuieren dagegen zum Teil ein – (zumindest) im Hinblick auf die bei dem Besuch des Verteidigers übergebenen Schriftstücke und sonstigen Unterlagen eingeschränktes – Übergabeverbot (vgl. etwa § 35 Abs. 5 UVollzG Bln: „Beim Besuch dürfen Untersuchungsgefangene grundsätzlich keine Gegenstände, und Besucherinnen und Besucher nur Gegenstände, die sie innerhalb der Anstalt an dafür zugelassenen Einrichtungen zum Einkauf für die Untersuchungsgefangenen erworben haben, übergeben." und § 35 UVollzG für Schleswig-Holstein: „Gegenstände dürfen beim Besuch nicht übergeben werden.") oder einen generellen Erlaubnisvorbehalt diesbezüglich (vgl. etwa Art. 17 BayUVollzG: „Gegenstände dürfen beim Besuch nur mit Erlaubnis des Anstaltsleiters oder der Anstaltsleiterin übergeben werden.").

161 HK/*Posthoff* 24.

Eine generelle Trennung des inhaftierten Beschuldigten von allen Personen, die der Beteiligung an der ihm vorgeworfenen Straftat oder diesbezüglich der Begünstigung, Hehlerei oder Strafvereitlung verdächtig oder bereits verurteilt sind (sog. **Tatgenossen**) oder als Zeugen in Betracht kommen, sieht § 119 – anders als vormals Nr. 22 UVollzO – nicht vor. Allein der Umstand, dass in derselben Vollzugsanstalt mehrere sog. Tatgenossen inhaftiert sind, kann daher eine Trennungsanordnung nicht rechtfertigen. 67

Allerdings wird die Unterbindung von Kontakten des inhaftierten Beschuldigten zu diesen Mitgefangenen – insbesondere wenn sie der Beteiligung an einer der organisierten Kriminalität oder dem (internationalen) Terrorismus zuzuordnenden Straftat dringend verdächtig sind – zur **Verhinderung von Verdunkelungshandlungen** häufiger angezeigt sein als die Trennung von sonstigen in derselben Anstalt Inhaftierten. Allein die Bezugnahme auf einen sog. **Erfahrungssatz bei Tatbeteiligten**,[162] wonach der unkontrollierte Informationsaustausch untereinander die Gefahr der Erschwerung oder sogar Vereitelung der Wahrheitsfindung mit sich bringt, vermag aber die Annahme einer Gefährdung des Haftzwecks durch Verdunkelungshandlungen und die Trennung der mutmaßlichen Tatgenossen voneinander nicht zu rechtfertigen, auch dann nicht, wenn die Beschuldigten nicht geständig sind, sondern zu den Tatvorwürfen schweigen.[163] Zwar mögen Absprachen zwischen Tatgenossen im Hinblick auf das Vorgehen im Prozess, insbesondere hinsichtlich des Einlassungsverhaltens, erfahrungsgemäß nahe liegen.[164] Die bloße Bitte an einen Mitbeschuldigten zu schweigen oder die Abstimmung über das Einlassungsverhalten in der Hauptverhandlung (Schweigen oder Einlassung) ist aber nicht per se unzulässig.[165] Vielmehr müssen sich aus den Umständen des Einzelfalls **konkrete Anhaltspunkte** dafür ergeben, dass bei einem unkontrollierten Kontakt des inhaftierten Beschuldigten mit (in derselben Anstalt einsitzenden) Mitbeschuldigten (oder Zeugen) auf deren Aussageverhalten **in unlauterer Weise** (gesetzeswidrig oder die Wahrheitsfindung in vom Gesetz nicht gebilligter Weise störend; bezogen auf die Mittel der Einwirkung und/oder das Ziel)[166] Einfluss genommen werden soll, namentlich dass der zu einer den Untersuchungsgefangenen belastenden (wahrheitsgemäßen) Einlassung entschlossene mutmaßliche Tatgenosse hiervon (etwa durch Drohung) abgehalten oder Mitbeschuldigte (oder Zeugen) zu einer unwahren Aussage veranlasst werden sollen. 68

Auch bei konkreten Anhaltspunkten dafür, dass der unkontrollierte Kontakt des Untersuchungsgefangenen zu mutmaßlichen Tatgenossen dazu genutzt werden soll, diese zu einer **Fortsetzung des verfahrensgegenständlichen strafbaren Verhaltens** aus der Vollzugsanstalt heraus zu veranlassen, was bei dringendem Tatverdacht hinsichtlich einiger Delikte (organisierte Kriminalität, Terrorismus) häufiger der Fall sein wird als bei anderen, ist der Haftzweck im Falle eines beschränkungslosen Untersuchungshaftvollzuges gefährdet und dürfen Beschränkungen, namentlich die Trennung von in derselben Anstalt inhaftierten Mitbeschuldigten angeordnet werden. 69

Umgekehrt ist die Anordnung, den Beschuldigten von anderen Inhaftierten zu trennen, ihn nicht mit anderen Inhaftierten gemeinsam unterzubringen oder ihm den gemeinsamen Aufenthalt mit ihnen nicht zu gestatten, nach dem Wortlaut der Vorschrift 70

---

162 Vgl. KG NStZ-RR **2014** 377; StV **2014** 231; LG Meiningen Beschl. v. 27.1.2017 – 6 Qs 7/17 – (juris).
163 **A.A.** KG NStZ-RR **2014** 377; dem zustimmend KK/*Schultheis* 42; Meyer-Goßner/*Schmitt* 7 a.E.
164 So LG Meiningen Beschl. v. 27.1.2017 – 6 Qs 7/17 – (juris).
165 Vgl. auch LG Gießen StV **2012** 93, das – ohne nähere Begründung und Darlegung der Umstände des entschiedenen Einzelfalles – ein gemeinsames (nicht überwachtes) Gespräch der des Bandendiebstahls beschuldigten Untersuchungsgefangenen mit ihren Verteidigern in der Untersuchungshaft als zulässig angesehen hat.
166 S. LR/*Lind* § 112, 91f., 95.

aber **nicht auf Tatgenossen** und auf Personen **begrenzt**, die als Zeugen in Betracht kommen. Auch der Kontakt zwischen Untersuchungsgefangenen, die (ohne Tatgenossen zu sein) Mitglied derselben oder einer mit dieser kooperierenden kriminellen oder **terroristischen Vereinigung** oder einer solchen zugehörig sind, kann durch Anordnungen nach Nummern 4 und 5 beschränkt werden.[167] Allerdings darf die Trennung (auch) von diesen Mitinhaftierten nur dann angeordnet werden, wenn konkrete Anhaltspunkte für eine reale Gefährdung der Haftzwecke bei unkontrollierter Kontaktaufnahme bestehen. Allein der Verweis auf den Tatvorwurf genügt insoweit nicht. Bei der Prüfung, ob eine Gefahr für den Haftzweck besteht, der durch Trennungsanordnungen zu begegnen ist, dürfen aber allgemeine Erfahrungen mit und Erkenntnisse zu entsprechenden kriminellen oder terroristischen Vereinigungen berücksichtigt werden.

71 Auch eine bestehende **Fluchtgefahr** kann im Einzelfall die Trennung des inhaftierten Beschuldigten von anderen Inhaftierten erforderlich machen, wenn konkrete Anhaltspunkte dafür bestehen, dass er versuchen könnte, gemeinsam mit diesen ein Entweichen aus der Haftanstalt und eine Flucht oder ein Untertauchen nach dessen Gelingen vorzubereiten, und das Verfahren nur durch eine Trennungsanordnung nach den Nummern 4 und/oder 5 hinreichend gesichert werden kann.

72 Dabei kommt regelmäßig die Trennung des Beschuldigten von **bestimmten** (einzelnen) anderen **Inhaftierten** und der Ausschluss der gemeinsamen Unterbringung und des gemeinsamen Aufenthalts mit diesen in Betracht. Ist der Beschuldigte einer Straftat nach den §§ 129 ff. StGB dringend verdächtig und droht konkret die Fortsetzung seiner Bemühungen für die kriminelle oder terroristische Vereinigung aus der Haft heraus oder das Werben um Mitglieder oder Unterstützer der Vereinigung unter den Mitgefangenen oder besteht bei einem solchen (oder anderen) Beschuldigten im Einzelfall die konkrete Gefahr des (gewaltsamen) Ausbruchs oder der Gefangenenbefreiung, kann ausnahmsweise die Trennung des Untersuchungsgefangenen von **allen anderen Inhaftierten** zur Abwehr einer realen Gefahr für die Haftzwecke erforderlich sein. Die Anordnung einer solchen **Einzelhaft** stellt aber einen so erheblichen Eingriff in die Grundrechte des inhaftierten Beschuldigten dar, dass sie nur in Fällen einer gesteigerten Gefahr für die Untersuchungshaftzwecke getroffen werden darf und die Erforderlichkeit ihrer Fortdauer von Amts wegen fortlaufend überprüft werden muss.[168]

73 **4. Weitere Beschränkungen.** Da Absatz 1 Satz 2 in seinen Nummern 1 bis 5 lediglich exemplarisch einige zur Sicherung der Haftzwecke häufig in Betracht kommende Anordnungen aufzählt, ohne hierdurch eine abschließende Regelung hinsichtlich der Beschränkungsmöglichkeiten zu treffen (s. oben Rn. 24), bleibt die Anordnung anderer (oder weiterer), in diesem Katalog nicht genannter, auf den konkreten Einzelfall und seine Besonderheiten abgestimmter Beschränkungen zu diesem Zweck grundsätzlich möglich. In Betracht kommen insoweit – neben der bereits erwähnten Einschränkung des Schriftverkehrs des Untersuchungsgefangenen (Rn. 54) – unter anderem ein Erlaubnisvorbehalt für die Einbringung oder die Benutzung von bestimmten Gegenständen (Rn. 74) oder die – vormals in § 119 Abs. 5 a.F. ausdrücklich geregelte[169] – Fesselung des Untersuchungsgefangenen (s. Rn. 77 ff.). Weitere Maßnahmen, etwa die Anordnung von Durchsuchungen der Person des Untersuchungsgefangenen (z.B. nach Besuchskontakten), seines Haftraums oder seiner Besucher auf Ausbruchswerkzeuge oder ein Erlaub-

---

167 BTDrucks. **16** 11644 S. 25 f.
168 S. auch Rn. 81 ff. zu den insbesondere bei solchen Beschuldigten in Betracht kommenden verschärften Sicherungsvorkehrungen.
169 S. dazu LR/*Hilger*[26] 65 ff.

nisvorbehalt für Ausführungen und Ausantwortungen[170] sind denkbar; insgesamt soll nach dem Willen des Gesetzgebers[171] eine inhaltliche Änderung der möglichen Maßnahmen im Vergleich zur bisherigen Rechtslage mit der Neuregelung nicht verbunden sein, so dass alle bisher für zulässig erachteten Beschränkungen[172] auch weiterhin angeordnet werden dürfen, wenn und soweit sie im Einzelfall **zur Abwehr einer konkreten Gefahr für die Haftzwecke** geeignet erscheinen und erforderlich sind.

a) Benutzung von Gegenständen durch den Untersuchungsgefangenen.[173] Ist ein bestimmter Gegenstand generell[174] oder im Einzelfall geeignet, dem inhaftierten Beschuldigten ein Entweichen aus der Vollzugsanstalt zu ermöglichen oder zu erleichtern oder ihm Gelegenheit zu Verdunkelungsmaßnahmen oder zur Wiederholung erheblicher Straftaten (§ 112a) zu verschaffen, kann seine Einbringung in die Anstalt oder die Benutzung durch den Untersuchungsgefangenen (auch) nach Maßgabe des § 119 Abs. 1 untersagt werden. Da im Regelfall nicht von vornherein absehbar ist, ob und welche Gegenstände für den Beschuldigten eingebracht oder diesem zur Benutzung überlassen werden sollen, besteht die Möglichkeit, – neben einer Anordnung nach Nummer 3 – die Einbringung und Benutzung von Gegenständen durch den Untersuchungsgefangenen unter **Erlaubnisvorbehalt** zu stellen. 74

Ist eine solche Anordnung getroffen, muss in **Ausführung** derselben entschieden werden, ob die beantragte **Erlaubnis im Einzelfall** unter dem Aspekt der Gefährdung der Haftzwecke erteilt werden kann oder versagt werden muss. Wird eine generelle Gefährlichkeit eines Gegenstandes als Versagungsgrund in Erwägung gezogen, so ist immer auch die Auseinandersetzung damit erforderlich, ob konkrete Anhaltspunkte für eine **reale Gefährdung** der Haftzwecke **im Einzelfall** vorliegen. Diese können allerdings bei Gegenständen gesteigerter Gefährlichkeit[175] regelmäßig angenommen werden, falls nicht gerade in der Person des Beschuldigten Umstände begründet sind, die dieser Gefährlichkeit ausreichend entgegenwirken.[176] Je weniger gefährlich ein Gegenstand an sich ist, umso intensiver muss geprüft werden, ob sich aus anderen Umständen, namentlich der Person des Beschuldigten, konkrete Hinweise auf eine nicht nur hypothetische Gefährdung der Haftzwecke bei Überlassung des Gegenstandes an den Untersuchungsgefangenen ergeben. Ohne konkrete Anhaltspunkte dafür, dass ein Untersuchungsgefangener den Gegenstand, dessen Aushändigung er begehrt, zur Vorbereitung einer Flucht oder zur Verdunkelung bzw. Wiederholung von Katalogtaten (§ 112a) missbrauchen wird, ist die Erlaubnis zu erteilen. Begründen bestimmte Tatsachen die konkrete Gefährdung der Haftzwecke bei Überlassung des Gegenstandes an den Untersuchungsgefangenen, kommt eine Versagung der Erlaubnis im Hinblick auf den Grundsatz der Verhältnismäßigkeit gleichwohl nur dann in Betracht, wenn dieser Gefahr nicht durch 75

---

170 S. dazu KK/*Schultheis* 44.
171 BTDrucks. **16** 11644 S. 12, 24.
172 S. dazu LR/*Hilger*[26] zu § 119 a.F.
173 Regelungen hierzu – einschließlich der Möglichkeiten der Beschränkung der Überlassung von Gegenständen an den Untersuchungsgefangenen aus Gründen der Sicherheit und Ordnung in der Anstalt – finden sich in den Untersuchungshaftvollzugsgesetzen der Länder. S. zur Thematik auch KK/*Schultheis* 48 ff.
174 Z.B. wegen seiner Eignung als Ausbruchswerkzeug (Leiter, Strick, Feile etc.) oder seiner Bestimmung zur Nachrichtenübermittlung (z.B. Mobiltelefone, internetfähige Computer, Laptops oder Tablets).
175 Z.B. Waffen, Ausbruchswerkzeuge, Mobiltelefone; zu Scheren vgl. BGH, Beschl. v. 5.7.1978, 1 BJs 23/77.
176 Vgl. KK/*Schultheis* 51.

mildere Mittel[177] hinreichend begegnet werden kann. Auch eine in zeitlicher Hinsicht beschränkte Überlassung des Gegenstandes an den Untersuchungsgefangenen (z.B. nur während der Einschlusszeiten) ist möglich, wenn hierdurch die generelle Versagung der Erlaubnis vermieden werden kann. Bei der erforderlichen Abwägung darf der erhöhte Kontrollaufwand berücksichtigt werden; aber auch das – ggf. gesteigerte – Interesse des Beschuldigten an der Benutzung des Gegenstandes[178] ist zu beachten. Besondere Kenntnisse und Fertigkeiten des Untersuchungsgefangenen[179] können einer Erlaubniserteilung entgegen stehen; andere Aspekte seiner Persönlichkeit können einen Missbrauch des Gegenstandes – etwa bei einschränkenden Weisungen[180] – unwahrscheinlicher erscheinen lassen und so den Ausschlag für die Erteilung der Erlaubnis geben.

76 Eine nahezu schematische Verweigerung der Aushändigung von Gegenständen des täglichen Gebrauchs (z.B. Schreibmaschine; Kassettenrecorder; Radio; Fernseher; Laptop) wegen genereller Gefährlichkeit war nach der **Rechtsprechung des BVerfG**[181] bereits unter der Geltung des § 119 Abs. 3 a.F. nicht (mehr) möglich; wichtige Belange des Beschuldigten konnten es verbieten, eine nach Schadenswahrscheinlichkeit oder -ausmaß geringere Gefährdung der Haftzwecke zum Anlass zu nehmen, ihm einen Gegenstand zu verweigern.[182] Daran hat sich mit der Neufassung des § 119 nichts geändert. Dementsprechend darf der Beschuldigte zu allen schriftlichen Arbeiten, sowohl zu schriftstellerischen wie zum Briefwechsel oder zur Vorbereitung seiner Verteidigung, eine eigene oder eine selbst beschaffte (auch elektronische) **Schreibmaschine** gebrauchen, ohne ein besonderes Bedürfnis nachweisen zu müssen. Das darf ihm nur versagt werden, wenn im Einzelfall konkrete Anhaltspunkte dafür vorliegen, dass durch missbräuchliche Benutzung der Maschine der Zweck der Untersuchungshaft gefährdet wird.[183] Zurückhaltung soll dagegen geboten sein in Bezug auf die Benutzung von **Kassettenrecordern**,[184] weil diese vielfältige Missbrauchsmöglichkeiten eröffneten.[185] Im Grundsatz gilt hier jedoch auch, dass zunächst eine konkrete Gefährdung der Haftzwecke festgestellt werden muss. Dieser dürfte häufig durch mildere Maßnahmen als ein Verbot (z.B. Verplomben) begegnet werden können.[186] Jedenfalls wird einem Gefangenen der Gebrauch – nebst Bezug von Kassetten – zu gestatten sein, wenn er ein berechtigtes

---

177 Z.B. Bezug als Neuware in Originalverpackung; Verplombung bestimmter Anschlüsse und Zugänge vor Aushändigung; Kontrollen des Gegenstandes vor Aushändigung und regelmäßig während der Überlassung.

178 Z.B. zur Aus- und Weiterbildung oder Vorbereitung seiner Verteidigung; aber auch als Möglichkeit der Zerstreuung.

179 Spezialkenntnisse eines ausgebildeten Computerfachmanns, nachrichtendienstliche Ausbildung eines der Spionage dringend Verdächtigen etc.

180 Z.B. keine Mitbenutzung durch andere Inhaftierte.

181 BVerfG NStZ **1994** 604 mit Anm. *Rotthaus*; *Kruis/Cassardt* NStZ **1995** 524; vgl. auch *Winkelmann/Engsterhold* NStZ **1993** 112.

182 Vgl. auch *Kruis/Cassardt* NStZ **1995** 524; *Winkelmann/Engsterhold* NStZ **1993** 112; *Rotthaus* ZfStrVo **1996** 7.

183 Vgl. BVerfGE **35** 10; BVerfG NStZ **1994** 604 mit Anm. *Rotthaus*; OLG Düsseldorf StV **1982** 476; **1989** 351; **1993** 374; NStZ-RR **1999** 61; **a.A.** OLG Düsseldorf StV **1985** 286 mit Anm. *Baumann* StV **1985** 292; NStZ **1986** 93. S. auch BVerfG ZfStrVo **1997** 367 (elektron. Schreibmaschine/Strafvollzug); BerlVerfGH NStZ-RR **1997** 382 (Laptop).

184 Trotz des technischen Fortschritts bleiben diese für den Untersuchungshaft- und den Strafvollzug weiterhin von Interesse (solange überhaupt noch derartige Geräte und die zugehörigen Kassetten im Handel erhältlich sind).

185 OLG Karlsruhe MDR **1975** 72; Rpfleger **1983** 83; OLG Hamm JMBlNW **1974** 214; MDR **1981** 249; OLG Düsseldorf NStZ **1984** 333.

186 Vgl. auch OLG München NStZ-RR **1996** 352; *Winkelmann/Engsterhold* NStZ **1993** 115 (Kontrolle).

Interesse (Sprachkurs, Fortbildung) darlegt[187] und nach der Persönlichkeit des Gefangenen ein Missbrauch – notfalls durch bestimmte Auflagen oder Weisungen erschwert – unwahrscheinlich erscheint.[188] Entsprechendes gilt für **Computer** (Laptops/Tablets),[189] Telespiele[190] und das Video-Spielgerät „Game Boy".[191] Die Versagung einer **Kaffeemaschine** dürfte nur in ganz seltenen Fällen zulässig sein.[192]

77 **b) Fesselung.** Die Fesselung des Untersuchungsgefangenen stellt die stärkste Einschränkung seiner körperlichen Bewegungsfreiheit und einen erheblichen Eingriff in das allgemeine Persönlichkeitsrecht (Art. 2 Abs. 1 i.V.m. Art. 1 Abs. 1 GG) des Beschuldigten dar.[193] Ihre Anordnung kommt sowohl als Maßnahme zur Abwehr einer realen Gefahr für die Untersuchungshaftzwecke auf der Grundlage von § 119 Abs. 1[194] als auch – auf der Grundlage der landesgesetzlichen Regelungen – zur Abwehr von Gefahren für die Sicherheit und Ordnung in der Anstalt grundsätzlich in Betracht. Fälle, in denen die Fesselung des Untersuchungsgefangenen zur Verhinderung von Verdunkelungshandlungen oder der Wiederholung schwerwiegender Straftaten erforderlich wäre, sind kaum vorstellbar; in Betracht kommt ihre Anordnung allerdings dann, wenn aufgrund konkreter Anhaltspunkte eine **reale Flucht- bzw. Ausbruchsgefahr** besteht, der mit milderen Mitteln nicht hinreichend sicher begegnet werden kann.

78 Letzteres wird auch bei erhöhter Ausbruchsgefahr **innerhalb der Vollzugsanstalt** regelmäßig nicht der Fall sein, so dass insoweit eine Fesselung des inhaftierten Beschuldigten zur Sicherung des Verfahrens nur in extremen Ausnahmefällen angeordnet werden darf.[195] **Außerhalb der Anstalt**, namentlich bei Ausführungen – für Überführungen in eine andere Vollzugsanstalt und Ausantwortungen gilt das Entsprechende –, wird die Sicherung der Haftzwecke, namentlich die Abwehr einer realen, durch konkrete An-

---

187 Als solches sollte auch das Bedürfnis nach Zerstreuung grundsätzlich anerkannt werden.
188 Vgl. OLG Düsseldorf JMBlNW **1989** 70 mit Anm. *Paeffgen* NStZ **1990** 532; StV **1991** 221; OLG Koblenz NStZ **1985** 528 (Walkman). Gleiches gilt für CD-Player – vgl. OLG Frankfurt NStZ **1989** 343 (Strafvollzug); OLG München NStZ-RR **1996** 352; **a.A.** OLG Zweibrücken NStZ **1989** 143. Als mildere Maßnahme kommen u.a. Bezug in Originalverpackung, Verplombung und die Anordnung der Benutzung von Kopfhörern in Betracht. Zu Lautsprecherboxen s. OLG Hamm ZfStrVo **1994** 311. Vgl. auch *Winkelmann/Engsterhold* NStZ **1993** 117; *Boujong* NStZ **1983** 333 (Begrenzung auf originalverpackte Gegenstände); s. dazu OLG Hamm NStZ **1990** 304 (Strafvollzug). Zur Erhöhung des Einkaufsgeldes vgl. OLG Frankfurt StV **1988** 209.
189 Vgl. OLG Hamm NStZ **1997** 566 (ohne Diskettenlaufwerk) mit Anm. *Böttger*; AG Traunstein StV **1992** 477 (Überlassung mit geeigneten Auflagen) mit Anm. *Paeffgen* NStZ **1993** 533; enger (z.T. abl.) OLG Koblenz StV **1995** 86 (ausnahmsweise Zulassung für Zwecke der Verteidigung) mit Anm. *Paeffgen* NStZ **1996** 72; OLG Düsseldorf NStZ **1984** 525; MDR **1986** 1047; NJW **1989** 2637 (Gefahr unkontrollierbarer Nachrichtenübermittlung) mit Anm. *Paeffgen* NStZ **1990** 532; NStZ-RR **1999** 61; StV **1999** 610 mit krit. Anm. *Staechelin*; OLG Hamm StV **1997** 199 mit abl. Anm. *Nibbeling* und *Paeffgen* NStZ **1998** 73; StV **1997** 197; ZfStrVo **1998** 57; OLG Stuttgart NStZ-RR **2003** 347 (ausnahmsweise für Zwecke der Verteidigung in Großverfahren); vgl. auch BVerfG NStZ **1994** 453; NStZ **2003** 621; BerlVerfGH NStZ-RR **1997** 382; OLG Hamm NStZ **1990** 304; OLG Celle StV **1994** 436; OLG Frankfurt NStZ-RR **1999** 156; *Schlothauer/Weider/Nobis* 1126. Zum Laptop des Verteidigers s. BGH NJW **2004** 457. Strenger KK/*Schultheis* 50 (Besitz eines Computers sei wegen der Gefahr unerlaubter Nachrichtenübermittlung grundsätzlich zu untersagen). S. auch SK/*Paeffgen* 47a.
190 OLG Celle NStZ **1994** 360 (Strafvollzug); **a.A.** OLG Düsseldorf NStZ **1986** 92 (als Versteck geeignet).
191 OLG Düsseldorf StV **1992** 477; s. auch LG Freiburg StV **1996** 326 (auch zum Schachcomputer); OLG Nürnberg NStZ-RR **2002** 191 (PlayStation).
192 Vgl. *Winkelmann/Engsterhold* NStZ **1993** 115. S. aber OLG Düsseldorf NStZ **1986** 93; OLG Hamm NStZ **1990** 151 (Strafvollzug); Thermoskanne: BGH Beschl. v. 13.9.1978, 1 BJs 132/78 (Versteck).
193 BVerfGK **19** 25. S. auch *Esser* GedS Weßlau 97, 100.
194 **A.A.** *Esser* GedS Weßlau 97, 109 ff. (§ 119 Abs. 1 Satz 1 keine taugliche Rechtsgrundlage für die Anordnung der Fesselung eines Untersuchungsgefangenen).
195 So auch KK/*Schultheis* 45.

haltspunkte belegten[196] Fluchtgefahr, häufiger die Fesselung des Beschuldigten erfordern. Allerdings ist auch hier das Ausmaß der Gefährdung des Haftzwecks gegen das durch die Fesselung beeinträchtigte Grundrecht abzuwägen und dem Verhältnismäßigkeitsgrundsatz zu genügen. Kann eine aufgrund konkreter Anhaltspunkte festgestellten realen Gefahr für den Haftzweck nicht durch mildere Maßnahmen, namentlich durch die Bewachung durch einen jungen sportlichen Bediensteten[197] (oder zwei von ihnen), abgewendet werden, ist die Art der Fesselung – (nur) Hand- oder (auch) Fußfesselung – möglichst grundrechtsschonend zu wählen; das Fesseln darf zudem nur so lange aufrechterhalten werden, wie es zur Abwehr einer Gefahr für die Haftzwecke unerlässlich ist.

79 Darüber hinaus ist es unzulässig, die Fesselung generell für lediglich denkbare Ereignisse (jede etwaige, bislang weder beantragte noch bewilligte Ausführung) anzuordnen. Vielmehr ist stets allein auf die konkrete Gefahr in einem **Einzelfall** abzustellen.[198] Da die Untersuchungshaftvollzugsgesetze, die die Ausführung eines Untersuchungsgefangenen in bestimmten Fällen zumeist ausdrücklich vorsehen, dem Gericht und der Staatsanwaltschaft regelmäßig ein Anhörungsrecht vor der Entscheidung über ihre Bewilligung gewähren,[199] wird der hierfür zuständigen Stelle die Möglichkeit eröffnet, erforderlichenfalls eine Fesselungsanordnung für den konkreten Einzelfall zu treffen. Eines Erlaubnisvorbehalts für Ausführungen (und Ausantwortungen)[200] bedarf es jedenfalls dann hierfür nicht, wenn das Haftgericht durch die Anhörung von jeder geplanten Ausführung in deren Vorfeld erfährt.[201]

80 Wird die Fesselung des Untersuchungsgefangenen für die **Vorführung zur Hauptverhandlung** angeordnet,[202] ist zu beachten, dass sie, wird sie während der Verhandlung aufrecht erhalten, die Verteidigung des Beschuldigten – etwa dadurch, dass sie Aufzeichnungen erschwert oder unmöglich macht – behindern kann.[203] Aus Gründen der Verhältnismäßigkeit ist daher an dem früher in § 119 Abs. 5 Satz 2 a.F. ausdrücklich geregelten Grundsatz, dass der Untersuchungsgefangene **in der Hauptverhandlung ungefesselt** sein soll, festzuhalten. Ordnet der Vorsitzende gleichwohl an, dass der Angeklagte während der Hauptverhandlung gefesselt bleibe, damit er sich nicht entfernt (§ 231 Abs. 1 Satz 2), so handelt es sich um eine Maßnahme der äußeren Verhandlungsleitung (§ 238 Abs. 1).[204]

---

196 Vgl. OLG Dresden NStZ **2007** 479; OLG Celle NStZ **2012** 650; OLG Hamm NStZ-RR **2011** 291 (zum Strafvollzug); *Pohlreich* NStZ **2011** 568 f. (zur Rechtsprechung des EGMR); KK/*Schultheis* 45; s. auch *Hoffmann/Wißmann* StV **2001** 706.

197 Vgl. OLG Celle NStZ **2012** 650; OLG Koblenz StV **1989** 209.

198 OLG Oldenburg NJW **1975** 2219; LG Koblenz StV **1983** 467; LG Stuttgart Justiz **1990** 338; allg. M.

199 Z.B. § 9 Abs. 2 UVollzG Bln.

200 Ein solcher kommt als Maßnahme nach § 119 Abs. 1 grundsätzlich in Betracht, wenn aufgrund konkreter Anhaltspunkte zu befürchten ist, dass einer realen Gefahr für die Haftzwecke im Falle einer bestimmten Ausführung nicht durch die angemessene Bewachung des Untersuchungsgefangenen oder seine Fesselung hinreichend sicher begegnet werden kann und die Ausführung deshalb zur Verfahrenssicherung untersagt werden muss.

201 **A.A.** KK/*Schultheis* 44.

202 Auch dies ist nicht standardmäßig, sondern nur dann zulässig, wenn die Einzelfallprüfung konkrete Anhaltspunkte dafür ergeben hat, dass bei ungefesselter Vorführung die Gefahr der Entweichung besteht, der durch mildere Mittel nicht hinreichend sicher begegnet werden kann. S. auch *Schlothauer/Weider/Nobis* 1163. Zur Frage der Fesselung des Angeklagten in der Hauptverhandlung (und vor Aufruf derselben) insgesamt s. *Esser* GedS Weßlau 97 ff.

203 BVerfGK **19** 25.

204 BGH NJW **1957** 271; OLG Dresden NStZ **2007** 479 (konkrete Anhaltspunkte erforderlich); vgl. auch *Schlothauer/Weider/Nobis* 1164; *Lüderssen* GedS Meyer 269 ff.; *Esser* GedS Weßlau 116 f.; zur Anordnung der „Entfesselung" durch den Nicht-Haftrichter s. *Nagel* NStZ **2001** 233.

c) Verschärfte Sicherungsvorkehrungen. Kann einer durch konkrete Anhaltspunkte belegten[205] **gesteigerten Gefährdungslage**[206] (z.B. akuter Entweichungsgefahr) nicht anders begegnet werden, können (auch) nach § 119 Abs. 1 verschärfte Sicherungsvorkehrungen[207] angeordnet werden. Sie kommen namentlich bei **besonders gefährlichen** Gefangenen, etwa Beschuldigten terroristischer Gewalttaten, in Betracht, wenn z.B. die konkrete Gefahr besteht, dass sie ihre Tätigkeit für die Vereinigung aus der Anstalt heraus (bzw. durch Unterstützerwerbung unter den Mitinhaftierten innerhalb derselben) fortsetzen oder versuchen werden, (ggf. gewaltsam) aus der Anstalt auszubrechen;[208] sie können nicht schon damit begründet werden, der Beschuldigte sei einer Straftat gemäß § 129a StGB verdächtig und es bestehe erhöhte Flucht- und Verdunkelungsgefahr.[209] Verschärfte Haftbedingungen dürfen nur unter besonderer **Beachtung des Verhältnismäßigkeitsgrundsatzes** angeordnet und durchgeführt werden. Sie sind auf solche Beschuldigte ausgerichtet, bei denen wegen ihrer außergewöhnlichen Gefährlichkeit besondere Vorsichtsmaßnahmen unerlässlich sind.[210] Zulässig sind also nur die im speziellen Fall zur Gefahrenabwehr geeigneten und unerlässlichen Maßnahmen. Sie sind laufend darauf zu prüfen, ob eine Lockerung oder Aufhebung oder wenigstens die Erlaubnis von Ausnahmen geboten ist.[211] Die Gefahr gesundheitlicher Schädigungen durch verschärfte Haftbedingungen ist selbstverständlich zu vermeiden.[212] Soweit nach der früheren Rechtslage – zutreffend – gefordert wurde, dass dem Beschuldigten außerdem im Rahmen des nach Haftzweck und Anstaltsordnung Möglichen und Vertretbaren ein **Ausgleich** für die ihm auferlegten Beschränkungen zu gewähren sei,[213] ist dies dem nach § 119 Abs. 2 für die Anordnung der verschärften Sicherungsvorkehrungen Zuständigen infolge der Aufspaltung der Gesetzgebungskompetenzen durch die Föderalismusreform nicht mehr ohne weiteres möglich. Die Ausgestaltung des Untersuchungshaftvollzugs obliegt nunmehr dem Landesgesetzgeber; (auch) die **Gewährung von Begünstigungen** (z.B. Bewilligung einer über das sonst nach dem Untersuchungshaftvollzugsgesetz des jeweiligen Landes zulässige Maß hinausgehenden Anzahl von Büchern oder sonstigen Gegenständen im Haftraum oder ein zusätzlicher Einkauf durch Vermittlung der Anstalt) fällt nicht mehr in die haftrichterliche, sondern in die behördliche **Zuständigkeit der Vollzugsanstalt**. Umso wichtiger ist es daher, dass der die verschärften Sicherungsvorkehrungen Anordnende **fortlaufend** die Möglichkeit der Lockerung oder Aufhebung der Maßnahmen (aller oder einzelner) und der Zulassung von Ausnahmen im Einzelfall prüft. 81

Als **Einzelmaßnahmen** kommen insoweit – neben den ausdrücklich in Satz 2 genannten Beschränkungen, insbesondere der Anordnung, dass der Untersuchungsgefangene von allen anderen Inhaftierten getrennt wird (Satz 2 Nummer 4) und dem Verbot gemeinsamer Unterbringung und gemeinsamen Aufenthalts mit allen anderen Inhaftierten (Satz 2 Nummer 5), etwa in Gestalt des Ausschlusses von der Teilnahme an Gemein- 82

---

205 Vgl. OLG Celle NStZ **2012** 649; OLG Dresden NStZ **2007** 479; OLG Hamm NStZ-RR **2011** 291 (Strafvollzug) jeweils zu Fesselungsanordnungen.
206 BVerfG Beschl. v. 24.1.2008 – 2 BvR 1661/06 – (juris).
207 Ehemals geregelt in Nr. 60 ff., 62 ff. UVollzO.
208 Vgl. BGH Beschl. v. 22.6.1977, 1 BJs 133/76.
209 BGH Beschl. v. 25.7.1978, 1 BJs 86/78.
210 OLG Koblenz StV **2003** 514; KK/*Schultheis* 54; s. auch BerlVerfGH NStZ-RR **1999** 316.
211 Weniger streng hinsichtlich der Prüfungsfrequenz: KK/*Schultheis* 54 („von Zeit zu Zeit").
212 SK/*Paeffgen* 12.
213 LR/*Hilger*[26] 93; z.B.: Besitz mehrerer Bücher in der Zelle, Bezug mehrerer Zeitungen und Zeitschriften, Schreibmaschine, Rundfunkgerät ohne UKW/KW-Empfang, zusätzlicher Einkauf durch Vermittlung der Anstalt.

schaftsveranstaltungen (auch Gottesdiensten) oder einer Einzelhaft – z.B. in Betracht: das **Verbot, eigene Kleider zu tragen**; die Anordnung, zusätzliche Sicherungsvorrichtungen, etwa ein weiteres Schloss an der Haftraumtür oder doppelte Fenstergitter, anzubringen; Mahlzeiten durch mehrere Bedienstete in Abwesenheit anderer Gefangener auszugeben; den Haftraum und eingebrachte Sachen – ausgenommen die als Verteidigerpost gekennzeichneten Schriftstücke – in unregelmäßigen Abständen auch mehrmals (so oft wie unerlässlich) wöchentlich nach Werkzeugen oder Hilfsmitteln für einen Ausbruch und/oder Besucher unter Verwendung technischer Geräte zu durchsuchen sowie den Untersuchungsgefangenen – im Einzelfall[214] – nur gefesselt auszuführen; auch die Durchsuchung des Verteidigers (auch mittels technischer Geräte) auf nicht der Verteidigung dienende Gegenstände (namentlich Waffen und Ausbruchswerkzeuge) und die des Beschuldigten vor und nach dem Verteidigerbesuch, auch unter Umkleidung, kann angeordnet und dem Verteidiger kann verboten werden, technische Geräte (Diktier- und Tonbandgeräte z.B.) in den Sprechraum mitzunehmen.[215] Soweit dem Beschuldigten ein Anwesenheitsrecht bei Zellenkontrollen abgesprochen wird,[216] erscheint dies im Hinblick auf den in § 106 Abs. 1 Satz 1 zum Ausdruck kommenden Schutzgedanken bedenklich.[217] Jedenfalls dann, wenn im Haftraum aufbewahrte ungeordnete Papierstapel, in denen sich auch (nicht entsprechend gekennzeichnete) Verteidiger- und Abgeordnetenpost befindet, nach darin verstecktem Ausbruchswerkzeug durchsucht werden müssen, hat dies in der Regel in Anwesenheit des Gefangenen zu geschehen.[218]

83 Grundsätzlich zulässig ist bei außergewöhnlichen Gefahrenlagen auch die Beobachtung des Haftraumes, etwa durch eine **Sichteinrichtung**[219] (sog. Zellenspion, Sichtklappen, Monitoreinschaltung), in regelmäßigen Abständen. Erforderlich ist, dass konkrete Anhaltspunkte für eine unmittelbar drohende **besonders schwerwiegende Gefahr** bestehen und dieser nicht in milderer Weise begegnet werden kann. Unzulässig wäre selbst bei erhöhter Gefahrenlage eine Beobachtung „rund um die Uhr", weil dies ein unverhältnismäßiger Eingriff in die Privatsphäre, letztlich eine Totalausforschung auch des Intimbereichs des Beschuldigten (Verstoß gegen Art. 1 Satz 1 GG) wäre. Unterhalb der Schwelle einer außergewöhnlichen Gefahrenlage kann (nur) eine gelegentliche (anlassbedingte) Sichtüberwachung zulässig sein, aber, wie bei jedem Eingriff in den persönlichen Lebensbereich (Art. 2 Abs. 1 GG) nur, wenn (soweit) eine konkrete Gefahrenlage dies erfordert.

IV. Anordnung der Beschränkungen

84 **1. Zuständigkeit.** Die gesetzliche Kompetenzzuweisung für die Anordnung von Beschränkungen zur Erreichung des Haftzwecks (Absatz 1 Sätze 3 bis 5) ist durch die Neufassung des § 119 im Verhältnis zu § 119 Abs. 6 a.F. nicht geändert worden. Die Regelung trägt der Grundrechtsrelevanz möglicher Beschränkungsanordnungen dadurch Rechnung, dass sie die Zuständigkeit für die Entscheidung über zu treffende Anordnungen **grundsätzlich dem Richter** zuweist. Nur in Eilfällen besteht die Möglichkeit vorläufiger

---

214 S. Rn. 79.
215 Vgl. BGH Beschl. v. 27.11.1975, 1 BJs 50/75; vom 23.3.1976, 1 BJs 5/76; vom 23.5.1978, 1 BJs 153/77. S. auch (einschränkend) *Hinüber* StV **1994** 213.
216 Vgl. BGH Beschl. v. 9.3.1977, 1 BJs 128/76.
217 **A.A.** OLG Dresden ZfStrVo **1995** 251; OLG Frankfurt MDR **1980** 80; OLG Stuttgart Justiz **1984** 368; vgl. auch SächsVerfGH NJW **1995** 2980.
218 Vgl. – für den Strafvollzug – OLG Karlsruhe NStZ-RR **2012** 27.
219 Vgl. *Seebode* (Vollzug) 172 ff.; s. auch BGHSt **37** 380 mit Anm. *Böhm* JR **1992** 174 und *Krahl* JZ **1991** 1146; *Hinüber* StV **1994** 212; *Heyland* GedS Meyer 765 (zum Strafvollzug).

Anordnungen durch die Staatsanwaltschaft und die Vollzugsanstalt; diese bedürfen jedoch für ihre Fortgeltung über die Eilsituation hinaus der richterlichen Genehmigung (s. Rn. 87ff.).

a) Gericht. Gemäß Absatz 1 Satz 3 trifft das Gericht die Anordnungen nach Satz 1. 85
Zuständig ist – auch während der besonderen Haftprüfung durch das OLG nach den §§ 121, 122[220] – das **Haftgericht** nach § 126, mithin stets ein allein entscheidender Richter. Im vorbereitenden Verfahren (§§ 158 bis 177) entscheidet der Richter bei dem Amtsgericht, der den Haftbefehl erlassen hat oder dem die Zuständigkeit übertragen worden ist (§ 126 Abs. 1, **Ermittlungsrichter**), in Sachen, die nach den §§ 120 oder 120b GVG zur Zuständigkeit des Oberlandesgerichts im ersten Rechtszug gehören, der Ermittlungsrichter dieses Oberlandesgerichts oder, wenn der Generalbundesanwalt die Ermittlungen führt, des Bundesgerichtshofs, wenn er den Haftbefehl erlassen hat (§ 169). Eine Zuständigkeit des den Haftbefehl verkündenden **Richters des nächsten Amtsgerichts** (§ 115a) für Anordnungen nach § 119 Abs. 1 besteht **nicht**. Nachdem die öffentliche Klage erhoben ist, ist der **Vorsitzende** des mit der Sache befassten Gerichts, während des Revisionsverfahrens desjenigen Gerichts, dessen Urteil angefochten ist (§ 126 Abs. 2 Satz 3 i.V.m. Satz 1 und 2), zuständig.[221] Eine **Übertragung der Anordnungskompetenz** auf ein anderes Mitglied des Kollegialgerichts, etwa den **Berichterstatter**, ist gesetzlich nicht vorgesehen und damit **rechtswidrig.**[222] Die Entscheidung des **Kollegialgerichts anstelle des** funktionell allein zuständigen **Vorsitzenden** führt im Fall der Einlegung einer Beschwerde zur Aufhebung der angefochtenen Anordnung bei gleichzeitiger (eigener) Sachentscheidung durch das Beschwerdegericht gem. § 309 Abs. 2.[223] In **Jugendsachen** kann der zuständige Richter die Entscheidungen, die die Untersuchungshaft betreffen,[224] aus wichtigen Gründen sämtlich oder zum Teil einem anderen Jugendrichter, z.B. dem des Haftortes, übertragen (§ 72 Abs. 6 JGG). Die Zuständigkeit des Haftgerichts endet mit der Rechtskraft des Urteils.

Von der bundesgesetzlichen Zuständigkeitsregelung (Haftgericht) **abweichende** 86
Landesregelungen, wie etwa die §§ 134 Abs. 2, 134a Abs. 1 Satz 2 NJVollzG, die für Entscheidungen und sonstige Maßnahmen, die der Abwehr einer Verdunkelungsgefahr dienen, die Zuständigkeit des Vollzugsgerichts vorsehen, sofern es sich bei dem Haftgericht nicht um ein Gericht des Landes Niedersachsen handelt, bleiben im Hinblick auf die Gesetzgebungskompetenz des Bundes und die Sperrwirkung des Art. 72 Abs. 1 GG **außer Betracht**; sie sind unwirksam.[225]

b) Eilzuständigkeit. Kann die Entscheidung des (Haft-)Gerichts nicht – auch nicht 87
fernmündlich – so zeitnah herbeigeführt werden, dass eine drohende Gefährdung des Haftzwecks mit ihr abgewendet werden kann, sieht Absatz 1 Satz 4 eine Eilkompetenz der **Staatsanwaltschaft** und der **Vollzugsanstalt**[226] vor. Diese kann zur Sicherung des

220 KMR/*Wankel* 27.
221 Vgl. wegen der Einzelheiten § 126, 9ff.
222 OLG Hamm NStZ-RR **2010** 294.
223 OLG Hamm Beschl. v. 10.12.2013 – III-1 Ws 562/13 – (juris); s. auch § 126, 33f.
224 Hierzu gehört auch die Anordnung von Beschränkungen nach Absatz 1.
225 BGH (Ermittlungsrichter) StraFo **2012** 228; KK/*Schultheis* 55. **A.A.** OLG Celle StV **2010** 194 mit abl. Anm. *Kazele* StV **2010** 258; *Nestler* HRRS **2010** 546; festhaltend StraFo **2012** 228.
226 Kritisch zur Übertragung der Eilkompetenz an die Vollzugsanstalt: BRAK-Stellungnahme-Nr. 37/2008, S. 10 bis 13, Stellungnahme der Bundesrechtsanwaltskammer zum Referentenentwurf des Bundesministeriums der Justiz „Gesetz zur Überarbeitung des Untersuchungshaftrechts“ vom September 2008, abrufbar im Internet unter www.brak.de/BRAK-Intern/Ausschüsse.

Zwecks der Untersuchungshaft **(vorläufige) Anordnungen** nach Satz 1 treffen, wenn der Haftzweck durch den bei Befassung des Gerichts zu erwartenden Zeitverlust gefährdet wäre. Soweit Staatsanwaltschaft oder Vollzugsanstalt in solchen **dringenden Fällen** Anordnungen treffen, handeln sie – wie bisher (§ 119 Abs. 6 Satz 2 a.F.) – aus eigenem Recht, in eigener Verantwortung und, soweit ein Ermessen eingeräumt ist, nach eigenem Ermessen. Ein dringender Fall liegt etwa dann vor, wenn im Falle eines Ausbruchsversuchs des Untersuchungsgefangenen unverzüglich besondere Sicherungsmaßnahmen (Rn. 81 ff.) zu treffen sind.

88 Die Eilanordnungen von Staatsanwaltschaft und Vollzugsanstalt unterliegen – wie nach alter Rechtslage (§ 119 Abs. 6 Satz 3 a.F.) – einem Genehmigungserfordernis. Sie haben den Charakter nur vorläufiger Maßnahmen, die für ihre Geltung über die Eilsituation hinaus der richterlichen Bestätigung bedürfen. Nach Absatz 1 Satz 5 sind die nach Satz 4 getroffenen Anordnungen daher grundsätzlich **dem Gericht** (§ 126) **zur Genehmigung vorzulegen**. Dieses prüft umfassend das Vorliegen der Anordnungsvoraussetzungen und entscheidet über die (vollständige oder teilweise) Aufrechterhaltung oder Aufhebung der vorläufigen Anordnung; das Gericht kann diese kraft eigener Anordnungskompetenz bei dieser Gelegenheit auch ändern und ergänzen. Indem es eine staatsanwaltschaftliche oder vollzugsanstaltliche (Eil-)Anordnung genehmigt, macht das Gericht sie zu seiner eigenen.

89 Die **Vorlage** an das Haftgericht zum Zwecke der Genehmigung hat innerhalb einer **Frist von drei *Werk*tagen**[227] zu erfolgen; dieses hat zügig aber nicht zwingend innerhalb dieser Frist über die Aufrechterhaltung oder Aufhebung der vorläufigen Anordnung zu entscheiden. Die Drei-Tages-Frist trägt einerseits der Grundrechtsrelevanz von beschränkenden Anordnungen und der daraus resultierenden Bedeutung des Richtervorbehaltes Rechnung. Andererseits ist sie so bemessen, dass nur ganz kurzfristig wirkende Anordnungen oder solche, die nach ganz kurzer Zeit wieder aufgehoben werden, die Aktenvorlage an das Haftgericht nicht ohne weiteres erfordern.[228] Es handelt sich um eine Höchstfrist, die mit Blick auf die Grundrechtsbeschränkung nicht mutwillig ausgeschöpft werden darf. Ist bereits im Zeitpunkt der Eilanordnung absehbar, dass die Aufrechterhaltung der Beschränkung über die Frist des Absatzes 1 Satz 5 hinaus erforderlich werden wird, hat die Aktenvorlage an das Gericht daher unverzüglich zu erfolgen. Andererseits soll es sich bei der fraglichen Frist lediglich um eine Ordnungsvorschrift handeln, deren Überschreitung die Anordnung nicht unwirksam macht (Gegenschluss aus § 100 Abs. 2).[229] Der betroffene Beschuldigte kann jederzeit, auch schon vor Ablauf der Vorlagefrist, durch Antragstellung nach Absatz 5 das Gericht von sich aus mit der rechtlichen Prüfung der Eilmaßnahme befassen.

90 Für die **Fristberechnung** gelten die **allgemeinen Vorschriften**. Der Tag, an dem die Eilanordnung getroffen wird, bleibt danach bei der Fristberechnung außer Betracht (§ 42). Die drei folgenden Werktage werden jedoch mangels abweichender gesetzlicher Regelung fortlaufend gezählt, so dass ein *in die Frist* fallender Sonnabend mitgezählt wird.[230] Wird eine Eilanordnung also am Donnerstag erlassen, endet die Vorlagefrist am Montag um 24 Uhr, für eine am Freitag erlassene Eilanordnung am Dienstag um 24 Uhr. Fällt das *Fristende* dagegen auf einen Sonnabend (oder einen Sonntag oder allgemeinen Feiertag), so endet die Frist mit dem Ablauf des nächsten Werktages (§ 43 Abs. 2). Daher

227 Werktage sind die Wochentage von Montag bis *Sonnabend*, sofern es sich nicht um einen allgemeinen Feiertag handelt.
228 BTDrucks. **16** 11644 S. 26.
229 KK/*Schultheis* 58; KMR/*Wankel* 28.
230 **A.A.** KMR/*Wankel* 28 ohne Begründung.

endet die Vorlagefrist ebenfalls (erst) am Montag um 24 Uhr, wenn die Eilanordnung am Mittwoch (Fristende am Sonnabend) erlassen wurde.[231]

Die **Vorlagepflicht entfällt** nach Satz 5 (zweiter Satzteil) jedoch, wenn sich die **Eilanordnung** der Staatsanwaltschaft oder der Vollzugsanstalt vor Ablauf der Vorlagefrist **erledigt** hat oder durch die anordnende Stelle aufgehoben worden ist. Gleichwohl ist der inhaftierte Beschuldigte oder sonst von einer solchen Anordnung Betroffene diesbezüglich nicht schutzlos. Er kann die Rechtmäßigkeit der Anordnung entsprechend den allgemeinen Grundsätzen durch Stellung eines **Antrags** auf gerichtliche Entscheidung **nach Absatz 5** prüfen lassen, wenn er ein nachwirkendes berechtigtes Interesse an einer solchen Feststellung hat.[232] 91

Nicht geregelt hat der Gesetzgeber auch mit der Neufassung der Norm den Fall einer **Erledigung** der Eilanordnung **nach Vorlage an das Haftgericht**, aber vor dessen Entscheidung. Für eine gerichtliche Entscheidung ist auch in diesen Fällen kein Raum mehr, so dass der betroffene Beschuldigte eine richterliche Überprüfung und Feststellung der Rechtswidrigkeit der erledigten Anordnung ebenfalls nur durch Antragstellung nach Absatz 5 herbeiführen kann.[233] 92

2. Anordnungszeitpunkt. Richterliche Anordnungen vor Erlass des Haftbefehls werden kaum vorkommen, auch wenn sie – in Bezug auf einen nach § 127 Abs. 2 vorläufig Festgenommenen (z.B. Anordnung der Fesselung bei der Vorführung nach §§ 128, 129 wegen akuter Entweichungsgefahr) – in analoger Anwendung von § 119 nicht undenkbar erscheinen.[234] Regelmäßig besteht das Bedürfnis nach haftzwecksichernden Beschränkungen erst **bei Anordnung des Vollzugs der Untersuchungshaft** und dessen Beginn mit Aufnahme in die Vollzugsanstalt. Das schließt aber nicht aus, dass eine Beschränkungsanordnung bereits mit Erlass des Haftbefehls oder in der Zeit getroffen wird, in der nach dem Beschuldigten mit Haftbefehl gefahndet wird, auch wenn naturgemäß die Auswirkungen des Beschränkungsbeschlusses erst dann greifen, wenn der Beschuldigte inhaftiert worden ist.[235] Treten Umstände, die die – erstmalige oder ergänzende – Anordnung von Beschränkungen erfordern, erst im Vollzugsverlauf ein oder werden sie dem Gericht erst später bekannt, können Anordnungen nach Satz 1 **auch zu einem späteren Zeitpunkt** getroffen werden. Die Anordnungszuständigkeit endet jedoch mit der Untersuchungshaft. 93

3. Verfahren. Für Anordnungen nach Satz 1 besteht **kein Antragserfordernis.**[236] Das Gericht ordnet Beschränkungen bei Vorliegen der Voraussetzungen von Amts wegen oder auf Antrag der Staatsanwaltschaft an. Vor der Anordnung grundrechtsrelevanter Beschränkungen ist dem Beschuldigten nach § 33 Abs. 3 **rechtliches Gehör** zu geben, es sei denn, es liegt ein Fall des § 33 Abs. 4 vor. In letzterer Konstellation ist das rechtliche 94

---

231 Vgl. zu den Einzelheiten LR/*Graalmann-Scheerer* § 42, 1, 3; § 43, 6 ff.
232 BTDrucks. **16** 11644 S. 26; SK/*Paeffgen* 59c.
233 BTDrucks. **16** 11644 S. 26; SK/*Paeffgen* 59c.
234 Siehe auch *Brocke/Heller* StraFo **2011** 6, die weitergehend den festnehmenden Polizeibeamten als Annexkompetenz zu den §§ 127, 128 die Befugnis zusprechen wollen, bis zur Vorführung vor den zuständigen Haftrichter einen ungeregelten Außenkontakt des vorläufig Festgenommenen zu unterbinden.
235 OLG Köln NStZ **2011** 359; KK/*Schultheis* 11; **a.A.** *Brocke/Heller* StraFo **2011** 5, die eine vor der Entscheidung über die Invollzugsetzung des Haftbefehls ergangene verfahrenssichernde Anordnung unter Berufung auf den Wortlaut („einem inhaftierten Beschuldigten") und den Beschluss des LG Berlin vom 16.3.2010 – 519 Qs 4/10 – (juris) für gegenstandslos halten.
236 AnwK-UHaft/*König* 47.

Gehör nachzuholen (§ 33a), sobald – spätestens mit dem Beginn ihres Vollzuges – die Gefährdung der Anordnung entfallen ist.[237] Die (vorherige oder – wenn die Anordnung ohne vorherige Anhörung vor der Festnahme des Beschuldigten erfolgt ist – nachträgliche) Anhörung des Beschuldigten durch das Gericht erfolgt zweckmäßigerweise bei Haftbefehlsverkündung. Eine mündliche Anhörung des inhaftierten Beschuldigten ist jedoch nicht zwingend erforderlich. Auch die Staatsanwaltschaft ist vor einer Entscheidung zu hören (§ 33 Abs. 2),[238] wenn sie nicht ohnehin den entsprechenden Antrag gestellt hat.

95 Anordnungen nach Satz 1 erwachsen **nicht** in **materielle oder formelle Rechtskraft**. Das Gericht hebt daher Beschränkungsanordnungen auf, wenn und soweit sie zur Sicherung des Haftzwecks nicht mehr erforderlich sind, oder ändert sie in Anpassung an veränderte tatsächliche Verhältnisse. Auch Anordnungen des Beschwerdegerichts darf es unter diesen Umständen ändern oder (ganz oder teilweise) aufheben.[239] Wie die Haftfrage selbst, also die Frage, ob die Voraussetzungen für die Aufrechterhaltung und den Vollzug des Haftbefehls noch vorliegen, ist auch die Frage, ob und inwieweit die beschränkenden Anordnungen zur Sicherung des Haftzwecks noch erforderlich sind, ob sie aufgehoben oder modifiziert werden müssen oder ob neue oder neu zutage getretene Umstände weitere beschränkende Anordnungen erfordern, **in jeder Lage des Verfahrens** unabhängig von Anträgen der Beteiligten jederzeit **von Amts wegen** zu prüfen, denn kein Eingriff in die grundgesetzlich garantierten Freiheitsrechte darf länger als notwendig bestehen bleiben.[240] Eines Antrags des inhaftierten Beschuldigten, der Staatsanwaltschaft oder eines sonst von der Anordnung Betroffenen (etwa des Besuchers des Beschuldigten oder seines Telekommunikationspartners) bedarf es daher nicht; den Beteiligten steht jedoch jederzeit die Möglichkeit offen, das Gericht durch entsprechende Antragstellung auch zur Mitteilung des Ergebnisses dieser Prüfung zu veranlassen.

96 Bei **Zuständigkeitswechseln** (z.B. durch Übertragung nach § 126 Abs. 1 Satz 3, Anklageerhebung oder Eingang der Akten beim Berufungsgericht) geht auch die Prüfungspflicht über. Sofern das neu zuständig gewordene Gericht sie nicht ausdrücklich aufhebt oder ändert, übernimmt es die Verantwortung für die Rechtmäßigkeit der von seinem Vorgänger getroffenen Anordnungen (sog. **Haftstatut**). Diese gelten fort, ohne dass es ihrer ausdrücklichen „Bestätigung" durch das neue Haftgericht bedarf, und können wie solche des neuen Haftrichters angefochten werden.[241] Einen Antrag des Beschuldigten (oder der Staatsanwaltschaft) bzw. eines sonst von der Maßnahme direkt Betroffenen auf Aufhebung zuvor angeordneter Beschränkungen muss das (neue) Haftgericht jedoch ausdrücklich bescheiden.

97 **4. Form der Entscheidung, Begründung, Bekanntgabe an den Beschuldigten.** Entgegen der im Gesetzgebungsverfahren erhobenen Forderung nach einer Anordnung durch schriftlich begründeten Beschluss, dessen Abschrift dem Beschuldigten auszuhändigen ist,[242] sieht das Gesetz die **Schriftform** für die Anordnung von Beschränkungen nicht vor. Mit Rücksicht auf das auch hier geltende allgemeine **Begründungserfordernis** (§ 34) erscheint die schriftliche Niederlegung der einzelnen Beschränkungen und der Gründe für ihre Anordnung in einer **Verfügung** des Ermittlungsrichters bzw. des Vorsit-

---

237 Wegen der Einzelheiten s. LR/*Graalmann-Scheerer* § 33, 41 ff.
238 **A.A.** Meyer-Goßner/*Schmitt* 25 (§ 33 Abs. 2 gilt nicht).
239 SK/*Paeffgen* 59.
240 Zur permanenten Prüfungspflicht des Gerichts hinsichtlich der Haftfrage s. LR/*Lind* § 117, 1.
241 S. auch § 126, 20 ff.
242 *Paeffgen* GA **2009** 457.

zenden des nach § 126 Abs. 2 zuständigen Gerichts jedoch sinnvoll und sollte als Regel betrachtet werden. Das gilt auch, wenn die richterliche Anordnung zunächst (fern-) mündlich getroffen wurde. Die Begründung der Anordnung muss den von ihr Betroffenen in die Lage versetzen, eine sachgemäße Entscheidung über die Anfechtung derselben zu treffen. Angesichts des wiederkehrenden Kreises von Beschränkungen schließt dies zwar die Verwendung von Formularen und Textbausteinen bei der Abfassung der richterlichen Beschränkungsanordnung nicht von vorn herein aus.[243] Der Beschuldigte muss ihren Gründen aber entnehmen können, **welche Tatsachen** das Gericht **verwertet und** wie es diese **gewürdigt** hat und welcher Vortrag in tatsächlicher und rechtlicher Hinsicht in der Rechtsmittelinstanz noch angebracht werden kann.[244]

Der Beschuldigte ist über alle nach Satz 1 getroffenen Anordnungen in Kenntnis zu setzen (Absatz 1 Satz 6). Das **Bekanntgabeerfordernis**, welches auch für Eilanordnungen der Staatsanwaltschaft oder der Vollzugsanstalt gilt, trägt der Grundrechtsrelevanz der Beschränkungen Rechnung. Ein inhaftierter Beschuldigter kann sich nur gegen die Beschränkungsanordnung wehren, die er kennt. Zugleich ist mit der gewählten Formulierung klargestellt, dass Absatz 1 **keine heimliche Überwachung** der Außenkontakte des inhaftierten Beschuldigten gestattet. Die durch andere Bestimmungen (etwa § 100a) geschaffene Befugnis zur Anordnung verdeckter Überwachung von Schriftwechsel oder Telekommunikation bleiben hiervon unberührt.[245] 98

Die **Form der Bekanntgabe** an den Beschuldigten normiert das Gesetz nicht. Eine mündliche Mitteilung genügt. Liegt – was der Regelfall sein sollte – eine schriftliche und schriftlich begründete Anordnung vor, erscheint die Erteilung einer Abschrift derselben an den Beschuldigten jedoch sinnvoll und zweckmäßig. 99

V. Ausführung der Anordnungen (Absatz 2)

1. Begriffsbestimmung. Zur Ausführung der nach Absatz 1 Satz 1 und 2 getroffenen Anordnungen gehören **alle Entscheidungen und (faktischen) Maßnahmen, die in Umsetzung der** für die Kontakte eines inhaftierten Beschuldigten zu anderen Personen oder sonst zur Erreichung des Zwecks der Untersuchungshaft allgemein für diesen Beschuldigten getroffenen **Beschränkungsanordnungen im Einzelfall ergriffen werden.** 100

Dazu gehört hinsichtlich der **Anordnung nach Absatz 1 Satz 2 Nummer 1** die **Erteilung oder Versagung der Erlaubnis** für einen, nach Person des Besuchers und Besuchszeitpunkt bestimmten Besuch („Sprechschein") oder für ein Telefonat mit einer bestimmten Person, wobei die Erlaubnis von der die Anordnung ausführenden Stelle auch mit Weisungen (z.B. nicht über den Verfahrensgegenstand zu sprechen) versehen oder von der Erfüllung bestimmter Bedingungen (z.B. Durchsuchung des Besuchers und der von ihm mitgeführten Sachen vor dem Kontakt zum inhaftierten Beschuldigten auf Ausbruchswerkzeuge) abhängig gemacht werden kann. Auch die generelle Erlaubnis, Telefonate mit einer bestimmten Person zu führen, ohne dass es der Erlaubniserteilung für jedes einzelne von ihnen bedarf (Dauertelefonerlaubnis), ergeht in Ausführung dieser Anordnung. Zu den Einzelheiten s. oben Rn. 27 ff. 101

Die **Anordnung nach Absatz 1 Satz 2 Nummer 2** wird durch die **konkrete Überwachung** ausgeführt. Hinsichtlich des Schriftverkehrs erfolgt die Ausführung der An- 102

---

243 MüKo/*Böhm*/*Werner* 23 m.w.N.
244 KG StV **2010** 372; *Brocke*/*Heller* StraFo **2011** 5. Die Bezugnahme auf „die Natur des Tatvorwurfs" genügt zur Begründung der Anordnung von Beschränkungen nicht, BVerfG NStZ-RR **2015** 79.
245 BTDrucks. **16** 11644 S. 26; vgl. auch BGH NStZ **2009** 519 f. zur verdeckten Aufzeichnung eines Besuchsgesprächs in der Untersuchungshaft.

ordnung also durch das (Öffnen und) Lesen eines (an den Beschuldigten gerichteten oder von diesem zur Beförderung aufgegebenen) Briefs, einer Karte oder eines Telegramms, hinsichtlich des Paketverkehrs durch das (Öffnen und) Durchsehen des (an den Beschuldigten gerichteten oder von diesem zur Beförderung aufgegebenen) Pakets. Zur Ausführung einer angeordneten Überwachung von Besuchs- und Telekommunikationskontakten gehören zum einen die Beobachtung des Besuchskontaktes und/oder das Mithören des zwischen Beschuldigtem und Besucher bzw. Telefonpartner gesprochenen Wortes sowie das Mitlesen des telekommunikativen Schriftwechsels (SMS). Zum anderen ergeht (bei nur allgemeiner Anordnung, *dass* zu überwachen ist, ohne dass in der Anordnung bereits die Art der Besuchsüberwachung generell festgelegt ist) auch die Festlegung, *wie* überwacht werden soll, ob ein Besuch im Einzelfall also (nur) optisch oder (auch) akustisch und ggf. unter Beiziehung eines Dolmetschers zu überwachen ist, in Ausführung der genannten Anordnung. Die Entscheidung über den Abbruch des Besuchskontaktes oder des Telefonats und über das Anhalten von Schriftverkehr oder eines Pakets gehört ebenfalls zur Ausführung dieser Anordnung. Bei angeordneter Überwachung der Telekommunikation ist von der ausführenden Stelle auch für die Beachtung der Mitteilungspflicht nach Absatz 3 zu sorgen.

103 Bedarf nach **Absatz 1 Satz 2 Nummer 3** die Übergabe von Gegenständen bei Besuchen der **Erlaubnis**, wird die entsprechende Anordnung durch **Erteilung oder Versagung** derselben im Einzelfall ausgeführt. Auch hier ist die Erteilung einer generellen Erlaubnis für bestimmte Gegenstände (z.B. sog. Automatenzug, s. Rn. 64) denkbar, die ebenfalls in Ausführung dieser Anordnung ergehen kann, wenn diese Gegenstände nicht von vornherein aus der Anordnung des Erlaubnisvorbehalts ausgenommen worden sind. Steht die **Einbringung und Benutzung von Gegenständen** durch den Untersuchungsgefangenen unter Erlaubnisvorbehalt (s. Rn. 74), gilt das Entsprechende: In Ausführung der Anordnung ist zu entscheiden, ob die beantragte Erlaubnis im Einzelfall oder generell für eine bestimmte Art von Gegenständen, ggf. versehen mit Weisungen (z.B. zum Bezugsweg), erteilt werden kann oder versagt werden muss. Wegen der Einzelheiten s. Rn. 75f.

104 Hinsichtlich der **Anordnungen nach Absatz 1 Satz 2 Nummern 4 und 5** wird sich die Ausführung auf die **Überwachung der Umsetzung** der getroffenen Regelungen in der Vollzugsanstalt beschränken müssen, weil die Trennung von anderen Inhaftierten und die Unterbringung des Beschuldigten in der Vollzugsanstalt kraft Natur der Sache nur durch diese erfolgen kann. Ähnliches gilt auch für die Anordnung der **Fesselung** des Untersuchungsgefangenen bei einer Ausführung und für **verschärfte Sicherungsvorkehrungen**, die (wie z.B. Durchsuchungen der Person des Untersuchungsgefangenen, seines Haftraums oder seiner Besucher auf Ausbruchswerkzeuge) nur **in der Vollzugsanstalt** und durch deren Bedienstete ausgeführt werden können.

2. Zuständigkeit

105 **a) Grundsatz.** Die Ausführung der nach Absatz 1 getroffenen Anordnungen obliegt der **anordnenden Stelle** (Satz 1), denn diese weiß, da sie die Erforderlichkeit der jeweiligen Beschränkung vor ihrer Anordnung geprüft hat, grundsätzlich am besten, worauf bei ihrer Ausführung zu achten ist.[246] Danach ist **regelmäßig das (Haft-)Gericht** für die Ausführung der Anordnungen nach Absatz 1 **zuständig**. Nur hinsichtlich der in Eilfällen getroffenen vorläufigen Anordnungen (und nur bis zur richterlichen Genehmigung der-

246 BTDrucks. **16** 11644 S. 26.

selben, denn mit dieser wird die Anordnung zu der des Gerichts, Rn. 88) ist die Staatsanwaltschaft oder die Vollzugsanstalt (originär) für deren Ausführung zuständig.

Soweit der **Vorsitzende** nach Absatz 1 Satz 3 i.V.m. § 126 Abs. 2 Satz 3 für die Anordnung und nach Absatz 2 Satz 1 für ihre Ausführung zuständig ist, muss dieser die zur Umsetzung seiner Anordnung im Einzelfall erforderlichen Entscheidungen und Maßnahmen, beispielsweise die Überwachung des Schrift- und Paketverkehrs – und der Besuche und Telekommunikation des Untersuchungsgefangenen (!) – oder die Erteilung oder Versagung von Besuchserlaubnissen, **selbst** übernehmen.[247] Eine **Überlassung** dieser Aufgaben – auch einzelner, den Beschuldigten nicht belastender – an ein anderes Mitglied des Gerichts, etwa den **Berichterstatter**, ist gesetzlich nicht vorgesehen und – anders als bisher[248] – **unzulässig.**[249] **106**

b) Übertragung auf die Staatsanwaltschaft. Allerdings kann das originär zuständige Gericht die Ausführung seiner Anordnungen **ganz oder teilweise** auf die Staatsanwaltschaft übertragen (Satz 2).[250] Damit kann einerseits dem Umstand Rechnung getragen werden, dass die Staatsanwaltschaft – insbesondere, aber nicht nur vor Anklageerhebung – häufig über größeres Sach- und Hintergrundwissen verfügt.[251] Zudem befinden sich bis zur Anklageerhebung die Akten bei ihr und müssen nicht zeitaufwändig dem Gericht übersandt werden. Andererseits eröffnet sich hierdurch die Möglichkeit, einer Überlastung des Gerichts entgegenzuwirken.[252] **107**

Die Regelung sieht **keine Differenzierung nach Verfahrensstadien** vor, so dass die Übertragung der Ausführung jederzeit, im Ermittlungsverfahren aber auch nach Anklageerhebung, erfolgen kann. Dies ermöglicht eine **flexible, einzelfallorientierte Handhabung der Übertragungsermächtigung** durch das Gericht. Die vom Bundesrat in seiner Stellungnahme zum Gesetzentwurf der Bundesregierung[253] erhobene Forderung, die Übertragung der Ausführung auf die Staatsanwaltschaft bis zur Anklageerhebung als Soll-Vorschrift zu gestalten, nach Erhebung der öffentlichen Klage aber grundsätzlich dem Gericht die Ausführungszuständigkeit zuzuweisen (mit der Möglichkeit der Übertragung auf die Staatsanwaltschaft im Einvernehmen mit dieser), ist im Gesetzgebungsverfahren mit Blick hierauf nicht umgesetzt worden. **108**

Die Übertragung setzt – anders als die frühere Befugnis des Richters nach Nr. 3 Abs. 1 UVollzO, bis zur Erhebung der öffentlichen Klage auf Antrag des Verhafteten die Anordnung einzelner Maßnahmen, namentlich über den Verkehr mit der Außenwelt, aus **109**

247 Vgl. OLG Jena NStZ-RR **2012** 28 für die Zuständigkeit des Vorsitzenden (auch) für die Entscheidung, ob ein Brief wegen der Gefährdung der Haftzwecke gemäß Absatz 1 Satz 7 von der Beförderung ausgeschlossen werden muss.

248 Vgl. LR/*Hilger*[26] 134.

249 OLG Hamm NStZ-RR **2010** 294; HK/*Posthoff* 30; **a.A.** Meyer-Goßner/*Schmitt* 28, der als „weniger weitgehende Übertragungsmöglichkeit" (als die von Satz 2 vorgesehene) eine Übertragung auf ein richterliches Mitglied des Kollegialgerichts „zwecks Entlastung des Vorsitzenden" als zulässig ansehen möchte. Ebenso Graf/*Krauß* 55; KK/*Schultheis* 60.

250 *Eisenberg* hält die Übertragung im Jugendgerichtsverfahren für unzulässig, weil mit dem Erziehungsgedanken (§ 2 Abs. 1 JGG) nicht vereinbar, NJW **2010** 1507.

251 Vgl. BTDrucks. **16** 11644 S. 27.

252 Zugleich kann damit den tatsächlichen Gegebenheiten Rechnung getragen werden, denn das Gericht (Ermittlungsrichter oder Strafrichter bzw. Vorsitzender des mit der Sache befassten Spruchkörpers) dürfte tatsächlich eher nicht in der Lage sein, Besuche, Telekommunikation oder Paketverkehr des inhaftierten Beschuldigten zu überwachen; der Hilfe der Vollzugsanstalt oder der Ermittlungsbeamten der Staatsanwaltschaft darf es sich aber – anders als die Staatsanwaltschaft, wenn ihr die Ausführung der Anordnungen übertragen ist – nicht bedienen, s. Rn. 111.

253 BTDrucks. **16** 11644 S. 41.

Gründen der Verfahrensbeschleunigung dem Staatsanwalt zu überlassen, wenn sie den Verhafteten nicht beschweren[254] – **nicht das Einverständnis der Staatsanwaltschaft** voraus. Auch insoweit hat der Änderungswunsch des Bundesrates[255] keinen Eingang in die gesetzliche Regelung gefunden. Der **Beschuldigte muss** ihr ebenfalls **nicht zustimmen** oder sie beantragen.[256]

110 Die Übertragung der Ausführung auf die Staatsanwaltschaft endet nicht automatisch mit der Anklageerhebung. Sie ist aber **widerruflich**, so dass das Gericht die Ausführung seiner Anordnungen ganz oder teilweise, z.B. (nur) die Erteilung/Versagung von Besuchs- und Telefonerlaubnissen oder die Kontrolle des Schriftverkehrs, jederzeit wieder an sich ziehen kann. Ob dies im Einzelfall erforderlich oder auch nur zweckmäßig ist, prüft das Gericht von Amts wegen oder auf Antrag der Staatsanwaltschaft oder des Beschuldigten. Unabhängig von einem solchen Antrag besteht jedenfalls bei Anklageerhebung und damit verbundenem Wechsel der haftrichterlichen Zuständigkeit (§ 126) schon wegen der veränderten tatsächlichen Gegebenheiten (Akten beim Gericht) Prüfungsanlass. Der Vorsitzende des erkennenden Gerichts kann die Übertragung durch den Ermittlungsrichter wie eine eigene Entscheidung revidieren und die übertragene Ausführung ganz oder teilweise an sich ziehen.

111 Die **Staatsanwaltschaft** – nicht auch das Gericht[257] – **kann** sich, soweit ihr die Ausführung der Anordnungen nach Absatz 1 übertragen oder wenn sie in Eilfällen originär zur Ausführung ihrer eigenen vorläufigen Anordnungen berufen ist, bei der Erfüllung dieser Aufgabe der **Hilfe ihrer Ermittlungspersonen** (§ 152 GVG) **oder der Vollzugsanstalt** bedienen (Satz 2 2. Hs.). Diese Regelung dient nach dem Willen des Gesetzgebers der Schonung der begrenzten Ressourcen der Staatsanwaltschaft.[258] Ein völliges Novum ist sie nicht, denn schon bisher nahm die Vollzugsanstalt – kraft Überlassung oder originär – Aufgaben wahr, die zur Ausführung von (richterlichen) Beschränkungsanordnungen gehören.[259] Satz 2 nimmt jedoch – anders als dies nach der UVollzO der Fall war – keine Unterscheidung danach vor, welche Form von Kommunikation zu überwachen ist. Der Gesetzgeber sah eine Gleichbehandlung der zu überwachenden Außenkontakte als sachdienlich an, „weil jede Form gleich sensible Kommunikationsgegenstände beinhalten" könne. Es sei nicht ersichtlich, „warum z.B. ein Brief nur von einem Staatsanwalt gelesen, ein Besuch (bei dem über die Kommunikationsinhalte hinaus auch persönliche Reaktionen sichtbar werden können) aber auch von der Vollzugsanstalt überwacht werden können soll".[260]

112 Will sich die Staatsanwaltschaft bei der Ausführung von Beschränkungsanordnungen[261] der Hilfe ihrer Ermittlungspersonen oder der Vollzugsanstalt bedienen, hat sie vor

---

254 LR/*Hilger*[26] 139.
255 BTDrucks. **16** 11644 S. 41.
256 AnwK-UHaft/*König* 51.
257 **A.A.** Graf/*Krauß* 57; KK/*Schultheis* 62 a.E.
258 BTDrucks. **16** 11644 S. 27.
259 Besuchsüberwachung, Nr. 27 Abs. 1 Satz 2 UVollzO: „Die Überwachung kann auch einem Anstaltsbeamten, den der Anstaltsleiter bestimmt, überlassen werden."; Überwachung des fernmündlichen Verkehrs, Nr. 38 Abs. 1 Satz 3 UVollzO.
260 BTDrucks. **16** 11644 S. 27. Ablehnend zur – von einem Grundrechtsverzicht des Beschuldigten unabhängigen – Übertragung der (inhaltlichen) Kontrolle des Schriftverkehrs auf die Staatsanwaltschaft im Hinblick auf den damit verbundenen Eingriff in das grundrechtlich geschützte Briefgeheimnis: *Paeffgen* GA **2009** 457; ebenso SK/*Paeffgen* 29, 62. Vgl. auch KMR/*Wankel* 32 (Briefkontrolle darf aus Gründen der funktionalen Gewaltenteilung – jedenfalls – nicht auf Polizei oder Vollzugsanstalt übertragen werden).
261 In Betracht kommen hier insbesondere solche nach Absatz 1 Satz 2 Nummer 2, wobei die inhaltliche Überwachung des Schriftverkehrs wegen des damit verbundenen Eingriffs in das Briefgeheimnis – ebenso

deren Inanspruchnahme stets gründlich zu prüfen, ob die beauftragte Stelle der ihr übertragenen Aufgabe auch im erforderlichen Maße nachkommen kann. Überwachungsaufgaben (bei Besuchen oder Telekommunikation) können regelmäßig auch dann von den mit dem Ermittlungsstand vertrauten **Ermittlungspersonen**, die zudem auf Szenekenntnis zurückgreifen können, wahrgenommen werden, wenn die Maßnahme der Abwehr einer konkreten Verdunkelungsgefahr dient. Der **Vollzugsanstalt** werden solche Aufgaben eher dann übertragen werden können, wenn die Überwachung zur Abwehr einer Fluchtgefahr erforderlich ist. Auch hier soll mit der getroffenen Regelung eine flexible Handhabung ermöglicht werden, mit der den Besonderheiten des Einzelfalls optimal und ressourcenschonend Rechnung getragen werden kann.[262]

Durch die Formulierung der Norm wollte der Gesetzgeber sicherstellen, dass die 113
Verantwortung für die – ihr vom Gericht übertragene oder bei einer Eilanordnung originär in ihre Zuständigkeit fallende – Ausführung der Beschränkungsanordnungen **bei der Staatsanwaltschaft** verbleibt, auch wenn sie einige der erforderlichen Ausführungshandlungen im Einzelfall oder pauschal auf ihre Ermittlungspersonen bzw. die Vollzugsanstalt delegiert.[263] Die Staatsanwaltschaft kann sich danach nämlich nur der **Hilfe** dieser Stellen bedienen, führt die gerichtlichen Anordnungen gleichsam durch diese selbst aus. Eine Subdelegation der Verantwortung für Ausführungsentscheidungen findet nicht statt.[264]

Die **Übertragung** der Ausführung von Anordnungen durch das Gericht auf die 114
Staatsanwaltschaft ist aus Gründen der Nachvollziehbarkeit in den Akten zu dokumentieren[265] und dem Beschuldigten mitzuteilen. Einer Begründung bedarf sie nicht, denn sie ist nach Absatz 2 Satz 3 **unanfechtbar**. Auch die für eine unbestimmte Vielzahl von künftigen Ausführungshandlungen getroffene Entscheidung der Staatsanwaltschaft, hierzu – etwa zur akustischen Überwachung von Besuchen des (oder aller) Untersuchungsgefangenen, soweit diese im Einzelfall angeordnet wird – ihre Ermittlungspersonen oder die Vollzugsanstalt heranzuziehen, kann als solche nicht angefochten werden, denn sie entfaltet (noch) keine Außenwirkung.[266] Die einzelne **konkrete Ausführungshandlung** (z.B. die akustische Überwachung eines konkreten Gesprächs durch einen Ermittlungsbeamten oder dessen Anordnung, das Gespräch abzubrechen) **kann** dagegen mittels eines Antrages auf gerichtliche Entscheidung nach Absatz 5 **angefochten werden**, denn die Frage, ob die Staatsanwaltschaft die Anordnungen selbst oder durch die genannten Stellen ausführt, betrifft das „Wie" der Ausführung.

3. Prüfungsmaßstab. Bei Ausführung der Anordnungen gilt derselbe Maßstab wie 115
bei Anordnung der Beschränkungen.[267] Ist der Besuchskontakt und/oder die Telekommunikation unter Erlaubnisvorbehalt gestellt, ist auch die Entscheidung über die Erteilung des einzelnen Sprechscheins oder der Telefonerlaubnis an der **Unschuldsvermutung** und am **Verhältnismäßigkeitsgrundsatz** auszurichten. Auch die Durchführung der angeordneten Überwachung muss sich am eingeschränkten Grundrecht orientieren und stets den am wenigsten intensiven Eingriff wählen. Im Einzelnen s. oben Rn. 23, 27ff., 35, 41ff., 59ff., 75.

---

wie etwa die Erteilung/Versagung von Erlaubnissen nach Nummern 1 und 3 – dem Staatsanwalt vorbehalten bleiben sollte.

262 BTDrucks. **16** 11644 S. 27.
263 BTDrucks. **16** 11644 S. 27.
264 HK/*Posthoff* 30.
265 HK/*Posthoff* 30.
266 KK/*Schultheis* 61; **a.A.** AnwK-UHaft/*König* 52; *Schlothauer*/*Weider*/*Nobis* 1049.
267 AnwK-UHaft/*König* 56; Graf/*Krauß* 58; KK/*Schultheis* 63.

116 **4. Verfahren, Begründung, Bekanntgabe an den Beschuldigten.** Da nicht nur die Anordnung von Beschränkungen, sondern auch die in Ausführung derselben ergehenden **Entscheidungen und Maßnahmen** von dem durch sie beschwerten Beschuldigten angefochten werden können (Abs. 5), sind sie diesem **bekannt zu machen und zu begründen.** Geschieht dies nicht (mündlich) im unmittelbaren Kontakt zum Untersuchungsgefangenen (z.B. Anordnung des Gesprächsabbruchs im Rahmen der Besuchs- oder Telefonüberwachung), hat der die Beschränkungsanordnung Ausführende für die Bekanntgabe an den Beschuldigten zu sorgen. Schriftliche Anträge, etwa auf Erteilung einer Erlaubnis für einen Besuch, ein Telefonat oder die Einbringung eines bestimmten Gegenstandes zur Benutzung durch den Beschuldigten, sind in der Regel schriftlich zu bescheiden und – sofern die Erlaubnis versagt oder mit beschwerenden Weisungen versehen wird – zu begründen. Soll ein Brief oder ein Paket von der Beförderung ausgeschlossen werden, ist dem Untersuchungsgefangenen die Anhalteanordnung mit ihren Gründen bekanntzumachen. Nicht erforderlich ist es, die beanstandeten Passagen des Briefes in den Gründen der Anordnung im Einzelnen wiederzugeben, wenn mit dem Anhalten gerade erreicht werden soll, dass der Beschuldigte keine Kenntnis von ihrem Inhalt erhält.[268] Trifft das (Haft-)**Gericht** eine den Beschuldigten belastende Ausführungsmaßnahme, hat es diesen zuvor nach § 33 Abs. 3 **anzuhören**, wenn kein Fall des § 33 Abs. 4 vorliegt. Auch die Staatsanwaltschaft ist grundsätzlich zu hören.

VI. Geschützter Verkehr mit privilegierten Personenkreisen (Absatz 4)

117 **1. Inhalt.** Absatz 4 fasst **alle Fälle** zusammen, in denen dem inhaftierten Beschuldigten – grundsätzlich ohne Einzelfallprüfung – ein **freier schriftlicher und mündlicher Verkehr mit Dritten** gewährt wird. Das gilt sowohl hinsichtlich des Umfangs als auch hinsichtlich des Inhalts der Kommunikation mit diesen, so dass Besuche von durch Absatz 4 privilegierten Personen bei dem Untersuchungsgefangenen sowie der Schriftwechsel – und in der Regel auch Telefonate[269] – mit ihnen grundsätzlich weder beschränkt noch (inhaltlich) kontrolliert werden dürfen. Ausnahmen sind nur in dem durch § 148 Abs. 2 bestimmten Umfang nach Maßgabe des § 148a zulässig.[270]

118 **2. Verteidigerkontakt.** Für den **Kontakt** zwischen dem inhaftierten Beschuldigten und seinem **Verteidiger**[271] stellt **Satz 1** durch Verweisung auf die §§ 148, 148a klar, dass **Beschränkungen** nach Absatz 1 **nicht gelten**, soweit sie den durch § 148 Abs. 1 (auch dem nicht auf freiem Fuß befindlichen Beschuldigten) garantierten freien schriftlichen und (auch fern-)mündlichen Verkehr zwischen dem Gefangenen und seinem Verteidiger einschränken würden. Danach bedarf der Empfang von Verteidigerbesuch und die Telekommunikation des Untersuchungsgefangenen mit diesem nicht der gerichtlichen (oder staatsanwaltschaftlichen) Erlaubnis, auch wenn eine Anordnung nach Absatz 1 Satz 2 Nummer 1 getroffen und der Verteidiger nicht ausdrücklich von dieser ausgenommen worden ist.[272] Zudem ist grundsätzlich jede inhaltliche **Überwachung des Verteidigerbesuchs** bei dem Untersuchungsgefangenen **unzulässig.** Dem inhaftierten Beschuldigten ist auch der unüberwachte Telefonverkehr mit seinem nicht am Ort oder im näheren

268 KK/*Schultheis* 37 a.E.
269 S. zum Anspruch auf Verteidigertelefonate *Hemm* NStZ **2018** 433 ff.
270 BTDrucks. **16** 11644 S. 28.
271 Vgl. hierzu insgesamt LR/*Jahn* §§ 148, 148a.
272 Für Verteidigertelefonate s. *Hemm* NStZ **2018** 434.

Umkreis der Vollzugsanstalt kanzleiansässigen Verteidiger im Regelfall gestattet.[273] Unabhängig von der Grundsatzfrage, ob ein Mandatsanbahnungsgespräch unter § 148 Abs. 1 fällt,[274] sollte (schon) für ein solches Gespräch grundsätzlich ein unüberwachter Besuch ermöglicht werden.[275] Ein den Verteidiger begleitender vereidigter Dolmetscher benötigt (ebenfalls) keine Besuchserlaubnis.[276] Hinsichtlich der Gefahr der Einbringung von Waffen und Ausbruchswerkzeugen ist der Verteidiger aber wie jeder andere Besucher zu behandeln.[277] Sind verschärfte Sicherungsvorkehrungen zu treffen (Rn. 81ff.), kommt daher auch die Anordnung der **Durchsuchung des Verteidigers** – auch mittels technischer Geräte – auf nicht der Verteidigung dienende Gegenstände und der Durchsuchung des Beschuldigten vor und nach dem Verteidigerbesuch, auch unter Umkleidung,[278] grundsätzlich in Betracht.

Auch der Schriftverkehr zwischen dem inhaftierten Beschuldigten und seinem Ver- 119
teidiger unterliegt grundsätzlich keiner Kontrolle, sofern ein Mandatsverhältnis besteht und das Schriftstück als **Verteidigerpost** gekennzeichnet ist. Zulässig ist die Kontrolle des Schriftverkehrs nur daraufhin, ob es sich nach den äußeren Merkmalen um Verteidigerpost handelt. Das Öffnen von als Verteidigerpost gekennzeichneten Sendungen ist, auch wenn es nur der Prüfung des Bestehens eines Verteidigungsverhältnisses dienen soll, selbst in Fällen des Missbrauchsverdachts unzulässig. Bestehen Zweifel an der Verteidigerstellung eines Rechtsanwalts, müssen Schriftstücke, die ihn als Absender ausweisen, ungeöffnet zurückgesandt werden. Haben sich bereits drei Verteidiger für den Beschuldigten bestellt, gilt dies jedenfalls bis zur Zurückweisung des vierten Rechtsanwalts (bzw. Hochschullehrers, § 138 Abs. 1) als Verteidiger (§ 146a Abs. 1 Satz 1) auch für von diesem herrührende Schriftstücke.[279]

Ist der inhaftierte Beschuldigte einer Straftat nach **§ 129a StGB**, auch in Verbindung 120
mit § 129b Abs. 1 StGB, dringend verdächtig, so ist eine **Überwachung des Schriftverkehrs** durch einen am Verfahren unbeteiligten Richter **ausnahmsweise zulässig** (§§ 148 Abs. 2, 148a). Für diesen Fall sind beim mündlichen Kontakt zwischen Verteidiger und Beschuldigtem Vorrichtungen vorzusehen, die die Übergabe von Schriftstücken und anderen Gegenständen ausschließen (§ 148 Abs. 2 Satz 3). Weitere Einschränkungen ergeben sich bei Feststellung der Voraussetzungen für eine Kontaktsperre nach §§ 31ff. EGGVG.

3. Erstreckung auf weitere Kommunikationspartner. Mit Satz 2 wird der für das 121
Verteidigungsverhältnis durch § 148 Abs. 1 gewährleistete **Grundsatz freien schriftlichen und mündlichen Verkehrs** in 19 Unterpunkten auf eine Reihe von weiteren Kommunikationspartnern des inhaftierten Beschuldigten, für die der Gesetzgeber eine Missbrauchsgefahr und damit die Gefährdung der Untersuchungshaftzwecke bei unbeschränktem Verkehr zwischen diesen und dem Untersuchungsgefangenen grundsätzlich nicht sah,[280] erstreckt. Jedoch unterliegen auch diese Personen den Einschränkungen

---

273 BVerfG NJW **2012** 2790; BGH NStZ **2011** 592; LG Dresden StV **2011** 745. Weiter gehend (uneingeschränkter Anspruch auf unüberwachte Telefonate mit dem Verteidiger) *Hemm* NStZ **2018** 434.
274 Vgl. die Erl. zu § 148.
275 Vgl. KG StV **1991** 307 mit Anm. *Müller* NStZ **1994** 28; StV **1991** 524 mit Anm. *Müller* NStZ **1994** 121; *Münchhalffen* StraFo **1997** 106; einschränkend OLG Stuttgart StV **1993** 255 mit Anm. *Fezer* und *Müller* NStZ **1995** 379. S. auch *Danckert* StV **1986** 173 sowie zur früheren Rechtslage auch Nr. 36 Abs. 4 UVollzO.
276 LG Frankfurt StV **1989** 350. S. auch KG NStZ **1990** 402 mit Anm. *Hilger*; LG Köln NStZ **1983** 237.
277 BVerfGE **38** 30.
278 Vgl. BGH Beschl. v. 27.11.1975, 1 BJs 50/75; vom 23.3.1976, 1 BJs 5/76; vom 23.5.1978, 1 BJs 153/77. S. auch (einschränkend) *Hinüber* StV **1994** 213.
279 BGHSt **59** 215.
280 Vgl. BTDrucks. **16** 11644 S. 28.

nach §§ 148 Abs. 2, 148a, wenn der inhaftierte Beschuldigte einer Straftat nach §§ 129a, b StGB (dringend) verdächtig ist.

122 Der durch Satz 2 **privilegierte Personenkreis** kann grob in drei Gruppen eingeteilt werden, ohne dass sich an diese Einteilung rechtliche Unterschiede in der Behandlung der Kommunikationspartner knüpfen: Der freie Verkehr des Beschuldigten mit den in der Vorschrift genannten nationalen und internationalen **Gerichten** und bestimmten Helfern derselben wird von der Vorschrift ebenso garantiert wie der mit **Volksvertretungen** (und deren Mitgliedern) sowie mit anderen **„Rechtswahrungseinrichtungen“**.[281] Grundsätzlich **bedarf weder der Besuch** von Personen dieses Kreises **noch die Telekommunikation** mit den in Satz 2 genannten Stellen **der Erlaubnis**; die **Kontakte** des inhaftierten Beschuldigten zu den privilegierten Personenkreisen dürfen **nicht beschränkt** und **nicht inhaltlich überwacht** werden.

123 Von der Vorschrift werden einerseits Personenkreise erfasst, deren unüberwachter Verkehr mit dem inhaftierten Beschuldigten bereits zuvor an anderer Stelle gesetzlich oder in Verwaltungsvorschriften geregelt war. Dies gilt namentlich für den Verkehr des inhaftierten Beschuldigten mit der für ihn zuständigen **Bewährungshilfe** (Nr. 1), **Führungsaufsichtsstelle** (Nr. 2) und **Gerichtshilfe** (Nr. 3), der schon nach der bis zum 31.12.2009 geltenden Rechtslage gemäß Nr. 37a UVollzO im selben Umfang gewährleistet wurde, wie der Verkehr des Untersuchungsgefangenen mit seinem Verteidiger. Anlass zur Privilegierung dieser Stellen sah der Gesetzgeber darin, dass es für deren erfolgreiche Tätigkeit häufig von wesentlicher Bedeutung ist, dass sich der Beschuldigte ihnen gegenüber möglichst offen äußert, wozu er oft nicht bereit sein wird, wenn das Haftgericht oder die sonst zur Ausführung einer Überwachungsanordnung zuständigen Behörden Kenntnis vom Inhalt seiner Kommunikation mit ihnen nehmen können. Missbrauchsmöglichkeiten hat der Gesetzgeber insoweit nicht gesehen, weil es sich bei den genannten Kommunikationspartnern um – zudem mit dem Strafverfahrensrecht besonders vertraute – öffentlich-rechtliche Bedienstete handelt.[282]

124 Mit der Aufnahme der **Volksvertretungen des Bundes und der Länder** (Nr. 4) in den Katalog der privilegierten Kommunikationspartner trägt das Gesetz dem u.a. in Art. 17 GG normierten Petitionsrecht sowie der in Art. 47 Satz 2 GG geregelten Beschlagnahmefreiheit von Abgeordnetenpost Rechnung und übernimmt die frühere Regelung der Nr. 30 Abs. 2 UVollzO in die Strafprozessordnung.[283] Dabei ist nicht nur die Kommunikation des Beschuldigten mit den Parlamenten an sich und – nach Satz 2 Nr. 18 – deren Abgeordneten, sondern auch der Verkehr mit ihren **Ausschüssen**, namentlich dem Petitionsausschuss, beschränkungsfrei gewährleistet.[284]

125 Der unbeschränkte Verkehr des ausländischen Untersuchungsgefangenen mit **der konsularischen Vertretung** seines Heimatstaates ist in Art. 36 Abs. 1 des Wiener Übereinkommens über konsularische Beziehungen (WÜK) garantiert. Nach dessen Buchstaben c sind Konsularbeamte berechtigt, einen Angehörigen des Entsendestaates, der sich in Untersuchungshaft befindet, aufzusuchen, mit ihm zu sprechen und zu korrespondieren. Satz 2 trägt dem mit seiner Nummer 19 Buchstabe b) Rechnung und integriert die Vorschrift in die Strafprozessordnung.[285]

126 Soweit nach früherer Rechtslage § 29 Abs. 2 StVollzG ausdrücklich (nur) den Strafgefangenen den beschränkungsfreien Verkehr mit den **Datenschutzbeauftragten des**

---

281 *Bittmann* NStZ **2010** 16.
282 BTDrucks. **16** 11644 S. 28.
283 BTDrucks. **16** 11644 S. 28.
284 SK/*Paeffgen* 35.
285 BTDrucks. **16** 11644 S. 29.

Bundes und der Länder, mit dem **Europäischen Parlament**, dem **Europäischen Gerichtshof für Menschenrechte** und dem **Europäischen Ausschuss zur Verhütung von Folter und unmenschlicher oder erniedrigender Behandlung oder Strafe** ermöglichte, gilt mit der Aufnahme der genannten Kommunikationspartner in den Katalog des § 119 Abs. 4 Satz 2 Nr. 7, 8, 9 und 13 dasselbe nunmehr auch für Untersuchungsgefangene. Nummer 7 trägt dabei dem Zeugnisverweigerungsrecht der Datenschutzbeauftragten und der damit einhergehenden Beschlagnahmefreiheit von Schriftstücken (§ 23 Abs. 4, § 12 Abs. 3 BDSG und die entsprechenden Regelungen der Ländergesetze) Rechnung.[286] Die Aufnahme des Europäischen Parlaments in § 119 Abs. 4 Satz 2 Nr. 8 war aus Gründen der Gleichbehandlung der europäischen Institutionen mit den nationalen Einrichtungen angezeigt und entspricht der Regelung des § 29 Abs. 2 StVollzG, die neben den Bundes- und Landesparlamenten gleichrangig auch das Europäische Parlament als Institution nennt, mit der Strafgefangene ohne Überwachung in Schriftverkehr treten dürfen.[287] Auch die **Beiräte bei den Justizvollzugsanstalten** (Nr. 19 *lit.* a) finden sich nunmehr im Kreis derjenigen Dritten, mit denen dem inhaftierten Beschuldigten die freie Kommunikation gewährt wird. Für Strafgefangene bestimmte § 164 Abs. 2 Satz 2 StVollzG (des Bundes) bereits früher, dass diese unüberwacht mit den Anstaltsbeiräten kommunizieren können.

Erstmalig in den mit der Neufassung des § 119 geschaffenen Katalog der privilegier- 127
ten Kommunikationspartner eines inhaftierten Beschuldigten aufgenommen wurden neben dem **Bundesverfassungsgericht**, dem jeweils für ihn zuständigen **Landesverfassungsgericht** (Nr. 5) und dem **Europäischen Gerichtshof für Menschenrechte** (Nr. 9) – Gerichte, an die sich der Beschuldigte als natürliche Person zur Wahrnehmung seiner (EU-)Grundrechte selbst mit der Verfassungsbeschwerde bzw. Nichtigkeits-, Untätigkeits- oder Amtshaftungsklagen wenden kann – sowie dem **Europäischen Gerichtshof** (Nr. 10) auch der für den Untersuchungsgefangenen zuständige **Bürgerbeauftragte eines Landes** (Nr. 6) und der **Europäische Bürgerbeauftragte** (Nr. 12). Auch hier wurden unter dem Gesichtspunkt der Gleichbehandlung von nationalen und europäischen Institutionen nicht nur die in einigen Bundesländern nach dem Vorbild der skandinavischen Ombudsmänner und -frauen bestellten Bürgerbeauftragten von den Beschränkungen nach Absatz 1 ausgenommen, sondern auch die entsprechende europäische Institution. Ebenfalls dem Gleichbehandlungsgedanken folgt die Privilegierung des **Europäischen Datenschutzbeauftragten** (Nr. 11).[288] Die **Europäische Kommission gegen Rassismus und Intoleranz** (ECRI) wurde vom Europarat eingerichtet und soll als unabhängiges Gremium die **Einhaltung der Menschenrechte** beobachten. Der Untersuchungsgefangene kann sich **direkt** an die Kommission wenden. Zudem gebot auch die Nähe zu dem in Nummer 13 erfassten Europäischen Ausschuss zur Verhütung von Folter und unmenschlicher oder erniedrigender Behandlung oder Strafe, zu dem Strafgefangene bereits bisher unkontrollierten Kontakt pflegen durften, die Aufnahme der Kommission in den Katalog des Satzes 2, was mit dessen Nummer 14 geschehen ist. Entsprechendes gilt auch für die in den Nummern 15, 16 und 17 genannten **Ausschüsse der Vereinten Nationen.**[289]

Der Verkehr des Untersuchungsgefangenen mit den in § 53 Abs. 1 Satz 1 Nr. 1 (Geist- 128
liche, zu denen auch Seelsorger zu zählen sind, die nicht formell dem Stand eines Geist-

---

286 BTDrucks. **16** 11644 S. 28.
287 BTDrucks. **16** 11644 S. 28.
288 BTDrucks. **16** 11644 S. 28 f.
289 BTDrucks. **16** 11644 S. 29.

lichen angehören, weil sie etwa keine Priesterweihe erhalten haben)[290] und 4 (Abgeordnete) genannten **Berufsgeheimnisträgern** bleibt **in Bezug auf die dort bezeichneten Inhalte**[291] ebenfalls unbeschränkt (Nr. 18). Diese Vorschrift trägt (im Falle des – katholischen – Geistlichen) insbesondere dem Beichtgeheimnis Rechnung und nimmt – in Ergänzung zu Satz 2 Nummer 4 und aus den dort genannten Gründen – auch den Verkehr des inhaftierten Beschuldigten mit dem **einzelnen Abgeordneten** von den Beschränkungen nach Absatz 1 aus. Damit wurde zugleich die Wertung des § 160a – Unterscheidung zwischen Verteidigern, Geistlichen und Abgeordneten einerseits und den übrigen Berufsgeheimnisträgern andererseits – in die Regelung des § 119 Abs. 4 übernommen,[292] was der Einheitlichkeit der gesetzlichen Regelung dient. Nimmt § 119 Abs. 4 die vorgenannten Berufsgeheimnisträger (Verteidiger, Geistliche und Abgeordnete) generell von den nach Absatz 1 angeordneten Beschränkungen aus, ist der Bedeutung der Funktion der übrigen Berufsgeheimnisträger ausschließlich im Rahmen der Einzelfallprüfung vor Anordnung von Beschränkungen nach Absatz 1 Rechnung zu tragen,[293] was häufig zu einer ausdrücklichen Ausnahme der – nicht generell privilegierten – Berufsgeheimnisträger von Beschränkungsanordnungen im Einzelfall führen wird.

129 **Generell beschränkungsfrei** ist der Kontakt des inhaftierten Beschuldigten mit den zu **Nummer 1 bis 18** genannten Kommunikationspartnern. Ausnahmen sind hier (jenseits der §§ 31ff. EGGVG) – wie im Verteidigerverhältnis – nur nach §§ 148 Abs. 2, 148a zulässig. **Anders** die Kommunikation des Untersuchungsgefangenen mit den zu **Nummer 19** genannten Personen und Institutionen. Zwar gilt auch für diese der Grundsatz des unüberwachten Verkehrs. Dieser greift aber nur, **soweit das Gericht nichts anderes anordnet.** Hier kann also (ausschließlich) das Gericht auch jenseits von § 148 Abs. 2 Beschränkungen des Verkehrs, insbesondere die Überwachung der Kommunikation des Untersuchungsgefangenen mit den genannten Dritten anordnen, wenn es dies für geboten und zur Erreichung des Haftzwecks erforderlich erachtet. Anlass können beispielsweise konkrete Anhaltspunkte für Fluchtpläne des Beschuldigten im Zusammenwirken mit einem Mitglied des Anstaltsbeirates sein.[294]

130 Der Katalog des Satzes 2 ist **abschließend.** Allerdings wird die Einzelfallprüfung hinsichtlich weiterer, nicht generell von den Beschränkungen nach Absatz 1 ausgenommener Kommunikationspartner, etwa des Bundespräsidenten oder der (Fach-)Gerichte und Behörden des Bundes und der Länder, regelmäßig ergeben, dass eine Überwachung des Kontaktes zur Erreichung der Haftzwecke nicht erforderlich ist. Zu Schreiben des Beschuldigten an (sonstige, in Satz 2 nicht genannte) Behörden s. auch Rn. 50.

131 **4. Prüfung der Voraussetzungen (Satz 3).** Für die Prüfung der Voraussetzungen für die **Überwachungsfreiheit** nach den Sätzen 1 und 2 ist die **Stelle zuständig, der** nach Absatz 2 **die Ausführung** der Beschränkungsanordnungen, mithin die Überwachung des Kontaktes des Untersuchungsgefangenen zu Dritten in- und außerhalb der Vollzugsanstalt **obliegt** (Satz 3). Zu dieser Prüfung gehört insbesondere die Feststellung, ob ein an den inhaftierten Beschuldigten adressiertes Schreiben tatsächlich von einem der privilegierten Kommunikationspartner herrührt und ob es sich im Fall von Satz 2 Nummer 18 um einen unter das Zeugnisverweigerungsrecht fallenden Inhalt handelt.[295]

---

290 LR/*Ignor*/*Bertheau* § 53, 22 m.w.N.; SK/*Paeffgen* 36 (Laientheologen).
291 Siehe hierzu umfassend LR/*Ignor*/*Bertheau* § 53, 23f. (Geistliche) und 46 (Abgeordnete).
292 BTDrucks. **16** 11644 S. 29.
293 BTDrucks. **16** 11644 S. 29; SK/*Paeffgen* 36.
294 *Harms* FS **2009** 15.
295 Vgl. auch HK/*Posthoff* 31; KK/*Schultheis* 71; Meyer-Goßner/*Schmitt* 33.

Welche **Maßnahmen** erforderlich sind, um das Vorliegen der Voraussetzungen für den unbeschränkten Kontakt festzustellen, richtet sich nach dem **Einzelfall.**[296] So kann es notwendig sein, Rücksprache mit dem ausgewiesenen Absender eines Briefes zu halten, wenn Zweifel bestehen, ob die Sendung tatsächlich von diesem herrührt. Ausnahmsweise, etwa im Falle der Weiterleitung eines Briefs an den in eine andere Vollzugsanstalt verlegten Beschuldigten mittels eines Adressaufklebers, der die Einsicht in das ursprüngliche Adress- und Absenderfeld verdeckt, wird auch die Öffnung des Schreibens zulässig sein. Allerdings darf der Kontrollierende in diesem Fall nur die Herkunft des Schriftstücks prüfen; vom Inhalt des Schreibens darf er – abgesehen von den Fällen der Nummer 18, in denen die Prüfung der Voraussetzungen eine partielle Kenntnisnahme hiervon erfordert – keine Kenntnis nehmen, wenn es von einem privilegierten Kommunikationspartner herrührt. Liegen im Einzelfall konkrete Anhaltspunkte für einen Missbrauch des Schriftwechsels mit einer privilegierten Person oder Institution zum Ein- oder Ausschmuggeln haftzweckgefährdender Beilagen (z.B. einer SIM-Karte für ein Mobiltelefon) vor, darf die Sendung ausnahmsweise – etwa durch Röntgen der Sendung oder das Öffnen- und „Ausschüttelnlassen" durch den Untersuchungsgefangenen – näher kontrolliert werden. Allerdings muss auch in diesen Fällen sichergestellt sein, dass der Kontrollierende vom gedanklichen Inhalt des Schreibens keine Kenntnis erhält.[297]

VII. Überprüfung (Absatz 5)

1. Prüfungsgegenstand. Nach Absatz 5 Satz 1 sind sowohl die gerichtliche oder staatsanwaltschaftliche bzw. vollzugsanstaltliche (Eil-)**Anordnung von Beschränkungen** (Absatz 1) als auch die in **deren Ausführung** (Absatz 2) getroffenen Entscheidungen oder sonstigen (tatsächlichen) Maßnahmen, unabhängig davon, wer sie getroffen hat, Gegenstand der gerichtlichen Überprüfung. Gegen sie kann Antrag auf gerichtliche Entscheidung gestellt werden, soweit nicht das Rechtsmittel der Beschwerde statthaft ist. Gegen die nach § 119 ergangenen **Entscheidungen und sonstigen Maßnahmen** ist danach **entweder** die (einfache) **Beschwerde** nach §§ 304ff. **oder** der **Antrag auf gerichtliche Entscheidung** nach § 119 Abs. 5 statthaft, so dass sichergestellt ist, dass sie ausnahmslos **alle** zur **gerichtlichen Überprüfung** gestellt werden können. 132

2. Anfechtungsbefugnis. Beschwerdeberechtigt sind der (durch die gerichtliche Entscheidung oder sonstige Maßnahme beschwerte) inhaftierte Beschuldigte, sein Verteidiger (jedoch nicht gegen den erklärten Willen des Beschuldigten, § 297), der gesetzliche Vertreter (§ 298) und die Staatsanwaltschaft (§ 296), die auch ohne eigene Beschwer Rechtsmittel *zu Gunsten* des (beschwerten) Beschuldigten einlegen darf (§ 296 Abs. 2), **nicht** jedoch der Nebenkläger – eine Beschwer desselben ist nicht denkbar[298] – oder – anders als bei gerichtlichen Entscheidungen nach § 119a – die Vollzugsanstalt.[299] Auch ein von der Entscheidung oder Maßnahme betroffener Dritter, der nicht notwendig Adressat derselben sein muss, kann sich der Beschwerde bedienen, wenn er geltend machen kann, dass sich die Entscheidung oder Maßnahme des Gerichts nachteilig auf seine tatsächliche oder Rechtsposition ausgewirkt hat.[300] 133

296 BTDrucks. **16** 11644 S. 30.
297 Vgl. KK/*Schultheis* 71.
298 Vgl. auch die Erl. zu § 400.
299 KK/*Schultheis* 74; Meyer-Goßner/*Schmitt* 36.
300 Graf/*Krauß* 52; KK/*Schultheis* 74; Meyer-Goßner/*Schmitt* 36; SK/*Paeffgen* 71.

134 **Gleiches** gilt grundsätzlich für den **Antrag auf gerichtliche Entscheidung** nach Absatz 5; der Staatsanwaltschaft, namentlich dem GBA, wenn er das Verfahren führt, bzw. der Generalstaatsanwaltschaft, soll das Antragsrecht nach Absatz 5 allerdings nur gegen Entscheidungen (des Vorsitzenden) des erstinstanzlich zuständigen Oberlandesgerichts oder des Ermittlungsrichters des BGH (bzw. des OLG) zustehen,[301] denn Entscheidungen und Maßnahmen, die ihre Ermittlungspersonen oder die Vollzugsanstalt als „Ausführungshelfer" der Staatsanwaltschaft nach Absatz 2 Satz 2 2. Hs. treffen, könne die Staatsanwaltschaft als ihre eigenen korrigieren. Soweit die Vollzugsanstalt kraft originärer (Eil-)Anordnungskompetenz gem. Absatz 1 Satz 4 eine vorläufige Anordnung trifft und diese gemäß Absatz 2 Satz 1 selbst ausführt, gilt dies allerdings nicht, so dass jedenfalls auch insoweit eine Antragsbefugnis der Staatsanwaltschaft (zu Gunsten des Beschuldigten) anzuerkennen ist.

135 **3. Prüfungsumfang.** Inhaltlich unterscheidet sich die Prüfung des Antrags auf gerichtliche Entscheidung nach § 119 Abs. 5 nicht von der einer Beschwerde nach §§ 304 ff. In beiden Fällen kann nicht nur geltend gemacht werden, dass für eine bestimmte Beschränkung oder ihre konkrete Ausführung **von Anfang an** die gesetzlichen Voraussetzungen nach Absatz 1 und 2 nicht vorgelegen hätten. Es kann auch eingewandt werden, dass eine bestimmte Beschränkung **nicht mehr erforderlich** sei, etwa weil die Verdunkelungsgefahr durch ein Geständnis des Beschuldigten entfallen ist. Dadurch wollte der Gesetzgeber sicherstellen, dass Beschuldigte nicht auf eine von Amts wegen erfolgende Aufhebung einer Beschränkung (Rn. 95) angewiesen sind, sondern diese auch selbst initiieren können.[302] Lehnt das Haftgericht einen Antrag der Staatsanwaltschaft auf Anordnung einer Beschränkung nach Absatz 1 ab, kann diese im Beschwerdewege bzw. – sofern die Ablehnung durch den Vorsitzenden des erstinstanzlich zuständigen Strafsenats des OLG oder durch den Ermittlungsrichter des BGH oder des OLG erfolgt ist – durch Beantragung gerichtlicher Entscheidung die Überprüfung dieser Entscheidung erreichen.

136 **4. Beschwerde.** Gegen die Anordnungen und die in Ausführung derselben getroffenen **Entscheidungen und Maßnahmen des Amts- oder Landgerichts** ist nach § 304 Abs. 1 die (einfache) Beschwerde zulässig. Das gilt auch, soweit es sich um Entscheidungen oder Maßnahmen (des Vorsitzenden) des **erkennenden Gerichts** handelt, weil diese auf die Art und Weise des Vollzugs der Untersuchungshaft bezogen sind und in keinem Zusammenhang mit der Urteilsfällung stehen. Sie gehen im Sinne dieser Norm der Urteilsfindung (sachlich) nicht voraus, stehen mit dem Urteil in keinem inneren Zusammenhang und betreffen weder die Vorbereitung der Beweisaufnahme noch die Gestaltung oder den Fortgang des (Haupt-)Verfahrens. Da sie deshalb bei der Urteilsfällung nicht geprüft werden, ist ihre Überprüfung im Beschwerdeverfahren bereits nach § 305 Satz 1 nicht ausgeschlossen. Nach h.M.[303] ist zudem der Begriff der Verhaftung in der Ausnahmevorschrift des § 305 Satz 2 – anders als in den §§ 304 Abs. 4 Satz 2 Nr. 1, Abs. 5, 310 Abs. 1 – weit auszulegen, so dass alle Entscheidungen im Zusammenhang mit der Untersuchungshaft darunter fallen. Soweit die Beschwerde gegen Entscheidungen und Maßnahmen nach § 119 Abs. 1 und 2 danach zulässig ist, geht sie dem Antrag auf gericht-

---

301 Vgl. Graf/*Krauß* 69; KK/*Schultheis* 77.
302 BTDrucks. **16** 11644 S. 30.
303 OLG Karlsruhe StV **1997** 312; Graf/*Krauß* 72; HK/*Posthoff* 35; KK/*Schultheis* 73; Meyer-Goßner/*Schmitt* 37.

liche Entscheidung vor; dieser ist subsidiär gegenüber der Beschwerdemöglichkeit.[304] Das Beschwerdeverfahren richtet sich nach den §§ 304ff. Ist die mit der Beschwerde angegriffene Entscheidung oder Maßnahme von dem funktionell unzuständigen Kollegialgericht (anstelle des nach § 126 Abs. 2 Satz 3 zuständigen Vorsitzenden) getroffen worden, hebt das Beschwerdegericht sie bei gleichzeitiger eigener Sachentscheidung gemäß § 309 Abs. 2 auf.[305] Die **weitere Beschwerde** gegen die Entscheidung des Land- oder Oberlandesgerichts über die Beschwerde findet nach h.M. – wie nach der früheren Rechtslage[306] – **nicht** statt, weil die vom Beschwerdegericht erlassenen Beschlüsse nicht die Verhaftung betreffen sollen, sondern „nur" die Art und Weise, *wie* die Untersuchungshaft vollzogen wird; der Begriff der „Verhaftung" sei hier – wie in § 304 Abs. 4 Satz 2 Nr. 1 und Abs. 5 – einschränkend auszulegen.[307]

5. Antrag auf gerichtliche Entscheidung

a) Statthaftigkeit. In den Fällen, in denen die Beschwerde nicht statthaft ist, kann nach Absatz 5 Satz 1 Antrag auf gerichtliche Entscheidung gestellt werden. Dieser kann sich zum einen gegen die von der **Staatsanwaltschaft**, ihren **Ermittlungspersonen** und der **Vollzugsanstalt** im Rahmen der diesen Behörden und Personen nach Absatz 1 Satz 4 und Absatz 2 zustehenden (Eil-)Anordnungs- und Ausführungskompetenzen getroffenen Entscheidungen oder sonstigen (tatsächlichen) Maßnahmen richten. Insoweit gebietet bereits die in Art. 19 Abs. 4 GG verankerte **Rechtsweggarantie**, dass dem von den (nichtrichterlichen) Anordnungen und Ausführungsmaßnahmen Betroffenen die Möglichkeit der **Herbeiführung einer gerichtlichen Entscheidung** über deren Rechtmäßigkeit zur Verfügung gestellt wird.[308] Da (Eil-)**Anordnungen** der Staatsanwaltschaft und der Vollzugsanstalt nach Absatz 1 Satz 4 ohnehin gemäß Absatz 1 Satz 5 innerhalb von drei Werktagen zur gerichtlichen Genehmigung vorgelegt werden müssen, ist regelmäßig nur Raum für eine diesbezügliche Antragstellung nach Absatz 5, wenn die Eilanordnung vor Ablauf der Vorlagefrist oder vor der Entscheidung des Gerichts darüber ihre Erledigung gefunden hat oder aufgehoben worden ist oder die Vorlage willkürlich verzögert wird. Praktisch bedeutsamer ist die Antragstellung gegen Entscheidungen und tatsächliche Maßnahmen der Staatsanwaltschaft, ihrer Ermittlungspersonen und der Vollzugsanstalt, die diese – in originärer oder übertragener Zuständigkeit – in **Ausführung** der Beschränkungsanordnungen treffen. Während die Übertragung der Ausführung auf die Staatsanwaltschaft durch das Haftgericht nach Absatz 2 Satz 3 selbst unanfechtbar ist, kann z.B. die Versagung der Besuchserlaubnis für eine bestimmte Person (in Ausführung einer Anordnung nach Absatz 1 Satz 2 Nummer 1), die von der Staatsanwaltschaft bestimmte Art und Weise der Überwachung eines Besuchskontaktes oder ihre konkrete (der Anordnung ggf. widersprechende) Ausführung[309] mit dem Antrag auf gerichtliche Entscheidung angefochten werden. 137

Zum anderen hat der Gesetzgeber gegen die Entscheidungen und sonstigen Maßnahmen nach Absatz 1 und 2, die durch das **Oberlandesgericht** (in Sachen, in denen es 138

---

304 BTDrucks. **16** 11644 S. 30.
305 Vgl. OLG Hamm Beschl. v. 10.12.2013 – III-1 Ws 562/13 – (juris).
306 Nachweise bei LR/*Hilger*[26] 159.
307 OLG Köln NStZ-RR **2012** 93; Graf/*Krauß* 72; KK/*Schultheis* 75; Meyer-Goßner/*Schmitt* 36; HK/*Posthoff* 35; **a.A.** SK/*Paeffgen* 73. Die bei LR/*Lind* § 114, 41 aufgeführten Bedenken gelten auch hier. Gerade die Gestaltung des Vollzugs kann zu erheblichen Grundrechtseinschränkungen führen.
308 BTDrucks. **16** 11644 S. 30.
309 *Weider* StV **2010** 107.

im ersten Rechtszug zuständig ist) oder den **Ermittlungsrichter des BGH** oder des OLG getroffen werden, die Möglichkeit der **Antragstellung nach Absatz 5** eröffnet.[310] Diese sind **der Beschwerde entzogen**, weil der Begriff „Verhaftung" in § 304 Abs. 4 Satz 2 Nr. 1, Abs. 5 Beschränkungen des Beschuldigten *in* der Untersuchungshaft (über ihre Anordnung hinaus), die sich lediglich auf die Art und Weise ihres Vollzugs erstrecken, nicht erfasst.[311]

139 **b) Zuständigkeit.** Die gerichtliche Zuständigkeit für die Entscheidung über den Antrag nach Absatz 5 bestimmt sich nach **§ 126**[312] (i.V.m. den §§ 125, 162 Abs. 1 Satz 2). Zur Entscheidung berufen ist danach das **Haftgericht**, bis zur Erhebung der öffentlichen Klage also der Richter beim Amtsgericht oder der Ermittlungsrichter des BGH oder des OLG, danach das mit der Sache befasste Gericht. Dem Antrag auf gerichtliche Entscheidung nach Absatz 5 kommt **kein Devolutiveffekt** zu, der zur Nachprüfung durch ein Gericht höherer Ordnung führt; mit ihm kann vielmehr eine – erstmalige (Rn. 140) oder weitere (Rn. 141) – Überprüfung einer Entscheidung oder sonstigen Maßnahme durch das nach § 126 zuständige Gericht veranlasst werden.[313]

140 Richtet sich der Antrag auf gerichtliche Entscheidung gegen (erledigte) Eilanordnungen der Staatsanwaltschaft oder der Vollzugsanstalt nach Absatz 1 Satz 4 oder **Entscheidungen oder sonstige Maßnahmen**, die die **Staatsanwaltschaft**, ihre Ermittlungspersonen oder die Vollzugsanstalt in Ausführung dieser oder gerichtlicher Anordnungen getroffen haben, führt er mithin zu einer **ersten richterlichen Entscheidung** in der Sache, ist nach der Anklageerhebung der **Vorsitzende** des erkennenden Gerichts (nicht das Kollegialgericht) funktionell zuständig,[314] denn diesem obliegt – neben der Genehmigung einer solchen Eilanordnung – grundsätzlich auch die originäre Beschränkungsanordnung und ihre Ausführung.

141 Über den gegen eine **Entscheidung oder sonstige Maßnahme** des Vorsitzenden des erstinstanzlich zuständigen Strafsenats eines **Oberlandesgerichts oder des Ermittlungsrichters des BGH oder des OLG** gerichteten Antrag nach Absatz 5 entscheidet – da ihm kein Devolutiveffekt zukommt (Rn. 139) – dieser selbst, also **derselbe Richter**, der auch die Ausgangsentscheidung getroffen hat.[315] Insoweit besteht eine gewisse Parallele zur Gegenvorstellung.[316]

142 **c) Verfahren, Form der Entscheidung.** Hinsichtlich der Anbringung des Antrags nach Absatz 5, des Verfahrens und der Form der gerichtlichen Entscheidung sind die **Vorschriften über die Beschwerde entsprechend** anzuwenden. Allerdings ist – jeden-

---

310 BTDrucks. **16** 11644 S. 30.
311 BGHSt **26** 270; BGH StV **2012** 419.
312 BTDrucks. **16** 11644 S. 30.
313 BGH StV **2012** 419.
314 KG (4. Strafsenat, obiter dictum) NStZ-RR **2013** 285; zur früheren Rechtslage ebenso LR/*Hilger*[26] § 126, 19; **a.A.** (gesamter Spruchkörper in der Besetzung außerhalb der Hauptverhandlung) AnwK-UHaft/*König* § 126, 10; Graf/*Krauß* 70; KMR/*Wankel* § 126, 16.
315 BGH StV **2012** 419; Graf/*Krauß* 70. **A.A.** für Anträge gegen Entscheidungen des Vorsitzenden des Strafsenats des OLG KG (1. Strafsenat) NStZ-RR **2014** 50; NJW-Spezial **2015** 186; KK/*Schultheis* 78 (Strafsenat in der Besetzung außerhalb der Hauptverhandlung). Noch **a.A.** (über Anträge gegen Entscheidungen des Vorsitzenden des Strafsenats des OLG und des Ermittlungsrichters des BGH befindet – entsprechend § 135 Abs. 2 GVG – der Strafsenat des BGH; über Anträge gegen solche des Ermittlungsrichters des OLG – entsprechend § 120 Abs. 3 Satz 2 GVG – der Strafsenat des OLG) noch LR/*Gärtner*[26] § 119, 84 im Nachtrag (wird aufgegeben). Wie dort ohne Begründung Graf/*Krauß*[2] 51 (ebenfalls aufgegeben); HK/*Posthoff* 37.
316 KMR/*Wankel* 48 („Entscheidungsüberprüfung eigener Art, ähnlich einer Gegenvorstellung").

falls dann, wenn eine behördliche Maßnahme angegriffen wird – abweichend von § 306 Abs. 1 die **Antragstellung (auch) bei dem zur Entscheidung berufenen Gericht** zuzulassen. Das entspricht den Regelungen zur Anfechtung von Justizverwaltungsakten nach den Vorschriften des EGGVG.[317] Das Gericht entscheidet nach Anhörung der Beteiligten ohne mündliche Verhandlung über den Antrag. Die Entscheidung, die in Beschlussform ergeht, ist – soweit sie anfechtbar ist (s. dazu sogleich Rn. 143) – zu begründen (§ 34) und den Beteiligten (formlos) bekannt zu machen. Eine Kostenentscheidung ergeht – anders als im Beschwerdeverfahren – nicht.[318]

d) Weitere Anfechtung. Gegen die (erste) gerichtliche Entscheidung des nach § 126 zuständigen **Amts- oder Landgerichts**, die dieses auf einen Antrag nach Absatz 5 getroffen hat, ist die einfache **Beschwerde** zulässig, die auch die Staatsanwaltschaft (bei ursprünglich angefochtenen Anordnungen der Vollzugsanstalt auch diese) einlegen kann. Hat das **Oberlandesgericht oder der Ermittlungsrichter des BGH** oder des OLG über den Antrag nach Absatz 5 entschieden, ist nach h.M. die Beschwerde nach § 304 Abs. 4 Satz 2, Abs. 5 ausgeschlossen; eine **nochmalige Überprüfung** der gerichtlichen Entscheidung soll insoweit **nicht** stattfinden.[319] 143

e) Der Antrag auf gerichtliche Entscheidung hat **keine aufschiebende Wirkung**, was Absatz 5 Satz 2 klarstellt. Das entspricht der allgemeinen Regelung zur Anfechtbarkeit von Justizverwaltungsakten gemäß § 29 Abs. 2 EGGVG i.V.m. § 307 Abs. 1 sowie der Regelung für den strafvollzugsrechtlichen Antrag auf gerichtliche Entscheidung gemäß § 114 Abs. 1 StVollzG des Bundes. Für die Beschwerde ergibt sich das Gleiche aus § 307 Abs. 1.[320] Das Gericht kann jedoch nach Absatz 5 Satz 3 **vorläufige Anordnungen** treffen. Dabei lässt das Gesetz – anders als in § 307 Abs. 2 – nicht nur die Aussetzung der Vollziehung, sondern (in Anlehnung an § 114 Abs. 2 Satz 2 StVollzG des Bundes) auch weitergehende Anordnungen zu.[321] Diese sind (wie die nach § 114 Abs. 2 Satz 2 StVollzG des Bundes getroffenen) nicht gesondert anfechtbar. 144

6. Belehrungspflicht. Wird der gegen einen Beschuldigten erlassene Haftbefehl vollzogen und die Haft nach richterlicher Anhörung aufrechterhalten, ist der Beschuldigte über das Recht, gerichtliche Entscheidung nach Absatz 5 zu beantragen bzw. Beschwerde nach den §§ 304ff. einzulegen, zu belehren (§ 115 Abs. 4).[322] Eine erneute Belehrung bei einer beschwerenden behördlichen Entscheidung oder Maßnahme ist nicht erforderlich.[323] 145

7. Zuständigkeitswechsel während der gerichtlichen Überprüfung. Eine bei Anklageerhebung oder Zuständigkeitswechsel infolge Übertragung im Ermittlungsverfahren nach § 126 Abs. 1 Satz 3 bzw. Akteneingang bei dem Berufungsgericht noch **nicht erledigte** (bzw. erst nach diesem Zeitpunkt eingelegte) **Beschwerde** gegen eine Entscheidung oder Maßnahme des (ersten) Ermittlungsrichters bzw. des (erstinstanzlich 146

---

317 § 26 EGGVG, Anbringung des Antrags schriftlich oder zur Niederschrift der Geschäftsstelle des (zur Entscheidung berufenen) OLG (oder eines Amtsgerichts).
318 Wegen der Beweggründe des Gesetzgebers s. BTDrucks. **16** 11644 S. 47; KK/*Schultheis* 80.
319 Zu den Bedenken gegen diese einengende Auslegung s. LR/*Lind* § 114, 41 mit den dortigen Nachw.; § 116, 41f. (zur grundsätzlichen Kritik an der unterschiedlichen Auslegung des Begriffs der „Verhaftung" in den §§ 304 Abs. 4 Satz 2, Abs. 5, 305 Satz 2 und 310 Abs. 1).
320 BTDrucks. **16** 11644 S. 30.
321 KMR/*Wankel* 57.
322 BTDrucks. **16** 11644 S. 30; siehe zu den Einzelheiten LR/*Lind* § 115, 28ff.
323 *Brocke/Heller* StraFo **2011** 6.

zuständigen) Strafrichters oder Vorsitzenden des Schöffengerichts ist – wie im Falle einer unerledigten Haftbeschwerde – umzudeuten in einen **Prüfungsantrag an das neu zuständig gewordene (Haft-)Gericht.**[324] Über diesen entscheidet (originär) der Ermittlungsrichter, auf den die Zuständigkeit nach § 126 Abs. 1 Satz 3 übertragen worden ist, bzw. der Vorsitzende des (in erster oder in der Berufungsinstanz) mit der Sache befassten Spruchkörpers (§ 126 Abs. 2 Satz 3). Seine Entscheidung kann mit der Beschwerde angegriffen werden, die keine weitere Beschwerde im Sinne des § 310 ist.[325] Dasselbe gilt für einen **Antrag auf gerichtliche Entscheidung**, über den im Moment des Zuständigkeitsübergangs infolge Übertragung nach § 126 Abs. 1 Satz 3 oder Anklageerhebung noch nicht entschieden ist. Auch hier entscheidet das neu zuständig gewordene Haftgericht, d.h. im Falle des § 126 Abs. 1 Satz 3 der Ermittlungsrichter, auf den die Zuständigkeit übertragen wurde, nach Anklageerhebung der Vorsitzende des erkennenden Gerichts. Zur weiteren Anfechtung s. Rn. 143.

147 **8. Prozessuale Überholung.** Hinsichtlich des Rechtsschutzes bei **Beendigung der Untersuchungshaft** gelten die für § 119 a.F. aufgestellten Grundsätze.[326] Danach wird ein eingelegter Rechtsbehelf – Beschwerde oder Antrag auf gerichtliche Entscheidung – mit dem Ende der Untersuchungshaft[327] **grundsätzlich** wegen prozessualer Überholung **gegenstandslos.**[328] Dasselbe gilt bei Beendigung der angegriffenen Beschränkungsmaßnahme.[329] Er **bleibt** jedoch **zulässig**, wenn die angefochtene Entscheidung fortwirkt. Das ist der Fall, wenn der Untersuchungsgefangene im Anschluss an die Untersuchungshaft in Strafhaft genommen wird und eine Maßnahme noch unerledigt, z.B. ein Brief noch angehalten ist. Alsdann ist über den Rechtsbehelf noch zu entscheiden,[330] und zwar nach § 119 und nicht nach §§ 109 ff. StVollzG des Bundes,[331] so dass z.B. ein zu Unrecht zurückgehaltener Brief selbst dann abzusenden ist, wenn er nunmehr nach dem StVollzG beanstandet werden könnte. Außerdem ist über die Beschwerde oder den Antrag auf gerichtliche Entscheidung nach Beendigung der Untersuchungshaft oder der angegriffenen Beschränkung auch dann **noch zu entscheiden**, wenn der Beschuldigte an der **Feststellung der Rechtswidrigkeit** der angefochtenen Maßnahme ein fortwirkendes **berechtigtes Interesse** (sog. Fortsetzungs-Feststellungsinteresse) hat.[332] Alsdann steht der Entscheidung auch nicht entgegen, dass die Maßnahme bereits vollstreckt ist.[333]

---

324 Vgl. OLG Frankfurt NStZ-RR **2014** 217. Zum Zuständigkeitswechsel im laufenden (Haft-)Beschwerdeverfahren s. auch § 126, 22; LR/*Lind* § 114, 51 f.; § 117, 38 ff.

325 KG NStZ-RR **1996** 365; Graf/*Krauß* 72; Meyer-Goßner/*Schmitt* 36.

326 Vgl. insoweit LR/*Hilger*[26] 157 ff.; so auch für § 119 n.F.: BerlVerfGH StV **2011** 165; Graf/*Krauß* 73; KMR/*Wankel* 54; KK/*Schultheis* 82; Meyer-Goßner/*Schmitt* 36; SK/*Paeffgen* 72; HK/*Posthoff* 35.

327 Aufhebung des Haftbefehls oder Übergang in Strafhaft mit Rechtskraft des Urteils. Nach OLG Hamm NStZ-RR **2010** 292 soll eine Beschwerde gegen Anordnungen nach § 119 Abs. 1 – unter dem Aspekt der Wiederholungsgefahr – trotz Beendigung der Untersuchungshaft zulässig bleiben, wenn der (ursprünglich vollzogene) Haftbefehl (nur) außer Vollzug gesetzt, nicht aufgehoben wird.

328 BVerfGE **9** 161; OLG Karlsruhe NStZ **1984** 184; OLG Schleswig bei *Lorenzen/Schiemann* SchlHA **1998** 177.

329 Vgl. KK/*Schultheis* 82.

330 Vgl. KG JR **1964** 310; OLG Düsseldorf StV **1987** 255; OLG Hamm NJW **1953** 1933; OLG Karlsruhe Justiz **1977** 22; NStZ **1984** 184; OLG Koblenz ZfStrVo **1993** 186; OLG München NJW **1956** 317; StV **1995** 140 mit Anm. *Bringewat* BewHi. **1995** 238; KK/*Schultheis* 82.

331 OLG Bremen NJW **1958** 472; vgl. dagegen OLG Karlsruhe NStZ **1984** 184 (zur Aushändigung eines angehaltenen Magazins in der nachfolgenden Strafhaft); KK/*Schultheis* 82. **A.A.** Meyer-Goßner/*Schmitt* § 119a, 9.

332 S. dazu auch BVerfG NStZ-RR **2007** 92 (nachwirkendes rechtliches Interesse bei gewichtigem Grundrechtseingriff); NStZ **2007** 413 mit krit Anm. *v. Kühlewein*; KK/*Schultheis* 82; SK/*Paeffgen* 72. Vgl. auch § 28 Abs. 1 Satz 4 EGGVG.

333 **A.A.** noch OLG Stuttgart MDR **1989** 183 mit Anm. *Paeffgen* NStZ **1990** 432.

VIII. Anwendung bei Überhaft (Absatz 6)

1. Vollstreckung anderer freiheitsentziehender Maßnahmen. Nach Satz 1 gelten die Regelungen der Absätze 1 bis 5 auch, wenn gegen einen Beschuldigten, gegen den Untersuchungshaft angeordnet ist, eine andere freiheitsentziehende Maßnahme vollstreckt wird. Damit wurde zum einen der wesentliche **Regelungsgehalt des** – mit dem Inkrafttreten der Landesstrafvollzugsgesetze in Wegfall geratenden – **§ 122 Abs. 1 StVollzG** (des Bundes) **in die Strafprozessordnung übernommen**. Zwar ist im Zuge der Föderalismusreform die Gesetzgebungskompetenz (auch) für den Strafvollzug auf die Länder übergegangenen. Die bislang durch § 122 StVollzG geregelte Materie unterfällt aber auch nach der Änderung von Art. 74 Abs. 1 Nr. 1 GG der (konkurrierenden) Regelungskompetenz des Bundesgesetzgebers. Denn bei § 122 StVollzG handelt es sich nicht um eine (straf-)vollzugsrechtliche Norm, sondern um eine solche, die die Geltung der nach der Strafprozessordnung zur Sicherung des Untersuchungshaftzwecks angeordneten Beschränkungen im vorrangigen Strafvollzug bzw. Vollzug anderer freiheitsentziehender Maßnahmen betrifft und daher ebenso wie diese Beschränkungen selbst ihre Rechtfertigung aus dem gerichtlichen Verfahren bezieht.[334] Zum anderen wurden durch die Neunormierung auch zuvor bestehende **Regelungslücken** in diesem Bereich **geschlossen.**[335] Während § 122 StVollzG neben der Freiheitsstrafe lediglich (durch Verweis in § 130 StVollzG) die Sicherungsverwahrung und (durch Verweis in § 171 StVollzG) die Ordnungshaft, die zivilrechtliche Sicherungshaft sowie die Erzwingungshaft erfasste, so dass für andere gegen den Beschuldigten unter Überhaftnotierung vollstreckte freiheitsentziehende Maßnahmen in der Praxis auf eine analoge Anwendung der Norm zurückgegriffen wurde, gelten nach der neuen Vorschrift die Regelungen der Absätze 1 bis 5 für **alle** gegen den Beschuldigten **mit Vorrang vor einem Haftbefehl vollstreckten anderen freiheitsentziehenden Maßnahmen.** 148

Die Regelung des Absatz 6 Satz 1 bezieht sich durch ihren Klammerzusatz ausdrücklich (nur) auf die Fallkonstellationen, in denen die Vollstreckung einer anderen freiheitsentziehenden Maßnahme gemäß **§ 116b Satz 2** derjenigen der Untersuchungshaft vorgeht.[336] In diesen Fällen wird für den gegen den Beschuldigten erlassenen (nicht außer Vollzug gesetzten) Haftbefehl **Überhaft** notiert. 149

Auch wenn in den genannten Fällen die **Untersuchungshaft nicht vollzogen** wird, kann es (praktisch sehr selten) erforderlich sein, dem anderweitig verwahrten Beschuldigten zur Abwehr einer Flucht-, Verdunkelungs- oder Wiederholungsgefahr über die Entziehung seiner Freiheit hinaus **zusätzliche**, im Vollzug der anderen Maßnahme nicht vorgesehene **Beschränkungen** aufzuerlegen. Daher bestimmt Satz 1, dass es auch in diesen Fällen zulässig ist, nach Absatz 1 bis 4 Beschränkungen anzuordnen und umzusetzen. Anordnung und Ausführung dieser Beschränkungen können in dem von Absatz 5 vorgesehenen **Rechtsweg** zur gerichtlichen Überprüfung gestellt werden.[337] 150

Die **Zuständigkeit** des Gerichts bestimmt sich – wie Satz 2 ausdrücklich klarstellt – auch in diesem Fall nach **§ 126.** Diese Regelung erschien dem Gesetzgeber sachgerecht, weil über die Erforderlichkeit der Beschränkungen – unabhängig davon, welche Art von Freiheitsentziehung gerade vollstreckt wird – am sinnvollsten durch das Gericht ent- 151

---

334 BTDrucks. **16** 11644 S. 30.
335 BTDrucks. **16** 11644 S. 31.
336 BTDrucks. **16** 11644 S. 30 f. Zu den „anderen freiheitsentziehenden Maßnahmen“ vgl. LR/*Lind* § 116b, 9. Zur „entsprechenden“ Anwendung von Absatz 6 in Fällen der einstweiligen Unterbringung nach § 126a s. dort Rn. 30.
337 BTDrucks. **16** 11644 S. 31.

schieden werden kann, das auch für die Entscheidung über den Haftbefehl zuständig ist.[338]

152 **2. Mehrere Haftbefehle.** Auch dann, wenn gegen denselben Beschuldigten mehrere Haftbefehle erlassen worden sind, wird regelmäßig nur einer von ihnen vollzogen, während für die weiteren Haftbefehle **Überhaft** notiert wird.[339] Nach dem Willen des Gesetzgebers, der sich insoweit darauf beruft, dass nach bisherigem Recht in dieser Konstellation vielfach auf § 122 StVollzG (des Bundes) in entsprechender Anwendung zurückgegriffen wurde, soll Absatz 6 auch dann anzuwenden sein, wenn mehrere Haftbefehle gegen einen Beschuldigten erlassen worden sind und aus diesem Grund (weitere) Beschränkungen erforderlich sind, die über die Notwendigkeiten des vollzogenen Haftbefehls hinausgehen.[340] Eine **analoge Anwendung von § 119 Abs. 6** auf diese Fälle von Überhaft führt dazu, dass die Haftgerichte, deren Haftbefehle nicht vollzogen werden, ermächtigt werden, beschränkende Anordnungen nach § 119 Abs. 1 zu erlassen. Zwar wird es sich in der Praxis sehr selten als notwendig erweisen, dass auf dieser Grundlage **mehrere Haftgerichte** Beschränkungen anordnen. Geschieht dies aber, kann das im Einzelfall zu erheblichen Umständlichkeiten und Verzögerungen führen, wenn etwa Besucher die Erlaubnis mehrerer Stellen einholen und die Besuchskontakte des Beschuldigten von mehreren Stellen, eventuell in unterschiedlicher Art und Weise, überwacht werden müssen oder wenn seine Post von mehreren Stellen zu kontrollieren ist.

§ 119a
Gerichtliche Entscheidung über eine Maßnahme der Vollzugsbehörde

(1) [1]Gegen eine behördliche Entscheidung oder Maßnahme im Untersuchungshaftvollzug kann gerichtliche Entscheidung beantragt werden. [2]Eine gerichtliche Entscheidung kann zudem beantragt werden, wenn eine im Untersuchungshaftvollzug beantragte behördliche Entscheidung nicht innerhalb von drei Wochen ergangen ist.

(2) [1]Der Antrag auf gerichtliche Entscheidung hat keine aufschiebende Wirkung. [2]Das Gericht kann jedoch vorläufige Anordnungen treffen.

(3) Gegen die Entscheidung des Gerichts kann auch die für die vollzugliche Entscheidung oder Maßnahme zuständige Stelle Beschwerde erheben.

Schrifttum

Grube Gerichtlicher Rechtsschutz gegen Maßnahmen im Untersuchungshaftvollzug, StV **2013** 534; *Köhne* Neue Impulse für den Vollzug? – Zehn Jahre nach dem Übergang der Gesetzgebungskompetenz, JR **2017** 1; *Morgenstern* Verfassungs- und europarechtliche Vorgaben für den Untersuchungshaftvollzug, StV **2013** 529; *Rottländer* Zuständigkeit des Vorsitzenden bei Maßnahmen gegen Inhaftierte, DRiZ **2014** 188; weiteres Schrifttum bei § 119.

338 BTDrucks. **16** 11644 S. 31.
339 LR/*Lind* Vor § 112, 89 f.; Meyer-Goßner/*Schmitt* Vor § 112, 12 f. m.w.N.; **a.A.** SK/*Paeffgen* 74, der von einer Parallelvollstreckung aller gegen einen Beschuldigten ergangenen Haftbefehle ausgeht.
340 BTDrucks. **16** 11644 S. 31.

https://doi.org/10.1515/9783110274929-021

Entstehungsgeschichte

Die Vorschrift ist durch Art. 1 Nr. 5 des Gesetzes zur Änderung des Untersuchungshaftrechts vom 29.7.2009 (BGBl. I S. 2274) mit Wirkung zum 1.1.2010 neu in die Strafprozessordnung eingefügt worden.

Übersicht

I. Vorbemerkungen

1. Bedeutung, Inhalt der Norm. Durch Art. 1 Nr. 7 a), aa) des 52. Gesetzes zur Ände- 1
rung des Grundgesetzes vom 28.8.2006 (BGBl. I S. 2034), die sogenannte Föderalismusreform, ist die Gesetzgebungskompetenz für den **Untersuchungshaftvollzug** auf die Länder übergegangen. Die konkurrierende Gesetzgebungskompetenz des Bundes beschränkt sich nach Art. 70 Abs. 1 i.V.m. Art. 74 Abs. 1 Nr. 1 GG nunmehr auf „das gerichtliche Verfahren (ohne das Recht des Untersuchungshaft*vollzugs*)". Ihre Befugnis haben die Länder nach und nach mit dem Erlass ihrer Untersuchungshaftvollzugsgesetze[1] ausgeübt. Diese basieren überwiegend auf einem Entwurf, den zwölf Bundesländer gemeinsam erarbeitet haben,[2] und regeln nunmehr die allgemeine Ausgestaltung der Untersuchungshaft sowie die Eingriffsbefugnisse zur Gewährleistung der Sicherheit und Ordnung[3] in der Vollzugsanstalt. Die Anordnungs- und Ausführungskompetenz (auch) für **Beschränkungen im Einzelfall** – soweit sie nicht zur Abwehr einer Flucht-, Verdunke-

1 Baden-Württemberg: JVollzGB BW vom 10.11.2009; Bayern: BayUVollzG vom 20.12.2011; Berlin: UVollzG Bln vom 3.12.2009; Brandenburg: BbgUVollzG vom 8.7.2009; Bremen: BremUVollzG vom 2.3.2010; Hamburg: HmbUVollzG vom 15.12.2009; Hessen: HUVollzG vom 28.6.2010; Mecklenburg-Vorpommern: UVollzG M-V vom 17.12.2009; Niedersachsen: NJVollzG vom 14.12.2007, geändert durch Gesetz vom 20.2.2009 und Art. 2 des Gesetzes vom 25.3.2009; Nordrhein-Westfalen: UVollzG NRW vom 27.10.2009; Rheinland-Pfalz: LUVollzG RhPf vom 15.9.2009; Saarland: SUVollzG vom 1.7.2009; Sachsen: SächsUHaftVollzG vom 14.12.2010; Sachsen-Anhalt: UVollzG LSA vom 22.3.2010; Schleswig-Holstein: UVollzG vom 16.12.2011; Thüringen: ThürUVollzG vom 8.7.2009.

2 Berlin, Brandenburg, Bremen, Hamburg, Hessen, Mecklenburg-Vorpommern, Rheinland-Pfalz, Saarland, Sachsen, Sachsen-Anhalt, Schleswig-Holstein und Thüringen. Die verabschiedeten Gesetze haben sich jedoch in einzelnen Punkten noch in unterschiedlichem Maße (inhaltlich und in den Formulierungen) vom Musterentwurf entfernt; auch die Nummerierung ist z.T. nicht identisch. Eigene gesetzgeberische Wege sind Baden-Württemberg, Bayern, Niedersachsen und Nordrhein-Westfalen gegangen, wobei Baden-Württemberg und Niedersachsen Justizvollzugsgesetze verabschiedet haben, in denen der Untersuchungshaftvollzug (neben der Regelung des Strafvollzugs und des Vollzugs der Jugendstrafe) nur einen Teilbereich darstellt. Eine Synopse zu den Regelungen der Haftbedingungen in den einzelnen Bundesländern findet sich bei *Schlothauer/Weider/Nobis* Rn. 1375.

3 Zur Kritik am Topos „Ordnung in der Vollzugsanstalt" vgl. SK/*Paeffgen* 5; 21 ff.

lungs- oder Wiederholungsgefahr erforderlich sind (insoweit grundsätzlich gerichtliche Zuständigkeit nach § 119)[4] – ist mit den Landesgesetzen in der Regel auf die Vollzugsanstalt[5] übertragen worden.

2 Die Befugnis zur Anordnung solcher Beschränkungen des inhaftierten Beschuldigten, die bislang im Hinblick auf die Grundrechtsrelevanz von Entscheidungen und Maßnahmen, die über den Freiheitsentzug hinaus gehen, grundsätzlich beim Richter lag,[6] ist damit teilweise auf die Behörde übergegangen.[7] Bezüglich ihrer Entscheidungen und Maßnahmen, die zur Regelung des Einzelfalls[8] auf der Grundlage der Untersuchungshaftvollzugsgesetze der Länder ergehen, musste daher in Ausfüllung der **Rechtsweggarantie des Art. 19 Abs. 4 Satz 1 GG** eine Möglichkeit gerichtlicher Überprüfung geschaffen, den von ihnen Betroffenen der Rechtsweg eröffnet werden.[9] Im Hinblick auf den zur Regelungsmaterie des § 119 bestehenden Sachzusammenhang lag es nahe, die gerichtliche Überprüfung in die Hand der ordentlichen Gerichtsbarkeit zu geben, auch wenn es sich der Sache nach um verwaltungs(prozess)rechtliche Materie handelt. Das hat der Bundesgesetzgeber, in dessen Zuständigkeit die Regelung der Rechtswegfrage nach wie vor fällt, weil sie das gerichtliche Verfahren betrifft, mit der Aufnahme des § 119a in die Strafprozessordnung getan.[10]

3 Inhaltlich hat sich der Gesetzgeber dabei gegen die Ausweitung des Rechtsschutzes nach den §§ 23, 24 Abs. 1 EGGVG, der dem Untersuchungsgefangenen nach Nr. 75 Abs. 3 UVollzO gegen die bis dahin bereits in die Zuständigkeit der Vollzugsanstalten fallenden Maßnahmen im Vollzug der Untersuchungshaft gewährt wurde,[11] auf die im Einzelfall zur Wahrung der Sicherheit und Ordnung in der Anstalt getroffenen Anordnungen und Maßnahmen entschieden. Im Sinne der Einheitlichkeit der Rechtsordnung und im Bemühen um eine praxisgerechte(re) Regelung[12] wurde vielmehr in Anlehnung an § 119 Abs. 5 der **Antrag auf gerichtliche Entscheidung** (zum nach § 126 zuständigen Haftgericht, Rn. 9) einheitlich als statthafter Rechtsbehelf **gegen alle behördlichen Entscheidungen und Maßnahmen** im Untersuchungshaftvollzug, sowohl im Einzelfall als auch in Form abstrakt-genereller Regelungen mit unmittelbarer Außenwirkung, welche über den individu-

---

4 Siehe dort. **Anders** das Niedersächsische Justizvollzugsgesetz (NJVollzG) vom 14.12.2007 (Nieders.GVBl. Nr. 41/2007 S. 720), geändert durch Gesetz vom 20.2.2009 (Nieders.GVBl. Nr.3/2009 S. 32) und Art. 2 des Gesetzes vom 25.3.2009 (Nieders.GVBl. Nr. 6/2009 S. 72), in dessen § 134 – unter Verneinung der diesbezüglichen Gesetzgebungskompetenz des Bundes – auch die zur Abwehr der Flucht- oder Wiederholungsgefahr erforderlichen Entscheidungen und sonstigen Maßnahmen der Zuständigkeit der Vollzugsanstalt zugewiesen werden. Für das dem zugrunde liegende weite Verständnis des Begriffs „Untersuchungshaftvollzug" auch *Seebode* HRRS **2008** 236 ff.; FS **2009** 7.

5 Für Entscheidungen und Maßnahmen nach den Untersuchungshaftvollzugsgesetzen der Länder sind regelmäßig die Vollzugsanstalten, funktionell die Anstaltsleiterin oder der Anstaltsleiter, zuständig. In Ausnahmefällen liegt die Entscheidungskompetenz auch bei der Aufsichtsbehörde, der beispielsweise nach § 63 Abs. 2 UVollzG Bln die Disziplinarbefugnis bei Verfehlungen gegen die Anstaltsleiterin oder den Anstaltsleiter zusteht.

6 § 119 Abs. 6 a.F.

7 Zur Kritik vgl. *Weider* StV **2010** 108.

8 Hinsichtlich anderer, zumeist die Gesamtheit der Untersuchungsgefangenen in einer Vollzugsanstalt betreffender Maßnahmen, die schon nach früherer Rechtslage der Vollzugsanstalt oblagen, bestand bereits die Möglichkeit, nach den §§ 23 ff. EGGVG bei den Oberlandesgerichten um Rechtsschutz nachzusuchen.

9 OLG Jena StV **2011** 37. Zugleich gehört die Antragstellung nach § 119a zur Rechtswegerschöpfung und stellt damit eine Voraussetzung für die Zulässigkeit der Verfassungsbeschwerde dar, BVerfG Beschl. v. 22.3.2016 – 2 BvR 1664/15 – (juris).

10 BTDrucks. **16** 11644 S. 12.

11 Zur bisherigen Rechtslage insoweit vgl. LR/*Hilger*[26] § 119, 160 ff.

12 Vgl. BTDrucks. **16** 11644 S. 31: Das Verfahren nach den §§ 23 ff. EGGVG wurde als (zu) aufwändig erachtet, die Zuständigkeit des OLG als außer Verhältnis zur Bedeutung der Sache stehend.

ellen Interessenbereich einzelner Untersuchungsgefangener hinausgehen,[13] kodifiziert. Der Antrag auf gerichtliche Entscheidung nach § 119a geht gemäß § 23 Abs. 3 EGGVG[14] der von § 23 Abs. 1 Satz 2 EGGVG nur subsidiär vorgesehenen Anfechtungsmöglichkeit vor[15] und ersetzt zugleich das mit Inkrafttreten der Untersuchungshaftvollzugsgesetze der Länder in Wegfall geratene Beschwerderecht nach Nr. 75 Abs. 1 UVollzO, das dem inhaftierten Beschuldigten gegen Anordnungen des Anstaltsleiters in Angelegenheiten, die der Zuständigkeit des Richters nach § 119 Abs. 6 (a.F.) unterlagen, bislang zustand.[16]

2. Sachlicher Geltungsbereich. Die Rechtswegeröffnung gegen behördliche Ent- 4
scheidungen und (faktische) Maßnahmen nach § 119a gilt nicht nur für den **Untersuchungshaftvollzug** aufgrund eines Haftbefehls nach den §§ 112, 112a, sondern auch für den Vollzug der **Hauptverhandlungshaft** nach § 127b und die **Haft aufgrund von Haftbefehlen nach den §§ 230 Abs. 2, 236, 329 Abs. 3 und 412 Satz 1.**[17] Für die **einstweilige Unterbringung** in einem psychiatrischen Krankenhaus oder einer Entziehungsanstalt ergibt sich die Anwendbarkeit der Bestimmung aus § 126a Abs. 2 Satz 1, für die Sicherungshaft aus § 453c Abs. 2 Satz 2 und für die Haft bei erwarteter Unterbringung in der Sicherungsverwahrung aus § 275a Abs. 6 Satz 4.[18]

II. Antrag auf gerichtliche Entscheidung (Absatz 1 und 2)

1. Prüfungsgegenstand (Absatz 1). Gegenstand der Überprüfung durch das zustän- 5
dige Gericht sind **alle behördlichen Entscheidungen oder Maßnahmen im Untersuchungshaftvollzug**, mithin Justizverwaltungs- und Realakte, die (in der Regel) die Anstalt auf der Grundlage des jeweiligen Landes-UVollzG getroffen oder – Absatz 1 Satz 2 – binnen angemessener Frist trotz entsprechender Antragstellung unterlassen hat. Mit dem Rechtsbehelf nach Absatz 1 Satz 1 kann auch die Ablehnung einer vom Untersuchungsgefangenen begehrten Regelung oder (faktischen) Maßnahme durch die Vollzugsanstalt zur gerichtlichen Überprüfung gestellt werden,[19] denn auch der den Antrag

13 OLG Koblenz Beschl. v. 29.11.2017 – 2 VAs 18/18 – (juris). So auch (ohne Begründung) KG NStZ-RR **2011** 388; *Wiesneth* 388. Ebenso KK/*Schultheis* 3; *ders.* NStZ **2013** 91. **A.A.** OLG Hamm NStZ-RR **2012** 62, das eine durch die Anstalt getroffene abstrakt-generelle Regelung mit unmittelbarer Außenwirkung (Beschränkung von Verteidigerbesuchen bei Untersuchungsgefangenen) nicht als Angelegenheit des Vollzugs von Untersuchungshaft und zur Überprüfung einer solchen „Organisationsregelung" – anders als bei derartigen Allgemeinverfügungen des Anstaltsleiters im Bereich der Strafhaft, die als Maßnahme nach § 109 StVollzG (des Bundes) angefochten werden können – den Rechtsweg nach den §§ 23 ff. EGGVG weiterhin als eröffnet ansieht. Ebenso LG Göttingen NdsRpfl. **2016** 24; Meyer-Goßner/*Schmitt* 4; MüKo/*Böhm*/*Werner* 9 f.

14 „Soweit die ordentlichen Gerichte bereits auf Grund anderer Vorschriften angerufen werden können, behält es hierbei sein Bewenden."

15 Vgl. OLG Jena StV **2011** 37; OLG Naumburg Beschl. v. 17.8.2010 – 2 ARs 7/10 – (juris); LR/*Böttcher*[26] § 23, 63 EGGVG; Graf/*Krauß* 7; HK/*Posthoff* 1; KK/*Schultheis* 13; KMR/*Wankel* 14; *Wiesneth* 389. SK/*Paeffgen* 18a hält den (Vornahme-)Antrag an das Oberlandesgericht nach §§ 23, 27 EGGVG jedenfalls dann weiterhin für statthaft und nicht durch die Subsidiaritätsklausel ausgeschlossen, wenn ein (tatsächliches) Unterlassen der Vollzugsanstalt (z.B. fehlende oder nicht ausreichende ärztliche Versorgung) gerügt und die begehrte Maßnahme wegen ihrer Eilbedürftigkeit (im Bsp.: ernsthafte Gesundheitsgefährdung) unterhalb der Frist des § 119 Abs. 1 Satz 2 (3 Wochen) herbeigeführt werden soll.

16 Zur bisherigen Rechtslage insoweit vgl. LR/*Hilger*[26] § 119, 154.

17 BTDrucks. **16** 11644 S. 31. Die dort ausdrücklich erwähnte Haftanordnung nach § 329 Abs. 4 findet sich nach der Änderung dieser Vorschrift durch das Gesetz vom 17.7.2015 mit Geltung seit dem 25.7.2015 in deren Absatz 3.

18 Bis zum 31.12.2010 wortgleich in § 275a Abs. 5 Satz 4.

19 Vgl. BGH (Ermittlungsrichter) StraFo **2014** 382; OLG Köln NStZ-RR **2013** 285; OLG Stuttgart Justiz **2011** 184; SSW/*Herrmann* 11; KK/*Schultheis* 9; KMR/*Wankel* 1; Bittmann NStZ **2010** 16; *Wiesneth* 393; **a.A.** *Grube*

eines Untersuchungsgefangenen ablehnende Bescheid der Vollzugsanstalt stellt eine behördliche Entscheidung im Untersuchungshaftvollzug dar. Denkbar sind danach (wie im Verwaltungsprozess) Anfechtungs- und Beseitigungs- bzw. (unter engen Voraussetzungen auch vorbeugende) Unterlassungsanträge, Verpflichtungs- und Vornahmeanträge, bei entsprechendem Rechtsschutzbedürfnis (Rn. 14) auch (Fortsetzungs-)Feststellungsanträge.

6 **Neu** im Verhältnis zu der früheren Beschwerdemöglichkeit nach Nr. 75 Abs. 1 UVollzO, die nur gegen Anordnungen des Anstaltsleiters bestand, ist die (zusätzliche) Aufnahme des Untätigkeitsantrages in Absatz 1 Satz 2, die dem inhaftierten Beschuldigten nunmehr auch die **Antragstellung im Falle der Nichtbescheidung** seines an die Behörde gerichteten Antrags binnen angemessener Zeit ermöglicht. Bedarf der Untersuchungsgefangene nach dem Untersuchungshaftvollzugsgesetz des Landes, in dem er inhaftiert ist, für bestimmte Handlungen oder den Besitz bestimmter Gegenstände einer Erlaubnis der Behörde, in der Regel der Vollzugsanstalt, gebietet es das Rechtsstaatsprinzip, namentlich die Unschuldsvermutung, dass über die Erteilung der Erlaubnis in angemessener Frist entschieden wird, zumal der Betroffene ohne eine Entscheidung der Behörde über seinen Antrag den Rechtsweg nach Absatz 1 Satz 1 nicht beschreiten kann.[20]

7 Die **Frist**, binnen der ein **Untätigkeitsantrag** (noch) nicht gestellt werden kann, ist im Hinblick ebenfalls auf die Unschuldsvermutung und auf die regelmäßig nur kurze Dauer der Untersuchungshaft[21] mit **drei Wochen ab Antragstellung** deutlich kürzer gehalten als sie § 113 StVollzG (des Bundes) für Untätigkeitsanträge im Strafvollzug vorsieht.[22] Der Gesetzgeber hielt dabei eine Entscheidung über den Antrag binnen drei Wochen für der Behörde zumutbar, weil diese in aller Regel ohne umfangreiche Ermittlungen oder Beteiligungen anderer Stellen getroffen werden könne,[23] so dass er der von Länderseite[24] im Gesetzgebungsverfahren erhobenen Forderung nach einer Verlängerung der Frist auf sechs Wochen nicht gefolgt ist. Eine kürzere Frist als drei Wochen wurde dagegen als nicht praktikabel angesehen.[25] Durch diese Fristgestaltung läuft der Untätigkeitsantrag allerdings im Falle des Vollzugs der gesetzlich auf eine Woche Höchstdauer beschränkten Hauptverhandlungshaft nach § 127b Abs. 2 leer, was der Gesetzgeber gesehen und als im Hinblick auf die insgesamt kurze Dauer dieses Freiheitsentzuges für hinnehmbar erachtet hat.[26]

8 Absatz 1 Satz 2 setzt dem von der beantragten Maßnahme Betroffenen eine **Ausschlussfrist zur gerichtlichen Geltendmachung**, nicht der Vollzugsanstalt eine – von *Paeffgen*[27] unter dem Aspekt der hierfür fehlenden Gesetzgebungskompetenz des Bundes für verfassungswidrig gehaltene – Verbescheidungs- oder Handlungsfrist, und stellt damit die Regelung einer Zulässigkeitsvoraussetzung für den Antrag auf gerichtliche Entscheidung als in die Gesetzgebungskompetenz des Bundes fallende Bestimmung über das gerichtliche Verfahren dar. Zwar soll diese Vorschrift gewährleisten, dass im Unter-

---

StV **2013** 537, der insoweit den Rechtsweg nach §§ 23 ff. EGGVG für eröffnet hält; SK/*Paeffgen* 18a, (jedenfalls) für den in Fn. 15 genannten Sonderfall.

20 BTDrucks. **16** 11644 S. 32.

21 BTDrucks. **16** 11644 S. 32.

22 „... nicht vor Ablauf von drei Monaten seit dem Antrag auf Vornahme der Maßnahme".

23 BTDrucks. **16** 11644 S. 32.

24 Vgl. die Stellungnahme des Bundesrates zum Gesetzentwurf der Bundesregierung, BTDrucks. **16** 11644 S. 41 f., und die Gegenäußerung der Bundesregierung, BTDrucks. **16** 11644 S. 46.

25 BTDrucks. **16** 11644 S. 32.

26 BTDrucks. **16** 11644 S. 32; kritisch hierzu SK/*Paeffgen* 12; SSW/*Herrmann* 18.

27 SK/*Paeffgen* 11.

suchungshaftvollzug gestellte Anträge, über die behördlich, in der Regel durch die Vollzugsanstalt, zu entscheiden ist, in angemessener Frist bearbeitet werden. Die Behörde muss aber nicht innerhalb von drei Wochen entscheiden bzw. die beantragte Maßnahme vornehmen. Tut sie dies nicht, kann der Untersuchungsgefangene jedoch auf gerichtliche Klärung antragen.

2. Zuständigkeit. Wie bei § 119 Abs. 5 bestimmt sich die gerichtliche Zuständigkeit für die Entscheidung über den Antrag nach Absatz 1 nach **§ 126** (i.V.m. den §§ 125, 162 Abs. 1 Satz 2), dessen **Absatz 1 Satz 1** entsprechend klarstellend ergänzt worden ist. Die Zuständigkeit des Ermittlungsrichters des BGH und des (erstinstanzlich entscheidenden) Oberlandesgerichts im vorbereitenden Verfahren bestimmt sich nach § 169 (i.V.m. § 126, § 120 GVG). Zur Entscheidung berufen ist danach das **Haftgericht**, bis zur Erhebung der öffentlichen Klage also der Richter beim Amtsgericht oder der Ermittlungsrichter des BGH oder des OLG, danach das erkennende Gericht. Ist dies ein Kollegialgericht, so entscheidet der **gesamte Spruchkörper** in der für Entscheidungen außerhalb der Hauptverhandlung vorgesehenen Besetzung. Die sich aus § 126 Abs. 2 Satz 3 ergebende Sonderzuständigkeit des Vorsitzenden für einzelne Anordnungen gilt nicht für Anträge nach § 119a Abs. 1.[28] Hat anstelle der Kammer[29] ihr Vorsitzender allein entschieden, hebt das Beschwerdegericht die angefochtene Entscheidung wegen der falschen Besetzung auf und entscheidet in der Sache selbst.[30] 9

Der Gesetzgeber hat dem **Haftgericht**, das auch über Beschränkungen nach § 119 zu befinden hat, die Entscheidungsbefugnis über den Antrag nach § 119a zugewiesen und sich damit gegen eine Zuständigkeit des (nicht zwingend, aber in der Vielzahl der Fälle mit dem Haftgericht identischen) Vollzugsgerichts, also des Amtsgerichts, in dessen Bezirk die Vollzugsanstalt ihren Sitz hat, entschieden.[31] Im Hinblick auf den sachlichen Zusammenhang zwischen den in § 119 geregelten gerichtlichen Entscheidungen und sonstigen Maßnahmen zur Erreichung des Zwecks der Untersuchungshaft und den gerichtlichen Entscheidungen nach § 119a erschien eine **einheitliche Zuständigkeit** für beide Arten gerichtlicher Entscheidungen sachgerecht, zumal dem Haftgericht der Sachverhalt bereits aus der Ermittlungsakte vertraut ist und eine mit zum Teil erheblichem Mehraufwand (Aktendoppelung) verbundene Einarbeitung eines weiteren Gerichts damit vermieden werden kann.[32] Ziel des Gesetzgebers war es dabei auch, Informationsverlusten sowie positiven oder negativen Kompetenzkonflikten durch die Befassung zweier Gerichte in sachlich nahe beieinander liegenden und nicht immer einfach voneinander abgrenzbaren Bereichen entgegenzuwirken.[33] 10

Dass das Haftgericht in Einzelfällen, nämlich dann, wenn sich die Vollzugsanstalt in einem anderen Bundesland befindet oder wenn der Ermittlungsrichter des BGH für die Entscheidung über den Antrag nach § 119a zuständig ist, fremdes Recht, nämlich das 11

---

28 KG NStZ-RR **2013** 284; OLG Hamm Beschl. v. 18.3.2014 – III-1 Ws 77/14 – (juris); Meyer-Goßner/*Schmitt* 2; KK/*Schultheis* 6; KMR/*Wankel* § 126, 16; MüKo/*Böhm*/*Werner* 15; **a.A.** SK/*Paeffgen* 10a (Vorsitzendenkompetenz wegen Eilbedürftigkeit).

29 Gegen Entscheidungen des Oberlandesgerichts ist die Beschwerde nicht statthaft (Rn. 29).

30 KG NStZ-RR **2013** 284.

31 Soweit das Niedersächsische Justizvollzugsgesetz (NJVollzG) vom 14.12.2007 (Nieders.GVBl. Nr. 41/2007 S. 720) in seinen §§ 167, 134a Abs. 1 Satz 2 gegen vollzugsbehördliche Maßnahmen, ihre Ablehnung oder Unterlassung abweichend hiervon einen Antrag auf gerichtliche Entscheidung zum Vollzugsgericht vorsieht, ist diese Regelung wegen der Sperrwirkung des Bundesgesetzes (Art. 72 Abs. 1 GG) unwirksam. So auch KK/*Schultheis* 1.

32 BTDrucks. **16** 11644 S. 32; vgl. auch LR/*Lind*[26] (Nachtr.) § 126, 2.

33 BTDrucks. **16** 11644 S. 32.

Untersuchungshaftvollzugsgesetz eines (anderen) Bundeslandes, das die zu entscheidende Frage abweichend vom Gesetz des Landes regeln kann, in dem das Haftgericht liegt, anwenden muss, hat der Gesetzgeber gesehen und im Hinblick auf den Ausnahmecharakter dieser Fälle und die mit der getroffenen Regelung verbundenen Vorzüge (Rn. 10) für hinnehmbar erachtet.[34]

12 **3. Verfahren, Form der Entscheidung.** Hinsichtlich des Verfahrens, an welchem der Antragsteller und die Vollzugsbehörde, die die angefochtene Entscheidung oder Maßnahme getroffen oder binnen der dreiwöchigen Frist des Absatzes 1 Satz 2 unterlassen hat, beteiligt sind, und der Form der gerichtlichen Entscheidung sind die **Vorschriften über die Beschwerde entsprechend** anzuwenden. Für die **Anbringung des Antrages** ist allerdings abweichend von § 306 die Antragstellung (zumindest auch) **bei dem zur Entscheidung berufenen Gericht** zuzulassen, wie dies für den strafvollzugsrechtlichen Antrag auf gerichtliche Entscheidung von § 112 StVollzG (des Bundes) vorgesehen ist. Das Gericht entscheidet nach Gewährung rechtlichen Gehörs an die Verfahrensbeteiligten, wobei dies hinsichtlich des Antragstellers regelmäßig durch Mitteilung der Stellungnahme der Vollzugsbehörde, im Einzelfall auch durch – gesetzlich nicht ausgeschlossene – mündliche Anhörung geschehen kann, und Aufklärung des zugrunde liegenden Sachverhalts von Amts wegen (Amtsermittlungsgrundsatz) im **Freibeweisverfahren**[35] ohne mündliche Verhandlung über den Antrag. Die Entscheidung, die in **Beschlussform** ergeht, ist im Hinblick auf die mit Absatz 3 gegebene Anfechtungsmöglichkeit (und soweit diese reicht) zu begründen (§ 34) und dem Antragsteller sowie der Vollzugsanstalt (formlos) bekannt zu machen. Der Zustellung des Beschlusses bedarf es nach § 35 Abs. 2 Satz 2 wegen der fehlenden Fristbindung der gegen ihn statthaften Beschwerde nicht. Eine Kostenentscheidung ergeht nicht.[36] Bindungswirkung entfaltet die gerichtliche Entscheidung nur für die Verfahrensbeteiligten, nicht hingegen etwa für die Vollzugsanstalt, in welche der Untersuchungsgefangene im Anschluss verlegt wird.

13 Die **Staatsanwaltschaft** ist – wie bisher im Rahmen der Antragstellung nach den §§ 23 ff. EGGVG – **in geeigneten Fällen** (§ 309 Abs. 1) anzuhören.[37] Zumindest bis zur Anklageerhebung kann die Anhörung der Staatsanwaltschaft schon aufgrund der dort bestehenden Vertrautheit mit dem Sachverhalt sinnvoll sein; sie kann mit der Anforderung der bei ihr geführten Akten verbunden werden.

14 **4. Zulässigkeit, Beschwer des Antragstellers.** Der Antragsteller muss von der beanstandeten Entscheidung oder Maßnahme bzw. ihrem Unterlassen selbst betroffen sein, ohne dass er notwendig Adressat derselben sein muss,[38] und geltend machen können, dass das Tun oder Unterlassen der Behörde sich nachteilig auf seine tatsächliche

---

34 BTDrucks. **16** 11644 S. 32.

35 SK/*Paeffgen* 13a; KK/*Schultheis* 7; *Wiesneth* 395.

36 BTDrucks. **16** 11644 S. 47; KK/*Schultheis* 10; *Wiesneth* 129, 396.

37 **A.A.** *Wiesneth* 395: „Die Staatsanwaltschaft ist am Verfahren nicht zu beteiligen, weil Gegenstand des Verfahrens keine verfahrenssichernden Maßnahmen sind und das Strafverfolgungsinteresse nicht berühren."; Graf/*Krauß* 8; KK/*Schultheis* 7. Auch *Grube* StV **2013** 538 sieht keine Pflicht zur Anhörung der Staatsanwaltschaft, da diese von der Entscheidung über den Antrag nicht betroffen sei.

38 Betroffener kann etwa auch der Besucher sein, der in Kontakt oder Kommunikation mit dem inhaftierten Beschuldigten aus Gründen der Sicherheit und Ordnung der Vollzugsanstalt auf der Grundlage des Landesuntersuchungshaftvollzugsgesetzes beschränkt wird.

oder Rechtsposition ausgewirkt hat (**Beschwer**).[39] Aus der – auch für die Zulässigkeit eines jeden anderen Rechtsmittels und Rechtsbehelfs der Strafprozessordnung erforderlichen – Beschwer ergibt sich das Rechtsschutzbedürfnis des Antragstellers. Im Falle der Antragstellung nach **Absatz 1 Satz 2** kann das – neben der Einhaltung der Drei-Wochen-Frist positiv festzustellende – Rechtsschutzbedürfnis des Antragstellers fehlen, wenn von zuständiger Stelle über einen identischen Antrag bereits entschieden wurde und sich die Sachlage seitdem nicht verändert hat.[40] Die Zulässigkeit von Anträgen gegen – vor Anbringung des Antrages oder vor Entscheidung darüber – **erledigte behördliche Entscheidungen oder Maßnahmen** erfordert ein entsprechendes (Fortsetzungs-)Feststellungsinteresse und richtet sich im Übrigen nach den für den Rechtsschutz im Erledigungsfalle entwickelten Grundsätzen.[41]

Anders als § 112 StVollzG (des Bundes), der eine Antragstellung innerhalb von zwei Wochen nach Zustellung oder schriftlicher Bekanntgabe der Maßnahme oder ihrer Ablehnung vorschreibt, und § 26 Abs. 1 EGGVG (Antragstellung innerhalb eines Monats nach Zustellung oder schriftlicher Bekanntmachung des Bescheides) sieht § 119a Abs. 1 Satz 1 **keine Antragsfrist** für die Stellung eines Antrags auf gerichtliche Entscheidung vor. Eine diesbezügliche Forderung des Bundesrates[42] im Gesetzgebungsverfahren hat keinen Niederschlag in der Regelung gefunden. Eine Befristung sah der Gesetzgeber als entbehrlich an, weil Entscheidungen und Maßnahmen der Behörde im Vollzug der Untersuchungshaft zunächst wirksam und zu beachten sind, so dass Rechtsunsicherheit für die vollzugliche Praxis bei Fehlen einer Antragsfrist nicht entsteht. Zudem ergehen Entscheidungen der Behörde und insbesondere Anordnungen faktischer Maßnahmen im Vollzug der Untersuchungshaft regelmäßig nur mündlich. Eine Antragsbefristung könnte folglich nicht an die schriftliche Bekanntgabe der Entscheidung oder Maßnahme anknüpfen oder würde in diesem Falle in der Regel leerlaufen. Bei mündlicher Bekanntgabe sind Unsicherheiten hinsichtlich des Fristbeginns und Auseinandersetzungen hierüber zu erwarten.[43] 15

5. Begründetheit. Prüfungsmaßstab für das Gericht ist hinsichtlich der behördlichen Entscheidungen und Maßnahmen im Vollzug der Untersuchungshaft – und der weiteren in den Geltungsbereich der Norm (Rn. 4) fallenden Haftarten – das **Untersuchungshaftvollzugsgesetz des Landes, in dem die Vollzugsanstalt ihren Sitz hat**; das nach § 126 zuständige Haftgericht hat folglich in Einzelfällen (s. Rn. 11) das Untersuchungshaftvollzugsgesetz eines anderen Bundeslandes anzuwenden. 16

Als Rechtsgrundlage – und damit Prüfungsmaßstab des Gerichts – für behördliche Entscheidungen und Maßnahmen im **Vollzug der einstweiligen Unterbringung** nach § 126a, die der Aufrechterhaltung der Sicherheit und Ordnung in der Unterbringungsanstalt dienen, war/ist bis zu einer ausdrücklichen gesetzlichen Regelung durch den Landesgesetzgeber[44] – und ist daneben ergänzend – das Landesgesetz zur Hilfe und Unter- 17

---

39 BTDrucks. **16** 11644 S. 31: (Ungeschriebene) Zulässigkeitsvoraussetzung des Antrags auf gerichtliche Entscheidung; so auch AnwK-UHaft/*König* 2; Graf/*Krauß* 4; AnwK-StPO/*Lammer* 2; SK/*Paeffgen* 9; HK/*Posthoff* 3; KK/*Schultheis* 3; KMR/*Wankel* 3.

40 BTDrucks. **16** 11644 S. 32; Graf/*Krauß* 5; HK/*Posthoff* 7; KMR/*Wankel* 4; **a.A.** (Antrag nicht unzulässig, vielmehr kann er unter Bezugnahme auf die frühere Entscheidung als unbegründet zurückgewiesen werden) SK/*Paeffgen* 13 (anders noch in der Vorauflage); Meyer-Goßner/*Schmitt* 6; KK/*Schultheis* 4.

41 S. § 119, 147. Vgl. auch BVerfGE **96** 27; SK/*Paeffgen* 10 m.w.N.; HK/*Posthoff* 5; Meyer-Goßner/*Schmitt* Vor § 296, 17 ff.; KMR/*Wankel* 4.

42 BTDrucks. **16** 11644 S. 41, Monatsfrist analog § 26 Abs. 1 EGGVG.

43 BTDrucks. **16** 11644 S. 46.

44 BTDrucks. **16** 11644 S. 33. Zur Gesetzgebungskompetenz insoweit s. auch § 126a, 26.

bringung psychisch kranker Menschen (PsychKG) heranzuziehen.[45] Die Gesetzeslage insoweit ist noch immer defizitär. Von der – (auch) insoweit grundsätzlich bestehenden – Möglichkeit einer „Komplettregelung" der Materie, ähnlich den UHaftVollzGen der Länder, hat (bislang) kein Landesgesetzgeber Gebrauch gemacht. Vielmehr beschränken sich die Regelungen der einzelnen Bundesländer – soweit diese überhaupt eine ausdrückliche Normierung der offenkundig nicht im Fokus der Gesetzgebung stehenden Materie vorgenommen haben – auf Verweisungen. Zumeist wird das Maßregelvollzugsrecht der Länder entsprechend (oder direkt) für anwendbar erklärt, zum Teil auch (ergänzend) auf Einzelnormen des jeweiligen UHaftVollzG und/oder auf dessen Bestimmungen, „soweit sie der Durchführung eines geordneten Strafverfahrens dienen", verwiesen.[46] Die Gesetzeslage ist unübersichtlich; die bislang getroffenen Regelungen sind insgesamt unzureichend, überwiegend unklar und bereiten erhebliche Probleme bei der Rechtsanwendung.[47]

18 Alle auf dieser Grundlage ergangenen Entscheidungen und Maßnahmen zur Aufrechterhaltung der Sicherheit und Ordnung in der Anstalt[48] und zur konkreten Ausgestaltung des Vollzuges der Untersuchungshaft (bzw. einstweiligen Unterbringung) unterliegen – so sie beschwerenden Charakter haben (Rn. 14) – der gerichtlichen Nachprüfung. Dabei gelten die zu entsprechenden Anordnungen nach § 119 Abs. 3 2. Alt. (a.F.) aufgestellten Grundsätze[49] im selben Umfang fort. Das Gericht hat auf der Grundlage eines zureichend aufgeklärten Sachverhalts zu entscheiden und die von der Anstalt vorgetragenen Tatsachen eigenverantwortlich zu prüfen.[50] Die **Vorschriften der Untersuchungshaftvollzugsgesetze** der Länder sind an den durch sie eingeschränkten Grundrechten zu messen und entsprechend **restriktiv auszulegen**, wobei die sachliche und personelle Ausstattung der Anstalt angemessen zu berücksichtigen ist, für sich genommen eine Grundrechtseinschränkung aber nicht rechtfertigen kann. Der besonderen Stellung des Untersuchungsgefangenen, insbesondere der **Unschuldsvermutung ist Rechnung zu tragen** und die Pflichten und Beschränkungen, die dem Inhaftierten zur Gewährleistung der Sicherheit und Ordnung in der Anstalt auferlegt werden, sind so zu

---

45 Für Thüringen: OLG Jena Beschl. v. 3.1.2012 – 1 Ws 575/11 – (juris).

46 Zum Überblick über die landesrechtlichen Regelungen vgl. AnwK-UHaft/*Pollähne* § 126a, 29 ff.; *ders.* R&P **2011** 140 ff. In Berlin findet die einstweilige Unterbringung ausdrückliche Erwähnung in § 42 PsychKG (2016), der dessen Teil 4 (Strafrechtsbezogene Unterbringung) einleitet. Dieser Teil des Gesetzes regelt allerdings in erster Linie den Vollzug der Maßregeln nach §§ 63, 64 StGB und berücksichtigt im Folgenden die Besonderheiten der einstweiligen Unterbringung nicht, so dass hier die Bestimmungen des Maßregelvollzugsrechts nicht nur für entsprechend, sondern (sogar) für direkt anwendbar erklärt werden.

47 Vgl. etwa die unterschiedlichen Entscheidungen zur gerichtlichen Zuständigkeit bei der Anordnung der (landesgesetzlich vorgesehenen) Zwangsbehandlung eines einstweilig Untergebrachten und das diesbezüglich statthafte Rechtsmittel: LG Offenburg R&P **2016** 138; OLG München Beschl. v. 15.2.2016 – 1 Ws 124/16 – (juris); OLG Karlsruhe R&P **2016** 202 = medstra **2016** 307 m. zust. Anm. *Woynar*; OLG Nürnberg Beschl. v. 24.8.2016 – 2 Ws 449/16 – (juris) –. S. auch § 126a, 32.

48 Neben der Vollzugsanstalt, in welcher die (Untersuchungs-)Haft vollzogen wird, auch das psychiatrische Krankenhaus bzw. die Entziehungsanstalt, in der der Betroffene nach § 126a einstweilig untergebracht ist.

49 Vgl. LR/*Hilger*[26] § 119, 40 ff. (zu den einzelnen Beschränkungen und Bequemlichkeiten einschließlich der Disziplinarmaßnahmen), 164 ff. (zu unmittelbarem Zwang, Zwangsbehandlung und -ernährung) mit den dortigen Nachweisen; BVerfG StV **2011** 35 (zu Gefahren abwehrenden Maßnahmen zum Schutz eines Gefangenen vor Bedrohungen durch Dritte). S. auch SK/*Paeffgen* 23 ff. (zu Brief- und sonstigem Postverkehr), 33 ff. (zu Bequemlichkeiten und Beschäftigungen, Ausführung, Seelsorge, medizinischer Versorgung, Haftraumausstattung), 40e ff. (Besuch), 41 ff. (zu Zwangsbehandlung und -ernährung), 49 (zur Einzelhaft unter verschärften Sicherungsvorkehrungen), 50 ff. (zu Fesselung und unmittelbarem Zwang), 53 ff. (zu den Disziplinarmaßnahmen).

50 BVerfG HRRS **2013** 29; *Wiesneth* 395 (Amtsermittlungsgrundsatz). Für die gerichtliche Überprüfung von behördlichen Entscheidungen im Strafvollzug ebenso BVerfG NJW **2016** 1872.

gestalten, dass sie diesen nicht mehr als notwendig beeinträchtigen (**Verhältnismäßigkeit**).[51] Grundsätzlich gilt, dass der Vollzug der Untersuchungshaft (bzw. der einstweiligen Unterbringung) **menschenwürdig** und insgesamt so auszugestalten ist, dass **Grundrechtsbeeinträchtigungen** generell und in jedem Einzelfall möglichst vermieden oder **auf das Unerlässliche reduziert** werden.[52] Grundrechtsbeschränkungen, die über die mit dem Vollzug der Untersuchungshaft notwendig verbundene Einschränkung der körperlichen Bewegungsfreiheit hinausgehen, sind daher nur ausnahmsweise zulässig, nämlich wenn zwingende Gründe diese erfordern und weniger einschränkende Maßnahmen, die gleichfalls ausreichend erfolgsgeeignet erscheinen, nicht zur Verfügung stehen. Entscheidungen und sonstige Maßnahmen, die sich mit der Menschenwürde nicht vereinbaren lassen, sind unzulässig.

Das OLG Jena[53] hat für eine Ermessenentscheidung, die auf der Grundlage von § 16 **19** ThürUVollzG ergangen war, klargestellt, dass sich die gerichtliche Überprüfung diesbezüglich (auch) nach neuer Rechtslage nur auf **Ermessensfehler** beschränkt.[54] Bedient sich die Behörde bei der konkreten Ausfüllung eines unbestimmten Rechtsbegriffs in einer in diesem Rahmen nicht zu beanstandenden Weise eines standardisierten Verfahrens, so ist dessen Ergebnis im Anschluss auf eine etwaige besondere Interessenlage des betroffenen Untersuchungsgefangenen zu überprüfen.

Hinzuweisen ist auf folgende (fachgerichtliche) Entscheidungen nach neuer Rechts- **20** lage: Zur **Haftraumausstattung**: OLG Jena StV **2011** 36 (Übersichtlichkeit); OLG Rostock StV **2016** 168 mit Anm. *König* (Zulässigkeit der Einbringung und Benutzung eines Laptops zur Vorbereitung der Verteidigung); OLG Köln NStZ-RR **2013** 285 (Unzulässigkeit der Überlassung einer Topfpflanze); NStZ-RR **2013** 263 (Unzulässigkeit der Haltung eines Wellensittichs). Zur **Ausstattung des Besuchsraums** mit Tischen mit Plexiglastrennscheiben: KG NStZ-RR **2011** 388. Zur Ermöglichung des Bezugs von **Bio- oder Reformkostprodukten** durch einen Untersuchungsgefangenen: OLG Celle NStZ **2011** 710. Zu **Disziplinarmaßnahmen** gegen einen Untersuchungsgefangenen: LG Bremen StraFo **2013** 21 (Voraussetzungen ihrer Verhängung); OLG Bamberg NStZ-RR **2015** 93 (Recht des Untersuchungsgefangenen auf anwaltlichen Beistand im Disziplinarverfahren). Zur (Un-)Zulässigkeit der **Zwangsmedikation** eines Untersuchungsgefangenen (mit Neuroleptika), § 28 UVollzG NRW stellt keine ausreichende gesetzliche Anordnungsgrundlage dar: OLG Hamm R&P **2016** 200, vorausgehend LG Arnsberg StV **2016** 444.[55]

Ist der Antrag auf gerichtliche Entscheidung zulässig und wird er nicht als unbe- **21** gründet verworfen, ist – je nach Antragsart und in Anlehnung an die verwaltungs(prozess)rechtlichen Entscheidungsformen – wie folgt zu tenorieren:[56] War die (mit dem Anfechtungsantrag angegriffene) Entscheidung der Behörde oder die von ihr angeordnete (mit dem Beseitigungs- bzw. Unterlassungsantrag angegriffene) faktische Maßnahme rechtswidrig, unterliegt sie der **Aufhebung**. Das Gericht kann zudem aussprechen, dass und wie ihre Vollziehung rückgängig zu machen ist bzw. ihre (tatsächlichen)

---

51 BVerfG StV **2013** 521 mit Anm. *Morgenstern* StV **2013** 529; NJW **2013** 1941; KG NStZ-RR **2011** 388; OLG Celle NStZ **2011** 710.

52 EGMR *Kudla v. Polen*, 30210/96, Urt. v. 26.10.2000 = NJW **2001** 2694; zum Schadensersatz bei menschenunwürdiger Unterbringung BVerfG StV **2006** 708 mit krit. Anm. *Ostendorf/Nolte*; OLG Karlsruhe NJW-RR **2005** 1267; LG Karlsruhe StV **2004** 550; s. auch LG Marburg StV **1998** 563; LR/*Lind* Vor § 112, 73 f.

53 StV **2011** 36 (Haftraumausstattung).

54 Zur Ermessensentscheidung der Vollzugsanstalt bei der Besuchsregelung vgl. auch BGH (Ermittlungsrichter) StraFo **2014** 382.

55 S. zu den Haftbedingungen im Einzelnen auch *Schlothauer/Weider/Nobis* Rn. 1064 ff. Zu Telefonaten zwischen Untersuchungsgefangenem und Verteidiger s. *Hemm* NStZ **2018** 434 ff.

56 Vgl. SK/*Paeffgen* 15a; KK/*Schultheis* 9, *Wiesneth* 396.

Folgen zu beseitigen sind oder dass die Behörde eine konkret in Aussicht genommene Entscheidung oder Maßnahme zu unterlassen hat. Ist ein Antrag des Untersuchungsgefangenen (oder sonstigen Betroffenen) rechtsfehlerhaft abgelehnt worden, wird (auf dessen Verpflichtungsantrag) die ablehnende Entscheidung der Behörde aufgehoben. Sind in diesem Fall weitere Ermittlungen nicht erforderlich und ein eventuelles Ermessen der Anstalt auf eine einzige Rechtsfolge eingeengt, spricht das Gericht zudem die **Verpflichtung zur antragsgemäßen Entscheidung bzw. zur Vornahme der beantragten Maßnahme** aus. Fehlt die hierfür erforderliche Spruchreife, spricht das Gericht die **Verpflichtung** aus, den Betroffenen unter Beachtung seiner Rechtsauffassung erneut zu bescheiden. Ist eine bei der Vollzugsanstalt beantragte Entscheidung nicht innerhalb von drei Wochen ergangen, verpflichtet das Gericht die Behörde (auf den Antrag nach Absatz 1 Satz 2) **zur (erstmaligen) Bescheidung** des Antrags. Lehnt die Anstalt während des laufenden Verfahrens nach Absatz 1 Satz 2 den Antrag ab, muss der Betroffene seinen Bescheidungsantrag[57] in einen Verpflichtungsantrag umstellen. Hat sich die behördliche Entscheidung oder Maßnahme vor der Antragstellung oder zwar danach, aber vor der gerichtlichen Entscheidung darüber erledigt, lautet diese (auf den zulässigen[58] Fortsetzungsfeststellungsantrag des Betroffenen) auf **Feststellung der Rechtswidrigkeit** derselben.

22 Eine **zwangsweise Durchsetzung gerichtlicher Entscheidungen** nach Absatz 1 ist gesetzlich nicht vorgesehen. Kommt die Behörde ihrer gerichtlich ausgesprochenen Verpflichtung zur Bescheidung des Antragstellers, zur antragsgemäßen Entscheidung bzw. Vornahme der begehrten Maßnahme, zur Folgenbeseitigung oder Unterlassung nicht nach, kann der Betroffene ihr Tätigwerden nur mittels eines (erneuten) Bescheidungs-, Verpflichtungs- oder Vornahmeantrags erreichen.[59]

23 **6.** Der Antrag auf gerichtliche Entscheidung hat – wie der nach § 119 Abs. 5 – **keine aufschiebende Wirkung**, was **Absatz 2 Satz 1** klarstellt. Dies entspricht den für den Antrag auf gerichtliche Entscheidung gegen Justizverwaltungsakte nach den §§ 23ff. EGGVG (§ 29 Abs. 2 EGGVG i.V.m. § 307 Abs. 1) und den für den Antrag auf gerichtliche Entscheidung im Strafvollzug gemäß § 114 Abs. 1 StVollzG (des Bundes) geltenden Vorschriften.[60]

24 **7. Vorläufige Anordnungen des Gerichts (Absatz 2 Satz 2).** Das Gericht kann jedoch – von Amts wegen oder auf Antrag des Betroffenen, der nur zusammen mit dem Antrag nach Absatz 1 oder diesem nachfolgend angebracht werden kann[61] – nach Absatz 2 Satz 2 zur Ermöglichung der vor einer abschließenden Entscheidung notwendigen Aufklärung des Sachverhalts und Anhörung der Beteiligten **vorläufige Anordnungen** treffen, wenn dem Sicherungsbedürfnis der Vollzugsanstalt zumindest vorläufig durch mildere Mittel genügt werden kann. Absatz 2 gilt sowohl für Anfechtungs-, Beseitigungs- und Unterlassungsanträge sowie Verpflichtungs- und Vornahmeanträge nach Absatz 1 Satz 1 als auch für Bescheidungsanträge bei Untätigkeit nach Absatz 1 Satz 2.

25 Dabei lässt das Gesetz durch seine offene Formulierung – anders als in § 307 Abs. 2 – nicht nur die **Aussetzung der Vollziehung** der (mit dem Anfechtungs- oder Beseitigungs- bzw. Unterlassungsantrag) angefochtenen Entscheidung oder (faktischen) Maßnahme zu,

---

57 Dieser wird verschiedentlich auch als Vornahmeantrag bezeichnet.
58 S. Rn. 14 und die dortigen Nachweise.
59 *Grube* StV **2013** 539; *Wiesneth* 399. Vgl. auch OLG Celle NStZ **1990** 207 zum StVollzG (des Bundes).
60 BTDrucks. **16** 11644 S. 32.
61 *Grube* StV **2013** 539.

die in Betracht kommt, wenn die Gefahr besteht, dass die Verwirklichung eines (Grund-) Rechts des Betroffenen ansonsten vereitelt oder wesentlich erschwert wird, und ein höher zu bewertendes Interesse an dem sofortigen Vollzug der Anstaltsanordnung nicht entgegen steht. Das Gericht kann – in Anlehnung an § 114 Abs. 2 Satz 2 StVollzG (des Bundes) – vor der Entscheidung über einen Verpflichtungs- bzw. Vornahme- oder Bescheidungsantrag auch **weitergehende (vorläufige) Anordnungen** treffen. Solche sind dann in Betracht zu ziehen, wenn durch behördliches Untätigbleiben oder die Ablehnung einer begehrten Erlaubnis oder (tatsächlichen) Vergünstigung unzumutbare oder jedenfalls schwerwiegende Belastungen für den Antragsteller entstehen, die durch den Erlass einer einstweiligen Anordnung vorläufig beseitigt werden können.[62] Im Hinblick auf die Unschuldsvermutung ist von dieser Möglichkeit jedenfalls dann großzügig Gebrauch zu machen, wenn die vor endgültiger Entscheidung erforderlichen Aufklärungs- oder sonstigen Maßnahmen voraussehbar längere Zeit in Anspruch nehmen werden.[63]

Vor einer vorläufigen Anordnung ist die **Vollzugsanstalt zu hören**, deren Zu- 26
ständigkeitsbereich durch die gerichtliche Anordnung berührt wird.[64] Vorläufige Anordnungen nach Absatz 2 Satz 2 und die Ablehnung ihres Erlasses durch das Gericht sind – wie die Entscheidungen der Strafvollstreckungskammer nach § 114 Abs. 2 Satz 1 und 2 StVollzG (des Bundes)[65] – **nicht anfechtbar** und können vom Haftgericht jederzeit geändert oder aufgehoben werden.

8. Belehrungspflicht. Wird der gegen einen Beschuldigten erlassene Haftbefehl 27
vollzogen und die Haft nach richterlicher Anhörung aufrechterhalten, ist der Beschuldigte (auch) über das Recht, gerichtliche Entscheidung nach § 119a Abs. 1 zu beantragen, zu belehren (**§ 115 Abs. 4**).[66] Eine erneute Belehrung bei einer beschwerenden behördlichen Entscheidung oder Maßnahme ist nicht erforderlich.[67]

III. Überprüfung der gerichtlichen Entscheidung (Absatz 3)

1. Beschwerde. Gegen die auf den Antrag nach Absatz 1 ergangene gerichtliche 28
Entscheidung des nach § 126 zuständigen **Amts- oder Landgerichts** ist die einfache Beschwerde nach § 304 Abs. 1 zulässig.[68] Dies gilt **auch** für Beschlüsse des **erkennenden Gerichts**; § 305 schließt die Beschwerdemöglichkeit nicht aus, weil es sich bei der gerichtlichen Entscheidung nach § 119a nicht um eine solche handelt, die im Sinne dieser Norm der Urteilsfindung (sachlich) vorausgeht. Sie steht mit dem Urteil in keinem inneren Zusammenhang und betrifft weder die Vorbereitung der Beweisaufnahme noch die Gestaltung oder den Fortgang des (Haupt-)Verfahrens. Sie wird daher bei der Urteilsfällung nicht geprüft, so dass ihre Überprüfung im Beschwerdeverfahren bereits nach § 305 Satz 1 nicht ausgeschlossen ist. Nach h.M.[69] ist zudem der Begriff der Verhaftung in der

62 *Grube* StV **2013** 539.
63 So auch AnwK-UHaft/*König* 5.
64 SK/*Paeffgen* 15; HK/*Posthoff* 9.
65 S. insoweit die ausdrückliche Regelung des § 114 Abs. 2 Satz 3 StVollzG (des Bundes) und die hierzu ergangene Rechtsprechung, zuletzt etwa KG Beschl. v. 10.3.2017 – 5 Ws 51/17 Vollz – (juris) mit Verweis auf BVerfGK **7** 403; BVerfG Beschl. v. 18.6.2007 – 2 BvR 2395/06 – (juris); BGH NJW **1979** 664 und m.w.N.
66 Eingehend hierzu LR/*Lind* § 115, 28 ff.; SSW/*Herrmann* 22 („differenziert" und „ausführlich"); ebenso SK/*Paeffgen* 15d.
67 *Brocke/Heller* StraFo **2011** 6.
68 OLG Jena StV **2011** 37; OLG Köln NStZ-RR **2013** 263; OLG Stuttgart NStZ **2011** 709.
69 OLG Karlsruhe StV **1997** 312; Graf/*Krauß* § 119, 72; HK/*Posthoff* § 119, 35; Meyer-Goßner/*Schmitt* § 119, 37; KK/*Schultheis* § 119, 73.

Ausnahmevorschrift des § 305 Satz 2 – anders als in den §§ 304 Abs. 4 Satz 2 Nr. 1, Abs. 5, 310 Abs. 1 – weit auszulegen, so dass alle Entscheidungen im Zusammenhang mit der Untersuchungshaft darunter fallen. Hat die Strafvollstreckungskammer durch Beschluss gemäß § 115 StVollzG (des Bundes) entschieden, obwohl die Zuständigkeit des Haftgerichts nach §§ 119a, 126 bestand, ist hiergegen ebenfalls die (einfache) Beschwerde zulässig; der Einlegung einer Rechtsbeschwerde bedarf es nicht.[70] Wegen der Schwere des Verfahrensmangels verweist das Beschwerdegericht die Sache in diesen Fällen – abweichend von § 309 Abs. 2 – nach Aufhebung der Entscheidung der Strafvollstreckungskammer an das zuständige Haftgericht.[71]

29 Gegen **Entscheidungen des** erstinstanzlich zuständigen Senats des **Oberlandesgerichts oder des Ermittlungsrichters des BGH** oder des OLG ist die **Beschwerde** dagegen nach h.M. **ausgeschlossen**; § 304 Abs. 4 Satz 2 Nr. 1, Abs. 5 soll die Entscheidungen nach § 119a Abs. 1 und 2 nicht erfassen, da diese nicht den Bestand der Untersuchungshaft, sondern allein die Art und Weise ihres Vollzugs betreffen.[72] Eine nochmalige Überprüfung der gerichtlichen Entscheidung findet danach insoweit nicht statt.

30 **2. Anfechtungsberechtigung.** Absatz 3 stellt klar, dass nicht nur der beschwerte Betroffene oder Dritte, sondern **auch die für die vollzugliche Entscheidung oder Maßnahme nach dem Landesgesetz zuständige Stelle**, regelmäßig also die Vollzugsanstalt, zur Anfechtung der (ersten) gerichtlichen Entscheidung berechtigt ist. Die Vorschrift, die sich an § 304 Abs. 2 anlehnt und der Regelung des Strafvollzugsgesetzes (des Bundes) entspricht, erscheint sachgerecht. Denn die gerichtliche Entscheidung kann insbesondere dann für die Arbeit der Vollzugsanstalt von ganz erheblicher Bedeutung sein, wenn sie eine von der Behörde angeordnete Beschränkung für unzulässig erklärt oder dem Untersuchungsgefangenen mehr gewährt, als die Vollzugsanstalt bewilligt hatte.[73]

31 **3.** Das **Beschwerdeverfahren** richtet sich nach den §§ 304ff. Das Beschwerdegericht hat selbstverständlich den Sachverhalt aufzuklären[74] und kann zu diesem Zweck ergänzende Ermittlungen anordnen oder selbst vornehmen (§ 308 Abs. 2).

32 **4.** Zum Rechtsschutz bei **prozessualer Überholung** vgl. § 119, 147.

33 **5.** Die **weitere Beschwerde** findet nach h.M. – wie nach der bisherigen Rechtslage[75] – **nicht** statt, weil die vom Beschwerdegericht erlassenen Beschlüsse nicht die Verhaftung betreffen sollen, sondern die Art und Weise, wie die Untersuchungshaft vollzogen wird.[76]

---

70 OLG Stuttgart NStZ **2011** 708.

71 OLG Stuttgart NStZ **2011** 708, 709; Graf/*Krauß* 10.

72 So zu § 119 a.F. BGHSt **26** 270; **34** 34; BGH NStZ-RR **2002** 190; zu Beschränkungen nach § 119 Abs. 1 BGH StV **2012** 419; ebenso MüKo/*Böhm*/*Werner* 19; KK/*Schultheis* 11. Die bei LR/*Lind* § 114, 41, § 116, 41ff. aufgeführten Bedenken gegen eine derart einengende Auslegung der genannten Normierung und die unterschiedliche Interpretation des Begriffs der „Verhaftung" in den §§ 304 Abs. 4 Satz 2 Nr. 1, Abs. 5, 310 Abs. 1 einerseits und § 305 Satz 2 andererseits gelten auch hier. Gerade die Gestaltung des Vollzugs kann zu erheblichen Grundrechtseinschränkungen führen, die effektiver (fach-)gerichtlicher Überprüfung zugänglich sein müssen.

73 Vgl. BTDrucks. **16** 11644 S. 32f.

74 Vgl. BVerfG NStZ-RR **2007** 92 (betr. Rechtsschutz gegen Beschränkungen im Maßregelvollzug).

75 Nachweise bei LR/*Hilger*[26] § 119, 159.

76 Meyer-Goßner/*Schmitt* § 304, 13; § 310, 7; KMR/*Wankel* 12. Ablehnend (auch mit Blick auf die Sicherung der Einheitlichkeit der Rechtsprechung) SK/*Paeffgen* 17. Bedenken auch bei LR/*Lind* § 114, 41; § 116, 41ff.

§ 120
Aufhebung des Haftbefehls

(1) [1]Der Haftbefehl ist aufzuheben, sobald die Voraussetzungen der Untersuchungshaft nicht mehr vorliegen oder sich ergibt, daß die weitere Untersuchungshaft zu der Bedeutung der Sache und der zu erwartenden Strafe oder Maßregel der Besserung und Sicherung außer Verhältnis stehen würde. [2]Er ist namentlich aufzuheben, wenn der Beschuldigte freigesprochen oder die Eröffnung des Hauptverfahrens abgelehnt oder wenn das Verfahren nicht bloß vorläufig eingestellt wird.

(2) Durch die Einlegung eines Rechtsmittels darf die Freilassung des Beschuldigten nicht aufgehalten werden.

(3) [1]Der Haftbefehl ist auch aufzuheben, wenn die Staatsanwaltschaft es vor Erhebung der öffentlichen Klage beantragt. [2]Gleichzeitig mit dem Antrag kann die Staatsanwaltschaft die Freilassung des Beschuldigten anordnen.

Schrifttum

Dessecker Die Begrenzung langer Untersuchungshaft, HRRS **2007** 112; *Eidam* Zur Selbstverständlichkeit von Rechtsbrüchen beim Vollzug von Untersuchungshaft, HRRS **2008** 241; *Franke* Ambivalente Wirkungen des Beschleunigungsgebots nach Art. 6 Abs. 1 S. 1 EMRK, StV **2010** 433; *Gerson* Unverhältnismäßigkeit der Fortsetzung von Untersuchungshaft nach Erlass des erstinstanzlichen Urteils wegen überlanger Dauer der Prüfung der Revisionsanträge, NStZ **2018** 379; *Herrmann* Zur Frage des Verhältnismäßigkeitsgrundsatzes und des Beschleunigungsgebotes in Haftsachen, StRR **2013** 229; *Jahn* Stürmt Karlsruhe die Bastille? – Das Bundesverfassungsgericht und die überlange Untersuchungshaft, NJW **2006** 652; *ders.* Strafprozessuale Eingriffsmaßnahmen im Lichte der aktuellen Rechtsprechung des BVerfG, NStZ **2007** 255; *Kaiser* Aufhebung des Haftbefehls und Haftentlassung, NJW **1967** 866; *Keller/Meyer-Mews* Anforderungen an das Beschleunigungsgebot in Haftsachen während der Hauptverhandlung und nach dem Urteil, StraFo **2005** 353; *Knauer* Untersuchungshaft und Beschleunigungsgrundsatz, StraFo **2007** 309; *Laue* Die Rechtsprechung des Europäischen Gerichtshof für Menschenrechte zum strafrechtlichen Beschleunigungsgebot, Jura **2005** 89; *Luckhaupt* Zur Zulässigkeit der U-Haft nach der Verurteilung zu einer Freiheitsstrafe, die zur Bewährung ausgesetzt wurde, MDR **1974** 550; *Nack* Verfahrensverzögerung und Beschleunigungsgebot, FS Strauda (2006) 425; *Nehm* Umfang der Bindung des Ermittlungsrichters an Anträge der StA, FS Meyer-Goßner (2001) 277; *Paeffgen* Zur historischen Entwicklung des „Beschleunigungsdenkens" in Straf(prozeß)-recht, GA **2014** 275; *Pieroth/Hartmann* Das verfassungsrechtliche Beschleunigungsgebot in Haftsachen, StV **2008** 276; *Rinio* Bindung an Antrag der Staatsanwaltschaft auf Aussetzung des Vollzugs, NStZ **2000** 547; *Imme Roxin* Ambivalente Wirkungen des Beschleunigungsgebotes, StV **2010** 437; *Schlothauer* Haftverschonung auf Antrag der StA im Ermittlungsverfahren, StV **2001** 463; *U. Schmidt* Das Beschleunigungsgebot in Haftsachen, NStZ **2006** 313; *Schumann* Aufhebung des Haftbefehls bei Strafvollstreckungen, JR **1967** 340; *Seetzen* Untersuchungshaft und Verfahrensverzögerung nach erstinstanzlicher Hauptverhandlung, ZRP **1975** 29; *Siebers* Die Pflicht der Staatsanwaltschaft zur Ausschöpfung jeder Möglichkeit der Verkürzung der Untersuchungshaft im Hinblick auf das Strafbefehlsverfahren, das beschleunigte Verfahren und das vereinfachte Jugendverfahren, StraFo **1997** 329; *Stahl* Aufhebung des U-Haft-Befehls in der Hauptverhandlung und verzögerte Entlassung aus der U-Haft, StraFo **2001** 261; *Tepperwien* Beschleunigung über alles? NStZ **2009** 1; *Turnit/Schroth* Das Beschleunigungsgebot und die Konsequenzen einer überlangen Verfahrensdauer im Strafprozess, StraFo **2005** 358.

Entstehungsgeschichte

Durch Art. 7 Nr. 1 StPÄG 1964 sind die früheren §§ 123 und 126 zusammengefasst worden. Dabei ist in Satz 1 in Angleichung an § 112 Abs. 1 Satz 2 die Bestimmung eingefügt worden, dass der Haftbefehl auch aufzuheben ist, wenn die weitere Untersuchungshaft zu der Bedeutung der Sache und zu der zu erwartenden Strafe oder Maßregel der Sicherung und Besserung außer Verhältnis steht. Mit dem Wegfall der Voruntersuchung

https://doi.org/10.1515/9783110274929-022

ist die Bezugnahme auf den Umstand, dass der Beschuldigte außer Verfolgung gesetzt wird, gestrichen worden (Art. 1 Nr. 30 des 1. StVRG). Bezeichnung bis 1964: § 126.

Übersicht

Alphabetische Übersicht

I. Vorbemerkung

1 **1. Bedeutung; Normzweck.** Die Vorschrift stellt die Aufhebungsgründe zusammen und wird durch § 121 Abs. 1 ergänzt. Die in Satz 1 genannte erste Voraussetzung – an sich selbstverständlich – ist bedeutungsvoll durch den vorangestellten Gesetzesbefehl, den Haftbefehl alsbald („sobald") aufzuheben, sobald die Voraussetzungen der Untersuchungshaft nicht mehr[1] vorliegen. Um ihn zu befolgen, ist **ständige Prüfung** notwendig. Demzufolge wird durch das Wort „sobald" eindeutig der Grundsatz zum Ausdruck gebracht, dass die Haftfrage unabhängig vom Haftprüfungsverfahren und unabhängig von Anträgen jederzeit von Amts wegen zu prüfen ist (§ 117, 1).[2] Die **Verhältnismäßigkeit** der Haft ist schon aus verfassungsrechtlichen Gründen Voraussetzung der Untersuchungshaft (Vor § 112, 60ff.; § 112, 105ff.). Ihre besondere Erwähnung in Absatz 1 Satz 1 unterstreicht die Bedeutung des Grundsatzes.[3] Die Vorschrift besitzt nicht nur wegen der von ihr vorausgesetzten Verpflichtung des Gerichts zu dauernder stillschweigender Haftprüfung (s. auch § 117, 2), sondern auch wegen dieser Hervorhebung des Verhältnismäßigkeitsprinzips eine **zentrale Bedeutung im System des Haftrechts.**[4]

2 **Absatz 1 Satz 2** (Freispruch usw.) ist wegen seiner **gesetzlichen Vermutung**, dass die Haftvoraussetzungen weggefallen seien, neben Absatz 2 der Hauptinhalt der Vorschrift. Der Fall des Absatzes 3 (Aufhebung im vorbereitenden Verfahren auf **Antrag der Staatsanwaltschaft**) ist mit Recht von den anderen Aufhebungsfällen abgetrennt. Denn bei ihm prüft das Gericht nicht, ob die Voraussetzungen des Haftbefehls weggefallen sind.

3 **2. Anwendungsbereich.** Die Bestimmung bezieht sich sowohl auf die Untersuchungshaft nach den §§ 112, 112a, 113, 127b (s. dazu § 127b, 23) als auch auf die **Ungehorsamshaft** nach § 230 Abs. 2,[5] § 236, § 329 Abs. 3. Bei dieser wird allerdings der Aufhebungsgrund des Absatzes 1 Satz 1 zweite Alternative (Unverhältnismäßigkeit) nur ausnahmsweise Anwendung finden können; Absatz 3 ist für sie ohne Bedeutung, weil die Ungehorsamshaft nur zulässig ist, nachdem die öffentliche Klage erhoben worden ist. Für die **einstweilige Unterbringung** (§ 126a Abs. 1) ist in § 126a Abs. 3 eine besondere Regelung getroffen; zu Einzelfragen vgl. § 126a, 12, 33.

4 Der Befehl, den Haftbefehl aufzuheben, sobald dessen Voraussetzungen nicht mehr vorliegen oder keine Verhältnismäßigkeit mehr gegeben ist, besteht unbedingt, also auch dann, wenn der **Vollzug** des Haftbefehls nach § 116 Abs. 1 bis 3 **ausgesetzt** ist:[6]

---

1 Vgl. *Lüderssen* FS Pfeiffer 242.
2 *Lüderssen* FS Pfeiffer 242; s. auch *Welp* FS Richter II 577; Nr. 54 Abs. 1 RiStBV. S. auch § 47 Abs. 3 – Prüfung mit Wiedereinsetzung.
3 S. auch SK/*Paeffgen* 5.
4 AK/*Krause* 2.
5 LG Saarbrücken StV **2001** 344.
6 Allg. M.; s. z.B.: BVerfG NJW **2006** 668; BGH StV **1991** 157; OLG Köln StV **2005** 396; OLG Dresden StV **2004** 495; OLG Düsseldorf StraFo **2003** 378; OLG Hamm StraFo **2007** 330; KG StV **2015** 37; **2003** 627; StraFo **2005** 422; **2011** 91; OLG Koblenz StV **2007** 91; OLG Naumburg StV **2009** 143; OLG Stuttgart NStZ-RR **2003** 29; Meyer-Goßner/*Schmitt* 5; Radtke/Hohmann/*Tsambikakis* 11; KMR/*Wankel* 3; AK/*Krause* 6; KK/*Schultheis* 2, 9; HK/*Posthoff* 7; MüKo/*Böhm* 5; Vor § 112, 60 ff.

Wenn kein Haftbefehl mehr zulässig ist, dürfen auch keine Belastungen durch Maßnahmen, Anweisungen, Bedingungen, Pflichten oder Beschränkungen auferlegt werden.[7] Ob der Haftbefehl aufgehoben werden muss, ist daher immer auch dann zu prüfen, wenn (nur) eine Maßnahme des § 116 Abs. 1 bis 3 beanstandet wird. Das Verhältnismäßigkeitsprinzip entfaltet seine begrenzende Wirkung grundsätzlich auch bei **Überhaft.**[8] Oftmals unterliegen die in Strafhaft befindlichen Beschuldigten weiteren Freiheitsbeschränkungen, etwa wenn haftgrundbezogene Beschränkungen nach § 119 angeordnet sind. Sie sind insbesondere vom offenen Vollzug und von Lockerungen ausgeschlossen, so dass es für sie oft praktisch nicht möglich ist, Tatsachen zu schaffen, die eine Reststrafenaussetzung hinsichtlich der verbüßten Freiheitsstrafe begründen könnten. Gleichwohl ist in beiden Konstellationen bei der Abwägung jedoch zu berücksichtigen, dass das Ausmaß des Eingriffs in die persönliche Freiheit nicht in gleicher Weise schwer wiegt, wie in den Fällen, in denen der Untersuchungshaftbefehl vollzogen wird und der verfahrensgegenständliche Haftbefehl die alleinige Grundlage der Inhaftierung bildet.[9]

5 Der Grundsatz der Verhältnismäßigkeit schlägt im Ergebnis auch auf die Dauer einer im Ausland zum Zwecke der Einlieferung in die Bundesrepublik erlittenen **Einlieferungshaft** durch. Der einer solchen Inhaftierung zugrunde liegende deutsche Haftbefehl kann, auch wenn es sich bei der Entscheidung, ob der Auszuliefernde in Haft zu nehmen und zu halten ist, um eine Maßnahme handelt, die der ersuchte ausländische Staat aufgrund eigenen hoheitlichen Verhaltens im Bereich seiner hoheitlichen Gewalt trifft,[10] und die ausländische Einlieferungshaft nach h.M. keine Untersuchungshaft nach § 112ff. darstellt,[11] mit zunehmender Auslieferungshaftdauer unverhältnismäßig werden.[12] Zwar ist die Dauer ausländischer Einlieferungshaft nicht unmittelbar am Maßstab der Grundrechte zu prüfen,[13] bei der Prüfung der Verhältnismäßigkeit in der Bundesrepublik anzuordnender (und insbesondere aufrechtzuerhaltender) Untersuchungshaft ist die im Ausland bereits vollzogene Einlieferungshaft aber mit zu berücksichtigen.[14] Für den **Auslieferungshaftbefehl** enthält § 24 IRG eine Sonderregelung.

II. Aufhebung von Amts wegen (Absatz 1)

6 **1. Wegfall der Haftvoraussetzungen.** Voraussetzungen der Untersuchungshaft sind nach § 112 Abs. 1 – neben der Verhältnismäßigkeit (§ 112 Abs. 1 Satz 2; Rn. 1) – dringender Tatverdacht und in den Fällen des § 112 Abs. 2, § 112a Abs. 1, § 127b Abs. 2 ein Haftgrund (Flucht, Fluchtgefahr, Verdunkelungsgefahr und Wiederholungsgefahr, Sicherung des beschleunigten Verfahrens – § 127b, 9), im Fall des § 112 Abs. 3 gewisse besondere Umstände (§ 112, 100). Nach dem klaren Wortlaut der Vorschrift kommt es nicht darauf an, dass der dringende Verdacht der **im Haftbefehl bezeichneten Straftat** bzw. der dort angegebene **Haftgrund** weggefallen sind; der Haftbefehl ist vielmehr nur dann aufzuheben, wenn auch kein weiterer (anderer) Grund für die Untersuchungshaft (§ 112 Abs. 1 bis 3, § 112a Abs. 1) (mehr) besteht. Dies bedeutet: Ein Beschuldigter kann zwar nicht in Untersuchungshaft verbleiben, damit die **Aufklärung** (vermuteter) **weiterer**

7 LR/*Hilger*[26] 4 m.w.N.
8 OLG Hamm NStZ-RR **2015** 78; StV **2013** 165; KG StV **2015** 37; Beschl. v. 7.3.2014 – 4 Ws 21/14 – (juris); NStZ-RR **2009** 188; StraFo **2007** 27; KK/*Schultheis* 9; Meyer-Goßner/*Schmitt* 6; HK/*Posthoff* 12.
9 KG StV **2015** 37; NStZ-RR **2017** 287; Beschl. v. 7.3.2014 – 4 Ws 21/14 – (juris); KK/*Schultheis* 9.
10 BVerfG NJW **1981** 1155.
11 OLG Nürnberg GA **1966** 90; OLG Hamm NJW **1966** 314.
12 BVerfGK **19** 428; KK/*Schultheis* 6; s. auch OLG Karlsruhe StV **2004** 325.
13 BVerfG NJW **1981** 1155.
14 OLG München NJW **1982** 1241; OLG Stuttgart StV **1994** 588 mit Anm. *Deckers*.

Straftaten gesichert wird, wenn für diese kein Haftbefehl und kein dringender Tatverdacht bestehen.[15] Der Haftbefehl kann aber, wenn die in ihm angegebene Haftvoraussetzung weggefallen ist, auf eine andere umgestellt werden (§ 114, 53; § 127b, 5). Der Sache nach bedeutet dies Aufhebung des alten und **Erlass eines neuen Haftbefehls** (§ 114, 55), so dass es nicht zur Entlassung kommt.

Wie bereits zu § 117, 1 ausgeführt, ist die Haftfrage in jeder Lage des Verfahrens unabhängig von Anträgen der Beteiligten **jederzeit von Amts wegen** zu prüfen. Diese Verpflichtung ist an sich selbstverständlich; denn kein Eingriff in die grundgesetzlich garantierten Freiheitsrechte darf länger als notwendig bestehen bleiben. Die Pflicht wird aber wegen ihrer Wichtigkeit betont durch die ausdrückliche Anordnung, den Haftbefehl (alsbald) dann aufzuheben, sobald die Voraussetzungen der Untersuchungshaft nicht mehr vorliegen (Rn. 1). Gleiches gilt, wenn das Vorliegen der Voraussetzungen nicht festgestellt werden kann, weil die für die erforderlichen Feststellungen notwendigen Akten nicht auffindbar und die dem Gericht vorgelegten Unterlagen zu wenig aussagekräftig sind.[16] 7

Mit dem **Fortschreiten der Ermittlungen** ist der **Tatverdacht** immer strenger zu prüfen.[17] Genügen beim ersten Zugriff einzelne starke Indizien, so ist die Dringlichkeit des Verdachts alsbald zu verneinen, wenn feststeht, dass eine Indizienkette nicht geschlossen werden kann oder wenn nur noch eine geringe Wahrscheinlichkeit dafür gegeben ist, dass die weiteren Ermittlungen Material erbringen werden, um einzelne starke Indizien durch weitere Tatsachen lückenlos zu verbinden (s. dazu § 112, 16 ff., 21). 8

Die **Fluchtgefahr** vermindert sich, wenn der Fluchtreiz geringer wird. Liegt dieser nicht in der Furcht vor dem Bestraftwerden überhaupt, sondern vor der Strafverbüßung, dann wird er umso schwächer, je länger sich der Beschuldigte bereits in Untersuchungshaft befindet. Zudem ist nach § 51 Abs. 1 Satz 1 StGB die Untersuchungshaft regelmäßig anzurechnen; die Anrechnung darf nach § 51 Abs. 1 Satz 2 StGB nur ausnahmsweise unterbleiben, weshalb der Beschuldigte im Regelfall annehmen kann, dass die Untersuchungshaft angerechnet werden wird (zum maßgeblichen Erwartungshorizont bei der Straferwartung s. § 112, 79 ff.). 9

Die Möglichkeit, zu verdunkeln und damit die **Verdunkelungsgefahr** nehmen in der Regel ab, je weiter die Untersuchung fortschreitet. Denn wenn die Tat aufgeklärt ist und die Beweise gesichert sind, wird meist die Verdunkelungsgefahr entfallen, auch wenn der Beschuldigte vorher tatsächlich verdunkelt hatte. Allerdings sind im Einzelfall Einwirkungen auf Zeugen bis zur Rechtskraft des Schuldspruchs denkbar und auch durch eidliche Vernehmung von Zeugen nicht immer auszuschließen. Doch wird, wenn eidliche Aussagen von Zeugen und ein richterliches Geständnis des Beschuldigten (§ 254 Abs. 1) vorliegen, Verdunkelungsgefahr nur in ganz besonderen Ausnahmefällen begründet bleiben. Daher ist ein lediglich wegen Verdunkelungsgefahr erlassener Haftbefehl regelmäßig nach der Hauptverhandlung in der letzten Tatsacheninstanz aufzuheben (§ 112, 97). 10

Bei einem auf **Wiederholungsgefahr** gestützten Haftbefehl soll in Einzelfällen der Schutz der Allgemeinheit vor schwersten Straftaten im Rahmen der Verhältnismäßig- 11

---

15 BVerfG StV **2001** 694; OLG Oldenburg StV **2009** 258; NJW **2006** 2646 = NStZ-RR **2006** 252; KK/*Schultheis* 10; Meyer-Goßner/*Schmitt* 2; HK/*Posthoff* 4, SK/*Paeffgen* 5b.

16 OLG Oldenburg StV **1995** 87.

17 Vgl. auch EGMR *Kudla v. Polen*, 30210/96, Urt. v. 26.10.2000 = NJW **2001** 2694; *B. v. Österreich*, 8/1989/168/224, Urt. v. 28.3.1990 = ÖJZ **1990** 482 = NJW **1990** 3066 (Ls.) mit Anm. *Trechsel* StV **1995** 326; *W. v. Schweiz*, 92/1991/344/417, Urt. v. 26.1.1993 = EuGRZ **1993** 384; EKMR Beschw. Nr. 14379/88 bei *Strasser* EuGRZ **1993** 427; *Kleinknecht/Janischowsky* 230.

keitsprüfung auch vermeidbaren schwerwiegenden Verfahrensverzögerungen ihr Gewicht nehmen, sofern die Sechsmonatsfrist des § 121 Abs. 1 noch nicht abgelaufen ist und Art sowie Intensität der Wiederholungsgefahr (besonders hochrangige Rechtsgüter und hohe Wahrscheinlichkeit erneuter Tatbegehung) die Fortdauer der Untersuchungshaft erfordern.[18] Diese Auffassung ist bislang dogmatisch nicht tragfähig begründet. Sie konstruiert eine Sonderregelung für nicht näher bestimmte „schwerste" Straftaten und misst insbesondere der Frist des § 121 Abs. 1 eine Bedeutung bei, die diese angesichts dessen, dass der Beschleunigungsgrundsatz stets und nicht etwa erst nach Ablauf jener Frist zu beachten ist,[19] nicht hat.

12 Der Haftbefehl ist auch aufzuheben, wenn die Gesamtwürdigung (§ 112, 131) oder (die hohe Wahrscheinlichkeit des Eintritts endgültiger) **Verhandlungsunfähigkeit** (§ 112, 123 ff., 127 ff.) dem Erlass eines Haftbefehls entgegenstehen würde.[20] Wird ein **Haftbefehl in anderer Sache** erlassen, gibt es regelmäßig keinen Anlass, den bestehenden Haftbefehl aus diesem Grunde aufzuheben; vielmehr wird für den weiteren Haftbefehl Überhaft (Rn. 4) notiert. Die Aufhebung kann indessen geboten sein, wenn in anderer Sache eine Strafe vollstreckt wird und für längere Zeit sicher mit der Fortsetzung der Strafvollstreckung zu rechnen ist; für den Regelfall ist das aber nicht anzunehmen[21] (vgl. Vor § 112, 88 ff.). Allerdings ist bei der Abwägung im Blick zu behalten, dass Beschränkungen durch die Untersuchungshaft den Strafvollzug nicht unnötig oder über Gebühr beeinträchtigen dürfen.[22]

2. Fehlen der Verhältnismäßigkeit

13 **a) Allgemeines.** Der Grundsatz der Verhältnismäßigkeit (§ 112, 105 ff.) bedarf als einer der **Fundamentalgrundsätze** für staatliches belastendes Handeln jederzeit besonderer Prüfung, zumal sich das Verhältnis der Haft zu dem durch das Strafverfahren zu erwartenden Ergebnis in der Regel schon durch **Zeitablauf** ändert.[23] Dabei ist grundsätzlich zu beachten, dass sich das Gewicht des Freiheitsanspruchs gegenüber den Erfordernissen effektiver Strafverfolgung mit zunehmender Dauer der Untersuchungshaft vergrößert und das Verhältnismäßigkeitsprinzip **auch unabhängig von der zu erwartenden Strafe** der Haftdauer Grenzen setzt.[24] Demgemäß sind Staatsanwaltschaft und Gericht gehalten, alle Möglichkeiten zur Abkürzung der Untersuchungshaft zu nutzen.[25]

---

18 OLG Jena StV **2011** 735 mit abl. Anm. *Tsambikakis*; ablehnend auch MüKo/*Böhm* 19 (unter Hinweis auf das Fehlen einer dem § 126a entsprechenden Regelung); SK/*Paeffgen* 11e; zustimmend hingegen KK/*Schultheis* 8.

19 Vgl. nur OLG Nürnberg StraFo **2014** 72; KG StraFo **2013** 502; beide m.w.N.

20 KG StV **1997** 644; KK/*Schultheis* 14; s. auch BGHSt **41** 16 (Aufhebung auch schon vor der Hauptverhandlung durch das Revisionsgericht bei Vorliegen eines Verfahrenshindernisses).

21 Meyer-Goßner/*Schmitt* 2; HK-GS/*Laue* 2; HK/*Posthoff* 3; KMR/*Wankel* 2; h.M.; **a.A.** *Schumann* JR **1967** 340; krit. auch SK/*Paeffgen* 4b.

22 SSW/*Herrmann* 10.

23 Vgl. BVerfGE **36** 270 mit Anm. *Kleinknecht* JZ **1974** 582. S. auch BVerfG StV **1996** 156 (Geltung des Prinzips auch für den nicht vollzogenen Haftbefehl).

24 Vgl. EGMR *Čevizović v. Deutschland*, 49746/99, Urt. v. 29.7.2004 = StV **2005** 136; *Dželili v. Deutschland*, 65745/01, Urt. v. 10.11.2005 = StV **2006** 474; jeweils mit Anm. *Pauly* StV **2006** 480; BVerfGK **19** 428; BVerfG StV **2001** 694; **2003** 30; **2008** 198; StraFo **2005** 152 mit Anm. *Krehl* StV **2005** 561 und *Foth* NStZ **2005** 457 (zum weit. Verfahren BGH StraFo **2005** 237); StraFo **2005** 456; **2010** 461; s. auch Vor § 112, 60 ff., 66 ff.; SK/*Paeffgen* EMRK Art. 5, 58 ff.

25 Vgl. *Siebers* StraFo **1997** 329; s. auch *Keller/Meyer-Mews* StraFo **2005** 353; *Trurnit/Schroth* StraFo **2005** 358.

In der Alltagspraxis wird es nicht immer möglich sein, das Fehlen der Verhältnismäßigkeit von dem Wegfall einer anderen Haftvoraussetzung zu trennen. So kann z.B., wenn wegen der Länge der Untersuchungshaft im Hinblick auf die bei ihrer Anrechnung noch zu verbüßende Strafe der Grundsatz der Verhältnismäßigkeit nicht mehr gewahrt wäre, auch die Fluchtgefahr entfallen. Aber auch wenn die Fluchtgefahr fortbesteht, kann fehlende Verhältnismäßigkeit nötigen, den Haftbefehl aufzuheben.

b) Erwartete Rechtsfolge. Dass die Verhältnismäßigkeit fehlt, ist grundsätzlich an- 14
zunehmen, wenn ein Vergleich zwischen der Strafe, die der Täter zu erwarten, und der Untersuchungshaft, die er bereits erlitten hat, erkennen lässt, dass diese die **vermutliche Strafhöhe nahezu erreicht**.[26] Diese Lösung ist der Gegenmeinung[27] schon deshalb vorzuziehen, weil sie grundrechtsfreundlicher ist; entgegenstehenden wesentlichen Interessen der Allgemeinheit kann im Ausnahmefall[28] über das Kriterium der Bedeutung der Sache (Rn. 17) Rechnung getragen werden. Dass die Untersuchungshaft die (sicher) zu erwartende Strafe **bereits vollständig erreicht hat oder gar übersteigt**, zwingt hingegen stets zur Aufhebung des Haftbefehls.[29] Denn auch eine besondere Bedeutung der Sache für die Allgemeinheit kann die Fortdauer der vorläufigen Sicherungsmaßnahme der Untersuchungshaft nicht mehr rechtfertigen, wenn die Dauer der zu erwartenden endgültigen Freiheitsentziehung sicher erreicht ist. Im Übrigen gebietet der **Resozialisierungszweck** der Strafhaft in aller Regel, dass die Untersuchungshaft vor Erreichen der Vollverbüßung zu beenden ist[30] (s. auch § 112, 113). Allerdings stellt sich gerade die **Prognose** der (in diesem Sinne „sicher") zu erwartenden Strafe oftmals als **schwierig** dar. Im Fall eines allein vom Angeklagten eingelegten Rechtsmittels gegen ein bereits vorliegendes Urteil kann die Straferwartung aber infolge des Verschlechterungsverbotes in hinreichender Weise eingegrenzt sein. Auch ein gerichtlicher Verständigungsvorschlag kann für die Straferwartung von begrenzender Bedeutung sein (§ 112, 82).

Zu beachten ist, dass die Abwägung immer **nur die im Haftbefehl bezeichnete** 15
Tat[31] sowie die Strafe, die der Täter dafür zu erwarten hat, betreffen kann.[32] Dabei ist die sog. **Nettostraferwartung** maßgeblich. Hiernach ist, wenn nicht die Umstände des § 51 Abs. 1 Satz 2 StGB vorliegen, davon auszugehen, dass die gesamte Untersuchungshaft angerechnet werden wird;[33] außerdem ist die Anwendung des § 56 Abs. 1 und 2 StGB

---

26 OLG Bremen NJW **1960** 1265; OLG Frankfurt StV **1993** 594; LG Freiburg StV **1988** 394; LG Gera NJW **1996** 2586; KMR/*Wankel* 3; AK/*Krause* 5; SK/*Paeffgen* 7; *Paeffgen* NStZ **1989** 418; *Münchhalffen/Gatzweiler* Rn. 350; vgl. auch BVerfG NJW **2006** 677; OLG Hamm NStZ-RR **2001** 123 (3/4 verbüßt); OLG Bremen StV **1989** 487 mit Anm. *Paeffgen* NStZ **1990** 533; OLG Bamberg StV **1989** 486 mit Anm. *Paeffgen* NStZ **1990** 533; OLG Frankfurt StV **1988** 536; OLG Stuttgart StV **1994** 588 mit Anm. *Deckers*.

27 KG StV **1988** 208 mit abl. Anm. *Schlothauer* und Anm. *Paeffgen* NStZ **1989** 418; OLG Düsseldorf JMBlNW **1999** 278; StV **1994** 85; **1994** 86 mit abl. Anm. *Seebode* und krit. Anm. *Paeffgen* NStZ **1995** 73; OLG Hamm MDR **1993** 673; OLG Stuttgart Justiz **1990** 26; vgl. auch OLG Frankfurt StV **1988** 392 mit krit. Anm. *Jehle*; KK/*Schultheis* 6, 7.

28 S. aber auch *Rieß* JR **1983** 261 (nach Erlass des erstinstanzlichen Urteils können die Schwierigkeiten der Ermittlungen ausnahmslos und der Umfang der Sache regelmäßig keine Rolle spielen).

29 BVerfG StV **2008** 421; OLG Stuttgart Justiz **1997** 62; Meyer-Goßner/*Schmitt* 4; HK/*Posthoff* 4.

30 BVerfGK **19** 428; BVerfG StV **2008** 421; OLG Nürnberg StraFo **2009** 463 = StV **2009** 534; HK/*Posthoff* 3; KK/*Schultheis* 7.

31 Vgl. BVerfG NJW **1992** 1749 mit Anm. *Paeffgen* NStZ **1993** 579; BGH StV **1986** 65; OLG Hamm StV **1998** 553; OLG Stuttgart Justiz **1997** 62.

32 OLG Hamm JMBlNW **1977** 258.

33 OLG Frankfurt StV **1988** 392 mit krit. Anm. *Jehle*; LG Zweibrücken StV **1994** 589; s. auch OLG Hamm NStZ-RR **2001** 123; OLG Celle StV **2002** 608 (Anrechnung von Abschiebungshaft).

(Strafaussetzung zur Bewährung)[34] ins Auge zu fassen,[35] ebenso die Erwartung einer späteren Aussetzung des Strafrestes nach § 57 StGB[36] (s. näher § 112, 84 f.).

16 Im Falle des Vorliegens einer **noch nicht rechtskräftigen Verurteilung** ist für die Prüfung der Verhältnismäßigkeit, insbesondere welche Rechtsfolge zu erwarten ist, in der Regel die verhängte Strafe heranzuziehen;[37] erforderlich ist aber auch hier eine Abwägung aller wesentlichen, in Betracht kommenden sonstigen Umstände (s. Rn. 13).[38] Zwar darf das zuständige Gericht für die Haftentscheidung die **Erfolgsaussichten eines Rechtsmittels** im Hinblick auf den Strafausspruch **vorausschauend beurteilen**, sollte dies jedoch im Hinblick auf die grundsätzlichen Schwierigkeiten einer Prognose und weil ein Strafausspruch auf der Grundlage des Ergebnisses der Hauptverhandlung in der Regel eine höhere Richtigkeitsgewähr bieten dürfte als eine Prognose nach Lage der Akten, möglichst vermeiden.[39] Liegt jedoch die verhängte Strafe an der unteren Grenze des Strafrahmens und ist auf eine Berufung der Staatsanwaltschaft mit einer Strafverschärfung zu rechnen, so kann es geboten sein, bei der Haftentscheidung das voraussichtliche Ergebnis des Rechtsmittelverfahrens zu berücksichtigen.[40] Gleiches gilt, wenn mit der Berufung der Staatsanwaltschaft der Wegfall der vom Amtsgericht bewilligten Strafaussetzung zur Bewährung angestrebt wird und die Bewährungsprognose äußerst zweifelhaft erscheint.[41]

17 **c) Bedeutung der Sache.** Indessen kommt es nicht allein auf das Verhältnis der Untersuchungshaft zu der zu erwartenden Strafe oder Maßregel an, vielmehr ist auch auf die Bedeutung der Sache[42] abzustellen. Daraus folgt: Auch wenn die erlittene Untersuchungshaft nicht mehr in angemessenem Verhältnis zu der zu erwartenden Sanktion steht, kann die Untersuchungshaft gleichwohl aufrechterhalten werden, wenn das durch die Bedeutung der Sache geboten ist. Das ist etwa der Fall, wenn anzunehmen ist, der Beschuldigte werde ungeachtet der Geringfügigkeit eines Strafrestes fliehen, wenn die Aburteilung aber aus besonderen übergeordneten Gründen, etwa im übergeordneten **Interesse der Allgemeinheit** an einer nachhaltigen Strafverfolgung unter dem Gesichtspunkt der Verteidigung der Rechtsordnung, etwa im Hinblick auf eine zu erwartende Strafschärfung wegen häufiger wiederholter Tatbegehung, bedeutsam ist.[43] Auch die Art und Schwere der Tat können für die Bedeutung der Sache von Belang sein. Auf der anderen Seite bedeutet das Gebot, bei fehlender Verhältnismäßigkeit den Haftbefehl aufzuheben, dass der Staat bei weniger bedeutenden Straftaten notfalls einen **Verzicht**

---

34 Vgl. auch BVerfG StV **1996** 156; BGHSt **6** 215; BGH StV **1995** 414.

35 *Schultz* JR **1963** 297.

36 OLG Celle StV **2002** 608; OLG Frankfurt StV **1988** 392 (Verschulden des Angeklagten an der Haftdauer) mit krit. Anm. *Jehle*; OLG Bamberg StV **1989** 486 mit Anm. *Paeffgen* NStZ **1990** 533; OLG Hamm MDR **1993** 673; LG Freiburg StV **1988** 394 mit Anm. *Paeffgen* NStZ **1989** 418; LG Zweibrücken StV **1994** 589; LG Köln StraFo **1998** 351 mit Anm. *Münchhalffen*; SK/*Paeffgen* 10; **a.A.** wohl OLG Stuttgart Justiz **1990** 26; OLG Düsseldorf JMBlNW **1999** 278; StV **1994** 85; **1994** 86 mit Anm. *Seebode* und *Paeffgen* NStZ **1995** 73.

37 Vgl. OLG Düsseldorf StV **1996** 552; LG Zweibrücken StV **1994** 589; KK/*Schultheis* 7; s. auch BVerfG NJW **2006** 677.

38 BVerfG NJW **2006** 677.

39 Vgl. OLG Karlsruhe MDR **1977** 775; LG Freiburg StV **1988** 394 mit Anm. *Paeffgen* NStZ **1989** 418; KK/*Schultheis* 7; s. auch § 112, 109.

40 KK/*Schultheis* 7; *Kleinknecht/Janischowsky* 118.

41 OLG Koblenz MDR **1974** 596; OLG Karlsruhe MDR **1977** 775 (Ls.); AK/*Krause* 5; krit. *Luckhaupt* MDR **1974** 550. Vgl. auch OLG Düsseldorf MDR **1992** 1173.

42 Vgl. dazu § 112, 108 ff. S. auch OLG Frankfurt StV **1988** 392 (zu erwartende Restsanktion geringfügig oder zu erwartende Sanktion durch Haft erreicht) mit krit. Anm. *Jehle*; OLG München NStZ **1986** 424 (Strafaussetzung zur Bewährung); OLG Bamberg NJW **1996** 1222; OLG Schleswig bei *Lorenzen/Schiemann* SchlHA **1998** 173 (Haftbefehl gemäß § 112a).

43 S. auch AK/*Krause* 5; **a.A.** wohl *Schlothauer/Weider/Nobis* Rn. 994.

auf Verurteilung in Kauf nimmt. Im Hinblick auf die Bedeutung der Sache ist es im Einzelfall denkbar, dass die Verhältnismäßigkeit auch dann noch gewahrt ist, wenn die Dauer der Untersuchungshaft die zu erwartende Dauer der **Freiheitsstrafe vollständig erreichen wird**;[44] dabei kann es sich jedoch nur um besonders gelagerte Ausnahmefälle handeln. Die Auffassung, dass wegen der Bedeutung der Sache die Dauer der Untersuchungshaft die zu erwartende Freiheitsstrafe sogar übersteigen dürfe,[45] ist dogmatisch nicht zu begründen und auch angesichts der neueren Rechtsprechung des Bundesverfassungsgerichts[46] nicht vertretbar (s. auch Rn. 14).

d) Einzelfälle. Namentlich in folgenden Fällen ist **Anlass zur Prüfung**, ob die Haftvoraussetzungen entfallen sind, gegeben: 18
- wenn durch ein Urteil **von Strafe abgesehen** wird (z.B. §§ 83a, 84, 98, 129, 129a, 139, 157, 158, 306e, 314a, 320, 330b StGB);
- wenn durch Urteil der Angeklagte **für straffrei erklärt** wird (§ 199 StGB);
- wenn die gesamte **Strafe durch die Untersuchungshaft verbüßt** ist (§ 51 Abs. 1 Satz 1 StGB; § 52a Abs. 1 Satz 1 JGG) oder angeordnet wird, dass wegen erlittener Untersuchungshaft Jugendarrest nicht zu vollstrecken ist (§ 52 JGG), und das Verfahren wegen einer nicht-freiheitsentziehenden Maßregel anhängig bleibt (Vor § 112, 26);
- wenn im Urteil nur auf **andere als freiheitsentziehende Strafen** oder Maßregeln erkannt[47] oder die Verurteilung zu Geldstrafe vorbehalten wird (§ 59 StGB);
- oder wenn die **Vollstreckung** erkannter Freiheitsstrafen (§ 56 Abs. 1 und 2 StGB; § 21 Abs. 1 und 2 JGG) oder des Strafrests zur Bewährung bei Anrechnung der Untersuchungshaft[48] (§ 57 Abs. 1 und 2 StGB) **ausgesetzt** wird.

In solchen oder vergleichbaren Fällen können **besondere Umstände** denkbar sein, die die **weitere Untersuchungshaft rechtfertigen.** Das kann beispielsweise der Fall sein, wenn ein Angeklagter **Berufung** einlegt, der deshalb in Untersuchungshaft ist, weil er tatkräftig auf Zeugen eingewirkt hatte; wenn die Gefahr besteht, dass er das bei Freilassung weiterhin tun und dadurch, ungeachtet der Zeugenaussage in der ersten Instanz, die Ermittlung der Wahrheit erschweren werde; und wenn die Wichtigkeit der Verurteilung die Untersuchungshaft auch für den Fall rechtfertigt, dass feststeht, es werde auf keine zu vollstreckende Freiheitsstrafe erkannt werden. Wegen der Aufhebung des Haftbefehls in den vorgenannten Fällen bei Eintritt der **Rechtskraft** s. Vor § 112, 95. 19

e) Weitere Kriterien. Dass § 120 Abs. 1 Satz 1 für die Überprüfung der Verhältnismäßigkeit nur die Bedeutung der Sache und die zu erwartende Rechtsfolge nennt, steht angesichts der verfassungsrechtlichen Bedeutung des Prinzips der Verhältnismäßigkeit der Berücksichtigung weiterer Kriterien nicht entgegen. Es ist davon auszugehen, dass der Gesetzgeber zwei wichtige Abwägungskriterien betonen, andere jedoch nicht ausschließen wollte.[49] Zulässig ist also auch die **Berücksichtigung sonstiger unbenannter** 20

---

44 KG NStZ-RR **2008** 157 (wenn anders die bevorstehende Vollstreckung der Freiheitsstrafe nicht zu gewährleisten ist); s. auch § 112, 113.

45 OLG Frankfurt StV **1988** 392 (Verschulden des Angeklagten an der Haftdauer) mit krit. Anm. *Jehle*; KG StV **1988** 208 mit abl. Anm. *Schlothauer* und Anm. *Paeffgen* NStZ **1989** 418; OLG Düsseldorf StV **1994** 85; **1994** 86 mit Anm. *Seebode* und *Paeffgen* NStZ **1995** 73; *Seetzen* NJW **1973** 2002; s. auch LG Zweibrücken StV **1994** 589; *Wolter* ZStW **93** (1981) 469.

46 Vgl. nur BVerfGK **19** 428; BVerfG StV **2008** 421.

47 OG Danzig GA **71** (1927) 73.

48 BGH StV **1995** 414; OLG Koblenz MDR **1974** 596; OLG Schleswig SchlHA **1976** 44; *Schultz* JR **1963** 297.

49 *Rieß* JR **1983** 260.

Kriterien bei der Angemessenheitsbeurteilung, wie z.B. erhebliche gesundheitliche, familiäre, wirtschaftliche oder berufliche Belastungen.[50]

f) Beschleunigungsgebot

21 **aa) Allgemeines.** Nicht zuletzt im Hinblick auf die Rechtsprechung des EGMR[51] und des BVerfG[52] hat sich die Praxis zunehmend mit der Frage zu befassen, ob die Verhältnismäßigkeit der Untersuchungshaftfortdauer zu verneinen ist, weil das Beschleunigungsprinzip (Vor § 112, 66 ff.) durch vom Beschuldigten nicht zu vertretende **erhebliche Verzögerungen des Verfahrens**, die sachlich nicht zu rechtfertigen sind und auch **vermeidbar** waren, verletzt worden ist (zu den Anforderungen, die aufgrund des Beschleunigungsgebotes für die Verfahrensgestaltung bis zum Urteilsspruch gelten, s. im Einzelnen LR/*Gärtner* § 121, 52 ff., 62 ff., 77 ff.). Liegt eine Verletzung des Beschleunigungsgebotes vor, ist der Haftbefehl grundsätzlich auch ohne Rücksicht auf die Höhe der zu erwartenden Strafe aufzuheben.[53] Die Hervorhebung des Gebotes der besonderen Verfahrensbeschleunigung in der neueren fachgerichtlichen Rechtsprechung[54] liegt auf der Linie der die Dauer der Untersuchungshaft begrenzenden verfassungsgerichtlichen Ent-

---

50 SK/*Paeffgen* 11c; s. dazu auch § 112, 107.

51 Vgl. EGMR *Čevizović v. Deutschland*, 49746/99, Urt. v. 29.7.2004 = StV **2005** 136; *Dželili v. Deutschland*, 65745/01, Urt. v. 10.11.2005 = StV **2006** 474. jeweils mit Anm. *Pauly* StV **2006** 480; *Erdem v. Deutschland*, 38321/97, Urt. v. 5.7.2001 = EuGRZ **2001** 391= NJW **2003** 1439; *Ereren v. Deutschland*, 67522/09, Urt. v. 6.11.2014 = NJW **2015** 3773; *Kudla v. Polen*, 30210/96, Urt. v. 26.10.2000 = NJW **2001** 2694; *El Khoury v. Deutschland*, 8824/09 und 42836/12, Urt. v. 9.7.2015 = NL **2015** 320; *Patalakh v. Deutschland*, 22692/15, Urt. v. 8.3.2018 (juris); s. auch *Kühne/Esser* StV **2002** 388 zur Rspr. des EGMR; *Ambos/Ruegenberg* NStZ-RR **2000** 195; SK/*Paeffgen* EMRK Art. 5, 60.

52 Vgl. z.B. BVerfGK **15** 474 = StraFo **2009** 375; BVerfG NJW **2006** 668, 672 (auch zum Rechtsmittelverfahren), 677 mit krit. Bespr. *Jahn* 652 und *Schmidt* NStZ **2006** 313; StV **2015** 39; **2014** 35; **2008** 421; **2006** 703 sowie 451 mit Anm. *Hilger*; StraFo **2006** 196; **2005** 456 und 152; StV **2003** 30; s. auch (z.T. krit.) *Nack* FS Strauda 429 ff. Zur Möglichkeit der Aufhebung des Haftbefehls durch das BVerfG selbst nach § 93c Abs. 2 i.V.m. § 95 Abs. 2 BVerfGG s. BVerfG NJW **2006** 672.

53 Vgl. OLG Bremen StV **2000** 35; OLG Hamburg StV **1986** 66; KG StV **1991** 473; s. auch OLG Hamm wistra **2002** 238; **a.A.** OLG Dresden StV **2004** 495.

54 BGH NStZ-RR **2013** 86 Ls. (Terminierung); NStZ **2005** 341 (auch Verteidigungsverhalten); OLG Brandenburg StV **2007** 363, 589 (verzögerte Ermittlungen, kein Anlegen von Doppelakten); OLG Celle StV **2013** 644 (Beschleunigung nach erstinstanzlichem Urteil); OLG Dresden StV **2007** 93 (Beschleunigung nach erstinstanzlichem Urteil); OLG Düsseldorf StV **2007** 92; **2012** 420 (Terminierung); NStZ-RR **2010** 19 Ls. (verzögerte Gutachtenerstattung); OLG Frankfurt StV **2006** 195, 648; **2007** 249 (Beschleunigung nach erstinstanzlichem Urteil); OLG Hamm StV **2006** 191 (Terminierung); **2014** 30 (Terminierung, Pflicht zur Koordinierung von Urlauben); StraFo **2007** 330 = StV **2007** 363 (sachlich nicht begründete Aussetzung der Hauptverhandlung); NStZ-RR **2009** 125 (absehbar mehr als zweijährige Untersuchungshaft bei geringer geplanter Terminsdichte und „im Zweifel" zu erwartender Reststrafaussetzung nach § 57 StGB); KG StV **2007** 644 (Beschleunigung nach erstinstanzlichem Urteil); StraFo **2009** 21 = StV **2009** 534 = NStZ-RR **2009** 180 Ls. (Verteidigungsverhalten); StV **2009** 483 = NStZ-RR **2009** 188 (Überhaft); StraFo **2010** 26 (Terminierung); StraFo **2013** 502 = StV **2015** 42 (Terminierung, erhöhte Anforderungen an Beschleunigung in Jugendsachen); StV **2015** 36 (Haftverschonung); OLG Koblenz StV **2006** 645 (Beschleunigung nach erstinstanzlichem Urteil); **2007** 91 = StraFo **2006** 496 (verzögerte Aktenübersendung durch StA); StV **2011** 167 (Terminierung); OLG Köln StV **2006** 143 (späte Terminierung aus Rücksicht auf verhinderten Verteidiger eines nicht inhaftierten Mitangeklagten); **2007** 371 (Haftverschonung); StraFo **2009** 384 (Erkrankung Verteidiger); StV **2014** 32 = StraFo **2013** 336 (Terminierung); StraFo **2015** 323 (Beschleunigung nach erstinstanzlichem Urteil); OLG Naumburg StV **2007** 364 (verspätete Anklage); **2008** 589; **2009** 143; StraFo **2012** 266 (Terminierung); StV **2007** 253; **2008** 201; **2009** 482 (Beschleunigung nach erstinstanzlichem Urteil); OLG Nürnberg StraFo **2008** 469; **2009** 149; **2014** 72 (Terminierung); OLG Oldenburg NStZ-RR **2008** 80 = StV **2008** 200 = StraFo **2008** 118 (Beschleunigung nach erstinstanzlichem Urteil); OLG Saarbrücken StV **2007** 365 (Beschleunigung nach erstinstanzlichem Urteil); OLG Stuttgart NStZ-RR **2012** 62 = Justiz **2011** 293 = StV **2011** 749; StV **2014** 752 = Justiz **2013** 367 (Terminierung).

scheidungen (Vor § 112, 62, 66).[55] Ihr ist grundsätzlich zuzustimmen, wenn auch die Gefahr besteht, dass dem Kriterium der Verzögerung zu viel Gewicht beigemessen werden und dabei die dennoch notwendige angemessene Berücksichtigung aller übrigen die Verhältnismäßigkeit bestimmenden Kriterien (§ 112, 105ff.) zu kurz kommen könnte.[56] Nicht jeder Verstoß gegen das Beschleunigungsprinzip gebietet im Hinblick auf den Verhältnismäßigkeitsgrundsatz die Aufhebung des Haftbefehls.[57] Allerdings ist zu bedenken, dass das Verfahren um so zügiger zu betreiben ist, je empfindlicher die Freiheitsrechte des Beschuldigten beeinträchtigt werden.[58] Das Haftgericht ist nach ständiger Rechtsprechung des BVerfG zu einer auf den Einzelfall bezogenen **Analyse der konkreten Verfahrensabläufe** verpflichtet;[59] diese hat, soweit es mögliche Verzögerungen im Revisionsverfahren angeht (s. Rn. 27), auch die Sachbehandlung bei einem im Grundsatz, nicht aber in concreto,[60] übergeordneten Gericht in den Blick zu nehmen und gegebenenfalls durch Nachfragen bei diesem Gericht aufzuklären.[61] Zur erforderlichen **Begründungstiefe** richterlicher Haftfortdauerentscheidungen s. § 117, 23 sowie LR/*Gärtner* § 122, 45ff.

Bei der **Abwägung** zu beachten sind von der Justiz zu verantwortende – auch noch 22
nicht eingetretene, aber hinreichend konkret absehbare[62] – erhebliche **Verfahrensverzögerungen jeder Art,**[63] z.B. Stillstand der Ermittlungen oder verschleppte Ermittlungs-

---

55 Vgl. auch OLG Hamburg StV **1986** 66; OLG Köln MDR **1992** 694 mit Anm. *Paeffgen* NStZ **1993** 578; KG StV **1992** 523 (Beachtung bei jeder Haftentscheidung) sowie die Rspr. des EGMR, Fn. 17, 24, 51.

56 Vgl. dazu auch OLG Köln MDR **1992** 694 mit Anm. *Paeffgen* NStZ **1993** 578; OLG Hamburg StV **1993** 375; OLG Düsseldorf NStZ-RR **2000** 250; StV **1996** 552; eingehend *Rieß* JR **1983** 260 (insbesondere Abwägung des Gewichts der Straftat und der Höhe der zu erwartenden Strafe gegen das Ausmaß der Verfahrensverzögerung und den Grad des die Justiz hieran treffenden Verschuldens); zur Ambivalenz des Beschleunigungsgebotes s. auch *I. Roxin* StV **2010** 437; *Franke* StV **2010** 433; *Tepperwien* NStZ **2009** 1.

57 Vgl. OLG Düsseldorf NStZ-RR **2000** 250; OLG Köln MDR **1992** 694 mit Anm. *Paeffgen* NStZ **1993** 578; OLG Hamm MDR **1993** 1001; OLG Hamm bei *Burhoff* StraFo **2006** 55 (Abwägung aller Umstände, namentlich des Gewichts der Straftat und der Höhe der verhängten Strafe gegen das Ausmaß der Verfahrensverzögerung und den Grad des Justizverschuldens); OLG Brandenburg StraFo **2002** 243; LG Gera NJW **1996** 2586 mit Anm. *Paeffgen* NStZ **1998** 73. Vgl. auch OLG Düsseldorf StV **1994** 147; **1996** 552; StraFo **1998** 350.

58 OLG Hamm StV **2006** 191; KG StV **1989** 68. Vgl. auch BVerfGE **53** 158ff.; OLG Bremen StV **1989** 487.

59 BVerfGK **5** 109; **6** 242; **9** 306; BVerfG NJW **2006** 1336; 672; StV **2009** 479; **2008** 198; **2006** 251.

60 *Bittmann* NStZ **2018** 555.

61 Vgl. BVerfGK **5** 109 = BVerfG NStZ **2005** 456 mit abl. Anm. *Foth*; BVerfGK **7** 421; OLG Frankfurt StraFo **2016** 105; KG NStZ **2018** 426 mit Bespr. *Gerson* 379ff. = StraFo **2018** 151 = wistra **2018** 398; OLG Köln StraFo **2015** 323 (14 ½ Monate vom Eingang der Akten beim BGH bis zur Revisionsentscheidung); s. auch Graf/*Krauß* 27. **A.A.** offenbar BGH NJW **2018** 1984 = NStZ **2018** 552 mit Anm. *Bittmann* = StraFo **2018** 297 mit Anm. *Ebner*, wonach der BGH „nicht gehalten" sei, den mit der Haftkontrolle befassten Gerichten Auskünfte zu seinen Verfahrensabläufen zu geben. In dieser – erst 3 ½ Monate nach ihrem Erlass bekannt gegebenen – Verwerfungsentscheidung gemäß § 349 Abs. 2 dürften die Frage einer Kompensation für eine rechtsstaatswidrige Verfahrensverzögerung und die Problematik des haftrechtlichen Beschleunigungsgebotes vermengt worden sein. Die in der Revisionsentscheidung nicht veranlassten, jedoch zur Veröffentlichung in der amtlichen Sammlung vorgesehenen Erwägungen des BGH zur letztgenannten Thematik legen nahe, dass sie wohl in erster Linie der öffentlichen Maßregelung des anfragenden Haftgerichts dienten (ebenso *Ebner* StraFo **2018** 300).

62 BVerfG NJW **2006** 668; OLG Koblenz StraFo **2006** 496; OLG Bremen StraFo **2005** 378; OLG Stuttgart NStZ-RR **2012** 62 (Termin zur Hauptverhandlung kann voraussehbar nicht zeitnah bestimmt werden); SK/*Paeffgen* 11e.

63 Vgl. BVerfG StV **2006** 703; StraFo **2006** 196; NJW **2006** 668, 672, 677 mit (krit.) Bespr. *Jahn* 652 und *Schmidt* NStZ **2006** 313; OLG Frankfurt StV **2006** 648 (Fehlen von Doppelakten); OLG Koblenz StV **2006** 645; StraFo **2006** 496; KG StV **1989** 68; OLG Köln MDR **1992** 694 mit Anm. *Paeffgen* NStZ **1993** 578; OLG Hamburg StV **1993** 375; OLG Hamm StV **2004** 328; vgl. auch OLG Düsseldorf StV **1996** 552; AG Wuppertal StV **1998** 555; *Keller/Meyer-Mews* StraFo **2005** 353; *Trurnit/Schroth* StraFo **2005** 358; s. auch *Nack* FS Strauda 429ff.

maßnahmen,[64] Verzögerungen bei der Anklageerhebung[65] und im Zwischenverfahren,[66] nicht hinreichend straffe Verhandlung,[67] sachwidrige Verschleppung des Verfahrens,[68] etwa durch nicht gebotene Aussetzungen[69] oder fehlerhafte Verweisungen.[70] Ist die **Einholung eines Sachverständigengutachtens** erforderlich, muss schon die Staatsanwaltschaft im Ermittlungsverfahren unverzüglich den Begutachtungsauftrag erteilen[71] und darf nicht erst mit der Anklage gegenüber dem Gericht einen entsprechenden Antrag stellen. Denn eine solche Verfahrensweise führt, insbesondere dann, wenn die Inanspruchnahme forensisch erfahrener psychiatrischer Sachverständiger erforderlich ist, deren Kapazitäten oftmals stark beschränkt sind, im Regelfall zu erheblichen Verzögerungen, die den Bestand des Haftbefehls gefährden können.[72]

23 In Bezug auf die **Planung und Gestaltung der Hauptverhandlung** hat das Gericht zu beachten, dass das Gebot bestmöglicher Verfahrensförderung[73] eine möglichst frühzeitige Planung und Vorbereitung der Hauptverhandlung verlangt, die bei voraussichtlich umfangreichen Sachen je nach Fallgestaltung eine vorausschauende, auch größere Zeiträume umfassende Hauptverhandlungsplanung mit effizienten Ladungen sowie der Festlegung eines straffen Verhandlungsplans[74] mit durchschnittlich mehr als einem (grundsätzlich voll auszuschöpfenden) Hauptverhandlungstag pro Woche erfordert.[75]

---

64 OLG Brandenburg StV **2007** 363; OLG Oldenburg StraFo **2006** 241 (keine Verzögerung zur Aufklärung anderer Taten; Überwachung der Ermittlungen der Polizei durch StA); OLG Schleswig StV **2005** 140; OLG Hamburg StV **1986** 66; OLG Köln StV **1994** 584; LG Cottbus StV **2005** 141.

65 OLG Bremen StV **1989** 539 mit Anm. *Paeffgen* NStZ **1990** 534; KG StV **1986** 22; **1993** 646; LG Frankfurt/Oder StV **2007** 366.

66 BVerfG NJW **2018** 2948 (ggf. auch Vorabentscheidung über die Eröffnung, ungeachtet der Möglichkeit zu zeitnaher Terminierung); Beschl. v. 1.8.2018 – 2 BvR 1258/18 – (juris) mit Anm. *Hiéramente* jurisPR-StrafR 18/2018 Anm. 2. Nach (wiederholter) Bejahung dringenden Tatverdachts ist bei unveränderter Sachlage auch Eröffnungsreife gegeben, da die Feststellung dringenden Tatverdachts notwendig das Bestehen des für die Eröffnung nach § 203 vorausgesetzten hinreichenden Tatverdachts einschließt, vgl. BVerfG Beschl. v. 4.5.2011 – 2 BvR 2781/10 – (juris-Rn. 15). Zur notwendigen Beschleunigung im Zwischenverfahren s. auch LR/*Gärtner* § 121, 80 ff.

67 Vgl. BVerfG StV **2006** 318 sowie 451 mit Anm. *Hilger*; OLG Brandenburg StraFo **2002** 243; OLG Dresden StV **2004** 495; OLG Düsseldorf StV **2007** 92; OLG Frankfurt StV **1990** 310; **1994** 665; OLG Hamburg StV **1985** 66; **1986** 66; **1996** 495 (auch zu gerichtlich angeordneten Nachermittlungen vor Eröffnung); OLG Hamm StV **2007** 363; **2006** 319, 481 mit Anm. *Hilger* sowie 482; bei *Burhoff* StraFo **2006** 55 = StV **2006** 191 (auch zur Beschleunigung eines Haftbeschwerdeverfahrens); KG StV **1991** 473; **1992** 523 mit Anm. *Paeffgen* NStZ **1993** 577; OLG Köln StV **2006** 143, 145, 463 mit Anm. *Hilger*; **2005** 396; **1992** 384; StraFo **2004** 137; OLG Oldenburg StV **1996** 388; LG Hamburg StV **1985** 20; LG Gera MDR **1996** 1058 (Überlastung; Justizgewährungspflicht); LG Frankfurt StV **2003** 31; AG Essen StV **1997** 142; vgl. aber auch BVerfG StV **2006** 645 (Ausgleich einer Verzögerung durch Selbstleseverfahren); BGH NStZ **2006** 296 (zu § 229); OLG Hamm MDR **1993** 1001.

68 OLG Stuttgart StV **1990** 213 mit Anm. *Paeffgen* NStZ **1990** 534; OLG Hamm StV **1992** 525 mit Anm. *Paeffgen* NStZ **1993** 577; LG Köln NStZ **1989** 442 mit Anm. *Paeffgen* NStZ **1990** 534.

69 KG StraFo **2013** 502 m.w.N.; OLG Bremen StraFo **2005** 378 (Ladungsfehler); OLG Düsseldorf StraFo **2001** 255; OLG Bamberg StV **1994** 141; OLG Hamburg StV **1993** 375; LG Frankfurt StV **1989** 486 mit Anm. *Paeffgen* NStZ **1990** 533.

70 LG Bremen StV **1992** 523.

71 OLG Naumburg StraFo **2012** 266; OLG Karlsruhe NStZ-RR **2015** 379 (Ls.); OLG Saarbrücken Beschl. v. 22.4.2015 – 1 Ws 7/15 (H) – (juris); s. auch OLG Jena StV **2011** 39 (Ls.).

72 KG StV **2015** 45.

73 Vgl. zu diesem Terminus etwa BVerfG NJW **2006** 672; KG StraFo **2010** 46.

74 Vgl. EGMR *Čevizović v. Deutschland*, 49746/99, Urt. v. 29.7.2004 = StV **2005** 136 mit Anm. *Pauly* = NJW **2005** 3125; *El Khoury v. Deutschland*, 8824/09 und 42836/12, Urt. v. 9.7.2015 = NL **2015** 320; BVerfG NJW **2006** 672, 676.

75 BVerfG StV **2008** 198; OLG Hamburg StraFo **2006** 372; OLG Düsseldorf StV **2007** 92; OLG Koblenz StV **2011** 167; KG StraFo **2010** 46; OLG Stuttgart StV **2014** 752 (mit der zutreffenden Klarstellung, dass es sich

Allerdings ist in diesem Zusammenhang festzustellen, dass die Formulierung der Anforderungen insbesondere in der Rechtsprechung des BVerfG nicht immer in ausreichender Weise mit Blick auf die praktische Gegebenheiten und Abläufe vorgenommen zu sein scheint: Angesichts der von den Gerichten zu bearbeitenden weiteren Verfahren, die sich nicht selten anders als geplant und voraussehbar entwickeln, sowie der erforderlichen Abstimmung der Termine mit oft zahlreichen Verfahrensbeteiligten ist eine vorausschauende, auch größere Zeiträume umfassende Terminplanung (bei nachträglicher isolierter Betrachtung jedes einzelnen Verfahrens) leichter gefordert als in der Praxis umzusetzen.[76] Mit Rücksicht auf die Vielgestaltigkeit des forensischen Alltags und vom Gericht nicht zu beeinflussende Unwägbarkeiten – auch in Bezug auf das Verhalten der Verfahrensbeteiligten, die hinsichtlich einer zügigen Durchführung des Verfahrens durchaus gegenläufige Ziele verfolgen können, – kann es bei der Beurteilung der sog. Hauptverhandlungsdichte **keine schematische Handhabung mit starren Regeln** geben.[77] Insbesondere ist hervorzuheben, dass es bei der Beurteilung der Sitzungsfrequenz zunächst und in erster Linie auf die ursprüngliche Planung und Konzeption der Hauptverhandlung durch das Gericht ankommt; es ist also nicht etwa – zum Beispiel bei unabsehbar sich ausweitenden Verhandlungen, die einen Spruchkörper auch zwingen, entgegen der ursprünglichen Planung mehrere Verfahren über längere Zeiträume parallel zu verhandeln,[78] – eine ausschließlich retrospektive und rein rechnerische Betrachtung der Sitzungen, gleichsam mit dem Taschenrechner in der Hand und ohne Berücksichtigung der Verhandlungsinhalte sowie der vom Gericht nicht zu beeinflussenden Geschehnisse, vorzunehmen.[79] Die in den Verantwortungsbereich des Staates fallende, **nicht nur kurzfristige Überlastung** der Gerichte vermag Verfahrensverzögerungen aber grundsätzlich nicht zu rechtfertigen.[80]

Trotz eingetretener **Verfahrensverzögerung** kann im Einzelfall ein Verstoß gegen das Beschleunigungsprinzip zu verneinen sein, falls die Verzögerung (wenn auch in Verfolgung berechtigter Interessen) **vom Beschuldigten** und/oder seinem **Verteidiger verursacht** wurde und für die Justiz nicht absehbar war, sie insbesondere nicht rechtzeitig, etwa durch vorbereitende Maßnahmen (vorsorgliche Ladung gewünschter Zeugen; rechtzeitige vorsorgliche Einholung eines Gutachtens), vermieden werden konn- 24

---

bei der Forderung nach durchschnittlich mehr als einem Hauptverhandlungstag je Woche um keinen starren Wert handeln kann) mit Anm. *Herrmann* 754.

76 Vgl. Meyer-Goßner/*Schmitt* 3a. Zu den nicht beeinflussbaren Aspekten gehört – beispielsweise – auch die Aufhebung des Haftbefehls durch das Obergericht kurz vor der Hauptverhandlung, die die Sache zu einer an sich nicht mehr bevorzugt zu fördernden Nicht-Haftsache macht, die aber Verhandlungskapazitäten blockiert. Soll eine solche Sache, selbst wenn ihre (ggf. umfangreiche) Verhandlung unter großen Mühen geplant und vorbereitet worden ist, kurzfristig abgesetzt werden, um die Lücke sodann (eventuell ohne frühzeitige, sorgfältig mit allen Beteiligten abgestimmte Planung) mit einer Haftsache zu füllen?

77 EGMR *Ereren v. Deutschland*, 67522/09, Urt. v. 6.11.2014 = NJW **2015** 3773; BGH NStZ **2015** 221.

78 Wobei der Einsatz von Richtern aus anderen Spruchkörpern, die als Vertreter in Urlaubs- oder Krankheitsfällen in die Richterbank eingerückt sind, die praktischen Schwierigkeiten verschärfen, zumal wenn – was in solchen Fällen die regelmäßige Folge der Entwicklung ist – Sondersitzungstage nötig werden und hierdurch auch Kollisionen mit deren Tätigkeit im Stammspruchkörper auftreten.

79 BGH NStZ-RR **2016** 217 (komplexe Beweisaufnahme in Umfangsverfahren mit zahlreichen Rechtshilfeersuchen und schwierigen Zeugenladungen im Ausland); ausführlich KG Beschl. v. 7.3.2014 – 4 Ws 21/14 – (juris) m.w.N., insoweit in OLGSt StPO § 112 Nr. 18 nicht abgedruckt.

80 BVerfG NJW **2018** 2948 = EuGRZ **2018** 500; StV **2015** 39 = JR **2014** 488; Beschl. v. 20.12.2017 – 2 BvR 2552/17 – (juris) mit Anm. *Peglau* juris-PR/StrafR 5/2108 Anm. 2; OLG Bremen StV **2016** 824; KG StV **2017** 450; zu den mit erhöhtem Geschäftsanfall und etwaigem Personalmangel zusammenhängenden Fragen s. im Einzelnen LR/*Gärtner* § 121, 72ff.

te.[81] Keineswegs aber darf auf die bloße Wahrnehmung prozessualer Rechte durch den Beschuldigten oder seinen Verteidiger, auch wenn durch sie das Verfahren verzögert wird, mit einer Verlängerung der Untersuchungshaft – vor allem gar im Sinne einer offenen Sanktionierung – reagiert werden.[82] Hierbei kann allerdings im Einzelfall die Abgrenzung eines (noch) zulässigen Verteidigungsverhaltens von ausschließlich oder in erster Linie der Verzögerung dienendem Prozessverhalten[83] schwierig sein.

25 Stößt die Beachtung des Beschleunigungsprinzips infolge widerstreitender Interessen auf Schwierigkeiten, etwa durch das berechtigte Interesse des Beschuldigten an der **Verteidigung durch** den zeitweise verhinderten **Verteidiger seines Vertrauens,**[84] so ist im Rahmen des Möglichen zu versuchen, dem durch eine frühzeitige Verhandlungsplanung, zweckmäßig in Abstimmung mit den Verteidigern, sowie sonstige organisatorische Maßnahmen zu begegnen. Das Recht des Angeklagten, sich von einem Anwalt seiner Wahl und seines Vertrauens vertreten zu lassen, gilt allerdings nicht uneingeschränkt, sondern kann durch wichtige Gründe begrenzt sein, zu denen auch das Beschleunigungsgebot in Haftsachen gehört. Bei der Terminierung kann deshalb nicht jede Verhinderung eines Verteidigers berücksichtigt werden, sondern es muss zwischen dem Recht des Angeklagten, in der Hauptverhandlung von einem Verteidiger seines Vertrauens verteidigt zu werden, und seinem Recht, dass der Vollzug von Untersuchungshaft nicht länger als unbedingt nötig andauert, sorgsam abgewogen werden. Die „Terminshoheit" liegt beim Vorsitzenden; die Terminslage des Verteidigers kann angesichts der wertsetzenden Bedeutung des Grundrechts der persönlichen Freiheit nur insoweit berücksichtigt werden, wie dies nicht zu einer erheblichen Verzögerung des Verfahrens führt; ggf. ist dem Beschuldigten ein weiterer Verteidiger beizuordnen.[85]

26 **bb) Beschleunigung nach Urteilserlass.** Weil das Verfahren bei fortdauernder Untersuchungshaft auch nach einem Urteilsspruch mit größtmöglicher Beschleunigung weiter zu betreiben ist, können vermeidbare erhebliche **Verzögerungen** nach Erlass des erstinstanzlichen Urteils im Rahmen der erforderlichen Gesamtbetrachtung **ebenfalls Bedeutung** gewinnen. Zwar vergrößert sich mit einem Urteil das Gewicht des staatlichen Strafanspruchs, weil auf der Grundlage eines gerichtlichen Verfahrens bereits einmal ein Schuldnachweis gelungen ist und die Unschuldsvermutung deshalb in weniger starkem Maße für den Angeklagten streitet als vor der Verurteilung.[86] Auch nach dem Erlass eines erstinstanzlichen Urteils steht aber die grundsätzliche Geltung des Beschleunigungsgebotes im Rahmen des Verhältnismäßigkeitsgrundsatzes mit der Folge außer Streit, dass ein erheblicher Verstoß dagegen der Untersuchungshaftfortdauer entgegenstehen kann.[87] In diesem Zusammenhang ist mit Recht darauf hingewiesen worden, dass das

---

81 OLG Nürnberg wistra **2011** 478; OLG Oldenburg StV **1996** 326; KG bei *Burhoff* StraFo **2006** 55; OLG Hamm bei *Burhoff* aaO; s. auch LR/*Gärtner* § 121, 64 ff.; *Schlothauer/Weider/Nobis* Rn. 967 m.w.N.
82 KG StV **2015** 42.
83 Vgl. BGH NStZ **2005** 341; KG StraFo **2009** 21 = StV **2009** 534 = NStZ-RR **2009** 180 (Ls.).
84 Dazu ausführlich *Schlothauer/Weider/Nobis* Rn. 914 ff. m.w.N.
85 Vgl. zum Ganzen BVerfG BayVBl **2009** 185; StV **2006** 451; **2007** 366 (zu § 121); BGH NStZ-RR **2006** 271; OLG Bremen StV **2016** 508 mit Anm. *Schlothauer*; OLG Celle NStZ **2008** 583; OLG Frankfurt StV **2012** 612; OLG Hamburg StraFo **2006** 372 mit krit. Anm. *Paeffgen* NStZ **2007** 80; OLG Hamm StV **2006** 481 mit Anm. *Hilger*; NJW **2006** 2788 („Terminshoheit" beim Vorsitzenden); OLG Jena StV **2009** 576 mit Anm. *Schlothauer*; KG StV **2009** 577 mit Anm. *Schlothauer*; OLG Köln StV **2006** 145, 463; OLG Naumburg StraFo **2008** 205; Beschl. v. 13.11.2008 – 1 Ws 638/08 – (juris); OLG Oldenburg StraFo **2008** 26; OLG Stuttgart Beschl. v. 17.5. 2011 – 2 Ws 97, 98/11 – (juris); KG Beschl. v. 25.11. 2016 – 4 HEs 30-34/16 – (juris); s. auch OLG Köln StV **2006** 143; *Jahn* NStZ **2007** 258 f.; *Knauer* StraFo **2007** 309.
86 BVerfGK **5** 109, 122; **7** 140, 161.
87 Vgl. nur OLG Frankfurt StV **2006** 195 m.w.N.

Beschleunigungsgebot seine Berechtigung nicht nur aus der Unschuldsvermutung bezieht, sondern auch aus den ganz unterschiedlichen Zwecken der Untersuchungshaft einerseits und des Strafvollzugs andererseits.[88]

Da das Gebot der bestmöglichen Verfahrensförderung auch den Prozess der **Urteilserstellung** erfasst[89] und es sich bei der Frist des § 275 Abs. 1 um eine Höchstfrist handelt, die – vor allem in Haftsachen – das Gericht nicht von der Verpflichtung entbindet, die Urteilsgründe des bereits verkündeten Urteils unverzüglich, d.h. ohne vermeidbare justizseitige Verzögerung, schriftlich niederzulegen,[90] ist es mit dem Beschleunigungsgebot grundsätzlich nicht vereinbar, die Urteilsabsetzung von vornherein auf das zeitlich fixierte Ende dieser Frist auszurichten.[91] Auch vermeidbare und erhebliche Verzögerungen bei der **Urteilszustellung**[92] sowie vom Beschuldigten nicht zu vertretende sonstige **Verzögerungen im Rechtsmittelverfahren** können Bedeutung gewinnen.[93] Zur Gewährleistung der beschleunigten Verfahrensgestaltung hat die Justiz zudem auch hinreichend **nicht-richterliches Personal** zur Verfügung zu stellen und für eine Organisation zu sorgen, die Verzögerungen ausschließt.[94] 27

---

88 *Schlothauer/Weider/Nobis* Rn. 990; s. dazu auch Rn. 14 und § 112, 113.
89 BVerfGK **7** 140 = BVerfG StV **2006** 81; NJW **2006** 672 = StV **2006** 73; OLG Hamburg StV **2015** 309.
90 BGH NStZ **1992** 398; **2006** 296.
91 BVerfGK **7** 140 = BVerfG StV **2006** 81; OLG Hamburg StV **2015** 309; OLG Naumburg StV **2008** 201. Nicht zu verkennen ist allerdings, dass die Feststellung einer solchen Intention im Einzelfall schwierig sein kann.
92 BVerfG NJW **2006** 677; StraFo **2006** 196; OLG Naumburg StV **2007** 253; krit. *Schmidt* NStZ **2006** 317; LG Koblenz StraFo **2006** 453.
93 Vgl. zur Problematik BVerfG NJW **2006** 672 mit (krit.) Bespr. *Jahn* 652 und *Schmidt* NStZ **2006** 313; StraFo **2006** 196 (Verzögerungen im Revisionsverfahren); NStZ **2005** 456 und 152 (verzögerte Zustellung oder Bearbeitung von Stellungnahmen im Revisionsverfahren) mit Anm. *Krehl* StV **2005** 561 und *Foth* NStZ **2005** 457; StV **2009** 479 mit Anm. *Hagmann* 592 (Verzögerungen im Berufungsverfahren); OLG Bamberg StV **1994** 141; OLG Celle NdsRfl. **2018** 144 (verzögerte Terminierung einer Berufungssache) mit Anm. *Rinklin* jurisPR-StrafR 23/2018 Anm. 4; OLG Dresden StV **2007** 93 (4 ½ Monate Verzögerung, sodass die Berufungshauptverhandlung in einem nicht schwierig gelagerten Fall erst über ein Jahr nach Erlass des erstinstanzlichen Urteils durchgeführt werden konnte); OLG Frankfurt StV **2006** 195 (nach dem Eingang der Akte beim Berufungsgericht 3 Monate keine Befassung mit der Sache, sodass die Berufungshauptverhandlung erst über 6 Monate nach Akteneingang stattfand); **2006** 648 (vermeidbare Verzögerung von 3 Monaten bei Anberaumung der Berufungshauptverhandlung); **2007** 249 (keine ordnungsgemäße Förderung der Sache beim Berufungsgericht über einen Zeitraum von 5 Monaten); StraFo **2016** 105 (Verzögerung im Revisionsverfahren, 3 Monate Liegezeit beim Vorsitzenden); OLG Düsseldorf StraFo **2001** 255; NStZ-RR **2000** 250; **1998** 350; OLG Hamm StV **1998** 553; OLG Hamburg JR **1983** 259 mit Anm. *Rieß* (mit älteren Nachweisen); StV **1985** 66; **2015** 309 (überlange Dauer der Fertigstellung der Sitzungsniederschrift); KG StV **1985** 67; **2007** 644 (nach Eingang einer ausschließlich auf die Sachrüge gestützten Revision des Angeklagten beim Tatrichter verging ein Zeitraum von 6 Monaten, bis die Akten durch die Staatsanwaltschaft an das Revisionsgericht gesendet wurden); StraFo **2018** 151 (Verzögerung im Revisionsverfahren); OLG Koblenz StV **2004** 329 (nicht registrierter Eingang einer Berufung); OLG Köln MDR **1992** 694 mit Anm. *Paeffgen* NStZ **1993** 578; StraFo **2015** 323 (Untersuchungshaft von 5 Jahren und 9 Monaten, erhebliche Verzögerungen auch in einem – zweiten – Revisionsverfahren); StV **2016** 445 (StA benötigte mehr als 6 Monate für die Entscheidung, bei einer Revision des Angeklagten keine Gegenerklärung abzugeben); OLG Naumburg StV **2009** 482 (mehr als 6 Monate zwischen Urteilsabsetzung beim Amtsgericht und Beginn der Berufungsverhandlung infolge verzögerter Sachbehandlungen); **2007** 253 (Urteilszustellung mehr als 6 Monate und 3 Wochen nach der Verkündung wegen Verzögerungen bei der Fertigstellung des Hauptverhandlungsprotokolls); OLG Oldenburg StV **1992** 481 mit Anm. *Paeffgen* NStZ **1993** 578; StV **2008** 200 = StraFo **2008** 118 (Akten waren 8 Monate nach der Urteilsverkündung noch nicht dem Revisionsgericht zugeleitet); OLG Saarbrücken StV **2007** 365 (Zeitraum von mehr als 7 Monaten zwischen Ablauf der Revisionsbegründungsfrist und Vorlage der Akten beim Revisionsgericht in einfach gelagertem Verfahren, Verzögerung u.a. wegen Bearbeitung von Kostensachen in den Hauptakten); LG Berlin StraFo **2002** 396; LG Bremen StV **1986** 66. S. auch EGMR *Metzger v. Deutschland*, 37591/97, Urt. v. 31.5.2001 = NJW **2002** 2856 mit Anm. *I. Roxin* StV **2001** 489; *Krehl/Eidam* NStZ **2006** 7.
94 BVerfG StraFo **2006** 196.

28 Kommt es im **Revisionsverfahren** zur **Urteilsaufhebung und Zurückverweisung** der Sache zu neuer Verhandlung und Entscheidung, zeigt die Rechtsprechung bei der Frage, ob und wie die hiermit verbundene Verfahrensverzögerung bei der Entscheidung über die Fortdauer der Untersuchungshaft zu berücksichtigen ist, keine einheitliche Linie.

29 Im **Grundsatz** besteht wohl Einigkeit, dass nicht bei jeder Verzögerung, die dadurch eintritt, dass ein vorinstanzlicher Fehler korrigiert werden muss, zwingend ein Verstoß gegen das Verhältnismäßigkeitsprinzip bejaht werden muss, weil die für die Revision benötigte Verfahrensdauer als Ausprägung einer rechtsstaatlichen Ausgestaltung des Rechtsmittelsystems anzusehen ist. Nach der Rechtsprechung des EGMR[95] und des BVerfG[96] ist die dadurch verstrichene Zeit zwar zu berücksichtigen, bei der jedoch **auch dann erforderlichen Abwägung zum Verhältnismäßigkeitsprinzip** sind vernünftigerweise aber auch andere Kriterien einzubeziehen,[97] wie z.B. die Art, Schwere, Offensichtlichkeit und Vermeidbarkeit des Fehlers, die Schwere des Justizverschuldens und die Dauer der hierdurch eingetretenen Verzögerung, das Vorliegen sonstiger dem Verantwortungsbereich der Justiz zuzurechnender Verzögerungen, die Bedeutung der Sache.

30 Eine **Ausnahme** von dem o.g. Grundsatz ist nach der Rechtsprechung des Bundesverfassungsgerichts allerdings dann zu machen, wenn die Revision der **Korrektur eines offensichtlich der Justiz anzulastenden Verfahrensfehlers** gedient hat.[98] Hierbei wird man konsequenterweise Urteilsaufhebungen wegen sachlich-rechtlicher Fehler ebenfalls einbeziehen müssen,[99] aber auch in wertender Betrachtung festzustellen haben, dass es sich um die Korrektur eines Fehlers **schwerwiegender Art** gehandelt haben muss,[100] weil sonst unterschiedslos in allen Fällen einer Urteilsaufhebung und Zurückverweisung ohne Rücksicht auf die Art und die Schwere eines Fehlers bei der Rechtsanwendung die Aufhebung des Haftbefehls die Folge wäre, auch in Fällen, in denen die vom Revisionsgericht abgelehnte Rechtsansicht des erkennenden Gerichts gut vertretbar gewesen sein, eventuell sogar der – nunmehr geänderten – bisherigen Rechtsprechung des Revisionsgerichts entsprochen haben mag.

31 Im Übrigen muss man feststellen, dass die **Bedeutung des Wortes „offensichtlich"** in der Entscheidungspraxis des BVerfG bisher nicht klar ausgeführt worden ist. Zwar ist das Gericht einer mitunter vertretenen Auffassung, wonach es (auch) darauf ankommen

---

95 EGMR *Metzger v. Deutschland*, 37591/97, Urt. v. 31.5.2001 = NJW **2002** 2856 mit Anm. *I. Roxin* StV **2001** 489 (zu Art. 6 Abs. 1 EMRK).

96 S. nur BVerfG NJW **2006** 672; zur Einbeziehung der Dauer eines Verfassungsbeschwerde-Verfahrens bei der Beurteilung der Angemessenheit der „Verfahrensdauer" s. BVerfG NStZ **2006** 680 (dort letztlich offen gelassen); s. dazu auch EGMR *Metzger v. Deutschland*, 37591/97, Urt. v. 31.5.2001 = NJW **2002** 2856 mit Anm. *I. Roxin* StV **2001** 489; BGH NStZ-RR **2006** 177 (jeweils zu Art. 6 Abs. 1 EMRK, also nicht unmittelbar die Zulässigkeit der Untersuchungshaftfortdauer betreffend).

97 Vgl. z.B. *Rieß* JR **1983** 260; *Schmidt* NStZ **2006** 313, 316; BGH NStZ **2006** 346; NStZ-RR **2006** 177; insoweit wohl bisher eine Abwägung nicht ausschließend BVerfG StraFo **2005** 154 und 457; s. auch AnwK-StPO/*Lohse* Vor § 333, 3; *Nack* FS Strauda 429 ff.; *Jahn* NStZ **2007** 258.

98 S. dazu BVerfG NStZ **2006** 47; NJW **2006** 668 und 672 mit krit. Anm. *Jahn* 652; StraFo **2005** 456 und 152 mit Anm. *Krehl* StV **2005** 561 und *Foth* NStZ **2005** 457; NJW **2003** 2897; (krit. einschr. z.B.) BGH NJW **2006** 1529 = NStZ **2006** 346 = StV **2006** 237; NStZ-RR **2006** 177 (Verfahrensverstoß, der „im Licht der rechtsstaatlichen Gesamtverfahrensordnung schlechterdings nicht nachvollziehbar und als unvertretbarer Akt objektiver Willkür erscheint"); s. auch (krit.) *Schmidt* NStZ **2006** 316; *Nack* FS Strauda 429 ff.; *Jahn* NStZ **2007** 258; LR/*Gärtner* § 121, 77 sowie BVerfG NStZ **2006** 680.

99 *Tepperwien* NStZ **2009** 2 („wer anders als die Justiz könnte hierfür verantwortlich sein"); KK/*Schultheis* 8; *Schlothauer*/*Weider*/*Nobis* Rn. 989.

100 LR/*Hilger*[26] 16; KK/*Schultheis* 8 (einen solchen „Automatismus" verlange auch das BVerfG nicht); **a.A.** offenbar *Gaede* HRRS **2005** 410.

soll, ob es sich um einen „kaum verständlichen“, einen „unter keinem Gesichtspunkt mehr zu rechtfertigenden“ oder gar „eklatanten“ Verfahrensfehler gehandelt habe, entgegen getreten. Ohne eine wie auch immer geartete Vorwerfbarkeit sei vielmehr allein entscheidend, in wessen Sphäre der Verfahrensfehler wurzele, in der des Beschwerdeführers oder der Justiz.[101] Bei der Beurteilung der Rechtsprechung des Bundesverfassungsgerichts darf aber nicht verkannt werden, dass der ihr zugrunde liegende Fall nicht nur einen in mehrfacher Hinsicht außergewöhnlichen fachgerichtlichen Umgang mit dem Zwangsmittel der Untersuchungshaft offenbart hatte, sondern die Kammer im Verlauf ihrer Entscheidung auch noch ausdrücklich dargelegt hat, dass es sich ihrer Auffassung nach tatsächlich um einen **„eklatanten“ Verfahrensfehler** gehandelt habe.

Nicht eindeutig beantwortet hat das BVerfG – soweit ersichtlich – bisher die Frage, 32
ob jede Urteilsaufhebung mit Zurückverweisung zwangsläufig die Aufhebung des Haftbefehls zur Folge haben muss, oder ob die mit dem Rechtsmittelverfahren verbundene Verzögerung **weiterhin** nur im Rahmen einer **umfassenden Gesamtwürdigung** eine Rolle spielt, bei der z.B. neben der bisherigen Dauer der Freiheitsentziehung auch der durch Justizorgane verursachte Zeitraum der Verfahrensverlängerung, die Gesamtdauer des Verfahrens sowie weitere Umstände wie Schwere des Schuldvorwurfs, Umfang und Schwierigkeit des Verfahrens, Ausmaß der mit der Dauer des schwebenden Verfahrens für den Betroffenen verbundenen besonderen Belastungen und auch der weitere Verfahrensgang nach der Zurückverweisung zu berücksichtigen sind.[102] Zutreffend dürfte die Bewertung sein, dass das BVerfG mit dem Abstellen auf „offensichtlich“ der Justiz anzulastende Verfahrensfehler eine Beschränkung vorgenommen und letztlich auf eine wertende Gewichtung abgestellt hat. Denn Verfahrensfehler, die zur Aufhebung eines Urteils führen, können nur von Justizseite verursacht sein.[103] Da sie auch nach der bisher bekannt gewordenen Entscheidungspraxis des BVerfG nicht ausnahmslos und automatisch die Haftbefehlsaufhebung begründen, sondern eine abschließende Bewertung aller Umstände des Verfahrens vorgenommen worden ist, lässt sich der dargestellten Entscheidung keine Abkehr vom Prinzip der Gesamtabwägung entnehmen.[104]

3. Freispruch; Nichteröffnung; Einstellung (Absatz 1 Satz 2)

a) Grundsatz. In Absatz 1 Satz 1 ist angeordnet, dass der Haftbefehl aufzuheben ist, 33
wenn die Haftvoraussetzungen weggefallen sind oder die Verhältnismäßigkeit der Haft zur Strafe und zur Sache nicht mehr besteht. Als Sonderfälle hiervon („namentlich“) werden in Satz 2 der Fall des Freispruchs und zwei ähnlich liegende Fälle behandelt. Die Bestimmung des Satzes 2 enthält indessen mehr als lediglich einen Sonderfall von Satz 1. Da es nämlich allein auf den **bloßen Akt der Entscheidung** (des Freispruchs, der Nichteröffnung oder Einstellung) und nicht auf deren Rechtskraft oder gar „Richtigkeit“ ankommt,[105] liegt in der Behandlung des Satzes 2 als Unterfall des Satzes 1 die **gesetzliche Vermutung,**[106] dass die Haftvoraussetzungen weggefallen sind oder dass wenigstens die Haft zu dem endgültigen Verfahrensergebnis in keinem angemessenen Verhältnis mehr

---

101 BVerfG NJW **2006** 672 = BVerfGK **7** 21 = StV **2006** 73 = StraFo **2006** 68 (Ls.); dem folgend OLG Koblenz StV **2006** 645 = NStZ-RR **2007** 315; ebenso OLG Celle StV **2013** 644.
102 Vgl. nur BVerfG NJW **2003** 2225.
103 S. nur BGH NJW **2006** 1529.
104 Ebenso OLG München Beschl. v. 4.4.2006 – 2 Ws 289/06 – (juris); KK/*Schultheis* 8.
105 BVerfGK **5** 109 = StraFo **2005** 152; allg. M.
106 OLG Hamm NJW **1954** 86; OLG Frankfurt StV **1985** 375 mit Anm. *Wendisch*; KG JR **1989** 344; OLG Düsseldorf NStZ **1999** 585; OLG Schleswig bei *Lorenzen/Schiemann* SchlHA **1998** 174; allg. M.

steht.[107] Der Haftbefehl ist in den Fällen des Satzes 2 daher z.B. auch dann aufzuheben, wenn der Freispruch als fehlerhaft erkannt ist und die Voraussetzungen der Untersuchungshaft noch vorliegen,[108] oder wenn der Haftrichter aufgrund seiner Erfahrung weiß, dass das Rechtsmittelgericht die Sach- oder Rechtslage vermutlich anders beurteilen wird.[109] Dies ist unmittelbare Folge der Unschuldsvermutung und des sich daraus ergebenden zwingenden Charakters der Regelung in Absatz 1 Satz 2,[110] folgt aber auch aus Absatz 2, wonach die Freilassung des Beschuldigten nicht durch die Einlegung von Rechtsmitteln aufgehalten werden darf.

34 **b) Freispruch.** Das Gesetz knüpft die Verpflichtung, den Haftbefehl aufzuheben, zunächst an die Voraussetzung, dass der Beschuldigte **freigesprochen** wird. Der Freispruch kann grundsätzlich – Ausnahme: § 349 Abs. 4 i.V.m. § 354 Abs. 1 – nur durch Urteil ausgesprochen werden (§ 260 Abs. 1), ausnahmsweise in gewissen Wiederaufnahmefällen durch Beschluss (§ 371 Abs. 2).[111] Der Freispruch muss die Tat betreffen, wegen der der Haftbefehl ergangen ist.[112] Wird der Angeklagte, wenn er freigesprochen wird, gleichzeitig **wegen anderer Taten** verurteilt, bleibt der Haftbefehl, wenn er auch wegen dieser anderen Taten erlassen worden war, unberührt. War insoweit noch kein Haftbefehl erlassen, ist es zulässig, wegen dieser Taten die Untersuchungshaft anzuordnen, doch wird dabei der Grundsatz der Verhältnismäßigkeit besonders sorgfältig zu beachten sein.

35 **c)** Die **Ablehnung der Eröffnung des Hauptverfahrens** bildet den zweiten Aufhebungsgrund. Die Eröffnung des Hauptverfahrens wird dadurch abgelehnt (§ 210 Abs. 2), dass das Gericht beschließt, das Hauptverfahren nicht zu eröffnen (§ 204 Abs. 1). Auch hier ist die Identität der im Haftbefehl angenommenen Tat mit derjenigen, die in dem Beschluss nach § 204 Abs. 1 behandelt wird, Voraussetzung, den Haftbefehl aufzuheben. Dieser Fall ist wegen seiner Wichtigkeit als besonderer Aufhebungsgrund aufgeführt. Wird die Eröffnung **nur teilweise** abgelehnt, so ist im Rahmen der Entscheidung gemäß § 207 Abs. 4 zu prüfen, ob der eröffnete Teil des Verfahrens die Aufrechterhaltung der Haft gebietet und rechtfertigt.[113]

36 **d) Einstellung.** Als dritten Grund, der zwingend verpflichtet, den Haftbefehl aufzuheben, nennt Satz 2 die Einstellung, wenn sie nicht bloß vorübergehend wirkt. Dafür kommen in Betracht das Urteil (§ 260 Abs. 3) sowie der Beschluss (§ 206a Abs. 1), durch die das Verfahren wegen eines nicht mehr behebbaren Verfahrenshindernisses[114] (Verjährung, Amnestie, fehlender Strafantrag bei abgelaufener Antragsfrist) mit der Wirkung eingestellt wird, dass es, wenn nicht neue Tatsachen oder Beweismittel bekannt werden, nicht wieder aufgenommen werden kann. Hierunter fällt, weil die letzte Voraussetzung fehlt, nicht die Einstellung wegen **fehlenden Gerichtsstandes** (§ 12)[115] und die Erklä-

---

107 OLG Hamm NStZ **1981** 34; OLG Karlsruhe NStZ **1981** 192 (Teilfreispruch); KG StV **1986** 539; s. auch *Wendisch* StV **1985** 376 m.w.N.
108 OLG Schleswig bei *Lorenzen/Schiemann* SchlHA **1998** 174; OLG Düsseldorf MDR **1974** 686; *Schlüchter* 235; allg. M.
109 OLG Düsseldorf MDR **1974** 686.
110 Vgl. BVerfGK **5** 109 = StraFo **2005** 152.
111 BGHSt **14** 66.
112 OLG Karlsruhe NStZ **1981** 192.
113 LR/*Stuckenberg* § 204, 14.
114 Vgl. auch BGHSt **41** 16; LG Mannheim StV **1985** 287.
115 KG GA **42** (1894) 147.

rung der Unzuständigkeit nach § 16 oder die **vorläufige Einstellung**[116] nach § 205 Abs. 1 wegen Abwesenheit. Wird das Verfahren mangels hinreichender Anklagekonkretisierung[117] eingestellt, so hat auch diese Einstellung nur vorläufigen Charakter jedenfalls dann, wenn mit der baldigen Erhebung einer ordnungsgemäßen Anklage zu rechnen ist.[118] Entsprechendes müsste im Falle des § 204 (Rn. 35) gelten, wenn die Eröffnung aus prozessualen Gründen abgelehnt wird und mit alsbaldiger Beseitigung des prozessualen Mangels zu rechnen ist.[119]

Nach dem System der Vorschrift ist auszuschließen, dass das Gesetz auch die **staatsanwaltschaftliche Einstellung** nach **§ 170 Abs. 2 Satz 1** im Auge hat. Denn dieser kommt – anders als dem Freispruch, der Ablehnung, das Hauptverfahren zu eröffnen, und der gerichtlichen Einstellung – keine beschränkte Rechtskraftwirkung zu. Auch sind die anderen Akte, mit denen die Aufhebung des Haftbefehls zu verbinden ist, gerichtliche, so dass das Gericht aus seiner eigenen Entscheidung eine vom Gesetz vorgeschriebene Folgerung ziehen muss. Bei diesen Verschiedenheiten kann dem Gesetz nicht die Anordnung entnommen werden, das Gericht müsse den Haftbefehl aufheben, wenn die Staatsanwaltschaft das Verfahren eingestellt hat.[120] Gleichwohl wird es regelmäßig dazu kommen, dass der Haftbefehl aufgehoben wird. Denn wenn die Staatsanwaltschaft das Verfahren einstellt, verneint sie den hinreichenden und damit erst recht den dringenden Tatverdacht. Alsdann muss sie beantragen, den Haftbefehl aufzuheben, und das Gericht muss diesem Antrag entsprechen (Absatz 3 Satz 1). Es ist nahezu ausgeschlossen, dass die Staatsanwaltschaft, wenn sie das Ermittlungsverfahren einstellt, nicht alsbald beantragt, den Haftbefehl aufzuheben. Sollte es doch einmal regelwidrig der Fall sein, hat das Gericht, wenn es nicht von Amts wegen die Gelegenheit hierzu erlangt, über einen Antrag des Beschuldigten, den Haftbefehl aufzuheben, nach allgemeinen Grundsätzen zu entscheiden; ein Fall des § 120 Abs. 1 Satz 2 liegt nicht vor.[121] **37**

Schließlich ist der Haftbefehl auch in den Fällen des **§ 154 Abs. 1 und 2** aufzuheben. **38**
Im ersteren Fall ist die Aufhebung die notwendige Folge der Verfahrensbeendigung seitens der Staatsanwaltschaft. Diese kann nicht von der Verfolgung der Tat, die die Grundlage des Haftbefehls bildet, absehen und gleichzeitig die Aufrechterhaltung der Untersuchungshaft (zur Sicherung der Verfolgung eben dieser Tat) bejahen. Die Staatsanwaltschaft wird daher in einem solchen Fall zugleich mit ihrer Verfügung, von der Verfolgung einer Straftat nach § 154 Abs. 1 abzusehen, den Antrag verbinden müssen, den Haftbefehl insoweit nach § 120 Abs. 3 aufzuheben. Hat das Gericht das Verfahren nach § 154 Abs. 2 vorläufig eingestellt, ist der Haftbefehl gleichfalls aufzuheben, weil es sich trotz der Formulierung nicht um eine vorläufige Einstellung nach § 120 Abs. 1 Satz 2 handelt.[122] Gleiches gilt für eine Maßnahme nach **§ 154b.**[123]

---

116 Auf die Bezeichnung der Einstellung kommt es nicht an, vgl. OLG Karlsruhe JZ **1967** 418. Zur Einstellung nach § 37 BtMG s. LG Hamburg StV **1996** 389.
117 Zur Einstellung wegen mangelhaften Anklagesatzes vgl. *Krause/Thon* StV **1985** 253; BGH GA **1973** 111.
118 BGH NStZ **1999** 520; krit. dazu LR/*Stuckenberg* § 200, 80 ff.; § 206a, 68.
119 Krit. hierzu LR/*Stuckenberg* § 204, 14.
120 Krit. SK/*Paeffgen* 11b (diese Ansicht sei systematisch zwar richtig, aber die Vorschrift müsse „beschuldigten-begünstigend" anders ausgelegt werden); die Streitfrage hat indessen keine praktische Relevanz.
121 KK/*Schultheis* 15.
122 Vgl. die Erl. zu § 154.
123 OLG Saarbrücken StV **1988** 110 (zu § 154b Abs. 4 Satz 1).

39 **4. Bagatelldelikte.** Wie bei Freispruch angenommen wird, dass der dringende Tatverdacht weggefallen sei (Rn. 34), muss bei Verurteilung wegen einer Tat, die nur mit Freiheitsstrafe bis zu sechs Monaten oder mit Geldstrafe bis zu 180 Tagen bedroht ist (§ 113 Abs. 1; § 113, 3), der dringende Tatverdacht wegen einer anderen Straftat verneint werden. Die Untersuchungshaft darf dann lediglich wegen Fluchtgefahr und nur dann fortdauern, wenn die Voraussetzungen des § 113 Abs. 2 vorliegen. Ist das nicht der Fall, ist der Haftbefehl aufzuheben. Dasselbe gilt, wenn das Hauptverfahren abweichend von dem Antrag der Staatsanwaltschaft (§ 206, § 207 Abs. 2 Nr. 3) nur wegen einer in § 113 Abs. 1 bezeichneten Tat eröffnet wird.

5. Verfahren

40 **a) Aufhebungsentscheidung.** Zu jedem Zeitpunkt des Verfahrens haben Gericht und Staatsanwaltschaft zu prüfen, ob die Untersuchungshaft noch aufrechterhalten werden muss, die Staatsanwaltschaft auch dann noch, wenn die Verfahrensherrschaft auf das Gericht übergegangen ist. Einen Zwang hierzu kann der Beschuldigte durch Haftprüfungsverfahren (§ 117) ausüben, doch ist stets unabhängig davon von Amts wegen darauf zu achten, ob die Untersuchungshaft weiterhin nötig ist. Ist das zu verneinen, hat die Staatsanwaltschaft zu beantragen, den Haftbefehl aufzuheben. Das Gericht hat die Haftfrage aber auch von Amts wegen zu prüfen und den Haftbefehl aufzuheben, wenn die Haftvoraussetzungen weggefallen sind oder die weitere Untersuchungshaft zu der Bedeutung der Sache und der Sanktion, die zu erwarten ist, außer Verhältnis stehen würde. Die **Aufhebungsentscheidung** ergeht, nachdem die Staatsanwaltschaft gehört worden ist (§ 33 Abs. 2), durch **Beschluss**, der zu begründen ist (§ 34). Die Erl. insoweit in § 114, 16 ff. und § 122, 45 ff. gelten – entsprechend der jeweiligen Sachlage des Einzelfalles – sinngemäß. Im Falle des Freispruchs erfolgt die Aufhebung durch einen besonderen Beschluss, der mit dem Urteil zu verkünden ist (§ 268b). Nach § 332 gilt dies auch für das **Berufungsgericht.** Das **Revisionsgericht** hat eine entsprechende Haftprüfungspflicht nur in eingeschränktem Maß, weil es nicht in jedem Fall eine das Verfahren abschließende Entscheidung trifft; hier gilt die besondere Regelung in § 126 Abs. 3.[124]

41 **b) Vollzug durch Entlassung.** Der den Haftbefehl aufhebende Beschluss ist durch Entlassung zu vollziehen.[125] Einer **Vollstreckung** (§ 36 Abs. 2 Satz 1) bedarf die Entscheidung nicht, weil keine Gewalt erforderlich ist, sie durchzuführen.[126] Daher findet § 36 Abs. 2 Satz 1 keine Anwendung. Das Gericht hat vielmehr die Entlassung selbst zu veranlassen und den Beschluss dem Beschuldigten formlos und der Staatsanwaltschaft durch Aktenübersendung mitzuteilen.

42 Die Untersuchungshaftvollzugsanstalt hat den Verhafteten, wenn keine Überhaft vermerkt ist, **unverzüglich** zu entlassen. Sie kann ihn nicht zwangsweise für den Zeitraum zurückhalten, der erforderlich ist, ihm Sachen auszuhändigen, ihn darüber quittieren zu lassen usw. Ist eine Gesundheitsuntersuchung erforderlich, so kann sie durchgeführt werden, wenn das sofort möglich ist und der Beschuldigte zustimmt.[127] Der Verhaftete darf jedenfalls nicht gegen seinen Willen zurückgehalten werden, weil der Arzt etwa erst später oder nur zu einer besonderen Stunde zur Verfügung steht. Bei den Entlassungsformalitäten ist der Entlassene als freier Mann zu behandeln; er hat sich

124 LR/*Gärtner* § 126, 38 ff.
125 Vgl. Nr. 55 RiStBV, auch zum Fall der Überhaft.
126 LR/*Graalmann-Scheerer* § 36, 22.
127 S. auch *Schlothauer/Weider/Nobis* Rn. 1005.

zwar in diesem Rahmen noch in den Anstaltsbetrieb einzuordnen, kann aber nicht mehr mit Hausstrafen belegt werden.

Befindet er sich zur Zeit der Entlassung außerhalb des Anstaltsgeländes, etwa **im Gerichtssaal**, so darf er nicht gegen seinen Willen in die Anstalt zurückgeführt werden, um dort die Entlassungsformalitäten zu erledigen.[128] Es steht ihm frei, seine Sachen am Eingang der Untersuchungshaftanstalt in Empfang zu nehmen.[129] In der Praxis erfolgt zumeist der Hinweis an den Angeklagten, dass eine kurze Rückkehr in die Anstalt sinnvoll ist, weil im Regelfall nur auf diese Weise eine sofortige Erledigung der Entlassungsformalitäten und Aushändigung der Habe möglich ist (Nr. 55 Abs. 2 Satz 2 RiStBV).[130] **43**

Ist der Verhaftete zu entlassen und hat er keine Bleibe und auch kein Geld, eine Übernachtung zu bezahlen, darf ihn die Anstalt, wenn er es wünscht, bis zum übernächsten Vormittag beherbergen. In den Landesvollzugsgesetzen[131] finden sich entsprechende Regelungen zum kurzfristigen **freiwilligen Verbleib**,[132] aber auch zur Gewährung einer **Entlassungsbeihilfe** aus fürsorgerischen Gründen. **44**

6. Rechtskraft. Vgl. dazu Vor § 112, 93. **45**

III. Einlegung eines Rechtsmittels (Absatz 2)

1. Keine aufschiebende Wirkung. Gegen einen den Haftbefehl aufhebenden Beschluss ist, sofern er nicht von einem Strafsenat als Rechtsmittelgericht ergeht (§ 304 Abs. 4 Satz 2 Hs. 1), Beschwerde zulässig, auch – weil er eine Entscheidung über die Verhaftung darstellt – wenn er die Entscheidung eines erkennenden Gerichts ist (§ 305 Satz 2). Durch die Erhebung des Rechtsmittels darf die **Freilassung nicht aufgehalten** werden; die Beschwerde hat keine aufschiebende Wirkung (§ 307 Abs. 1). Die nach den allgemeinen Vorschriften gegebene Befugnis des Gerichts, den Vollzug der angefochtenen Entscheidung auszusetzen (§ 307 Abs. 2), ist durch Absatz 2, der gegenüber der Regelung des § 307 Abs. 2 lex specialis ist, ausdrücklich ausgeschlossen,[133] gleichgültig ob die Beschwerde allein eingelegt oder ob sie mit einer Anfechtung der zu Rn. 34 ff. aufgeführten Entscheidungen verbunden wird. Absatz 2 gilt jedoch nicht, wenn der Haftbefehl nur außer Vollzug gesetzt wird; dann ist § 307 Abs. 2 anwendbar.[134] **46**

Gegen den einen Haftbefehl **aufhebenden Beschluss** des LG oder des erstinstanzlich entscheidenden OLG (§ 120 Abs. 3 und 4 GVG) findet, weil er die Verhaftung betrifft (§ 310 Abs. 1), **weitere Beschwerde** statt. Zwar hat die weitere Beschwerde ihren Grund im Schutze des Beschuldigten. Aus diesem Gesetzeszweck könnte man schließen, dass der Staatsanwaltschaft die weitere Beschwerde nicht zustehe. Indessen ist der Wortlaut nicht auf eine Beschwerde des Beschuldigten beschränkt. Da er eindeutig ist, bleibt für **47**

---

128 LG Berlin NStZ **2002** 497; KK/*Schultheis* 18; Graf/*Krauß* 31; KMR/*Wankel* 4; AK/*Krause* 8; AnwK-StPO/*Lammer* 6 (gilt auch für den Fall, dass die Ausländerbehörde aufenthaltsbeendende Maßnahmen beabsichtigt; diese muss dann rechtzeitig die zur Festnahme zwecks Erlasses eines Abschiebehaftbefehls notwendigen Maßnahmen ergreifen); AnwK-UHaft/*König* 9; *Stahl* StraFo **2001** 261; **a.A.** *Kaiser* NJW **1967** 866.

129 *Merz* NJW **1961** 1852.

130 Meyer-Goßner/*Schmitt* 9.

131 Vgl. etwa § 10 Abs. 2 und 3 UVollzG Bln sowie die vergleichbaren, auf dem Musterentwurf beruhenden Landesgesetze.

132 Der ein schriftliches Einverständnis des Betroffenen zur Aufrechterhaltung der bisher bestehenden Beschränkungen erfordert.

133 KK/*Schultheis* 19; h.M.

134 KK/*Schultheis* 19; Meyer-Goßner/*Schmitt* 12; AK/*Krause* 12; wohl eher krit. SK/*Paeffgen* 12.

eine einschränkende Auslegung kein Raum. Daher ist die Staatsanwaltschaft (§ 296) beschwerdeberechtigt (§ 114, 43). Der Beschuldigte hat mangels Beschwer kein Beschwerderecht; ebenso nicht der Nebenkläger (§ 114, 43).[135] Für die Beschwerde gegen die **Ablehnung**, einen **Haftbefehl aufzuheben**, ergeben sich keine Besonderheiten.

48 Hat das Amtsgericht, beispielsweise in einem der in Rn. 18 angeführten Beispielfälle, **den Haftbefehl aufgehoben**, so ist der Angeklagte aus der Untersuchungshaft selbst dann zu entlassen, wenn die **Staatsanwaltschaft** das **Urteil** alsbald nach der Verkündung des Urteils und des Aufhebungsbeschlusses etwa mit dem Ziel **anficht**, die Strafaussetzung der erkannten Freiheitsstrafe in Wegfall zu bringen. Denn Absatz 2 gilt für alle Fälle, in denen ein Haftbefehl aufgehoben wird (Rn. 49). Weil es sich hier jedoch weder um einen Freispruch noch um einen der in Absatz 1 Satz 2 genannten beiden vergleichbaren Fälle handelt (vgl. dazu Rn. 34ff., aber auch 62f.), kann die Staatsanwaltschaft **zugleich** mit der **Berufung** gegen das Urteil **Beschwerde** gegen den Aufhebungsbeschluss einlegen und ist das Berufungsgericht grundsätzlich nicht gehindert, den Beschluss des Amtsgerichts aufzuheben oder erneut einen Haftbefehl zu erlassen.[136] Allerdings wird das Berufungsgericht bei der Prüfung des Haftgrundes einen strengen Maßstab anlegen und namentlich die Erfolgsaussicht des Rechtsmittels im Hinblick auf den Strafausspruch – vorausschauend – beurteilen müssen.[137]

49 Absatz 2 **gilt für alle Fälle**, in denen ein Haftbefehl aufgehoben wird, nicht nur für die Aufhebung beim Freispruch und bei diesem gleichstehenden Entscheidungen.[138] Die Bestimmung ist nicht unbedenklich (vgl. die andersartige Regelung in § 454 Abs. 2 Satz 2) und für die Fälle von Absatz 1 Satz 1 auch zuweilen misslich. Für den Freispruch und die ihm gleichstehenden Entscheidungen ist sie eher hinzunehmen, namentlich wenn man im Auge behält, dass manche Rechtsordnungen Rechtsmittel gegen freisprechende Entscheidungen schlechthin ausschließen.[139]

50 **2. Entscheidung des Beschwerdegerichts.** Das Beschwerdegericht überprüft die Entscheidung vollständig und hat dabei seine Erwägungen an die Stelle derjenigen des Vorderrichters zu setzen.[140] Bei seiner Entscheidung hat es auch neu bekanntgewordene Tatsachen zu berücksichtigen. Den **Freispruch** oder die ihm gleichstehenden Entscheidungen kann es jedoch nicht überprüfen; es ist vielmehr an die gesetzliche Vermutung gebunden, dass der dringende Tatverdacht entfallen ist.[141] In den zu Rn. 34ff. aufgeführten Fällen muss daher eine Beschwerde grundsätzlich wirkungslos bleiben (Ausnahme Rn. 52).

51 War dagegen der Haftbefehl aus **sonstigen Gründen** aufgehoben, kann das Beschwerdegericht den aufhebenden Beschluss des Vorderrichters seinerseits aufheben und damit dem Haftbefehl wieder Wirksamkeit verleihen, wenn etwa die Staatsanwaltschaft gegen ein Urteil, dessen Strafe der Vorderrichter zur Bewährung ausgesetzt hat, Berufung mit dem Ziel eingelegt hat, die Strafaussetzung zu beseitigen.[142] Dabei kann es den Haftbefehl auch umstellen, indem es etwa an die Stelle eines vom Vorderrichter zu

---

135 OLG Frankfurt StV **1995** 594.
136 OLG Koblenz MDR **1974** 596; OLG Karlsruhe MDR **1977** 775; OLG Düsseldorf MDR **1992** 1173; **a.A.** *Luckhaupt* MDR **1974** 551.
137 Zur Einschränkung der Überprüfungsmöglichkeiten s. § 112, 28.
138 KK/*Schultheis* 19; *Luckhaupt* MDR **1974** 551; **a.A.** OLG Koblenz MDR **1974** 596.
139 Krit. auch KK/*Schultheis* 19.
140 Zu Einschränkungen s. § 112, 25ff. Krit. zur obergerichtlichen Rspr. z.B. *Münchhalffen* FS Rieß 357.
141 OLG Schleswig bei *Lorenzen/Schiemann* SchlHA **1998** 174; OLG Hamm NJW **1954** 86; HK/*Posthoff* 13, 18; KK/*Schultheis* 19; s. auch (zu § 126a Abs. 3 Satz 1 i.V.m. § 275a Abs. 6 Satz 4) OLG Bamberg Beschl. v. 31.3.2011 – 1 Ws 167/11 – (juris).
142 OLG Koblenz MDR **1974** 696; krit. *Luckhaupt* MDR **1974** 550. Vgl. auch OLG Düsseldorf MDR **1992** 1173.

Recht verneinten Betrugsverdachts den von diesem übersehenen Verdacht einer Urkundenfälschung setzt, oder indem es anstelle zu Recht als weggefallen angesehener Verdunkelungsgefahr entgegen der Ansicht des Vorderrichters Fluchtgefahr annimmt (§ 114, 53f.).

3. Neue Haftgründe; neuer Haftbefehl. Durch den Freispruch und die ihm gleichstehenden gerichtlichen Entscheidungen wird die **gesetzliche Vermutung** begründet, die Haftvoraussetzungen seien entfallen oder die Untersuchungshaft stehe auf jeden Fall zu der zu erwartenden Sanktion nicht mehr in einem angemessenen Verhältnis (Rn. 33). Die Aufhebung des Haftbefehls entfaltet eine **Sperrwirkung** für den Erlass eines neuen Haftbefehls, der auf die bekannten Gründe gestützt werden soll. Die Vermutung kann jedoch durch **neue Tatsachen** oder durch **neue Beweismittel widerlegt** werden[143] (Gleiches gilt für einen Schuldspruch in der nächsten Instanz oder nach Rückverweisung). Werden sie alsbald nach Freispruch usw. bekannt (z.B. Geständnis nach Urteilsverkündung), dann ist trotz des Freispruchs der Aufhebungsgrund des Absatzes 1 Satz 2 nicht gegeben. Ergeben sie sich, nachdem der Haftbefehl aufgehoben worden ist, dann kann das Beschwerdegericht die aufhebende Entscheidung des Vorderrichters beseitigen oder dieser einer Beschwerde der Staatsanwaltschaft abhelfen. In der Regel werden neue Tatsachen oder neue Beweismittel erst nach einiger Zeit hervortreten. Auch dann kann die Staatsanwaltschaft, weil das Beschwerdegericht die neuen Umstände berücksichtigen muss, noch den Weg der Beschwerde wählen; doch wird es in der Regel angemessener sein, einen neuen Haftbefehl zu beantragen. In Berufungssachen wird die Staatsanwaltschaft diesen regelmäßig erst in Verbindung mit dem Antrag auf Aufhebung des erstinstanzlichen Urteils und Verurteilung des Angeklagten stellen. 52

Die Vermutung, die Haftvoraussetzungen seien weggefallen, kann nicht dadurch ausgeräumt werden, dass das gleiche oder ein höheres Gericht **unveränderte Tatsachen anders würdigt** oder die **Rechtslage anders beurteilt**, als es das freisprechende Gericht beim Freispruch oder den ihm gleichstehenden Entscheidungen getan hatte.[144] Die Vermutung besteht grundsätzlich, wenn neue Tatsachen oder (und) Beweismittel fehlen, auch dann weiter, wenn der Freispruch (die Einstellung) durch das Rechtsmittelgericht aufgehoben wird, solange kein Schuldspruch erfolgt.[145] Die gegenteilige Ansicht, der Angeklagte sei nicht mehr freigesprochen, wenn das freisprechende Urteil aufgehoben worden sei,[146] übersieht, dass der Gesetzgeber das Aufhebungsgebot an die Tatsache eines freisprechenden Urteils knüpft. Mag auch das freisprechende Urteil aufgehoben werden, so bleibt doch der Umstand, dass der Angeklagte freigesprochen worden ist, bestehen und mit ihm der tragende Grund für die Sperrwirkung. Die Dringlichkeit des Tatverdachtes bleibt normativ widerlegt, zumal § 120 nicht auf einen Bestand des Frei- 53

---

143 OLG Karlsruhe NJW **1970** 439; NStZ **1981** 192; OLG Düsseldorf MDR **1974** 686; OLG Hamm NStZ **1981** 34; KG StV **1986** 539; JR **1989** 344; OLG Schleswig bei *Lorenzen/Schiemann* SchlHA **1998** 174; KK/*Schultheis* 20; Meyer-Goßner/*Schmitt* 10; *Wendisch* StV **1985** 376; h.M.

144 OLG Hamm NStZ **1981** 34; OLG Karlsruhe NStZ **1981** 192; KG StV **1986** 539; JR **1989** 344; OLG Schleswig bei *Lorenzen/Schiemann* SchlHA **1998** 174; KK/*Schultheis* 20.

145 SK/*Paeffgen* 11; *Paeffgen* NStZ **1989** 423; AK/*Deckers* Vorbem. 13; *Eb. Schmidt* Nachtr. I 27; *Schlothauer/Weider/Nobis* Rn. 1268; vgl. auch OLG Düsseldorf MDR **1974** 687; *Wendisch* StV **1985** 377.

146 H.M.: z.B. OLG Karlsruhe Justiz **1979** 234; OLG Hamm NStZ **1981** 34; OLG Frankfurt StV **1985** 375 mit diff. Anm. *Wendisch* (jedenfalls Sperrwirkung bei Rückverweisung wegen Verfahrensfehlers); OLG Köln StV **1996** 389; Meyer-Goßner/*Schmitt* 11; AK/*Krause* 13; KMR/*Wankel* 5a; *Wankel* 125; HK/*Posthoff* 18; s. auch *Wendisch* StV **1985** 377; KK/*Schultheis* 21 (auch nach Aufhebung des Freispruchs sei für die Haftentscheidung die Berücksichtigung aller Umstände erforderlich).

spruches abstellt, bis Nova (neue Tatsachen oder Beweismittel oder ein Schuldspruch) die Sachlage ändern.

54 Im **Wiederaufnahmeverfahren** besteht dieser Grund nicht, wenn es zuungunsten des Verurteilten auf Grund neuer Tatsachen oder Beweismittel betrieben wird (§ 362 Nr. 1, 2, 4). Dieses Verfahren ist vom Zulassungsbeschluss (§ 369 Abs. 1) an ein neues Ermittlungsverfahren, so dass auf Grund neuer Tatsachen oder Beweismittel ein neuer Haftbefehl ergehen kann (§ 112, 11).

55 Die neuen Tatsachen oder Beweismittel haben außer Betracht zu bleiben, wenn mit dem freisprechenden oder einstellenden Urteil ein **Revisionsgericht** befasst wird, dem deren Beurteilung verschlossen ist. Der Umstand, dass das Revisionsgericht das Urteil aufheben könnte und die Nova dann doch noch Bedeutung erlangen könnten, ist so ungewiss, dass er keinen Haftbefehl stützen kann.[147] Auch im Fall einer „offensichtlich begründeten" Revision ist kein neuer Haftbefehl zulässig,[148] weil die Zulässigkeit von Untersuchungshaft nicht von naturgemäß unsicheren Prognosen über die Begründetheit einer Revision abhängig sein kann. Wird die Entscheidung (Freispruch, Einstellung) indessen aufgehoben und die Sache zurückverwiesen (§ 354 Abs. 2), kann die nun zuständige Tatsacheninstanz die neuen Tatsachen oder Beweismittel für eine Haftentscheidung berücksichtigen,[149] hat dabei aber auch die Gründe der Revisionsentscheidung zu beachten.

56 Nach einer Haftbefehlsaufhebung wegen Verstoßes gegen das **Beschleunigungsgebot** (Rn. 21 ff.) darf ein neuer Haftbefehl bis zum Urteilserlass nicht, und danach nur in ganz engen Ausnahmefällen erlassen werden[150] (**Sperrwirkung**).

IV. Aufhebung auf Antrag der Staatsanwaltschaft (Absatz 3)

57 **1. Inhalt.** Im Ermittlungsverfahren ist die Staatsanwaltschaft besser als das nur gelegentlich beteiligte Gericht über das Verfahren und dessen Aussichten unterrichtet und daher am ehesten in der Lage zu beurteilen, ob die Untersuchungshaft noch notwendig ist oder ob sie entbehrt werden kann. Die Verfahrenskenntnis gäbe allerdings keine Grundlage, das Gericht (§ 126 Abs. 1, § 169 Abs. 1) an einen Aufhebungsantrag der Staatsanwaltschaft zu binden, wie das in Absatz 3 Satz 1 geschieht. Die dort verordnete Bindung beruht vielmehr auf der **Verfahrensherrschaft**, die im Ermittlungsverfahren der Staatsanwaltschaft zusteht.[151] Zwar kann diese Herrschaft nicht ausreichen, der Staatsanwaltschaft die Befugnis zu verleihen, selbst Anordnungen zu treffen, die in die Rechte des Beschuldigten eingreifen (Beispiel: Haftbefehl); solche Entscheidungen müssen dem Gericht vorbehalten bleiben.

58 Die Verfahrensherrschaft rechtfertigt es aber, es vom **Antrag der Staatsanwaltschaft** abhängig zu machen, ob solche Anordnungen ergehen sollen, welchen Umfang sie haben und wie lange sie bestehen dürfen. Absatz 3 ist nur eine der vielfältigen Auswirkungen dieses Grundsatzes. Die Vorschrift gewinnt namentlich Bedeutung, wenn die Polizei einen Verhafteten, damit die Frist gewahrt werde, dem Richter beim Amtsgericht unmittelbar zuführt und dieser, weil kein Staatsanwalt erreichbar ist, von Amts wegen

---

147 OLG Düsseldorf MDR **1974** 686; Meyer-Goßner/*Schmitt* 10; LR/*Hilger*[26] 36.

148 So aber KMR/*Wankel* 5a; KK/*Schultheis* 20 (jedoch selbstwidersprüchlich zu Rn. 11); wie hier HK/*Posthoff* 18; SSW/*Herrmann* 20; HK-GS/*Laue* 5; SK/*Paeffgen* 11; Meyer-Goßner/*Schmitt* 10; AnwK-StPO/*Lammer* 5; in diese Richtung tendiert wohl auch BVerfGK **5** 109 = NStZ **2005** 456 = StraFo **2005** 152 = StV **2005** 221; ausdrücklich offen gelassen hat die Frage OLG Düsseldorf MDR **1974** 686.

149 KK/*Schultheis* 20; *Wendisch* StV **1985** 377.

150 KMR/*Wankel* 5; s. auch LR/*Gärtner* § 122, 36 ff.

151 *Schlüchter* 236; *Wittschier* NJW **1985** 1324.

einen Haftbefehl erlassen hat (§ 128 Abs. 2 Satz 2) und bei der Erweiterung des Haftbefehls, die wie der Erlass eines neuen zu behandeln ist (§ 114, 55), im Beschwerdeverfahren (§ 114, 57). Die **Bindungswirkung** bezieht sich nur auf einen Antrag, den **Haftbefehl aufzuheben**. Das Aussetzen des Vollzugs eines Haftbefehls (§ 116) ist gegenüber seiner Aufhebung das Mindere. Gleichwohl ist ein Antrag der Staatsanwaltschaft, den **Vollzug des Haftbefehls auszusetzen**, dem Antrag, den Haftbefehl aufzuheben, in der Bindungswirkung nicht gleichgestellt.[152] Diese klare gesetzgeberische Entscheidung kann nicht durch Auslegung, sondern nur durch den Gesetzgeber geändert werden. Die weitergehende Auffassung,[153] die § 120 Abs. 3 auch auf § 116 anwendet, mag zwar zu einem wünschenswerten Ergebnis führen. Ihre Begründung erscheint aber methodisch problematisch. Die Lösung beruht nämlich auf einem Analogieschluss (a majore ad minus/„erst recht"), die hierfür erforderliche (durch Analogie zu füllende) Gesetzeslücke[154] ist jedoch nicht ersichtlich. Durch Absatz 3 werden die Befugnis und die **Verpflichtung des zuständigen Gerichts** nicht berührt, einen Haftbefehl auch entgegen einem Antrag der Staatsanwaltschaft **von Amts wegen** aufzuheben, wenn die Voraussetzungen der Untersuchungshaft weggefallen sind.

2. Zeitpunkt. Der Haftbefehl ist aufzuheben, wenn die Staatsanwaltschaft es beantragt, solange ihr die Verfahrensherrschaft zusteht, d.h. bis zur **Erhebung der öffentlichen Klage** (§§ 199 Abs. 2 Satz 1; 200; 266 Abs. 2; 407 Abs. 1; 418 Abs. 3). 59

Die **bindende Wirkung** des staatsanwaltschaftlichen Antrags **endet** mit der Klageerhebung. Daher kann der Antrag nur an den Richter beim AG (§ 126 Abs. 1), den Ermittlungsrichter des BGH oder des OLG (§ 169) oder an die diesen Richtern übergeordneten Beschwerdegerichte (§§ 73 Abs. 1, 120 Abs. 3 und 4, 135 Abs. 2 GVG) gerichtet werden. Aus diesem Grund kann ein **mit der Anklage verbundener Antrag**, den Haftbefehl aufzuheben, das mit der Anklage angerufene Gericht nicht mehr binden.[155] Diese Problematik dürfte allerdings nur geringe praktische Bedeutung haben: Es ist kaum vorstellbar, dass, nachdem die Staatsanwaltschaft den Wegfall der Haftvoraussetzungen erkannt hat, sie mit einem – bei zutreffender Sachbehandlung sofort anzubringenden – Aufhebungsantrag noch zuwartet, bis die Anklageschrift fertiggestellt, ausgefertigt und dem für das Erkenntnisverfahren zuständigen Gericht (ggf. über eine Eingangsregistratur) übersandt worden ist; die Staatsanwaltschaft wird vielmehr unverzüglich den Aufhebungsantrag bei dem noch zuständigen Haftrichter stellen, sogleich (Rn. 64) selbst die Entlassung des Beschuldigten anordnen (Nr. 55 Abs. 3 Satz 2 RiStBV) und sich erst danach der Anklageerhebung widmen. 60

---

152 OLG Düsseldorf StV **2001** 462 mit abl. Anm. *Schlothauer*; AG Stuttgart NStZ **2002** 391; KK/*Schultheis* 23; Meyer-Goßner/*Schmitt* 13; AK/*Krause* 14; MüKo/*Böhm* 29; HK/*Posthoff* 25; *Wankel* 97; *Sommermeyer* NJ **1992** 341; *Münchhalffen/Gatzweiler* Rn. 358; mit näherer systematischer Argumentation: KMR/*Wankel* 7 und AnwK-StPO/*Lammer* 9.

153 BGH (Ermittlungsrichter) NJW **2000** 967 mit zust. Anm. *Rinio* NStZ **2000** 547; LG Amberg StV **2011** 420; *Nehm* FS Meyer-Goßner 290; SSW/*Herrmann* 25; AnwK-UHaft/*König* 11; Graf/*Krauß* 34; *Schlothauer/Weider/Nobis* Rn. 847; SK/*Paeffgen* 13; *Polláhne* R&P **2003** 60.

154 Vgl. LR/*Lüderssen/Jahn* Einl. Rn. M 62ff.

155 KK/*Schultheis* 24; Meyer-Goßner/*Schmitt* 13; MüKo/*Böhm* 29; h.M.; **a.A.** *Lobe/Alsberg* § 126, 2 (mit Anklage verbundener Antrag stets bindend). Unverständlich SK/*Paeffgen* 13 (das Gericht solle einem parallel mit Anklageerhebung gestellten Aufhebungsantrag „tunlichst stattgeben", die h.M. sei „etwas förmelnd"); differenzierend, aber ebenfalls nicht überzeugend, LR/*Hilger*[26] 42: werde Klage bei einem Strafrichter erhoben, der zugleich Haftrichter (§ 125 Abs. 1) ist, dann sei der mit ihr verbundene Antrag, den Haftbefehl aufzuheben, für den Strafrichter noch bindend; denn die Gesetze seien „sinnvoll auszulegen", und es könne nicht verlangt werden, dass die Staatsanwaltschaft zwei getrennte Schriftstücke kurzfristig nacheinander abgibt.

61 **3. Antrag.** Den Antrag, den Haftbefehl aufzuheben, braucht die Staatsanwaltschaft **nicht zu begründen**; sie wird das aber tun, wenn ihre Gründe für die weitere Bearbeitung bedeutsam sind oder wenn sonst erwünscht ist, dass sie aktenkundig werden. Der Antrag wird in der Regel beim AG gestellt werden, doch ist auch ein im Verfahren des § 122 ans OLG oder im Beschwerdeverfahren an das Beschwerdegericht gerichteter Antrag bindend. Er kommt z.B. in Betracht, wenn der Richter beim AG den Absatz 3 übersehen hat; wenn eine Haftsache auf weitere Beschwerde des Beschuldigten ans OLG gelangt und die Generalstaatsanwaltschaft ihr beitritt; oder wenn das Beschwerdegericht einen Haftbefehl ohne Gehör der Staatsanwaltschaft umgestellt hat (§ 114, 57) und die Staatsanwaltschaft der Umstellung nicht zustimmt, sondern die Entlassung des Verhafteten für geboten erachtet. Der letzte Fall ist unerwünscht; die Gerichtspraxis kann ihn dadurch vermeiden, dass sie die Staatsanwaltschaft hört.

62 Die **gerichtliche Entscheidung** ist ein **Formalakt ohne Sachprüfung**. Wenn auch die Ansicht der Staatsanwaltschaft bindend ist, so ist doch eine gerichtliche Entscheidung erforderlich, weil der Staatsanwaltschaft keine Verfügung über den gerichtlichen Haftbefehl eingeräumt werden kann. Die gerichtliche Prüfung beschränkt sich darauf, dass die öffentliche Klage nicht erhoben ist und dass ein Antrag der Staatsanwaltschaft vorliegt, den Haftbefehl aufzuheben. Zur Begründung (§ 34) genügen die Worte „auf Antrag der Staatsanwaltschaft".

63 Der **Antrag wirkt** bei gleicher Sachlage **fort**, bis die Staatsanwaltschaft die öffentliche Klage erhoben hat.[156] Daher darf, auch wenn kein Staatsanwalt zu erreichen ist (§ 125 Abs. 1), der Richter beim AG, der die (unveränderte) Sachlage anders als die Staatsanwaltschaft beurteilt, keinen neuen Haftbefehl erlassen. Werden dem Richter jedoch **neue Tatsachen** (Fluchtvorbereitungen) bekannt, ist er nicht gehindert, einen neuen Haftbefehl von Amts wegen zu erlassen, wenn sowohl kein Staatsanwalt zu erreichen ist, als auch Gefahr im Verzug (§ 125, 18, 19) vorliegt.[157]

64 **4. Freilassung.** Beantragt die Staatsanwaltschaft nach Satz 1, den Haftbefehl aufzuheben, dann ist sie der Ansicht, der Beschuldigte sei zu Unrecht in Haft. Im Hinblick auf ihre Verfahrensherrschaft muss ihr die Befugnis zustehen, den Beschuldigten alsbald zu entlassen. Dazu räumt ihr Satz 2 die Fähigkeit ein, gleichzeitig mit ihrem Antrag anzuordnen, dass der Verhaftete freizulassen ist. Weil wegen der Bindungswirkung die Entscheidung des Gerichts nicht zweifelhaft sein kann, hat die **Staatsanwaltschaft** keinen Ermessensspielraum, sondern sie hat die **Anordnung stets zu treffen.** Das Wort „kann" will nur klarstellen, dass die Staatsanwaltschaft zu dem Eingriff in die richterlich angeordnete Haft befugt ist, hat aber nicht den Inhalt, dass die Staatsanwaltschaft mit der Entlassung warten dürfte, bis das Gericht entschieden hat.[158] Dass sich Satz 2 nur auf den Antrag nach Satz 1 bezieht, also **nicht gilt, wenn** die Staatsanwaltschaft **öffentliche Klage** erhoben hat, ist nach dem Zusammenhang zweifellos.[159]

---

156 *Lobe/Alsberg* § 126, 1b.
157 KMR/*Wankel* 8; KK/*Schultheis* 27.
158 KK/*Schultheis* 28; Meyer-Goßner/*Schmitt* 14; AK/*Krause* 15; Graf/*Krauß* 34; KMR/*Wankel* 7; HK/*Posthoff* 26; MüKo/*Böhm* 30; SSW/*Herrmann* 28. Die Pflicht zu unverzüglicher Entlassung regeln auch die Landesgesetze zum Untersuchungshaftvollzug, vgl. z.B. § 10 Abs. 1 UVollzG Bln.
159 LR/*Hilger*[26] 46; *Peters* § 47 A VI 1.

§ 121
Fortdauer der Untersuchungshaft über sechs Monate

(1) Solange kein Urteil ergangen ist, das auf Freiheitsstrafe oder eine freiheitsentziehende Maßregel der Besserung und Sicherung erkennt, darf der Vollzug der Untersuchungshaft wegen derselben Tat über sechs Monate hinaus nur aufrechterhalten werden, wenn die besondere Schwierigkeit oder der besondere Umfang der Ermittlungen oder ein anderer wichtiger Grund das Urteil noch nicht zulassen und die Fortdauer der Haft rechtfertigen.

(2) In den Fällen des Absatzes 1 ist der Haftbefehl nach Ablauf der sechs Monate aufzuheben, wenn nicht der Vollzug des Haftbefehls nach § 116 ausgesetzt wird oder das Oberlandesgericht die Fortdauer der Untersuchungshaft anordnet.

(3) [1]Werden die Akten dem Oberlandesgericht vor Ablauf der in Absatz 2 bezeichneten Frist vorgelegt, so ruht der Fristenlauf bis zu dessen Entscheidung. [2]Hat die Hauptverhandlung begonnen, bevor die Frist abgelaufen ist, so ruht der Fristenlauf auch bis zur Verkündung des Urteils.[3]Wird die Hauptverhandlung ausgesetzt und werden die Akten unverzüglich nach der Aussetzung dem Oberlandesgericht vorgelegt, so ruht der Fristenlauf ebenfalls bis zu dessen Entscheidung.

(4) [1]In den Sachen, in denen eine Strafkammer nach § 74a des Gerichtsverfassungsgesetzes zuständig ist, entscheidet das nach § 120 des Gerichtsverfassungsgesetzes zuständige Oberlandesgericht. [2]In den Sachen, in denen ein Oberlandesgericht nach den §§ 120 oder 120b des Gerichtsverfassungsgesetzes zuständig ist, tritt an dessen Stelle der Bundesgerichtshof.

Schrifttum

Bartsch Richtermangel und Dauer der Untersuchungshaft, NJW **1973** 1303; *Brinker/Gierok/Kempny* Berechnung der Haftprüfungsfrist gem. § 121 I StPO, JuS **2012** 36; *Burhoff* Die besondere Haftprüfung durch das OLG nach den §§ 121, 122 StPO – eine Übersicht anhand neuerer Rechtsprechung mit Hinweisen für die Praxis, StraFo **2000** 109; *ders.* Untersuchungshaft des Beschuldigten – eine Übersicht zur neueren Rechtsprechung, StraFo **2006** 51; *Carstensen* Dauer von Untersuchungshaft, Kriminologische Forschungen, Bd. 13 (1981); *Dünnebier* Bemerkungen zum Verfahren des Oberlandesgerichts nach §§ 121, 122 StPO, JZ **1966** 251; *Fahl* Auf welche Weise läßt sich der „Reservehaltung" von Haftbefehlen vorbeugen? JR **1997** 177; *Franzheim* Der Begriff „dieselbe Tat" in § 121 Abs. 1 StPO, NJW **1967** 1557; *Happel* Aufhebung des Haftbefehls nach § 121 StPO, StV **1986** 501; *Hilger* Der Begriff „derselben Tat" in § 121 Abs. 1 StPO im Lichte der Rechtsprechung des EGHMR zu Art. 5 Abs. 3 Satz 2 EMRK, Gollwitzer-Koll. 65; *Hoffmann* Beurteilungsspielräume der Staatsanwaltschaft als prozessuales Prinzip – eine Schranke auch bei der Haftprüfung nach den §§ 121 ff. StPO? NStZ **2002** 566; *Jahn* Strafprozessuale Eingriffsmaßnahmen im Lichte der aktuellen Rechtsprechung des BVerfG, NStZ **2007** 255; *E. Kaiser* Die Bedeutung des oberlandesgerichtlichen Prüfungsrechts gemäß § 121 StPO, NJW **1966** 434; *Knauth* Ruht der Fristenlauf des § 122a während der Hauptverhandlung? DRiZ **1978** 337; *Kröpil* Personalknappheit der Justiz als wichtiger Grund für eine Haftfortdauer, Jura **2014** 724; *Lange* Neue Maßstäbe für die Berechnung der Haftprüfungsfrist bei verschiedenen nacheinander vollzogenen Haftbefehlen, NStZ **1998** 606; *Mayer/Hunsmann* Leitlinien für die verfassungsrechtlich gebotene Begründungstiefe in Untersuchungshaftsachen, NStZ **2015** 325; *Mehling* Die Sechsmonatsfrist in § 121 StPO, NJW **1966** 142; *Meinen* Berücksichtigung von Opferinteressen im Rahmen der Haftentscheidung nach § 121 StPO, NStZ **1997** 110; *Paeffgen* Apokryphe Haftverlängerungsgründe in der Rechtsprechung zu § 121 StPO, NJW **1990** 537; *Prüllage* Zur Dauer der Untersuchungshaft, DRiZ **1979** 278; *Pusinelli* Die weitere Prüfung der Fortdauer der Untersuchungshaft nach § 121 Abs. 1 StPO, NJW **1965** 96; *Rebehn* Verstöße gegen das Beschleunigungsgebot häufen sich, DRiZ **2018** 204; *Rebmann* Der Begriff „dieselbe Tat" in § 121 Abs. 1 StPO, NJW **1965** 1752; *Rieß* Die besondere Haftkontrolle der Oberlandesgerichte nach den §§ 121, 122 StPO – Funktionen und Konsequenzen, StraFo **1999** 397; *Rosenthal* § 121 – Die Verkürzung der Dauer der Untersuchungshaft, Diss. München 1975; *Sack* Sechsmonatsfrist des § 121 StPO und „kontinuierlicher Freiheitsent-

https://doi.org/10.1515/9783110274929-023

zug", NJW **1975** 2240; *Scheinfeld* Haftfortdauerentscheidungen und Rechtsbeugung – Zur strafrechtlichen Relevanz einer richterlichen Verweigerungshaltung, GA **2010** 684; *Eb. Schmidt* Die oberlandesgerichtliche Kontrolle der Dauer der Untersuchungshaft, NJW **1968** 2209; *Gerhard Schmidt* Die Untersuchungshaft im schwedischen Strafprozeß, ZStW **74** (1962) 623; *Schnarr* Besonderheiten des Rechtsinstituts der Haftprüfung nach §§ 121, 122 StPO und der Widerstreit richterlicher Kompetenzen im Rahmen dieses Verfahrens, MDR **1990** 89; *Schwarz* Der Begriff „derselben Tat" im Sinne von § 121 Abs. 1 StPO, NStZ **2018** 187; *Seebald* Zur Verhältnismäßigkeit der Haft nach erstinstanzlicher Verurteilung, NJW **1975** 28; *Seetzen* Untersuchungshaft und Verfahrensverzögerung insbesondere nach erstinstanzlicher Hauptverhandlung, ZRP **1975** 29; *Starke* Probleme der Fristberechnung nach § 121 StPO, StV **1988** 223; *Summa* Der Tatbegriff i.S. des § 121 I StPO, NStZ **2002** 69; *Temming/Lange* Die Haftprüfung nach §§ 121, 122 StPO: Armutszeugnis für die Justiz? NStZ **1998** 62; *Vöcking* Die oberlandesgerichtliche Kontrolle gem. § 121 StPO, Diss. Mainz 1977.

Entstehungsgeschichte

Die Vorschrift ist durch Art. 1 StPÄG 1964 mit Wirkung zum 1.4.1965 in die Strafprozessordnung eingefügt worden. Ziel des zugrunde liegenden Entwurfs der Bundesregierung[1] war es insoweit, „die Dauer der Untersuchungshaft zu beschränken, soweit es kriminalpolitisch vertretbar ist",[2] und zugleich der Forderung von Art. 5 Abs. 3 Satz 2[3] EMRK zu genügen.[4] In der Regierungsvorlage hatte der Bedingungssatz am Schluss des ersten Absatzes daher folgenden Wortlaut: „..., wenn 1. deren allgemeine Voraussetzungen fortbestehen und 2. die Schwierigkeit der Untersuchung oder wichtige Belange der Strafrechtspflege die Fortdauer der Haft erfordern". Dadurch kam der Grundsatz zum Ausdruck, dass die Untersuchungshaft nicht mehr vollzogen werden dürfe, wenn es möglich gewesen wäre, innerhalb von sechs Monaten zum Urteil zu kommen, und die Ausnahme, dass auf den Haftvollzug gleichwohl nicht verzichtet werden sollte, wenn wichtige Belange der Strafrechtspflege den weiteren Vollzug erfordern, z.B. wenn das Verfahren gegen einen Schwerverbrecher falsch behandelt worden war. Die Ausnahme ist in den Beratungen des Rechtsausschusses gefallen. Dort hat die Vorschrift auch die jetzige Fassung erhalten.

Ihr Absatz 4 ist als Folge der Einführung eines zweiten Rechtszuges in Staatsschutz-Strafsachen durch Art. 2 Nr. 1 StaatsschStrafsG mit Wirkung zum 1.10.1969 neu gefasst worden; durch Art. 3 des 48. StRÄndG ist in seinem Satz 2 die Angabe „§ 120" mit Wirkung zum 1.9.2014 durch die Wörter „den §§ 120 oder 120b" ersetzt worden, nachdem dessen Artikel 2 die Strafsenate der Oberlandesgerichte am Sitz der Landesregierungen durch Einfügung von § 120b in das Gerichtsverfassungsgesetz als „für die Verhandlung und Entscheidung im ersten Rechtszug bei Bestechlichkeit und Bestechung von Mandatsträgern (§ 108e des Strafgesetzbuches)" zuständig erklärt hatte.

Zu den im StVÄG E 1984 vom BRat vorgeschlagenen Änderungen der §§ 121, 122 vgl. die Erl. in der 24. Auflage.

---

1 BTDrucks. **IV** 178.
2 BTDrucks. **IV** 178 S. 16.
3 In der aktuellen Übersetzung der EMRK in die deutsche Sprache ist der fragliche Gesetzesbefehl – Aburteilung des Beschuldigten binnen angemessener Frist oder Freilassung während des Verfahrens – durch ein Semikolon von der Anordnung der unverzüglichen Richtervorführung in Art. 5 Abs. 3 Satz 1 EMRK abgetrennt und gehört damit nach den Regeln der Grammatik zu diesem ersten Satz des Absatzes.
4 BTDrucks. **IV** 178 S. 17.

Übersicht

Alphabetische Übersicht

I. Übersicht

1 **1. Normzweck und Bedeutung.** Die Vorschrift dient der **Beschränkung der Dauer der Untersuchungshaft** vor Erlass des erstinstanzlichen Urteils und trägt dem aus der Verfassung (Art. 20 Abs. 3 GG, Rechtsstaatsprinzip) abzuleitenden Grundsatz der Verhältnismäßigkeit sowie Art. 5 Abs. 3 Satz 1 letzter Teilsatz EMRK Rechnung.[5] Nach der genannten Bestimmung der EMRK hat der nicht auf freiem Fuß befindliche Beschuldigte Anspruch auf ein Urteil innerhalb angemessener Frist oder Haftentlassung während des Verfahrens (wobei seine Entlassung nach Satz 2 der Norm von der Leistung einer Sicherheit für das Erscheinen vor Gericht abhängig gemacht werden kann). Dieses Recht erfährt seine nationale Ausgestaltung in den §§ 121, 122, die zugleich Ausdruck des Grundsatzes der Verhältnismäßigkeit sind, dem im Recht der Untersuchungshaft besondere begrenzende Bedeutung zukommt.[6]

2 Wie bei der ursprünglichen Anordnung der Untersuchungshaft, die keine vorweggenommene Strafe, sondern ein im Interesse der Strafrechtspflege gefordertes Opfer ist,[7] für das – wie für jedes Opfer – grundsätzlich das **Übermaßverbot** und der **Grundsatz der Verhältnismäßigkeit** gelten, ist auch bei ihrer Aufrechterhaltung stets das Spannungsverhältnis zwischen dem in Art. 2 Abs. 2 Satz 2 GG gewährleisteten Recht des Einzelnen auf persönliche Freiheit und den unabweisbaren Bedürfnissen einer wirksamen Strafverfolgung zu beachten. Grundsätzlich darf nur einem rechtskräftig Verurteilten die

5 Vgl. EGMR *Čevizović v. Deutschland*, 49746/99, Urt. v. 29.7.2004 = StV **2005** 136 und *Dželili v. Deutschland*, 65745/01, Urt. v. 10.11.2005 = StV **2006** 474, jeweils mit Anm. *Pauly*; *Kudla v. Polen*, 30210/96, Urt. v. 26.10.2000 = NJW **2001** 2694; *Erdem v. Deutschland*, 38321/97, Urt. v. 5.7.2001 = NJW **2003** 1439 = EuGRZ **2001** 391; *W. v. Schweiz*, 92/1991/344/417, Urt. v. 26.1.1993 = EuGRZ **1993** 384; BVerfGE **20** 49; BVerfG NJW **1991** 689; **1991** 2821; **1994** 2081; StV **1994** 589 mit Anm. *Paeffgen* NStZ **1996** 74; StV **1997** 535; **1999** 328 und 162; **2000** 322; NJW **2000** 1401; **2003** 2895; StV **2003** 30; vgl. auch BGHSt **38** 43 ff.; OLG Düsseldorf StraFo **2006** 24; OLG Köln StV **1992** 524; *Starke* StV **1988** 223; *Rieß* StraFo **1999** 397; *Gehrlein* FS Boujong 758 ff.; *Burhoff* StraFo **2006** 51 ff.; s. auch *Ambos* NStZ **2003** 15; die Richtlinien der Generalstaatsanwälte der Länder zur beschleunigten Bearbeitung von Haftsachen.

6 S. LR/*Lind* Vor § 112, 60 ff.

7 H.M.; s. LR/*Lind* Vor § 112, 28.

Freiheit entzogen werden. Der Entzug der Freiheit eines der Straftat lediglich – wenn auch dringend – Verdächtigen ist wegen der Unschuldsvermutung, die ihre Wurzel im Rechtsstaatsprinzip des Art. 20 Abs. 3 GG hat und auch in Art. 6 Abs. 2 EMRK ausdrücklich hervorgehoben ist,[8] nur ausnahmsweise zulässig. Dabei muss den vom Standpunkt der Strafverfolgung aus erforderlich und zweckmäßig erscheinenden Freiheitsbeschränkungen der Freiheitsanspruch des noch nicht rechtskräftig verurteilten Beschuldigten als Korrektiv gegenübergestellt werden.[9] Bei der Abwägung der Interessen ist zu beachten, dass der verfassungsrechtliche Grundsatz der Verhältnismäßigkeit der Haftdauer auch unabhängig von der zu erwartenden Sanktion Grenzen setzt[10] und dass mit zunehmender Dauer der Haft der Freiheitsanspruch des Inhaftierten gegenüber dem staatlichen Verfolgungsinteresse an Gewicht gewinnt.[11] Daraus folgt: Die Untersuchungshaft darf nur so lange vollzogen werden, wie es **unerlässlich** ist, um das Urteil zu erreichen.

Um diesen verfassungsrechtlichen Vorgaben zu genügen, müssen die Strafverfolgungsbehörden und Strafgerichte alle möglichen und zumutbaren Maßnahmen ergreifen, „alles in ihrer Macht Stehende" tun, um die notwendigen Ermittlungen mit der gebotenen Schnelligkeit abzuschließen und eine gerichtliche Entscheidung über die einem Beschuldigten vorgeworfenen Taten herbeizuführen.[12] Tun sie dies, so kann nach der Vorstellung des Gesetzgebers, die in der grundsätzlichen Beschränkung des Vollzugs der Untersuchungshaft auf diesen Zeitraum ihren Ausdruck gefunden hat, das erstinstanzliche **Urteil regelmäßig innerhalb von sechs Monaten** ab dem Zeitpunkt der Verhaftung des Beschuldigten ergehen; dieser Zeitraum ist im Regelfall auch angemessen i.S.v. Art. 5 Abs. 3 Satz 1 letzter Teilsatz EMRK. 3

Allerdings kann dies nicht ausnahmslos gelten. Komplizierte und langwierige Ermittlungen, etwa im Bereich der Organisierten Kriminalität, oder andere gewichtige, **in dem konkreten Verfahren liegende Umstände** können eine längere Frist bis zum erstinstanzlichen Urteil angemessen erscheinen lassen und die Fortdauer der Haft über sechs Monate hinaus ausnahmsweise rechtfertigen. § 121 Abs. 1 gestattet daher in begrenztem Umfang **Ausnahmen von dem Grundsatz**, dass der Vollzug der Untersuchungshaft wegen derselben Tat nach Ablauf von sechs Monaten zu beenden ist, wenn bis dahin kein auf eine freiheitsentziehende Sanktion erkennendes Urteil ergangen ist; die Ausnahmetatbestände des letzten Teilsatzes der Vorschrift – die besondere Schwierigkeit oder der besondere Umfang der Ermittlungen oder ein anderer wichtiger Grund lassen das Urteil noch nicht zu und rechtfertigen die Fortdauer der Haft – sind jedoch **eng auszulegen.**[13] 4

Durch die grundsätzliche strenge Befristung der Haft auf sechs Monate hat der **Gesetzgeber** die von Verfassungs wegen stattfindende **Abwägung** zwischen dem Interesse des Staates an einer geordneten Strafverfolgung und dem Freiheitsanspruch des inhaf- 5

---

8 BVerfGE **19** 342, 347; **74** 358, 370 f.

9 Vgl. grundlegend hierzu BVerfGE **19** 342, 347; **20** 45, 49 f.; **36** 264, 270; **53** 152, 158 f.; BVerfGK **7** 421; **15** 474, 479. S. auch (die Grundsätze wiederholend) BVerfG NJW **2018** 2948; Beschl. v. 22.1.2014 – 2 BvR 2248/13 u.a. – (juris – Rn. 32); v. 30.7.2014 – 2 BvR 1457/14 – (juris – Rn. 19); v. 20.12.2017 – 2 BvR 2552/17 – (juris – Rn. 15) = NJW-Spezial **2018** 185 (Ls. und Kurzwiedergabe) mit Anm. *Peglau* jurisPR-StrafR 5/2018 Anm. 2; v. 1.8.2018 – 2 BvR 12582/18 – (juris – Rn. 24).

10 BVerfGE **20** 45, 49 f.; 148. S. auch LR/*Lind* Vor § 112, 62 und die dortigen Nachweise.

11 BVerfGE **36** 270; **53** 158 f.; BVerfG StV **2009** 479.

12 Vgl. grundlegend hierzu BVerfGE **36** 270; **21** 222; BVerfG NStZ-RR **2008** 18; StV **1992** 121; **1992** 522; **1994** 589 mit Anm. *Paeffgen* NStZ **1996** 74; NStZ **1994** 93; BGHSt **38** 43 ff. mit Anm. *Weider* StV **1991** 475. S. auch (die Grundsätze wiederholend) BVerfG Beschl. v. 1.8.2018 – 2 BvR 12582/18 – (juris – Rn. 25); SK/*Paeffgen* 16.

13 BVerfGE **20** 50; BVerfGK **10** 544.

tierten Beschuldigten **selbst und abschließend vorgenommen.** Im Rahmen der (oberlandes-)gerichtlichen Prüfung nach § 121 Abs. 1 letzter Teilsatz findet eine solche Abwägung daher nicht (mehr) statt;[14] die Dauer der Untersuchungshaft wird hier nicht – wie in § 112 Abs. 1 Satz 2 und in § 120 Abs. 1 letzter Hs. – in ein Verhältnis zu der Bedeutung der Sache und zu der zu erwartenden Strafe oder Maßregel der Besserung und Sicherung gesetzt, sondern in ein **Verhältnis zu der Schwierigkeit** der Erledigung und zu anderen wichtigen Gründen.[15] § 121 sieht daher keine Ausnahme von der Regelung für den Haftbefehl gegen einen Beschuldigten vor, der eines Verbrechens wider das Leben dringend verdächtig ist (§ 112 Abs. 3).[16] Die Fassung der Regierungsvorlage (s. Entstehungsgeschichte), die in diesem Falle regelmäßig zugelassen haben würde, den Haftvollzug zu verlängern, hat der Bundestag ausdrücklich verworfen. Die Fortdauer der Haft kann daher, wenn ein wichtiger Grund fehlt, nicht damit gerechtfertigt werden, es handele sich um eine schwerwiegende Straftat und (oder) die Haftdauer sei insgesamt noch (im Verhältnis zur erwarteten Sanktion) verhältnismäßig.[17]

6 Da die Vorschrift auch im Übrigen nicht danach differenziert, auf welchem Haftgrund der vollzogene Haftbefehl beruht, und selbst frühere Flucht und die Vorbereitung einer Flucht – sei es eine frühere, sei es eine aus der derzeit vollzogenen Untersuchungshaft – nicht als Ausnahmegründe darin aufgenommen worden sind, ist davon auszugehen, dass der Gesetzgeber bereit war, zugunsten einer das Freiheitsgrundrecht des Beschuldigten wahrenden Beschränkung der Dauer der Untersuchungshaft in Kauf zu nehmen, dass ein verschlepptes Strafverfahren unter Umständen **nicht zum Abschluss gebracht** werden kann; der Haftbefehl ist, wenn ein wichtiger, die Fortdauer seines Vollzugs rechtfertigender Grund fehlt, auch dann aufzuheben (eine Aussetzung seines Vollzuges kommt in dieser Konstellation nicht in Betracht), wenn sicher ist, dass der Beschuldigte fliehen wird.[18]

7 **2. Inhalt.** Den verfassungsrechtlichen Grundsätzen trägt § 121 insoweit Rechnung, als er den Vollzug der Untersuchungshaft wegen derselben Tat vor Erlass des erstinstanzlichen Urteils **grundsätzlich auf sechs Monate begrenzt** und nur in beschränktem Umfang Ausnahmen gestattet.[19] Dies geschieht, indem die Norm bestimmt, dass die Fortdauer des Haftvollzugs über die Sechs-Monats-Frist hinaus nur unter den engen Voraussetzungen des letzten Teilsatzes von Absatz 1, die in einem besonderen Prüfungsverfahren (§ 122) festzustellen sind, und nur durch das dem Haftgericht (§ 126) übergeordnete OLG (oder den BGH, Absatz 4 Satz 2)[20] in einem schlüssig und nachvollziehbar begründeten Beschluss (s. § 122, 45ff.) angeordnet werden darf. Der Vollzug der Untersuchungshaft vor Erlass des erstinstanzlichen Urteils unterliegt – anders als in den Fällen des § 122a – danach zwar keiner zwingenden, allein an den Ablauf der in Absatz 1 und 2 genannten Sechs-Monats-Frist gebundenen zeitlichen Begrenzung. Eine **Überschreitung** der Frist ist aber nur **ganz ausnahmsweise zulässig**.

---

14 BVerfGK **10** 544.
15 Vgl. OLG Hamm StV **2006** 481, 482; OLG Düsseldorf NStZ-RR **2000** 250; MDR **1992** 796 mit Anm. *Paeffgen* NStZ **1993** 580; OLG Frankfurt NStZ-RR **1996** 268 (Aufhebung auch dann, wenn Haft noch verhältnismäßig wäre); *Rieß* JR **1983** 261.
16 OLG Köln NJW **1973** 1009; KK/*Schultheis* 4; h.M.
17 BVerfGK **10** 544; KG StV **2000** 36; OLG Jena StraFo **2004** 318; **1997** 318; KK/*Schultheis* 23; Meyer-Goßner/*Schmitt* 20; unklar insoweit KG StraFo **2000** 137.
18 OLG Köln NJW **1973** 1010; s. auch BGHZ **45** 42; h.M.
19 BVerfGE **20** 50; **36** 270.
20 Vgl. BVerfGE **36** 278 („besonders sorgfältige Prüfung" durch „besonders qualifizierten ‚Haftrichter'").

Dieses **Regel-Ausnahme-Verhältnis** zwischen Beschränkung des Vollzugs der Untersuchungshaft auf sechs Monate und Verlängerung durch das Oberlandesgericht bringt § 121 nicht mit der wünschenswerten Klarheit zum Ausdruck. Vorzugswürdig wäre es gewesen, wenn der – dem ersten Teil des ersten Absatzes der geltenden Norm zu entnehmende – **Grundsatz**, dass der Vollzug der Untersuchungshaft wegen derselben Tat vor Erlass des (freiheitsentziehenden) erstinstanzlichen Urteils **nicht länger als sechs Monate** aufrechterhalten werden darf, als klarer Gesetzesbefehl an den Anfang der Norm gestellt worden wäre. Dem hätte sich logisch die in Absatz 2 getroffene Regelung zu den **Folgen des Ablaufs der Sechs-Monats-Frist** (Aufhebung des Haftbefehls, wenn nicht sein Vollzug ausgesetzt wird oder das OLG die Fortdauer der Untersuchungshaft anordnet) angeschlossen. Anschließend an dessen letzten Teilsatz wären die im letzten Teilsatz von Absatz 1 normierten (materiellen) **Voraussetzungen für die Fortdauer** des Haftvollzugs, also die Umstände, unter denen das OLG die Fortdauer der Untersuchungshaft (ausnahmsweise) anordnen darf, zu regeln gewesen. Die in Absatz 3 zu findenden Vorschriften zum **Ruhen des Fristenlaufs** (während der Hauptverhandlung, wenn mit dieser begonnen wird, bevor die Frist abgelaufen ist, und beginnend mit der Aktenvorlage an das OLG, wenn diese vor Fristablauf bzw. unverzüglich nach der Aussetzung der rechtzeitig begonnenen Hauptverhandlung erfolgt, bis zu dessen Entscheidung im besonderen Haftprüfungsverfahren) gehören inhaltlich zum ersten Teil des ersten Absatzes; die abschließenden Bestimmungen (Absatz 4) betreffen **besondere Zuständigkeiten** für das im Regelfall dem Oberlandesgericht obliegende, in § 122 geregelte Haftprüfungsverfahren. 8

3. Sachlicher Anwendungsbereich. Die Vorschrift ist **bei jedem Haftbefehl** nach § 114 anzuwenden, der vollzogen wird (Rn. 12). Dabei ist es gleichgültig, auf welchem Haftgrund er beruht (§ 112 Abs. 2, 3; § 112a Abs. 1).[21] Zu § 127b s. dort Rn. 23. Zur Anwendbarkeit der §§ 121, 122 bei der **einstweiligen Unterbringung** (§ 126a) s. § 126a, 25 und Rn. 29. 9

Die §§ 121, 122 sind, weil der Gesetzgeber die Verweisung auf sie absichtlich ausgelassen hat, dagegen **nicht anzuwenden** bei der Sicherungshaft vor dem Widerruf der Strafaussetzung zur Bewährung **(§ 453c Abs. 2 Satz 2)**[22] und bei Vollzug der einstweiligen Unterbringung nach **§ 275a Abs. 6;**[23] Art. 6 Abs. 1 erster Satzteil EMRK ist jedoch auch hier zu beachten. Auch bei **Haftbefehlen nach § 230 Abs. 2, § 236, § 329 Abs. 3, § 412 Satz 1** findet die besondere Haftprüfung nach diesen Vorschriften nicht statt.[24] Die Anwendung der §§ 121, 122 scheidet auch aus bei der **Auslieferungshaft** und der vorläufigen Auslieferungshaft (§§ 15, 16 IRG). Hier entscheidet das Oberlandesgericht nach § 26 IRG über deren Fortdauer, wenn der Verfolgte seit dem Tag der Ergreifung oder der vorläufigen Festnahme insgesamt zwei Monate zum Zweck der Auslieferung in Haft ist; die Haftprüfung wird jeweils nach spätestens zwei Monaten wiederholt.[25] Auch auf die **Rücklieferungshaft** sind die §§ 121, 122 nicht anwendbar.[26] 10

21 OLG Düsseldorf MDR **1992** 796; KK/*Schultheis* 4. S. auch Rn. 6.
22 SK/*Paeffgen* 3; KK/*Schultheis* 3, 8; zur Rücklieferungshaft vgl. BVerfGE **29** 197 ff.
23 OLG München NStZ-RR **2009** 20; KK/*Schultheis* 3.
24 KG NStZ-RR **1999** 75; OLG Oldenburg NJW **1972** 1585 mit Anm. *Güldenpfennig* NJW **1972** 2008; Meyer-Goßner/*Schmitt* 2; KK/*Schultheis* 3; h.M.; krit. SK/*Paeffgen* 3. S. im Übrigen die Erl. und Nachweise bei § 230.
25 Zur Anwendbarkeit bei der einstweiligen Unterbringung Jugendlicher (§§ 71, 72 JGG) s. die Kommentare zum JGG.
26 BVerfGE **29** 183, 197.

11 **4. Gesetzeswirkungen, Kritik.** Von der Vorschrift geht – was der Intention des Gesetzgebers entspricht, die Dauer der Untersuchungshaft zu beschränken[27] – zwar ein gewisser **präventiver Druck** auf Polizei, Staatsanwaltschaften und Gerichte aus, zielstrebig, konzentriert, **rasch** und sachgemäß zu ermitteln, anzuklagen und – bei beschleunigter Terminierung der Hauptverhandlung – **zum Urteil zu gelangen.**[28] Es ist aber unverkennbar, dass ein erheblicher Teil der Staatsanwaltschaften und Gerichte die Rechtsprechung der Oberlandesgerichte nicht hinreichend ernst nimmt, wenn diese die Ausnahmetatbestände des § 121 Abs. 1 letzter Teilsatz – am Grundsatz der Verhältnismäßigkeit ausgerichtet und in Erfüllung ihrer Aufgabe, den Grundrechtsschutz der Betroffenen zu verwirklichen[29] – eng auslegen. Zudem muss das BVerfG (neben den Landesverfassungsgerichten) immer wieder korrigierend eingreifen, weil Oberlandesgerichte die **Vorschrift nicht fehlerfrei anwenden,**[30] die zudem in ihrer gegenwärtigen Fassung ein gefährliches Einfallstor für apokryphe Haftgründe bietet.[31] Ob durch eine, den bisher vorgelegten Reformvorschlägen[32] entsprechende Regelung, namentlich durch die von Wissenschaft und Anwaltschaft geforderte Festlegung einer absoluten Haftobergrenze,[33] den berechtigten Belangen des Beschuldigten deutlich besser Rechnung getragen und gleichzeitig den Bedürfnissen der Strafverfolgungspraxis entsprochen werden kann, erscheint allerdings zweifelhaft.[34]

II. Begrenzung der Haftdauer (Absatz 1, 1. Teil)

12 **1. Grundsatz.** Solange kein Urteil ergangen ist, das auf Freiheitsstrafe oder eine freiheitsentziehende Maßregel der Besserung und Sicherung erkennt, darf die Untersuchungshaft nach §§ 112, 112a – ebenso wie die einstweilige Unterbringung nach § 126a – wegen derselben Tat grundsätzlich **nicht über sechs Monate hinaus vollzogen** werden. Die genannte (zeitliche) Grenze betrifft nach dem insoweit eindeutigen Wortlaut der Norm („Vollzug der Untersuchungshaft") nur die **Freiheitsentziehung**; der Haftbefehl selbst und Maßnahmen nach § 116 Abs. 1 bis 3, selbst freiheitsbeschränkende, können auch über die sechs Monate hinaus aufrechterhalten werden, wie sich aus Absatz 2 eindeutig ergibt.[35] Ist aufgrund des Haftbefehls nur **Überhaft** notiert, weil der Beschuldigte sich in anderer Sache in – gem. § 116b Satz 2 regelmäßig vorrangig zu vollstreckender – Strafhaft befindet oder ein Haftbefehl – gleichgültig ob nach §§ 112, 112a oder als Ungehorsamshaft gem. § 230 Abs. 2, § 236, § 329 Abs. 3, § 412 Satz 1 – oder ein Unterbringungsbefehl nach § 126a wegen einer *anderen* Tat (Rn. 24 f.) vollzogen wird, findet die besondere Haftprüfung nach §§ 121, 122 nicht statt.[36] Der Beschuldigte ist insoweit jedoch

---

27 BTDrucks. **IV** 178 S. 16.
28 Vgl. z.B. *Jabel* 165; *Temming/Lange* NStZ **1998** 62 (Erziehungsfunktion).
29 BVerfG StV **2015** 41; NJW **2006** 670.
30 Vgl. die Nachweise bei Rn. 52 ff.; § 122, 47 f.; *Seebode* StV **1989** 121; *Temming/Lange* NStZ **1998** 62; s. auch (krit.) *Krey* 513.
31 Vgl. z.B. *Paeffgen* NJW **1990** 537; OLG Karlsruhe StV **2000** 91; LR/*Lind* Vor § 112, 28 f.
32 Zu Reformvorschlägen namentlich mit dem Ziel der „Entlastung" der Justiz sowie stärkerer Berücksichtigung öffentlicher Interessen vgl. u.a. die Nachweise bei LR/*Lind* Vor § 112, 109 ff.
33 Vgl. z.B. Entwurf des Arbeitskreises Strafprozessreform 1983 bei *Schubarth* AnwBl. **1984** 69; *Deckers* FS Koch 159; *Gropp* JZ **1991** 808; *Seebode* in: Koop/Kappenberg 177 ff.; *Wolter* (Aspekte) 52; LR/*Lind* Vor § 112, 109 f.
34 Zur Kritik der Vorschift vgl. LR/*Hilger*[26] 8. S. auch LR/*Lind* Vor § 112, 112.
35 Vgl. auch § 122, 2; SK/*Paeffgen* 4; Meyer-Goßner/*Schmitt* 4; KK/*Schultheis* 6. Zur Befugnis des mit der Sache befassten Gerichts, während des Verfahrens nach den §§ 121, 122 den Haftbefehl aufzuheben oder außer Vollzug zu setzen, vgl. § 122, 33.
36 BGH StV **2016** 824; Meyer-Goßner/*Schmitt* 2; KK/*Schultheis* 4. **A.A.** (wohl) LR/*Hilger*[26] 16a.

durch das Verhältnismäßigkeitsprinzip geschützt;[37] ob der (Über-)Haftbefehl nach § 120 Abs. 1 aufzuheben ist, kann er im Beschwerdeweg überprüfen lassen.

2. Zeitlicher Geltungsbereich. Die Eingangsworte von Absatz 1 beschränken die Geltung der Vorschrift grundsätzlich auf den Zeitraum **vor Erlass des erstinstanzlichen Urteils.** Erkennt dieses auf Freiheitsstrafe oder eine freiheitsentziehende Maßregel der Besserung und Sicherung, entfällt die Beschränkung des Haftvollzugs nach § 121; die Untersuchungshaft, die nunmehr neben dem weiteren Verfahren in der Rechtsmittelinstanz (und ggf. nach der Zurückverweisung) auch die mögliche Vollstreckung der freiheitsentziehenden Sanktion sichert,[38] darf im Rahmen des § 268b über sechs Monate hinaus (vom Haftgericht) angeordnet und vollzogen werden,[39] ohne dass von Gesetzes wegen eine Prüfung und Entscheidung durch das OLG erfolgt. Wird der Angeklagte **freigesprochen** oder das Verfahren nicht bloß vorläufig eingestellt, ist der Haftbefehl dagegen aufzuheben (§ 120 Abs. 1 Satz 2); eine Anwendung der §§ 121, 122 scheidet in diesem Falle schon begrifflich aus.[40] Wird nur auf **Geldstrafe** und auf eine nicht freiheitsentziehende Maßregel – Berufsverbot (§ 70 Abs. 1 StGB); Entziehung der Fahrerlaubnis (§ 69 Abs. 1 StGB) – oder auf Einziehung (§§ 73 ff. StGB) erkannt, wird der Haftbefehl regelmäßig ebenfalls aufzuheben sein.[41] Ist das ausnahmsweise nicht der Fall und wird der Vollzug des Haftbefehls auch nicht nach § 116 ausgesetzt, bleibt es bei der Beschränkung des § 121 Abs. 1; das Haftgericht hat die Sechs-Monats-Frist zu überwachen und das Prüfungsverfahren nach §§ 121, 122 rechtzeitig vor deren Ablauf einzuleiten, auch wenn gegen das Urteil Revision eingelegt ist (§ 122, 4). 13

Die §§ 121, 122 sind nicht mehr anzuwenden, wenn ein **freiheitsentziehendes** Urteil[42] ergangen ist,[43] auch wenn die Vollstreckung der Freiheitsstrafe oder der freiheitsentziehenden Maßregel im Urteil zur **Bewährung** ausgesetzt und der Angeklagte entlassen worden ist, aber nach Berufungseinlegung durch die Staatsanwaltschaft (wegen derselben Tat) erneut inhaftiert wird.[44] Wie im Fall des § 118 ist auch hier der **Jugendarrest** den Freiheitsstrafen und den freiheitsentziehenden Maßregeln gleichzuachten. Allerdings kann der Fall, dass ein Jugendlicher sechs Monate in Untersuchungshaft sitzt und dann vier Wochen Dauerarrest (§ 16 Abs. 4 Satz 1 JGG) erhält, kaum je in Betracht kommen, wenn § 120 Abs. 1 Satz 1 beachtet wird. Tritt er ausnahmsweise ein, etwa weil eine Jugendstrafe (§§ 17 bis 19 JGG) zu erwarten war, wegen der besonderen Gestaltung des Falls in der Hauptverhandlung dann aber nur auf Jugendarrest erkannt worden ist, wird der Haftbefehl alsbald aufzuheben sein. 14

Urteil i.S.d. Vorschrift ist grundsätzlich allerdings nur ein solches, das **alle angeklagten Taten** insgesamt aburteilt. Wird wegen eines unerledigt und anhängig gebliebenen Teils die Untersuchungshaft weiter vollzogen, findet wegen dieses Teils das Verfahren nach §§ 121, 122 weiterhin statt;[45] dies gilt jedenfalls dann, wenn die Haft **nur** 15

---

37 KG NStZ-RR **1997** 75.
38 Vgl. dazu eingehend LR/*Lind* Vor § 112, 19 ff.
39 Zur Grenze dieser Befugnis des Haftgerichts s. § 122, 40.
40 Wird das freisprechende Urteil in der Revisionsinstanz aufgehoben und ergeht nach Zurückverweisung wegen derselben Tat ein neuer Haftbefehl, sind die §§ 121, 122 jedoch wieder anzuwenden, vgl. OLG Karlsruhe Justiz **1979** 234.
41 LR/*Lind* § 120, 39.
42 Wegen der Begriffe Freiheitsstrafe und freiheitsentziehende Maßregeln s. LR/*Lind* § 118, 12; 14.
43 OLG Schleswig bei *Ernesti/Lorenzen* SchlHA **1983** 110.
44 OLG Düsseldorf MDR **1992** 1173; KK/*Schultheis* 5a.
45 OLG Frankfurt NJW **1966** 2423; OLG Hamm NStZ-RR **2002** 382; OLG Koblenz StV **1998** 557; OLG München NStZ **1986** 423; OLG Stuttgart StV **1995** 201; *Schlüchter* 239.1; SK/*Paeffgen* 27; **a.A.** OLG Hamburg

wegen der nicht abgeurteilten Taten vollzogen wird,[46] nicht jedoch, wenn sie **allein** wegen der abgeurteilten Tat erfolgt.[47] Nicht berücksichtigt wird Haft, soweit sie auf eine zwischenzeitlich verhängte zu vollstreckende Freiheitsstrafe angerechnet worden ist,[48] weil es sich insoweit nicht (mehr) um Untersuchungs-, sondern um Strafhaft handelt.

16 Die Beschränkung des Untersuchungshaftvollzugs endet, sobald ein freiheitsentziehendes Urteil **ergangen** ist; auf dessen Bestand im Rechtsmittelverfahren kommt es nicht an. Der Text des Absatzes 1 stimmt insoweit mit dem des § 118 Abs. 4 überein. Wie dort[49] ist auch hier nach dem eindeutigen Wortlaut des Gesetzes nur die Auslegung zulässig, dass die einmal eingetretene Prozesslage sich nicht wieder ändert, die Beschränkung des Haftvollzugs also nicht wieder eintritt, wenn das verurteilende Erkenntnis vom übergeordneten Gericht aufgehoben wird.[50] Hätte der Gesetzgeber gewollt, dass die Vorschriften der §§ 121, 122 wieder Anwendung finden, wenn ein freiheitsentziehendes Urteil aufgehoben wird, dann hätte es – auch für Absatz 3 – einer eingehenden Regelung bedurft. Sie kann bei dem klaren Wortlaut des Gesetzes nicht durch Analogien gewonnen werden. Der **Grund** für die gesetzgeberische Entscheidung, mit Erlass des ersten freiheitsentziehenden Urteils die Begrenzung der Untersuchungshaft entfallen zu lassen, kann nur darin liegen, dass gleichsam vermutet wird, die Durchführung einer etwaigen neuen Verhandlung sei stets ein wichtiger Grund, der das (neue) Urteil noch nicht zulasse und die Fortdauer der Haft rechtfertige. Für die Regel wird das richtig sein; und der Angeklagte kann darauf verwiesen werden, dass der Haftbefehl aufzuheben ist, wenn die weitere Haft zu der Bedeutung der Sache und der zu erwartenden Strafe oder Maßregel der Besserung und Sicherung außer Verhältnis stehen würde (§ 120 Abs. 1). Wird die Sache in der Rechtsmittelinstanz oder von dem mit ihr nach Zurückverweisung durch das Revisionsgericht befassten Gericht verzögerlich behandelt,[51] wird dem zwar nicht mehr mit dem Mittel der Haftbeschränkung nach § 121 entgegengewirkt. Dem Angeklagten bleibt aber die Möglichkeit, die **Verhältnismäßigkeit der Haftdauer** prüfen zu lassen,[52] z.B. über eine (ggf. weitere) Haftbeschwerde, Haftprüfung (§ 117), Verfassungsbeschwerde und eine Individualbeschwerde zum EGMR[53] wegen Verletzung des Art. 5 EMRK.

17 Mit dem Erlass eines freiheitsentziehenden Urteils **endet** die **Zuständigkeit des Oberlandesgerichts**, über die Fortdauer der Untersuchungshaft zu entscheiden.[54] Das

---

OLGSt § 121 Nr. 32; OLG Hamm NStZ **1985** 425 mit Anm. *Paeffgen* NStZ **1989** 518; NStZ-RR **2002** 382; OLG Koblenz NStZ **1982** 343 mit abl. Anm. *Dünnebier*; AK/*Krause* 11; Meyer-Goßner/*Schmitt* 10; KK/*Schultheis* 5a; KMR/*Wankel* 6. Vgl. auch OLG Oldenburg MDR **1974** 60. Zur Berechnung der Sechs-Monats-Frist bei Urteil wegen eines Teils der in zwei Haftbefehlen erfassten Straftaten vgl. OLG Hamm – III-2 Ws 93/18 – (juris).

46 OLG Koblenz StV **1998** 557; AK/*Krause* 11; Meyer-Goßner/*Schmitt* 10; KK/*Schultheis* 5a (a.E.); KMR/*Wankel* 6.

47 OLG Oldenburg MDR **1974** 60; KMR/*Wankel* 6.

48 OLG Saarbrücken NStZ **2004** 644; OLG Karlsruhe MDR **1994** 181 mit krit. Anm. *Paeffgen* NStZ **1995** 75; HK/*Posthoff* 21; Meyer-Goßner/*Schmitt* 10; vgl. auch OLG Karlsruhe NJW **1970** 440; OLG München NStZ **1986** 423; OLG Koblenz StV **1998** 557. **A.A.** SK/*Paeffgen* 4b, 4c; *Paeffgen* NStZ **1995** 75.

49 S. LR/*Lind* § 118, 15.

50 OLG Hamm NJW **1965** 1818; OLG Karlsruhe Justiz **1986** 144; OLG Zweibrücken NStZ-RR **2010** 325; Meyer-Goßner/*Schmitt* 9; KK/*Schultheis* 5a; allg. M.; krit. SK/*Paeffgen* 6.

51 S. nur BVerfG NJW **2006** 772.

52 Vgl. LR/*Lind* § 120, 13 ff., 26 ff.; SK/*Paeffgen* 6, 26; KK/*Schultheis* 5a; Meyer-Goßner/*Schmitt* 8; *Keller* NStZ **1992** 604.

53 S. dazu LR/*Lind* Vor § 112, 76 und die dortigen Verweise.

54 Vgl. OLG München NStZ **1986** 423; OLG Düsseldorf NJW **1991** 2656 (nach Rückverweisung durch BVerfG) mit Anm. *Paeffgen* NStZ **1992** 531; s. auch OLG Düsseldorf NStZ **1992** 402 mit Anm. *Keller* 604 (aus teleologischen Gründen schon auf den Beginn der Hauptverhandlung abstellend); ebenso (Prüfungskompetenz des OLG endet mit Beginn der Hauptverhandlung) KK/*Schultheis* 5.

ist auch dann der Fall, wenn das OLG früher über die Haftverlängerung hätte entscheiden müssen, das mit der Sache befasste Gericht aber die Akten nicht vorgelegt hatte.[55] Die Ansicht, das OLG habe im Verfahren der §§ 121, 122 auch die Rechtmäßigkeit vergangener Untersuchungshaft zu prüfen, ist zwar richtig, trägt aber die Folgerung nicht, dass eine unterbliebene Prüfung selbst dann nachgeholt werden müsse, wenn inzwischen ein freiheitsentziehendes Urteil ergangen ist.[56] Die Antwort auf die Frage, worauf eine Prüfung, wenn sie stattfindet, sich erstreckt, ist ohne Bedeutung für die andere Frage, wann die Prüfung zulässig ist. Dazu ergibt sich klar aus den Eingangsworten von § 122 Abs. 1 („in den Fällen des § 121") i.V.m. denen von § 121 Abs. 1 („solange kein Urteil ergangen ist"), dass das Prüfungsverfahren unzulässig ist, sobald ein freiheitsentziehendes Urteil ergangen ist;[57] auf dessen Rechtskraft kommt es nicht an.

3. Haftvollzug wegen derselben Tat

a) Tatbegriff. Absatz 1 beschränkt ausdrücklich (nur) den Vollzug der Untersu- 18
chungshaft **wegen derselben Tat** in zeitlicher Hinsicht. Der Begriff „derselben Tat", die Frage, welche Kriterien zu seiner Bestimmung heranzuziehen sind, ist seit der Einführung der Vorschrift hoch streitig.[58] Weitgehende Übereinstimmung besteht lediglich darin, dass durch eine sachgerechte Interpretation und **weite Auslegung** des Tatbegriffs i.S.d. § 121 eine Umgehung vermieden und verhindert werden muss, dass Staatsanwaltschaft und Gericht es in der Hand haben, durch die – grundsätzlich mögliche[59] – Beschränkung des Haftbefehls auf eine von mehreren dem Beschuldigten zur Last gelegten Taten die restlichen Taten in einer Art „Reservehaltung" zu dem Zweck aufzusparen, unmittelbar vor Ablauf der (ursprünglichen) Sechs-Monats-Frist einen neuen Haftbefehl zu erwirken bzw. zu erlassen und so eine neue Sechs-Monats-Frist zu eröffnen.[60]

In der neueren Rechtsprechung und Literatur werden insoweit im Wesentlichen 19
zwei Lösungswege (mit Varianten) vertreten: Nach einer Auffassung soll es sich grundsätzlich bei **„Verfahrensidentität"**[61] der Tatvorwürfe um dieselbe Tat handeln. Allerdings wird ein Vorliegen „derselben Tat" – und damit eine Addition der Haftzeiten (Rn. 27) – im Hinblick auf Art. 2 Abs. 2 Satz 2, 3 GG auch dann bejaht, wenn verschiedene Verfahren verbunden worden sind, eine Verbindung unmittelbar bevorsteht oder eine Verbindung nicht nur theoretisch möglich ist und sich wegen des Ermittlungshintergrundes, des Ermittlungsstandes oder deshalb als sachgerecht anbietet, weil die Tat-

---

55 KG JR **1967** 266; *Keller* NStZ **1992** 604.
56 OLG Köln JMBlNW **1977** 144; Meyer-Goßner/*Schmitt* 8; vgl. auch SK/*Paeffgen* 26.
57 S. auch § 122, 29.
58 S. nur OLG Koblenz NStZ-RR **2001** 124 f. *Schwarz* NStZ **2018** 187, 193 fordert mit guten Argumenten die Streichung des Begriffs „derselben Tat" in § 121 Abs. 1 und ein Abstellen allein auf die Dauer des Untersuchungshaftvollzugs für die Notwendigkeit der besonderen Haftprüfung durch das OLG.
59 Vgl. LR/*Lind* § 114, 10.
60 Grundlegend zur Problematik namentlich *Rebmann* NJW **1965** 1752; *Schlüchter* 244.1; *Eb. Schmidt* NJW **1968** 2209; *Starke* StV **1988** 223; *Lange* NStZ **1998** 606; *Summa* NStZ **2002** 69; vgl. auch *Kaiser* NJW **1966** 434; *Hengsberger* JZ **1966** 213; *Fahl* NStZ **1997** 98; JR **1997** 177; *Kleinknecht* MDR **1965** 781; JZ **1968** 341; s. auch OLG Frankfurt StV **1990** 269; KK/*Schultheis* 10.
61 Vgl. OLG Celle MDR **1984** 774; OLG Jena NStZ-RR **1999** 347, 348; OLG Karlsruhe StV **2011** 293; StV **2003** 517; OLG Koblenz (2. StS) NStZ-RR **2001** 124 (aufgegeben in OLGSt StPO § 121 Nr 37); OLG Köln NStZ-RR **2001** 123; **1998** 181; OLG Jena StV **1999** 329 mit abl. Anm. *Schlothauer*; *Lange* NStZ **1998** 606; *Schwarz* NStZ **2018** 187, 191; s. auch KMR/*Wankel* 8; *Kleinknecht* JZ **1968** 342; *ders.* MDR **1965** 781, 788.

vorwürfe in einem inneren Zusammenhang stehen.[62] Diese Auffassung wird im Wesentlichen damit begründet, sie halte sich unter Beachtung der Gesetzesbindung (Art. 20 Abs. 3 GG) im Wesentlichen an den Gesetzeswortlaut;[63] sie werde dem Schutzzweck des § 121 gerecht und sei ausreichend, um Missbrauch zu verhindern. Die weitergehenden Auffassungen (Rn. 20) werden abgelehnt, weil sie sich vom Gesetzeswortlaut in bedenklicher Ausweitung des Tatbegriffes entfernen würden.[64] Gegen diese Auffassung dürfte jedoch sprechen, dass sie in Einzelfällen zu problematischen Ergebnissen führen könnte, namentlich zu solchen, die im Hinblick auf Art. 5 Abs. 3 Satz 2 EMRK wegen der Verlängerung des Untersuchungshaftvollzuges bedenklich erscheinen;[65] die genannten eingrenzenden Kriterien dürften jedenfalls zum Teil inhaltlich zu unscharf sein, um sachgerechte Entscheidungen sicherzustellen.

20 Die **Gegenmeinung** stellt für die Bestimmung der Tat i.S.d. § 121 dagegen auf den verfahrenstechnisch zuverlässig nachvollziehbaren[66] **Zeitpunkt der Kenntnis** der Taten (im Sinne dringenden Tatverdachts) und die daraus – bei Vorliegen eines Haftgrundes und bestehender Verhältnismäßigkeit der Anordnung von Untersuchungshaft – folgende Erlassreife eines Haftbefehls ab.[67] Unter den dergestalt **„erweiterten Tatbegriff"** fallen danach alle Taten des Beschuldigten von dem Zeitpunkt an, in dem sie im Sinne eines dringenden Tatverdachts bekannt geworden sind und daher in den Haftbefehl hätten aufgenommen werden können.[68] Dabei werden unterschiedliche Auffassungen

---

62 Vgl. OLG Celle MDR **1984** 774 f.; OLG Köln NStZ-RR **2001** 123; **1998** 181; OLG Jena StV **1999** 329 mit abl. Anm. *Schlothauer; Lange* NStZ **1998** 606, 607 f.; AK/*Krause* 6; ähnlich wohl auch SK/*Paeffgen* 11; krit. *Summa* NStZ **2002** 69.

63 S. dazu *Eb. Schmidt* NJW **1968** 2214; *Schwarz* NStZ **2018** 187; *Summa* NStZ **2002** 69.

64 OLG Köln NStZ-RR **1998** 181; OLG Jena StV **1999** 329 mit abl. Anm. *Schlothauer*.

65 Vgl. *Schlothauer* StV **1999** 332; *Schlothauer/Weider/Nobis* 942; *Münchhalffen/Gatzweiler* 409; *Summa* NStZ **2002** 70; *Hilger* Gollwitzer-Koll. 70 ff.; s. auch *Starke* StV **1988** 226; *Varvatou/Schlothauer* StV **1996** 555; OLG Düsseldorf NStZ-RR **2004** 125; OLG Koblenz (1. StS) NStZ-RR **2001** 152, 154.

66 KMR/*Wankel* 8.

67 Weiter gehend OLG Jena StV **2011** 748, das für die Bestimmung „derselben Tat" i.S.d. § 121 berücksichtigen will, wann die Tat bei der im jeweiligen Verfahren gebotenen Beschleunigung hätte bekannt sein *können*. Ebenso KK/*Schultheis* 10.

68 Vgl. BGH Beschl. v. 6.4.2017 – AK 14/17 – und v. 22.2.2018 – AK 5/18 – (beide juris); KG StraFo **2013** 507; OLG Brandenburg StV **1997** 537; OLG Bremen StV **1998** 140; OLG Celle StV **2012** 421; NStZ **1987** 571 mit Anm. *Paeffgen* NStZ **1989** 514; OLG Dresden NJW **2010** 952; OLG Düsseldorf NStZ-RR **2004** 125 mit krit. Anm. *Paeffgen* NStZ **2006** 145; StV **1986** 345; **1989** 256 mit Anm. *Paeffgen* NStZ **1989** 516; StV **1996** 493; **1996** 553 mit Anm. *Varvatou/Schlothauer;* **1996** 557; OLG Frankfurt NJW **1990** 2144; StV **1993** 595; OLG Hamburg StraFo **1998** 391; StV **1989** 489; OLG Hamm NStZ-RR **2002** 382; StV **1998** 555; OLG Jena StV **2011** 748, OLG Karlsruhe Justiz **1984** 307; StV **2000** 513 (offenlassend, ob das auch gilt, wenn der sachliche Zusammenhang zwischen den Tatvorwürfen fehlt); **2003** 517; OLG Koblenz (1. StS) StV **2001** 298; **2000** 629; **2010** 199 (Ls.); OLG Naumburg NStZ-RR **2009** 157; OLG Nürnberg OLGSt StPO § 121 Nr 40; StraFo **2018** 386; OLG Schleswig bei *Lorenzen/Schiemann* SchlHA **1997** 152; OLG Stuttgart StV **2008** 85, **1999** 101; OLG Zweibrücken NStZ-RR **1998** 182 (an § 51 StGB anknüpfend); Beschl. v. 9.1.2018 – 1 Ws 383/17 – (juris) mit abl. Anm. *Meyer-Lohkamp* jurisPR-StrafR 9/2018 Anm. 1; s. auch LG Koblenz StV **2000** 508; *Münchhalffen/Gatzweiler* 406 ff.; *Fahl* JR **1997** 177; *Summa* NStZ **2002** 70; krit. dagegen *Lange* NStZ **1998** 606, 607; vgl. auch KK/*Schultheis* 10; Meyer-Goßner/*Schmitt 12*; AK/*Krause* 6; *Schlothauer/Weider/Nobis* 938 f.; *Fahl* NStZ **1997** 98; *Rebmann* NJW **1965** 1752; *Starke* StV **1988** 227; *Eb. Schmidt* NJW **1968** 2211; differenzierend SK/*Paeffgen* 11, 12 (erforderlich sei, dass die weiteren Taten in die gleiche Ermittlungsrichtung einschlagen, die dem ersten Haftbefehl zugrunde liegt – normative Ähnlichkeit); vgl. auch OLG Bremen StV **1984** 340 (Ersetzung zweier Haftbefehle nach Verfahrensverbindung durch einen neuen Haftbefehl); LG Rostock NStZ **1997** 97 mit Anm. *Fahl*; *Franzheim* NJW **1967** 1557 sowie (abweichend, inzwischen aufgegeben mit StV **2010** 199) OLG Koblenz (2. StS) NStZ-RR **2001** 125.

zur Relevanz von Verfahrensaspekten für die Begriffsbestimmung vertreten.[69] Insoweit wird zum Teil angenommen, es handele sich (nur) um „dieselbe Tat", wenn mehrere Taten (i.S.d. § 264)[70] – ggf. nach Verbindung – Gegenstand desselben Ermittlungsverfahrens sind oder bei der Verfolgung in verschiedenen Verfahren theoretisch eine Verbindung derselben möglich gewesen wäre,[71] während nach anderer Auffassung allein darauf abzustellen ist, ob die Vorwürfe theoretisch in den Haftbefehl hätten aufgenommen werden können, ohne dass es auf eine Verfahrensverbindung oder deren Möglichkeit ankommt.[72]

Der letztgenannten Lösung ist der Vorzug zu geben, denn sie führt – im Hinblick auf Art. 5 Abs. 3 Satz 2 EMRK erstrebenswert – zu einer frühzeitigen Haftprüfung durch das OLG und lässt zugleich der Staatsanwaltschaft im Rahmen des (verfassungs-)rechtlich Möglichen den erforderlichen zeitlichen Ermittlungsspielraum und dem Gericht die angemessene Zeit zur Vorbereitung der Hauptverhandlung und der Urteilsfindung. Der Begriff „derselben Tat" kann danach nicht mit dem Tatbegriff des § 53 StGB gleichgesetzt werden, ist nicht identisch mit dem desselben Verfahrens und **nicht deckungsgleich mit dem Tatbegriff des § 264**. Er weicht von diesem in doppelter Hinsicht ab: Zum einen kann er mehrere Taten (i.S.d. § 264) umfassen, auch wenn nur eine von ihnen im Haftbefehl aufgeführt ist;[73] zum anderen kann es auf den Verfolgungswillen der Staatsanwaltschaft[74] in Bezug auf Teile einer Tat, die ihr unbekannt waren, als wegen dieser Tat Untersuchungshaft angeordnet wurde, nicht ankommen (Rn. 23). Im Übrigen ist „Tat" aber i.S.d. § 264 zu verstehen;[75] sie umfasst den geschichtlichen Vorgang, der dem Beschuldigten vorgeworfen wird, in seiner Gesamtheit, nämlich insoweit, als er nach der natürlichen Auffassung des Lebens eine Einheit bildet, gleichgültig ob sich bei der rechtlichen Würdigung dieses Geschehens eine oder mehrere Straftaten im Sinne des sachlichen Strafrechts ergeben. Danach ist es unzulässig, wenn ein Teil der Tat zur besonderen Anklage **abgetrennt** und für den in der Ermittlung bleibenden weiteren Teil ein besonderer hierauf **beschränkter Haftbefehl** erlassen wird, für den neuen Haftbefehl neue Fristen zu berechnen,[76] denn der neue Haftbefehl ist in Wahrheit nur ein verselbständigter Teil des alten. 21

b) Dieselbe Tat. Zu „derselben Tat" i.S.d. § 121 gehören danach **alle Taten** (i.S.d. § 264),[77] die zum Zeitpunkt des Erlasses des (vollzogenen) Haftbefehls – im Sinne drin- 22

---

69 Nach LR/*Hilger*[26] 14b muss eine Auslegung des Begriffes „dieselbe Tat", die dem Ziel der Vorschrift entsprechen soll, – je nach Sachlage – sowohl (entweder) auf das Verfahren als auch (oder) auf Elemente des prozessualen Tatbegriffes abstellen (können).

70 Es handelt sich jedenfalls um „dieselbe Tat" i.S.d. § 121, wenn mehrere Gesetzesverletzungen in Tateinheit zueinander (§ 52 StGB) stehen, vgl. OLG Hamburg StraFo **1998** 390, 391.

71 Vgl. OLG Karlsruhe StV **2000** 514; OLG Zweibrücken NStZ-RR **1998** 182f.; OLG Celle NStZ **1987** 571.

72 So etwa BGH Beschl. v. 6.4.2017 – AK 14/17 – und v. 22.2.2018 – AK 5/18 – (beide juris); OLG Celle StV **2012** 421; OLG Hamm NStZ-RR **2002** 382; OLG Köln NStZ-RR **1998** 181; OLG Naumburg NStZ-RR **2009** 157; OLG Stuttgart StV **2008** 85; OLG Zweibrücken Beschl. v. 9.1.2018 – 1 Ws 383/17 – (juris) mit abl. Anm. *Meyer-Lohkamp* jurisPR-StrafR 9/2018 Anm. 1; Meyer-Goßner/*Schmitt* 13; KK/*Schultheis* 10; KMR/*Wankel* 7. Vgl. auch *Varvatou/Schlothauer* StV **1996** 556. *Schlothauer/Weider/Nobis* 938.

73 Vgl. auch OLG Celle NJW **1966** 1574; StV **1984** 341; OLG Braunschweig NJW **1967** 363; OLG Köln JMBlNW **1967** 259; OLG Karlsruhe Justiz **1984** 307; *Schlothauer/Weider/Nobis* 939; s. aber OLG Karlsruhe NJW **1966** 464; s. zu der Frage auch *Kaiser* NJW **1966** 435; *Hengsberger* JZ **1966** 213; *Starke* StV **1988** 227.

74 Vgl. dazu BGH LM § 264 Nr. 19; BGHSt **16** 202; **23** 22; OLG Frankfurt StV **1993** 595.

75 Vgl. auch z.B. OLG Karlsruhe NJW **1966** 464; OLG Köln JMBlNW **1967** 259; OLG München NStZ **1986** 423; OLG Frankfurt StV **1990** 269; *Schlüchter* 244.4.; *Starke* StV **1988** 226.

76 Vgl. auch OLG Düsseldorf StV **1989** 256 mit Anm. *Paeffgen* NStZ **1989** 516; **1996** 557; *Schlothauer/Weider/Nobis* 939; s. aber OLG Oldenburg MDR **1974** 60.

77 Vgl. OLG München StraFo **2011** 394 m. Anm. *Lepper*; *Schlothauer/Weider/Nobis* 938.

genden Tatverdachts – bekannt waren und daher **in den Haftbefehl hätten aufgenommen werden können**; gleichviel, ob sie Gegenstand desselben Verfahrens sind oder ob die Verfahren verbunden sind oder werden.[78] Unerheblich ist auch, ob getrennt geführte Verfahren bei derselben Staatsanwaltschaft/demselben Gericht oder mehreren von ihnen anhängig sind, ob ihre Verbindung tatsächlich möglich ist oder ob ihnen ähnliche oder völlig verschiedene Straftaten zugrunde liegen.[79] Wird wegen einer (oder mehreren) von ihnen erst später Haftbefehl erlassen und/oder – bei Überhaftnotierung nach Aufhebung des ersten Haftbefehls oder Haftverschonung insoweit – vollzogen, sind die Haftzeiten aus dem Vollzug beider Haftbefehle zusammenzurechnen (Rn. 27), auch wenn der erste Haftbefehl schon aufgehoben und der Beschuldigte zwischenzeitlich auf freiem Fuß war.

23 Die „Ermittlungszeit" von sechs Monaten ist den Strafverfolgungsbehörden und Gerichten zu dem Zweck eingeräumt, in ihr die Tat – wenn mehrere Taten Gegenstand des Haftbefehls sind, die mehreren – aufzuklären und die Urteilsfindung insoweit vorzubereiten. Daher kann es darauf, dass **Teile der prozessualen Tat** erst im Laufe der Ermittlungen hervortreten, nicht ankommen.[80] Werden solche Teile erst nach und nach bekannt, ist das zwar ein Umstand, der es ggf. rechtfertigt, die Untersuchungshaft über sechs Monate hinaus aufrechtzuerhalten; neue Taten, für die bei neuem Haftbefehl eine neue Sechs-Monats-Frist begänne, sind solche Tatteile aber nicht.[81] Auf den Inhalt des Haftbefehls kommt es insoweit nicht an, weil der Haftbefehl nicht nur auf eine von mehreren Taten, sondern auch auf einen Teil der prozessualen Tat beschränkt werden kann.[82]

24 **c) Neu bekannt werdende Taten**, die also bisher nicht Gegenstand der Ermittlungen und des schon bestehenden Haftbefehls waren, oder Taten, bzgl. derer der Tatverdacht sich erst später zum dringenden verdichtet, sind dagegen grundsätzlich geeignet, eine **neue Sechs-Monats-Frist** in Gang zu setzen, unabhängig davon, ob sie Gegenstand desselben oder eines neu eingeleiteten Ermittlungsverfahrens geworden sind und ob ein solches neues Ermittlungsverfahren zu dem ersten verbunden wird oder die Möglichkeit hierfür besteht.[83] Sie müssen jedoch „haftrelevant", also so **erheblich** sein, dass sie –

78 Vgl. BGH Beschl. v. 6.4.2017 – AK 14/17 – und v. 22.2.2018 – AK 5/18 – (beide juris); OLG Celle StV **2012** 421; OLG Hamm NStZ-RR **2002** 382; OLG Köln NStZ-RR **1998** 181; OLG Naumburg NStZ-RR **2009** 157; OLG Stuttgart StV **2008** 85; Meyer-Goßner/*Schmitt* 13; KK/*Schultheis* 10; KMR/*Wankel* 7. Vgl. auch *Varvatou/Schlothauer* StV **1996** 556. *Schlothauer/Weider/Nobis* 938.

79 Vgl. OLG Dresden NJW **2010** 952; OLG Naumburg NStZ-RR **2009** 157; OLG Stuttgart StV **2008** 85; OLG Zweibrücken NStZ-RR **1998** 182; *Summa* NStZ **2002** 70; *Münchhalffen/Gatzweiler* 406; *Schlothauer/Weider/Nobis* 938; Meyer-Goßner/*Schmitt* 12; KMR/*Wankel* 7; **a.A.** SK/*Paeffgen* 11a (erforderlich für die Zugehörigkeit zu „derselben Tat" sei, dass die Taten Gegenstand desselben Verfahrens sind und entweder dem Tatbegriff des § 264 unterfallen oder in die gleiche Ermittlungsrichtung einschlagen, die dem Haftbefehl zugrunde liegt – normative Ähnlichkeit).

80 OLG Bremen StV **1998** 140; KG bei *Paeffgen* NStZ **2007** 145; *Schlothauer/Weider/Nobis* 938 f.; *Eb. Schmidt* NJW **1968** 2211; AK/*Krause* 6; Meyer-Goßner/*Schmitt* 13; KK/*Schultheis* 11; KMR/*Wankel* 8b.

81 *Schlothauer/Weider/Nobis* 938 f.; *Fahl* JR **1997** 180; s. auch OLG Bremen StV **1998** 140; OLG Hamburg StraFo **1998** 390. Nach KK/*Schultheis* 11 soll dies entsprechend gelten, wenn das Ermittlungsverfahren auf die Aufklärung von Serienstraftaten gerichtet ist; werden in diesem Fall neue Serienteile bekannt, die zu demselben Ermittlungskomplex gehören (wie die haftbefehlsgegenständlichen), soll es sich ebenfalls insgesamt um „dieselbe Tat" handeln, so dass der Erlass des ersten Haftbefehls die Frist des § 121 in Gang setzt. **A.A.** insoweit („andere" Tat mit neuer Frist auch bei nachträglichem Bekanntwerden von Taten, die Teil einer Serie gleichgerichteter Taten sind) zutreffend OLG Nürnberg OLGSt StPO § 121 Nr 40; StraFo **2018** 386; Meyer-Goßner/*Schmitt* 14; HK/*Posthoff* 20.

82 Vgl. LR/*Lind* § 114, 10 f.

83 Vgl. OLG Hamm NStZ-RR **2002** 382; OLG Jena StV **2011** 748; OLG Stuttgart StV **2008** 85 s. auch OLG Koblenz (1. StS) StV **2001** 298 und (2. StS) StV **2010** 199 (unter Aufgabe seiner in NStZ-RR **2001** 125 vertretenen Auffassung); KK/*Schultheis* 10; Meyer-Goßner/*Schmitt 13*; *Schlothauer/Weider/Nobis* 940.

unter Verhältnismäßigkeitsgesichtspunkten – auch für sich genommen den Erlass eines Haftbefehls rechtfertigen würden,[84] und auch tatsächlich zur **Grundlage eines neuen (vollzogenen) Haftbefehls** oder einer Erweiterung des bestehenden Haftbefehls geworden sein. Ist dies der Fall, beginnt die neue Frist i.S.d. § 121 in dem Zeitpunkt, in welchem der Tatverdacht insoweit zum dringenden erstarkt[85] und deshalb wegen dieser Taten ein neuer Haftbefehl hätte erlassen oder der ursprüngliche hätte erweitert werden können; war der Beschuldigte zu diesem Zeitpunkt nicht (mehr) in Haft, beginnt die neue Sechs-Monats-Frist erst mit dem Vollzug des neuen oder erweiterten Haftbefehls.[86] Ob die Staatsanwaltschaft den dringenden Tatverdacht zum Zeitpunkt der Erlassreife auch tatsächlich bejaht hat, ist ebenso unmaßgeblich[87] wie die Frage, wann wegen dieser Tat(en) tatsächlich ein neuer Haftbefehl erlassen oder der bestehende Haftbefehl erweitert wurde. Die sechs Monate stehen ab Erlassreife (bzw. Vollzugsbeginn) zur Verfügung, um wegen dieser neuen (anderen) Tat(en) die Ermittlungen durchzuführen und die Hauptverhandlung und die Urteilsfindung vorzubereiten. Die Zeit des Untersuchungshaftvollzugs aus dem ersten Haftbefehl bleibt in diesen Fällen für die Berechnung der Frist des § 121 bezüglich der neuen (anderen) Tat(en) außer Betracht.

Dies gilt nach einhelliger Ansicht jedenfalls dann, wenn der Beschuldigte die neu **25** bekannt gewordenen (erheblichen) Taten **nach Erlass** des (vollzogenen) Haftbefehls **begangen** haben soll, namentlich während des Vollzugs des ersten Haftbefehls (z.B. Gefangenenmeuterei, Körperverletzung zum Nachteil eines Mitgefangenen oder Vollzugsbediensteten, Betäubungsmittelhandel in der Haftanstalt) oder nach dessen Aufhebung oder Außervollzugsetzung, und deshalb ein neuer Haftbefehl erlassen und vollzogen oder der bestehende (ggf. unter Anordnung seines Vollzugs nach § 116 Abs. 4) erweitert worden ist, auch wenn die zunächst getrennt geführten Verfahren später verbunden werden.[88] Gleiches hat aber auch dann zu gelten, wenn der Beschuldigte die neu bekannt gewordenen Taten bereits **vor Erlass** des (vollzogenen) Haftbefehls **begangen** haben soll, wenn also während des Vollzugs der Untersuchungshaft aufgrund eines (ersten) Haftbefehls eine vor dessen Erlass begangene erhebliche Straftat im Sinne dringenden Tatverdachts bekannt wird, deswegen Untersuchungshaft angeordnet und nunmehr aus diesem (neuen) Haftbefehl vollzogen wird,[89] denn diese Tat konnte, da insofern (noch) kein dringender Tatverdacht bestand, nicht in den ersten Haftbefehl aufgenommen werden.

---

84 Vgl. OLG Celle StV **2012** 421; AnwK-StPO/*Lammer* 6; KK/*Schultheis* 10 a.E.; KMR/*Wankel* 8c.
85 Vgl. KG NStZ-RR **1997** 75; OLG Celle StV **2012** 421; OLG Düsseldorf StV **2004** 496; OLG Koblenz StV **2000** 629; **2001** 298; OLG Naumburg NStZ-RR **2009** 157; OLG Stuttgart StV **2008** 85; **1999** 101; *Schlothauer/Weider/Nobis* 940; Meyer-Goßner/*Schmitt* 14. OLG Jena StV **2011** 748 stellt – weiter gehend – auf den Zeitpunkt ab, in welchem die neue(n) Tat(en) bei der gebotenen Beschleunigung hätte(n) bekannt gewesen sein *können*; ebenso KK/*Schultheis* 10. **A.A.** (kein Beginn einer neuen Sechs-Monats-Frist) OLG Karlsruhe StV **2003** 517; MüKo/*Böhm* 30; SSW/*Herrmann* 49.
86 KMR/*Wankel* 8c.
87 Vgl. OLG Brandenburg StV **1997** 537; OLG Naumburg NStZ-RR **2009** 157; OLG Zweibrücken NStZ-RR **1998** 182; *Schlothauer/Weider/Nobis* 940; KK/*Schultheis* 10.
88 Vgl. KG JR **1967** 231; OLG Celle NJW **1969** 1866; OLG Köln NStZ-RR **2001** 123; OLG Naumburg NStZ **2005** 585 mit zust. Anm. *Paeffgen* NStZ **2006** 145; MüKo/*Böhm* 31; SK/*Paeffgen* 11b; Meyer-Goßner/*Schmitt* 15; KK/*Schultheis* 11; KMR/*Wankel* 8d.
89 Vgl. KG NStZ-RR **1997** 75; OLG Koblenz StV **2010** 199; OLG Nürnberg OLGSt StPO § 121 Nr 40; StraFo **2018** 386; OLG Stuttgart StV **2008** 85; **1999** 101, 102; so auch HK/*Posthoff* 20; Meyer-Goßner/*Schmitt* 14; KK/*Schultheis* 11; KMR/*Wankel*. **A.A.** (kein Beginn einer neuen Sechs-Monats-Frist) OLG Karlsruhe StV **2003** 517; MüKo/*Böhm* 30; SSW/*Herrmann* 49.

4. Sechs-Monats-Frist

26 **a) Allgemeines.**[90] Solange kein auf eine freiheitsentziehende Sanktion lautendes Urteil ergangen ist, darf der Vollzug der Untersuchungshaft wegen derselben Tat grundsätzlich **nicht länger als sechs Monate aufrechterhalten** werden.[91] Schon bei Erlass des Haftbefehls ist zu beachten, ob diese Frist eingehalten werden kann.[92] Die Vorschrift will den Beschuldigten nicht nur vor einer ununterbrochenen Untersuchungshaft von längerer Dauer als sechs Monate bewahren, sondern vor dem **Vollzug** auf eine solche Dauer **überhaupt**. Es ist auch nicht auf die Vollstreckung eines (und desselben) Haftbefehls abgestellt, sondern auf den Vollzug der Untersuchungshaft wegen (einer und) derselben Tat (Rn. 22).

27 **b) Zu berücksichtigende Vollzugszeiten.** Nach diesen Voraussetzungen ist es für die Berechnung der sechs Monate gleichgültig, ob der Beschuldigte ununterbrochen in Untersuchungshaft eingesessen hat,[93] ob diese unterbrochen war, weil der Beschuldigte Strafhaft oder Untersuchungshaft in *anderer* Sache verbüßt hat[94] oder weil der Vollzug des Haftbefehls ausgesetzt war (§ 116 Abs. 1 bis 3),[95] oder endlich, ob der Beschuldigte unter Aufhebung des Haftbefehls aus der Untersuchungshaft entlassen und später wegen *derselben* Tat aufgrund eines neuen Haftbefehls wieder in Untersuchungshaft genommen worden ist.[96] In allen diesen Fällen der **Unterbrechung**[97] sind die einzelnen **Haftzeiten zusammenzuzählen.**[98] Nur diese Vollzugszeiten sind für die Fristberechnung maßgebend; wie lange der Haftbefehl besteht, spielt dagegen keine Rolle.

28 Zu den bei der Berechnung der Sechs-Monats-Frist zu berücksichtigenden Vollzugszeiten zählen auch diejenigen, in denen sich der Beschuldigte, ohne aus der Untersuchungshaft entlassen zu werden, **außerhalb der Untersuchungshaftanstalt** in geschlossenen Einrichtungen **unter** richterlicher **Überwachung** aufhält, z.B. – zur medizinischen Behandlung oder Untersuchung – in einem öffentlichen Krankenhaus[99] oder in einem Entbindungsheim. Untersuchungshaft wird auch dann weiter vollzogen, wenn der Gefangene – ohne vom Vollzug der Untersuchungshaft verschont worden zu sein – zur Vorbereitung eines Gutachtens im Rahmen des Strafverfahrens gem. **§ 81** in ein öffentliches psychiatrisches Krankenhaus gebracht worden ist und dort be-

---

90 Zur Notwendigkeit der Haftüberprüfung nach Ablauf einer gewissen Zeit vgl. EGMR *B. v. Österreich*, 8/1989/168/224, Urt. v. 28.3.1990 = NJW **1990** 3066 (Ls.) mit Anm. *Trechsel* StV **1995** 326; *W. v. Schweiz*, 92/1991/344/417, Urt. v. 26.1.1993 = EuGRZ **1993** 384; zur Prüfung nach den Kriterien des § 121 auf Beschwerde OLG Düsseldorf StV **1991** 222 mit Anm. *Paeffgen* NStZ **1992** 532.

91 KG StraFo **2013** 502.

92 OLG Düsseldorf StV **1988** 390; Meyer-Goßner/*Schmitt* 1.

93 OLG Karlsruhe Justiz **1976** 263; OLG Zweibrücken MDR **1978** 245.

94 Meyer-Goßner/*Schmitt* 5; KK/*Schultheis* 6; vgl. OLG Düsseldorf MDR **1986** 956; OLG Hamm JMBlNW **1982** 33.

95 SK/*Paeffgen* 4. S. auch OLG Düsseldorf StV **1985** 67 (zu berücksichtigender tatsächlicher Vollzug bis zur Erfüllung der Haftverschonungsauflage).

96 OLG Karlsruhe Justiz **1979** 234; KK/*Schultheis* 6.

97 Die Kontaktsperre (§§ 31 ff. EGGVG) unterbricht die Frist nicht – vgl. BGH Beschl. v. 24.10.1977 – 1 BJs 23/77 – AK 93/77.

98 OLG Düsseldorf StV **1996** 557; KK/*Schultheis* 6; SK/*Paeffgen* 4; s. auch OLG Schleswig MDR **1983** 71 (Haftbefehl wird auf Beschwerde der StA wieder in Vollzug gesetzt); OLG Karlsruhe Justiz **1979** 234 (freisprechendes Urteil wird in der Revisionsinstanz aufgehoben, neuer Haftbefehl wegen derselben Tat nach Zurückverweisung; Zusammenrechnung der Vollzugszeiten vor Erlass des (freisprechenden) erstinstanzlichen Urteils und nach erneuter Inhaftierung).

99 KK/*Schultheis* 6.

obachtet wird.[100] Das gilt auch dann, wenn der Vollzug der Untersuchungshaft für die Dauer der Unterbringung ausdrücklich unterbrochen ist,[101] nicht aber, wenn die Unterbringung nicht (mehr) nach § 81, mithin aufgrund von strafverfahrensrechtlichen Vorschriften vollzogen wird, sondern unabhängig von dem Strafverfahren auf Vorschriften eines Unterbringungsgesetzes (PsychKG) beruht[102] oder wenn der Beschuldigte nach § 81 untergebracht wird, während er vom Vollzug der Untersuchungshaft verschont ist.

Wird der Haftbefehl auf einen **Unterbringungsbefehl (§ 126a Abs. 1)** „umgestellt" (§ 126a, 36), endet das Verfahren der §§ 121, 122 nicht (s. § 126a Abs. 2 Satz 1). Vielmehr sind **Haftzeit und Unterbringungszeit** zur Fristberechnung zu addieren.[103] Wird der Unterbringungsbefehl in einen Haftbefehl geändert, sind die Vollzugszeiten gleichfalls **zusammenzurechnen.**[104] Im Hinblick auf den Zweck der Vorschrift (Rn. 1) gilt dies auch dann, wenn der Beschuldigte zwischenzeitlich in Freiheit oder in anderer Sache in Haft war.[105] Ebenfalls in die Sechs-Monats-Frist eingerechnet wird die Dauer einer **unzulässig vollstreckten Freiheitsstrafe.**[106] Schließlich werden auch die Zeiten bei der Fristberechnung berücksichtigt, in denen ein Jugendlicher bei Vorliegen der Voraussetzungen für den Erlass eines Haftbefehls nach **§ 72 Abs. 4 JGG** einstweilig in einem Heim der Jugendhilfe untergebracht war, wenn Untersuchungshaft – nach Ersetzung des Unterbringungsbefehls durch einen Haftbefehl nach § 72 Abs. 4 Satz 2 JGG – im unmittelbaren Anschluss an die Unterbringung vollzogen oder durch die Unterbringung unterbrochen worden ist.[107] Anders als in den Fällen des § 71 Abs. 2 JGG (Rn. 30) verfolgt die Unterbringung nach § 72 Abs. 4 JGG dieselben Zwecke wie die Untersuchungshaft und wird **anstelle der Untersuchungshaft** (zu Gunsten des Jugendlichen) angeordnet, obgleich die Voraussetzungen für den Erlass eines Haftbefehls vorliegen. 29

Nicht mitgerechnet wird dagegen – dem Sinn und Zweck der Sondervorschriften des JGG über die Unterbringung entsprechend – die Dauer einstweiliger Unterbringung gemäß **§ 71 Abs. 2 JGG,**[108] in dessen Verweisungskatalog (Satz 2) die §§ 121, 122 nicht aufgenommen worden sind. Denn durch die vorläufigen Anordnungen nach § 71 JGG sollen – sofern die Voraussetzungen für den Erlass eines Haftbefehls nicht vorliegen – in dem 30

---

100 KG NStZ **1997** 148; OLG Braunschweig NdsRpfl. **1966** 179; OLG Dresden StV **2002** 149; Meyer-Goßner/*Schmitt* 5; KK/*Schultheis* 6; vgl. auch *Starke* StV **1988** 225.

101 KG NStZ **1997** 148; OLG Dresden StV **2002** 149.

102 OLG Düsseldorf NStZ **1996** 355 (zu § 10 Abs. 1 PsychKG NW) mit Anm. *Varvatou/Schlothauer* StV **1996** 554; OLG Koblenz NStZ-RR **1998** 21.

103 OLG Düsseldorf NStZ **2008** 867; OLG Hamm StRR **2007** 282.

104 Meyer-Goßner/*Schmitt* 6; KK/*Schultheis* 7. Zur früheren Rechtslage bereits ebenso: OLG Düsseldorf MDR **1994** 192; OLG Hamburg MDR **1976** 600; OLG Köln NJW **1966** 1087; OLG Nürnberg StV **1997** 537; *Paeffgen* NStZ **1989** 518; **2003** 82.

105 S. auch OLG Celle NStZ **1991** 248; SK/*Paeffgen* 5a, 5b; *Starke* StV **1988** 223; **a.A.** OLG Koblenz MDR **1975** 422 mit Anm. *Sack* NJW **1975** 2240; Meyer-Goßner/*Schmitt* 6; KK/*Schultheis* 7 (Anrechnung nur, wenn sich Haft unmittelbar an Unterbringung anschließt).

106 Vgl. OLG Frankfurt NStZ **1988** 90; KK/*Schultheis* 6; *Starke* StV **1988** 223.

107 Vgl. OLG Dresden JR **1994** 377 mit Anm. *Brunner* und *Paeffgen* NStZ **1996** 74; OLG Karlsruhe NStZ **1997** 452; vgl. auch Meyer-Goßner/*Schmitt* 6a; SK/*Paeffgen* 4a; KK/*Schultheis* 7; *Starke* StV **1988** 225. **A.A.** für einstweilige Unterbringung in *nicht* geschlossenen Heimen der Jugendhilfe: OLG Bamberg Beschl. v. 23.6.2015 – 1 Ws 319/15 – (juris); OLG Hamm Beschl. v. 18.7.2017 – 1 Ws 322/17 – und v. 22.10.2018 – H 4 Ws 252/18 – (juris); OLG Naumburg Beschl. v. 7.5.2001 – 1 HEs 16/01 – (juris).

108 Vgl. KG JR **1990** 216 mit Anm. *Paeffgen* NStZ **1991** 424; OLG Dresden JR **1994** 377 mit Anm. *Brunner* und *Paeffgen* NStZ **1996** 74; OLG Zweibrücken bei *Böhm* NStZ **1990** 530; KK/*Schultheis* 7; Meyer-Goßner/*Schmitt* 6a. **A.A.** (für Anrechnung beider Unterbringungsarten) LR/*Hilger*[26] 12; SK/*Paeffgen* 5a, 5b; *Paeffgen* NStZ **1994** 424.

Zeitraum zwischen dem Verfahrensbeginn und der Rechtskraft des Urteils (nur) die **erzieherischen Ziele** des Jugendstrafverfahrens gesichert werden, nicht das Verfahren selbst. Auch die Zeit der Unterbringung eines – vom (weiteren) Vollzug der Untersuchungshaft verschonten – **Heranwachsenden**, auf den § 72 Abs. 4 JGG nicht anwendbar ist, in nicht geschlossenen Heimen der Jugendhilfe ist nicht in die Frist des § 121 Abs. 1 einzurechnen.[109] Ebenfalls nicht mitgerechnet wird (den Vollzug der Untersuchungshaft unterbrechende) **Strafhaft**, auch wenn der Beschuldigte wegen der Überhaftnotierung **Beschränkungen** nach § 119 unterworfen war.[110] Das gilt auch für die aufgrund eines Haftbefehls nach **§ 230 Abs. 2** vollstreckte Haft[111] und die Dauer einer **Haft nach §§ 236, 329 Abs. 3 und § 412 Satz 1**, auch wenn sie wegen *derselben* Tat angeordnet worden ist.[112] Nach h.M.[113] nicht in die Sechs-Monats-Frist eingerechnet wird auch die im Ausland erlittene **Einlieferungshaft**, die eine Zwangsmaßnahme nach ausländischem Recht[114] ist, auf deren Vollzug deutsche Behörden und Gerichte keinen Einfluss haben; die Frist des § 121 beginnt in diesen Fällen erst mit dem Vollzug der Untersuchungshaft durch die deutsche Justiz.

31 Auf Haft nach dem **NATO-Truppenstatut**[115] ist § 121 anwendbar, wenn ein **deutscher Haftbefehl** nach Art. 22 Abs. 3 des Zusatzabkommens (NTS-ZA) **im Gewahrsam des Entsendestaates** (z.B. in „confinement") vollzogen wird.[116] Diese Haftzeit ist in die Sechs-Monats-Frist einzurechnen. Nicht berücksichtigt werden – wegen der fehlenden Vergleichbarkeit der Freiheitsbeschränkung – aber Zeiten des Vollzugs einer „restriction"[117] sowie diejenigen, in denen ein Haftbefehl eines Entsendestaates vollzogen wird.[118] Nach h.M.[119] soll auch dann nur die deutsche Untersuchungshaft bei der Berechnung der Frist des § 121 berücksichtigt werden, nicht jedoch die bei den Behörden des Entsendestaates erlittene, wenn das Verfahren nach dem NATO-Truppenstatut auf die deutsche Justiz übergegangen ist (Art. 19 Abs. 5a NTS-ZA). Diese Lösung ist nicht zufriedenstellend. Sicher fehlt es (zunächst) am Vollzug deutscher Untersuchungshaft. Jedoch kann diese Lösung (die Nichtberücksichtigung bei der Fristberechnung), abgesehen davon, dass die Haft im Gewahrsam des Entsendestaates, wenn deutsche Untersuchungshaft nachfolgt, im Ergebnis auch der Sicherung des deutschen Verfahrens (wegen derselben Tat) diente, zu einer Schlechterstellung des Beschuldigten im Vergleich zu dem führen, gegen den die deutsche Justiz von vornherein die Gerichtsbarkeit ausübt (Art. 22 Abs. 1b NTS-ZA).

32 **c) Fristbeginn.** Die Sechs-Monats-Frist beginnt, sobald der Beschuldigte **aufgrund eines Haftbefehls ergriffen** worden ist. Ist er nach § 127 vorläufig festgenommen wor-

---

109 OLG Köln NStZ-RR **2011** 121.
110 OLG Hamm JMBlNW **1982** 33.
111 OLG Köln Beschl. v. 17.1.2014 – 2 Ws 721/13 – (juris).
112 Vgl. (jeweils ohne Begründung) KK/*Schultheis* 6; *Münchhalffen/Gatzweiler* 476. Kritisch insoweit LR/*Hilger*[26] 12; SK/*Paeffgen* 4a.
113 EGMR *El Khoury v. Deutschland*, 8824/09, 42836/12, Urt. v. 9.7.2015 (juris); OLG Hamm NJW **1966** 314; OLG Nürnberg GA **1966** 90; OLG Schleswig SchlHA **2009** 242; SK/*Paeffgen* 4a; Meyer-Goßner/*Schmitt* 7; KK/*Schultheis* 8; *Starke* StV **1988** 226; *Münchhalffen/Gatzweiler* 404; vgl. auch OLG München NJW **1982** 1242.
114 KK/*Schultheis* 8; *Starke* StV **1988** 226.
115 Vgl. dazu LR/*Lind* Vor § 112, 105.
116 Vgl. OLG Hamm NStZ **1981** 272; OLG Koblenz NJW **1974** 2193; **a.A.** OLG Frankfurt NJW **1973** 2218; SK/*Paeffgen* 4a. S. auch die Nachweise bei LR/*Lind* Vor § 112, 105.
117 Vgl. OLG Zweibrücken NJW **1975** 2150; Meyer-Goßner/*Schmitt* 7; *Schwenk* JZ **1976** 582.
118 KK/*Graf* Vor § 112, 14.
119 KK/*Graf* Vor § 112, 14; Meyer-Goßner/*Schmitt* 7; SK/*Paeffgen* 4a.

den, beginnt sie (erst), sobald der Richter gegen ihn nach § 128 Abs. 2 Satz 2 **Haftbefehl erlassen** hat; die davor liegende Zeit der vorläufigen **Festnahme** wird bei der Berechnung der Frist des § 121 **nicht** berücksichtigt.[120] Grundrechtsfreundlicher wäre es allerdings, auch diese Zeit (die nach § 128 im Extremfall fast zwei Tage erreichen kann) einzurechnen, zumindest dann, wenn die vorläufige Festnahme nach § 127 Abs. 2 erfolgt ist, weil in diesem Fall die Voraussetzungen eines Haft- oder Unterbringungsbefehls bereits im Zeitpunkt der Festnahme vorliegen müssen.[121]

d) Fristberechnung. Bei der Sechs-Monats-Frist des § 121 handelt es sich – anders als bei der des § 122 Abs. 4 – nicht um eine Zwischen-[122] oder Handlungsfrist i.S.d. §§ 42ff., sondern um einen **Zeitraum, der** – da der Vollzug der Untersuchungshaft wegen derselben Tat unterbrochen sein kann (Rn. 27) – **nicht zusammenhängend verlaufen muss.** Wegen der insoweit bestehenden Vergleichbarkeit mit dem Vollzug einer (nach Monaten bestimmten) Freiheitsstrafe liegt es nahe, bei der Berechnung der Frist des § 121 auf die in **§ 37 StVollstrO** niedergelegten allgemeinen **Regeln für die Strafzeitberechnung** zurückzugreifen und diese hier entsprechend anzuwenden. Anders als die §§ 42, 43 enthält diese Vorschrift in ihrem Absatz 4 auch eine Regelung dazu, wie die Berechnung der Frist zu erfolgen hat, wenn sie unterbrochen worden ist. Danach ist der Tag „zu 24 Stunden“, die Woche „zu sieben Tagen“ und der Monat und das Jahr „nach der Kalenderzeit zu berechnen“. „Demgemäß“ ist bei ununterbrochenem Vollzug der Untersuchungshaft über sechs Monate „bis zu dem Tage zu rechnen, der durch seine Zahl dem Anfangstage“ – das ist im Falle des Strafvollzuges der Festnahmetag, wenn die verurteilte Person aufgrund eines Vorführungs- oder Haftbefehls festgenommen und sodann in die Strafvollzugsanstalt eingeliefert wird (§ 38 Nr. 2 StVollstrO), im Falle der Berechnung der Frist des § 121 der Tag der Festnahme aufgrund eines Haftbefehls bzw. seines Erlasses nach vorläufiger Festnahme – „entspricht“. Fehlt dieser Tag in dem maßgebenden Monat, so tritt an seine Stelle dessen letzter Tag. Wird der Beschuldigte aufgrund eines bereits bestehenden Haftbefehls am 18. Juni ergriffen (oder ergeht an diesem Tag gegen ihn nach vorläufiger Festnahme ein Haftbefehl), endet die Sechs-Monats-Frist mit Ablauf des 18. Dezember. War die Untersuchungshaft in dieser Sache unterbrochen, etwa um eine (Rest-)Freiheitsstrafe von einem Monat, zwei Wochen und drei Tagen zu vollstrecken, wird die Dauer der Unterbrechung dem zuvor errechneten Endtag der Frist hinzugerechnet, wobei nach § 37 Abs. 5 StVollstrO (bei Vorwärtsrechnung) die größere Zeiteinheit der kleineren vorgeht. Die Sechs-Monats-Frist endet danach mit Ablauf des 4. Februar des auf die Festnahme folgenden Jahres (18.12. + ein Monat = 18.1., 18.1. + zwei Wochen [zweimal sieben Tage] = 1.2., 1.2. + drei Tage = 4.2.). 33

Der Tag, an dem die Untersuchungshaft **beginnt** (Rn. 32), wird danach **nicht mitgerechnet.**[123] Da **§ 43 Abs. 2 keine Anwendung** findet, kann die Frist auch an einem Sonn- 34

---

120 OLG Braunschweig NJW **1966** 117; Meyer-Goßner/*Schmitt* 4; h.M. **A.A.** *Schlothauer/Weider/Nobis* 930. Vgl. auch BGHR StPO § 121 – Vollzug 1 zum Fristbeginn bei Verfolgungshindernis der Spezialität.

121 Kritisch insoweit auch SK/*Paeffgen* 4a.

122 **A.A.** OLG Hamm Beschl. v. 28.8.2018 – III-4 Ws 145/18 – (juris); LR/*Graalmann-Scheerer* Vor § 42, 2.

123 Streitig. Wie hier (aber in Anwendung der Fristenregelung in §§ 42, 43) OLG Frankfurt NJW **1966** 2076; OLG Hamm NJW **2007** 3220, 3222; Beschl. v. 28.8.2018 – III-4 Ws 145/18 – (juris); OLG Stuttgart Justiz **2015** 39; *Brinker/Gierok/Kempny* JuS **2012** 36, 38; AnwK-UHaft/*König* 5; HK/*Posthoff* 7; Meyer-Goßner/*Schmitt* 4; KK/*Schultheis* 6; KMR/*Wankel* 2. **A.A.** (Tag der Inhaftierung zählt mit) noch KK/*Boujong*[5] 6; LR/*Hilger*[26] 13; *Meyer-Goßner*[55] 4; ebenso SK/*Paeffgen* 4; Radtke/Hohmann/*Tsambikakis* 4; Graf/*Krauß* 3; SSW/*Herrmann* 42; *Schlothauer/Weider/Nobis* 930; *Deckers* StraFo **2009** 446; *Herrmann* StraFo **2011** 133; *Weider* StV **2010** 104.

tag, einem allgemeinen Feiertag oder an einem Sonnabend enden.[124] Die Diskussion um die Einbeziehung dieser (Fristend-)Tage und des Tages, in dessen Verlauf das fristauslösende Ereignis fällt, in die Berechnung der Sechs-Monats-Frist ist jedoch von geringer praktischer Relevanz, weil einerseits die Aktenvorlage an das OLG regelmäßig mehrere Werktage vor Fristablauf erfolgen wird, um dessen Ruhen herbeizuführen (Absatz 3 Satz 1, Rn. 36), andererseits der Ablauf der Frist allein (anders als bei § 122a) nicht zur Aufhebung des Haftbefehls führt (Rn. 41).[125]

III. Ruhen der Frist (Absatz 3)

35 **1. Grundsatz.** Der in Absatz 1 genannte Zeitraum von **sechs Monaten** stellt – anders als die Höchstdauer der Haft wegen Wiederholungsgefahr nach § 122a – in zweierlei Hinsicht **keine absolute zeitliche Grenze** des Untersuchungshaftvollzugs vor Erlass des erstinstanzlichen Urteils dar. Einerseits kann das OLG unter den Voraussetzungen des Absatzes 1 letzter Teilsatz die Fortdauer der Untersuchungshaft über sechs Monate hinaus anordnen (s. Rn. 52ff.). Andererseits kann sich die Frist selbst (ggf. erheblich) durch Zeiten verlängern, in denen ihr Ablauf ruht.[126] Zu den Gründen, aus denen die Ruhensvorschriften in Absatz 3 der Norm geschaffen worden sind, verhalten sich die Gesetzesmaterialien nicht. Diesen lässt sich lediglich entnehmen, dass der Gesetzgeber von einer (in Absatz 3 normierten) **Pflicht zur Aktenvorlage „vor Ablauf der Sechsmonatsfrist"** ausging.[127] Doch waren offenkundig praktische Erwägungen hierfür ausschlaggebend.

36 **2. Nach Aktenvorlage (Satz 1).** Zum Vorlageverfahren s. § 122, 13ff. Den Vollzug der Untersuchungshaft über sechs Monate hinaus darf nur das OLG aufrechterhalten (Absatz 2; § 122 Abs. 4 Satz 1; wegen des BGH s. Absatz 4 und § 122 Abs. 7). Die (materiellen) Voraussetzungen hierfür müssen im Zeitpunkt des Ablaufs der Sechs-Monats-Frist vorliegen. Um dem Gericht der besonderen Haftprüfung nach § 121 die Gelegenheit zu geben, diese in dem von § 122 vorgeschriebenen Verfahren eingehend zu prüfen – und, wenn sie fehlen, den Haftbefehl so rechtzeitig aufzuheben, dass der Vollzug der Untersuchungshaft nicht über sechs Monate hinaus andauert –, sind ihm die Akten nicht nur (zeitnah) vor Ablauf der Frist vorzulegen. In Satz 1 ist zudem angeordnet, dass der Fristablauf von der Aktenvorlage an so lange ruht, bis das OLG entschieden hat, sofern ihm die Akten rechtzeitig vor Ablauf der Sechs-Monats-Frist vorgelegt werden. Hierfür kommt es, wie dem Gesetz eindeutig zu entnehmen ist, auf den Tag an, an welchem die **Akten** beim OLG **eingehen**, denn die Akten sind „dem Oberlandesgericht" nur dann „vorgelegt", wenn dieses sie in den Händen hat, d.h. wenn sie bei ihm eingegangen sind. Der Eingang bei der Staatsanwaltschaft, durch deren Vermittlung die Akten vorgelegt werden (§ 122

---

124 Zu demselben Ergebnis – Tag der Ergreifung aufgrund des Haftbefehls bzw. des Erlasses des Haftbefehls nach vorläufiger Festnahme wird nicht mitgerechnet; Frist endet auch am Wochenende und an gesetzlichen Feiertagen – gelangt man auch in Anwendung der allgemeinen Vorschriften in §§ 186ff. BGB, namentlich § 187 Abs. 1 BGB (Fristbeginn) und § 188 Abs. 2 Satz 1, Abs. 3 BGB (Fristende); § 193 BGB findet – wie § 43 Abs. 2 – keine Anwendung, da innerhalb der Sechs-Monats-Frist keine Willenserklärung abzugeben oder Leistung zu bewirken ist.

125 Zur Berechnung der Sechs-Monats-Frist bei Urteil wegen eines Teils der in zwei Haftbefehlen erfassten Straftaten vgl. OLG Hamm – III-2 Ws 93/18 – (juris).

126 Zu Recht kritisch hierzu (für § 122 Abs. 4) Sondervotum *Ranzoni* zu EGMR *Patalakh v. Deutschland*, 22692/15, Urt. v. 8.3.2018 (juris).

127 BTDrucks. **IV** 178 S. 25: „Nach Absatz 3 müssen die Akten dem Oberlandesgericht vor Ablauf der Sechsmonatsfrist vorgelegt sein (vgl. § 121 Abs. 1)."

Abs. 1), oder gar die Anordnung, die Akten abzusenden,[128] genügt nicht.[129] Der Fristablauf ruht also nicht, wenn die Akten von einer unzuständigen Stelle oder von der zuständigen Stelle (s. § 122, 3 ff.) **verspätet vorgelegt** werden. In diesem Falle hat das OLG die Prüfung der Verlängerungsvoraussetzungen besonders beschleunigt vorzunehmen und den Haftbefehl unverzüglich (selbst, s. § 122, 32 a.E.) aufzuheben, wenn es feststellt, dass diese nicht vorliegen, denn der Beschuldigte befindet sich bereits länger als sechs Monate in Untersuchungshaft (s. Rn. 50). Weitere Folgen sind mit der Versäumung der Vorlagefrist aber nicht verbunden.[130]

3. Auch für die Anordnung des Ruhens des Fristablaufs **während der Hauptverhandlung (Satz 2)** waren ersichtlich praktische Erwägungen ausschlaggebend, auch wenn dem Aspekt, dass mit einer Aktenversendung an das OLG (zwingend) eine Unterbrechung der Hauptverhandlung verbunden wäre, die diese nur schwer verträgt,[131] im Falle der Vorlage von (vollständigen) Doppelakten kein entscheidendes Gewicht (mehr) zukommt. Allerdings begegnet die besondere Haftprüfung durch das OLG während laufender Hauptverhandlung im Hinblick darauf, dass deren Fortschreiten eine ständige Ergänzung der dem OLG vorzulegenden Akten(-doppel) erfordern würde und das Protokoll der Hauptverhandlung (bzw. der Protokollentwurf) eine Veränderung der tatsächlichen Grundlagen der Haftprüfung auch nicht vollständig abbilden kann, (weiteren) praktischen Schwierigkeiten. Da zudem, wenn die Hauptverhandlung läuft, das Urteil regelmäßig alsbald zu erwarten ist, zumal das Beschleunigungsgebot des Art. 6 Abs. 1 Satz 1 EMRK auch für die Hauptverhandlung gilt,[132] bestimmt Satz 2, dass der Fristablauf bis zur Verkündung des Urteils ruht, wenn die Hauptverhandlung begonnen hat, bevor die Frist abgelaufen ist. Wird mit der Hauptverhandlung (erst) während eines rechtzeitig vor Fristablauf durch Aktenvorlage an das OLG eingeleiteten Verfahrens nach § 121 begonnen, endet dieses ohne Entscheidung des OLG über die Haftfortdauer.[133] Vielmehr ruht der Fristenlauf auch in diesem Fall bis zur Verkündung des Urteils, denn die Hauptverhandlung hat – infolge der Ruhensvorschrift des Satzes 1 – auch hier vor Fristablauf begonnen und es bestehen wegen ihres Laufs dieselben praktischen Schwierigkeiten und keine Notwendigkeit mehr zur Überwachung der Vollzugsdauer durch das OLG von Amts wegen. 37

Der Fristablauf ruht während der Hauptverhandlung, das heißt regelmäßig **vom Beginn der Hauptverhandlung an bis zu dem an ihrem Ende ergehenden Urteil oder bis zu ihrer Aussetzung**. Unterbrechungen der Hauptverhandlung (§ 229) heben das Ruhen für die Zeit der Unterbrechungen nicht auf.[134] Absatz 3 Satz 2 gilt auch für weitere Haftprüfungen (§ 122 Abs. 4)[135] und für Verfahren, bei denen das OLG erkennendes Gericht ist. 38

4. Bei Aussetzung der Hauptverhandlung (Satz 3). Das Gebot der Verfahrensbeschleunigung erfordert es, eine einmal begonnene Hauptverhandlung zügig und unter 39

---

128 So OLG Frankfurt NJW **1965** 1730.
129 Meyer-Goßner/*Schmitt* 30; KK/*Schultheis* 28; SK/*Paeffgen* 22; h.M.
130 OLG Bremen StV **1984** 340; OLG Hamburg StraFo **1998** 390; OLG Karlsruhe StV **2000** 513.
131 Vgl. LR/*Hilger*[26] 19.
132 Vgl. LR/*Lind* Vor § 112, 66 ff.; § 120, 21 ff. und die dortigen Nachweise.
133 Vgl. BGH bei *Schmidt* MDR **1988** 357; OLG Hamm wistra **1998** 198; s. auch KG NStZ-RR **2007** 207; OLG Dresden NStZ **2004** 644; OLG Düsseldorf NStZ **1992** 402 mit Anm. *Keller* 604; SK/*Paeffgen* 22; KMR/*Wankel* 4; **a.A.** wohl Meyer-Goßner/*Schmidt* 31.
134 KK/*Schultheis* 29; h.M.; **a.A.** OLG Düsseldorf NStZ **1992** 402 mit Anm. *Keller* 604.
135 OLG Celle NdsRpfl. **1997** 34.

Vermeidung unnötiger Verzögerungen zum Abschluss zu bringen.[136] Kommt es nicht zum Urteil, sondern wird die **Hauptverhandlung ausgesetzt**[137] mit der Folge, dass sie neu durchgeführt werden muss, führt dies nicht zum rückwirkenden Entfallen des Ruhens; vielmehr läuft die Frist von der Aussetzung an weiter.[138] Werden die Akten jedoch unverzüglich nach der Aussetzung dem Oberlandesgericht vorgelegt, ruht der Fristablauf, bis dieses Gericht entschieden hat (Absatz 3 Satz 3).

IV. Folgen des Fristablaufs (Absatz 2)

40 **1. Allgemeines.** Absatz 2, dessen Eingangsworte („in den Fällen des Absatzes 1") sich sinnvoll nur auf den ersten Teil des genannten Absatzes, nicht auf den Bedingungssatz am Ende beziehen können, ordnet als Grundsatz an, dass der **Haftbefehl aufzuheben** ist, wenn der Vollzug der Untersuchungshaft wegen derselben Tat sechs Monate gedauert hat und ein auf Freiheitsstrafe oder eine freiheitsentziehende Maßregel der Besserung und Sicherung erkennendes Urteil bis dahin nicht ergangen ist. Das kann **nur unterbleiben**, wenn vom zuständigen (Haft-)Gericht oder vom OLG der **Vollzug des Haftbefehls** nach § 116 Abs. 1 bis 3 **ausgesetzt** worden ist oder wenn das OLG, das dafür allein (Ausnahme: Absatz 4, BGH) zuständig ist, die **Fortdauer der Untersuchungshaft angeordnet** hat.

41 Gleichwohl handelt es sich bei dieser Vorschrift nicht um einen absoluten Haftaufhebungsgrund. § 121 will vielmehr gewährleisten, dass nach sechs Monaten des Untersuchungshaftvollzugs von Amts wegen eine Prüfung der materiellen Voraussetzungen für dessen Fortdauer stattfindet, die, wenn der Vollzug der Untersuchungshaft nicht durch das Haftgericht beendet wird, durch ein diesem übergeordnetes Gericht zu erfolgen hat. Der Ablauf bzw. die **Überschreitung der Sechs-Monats-Frist allein** begründet – anders als in den Fällen des § 122a (§ 122a, 7) – daher **keine Pflicht**, nicht einmal das Recht **zur Aufhebung des Haftbefehls.**[139]

42 **2. Prüfung durch das Haftgericht.** Nach § 122 Abs. 1 obliegt dem Haftgericht die **Vorlage** der Akten an das OLG, wenn es die **Fortdauer der Untersuchungshaft** (wegen derselben Tat) für **erforderlich** hält (oder die Staatsanwaltschaft es beantragt[140]). Das kann aber **nur** dann der Fall sein, wenn die **allgemeinen Voraussetzungen der Untersuchungshaft** (§§ 112, 112a, 113) fortbestehen und die Aussetzung ihres Vollzugs (§ 116) nicht in Betracht kommt. Danach richtet sich der Prüfungsauftrag bei Herannahen des Endes der Sechs-Monats-Frist zunächst an das **Haftgericht** (§ 126), das (neben der Staatsanwaltschaft) den Fristenlauf zu überwachen und sich rechtzeitig vor Erreichen der Sechs-Monats-Grenze in den Besitz der Akten zu bringen hat, wenn sie ihm nicht ohnehin (als erkennendem Gericht) vorliegen (s. § 122, 8, 20). Dieses Gericht hat die

---

136 EGMR *El Khoury v. Deutschland*, 8824/09, 42836/12, Urt. v. 9.7.2015 (juris); OLG Frankfurt StV **1981** 25.

137 Vgl. auch OLG Frankfurt StV **1981** 25 zu Ermessensentscheidungen des Gerichts.

138 BGH NStZ **1986** 422 mit Anm. *Paeffgen* NStZ **1989** 518; OLG Rostock NStZ-RR **2009** 20; KK/*Schultheis* 29.

139 BVerfGE **42** 9; BGH bei *Schmidt* MDR **1988** 357; OLG Bamberg NStZ **1981** 403; OLG Bremen StV **1984** 340; NStZ-RR **1997** 336; OLG Hamburg StraFo **1998** 390; OLG Hamm NJW **2007** 3221; OLG Karlsruhe NStZ **1997** 452; StV **2000** 513; h.M.; s. auch OLG Hamm NStZ-RR **2003** 143 (kurze Fristüberschreitung; besonders krit. Prüfung durch OLG); **a.A.** *Schlothauer/Weider/Nobis* 922 bei Fn. 160, *Sommermeyer* NJ **1992** 341; krit. auch SK/*Paeffgen* 25.

140 In diesem Falle entfällt die Prüfung der Erforderlichkeit der Haftfortdauer durch das Haftgericht; dieses ist zur Vorlage verpflichtet. S. insoweit § 122, 11.

Haftprüfung nach Aktenlage umfassend vorzunehmen und den Haftbefehl aufzuheben, wenn die Voraussetzungen für seinen Erlass (dringender Tatverdacht, Haftgrund, Verhältnismäßigkeit) nicht (mehr) vorliegen, oder ihn außer Vollzug zu setzen, wenn mildere Maßnahmen ausreichen, um den Zweck der Untersuchungshaft zu erreichen. Zu prüfen ist auch die Notwendigkeit der Haft unter dem Blickwinkel der Subsidiarität, etwa gegenüber jugendgerichtlichen Maßnahmen.[141]

Wird der Haftbefehl durch das Haftgericht aufgehoben oder sein Vollzug nach § 116 ausgesetzt, endet der Untersuchungshaftvollzug vor Ablauf der Sechs-Monats-Frist; die besondere, (auch) die Verlängerungsgründe des Absatzes 1 letzter Teilsatz in den Blick nehmende Haftprüfung durch das OLG findet (jedenfalls vorerst) nicht statt. Nur und erst dann, wenn wegen derselben Tat vor Erlass eines auf Freiheitsentziehung erkennenden Urteils später erneut Untersuchungshaft angeordnet und vollzogen oder die Haftverschonung widerrufen wird, muss (doch noch) die Vorlage an das OLG erfolgen, weil die Haftzeiten vor und nach der Unterbrechung des Vollzugs in diesem Falle zu addieren sind (Rn. 27) und die Sechs-Monats-Grenze bereits nahezu erreicht war, als der Vollzug der Untersuchungshaft (zunächst) beendet worden war. **43**

Das Haftgericht kann bei Ablauf der Sechs-Monats-Frist[142] den Haftbefehl grundsätzlich auch dann aufheben, wenn es die allgemeinen Voraussetzungen der Untersuchungshaft für gegeben und ihre Fortdauer für erforderlich hält, die Voraussetzungen, unter denen ausnahmsweise der Vollzug der Haft über sechs Monate hinaus angeordnet werden darf (Absatz 1 letzter Teilsatz), aber nicht als erfüllt erachtet.[143] Hierfür benötigt es jedoch das **Einverständnis der Staatsanwaltschaft**, die, wenn sie anderer Meinung ist als das Haftgericht, die Vorlage an das OLG – durch bloße Antragstellung (§ 122 Abs. 1 letzter Teilsatz) – erzwingen kann. Erzielt der Haftrichter kein Einverständnis mit der Staatsanwaltschaft oder hält er die Haftfortdauer über sechs Monate hinaus für erforderlich und durch einen wichtigen Grund gerechtfertigt, muss er die Akten zur besonderen, nach dem Verfahren des § 122 Abs. 2 ablaufenden Haftprüfung durch das OLG diesem vorlegen (§ 122 Abs. 1). **44**

3. „Besondere" Haftprüfung durch das Oberlandesgericht. Gegenstand der Prüfung der Voraussetzungen für eine Verlängerung des Untersuchungshaftvollzugs über sechs Monate hinaus durch das OLG ist allein der (letzte) formgültige, **ordnungsgemäß verkündete Haftbefehl**,[144] der die Grundlage des aktuellen Haftvollzugs bildet. Ist dem Beschuldigten z.B. eine Erweiterung des Haftbefehls nicht derart mitgeteilt worden, wird bei der Prüfung nach § 121 nur der ursprüngliche (engere) Haftbefehl berücksichtigt,[145] denn nur insoweit ist der Beschuldigte über Vorwurf, Beweislage und Haftgründe substantiiert informiert worden und konnte er sich äußern. Dem entsprechend besteht auch ein Verwertungsverbot für wichtige, für eine Haftfortdauer sprechende **45**

---

141 Vgl. z.B. OLG Zweibrücken NStZ-RR **2001** 55; StV **2002** 433.

142 Nach *Kleinknecht* MDR **1965** 787 auch im Zusammenhang mit der wiederholten Haftprüfung nach § 122 Abs. 4.

143 OLG Braunschweig NJW **1966** 790; Stuttgart NJW **1967** 66; *Kleinknecht* MDR **1965** 787; Meyer-Goßner/*Schmitt* 27; **a.A.** (Haftentlassung wegen Fehlens der Voraussetzungen des Absatzes 1 nur durch das OLG) KK/*Schultheis* § 122, 2; *Scharr* MDR **1990** 90. S. auch § 122, 9 f. und die dortigen Nachweise.

144 BVerfG NStZ **2002** 158; BGH NStZ-RR **2018** 53; StV **2016** 824 (Ls.); KG StV **2017** 458; OLG Hamm StV **1998** 555; OLG Koblenz NStZ-RR **2008** 92 (Ls.); MüKo/*Böhm* 11; KK/*Schultheis* 4.

145 BVerfG NStZ **2002** 158; StV **2001** 691 mit Anm. *Hagmann*; **2003** 83; BGH StV **2016** 824; OLG Hamburg NStZ-RR **2003** 346; OLG Hamm StV **1995** 200; **1998** 555; OLG Oldenburg StraFo **2006** 410; OLG Stuttgart NStZ **2006** 588; s. auch LR/*Lind* § 115, 3 f.

Gründe, die sich aus dem Verteidiger nicht zugänglichen Aktenteilen ergeben.[146] Allerdings kann das Haftgericht auch (noch) während des Haftprüfungsverfahrens nach den §§ 121, 122 den Haftbefehl an eine veränderte Sachlage anpassen und mit der ordnungsgemäßen Verkündung des geänderten Haftbefehls die Prüfungsgrundlage für das OLG ändern oder diesem sogar die Grundlage für die Prüfung entziehen, wenn es den Vollzug des Haftbefehls aussetzt, diesen aufhebt oder einen erweiterten Haftbefehl erlässt und verkündet, der (auch) eine andere Tat (Rn. 24) enthält und daher eine neue Frist in Gang setzt.[147]

46 Auch das OLG (in den Fällen von Absatz 4 Satz 2 der BGH) prüft grundsätzlich zunächst, ob dringender Tatverdacht[148] und ein Haftgrund gegeben sind und ob (bejahendenfalls) § 120 die Aufhebung des Haftbefehls unter Verhältnismäßigkeitsaspekten gebietet;[149] es prüft auch, ob die Untersuchungshaft im Hinblick auf ihre Subsidiarität, etwa gegenüber jugendgerichtlichen Maßnahmen, notwendig ist.[150] Vom Gesetz wird dies – weil selbstverständlich (Rn. 42) – nicht erwähnt.[151] Nur wenn die **allgemeinen Voraussetzungen für die Fortdauer der Untersuchungshaft** vorliegen, kann das OLG die Haftfortdauer über sechs Monate hinaus anordnen, wenn die besondere Schwierigkeit oder der besondere Umfang der Ermittlungen oder ein anderer wichtiger Grund das Urteil noch nicht zulassen und die Fortdauer der Haft rechtfertigen.

47 **Liegen** die allgemeinen Voraussetzungen für die Anordnung der Untersuchungshaft **nicht (mehr) vor**, muss das OLG den Haftbefehl (schon) aus diesem Grund **aufheben**. Der Vollzug der Untersuchungshaft endet damit vor Ablauf der Sechs-Monats-Frist; die Prüfung, ob die besondere Schwierigkeit oder der besondere Umfang der Ermittlungen oder ein anderer wichtiger Grund das Urteil noch nicht zulassen und die Fortdauer der Haft rechtfertigen, muss dann grundsätzlich nicht mehr stattfinden. Die Aufhebung des Haftbefehls wegen des Fehlens der allgemeinen Voraussetzungen der Untersuchungshaft hindert allerdings – anders als das Fehlen eines die Haftfortdauer rechtfertigenden wichtigen Grundes (Rn. 51) – grundsätzlich nicht den Neuerlass eines Haftbefehls wegen derselben Tat durch das nach § 126 zuständige Haftgericht, wenn sich die Sach- oder Erkenntnislage wesentlich geändert hat.[152] Wird ein neuer Haftbefehl wegen derselben Tat erlassen und vollzogen, sind die Akten unverzüglich erneut dem OLG nach den §§ 121, 122 vorzulegen, weil die Haftzeiten wegen derselben Tat zu addieren sind (Rn. 27) und der Ablauf der Sechs-Monats-Frist bereits bei der ersten Vorlage an das OLG unmittelbar bevor stand. Praktisch spricht daher Einiges dafür, bereits die erste Prüfung durch das OLG – trotz des Fehlens der allgemeinen Voraussetzungen – auf die **besonderen Voraussetzungen** für die Fortdauer der Untersuchungshaft über sechs Monate hinaus (Absatz 1 letzter Teilsatz) zu erstrecken und, wenn diese **nicht gegeben sind**, das Vor-

---

146 OLG Hamm StV **2002** 318 mit zust. Anm. *Deckers*; **a.A.** KK/*Schultheis* 24; s. auch (krit.) *Lange* NStZ **2003** 348; vgl. auch LR/*Lind* Vor § 112, 42 ff.

147 Zu dieser Befugnis des mit der Sache befassten Gerichts vgl. § 122, 14.

148 S. auch OLG Koblenz bei *Paeffgen* NStZ **2007** 144 (in Umfangssachen sei nur eine grobe Überprüfung des dringenden Tatverdachts geboten, nicht eine umfassende Beweiswürdigung).

149 Einschränkend OLG Hamm wistra **2008** 195 für Umfangsverfahren (OLG muss nicht in jedem Einzelfall prüfen, ob für alle im Haftbefehl aufgeführten Taten bzw. Tatteile die allgemeinen Haftvoraussetzungen vorliegen, wenn die Frage, ob der Vollzug der Untersuchungshaft über sechs Monate hinaus gerechtfertigt ist, bereits unter Berücksichtigung einzelner Taten oder Tatkomplexe positiv beantwortet werden kann).

150 Vgl. z.B. OLG Zweibrücken NStZ-RR **2001** 55; StV **2002** 433; HK/*Posthoff* 23.

151 In der Regierungsvorlage (s. Entstehungsgeschichte) hatte diese Bedingung für die Verlängerung der Untersuchungshaft über sechs Monate hinaus noch ausdrückliche Erwähnung gefunden.

152 *Schnarr* MDR **1990** 89, 94; AnwK-U-Haft/*König* 23; KK/*Schultheis* 31; KMR/*Wankel* § 122, 19. S. auch § 122, 36 ff. und die dortigen Nachweise.

liegen dringenden Tatverdachts und eines Haftgrundes dahin stehen zu lassen und den Haftbefehl wegen des Fehlens eines die Haftfortdauer rechtfertigenden wichtigen Grundes – (jedenfalls) bis zum Erlass des erstinstanzlichen Urteils endgültig, Rn. 51 – aufzuheben.

Liegen dagegen die allgemeinen Voraussetzungen für den Erlass eines Haftbefehls **(weiterhin) vor**, prüft das OLG das Vorliegen der im letzten Teilsatz von Absatz 1 geregelten materiellen Voraussetzungen für die Fortdauer der Untersuchungshaft über sechs Monate hinaus (Rn. 52ff.). Da bei Fehlen eines die Haftfortdauer rechtfertigenden wichtigen Grundes der Haftbefehl zwingend auch dann aufzuheben ist, wenn die allgemeinen Voraussetzungen seines Erlasses im Zeitpunkt der besonderen Haftprüfung fortbestehen, kann das OLG auch in diesem Falle deren Vorliegen **ungeprüft dahin stehen lassen**, wenn es das Vorliegen der Voraussetzungen des letzten Teilsatzes von Absatz 1 verneint und den Haftbefehl aus diesem Grund aufhebt. 48

Das OLG sollte auch dann in die besondere Haftprüfung nach § 121 Abs. 1 eintreten, wenn mildere Maßnahmen als der (weitere) Vollzug der Untersuchungshaft zur Sicherung der Haftzwecke in Betracht kommen. Es kann den Beschuldigten zwar auch dann vom weiteren Vollzug der Untersuchungshaft verschonen (§ 122 Abs. 5), wenn es die Voraussetzungen des Absatzes 1 letzter Teilsatz nicht geprüft hat, denn (auch) mit der **Haftverschonung** (durch das OLG) endet der Vollzug der Untersuchungshaft vor Ablauf der Sechs-Monats-Frist. Auch kann der weitere Vollzug des zunächst ausgesetzten Haftbefehls vor Erlass des erstinstanzlichen Urteils – vom Haftgericht, § 126 – angeordnet werden, wenn die Voraussetzungen des § 116 Abs. 4 vorliegen.[153] Denn eine den weiteren Vollzug der Untersuchungshaft über sechs Monate hinaus hindernde (negative) Entscheidung des OLG im Rahmen der besonderen Haftprüfung (Rn. 51) ist in diesem Falle (noch) nicht getroffen worden. Da die vor der Haftverschonung liegenden und die nach Wiederinvollzugsetzung des Haftbefehls verbüßten Haftzeiten zu addieren sind (Rn. 27), müsste in diesem Falle aber unverzüglich die (erneute) Vorlage an das OLG zur besonderen Haftprüfung erfolgen. Liegen die Voraussetzungen für den Vollzug der Untersuchungshaft über sechs Monate hinaus nicht vor, müsste der gerade (wieder) in Haft genommene Beschuldigte sofort (erneut) entlassen werden. Prüft das OLG dagegen bereits bei der ersten Vorlage, ob die materiellen Verlängerungsvoraussetzungen gegeben sind, wird dies vermieden: Verneint es das Vorliegen eines die Haftfortdauer rechtfertigenden wichtigen Grundes, hebt das OLG den Haftbefehl auf, der Beschuldigte wird – (jedenfalls) bis zum Erlass des erstinstanzlichen Urteils endgültig, Rn. 51 – auf freien Fuß gesetzt. Kommt das OLG dagegen zu dem Ergebnis, dass ein wichtiger Grund i.S.v. Absatz 1 letzter Teilsatz ein Urteil noch nicht zulässt und (grundsätzlich) die Fortdauer der Untersuchungshaft über sechs Monate hinaus rechtfertigt, kann es dies in seinem Beschluss ausdrücklich feststellen, die Frist für die nächste besondere Haftprüfung bestimmen (§ 122 Abs. 4) und den Beschuldigten (gleichwohl) vom weiteren Vollzug der Untersuchungshaft verschonen. Wird in diesem Falle – vom Haftgericht, wenn diesem die weitere Haftprüfung übertragen ist, § 122 Abs. 3 Satz 3 – der Haftbefehl nach § 116 Abs. 4 wieder in Vollzug gesetzt, beginnt damit die Frist für die (weitere) Haftprüfung nach §§ 121, 122 Abs. 4; erst mit deren Ablauf hat die erneute Vorlage an das OLG zu erfolgen. 49

Auch wenn dem OLG in den §§ 121, 122 **keine Entscheidungsfrist** gesetzt ist und der Fristenlauf bis zur Entscheidung des OLG ruht, wenn diesem die Akten vor Ablauf der Sechs-Monats-Frist vorgelegt worden sind (Absatz 3 Satz 1),[154] ist die Haftprüfung nach 50

153 AnwK-U-Haft/*König* 23; KK/*Schultheis* 31; KMR/*Wankel* § 122, 19.
154 Zu Recht kritisch hierzu (für § 122 Abs. 4) Sondervotum *Ranzoni* zu EGMR *Patalakh v. Deutschland*, 22692/15, Urt. v. 8.3.2018 (juris).

den §§ 121, 122, um dem Grundsatz besonders beschleunigter Bearbeitung von Haftsachen zu genügen, bereits parallel zu der in § 122 Abs. 2 vorgeschriebenen Anhörung von Beschuldigtem und Verteidiger aufzunehmen und – dem Verfahren(-sumfang) angemessen – **zügig durchzuführen.**[155] Dabei ist allerdings zu berücksichtigen, dass die Akten dem OLG in der Regel erstmalig vorgelegt werden und zu diesem Zeitpunkt (wegen der besonderen Schwierigkeit oder wegen des besonderen Umfangs der Ermittlungen) bereits einen erheblichen Umfang erreicht haben können. In besonderem Maße gilt der Beschleunigungsgrundsatz dann, wenn die Akten dem OLG erst vorgelegt werden, wenn sich der Beschuldigte wegen derselben Tat bereits länger als sechs Monate in Untersuchungshaft befindet, ohne dass bis dahin eine Haftprüfung nach §§ 121, 122 stattgefunden hat. Das kann dann der Fall sein, wenn das zuständige Gericht – etwa weil es sich über die Berechnung der Frist (Rn. 33f.) oder über den Begriff *derselben* Tat (Rn. 22ff.) geirrt hatte – die rechtzeitige Vorlage versäumt, später aber nachgeholt oder die Akten dem OLG (erst) auf die – nach Ablauf von sechs Monaten eingelegte – (ggf. weitere) Beschwerde des Beschuldigten zugeleitet hat. Das OLG kann zwar auch in diesem Falle die Fortdauer der Haft anordnen, wenn – neben den allgemeinen Voraussetzungen für die Anordnung der Untersuchungshaft – die Voraussetzungen des Absatzes 1 letzter Teilsatz vorliegen (Rn. 36). Ist dies aber nicht der Fall, muss der Haftbefehl **umgehend aufgehoben** und der Beschuldigte aus der Untersuchungshaft entlassen werden, denn die Sechs-Monats-Frist, die grundsätzlich die zeitliche Grenze des Untersuchungshaftvollzugs vor Erlass des erstinstanzlichen Urteils bildet (Rn. 12), ist bereits (ggf. deutlich) überschritten und der Fristenlauf ruht in diesem Falle nicht (Rn. 36).

51 Hat das OLG mangels Vorliegens der Voraussetzungen von § 121 Abs. 1 letzter Teilsatz die **Fortdauer der Haft abgelehnt** und den Haftbefehl aufgehoben, darf – auch wenn Verfassungsrecht nicht entgegen stünde[156] – weder dieses selbst noch das zuständige (Haft-)Gericht diese Entscheidung abändern und einen (neuen) Haftbefehl wegen derselben Tat erlassen und vollziehen, solange kein Urteil ergangen ist, das auf Freiheitsstrafe oder auf eine freiheitsentziehende Maßregel der Besserung und Sicherung erkennt, auch wenn sich die Sach- oder Erkenntnislage wesentlich ändert.[157] Denn das Fehlen eines die Haftfortdauer rechtfertigenden wichtigen Grundes i.S.v. Absatz 1 letzter Teilsatz stellt einen **nachträglich nicht mehr veränderbaren Umstand** dar, der den weiteren Vollzug der Untersuchungshaft wegen derselben Tat bis zum Erlass eines auf Freiheitsentziehung lautenden Urteils sperrt. Dem Gericht ist es aber nicht verwehrt, einen Vorführungsbefehl (§ 230 Abs. 2) zu erlassen und den Angeklagten während der Hauptverhandlung mit den Maßregeln des § 231 Abs. 1 Satz 2 an der Entfernung zu hin-

---

155 Zur Verletzung von Art. 5 Abs. 4 EMRK durch eine verzögerte Prüfung und Entscheidung durch das Gericht der besonderen Haftprüfung (Haftfortdauerentscheidung sechseinhalb Monate nach Einleitung des besonderen Haftprüfungsverfahrens durch Aktenvorlage an das OLG und neuneinhalb Monate nach dessen vorangegangener Entscheidung nach § 121) s. EGMR *Patalakh v. Deutschland*, 22692/15, Urt. v. 8.3.2018 (juris).

156 BVerfGE **21** 184, 187.

157 OLG Celle StV **2002** 556; OLG Düsseldorf StV **1993** 376 mit Anm. *Paeffgen* NStZ **1995** 74; StV **1996** 493 (auch zum Tatbegriff); OLG Frankfurt NStZ **2014** 49 (unter Aufgabe der früher – NStZ **1985** 282 = StV **1985** 196 mit abl. Anm. *Wendisch* – vertretenen gegenteiligen Ansicht); OLG München StV **1996** 676; OLG Zweibrücken StV **1996** 494; *Dünnebier* JZ **1966** 253; *Paeffgen* NStZ **1989** 519; *Schnarr* MDR **1990** 95; *Temming/Lange* NStZ **1998** 65; AK/*Krause* 14; SK/*Paeffgen* § 122, 11a; Meyer-Goßner/*Schmitt* § 122, 19; KK/*Schultheis* 31; KMR/*Wankel* § 122, 19; s. auch OLG Karlsruhe Justiz **1982** 438; OLG Hamm StV **1996** 159; Beschl. v. 8.5.2001 – 5 Ws 190/01 – bei www.burhoff.de (auch zur Sperrwirkung einer Entscheidung des BVerfG); OLG Schleswig bei *Lorenzen/Thamm* SchlHA **1996** 92; **a.A.** OLG Hamburg StV **1987** 256 mit Anm. *Paeffgen* NStZ **1989** 519; **1994** 142 mit abl. Anm. *Schlothauer* und krit. Anm. *Paeffgen* NStZ **1995** 73 sowie JR **1995** 75.

dern. Ebenso kann nach Beginn der Hauptverhandlung Haftbefehl nach § 230 Abs. 2 erlassen werden.[158] Erst mit Erlass eines auf Freiheitsstrafe oder eine freiheitsentziehende Maßregel lautenden Urteils **endet** die **Sperrwirkung** der Entscheidung des OLG; wegen derselben Tat kann dann (von dem mit der Sache befassten Gericht) ein neuer Haftbefehl nach den §§ 112ff. erlassen werden, denn die Haftzeitbegrenzung nach § 121 Abs. 1 gilt nur bis zu diesem Zeitpunkt (Rn. 13).[159]

V. Materielle Verlängerungsvoraussetzungen (Absatz 1, letzter Teil)

1. Grundsätzliches. Der Vollzug der Untersuchungshaft darf nur durch das OLG (und in den Fällen des Absatzes 4 durch den BGH) und nach dem Bedingungssatz am Ende des ersten Absatzes der Norm nur unter bestimmten **engen (materiellen) Voraussetzungen** über sechs Monate hinaus aufrecht erhalten werden, nämlich dann, wenn die besondere Schwierigkeit oder der besondere Umfang der Ermittlungen oder ein anderer wichtiger Grund das Urteil noch nicht zulassen **und** die Fortdauer der Haft rechtfertigen. Nach dieser Verbindung der beiden Voraussetzungen muss der vom OLG festzustellende wichtige Grund zum Zeitpunkt der Prüfung nicht nur dem Erlass des (erstinstanzlichen) Urteils entgegen stehen, sondern (**zusätzlich**) auch die Fortdauer der Untersuchungshaft rechtfertigen. Der letzte Teilsatz von § 121 Abs. 1 erfordert nach seinem Wortlaut folglich eine **doppelte Prüfung**: Zum einen müssen Feststellungen darüber getroffen werden, **ob** die besondere Schwierigkeit oder der besondere Umfang der Ermittlungen oder ein anderer **wichtiger Grund** ein Urteil noch nicht zulassen (Rn. 55ff.). Liegen solche, den Urteilserlass hindernde Umstände vor, führt das (zusätzliche) Erfordernis der **Rechtfertigung der Haftfortdauer** (Rn. 62ff.) dazu, dass auf einer zweiten Prüfungsstufe ein Urteil darüber zu treffen ist, ob bei Fortdauer der Haft der Grundsatz der Verhältnismäßigkeit (im engeren Sinne) gewahrt bleibt.[160] 52

Die Rechtfertigungsgründe für die Haftfortdauer über sechs Monate hinaus sind eng auszulegen.[161] An sie sind um so strengere Anforderungen zu stellen, je **länger die Untersuchungshaft** bereits **dauert.**[162] Der Vollzug der Untersuchungshaft über mehr als ein Jahr bis zum Beginn der erstinstanzlichen Hauptverhandlung oder dem Erlass des Urteils muss auf ganz besondere Ausnahmefälle beschränkt bleiben;[163] allerdings lässt sich eine feste Grenze für den höchstzulässigen Zeitraum einer Haftzeitverlängerung 53

---

158 OLG Hamm StV **1996** 159; OLG Karlsruhe StV **2015** 652.

159 Meyer-Goßner/*Schmitt* § 122, 20a; KK/*Schultheis* 31; KMR/*Wankel* § 122, 19. S. hierzu auch § 122, 39; zur Grenze dieser Befugnis des Haftgerichts § 122, 40.

160 Vgl. grundlegend dazu BVerfGE **36** 264, 271, 279f.; BVerfGK **9** 339; **10** 544. S. auch SK/*Paeffgen* 13; *ders.* NJW **1990** 537, 542f., der das Verhältnis von „Haftverlängerungsgründen" zum Merkmal „rechtfertigend" gleichsetzt mit dem von Erforderlichkeit zu Angemessenheit im Rahmen der allgemeinen Verhältnismäßigkeitsprüfung.

161 BVerfGE **20** 45, 50; **36** 264, 271; **53** 152, 157; BVerfGK **7** 421; BVerfGK **9** 339, 349; s. auch BVerfG NJW **1991** 2821; StV **1991** 565; **1995** 199f.; SK/*Paeffgen* 13; *Paeffgen* NJW **1990** 537ff.; *Burhoff* StraFo **2000** 109ff.

162 Vgl. BVerfGK **9** 339, 348; BGHSt **38** 43 mit Anm. *Weider* StV **1991** 475; OLG Brandenburg StV **2000** 37; OLG Köln StV **1992** 524; OLG Düsseldorf StV **1990** 503 mit Anm. *Paeffgen* NStZ **1991** 424; NJW **1991** 2303; StV **1992** 586; **1996** 496; OLG Bremen StV **1989** 487; OLG München StV **1989** 351; OLG Schleswig StV **1985** 115; KG StV **1983** 111; OLG Frankfurt StV **1982** 585; allg. M.

163 Vgl. BVerfGK **9** 339, 348; BVerfG StV **2015** 39 = NStZ-RR **2014** 314 (Ls.); OLG Düsseldorf StV **1992** 586; OLG Frankfurt StV **1990** 269; **1990** 412; **1992** 124; **1992** 426; OLG Köln MDR **1992** 1070; OLG Karlsruhe NJW **1973** 380. S. auch (teils zu kürzeren Zeitspannen) KG StV **1992** 523; OLG Bamberg StV **1991** 28; **1991** 169; **1992** 426; OLG Bremen StV **1992** 181; **1992** 182 mit Anm. *Schlothauer* und *Paeffgen* NStZ **1993** 580; **1992** 480; OLG Celle StV **1985** 331; OLG Düsseldorf StV **1982** 531; **1990** 503 mit Anm. *Paeffgen* NStZ **1991** 424; **1992** 21; **1993** 86; OLG Frankfurt StV **1983** 380; **1992** 585; **1993** 202; OLG Hamburg StV **1985** 198; **1989** 489; OLG Köln StV **1992** 20; **1992** 524; OLG Schleswig StV **1985** 115; **1991** 170; **1992** 525; OLG Zweibrücken StV **1989** 158.

nicht bestimmen, da es allein auf die **Umstände des Einzelfalles** ankommt.[164] Jedoch sind bei den späteren Prüfungen nach § 122 Abs. 4 (noch) wesentlich strengere Anforderungen an die Zügigkeit der Bearbeitung zu stellen als bei der ersten Haftprüfung nach § 122 Abs. 1.[165]

54 Die den Urteilserlass hindernden Umstände können die Fortdauer der Haft über sechs Monate hinaus grundsätzlich nur dann rechtfertigen, wenn ihr Vorliegen nicht „in den Verantwortungsbereich der staatlich verfassten Gemeinschaft fällt",[166] **nicht dem Staat zurechenbar** ist. Wäre dies anders, hätten es die Strafverfolgungsorgane in der Hand, durch zögerliche oder fehlerhafte Behandlung der Sache selbst die Gründe für die Verlängerung der ihnen vom Gesetzgeber eingeräumten Frist zur Ermittlung und Vorbereitung des Urteils zu schaffen. Aus demselben Grund kann auch ein – den Urteilserlass bei Ablauf der Sechs-Monats-Frist hindernder – erhöhter Geschäftsanfall oder die personelle oder sächliche Unterausstattung der Strafverfolgungsbehörden und/oder Gerichte die Fortdauer der Untersuchungshaft nur dann rechtfertigen, wenn diesen Umständen nicht durch Maßnahmen der Justizverwaltung, namentlich durch Änderungen in der Geschäftsverteilung oder zusätzliche Personalzuweisung entgegengewirkt werden konnte. Es muss sich daher bei den – benannten wie den unbenannten – wichtigen Gründen um objektiv oder jedenfalls durch Strafverfolgungsbehörden, Gerichte und Justizverwaltung **nicht vermeidbare Sachzwänge** oder **(allein) dem Beschuldigten zuzuschreibende Umstände** handeln,[167] wenn sie die Anordnung der Haftfortdauer rechtfertigen sollen.

2. Den Urteilserlass hindernde Umstände

55 **a) Allgemeines.** Im Rahmen der „besonderen" Haftprüfung nach § 121 Abs. 1 hat das OLG (in den Fällen des Absatzes 4 der BGH) zunächst zu prüfen, ob den Urteilserlass hindernde Umstände, nämlich die besondere Schwierigkeit oder der besondere Umfang der Ermittlungen (Rn. 56ff.) als „benannte" **wichtige Gründe** oder ein „anderer wichtiger Grund" (Rn. 59ff.), vorliegen. Der „wichtige Grund" muss **im Zeitpunkt der Prüfung** (gegenwärtig) bestehen oder wenigstens bis zu einem Zeitpunkt bestanden haben, der so kurze Zeit vor der Prüfung lag, dass in dem zwischen seinem Wegfall und der Prüfung liegenden Zeitraum – trotz zügiger Behandlung der Sache – nicht zum Urteil gekommen werden konnte. In beiden Fällen lässt das Hindernis das Urteil zur Prüfungszeit noch nicht zu.

56 **b) Schwierigkeit und Umfang der Ermittlungen.** Neben einer Generalklausel („anderer wichtiger Grund") benennt das Gesetz die **besondere Schwierigkeit** und den **besonderen Umfang** der Ermittlungen ausdrücklich als zwei wichtige Gründe, die geeignet sind, den Urteilserlass über die Sechs-Monats-Frist hinaus zu verzögern. Die beiden benannten **Kriterien** können sich **überschneiden**; auch die Abgrenzung zu einem **„anderen** wichtigen Grund" kann schwierig sein, im Zweifelsfall aber unterbleiben, weil Schwierigkeit und Umfang der Ermittlungen als „benannte" wichtige Gründe gleichran-

---

164 Vgl. KK/*Schultheis* 22; SK/*Paeffgen* 17d; s. auch BVerfGE **36** 264, 275; OLG Düsseldorf StV **1982** 531; **1990** 503 (mit weiteren Nachweisen) mit Anm. *Paeffgen* NStZ **1991** 424; SK/*Paeffgen* EMRK Art. 5, 60; sowie die Nachweise in der vorstehenden Fn.

165 KG StV **1985** 116; OLG Bremen StV **1992** 181; OLG Düsseldorf StV **1992** 586; *Schlothauer/Weider/Nobis* 976; KK/*Schultheis* 22.

166 BVerfGE **36** 264, 275.

167 SK/*Paeffgen* 15. S. auch BVerfG StV **1991** 565; NJW **1991** 2821; **1994** 2081.

gig neben den „anderen" wichtigen Gründen stehen, die einen Urteilserlass im Prüfungszeitpunkt noch nicht zulassen und eine Fortdauer der Untersuchungshaft rechtfertigen können.

Das Vorliegen der „benannten" wichtigen Gründe (besondere Schwierigkeit/besonderer Umfang der Ermittlungen) lässt sich durch einen **Vergleich** mit **durchschnittlichen Verfahren**, in denen innerhalb von sechs Monaten ein erstinstanzliches Urteil ergehen kann, ermitteln.[168] Dabei sind namentlich in Rechnung zu stellen: Zahl, Art und Umfang sowie Besonderheiten der aufzuklärenden (haftbefehlsgegenständlichen) Taten und das Ausmaß der hierfür notwendigen Ermittlungen;[169] die Zahl der Beschuldigten, der Zeugen und Sachverständigen;[170] die Zeit, die Zeugen, wenn sie aus dem Ausland anreisen müssen, benötigen, um die Reise zu machen und sich auf sie vorzubereiten, und diejenige, die Sachverständigen eingeräumt werden muss, damit sie schriftliche Gutachten erstellen und mündliche vorbereiten können; die Erreichbarkeit von Mitbeschuldigten und Zeugen;[171] die Art ihrer Äußerung und die Notwendigkeit, Zweifel zu klären, die durch diese entstanden sind; sowie die Übersetzung notwendiger Dokumente und die Einschaltung von Dolmetschern. 57

Das Gesetz spricht (nur) von der Schwierigkeit und dem Umfang der **Ermittlungen** als wichtige Gründe, die einem Urteilserlass entgegen stehen können. Ausschlaggebend sind insoweit allein die zur Aufklärung der **haftbefehlsgegenständlichen Straftat(en)** notwendigen Ermittlungen.[172] Kein wichtiger Grund ist daher die Notwendigkeit von Ermittlungen wegen einer anderen Tat, die nicht Gegenstand des vollzogenen Haftbefehls ist und bzgl. derer kein dringender Verdacht besteht;[173] zulässig ist es jedoch, bei Serienstraftaten, die Gegenstand des Haftbefehls sind, **während unerlässlicher Ermittlungen zum Tathintergrund**[174] auch Erkenntnisse über weitere Zusammenhangstaten zu sammeln, wenn dadurch keine spürbare Verzögerung eintritt.[175] Auch **sonstige Schwierigkeiten** des Verfahrens fallen nicht unter diesen Begriff. Daher sind etwa die Verhandlungsmöglichkeiten des Gerichts und das Verhalten der Beschuldigten in Bezug auf andere Punkte als die Ermittlungen (z.B. Beschwerden) bei den anderen wichtigen Gründen (Rn. 59ff.) zu untersuchen. Dagegen kann es durchaus die besondere Schwierigkeit der Ermittlungen begründen, wenn der Beschuldigte von seinem Recht (§ 136 58

---

168 *Kleinknecht* MDR **1965** 788; SK/*Paeffgen* 14; HK/*Posthoff* 24; Meyer-Goßner/*Schmitt* 17; KK/*Schultheis* 14. S. auch *Kraushaar* NStZ **1996** 528.

169 SK/*Paeffgen* 14; HK/*Posthoff* 24; Meyer-Goßner/*Schmitt* 17; KK/*Schultheis* 14. Vgl. auch BGH (Auswertung umfangreicher TKÜ-Erkenntnisse) bei *Burhoff* StraFo **2006** 58; OLG Bamberg NJW **1995** 1689 (Vernehmung von kindlichen Missbrauchsopfern).

170 OLG Hamm wistra **2008** 195.

171 Vgl. BerlVerfGH NJW **1993** 513 (= wichtiger Grund).

172 Vgl. KG StV **2017** 458; s. auch KG StraFo **2018** 475.

173 BVerfGK **9** 339, 350; BVerfG NStZ-RR **2002** 101; NJW **1992** 1749; **1992** 1750 mit Anm. *Paeffgen* NStZ **1993** 578ff.; StV **2001** 694; OLG Bamberg StV **2002** 608; OLG Brandenburg StV **2000** 37; OLG Düsseldorf StraFo **2002** 104; OLG Frankfurt StV **1995** 424; NStZ-RR **1996** 268 (auch nicht für die Strafzumessung oder zur Klärung von Taten Anderer); OLG Hamm StV **1988** 212 mit Anm. *Paeffgen* NStZ **1989** 518; OLG Karlsruhe NJW **2004** 3725; Justiz **1984** 307; OLG Köln StraFo **2007** 155; StV **1993** 33; **1998** 269; OLG Nürnberg StraFo **2000** 138; StraFo **2016** 248; OLG Oldenburg StraFo **2006** 410; **2002** 275; s. auch OLG Dresden bei *Burhoff* StraFo **2006** 57; OLG Oldenburg StraFo **2006** 241 (zu § 120); OLG Saarbrücken wistra **2007** 198; anders wohl KG (Abwarten der Ermittlungen zur Vortat einer Hehlerei bei erheblichem Schaden) bei *Burhoff* aaO.

174 Zu weit gehend HK/*Posthoff* 24, da ein Großteil der dort erwähnten Aufklärungsmaßnahmen bereits zur Begründung dringenden Tatverdachts erforderlich sein wird und deshalb *vor* Erlass eines Haftbefehls und dessen Vollstreckung erfolgen muss.

175 OLG Düsseldorf StraFo **2002** 104.

Abs. 1 Satz 2) Gebrauch macht, nicht zur Sache auszusagen;[176] ob dies allerdings die Fortdauer der Untersuchungshaft über sechs Monate hinaus rechtfertigen kann, erscheint unter dem Aspekt unzulässiger Einflussnahme auf seine Aussagefreiheit fraglich.

59 **c) Anderer wichtiger Grund.** Der Vollzug der Untersuchungshaft darf ausnahmsweise auch dann über sechs Monate hinaus aufrechterhalten werden, wenn ein – die Haftfortdauer rechtfertigender, Rn. 52, 62ff. – anderer wichtiger Grund das Urteil noch nicht zulässt. Unter die **eng auszulegende**[177] **Generalklausel** des „anderen wichtigen Grundes" fallen nur solche Umstände, die in ihrem Gewicht den beiden besonders genannten Gründen (Rn. 56) gleichstehen; sie müssen ihnen aber der Art nach nicht ähnlich,[178] können sogar vom Prozessstoff unabhängig sein.[179] Allerdings darf ihr Vorliegen nicht in den Verantwortungsbereich des Staates fallen; es muss sich – wie bei den „benannten" wichtigen Gründen – um objektiv oder jedenfalls durch Strafverfolgungsbehörden, Gerichte und Justizverwaltung **nicht vermeidbare Sachzwänge** oder **(allein) dem Beschuldigten zuzuschreibende Umstände** handeln (s. Rn. 54).

60 Viele wichtige Gründe sind neben Schwierigkeit und Umfang der Ermittlungen nicht denkbar.[180] Selbstverständlich fällt hierunter Stillstand der Rechtspflege, doch ist das ein mehr theoretisches Beispiel. Dagegen sind als wichtige Gründe unvorhersehbare, in der Regel plötzlich eintretende und daher **unabwendbare Umstände** und wegen entgegenstehender, kurzfristig nicht überwindbarer Hindernisse nicht schnellstens lösbare Probleme[181] anzusehen. „Anderer" wichtiger Grund im Sinne der Vorschrift ist also jeder eine Verzögerung verursachende Umstand, den zu vermeiden oder zu beheben nicht in der Macht der Strafverfolgungsorgane steht. Hierzu zählt zweifellos die plötzliche, eine – auch längere – Verhandlungsunfähigkeit begründende **Erkrankung des Beschuldigten**[182] **oder unentbehrlicher Beweispersonen** (Zeugen, Sachverständige). Auch die Erkrankung des Verteidigers, des Vorsitzenden[183] oder des Berichterstatters, in umfangreichen Sachen nach h.M.[184] auch die des allein eingearbeiteten Staatsanwalts, stellt einen „anderen wichtigen Grund" dar.[185] Gleiches gilt für den unerwarteten Tod einer der zuletzt genannten Personen und für ihre auf sonstige unvorhersehbare Zufälle oder

---

176 SK/*Paeffgen* 14; Meyer-Goßner/*Schmitt* 17; KK/*Schultheis* 14; s. auch EGMR *W. v. Schweiz*, 92/1991/344/417, Urt. v. 26.1.1993 = EuGRZ **1993** 384; **a.A.** *Knauer* StraFo **2007** 313; *Schlothauer/Weider/Nobis* 956; SSW/*Herrmann* 61. S. auch OLG Bamberg NJW **1995** 1689 (Leugnen) mit krit. Anm. *Meinen* NStZ **1997** 110; OLG Düsseldorf MDR **1987** 1048.

177 BVerfGE **20** 45, 50; **36** 264, 271; **53** 152, 159; s. auch *Jahn* NStZ **2007** 255 (zusammenfassend zur Rechtsprechung des BVerfG).

178 BVerfGK **9** 339, 350; *Kleinknecht* JZ **1974** 586; AK/*Krause* 17; *Münchhalffen/Gatzweiler* Rn. 483; SK/*Paeffgen* 15; HK/*Posthoff* 25; *Schlüchter* 238; Meyer-Goßner/*Schmitt* 18; KK/*Schultheis* 15; *Temming/Lange* NStZ **1998** 63. Anders (noch) BVerfGE **36** 264, 279 [obiter dictum]: „Der ‚andere wichtige Grund' muss seiner Art und seinem Gewicht nach ähnlich den beiden benannten wichtigen Gründen sein." S. auch *Kraushaar* NStZ **1996** 528.

179 BVerfGK **9** 339, 350; KK/*Schultheis* 15.

180 Vgl. OLG Düsseldorf StV **1990** 503 mit Anm. *Paeffgen* NStZ **1991** 424. Keinesfalls die Schwere der Tat – OLG Zweibrücken StV **1991** 28; OLG Düsseldorf NJW **1991** 2303; MDR **1992** 796 mit Anm. *Paeffgen* NStZ **1993** 580; s. auch SK/*Paeffgen* EMRK Art. 5, 58ff.

181 Vgl. BVerfGE **36** 264, 274; OLG Celle StV **2002** 150; OLG Hamm StV **2006** 481; SK/*Paeffgen* 13, 15.

182 *Paeffgen* NJW **1990** 539; AK/*Krause* 18.

183 BGHR StPO § 121 Grund 3.

184 OLG Hamm NJW **1972** 550; KK/*Schultheis* 16; Meyer-Goßner/*Schmitt* 21.

185 Ob dieser auch die Verlängerung der Untersuchungshaft rechtfertigen kann, ist auf der erforderlichen zweiten Prüfungsstufe (Rn. 52) festzustellen und erscheint im Hinblick auf letzteren Umstand jedenfalls zweifelhaft, s. insoweit auch Rn. 76.

schicksalhafte Ereignisse zurückzuführende Verhinderung.[186] Neben dem – einer rechtzeitigen Terminierung entgegenstehenden oder zur Aussetzung der (rechtzeitig begonnenen) Hauptverhandlung zwingenden – plötzlichen Ausfall unentbehrlicher Verfahrensbeteiligter oder Beweispersonen kann ein „anderer" wichtiger Grund i.S.d. § 121 Abs. 1 u.U. auch darin liegen, dass Beamte während der Ermittlungen – aus welchen Gründen auch immer – ausfallen.[187]

Als wichtiger Grund in Betracht kommt auch die verzögernde, aber gebotene **Rücksichtnahme auf** das Gesundheitsinteresse oder sonstige **wichtige Belange eines Zeugen**, insbesondere des Verletzten (von Kindern),[188] oder die Verlängerung der Erklärungsfrist im Zwischenverfahren mit Rücksicht auf eine vorangegangene Kontaktsperre nach den §§ 31 ff. EGGVG.[189] Grundsätzlich **kann** auch das **Verhalten des Beschuldigten** oder seines Verteidigers ein „anderer wichtiger Grund" sein, jedenfalls dann, wenn der zu einer Verzögerung führende Umstand **allein** in der Sphäre des Beschuldigten und seines Verteidigers liegt, dem Verteidigungsinteresse des Beschuldigten dient und für die Strafverfolgungsbehörden und das Gericht nicht vorhersehbar und nicht vermeidbar war,[190] s. Rn. 64 ff. Hindert **erhöhter Geschäftsanfall** (und die dadurch eingetretene Überlastung der Strafverfolgungsbehörden oder Gerichte) den Urteilserlass binnen sechs Monaten, liegt darin zwar ein „anderer wichtiger Grund". Ob dieser aber die Fortdauer der Untersuchungshaft über sechs Monate hinaus rechtfertigen kann (s. Rn. 52, 62 ff., 72 ff.), bedarf besonders sorgfältiger Prüfung. 61

3. Rechtfertigung der Haftfortdauer

a) Allgemeines. Wenn die besondere Schwierigkeit oder der besondere Umfang der Ermittlungen oder ein anderer wichtiger Grund das Urteil noch nicht zulässt, gibt das allein noch keine Berechtigung, den Vollzug der Untersuchungshaft über sechs Monate hinaus aufrechtzuerhalten (Rn. 52). Das Gesetz fordert vielmehr als **weitere Voraussetzung**, dass die den Erlass des erstinstanzlichen Urteils hindernden wichtigen Gründe es **rechtfertigen**, den Freiheitsanspruch des Beschuldigten, der nach dem Willen des Gesetzgebers grundsätzlich zu einer Beendigung des Untersuchungshaftvollzugs (wegen derselben Tat) nach sechs Monaten führt, **ausnahmsweise** hinter die unabweisbaren Bedürfnisse einer wirksamen Strafrechtspflege – im (praktischen Regel-)Fall des § 112 nach verfahrenssichernder Fortdauer der Untersuchungshaft – zurücktreten zu lassen.[191] Durch das OLG zu prüfen ist danach – zusätzlich zum Vorliegen eines wichtigen Grundes für die Unmöglichkeit, binnen sechs Monaten zum Urteil zu kommen –, ob bei Fortdauer der Haft der **Grundsatz der Verhältnismäßigkeit**[192] (im engeren Sinne) gewahrt bleibt. Erforderlich ist insoweit eine Überprüfung der **Angemessenheit** der Haftfortdauer über sechs Monate hinaus **im Einzelfall** unter Berücksichtigung der Schwere des Eingriffs in 62

---

186 Vgl. etwa OLG Hamburg StraFo **2010** 381 (mit überspannten Darlegungsanforderungen) für die Unmöglichkeit der Anreise eines Mitglieds des erkennenden Gerichts zur (Fortsetzung der) Hauptverhandlung infolge nicht vorhersehbarer Sperrung des Luftraumes nach einem Naturereignis (Vulkanausbruch) und fehlenden alternativen Anreisemöglichkeiten.

187 Zur – regelmäßig fehlenden – Rechtfertigung der Fortdauer der Untersuchungshaft durch diesen Umstand s. Rn. 76 a.E.

188 *Meinen* NStZ **1997** 110; **a.A.** *Schlothauer/Weider/Nobis* 957.

189 KK/*Schultheis* 16.

190 Vgl. OLG Düsseldorf MDR **1987** 1048; OLG Hamm StV **2006** 481 f.; h.M.

191 So auch SK/*Paeffgen* 15.

192 BVerfG NStZ **1991** 397; StV **1998** 557; *Paeffgen* NJW **1990** 537 ff.; Meyer-Goßner/*Schmitt* 17; s. auch BVerfGK **9** 339; OLG Schleswig bei *Lorenzen/Thamm* SchlHA **1992** 146.

die Freiheit des Beschuldigten und seiner Folgen sowie der Bedeutung der Gründe für diesen Eingriff. Die Dauer der Untersuchungshaft wird dabei nicht – wie in § 112 Abs. 1 Satz 2 und in § 120 Abs. 1 2. Hs. – in ein Verhältnis zu der Bedeutung der Sache und zu der zu erwartenden Strafe oder Maßregel der Besserung und Sicherung gesetzt, sondern in ein **Verhältnis zu der Schwierigkeit** der Erledigung der Rechtssache und zu anderen wichtigen Gründen.[193] Die **Schwere der Tat** ist in diesem Zusammenhang **ohne Bedeutung.**[194] Vielmehr kommt es insoweit darauf an, dass Strafverfolgungsbehörden, Gerichte und Justizverwaltung **alle möglichen und zumutbaren Maßnahmen ergriffen** haben, um die notwendigen Ermittlungen mit der gebotenen Schnelligkeit abzuschließen und eine gerichtliche Entscheidung über die dem Beschuldigten vorgeworfenen (haftbefehlsgegenständlichen) Taten herbeizuführen.[195] Ein – benannter oder unbenannter – **wichtiger Grund rechtfertigt** die Haftfortdauer danach nur, **wenn** der mit seinem Vorliegen verbundenen **Verzögerung staatlicherseits nicht entgegengewirkt** werden konnte,[196] wenn also alle (zumutbaren) Maßnahmen zur Beschleunigung ergriffen worden sind, dem in Haftsachen von Verfassungs wegen zu beachtenden Grundsatz besonders zügiger Bearbeitung (**Beschleunigungsgrundsatz**) **genügt** wurde und das Urteil trotzdem nicht rechtzeitig ergehen kann.

b) Verhalten des Beschuldigten und seines Verteidigers

64 **aa) Beschuldigter. Wichtige Gründe**, die **in der Sphäre des Beschuldigten** liegen, können grundsätzlich die Fortdauer der Haft rechtfertigen, in der Regel aber nur, wenn sie für die Strafverfolgungsbehörden und das Gericht nicht vorhersehbar und **nicht vermeidbar** sind.[197] Führt etwa der Beschuldigte durch **falsche Angaben** die Ermittlungsbehörden in die Irre oder **bestreitet** er seine **Identität**, so kann dies in Ausnahmefällen zu – verzögernden – **besonders schwierigen Ermittlungen** führen, die eine Haftfortdauer über sechs Monate hinaus rechtfertigen.[198] Gleiches gilt für die einem Sachverständigen einzuräumende Zeit der Vorbereitung seines Gutachtens, wenn seine Beauftragung – trotz frühzeitig vorhandener Anhaltspunkte für die Notwendigkeit einer **Schuldfähigkeitsbegutachtung** des Beschuldigten – zurückgestellt werden muss, bis die weiteren Ermittlungen Anknüpfungstatsachen in ausreichendem Umfang erbracht haben, weil der Beschuldigte seine Täterschaft bestreitet und nicht zu erwarten ist, dass der Sachverständige mit den ihm zur Verfügung stehenden Möglichkeiten tragfähige Erkenntnisse über den Tatablauf, die Tatvorgeschichte und das Verhalten des Täters vor, während und nach der Tat gewinnen kann.[199]

65 Auch die **Wahrnehmung prozessualer Rechte** durch den Beschuldigten kann die Fortdauer der Untersuchungshaft regelmäßig nur dann rechtfertigen, wenn die Staatsanwaltschaft oder das Gericht der hierdurch verursachten Verzögerung **nicht** durch ge-

---

193 Vgl. dazu OLG Düsseldorf NStZ-RR **2000** 250; MDR **1992** 796 mit Anm. *Paeffgen* NStZ **1993** 580; OLG Frankfurt NStZ-RR **1996** 268 (Aufhebung auch dann, wenn Haft noch verhältnismäßig wäre); OLG Hamm StV **2006** 481, 482; *Rieß* JR **1983** 261.

194 BVerfGK **9** 339, 352; OLG Düsseldorf MDR **1992** 796; OLG Jena StraFo **2004** 318; OLG Köln NJW **1973** 1009; OLG Nürnberg StraFo **2016** 248; s. auch *Kintzi* DRiZ **2004** 348 f.

195 Vgl. grundlegend dazu: BVerfGE **20** 45, 50; **36** 264, 273 m.Anm. *Kleinknecht* NJW **1974** 309; BVerfGK **9** 339, 347; SK/*Paeffgen* 15.

196 KG StV **2015** 42.

197 OLG Nürnberg wistra **2011** 478; OLG Hamm StV **2006** 481; NStZ-RR **2002** 124; *Schlothauer/Weider/Nobis* 967 f.; *Münchhalffen/Gatzweiler* 417; s. auch OLG Koblenz StV **2003** 519.

198 KK/*Schultheis* 16; *Schlothauer/Weider/Nobis* 967 a.E.

199 OLG Nürnberg OLGSt StPO § 121 Nr 36.

eignete Maßnahmen hätte **entgegenwirken** können. Kann es nicht zum (erstinstanzlichen) Urteil kommen, weil der Beschuldigte oder sein (bzw. seine wechselnden) Verteidiger das **Verfahren** dauernd durch Eingaben, Beschwerden oder wiederholte Anträge auf Akteneinsicht **aufhält**, so ist das zwar ein **„anderer" wichtiger Grund**, der dem Urteil entgegensteht, aber in der Regel keiner, der es rechtfertigt, die Untersuchungshaft fortdauern zu lassen.[200] Im Allgemeinen ist es **möglich**, der Verzögerung durch technische Mittel, namentlich durch die Mehrfachherstellung der (gesamten) Ermittlungsakten[201] (in elektronischer oder Papierform) **entgegenzuwirken**. Durch sie kann die Staatsanwaltschaft sicherstellen, dass sie die Ermittlungen fortsetzen, das Gericht, dass es das Verfahren weiter betreiben kann, wenn die Akten versandt werden müssen, weil der Verteidiger (erneute) Akteneinsicht begehrt oder das Beschwerdegericht sie für seine Entscheidung benötigt.[202] Etwas anderes gilt allerdings für wiederholte, offenkundig **aussichtslose Ablehnungsgesuche** des Beschuldigten (ggf. auch sogenannte Kettenablehnung von zur Entscheidung über das erste Gesuch berufenen Richtern), denn der mit der Entscheidung hierüber wegen des dabei einzuhaltenden Verfahrens (§§ 26 ff.) verbundenen Verzögerung, die bei einer Häufung der Anträge erheblich sein kann, kann nicht durch die Anlegung von Doppelakten (oder sonstige Maßnahmen der Strafverfolgungsbehörden und Gerichte) wirksam begegnet werden.[203]

Keinesfalls darf die **Reaktion auf die Wahrnehmung prozessualer Rechte** durch **66** den Beschuldigten zu einer weiteren prozessual vermeidbaren Verfahrensverlängerung führen[204] oder prozessordnungsgemäßes Verhalten durch eine Verlängerung der Untersuchungshaft „sanktioniert" werden.[205] Das verzögernd wirkende (prozessordnungsgemäße) Verhalten des Beschuldigten oder seines Verteidigers kann die Aufrechterhaltung der Untersuchungshaft folglich dann **nicht** begründen, wenn Staatsanwaltschaft und Gericht hierauf nicht sachgerecht reagiert haben, denn dann verlagert sich die Verzögerungsursache in den Verantwortungsbereich der Justiz.[206] Sachwidrig ist es insoweit, den **Unterbrechungsantrag nach § 222a Abs. 2** zu Beginn der Hauptverhandlung mit ihrer Aussetzung zu beantworten, wenn dadurch ein Urteil auf ungewisse Zeit hinausgeschoben wird,[207] oder die (bloße) **Ankündigung von Beweisanträgen** durch die Verteidigung (in oder kurz vor der Hauptverhandlung) zum Anlass hierfür oder für eine Verschiebung des Hauptverhandlungsbeginns zu nehmen.[208] Dagegen ist es sachgerecht und trägt dem Recht des Beschuldigten auf rechtliches Gehör angemessen Rechnung, wenn die Staatsanwaltschaft bzw. das Gericht von ihm **angekündigte Einlassungen**

---

200 Vgl. OLG Stuttgart StV **1983** 70; **a.A.** möglicherweise *Münchhalffen/Gatzweiler* 413.
201 BVerfG StV **1995** 199; **1999** 162; OLG Brandenburg StV **2007** 589; OLG Düsseldorf bei *Paeffgen* NStZ **2003** 82; OLG Frankfurt StV **1983** 380; **1986** 22; **1993** 202; **1995** 423; OLG Hamburg StV **1983** 290; OLG Karlsruhe NJW **1973** 381; OLG Köln StV **1992** 20; OLG Stuttgart StV **1983** 70. Vgl. Nr. 12 Abs. 2, 54 Abs. 3, 56 Abs. 3 RiStBV. S. auch OLG Frankfurt MDR **1973** 780; OLG Hamburg StV **1984** 122 (Aktendoppelung für den Fall, dass in einem späteren Stadium eine Untersuchung durch einen Sachverständigen erforderlich wird); OLG Köln NJW **1973** 1010; OLG Frankfurt MDR **1973** 780 (Fertigung von Hilfsakten mit Abdrucken der wichtigsten Schriftstücke).
202 Vgl. auch KG StraFo **2013** 506 (Organisationsverschulden des Gerichts bei Übersendung der Originalakten an das Beschwerdegericht ohne Fristsetzung und Rücklaufkontrolle).
203 Zur Verfahrensverzögerung infolge *erfolgreicher* Richterablehnung s. aber BVerfGK **9** 339; BVerfG StV **1991** 565.
204 Vgl. BVerfG StV **1999** 162; OLG Nürnberg wistra **2011** 478; KMR/*Wankel* 11; *Schlothauer/Weider/Nobis* 967; s. auch OLG Bremen StV **1986** 540; KG StV **1993** 204.
205 KG StV **2015** 42.
206 OLG Nürnberg wistra **2011** 478.
207 OLG Bremem StV **1986** 540.
208 OLG Frankfurt StV **1981** 25 mit Anm. *Weider*; OLG München StV **2001** 466.

abwartet und erst nach deren Eingang – für den ggf. eine angemessene Frist zu setzen ist – über den Abschluss des (Ermittlungs-)Verfahrens bzw. die Eröffnung des Hauptverfahrens entscheidet,[209] wenn daraus maßgebliche neue Erkenntnisse zu erwarten sind, die sich insbesondere auf den Bestand der Untersuchungshaft auswirken können.[210] Gleiches gilt, wenn sich durch eine erstmalige Einlassung des Angeklagten kurz vor Beginn der Hauptverhandlung oder vor Schluss der Beweisaufnahme ergibt, dass die Beurteilung seiner Schuldfähigkeit durch einen **Sachverständigen** erforderlich ist,[211] und dies oder eine **überraschende Änderung des Aussageverhaltens** entgegen vorangegangener Prozessabsprachen[212] eine Verschiebung oder Aussetzung der Hauptverhandlung erforderlich macht. Verzögernd wirkende Einflussnahmen auf das Verfahren aus dem **Umfeld des Beschuldigten** sind diesem zuzurechnen;[213] kann in ihrer Folge nicht binnen sechs Monaten zum (erstinstanzlichen) Urteil gekommen werden, liegt darin ein anderer wichtiger Grund, der geeignet ist, die Haftfortdauer zu rechtfertigen.

67 **bb) Verteidiger.** Bei der Entscheidung darüber, ob ein wichtiger Grund im **Verhalten des Verteidigers** es rechtfertigt, die Haft fortdauern zu lassen, ist **besondere Zurückhaltung** geboten. Sie ist schon aufgrund seiner Stellung (§ 1 BRAO) angebracht; danach besteht die Hauptaufgabe des Verteidigers darin, „dem Beschuldigten zu helfen, den Angriff der Anklage abzuwehren und dafür Sorge zu tragen, daß der Strafanspruch des Staates im prozessordnungsgemäßen, justizförmigen Wege verfolgt wird“.[214] Er darf und muss alles vorbringen, was nach sachlichem oder Verfahrensrecht für den Beschuldigten günstig ist und dabei die Verteidigung selbständig führen (Erl. Vor § 137).[215] Die Anordnung der Haftfortdauer kann aber gerechtfertigt sein, wenn der Verteidiger die Möglichkeiten der Strafprozessordnung in einer Weise nutzt, die mit der Wahrnehmung seiner Aufgabe, den Angeklagten vor einem materiellen Fehlurteil oder (auch nur) einem prozessordnungswidrigen Verfahren zu schützen, nicht mehr zu erklären ist;[216] dieses, zu einer Verzögerung des Verfahrensabschlusses führende Verteidigerverhalten ist in der Haftfortdauerentscheidung konkret darzulegen und entsprechend zu dokumentieren. Namentlich der **Pflichtverteidiger** hat darüber hinaus auch Umstände zu berücksichtigen, die auf Erwägungen staatlicher Fürsorge beruhen. Gleichwohl kann sein Verhalten nicht nach den gleichen Maßstäben bemessen werden wie das eines Richters, Staatsanwalts oder einer anderen Ermittlungsbehörde; vielmehr sind – schon im Hinblick auf § 142 Abs. 1 Satz 2 – auch hier im Wesentlichen die Erwägungen heranzuziehen, die für Wahlverteidiger gelten.

68 Die durch eine Rücksichtsnahme des Gerichts auf die **Verhinderung des Verteidigers** verursachte Verzögerung des Beginns der Hauptverhandlung kann – jedenfalls „in zeitlichen Grenzen“[217] – grundsätzlich die Anordnung der Haftfortdauer über sechs Mo-

---

209 OLG Nürnberg wistra **2011** 478 = StRR **2012** 113 (Ls. und Kurzwiedergabe) mit krit. Anm. *Lind*.
210 *Lind* aaO.
211 OLG Düsseldorf MDR **1987** 1048.
212 OLG Oldenburg StV **1996** 44. Anders bei bloßer Nichteinlassung oder Weigerung, ein Geständnis abzulegen: OLG Karlsruhe StV **2000** 91; s. auch OLG Hamburg StraFo **2007** 26.
213 Vgl. OLG Nürnberg StraFo **2015** 288 (Verfahrensverzögerungen infolge Ablösung der Dolmetscherin wegen Gefahr für deren Leib und Leben nach entsprechender Drohung aus dem kriminellen Umfeld des Beschuldigten).
214 BGHSt **5** 334.
215 S. auch BVerfG NJW **2006** 668 (auch zur Pflicht des Gerichts, das Verhalten des Verteidigers darzulegen).
216 Vgl. BVerfG StV 2**008** 198; BGH NStZ **2005** 341; HK/*Posthoff* 26.
217 OLG Hamburg Beschl. v. 9.8.2017 – 2 Ws 118-120/17 H – 2 OBL 9/17 – (juris).

nate hinaus rechtfertigen,[218] allerdings nur, wenn dessen Terminsschwierigkeiten für das Gericht nicht vorhersehbar und nicht abwendbar waren.[219] Handelt es sich um eine nur kurze Terminsverschiebung zufolge Urlaubsabwesenheit oder akuter Erkrankung des Verteidigers oder seiner Verhinderung aus anderen Gründen (z.B. Teilnahme an einer – etwa im Rahmen der Fachanwaltszulassung vorgeschriebenen und mit erheblichen Kosten verbundenen – Fortbildungsveranstaltung), wird diese regelmäßig durch das Interesse des Beschuldigten an der Vermeidung eines Verteidigerwechsels gedeckt sein. Der Beginn der Hauptverhandlung darf auch mit Rücksicht auf die **Terminslage des Verteidigers** in anderen Verfahren kurzfristig, nicht mehrere Monate,[220] hinausgeschoben und die Verhandlungstermine dürfen maßvoll gestreckt werden, wenn hierdurch nicht die Untersuchungshaft deutlich verlängert wird.[221] Allerdings gehört es zu den Organisationspflichten des Gerichts(-vorsitzenden), (zu versuchen,) der Gefahr von Terminsverschiebungen durch ggf. sehr frühzeitige, vorsorglich schon alsbald nach Eingang der Anklage vorzunehmende **Terminabsprachen** mit den Verteidigern vorzubeugen.[222] Außerdem müssen ggf. zur Sicherung einer dem Beschleunigungsprinzip (noch) entsprechenden Terminierung bereits terminierte „Nicht-Haftsachen" aufgehoben[223] und notfalls auch besondere Verhandlungstage und -zeiten vorgesehen und eingeschoben werden.[224] Ist dies nicht möglich oder handelt es sich um eine längerfristige (etwa krankheitsbedingte) Verhinderung, ist notfalls ein (zweiter) Pflichtverteidiger zu bestellen,[225] soweit dies ausnahmsweise zulässig und nach der Sachlage auch möglich und sachgerecht ist[226] (vgl. die Erl. zu §§ 140ff.). Dem Anspruch des Beschuldigten, von dem Verteidiger seines Vertrauens verteidigt zu werden, kommt grundsätzlich so großes Gewicht zu, dass ihm – jedenfalls bis zu einer gewissen Grenze, die bei einer Verzögerung des Hauptverhandlungsbeginns um wenige Wochen noch nicht erreicht sein dürfte[227] – der Vorrang vor einer anderenfalls möglichen, im Interesse desselben (inhaftierten) Beschuldigten liegenden, weitergehenden Beschleunigung eingeräumt werden darf. Andererseits gilt dieser Anspruch nicht uneingeschränkt; bei längeren Verzögerungen, die bei der Rücksichtnahme auf die Verhinderung des Verteidigers seines Vertrauens entstehen würden, ist im Zweifel dem Recht des Beschuldigten auf Aburteilung binnen angemessener Frist der Vorrang einzuräumen.[228] Zudem ist im Rahmen der Abwägung zwischen den widerstreitenden Beschuldigteninteressen nicht nur auf die Beschleunigung des

218 OLG Düsseldorf StV **1994** 326; **1992** 586; *Schlothauer/Weider/Nobis* 968.
219 H.M.; OLG Hamm StV **2006** 481 mit Anm. *Hilger*.
220 OLG Hamm StV **2006** 481 mit Anm. *Hilger*; OLG Köln StV **2006** 145; s. auch BGH JR **2007** 209 mit Anm. *Eidam*.
221 OLG Köln StV **2006** 145 mit Anm. *Hilger* 451; OLG Hamm StV **2006** 482.
222 OLG Bremen StV **1992** 480; OLG Celle NdsRpfl. **1997** 290; OLG Düsseldorf StV **1992** 586; NJW **1993** 1149; StV **1994** 326; OLG Frankfurt StV **1992** 21; OLG Hamm StV **2006** 481 mit Anm. *Hilger* sowie 482 (wobei die „Terminshoheit" des Vorsitzenden unbestritten ist); OLG Karlsruhe StV **2000** 36; OLG Köln MDR **1991** 662; OLG Oldenburg StraFo **2008** 26; NdsRpfl. **2002** 371; enger wohl OLG Köln StV **2006** 145, 463 mit Anm. *Hilger*.
223 H.M.; OLG Hamm StV **2006** 482; enger wohl OLG Köln StV **2006** 143 mit Anm. *Hilger*.
224 Vgl. BVerfGK **6** 384 = NJW **2006** 668; h.M.
225 OLG Celle NdsRpfl. **1997** 290; OLG Hamm StV **2002** 151; OLG Köln StraFo **2009** 384; MDR **1991** 662; s. aber OLG Düsseldorf StV **1994** 326.
226 S. auch BVerfG StV **2007** 366; **2006** 451; OLG Köln StV **2006** 143, 145, 463, OLG Hamm StV **2006** 481 – alle mit Anm. *Hilger*; 482 (sehr sorgsame Abwägung der Interessen); NStZ **2011** 235; OLG Hamburg Beschl. v. 9.8.2017 – 2 Ws 118-120/17 H – 2 OBL 9/17 – (juris); OLG Karlsruhe StV **2000** 36; *Jahn* NStZ **2007** 258f.; *Schmidt* NStZ **2006** 315.
227 Vgl. OLG Hamburg Beschl. v. 9.8.2017 – 2 Ws 118-120/17 H – 2 OBL 9/17 – (juris); OLG Frankfurt StV **2012** 612.
228 Vgl. BVerfGK **10** 294, 306f.; OLG Bremen StV **2016** 508 mit Anm. *Schlothauer*.

Verfahrens und den Freiheitsanspruch des von der Verhinderung seines Verteidigers betroffenen Angeklagten zu achten, sondern ggf. auch auf den Freiheitsanspruch inhaftierter Mitangeklagter und deren Beschleunigungsinteresse.[229] Insbesondere dann, wenn ein früherer Prozessbeginn an der Verhinderung des Verteidigers des nicht inhaftierten Angeklagten scheitert, muss dessen Interesse an der Verteidigung durch den Anwalt seines Vertrauens hinter dem Beschleunigungsinteresse des (oder der) inhaftierten Mitangeklagten zurücktreten;[230] auch an die Möglichkeit der Trennung der Verfahren ist in diesem Zusammenhang zu denken.[231]

69 Darüber hinaus kann etwa in den folgenden Fällen ein in der Sphäre des Beschuldigten liegender (anderer) **wichtiger Grund**, der die Fortdauer der Untersuchungshaft **rechtfertigt**, in Betracht kommen: die Verzögerung durch die **Einsichtnahme** des Verteidigers in umfangreiche Straf- und Ermittlungsakten, wenn diese länger dauert und die Verzögerung nicht durch **Doppelakten** vermieden werden kann;[232] durch zu spät (erst unmittelbar vor Abschluss der Ermittlungen) oder im ausschließlichen Interesse und im Einverständnis des Beschuldigten gestellte Anträge,[233] namentlich überraschende zeitaufwendige **Beweisanträge**;[234] durch einen vom Beschuldigten veranlassten **Verteidigerwechsel**;[235] durch **Aussetzung des Verfahrens** wegen grundloser Entfernung eines als Anwalt seines Vertrauens beigeordneten Pflichtverteidigers aus der Hauptverhandlung und anschließender Weigerung, den an seiner Stelle zum Pflichtverteidiger bestellten Rechtsanwalt über das Ergebnis der Hauptverhandlung zu unterrichten,[236] auch wenn dies unabhängig vom Willen des Beschuldigten geschah;[237] durch **Nichtabgabe** einer mehrfach **angekündigten Äußerung** zum Umfang der (aus seiner Sicht) notwendigen Beweisaufnahme.[238] Ein die Haftfortdauer rechtfertigender wichtiger Grund kann schließlich auch vorliegen, wenn die **Verteidigungsstrategie** erkennbar und allein auf **Verfahrenssabotage** angelegt ist und das Gericht deshalb das Verfahren zur Durchführung einer Ausschließung (§ 138a) aussetzt und die Vorgänge dem OLG vorlegt.[239] Ebenso, wenn eine Verzögerung durch die **Verlängerung der Erklärungsfrist** zur Anklage nach Kontaktsperre (§§ 31 ff. EGGVG)[240] eintritt oder weil der Verteidiger die Möglichkeit als bestehend anspricht, dass im Ausland befindliche Zeugen auch auf formlose Ladung zur Verhandlung kämen, und der Vorsitzende, darauf vertrauend, ein **Rechtshilfeersuchen zurückstellt**; allerdings muss dies (entsprechende **Angaben des Verteidigers** als

---

229 Vgl. BVerfG StV **2006** 451; KG Beschl. v. 25.11.2016 – (4) 161 HEs 31/16 (30-34/16) – (juris); s. auch OLG Köln StV **2006** 143, 463 mit Anm. *Hilger*; OLG Hamburg StraFo **2006** 372.
230 OLG Köln StV **2006** 145.
231 KG NStZ-RR **2009** 317.
232 Vgl. BVerfG NJW **1994** 2081; OLG Bremen StV **1993** 377; OLG Celle NdsRpfl. **1997** 290; OLG Düsseldorf StV **2001** 695; OLG Frankfurt StV **1983** 380; **1992** 586; **1993** 202; OLG Hamburg StV **1983** 289; OLG Stuttgart StV **1983** 70; OLG Jena StV **1998** 560; s. auch OLG Frankfurt StV **1986** 22; OLG Celle StV **1984** 341; OLG Düsseldorf NStE § 121, Nr. 10; bei *Paeffgen* NStZ **2003** 82; s. auch OLG Frankfurt StV **2006** 648.
233 Vgl. auch OLG Hamburg NStZ **1993** 53 (Aussetzungsantrag wegen nur mündlicher Übersetzung der Anklage); OLG Düsseldorf MDR **1987** 1048 (Verantwortung des Beschuldigten für die Verteidigungskonzeption).
234 Meyer-Goßner/*Schmitt* 21; s. auch OLG München StV **2001** 466 (Antrag, einen Zeugen zu laden, der ohnehin hätte vernommen werden müssen).
235 Vgl. OLG Düsseldorf StV **1988** 211; **1996** 497; SK/*Paeffgen* 15; *Paeffgen* NJW **1990** 539.
236 KG JR **1981** 86; s. auch *Schlothauer/Weider/Nobis* 968 a.E.
237 AK/*Krause* 19.
238 OLG Düsseldorf StV **1988** 211 (nur begrenzte Haftverlängerung, auch wenn Verteidiger mit dieser einverstanden ist).
239 Vgl. dazu OLG Schleswig bei *Lorenzen/Thamm* SchlHA **1993** 225 (Ziel der Verteidigung: Aussetzung der Hauptverhandlung, um so eine Aufhebung des Haftbefehls zu erreichen).
240 BGH Beschl. v. 15.2.1978 – 1 StE 2/77 – AK 14/78.

Grund für die Zurückstellung des Rechtshilfeersuchens) – und dies gilt grundsätzlich für alle Haftverlängerungsgründe – feststehen.[241]

In allen in der vorhergehenden Randnummer genannten Fällen ist die Verzögerung auf Umstände zurückzuführen, denen die Staatsanwaltschaft oder das Gericht **nicht** durch geeignete Maßnahmen hätte **entgegenwirken** können. Da sie darüber hinaus ausschließlich in der Sphäre des Beschuldigten liegen, muss dieser sie sich zurechnen lassen[242] mit der Folge, dass sie auch die Fortdauer der Untersuchungshaft rechtfertigen. Dafür spricht auch, dass es anderenfalls der Verteidiger in der Hand hätte, durch sein (schuldhaftes) Verhalten – und zwar unabhängig von einer etwaigen Mitwirkung des Beschuldigten – dessen Freilassung nach sechs Monaten zu erreichen.[243] 70

c) Wichtige Gründe außerhalb der Sphäre des Beschuldigten

aa) Grundsatz. Umstände, die außerhalb der Sphäre des Beschuldigten liegen und den Erlass des erstinstanzlichen Urteils hindern, rechtfertigen die Fortdauer der Untersuchungshaft über sechs Monate hinaus (ebenfalls) nur, wenn der mit ihrem Vorliegen verbundenen Verzögerung **staatlicherseits nicht entgegengewirkt** werden konnte. **Strafverfolgungsbehörden, Gerichte und Justizverwaltung** müssen daher vorausschauend und -planend alle erforderlichen organisatorischen, personellen und sonstigen Maßnahmen treffen, um erkennbaren oder möglich erscheinenden Verzögerungsgefahren rechtzeitig und wirksam begegnen zu können. Dies gilt namentlich für die Personalausstattung und die Geschäftsverteilung.[244] 71

bb) Hindert erhöhter **Geschäftsanfall** den Urteilserlass binnen sechs Monaten, liegt darin zwar grundsätzlich ein „anderer" wichtiger Grund im Sinne der Vorschrift. Die dadurch eingetretene **Überlastung der Strafverfolgungsbehörden oder Gerichte** kann die Fortdauer der Untersuchungshaft über sechs Monate hinaus aber in der Regel[245] nur dann rechtfertigen, wenn sie nur **kurzfristig** ist **und** – insbesondere weil nicht oder kaum voraussehbar – für Strafverfolgungsbehörden, Gerichte und Justizverwaltung **unvermeidbar** war.[246] Sie rechtfertigt die Haftfortdauer über sechs Monate hinaus daher 72

---

241 Vgl. dazu OLG Frankfurt NStZ **1991** 552 (bei „non liquet" insoweit Aufhebung des Haftbefehls) mit Anm. *Schwalbe*.

242 Vgl. auch OLG Düsseldorf MDR **1987** 1048; OLG Koblenz StV **2003** 519 (keine Zurechnung bei notwendiger Aussetzung zur Vorbereitung der Verteidigung, wenn Unterbrechung wegen Verhinderung des Verteidigers nicht möglich).

243 Dazu auch *Schwalbe* NStZ **1991** 553.

244 Vgl. BVerfGK **6** 384 = NJW **2006** 668, 672, 677 mit krit. Bespr. *Jahn* 652 und *Schmidt* NStZ **2006** 313 sowie Anm. *Paeffgen* NStZ **2007** 83 zu S. 668; BGHSt **38** 43 ff. (zur Justizgewährungspflicht) mit Anm. *Weider* StV **1991** 475; OLG Brandenburg StV **2000** 37; OLG Bremen StV **1992** 426; OLG Celle StV **2002** 150; NdsRpfl. **2002** 369; OLG Frankfurt NJW **1996** 1487; OLG Stuttgart NStE § 121, Nr. 29; s. auch (z.T. krit.) *Nack* FS Strauda 429.

245 Ausnahmen sind nicht ausgeschlossen. So grundsätzlich zu Recht einschränkend OLG Bamberg NJW **1996** 1222 (Kindeswohl gebietet Befassung nur einer Jugendschutzkammer mit mehreren zusammenhängenden Jugendschutzsachen).

246 Vgl. dazu grundlegend BVerfGE **36** 270 ff.; BVerfG NJW **1991** 2821 mit Anm. *Paeffgen* NStZ **1992** 530; **1994** 2081; NStZ **1994** 93; StV **1997** 535; **1999** 328; **2003** 30; NJW **2003** 2895; **2006** 668, 672, 677; StV **2015** 39; NJW **2018** 2948; BGHSt **38** 43 mit Anm. *Weider* StV **1991** 475; KG StV **1985** 116; **1992** 523 mit Anm. *Paeffgen* NStZ **1983** 577; OLG Bamberg StV **1991** 169; OLG Braunschweig NJW **1967** 1290; OLG Bremen StV **2016** 842; **1992** 480; **1994** 326 mit Anm. *Paeffgen* NStZ **1995** 74; OLG Celle NdsRpfl. **1995** 398; **2002** 369; StV **2002** 150; OLG Düsseldorf StV **1990** 168 mit Anm. *Paeffgen* NStZ **1990** 534; **1991** 169; **1991** 308; **1991** 476; **1992** 586; **1993** 86; wistra **1994** 240; JMBlNW **1994** 272; MDR **1996** 1059; StV **1996** 496; **2001** 695; OLG Frankfurt StV **1990** 310; MDR **1993** 787; StV **1995** 424; OLG Hamburg StV **1985** 198; **1989** 489; OLG Hamm dann nicht, wenn **im Rahmen der vorhandenen Gerichtsausstattung** mit personellen und sächlichen Mitteln die Möglichkeit besteht, durch **organisatorische Maßnahmen** die Erledigung aller Sachen binnen verfahrensangemessener Fristen sicherzustellen.[247] Keinesfalls darf dabei allein auf die Geschäftslage des zuständigen Spruchkörpers (Schöffengericht, Strafrichter, -kammer oder -senat) abgestellt werden. Zwar hat zunächst jeder Vorsitzende **spruchkörperintern** alle Möglichkeiten auszuschöpfen, um Schwierigkeiten, die aus dem Geschäftsanfall resultieren, zu begegnen. Dazu muss er bei der Bearbeitung eingehender Haftsachen einerseits beachten, dass diese in jeder Beziehung, das heißt in Vorbereitung, Terminierung und Verhandlung, **Vorrang vor anderen Strafsachen** haben;[248] Termine in anderen Sachen sind ggf. aufzuheben, zusätzliche Sitzungstage einzuschieben. Andererseits hat er spruchkörperinterne Entlastungsmaßnahmen, etwa die Übernahme der Berichterstattung durch einen anderen als den nach dem internen Geschäftsverteilungsplan vorgesehenen (aber persönlich überlasteten) Beisitzer oder durch den Vorsitzenden zu erwägen, ebenso die Absage von Dienstreisen und Fortbildungsveranstaltungen und eine Änderung der Urlaubsplanung. Ist der **Spruchkörper** aber gleichwohl **überlastet**, namentlich also dann, wenn absehbar ist, dass in einer neu eingehenden Haftsache – auch bei Ausschöpfung der vorgenannten spruchkörperinternen Möglichkeiten – das Beschleunigungsgebot in Haftsachen nicht gewahrt werden wird, weil nicht **innerhalb von drei Monaten ab Eröffnung**[249] (bzw. Eröffnungsreife,[250] die regelmäßig mit Ablauf der nach Prüfung der Anklage vom Vorsitzenden angemessen zu bestimmenden Erklärungsfrist im Zwischenverfahren eintritt) bzw. von vier Monaten ab Anklageerhebung[251] **mit der Hauptverhandlung begonnen** werden kann, Rn. 81, ist es die Pflicht seines Vorsitzenden, sich mit dem Ersuchen um schnellwirkende **Entlastungsmaßnahmen** an das **Präsidium** zu wenden.[252] Von diesem sind **umgehend** die notwendigen Maßnahmen zu treffen[253] (personelle Verstärkung des Spruchskörpers; Änderung der Geschäftsverteilung; Bildung von Hilfsstrafkammern oder -senaten; dabei ist u.U. auch auf Richter zurückzugreifen, die nach der Geschäftsverteilung keine Strafsachen bearbeiten, sondern andere richterliche Geschäfte erledi-

---

StV **1986** 441; OLG Karlsruhe NJW-Spezial **2013** 729 mit Anm. *Kröpil* Jura **2014** 724; OLG Koblenz NStZ **1997** 252 mit Anm. *Hilger*; OLG Köln MDR **1991** 662; **1993** 787; OLG Schleswig StV **1985** 115. S. auch BVerfG NStZ **1995** 459; OLG Düsseldorf NJW **1993** 1149; *Paeffgen* NJW **1990** 538 m.w.N.

247 Vgl. BVerfGE **36** 270 ff.; OLG Köln StraFo **2008** 241.

248 Vgl. OLG Celle StV **1984** 340; NdsRpfl. **1995** 398; OLG Düsseldorf StV **1988** 390; OLG Frankfurt StV **1981** 25 mit Anm. *Weider*; **1992** 21; **1994** 329; StV **2006** 195; OLG Hamm NStZ **1983** 519; StV **2006** 481, 482; OLG Karlsruhe Justiz **1986** 28; enger wohl OLG Köln StV **2006** 143.

249 Vgl. BVerfGK **7** 21; BVerfG StV **2008** 421; **2007** 366; **2006** 73; KG StV **1992** 523; OLG Düsseldorf StRR **2008** 403; OLG Hamm StV **2006** 481.

250 Vgl. BVerfG StRR **2011** 246; OLG Nürnberg StV **2009** 367; **2011** 39.

251 Vgl. BGH StV **2014** 6. In der ständigen Rechtsprechung des KG – vgl. etwa StraFo **2010** 26 m.w.N. – wird ein Zeitraum von vier Monaten, in Schwurgerichtsverfahren von fünf Monaten, zwischen Anklageerhebung und Beginn der Hauptverhandlung als unter Beschleunigungsaspekten noch hinnehmbar angesehen.

252 Vgl. OLG Celle StV **1995** 425; OLG Düsseldorf StV **1991** 308; StraFo **2003** 93.

253 Vgl. BVerfG StraFo **2007** 18; NJW **2006** 668, 672, 677 mit Anm. *Paeffgen* NStZ **2007** 83 zu S. 668; StV **1997** 535 (Verzögerung durch Nicht-Änderung GVP trotz bekannter Überlastung); BGHSt **38** 43 ff. mit Anm. *Weider* StV **1991** 475; KG StV **1985** 116; **1992** 523 mit Anm. *Paeffgen* NStZ **1993** 577; OLG Celle StV **1995** 425; **2002** 150; NdsRpfl. **2002** 369; OLG Düsseldorf StV **1990** 168 mit Anm. *Paeffgen* NStZ **1990** 534; **1991** 308; **1991** 476; **1992** 586; MDR **1996** 1059; OLG Frankfurt MDR **1993** 787; StV **1995** 424; OLG Hamburg StV **1985** 198; **1989** 489; OLG Hamm NStZ **1983** 519; OLG Köln MDR **1993** 787; StraFo **2008** 410; OLG Koblenz NStZ **1997** 252 mit Anm. *Hilger*; OLG Schleswig StV **1985** 115; Stuttgart StraFo **2013** 509; StV **2011** 749; einschränkend OLG Düsseldorf NJW **1993** 1149; s. auch OLG Bremen StV **1994** 326 (Änderung der Geschäftsverteilung mit fehlerhafter Übergangsregelung) mit Anm. *Paeffgen* NStZ **1995** 74.

gen), aber auch alle organisatorischen Maßnahmen zu unterlassen, die einer beschleunigten Bearbeitung von Haftsachen zuwiderlaufen.[254] Entsprechende Überlegungen gelten für den Fall der auf erhöhtem Geschäftsanfall beruhenden Überlastung der mit den Ermittlungen in der jeweiligen Haftsache befassten Strafverfolgungsbehörden.[255]

cc) Personalmangel, dem durch gerichts- bzw. behördeninterne organisatorische Maßnahmen nicht abgeholfen werden kann, ist regelmäßig schon **kein wichtiger Grund** i.S.d. § 121 Abs. 1,[256] denn er fällt – anders als unvorhersehbare Zufälle und schicksalhafte Ereignisse – in den Verantwortungsbereich der staatlich verfassten Gemeinschaft,[257] s. Rn. 54. Der **Staat** hat aufgrund des in Art. 20 Abs. 3 GG verankerten Rechtsstaatsprinzips, dessen Bestandteil neben dem Beschleunigungsgrundsatz auch die **Pflicht zur Justizgewährung** ist, im Rahmen des Zumutbaren alle Maßnahmen zu treffen, die geeignet und erforderlich sind, um eine zügige Aufklärung und Aburteilung von Straftaten (insbesondere) in Haftsachen sicherzustellen, namentlich einer Überlastung der Strafverfolgungsbehörden und Gerichte (bereits im Vorfeld) entgegenzuwirken und sie – in personeller wie in sächlicher[258] Hinsicht – so **auszustatten**, dass sie diese Aufgabe erfüllen können.[259] Eine allein an statistischen Kennzahlen orientierte Personalpolitik ohne Berücksichtigung der tatsächlichen Belastung genügt dem nicht.[260] 73

Die Justizverwaltung hat folglich ausreichend Personal zur Verfügung zu stellen,[261] damit der Gesetzesbefehl erfüllt werden kann.[262] Hindert gleichwohl die **personelle Unterausstattung** der mit den Ermittlungen betrauten Strafverfolgungsbehörden (**Staatsanwaltschaft** und **Polizei**)[263] oder des mit der Sache befassten **Gerichts** (in seiner Gesamtheit) den Urteilserlass binnen sechs Monaten, kann dies allenfalls dann als wichtiger Grund, der es rechtfertigt, die Untersuchungshaft zu verlängern, anerkannt werden, wenn ihr **auf keinerlei Weise**, namentlich also auch nicht durch **Mittelbewilligung** und **Neueinstellung** abgeholfen werden kann. Ein solcher Fall ist wohl nur 74

254 BVerfG StV **2007** 245 (Versetzung des StA, der wegen Mitwirkung am Ermittlungsverfahren von der Mitwirkung an der HV ausgeschlossen ist, zum Vorsitzenden ist zurückstellen); NJW **1999** 2802 (Verzögerung durch Änderung GVP kein rechtfertigender Grund); OLG Bremen StV **1994** 326.

255 Vgl. BVerfG StV **1992** 121 mit Anm. *Paeffgen* NStZ **1993** 579; **1994** 589 mit Anm. *Paeffgen* NStZ **1996** 74; KG StV **1993** 203; Beschl. v. 15.1.2018 – (4) 161 HEs 62/17 (37/17) – (juris) = StRR **2018** 2 (Ls.); OLG Bremen StV **1992** 181 mit Anm. *Paeffgen* NStZ **1993** 580; **1992** 426; OLG Frankfurt StV **1995** 142; OLG Koblenz NJW **1990** 1375 mit Anm. *Paeffgen* NStZ **1991** 424; OLG München StV **1989** 351 mit Anm. *Paeffgen* NStZ **1990** 534; OLG Schleswig bei *Lorenzen/Görl* SchlHA **1988** 109; **1989** 115.

256 Vgl. KG Beschl. v. 15.1.2018 – (4) 161 HEs 62/17 (37/17) – (juris) = StRR **2018** 2 (Ls.). So auch Meyer-Goßner/*Schmitt* 22; KK/*Schultheis* 18; SK/*Paeffgen* 16a; s. auch *Bartsch* NJW **1973** 1303; *Bondzio* NJW **1973** 1468; h.M.

257 Vgl. in jüngerer Zeit etwa: BVerfG JR **2014** 488; KG StraFo **2013** 509; OLG Bremen StV **2016** 824; OLG Stuttgart StV **2014** 756; Meyer-Goßner/*Schmitt* 21a.

258 Z.B. Bereitstellung von finanziellen Mitteln für die (räumliche und gerätemäßige) Ausstattung kriminaltechnischer Institute (oder die Beauftragung externer Sachverständiger); Vorhalten geeigneter Sitzungssäle für die Hauptverhandlung.

259 BVerfGE **36** 264, 275; BVerfGK **6** 384; BVerfG StRR **2011** 246. Früher **a.A.** BVerfGE **36** 264, 281 (Abweichende Meinung, obiter dictum).

260 Vgl. OLG Bremen StV **2016** 824.

261 Dies hat zuförderst durch – zügige – (Neu-)Besetzung freier (oder frei werdender) vorhandener, notfalls auch neu zu schaffender Stellen zu erfolgen. S. auch *Bartsch* NJW **1973** 1303; *Bondzio* NJW **1973** 1468, beide gegen OLG Hamm NJW **1973** 720.

262 Vgl. BVerfGE **36** 275; OLG Hamburg StV **1989** 489; OLG Hamm NStZ **1983** 519; OLG Celle StV **2002** 150; h.M.; s. aber OLG Düsseldorf StV **1982** 531.

263 BVerfG StV **1992** 121 mit Anm. *Paeffgen* NStZ **1993** 579; **1994** 589 mit Anm. *Paeffgen* NStZ **1996** 74; OLG Bremen StV **1992** 426; allg. M.

denkbar, wenn (frei gewordene) vorhandene oder neu geschaffene Planstellen nicht besetzt werden können, weil es an Bewerbern fehlt.[264]

75 **dd) Ausfall unentbehrlicher Verfahrensbeteiligter.** Kann ein Urteil nicht innerhalb von sechs Monaten ergehen, weil mit dem **plötzlichen Ausfall** unentbehrlicher Verfahrensbeteiligter oder Beweispersonen ein „anderer" wichtiger Grund zu einer Verschiebung der Hauptverhandlung oder zu deren Aussetzung (nach fristgerechtem Beginn) zwingt, kann die Fortdauer der Untersuchungshaft über sechs Monate hinaus als gerechtfertigt angesehen werden, wenn der hierdurch eintretenden Verzögerung durch den Strafverfolgungsbehörden, Gerichten und der Justizverwaltung zu Gebote stehende zumutbare Maßnahmen nicht entgegengewirkt werden kann. Das ist bei einer – zur Verhandlungsunfähigkeit führenden – **Erkrankung des Beschuldigten oder unentbehrlicher Beweispersonen** (Zeugen, Sachverständige) regelmäßig der Fall; allerdings ist bei längerer Dauer des krankheitsbedingten Ausfalls zu prüfen, ob der (allgemeine) Grundsatz der Verhältnismäßigkeit (§ 120 Abs. 1) zur Beendigung der Untersuchungshaft zwingt. Zur **Verhinderung des Verteidigers** s. Rn. 68.

76 Steht dem fristwahrenden Beginn der Hauptverhandlung eine **Erkrankung** des Vorsitzenden **des erkennenden Gerichts** entgegen, kann der Verzögerung des Verfahrens nur dann durch Übernahme des Vorsitzes in der Hauptverhandlung durch dessen Stellvertreter und Eintritt eines neuen Beisitzers in den Spruchkörper entgegengewirkt werden, wenn dies zu einer Zeitersparnis und nicht – wegen des Umfangs des Verfahrens und des zur Einarbeitung in die Sache und zur Vorbereitung der Hauptverhandlung durch die einrückenden Richter erforderlichen Zeitaufwands – zu einer deutlich längeren Verzögerung des Prozessbeginns führt.[265] Muss wegen der Erkrankung eines Mitglieds des erkennenden Gerichts die rechtzeitig begonnene Hauptverhandlung ausgesetzt werden, liegt darin zumindest dann ein die Verlängerung der Untersuchungshaft rechtfertigender wichtiger Grund, wenn die Prognoseentscheidung des Vorsitzenden nach § 192 Abs. 2 GVG, keinen Ergänzungsrichter (oder -schöffen) zu benötigen, nicht ermessensfehlerhaft war[266] – was bei einer plötzlichen oder bis dahin unerkannten Erkrankung (ebenso wie bei einer während laufender Hauptverhandlung eintretenden oder festgestellten/angezeigten Schwangerschaft einer Richterin)[267] allerdings regelmäßig der Fall sein wird – und **zeitnah neu terminiert** und zum Urteil gekommen werden kann.[268] Die Erkrankung oder der **Ausfall des** allein eingearbeiteten **Staatsanwalts** aus sonstigen Gründen (z.B. Abordnung an eine andere Behörde) stellt zwar einen „anderen" wichtigen Grund dar, der dem Erlass des (erstinstanzlichen) Urteils entgegen steht, wenn deshalb (in Umfangsverfahren) die Ermittlungen nicht abgeschlossen werden können oder die Hauptverhandlung ausgesetzt werden muss. Dieser kann die Fortdauer der Untersuchungshaft über sechs Monate hinaus aber regelmäßig **nicht rechtfertigen**,[269] weil gerade in Umfangsverfahren schon zur schnelleren Klärung des Sachverhaltes die früh-

---

264 Vgl. OLG Hamm NJW **1973** 720; s. auch KMR/*Wankel* 14.
265 BGHR StPO § 121 Grund 3.
266 KG Beschl. v. 24.2.2009 – 1 Ws 25-27/09 – (juris).
267 So auch OLG Stuttgart wistra **2014** 287 (Ls.).
268 Vgl. auch BVerfGK **6** 384; OLG Köln StV **2005** 396, jeweils zu § 120 Abs. 1: Aufhebung des – außer Vollzug gesetzten – Haftbefehls wegen Unverhältnismäßigkeit, wenn die Haftsache nicht binnen angemessener Zeit zur (erneuten) Verhandlung gelangt, weil dem Gericht die personellen oder sächlichen Mittel fehlen, die zur ordnungsgemäßen Bewältigung des Geschäftsanfalls erforderlich wären.
269 Zweifelnd auch SK/*Paeffgen* 15 (kein wichtiger Grund); HK/*Posthoff* 30; **a.A.** (Rechtfertigung der Haftfortdauer) OLG Hamm NJW **1972** 550; s. auch BVerfGE **20** 45, 51; AK/*Krause* 18; *Schlothauer/Weider/Nobis* 966.

zeitige Einschaltung eines zweiten Staatsanwaltes vielfach sachgerecht sein dürfte. Aus denselben Gründen kann auch der den Abschluss der Ermittlungen verzögernde **Ausfall von** (polizeilichen oder finanz- bzw. zollbehördlichen) **Ermittlungspersonen** – aus welchen Gründen auch immer – nur in ganz außergewöhnlichen Fällen die Fortdauer der Untersuchungshaft über sechs Monate hinaus rechtfertigen.[270] Angesichts der Pflicht des Staates, (auch) die Strafverfolgungsbehörden in personeller und sächlicher Hinsicht so auszustetten, dass die zügige Aufklärung von Straftaten sichergestellt ist (Rn. 73), müssen die Aufgaben ausfallender Ermittlungspersonen grundsätzlich umgehend von anderen Beamten übernommen werden (können).

4. Sachbehandlung durch Ermittlungsbehörden und Strafgerichte (Beschleunigungsgebot)

a) Grundsatz. Kann (allein) infolge von **groben Fehlern oder Versäumnissen der Strafverfolgungsorgane** nicht innerhalb von sechs Monaten zum erstinstanzlichen Urteil gekommen werden, liegt darin schon **kein** – benannter oder „anderer" – **wichtiger Grund** i.S.d. § 121 Abs. 1, sondern ein **Verstoß gegen** das in Haftsachen von Verfassungs wegen zu beachtende Gebot besonders zügiger Bearbeitung (**Beschleunigungsgebot**).[271] Ein solcher, im gesamten Verfahren bei der (allgemeinen) Verhältnismäßigkeitsprüfung (§ 120 Abs. 1) zu berücksichtigender Verstoß führt im Rahmen der besonderen Haftprüfung nach § 121 Abs. 1 zwingend zur **Beendigung des Untersuchungshaftvollzugs**, weil ein wichtiger Grund für seine Verlängerung über sechs Monate hinaus fehlt. Dabei kommt es auf ein – wie auch immer geartetes – „Verschulden" nicht an, sondern allein darauf, ob Verfahrensverzögerungen der Sphäre des Staates zuzurechnen sind.[272] 77

Auch die **in der Natur der Sache** liegende (Rn. 57 f.)[273] besondere **Schwierigkeit oder** der hieraus resultierende besondere **Umfang der Ermittlungen** vermag daher – wie der (ausschließlich) auf dem Verhalten des Beschuldigten oder seines Verteidigers beruhende (s. Rn. 64 ff.) oder unvermeidbaren Sachzwängen (s. Rn. 71 ff.) geschuldete wichtige Grund – die Anordnung der Fortdauer der Untersuchungshaft über sechs Monate hinaus nur zu rechtfertigen, wenn Strafverfolgungsbehörden und Gerichte – auch während der Zeit einer Haft in anderer Sache[274] – **alle möglichen und zumutbaren Maßnahmen** ergriffen haben, um die notwendigen Ermittlungen mit der gebotenen Schnelligkeit abzuschließen und eine gerichtliche Entscheidung über die dem Beschuldigten vorgeworfenen Taten herbeizuführen.[275] Für die Beurteilung dieser Frage ist die **Bearbeitungsweise** normaler Kriminalbeamter, Staatsanwälte und Richter zu Grunde zu legen.[276] Meisterleistungen sind kein Maßstab. 78

b) Ermittlungsverfahren und Anklageerhebung. Der Beschleunigungsgrundsatz gilt zunächst für die Sachbehandlung im Ermittlungsverfahren und die Anklageerhebung. 79

270 Vgl. dazu auch BVerfG StV **1992** 121 (Abzug von zwei – von drei – kriminalpolizeilichen Sachbearbeitern unter Einschluss des Hauptsachbearbeiters).
271 S. dazu auch LR/*Lind* § 120, 21 ff.
272 BVerfG StV **2006** 703.
273 Vgl. auch OLG Bamberg NJW **1995** 1689 mit krit. Anm. *Meinen* NStZ **1997** 110, das unerlässlich behutsame Ermittlungen, um besondere Belastungen für Opfer gering zu halten oder Gefährdungen zu vermeiden, hierher zählt.
274 Vgl. BVerfG StV **1995** 199; OLG Stuttgart MDR **1970** 346.
275 Vgl. grundlegend hierzu BVerfGE **21** 222; zuletzt BVerfG Beschl. v. 1.8.2018 – 2 BvR 1258/18 – (juris); s. auch KG StV **2015** 42.
276 OLG Bremen StV **1992** 182 mit Anm. *Schlothauer* und *Paeffgen* NStZ **1993** 580; allg. M.

Dabei ist der Staatsanwaltschaft hinsichtlich der Notwendigkeit einzelner Ermittlungshandlungen zur Feststellung des hinreichenden Tatverdachts ein gewisser **Beurteilungsspielraum** einzuräumen.[277] Die Fortdauer der Haft über sechs Monate hinaus ist jedoch – jedenfalls in der Regel – **nicht gerechtfertigt** bei wesentlicher Verfahrensverzögerung durch ohne sachlichen Grund **schleppende oder ruhende Ermittlungen**,[278] wobei die Staatsanwaltschaft verpflichtet ist, bei polizeilichen Ermittlungen die Beschleunigung zu kontrollieren und anzumahnen;[279] durch Ermittlungen, die nicht den **Tatvorwurf des Haftbefehls** betreffen[280] oder nur für die Anklageerhebung nicht zwingend aufzuklärende Randbereiche dieses Tatvorwurfs;[281] durch allgemeine Ermittlungen ohne konkrete Anhaltspunkte;[282] durch Bearbeitungsfehler im Zusammenhang mit **Rechtshilfeersuchen**;[283] durch das Aufschieben einer beantragten **richterlichen Vernehmung eines Zeugen** im Ermittlungsverfahren;[284] durch verspätete oder sachwidrige Einschaltung eines **Sachverständigen** sowie unzureichende Kontrolle desselben zur Vermeidung von Verzögerungen.[285] Auch dann, wenn infolge einer ohne sachlichen Grund hinausgeschobenen **Anklageerhebung**[286] oder wegen grober Fehler im Zusammenhang mit der Anklage, namentlich

---

277 So auch *Hoffmann* NStZ **2002** 566.

278 Vgl. BVerfG StV **1994** 589; **1995** 199; OLG Bamberg StV **1992** 426; OLG Brandenburg StV **2000** 37; **1997** 536; OLG Frankfurt StV **1995** 141; **1995** 423; OLG Hamm StraFo **2001** 32; **2004** 318; **2004** 663; NStZ-RR **2004** 339; OLG Jena StV **1998** 560; OLG Koblenz StraFo **2002** 208; OLG Köln StV **1992** 524; NStZ-RR **2009** 87; OLG Nürnberg StraFo **2000** 138; OLG Schleswig StV **1992** 525 mit Anm. *Paeffgen* NStZ **1993** 580; OLG Zweibrücken StV **1989** 158; s. aber auch OLG Bamberg NJW **1995** 1689 (Vorrang des Kindeswohls vor Beschleunigung in Haftsachen) mit krit. Anm. *Meinen* NStZ **1997** 110.

279 Vgl. OLG Bremen StV **1992** 426; OLG Köln StV **1993** 33; OLG Schleswig StV **1991** 170; s. auch BVerfG StV **2007** 369; OLG Oldenburg StraFo **2006** 241 (zu § 120).

280 Vgl. OLG Oldenburg StV **2009** 258 sowie die Nachweise bei Rn. 58.

281 Vgl. OLG Brandenburg StV **2000** 37.

282 OLG Bamberg StV **2012** 363; KG StraFo **2018** 475.

283 Vgl. OLG Celle StraFo **2010** 196; OLG Frankfurt NStZ **1991** 552; **1992** 145 mit Anm. *Schwalbe*; OLG Karlsruhe StV **1991** 477 mit Anm. *Paeffgen* NStZ **1992** 531; OLG Köln StV **1989** 159; OLG Schleswig bei *Lorenzen/Thamm* SchlHA **1991** 117. S. auch OLG Dresden StV **2001** 519 mit Anm. *Hübel*; OLG Düsseldorf StV **1990** 168 (Auslieferung) mit Anm. *Paeffgen* NStZ **1990** 534; OLG Zweibrücken StV **1991** 28 (Klärung des Umfanges der Auslieferung).

284 OLG Hamm NJW **2004** 2540 (sechs Wochen zwischen Antrag der StA und Vernehmung).

285 Vgl. BVerfGK **11** 286 = StV **2007** 644; SächsVerfGH StraFo **2004** 54; KG StV **2015** 45; OLG Braunschweig StV **1993** 376; NdsRpfl. **1998** 296; OLG Bremen StV **1997** 143; **1989** 539; OLG Celle NdsRpfl. **2000** 367; **2002** 369; StraFo **2010** 196; OLG Dresden StV **2002** 149; OLG Düsseldorf StV **1992** 384 (überlasteter Sachverständiger); StraFo **1996** 158; **2003** 93 (Übersetzer); NStZ-RR **2010** 19 (Ls.); NJW **1996** 2588; StV **1998** 559; OLG Hamm StraFo **2006** 409; StV **1993** 205; **2000** 629; OLG Jena StV **2011** 39; **2004** 664; **1998** 560; OLG Koblenz StV **2007** 256; OLG Köln StV **1992** 20; OLG Oldenburg StV **1990** 556 mit krit. Anm. *Paeffgen* NStZ **1991** 424; **1994** 666; OLG Schleswig bei *Lorenzen/Thamm* SchlHA **1996** 92; bei *Lorenzen/Thamm* SchlHA **1992** 146; OLG Stuttgart StV **2004** 498; OLG Zweibrücken StV **1994** 89 (Untätigkeit des Sachverständigen) mit Anm. *Paeffgen* NStZ **1995** 74. S. auch OLG Nürnberg StraFo **2009** 148 (Bearbeitung Wirkstoffgutachten darf nicht länger als 4 bis 6 Wochen zwischen Auftragserteilung und Gutachteneingang bei Polizei oder StA dauern); OLG Frankfurt MDR **1973** 780; OLG Hamburg StV **1984** 122 (Aktendoppelung); OLG Frankfurt StV **1993** 253 (schnelle Vorabinformation über Gutachtenergebnis, so dass vor Eingang des schriftlichen Gutachtens die Anklage gefertigt und – in der Regel – auch über die Eröffnung des Hauptverfahrens entschieden werden kann; so auch HK/*Posthoff* 28 a.E.).

286 Vgl. BVerfG StV **1994** 589 mit Anm. *Paeffgen* NStZ **1996** 74; StV **2000** 322; KG StraFo **2007** 26; StV **1993** 111; **2000** 36; OLG Bamberg StV **1992** 426 mit Anm. *Paeffgen* NStZ **1993** 579; OLG Brandenburg StV **2000** 37; OLG Bremen StV **1992** 182 mit Anm. *Schlothauer* und *Paeffgen* NStZ **1993** 580; OLG Celle StV **1984** 340; **1985** 331; NdsRpfl. **2002** 369; OLG Düsseldorf StV **1990** 503 mit Anm. *Paeffgen* NStZ **1991** 424; **1992** 21; StraFo **1996** 158; **2003** 93; **2006** 24; OLG Frankfurt StV **1992** 124 mit Anm. *Paeffgen* NStZ **1993** 579; **1992** 585; **1993** 202; **1993** 253; **1995** 141; OLG Hamm StraFo **2006** 409; **1999** 358; OLG Jena NStZ-RR **1997** 364; StraFo **1998** 103; StV **2011** 39; OLG Koblenz NJW **1990** 1375 mit Anm. *Paeffgen* NStZ **1991** 424; OLG Koblenz StraFo **2001** 398; OLG Köln StraFo **2007** 155; MDR **1973** 515; NJW **1973** 1009; StV **1999** 40; OLG München StV **1989** 351 mit Anm. *Paeffgen* NStZ **1990** 534; OLG Oldenburg StV **1993** 429 mit Anm. *Paeffgen* NStZ **1995**

infolge der Anklageerhebung **beim unzuständigen Gericht**, durch Verweisungen, Unzuständigkeitserklärungen oder Kompetenzkonflikte oder durch eine fehlerhafte Behandlung der Anklage durch das Gericht,[287] nicht binnen sechs Monaten zum Urteil gekommen werden kann, ist die Haftfortdauer in der Regel nicht gerechtfertigt.

c) Zwischenverfahren und Terminsvorbereitung.[288] Auch im Zwischenverfahren nach §§ 199ff. ist die beschleunigte Sachbehandlung fortzusetzen. Die **Erklärungsfrist** (§ 201 Abs. 1) ist vom Vorsitzenden des mit der Sache befassten Gerichts nach zügiger Prüfung der Anklageschrift dem Umfang und der Schwierigkeit der Sache **angemessen** zu bestimmen. Erhebt der Angeschuldigte keine Einwendungen gegen die Eröffnung des Hauptverfahrens und stellt er keine Beweisanträge, tritt mit ihrem Ablauf regelmäßig Entscheidungsreife hinsichtlich der Eröffnung des Hauptverfahrens ein; ist dies der Fall, gebietet der Beschleunigungsgrundsatz regelmäßig die unverzügliche Fassung des Eröffnungsbeschlusses.[289] Die **Eröffnung des Hauptverfahrens** darf keinesfalls ohne Grund mehrere Monate hinausgezögert werden.[290] Eine (die Eröffnungsentscheidung verzögernde) **Erörterung nach § 202a** verstößt aber grundsätzlich nicht gegen den Beschleunigungsgrundsatz.[291] 80

Zudem ist dem Beschleunigungsgebot in Haftsachen – sofern nicht besondere Umstände vorliegen – nur dann Genüge getan, wenn innerhalb von drei Monaten nach Eröffnung des Hauptverfahrens mit der **Hauptverhandlung begonnen** wird.[292] Ist nach den Umständen des Einzelfalls vom Vorliegen der Eröffnungsreife bereits vor Erlass des Eröffnungsbeschlusses auszugehen, so ist insoweit der Zeitpunkt der **Eröffnungsreife maßgeblich.**[293] Ein Beginn der Hauptverhandlung vier Monate nach Eingang der Ankla- 81

74; OLG Schleswig StV **1991** 170; OLG Stuttgart NStZ-RR **2003** 29; OLG Zweibrücken StV **2002** 433; s. auch OLG Nürnberg StraFo **2016** 248 (Rücknahme einer bereits erhobenen Anklage, um weiteres Verfahren wegen Taten zu verbinden, an denen der Beschuldigte nicht beteiligt war).

287 Vgl. BVerfG StV **1992** 522; NJW **2000** 1401; KG StV **2006** 253; **1983** 111; OLG Braunschweig StraFo **1998** 211; OLG Bremen StV **1998** 558; MDR **1968** 863 (Anklage beim unzuständigen Gericht); OLG Düsseldorf StV **1991** 222 mit Anm. *Paeffgen* NStZ **1992** 532; StV **1992** 425 mit Anm. *Paeffgen* NStZ **1993** 579; **1993** 254; **2000** 630 mit Anm. *Paeffgen* NStZ **2002** 195; OLG Frankfurt StV **1984** 123; **1985** 198 (keine Zustellung der Anklage); **1994** 328 mit Anm. *Paeffgen* NStZ **1995** 75; OLG Hamburg StV **1999** 163; MDR **1968** 603; OLG Hamm StV **1990** 168 mit Anm. *Paeffgen* NStZ **1990** 535; StraFo **1999** 358; OLG Karlsruhe NJW **1973** 381 (Übersetzung verzögert); OLG Köln StraFo **2002** 366; OLG Oldenburg StV **2004** 498; OLG Schleswig StV **2007** 592; s. auch OLG Düsseldorf StV **1992** 21; MDR **1996** 955; OLG Hamburg NStZ **1993** 53; OLG Schleswig bei *Döllel/Dreeßen* SchlHA **2005** 259 (Verzögerung durch Nichtübersetzen der Anklage – in diesem Fall vertretbar).

288 Zur Wahrung des Beschleuningungsgebots bei der Planung und Gestaltung der Hauptverhandlung s. LR/*Lind* § 120, 23 und Rn. 87.

289 BVerfG NJW **2018** 2948; Beschl. v. 4.5.2011 – 2 BvR 2781/10 – (juris) (Kurzwiedergabe in StRR **2011** 246); v. 20.12.2017 – 2 BvR 2552/17 – (juris) (Ls. und Kurzwiedergabe in NJW-Spezial **2018** 185) mit Anm. *Peglau* jurisPR-StrafR 5/2018 Anm. 2; v. 1.8.2018 – 2 BvR 1258/18 – (juris).

290 KG StV **1994** 90 mit Anm. *Paeffgen* NStZ **1995** 75; OLG Bamberg StV **1991** 29 (sachwidriges Warten auf weitere Anklagen); **1991** 169; OLG Düsseldorf StV **1991** 21; OLG Frankfurt StV **1990** 412 mit Anm. *Paeffgen* NStZ **1991** 423; **1992** 426 mit Anm. *Paeffgen* NStZ **1993** 579; OLG Hamm StV **2013** 165 (Warten auf Ausgang anderer Strafverfahren); OLG Koblenz StV **2003** 519; **2000** 515 (verspätete Ermittlung der Anschrift); OLG München StraFo **2007** 465; OLG Oldenburg StV **2004** 498; StraFo **2006** 410; OLG Zweibrücken StV **2002** 152.

291 OLG Nürnberg StV **2011** 750.

292 BVerfGK **10** 294; BVerfG NJW **2018** 2948; StV **2008** 421; **2007** 366; **2006** 73; Beschl. v. 4.5.2011 – 2 BvR 2781/10 – (juris) (Kurzwiedergabe in StRR **2011** 246); v. 20.12.2017 – 2 BvR 2552/17 – (juris) (Ls. und Kurzwiedergabe in NJW-Spezial **2018** 185); v. 1.8.2018 – 2 BvR 1258/18 – (juris); OLG Düsseldorf StRR **2008** 403; OLG Hamm StV **2006** 481 (sechs Monate Verzögerung aufgrund Terminsabsprache mit Verteidiger nicht hinnehmbar).

293 BVerfG Beschl. v. 4.5.2011 – 2 BvR 2781/10 – (juris) (Kurzwiedergabe in StRR **2011** 246); OLG Nürnberg StV **2009** 367; **2011** 39.

ge bei einer großen Strafkammer ist im Grundsatz nicht zu beanstanden.[294] Bei absehbar längerer Abwesenheit eines erkennenden Richters infolge von Urlaub, Fortbildung oder aus sonstigen Gründen ist rechtzeitig dessen Verhinderung festzustellen, um einen zügigen Beginn der Hauptverhandlung unter Mitwirkung seines geschäftsplanmäßigen Vertreters zu ermöglichen.[295]

82 Auch in umfangreichen und schwierigen Verfahren ist die Fortdauer der Untersuchungshaft über sechs Monate hinaus folglich nicht gerechtfertigt, wenn (nur) infolge einer Verschleppung der Eröffnungsentscheidung ohne sachlichen Grund,[296] unnötiger Verzögerungen und sonstiger verfahrensverlängernder Fehler bei der Terminsvorbereitung[297] oder eines verschleppten Beginns der Hauptverhandlung[298] nicht binnen sechs Monaten zum Urteil gekommen werden kann. Ein den Beginn der Hauptverhandlung verzögerndes **Vorabentscheidungsersuchen** an den EuGH nach Art. 267 AEUV kann dagegen einen die Haftfortdauer rechtfertigenden wichtigen Grund darstellen, wenn das vorlegende Gericht das Eilvorlageverfahren betreibt.[299]

83 **d) Verfahrensgestaltung.** Auch die Verfahrensgestaltung durch Staatsanwaltschaft und Gericht hat dem Beschleunigungsgrundsatz Rechnung zu tragen. Ggf. müssen die Strafverfolgungsbehörden einen **Teil der** zu ermittelnden (haftbefehlsgegenständlichen) **Taten vorweg anklagen**[300] und (oder) die Gerichte den Urteilsstoff begrenzen. Bei Ermittlungen gegen **mehrere Beschuldigte** ist ständig zu prüfen, ob es möglich und sachgerecht ist, mit dem Ziel einer Beschleunigung der Haftsache das Verfahren gegen einzelne Beschuldigte abzutrennen.[301] Zwar kann es in manchen Fällen unerlässlich sein, alle Vorwürfe gegen den Beschuldigten, in seltenen Fällen auch gegen mehrere Beschuldigte, gleichzeitig abzuurteilen, wenn nur auf diese Weise eine gerechte Rechtsfindung

---

294 BGH StV **2014** 6.

295 Vgl. BVerfGK **10** 294 = StV **2007** 366; BVerfG NJW **1994** 2081; BGHR StPO § 121 Grund 3; BGH NStZ **1994** 93; HK/*Posthoff* 30.

296 KG StV **1994** 90 mit Anm. *Paeffgen* NStZ **1995** 75; OLG Bamberg StV **1991** 29 (sachwidriges Warten auf weitere Anklagen); **1991** 169; OLG Düsseldorf StV **1991** 21; OLG Frankfurt StV **1990** 412 mit Anm. *Paeffgen* NStZ **1991** 423; **1992** 426 mit Anm. *Paeffgen* NStZ **1993** 579; OLG Hamm StV **2013** 165 (Warten auf Ausgang anderer Strafverfahren); OLG Koblenz StV **2003** 519; **2000** 515 (verspätete Ermittlung der Anschrift); OLG München StraFo **2007** 465; OLG Oldenburg StV **2004** 498; StraFo **2006** 410; OLG Zweibrücken StV **2002** 152.

297 Vgl. BVerfG StV **2003** 30; OLG Frankfurt StV **1985** 198 (keine Zustellung der Anklage); **1986** 22 (Doppelakten); NJW **1996** 1485; OLG Hamburg StraFo **2007** 26 (mangelhafte Verfahrensplanung); StV **1984** 122 (verzögerte Aktenbeiziehung); OLG Hamm StV **1992** 385 (Zeugenladung); **1994** 91 mit Anm. *Paeffgen* NStZ **1995** 75; KG NJW **1997** 878 (keine Verhinderung einer Abschiebung oder Ausweisung von Zeugen); StraFo **2013** 502; 404; OLG Koblenz MDR **1968** 603 (verzögerte kommissarische Vernehmung); MDR **1974** 60 (Aktenbeiziehung); StV **2003** 519; OLG Oldenburg StV **2004** 498; s. auch *Schmidt* NStZ **2006** 315.

298 Vgl. BGH bei *Schmidt* MDR **1992** 548; OLG Bremen StV **1992** 480; OLG Düsseldorf StV **1982** 531; **1992** 586; StraFo **2003** 93; OLG Frankfurt StV **1990** 269; **1990** 412 mit Anm. *Paeffgen* NStZ **1991** 423; OLG Hamm StV **2000** 90; 515; bei *Burhoff* StraFo **2006** 58; OLG Karlsruhe StV **2000** 36; OLG Koblenz StV **2001** 302; OLG München StV **2001** 466; OLG Oldenburg StV **1996** 44; OLG Schleswig bei *Lorenzen/Thamm* SchlHA **1992** 146; OLG Jena StV **2002** 555; s. auch OLG Frankfurt StV **1981** 25; OLG Brandenburg StV **1996** 157.

299 Vgl. Meyer-Goßner/*Schmitt* 21a a.E.

300 Vgl. BVerfG StV **1994** 589 mit Anm. *Paeffgen* NStZ **1996** 74; KG StraFo **2007** 26; OLG Brandenburg StV **2000** 37; OLG Frankfurt StV **1995** 423; OLG Koblenz StV **2001** 302; OLG Nürnberg StraFo **2000** 138. Ausstehende Ermittlungen wegen nicht den Gegenstand des Haftbefehls bildender Taten, hinsichtlich derer kein dringender Tatverdacht besteht, dürfen die Anklageerhebung wegen der haftbefehlsgegenständlichen ohnehin nicht verzögern, s. Rn. 58.

301 Vgl. KG StraFo **2009** 514; OLG Oldenburg StraFo **2010** 198; OLG Zweibrücken StV **2002** 433. S. auch OLG Stuttgart Justiz **2011** 217 (zur Abtrennung der Verfahren inhaftierter Erwachsener von dem gegen Jugendliche und Heranwachsende).

und Strafzumessung sichergestellt werden kann[302] oder eine umfassende Aufklärung nur so zu erlangen ist; oder wenn ganze Komplexe zentral, sei es auch von mehreren Staatsanwälten, bearbeitet werden müssen.[303] Doch ist in solchen Fällen die Haftfortdauer nur gerechtfertigt, wenn ein weiterer Mitarbeiter (oder mehrere) rechtzeitig herangezogen worden ist.[304] Ist es unter diesen Umständen geboten, einen Tatkomplex gegen mehrere Beschuldigte einheitlich zu ermitteln, so dürfen die Schwierigkeiten bei der Klärung zu Lasten aller Beschuldigter berücksichtigt werden.[305] Abgesehen von solchen **Großverfahren** ist es in vielen Fällen zwar erwünscht, das gesamte **Tatgeschehen geschlossen aufzuklären** und **abzuurteilen**; es ist aber meist **nicht unerlässlich**. Dann ist, um die Untersuchungshaft auf die unbedingt notwendige Zeit zu beschränken, auf den Vorteil zu verzichten, denselben Beschuldigten wegen mehrerer Taten gleichzeitig zu belangen oder gegen mehrere Beschuldigte gleichzeitig zu verhandeln. Vielmehr sind **Anklage** und Verhandlung auf die zuerst verhandlungsreife Tat gegen den inhaftierten Beschuldigten zu **beschränken**; die endgültige Strafe muss der Gesamtstrafenbildung in einer späteren Verhandlung (meist während der Strafhaft) vorbehalten bleiben.

e) Aussetzung der Hauptverhandlung. Das Beschleunigungsgebot erfordert es **84**
auch, eine einmal begonnene Hauptverhandlung zügig und unter Vermeidung unnötiger Verzögerungen zum Abschluss zu bringen.[306] Wird eine rechtzeitig vor Ablauf der Sechs-Monats-Frist begonnene Hauptverhandlung ausgesetzt, so kommt die Anordnung der Fortdauer der Untersuchungshaft daher im Regelfall nur dann in Betracht, wenn die Aussetzung der Hauptverhandlung **aus sachlichen Gründen zwingend geboten**, mithin unumgänglich war.[307] Sie ist dagegen nicht gerechtfertigt, wenn die Hauptverhandlung ohne zwingenden sachlichen Grund ausgesetzt wurde[308] und nicht **binnen kurzer Frist neu** mit ihr **begonnen** wird.[309]

---

302 KG NStZ **2006** 524; OLGSt StPO § 121 Nr 41; OLG Hamm JZ **1965** 545; Beschl. v. 17.2.2011 – III 3 Ws 29, 30/11 – (juris); vgl. *Hengsberger* JZ **1966** 209; s. auch OLG Bamberg StV **1991** 29.

303 Vgl. BVerfGE **21** 222; **21** 226; vgl. auch OLG Hamburg NJW **1967** 64.

304 OLG Hamburg MDR **1967** 1029.

305 OLG Hamm JZ **1965** 545; Beschl. v. 17.2.2011 – III 3 Ws 29, 30/11 – (juris); OLG Hamburg MDR **1970** 863; h.M.; krit. SK/*Paeffgen* 15.

306 Vgl. KG StV **2015** 42; OLG Frankfurt StV **1988** 210; **1981** 25; OLG Hamm NStZ-RR **2002** 348; OLG Karlsruhe StV **2000** 91.

307 Vgl. OLG Bremen StV **1986** 540; **1993** 377; OLG Frankfurt NStZ **1988** 239; OLG Karlsruhe StV **2000** 91; OLG Oldenburg StV **1996** 44.

308 Vgl. BVerfG StV **1991** 565 (provozierte Befangenheitsanträge, s. insoweit auch OLG Bremen NStZ **1990** 96 mit Anm. *Paeffgen* NStZ **1990** 534); KG StV **2015** 42; StV **1993** 204 (offensichtlich unzulässiges Ablehnungsgesuch); OLG Bremen StV **1986** 540 (Unterbrechungsantrag nach § 222a Abs. 2 führt zur Aussetzung); **1993** 377 (Akteneinsichtsrecht des Verteidigers nicht gewahrt); OLG Celle NdsRpfl. **2000** 367 (Sachverständiger); OLG Frankfurt StV **1981** 25 mit Anm. *Weider*; **1988** 210; OLG Hamburg StraFo **2007** 26 (Hauptverhandlung war trotz fehlenden Anhalts für Geständnis nicht auf streitige Verhandlung ausgerichtet); OLG Hamm NStZ-RR **2002** 348 (Gutachtenerfordernis schon bei Festnahme absehbar); StV **2003** 172; OLG Karlsruhe StV **2000** 91 (Nichtgeständnis; anders für den Fall, dass der Angeklagte entgegen vorherigen Prozessabsprachen sein Aussageverhalten überraschend ändert: OLG Oldenburg StV **1996** 44); OLG Koblenz StV **2003** 519; OLG Köln MDR **1991** 662; OLG Zweibrücken NStZ-RR **2000** 348 (Antrag auf Ablösung Sitzungsvertreter der Staatsanwaltschaft, Ankündigung von Beweisanträgen); s. aber (zumindest sehr bedenklich) OLG Hamburg NStZ **1993** 53 (die Aussetzung sei – trotz vorheriger fehlerhafter Sachbehandlung – der Sphäre des Beschuldigten zuzurechnen); OLG Frankfurt StV **1988** 439. Vgl. auch BGH JR **2007** 209 mit Anm. *Eidam*; OLG Bremen NStZ **1990** 96 mit Anm. *Paeffgen* NStZ **1990** 534; OLG Düsseldorf StraFo **2001** 255; Rn. 66.

309 Vgl. BGH StraFo **2009** 245 (ein Jahr bis zur erneuten Hauptverhandlung nicht ausreichend); OLG Oldenburg StV **1996** 44 (keine Haftfortdauer bei neuer Hauptverhandlung zweieinhalb Monate nach – ohne sachlichen Grund erfolgter – Aussetzung).

85 **f) Kompensation von Verfahrensverzögerungen.** Soweit in Rechtsprechung[310] und Literatur[311] die Auffassung vertreten wird, eine das Verfahren **verzögernde Sachbehandlung** könne durch (nachträgliche) **Gegenmaßnahmen**, etwa eine besonders beschleunigte Terminierung und Verhandlung **ausgeglichen** werden, ist dem grundsätzlich zuzustimmen.[312] Zwar ist eine zügige Ermittlung, Terminierung und Verhandlung in Strafsachen ohnehin Pflicht der hierfür zuständigen staatlichen Stellen, eine besonders intensive Bearbeitung hat gerade in Untersuchungshaftsachen also sowieso zu erfolgen. Überobligatorische Bemühungen können aber in gewissem Rahmen zu einer Kompensation früherer Versäumnisse führen. Wird etwa durch fehlerhafte Sachbehandlung im Ermittlungsverfahren die Anklageerhebung um einen Monat verzögert, kann ein „Ausgleich" hierfür durch das Gericht geschaffen werden, indem es durch besondere Bemühungen einen Beginn der Hauptverhandlung binnen zwei Monaten ab Eröffnung des Hauptverfahrens ermöglicht, denn auch ein Verhandlungsauftakt einen Monat später hätte den Beschleunigungsgrundsatz grundsätzlich gewahrt.[313]

86 Allerdings ist diese, bei der Gesamtbetrachtung des Verfahrens im Rahmen der (allgemeinen) Verhältnismäßigkeitsprüfung nach § 120 Abs. 1 bedeutsame Frage für die Prüfung der materiellen Verlängerungsvoraussetzungen des § 121 Abs. 1 letzter Teilsatz letztlich ohne Belang: Entweder es ist ein Ausgleich früherer Versäumnisse durch nachfolgende besonders beschleunigte Sachbehandlung erfolgt. Dann kann ein Urteil binnen sechs Monaten seit Beginn des Untersuchungshaftvollzuges ergehen (oder jedenfalls innerhalb der Frist des § 121 mit der Hauptverhandlung begonnen werden) und eine Aktenvorlage an das OLG (bzw. den BGH) unterbleibt. Oder der Ausgleich ist nicht gelungen und es kann aufgrund von groben Fehlern oder Versäumnissen der Strafverfolgungsbehörden oder Gerichte nicht fristgerecht mit der Hauptverhandlung begonnen und zum Urteil gekommen werden. Dann fehlt es an einem wichtigen Grund, der eine Haftfortdauer rechtfertigen könnte, so dass der Untersuchungshaftvollzug beendet werden muss. Nur wenn ein anderer **wichtiger Grund**, der die Haftfortdauer rechtfertigt, weil ihm staatlicherseits nicht begegnet werden konnte (z.B. die zur Verhandlungsunfähigkeit führende Erkrankung des Beschuldigten), **neben** die **verzögernde Sachbehandlung** tritt, fällt die fehlerhafte Sachbehandlung nicht mehr das Urteil hemmend ins Gewicht, weil das Verfahren auch bei einer verzögerungsfreien Bearbeitung nicht innerhalb der Sechs-Monats-Frist hätte zum Abschluss gebracht werden können. Die Haftfortdauer kann in diesem Falle trotz des Verstoßes gegen das Beschleunigungsgebot grundsätzlich angeordnet werden. Allerdings ist in diesem Zusammenhang – namentlich bei der wiederholten Haftprüfung durch das OLG (§ 122 Abs. 4) – besonders sorgfältig zu prüfen, ob

---

310 Vgl. BVerfG NJW **2006** 668; BGHSt **38** 43, 46; KG StV **1993** 203; **2015** 45; OLG Brandenburg StraFo **2007** 199; OLG Düsseldorf StV **1989** 113 mit Bespr. *Seebode* 118 und Anm. *Paeffgen* NStZ **1989** 518; StV **2003** 172; MDR **1996** 955; OLG Frankfurt StV **1988** 439 mit Anm. *Prittwitz* und *Paeffgen* NStZ **1989** 517; OLG Jena NStZ **1997** 452; NStZ-RR **1997** 364; OLG Koblenz StV **2001** 302; OLG Stuttgart Justiz **2001** 196; s. auch BGHSt **38** 43 mit Anm. *Weider* StV **1991** 475; OLG Frankfurt StV **1992** 124 mit Anm. *Paeffgen* NStZ **1993** 579; **1992** 586; OLG Düsseldorf StV **1992** 21.

311 KK/*Schultheis* 22a; Meyer-Goßner/*Schmitt* 26; KMR/*Wankel* 9d; s. auch *Temming/Lange* NStZ **1998** 62.

312 **A.A.** (eine Kompensationsmöglichkeit ablehnend) LR/*Hilger*[26] 32; AK/*Krause* 19; SK/*Paeffgen* 18; *Paeffgen* NJW **1990** 537; *Burhoff* StraFo **2000** 109, 118; *Schlothauer/Weider/Nobis* 969; OLG Düsseldorf StV **1992** 21; OLG Frankfurt NStZ-RR **1996** 268; OLG Hamm StV **2006** 191, 195; differenzierend (nach Schwere der Verletzung des Beschleunigungsgebots) OLG Frankfurt StV **1992** 124; OLG Bamberg StV **1992** 426; zweifelnd OLG München StraFo **2007** 465. Zwischenzeitlich hat auch das BVerfG NJW **2006** 672, 675 = StV **2006** 73, 79 gegen die Möglichkeit der Kompensation „erhebliche Bedenken" geäußert; die Rechtsprechung des BVerfG ist insoweit aber nicht konsistent.

313 Vgl. BVerfGK **7** 21; KG StV **1992** 523.

§ 120 Abs. 1 gleichwohl die **Beendigung der Haft** erfordert, weil ihre Fortdauer zu der Bedeutung der Sache und der zu erwartenden Strafe oder Maßregel der Besserung und Sicherung außer Verhältnis stehen würde.

g) Haftbeendigung trotz Vorliegens der materiellen Verlängerungsvoraussetzungen. Letzterer Aspekt ist darüber hinaus in allen Fällen zu beachten, in denen ein wichtiger Grund den Erlass des Urteils innerhalb der Sechs-Monats-Frist hindert und grundsätzlich geeignet ist, die Fortdauer der Untersuchungshaft nach § 121 Abs. 1 zu rechtfertigen. Dabei sind – neben bereits eingetreten – auch von der Justiz zu vertretende hinreichend **konkret absehbare erhebliche Verzögerungen**[314] in die **Verhältnismäßigkeitsprüfung nach § 120 Abs. 1** einzubeziehen.[315] Kann trotz verzögerungsfreier Sachbehandlung durch die Staatsanwaltschaft und ihre Ermittlungspersonen in einem Umfangsverfahren nicht so rechtzeitig Anklage erhoben werden, dass mit der Hauptverhandlung innerhalb der Sechs-Monats-Frist begonnen werden kann, rechtfertigt dies zwar grundsätzlich die Anordnung der Haftfortdauer im Rahmen der besonderen Haftprüfung. Ist aber aufgrund der vom erkennenden Gericht mitgeteilten Verhandlungsplanung konkret abzusehen, dass die weitere Sachbehandlung dem Beschleunigungsgrundsatz nicht mehr genügen wird, etwa weil (vermeidbar) zu spät mit der Hauptverhandlung begonnen[316] werden oder nach verzögerungsfreiem Verhandlungsauftakt nur **schleppend**[317] – ohne straffen Verhandlungsplan oder in zu geringer Sitzungsfrequenz[318] – **verhandelt** werden wird, kann § 120 Abs. 1 die Aufhebung des Haftbefehls oder zumindest dessen Außervollzugsetzung erfordern, denn nach dem Willen des Gesetzgebers soll in der Regel innerhalb der Sechs-Monats-Frist nicht nur mit der Hauptverhandlung begonnen werden, sondern ein erstinstanzliches Urteil ergehen. In diesem Falle darf das OLG (bzw. der BGH, Absatz 4 Satz 2), dem bei einer Vorlage der Akten nach § 122 Abs. 1 auch die Prüfung der allgemeinen Voraussetzungen für die Aufrechterhaltung der Untersuchungshaft obliegt (Rn. 46), trotz des Vorliegens der Voraussetzungen des letzten Teilsatzes von § 121 Abs. 1 die Fortdauer der Untersuchungshaft nicht anordnen.[319] 87

VI. Spezielle Zuständigkeiten

Spezielle Zuständigkeiten für die im Regelfall dem, dem Haftgericht übergeordneten OLG obliegende besondere Haftprüfung nach den §§ 121, 122 regelt **Absatz 4** der 88

---

314 BVerfG NJW **2006** 668; OLG Koblenz StraFo **2006** 496; OLG Bremen StraFo **2005** 378; OLG Stuttgart NStZ-RR **2012** 62; SK/*Paeffgen* 11e.

315 LR/*Lind* § 120, 22.

316 OLG Stuttgart NStZ-RR **2012** 62.

317 EGMR *Čevizović v. Deutschland*, 49746/99, Urt. v. 29.7.2004 = StV **2005** 136 und *Dželili v. Deutschland*, 65745/01, Urt. v. 10.11.2005 = StV **2006** 474, jeweils mit Anm. *Pauly*; *El Khoury v. Deutschland*, 8824/09, 42836/12, Urt. v. 9.7.2015 (juris); BVerfG NJW **2018** 2948; StV **2006** 645; NJW **2006** 672 mit krit. Bespr. *Jahn* 652 und *Schmidt* NStZ **2006** 313, 315; OLG Hamm StV **2000** 90; bei *Burhoff* StraFo **2006** 55 = StV **2006** 191 (auch zu § 229); StV **2006** 319; KG StraFo **2000** 137 (Unterbrechung); s. auch BGH NStZ **2006** 296 (zu §§ 229, 275); OLG Hamburg StraFo **2006** 372; **2007** 26; *Jahn* NStZ **2007** 258.

318 BVerfG StV **2008** 198; EGMR *Dželili v. Deutschland*, 65745/01, Urt. v. 10.11.2005 = StV **2006** 474 (bei absehbar umfangreichen Verfahren mehr als durchschnittlich ein Verhandlungstag pro Woche). S. hierzu aber LR/*Lind* § 120, 23. Insoweit kann auch BVerfG StV **2006** 645 zugestimmt werden, wonach eine Verletzung des Beschleunigungsgebots zu verneinen sein kann, wenn eine Verzögerung durch eine zu geringe Sitzungsfrequenz durch andere beschleunigende Verhandlungsmaßnahmen, etwa eine Konzentration der Verhandlung mit Hilfe des „Selbstleseverfahrens" ausgeglichen wird; **a.A.** LR/*Hilger*[26] 40; s. auch *Jahn* NStZ **2007** 258.

319 Vgl. zum Beschleunigungsgebot im Allgemeinen LR/*Lind* § 120, 21 ff.; zur Beschleunigung nach Urteilserlass LR/*Lind* § 120, 26 ff.

Vorschrift. In **landgerichtlichen Staatsschutzsachen** (§ 74a Abs. 1 GVG) ist das **OLG**, in dessen Bezirk die **Landesregierung** ihren Sitz hat (§ 120 GVG), für die besondere Haftprüfung nach § 121 zuständig, im Fall des § 120 Abs. 5 Satz 2 GVG das vereinbarte zuständige OLG.[320] In Staatsschutzsachen, in denen das **OLG erstinstanzlich** entscheidet (§ 120 GVG), tritt der **BGH** an die Stelle des OLG. Zur Begründung einer solchen speziellen Zuständigkeit genügt es, dass Gegenstand des Verfahrens eine Katalogtat nach § 120 GVG ist; es kommt nicht darauf an, dass auch der Haftbefehl auf den Verdacht einer solchen Straftat gestützt ist.[321] Da das OLG nicht zuständig ist für die Aburteilung von Taten nach § 129 StGB,[322] bleibt es insoweit für das Verfahren nach § 121 zuständig.[323]

§ 122
Besondere Haftprüfung durch das Oberlandesgericht

(1) In den Fällen des § 121 legt das zuständige Gericht die Akten durch Vermittlung der Staatsanwaltschaft dem Oberlandesgericht zur Entscheidung vor, wenn es die Fortdauer der Untersuchungshaft für erforderlich hält oder die Staatsanwaltschaft es beantragt.

(2) [1]Vor der Entscheidung sind der Beschuldigte und der Verteidiger zu hören. [2]Das Oberlandesgericht kann über die Fortdauer der Untersuchungshaft nach mündlicher Verhandlung entscheiden; geschieht dies, so gilt § 118a entsprechend.

(3) [1]Ordnet das Oberlandesgericht die Fortdauer der Untersuchungshaft an, so gilt § 114 Abs. 2 Nr. 4 entsprechend. [2]Für die weitere Haftprüfung (§ 117 Abs. 1) ist das Oberlandesgericht zuständig, bis ein Urteil ergeht, das auf Freiheitsstrafe oder eine freiheitsentziehende Maßregel der Besserung und Sicherung erkennt. [3]Es kann die Haftprüfung dem Gericht, das nach den allgemeinen Vorschriften dafür zuständig ist, für die Zeit von jeweils höchstens drei Monaten übertragen. [4]In den Fällen des § 118 Abs. 1 entscheidet das Oberlandesgericht über einen Antrag auf mündliche Verhandlung nach seinem Ermessen.

(4) [1]Die Prüfung der Voraussetzungen nach § 121 Abs. 1 ist auch im weiteren Verfahren dem Oberlandesgericht vorbehalten. [2]Die Prüfung muß jeweils spätestens nach drei Monaten wiederholt werden.

(5) Das Oberlandesgericht kann den Vollzug des Haftbefehls nach § 116 aussetzen.

(6) Sind in derselben Sache mehrere Beschuldigte in Untersuchungshaft, so kann das Oberlandesgericht über die Fortdauer der Untersuchungshaft auch solcher Beschuldigter entscheiden, für die es nach § 121 und den vorstehenden Vorschriften noch nicht zuständig wäre.

(7) Ist der Bundesgerichtshof zur Entscheidung zuständig, so tritt dieser an die Stelle des Oberlandesgerichts.

---

320 BGHSt **28** 109.
321 BGHSt **28** 355.
322 Vgl. § 120 Abs. 1 Nr. 6 GVG; Art. 6 Abs. 3 des Gesetzes v. 18.8.1976 (BGBl. **I** 2181).
323 BGH MDR **1977** 156.

https://doi.org/10.1515/9783110274929-024

Schrifttum

Siehe bei § 121.

Entstehungsgeschichte

Die Vorschrift ist – wie § 121 – durch Art. 1 StPÄG 1964 mit Wirkung zum 1.4.1965 in die Strafprozessordnung eingefügt worden. Als Folge der Einführung eines zweiten Rechtszuges in Staatsschutz-Strafsachen ist sie durch Art. 2 Nr. 2 StaatsschStrafsG mit Wirkung zum 1.10.1969 um ihren Absatz 7 ergänzt worden. Zugleich hat Absatz 1 durch Ersetzung der Worte „der zuständige Richter des Amtsgerichts oder des Landgerichts" durch die Worte „das zuständige Gericht" seine jetzige Fassung erhalten. Eine Unstimmigkeit des Wortlauts ist durch die Bekanntmachung 1975 nach der Ermächtigung durch Art. 323 Abs. 2 EGStGB 1974 beseitigt worden. Durch Art. 1 Nr. 13 des Gesetzes zur Stärkung des Rechts des Angeklagten auf Vertretung in der Berufungshauptverhandlung und über die Anerkennung von Abwesenheitsentscheidungen in der Rechtshilfe vom 17.7.2015 hat die Vorschrift mit Wirkung zum 25.7.2015 – im Kontext der Schaffung einer dem Gesetz vorangestellten amtlichen Inhaltsübersicht – ihre Überschrift erhalten.

Übersicht

Alphabetische Übersicht

I. Allgemeines

1 **1. Inhalt.** Die Vorschrift steht in engem Zusammenhang mit § 121 und regelt im Wesentlichen das **Verfahren** der dort vorgeschriebenen (besonderen) Haftprüfung bei sechsmonatigem Vollzug der Untersuchungshaft wegen derselben Tat vor Erlass des (auf Freiheitsentziehung lautenden) erstinstanzlichen Urteils. Sie ergänzt § 121 insoweit; beide Normen stellen eine Regelungseinheit dar. § 122 Abs. 1 normiert Voraussetzungen und Verfahren der Aktenvorlage an das OLG (bzw. an den BGH, Absatz 7), während Absatz 2 das Haftprüfungsverfahren vor diesem bis zur Entscheidung über die Haftfortdauer regelt. In den Absätzen 3 und 4 finden sich – neben der in Absatz 3 Satz 1 statuierten Pflicht zur Begründung der Haftfortdauerentscheidung – Regelungen zur weiteren (antragsgebundenen und „besonderen") Haftprüfung nach Anordnung der Haftfortdauer über sechs Monate hinaus. In Absatz 5 hat der Gesetzgeber klargestellt, dass (auch) das OLG (bzw. der BGH) befugt ist, den Beschuldigten unter den Voraussetzungen des § 116 vom weiteren Vollzug der Untersuchungshaft zu verschonen. Absatz 6 erstreckt die Prüfungskompetenz des Gerichts der besonderen Haftprüfung auf Beschuldigte in derselben Sache, bei denen die (zeitlichen) Voraussetzungen des § 121 Abs. 1 – Untersuchungshaftvollzug von (annähernd) sechs Monaten wegen derselben Tat – noch nicht erfüllt sind.

2 **2. Anwendungsbereich.** Nach den einleitenden Worten von Absatz 1 legt das zuständige Gericht die Akten dem OLG „in den Fällen des § 121" zur Entscheidung vor. Das Haftprüfungsverfahren nach den §§ 121, 122 wird danach nur dann durchgeführt, wenn bei der Vorlage, bei der Prüfung[1] und bei der Entscheidung des OLG[2] (bzw. des BGH, § 121 Abs. 4 Satz 2) **Untersuchungshaft** wegen derselben Tat seit (annähernd) sechs Monaten **vollzogen** wird, ohne dass ein auf Freiheitsstrafe oder eine freiheitsentziehende

1 OLG Hamm NJW **1965** 1730; JMBlNW **1969** 48.
2 OLG Köln JMBlNW **1986** 22; *Hengsberger* JZ **1966** 214.

Maßregel der Besserung und Sicherung erkennendes Urteil ergangen ist.[3] Das Verfahren findet folglich nicht statt, wenn der Vollzug des Haftbefehls nach § 116 ausgesetzt (und der Beschuldigte deshalb auf freiem Fuß) ist, wenn nach § 72 Abs. 1 JGG von der Vollstreckung des Haftbefehls abgesehen wird, wenn der Beschuldigte aus der Haft entwichen oder wenn die Untersuchungshaft zur Vollstreckung von Strafhaft unterbrochen ist (§ 121, 12).[4] Ist der Beschuldigte trotz Haftverschonungsentscheidung (§ 116) noch in Haft, weil er die ihm auferlegte Sicherheit (noch) nicht geleistet hat, muss die besondere Haftprüfung nach den §§ 121, 122 dagegen durchgeführt werden.[5] Gleiches soll gelten, wenn auf eine Haftbeschwerde der Staatsanwaltschaft der Vollzug wieder in Betracht kommt[6] oder der Haftbefehl zwar (z.B. wegen einer Unterbringung des beschuldigten Jugendlichen oder Heranwachsenden gemäß § 73 Abs. 1 JGG) aktuell nicht vollzogen wird, aber (im Beispiel wegen bevorstehenden Ablaufs der Höchstunterbringungsfrist von sechs Wochen, § 73 Abs. 3 JGG) feststeht, dass der erneute Vollzug über sechs Monate hinaus unmittelbar bevorsteht.[7]

II. Aktenvorlage an das Oberlandesgericht (Absatz 1)

1. Zuständigkeit. Die Aktenvorlage nach Absatz 1 ist **Pflicht des Gerichts**, nicht etwa der Staatsanwaltschaft, auch wenn die öffentliche Klage noch nicht erhoben ist. Welches Gericht für die Aktenvorlage an das Gericht der besonderen Haftprüfung, also regelmäßig (Ausnahme: Absatz 7, Rn. 64) an das OLG zuständig ist, ergibt sich aus **§ 126.** Danach ist **im vorbereitenden Verfahren** das Gericht sachlich und örtlich zuständig, das den Haftbefehl erlassen hat, grundsätzlich mithin der Richter beim Amtsgericht; in Sachen, die nach §§ 120, 120b GVG zur erstinstanzlichen Zuständigkeit des OLG gehören, ist der Ermittlungsrichter des BGH oder d(ies)es OLG (§ 169) für die Vorlage – in diesem Fall an den BGH (§ 121 Abs. 4 Satz 2) – zuständig, wenn er den Haftbefehl erlassen hat.[8] Ist die Sache nach § 126 Abs. 1 Satz 3 an einen anderen Richter beim Amtsgericht oder nach § 142a Abs. 2 GVG an die Landesstaatsanwaltschaft abgegeben worden,[9] legt der nunmehr zuständige Richter beim Amtsgericht die Akten vor; der Richter, der den Haftbefehl erlassen hat, ist nach der Abgabe mit der Sache nicht mehr befasst. **Nach Anklageerhebung** ist das mit der Sache befasste Gericht für die Aktenvorlage zuständig, im Falle der Verweisung nach § 270 das Gericht, bei dem sich die Akten befinden.[10] Funktionell ist der Vorsitzende des Kollegialgerichts für die Aktenvorlage zuständig (§ 126, 31). 3

Während des Revisionsverfahrens ist (auch) für die Aktenvorlage nach Absatz 1 das Gericht zuständig, dessen Urteil angefochten ist (§ 126 Abs. 2 Satz 2). Doch kann der Fall des § 121, wenn die Akten in die Revision gehen, in der Regel nicht eintreten.[11] Meistens ist dann ein Urteil ergangen, das auf Freiheitsstrafe oder auf eine freiheitsentziehende Maßregel der Besserung und Sicherung lautet. Dann findet das Verfahren des § 122 keine Anwendung (§ 121, 13). Ist der Angeklagte freigesprochen oder ist das Verfah- 4

---

3 Zur Anwendbarkeit bei Vollzug der einstweiligen Unterbringung nach § 126a vgl. § 126a, 25.
4 OLG Zweibrücken MDR **1978** 245; OLG Hamm JMBlNW **1982** 33 (auch zur Haftbeschwerde); Meyer-Goßner/*Schmitt* 2.
5 OLG Düsseldorf JMBlNW **1985** 286.
6 OLG Schleswig MDR **1983** 71.
7 OLG Karlsruhe Justiz **1978** 475; KK/*Schultheis* 2.
8 Zur Zuständigkeit des Ermittlungsrichters des BGH oder des OLG zum Erlass des Haft- oder Unterbringungsbefehls s. § 125, 13.
9 S. hierzu § 126, 12ff.
10 OLG Karlsruhe Justiz **1984** 429.
11 Ähnlich Meyer-Goßner/*Schmitt* 3.

ren nicht bloß vorläufig eingestellt worden, dann ist der Haftbefehl aufgehoben worden (§ 120 Abs. 1 Satz 2). Ist nur auf **Geldstrafe** und auf eine nicht freiheitsentziehende Maßregel – Berufsverbot (§ 70 Abs. 1 StGB); Entziehung der Fahrerlaubnis (§ 69 Abs. 1 StGB) – oder auf Einziehung (§§ 73ff. StGB) erkannt worden, wird der Haftbefehl in aller Regel ebenfalls aufgehoben worden sein.[12] Ist das ausnahmsweise nicht der Fall und wird der Vollzug des Haftbefehls vom erkennenden Gericht auch nicht nach § 116 ausgesetzt, hat der (letzte) Tatrichter allerdings bei Abgabe der Akten an das Revisionsgericht eine Frist zu notieren, die Akten – sofern Revisionsgericht und Gericht der besonderen Haftprüfung nicht identisch sind (bei Identität s. Rn. 17) – rechtzeitig zurückzufordern, die Haftfrage zu prüfen (Rn. 8f.) und die Akten dem Gericht der besonderen Haftprüfung vorzulegen, wenn er die Fortdauer der Untersuchungshaft für erforderlich hält oder die Staatsanwaltschaft es beantragt.

5 Als zuständig für die Aktenvorlage muss – über die allgemeine Regel des § 126 hinaus – auch die **Beschwerdekammer** angesehen werden. Die Vorlage durch das zuständige (Haft-)Gericht ist angeordnet, damit der Richter vorher prüfen kann, ob er den Haftbefehl aufhebt oder den Vollzug des Haftbefehls nach § 116 Abs. 1 bis 3 aussetzt und damit das Vorlageverfahren überflüssig macht. Ist Beschwerde eingelegt, hat das Beschwerdegericht die Haftfrage umfassend zu prüfen und nimmt damit in diesem Punkt die Aufgabe des nach § 126 zuständigen Richters wahr. Daher ist es berechtigt und, wenn sonst die Vorlage zu spät käme, verpflichtet, die Akten dem OLG nach Absatz 1 vorzulegen.[13]

6 Aus der örtlichen Zuständigkeit des vorlegenden Gerichts folgt in der Regel diejenige des zur Entscheidung berufenen **Oberlandesgerichts.** Ausschließlich zuständig ist das dem (richtigerweise) vorlegenden Gericht im Instanzenzug übergeordnete OLG. Die örtliche Zuständigkeit des Richters beim Amtsgericht, der zwar den Haftbefehl erlassen, dann aber die Sache nach § 126 Abs. 1 Satz 3 einem anderen Richter beim Amtsgericht übertragen hat, ist für die Zuständigkeit des OLG ohne Bedeutung;[14] sie ist mit der Abgabe der Sache erloschen (§ 126, 23). Ist in Staatsschutzsachen, in denen das OLG erstinstanzlich zuständig ist (§ 120 GVG), nach § 121 Abs. 4 der **Bundesgerichtshof** zur Entscheidung im besonderen Haftprüfungsverfahren berufen, erfolgt die Aktenvorlage durch das zuständige Gericht (Rn. 3) an diesen (Absatz 7; Rn. 64).

7 Auch dem nach Absatz 2 Satz 2 oder nach Absatz 7 zur Entscheidung über die Fortdauer der Untersuchungshaft berufenen Gericht, das **zugleich Revisionsgericht** ist, hat das nach § 126 Abs. 2 Satz 2 zuständige (letzte) Tatgericht die Akten nach Absatz 1 vorzulegen, wenn es die Haftfortdauer über sechs Monate hinaus für erforderlich hält oder die Staatsanwaltschaft es beantragt, denn das Revisionsgericht ist (in dieser Eigenschaft) während des Revisionsverfahrens – obwohl mit der Sache befasst (§ 126 Abs. 2 Satz 1) – nicht originär für die Entscheidung über die Haftfrage zuständig (§ 126 Abs. 2 Satz 2).[15] Zum Vorlageverfahren, wenn die Akten dem Revisionsgericht bereits vorliegen, s. Rn. 17.

2. Voraussetzungen

8 **a) Erforderlichkeit der Haftfortdauer.** Bevor das zuständige Gericht die besondere, (auch) die materiellen Voraussetzungen des letzten Teilsatzes von § 121 Abs. 1 in den

---

12 LR/*Lind* § 120, 39.

13 S. auch *Schnarr* MDR **1990** 89; krit. Meyer-Goßner/*Schmitt* 3.

14 OLG Köln JMBlNW **1966** 288; Meyer-Goßner/*Schmitt* § 126, 3.

15 Etwas anderes gilt nur dann, wenn ihm die Sache (auch) mit (weiterer) Haftbeschwerde (§ 310 Abs. 1) zugegangen ist; in diesem Fall prüft das OLG auch die Voraussetzungen des § 121 Abs. 1 letzter Teilsatz, ohne dass es der Vorlage bedarf.

Blick nehmende Haftprüfung durch Vorlage der Akten an das OLG (bzw. den BGH) einleitet, hat es festzustellen, ob es die **Fortdauer** der Untersuchungshaft für **erforderlich** hält. Die Haftprüfung (nach den allgemeinen Vorschriften; s. auch § 121, 42ff.) hat nach Aktenlage umfassend zu erfolgen. Das Haftgericht muss insbesondere prüfen, ob der Haftbefehl nach § 120 aufzuheben ist, weil die Voraussetzungen für seinen Erlass (dringender Tatverdacht, Haftgrund, Verhältnismäßigkeit) nicht (mehr) vorliegen, oder ob sein Vollzug nach § 116 Abs. 1 bis 3 ausgesetzt werden kann, weil mildere Maßnahmen ausreichen, um den Zweck der Untersuchungshaft zu erreichen. Zu prüfen ist aber auch die Notwendigkeit der Haft unter dem Blickwinkel der Subsidiarität, etwa gegenüber jugendgerichtlichen Maßnahmen.[16]

Verneint das zuständige Gericht die Voraussetzungen sowohl des § 120 Abs. 1 als 9
auch des § 116 Abs. 1 bis 3 und bringt es damit zum Ausdruck, dass es den weiteren Vollzug der Untersuchungshaft für (zulässig und) erforderlich hält, hat es – auch ohne und (nach Anklageerhebung) gegen den Antrag der Staatsanwaltschaft[17] – grundsätzlich die Akten dem OLG vorzulegen. Es darf jedoch **von einer Vorlage absehen**, wenn es in Übereinstimmung mit der Staatsanwaltschaft der Auffassung ist, dass die Voraussetzungen des § 121 Abs. 1 letzter Teilsatz für eine Haftfortdauer über sechs Monate hinaus nicht gegeben sein werden, die Fortdauer der Untersuchungshaft also zwar aus seiner Sicht erforderlich ist, aber nicht gerechtfertigt.[18]

Die **abweichende Ansicht**, die das Vorliegen der Voraussetzungen des letzten Teil- 10
satzes von § 121 Abs. 1 ausschließlich durch das Gericht der besonderen Haftprüfung feststellen lassen will,[19] vertritt die Auffassung, in der Formulierung von Absatz 4 Satz 1 („Die Prüfung der Voraussetzungen nach § 121 Abs. 1 ist *auch* im weiteren Verfahren dem Oberlandesgericht vorbehalten.") sei die eindeutige gesetzgeberische Entscheidung enthalten, dass jene Prüfung auch im ersten Verfahren allein dem OLG zukommt. Diese Regelung könne für sich geltend machen, dass allein das OLG die umfassende Prüfungspraxis hat, und dürfe nicht durch eine Auslegung beiseite geschoben werden, die auf Praktikabilität bedacht sei. Diese Interpretation ist zwar nach dem dargestellten Wortlaut möglich, aber nicht zwingend.[20] Für eine Kompetenz des zuständigen Haftrichters zur Aufhebung des Haftbefehls, wenn Gericht und Staatsanwaltschaft darin übereinstimmen, dass die Untersuchungshaft gemäß § 121 Abs. 1 nicht mehr vollzogen werden darf, sprechen dagegen gewichtige verfassungsrechtliche und praktische Gründe, denn die Freilassung des Beschuldigten kann schneller als bei einer Befassung des OLG und mit weniger Aufwand erfolgen. Zudem kann die **Staatsanwaltschaft** einen Antrag auf Aufhebung des Haftbefehls auch deshalb stellen, weil sie das Verfahren nach § 122 für aussichtslos hält. Ist die öffentliche Klage noch nicht erhoben, zwingt dieser Antrag das Gericht, den Haftbefehl aufzuheben (§ 120 Abs. 3 Satz 1); eine Begründung ist entbehrlich und, wenn sie gleichwohl gegeben wird, für das Gericht bedeutungslos.

16 Vgl. z.B. OLG Zweibrücken NStZ-RR **2001** 55; StV **2002** 433.
17 SK/*Paeffgen* 5; KK/*Schultheis* 4.
18 H.M.; vgl. OLG Braunschweig NJW **1966** 790; OLG Stuttgart NJW **1967** 66; *Hengsberger* JZ **1966** 214; *Kleinknecht* MDR **1965** 787; AK/*Krause* 3; § 121, 12; SK/*Paeffgen* 2a ff.; § 121, 21; *Pusinelli* NJW **1966** 97; *Schlüchter* 239.1; Meyer-Goßner/*Schmitt* § 121, 27.
19 LR/*Wendisch*[24] 14 ff.; KK/*Schultheis* 2; *Münchhalffen/Gatzweiler* 421; *Schnarr* MDR **1990** 92.
20 S. Rn. 57. Das „auch" in Absatz 4 Satz 1 kann ebenso gut auf den Fall bezogen werden, dass die Haftprüfung nach § 117 Abs. 1 mit der ersten Fortdauerentscheidung auf das nach den allgemeinen Vorschriften zuständige (Haft-)Gericht übertragen worden ist (Absatz 3 Satz 3), dem gleichwohl nur die Prüfung der allgemeinen Voraussetzungen für den Untersuchungshaftvollzug (§§ 112ff.) obliegen soll, nicht aber die der besonderen Verlängerungsvoraussetzungen. So OLG Nürnberg StV **2011** 294.

11 **b) Antrag der Staatsanwaltschaft.** Nach dem letzten Halbsatz des Absatzes 1 **muss** das zuständige **Gericht** dagegen die Akten dem OLG (bzw. dem BGH) **vorlegen**, wenn die Staatsanwaltschaft es beantragt. Damit werden das Recht und die Pflicht des Haftgerichts ausgeschaltet, den Haftbefehl nach § 120 Abs. 1 Satz 1 aufzuheben, seinen Vollzug nach § 116 Abs. 1 bis 3 auszusetzen oder bei einem Jugendlichen von der Vollstreckung des Haftbefehls abzusehen (§ 72 Abs. 1 JGG), wenn der Ablauf der Sechs-Monats-Frist des § 121 Abs. 1 bevorsteht und die Staatsanwaltschaft die Vorlage zum Gericht der besonderen Haftprüfung beantragt.[21] Dadurch wird der Weg zum OLG abgekürzt, den die Staatsanwaltschaft, wenn das zuständige Gericht nach § 120 Abs. 1 Satz 1 oder nach § 116 Abs. 1 bis 3 entschiede, durch Beschwerde und weitere Beschwerde ohnehin erzwingen könnte. Ist die Sache im Falle eines solchen Antrags wegen drohenden Fristablaufs eilbedürftig, so kann ausnahmsweise die Vorlage ohne Einschaltung des Haftrichters, der ohnehin durch die Antragstellung an einer eigenen Prüfung und Entscheidung gehindert ist, erfolgen.[22]

12 Die Staatsanwaltschaft kann den **Antrag nicht** mehr **zurücknehmen**, wenn der zuständige Richter die Akten vorgelegt hat. Denn durch den Antrag ist eine Prozesslage gestaltet worden, die nicht mehr rückgängig gemacht werden kann. Teilt die Generalstaatsanwaltschaft (bzw. der Generalbundesanwalt) die Auffassung der Staatsanwaltschaft bei dem vorlegenden Gericht nicht, ist sie auf Anträge beim Gericht der besonderen Haftprüfung angewiesen; im Fall des § 120 Abs. 3 Satz 1 ist (auch) ihr Antrag bindend.[23]

3. Verfahren

13 **a) Anhörung der Staatsanwaltschaft.** Vor der Entscheidung über die Erforderlichkeit der Haftfortdauer ist die Staatsanwaltschaft beim Landgericht zu hören. Auch diese hat die Haftfrage selbständig zu prüfen und sich zu entscheiden, ob sie – vor Anklageerhebung das Gericht bindend (§ 120 Abs. 3 Satz 1) – beantragen will, den Haftbefehl aufzuheben, weil sie die allgemeinen Voraussetzungen für seinen Erlass nicht (mehr) für gegeben hält (§ 120 Abs. 1) oder der Auffassung ist, die Haftfortdauer sei nicht durch einen wichtigen Grund im Sinne des letzten Teilsatzes von § 121 Abs. 1 gerechtfertigt. Stellt sie diesen Antrag nicht und kommt aus ihrer Sicht eine Haftverschonung (§ 116), die sie ebenfalls beantragen könnte, nicht in Betracht, hat sie zu prüfen, ob sie die Vorlegung beantragen oder von einer Antragstellung im Rahmen ihrer Stellungnahme absehen will. Beantragt die Staatsanwaltschaft die Vorlegung der Akten, entfällt die Haftprüfung durch das zuständige Gericht (Rn. 8); dieses hat die Akten ohne eigene Entscheidung über die Haftfrage dem Gericht der besonderen Haftprüfung vorzulegen (Rn. 11). Liegen die Akten (vor Erhebung der öffentlichen Klage) der Staatsanwaltschaft vor, leitet sie diese – auf Anforderung oder von Amts wegen – dem Haftgericht mit ihrer Stellungnahme zu.

14 **b) Vorbereitung durch das Haftgericht.** Da das OLG (bzw. der BGH) im Verfahren der besonderen Haftprüfung den Haftbefehl nicht in Anpassung an den Verfahrensstand erweitern, ändern oder neu fassen darf,[24] hat der Haftrichter den **Haftbefehl** zur Vorbe-

---

21 OLG Karlsruhe Justiz **1981** 331; *Kleinknecht* JZ **1965** 119; SK/*Paeffgen* 5; *Schnarr* MDR **1990** 92; KK/*Schultheis* 4.

22 AK/*Krause* 3.

23 S. LR/*Lind* § 120, 58, 62.

24 BGH NStZ-RR **2018** 53; OLG Hamm NStZ **2010** 281; NJW **1971** 1325; OLG Koblenz NStZ-RR **2008** 92 (Ls); OLG Oldenburg NStZ **2005** 342; vgl. auch OLG Saarbrücken NStZ **2015** 660; HK/*Posthoff* 4; Meyer-Goßner/*Schmitt* 13a.

reitung der Vorlage **dem aktuellen Erkenntnisstand** (sowohl hinsichtlich des dringenden Tatverdachts als auch hinsichtlich des Haftgrundes und der Frage der Verhältnismäßigkeit) **anzupassen,**[25] wobei er ihn im Ermittlungsverfahren nur auf Antrag der Staatsanwaltschaft auf neue Tatvorwürfe erstrecken darf. Der neue Haftbefehl ist dem Beschuldigten zu verkünden, um ihn zur – vom Gericht der besonderen Haftprüfung allein zu prüfenden (§ 121, 45) – Grundlage des (weiteren) Vollzugs der Untersuchungshaft zu machen. Das Haftgericht ist auch noch **nach der Aktenvorlage** und bis zur Entscheidung des OLG (bzw. BGH) befugt, den Haftbefehl – auf Antrag der Staatsanwaltschaft, nach Anklageerhebung auch von Amts wegen – zu erweitern und an den geänderten Stand der Ermittlungen anzupassen. Das gilt selbst bei einer Vorlage auf Antrag der Staatsanwaltschaft (Absatz 1 2. Alt.), denn die mit diesem verbundene Entscheidungsbeschränkung (Rn. 11) reicht nur so weit, wie die Entscheidungskompetenz des OLG in der konkret anstehenden Haftprüfung geht.[26] Erweitert das Haftgericht den Haftbefehl nach Aktenvorlage, ist das Gericht der besonderen Haftprüfung hiervon unverzüglich in Kenntnis zu setzen, da sich mit der ordnungsgemäßen Verkündung des geänderten Haftbefehls die Prüfungsgrundlage für das OLG ändert; sie entfällt sogar, wenn etwa der erweiterte Haftbefehl (auch) eine erst im Laufe der Ermittlungen neu bekannt gewordene Tat enthält, hinsichtlich derer die Sechs-Monats-Frist noch nicht abgelaufen ist.

c) Akten. Hält das Haftgericht die Fortdauer der Untersuchungshaft für erforderlich 15
oder hat die Staatsanwaltschaft die Vorlegung beantragt, legt das zuständige Gericht dem OLG (bzw. dem BGH) grundsätzlich „die Akten" zur Entscheidung über die Haftfortdauer über sechs Monate hinaus vor. Akten sind die Originalakten der Staatsanwaltschaft oder des Gerichts mit allen Eingängen – auch unbearbeiteten –, die im Augenblick der Aktenversendung vorliegen.[27] Statt der Originalakten können, wenn das Gericht zustimmt (was ein für allemal erklärt werden kann), Hilfs- oder **Doppelakten** vorgelegt werden, die aber auch bezüglich noch nicht bearbeiteter Eingänge mit Sicherheit **vollständig** sein müssen. Unvollständige Doppelakten oder Haftbände reichen nicht aus.[28] Die **Handakten der Staatsanwaltschaft** sind, weil sie nur interne Vorgänge dieser Behörde enthalten, nicht vorzulegen. Es ist unzulässig, Teile der Ermittlungsvorgänge, die während der Aktenvorlage zu den Handakten genommen worden sind, dort zu belassen. Geschieht das doch, bleiben sie Teile der Sachakten, so dass sich die Vorlagepflicht auch auf sie erstreckt.

d) Vermittlung der Staatsanwaltschaft. Das zuständige Gericht hat die Akten dem 16
Gericht der besonderen Haftprüfung durch Vermittlung der Staatsanwaltschaft vorzulegen. Die Aktenvorlage erfolgt daher über die Staatsanwaltschaft bei dem vorlegenden Gericht und die Generalstaatsanwaltschaft (bzw. den Generalbundesanwalt). Letztere kann noch den Haftbefehl nach § 120 Abs. 3 Satz 1 aufheben lassen. Sonst gibt sie ihre Erklärung nach § 33 Abs. 2 ab. Könnte, wenn der Weg über die Staatsanwaltschaft befolgt wird, die Frist von sechs Monaten nicht eingehalten werden, sind die Akten dem OLG (bzw. dem BGH) unmittelbar vorzulegen; dieses hört seine Staatsanwaltschaft dann nach § 33 Abs. 2 an.

25 OLG Celle StV **2005** 513. SK/*Paeffgen* 5; HK/*Posthoff* 4.
26 OLG Nürnberg StV **2017** 457.
27 OLG Hamm Beschl. v. 28.11.2017 – III-4 Ws 216/17 – (Es dürfen jedenfalls keine wesentlichen Aktenteile fehlen.)
28 OLG Frankfurt NJW **1966** 2076. S. auch SSW/*Herrmann* 10.

17 **e) Ausnahme.** Die Vorlage – die allein die Folge des § 121 Abs. 3 Satz 1 (Ruhen des Fristablaufs) herbeiführt, Rn. 23 – braucht, wenn die Akten dem OLG in anderer Weise als nach Absatz 1, namentlich mit Revision oder (weiterer) Beschwerde, zugegangen sind, nicht in der Weise bewirkt zu werden, dass der zuständige Richter die Akten zurückfordert und alsbald zur Prüfung der Haftfrage wieder vorlegt. Sie kann vielmehr in einem **Schreiben des zuständigen Richters** bestehen, dass die mit Revision von der Staatsanwaltschaft übersandten Akten (§ 347 Abs. 2) nunmehr dem OLG nach § 122 Abs. 1 vorgelegt werden. Die Vorprüfung durch das Haftgericht (Rn. 8) hat – wenn nicht die Staatsanwaltschaft die Vorlegung beantragt – in diesem Falle anhand von Doppel- oder Haftakten zu erfolgen. Liegen die Akten dem OLG bei Ablauf der Sechs-Monats-Frist auf eine (weitere) Haftbeschwerde des Untersuchungsgefangenen vor und hat das zur Vorlage verpflichtete Gericht zeitnah die Haftfrage geprüft und im Sinne der Haftfortdauer entschieden, kann das Vorlageschreiben ohne Wiederholung der Prüfung gefertigt und in selbigem auf die vorausgegangene Haftentscheidung Bezug genommen werden. Das Schreiben hat fristhemmende Wirkung (§ 121 Abs. 3 Satz 1) jedoch nur, wenn sich bei seinem Eingang die Akten beim OLG befinden. Das wird das vorlageverpflichtete Gericht fernmündlich feststellen, ehe es das die Vorlage bewirkende Schreiben absendet.

18 **4. Zeitpunkt.** So rechtzeitig **vor Ablauf der Sechs-Monats-Frist** des § 121 Abs. 1 (s. § 121, 26 ff.), dass die Akten spätestens am letzten Tag derselben beim Gericht der besonderen Haftprüfung eingegangen sind, hat sie das zuständige Gericht vorzulegen.[29] Die Aktenvorlage sollte zwar nicht zu früh erfolgen, weil es für die Entscheidung des OLG (bzw. des BGH) auf das Vorliegen der Verlängerungsvoraussetzungen (§ 121 Abs. 1 letzter Teilsatz) zum Zeitpunkt des Fristablaufs ankommt und sich die tatsächlichen Umstände bei sehr früher Vorlage bis dahin noch ändern können. Ideal wäre aber eine so rechtzeitige Vorlage, dass das OLG unter Einschluss der für die Anhörung benötigten Zeit (§ 122 Abs. 2) unmittelbar vor bzw. bei sechsmonatiger Haftdauer entscheiden kann.[30]

19 Steht – in dem seltenen Fall, dass das Tatgericht nur auf Geldstrafe und auf eine nicht freiheitsentziehende Maßregel oder auf Einziehung erkannt, den Haftbefehl aber nicht aufgehoben oder außer Vollzug gesetzt hat – fest, dass während der Zeit, in der sich die Akten auf **Revision** beim OLG befinden, die **Frist** des § 121 Abs. 1 **ablaufen wird**, und kann das nach § 126 zuständige Gericht mit Sicherheit voraussehen, dass zu diesem Zeitpunkt die Fortdauer der Untersuchungshaft aus seiner Sicht (noch) erforderlich ist, kann es die Akten dem OLG schon vorlegen, wenn es diese nach § 348 Abs. 3 der Staatsanwaltschaft zuleitet.

20 **5. Fristenkontrolle.** Die Überwachung des Ablaufs der Sechs-Monats-Frist des § 121 Abs. 1 obliegt in erster Linie dem nach § 126 zuständigen **Haftgericht**. Dieses **bewirkt** (in der Regel, s. aber Rn. 11 a.E.) die **Vorlage** der Akten an das Gericht der besonderen Haftprüfung, auch wenn es im Ermittlungsverfahren nicht mit der Sache befasst ist. Sobald der Richter beim Amtsgericht oder der Ermittlungsrichter des BGH oder des OLG einen Haftbefehl erlassen hat, hat er daher eine Frist zu notieren und nach deren Ablauf festzustellen, ob der Haftbefehl vollzogen wird und wo sich die Akten befinden. Ebenso ist zu verfahren, wenn er nach Festnahme des Beschuldigten den Vollzug der Untersu-

29 Vgl. OLG Celle NStZ **1988** 517; Nr. 56 Abs. 1 RiStBV.
30 OLG Celle NStZ **1988** 517.

chungshaft anordnet oder sonst Kenntnis vom Beginn des Untersuchungshaftvollzugs erhält. Die Frist wird nach den örtlichen Verhältnissen verschieden lang ausfallen. Sie sollte nicht kürzer als fünf Monate sein, wird aber, auch wenn sich das OLG am Sitz des zuständigen Gerichts befindet, so zu bemessen sein, dass jedenfalls zehn Tage für das (Vorlage-)Verfahren zur Verfügung stehen. Wenn die Zuständigkeit nicht gewechselt hat, hat er, falls der Vollzug der Untersuchungshaft wegen derselben Tat seit (nahezu) sechs Monaten andauert und ein auf Freiheitsstrafe oder eine freiheitsentziehende Maßregel der Besserung und Sicherung erkennendes Urteil bisher nicht ergangen ist, die Akten beizuziehen und zu prüfen, ob er die Fortdauer der Untersuchungshaft für erforderlich hält; ist dies der Fall oder hat die Staatsanwaltschaft die Vorlegung bei Übersendung der Akten beantragt, hat er die Akten dem OLG bzw. dem BGH vorzulegen. Ist der Haftbefehl von dem nach Erhebung der öffentlichen Klage mit der Sache befassten Gericht erlassen worden oder ist mit der Anklageerhebung die Zuständigkeit (auch) für die Vorlage nach Absatz 1 auf dieses übergegangen, ist die Fristenkontrolle dort wahrzunehmen. Da sich die Akten in diesen Fällen bei Fristablauf regelmäßig bei dem (für die Aktenvorlage) zuständigen Gericht befinden, kann dieses unmittelbar die Staatsanwaltschaft anhören, die Erforderlichkeit der Haftfortdauer prüfen, sofern die Staatsanwaltschaft nicht die Vorlegung beantragt hat, und die Aktenvorlage an das Gericht der besonderen Haftprüfung bewirken, wenn die Vorlagevoraussetzungen gegeben sind.

Die **Staatsanwaltschaft** trifft die gleiche Verantwortung wie das Haftgericht, denn 21 (auch) sie ist verpflichtet, in jeder Lage des Verfahrens von Amts wegen zu prüfen, ob die Untersuchungshaft noch erforderlich ist.[31] Ihr ist zudem in Absatz 1 ein besonderes Antragsrecht eingeräumt worden, das die Entscheidungsmöglichkeit des zuständigen Gerichts einschränkt (Rn. 11). Daher hat auch die Staatsanwaltschaft (jedenfalls mit dem Beginn des Vollzugs der Untersuchungshaft) entsprechende Fristen zu notieren und (ggf. auch ohne Anforderung) dafür zu sorgen, dass das zuständige Gericht rechtzeitig im Besitz der Akten ist, um sie dem OLG (bzw. dem BGH) vorzulegen. Ihre diesbezügliche Verpflichtung endet nicht, wenn sie die öffentliche Klage erhebt, denn der Gefahr, dass infolge des mit der Anklageerhebung einhergehenden Wechsels der (haft-)gerichtlichen Zuständigkeit die Einhaltung der Sechs-Monats-Frist des § 121 Abs. 1 aus dem Blick des Richters gerät, ist im Interesse des Freiheitsgrundrechts des Untersuchungsgefangenen unbedingt zu begegnen. Die Fristenkontrolle durch die Staatsanwaltschaft dauert daher fort, bis der Haftbefehl erledigt ist.

Dem für die Entscheidung über die Haftfortdauer über sechs Monate hinaus zustän- 22 digen **OLG** (bzw. BGH) obliegt – anders als dem Haftgericht und der Staatsanwaltschaft – nicht die dauernde antragsunabhängige Prüfung der Haftfrage. Das Gericht der besonderen Haftprüfung überwacht daher nicht selbst den Lauf der Sechs-Monats-Frist, sondern wird durch die Vorlage nach Absatz 1 – oder im Beschwerdewege, aber auch dann **durch das** für die Aktenvorlage **zuständige Gericht** (Rn. 3ff.), das ihm auch in diesem Falle die Akten zuleitet – mit der Haftfrage **befasst**. Die Akten von sich aus anzufordern, um von Amts wegen die Fortdauer der Untersuchungshaft anzuordnen, hat es mangels gesetzlicher Regelung keine allgemeine Zuständigkeit. Eine solche ist ihm in **Absatz 6** für einen besonderen Fall (mehrere Beschuldigte in derselben Sache, von denen mindestens einer sich bereits seit – nahezu – sechs Monaten in Untersuchungshaft befindet) nur **ausnahmsweise** eingeräumt. S. insoweit Rn. 50ff. Das OLG fordert daher selbst dann die Akten zur besonderen Haftprüfung nicht an, wenn es meint, von dem bevorstehenden Ablauf der Sechs-Monats-Frist durch Vorbefassung im Beschwerdewege

31 S. LR/*Lind* § 117, 1; Nr. 54 Abs. 1 RiStBV.

oder entsprechende Nachricht eines Verfahrensbeteiligten (namentlich des Verteidigers) Kenntnis zu haben.[32]

23 **6. Wirkung.** Werden die Akten dem OLG vorgelegt, bevor sechs Monate Untersuchungshaft vollzogen worden sind, bewirkt diese Vorlage, dass die **Sechs-Monats-Frist ruht** (§ 121 Abs. 3 Satz 1). Vorlage i.S.d. § 121 Abs. 3 ist nur diejenige durch das zuständige Gericht. Legt die Staatsanwaltschaft oder ein unzuständiger Richter, der etwa zufolge eines Ersuchens vorübergehend mit der Sache befasst ist, die Akten vor, ruht der Fristablauf – ebenso wie bei einer verspäteten Vorlage durch das zuständige Gericht – nicht (§ 121, 36). Von der Frage des Ruhens der Frist abgesehen ist es jedoch gleichgültig, wie die Sache an das OLG (bzw. den BGH) gelangt ist, *wenn* dieses Gericht nach der Prozesslage zuständig ist, über die Haftfrage allgemein zu entscheiden. Das OLG kann also auch dann die Entscheidung treffen, von der Absatz 2 spricht, wenn es durch (weitere) Beschwerde mit der Sache befasst ist;[33] nicht aber, wenn ihm die Akten (nur) mit der Revision vorliegen, weil es als Revisionsgericht gerade nicht für die Entscheidung der Haftfrage zuständig ist (§ 126 Abs. 2 Satz 2). Die Vorlage durch das zuständige Gericht ist **keine Entscheidungsvoraussetzung.**

III. Verfahren des Oberlandesgerichts

24 **1. Rechtliches Gehör (Absatz 2 Satz 1).** Nach § 33 Abs. 3 müsste der (inhaftierte) Beschuldigte nur gehört werden, bevor zu seinem Nachteil Tatsachen oder Beweisergebnisse verwertet werden, zu denen er noch nicht gehört worden ist. Diese Voraussetzung wird im Verfahren der besonderen Haftprüfung zwar regelmäßig zutreffen, weil (jedenfalls) die vom OLG (bzw. dem BGH) nach § 121 Abs. 1 zu prüfende besondere Schwierigkeit oder der besondere Umfang der Ermittlungen bzw. ein anderer wichtiger Grund auf Tatsachen beruhen, die mit dem Beschuldigten nicht erörtert worden sind; im Einzelfall könnte das aber zweifelhaft sein. Deshalb wird die **Anhörung des Beschuldigten** vor der Entscheidung durch das Gericht der besonderen Haftprüfung ausdrücklich angeordnet. Zusätzlich ist zwingend auch sein **Verteidiger** zu hören. Dass der Beschuldigte im Verfahren vor dem OLG unverteidigt ist, kann, da ein Fall notwendiger Verteidigung gemäß § 140 Abs. 1 Nr. 4 vorliegt, wenn gegen den Beschuldigten Untersuchungshaft (oder einstweilige Unterbringung nach § 126a) vollstreckt wird, und die besondere Haftprüfung nach den §§ 121, 122 nur unter dieser Voraussetzung stattfindet, nur (noch) vorkommen, wenn der (Wahl-)Verteidiger das Mandat kurz zuvor niedergelegt oder der Beschuldigte es gekündigt hat, ohne einen anderen Verteidiger zu mandatieren. Ist dies geschehen, ist dem Beschuldigten – durch das nach § 141 Abs. 4 zuständige (Haft-)Gericht; dem Gericht der besonderen Haftprüfung fehlt insoweit die Zuständigkeit – unverzüglich ein Verteidiger zu bestellen.[34]

25 Die **Äußerung des Beschuldigten** ist in der Regel nicht auch als Stellungnahme des Verteidigers anzusehen. Ob – umgekehrt – die **Stellungnahme des Verteidigers**

---

32 **A.A.** MüKo/*Böhm* 4, der eine eigenständige Anforderung der Akten durch das OLG „bei Anlass hierfür", etwa „wenn der Verteidiger sich an den Senat wendet", befürwortet, eine Entscheidung nach § 121 von Amts wegen aber nicht für möglich hält. Für die weiteren Haftprüfungen nach jeweils 3 Monaten s. Rn. 59.

33 OLG Düsseldorf StV **1991** 222 (auch zur Befugnis des OLG, vor Ablauf der Frist zur Aktenvorlage zwecks neuer Haftprüfung auf Haftbeschwerde zu prüfen, ob ein wichtiger Grund vorliegt) mit Anm. *Paeffgen* NStZ **1992** 532; OLG Naumburg StV **2009** 536; OLG Schleswig MDR **1983** 71; *Schnarr* MDR **1990** 90; SSW/*Herrmann* 7; SK/*Paeffgen* 2; Meyer-Goßner/*Schmitt* 1.

34 SK/*Paeffgen* 7.

zugleich als die des Beschuldigten zu werten ist, hängt von den Umständen des Einzelfalles ab;[35] deshalb empfiehlt es sich, wenigstens dem Beschuldigten bei Übersendung des Anhörungsschreibens eine **Frist** für eine eventuelle eigene Stellungnahme zu setzen. Die Länge der Äußerungsfrist ist nach den Umständen des Einzelfalls zu bestimmen. Stand der Ablauf der Sechs-Monats-Frist unmittelbar bevor, als die Aktenvorlage erfolgte, oder war sie gar bereits überschritten, muss die Frist mit wenigen Tagen kurz gehalten werden; ist die Vorlage früher erfolgt, kann sie weiter gesetzt werden. In jedem Fall ist eine Verlängerung der Frist auf Antrag der Anzuhörenden (etwa zur Ermöglichung der Akteneinsicht durch den Verteidiger vor Abgabe der Stellungnahme) zulässig.

Durch die Sonderregelung in Absatz 2 Satz 1 ist das rechtliche Gehör **umfassender** 26
ausgestaltet als das nach § 33 Abs. 3. Es hat sich auf alle nach § 121 Abs. 1 für die Verlängerung erforderlichen Voraussetzungen zu erstrecken; der Beschuldigte und sein Verteidiger müssen daher Gelegenheit erhalten, sich auch zu den wertenden Erwägungen („besonders", „wichtig", „rechtfertigen") zu äußern. Vor diesem Hintergrund erscheint es regelmäßig angezeigt, (zumindest) dem Verteidiger mit dem Anhörungsschreiben auch die Stellungnahme der Generalstaatsanwaltschaft (bzw. des Generalbundesanwalts) – ggf. auch den (begründeten) Vorlegungsantrag der Staatsanwaltschaft und den Vorlagevermerk des zuständigen Gerichts, sofern das Gericht der besonderen Haftprüfung eine dienstliche Äußerung des Tatrichters (z.B. zur bisherigen Sachbehandlung, zur beabsichtigten Terminierung der Hauptverhandlung, zu Fragen der Personal- oder Geschäftslage und organisatorischen Maßnahmen zur Beseitigung etwaiger Probleme insoweit) eingeholt hat, auch diese – mitzuteilen.[36]

Das **OLG** (bzw. der BGH) wird den Beschuldigten und den Verteidiger in der Regel 27
selbst anhören. Das Gesetz trifft zwar keine ausdrückliche Regelung dahingehend, so dass es auch zulässig erscheint, dass der die Akten vorlegende Richter das Gehör veranlasst, wenn nur klargestellt wird, dass dem Beschuldigtem Gelegenheit gegeben wird, sich vor der Entscheidung im besonderen Haftprüfungsverfahren zu äußern.[37] Ein solches Vorgehen mag für die praktische Durchführung der Akteneinsicht durch den am Sitz des Haftgerichts ansässigen Verteidiger von Vorteil sein. Die Stellungnahme der Generalstaatsanwaltschaft (bzw. des Generalbundesanwalts), die im Hinblick auf das umfassende Äußerungsrecht (Rn. 26) von vergleichbarem Interesse für den Beschuldigten und den Verteidiger ist, gibt diese aber erst im Wege der Anhörung nach § 33 Abs. 2 dem Gericht der besonderen Haftprüfung gegenüber ab. Zwar kann auch die Generalstaatsanwaltschaft ihre Stellungnahme dem Verteidiger mitteilen (und sollte dies tun, wenn bereits das Haftgericht die Anhörung nach Satz 1 veranlasst hatte). Da aber jedenfalls die Fristsetzung zur Äußerung nicht Sache der Generalstaatsanwaltschaft, sondern allein die (des Vorsitzenden) des Senats ist, sollte das OLG das Gehör selbst veranlassen.

2. Mündliche Verhandlung (Absatz 2 Satz 2). Das Gehör des Beschuldigten und des 28
Verteidigers wird sich manchmal am zweckmäßigsten und schnellsten in einer mündlichen Verhandlung durchführen lassen. Aus diesem Grunde wird dem Gericht der besonderen Haftprüfung freigestellt, wie im Haftbeschwerdeverfahren (§ 118 Abs. 2), nach mündlicher Verhandlung zu entscheiden. Der Beschuldigte, sein Verteidiger sowie auch die

---

35 Ähnlich SK/*Paeffgen* 7.

36 Ähnlich SK/*Paeffgen* 7 („sollte"); enger: AK/*Krause* 4; Meyer-Goßner/*Schmitt* 9; KK/*Schultheis* 7 (Mitteilung nur, wenn die Stellungnahme neue Tatsachen oder Beweisergebnisse enthält und das Gericht sie zum Nachteil des Beschuldigten verwerten will).

37 LR/*Hilger*[26] 22, **a.A.** AK/*Krause* 4; Meyer-Goßner/*Schmitt* 9; krit. auch *Wankel* 78.

Staatsanwaltschaft können das beantragen, doch gibt allein das **Ermessen des Gerichts** den Ausschlag, ob mündlich verhandelt werden soll. Das OLG wird das anordnen, wenn seine Entscheidung zweifelhaft sein könnte und wenn erwartet werden kann, dass sich die Fragen, ob die besondere Schwierigkeit oder der besondere Umfang der Ermittlungen oder ein anderer wichtiger Grund das Urteil noch nicht zulassen und die Fortdauer der Haft rechtfertigen, dadurch schneller oder sicherer als im schriftlichen Verfahren beurteilen lassen, dass das Material in persönlicher Gegenwart des Beschuldigten, seines Verteidigers und des Staatsanwalts mündlich erörtert wird.[38] Für die mündliche Verhandlung gilt § 118a entsprechend (Absatz 2 Satz 2 letzter Satzteil). Zulässig sind auch **Ermittlungen des OLG** zur Vorbereitung der Verhandlung;[39] sie erfolgen im Freibeweisverfahren. Das Ergebnis ist dem Verteidiger, dem Beschuldigten und der Staatsanwaltschaft so rechtzeitig mitzuteilen, dass diese sich auf eine Stellungnahme in der Verhandlung (§ 118a Abs. 3 Satz 1) vorbereiten können (s. auch LR/*Lind* § 118a, 25 f., 31 ff.).

IV. Prüfung und Entscheidung des Oberlandesgerichts

29 **1. Zulässigkeit.** Stellt das Gericht der besonderen Haftprüfung nach Vorlage der Akten (und vor der eigenen Entscheidung) fest, dass bereits ein auf Freiheitsentziehung lautendes **Urteil ergangen** oder der Vollzug der Untersuchungshaft – etwa durch die (vorrangige) Vollstreckung einer Freiheitsstrafe – beendet ist, erklärt es das Prüfungsverfahren für unzulässig. Allerdings werden ihm die Akten bei einem solchen Verfahrensstand regelmäßig nicht vorgelegt werden. Wird mit der **Hauptverhandlung** nach Aktenvorlage, aber vor der Entscheidung, von der Absatz 2 spricht, **begonnen**, endet das besondere Haftprüfungsverfahren; ein Beschluss des OLG (bzw. des BGH) über die Haftfortdauer ergeht in diesem Fall nicht mehr (s. auch § 121, 37).[40]

30 **2. Verhältnis zur Haftbeschwerde.** Ist (weitere) **Haftbeschwerde** zum OLG (bzw. zum BGH) eingelegt und steht gleichzeitig das besondere Haftprüfungsverfahren nach §§ 121, 122 an, so kommt letzterem grundsätzlich der Vorrang zu, denn es führt zu einer umfassend(er)en Überprüfung der Frage der Haftfortdauer. Durch die Entscheidung des OLG (bzw. des BGH) wird die (weitere) Haftbeschwerde regelmäßig **gegenstandslos**; sie ist – ebenso wie ein Haftprüfungsantrag nach § 117 Abs. 1 – für erledigt zu erklären.[41] Dies gilt jedoch **nicht**, soweit die Entscheidung im besonderen Haftprüfungsverfahren nicht zu dem Erfolg führen kann, der dem Beschwerdeführer im Falle einer Beschwerdeentscheidung beschieden wäre, etwa dann, wenn das (Beschwerde-)Gericht den zu überprüfenden Haftbefehl abändern oder neu fassen will, was ihm im besonderen Haftprüfungsverfahren nicht möglich ist (Rn. 14).[42]

---

38 AK/*Krause* 5 mit zutreffendem Hinweis auf die hohe Bedeutung dieser mündlichen Verhandlung (verstärkte Form des rechtlichen Gehörs) für die Gewährleistung einer zutreffenden Entscheidung des OLG.

39 SK/*Paeffgen* 6, 8; vgl. auch AK/*Krause* 6.

40 Vgl. BGH NStZ **1986** 422; BGH bei *Schmidt* MDR **1988** 357; OLG Celle NdsRpfl. **1997** 34; OLG Hamm wistra **1998** 198; NStZ-RR **2008** 92 (Ls.); Beschl. v. 10.7.2012 – III-1 Ws 336/12 –; OLG Rostock NStZ-RR **2009** 20 (Ls.); s. auch OLG Düsseldorf NStZ **1992** 402 mit zust. Anm. *Keller* 604; OLG Dresden NStZ **2004** 644 mit abl. Anm. *Wilhelm*; KG StV **2007** 593 mit abl. Anm. *Krehl*, ihm zust. *Paeffgen* NStZ **2009** 140; SK/*Paeffgen* 121, 22; KMR/*Wankel* § 121, 4; **a.A.** wohl Meyer-Goßner/*Schmitt* § 121, 31.

41 BGH NStZ-RR **2012** 285; OLG Düsseldorf VRS **82** (1992) 189; Meyer-Goßner/*Schmitt* 18; KK/*Schultheis* 11; allg. M.

42 BGH NStZ-RR **2012** 285.

3. Prüfung des Oberlandesgerichts.[43] Gegenstand der besonderen Haftprüfung durch das OLG (bzw. den BGH) ist allein der (letzte) formgültige, **ordnungsgemäß verkündete Haftbefehl,**[44] der die Grundlage des aktuellen Haftvollzugs bildet. Anhand der vorgelegten Akten – ggf. in Verbindung mit den Ergebnissen einer mündlichen Verhandlung (Absatz 2 Satz 2) oder ergänzender Nachforschungen im Freibeweisverfahren (s. Rn. 26, 28) – hat das Gericht der besonderen Haftprüfung[45] zunächst das Vorliegen aller formellen[46] und materiellen Voraussetzungen des Vollzugs dieses Haftbefehls zu prüfen.[47] Leidet z.B. der Haftbefehl an einem wesentlichen Begründungsmangel[48] oder ist er nicht ordnungsgemäß verkündet worden, so ist er wegen dieses **formellen Fehlers** aufzuheben;[49] eine Nachbesserung steht dem Gericht der besonderen Haftprüfung auch insoweit[50] nicht zu. Es kann auch nicht das Verfahren an das zuständige Gericht zur „Nachbesserung" des Haftbefehls zurückgeben, hat vielmehr im Verfahren nach den §§ 121, 122 (auf Aufhebung des Haftbefehls) zu entscheiden.[51] Bejaht es im Gegensatz zu den Vorinstanzen, dass der Fall des **§ 120 Abs. 1 Satz 1** vorliegt, hebt es gleichfalls den Haftbefehl auf. Das kann es auch schon vor Gehör des Beschuldigten und seines Verteidigers tun, allerdings erst, nachdem die Staatsanwaltschaft sich geäußert hat. Dann findet das besondere Verfahren des Absatzes 2 nicht statt. Das OLG (bzw. der BGH) kann aber auch erst im Laufe des Prüfungsverfahrens zu der Erkenntnis gelangen, dass es den Haftbefehl aufheben muss, weil die Voraussetzungen für die Anordnung der Untersuchungshaft nicht (mehr) vorliegen. Verfährt es nicht nach § 120 Abs. 1 Satz 1, hat es die **Prüfung nach § 116** anzustellen (Rn. 41ff.). Lehnt das Gericht der besonderen Haftprüfung es ab, den Vollzug des Haftbefehls nach § 116 Abs. 1 bis 3 auszusetzen, prüft es die **Voraussetzungen des letzten Teilsatzes von § 121 Abs. 1.** Sind diese erfüllt, ordnet es die Fortdauer der Untersuchungshaft (bis zu einer Höchstdauer von drei Monaten, was sich aus Absatz 4 Satz 2 ergibt) an. Sind die Voraussetzungen nicht erfüllt, „ist der Haftbefehl nach Ablauf der sechs Monate aufzuheben" (§ 121 Abs. 2 1. Hs.). 31

4. Aufhebung des Haftbefehls

a) Aufhebendes Gericht. Das **Gericht der besonderen Haftprüfung** hebt den Haftbefehl auf, wenn er an einem formellen Fehler leidet oder die (allgemeinen) Voraussetzungen für die Anordnung der Untersuchungshaft nicht (mehr) vorliegen (Rn. 31). Von wem der Haftbefehl aufzuheben ist, wenn kein Fall des § 120 Abs. 1 Satz 1 vorliegt, das OLG (bzw. der BGH) aber die Voraussetzungen des letzten Teilsatzes von § 121 Abs. 1 als nicht erfüllt ansieht und daher die Fortdauer der Untersuchungshaft nicht anordnet, 32

---

43 S. hierzu und zu den Entscheidungsmöglichkeiten des Gerichts der besonderen Haftprüfung ausführlich § 121, 45ff.

44 BVerfG NStZ **2002** 158; BGH NStZ-RR **2018** 53; StV **2016** 824 (Ls.); KG StV **2017** 458; OLG Hamm StV **1998** 555; OLG Koblenz NStZ-RR **2008** 92 (Ls.); OLG Stuttgart NStZ **2006** 588; MüKo/*Böhm* 11; KK/*Schultheis* 4.

45 Zur Frage der Befangenheit/Verhinderung eines Richters im besonderen Haftprüfungsverfahren wegen Mitwirkung am Hauptverfahren als erkennender Richter vgl. OLG Bremen NStZ **1990** 96.

46 Vgl. OLG Stuttgart Justiz **2002** 248; Meyer-Goßner/*Schmitt* 13.

47 Meyer-Goßner/*Schmitt* 13; s. aber OLG Koblenz bei *Paeffgen* NStZ **2007** 144 (in Umfangsachen nur Grobprüfung bzgl. des dringenden Tatverdachts, keine umfassende Beweiswürdigung).

48 Zu Zweck der und Anforderungen an die Begründung eines Haftbefehls s. LR/*Lind* § 114, 16ff.

49 OLG Celle StV **2005** 513; OLG Hamm NStZ **2010** 281; OLG Oldenburg NStZ **2005** 342; s. auch OLG Koblenz bei *Paeffgen* NStZ **2007** 144.

50 Zur Unzulässigkeit der (inhaltlichen) Anpassung des Haftbefehls an den geänderten Verfahrensstand durch das OLG bzw. den BGH im Verfahren nach den §§ 121, 122 s. Rn. 14 und die dortigen Nachweise.

51 OLG Celle StV **2005** 513; OLG Oldenburg NStZ **2005** 342; **a.A.** OLG Stuttgart Justiz **2002** 248.

wird weder in § 121 noch in § 122 gesagt. Da in § 121 Abs. 2 die Anordnung, die Untersuchungshaft habe fortzudauern, dem OLG zugewiesen, die Zuständigkeit, den Haftbefehl aufzuheben, aber offengelassen wird, könnte daraus gefolgert werden, dass das OLG dazu nicht verpflichtet ist, vielmehr, wenn es die Fortdauer der Untersuchungshaft ablehnt, die Akten dem zuständigen Gericht zurückgeben kann, damit dieses – mit Ablauf der Frist – den Haftbefehl aufhebt.[52] Gegen eine solche Verfahrensweise und für eine Entscheidung durch das Gericht der besonderen Haftprüfung selbst[53] spricht jedoch, dass eine solche Lösung, die ohnehin aus verfassungsrechtlichen Gründen nur bei einer deutlich vorfristigen Entscheidung[54] in Betracht gezogen werden könnte, eine unnötige Belastung des zuständigen Gerichts wäre.[55] Sind die Akten **verspätet vorgelegt** worden, ruht die Frist bis zur Entscheidung im besonderen Haftprüfungsverfahren nicht (§ 121, 36). Ordnet in einem solchen Fall das OLG die Fortdauer der Haft mangels eines diese rechtfertigenden wichtigen Grundes nicht an, muss es den Haftbefehl **stets selbst** aufheben, weil sonst der Beschuldigte bis zur Entscheidung des zuständigen Gerichts entgegen § 121 Abs. 2 ungesetzlich in Haft wäre.[56]

33 Trotz der – die Aufhebung des Haftbefehls (und die Haftverschonung, Absatz 5, Rn. 41ff.) umfassenden – Entscheidungskompetenz des OLG (bzw. des BGH), wenn ihm die Akten zur Prüfung gemäß § 121 vorliegen, verbleibt auch dem **zuständigen (Haft-) Gericht** die Möglichkeit, über Bestand und Vollzug des Haftbefehls zu entscheiden. Sofern die Aktenvorlage nicht auf Antrag der Staatsanwaltschaft (§ 122 Abs. 1, 2. Alt.; s. Rn. 11) erfolgt ist, kann es auch nach Beginn des besonderen Haftprüfungsverfahrens und bis zu dessen Abschluss die Aussetzung des Vollzugs anordnen[57] oder den **Haftbefehl** nach § 120 Abs. 1 Satz 1 oder – insoweit in Übereinstimmung mit der Staatsanwaltschaft (Rn. 9) – wegen des Fehlens der Verlängerungsvoraussetzungen des letzten Teilsatzes von § 121 Abs. 1 **aufheben**, wenn ihm **neue Erkenntnisse** vorliegen, die dies rechtfertigen bzw. erfordern.[58] Zwar können gegen eine solche Kompetenz des Haftrichters parallel zu der des Gerichts der besonderen Haftprüfung beachtliche grundsätzliche Bedenken geltend gemacht werden.[59] Für eine solche eingeschränkt (nur bei neuen Erkenntnissen) verbleibende Kompetenz des zuständigen Haftrichters spricht jedoch letztlich, dass sie zugunsten des Beschuldigten Zeit und außerdem Aufwand spart;[60] erforderlich ist in einem solchen Fall jedoch die unverzügliche Unterrichtung des OLG, dass die Grundlage für dessen Entscheidung entfallen ist.

34 **b) Aufhebungszeitpunkt.** Einige Oberlandesgerichte[61] nehmen die Befugnis in Anspruch, den Haftbefehl schon längere Zeit vor Ablauf der sechs Monate aufzuheben,

52 So OLG Köln JMBlNW **1986** 22; LR/*Wendisch*[24] 27; SK/*Paeffgen* 8 (bei vorfristiger Entscheidung).
53 Meyer-Goßner/*Schmitt* 13a; AK/*Krause* 7; *Schnarr* MDR **1990** 89; **a.A.** *Eb. Schmidt* NJW **1968** 2216: OLG darf nur die Anordnung der Fortdauer der Haft ablehnen, der zuständige Haftrichter hebt dann den Haftbefehl auf.
54 Vgl. Rn. 34 f.
55 S. auch *Schnarr* MDR **1990** 91 (Widerspruch zum Selbstverständnis richterlicher Tätigkeit).
56 OLG Köln JMBlNW **1973** 119; *Schnarr* MDR **1990** 91.
57 OLG Köln JMBlNW **1986** 22; SK/*Paeffgen* 3; Meyer-Goßner/*Schmitt* 6; **a.A.** KK/*Schultheis* 2; AK/*Krause* 3; s. auch *Schnarr* MDR **1990** 89.
58 KMR/*Wankel* 7, 19; *Wankel* 119; *Schnarr* MDR **1990** 92.
59 *Schnarr* MDR **1990** 92 (z.B. grundsätzlich systemwidrig; Gefahr widersprüchlicher Entscheidungen).
60 Vgl. *Schnarr* MDR **1990** 93; s. auch OLG Köln JMBlNW **1986** 22. So jetzt auch Meyer-Goßner/*Schmitt* 6 („aus Gründen des Beschleunigungsgebots").
61 OLG Hamburg NJW **1968** 1535; vgl. auch OLG Düsseldorf OLGSt N.F § 121, 3; OLG Düsseldorf StV **1991** 222; so auch KK/*Schultheis* § 121, 27. **A.A.** OLG Celle NStZ **1988** 517 (keine Aufhebung Wochen vor Ablauf der Sechs-Monats-Frist).

wenn nur die Sache nach § 122 vorgelegt worden ist und ausgeschlossen werden kann, dass die Hauptverhandlung noch vor Ablauf der Sechs-Monats-Frist beginnt. Bedeutung wird das, weil die Akten regelmäßig gegen Ende der Frist vorgelegt werden, namentlich im Fall des Absatzes 6 (verhaftete Mitbeschuldigte, s. Rn. 50) erlangen. Diese Auffassung verkennt jedoch den **Ausnahmecharakter** des § 121 und sein Verhältnis zu den allgemeinen Haftvorschriften: Die Voraussetzungen des § 121 Abs. 1 letzter Teilsatz können nur geprüft werden, wenn feststeht, dass Untersuchungshaft(-vollzug) zulässig und erforderlich ist. Ist aber Untersuchungshaft erforderlich, kann das Gericht nicht von der Haft absehen,[62] wenn es nicht durch eine besondere Vorschrift dazu ermächtigt oder gezwungen wird. Dann aber müssen deren Voraussetzungen gegeben sein. Im Fall des § 121 geht die gesetzgeberische Entscheidung klar dahin, dass die Untersuchungshaft über sechs Monate hinaus nicht mehr vollzogen werden darf, wenn nicht besondere Gründe vorliegen (§ 121 Abs. 1 letzter Teilsatz), und dass beim Fehlen dieser Gründe der Haftbefehl *nach* Ablauf der sechs Monate aufgehoben werden muss (§ 121 Abs. 2 1. Hs.), auch wenn die Untersuchungshaft noch notwendig ist.

Dagegen enthält das Gesetz **keine Ermächtigung**, die Haft, obwohl ihre Voraussetzungen noch vorliegen, schon **vor Ablauf** der Sechs-Monats-Frist **aufzuheben** mit der Begründung, dass sie nach einiger Zeit unzulässig werden würde. Lediglich für **einige Tage** wird man dem Gericht der besonderen Haftprüfung, um unpraktikable Ergebnisse zu vermeiden, Freiheit geben können;[63] eine Entlassung längere Zeit vor Ablauf der sechs Monate – wobei bei der Berechnung der sechs Monate die Bearbeitungszeit beim Oberlandesgericht außer Ansatz zu bleiben hat (§ 121 Abs. 3 Satz 1) – aus dem einzigen Grund, dass bei Ablauf der sechs Monate kein Verlängerungsgrund vorliegen werde, widerspricht der Entscheidung des Gesetzgebers.[64] In diesen Fällen soll das OLG feststellen, dass es noch nicht zur besonderen Haftprüfung berufen ist, und die Akten deshalb dem Haftgericht (ohne Entscheidung über die Haftfortdauer) zurückgeben.[65] Es erscheint aber auch zulässig (und im Hinblick auf den Beschleunigungsgrundsatz und zur Vermeidung einer erneuten Befassung des OLG vorzugswürdig), dass das Gericht der besonderen Haftprüfung in diesen Fällen ausnahmsweise nicht selbst den Haftbefehl aufhebt, sondern die Anordnung der **Haftfortdauer** über sechs Monate hinaus mangels eines dieselbe rechtfertigenden wichtigen Grundes **ablehnt** und die Aufhebung des Haftbefehls bei Ablauf der – nach seiner Entscheidung weiter laufenden – Sechs-Monats-Frist dem Haftgericht überlässt. 35

c) Änderung der Entscheidung.[66] Hat das Gericht der besonderen Haftprüfung es **mangels Vorliegens der Voraussetzungen von § 121 Abs. 1 letzter Teilsatz** abgelehnt, die Fortdauer der Untersuchungshaft anzuordnen, kann es diese Entscheidung nicht wieder ändern; ebensowenig kann der Haftrichter einen neuen Haftbefehl (wegen derselben Tat) erlassen.[67] Auch wenn dies verfassungsrechtlich zulässig wäre,[68] schließt der Sinn des Prüfungsverfahrens, eine überlange Haft zu beenden, es aus, eine nach dieser Vorschrift als unzulässig befundene und daher beendete Untersuchungshaft wieder zu 36

---

62 S. LR/*Lind* § 112, 131 a.E.
63 KG StV **2006** 253, 255.
64 *Meyer* JR **1969** 69; Meyer-Goßner/*Schmitt* 14; KMR/*Wankel* 17; **a.A.** OLG Hamburg NJW **1968** 1535; KK/*Schultheis* § 121, 27; SK/*Paeffgen* § 121, 20; AK/*Krause* 9.
65 OLG Celle NStZ **1988** 517.
66 S. hierzu auch § 121, 51.
67 Wohl aber, wenn der Haftbefehl wegen eines formellen Mangels oder des Fehlens der allgemeinen Haftvoraussetzungen (§§ 112ff.) aufgehoben wurde. Ebenso OLG Zweibrücken StV **1996** 494; *Paeffgen* NStZ **1995** 74. Vgl. auch LR/*Lind* § 120, 52ff.
68 Vgl. BVerfGE **21** 188.

vollziehen; die Aufhebung des Haftbefehls aus diesem Grund ist (bis zum Erlass eines auf Freiheitsentziehung erkennenden Urteils, Rn. 39) **endgültig.**[69]

37 Ausgeschlossen ist die Änderung auch dann, wenn der Senat, etwa in anderer Besetzung, von seiner bisherigen rechtlichen Beurteilung abweicht. Sie wäre (nur) möglich, wenn sich die tatsächlichen Verhältnisse änderten. Aber das ist nicht denkbar. Denn die tatsächlichen Umstände, aus denen die besondere Schwierigkeit oder der besondere Umfang der Ermittlungen oder ein anderer wichtiger Grund, der das Urteil noch nicht zulässt und die Fortdauer der Haft rechtfertigt, resultiert (bzw. gerade nicht hergeleitet werden kann), sind nachträglich nicht mehr veränderbar. Es ist auch keine **Änderung der Tatsachengrundlage** der Entscheidung, wenn nachträglich Umstände aufgedeckt werden, die *bei* der Entscheidung vorhanden waren, aber übersehen worden sind; auf solche Umstände kann ebenfalls kein neuer Haftbefehl gestützt werden.[70] Was sich *nach* Ablauf der sechs Monate neu ereignet, etwa die Erkrankung eines Sachverständigen, ist kein Umstand, der auf die Verlängerung des Haftvollzugs über sechs Monate hinaus Einfluss haben kann. Denn für diese Entscheidung darf nur berücksichtigt werden, was sich *bis* zum Ablauf von sechs Monaten Haftvollzug ereignet hat.

38 Erneute(r) Untersuchungshaft(-vollzug) wegen derselben Tat ist, wenn die Voraussetzungen des § 121 Abs. 1 letzter Teilsatz nicht vorliegen und der Haftbefehl aus diesem Grunde aufgehoben worden ist, auch dann nicht zulässig, wenn der Haftgrund, auf den der Haftbefehl gestützt war, fortbesteht[71] oder sich (nachträglich) ein (anderer) Haftgrund ergibt.[72] Das erkennende Gericht hat allein das Mittel des Vorführ- und des **Haftbefehls nach § 230 Abs. 2.**[73]

39 Die (Sperr-)**Wirkung** der negativen Entscheidung **endet** – in Übereinstimmung mit Art. 5 Abs. 3 Satz 2 EMRK – gemäß § 121 Abs. 1 erster Teilsatz **mit Erlass eines Urteils**, das auf Freiheitsstrafe oder auf eine freiheitsentziehende Maßregel der Besserung und Sicherung erkennt.[74] Denn nur auf den Verfahrensabschnitt bis zu diesem Zeitpunkt bezieht sich das Verfahren der §§ 121, 122. Nach diesem Zeitpunkt kann das zuständige Gericht nach den allgemeinen Vorschriften (wieder) Untersuchungshaft anordnen.[75]

40 Die Befugnis, **nach erstinstanzlichem Urteil** Untersuchungshaft erneut anzuordnen oder eine nach Absatz 3 Satz 1 verlängerte aufrechtzuerhalten, endet aber ihrerseits, wenn das **Recht aus Art. 6 Abs. 1 EMRK** (Entscheidung innerhalb angemessener Frist) **verletzt** worden ist. Dabei sind für die Angemessenheit **alle Umstände** zu berücksichtigen, die die Dauer des Verfahrens beeinflussen. Hat sie der Beschuldigte zu vertreten

---

69 OLG Celle StV **2002** 556 (anders noch NJW **1973** 1988); OLG Düsseldorf StV **1993** 376 mit Anm. *Paeffgen* NStZ **1995** 74; StV **1996** 493 (auch zum Tatbegriff; vgl. § 121, 18 ff.); OLG Frankfurt NStZ **2014** 49 (unter Aufgabe der früher – NStZ **1985** 282 = StV **1985** 196 mit abl. Anm. *Wendisch* – vertretenen gegenteiligen Ansicht); OLG München StV **1996** 676; OLG Zweibrücken StV **1996** 494; *Dünnebier* JZ **1966** 253; *Paeffgen* NStZ **1989** 519; *Schnarr* MDR **1990** 95; *Temming/Lange* NStZ **1998** 65; AK/*Krause* § 121, 14; SK/*Paeffgen* 11a; Meyer-Goßner/*Schmitt* 19; KK/*Schultheis* § 121, 31; KMR/*Wankel* 19; s. auch OLG Karlsruhe Justiz **1982** 438; OLG Hamm StV **1996** 159; Beschl. v. 8.5.2001 – 5 Ws 190/01 – bei www.burhoff.de (auch zur Sperrwirkung einer Entscheidung des BVerfG); OLG Schleswig bei *Lorenzen/Thamm* SchlHA **1996** 92; **a.A.** OLG Hamburg StV **1987** 256 mit Anm. *Paeffgen* NStZ **1989** 519; **1994** 142 mit abl. Anm. *Schlothauer* und krit. Anm. *Paeffgen* NStZ **1995** 73 sowie JR **1995** 75.

70 Vgl. OLG Frankfurt StV **1993** 595 (Vorwürfe hätten in den früheren Haftbefehl aufgenommen werden können).

71 OLG Zweibrücken NJW **1996** 3222 (Der Haftbefehl war auf Verdunkelungsgefahr gestützt und der Beschuldigte wirkt weiter in unlauterer Weise auf Zeugen ein.)

72 OLG Stuttgart NJW **1975** 1573.

73 KG StV **1983** 112; OLG Hamm StV **1996** 159; OLG Karlsruhe Justiz **1982** 438; Meyer-Goßner/*Schmitt* 20; *Wendisch* StV **1985** 196.

74 Vgl. *Guradze* NJW **1986** 2164.

75 OLG Düsseldorf StV **1994** 147 mit Anm. *Schlothauer*; Meyer-Goßner/*Schmitt* 20a.

oder liegen sie im Umfang der Sache, so kann eine längere Dauer angemessen sein, als wenn Mangel an Staatsanwälten und Richtern oder gar deren Säumnisse verhindern, dass das Verfahren abgeschlossen werden kann. Zu Einzelheiten s. LR/*Lind* § 120, 21ff., 26ff.; Vor § 112, 62, 66ff. und die dortigen Nachweise.[76]

5. Aussetzung des Vollzugs. Absatz 5 hat im Rahmen der vom OLG (bzw. dem BGH) vorzunehmenden Prüfung der (allgemeinen) materiellen Voraussetzungen des Vollzugs des Haftbefehls zunächst nur klarstellenden Charakter.[77] Wenn das zuständige (Haft-)Gericht das Vorlegungsverfahren dadurch überflüssig machen kann, dass es den Vollzug des Haftbefehls nach § 116 aussetzt, muss dem Gericht der besonderen Haftprüfung die Befugnis zustehen, auf dem gleichen Wege sein Entscheidungsverfahren zu erledigen.[78] Denn dieses setzt voraus, dass Untersuchungshaft vollzogen wird (Rn. 2). Daher ist (auch) vom Gericht der besonderen Haftprüfung zunächst nach den allgemeinen Vorschriften zu prüfen, ob der Vollzug überhaupt stattfinden darf, wozu auch die Prüfung gehört, ob der Haftbefehl nach § 116 Abs. 1 bis 3 auszusetzen ist. Setzt das OLG den Vollzug nach dieser Vorschrift aus, **ohne** die Fortdauer der Untersuchungshaft anzuordnen, ist das Verfahren der §§ 121, 122 zu wiederholen, wenn der Vollzug des Haftbefehls nach § 116 Abs. 4 wieder angeordnet wird.[79] 41

Diese logisch gebotene **Reihenfolge** ist für das OLG aber **nicht zwingend** und regelmäßig nicht zu empfehlen.[80] Setzt es nämlich den Vollzug des Haftbefehls aus, ohne die Fortdauer der Haft anzuordnen, können sich Probleme ergeben, wenn nach § 116 Abs. 4 – durch das Haftgericht, § 126 – der (erneute) Vollzug des Haftbefehls angeordnet werden muss. Die Zeit bis zum Ablauf der Sechs-Monats-Frist kann dann so kurz sein, dass die rechtzeitige Vorlage gefährdet sein könnte. Um solchen Nachteilen zu begegnen, gibt Absatz 5 dem OLG die Befugnis, nicht nur *vor* seiner Entscheidung, sondern auch zugleich *mit* der Anordnung, dass die Untersuchungshaft fortzudauern habe (genauer: alsbald, wenn auch uno actu, *nach* der Anordnung), den Vollzug des Haftbefehls auszusetzen. Auf diese Weise entstehen keine Schwierigkeiten, wenn das zuständige Gericht – sofern, was in der Praxis regelmäßig geschieht, diesem die weitere Haftprüfung übertragen ist (Absatz 3 Satz 3) – nach § 116 Abs. 4 den (erneuten) Vollzug des Haftbefehls anordnet. Es braucht die Akten dann nicht alsbald nach Wiederverhaftung vorzulegen, sondern erst so rechtzeitig, dass das OLG nach drei Monaten (Absatz 4 Satz 2) entscheiden kann. Eine bloße **Erörterung** der Voraussetzungen des § 121 Abs. 1 eröffnet diese Erleichterung freilich nicht.[81] 42

Das OLG darf aber dann **nicht nach § 116 verfahren**, wenn der Haftbefehl deswegen aufgehoben werden muss, weil die Voraussetzungen des letzten Teilsatzes von § 121 Abs. 1 nicht gegeben sind. Zwar bestehen, wenn die Sechs-Monats-Frist noch nicht abgelaufen ist, gegen die Anwendung des § 116 Abs. 1 bis 3 keine rechtlichen Bedenken, doch ist es nicht sachgerecht, eine Entscheidung zu treffen, die hinfällig wird, wenn der Vollzug des Haftbefehls nach § 116 Abs. 4 angeordnet werden muss, aber bei dem dann alsbald einzuleitenden neuen Verfahren nach §§ 121, 122 nicht aufrechterhalten werden darf.[82] 43

---

76 Ältere Nachweise bei LR/*Wendisch*[24] 41; *Rieß* JR **1983** 259.
77 *Kleinknecht* MDR **1965** 788; BTDrucks. **IV** 178 S. 26.
78 OLG Hamm StV **1984** 123.
79 OLG Hamburg MDR **1969** 72; KK/*Schultheis* § 121, 26; SK/*Paeffgen* § 121, 20; AK/*Krause* 8; s. auch *Schnarr* MDR **1990** 94.
80 S. auch § 121, 49.
81 AK/*Krause* 8; **a.A.** wohl OLG Hamburg MDR **1969** 72.
82 OLG Braunschweig NJW **1967** 1290; OLG Hamm StraFo **2001** 34; Meyer-Goßner/*Schmitt* 15; h.M. S. auch § 121, 49.

6. Anordnung der Haftfortdauer

44 **a) Form, Bekanntgabe, Anfechtung.** Die Anordnung der Haftfortdauer über sechs Monate hinaus ergeht als **Beschluss.** In diesem ist der nächste **Prüfungstermin** jedenfalls dann zu bestimmen, wenn die Dreimonatsfrist des Absatzes 4 Satz 2 unterschritten werden soll. Das ist immer dann veranlasst, wenn abzusehen ist, dass ein wichtiger Grund, der das Urteil nicht zulässt, schon zu einem früheren Zeitpunkt nicht mehr bestehen wird. Ist das nicht der Fall, ergibt sich die Frist aus dem Gesetz, doch sollte sie zweckmäßigerweise auch dann in den Beschluss aufgenommen werden (Rn. 60). Der Beschluss ist dem Beschuldigten und dem Verteidiger formlos **bekanntzumachen** (§ 35 Abs. 2 Satz 2); die Staatsanwaltschaft erfährt von ihm bei der Rücksendung der Akten. Ergeht er auf mündliche Verhandlung, ist er an deren Schluss zu verkünden (§ 118a Abs. 4 Satz 1) oder, wenn er erst später erlassen wird (§ 118a Abs. 4 Satz 2), den Beteiligten ebenfalls formlos bekanntzumachen. Das Gericht der besonderen Haftprüfung hat die unverzügliche **Benachrichtigung** eines Angehörigen des Beschuldigten oder einer Person seines Vertrauens von der Fortdauer der Untersuchungshaft anzuordnen (§ 114c Abs. 2); die Benachrichtigungspflicht wird in diesem Falle auch durch die Information des (Pflicht-)Verteidigers erfüllt.[83] **Beschwerde** gegen die Anordnung der Haftfortdauer findet **nicht** statt (§ 304 Abs. 4 Satz 2 erster Satzteil).[84]

45 **b) Begründung.** Nach § 34 brauchte der die Haftfortdauer über sechs Monate hinaus anordnende Beschluss, weil er nicht durch ordentliche Rechtsmittel anfechtbar ist (Rn. 44 a.E.), nur dann begründet zu werden, wenn der Beschuldigte, etwa bei dem Gehör nach Absatz 2 Satz 1, beantragt, den Haftbefehl aufzuheben. Das Gesetz will aber **auf jeden Fall** eine Begründung des Beschlusses und bringt diesen Willen – in gesetzestechnisch wenig begrüßenswerter Form – durch die Anordnung zum Ausdruck, dass § 114 Abs. 2 Nr. 4 entsprechend zu gelten habe (Absatz 3 Satz 1). Dort wird ausdrücklich (nur) angeordnet, dass im Haftbefehl die Tatsachen anzuführen sind, aus denen sich der dringende Tatverdacht und der Haftgrund ergeben (soweit dadurch nicht die Staatssicherheit gefährdet wird).

46 Da an die **Begründungstiefe** eines die Haftfortdauer – zumal über sechs Monate hinaus – anordnenden Beschlusses von Verfassungs wegen erhöhte Anforderungen zu stellen sind,[85] muss dieser **aktuelle** und detaillierte **Ausführungen** zum Vorliegen der **Voraussetzungen der Untersuchungshaft** (dringender Tatverdacht und Haftgrund), zur Abwägung zwischen dem Freiheitsrecht des Betroffenen und dem staatlichen Strafverfolgungsinteresse sowie zur **Verhältnismäßigkeit** der Haftfortdauer (§ 112 Abs. 1 Satz 2, § 120 Abs. 1 2. Hs.) enthalten,[86] letzteres, obwohl § 114 Abs. 3 von der Verweisung in Absatz 3 Satz 1 nicht umfasst wird. Da diese Vorschrift so sehr der Sache unangemessen abgefasst ist, dass sie notwendigerweise nach ihrem Zweck und nach dem System des Abschnitts ergänzt werden muss, darf eine Prüfung, die auch nach dem Grundgesetz anzustellen ist, in der Begründung nicht unerwähnt bleiben.

---

83 LR/*Lind* § 114c, 40.

84 Zur Zulässigkeit der Verfassungsbeschwerde vgl. BVerfG NJW **2000** 1401; *Bleckmann* NJW **1995** 2192.

85 Vgl. BVerfGE **103** 21, 35 f.; BVerfGK **7** 140, 161; **10** 294, 301; **15** 474, 481; **19** 428, 433; BVerfG StV **2015** 39; NJW **2018** 2948; Beschl. v. 20.12.2017 – 2 BvR 2552/17 – (juris) mit Anm. *Peglau* jurisPR-StrafR 5/2018 Anm. 2.

86 Vgl. etwa BVerfGK **10** 294; **15** 474; BVerfG StV **2013** 640 und bereits früher StV **1999** 40; 162; NJW **2002** 207 f.

Die Begründung muss zudem **weiter** gehen als die des Haftbefehls. Denn der Beschluss beruht auf § 121 Abs. 1 und muss sich daher auch in besonderer Weise mit der Frage der Einhaltung des Beschleunigungsprinzips, den Umständen einer Verzögerung und den **Verlängerungsgründen** des letzten Teilsatzes dieser Norm befassen;[87] das erfordert eine konkrete Analyse der bisherigen Verfahrensabläufe.[88] Danach sind neben den Angaben nach § 114 Abs. 2 Nr. 4 und § 114 Abs. 3 substantiiert und vollständig namentlich die Tatsachen aufzuführen, aus denen sich die besondere Schwierigkeit oder der besondere Umfang der Ermittlungen oder ein anderer wichtiger Grund ergibt, der das Urteil noch nicht zulässt und die Fortdauer der Haft rechtfertigt. Außerdem hat das Gericht jene Tatsachen eingehend – auch rechtlich – zu würdigen. 47

Nach der strengen Rechtsprechung des **BVerfG**[89] reichen floskelhafte Begründungen oder auch nur Begründungsabschnitte keinesfalls aus. Auch bloße Bezugnahmen auf frühere Haftfortdauerentscheidungen sind – selbst bei weitgehend unverändertem Sachverhalt – nur in engen Grenzen statthaft, weil sich die für eine Haftfortdauer maßgeblichen Umstände angesichts der seit der letzten Entscheidung verstrichenen Zeit in ihrer Gewichtigkeit verschieben können.[90] Je länger die Haft dauert, um so eingehender muss die Begründung sein. Wegen der **Gefährdung der Staatssicherheit** s. LR/*Lind* § 114, 20. 48

c) Zeitpunkt. Anders als im Falle der Aufhebung des Haftbefehls wegen der Nichterfüllung der Voraussetzungen des letzten Teilsatzes von § 121 Abs. 1 (Rn. 34 f.), ist es in klar liegenden Fällen nicht unzulässig, die **Haftfortdauer** auch schon einige Zeit (etwa bis zu einem Monat) vor Fristablauf anzuordnen, wenn offensichtlich ist, dass später auch nur die gleiche Entscheidung ergehen kann.[91] 49

7. Mitbeschuldigte (Absatz 6). Sind im selben Verfahren mehrere Beschuldigte in Untersuchungshaft, können sich die Vorlagen häufen. Dadurch könnte, wenn es sich um viele Beschuldigte handelt, der Ablauf des Verfahrens gestört werden, selbst wenn die Staatsanwaltschaft durch Doppelakten Vorsorge getroffen hat, dass sie die Ermittlungen auch während des Vorlegungsverfahrens fortsetzen kann. Fallen die Sechs-Monats-Fristen – oder spätere Drei-Monats-Fristen (Absatz 4 Satz 2)[92] – eng zusammen, könnte die rechtzeitige Vorlage der später vorzulegenden Sache gefährdet sein. Aus diesen 50

---

87 Vgl. BVerfGK **10** 294; BVerfG NStZ **2004** 82; s. auch BVerfGK **7** 21 mit krit. Anm. *Schmidt* NStZ **2006** 317; KMR/*Wankel* 16.

88 Vgl. *Scheinfeld* GA **2010** 687.

89 Vgl. BVerfGE **103** 21, 35 f.; BVerfGK **7** 140, 161; **10** 294, 301; **15** 474, 481; **19** 428, 433; BVerfG StV **2015** 39; NJW **2018** 2948; Beschl. v. 20.12.2017 – 2 BvR 2552/17 – (juris) mit Anm. *Peglau* jurisPR-StrafR 5/2018 Anm. 2. So schon früher: BVerfG NJW **1991** 689 mit Anm. *Paeffgen* NStZ **1991** 423; **1991** 2821 mit Anm. *Paeffgen* NStZ **1992** 530; NStZ **1991** 397; NJW **1992** 1749; **1992** 2280; StV **1992** 121; **1992** 123 mit Anm. *Paeffgen* NStZ **1993** 579; **1992** 237; wistra **1994** 341; NStZ-RR **1999** 12; NJW **2000** 1401; StV **2001** 694; NJW **2002** 207; SächsVerfGH StraFo **2003** 238; **2004** 54.

90 BVerfGK **8** 1. Vgl. auch die Nachweise in der vorhergehenden Fn. **A.A.** (wohl) Meyer-Goßner/*Schmitt* 16, der (jedenfalls) hinsichtlich des Vorliegens der allgemeinen Voraussetzungen der Untersuchungshaft sowie zur Verhältnismäßigkeit eine Bezugnahme auf den Haftbefehl oder auf die Anklageschrift, auch auf die dem Beschuldigten und dem Verteidiger bekanntgegebene Stellungnahme der Generalstaatsanwaltschaft (oder des Generalbundesanwalts), für zulässig und ein ausdrückliches Eingehen unter Verweis auf BayVerfGH NStZ-RR **2014** 50 nur auf substantiierte Einwände des Beschuldigten gegen die Fortdauer der Untersuchungshaft, insbesondere gegen den dringenden Tatverdacht und die rechtlichen Voraussetzungen der Strafbarkeit, für erforderlich hält.

91 OLG Hamm MDR **1970** 437; OLG Düsseldorf OLGSt § 121 Nr. 4; Meyer-Goßner/*Schmitt* 14; AK/*Krause* 9; *Schnarr* MDR **1990** 90; **a.A.** OLG Celle NStZ **1988** 517.

92 KK/*Schultheis* 14.

Gründen gibt Absatz 6 dem Gericht der besonderen Haftprüfung (ausnahmsweise) die Zuständigkeit, wenn ihm die Akten wegen eines Beschuldigten vorgelegt werden, zugleich auch über die Fortdauer der Untersuchungshaft von Beschuldigten zu entscheiden, für die es ansonsten noch nicht zuständig wäre. Auf diese Weise entstehen für das weitere Verfahren (Absatz 4) einheitliche Haftprüfungsfristen.

51 Liegen die **Vorlegungszeiten nur wenig**, etwa bis zu drei Wochen, **auseinander**, muss man das zuständige Gericht für berechtigt erachten, die Akten auch für den Beschuldigten vorzulegen, bei dem das Prüfungsverfahren noch Zeit hat. In diesem Fall bewirkt die Vorlage, dass der **Fristablauf** bis zur Entscheidung des OLG **ruht** (§ 121 Abs. 2 Satz 1). Dagegen **ruht** der **Fristablauf nicht**, wenn das OLG über die Fortdauer der Untersuchungshaft eines Beschuldigten, für den es an sich noch nicht zuständig wäre, von Amts wegen entscheidet. Denn in Bezug auf diesen Beschuldigten werden dem OLG die Akten nicht i.S.d. § 121 Abs. 3 Satz 1 vorgelegt. Wohl aber kann das zuständige Gericht, wenn sich die Entscheidung beim OLG verzögert, diesem die Akten nachträglich auch für den Mitbeschuldigten in der Weise vorlegen, dass es dem OLG mitteilt, die für den Beschuldigten A vorgelegten Akten würden nunmehr auch für den Beschuldigten B vorgelegt (s. auch Rn. 17).

52 Die Entscheidungen dürfen nur dann zusammengefasst werden, wenn für den Mitbeschuldigten schon zu dem früheren Termin entschieden werden kann, ob die Voraussetzungen des § 121 Abs. 1 letzter Teilsatz vorliegen werden, wenn die Sechs-Monats-Frist abgelaufen sein wird.[93] Denn die Sechs-Monats-Frist des § 121 Abs. 1, Abs. 2 bleibt von der Regelung des Absatzes 6 unberührt. Weil diese Frist nicht dadurch verkürzt wird, dass entschieden wird, bevor sie abläuft, darf das Gericht der besonderen Haftprüfung bei einem Beschuldigten, der noch nicht sechs Monate wegen derselben Tat in Untersuchungshaft ist, nur die Haftfortdauer anordnen, sofern bereits zum vorgezogenen Prüfungszeitpunkt feststeht, dass ein wichtiger Grund ein Urteil bis zum Ablauf der Sechs-Monats-Frist nicht zulassen wird und die Fortdauer des Untersuchungshaftvollzuges rechtfertigt. Ordnet das OLG die Fortdauer der Untersuchungshaft nicht an, weil die Voraussetzungen des letzten Teilsatzes von § 121 Abs. 1 bei Fristablauf mit hoher Wahrscheinlichkeit nicht vorliegen werden, darf der Haftbefehl gleichwohl nicht alsbald, sondern erst **mit Ablauf der Sechs-Monats-Frist aufgehoben** werden. Denn die (allgemeinen) Voraussetzungen der Untersuchungshaft bestehen fort, und das Verbot, den Haftbefehl über sechs Monate hinaus zu vollziehen (§ 121 Abs. 1), wird erst „nach Ablauf der sechs Monate" wirksam (§ 121 Abs. 2; vgl. Rn. 34 f.).[94]

V. Weiteres Verfahren

53 **1. Allgemeines.** Nachdem das OLG (bzw. der BGH) die Fortdauer des Untersuchungshaftvollzugs über sechs Monate hinaus angeordnet hat, weil es die allgemeinen Voraussetzungen der Untersuchungshaft (§ 112 Abs. 1 Satz 1), die Verhältnismäßigkeit (§ 112 Abs. 1 Satz 2) und die Verlängerungsvoraussetzungen (§ 121 Abs. 1 letzter Teilsatz) bejaht hat, können sich die tatsächlichen Umstände ändern, von denen diese Entscheidung abhing, oder sich die für sie maßgeblichen Faktoren in ihrer Wertigkeit verschieben. Die Voraussetzungen für den (weiteren) Untersuchungshaftvollzug sind daher auch nach der Fortdauerentscheidung des Gerichts der besonderen Haftprüfung weiter zu prüfen. Dabei unterscheidet das Gesetz zwischen der **Prüfung der allgemeinen Vor-**

93 Begr. BTDrucks. **III** 2037 S. 25.
94 Meyer-Goßner/*Schmitt* 24; **a.A.** OLG Hamburg NJW **1968** 1535; AK/*Krause* 15.

aussetzungen des Untersuchungshaftvollzugs (dringender Tatverdacht, Haftgrund und Verhältnismäßigkeit) und der der „besonderen" **Verlängerungsvoraussetzungen** des letzten Teilsatzes von § 121 Abs. 1. Erstere sind auch in diesem Verfahrensstadium – wie in jeder Lage des Verfahrens – von (Haft-)Gericht und Staatsanwaltschaft **fortlaufend von Amts wegen** zu prüfen.[95] Für die in **§ 117 Abs. 1** vorgesehene förmliche (antragsgebundene) Haftprüfung, die denselben Prüfungsgegenstand hat, finden sich für die Zeit nach der (ersten) Haftfortdauerentscheidung im besonderen Haftprüfungsverfahren nach den §§ 121, 122 in **Absatz 3 Satz 2 bis 4** modifizierende Regelungen hinsichtlich Zuständigkeit und Durchführung einer mündlichen Verhandlung. Die weitere Prüfung der **Verlängerungsvoraussetzungen** des (letzten Teilsatzes von) § 121 Abs. 1 ist in **Absatz 4** nach Zuständigkeit, Verfahren und Wiederholungsintervall gesondert geregelt.

2. Weitere Haftprüfung nach § 117 Abs. 1 (Absatz 3 Satz 2 bis 4). Während die 54
dauernde antragsunabhängige Prüfung der Haftfrage – was absolut sachgerecht erscheint – auch nach der (ersten) Fortdauerentscheidung im besonderen Haftprüfungsverfahren dem nach § 126 zuständigen Haftgericht (und der Staatsanwaltschaft) obliegt, das jederzeit von Amts wegen über Bestand und Vollzug des Haftbefehls befinden kann, überträgt das Gesetz die (förmliche) **Haftprüfung nach § 117 Abs. 1** in diesem Verfahrensstadium dem **OLG**. Das war nach dem Regierungsentwurf sinnvoll, weil dort für die Haftprüfung nach § 117 Fristen vorgesehen waren (§ 117 Abs. 1 und 4)[96] und der Beschuldigte außerhalb dieser Fristen keine Haftprüfung verlangen konnte. Die Haftprüfung des § 117 Abs. 1 mit der nach den §§ 121, 122 Abs. 4 zu einer einzigen zu vereinigen bedeutete Arbeitsersparnis und belastete das OLG nicht, weil es beide Fristen gleich ansetzen konnte. Entsprechend bestimmt Absatz 3 Satz 2, dass die **Zuständigkeit** des OLG zur Haftprüfung nach § 117 Abs. 1 zu dem selben Zeitpunkt **endet**, in dem auch die für die besondere Haftprüfung nach den §§ 121, 122 aufhört, nämlich sobald ein **Urteil** ergangen ist, das auf Freiheitsstrafe oder eine freiheitsentziehende Maßregel der Besserung und Sicherung erkennt (§ 121, 13). Im Bundestag ist die automatische Haftprüfung aber gefallen. Nur der Anspruch auf mündliche Verhandlung über den Haftprüfungsantrag ist von Fristen abhängig gemacht worden (§ 118 Abs. 3), die Haftprüfung selbst nicht. Sie findet nur auf Antrag des Beschuldigten statt, dafür aber jederzeit (§ 117 Abs. 1).[97]

Da es danach nicht möglich ist, die Prüfungen nach § 117 Abs. 1 und nach § 122 55
Abs. 4 zu einer einzigen zu vereinigen, und die Akten durch Vorlage an das OLG zu lange der Sachbearbeitung entzogen werden, wenn der Beschuldigte die Haftprüfung nach § 117 Abs. 1 oft beantragt, wird es in der Regel angemessen sein, die Haftprüfung (für den Fall, dass sie beantragt werde), **dem zuständigen Gericht zu übertragen**. Das wird in Absatz 3 Satz 3 ausdrücklich für zulässig erklärt, jedoch nur jeweils **für einen bestimmten Zeitraum** – höchstens drei Monate –, der mit der nach Absatz 4 zu wählenden Frist übereinstimmend bestimmt werden sollte. Hat das OLG dem nach § 126 zuständigen Gericht die Haftprüfung übertragen, ergeben sich für das **Verfahren** nach §§ 117, 118 **keine Besonderheiten**. Die **Haftprüfungsbefugnis** des zuständigen Gerichts **erlischt** (erst) mit dem Ablauf der Übertragungsfrist,[98] nicht bereits mit dem Eingang des Antrags der Staatsanwaltschaft, die Akten dem OLG zur besonderen Haftprüfung nach §§ 121, 122 Abs. 4 vorzulegen.[99]

95 S. dazu LR/*Lind* § 117, 1.
96 BTDrucks. **IV** 178.
97 BTDrucks. **IV** 2378.
98 OLG Düsseldorf MDR **1991** 79.
99 KG Beschl. v. 6.3.2012 – (2) 131 HEs 1/11 (13/12), 2 Ws 83/12.

56 Spricht das OLG (bzw. der BGH) die Übertragung nach Absatz 3 Satz 3 nicht aus, muss es selbst nach § 117 Abs. 1 entscheiden. Wird der Antrag auf Haftprüfung in diesem Falle nicht beim OLG (sondern beim Haftgericht) angebracht, ist er diesem – mit den Akten, die sich nicht beim Gericht der besonderen Haftprüfung befinden – vom zuständigen Gericht über die Staatsanwaltschaft vorzulegen. Das zuständige Gericht kann die ober(landes)gerichtliche Haftprüfung dadurch entbehrlich machen, dass es den Haftbefehl aufhebt, falls die Voraussetzungen der Untersuchungshaft nicht mehr vorliegen (§ 120 Abs. 1 Satz 1). Die Staatsanwaltschaft kann, wenn noch keine öffentliche Klage erhoben ist, nach § 120 Abs. 3 bewirken, dass der Haftbefehl aufgehoben wird. Dagegen wird die **Entscheidung des OLG** im Verfahren nach § 117 Abs. 1 nicht dadurch überflüssig, dass das zuständige Gericht den Vollzug der Untersuchungshaft nach § 116 Abs. 1 bis 3 aussetzt oder bei einem Jugendlichen nach § 72 Abs. 1 JGG von der (weiteren) Vollstreckung des Haftbefehls absieht. Denn mit dem Haftprüfungsantrag wird in erster Linie die Prüfung erstrebt, ob der Haftbefehl aufzuheben ist. Nur wenn der Antragsteller sich auf den Antrag beschränkt, den Vollzug des Haftbefehls auszusetzen, macht eine Entscheidung des zuständigen Richters, die dem Antrag entspricht, die Vorlage an das OLG entbehrlich. Findet die Haftprüfung nach § 117 Abs. 1 vor dem OLG statt, kann der Beschuldigte die **mündliche Verhandlung** (§ 118) nicht erzwingen; es entscheidet das Ermessen des OLG (Absatz 3 Satz 4).

3. Weitere Prüfung der besonderen Verlängerungsvoraussetzungen (Absatz 4)

57 **a) Zuständigkeit.** Ob die Voraussetzungen des letzten Teilsatzes von § 121 Abs. 1 vorliegen, darf im weiteren Verfahren **allein das OLG** (bzw. der BGH) prüfen und entscheiden (Absatz 4 Satz 1). Das sonst für Haftentscheidungen (von Amts wegen oder – kraft Übertragung nach Absatz 3 Satz 3 – auf Antrag) zuständige Gericht darf die Frage weder bejahen noch verneinen[100] (s. aber Rn. 9f. für die Zeit vor der *Erst*entscheidung des OLG). Dies ergibt sich aus dem Wortlaut von Absatz 4 Satz 1, der bestimmt, dass diese Prüfung *auch* nach (Rück-)Übertragung der (allgemeinen) Haftprüfungskompetenz nach Absatz 3 Satz 3 auf das Haftgericht allein dem OLG vorbehalten ist.[101]

58 **b) Veranlassung.** Die weitere Prüfung der besonderen Verlängerungsvoraussetzungen durch das OLG (bzw. den BGH) erfolgt auch nach der Entscheidung über die Haftfortdauer über sechs Monate hinaus **nicht von Amts wegen**. Das OLG prüft, ob die Voraussetzungen des § 121 Abs. 1 letzter Teilsatz weiterhin vorliegen, vielmehr dann, wenn es nach seiner ersten Haftfortdauerentscheidung mit einer (weiteren) **Haftbeschwerde** befasst wird. Hat es die Haftprüfung nach § 117 Abs. 1 nicht an das Haftgericht übertragen, erfolgt diese Prüfung auch im Rahmen seiner Entscheidung über den **Haftprüfungsantrag**.

59 Zwingend vorgesehen ist die (Wiederholung der) Prüfung der Voraussetzungen des letzten Teilsatzes von § 121 Abs. 1 in **Absatz 4 Satz 2**. In diesem Fall wird das OLG – wie bei der zu wiederholenden ersten Prüfung – regelmäßig zufolge der **Vorlage** durch das zuständige Gericht (Absatz 1), ausnahmsweise durch die Staatsanwaltschaft (Rn. 11 a.E.), mit der Sache befasst. Es hält die von ihm gesetzte oder gesetzlich vorgeschriebene Prüfungsfrist (Rn. 60) folglich nicht unter Kontrolle, fordert die Akten nicht an und entscheidet auch in diesem Fall nicht von Amts wegen über die weitere Haftfortdauer.[102]

---

100 Begr. BTDrucks. **IV** 178 S. 26; Meyer-Goßner/*Schmitt* 22; KK/*Schultheis* 12; **a.A.** *Klein* HRRS **2007** 73.
101 OLG Nürnberg StV **2011** 294.
102 *Pusinelli* NJW **1966** 96 (Prüfung und Entscheidung „nur und erst" bei Vorlegung); Meyer-Goßner/*Schmitt* 23; KK/*Schultheis* 13; h.M.; **a.A.** *Eb. Schmidt* Nachtr. II 7; SK/*Paeffgen* 13 (Die dort zitierte

c) Prüfungs- und Entscheidungszeitpunkt. Wann innerhalb der Drei-Monats-Grenze des Absatzes 4 Satz 2 die erneute Aktenvorlage zu erfolgen hat, bestimmt das Gericht der besonderen Haftprüfung mit seiner Entscheidung nach Absatz 3 Satz 1. Es benennt den nächsten **Prüfungszeitpunkt** dann ausdrücklich in deren Tenor, wenn die **Höchstfrist** von drei Monaten unterschritten werden soll. Soll die Prüfung nach drei Monaten stattfinden, ist die gerichtliche Fristbestimmung entbehrlich, weil sie sich dann aus dem Gesetz ergibt. Es ist aber zulässig (und erleichtert dem Haftgericht und der Staatsanwaltschaft möglicherweise die Fristüberwachung), auch diese Frist ausdrücklich in der Fortdauerentscheidung zu benennen. Die Frist ist **nach den allgemeinen Bestimmungen** der §§ 42, 43 **zu berechnen** und **beginnt** mit dem Erlass des Haftfortdauerbeschlusses in der vorangegangenen Haftprüfung. Letzteres ergibt sich aus dem Text von Absatz 4 Satz 2, der sinnvoll nur so gelesen werden kann, dass die Prüfung spätestens drei Monate nach (Abschluss) der vorangegangenen Prüfung wiederholt werden muss; sonst fehlte in diesem Satz der Bezugspunkt. 60

Liegen die besonderen Verlängerungsvoraussetzungen des § 121 Abs. 1 zum Zeitpunkt der Prüfung, die insbesondere bei Veranlassung durch eine (weitere) Haftbeschwerde oder einen Haftprüfungsantrag nach § 117 Abs. 1, aber auch bei (sehr) frühzeitiger Vorlage nach Absatz 1 deutlich **vor Ablauf der weiteren Prüfungsfrist** erfolgen kann,[103] nicht (mehr) vor, kann das Gericht der besonderen Haftprüfung den Haftbefehl auch schon zu diesem Zeitpunkt aufheben,[104] denn bei der Prüfungsfrist nach Absatz 4 Satz 2 handelt es sich – anders als bei der (materiellen) Sechs-Monats-Frist des § 121 Abs. 1, Abs. 2 – lediglich um eine (prozessuale) Höchstfrist, die jederzeit unterschritten werden kann. Auch eine Haftfortdauerentscheidung kann bereits vor Ablauf der Prüfungsfrist getroffen werden. 61

d) Verfahren. Da die von Absatz 4 Satz 2 vorgesehene (weitere) Prüfung der Voraussetzungen des letzten Teilsatzes von § 121 Abs. 1 eine **Wiederholung** der ersten Prüfung ist, gelten für das Verfahren **alle Bestimmungen**, die **für die erste Prüfung** gegeben sind, d.h. für das Ruhen der Frist § 121 Abs. 3,[105] für das Vorlegungsverfahren Absatz 1, für das Verfahren und die Entscheidung des OLG (bzw. des BGH) Absatz 2 und Absatz 3 Satz 1. 62

e) Wiederholung. Die Prüfung ist, jeweils nach Abschluss der letzten Prüfung, so lange (spätestens) alle drei Monate zu **wiederholen**, bis ein Urteil ergeht, das auf Freiheitsstrafe oder auf eine freiheitsentziehende Maßregel der Besserung und Sicherung erkennt (§ 121 Abs. 1), bis der Haftbefehl nach § 120 Abs. 1 oder 3 oder nach Art. 5 Abs. 3 Satz 1 bzw. Art. 6 Abs. 1 Satz 1 EMRK aufgehoben, sein Vollzug nach § 116 Abs. 1 bis 3 ausgesetzt, bei einem Jugendlichen nach § 72 Abs. 1 JGG von der Vollstreckung des Haftbefehls abgesehen oder die Untersuchungshaft zur Vollstreckung von Strafhaft unterbrochen wird. Tritt einer dieser Fälle ein, wird ein **Prüfungstermin**, einerlei ob vom OLG 63

Entscheidung des OLG Nürnberg StV **2011** 294 belegt die vertretene Auffassung nicht, da in dem dort entschiedenen Fall die Akten dem OLG vor Ablauf der von diesem bestimmten Prüffrist nach Absatz 4 Satz 2 *vorgelegt* worden waren.); AnwK-StPO/*Lammer* 10 (Haftprüfung von Amts wegen sei „Ausdruck der mit der Haftfortdauerentscheidung, die gesetzessystematisch eine Ausnahmeentscheidung ist, entstandenen erhöhten Kontrollpflicht des OLG“).

103 OLG Düsseldorf StV **1991** 222.

104 OLG Nürnberg StV **2011** 294.

105 OLG Oldenburg JZ **1965** 770; OLG Zweibrücken MDR **1978** 245; OLG Schleswig bei *Lorenzen/Thamm* SchlHA **1993** 226; OLG Düsseldorf NStZ **1992** 402; VRS **90** (1996) 207. Zur Kontaktsperre nach den §§ 31 ff. EGGVG s. BGH 1 StE 3/77 – AK 87/77 – Beschl. v. 13.10.1977.

bestimmt oder vom Gesetz vorgesehen (Absatz 4 Satz 2), **gegenstandslos**; er wird nicht ausdrücklich aufgehoben.[106] Das OLG wird nicht benachrichtigt, weil es, wie dargelegt (Rn. 59), die Sache nicht unter Kontrolle hält. Wird der Vollzug eines Haftbefehls nach Widerruf des Aussetzungsbeschlusses oder wegen Wegfalls des Unterbrechungsgrundes erneut vollzogen, sind die einzelnen (Untersuchungs-)Haftzeiten seit der letzten Prüfung durch das OLG zusammenzuzählen; nur diese Haftzeiten sind für die Berechnung der Prüfungsfrist maßgebend. Solange die Voraussetzungen des letzten Teilsatzes von § 121 Abs. 1 vorliegen, darf das Gericht der besonderen Haftprüfung den Vollzug der Untersuchungshaft über sechs Monate hinaus **beliebig oft** jeweils für (höchstens) drei Monate (Rn. 60, 63) fortdauern lassen.[107]

VI. Bundesgerichtshof (Absatz 7)

64 In § 121 Abs. 1 bis 4 Satz 1, § 122 Abs. 1 bis 6 ist überall nur vom OLG die Rede. Da nach § 121 Abs. 4 Satz 2 indessen in Strafsachen, in denen nach den §§ 120 oder 120b GVG ein OLG erstinstanzlich zuständig ist, der BGH an die Stelle des OLG tritt, bestimmt Absatz 7, um nicht allenthalben auch den BGH einfügen zu müssen, dass auch in § 122 der BGH an die Stelle des OLG tritt, wenn er nach § 121 Abs. 4 Satz 2 über die Haftfortdauer über sechs Monate hinaus zu entscheiden hat. Diesen **Sinn** hat, wie der Zusammenhang ergibt, die nicht besonders geschickte Formulierung: „ist der Bundesgerichtshof zur Entscheidung zuständig“. Das Wort „zuständig“ hat hier eine andere Bedeutung als etwa in § 121 Abs. 4, wo die Zuständigkeit als erkennendes Gericht des ersten Rechtszugs (§ 74a, §§ 120, 120b GVG) gemeint ist, die der BGH in keinem Fall hat. Hier ist der Begriff eingeengt zu verstehen und der Satz zu lesen: „Ist der Bundesgerichtshof gemäß § 121 Abs. 4 Satz 2 zu der Entscheidung nach § 121 Abs. 1 berufen, so ...“.

§ 122a
Höchstdauer der Untersuchungshaft bei Wiederholungsgefahr

In den Fällen des § 121 Abs. 1 darf der Vollzug der Haft nicht länger als ein Jahr aufrechterhalten werden, wenn sie auf den Haftgrund des § 112a gestützt ist.

Entstehungsgeschichte

Die Vorschrift ist anlässlich der Normierung des Haftgrundes der Wiederholungsgefahr in § 112a und zeitgleich mit dieser durch Art. 1 Nr. 4 StPÄG 1972 mit Wirkung zum 1.9.1972 in die Strafprozessordnung eingefügt worden und hat seither inhaltlich keine Änderung erfahren.

Übersicht

106 OLG Zweibrücken MDR **1978** 245.
107 Für den Vollzug eines auf Wiederholungsgefahr (§ 112a) gestützten Haftbefehls s. aber § 122a und die Erl. hierzu.

https://doi.org/10.1515/9783110274929-025

I. Normzweck und Bedeutung

Zweck der Vorschrift ist – über die (nicht zwingende) Beschränkung durch § 121 Abs. 1 hinaus – die **strikte, unbedingte Begrenzung der Dauer** des Vollzugs eines auf den Haftgrund der Wiederholungsgefahr gestützten Haftbefehls auf höchstens ein Jahr.[1] Zur Begründung dieser im Untersuchungshaftrecht (einschließlich des Rechts der sonstigen vorläufigen Maßnahmen vor dem Urteil) **einmaligen Regelung** führt der Gesetzgeber lediglich aus, wenn ein Tatverdächtiger „aus dem Gesichtspunkt der Wiederholungsgefahr" in Haft genommen worden sei, müsse so schnell wie möglich durch das Gericht geklärt werden, ob der die Haft auslösende Tatverdacht zu Recht bestehe; bevor dies in einer Hauptverhandlung geprüft und bejaht worden sei, erscheine es nicht gerechtfertigt, die Haft nach § 112a länger als ein Jahr auszudehnen;[2] ähnlich der schriftliche Bericht des Rechtsausschusses.[3] 1

Die **Begründung** ist einleuchtend, wirft aber die **Frage** auf, warum die Höchstfrist von einem Jahr nicht für den Vollzug **aller freiheitsentziehenden Maßnahmen** vor dem Urteil gilt.[4] Denn angesichts des mit ihm verbundenen Eingriffs in die grundrechtlich geschützte persönliche Freiheit muss die Tatfrage unabhängig davon, welchem legitimen Zweck die Maßnahme dient – Sicherung der Strafverfolgung (§ 112) oder Schutz der Allgemeinheit vor (weiteren) erheblichen rechtswidrigen Taten des Beschuldigten (§§ 112a, 126a) – schnellstmöglich gerichtlich geklärt werden. Die **Antwort** ist vermutlich, dass die Einführung der auf den Haftgrund der Wiederholungsgefahr gestützten (Sicherungs-)Haft in § 112a im Gesetzgebungsverfahren heiß umstritten war und die Gegner des Instituts durch eine einigermaßen befriedigend – die Bundesregierung hielt ein Jahr für „zu großzügig bemessen"[5] – erscheinende Beschränkung ihrer Dauer beschwichtigt werden sollten. 2

II. Inhalt

Die Vorschrift knüpft an die in ihren Eingangsworten ausdrücklich in Bezug genommene Regelung des **§ 121 Abs. 1** an. Dabei wird anstelle des dort verwendeten Wortes (Vollzug der) Untersuchungshaft – eingedenk des Umstandes, dass es sich bei dem auf den Haftgrund des § 112a gestützten Freiheitsentzug nicht um eine verfahrenssichernde Untersuchungshaft, sondern um eine (systemwidrige) präventive Sicherungshaft handelt[6] – der auch in § 112a verwendete allgemeinere Begriff der **Haft** gebraucht. Der nachgestellte Nebensatz definiert die Voraussetzung, unter der die im Hauptsatz angeordnete zeitliche Limitierung des Haftvollzuges greift. 3

Durch die Formulierung ist klargestellt, dass § 121 Abs. 1 grundsätzlich auch dann Anwendung findet, wenn der dem Vollzug der Haft zugrunde liegende Haftbefehl auf den Haftgrund der Wiederholungsgefahr gestützt ist. Solange kein Urteil ergangen ist, das auf eine freiheitsentziehende Sanktion erkennt, darf danach der Vollzug der auf den Haftgrund des § 112a gestützten (Sicherungs-)Haft wegen derselben Tat **zwar** – wie der der Untersuchungshaft – **über sechs Monate hinaus** aufrechterhalten werden, wenn wichtige Gründe das Urteil noch nicht zulassen und die Fortdauer der Haft rechtfertigen, 4

1 Vgl. BVerfGE **36** 278 (Haft wird „zeitlich zwingend auf eine Höchstdauer von einem Jahr beschränkt").
2 BTDrucks. **VI** 3248 S. 4.
3 BTDrucks. **VI** 3561 S. 4.
4 Krit. auch SK/*Paeffgen* 1.
5 BTDrucks. **VI** 3248 S. 7.
6 S. dazu ausführlich LR/*Lind* § 112a, 10.

aber in keinem Fall länger als ein Jahr. Die dem OLG (und in den Fällen des § 121 Abs. 4 Satz 2 dem BGH) durch die §§ 121, 122 eingeräumte Kompetenz, den Vollzug der Untersuchungshaft über sechs Monate hinaus beliebig oft jeweils für (höchstens) drei Monate (§ 122, 60, 63) fortdauern zu lassen, solange die Voraussetzungen des letzten Teilsatzes von § 121 Abs. 1 vorliegen, wird durch § 122a auf die Dauer eines Jahres eingeschränkt, wenn der vollzogene Haftbefehl wegen des Haftgrundes der Wiederholungsgefahr (§ 112a) erlassen worden ist.

III. Voraussetzung

5 Voraussetzung für die Befristung des Haftvollzuges ist, dass „die Haft" auf den Haftgrund des § 112a gestützt ist. Die Formulierung ist ungewöhnlich, aber unmissverständlich. Die Vorschrift findet danach (**nur**) **Anwendung**, wenn ein schriftlicher Haftbefehl (§ 114 Abs. 1) vollzogen wird, in dem als Haftgrund (§ 114 Abs. 2 Nr. 3) (**allein**) die in § 112a Abs. 1 umschriebene Wiederholungsgefahr aufgeführt ist.[7] Das ist nach § 112a Abs. 2 aber nur dann möglich, wenn die Voraussetzungen für den Erlass eines Haftbefehls (§ 127, 36f.) nach § 112 Abs. 2 und 3 nicht vorliegen oder, wenn sie vorliegen, der Vollzug eines solchen Haftbefehls nach § 116 Abs. 1 und 2 ausgesetzt werden könnte.[8] Ist die Haft entgegen § 112a Abs. 2 – neben der Wiederholungsgefahr – auf einen weiteren Haftgrund gestützt, so ist § 122a nicht anzuwenden.[9]

6 Die Vorschrift findet, weil keine auf den Haftgrund des § 112a gestützte Haft mehr vorliegt, auch dann **keine Anwendung**, wenn der Haftbefehl vor Ablauf eines Jahres auf einen anderen Haftgrund (§ 112 Abs. 2) umgestellt[10] worden ist.[11] Das wird freilich nur selten möglich sein, da ja der auf den Haftgrund der Wiederholungsgefahr gestützte Haftbefehl nach § 112a Abs. 2 nur erlassen werden durfte, nachdem festgestellt worden war, dass die Voraussetzungen für den Erlass eines Haftbefehls nach § 112 nicht vorgelegen oder wenn sie vorgelegen haben, der Vollzug eines solchen Haftbefehls nach § 116 Abs. 1 und 2 auszusetzen war. Diese Sach- und Rechtslage wird sich im weiteren Verfahren nur selten (etwa bei einer Flucht aus der Haft) ändern, und ggf. wird die Umstellung sorgfältig zu prüfen sein.[12]

IV. Begrenzung der Haftdauer

7 **1. Folgen des Fristablaufs.** Mit Ablauf der von § 122a bestimmten Jahresfrist ist der Vollzug der auf § 112a gestützten **Haft zu beenden.** Die gesetzlichen Vorgaben sind eindeutig und einer Auslegung nicht zugänglich; anders als bei § 121 bedarf es keiner wertenden Betrachtung.[13] Der Vollzugsanstalt ist (in der Regel schriftlich) Entlassungsanordnung zu erteilen; der auf den Haftgrund der Wiederholungsgefahr gestützte **Haftbefehl ist aufzuheben.** Der entsprechende Beschluss hat nur deklaratorische Bedeutung und ist nicht Voraussetzung für die Entlassung des Beschuldigten aus dem Vollzug der Haft,[14] denn die von § 122a vorgesehene Beendigung der Haft mit Fristablauf ist zwin-

---

7 SK/*Paeffgen* 2; KK/*Schultheis* 2.
8 Subsidiarität des Haftgrundes der Wiederholungsgefahr, s. LR/*Lind* § 112a, 69f.
9 H.M., vgl. SSW/*Herrmann* 6; AK/*Krause* 1; SK/*Paeffgen* 2; Meyer-Goßner/*Schmitt* 1; KK/*Schultheis* 2.
10 Zur Änderung des Haftbefehls s. LR/*Lind* § 114, 53ff.
11 H.M., vgl. Graf/*Krauß* 1; SK/*Paeffgen* 2; KK/*Schultheis* 2; *Schlüchter* 247.4.
12 SK/*Paeffgen* 2.
13 SSW/*Herrmann* 3.
14 SSW/*Herrmann* 3.

gend, die Aufhebung des Haftbefehls danach ohne jeden Zweifel zu erwarten.[15] Ist der Haftbefehl wegen Ablaufs der Höchstfrist aufhebungsreif, darf er **nicht mehr außer Vollzug gesetzt** werden,[16] weil der weitere Vollzug des Haftbefehls nicht mehr nach § 116 Abs. 4 angeordnet werden darf; Maßnahmen nach § 71 JGG bleiben dagegen zulässig,[17] denn diese können auch dann getroffen werden, wenn die Voraussetzungen für den Erlass und Vollzug eines Haftbefehls nicht vorliegen.

2. Bei der **Berechnung der Höchstdauer** des Haftvollzugs werden ausschließlich die Zeiten berücksichtigt, in denen der Beschuldigte aufgrund eines Haftbefehls, in dem als Haftgrund allein Wiederholungsgefahr aufgeführt ist, inhaftiert war. Nur diese **Vollzugszeiten** sind für die Fristberechnung **maßgebend**; wie lange der auf den Haftgrund des § 112a gestützte Haftbefehl besteht, spielt dagegen keine Rolle. 8

Alle auf dieser Grundlage erlittenen Haftzeiten **wegen derselben Tat** (§ 121, 22) werden zusammengezählt. Das gilt auch, wenn die auf den Haftgrund des § 112a gestützte Haft unterbrochen war, weil der Beschuldigte in anderer Sache Freiheitsstrafe verbüßt oder Untersuchungshaft erlitten hat oder in derselben Sache Untersuchungshaft aufgrund eines anderen Haftgrundes vollzogen worden ist; weil der Vollzug des Haftbefehls nach § 116 Abs. 3 ausgesetzt oder bei einem Jugendlichen nach § 72 Abs. 1 JGG vorübergehend von der Vollstreckung der Untersuchungshaft abgesehen worden war; oder weil der Beschuldigte aus der auf § 112a Abs. 1 beruhenden (Sicherungs-)Haft unter Aufhebung des Haftbefehls entlassen und anschließend wegen derselben Straftat aufgrund eines neuen, wiederum auf den Haftgrund der Wiederholungsgefahr gestützten Haftbefehls erneut inhaftiert worden ist. 9

Haftzeiten aufgrund mehrerer Haftbefehle nach § 112a, die **wegen verschiedener Taten** erlassen wurden, werden dagegen nicht addiert.[18] Dies folgt aus der den Normtext einleitenden Bezugnahme auf § 121 Abs. 1, der ausdrücklich die sechs Monate überschreitende Aufrechterhaltung des Vollzugs der Untersuchungshaft (nur) wegen derselben Tat regelt. Zusammengerechnet werden danach ausschließlich die Zeiten, in denen Haft wegen **derselben Tat(en)** und aufgrund eines – nicht notwendigerweise desselben – Haftbefehls vollzogen worden ist, der auf **denselben Haftgrund**, nämlich den des § 112a, gestützt wurde. Wegen der **Einzelheiten** zur Frage des Haftvollzugs wegen „derselben Tat" s. § 121, 18ff. 10

Die **Jahresfrist** des § 122a **beginnt**, sobald der Beschuldigte **aufgrund** eines auf den Haftgrund der Wiederholungsgefahr gestützten **Haftbefehls ergriffen** worden ist; ist er nach § 127 vorläufig festgenommen worden, beginnt sie (erst), sobald der Richter gegen ihn nach § 128 Abs. 2 Satz 2 einen solchen **Haftbefehl erlassen** hat. Bei ihr handelt es sich nicht um eine (prozessuale) Zwischen- oder Handlungsfrist im Sinne der §§ 42ff., sondern um einen **Zeitraum, der** – da der Vollzug der auf § 112a gestützten Haft wegen derselben Tat unterbrochen sein kann (Rn. 9) – **nicht zusammenhängend verlaufen muss**. Wegen der insoweit bestehenden Vergleichbarkeit mit dem Vollzug einer (einjährigen) Freiheitsstrafe liegt es nahe, bei der Berechnung der Frist auf die in **§ 37 StVollstrO** niedergelegten allgemeinen **Regeln für die Strafzeitberechnung** zurückzugreifen und diese hier – wie bei der Berechnung der Sechs-Monats-Frist des § 121 Abs. 1 (s. § 121, 33f.) – entsprechend anzuwenden. Anders als die §§ 42, 43 enthält diese Vor- 11

15 Zu der vergleichbaren Situation bei Beantragung der Aufhebung des Haftbefehls durch die Staatsanwaltschaft vor Erhebung der öffentlichen Klage (§ 120 Abs. 3) s. LR/*Lind* § 120, 64.
16 SSW/*Herrmann* 3; SK/*Paeffgen* 4; HK/*Posthoff* 1; Meyer-Goßner/*Schmitt* 1; KK/*Schultheis* 4.
17 SK/*Paeffgen* 4; Meyer-Goßner/*Schmitt* 1; KK/*Schultheis* 4.
18 SK/*Paeffgen* 3; KK/*Schultheis* 3.

schrift in ihrem Absatz 4 auch eine Regelung dazu, wie die Berechnung der Frist zu erfolgen hat, wenn sie unterbrochen worden ist. Danach ist der Tag „zu 24 Stunden“, die Woche „zu sieben Tagen“ und der Monat und das Jahr „nach der Kalenderzeit zu berechnen“. Weiter heißt es in § 37 Abs. 4 StVollstrO: „Demgemäß ist bei der Berechnung nach Monaten und Jahren bis zu dem Tage zu rechnen, der durch seine Zahl dem Anfangstage“ – das ist im Falle des Strafvollzugs der Festnahmetag, wenn die verurteilte Person aufgrund eines Vorführungs- oder Haftbefehls festgenommen und sodann in die Strafvollzugsanstalt eingeliefert wird (§ 38 Nr. 2 StVollstrO) – „entspricht.“ „Fehlt dieser Tag in dem maßgebenden Monat, so tritt an seine Stelle dessen letzter Tag.“ Der Tag, an dem die Untersuchungshaft **beginnt**, wird danach **nicht mitgerechnet**; weil **§ 43 Abs. 2 keine Anwendung** findet, kann die Frist auch an einem Sonntag, einem allgemeinen Feiertag oder an einem Sonnabend enden.[19]

12 Wird die auf den Haftgrund des § 112a gestützte Haft **ununterbrochen vollzogen**, läuft die Höchstfrist danach am Ende des Tages des Folgejahres ab, der nach Tageszahl und Monat dem der Festnahme aufgrund des entsprechenden Haftbefehls bzw. dem seines Erlasses nach vorläufiger Festnahme entspricht (z.B. Haftbefehlsvollstreckung bzw. -erlass am 18.1.2019, Ablauf der Jahresfrist am 18.1.2020 [TE = Tagesende]). Fehlt dieser Tag im Fristablaufjahr, was nur der Fall sein kann, wenn das fristbegründende Ereignis auf den 29.2. eines Schaltjahres fällt, endet die Jahresfrist mit Ablauf des 28.2. des Folgejahres. War der **Vollzug** der (Sicherungs-)Haft in dieser Sache **unterbrochen**, etwa um eine (Rest-)Freiheitsstrafe von drei Monaten, zwei Wochen und vier Tagen zu vollstrecken, wird die Dauer der Unterbrechung dem so ermittelten Endtag der Frist hinzugerechnet, wobei nach § 37 Abs. 5 StVollstrO (bei Vorwärtsrechnung) die größere Zeiteinheit der kleineren vorgeht. Die Jahresfrist endet danach bei Fristbeginn (z.B.) am 18.1.2019 mit Ablauf des 6.5.2020 (18.1. + drei Monate = 18.4., 18.4. + zwei Wochen [zweimal sieben Tage] = 2.5., 2.5. + vier Tage = 6.5.).

13 Mit dem Zweck der Norm, die Dauer des Vollzugs der auf den Haftgrund der Wiederholungsgefahr gestützten Haft strikt und unbedingt zu begrenzen, **unvereinbar** wäre es, wenn man die Ruhensvorschriften des **§ 121 Abs. 3**, den § 122a – anders als dessen ersten Absatz – nicht ausdrücklich in Bezug nimmt, auf den Lauf der Jahresfrist nach § 122a entsprechend anwenden wollte.[20] § 121 Abs. 3 Satz 2 (Ruhen des Fristablaufs während der Hauptverhandlung) gilt zwar auch dann für die besondere Haftprüfung nach §§ 121 Abs. 1, 122 Abs. 4, wenn der vollzogene Haftbefehl auf den Haftgrund der Wiederholungsgefahr gestützt ist, denn durch diese Vorschrift soll verhindert werden, dass die Akten während der Hauptverhandlung dem OLG vorgelegt werden müssen, was – unabhängig vom jeweiligen Haftgrund – (möglicherweise) mit einer schwer mit deren zügi-

19 Zu demselben Ergebnis – Tag der Ergreifung aufgrund des Haftbefehls bzw. des Erlasses des Haftbefehls bei vorhergegangener vorläufiger Festnahme wird nicht mitgerechnet; Jahresfrist endet auch am Wochenende und an gesetzlichen Feiertagen – gelangt man auch in Anwendung der allgemeinen Vorschriften in §§ 186 ff. BGB, namentlich § 187 Abs. 1 BGB (Fristbeginn) und § 188 Abs. 2 Satz 1, Abs. 3 BGB (Fristende); § 193 BGB findet – wie § 43 Abs. 2 – keine Anwendung, da innerhalb der Jahresfrist des § 122a keine Willenserklärung abzugeben oder Leistung zu bewirken ist.

20 So noch *Kleinknecht*[33] 1; *Kleinknecht/Janischowsky* Das Recht der Untersuchungshaft (1977), NJW-Schriftenreihe, Heft 30, Rn. 274. **A.A.** LR/*Hilger*[26] 10 mit der h.M., die unter Berufung auf *Knauth* DRiZ **1978** 338 die Ruhensvorschriften nach § 121 Abs. 3 bei der Berechnung der Höchstdauer der Untersuchungshaft bei Wiederholungsgefahr entsprechend anwenden will; vgl. SK/*Paeffgen* 3; HK/*Posthoff* 2; Meyer-Goßner/*Schmitt* 2; KK/*Schultheis* 3; Radtke/Hohmann/*Tsambikakis* 2; zweifelnd AnwK-StPO/*Lammer* 2; offen gelassen MüKo/*Böhm* 6; für ein Ruhen des Fristablaufs (jedenfalls) während der Dauer der Hauptverhandlung SSW/*Herrmann* 4; Graf/*Krauß* 2; trotz eigener Zweifel für eine entsprechende Anwendung von § 121 Abs. 3 Satz 1 auch OLG Frankfurt NStE (1990) Nr. 1 unter Bezugnahme auf (vermeindliche) „Sachzwänge“ und von *Knauth* aaO behauptete „unabweisbare praktische Bedürfnisse“.

gem Fortgang zu vereinbarenden Unterbrechung der Hauptverhandlung verbunden wäre (§ 121, 37). Da aber der Vollzug der (Sicherungs-)Haft nach § 112a mit Ablauf der Jahresfrist ohne weitere, eine Aktenübersendung erfordernde Prüfung zwingend beendet werden muss (Rn. 7), kann daraus nichts für eine entsprechende Anwendung der Norm auf den Lauf der Höchstfrist nach § 122a hergeleitet werden. Das gilt auch, soweit die Fristen zur besonderen Haftprüfung von der Vorlage der Akten an das OLG bis zu dessen Entscheidung ruhen (§ 121 Abs. 3 Satz 1 und 3), denn eine vergleichbare inhaltliche Prüfung und Wertung hat nach Maßgabe des § 122a nicht zu erfolgen; einzige Voraussetzung für die Beendigung des Vollzuges der auf § 112a gestützten Haft ist der Ablauf der Höchstfrist. Der in Vollziehung eines auf den Haftgrund der Wiederholungsgefahr gestützten Haftbefehls inhaftierte Angeklagte ist daher auch dann mit Ablauf der Höchstdauer nach § 122a aus der Haft zu entlassen, wenn ein Urteil aus wichtigem Grund (§ 121 Abs. 1 letzter Teilsatz) noch nicht hat ergehen können und die Hauptverhandlung gegen ihn zu diesem Zeitpunkt noch andauert. Dieses (in der Praxis unter Opferschutzaspekten unerwünschte, durch zügige Verfahrensführung aber regelmäßig zu vermeidende) Ergebnis ist mit Blick auf Sinn und Zweck der (Sicherungs-)Haft nach § 112a hinzunehmen, denn diese dient – anders als die auf einen Haftgrund des § 112 gestützte Untersuchungshaft, bei der eine Entlassung während der Hauptverhandlung bei fortbestehender Flucht- oder Wiederholungsgefahr zweckwidrig wäre – nicht der Verfahrenssicherung.

V. Verfahren

Die Höchstfrist des § 122a ist, da die Vorschrift die dem OLG durch §§ 121, 122 eingeräumte Kompetenz, unter den Voraussetzungen des § 121 Abs. 1 beliebig oft die Fortdauer der Untersuchungshaft anzuordnen, auf die Dauer eines Jahres einschränkt (Rn. 4), **im Verfahren der besonderen Haftprüfung** durch das OLG **zu beachten** und wird – zumindest dann, wenn die Frist für die weitere Prüfung (§ 122 Abs. 4 Satz 2) mit drei Monaten voll ausgenutzt wird – bei der **zweiten Prüfung** durch das OLG bedeutsam. Bei dieser ist regelmäßig der Zeitpunkt absehbar, zu dem die Jahresfrist des § 122a endet; nur wenn eine – in ihrer Dauer unbestimmte – Unterbrechung des Vollzuges der (Sicherungs-)Haft, z.B. zur Vollstreckung einer Ersatzfreiheitsstrafe, bevorsteht, wird dies nicht der Fall sein. Ordnet das OLG die weitere Fortdauer der Haft an, so hat es daher grundsätzlich den Tag, mit dessen Ablauf der Vollzug der auf den Haftgrund des § 112a gestützten Haft infolge des Erreichens der Höchstdauer nach § 122a zu beenden ist, in seinem Beschluss konkret zu benennen. 14

Zu diesem Zeitpunkt hat das dann für die Haftprüfung **zuständige Gericht** die Freilassung des Beschuldigten zu veranlassen und den Haftbefehl aufzuheben. Hat das **OLG** die Haftprüfung mit der (zweiten) Fortdauerentscheidung nicht nach Maßgabe des § 122 Abs. 3 Satz 3 dem Haftgericht (§ 126) übertragen oder liegen ihm die Akten bei Ablauf der Jahresfrist zur Wiederholung der Prüfung der Voraussetzungen des § 121 Abs. 1 vor, weil es eine kürzere als die in § 122 Abs. 4 Satz 2 hierfür vorgesehene Frist bestimmt hatte, obliegt es diesem, den Gesetzesbefehl des § 122a zu vollziehen. Hat es die Haftprüfung dagegen dem nach den allgemeinen Vorschriften dafür zuständigen Gericht übertragen und dauert dessen Zuständigkeit im Zeitpunkt des Fristablaufs an, muss das **Haftgericht** für die Beendigung des Vollzugs der auf den Haftgrund der Wiederholungsgefahr gestützten Haft sorgen. Unabhängig von dieser Verpflichtung ist der Haftbefehl durch das für die Haftprüfung zuständige Gericht aber bereits **vor Ablauf der Höchstfrist** des § 122a aufzuheben, sobald dringender Tatverdacht oder Haftgrund entfallen sind oder der weitere Vollzug der Haft nicht mehr dem Verhältnismäßigkeitsgrundsatz entspricht (§ 120 Abs. 1). 15

§ 123
Aufhebung der Vollzugsaussetzung dienender Maßnahmen

(1) Eine Maßnahme, die der Aussetzung des Haftvollzugs dient (§ 116), ist aufzuheben, wenn
1. der Haftbefehl aufgehoben wird oder
2. die Untersuchungshaft oder die erkannte Freiheitsstrafe oder freiheitsentziehende Maßregel der Besserung und Sicherung vollzogen wird.

(2) Unter denselben Voraussetzungen wird eine noch nicht verfallene Sicherheit frei.

(3) Wer für den Beschuldigten Sicherheit geleistet hat, kann deren Freigabe dadurch erlangen, daß er entweder binnen einer vom Gericht zu bestimmenden Frist die Gestellung des Beschuldigten bewirkt oder die Tatsachen, die den Verdacht einer vom Beschuldigten beabsichtigten Flucht begründen, so rechtzeitig mitteilt, daß der Beschuldigte verhaftet werden kann.

Schrifttum

Barthe Untersuchungshaft, Rechtskraft und § 116 StPO: Nach wie vor ungelöste Rechtsprobleme im geltenden Haftrecht? NStZ **2016** 71; *Schlothauer* Caution – Kaution! Fallstricke für Beschuldigte und Verteidiger, FS AG Strafrecht DAV (2009) 1039; *Schweckendieck* § 116 StPO und Rechtskraft, NStZ **2011** 10.

Entstehungsgeschichte

Die Vorschrift bezog sich früher nur auf das Freiwerden einer Sicherheit. Die jetzige allgemeine Fassung hat sie erhalten durch Art. 1 Nr. 1 StPÄG 1964. Eine geringfügige Textänderung entstammt Art. 21 Nr. 33 EGStGB 1974. Bezeichnung bis 1965: § 121.

Übersicht

I. Aufheben und Freiwerden

1 **1. Allgemeines.** Die Vorschrift hat den **Zweck**, die Aufhebung der Haft-Ersatzmaßnahmen nach § 116, wenn der Rechtsgrund hierfür entfällt, zu regeln. Dabei sind zwei Gruppen zu unterscheiden: Wird der Haftbefehl aufgehoben (Nr. 1; Rn. 5 ff.), ist der Anlass zur Haft entfallen; wird die Untersuchungshaft (Rn. 17 ff.), Strafhaft oder eine Maßregel der Besserung und Sicherung vollzogen (Nr. 2, Rn. 20 ff.), entfällt der Anlass zu den Maßnahmen oder zur Sicherheitsleistung. In beiden Fallgruppen müssen daher die **Maßnahmen aufgehoben** werden. Unter denselben Voraussetzungen, unter denen Maßnahmen aufzuheben sind, wird auch eine **Sicherheit frei** (Absatz 2), wenn sie – was selbstverständlich ist – nicht schon vorher verfallen war. Absatz 2 bezieht sich sowohl auf Sicherheiten, die

https://doi.org/10.1515/9783110274929-026

der Beschuldigte, als auch auf solche, die ein Dritter geleistet hat, Absatz 3 nur auf letztere. Es erscheint fraglich, ob die Formulierung der Regelung gelungen ist. Die gewählte Alternativformulierung („oder") in Absatz 1 entspricht jedenfalls nicht dem Verhältnis von Absatz 1 Nr. 1 und Nr. 2 gemäß der Auslegung durch die h.M. (Rn. 9, 10).

Wenn die Voraussetzungen des Absatzes 1 eintreten, entfallen die Pflichten und Beschränkungen (§ 116 Abs. 4 Nr. 1) nicht von selbst. Vielmehr sind die Maßnahmen, mit denen jene Lasten auferlegt worden sind, durch eine **konstitutive Entscheidung** des Haftgerichts **ausdrücklich aufzuheben**, obwohl es dem Beschuldigten keine Nachteile mehr bringen kann, wenn er Pflichten nicht mehr erfüllt und sich Beschränkungen nicht mehr unterwirft.[1] Im Fall des Vollzugs kann er das ohnehin nicht tun. Zum Verfahren s. Rn. 33. 2

Die **Sicherheit** dagegen **wird von selbst frei**, sobald der Haftbefehl aufgehoben oder die Untersuchungshaft oder eine freiheitsentziehende Sanktion vollzogen wird. Zwar nützt das Freiwerden dem Beschuldigten ohne weitere behördliche Akte (vgl. Rn. 35) nichts, aber durch die Bestimmung, die Sicherheit werde kraft Gesetzes frei, wird die Unverrückbarkeit der Rechtslage betont: Die freigewordene Sicherheit kann nicht mehr in Anspruch genommen werden, auch wenn der Haftbefehl irrtümlich oder aus sonstigen Gründen fälschlich aufgehoben worden ist;[2] Gleiches gilt, wenn nachträglich ein Ereignis eintritt, durch das, wenn es sich früher ereignet hätte, die Sicherheit verfallen wäre.[3] 3

Die Sicherheit wird nur frei, wenn sie **nicht schon verfallen** war (Absatz 2). Ob dieser Umstand eingetreten ist, hat das Gericht nach § 124 Abs. 1 zu prüfen und ggf. nach § 124 Abs. 2 festzustellen. Der Verfall ist bei keinem der Befreiungsgründe ausgeschlossen, auch nicht, wenn der Haftbefehl aufgehoben wird. Denn das kann der Fall sein, obwohl der Beschuldigte sich vorher – etwa durch Flucht – der Untersuchung entzogen hatte (§ 124 Abs. 1), etwa weil er freiwillig zurückgekehrt und erkrankt ist. In der Regel indessen wird, anders als bei den beiden anderen Befreiungsgründen, der vorherige Verfall der Sicherheit keine Rolle spielen, wenn der Haftbefehl aufgehoben wird. 4

2. Aufhebung des Haftbefehls

a) Allgemeines. Der erste Grund, der das Gericht anhält, Maßnahmen aufzuheben, und der die Sicherheit frei macht, ist die Aufhebung des Haftbefehls.[4] Alle Gründe, die zur Einstellung des Verfahrens führen (Verjährung, Rücknahme des Strafantrags, Amnestie usw.), zwingen, weil sie die Untersuchung beenden, den Haftbefehl aufzuheben. Infolge der Aufhebung setzen sie den Maßnahmen des § 116 ein Ende (Absatz 1 Nr. 1). 5

Ohne dass der Haftbefehl aufgehoben wird, **erledigen sich** die **Maßnahmen nicht von selbst**. Auch die Sicherheit wird in keinem Fall ohne diesen Akt frei. Selbst wenn bei Freispruch und ihm gleichstehenden Entscheidungen der Haftbefehl ohne weitere Prüfung aufgehoben werden muss (§ 120 Abs. 1 Satz 2; § 120, 33ff.), macht erst die (förmliche) Aufhebung des Haftbefehls die Sicherheit frei,[5] nicht allein schon die Freisprechung 6

---

1 Vgl. OLG Stuttgart MDR **1984** 164; Justiz **1984** 213; OLG Karlsruhe NStZ **1992** 204; OLG Celle NStZ-RR **1999** 178; SK/*Paeffgen* 1; KK/*Schultheis* 1, 2, 7; Meyer-Goßner/*Schmitt* 1.

2 OLG Stuttgart OLGSt N.F § 123, 2; *Münchhalffen/Gatzweiler* Rn. 329; SK/*Paeffgen* 2 (anders bei abgenötigter Entscheidung). Vgl. auch § 124, 2.

3 Ebenso BGH WM **2016** 1235; SK/*Paeffgen* 2; *Münchhalffen/Gatzweiler* Rn. 329. Beispiel: Der Verurteilte flieht kurze Zeit nach Strafantritt, ehe der die Sicherheit (deklaratorisch) freigebende Beschluss ergeht.

4 Zur Anwendbarkeit gemäß § 126a s. LR/*Gärtner* § 126a, 23.

5 OLG Frankfurt NStZ-RR **2001** 381; OLG Düsseldorf NStZ **1999** 585; OLG Karlsruhe NStZ **1992** 204; *Eb. Schmidt* Nachtr. I 4; **a.A.** *Hartung* § 121, 4.

usw. Denn neue Tatsachen oder Beweismittel, die unmittelbar nach dem Freispruch bekannt werden, können trotz Freispruchs der Aufhebung des Haftbefehls entgegenstehen (§ 120, 52). Die Ansicht, dass es bei Ereignissen, die **notwendigerweise** die **Einstellung** herbeiführen (Verjährung, Amnestie), keiner Aufhebung des Haftbefehls bedürfe,[6] wird schon durch die Überlegung widerlegt, dass der Beschuldigte, wenn ein Haftbefehl vollzogen wird, erst dann aus der Haft entlassen werden kann, wenn der Haftbefehl aufgehoben worden ist.[7] Alsdann kann, wenn der Vollzug des Haftbefehls nur ausgesetzt worden ist, die Sicherheit erst recht nicht ohne diesen Akt frei werden. Darin liegt auch keine Ungerechtigkeit, weil die Sicherheit dann nicht mehr verfallen kann. Denn sobald Prozesshindernisse eingetreten sind, können keine Prozesshandlungen mehr erforderlich werden, denen sich der Beschuldigte entziehen könnte.

7 Ist der Haftbefehl weiterhin in Kraft geblieben, obwohl er **bei richtiger Sachbehandlung** aus prozessualen Gründen an sich schon **hätte aufgehoben werden müssen** (etwa wegen Verstoßes gegen das haftrechtliche Beschleunigungsgebot), wird angesichts des eindeutigen Wortlauts der Norm die Sicherheit bis zur förmlichen Aufhebung des Haftbefehls nicht frei und kann demzufolge bei Eintritt der Voraussetzungen des § 124 Abs. 1 noch verfallen.[8]

8 **b) Rechtskraft.** Eine dogmatisch überzeugende Antwort auf die Frage nach dem rechtlichen Schicksal der nach § 116 Abs. 1 angeordneten Haftverschonungsauflagen und -weisungen im Fall der Rechtskraft eines auf Freiheitsentziehung lautenden Urteils lässt sich auf der Grundlage des geltenden Rechts nur schwer finden (s. auch § 116, 33).

9 Nach **h.M.** beendet die Rechtskraft die Untersuchung und damit die Untersuchungshaft; der **Haftbefehl erledigt sich** mit der Rechtskraft **von selbst**[9] (zu den Einzelheiten s. Vor § 112, 93ff.). Besonderes gilt jedoch, wenn – und nur diesen Fall regelt § 123 – der Haftbefehl nach § 116 außer Vollzug gesetzt war. Dann erledigen sich die zur Sicherung des Haftzwecks nach § 116 getroffenen Maßnahmen nicht von selbst. Hebt das Gericht in einem solchen Fall den Haftbefehl auf, dann besagt das nach Auffassung der h.M. nur, dass die Untersuchung beendet ist, nicht aber, dass die Haftgründe entfallen sind. Da die Sicherheit auch dazu diene, den Antritt einer Freiheitsstrafe zu erzwingen, könne der Umstand, dass der Haftbefehl allein wegen des Endes der Untersuchung aufgehoben wird, nicht bewirken, dass die Sicherheit frei wird.[10] Dieses Ziel könne nur mit dem Antrag erreicht werden, neben dem Haftbefehl auch den Beschluss aufzuheben, durch den das Gericht die Aussetzung seines Vollzugs angeordnet hat. Einem solchen Antrag der Staatsanwaltschaft müsse im Übrigen das Gericht selbst

---

6 *Lobe/Alsberg* § 121 II 5.

7 Vgl. *Eb. Schmidt* Nachtr. I 21.

8 OLG Frankfurt NStZ-RR **2001** 381; KK/*Schultheis* 2; HK/*Posthoff* 3; Meyer-Goßner/*Schmitt* 2; MüKo/*Böhm/Werner* 9; s. auch OLG Hamm NStZ-RR **1996** 270 = StV **1996** 498 (offen gelassen, aber dieser Ansicht zuneigend); **a.A.** LG Lüneburg StV **1987** 111 (für den Fall der Flucht des Beschuldigten vor einer an sich gebotenen, aber infolge Zweifeln über die sachliche Zuständigkeit unterbliebenen Aufhebung des Haftbefehls).

9 Vgl. OLG Karlsruhe MDR **1980** 598; OLG Düsseldorf OLGSt N.F § 124, 1; OLG Frankfurt NStZ-RR **2003** 143; Meyer-Goßner/*Schmitt* 2; KK/*Schultheis* 3; SK/*Paeffgen* 4; s. aber OLG Frankfurt NJW **1979** 655; OLG Stuttgart Justiz **1984** 213 (Fortbestand des Haftbefehls im Falle der Vollzugsaussetzung nach § 116); OLG Düsseldorf NStZ **1999** 585; OLG Köln JMBlNW **2005** 22; *Schlothauer/Weider/Nobis* Rn. 1012f.; *Seebode* (Vollzug) 105.

10 OLG Bremen NJW **1963** 1024; OLG Düsseldorf OLGSt N.F § 124, 1; NStZ **1999** 585; OLG Frankfurt NJW **1979** 665; NStZ-RR **2003** 143; OLG Hamburg MDR **1977** 949; OLG Karlsruhe MDR **1980** 598; OLG Nürnberg OLGSt N.F § 116, 1; OLG Stuttgart MDR **1984** 164; Justiz **1984** 213; OLG Köln JMBlNW **2005** 22; Meyer-Goßner/*Schmitt* 2; KK/*Schultheis* 3; vgl. auch (krit.) *Schlothauer/Weider/Nobis* Rn. 1007ff.

dann entsprechen, wenn es entgegen deren Ansicht eine weitere Sicherung für erforderlich hält. Denn da die Maßnahmen gemäß § 116 Abs. 1 nach Eintritt der Rechtskraft der Verurteilung nur noch dazu dienten, die der Staatsanwaltschaft obliegende Vollstreckung der rechtskräftigen Freiheitsstrafe zu sichern, habe auch allein sie darüber zu befinden, ob oder in welcher Weise die künftige Vollstreckung besonders gesichert werden soll.[11]

Dieser Lösungsweg **entspricht der h.M. zum Zweck der Untersuchungshaft** (Vor 10
§ 112, 19 ff.). Aber auch wenn man der zum Haftzweck vertretenen Mindermeinung (Vor § 112, 22) folgt, kann ihr, wenngleich mit anderer Begründung, zugestimmt werden.[12] Vollstreckungssicherung ist danach zwar nicht Zweck der Untersuchungshaft. Aber eine sich aus einem Haftgrund ergebende Verfahrenslage, nämlich bestehende Haftersatzmaßnahmen, dürfen (mittelbar) zur Vollstreckungssicherung genutzt werden, wenn die Ersatzmaßnahmen hierzu geeignet sind.[13]

Diese Lösung (gleich, wie begründet) bedeutet nach dem Verständnis der meisten 11
Vertreter der h.M. allerdings, dass die zur Vollstreckungssicherung fortbestehenden Haftersatzmaßnahmen nicht mehr auf einem Haftgrund und damit nicht mehr auf dem Haftbefehl beruhen, sondern die Anordnung der **Maßnahmen isoliert fortbestehen** soll,[14] bis die Voraussetzungen in Nummer 2 zweite oder dritte Alternative erfüllt sind[15] oder die Staatsanwaltschaft die Aufhebung der Ersatzmaßnahmen beantragt, etwa weil sie zur Vollstreckungssicherung nicht (mehr) geeignet oder nicht (mehr) erforderlich sind. Eine solche isolierte Fortgeltung lässt sich aber schon angesichts der eindeutigen Regelung in Absatz 1 Nr. 1, die die Akzessorietät zwischen Haftbefehl und Haftverschonungsauflagen zum Ausdruck bringt, **schwerlich begründen.** Es erscheint grundsätzlich zweifelhaft, dass ein Haftverschonungsbeschluss fortbestehen soll, obwohl der ihm zugrunde liegende Haftbefehl in seiner freiheitsentziehenden Wirkung entfallen ist, insbesondere dann, wenn der Haftbefehl sogar ausdrücklich (wenn auch nur deklaratorisch) aufgehoben worden ist. Da die Maßnahmen nach § 116 Abs. 1 als Ersatz (lediglich) für den Vollzug des Haftbefehls angeordnet werden, setzen sie vielmehr voraus, dass der Haftbefehl als solcher in seinem Bestand nicht berührt wird. Die Abhängigkeit der Haftverschonungsmaßnahmen von dem zugrunde liegenden Haftbefehl kommt auch darin zum Ausdruck, dass derartige Maßnahmen nicht angeordnet werden dürfen, wenn kein Haftbefehl mehr zulässig ist, und dass bei jeder Entscheidung über eine Haftverschonung inzident auch über den Fortbestand des Haftbefehls entschieden wird (s. § 116, 6). Auch aus Absatz 1 Nr. 1, Absatz 2, wonach Haftersatzmaßnahmen bei Aufhebung des Haftbefehls ebenfalls zwingend aufzuheben sind und eine noch nicht verfallene Sicherheit frei wird, ergibt sich, dass der isolierte Fortbestand derartiger Maßnahmen bei nachträglichem Entfallen des Haftbefehls gesetzlich nicht vorgesehen ist.[16]

---

11 OLG Hamburg MDR **1977** 949; AK/*Krause* 2; vgl. auch RiStBV Nr. 57 Abs. 2 Satz 2.

12 Ablehnend SK/*Paeffgen* 4 (Vollstreckungshaftbefehl erforderlich).

13 Vgl. dazu OLG Nürnberg OLGSt N.F § 116, 1 (auch zur Vollzugsuntauglichkeit); OLG Karlsruhe MDR **1980** 598; einschränkend *Seebode* (Vollzug) 105 (nur Maßnahmen gemäß § 116 Abs. 1, 3); *Schlothauer/Weider/Nobis* Rn. 1013 (bei Haft wegen Fluchtgefahr oder Tatschwere); vgl. auch OLG Frankfurt NJW **1979** 665; OLG München StV **2000** 509 mit Anm. *Sättele*. Die Eignung kann jedenfalls fraglich sein bei manchen der Verdunkelungsgefahr entgegenwirkenden Maßnahmen, z.B. beim Kontaktverbot nach § 116 Abs. 2.

14 Vgl. nur OLG Frankfurt NStZ-RR **2003** 143; KK/*Schultheis* 3; **a.A.** *Seebode* (Vollzug) 105 (Fortbestand des Haftbefehls); *Schlothauer/Weider/Nobis* Rn. 1007 ff., 1013 f. (differenzierend nach einzelnen Haftgründen).

15 Vgl. OLG Hamburg MDR **1977** 949; OLG Karlsruhe MDR **1980** 598; Meyer-Goßner/*Schmitt* 2.

16 Vgl. ausführlich KG NStZ **2012** 230 = StV **2011** 740 = StraFo **2011** 369 = OLGSt StPO § 116 Nr. 8 = StRR **2012** 72 mit. Anm. *Hunsmann*.

12 Angesichts dieser dogmatischen Schwächen wird vertreten, dass von dem Grundsatz, der Haftbefehl erledige sich mit der Rechtskraft, für den Fall der Haftverschonung eine Ausnahme zu machen sei mit der Folge, dass in dieser Konstellation der **Haftbefehl als Grundlage für die** die Vollstreckung sichernden **Haftverschonungsauflagen fortgilt.**[17] Hiergegen ist zwar der Einwand erhoben worden, dass sich solche unterschiedlichen Ergebnisse zum Fortbestand des Haftbefehls nicht begründen ließen. Dagegen wiederum lässt sich anführen, dass in den §§ 123, 124 ein gesetzlicher Anknüpfungspunkt für eine besondere Behandlung beschränkender Maßnahmen bei Haftverschonungen zu finden ist. Auch mit Blick auf den (vollstreckungssichernden) Zweck der Untersuchungshaft erscheint eine Unterscheidung nicht ganz fernliegend: Wird der Haftbefehl vollzogen, so ist auch bei Annahme der Gegenstandslosigkeit des Haftbefehls die Vollstreckung der (nunmehr rechtskräftigen) Freiheitsstrafe oder anderen freiheitsentziehenden Sanktion gesichert, da sich der Verurteilte bereits in staatlichem Gewahrsam befindet. Demgegenüber liegt kein solches Erreichen dieses Zwecks der Untersuchungshaft vor, wenn der Verurteilte bei Eintritt der Rechtskraft vom Vollzug der Untersuchungshaft verschont ist. Dass einem nicht ausdrücklich beseitigten Haftbefehl trotz Rechtskrafteintritts eine gleichsam **schwebende Wirkkraft** zukommt, folgt aus § 47 Abs. 3, wonach ein Haftbefehl bei Durchbrechung der Rechtskraft infolge Wiedereinsetzung „wieder wirksam" werden kann. Ein einmal entfallener, zumal durch eine gerichtliche Aufhebungsentscheidung ausdrücklich beseitigter, Haftbefehl kann aber nicht „wieder wirksam" werden oder „wieder aufleben".[18]

13 Gegen eine **weitere Ansicht**, nach der die Haftersatzmaßnahmen nicht fortgelten (und gar nicht fortgelten können), weil mit dem Rechtskrafteintritt ein Haftbefehl stets aufgehoben werden müsse oder sich erledige, womit auch jede Haft zwischen Rechtskraft und förmlichem Beginn der Vollstreckung rechtswidrig sei[19] (s. auch Vor § 112, 98), spricht schon die Regelung des Absatz 1 Nr. 2, die überflüssig wäre, wenn die Auflagen von selbst gegenstandslos würden oder jedenfalls zwingend (sofort) aufgehoben werden müssten.[20] Die ebenfalls **noch vertretene Auffassung**, dass der Haftbefehl bei Rechtskrafteintritt generell nicht gegenstandslos werde, sondern weiter wirksam bleibe und bis zur förmlichen Einleitung der Vollstreckung die Grundlage der (weiteren) Inhaftierung bilde,[21] ist jedenfalls mit der Einfügung des § 47 Abs. 3 Satz 1, der die Fiktion des Wiederauflebens des (zuvor prozessual überholten) Haftbefehls enthält, schwerlich zu begründen (s. Vor § 112, 99).

14 Nach allem dürfte der **differenzierenden Auffassung** (Rn. 12) **im Ergebnis zuzustimmen sein.**[22] Ausgehend von dem gesetzgeberischen Grundgedanken, dass der Haftbefehl die Grundlage aller Maßnahmen nach § 116 Abs. 1 bildet, wird man annehmen können, dass sich beim Rechtskrafteintritt der Haftbefehl zwar als Grundlage eines tatsächlichen Freiheitsentzuges erledigt, nicht aber als solcher entfällt, sondern (wenn er nicht ausdrücklich aufgehoben wird)[23] vielmehr noch die notwendige[24] Grundlage der an Stelle seines Vollzuges angeordneten prozessualen Zwangsmaßnahmen nach § 116 Abs. 1

17 KG aaO (Fn. 16); OLG Frankfurt NJW **1979** 665; OLG Stuttgart Justiz **1984** 213; LG Stuttgart Beschl. v. 13.10.2008 – 11 KLs 145 Js 85122a/07 – (juris) = StRR **2009** 118 mit Anm. *Herrmann*; s. auch OLG Düsseldorf NStZ **1999** 585; OLG Köln JMBlNW **2005** 22.
18 So die von BVerfG NStZ **2005** 699 verwendete Formulierung.
19 SK/*Paeffgen* 9a.
20 Vgl. auch OLG Köln JMBlNW **2005** 22.
21 *Schweckendieck* NStZ **2011** 10 ff.
22 So nunmehr auch Graf/*Krauß* 3.
23 **A.A.** aber wohl KK/*Schultheis* 3.
24 Vgl. auch KG aaO (Fn. 16): „denklogische".

bildet. Soweit einzelne Vertreter der differenzierenden Auffassung allerdings auch damit argumentieren, dass isolierte Maßnahmen nach § 116 Abs. 1 ein wenig effektives Sicherungsmittel wären, da das Gericht bei groben Pflichtverstößen oder Fluchtvorbereitungen des Verurteilten nicht die Möglichkeit hätte, den Haftbefehl wieder in Vollzug zu setzen (§ 116 Abs. 4), sondern als Reaktionsmöglichkeit im Wesentlichen nur der Verfall einer geleisteten Sicherheit nach § 124 Abs. 1 oder der Erlass eines Vollstreckungshaftbefehls nach § 457 blieben, und hieraus offenbar die Konsequenz ziehen wollen, dass bei Auflagenverstößen nach Urteilsrechtskraft auch eine Wiederinvollzugsetzung des Haftbefehls möglich sein soll,[25] dürfte dies nicht vertretbar sein. Untersuchungshaft nach rechtskräftigem Verfahrensabschluss und damit auch eine Wiederinvollzugsetzung des Untersuchungshafthaftbefehls nach Rechtskrafteintritt sind unzulässig (Vor § 112, 22f.). Auch aus den §§ 123, 124 lässt sich keine Ermächtigung für einen Eingriff in die Freiheit der Person ableiten.[26]

Zwar wird sich die dargestellte Problematik in der **Praxis** mit einer **unverzüglichen Einleitung der Strafvollstreckung**, jedenfalls dem Erlass eines Vollstreckungshaftbefehls, abmildern lassen; dies ändert aber nichts an der ungenügenden dogmatischen Grundlage der derzeitigen praktischen Handhabung. 15

c) Tod des Beschuldigten. Folgt man der inzwischen h.M., dass im Falle des Todes des Beschuldigten das Verfahren einzustellen ist (vgl. die Erl. zu § 206a), so können weitere Entscheidungen, etwa eine Aufhebung der getroffenen Maßnahmen, erforderlich sein[27] (s. auch Rn. 2, 33ff.). Der Tod beendet das Verfahren nicht von selbst und lässt auch nicht ohne weiteres den Haftbefehl und die nach § 116 Abs. 1 angeordneten Ersatzmaßnahmen entfallen.[28] Diese Grundsätze gelten auch, wenn der Beschuldigte Selbstmord begangen hat (§ 124, 20). Der Verfahrensbeendigung kann keine befreiende Wirkung zukommen, wenn die Sicherheit schon vorher durch Flucht verfallen war.[29] 16

3. Vollzug der Untersuchungshaft. Die nach § 116 Abs. 1 bis 3 angeordneten Maßnahmen sind ferner aufzuheben und die Sicherheit wird weiterhin frei, wenn gegen den Beschuldigten in der Sache, in der der Vollzug des Haftbefehls ausgesetzt worden ist, Untersuchungshaft vollzogen wird. Nach dieser Wortfassung reicht die Verhaftung (§ 114a Abs. 1) nicht aus. Maßgeblich ist vielmehr der **Beginn des Vollzugs**. Dazu ist es erforderlich, dass der Beschuldigte in die zuständige Haftanstalt gebracht wird; eine Sicherheit verfällt, wenn er auf dem Transport vom Festnahmeort zur Anstalt flieht.[30] Da die Vorschrift den Vollzug der Untersuchungshaft zur Voraussetzung der Aufhebung und des Freiwerdens macht, kommt es auf die **Einlieferung in die zuständige Anstalt** an. Ist der Beschuldigte nach der Verhaftung zunächst in eine fremde Haftanstalt eingeliefert worden, hat damit der Vollzug der Untersuchungshaft noch nicht begonnen. Flieht der Beschuldigte auf dem Transport zur zuständigen Anstalt, wird die Sicherheit nicht frei. Das Gleiche ist der Fall, wenn der Beschuldigte **in anderer Sache** in Untersuchungshaft kommt, selbst wenn Überhaft (Vor § 112, 89) notiert wird. Denn auch während dieser Haft kann er sich noch in der (anderen) Sache, in der Sicherheit geleistet worden ist, der Untersuchung oder dem Strafantritt entziehen. Freilich kann die Verhaf- 17

25 In diesem Sinne ersichtlich KG aaO (Fn. 16); ebenso *Hunsmann* StRR **2012** 73.
26 S. auch LR/*Hilger*[26] Vor § 112, 4; ausführlich HK/*Posthoff* 4f.
27 Vgl. BGHSt **45** 108, 117; SK/*Paeffgen* 5; **a.A.** OLG Brandenburg StraFo **1998** 212; KK/*Schultheis* 4.
28 HK/*Posthoff* 7.
29 OLG Colmar *Alsb.* E **1** 294.
30 *Gerding* LV zu § 124, 11.

tung Veranlassung geben, den Haftbefehl aufzuheben. Geschieht dies nicht, wird entgegen teilweise vertretener Ansicht eine Sicherheit nicht deshalb frei, weil der in anderer Sache unfreiwillig in Haft genommene Beschuldigte erklärt, dass er sich nunmehr auch in der Sache der Untersuchungshaft unterwerfe, in der die Sicherheit geleistet worden ist. Denn der Beschuldigte kann nicht durch eine einfache **„Erstreckungserklärung"** die staatlichen Sicherungsinteressen durchkreuzen.[31] Wegen der Folgen des Haftvollzugs in anderer Sache s. Vor § 112, 88 ff.

18 Demgegenüber wird die Sicherheit frei, wenn sich der Beschuldigte **freiwillig** – wenn auch vielleicht auf Veranlassung dessen, der Sicherheit geleistet hat – **stellt**, so dass die Untersuchungshaft vollzogen wird. Das Gericht ist, wenn der Beschuldigte das verlangt, zum Vollzug verpflichtet, da die Aussetzung des Vollzugs eines Haftbefehls gegen Maßnahmen oder gegen Sicherheitsleistung eine Erleichterung für den Beschuldigten ist, nicht für den Staat. Dieser kann weder erzwingen, dass der Beschuldigte Weisungen befolgt, noch dass eine Sicherheit geleistet wird. Daher kann der Beschuldigte, wenn er die Sicherheitsleistung auch nicht zurücknehmen kann (§ 116a, 28), doch auf die Aussetzung in der Weise Verzicht leisten, dass er sich in den Haftvollzug begibt. Damit kann er die Sicherheit frei machen oder Beschränkungen abwerfen, die ihm lästiger geworden sind als die Untersuchungshaft es ihm ist.

19 Entscheidend ist nach dem eindeutigen Wortlaut der Vorschrift, dass sich der Beschuldigte tatsächlich bereits im Untersuchungshaftvollzug befindet, sodass er sich infolge seiner sicheren Verwahrung dem Verfahren nicht mehr entziehen kann. Die Wirkung der Nummer 2 tritt nicht bereits ein mit dem **Widerruf einer Haftverschonung** nach § 116 Abs. 4,[32] auch wenn der Beschuldigte aufgrund dieser Entscheidung bei seiner Flucht kurzzeitig festgehalten wurde, bevor er sich sogleich wieder losreißen und endgültig fliehen konnte. Die anderslautende Auffassung[33] scheint – wie auch ein Judikat zu Absatz 2[34] – von dem Bemühen bestimmt zu sein, einem Dritten den Verfall der von ihm geleisteten Sicherheit (als „unbilliges Ergebnis") zu ersparen; sie ist jedoch mit dem Wortlaut nicht vereinbar. Nicht zutreffend ist insbesondere die Annahme, dass bei dem kurzzeitigen Festhalten schon Untersuchungshaft vollzogen werde, weil die Festnahme „ihre Rechtfertigung gerade in dem (wieder in Vollzug gesetzten) Untersuchungshaftbefehl" habe.[35] Mit dieser Argumentation ließe sich jede Verhaftung aufgrund eines bestehenden Haftbefehls als Untersuchungshaftvollzug betrachten, was schwerlich vertretbar ist (zum Beginn der Untersuchungshaftvollstreckung s. auch § 115a, 9; § 115, 14).

4. Straf- und Maßregelvollzug

20 **a) Strafvollzug.** Endlich sind die Maßnahmen aufzuheben und wird die Sicherheit frei, wenn die erkannte Freiheitsstrafe in der Sache vollzogen wird, in der der Vollzug des Haftbefehls ausgesetzt war. **Freiheitsstrafe** ist die allgemeine Freiheitsstrafe (§§ 38, 39 StGB), die Jugendstrafe (§ 17 JGG) und der Strafarrest (§ 9 WStG). **Jugendarrest**, auch in der Form des Dauerarrests (§ 16 JGG), ist ein Zuchtmittel und keine Strafe, aber zuweilen wie eine Freiheitsstrafe zu behandeln. So ist es auch hier der Fall. Wird auch im All-

---

31 SK/*Paeffgen* 7.

32 KK/*Schultheis* 5; HK/*Posthoff* 6; SSW/*Herrmann* 8; Graf/*Krauß* 4; Meyer-Goßner/*Schmitt* 4; AnwK-StPO/*Lammer* 3; SK/*Paeffgen* 7; AK/*Krause* 3; MüKo/*Böhm*/*Werner* 11; **a.A.** KMR/*Wankel* 4; AnwK-UHaft/*König* 4.

33 OLG Jena wistra **2009** 324; zustimmend lediglich HK-GS/*Laue* 3.

34 LG Lüneburg StV **1987** 111; s. dazu Rn. 7.

35 So aber OLG Jena wistra **2009** 324.

gemeinen kein Haftbefehl erlassen werden, wenn nur Jugendarrest zu erwarten ist, so kann doch die Erwartung zunächst auf eine Jugendstrafe gerichtet gewesen sein. Jedenfalls wird die Sicherheit frei, wenn (gegen die Erwartung nur) auf Jugendarrest erkannt worden ist, der Beschuldigte den Arrest angetreten hat und damit der Zweck der Sicherheit erreicht ist.[36] Maßgebender **Zeitpunkt** für die Aufhebung und das Freiwerden ist nicht die Verhaftung (§ 457 Abs. 1), sondern die Aufnahme in die von der Vollstreckungsbehörde bezeichnete Anstalt. Wie es zum **Strafantritt** kommt, ob der Verurteilte sich freiwillig stellt oder ob er verhaftet wird, ist gleichgültig, doch wird im letzteren Fall oft, nicht regelmäßig (§ 124, 18), die Sicherheit verfallen sein, weil sich der Verurteilte dem Strafantritt entzogen hatte.

Wird im Urteil auf eine **Geldstrafe** erkannt, so wird zwar der Haftbefehl in aller Re- 21
gel aufgehoben werden, aber doch nicht in jedem Fall (§ 120, 17ff.). Tritt indessen die Rechtskraft eines solchen Urteils ein, ist der Haftbefehl stets aufzuheben (Vor § 112, 95). Als Folge sind nach § 116 Abs. 1 bis 3 angeordnete Maßnahmen außer Kraft zu setzen und wird eine Sicherheit frei. Sie darf weder für die Geldstrafe noch für **Verfahrenskosten** in Anspruch genommen werden,[37] noch kann sie verfallen, wenn der Verurteilte die Geldstrafe nicht bezahlt und sich dem Antritt der Ersatzfreiheitsstrafe entzieht.[38] Auch eine **Aufrechnung** mit einer staatlichen Forderung gegen den Anspruch auf Rückzahlung der Sicherheit ist unzulässig, weil der Beschuldigte keinen Anreiz hätte, vor Gericht zu erscheinen, wenn die Behörden seine Rückzahlungsforderung selbst im Falle seines Erscheinens zur Hauptverhandlung gegen Forderungen ihrerseits aufrechnen könnten, sodass die Aufrechungsmöglichkeit den Zielen der §§ 116, 123, 124 zuwiderlaufen würde[39] (vgl. Rn. 37).

Strafhaft in anderer Sache führt nicht zur Aufhebung der Maßnahmen, weil der 22
zuständige Richter keinen Einfluss auf ihr Ende hat. Doch kann längere Strafhaft in anderer Sache, wenn die Möglichkeit einer Entlassung (§ 57 Abs. 1 und 2 StGB) oder eine Begnadigung vor Abschluss des laufenden Verfahrens ausscheidet, zur Folge haben, dass der Haftbefehl und auf diese Weise auch Maßnahmen aufgehoben werden oder eine Sicherheit frei wird.

b) Maßregelvollzug. Dieselbe Wirkung wie der Vollzug der Freiheitsstrafe hat der 23
Vollzug einer freiheitsentziehenden **Maßregel** der Besserung und Sicherung. Es kommen **freiheitsentziehende Maßregeln** (vgl. § 61 StGB) mit Ausnahme der Sicherungsverwahrung in Betracht, wenn die Maßregel entweder allein oder aber neben einer Freiheitsstrafe verhängt, jedoch vor der Strafe vollzogen wird (§ 67 Abs. 1 StGB).

Die **Sicherungsverwahrung** kann als Maßregelantritt nicht in Betracht kommen, 24
weil ihr der Vollzug der Freiheitsstrafe vorangegangen sein muss. Der zu Sicherungsverwahrung Verurteilte kann auch nicht alsbald, sondern erst nach Strafantritt in einen Maßregelvollzug kommen (§ 67a Abs. 1, 2 StGB). Bei ihm führt allein der Strafantritt (Rn. 20) zur Aufhebung von Maßnahmen, wenn § 116 Abs. 1 bis 3 überhaupt angewendet werden konnte.

---

36 **A.A.** Meyer-Goßner/*Schmitt* § 124, 3; KMR/*Wankel* § 124, 3.
37 OLG Frankfurt NJW **1983** 295; LG Hamburg MDR **1948** 429; LG München II StV **1998** 554 (Verbot einer Verrechnungsauflage) mit Anm. *Eckstein*; LG München I StraFo **2003** 92 (Abtretungsverbot und Verrechnungsklausel unzulässig) mit Anm. *Eckstein*; KK/*Schultheis* 6; SK/*Paeffgen* 9; SSW/*Herrmann* 17; vgl. auch BGH NStZ **1985** 560.
38 KK/*Schultheis* 6; SK/*Paeffgen* 9; **a.A.** noch *Lobe/Alsberg* § 121, II 4 (Sicherheit haftet für Geldstrafe); *Eb. Schmidt* Nachtr. I § 116, 11. Vgl. weiter § 124, 13.
39 BGH NStZ **1985** 560; OLG Frankfurt StV **2000** 509; vgl. auch EGMR *Erol v. Deutschland*, 68250/11, Urt. v. 7.9.2017 (juris).

25 Bei der einstweiligen Unterbringung in einem **psychiatrischen Krankenhaus** kann die Frage bedeutsam werden, wenn man die Aussetzung der Vollstreckung eines **Unterbringungsbefehls** (§ 126a) als zulässig ansieht.[40]

II. Bürgenbefreiung (Absatz 3)

26 **1. Bürge.** Wer für den Beschuldigten Sicherheit geleistet hat, kann in zwei Fällen (Rn. 27; 30) die Sicherheit frei machen. Unter dem, der für den Beschuldigten **Sicherheit geleistet** hat, ist nur zu verstehen, wer sie zu dessen Gunsten **im eigenen Namen** erbracht hat, d.h. der „Bürge" i.S.d. § 116a Abs. 1, gleichviel ob die Sicherheit aus seinem Vermögen stammt oder dem eines anderen.[41] Denn die Sicherheitsleistung durch Dritte erlangt für das Gericht ihren Wert nicht allein durch die Höhe der Sicherheit, sondern namentlich durch die Bedeutung, die ihr Verlust für den Leistenden und dessen Schaden für den Beschuldigten haben würden. Daher hat das Schicksal der Sicherheitsleistung (Abtretung, Pfändung) dem Gericht gleichgültig zu bleiben. Es muss durch den Verfall der Sicherheit dem ein Übel zugefügt werden, dem (in persona) vertraut wurde. Die Befugnisse des Absatzes 3 kann mithin nicht ausüben, wer dem Beschuldigten oder einem Dritten die Sicherungsmittel überlassen hat, der diese dann seinerseits als Sicherungsgeber hinterlegt hat oder wer eine Sicherheit oder den Anspruch auf ihre Herausgabe rechtsgeschäftlich oder im Wege der Zwangsvollstreckung erworben hat.[42] Wohl aber hat der Erbe des Bürgen dessen Rechte.

27 **2. Gestellung.** Der Bürge kann die Freigabe der Sicherheit dadurch erlangen, dass er innerhalb einer vom Gericht bestimmten Frist den Beschuldigten veranlasst, sich dem Gericht zu stellen. Im Gegensatz zur Fluchtanzeige muss bei diesem Befreiungsgrund der Bürge mit dem Beschuldigten zusammenwirken. Die Vorschrift wird im Allgemeinen so ausgelegt, dass die Fristsetzung – weil sich der Beschuldigte jederzeit stellen kann – überflüssig sei und dass sie auf Verfall oder Freiwerden der Sicherheit nicht einwirke.[43] Da weiter Übereinstimmung besteht, dass die Bestimmung dem Bürgen mangels entsprechender Rechtsgrundlage[44] kein Recht gibt, den Beschuldigten gewaltsam vorzuführen oder die staatliche Gewalt dazu in Anspruch zu nehmen, die Selbstgestellung also nur mit psychischen Mitteln bewirkt werden kann, ist es kaum geboten, die Grundlage des Freiwerdens in Absatz 1 zu suchen, wenn der Beschuldigte sich selbst zur Gestellung entschlossen hat, sie aber in Absatz 3 zu finden, wenn der Bürge seinen Entschluss herbeigeführt hat.[45]

28 Der Sicherungsbürge kann, wenn er die Gestellung des Beschuldigten bewirkt, auch das Freiwerden einer **bereits verfallenen Sicherheit** bewirken.[46] In den Kommissionsverhandlungen hat der Regierungsvertreter ausgeführt, die Vorschrift behandle den Fall, dass der Beschuldigte bereits aufgefordert worden sei, sich wieder einzufinden, dieser

---

40 Vgl. LR/*Gärtner* § 126a, 23.

41 OLG Hamburg Rpfleger **1962** 220; OLG Stuttgart Justiz **1988** 373; OLG Köln OLGSt StPO § 124 Nr. 9; Beschl. v. 2.10.2009 – 2 Ws 462/09 – (juris).

42 Im Ergebnis ebenso BayObLGSt **10** (1911) 381. Vgl. zur Problematik, wer Sicherungsgeber ist, § 116a, 12ff. und § 124, 32.

43 OLG Hamburg GA **37** (1889) 225; OLG Hamm NJW **1972** 784; KK/*Schultheis* 9; Meyer-Goßner/*Schmitt* 7; SK/*Paeffgen* 11a; AK/*Krause* 5.

44 SK/*Paeffgen* 11a; AK/*Krause* 5.

45 *Lobe/Alsberg* § 121, III 2 a.

46 OLG Hamm NJW **1972** 784; KK/*Schultheis* 9; Meyer-Goßner/*Schmitt* 9; SK/*Paeffgen* 11a; AK/*Krause* 5; **a.A.** *Eb. Schmidt* Nachtr. I 15, 16.

Aufforderung aber keine Folge geleistet habe. Solchenfalls wäre eigentlich, streng genommen, die Sicherheit bereits verfallen. Aus besonderer Rücksicht gegen den Bürgen werde ihm aber noch eine Frist gesetzt, innerhalb deren er die Gestellung bewirken könne.[47] In der Tat kann der Fall, dass der Bürge die Gestellung des Beschuldigten veranlasst, nachdem ihm das Gericht dazu eine Frist gesetzt hat, nicht anders beurteilt werden, als dass der bereits eingetretene **Verfall** der Bürgensicherheit nachträglich **wieder aufgehoben** wird. Das Gemeinte, dass eine („eigentlich", „streng genommen") bereits verfallene Sicherheit nachträglich doch wieder frei „gegeben" wird („kann die Freigabe ... erlangen"), ist dem Gesetzestext auch zu entnehmen, zumal wenn man den verschiedenen Wortlaut der beiden Absätze (Die Sicherheit wird frei – Wer Sicherheit geleistet hat, kann deren Freigabe erlangen) berücksichtigt. Die Vorschrift ist auch allein bei der hier getroffenen Auslegung[48] sinnvoll: Der Beschuldigte ist dem Bürgen durch seine Ehre verpflichtet. Ist er der Versuchung erlegen, die Freiheit über die Ehre zu stellen, kann der Appell dessen, der ihm vertraut hat, noch am ehesten seine Umkehr bewirken. Dieses Verhältnis zwischen Bürgen und Beschuldigten benutzt der Staat, um Gewalt über den Beschuldigten zu erlangen, und er opfert dafür die bereits verfallene Sicherheit. Denn nicht an dieser, sondern nur an dem Beschuldigten selbst ist ihm gelegen.

Es **bleibt jedoch bei dem Verfall**, wenn sich der Beschuldigte nach seiner Flucht 29
völlig aus eigenem Antrieb oder nach Einwirkung eines Dritten stellt oder festgenommen wird, auch wenn sich der Sicherungsgeber gleichzeitig insoweit bemüht hat, ein Zusammenwirken mit dem Beschuldigten jedoch fehlt (Rn. 27).

3. Fluchtanzeige. Die Sicherheit wird auch frei, wenn der Bürge rechtzeitig Tatsa- 30
chen anzeigt, die den Verdacht begründen, dass der Beschuldigte zu fliehen beabsichtige. Wieweit die Tatsachen glaubhaft gemacht sein müssen und an wen die Anzeige zu richten ist, sagt das Gesetz nicht. Beides ist zu untersuchen, wenn im Falle einer erfolglosen Anzeige geprüft wird, ob die Anzeige rechtzeitig war. **Rechtzeitig** ist die Anzeige, die dazu führt, dass der Beschuldigte an der Flucht gehindert werden kann, wenn die beteiligten Behörden unverzüglich und sachgemäß handeln.[49] **Unverzüglich** heißt auch hier: ohne eine in der Sache nicht gerechtfertigte Verzögerung (§ 115, 10). Da das Gericht einen von der Haft freigestellten Beschuldigten nur verhaften kann, wenn der Verdacht der Flucht in einem hohen Grade wahrscheinlich (§ 112, 35) ist, gehen die Zeiten zu Lasten des Bürgen, die das Gericht braucht, um durch Rückfragen, ggf. polizeiliche Ermittlungen, jene Wahrscheinlichkeit festzustellen.

Zu Lasten des Bürgen ist auch die Zeit zu rechnen, die, wenn eine unzuständige Stel- 31
le angegangen wird, benötigt wird, um unverzüglich die zuständige zu ermitteln und dieser die Anzeige zuzuleiten.[50] Ziel der Anzeige ist die Anordnung der Verhaftung nach § 116 Abs. 4 Nr. 2 oder 3. Das dafür **zuständige Gericht** ergibt sich aus § 126. Wenn der Bürge dieses angeht, ist seine Anzeige in Bezug auf die Auswahl des Adressaten rechtzeitig. Sie ist es, da der Bürge den Stand des Verfahrens und die wechselnden Zuständigkeiten nicht immer kennen wird, auch dann, wenn er das Gericht benachrichtigt, bei dem er die Sicherheit geleistet hat.[51] Zuständige Behörden sind auch die **Staatsanwaltschaft** und die **Polizei.**[52] Auch in Bezug auf die Möglichkeit, den Beschuldigten zu ergreifen,

---

47 *Hahn* Mat. **1** 678.
48 Vgl. auch *John* §§ 120 bis 122, II 2; *Gerding* LV zu § 124, S. 18.
49 OLG Düsseldorf NStZ **1985** 38; s. auch OLG Koblenz JBlRhPf. **2004** 199.
50 KK/*Schultheis* 10; SK/*Paeffgen* 11b.
51 Vgl. OLG Düsseldorf NStZ **1985** 38.
52 Meyer-Goßner/*Schmitt* 8; KK/*Schultheis* 10; SK/*Paeffgen* 11b.

bevor er geflohen ist, muss die Anzeige so rechtzeitig sein, dass eine unverzüglich und sachgemäß arbeitende Behörde Erfolg erzielen kann. **Zufälligkeiten**, die die Verhaftung verhindern, wirken gegen den Bürgen; sie zeigen, dass die Anzeige nicht rechtzeitig war.

32 Bei der Anzeige einer beabsichtigten Flucht wird das Freiwerden der Sicherheit allein in die **Initiative des Bürgen** gestellt. Er ist nicht darauf angewiesen, dass der Beschuldigte, der ihm gegenüber untreu zu werden droht, ihn unterstützt. Hat der Beschuldigte sich der Untersuchung oder dem Antritt einer Freiheitsstrafe schon entzogen, dann ist damit freilich die Sicherheit schon verfallen (§ 124 Abs. 1), und es kann allenfalls der in Rn. 27 bis 29 behandelte Weg zur Befreiung des Bürgen führen. Ist aber die Anzeige vor einer beabsichtigten Flucht geeignet, die Verhaftung herbeizuführen, so wird die Sicherheit durch die Anzeige auch dann frei, wenn der Beschuldigte wegen Nachlässigkeit der Behörden seine Flucht doch noch bewerkstelligen kann[53] oder wenn er trotz einer Flucht nicht verhaftet wird, nachdem er reuig zurückgekehrt ist. Hat der Bürge das Seine getan, braucht er kein erhöhtes Risiko mehr zu tragen. Die Sicherheit wird hingegen nicht frei, wenn der Beschuldigte erst nach eigenen Fahndungsmaßnahmen und nicht mehr unmittelbar aufgrund der Bürgenanzeige ergriffen wird.[54] Zum **Verfahren** s. Rn. 35.

III. Verfahren

33 **1. Maßnahmen.** Die Entscheidung über die Aufhebung der Maßnahmen ergeht, sobald die Voraussetzungen dafür eingetreten sind, von Amts wegen oder – und das wird im Verfahren die Regel sein – auf Antrag der Staatsanwaltschaft.[55] Auf die (konstitutive) Aufhebung der Maßnahmen ist von Gericht und Staatsanwaltschaft besonders dann zu achten, wenn Polizeidienststellen mit Kontrollmaßnahmen beauftragt worden sind. Auch der **Beschuldigte** ist antragsberechtigt, wenn er auch in der Regel wenig Interesse an der Aufhebung haben wird. Denn wenn er den Pflichten nicht nachkommt und sich den Beschränkungen nicht fügt, kann das für ihn keine nachteiligen Folgen mehr haben. Nur im Fall des § 116 Abs. 3 (Verlassen der Wohnung nur unter der Aufsicht eines anderen) oder von ähnlichen Maßnahmen wird er, wenn der Haftbefehl aufgehoben ist, Anträge stellen.

34 **2. Sicherheitsleistung.** Besonderheiten gelten für die Sicherheitsleistung. Mit dem Ereignis, das die Sicherheit frei macht, tritt das **Freiwerden kraft Gesetzes** ein;[56] ein dahingehender Gerichtsbeschluss hat nur deklaratorische Bedeutung.[57] Die Sicherheit wird endgültig frei. Später eintretende Verfallgründe (§ 124 Abs. 1) heben die Freiheit selbst dann nicht wieder auf, wenn die frei gewordene Sicherheit noch nicht herausgegeben ist. Kommt es auf eine Handlung des Bürgen an (Absatz 3), so macht diese nur die Sicherheit des Handelnden frei, nicht auch die eines weiteren Bürgen oder des Beschuldigten.

35 Auch wenn die Sicherheit von Rechts wegen frei wird, so ist damit dem Beschuldigten oder dem Bürgen aber noch nicht gedient. Vielmehr muss das Freiwerden in der Regel durch eine **gerichtliche Entscheidung** (deklaratorisch) festgestellt werden,[58] weil

---

53 OLG Dresden JW **1923** 420; OLG Düsseldorf NStZ **1985** 38.
54 *Münchhalffen/Gatzweiler* Rn. 332; HK/*Posthoff* 13.
55 Vgl. OLG Karlsruhe Justiz **1982** 438; RiStBV Nr. 57 Abs. 2 Satz 2.
56 OLG Hamburg GA **37** (1889) 224; BayObLGSt **7** (1908) 330.
57 OLG Celle NStZ-RR **1999** 178; *Eb. Schmidt* Nachtr. I 9; KK/*Schultheis* 1.
58 OLG Stuttgart MDR **1984** 164; OLG Frankfurt NJW **1983** 295; KK/*Schultheis* 7; s. auch LG Berlin NStZ **2002** 278.

erst hierdurch die **amtliche Verstrickung** der Sicherheit gelöst und der **Herausgabeanspruch** gegenüber der Hinterlegungsstelle begründet wird.[59]

Die gerichtliche Entscheidung ergeht in der Regel von Amts wegen, bei Anzeige des Bürgen (Absatz 3) grundsätzlich auf **Antrag**. In diesem hat der **Bürge** darzulegen, dass der begründete Verdacht der Fluchtabsicht bestanden hatte. Das Gericht hat das und die Rechtzeitigkeit der Anzeige nachzuprüfen. In diesem Fall kann das Gericht dahin entscheiden, dass die Sicherheit nicht frei geworden sei, ohne dass es gleichzeitig die Sicherheit für verfallen erklärt. Das ist der Fall, wenn das Gericht verneint, dass ein begründeter Fluchtverdacht vorgelegen habe. In allen anderen Fällen kann das Gericht nur entweder das Freiwerden der Sicherheit feststellen oder, wenn es den Ausspruch des Verfalls erwägt, das **Verfahren nach § 124 Abs. 2** einleiten. Das muss es tun, wenn die Staatsanwaltschaft beantragt, die Sicherheit für verfallen zu erklären. Wegen der Zuständigkeit des Gerichts s. § 126, 45. **36**

Als **Folge des Freiwerdens** muss die hierfür zuständige **Hinterlegungsstelle**[60] die Verwahrung oder sonstige Verstrickung lösen, auf Empfangsbefugnisse (vgl. § 116a, 9) verzichten, die Löschung einer Grundschuld bewilligen usw. Die Sicherheit ist dem zurückzugeben oder zurückzuübertragen, der sie bestellt hat, doch sind inzwischen begründete Rechte Dritter zu beachten. Zulässig ist nämlich die **Pfändung** des Anspruchs auf Rückübertragung der Sicherheit,[61] auch – trotz des Aufrechnungsverbots (Rn. 21) – wegen einer Forderung der Staatskasse.[62] Erkennt der Hinterleger die Rechte Dritter nicht an und liegt kein Überweisungsbeschluss vor, ist dem, der einen Anspruch glaubhaft macht, eine Frist zu setzen, damit er eine gerichtliche Entscheidung darüber herbeiführen kann, dass er zum Empfang der Sicherheit befugt ist.[63] Tut er das nicht, erhält die Sicherheit, wer sie geleistet hat. Als Rechte Dritter können auch solche der Gerichtskasse in Betracht kommen. Auch eine **Abtretung** des Rückzahlungsanspruchs ist grundsätzlich zulässig. Sie soll aber nach verbreiteter Auffassung ausscheiden, wenn das Gericht ausdrücklich wirksam angeordnet hat, dass der Beschuldigte die Sicherheit als Eigenhinterleger zu erbringen habe und dies auch geschieht, weil der Beschuldigte sodann durch die Abtretung eigenmächtig den Wert der Sicherheit, für die in Wahrheit nun ein anderer haften würde, mindern könnte[64] (s. dazu auch § 116a, 13). Anders kann es liegen, wenn das Eigenmittelgebot von Anfang an mit Kenntnis des Gerichts gar nicht greifen konnte oder seine Nichtbeachtung den staatlichen Stellen jedenfalls frühzeitig offenbart und von diesen stillschweigend geduldet wurde.[65] **37**

Steht dem **Gericht** die Verfahrensherrschaft zu (§ 126, 45), hat es zugleich mit der Feststellung, dass die Sicherheit frei geworden ist, deren Freigabe anzuordnen. Es kann sich auch ohne die deklaratorische Feststellung des Freiwerdens damit begnügen, sie freizugeben. Steht die Verfahrensherrschaft der **Staatsanwaltschaft** zu, muss sich das Gericht umgekehrt auf den Ausspruch beschränken, dass die Sicherheit frei geworden **38**

---

59 BGH WM **2016** 1235; AK/*Krause* 1.

60 OLG Frankfurt NJW **1983** 295; OLG Celle NdsRpfl. **1987** 136; LG Berlin NStZ **2002** 278. Zur Zuständigkeit des Amtsgerichts als Vollstreckungsgericht nach § 828 ZPO s. OLG Köln StraFo **2011** 528.

61 BGH NStZ **1985** 560; OLG Frankfurt NJW **2005** 1727; StV **2000** 509; *Schlothauer/Weider/Nobis* Rn. 609.

62 BGH NStZ **1985** 560; OLG Frankfurt NJW **1983** 295. S. auch OLG Frankfurt StV **2000** 509; zur Abtretung einer gepfändeten Forderung vgl. OLG Karlsruhe NStZ **1992** 204.

63 Vgl. OLG Frankfurt NJW **1983** 295; OLG Stuttgart MDR **1984** 164; *Kleinknecht/Janischowsky* 212.

64 OLG München StV **2000** 509 mit abl. Anm. *Sättele*; OLG Hamm StRR **2009** 271; AG Hamburg StV **2000** 512 mit abl. Anm. *Schlothauer*; AnwK-UHaft/*König* § 116a, 11; HK/*Posthoff* § 116a, 2; ablehnend BGH WM **2016** 757 (für den Fall, dass sich der Beschuldigte die Mittel „in zulässiger Weise" durch ein Darlehen beschafft hat).

65 LG Gießen StV **2006** 643; ebenso MüKo/*Böhm*/*Werner* 24.

ist. Die Freigabe ist Sache der Staatsanwaltschaft. Diese braucht, da die Sicherheit kraft Gesetzes frei geworden ist, zur Freigabe keine – deklaratorische – gerichtliche Entscheidung herbeizuführen.[66]

39 **3. Beschwerde.** Gegen die gerichtliche Entscheidung, dass eine Maßnahme aufgehoben oder eine Sicherheit frei geworden ist, steht der Staatsanwaltschaft, gegen eine verneinende Entscheidung der Staatsanwaltschaft stehen dem Beschuldigten und ggf. dem Bürgen die Beschwerde zu (§ 304 Abs. 1),[67] nach einer (insoweit zutreffenden) Auffassung[68] auch dann, wenn ein erkennendes Gericht die Entscheidung erlassen hat (§ 305 Satz 2). Soweit die Zulässigkeit der Beschwerde gegen eine Entscheidung eines erstinstanzlich entscheidenden **Strafsenats des OLG** unter Hinweis auf § 304 Abs. 4 Satz 2 verneint wird,[69] bestehen dagegen grundsätzliche Bedenken.[70] Dem Nebenkläger steht die Beschwerde nicht zu. Hatte die Staatsanwaltschaft beantragt, eine Sicherheit für verfallen zu erklären, oder hatte das Gericht den Ausspruch des Verfalls erwogen, so richten sich das Verfahren und die (sofortige) Beschwerde nach § 124 Abs. 2.

40 **Weitere Beschwerde** (§ 310 Abs. 1) der bei Aufhebung von Maßnahmen und Freigabe einer Sicherheit allein beschwerten Staatsanwaltschaft ist nach h.M.[71] unstatthaft, weil die in Rede stehenden Entscheidungen nicht die Verhaftung, die Freiheitsentziehung selbst, betreffen. Insoweit gelten jedoch die in Rn. 39 angeführten Bedenken.[72] Wegen des Ausschlusses der weiteren Beschwerde bei Verfall der Sicherheitsleistung s. § 124, 50.

§ 124
Verfall der geleisteten Sicherheit

(1) Eine noch nicht frei gewordene Sicherheit verfällt der Staatskasse, wenn der Beschuldigte sich der Untersuchung oder dem Antritt der erkannten Freiheitsstrafe oder freiheitsentziehenden Maßregel der Besserung und Sicherung entzieht.

(2) [1]Vor der Entscheidung sind der Beschuldigte sowie derjenige, welcher für den Beschuldigten Sicherheit geleistet hat, zu einer Erklärung aufzufordern. [2]Gegen die Entscheidung steht ihnen nur die sofortige Beschwerde zu. [3]Vor der Entscheidung über die Beschwerde ist ihnen und der Staatsanwaltschaft Gelegenheit zur mündlichen Begründung ihrer Anträge sowie zur Erörterung über durchgeführte Ermittlungen zu geben.

(3) Die den Verfall aussprechende Entscheidung hat gegen denjenigen, welcher für den Beschuldigten Sicherheit geleistet hat, die Wirkungen eines von dem Zivilrichter erlassenen, für vorläufig vollstreckbar erklärten Endurteils und nach Ablauf der Beschwerdefrist die Wirkungen eines rechtskräftigen Zivilendurteils.

---

66 SK/*Paeffgen* 12; **a.A.** wohl KMR/*Wankel* 10; s. auch LG Berlin NStZ **2002** 278.
67 OLG Celle NStZ-RR **1999** 178.
68 LR/*Hilger*[26] 29 m.w.N.
69 Wohl h.M.; vgl. LR/*Hilger*[26] 29 m.w.N.
70 Vgl. *Hilger* NStZ **2002** 445; ähnlich SK/*Paeffgen* 13; **a.A.** die h.M.; s. die Erl. zu den §§ 304, 305 und bei § 116, 38 ff.
71 Meyer-Goßner/*Schmitt* 11; HK/*Posthoff* 15; KK/*Schultheis* 12; MüKo/*Böhm*/*Werner* 29; KMR/*Wankel* 10; AK/*Krause* 6; AK/*Deckers* Vorbem. 13; **a.A.** SK/*Paeffgen* 13; *Eb. Schmidt* Nachtr. I 22.
72 SK/*Paeffgen* 13; Radtke/Hohmann/*Tsambikakis* 7; vgl. auch § 116, 38 ff.

https://doi.org/10.1515/9783110274929-027

Schrifttum

Gerding Der Verfall einer noch nicht freigewordenen Sicherheit im deutschen Strafprozeß, Diss. Jena 1907.

Entstehungsgeschichte

Die Fassung entstammt Art. 1 Nr. 1 StPÄG 1964. Sie stimmt inhaltlich mit dem früheren § 122 überein, jedoch mit der Änderung, dass die Sicherheit auch verfällt, wenn der Beschuldigte sich dem Antritt einer freiheitsentziehenden Maßregel der Besserung und Sicherung (früher: dem Antritt der erkannten Freiheitsstrafe) entzieht. Eine geringe sprachliche Änderung enthält Art. 21 Nr. 33 EGStGB 1974. Bezeichnung bis 1965: § 122.

Übersicht

Alphabetische Übersicht

I. Allgemeines

1 Die Vorschrift regelt **Voraussetzungen, Verfahren und Wirkungen** des **Verfalls** einer noch nicht nach § 123 freigewordenen, wirksam bestellten (Rn. 28) Sicherheit. Sie ist **verfassungsrechtlich unbedenklich.**[1] Der Grund für den Verfall ist nicht der Ungehorsam des Beschuldigten; die verfahrensrechtliche Folge des Verfalls beruht vielmehr auf dem Verstoß gegen den Sicherungszweck. Auf materiell-rechtliche Gerechtigkeitsgesichtspunkte kommt es hierbei nicht an.[2] Nach Auffassung des BVerfG[3] setzt der Verfall, weil er nicht als strafähnliche Sanktion anzusehen ist, **keine strafrechtliche Vorwerfbarkeit** (Schuld im Sinne der §§ 20, 21 StGB) des Verhaltens des Beschuldigten voraus (Rn. 16). Lässt man eine Sicherheitsleistung nicht nur bei Fluchtgefahr (§ 116 Abs. 1 Satz 2 Nr. 4), sondern auch in anderen Fällen, namentlich bei Verdunkelungsgefahr (§ 116 Abs. 2), zu, so ist § 124 in **erweiternder Auslegung** auch in diesen Fällen anzuwenden[4] (Rn. 21; § 116, 18). Zur Anwendbarkeit bei §§ 126a, 116 vgl. auch § 126a, 23.

2 Die Sicherheit kann nur dann (noch) verfallen, wenn sie **nicht schon frei geworden** ist.[5] Ob das der Fall ist, hat das Gericht nach § 123 zu prüfen. Da keiner der Verfallgründe denkgesetzlich den Vorrang vor den Befreiungsgründen hat, sind für die Frage nach dem Schicksal der Sicherheit **alle Umstände zu prüfen**, die dazu führen können, dass sie frei wird oder dass sie verfällt. Die Entscheidung ist dann nach dem für die §§ 123, 124 erheblichen Ereignis zu treffen, das am frühesten eingetreten ist.[6] Zur Freigabe einer bereits verfallenen Sicherheit siehe § 123, 28. Zur Problematik des Haftzwecks der Vollstreckungssicherung siehe Vor § 112, 22 ff., § 123, 8 ff. und § 127b, 2. Sowohl die Worte „noch nicht verfallen" in § 123 Abs. 2 als auch die „noch nicht frei geworden" in Absatz 1 sind, weil selbstverständlich, entbehrlich.[7]

II. Verfall (Absatz 1)

1. Untersuchung

3 **a) Begriff, Beginn.** Nach dem ersten der beiden angegebenen Gründe verfällt die Sicherheit, wenn sich der Beschuldigte der Untersuchung entzieht. Untersuchung ist das **gesamte Strafverfahren** i.S. des § 112 Abs. 2 Nr. 2. Die Untersuchung **beginnt** mit der Anzeige oder dem Strafantrag (§ 158 Abs. 1) oder mit Ermittlungen von Amts wegen (§ 160 Abs. 1: „auf anderem Wege"). Diese beginnen mit dem sog. ersten Angriff, der in

---

1 BVerfG NStZ **1991** 142; Beschl. v. 9.7.1997 – 2 BvR 3041/95 – (juris); krit. *Gropp* JZ **1991** 804, 810 unter Hinweis auf die Unschuldsvermutung.
2 OLG Frankfurt NStZ-RR **2001** 381; OLG München NStZ **1990** 249.
3 BVerfG NStZ **1991** 142.
4 Eingehend hierzu *Jungfer* GedS Meyer 227; ablehnend SK/*Paeffgen* 7 und § 116, 18.
5 OLG Hamburg DRiZ **1928** 975.
6 OLG Frankfurt NJW **1983** 295; OLG Karlsruhe NStZ **1992** 204 (Verfall vor Verfahrenshindernis); OLG Celle NStZ-RR **1999** 178; SK/*Paeffgen* 2; KK/*Schultheis* 1.
7 *John* 883.

der Regel, besonders bei Alltagsdelikten, ein polizeilicher ist (§ 163 Abs. 1). Erfasst werden alle notwendig werdenden verfahrensrechtlichen Maßnahmen.[8]

b) Ende. Das Strafverfahren kann auf **verschiedene Weise** enden, wobei die Wirkung unterschiedlich ist und selbst bei gleicher Beendigungsart (Einstellung) verschiedene Wirkungen eintreten können. 4

Die **staatsanwaltschaftliche Einstellung** (§ 170 Abs. 2 Satz 1) beendet, ggf. nach erfolglosem Klageerzwingungsverfahren (§§ 172ff.), das Verfahren praktisch. Wenn es auch theoretisch jederzeit wieder aufgenommen werden kann, wird doch bei Einstellung nahezu ausnahmslos der Haftbefehl aufgehoben werden (§ 120, 37). 5

Wird das **Hauptverfahren nicht eröffnet** (§ 204 Abs. 1) oder – in anderer Fassung – die Eröffnung des Hauptverfahrens abgelehnt (§ 210 Abs. 2), kann zwar die Anklage aufgrund neuer Tatsachen oder Beweismittel wieder aufgenommen werden (§ 211), doch muss, wenn das Hauptverfahren nicht eröffnet wird, der Haftbefehl aufgehoben werden (§ 120 Abs. 1 Satz 2). 6

Wird das Verfahren wegen eines in der Person des Angeschuldigten liegenden Hindernisses vom Gericht **vorläufig eingestellt** (§ 205 Satz 1), so wird es damit nicht beendet.[9] Gerade in dieser Zeit können Verfallsgründe eintreten, wenn nicht die im Gesetz als Hauptfall des Hindernisses aufgeführte Abwesenheit des Angeschuldigten die Sicherheit schon hat verfallen lassen. Das Gleiche gilt, wenn die Staatsanwaltschaft das Verfahren nicht nach § 170 Abs. 2 Satz 1, sondern nach § 154f einstellt. 7

Dagegen beendet die **Einstellung** des Verfahrens wegen eines Verfahrenshindernisses **nach Eröffnung** des Hauptverfahrens – sei es durch Beschluss (§ 206a Abs. 1), sei es durch Urteil (§ 260 Abs. 3) – das Strafverfahren in der Regel, aber nicht stets. Das Verfahren endet, wenn ein Verfahrenshindernis nicht behebbar ist (Verjährung, Amnestie, fehlender Strafantrag bei abgelaufener Antragsfrist), es dauert an, wenn das Hindernis (Mängel der Anklage, des Eröffnungsbeschlusses, des Strafantrags, Fehlen des Gerichtsstands) behebbar ist und in naher Zukunft behoben werden wird. 8

Der Hauptfall der Verfahrensbeendigung – mit der mehr theoretischen Möglichkeit der Wiederaufnahme des Verfahrens (§§ 359ff.) – ist das **rechtskräftige Urteil.** Bis zur Rechtskraft, namentlich während der Rechtsmittelverfahren, läuft die Untersuchung weiter. Als Urteilsinhalt kommen neben der schon behandelten Einstellung in erster Linie in Betracht: der Freispruch, die Verurteilung zu einer Strafe sowie die Anordnung einer Maßregel der Besserung und Sicherung. Weitere Möglichkeiten sind u.a. der Schuldspruch ohne Strafe, wenn das Gericht von Strafe absieht (z.B. § 60 Satz 1 StGB) oder den Täter für straffrei erklärt (z.B. § 199 StGB; siehe auch die Erl. zu § 260), die Verwarnung mit Strafvorbehalt (§ 59 Abs. 1 StGB) sowie die Folgen der Jugendstraftat (§ 5 JGG). 9

2. Freiheitsstrafen. Die Sicherheit verfällt weiter, wenn der Beschuldigte sich dem Antritt der erkannten Freiheitsstrafe entzieht.[10] **Freiheitsstrafe** ist die allgemeine Freiheitsstrafe (§§ 38, 39 StGB), die Jugendstrafe (§ 17 JGG) und der Strafarrest (§ 9 WStG), auf die in der Sache erkannt worden ist, in der der Vollzug der Untersuchungshaft gegen den Beschuldigten ausgesetzt worden ist (§ 116 Abs. 1 bis 3). **Jugendarrest**, auch in der Form des Dauerarrests (§ 16 JGG), ist ein Zuchtmittel (§ 13 Abs. 2 JGG) und keine Strafe, aber 10

---

8 OLG Braunschweig NJW **1964** 1485; OLG Karlsruhe MDR **1985** 694; NStZ **1992** 204.
9 OLG Köln Beschl. v. 15.11.2005 – 2 Ws 525-527/05 – (juris).
10 OLG Düsseldorf JMBlNW **1990** 44; NStZ **1996** 404; OLG München NStZ **1990** 249.

zuweilen wie eine Freiheitsstrafe zu behandeln.[11] Wie bei § 123 (§ 123, 20) ist das auch hier der Fall. War ausnahmsweise in der Jugendsache, in der dann nur auf Jugendarrest erkannt worden ist, eine Sicherheit angenommen worden, muss auch die Konsequenz gezogen werden, dass sie verfällt, wenn der Jugendliche oder Heranwachsende den Arrest nicht antritt. Stellt sich zufolge der Verurteilung heraus, dass die Sicherheit unangemessen war, kann sie erstattet werden (Rn. 26, 27).

11 Die **Ersatzfreiheitsstrafe** (§ 43 StGB) ist keine Freiheitsstrafe i.S.d. Absatzes 1.[12] Da die Ersatzfreiheitsstrafe an die Stelle einer Geldstrafe tritt, könnte der Begriff Freiheitsstrafe die Ersatzfreiheitsstrafe nur dann umfassen, wenn eine noch nicht frei gewordene Sicherheitsleistung auch unter der Voraussetzung verfiele, dass sich der Beschuldigte der Vollstreckung einer Geldstrafe entzöge. Das ist indessen nicht der Fall (Rn. 13).

12 **3. Freiheitsentziehende Maßregeln der Besserung und Sicherung** sind (§ 61 Nr. 1 bis 3 StGB) die Unterbringung in einem psychiatrischen Krankenhaus (§ 63 StGB), in einer Entziehungsanstalt (§ 64 StGB) und in der Sicherungsverwahrung (§ 66 StGB). Der **Sicherungsverwahrung** kann jedoch für den Verfall kaum Bedeutung zukommen. Denn sie kann nur neben einer Freiheitsstrafe verhängt (§ 66 Abs. 1 Satz 1 StGB) und nicht vor der Freiheitsstrafe vollzogen werden. Daher wird regelmäßig die Sicherheitsleistung durch den vorherigen Vollzug der Freiheitsstrafe oder einer freiheitsentziehenden Maßregel der Besserung und Sicherung (§ 67a Abs. 2 i.V.m. Absatz 1 StGB) frei geworden (§ 123 Abs. 1 Nr. 2) oder deshalb verfallen sein, weil sich der Beschuldigte dem Vollzug der Freiheitsstrafe entzogen hatte.

13 **4.** Die **Geldstrafe** fällt nicht unter Absatz 1.[13] Wenn man § 124 zunächst beiseite lässt, ergibt sich aus § 112 als Zweck der Untersuchungshaft grundsätzlich, das Strafverfahren zu sichern (Vor § 112, 19ff.). Das Strafverfahren endet, wenn das Urteil rechtskräftig wird. Von diesem Zeitpunkt an gibt es keine Untersuchungshaft mehr (Vor § 112, 93ff.). Wird nur eine Geldstrafe ausgesprochen, ist der Haftbefehl aufzuheben (Vor § 112, 95, 63). Wenn die Untersuchungshaft mit Rechtskraft des Urteils endet, welches das Verfahren abschließt, kann der Vollzug des Haftbefehls von diesem Zeitpunkt an nicht mehr ausgesetzt werden, um mit weniger einschneidenden Maßnahmen den Zweck der – nicht mehr bestehenden – Untersuchungshaft zu erreichen (§ 116 Abs. 1 Satz 1). Kann er nicht ausgesetzt werden, können auch eine frühere Aussetzung und ihre Folgen nicht bestehen bleiben. Demzufolge müsste ohne Absatz 1 mit Rechtskraft des Urteils, d.h. mit dem Ende der Untersuchung, die Sicherheitsleistung als Surrogat der nicht mehr zulässigen Untersuchungshaft frei werden.

14 Die Anordnung in Absatz 1, dass die Sicherheitsleistung bis zum Antritt einer in dem Verfahren erkannten Freiheitsstrafe oder freiheitsentziehenden Maßregel der Besserung und Sicherung haftet, ist eine **Ausnahmevorschrift**. Die Entscheidung des Gesetzgebers ist zweifelsfrei. Der Text spricht nicht von Strafen und Maßregeln, sondern ausdrücklich von **Freiheits**strafen und **freiheitsentziehenden** Maßregeln der Besserung und Sicherung.

---

11 Vgl. SK/*Paeffgen* 3; SSW/*Herrmann* 16; **a.A.** die h.M.; z.B. KK/*Schultheis* 2; Meyer-Goßner/*Schmitt* 3; AnwK-StPO/*Lammer* 2; *Münchhalffen/Gatzweiler* Rn. 344.

12 H.M.; **a.A.** noch *Eb. Schmidt* Nachtr. I § 116, 11; *Lobe/Alsberg* § 121, II 4; *Gerding* 35.

13 H.M.; s. auch LG München II StV **1998** 554 mit Anm. *Eckstein*.

5. Entziehen

a) Allgemeines. Die Sicherheitsleistung ersetzt die Untersuchungshaft, sie soll dem Gericht die Lage sichern, die bei Untersuchungshaft bestände. Da die Untersuchungshaft (soweit hier von Interesse) der Verhinderung von Flucht dient, sind für den Zweck der Sicherheitsleistung die – zufälligen – (dem Gericht gelegentlich bequemen) Vorteile außer Betracht zu lassen, die sich durch die stete Anwesenheit eines verhafteten Beschuldigten ergeben. Danach sichert die Sicherheitsleistung das Verhalten eines Beschuldigten, der sich, ohne Fluchtabsichten zu hegen, für Gericht und Staatsanwaltschaft **zur Verfügung hält**, um Ladungen entgegenzunehmen und gerichtliche Gewalt zu dulden. Nur wer diese Lage für das Gericht verschlechtert, entzieht sich der „Untersuchung" (Rn. 3), nicht aber, wer – wie dies auch sonst ein Beschuldigter tun kann – die nach den Prozessvorschriften gebotene **Mitwirkung** verweigert und es auf gerichtlichen Zwang ankommen lässt, solange er sich nur diesem Zwang zur Verfügung hält. 15

Danach ist **Entziehen**[14] das von dem Beschuldigten oder mit seinem Wissen von anderen vorgenommene Verhalten, das den vom Beschuldigten beabsichtigten[15] oder zumindest erkannten und billigend in Kauf genommenen[16] Erfolg hat, den Fortgang des Verfahrens oder den Antritt der erkannten Freiheitsstrafe (Rn. 10) oder freiheitsentziehenden Maßregeln der Besserung oder Sicherung (Rn. 12) dauernd oder vorübergehend durch Aufheben der Bereitschaft zu verhindern, für Ladungen sowie Vollzugs- und Vollstreckungsmaßnahmen zur Verfügung zu stehen (§ 112, 48 ff.).[17] Das Entziehen enthält also eine **objektive** und eine **subjektive Komponente**; nicht erforderlich ist das Vorliegen von „Schuld" (Verantwortlichkeit/Schuldfähigkeit) im materiell-rechtlichen Sinne[18] hinsichtlich der Entziehungshandlung. Ein Irrtum des Beschuldigten über die Folgen seines Verhaltens ist unbeachtlich.[19] Voraussetzung des Verfalls ist, dass sich der Beschuldigte der Untersuchung oder dem Antritt einer freiheitsentziehenden Sanktion – tatsächlich – entzieht. Erforderlich ist also, dass das Verhalten des Beschuldigten objektiv bewirkt, dass – zumindest zeitweise – möglicherweise notwendig werdende prozessuale Maßnahmen gegen ihn nicht (mehr) jederzeit ungehindert durchgeführt werden können.[20] Deshalb reicht der **Versuch**, also die erfolglose Betätigung des Willens mit dem vorgestellten Zweck, nicht aus, den Verfall herbeizuführen.[21] Der Erfolg ist indessen nicht erst eingetreten, wenn der Beschuldigte tatsächlich vom Gericht benötigt worden ist, 16

14 Zur Strafbarkeit des Verteidigers bei dessen Mitwirkung BGHSt **38** 345.

15 KG GA **42** (1894) 147; OLG Celle GA **60** (1913) 480; *Eb. Schmidt* Nachtr. I 4; *Tiedemann* NJW **1977** 1977.

16 OLG München NJW **1947/48** 704; NStZ **1990** 249 mit Anm. *Paeffgen* NStZ **1991** 424; OLG Celle NJW **1957** 1203; OLG Bamberg OLGSt § 124, 5; OLG Braunschweig NJW **1964** 1485; OLG Düsseldorf StV **1987** 110 mit krit. Anm. *Paeffgen* NStZ **1989** 519; NStZ **1990** 97 mit Anm. *Paeffgen* NStZ **1990** 432; OLG Karlsruhe MDR **1985** 694; NStZ **1992** 204; OLG Frankfurt NStZ-RR **2001** 381; **2003** 143; LG Freiburg NStZ **1988** 472; SK/*Paeffgen* 4; Meyer-Goßner/*Schmitt* 4; KK/*Schultheis* 3; HK/*Posthoff* 5; AK/*Krause* 2.

17 Vgl. BGHSt **23** 384; OLG Frankfurt NJW **1977** 1976; NStZ-RR **2001** 381; **2003** 143; OLG Hamm NJW **1996** 736 mit krit. Anm. *Paeffgen* NStZ **1997** 118; StV **1996** 498; OLG Köln JMBlNW **2005** 22; *Tiedemann* NJW **1977** 1978; *Eb. Schmidt* Nachtr. I 4; KK/*Schultheis* 3; SK/*Paeffgen* 4; Meyer-Goßner/*Schmitt* 4.

18 BVerfG NStZ **1991** 142; OLG Bamberg OLGSt § 124, 5 mit krit. Anm. *Paeffgen* NStZ **1990** 535; OLG München NStZ **1990** 249 mit krit. Anm. *Paeffgen* NStZ **1991** 424; Meyer-Goßner/*Schmitt* 4; KK/*Schultheis* 3.

19 OLG Bamberg OLGSt § 124, 5; SK/*Paeffgen* 4.

20 OLG Bamberg OLGSt § 124, 5; OLG Düsseldorf StV **1987** 110; JMBlNW **1990** 44; NStZ **1990** 97; OLG Karlsruhe MDR **1985** 694; NStZ **1992** 204; OLG Hamm NJW **1996** 736 (Absetzen ins Ausland) mit krit. Anm. *Paeffgen* NStZ **1997** 118; StV **1996** 498; OLG Köln OLGSt StPO § 124, 9; Beschl. v. 6.1.2010 – 2 Ws 613/09 – (juris); LG Freiburg NStZ **1988** 472.

21 Beispiel: Beschuldigter veranlasst, dass an ihn adressierte Briefe an eine auswärtige Anschrift „nachgesandt" werden, verlässt aber seinen Wohnort nicht und könnte ohne Schwierigkeiten zu einem Termin vorgeführt werden.

sondern schon, wenn er für einen möglicherweise notwendig werdenden Zwang nicht zur Verfügung steht. Darauf, ob ein solcher notwendig wird, kommt es nicht an.[22] Es genügt, dass infolge seines Verhaltens neue Verfolgungsmaßnahmen eingeleitet werden.[23]

17 Der Freiheitsstrafe oder freiheitsentziehenden Maßregeln kann sich der Beschuldigte erst entziehen, wenn auf sie erkannt ist. Wer jedoch **vor dem Urteil** flieht, um sich der Vollstreckung einer erst zu erkennenden Maßnahme zu entziehen, hat regelmäßig das Bewusstsein, sich zugleich dem Verfahren (der Untersuchung) zu entziehen.[24] **Kein Entziehen** ist bloßer Ungehorsam (s. aber Rn. 21 ff.), das Unterlassen, gemäß den Verfahrensvorschriften als Beschuldigter am Strafverfahren mitzuwirken[25] (s. auch Rn. 19), und grundsätzlich auch nicht der Verstoß gegen Haftverschonungsauflagen (§ 116 Abs. 1; Rn. 18).

18 **b) Einzelfragen.** Bloße Anstalten zur Flucht (§ 116 Abs. 4 Nr. 2) sind noch kein Entziehen.[26] Dasselbe gilt für das Ausbleiben auf ordnungsgemäße Ladung (§ 116 Abs. 4 Nr. 2), wenn es nur möglich bleibt, den Beschuldigten vorzuführen oder zu verhaften.[27] In jenen Fällen ist zwar anzuordnen, dass der Haftbefehl zu vollziehen ist (§ 116 Abs. 4). Aber die Sicherheit verfällt nicht, sie wird vielmehr durch die Inhaftierung frei (§ 123 Abs. 2 i.V.m. Absatz 1 Nr. 2). Das Gesetz geht keinen Schritt weiter, als die Verfahrenssicherung gebietet. Demzufolge entzieht sich dem Verfahren nicht, wer bei bekannter Anschrift Haftverschonungsauflagen, z.B. eine Meldepflicht verletzt.[28] Auch liegt kein Entziehen vor, wenn ein in Auslieferungshaft genommener Ausländer den ihm bei Außervollzugsetzung des Auslieferungshaftbefehls gemachten Auflagen nicht nachkommt, sich regelmäßig bei der Polizei zu melden und jeden Wechsel seiner Wohnung oder seines Aufenthaltsortes alsbald der Staatsanwaltschaft zu melden, sich vielmehr dem Richter des ausländischen Staates stellt. Wer so verfährt, dem ist wohl Ungehorsam gegen die Auflagen, nicht aber ein Entziehen vorzuwerfen. Das liegt schon deshalb nicht vor, weil das Verhalten des Auszuliefernden den Fortgang des (ausländischen) Strafverfahrens, zu dessen Sicherung der Auslieferungshaftbefehl ergangen ist, nicht verhindert, sondern erst herbeigeführt hat.[29] Die **subjektive Voraussetzung** des Entziehens kann fehlen, wenn der Beschuldigte nach einem ungenehmigten Auslandsaufenthalt rechtzeitig zur Hauptverhandlung zurückkehrt.[30] Sie soll auch dann fehlen, wenn der Beschuldigte unter falschem Namen ins Ausland reist, nicht ausschließbar, um dort unerkannt weitere Straftaten zu begehen, und nicht zur Hauptverhandlung kommen kann, weil er zwischenzeitlich im Ausland festgenommen wurde.[31] Allein das (rein passive) Nichtbefolgen einer Strafantrittsladung ist kein Entziehen.[32]

---

22 OLG Braunschweig NJW **1964** 1485; OLG Bamberg OLGSt § 124, 5; OLG Karlsruhe MDR **1985** 694; NStZ **1992** 204.

23 OLG Köln OLGSt StPO § 124, 9; Beschl. v. 2.10.2009 – 2 Ws 462/09 – (juris).

24 OLG Celle NJW **1957** 1203; vgl. auch OLG Karlsruhe MDR **1985** 694.

25 KG GA **42** (1894) 147; OLG Celle GA **60** (1913) 483; OLG München NJW **1947/48** 704; **1958** 312; OLG Düsseldorf NStZ **1990** 97; OLG Frankfurt NStZ-RR **2001** 381; LG Freiburg NStZ **1988** 472; Meyer-Goßner/*Schmitt* 4; KK/*Schultheis* 3; SK/*Paeffgen* 4.

26 OLG Frankfurt NJW **1977** 1976 r. Sp.; NStZ-RR **2003** 143; KK/*Schultheis* 3; Meyer-Goßner/*Schmitt* 5.

27 KG GA **42** (1894) 147; OLG Celle GA **60** (1913) 482; OLG München *Alsb.* E **1** 291; OLG Hamburg DRiZ **1928** 975; OLG Karlsruhe MDR **1985** 694; NStZ **1992** 204; s. auch OLG Düsseldorf NStZ **1996** 404.

28 OLG München NJW **1947/48** 704; OLG Düsseldorf MDR **1996** 517; OLG Frankfurt NStZ-RR **2001** 381.

29 OLG München NJW **1958** 312.

30 OLG Düsseldorf NStZ **1990** 97 mit Anm. *Paeffgen* NStZ **1990** 432.

31 OLG Düsseldorf StV **1987** 110 mit krit. Anm. *Paeffgen* NStZ **1989** 519; vgl. auch OLG Hamm NJW **1996** 736.

32 OLG Frankfurt NStZ-RR **2003** 143; OLG Düsseldorf NStZ **1996** 404, 405; OLG Köln JMBlNW **2005** 22; s. aber auch OLG Köln OLGSt § 124, 9: Nichtgestellung nach zuvor gewährtem Strafaufschub.

Der Beschuldigte **entzieht** sich dem Verfahren oder der Strafvollstreckung jedoch, wenn er sich verbirgt; wenn er verreist, ohne seinen Aufenthalt anzugeben u.ä., und wenn es dadurch unmöglich wird, die Gestellung zu erzwingen;[33] wenn er während eines Strafaufschubs flieht, in der Absicht, nach dessen Ablauf nicht zurückzukehren;[34] wenn er nicht zur Hauptverhandlung erscheint und seinen Tod vortäuscht;[35] wenn er sich ins Ausland begeben hat und absichtsgemäß trotz ordnungsgemäßer Ladung nicht zur Hauptverhandlung erscheint (es sei denn, der Beschuldigte ist Ausländer und hat dort seinen ordentlichen Wohnsitz – vgl. § 112, 41ff.);[36] oder wenn er während der Hauptverhandlung entweicht, so dass nach § 231 Abs. 2 verfahren werden muss;[37] aber auch, wenn der Verurteilte durch Täuschungsmanöver (unwahre Behauptung einer ärztlichen Behandlung) die Vollstreckungsbehörde davon abhält, Vollstreckungsmaßnahmen einzuleiten oder durchzuführen, um – wie vorgesehen – den stillschweigenden Aufschub für eine Reise zu nutzen.[38] 19

Selbsttötungsgefahr begründet keinen Haftgrund nach § 112 Abs. 2 Nr. 2 (§ 112, 69). Demzufolge kann eine wegen des Haftgrunds der Fluchtgefahr geleistete Sicherheit nicht durch Selbsttötung verfallen.[39] Zudem fällt bei der Selbsttötung – ein Selbsttötungsversuch ist als bloßer Versuch der Entziehung ohne Bedeutung (Rn. 16) – die Entziehungshandlung mit der Beendigung des Verfahrens so zusammen, dass ihr keine selbstständige Bedeutung zukommt.[40] Das bewusste und gezielte **Herbeiführen** der **Verhandlungsunfähigkeit** kann demgegenüber zum Verfall der Sicherheit führen.[41] 20

6. Sonstige Fälle

a) Ist die Sicherheit in Bezug auf **andere Haftgründe** als Fluchtgefahr bestellt worden, verfällt sie in analoger Anwendung des Absatzes 1, wenn der Beschuldigte der im Auflagenbeschluss angegebenen Auflage, deren Verletzung in dem Beschluss ausdrücklich mit dem Verfall der Sicherheit bedroht ist, zuwidergehandelt hat.[42] Dies gilt auch für Sicherheitsleistung zur Abwendung der Verdunkelungsgefahr, wenn mit dem Auflagenverstoß tatsächlich Maßnahmen zum Zwecke der Verdunkelung ergriffen worden sind.[43] Eine durch § 124 absicherbare allgemeine Pflicht des Beschuldigten zur loyalen Mitwir- 21

---

33 OLG München *Alsb.* E **1** 291; KG GA **42** (1894) 147; OLG Celle GA **60** (1913) 482; OLG Bamberg OLGSt § 124, 5; OLG Düsseldorf JMBlNW **1990** 44; OLG Karlsruhe MDR **1985** 694; NStZ **1992** 204; OLG Köln JMBlNW **2005** 22; OLG München NStZ **1990** 249 mit Anm. *Paeffgen* NStZ **1991** 424; OLG Hamm NJW **1996** 736; vgl. auch OLG Hamm StV **1996** 498; OLG Frankfurt NStZ-RR **2003** 143; KG Beschl. v. 30.4.2016 – 2 Ws 225/15 – (juris): unerlaubte Auslandsreise des Angeklagten unter Nutzung des ihm vom Gericht zu anderem Zweck ausgehändigten Reisepasses.

34 OLG Colmar GA **39** (1891) 185.

35 OLG Köln Beschl. v. 15.11.2005 – 2 Ws 525-527/05 – (juris).

36 **A.A.** LG Freiburg NStZ **1988** 472; dagegen zweifelnd SK/*Paeffgen* 4 bei Fn. 14.

37 OLG Celle NJW **1957** 1203.

38 Vgl. OLG Düsseldorf NJW **1978** 1932; OLG Köln JMBlNW **2005** 22; KK/*Schultheis* 3; Meyer-Goßner/*Schmitt* 5.

39 Ganz h.M.; s. etwa SSW/*Herrmann* 14 m.w.N.

40 OLG Dresden *Alsb.* E **1** 293.

41 AnwK-StPO/*Lammer* 3; HK/*Posthoff* 6; s. auch § 112, 70.

42 OLG Hamburg NJW **1966** 1329; OLG Hamm Beschl. v. 3.9.2001 – 2 BL 152/01 – (juris); SSW/*Herrmann* 19; Graf/*Krauß* 4; HK/*Posthoff* 7; AnwK-StPO/*Lammer* 4; KK/*Schultheis* 5; **a.A.** KG JR **1990** 34; *Tiedemann* NJW **1977** 1977; S. auch *Hohlweck* NStZ **1998** 600; MüKo/*Böhm*/*Werner* 13: Verfall nur, wenn der Haftverschonungsbeschluss im Sinne einer „Vertragsstrafenvereinbarung" die Rechtsgrundlage hierfür mit Einverständnis des Beschuldigten und unmissverständlichem Hinweis auf die Folgen des eindeutig bezeichneten Verhaltens hergestellt hat; s. hierzu auch SK/*Paeffgen* 7. Vgl. Rn. 1 und § 116, 18, 32.

43 LG Köln StV **1999** 609.

kung am Verfahren gibt es nicht.[44] Wenn die Sicherheit nicht ausdrücklich auch wegen Fluchtgefahr geleistet worden ist, gilt Absatz 1 im Falle des Eintritts dieser Voraussetzungen nicht.

22 **b)** Zum Begriff des „Entziehens" bei der **Hauptverhandlungshaft** s. § 127b, 13. Ist die Sicherheit zur Abwendung der **Ungehorsamshaft** (§ 230 Abs. 2, § 236; § 329 Abs. 3) angeordnet, verfällt sie, wenn der Angeklagte einer Ladung keine Folge leistet. Denn Zweck der Sicherheit ist in diesem Fall, weiteren Ungehorsam zu verhindern.

23 **7. Folge.** Tritt einer der vorgenannten Verfallgründe ein, dann verfällt die Sicherheit von Rechts wegen; die Entscheidung nach Absatz 2 stellt den Verfall nur fest.[45] Der Verfall tritt auch dann ein, wenn das Entziehen durch Fehlverhalten der Strafverfolgungsorgane erleichtert wurde.[46] Mit dem Verfall wird eine verpfändete Sache **Eigentum des Landes**, der Fiskus wird Gläubiger einer verpfändeten Forderung, eine Bürgschaft wird fällig, die Wirkung eines aufschiebend bedingten selbstschuldnerischen Zahlungsversprechens tritt ein usw. Ein **Nebenkläger** hat deshalb wegen einer titulierten Schadensersatzforderung keinen Anspruch auf Auszahlung der vom Beschuldigten geleisteten, nach Absatz 1 der Staatskasse verfallenen Sicherheit.[47] Mit Rücksicht auf die rechtsgeschäftliche Bestellung der Sicherheit beantwortet sich die Frage, inwieweit das Land auch Eigentum an Gegenständen erwerben kann, die dem Beschuldigten oder dem „Bürgen" nicht gehören, nach den Bestimmungen des bürgerlichen Rechts über den Erwerb des Eigentums vom Nichtberechtigten.[48]

24 Die Sache verfällt dem **Land**, dessen Gerichte zur Zeit des Verfalls die **Herrschaft über das Verfahren** haben,[49] auch wenn das Gericht eines anderen Landes oder der Ermittlungsrichter des Bundesgerichtshofs (§ 169 Abs. 1 Satz 2) den Haftbefehl erlassen hat. Denn mit der Übernahme ist das gesamte Verfahren mit seinen prozessualen Folgen auf das neue Gericht übergegangen. Die Verfahrensherrschaft, wenigstens in diesem Sinn, kommt nicht dem allein mit der rechtlichen Überprüfung befassten (§ 337 Abs. 1) Revisionsgericht, also niemals dem BGH, zu, sondern dem Gericht, dessen Urteil angefochten ist (vgl. § 126 Abs. 2 Satz 2). Mangels gesetzlicher Regelung (vgl. Art. 3 StaatsschStrafG) begründet es auch keine Ausnahme, wenn das Land Gerichtsbarkeit des Bundes ausübt (Art. 96 Abs. 5 GG; § 120 Abs. 6 GVG).[50]

25 Der **Verfall** ist **endgültig**. Er bleibt daher bestehen, wenn z.B. der Beschuldigte sich später stellt[51] oder wenn er verhaftet, freigesprochen, außer Verfolgung gesetzt[52] oder nur zu einer Geldstrafe verurteilt wird. Die einzige Ausnahme von der Endgültigkeit des Verfalls bildet die nachträgliche Freigabe nach der vom Bürgen gemäß § 123 Abs. 3 be-

---

44 OLG Frankfurt NJW **1977** 1975 mit Anm. *Tiedemann*; KG JR **1990** 34.
45 OLG Hamburg GA **37** (1889) 224; Rpfleger **1962** 220; BayObLGSt **13** (1914) 356; OLG Celle GA **60** (1913) 482; OLG Karlsruhe NStZ **1992** 204; OLG Köln Beschl. v. 6.1.2010 – 2 Ws 613/09 – (juris); KK/*Schultheis* 6; Meyer-Goßner/*Schmitt* 1; SK/*Paeffgen* 8; s. auch BGHSt **45** 108, 117.
46 OLG Hamburg MDR **1980** 74; OLG Karlsruhe StV **2001** 120.
47 OLG Köln StraFo **2011** 528.
48 KK/*Schultheis* 7; SK/*Paeffgen* 8; **a.A.** *Lobe/Alsberg* § 122, II Abs. 2.
49 KK/*Schultheis* 7; Meyer-Goßner/*Schmitt* 14; SK/*Paeffgen* 8; **a.A.** *Lobe/Alsberg* § 122, II Abs. 2; *Eb. Schmidt* Nachtr. I 3.
50 **A.A.** KK/*Schultheis* 7; SK/*Paeffgen* 8 (Verfall zu Gunsten des Bundes, falls Haftbefehl des Ermittlungsrichters des BGH und Verfall während des Ermittlungsverfahrens); ebenso HK/*Posthoff* 9 (anders aber, wenn der GBA die Ermittlungen wieder an die Landesstaatsanwaltschaft abgegeben hat).
51 OLG Colmar GA **39** (1891) 185; OLG Celle NJW **1957** 1203; OLG Düsseldorf JMBlNW **1990** 44; OLG Köln Beschl. v. 6.1.2010 – 2 Ws 613/09 – (juris).
52 OLG Karlsruhe NStZ **1992** 204 (Verfahrenshindernis nach Verfall).

wirkten Gestellung eines Beschuldigten, der sich dem Verfahren oder der Strafverfolgung entzogen und damit den Verfall der Sicherheit herbeigeführt hatte (§ 123, 27 bis 32).

8. Erstattung. Die oberste Behörde der zuständigen Landesjustizverwaltung kann aus Billigkeitsgründen die Sicherheit ganz oder teilweise erstatten. Grundsätzlich wird dazu kein Anlass bestehen. Denn die Entlassung gegen Sicherheitsleistung ist ein Vertrauensbeweis, der nicht allein auf die Furcht vor dem Vermögensverlust, sondern auch auf die Ehre des Beschuldigten abstellt (§ 116a, 17). Stellt dieser die Freiheit über Vermögen und Ehre, dann kann nicht nachträglich über den Anteil gehandelt werden, zu dem das staatliche Vertrauen nicht auf der Sicherheitsleistung, sondern auf dem Versprechen eines Ehrenmannes beruht hat. 26

Nur wenn in besonders gelagerten Ausnahmefällen die Sicherheitsleistung ersichtlich **außer jedem Verhältnis** zu dem Fluchtreiz – der auch von der Höhe der zu erwartenden Strafe abhängt – gestanden hat, oder wenn außergewöhnliche Umstände (z.B. die Notwendigkeit, der im Ausland in Not geratenen Familie dort tätig zu helfen, wenn vom Inland aus keine Möglichkeit dazu besteht) der nicht verwerfliche Antrieb zur Flucht gewesen sind, kann erwogen werden, die verfallene Sicherheit – und auch dann meist nur teilweise – durch (Teil-)Erlass im Gnadenwege zu erstatten. Voraussetzung wird dazu allerdings stets sein, dass sich der Geflohene wieder gestellt hat und dass ohne Beweisverlust das Urteil herbeigeführt werden konnte. **Entzieht sich der Verurteilte** dem Antritt der freiheitsentziehenden Strafe oder Maßregel, wird nur in äußersten Ausnahmefällen eine Erstattung in Betracht zu ziehen sein. 27

III. Verfahren (Absatz 2)

1. Gegenstand der Entscheidung. Das Gericht entscheidet darüber, ob die bestellte Sicherheit verfallen ist,[53] nicht auch darüber, ob der Vollzug des Haftbefehls zu Recht nur gegen Leistung der Sicherheit ausgesetzt worden ist (§ 116 Abs. 1 Nr. 4). Denn diese Entscheidung konnte der Beschuldigte durch Beschwerde prüfen lassen (§ 116, 36). Zwar erwächst die Entscheidung, weil keine sofortige Beschwerde gegeben ist, nicht in Rechtskraft. Doch entzieht die getrennte, jeweils anfechtbare Regelung nach § 116 einerseits und nach § 124 andererseits dem nach § 124 entscheidenden Gericht die Prüfung, ob die Voraussetzungen eines Haftbefehls bestanden hatten, als der Vollzug des Haftbefehls gegen Sicherheitsleistung ausgesetzt worden ist. Dagegen hat das Gericht zu prüfen, ob die Sicherheit wirksam bestellt worden ist; denn nur dann kommt ein Verfall in Betracht.[54] 28

Alsdann hat das Gericht festzustellen, ob sich der Beschuldigte der Untersuchung, dem Strafantritt oder dem Antritt einer freiheitsentziehenden Maßregel **entzogen** hat und ob nicht vorher die Sicherung schon frei geworden war (§ 123 Abs. 2) oder ob der Bürge nachträglich Befreiung erlangt hat (§ 123, 27 bis 29). Haben **verschiedene Personen** Sicherheit geleistet, kann die Entscheidung für jede von ihnen verschieden lauten, weil die Gründe des § 123 Abs. 2 nur dem zugute kommen, der im Sinn dieser Vorschrift gehandelt hat (§ 123, 34). 29

2. Die **Zuständigkeit** des zur Entscheidung berufenen Gerichts ergibt sich aus § 126. Bei welchem Gericht die Sicherheit bestellt worden ist, bleibt ohne Bedeutung. Wegen 30

53 S. auch BGHSt **45** 108, 117 (auch im Falle des Todes des Beschuldigten); **a.A.** insoweit OLG Brandenburg StraFo **1998** 212.
54 OLG Karlsruhe NStZ-RR **2000** 375 = StV **2001** 120.

der Zuständigkeit für Entscheidungen, die nach Rechtskraft des Strafurteils ergehen, s. § 126, 45.

31 **3. Verteidiger; Bürgenbeistand.** Dem noch nicht verteidigten **Beschuldigten** kann, wenn die Sach- oder Rechtslage schwierig ist, ein Verteidiger bestellt werden (§ 140 Abs. 2). Weil die Materie nur dürftig geregelt ist, kann es nicht überraschen, dass für den **Bürgen** Bestimmungen über **Prozesskostenhilfe** fehlen. Da die den Verfall aussprechende Entscheidung die Wirkungen eines Zivilurteils hat (Absatz 3), muss dem Bürgen auch der gleiche Schutz gewährt werden, auf den er in einem Zivilverfahren Anspruch hätte. Für die Prozesskostenhilfe gelten daher dieselben Vorschriften wie in bürgerlichen Rechtsstreitigkeiten, nämlich die §§ 114 ff. ZPO.[55]

4. Erstinstanzliches Verfahren

32 **a) Anhörung.** Die Entscheidung darf nur ergehen, nachdem der Beschuldigte und der Bürge zu einer Erklärung aufgefordert worden sind.[56] **Bürge** (Sicherungsgeber) ist nur, wer (im eigenen Namen) selbst Sicherheit geleistet hat, nicht hingegen, wer dem Beschuldigten Vermögensstücke zur Verfügung gestellt hat, damit dieser Sicherheit leiste, wer als dessen Bote oder Vertreter die Sicherheit überbracht, wer ein (mittelbares) wirtschaftliches Interesse an der Rückzahlung der Sicherheit hat oder im Hinterlegungsantrag als Hinterleger bezeichnet ist; maßgeblich ist vielmehr grundsätzlich – im Hinblick auf die **Vertrauensentscheidung des Gerichts** (§ 116a, 12 ff.; § 123, 26) –, wen das Gericht in seinem Beschluss über die Außervollzugsetzung des Haftbefehls als Sicherungsgeber bezeichnet hat.[57] Ein Dritter muss demgemäß zuvor als Sicherungsgeber i.S. der §§ 116 Abs. 1 Nr. 4, 116a Abs. 2 zugelassen worden sein. Hat allerdings ein Dritter abweichend vom Haftverschonungsbeschluss im eigenen Namen geleistet und erweckt das Gericht nach außen den Anschein einer Änderung seiner Anordnung, indem es diese Sicherheitsleistung nicht zurückweist, sondern durch Erteilung der Freilassungsanordnung genügen lässt, kann der Dritte ebenfalls als Sicherungsgeber i.S.d. Absatzes 2 Satz 1 anzusehen sein.[58] Pfandgläubiger oder sonst Berechtigte brauchen nicht gehört zu werden.[59] Ist der Beschuldigte, der selbst Sicherheit geleistet hatte, oder der Bürge **verstorben**, ist der Erbe zur Erklärung aufzufordern.[60] Einem Zustellungsbevollmächtigten des Verstorbenen kann die Aufforderung nicht zugestellt werden, weil dessen Vollmacht mit dem Tode des Vollmachtgebers erloschen ist.[61]

33 In der **Aufforderung** ist eine Erklärungsfrist zu setzen. Die Aufforderung ist durch – ggf. auch öffentliche (§ 40)[62] – Zustellung **bekanntzumachen** (§ 35 Abs. 2 Satz 1); formlose Mitteilung (§ 35 Abs. 2 Satz 2) genügt nicht. Ist der **Aufenthalt** des Beschuldigten **unbekannt**, kann die Aufforderung einem Zustellungsbevollmächtigten zugestellt wer-

---

55 OLG Düsseldorf NStZ **1996** 404; Meyer-Goßner/*Schmitt* 10; SSW/*Herrmann* 30; HK/*Posthoff* 18.
56 OLG Düsseldorf OLGSt N.F § 124, 2; NStZ **1996** 404; OLG Hamm StV **1995** 594.
57 OLG Düsseldorf Rpfleger **1986** 274; NStZ **1990** 97; OLG Stuttgart Justiz **1988** 373; OLG Köln OLGSt StPO § 124, 9; Beschl. v. 2.10.2009 – 2 Ws 462/09 – (juris); KK/*Schultheis* 9; Meyer-Goßner/*Schmitt* 7; HK/*Posthoff* 11; AK/*Krause* 3.
58 OLG Karlsruhe NStZ-RR **2000** 375 = StV **2001** 120; HK/*Posthoff* 11; s. auch (obiter dictum) OLG Karlsruhe Justiz **1993** 92.
59 BayObLGSt **10** (1911) 21; **34** (1935) 27; vgl. auch OLG Düsseldorf NStZ **1990** 97 mit Anm. *Paeffgen* NStZ **1990** 432; OLG Karlsruhe Justiz **1993** 91 (Abtretung unbeachtlich).
60 S. auch BGHSt **45** 108, 117; **a.A.** OLG Brandenburg StraFo **1998** 212.
61 BayObLGSt **21** (1922) 100.
62 OLG Hamburg NJW **1962** 2363.

den (Rn. 36). Kann die Aufforderung weder dem Beschuldigten noch einem **Zustellungsbevollmächtigten** in der nach § 37 vorgeschriebenen Weise im Inland zugestellt werden, und erscheint eine Zustellung im Ausland unausführbar oder erfolglos, ist nach § 40 (öffentliche Zustellung) zu verfahren.

Die vorgenannten Aufforderungen sind **Entscheidungsvoraussetzungen** (Rn. 47). 34
Zusätzlich ist nach § 33 Abs. 2 die **Staatsanwaltschaft** zu hören. Die Erklärungen können schriftlich oder zu Protokoll der Geschäftsstelle des zuständigen oder jedes Gerichts abgegeben werden. Das Gericht muss, ehe es entscheidet, warten, bis die Erklärungsfrist abgelaufen ist. Es hat auch die Erklärungen zu berücksichtigen, die nach diesem Zeitpunkt, aber vor der Entscheidung eingegangen sind.

Ist die **Erklärungsaufforderung unterblieben**, kann die darin liegende Gehörsver- 35
letzung dadurch geheilt werden, dass in einem nachfolgenden, schriftlich geführten **Beschwerdeverfahren** die Gelegenheit zur Äußerung besteht.[63] Das Beschwerdegericht hat seiner aus § 309 Abs. 2 folgenden gesetzlichen Verpflichtung gemäß selbst in der Sache zu entscheiden.[64] Rechtliche Gründe, die gegen eine abschließende Entscheidung durch das Beschwerdegericht sprechen könnten, wie etwa eine zwingende, im Beschwerdeverfahren nicht nachzuholende mündliche Anhörung, ein eingeschränkter Prüfungsmaßstab im Beschwerderechtszug, oder sonstige schwere Verfahrensmängel, liegen nicht vor. Auch die üblicherweise vorgebrachte Argumentation mit einem Instanzverlust[65] verfängt nicht. Die Wirkung eines Instanzverlustes rechtfertigt eine Zurückverweisung grundsätzlich nicht. Der Entscheidung des Beschwerdegerichts ist bei der einfachen Beschwerde das Abhilfeverfahren (§ 306 Abs. 2) vorgeschaltet, das dem Erstgericht die Heilung auch einer prozessordnungswidrig zustande gekommenen Entscheidung ermöglicht. Soweit bei einer sofortigen Beschwerde eine Abhilfe grundsätzlich nicht möglich ist (§ 311 Abs. 3 Satz 1), wird daran das Ziel des Gesetzes deutlich, das Verfahren zu beschleunigen. Der Gesetzgeber hat bewusst die Möglichkeit eines Instanzverlustes bei einer Entscheidung nach § 309 Abs. 2 in Kauf genommen. Anders als etwa in § 328 Abs. 2 hat er in § 309 Abs. 2 das Beschwerdegericht beauftragt, selbst zu entscheiden. Daran sind die Gerichte gebunden. Eine Zurückverweisung dient auch nicht dazu, die Vorinstanz zu sorgfältigerem, gesetzestreuem Arbeiten anzuhalten.[66]

b) Zustellungsbevollmächtigter. Für die Zustellung an einen Zustellungsbevoll- 36
mächtigten (§ 116a, 20 ff.) ist es gleichgültig, ob dieser nach § 116a Abs. 3 oder zwar ohne die Verpflichtung dieser Vorschrift, aber doch ausdrücklich als Zustellungsempfänger bestellt worden ist. Im letzten Falle ist es Sache des Zustellungsbevollmächtigten, seine Vollmacht niederzulegen, wenn er den Aufenthalt des Beschuldigten nicht kennt und keine Information für die Erklärung nach Absatz 2 Satz 1 erhalten hat. Daher reicht es für Zustellungen an den abwesenden Beschuldigten **nicht** aus, dass ein Verteidiger nach

---

63 OLG Köln Beschl. v. 6.1.2010 – 2 Ws 613/09 – (juris); KK/*Schultheis* 9; KMR/*Wankel* 10; ähnlich, mit der (allerdings nur schwer justiziablen) Einschränkung, dies gelte nur, wenn ausgeschlossen sei, dass das Erstgericht unter Berücksichtigung der Stellungnahme des Hinterlegers eine für ihn günstigere Entscheidung getroffen hätte: OLG Frankfurt NStZ-RR **1997** 272 (Ls.); HK/*Posthoff* 15; **a.A.** (stets Zurückverweisung) OLG Celle NStZ-RR **1999** 178; OLG Düsseldorf NStZ **1996** 404; OLG Hamm StV **1995** 594; OLG Jena wistra **2009** 324 (obiter dictum); Graf/*Krauß* 7; SK/*Paeffgen* 10; SSW/*Herrmann* 25; AnwK-StPO/*Lammer* 6; Meyer-Goßner/*Schmitt* 9; s. auch (unklar) MüKo/*Böhm*/*Werner* („zumeist" Zurückverweisung).
64 Vgl. dazu KG StV **2016** 171 = StraFo **2015** 419 mit Anm. *Herrmann*.
65 OLG Hamm StV **1995** 594.
66 Vgl. KG StV **2016** 171 m.w.N. = StraFo **2015** 419 mit Anm. *Herrmann*.

§ 145a Abs. 1 als **ermächtigt gilt**, Zustellungen für ihn in Empfang zu nehmen. Denn er kann sich der Zustellungsvollmacht nicht entledigen.

37 Die Auffassung,[67] eine allgemeine Zustellungsvollmacht genüge nicht, vielmehr sei stets eine nach § 116a Abs. 3 erteilte **(besondere) Vollmacht** erforderlich, entbehrt der gesetzlichen Grundlage. Für die abgelehnte Ansicht könnte allerdings sprechen, dass nach § 116a Abs. 3 nur dann ein Zustellungsbevollmächtigter bestellt werden muss, wenn der Haftvollzug gegen Sicherheitsleistung ausgesetzt wird, nicht aber in den sonstigen Fällen des § 116 Abs. 1, obwohl es auch dort, wenn auch in wenigen Fällen, ebenso dringend sein kann, die Zustellungsmöglichkeit sicherzustellen, wie im Falle des § 116 Abs. 1 Nr. 4. Der Gesetzesstand ist indessen historisch zu erklären: Bis zum 3. StrÄndG konnte der Beschuldigte mit dem Vollzug der Untersuchungshaft nur gegen Sicherheitsleistung verschont werden. Als § 117 (jetzt § 116) später erweitert wurde, ist § 119 (jetzt § 116a Abs. 3) – wohl versehentlich – nicht ausdrücklich angepasst worden; doch ist die Anweisung, einen Zustellungsbevollmächtigten zu bestellen, nach § 116 Abs. 1 Satz 1 jederzeit möglich.

38 Der **Sinn** der Forderung, wer nicht im Inland wohne, müsse einen Zustellungsbevollmächtigten bestellen, ist von jeher in erster Linie gewesen, dass sich der Beschuldigte nicht Ladungen entziehen und das Verfahren verschleppen dürfe, und erst in zweiter Linie die Sorge, er könne sonst „durch scheinbar berechtigte Vorwände den Verfall der ... Sicherheit ... hintertreiben",[68] wobei ohnehin nicht einzusehen ist, wie diese Sorge vermindert wird, wenn ein Bevollmächtigter Zustellungen entgegennimmt. Die flüchtige Redaktion kann nicht zu der Auffassung führen, die Zustellungsvollmacht des § 116a Abs. 3 solle nicht allgemein die Zustellung sichern, sondern werde gerade im Hinblick auf die Vorschriften über die Sicherheitsleistung erteilt.[69] Vielmehr enthält § 116a Abs. 3 nicht mehr als die prozessuale Last, die dauernde Möglichkeit für Zustellungen zu schaffen; einen besonderen Inhalt, der es rechtfertigte, im Verfallverfahren nur die Zustellung an den nach § 116a Abs. 3 Ermächtigten als wirksam anzusehen, hat die Zustellungsvollmacht aufgrund jener Vorschrift nicht. Ihr Unterschied zu einer sonstigen Zustellungsvollmacht liegt allein darin, dass sie unkündbar ist (§ 116a, 28).

39 **c)** Die **Entscheidung** ergeht als **begründeter** (§ 34) **Beschluss** im schriftlichen Verfahren, doch ist es zulässig, die Beteiligten mündlich zu hören. Der Beschluss ist, wenn er nicht von einem Strafsenat erlassen wird, mit Rechtsmittelbelehrung (§ 35a) zu versehen und durch Zustellung (§ 35 Abs. 2 Satz 1) bekanntzumachen. Bei der Entscheidung eines Strafsenats genügt die formlose Mitteilung (§ 35 Abs. 2 Satz 2). Die Entscheidung lautet dahin, dass die Sicherheit der Staatskasse verfallen ist, dass die Sicherheit frei geworden ist, oder dass der Antrag der Staatsanwaltschaft, die Sicherheit für verfallen zu erklären, oder aber derjenige des Beschuldigten oder des Bürgen, ihr Freiwerden festzustellen, als unbegründet zurückgewiesen wird. Zu den letzteren Entscheidungen kommt es, wenn weder ein Entziehen noch ein Freiwerden festgestellt ist. In der Regel wird allerdings die Sicherheit entweder verfallen oder aber, wenn dies nicht der Fall ist, wegen Inhaftierung frei geworden sein. Wegen des Übergangs des Eigentums und der Nutzungen ist der **Tag des Verfalls** anzugeben; wenn er nicht feststellbar ist, der Tag, an dem der Verfall frühestens eingetreten ist. Doch genügt es, wenn das Datum des Verfalls den Gründen zu entnehmen ist. In diesen ist auch der Grund des Verfalls mitzuteilen. Der

---

67 OLG Hamburg NJW **1962** 2363; wie hier SK/*Paeffgen* 10; KK/*Schultheis* 9.
68 *Hahn* Mat. **1** 134.
69 So aber OLG Hamburg NJW **1962** 2363.

den Verfall aussprechende Beschluss ist **materieller Rechtskraft** fähig und eine später Abänderung grundsätzlich nicht möglich.[70]

40 **d) Beschwerde.** Gegen die Entscheidung steht den Beteiligten (nur) die sofortige Beschwerde zu.[71] Ist die Entscheidung von einem Strafsenat, auch einem erstinstanzlich entscheidenden, erlassen worden, so ist sie nach h.M.[72] unanfechtbar (§ 304 Abs. 4; Rn. 50; § 123, 39). Die **Beteiligten** sind in Absatz 2 Satz 1 abschließend aufgeführt; der Beschuldigte sowie die, die für ihn Sicherheit geleistet haben („Sicherungsgeber"; vgl. Rn. 32).[73] Dazu kommt noch die Staatsanwaltschaft (§ 296 Abs. 1). Der **Privatkläger** scheidet als Beschwerdeführer aus; denn in Privatklagesachen ist die Untersuchungshaft und damit die Sicherheitsleistung unstatthaft (Vor § 112, 102). Auch dem **Nebenkläger** steht die Beschwerde nicht zu.[74]

41 Dass die allein zugelassene Beschwerde eine **sofortige** (§ 311) ist, sagt das Gesetz in Absatz 2 Satz 2 nur für den Beschuldigten und den Bürgen. Die hieraus hergeleitete Ansicht, dass die Staatsanwaltschaft kein Beschwerderecht habe,[75] ist unzutreffend.[76] Es ist aber auch nicht richtig, dass der Staatsanwaltschaft nur die einfache Beschwerde zustehen sollte, weil sonst der Sinn der sofortigen Beschwerde, rasch zu einer abschließenden Regelung zu kommen, wieder aufgehoben würde. Daher ist auch die Beschwerde der Staatsanwaltschaft (§ 296) eine sofortige.[77] Versäumt der **Verteidiger** schuldhaft die Beschwerdefrist, so ist dieses Verschulden dem Beschuldigten zuzurechnen.[78] Das ist nicht deshalb bedenklich, weil der Beschuldigte auf diese Weise für die (mangelnde) Sorgfalt des Verteidigers hafte.[79] Der Verfall ist keine Strafe und auch keine strafähnliche Sanktion; bei dieser prozessualen Maßnahme geht es nicht (mehr) um die Folgen schuldhaften strafrechtlichen Verhaltens und um die Verteidigung gegen den staatlichen Strafanspruch, sodass die Zurechnung, wie auch in anderen Bereichen des Strafrechts,[80] gerechtfertigt ist. Hat das erste Gericht **nicht in der Sache entschieden**, sondern eine Entscheidung mangels Zuständigkeit abgelehnt, dann ist, weil die Entscheidung nicht den Verfall oder Nichtverfall der Sicherheit ausspricht, nicht die sofortige, sondern die einfache Beschwerde gegeben.[81]

---

70 OLG Stuttgart MDR **1982** 341; OLG Düsseldorf Rpfleger **1984** 73. Vgl. auch OLG Hamm NStE § 124, 7.

71 OLG Düsseldorf Rpfleger **1984** 73 (kein Zivilprozess); KK/*Schultheis* 11, 14; Meyer-Goßner/*Schmitt* 13 (Klage nach § 839 zulässig); vgl. auch OLG Stuttgart Justiz **1984** 213. Die Beschwerde wird nicht durch Anklageerhebung oder Wechsel des Gerichts der Hauptsache unzulässig; auch die Zuständigkeit des ursprünglichen Beschwerdegerichts bleibt bestehen, OLG Hamm NStE § 124, 7.

72 LR/*Hilger*[26] 39.

73 OLG Karlsruhe Justiz **1984** 291 (keine sofortige Beschwerde des Abwesenheitspflegers); s. auch OLG Stuttgart Justiz **1988** 373; OLG Düsseldorf Rpfleger **1986** 274; NStZ **1990** 97; OLG Karlsruhe Justiz **1993** 91; StV **2001** 120; OLG Koblenz JBlRhPf. **2004** 199.

74 OLG Köln StraFo **2011** 528; SK/*Paeffgen* 11.

75 OLG Königsberg *Alsb.* E **1** 296.

76 OLG Stuttgart Justiz **1984** 213; OLG Celle NStZ-RR **1999** 178; HK/*Posthoff* 14; KK/*Schultheis* 11; SK/*Paeffgen* 11; Meyer-Goßner/*Schmitt* 9.

77 OLG Stuttgart Justiz **1984** 213; OLG Celle NStZ-RR **1999** 178; h.M.

78 OLG Stuttgart Justiz **1980** 285; SK/*Paeffgen* 11; HK/*Posthoff* 15; h.M.

79 So aber LR/*Hilger*[26] 40 bei Fn. 65.

80 Nach h.M. etwa im Bereich des StVollzG, des StrEG usw.; vgl. dazu *Meyer-Goßner/Schmitt* § 44, 19; s. aber auch (abl.) LR/*Graalmann-Scheerer* § 44, 56 ff.

81 BayObLGSt **28** (1929) 184.

5. Beschwerdeverfahren

42 **a) Mündliche Erörterung.** Über das Rechtsmittel wird in einem **ungewöhnlichen Verfahren** entschieden. Den in der Beschwerdeinstanz zu hörenden Beteiligten und der Staatsanwaltschaft ist Gelegenheit zur mündlichen Begründung ihrer Anträge sowie zur Erörterung der Ergebnisse etwaiger vom Gericht durchgeführter Ermittlungen zu geben. Der Termin dient **nicht allgemeiner Erörterung der Sach- oder Rechtslage**;[82] es handelt sich um keine Verhandlung nach dem üblichen Verständnis. Wenn nach den Motiven von einer „Verhandlung" nur deshalb nicht gesprochen worden ist, weil damit nur vermieden werden sollte, die Bestimmungen über die Hauptverhandlung, namentlich über die Anwesenheitspflicht, zu übernehmen,[83] während tatsächlich aber eine Verhandlung im Sinne einer umfassenden Erörterung der Sach- und Rechtslage angestrebt worden sein soll,[84] so ist diese Absicht in dem in der Vorschrift objektivierten Willen des Gesetzgebers nicht zum Ausdruck gekommen. Da etwa in § 118 eine „Verhandlung" vorgeschrieben ist, nicht aber – in einem engen Zusammenhang damit – in § 124, zeigt auch ein systematischer Vergleich, dass sich die mündliche Erörterung über den Verfall der Sicherheit in den in der Vorschrift angeführten beschränkten Zwecken erschöpft. Mündliche Termine mit beschränkten Zwecken sind auch durchaus sinnvoll und der StPO nicht fremd (vgl. §§ 453 Abs. 1 Satz 3, 454 Abs. 1 Satz 3).[85]

43 Kann der Zweck, den Beschwerdeführer mit dem dargelegten Ziel mündlich anzuhören. deshalb nicht erfüllt werden, weil er die **Beschwerdefrist versäumt** hat und seine Beschwerde daher als unzulässig verworfen werden muss, dann hat die mündliche Erörterung zur Sache keinen Sinn; sie entfällt.[86] Hängt die Zulässigkeit aber davon ab, ob der Beschwerdeführer **Bürge** oder nur **Hintermann** ist, dann steht die Erörterung dieser Zulässigkeitsfrage einer Sacherörterung gleich, so dass darüber grundsätzlich (Rn. 47) nur entschieden werden darf, nachdem die mündliche Erörterung duchgeführt worden ist oder die Beteiligten die ihnen dazu gegebene Gelegenheit nicht wahrgenommen haben.

44 **b) Verfahren.** Nähere Vorschriften für das Verfahren bei der mündlichen Erörterung fehlen. Danach ist es weitgehend dem **Ermessen des Gerichts** überlassen, wie es den Termin ausgestaltet. Es hat dabei indessen gewisse allgemeine Grundsätze zu beachten; diese sind der Strafprozessordnung, namentlich den Vorschriften über die Hauptverhandlung und dem § 118a zu entnehmen. Nach diesen Grundsätzen wird sich das Verfahren im Allgemeinen folgendermaßen abwickeln:

45 Das Gericht stellt, soweit das Aktenmaterial nicht ausreicht, **Ermittlungen** an. Der Vorsitzende bestimmt den **Termin** und benachrichtigt hiervon den Beschuldigten, seinen Verteidiger, den Bürgen und die Staatsanwaltschaft, gleichviel wer von ihnen Beschwerde eingelegt hat. Da die Beteiligten nicht zum Erscheinen verpflichtet sind, scheidet die Form der **Ladung** (§ 214) aus, doch ist die Zustellung (§ 35 Abs. 2 Satz 1) angebracht. Formlose Mitteilung (§ 35 Abs. 2 Satz 2) genügt in der Regel nicht, weil es Sachentscheidungsvoraussetzung ist, dass der Beschuldigte, der „Bürge" und die Staats-

---

82 H.M.; **a.A.** noch LR/*Wendisch*[24] 41, 46. Vgl. auch OLG Düsseldorf NStZ **1996** 404 (keine Anhörung erforderlich, wenn Beschwerdegericht wegen eines Verfahrensfehlers zurückverweist).

83 Mot. *Hahn* **2** 1484.

84 Vgl. dazu LR/*Wendisch*[24] 41, 46.

85 OLG Stuttgart MDR **1987** 867.

86 OLG Neustadt JZ **1952** 663; vgl. auch OLG Düsseldorf OLGSt § 124, 3; KK/*Schultheis* 12; Meyer-Goßner/*Schmitt* 10; AK/*Krause* 4; **a.A.** *Niethammer* JZ **1952** 663; krit. auch SK/*Paeffgen* 12.

anwaltschaft Gelegenheit erhalten hatten, ihre Anträge mündlich zu begründen und das Ermittlungsergebnis zu erörtern. Das muss im Erörterungstermin nachweisbar sein.

Befindet sich der Beschuldigte **nicht auf freiem Fuß**,[87] ist er grundsätzlich, auch wenn er sich auswärts in Haft befindet, vorzuführen, wenn er nicht darauf verzichtet.[88] Da § 350 Abs. 2 Satz 2 kein vergleichbares Verhältnis regelt, scheidet eine analoge Anwendung dieser Vorschrift aus. Hingegen kann § 118a Abs. 2 entsprechend angewendet werden[89] (zu den Einzelheiten s. § 118a, 11ff.). **46**

c) Termin. Das Gericht erörtert die Sache **nichtöffentlich** in Beschlussbesetzung. Von der mündlichen Erörterung kann jedoch abgesehen werden, wenn die Beteiligten darauf ausdrücklich oder konkludent **verzichtet** haben,[90] erklärt haben, dass sie nicht erscheinen werden, keine neuen Ausführungen zur Sach- oder Rechtslage vorgetragen oder zumindest angekündigt haben, wenn kein Antrag gestellt ist[91] und auch keine Ermittlungen erfolgt sind, deren Ergebnis erörtert werden müsste,[92] wenn der Beschwerdeführer mit seinem Rechtsmittel (gleichsam „unstreitig") ohne weiteres in vollem Umfang durchdringt und deshalb nicht beschwert ist, während der Beschwerdegegner (die Staatsanwaltschaft) auf die mündliche Erörterung verzichtet hat.[93] Eine solche ist nämlich dann nicht zwingend geboten, wenn sie erkennbar **überflüssig** wäre und zu einer bloßen Förmelei würde.[94] **47**

Wird ein Termin bestimmt, so können die Beteiligten sich, weil sie nicht zu erscheinen brauchen, vertreten lassen, der Beschuldigte durch einen Verteidiger,[95] der Bürge durch einen Rechtsanwalt. Die **Staatsanwaltschaft** braucht sich nicht zu beteiligen, sollte es aber tun, weil sie nur aufgrund der mündlichen Erörterung, deren Verlauf sie nicht sicher voraussehen kann, in der Lage ist, sachgemäß Anträge zu stellen. Das Gericht kann Zeugen und Sachverständige vernehmen. § 250 gilt indessen nicht; das Gericht ist nicht an die Regeln des Strengbeweises gebunden, sondern kann **freibeweisliche** Ermittlungen vornehmen. Werden weitere Ermittlungen erforderlich, so ist nach deren Abschluss den Beteiligten erneut die Gelegenheit zu geben, die Ermittlungsergebnisse mündlich zu erörtern.[96] An dem Termin nimmt ein Urkundsbeamter der Geschäftsstelle teil und führt ein **Protokoll** (§§ 271 bis 273); § 274 gilt nicht. **48**

---

87 Vgl. LR/*Graalmann-Scheerer* § 35, 27.

88 AK/*Krause* 4; *Gerding* 69; *Feisenberger* § 122, 6; SSW/*Herrmann* 28; **a.A.** KK/*Schultheis* 12; Meyer-Goßner/*Schmitt* 10; HK/*Posthoff* 17; *Hartung* § 122, 9 (keine Pflicht zur Vorführung; Anhörung durch ersuchten oder beauftragten Richter kann ausreichen).

89 *Eb. Schmidt* § 122, 12; Nachtr. I § 122, 4; vgl. auch OLG Düsseldorf JMBlNW **1990** 44.

90 OLG Stuttgart MDR **1987** 867; OLG Düsseldorf JMBlNW **1990** 44; LG Freiburg NStZ **1988** 472; h.M. Zweifelhaft aber OLG Köln OLGSt StPO § 124, 9 (Fiktion eines Verzichts, weil innerhalb einer zur Stellungnahme gesetzten Frist keine Erklärung abgegeben wurde).

91 OLG Stuttgart MDR **1987** 867; LG Freiburg NStZ **1988** 472.

92 OLG Düsseldorf JMBlNW **1990** 44; OLG Hamm NStZ-RR **1996** 270 = StV **1996** 498; NJW **1996** 737 mit abl. Anm. *Paeffgen* NStZ **1997** 118.

93 OLG Jena wistra **2009** 324; HK/*Posthoff* 16; SSW/*Herrmann* 29; s. auch AnwK-StPO/*Lammer* 7 (Gericht will übereinstimmenden Anträgen aller Beteiligten folgen).

94 Berechtigte Kritik gegen einen (offensichtlich unbedacht formulierten) Rechtsgrundsatz des weitergehenden Inhalts, dass die mündliche Erörterung unterbleiben könne, wenn eine „Beeinflussung der Entscheidung von vornherein ausgeschlossen erscheint" (so etwa OLG Hamm NStZ-RR **1996** 270; NJW **1996** 737; KK/*Schultheis* 12; SK/*Paeffgen* 12a [indessen selbstwidersprüchlich zu Rn. 12]) findet sich bei HK/*Posthoff* 16; AnwK-StPO/*Lammer* 7; s.a. OLG Hamm Beschl. v. 8.8.2017 – 3 Ws 336/17– (juris), das die Frage letztlich offen gelassen hat.

95 Vgl. RGSt **9** 80.

96 *Gerding* 67.

49 **d)** Die **Entscheidung** ergeht als Beschluss aufgrund des schriftlichen Verfahrens (oder) der mündlichen Erörterung.[97] Die Entscheidung ist nach Möglichkeit am Schluss der mündlichen Erörterung zu verkünden, sonst baldmöglich schriftlich zu erlassen. Wegen des Inhalts der Entscheidung s. Rn. 39, wegen der Bekanntmachung § 35.

50 **e) Weitere Beschwerde** ist nach h.M. nicht statthaft[98] (§ 310), was im Wesentlichen damit begründet wird, dass Gegenstand der Entscheidung nicht der Freiheitsentzug sei, sondern das Schicksal der Sicherheitsleistung.[99] Es gelten hier jedoch grundsätzlich die Erwägungen zu § 123 (§ 123, 39, 40).[100]

IV. Wirkung (Absatz 3)

51 Die redaktionell unglücklich abgefasste Vorschrift hat folgenden Sinn: Die strafgerichtliche Entscheidung steht, falls sie nicht oder nicht mehr anfechtbar ist, dem rechtskräftigen Zivilendurteil gleich, in den anderen Fällen – wenn sie noch anfechtbar ist oder wenn sie zulässigerweise angefochten, aber über die Anfechtung noch nicht entschieden ist – dem für vorläufig vollstreckbar erklärten Zivilendurteil. Danach ist die rechtskräftige Entscheidung des Strafrichters endgültig. Der Weg des Zivilprozesses ist zwischen dem, der die Sicherheit im eigenen Namen geleistet hat, und dem Staat ausgeschlossen (Rn. 39, 40).[101] Die Vorschrift legt der Entscheidung die angegebene Wirkung nur dann bei, wenn sie den Verfall ausspricht, und demzufolge nur im **Verhältnis vom Staat zum Bürgen.**

52 Es unterliegt keinem Zweifel, dass das Verhältnis zwischen dem **Bürgen und dem Beschuldigten** und zwischen dem, der die Sicherheit geleistet hat, und einem, der ihm die Mittel dazu gegeben hat, von der Entscheidung unberührt bleibt. Ohne Bedenken ist auch zu folgern, dass eine Entscheidung, die das Freiwerden der Sicherheit feststellt, für das Verhältnis dessen, der die Sicherheit geleistet hat, gegenüber dem Staat nicht die Wirkung eines Zivilurteils haben soll, obwohl der Grund dafür nicht auf der Hand liegt. Entweder hat der Staat, weil er die Wirkung des Verfalls sichern wollte, in erster Linie seine Interessen im Auge gehabt, oder er hat darauf vertraut, dass die verwahrende Stelle dem Freigabeverlangen aufgrund der strafrichterlichen Entscheidung stets folgen werde, was in der Tat der Fall ist.

53 Zweifelhaft ist, ob „eine so singuläre Vorschrift, wie die des § 124 Abs. 3 weiter, als ihr nächster Wortsinn es rechtfertigt, zulässigerweise angewendet werden darf",[102] d.h. ob die Wirkung eines Zivilurteils auch im **Verhältnis des Staates zu dem Beschuldigten** eintritt, der selbst Sicherheit geleistet hat. Man muss die Frage gegen den Wortlaut des Gesetzes bejahen, weil nicht ersichtlich ist, warum die allgemein notwendige Wirkung auf das Verhältnis des Staates zum Bürgen beschränkt sein sollte.[103] Die Entscheidung erweitert, da sie nur **deklaratorischen Charakter** hat, die unter Rn. 23 dargestellten Folgen nicht. Sie ermöglicht aber die Zwangsvollstreckung gegen den Bürgen, der ein Zahlungsversprechen abgegeben hatte, gestattet die zwangsweise Wegnahme von zur Sicherung übereigneten Gegenständen, die Zwangsversteigerung aus einer Grundschuld usw.

---

97 KK/*Schultheis* 13.
98 KK/*Schultheis* 13; Meyer-Goßner/*Schmitt* 11; AK/*Krause* 4; **a.A.** SK/*Paeffgen* 13; *Eb. Schmidt* Nachtr. I 17. Zur nachträglichen Entscheidung gem. § 33a (analog) s. OLG Brandenburg StraFo **1998** 212.
99 KK/*Schultheis* 13; LR/*Hilger*[26] 47.
100 Vgl. insbesondere § 116, 38 ff.
101 BayObLGSt **28** (1929) 185.
102 *Voitus* Strafprozeßordnung (1877) 467.
103 KK/*Schultheis* 14; HK/*Posthoff* 19.

§ 125
Zuständigkeit für den Erlass des Haftbefehls

(1) Vor Erhebung der öffentlichen Klage erläßt der Richter bei dem Amtsgericht, in dessen Bezirk ein Gerichtsstand begründet ist oder der Beschuldigte sich aufhält, auf Antrag der Staatsanwaltschaft oder, wenn ein Staatsanwalt nicht erreichbar und Gefahr im Verzug ist, von Amts wegen den Haftbefehl.

(2) [1]Nach Erhebung der öffentlichen Klage erläßt den Haftbefehl das Gericht, das mit der Sache befaßt ist, und, wenn Revision eingelegt ist, das Gericht, dessen Urteil angefochten ist. [2]In dringenden Fällen kann auch der Vorsitzende den Haftbefehl erlassen.

Schrifttum

Reichenbach Der Jugendermittlungsrichter, NStZ **2005** 617; *Steinmetz* Welcher Ermittlungsrichter ist im Fall des § 145 I GVG örtlich zuständig? SchlHA **2005** 147; s. auch Schrifttum zu § 126.

Entstehungsgeschichte

Ursprünglich regelte § 125 die Zuständigkeit zum Erlass des Haftbefehls „und der auf die Untersuchungshaft, einschließlich der Sicherheitsleistung, bezüglichen Entscheidungen" vor Erhebung der öffentlichen Klage und § 124 diejenige nach ihrer Erhebung.[1] Durch Art. 1 Nr. 1 StPÄG 1964 ist der Regelungsinhalt der beiden Normen auf die §§ 125 und 126 in der Weise (neu) verteilt worden, dass die erste Vorschrift die Zuständigkeit zum Erlass des Haftbefehls, die andere diejenige für die späteren Entscheidungen über die Untersuchungshaft enthält. Dabei übernimmt § 125 Abs. 1 für den Haftbefehlserlass im Wesentlichen die Regelung des § 125 Abs. 1 und 2 a.F.; § 125 Abs. 2 Satz 2 entspricht inhaltlich (Eilzuständigkeit des Vorsitzenden) § 124 Abs. 3 a.F. Die Worte „bei Gefahr im Verzug" in § 125 Abs. 1 sind mit Art. 3 Nr. 1 des 8. StRÄndG durch den Einschub „wenn ein Staatsanwalt nicht erreichbar und Gefahr im Verzug ist" ersetzt worden. Durch Art. 1 Nr. 31 des 1. StVRG wurde die Richterbezeichnung geändert und Absatz 3 (Voruntersuchung) gestrichen. Mit Wirkung zum 25.7.2015[2] hat die Vorschrift – im Kontext der Schaffung einer dem Gesetz zur Modernisierung und Erleichterung der Rechtsanwendung[3] vorangestellten amtlichen Inhaltsübersicht – ihre Überschrift erhalten.

Übersicht

1 Vgl. Bek. d. Textes der StPO vom 22.3.1924, RGBl. I S. 322.
2 Art. 1 Nr. 13 des Gesetzes zur Stärkung des Rechts des Angeklagten auf Vertretung in der Berufungshauptverhandlung und über die Anerkennung von Abwesenheitsentscheidungen in der Rechtshilfe vom 17.7.2015, BGBl. I 1332.
3 BTDrucks. **18** 3562 S. 77.

https://doi.org/10.1515/9783110274929-028

I. Inhalt; Abgrenzung

1 Die Vorschrift regelt die **Zuständigkeit für den Erlass eines Haftbefehls** sowie für die Ablehnung eines darauf gerichteten Antrages abweichend von § 162 Abs. 1 Satz 1;[4] dies allerdings **nicht abschließend** (s. Rn. 9ff.). Für die Entscheidung über den Erlass eines **Unterbringungsbefehls** gilt § 125 entsprechend (s. § 126a, 19). Auch die Zuständigkeit für die **Erstreckung** des Haftbefehls auf weitere Taten richtet sich nach § 125, weil eine solche „Erweiterung" der Sache nach der Erlass eines neuen Haftbefehls ist.[5]

2 Die Zuständigkeit für **alle weiteren gerichtlichen Entscheidungen** und Maßnahmen, die den Bestand des Haftbefehls, seine Vollstreckung, die Aussetzung seines Vollzugs oder dessen Modalitäten betreffen, ergibt sich aus **§ 126**. Dies gilt auch dann, wenn sie mit dem Erlass des Haftbefehls verbunden sind. (s. Rn. 27). Wird jemand aufgrund eines Haftbefehls ergriffen, ist er grundsätzlich dem nach § 126 zuständigen Richter vorzuführen (§ 115); die Zuständigkeit des Richters bei dem nächsten Amtsgericht (§ 115a) besteht nur subsidiär.

II. Vor Erhebung der öffentlichen Klage

3 **1. Zuständigkeit nach Absatz 1.** Vor Erhebung der öffentlichen Klage erlässt der Richter bei dem Amtsgericht, in dessen Bezirk ein Gerichtsstand begründet ist oder der Beschuldigte sich aufhält, den Haftbefehl. Damit bestimmt Absatz 1 den in diesem Verfahrensabschnitt für die Entscheidung über den Erlass des Haftbefehls **sachlich und örtlich zuständigen Richter**.

4 **Sachlich zuständig** ist grundsätzlich der **Richter bei dem Amtsgericht**; in Jugendsachen obliegen dessen Aufgaben nach § 34 Abs. 1 JGG dem Jugendrichter.[6] In Staatsschutzsachen (und solchen nach § 120b GVG) ist *neben* dem Richter bei dem Amtsgericht der Ermittlungsrichter des BGH bzw. des OLG sachlich zuständig (s. Rn. 13). Ein **Kollegialgericht** ist vor Anklageerhebung **in keinem Fall** zur Entscheidung über den Erlass eines Haftbefehls berufen. Das Oberlandesgericht kann – weil darin faktisch der Neuerlass eines Haftbefehls liegt (Rn. 1) – in dem Verfahren nach §§ 121, 122 den Haftbefehl daher nicht „erweitern".[7] Wegen einer in der Hauptverhandlung vor dem Schöffen-, Land- oder Oberlandesgericht begangenen Straftat kann das verhandelnde Gericht deshalb auch nicht selbst einen Haftbefehl erlassen. **§ 183 Satz 2 GVG** gibt dem Gericht, in dessen Sitzung die Straftat begangen wird, grundsätzlich nur das Recht zur vorläufigen Festnahme.[8] Der Erlass eines Haftbefehls durch den verhandelnden Richter wegen einer in der Hauptverhandlung begangenen Straftat kommt allein in Betracht, wenn ein Richter beim Amtsgericht als Strafrichter verhandelt. Dieser darf den Haftbefehl aber nur dann selbst erlassen, wenn er dafür auch nach dem Geschäftsverteilungsplan des Amtsgerichts – als Ermittlungsrichter – zuständig ist.[9]

---

4 Zuständigkeit des nach § 21e Abs. 1 GVG vom Präsidium als Ermittlungsrichter bestellten Richters bei dem **Amtsgericht am Sitz der Staatsanwaltschaft** für alle (sonstigen) richterlichen Untersuchungshandlungen *vor* Erhebung der öffentlichen Klage.

5 LR/*Lind* § 114, 55; SK/*Paeffgen* 3 a.E.; KK/*Schultheis* 2; Meyer-Goßner/*Schmitt* 2; h.M.

6 Zum Jugendermittlungsrichter s. BVerfG NStZ **2005** 643; *Reichenbach* NStZ **2005** 617. Zur Zuständigkeit eines Ermittlungsrichters auch als Jugendrichter s. LG Berlin NStZ **2006** 525.

7 OLG Hamm MDR **1975** 950; StV **2000** 153; OLG Koblenz NStZ-RR **2008** 92 (Ls.); SK/*Paeffgen* 3; KK/*Schultheis* 2; Meyer-Goßner/*Schmitt* 2; h.M.; **a.A.** *Kaiser* NJW **1966** 435; *Schnarr* MDR **1990** 89, 93ff.; KMR/*Wankel* § 122, 15.

8 Vgl. OLG Hamm NJW **1949** 191. S. auch die Erl. zu § 183 GVG.

9 BGH NJW **2010** 3045.

§ 125 Abs. 1 regelt **nicht**, welcher von mehreren Richtern bei einem nach dieser Vorschrift in Betracht kommenden Amtsgericht für die zu treffende Entscheidung **funktionell zuständig** ist. Da die gleichrangige unmittelbare Zuständigkeit *jedes* Richters dieses Amtsgerichts mit Art. 101 Abs. 1 Satz 2 GG unvereinbar ist, hat das Präsidium des jeweiligen Gerichts nach § 21e GVG im **Geschäftsverteilungsplan** zu bestimmen, welcher Richter bei dem Amtsgericht (bzw. bei BGH und OLG) als **Ermittlungsrichter** (auch) für die Entscheidung über den Erlass eines Haftbefehls konkret (funktionell) zuständig ist.[10] 5

Örtlich zuständig ist der (Ermittlungs-)Richter bei **jedem** Amtsgericht, in dessen Bezirk ein **Gerichtsstand** (§§ 7 bis 11a, 13a, 15), bei Inlandstaten zumeist der des Tatortes (§ 7), des Wohnsitzes oder Aufenthaltsortes (§ 8) oder des Ergreifungsortes (§ 9) des Beschuldigten, begründet ist, auch wenn für die Durchführung des Hauptverfahrens ein im selben Bezirk gelegenes Gericht höherer Ordnung sachlich zuständig ist.[11] Die Übertragung von Wirtschaftsstrafsachen für mehrere Landgerichtsbezirke auf ein Landgericht gemäß § 74c Abs. 3 GVG bewirkt keine Änderung der Zuständigkeit nach Absatz 1.[12] Werden die Ermittlungen von der Staatsanwaltschaft eines Gerichtsbezirks geführt, in dem kein Gerichtsstand begründet ist (und der Beschuldigte sich auch nicht aufhält, s. sogleich Rn. 7), wird dadurch nicht ohne weiteres das Amtsgericht dieses Bezirks für den Erlass eines Haftbefehls zuständig; es verbleibt – soweit die Konzentrationswirkung des § 162 Abs. 1 Satz 2 (s. Rn. 10) nicht eintritt – bei der Zuständigkeit gemäß Absatz 1. Bei Erlass eines Haftbefehls im gemeinsamen Bereitschaftsdienst mehrerer Amtsgerichte wird der Bereitschaftsrichter als Vertreter des nach § 125 Abs. 1 örtlich zuständigen (Ermittlungs-)Richters tätig.[13] 6

Eine **weitere Zuständigkeit** hat nach Absatz 1 der Richter bei dem Amtsgericht, in dessen Bezirk sich der Beschuldigte im Zeitpunkt der Entscheidung über den Erlass des Haftbefehls[14] – ohne dass dort ein Gerichtsstand gegeben ist – tatsächlich **aufhält**, gleichviel ob für längere oder für kürzere Zeit oder auch, etwa auf der Durchfahrt in einem Kraftwagen, nur vorübergehend. Der Begriff umfasst den des Betroffenwerdens (§ 125 Abs. 2 a.F.). Für die aus dem Aufenthalt abgeleitete Zuständigkeit kommt es grundsätzlich nicht darauf an, wie der Beschuldigte dorthin gekommen ist, wo er sich in dem Augenblick befindet, in dem die Entscheidung des Richters über die Anordnung der Untersuchungshaft notwendig wird. Insbesondere braucht der Aufenthaltsort nicht freiwillig gewählt zu sein. Befindet sich der Beschuldigte in anderer Sache in Haft, so ist daher auch der **Haftort** der Aufenthaltsort.[15] Wird der Beschuldigte nicht dem Richter des Amtsgerichts, in dessen Bezirk er nach § 127 vorläufig festgenommen wurde (§ 128 Abs. 1 Satz 1), sondern dem Richter bei dem Amtsgericht eines anderen Bezirks – in dem **kein** Gerichtsstand begründet ist – vorgeführt, so ist er im Zeitpunkt der Entscheidung über den Haftbefehlserlass zwar dort, es ist aber nicht der Aufenthaltsort i.S.v. Absatz 1, sondern der, an den er von der Staatsgewalt infolge eines Fehlers verbracht wurde;[16] anderenfalls wäre *jedes* Amtsgericht im Geltungsbereich der Strafprozessordnung für den Erlass eines Haftbefehls gegen einen vorläufig Festgenommenen zuständig, wenn ihm 7

10 Vgl. BGH NJW **2010** 3045; SK/*Paeffgen* 3; KK/*Schultheis* 2; Meyer-Goßner/*Schmitt* 2; HK/*Posthoff* 2.

11 Zur Zuständigkeitskonzentration gemäß § 58 Abs. 1 GVG (gemeinsames Amtsgericht in Strafsachen) vgl. BGHSt **35** 344; OLG Köln NStZ-RR **2000** 273; OLG München MDR **1987** 868; OLG Nürnberg NStZ **1987** 37; LG Regensburg NStZ **1986** 375; Erl. zu § 58 GVG.

12 OLG Nürnberg NStZ **2001** 80.

13 LG Arnsberg StraFo **2015** 66.

14 OLG Hamm GA **1968** 343.

15 SK/*Paeffgen* 3; KK/*Schultheis* 2; Meyer-Goßner/*Schmitt* 5.

16 Ebenso SK/*Paeffgen* 3; KMR/*Wankel* 3; *Wankel* 10; **a.A.** BayObLGSt **30** (1929) 35; OLG Celle NdsRpfl. **1956** 39; Graf/*Krauß* 1; KK/*Schultheis* 2; Meyer-Goßner/*Schmitt* 5.

dieser nur vorgeführt wird. Ein im Zeitpunkt der Entscheidung unzuständiger Richter wird auch nicht (nachträglich) zuständig, wenn der Beschuldigte aufgrund eines von diesem Richter erlassenen Haftbefehls später in dessen Bezirk verbracht wird.[17]

8 Da für die Verfolgung derselben Tat unterschiedliche Gerichtsstände begründet sein können (und der Aufenthalt des Beschuldigten zum Zeitpunkt der Entscheidung über den Erlass eines Haftbefehls gegen ihn hiervon verschieden), können nach § 125 Abs. 1 die (Ermittlungs-)**Richter verschiedener Amtsgerichte** örtlich zuständig sein. Der von einem hierfür aber unter keinem Gesichtspunkt (örtlich) zuständigen Gericht erlassene Haftbefehl ist (von diesem selbst oder von dem Beschwerdegericht, von letzterem jedenfalls dann, wenn das örtlich zuständige Gericht nicht zu seinem Bezirk gehört) aufzuheben (und eine Sachentscheidung abzulehen); eine Abhabe oder Verweisung des Haftbefehlsverfahrens an das örtlich zuständige Gericht kommt – schon im Hinblick auf das Auswahlrecht der Staatsanwaltschaft (s. Rn. 15), das jedenfalls dann tangiert ist, wenn mehrere örtlich zuständige Gerichte vorhanden sind – nicht in Betracht.[18]

9 **2. Weitere Zuständigkeitsbestimmungen. Neben** dem (bzw. den) nach **§ 125 Abs. 1** zuständigen (Ermittlungs-)Richter(n) bei dem Amtsgericht kommen **weitere Richter** als für die Entscheidung über den Erlass eines Haftbefehls örtlich (Rn. 10 f.) und sachlich (Rn. 13) sowie funktionell (Rn. 12) zuständig in Betracht.

10 So kann die Staatsanwaltschaft den Antrag auf Erlass eines Haft- oder Unterbringungsbefehls seit der Neufassung des **§ 162**[19] – „unbeschadet der §§ 125, 126a" – **auch** bei dem Amtsgericht stellen, in dessen Bezirk sie oder ihre antragstellende Zweigstelle ihren Sitz hat, wenn sie daneben (mindestens) eine weitere gerichtliche Untersuchungshandlung für erforderlich erachtet und den darauf gerichteten Antrag bei diesem Gericht (**Ermittlungsrichter**) stellt. Die Konzentrationswirkung des § 162 Abs. 1 Satz 2 tritt auch ein, wenn das Amtsgericht am Sitz der – die Ermittlungen wegen einer Steuerstraftat selbständig führenden – Finanzbehörde auf deren Antrag (§ 162 Abs. 1 Satz 1) mindestens eine richterliche Untersuchungshandlung angeordnet hat und die Staatsanwaltschaft, nachdem sie das Verfahren nach § 386 Abs. 4 Satz 2 AO an sich gezogen hat, daneben den Erlass eines Haft- oder Unterbringungsbefehls für erforderlich erachtet; die Staatsanwaltschaft kann den entsprechenden Antrag dann auch bei dem zunächst zuständigen Ermittlungsrichter stellen.[20] Werden nach § 145 GVG statt des zunächst zuständigen Staatsanwalts die Beamten einer **anderen Staatsanwaltschaft** mit der Ermittlung beauftragt, tritt die Zuständigkeitskonzentration nach § 162 Abs. 1 Satz 2 bei dem Amtsgericht ein, in dessen Bezirk diese andere Staatsanwaltschaft ihren Sitz hat.[21]

11 Welchem Richter eine Person vorzuführen ist, die **nach § 127 vorläufig festgenommen** worden ist, ergibt sich, wenn gegen sie die öffentliche Klage noch nicht erhoben ist, aus **§ 128.** Dieser ist auch für den Erlass eines Haft- oder Unterbringungsbefehls bzw. die Ablehnung eines darauf gerichteten Antrages der Staatsanwaltschaft zuständig. Vor Erhebung der öffentlichen Klage ist damit **neben** dem nach § 125 Abs. 1 (und ggf. dem nach § 162 Abs. 1 Satz 2) örtlich zuständigen (Ermittlungs-)Richter auch der (Ermitt-

---

17 OLG Hamm GA **1968** 343; LG Zweibrücken StV **2004** 499; Graf/*Krauß* 1; s. auch *Wankel* 10.

18 KG StV **1998** 384; AG Tiergarten StV **2016** 815 (Ls).

19 Vgl. Art. 1 Nr. 15 des Gesetzes zur Neuregelung der Telekommunikationsüberwachung und anderer verdeckter Ermittlungsmaßnahmen sowie zur Umsetzung der Richtlinie 2006/24/EG vom 21.12.2007, BGBl. I S. 3198.

20 Vgl. OLG Stuttgart NStZ **1991** 291 (zu § 162 a.F.).

21 Vgl. OLG Düsseldorf JMBlNW **2008** 65; **a.A.** LG Zweibrücken NStZ-RR **2004** 304, StraFo **2009** 243 (Zuständigkeit nach § 162 Abs. 1 Satz 1 bleibt beim AG für den Sitz der ursprünglich zuständigen StA; nur dort kann die Konzentration nach § 162 Abs. 1 Satz 2 eintreten.).

lungs-)Richter bei dem **Amtsgericht des Festnahmebezirks** für die Entscheidung über den Haftbefehlserlass zuständig (s. § 128, 9).

Ist der auf frischer Tat Betroffene oder Verfolgte **nach § 127b Abs. 1 vorläufig fest-** 12
genommen worden, ist er – abweichend von § 128 Abs. 1 Satz 1 – regelmäßig dem für die **Durchführung des beschleunigten Verfahrens** zuständigen Richter vorzuführen, der nach § 127b Abs. 3 über den Erlass des Haftbefehls entscheiden soll.[22] Da für die Durchführung des beschleunigten Verfahrens der Strafrichter (oder das Schöffengericht) zuständig ist, in dessen Bezirk ein Gerichtsstand begründet ist, wird der Kreis der nach § 125 Abs. 1 örtlich und sachlich zuständigen Amtsgerichte durch § 127b Abs. 3 nicht erweitert. Allerdings stellt die genannte Norm einen Appell an das Präsidium des Amtsgerichts dar, die für das beschleunigte Verfahren zuständigen Richter insoweit kraft Geschäftsverteilungsplans (auch) für die Entscheidung über Haftbefehlsanträge zuständig zu machen und damit in **funktioneller** Hinsicht von der Zuständigkeit des Ermittlungsrichters abzuweichen.

In Sachen, die nach §§ 120, 120b GVG zur erstinstanzlichen Zuständigkeit des Ober- 13
landesgerichts gehören, können auch der Ermittlungsrichter dieses Oberlandesgerichts oder – wenn der Generalbundesanwalt die Ermittlungen führt – derjenige des BGH den Haft- oder Unterbringungsbefehl erlassen (oder einen darauf gerichteten Antrag der Generalstaatsanwaltschaft bzw. des GBA ablehnen), weil sie die Geschäfte wahrnehmen können, die im vorbereitenden Verfahren dem Richter beim Amtsgericht obliegen (§ 169 Abs. 1). Diese sachliche Zuständigkeit besteht **neben** der des Richters bei dem Amtsgericht, jedoch sind wegen der größeren Sachnähe, soweit irgend möglich, die hier genannten **Ermittlungsrichter des OLG oder des BGH** anzugehen.[23]

(Weitere) Zuständigkeitssonderregelungen für bestimmte Strafsachen finden sich in 14
§ 391 AO, § 13 Abs. 1 WiStG 1954, § 38 Abs. 1 AWG und § 38 Abs. 1 MOG.

3. Wahlrecht der Staatsanwaltschaft. Die danach in Betracht kommenden Richter 15
stehen zur Wahl des Staatsanwalts. Das ist, weil alle Richter der selben Instanz der Idee nach gleich befähigt und gleich unbefangen sind, unbedenklich; **alle** nach dem Vorgesagten (Rn. 3ff.) sachlich, örtlich und funktionell zuständigen Richter sind der **gesetzliche Richter.**[24] Jedoch ist – sofern die Voraussetzungen des § 162 Abs. 1 Satz 2 vorliegen und kein Fall des § 127b gegeben ist – im Hinblick auf eine verfahrensfördernde Konzentration der richterlichen Zuständigkeit vor Anklageerhebung möglichst der Ermittlungsrichter bei dem Amtsgericht (§ 162) bzw. beim BGH oder dem örtlich zuständigen OLG (§ 169) anzurufen. Der Staatsanwalt ist, wenn der von ihm zunächst angegangene (zuständige) Richter seinen Antrag ablehnt, gehindert, ihn bei einem anderen (zuständigen) neu zu stellen; in diesem Fall kann nur die Beschwerde (s. sogleich Rn. 16) weiterhelfen.

4. Zuständigkeit des Beschwerdegerichts für den Erlass des Haft- oder Unterbrin- 16
gungsbefehls. Hat der Richter beim Amtsgericht es abgelehnt, die Untersuchungshaft anzuordnen, erlangen die **mit** Beschwerde und weiterer **Beschwerde**[25] von der Staatsanwaltschaft **angegangenen Gerichte** die Zuständigkeit, über den Erlass des Haftbe-

22 Vgl. § 127b, 28.
23 KK/*Schultheis* 4; s. auch § 126, 16.
24 Auch insoweit gilt jedoch das Willkürverbot (z.B. keine Anrufung eines bestimmten Richters – von mehreren zuständigen – nur deshalb, weil er dafür bekannt ist, dass er Haftbefehlsanträge im Vertrauen auf die Richtigkeit der Angaben der StA weniger streng prüft als andere Richter); die Staatsanwaltschaft hat das ihr insoweit eingeräumte Ermessen sachgerecht und an dem Beschleunigungsgrundsatz orientiert pflichtgemäß auszuüben.
25 S. auch LR/*Lind* § 114, 35ff.

fehls zu entscheiden (§§ 309 Abs. 2, 310). Hält das Beschwerdegericht das Rechtsmittel der Staatsanwaltschaft für begründet, erlässt es den beantragten Haft- oder Unterbringungsbefehl selbst. Anderenfalls verwirft das Beschwerdegericht das Rechtsmittel; die Staatsanwaltschaft kann in diesem Fall mit der weiteren Beschwerde ihr Begehren weiterverfolgen. Auch das Gericht, das über die weitere Beschwerde zu entscheiden hat, kann den Haft- oder Unterbringungsbefehl selbst erlassen, wenn es das Rechtsmittel für begründet erachtet.

17 Wird die öffentliche Klage erhoben, **erlischt** die Zuständigkeit des (Ermittlungs-)Richters bei dem Amtsgericht und damit für das Beschwerdeverfahren die Zuständigkeit der Gerichte, die diesem Richter übergeordnet sind, falls sie nicht zugleich über dem Gericht stehen, bei dem die Klage erhoben worden ist. Zum (Haft-)Beschwerdeverfahren, auch bei Zuständigkeitswechseln in der Ausgangsinstanz, s. LR/*Lind* § 114, 48 ff.

18 **5. Veranlassung der Entscheidung.** Hat die Staatsanwaltschaft die öffentliche Klage noch nicht erhoben, darf der zuständige Richter – unabhängig davon, ob der Beschuldigte bei dessen Entscheidung noch **frei oder** nach § 127 Abs. 1 und 2 vorläufig **festgenommen** ist (vgl. insoweit § 128 Abs. 2 Satz 2; § 128, 18 f.) – die Untersuchungshaft grundsätzlich (Ausnahme Rn. 19) nur **auf Antrag der Staatsanwaltschaft** anordnen. Deren Zuständigkeit richtet sich nach den §§ 142 ff. GVG, so dass die Staatsanwaltschaft bezirksübergreifend und auch ein unzuständiger Staatsanwalt (§ 143 Abs. 2 GVG) tätig werden kann.[26] Führt die Finanzbehörde die Ermittlungen wegen einer Steuerstraftat selbständig, tritt sie im Rahmen ihrer gesetzlichen Befugnisse an die Stelle der Staatsanwaltschaft.[27] Der Richter darf **über** den **Antrag** der Staatsanwaltschaft, den Haftbefehl nur wegen bestimmter Taten zu erlassen,[28] **nicht hinausgehen**;[29] da insoweit der erforderliche Antrag fehlt, ist er gehindert, den Haftbefehl auch auf weitere Taten zu stützen. In der Beurteilung der Haftgründe und bei der Begründung des Haftbefehls ist der Richter aber frei und nicht an den Antrag der Staatsanwaltschaft gebunden.[30] Er kann den Antrag auch ablehnen[31] oder hinter ihm zurückbleiben, das Letzte aber nur, wenn er wegen einer von mehreren Taten den dringenden Tatverdacht (oder den Haftgrund) verneint, nicht – wie der Staatsanwalt – aus Gründen der Zweckmäßigkeit. Auch die „Nachbesserung" etwa eines gegen § 114 Abs. 2 verstoßenden Haftbefehls bedarf eines entsprechenden Antrags der Staatsanwaltschaft.[32]

19 Ist **kein Staatsanwalt erreichbar und** außerdem **Gefahr im Verzug**, kann der Richter die Untersuchungshaft auch **von Amts wegen** anordnen, doch ist der Haftbefehl auf Antrag der Staatsanwaltschaft aufzuheben (§ 120 Abs. 3 Satz 1) oder in entsprechender Anwendung dieser Vorschrift auf von der Staatsanwaltschaft zu bestimmende Straftaten zu beschränken.[33] **Gefahr im Verzug** (s. auch § 127, 31 ff.) liegt vor, wenn ohne das sofortige Handeln des zuständigen Richters die Verhaftung infolge der mit der Unerreichbarkeit

---

26 Vgl. auch KK/*Schultheis* 6; Meyer-Goßner/*Schmitt* 8; *Loh* MDR **1970** 812; *Sommermeyer* NJ **1992** 336; zweifelnd: SK/*Paeffgen* 4; zur Amtspflichtverletzung bei Unterlassen einer Antragstellung s. BGH NJW **1996** 2373; *Vogel* NJW **1996** 3401; wistra **1996** 219.
27 OLG Stuttgart NStZ **1991** 291.
28 S. insoweit LR/*Lind* § 114, 10.
29 KK/*Schultheis* 6; h.M.
30 KK/*Schultheis* 6.
31 OLG Brandenburg NStZ-RR **1997** 107; AG Frankfurt StV **2001** 684 (unzureichender Antrag).
32 Vgl. dazu OLG Brandenburg NStZ-RR **1997** 107; StV **1997** 140; s. auch LG München StV **1998** 384; *Schlothauer/Weider/Nobis* 425. Zur Amtspflichtwidrigkeit eines Haftbefehlsantrages, wenn die Staatsanwaltschaft dem zuständigen Richter nicht alle für die Beurteilung des Tatverdachts und der Haftgründe erheblichen Ermittlungsergebnisse vorlegt, vgl. BGH NJW **2003** 3693.
33 *Rückel* StV **1985** 36.

des Staatsanwalts[34] verbundenen Verzögerung in Frage gestellt würde. Gefahr im Verzug **liegt nicht vor**, wenn der Staatsanwalt erreichbar ist, aber – entgegen der Ansicht des Richters – aufgrund seiner Prüfung die Voraussetzungen für den Erlass eines Haft- oder Unterbringungsbefehls verneint (etwa weil er die Tat eines zur Flucht entschlossenen Beschuldigten nicht für strafbar hält, weil er weiß, dass ein für die Strafverfolgung notwendiger Strafantrag nicht gestellt werden wird, oder einen Haftgrund nicht für gegeben erachtet) und es daher ablehnt, einen entsprechenden Antrag zu stellen. Ein gleichwohl erlassener Haftbefehl ist nicht unwirksam, die Staatsanwaltschaft kann aber mit einem Antrag nach § 120 Abs. 3 Satz 1 seine Aufhebung verlangen (und ggf. zugleich mit der Antragstellung die Freilassung des Beschuldigten anordnen, § 120 Abs. 3 Satz 2).[35]

III. Nach Erhebung der öffentlichen Klage

1. Gerichtliche Zuständigkeit. Nach Erhebung der öffentlichen Klage (Absatz 2) erlässt den Haftbefehl – unabhängig davon, ob der Beschuldigte zum Zeitpunkt der Entscheidung noch frei oder nach § 127 Abs. 2 vorläufig festgenommen ist (vgl. insoweit § 129, 1, 6)[36] – das **mit der Sache befasste Gericht.** Die Notwendigkeit (Rn. 18) eines Antrags der Staatsanwaltschaft entfällt, weil die Verfahrensherrschaft mit der Erhebung der öffentlichen Klage auf das Gericht übergegangen ist; die **Staatsanwaltschaft ist** jedoch **zu hören** (§ 33).[37] 20

Die **Erhebung der öffentlichen Klage** erfolgt – im Haftverfahren regelmäßig – durch **Einreichung einer Anklageschrift** (§ 199 Abs. 2, § 200) bei dem zuständigen Gericht (§ 170 Abs. 1; vgl. auch § 151, § 152 Abs. 1). Auch die Nachtragsanklage (§ 266 Abs. 2), der Antrag der Staatsanwaltschaft auf Erlass eines Strafbefehls (§ 408 Abs. 1 Satz 1) und – substituierend – der Antrag der Finanzbehörde auf Erlass eines Strafbefehls (§ 400 erster Fall AO) sind „öffentliche Klage", im Haftverfahren jedoch von untergeordneter Bedeutung. Der Antrag der Staatsanwaltschaft im **Sicherungsverfahren** (§ 413) steht der öffentlichen Klage gleich (§ 414 Abs. 2 Satz 1); die Einreichung der Antragsschrift (§ 414 Abs. 2 Satz 2) hat, da gemäß § 414 Abs. 1 die Vorschriften über das Strafverfahren für das Sicherungsverfahren sinngemäß gelten, die Funktion der Erhebung der öffentlichen Klage. Im **beschleunigten Verfahren** wird die Anklage entweder durch Einreichen einer Anklageschrift oder in der Hauptverhandlung mündlich erhoben (§ 418 Abs. 3). Im letzten Fall wird nach dem Grundsatz, dass das sachnächste Gericht entscheiden soll, die Zuständigkeit des angerufenen Gerichts nicht erst mit der (mündlichen) Anklageerhebung bei Beginn der Hauptverhandlung, sondern schon mit dem Antrag begründet, die Sache im beschleunigten Verfahren abzuurteilen (§ 417). Das entspricht auch dem Grundgedanken des § 127b Abs. 3, wonach der für die Durchführung des beschleunigten Verfahrens zuständige Richter schon vor Erhebung der öffentlichen Klage (und vor Antragstellung nach § 417 durch die Staatsanwaltschaft) über den Erlass eines Haftbefehls gegen den nach dieser Vorschrift vorläufig Festgenommenen entscheiden soll (s. Rn. 12; § 127b, 28). 21

Mit der Sache **befasst** ist zunächst das Gericht, zu dem die öffentliche Klage erhoben worden ist. Das gilt selbst dann, wenn eine Zuständigkeit dieses Gerichts in der Hauptsache nicht besteht, vgl. § 126, 25. Über den Erlass eines Haft- oder Unterbringungsbefehl entscheidet danach grundsätzlich das „sachnächste Gericht", also dasjenige, das dem Beschuldigten, der Sache und den Akten am nächsten und zur **Entscheidung in der Sache** 22

---

34 S. auch § 128, 19.
35 S. auch § 128, 18.
36 § 129 trifft – anders als § 128 – keine eigene Zuständigkeitsbestimmung.
37 *Sommermeyer* NJ **1982** 336.

selbst berufen ist. Gelangt die Sache, bevor das Hauptverfahren eröffnet ist, mit der Beschwerde (etwa gegen einen Beschluss, der die Ablehnung eines Richters für unbegründet erklärt) an ein höheres Gericht, ist das Beschwerdegericht nicht im Sinne des Absatzes 2 mit der Sache befasst. Das gilt auch, wenn gegen Entscheidungen des erkennenden Gerichts entgegen § 305 Satz 1 Beschwerde zulässig ist (§ 305 Satz 2) und eingelegt wird. Das Oberlandesgericht und der BGH sind im Verfahren nach §§ 121, 122 ebenfalls nicht das mit der Sache befasste Gericht; (auch) nach Erhebung der öffentlichen Klage kann der Haftbefehl in diesem Verfahren daher nicht um bislang nicht haftbefehlsgegenständliche Tatvorwürfe „erweitert" werden, weil dies der Sache nach dem Erlass eines neuen Haftbefehls entspricht, über den das als (erstinstanzliches) Gericht mit der Sache befasste und nicht das Gericht des besonderen Haftprüfungsverfahrens entscheidet. Die Sachherrschaft des ersten Gerichts endet, nachdem die des Berufungsgerichts begründet ist.

23 Das **Berufungsgericht** wird erst zuständig, wenn die Akten bei ihm eingegangen sind (§ 321 Satz 2). Bis dahin kann das Amtsgericht die Akten zurückfordern und damit seine Sachherrschaft weiter ausüben; das Berufungsgericht dagegen kann eine ihm künftig erwachsende Herrschaft nicht vorwegnehmen. Daher endet die Zuständigkeit des Gerichts erster Instanz nicht schon dann, wenn bei ihm Berufung eingelegt wird.[38]

24 Weil das **Revisionsgericht** nur mit der Rechtsfrage befasst ist, bleibt, wenn Revision eingelegt ist, das Tatgericht zuständig, dessen Urteil angefochten ist.[39] Mit der zurückverweisenden Entscheidung wird das Gericht zuständig, an das verwiesen wird.[40] Im Wiederaufnahmeverfahren[41] ist das Gericht zuständig, bei dem die Wiederaufnahme betrieben wird.

25 **2. Umstritten** ist die **Besetzung der** mit der Sache befassten **Spruchkörper** (Rn. 22f.) bei der Haftentscheidung, namentlich während einer (mehrtägigen) Hauptverhandlung. Das erstinstanzlich verhandelnde **Oberlandesgericht** entscheidet zwischen Beginn und Ende der Hauptverhandlung – auch bei Beschlussfassung außerhalb derselben während einer Unterbrechung – in der für die Hauptverhandlung vorgesehenen Besetzung (§ 122 Abs. 2 Satz 2 GVG) (auch) über den Erlass eines Haft- oder Unterbringungsbefehls;[42] davor (und – z.B. im Falle ihrer Aussetzung – danach) in der Regel gemäß § 122 Abs. 1 GVG in der sog. Beschlussbesetzung mit drei Mitgliedern des Strafsenats unter Einschluss des Vorsitzenden. Fraglich ist, ob diese Lösung auf Spruchkörper mit **Schöffen** zu übertragen ist. Diese entscheiden vor (und nach, s.o.) der Hauptverhandlung ohne Schöffen (§§ 30 Abs. 2, 76 Abs. 1 Satz 2 GVG).[43] Ob die Schöffen nach Beginn der Hauptverhandlung an der Entscheidung über den Erlass eines Haftbefehls ge-

---

38 OLG Schleswig bei *Ernesti/Lorenzen* SchlHA **1986** 97, 104; OLG Düsseldorf StV **1993** 482; SK/*Paeffgen* 5; KK/*Schultheis* 10; Meyer-Goßner/*Schmitt* 6; *Eb. Schmidt* Nachtr. I 11; **a.A.** *Lobe/Alsberg* § 124, III 4; *Hartung* § 124, 2b. Vgl. auch OLG Karlsruhe Justiz **1986** 144.

39 SK/*Paeffgen* 5; KK/*Schultheis* 10; Meyer-Goßner/*Schmitt* 6; vgl. auch RGSt **3** 422; OLG Düsseldorf MDR **1974** 686; BGH StV **1998** 143; *Wendisch* StV **1985** 376.

40 KG NStZ **2000** 444; OLG Zweibrücken StV **1988** 70; OLG Schleswig bei *Ernesti/Lorenzen* SchlHA **1986** 97, 104; SK/*Paeffgen* 5; KK/*Schultheis* 10; Meyer-Goßner/*Schmitt* 6; vgl. auch BGH NJW **1996** 2665; OLG Köln OLGSt N. F § 126, 1.

41 S. insoweit LR/*Lind* § 112, 11 ff.

42 BGHSt **43** 91 mit zust. Anm. *Dehn* NStZ **1997** 607, krit. Anm. *Foth* NStZ **1998** 262 und *Katholnigg* JR **1998** 34; *Ranft* 658; *Wankel* 83; krit. LR/*Siolek*[25] § 30, 19 GVG; s. auch *Sowada* NStZ **2001** 170 ff.; **a.A.** *Bertram* NJW **1998** 2934.

43 H.M.; vgl. die Erl. zu § 30 GVG. Besteht bei Erhebung der öffentlichen Klage noch kein Haftbefehl, wird der Erlass eines solchen regelmäßig mit Einreichung der Anklageschrift beantragt, wenn die Staatsanwaltschaft bei Abschluss der Ermittlungen dessen Voraussetzungen für gegeben erachtet. Über diesen Antrag entscheidet das Gericht ohne Schöffenbeteiligung.

gen den Angeklagten zu beteiligen sind (und ob dies auch bei einer Entscheidung während einer Unterbrechung derselben der Fall ist), ist in Rechtsprechung und Lehre höchst umstritten und bedarf ausdrücklicher gesetzlicher Regelung. Nach der hier vertretenen Auffassung (vgl. dazu ausführlich § 126, 27) entscheiden auch die mit Schöffen besetzten Spruchkörper zwischen Beginn und Ende einer mehrtägigen Hauptverhandlung unter Beteiligung der Schöffen in der **Hauptverhandlungsbesetzung**. Das hat grundsätzlich auch zu gelten, wenn die Entscheidung außerhalb der Hauptverhandlung (in sitzungstechnischem Sinne) während einer – längeren – Unterbrechung derselben getroffen werden soll (muss). Die Beteiligung der Schöffen dürfte für die Entscheidung über den **Erlass** eines Haft- oder Unterbringungsbefehls durch das erkennende Gericht ohne große praktische Schwierigkeiten möglich sein. Ergibt sich (erst) während der (Berufungs-)Hauptverhandlung gegen einen auf freiem Fuß befindlichen Angeklagten, dass die Voraussetzungen für den Erlass eines Haft- oder Unterbringungsbefehls gegeben sind, ist, wenn die Staatsanwaltschaft den Haftbefehlsantrag in der Hauptverhandlung stellt, das Gericht in der Besetzung mit Schöffen vor Ort und kann entscheiden. Stellt die Staatsanwaltschaft den Antrag außerhalb der Hauptverhandlung, kann entweder abgewartet werden, bis das Gericht am nächsten Verhandlungstag erneut zusammentritt, um dann über den Antrag zu beraten und zu entscheiden, denn der Angeklagte befindet sich auf freiem Fuß. Oder – wenn die Verhaftung infolge der mit dem Zuwarten bis zum nächsten Hauptverhandlungstag verbundenen Verzögerung vereitelt werden würde und die Schöffen (oder auch die Berufsrichter) während einer längeren Unterbrechung nicht zu erreichen sind – es greift die Notkompetenz des Vorsitzenden (Absatz 2 Satz 2, s. sogleich Rn. 26).

3. Notkompetenz des Vorsitzenden (Absatz 2 Satz 2). **In dringenden Fällen** kann der **Vorsitzende** des mit der Sache befassten Kollegialgerichts den Haftbefehl erlassen. **Dringend** ist der Fall, wenn das Kollegium (während der Hauptverhandlung: einschließlich der Schöffen) nicht alsbald zusammengerufen[44] werden kann und die Gefahr besteht, dass der Haftbefehl zu spät käme, wenn gewartet werden würde, bis das (Kollegial-) Gericht in der vorgeschriebenen Besetzung zusammen tritt. Ob ein Fall dringlich ist, entscheidet der Vorsitzende nach seinem **pflichtgemäßen Ermessen**. Erkennt er die Dringlichkeit, muss er den Haftbefehl erlassen, wenn die Voraussetzungen dafür vorliegen, weil er sonst dessen Zweck vereiteln würde. Das „kann" gibt ihm kein freies Ermessen, sondern hat dieselbe Bedeutung wie in § 112.[45] Der Haftbefehl des Vorsitzenden bedarf keiner Bestätigung durch das (Kollegial-)Gericht; der Vorsitzende muss das Kollegium aber unterrichten. Das Gericht kann nach § 126 auf Antrag oder von Amts wegen abweichend entscheiden,[46] namentlich den Beschuldigten vom (weiteren) Vollzug der Untersuchungshaft verschonen oder den Haftbefehl wegen einzelner Taten oder insgesamt aufheben. 26

Erlässt der Vorsitzende in einem dringenden Fall einen **Haftbefehl**, gelten für alle – auch in unmittelbarem zeitlichen Zusammenhang – nachfolgenden Entscheidungen die Regelungen des § 126. Will er etwa **gleichzeitig** mit dem Erlass des Haftbefehls dessen **Vollzug aussetzen**, bedarf er daher der Zustimmung der Staatsanwaltschaft (§ 126 Abs. 2 Satz 4). Erhält er sie nicht oder will er sie nicht beiziehen, hat er unverzüglich die Entscheidung des Gerichts herbeizuführen (§ 126 Abs. 2 Satz 4 letzter Satzteil); den Haftbefehl hat er gleichwohl alsbald zu erlassen. 27

---

44 Vgl. zur Verhinderung z.B. *Sowada* NStZ **2001** 175; *Dehn* NStZ **1997** 709; *Schlothauer* StV **1998** 146.
45 S. hierzu LR/*Lind* § 112, 131.
46 KK/*Schultheis* 9; *Eb. Schmidt* Nachtr. I 10. Zum Vorsitz beim erweiterten Schöffengericht vgl. OLG Hamm MDR **1988** 696.

28 Der **Vorsitzende** ist **nicht** berufen, einen **Antrag** auf Erlass eines Haftbefehls **abzulehnen**, weil diese Entscheidung (in der Regel) nicht dringlich ist. Will er einen beantragten Haftbefehl nicht erlassen, hat er unverzüglich die Entscheidung des Gerichts einzuholen.

IV. Zuständigkeitsverletzung

29 Eine Verletzung der in § 125 geregelten Zuständigkeiten führt grundsätzlich nicht zur Unwirksamkeit (Nichtigkeit) des Haft- oder Unterbringungsbefehls, wenn jedenfalls **ein Richter entschieden** hat und nicht ein Fall von Willkür vorliegt.[47] Eine Korrektur eines solchen Fehlers, falls dieser nicht durch die weitere prozessuale Entwicklung überholt ist, kann zumeist im Wege der Beschwerde erfolgen.[48]

§ 126
Zuständigkeit für weitere gerichtliche Entscheidungen

(1) [1]Vor Erhebung der öffentlichen Klage ist für die weiteren gerichtlichen Entscheidungen und Maßnahmen, die sich auf die Untersuchungshaft, die Aussetzung ihres Vollzugs (§ 116), ihre Vollstreckung (§ 116b) sowie auf Anträge nach § 119a beziehen, das Gericht zuständig, das den Haftbefehl erlassen hat. [2]Hat das Beschwerdegericht den Haftbefehl erlassen, so ist das Gericht zuständig, das die vorangegangene Entscheidung getroffen hat. [3]Wird das vorbereitende Verfahren an einem anderen Ort geführt oder die Untersuchungshaft an einem anderen Ort vollzogen, so kann das Gericht seine Zuständigkeit auf Antrag der Staatsanwaltschaft auf das für diesen Ort zuständige Amtsgericht übertragen. [4]Ist der Ort in mehrere Gerichtsbezirke geteilt, so bestimmt die Landesregierung durch Rechtsverordnung das zuständige Amtsgericht. [5]Die Landesregierung kann diese Ermächtigung auf die Landesjustizverwaltung übertragen.

(2) [1]Nach Erhebung der öffentlichen Klage ist das Gericht zuständig, das mit der Sache befaßt ist. [2]Während des Revisionsverfahrens ist das Gericht zuständig, dessen Urteil angefochten ist. [3]Einzelne Maßnahmen, insbesondere nach § 119, ordnet der Vorsitzende an. [4]In dringenden Fällen kann er auch den Haftbefehl aufheben oder den Vollzug aussetzen (§ 116), wenn die Staatsanwaltschaft zustimmt; andernfalls ist unverzüglich die Entscheidung des Gerichts herbeizuführen.

(3) Das Revisionsgericht kann den Haftbefehl aufheben, wenn es das angefochtene Urteil aufhebt und sich bei dieser Entscheidung ohne weiteres ergibt, daß die Voraussetzungen des § 120 Abs. 1 vorliegen.

(4) Die §§ 121 und 122 bleiben unberührt.

Schrifttum

Bertram Mitwirkung von Schöffen während unterbrochener Hauptverhandlung? NJW **1998** 2934; *Börner* Die Ungleichheit von Schöffen und Berufsrichtern – Schöffen als Garanten der Unmittelbarkeit ZStW

---

47 Vgl. BGHSt **41** 72; s. auch BGHSt **42** 343 (Rechtsbeugung kommt in Betracht, wenn der Richter gegen Bestimmungen über die Zuständigkeit verstößt, um den zuständigen Richter von der Entscheidung auszuschließen und auf diesem Wege zu einem seinen Intentionen entsprechenden Ergebnis zu kommen, das bei Einhaltung der gesetzlichen Vorschriften nicht oder voraussichtlich nicht zu erreichen gewesen wäre.), fortgeführt in NStZ-RR **2001** 243 und NStZ **2013** 648; KMR/*Wankel* § 126, 9; § 115, 9.

48 Eingehend dazu *Wankel* 139 ff. mit Fallbeispielen; s. auch LR/*Lind* § 114, 35 ff. (insbes. 47); § 117, 26.

https://doi.org/10.1515/9783110274929-029

122 (2010) 157; *ders.* Die Beschlussbesetzung in Haftfragen bei laufender Hauptverhandlung – Ein Lösungsvorschlag JR **2010** 481; *Gittermann* Die Besetzung der Gerichte bei Entscheidungen über Haftfragen in laufender Hauptverhandlung DRiZ **2012** 12; *Kunisch* Zur Frage der Besetzung des Schöffengerichts und der Strafkammer bei Entscheidungen über die Untersuchungshaft während laufender Hauptverhandlung, StV **1998** 687; *Linkenheil* Laienbeteiligung in der Strafjustiz (2003); *Sowada* Die Gerichtsbesetzung bei Haftentscheidungen während einer anhängigen Hauptverhandlung, NStZ **2001** 169.

Entstehungsgeschichte

S. zunächst Entstehungsgeschichte zu § 125. Seit Inkrafttreten des StPÄG 1964 regelt § 126 die Zuständigkeit „für die weiteren richterlichen Entscheidungen und Maßnahmen, die sich auf die Untersuchungshaft oder auf die Aussetzung des Haftvollzugs (§ 116) beziehen", sowohl vor als auch nach der Erhebung der öffentlichen Klage. Zugleich entfiel die in § 124 Abs. 2 Satz 2 a.F. getroffene Anordnung, dass der Untersuchungsrichter, wenn die Staatsanwaltschaft der von ihm beabsichtigten Haftentlassung nicht zustimmt, die Entscheidung des Gerichts unverzüglich, „spätestens binnen vierundzwanzig Stunden" zu veranlassen habe. Durch Art. 1 Nr. 32 des 1. StVRG wurden die Richterbezeichnungen geändert und Absatz 4 (Voruntersuchung) gestrichen. Gemäß Art. 1 Nr. 6 des Gesetzes zur Änderung des Untersuchungshaftrechts vom 29.7.2009[1] ist seit dem 1.1.2010 in Absatz 1 Satz 1 anstelle von „richterlichen" nunmehr von „gerichtlichen" Entscheidungen sowie in Absatz 1 Sätze 2 und 3 vom „Gericht" bzw. „Amtsgericht" und nicht mehr vom „Richter" bzw. „Richter bei dem Amtsgericht" die Rede. Neu aufgenommen wurden in die Zuständigkeitsregelung in Absatz 1 Satz 1 die Entscheidungen nach den – durch das genannte Gesetz neu in die Strafprozessordnung eingefügten – §§ 116b und 119a. In Absatz 2 Satz 2 wurde die Passage „Nach Einlegung der Revision" durch die Formulierung „Während des Revisionsverfahrens" ersetzt.

Übersicht

1 BGBl. I S. 2274.

I. Allgemeines

1 Der Grundsatz des § 125 Abs. 2, dass in jedem Verfahrensstadium das „sachnächste Gericht", also dasjenige, das dem Beschuldigten, der Sache und den Akten am nächsten ist, die Haftentscheidungen treffen soll, gewinnt namentlich Bedeutung für die weiteren gerichtlichen Entscheidungen und Maßnahmen, die **nach Erlass des Haftbefehls** erforderlich werden und den Bestand des Haftbefehls, seine Vollstreckung, die Aussetzung seines Vollzugs oder dessen Modalitäten betreffen. „Diejenige Stelle, die den Haftbefehl erlassen hat, bleibt zunächst auch für die weitere Behandlung der Haftangelegenheit zuständig, jedoch rückt jede Stelle, an die nachfolgend der Prozess selbst gelangt, damit auch in die Zuständigkeit für die Haftangelegenheit ein" (*Beling* § 102 Nr. 8 Abs. 2).[2]

2 Danach ergeben sich für die einzelnen **Verfahrensabschnitte** die in Absatz 1 bis 3 geregelten (sachlichen und örtlichen) Zuständigkeiten. Diese werden auch nicht dadurch berührt, dass in der Sache früher ein höheres Gericht, sei es im Instanzenzug, sei es als Beschwerdegericht, entschieden hatte. Hat etwa das Landgericht als Berufungsgericht einen Haftbefehl erlassen, und ist die Sache vom Revisionsgericht an das Amtsgericht zurückverwiesen worden, so kommen letzterem die weiteren Haftentscheidungen zu. Hat das Landgericht auf Beschwerde gegen den Haftbefehl des Richters beim Amtsgericht den Vollzug der Untersuchungshaft ausgesetzt (§ 116 Abs. 1 bis 3), so entscheidet über den Widerruf der Aussetzung und die Anordnung des Vollzugs (§ 116 Abs. 4) der Richter beim Amtsgericht, solange sich die Sache noch im vorbereitenden Verfahren (§§ 158 bis 177) befindet.

3 § 126 findet auch bei der **Ungehorsamshaft** (§§ 230 Abs. 2, 236) Anwendung; für die nach Erlass eines **Unterbringungsbefehls** nach § 126a erforderlich werdenden gerichtlichen Entscheidungen und Maßnahmen gilt § 126 entsprechend (§ 126a Abs. 2 Satz 1).

II. Weitere gerichtliche Entscheidungen und Maßnahmen

4 **1. Auf die Untersuchungshaft bezogene Entscheidungen und Maßnahmen,** namentlich solche, die den Fortbestand des Haftbefehls und Beschränkungen in ihrem Vollzug zur Abwehr von Gefahren für die Haftzwecke betreffen, sind insbesondere die Entscheidung über den Antrag auf Haftprüfung (§ 117 Abs. 1), auch nach mündlicher Verhandlung (§§ 118 Abs. 1, 118a Abs. 4), die Aufhebung des Haftbefehls (§ 120 Abs. 1 und 3) und die Anordnung (und deren Ausführung, soweit nicht übertragen) von Beschränkungen in der Untersuchungshaft (§ 119 Abs. 1 bis 4 und 6) sowie die gerichtliche Entscheidung nach § 119 Abs. 5 und vorläufige Anordnungen im Rahmen des Antragsverfahrens (§ 119 Abs. 5 Satz 3).

5 **2. Auf die Aussetzung des Untersuchungshaftvollzugs bezogene Entscheidungen und Maßnahmen.** Zu den Entscheidungen und Maßnahmen, die sich auf die Aussetzung des Vollzugs der Untersuchungshaft (§ 116) beziehen, gehören neben der Aussetzungsentscheidung als solcher auch die Anordnung, Änderung und zeitweise Aussetzung von Maßnahmen, die erwarten lassen, dass der Zweck der Untersuchungshaft auch durch sie erreicht werden kann (§ 116 Abs. 1 bis 3), die Festsetzung von Höhe und Art der Sicherheit bei Aussetzung des Vollzugs gegen Sicherheitsleistung (§§ 116 Abs. 1 Nr. 4, 116a Abs. 2), die **Anordnung des Vollzugs** des Haftbefehls (§ 116 Abs. 4), die Aufhebung der nach § 116 angeordneten Ersatzmaßnahmen (§ 123 Abs. 1) und die Fest-

2 Zum Verhältnis zu § 125 vgl. auch § 125, 2, 26 f.

stellung des Freiwerdens (§ 123 Abs. 2 und 3) sowie die Entscheidung über den Verfall einer Sicherheit (§ 124 Abs. 2 und 3).

3. Entscheidung über die Vollstreckung der Untersuchungshaft. Die vom Gesetzestext genannte „Entscheidung über ihre Vollstreckung (§ 116b)" ist diejenige über eine Abweichung vom Grundsatz des Vorrangs der Vollstreckung anderer freiheitsentziehender Maßnahmen (vor der Vollstreckung der Untersuchungshaft) nach § 116b Satz 2 2. Hs. 6

4. Auf Anträge nach § 119a bezogene Entscheidungen sind sowohl solche über Anträge auf gerichtliche Entscheidung gegen (vollzugs-)behördliche Entscheidungen oder Maßnahmen im Untersuchungshaftvollzug (§ 119a Abs. 1) als auch vorläufige Anordnungen im Rahmen des Antragsverfahrens (§ 119a Abs. 2 Satz 2). 7

5. Auch für in diesen Zusammenhang fallende **sonstige gerichtliche Maßnahmen** oder Akte besteht die **gleiche sachliche und örtliche Zuständigkeit**, die für die vorgenannten Entscheidungen und Maßnahmen gegeben ist.[3] Hierzu zählen insbesondere (in der Reihenfolge der gesetzlichen Regelung): 8

- die Benachrichtigung von Angehörigen oder einer Vertrauensperson des verhafteten Beschuldigten bei Vollzug der Untersuchungshaft (§ 114c Abs. 2);
- die Mitteilungen an die Vollzugsanstalt (§ 114d);
- die Vernehmung und Belehrung des Beschuldigten nach Ergreifung (§ 115 Abs. 2 bis 4);
- die Anordnung von Ermittlungen im Haftprüfungsverfahren (§ 117 Abs. 3);
- die Anberaumung (§ 118 Abs. 5) sowie die Vorbereitung und Durchführung der mündlichen Verhandlung bei der Haftprüfung (§ 118a Abs. 1 bis 3);
- die Aktenvorlage nach § 122 Abs. 1;
- die Fristsetzung nach § 123 Abs. 3 und die Anhörung nach § 124 Abs. 2 Satz 1;
- die Ausschreibung zur Festnahme (§ 131);
- die Bestellung eines Verteidigers (§ 140 Abs. 1 Nr. 4, 141 Abs. 3 Satz 4).

III. Vor Erhebung der öffentlichen Klage (Absatz 1 Satz 1 und 2)

Vor Erhebung der öffentlichen Klage (Absatz 1 Satz 1 und 2) ist für die weiteren, die Untersuchungshaft in vorgenanntem Sinne betreffenden Entscheidungen und Maßnahmen das Gericht sachlich und örtlich zuständig, das den Haftbefehl erlassen hat (Satz 1). Haftrichter i.S.d. § 126 ist in diesem Verfahrensabschnitt damit in sachlicher Hinsicht grundsätzlich der Richter bei dem **Amtsgericht** (vgl. § 125, 4); örtlich zuständig ist von mehreren Amtsgerichten, die für die Entscheidung über den Erlass eines Haftbefehls grundsätzlich in Betracht kommen (vgl. § 125, 6f., 10f.), dasjenige, das den **Haftbefehl** tatsächlich **erlassen** hat. In Sachen, die nach §§ 120, 120b GVG zur erstinstanzlichen Zuständigkeit des Oberlandesgerichts gehören, ist der **Ermittlungsrichter** des **BGH** oder d(ies)es **Oberlandesgerichts** (§ 169) für die weiteren Haftentscheidungen zuständig, wenn er den Haftbefehl erlassen hat.[4] 9

---

3 Zu den Besonderheiten hinsichtlich der – regelhaften oder ausnahmsweise begründeten – funktionellen Zuständigkeit des **Vorsitzenden** eines Kollegialgerichts s. Rn. 29ff.

4 Zur Zuständigkeit des Ermittlungsrichters des BGH oder des OLG zum Erlass des Haft- oder Unterbringungsbefehls s. § 125, 13.

10 Welcher von mehreren Richtern desselben sachlich und örtlich zuständigen Gerichts für die zu treffende Haftfolgeentscheidung **funktionell zuständig** ist, ergibt sich – wie für den Erlass des Haftbefehls, s. § 125, 5 – nicht aus dem Gesetz, sondern ist durch das Gerichtspräsidium nach § 21e GVG im **Geschäftsverteilungsplan** zu bestimmen. Für die Entscheidungen und Maßnahmen nach § 126 kann daher ein anderer Richter (bei demselben Amtsgericht oder, sofern dort mehrere Ermittlungsrichter bestellt sind, beim BGH bzw. bei demselben OLG) funktionell zuständig sein, als für den Erlass des Haft- oder Unterbringungsbefehls.[5]

11 Hatte der Richter beim Amtsgericht es abgelehnt, einen Haftbefehl zu erlassen, und hat dann ein **Beschwerdegericht**, sei es auf die Beschwerde das Landgericht, sei es auf die weitere Beschwerde das Oberlandesgericht, die Untersuchungshaft angeordnet, ist der Richter beim Amtsgericht zuständig, der die ablehnende Entscheidung getroffen hat (Satz 2). Ebenso hat die Zuständigkeit der Ermittlungsrichter des OLG bzw. des BGH (§ 169), wenn auf die Beschwerde das Oberlandesgericht (§ 120 Abs. 3 GVG i.V.m. § 73 Abs. 1 GVG) oder auf Beschwerde oder weitere Beschwerde der Bundesgerichtshof (§ 135 Abs. 2 GVG) die Untersuchungshaft angeordnet hat.

IV. Übertragung (Absatz 1 Satz 3)

12 **1. Übertragender Richter.** Im Bezirk des Richters beim Amtsgericht, der den Haftbefehl erlassen hat, wird in der Regel auch das Ermittlungsverfahren geführt und die Untersuchungshaft vollzogen werden. Davon sind aber Ausnahmen möglich, namentlich wenn ein Haftbefehl – nach vorläufiger Festnahme (§ 127) – durch den Richter bei dem Amtsgericht des Festnahmeortes (§ 128) oder von dem Richter bei dem Amtsgericht des Aufenthaltsorts, an dem kein Gerichtsstand begründet ist (§ 125 Abs. 1; § 125, 7), erlassen worden ist, oder wenn die laufenden Ermittlungen nach Erlass des Haftbefehls von einer Staatsanwaltschaft an eine andere abgegeben werden. Um für diese Fälle sicherzustellen, dass der sachnächste Richter beim Amtsgericht für die weiteren Entscheidungen zuständig ist, wird der Richter, der den Haftbefehl erlassen hat, ermächtigt, seine Zuständigkeit im Beschlusswege auf diesen, nämlich auf den Richter bei dem Amtsgericht des Ortes zu übertragen, an dem das vorbereitende Verfahren geführt oder die Untersuchungshaft vollzogen wird.[6] Der Übertragungsbeschluss ist mit der Beschwerde anfechtbar.[7]

13 Sowohl nach dem Wortlaut der Vorschrift, der den übertragenden Richter nur als solchen, nicht aber als Richter beim Amtsgericht bezeichnet, als auch nach § 169 Abs. 1, wonach die im vorbereitenden Verfahren dem Richter beim Amtsgericht obliegenden Geschäfte, also auch die nach § 125 Abs. 1, § 126 Abs. 1 Satz 1 und 3, durch den **Ermittlungsrichter des Oberlandesgerichts** und des Bundesgerichtshofs wahrgenommen werden können, sind auch diese Richter befugt, die Übertragung nach Satz 3 durchzuführen. Grundsätzlich wird das jedoch nicht dem Zweck entsprechen, der zur Errichtung des Instituts der Ermittlungsrichter nach § 169 geführt hat. Im Einzelfall kann, namentlich wenn die Ermittlungen zu Ende gehen, die Übertragung sinnvoll sein, im Allgemeinen aber wird von der Ermächtigung kein Gebrauch gemacht werden.

14 **Ohne** eine ausdrückliche **Übertragung** geht die Zuständigkeit nicht über, namentlich nicht dadurch, dass die eine Staatsanwaltschaft das Verfahren an eine andere ab-

---

5 SSW/*Herrmann* 4; Meyer-Goßner/*Schmitt* 2; *Schramm/Bernsmann* StV **2006** 442.

6 Weitergehend § 72 Abs. 6 JGG; krit. (zu beiden Übertragungsmöglichkeiten) SSW/*Herrmann* 6 f.; *Weider* StV **2010** 107.

7 *Weider* StV **2010** 107; SSW/*Herrmann* 6; SK/*Paeffgen* 3.

gibt, selbst wenn sie den Verhafteten dabei mit überstellt.[8] Gibt jedoch der **Generalbundesanwalt** ein Verfahren nach § 142a Abs. 2, 4 GVG an die Landesstaatsanwaltschaft ab, erlischt die Zuständigkeit des Ermittlungsrichters des BGH. Der Richter beim Amtsgericht, der in dem abgegebenen Verfahren für den Erlass des Haftbefehls nach § 125 Abs. 1 grundsätzlich zuständig gewesen wäre, soll dann auf Antrag der Staatsanwaltschaft die Haftprüfung auch ohne einen förmlichen Übertragungsakt nach Absatz 1 Satz 3 übernehmen können. Aus Gründen der Klarheit wird jedoch der Ermittlungsrichter des BGH – trotz grundsätzlichen Wegfalls seiner sachlichen Zuständigkeit – für berechtigt erachtet, auf Antrag des GBA die Zuständigkeit für die weiteren gerichtlichen Entscheidungen und Maßnahmen i.S.d. § 126 in analoger Anwendung der Vorschrift (nachträglich) auf den nach Absatz 1 Satz 3 zuständigen Richter beim Amtsgericht zu übertragen.[9] Des Rückgriffs auf die analoge Anwendung der Vorschrift *nach* Abgabe des Ermittlungsverfahrens an die Landesstaatsanwaltschaft bedarf es aber nicht, wenn der GBA, für den Fall, dass er in Betracht zieht, das Verfahren, in dem der Ermittlungsrichter des BGH einen Haftbefehl erlassen hat, nach § 142a Abs. 2, 4 GVG an die Landesstaatsanwaltschaft abzugeben, unmittelbar *vor* der Abgabe den Antrag an den Ermittlungsrichter stellt, nach § 126 Abs. 1 Satz 3 zu verfahren; dieser ist bis zur Abgabe (noch) sachlich zuständig für die darüber zu treffende Entscheidung. Eine Übertragung an den **Ermittlungsrichter des Oberlandesgerichts** kann allerdings tatsächlich nur in analoger Anwendung der Vorschrift erfolgen, da als Empfänger der Übertragung ausdrücklich (nur) der Richer bei dem Amtsgericht gesetzlich benannt ist (Rn. 16). Wegen der weiteren Folge der Abgabe des Ermittlungsverfahrens an die Landesstaatsanwaltschaft (Wegfall der Beschwerdezuständigkeit des BGH für Entscheidungen seines Ermittlungsrichters) vgl. BGH NJW **1973** 477.[10]

2. Voraussetzung der Übertragung ist ein **Antrag** der Staatsanwaltschaft; der Richter kann nicht von Amts wegen entscheiden. Bis zur Übertragung kann die Staatsanwaltschaft ihren Antrag zurücknehmen; danach ist eine Rücknahme wirkungslos. Dem Antrag ist, wenn die Voraussetzungen erfüllt sind, grundsätzlich stattzugeben.[11] 15

3. Empfänger der Übertragung. Die Übertragung ist (nur) zulässig auf den **Richter bei dem Amtsgericht** des Ortes, an dem das vorbereitende Verfahren der Staatsanwaltschaft (§§ 160 bis 170) geführt wird oder an dem die Untersuchungshaft vollzogen wird (Satz 3). Eine Übertragung auf den Ermittlungsrichter des BGH oder des zuständigen Oberlandesgerichts ist gesetzlich nicht vorgesehen. Auch aus diesem Grund sollte in Fällen, in denen dessen Zuständigkeit nach §§ 125 Abs. 1, 169 Abs. 1 neben der des Richters bei dem Amtsgericht besteht, schon der Antrag auf Erlass eines Haft- oder Unterbringungsbefehls an den Ermittlungsrichter des BGH oder des zuständigen OLG gerichtet werden. 16

Der Richter, dem die Zuständigkeit übertragen werden soll, braucht vor der Übertragung nicht gehört zu werden und der Übertragung nicht zuzustimmen. Er kann die Übernahme **nicht** deshalb **ablehnen**, weil er die Übertragung für unzweckmäßig hält. Die Übertragung erfolgt grundsätzlich für den Empfänger **bindend**. Jedoch soll ein Richter bei dem Amtsgericht, in dessen Bezirk weder das vorbereitende Verfahren geführt noch die Untersuchungshaft vollzogen wird, durch die (irrtümliche) Übertragung nicht 17

---

8 KK/*Schultheis* 3; SK/*Paeffgen* 3; **a.A.** OLG Hamburg *Alsb.* E **1** 260.
9 BGH NJW **1973** 476.
10 S. auch LR/*Lind* § 114, 50.
11 KK/*Schultheis* 5.

zuständig werden. Aus Gründen der Klarheit muss das Versehen jedoch schnellstmöglich korrigiert und ein etwa bei dem Empfängergericht gestellter Haftprüfungsantrag mit äußerster Beschleunigung dem (weiterhin) zuständigen Abgabegericht zugeleitet werden.

18 Auf der anderen Seite verliert ein Richter beim Amtsgericht, dem die Zuständigkeit übertragen worden ist, diese nicht später dadurch wieder, dass das Ermittlungsverfahren von einer anderen Staatsanwaltschaft übernommen wird oder der Haftort (erneut) wechselt. Doch kann er – auf Antrag der Staatsanwaltschaft – seinerseits die Zuständigkeit dem Richter bei dem Amtsgericht des Ortes übertragen, an dem das vorbereitende Verfahren (nunmehr) geführt oder die Untersuchungshaft (nunmehr) vollzogen wird (Rn. 16). Das Gesetz, das auf die Zweckmäßigkeit abstellt, ist nicht dahin zu verstehen, dass die Übertragung nur einmal und nur von dem Richter ausgesprochen werden könnte, der den Haftbefehl erlassen oder, wenn das Beschwerdegericht die Untersuchungshaft angeordnet hat, die vorausgegangene Entscheidung getroffen hatte. Unter den vorgenannten Voraussetzungen (erneuter Wechsel des Ermittlungs- oder Haftortes) ist selbst eine Rückübertragung möglich.[12]

19 **4. Folgen.** Da eine gleichzeitige Zuständigkeit mehrerer Haftrichter ausgeschlossen sein muss, erlischt die Zuständigkeit des Richters, der die Sache abgegeben hat, mit dem Erlass des Übertragungsbeschlusses.[13] Der Richter bei dem Amtsgericht des Ermittlungs- oder Haftortes rückt **an die Stelle** des Richters, der den Haftbefehl erlassen hat. Er erlangt damit (auch) die Befugnis, seinerseits die Zuständigkeit weiter zu übertragen, wenn sich der Ermittlungs- oder der Haftort (erneut) ändert, s. Rn. 18.

20 Der neue Richter beim Amtsgericht übernimmt die **Verantwortung** für die Rechtmäßigkeit der Untersuchungshaft und der von seinem Vorgänger getroffenen Einzelregelungen.[14] Daher hat er von Amts wegen die Haftprüfung vorzunehmen und über die Fortdauer der Untersuchungshaft zu entscheiden. Bis dahin besteht der ursprüngliche Haftbefehl weiter.[15] Wie die Haftfrage selbst ist auch die Frage, ob und inwieweit beschränkende Anordnungen zur Sicherung des Haftzwecks nach § 119 Abs. 1 noch erforderlich sind, ob sie aufgehoben oder modifiziert werden müssen, jederzeit von Amts wegen zu prüfen.[16] Nach der Zuständigkeitsübertragung nach Satz 3 obliegt (auch) diese Prüfungspflicht dem neuen Haftrichter. Hat dieser eine förmliche Entscheidung über die Haftfortdauer oder die sonstigen Entscheidungen und Maßnahmen des übertragenden Gerichts getroffen, kann nur noch diese im Beschwerdewege angegriffen werden; bis dahin werden für die Anfechtung die Entscheidungen des Gerichts, das die Zuständigkeit abgegeben hat, wie solche des Gerichts behandelt, auf das die Zuständigkeit übertragen wurde.[17]

21 Mit der Übertragung der Zuständigkeit auf den Richter bei dem Amtsgericht des Ermittlungs- oder Haftortes ändert sich auch der Instanzenzug. Über Beschwerde und weitere Beschwerde haben ab dem Zeitpunkt der Zuständigkeitsübertragung die **Beschwerdegerichte** zu entscheiden, die dem neuen Haftgericht übergeordnet sind.[18]

---

12 SK/*Paeffgen* 3; Meyer-Goßner/*Schmitt* 3; KK/*Schultheis* 4; KMR/*Wankel* 6.

13 BGHSt **14** 180; OLG Celle OLGSt § 126, 1; OLG Hamburg NJW **1966** 606; SK/*Paeffgen* 3; Meyer-Goßner/*Schmitt* 3; KK/*Schultheis* 3; *Seetzen* NJW **1972** 1889.

14 BTDrucks. **IV** 178 S. 26.

15 SK/*Paeffgen* 3; KK/*Schultheis* 3; KMR/*Wankel* 20.

16 S. § 119, 95 f.

17 OLG Karlsruhe NStZ **1984** 184; s. auch § 119, 96.

18 BGHSt **14** 180; OLG München NJW **1957** 760; OLG Karlsruhe NStZ **1984** 184 (zu § 119 a.F.); **a.A.** KG JR **1985** 256; wohl auch SK/*Paeffgen* 4.

Das soll auch dann gelten, wenn die Beschwerde bereits vor der Zuständigkeitsübertragung eingelegt und noch nicht beschieden war.[19] Der neue Haftrichter, der infolge der Übertragung die Verantwortung für die vorangegangene (angefochtene) Entscheidung trägt, soll aber – bevor das ihm übergeordnete Beschwerdegericht entscheidet – die Pflicht haben zu prüfen, ob er der Beschwerde abhilft (§ 306 Abs. 2), wenn er von der grundsätzlich gebotenen eigenen (Haft-)Entscheidung (s. Rn. 20) absehen und die Entscheidung des Richters, der die Zuständigkeit übertragen hat, fortgelten lassen will.[20] Konsequenter erscheint es dagegen, auch mit dem infolge der Übertragung nach Absatz 1 Satz 3 während des laufenden Beschwerdeverfahrens eintretenden Zuständigkeitswechsel – wie bei dem durch Erhebung der öffentlichen Klage oder mit der Abgabe der Akten an das Berufungsgericht[21]– den bisherigen Instanzenzug als beendet anzusehen und die nicht erledigte Beschwerde (oder weitere Beschwerde) in einen Haftprüfungsantrag (§ 117 Abs. 1) umzudeuten, über den der nunmehr zuständige Richter bei dem Amtsgericht des Ermittlungs- oder Haftortes förmlich zu entscheiden hat;[22] gegen dessen Entscheidung ist dann die Beschwerde zu dem ihm übergeordneten Beschwerdegericht zulässig. Bei Zuständigkeitswechsel nicht erledigte Beschwerden (und weitere Beschwerden) gegen den nicht vollzogenen Haftbefehl, gegen Maßnahmen im Rahmen der Haftverschonung, gegen Beschränkungsanordnungen nach § 119 Abs. 1 oder sonstige belastende Entscheidungen oder Maßnahmen des zunächst zuständigen (Haft-)Richters sind dann entsprechend in Anträge auf Aufhebung derselben durch den neuen Haftrichter umzudeuten. 22

Die **Aktenvorlage nach § 122 Abs. 1** erfolgt bei Fristablauf nach der Zuständigkeitsübertragung durch den neuen Haftrichter an das diesem übergeordnete Oberlandesgericht.[23] 23

V. Zuständigkeitsbestimmung durch die (Landes-)Exekutive (Absatz 1 Satz 4 und 5)

Wo Orte (im Sinne eines amtlich definierten Siedlungsgebietes) – etwa in Großstädten – in **mehrere Gerichtsbezirke** aufgeteilt sind, erfolgt die Zuständigkeitsbestimmung nach Absatz 1 Satz 4 und 5 durch die Landesexekutive. Die Landesregierung legt entweder durch **Rechtsverordnung** das für die Haftfolgeentscheidungen zuständige Amtsgericht selbst fest oder überträgt die entsprechende Ermächtigung – Zweckmäßigkeitserwägungen folgend – auf die Landesjustizverwaltung, die dann ihrerseits durch Rechtsverordnung das zuständige Haftgericht bestimmt. Die Auswahl kann nur unter den Amtsgerichten des Ortes erfolgen, der in mehrere Amtsgerichtsbezirke aufgeteilt ist; ein außerhalb dieses Ortes (Stadt/Stadtstaat) gelegenes Amtsgericht kann nicht zum gemeinsamen Haftgericht bestimmt werden. 24

VI. Nach Erhebung der öffentlichen Klage (Absatz 2 Satz 1 und 2)

1. Zuständigkeit des Tatgerichts. Mit Erhebung der öffentlichen Klage wird das **mit der Sache befasste Gericht** für die weiteren Entscheidungen und Maßnahmen i.S.d. 25

19 OLG Koblenz JBlRP **2005** 140; OLG Hamburg NJW **1966** 606; OLG Frankfurt NJW **1973** 479; KK/*Schultheis* 7; *Dünnebier* MDR **1968** 186; zweifelnd SK/*Paeffgen* 4.
20 OLG Koblenz JBlRP **2005** 140; KK/*Schultheis* 7.
21 S. insoweit LR/*Lind* § 114, 51 f.; § 117, 38 ff.
22 Für die weitere Beschwerde ebenso OLG Koblenz JBlRP **2005** 140; KK/*Schultheis* 7 a.E.
23 Meyer-Goßner/*Schmitt* 3 a.E.

Absatzes 1 und damit dasselbe Gericht zuständig, das nach § 125 auch zum Erlass des Haftbefehls berufen wäre, wenn noch keiner bestünde. Zuständig wird (zunächst) auch das Gericht, bei dem – ohne Zuständigkeit in der Hauptsache – Anklage erhoben wurde.[24] Betrifft der Haftbefehl mehrere Taten und wird ein Teil von ihnen vorab angeklagt, so geht die Zuständigkeit nur insoweit über;[25] der Haftbefehl ist umgehend dem Umstand der Verfahrenstrennung Rechnung tragend anzupassen. Wegen des Begriffs der **Klageerhebung** s. § 125, 21. Die Sachherrschaft des ersten Gerichts endet, nachdem die des Berufungsgerichts begründet ist. Dieses wird zuständig, wenn die Akten bei ihm eingegangen sind (§ 321 Satz 2). Während des Revisionsverfahrens bleibt das Tatgericht zuständig, dessen Urteil angefochten ist. Hat das Revisionsgericht das Urteil aufgehoben und die Sache zur neuen Verhandlung und Entscheidung an eine andere Abteilung oder Kammer zurückverwiesen, wird mit Erlass der Revisionsentscheidung dieser – durch den Geschäftsverteilungsplan des Amts- oder Landgerichts bestimmte – Spruchkörper das zuständige Haftgericht.[26] Wegen der Auswirkungen eines **Zuständigkeitswechsels** in der Ausgangsinstanz – auch in Staatsschutzsachen – auf das Beschwerdeverfahren s. LR/*Lind* § 114, 49 ff.; § 117, 38 ff.

26 **2. Besetzung der Spruchkörper bei Haftentscheidungen während laufender Hauptverhandlung.** Das erstinstanzlich verhandelnde **Oberlandesgericht** entscheidet zwischen Beginn und Ende der (mehrtägigen) Hauptverhandlung in Haftfragen **in der für die Hauptverhandlung vorgesehenen Besetzung** (mit drei oder fünf Richtern einschließlich des Vorsitzenden, § 122 Abs. 2 Satz 2 GVG);[27] davor und – z.B. im Falle ihrer Aussetzung – danach regelmäßig[28] gemäß § 122 Abs. 1 GVG in der sog. Beschlussbesetzung mit drei Mitgliedern des Strafsenats unter Einschluss des Vorsitzenden. Die für die Hauptverhandlung vorgesehene Besetzung gilt **auch bei Beschlussfassung außerhalb derselben** während einer Unterbrechung, da mit der unterschiedlichen Bestimmung der Besetzung der Strafsenate, je nachdem ob sie in oder außerhalb der Hauptverhandlung Haftfragen entscheiden, dem Erfordernis des gesetzlichen Richters nicht ausreichend Genüge getan ist und mit einem Abstellen auf den Zeitpunkt der Antragstellung oder der Befassung des Senats durch den Vorsitzenden es den Verfahrensbeteiligten in die Hand gegeben werden würde zu bestimmen, ob über die Haftfrage in der Dreier- oder Fünferbesetzung befunden wird, womit die Gefahr der Manipulation bestünde.[29]

27 Höchst umstritten[30] ist, ob diese Lösung auf Spruchkörper mit **Schöffen** (Schöffengericht und erweitertes Schöffengericht beim Amtsgericht, Strafkammern beim Landge-

---

24 OLG Düsseldorf MDR **1981** 691; LG Lüneburg StV **1987** 111; Meyer-Goßner/*Schmitt* 6.

25 LG Mannheim NStZ **2006** 592.

26 Siehe § 125, 23 f.; BGH NJW **1996** 2665; KG NStZ **2000** 444; OLG Köln OLGSt N.F § 126, 1; OLG Karlsruhe NStZ **1984** 183; Justiz **1986** 144; OLG Stuttgart NStZ **1990** 141; OLG Zweibrücken StV **1988** 70.

27 BGHSt **43** 91 mit zust. Anm. *Dehn* NStZ **1997** 607, krit. Anm. *Foth* NStZ **1998** 262 und *Katholnigg* JR **1998** 34; *Ranft* 658; *Wankel* 83; krit. LR/*Siolek*[25] § 30, 19 GVG; s. auch *Sowada* NStZ **2001** 170 ff.; **a.A.** *Bertram* NJW **1998** 2934.

28 Soweit die Entscheidung über die Eröffnung des Hauptverfahrens nach § 122 Abs. 2 Satz 1 GVG in der Besetzung mit fünf Richtern einschließlich des Vorsitzenden und die über die Einstellung des Hauptverfahrens wegen eines Verfahrenshindernisses nach § 122 Abs. 2 Satz 3 GVG in der für die Hauptverhandlung bestimmten Besetzung zu treffen sind, ergehen die mit diesen Entscheidungen verbundenen Entscheidungen in der Haftfrage in derselben Besetzung.

29 Vgl. BGHSt **43** 91. Auch bei Hauptverhandlungsbesetzung mit drei Richtern müssen diese – abhängig von den Regelungen der Geschäftsverteilung – nicht personenidentisch sein mit der sog. Beschlussbesetzung.

30 Zum Meinungsstand vgl. *Gittermann* DRiZ **2012** 12; *Sowada* StV **2010** 37; *Börner* ZStW **122** (2010) 159; JR **2010** 482; KK/*Schultheis* 10; Meyer-Goßner/*Schmitt* 8.

richt) zu übertragen ist. Diese entscheiden (jedenfalls) vor Beginn und nach Ende der Hauptverhandlung ohne Schöffen (§§ 30 Abs. 2, 76 Abs. 1 Satz 2 GVG).[31] Während einer laufenden – auch unterbrochenen – Hauptverhandlung sind Haftentscheidungen dagegen, wie im Falle des erstinstanzlich verhandelnden Oberlandesgerichts, durch die **an der Hauptverhandlung beteiligten Richter** einschließlich der Schöffen zu treffen.[32] Für die Beteiligung der Schöffen an den Haftentscheidungen, die „während der Hauptverhandlung"[33] getroffen werden, lässt sich maßgeblich anführen, sie seien insoweit gemäß §§ 30 Abs. 1, 76 Abs. 1 Satz 1 GVG zur Entscheidung berufene Richter.[34] Zumindest für die während einer laufenden Hauptverhandlung (im sitzungstechnischen Sinn) zu treffenden Haftentscheidungen – namentlich für die nach §§ 268b bzw. 120 Abs. 1 Satz 2, aber auch für die „dauernde stillschweigende Haftprüfung",[35] die in

---

31 H.M.; vgl. die Erl. zu § 30 GVG.

32 KG (4. Strafsenat) StraFo **2016** 292; **2015** 419 m. Anm. *Herrmann*; OLG Koblenz StV **2010** 36; 37 m. zust. Anm. *Sowada*; OLG Köln NStZ **1998** 419 (aufgegeben in NStZ **2009** 589) mit abl. Anm. *Foth* und zust. Anm. *Siegert*; vgl. auch Düsseldorf StV **1984** 159 (für in der Hauptverhandlung gestellte Anträge). Für Schöffenbeteiligung auch: *Sowada* NStZ **2001** 169; *Dehn* NStZ **1997** 608; *Kunisch* StV **1998** 687; *Schlothauer/Weider/Nobis* 857 ff.; *Wankel* 81 ff., 87; LR/*Hilger*[26] § 125, 16a; Meyer-Goßner/*Schmitt* 8; SK/*Paeffgen* 7; KMR/*Wankel* 12. **A.A.** (Entscheidungen über Haftfragen – von den Ausnahmefällen im Zusammenhang mit einem Urteil nach §§ 268b bzw. 120 Abs. 1 Satz 2 abgesehen – stets in der Besetzung außerhalb der Hauptverhandlung, d.h. ohne Schöffen) BGH NStZ **2011** 356 mit zust. Anm. *Krüger* NStZ **2012** 341; krit. Anm. *Börner* JR **2011** 362 und *Gittermann* DRiZ **2012** 12; KG (3. Senat) StraFo **2015** 110; OLG Jena StV **2010** 34; **1999** 101 mit abl. Anm. *Paeffgen* NStZ **2000** 134; OLG München StraFo **2010** 383 (bei reduzierter Besetzung gem. § 76 Abs. 2 Satz 4 GVG unter Mitwirkung eines dritten Berufsrichters, der nicht an der Hauptverhandlung teilnimmt); StRR **2007** 83; OLG Köln NStZ **2009** 589 (unter Aufgabe der in NStZ **1998** 419 vertretenen Gegenauffassung) mit zust. Anm. *Krüger*; OLG Hamburg StraFo **2010** 383; NStZ **1998** 99 mit abl. Anm. *Schlothauer* StV **1998** 144, *Kunisch* StV **1998** 687; *Paeffgen* NStZ **2000** 134 Fn. 26; teilw. abl. *Katholnigg* JR **1998** 169; zust. *Bertram* NJW **1998** 2934. Nach BVerfG NStZ **1998** 418 verstößt diese Auslegung nicht gegen Art. 101 Abs. 1 Satz 2 GG; krit. hierzu *Börner* ZStW **122** (2010) 163. OLG Naumburg NStZ-RR **2001** 347 (jedenfalls bei unterbrochener Hauptverhandlung); so auch OLG Hamm StV **1998** 388; *Gittermann* DRiZ **2012** 12; gegen Schöffenbeteiligung auch KK/*Schultheis* 10; Graf/*Krauß* 7; HK/*Posthoff* 11. Wiederum anders OLG München Beschl. v. 27.2.2018 – 2 Ws 185/18 – (juris – Rn. 22): Gericht entscheidet „in der Zusammensetzung der Hauptverhandlung [mit Schöffenbeteiligung], wenn während der Hauptverhandlung am zügigsten eine sachgerechte Entscheidung getroffen werden kann, im übrigen in der Besetzung außerhalb der Hauptverhandlung [ohne Schöffenbeteiligung]" m. Anm. *Hiéramente* jurisPR-StrafR 17/2018 Anm. 3.

33 Insoweit mag dahin stehen, ob „während der Hauptverhandlung" – dem ursprünglichen Verständnis von § 30 GVG folgend – alles erfasst, was in dem Zeitraum zwischen Beginn und Ende einer Hauptverhandlung geschieht, unabhängig davon, ob die zu treffende Entscheidung in Beziehung zum Urteil steht oder nicht, während „außerhalb der Hauptverhandlung" (nur) Entscheidungen vor Beginn und nach Ende der Hauptverhandlung betrifft, oder ob – der aktuellen Definition folgend – der Begriff „Hauptverhandlung" sitzungstechnisch zu verstehen ist, so dass bereits jede beliebige Unterbrechung dazu führt, dass man sich „außerhalb der Hauptverhandlung" (im Sinne der §§ 30 Abs. 2; 76 Abs. 1 Satz 2 GVG) befindet. Vgl. LR/*Gittermann*[26] § 30, 14 f. GVG.

34 OLG Köln NStZ **1998** 419 mit abl. Anm. *Foth* und zust. Anm. *Siegert*; OLG Koblenz StV **2010** 36 m. zust. Anm. *Sowada*; *Dehn* NStZ **1997** 607; vgl. auch OLG Düsseldorf StV **1984** 159; LG Gera NStZ-RR **1996** 239 (zu § 230 Abs. 2); LR/*Hilger*[26] § 125, 16a; KK/*Schultheis* 10; Meyer-Goßner/*Schmitt* 8; *Kunisch* StV **1998** 687; *Sowada* NStZ **2001** 169 ff.; *Schlothauer/Weider/Nobis* 857 ff.; *Wankel* 81 ff., 87. **A.A.** OLG Hamburg NStZ **1998** 99 mit abl. Anm. *Schlothauer* StV **1998** 144, *Kunisch* StV **1998** 687; *Paeffgen* NStZ **2000** 134 Fn. 26; teilw. abl. *Katholnigg* JR **1998** 169; zust. *Bertram* NJW **1998** 2934; OLG Jena StV **1999** 101 mit abl. Anm. *Paeffgen* NStZ **2000** 134; OLG Hamm StV **1998** 388 (bei Unterbrechung); OLG Naumburg NStZ-RR **2001** 347 (jedenfalls bei Unterbrechung); OLG Schleswig NStZ **1990** 198; OLG Hamburg MDR **1973** 69 (für den Fall, dass zur Haftentscheidung Erkenntnisse aus dem Ermittlungsverfahren verwertet werden müssen, die in der Hauptverhandlung noch nicht erörtert wurden) – krit. dagegen LR/*Wendisch*[24] 16; LR/*Siolek*[25] § 30, 22 GVG; *Foth* NStZ **1998** 262; *Bertram* NJW **1998** 2934.

35 S. LR/*Lind* § 117, 1.

jeder Lage des Verfahrens, auch während der Hauptverhandlung, ohne Anträge der Beteiligten von Amts wegen zu erfolgen hat – ist die Mitwirkung der Schöffen in § 30 Abs. 1 GVG ausdrücklich vorgeschrieben. Das muss – gleichgültig ob der die Haft betreffende Antrag in der Hauptverhandlung oder zwischen zwei Sitzungstagen (schriftlich) gestellt wird – **auch bei Beschlussfassung während einer Unterbrechung** derselben gelten,[36] denn zur Wahrung des Gebots des gesetzlichen Richters und zur Vermeidung von Manipulationsmöglichkeiten durch die Wahl des Zeitpunktes der Antragstellung und/oder der Befassung des Spruchkörpers mit der Sache muss auch die Bestimmung der Gerichtsbesetzung bei Haftentscheidungen der Schöffengerichte und Strafkammern jedenfalls **einheitlich** erfolgen.[37] Für eine Entscheidung der Haftfragen (einheitlich) durch die „Hauptverhandlungsbesetzung" spricht daneben die Relevanz der in der Hauptverhandlung getroffenen Feststellungen (in weitestem Sinne) für die Beurteilung der Haftvoraussetzungen. Es erscheint sachgerecht, die (Berufs-[38] und Laien-)Richter, vor denen die Beweisaufnahme stattfindet, auch über die Haftfragen entscheiden zu lassen, weil diese in der Lage sind, die Ergebnisse der Beweisaufnahme aus eigener Anschauung festzustellen und zu würdigen sowie auf dieser Grundlage – und in Kenntnis aller sonstigen Vorgänge in der Hauptverhandlung – zu bewerten, ob die Haftvoraussetzungen, insbesondere (aber nicht nur) der dringende Tatverdacht, nach dem erreichten Verfahrensstand noch fortbestehen oder dies nicht der Fall ist.[39] Eine Beteiligung der Schöffen an der Entscheidung dürfte in der Regel – auch angesichts der Möglichkeiten moderner Telekommunikation und elektronischer Nachrichtenübermittlung – ohne erhebliche praktische Schwierigkeiten[40] möglich sein, jedenfalls dann, wenn der Vorsitzende vorsorglich die Möglichkeit der Beteiligung durch entsprechende Terminierung und rechtzeitige Hinweise an die Schöffen, sich vorsorglich auch in der Zeit (kurzer) Unterbrechungen zur Verfügung zu halten, sicherstellt. Kann das Gericht gleichwohl ausnahmsweise nicht in der Hauptverhandlungsbesetzung zusammentreten – sei es, dass ein Schöffe, sei es, dass ein Berufsrichter während einer (längeren) Unterbrechung der Hauptverhandlung nicht erreicht werden oder an der Beratung etwa wegen Urlaubs (z.B. weite, extrem teure Anreise) oder wegen einer Erkrankung nicht teilnehmen kann –, greift die Notzuständigkeit des Vorsitzenden in Eilfällen (Absatz 2 Satz 4, s. Rn. 35).

---

36 Selbst wenn diese Entscheidung als „außerhalb der Hauptverhandlung" (i.S.d. §§ 30 Abs. 2; 76 Abs. 1 Satz 2 GVG) getroffen angesehen wird.

37 KG StraFo **2016** 292; S. dazu auch *Sowada* StV **2010** 38 f. **A.A.** LR/*Gittermann*[26] § 30, 22 ff. GVG (Entscheidungen innerhalb der Hauptverhandlung mit – an Gerichtsstelle anwesenden – Schöffen; während der (längeren) Unterbrechung derselben in der sog. Beschlussbesetzung ohne Schöffen; Vertretung der Berufsrichter zulässig). Ähnlich OLG München Beschl. v. 27.2.2018 – 2 Ws 185/18 – (juris) m. Anm. *Hiéramente* jurisPR-StrafR 17/2018 Anm. 3.

38 Die an der Hauptverhandlung mitwirkenden Berufsrichter sind nicht zwingend personenidentisch mit der sog. Beschlussbesetzung des Gerichts außerhalb der Hauptverhandlung; bei einer Besetzungsreduzierung nach § 76 Abs. 2 Satz 4 GVG und in Vertretungsfällen besteht (bestenfalls, aber auch das nicht immer) nur Teilidentität der (Berufs-)Richterbank.

39 BGHSt **43** 91; KG StraFo **2016** 292. Im Hinblick darauf wird – folgerichtig – teilweise eine Vertretung der Berufsrichter bei der Haftentscheidung während laufender Hauptverhandlung ausgeschlossen, vgl. *Schlothauer* StV **1998** 146; *Wankel* 88 (Fn. 10).

40 Vgl. zu diesen z.B.: *Dehn* NStZ **1997** 607; *Foth* NStZ **1998** 262 und 420; *Katholnigg* JR **1998** 34; *Siegert* NStZ **1998** 421; *Schlothauer* StV **1998** 144; *Bertram* NJW **1998** 2934; *Kunisch* StV **1998** 687; *Sowada* NStZ **2001** 169 ff.

3. Folgen falscher Besetzung. Ist die Entscheidung nicht von dem dafür vorgesehenen Spruchkörper gefällt worden, muss sie auf die Beschwerde hin **aufgehoben** werden; das Beschwerdegericht darf aber nur in eng begrenzten Ausnahmefällen von der nach § 309 Abs. 2 regelmäßig gebotenen **eigenen Sachentscheidung** absehen.[41] Eine Zurückverweisung an das Ausgangsgericht muss allerdings erfolgen, wenn der die funktionelle Zuständigkeit betreffende Mangel im Beschwerdeverfahren nicht in dem Sinne ausgeglichen werden kann, dass das Beschwerdegericht rechtlich voll an die Stelle des an sich zur Entscheidung berufenen Spruchkörpers treten kann. Das ist zumindest dann der Fall, wenn sich der Beschwerdeführer (entscheidungserheblich) auch gegen die Annahme des dringenden Tatverdachts wendet, weil die Beurteilung desselben, die das erkennende Gericht vornimmt, im Haftbeschwerdeverfahren während laufender Hauptverhandlung nur in eingeschränktem Umfang der Nachprüfung durch das Beschwerdegericht unterliegt.[42] 28

VII. Zuständigkeit des Vorsitzenden (Absatz 2 Satz 3 und 4)

Der Vorsitzende ist nach Absatz 2 Satz 3 funktionell zuständig, einzelne Maßnahmen, insbesondere nach § 119, anzuordnen; er hat darüber hinaus nach Satz 4 die Befugnis, in gewissen (Eil-)Fällen Entscheidungen zu treffen, die zu einer Entlassung des Angeschuldigten bzw. Angeklagten führen. 29

1. Einzelmaßnahmen (Regelzuständigkeit). Alle zur Abwehr einer Flucht-, Verdunkelungs- oder Wiederholungsgefahr erforderlichen **Beschränkungen nach § 119 Abs. 1** ordnet nach Erhebung der öffentlichen Klage der Vorsitzende des mit der Sache befassten Gerichts an, auch wenn gegen den Beschuldigten, gegen den Untersuchungshaft angeordnet ist, eine andere freiheitsentziehende Maßnahme vollstreckt wird (§ 119 Abs. 6). Dem Vorsitzenden obliegt auch die Ausführung seiner Anordnungen, soweit er sie nicht auf die Staatsanwaltschaft übertragen hat (§ 119 Abs. 2), die Genehmigung vorläufiger (Eil-)Anordnungen der Staatsanwaltschaft oder Vollzugsanstalt (§ 119 Abs. 1 Satz 4 und 5) und die gerichtliche Entscheidung über den Antrag nach **§ 119 Abs. 5**, soweit sich dieser (regelmäßig nach Erledigung) gegen die genannten (Eil-)Anordnungen oder gegen die Entscheidungen und tatsächlichen Maßnahmen der Staatsanwaltschaft, ihrer Ermittlungspersonen oder der Vollzugsanstalt richtet, die diese in Ausführung der Anordnung treffen.[43] Im Rahmen dieses Antragsverfahrens kann er auch vorläufige Anordnungen treffen (§ 119 Abs. 5 Satz 3).[44] 30

Die Maßnahmen nach § 119 sind aber nur ein Beispiel („insbesondere") für die Anordnungskompetenz des Vorsitzenden. Die Aussetzung des Vollzugs der Untersuchungshaft (§ 116 Abs. 1 bis 3) ist – wie dessen Anordnung (§ 116 Abs. 4) und alle den Fortbestand des Haftbefehls betreffenden Entscheidungen – allerdings keine in die Anordnungskompetenz des Vorsitzenden fallende Maßnahme, wie der Gesetzestext ausdrücklich ergibt (s. Rn. 35). Die **Änderung** und zeitweise Aussetzung **von Haftersatzmaßnahmen**, die das Gericht bei seiner Entscheidung nach § 116 Abs. 1 bis 3 angeordnet hat, fällt dagegen in die Zuständigkeit des Vorsitzenden.[45] Dieser soll – 31

41 KG (4. Strafsenat) StraFo **2015** 419.
42 KG (4. Strafsenat) StraFo **2016** 292.
43 S. § 119, 140. Offen gelassen – bei zutreffender Argumentation – von KG NStZ-RR **2013** 284; **a.A.** (Zuständigkeit des gesamten Spruchkörpers) KMR/*Wankel* 16.
44 S. zu den Einzelheiten die Erl. zu § 119.
45 KK/*Schultheis* 12; SK/*Paeffgen* 8; KMR/*Wankel* 15.

neben der **Festsetzung von Höhe und Art der Sicherheit** bei Aussetzung des Vollzugs gegen Sicherheitsleistung (§§ 116 Abs. 1 Nr. 4, 116a Abs. 2) – auch für die **Aufhebung der** nach § 116 angeordneten **Ersatzmaßnahmen** (§ 123 Abs. 1) zuständig sein, was (zumindest praktischen) Schwierigkeiten begegnet, wenn diese Entscheidungen zusammen mit einer dem gesamten Spruchkörper zugewiesenen ergehen, im Falle des § 116a Abs. 2 mit der Aussetzung des Untersuchungshaftvollzugs, im Falle des § 123 Abs. 1 mit der Aufhebung des Haftbefehls. Diese Problematik stellt sich für die Entscheidung über das Schicksal einer **Sicherheit** (§§ 123 Abs. 3, 124 Abs. 2 und 3) nicht; diese trifft der Vorsitzende in originärer Zuständigkeit. Das gilt auch für die Entscheidung über eine Abweichung vom Grundsatz des Vorrangs der Vollstreckung anderer freiheitsentziehender Maßnahmen vor der Vollstreckung der Untersuchungshaft (**§ 116b Satz 2 Hs. 2**) und die Bestellung des **Verteidigers** (§ 140 Abs. 1 Nr. 4, 141 Abs. 3 Satz 4). Zu den in Satz 3 genannten Einzelmaßnahmen zählen auch die Benachrichtigung von Angehörigen oder einer Vertrauensperson des verhafteten Beschuldigten bei Vollzug der Untersuchungshaft (§ 114c Abs. 2), die Mitteilungen an die Vollzugsanstalt (§ 114d), die Vernehmung und Belehrung des Beschuldigten nach Ergreifung (§ 115 Abs. 2 bis 4), die **Aktenvorlage nach § 122 Abs. 1** und die Ausschreibung zur Festnahme (§ 131). Dem Vorsitzenden obliegt auch die Vorbereitung der Entscheidung des gesamten Spruchkörpers durch die Anberaumung (§ 118 Abs. 5) sowie die Vorbereitung und Leitung der mündlichen Verhandlung bei der Haftprüfung (§ 118a Abs. 1 bis 3) und – im Hinblick auf eine künftige Haftentscheidung (s. LR/*Lind* § 117, 42ff.) – durch die Anordnung von Ermittlungen gemäß § 117 Abs. 3.

32 Die Entscheidung über Anträge gegen (vollzugs-)behördliche Entscheidungen oder Maßnahmen im Untersuchungshaftvollzug (**§ 119a Abs. 1**) unterfallen dagegen **nicht** der Zuständigkeit des Vorsitzenden;[46] für vorläufige Anordnungen im Rahmen des Antragsverfahrens (§ 119a Abs. 2 Satz 2) mag anderes gelten.

33 Der Vorsitzende kann die ihm gesetzlich zugewiesene Anordnungsbefugnis nicht auf das Gericht übertragen; er ist **allein der gesetzliche Richter**, das Kollegialgericht ist nicht zuständig.[47] Die Gegenmeinung[48] hält es dagegen für unschädlich, wenn zwei weitere Richter mitwirken, zum einen weil die Zuständigkeit des Vorsitzenden nur der Beschleunigung dienen solle, zum anderen weil die Entscheidung des Spruchkörpers eine höhere Gewähr der Richtigkeit verbürge. Diese Auffassung erscheint bedenklich. Sie ist mit dem Wortlaut der Vorschrift kaum vereinbar und ermöglicht problematische Abstimmungsergebnisse. Das Reichsgericht hat in anderem Zusammenhang (Entscheidung nach Richterablehnung) § 192 Abs. 1 GVG als verletzt angesehen, wenn ein Richter *zuviel* mitgewirkt hat.[49] Der Grundsatz muss auch dann gelten, wenn das Gesetz Entscheidungen dem Kollegium entzieht und dem Vorsitzenden zuweist; es darf nicht auch nur die Möglichkeit entstehen, dass der zuständige Vorsitzende von den unzuständigen Beisit-

---

46 KG NStZ-RR **2013** 284; OLG Hamm Beschl. v. 18.3.2014 – III-1 Ws 77/14 – (juris). S. auch § 119a, 9.

47 OLG Köln JMBlNW **1967** 103; OLG Bremen Rpfleger **1968** 397; OLG Hamm NJW **1969** 1865; StV **2009** 478; OLG Düsseldorf JMBlNW **1982** 115; StV **2000** 567; OLG Koblenz GA **1973** 137; MDR **1978** 693; NJW **1981** 1570; OLG Karlsruhe NJW **1974** 110; OLG Frankfurt StV **1988** 536; OLG München StV **1995** 140 mit Anm. *Bringewat* BewHi. **1995** 238; OLG Rostock bei *Paeffgen* NStZ **2006** 142; SK/*Paeffgen* 8; Meyer-Goßner/*Schmitt* 10; *Veit* MDR **1973** 279; vgl. auch OLG Düsseldorf MDR **1985** 603. Zum Vorsitz beim erweiterten Schöffengericht vgl. OLG Hamm MDR **1988** 696.

48 OLG Hamburg NJW **1965** 2362; OLG Düsseldorf NJW **1968** 1343; StV **1998** 41; OLG Köln Beschl. v. 10.2.2010 – 2 Ws 77/10 – (juris); KK/*Schultheis* 13; KMR/*Wankel* 14; *Wankel* 73; vgl. auch OLG Dresden NStZ **2007** 479; OLG Düsseldorf MDR **1985** 603; AK/*Krause* 3; *Eb. Schmidt* Nachtr. I 6.

49 RGSt **49** 11.

zern überstimmt wird. Gegen Entscheidungen des Vorsitzenden ist nur die **Beschwerde** (§ 304) zulässig, nicht die Anrufung des Spruchkörpers.[50]

Wird die Anordnung von Einzelmaßnahmen nicht angefochten, so wird sie bestandskräftig, auch wenn sie das **Kollegialgericht anstelle des** funktionell allein zuständigen **Vorsitzenden** getroffen hat. Wird in dem zuletzt genannten Fall Beschwerde eingelegt, hebt das **Beschwerdegericht** die Entscheidung wegen dieses Mangels auf und trifft gemäß § 309 Abs. 2 die erforderliche Sachentscheidung selbst. Denn der die funktionelle Zuständigkeit betreffende Mangel kann im Beschwerdeverfahren regelmäßig dadurch ausgeglichen werden, dass das Beschwerdegericht, das auch über das Rechtsmittel gegen die Entscheidung des Vorsitzenden zu befinden hätte, rechtlich voll an die Stelle des an sich zur Entscheidung berufenen Spruchkörpers treten kann; eine Zurückverweisung an den Vorderrichter kommt nur in Ausnahmefällen in Betracht.[51] Dagegen stellt die Entscheidung durch den funktionell unzuständigen **Vorsitzenden (anstelle des Kollegialgerichts)** einen schwerwiegenden und durch das Beschwerdegericht nicht behebbaren Mangel dar, der zur Aufhebung und Zurückverweisung führt.[52] 34

2. Haftentlassung (Notzuständigkeit). In dringenden Fällen kann der Vorsitzende (anstelle des originär zuständigen Kollegialgerichts) den Haftbefehl aufheben (§ 120 Abs. 1) oder seinen Vollzug aussetzen (§ 116 Abs. 1 bis 3). Ein **dringender Fall** liegt vor, wenn die Haftentlassung verzögert würde, falls das Kollegium zusammengerufen werden müsste. Im Gegensatz zu § 125 Abs. 2 Satz 2, der den Vorsitzenden ermächtigt, in dringenden Fällen einen Haft- oder Unterbringungsbefehl allein zu erlassen, begründet § 126 Abs. 2 Satz 4 eine Eilzuständigkeit des Vorsitzenden für die **Beendigung des Freiheitsentzugs**. Der Vorsitzende bedarf der **Zustimmung der Staatsanwaltschaft**. Sie liegt stets in ihrem Antrag; ggf. wird der Vorsitzende ihr Gelegenheit geben, einen solchen zu stellen. Da er die Staatsanwaltschaft dazu jedoch nicht zwingen kann, muss er, falls er die Haftentlassung beabsichtigt und kein Antrag der Staatsanwaltschaft vorliegt, deren Zustimmung erfragen, wenn er sie anhört (§ 33 Abs. 2). Die Staatsanwaltschaft hat ihre Erklärung unverzüglich abzugeben. Tut sie das nicht, kann der Vorsitzende die Sache schon vor Abgabe der Erklärung dem (Kollegial-)Gericht vorlegen; dieses kann auch schon vor Stellungnahme der Staatsanwaltschaft den Haftbefehl aufheben oder seinen Vollzug aussetzen. Solche Fälle sind grundsätzlich vermeidbar. Sind sie ausnahmsweise in Betracht zu ziehen, wird der Vorsitzende durch technische Vorkehrungen (Übersendung von Abschriften an die Staatsanwaltschaft) dafür Sorge zu tragen haben, dass die Akten dem Gericht zur Verfügung stehen. 35

Der Vorsitzende kann, wenn die **Zustimmung versagt** wird, aufgrund der Argumente der Staatsanwaltschaft seine Ansicht ändern und von der zunächst beabsichtigten Entscheidung absehen. Beharrt er auf seiner Ansicht und will er demgemäß, dass die in Aussicht genommene, aber von der Staatsanwaltschaft beanstandete Maßnahme nunmehr vom Gericht angeordnet wird, so ist nach seiner Ansicht der Gefangene nunmehr zu Unrecht in Haft. Deshalb hat er unverzüglich die **Entscheidung des Gerichts** herbei- 36

---

50 Vgl. BGHSt **44** 82, 90.

51 OLG Düsseldorf JMBlNW **1968** 227; MDR **1985** 603; JMBlNW **1996** 138; OLG Rostock bei *Paeffgen* NStZ **2006** 142; OLG Schleswig bei *Lorenzen/Döllel* SchlHA **1999** 174; KK/*Schultheis* 13; Meyer-Goßner/*Schmitt* 10. **A.A.** (Pflicht zur Zurückverweisung) OLG Frankfurt StV **1988** 536; OLG Koblenz NJW **1981** 1570; OLG Karlsruhe NJW **1974** 110; einschränkend OLG München StV **1995** 140 (keine Zurückverweisung nach Rechtskraft) mit Anm. *Bringewat* BewHi. **1995** 238. S. auch die Erl. zu § 309.

52 OLG Jena NStZ-RR **2012** 28 (zur Anordnung der Beschlagnahme eines Briefes nach § 98 Abs. 1 durch den – nur – für das Anhalten desselben nach § 119 Abs. 1 Satz 7 zuständigen Vorsitzenden); HK/*Posthoff* 16 a.E.

zuführen. Rechnet er mit einem Widerspruch der Staatsanwaltschaft, kann er die Entscheidung von Anfang an dem Gericht überlassen. Dann hat dieses die Staatsanwaltschaft zu hören (§ 33 Abs. 2), doch kann der Vorsitzende das Anhören für das Gericht übernehmen, ohne dass er zum Ausdruck bringt, ob er seine Entscheidung oder eine des Gerichts vorbereiten will. Der Vorsitzende hat die Entscheidung des Gerichts **unverzüglich** herbeizuführen. Nach früherem Recht hieß die Stelle: „unverzüglich, spätestens binnen 24 Stunden". Die Streichung, für die den Materialien keine Begründung zu entnehmen ist, soll ihn wohl freier stellen. Der Vorsitzende wird es jedoch auch weiterhin als seine Pflicht ansehen, die Entscheidung des Gerichts, auch an Feiertagen, innerhalb von 24 Stunden herbeizuführen.

VIII. Beauftragter Richter

37 Ist das zuständige Gericht ein Kollegialgericht und hat es vor Beginn (oder nach Ende) der Hauptverhandlung (s. Rn. 26f.) zu entscheiden, so ist es nicht befugt, erforderliche Vernehmungen einem beauftragten Richter zu übertragen.[53] Es hat vielmehr vor dem Kollegium in der sog. Beschlussbesetzung zu vernehmen. Denn für die Entscheidung wird es häufig auf die Art und Intensität der Befragung und namentlich den persönlichen Eindruck vom Angeschuldigten (bzw. Angeklagten) ankommen. Die Einrichtung des beauftragten Richters in der Strafprozessordnung ist auch nicht allgemein, sondern nur in einzelnen Bestimmungen (§ 173 Abs. 3, § 223 Abs. 1, § 233 Abs. 2, § 369 Abs. 1) geregelt. Diese Regelung erlaubt nicht den Rückschluss, dass auch im Falle des § 126 ein Kollegialgericht zur Vorbereitung seiner Entscheidung außerhalb einer mündlichen Verhandlung einen Richter beauftragen kann. In **Jugendsachen** kann der zuständige Richter die Entscheidungen, die die Untersuchungshaft betreffen, aus wichtigen Gründen sämtlich oder zum Teil einem anderen Jugendrichter übertragen (§ 72 Abs. 6 JGG).

IX. Befugnisse des Revisionsgerichts (Absatz 3)

38 Dem Revisionsgericht fehlt wie zum Erlass des Haftbefehls (§ 125, 24) auch die Zuständigkeit für die weiteren Entscheidungen und Maßnahmen, die sich auf die Untersuchungshaft, die Aussetzung ihres Vollzugs, ihre Vollstreckung oder auf Anträge nach § 119a beziehen (Absatz 2 Satz 2). Nur für die **Aufhebung des Haftbefehls** (§ 120 Abs. 1) lässt das Gesetz eine Ausnahme zu. Das Revisionsgericht ist befugt, zusammen mit dem angefochtenen Urteil auch den Haftbefehl aufzuheben, wenn sich bei dieser Entscheidung „ohne weiteres", d.h. ohne weitere Ermittlungen ergibt, dass die Voraussetzungen des § 120 Abs. 1 vorliegen (Absatz 3).[54]

39 Das Gesetz macht die Befugnis des Revisionsgerichts, den Haftbefehl aufzuheben, davon abhängig, dass dieses gleichzeitig das angefochtene **Urteil** – mindestens zum Teil[55] – **aufhebt**. Das mag nicht sinnvoll erscheinen, weil eine Verzögerung der Revisionsentscheidung zu unverhältnismäßiger Haftdauer[56] führen kann und andererseits die Tatsache der Aufhebung, etwa wenn eine Rüge der Verletzung des Verfahrensrechts durchdringt oder wenn die Staatsanwaltschaft zuungunsten des Angeklagten Revision eingelegt hatte, über den dringenden Tatverdacht und die Verhältnismäßigkeit nichts

---

53 **A.A.** *Wankel* 76; LR/*Hilger*[25] (aufgegeben in 26. Aufl.).
54 Vgl. BTDrucks. **IV** 178 S. 27; BGH NStZ **1997** 145; BGHSt **41** 16; BGH StV **1995** 414.
55 BGH StV **1995** 414; OLG Hamm NStZ-RR **2015** 223.
56 Vgl. OLG Frankfurt StV **1988** 536.

aussagt. In manchen Fällen kann schon vor der Revisionsentscheidung offensichtlich werden, dass der Grundsatz der Verhältnismäßigkeit verletzt ist[57] oder dass es nichts mehr zu verdunkeln gibt.[58] Der **Wortlaut** des Gesetzes ist jedoch **eindeutig**. Hebt das Revisionsgericht das Urteil nicht zumindest teilweise auf, darf es auch den Haftbefehl nicht aufheben; daraus folgt auch, dass es grundsätzlich den Haftbefehl nicht früher aufheben darf als das Urteil.[59] Tritt die Notwendigkeit dazu während des Revisionsverfahrens, aber vor der Entscheidung des Revisionsgerichts hervor, muss dieses unverzüglich das **Instanzgericht umfassend informieren**; das Tatgericht hat dann ebenso unverzüglich über den Fortbestand des Haftbefehls zu entscheiden. Mit der Entscheidung über die Revision endet die Befugnis des Revisionsgerichts nach Absatz 3; das Gericht, an das die Sache zu neuer Verhandlung und Entscheidung zurückverwiesen wurde, ist von diesem Zeitpunkt an das zuständige Haftgericht (s. Rn. 25); hat das Revisionsgericht den Haftbefehl nicht zugleich mit dem angefochtenen Urteil aufgehoben, kann es dies nachträglich nicht mehr tun.[60]

Das Revisionsgericht braucht nach dem Wortlaut der Vorschrift den Haftbefehl – mit der Aufhebung des Urteils – nicht aufzuheben; es hat nur die **Befugnis** dazu. Indessen wird sich nicht selten aus § 120 Abs. 1 eine diesbezügliche Verpflichtung des Revisionsgerichts ergeben. Diese Vorschrift behandelt zwei Fallgruppen: Zum Einen (§ 120 Abs. 1 Satz 1) ist der Haftbefehl aufzuheben, sobald die Voraussetzungen der Untersuchungshaft nicht mehr vorliegen, namentlich wenn der Grundsatz der Verhältnismäßigkeit bei weiterer Untersuchungshaft verletzt wäre. Hier **kann** im Einzelfall eine **Wertung** erforderlich werden; daher ist es grundsätzlich sinnvoll, dem Revisionsgericht freizustellen, ob es den Haftbefehl selbst aufheben oder die Entscheidung dem Tatrichter überlassen will;[61] ist jedoch die Haftfortdauer nach § 120 Abs. 1 Satz 1 mit Sicherheit unzulässig, weil etwa eindeutig unverhältnismäßig, so reduziert sich das **Ermessen** des Revisionsgerichts **auf Null** – es muss den Haftbefehl (zusammen mit dem Urteil) selbst aufheben. 40

Wird – die Fälle der anderen Gruppe – der Angeklagte **freigesprochen** oder das Verfahren nicht bloß vorläufig eingestellt, so **ist** der **Haftbefehl aufzuheben**, ohne dass dem Gericht eine andere Möglichkeit bliebe (§ 120 Abs. 1 Satz 2). Das hat auch das Revisionsgericht zu beachten. Demzufolge hat es, wenn es den Angeklagten freispricht (§ 354 Abs. 1), die Verpflichtung, den Haftbefehl aufzuheben, unabhängig davon, ob dieser vollzogen wird oder nicht. Dasselbe muss es tun, wenn es das Verfahren wegen eines nicht behebbaren Verfahrenshindernisses einstellt.[62] In diesen Fällen ergibt sich aufgrund gesetzlicher Vermutung stets „ohne weiteres“, dass die Voraussetzungen des § 120 Abs. 1 vorliegen. 41

X. Oberlandesgericht (Absatz 4)

Das Oberlandesgericht (in Staatsschutzstrafsachen der BGH) ist vor Erlass des erstinstanzlichen Urteils allein zuständig, die Fortdauer der Untersuchungshaft über sechs 42

57 Vgl. LR/*Lind* § 120, 13 ff.
58 Vgl. LR/*Lind* § 120, 10.
59 *Schlothauer/Weider/Nobis* 876; **a.A.** OLG Frankfurt StV **1988** 536; KMR/*Wankel* 9; SK/*Paeffgen* 11 (verfassungswidrig); BGHSt **41** 16 (ausnahmsweise Aufhebung *vor* Urteil bei Verfahrenshindernis möglich); so auch KK/*Schultheis* 11; Meyer-Goßner/*Schmitt* 9.
60 Vgl. BGH NJW **1996** 2665.
61 KK/*Schultheis* 11; Meyer-Goßner/*Schmitt* 9; **a.A.** SK/*Paeffgen* 11. Vgl. auch BGH NJW **1996** 2665 (Aufhebung spätestens mit der Urteilsaufhebung).
62 S. LR/*Lind* § 120, 36. Vgl. aber BGH NStZ **1999** 520 (Haftbefehl bleibt bei Einstellung bestehen, wenn unverzüglich neue Anklage zu erwarten).

Monate hinaus anzuordnen, wenn die besondere Schwierigkeit oder der besondere Umfang der Ermittlungen oder ein anderer wichtiger Grund die Durchführung der Hauptverhandlung noch nicht zulässt und die Fortdauer der Haft rechtfertigt (§ 121 Abs. 1). Das nach § 126 zuständige Gericht bleibt jedoch grundsätzlich auch während des Vorlageverfahrens nach den §§ 121, 122 mitzuständig, den Haftbefehl aufzuheben oder seinen Vollzug auszusetzen.[63] Das besondere Haftprüfungsverfahren durch das Oberlandesgericht findet mit einer solchen Entscheidung seine Erledigung. Die Befugnis zur Erweiterung eines bestehenden Haftbefehls um bislang nicht erfasste Tatvorwürfe steht auch nach Vorlage der Akten an das Oberlandesgericht allein dem nach § 125 zuständigen Gericht zu, s. § 125, 1.

XI. Zuständigkeit nach Rechtskraft

43 Nach Rechtskraft des Urteils gibt es keine Untersuchungshaft. Hat das Gericht den Angeklagten **freigesprochen**, so muss es den Haftbefehl (und ggf. – nach wohl h.M. sein Vorsitzender – die Maßnahmen, die nach § 116 der Aussetzung des Haftvollzugs dienten, § 123 Abs. 1) mit dem Urteilsspruch aufheben (§ 120 Abs. 1 Satz 2), also vor Rechtskraft. Ist der in Untersuchungshaft befindliche Angeklagte zu einer zu vollstreckenden Freiheitsstrafe **verurteilt** worden, so hat sich die Untersuchungshaft nach h.M. mit der Rechtskraft in Strafhaft umgewandelt, der Haftbefehl wird damit gegenstandslos; das Gericht braucht ihn nicht aufzuheben, ist aber nicht gehindert, das zu tun.[64] Zuständig dafür ist das Gericht der letzten Tatsacheninstanz (Rn. 25). Die Staatsanwaltschaft hat ihm die Akten auf Anfordern zuzuleiten, braucht das aber nicht von sich aus zu tun, wie sie auch nicht verpflichtet ist, von Amts wegen zu beantragen, den gegenstandslos gewordenen Haftbefehl aufzuheben. Wird der Haftbefehl zum Zeitpunkt des Rechtskraftseintritts dagegen nicht vollzogen, wird er damit nicht gegenstandslos; die nach § 116 angeordneten Ersatzmaßnahmen erledigen sich nicht von selbst, sondern sind durch das zuletzt mit der Sache befasste Gericht gemäß § 123 Abs. 1 Nr. 2 aufzuheben, wenn die rechtskräftig erkannte Freiheitsstrafe oder freiheitsentziehende Maßregel (§§ 63, 64 StGB) vollzogen wird.[65]

44 Wird ein Urteil rechtskräftig, in dem **nicht auf freiheitsentziehende Strafen** oder Maßregeln erkannt, eine erkannte Freiheitsstrafe als durch die Untersuchungshaft verbüßt bezeichnet oder die Vollstreckung einer Freiheitsstrafe ausgesetzt wird, führt dies dazu, dass der mit Urteilsspruch ausnahmsweise aufrecht erhaltene Haftbefehl zwar unbegründet, aber nicht gegenstandslos wird. Ein solcher Haftbefehl ist (ggf. nebst Ersatzmaßnahmen nach § 116) auch nach Rechtskraft durch das Gericht der letzten Tatsacheninstanz (Rn. 25) aufzuheben.[66]

45 Des Weiteren kann nach Rechtskraft eine **Entscheidung über** eine **Sicherheitsleistung** notwendig werden.[67] Zuständig ist auch hierfür, weil die Entscheidung keine Vollstreckungsentscheidung ist, das mit der Sache zuletzt befasste Tatsachengericht,[68] gegebenenfalls also auch das Berufungsgericht (Rn. 25).

46 Schließlich kann es notwendig sein, dass der Haftrichter (bei Zuständigkeit eines Kollegialgerichts dessen Vorsitzender) nach Rechtskrafteintritt noch eine **Maßnahme**

63 Vgl. § 121, 45; die Erl. zu § 122 und die dortigen Nachweise.
64 S. LR/*Lind* Vor § 112, 98 ff.
65 Vgl. OLG Stuttgart Justiz **1984** 213; eingehend dazu LR/*Lind* § 123, 9 ff., 20 ff.
66 S. LR/*Lind* Vor § 112, 95.
67 Vgl. hierzu LR/*Lind* § 123, 34 ff.; § 124, 28 ff.
68 Allg. M.; OLG Düsseldorf Rpfleger **1984** 73; OLG Stuttgart Justiz **1984** 213.

nach § 119 trifft. Zwar kann er, da der Zweck der Untersuchungshaft nicht mehr durch Beschränkungen nach § 119 Abs. 1 gesichert werden muss (kann), keine diesbezüglichen Anordnungen mehr treffen. Ist aber etwa die Überwachung des Schrift- und Paketverkehrs nach § 119 Abs. 2 Satz 2 Nr. 2 angeordnet, ist das Haftgericht grundsätzlich befugt, einen am letzten Tag der Untersuchungshaft abgegebenen Brief am ersten Tag der Strafhaft nach § 119 Abs. 1 Satz 7 anzuhalten.[69]

Auch über einen **Antrag auf gerichtliche Entscheidung** nach § 119 Abs. 5 oder 47
§ 119a ist nach Eintritt der Rechtskraft noch durch das zuletzt mit der Sache befasste Gericht – und zwar nach den genannten Normen und nicht nach §§ 109 ff. StVollzG des Bundes – zu entscheiden, wenn die angegriffene Entscheidung oder Maßnahme der Vollzugsanstalt oder der die Anordnungen nach § 119 Abs. 1 ausführenden Staatsanwaltschaft fortwirkt. Das ist der Fall, wenn eine Maßnahme bei Übergang der Untersuchungshaft in Strafhaft noch unerledigt, z.B. ein Brief noch (von der Staatsanwaltschaft) angehalten, eine (von der Vollzugsanstalt verhängte) Disziplinarmaßnahme noch nicht vollstreckt ist. Dasselbe gilt, wenn der Verurteilte an der (nachträglichen) Entscheidung noch ein **rechtliches Interesse** hat. Das kann z.B. darin liegen, dass er im Hinblick auf eine künftige Entlassung aus einer im Anschluss an die Untersuchungshaft vollstreckten Strafe (§ 57 StGB) nicht als disziplinarisch bestraft gelten möchte. In diesem Fall steht der Entscheidung auch nicht entgegen, dass die Maßnahme bereits vollstreckt, eine Disziplinarmaßnahme etwa verbüßt ist.[70]

§ 126a
Einstweilige Unterbringung

(1) Sind dringende Gründe für die Annahme vorhanden, daß jemand eine rechtswidrige Tat im Zustand der Schuldunfähigkeit oder verminderten Schuldfähigkeit (§§ 20, 21 des Strafgesetzbuches) begangen hat und daß seine Unterbringung in einem psychiatrischen Krankenhaus oder einer Entziehungsanstalt angeordnet werden wird, so kann das Gericht durch Unterbringungsbefehl die einstweilige Unterbringung in einer dieser Anstalten anordnen, wenn die öffentliche Sicherheit es erfordert.

(2) [1]Für die einstweilige Unterbringung gelten die §§ 114 bis 115a, 116 Abs. 3 und 4, §§ 117 bis 119a, 123, 125 und 126 entsprechend. [2]Die §§ 121, 122 gelten entsprechend mit der Maßgabe, dass das Oberlandesgericht prüft, ob die Voraussetzungen der einstweiligen Unterbringung weiterhin vorliegen.

(3) [1]Der Unterbringungsbefehl ist aufzuheben, wenn die Voraussetzungen der einstweiligen Unterbringung nicht mehr vorliegen oder wenn das Gericht im Urteil die Unterbringung in einem psychiatrischen Krankenhaus oder einer Entziehungsanstalt nicht anordnet. [2]Durch die Einlegung eines Rechtsmittels darf die Freilassung nicht aufgehalten werden. [3]§ 120 Abs. 3 gilt entsprechend.

(4) Hat der Untergebrachte einen gesetzlichen Vertreter oder einen Bevollmächtigten im Sinne des § 1906 Abs. 5 des Bürgerlichen Gesetzbuches, so sind Entscheidungen nach Absatz 1 bis 3 auch diesem bekannt zu geben.

---

69 Das wird allerdings nur geschehen, wenn das Haftgericht – etwa bei Verwerfung der Revision im Beschlusswege – noch keine Kenntnis vom Eintritt der Rechtskraft und damit vom Wegfall der durch die Beschränkungsanordnung zu sichernden Untersuchungshaftzwecke hat.
70 S. auch § 119, 147 und die dortigen Nachweise.

https://doi.org/10.1515/9783110274929-030

Schrifttum

Bohnert Untersuchungshaft und einstweilige Unterbringung, JR **2001** 402; *C. Bohnert* Unterbringungsrecht (2000); *Gebauer/Jehle* Die strafrechtliche Unterbringung in einem psychiatrischen Krankenhaus, Kriminologie und Praxis (KUP) Bd. 13 (1993); *Jabel* Die vorläufige Unterbringung nach § 126a StPO, KUP Bd. 13, S. 59; *Kangarani* Die Grenzen der ärztlichen Schweigepflicht im Rahmen der einstweiligen Unterbringung nach § 126a StPO, StraFo **2014** 101; *Laugwitz* Untersuchung zur Anordnungspraxis des § 126a, R&P **2005** 67; *Leygraf* Unterbringungsbedingungen psychisch kranker Straftäter, Münchener Med. Wochenschrift **1989** 16; *Möller* Vorläufige Maßregeln, Diss. Bonn 1982; *Pollähne* Die einstweilige Unterbringung des § 126a StPO im Recht, R&P **2002** 229, **2003** 57; *ders.* Die einstweilige Unterbringung (§ 126a StPO) im Vollzugsrecht, R&P **2011** 140; *Schäfer* Unzureichender Schutz des Beschuldigten im einstweiligen Unterbringungsverfahren nach § 126a StPO, ZRP **1989** 129; *Scheffler* Unterbringung gem. § 126a StPO außerhalb der Einrichtung des Maßregelvollzugs? R&P **1998** 92; *Starke* Die einstweilige Unterbringung in einem psychiatrischen Krankenhaus nach der Strafprozeßordnung (1991); *Volckart* Reform des § 126a StPO ist überfällig, R&P **1988** 40; *ders.* Nochmals: Reform des § 126a StPO ist überfällig, R&P **1990** 72; *Westhoff* Verfahren, Voraussetzungen und Zuständigkeiten einer Unterbringung nach § 126a StPO, §§ 63, 64 StGB, JA **1997** 50; *Winter* Die vorläufigen Maßregeln im Strafprozeßrecht, Diss. Mannheim 1984.

Entstehungsgeschichte

Die Vorschrift wurde durch Art. 2 Nr. 6 AGGewVerbrG in die Strafprozessordnung eingefügt und durch Art. 1 Nr. 1 StPÄG 1964 geringfügig geändert. Die Änderungen bezogen sich im Wesentlichen auf die Verweisungen, doch war diejenige auf § 120 Abs. 3 neu. Die Bestimmung regelte zunächst die Unterbringung in einer „Heil- oder Pflegeanstalt" im Zustand der „Zurechnungsunfähigkeit oder verminderten Zurechnungsfähigkeit". Im Anschluss an den Wortgebrauch der Neufassung des Strafgesetzbuchs sind diese Worte in Art. 21 Nr. 34 EGStGB 1974 durch „Schuldunfähigkeit" und „verminderte Schuldfähigkeit" ersetzt und alle Anstalten aufgeführt worden, die nunmehr für eine Unterbringung dieses Personenkreises in Betracht kommen. Durch Art. 2 Nr. 1 a) aa) des Gesetzes zur Sicherung der Unterbringung in einem psychiatrischen Krankenhaus und in einer Entziehungsanstalt vom 16.7.2007[1] sind in Absatz 2 Satz 1 die §§ 116 Abs. 3 und 4 sowie 123 eingefügt, durch Nr. 1 a) bb) ist Satz 2 dieses Absatzes neu gefasst und durch Nr. 1 b) ist der Norm Absatz 4 angefügt worden. Absatz 2 Satz 1 ist durch Art. 1 Nr. 7 des Gesetzes zur Änderung des Untersuchungshaftrechts vom 29.7.2009[2] dahingehend ergänzt worden, dass die Angabe „§§ 117 bis 119" durch die Angabe „§§ 117 bis 119a" ersetzt wurde. Mit Wirkung zum 25.7.2015[3] hat die Vorschrift – im Kontext der Schaffung einer dem Gesetz zur Modernisierung und Erleichterung der Rechtsanwendung[4] vorangestellten amtlichen Inhaltsübersicht – ihre Überschrift erhalten.

1 BGBl. I S. 1327; zur Entstehungsgeschichte bzw. zu Reformvorschlägen s. auch BRDrucks. 318/07, BTDrucks. **16** 5137, **16** 1110 und **16** 1344 sowie den Referentenentwurf des BMJ vom 26.5.2004 – vgl. Rundschreiben der BRAK Nr. 274/2004 vom 2.6.2004; *Pollähne* R&P **2003** 57 ff.

2 BGBl. I S. 2274.

3 Art. 1 Nr. 13 des Gesetzes zur Stärkung des Rechts des Angeklagten auf Vertretung in der Berufungshauptverhandlung und über die Anerkennung von Abwesenheitsentscheidungen in der Rechtshilfe vom 17.7.2015, BGBl. I S. 1332.

4 BTDrucks. **18** 3562 S. 77.

Übersicht

Alphabetische Übersicht

I. Allgemeines

1. Normcharakter. § 126a stellt eine **vorläufige Maßnahme zum Schutz der Allgemeinheit** vor *weiteren* erheblichen rechtswidrigen Taten eines Schuldunfähigen (§ 20 StGB) oder eines zumindest vermindert Schuldfähigen (§ 21 StGB) dar. Sie dient weder der Verfahrenssicherung noch der Sicherung der (künftigen) Vollstreckung einer der in der Norm genannten freiheitsentziehenden Maßregeln der Besserung und Sicherung (§§ 63, 64 StGB), sondern **allein** der Gefahrenabwehr, mithin einem **präventiven Zweck.**[5] Eine Verfahrenssicherung tritt lediglich als mittelbare Auswirkung[6] der einstweiligen Unterbringung ein und resultiert rein faktisch aus dem Verwahrt-Sein des Betroffenen in einer Anstalt. Da der (Sicherungs-)Zweck der einstweiligen Unterbringung dem (Sicherungs-) Zweck der endgültigen Unterbringung entspricht, nimmt die einstweilige Unterbringung 1

5 H.M.; s. etwa SK/*Paeffgen* 2; Meyer-Goßner/*Schmitt* 1; vgl. auch OLG Frankfurt NStZ **1985** 284; KK/*Schultheis* 1 („in erster Linie"); *Pollähne* R&P **2002** 229 ff. Zur Praxis vgl. insbesondere *Jabel* KUP Bd. 13, 59; *Laugwitz* R&P **2005** 67 ff.; *Porath* KUP Bd. 13, 65 und *Gebauer/Jehle* KUP Bd. 13, 207 ff. (Diskussionsbericht).

6 SK/*Paeffgen* 2; ähnlich *Pollähne* R&P **2002** 231.

insoweit die Wirkung der Maßregel, die bei der bevorstehenden Verurteilung zu erwarten ist, vorweg, um die Öffentlichkeit zu schützen.[7] Sie gehört – wie die vorläufige Entziehung der Fahrerlaubnis (§ 111a), die die endgültige (§ 69 StGB) vorwegnimmt, das vorläufige Berufsverbot (§ 132a), das das endgültige (§ 70 StGB) vorwegnimmt, und die Präventivhaft für Wiederholungstäter (§ 112a), die den Sicherungsanteil vorwegnimmt, der der zu erwartenden Strafe (zwangsläufig) innewohnt – zu den **vorläufigen Maßnahmen** vor dem Urteil. Da ihr der Charakter des Vorläufigen anhaftet, wird sie verfahrensrechtlich durch die Verweisungen in Absatz 2 weitgehend wie die Untersuchungshaft behandelt. Auch wenn sie im Rahmen eines wegen einer rechtswidrigen Tat geführten Verfahrens zur Anwendung gelangt, steht die Vorschrift in der Strafprozessordnung **systematisch falsch,**[8] weil sie eine reine Präventivnorm ist. Sie gehört als Maßnahme zur Abwehr schwerwiegender Gefahren im Interesse der Allgemeinheit systematisch zum Polizeirecht, das seinerseits schon Vorschriften enthält, die – wenn auch weniger weitgehend – Freiheitsentziehungen zur Verhinderung schwerwiegender Straftaten erlauben.[9] Zur Frage der Regelungskompetenz des Bundesgesetzgebers s. LR/*Lind* Vor § 112, 58. Zur Vereinbarkeit der Vorschrift mit Art. 5 EMRK vgl. *Esser* (Weg) 239, 245; LR/*Esser* Erl. zu Art. 5 EMRK.

2 **2. Inhalt.** § 126a normiert die einstweilige Unterbringung als gerichtlich angeordnete Verwahrung eines Beschuldigten in einer speziellen Anstalt. **Formelle Voraussetzung** der einstweiligen Unterbringung ist ihre richterliche Anordnung in einem Unterbringungsbefehl, verbunden mit einem schriftlichen richerlichen Aufnahmeersuchen (§ 114d Abs. 1 Satz 1). **Materielle Voraussetzungen** sind dringende Gründe, die a) dafür sprechen, dass der Betroffene eine rechtswidrige Tat, die einen Straftatbestand erfüllt, begangen hat, b) für die Annahme der Schuldunfähigkeit oder zumindest erheblichen Verminderung der Schuldfähigkeit des Betroffenen zur Tatzeit und c) für die Erwartung seiner Unterbringung in einem psychiatrischen Krankenhaus oder einer Entziehungsanstalt sprechen sowie d) die Erforderlichkeit der einstweiligen Unterbringung im Interesse der öffentlichen Sicherheit. Das **Verfahren** regeln § 126a, namentlich Absatz 2, und die dort genannten Vorschriften (Rn. 20ff.); **ergänzende Anordnungen** enthalten die Nr. 59 RiStBV (Verweisung auf Nr. 46 bis 55 RiStBV zur Untersuchungshaft) und – namentlich zum **Vollzug** der einstweiligen Unterbringung – die landesrechtlichen Vorschriften.[10]

3 **3. Anwendungsbereich.** Die Vorschrift soll auch für **Jugendliche** (und Heranwachsende) anwendbar sein[11] und – als besonders eingehend und sorgfältig zu prüfende ultima ratio – sogar dann, wenn der Jugendliche neben dem Vorliegen eines die Schuldunfähigkeit oder verminderte Schuldfähigkeit begründenden Eingangsmerkmals des § 20 StGB mangels sittlicher und geistiger Reife nicht strafrechtlich verantwortlich ist (§ 3 Satz 1

---

7 OLG Frankfurt NStZ **1985** 284; AK/*Krause* 1; Meyer-Goßner/*Schmitt* 1; KK/*Schultheis* 1; *Geppert* Jura **1991** 269; *Starke* 38.

8 **A.A.** die h.M.

9 Vgl. z.B. §§ 29ff. ASOG Berlin; §§ 17ff. PAG Bayern; §§ 13ff. SOG Hamburg; §§ 13ff. des Saarl. Polizeigesetzes.

10 In Berlin ist der Vollzug der einstweiligen Unterbringung – neben der Unterbringung nach § 81, nach den §§ 63, 64 und 67h StGB und nach § 7 JGG – im Teil 4 (Strafrechtsbezogene Unterbringung) des Gesetzes über Hilfen und Schutzmaßnahmen bei psychischen Krankheiten (PsychKG) vom 17.6.2016 geregelt. Zu den landesgesetzlichen Regelungen i.Ü. vgl. den Überblick in AnwK-UHaft/*Pollähne* 29ff.

11 OLG Düsseldorf MDR **1984** 603; OLG Jena NStZ-RR **2007** 217; Meyer-Goßner/*Schmitt* 1; KK/*Schultheis* 1b; Radtke/Hohmann/*Tsambikakis* 7; krit. SK/*Paeffgen* 2.

JGG).[12] Die einstweilige Unterbringung gemäß § 126a geht grundsätzlich der **landesrechtlich** vorgesehenen Unterbringung psychisch Kranker vor;[13] eine gleichzeitige Anwendung des Landesrechts kann jedoch erforderlich sein, wenn neben der Begehung neuer (Straf-) Taten weitere Gefahren – etwa die der Selbstverletzung oder -tötung – drohen.[14]

4. Verhältnis zu §§ 112, 112a; 230 Abs. 2. Weil der **Schuldunfähige** (§ 20 StGB) keine (schuldhafte) Tat im Sinne der §§ 112, 112a begehen, ihrer folglich auch nicht dringend verdächtig sein kann, können diese Vorschriften nicht angewendet werden, wenn dringende Gründe für die Annahme von Schuldunfähigkeit des Betroffenen zur Tatzeit bestehen. Hier kommt **allein** seine einstweilige Unterbringung nach § 126a in Betracht, deren Vollzug jedoch (faktisch, s. Rn. 1) zumeist auch einer bestehenden Flucht- (§ 112 Abs. 2 Nr. 2) oder Wiederholungsgefahr (§ 112a Abs. 1) wirksam begegnet. 4

Der **vermindert Schuldfähige** (§ 21 StGB) kann dagegen eine Straftat begehen, so 5
dass bei ihm die §§ 112, 112a und 126a grundsätzlich **nebeneinander** anwendbar sind.[15] Ist mit der Unterbringung in einem psychiatrischen Krankenhaus (§ 63 StGB) oder einer Entziehungsanstalt (§ 64 Abs. 1 StGB) nicht zu rechnen, bewendet es bei den §§ 112, 112a. Ist sie indessen zu erwarten, kommen grundsätzlich **beide Arten** der Freiheitsentziehung in Betracht; sie können aber **nicht nebeneinander vollzogen** werden.[16] Liegen sowohl die (materiellen) Voraussetzungen für den Erlass eines Haftbefehls (§§ 112, 112a) als auch die für die Anordnung der einstweiligen Unterbringung vor, ist letztere grundsätzlich wegen der angemesseneren ärztlichen Betreuung des Beschuldigten der Haft vorzuziehen.[17] Zudem sichert die einstweilige Unterbringung (mittelbar) zumeist auch dagegen, dass sich der Beschuldigte dem Strafverfahren entzieht (§ 112 Abs. 2 Nr. 2) oder weitere Straftaten begeht (§ 112a Abs. 1). Sie schützt aber regelmäßig nicht vor Verdunkelung (§ 112 Abs. 2 Nr. 3). Für den Fall, dass die einstweilige Unterbringung als solche nicht geeignet erscheint, vor Flucht- oder Verdunkelungsgefahr zu schützen, kann diesen Gefahren bei paralleler Erfüllung der Voraussetzungen für den Erlass eines Haft- und eines Unterbringungsbefehls durch die **Anordnung beider** (vorläufiger) **Maßnahmen**, die (sinngemäße) Anwendung der Regeln zur Überhaft und die **Ausgestaltung des Vollzugs** der (vorrangig zu vollstreckenden, § 116b Satz 2) einstweiligen Unterbringung nach Maßgabe von § 119 Abs. 1, 6 begegnet werden.[18] Allerdings wird hierdurch das Problem nicht gelöst, dass manche Unterbringungsanstalten auch bei erheblichen Anstrengungen nicht in der Lage sind, die aus dem Haftgrund (namentlich bestehender Verdunkelungsgefahr) resultierende besondere Vollzugsgestaltung[19] zu realisieren. In diesem Fall

---

12 BGHSt **26** 68 (für § 21); OLG Jena NStZ-RR **2007** 217 (auch ausführlich zum Streitstand); SSW/*Herrmann* 3; KK/*Schultheis* 1b; **a.A.** OLG Karlsruhe NStZ **2000** 485 (für § 20); SK/*Paeffgen* 2.

13 Vgl. OLG Düsseldorf MDR **1984** 71; AK/*Krause* 2; KK/*Schultheis* 1a; *Geppert* Jura **1991** 269; vgl. auch *Möller* 139 ff.

14 Ähnlich *Starke* 71 ff.; SK/*Paeffgen* 2; vgl. BGHSt **7** 62; BGH NJW **1967** 686; landesrechtliche Nachweise bei *Paeffgen* (Kolloquium) 113 Fn. 3; *Starke* 68. Vgl. auch *Gebauer/Jehle* KUP Bd. 13, 211 (Diskussionsbericht).

15 Vgl. OLG Celle NStZ-RR **2017** 20; Meyer-Goßner/*Schmitt* 2; KK/*Schultheis* 2; vgl. aber *Eb. Schmidt* JR **1970** 204.

16 KG JR **1989** 476; SK/*Paeffgen* 3; Meyer-Goßner/*Schmitt* 2; KK/*Schultheis* 2; *Münchhalffen/Gatzweiler* 354. Soweit daraus der Schluss gezogen wird, beide Maßnahmen könnten auch nicht parallel *angeordnet* werden (so etwa *Schultheis* und *Schmitt* aaO; KMR/*Wankel* 1), ist dem nicht zu folgen; vgl. zur Problematik mehrerer Haftbefehle gegen einen Beschuldigten LR/*Lind* Vor § 112, 88 f.

17 KG JR **1989** 476; SK/*Paeffgen* 3; Meyer-Goßner/*Schmitt* 2; KK/*Schultheis* 2; *Bohnert* JR **2001** 403; *C. Bohnert* 296; *Westhoff* JA **1997** 51; vgl. auch *Starke* 33, 34 ff.; BTDrucks. **7** 4200.

18 S. dazu ausführlich Rn. 29.

19 Vgl. dazu *Bohnert* JR **2001** 403.

ist ausnahmsweise an die (richterliche) Anordnung der vorrangigen Vollstreckung der Untersuchungshaft (in einer Haftanstalt mit psychiatrischer Abteilung) nach § 116b Satz 2 Hs. 2 zu denken (Rn. 22).

6 Soll allein die **Anwesenheit** des Beschuldigten **in der Hauptverhandlung** gewährleistet werden, so ist auch im Sicherungsverfahren (§§ 413 ff.) gemäß **§ 230 Abs. 2** (i.V.m. § 414 Abs. 1) seine Vorführung anzuordnen oder ein Haftbefehl zu erlassen; die einstweilige Unterbringung des Schuldunfähigen nach § 126a scheidet zu diesem Zweck dagegen aus.[20]

II. Unterbringungsvoraussetzungen

7 **1. Dringende Gründe.** Voraussetzung für die einstweilige Unterbringung sind zunächst dringende Gründe **sowohl** für die Annahme, dass jemand eine rechtswidrige Tat (§ 11 Abs. 1 Nr. 5 StGB) im Zustand der zumindest erheblich verminderten Schuldfähigkeit begangen hat, **als auch** dafür, dass deswegen seine (endgültige) Unterbringung angeordnet werden wird. Der Begriff der dringenden Gründe, die in Bezug auf beide vorgenannten Aspekte verlangt werden, entspricht dem des dringenden Tatverdachts des § 112.[21] Die dringenden Gründe müssen für die Annahme vorliegen, dass jemand eine rechtswidrige Tat im Zustand der Schuldunfähigkeit (§ 20 StGB) oder der verminderten Schuldfähigkeit (§ 21 StGB) begangen hat, **und** dafür, dass seine Unterbringung in einem psychiatrischen Krankenhaus (§ 63 StGB) oder einer Entziehungsanstalt (§ 64 StGB) angeordnet werden wird. Ob die Voraussetzungen des § 20 StGB oder nur die des § 21 StGB vorliegen, muss – jedenfalls in einem frühen Stadium des Verfahrens – noch nicht konkretisiert sein.[22] Die einstweilige Unterbringung des Beschuldigten kommt nicht in allen Fällen des § 64 StGB in Betracht, weil seine (endgültige) Unterbringung in einer Entziehungsanstalt auch möglich ist, wenn er bei der Begehung der Tat uneingeschränkt schuldfähig gewesen ist,[23] während § 126a dringende Gründe (auch) für die Annahme einer zumindest erheblichen Verminderung der Schuldfähigkeit verlangt. Die **Prognose der Unterbringung** bezieht sich auf die Unterbringungsvoraussetzungen des materiellen Strafrechts und hat auf den **Zeitpunkt der späteren Urteilsfällung** abzustellen.[24]

8 Die Unterbringung in einem **psychiatrischen Krankenhaus** (§ 63 StGB) ordnet das Gericht an, wenn von dem Täter, der eine rechtswidrige Tat im Zustand krankheitsbedingt erheblich verminderter oder aufgehobener Schuldfähigkeit begangen hat, infolge seines Zustandes erhebliche **rechtswidrige Taten zu erwarten** sind, „durch welche die Opfer seelisch oder körperlich **erheblich geschädigt** oder **erheblich gefährdet** werden oder **schwerer** wirtschaftlicher **Schaden** angerichtet wird", und „er deshalb **für die Allgemeinheit gefährlich** ist" (§ 63 Satz 1 StGB). Die zu erwartenden Taten müssen zwar nicht unbedingt von gleicher Art wie die Anlasstat sein; erforderlich ist aber, dass die Anlasstat für die Gefährlichkeit des Täters symptomatisch ist, sich also gerade aus ihr (im Zusammenhang mit der psychischen Störung des Täters) auf die Folgetaten schließen lässt.[25] Handelt es sich bei der Anlasstat nicht um eine in vorgenanntem Sinne er-

---

20 OLG Hamburg StraFo **2012** 266; SK/*Paeffgen* 3b; KK/*Schultheis* 2a.
21 Vgl. LR/*Lind* § 112, 18 f.; h.M.. **A.A.** *Starke* 110 (hinsichtlich Schuldunfähigkeit genüge überwiegende Wahrscheinlichkeit).
22 Meyer-Goßner/*Schmitt* 4; KK/*Schultheis* 3.
23 Vgl. BGH NStZ **1991** 277.
24 AK/*Krause* 2; SK/*Paeffgen* 5b; KK/*Schultheis* 3; *Eb. Schmidt* Nachtr. I 9; *Starke* 111.
25 *Starke* 111.

hebliche, so ist im Rahmen der Unterbringungsprognose zusätzlich darauf abzustellen, ob **besondere Umstände** die Erwartung rechtfertigen, dass der Täter krankheitsbedingt in Zukunft derartige **erhebliche** rechtswidrige Taten begehen wird, denn nur in diesem Fall kommt nach § 63 Satz 2 StGB seine endgültige – und damit auch seine einstweilige – Unterbringung in Betracht.

Die Unterbringung in einer **Entziehungsanstalt** „soll" das Gericht nach § 64 StGB 9 ebenfalls dann anordnen, wenn von dem Täter, der eine rechtswidrige Tat im Rausch oder hangbedingt begangen hat, infolge seines Hanges, alkoholische Getränke oder andere berauschende Mittel im Übermaß zu sich zu nehmen, erhebliche **rechtswidrige Taten zu erwarten** sind, allerdings **nur** dann, wenn eine „hinreichend **konkrete Aussicht**" besteht, „die Person" durch die Behandlung in einer Entziehungsanstalt „zu heilen oder über eine erhebliche Zeit vor dem Rückfall in den Hang und von der Begehung erheblicher rechtswidriger Taten abzuhalten, die auf ihren Hang zurückgehen" (§ 64 Satz 2 StGB). Damit dient diese Maßregel primär der **Besserung** und nur sekundär und mittelbar Sicherungszwecken.[26]

2. Öffentliche Sicherheit. Auch wenn eine Unterbringung nach §§ 63 oder 64 StGB 10 dringend zu erwarten ist, kann die einstweilige Unterbringung nur angeordnet werden, wenn die öffentliche Sicherheit die vorläufige Maßnahme zum Schutz der Allgemeinheit **erfordert**. Das ist der Fall, wenn a) künftige gegen die Rechtsordnung gerichtete Handlungen, durch die der Bestand der Rechtsordnung unmittelbar bedroht wird, mit bestimmter Wahrscheinlichkeit zu erwarten sind und wegen des Gewichts der Bedrohung eine **sofortige** Abhilfe für die Zukunft geboten ist, um den Bestand der Rechtsordnung aufrechtzuerhalten, und wenn b) dieses Ziel auf keine andere Weise als durch die Unterbringung zu erreichen ist.[27] Dass von dem Beschuldigten zustands- oder hangbedingt zukünftig erhebliche rechtswidrige Taten zu erwarten sind und dass dieser – im Falle des § 63 StGB – deshalb für die Allgemeinheit gefährlich ist, ist bereits Voraussetzung der Anordnung der Unterbringung in einem psychiatrischen Krankenhaus bzw. einer Entziehungsanstalt. Für die Anordnung der einstweiligen Unterbringung muss hinzu kommen, dass im Hinblick insbesondere auf die **Aktualität** und das **Gewicht der Gefährdung** der Allgemeinheit durch zu erwartende Taten des Beschuldigten der Ausgang des Verfahrens und die Rechtskraft der die (endgültige) Unterbringung anordnenden Entscheidung nicht abgewartet werden kann, sondern die einstweilige Unterbringung als vorläufige Maßnahme zu ihrem Schutz und zur Aufrechterhaltung der öffentlichen Sicherheit angeordnet werden muss. Das heißt, es muss die Gefahr bestehen, dass der Beschuldigte ohne die vorläufige Sicherungsmaßnahme noch **vor** dem rechtskräftigen **Abschluss** des zu seiner Unterbringung führenden Verfahrens eine weitere, **im Sinne des § 63 Satz 1 StGB erhebliche** rechtswidrige Tat begehen wird, der nicht anders als durch die einstweilige Unterbringung wirksam begegnet werden kann. Deshalb muss die öffentliche Sicherheit die einstweilige Unterbringung nicht immer dann erfordern, wenn die Erwartung weiterer erheblicher rechtswidriger Taten des Beschuldigten (und seine Gefährlichkeit für die Allgemeinheit) die endgültige Unterbringung in einer der in §§ 63, 64 StGB genannten Anstalten gebietet.

Zur Prüfung dieser Anordnungsvoraussetzung muss das Gericht die rechtswidrige 11 Tat, die Anlass zu dem Verfahren gegeben hat, die Gesamtpersönlichkeit des Unterzu-

26 AnwK-UHaft/*Pollähne* 6.
27 Vgl. RGSt **73** 304; OLG Tübingen DRZ **1949** 210.

bringenden, seine Erkrankung und sein Vorleben sowie die Verhältnisse würdigen, in denen er lebt.[28] Für die **Prognose** der Gefährdung der öffentlichen Sicherheit ist – anders als für die Unterbringungsprognose, die für den Zeitpunkt der Verurteilung[29] zu prüfen ist – auf den **Zeitpunkt** abzustellen, in dem die Notwendigkeit hervortritt, den Betroffenen, der mit hoher Wahrscheinlichkeit eine rechtswidrige Tat begangen hat, einstweilig unterzubringen. Die Prüfung erfolgt zum Zeitpunkt des Erlasses des Unterbringungsbefehls nach § 126a[30] und nach dem Stand der zu diesem Zeitpunkt vorliegenden Erkenntnisse.

12 **3. Verhältnismäßigkeit.** Das **Verhältnismäßigkeitsprinzip** gilt auch für § 126a;[31] dies lässt sich bereits aus bestimmten in Absatz 1 genannten Voraussetzungen ableiten. Schon die Notwendigkeit dringender Gründe für die Erwartung einer endgültigen Unterbringung (§§ 63, 64 StGB) beinhaltet ein Element des Übermaßverbotes, nämlich die Gefahr künftiger **erheblicher** rechtswidriger Taten. Gemeint sind Taten, die geeignet sind, schweren Schaden anzurichten und (oder) den Rechtsfrieden erheblich zu stören.[32] Damit scheiden leichtere Taten, namentlich solche, die nur „gemeinlästig" sind, aus.[33] Eine weitere Abschichtung im Hinblick auf das Übermaßverbot erfolgt durch die Voraussetzung der **Erforderlichkeit** einer einstweiligen Unterbringung im Interesse der öffentlichen Sicherheit. Diese fehlt, wenn weniger einschneidende Maßnahmen auf anderer Rechtsgrundlage zum Schutz der Allgemeinheit ausreichen.[34] Bedürfen diese Alternativmaßnahmen einer „Absicherung" (oder auch des „Nachdrucks") durch eine richterliche Anordnung, so kommt – um dem Verhältnismäßigkeitsprinzip zu genügen – eine Aussetzung des Vollzugs der einstweiligen Unterbringung über § 116 Abs. 3 in Betracht (Rn. 23). Eine bereits nach Landesrecht vollzogene Unterbringung steht einer Maßnahme nach § 126a jedoch nicht entgegen[35] (Rn. 3).

13 **4. Ermessen.** Nach dem Wortlaut der Vorschrift handelt es sich bei der Anordnung der einstweiligen Unterbringung um eine **Ermessensentscheidung** des Gerichts („kann").[36] Auch wenn alle (materiellen) Voraussetzungen für den Erlass eines Unterbringungsbefehls vorliegen, muss ein solcher nicht zwangsläufig ergehen. Der Ermessensspielraum ist jedoch dadurch, dass die Verhältnismäßigkeit schon im Rahmen der Anordnungsvoraussetzungen geprüft wird (Rn. 12) und § 116 Abs. 3 entsprechend anwendbar ist, erheblich eingeschränkt; das Ermessen kann aber bei der Einschätzung der Gefährlichkeit (§ 63 StGB) eine Rolle spielen.[37] Liegen neben den Voraussetzungen für die Anordnung der einstweiligen Unterbringung auch diejenigen für den Erlass eines Haftbefehls vor, ist regelmäßig die Anordnung (und Vollziehung) der einstweiligen Unterbringung vorzugswürdig (Rn. 5); ein Erlass (nur) des Haftbefehls (und seine Vollziehung

---

28 BGH NJW **1951** 450; AK/*Krause* 2.
29 BTDrucks. **IV** 650, 209; Rn. 7 a.E.
30 *Eb. Schmidt* Nachtr. I 11; KK/*Schultheis* 3.
31 OLG Celle NStZ **1987** 524 mit Anm. *Paeffgen* NStZ **1989** 419; *Bohnert* JR **2001** 403; h.M.; **a.A.** *Eb. Schmidt* Nachtr. I 15. Vgl. auch BVerfGE **70** 297.
32 AK/*Krause* 2. S. auch die mit Wirkung zum 1.8.2016 in § 63 Satz 1 StGB eingefügte Konkretisierung der „erheblichen" rechtswidrigen Tat.
33 AK/*Krause* 2.
34 AK/*Krause* 2; Meyer-Goßner/*Schmitt* 5.
35 Meyer-Goßner/*Schmitt* 5; **a.A.** *Eb. Schmidt* Nachtr. I 10 unter Hinweis auf BGHSt **12** 50 und **17** 123.
36 SK/*Paeffgen* 7; *Eb. Schmidt* Nachtr. I 14; *Möller* 111; *Starke* 118; **a.A.** wohl *Baumann* Unterbringungsrecht (1966) 104; *Benfer* Grundrechtseingriffe (1982) 169.
37 S. auch SK/*Paeffgen* 7; *Möller* 112.

in einer Untersuchungshaftanstalt mit psychiatrischer Abteilung) ist im Rahmen der Ermessensausübung für Extremfälle[38] jedoch nicht ausgeschlossen.[39]

III. Unterbringungsbefehl (Form und Inhalt)

Das – zuständige (Rn. 19) – Gericht trifft die Anordnung der einstweiligen Unterbringung in einem Unterbringungsbefehl (Absatz 1). Dieser hat **schriftlich** zu ergehen; die Ausführungen zum Haftbefehl[40] gelten insoweit entsprechend. Anstatt der (schuldhaften) Tat ist die **rechtswidrige Tat**, anstelle des dringenden Tatverdachts sind die **dringenden Gründe** für die Annahme der Begehung derselben durch den in seiner Schuldfähigkeit zumindest erheblich eingeschränkten Betroffenen und für die Anordnung seiner Unterbringung in einer der in §§ 63, 64 StGB bezeichneten Anstalten **einzusetzen**. Anstelle des Haftgrundes ist anzugeben, dass die **öffentliche Sicherheit** die einstweilige Unterbringung erfordere. Die **Tatsachen**, aus denen sich die für die Anordnung der einstweiligen Unterbringung (materiell) erforderlichen Annahmen (Tatbegehung durch den schuldunfähigen oder vermindert schuldfähigen Beschuldigten) und Prognosen (Unterbringung; Gefährdung der öffentlichen Sicherheit) ergeben, sind – entsprechend § 114 Abs. 2 Nr. 4 – im Unterbringungsbefehl anzuführen. Insoweit genügt es nicht, die Ansichten des hinzugezogenen Sachverständigen mitzuteilen; vielmehr sind auch die Anknüpfungs- und Befundtatsachen der Sachverständigenbewertung wiederzugeben, die zum Verständnis der gutachterlichen Äußerungen und zur Beurteilung ihrer Schlüssigkeit erforderlich sind.[41] In entsprechender Anwendung von § 114 Abs. 3 (Ausführungen zur **Verhältnismäßigkeit**) können – je nach Lage des Einzelfalles[42] – im Unterbringungsbefehl auch Ausführungen dazu erforderlich sein, warum eine therapeutische Behandlung auf freiwilliger Basis oder weniger einschneidende Maßnahmen auf anderer Rechtsgrundlage zur Erreichung des Unterbringungszwecks (Schutz der Allgemeinheit) nicht ausreichend erscheinen.[43] Dies ist insbesondere dann der Fall, wenn solche Maßnahmen nahe liegen oder von dem Unterzubringenden angeboten werden, die Zuverlässigkeit des Betroffenen im Hinblick auf ihre Umsetzung jedoch fraglich erscheint.[44] 14

Zum notwendigen Inhalt des Unterbringungsbefehls gehört auch die **Bezeichnung der** Art der **Anstalt**, in der der Betroffene einstweilig unterzubringen ist, denn das Gericht hat nach Absatz 1 die einstweilige Unterbringung „in einer dieser Anstalten" (psychiatrisches Krankenhaus; Entziehungsanstalt) anzuordnen. Es muss also in der Anordnung den Charakter der Anstalt ebenso zum Ausdruck bringen, wie es das Gericht bei der endgültigen Unterbringung im Urteil tut.[45] 15

---

38 Denkbar wäre hier eine außerordentlich hohe, ggf. früher im Verfahren bereits realisierte Ausbruchs- und/oder Verdunkelungsgefahr bei einem hartnäckig therapieunwilligen Beschuldigten, der durch Maßnahmen nach § 119 im Rahmen des Vollzuges der einstweiligen Unterbringung (in einem psychiatrischen Krankenhaus oder einer Entziehungsanstalt) nicht hinreichend begegnet werden kann.

39 **A.A.** AnwK-UHaft/*Pollähne* 11 (keine Wahlmöglichkeit zwischen einstweiliger Unterbringung und U-Haft).

40 S. LR/*Lind* § 114, 3 ff.

41 BVerfG NJW **2012** 513; KK/*Schultheis* 4.

42 Vgl. zum Haftbefehl LR/*Lind* § 114, 21.

43 SSW/*Herrmann* 25; Meyer-Goßner/*Schmitt* 7; KK/*Schultheis* 4. So auch schon – abweichend zur früher (wohl) h.M., nach der § 114 Abs. 3 für den Unterbringungsbefehl nicht gelten sollte, weil § 112 Abs. 1 Satz 2 in § 126a Abs. 2 nicht aufgeführt ist, LR/*Wendisch*[24] 9; LR/*Hilger*[26] 12. **A.A.** (§ 114 gilt nicht; ohne Begründung) KMR/*Wankel* 7.

44 Kann aber davon ausgegangen werden, dass der Betroffene diesbezüglichen *richterlichen Anweisungen* folgen wird, kommt eine Verschonung vom Vollzug der einstweiligen Unterbringung analog § 116 Abs. 3 in Betracht, s. Rn. 23.

45 AK/*Krause* 5; SK/*Paeffgen* 9; Meyer-Goßner/*Schmitt* 7; KK/*Schultheis* 5.

16 Welche Anstalt konkret für den Vollzug der einstweiligen Unterbringung in Betracht kommt, ordnet die Landesverwaltung durch einen Einweisungs- oder **Vollstreckungsplan**[46] an. Sie ist dabei durch den Zweck der einstweiligen Unterbringung (Schutz der Allgemeinheit) gebunden. In diesem Rahmen darf sie auch auf die praktischen Bedürfnisse der Untersuchung Bedacht nehmen und für die einstweilige Unterbringung eine andere (z.B. besser gesicherte oder näher zum Gerichtsort gelegene) Anstalt vorsehen als für die endgültige. Allerdings handelt es sich bei der mit hoher Wahrscheinlichkeit erwarteten Unterbringung nach §§ 63, 64 StGB um eine freiheitsentziehende Maßregel auch der **Besserung**, wobei das Besserungselement bei der Unterbringung in einer Entziehungsanstalt nach dem Willen des Gesetzgebers sogar im Vordergrund steht (Rn. 9). Dem therapiemotivierten Beschuldigten ist daher (bereits) im Rahmen der einstweiligen Unterbringung die Möglichkeit zu eröffnen, auf freiwilliger Basis an einer Behandlung seiner psychischen Störung bzw. seines Hanges mitzuwirken. Die Landesverwaltung hat daher für die einstweilige Unterbringung ein **psychiatrisches Krankenhaus** – daneben ggf. eine Entziehungsanstalt – vorzusehen; eine Untersuchungshaftanstalt mit psychiatrischer Abteilung kann einer solchen Einrichtung nach Ausstattung und medizinischen Möglichkeiten regelmäßig nicht gleichgestellt werden und darf daher nicht, auch nicht ausnahmsweise (etwa weil sie dem Gerichtsort näher als ein psychiatrisches Krankenhaus liegt) als Vollzugsort der einstweiligen Unterbringung im Vollstreckungsplan bestimmt werden.[47] Benennt die Landesjustizverwaltung eine **einzige Anstalt**, muss sich der Richter ihrer genauso bedienen wie der Untersuchungshaftanstalt, die die Landesjustizverwaltung ihm für die Untersuchungsgefangenen zur Verfügung stellt. Er braucht die konkrete Anstalt im Unterbringungsbefehl nicht zu bezeichnen, richtet aber sein Aufnahmeersuchen an diese Anstalt. Werden indessen im Vollstreckungsplan **mehrere zuständige Anstalten** benannt, dann ist es Aufgabe des Richters, die Anstalt auszuwählen,[48] und nicht Sache der Vollstreckungs- oder gar der Vollzugsbehörde. Sieht der Vollstreckungsplan **keine Anstalt** für die einstweilige Unterbringung vor, ist der Richter durch deren Zweck und die Pflicht gebunden, dem Untergebrachten eine angemessene fachärztliche (und psychologische) Behandlung zu ermöglichen. Er hat daher ein psychiatrisches Krankenhaus (oder eine Entziehungsanstalt) zu wählen, in dem die geschlossene Unterbringung des Beschuldigten gewährleistet werden kann.[49] Steht in den vorbehandelten Fällen dem Richter die **Bestimmung** der Anstalt zu, nimmt er sie **im Unterbringungsbefehl** vor. Er kann die unterlassene Bestimmung durch Beschluss nachholen; dies können auch die Beschwerdegerichte tun.

17 Ergibt sich im Laufe des Verfahrens, dass die dringenden Gründe für die Annahme, das Gericht werde die Unterbringung des Beschuldigten in einem psychiatrischen Krankenhaus anordnen, entfallen sind, ist jedoch seine Unterbringung in einer Entziehungs-

---

46 Regelmäßig erlässt diesen die Landes*justiz*verwaltung, was bis zum Inkrafttreten des Gesetzes zur Änderung des Untersuchungshaftvollzugsrechts vom 29.7.2009 durch Nr. 14 UVollzO, der hier entsprechend angewendet wurde, bestimmt war. In Berlin regelt die für das *Gesundheitswesen* zuständige Senatsverwaltung – allerdings im Einvernehmen mit der Landesjustizverwaltung – die örtliche und sachliche Zuständigkeit der klinisch-forensischen Einrichtung, in der die strafrechtsbezogene, mithin auch die einstweilige Unterbringung vollzogen wird, in einem Vollstreckungsplan (§ 45 Abs. 1 PsychKG Bln).

47 SK/*Paeffgen* 9; AnwK-UHaft/*Pollähne* 13; *ders.* R&P **2003** 58; Meyer-Goßner/*Schmitt* 9; KK/*Schultheis* 5; *Eb. Schmidt* Nachtr. I 12; **a.A.** LR/*Hilger*[26] 15 unter Verweis auf OLG Hamm SJZ **1950** 213 mit abl. Anm. *Eb. Schmidt*; StV **2005** 446 (auch zur Frage Einzel-/Sammeltransport); NStZ-RR **2006** 29; AK/*Krause* 5; KMR/*Wankel* 7; *Hartung* SJZ **1950** 516; str.

48 SK/*Paeffgen* 9; Meyer-Goßner/*Schmitt* 7; KK/*Schultheis* 5.

49 Dass die Unterbringung in einem „öffentlichen" psychiatrischen Krankenhaus erfolgen müsste (früher: Nr. 89 Abs. 1 UVollzO), ist nicht mehr gesetzlich bestimmt. Die einstweilige Unterbringung in einer privaten Anstalt wird von *Pollähne* aber gleichwohl für bedenklich gehalten; vgl. AnwK-UHaft/*Pollähne* 13.

anstalt dringend zu erwarten (oder umgekehrt), kann die im Unterbringungsbefehl bestimmte **Art der Anstalt**, in der die einstweilige Unterbringung erfolgen soll (psychiatrisches Krankenhaus oder Entziehungsanstalt), dieser Erwartung gemäß **ausgewechselt** werden. Den Austausch können auch die Beschwerdegerichte vornehmen; das gilt – anders als für den Erlass bzw. die „Erweiterung" des Unterbringungsbefehls um bislang nicht erfasste Tatvorwürfe, s. § 125, 1, 4, 22 – auch für das Oberlandesgericht im Rahmen der besonderen Unterbringungsprüfung nach § 126a Abs. 2 Satz 2 i.V.m. §§ 121, 122.[50]

Die **Unterbringung** des Beschuldigten, gegen den ein Unterbringungsbefehl nach § 126a vollstreckt werden soll, **in einer Justizvollzugsanstalt** ist höchstens für 24 Stunden und nur dann zulässig, wenn der Verhaftete nicht sofort in die zuständige (Unterbringungs-)Anstalt überführt werden kann.[51] An diesem – bis zur Umsetzung der Föderalismusreform durch das Gesetz zur Änderung des Untersuchungshaftrechts in Nr. 89 Abs. 2 Satz 1 UVollzO normierten – Grundsatz kann festgehalten werden, auch wenn die Regelung – soweit ersichtlich – weder in den an die Stelle der UVollzO getretenen landesgesetzlichen Vorschriften noch in der (novellierten) StPO eine Entsprechung findet, weil das Recht des Untergebrachten auf angemessene Behandlung während der einstweiligen Unterbringung danach nur aus zwingenden organisatorischen Gründen und in zeitlicher Hinsicht streng limitiert beschränkt werden darf. Entsprechend kann auch ausnahmsweise die kurzzeitige, sich in den vorgenannten zeitlichen Höchstgrenzen haltende Unterbringung des Beschuldigten in (der psychiatrischen Abteilung) einer Haftanstalt gerechtfertigt sein, wenn seine Teilnahme an einem Hauptverhandlungstermin nicht durch Vorführung – ggf. im Wege des Einzeltransports – am Terminstag sichergestellt werden kann oder wenn an zwei aufeinanderfolgenden Kalendertagen verhandelt wird und der zwischenzeitliche Rücktransport des Beschuldigten in die Unterbringungsanstalt diesen unverhältnismäßig mehr belasten würde oder aus organisatorischen Gründen ausscheidet.[52] 18

IV. Zuständigkeit

Absatz 1 behält die Anordnung der einstweiligen Unterbringung in Ausführung von Art. 104 Abs. 2 Satz 2 GG dem **Richter** vor, regelt damit die Zuständigkeit aber nur unvollständig. Ergänzt wird die Vorschrift durch die Verweisung auf die §§ 125, 126 in Absatz 2. **Welcher** Richter in den verschiedenen Verfahrensabschnitten für den **Erlass des Unterbringungsbefehls** zuständig ist, richtet sich damit nach § 125. Aus § 126 ergibt sich die Zuständigkeit für die **weiteren gerichtlichen Entscheidungen** und Maßnahmen, die sich auf die einstweilige Unterbringung, namentlich die Aufhebung des Unterbringungsbefehls (Rn. 33) und die „Umwandlung" desselben in einen Haftbefehl und umgekehrt (Rn. 36), die Aussetzung ihres Vollzuges, deren Widerruf und die Aufhebung der der Aussetzung dienenden Weisungen (Rn. 23), ihre Vollstreckung (Rn. 22) sowie die Anordnung von Beschränkungen in entsprechender Anwendung des § 119 (Rn. 28) und die Überprüfung behördlicher Entscheidungen oder Maßnahmen im Vollzug der einstweiligen Unterbringung (Rn. 31) beziehen.[53] 19

---

50 OLG Saarbrücken NStZ **2015** 660; Meyer-Goßner/*Schmitt* 7.

51 Vgl. (jeweils zur alten Rechtslage) OLG Hamm NStZ-RR **2006** 29; *Pollähne* R&P **2003** 58; *Scheffler* R&P **1998** 97.

52 Vgl. (zur alten Rechtslage) OLG Hamm NStZ-RR **2006** 29 und **2006** 125.

53 Wegen der Einzelheiten vgl. die Erl. zu §§ 125, 126.

V. Verfahren

20 Wegen der **Veranlassung** der Entscheidung (auf Antrag der Staatsanwaltschaft oder von Amts wegen) s. § 125, 18f.; wegen der **Anhörung** der Staatsanwaltschaft und des Beschuldigten, auch zur Beteiligung der Jugendgerichtshilfe, gilt grundsätzlich das zu § 114 Ausgeführte[54] entsprechend. Zu hören sind ggf. auch die in Absatz 4 Genannten. Im Hinblick auf die Schwierigkeit der für die Anordnung der einstweiligen Unterbringung erforderlichen Bewertungen (Schuldfähigkeit des Betroffenen zur Tatzeit) und Prognosen (endgültige Unterbringung; Gefährdung der öffentlichen Sicherheit) wird in der Regel eine **Begutachtung** durch einen Sachverständigen **unerlässlich** sein; diese hat spätestens unverzüglich nach Anordnung der Maßnahme zu erfolgen.[55] Die Staatsanwaltschaft (oder das Gericht) muss den Sachverständigen unter Hinweis auf das Beschleunigungsgebot zur zügigen Erstellung des Gutachtens veranlassen; hierfür ist eine Frist mit dem Sachverständigen zu vereinbaren, deren Einhaltung zu kontrollieren und erforderlichenfalls durch Androhung und gegebenenfalls auch (mehrfache) Festsetzung von Ordnungsgeldern durchzusetzen ist; bloße mündliche Mahnungen, das Gutachten vorzulegen, genügen nicht.[56] Nach § 140 Abs. 1 Nr. 4 ist die Mitwirkung eines Verteidigers notwendig, wenn gegen einen Beschuldigten einstweilige Unterbringung nach § 126a vollstreckt wird. Ihm ist daher ab Beginn der Unterbringung und für deren gesamte Dauer **unverzüglich** ein **Verteidiger** zu bestellen. Zu diesem Ergebnis kam die h.M. wegen der „besonderen Hilf- und Schutzlosigkeit" des einstweilig untergebrachten Beschuldigten bereits vor der Neufassung des § 140 durch das Gesetz zur Änderung des Untersuchungshaftvollzugsrechts – unabhängig von § 140 Abs. 1 Nr. 5, 6, 7 – in Anwendung von § 140 Abs. 2 unter Beachtung des Rechtsstaats- und des Sozialstaatsprinzips (Art. 20 GG).[57]

21 Ist ein Unterbringungsbefehl erlassen, obliegt der Staatsanwaltschaft die **Vollstreckung** desselben (§ 36 Abs. 2 Satz 1). Die diesbezüglichen Ausführungen zum Haftbefehl[58] gelten für den Unterbringungsbefehl entsprechend; auch für **Abgeordnete** ergeben sich insoweit keine Besonderheiten. Auch die Vorschriften über die Art und Weise und den Zeitpunkt der **Bekanntgabe** des Haftbefehls an den Beschuldigten (§ 114a), die **Belehrung** verhafteter Beschuldigter (§ 114b), die **Benachrichtigung** von Angehörigen (§ 114c) und **Mitteilungen an** die **Vollzugsanstalt** (§ 114d) sind nach Absatz 2 Satz 1 auf den Unterbringungsbefehl und die einstweilige Unterbringung entsprechend anzuwenden, so dass diesbezüglich grundsätzlich auf die Ausführungen zu den genannten Normen verwiesen werden kann. Allerdings ist der Unterbringungsbefehl – wie alle anderen Entscheidungen nach Absatz 1 bis 3 (Rn. 39) – auch dem gesetzlichen **Vertreter** und dem **Bevollmächtigten** (§ 1906 Abs. 5 BGB) des Unterzubringenden bekanntzumachen (Absatz 4); ihm steht auch die Beschwerde (Rn. 38) zu. Hinsichtlich der nach Absatz 2 Satz 1 ebenfalls entsprechend anzuwendenden Vorschrift des § 114e (Übermittlung von Erkenntnissen **durch** die **Vollzugsanstalt**) ist grundsätzlich auf die dortigen Ausführun-

---

54 Vgl. LR/*Lind* § 114, 25ff.

55 Ähnlich AK/*Krause* 2; SK/*Paeffgen* 5b; *Möller* 146; *Polláhne* R&P **2002** 234; *Schäfer* ZRP **1989** 129; *Starke* 117; *Westhoff* JA **1997** 52; vgl. auch BVerfGE **70** 297. In der erheblich verspäteten Beauftragung eines psychiatrischen Sachverständigen kann eine Verletzung des Beschleunigungsgebotes liegen. S. dazu KG StV **2010** 372; **2016** 828; OLG Karlsruhe StraFo **2010** 113.

56 Vgl. KG StV **2010** 372; OLG Düsseldorf NStZ-RR **2010** 19; OLG Stuttgart Beschl. v. 22.2.2010 – 2 HEs 16/10 – (juris).

57 LR/*Hilger*[26] 13; ähnlich SK/*Paeffgen* 6; *Möller* 117, 146; *Schäfer* ZRP **1989** 129; *Starke* 130ff.; vgl. auch EGMR *Megyeri v. Deutschland*, 63/1991/315/386, Urt. v. 12.5.1992 = NJW **1992** 2945.

58 S. LR/*Lind* § 114, 31ff.

gen zu verweisen, wobei die gebotene enge Auslegung[59] hier unter Berücksichtigung des Zwecks der einstweiligen Unterbringung, dem Schutz der Allgemeinheit vor (weiteren) erheblichen rechtswidrigen Taten eines zumindest vermindert Schuldfähigen, zu erfolgen hat. Allerdings ist bei der Übermittlung von Erkenntnissen durch die **Unterbringungsanstalt** (psychiatrisches Krankenhaus oder Entziehungsanstalt) mit Blick auf die **ärztliche Schweigepflicht**, deren Bruch die Vorschrift nicht zu legitimieren vermag, noch weitergehend als im Untersuchungshaftvollzug besondere Zurückhaltung geboten.[60] Des Weiteren sind die §§ 115, 115a zu beachten (s. auch Rn. 24).

Gemäß **§ 116b Satz 2** geht die Vollstreckung der einstweiligen Unterbringung derjenigen von Untersuchungshaft (in derselben und in anderer Sache) grundsätzlich vor. 22 Das Gericht kann zwar eine abweichende Entscheidung treffen, wenn der Zweck der Untersuchungshaft dies erfordert. Im Hinblick auf das Besserungselement der im Falle einstweiliger Unterbringung mit hoher Wahrscheinlichkeit erwarteten Anordnung einer freiheitsentziehenden Maßregel und der daraus resultierenden Verpflichtung, dem Beschuldigten (bereits) im Rahmen der einstweiligen Unterbringung die Möglichkeit der Behandlung seiner psychischen Störung bzw. seines Hanges zu eröffnen (s. Rn. 16), wird eine solche, den gesetzlich vorgesehenen **Vorrang der Vollstreckung** der einstweiligen Unterbringung umkehrende Regelung nur ganz ausnahmsweise in Betracht zu ziehen sein. Die Haftanstalt, in der dann (vorrangig) die Untersuchungshaft vollstreckt werden soll, muss jedenfalls über eine psychiatrische Abteilung verfügen. S. zu Voraussetzungen, Verfahren, Zuständigkeit und Anfechtung auch LR/*Lind* § 116b, 12ff.

VI. Aussetzung des Vollzugs

Dass auch der Vollzug eines Unterbringungsbefehls aus Gründen der Verhältnismäßigkeit grundsätzlich ausgesetzt werden kann, hat der Gesetzgeber durch die Aufnahme 23 der §§ 116 Abs. 3 und 4, 123 in Absatz 2 Satz 1 ausdrücklich klargestellt. Damit ist er einer bereits zuvor in Rechtsprechung und Literatur vertretenen Ansicht gefolgt.[61] Zugleich wird durch die (begrenzte) Verweisung eine Aussetzung analog § 116 Abs. 1 und 2 ausgeschlossen.[62] Dies erscheint sachgerecht, weil die einstweilige Unterbringung – anders als der dort angesprochene Vollzug des wegen Flucht- oder Verdunkelungsgefahr erlassenen Haftbefehls – nicht der Verfahrenssicherung, sondern – wie die Sicherungshaft nach § 112a – dem Schutz der Allgemeinheit und der Aufrechterhaltung der öffentlichen Sicherheit dient. Die entsprechende Anwendung von **§ 116 Abs. 3** auf den Vollzug des Unterbringungsbefehls ist unabhängig vom Vorliegen der Voraussetzungen des dort in Bezug genommenen § 112a.[63] Der Richter kann danach den Vollzug des Unterbringungsbefehls – zugleich mit seinem Erlass oder nachträglich auf Antrag oder von Amts wegen – aussetzen, wenn die Erwartung hinreichend begründet ist, dass der Beschuldigte bestimmte **Anweisungen befolgen** und dass dadurch der **Zweck der Unterbringung**, der Schutz der Allgemeinheit, **erreicht** wird, so dass es keiner geschlossenen Unterbringung des Beschuldigten (mehr) bedarf. Als „andere, weniger einschneidende Maßnahmen kontrollierter Freiheit“[64] kommen Weisungen bezüglich des Wohn- oder Aufenthaltsor-

---

59 S. LR/*Lind* § 114e, 9 ff.
60 AnwK-UHaft/*Pollähne* 15.
61 Vgl. OLG Celle NStZ **1987** 524 mit Anm. *Paeffgen* NStZ **1989** 419; LG Hildesheim StV **2001** 521; LG Kiel StV **2003** 513; AK/*Krause* 6; *Münchhalffen/Gatzweiler* 356; *Paeffgen* NStZ **1989** 419; *Pollähne* R&P **2003** 59; *Volckart* R&P **1990** 72.
62 Meyer-Goßner/*Schmitt* 10.
63 BTDrucks. **16** 5137 S. 11.
64 KK/*Schultheis* 6.

tes, z.B. Umzug in eine (therapeutische) Wohngemeinschaft; sichere Unterbringung bei Angehörigen[65] oder in einer anderen aufnahmebereiten Familie (nebst zuverlässiger ambulanter Behandlung), in Betracht. Vor allem erscheint es aber sachgerecht, den Beschuldigten anzuweisen, sich einer medikamentösen oder psychotherapeutischen Behandlung (z.B. freiwillig stationär in einer Landesklinik, ggf. aber auch ambulant oder teilstationär) oder einer Entziehungskur zu unterziehen, keine alkoholischen Getränke oder andere berauschende Mittel zu sich zu nehmen und sich Alkohol- oder Suchtmittelkontrollen zu unterziehen.[66] Die Wiederinvollzugsetzung richtet sich nach **§ 116 Abs. 4** und kommt insbesondere dann in Betracht, wenn neu hervorgetretene Umstände die **sofortige geschlossene Unterbringung** des Beschuldigten aus Gründen der öffentlichen Sicherheit (ggf. wieder) erforderlich machen.[67] Die der Aussetzung dienenden **Weisungen** sind **aufzuheben**, wenn der Unterbringungsbefehl selbst aufgehoben oder die einstweilige Unterbringung (ggf. erneut) oder die im Urteil angeordnete Unterbringung nach § 63 oder 64 StGB nach Rechtskrafteintritt vollzogen wird (vgl. **§ 123** und die Erl. hierzu).

VII. Unterbringungsprüfung

24 Da die Unterbringung nur **einstweilig** ist, ist wie bei der Untersuchungshaft[68] grundsätzlich **fortlaufend** zu prüfen, ob die dringenden Gründe für die Annahme der rechtswidrigen Tat und die Erwartung weiterer solcher Taten (Rn. 7) noch vorliegen und ob die öffentliche Sicherheit (Rn. 10) es noch erfordert, den Beschuldigten einstweilig unterzubringen – oder z.B. Alternativen ausreichen. Um die Prüfung zu gewährleisten, finden die Vorschriften über die Vorführung des Festgenommenen zum Richter (§§ 115, 115a) und über die **Haftprüfung** (§§ 117 bis 118b) entsprechende **Anwendung** (Absatz 2 Satz 1). Auf die Erläuterungen zu den genannten Vorschriften kann verwiesen werden. Auch im Hinblick auf die **mündliche Verhandlung** und die Vertretung des Beschuldigten in dieser durch einen Verteidiger (§ 118) gelten keine Besonderheiten; da sie nicht öffentlich ist, kann die mündliche Verhandlung ggf. in der Unterbringungsanstalt durchgeführt werden.[69] Der fortlaufenden Unterbringungsprüfung kommt in der Praxis jedoch eine **eingeschränkte Bedeutung** zu, weil der Zustand, der die Unterbringung erfordert, häufig nur wenigen Veränderungen unterliegen wird.[70] Ist das indessen nach der Art der Erkrankung der Fall („Schübe" bei Schizophrenie), ist ein Sachverständiger zur Prüfung zuzuziehen (§ 117 Abs. 3).

25 Durch das Gesetz zur Änderung des Untersuchungshaftvollzugsrechts wurde im Jahr 2007 auch für die einstweilige Unterbringung die **besondere Fortdauerprüfung** durch das **Oberlandesgericht** eingeführt. Absatz 2 Satz 2 erklärt die **§§ 121, 122** – anders als die in Satz 1 in Bezug genommenen Vorschriften – aber nicht uneingeschränkt für entsprechend anwendbar, sondern mit der **Maßgabe**, dass das Oberlandesgericht nach sechsmonatigem Vollzug[71] der einstweiligen Unterbringung (nur) prüft, ob deren Voraussetzungen

---

65 Vgl. BGH NJW **1951** 724.
66 Meyer-Goßner/*Schmitt* 10; KK/*Schultheis* 6.
67 S. auch LR/*Lind* § 116, 28 (zu § 116 Abs. 3); § 116, 44 ff. (zu § 116 Abs. 4).
68 S. LR/*Lind* § 117, 1; § 120, 7.
69 S. auch AnwK-UHaft/*Pollähne* 19.
70 Krit. dazu *Pollähne* R&P **2003** 61.
71 In die Berechnung der Frist ist zuvor wegen derselben Tat vollzogene Untersuchungshaft einzubeziehen, OLG Düsseldorf NJW **2008** 867; OLG Hamm StRR **2007** 282. Anderes soll nach OLG Köln Beschl. v. 17.1.2014 – III-2 Ws 721/13 – (juris) für die aufgrund eines Haftbefehls nach § 230 Abs. 2 vollstreckte Haft gelten.

(Rn. 7 ff.) noch vorliegen; in geeigneten, namentlich zweifelhaften Fällen (s. auch Rn. 23), etwa wenn die letzte Begutachtung schon einige Zeit zurückliegt, haben das Gericht oder die Staatsanwaltschaft dafür ein aktuelles Gutachten bzw. eine aktuelle Stellungnahme des bereits zuvor tätigen Sachverständigen einzuholen und dem Oberlandesgericht vorzulegen. Infolge der genannten Maßgabe findet bei der Prüfung nach §§ 121, 122 ein anderer Maßstab als in Fällen des Untersuchungshaftvollzugs Anwendung; die Prüfung erstreckt sich **nicht** darauf, ob die besondere Schwierigkeit oder der besondere Umfang der Ermittlungen oder ein anderer **wichtiger Grund** das Urteil noch nicht zulassen und die Fortdauer des Freiheitsentzuges rechtfertigen (§ 121 Abs. 1 letzter Teilsatz).[72] Bei der (auch) vom Oberlandesgericht durchzuführenden **Verhältnismäßigkeitsprüfung** ist aber zu berücksichtigen, ob dem – auch in Fällen der einstweiligen Unterbringung geltenden[73] – Beschleunigungsgebot hinreichend Rechnung getragen wurde. Da die einstweilige Unterbringung dem Schutz der Allgemeinheit vor einem mutmaßlich gemeingefährlichen Rechtsbrecher dient, kann eine von dem Beschuldigten ausgehende erhebliche Gefahr für höchste Rechtsgüter im Einzelfall dazu führen, dass die Fortdauer der Unterbringung trotz vermeidbarer Verfahrensverzögerungen noch nicht als unverhältnismäßig anzusehen ist.[74] Eine **Verletzung des Beschleunigungsgebots**, namentlich durch die erheblich verspätete Beauftragung eines psychiatrischen Sachverständigen,[75] führt im Verfahren nach § 126a Abs. 2 Satz 2 daher zwar nicht zwingend zur Aufhebung des Unterbringungsbefehls; ein solcher Verstoß ist aber bei der Abwägung des Freiheitsrechts des Untergebrachten, das mit der Dauer des Freiheitsentzuges an Gewicht gewinnt, gegen das Sicherheitsinteresse der Allgemeinheit zu berücksichtigen.[76] Zu Voraussetzungen und Verfahren der besonderen Unterbringungsprüfung s. auch die Erl. zu §§ 121, 122.

VIII. Vollzug der Unterbringung[77]

1. Regelungskompetenz; Gesetzeslage. Die Föderalismusreform[78] hat die Regelung des Vollzugs der einstweiligen Unterbringung – anders als „das Recht des Untersuchungshaft*vollzugs*“[79] – zwar nicht ausdrücklich aus der **konkurrierenden Gesetzgebung** des Bundes ausgenommen. Abgesehen von § 119 Abs. 1 (und den folgenden Absätzen der Norm, die Anordnungs- und Ausführungskompetenzen sowie das Verfahren regeln), dessen entsprechende Geltung für die einstweilige Unterbringung § 126a Abs. 2 Satz 1 anordnet, fehlt aber eine bundeseinheitliche Regelung des „Wie?“ der einstweiligen Unterbringung. Eine solche ist auch nicht beabsichtigt,[80] so dass der Vollzug der einstweiligen Unterbringung über § 119 hinaus **landesgesetzlicher Regelung** unterliegt. Grundsätzlich ist damit die Regelungskompetenz für das Recht der einstweili- 26

---

72 Vgl. OLG Bremen NStZ **2008** 650; OLG Celle StV **2009** 701; OLG Hamm NJW **2007** 3220; OLG Köln NJW **2007** 3590; OLG Saarbrücken NStZ **2015** 660; *Schneider* NStZ **2008** 72; eingehend u. krit. zur gesetzl. Regelung *Pollähne/Ernst* StV **2009** 705.

73 So schon zur alten Rechtslage OLG Koblenz NStZ-RR **2007** 207; h.M.

74 Vgl. BVerfG NJW **2012** 513; OLG Bremen NStZ **2008** 650; OLG Köln NJW **2007** 3590; KK/*Schultheis* 6.

75 KG StV **2010** 372; **2016** 828; OLG Karlsruhe StraFo **2010** 113.

76 OLG Jena OLGSt StPO § 126a Nr 7; vgl. auch AnwK-UHaft/*Pollähne* 22 mit zutr. Hinweis auf Art. 5 Abs. 3 EMRK.

77 Zum früheren Recht vgl. LR/*Hilger*[26] 16; *Pollähne* R&P **2003** 64 ff. (auch zur Anwendbarkeit des Maßregelvollzugsrechts der Länder, zur Praxis und namentlich zur Zulässigkeit einzelner Maßnahmen).

78 Art. 1 Nr. 7 a) aa) des 52. Gesetzes zur Änderung des Grundgesetzes vom 28.8.2006, BGBl. I S. 2034.

79 Die (konkurrierende) Gesetzgebungskompetenz des Bundes beschränkt sich nach Art. 70 Abs. 1 i.V.m. Art. 74 Abs. 1 Nr. 1 GG nunmehr auf „das gerichtliche Verfahren (ohne das Recht des Untersuchungshaft*vollzugs*)“.

80 Vgl. BTDrucks. **16** 11644 S. 33.

gen Unterbringung in vergleichbarer Weise verteilt, wie hinsichtlich der Untersuchungshaft: Der Bundesgesetzgeber hat in § 126a das „Ob" der einstweiligen Unterbringung und als „Annex" die Möglichkeiten der Beschränkung der dem Untergebrachten verbliebenen Freiheiten zur Gewährleistung des Unterbringungszwecks (§§ 126a Abs. 2 Satz 1, 119) sowie – durch die Verweisung auf §§ 119 Abs. 5, 119a in § 126a Abs. 1 Satz 2 – den zum „gerichtliche Verfahren" gehörenden Rechtsschutz gegen Maßnahmen in deren Vollzug geregelt; den Landesgesetzgebern obliegt die Normierung des Vollzugsrechts. Von der – (auch) insoweit grundsätzlich bestehenden – Möglichkeit einer „Komplettregelung" der Materie, ähnlich den UHaftVollzGen der Länder, hat (bislang) kein Landesgesetzgeber Gebrauch gemacht. Vielmehr beschränken sich die Regelungen der einzelnen Bundesländer – soweit diese überhaupt eine ausdrückliche Normierung der offenkundig nicht im Fokus der Gesetzgebung stehenden Materie vorgenommen haben – auf Verweisungen. Zumeist wird das Maßregelvollzugsrecht der Länder entsprechend (oder direkt) für anwendbar erklärt, zum Teil auch (ergänzend) auf Einzelnormen des jeweiligen UHaftVollzG und/oder auf dessen Bestimmungen, „soweit sie der Durchführung eines geordneten Strafverfahrens dienen", verwiesen.[81] Die Gesetzeslage ist unübersichtlich; die bislang getroffenen Regelungen sind insgesamt unzureichend, überwiegend unklar und bereiten erhebliche Probleme bei der Rechtsanwendung.[82] Dieser Zustand bedarf dringend der gesetzgeberischen Korrektur.[83]

27 **2.** Für die **Ausgestaltung des Vollzugs** ist daher wie beim Untersuchungshaftvollzug zu unterscheiden:[84] Erforderliche Beschränkungen zur **Gewährleistung des Unterbringungszwecks** unterliegen der (haft-)richterlichen Anordnung nach §§ 119 Abs. 1, 126a Abs. 2 Satz 1; zur Aufrechterhaltung der **Sicherheit und Ordnung** in der Unterbringungsanstalt können allein auf landesgesetzlicher Grundlage Maßnahmen getroffen werden, die nach §§ 119a, 126a Abs. 2 Satz 1 der (haft-)gerichtlichen Überprüfung unterliegen (s. Rn. 31).

28 Infolge der Verweisung in Absatz 2 Satz 1 gilt **§ 119** für die einstweilige Unterbringung **entsprechend**. Da dessen Absatz 1 Satz 1 die – eine Beschränkung der dem inhaftierten Beschuldigten verbliebenen Freiheiten rechtfertigenden – **Zwecke der Untersuchungshaft** lediglich in der Absicht der Klarstellung ausdrücklich als „Abwehr einer Flucht-, Verdunkelungs- oder Wiederholungsgefahr" benennt, ohne dass damit eine inhaltliche Änderung im Verhältnis zu § 119 Abs. 3 1. Alt. a.F. („Zweck der Untersu-

---

81 Zum Überblick über die landesrechtlichen Regelungen vgl. AnwK-UHaft/*Pollähne* 29 ff.; *ders.* R&P **2011** 140 ff. In Berlin findet die einstweilige Unterbringung ausdrückliche Erwähnung in § 42 PsychKG (2016), der dessen Teil 4 (Strafrechtsbezogene Unterbringung) einleitet. Dieser Teil des Gesetzes regelt allerdings in erster Linie den Vollzug der Maßregeln nach §§ 63, 64 StGB und berücksichtigt im Folgenden die Besonderheiten der einstweiligen Unterbringung nicht, so dass hier die Bestimmungen des Maßregelvollzugsrechts nicht nur für entsprechend, sondern (sogar) für direkt anwendbar erklärt werden.

82 Vgl. etwa die unterschiedlichen Entscheidungen zur gerichtlichen Zuständigkeit bei der Anordnung der (landesgesetzlich vorgesehenen) Zwangsbehandlung eines einstweilig Untergebrachten bzw. der Zustimmung hierzu: OLG Karlsruhe R&P **2016** 202; OLG München (1. Strafsenat) Beschl. v. 15.2.2016 – 1 Ws 124/16 – (juris); LG Offenburg R&P **2016** 138 (Strafvollstreckungskammer); OLG München (5. Strafsenat) R&P **2017** 103; OLG Nürnberg Beschl. v. 24.8.2016 – 2 Ws 449/16 – (juris) – (Haftgericht); wie Letztere jetzt auch (klarstellend mit ausführlicher Begründung) BGHR StPO § 126a Zuständigkeit 1; und das diesbezüglich statthafte Rechtsmittel: OLG Karlsruhe R&P **2016** 202 = medstra **2016** 307 m. zust. Anm. *Woynar* (Beschwerde nach § 304 Abs. 1 – trotz Zuständigkeit der StVK). S. auch Rn. 32.

83 Vgl. AnwK-UHaft/*Pollähne* 36 a.E.: „Entscheidend ist letztlich, den Vollzug der einstweiligen Unterbringung überhaupt (problem-)bewusst zu regeln."

84 So auch KK/*Schultheis* 7.

chungshaft") verbunden sein soll,[85] liegt der Zweck der Untersuchungshaft mithin im Fall des Bestehens von Flucht- oder Verdunkelungsgefahr (§ 112 Abs. 2) nach wie vor in der Sicherstellung der ordnungsgemäßen Durchführung des Strafverfahrens durch Verhinderung von Flucht und Verdunkelungshandlungen; bei bestehender Wiederholungsgefahr (§ 112a) in der Abwehr erheblicher Gefahren für bedeutende Rechtsgüter durch Verhinderung bestimmter Wiederholungstaten. Für die entsprechende Anwendung auf die **einstweilige Unterbringung** bedeutet dies, dass (nur) der – dem Zweck der (Sicherungs-)Haft nach § 112a sehr ähnliche – **Zweck *dieser* vorläufigen Maßnahme** (Schutz der Allgemeinheit vor weiteren erheblichen rechtswidrigen Taten des Untergebrachten) eine Beschränkung der dem einstweilig untergebrachten Beschuldigten verbliebenen Freiheiten rechtfertigen kann. Dem einstweilig Untergebrachten können danach (ausschließlich) solche Beschränkungen auferlegt werden, die zur **Abwehr einer Gefährdung der öffentlichen Sicherheit erforderlich** sind.[86] Der Grundsatz der Verhältnismäßigkeit (insbesondere der Vorrang milderer Maßnahmen) ist dabei genauso zu wahren, wie im Hinblick auf die Beschränkungen in der Untersuchungshaft. Inwieweit die in § 119 Abs. 1 Satz 2 ausdrücklich (aber nur beispielhaft) genannten Maßnahmen geeignet und erforderlich sind, diesem Zweck zu dienen, ist einzelfallabhängig.

Während Beschränkungen, die zur Abwehr einer Gefährdung der öffentlichen Si- **29**
cherheit erforderlich sind, regelmäßig auch einer bestehenden Fluchtgefahr (der Wiederholungsgefahr i.S.d. § 112a ohnehin) begegnen, dürfen Maßnahmen zur Abwehr einer bestehenden **Verdunkelungsgefahr** auf der Grundlage der §§ 119 Abs. 1, 126a Abs. 2 Satz 1 **nicht angeordnet** werden.[87] Ist der einstweilig Untergebrachte nur **vermindert schuldfähig** und liegt der Haftgrund der Verdunkelungsgefahr (§ 112 Abs. 2 Nr. 3) vor, kann jedoch – neben dem Unterbringungsbefehl – ein **Haftbefehl nach § 112** erlassen werden. Auch wenn dieser nicht vollstreckt wird,[88] können dem Beschuldigten gemäß § 119 Abs. 6 auf seiner Grundlage (und in *direkter* Anwendung des § 119 Abs. 1) (auch) solche Beschränkungen auferlegt werden, die zur Abwehr dieses Haftgrundes (oder einer besonderen Fluchtgefahr, der mit Maßnahmen zur Erreichung des Unterbringungszwecks nicht hinreichend begegnet werden kann) erforderlich sind.[89] Die Erwägungen zur Zulässigkeit der **Heranziehung haftbefehlsfremder** – hier: unterbringungsbefehlfremder – **Haftgründe** zur Rechtfertigung von Beschränkungsanordnungen zur Erreichung des Zwecks der Untersuchungshaft (s. § 119 Rn. 16ff.) gelten für die einstweilige Unterbringung **nicht** entsprechend, denn ihre Anordnung beruht allein auf der Gefährdung der öffentlichen Sicherheit und ist auf **gar keinen Haftgrund** gestützt. Im Übrigen, namentlich wegen der Zuständigkeit für die Anordnung von Beschränkungen zur Erreichung des Unterbringungszwecks und deren Ausführung, zum Verfahren sowie zum geschützten Verkehr des Untergebrachten mit privilegierten Personenkreisen kann aber auf die Erl. zu § 119 verwiesen werden.

Problematisch erscheint Absatz 2 Satz 1, soweit er (auch) **§ 119 Abs. 6** für **entspre- 30**
chend anwendbar erklärt, obwohl der dort in Bezug genommene § 116b nicht von dieser Verweisung umfasst, sondern auf die zu den „anderen freiheitsentziehenden Maßnah-

---

85 S. § 119, 14.
86 So (wohl) auch AnwK-UHaft/*Pollähne* 26.
87 **A.A.** (Beschränkungen auch zur Abwehr von Verdunkelungsgefahr zulässig) die h.M.; vgl. HK/*Posthoff* 10 (mit Verweis auf SK/*Paeffgen* 10, der – insoweit siehe auch dort Rn. 3a – allerdings für Schuld*un*fähige ausdrücklich die hier vertretene Auffassung teilt); Meyer-Goßner/*Schmitt* 9; KK/*Schultheis* 7a.
88 S. Rn. 22.
89 So auch SK/*Paeffgen* 3a (in diesem Fall auch für getrennte Anfechtung). Zum früheren Recht ähnlich *Bohnert* JR **2001** 403; AK/*Krause* 3; s. auch *C. Bohnert* 295.

men" gehörende einstweilige Unterbringung *direkt* anzuwenden ist. Wollte man § 119 Abs. 6 also dergestalt „entsprechend" auf die einstweilige Unterbringung anwenden, dass man in seinem ersten Teilsatz das Wort „Untersuchungshaft" durch „einstweilige Unterbringung" ersetzt, hätte die Regelung aber nur Sinn, wenn die „andere freiheitsentziehende Maßnahme" gerade nicht die einstweilige Unterbringung, sondern namentlich Strafhaft oder Maßregel nach §§ 63, 64 StGB wäre. Diese freiheitsentziehenden Maßnahmen werden aber – wie die einstweilige Unterbringung – nach § 116b Satz 2 nur vorrangig vor der Untersuchungshaft vollstreckt; zum **Rangverhältnis** zwischen der Vollstreckung der einstweiligen Unterbringung und der von Strafhaft bzw. Maßregel, also **der „anderen freiheitsentziehenden Maßnahmen" untereinander**, trifft § 116b dagegen keine ausdrückliche Regelung.[90] Die Verweisung auf § 119 Abs. 6 kann danach nur dahingehend verstanden werden, dass die Vorschrift **direkt** gilt, wenn sowohl die einstweilige Unterbringung (als „andere freiheitsentziehende Maßnahme") als auch Untersuchungshaft gegen den (nur vermindert schuldfähigen) Beschuldigten angeordnet ist, und die einstweilige Unterbringung – § 116b Satz 2 folgend – vorrangig vor der Untersuchungshaft vollstreckt wird (s. Rn. 22).

31 **3. Rechtsschutz.** Da Absatz 2 Satz 1 neben § 119 nunmehr auch § 119a für entsprechend anwendbar erklärt, kann der einstweilig Untergebrachte nicht nur gegen die Anordnung von Beschränkungen zur Gewährleistung des Unterbringungszwecks im Sinne des § 119 Abs. 1 **entsprechend § 119 Abs. 5** (haft-)**gerichtliche Entscheidung** beantragen, soweit nicht das Rechtsmittel der Beschwerde statthaft ist. Auch nach Landesrecht getroffene vollzugliche Entscheidungen oder Maßnahmen der Vollzugseinrichtung kann er **entsprechend § 119a** durch das nach § 126 zuständige Haftgericht überprüfen lassen.[91]

32 **4.** Viele, bereits nach alter Rechtslage umstrittene **Einzelfragen** des Vollzugs der einstweiligen Unterbringung, etwa die nach der ärztlichen Schweigepflicht des zum Gutachter bestellten Behandlers[92] oder der grundsätzlichen Zulässigkeit von Vollzugslockerungen, sind aufgrund der bislang defizitären Regelung der Materie noch immer ungeklärt. Das gilt auch für die Zulässigkeit einer (namentlich medikamentösen) **Zwangsbehandlung** der den Unterbringungsanlass gebenden Störung oder Krankheit des Beschuldigten **im Rahmen der einstweiligen Unterbringung.**[93] Zwar kann der schwerwiegende Eingriff in das Grundrecht aus Art. 2 Abs. 2 GG, der in der medizinischen Behandlung eines im *Maßregelvollzug* Untergebrachten gegen dessen natürlichen Willen liegt, zur Erreichung des Vollzugsziels,[94] das – neben dem Sicherungselement – zumindest auch in der „Besserung" liegt, oder dadurch gerechtfertigt sein, dass er im (ebenfalls grundrechtsgeschützten) Freiheitsinteresse des Untergebrachten selbst liegt,[95] weil dieser vorrangig bei einer „Besserung" der Anlasskrankheit oder -störung Aussicht auf eine Lockerung des Maßregelvollzugs und (bedingte) Entlassung hat. Ob dies grundsätzlich auch für eine

---

90 Nach alter Rechtslage sollte bei einem Zusammentreffen von einstweiliger Unterbringung und Vollzug einer freiheitsentziehenden Maßregel nach § 64 StGB (bei Vorrang der Vollstreckung der Maßregel) der Betroffene beim Maßregelvollzug den Beschränkungen unterliegen, die der Unterbringungszweck erfordert; vgl. OLG Frankfurt NStZ **1985** 284.

91 Wegen der Einzelheiten s. die Erl. zu §§ 119, 119a.

92 Vgl. BGH NStZ **2002** 214 (Aufhebung auch ohne gesonderte Anordnung nach § 81); krit. hierzu AnwK-UHaft/*Pollähne* 38. S. auch *Kangarani* StraFo **2011** 101 ff.

93 Insgesamt ablehnend AnwK-UHaft/*Pollähne* 37. S. auch Graf/*Krauß* 10.

94 BVerfGE **128** 282.

95 BVerfGE **129** 269.

Zwangsbehandlung im Rahmen der einstweiligen Unterbringung gelten kann, erscheint im Hinblick auf den (Sicherungs-)Zweck der vorläufigen Maßnahme aber **fraglich.** § 126a (i.V.m. §§ 119 Abs. 1, 126) deckt eine zwangsweise Verfolgung von *Besserungs*zielen – auch und insbesondere nach der Novellierung der StPO – nicht.[96] In jedem Falle bedürfen die wesentlichen Voraussetzungen für die Zulässigkeit einer Zwangsbehandlung und die Anforderungen an das Anordnungsverfahren einer klaren und bestimmten **gesetzlichen Regelung**, die dem mit ihr verbundenen schwerwiegenden Grundrechtseingriff hinreichend Rechnung trägt.[97] Der Rückgriff auf die **analoge Anwendung** von Vorschriften, die die zwangsweise Behandlung einer in staatlichem Gewahrsam befindlichen Person in anderem Kontext zulassen (etwa die der StVollzGe, der Maßregelvollzugsgesetze oder der UHaftVollzGe der Länder), erscheint danach zumindest **problematisch.**[98] Hinzu kommt, dass sich aus der in der Ländergesetzgebung praktizierten Verweisungstechnik erhebliche Probleme im Hinblick auf die Bestimmung der **gerichtlichen Zuständigkeit** im Anordnungsverfahren (und des gegen die gerichtliche Entscheidung statthaften Rechtsbehelfs) ergeben; so wird hinsichtlich eines gerichtlichen Zustimmungs- oder Entscheidungserfordernisses[99] oder der Inanspruchnahme von (vorbeugendem) Rechtsschutz gegen die Anordnung einer Zwangsbehandlung[100] zum Teil auf Vorschriften (namentlich des StVollzG des Bundes) verwiesen, nach denen die sachliche Zuständigkeit bei der Strafvollstreckungskammer, nicht bei den nach § 126 – gemäß § 126a Abs. 2 Satz 1 auch für die einstweilige Unterbringung – zuständigen Haftgerichten liegt.[101]

IX. Beendigung der einstweiligen Unterbringung

1. Aufhebung des Unterbringungsbefehls. Nach **Absatz 3 Satz 1** ist der Unterbringungsbefehl (zwingend) aufzuheben, wenn die **Voraussetzungen** der einstweiligen Unterbringung **nicht mehr vorliegen.** Das wird gesetzlich vermutet, wenn das Gericht **im Urteil** die **Unterbringung** in einem psychiatrischen Krankenhaus oder einer Entziehungsanstalt **nicht anordnet**;[102] der Wortlaut der Vorschrift („oder") ist insofern ungenau, weil die zuletzt genannte Aufhebungsvoraussetzung nur einen Unterfall der ersten darstellt. Der Unterbringungsbefehl ist daher auch dann aufzuheben, wenn bereits **vor** dem Urteilsspruch die **dringenden Gründe** für die Annahme **entfallen**, die (endgültige) Unterbringung des bei Begehung der verfahrensgegenständlichen rechtswidrigen Tat 33

---

96 So schon zur alten Rechtslage LR/*Hilger*[26] 16; *Starke* 134.

97 Zu den verfassungsrechtlichen Anforderungen insoweit vgl. BVerfGE **128** 282; **129** 269.

98 Noch strenger: OLG Köln StraFo **2012** 406 (keine Zwangsbehandlung einstweilig Untergebrachter in NRW wegen fehlender gesetzlicher Grundlage, Generalverweisung – auf UHaftVollzG NRW – genügt den verfassungsrechtlichen Bestimmtheitsanforderungen nicht). **A.A.** (zwangsweise Behandlung zulässig, soweit sie sich im Rahmen der ggf. analog anzuwendenden Vorschriften des StVollzG hält) LR/*Hilger*[26] 16 m.w.N.

99 Vgl. etwa § 20 Abs. 5 Satz 1 i.V.m. § 32 Abs. 2 PsychKHG BW; Art. 6 Abs. 4 Satz 1 i.V.m. 41 Nr. 3 BayMRVG.

100 Vgl. § 57 Abs. 2 Nr. 7 PsychKG Bln.

101 S. zu den unterschiedlichen Positionen hierzu z.B.: LG Offenburg R&P **2016** 138 (Zustimmung der StVK); OLG Karlsruhe R&P **2016** 202 (Rechtsmittel gg. Zustimmung der StVK: Beschwerde gem. § 304 Abs. 1, nicht Rechtsbeschwerde gem. §§ 116 ff. StVollzG) = medstra **2016** 307 m. zust. Anm. *Woynar*; OLG Nürnberg Beschl. v. 24.8.2016 – 2 Ws 449/16 – (juris) – (Entscheidung des Haftgerichts, Rechtsmittel: Beschwerde gem. § 304 Abs. 1). Klarstellend (Haftgericht) und unter „verfassungskonform einengender Auslegung" der (die StVK für zuständig erklärenden) landesgesetzlichen Norm jetzt BGHR StPO § 126a Zuständigkeit 1.

102 OLG Oldenburg StV **2014** 759. Auf die Rechtskraft und die (materielle) Richtigkeit des Urteils oder dessen verfahrensfehlerfreies Zustandekommen kommt es dabei nicht an.

zumindest vermindert Schuldfähigen werde angeordnet. Wird die Eröffnung des Hauptverfahrens abgelehnt (§ 204), was im Falle von Untersuchungshaft zwingend die Aufhebung des Haftbefehls zur Folge hat (§ 120 Abs. 1), liegen die Voraussetzungen der einstweiligen Unterbringung in der Regel ebenfalls nicht mehr vor. Anderes kann aber gelten, wenn die Eröffnung nur wegen der Schuldunfähigkeit (§ 20 StGB) des Angeschuldigten zur Tatzeit abgelehnt wird und die Durchführung eines Sicherungsverfahrens (§§ 413 ff.) unmittelbar zu erwarten ist.[103] Auch der Grundsatz der **Verhältnismäßigkeit**, der auch für § 126a gilt (Rn. 12), oder eine gravierende **Verletzung des Beschleunigungsgebotes**[104] kann zur Aufhebung des Unterbringungsbefehls zwingen. Allerdings ist die Dauer der einstweiligen Unterbringung nicht in demselbem Maße von Belang wie die des Vollzugs der Untersuchungshaft (s. Rn. 25). **Satz 2** stellt klar, dass das Gericht mit der Aufhebung des Unterbringungsbefehls auch dann die **Freilassung** des Beschuldigten (durch schriftliche Entlassungsanordnung an die Unterbringungsanstalt) zu veranlassen hat, wenn gegen den Aufhebungsbeschluss – von der Staatsanwaltschaft, die insofern allein beschwerdeberechtigt ist – ein **Rechtsmittel** (s. Rn. 38) eingelegt ist. Wie im Falle der Aufhebung des Haftbefehls (§ 120 Abs. 2) ist die von § 307 Abs. 2 grundsätzlich vorgesehene Anordnung, dass die Vollziehung der angefochtenen Entscheidung auszusetzen (die Freilassung aufzuhalten) ist, durch Satz 2 ausgeschlossen.

34 Nach Satz 3 gilt **§ 120 Abs. 3** für die einstweilige Unterbringung **entsprechend**. Der Unterbringungsbefehl ist daher auch dann aufzuheben, wenn die Staatsanwaltschaft dies vor Einreichung der Antragsschrift im Sicherungsverfahren, die der Erhebung der öffentlichen Klage gleich steht (§ 414 Abs. 2), beantragt. In diesem Fall kann die Staatsanwaltschaft schon mit der Antragstellung die Freilassung des Beschuldigten anordnen; die Entscheidung des Gerichts muss dafür nicht abgewartet werden.

35 **2. Beginn des Maßregelvollzugs.** Mit **Rechtskraft** des Urteils, das die endgültige Unterbringung anordnet, endet die einstweilige Unterbringung; der Vollzug der Maßregel (§§ 63, 64 StGB) beginnt, auch wenn die Vollstreckung des Urteils noch nicht förmlich eingeleitet ist.[105]

36 **3. Umstellung.** Ergibt sich im Laufe des Verfahrens, dass die Voraussetzungen der einstweiligen Unterbringung des Beschuldigten nicht mehr vorliegen, wohl aber die für den Erlass eines Haftbefehls, kann der **Unterbringungsbefehl** dergestalt **in einen Haftbefehl** „umgewandelt" werden, dass zugleich mit der Aufhebung des Unterbringungsbefehls ein Haftbefehl wegen derselben Tat ergeht;[106] auch ein Haftbefehl kann – im umgekehrten Falle – durch einen Unterbringungsbefehl ersetzt werden.[107] Vor der „Umwandlung" ist den Beteiligten rechtliches Gehör zu gewähren; danach ist nach den §§ 114 ff. zu verfahren (s. Rn. 21). Der Austausch der Grundlage des (andauernden) Freiheitsentzuges ist auch den **Beschwerdegerichten** – im Rahmen ihrer Sachentschei-

---

103 LR/*Stuckenberg* § 204, 19.

104 Zur grundsätzlichen Geltung des Beschleunigungsprinzips s. OLG Celle NdsRpfl. **2002** 369; OLG Koblenz StV **2006** 653 (Aufhebung bei Verletzung des Beschleunigungsprinzips) = R&P **2007** 38 mit Anm. *Pollähne* (abl. zum Vorschlag, einer etwa fortbestehenden Gefährlichkeit des Beschuldigten durch eine landesrechtliche Unterbringung zu begegnen); s. auch SK/*Paeffgen* 11; KK/*Schultheis* 8.

105 OLG Hamm OLGSt § 67e StGB S. 3, 5; AK/*Krause* 7; HK/*Posthoff* 19; Meyer-Goßner/*Schmitt* 13; KK/*Schultheis* 8; krit. SK/*Paeffgen* 17; s. auch LR/*Lind* Vor § 112, 98 f.

106 Liegt in derselben Sache – neben dem vorrangig vollstreckten Unterbringungsbefehl – bereits ein Haftbefehl vor, wird der Unterbringungsbefehl lediglich aufgehoben und der Beschuldigte in den Vollzug der Untersuchungshaft überführt.

107 Meyer-Goßner/*Schmitt* 12; KK/*Schultheis* 9; h.M.; krit. *Bohnert* JR **2001** 403.

dungsbefugnis nach § 309 Abs. 2[108] – gestattet,[109] unabhängig davon, wer das Rechtsmittel eingelegt hat.

Die **Ablehnung der (endgültigen) Unterbringung im Urteil** zwingt nicht nur nach Absatz 3 Satz 1 zur Aufhebung des Unterbringungsbefehls (Rn. 33); sie **hindert** auch die **„Umwandlung"** eines Haftbefehls in einen Unterbringungsbefehl durch das Beschwerdegericht, selbst dann, wenn das Ziel der Unterbringung nach § 63 StGB mit der Revision (der StA oder des Nebenklägers) weiterverfolgt wird.[110] Die **gesetzliche Vermutung** des § 126a Abs. 3 Satz 1, dass die Voraussetzungen der einstweiligen Unterbringung nicht mehr gegeben sind, wenn das Gericht von der Anordnung der Unterbringung im Urteil absieht, entfaltet **Bindungswirkung** auch für das Beschwerdeverfahren; das Beschwerdegericht hat im Rahmen seiner Entscheidung nicht die Erfolgsaussichten einer Revision inzident zu überprüfen.[111] 37

X. Anfechtung

Die die einstweilige Unterbringung betreffenden gerichtlichen Entscheidungen können – auch wenn sie vom erstinstanzlich zuständigen Oberlandesgericht oder vom Ermittlungsrichter des Oberlandesgerichts oder des BGH getroffen worden sind[112] – mit der **Beschwerde** (§ 304) angefochten werden.[113] Das gilt für den Unterbringungsbefehl (Absatz 1) und die Ablehnung seines Erlasses, die im Zusammenhang mit einer Verschonung vom Vollzug der einstweiligen Unterbringung stehenden Entscheidungen (Abs. 2 Satz 1 i.V.m. §§ 116 Abs. 3 und 4, 123) sowie die Aufhebung des Unterbringungsbefehls und die Anordnung der Fortdauer der vorläufigen Maßregel nach Haftprüfung. Auch gegen die „Umwandlung" des Unterbringungsbefehls in einen Haftbefehl und umgekehrt ist der Beschwerdeweg eröffnet, schon weil es sich hierbei der Sache nach um die, mit der (ihrerseits anfechtbaren) **Aufhebung** der einen vorläufigen Maßnahme verbundene (ihrerseits anfechtbare) **Anordnung** der jeweils anderen und um unterschiedliche Freiheitsentziehungen mit unterschiedlichen Konsequenzen handelt. Mit der (weiteren) Beschwerde kann schließlich auch geltend gemacht werden, dass statt des Unterbringungsbefehls ein Haftbefehl hätte erlassen werden müssen.[114] Für die Anfechtung von Vollzugsmaßnahmen (Rn. 31) gelten die Ausführungen zu § 119 Abs. 5 (§ 119, 132ff.) und § 119a entsprechend. 38

---

108 S. insoweit auch LR/*Lind* § 114, 47.
109 OLG Bremen JZ **1951** 465; KG JR **1989** 476. Im besonderen Prüfungsverfahren gemäß §§ 126a Abs. 2 Satz 2, 121, 122 kann das Oberlandesgericht die Umstellung aber nicht vornehmen, weil es weder vor noch nach Anklageerhebung für den Erlass eines Haft- oder Unterbringungsbefehls sachlich zuständig ist (s. § 125, 1, 4, 22); **a.A.** OLG Jena Beschl. v. 18.2.2013 – 1 Ws 55/13, 1 Ws 56/13 – (juris); Graf/*Krauß* 13; KMR/*Wankel* 6.
110 So auch AnwK-UHaft/*Pollähne* 23; HK/*Posthoff* 16; **a.A.** OLG Köln P&P **2010** 170; Graf/*Krauß* 13; KK/*Schultheis* 9.
111 OLG Oldenburg StV **2014** 759; **a.A.** OLG Köln P&P **2010** 170; Graf/*Krauß* 13; KK/*Schultheis* 9.
112 S. LR/*Lind* § 114, 40f. Gegen Unterbringungsentscheidungen des BGH und des OLG, soweit es nicht erstinstanzlich zuständig ist, ist dagegen die Beschwerde ausgeschlossen, s. LR/*Lind* § 114, 37.
113 Zur Zulässigkeit der weiteren Beschwerde (§ 310) s. LR/*Lind* § 114, 42.
114 Meyer-Goßner/*Schmitt* 14; KK/*Schultheis* 10; h.M.; s. auch *Bohnert* JR **2001** 404; *Pollähne* R&P **2003** 59, 74; **a.A.** noch *Kleinknecht/Janischowsky* 303 (keine weitere Beschwerde gegen Umwandlung). S. auch OLG Düsseldorf MDR **1995** 950 (anzufechten ist die jeweils letzte Entscheidung). S. auch LR/*Lind* § 114, 35ff.

XI. Bekanntgabe (Absatz 4)

39 Gemäß **Absatz 4** sind **alle** Entscheidungen nach den Absätzen 1 bis 3 (auch) – soweit vorhanden – dem **gesetzlichen Vertreter** des einstweilig Untergebrachten oder seinem, zur zivilrechtlichen Unterbringung des Betroffenen und/oder Einwilligung in ärztliche Zwangsmaßnahmen befugten (Vorsorge-)**Bevollmächtigten** im Sinne des § 1906 Abs. 5 BGB **bekanntzugeben.** Dieser erfährt danach nicht nur vom Unterbringungsbefehl selbst, sondern auch z.B. von der Ablehnung seines Erlasses und von Entscheidungen über die Aufhebung oder Fortdauer der einstweiligen Unterbringung oder die Verschonung des Beschuldigten vom (weiteren) Vollzug derselben. Ihm sind auch die dem einstweilig Untergebrachten nach §§ 126 Abs. 2 Satz 1, 119 Abs. 1 auferlegten Beschränkungen zur Gewährleistung des Unterbringungszwecks mitzuteilen. Dies trägt dem Umstand Rechnung, dass Personen, deren einstweilige Unterbringung im Hinblick auf eine psychische Erkrankung angeordnet (oder dies beantragt und abgelehnt) worden ist, oft in der Fähigkeit zur Wahrnehmung der eigenen Interessen eingeschränkt sind.[115] Ob der Beschuldigte eine Person im Sinne der genannten bürgerlich-rechtlichen Vorschrift schriftlich bevollmächtigt hat, kann durch Anfrage an das bei der Bundesnotarkammer geführte **Vorsorgeregister** geklärt werden.

XII. Sonstiges

40 Wird die (endgültige) Unterbringung des Beschuldigten in einem psychiatrischen Krankenhaus nicht angeordnet, sind die durch den Vollzug der einstweiligen Unterbringung erlittenen Schäden grundsätzlich gemäß § 2 Abs. 1, 2 Nr. 1 StrEG **zu entschädigen.** Die (rechtskräftige) Ablehnung des Antrags auf Anordnung der Unterbringung nach § 63 StGB – auch im Sicherungsverfahren – steht insoweit dem Freispruch und den in § 2 Abs. 1 StrEG ausdrücklich genannten Entscheidungen gleich. Allerdings soll in diesen Fällen das **Ermessen**, die Entschädigung ganz oder teilweise **zu versagen**, nach § 6 Abs. 1 Nr. 2 StrEG eröffnet sein, auch wenn nicht die dort allein genannte Schuldunfähigkeit des Betroffenen der Grund für die Beendigung des (Sicherungs-)Verfahrens ohne die beantragte Anordnung der Unterbringung nach § 63 StGB ist, sondern dessen fehlende Gefährlichkeit bzw. die Geringfügigkeit der Anlasstat.[116]

§ 127
Vorläufige Festnahme

(1) [1]Wird jemand auf frischer Tat betroffen oder verfolgt, so ist, wenn er der Flucht verdächtig ist oder seine Identität nicht sofort festgestellt werden kann, jedermann befugt, ihn auch ohne richterliche Anordnung vorläufig festzunehmen. [2]Die Feststellung der Identität einer Person durch die Staatsanwaltschaft oder die Beamten des Polizeidienstes bestimmt sich nach § 163b Abs. 1.

(2) Die Staatsanwaltschaft und die Beamten des Polizeidienstes sind bei Gefahr im Verzug auch dann zur vorläufigen Festnahme befugt, wenn die Voraussetzungen eines Haftbefehls oder eines Unterbringungsbefehls vorliegen.

---

115 BTDrucks. **16** 1110 S. 18 f.
116 Vgl. BGH NStZ-RR **2010** 296; OLG Köln StraFo **2012** 41. Zur Anwendung von § 6 StrEG krit. AnwK-UHaft/*Pollähne* Fn. 61 („sehr bedenklich").

https://doi.org/10.1515/9783110274929-031

(3) [1]Ist eine Straftat nur auf Antrag verfolgbar, so ist die vorläufige Festnahme auch dann zulässig, wenn ein Antrag noch nicht gestellt ist. [2]Dies gilt entsprechend, wenn eine Straftat nur mit Ermächtigung oder auf Strafverlangen verfolgbar ist.

(4) Für die vorläufige Festnahme durch die Staatsanwaltschaft und die Beamten des Polizeidienstes gelten die §§ 114a bis 114c entsprechend.

Schrifttum

Achenbach Vorläufige Festnahme, Identifizierung und Kontrollstelle im Strafprozeß, JA **1981** 660; *Albrecht* Das Festnahmerecht jedermanns nach § 127 Abs. 1 StPO, Diss. Kiel 1970; *Arzt* Zum privaten Festnahmerecht, FS Kleinknecht (1985) 1; *Benfer* Grundrechtseingriffe im Ermittlungsverfahren (1982); *ders.* § 127 I Satz 2 StPO – eine strafprozessuale Personalienfeststellung, Die Polizei **1978** 249; *ders.* Die „Jedermann-Bestimmung" des § 127 I StPO, MDR **1993** 828; *Boehm* Das Recht zur vorläufigen Festnahme, JR **1925** 491; *Borchert* Die vorläufige Festnahme nach § 127 StPO, JA **1982** 338; *Bottke* Berücksichtigung kinderdelinquenten Vorverhaltens, FS Geerds (1995) 263; *Deckers* Verteidigung beim ersten Zugriff der Polizei, NJW **1991** 1151; *Esser/S. Fischer* Festnahme von Piraterieverdächtigen auf Hoher See, ZIS **2009** 771; *Fincke* Darf sich eine Privatperson bei der Festnahme nach § 127 StPO irren? GA **1971** 41; *ders.* Das Risiko des privaten Festnehmers, JuS **1973** 87; *Geerds* Festnahme und Untersuchungshaft bei Antrags- und Privatklagedelikten, GA **1982** 237; *ders.* Strafprozessuale Personenidentifizierung, Jura **1986** 7; *Geppert* Vorläufige Festnahme, Verhaftung, Vorführung und andere Festnahmearten, Jura **1991** 269; *Hansen* Die polizeiliche Fesselung von Personen am Beispiel der Fesselung zur Beweismittelsicherung im Strafverfahren, Die Polizei **1990** 137; *Hirsch* Rechtfertigungsfragen und Judikatur des Bundesgerichtshofs, FS II BGH (2000) Bd.IV 199; *Hoffmann/Wißmann* Zur Fesselung von Untersuchungsgefangenen, StV **2001** 706; *Karamuntzos* Die vorläufige Festnahme bei Flagrantendelikten, Diss. Bonn 1954; *Kargl* Inhalt und Begründung der Festnahmebefugnis nach § 127 I StPO, NStZ **2000** 8; *Kramer* „Jedermann" nach § 127 Abs. 1 StPO: Staatsanwälte und Polizeibeamte? MDR **1993** 111; *Krause* Vorläufige Festnahme von Strafunmündigen nach § 127 Abs. 1 StPO? FS Geerds (1995) 489; *Krüger* Grund und Grenzen der Festnahmebefugnis des Betreibers einer SB-Tankstelle gegenüber zahlungsunwilligen und/oder -unfähigen Kunden, NZV **2003** 220; *Kurth* Identitätsfeststellung, Einrichtung von Kontrollstellen und Gebäudedurchsuchung, NJW **1979** 1377; *Marxen* Zum Begriff der frischen Tat in § 127 Abs. 1 StPO, FS Stree/Wessels (1993) 705; *Meincke* Betreffen oder Verfolgen auf frischer Tat als Voraussetzung der vorläufigen Festnahme nach § 127 Abs. 1 StPO, Diss. Hamburg 1963; *Mitsch* Vorläufige Festnahme und Notwehr, JA **2016** 161; *Naucke* Die Bedeutung des Grundsatzes der Verhältnismäßigkeit (§ 112 Abs. 1 Satz 2 StPO) für die Befugnis zur vorläufigen Festnahme (§ 127 StPO), SchlHA **1966** 97; *ders.* Das Strafprozeßänderungsgesetz und die vorläufige Verhaftung (§ 127 StPO), NJW **1968** 1225; *Nelles* Ein „kleines U-Haft-Recht" für Polizei und Staatsanwaltschaft? StV **1992** 385; *Nix* Vorläufige Festnahme und verbotene Vernehmungsmethoden gegenüber Kindern, Jugendlichen und Heranwachsenden im strafrechtlichen Ermittlungsverfahren, MSchrKrim. **1993** 183; *Pawlik* Das Festnahmerecht Privater, Diss. Würzburg 1961; *Schlüchter* Kein Recht zur Beweisvernichtung nach einem potentiellen Selbstbedienungsladendiebstahl, JR **1987** 309; *Schmidt/Schöne* Zwangsmitteleinsatz im Rahmen des § 127 II StPO, NStZ **1994** 218; *Schubert* Die vorläufige Festnahme, Diss. Frankfurt 1968; *Seebode* Das Recht zur Festnahme entwichener Strafgefangener, FS Bruns (1978) 487; *Sickor* Das Festnahmerecht nach § 127 I 1 StPO im System der Rechtfertigungsgründe, JuS **2012** 1074; *Streng* Kindliche Deliquenten im Ermittlungsverfahren, FS Gössel (2002) 501; *Verrel* Kinderdeliquenz – strafprozessuales Tabu? NStZ **2001** 284; *Wagner* Das allgemeine Festnahmerecht gem. § 127 Abs. 1 S. 1 StPO als Rechtfertigungsgrund, ZJS **2011** 465; *Zimmermann* Über die vorläufige Festnahme durch Private und Wachen, GA **30** (1882) 404.

Entstehungsgeschichte

Die 1933[1] in Absatz 2 der – bis dahin weitgehend unverändert erhaltenen – Vorschrift eingefügten Worte „oder eines Unterbringungsbefehls" finden sich, nachdem

1 Art. 2 Nr. 7 AGGewVerbrG vom 24.11.1933 (RGBl. I S. 1000).

auch der zugleich geschaffene § 126a von den Änderungen durch das VereinhG unberührt geblieben war, bis heute in der Regelung. Ihr Absatz 3 Satz 1 ist durch Art. 21 Abs. 35 EGStGB 1974 ohne inhaltliche Änderung neu gefasst und durch die Einfügung von Satz 2 (Ermächtigung und Strafverlangen) ergänzt worden. Durch das StPOÄndG 1978[2] sind in Absatz 1 Satz 1 die Wörter „Persönlichkeit" durch „Identität" und „(richterlichen) Befehl" durch „(richterliche) Anordnung" ersetzt, Satz 2 eingefügt und in Absatz 2 das Wort „Polizeibeamte" durch die Worte „Beamten des Polizeidienstes" ersetzt worden.[3] Absatz 4 ist der Vorschrift mit Wirkung zum 1.1.2010 durch Art. 1 Nr. 8 des Gesetzes zur Änderung des Untersuchungshaftrechts vom 29.7.2009[4] hinzugefügt worden. Mit Wirkung zum 25.7.2015[5] hat die Vorschrift – im Kontext der Schaffung einer dem Gesetz zur Modernisierung und Erleichterung der Rechtsanwendung[6] vorangestellten amtlichen Inhaltsübersicht – ihre Überschrift erhalten.

Übersicht

---

2 Art. 1 Nr. 5 des Gesetzes zur Änderung der Strafprozessordnung vom 14.4.1978 (BGBl. I S. 497).

3 Die Wortänderungen in Absatz 1 Satz 1, Absatz 2 sind Anpassungen an den Wortlaut anderer Vorschriften (z.B. § 163b Abs. 1 Satz 1).

4 BGBl. I S. 2274.

5 Art. 1 Nr. 13 des Gesetzes zur Stärkung des Rechts des Angeklagten auf Vertretung in der Berufungshauptverhandlung und über die Anerkennung von Abwesenheitsentscheidungen in der Rechtshilfe vom 17.7.2015.

6 BTDrucks. **18** 3562 S. 77.

Alphabetische Übersicht

I. Vorbemerkungen

1. Inhalt

a) Allgemeines. Vorläufige Festnahme bedeutet die einstweilige **Freiheitsentziehung** gegenüber einem Verdächtigen zur Sicherung der Strafverfolgung.[7] Die Vorschrift regelt, unter welchen Voraussetzungen und zu welchen Zwecken eine Person **ohne vorherige richterliche Anordnung** von wem vorläufig **festgenommen** werden kann. Sie erlaubt der Staatsanwaltschaft, Polizeibeamten[8] sowie – unter einschränkenden Voraussetzungen – auch Privatpersonen eine **Festnahme zur Sicherung (allein) strafverfahrensrechtlicher Zwecke**. Die Festnahme nach dieser Vorschrift stellt im Hinblick auf Art. 104 Abs. 2, 3 GG eine rein **vorläufige Maßnahme** dar. Zu unterscheiden ist zwischen der auf Verhaftung oder einstweilige Unterbringung abzielenden behördlichen Festnahmebefugnis (Absatz 2) und der anwesenheits- oder identifizierungssichernden privaten[9] Festnahmebefugnis (Absatz 1 Satz 1).[10] § 127 begründet eine besondere „Eilkompetenz“,[11] jedoch **keine Pflicht zur Festnahme.** Eine solche kann sich für Staatsanwaltschaft und Beamte des Polizeidienstes aber aufgrund anderer Vorschriften, insbesondere im Hinblick auf ihre Dienstpflichten in Verbindung mit dem Legalitäts- und dem Rechtsstaatsprinzip (Art. 20 Abs. 3 GG) ergeben (vgl. die Erl. zu den §§ 152, 160). Absatz 3 erklärt die vorläufige Festnahme auch dann (schon) für zulässig, wenn der für die Verfolgung der Straftat erforderliche **Strafantrag**, die Verfolgungsermächtigung oder das Strafverlangen **noch nicht gestellt** bzw. erteilt worden ist. Nach Absatz 4 bestehen die bei der Verhaftung (§ 115) geltenden **Informations-, Belehrungs- und Benachrichtigungspflichten** auch bei der vorläufigen Festnahme durch die Staatsanwaltschaft und die Beamten des Polizeidienstes. § 127a eröffnet eine Möglichkeit der Verschonung von der Festnahme als Ausprägung des Verhältnismäßigkeitsgrundsatzes. Die §§ 128, 129 regeln das Verfahren nach der Festnahme und ordnen die unverzügliche Herbeiführung 1

7 Zur Einordnung in den Katalog der freiheitsentziehenden Maßnahmen s. LR/*Lind* Vor § 112, 1 ff.
8 Krit. dazu *Nelles* StV **1992** 385 ff.; vgl. auch *Deckers* NJW **1991** 1151.
9 Vgl. RGSt **17** 127 (öffentliche Funktion des Bürgers); *Arzt* FS Kleinknecht 3.
10 Wegen der behördlichen Identitätsfeststellung s. Absatz 1 Satz 2; Rn. 30.
11 *Rieß/Thym* GA **1981** 207.

einer richterlichen Entscheidung über die Fortdauer des Freiheitsentzuges an; § 128 enthält zudem eine Zuständigkeitsbestimmung.

2 **b) Absatz 2** steht in engem Zusammenhang mit der im neunten Abschnitt vorangehend geregelten Verhaftung[12] eines Beschuldigten, d.h. seiner Festnahme durch die öffentliche Gewalt zum Zwecke der Vollstreckung eines Haft- oder Unterbringungsbefehls. Den Haftbefehl – für den Unterbringungsbefehl nach § 126a gilt das Entsprechende, § 126a Abs. 2 Satz 1 – erlässt, nachdem die Staatsanwaltschaft die öffentliche Klage erhoben hat, nach § 125 Abs. 2 das mit der Sache befasste Gericht, in dringenden Fällen der Vorsitzende (§ 125 Abs. 2 Satz 2). § 125 Abs. 1 ermächtigt den Richter beim Amtsgericht, einen Haftbefehl – auf Antrag der Staatsanwaltschaft oder, wenn die Staatsanwaltschaft nicht erreichbar und **Gefahr im Verzug** ist, auch von Amts wegen – schon vor diesem Zeitpunkt zu erlassen. Ist die Gefahr aber so groß, dass sogar der **Richter** beim Amtsgericht **nicht mehr angegangen** oder rechtzeitig tätig werden kann, können nach Absatz 2 Staatsanwälte und Beamte des Polizeidienstes gleichsam die **Vollstreckung eines** noch nicht erlassenen **Haftbefehls vorwegnehmen**, wenn die Voraussetzungen für dessen Erlass vorliegen. Die materiellen **Voraussetzungen für die Festnahme** eines Beschuldigten sind damit einheitlich in den §§ 112, 112a, 113 geregelt, gleichviel, ob sie zum Zwecke der Vollstreckung eines Haftbefehls (§ 114) erfolgt oder diese durch die vorläufige Festnahme nach Absatz 2 vorwegnimmt. Liegen die Voraussetzungen des § 126a vor, kann, wenn Gefahr im Verzug ist, auch die Vollstreckung eines noch nicht erlassenen Unterbringungsbefehls durch die behördliche Festnahme vorweggenommen werden.

3 **c)** Anders verhält es sich mit der in **Absatz 1** „Jedermann" übertragenen Befugnis zu vorläufiger Festnahme. Zwar stellt auch diese **ausschließlich** ein prozessuales Mittel zur **Sicherung der Strafverfolgung** dar;[13] Absatz 1 begründet mithin keine Eingriffsbefugnisse zu präventiv-polizeilichen Zwecken,[14] so dass dieser Vorschrift eine Handhabe, rechtswidrige Taten oder wenigstens ihre Fortsetzung zu verhindern, nicht entnommen werden kann.[15] Die Festnahme nach Absatz 1 ist aber **ohne** Anknüpfung an die – für „jedermann" in der Tatsituation ohnehin nicht prüfbaren – **Voraussetzungen für den Erlass eines Haftbefehls** (dringender Tatverdacht, Haftgrund und Verhältnismäßigkeit) allein auf die Sicherung der **Einleitung** eines strafprozessualen Ermittlungsverfahrens gegen den auf frischer Tat Betroffenen (oder Verfolgten) gerichtet. Mit ihr wird – anders als mit der behördlichen Festnahme nach Absatz 2 – nicht der Vollzug eines noch nicht erlassenen (richterlichen) Haft- oder Unterbringungsbefehls vorweggenommen. Absatz 1 knüpft die Festnahmebefugnis folglich an die „frische Tat", nicht an das Vorliegen dringenden Tatverdachts im Sinne des § 112. Die hier abschließend genannten Festnahmegründe stimmen auch nicht mit den in den §§ 112, 112a genannten Haftgründen überein; das gilt auch für die Festnahme zur Anwesenheitssicherung bei Fluchtverdacht (Rn. 23). Festnahmen wegen bestehender Verdunkelungs- oder Wiederholungsgefahr sind danach – anders als nach Absatz 2 – nicht zulässig. Absatz 1 gestattet aber – weitergehend als Absatz 2 – die vorläufige Festnahme zur Identitätsfeststellung des auf frischer Tat Betroffenen (oder Verfolgten); insoweit stellt **Absatz 1 Satz 2** eine **Sondervorschrift** für die Beamten der Staatsanwaltschaft und des Polizeidienstes dar, deren Vorgehen bei der Feststellung der Identität der verdächtigen Person sich ausschließlich nach § 163b Abs. 1 bestimmt.

---

12 Ergreifung eines Beschuldigten aufgrund eines Haftbefehls, § 115 Abs. 1.
13 Vgl. RGSt **17** 128; BayObLG MDR **1986** 956; *Meincke* 13; s. auch *Kargl* NStZ **2000** 8.
14 BGH VRS **40** (1971) 105; KK/*Schultheis* 6.
15 **A.A.** *v. Hippel* § 66 C 1 Abs. 2; *Karamuntzos* 67.

Absatz 1 erweitert im Verhältnis zu Absatz 2 den zur Festnahme berechtigten Personenkreis und gibt **Privatpersonen** das Recht, eine grundsätzlich dem Staat vorbehaltene Aufgabe – (Sicherung der) Strafverfolgung – zu erfüllen, wenn ein behördliches Einschreiten nicht rechtzeitig möglich ist.[16] 4

2. Abgrenzung. § 127 Abs. 1 und 2 wird **ergänzt** durch die Festnahmebefugnis gemäß 5
§ 127b Abs. 1 (s. dort Rn. 3, 6, 17) sowie durch § 183 Satz 2 GVG (vorläufige Festnahme in der Sitzung). Die genannten Bestimmungen regeln **abschließend**, wann ein einer Straftat Verdächtiger zur Sicherung eines geordneten Strafverfahrens ohne vorherige (richterliche) Anordnung in Gestalt eines Haft- oder Unterbringungsbefehls vorläufig festgenommen werden darf.[17] Eine Befugnis zur kurzfristigen Festnahme von Störern bei strafprozessualen Amtshandlungen – und damit eine gegen Dritte gerichtete Kompetenz – begründet § 164. Zur Festnahmebefugnis der Finanzbehörden bei Steuerstraftaten s. § 399 Abs. 1, § 402 Abs. 1, § 404 Satz 1 AO. **Unberührt** bleiben die Rechte, die die straf- und zivilrechtlichen Bestimmungen über **Notwehr**, Nothilfe, rechtfertigenden und entschuldigenden Notstand (§§ 32, 34, 35 Abs. 1 StGB; §§ 228, 904 BGB) sowohl einem durch die Straftat Verletzten als auch dem vom Verdächtigen rechtswidrig angegriffenen Festnehmenden gewähren[18] sowie diejenigen Befugnisse, die Polizeibeamte nach Bundes- und Landesrecht zur Aufrechterhaltung der öffentlichen Sicherheit und Ordnung haben.[19] Festnahmen zum Zwecke der Strafverfolgung dürfen grundsätzlich nicht, auch nicht zur Identitätsfeststellung, auf präventivpolizeiliche Vorschriften gestützt werden.[20] Ebensowenig erlaubt § 127 Festnahmen für nichtstrafprozessuale Zwecke. Ist eine Festnahme aus präventivpolizeilichen Gründen erfolgt und dauert sie aus diesen Gründen noch an, so darf sie für Zwecke des Strafverfahrens „genutzt" werden, etwa dahingehend, dass der Beschuldigte aus dieser Haft dem Richter zum beschleunigten Verfahren (§ 418) zugeführt wird; unzulässig wäre es aber, eine solche Präventivfestnahme allein zur Sicherung des beschleunigten Verfahrens aufrechtzuerhalten. Vielmehr ist nach § 127b zu verfahren.

3. Rechtsfolgen (für den Festnehmenden). Der Festnehmende handelt, wenn die 6
Voraussetzungen des § 127 vorliegen, gerechtfertigt;[21] der Verdächtige hat demzufolge mangels eines rechtswidrigen Angriffs kein Notwehrrecht gegen die mit der Festnahme verbundene Verletzung seiner Rechtsgüter.[22] Dagegen ist der Festnehmende zur Notwehr berechtigt, wenn der Betroffene sich gegen die rechtmäßige Festnahme zur Wehr setzt.[23]

---

16 Vgl. auch SK/*Paeffgen* 2.

17 Zu sonstigen kurzfristigen freiheitsentziehenden bzw. -beschränkenden Maßnahmen gegen den einer Straftat Verdächtigen, namentlich gemäß §§ 81, 81a, 81b, 102, 111 Abs. 1 Satz 2, 134, 163a Abs. 3 Satz 2, 163b Abs. 1, 163c, 231 Abs. 1 Satz 2, s. LR/*Lind* Vor § 112, 16 und die Erl. zu den genannten Vorschriften. Die Worte „um die Verdunkelung der Sache zu verhüten" in § 163 Abs. 1 geben den Ermittlungsbehörden keine vom Vorliegen der Voraussetzungen des § 127 unabhängige, in das an diese nicht gebundene Ermessen der Beamten des Polizeidienstes gestellte Befugnis zur vorläufigen Festnahme eines Verdächtigen; vgl. RGSt **67** 352.

18 Vgl. BGHSt **45** 378; RGSt **46** 350; **53** 132; **55** 82; s. auch OLG Düsseldorf NStZ **1991** 599 mit krit. Anm. *Paeffgen* NStZ **1992** 532; *Arzt* FS Kleinknecht 1 ff. S. auch *Mitsch* 164 (Verletzter), 166 f. (Festnehmender).

19 Vgl. RGSt **31** 308; OLG Celle GA **53** (1906) 302; SK/*Paeffgen* 4; KK/*Schultheis* 5; s. auch Rn. 48.

20 *Achenbach* JA **1981** 660; vgl. jedoch §§ 12, 39 BPolG.

21 Vgl. RGSt **34** 446; BayObLGSt **2** (1903) 387; BayObLG MDR **1986** 956; OLG Celle NdsRpfl. **1963** 189; OLG Stuttgart NJW **1984** 1694; *Benfer* MDR **1993** 828; KK/*Schultheis* 4.

22 Vgl. RGSt **21** 190; **54** 197; RG JW **1938** 2332; BayObLGSt **1956** 171; s. aber OLG Düsseldorf NStZ **1991** 559 mit Anm. *Paeffgen* NStZ **1992** 532.

23 BGHSt **45** 378 = NStZ **2000** 603 mit Anm. *Kargl/Kirsch* (nur Schutzwehr).

II. Festnahme auf frischer Tat (Absatz 1)

1. Voraussetzungen

7 **a) Tatbegriff.** Absatz 1 soll sicherstellen, dass eine auf frischer Tat betroffene (oder verfolgte) Person der Strafverfolgung zugeführt werden kann, wenn wegen der Begehung dieser Tat nach den Vorschriften der Strafprozessordnung ein Verfahren eingeleitet werden kann.[24] Demzufolge umfasst der Begriff der **„Tat"** im Sinne der Vorschrift jedenfalls die rechtswidrige, vom Täter schuldhaft – auch im Zustand der verminderten Schuldfähigkeit (§ 21 StGB) – begangene Tat, die den Tatbestand eines Strafgesetzes[25] verwirklicht. Aber auch die **rechtswidrige Tat** (§ 11 Abs. 1 Nr. 5 StGB), die der Täter im Zustand der Schuldunfähigkeit (§ 20 StGB) begangen hat, wird vom Tatbegriff umfasst, denn gegen schuldunfähige Täter können im (strafprozessualen) Sicherungsverfahren (§ 413) Maßregeln der Besserung und Sicherung selbständig angeordnet werden.[26] Rechtfertigungs- und Entschuldigungsgründe stehen der Bestrafung und damit der Strafverfolgung entgegen. Dennoch kann, wenn sie dem Festnehmenden unbekannt sind,[27] die Festnahme rechtmäßig sein, s. auch Rn. 14f. Die Tat braucht nicht vollendet zu sein; auch der Versuch (§ 22 StGB) berechtigt festzunehmen, wenn er strafbar ist;[28] straflose Vorbereitungshandlungen rechtfertigen die Festnahme aber nicht. Unerheblich ist, ob der Betroffene (Verfolgte) Täter oder Teilnehmer ist.[29]

8 § 127 Abs. 1 Satz 1 – der an die „Frische" und nicht an die „Schwere" der Tat anknüpft – gilt unabhängig von der Gewichtigkeit der Tat und vom Wert der Beute bei **allen Verbrechen und Vergehen**;[30] auf die Bedeutung der Sache oder die zu erwartenden Rechtsfolgen kommt es für die Festnahme*befugnis* nach dieser Vorschrift grundsätzlich nicht an.[31] Ein – dem für alle verfolgbaren Straftaten geltenden Legalitätsprinzip folgendes – (staatliches) Interesse sicherzustellen, dass gegen eine auf frischer Tat betroffene oder verfolgte Person ein Ermittlungsverfahren eingeleitet werden kann, weil sie daran gehindert wird, sich unerkannt vom Tatort zu entfernen, besteht auch dann, wenn es sich bei der rechtswidrigen Tat um eine solche von geringem Gewicht handelt. Zudem ist der mit der vorläufigen Festnahme nach Absatz 1 verbundene Eingriff in die Freiheitsrechte des Betroffenen (Verfolgten) zeitlich regelmäßig eng begrenzt, namentlich dann, wenn die Festnahme zum Zwecke der Identitätsfeststellung erfolgt. Da bei geringfügigen Delikten die Voraussetzungen für den Erlass eines Haftbefehls mit Blick auf die Verhält-

---

24 *Sickor* JuS **2012** 1077 spricht insoweit von einer „verfolgbaren Straftat".

25 Eine Ordnungswidrigkeit genügt nicht – vgl. OLG Zweibrücken NJW **1981** 2016.

26 Vgl. auch SK/*Paeffgen* 6; KK/*Schultheis* 7; *Pfeiffer* 2; *Schlüchter* 252; enger LR/*Hilger*[26] 8, der die im Zustand der Schuldunfähigkeit begangene rechtswidrige Tat nur dem Tatbegriff des § 127 unterfallen lassen will, wenn der Täter damit zu rechnen hat, dass er aus Anlass und als Rechtsfolge derselben im Rahmen eines strafprozessordnungsgemäßen Verfahrens in einem psychiatrischen Krankenhaus (§ 63 Abs. 1 StGB) oder in einer Entziehungsanstalt (§ 64 StGB) untergebracht werden wird; das wird für den festnehmenden rechtlichen und medizinischen Laien nur schwer einschätzbar sein.

27 AK/*Krause* 5; SK/*Paeffgen* 8; KK/*Schultheis* 7.

28 Vgl. BGH NJW **1981** 745.

29 KK/*Schultheis* 7.

30 BGHSt **45** 380, 381 = BGH NStZ **2000** 603 mit Anm. *Kargl/Kirsch;* BayObLG MDR **1986** 956. Auch Antragsdelikte fallen unter den Tatbegriff – vgl. Absatz 3.

31 **A.A.** LR/*Hilger*[26] 19; SK/*Paeffgen* 17; KK/*Schultheis* 19, die eine Festnahmeberechtigung verneinen, wenn die Festhaltung zu der Bedeutung der Sache und zu einer zu erwartenden Strafe oder Maßregel der Besserung und Sicherung außer Verhältnis steht, und dem Privaten mit Blick auf die für diesen äußerst schwierige Abwägung ein Festnahmerecht nur bei mittelschweren und schweren Verstößen zubilligen wollen.

nismäßigkeit der Maßnahme (§ 112 Abs. 1 Satz 2) selten vorliegen werden, mündet sie ganz überwiegend auch dann nicht in die Vorführung vor den Richter, wenn der private Festnehmende den Betroffenen an die Polizei übergeben hat, sondern in eine schnelle Freilassung nach Feststellung der Identität des Verdächtigen. Allerdings müssen – auch in diesen Fällen – die bei der Festnahme angewendeten *Mittel* in angemessenem Verhältnis zum Festnahmezweck (Sicherung der Strafverfolgung) stehen,[32] s. Rn. 46ff.

b) Verdachtsgrad. Nach wie vor umstritten[33] ist, ob Voraussetzung für die vorläufige Festnahme nach Absatz 1 ist, dass die festzunehmende Person **tatsächlich** eine solche Straftat **begangen** hat, oder ob eine bestimmte (hohe) **Wahrscheinlichkeit** – und die subjektive Überzeugung des Festnehmenden –, dass dies der Fall ist, ausreicht, um den mit ihr verbundenen Eingriff des Privaten in die (Freiheits-)Rechte des Festzunehmenden zu rechtfertigtigen. Der letzteren, „prozessual ausgerichteten“[34] oder „weiteren“[35] Auffassung ist zu folgen, auch wenn der von ihr verwendete Begriff des „dringenden Tatverdachts“ in diesem Zusammenhang angesichts der Sonderstellung von Absatz 1 im Haftrecht des 9. Abschnitts (Rn. 3) nicht identisch ist mit demjenigen des § 112.[36] 9

Abgesehen davon, dass es schlechthin unrealistisch erscheint, auf die Sicherheit der Tatbegehung und Täterschaft abzustellen, wenn der Festnehmende lediglich die äußere Erscheinung der Tat selbst als Erkenntnisquelle und Grundlage für seine augenblickliche Entscheidung über ein Einschreiten nach dieser Norm zur Verfügung hat, handelt es sich (auch) bei Absatz 1 aufgrund seiner systematischen Stellung in der Strafprozessordnung um eine prozessuale Norm, die auf die **Einleitung eines Strafverfahrens** abzielt. Hierfür bedarf es nach der Strafprozessordnung nur eines (Anfangs-)Verdachts, während eine tatsächliche Tatbegehung erst am Ende des Verfahrens gerichtlich festgestellt wird.[37] Im Hinblick auf den mit der vorläufigen Festnahme verbundenen Eingriff in die Freiheitsgrundrechte des Betroffenen (Verfolgten) ist aber ein **gesteigerter Verdacht** im Sinne eines hohen Grades von Wahrscheinlichkeit der Tatbegehung durch den Betroffenen (Verfolgten) zu verlangen. Wegen der gesetzlichen Anknüpfung an die frische Tat müssen – anders als bei der Feststellung des dringenden Tatverdachts nach § 112 – dabei alle außerhalb der sichtbaren Tat denkbaren Indizien außer Betracht bleiben; einziges Beweismittel ist die frische Tat selbst.[38] Daher ist die Festnahme gerechtfertigt, wenn die **äußere Erscheinung des Geschehens** im Tatzeitpunkt (objektiv) **mit hoher Wahrscheinlichkeit** darauf schließen lässt, dass der Betroffene (Verfolgte) eine **rechtswidrige Tat begangen** hat, und der Festnehmende im Zeitpunkt seines Handlungsentschlusses (subjektiv) ohne vernünftige Zweifel davon ausgeht[39] („dringender Tatverdacht“). Das äußere Tatgeschehen muss es zulassen, dass der Festnehmende es als rechtswidrige Tat beurteilen kann. Das wird, wenn der Tatbestand **normative Tatbestandsmerk-** 10

---

32 Vgl. BGHSt **45** 380, 381 = BGH NStZ **2000** 603 mit Anm. *Kargl/Kirsch*; HK/*Posthoff* 16; Radtke/Hohmann/*Tsambikakis* 9; *Pfeiffer* 1.
33 Dazu eingehend z.B. SK/*Paeffgen* 7, 8; *ders.* NStZ **1992** 532; *Arzt* FS Kleinknecht 5; *Borchert* JA **1982** 338; *Hindte* 200 ff.; *Marxen* FS Stree/Wessels 705; s. auch *Mitsch* 162 f.
34 Vgl. *Sickor* JuS **2012** 1076.
35 LR/*Hilger*[26] 9.
36 S. dazu LR/*Lind* § 112, 16 ff.
37 *Roxin* § 17 Rn. 12, 24.
38 BGH GA **1974** 177; BayObLG MDR **1986** 956; OLG Stuttgart OLGSt StPO § 127 Nr. 3; AK/*Krause* 4; KK/*Schultheis* 9; *Borchert* JA **1982** 343; s. auch *Kargl* NStZ **2000** 10 ff.; krit. SK/*Paeffgen* 8.
39 BayObLG MDR **1986** 956; OLG Hamm NStZ **1998** 370; OLG Koblenz VR **2009** 32; OLG Stuttgart OLGSt StPO § 127 Nr. 3; SSW/*Herrmann* 19; LK/*Rönnau* Vor § 32 StGB, 265 ff.; *Wagner* ZJS **2011** 471.

male[40] enthält oder auf die Unfähigkeiten abstellt, die durch Rauschmittel verursacht sind, oftmals nicht der Fall sein;[41] s. auch Rn. 65.

11 Eine **engere** – oder „materiell ausgerichtete"[42] – **Auffassung**[43] verlangt dagegen als Voraussetzung einer Festnahmebefugnis und damit einer Rechtfertigung des Festnehmenden, dass die **Tat** zumindest nach ihren objektiven Voraussetzungen (den objektiven Merkmalen einer straftatbestandsmäßigen, rechtswidrigen Tat) **begangen** oder verursacht **wurde**. Zur **Begründung** wird im Wesentlichen angeführt, das ergebe sich aus dem Wortlaut des § 127 Abs. 1 („frische Tat"), einem Vergleich mit Absatz 2 (Festnahmevoraussetzung dort u.a.: „dringender Tatverdacht") sowie den vorrangig schutzwürdigen Interessen des unschuldig Festgenommenen; auch verkenne die weitere Auffassung (Rn. 10) den wesentlichen Unterschied zwischen Absatz 1 und 2: ein Strafverfolgungsorgan sei zur Festnahme verpflichtet, müsse deshalb vom Festnahmerisiko entlastet sein, ein Bürger sei dagegen frei von Verfolgungspflichten.[44]

12 Im Kern geht es bei dieser Diskussion um **Struktur und Bedeutung der Vorschrift.**[45] Den Argumenten der engeren Auffassung (Rn. 11) kommt dabei sicher Gewicht zu. Es bleibt jedoch zu bedenken, dass der Staat über § 127 Abs. 1 im Interesse der Allgemeinheit, nämlich zur Bewehrung der Rechtsordnung,[46] eine **öffentliche Funktion auf den Bürger verlagert**[47] und der Festnehmende in Erfüllung der öffentlichen Aufgabe eine **schwierige situationsbedingte Augenblicksentscheidung**[48] zu treffen hat. Unter diesen Umständen wäre es eine **Überforderung des Festnehmenden**, würde man als Voraussetzung des Zugriffs mehr als den situationsbedingten, aus der sichtbaren Tat abgeleiteten „dringenden Tatverdacht" (Rn. 10) verlangen. Eine solche Überforderung könnte u.a. langfristig ein Leerlaufen der Vorschrift,[49] die in der aktuellen Praxis jedenfalls für Privatpersonen ohnehin von untergeordneter Bedeutung ist, bewirken; das aber stünde wohl im Gegensatz zur Intention des Gesetzgebers. Andererseits kann der Unschuldige die Festnahme von vorn herein dadurch vermeiden, dass er am Ort des Betreffens bleibt und sich ausweist – die Festnahmegründe (Rn. 21ff.) des Absatzes 1 liegen dann nicht vor; ein solches Verhalten dürfte ihm regelmäßig zuzumuten sein.

13 Folgt man der weiteren Auffassung (Rn. 10), so bedürfen die **Irrtumsfälle**, bei denen der Festnehmende, ausgehend vom äußeren Erscheinungsbild der Tat, infolge einer Verkennung (verdeckter) tatsächlicher Umstände irrtümlich nicht erkennt, dass der Festgenommene gar keine Tat begangen hat, sondern „dringenden Tatverdacht" im vor-

---

40 Etwa die Fremdheit einer vom Betroffenen (Verfolgten) beschädigten oder zerstörten oder einem anderen weggenommenen Sache (§§ 303, 242 StGB), wenn sie nicht im (Allein-)Eigentum des Festnehmenden steht oder – etwa im Falle eines beobachteten Ladendiebstahls – die Eigentumsverhältnisse offenkundig sind.

41 BGH GA **1974** 177; OLG Zweibrücken NJW **1981** 2016.

42 Vgl. *Sickor* JuS **2012** 1076.

43 Vgl. RGSt **12** 194; OLG Hamm NJW **1972** 1826; **1977** 590; KG VRS **45** (1973) 35; AnwK-StPO/*Lammer* 4; Meyer-Goßner/*Schmitt* 4; *Eb. Schmidt* Nachtr. I 8, 21; LK/*Hirsch*[11] Vor § 32 StGB, 156; *Fischer* Vor § 32 StGB, 7a; *Beulke* 235; *Günther* FS Kühl (2014) 885, 887; *Hirsch* 224; *Jescheck/Weigend* § 35 IV 2; *Kramer* 60; *Krey* (DStrvr) 533; *Münchhalffen/Gatzweiler* 366; *Ranft* 763ff., 767; *Renkl* JuS **1978** 258; *Roxin/Schünemann* § 31, 4; *Rüping* 244; *Schlüchter* 255; *ders.* JR **1987** 309; *Schumann* JuS **1979** 559; *Volk* § 10, 67; *Wiedenbrüg* JuS **1973** 418.

44 Vgl. z.B. *Krey* II 372.

45 Vgl. AK/*Krause* 4; SK/*Paeffgen* 2, 9; *Borchert* JA **1982** 338; *Fincke* GA **1971** 41; *Marxen* FS Stree/Wessels 705; *Wiedenbrüg* JuS **1973** 418.

46 Vgl. *Arzt* FS Kleinknecht 3; *Schlüchter* 255; krit. *Marxen* FS Stree/Wessels 710.

47 S. auch SK/*Paeffgen* 2 (Festnahmerecht nach Absatz 1 als dem Bürger vom Staat belassenes Ur-Recht).

48 Vgl. AK/*Krause* 4; SK/*Paeffgen* 10; *Kühne* 451.

49 *Arzt* FS Kleinknecht 6; vgl. auch BayObLG MDR **1986** 956 (Gefahr der Ermunterung von Tätern, sich der Festnahme zu entziehen).

genannten Sinne annimmt, keiner materiell-rechtlichen Lösung;[50] die Festnahme ist vielmehr nach § 127 Abs. 1 gerechtfertigt. Einer Lösung über die materiell-rechtliche Irrtumslehre (§§ 16, 17 StGB)[51] bedürfen jedoch z.B. die Fälle, in denen der Festnehmende über Umstände des äußeren Erscheinungsbildes der Tat irrt. Gleiches gilt, wenn er nicht über tatsächliche Umstände irrt, aus denen sich seine Berechtigung ergibt, sondern bei richtig erkannten tatsächlichen Umständen irrig eine ihm von Gesetz nicht eingeräumte Berechtigung in Anspruch nimmt, z.B. durch fehlerhafte Subsumtion, oder wenn er im Falle des Absatzes 1 wegen Verdunkelungsgefahr oder zum Zwecke der Vernehmung festnimmt; in diesen (letztgenannten) Fällen ist die Festnahme rechtswidrig.

c) Verfolgbarkeit der Tat. Da die vorläufige Festnahme nach Absatz 1 allein die Einleitung eines prozessordnungsgemäßen Strafverfahrens gegen den auf frischer Tat Betroffenen (oder Verfolgten) sichern soll, schließen Prozesshindernisse sie grundsätzlich aus. So ist die **Festnahme von Kindern**, d.h. Personen unter 14 Jahren (§ 19 StGB; § 1 Abs. 3 JGG), wegen deren absoluter Strafunmündigkeit nicht zulässig.[52] Ist ein Kind irrtümlich (weil das Alter verkannt wurde) festgenommen worden, so ist es unverzüglich nach Erkenntnis des Irrtums freizulassen, es sei denn, eine Fortdauer des Festhaltens kann auf eine andere Rechtsgrundlage gestützt werden.[53] Ein weiteres Festhalten nach § 127 scheidet aus. **14**

Sonstige **Prozesshindernisse** werden demjenigen regelmäßig **nicht erkennbar** sein, der bei frischer Tat festnimmt: Verjährung ist nicht denkbar, erkennbarer Verzicht auf Strafantragstellung ein äußerst seltener Fall. Auf Exterritorialität kann z.B. das Kennzeichen eines Kraftfahrzeugs hinweisen; nachgewiesen werden kann sie allerdings regelmäßig nur durch Vorlegen eines Ausweises. Unter den Voraussetzungen des Absatzes 1 (fehlender Identitätsnachweis) dürfte die vorläufige Festnahme zur Identitätsfeststellung damit zulässig sein. Ergibt sich aber durch Vorlage des Ausweises zugleich die Exterritorialität des Betroffenen (Verfolgten), darf dieser auch dann nicht festgenommen werden, wenn er der Flucht verdächtig ist; stellt sich nachträglich heraus, dass der wegen Fluchtverdachts festgenommene Unbekannte der deutschen Gerichtsbarkeit nicht unterliegt, ist er sofort freizulassen. Zur Immunität von Abgeordneten s. Rn 71f. **15**

d) Frische Tat. Die Festnahme ist jedermann gestattet, wenn jemand auf frischer Tat betroffen oder verfolgt wird. „Frisch" ist die – dem Beobachter als rechtswidrige Tat oder als strafbarer Versuch einer solchen erkennbare – Tat **während ihrer Begehung** und unmittelbar danach.[54] Die Beobachtung braucht sich nicht auf den gesamten Hergang zu erstrecken; die wahrgenommenen Teile müssen jedoch ohne weitere Indizien das be- **16**

---

50 BayObLG MDR **1986** 956. Ähnlich *Marxen* FS Stree/Wessels 711.

51 Vgl. dazu LK/*Vogel* Erl. zu §§ 16, 17 StGB; s. auch *Arzt* FS Kleinknecht 13ff.; *Schlüchter* 255.

52 SK/*Paeffgen* 6; Meyer-Goßner/*Schmitt* 3a; KK/*Schultheis* 8; KMR/*Wankel* 2; *Benfer* 9, 48; *Borchert* JA **1982** 338; *Eisenberg* StV **1989** 556; *Frehsee* ZStW **100** (1988) 290; *Kramer* 54; *Meincke* 43; *Nix* MSchrKrim. **1993** 183; *Ranft* 772; *Schlüchter* 253; vgl. auch *Traulsen* MSchrKrim. **1980** 47; **a.A.** (aus repessiven – Tataufklärungsinteresse – und teils auch präventiven Erwägungen) RGSt **17** 127; **19** 103; KG JR **1971** 30; *Bottke* FS Geerds 278; *Krause* FS Geerds 489ff.; *Kühne* 449; *Rüping* 242; *Streng* FS Gössel 501; *Verrel* NStZ **2001** 287 (zu § 127 Abs. 1); *Fischer* Vor § 32 StGB, 7 – alle mit weit. Nachweisen.

53 Z.B. nach dem SGB VIII oder nach § 229 BGB, wenn dies erforderlich ist, um Schadensersatzansprüche aus unerlaubter Handlung realisieren zu können, SK/*Paeffgen* 6; KK/*Schultheis* 8.

54 Vgl. OLG Stuttgart OLGSt StPO § 127 Nr. 3; AK/*Krause* 6; KK/*Schultheis* 10; **a.A.** *Peters* § 47 B I (Tatvorgang darf noch nicht beendet sein).

obachtete Geschehen nach der Lebenserfahrung als rechtswidrige Tat erkennen lassen.[55] Das Erfordernis der „frischen Tat" fehlt, wenn zwischen der Begehung der Tat bzw. der Beendigung des Versuchs und dem „Betreffen" oder dem Verfolgungsbeginn kein enger zeitlicher (und beim Betreffen auch örtlicher) Zusammenhang mehr besteht;[56] eine Frist[57] sieht das Gesetz nicht vor, es kommt vielmehr auf alle Umstände des Einzelfalles an.[58]

17 **e) Betreffen und Verfolgen. Betroffen** wird auf frischer Tat, wer während oder unmittelbar nach[59] der Begehung einer – vollendeten oder, wenn mit Strafe bedroht, einer versuchten – rechtswidrigen Tat am Tatort oder in dessen unmittelbarer Nähe bemerkt wird.[60] Der Begriff des Überraschens oder Entdeckens ist mit den Worten „betroffen wird" nicht notwendig verbunden. Die Abgrenzung zur „Verfolgung" kann im Einzelfall Schwierigkeiten bereiten, z.B. dann, wenn der wahrscheinliche Täter erst einige Minuten nach der Tat „entdeckt" und sodann die Festnahme eingeleitet wird.[61]

18 **Verfolgung** auf frischer Tat (vgl. auch Erl. zu § 104) liegt vor, wenn unmittelbar nach Wahrnehmen, Bemerken oder Entdecken der kurz zuvor verübten – vollendeten oder, wenn strafbar, auch der versuchten – Tat zum Zwecke der Ergreifung des Täters Maßnahmen der Nacheile eingeleitet werden.[62] Es ist nicht erforderlich, dass der Täter, wenn die Tat bemerkt wird, selbst noch am Tatort anwesend ist; es genügt, dass seine Verfolgung aufgrund konkreter Anhaltspunkte, die auf ihn als Täter hinweisen, (z.B. Teile einer auffälligen Kleidung, benutztes Kraftfahrzeug) unverzüglich aufgenommen wird.[63] Die Verfolgung umfasst alle Maßnahmen, die darauf abzielen, den Täter zu ergreifen, und die das nach ihrer Natur ermöglichen, erleichtern oder sichern.[64] Sie braucht sich der **Entdeckung nicht** augenblicklich **anzuschließen**. Vielmehr kann sich der Verfolgende auf die Verfolgung dadurch vorbereiten, dass er Hilfskräfte und Hilfsmittel (etwa Kraftwagen) beschafft. Nicht notwendig ist, dass der Täter auf Sicht und Gehör verfolgt wird;[65] der Verfolgende kann ihm vorauseilen, Wege besetzen usw.[66] Eine Rast nimmt dem Nacheilen nicht den Charakter der Verfolgung.[67]

19 Der **Verfolgende** braucht nicht der Entdecker der Tat zu sein; er kann vielmehr von diesem unterrichtet worden sein („Haltet den Dieb!") oder die von diesem unmittelbar nach der Tat begonnene Verfolgung übernommen haben. Die Tätigkeit des Verfolgenden muss jedoch auf eine Entdeckung der frischen Tat, sei es auch durch einen anderen, zurückgehen.[68] Wer in die Telefonleitung einer ihm bekannten Person gerät und aus dem, was diese einem Dritten mitteilt, erfährt, dass sie eine rechtswidrige Tat begangen hat, hat den Täter nicht auf frischer Tat betroffen und hat auch von niemandem, der das getan hat, davon erfahren. Er darf die Person nicht selbst verfolgen, muss sich vielmehr mit einer Nachricht an die Strafverfolgungsbehörden begnügen. Der **Festnehmende** braucht

---

55 AK/*Krause* 6; KK/*Schultheis* 10.
56 Vgl. OLG Stuttgart OLGSt StPO § 127 Nr. 3 mit Anm. *Paeffgen* NStZ **1991** 425.
57 Vgl. *Meincke* 61, 72, 78, 80 (der auf eine Frist von 24 Stunden abstellen will).
58 Vgl. *Paeffgen* NStZ **1991** 425.
59 Vgl. RGSt **65** 394; OLG Stuttgart OLGSt StPO § 127 Nr. 3.
60 Meyer-Goßner/*Schmitt* 5; KK/*Schultheis* 11.
61 Vgl. *Paeffgen* NStZ **1991** 425.
62 SK/*Paeffgen* 14a; KK/*Schultheis* 12.
63 OLG Hamburg GA **1964** 342; Meyer-Goßner/*Schmitt* 6; KK/*Schultheis* 12.
64 Vgl. RGSt **30** 388.
65 *Eb. Schmidt* Nachtr. I 11.
66 Vgl. RGSt **30** 388.
67 Vgl. RGSt **58** 226.
68 *Borchert* JA **1982** 342; *Schubert* 45; KK/*Schultheis* 13.

nicht der erste Verfolger zu sein. Es genügt, wenn er von ihm oder einem weiteren Zwischenmann mit Verfolgungsmaßnahmen beauftragt worden ist.[69]

Das Gesetz kennt **keine zeitliche Begrenzung** der Festnahmebefugnis. Die unmittelbar nach der Entdeckung der frischen Tat begonnene und ununterbrochen andauernde Verfolgung kann bis zur Festnahme des Täters fortgesetzt werden. Für den Fall der Verfolgung ist die frische Tat der **Ausgangspunkt**; eine zeitliche Begrenzung für das Ende der Verfolgung ist dem Begriff nicht zu entnehmen.[70] Die Festnahmebefugnis hängt in diesem Fall davon ab, dass die **Verfolgung** auf die noch frische Tat hin **begonnen** worden ist. Wird jemand Stunden nach der Tat durch einen Beobachter unterrichtet, kann er den Täter nicht mehr auf frischer Tat verfolgen. 20

2. Festnahmegründe. Wer auf frischer Tat betroffen oder verfolgt wird, kann aus zwei Gründen festgenommen werden: (a) weil er der Flucht verdächtig ist, d.h. mit dem Ziel der Anwesenheitssicherung,[71] oder (b) weil seine Identität nicht sofort festgestellt werden kann. Die beiden Gründe werden nicht, wie das in § 112 Abs. 2 und § 112a Abs. 1 geschieht, als Haftgründe bezeichnet, und stimmen auch nicht mit diesen überein (Rn. 23, 24); sie entsprechen ihnen jedoch in ihrer **begrenzenden Bedeutung.** 21

Keine Berechtigung zur Festnahme verleiht Verdunkelungsgefahr,[72] Wiederholungsgefahr – jedermann ohnehin nicht erkennbar – oder Ungehorsam gegen Ladungen (§ 230 Abs. 2, § 236, § 329 Abs. 4 Satz 1). Auch darf der Beschuldigte nicht etwa deshalb festgenommen werden, weil er den beleidigt, der seine Person feststellen will.[73] Wenn seine Identität feststeht, ist es unzulässig, den Beschuldigten festzunehmen, um ihn alsbald zu vernehmen[74] oder um den Erfolg einer Durchsuchung sicherzustellen.[75] 22

a) Fluchtverdacht. Dieser ist nach zutreffender h.M. **nicht** identisch mit der – für „jedermann" in der Tat- bzw. Festnahmesituation mangels Kenntnis der persönlichen Verhältnisse des Betroffenen (Verfolgten) und dessen konkreter Straferwartung ohnehin nicht einschätzbaren – **Fluchtgefahr** i.S. des § 112 Abs. 2 Nr. 2,[76] (zu diesem Begriff vgl. LR/*Lind* § 112, 48). Daher ist nicht auf das objektive Vorliegen einer solchen abzustellen, sondern auf die Einschätzung des Festnehmenden, der aufgrund konkreter Umstände eine schnelle Entscheidung zu treffen hat. Demgemäß ist Fluchtverdacht anzunehmen, wenn der Festnehmende nach den erkennbaren Umständen, namentlich dem Verhalten des Täters, unter Berücksichtigung allgemeiner (und spezieller eigener) Erfahrung vernünftigerweise davon ausgehen muss, der auf frischer Tat Betroffene – bei Verfolgung wird der Schluss ohne weiteres gezogen werden können – werde sich dem Strafverfahren durch Flucht entziehen, wenn er nicht alsbald festgehalten wird; subjektiv muss der Festnehmende davon überzeugt sein.[77] Aus der Entstehungsgeschichte der Vor- 23

---

69 Vgl. RGSt **60** 69.
70 Vgl. aber *Meincke* 78 (Festnahme binnen 24 Stunden).
71 BayObLG NStZ-RR **2002** 336.
72 BGH VRS **40** (1971) 106.
73 OLG Celle GA **53** (1906) 302.
74 BGH NJW **1962** 1021; BayObLGSt **1956** 192; OLG Schleswig NJW **1956** 1570.
75 Vgl. RGSt **15** 358.
76 **A.A.** LR/*Wendisch*[24] 20, 21; *Naucke* NJW **1968** 1225; *Ranft* 780; *Scheel* SchlHA **1967** 137.
77 H.M., vgl. BGH MDR **1970** 196; VRS **38** 115; **40** 104; bei *Kusch* NStZ **1992** 27 (kein Fluchtverdacht, wenn *bekannter* Täter sich vom Tatort entfernt, um in seine nahegelegene Wohnung zu gehen); BayObLG NStZ-RR **2002** 336; SSW/*Herrmann* 24; *Joecks* 7; AK/*Krause* 9; Graf/*Krauß* 6; AnwK/*Lammer* 7; SK/*Paeffgen* 15a; *Pfeiffer* 5; HK/*Posthoff* 11; Meyer-Goßner/*Schmitt* 10; KK/*Schultheis* 16; Radtke/Hohmann/*Tsambikakis* 7; *Beulke* 236; *Borchert* JA **1982** 344; *Kramer* 61; *Kühne* 451; *Schlüchter* 250; *Eb. Schmidt* Nachtr. I 12; (z.T. nicht auf die konkreten Umstände des Falles, sondern nur auf die allg. Erfahrung abstellend).

schrift[78] lässt sich kein Argument für die Richtigkeit der Auffassung ableiten, die auch hier das objektive Vorliegen von Fluchtgefahr verlangt. Für sie spricht – abgesehen vom unterschiedlichen Wortlaut von § 112 Abs. 2 Nr. 2 (Flucht*gefahr*) und § 127 Abs. 1 (Flucht*verdacht*) – angesichts der Sonderstellung von Absatz 1 im Haftrecht des 9. Abschnitts (s. Rn. 3) auch nicht das systematische Argument gleicher Interpretation beider Normen oder die Gefahr, dass Privatpersonen leicht die Grenze der Festnahmebefugnis überschreiten könnten, so dass ihre Befugnis eher enger zu begrenzen wäre als die der Strafverfolgungsorgane.[79] Denn angesichts des Umstandes, dass Letztere über eine andere Vorbildung und einen anderen Erkenntnishorizont verfügen als Private, muss entscheidend für die h.M. das oben (Rn. 12) schon genannte Argument sprechen, dass die Interpretation der Mindermeinung auf eine Überforderung der festnehmenden Privatperson hinauslaufen würde.

24 **b) Fehlender Identitätsnachweis.** Die Festnahme ist ferner zulässig, wenn die Identität des Verdächtigen nicht **sofort**, d.h. grundsätzlich augenblicklich und an Ort und Stelle (wegen Abweichungen s. Rn. 26), festgestellt werden kann.[80] Das ist der Fall, wenn der Betroffene in einer Weise, die ernstliche Zweifel ausschließt, nicht ohne Vernehmung oder Nachforschung identifiziert werden kann, z.B. weil er Angaben über seine Person verweigert.[81] Aber auch die Namensangabe kann ungenügend sein, wenn keine Möglichkeit besteht, sie nachzuprüfen.[82]

25 Ist der **Name** eines ortsansässigen Betroffenen **bekannt**, besteht grundsätzlich kein Recht, diesen (zur Identitätsfeststellung) festzunehmen,[83] doch kann in großstädtischen Verhältnissen die Festnahme berechtigt sein, wenn nur der Familienname, nicht aber der Vorname und die Anschrift bekannt sind.[84] Denn die Identität ist nur dann festgestellt, wenn mit Hilfe bekannter oder nachgewiesener Angaben der Beschuldigte später zur Verantwortung gezogen werden kann. Die Identifizierung eines Verdächtigen durch einen Dritten reicht in der Regel selbst dann nicht aus, wenn dieser sich ausweisen kann;[85] ausnahmsweise, wenn die Angaben des Dritten als unbedingt zweifelsfrei erscheinen, gilt Gegenteiliges.[86]

26 Können die **Angaben**, etwa bei großem Verkehr, bei Unruhen, weil – ernstlich und konkret – Störungen zu erwarten sind, wegen Dunkelheit, **nicht** auf der Straße **nachgeprüft** werden, oder sind die vorgelegten Ausweise nicht zweifelsfrei, so kann der Verdächtige zum nächsten Polizeirevier verbracht werden.[87] Dass die Feststellung später oder durch einen anderen wahrscheinlich möglich sein wird, steht der Festnahme nicht entgegen.[88] Daher braucht der Festnehmende, wenn der Verdächtige ein **Kraftfahrzeug** benutzt, sich nicht damit zu begnügen, das Kennzeichen festzustellen.[89] Denn damit allein kann der Nachweis, wer das Fahrzeug benutzt hat, nicht mit Sicherheit geführt

---

78 Vgl. dazu *Borchert* JA **1982** 338; AK/*Krause* 9; LR/*Wendisch*[24] 20, 21.
79 So aber LR/*Wendisch*[24] 21.
80 Meyer-Goßner/*Schmitt* 11; KK/*Schultheis* 17; *Schlüchter* 250; vgl. auch OLG Stuttgart NJW **1984** 1694.
81 Vgl. RGSt **21** 10.
82 Vgl. RGSt **27** 199; KK/*Schultheis* 17; s. auch BayObLG NStZ-RR **2002** 336 (Anwesenheitssicherung wegen Fluchtgefahr auch bei Abgabe des Führerscheins); *Krüger* NZV **2003** 220.
83 Vgl. RGSt **67** 353.
84 OLG Hamburg MDR **1964** 778; KK/*Schultheis* 18.
85 Vgl. RGSt **72** 300; Meyer-Goßner/*Schmitt* 11; KK/*Schultheis* 17; **a.A.** OLG Celle GA **53** (1906) 302.
86 Vgl. OLG Hamm NStZ-RR **2009** 271; LR/*Hilger*[26] 23; AK/*Krause* 10; SK/*Paeffgen* 16.
87 Vgl. RG JW **1925** 1000; AK/*Krause* 10; KK/*Schultheis* 18.
88 BayObLG LZ **1928** 1408.
89 OLG Schleswig NJW **1953** 275; KG VRS **16** (1959) 113; *Krüger* NZV **2003** 220; **a.A.** OLG Schleswig NJW **1984** 1470.

werden. Wenn der Verdächtige dagegen ein **öffentliches**, nach Fahrplan verkehrendes, **Verkehrsmittel** führt, wird eine Anfrage bei der Leitung des Verkehrsbetriebs regelmäßig zur Identifizierung führen. Der theoretisch gleichwohl nicht völlig auszuschließende Beweisverlust ist so gering, dass er jedenfalls bei leichteren Straftaten hingenommen werden muss. Es widerspricht dem Grundsatz der Verhältnismäßigkeit, eine Straßenbahn anzuhalten, um den Ausweis des Fahrers einzusehen, wenn dieser etwa die Stoßstange eines Kraftwagens verbeult hat.[90]

3. Festnahmeberechtigte. Die Befugnis zur Festnahme nach Absatz 1 hat **jedermann**, also auch ein Ausländer oder Minderjähriger; eine Altersgrenze besteht nicht.[91] 27
Eine persönliche Beziehung des Festnehmenden zu der Tat ist nicht erforderlich. Er braucht also nicht der Verletzte oder damit beauftragt zu sein, dessen Interessen wahrzunehmen.[92] Mehrere Personen dürfen bei Verfolgung und Festnahme – auch ohne Absprache – zusammenwirken.[93] Privatdetektive und private Ordnungsdienste haben keine weitergehenden Befugnisse als die des Absatzes 1 und die damit verbundenen Möglichkeiten (Rn. 44ff.). Jedermann ist **auch** ein **Polizeibeamter**,[94] der das Recht zur Festnahme *Fluchtverdächtiger* – anders als die Befugnis nach Absatz 2 – auch außerhalb seines Amtsbezirks wahrnehmen kann.[95] Zur Identitätsfeststellung durch Polizeibeamte s. Rn. 30.

Die **Festnahmeberechtigung** eines Privaten **endet**, wenn die öffentliche Gewalt, in 28
der Regel die Polizei, selbst einschreitet und damit das Handeln des Privaten *für sie* überflüssig macht.[96] Gegen ihren Willen kann ein Privater nicht tätig werden.[97] Nimmt die anwesende Polizei einen Verdächtigen nicht fest, ist ein Privater nicht befugt, das von sich aus zu tun.

4. Identitätsfeststellung. Aus der Befugnis, den auf frischer Tat Betroffenen oder 29
Verfolgten vorläufig festzunehmen, wenn seine Identität nicht sofort festgestellt werden kann, ergibt sich grundsätzlich auch für **jedermann** die Berechtigung, den Betroffenen (oder Verfolgten) zum Zwecke der Identitätsfeststellung anzuhalten, nach seinen Personalien (Name, Vorname, Geburtsdatum und -ort, auch nach seiner Wohnanschrift) zu befragen und ihn aufzufordern, sich auszuweisen. Auch wird er die (kurzzeitige) Aushändigung des Ausweispapiers zum Zwecke der Einsichtnahme verlangen und die sich daraus ergebenden Personalien zur Weitergabe an die Ermittlungsbehörden notieren oder eine Fotografie des Dokuments anfertigen dürfen. Die **Durchsuchung** der Person oder der von ihr mitgeführten Sachen nach Personalpapieren gestattet § 127 Abs. 1 jedermann dagegen **nicht**. Kann die Identität des nicht fluchtverdächtigen Betroffenen (Verfolgten) mit den jedermann zu Gebote stehenden Mitteln (Befragung, Einsicht in freiwillig ausgehändigte Ausweispapiere) nicht sofort und an Ort und Stelle zweifelsfrei geklärt werden, darf er nach Absatz 1 von jedermann vorläufig festgenommen (für wei-

90 H.M.
91 *Karamuntzos* 17.
92 Vgl. RGSt **12** 194.
93 KK/*Schultheis* 20.
94 H.M., vgl. auch RGSt **46** 351 (für einen vom Jagdberechtigten bestellten Jagdaufseher als Hilfsbeamten der Staatsanwaltschaft); *Pewestorf* JA **2009** 43 (Überblick über den Meinungsstand zur Geltung des Jedermannrechts bei Amtsträgern).
95 Enger SK/*Paeffgen* 18 (grundsätzlich nur innerhalb des jeweiligen Bundeslandes, es sei denn, es ist gesetzlich anderes vorgesehen); s. dort auch wegen grenzüberschreitenden Tätigwerdens.
96 Meyer-Goßner/*Schmitt* 7; KK/*Schultheis* 21.
97 Einschränkend SK/*Paeffgen* 18 für den Fall offensichtlicher Pflichtverletzung.

tergehende polizeiliche Maßnahmen zur Identitätsfeststellung zum nächsten Polizeirevier verbracht oder bis zum Eintreffen der alarmierten Polizei festgehalten) werden.

30 Jedermann ist grundsätzlich auch ein **Beamter des Polizeidienstes** (Rn. 27) und ein Staatsanwalt. Die Feststellung der Identität des Betroffenen (Verfolgten) durch diese Beamten bestimmt sich aber gemäß Absatz 1 Satz 2 nach dem – für die Identitätsfeststellung bei *jedem* Verdächtigen geltenden – **§ 163b Abs. 1.** Wird eine Person also von einem Beamten des Polizeidienstes oder einem Staatsanwalt auf frischer Tat betroffen oder verfolgt (und gestellt), ist diesem über die vorbeschriebenen Jedermannsrechte (Rn. 29) hinaus nach § 127 Abs. 1 Satz 2 i.V.m. § 163b Abs. 1 Satz 2 und 3 – unter Beachtung des Verhältnismäßigkeitsgrundsatzes – das Festhalten der Person, ihre Durchsuchung und die der von ihr mitgeführten Sachen sowie die Durchführung erkennungsdienstlicher Maßnahmen gestattet, wenn die Identität sonst nicht oder nur unter erheblichen Schwierigkeiten festgestellt werden kann; das Recht, die Person festzuhalten, umfasst auch die Möglichkeit des unfreiwilligen Verbringens zur polizeilichen Dienststelle.[98] Vgl. zu den Einzelheiten die Erl. zu den §§ 163b, 163c.[99] Damit stehen den Beamten des Polizeidienstes **weitergehende Maßnahmen** zur Identitätsfeststellung (Durchsuchung; erkennungsdienstliche Behandlung) offen als jedermann nach Absatz 1; die Befugnis zur Festhaltung des (nicht fluchtverdächtigen) Betroffenen und zu seiner Verbringung zur nächsten Polizeidienststelle nach § 163b Abs. 1 Satz 2 tritt dabei an die Stelle des Jedermannrechts zur vorläufigen Festnahme. Im Übrigen (Festnahme wegen Fluchtverdachts) bleibt es jedoch (auch) für die Beamten des Polizeidienstes und der Staatsanwaltschaft bei der Berechtigung zur vorläufigen Festnahme nach Absatz 1 Satz 1 als jedermann (s. Rn. 27), wobei sie auch außerhalb ihres Amtsbezirks tätig werden können.

III. Festnahme bei Gefahr im Verzug (Absatz 2)

1. Voraussetzungen

31 **a) Gefahr im Verzug** liegt vor, wenn die Festnahme gefährdet wäre infolge der Verzögerung, die eintreten würde, falls zuvor ein richterlicher Haft- oder Unterbringungsbefehl erwirkt werden müsste. Dabei kommt es nicht auf eine – kaum feststellbare – objektive Gefahr an, sondern allein darauf, ob der Beamte bei seinem Einschreiten aufgrund **pflichtgemäßer Prüfung** der gesamten tatsächlichen Umstände des Einzelfalles als wahrscheinlich annehmen kann, der Festnahmeerfolg sei gefährdet.[100]

32 Grundsätzlich ist auch hier die – zu § 105 ergangene, aber im Wesentlichen auch für andere gesetzliche Fälle der Gefahr in Verzug geltende[101] – **Rechtsprechung des BVerfG**[102] zu beachten. Denn es geht auch und gerade bei der Festnahme nach Absatz 2 um einen schwerwiegenden Grundrechtseingriff (Art. 2 Abs. 2 GG) und die **Wahrung des Richtervorbehalts**, wonach grundsätzlich *vor* einer Festnahme eine richterliche Entscheidung (Haft- oder Unterbringungsbefehl) erwirkt werden soll. Demgemäß muss die Inanspruchnahme der strafverfolgungsbehördlichen Eilkompetenz nach Absatz 2 die Ausnahme von der richterlichen Regelkompetenz bleiben. „Gefahr im Verzug" ist ein

98 OLG München Beschl. v. 8.12.2008 – 5 St RR 233/08 – (juris).

99 § 163c ist zwangsläufig anzuwenden – h.M.; vgl. auch AG Tiergarten StV **1988** 438 (keine Befugnis, den Verdächtigen zum Tatort zurückzubringen).

100 Vgl. RGSt **37** 34; **38** 373; SK/*Paeffgen* 26; KK/*Schultheis* 35; *Schlothauer/Weider/Nobis* 133; *Schlüchter* 261.1.

101 Vgl. z.B. *Amelung* NStZ **2001** 342; *Fezer* FS Rieß 107; *Spaniol* FS Eser 473 ff.; Meyer-Goßner/*Schmitt* § 98, 7.

102 BVerfG StraFo **2005** 156; **2001** 154 mit Anm. *Park*. S. auch die Erl. zu § 105.

unbestimmter Rechtsbegriff; der Beamte, der seine Maßnahme auf die Eilkompetenz stützen möchte, hat keinen Beurteilungsspielraum. Einzelfallbezogene Tatsachen, nicht nur abstrakte (theoretische) Erwägungen müssen dafür sprechen, dass bei einem weiteren Zuwarten der Festnahmeerfolg gefährdet wäre. Zur Sicherung einer nachträglichen richterlichen Überprüfung (s.u. Rn. 60ff.) sind zudem alle wesentlichen Umstände des Vorgangs zeitnah zu dokumentieren. Ein tatsächlicher oder rechtlicher Irrtum über das Vorliegen von Gefahr im Verzug macht die Festnahme noch nicht **rechtswidrig**; anders liegt es aber, wenn der **Richtervorbehalt** bewusst oder willkürlich **missachtet** wird.

Liegen die Voraussetzungen eines Haftbefehls vor, dann darf der Polizeibeamte den 33
Fall der Gefahr im Verzug auch **nicht** z.B. dadurch **selbst herbeiführen**, dass er, ohne einen Haftbefehl erwirkt zu haben, den Beschuldigten vernimmt und dadurch einen latenten Entschluss zur Flucht oder zur Verdunkelung zu einer aktuellen Gefahr macht, der nur durch die sofortige Festnahme nach Absatz 2 begegnet werden kann. Dazu wurde bisher die Auffassung vertreten, ein solches Vorgehen des Beamten, sei er versehentlich oder absichtlich so verfahren, habe auf sein Recht zur Festnahme gleichwohl keinen Einfluss – der Umstand, dass er durch frühere Fehler oder Pflichtwidrigkeiten die Gefahr mitverursacht habe, müsse außer Betracht bleiben.[103] Diese Auffassung kann nach der neueren Rechtsprechung des BVerfG (s. Fn. 102) jedenfalls für die Fälle nicht mehr vertreten werden, in denen die Strafverfolgungsbehörden die Verzugslage vorsätzlich oder grob fahrlässig herbeigeführt und dadurch den Richtervorbehalt gezielt oder leichtfertig unterlaufen haben; bloßes ungeschicktes Verhalten eines Polizeibeamten, das zur Entstehung der Gefahrenlage beigetragen hat, macht die Festnahme nach Absatz 2 dagegen nicht rechtswidrig.[104]

Hat der Richter den **Erlass** eines Haftbefehls **abgelehnt**, schließt das die vorläufige 34
Festnahme nach § 127 Abs. 2 wegen derselben Straftat nur dann nicht aus, wenn die vormaligen Ablehnungsgründe durch neu eingetretene oder bekannt gewordene Umstände ausgeräumt sind.[105]

b) Voraussetzungen eines Haft- oder Unterbringungsbefehls. Die vorläufige 35
Festnahme ist nur dann zulässig, wenn neben Gefahr im Verzug die Voraussetzungen eines Haft- oder Unterbringungsbefehls vorliegen.[106] Damit ist die vorläufige Festnahme nach Absatz 2 fest mit § 112, § 112a, § 113 und § 126a verzahnt. Im Gegensatz zu Absatz 1 ist im Fall des Absatzes 2 die Festnahme deshalb auch wegen **Verdunkelungs- und Wiederholungsgefahr** zulässig. Die Verdunkelungsgefahr kann den Umständen (in Angriff genommene Vernichtung von Beweismitteln, in die Wege geleitete Reise zu dem Hauptbelastungszeugen), die Wiederholungsgefahr auch z.B. polizeilichen Akten entnommen werden. Die Vorschrift erlaubt nicht die Festnahme zur Durchführung von Maßnahmen gemäß den §§ 81a, 81b.[107] Zu § 127b s. dort Rn. 3, 6, 17.

Die Formulierung „**Voraussetzungen eines Haftbefehls**" kommt außer in Absatz 2 36
noch in § 127a Abs. 1 und in § 132 Abs. 1 sowie – in der Wendung „Voraussetzungen für den Erlass eines Haftbefehls" – in § 112a Abs. 2 vor, doch ist an keiner dieser Stellen gesagt, worin diese Voraussetzungen bestehen. Sie können aber § 112 Abs. 1 entnommen

---

103 Vgl. BGHSt **3** 243; KK/*Schultheis* 35; s. auch SK/*Paeffgen* 26 – krit. gegen BGH NJW **1990** 1188; *Paeffgen* NStZ **1992** 533; *Fezer* JR **1991** 85; *Geppert* Jura **1990** § 127, 2; *Nelles* StV **1992** 385.
104 Vgl. BGH wistra **2010** 231 (zu § 105).
105 LG Frankfurt a.M. NStZ **2008** 592; Meyer-Goßner/*Schmitt* 19; KK/*Schultheis* 37, vgl. auch BVerfG NStZ **2015** 529 (zu § 105).
106 Vgl. auch AG Offenbach StV **1991** 153; *Bohnert* GA **1995** 468.
107 KG GA **1979** 225; KK/*Schultheis* 34.

werden, der bestimmt, unter welchen Voraussetzungen Untersuchungshaft angeordnet, mithin ein Haftbefehl nach § 114 erlassen werden darf, und bestehen demgemäß aus den materiellen Voraussetzungen der Untersuchungshaft einschließlich der Verhältnismäßigkeit zwischen Untersuchungshaft und der zu erwartenden Sanktion (§ 112 Abs. 1 Satz 2; § 120 Abs. 1 Satz 1 2. Hs.; vgl. LR/*Lind* Vor § 112, 60 ff.; § 112, 15, 105 ff.).

37 Die materiellen **Voraussetzungen der Untersuchungshaft** sind in § 112, § 112a und § 113 aufgeführt. Sie bestehen aus dringendem Tatverdacht, dem Haftgrund und der Verhältnismäßigkeit.[108] Die vorläufige Festnahme nach Absatz 2 ist auch zulässig, wenn neue Tatsachen im Sinne von § 116 Abs. 4 vorliegen, die einen Widerruf der Vollzugsaussetzung erwarten lassen und Gefahr im Verzug besteht,[109] so dass die richterliche Entscheidung nicht abgewartet werden kann; die erstgenannte Prognose wird für Polizeibeamte häufig schwierig sein, es sei denn z.B., die Fluchtabsicht ist offensichtlich.[110] Die **Voraussetzungen eines Unterbringungsbefehls** ergeben sich aus § 126a; dazu gehört auch die Verhältnismäßigkeit (§ 126a, 12).

38 **2. Festnahmeberechtigte.** Festnahmeberechtigt sind die Staatsanwaltschaft und die Beamten des Polizeidienstes (s. die Erl. Vor § 158), mithin die Personenkreise, die auch zur Vollstreckung richterlicher Haft- und Unterbringungsbefehle berufen sind.

39 Der Ausdruck **Staatsanwaltschaft** umfasst die Bundesanwälte, die Staatsanwälte und die Amtsanwälte einschl. ihrer Beförderungsstufen. Bundesanwälte sind auch die bei der Bundesanwaltschaft beschäftigten (Ober-)Staatsanwälte sowie die mit staatsanwaltschaftlichen Aufgaben befassten – im Abordnungsverhältnis tätigen – Planrichter und nichtstaatsanwaltschaftlichen Beamten, Staatsanwälte auch die mit der Wahrnehmung staatsanwaltschaftlicher Aufgaben beauftragten Richter auf Probe, Amtsanwälte auch die mit der Wahrnehmung amtsanwaltschaftlicher Aufgaben beauftragten Referendare (§ 142 Abs. 3 GVG)[111] und Beamten des gehobenen Dienstes. Die **Amtsanwälte** sind festnahmeberechtigt nicht nur im Umfang ihrer Zuständigkeit nach den Anordnungen der Landesjustizverwaltungen über Organisation und Dienstbetrieb der Staatsanwaltschaft (OrgStA), sondern in allen Sachen, die zur Zuständigkeit des Amtsgerichts (§ 24 GVG) gehören (§ 142 Abs. 2 GVG), doch wird sich der Amtsanwalt in den ihm nach jenen Verfügungen nicht zugewiesenen Sachen der Anordnung einer Festnahme zu enthalten haben, wenn nicht Gefahr im Verzug in der Weise vorliegt, dass nicht nur kein Richter, sondern auch kein Staatsanwalt zu erlangen ist. Die **Finanzbehörde**, die das Ermittlungsverfahren aufgrund des § 386 Abs. 2 AO selbstständig durchführt, nimmt nach § 399 Abs. 1 AO die Rechte und Pflichten wahr, die der Staatsanwaltschaft im Ermittlungsverfahren zustehen. Finanzbehörden i.S. dieser Bestimmungen sind das Hauptzollamt, das Finanzamt und das Bundesamt für Finanzen (§ 386 Abs. 1 Satz 2 AO). Ihren Beamten steht mithin die Festnahmebefugnis nach Absatz 2 zu.

40 **Beamte des Polizeidienstes** sind alle Polizeibeamten (Schutzpolizei, einschl. Wasserschutz- und Bereitschaftspolizei, und Kriminalpolizei), nicht nur die Beamten derjenigen Klassen, die nach § 152 Abs. 2 GVG als Ermittlungspersonen der Staatsanwaltschaft bezeichnet worden sind.[112] Ermittlungspersonen der Staatsanwaltschaft, die **nicht Polizeibeamte** sind, fallen nicht unter Absatz 2, doch ist einzelnen Klassen von ihnen in anderen Gesetzen die Befugnis zur Verhaftung und vorläufigen Festnahme ausdrücklich

108 S. LR/*Lind* § 112, 15.
109 SK/*Paeffgen* § 116, 29; Meyer-Goßner/*Schmitt* § 116, 30; KK/*Schultheis* § 116, 34.
110 Vgl. auch Meyer-Goßner/*Schmitt* § 116, 30.
111 OLG Düsseldorf JMBlNW **1965** 103.
112 KK/*Schultheis* 39; *Schlüchter* 261.1; *Eb. Schmidt* Nachtr. I 14.

beigelegt worden. So haben die Zollfahndungsämter und die mit der Steuerfahndung betrauten Dienststellen der Landesfinanzbehörden sowie ihre Beamten nach § 404 AO dieselben Rechte und Pflichten wie die Behörden und Beamten des Polizeidienstes nach den Vorschriften der StPO; ihre Beamten sind Ermittlungspersonen der Staatsanwaltschaft. Zur Strafverfolgung durch die **Bundespolizei** vgl. §§ 12, 39 BPolG. Zur vorläufigen Festnahme von Soldaten wegen eines Dienstvergehens vgl. § 21 WDO. Privatdetektive und private Ordnungsdienste sind keine Polizeibeamten nach Absatz 2[113] (Rn. 27). Auch Soldaten der Marine sollen zur **Festnahme von Piraterieverdächtigen** auf Hoher See nur nach Absatz 1 Satz 1 berechtigt sein; die Anwendung von Absatz 2 auf sie wird verneint.[114]

In der Sitzung kann das Gericht die vorläufige Festnahme wegen einer dort begangenen Straftat verfügen (§ 183 Satz 2 GVG). 41

IV. Festnahme

1. Begriff. Unter den Voraussetzungen der Absätze 1 und 2 sind die dort genannten Personen befugt, den einer Straftat (dringend) Verdächtigen vorläufig festzunehmen, d.h. ihm zur Sicherung der Strafverfolgung einstweilig die Freiheit zu entziehen. Die (vorläufige) Festnahme ist ein Realakt.[115] Jede Einwirkung, die über die Frage nach Namen und Anschrift und die Einsicht in freiwillig vorgelegte Ausweise hinausgeht und eine tatsächliche **Entziehung der Fortbewegungsfreiheit** bewirkt,[116] ist Festnahme. Sie liegt also namentlich vor, wenn jemand zum Polizeirevier mitgenommen wird, damit dort seine Personalien festgestellt werden.[117] 42

2. Form. Die Festnahme unterliegt keiner besonderen Form.[118] Sie braucht nicht ausdrücklich als solche bezeichnet zu werden; eine unrichtige Bezeichnung ist unschädlich, denn entscheidend ist allein, ob die Festnahmevoraussetzungen vorliegen.[119] Der Festnehmende kann, namentlich wenn sonst der beabsichtigte Erfolg gefährdet wäre, davon absehen, sowohl die Festnahme[120] als auch eine dazu etwa erforderliche Gewaltanwendung[121] anzukündigen. Die vorgenommene Handlung muss jedoch dem Verdächtigen als eine Festnahme erkennbar sein.[122] Hierzu wird regelmäßig die – zumindest schlüssige – Aufforderung an ihn erforderlich sein, zur nächsten Polizeiwache mitzukommen oder das Eintreffen alarmierter Polizeikräfte vor Ort abzuwarten und sich nicht zu entfernen.[123] 43

3. Durchführung. Die Festnahme wird regelmäßig durchgeführt durch die **Aufforderung**, dem Festnehmenden zum Richter beim nächsten Amtsgericht oder, was vorzuziehen ist, zur nächsten Polizeistation (§ 128, 10) **zu folgen** oder das Eintreffen alarmierter Polizeikräfte vor Ort abzuwarten und sich nicht zu entfernen. Hat die Aufforderung 44

113 Vgl. RGSt **59** 296; BGH NStZ **2000** 603 mit Anm. *Kargl/Kirsch.*
114 Vgl. *Esser/S. Fischer* ZIS **2009** 771.
115 KK/*Schultheis* 25; AK/*Krause* 12.
116 KK/*Schultheis* 25; AK/*Krause* 12.
117 RGSt **27** 157; h.M.; **a.A.** RG JW **1925** 1000; **1935** 3393; OLG Braunschweig GA **1953** 28.
118 OLG Koblenz VRS **54** (1978) 359; KK/*Schultheis* 25; *Schlüchter* 257.1.
119 BGH NJW **1962** 1020; KK/*Schultheis* 25.
120 OLG Braunschweig HESt **2** 83.
121 BayObLGSt **1959** 38.
122 BayObLGSt **1960** 66.
123 *Schlüchter* 257.1.

keinen Erfolg, ist der Festnehmende befugt, die – unter Beachtung des Prinzips der Verhältnismäßigkeit (s. Rn. 46) zulässigen – zur Vorführung nötigen Mittel, namentlich **Gewalt**, **anzuwenden.**[124] Er darf den Widerstand auch durch unmittelbaren Zwang überwinden.[125] Dazu darf er Handlungen vornehmen, die ohne diese Berechtigung als Freiheitsberaubung, Nötigung und Körperverletzung (leichterer Art) strafbar wären.[126] Körperliche Eingriffe sind jedoch nur insoweit zulässig, als sie mit dem Festnahmevorgang selbst unmittelbar verbunden sind (z.B. Verursachung von Schmerzen und Blutergüssen durch festes Zupacken beim Festhalten oder Anspringen und zu Fall bringen des fliehenden Verdächtigen). Kann der Festnehmende den Verdächtigen nicht alsbald zum Richter beim nächsten Amtsgericht oder zur Polizei bringen, darf er ihn **vor Ort**, aber auch in einem Privatzimmer **festhalten**, bis die herbeigerufene Polizei eintrifft.[127] Die Vorschrift gestattet nur, die Fortbewegungsfreiheit aufzuheben, erlaubt aber sonst weiter keine Einschränkung.[128] Namentlich gestattet Absatz 1 dem Privaten nicht die Durchsuchung der Person des Verdächtigen;[129] Staatsanwaltschaft und Beamte des Polizeidienstes dürfen dagegen nach Absatz 1 Satz 2 i.V.m. § 163b Abs. 1 unter den dort genannten Voraussetzungen sowohl die Person des Verdächtigen als auch die von diesem mitgeführten Sachen zur Feststellung seiner Identität durchsuchen.

45 Zur **Nachtzeit** kann ohne Beschränkung festgenommen werden,[130] wenn der Festzunehmende außerhalb einer Wohnung, eines Geschäftsraums oder eines befriedeten Besitztums betroffen wird oder diese Örtlichkeit auf Auffordern freiwillig verlässt. Muss, um den Verdächtigen festzunehmen, – am Tag oder zur Nachtzeit – eine **Wohnung** usw. betreten werden, liegt darin eine **Durchsuchung**, die nur unter den Voraussetzungen der §§ 102 bis 104 zulässig ist.[131] Weil sie nach diesen Bestimmungen ein behördlicher Eingriff ist, scheidet sie für Private aus.[132] Wenn der Beschuldigte von einem Beamten des Polizeidienstes (oder einem Staatsanwalt) festgenommen werden soll, nachdem er auf frischer Tat verfolgt worden ist, ist die Durchsuchung auch zur Nachtzeit zulässig (§ 104 Abs. 1). Die Gefahr im Verzug, von der Absatz 2 spricht, braucht nicht dieselbe zu sein, die nach § 104 Abs. 1 (ebenfalls) berechtigt, eine Wohnung zur Nachtzeit zu durchsuchen. Auch wenn ein Polizeibeamter einen Verdächtigen festnehmen muss, ohne vorher einen richterlichen Haftbefehl erwirken zu können, kann durchaus die Möglichkeit bestehen, dass er mit der Festnahme bis zum Tagesanbruch wartet, falls feststeht, dass der Gesuchte sich in der Wohnung aufhält und deren Ausgänge gesichert werden können.

46 **4. Festnahmemittel und Verhältnismäßigkeit.** Der Festnehmende – gleichviel ob Privater oder Beamter des Polizeidienstes oder der Staatsanwaltschaft – kann den Verdächtigen festhalten und dazu fest anpacken; Fesseln und Binden sind in besonderen Fällen, etwa bei Gegenwehr des Festzunehmenden und Verdacht einer erheblichen

---

124 OLG Karlsruhe NJW **1974** 806; BayObLGSt **1959** 38; OLG Stuttgart NJW **1984** 1694; KK/*Schultheis* 27.
125 OLG Koblenz VRS **54** (1978) 358.
126 Vgl. BGH NStZ **2000** 603 mit Anm. *Kargl/Kirsch*; RGSt **12** 197; **34** 446; **65** 392; BayObLG MDR **1986** 956; OLG Stuttgart NJW **1984** 1694; KK/*Schultheis* 27; *Albrecht* 163, 169 ff.; *Boehm* JR **1925** 493; *Hindte* 211 (mit Beispielen); *Meincke* 11; s. auch *Peters* § 47 B I 1 (körperlicher Eingriff nur zulässig, soweit unmittelbar mit der Festnahme verbunden).
127 KG JR **1971** 30.
128 RG DJZ **1905** 219. Z.B. sind Beleidigungen (beleidigende Drohungen) unzulässig – vgl. BayOblGSt **33** (1934) 42.
129 Meyer-Goßner/*Schmitt* 12; KK/*Schultheis* 30; KMR/*Wankel* 10; *Krüger* NZV **2003** 219; Rn. 29.
130 RGSt **40** 67.
131 RGSt **31** 308; AK/*Krause* 16; SK/*Paeffgen* 22; KK/*Schultheis* 30; *Eb. Schmidt* Nachtr. I 5; **a.A.** RGSt **40** 67.
132 Allg. M.

Straftat, auch dem Privaten erlaubt.[133] Der Festzunehmende kann auch gezwungen werden, in ein Kraftfahrzeug zu steigen.[134] Doch ist dem Festnehmenden darüber hinaus, anders als bei der Notwehr, nicht jedes Mittel gestattet. Vielmehr muss die mit den angewendeten Mitteln verbundene Rechtsgutverletzung in einem angemessenen **Verhältnis** zu dem angestrebten Zweck der Festnahme stehen.[135] Danach ist es grundsätzlich unzulässig, die Gesundheit des Festzunehmenden ernsthaft zu beschädigen oder sein Leben zu gefährden.[136]

Dem **Privaten** ist es grundsätzlich verboten, auf einen Fliehenden, auch nur mit 47
Schrot, zu schießen.[137] Mit Schießen zu drohen[138] und ein Warnschuss bleiben erlaubt; eine Belästigung der Allgemeinheit durch einen solchen Schuss (keinesfalls aber eine Gefährdung) muss hingenommen werden.[139] Die Rechtsprechung ist im Wesentlichen an Fällen entwickelt worden, in denen die Tat geringfügig war. Sie soll nach einer – abzulehnenden – Mindermeinung daher nicht ohne weiteres auf die Festnahme bei schweren Verbrechen übertragbar sein. Das angemessene Verhältnis, in dem die angewendeten Mittel zu dem Festnahmezweck stehen sollen, sei auch in Beziehung zu der verübten Rechtsgutverletzung zu suchen. Daher könne auch ein privater Dritter nach Entdeckung eines beendeten Mordes den flüchtigen Täter mit der Schusswaffe an der Flucht hindern, sofern er alle Sorgfalt anwende, ihn nicht zu töten.[140] § 32 StGB (Rn. 5) bleibt auch hier vorbehalten.

Ist der Festnehmende ein **Beamter** des Polizeidienstes oder der Staatsanwaltschaft, 48
so beantwortet sich die Frage, welche Handlungen er zum Zwecke der Festnahme vornehmen darf, nach den für diesen Fall für seine Beamtengruppe erlassenen besonderen Vorschriften.[141] Da die StPO nur das „Ob" der Festnahme regelt, nicht jedoch, welche Zwangsmittel etwa die Polizei dazu einsetzen darf, ist der Rückgriff auf die Präventivgesetze des Bundes und der Länder praktisch unvermeidlich, auch wenn dies – insbesondere hinsichtlich des angewendeten Landesrechts – verfassungsrechtlich umstritten und zumindest nicht unbedenklich ist.[142] Danach kann einem Beamten – wenn auch in engen

133 Vgl. RGSt **17** 128; KK/*Schultheis* 27; *Schlüchter* 257.2; vgl. auch *Hansen* Die Polizei **1990** 137 ff.
134 OLG Braunschweig HESt **2** 83.
135 Vgl. RGSt **65** 394; BayObLG MDR **1986** 956 (Ausschluss nur bei Missverhältnis); OLG Koblenz VR **2009** 32; OLG Stuttgart NJW **1984** 1694; SK/*Paeffgen* 21; Meyer-Goßner/*Schmitt* 16; KK/*Schultheis* 28 (wie BayObLG); vgl. auch BayObLG NStZ **1988** 518; AK/*Krause* 13; *Albrecht* 163 ff.; *Hindte* 210 ff. (mit Beispielen); *Kühne* 456; **a.A.** *Arzt* FS Kleinknecht 1 ff.
136 Vgl. BGH NStZ **2000** 603 mit Anm. *Kargl/Kirsch* (lebensgefährliches Würgen); RGSt **34** 446; BayObLG NStZ **1988** 518; *Ranft* 784; *Rüping* 246; h.M.; zu Recht krit. begrenzend *Hirsch* 225 (unter Hinweis auf BGH NStZ-RR **1998** 50 und NStZ **2000** 603).
137 Vgl. RGSt **65** 394; **69** 312; **71** 52; **72** 306; BGH NStZ-RR **1998** 50 (keine unverhältnismäßige Gefährdung durch Schüsse); **a.A.** KG GA **69** (1925) 288. S. auch BGH JR **2000** 297 mit Anm. *Ingelfinger* (polizeirechtlicher Schusswaffengebrauch, Schüsse nicht auf zentrale Bereiche des Körpers).
138 Vgl. RGSt **12** 197; **65** 394; s. auch *Krey* (DStrvr) 537.
139 BayObLGSt **2** 387.
140 Vgl. BGH bei *Holtz* MDR **1979** 985; KK/*Schultheis* 28; KMR/*Wankel* 11; LR/*Wendisch*[24] 29 und LR/*Hilger*[25] 29 (aufgegeben in der 26. Aufl.); **a.A.** – zu Recht – (und unbeschadet der Rechte aus § 32 StGB) die h.M., z.B.: AK/*Krause* 14; AnwK-StPO/*Lammer* 10; SK/*Paeffgen* 21; Meyer-Goßner/*Schmitt* 15; LK/*Rönnau* Vor § 32 StGB, 269; *Schönke/Schröder/Lenckner* Vor § 32 StGB, 82; *Albrecht* 174; *Arzt* FS Kleinknecht 12; *Borchert* JA **1982** 344; *Fezer* I 6/58; *Gössel* § 6 A II b); *Hindte* 212; *Hirsch* 225 (eingehend und zutreffend begründet); *Kargl* NStZ **2000** 14; *Schlüchter* 257.2; *Eb. Schmidt* Nachtr. I 25.
141 OLG Karlsruhe Justiz **2011** 221; OLG Koblenz VRS **54** (1978) 358.
142 Eingehend und krit. insbesondere zu den verfassungsrechtlichen Fragen SK/*Paeffgen* 23, 27 ff.; s. auch BGH JR **2000** 297 mit Anm. *Ingelfinger*; BayObLGSt **1988** 518 (Verletzung eines Flüchtigen/Verhältnismäßigkeit) mit Anm. *Molketin* NStZ **1989** 488; KK/*Schultheis* 40; *Schmidt/Schöne* 218.

Grenzen[143] – der Gebrauch von Schusswaffen weitergehend als einem Privaten erlaubt sein.[144] Die Einzelheiten regeln die Polizeigesetze bzw. die Gesetze des Bundes und der Länder über die Anwendung unmittelbaren Zwangs;[145] sie gestatten den Schusswaffengebrauch nur in besonders gelagerten Fällen. Die aus seinem Amt erwachsenen Befugnisse hat der Beamte jedoch nur, wenn er die sachlichen[146] und örtlichen Grenzen seines Amtes einhält. Die allgemeinen strafrechtlichen Rechtfertigungsgründe (insbes. §§ 32, 34 StGB) stehen auch dem Polizeibeamten zu.[147]

49 Der als jedermann (Absatz 1 Satz 1) Festnehmende darf dem Verdächtigen in Durchführung der Festnahme zur Anwesenheitssicherung nach h.M. **Sachen wegnehmen**, die ihm die Fortbewegung erleichtern,[148] namentlich den Zündschlüssel des von ihm benutzten Kraftfahrzeugs oder das von ihm mitgeführte Fahrrad. Auch soll er sich darauf beschränken dürfen, ihm solche Sachen wegzunehmen, die es ermöglichen, den Beschuldigten zu identifizieren, wenn er ihn nicht festzunehmen vermag.[149] Das gilt jedoch nur für Sachen, die der Täter bei sich führt, nicht für solche, die er in seiner Wohnung oder an anderer Stelle verwahrt.[150] Da Absatz 1 den Privaten (auch) nicht zur Durchsuchung der Person des Verdächtigen (insbesondere nach Ausweispapieren) ermächtigt, kommt dies namentlich in Betracht, wenn ihm von dem Betroffenen (Verfolgten) freiwillig Personalpapiere ausgehändigt worden sind, die er einbehält, wenn er den Verdächtigen nicht daran hindern kann oder will, sich vom Ort zu entfernen, namentlich weil dies nur unter Anwendung von Gewalt möglich wäre und das Einbehalten der (freiwillig herausgegebenen) Personalpapiere insoweit das mildere Mittel zur Sicherstellung der Strafverfolgung darstellt. Der private Festnehmende soll dem Verdächtigen auch Beweisstücke abnehmen dürfen, derer er sich zu entäußern sucht.[151]

50 **5. Weiteres Verfahren.** Wegen des **weiteren Verfahrens** nach der vorläufigen Festnahme s. Rn. 57 f. (Freilassung) und die Erl. zu § 128.

V. Strafantrag, Ermächtigung (Absatz 3)

51 **1. Grundsatz.** Prozesshindernisse, wozu auch fehlende Prozessvoraussetzungen zählen, stehen jeder Prozesshandlung entgegen. § 130 macht hiervon, freilich sprachlich unzulänglich, eine Ausnahme.[152] Absatz 3 dehnt die Ausnahme, im Gegensatz zu § 130 sprachlich korrekt, auf die vorläufige Festnahme aus.[153] Danach ist die vorläufige Festnahme bei Antrags- und Ermächtigungsdelikten schon zulässig, **ehe** ein **Strafantrag** oder ein Strafverlangen **gestellt** oder eine Ermächtigung erteilt ist. Bei **Antragsdelikten**

---

143 BGH JR **2000** 297 mit Anm. *Ingelfinger* (kein Schuss auf zentrale Körperbereiche); OLG Karlsruhe Justiz **2011** 221.
144 Vgl. RGSt **72** 305; RG Recht **1926** 344; OLG Karlsruhe Justiz **2011** 221.
145 BayObLG NStZ **1988** 518 mit Anm. *Molketin* NStZ **1989** 488; SK/*Paeffgen* 23; KK/*Schultheis* 33, 40; vgl. auch BGHSt **26** 99 (Schusswaffengebrauch gegen einen Entwichenen); BGHSt **35** 379 (Schusswaffengebrauch im Grenzdienst); BGH JR **2000** 297 mit Anm. *Ingelfinger*; *Benfer* MDR **1993** 828; *Schlüchter* 261.2, 261.3; Rn. 44.
146 Vgl. RGSt **66** 340.
147 OLG Karlsruhe Justiz **2011** 221; SK/*Paeffgen* 33; KK/*Schultheis* 41.
148 OLG Saarbrücken NJW **1959** 1191; KK/*Schultheis* 29; **a.A.** SK/*Paeffgen* 21.
149 Vgl. RGSt **8** 291; RG GA **50** (1903) 392; KG GA **70** (1926) 12; OLG Düsseldorf HESt **1** 270; *Schlüchter* 257.3; **a.A.** SK/*Paeffgen* 21; *Albrecht* 181 ff.; *Hindte* 213; *Eb. Schmidt* Nachtr. I 26.
150 OLG Celle GA **37** (1889) 377.
151 Vgl. RGSt **8** 291; KK/*Schultheis* 29; *Schlüchter* JR **1987** 309; **a.A.** AK/*Krause* 16; SK/*Paeffgen* 21.
152 S. auch LR/*Lind* § 114, 7.
153 *Geerds* – LV Vor § 112 – 238 Fn. 3.

ist die vorläufige Festnahme also auch zulässig, wenn (noch) offen ist, ob ein Strafantrag gestellt werden wird; sie wird – bei absoluten Antragsdelikten – unzulässig, wenn sich als sehr wahrscheinlich abzeichnet oder gar feststeht, dass der Berechtigte, von mehreren Berechtigten jeder von ihnen,[154] den Strafantrag nicht stellen wird.[155] Gleiches gilt, wenn ein wirksamer Strafantrag nicht mehr gestellt werden kann. Dieser Ausnahme kommt für Absatz 1 kaum Bedeutung zu. Denn bei frischer Tat wird dem Festnehmenden kaum je bekannt sein, dass Antragsberechtigte auf ihr Antragsrecht verzichten wollen.[156]

2. Antragsdelikte[157] des Strafgesetzbuches sind z.B. Hausfriedensbruch (§ 123 Abs. 2 StGB); sexueller Missbrauch von Jugendlichen (§ 182 Abs. 5 StGB); exhibitionistische Handlungen (§ 183 Abs. 2 StGB); Beleidigung und Verunglimpfung des Andenkens Verstorbener (§ 194 StGB); Verletzung der Vertraulichkeit des Wortes, des höchstpersönlichen Lebensbereichs durch Bildaufnahmen, des Briefgeheimnisses, des Datengeheimnisses, von Privatgeheimnissen sowie die Verwertung fremder Geheimnisse (§ 205 StGB); vorsätzliche („einfache") und fahrlässige Körperverletzung (§ 230 StGB); Haus- und Familiendiebstahl (§ 247 StGB); Diebstahl und Unterschlagung geringfügiger Sachen (§ 248a StGB); unbefugter Gebrauch eines Fahrzeugs (§ 248b Abs. 3 StGB); Entziehung elektrischer Energie (§ 248c Abs. 3 und 4 Satz 2 StGB); gewisse Fälle der Begünstigung (§ 257 Abs. 4 StGB), der Hehlerei (§ 259 Abs. 2 StGB), des Betruges und Computerbetruges (§§ 263 Abs. 4, 263a Abs. 2 StGB) und der Untreue (§ 266 Abs. 2 StGB); Vereiteln der Zwangsvollstreckung (§ 288 Abs. 2 StGB); Pfandkehr (§ 289 Abs. 3 StGB); Fälle der Wilderei (§ 294 StGB); Sachbeschädigungen (§ 303c StGB); gewisse Fälle des Vollrauschs (§ 323a Abs. 3 StGB); Verletzung des Steuergeheimnisses (§ 355 Abs. 3 StGB). Nur in wenigen Fällen dieser Straftaten wird Untersuchungshaft erwogen werden, so dass die Vorschrift für vorläufige Festnahmen nach Absatz 2 nur von geringer Bedeutung ist. Diese wird noch dadurch gemindert, dass z.B. im Falle des § 183 Abs. 2 StGB; bei Körperverletzungen (§ 230 StGB); bei Diebstahl, Unterschlagung, Begünstigung, Hehlerei, Betrug und Untreue, die sich auf geringwertige Sachen beziehen (§ 248a StGB), sowie bei Sachbeschädigungen (§ 303c StGB) die Staatsanwaltschaft auch (gänzlich) ohne Strafantrag von Amts wegen einschreiten kann. 52

3. Ermächtigung und Strafverlangen.[158] Als Strafsachen, die nur auf **Ermächtigung** zu verfolgen sind, kommen im Strafgesetzbuch in Betracht: Verunglimpfung des Bundespräsidenten (§ 90 Abs. 4 StGB); verfassungsfeindliche Verunglimpfung von Verfassungsorganen (§ 90b Abs. 2 StGB); Preisgabe von Staatsgeheimnissen (§ 97 Abs. 3 StGB); Straftaten gegen ausländische Staaten (§ 104a StGB); Bildung (bestimmter) krimineller und terroristischer Vereinigungen im Ausland (§ 129b Abs. 1 Satz 3 StGB); Beleidigung von Gesetzgebungsorganen und politischen Körperschaften (§ 194 Abs. 4 StGB); Vertrauensbruch im auswärtigen Dienst (§ 353a Abs. 2 StGB); Verletzung des Dienstgeheimnisses und einer besonderen Geheimhaltungspflicht (§ 353b Abs. 4 StGB). Das Strafgesetzbuch kennt als Straftaten, die nur auf **Strafverlangen** (und zusätzlich mit Ermächtigung der Bundesregierung) verfolgt werden, solche gegen ausländische Staaten (§ 104a StGB). 53

---

154 OLG Celle *Alsb.* E **1** 271.
155 Ähnlich KK/*Schultheis* 44; AK/*Krause* 23.
156 *Geerds* – Vor § 112 – 238 Fn. 4; 247 Fn. 46.
157 Weitere Beispiele bei LK/*Schmid* Vor § 77 StGB, 4 ff. und § 77 StGB, 25 ff.
158 Vgl. auch LK/*Schmid* § 77e StGB, 1; *Geerds* GA **1982** 237 ff., 245.

VI. Informations-, Belehrungs- und Benachrichtigungspflichten (Absatz 4)

54 **1. Bedeutung. Absatz 4** stellt klar, dass die für die Verhaftung (Vollstreckung eines Haftbefehls nach § 114) geltenden Bestimmungen über die Informations-, Belehrungs- und Benachrichtigungspflichten in den **§§ 114a bis 114c** auf die vorläufige Festnahme von Beschuldigten durch Staatsanwaltschaft oder Beamte des Polizeidienstes (§ 127 Abs. 2 und als „jedermann" zur Anwesenheitssicherung gem. Absatz 1 Satz 1) und das Festhalten zum Zwecke der Identitätsfeststellung (§ 127 Abs. 1 Satz 2 i.V.m. § 163b Abs. 1) **entsprechend anwendbar** sind. Damit wurde den Forderungen des CPT entsprochen,[159] die sich vor allem auf die vorläufige Festnahme bezogen, weshalb die Pflichten insbesondere hier bedeutsam sind.[160] Wegen der Einzelheiten s. die Erläuterungen zu den §§ 114a bis 114c. Inhaltlich ist die **Verweisung** auf die §§ 114a bis 114c **zu weit** geraten: Sie geht ins Leere, soweit § 114a Regelungen enthält, die sich auf einen bestehenden Haftbefehl beziehen. Betreffend § 114a Satz 1 und 3 hat die Verweisung folglich keinen substanziellen Gehalt.[161]

55 **2. Zeitpunkt.** Die Mitteilung der Verdachts- und Festnahmegründe „bei" der vorläufigen Festnahme setzt nicht Gleichzeitigkeit voraus, weil eine solches Vorgehen tatsächlich nicht zu erfüllen ist. Im Hinblick auf das im Gesetz mehrfach verankerte Erfordernis der Unverzüglichkeit ist die Information vielmehr **unmittelbar nach dem Aussprechen der vorläufigen Festnahme**, ohne jede Verzögerung durch weitere, aufschiebbare Handlungen der festnehmenden Person, durchzuführen.[162] Mit ihr darf nicht etwa bis zur Verbringung auf die Polizeidienststelle oder gar bis zur Vernehmung zugewartet werden.[163] Etwas anderes wird etwa gelten, wenn der Beschuldigte nicht aufnahmefähig oder renitent ist.[164]

56 Bei einer zunächst von einem **Privaten** vorgenommenen vorläufigen Festnahme (Absatz 1 Satz 1) gelten die Pflichten ab dem Zeitpunkt der Übergabe des Festgenommenen an die Polizei bzw. Staatsanwaltschaft.[165]

VII. Freilassung[166]

57 **1. Absatz 1.** Hat eine **Privatperson** gemäß **Absatz 1 Satz 1** den auf frischer Tat Betroffenen (Verfolgten) vorläufig festgenommen, so **kann** sie dies – weil keine Strafverfolgungspflicht besteht – **jederzeit**, auch ohne Grund, rückgängig machen. Anderenfalls hat sie den Festgenommenen und/oder die ihm ggf. weggenommenen Sachen (Rn. 49) unverzüglich den Strafverfolgungsbehörden, namentlich den zum Ort alarmierten Polizeibeamten oder, nachdem sie sich mit dem Betroffenen (Verfolgten) und/oder den Sachen dorthin begeben hat, dem Richter bei dem nächsten Amtsgericht oder den Beamten der nächsten Polizeidienststelle, zu übergeben[167] und diesen die zur Identität getroffenen Feststellungen (Rn. 29) mitzuteilen; dies hat so zu geschehen, dass die Frist des § 128 Abs. 1 eingehalten werden kann. Eine **Pflicht zur sofortigen Freilassung** besteht, wenn

---

159 S. LR/*Lind* § 114a, 1; § 114b, 1 f.
160 *Weider* StV **2010** 102.
161 *Bittmann* JuS **2010** 512.
162 *Bittmann, Weider* jeweils aaO.
163 Zur mitunter abweichenden Praxis vgl. *Brocke/Heller* StraFo **2010** 1.
164 *Weider* StV **2010** 102.
165 AnwK-UHaft/*König* 12.
166 Vgl. hierzu auch § 128, 5 ff.
167 Vgl. RGSt **29** 136; **67** 298.

die Festnahmegründe erkennbar entfallen sind, weil die Identität des Betroffenen (Verfolgten) zweifelsfrei geklärt oder ein zunächst bestehender Fluchtverdacht ausgeräumt ist. Entsprechendes gilt, wenn ein **Polizeibeamter oder Staatsanwalt** gemäß Absatz 1 Satz 1 (Rn. 27) wie eine Privatperson, also ohne Strafverfolgungspflicht (vgl. die Erl. zu den § 152, 160, 163), tätig geworden ist. Zu Absatz 1 Satz 2 vgl. die Erl. zu den §§ 163b, 163c.

2. Absatz 2. Nach einer Festnahme gemäß Absatz 2 ist eine Freilassung **nicht** jederzeit und auch ohne Grund (Rn. 57), sondern nur in den durch das Legalitätsprinzip gezogenen Grenzen (vgl. die Erl. zu den §§ 152, 160, 163) zulässig; eine Befugnis zur Freilassung kann sich also aus § 127a ergeben. Zur Pflicht, getroffene Maßnahmen aufzuheben, gilt das Rn. 57 und zu § 128, 5ff. Gesagte. Hat ein Polizeibeamter oder Staatsanwalt eine Maßnahme gemäß **Absatz 1 Satz 1** in Ausübung seiner **Strafverfolgungspflicht** getroffen oder ist ihm der von einem Privaten vorläufig Festgenommene übergeben worden, so gelten die vorstehenden Ausführungen. 58

VIII. Rechtsschutz; Entschädigung

1. Rechtsschutzsystem des Haftrechts. Wird der Beschuldigte nach Absatz 2 vorläufig festgenommen und soll die Festnahme andauern, so regelt sich das weitere Verfahren nach § 128; es geht in das **Rechtsschutzsystem des Haftrechts** über.[168] Gleiches gilt, wenn jemand nach Absatz 1 Satz 1 festgenommen und den Strafverfolgungsbehörden übergeben (Rn. 57) wird. Zum Rechtsschutz bei Maßnahmen gemäß § 163b in Verbindung mit Absatz 1 Satz 2 vgl. die Erl. zu § 163b. Dem Festgenommenen stehen auch die Möglichkeiten der Strafanzeige, der Dienstaufsichtsbeschwerde und der Amtshaftungsklage (§ 839 BGB, Art. 34 GG) zu, wenn er eine Rechtswidrigkeit der Festnahme geltend machen will. 59

2. Feststellung der Rechtswidrigkeit. Streitig war die Frage, ob und wie ein nach Absatz 2 vorläufig Festgenommener die Nachprüfung der Maßnahme erreichen kann, wenn er ohne Vorführung vor den Richter (§ 128) wieder freigelassen wird. Nach einer älteren Auffassung[169] war eine gerichtliche Nachprüfung erledigter Maßnahmen grundsätzlich ausgeschlossen. Die neuere **h.M.**, der schon aus verfassungsrechtlichen Gründen zu folgen ist, lässt zu Recht – im Wesentlichen im Hinblick auf Art. 19 Abs. 4 GG – die Nachprüfung grundsätzlich zu.[170] Diese erfolgt **in analoger Anwendung des § 98 Abs. 2**[171] bis zur Erhebung der öffentlichen Klage (und nach Abschluss des Strafverfahrens) durch den Ermittlungsrichter (§ 162), danach durch das mit der Sache befasste Gericht. Diese Lösung ist derjenigen, die den Rechtsweg nach § 23 EGGVG für eröffnet ansehen will,[172] vorzugs- 60

---

168 *Rieß/Thym* GA **1981** 206.

169 LR/*Wendisch*[24] 45 m.w.N.; vgl. auch *Rieß/Thym* GA **1981** 200; krit. dagegen OLG Karlsruhe Beschl. v. 9.8.1996 – 2 VAs 14/96.

170 S. die Erl. Vor § 304 und zu § 304; vgl. auch BVerfGE **96** 44; BVerfG StV **1999** 295; **2000** 321; NStZ-RR **2004** 252; StraFo **2006** 20; NJW **2005** 1855; **2006** 427; OLG Celle NStZ-RR **2003** 177; AG Hannover StV **2006** 321 (Feststellung der Rechtswidrigkeit der Dauer).

171 Vgl. BGHSt **28** 57; **37** 79; BGH (Ermittlungsrichter) StV **1981** 597; OLG Celle StV **1985** 137; OLG Karlsruhe GA **1988** 34; Beschl. v. 9.8.1996 – 2 VAs 14/96 (Vorlagebeschluss); AK/*Krause* 22; Meyer-Goßner/*Schmitt* 23; KK/*Schultheis* 48; *Schlüchter* 182; *Amelung* NJW **1979** 1687; *Fezer* Jura **1982** 18; *Gössel* GA **1977** 28; *Greiner* MDR **1981** 547; *Peters* JR **1972** 300; **1973** 341; *Rieß/Thym* GA **1981** 189, 203ff.; s. auch *Rieß* ZRP **1981** 101; **a.A.** *K. Meyer* FS Schäfer 119, 124, 126ff.

172 Vgl. OLG Celle StV **1982** 513; KG NStZ **1986** 135; OLG Nürnberg StV **1988** 372; SK/*Paeffgen* 36; *Flieger* MDR **1981** 19; s. auch OLG Karlsruhe NStZ **1995** 48; **a.A.** *K. Meyer* FS Schäfer 119, 124 (bzgl. des Beschuldigten). Vgl. auch die Erl. zu § 23 EGGVG.

würdig,[173] denn sie gewährleistet die von Verfassungs wegen zu fordernde klare und einheitliche Überprüfungsregelung.[174] Dementsprechend erfolgt auch die Überprüfung der **Art und Weise der Durchführung** der Maßnahme gemäß § 98 Abs. 2 (analog).[175]

61 Voraussetzung einer solchen nachträglichen richterlichen Überprüfung ist ein fortbestehendes **Rechtsschutzinteresse** des Betroffenen. Dies dürfte im Hinblick auf die Schwere des Grundrechtseingriffs einer vorläufigen Festnahme,[176] auch wenn sie nur wenige Stunden dauerte, in der Regel zu bejahen sein,[177] insbesondere wenn sie von Dritten bemerkt wurde und damit möglicherweise geeignet war, das Ansehen des Betroffenen in einer breiteren Öffentlichkeit[178] oder auch nur in seiner Nachbarschaft zu beeinträchtigen. Anderes mag gelten, wenn dem Rechtsschutzinteresse des Betroffenen bereits in anderer Weise genügt wurde, etwa über eine hinreichend rehabilitierende Erklärung der Strafverfolgungsbehörden.

62 Die gerichtliche Entscheidung kann mit der **Beschwerde** (§ 304) angefochten werden. Die weitere Beschwerde ist dagegen ausgeschlossen, weil es sich bei der vorläufigen Festnahme nicht um eine Verhaftung i.S.d. § 310 Abs. 1 handelt.[179]

63 **3. Entschädigung.** Die vorläufige Festnahme nach **Absatz 2** ist als andere Strafverfolgungsmaßnahme gem. § 2 Abs. 2 Nr. 2 StrEG entschädigungsfähig, wenn der von ihr Betroffene freigesprochen, das Verfahren gegen ihn eingestellt oder die Eröffnung des Hauptverfahrens gegen ihn durch das Gericht abgelehnt wird. Da die genannte Norm abschließend aufzählt, welche Strafverfolgungsmaßnahmen zu einer Entschädigungspflicht des Staates führen können, ist die – auch zwangsweise durchgeführte – Zuführung zur Identitätsfeststellung nach § 127 Abs. 1 Satz 2 i.V.m. § 163b Abs. 1 nicht entschädigungsfähig.[180] Gleiches gilt für die vorläufige Festnahme nach Absatz 1 Satz 1.

64 Rechtswidrige Festnahmen begründen – unabhängig von einem Verschulden des Festnehmenden – nach **Art. 5 Abs. 5 EMRK** einen Schadensersatzanspruch gegen den Staat,[181] und zwar gegen die öffentlich-rechtliche Körperschaft, in deren Bereich die Festnahme erfolgt ist.[182] Der Anspruch kann nur im Zivilrechtsweg geltend gemacht werden.[183] S. auch die Erl. zu Art. 5 Abs. 5 EMRK.

IX. Sonstiges

65 **1. Verdächtiger Kraftfahrer.** Die Anwendung des § 127 im Straßenverkehr wirft zahlreiche, schwierige Probleme auf. Hier wird eine vorläufige Festnahme nach Absatz 1 durch **Private** (allein auf der Grundlage des sichtbaren Tatgeschehens – Rn. 10) nur selten möglich sein. Dies gilt insbesondere für die Gefährdungsstraftaten nach den §§ 315 ff. StGB. So wird z.B. eine Privatperson mit der Feststellung alkoholbedingter Fahruntüch-

---

173 BGHSt **44** 171 m.w.N.
174 Vgl. BVerfGE **96** 44.
175 Meyer-Goßner/*Schmitt* 23; KK/*Schultheis* 48; *Pfeiffer* 12; **a.A.** noch BGHSt **28** 206; **37** 79.
176 Vgl. BGHSt **44** 173; s. auch BVerfG StraFo **2005** 503.
177 Vgl. auch BGHSt **28** 58; BGH (Ermittlungsrichter) StV **1981** 597; OLG Celle StV **1982** 513; KG NStZ **1986** 135; OLG Karlsruhe GA **1988** 34; OLG Nürnberg StV **1988** 372; *Spaniol* FS Eser 473 ff.; KMR/*Wankel* 15.
178 Vgl. BGH (Ermittlungsrichter) StV **1981** 597; **a.A.** noch BGHSt **37** 82.
179 OLG Frankfurt NStZ-RR **2010** 22.
180 Vgl. KG StRR **2013** 42.
181 Vgl. auch SK/*Paeffgen* 37; KK/*Schultheis* 49.
182 *Pfeiffer* 13.
183 OLG München NStZ-RR **1996** 125.

tigkeit eines Verkehrsteilnehmers häufig überfordert sein, es sei denn, es liegen offensichtlich schwere alkoholbedingte Ausfallerscheinungen vor.[184]

Die Durchführung einer Blut-Alkohol-Untersuchung ist kein Festnahmegrund nach § 127;[185] die Anordnungen nach § 81a, auch die der Staatsanwaltschaft und ihrer Ermittlungspersonen, können aber von den Beamten des Polizeivollzugsdienstes zwangsweise durchgesetzt, der Beschuldigte kann zu diesem Zweck auch festgehalten und gegen seinen Willen zum nächsten geeigneten und bereiten Arzt verbracht werden. **66**

Aus dem jedermann zustehenden Recht, die Identität des auf frischer Tat Betroffenen oder Verfolgten festzustellen, und, wenn dies an Ort und Stelle nicht möglich ist, ihn gemäß Absatz 1 dazu oder – bei Fluchtverdacht – zur Anwesenheitssicherung (auch bei bekannter Identität) festzunehmen, folgt, dass der Festnehmende die Fortbewegung des Verdächtigen verhindern darf. Das wirft besondere Fragen auf, wenn der Verdächtige zur Fortbewegung ein Kraftfahrzeug auf öffentlichen Straßen benutzt. Ist der Verdächtige gestellt, kann er durch Wegnahme des Zündschlüssels an der Flucht gehindert werden[186] (Rn. 49). Muss er noch gestellt werden, ist es grundsätzlich zulässig, Hindernisse zu bereiten, die es ihm unmöglich machen, weiter zu fahren.[187] Dabei ist aber sowohl eine Gefährdung des Straßenverkehrs[188] als auch regelmäßig eine solche des Flüchtigen zu vermeiden.[189] Nicht gerechtfertigt durch § 127 ist deshalb in der Regel eine Verfolgungsjagd (erhebliche Geschwindigkeitsüberschreitung) mit dem Auto, um einen Autofahrer zu stellen, der ein Verkehrsdelikt begangen hat.[190] Außerdem ist es in der Regel nicht zulässig, eine belebte Straße,[191] auf jeden Fall eine Autobahn, wegen einer nur geringfügigen Tat zu sperren.[192] Doch müssen die anderen Verkehrsteilnehmer Belästigungen auf sich nehmen.[193] Auch hier dürfen indessen einzelne Entscheidungen **nicht verallgemeinert** werden. Was nicht angemessen ist, wenn jemand verfolgt wird, der nur einer geringfügigen Tat verdächtig ist, kann geboten sein, wenn ein Kraftfahrer gestellt werden soll, der nach einem von ihm verursachten schweren Unfall die Flucht ergriffen hat. Versucht er, den Verfolger rücksichtslos abzuschütteln und gefährdet er ihn dabei, so ist es erlaubt, auch ihn zu gefährden.[194] Andere dürfen allerdings nicht in Gefahr gebracht werden, müssen aber hinnehmen, dass sie belästigt und in schweren Fällen auch behindert werden. **67**

2. Privatklagedelikte. Untersuchungshaft und einstweilige Unterbringung sind im Privatklageverfahren ausgeschlossen;[195] ein – wegen der Art dieser Delikte ohnehin nur ausnahmsweise in Betracht zu ziehender – Haft- oder Unterbringungsbefehl gegen den eines Privatklagedeliktes[196] (dringend) Verdächtigen kann folglich nur ergehen, wenn **68**

---

184 BGH GA **1974** 177; OLG Zweibrücken NJW **1981** 2016; AK/*Krause* 4; SK/*Paeffgen* 12; KK/*Schultheis* 31. S. auch *Marxen* FS Stree/Wessels 705.
185 Meyer-Goßner/*Schmitt* 8; s. auch die Erl. zu § 81a.
186 OLG Saarbrücken NJW **1959** 1191; s. auch BayObLG NStZ-RR **2002** 336.
187 OLG Hamburg HRR **1928** 1401.
188 OLG Hamm VRS **16** (1959) 136; **23** (1962) 453; KG VRS **17** (1959) 359; OLG Oldenburg VRS **23** (1962) 275.
189 BayObLG NStZ **1988** 518 mit Anm. *Molketin* NStZ **1989** 488; OLG Frankfurt VerkMitt. **1959** 72; OLG Schleswig NJW **1953** 275; KK/*Schultheis* 32.
190 OLG Jena VRS **94** (1998) 459.
191 BayObLG LZ **1928** 1408.
192 OLG Celle NdsRpfl. **1958** 98.
193 OLG Düsseldorf VRS **9** (1955) 217.
194 KK/*Schultheis* 32; enger *Schlüchter* 257.3 (nur unter den Voraussetzungen der §§ 32, 35 StGB).
195 S. LR/*Lind* Vor § 112, 102.
196 S. die abschließende Aufzählung in § 374 Abs. 1.

die Staatsanwaltschaft das öffentliche Interesse (§ 376) an der Verfolgung der Tat ausdrücklich bejaht hat, unzweifelhaft also dann, wenn sie nach Abschluss der Ermittlungen die öffentliche Klage erhoben oder die Verfolgung der Tat nach Eingang der Privatklage bei einem zuständigen Gericht (in Änderung ihrer ursprünglichen Einschätzung nachträglich) gemäß § 377 Abs. 2 übernommen hat. Da die vorläufige Festnahme nach Absatz 2 die Vollstreckung eines noch nicht erlassenen Haftbefehls vorwegnimmt (s. Rn. 2), ist auch sie in diesen Fällen – bei Vorliegen ihrer Voraussetzungen (s. Rn. 31 ff.) – zulässig. Aber auch dann, wenn die Staatsanwaltschaft – der bei der Entscheidung gem. § 376 ein Beurteilungsspielraum zusteht und die zu ihrer Vorbereitung Ermittlungen im vorbereitenden Verfahren (§§ 160 ff.) anstellen kann – noch nicht über das öffentliche Interesse im Sinne dieser Vorschrift entschieden hat, also (noch) offen ist, ob die Tat von Amts wegen verfolgt wird, ist die **vorläufige Festnahme** wegen eines Privatklagedeliktes sowohl nach Absatz 1 – und zwar zur Identitätsfeststellung und bei Fluchtverdacht – als auch nach Absatz 2 **zulässig.**[197]

69 Die Festnahme nach **Absatz 1 Satz 1** ist auf die Sicherung der Einleitung eines strafprozessualen Ermittlungsverfahrens – hierzu ist die Staatsanwaltschaft nach § 160 (auch) bei Bekanntwerden des Verdachts eines Privatklagedeliktes zur Vorbereitung ihrer Entschließung darüber, ob ein öffentliches Interesse an der Verfolgung der Tat besteht und daher die öffentliche Klage zu erheben ist, verpflichtet – gegen den auf frischer Tat Betroffenen (oder Verfolgten) gerichtet (s. Rn. 3) und ermöglicht damit erst die Entschließung der Staatsanwaltschaft nach § 376, die auf der Grundlage der Erkenntnisse aus dem Ermittlungsverfahren getroffen wird. Auch die Identitätsfeststellung nach § 127 Abs. 1 Satz 2 i.V.m. § 163b Abs. 1 ist daher bereits vor der Entscheidung nach § 376 zulässig.[198] Ist der Betroffene (Verfolgte) wegen bestehenden Fluchtverdachts vorläufig festgenommen und der Polizei übergeben worden und soll die Freiheitsentziehung nach deren Willen fortdauern, ist allerdings im Verfahren nach § 128 unverzüglich zu klären, ob die Staatsanwaltschaft, der diese Entscheidung (ausschließlich) obliegt, das öffentliche Interesse an der Verfolgung der Tat bejaht; erklärt sie dies nicht sofort, ist der Beschuldigte noch vor der Vorführung vor den Richter freizulassen.

70 Dasselbe gilt für vorläufige Festnahmen nach **Absatz 2.** Diese ist – wie der Erlass eines Haft- oder Unterbringungsbefehls – nur zulässig, wenn die Verfolgung der Tat im öffentlichen Interesse liegt. Letzteres ist aber regelmäßig der Fall, wenn die Voraussetzungen für den Erlass eines Haft- oder Unterbringungsbefehls (dringender Tatverdacht, Haftgrund und Verhältnismäßigkeit) vorliegen. Gleichwohl ist noch vor der fristgemäßen Vorführung vor den Richter die ausdrückliche Entscheidung der zuständigen Staatsanwaltschaft diesbezüglich herbeizuführen.

71 **3. Immunität.** Bei **Abgeordneten**[199] steht das **Verfahrenshindernis** der Immunität auch der vorläufigen Festnahme – sie ist Verhaftung i.S.d. Art. 46 Abs. 2 GG – grundsätzlich entgegen,[200] es sei denn, der Abgeordnete wird auf frischer Tat betroffen („bei Begehung der Tat") oder die Festnahme gelingt – im Falle des Absatzes 1 nach Verfolgung auf frischer

---

197 AK/*Krause* 24; HK/*Posthoff* 29; Meyer-Goßner/*Schmitt* 22; KK/*Schultheis* 47; *Geerds* GA **1982** 249; **a.A.** (nach Absatz 1 nur zur Identitätsfeststellung, nach Absatz 2 nur nach Verfolgungsübernahme gem. § 377 Abs. 2) LR/*Hilger*[26] 8; SK/*Paeffgen* 35; *Fezer* I 6/55.
198 So auch SK/*Paeffgen* 35.
199 Zur Immunität der Mitglieder des Europäischen Parlaments s. Nr. 192b RiStBV.
200 H.M.; *Maunz/Dürig/Herzog/Scholz* Art. 46 GG Rn. 50; Meyer-Goßner/*Schmitt* 24; KK/*Schultheis* 46.

Tat – im Laufe des auf die Tat folgenden Tages.[201] Die für die Dauer einer Wahlperiode erteilte Genehmigung zur Durchführung von Ermittlungsverfahren gegen Abgeordnete[202] erlaubt nicht auch deren Festnahme.[203] Diese muss besonders genehmigt werden.

Da regelmäßig (auch) der Abgeordnetenstatus einer auf frischer Tat betroffenen oder verfolgten Person (und das daraus resultierende Prozesshindernis) unbekannt ist, wenn deren Identität nicht sofort festgestellt werden kann, ist die vorläufige Festnahme zur **Feststellung der Identität** (Absatz 1 Satz 1) **uneingeschränkt** ohne entsprechende Genehmigung zulässig.[204] Die vorläufige Festnahme eines Abgeordneten zum Zwecke der Anwesenheitssicherung bei Fluchtverdacht (Absatz 1 Satz 1) und diejenige nach Absatz 2 ist ohne besondere Genehmigung dagegen nur zulässig, wenn die – zeitlichen – Voraussetzungen des letzten Teilsatzes von Art. 46 Abs. 2 GG (Festnahme bei Begehung der Tat oder im Laufe des folgenden Tages) vorliegen. 72

§ 127a
Absehen von der Anordnung oder Aufrechterhaltung der vorläufigen Festnahme

(1) Hat der Beschuldigte im Geltungsbereich dieses Gesetzes keinen festen Wohnsitz oder Aufenthalt und liegen die Voraussetzungen eines Haftbefehls nur wegen Fluchtgefahr vor, so kann davon abgesehen werden, seine Festnahme anzuordnen oder aufrechtzuerhalten, wenn

1. **nicht damit zu rechnen ist, daß wegen der Tat eine Freiheitsstrafe verhängt oder eine freiheitsentziehende Maßregel der Besserung und Sicherung angeordnet wird und**
2. **der Beschuldigte eine angemessene Sicherheit für die zu erwartende Geldstrafe und die Kosten des Verfahrens leistet.**

(2) § 116a Abs. 1 und 3 gilt entsprechend.

Schrifttum

Büttner Zustellungsbevollmächtigte – Zeitbomben im Strafverfahren? DRiZ **2007** 188; *Dünnebier* Sicherstellung der Strafvollstreckung durch Sicherheitsleistung (§ 127a, 132 StPO), NJW **1968** 1752; *Kulhanek* Anklagen mit Zustellungsbevollmächtigtem, NStZ **2015** 495; *Mayer* Die Zustellungsvollmacht im Strafprozessrecht, NStZ **2016** 76; *Plonka* Haftverschonung gem. § 127a StPO oder Sicherheitsleistung gem. § 132? Die Polizei **1973** 145; *ders.* Der Einfluß der Straferwartung auf polizeiliche Entscheidungen im Strafverfahren, Die Polizei **1984** 73; *Seetzen* Zur Verhältnismäßigkeit der Untersuchungshaft, NJW **1973** 2001.

Entstehungsgeschichte

Die durch Art. 2 Nr. 6 EGOWiG vom 24.5.1968 (BGBl. I S. 503) mit Wirkung zum 1.10.1968 in die Strafprozessordnung eingefügte Norm ist mit leichten Änderungen aus der inzwischen außer Kraft getretenen Reichsabgabenordnung übernommen worden, entspricht im Wesentlichen § 434 RAO und ist in der Folge nur geringfügigen redaktionel-

201 Art. 46 Abs. 2 letzter Teilsatz GG. Vgl. auch Nr. 6 der Anlage 6 der Geschäftsordnung des Deutschen Bundestages. S. aber Art. 46 Abs. 4 GG (Aussetzungsverlangen des Bundestages).
202 Vgl. Nr. 192 ff. RiStBV.
203 Vgl. Nr. 7a) der Anlage 6 der Geschäftsordnung des Deutschen Bundestages.
204 Meyer-Goßner/*Schmitt* 24; **a.A.** LR/*Hilger*[26] 4 (auch Festnahme zur Identitätsfeststellung nur bei Begehung der Tat oder im Laufe des folgenden Tages zulässig).

https://doi.org/10.1515/9783110274929-032

len Änderungen unterworfen worden. Mit Wirkung zum25.7.2015[1] hat die Vorschrift – im Kontext der Schaffung einer dem Gesetz zur Modernisierung und Erleichterung der Rechtsanwendung[2] vorangestellten amtlichen Inhaltsübersicht – ihre Überschrift erhalten.

Übersicht

I. Inhalt; Anwendungsbereich

1 Die Vorschrift, die insoweit durch § 132 ergänzt wird, ist eine Ausprägung des Prinzips der **Verhältnismäßigkeit.**[3] Sie ist verwirrenderweise als eine Ausnahme von § 127 eingesetzt, obwohl sie, weil hinter der vorläufigen Festnahme die Untersuchungshaft steht, in erster Linie eine solche von § 112 Abs. 1 Satz 1 bildet. In Bezug auf § 127 kann die Ausnahme sich nur auf dessen Absatz 2 beziehen. Dazu kann auf die Wendung „Voraussetzungen eines Haftbefehls" verwiesen werden, die sich in beiden Bestimmungen findet, nicht aber in § 127 Abs. 1 (der insoweit eine Sonderstellung im neunten Abschnitt der Strafrozessordnung einnimmt, s. § 127, 3). Neben diesem mehr äußerlichen und allein nicht tragfähigen Argument steht jedoch der ausschlaggebende Umstand, dass die Vorschrift unvollständig ist (Wer kann von der Festnahme absehen? Wer bestimmt, ob eine Sicherheit angemessen ist? Wem ist der Zustellungsbevollmächtigte zu benennen?) und nur durch § 127 Abs. 2 vervollständigt werden kann, weil die zur Durchführung des Gesetzes notwendigen Befugnisse nicht in jedermanns (§ 127 Abs. 1) Hand liegen können. Durch die Verbindung mit § 127 Abs. 2 wird einerseits dessen Beziehung zu den §§ 128, 129 gestört, andererseits wird dadurch nicht hinreichend deutlich, dass die Vorschrift regelmäßig ein **Surrogat der Untersuchungshaft** – und nicht der vorläufigen Festnahme – ist. Dieser Ersatz kommt nur in Fällen in Betracht, in denen (kumulativ) die Voraussetzungen des ersten Halbsatzes von Absatz 1 erfüllt sind:

2 **1. Wohnsitz.** Der Beschuldigte darf im Geltungsbereich der StPO keinen festen Wohnsitz oder festen Aufenthalt[4] haben. Die sprachliche Fassung erklärt sich daraus, dass der historische Gesetzgeber die frühere DDR zwar rechtlich weitgehend wie Ausland

---

1 Art. 1 Nr. 13 des Gesetzes zur Stärkung des Rechts des Angeklagten auf Vertretung in der Berufungshauptverhandlung und über die Anerkennung von Abwesenheitsentscheidungen in der Rechtshilfe vom 17.7.2015.

2 BTDrucks. **18** 3562 S. 77.

3 AK/*Krause* 1 (auch Ausdruck des Gleichheitsgedankens im Strafrecht); SK/*Paeffgen* 1; KK/*Schultheis* 1; s. auch BayObLG Rpfleger **1996** 41 und BTDrucks. **V** 2600, 2601; krit. im Hinblick auf die Unschuldsvermutung *Gropp* JZ **1991** 810; dagegen *Meyer* FS Tröndle 65; vgl. auch *Wolter* ZStW **93** (1981) 471 (Verhältnis zu § 113).

4 S. LR/*Lind* § 113, 9; SK/*Paeffgen* 2 (bejaht bei Erwerbstätigkeit in der Bundesrepublik Deutschland, Studienaufenthalt von – mindestens – einem Semester); *Dünnebier* NJW **1968** 1753 (Aufenthalt für eine bestimmt angegebene, auf gewisse Dauer berechnete Zeit; einen Ferien- oder Geschäftsaufenthalt will er dann noch als festen Aufenthalt ansehen, wenn zur Tatzeit für noch mehr als einen Monat ein bestimmtes Quartier fest gemietet ist); vgl. auch LG Frankfurt StV **1988** 381 (Versuch der Wohnsitzaufgabe); LR/*Lind* § 116a, 21; *Rückel* StV **1985** 36; *Ullrich* StV **1986** 268.

behandelt hat, aber nach dem Grundgesetz nicht als Ausland *anerkennen* konnte, deshalb auch nicht vom Inland, sondern vom Geltungsbereich des Gesetzes spricht. Die Bestimmung bezieht sich heute in erster Linie auf (durchreisende) **Ausländer** (mit festem Wohnsitz oder Aufenthalt im Ausland), nach ihrer Entstehungsgeschichte auch auf **Deutsche mit Auslandswohnsitz**.[5]

Es wird vertreten, dass die Vorschrift darüber hinaus (allenfalls) auch für solche 3 Beschuldigte gilt, die ihren früheren Wohnsitz im Ausland aufgegeben oder verloren und in der Bundesrepublik keinen erlangt haben; nach Entstehungsgeschichte und Sinn[6] soll die Vorschrift aber nicht auf Staatsangehörige der Bundesrepublik Deutschland anwendbar sein, die ohne Beziehung zum Ausland nach Aufgabe ihres festen Wohnsitzes oder Aufenthalts sich in der Bundesrepublik „umhertreiben".[7] Dem ist nicht zu folgen: Da § 127a – anders als § 132, der *zu Lasten* des Beschuldigten Maßnahmen zur Sicherung der Strafverfolgung und Vollstreckung zulässt – die Möglichkeit eröffnet, unter bestimmten Voraussetzungen aus Gründen der Verhältnismäßigkeit von einem Freiheitsentzug abzusehen, ist die Vorschrift *zu Gunsten* des Beschuldigten **weit auszulegen** und **auch** auf **nichtsesshaft im Inland lebende Beschuldigte**,[8] gleich welcher Staatsangehörigkeit, anzuwenden. Denn der auf die Sicherung des strafprozessualen Verfahrens gegen den Beschuldigten gerichtete Freiheitsentzug wird in Anwendung der Vorschrift durch mildere, den Beschuldigten weniger belastende Maßnahmen ersetzt, die der Gesetzgeber, dem es allein auf die Erreichbarkeit des Beschuldigten in der Bundesrepublik (und West-Berlin) ankam,[9] für geeignet erachtet hat, den staatlichen Strafanspruch in ausreichendem Maße zu sichern. Der Wortlaut der Vorschrift lässt diese verfassungskonforme Auslegung zu, denn er knüpft ausschließlich an den – die Durchsetzung des staatlichen Strafanspruchs durch Zustellungs- und Vollstreckungsschwierigkeiten behindernden – fehlenden festen Wohnsitz oder Aufenthalt[10] im Bundesgebiet, nicht aber an die Staatsangehörigkeit des Beschuldigten an.[11] **Nicht** angewendet werden kann die Vorschrift aber über ihren Wortlaut hinaus auf Beschuldigte – gleich welcher Staatsangehörigkeit –, die in der Bundesrepublik Deutschland einen festen Wohnsitz oder Aufenthalt haben, auch wenn dieser den Strafverfolgungsbehörden nicht bekannt ist.[12]

---

5 SK/*Paeffgen* 2; *Geppert* GA **1979** 281; **a.A.** (Geltung nur für Ausländer) Meyer-Goßner/*Schmitt* 2.

6 Danach soll der Eingangshalbsatz die Bedeutung von: „Ist der Beschuldigte ein Ausländer ..." haben, nur habe der Ausdruck aus staatsrechtlichen Gründen nicht verwendet werden können. Dies würde aber gegen die Anwendung der Vorschrift auf Deutsche mit Auslandswohnsitz sprechen.

7 So LR/*Hilger*[26] 2, 3 unter Berufung auf SK/*Paeffgen* 2, 10 und Hinweis auf die Reformvorschläge von *Danckert* BRAK-Mitt. **1988** 116 und AK/*Krause* 9; vgl. auch OLG Hamm Beschl. v. 21.12.1982 – 4 Ws 339/82 – (juris); LG Magdeburg NStZ **2007** 544 zu § 132; HK/*Posthoff* 2.

8 Etwa auf „Zirkusleute" oder den Karussellbetreiber, der von Ostern bis Weihnachten mit seinem Fahrgeschäft innerhalb Deutschlands von Jahrmarkt zu Jahrmarkt reist und sich – mit Ausnahme einer Winterpause (in der der Aufenthalt „fest" sein dürfte, wenn er sie in einem ständigen Quartier verbringt) – jeweils nur für wenige Tage an einem Ort aufhält.

9 *Dünnebier* NJW **1968** 1753.

10 Auch dieser muss „fest" sein, d.h. ein tatsächlicher Aufenthalt für eine gewisse Dauer, an dem der Beschuldigte wenigstens für eine bestimmt angegebene Zeit erreichbar ist; das ist nicht der Fall bei Personen, die sich zwar durchgängig im Gebiet der Bundesrepublik Deutschland aufhalten, hier aber an ständig wechselnden Orten.

11 Ebenso (Anwendbarkeit auch auf nichtsesshafte Inländer) KK/*Schultheis* 2 unter Hinweis auf den Gleichbehandlungsgrundsatz; SSW/*Herrmann* 3; AnwK-StPO/*Lammer* 1; Radtke/Hohmann/*Tsambikakis* 1; *Kulhanek* NStZ **2015** 495; *Mayer* NStZ **2016** 80; vgl. auch *Plonka* Die Polizei **1973** 145; *Eb. Schmidt* Nachtr. I 3.

12 So aber *Seetzen* NJW **1973** 2003.

4 **2. Fluchtgefahr.** Es müssen die (materiellen) Voraussetzungen eines Haftbefehls[13] vorliegen, aber **nur** aus dem einen Haftgrund der **Fluchtgefahr** (§ 112 Abs. 1 i.V.m. Abs. 2 Nr. 2).[14] Bei Verdunkelungsgefahr – auch wenn sie neben Fluchtgefahr besteht – findet § 127a mithin keine Anwendung,[15] ebenso nicht, wenn nur die Voraussetzungen des § 112a oder des § 126a vorliegen.[16] Die Untersuchungshaft wird bei zu erwartender Geldstrafe oft wegen des Grundsatzes der **Verhältnismäßigkeit** (§ 112 Abs. 1 Satz 2) ausgeschlossen sein; dann ist ggf. nach § 132 zu verfahren. Immerhin zeigen sowohl die hier behandelte Vorschrift wie auch § 113, dass der Gesetzgeber grundsätzlich selbst bei geringen Strafen die Untersuchungshaft für zulässig hält,[17] wenn der Beschuldigte im Geltungsbereich der Strafprozessordnung keinen festen Wohnsitz hat. Auf keinen Fall aber darf mit Festnahme gedroht werden, wenn nach der Praxis der Gerichte nicht zu erwarten ist, dass Untersuchungshaft verhängt wird. Zur Geltung der Vorschrift bei § 127b s. dort Rn. 23.

II. Voraussetzungen für das Absehen von der Festnahme

5 **1. Strafart (Absatz 1 Nummer 1).** Da die Voraussetzungen eines Haftbefehls (s. § 127, 35 ff.) vorliegen müssen, muss eine Strafe oder eine Maßregel der Besserung und Sicherung (§ 112 Abs. 1 Satz 2) zu erwarten sein. Die Vorschrift erklärt das **Verfahren** aber für **unzulässig**, wenn mit einer **Freiheitsstrafe**[18] oder einer **freiheitsentziehenden Maßregel** der Besserung und Sicherung[19] zu rechnen ist. Jugendarrest (§ 16 JGG) ist ein Zuchtmittel (§ 13 Abs. 2 Nr. 3 JGG) und keine Freiheitsstrafe, so dass die Vorschrift ihrem Wortlaut nach Anwendung finden könnte. Da indessen die mit ihm verbundene Einsperrung wegen ihrer erzieherischen Bedeutung nicht durch eine Sicherheitsleistung abgegolten werden kann, muss er hier wie eine Freiheitsstrafe oder (eher) freiheitsentziehende Maßregel der Besserung (und Sicherung) behandelt werden. Daher findet das Verfahren nicht statt, wenn Jugendarrest zu erwarten ist.[20] Diese Frage ist von geringer praktischer Relevanz, zumal die Möglichkeiten, auf einen jungen Ausländer im Rahmen des Jugendarrests erzieherisch einzuwirken, schon wegen der Sprachschwierigkeiten selten vorliegen, so dass jedenfalls bei durchreisenden Ausländern kaum je mit Jugendarrest zu rechnen ist.

6 Nach alledem ist das **Verfahren zulässig**, wenn **Geldstrafe** (§ 40 StGB), Einziehung (§§ 73 ff. StGB), Fahrverbot (§ 44 StGB) oder Entziehung der Fahrerlaubnis (§ 69 StGB) zu erwarten ist. Das **Fahrverbot** und die Entziehung der Fahrerlaubnis können zwar nicht wie die Geldstrafe durch eine Sicherheit abgegolten werden; daher dürfen sie bei der Bemessung der Sicherheit auch nicht berücksichtigt werden. Auch ist die Eintragung des Fahrverbots oder der Entziehung der Fahrerlaubnis in einen ausländischen Fahrausweis (§ 44 Abs. 3 Satz 3, § 69b Abs. 2 StGB) unmöglich, wenn der Beschuldigte vor der Verurteilung die Bundesrepublik verlässt. Gleichwohl sind die zuständigen Organe befugt, aber nicht verpflichtet, von der Verhaftung auch dann abzusehen, wenn neben Geldstrafe Fahrverbot oder Entziehung der Fahrerlaubnis zu erwarten ist.[21]

---

13 Vgl. § 127, 35 ff.; LR/*Lind* Vor § 112, 81; § 112, 15.
14 S. hierzu LR/*Lind* § 112, 48 ff.
15 SK/*Paeffgen* 3; Meyer-Goßner/*Schmitt* 4; KK/*Schultheis* 3.
16 SK/*Paeffgen* 3; Meyer-Goßner/*Schmitt* 4; KK/*Schultheis* 3.
17 S. aber LR/*Lind* § 112, 62, 63.
18 S. hierzu LR/*Lind* § 124, 10.
19 S. hierzu LR/*Lind* § 124, 12.
20 So auch Graf/*Krauß* 3; SK/*Paeffgen* 4; HK/*Posthoff* 4; Meyer-Goßner/*Schmitt* 5; **a.A.** MüKo/*Böhm*/*Werner* 6 (auch bei zu erwartendem Jugendarrest anwendbar); zum Streitstand SSW/*Herrmann* 6.
21 H.M.; **a.A.** *Eb. Schmidt* Nachtr. II 12.

2. Sicherheitsleistung (Absatz 1 Nummer 2). Liegen die genannten Voraussetzungen vor, kann[22] auch ohne entsprechenden Antrag des Beschuldigten[23] davon abgesehen werden, eine vorläufige Festnahme anzuordnen oder den Freiheitsentzug aufrechtzuerhalten, wenn der Beschuldigte eine angemessene Sicherheit **für die zu erwartende Geldstrafe und die Kosten des Verfahrens** leistet. Die Sicherheitsleistung wird nicht angeordnet oder erzwungen; der Beschuldigte hat die Wahl, ob er Sicherheit leisten oder sich dem Richter vorführen lassen will.[24] 7

a) Art. Wegen der Art der Sicherheit[25] gilt nach Absatz 2 der Norm § 116a Abs. 1 entsprechend. Dort ist – neben der Sicherheitsleistung durch **Hinterlegung von Bargeld oder Wertpapieren**[26] und durch **Pfandbestellung** – auch die **Bürgschaft** „geeigneter Personen" vorgesehen. In Absatz 1 Nummer 2 wird zwar verlangt, dass „der Beschuldigte" die Sicherheit leistet, während § 116 Abs. 1 Nr. 4 ausdrücklich die Leistung einer Sicherheit durch den Beschuldigten „oder einen anderen" zulässt. Durch die Verweisung auf § 116a Abs. 1 kommt aber zum Ausdruck, dass der Gesetzgeber die Sicherheit jedenfalls auch dann als vom Beschuldigten geleistet ansieht, wenn ein anderer für die Zahlung von Geldstrafe und Verfahrenskosten bürgt. In diesem Falle kann der Bürge nach Rechtskraft des auf Geldstrafe lautenden Erkenntnisses unmittelbar in Anspruch genommen werden (Rn. 14). Daher besteht auch kein Anlass, eine Sicherheitsleistung als unzulässig anzusehen, wenn ein anderer als der Beschuldigte sie für diesen durch Hinterlegung oder durch Pfandbestellung erbringt.[27] Als „geeignete Personen" kommen nicht nur natürliche Personen in Betracht, sondern auch Konsulate, Kraftfahrerverbände, Banken, Versicherungsgesellschaften, Reedereiagenturen u.ä.[28] 8

b) Bemessung. Anders als die Sicherheit nach § 116 Abs. 1 Nr. 4, die so zu bemessen ist, dass angenommen werden kann, der Beschuldigte werde lieber das Strafverfahren mit der Hauptverhandlung und den Vollzug einer Freiheitsstrafe hinnehmen als den Verlust der Sicherheit, wobei die bloße Angleichung der Sicherheit an die Höhe einer zu erwartenden Geldstrafe und die Gerichtskosten nicht zulässig ist,[29] wird die hier behandelte Sicherheit für die zu erwartende **Geldstrafe und die Kosten** des Verfahrens gestellt, für die sie nach Rechtskraft der – regelmäßig im Strafbefehlsverfahren ergangenen – verurteilenden Entscheidung in Anspruch genommen wird. Beide Rechnungsposten sind der Bemessung der Sicherheit zugrunde zu legen, und zwar, nach dem klaren Wortlaut des Gesetzes, *allein*. Ihre Höhe ist aufgrund der Strafzumessungspraxis der Spruchkörper zu schätzen.[30] Ist eine Einziehung zu erwarten, kann nach § 111b verfahren werden. 9

3. Zustellungsbevollmächtigter. Nach **Absatz 2** gilt (auch) § 116a Abs. 3 entsprechend. Dieser verpflichtet primär den Beschuldigten, der die Aussetzung des Vollzugs 10

---

22 Nach der Rspr. des EGMR zu Art. 5 Abs. 3 Satz 2 EMRK ist das „kann" eher als „ist" zu verstehen.
23 Zu § 127a h.M.; vgl. SK/*Paeffgen* 6; HK/*Posthoff* 5; KK/*Schultheis* 6; *Dünnebier* NJW **1968** 1754: Es genügt, wenn der Beschuldigte durch Leistung der Sicherheit sein Einverständnis mit dem Verfahren zeigt; dies kann ihm vorher von Amts wegen angeboten worden sein.
24 SK/*Paeffgen* 7; HK/*Posthoff* 8; KK/*Schultheis* 7.
25 S. LR/*Lind* § 116a, 5ff.
26 Auch in/auf Fremdwährung lautend, KK/*Schultheis* 5.
27 So auch *Dünnebier* NJW **1968** 1753; SK/*Paeffgen* 5, HK/*Posthoff* 5.
28 *Dünnebier* NJW **1968** 1753; *Eb. Schmidt* Nachtr. II 16.
29 S. insoweit LR/*Lind* § 116a, 17.
30 Vgl. SK/*Paeffgen* 5; HK/*Posthoff* 5; Meyer-Goßner/*Schmitt* 6; KK/*Schultheis* 5; MüKo/*Böhm*/*Werner* 7: oftmals nach Rücksprache mit der StA, vgl. Nr. 60 RiStBV.

des Haftbefehls gegen Sicherheitsleistung beantragt hat und nicht im Geltungsbereich der Strafprozessordnung wohnt, eine im Bezirk des zuständigen Gerichts wohnende Person – aus Beweisgründen regelmäßig schriftlich – zum Empfang von Zustellungen zu bevollmächtigen. In entsprechender Anwendung der Vorschrift auf den nach Absatz 1 von der Anordnung oder der Aufrechterhaltung der Festnahme gegen Sicherheitsleistung zu Verschonenden gilt: Die Verhaftung unterbleibt (nur), wenn der Beschuldigte – neben der Sicherheitsleistung – auch noch einen **Zustellungsbevollmächtigten**[31] bestellt. Auch hier gilt nach dem Wortlaut grundsätzlich, dass der Bevollmächtigte im Bezirk des (bzw. eines von mehreren) – zur Entscheidung in dem konkreten Strafverfahren örtlich und sachlich – zuständigen Gerichts wohnen muss. Das Gericht ist aber, da ein zwingendes Bedürfnis hierfür nach dem Sinn und Zweck der Vorschrift (die Erreichbarkeit des Beschuldigten für Zwecke des konkreten Strafverfahrens innerhalb der Bundesrepublik Deutschland zu sichern) nicht besteht, nicht gehindert, auch Zustellungsbevollmächtigte anzuerkennen, die nicht in diesem Gerichtsbezirk (aber in der Bundesrepublik Deutschland) wohnen.[32] Bei reisenden Ausländern wird darauf Bedacht zu nehmen sein, wenn sie etwa ihren außerhalb des Gerichtsbezirks niedergelassenen Generalkonsul[33] als Zustellungsbevollmächtigten bestellen wollen. Neben Rechtsanwälten und Verwandten oder sonstigen Vertrauenspersonen des Beschuldigten kommen auch Behördenangehörige, insbesondere die hierzu nach dem Geschäftsverteilungsplan des Amtsgerichts bestellten Beamten,[34] als Zustellungsbevollmächtigte in Betracht.[35] Zur Vermeidung praktischer Schwierigkeiten sollte bei der Benennung letzterer Personen darauf Bedacht genommen werden, dass ein Zustellungsbevollmächtigter bei dem Gericht bestellt wird, bei welchem ein Gerichtsstand (§§ 7 ff.; vornehmlich der des Tatorts) begründet ist.[36] Auch Angehörige der Ermittlungsbehörden kommen als Zustellungsbevollmächtigte grundsätzlich in Betracht;[37] die Benennung eines direkt mit der Strafverfolgung gegen den Beschuldigten befassten Beamten als Bevollmächtigten dürfte in der Regel jedoch nicht sachgerecht sein.[38]

III. Zuständigkeit

11 Entscheidungsberechtigt sind in erster Linie die in § 127 Abs. 2 genannten **Beamten des Polizeidienstes**,[39] gleichgültig ob sie Ermittlungspersonen der Staatsanwaltschaft sind oder nicht, und die Staatsanwaltschaft. Erweitert wird der Kreis um die Behörden und Beamten, denen in Einzelgesetzen die Befugnis zu verhaften ausdrücklich beigelegt worden ist (s. § 127, 39 ff.). Der Gesetzestext beschränkt den Kreis der Entscheidungsberechtigten nicht auf die genannten Beamten. Er umfasst vielmehr auch den **Richter**, dem der Festgenommene, sofern er nicht wieder in Freiheit gesetzt worden ist, vorgeführt

---

31 S. hierzu LR/*Lind* § 116a, 20 ff.

32 OLG Düsseldorf VRS **71** (1986) 369; AK/*Krause* 6; SK/*Paeffgen* 6; KK/*Schultheis* 6; *Dünnebier* NJW **1968** 1754; *Eb. Schmidt* Nachtr. II 18; s. auch *Geppert* GA **1979** 295; **a.A.** KMR/*Wankel* 8; Meyer-Goßner/*Schmitt* 7; *Büttner* DRiZ **2007** 188, 190.

33 Meyer-Goßner/*Schmitt* 7: Behörden und exterritoriale Personen kommen nicht als Bevollmächtigte in Betracht; ebenso *Greßmann* NStZ **1991** 216 ff.

34 RiStBV Nr. 60 S. 2; vgl. hierzu *Büttner* DRiZ **2007** 188 ff.

35 KK/*Schultheis* 6.

36 *Mayer* NStZ **2016** 81.

37 LG Landshut Beschl. v. 20.8.2013 – 6 Qs 86/13 – (juris); KK/*Schultheis* 6.

38 KK/*Schultheis* 6 (unter Bezugnahme auf die „Sicht des Beschuldigten"); *Greßmann* NStZ **1991** 216 ff.; **a.A.** Meyer-Goßner/*Schmitt* 7; KMR/*Wankel* 8; s. auch *Geppert* GA **1979** 295.

39 Begr. zu BTDrucks. **V** 2600, 2601 S. 18.

wird (§ 128).[40] Auch der Fall des § 129 ist, obwohl er kaum vorkommen kann, nicht ausgeschlossen. Ebenso nicht ausgeschlossen ist die Anwendung auf sonstige Fälle, namentlich den, dass ein Beschuldigter nach Festnahme gemäß § 127 Abs. 1 durch eine Privatperson der Polizei übergeben wird, oder solche, in denen es zur Anordnung der Untersuchungshaft (§ 114), die ja stets eine Anordnung der Festnahme ist, ohne vorläufige Festnahme kommt.[41]

IV. Rechtsmittel

Die Entscheidung, einen Fluchtverdächtigen festzunehmen oder bei Sicherheitsleistung davon abzusehen, ist kein Verwaltungsakt, sondern eine Prozesshandlung. Ein Rechtsmittel dagegen ist **nicht gegeben**. Dienstaufsichtsbeschwerde ist zulässig, aber ohne Bedeutung. Der Beschuldigte kann die Sicherheitsleistung verweigern, sich zum Richter vorführen lassen und dort seine Entlassung ohne Sicherheitsleistung beantragen, indem er etwa den Haftgrund oder die Verhältnismäßigkeit der Untersuchungshaft angreift. Dringt er damit nicht durch und ordnet der Richter die Untersuchungshaft an, kann er dessen Entscheidung mit der Beschwerde anfechten oder auf Haftprüfung antragen (§ 117 Abs. 1, 2), worüber er zu belehren ist (§ 128 Abs. 2 Satz 3 i.V.m. § 115 Abs. 4). 12

V. Folgen

Leistet der Beschuldigte die **Sicherheit** (und benennt er einen Zustellungsbevollmächtigten), dann wird er trotz des Haftgrunds der Fluchtgefahr nicht festgenommen oder, wenn er festgenommen war, entlassen. Er kann dann insbesondere den Geltungsbereich der Strafprozessordnung verlassen. **Leistet** er **sie nicht**, ist er vorläufig festzunehmen und unverzüglich dem Richter bei dem Amtsgericht vorzuführen, in dessen Bezirk er vorläufig festgenommen worden ist (§ 128 Abs. 1); das Verfahren nach § 127a muss also grundsätzlich innerhalb der Frist des § 128 Abs. 1 Satz 1 abgeschlossen werden, der Beschuldigte darf nicht länger ohne richterliche Entscheidung festgehalten werden.[42] Das Weitere richtet sich nach § 128 Abs. 2, doch kann der Richter bei diesem Amtsgericht noch nach § 127a verfahren, wenn der Beschuldigte nunmehr die Sicherheit leistet (und einen Zustellungsbevollmächtigten benennt). Der Richter beim Amtsgericht kann die Vorschrift auch dann anwenden, wenn die Polizei sie für unanwendbar gehalten hatte, etwa weil sie annahm, es sei eine Freiheitsstrafe zu erwarten. 13

VI. Verwendung der Sicherheit

Ziel der Sicherheitsleistung ist nicht, den Antritt einer Freiheitsstrafe oder die Beteiligung an einer Hauptverhandlung zu sichern. Der Gesetzgeber rechnet im Gegenteil damit, dass sich der Beschuldigte aus dem Geltungsbereich der Strafprozessordnung entfernt oder sonst nicht weiter an dem gegen ihn geführten Verfahren beteiligt und dass die zu erwartende Strafe durch – an den Zustellungsbevollmächtigten zugestellten – Strafbefehl bzw. nach Anklage- und Ladungszustellung an den Zustellungsbevollmäch- 14

---

40 H.M.; vgl. SSW/*Herrmann* 11; AK/*Krause* 7; Graf/*Krauß* 1; Meyer-Goßner/*Schmitt* 1; KK/*Schultheis* 10; KMR/*Wankel* 1; *Dünnebier* NJW **1968** 1754; im Ergebnis ebenso, aber für analoge Anwendung: MüKo/*Böhm*/*Werner* 2; SK/*Paeffgen* 8; HK/*Posthoff* 1; **a.A.** *Eb. Schmidt* Nachtr. II 19.

41 Beschuldigter hat sich z.B. bereit erklärt, bis zum Ende der Verhandlung im Land zu bleiben, wird dann aber fluchtverdächtig.

42 SK/*Paeffgen* 7; KK/*Schultheis* 7.

tigten im Abwesenheitsverfahren gemäß § 232 auferlegt wird. Deshalb sind die Vorschriften des § 123 Abs. 2 und 3 und des § 124 nicht anwendbar. Die Sicherheit ist als ein **Vorschuss** auf die zu erwartende Geldstrafe und die im Verfahren anfallenden Kosten zu behandeln und nach Rechtskraft des Erkenntnisses abzurechnen; ein etwa verbleibender Überschuss ist zurückzuzahlen. Daraus folgt auch, dass die Polizeibehörde die vereinnahmte Sicherheit an die Gerichtskasse abzuführen hat. Hatte ein anderer Bürgschaft geleistet, so wird der Bürge unmittelbar in Anspruch genommen, sofern nicht der Verurteilte vorher die Geldstrafe und Kosten beglichen hat.[43] Im Falle des Freispruchs und der (endgültigen) Einstellung des Verfahrens wird die Sicherheit zurückerstattet, der Bürge wird frei; der Rückerstattungsanspruch ist im Streitfall im Zivilrechtsweg zu verfolgen.[44]

§ 127b
Vorläufige Festnahme und Haftbefehl bei beschleunigtem Verfahren

(1) [1]Die Staatsanwaltschaft und die Beamten des Polizeidienstes sind zur vorläufigen Festnahme eines auf frischer Tat Betroffenen oder Verfolgten auch dann befugt, wenn
1. eine unverzügliche Entscheidung im beschleunigten Verfahren wahrscheinlich ist und
2. auf Grund bestimmter Tatsachen zu befürchten ist, daß der Festgenommene der Hauptverhandlung fernbleiben wird. [2]Die §§ 114a bis 114c gelten entsprechend.

(2) [1]Ein Haftbefehl (§ 128 Abs. 2 Satz 2) darf aus den Gründen des Absatzes 1 gegen den der Tat dringend Verdächtigen nur ergehen, wenn die Durchführung der Hauptverhandlung binnen einer Woche nach der Festnahme zu erwarten ist. [2]Der Haftbefehl ist auf höchstens eine Woche ab dem Tage der Festnahme zu befristen.

(3) Über den Erlaß des Haftbefehls soll der für die Durchführung des beschleunigten Verfahrens zuständige Richter entscheiden.

Schrifttum

Asbrock Hauptsache Haft! – Hauptverhandlungshaft als neuer Haftgrund, StV **1997** 43; *Bandisch* Stellungnahme des Strafrechtsausschusses des DAV zum Entwurf eines Gesetzes zur Änderung der Strafprozessordnung (Hauptverhandlungshaft), StraFo **1996** 34; *Burhoff* Hauptverhandlungshaft, ZAP **1997** 811; *Dury* Das beschleunigte Verfahren, DRiZ **2001** 207; *Fülber* Die Hauptverhandlungshaft (2000); *Giring* Haft und Festnahme gemäß § 127b StPO im Spannungsfeld von Effektivität und Rechtsstaatlichkeit (2005); *Grasberger* Verfassungsrechtliche Probleme der Hauptverhandlungshaft, GA **1998** 530; *Hartenbach* Gesetzentwurf zur Hauptverhandlungshaft, AnwBl. **1996** 83; *Hellmann* Die Hauptverhandlungshaft gem. § 127b StPO, NJW **1997** 2145; *Herzler* Das beschleunigte Verfahren, NJ **2000** 399; *Herzog* Symbolische Untersuchungshaft und abstrakte Haftgründe, StV **1997** 215; *Chr. Keller* Die Hauptverhandlungshaft, Kriminalistik **1998** 677; *Keller/Schairer* Hand in Hand die Kriminalität bekämpfen, Die Polizei **1997** 305; *Kohler* Beschleunigte Strafverfahren im deutschen und französischen Recht (2001); *Meertens* „Kurzer Prozeß“ und Hauptverhandlungshaft, in: Grundrechte-Report **1997** 200; *Meyer-Goßner* Theorie ohne Praxis und Praxis ohne Theorie im Strafverfahren, ZRP **2000** 345; *Pofalla* Gesetzentwurf zur Hauptverhandlungshaft, AnwBl. **1996** 466; *Schröer* Das beschleunigte Verfahren gem. §§ 417 ff. StPO (1998); *Stintzing/Hecker* Abschreckung durch Hauptverhandlungshaft? – Der neue Haftgrund des „vermuteten Ungehorsams“, NStZ **1997** 569; *Wächtler* Der alternative Strafprozeß, StV **1994** 159; *Wenske* 10 Jahre Hauptverhandlungshaft (§ 127b II StPO), NStZ **2009** 63.

---

43 *Dünnebier* NJW **1968** 1755.
44 KK/*Schultheis* 11.

https://doi.org/10.1515/9783110274929-033

Entstehungsgeschichte

Die Vorschrift ist durch Art. 1 des Gesetzes zur Änderung der Strafprozessordnung[1] vom 17.7.1997 mit Wirkung vom 24.7.1997 in die StPO eingefügt[2] und mit Wirkung vom 1.1.2010 um Absatz 1 Satz 2 ergänzt[3] worden. Mit Wirkung vom 25.7.2015[4] hat die Vorschrift – im Kontext der Schaffung einer dem Gesetz zur Modernisierung und Erleichterung der Rechtsanwendung[5] vorangestellten amtlichen Inhaltsübersicht – ihre Überschrift erhalten.

Übersicht

I. Allgemeines

1. Ziel der Vorschrift war nach dem Willen des Gesetzgebers insbesondere die Sicherung und erhöhte Anwendung des beschleunigten Verfahrens (§ 417). Die Gerichte seien bisher gehindert gewesen, dieses Verfahren innerhalb weniger Tage durchzuführen, wenn die Haftvoraussetzungen (§§ 112ff.) fehlten und der Festgenommene durch die Freilassung Gelegenheit erhielt, sich der Hauptverhandlung zu entziehen.[6] Aus präventiven Gründen müsse – gerade bei reisenden Tätern – die Strafe der Tat unmittelbar folgen. Durch rasche Aburteilung werde auch das Vertrauen in den Rechtsstaat gestärkt. Schließlich solle die sog. **Hauptverhandlungshaft** Staatsanwaltschaften und Amtsgerichte motivieren, auf eine möglichst zügige Anberaumung der Hauptverhandlung zu achten.[7] Mit dieser Zielsetzung (Sicherung der Anwesenheit des Beschuldigten)[8] ist die Hauptverhandlungshaft systematisch als Untersuchungshaft zu werten.[9] 1

Unklar ist, ob die Hauptverhandlungshaft auch der **Vollstreckungssicherung**[10] dienen soll. Die Zielsetzung des Gesetzgebers (Rn. 1) und die kurze absolute Hafthöchstfrist 2

1 BGBl. I S. 1822.

2 S. auch BTDrucks. **13** 2576; **13** 5743; BTRAussch. Prot. Nr. 50; BRDrucks. 738/96; BTProt. **13** 11647 ff. Zum im Vermittlungsausschuss gescheiterten Vorentwurf (EntwurfVerbrBekämpfG) in der 12. Legislaturperiode s. BTDrucks. **12** 6853 Art. 4 Nr. 5; BRDrucks. 872/94 Nr. 8; *Dahs* NJW **1995** 553 Fn. 29; *DAV* StV **1994** 153.

3 Art. 1 Nr. 9 des Gesetzes zur Änderung des Untersuchungshaftrechts vom 29.7.2009, BGBl. I S. 2274.

4 Art. 1 Nr. 13 des Gesetzes zur Stärkung des Rechts des Angeklagten auf Vertretung in der Berufungshauptverhandlung und über die Anerkennung von Abwesenheitsentscheidungen in der Rechtshilfe vom 17.7.2015, BGBl. I S. 1332.

5 BTDrucks. **18** 3562 S. 77.

6 BTDrucks. **13** 2576 S. 3.

7 Zur Kritik s. insbes. *DAV* StraFo **1996** 34; *Hartenbach* AnwBl. **1996** 83; ausführlich: SK/*Paeffgen* 8 ff.

8 S. LR/*Lind* Vor § 112, 21.

9 **A.A.** *Asbrock* BTRAussch. Prot. Nr. 50 S. 3, 11; s. auch *Stintzing/Hecker* NStZ **1997** 569, 571, 572.

10 S. hierzu LR/*Lind* Vor § 112, 19.

(Absatz 2 Satz 2), die zulässt, dass der Beschuldigte eine Vollstreckungssicherung dadurch unterlaufen kann, dass er Berufung einlegt, sprechen – anders als bei der Untersuchungshaft gemäß § 112[11] – eher dagegen.[12]

3 **2. Inhalt.** Die Vorschrift enthält eine **Doppelregelung**, die systematisch korrekt in eine Haftregelung (bei § 112) und eine Festnahmebefugnis (bei § 127) hätte aufgegliedert werden können. Sie regelt in Absatz 2 eine (nur) ein besonderes Verfahren sichernde kurze **Untersuchungshaft** (Rn. 1, 8) sowie in Absatz 1 eine diese Haft ermöglichende besondere **Festnahmebefugnis** (Rn. 17). Haft und Festnahmebefugnis sind jedoch nicht zwingend miteinander verbunden. Es ist denkbar, dass eine das beschleunigte Verfahren (§ 417) sichernde Haft (Absatz 2) ohne vorherige Festnahme nach Absatz 1 angeordnet wird, etwa wenn der Richter, der ein beschleunigtes Verfahren terminiert hat, kurz vor dem Hauptverhandlungstermin erfährt, dass der Beschuldigte beabsichtigt, zu diesem Termin – ohne Flucht – nicht zu erscheinen. Eine Maßnahme nach § 230 ist dann (noch) nicht möglich, wohl aber der Erlass eines Haftbefehls nach § 127b Abs. 2, der sodann vollstreckt[13] wird. Ebenso ist es denkbar, dass eine Festnahme nach 127b erfolgt, es dann aber nicht mehr zur befristeten Hauptverhandlungshaft kommt, weil der Richter sofort im beschleunigten Verfahren verhandelt (Rn. 25); auch dies wird nur in seltenen Ausnahmefällen in Betracht kommen (ist aber zur Vermeidung von Untersuchungshaft anzustreben).

4 Die Vorschrift beinhaltet damit **speziell für das beschleunigte Verfahren** einen schon im **Vorfeld** des § 230 Abs. 2 greifenden[14] **besonderen Haftgrund** (Rn. 9)[15] nebst eigener **Eilkompetenz** (neben § 127; s. Rn. 6, 17). Der Haftbefehl des § 230 Abs. 2 setzt ein nicht genügend entschuldigtes Ausbleiben voraus, das im beschleunigten Verfahren gar nicht erst abgewartet werden soll. Die mildere Form der Vorführung (vgl. § 230 Abs. 2) statt eines Haftbefehls nach Absatz 2 wird in § 127b nicht zugelassen.[16]

5 **3.** Das **Verhältnis** der Haft nach Absatz 2 **zu den §§ 112, 112a** ergibt sich grundsätzlich aus dem besonderen Haftzweck und dem Haftgrund des § 127b (Rn. 1, 9 ff.). In vielen Fällen scheidet Haft nach § 127b schon deshalb aus, weil ein beschleunigtes Verfahren nicht in Betracht kommt. Außerdem ist, wenn die Haftgründe der §§ 112, 112a vorliegen, in der Regel im Hinblick auf das andersartige, oft weiterreichende Sicherungsbedürfnis, das möglicherweise auch eine besondere Vollzugsgestaltung (§ 119) erfordert, Haft nach diesen Vorschriften anzuordnen. Kommt ein beschleunigtes Verfahren in Betracht, liegt (nur) der Haftgrund der Fluchtgefahr vor, und geht es nur um die Sicherung der Anwesenheit des Angeklagten in der erstinstanzlichen Hauptverhandlung, so kann zwar grundsätzlich ein Haftbefehl nach § 112 erlassen werden, der ggf. durch § 120 Abs. 1 Satz 1 auf den Abschluss der Hauptverhandlung begrenzt würde; ebenso könnte jedoch je nach Lage des Einzelfalles unter dem Gesichtspunkt der Verhältnismäßigkeit an eine von vornherein befristete Haft nach § 127b Abs. 2 gedacht werden. Denkbar ist auch eine **Umstellung** eines Haftbefehls, wenn ein Haftgrund sich ändert oder ein weiterer Haftgrund hinzukommt. In der Praxis wird dieser Fall jedoch selten sein. Entsprechendes gilt für eine Umstellung in einen Unterbringungsbefehl (§ 126a) oder umgekehrt.

---

11 Vgl. LR/*Lind* Vor § 112, 22 ff.
12 SK/*Paeffgen* 3; *Grasberger* GA **1998** 536.
13 S. hierzu LR/*Lind* § 114, 31.
14 Vgl. *Stintzing/Hecker* NStZ **1997** 570; *Wächtler* StV **1994** 159.
15 Vgl. BTRAussch. Prot. Nr. 50: *Hartenbach* S. 29; *Asbrock* S. 3, 11 (unklar: Haft ohne Haftgrund).
16 SK/*Paeffgen* 4; s. dagegen *Hellmann* NJW **1997** 2148 (Vorführung grundsätzlich zulässig als mildere Maßnahme); *Hellmann* 230; *Giring* 403; Rn. 8.

4. Auch das **Verhältnis** der Festnahmebefugnis nach Absatz 1 **zu § 127** ergibt sich aus dem besonderen Zweck der Vorschrift, ausnahmsweise auch dann die vorläufige Festnahme (und Haft) zuzulassen, wenn die klassischen Gründe hierfür fehlen. § 127 Abs. 1 bleibt demgemäß – neben § 127b Abs. 1 – anwendbar für den hier nicht geregelten Fall der Notwendigkeit der Identitätsfeststellung sowie für den Fall des Fluchtverdachts bei frischer Tat, etwa wenn der festnehmende Beamte Zweifel hat, ob die Voraussetzungen des § 127b Abs. 1 Nr. 1 vorliegen; stellt sich dann heraus, dass sich der Festnahmegrund des § 127 Abs. 1 (Fluchtverdacht) nicht halten lässt, so kann die Festnahme dennoch nach § 127b Abs. 1 gerechtfertigt sein, wenn sich nun ergibt, dass dessen Voraussetzungen (doch) vorliegen. Ähnliche Überlegungen gelten für § 127 Abs. 2. Wäre diese Vorschrift nicht anwendbar, hätte dies zur Folge, dass keine Festnahmebefugnis bestünde, wenn einem Polizeibeamten die Festnahme auf frischer Tat nach § 127b Abs. 1 nicht gelingt, er aber einige Zeit später diesen Beschuldigten wiedertrifft, die in Absatz 1 Nummer 1 und 2 genannten Gründe (Haftvoraussetzungen) noch gelten und „Gefahr im Verzuge" (s. § 127, 31) besteht. Ein solches Ergebnis wäre nicht vereinbar mit dem Ziel des Gesetzgebers, die Nutzung des beschleunigten Verfahrens zu verbessern (Rn. 1). Dies spricht dafür, dass auch § 127 Abs. 2 anwendbar bleibt. 6

5. Kritik. Die Vorschrift ist in der **rechtspolitischen Diskussion** des Gesetzgebungsverfahrens heftig kritisiert worden;[17] sie ist auch heute noch – aus verfassungsrechtlichen, systematischen und praxisbezogenen Erwägungen – umstritten.[18] Wesentliche Argumente gegen die Hauptverhandlungshaft sind u.a.: erhebliche Bedenken im Hinblick auf Art. 2 Abs. 2 Satz 2 GG,[19] das Verhältnismäßigkeitsprinzip,[20] den Gleichheitsgrundsatz (Art. 3 GG)[21] und die Unschuldsvermutung,[22] Systemwidrigkeit;[23] Fehlen des (rechtstatsächlichen Belegs für das) Regelungsbedürfnis(ses),[24] Wertungswidersprüche im Haftrechtssystem,[25] Beeinträchtigung eines fairen Verfahrens,[26] Missbrauchsgefahr,[27] kriminalpolitisch verfehlte und praxisferne Regelung.[28] Nachdem das legislative Ziel der vermehrten Anwendung des beschleunigten Verfahrens in der Praxis bis heute 7

---

17 S. insbesondere *DAV* StraFo **1996** 34; *Hartenbach* AnwBl. **1996** 83 („untauglich und überflüssig", „widerspricht auch verfassungsrechtlichen Grundsätzen"); *Wächtler* StV **1994** 159; *Asbrock* BTRAussch. Prot. Nr. 50 S. 3 ff.; *Kempf* S. 5 ff.; dagegen *Pofalla* AnwBl. **1996** 466.

18 Vgl. z.B. *Fülber* 143 (Regelung verfassungsrechtlich unbedenklich, geeignet und erforderlich) mit Gesetzgebungsvorschlag; *Grasberger* GA **1998** 530 (verfassungsrechtlich unbedenklich, wenn Vorrang des § 232 beachtet wird); **dagegen** *Giring* 391 ff.; *Wenske* NStZ **2009** 67.

19 *Kohler* 80 ff.; SK/*Paeffgen* 10; *Stintzing/Hecker* NStZ **1997** 573; s. auch *Volk/Engländer* § 10, 69, § 33, 12 (verfassungswidriges Ziel; systemwidrig).

20 *Asbrock* StV **1997** 44; *Hellmann* NJW **1997** 2145 (wenn Vorführung möglich); *Münchhalffen/Gatzweiler* 389; SK/*Paeffgen* 9 ff.; s. auch *Grasberger* GA **1998** 542; *Herzog* StV **1997** 216; *Kohler* 80 ff., 87 ff., 90 ff.; HK/*Krehl* Vor § 417, 3; *Stintzing/Hecker* NStZ **1997** 573.

21 *Asbrock* StV **1997** 44; *Kohler* 79, 90; *Meyer-Goßner* ZRP **2000** 349; SK/*Paeffgen* 10; *Stintzing/Hecker* NStZ **1997** 573.

22 *Asbrock* StV **1997** 44; *Herzog* StV **1997** 216; *Stintzing/Hecker* NStZ **1997** 572.

23 *Asbrock* StV **1997** 44; *Giring* 391 ff.; *Meyer-Goßner* ZRP **2000** 345; s. auch *Stintzing/Hecker* NStZ **1997** 571, 573.

24 *Asbrock* StV **1997** 44; LR/*Hilger*[26] 7.

25 *Asbrock* StV **1997** 44; *Herzler* NJ **2000** 400; *Herzog* StV **1997** 216; *Meyer-Goßner* ZRP **2000** 345; SK/*Paeffgen* 9.

26 *Asbrock* StV **1997** 44; *Giring* 406; *Herzog* StV **1997** 216.

27 *Asbrock* StV **1997** 44; *ders.* BTRAussch. Prot. Nr. 50 S. 4; *Giring* 397 ff., 407, 423; LR/*Hilger*[26] 7 („Einfallstor für apokryphe Haftgründe"); SK/*Paeffgen* 9; *Schlothauer/Weider/Nobis* 226; s. auch *Kohler* 76; Meyer-Goßner/*Schmitt* 2 f.; *Schröer* 102; **a.A.** wohl *Pofalla* AnwBl. **1996** 466.

28 *Asbrock* StV **1997** 44; *Giring* 391 ff., 407; SK/*Paeffgen* 12; *Stintzing/Hecker* NStZ **1997** 571; *Wenske* NStZ **2009** 63 f.

verfehlt wird,[29] ist angesichts der rechtsdogmatischen Bedenken, die gegen die Vorschrift – zu Recht – nach wie vor erhoben werden, *Girings*[30] – von *Wenske*[31] nach Auswertung statistischen Materials für „10 Jahre Hauptverhandlungshaft“ erneuerter – Forderung nach Streichung der ineffektiven, mit hohen Risiken für eine rechtsstaatliche Justiz behafteten Vorschrift zuzustimmen.[32]

II. Haft (Absatz 2)

8 **1. Voraussetzungen.** Die formellen Anforderungen an die richterliche Haftanordnung nach Absatz 2 sind dieselben wie bei anderen Haftbefehlen; insbesondere bedarf es der genauen Bezeichnung der Person(alien) des Beschuldigten und der hinreichenden Konkretisierung des Tatvorwurfs nach Ort, Zeit, Begehungsweise und sonstigen Umständen. Gleiches gilt für die materiellen **Voraussetzungen** der Untersuchungshaft und des Haftbefehls: Erforderlich sind dringender Tatverdacht, Haftgrund (Rn. 9ff.) und Verhältnismäßigkeit.[33] Der dringende Tatverdacht[34] ist im Hinblick auf die Bedeutung des Grundrechtseingriffs eine im System des Haftrechts – also auch hier – unverzichtbare Anordnungsschwelle. Darf Haft – z.B. wegen **Unverhältnismäßigkeit**[35] – nicht angeordnet werden, so kann eine Maßnahme nach § 132 in Betracht kommen,[36] falls nicht eine sofortige Verhandlung gemäß § 418 (ohne Hauptverhandlungshaft) möglich und aus Gründen der Verhältnismäßigkeit angebracht ist. Zur Vorführung s. Rn. 4; hält man sie im Hinblick auf das Verhältnismäßigkeitsprinzip[37] als mildere Maßnahme zur Haft für zulässig (analog § 230? Oder als „minus“ zu § 127b?),[38] so kommt sie allenfalls in Betracht, wenn der zuständige Richter, dem der Beschuldigte vorgeführt wird, sofort verhandlungsbereit ist und alle sonstigen Voraussetzungen für das Verfahren erfüllt sind.

9 **2. Haftgrund.** Der **Haftgrund** des § 127b Abs. 2 Satz 1 besteht durch die Bezugnahme auf die Gründe des Absatzes 1 Nummer 1 und 2 aus zwei Elementen, nämlich aus:
- der Wahrscheinlichkeit einer unverzüglichen Entscheidung im beschleunigten Verfahren (§ 417), wobei die Durchführung der Hauptverhandlung binnen einer Woche nach Festnahme zu erwarten sein muss, und
- der durch bestimmte Tatsachen begründeten Befürchtung, der Beschuldigte werde der Hauptverhandlung fernbleiben.

10 Die einfache[39] (nicht hohe – s. dazu LR/*Lind* § 112, 35ff.) **Wahrscheinlichkeit** der Entscheidung im **beschleunigten Verfahren**, d.h. die Annahme, dass dieses Verfahren voraussichtlich – weil mehr dafür als dagegen spricht – zur Anwendung kommen wird, erfordert eine richterliche Entscheidung (Bewertung); sie beinhaltet, dass der Fall für

---

29 *Wenske* NStZ **2009** 63.
30 S. 418, 424.
31 NStZ **2009** 67: „de facto leerlaufende aber tiefe Grundrechtseingriffe legitimierende Vorschrift“.
32 So auch *Hilger* StV **2007** 277; s. zum Ganzen auch SK/*Paeffgen* 8ff.; HK/*Posthoff* 2; *Schlothauer*/*Weider*/*Nobis* 220ff.; Meyer-Goßner/*Schmitt* 2f.
33 S. LR/*Lind* Vor § 112, 60ff., 81; § 112, 15.
34 S. LR/*Lind* § 112, 16ff.
35 Etwa bei zu erwartender geringfügiger Geldstrafe, vgl. SK/*Paeffgen* 23.
36 S. auch *Hofmaier* BTRAussch. Prot. Nr. 50 S. 7; *Asbrock* dort S. 11.
37 S. auch OLG Düsseldorf StraFo **2001** 255 (zu § 230).
38 Vgl. *Hellmann* NJW **1997** 2148; s. auch *Giring* 403, 300ff.
39 Vgl. *Fülber* 43; Meyer-Goßner/*Schmitt* 9; KK/*Schultheis* 8; KMR/*Wankel* 4 (zu erwarten); **a.A.** (hohe Wahrscheinlichkeit) SK/*Paeffgen* 17; HK/*Posthoff* 5; Zu Definitionsfragen (Überwiegenslehre) s. SK/*Paeffgen* § 203, 11; *Paeffgen* (Dogmatik) 183ff.

dieses Verfahren geeignet (vgl. die Erl. zu § 417) ist. Außerdem muss eine **unverzügliche** Entscheidung wahrscheinlich sein; Absatz 2 Satz 1 präzisiert für den Erlass des Haftbefehls, dass mit „unverzüglich" gemeint ist: Erwartung der Durchführung der Hauptverhandlung innerhalb **einer Woche** ab Festnahme. Die Basis dieser Bewertungen sind tatsächliche Umstände, nämlich die Ermittlungsvorgänge, insbesondere die Einlassung des Beschuldigten, aber auch die Terminsbelastung des Gerichts und die Feststellung, ob die durch die Justizverwaltung zu gewährleistenden organisatorischen Voraussetzungen[40] eine kurzfristige Verhandlung ermöglichen. Ist von vornherein zu erwarten, dass die Entscheidung (Durchführung, nicht Beginn der Hauptverhandlung) nicht **innerhalb** (binnen) der Wochenfrist getroffen werden kann, etwa wegen Überlastung des Gerichts oder der Notwendigkeit, einen Sachverständigen zuzuziehen, der sein Gutachten nicht allein auf der Grundlage der in der Hauptverhandlung erlangten Erkenntnisse erstatten kann, so darf der Haftbefehl nicht erlassen werden.[41]

Unklar ist die **Berechnung** der Wochenfrist nach Festnahme (Absatz 2 Satz 1). **11**
Grundsätzlich müsste sie sich als Handlungsfrist (Durchführung der Hauptverhandlung) im Sinne der §§ 42ff. nach § 43 (Festnahme: Dienstag; Ende mit Ablauf des nächsten Dienstags) richten. Der Gebrauch des Wortes „binnen" und der Wille des Gesetzgebers zur engen zeitlichen Begrenzung lässt es jedoch naheliegend erscheinen, die Frist unter Einbeziehung des fristauslösenden Tages (s.o. Beispiel: Fristablauf mit Ende des Montags) zu berechnen.[42] Da nach h.M. (auch) **§ 43 Abs. 2 keine Anwendung** finden soll,[43] kann die Frist auch an einem Sonntag, einem allgemeinen Feiertag oder an einem Sonnabend enden.

Im Hinblick auf die genannte Erwartung darf Haft **nicht** angeordnet werden, wenn **12**
anzunehmen ist, dass das Verfahren eingestellt (§§ 153ff.) werden oder ein **Strafbefehl** (§ 407) ergehen kann, ebenso, wenn ein Verfahren nach §§ 232, 233 in Betracht kommt. Auch die Erwartung eines Normalverfahrens unter Abkürzung aller Fristen genügt nicht.[44] Sie darf des Weiteren nicht bei **Jugendlichen** (vgl. § 79 JGG) oder zur Sicherung des Berufungsverfahrens angeordnet werden.

Erforderlich ist des Weiteren die **begründete Befürchtung**,[45] dass der dringend **13**
tatverdächtige[46] Beschuldigte der Hauptverhandlung **fernbleiben** wird. Zu den „bestimmte(n) Tatsachen" s. LR/*Lind* § 112, 22ff. „Befürchten" beinhaltet eine Prognose und bedeutet letztlich nichts anderes als „Gefahr" – s. dazu LR/*Lind* § 112, 35 (hohe Wahrscheinlichkeit).[47] „Fernbleiben" ist nicht Flucht oder sonstiges „Entziehen" i.S.v. § 112 Abs. 2 Nr. 1, 2 (s. dazu LR/*Lind* § 112, 48ff.),[48] sondern bloßes unentschuldigtes Nichterscheinen zu Beginn der Hauptverhandlung, etwa bei „reisenden Tätern" (Rn. 1), oder

---

40 Vgl. *Keller/Schairer* Die Polizei **1997** 312; Rn. 19.

41 Damit sind – rechtsstaatlich bedenklich – Umstände bei der Haftentscheidung zu berücksichtigen, die außerhalb der Person des Beschuldigten und der ihm vorgeworfenen Tat liegen und von ihm nicht beeinflussbar sind, *Wenske* NStZ **2009** 66.

42 *Giring* 133; HK/*Lemke*[3] 16; *Münchhalffen/Gatzweiler* 387; SK/*Paeffgen* 18; *Schlothauer/Weider/Nobis* 174f.; **a.A.** HK/*Lemke*[4] 9; HK/*Posthoff* 10; Meyer-Goßner/*Schmitt* 18; KK/*Schultheis* 17; KMR/*Wankel* 8.

43 SK/*Paeffgen* 18; HK/*Posthoff* 10; *Schlothauer/Weider/Nobis* 173; Meyer-Goßner/*Schmitt* 18; KK/*Schultheis* 17; KMR/*Wankel* 8.

44 Meyer-Goßner/*Schmitt* 9.

45 Krit. *Kempf* BTRAussch. Prot. Nr. 50 S. 6.

46 S. LR/*Lind* § 112, 16ff.

47 Vgl. *Hilger* StV **2007** 277; *Münchhalffen/Gatzweiler* 388; SK/*Paeffgen* 19ff.; **umstr.**, für eine geringere Wahrscheinlichkeit die h.M., z.B.: Meyer-Goßner/*Schmitt* 10; KK/*Schultheis* 11; KMR/*Wankel* 5; *Giring* 163ff.; *Hellmann* NJW **1997** 2147; *Chr. Keller* Kriminalistik 677, 678; *Kohler* 71ff.; *Stintzing/Hecker* NStZ **1997** 571; *Wenske* NStZ **2009** 66.

48 S. dagegen *Grau* NStZ **2007** 13 (synonym verwendbar).

indem der Beschuldigte einfach zu Hause bleibt, Spazieren geht, einen Ausflug macht, seine Arbeitsstelle, Freunde oder eine Gaststätte aufsucht oder – nur um dem Termin auszuweichen – eine Geschäftsreise oder einen Urlaub macht. In Betracht kommen auch durch- oder (z.B. nach einer Sportveranstaltung wieder) ausreisende Ausländer[49] (s. aber Rn. 8, 12). Der Haftgrund besteht nicht, wenn zwar ein Nichterscheinen zu Beginn der Hauptverhandlung zu erwarten, dieses aber (voraussichtlich) entschuldigt ist, etwa wegen eines schon unabänderlich gebuchten Urlaubs, eines notwendigen Krankenhausaufenthaltes oder einer unaufschiebbaren Geschäftsreise. Zu Einzelfragen s. die Erläuterungen zu § 230 und § 329.

14 In der **Praxis** müsste eigentlich die Begründung dieser Befürchtung durch bestimmte Tatsachen schwierig sein. Denkbar ist sie, wenn der Beschuldigte entsprechende **Äußerungen** (z.B. gegenüber Zeugen) getan hat, die bekannt werden, wenn er **gerichtsbekannt** dafür ist, dass er gerichtliche Termine missachtet,[50] oder wenn es sich um Ausländer handelt, die Deutschland nur kurzfristig aus besonderem Anlass besucht hatten (Rn. 13), und eine Rückkehr unwahrscheinlich ist.

15 **3.** Die **Befristung des Haftbefehls** regelt Absatz 2 Satz 2. Für die Berechnung gilt das in Rn. 11 Gesagte. Die Frist ist kürzer zu bestimmen, wenn dies ausreichend erscheint;[51] sie kann jedoch nachträglich bis zur Obergrenze verlängert werden, wenn sich herausstellt, dass das beschleunigte Verfahren zwar – entgegen der ursprünglichen Annahme – nicht innerhalb der kürzeren Frist, wohl aber noch in der Frist des Absatzes 2 durchgeführt (Rn. 10) werden kann.[52] Mit **Ablauf der Befristung**, nicht schon mit Beginn der erstinstanzlichen Hauptverhandlung, denn diese soll der Haftbefehl sichern, wohl aber mit deren **Ende** vor Ablauf der Befristung wird der Haftbefehl von selbst **gegenstandslos**. Liegen **andere Haftgründe** vor, so kann er (zuvor) umgestellt werden (Rn. 5). Andernfalls ist er deklaratorisch aufzuheben.[53] Wird der Beschuldigte innerhalb der Frist **rechtskräftig** zu einer zu vollstreckenden Freiheitsstrafe verurteilt, so geht auch hier[54] die Haft automatisch in Strafhaft über.[55] Es ist zwar zweifelhaft, ob die Haft der Vollstreckungssicherung dient (Rn. 2), ein wesentlicher Grund, hier (oder auch nur deshalb) von der Rechtsprechung des BVerfG abzuweichen, ist jedoch nicht ersichtlich. Dauert die Hauptverhandlung bei Ablauf der Befristung noch an und fehlen andere Haftgründe, so kann die weitere Anwesenheit des Angeklagten nur über § 231 Abs. 1 gesichert werden; außerdem sind §§ 231 Abs. 2, 231a ff. anwendbar.

16 **4. (Weitere) Haftaufhebungsgründe** sind z.B. die Aussetzung oder Unterbrechung der Hauptverhandlung, wenn ein Neubeginn oder eine Fortsetzung der Verhandlung (und deren Abschluss) innerhalb der (Rest-)Frist nicht zu erwarten sind, sowie der Wegfall der Erwartung, dass die Hauptverhandlung innerhalb der Frist (im beschleunigten Verfahren) durchgeführt werden kann, etwa bei Komplikationen in der Beweislage. Auch in diesen Fällen ist der Haftbefehl ausdrücklich aufzuheben.

---

49 Vgl. *Pflieger* BTRAussch. Prot. Nr. 50 S. 1; *Pofalla* BTProt. **13** 11647.
50 **A.A.** insoweit *Hellmann* NJW **1997** 2147.
51 BTDrucks. **13** 2576 S. 3.
52 SK/*Paeffgen* 16; allg. M.
53 *Giring* 210; SK/*Paeffgen* 24; **a.A.** Meyer-Goßner/*Schmitt* 18.
54 Wie bei der auf die Haftgründe der §§ 112, 112a gestützten Untersuchungshaft, vgl. insoweit LR/*Lind* Vor § 112, 98.
55 **A.A.** AnwK-StPO/*Lammer* 11; Meyer-Goßner/*Schmitt* 18; KK/*Schultheis* 20; KMR/*Wankel* 14; wie hier (wohl) HK/*Posthoff* 10 a.E.

III. Vorläufige Festnahme (Absatz 1)

1. Allgemeines. Absatz 1 regelt die **Voraussetzungen des Festnahmerechts** der Staatsanwaltschaft, der Beamten des Polizeidienstes und gleichgestellter Behörden (§ 127, 38 ff.), eine **Eilkompetenz** (s. § 127, 1) mit dem Ziel der richterlichen Anordnung der Hauptverhandlungshaft[56] oder der sofortigen Durchführung der Hauptverhandlung im beschleunigten Verfahren.[57] Privatpersonen und privaten Stellen wird die Festnahmebefugnis nicht zugebilligt. Die Voraussetzungen entsprechen im Wesentlichen (s. aber Rn. 18 ff.) denen der Hauptverhandlungshaft. Anders als die Haft (Absatz 2) setzt die Festnahmebefugnis (Absatz 1) jedoch neben den Festnahme-(Haft-)Gründen (Nummer 1 und 2) voraus, dass der Beschuldigte **auf frischer Tat betroffen** oder verfolgt wird. Wegen § 79 JGG besteht keine Befugnis, Jugendliche festzunehmen. Zum Verhältnis zu § 127 s. Rn. 6. § 127 Abs. 3 gilt entsprechend, d.h. das Fehlen eines erforderlichen Strafantrags (bzw. einer Verfolgungsermächtigung/eines Strafverlangens) hindert die vorläufige Festnahme (auch) nach § 127b Abs. 1 nicht. 17

2. Einzelfragen. Zur Festnahmevoraussetzung des Betreffens oder Verfolgens auf frischer Tat wird auf die Erläuterungen zu § 127, 7, 16, 17 ff. verwiesen. Wie bei § 127 ist außerdem erforderlich, dass nach dem äußeren Erscheinungsbild der Tat[58] **dringender Tatverdacht** vorliegt;[59] die Erläuterungen § 127, 9 ff. gelten grundsätzlich auch hier. Für die **Durchführung** der Festnahme gilt das bei § 127, 44 f. Gesagte. Die Festnahmebefugnis besteht nicht, wenn die **Verhältnismäßigkeit** der sich in der Regel anschließenden Haft nicht bejaht werden kann (s. Rn. 8; LR/*Lind* Vor § 112, 64), wenn eine Einstellung gemäß §§ 153 ff., ein Abwesenheitsverfahren (§§ 232, 233) oder der Erlass eines Strafbefehls in Betracht kommen (Rn. 12). Dies könnte jedoch festnehmenden Polizeibeamten – je nach Lage des Einzelfalles – (für sie) nahezu unlösbare Bewertungen abverlangen. Deshalb muss dem Festnehmenden gerade in solchen Fällen ein gewisser Bewertungsspielraum zugebilligt werden (s. auch Rn. 22). Bezüglich der weiteren Festnahmevoraussetzungen (Nummer 1 und 2) gelten weitgehend die Überlegungen Rn. 9 ff. Nicht zu verkennen ist, dass auch die insoweit erforderlichen Prognosen und Bewertungen insbesondere der Polizei erhebliche Schwierigkeiten bereiten können. 18

So würde eine **zeitliche Prognose** wie in Absatz 2 Satz 1 (Rn. 10), die dem Richter möglich sein dürfte, den Festnehmenden häufig überfordern.[60] Deshalb stellt die Festnahmevoraussetzung gemäß Nummer 1 nur auf die Wahrscheinlichkeit einer **unverzüglichen** Entscheidung ab. Allerdings darf die zeitliche Einschätzung des Festnehmenden, wann eine (unverzügliche) Entscheidung wahrscheinlich zu erwarten ist, im Hinblick auf den in Absatz 2 zum Ausdruck kommenden Willen des Gesetzgebers, die Haft kurz zu befristen, den Rahmen von einer Woche ab Festnahme nicht wesentlich überschreiten. Dabei kann die Prognose, ob der Terminkalender des Gerichts und die gerichtsinterne Organisation eine Terminierung und Durchführung der Hauptverhandlung binnen einer Woche zulassen, in der Regel nur zutreffend gelingen, wenn insoweit vorsorglich getroffene Absprachen bestehen,[61] in der Festnahmesituation ohne zeitlichen 19

---

56 LR/*Hilger*[26] 17 (ausschließliches Festnahmeziel).
57 So auch *Giring* 217 (nicht Sicherung der Haft als Ziel, sondern Sicherung des beschleunigten Verfahrens); KK/*Schultheis* 3.
58 SK/*Paeffgen* 28, 30.
59 **A.A.** *Giring* 217, 228; KMR/*Wankel* 5.
60 S. auch *Giring* 227; *Münchhalffen*/*Gatzweiler* 381; *Schlothauer*/*Weider*/*Nobis* 177 f.
61 Vgl. dazu SK/*Paeffgen* 30; *Keller*/*Schairer* Die Polizei **1997** 312; zweifelnd *Hellmann* NJW **1997** 2149.

Verzug getroffen werden können[62] oder der Festnehmende über einschlägige (gute oder schlechte) Erfahrungen verfügt. Die gemäß Absatz 1 Nummer 1 erforderliche **Wahrscheinlichkeit fehlt** jedenfalls, wenn der Festnehmende ohne konkrete Anhaltspunkte nur vermutet (glaubt oder hofft), es werde fristgerecht zur Entscheidung kommen. Der Festnehmende wird im Wesentlichen zu bewerten haben, ob sich die Sache **nach dem äußeren Erscheinungsbild der Tat** (§ 127, 10) unter Berücksichtigung der **Kriterien des § 417** (einfacher Sachverhalt oder – i.d.R.: und – klare Beweislage) für eine Aburteilung im beschleunigten Verfahren in kurzer Frist eignet und deshalb sowie mangels entgegenstehender anderer Gründe eine unverzügliche Aburteilung in dieser Verfahrensart wahrscheinlich (Rn. 10) erscheint.[63] Stellt sich nach Festnahme aufgrund einer solchen Prognose heraus, dass diese Prognose verfehlt war, so ist die Festnahme unverzüglich zu beenden.

20 Auch das zweite Element des Festnahmegrundes (Nummer 2) müsste der Praxis eigentlich erhebliche Schwierigkeiten bereiten. Zwar sind Fälle denkbar, in denen die **Befürchtung** des (unentschuldigten) **Fernbleibens** in der Hauptverhandlung begründet wäre (Rn. 13, 14). Jedoch dürften die Fälle, in denen diese Befürchtung bereits im Augenblick der Festnahme auf **bestimmte Tatsachen** gestützt werden kann, selten sein. Zur Beendigung der Festnahme gilt das in Rn. 19 (a.E.) Gesagte entsprechend.

21 **3.** Die in den §§ 114a bis 114c niedergelegten **Informations-, Belehrungs- und Benachrichtigungspflichten** gelten nach **Satz 2** für die einen auf frischer Tat Betroffenen oder Verfolgten nach Absatz 1 vorläufig festnehmenden Beamten entsprechend. Die nachträglich eingefügte Ergänzung entspricht jener bei § 127 Abs. 4, weshalb auf die dortigen Ausführungen verwiesen sei.

22 **4. Rechtswidrigkeit.** Sind die Voraussetzungen des Absatzes 1 nicht erfüllt, so ist eine **Festnahme** nach dieser Vorschrift unzulässig und damit grundsätzlich (mit den nachfolgenden Einschränkungen) auch **rechtswidrig**. Beruht die Festnahme auf einem Irrtum, so ist die Frage der Rechtswidrigkeit unter Berücksichtigung der Überlegungen bei § 127, 13 zu entscheiden. Auch muss dem Festnehmenden ein Beurteilungsspielraum (**„Prognosespielraum“**) hinsichtlich der Festnahme-(Haft)gründe (Absatz 1 Nummer 1 und 2) zugebilligt werden;[64] eine Rechtswidrigkeit ist nur dann anzunehmen, wenn dieser Spielraum deutlich überschritten wird oder fehlerhafte Subsumtionen bzw. sachfremde Erwägungen eine entscheidende Rolle spielen. Demgemäß bedeuten eine Entscheidung der Staatsanwaltschaft, keinen Haftbefehlsantrag zu stellen, und die richterliche Ablehnung des Erlasses eines Haftbefehls, weil sie vielerlei Gründe haben können, nicht unbedingt, dass die Festnahme unzulässig war. Die Festnahme kann außerdem dadurch gerechtfertigt sein, dass objektiv die Voraussetzungen eines **anderen** Festnahmegrundes (z.B. Fluchtgefahr) vorliegen (§ 127 Abs. 2; s. Rn. 6). Dementsprechend kann das Gericht nach Festnahme gemäß Absatz 1 den Haftbefehl auch auf einen anderen Haftgrund als Absatz 2 Satz 1 stützen.[65]

---

62 Vgl. dazu HK/*Posthoff* 5.
63 Ähnlich *Pofalla* AnwBl. **1996** 466 (evidentes Vorliegen der Voraussetzungen); *ders.* BTProt. **13** 11647.
64 So auch SK/*Paeffgen* 33.
65 Insoweit (wohl) zweifelnd SK/*Paeffgen* 33.

IV. Sonstige Verfahrensfragen

Nach der Gesetzesbegründung[66] gelten grundsätzlich die **allgemeinen Vorschriften**, insbesondere § 112 Abs. 1 Satz 2, §§ 114 und 116 sowie die gegen Haftbefehle zulässigen Rechtsbehelfe. Für Haftersatzmaßnahmen gelten die §§ 123, 124. Eine Anwendung von § 121 ist (wohl ganz selten) möglich, etwa wenn ein Haftbefehl nach § 112 kurz vor Ablauf der sechs Monate aufgehoben wurde, dann aber eine Sicherung gemäß § 127b Abs. 2 (vgl. Rn. 3) notwendig wird. Die Regelungen der §§ 119, 119a gelten auch für den Vollzug der Hauptverhandlungshaft nach § 127b (vgl. § 119, 11). **Nicht anwendbar** sind die §§ 113, 122a. § 113 gilt – wie § 122a – schon nach seinem eindeutigen Wortlaut nicht. Jedoch ist (bei Haftanordnung und -dauer) das allgemeine Verhältnismäßigkeitsprinzip[67] zu beachten, bei dessen Prüfung auch der besondere Zweck der Haft (Rn. 1) und deren zeitliche Obergrenze zu berücksichtigen sind. Fälle, bei denen die Haftanordnung verhältnismäßig war, dann jedoch eine Aufhebung des Haftbefehls innerhalb der Wochenfrist gemäß § 120 Abs. 1 Satz 1 zweite Alternative erfolgen muss, werden selten sein. Die Anwendbarkeit von § 127a ist zweifelhaft. Gegen sie spricht der Wortlaut der Vorschrift;[68] für eine analoge Anwendung lässt sich aber ins Feld führen, dass § 127a – wie § 116, s. sogleich Rn. 24 – eine Ausprägung des Verhältnismäßigkeitsprinzips ist.[69] 23

§ 116 gilt trotz des entgegenstehenden Wortlauts[70] als Ausformung des Prinzips der Verhältnismäßigkeit. Der Beschuldigte darf nicht schlechter gestellt werden als ein Fluchtverdächtiger. Die Außervollzugsetzung eines nach Absatz 2 erlassenen Haftbefehls ist danach möglich, wenn durch geeignete Maßnahmen das Erscheinen des Beschuldigten in der – auch dann binnen einer Woche durchzuführenden – Hauptverhandlung (im beschleunigten Verfahren) sichergestellt werden kann; eine (Wieder-)Invollzugsetzung nach § 116 Abs. 4, namentlich bei unentschuldigtem Nichterscheinen des Beschuldigten in der Hauptverhandlung, ist nur möglich, wenn die Frist nach Absatz 2 noch nicht abgelaufen und eine fristgerechte Durchführung der Hauptverhandlung noch möglich ist.[71] 24

Erfolgt zuerst die **Festnahme** nach Absatz 1, so richtet sich das weitere Verfahren nach § 128; ein Fall des § 129 wird kaum praktisch werden. Ergeht ein Haftbefehl nach Absatz 2 Satz 1 ohne vorherige Festnahme (vgl. Rn. 3), so wird er durch Festnahme vollstreckt; das weitere Verfahren richtet sich nach den §§ 115, 115a. Mit der **Vernehmung** (§ 115 Abs. 2, § 128 Abs. 1 Satz 2) kann die Hauptverhandlung des **beschleunigten Verfahrens** (§ 417) **verbunden** werden; dann sind dessen Verfahrenserfordernisse (§ 418) zu beachten. 25

Ergeht ein Haftbefehl nach Absatz 2 Satz 1 ohne vorherige Festnahme (Rn. 3), so kann eine **Ausschreibung** zur Festnahme (§ 131 Abs. 1) erfolgen. Eine Ausschreibung nach § 131 Abs. 2 ist z.B. zulässig, wenn ein nach Absatz 1 Festgenommener entweicht; dann wird allerdings häufig Flucht oder Fluchtgefahr anzunehmen sein. Fehlt der für die Verfolgung erforderliche **Strafantrag**, so gilt § 130; die danach zu setzende Frist sollte wenigstens einen Tag kürzer sein als die nach Absatz 2,[72] damit der Antrag ggf. rechtzeitig zur Hauptverhandlung, mit der ohne ihn nicht sinnvoll begonnen werden kann, vorliegt. Zu § 132 s. Rn. 8. Zur Bestellung eines **Verteidigers** s. § 418 Abs. 4. 26

---

66 BTDrucks. **13** 2576 S. 3.
67 S. hierzu LR/*Lind* Vor § 112, 60.
68 Insbesondere die Beschränkung auf den Haftgrund der Fluchtgefahr. Im Ergebnis ebenso SK/*Paeffgen* 35; KMR/*Wankel* 12.
69 Vgl. *Schlothauer/Weider/Nobis* 187.
70 S. auch LR/*Lind* § 116, 2, 5.
71 Meyer-Goßner/*Schmitt* 19.
72 Meyer-Goßner/*Schmitt* 19.

27 Bei vorläufiger Festnahme nach Absatz 1 gilt zum Schutz des Beschuldigten § 128; zum **Rechtsschutz bei Festnahme** ohne anschließenden Erlass eines Haftbefehls s. § 127, 60 ff. Gegen den **Haftbefehl** sind grundsätzlich die üblichen **Rechtsbehelfe** (Haftbeschwerde; Haftprüfung gem. § 117) zulässig, worüber der Beschuldigte zu belehren ist (§ 115 Abs. 4). Wird Beschwerde eingelegt, ist mit Blick auf die Frist nach Absatz 2 Satz 2 die Bearbeitung derselben aus einem (vom Amtsgericht zu fertigenden) Aktendoppel unerlässlich.[73] Mit Ablauf der Frist nach Absatz 2 Satz 2 oder Erlass des erstinstanzlichen Urteils wird eine bis dahin nicht erledigte Beschwerde bzw. ein nicht erledigter Haftprüfungsantrag grundsätzlich gegenstandslos;[74] zur nachträglichen Feststellung der Rechtswidrigkeit der Haft s. die Erl. Vor § 304.[75]

V. Zuständigkeit (Absatz 3)

28 Die aus Gründen der Eilbedürftigkeit und Sachnähe geschaffene Soll-Vorschrift ist § 34 Abs. 2 Satz 1 JGG nachgebildet und regelt die **funktionelle Zuständigkeit** innerhalb des nach § 125 örtlich zuständigen Gerichts. Sie verstößt weder gegen Art. 101 Abs. 1 Satz 2 GG noch gegen die Präsidialverfassung.[76] Sie beinhaltet vielmehr einen Appell an das Präsidium des Amtsgerichts, die für das beschleunigte Verfahren zuständigen Richter insoweit kraft Geschäftsverteilungsplans (auch) für die Entscheidung über Haftbefehlsanträge und damit zusammenhängende Geschäfte zuständig zu machen. Die Soll-Vorschrift bindet das Präsidium nicht unmittelbar, ist aber von ihm zu beachten und beeinflusst den Ermessensspielraum so erheblich, dass das Präsidium nur aus wichtigen sachlichen Gründen abweichen darf. In Ausnahmefällen sind also Abweichungen von der Regel des Absatzes 3 zulässig, namentlich um bei der Aufstellung des Geschäftsverteilungsplanes in diesem sachgerechte Einzelfalllösungen für örtliche Besonderheiten zu ermöglichen.[77]

§ 128
Vorführung bei vorläufiger Festnahme

(1) [1]Der Festgenommene ist, sofern er nicht wieder in Freiheit gesetzt wird, unverzüglich, spätestens am Tage nach der Festnahme dem Richter bei dem Amtsgericht, in dessen Bezirk er festgenommen worden ist, vorzuführen. [2]Der Richter vernimmt den Vorgeführten gemäß § 115 Abs. 3.

(2) [1]Hält der Richter die Festnahme nicht für gerechtfertigt oder ihre Gründe für beseitigt, so ordnet er die Freilassung an. [2]Andernfalls erläßt er auf Antrag der Staatsanwaltschaft oder, wenn ein Staatsanwalt nicht erreichbar ist, von Amts wegen einen Haftbefehl oder einen Unterbringungsbefehl. [3]§ 115 Abs. 4 gilt entsprechend.

---

73 SK/*Paeffgen* 38; Meyer-Goßner/*Schmitt* 22.
74 SK/*Paeffgen* 34a; Meyer-Goßner/*Schmitt* 22; h.M.
75 S. auch SK/*Paeffgen* 34a; HK/*Posthoff* 15; KK/*Schultheis* 21 (Haftbeschwerde weiter zulässig).
76 So auch HK/*Posthoff* 13; KK/*Schultheis* 21; kritisch hierzu SK/*Paeffgen* 39; HK/*Lemke*[3] 17.
77 BTDrucks. **13** 2576 S. 3. Vgl. auch *Schmidt-Jortzig* BTProt. **13** 11659.

https://doi.org/10.1515/9783110274929-034

Schrifttum

Dvorak Unverzüglichkeit der Vorführung vor den zuständigen Richter – nur eine unverbindliche Empfehlung für die Behandlung vorläufig festgenommener Personen? StV **1983** 514; *Fickenscher/Dingelstadt* Richterlicher Bereitschaftsdienst „rund um die Uhr"? NJW **2009** 3473; *Kaiser* Mitwirkung der Staatsanwaltschaft bei Erlaß eines Haftbefehls gemäß § 128 StPO, NJW **1969** 1097.

Entstehungsgeschichte

Durch Art. 2 Nr. 8 AGGewVerbrG wurden in Absatz 2 die Worte „oder einen Unterbringungsbefehl", durch Art. 3 Nr. 50 VereinhG in Absatz 1 die Worte „spätestens am Tage nach der Festnahme" eingefügt. Die Klausel, die sich auf den Antrag der Staatsanwaltschaft bezieht, ist durch Art. 3 Nr. 2 des 8. StRÄndG in Absatz 2 Satz 2 eingestellt worden. Der Wortlaut des jeweils letzten Satzes von Absatz 1 und Absatz 2 stammt aus Art. 1 Nr. 2 StPÄG 1964; er dient der Anpassung an die §§ 115, 115a. Die Richterbezeichnungen sind durch Art. 1 Nr. 33 des 1. StVRG geändert worden. Mit Wirkung zum 25.7.2015[1] hat die Vorschrift – im Kontext der Schaffung einer dem Gesetz zur Modernisierung und Erleichterung der Rechtsanwendung[2] vorangestellten amtlichen Inhaltsübersicht – ihre Überschrift erhalten.

Übersicht

I. Normzweck und Anwendungsbereich

Die Vorschrift konstituiert zum Schutz des Freiheitsgrundrechts aus Art. 2 Abs. 2 Satz 2 GG und in Ausgestaltung des durch Art. 104 Abs. 2 GG mit Verfassungsrang versehenen **Vorbehalts einer richterlichen Entscheidung** über die Zulässigkeit und Fortdauer einer Freiheitsentziehung, die die schwerste Form des – nur auf der Grundlage eines (förmlichen) Gesetzes zulässigen – Eingriffs in die Freiheit der Person darstellt, die **Pflicht** der Strafverfolgungsbehörden, in Fällen einer (ausnahmsweise) **ohne vorherige richterliche Anordnung** zulässigen Freiheitsentziehung zur Sicherung strafverfahrensrechtlicher Zwecke die **nachträgliche Entscheidung** des zuständigen Richters über deren Fortdauer **unverzüglich** herbeizuführen. Die Vorschrift stellt damit eine bedeutsame Verfahrensgarantie dar, die den Zweck verfolgt, dem grundrechtssichernden Richtervorbehalt (auch) für Freiheitsentziehungen im Strafverfahren, die ohne vorherige richterliche Anordnung erfolgen, Geltung zu verschaffen. Es handelt sich bei § 128 um die einfachgesetzliche Umsetzung von Art. 104 Abs. 2, 3 GG bzw. Art. 5 Abs. 3 Satz 1 EMRK. 1

Die Vorschrift regelt – neben § 129 (siehe sogleich Rn. 3) – das weitere **Verfahren nach der vorläufigen Festnahme** eines Tatverdächtigen nach § 127 Abs. 1 und 2 und – 2

1 Art. 1 Nr. 13 des Gesetzes zur Stärkung des Rechts des Angeklagten auf Vertretung in der Berufungshauptverhandlung und über die Anerkennung von Abwesenheitsentscheidungen in der Rechtshilfe vom 17.7.2015, BGBl. I S. 1333.
2 BTDrucks. **18** 3562 S. 77.

mit einer Besonderheit hinsichtlich der richterlichen Zuständigkeit (vgl. § 127b Abs. 3; hier Rn. 9 a.E.) – nach § 127b Abs. 1. Für die Feststellung der Identität einer auf frischer Tat betroffenen oder verfolgten Person durch die Staatsanwaltschaft oder die Beamten des Polizeidienstes (§ 127 Abs. 1 Satz 2) gilt § 128 auch dann nicht, wenn der Betroffene (Verfolgte) hierzu festgehalten und gegen seinen Willen zur Polizeidienststelle verbracht wird; s. § 127, 30. Diesbezüglich trifft § 163c eine speziellere Regelung.

3 §128 setzt voraus, dass gegen den Festgenommenen die **öffentliche Klage noch nicht erhoben** wurde, während §129 das Verfahren in den Fällen behandelt, in denen dies bereits geschehen ist. Beide Bestimmungen gehen davon aus, dass **noch kein Haftbefehl** vorliegt, wie sich aus §128 Abs. 2 Satz 2, §129 letzter Teilsatz ergibt. Wird der Beschuldigte dagegen aufgrund eines Haftbefehls ergriffen, gelten die §§ 115, 115a, 126 Abs. 1.

4 Es ist aber denkbar, dass jemand nach § 127 Abs. 2 vorläufig festgenommen wird, obwohl gegen ihn **bereits ein Haftbefehl erlassen** worden ist, ohne dass der verhaftende Beamte das weiß. Für §§ 127 Abs. 1, 127b Abs. 1 kann dieser Fall nicht eintreten, wenn der Täter auf frischer Tat betroffen wird. Wird er nach Verfolgung festgenommen, könnte theoretisch inzwischen ein Haftbefehl ergangen sein; praktisch ist das nahezu ausgeschlossen. Kommt es gleichwohl vor, wird der Verfolgende von dem Haftbefehl benachrichtigt, so dass der Festnehmende – in diesem Fall muss dies ein Beamter des Polizeidienstes oder ein Staatsanwalt sein – nach § 115 zu verfahren hat, wenn er den Beschuldigten nunmehr aufgrund des Haftbefehls ergreift. Auch bei der polizeilichen Festnahme nach § 127 Abs. 2 kann es vorkommen, dass der Festnehmende nicht weiß, dass die Untersuchungshaft bereits angeordnet ist. Nimmt er den Beschuldigten **ohne Kenntnis** von dem Haftbefehl fest, so kann er ihn nicht „aufgrund des Haftbefehls" ergreifen. Dann findet nicht § 115, sondern § 128 Abs. 1 Satz 1 Anwendung.

II. Verfahren nach vorläufiger Festnahme (Absatz 1)

5 **1. Beendigung der Freiheitsentziehung.** Die Untersuchungshaft ist sofort zu beenden, wenn ihre Voraussetzungen nicht mehr vorliegen oder sich ergibt, dass ihr Fortbestehen außer Verhältnis zu der Bedeutung der Sache und der zu erwartenden Rechtsfolge stehen würde (§ 120 Abs. 1 Satz 1). Dieser ausdrückliche Gesetzesbefehl wird für die vorläufige Festnahme nicht wiederholt, gilt aber selbstverständlich auch (und angesichts fehlender vorheriger richterlicher Kontrolle gerade) für diese Freiheitsentziehung. Mit diesem Inhalt ist der erste Zwischensatz in Absatz 1 („sofern er nicht wieder in Freiheit gesetzt wird") daher auszufüllen. Danach ist der vorläufig Festgenommene **sofort freizulassen**, wenn sich herausstellt, dass die Voraussetzungen der vorläufigen Festnahme nicht (mehr) vorliegen oder der weitere Freiheitsentzug unverhältnismäßig wäre. Das ist nach Festnahme auf frischer Tat (§ 127 Abs. 1) stets der Fall, wenn bei einem nicht fluchtverdächtigen Unbekannten die Personalien festgestellt sind oder ein **Fluchtverdacht**, der zunächst bestanden hatte, **ausgeräumt** worden ist. Bei der **polizeilichen Festnahme** nach § 127 Abs. 2 kann sich aus der Einlassung des Festgenommenen oder sonstigen Ermittlungen ergeben, dass der Festnehmende zu Unrecht angenommen hatte, dass die Voraussetzungen eines Haft- oder Unterbringungsbefehls vorliegen, etwa weil sich herausstellt, dass nur der Fall des § 113 vorliegt, dessen besondere Voraussetzungen aber nicht gegeben sind, ein Haftgrund nicht besteht oder dass die Tat – entgegen der ursprünglichen Annahme – nur geringfügig ist und dem Erlass eines Haftbefehls daher der Grundsatz der Verhältnismäßigkeit entgegenstehen würde. Schließlich kann auch der zunächst bestehende dringende Tatverdacht gegen den Festgenommenen – beispielsweise aufgrund seiner Angaben in der polizeilichen Vernehmung – entfallen. Ein nach § 127b Abs. 1 Festgenommener ist zu entlassen, sobald sich ergibt, dass eine unver-

zügliche Entscheidung im beschleunigten Verfahren nicht wahrscheinlich ist oder die Befürchtung, er werde der – unverzüglich anberaumten – Hauptverhandlung im beschleunigten Verfahren fernbleiben, nicht länger besteht. Keinesfalls darf die Frist des Satzes 1 „ausgeschöpft" werden,[3] wenn feststeht, dass die Voraussetzungen für den Freiheitsentzug nicht (mehr) vorliegen, etwa um zu versuchen, durch weitere Ermittlungen (dennoch) ausreichendes Belastungsmaterial zu finden.[4] Auch darf eine zunächst zulässige Festnahme nicht zu dem Zweck aufrechterhalten werden, die Fortsetzung der Straftat eines bekannten, nicht fluchtverdächtigen Täters zu verhindern (s. § 127, 3), sofern nicht § 112a Abs. 1 anzuwenden ist.

Ohne Rücksicht auf den Stand der Identitätsfeststellung und trotz (fort-)bestehender (sonstiger) Festnahmegründe ist ein (dringend) Tatverdächtiger, der sich in polizeilichem Gewahrsam befindet, alsbald freizulassen, wenn er nicht bis zum **Ende des Tages nach der Festnahme** dem Richter bei dem Amtsgericht (Absatz 1 Satz 1) vorgeführt werden kann oder sich dies mit hinreichender Sicherheit abzeichnet (Art. 104 Abs. 2 Satz 3 GG).[5] 6

Über die Freilassung entscheidet zunächst derjenige, der den Verdächtigen festgenommen hat – wenn es ein Beamter war, auch sein Vorgesetzter. Die **Entscheidungszuständigkeit** der Polizei besteht, solange sich der Festgenommene in ihrem Gewahrsam befindet. Sie endet jedoch, sobald der Beschuldigte dem Richter vorgeführt wird. Gleiches gilt im Hinblick auf die Leitungsbefugnis der Staatsanwaltschaft auch dann, wenn die Staatsanwaltschaft (vor der Vorführung) mit der Haftfrage befasst wird; die Polizei ist dann an deren Entscheidung gebunden. Die Anordnung der Freilassung steht **vor der Vorführung** nur der Staatsanwaltschaft – da ihr dieses Recht während des vorbereitenden Verfahrens (sogar) für die Zeit nach Erlass eines Haftbefehls zusteht (§ 120 Abs. 3), hat sie es auch vorher[6] – oder der Polizei zu, nicht aber dem Richter etwa nach telefonischer Unterrichtung; dieser wird erst zuständig, wenn ihm der Festgenommene vorgeführt worden ist.[7] Selbst dann kann aber die – zuständige (§§ 142ff. GVG) – Staatsanwaltschaft noch die Freilassung verfügen, solange (noch) kein Haft- oder Unterbringungsbefehl erlassen ist.[8] Ist bereits ein Haftbefehl ergangen, kann sie dessen Aufhebung nach § 120 Abs. 3 erreichen; die Freilassung kann die Staatsanwaltschaft schon parallel zu einer entsprechenden Antragstellung anordnen. 7

2. Vorführung vor den Richter. Wird der vorläufig Festgenommene nicht – ggf. gegen Sicherheitsleistung nach § 127a – von Polizei oder Staatsanwaltschaft in Freiheit gesetzt, hat nach Absatz 1 Satz 1 seine **Vorführung vor den Richter** zu erfolgen, der nachträglich über die Zulässigkeit und den Fortbestand der Freiheitsentziehung zu entscheiden hat. Die Vorführung[9] ist zu dem Richter bei dem Amtsgericht zu bewirken, in dessen Bezirk der Verdächtige festgenommen worden ist. Die Vorschrift schafft – im Hinblick darauf, dass im Fall des § 127 Abs. 1 jedermann zur Festnahme berechtigt ist – eine klare, leicht einprägsame Vorführungsregel. Sachlich ist sie entbehrlich, nachdem in § 125 Abs. 1, der auch im Fall der vorläufigen Festnahme gilt, die Zuständigkeit des Richters bei dem Amtsgericht begründet worden ist, in dessen Bezirk sich der Beschuldigte – hier zufolge der vorläufigen Festnahme – aufhält. 8

---

3 SK/*Paeffgen* 3.
4 *Fezer* JR **1991** 87. Vgl. auch AG Offenbach StV **1991** 153.
5 *Dvorak* StV **1983** 515; AK/*Krause* 5; s. auch *Schlothauer/Weider/Nobis* 230.
6 KK/*Schultheis* 10.
7 Meyer-Goßner/*Schmitt* 2.
8 KK/*Schultheis* 10.
9 S. hierzu LR/*Lind* § 115, 5.

9 Der Regelung ist nicht zu entnehmen, dass mit Absatz 1 eine von § 125 Abs. 1 abweichende ausschließliche Zuständigkeit des Richters des **Festnahmebezirks** geschaffen werden sollte;[10] es ist auch kein Grund für eine solche Abweichung zu erkennen. Demzufolge ist außer dem Richter bei dem Amtsgericht des Festnahmebezirks auch jeder nach § 125 Abs. 1 zuständige Richter beim Amtsgericht zur Vernehmung und zur Entscheidung nach § 128 Abs. 2 Satz 1 und 2 berufen.[11] In Sachen, die nach § 120 Abs. 1 und 2 GVG zur erstinstanzlichen Zuständigkeit der Oberlandesgerichte gehören, ist auch der Ermittlungsrichter des jeweiligen Oberlandesgerichts oder des BGH zuständig (§ 169), dem der Festgenommene nach Möglichkeit vorzuführen ist.[12] Ist der auf frischer Tat Betroffene oder Verfolgte nach **§ 127b Abs. 1** vorläufig festgenommen worden, ist er abweichend von Absatz 1 Satz 1 regelmäßig dem für die **Durchführung des beschleunigten Verfahrens** zuständigen Richter vorzuführen, der nach § 127b Abs. 3 über den Erlaß des Haftbefehls entscheiden soll.[13]

10 Der Festnehmende, gleichviel ob er eine Privatperson oder ein Polizeibeamter ist, braucht den Festgenommenen nicht unmittelbar in den Machtbereich des Richters zu bringen (darf das aber grundsätzlich). Er kann ihn vielmehr beim nächsten Polizeirevier[14] oder, wenn dieses nicht mit Kriminalpolizei besetzt ist, bei der **nächsten Kriminaldienststelle** abliefern. Deren Beamte – namentlich ihr verantwortlicher Leiter, auch wenn er die in polizeilichem Gewahrsam befindliche Person nicht selbst festgenommen hat – sind dann **verpflichtet**, den Festgenommenen – regelmäßig nachdem sie ihn vernommen haben (§ 163a Abs. 4) – unverzüglich dem Richter **vorzuführen**,[15] falls sie ihn nach Prüfung des Sachverhalts, zu der sie berechtigt und verpflichtet sind, nicht von sich aus freilassen (vgl. aber Rn. 7 zur Bindung an die staatsanwaltschaftliche Entscheidung). Für Privatpersonen und Polizeibeamte, die nicht Kriminalbeamte sind, empfiehlt sich dieser Weg; es wäre wünschenswert, wenn er in § 127 Abs. 1, der sich an jedermann wendet, oder in § 128 ausdrücklich bezeichnet würde.

11 Befindet sich am Sitz des Richters eine **Staatsanwaltschaft**, dann hat ein Beamter, wenn die Zeit es zulässt, den Beschuldigten – schon im Hinblick auf die Leitungsbefugnis der Staatsanwaltschaft – dorthin zuzuführen, damit die Staatsanwaltschaft den notwendigen Antrag (Absatz 2 Satz 2) stellen kann und auf diese Weise durch die Anhörung (§ 33 Abs. 2) keine weitere Zeit verloren geht. Die Staatsanwaltschaft wird auch am ehesten feststellen können, ob bereits öffentliche Klage erhoben ist oder ob etwa schon ein Haftbefehl vorliegt.

12 Die Vorführung vor den Richter muss **unverzüglich** (§ 121 BGB), also ohne jede Verzögerung, die sich nicht aus sachlichen Gründen rechtfertigen lässt, **spätestens am Tag nach der Festnahme** erfolgen. Dieses Gebot richtet sich einerseits an den Vorführenden, regelmäßig die (Kriminal-)Polizei, andererseits auch an den Richter, der sich – soweit er sich (etwa außerhalb der Dienstzeiten) lediglich in Rufbereitschaft befindet –

---

10 So aber OLG Dresden JW **1932** 1779.

11 OLG Celle JZ **1956** 125; h.M. Vgl. auch OLG Frankfurt NJW **1991** 1903 (Haftrichterdienst im Polizeipräsidium). Jugendliche und Heranwachsende können dem zuständigen Jugendrichter (§ 34 Abs. 1 JGG) vorgeführt werden.

12 Meyer-Goßner/*Schmitt* 5; KK/*Schultheis* 3 a.E.

13 Vgl. § 127b, 28.

14 RGSt **29** 137. Zur Vorführung durch den Leiter einer JVA, in der der Festgenommene vorläufig aufgenommen ist, vgl. zur früheren Rechtslage Nr. 86 UVollzO, jetzt die Regelungen der Landes-UHaftVollzGe.

15 RGSt **67** 299; BGHSt **59** 292 (Der Verstoß gegen diese Pflicht kann den Vorwurf der Freiheitsberaubung durch Unterlassen begründen.) mit Anm. *Jahn* JuS **2015** 180; *Rostalski* JR **2015** 306; *Jäger* JA **2015** 72; *Dehne-Niemann* HRRS **2017** 174.

unverzüglich an seinen Dienstort zu begeben und die Vorführung des vorläufig Festgenommenen zu veranlassen hat.[16] Ein richterlicher Bereitschaftsdienst zur **Nachtzeit** ist von Verfassungs wegen erst dann gefordert, wenn hierfür ein praktischer Bedarf besteht, der über den Ausnahmefall hinausgeht.[17] Grundsätzlich kann diesbezüglich auf die Ausführungen bei LR/*Lind* § 115, 10, 11 sowie § 115, 14 (symbolische Vorführung) verwiesen werden.[18] Zwei Punkte sind aber hervorzuheben: In die **Vorführungsfrist** des § 128 Abs. 1 ist im Hinblick auf Art. 104 Abs. 2, 3 GG die **Dauer einer anderweitigen Freiheitsentziehung** ohne richterliche Entscheidung **einzurechnen**. Nur ein solches Verständnis des § 128 Abs. 1 wird der Bedeutung, die das Grundgesetz den freiheitssichernden Verfahrensgarantien beimisst, gerecht.[19]

Außerdem dürfen die mit der Aufklärung des Sachverhalts betrauten Ermittlungs- **13**
behörden – anders als bei § 115 (vgl. LR/*Lind* § 115, 10), der den Fall der Festnahme aufgrund eines bestehenden Haftbefehls durch Beamte betrifft, die häufig keine über den Inhalt des Haftbefehls hinausgehende Sachverhaltskenntnis und keinerlei Entscheidungsbefugnis haben – die Vorführung im Rahmen der gesetzlichen Vorführungsfrist hinausschieben und diese – um dem Beschuldigten Gelegenheit zur Beseitigung vorliegender Verdachtsgründe zu geben, die eigene Prüfung, ob der vorläufig Festgenommene freizulassen oder vorzuführen ist, zu ermöglichen und dem Richter eine möglichst umfassende Grundlage für seine Entscheidung unterbreiten zu können – **zur Vernehmung** des Beschuldigten sowie für weitere **Ermittlungen nutzen**, ehe der vorläufig Festgenommene (nicht nur innerhalb der Frist des Absatzes 1 Satz 1, sondern so rechtzeitig, dass der Richter den Vorgeführten innerhalb dieser Frist auch noch vernehmen und eine Entscheidung nach Absatz 2 treffen kann, s. Rn. 20) dem Richter vorgeführt oder freigelassen wird.[20] So wie Verzögerungen, die durch die Länge des Weges, Schwierigkeiten beim Transport, die notwendige Registrierung und Protokollierung, ein renitentes Verhalten des Festgenommenen oder vergleichbare Umstände bedingt sind, als nicht vermeidbar anerkannt sind,[21] stellt auch dies – mit **Art. 5 Abs. 3 Satz 1 EMRK** und **Art. 104 Abs. 2, 3 GG vereinbar**[22] – einen sachlichen Grund für eine Verzögerung bei der Vorführung dar. Unabdingbare Voraussetzung für die Nutzung der Frist für weitere Ermittlungen ist allerdings, dass ausreichende Gründe für eine Festnahme (noch) bestehen, andernfalls ist der Beschuldigte sofort freizulassen (Rn. 5) – die Frist darf also nicht genutzt werden, um solche Gründe erst zu finden,[23] sondern nur, um darüber (über die „Haftbefehlsreife" – § 127 Abs. 2) hinaus Be- oder Entlastungsmaterial[24] zu ermitteln.

---

16 Vgl. Dienstgerichtshof des Landes Brandenburg Urt. v. 20.4.2012 – DGH Bbg 2/12 – (juris – Rn. 21).

17 BVerfG Beschl. v. 13.12.2005 – 2 BvR 447/05 – (juris); NJW **2004** 1442; vgl. auch LG Hamburg StV **2009** 485; HK/*Posthoff* 11.

18 S. auch EGMR *Aquilina v. Malta*, 25642/94, Urt. v. 29.4.1999 = NJW **2001** 51 (richterliche Überprüfung der Freiheitsentziehung unverzüglich, von Amts wegen, nach Anhörung des Festgenommenen in Person). Zum Landesverfassungsrecht vgl. LR/*Lind* Vor § 112, 75.

19 BGHSt **34** 365 (auch zum Verwertungsverbot gemäß § 136a) mit Anm. *Hamm* NStZ **1988** 233.

20 BGH NJW **1990** 1188 mit insoweit zust. Anm. *Fezer* JR **1991** 85 (auch zum Verwertungsverbot); zust. auch: AK/*Krause* 5; HK/*Posthoff* 7; Meyer-Goßner/*Schmitt* 6; KK/*Schultheis* 5; abl. dagegen: *Nelles* StV **1992** 389; SK/*Paeffgen* 5; *Paeffgen* NStZ **1992** 533; krit. auch *Deckers* NJW **1991** 1154; *Geppert* Jura **1990** § 127, 2; *Rüping* FS Hirsch 971; *Schlothauer/Weider/Nobis* 231 ff. (auch zum Verwertungsverbot für Angaben des Beschuldigten nach Fristüberschreitung). Zur Überlagerung mit § 115 vgl. BGH StV **1995** 283 (auch zur Frage der Verwertbarkeit einer Aussage).

21 BVerfGE **105** 249.

22 Zweifelnd *Paeffgen* NStZ **1992** 533; s. auch *Rüping* FS Hirsch 971.

23 *Fezer* JR **1991** 87; *Paeffgen* NStZ **1992** 533; HK/*Posthoff* 7. Vgl. auch AG Offenbach StV **1991** 153.

24 Vgl. auch AK/*Krause* 5 (polizeiliche Spurensicherung; Bericht der Gerichtshilfe).

14 **3. Vernehmung (Satz 2).** Die richterliche Vernehmung des Vorgeführten ist nach § 115 Abs. 3 durchzuführen. Wegen ihrer Form und ihres Inhalts s. LR/*Lind* § 115, 15ff., 22;[25] zur **Beweiserhebung** § 115, 27 sowie die Erl. zu § 166.[26] Die Vernehmung ist entbehrlich, wenn die Staatsanwaltschaft die Freilassung beantragt hat oder wenn der Richter schon aufgrund des Festnahmeberichts feststellen kann, dass die Voraussetzungen für den Erlass eines Haft- oder Unterbringungsbefehls nicht vorliegen. Der Richter hat den Beschuldigten **unverzüglich** nach der Vorführung zu vernehmen. Jedenfalls hat seine Vernehmung so rechtzeitig zu erfolgen, dass der Richter die ihm gesetzte Entscheidungsfrist (Rn. 20) noch einhalten kann.

15 Nach § 168c Abs. 1 können Staatsanwalt und Verteidiger der Vernehmung beiwohnen. Sie sind daher von dem Termin zu benachrichtigen, wenn das möglich ist, ohne dass der Untersuchungserfolg gefährdet wird (§ 168c Abs. 5 Satz 1 und 2).[27] Die **Benachrichtigung** wird mit dem Mittel des Telefons beim Verteidiger regelmäßig, bei der Staatsanwaltschaft stets möglich sein.[28] Soll die Vorführung genutzt werden, um gleichzeitig im beschleunigten Verfahren zu entscheiden, so sind die Erfordernisse der §§ 417ff. zu beachten.[29]

III. Entscheidung des Richters (Absatz 2)

16 **1. Grundlage und Inhalt.** Der Richter entscheidet auf der Grundlage der polizeilichen (§ 163a) und der von ihm durchgeführten (Absatz 1 Satz 2) Vernehmung des Beschuldigten und aufgrund des Vorführungsberichts sowie ggf. der Ergebnisse weiterer **Ermittlungen**, etwa nach Einholung eines Berichts der Haftentscheidungshilfe;[30] s. auch die Erl. zu § 166. Sind darüber hinaus bereits Verfahrensakten vorhanden, sind diese nach Möglichkeit beizuziehen.[31] Vor der Entscheidung ist nach § 33 Abs. 2 die **Staatsanwaltschaft anzuhören**, auch wenn der Richter keinen Haftbefehl erlassen, sondern den Vorgeführten nach Absatz 2 Satz 1 freilassen will.[32] Hat die Staatsanwaltschaft nicht bereits bei der Vorführung ihren Antrag gestellt (Rn. 11), wobei es genügt, wenn sie den Antrag der ermittelnden Polizei fernmündlich durchgegeben und diese ihn in den dem Haftrichter vorzulegenden Unterlagen vermerkt hat,[33] hört der Richter sie – notfalls fernmündlich oder auf elektronischem Wege – an. Ist erkennbar, dass das Ermittlungsverfahren schon von einer Staatsanwaltschaft betrieben wird, so ist möglichst diese zu beteiligen, sonst die für den Bezirk der Festnahme zuständige; in Staatsschutzsachen wird die für diese Verfahren zuständige Staatsanwaltschaft angehört (§§ 74a, 120, 142a GVG).[34] Beantragt die Staatsanwaltschaft die Freilassung des Tatverdächtigen, hat der Richter dem nach § 120 Abs. 3 Satz 1 zu entsprechen.

17 Der Richter prüft auf dieser Grundlage nicht, ob die vorläufige Festnahme zum Zeitpunkt ihrer Vornahme gerechtfertigt war (zur Feststellung der Rechtswidrigkeit einer – ohne Vorführung vor den Richter erledigten – Festnahme nach § 127 siehe dort Rn. 60ff.), sondern allein, ob im Augenblick seiner Entscheidung die **Voraussetzungen eines**

---

25 Vgl. auch OLG Düsseldorf VRS **85** (1993) 430 (Protokollführer, der die Fremdsprache, in der die Verhandlung geführt wird, nicht beherrscht). Zum Anwesenheitsrecht von Mitbeschuldigten s. LR/*Lind* § 115, 21.
26 S. auch AK/*Krause* 6 sowie BVerfGE **83** 24, 33.
27 Vgl. die Erl. bei LR/*Erb* zu § 168c.
28 Vgl. auch LR/*Lind* § 115, 19.
29 Vgl. *Fezer* ZStW **106** (1994) 13.
30 S. dazu LR/*Lind* Vor § 112, 104.
31 Vgl. BVerfG Beschl. v. 10.12.2007 – 2 BvR 1033/06 – (juris).
32 *Kaiser* NJW **1969** 1098; KK/*Schultheis* 11.
33 AK/*Krause* 6; KK/*Schultheis* 11; s. auch OLG Naumburg StraFo **2007** 240.
34 Meyer-Goßner/*Schmitt* 9.

Haftbefehls (§§ 112 ff.) oder eines Unterbringungsbefehls (§ 126a) **vorliegen.**[35] Aufgrund dieser **Prüfung** lässt er den Vorgeführten entweder frei – ggf. auch gegen Sicherheitsleistung nach § 127a – oder er erlässt einen Haft- oder Unterbringungsbefehl, dessen Vollzug er zugleich nach § 116 bzw. § 126a Abs. 2 Satz 1 i.V.m. § 116 Abs. 3 und 4 aussetzen kann. Der Haft- oder Unterbringungsbefehl ist den formellen Vorgaben des § 114 entsprechend schriftlich zu begründen. Auch wenn der Richter den von der Staatsanwaltschaft beantragten Erlass eines Haft- oder Unterbringungsbefehls ablehnt, hat er seine – von der Staatsanwaltschaft mit der Beschwerde (und weiteren Beschwerde) anfechtbare – Entscheidung gemäß § 34 zu begründen. Ergeht seine (Freilassungs-)Entscheidung ohne Antrag der Staatsanwaltschaft, sind die Gründe für den Nichterlass eines Haft- oder Unterbringungsbefehls zumindest in Vermerkform aktenkundig zu machen.[36]

2. Antragserfordernis. Der **Antrag der Staatsanwaltschaft**[37] ist, von Notfällen („wenn ein Staatsanwalt nicht erreichbar ist") abgesehen, **notwendige Voraussetzung** der richterlichen Anordnung von Untersuchungshaft bzw. einstweiliger Unterbringung des Beschuldigten. Der zuständige Richter darf mithin keinen Haftbefehl erlassen, wenn der (erreichbare) Staatsanwalt – entgegen der Ansicht des Richters – aufgrund seiner Prüfung die Voraussetzungen für dessen Erlass verneint und es daher ablehnt, einen entsprechenden Antrag zu stellen.[38] Ein gleichwohl erlassener Haftbefehl ist nicht unwirksam,[39] die Staatsanwaltschaft kann aber mit einem Antrag nach § 120 Abs. 3 Satz 1 seine Aufhebung verlangen (und zugleich mit der Antragstellung die Freilassung des Beschuldigten anordnen, § 120 Abs. 3 Satz 2). Bei der Begründung des Haftbefehls ist der Richter nicht an den Antrag der Staatsanwaltschaft gebunden;[40] er ist jedoch, wenn die Staatsanwaltschaft ausdrücklich beantragt, Haftbefehl nur **wegen bestimmter Taten** zu erlassen, gehindert, den Haftbefehl auch auf weitere Taten zu stützen,[41] insoweit fehlt dann der erforderliche Antrag. 18

Unerreichbar ist ein Staatsanwalt nur, wenn sein Antrag nicht mehr rechtzeitig – auch nicht fernschriftlich oder fernmündlich[42] – vor Ablauf der Vorführungsfrist herbeigeführt werden kann, wobei es sich um einen zuständigen Staatsanwalt handeln muss.[43] Unerreichbar ist die Staatsanwaltschaft auch dann, wenn eine fernmündliche oder fernschriftliche (oder auf elektronischem Wege übermittelte) Information der Staatsanwaltschaft nicht ausreicht und sie deshalb mangels ausreichender Beurteilungsgrundlage von einer Stellungnahme absieht.[44] Bei Nichterreichbarkeit eines Staatsanwalts, die in den Akten zu dokumentieren ist, ist der Richter berechtigt und verpflichtet, einen Haft- oder Unterbringungsbefehl **von Amts wegen** zu erlassen, wenn dessen Voraussetzungen vorliegen. 19

3. Entscheidungsfrist. Die richterliche Entscheidung über die Freilassung, Verhaftung oder einstweilige Unterbringung des (vorläufig) Festgenommenen muss gemäß 20

---

35 H.M.
36 KK/*Schultheis* 14.
37 S. dazu auch OLG Naumburg StraFo **2007** 240 (Antrag der StA ggf. aktenkundig zu machen; kein eigenes Antragsrecht der Polizei).
38 KK/*Schultheis* 12.
39 H.M.; kritisch SK/*Paeffgen* 9 (zweifelhaft, denn ein rechtsfehlerhaftes Verfahren macht die auf dieser Grundlage ergangene Entscheidung nicht zwangsläufig unwirksam).
40 SK/*Paeffgen* 10; KK/*Schultheis* 13.
41 KK/*Schultheis* 13; s. auch § 125, 18.
42 *Krauth/Kurfeß/Wulf* JZ **1968** 737.
43 Zur Zuständigkeit der StA s. auch §§ 143 Abs. 2, 144, 145 GVG.
44 H.M.; vgl. etwa SK/*Paeffgen* 9; Meyer-Goßner/*Schmitt* 10; KK/*Schultheis* 12.

Art. 104 Abs. 3 Satz 2 GG **unverzüglich,**[45] das heißt ohne jede Verzögerung, die sich nicht aus sachlichen Gründen rechtfertigen lässt,[46] und analog § 129 letzter Halbsatz jedenfalls innerhalb der dort geregelten Höchstfrist, also **spätestens bis zum Ende des Tages nach der Festnahme** getroffen werden.[47] Nur so kann Art. 104 Abs. 2 Satz 3 GG, der eine absolute Zeitgrenze für jede nicht von einem Richter angeordnete Freiheitsentziehung setzt, auch für die vorläufige Festnahme nach §§ 127, 127b Abs. 1 gilt und durch Art. 104 Abs. 3 GG nicht verdrängt wird,[48] Genüge getan werden. Der Beschuldigte ist so frühzeitig zu vernehmen, dass diese Frist eingehalten werden kann.[49] Umfangreicher Akteninhalt, in den sich der Richter zunächst einlesen muss, mag in Einzelfällen zwar zu Schwierigkeiten führen, die sich allerdings mit Hilfe von Staatsanwaltschaft und Verteidiger lösen lassen dürften.[50] Im Übrigen gilt auch hier, dass die Dauer einer anderweitigen Freiheitsentziehung (ohne vorherige richterliche Anordnung) bei der Fristberechnung zu berücksichtigen ist (Rn. 12).[51] Ist die absolute Zeitgrenze überschritten, wird die Freiheitsentziehung unzulässig, auch wenn die Überschreitung unvermeidbar war.[52] Der Festgenommene ist – auf Anordnung des Richters oder des (zuständigen) Staatsanwalts – unverzüglich freizulassen.

IV. Rechtschreibmittelbelehrung

21 Für die Rechtsmittelbelehrung bei Erlass eines Haft- oder Unterbringungsbefehls nach Absatz 2 Satz 2 gilt § 115 Abs. 4 entsprechend (Absatz 2 Satz 3); der Beschuldigte ist über sein Recht der Beschwerde und auf Haft- bzw. Unterbringungsprüfung sowie die Rechtsbehelfe gegen Entscheidungen und Maßnahmen im Vollzug der Untersuchungshaft bzw. der einstweiligen Unterbringung nach §§ 119 Abs. 5, 119a Abs. 1 zu belehren. Das weitere Verfahren richtet sich nach § 114a (Abschrift und Übersetzung des Haft- bzw. Unterbringungsbefehls), § 126a Abs. 4 (Bekanntgabe des Unterbringungsbefehls auch an gesetzlichen Vertreter), § 114c Abs. 2 (Haftbenachrichtigung), §§ 116 ff. Konnte der Haftbefehl nicht innerhalb der für die Entscheidung zur Verfügung stehenden Höchstfrist (Rn. 20) vollständig schriftlich abgefasst werden, so reicht eine fristgerechte **mündliche Bekanntgabe** einschließlich der tragenden Gründe,[53] die aber so vollständig sein muss, dass dem Anspruch des Beschuldigten auf umfassende Information zur Sicherstellung seiner **wirksamen Verteidigung** Rechnung getragen wird.[54] Die Abfassung des Haft- oder Unterbringungsbefehls und die Übergabe einer Abschrift (sowie ggf. einer Übersetzung) an den Beschuldigten (§ 114a Satz 3), auch die Bekanntgabe an den gesetzlichen Vertreter des einstweilig Untergebrachten nach § 126a Abs. 4, sind **unverzüglich nachzuholen.** Die **Benachrichtigung** gemäß § 114c Abs. 2 Satz 1 ist **nicht aufschiebbar.**

---

45 Vgl. Dienstgerichtshof des Landes Brandenburg Urt. v. 20.4.2012 – DGH Bbg 2/12 – (juris), (Dienst-) Pflicht des Richters zu unverzüglicher Entscheidung über einen Haftbefehlsantrag der Staatsanwaltschaft.
46 BVerfGE **105** 249.
47 H.M., vgl. etwa SK/*Paeffgen* 6; HK/*Posthoff* 9; Meyer-Goßner/*Schmitt* 13; KK/*Schultheis* 7.
48 Vgl. BVerfG Beschl. v. 4.9.2009 – 2 BvR 2520/07 – (juris); HK/*Posthoff* 9.
49 *Rüping* FS Hirsch 970; Meyer-Goßner/*Schmitt* 13; KK/*Schultheis* 7; **a.A.** KMR/*Wankel* 4 (fristgerechter Beginn der Vernehmung genügt). S. auch BGHSt **38** 291. Abzulehnen daher OLG Frankfurt NJW **2000** 2037 mit krit. Anm. *Schäfer* NJW **2000** 1996, *Gubitz* NStZ **2001** 253 und *Paeffgen* NStZ **2001** 81.
50 *Paeffgen* NStZ **2001** 81.
51 S. im Übrigen LR/*Lind* § 115, 13, 14.
52 BVerfG Beschl. v. 4.9.2009 – 2 BvR 2520/07 – (juris). Zu einem möglichen Verwertungsverbot für alle während der Dauer der nach Fristüberschreitung rechtswidrigen Freiheitsentziehung gemachten Äußerungen des Beschuldigten vgl. BGHSt **34** 368.
53 KK/ *Schultheis* 7.
54 Vgl. LR/*Lind* Vor § 112, 42.

V. Mehrere Haftbefehle

Ausnahmsweise kann es vorkommen, dass der Richter des Amtsgerichts, in dessen Bezirk der Beschuldigte festgenommen worden ist, nach Absatz 2 Satz 2 einen Haftbefehl erlässt, obwohl an anderer Stelle schon die Untersuchungshaft angeordnet ist. Dann ist nach den allgemeinen Vorrangsregeln (vgl. § 12 Abs. 1) zu entscheiden. Ist bereits **Klage erhoben**, wird das Verfahren dort weitergeführt, wo das Hauptverfahren bereits eröffnet ist. Dem danach zuständigen Gericht hat der Richter des Amtsgerichts des Festnahmebezirks den Haftbefehl und die Vorgänge abzugeben. Das Gericht hebt dann einen der beiden Haftbefehle auf. Der Richter des Amtsgerichts des Festnahmebezirks ist aber auch befugt, seinen Haftbefehl von Amts wegen oder auf Antrag des Beschuldigten oder der für ihn zuständigen Staatsanwaltschaft im Hinblick auf die Anhängigkeit der Sache bei dem anderen Gericht aufzuheben. Für das **Ermittlungsverfahren** fehlen solche Vorrangsregeln; die Staatsanwaltschaften haben sich zu einigen. Der Richter des Amtsgerichts des Bezirks, deren Staatsanwaltschaft das Verfahren abgegeben hat, gibt in entsprechender Anwendung des § 126 Abs. 1 Satz 3 des Verfahren an den Richter des Amtsgerichts des Bezirks ab, deren Staatsanwaltschaft das Verfahren führt. Dieser hebt einen der beiden Haftbefehle auf. Einfacher ist es, wenn die abgebende Staatsanwaltschaft, bevor sie die Sache abgibt, beantragt, den Haftbefehl nach § 120 Abs. 3 Satz 1 aufzuheben. 22

§ 129
Vorführung bei vorläufiger Festnahme nach Anklageerhebung

Ist gegen den Festgenommenen bereits die öffentliche Klage erhoben, so ist er entweder sofort oder auf Verfügung des Richters, dem er zunächst vorgeführt worden ist, dem zuständigen Gericht vorzuführen; dieses hat spätestens am Tage nach der Festnahme über Freilassung, Verhaftung oder einstweilige Unterbringung des Festgenommenen zu entscheiden.

Entstehungsgeschichte

Durch Art. 2 Nr. 9 AGGewVerbrG wurden die Worte „oder einstweilige Unterbringung“, durch Art. 3 Nr. 50 VereinhG die Worte „spätestens am Tage nach der Festnahme“ eingefügt. Durch Art. 1 Nr. 34 1. StVRG wurde die Richterbezeichnung geändert und die Bezugnahme auf den Untersuchungsrichter gestrichen. Mit Wirkung zum 25.7.2015[1] hat die Vorschrift – im Kontext der Schaffung einer dem Gesetz zur Modernisierung und Erleichterung der Rechtsanwendung[2] vorangestellten amtlichen Inhaltsübersicht – ihre Überschrift erhalten.

Übersicht

1 Art. 1 Nr. 13 des Gesetzes zur Stärkung des Rechts des Angeklagten auf Vertretung in der Berufungshauptverhandlung und über die Anerkennung von Abwesenheitsentscheidungen in der Rechtshilfe vom 17.7.2015, BGBl. I S. 1332.
2 BTDrucks. **18** 3562 S. 77.

https://doi.org/10.1515/9783110274929-035

I. Systematik; Hinweise

1 Die Vorschrift ist nicht als selbständige Bestimmung aufzufassen, sondern **ergänzt § 128** für den – in der Praxis kaum relevanten – Fall, dass gegen den nach § 127 Abs. 2[3] von Beamten der Staatsanwaltschaft oder des Polizeidienstes vorläufig Festgenommenen wegen derselben Tat bereits **die öffentliche Klage erhoben** worden ist. Wie § 128 (s. § 128, 3), geht auch § 129 davon aus, dass **noch kein Haftbefehl** vorliegt, wie sich aus dem letzten Teilsatz der Norm ergibt. Weiß der Festnehmende nicht, dass die Untersuchungshaft bereits angeordnet ist, ergreift er den Beschuldigten nicht „aufgrund des Haftbefehls". Das weitere Verfahren nach der vorläufigen Festnahme richtet sich dann nach den §§ 128, 129. Wird das Bestehen eines Haftbefehls nach der Festnahme, aber noch vor der Vorführung bekannt, wird in das Verfahren nach §§ 115, 115a übergegangen;[4] § 114a ist unverzüglich zu genügen. Wegen des Begriffs „Erhebung der öffentlichen Klage" s. § 125, 21. Wegen der **Freilassung vor der Vorführung** gilt das zu § 128, 5 ff. Ausgeführte; der Umstand, dass bereits öffentliche Klage erhoben ist, begründet insoweit keinen Unterschied. Zu beachten ist jedoch, dass § 120 Abs. 3 hier nicht anwendbar ist; die Staatsanwaltschaft kann den Beschuldigten – anders als im Fall des § 128 – **nach der Vorführung** nicht mehr auf freien Fuß setzen und auch die Aufhebung des Haftbefehls nicht mehr erzwingen.[5]

II. Vorführung

2 Wird der Festgenommene von den Ermittlungsbehörden nicht wieder in Freiheit gesetzt, kann der vorführende Beamte (eine Vorführung durch eine Privatperson kommt, da die vorläufige Festnahme nur nach § 127 Abs. 2 erfolgt sein kann, nicht in Betracht) den Festgenommenen dem nach § 125 Abs. 2 zuständigen, d.h. aufgrund der Klageerhebung **mit der Sache befassten Gericht** unmittelbar vorführen. Wegen des Begriffs der Vorführung s. LR/*Lind* § 115, 5. Das ist sachgemäß, wenn der Beamte den zuständigen Richter innerhalb der auch hier geltenden (Rn. 3) Frist des § 128 Abs. 1 Satz 1 erreichen kann. Der vorführende Beamte braucht diesen Weg aber nicht einzuschlagen, kann vielmehr – nach pflichtgemäßem Ermessen unter Berücksichtigung der Eilbedürftigkeit der Sache – in jedem Fall den Richter bei dem **Amtsgericht des Festnahmebezirks** (§ 128 Abs. 1) oder bei dem nach § 125 Abs. 1 zuständigen Amtsgericht angehen.[6] Das muss er tun, wenn er den Beschuldigten dem zuständigen Gericht nicht fristgemäß vorführen kann. Der Richter bei dem Amtsgericht, dem der Festgenommene zunächst vorgeführt worden ist, kann – sofern er den Angeschuldigten nicht in Freiheit setzt, weil er bereits aufgrund des Festnahmeberichts feststellt, dass die Voraussetzungen für den Erlass eines Haft- oder Unterbringungsbefehls nicht vorliegen – ohne weitere Ermittlungen[7] dessen Vorführung vor das zuständige Gericht verfügen, wenn diese dann nicht nur innerhalb der Höchstfrist des § 128 Abs. 1 Satz 1, sondern so rechtzeitig erfolgt, dass das zuständige Gericht den Festgenommenen vernehmen und unter Einhaltung der Frist des letzten Teilsatzes entscheiden kann.[8] Die Überführung vom Richter bei dem Amtsgericht

---

3 Vorläufige Festnahmen nach den §§ 127 Abs. 1, 127b Abs. 1 scheiden aus, weil wegen einer „frischen Tat", die diese Vorschriften voraussetzen, eine öffentliche Klage noch nicht erhoben sein kann.
4 HK/*Posthoff* 1 a.E.
5 SK/*Paeffgen* 2; HK/*Posthoff* 2; KK/*Schultheis* 1.
6 SK/*Paeffgen* 3; *Eb. Schmidt* Nachtr. I 6; KK/*Schultheis* 2.
7 **A.A.** LR/*Hilger*[26] 4 (Pflicht des nächsten Richters, den Festgenommenen unverzüglich selbst zu vernehmen).
8 So auch AnwK-StPO/*Lammer* 2; HK/*Posthoff* 1; Meyer-Goßner/*Schmitt* 1; Radtke/Hohmann/*Tsambikakis* 2; KMR/*Wankel* 6.

zum zuständigen Gericht muss daher stets auf dem schnellsten Weg, in der Regel im Wege des Einzeltransports bewirkt werden.

Das Wort **„sofort"** im ersten Teilsatz steht in keinem Gegensatz zu dem in § 128 Abs. 1 Satz 1 verwendeten Ausdruck unverzüglich, hat vielmehr die **Bedeutung von unmittelbar.**[9] Das folgt daraus, dass die Vorführung, die der Vorführende aus eigenem Entschluss unmittelbar („sofort") an das zuständige Gericht vornimmt, den Gegensatz zu derjenigen bildet, die erst auf Verfügung des nächsten Richters, d.h. *mittelbar*, bewirkt wird. Demzufolge ändert § 129, der als Sonderfall des § 128 aus dieser Vorschrift zu ergänzen ist, nichts an der dort begründeten Verpflichtung, den Festgenommenen **unverzüglich**, spätestens am Tag nach der Ergreifung, dem Richter **vorzuführen**. Er bestimmt vielmehr nur, dass der Verdächtige innerhalb dieser Frist, statt dem Richter bei dem Amtsgericht, „sofort", d.h. ohne dessen Vermittlung, dem zuständigen Gericht vorgeführt werden kann, wenn die Zuständigkeit durch die Klage festgelegt ist. 3

III. Vernehmung

Der Richter, dem der Festgenommene vorgeführt wird, hat diesen – **unverzüglich**, spätestens am Tage nach der Festnahme (Art. 104 Abs. 3 Satz 1 GG) – zur Vorbereitung der Entscheidung über die Freilassung oder Fortdauer der Freiheitsentziehung gemäß § 115 Abs. 3 zu vernehmen. Die Vernehmung ist (nur) **entbehrlich**, wenn der Richter schon aufgrund des Festnahmeberichts bzw. anhand der ihm darüber hinaus vorliegenden Ermittlungsergebnisse alsbald die Freilassung anordnen kann. 4

Für den Richter bei dem Amtsgericht, in dessen Bezirk der Angeschuldigte festgenommen worden ist, ergibt sich diese Pflicht, da § 129 keine abweichende Regelung hierzu trifft, aus § 128 Abs. 1 Satz 2. Wird der Festgenommene – sofort oder auf Verfügung des nächsten Richters – dem zuständigen Gericht vorgeführt, hat (auch) dieses ihn zu vernehmen.[10] Das ist zwar in § 129 nicht vorgeschrieben. Wenn aber das zuständige Gericht verpflichtet ist, einen aufgrund eines bestehenden Haftbefehls ergriffenen Beschuldigten zu vernehmen (§ 115 Abs. 2), so hat es diese Pflicht erst recht, wenn ihm ein Angeschuldigter vorgeführt wird, gegen den noch kein Haftbefehl vorliegt. 5

IV. Entscheidung

Das **zuständige Gericht** hat über die **Freilassung, Verhaftung oder einstweilige Unterbringung** des Festgenommenen zu entscheiden. Zuständiges Gericht ist das nach Erhebung der öffentlichen Klage mit der Sache befasste (§ 125 Abs. 2). Ist ihm der Festgenommene – sofort oder auf Verfügung des nächsten Richters – fristgerecht vorgeführt worden und hält es nach Aktenlage und aufgrund der Erkenntnisse aus der Vernehmung des Angeschuldigten (und etwaigen zwischenzeitlich durchgeführten weiteren Ermittlungen) die Voraussetzungen eines Haft- oder Unterbringungsbefehls für gegeben, erlässt es diesen, und zwar wegen des mit der Anklageerhebung verbundenen Übergangs der Verfahrensherrschaft auf das Gericht auch ohne oder gegen den Antrag der Staatsanwaltschaft,[11] die zuvor jedoch nach § 33 zu hören ist; anderenfalls lässt es den Angeschuldigten (ggf. unter vorläufiger Anordnung über die Erziehung oder sonstigen Maß- 6

---

9 SK/*Paeffgen* 3; KK/*Schultheis* 3.

10 S. auch EGMR *Schiesser v. Schweiz*, Urt. v. 4.12.1979 = EuGRZ **1980** 202; *De Jong u.a. v. Niederlande*, 2/1983/58/88-90, Urt. v. 22.5.1984 = EuGRZ **1985** 700; *Nikolova v. Bulgarien*, 31195/96, Urt. v. 25.3.1999 = EuGRZ **1999** 320; *Aquilina v. Malta*, 25642/94, Urt. v. 29.4.1999 = NJW **2001** 51; LR/*Esser* Erl. zu Art. 5 EMRK.

11 AnwK-StPO/*Lammer* 5.

nahmen zur Untersuchungshaftvermeidung bei Jugendlichen, § 72 Abs. 1 JGG) frei. Das zuständige Gericht kann den Haft- oder Unterbringungsbefehl zugleich mit seinem Erlass außer Vollzug setzen (§ 116 Abs. 1 bis 3; §§ 126a Abs. 2 Satz 1 i.V.m. 116 Abs. 3) und anstelle des Haftbefehls die einstweilige Unterbringung des jugendlichen Angeschuldigten in einem Heim der Jugendhilfe (§ 71 Abs. 2 JGG) anordnen. Ist ein Kollegialgericht zuständig, kann in **dringenden Fällen** der Vorsitzende allein entscheiden; er darf (und muss) den vorläufig Festgenommenen nicht nur entlassen, wenn kein Haft- oder Unterbringungsbefehl gegen ihn ergeht, ohne das Zusammentreten des Kollegiums abzuwarten, sondern kann in diesen Fällen gemäß § 125 Abs. 2 Satz 2; §§ 126a Abs. 2 Satz 1 i.V.m. 125 Abs. 2 Satz 2 auch den Haft- oder Unterbringungsbefehl (allein) erlassen. Für die Verschonung des Angeschuldigten vom Vollzug der Untersuchungshaft zugleich mit deren Anordnung fehlt ihm jedoch die (funktionelle) Zuständigkeit. Die Entscheidung ist **spätestens am Tage nach der Festnahme**, das heißt bis zu dessen Ablauf, zu treffen, auch wenn es sich dabei um einen Samstag, einen Sonn- oder Feiertag handelt. Kann die Frist trotz rechtzeitiger Vorführung vor das zuständige Gericht nicht eingehalten werden, ist der Festgenommene freizulassen.

7 Ist der Festgenommene nicht dem mit der Sache befassten Gericht, sondern dem **Richter bei dem Amtsgericht** (§§ 128 Abs. 1, § 125 Abs. 1) fristgerecht vorgeführt worden und kann dieser nicht mehr rechtzeitig die Vorführung vor das zuständige Gericht veranlassen (Rn. 2), vernimmt er den Vorgeführten unverzüglich selbst gemäß § 115 Abs. 3 (Rn. 4). Hält er danach die Voraussetzungen eines Haft- oder Unterbringungsbefehls nicht für gegeben, verfügt er die **Freilassung** des Angeschuldigten. Dazu ist er nicht nur im Rahmen des § 115a Abs. 2 Satz 3, sondern im gleichen Umfang wie der Festnehmende selbst befugt und verpflichtet.[12] Seine gegenüber § 115a Abs. 2 Satz 3 weitergehende Befugnis erklärt sich daraus, dass die Untersuchungshaft noch nicht angeordnet ist. § 129 ist (auch) hier aus § 128, der dem Richter am Amtsgericht eine umfassende Sachentscheidungskompetenz einräumt, zu ergänzen. Da dieser aber, wenn die Strafsache schon bei einem anderen Gericht anhängig ist, **nicht** befugt ist, die **Untersuchungshaft** oder einstweilige Unterbringung **anzuordnen**[13] – das ist allein Sache des zuständigen Gerichts; eine Zuständigkeit des Amtsgerichts insoweit wäre mit § 125 Abs. 2 Satz 1 und dem Wortlaut des § 129 („dieses") nicht vereinbar[14] – kann der Amtsrichter, der nach sachlicher Prüfung die Voraussetzungen eines Haft- oder Unterbringungsbefehls für gegeben erachtet, nur die **vorläufige Festnahme** in einem – mit Gründen versehenen[15] – Beschluss[16] **aufrecht erhalten** und die unverzügliche Vorführung des Festgenommenen vor das mit der Sache befasste Gericht (und die Vorlage der ihm für seine Entscheidung zur Verfügung stehenden Unterlagen dort) veranlassen. Kann dessen Entscheidung nicht innerhalb der Frist des letzten Teilsatzes erreicht werden, was in der vorliegenden Konstellation regelmäßig der Fall und nicht nur eine Frage des Transports, sondern häufig auch eine Frage von Bereitschaftsdiensten am Wochenende oder zur Nachtzeit sein wird, zwingt dies nicht zur Freilassung des Ange-

---

12 H.M.; vgl. etwa SK/*Paeffgen* 4; *Schlüchter* 261.5; *Eb. Schmidt* Nachtr. I 7; Meyer-Goßner/*Schmitt* 4; KK/*Schultheis* 4; KMR/*Wankel* 6.

13 OLG Hamm Recht **1899** 25; SK/*Paeffgen* 4; HK/*Posthoff* 3; Meyer-Goßner/*Schmitt* 4; KMR/*Wankel* 6; **a.A.** AK/*Krause* 4; *Münchhalffen/Gatzweiler* 473; *Schlüchter* 261.5; *Eb. Schmidt* Nachtr. I 7; KK/*Schultheis* 4.

14 So auch SK/*Paeffgen* 4.

15 Nur hierdurch kann den verfassungsrechtlichen Vorgaben in Art. 104 Abs. 2 und 3 GG, namentlich Art. 104 Abs. 3 Satz 2 GG, Genüge getan werden.

16 *Kleinknecht/Janischowsky* 327 sprachen von einem „vorläufigen" Haft- oder Unterbringungsbefehl; der Beschluss kann auch als (vorläufige) Festhalteanordnung bezeichnet werden.

schuldigten,[17] denn die Freiheitsentziehung dauert danach aufgrund einer form- und fristgerecht ergangenen richterlichen Entscheidung fort, bis das allein zum Erlass eines Haft- oder Unterbringungsbefehls zuständige Gericht befasst werden kann.[18] Dessen Entscheidung ist unverzüglich herbeizuführen.

Nachdem der Haft- oder Unterbringungsbefehl erlassen worden ist, richtet sich 8 das **weitere Verfahren** nach § 114a (Abschrift und Übersetzung des Haft- bzw. Unterbringungsbefehls), § 126a Abs. 4 (Bekanntgabe des Unterbringungsbefehls auch an gesetzlichen Vertreter), § 114c Abs. 2 (Haftbenachrichtigung), §§ 116 ff. S. auch § 128, 21.

V. Rechtsmittelbelehrung

Wegen der **Rechtsmittelbelehrung** gilt § 115 Abs. 4 entsprechend. Das ist zwar nur 9 für den Fall bestimmt, dass der Richter bei dem Amtsgericht, in dessen Bezirk der Beschuldigte festgenommen worden ist, die Untersuchungshaft oder einstweilige Unterbringung, anordnet (§ 128 Abs. 2 Satz 3), gilt aber auch dann, wenn der Haft- oder Unterbringungsbefehl nach § 129 von dem zuständigen Gericht erlassen wird; auch insoweit ist § 128 ergänzend heranzuziehen. Die Rechtsmittelbelehrung ist, wie der Zusammenhang der Vorschriften eindeutig erkennen lässt, immer zu erteilen, wenn jemand aufgrund eines Haftbefehls in Haft genommen wird oder wenn gegen jemanden, der sich in Haft befindet, ein Haftbefehl ergeht.

§ 130
Haftbefehl vor Stellung eines Strafantrags

[1]Wird wegen Verdachts einer Straftat, die nur auf Antrag verfolgbar ist, ein Haftbefehl erlassen, bevor der Antrag gestellt ist, so ist der Antragsberechtigte, von mehreren wenigstens einer, sofort von dem Erlaß des Haftbefehls in Kenntnis zu setzen und davon zu unterrichten, daß der Haftbefehl aufgehoben werden wird, wenn der Antrag nicht innerhalb einer vom Richter zu bestimmenden Frist, die eine Woche nicht überschreiten soll, gestellt wird. [2]Wird innerhalb der Frist Strafantrag nicht gestellt, so ist der Haftbefehl aufzuheben. [3]Dies gilt entsprechend, wenn eine Straftat nur mit Ermächtigung oder auf Strafverlangen verfolgbar ist. [4]§ 120 Abs. 3 ist anzuwenden.

Schrifttum

Geerds Festnahme und Untersuchungshaft bei Antrags- und Privatklagedelikten, GA **1982** 237; *Mitsch* Strafantragsdelikte, JA **2014** 1.

17 **A.A.** SSW/*Herrmann* 8; LR/*Hilger*[26] 4; HK/*Posthoff* 3; KMR/*Wankel* 6.
18 Eine ähnliche Konstruktion findet sich im Auslieferungsrecht, wo der den aufgrund eines Auslieferungsersuchens nach § 19 IRG vorläufig Festgenommenen nach § 22 IRG vernehmende Richter beim Amtsgericht innerhalb der Frist des Art. 103 GG eine (vorläufige) Festhalteanordnung erlässt, aufgrund derer die Freiheitsentziehung bis zur Entscheidung des (allein) hierzu berufenen OLG über den Erlass eines Auslieferungshaftbefehls fortdauert.

https://doi.org/10.1515/9783110274929-036

Entstehungsgeschichte

Die Vorschrift, die ursprünglich[1] nur die Regelung des jetzigen ersten Teils des ersten Satzes der Norm umfasste[2] (und eine Verweisung auf § 126 StPO 1877), hat ihre gegenwärtige Fassung durch Art. 21 Nr. 37 EGStGB 1974 erhalten. Dadurch ist namentlich die richterliche Fristbestimmung und die Pflicht eingeführt worden, den Haftbefehl aufzuheben, wenn innerhalb der Frist kein Strafantrag gestellt wird (Satz 2); zudem wurden die Sätze 3 und 4 angefügt.

Übersicht

I. Inhalt

1 Die Vorschrift hat einen doppelten Inhalt. Zunächst ergibt sich aus dem – zur ursprünglichen Regelung gehörenden – ersten Teil ihres ersten Satzes, was § 127 Abs. 3 für die vorläufige Festnahme wörtlich zum Ausdruck bringt, nämlich dass bei Straftaten, die nur auf Antrag verfolgt werden,[3] der Eingriff – dort die vorläufige Festnahme, hier der **Haftbefehl** – grundsätzlich auch **schon** dann **zulässig** ist, wenn der **Strafantrag noch nicht gestellt** ist, das in seinem Fehlen liegende Verfahrenshindernis aber alsbald behoben, die bei Haftbefehlserlass fehlende Prozessvoraussetzung noch geschaffen werden kann.[4] Steht von vornherein fest, dass der Strafantrag nicht gestellt wird, oder ist seine Stellung in hohem Maße unwahrscheinlich, darf der Haftbefehl aber nicht erlassen werden.[5] Die Hauptbedeutung dieses Teils der Vorschrift, der für Straftaten, die nur mit Ermächtigung oder auf Strafverlangen verfolgt werden, entsprechend gilt (Satz 3), liegt bei diesen, nicht bei den Antragsdelikten.[6]

2 Der weitere Inhalt entstammt der neuen Fassung und regelt das **Verfahren** nach Erlass des Haftbefehls in den genannten Fällen noch fehlender Prozessvoraussetzung: Dem nach §§ 77, 77a bzw. 77e StGB (Antrags-)Berechtigten ist eine **Frist** zu setzen; stellt er innerhalb der Frist keinen Strafantrag (bzw. kein Strafverlangen oder erteilt er keine Verfolgungsermächtigung), ist der **Haftbefehl aufzuheben**. Der Text normiert eine alte Praxis und stellt dabei die **Zuständigkeit** des Richters klar (Rn. 7).

3 Die Vorschrift ist auch (entsprechend) anzuwenden, wenn der Haftbefehl neben einem Offizialdelikt auf ein Antragsdelikt gestützt wird (s. Rn. 9 a.E.).[7] Bei relativen Antrags-

---

1 Strafprozessordnung vom 1.2.1877 in der Fassung der Bekanntmachung vom 26.2.1877, RGBl. S. 253.

2 „Wird wegen Verdachts einer strafbaren Handlung, deren Verfolgung nur auf Antrag eintritt, ein Haftbefehl erlassen, bevor der Antrag gestellt ist, so ist der Antragsberechtigte, von mehreren wenigstens einer derselben, sofort von dem Erlaß des Haftbefehls in Kenntniß zu setzen."

3 S. zu den Antragsdelikten § 127, 52.

4 *Geerds* GA **1982** 239, krit. 249; s. auch *Amelung* 79; SK/*Paeffgen* 2; *Sommermeyer* NJ **1992** 336; KK/*Schultheis* 1f.

5 HK/*Posthoff* 1; s. auch SK/*Paeffgen* 3, Meyer-Goßner/*Schmitt* 1; KK/*Schultheis* 2.

6 *Geerds* GA **1982** 253 Fn. 64; s. auch Rn. 11.

7 Meyer-Goßner/*Schmitt* 6.

delikten (z.B. §§ 183 Abs. 2, 230, 248a, 303c StGB) ist § 130 anzuwenden, wenn die Staatsanwaltschaft das besondere öffentliche Interesse verneint oder noch nicht bejaht hat.[8]

II. Unterrichtung des Antragsberechtigten (Satz 1)

1. Empfänger der Benachrichtigung ist der Antragsberechtigte (§§ 77, 77a bzw. 77e StGB). Sind mehrere Personen antragsberechtigt, sind **alle** Empfänger. Zwar genügt es, wenn einer von ihnen benachrichtigt wird, etwa der von der Straftat am stärksten Verletzte.[9] Eine solche Beschränkung empfiehlt sich aber nicht, weil sonst, wenn der allein Benachrichtigte keinen Antrag stellt, nunmehr die anderen Berechtigten benachrichtigt werden müssen. Da Haftsachen stets beschleunigt zu bearbeiten sind, ist es vielmehr geboten, allen bekannten und sofort erreichbaren Antragsberechtigten gleichzeitig Nachricht zu geben. 4

2. Inhalt. Der Antragsberechtigte ist nach Erlass des Haftbefehls – gleichviel, ob ihm die vorläufige Festnahme des Beschuldigten vorausgegangen war oder ob zunächst der Haftbefehl wegen des Antragsdelikts erlassen und der Beschuldigte erst dann zur Festnahme gesucht wird[10] – **sofort** davon in Kentnis zu setzen, **dass** ein **Haftbefehl** wegen einer Straftat **erlassen** worden ist, die nur auf seinen Antrag (bzw. den Antrag eines anderen Berechtigten) verfolgt wird. Die Benachrichtigung erfolgt auch, wenn der Haftbefehl außer Vollzug gesetzt wurde.[11] Die Unterrichtung umfasst die Angabe des Beschuldigten, der Tat, der dieser (dringend) verdächtig ist, Zeit und Ort ihrer Begehung und die gesetzlichen Merkmale der Straftat (vgl. § 114 Abs. 2 Nr. 1 und 2). Die Angabe des Haftgrunds (§ 114 Abs. 2 Nr. 3) kann nach den Umständen ausnahmsweise geboten sein, wird aber unterbleiben, wenn kein Grund für die Annahme vorliegt, dass der Antragsberechtigte seine Entschließung darauf abstellen werde.[12] Auch ist es zweckmäßig, über die Form des Strafantrages (§ 158 Abs. 2) zu belehren; als Adressat desselben sollte aus Beschleunigungsgründen das Gericht bezeichnet werden, das den Haftbefehl erlassen hat; es kann sich empfehlen, dem Berechtigten anheimzustellen, den Antrag bei einer für ihn leicht(er) erreichbaren, zur Entgegennahme befugten Stelle (§ 158 Abs. 2) anzubringen und für die umgehende (etwa telefonische) Benachrichtigung des Haftgerichts hiervon Sorge zu tragen.[13] 5

3. Frist. In der Unterrichtung ist eine vom Richter bestimmte – **möglichst kurze**, die Regelhöchstfrist nicht ausschöpfende[14] – **Erklärungsfrist** zu benennen; die Antragsfrist nach § 77b StGB wird durch diese Erklärungsfrist nicht berührt. Sie soll eine Woche nicht überschreiten, doch kann ausnahmsweise eine längere Frist geboten sein, etwa wenn der Antragsberechtigte sich im Ausland aufhält.[15] Stellt sich nach Absendung der Unterrichtung heraus, dass der Antragsberechtigte innerhalb der Frist nicht antworten kann, etwa weil er verreist ist, so kann die **Frist verlängert** werden, wenn zu erwarten ist, dass er Strafantrag stellen wird.[16] Doch ist Zurückhaltung geboten. Denn mit der (Regel-) **Höchstfrist** von einer Woche lässt der Gesetzgeber erkennen, dass rasch Klarheit erlangt 6

---

8 Vgl. auch AK/*Krause* 7.
9 Vgl. auch Meyer-Goßner/*Schmitt* 3; KK/*Schultheis* 3.
10 Meyer-Goßner/*Schmitt* 1.
11 SK/*Paeffgen* 4; Meyer-Goßner/*Schmitt* 1; KK/*Schultheis* 1.
12 Meyer-Goßner/*Schmitt* 2; KK/*Schultheis* 4; **a.A.** (Angabe unterbleibt stets) SK/*Paeffgen* 3.
13 Meyer-Goßner/*Schmitt* 2; vgl. auch SK/*Paeffgen* 4; KK/*Schultheis* 5.
14 *Geerds* GA **1982** 250 und SK/*Paeffgen* 4: bei Antragsdelikten (allenfalls bzw. grundsätzlich) eine Frist von maximal 48 Stunden.
15 SK/*Paeffgen* 4; Meyer-Goßner/*Schmitt* 4; KK/*Schultheis* 5.
16 Meyer-Goßner/*Schmitt* 4; KK/*Schultheis* 5; ähnlich *Geerds* GA **1982** 240 Fn. 11; zweifelnd SK/*Paeffgen* 4.

werden soll, ob der Verhaftete auch verfolgt werden wird. Mit der Fristbestimmung ist der Antragsberechtigte davon zu unterrichten, dass der **Haftbefehl aufgehoben** werden wird, wenn der Strafantrag nicht innerhalb der Frist gestellt werden wird.

7 **4. Absender** der Benachrichtigung ist das **Gericht**, das den Haftbefehl erlassen hat. Zwar sagt § 130 nicht, dass der Richter die Unterrichtung anordnet, wohl aber, dass er ihren Hauptinhalt, die Frist, bestimmt. Es wäre gekünstelt, die Fristbestimmung selbst von der Unterrichtung über diese und über die Folgen zu trennen, die eintreten, wenn die Frist versäumt wird. Es handelt sich vielmehr um eine **einheitliche Anordnung**, die der Richter, der die Untersuchungshaft beschließt, im Anschluss an den Erlass des Haftbefehls trifft. Wie für Zustellungen (§ 36 Abs. 1), Ladungen und Terminsmitteilungen (§ 214 Abs. 1) ausdrücklich bestimmt, sorgt die Geschäftsstelle dafür, dass die Unterrichtung bewirkt wird. Eine Mitteilung durch die Staatsanwaltschaft (deren Sache es ist, die Klagevoraussetzungen zu klären) oder die Polizei ist jedoch nicht unzulässig, wenn die Frist vom Richter bestimmt wurde.[17] Wegen einer **Ausnahme** s. Rn. 14.

III. Aufhebung des Haftbefehls

8 **1. Allgemeine Gründe.** Es gelten zunächst die Aufhebungsgründe des § 120, so dass es in einzelnen Fällen zur Entlassung kommen kann, ehe die dem Antragsberechtigten gesetzte Frist abgelaufen ist. Auch wenn sämtliche Berechtigte bei Gericht, bei der Staatsanwaltschaft oder bei der Polizei vor Fristablauf ausdrücklich auf ihr Antragsrecht **verzichtet** haben, ist der Haftbefehl aufzuheben.[18] Einem solchen raschen Verzicht kommt Bedeutung zu, wenn die Berechtigten die Haft nicht wünschen, etwa weil sie sich mit dem Beschuldigten versöhnt haben. **Erklären** die Berechtigten vor Ablauf der Frist, sie würden **keinen Strafantrag** stellen, so ist das zwar nicht ohne weiteres als Verzicht auszulegen.[19] Die Erklärung führt aber gleichwohl zur Aufhebung des Haftbefehls, weil mit großer Wahrscheinlichkeit feststeht, dass innerhalb der Erklärungsfrist kein Strafantrag (mehr) gestellt werden wird. Der Haftbefehl muss auch aufgehoben werden, wenn die **Strafantragsfrist abgelaufen** ist, bevor der Strafantrag gestellt wird.

9 **2. Erfolgloser Fristablauf (Satz 2).** Hauptgrund, den Haftbefehl aufzuheben, ist der Umstand, dass **innerhalb der** vom Richter gesetzten **Frist kein Strafantrag** gestellt wird. Die Aufhebung ist jedoch, wenn dringender Tatverdacht, Verhältnismäßigkeit und ein Haftgrund vorliegen, nicht endgültig. Die Frist ist **keine Ausschlussfrist;**[20] die Aufhebung des Haftbefehls nach Satz 2 steht dem Fall des § 120 Abs. 1 Satz 2[21] nicht gleich. Wird nach Fristablauf noch Strafantrag gestellt, bleibt ein noch nicht aufgehobener Haftbefehl bestehen; war er aufgehoben, so kann ein neuer erlassen werden.[22] Dem kommt vor allem Bedeutung zu, wenn das Gericht bei mehreren zum Strafantrag Berechtigten nur einen von ihnen unterrichtet hat und ein anderer erst später Kenntnis erhält. Ist der **Haftbefehl auch wegen eines Offizialdeliktes** ergangen, das für sich gesehen die Haftanordnung trägt, so ist er bei fehlendem Strafantrag durch Beschränkung auf das Offizialdelikt zu berichtigen. In diesen Fällen wird in der Unterrichtung nach Satz 1

---

17 KMR/*Wankel* 6.
18 BGH NJW **1957** 1368; *Geerds* GA **1982** 250 Fn. 54; KK/*Schultheis* 8.
19 OLG Hamm JMBlNW **1953** 35.
20 *Geerds* GA **1982** 240 Fn. 12.
21 Vgl. dazu LR/*Lind* § 120, 33 ff.
22 KK/*Schultheis* 7.

(lediglich) darauf hingewiesen, dass die Tat, deren Verfolgung von dem Strafantrag abhängt, aus der Haftanordnung ausgeschieden wird, wenn der Antrag nicht innerhalb der Frist gestellt wird. Liegt das Schwergewicht dagegen auf dem Antragsdelikt, wird der Haftbefehl bei fehlender Antragstellung vollständig aufgehoben.[23]

War die richterliche Frist unverschuldet versäumt, ist **Wiedereinsetzung** in den vorigen Stand zu gewähren (§ 44). Doch braucht der Antragsberechtigte diesen Weg nicht zu wählen. Solange die Antragsfrist läuft (§ 77b StGB), kann der Antrag gestellt werden, und sobald mit dem Antrag die Prozessvoraussetzung geschaffen ist, muss – wenigstens in aller Regel[24] – die Untersuchungshaft angeordnet werden, wenn ihre Voraussetzungen vorliegen. 10

IV. Ermächtigung und Strafverlangen (Satz 3)

Wegen des Katalogs s. § 127, 53. Straftaten, die nur mit Ermächtigung oder auf Strafverlangen verfolgt werden, sind häufig mit höheren Strafen bedroht, als die Antragsdelikte. Daher und auch, weil es sich bei den Antragsdelikten des Strafgesetzbuches – jedenfalls in den (wenigen) Fällen, in denen ein Haftbefehlserlass erwogen werden wird – im Wesentlichen um relative Antragsdelikte handelt, so dass die Staatsanwaltschaft auch (gänzlich) ohne Strafantrag von Amts wegen einschreiten kann, wenn sie dies wegen des besonderen öffentlichen Interesses an der Strafverfolgung für geboten hält, hat § 130 seine **Hauptbedeutung** für die Fälle des Satzes 3, ist somit – historisch verständlich – falsch aufgebaut und ordnet das Verfahren für die Hauptfälle nur unzureichend.[25] 11

Satz 3 knüpft mit den Worten „dies gilt entsprechend" an Satz 2 an, wonach der Haftbefehl aufzuheben ist, wenn innerhalb der Frist kein Strafantrag gestellt wird. Darin kann sich die Verweisung aber nicht erschöpfen. Sie erstreckt sich vielmehr darüber hinaus auf den gesamten Folgeteil des ersten Satzes („so ist ..."), namentlich auch auf dessen Kern, die **Fristbestimmung**. 12

Wichtig ist, dass die Fälle der Ermächtigung und des Strafverlangens in einem eigenen Satz aufgeführt werden. Durch diese Stellung erlangt besondere Bedeutung, dass die in Bezug genommenen Regelungen **nur entsprechend** gelten. Das gilt auch für Satz 2, so dass unter besonderen Umständen der Haftbefehl nach Fristablauf nicht aufzuheben, sondern die Frist von Amts wegen zu verlängern und die Anfrage zu wiederholen ist. Besonders für die **„Frist**, die eine Woche nicht überschreiten soll", kommt der (nur) entsprechenden Anwendung Bedeutung zu. Zum Beispiel bei § 104a StGB, wo sowohl die Entschließung einer ausländischen Regierung über das Strafverlangen als auch ein Beschluss des zuständigen Ministers, u.U. unter Beteiligung eines anderen Ressorts, über die Ermächtigung gefasst werden muss, liegt es auf der Hand, dass selbst bei größter Beschleunigung die Frist von einer Woche zu kurz wäre. Aber auch bei den meisten Ermächtigungsfällen, in denen gelegentlich schwierige Abwägungen erforderlich sind, reicht die Frist von einer Woche nicht aus. 13

In den Fällen des Satzes 3 wird der **Richter** das Schreiben, mit dem die Berechtigten (vgl. §§ 77, 77e und die einzelnen Vorschriften des StGB) vom Erlass des Haftbefehls in Kenntnis gesetzt, die Frist bestimmt und die Berechtigten von der Folge der Fristversäumung unterrichtet werden, nicht der Geschäftsstelle überlassen dürfen, sondern **selbst** zu **unterschreiben** haben (nobile officium). 14

---

23 Vgl. *Geerds* GA **1982** 250 Fn. 58; Meyer-Goßner/*Schmitt* 6; KK/*Schultheis* 8.
24 Vgl. LR/*Lind* § 112, 131.
25 *Geerds* GA **1982** 245 Fn. 34.

V. Aufhebung auf Antrag der Staatsanwaltschaft (Satz 4)

15 Da der Strafantrag Klagevoraussetzung ist, kann der Fall, den die Bestimmung im Auge hat, nur eintreten, bevor die öffentliche Klage erhoben ist. Für diesen Zeitpunkt gilt § 120 Abs. 3 nach seinem Wortlaut unmittelbar. Die Verweisung ist also überflüssig.[26]

ABSCHNITT 9a

Vor § 131 Weitere Maßnahmen zur Sicherstellung der Strafverfolgung und Strafvollstreckung

Vorbemerkungen

Schrifttum

Albrecht Vom Unheil der Reformbemühungen im Strafverfahren, StV **2001** 416; *Beukelmann* Der Internetpranger, NJW-Spezial **2011** 504; *Böhm* Gerichtssprache und Zustellungsbevollmächtigter bei Einspruch gegen Strafbefehl, NJW **2016** 307; *Bottke* Strafprozessuale Rechtsprobleme massenmedialer Fahndung, ZStW **93** (1981) 425; *Brodersen* Das Strafverfahrensänderungsgesetz 1999, NJW **2000** 2536; *Brodowski* Einspruchseinlegung und Zustellungsvollmacht im Strafbefehlsverfahren gegen fremdsprachige Personen, StV **2016** 210; *Caspar* Nutzung des Web 2.0 – zwischen Bürgernähe und Geschwätzigkeit? ZD **2015** 12; *Fezer* Rechtsschutz bei Verletzung der Anordnungsvoraussetzung „Gefahr im Verzug", FS Rieß (2002) 93; *Franke* Öffentlichkeit im Strafverfahren, NJW **2016** 2618; *Gaede* Sanktion durch Verfahren, ZStW **129** (2017) 911; *Gerhold* Möglichkeiten und Grenzen der sogenannten „Facebookfahndung", ZIS **2015** 156; *Gietl* Der Zustellungsbevollmächtigte im Strafbefehlsverfahren gegen EU-Ausländer: Eine Betrachtung der Probleme nach europäischem und nationalem Recht, StV **2017** 263; *Gleß* Zur Aktualität von Vergessen und Vergeben im digitalen Zeitalter, GA **2017** 254; *Graf* Internet: Straftaten und Straf- verfolgung, DRiZ **1999** 281; *Gropp* Zum verfahrenslimitierenden Wirkungsgehalt der Unschuldsvermutung, JZ **1991** 804; *Gulden/Dausend* Gefahr für das Persönlichkeitsrecht durch mediale Hetzjagd? Rechtliche Einordnung von privaten Fahndungsaufrufen in den (sozialen) Medien, MMR **2017** 723; *Hassemer* Vorverurteilung durch Medien? NJW **1985** 1921; *Hassemer* Fahndung und Ermittlung mit Hilfe der Medien? ArchPR **1989** 418; *Hilger* Zum Strafverfahrensrechtsänderungsgesetz 1999 (StVÄG 1999), NStZ **2000** 561; *ders.* Das Strafverfahrensrechtsänderungsgesetz 1999 (StVAG 1999), StraFo **2001** 109; *ders.* StVÄG 1999 und Verteidigung, FS Rieß (2002) 171; *Hornung/Schindler* Das biometrische Auge der Polizei Rechtsfragen des Einsatzes von Videoüberwachung mit biometrischer Gesichtserkennung, ZD **2017** 203; *Kauder* Der Steckbrief – Freibrief für die Ermittlungsbehörden? StV **1987** 413; *Knauer/Wolf* Zivilprozessuale und strafprozessuale Änderungen durch das Erste Justizmodernisierungsgesetz, NJW **2004** 2932; *Kolmey* Facebook: Plattform für Fahndung der Zukunft?, DRiZ **2013** 242; *Krause/Nehring* Strafverfahrensrecht in der Polizeipraxis (1978); *Krekeler* Informationssysteme der Polizei, StraFo **1999** 82; *Kulhanek* Zustellung eines Strafbefehls an Zustellungsbevollmächtigten, JR **2016** 207; *Kühne* Der mangelhafte Rechtsschutz gegen einen internationalen Haftbefehl, GA **2018** 121; *Marberth-Kubicki* Internet und Strafrecht, StraFo **2002** 277; *Mayer-Metzner* Auskunft aus Dateien der Sicherheits- und Strafverfolgungsorgane (1994); *Meyer/Hüttemann* Internationale Fahndung nach Personen – von Steckbriefen, Rotecken und Funksprüchen, ZStW **128** (2016) 394; *Meyer-Goßner* Theorie ohne Praxis und Praxis ohne Theorie im Strafverfahren, ZRP **2000** 345; *Ostendorf* Die öffentliche Identifizierung von Beschuldigten durch die Strafverfolgungsbehörden als Straftat, GA **1980** 445; *Pätzel* Das Internet als Fahndungshilfsmittel der Strafverfolgungsbehörden, NJW **1997** 3131; *Popp* Anmerkung zu OLG Celle Urt. v. 19.6.2007 – 16 U 2/07, jurisPR-ITR 4/2008 Anm. 3; *Ranft* Fahndung nach Beschuldigten und Zeugen gemäß dem StVÄG 1999, StV **2002** 38; *Rieß* Über Subsidiaritätsverhältnisse und Subsidiaritätsklauseln im Strafverfahren, GedS Meyer (1990) 367; *ders.* Die Straftat von erheblicher Bedeutung als Eingriffsvoraussetzung,

26 Zu Einzelheiten, insbesondere der Entstehungsgeschichte, vgl. LR/*Wendisch*[24] 15.

https://doi.org/10.1515/9783110274929-037

GA **2004** 623; *Schiffbauer* Steckbrief 2.0 – Fahndungen über das Internet als rechtliche Herausforderung, NJW **2014** 1052; *Rosenthal/Schramm* Interpol – Instrumentalisierung durch Despoten und rechtliche Verteidigungsmöglichkeiten Betroffener, StraFo **2015** 450; *Schroeder* Die Ermittlung des Aufenthaltsorts des Beschuldigten als Anwendungsvoraussetzung strafprozessualer Zwangsmaßnahmen, GA **2005** 73; *Schwagerl* Fahndungshilfe durch Massenmedien, Die Polizei **1974** 317; *Seebode* Das Recht zur Festnahme entwichener Strafgefangener, FS Bruns (1998) 487; *Seitz* Strafverfolgungsmaßnahmen im Internet (2004); *Soiné* Öffentlichkeitsfahndung nach Personen und Sachen mit Hilfe von Massenmedien, ArchKrim. **1992** 65; *ders.* Zur Neuregelung der strafprozessualen Öffentlichkeitsfahndung, ZRP **1994** 392; *ders.* Fahndung via Internet, NStZ **1997** 166, 321; *ders.* Strafverfahrensänderungsgesetz 1999, Kriminalistik **2001** 173, 245; *ders.* Die Fahndungsvorschriften nach dem Strafverfahrensänderungsgesetz 1999, JR **2002** 137; *Stief* Die Richtlinie (EU) 2016/680 zum Datenschutz in der Strafjustiz und die Zukunft der Einwilligung im Strafverfahren, StV **2017** 470; *Stuckenberg* Untersuchungen zur Unschuldsvermutung (1997); *Stümper* Fahndung und Ermittlung mit Hilfe von Presse und Rundfunk, ArchPR **1989** 409; *Wensky* Fernsehfahndung, Die Polizei **1971** 113; *Wente* Persönlichkeitsschutz und Informationsrecht der Öffentlichkeit im Strafverfahren, StV **1988** 216; *Weßlau* Gefährdungen des Datenschutzes durch den Einsatz neuer Medien im Strafprozess, ZStW **113** (2001) 681.

Entstehungsgeschichte

Der Abschnitt wurde eingefügt durch Art. 2 Nr. 7 EGOWiG. Die zunächst nur aus § 132 bestehende Einfügung zielte ebenso wie die des § 127a darauf ab, Mängel zu beseitigen, die nach den geltenden Vorschriften über die Sicherstellung der Strafverfolgung zutage getreten waren und der Praxis namentlich bei der Verfolgung von Verkehrszuwiderhandlungen durchreisender Ausländer Schwierigkeiten bereiteten.[1] Durch Art. 1 Nr. 3 des StVÄG 1999 vom 2.8.2000 (BGBl. I S. 1253) wurde die Überschrift des Abschnittes 9a neu gefasst und durch Nr. 4 § 131 in den Abschnitt 9a eingestellt und neu gefasst; außerdem wurden durch Nr. 5 die §§ 131a bis 131c in diesen Abschnitt eingefügt. Durch Art. 3 Nr. 20 des 1. Justizmodernisierungsgesetzes vom 24.4.2004 (BGBl. I S. 2198) wurde schließlich in § 131 Abs. 1, Abs. 2 Satz 1, Abs. 3 Satz 2, § 131c Abs. 1 Satz 1, 2, Abs. 2 Satz 1, 2 jeweils das Wort „Hilfsbeamten" durch „Ermittlungspersonen" ersetzt.[2]

Übersicht

Alphabetische Übersicht

1 BTDrucks. **V** 2600, 2601 S. 17.
2 Krit. insoweit *Knauer/Wolf* NJW **2004** 2932.

I. Anwendungsbereich

1 Die Vorschriften unter dem Titel „Weitere Maßnahmen zur Sicherstellung der Strafverfolgung und Strafvollstreckung" regeln grundsätzlich die Fahndung nach Personen.[3] Die Vorschriften gelten, wie schon die Abschnittsüberschrift besagt, nicht nur für die Strafverfolgung, sondern – jedenfalls zum Teil – auch für die Strafvollstreckung (§ 453c Abs. 1, § 456a Abs. 2 Satz 3, § 457 Abs. 2, 3). Zu Einzelheiten insoweit vgl. die Erl. zu diesen Vorschriften.[4] Alle Fahndungsmaßnahmen können auch zur Feststellung des Aufenthaltes eines zur Auslieferung Gesuchten ergriffen werden (s. Rn. 20).[5] Die einzelnen Vorschriften unterscheiden sich im Wesentlichen durch den Fahndungszweck der jeweils geregelten Maßnahme.

2 **§ 131** regelt die **Suche nach Beschuldigten**, auf der Grundlage eines erlassenen oder bevorstehenden Haftbefehls **mit dem Ziel der Festnahme**. Sie enthält die frühere Regelung zum Steckbrief (§ 131 a.F.) und erfasst weitere Fallgestaltungen, insbesondere die Öffentlichkeitsfahndung nach dem Beschuldigten, ferner etabliert sie die Anordnungskompetenz.

3 **§ 131a** regelt die Fahndung nach Beschuldigten und Zeugen zum Zwecke der **Aufenthaltsermittlung** sowie nach Beschuldigten für sonstige strafprozessuale Zwecke.

4 **§ 131b** erlaubt die **Veröffentlichung von Abbildungen** eines Beschuldigten oder eines Zeugen **zur Aufklärung der Straftat. § 131c** regelt die **Anordnungskompetenz** für Maßnahmen nach den §§ 131a, 131b.

II. Sicherungsmaßnahmen und Persönlichkeitsrechte

5 Spätestens seit dem Urteil des BVerfG (BVerfGE **65** 1ff.) ist grundsätzlich unbestritten, dass Sicherungsmaßnahmen für Strafverfolgung und Strafvollstreckung, die in Persönlichkeitsrechte eingreifen, einer gesetzlichen Grundlage bedürfen und verhältnismäßig sein müssen.[6] Diesem Anspruch wurde § 131 a.F., der nur den Erlass eines Steckbriefes regelte, nicht gerecht. Es fehlten adäquate **spezielle Rechtsgrundlagen** für zahlreiche andere Formen der **Personenfahndung**, die in der Praxis mit dem Fortschreiten der technologischen Entwicklung als unverzichtbar erachtet werden.[7] Die neu geschaffenen Rechtsgrundlagen in den §§ 131 bis 131c stoßen aber durch die Weiterentwicklung der technischen Möglichkeiten wieder an Grenzen. Sie unterscheiden zwischen Öffentlichkeitsfahndung (§§ 131 Abs. 3, 131a Abs. 3, 131b), die Betroffene instensiv in ihren Persönlichkeitsrechten betreffen kann, und sonstiger Fahndung (§§ 131 Abs. 1 und 2, 131a Abs. 1 und 2).[8] Dabei sind die Anforderungen an die Anordnung einer Öffentlichkeitsfahndung grundsätzlich höher. Allerdings setzen sich die gesetzlichen Vorgaben noch nicht mit der dynamischen Entwicklung neuer Medien und etwa der Frage auseinander, ob angesichts von Fahndungsmaßnahmen, deren Inhalte faktisch nicht mehr durch die staatlichen Behörden gelöscht werden können, unter bestimmten Umständen per se verboten werden sollten.[9] Auch wenn die EU-RL 2016/680 (s.u. Rn. 11) kein „Recht

---

3 *Hilger* FS Rieß 171ff.
4 S. auch *Brodersen* NJW **2000** 2537; *Soiné* Kriminalistik **2001** 173.
5 Schomburg/Lagodny/Gleß/Hackner/*Hackner* § 19 IRG Rn. 1; Grützner/Pötz/Kreß/*Böhm* § 19 Rn. 1; *Meyer/Hüttemann* ZStW **128** (2016) 402.
6 Vgl. auch *Popp* Anmerkung zu OLG Celle Urt. v. 19.6.2007 – 16 U 2/07, jurisPR-ITR 4/2008 Anm. 3.
7 Zu Einzelheiten vgl. LR/*Hilger*[25] Nachtrag Vor § 131; Vor § 112, 72; § 131, 1; Vor § 132, 2; SK/*Paeffgen* § 131, 1.
8 SK/*Paeffgen* § 131, 2.
9 SK/*Paeffgen* § 131, 6.

auf Vergessen“ etabliert, müssen sich staatliche Stellen angesichts der Rechtsprechung des EuGH[10] grundsätzlich mit der Frage auseinandersetzen, wie sie sicherstellen können, dass digitale Informationen mit Personenbezug wieder gelöscht werden können.[11]

Die Problematik im Bereich der Fahndungsmaßnahmen zeigt sich paradigmatisch an der Nutzung des **Internets**: Dieses Medium ermöglicht zum einen Nachforschungen durch die Polizei, namentlich ob gesuchte Personen als Teilnehmer zu finden sind; zum anderen könnte eine Öffentlichkeitsfahndung mit Hilfe des Internets Erfolg versprechen.[12] Während der erstgenannten Maßnahme vergleichsweise wenig Bedenken entgegenstehen, jedenfalls soweit das Internet allgemein zugänglich ist,[13] ergeben sich bei Einstellung von Fahndungsfotos und/oder Steckbriefen verschiedene Fragen: Über das Internet verbreitete Inhalte sind weltweit unmittelbar abrufbar und faktisch – nicht mehr zu löschen, selbst wenn sie auf durch die Behörden selbst betriebenen Webseiten veröffentlich werden. Die schnelle Verbreitung erhöht die Erfolgschancen einer Fahndung deutlich und spricht für eine Nutzung durch die Behörden. Allerdings kann die Massnahme – zum Zeitpunkt der Ausgabe der Fahndung – kaum abschätzbare Folgen für die betroffenen Personen haben, da Inhalte eben, nachdem sie viral sind, praktisch nicht mehr dauerhaft entfernt werden können: Die Entfernung eines Fahndungsaufrufes von der Internetseite einer Strafverfolgungsbehörde bedeutet nicht die Löschung weiterhin zirkulierender digitaler Kopien. Dies kann Persönlichkeitsrechte von Personen erheblich beeinträchtigen, nach denen ursprünglich gefahndet wurde.[14] Aus den einschlägigen Vorschriften, aber auch aus dem Umstand, dass aus einem Fahndungsaufruf ein Folgenbeseitigungs- bzw. Schadensersatzanspruch von Betroffenen gegenüber den Behörden erwachsen kann,[15] ergibt sich eine strikte Bindung der Behörden an das Verhältnismäßigkeitsprinzip (vgl. § 131b, 2). Dieses verbietet regelmässig eine Nutzung von privatwirtschaftlich betriebenen **sozialen Medien** für Fahndungen, wenn die Nutzungsbedingungen die Bestimmungsmacht über die Daten aus den Händen der Behörden nehmen[16] sowie eine Öffentlichkeitsfahnung via Internet im Bereich der **Bagatellkriminalität** sowie alle anderen Fahndungen per Internet, die nicht als verhältnismäßig erscheinen. Grundsätzlich müssen Behörden alle technischen Möglichkeiten nutzen, damit nicht Dritte öffentlich gemachte Inhalte, welche die Persönlichkeitsrechte gefährden können, unkontrolliert weiter verbreiten oder ein Fahndungsaufruf durch die Strafverfolgungsbehörden als Anlass für einen „Internetpranger“ genutzt wird.[17] Vgl. Nr. 40 RiStBV sowie Anlage B. 6

Bereits in der letzten Gesetzesreform wurden verschiedene Fragen kontrovers diskutiert, welche die moderne Dimension von Fahndungen im digitalen Zeitalter betreffen, etwa Ausgestaltung der Eilkompetenzen oder Begrenzung der Öffentlichkeitsfahndung mit Rücksicht auf Persönlichkeitsrechte.[18] In der Zukunft dürfte der **Einsatz neuer** 7

---

10 EuGH *Google Spain und Google v.* Agencia Española de Protección de Datos (AEPD) Urt. v. 13.5.2014 – C-131/12= NJW **2014** 2257.

11 Vgl. dazu etwa auch: *Franke* NJW **2016** 2619; *Schiffbauer* NJW **2014** 1052.

12 Zur Fahndung mit Hilfe des Internet s. § 131, 20a.

13 Vgl. hierzu und zur Suche in „geschlossenen“ Bereichen des Internet *Graf* DRiZ **1999** 285; s. auch *Zöller* GA **2000** 563 ff.; *Marberth-Kubicki* StraFo **2002** 277.

14 *Schiffbauer* NJW **2014** 1053.

15 *Schiffbauer* NJW **2014** 1055 f.; vgl. auch *Caspar* ZD **2015** 16 f.; aus zivilrechtlicher Sicht: OLG Celle Urt. v. 19.6.2007 – 16 U 2/07 m. Anm *Popp* jurisPR-ITR 4/2008 Anm. 3.

16 Vgl. *Gerhold* ZIS **2015** 156 ff.; *Kolmey* DRiZ **2013** 243 ff.

17 Vgl. auch SK/*Paeffgen* § 131, 6; *Beukelmann* NJW-Spezial **2011** 504; *Schiffbauer* NJW **2014** 1053.

18 Vgl. zu Einzelheiten BTDrucks. **14** 1484 S. 19 ff., 39; BTDrucks. **14** 2595 S. 4 ff.; BTDrucks. **14** 2886 S. 1 ff., BTDrucks. **14** 3525 S. 2; BRDrucks. 349/00 S. 2; *Brodersen* NJW **2000** 2536; s. auch BTDrucks. **13** 9718 S. 36.

Technologien, beispielsweise die Nutzung biometrischer Gesichtserkennung mit Überwachungskameras zu Fahndungszwecken, neue Fragestellungen aufwerfen.[19] Der Einsatz solcher Technologien kann nicht einfach auf der Grundlage von §§ 131 ff. als Standardmaßnahme der Strafverfolgung angesehen werden. Einfache Fahndungen, die am Anfang von Ermittlungen als „Sofortmaßnahmen" unverzichtbar erscheinen und für eine effiziente Strafverfolgung wichtig sind, müssen von Fahndungsinstrumenten unterschieden werden, die nachhaltig in das **Recht auf informationelle Selbstbestimmung** eingreifen. Es müssen öffentliche Interessen mit den Interessen betroffener Individuen abgewogen werden. Insbesondere bei Fahndungsmaßnahmen, die irreversibel in Persönlichkeitsrechte eingreifen (wie etwa bestimmte über das Internet lancierte Fahndungen), sind die verschiedenen Interessen sorgfältig gegeneinander abzuwägen. Es stellt sich die Frage, ob die derzeitigen Regelungen[20] eine ausreichende Rechtsgrundlage darstellen, oder ob nicht vielmehr zum einen im Hinblick auf die Bedürfnisse der Strafrechtspflege sachgerechtere und zum anderen unter Beachtung der Erfordernisse eines Grundrechtsschutzes effizientere Regelungen geschaffen werden sollten.[21] Dabei ist namentlich zu bedenken, dass zu hohe **Einsatzschwellen bzw. Subsidiaritätsklauseln**[22] nicht unbedingt zu einem verbesserten Grundrechtsschutz führen, sondern die Gefahr in sich tragen, dass sie in der Praxis „großzügig" interpretiert werden (müssen) und damit letztlich den ihnen zugedachten Zweck weitgehend verfehlen. Ferner ist zu beachten, dass es für den Fahndungseinsatz von Technologien die den Kern des Rechts auf informationelle Selbstbestimmung vieler Personen betreffen, wie etwa einer Personenfahndung mit Hilfe biometrischer Gesichtserkennung einer entsprechenden Rechtsgrundlage bedarf.[23] Zur Abwägung der unterschiedlichen Interessen bei der Entscheidung über den Einsatz von Fahndungsinstrumenten vgl. z.B. § 131, 18 ff., § 131a, 7 ff., § 131b, 3.

8 Die technologischen Fortschritte könnten langfristig zu einem Paradigmenwechsel in der rechtlichen Ausgestaltung von Fahndungen führen: Während der klassische Steckbrief lokal begrenzt zur Identifikation von und Suche nach mutmaßlichen Tätern aufrief, führen Fahndungsmaßnahmen mit Hilfe von Internet-Portalen oder der Einsatz biometrischer Gesichtserkennungsprogramme zu **faktisch irreversiblen Eingriffen in Persönlichkeitsrechte**.[24] Es stellt sich grundsätzlich die Frage, ob die Regelungen, die zur Regulierung der Fahndung in der analogen Welt geschaffen wurden, den Bedürfnissen in einer virtuellen Welt ausreichend Rechnung tragen können. Das gilt sowohl mit Blick auf die berechtigten Anliegen von Strafverfolgungsbehörden und anderer staatlicher Stellen, die für eine effiziente Strafverfolgung verantwortlich sind, als auch mit Blick auf betroffene Individuen, die unter Umständen noch lange nach Abschluss eines Strafverfahrens und Verbüßung einer Strafe mit viral gegangenen Informationen leben müssen oder als zufällig aufgenommene Personen permanent mit einer Straftat in Ver-

---

19 *Hornung/Schindler* ZD **2017** 207 f.; vgl. BVerfGE **120** 378 zur automatisierten Kennzeichnerfassung.

20 Krit. dagegen (namentlich aus dogmatischer und persönlichkeitsrechtlicher Sicht) *Albrecht* StV **2001** 419; *Ranft* StV **2002** 38 (insbesond.: rechtsstaatliche Bedenken, zu vage Generalklauseln, Gefahr der Missachtung des Verhältnismäßigkeitsprinzips, verfehlte Kompetenzregelung, Fehlen einer Entschädigungsregelung); *Ranft* 753, 755, 758, 761.

21 Vgl. dazu etwa AG Hannover Beschl. v. 23.4.2015 – 174 Gs 434/15 (keine Fahndungsaufrufe im Bagatellbereich, um Motivation der Bevölkerung zur Mitarbeit nicht zu beeinträchtigen); VerfGH Sachsen ZD **2016** 127 (Persönlichkeitsrechtsschutz von Zeugen).

22 Krit. insoweit auch z.B. *Meyer-Goßner* ZRP **2000** 348 m.w.N.

23 Vgl. zur Grundrechtsrelevanz von Überwachungs- und Strafverfolgungsmassnahmen mit Hilfe biometrischer Gesichtserkennung *Hornung/Schindler* ZD **2017** 208.

24 *Hornung/Schindler* ZD **2017** 208 ff.

bindung gebracht werden. Für adäquate gesetzliche Vorgaben müssen die involvierten Interessen sowie technologische Entwicklungen analysiert und insbesondere auch internationale Vorgaben, wie etwa EU-Datenschutzrechte, einbezogen werden; letztere verpflichten die staatlichen Stellen, personenbezogene Daten so zu handhaben, dass eine Möglichkeit zur Korrektur und Löschung von Daten besteht, vgl. etwa Art. 16 EU-RL 2016/680 (s.a. Rn. 10).[25] Hier verursachen insbesondere Internetfahndungen ein Dilemma: Es stellt sich die Frage, wie Rechtsvorgaben ausgestaltet sein müssen, damit sie den Anforderungen an eine gesetzliche Grundlage genügen, welche Eingriffe in Persönlichkeitsrechte verhältnismäßig sind[26] und auch welche absoluten Grenzen traditionelle Rechtsprinzipien, wie etwa die Unschuldsvermutung modernen Fahndungsmaßnahmen setzen,[27] und wie Resozialisierung gelingen soll, wenn Bilder und Filmsequenzen im Netz die Tat präsent halten.[28] Diese Überlegungen müssen in die Verhältnismäßigkeitsprüfung einfließen, ebenso wie eine Berücksichtigung aller technischen Möglichkeiten einen Eingriff zunächst gering zu halten (bspw. Verpixelung von Bildern, Kopierschutz, Vorkehrungen gegen Links, selbst wenn natürlich print-screen oder eine Fotoaufnahme eines Bildschirmes weiter möglich bleiben).

Mit dem weiteren Fortschreiten der Technologie werden sich auch in anderer Hin- 9
sicht neue Fragen stellen: Fahndungsmaßnahmen können die **Fairness eines Verfahrens** beeinträchtigen, wenn dadurch faktisch eine Vorverurteilung zu befürchten ist oder wenn die durch Bilder transportierten Informationen unrichtig sind; die Echtheit von Bildern darf – angesichts einfach zugänglicher **Verfälschungstechniken**, wie etwa deep fake – nicht mehr ohne weiteres angenommen werden.[29] Staatliche Stellen haben besondere Prüfpflichten und müssen während der gesamten Öffentlichkeitsfahndung die Zulässigkeit kontrollieren und gegebenenfalls Korrekturen vornehmen bzw. Bilder wieder löschen.

III. Europäische Vorgaben

Die Fahndungsvorschriften sind grundsätzlich mit der **EMRK** vereinbar. Bei ihrer 10
Anwendung sind jedoch in besonderem Maße Art. 6 Abs. 2 EMRK (Unschuldsvermutung) Art. 8 EMRK (Recht auf Achtung des Privatlebens) und das Verhältnismäßigkeitsprinzip zu beachten. Entsprechend sind die Eingriffe im Sinne einer verfahrenslimitierenden Funktion dieser Rechtsprinzipien zu begrenzen.[30]

Größere Bedeutung entfalten seit einigen Jahren Vorgaben der EU: Ausgehend von 11
den im Vertrag von Lissabon verankerten **Justizgrundrechten** (Art. 21, 45, 49 und 56 AEUV), der **EU-Grundrechtecharta** sowie einzelner Richtlinien werden die Rechte von Individuen gestärkt, gerade wenn sie sich einer grenzüberschreitenden Strafverfolgung gegenübersehen. Die Richtlinie 2012/13/EU über das Recht auf Belehrung und Unterrichtung in Strafverfahren **(EU-RL 2012/13)**[31] in der Auslegung durch den EuGH stärkt die Rechte aller in der EU ansässigen Personen mit Blick auf eine amtliche Anordnung einer Zustellungsbevollmächtigung, insbesondere zum Zwecke der Zustellung eines Strafbe-

---

25 *Stief* StV **2017** 473.
26 *Gerhold* ZIS **2015** 156 ff.
27 Vgl. *Stuckenberg* 145 f.
28 Vgl. *Gleß* GA **2017** 254.
29 Zum Problem des "deep fake": *Chesney/Citron*, Deep Fakes: A Looming Challenge for Privacy, Democracy, and National Security, 107 California Law Review (2019).
30 Vgl. dazu etwa LR/*Esser* Art. 6 EMRK 488; *Gaede* ZStW **129** (2017) 944 ff.; *Gropp* JZ **1991** 807 ff.
31 ABl. EU L 142 v. 1.6.2012, S. 1.

fehls (s.u. § 132, 6).[32] Bei Nutzung digitalisierter Fahndungsinstrumente sind die Vorgaben der Richtlinie 2016/680/EU vom 27.4.2016 zum Schutz natürlicher Personen bei der Verarbeitung personenbezogener Daten durch die zuständigen Behörden zum Zwecke der Verhütung, Ermittlung, Aufdeckung oder Verfolgung von Straftaten oder der Strafvollstreckung sowie zum freien Datenverkehr und zur Aufhebung des Rahmenbeschlusses 2008/977/JI des Rates (**EU-RL 2016/680**)[33] zu beachten. Sie vollzieht – soweit die EU-Mitgliedstaaten dies für zweckmäßig erachtet haben – die datenschutzrechltiche Entwicklung durch die VO (EU) 2016/679 vom 27.4.2016 zum Schutz natürlicher Personen bei der Verarbeitung personenbezogener Daten und zum freien Datenverkehr („Datenschutzgrundverordnung")[34] für die Strafverfolgung nach.[35] Der Unionsgesetzgeber reagiert damit auf die Herausforderungen einer globalen Gesellschaft, die durch raschen technologischen Wandel mit grenzenlosem Informationsaustausch geprägt ist und Risiken für die Privatsphäre mit sich bringt. RL 2016/680/EU räumt betroffenen Personen verschiedene Rechte ein, etwa das Recht auf Berichtigung und Löschung (Art. 16) bestimmter Daten oder Informationsverpflichtungen (Art. 12, 13). Allerdings fehlt ein „Recht auf Vergessenwerden", wie es in Art. 17 der Datenschutzgrundverordnung etabliert wird. Darüber hinaus stehen Daten aus strafrechtlichen Ermittlungen und Gerichtsverfahren unter dem Vorbehalt einer Behandlung nach Maßgabe des einzelstaatlichen Strafverfahrensrechts (Art. 18).

IV. Verhältnismäßigkeitsprinzip

12 Die Anordnung der in den §§ 131ff. geregelten Maßnahmen ist nicht nur an die dort jeweils genannten Voraussetzungen geknüpft, sondern selbstverständlich ebenfalls an den allgemeinen Grundsatz der Verhältnismäßigkeit.[36] Dies ist von Bedeutung, weil die Maßnahmen – je nach Sachlage des Einzelfalls und namentlich nach der Art der jeweiligen Maßnahme – mehr oder weniger tief in das allgemeine Persönlichkeitsrecht eingreifen und zu öffentlicher Bloßstellung führen können. Aus diesem Grund muss sich die Notwendigkeit der Maßnahmen sowie Art und Umfang schon grundsätzlich – auch wenn einzelne Vorschriften ausdrücklich Kriterien zur Sicherung der Verhältnismäßigkeit nennen – an der Schwere der jeweiligen Straftat, insbesondere an der Bedeutung der Sache und an den zu erwartenden Rechtsfolgen orientieren; das angestrebte Ziel darf namentlich nicht ebensogut, also ohne wesentliche Minderung der Erfolgsaussichten und ohne wesentliche Erschwernis und Verzögerung der Ermittlungen, mit weniger eingreifenden Maßnahmen erreichbar sein. S. auch § 131, 7, 14, 18ff., § 131a, 2ff., § 131b, 3.

13 Das Verhältnismäßigkeitsprinzip gebietet es auch, Fahndungsmaßnahmen nach den §§ 131ff. soweit möglich zu befristen oder wenigstens **Überprüfungsfristen** vorzusehen, die auf die Gegebenheiten des Einzelfalles abgestellt sind und eine rechtzeitige Prüfung, ob die Fahndung weiterhin erforderlich und angemessen ist, hinreichend sichern.[37] Zur **Rücknahme** einer Anordnung s. § 131, 9a.

---

32 EuGH *Tranca u.a.* Urt. v. 22.3.2017 – C-124/16, C-188/16, C-213/16 = JR **2017** m. Anm. *Zündorf* = StV **2018** 8, 69f. m. Anm. *Brodowski*; Meyer-Goßner/*Schmitt* Rn. 9a; SSW/*Satzger* 2; *Böhm* NJW **2016** 307; *Brodowski* StV **2016** 211; *Gietl* StV **2017** 263; *Kulhanek* JR **2016** 210ff.
33 ABl. EU L 119 v. 4.5.2016, S. 89.
34 ABl. EU L 119 v. 4.5.2016, S. 1.
35 Vgl. *Stief* StV **2017** 473.
36 KK/*Schultheis* § 131, 9.
37 Vgl. auch *Kropp* ZRP **2001** 404; Vor § 112, 24a.

V. Beendigung der Maßnahme

Die §§ 131ff. enthalten keine Bestimmungen zur Beendigung einer Maßnahme. Aus dem Verhältnismäßigkeitsprinzip ergibt sich, dass strafprozessuale Zwangsmaßnahmen spätestens dann unverzüglich zu beenden sind, wenn das mit der jeweiligen Maßnahme entsprechend der sie erlaubenden Vorschrift **erstrebte Ziel** erreicht ist oder nicht mehr erreicht werden kann.[38] Dies ist zum Beispiel bei der Ausschreibung gemäß den §§ 131, 131a der Fall, wenn der Aufenthalt der gesuchten Person ermittelt ist. Im Fall des § 131 kommt es nicht auf den Vollzug der Festnahme an, weil diese nach Feststellung des Aufenthalts zulässig, etwa aus ermittlungstaktischen Gründen, zurückgestellt werden kann. Wird die Ausschreibung beendet, so sind die hierzu getroffenen Maßnahmen gleichfalls unverzüglich zu beenden. Fahndungsplakate sind zu entfernen, Aufrufe in Publikationsorganen zu beenden, Fahndungsaufrufe in Informationssystemen oder an anderen Stellen sowie Auskunftsersuchen und Suchvermerke sind zurückzunehmen. Allerdings können sie – etwa wegen der Eigenheiten einer Verbreitung von Inhalten über das Internet – faktisch nicht mehr einfach gelöscht werden (s.a. oben Rn. 5ff.). 14

VI. Verhältnis zu anderen Vorschriften

Die §§ 131 bis 131c regeln die Fahndung, also die Suche nach Beschuldigten, unbekannten Tätern und Tatbeteiligten sowie nach Zeugen mit dem Ziel der Feststellung ihres Aufenthaltsortes, der Festnahme soweit zulässig, der Feststellung ihrer Identität und der Aufklärung des Sachverhalts nicht abschließend.[39] Zum Teil ist die Fahndung bereits in Spezialbestimmungen (Rn.18) geregelt.[40] Zum Teil kann sie auf die Generalklausel der §§ 161, 163 gestützt werden.[41] 15

Der Gesetzgeber ist der sog. **Schwellentheorie** gefolgt.[42] Weniger tief in das allgemeine Persönlichkeitsrecht des Betroffenen eingreifende, zum Beispiel ihn weniger „bloßstellende", etwa nur einem kleinen Personenkreis bekanntwerdende Maßnahmen zu dessen Auffindung können weiterhin auf die **§§ 161, 163** gestützt werden und sind nach dem Subsidiaritätsprinzip vorzuziehen.[43] Dies können zum Beispiel Nachfragen bei Behörden sein oder diskrete Erkundigungen im Lebensumfeld einer gesuchten Person. 16

Einer Fahndung können ebenfalls **besondere Ermittlungsmaßnahmen** dienen. Dies gilt namentlich, wenn es in einer Subsidiaritätsklausel („Ermittlung des Aufenthaltsortes des Täters auf andere Weise weniger erfolgversprechend oder erschwert") zum Ausdruck kommt oder soweit die Ermittlungsmaßnahmen der Identitätsfeststellung oder der Ergreifung des Täters dienen.[44] Dies sind zum Beispiel die Rasterfahndung (§ 98a), der strafprozessuale Datenabgleich (§ 98c), die Telekommunikationsüberwachung (§ 100a)[45] oder Erhebung von Verkehrsdaten (§ 100g), die akustische Wohnraumüberwachung nach § 100c, die technischen Ermittlungsmaßnahmen bei Mobilfunkendgeräten (§ 100i) oder der Einsatz von Verdeckten Ermittlern (§ 110a), die Errichtung von Kontroll- 17

---

38 Vgl. KK/*Schultheis* § 131, 10.
39 *Hilger* NStZ **2000** 562.
40 Meyer-Goßner/*Schmitt* Vor § 131, 1.
41 Meyer-Goßner/*Schmitt* Vor § 131, 1.
42 Vgl. *Hilger* FS Rieß 171ff.
43 *Hilger* StraFo **2001** 109; SK/*Paeffgen* § 131, 2; KMR/*Wankel* § 131, 2.
44 S. auch KMR/*Wankel* § 131, 2 (zu § 159).
45 Auch z.B. des e-mail- und des sms/mms-Verkehrs; vgl. *Weßlau* ZStW **113** (2001) 681ff.; BTDrucks. **15** 1448.

stellen an öffentlich zugänglichen Orten (§ 111), die Maßnahmen zur Identitätsfeststellung nach § 163b, die Speicherung und der Abgleich von Daten aus Kontrollen § 163d, die Ausschreibung zur Beobachtung bei polizeilichen Kontrollen nach § 163e, die längerfristige Observation (§ 163f). Selbst Durchsuchungen (§§ 102ff.), die Durchsicht von Papieren und elektronischen Speichermedien (§ 110) und die Beschlagnahme (§§ 94ff.) sowie Zeugenvernehmungen können im Einzelfall der Fahndung dienen. Abhängig von den Umständen des Einzelfalls sowie vom Fortschreiten der technischen Möglichkeiten, können Personenfahndung und besondere Ermittlungsmaßnahmen ineinander übergehen, wenn etwa ein namentlich unbekannter Täter anhand eines Abbildes identifiziert werden soll und staatliche Stellen eine Form des biometrischen Abgleiches mit Bilddateien vornehmen, die über das Internet zugänglich sind.

18 Die **§§ 23, 24 KUG** können dagegen nicht mehr als Rechtsgrundlage für Fahndungsabbildungen herangezogen werden; die §§ 131ff. sind insoweit *leges speciales*.

19 Für **Fahndungsaufrufe durch Private**, gelten die allgemeinen Gesetze, insbesondere strafrechtliche Vorschriften, wenn durch die Art und Weise von Suchaufrufen die Rechte von Personen verletzt werden.[46] Das betrifft private Aufrufe mit Hilfe des Internets oder durch Printmedien o.a. Wenn Strafverfolgungsbehörden oder Polizei durch einen Fahndungsaufruf ein Forum für einen privaten „Internetpranger" schaffen, sind sie dafür haftbar.[47]

VII. Sachfahndung

20 Die sog. **„Sachfahndung"**, also die Suche zur Auffindung von Sachen, die im Zusammenhang mit einer Straftat stehen, stützt sich **grundsätzlich auf §§ 161, 163**, insbesondere wenn sie keinen persönlichkeitsrechtlichen Bezug hat, also keine Rückschlüsse auf eine Person ermöglicht oder zulässt. Dient die **Fahndung nach einer Sache** jedoch im Wesentlichen einem der in **den §§ 131ff. genannten Fahndungszwecke** der Personenfahndung, erfolgt sie – an deren Stelle – in der dort bezeichneten Weise und lässt sie dementsprechend persönlichkeitsbezogene Rückschlüsse auf eine Person – etwa deren Identifizierung – zu, so sollte sie sich nach diesen Vorschriften richten.[48] Dies erscheint sachgerecht, um eine Umgehung der persönlichkeitsrechtlich orientierten Schutzregelungen in den §§ 131 bis 131c zu vermeiden. Ein solcher Fall kann sich zum Beispiel ergeben, wenn nach einem Kraftfahrzeug gefahndet wird und dieses Fahrzeug, etwa weil selten, auffällig und leicht zu identifizieren, von Kundigen, z.B. Journalisten, leicht einem bestimmten Besitzer (Fahrer) zugeordnet werden kann, oder wenn die Fahndung nach dem Kraftfahrzeug eigentlich auf die Feststellung des Aufenthalts der Insassen (§ 131a) zielt. Eine solche Fallkonstellation kann ebenso gegeben sein, wenn an Stelle einer Abbildung einer unbekannten (nicht identifizierten) oder vermissten Person Abbildungen von persönlichkeitstypischen Sachen dieser Person (Kleidung, spezielle Arbeitsmittel) veröffentlicht werden, um mit deren Hilfe auch die Person zu finden oder identifizieren zu können. Es dürfte wohl nicht selten keinen wesentlichen Unterschied machen, ob nach einer Person gefahndet wird, die nicht näher bezeichnet und im Wesentlichen nur durch ihre auffällige Kleidung näher beschrieben (s. § 131 Abs. 4 Satz 1, § 131a Abs. 4 Satz 1) werden kann oder ob nach dieser Kleidung gefahndet wird. Vgl. auch § 131, 27.

---

46 *Gulden/Dausend* MMR **2017** 723.

47 Dazu aus zivilrechtlicher Sicht: OLG Celle Urt. v. 19.6.2007 – 16 U 2/07 m. Anm *Popp* jurisPR-ITR 4/2008 Anm. 3.

48 Vgl. SK/*Paeffgen* § 131, 2; *Hilger* FS Rieß 172.

Ein Fall einer **Verbindung von Personen- und Sachfahndung**[49] ist in § 131a Abs. 2 ausdrücklich geregelt, nämlich die Ausschreibung einer Person zur Sicherstellung des Führerscheins. In anderen Fällen einer Verbindung von Personen- und Sachfahndung kann, wenn die Personenfahndung gemäß den §§ 131 bis 131c angeordnet wird, die sie begleitende Sachfahndung auf die §§ 161, 163 gestützt werden; denn ein ggf. in der begleitenden Sachfahndung enthaltener persönlichkeitsrechtlicher Bezug wird dann durch die Entscheidung gemäß §§ 131 ff. mitgetragen. 21

VIII. Fehlerhafte Anordnung

8. Fehlerhafte Anordnung. Maßgeblicher Zeitpunkt für die Beurteilung der Rechtmäßigkeit einer Fahndungsanordnung ist grundsätzlich (s. aber Vor § 112, 24a) der Anordnungszeitpunkt.[50] Weitgehend ungeklärt ist die Frage, ob und ggf. welche **Fehler bei der Fahndung** (z.B. ein Verstoß gegen die Anordnungsschwelle, die Subsidiaritätsklausel oder die Anordnungskompetenz)[51] zu einem **Verwertungsverbot** führen können. In Anlehnung an die Rechtsprechung, dass im Strafverfahren Wahrheitsfindung, also die Erzielung von Erkenntnissen, und auch die Sicherung des Verfahrens nicht um jeden Preis erlaubt sind, könnte ein Verwertungsverbot zumindest bei schwerwiegenden Fahndungsfehlern und zu Gunsten des vom Schutzzweck der verletzten Regelung Betroffenen angenommen werden.[52] Das auf den ersten Blick merkwürdige Ergebnis, dass dann unter Umständen eine Adresse als unbekannt behandelt werden muss oder eine Festnahme nicht erlaubt ist (möglicherweise mit der Folge der Haftverschonung bei späterer Feststellung des Verstoßes im Zusammenhang mit der Entscheidung gemäß § 207 Abs. 4 oder in der Hauptverhandlung auf einen Haftverschonungsantrag hin), wäre nicht untypisch für ein rechtsstaatlich orientiertes Strafverfahren.[53] 22

IX. Internationale Fahndung

Die **Internationale Fahndung** richtet sich im Wesentlichen nach § 483 Abs. 2, da es sich hier regelmäßig um Ausschreibungen in Datenbanken handelt[54] (vgl. ferner Nr. 43 RiStBV nebst der Richtlinien Anl. F und die RiVASt). Internationale Fahndungsersuchen werden innerhalb Europas über das Schengener Informationssystem (SIS)[55] oder weltweit über Interpol ausgeschrieben. Die deutschen Stellen haben für diese Formen der Fahndung grundsätzlich innerstaatlich Rechtsschutz zu gewähren.[56] Allerdings kann sich auch hier das aus der Nutzung des Internets für Fahndungsersuchen bekannte Problem stellen, dass es faktisch unmöglich ist, bei Beendigung einer Fahnungsmaßnahme oder Korrektur eines Fahndungsaufrufs, die (unrichtigen) Daten wieder aus allen nationalen Datenbanken zu löschen.[57] 23

---

49 Zu Fällen der Sachfahndung mit dem Ziel einer Identifizierung oder Insassenfeststellung vgl. die PDV 384.1.

50 KMR/*Wankel* § 131, 1.

51 Vgl. hierzu *Fezer* FS Rieß 101.

52 Weitergehend wohl *Fezer* FS Rieß 101; **a.A.** KMR/*Wankel* § 131, 8; s. dagegen SK/*Paeffgen* § 131, 13.

53 Näher dazu *Hilger* FS Rieß 173; s. auch SK/*Paeffgen* § 131, 13.

54 S. auch *Soiné* NStZ **1997** 166 ff., 321 ff.

55 Ausf. dazu Schomburg/Lagodny/Gleß/Hackner/*Gleß* III E 1a.

56 Zum Rechtsschutz betr. Ausschreibungen im SIS vgl. OLG Celle NStZ **2010** 534; VGH Kassel NVwZ-RR **2015** 712 sowie Schomburg/Lagodny/Gleß/Hackner/*Gleß* III E 1a Einl. Rn. 50 f.; zum Rechtsschutz betr. Ausschreibungen über Interpol *Meyer/Hüttemann* ZStW **128** (2016) 428 ff. bzw. zu den Lücken: *Kühne* GA **2018** 125 f.; *Rosenthal/Schramm* StraFo **2015** 453 f.

57 Dazu etwa: *Meyer/Hüttemann* ZStW **128** (2016) 442 f.

X. Sonstiges

24 Die Nutzung von **Dateien** für Zwecke der Fahndung[58] richtet sich nach den **§§ 483, 485, 486 ff.**[59] Für den Einsatz polizeilicher Mischdateien gilt also grundsätzlich das Polizeirecht (§ 483 Abs. 3).

25 Die **Fahndungsmethoden**[60] sollten nicht mit den verschiedenen Fahndungsarten verwechselt werden. So ist zum Beispiel die sog. **„Ringfahndung"**[61] unmittelbar nach einer Straftat eine Methode, bei der verschiedene Fahndungsarten, etwa Maßnahmen nach den §§ 111, 131 und 163, zum Einsatz kommen können.

26 **Fahndungssendungen**, die über Massenmedien (insbesondere im Fernsehen oder im Rundfunk) stattfinden und dementsprechend oft weitgehend auf Unterhaltung des Publikums abgestellt sind, gelten grundsätzlich nicht als Fahndungsmaßnahmen i.S.d. §§ 131 ff.[62] Denn sie werden nicht von Strafverfolgungsbehörden durchgeführt (zu Fahndungsaufrufen durch Private s. Rn. 19). Aber alle Strafverfolgungsorgane, die sich solcher Sendungen zur Fahndung bedienen oder auch nur Informationen aus einem Strafverfahren zu einer gesuchten Person und Verfahrensbeteiligten zum Zwecke der „Fahndung" durch diese Veranstalter zuliefern, haben – schon im Interesse des Persönlichkeitsschutzes der Betroffenen sowie unter dem Gesichtspunkt des Umgehungsverbotes – die §§ 131 bis 131c zu beachten.[63]

27 Eine Haftung für Schäden infolge von **fehlerhaften Fahndungen** kann sich insbes. aus § 839 BGB, Art. 34 GG ergeben.

§ 131
Ausschreibung zur Festnahme

(1) Auf Grund eines Haftbefehls oder eines Unterbringungsbefehls können der Richter oder die Staatsanwaltschaft und, wenn Gefahr im Verzug ist, ihre Ermittlungspersonen (§ 152 des Gerichtsverfassungsgesetzes) die Ausschreibung zur Festnahme veranlassen.

(2) [1]Liegen die Voraussetzungen eines Haftbefehls oder Unterbringungsbefehls vor, dessen Erlass nicht ohne Gefährdung des Fahndungserfolges abgewartet werden kann, so können die Staatsanwaltschaft und ihre Ermittlungspersonen (§ 152 des Gerichtsverfassungsgesetzes) Maßnahmen nach Absatz 1 veranlassen, wenn dies zur vorläufigen Festnahme erforderlich ist. [2]Die Entscheidung über den Erlass des Haft- oder Unterbringungsbefehls ist unverzüglich, spätestens binnen einer Woche herbeizuführen.

(3) [1]Bei einer Straftat von erheblicher Bedeutung können in den Fällen der Absätze 1 und 2 der Richter und die Staatsanwaltschaft auch Öffentlichkeitsfahndungen veranlassen, wenn andere Formen der Aufenthaltsermittlung erheblich weniger Erfolg versprechend oder wesentlich erschwert wären. [2]Unter den gleichen Voraussetzungen steht diese Befugnis bei Gefahr im Verzug und wenn der Richter

---

58 Vgl. z.B. *Krekeler* StraFo **1999** 82; *Mayer-Metzner* 34.
59 Vgl. die Erl. zu § 483; LR/*Hilger*[25] Vor § 483, 30; § 483, 5, 10, 11.
60 Vgl. PDV 384.1.
61 Vgl. PDV 384.1 Nr. 4.3.2.
62 SK/*Paeffgen* § 131, 9.
63 Ähnlich SK/*Paeffgen* § 131, 9 und 15 (Rechtsbehelf des § 23 EGGVG gegen Zustimmung der Staatsanwaltschaft); s. auch die Erl. zu § 23 EGGVG.

https://doi.org/10.1515/9783110274929-038

oder die Staatsanwaltschaft nicht rechtzeitig erreichbar ist, auch den Ermittlungspersonen der Staatsanwaltschaft (§ 152 des Gerichtsverfassungsgesetzes) zu. [3]In den Fällen des Satzes 2 ist die Entscheidung der Staatsanwaltschaft unverzüglich herbeizuführen. [4]Die Anordnung tritt außer Kraft, wenn diese Bestätigung nicht binnen 24 Stunden erfolgt.

(4) [1]Der Beschuldigte ist möglichst genau zu bezeichnen und soweit erforderlich zu beschreiben; eine Abbildung darf beigefügt werden. [2]Die Tat, derer er verdächtig ist, Ort und Zeit ihrer Begehung sowie Umstände, die für die Ergreifung von Bedeutung sein können, können angegeben werden.

(5) Die §§ 115 und 115a gelten entsprechend.

Schrifttum

Bottke Strafprozessuale Rechtsprobleme massenmedialer Fahndung, ZStW **93** (1981) 425; *Brodersen* Das Strafverfahrensänderungsgesetz 1999, NJW **2000** 2536; *Fezer* Effektiver Rechtsschutz bei Verletzung der Anordnungsvoraussetzung „Gefahr im Verzug“, FS Rieß (2002) 103; *Gerhold* Möglichkeiten und Grenzen der sogenannten „Facebookfahndung“, ZIS **2015** 156; *Graf* Internet – Straftaten und Strafverfolgung, DRiZ **1999** 285; *Gulden/Dausend*, Gefahr für das Persönlichkeitsrecht durch mediale Hetzjagd? Rechtliche Einordnung von privaten Fahndungsaufrufen in den (sozialen) Medien, MMR **2017** 723; *Hilger* StVÄG 1999 und Verteidigung, FS Rieß (2002) 171; *ders.* Zum Strafverfahrensrechtsänderungsgesetz 1999 (StVÄG 1999) – 1. Teil, NStZ **2000** 561; *Irlbauer* Gehört der Facebook-Fahndung die Zukunft? Kriminalistik **2012** 764; *Kolmey* Facebook: Plattform für Fahndung der Zukunft? DRiZ **2013** 242; *Metz* Rangverhältnis der Staatsanwaltschaft zu ihren Ermittlungspersonen bei Gefahr im Verzug, NStZ **2012** 242; *Pätzel* Probleme des Datenschutzes bei Staatsanwaltschaft und Gericht in Gegenwart und Zukunft, DRiZ **2001** 24; *Ranft* Fahndung nach Beschuldigten und Zeugen gemäß dem StVÄG 1999, StV **2002** 38; *Rieß* Die „Straftat von erheblicher Bedeutung“ als Eingriffsvoraussetzung – Versuch einer Inhaltsbestimmung, GA **2004** 623; *Rüping* Rechtsfragen der „deutschen Magna Charta“, FS Hirsch (1999) 971; *Schiffbauer* Steckbrief 2.0 – Fahndungen über das Internet als rechtliche Herausforderung, NJW **2014** 1052; *Schroeder* Die Ermittlung des Aufenthaltsortes des Beschuldigten als Anwendungsvoraussetzung strafprozessualer Zwangsmaßnahmen, GA **2005** 73; *Seitz* Strafverfolgungsmaßnahmen im Internet (2004); *Zöller* Verdachtslose Recherchen und Ermittlungen im Internet, GA **2000** 563 ff.

Entstehungsgeschichte

Die aktuelle Fassung geht auf das Erste Gesetz zur Modernisierung der Justiz (1. Justizmodernisierungsgesetz) vom 24.8.2004 (BGBl. I S. 2198) zurück, das am 1.9.2004 in Kraft getreten ist.

Übersicht

Alphabetische Übersicht

I. Bedeutung

1 § 131 regelt die Ausschreibung zur Festnahme: Absatz 1 regelt die **Suche nach einer Person** durch ein Ersuchen oder einen Aufruf an Behörden, sonstige Stellen und die Öffentlichkeit (Rn. 5ff.), mit dem Ziel der Aufenthaltsermittlung bzw. -mitteilung zum Zwecke der Festnahme auf der Grundlage eines Haft- oder eines Unterbringungsbefehls. Dies umfasst Maßnahmen, die bisher unter den Begriff „Steckbrief" gefasst wurden, aber auch andere Maßnahmen der Ausschreibung (Rn. 7);[1] Absatz 2 erlaubt die Ausschreibung zur Festnahme im **Vorfeld** eines Haft- oder eines Unterbringungsbefehls, nämlich wenn deren Voraussetzungen vorliegen, der Erlass aber nicht ohne Gefährdung des Fahndungserfolges abgewartet werden kann (Rn. 13ff.); (c) Absatz 3 regelt die **Öffentlichkeitsfahndung** (Rn. 17ff.). Die Fahndungsmittel sind nicht festgelegt.[2] Die Vorschrift richtet sich an öffentliche Stellen; für Private gelten die allgemeinen (Straf-)Vorschriften (s. Vor § 131, 19).[3] **Sie gibt auch** die Rechtsgrundlage für eine internationale Ausschreibung.[4]

1a Ziel der Maßnahme darf allein das Auffinden (s. auch Vor § 131, 2) der gesuchten Person zum Zwecke der Festnahme sein. Sonstige Zwecke dürfen damit allenfalls nachrangig verfolgt werden. Die Rechtmäßigkeit der Ausschreibung richtet sich nicht alleine nach dem Rechtszustand im Zeitpunkt der Anordnung,[5] vielmehr ist eine laufende **Überprüfung** entsprechend der jeweiligen Prüffristen[6] notwendig (s.o. Vor § 131 Rn. 13).[7] Das ergibt sich vor allem bei der in der Praxis üblichen Ausschreibung über Datenbanken, insbesondere das Schengener Informationssystem, aus dem erheblichen und fort-

1 *Hilger* NStZ **2000** 562.
2 *Brodersen* NJW **2000** 2357 f.
3 Vgl. auch *Gulden/Dausend* MMR **2017** 724.
4 OLG Celle NStZ **2010** 534; HK/*Ahlbrecht* 2.
5 So aber: KMR/*Wankel* 1; vgl. auch SK/*Paeffgen* 3a.
6 Vgl. dazu Abschn. 3.2 der Anlage B zur RiStBV sowie Schomburg/Lagodny/Gleß/Hackner/*Gleß*/*Wahl* III E 1 Einl.
7 MüKo/*Gerhold* 2.

dauernden **Eingriff in das allgemeine Persönlichkeitsrecht** und das aus diesem abzuleitende Recht auf informationelle Selbstbestimmung. Entfallen die Voraussetzungen für die Ausschreibung aus tatsächlichen oder rechtlichen Gründen, sind alle Fahndungsmaßnahmen umgehend zu beenden.

II. Absatz 1

1. Haftbefehl. Die Ausschreibung zur Festnahme gemäß Absatz 1 ist zulässig, wenn ein Haftbefehl oder ein **Unterbringungsbefehl** vorliegt. Die Vorschrift betrifft in erster Linie die Ausschreibung des **Beschuldigten**; gemeint sind die Haftbefehle gemäß den §§ 112ff., § 128 i.V.m. § 127b, § 230 Abs. 2, §§ 236, 329 Abs. 3 und der Unterbringungsbefehl gemäß § 126a. Eine Ausschreibung im Hinblick auf die §§ 128, 127b kann zum Beispiel erforderlich werden, während der Beschuldigte auf frischer Tat verfolgt wird oder wenn ein gemäß § 127b Festgenommener entweicht (§ 127b, 18, 26; § 127, 15). Die Vorschrift findet des Weiteren in **Vollstreckungssachen**[8] Anwendung (vgl. § 453c Abs. 1,[9] § 456a Abs. 2 Satz 3, § 457 Abs. 2, 3). S. auch Vor § 112, 24a. 2

2. Flucht oder Verbergen werden nicht als Voraussetzung für die Anordnung der Ausschreibung genannt. Der Gesetzgeber hielt dies im Hinblick auf die Notwendigkeit des Vorliegens eines Haft- oder Unterbringungsbefehls nicht für erforderlich.[10] Die Ausschreibung ist nämlich, wenn Flucht oder Verbergen (§ 112 Abs. 2 Nr. 1) fehlen, der Aufenthalt der Person vielmehr bekannt ist, nicht erforderlich und deshalb unverhältnismäßig. Das allgemeine **Verhältnismäßigkeitsprinzip** ist auch im Übrigen zu beachten. Eine Ausschreibung ist also unzulässig, wenn die gesuchte Person zwar flüchtig ist, die Festnahme aber auch ohne Ausschreibung erreicht werden kann (s. Rn. 14). 3

3. Ordnungs- und Beugehaft. Wohl unzulässig ist die Anwendung der Vorschrift bei diesen Haftentscheidungen (vgl. § 51 Abs. 1, § 70 Abs. 1, 2). Sie dürften zwar im weiteren Sinne „Haftbefehle" sein, weil die Zwangsmaßnahme einer Freiheitsentziehung angeordnet wird, und Absatz 1 legt nicht fest, dass die Voraussetzung des Vorliegens eines „Haftbefehls" einen solchen gegen einen Beschuldigten oder Verurteilten erfordert. Auch bedürfen solche Haftentscheidungen der Vollstreckung und die Erforderlichkeit könnte bejaht werden, wenn die in Haft zu nehmende Person flüchtig ist oder sich verbirgt. Für eine Anwendbarkeit könnte auch sprechen, dass – ersatzweise – eine Ausschreibung zur Aufenthaltsermittlung des Gesuchten nach § 131a mit anschließender Vollstreckung der Haft zulässig wäre. Es ist jedoch nicht erkennbar, dass der Gesetzgeber die Anwendbarkeit der sehr „offen" formulierten Vorschrift auf diese Fälle erstrecken wollte. Dagegen spricht eher, dass Absatz 4 nur vom Beschuldigten spricht und sich die Begründung[11] des Gesetzestextes nur mit Maßnahmen gegen den Beschuldigten befasst. Falls dennoch die wenigstens entsprechende Anwendung der Vorschrift auch bei diesen Haftentscheidungen bejaht werden sollte, wird jedenfalls dem Verhältnismäßigkeitserfordernis erhöhte Bedeutung zukommen. 4

4. Ausschreibung. Die Formulierung des Absatzes 1 berücksichtigt, dass der überkommene Begriff: „Steckbrief" die heutigen differenzierten Fahndungsmethoden nicht 5

---

8 KMR/*Wankel* 2; KK/*Schultheis* 4.
9 Meyer-Goßner/*Schmitt* § 453c, 16.
10 BTDrucks. **14** 1484 S. 19, 20.
11 BTDrucks. **14** 1484 S. 19, 20.

mehr adäquat kennzeichnet.[12] Die Ausschreibung zur Festnahme umfasst und erlaubt also außer den Maßnahmen, die bisher unter den Begriff „Steckbrief" gefasst wurden, auch andere, namentlich in das allgemeine Persönlichkeitsrecht des Betroffenen weniger intensiv eingreifende Maßnahmen (Rn. 7).

6 Zulässig ist demgemäß – nach wie vor – die nicht an eine bestimmte Person oder an eine bestimmte Behörde oder sonstige Stelle, sondern **an eine unbestimmte Zahl von Behörden, Stellen und Personen**, notfalls an die Öffentlichkeit gerichtete **amtliche Aufforderung**, nach einer flüchtigen oder sich verborgen haltenden Person zu fahnden und sie – falls dies zulässig ist (Rn. 8) – festzunehmen. Dazu gehört nicht nur das an geeigneten Orten angebrachte „Fahndungsplakat", sondern auch die Fahndungsmethode der Verbreitung der amtlichen Aufforderung mit Hilfe von Publikationsorganen (Rn. 17 ff.).

7 **Mildere Alternativen** können die Beschränkung der Fahndung auf die Ausschreibung in Fahndungshilfsmitteln (vgl. Nr. 40 RiStBV; also z.B. im Ausländerzentralregister)[13] sein, auf die Fahndung über polizeiliche Informationssysteme (z.B. INPOL; s. auch Nr. 41 RiStBV), auf die Einschaltung nur bestimmter Behörden und Stellen (etwa an Grenzbahnhöfen und -übergängen), auf den Abgleich der Daten der gesuchten Person mit Datenbeständen gemäß § 98c, oder die Beschränkung der Fahndung auf die gezielte örtlich begrenzte Fahndung nur durch die für den mutmaßlichen Wohnsitz zuständige Polizeidienststelle.[14]

8 Die **Fahndungsaufforderung** in der Ausschreibung kann sich an jedermann richten, das **Festnahmeersuchen** dagegen nur an die zur Strafverfolgung berufenen Beamten. Denn die Ausschreibung zur Festnahme kann den Angesprochenen keine weiteren Befugnisse verleihen, als ihnen die Strafprozessordnung einräumt. Privatpersonen können also in der Regel den Strafverfolgungsbehörden nur Hinweise zum möglichen Aufenthalt des Gesuchten und zur Möglichkeit der Festnahme geben[15] (s. aber § 127). Grundlage der Festnahme nach dem Auffinden des Gesuchten ist der Haft- oder Unterbringungsbefehl.

9 **5. Regelkompetenz.** Sie liegt grundsätzlich gleichermaßen bei Staatsanwaltschaft und Gericht. Die Zuständigkeit der Staatsanwaltschaft ist sachgerecht, weil die Ausschreibung eine staatsanwaltschaftliche Standardmaßnahme ist, die Staatsanwaltschaft also häufig mehr Erfahrung mit Ausschreibungen besitzt als ein Gericht; außerdem kommt ihr die genaue Kenntnis der Ermittlungen und der damit verbundenen Zusammenhänge zugute, in die sich ein Richter erst einarbeiten muss. Schließlich ist die Ausschreibung zur Festnahme häufig so eilbedürftig, dass die Entscheidung des zuständigen Gerichts (s. § 162 Abs. 1, § 126 Abs. 2 Satz 3) oder wenigstens eines richterlichen Eil- oder Notdienstes (Rn. 11) nicht abgewartet werden kann. Sie ist auch verfassungsrechtlich – im Hinblick auf den mit der Ausschreibung ggf. verbundenen Grundrechtseingriff (Art. 2 Abs. 1 GG) sowie Art. 19 Abs. 4 GG – unbedenklich, weil bereits eine richterliche Entscheidung durch den Haft- oder Unterbringungsbefehl vorliegt und die Ausschreibung eine besondere Art der Vollstreckung (vgl. § 36 Abs. 2 Satz 1) ist, welche die zuständige Staatsanwaltschaft anordnet.

9a Gericht und Staatsanwaltschaft können eine **Fahndungsanordnung**, die sie getroffen haben oder für die sie im Falle der Anordnung in Eilkompetenz erstzuständig sind (abgesehen von den Fällen notwendiger Bestätigung – § 131c Abs. 2), **zurücknehmen**

---

12 BTDrucks. **14** 1484 S. 19.
13 *Brodersen* NJW **2000** 2537.
14 *Soiné* Kriminalistik **2001** 173.
15 *Soiné* Kriminalistik **2001** 175.

(widerrufen), namentlich wenn sie der Ansicht sind, die Voraussetzungen der Anordnung seien nicht oder nicht mehr erfüllt. Jedoch kann im Ermittlungsverfahren ein Gericht die Anordnung der Staatsanwaltschaft, der diese in Erstkompetenz (§ 131 Abs. 1, 3; § 131c Abs. 1 Satz 2) getroffen hat, nicht zurücknehmen; wohl aber eine Staatsanwaltschaft eine richterliche Anordnung, wenn diese erstzuständig ist – dies folgt aus der Verfahrensherrschaft der Staatsanwaltschaft für diesen Verfahrensabschnitt.

6. Eilkompetenz. Nur bei **Gefahr im Verzug** dürfen die Ermittlungspersonen der Staatsanwaltschaft die Anordnung zur Festnahme veranlassen. Der Begriff ist entsprechend der grundlegenden Rechtsprechung des **BVerfG,**[16] deren Grundsätze auch hier gelten dürften,[17] eng auszulegen. Denn auch bei § 131 Abs. 1 kommt der Regelkompetenz von Staatsanwaltschft und Gericht grundrechtssichernde Schutzfunktion zu.[18] Es geht zwar nicht um einen Eingriff in das Grundrecht des Art. 13 GG, aber einem Eingriff in Art. 2 Abs. 1 GG kann im Einzelfall entsprechend hohe Bedeutung zukommen. Demgemäß muss die Inanspruchnahme der „Eilkompetenz" neben der Regelkompetenz die Ausnahme bleiben, die Regelkompetenz muss auch hier in der Masse der Alltagsfälle gewahrt bleiben. „Gefahr im Verzug" ist ein unbestimmter Rechtsbegriff; Beamte, die ihre Maßnahme auf die Eilkompetenz stützen möchten, haben allerdings keinen besonderen Beurteilungsspielraum. Daraus ergeben sich für die Praxis hohe Anforderungen. Die Justiz muss zur Wahrung der Regelkompetenz entsprechende organisatorische Maßnahmen treffen, insbesondere einen staatsanwaltschaftlichen und richterlichen **Eil- oder Notdienst** einrichten.[19] Zunächst ist zu versuchen, über diesen Eildienst eine Entscheidung zu erwirken; die Annahme der Eilkompetenz muss außerdem mit Tatsachen begründet werden, die auf den Einzelfall bezogen sind – Vermutungen oder nicht näher begründete Befürchtungen, etwa der Eil- oder Notdienst werde nicht erreicht werden oder nicht rechtzeitig entscheiden –, genügen nicht. Es ist unzulässig, die Regelkompetenz zu „unterlaufen". „Gefahr im Verzug" ist zu verneinen, wenn die „Verzugslage" von einem Strafverfolgungsorgan verursacht wurde. Schließlich sind zur Sicherung einer nachträglichen richterlichen Überprüfung alle wesentlichen Umstände des Vorgangs zu dokumentieren.[20] 10

Gefahr im Verzug kann demgemäß nur angenommen werden, wenn konkrete einzelfallbezogene Tatsachen die Annahme begründen, dass der Zweck der Ausschreibung, die Festnahme, ohne schnelle Entscheidung gefährdet wäre, die Chancen einer Festnahme aufgrund der Ausschreibung sich also erheblich verschlechtern würden und trotz aller Vorkehrungen der Justiz (Rn. 10) die staatsanwaltschaftliche oder richterliche Regelentscheidung nicht rechtzeitig, nicht ohne die erhebliche Gefahr deutlicher Nachteile für den Fahndungserfolg herbeigeführt werden kann.[21] Außerdem muss die Ermittlungsperson der Staatsanwaltschaft die Annahme der Eilkompetenz **dokumentieren** und so detailliert **begründen**, dass eine Überprüfung (vgl. Rn. 30; Vor § 131, 17) der Berechtigung des Abweichens von der Regelkompetenz möglich ist; dazu gehört z.B. auch die Dokumentation, wann und wie – vergeblich – versucht wurde, die zuständige Staatsanwaltschaft oder das Gericht oder Eil- oder Notdienst zu erreichen. 11

---

16 BVerfGE **103** 142 = StraFo **2001** 154 m. Anm. *Park*; BVerfG StraFo **2005** 156; NStZ **2011** 289, 290; s. auch BVerfG StraFo **2002** 125; **2006** 451; BVerfG NJW **2015** 2787.
17 Vgl. z.B. Meyer-Goßner/*Schmitt* § 98, 7; *Amelung* NStZ **2001** 342; *Fezer* FS Rieß 107.
18 Vgl. auch HK/*Ahlbrecht* 5; MüKo/*Gerhold* 7.
19 S. auch *Rüping* FS Hirsch 971; BVerfG StraFo **2006** 451.
20 BVerfG StraFo **2005** 157.
21 Vgl. BVerfG StraFo **2001** 156; **2005** 156.

12 Die Entscheidung der Ermittlungsperson der Staatsanwaltschaft auf der Grundlage der Eilkompetenz bedarf **nicht der nachträglichen Bestätigung**. Die zuständige Staatsanwältin kann Kraft ihrer Sachleitungsbefugnis die Ausschreibung jederzeit abbrechen und muss dies tun, wenn sie die Voraussetzungen nicht für gegeben hält. Die Anordnung kann zudem richterlich überprüft werden (Rn. 30).

III. Absatz 2

13 **1. Eilausschreibung.** Liegen die Voraussetzungen eines Haftbefehls oder eines Unterbringungsbefehles vor, kann dessen Erlass aber nicht ohne Gefährdung des Fahndungserfolges, also der Feststellung des Aufenthaltes des Gesuchten, abgewartet werden, so können die Staatsanwaltschaft und ihre Ermittlungspersonen die Ausschreibung zur Festnahme nach Absatz 1 veranlassen, wenn diese Ausschreibung zur vorläufigen Festnahme erforderlich ist. Die Voraussetzungen dieser Ausschreibung im **Vorfeld** eines Haft- oder Unterbringungsbefehls können erfüllt sein, wenn Tatsachen dafür sprechen, dass selbst bei Inanspruchnahme eines richterlichen Eil- oder Notdienstes für den Erlass eines Haft- oder Unterbringungsbefehls soviel Zeit vergehen würde, dass sich die Chancen einer Festnahme erheblich verschlechtern würden; etwa wenn der Tatverdächtige kurz vor der Festnahme flieht und wegen günstiger, die Flucht erleichternder Verkehrsverbindungen sofort überörtliche Fahndungsmaßnahmen ergriffen werden müssen, ein Haftrichter (§ 125) aber nicht rechtzeitig erreichbar ist.

14 Natürlich ist im Hinblick auf das allgemeine **Verhältnismäßigkeitsprinzip** diese Eilausschreibung nur zulässig, wenn sie zur vorläufigen Festnahme **erforderlich** ist; der entsprechende Hinweis im Gesetzestext ist überflüssig. Ist die Festnahme auch auf anderem Wege – ohne Ausschreibung – möglich, etwa wenn das Fluchtziel bekannt und für die Strafverfolgungsbehörden leicht, schnell und rechtzeitig erreichbar ist, so darf die Eilausschreibung nach Absatz 2 nicht angeordnet werden.

15 **2. Anordnungskompetenz.**[22] Sie liegt nach dem Wortlaut der Vorschrift gleichermaßen bei der Staatsanwaltschaft und ihren Ermittlungspersonen. Diese Kompetenzregelung erscheint im Hinblick auf die Eilbedürftigkeit der Maßnahme grundsätzlich sachgerecht und ist wohl auch verfassungsrechtlich vertretbar (s. auch Rn. 9), weil eine richterliche Entscheidung zu der grundlegenden Voraussetzung der Ausschreibung zur Festnahme, nämlich die richterliche Entscheidung über den Erlass des Haft- oder Unterbringungsbefehls, unverzüglich herbeizuführen ist (Rn. 16). Im Hinblick auf die **Verfahrensleitung durch die Staatsanwaltschaft** sollten die Ermittlungspersonen jedoch wo irgend möglich die Anordnung der Staatsanwaltschaft überlassen. Dies würde auch § 163 entsprechen. Danach sind der Polizei nach verbreiteter Meinung nur die keinen Aufschub gestattenden Anordnungen zugewiesen. Die Staatsanwaltschaft ist als Justizorgan eher dazu berufen, die Notwendigkeit und Rechtmäßigkeit einer Zwangsmaßnahme zu beurteilen.[23] Dies kommt auch dem Rechtsschutz des Betroffenen zugute. Im Übrigen gelten die Überlegungen in Rn. 12 sinngemäß.

16 **3. Haftentscheidung.** Nach **Absatz 2 Satz 2** ist die Entscheidung über den Erlass des Haft- oder Unterbringungsbefehls unverzüglich, spätestens binnen einer Woche, herbeizuführen. Mit dieser Entscheidung ist jedoch in der Regel keine retrospektive Ent-

---

22 S. auch *Brodersen* NJW **2000** 2538.
23 S. auch (krit.) SK/*Paeffgen* 4.

scheidung über die Rechtmäßigkeit der vorgezogenen Vollstreckung, nämlich ob die in Satz 1 genannten Voraussetzungen zur Eilausschreibung vorgelegen haben, verbunden.[24] Wird der Erlass eines Haft- oder Unterbringungsbefehls abgelehnt oder ergeht der Beschluss nicht innerhalb einer Woche, so tritt die Anordnung der Ausschreibung automatisch außer Kraft und alle auf der Grundlage der Ausschreibung veranlassten Fahndungsmaßnahmen müssen unverzüglich beendet werden. Ergeht der Beschluss binnen einer Woche, so richten sich weitere Maßnahmen nach § 131 Abs. 1. Die richterliche Haftentscheidung kann in diesem Fall zugleich eine ggf. erforderliche Bestätigung (vgl. § 131 Abs. 3 Satz 2 bis 4; Rn. 24 ff.) der getroffenen Anordnungen durch das Gericht (anstelle der Staatsanwaltschaft) enthalten.[25]

IV. Absatz 3

1. Öffentlichkeitsfahndung.[26] Absatz 3 regelt die Voraussetzungen für eine Öffentlichkeitsfahndung in den Fällen der Absätze 1 und 2. Dies sind alle Fahndungsmaßnahmen, die sich über behördeninterne Maßnahmen hinausgehend **an die Bevölkerung** wenden, sei es an einen beschränkten Personenkreis (z.B. Lauf- oder Handzettel an bestimmte Fachleute, etwa Apotheker, Juweliere, Waffenhändler; Postwurfsendungen an einen bestimmten Personenkreis, z.B. Hersteller von Textilien oder Waffen; Ausschreibungen in Fachzeitschriften) oder an die breite Öffentlichkeit, insbesondere Fahndungen in einem der Bevölkerung allgemein zugänglichen Raum, also auf Straßen und Plätzen (z.B. Plakate, Lautsprecherdurchsagen), aber auch über das **Internet** kreierten virtuellen Raum (s.u. Rn. 20a). Dazu gehören Fahndungsmaßnahmen in allgemein oder für Besucher üblicherweise zugänglichen Gebäuden (z.B. Fahndungshinweise in Behörden, Bahnhöfen oder Poststellen, Einkaufszentren) und in Gebäuden von Unternehmen mit einem größeren Mitarbeiterkreis und wenigstens gelegentlichen Besuchern (z.B. Fahndungsplakate in Bürogebäuden von Industrieunternehmen) sowie entsprechend in Internet-Foren etc., weil die Wirkung dieser Fahndung über die einer internen Fahndung der Strafverfolgungsbehörden hinausgeht. Öffentlichkeitsfahndung umfasst auch die Nutzung allgemeiner Publikationsmedien (Zeitungen, Rundfunk, Fernsehen, Kinowerbung) für Fahndungsaufrufe.[27] Ebenso können staatliche Organe nach Personen suchen, indem sie über das Internet generell zugängliche Inhalte[28] sowie jene Inhalte, die nach Erfüllung bestimmter Voraussetzungen abgerufen werden können (z.B. Zahlung einer Gebühr oder Erwerb einer „Mitgliedschaft") auf Anhaltspunkte zum Aufenthalt einer Person prüft[29] (zur Nutzung des Internet für einen Fahndungsaufruf, s.u. Rn. 20a). 17

2. Begrenzung.[30] Nur bei Straftaten **von erheblicher Bedeutung**[31] soll gemäß Absatz 3 Satz 1 die Öffentlichkeitsfahndung, gleich welcher Art – siehe oben Rn. 17 –, zulässig sein, nicht also bei sogenannter Kleinkriminalität.[32] Nach der Vorstellung des 18

24 Vgl. *Brodersen* NJW **2000** 2538
25 Vgl. *Soiné* Kriminalistik **2001** 174.
26 S. auch Nr. 39 ff. und Anl. B der RiStBV.
27 Dazu etwa *Bottke* ZStW **93** (1981) 425 f.
28 Krit. dazu *Seitz* 383 ff.
29 Vgl. auch *Graf* DRiZ **1999** 285; *Zöller* GA **2000** 563 ff.
30 Krit. (unzureichender Grundrechtsschutz) *Ranft* 758.
31 S. zu diesem Begriff die Erl. zu § 98a Abs. 1 Satz 1; s. auch *Rieß* GA **2004** 623 ff.; enger für eine Öffentlichkeitsfahnundung im Internet (nur bei Schwerstkriminalität) unter Hinweis auf die speziellen Gefahren der Internetverbreitung *Seitz* 383 ff.
32 AG Hannover Beschl. v. 23.4.2015 – 174 Gs 434/15; KK/*Schultheis* 16; *Schiffbauer* NJW **2014** 1053.

Gesetzgebers soll durch diese **grundrechtsfreundliche Begrenzung** die Öffentlichkeitsfahndung auf die wesentlichen Fälle der wenigstens mittleren Kriminalität beschränkt werden. Dies bedeutet, dass in Kaufhäusern und Einkaufszentren nicht mit Fahndungsplakaten nach per Haftbefehl gesuchten Ladendieben gefahndet werden darf. Ebenso nicht in großen Gaststätten nach gesuchten Zechprellern und auf Jahrmärkten und Weihnachtsmärkten darf nicht durch Plakate und Lautsprecherdurchsagen nach Taschendieben gefahndet werden; wohl aber darf – je nach Ausgestaltung des Polizeirechts – präventiv-polizeilich allgemein vor der Gefahr, dass Taschendiebe tätig sind, gewarnt werden.

19 Zusätzlich ist die Zulässigkeit der Öffentlichkeitsfahndung – gleich welcher Art – an eine strenge **Subsidiaritätsklausel** (**erheblich** weniger erfolgversprechend oder **wesentlich** erschwert)[33] gebunden. Dies bedeutet, dass die Strafverfolgungsbehörden zunächst prüfen müssen, ob nicht mildere Formen der Aufenthaltsermittlung ausreichen und vorrangig anzuwenden sind. Denn mildere Formen müssen selbst dann vorgezogen werden, wenn sie (nur) weniger Erfolg versprechen und (oder) die Aufenthaltsermittlung nur (nicht wesentlich) erschweren. Schon diese Überlegungen zeigen, wie wenig sachgerecht diese Subsidiaritätsklausel ist. Zudem werden die Strafverfolgungsbehörden in manchen Fällen, wenn sie diese Klausel ernst nehmen, erst mildere Formen der Aufenthaltsermittlung erfolglos ausprobieren oder rein theoretische Prognosen über die Erfolglosigkeitsaussichten wagen müssen.

20 Selbstverständlich ist auch bei der Öffentlichkeitsfahndung das **Verhältnismäßigkeitsprinzip** zu beachten. Dazu hätte es aber der oben genannten sehr engen und wenig flexiblen Eingrenzungen, die für alle Arten der Öffentlichkeitsfahndung ohne Rücksicht auf deren unterschiedliche Wirkungsbreite (örtlich/oder überörtlich) und Eingriffstiefe gleichermaßen gelten sollen, nicht bedurft. Bereits das allgemein geltende Verhältnismäßigkeitsprinzip **gebietet eine Abwägung**, ob eine Öffentlichkeitsfahndung überhaupt erforderlich ist und wenn ja, welche der geeigneten Formen der Öffentlichkeitsfahndung am wenigsten stark in das allgemeine Persönlichkeitsrecht eingreift. Insofern ist Absatz 3 Satz 1 zudem **zu wenig differenziert und** dadurch **missverständlich** formuliert, weil sich die Subsidiaritätsklausel nur auf das Ob der Öffentlichkeitsfahndung in Abgrenzung zu anderen nichtöffentlichen Fahndungsmaßnahmen bezieht und dadurch den Eindruck erweckt, als gelte das Verhältnismäßigkeitsprinzip nicht für die Auswahl der Art der Öffentlichkeitsfahndung, wenn deren Notwendigkeit grundsätzlich bejaht wird.

20a Vor diesem Hintergrund ist die Frage zu beurteilen, ob staatliche Stellen die über das **Internet** zugänglichen Foren, sozialen Netzwerke oder Webpages für eine Öffentlichkeitsfahndung nutzen dürfen.[34] Problematisch ist hier unter anderem, dass die Behörden die in das weltweite Netz eingespeisten Daten nicht wieder zuverlässig löschen können.[35] Entsprechend stellt sich hier die Frage der Verhältnismäßigkeit in grundsätzlicher Weise.[36] Bei dieser Form der Fahndung können zudem auch Dritte, insbes. Familienangehörige, in ihren Grundrechten verletzt werden.[37] Wie eine bestmögliche Kontrolle über die Fahndungsdaten am besten bewerkstelligt werden kann, hängt von der aktuell

---

33 *Schroeder* GA **2005** 4 ff.; vgl. Erl. zu § 98a Abs. 1 Satz 2; *Rieß* GedS Meyer 367 ff.

34 VerfGH Sachsen ZD **2016** 127; *Schiffbauer* NJW **2014** 1054; *Gulden/Dausend* MMR **2017** 724 f.; ausführlich etwa zur Zulässigkeit einer "Facebookfahndung": *Gerhold* ZIS **2015** 156 ff.; *Kolmey* DRiZ **2013** 242 ff.

35 Das ist etwa der Fall, wenn Netzwerke auf Servern ausserhalb des Territoriums von Deutschland betrieben werden.

36 VerfGH Sachsen ZD **2016** 127; AG Hannover Beschl. v. 23.4.2015 – 174 Gs 434/15; BTDrucks. **14** 2595 S. 27; MüKo/*Gerhold* 15; SK/*Paeffgen* Rn. 6; vgl. auch schon *Pätzel* DRiZ **2001** 24.

37 MüKo/*Gerhold* 15; SK/*Paeffgen* 6.

verwendeten Technologie ab. Klar ist, dass die Behörden mit den jeweils besten Mitteln versuchen müssen, sicherzustellen, dass sie Daten jederzeit korrigieren und nach Ende einer Fahndung wieder löschen können.[38]

Die vom Gesetzgeber gewählten Begrenzungen (Rn. 18, 19) erscheinen vertretbar bei 21 Formen der Öffentlichkeitsfahndung, die **in der Regel sehr tief in das allgemeine Persönlichkeitsrecht** der Betroffenen eingreifen, wie etwa die Fahndung mit Hilfe der allgemeinen Publikationsmedien, während sie bei milderen Formen der Öffentlichkeitsfahndung, insbesondere örtlich begrenzten und/oder nur auf einen beschränkten Personenkreis konzentrierten Öffentlichkeitsfahndungen, häufig nicht sachgerecht sein dürften. In diesen Fällen wäre eine abgrenzende Abwägung auf der Grundlage des allgemeinen Verhältnismäßigkeitsprinzips eher sachgerecht und aus grundrechtlicher Sicht ausreichend.

Für die **Inanspruchnahme von Publikationsorganen** bei der Ausschreibung zur 22 Festnahme sind die Schranken, die sich aus dem Grundsatz der Verhaltnismäßigkeit ergeben, besonders sorgfältig zu beachten: Durch Namensnennung und Abbildung kann nämlich die als unschuldig geltende Person (Art. 6 Abs. 2 EMRK) erheblich in ihrem Ruf geschädigt werden. Das muss solange vermieden werden, wie es irgend geht. Durch Öffentlichkeitsfahndungen dieser Art können insbesondere „Vorverurteilungen" in der Öffentlichkeit entstehen, die bewirken können, dass die Verfahrensbeteiligten ihre prozessualen Rechte nicht mehr in der Weise wahrnehmen können, wie es die Prozessordnung vorsieht. Auch ist, wenn die Beschuldigung nicht erwiesen wird, der Schaden meist nicht vollständig wieder gut zu machen. Bei einer Verurteilung kann schließlich durch unnötige Publizität die spätere Sozialisierung eines Täters erschwert oder vereitelt werden. Deshalb ist, wenn die Inanspruchnahme von Publikationsorganen entsprechend den genannten engen Kriterien grundsätzlich zulässig ist, auch zu prüfen, ob drohende Nachteile dadurch vermindert werden können, dass nur Publikationsorgane **mit eingeschränktem Verbreitungsgebiet** (nur lokal verbreitete Zeitungen, regionale Hörfunk- und Fernsehsendungen) in Anspruch genommen werden oder dass die Fahndungshilfe in anderer Weise, etwa durch Verzicht, das Bild eines Gesuchten zu verbreiten, beschränkt werden kann.

3. Regelkompetenz. Sie liegt bei Gericht und Staatsanwaltschaft. Die Überlegungen 23 in Rn. 9 gelten sinngemäß. Das Gericht kann seine Entscheidung über den Erlass eines Haftbefehls mit einer Entscheidung gemäß § 131 Abs. 1 und 3 Satz 1 verbinden.

4. Eilkompetenz. Der Gesetzgeber wollte in **Absatz 3 Satz 2** die Eilkompetenz der 24 Ermittlungspersonen der Staatsanwaltschaft nicht nur an die Voraussetzung des Vorliegens von Gefahr im Verzug binden, sondern **zusätzlich an die weitere Voraussetzung**, dass Gericht oder Staatsanwaltschaft nicht rechtzeitig erreichbar sind.[39] Dieser Teil der **Formulierung** des Gesetzestextes ist durch die Rechtsprechung des BVerfG[40] **gegenstandslos** geworden. Denn die Nichterreichbarkeit der in der Regel anordnungskompetenten Person und sogar eines entsprechenden Eildienstes ist nach dieser Rechtsprechung bereits Teil der Voraussetzungen für die Annahme von Gefahr im Verzug (vgl. Rn. 10 ff.).[41]

---

38 Vgl. dazu *Irlbauer* Kriminalistik **2012** 764, 765; *Kolmey* DRiZ **2013** 244.
39 *Brodersen* NJW **2000** 2538.
40 BVerfGE **103** 142 ff. = StraFo **2001** 156.
41 S. auch SK/*Paeffgen* 6.

25 Die Ermittlungsperson der Staatsanwaltschaft hat nach der Eilanordnung gemäß Absatz 3 Satz 2 unverzüglich, spätestens innerhalb von 24 Stunden, die **Entscheidung der Staatsanwaltschaft** herbeizuführen **(Absatz 3 Satz 3)**. Die Anordnung tritt automatisch außer Kraft, wenn die Bestätigung der Staatsanwaltschaft nicht binnen 24 Stunden erfolgt **(Absatz 3 Satz 4)**.[42] Fahndungsmaßnahmen sind dann unverzüglich aufzuheben bzw. zurückzunehmen.

26 Maßnahmen, die von Ermittlungspersonen der Staatsanwaltschaft gemäß § 131 Abs. 3 Satz 2 angeordnet wurden und sich **innerhalb der** in § 131 Abs. 3 Satz 4 genannten **Frist erledigt** haben, bedürfen wohl keiner nachträglichen Bestätigung.[43] Dies kann relevant werden, wenn die Polizei die Öffentlichkeitsfahndung auf die einmalige Ausstrahlung eines Fahndungsaufrufes im Fernsehen beschränkt. Mit dieser einmaligen Ausstrahlung ist die Maßnahme erledigt und es besteht grundsätzlich (s. aber Rn. 30) kein Anlass mehr, die Anordnung der Ermittlungsperson durch die Staatsanwaltschaft bestätigen zu lassen. Sie wird daher auch nicht durch Fristablauf unwirksam.

V. Bezeichnung

27 **Absatz 4** regelt Einzelheiten des Inhalts der Fahndungsausschreibung, zum Teil Schutzvorkehrungen gegen Verwechslungen bzw. um den erhofften Fahndungserfolg zu unterstützen. Er gilt für alle Fahndungen gemäß § 131, nicht nur die in der Öffentlichkeit. Nach **Absatz 4 Satz 1 1. Alt.** ist der Beschuldigte **möglichst** genau zu **bezeichnen**. Erforderlich ist also zumindest die Angabe derjenigen Personalien, die gemäß § 114 Abs. 2 Nr. 1 (§ 114, 8) in den Haftbefehl bzw. gemäß § 126a Abs. 2 Satz 1 in den Unterbringungsbefehl aufzunehmen sind. Die Annahme, die Vorschrift stelle im Hinblick auf die Formulierung: „möglichst genau" geringere Anforderungen[44] an die Bezeichnung als § 114 Abs. 2 Nr. 1, § 126a Abs. 2 Satz 1 ist mit dem Zweck der Vorschrift nicht vereinbar. Auch ist nicht ersichtlich, warum bezeichnende Angaben, die im Rubrum des Haftbefehls oder Unterbringungsbefehls stehen oder darin aufgenommen werden, nicht auch in der Ausschreibung angegeben werden sollten. Des Weiteren ist der Beschuldigte, soweit für die Identitätsfeststellung erforderlich, namentlich um Verwechslungen zu vermeiden, zu **beschreiben (Satz 1 2. Alt.)**. Gemeint ist namentlich die Angabe kennzeichnender Merkmale (wie Dialekt, Narben) oder die Beschreibung von Kleidung, die er vornehmlich trägt oder getragen hat, als er zuletzt gesehen wurde. Schließlich darf der Ausschreibung aus diesem Grund eine **Abbildung** (z.B. Foto oder Phantombild, Video- und Filmausschnitt)[45] beigefügt werden **(Satz 1 3. Alt.)**. Dies ist insbesondere dann sachgerecht und angebracht, wenn der Beschuldigte nur unzureichend, etwa nur mit seinem Spitz- oder Decknamen, bezeichnet und beschrieben werden kann (§ 114, 8).

28 Nach **Absatz 4 Satz 2** dürfen in der Ausschreibung auch die **Tat**, deren der Beschuldigte verdächtig ist, Ort und Zeit ihrer Begehung sowie **Umstände**, die für die **Ergreifung von Bedeutung** sein können, angegeben werden. Dies kann auch durch eine Kurzbezeichnung (z.B. Bandendiebstahl, Köln, April 2002) geschehen. Diese Angaben können der Vermeidung von Verwechslungen bei der Festnahme dienen, ermöglichen aber auch präventiv bedeutsame Hinweise, soweit diese für die Ergreifung von Bedeutung sein können. Dies können Hinweise auf typische Verhaltensweisen des Beschuldigten (z.B. typisches Fluchtverhalten) sein, aber auch Hinweise zur Gefährlichkeit. Die An-

---

42 Krit. *Brodersen* NJW **2000** 2538; *Soiné* Kriminalistik **2001** 175.
43 *Brodersen* NJW **2000** 2538.
44 So Meyer-Goßner/*Schmitt* 5.
45 KMR/*Wankel* § 131b, 1; KK/*Schultheis* § 131b, 3; **a.A.** wohl SK/*Paeffgen* § 131, 8.

gaben sind im Hinblick auf das Verhältnismäßigkeitsprinzip nur zulässig, soweit sie erforderlich, angemessen und zumutbar sind. Der Haftgrund wird nicht angegeben.

VI. Vorführung

Absatz 5 entspricht § 131 Abs. 4 a.F. Die angeordnete Geltung der **§§ 115, 115a** dient 29
der Klarstellung der Verpflichtung zur **unverzüglichen Vorführung**. Beruht die Ausschreibung allerdings auf Absatz 1, dann wird der Beschuldigte auch auf Grund des Haftbefehls oder Unterbringungsbefehls ergriffen (§ 115 Abs. 1). Deshalb finden dann die §§ 115 und 115a unmittelbar Anwendung. Die entsprechende Geltung bezieht sich daher auf eine Ausschreibung gemäß Absatz 2, ggf. i.V.m. Absatz 3. Demzufolge ist, wenn die Ausschreibung ohne Haft- oder Unterbringungsbefehl ergangen ist, nicht nach den §§ 128, 129 zu verfahren, sondern so, als ob bereits ein Haftbefehl vorläge. Liegt im Zeitpunkt der Festnahme noch kein Haft- oder Unterbringungsbefehl vor und steht somit vor Erhebung der öffentlichen Klage nicht fest, welches Gericht bei dem Amtsgericht zuständig ist (§ 125 Abs. 1: Jeder Richter bei dem Amtsgericht, in dessen Bezirk ein Gerichtsstand begründet ist), dann wählt die Staatsanwaltschaft das Gericht aus; ggf. ist zunächst nach § 115a zu verfahren. Der Richter des nächsten Amtsgerichts ist jedoch nicht befugt, einen Haftbefehl zu erlassen, wenn er nicht, was beim Fehlen eines Haftbefehls in der Regel zutreffen wird, zugleich zuständiger Richter nach § 125 Abs. 1 ist. Im Hinblick auf Art. 104 Abs. 3 Satz 2 GG ist deshalb die Notwendigkeit zu unterstreichen, einen fehlenden Haftbefehl alsbald nach Ausschreibung gemäß Absatz 2 auszubringen, damit das nicht bei oder nach der Ergreifung nachgeholt werden muss.

VII. Sonstiges

1. Überprüfung. Die gemäß § 131 Abs. 1 bis 3 getroffenen Maßnahmen können jeden- 30
falls angefochten werden, soweit sie noch nicht erledigt sind. Richterliche Entscheidungen unterliegen grundsätzlich der Beschwerde (§ 304),[46] Anordnungen der Staatsanwaltschaft und ihrer Ermittlungspersonen können im Ermittlungsverfahren entsprechend **§ 98 Abs. 2 Satz 2** angefochten werden;[47] für die Anordnung einer Fahndung im Rahmen der Strafvollstreckung (§ 457 Abs. 3 Satz 1 i.V.m. § 131 Abs. 3 Satz 1) ist dies streitig.[48] Alle Voraussetzungen einer Ausschreibung und Fahndungsanordnung unterliegen der richterlichen Prüfung. Ebenso, schon im Hinblick auf das Verhältnismäßigkeitsprinzip, Art und Umfang der gewählten oder zu wählenden Maßnahme. Auch Auslegung und Anwendung des Begriffes „Gefahr im Verzug" unterliegen grundsätzlich unbeschränkt richterlicher Kontrolle. Ein Gericht hat allerdings bei einer nachträglichen Überprüfung einer nichtrichterlichen Anordnung einer Maßnahme der besonderen Entscheidungssituation der nichtrichterlichen Organe mit ihren situationsbedingten Grenzen ihrer Erkenntnismöglichkeiten Rechnung zu tragen.[49] Grundsätzlich zulässig wäre – im Hinblick auf das allgemeine Verhältnismäßigkeitsprinzip – eine richterliche Ablehnung einer Ausschreibung oder Fahndung und entsprechend die richterliche Beanstandung einer Eilkompetenzentscheidung mit der Begründung der unzweifelhaften Aussichtslo-

---

46 HK/*Ahlbrecht* 16; AnwK/*Walther* Vor §§ 131-132, 5.

47 OLG Brandenburg NStZ **2007** 54; OLG Celle NStZ **2010** 534; HK/*Ahlbrecht* 16; AnwK/*Walther* Vor §§ 131–132, 5; Meyer-Goßner/*Schmitt* 7; KK/*Schultheis* 20.

48 Für den Weg über §§ 23 ff. EGGVG: OLG Karlsruhe Beschl. v. 3.9.2018 – 2 VAs 36/18; SK/*Paeffgen* 14 ff.; *Soiné* Kriminalistik **2001** 175.

49 BVerfG StraFo **2001** 154.

sigkeit der Maßnahme. Nicht zulässig wäre dagegen eine richterliche Ablehnung oder Beanstandung mit der Begründung, die Maßnahme wäre zu einem anderen Zeitpunkt (früher oder später) sinnvoller, namentlich erfolgversprechender als zu dem von den Strafverfolgungsbehörden geplanten Zeitpunkt; dies wäre ein unzulässiger richterlicher Eingriff in den normativ (§ 161) vorgegebenen taktischen Ermessensspielraum der Staatsanwaltschaft. Zur Überprüfung des Haftbefehls bei einer längere Zeit andauernden Fahndungsmaßnahme s. Vor § 112, 24a. Entsprechend der Rechtsprechung des BVerfG[50] muss die Rechtmäßigkeitskontrolle einer Maßnahme auch **nach** deren **Erledigung** möglich sein in Fällen tiefgreifender, wenn auch nicht mehr fortwirkender Grundrechtseingriffe, wenn sich die Belastung durch die Maßnahme auf einen Zeitraum beschränkt, in dem der Betroffene keinen Rechtsschutz erwirken kann.[51] Dies kann namentlich bei einer Medienfahndung der Fall sein. Im Übrigen kann es, wenn man die Möglichkeit eines „Verwertungsverbotes" als Folge eines schweren Fehlers bei der Anordnung der Ausschreibung bejaht, zu einer richterlichen Überprüfung der Ausschreibung (evtl. mit der Folge der Haftverschonung?) im Zusammenhang mit der Entscheidung des Gerichts gemäß § 207 Abs. 4 oder aufgrund eines Haftverschonungsantrages in der Hauptverhandlung kommen (Vgl. Vor § 131, 22).[52]

31 **2. Auslobung.** Soweit die Ausschreibung mit einer Auslobung verbunden ist, sind die §§ 657 ff. BGB entsprechend anwendbar.[53]

§ 131a
Ausschreibung zur Aufenthaltsermittlung

(1) Die Ausschreibung zur Aufenthaltsermittlung eines Beschuldigten oder eines Zeugen darf angeordnet werden, wenn sein Aufenthalt nicht bekannt ist.

(2) Absatz 1 gilt auch für Ausschreibungen des Beschuldigten, soweit sie zur Sicherstellung eines Führerscheins, zur erkennungsdienstlichen Behandlung, zur Anfertigung einer DNA-Analyse oder zur Feststellung seiner Identität erforderlich sind.

(3) Auf Grund einer Ausschreibung zur Aufenthaltsermittlung eines Beschuldigten oder Zeugen darf bei einer Straftat von erheblicher Bedeutung auch eine Öffentlichkeitsfahndung angeordnet werden, wenn der Beschuldigte der Begehung der Straftat dringend verdächtig ist und die Aufenthaltsermittlung auf andere Weise erheblich weniger erfolgversprechend oder wesentlich erschwert wäre.

(4) [1] § 131 Abs. 4 gilt entsprechend. [2] Bei der Aufenthaltsermittlung eines Zeugen ist erkennbar zu machen, dass die gesuchte Person nicht Beschuldigter ist. [3] Die Öffentlichkeitsfahndung nach einem Zeugen unterbleibt, wenn überwiegende schutzwürdige Interessen des Zeugen entgegenstehen. [4] Abbildungen des Zeugen dürfen nur erfolgen, soweit die Aufenthaltsermittlung auf andere Weise aussichtslos oder wesentlich erschwert wäre.

(5) Ausschreibungen nach den Absätzen 1 und 2 dürfen in allen Fahndungshilfsmitteln der Strafverfolgungsbehörden vorgenommen werden.

---

50 Vgl. BVerfGE **96** 27; BVerfG NJW **1998** 2131; s. auch BVerfG StV **2000** 321; NStZ-RR **2004** 252; StraFo **2006** 20; NJW **2005** 1855; **2006** 427.

51 Vgl. auch Meyer-Goßner/*Schmitt* Vor § 296, 18a; SK/*Paeffgen* 16; LR/*Matt* Erl. Vor § 304 und zu § 304.

52 S. auch MüKo/*Gerhold* 15; *Fezer* FS Rieß 103; *Hilger* FS Rieß 173 ff.

53 *Soiné* Kriminalistik **2001** 175.

https://doi.org/10.1515/9783110274929-039

Schrifttum

Albrecht Vom Unheil der Reformbemühungen im Strafverfahren, StV **2001** 416; *Gerhold* Möglichkeiten und Grenzen der sogenannten „Facebookfahndung", ZIS **2015** 156; *Ranft* Fahndung nach Beschuldigten und Zeugen gemäß dem StVÄG 1999, StV **2002** 38; *Schiffbauer* Steckbrief 2.0 – Fahndungen über das Internet als rechtliche Herausforderung, NJW **2014** 1052; *Schroeder* Die Ermittlung des Aufenthaltsortes des Beschuldigten als Anwendungsvoraussetzung strafprozessualer Zwangsmaßnahmen, GA **2005** 73; *Soiné* Strafverfahrensänderungsgesetz 1999, Kriminalistik **2001** 173, 245.

Übersicht

Alphabetische Übersicht

I. Bedeutung

Die Vorschrift regelt die Ausschreibung von Beschuldigten und Zeugen mit dem Ziel, deren Aufenthalt zu ermitteln, wenn dieser der für das Verfahren zuständigen Strafverfolgungsbehörde nicht bekannt ist; nach Anklageerhebung liegt die Anordnungskompetenz bei dem mit der Sache befassten Gericht.[1] Dies gilt auch für die Ausschreibung des Beschuldigten in den Fällen des Absatzes 2,[2] also zur Sicherstellung eines Führerscheins, zur erkennungsdienstlichen Behandlung, zur Anfertigung einer DNA-Analyse oder zur Identitätsfeststellung. Diese Ausschreibungen wurden früher auf die §§ 161, 163 gestützt und waren näher in Nr. 39 ff. RiStBV und in der PDV 384.1[3] geregelt. 1

Die Vorschriften zur **Öffentlichkeitsfahndung** stammen aus einer Zeit, in welcher eine Fahndung grundsätzlich zeitlich und lokal begrenzt war, da Strafverfolgungsbehörden und Polizei in einem annähernd bestimmbaren Radius agierten und einen Fahndungsaufruf entsprechend korrigieren und löschen konnten. Dies hat sich durch die Entwicklung neuer Technologien, insbesondere das **Internet** prinzipiell geändert (Vor § 131 Rn. 6).[4] Heute kann ein Fahndungsaufruf in Sekundenschnelle eine Vielzahl von Personen erreichen, von denen aber möglicherweise ein Grossteil keinerlei sachdienliche Auskunft geben kann, zudem sind die Behörden nicht in der Lage auch lange nach Wegfall des Zwecks zu löschen. Die §§ 131 ff. waren ursprünglich nicht für solche Öffentlichkeitsfahndungen gedacht. Bei der Auslegung des § 131a sind deshalb einerseits die Anforderungen an eine zeitgemässe Öffentlichkeitsfahndung und andererseits die Persönlichkeitsrechte der Betroffenen und ihrer Angehörigen zu beachten (s. dazu Vor § 131, 20a sowie unten 7). 1a

1 LG Offenburg Beschl. v. 19.3.2018 – 3 Qs 73/17.
2 **A.A.** *Schroeder* GA **2005** 79.
3 Vgl. z.B. Nr. 2.4.2.1, 2.4.2.7, 2.4.2.8, 3.4.2.1, 3.4.2.3.
4 Vgl. auch *Gerhold* ZIS **2015** 156 ff.

II. Verhältnismäßigkeitsprinzip

2 Es ist selbstverständlich auch bei Ausschreibungen nach § 131a – schon im Hinblick auf die geringen Zulässigkeitsanforderungen in Absatz 1 und 2 der Vorschrift – in besonderem Maße zu beachten, auch wenn Absatz 1 und 2 die Zulässigkeit der Anordnung und Durchführung der Maßnahme nicht z.B. an eine Subsidiaritätsklausel knüpfen. Den Betroffenen **weniger belastende Maßnahmen** zur Aufenthaltsermittlung haben also den **Vorrang**, wenn sie ebenso wie die Ausschreibung geeignet sind, das Ziel, nämlich die zuverlässige Feststellung des aktuellen Aufenthalts der gesuchten Person zu erreichen. Dies können z.B. einfache Nachforschungen bei anderen Strafverfolgungsbehörden, in Registern (z.B. im BZR oder in ZStV – §§ 492ff.), bei Meldebehörden oder sonstige Erkundigungen gemäß den §§ 161, 163 (vgl. Vor § 131, 12) sein. Im Einzelfall kann eine Ausschreibung nach § 131a weniger „bloßstellend" sein, als solche Erkundigungen, etwa Nachfragen im sozialen Umfeld des Betroffenen (etwa bei Nachbarn, Arbeitskollegen, Arbeitgeber). Bei einfachen Zustellungen kann die öffentliche Zustellung (§ 40) weniger belastend sein, während für Ladungen § 131a anwendbar sein kann.[5] S. auch Rn. 3, 4, 7.

III. Ausschreibung nach Absatz 1

3 Sie ist grundsätzlich zulässig zur zuverlässigen Ermittlung des unbekannten (aktuellen) Aufenthalts gleichermaßen eines **Beschuldigten** oder eines **Zeugen**. Auf das Gewicht der Straftat, die Gegenstand des Verfahrens ist, und auf die Wichtigkeit des Zeugen für das Verfahren, insbesondere den möglichen Inhalt und die Bedeutung seiner Aussage, kommt es grundsätzlich nicht an. Diese Umstände können allerdings einzelfallbezogen im Rahmen der Abwägungen der Strafverfolgungsbehörden unter dem Gesichtspunkt der Verhältnismäßigkeit eine Rolle spielen.[6] So kann es im Einzelfall vertretbar sein, auf eine Ausschreibung eines Zeugen – jedenfalls zunächst – zu verzichten und das Ergebnis weiterer noch ausstehender Ermittlungen abzuwarten, wenn die aufzuklärende Tat der „geringeren" Kriminalität zuzurechnen ist und von der Zeugenaussage keine wesentlich neuen, sondern voraussichtlich nur das bisherige Ermittlungsergebnis zusätzlich bestätigende Erkenntnisse zu erwarten sind.

IV. Ausschreibung nach Absatz 2

4 Sie gilt nur dem **Beschuldigten** und ist nur zulässig, wenn sein Aufenthalt unbekannt ist. Außerdem erfordert das Verhältnismäßigkeitsprinzip, dass die Aufenthaltsermittlung sowie das entsprechend Absatz 2 **angestrebte Ziel** nicht durch mildere, geeignete Maßnahmen erreicht werden kann.

5 Die **Sicherstellung eines Führerscheins**[7] kommt in Betracht, wenn die entsprechende Fahrerlaubnis entzogen wurde. In der Regel wird es sich um den auf den Beschuldigten ausgestellten Führerschein handeln; denkbar ist aber auch, dass der Beschuldigte eines Verfahrens ausgeschrieben wird, weil er einen auf eine andere Person ausgestellten, einzuziehenden Führerschein benutzt. Die Ausschreibung zur **erkennungsdienstlichen Behandlung** kommt im Hinblick auf § 81b in Betracht sowie zur Anfertigung einer **DNA-Analyse** gemäß den §§ 81e, 81g. Die Ausschreibung des Beschuldigten zur **Feststellung seiner Identität** (§ 163b) kommt etwa in Betracht, um vorlie-

5 Vgl. *Schroeder* GA **2005** 79.
6 Krit. *Ranft* 753.
7 Vgl. §§ 111a, 111b, 463b.

gende Erkenntnisse zur Identität zu überprüfen und ggf. zu ergänzen, sowie um möglicherweise benutzte Alias-Personalien bzw. die missbräuchliche Benutzung von Ausweispapieren zur Verhinderung einer Identifizierung abzuklären.[8]

V. Öffentlichkeitsfahndung

Absatz 3 erlaubt in den Fällen des Absatzes 1 und 2 die Öffentlichkeitsfahndung, 6
wenn alle einschränkenden Voraussetzungen erfüllt sind. Zur Voraussetzung der **Straftat von erheblicher Bedeutung** und zur **Subsidiaritätsklausel** siehe § 131, 18 ff.[9] Zum **dringenden Tatverdacht** siehe § 112, 16 ff.

Das **Verhältnismäßigkeitsprinzip** ist insbesondere bei der **Öffentlichkeitsfahn-** 7
dung in ganz besonderem Maße zu beachten. Das gilt umso mehr, als Öffentlichkeitsfahndungen mit Hilfe neuer Technologien, etwa über das **Internet** oder sogar unter Zuhilfenahme privat betriebener **sozialer Medien**, einen erheblichen Eingriff in die Persönlichkeitsrechte der Betroffenen und ihrer Angehörigen bedeuten können (s. dazu Vor § 131, 20a). Vor dem Hintergrund dieser Entwicklung fragt sich, ob die in § 131 errichteten Zulässigkeitsschranken sachgerecht das öffentliche Interesse an modernen Fahndungsinstrumenten und die betroffenen Individualinteressen ausgleichen können.[10] So ist zweifelhaft, ob es sachgerecht ist, bei der nicht selten eilbedürftigen Aufenthaltsermittlung auf den komplizierten und umstrittenen Begriff des „dringenden Tatverdachts" (vgl. § 112, 17) gegen den Beschuldigten als eine der Zulässigkeitsvoraussetzungen abzustellen. Ebenso kann man daran zweifeln, dass die Kriterien „Straftat von erheblicher Bedeutung" und „dringender Tatverdacht" speziell bei der Aufenthaltsermittlung von Zeugen angemessen erscheinen: Zeugen, die durch die Regelungen in Absatz 4 einen erheblichen Schutz erfahren,[11] sind grundsätzlich zur Aussage verpflichtet.[12] Wenn Zeugenaussagen nicht aufgenommen und in die Ermittlungen einbezogen werden können, so kann dies den Fortgang eines Verfahrens erheblich verzögern oder sogar dazu führen, dass Ermittlungen eine gewisse Zeit in die falsche Richtung laufen. Dies kann sich in erheblichem Maße nachteilig auf die **Wahrheitsfindung** auswirken, je nach Sachlage zu Gunsten oder zu Lasten des Beschuldigten, aber auch der Verletzten einer Straftat. Dass die intensive Fahndung nach Zeugen durch Einschaltung der Öffentlichkeit in Fällen geringer Kriminalität unterbleiben muss, kann zumindest theoretisch dazu führen, dass – wenn es sich um einen Entlastungszeugen handelt – der Beschuldigte zu Unrecht verurteilt wird. Da sich die §§ 131 ff. jedoch nur an die Strafverfolgungsbehörden richten, bleibt es Verteidigern in solchen Fällen unbenommen, selbst eine Öffentlichkeitsfahndung – z.B. über Zeitungsaufrufe – zu starten; Voraussetzung ist aber natürlich, dass sie dafür die notwendigen Ressourcen haben.

VI. Bezeichnung

Nach **Absatz 4 Satz 1** gilt § 131 Abs. 4 für die Ausschreibung zur Aufenthaltsermitt- 8
lung von Beschuldigten und von Zeugen entsprechend. Die Verweisung auf § 131 Abs. 4 Satz 2 (Hinweis auf Tatverdacht usw.) dürfte allerdings für die Ausschreibung zur Aufenthaltsermittlung von Zeugen in der Regel weitgehend leer laufen; denkbar ist jedoch

---

8 Vgl. die Erl. zu § 163b.
9 Zur Problematik einer Fahndung mit Hilfe des Internets: *Schiffbauer* NJW **2014** 1052 ff.
10 S. dagegen SK/*Paeffgen* 7 ff.
11 Krit. insoweit dagegen *Albrecht* StV **2001** 419.
12 S. dagegen *Ranft* StV **2002** 42, 43; *Ranft* 755.

die Angabe von Umständen (s. § 131 Abs. 4 Satz 2 letzte Alt.), die für die Ermittlung des Aufenthalts des Zeugen von Bedeutung sein können. Im Übrigen gelten die Überlegungen bei § 131, 27 sinngemäß; zur Abbildung von Zeugen s. Rn. 10. Bei der Fahndung nach Zeugen ist aus Gründen des Persönlichkeitsschutzes erkennbar zu machen, dass die gesuchte Person nicht Beschuldigter ist **(Satz 2)**. Am besten erfolgt dies durch den eindeutigen Hinweis in der Ausschreibung, dass die angesprochene Person nur als Zeuge gesucht wird.

VII. Interessen der Zeugen

9 Gemäß **Absatz 4 Satz 3** unterbleibt die Öffentlichkeitsfahndung nach Zeugen, wenn **überwiegende schutzwürdige Interessen des Zeugen** entgegenstehen. Der Standort dieser Regelung ist falsch. Sie gehört als Beschränkung (Ausschluss) der Öffentlichkeitsfahndung gegen Zeugen eigentlich in Absatz 3. Die Klausel erfordert eine Abwägung durch die zur Anordnung der Maßnahme kompetente Stelle, die eine gründliche Kenntnis des bisherigen Ermittlungsergebnisses und der Interessenlage des Zeugen erfordert. Bei der Abwägung ist gegenüber den schutzwürdigen Interessen des Zeugen das öffentliche Interesse an der Wahrheitsfindung und ggf. auch das besondere Interesse des Beschuldigten an der Möglichkeit einer Entlastung durch den Zeugen zu berücksichtigen. Die Öffentlichkeitsfahndung unterbleibt nur dann, wenn die entgegenstehenden Interessen des Zeugen, soweit sie wirklich schutzwürdig sind, demgegenüber erkennbar überwiegen. Auf der Hand liegt, dass nur solche Interessen berücksichtigt werden können, die sich aus den Akten ergeben.

10 Schließlich dürfen gemäß **Satz 4 Abbildungen des Zeugen** – abweichend von § 131 Abs. 4 Satz 1 2. Alt. – der Ausschreibung nur beigefügt werden, soweit die Aufenthaltsermittlung auf andere Weise **aussichtslos oder wesentlich erschwert** wäre; dies gilt auch für die nichtöffentliche Ausschreibung. Aber auch dann, wenn diese Voraussetzungen erfüllt sind, muss im Falle einer hohen, anders nicht abwendbaren Gefährdung des Zeugen durch eine Veröffentlichung der Abbildung im Hinblick auf das Verhältnismäßigkeitsprinzip (Zumutbarkeit) notfalls auf diese verzichtet werden; ein solcher Verzicht auf eine Abbildung kann im Einzelfall zu dem Abwägungsergebnis nach Absatz 4 Satz 3 führen, dass wegen des Verzichts eine Öffentlichkeitsfahndung gemäß Absatz 4 Satz 3 letztlich doch noch verantwortet werden kann. S. auch § 131b, 8.

VIII. Fahnungshilfsmittel[13]

11 Gemäß **Absatz 5** dürfen Ausschreibungen nach den Absätzen 1 und 2 in allen Fahndungshilfsmitteln der Strafverfolgungsbehörden vorgenommen werden. Dies ist eine Klarstellung, nicht eine Beschränkung.[14] Die vom Regierungsentwurf durch das Wort: „nur“ angestrebte Beschränkung ist durch dessen Streichung im Vermittlungsverfahren[15] entfallen.

IX. Sonstiges

12 Die wesentlichen Gründe zu den in Absatz 3 und 4 genannten Zulässigkeitskriterien sollten jedenfalls dann, wenn die Entscheidung von der Staatsanwaltschaft oder ihren

---

13 Vgl. Nr. 40 RiStBV.
14 So aber wohl Meyer-Goßner/*Schmitt* 5; *Soiné* Kriminalistik **2001** 176.
15 Vgl. auch *Brodersen* NJW **2000** 2537.

Ermittlungspersonen getroffen wird (§ 131c, 3), kurz in den **Akten vermerkt** werden. Für die **Überprüfung** und die **Auslobung** gelten die Ausführungen bei § 131, 30ff. entsprechend (s. auch § 131c, 8). Zuständig ist die Behörde, welche die Ausschreibung vorgenommen hat.[16] Wird eine heimlich gefilmte Straftat auf der Webseite eines Internet-Videoportals durch eine Privatperson veröffentlicht, um den Beschuldigten an den Pranger zu stellen, kommt eine Strafmilderung in Betracht.[17]

§ 131b
Veröffentlichung von Abbildungen des Beschuldigten oder Zeugen

(1) Die Veröffentlichung von Abbildungen eines Beschuldigten, der einer Straftat von erheblicher Bedeutung verdächtig ist, ist auch zulässig, wenn die Aufklärung einer Straftat, insbesondere die Feststellung der Identität eines unbekannten Täters auf andere Weise erheblich weniger Erfolg versprechend oder wesentlich erschwert wäre.

(2) [1]Die Veröffentlichung von Abbildungen eines Zeugen und Hinweise auf das der Veröffentlichung zugrunde liegende Strafverfahren sind auch zulässig, wenn die Aufklärung einer Straftat von erheblicher Bedeutung, insbesondere die Feststellung der Identität des Zeugen, auf andere Weise aussichtslos oder wesentlich erschwert wäre. [2]Die Veröffentlichung muss erkennbar machen, dass die abgebildete Person nicht Beschuldigter ist.

(3) § 131 Abs. 4 Satz 1 erster Halbsatz und Satz 2 gilt entsprechend.

Schrifttum

Gerhold Möglichkeiten und Grenzen der sogenannten „Facebookfahndung", ZIS **2015** 156; *Hornung/Schindler* Das biometrische Auge der Polizei Rechtsfragen des Einsatzes von Videoüberwachung mit biometrischer Gesichtserkennung, ZD **2017** 203; *Schiffbauer* Steckbrief 2.0 – Fahndungen über das Internet als rechtliche Herausforderung, NJW **2014** 1052.

Übersicht

Alphabetische Übersicht

I. Bedeutung

Die Vorschrift erlaubt die **Veröffentlichung von Abbildungen** von Beschuldigten und Zeugen mit dem Ziel der Aufklärung einer Straftat.[1] Diese Aufklärung kann namentlich davon abhängig sein oder darin bestehen, dass mit Hilfe der Veröffentlichung und der daraufhin eingehenden Hinweise die Feststellung einer bis dahin unklaren Identität 1

16 AG Kehl Beschl. v. 4.10.2017 – 2 Cs 206 Js 21301/16.
17 AG Erfurt Urt. v. 30.11.2010 – 180 Js 26290/10 50 Ds; zur Strafmilderung durch Presseberichterstattung.

1 Vgl. Nr. 39ff. RiStBV; PDV 384.1.

https://doi.org/10.1515/9783110274929-040

einer (unbekannten) Person ermöglicht wird. Im Unterschied zu den §§ 131, 131a dient die Vorschrift also nicht in erster Linie der Ermittlung eines (unbekannten) Aufenthalts einer Person, kann aber sekundär über tataufklärende Hinweise auch zur Klärung des (unbekannten) Aufenthalts von Personen führen. Außerdem kann die Ausschreibung gemäß § 131b verbunden werden mit einer Ausschreibung eines Beschuldigten zur Festnahme gemäß § 131 oder mit der Ausschreibung eines Beschuldigten oder Zeugen zur Aufenthaltsermittlung nach § 131a.

1a Bei der Veröffentlichung von Abbildungen im **Internet** oder der Nutzung anderer moderner Technologien stellen sich neue Fragen: Erstens nach der adäquaten Abwägung widerstreitender Interessen, insbesondere dem Strafverfolgungsinteresse einerseits und Persönlichkeitsrechten der Betroffenen andererseits (Vor § 131, 5ff.)[2] und zweitens nach den Grenzen der Ermächtigungsgrundlagen zur Nutzung bestimmter Techonologien im Rahmen eines „Fahndungsaufrufes", wenn etwa ein Programm zur **automatisierten biometrischen Gesichtserkennung** eingesetzt wird (Vor § 131, 7).[3] Nach der hier vertretenen Ansicht ist bei der Veröffentlichung von Bildern für Fahndungsaufrufe das Verhältnismäßigkeitsprinzip strikt zu wahren und sind die durch den Gesetzgeber für eine Fahndung in der analogen Welt gegebenen Ermächtigungsgrundlagen grundsätzlich restriktiv auszulegen.

II. Abbildung eines Beschuldigten

2 **Absatz 1** erlaubt die Veröffentlichung von Abbildungen jeder Art, also z.B. Fotos oder Phantombilder, Video- und Filmausschnitte (§ 131, 27) eines Beschuldigten, auch des unbekannten Beschuldigten in UJs-Verfahren,[4] zur Tataufklärung bei unterschiedlichen einzelfallbezogenen Aufklärungsinteressen. Die **Aufklärung** der Straftat erfasst die gesamte Abklärung des gemäß § 160 zu ermittelnden Lebenssachverhaltes unter Berücksichtigung der Tatbeiträge aller möglicherweise an der Tat beteiligten Personen. Dabei kommt es grundsätzlich – unter Beachtung des Verhältnismäßigkeitsprinzips,[5] insbesondere zur Nutzung milderer Alternativen, und abgesehen davon, dass es sich um eine Straftat von erheblicher Bedeutung handeln muss – nicht auf die besondere Art der Straftat oder besondere Umstände der Begehung und – auch bei der Feststellung der Identität als Teil der Aufklärung – nicht auf die Art der Beteiligung (Täter, Anstifter, Gehilfe) der betroffenen Person an. Zur Aufklärung gehört auch die Klärung, ob die Straftat im Zusammenhang steht mit weiteren möglicherweise begangenen Taten, etwa Teil einer Serie oder einer Dauerstraftat ist.[6] Dementsprechend ist es denkbar, Abbildungen von Beschuldigten zu veröffentlichen, um deren **unbekannte Identität** (Personalien einschließlich Anschrift, ggf. auch deren Wohn- oder Aufenthaltsort), wenn sie als unbekannte mutmaßliche Täter in Frage kommen, mit Hilfe von Hinweisen von Personen, die sie kennen bzw. etwas über sie wissen, zu klären; zulässig ist aber auch eine Veröffentlichung, um mit Hilfe solcher Hinweise den Tatablauf (Tathandlungen, Vorbereitungen zur Tat usw.) zu klären. Des Weiteren ist die Veröffentlichung der Abbildung von Beschuldigten zulässig, um durch entsprechende Hinweise aus der Öffentlichkeit die Identität von (unbekannten) vermutlichen Tatbeteiligten (z.B. Mittäter) bzw. deren oder derer gemeinsamen Tatbeitrag zu klären.

---

2 *Gerhold* ZIS **2015** 156ff.; *Schiffbauer* NJW **2014** 1055f.

3 *Hornung*/*Schindler* ZD **2017** 203.

4 Meyer-Goßner/*Schmitt* 1; **a.A.** AG Torgau NStZ-RR **2003** 112 entgegen Zweck und Wortlaut der Vorschrift (§§ 161, 163).

5 Zur Anwendbarkeit im OWi-Verfahren vgl. LG Bonn NStZ **2005** 528.

6 Ähnlich KMR/*Wankel* 3; enger wohl KK/*Schultheis* 1.

Die Zulässigkeit der Ausschreibung ist zunächst abhängig von dem Vorliegen des Anfangsverdachts einer Straftat von **erheblicher Bedeutung** (vgl. § 131, 18). Wann eine Straftat von erheblicher Bedeutung vorliegt, ist nach allgemeiner Meinung im Einzelfall festzustellen.[7] Ordnungswidrigkeiten können aber keine Straftat von erheblicher Bedeutung sein.[8] Ferner ist die enge **Subsidiaritätsklausel** zu beachten (vgl. Vor § 131, 12 sowie § 131, 19 ff.). Im Hinblick darauf ist also – neben der ohnehin notwendigen Beachtung des allgemeinen Verhältnismäßigkeitsprinzips – zu prüfen, ob der erhoffte Aufklärungserfolg voraussichtlich ebenso wahrscheinlich oder nur *weniger* erfolgversprechend (also nicht: *erheblich weniger* erfolgversprechend!) und ohne wesentliche Erschwerung auch durch mildere Maßnahmen erreicht werden kann; in Betracht zu ziehen sind insoweit namentlich Erkundigungen und eine beschränkte (nicht veröffentlichende) Weitergabe der Abbildung nur in Kreisen der Strafverfolgungsbehörden. 3

III. Abbildung eines Zeugen

Absatz 2 erlaubt die Veröffentlichung von Abbildungen jeder Art eines **Zeugen** nebst Hinweisen (Rn. 6) auf das der Veröffentlichung zugrundeliegende Strafverfahren mit dem Ziel der **Aufklärung** der Straftat, namentlich der Klärung der Identität eines unbekannten Zeugen. Die Überlegungen in Rn. 2 gelten sinngemäß, wobei bei einer Zeugenfahndung noch höhere Anforderungen an die Verhältnismäßigkeit eines – etwa über das Internet verbreiteten – Fahndungsaufrufes zu stellen sind. Werden beispielsweise Bilder veröffentlicht, welche die Privatsphäre eines Zeugen tangieren ist dies ebenso zu berücksichtigen, wie wenn Bilder von öffentlichen Versammlungen publiziert werden, an deren Rande es zu Gewaltausschreitungen kommt, denn Fahndungsaufrufe dürfen nicht in der Konsequenz dazu führen, dass Einzelne in erheblichem Umfang bloßgestellt oder bei Wahrnehmung ihres Rechts auf Versammlungsfreiheit Angst haben müssen, mit Straftaten in Verbindung gebracht zu werden. Ziel muss die Identitätsfeststellung desjenigen Zeugen sein, dessen Bild publiziert wird, oder aufklärungsgeeignet erscheinende Erlangung von Hinweisen auf weitere Zeugen, die das Tatgeschehen beobachtet haben. 4

Zulässigkeitsvoraussetzung ist auch hier der Verdacht einer Straftat von **erheblicher Bedeutung** (Rn. 3) und die Beachtung einer (noch engeren) **Subsidiaritätsklausel**. In Einzelfällen kann sich sogar aus der Fahndung heraus die Notwendigkeit für die Einschaltung eines Verteidigers ergeben (vgl. § 131a, 7). 5

Die **Hinweise auf das der Veröffentlichung zugrunde liegende Strafverfahren**[9] können grundsätzlich Hinweise jeder Art zu diesem Verfahren sein. Im Hinblick auf das Kriterium der **Erforderlichkeit** im Rahmen der Verhältnismäßigkeitsprüfung müssen sie jedoch notwendig sein und darauf abzielen, die mit der Veröffentlichung erstrebte Aufklärung zu fordern bzw. Verwechslungen bei der Identitätsklärung zu vermeiden. Erforderlich ist auch die **Klarstellung** in der Veröffentlichung, dass die abgebildete Person ein **Zeuge ist** (vgl. § 131a, 8). 6

IV. Bezeichnung

Gemäß **Absatz 3** gelten für Veröffentlichungen nach Absatz 1 und 2 § 131 Abs. 4 Satz 1 1. Hs. (genaue Bezeichnung; Beschreibung, falls erforderlich) und § 131 Abs. 4 7

---

7 LG Saarbrücken wistra **2004** 279; MüKo/*Gerhold* 3; KMR/*Wankel* 2.
8 LG Bonn NStZ **2005** 528; MüKo/*Gerhold* 3.
9 Krit. SK/*Paeffgen* 5 bzgl. der Zeugenfahndung.

Satz 2 (nähere Angaben zur Tat usw. sowie von Umständen, die für die Aufklärung von Bedeutung sein können) entsprechend. Siehe dazu § 131, 27, 28. Die Angabe der aufklärungsbedeutsamen Umstände kann identisch sein mit den gemäß Absatz 2 Satz 1 zulässigen Hinweisen auf das der Veröffentlichung zugrunde liegende Strafverfahren.

V. Sonstiges

8 Zur **Überprüfung** und zur **Auslobung** siehe § 131, 30ff. Der je nach Lage des Einzelfalles notwendige **Zeugenschutz**[10] kann unter Umständen über das Kriterium der Zumutbarkeit im Rahmen der Prüfung der Verhältnismäßigkeit der beabsichtigten Maßnahme gewährleistet werden. Danach muss im Falle einer hohen, anders nicht abwendbaren Gefährdung des Zeugen durch eine Veröffentlichung einer Abbildung auf diese notfalls verzichtet werden.

§ 131c
Anordnung und Bestätigung von Fahndungsmaßnahmen

(1) [1]Fahndungen nach § 131a Abs. 3 und § 131b dürfen nur durch den Richter, bei Gefahr im Verzug auch durch die Staatsanwaltschaft und ihre Ermittlungspersonen (§ 152 des Gerichtsverfassungsgesetzes) angeordnet werden. [2]Fahndungen nach § 131a Abs. 1 und 2 bedürfen der Anordnung durch die Staatsanwaltschaft; bei Gefahr im Verzug dürfen sie auch durch ihre Ermittlungspersonen (§ 152 des Gerichtsverfassungsgesetzes) angeordnet werden.

(2) [1]In Fällen andauernder Veröffentlichung in elektronischen Medien sowie bei wiederholter Veröffentlichung im Fernsehen oder in periodischen Druckwerken tritt die Anordnung der Staatsanwaltschaft und ihrer Ermittlungspersonen (§ 152 des Gerichtsverfassungsgesetzes) nach Absatz 1 Satz 1 außer Kraft, wenn sie nicht binnen einer Woche von dem Richter bestätigt wird. [2]Im Übrigen treten Fahndungsanordnungen der Ermittlungspersonen der Staatsanwaltschaft (§ 152 des Gerichtsverfassungsgesetzes) außer Kraft, wenn sie nicht binnen einer Woche von der Staatsanwaltschaft bestätigt werden.

Schrifttum

Brodersen Das Strafverfahrensänderungsgesetz 1999, NJW **2000** 2536; *Hilger* Zum Strafverfahrensrechtsänderungsgesetz 1999 (StVÄG 1999) 1. Teil, NStZ **2000** 561; *Ranft* Fahndung nach Beschuldigten und Zeugen gemäß dem StVÄG 1999, StV **2002** 38; *Schiffbauer* Steckbrief 2.0 – Fahndungen über das Internet als rechtliche Herausforderung, NJW **2014** 1052; *Soiné* Strafverfahrensänderungsgesetz 1999, Kriminalistik **2001** 173, 245.

Übersicht

10 S. auch HK/*Ahlbrecht* 3.

https://doi.org/10.1515/9783110274929-041

Alphabetische Übersicht

I. Bedeutung

Die – aus dem Jahr 2000 stammende – Vorschrift regelt die **Anordnungskompetenz** für Maßnahmen nach den §§ 131a, 131b und das Außerkrafttreten der Anordnung, wenn eine solche in Eilkompetenz angeordnete Maßnahme nicht fristgerecht bestätigt wird. Fraglich ist, ob die aus Sicht des Gesetzgebers noch maßgebliche Unterscheidung zwischen „andauernder Veröffentlichung in elektronischen Medien" und „wiederholter Veröffentlichung im Fernsehen oder in periodischen Druckwerken" einerseits und eher lokaler und nicht permanenter Veröffentlichung von Abbildungen auf Fahndungsplakaten o.ä. andererseits angesichts des technologischen Fortschritts, insbesondere des Ausbaus des Internets, noch sachgerecht erscheint (vgl. Vor § 131, 6ff.).[1] 1

II. Regelkompetenz

Nach **Absatz 1 Satz 1** liegt die Anordnungskompetenz für Öffentlichkeitsfahndungen zur Aufenthaltsermittlung von Beschuldigten und Zeugen (§ 131a Abs. 3) und für die Veröffentlichung von Abbildungen von Beschuldigten und Zeugen mit dem Ziel der Aufklärung einer Straftat (§ 131b) grundsätzlich beim **Gericht** (§§ 162, 126 Abs. 2 Satz 3). Öffentlichkeitsfahndung ist das Zugänglichmachen von Abbildungen für einen offenen, potentiell unbegrenzten Personenkreis, weshalb etwa ein polizeiliches Intranet, auf das nur Bedienstete Zugriff haben, mangels Offenheit des Benutzerkreises nicht darunter fällt.[2] Gemäß **Absatz 1 Satz 2** werden Ausschreibungen zur Aufenthaltsermittlung von Beschuldigten und Zeugen (§ 131a Abs. 1) und Ausschreibungen des Beschuldigten zur Sicherstellung eines Führerscheins, zur erkennungsdienstlichen Behandlung, zur Anfertigung einer DNA-Analyse oder zur Feststellung seiner Identität (§ 131a Abs. 2) grundsätzlich durch die **Staatsanwaltschaft** angeordnet.[3] 2

III. Eilkompetenz

Sie liegt in den in **Absatz 1 Satz 1** genannten Fällen (Anordnung gemäß § 131a Abs. 3 oder § 131b) – wenn Gefahr im Verzug besteht – grundsätzlich gleichermaßen bei der **Staatsanwaltschaft** und ihren **Ermittlungspersonen.**[4] Auch hier ist zu beachten: (a) Der Begriff der **Gefahr im Verzug** erfordert, dass ein Gericht – notfalls im Eil- oder Notdienst – nicht rechtzeitig zu erreichen ist (s. § 131, 10ff.); (b) die Ermittlungspersonen der Staatsanwaltschaft sollten von ihrer Eilkompetenz im Hinblick auf die **§§ 161, 163** nur ausnahmsweise Gebrauch machen, etwa wenn die Staatsanwaltschaft nicht rechtzeitig 3

1 Zur Gesetzgebungsgeschichte: *Brodersen* NJW **2000** 2538; *Hilger* NStZ **2000** 561f.
2 LG Berlin Beschl. v. 17.12.2008 – 501 Qs 208/08; KMR/*Wankel* § 131, 7; KK/*Schultheis* § 131, 15.
3 Prinzipiell zur (faktischen) Verschiebung der Rollenverteilung im strafrechtlichen Ermittlungsverfahren SK/*Wohlers*, Einl. Vor § 1 Rn. 175ff.
4 Krit. hierzu *Ranft* StV **2002** 38; SK/*Paeffgen* 3.

oder nur unter Schwierigkeiten zu erreichen ist (s. § 131, 15).[5] Dies dürfte in Zeiten moderner Kommunikationsmittel nur höchst selten der Fall sein.

4 In den in **Absatz 1 Satz 2** genannten Fällen (Anordnung gemäß § 131a Abs. 1 und 2) dürfen – wenn Gefahr im Verzug besteht – auch die Ermittlungspersonen der Staatsanwaltschaft die Anordnung treffen. Der Begriff der Gefahr im Verzug schließt hier ein, dass die Staatsanwaltschaft – ggf. Eil- oder Notdienst – nicht rechtzeitig zu erreichen ist (vgl. § 131, 24). Im Übrigen gelten auch bzgl. dieser Eilkompetenzen die Ausführungen unter § 131, 10 ff. zu den Anforderungen und Kriterien zur Wahrung der Regelkompetenz entsprechend.

IV. Außerkrafttreten der Anordnung[6]

5 Bei Fahndungen durch **andauernde Veröffentlichung in elektronischen Medien** sowie durch **wiederholte Veröffentlichung im Fernsehen oder in periodischen Druckwerken** tritt gemäß Absatz 2 Satz 1 die Eilanordnung der Staatsanwaltschaft und ihrer Ermittlungspersonen nach Absatz 1 Satz 1 außer Kraft, wenn sie nicht binnen einer Woche vom Gericht bestätigt wird. Hat eine Ermittlungsperson der Staatsanwaltschaft die Eilanordnung getroffen, so ist die richterliche Bestätigung über die Staatsanwaltschaft herbeizuführen. Diese Regelung erfasst also nicht alle in Absatz 1 Satz 1 genannten Fälle, sondern nur die, in denen die Öffentlichkeitsfahndung zur Aufenthaltsermittlung (§ 131a Abs. 3) und die Aufklärungsausschreibung durch Veröffentlichung von Abbildungen (§ 131b), angeordnet per Eilkompetenz, andauernd oder wiederholt in bestimmten von der Öffentlichkeit in der Regel intensiv genutzten Medien erfolgt. Mit „elektronische Medien“ sollen im Wesentlichen die über das Internet zugänglichen Foren, Portale etc. bezeichnet werden. INPOL und andere elektronische **Fahndungssysteme der Polizei** zählen nicht dazu, weil dies in der Regel keine „Veröffentlichungen“ sind, sondern interne Systeme.[7] Eine **andauernde** Veröffentlichung in elektronischen Medien ist auch dann anzunehmen, wenn die Veröffentlichung zwar nicht ununterbrochen, aber wiederholt über einen nicht nur kurzen Zeitraum erfolgt.[8] **Wiederholte** Veröffentlichung im Fernsehen oder in periodischen Druckwerken ist die wenigstens zweimalige Publizierung. Erfasst werden auch periodisch erscheinende **Fachzeitschriften**, selbst wenn der Leserkreis sehr begrenzt ist. Die beispielhafte Aufzählung im Gesetzestext gab schon immer Anlass zu Kritik: Nicht erfasst werden merkwürdigerweise Fahndungsaufrufe im **Rundfunk** oder in **Kinos** oder über andere Medien. Wird die Frist, wenn auch nur geringfügig, überschritten oder die Bestätigung abgelehnt, so tritt die Anordnung automatisch außer Kraft. Alle Fahndungsmaßnahmen sind unverzüglich aufzuheben bzw. zurückzunehmen.[9] Die Vorstellung des Gesetzgebers, dass eine Veröffentlichung in elektronischen Medien rücknehmbar sei, wenn die Anordnung entfällt, muss angesichts der Realität des Internets korrigiert werden.[10] Offen ist noch, welche Konsequenzen daraus zu ziehen sind. Aus verschiedenen Gründen erscheint hier eine Gesetzesrevision angebracht (vgl. auch Vor § 131, 7).

6 In **allen übrigen in § 131c** genannten **Fällen** (also § 131a Abs. 1 und 2; § 131a Abs. 3 und § 131b, soweit nicht schon durch Absatz 2 Satz 1 erfasst – vgl. Rn. 5) treten gemäß

5 Vgl. auch *Schiffbauer* NJW **2014** 1053.
6 Krit. *Soiné* Kriminalistik **2001** 177; *Brodersen* NJW **2000** 2538.
7 LG Berlin Beschl. v. 17.12.2008 – 501 Qs 208/08; MüKo/*Gerhold* 1.
8 HK/*Ahlbrecht* 2.
9 *Hilger* NStZ **2000** 563.
10 *Schiffbauer* NJW **2014** 1053.

Absatz 2 Satz 2 Eilanordnungen der Ermittlungspersonen außer Kraft, wenn sie nicht binnen einer Woche von der Staatsanwaltschaft bestätigt werden. Dies sind z.B. Anordnungen der Ermittlungspersonen zur einmaligen, also nicht andauernden oder wiederholten Fahndung per Internet, Fernsehen oder Tageszeitung, aber auch Anordnungen dieser Beamten zur wiederholten Fahndung über Aufrufe im Rundfunk und in der Kinowerbung. Die Ausführungen in Rn. 5 am Ende gelten entsprechend.

Maßnahmen, die im Rahmen einer Eilkompetenz gemäß Absatz 1 angeordnet werden und sich innerhalb der **Bestätigungsfrist** des Absatzes 2 **erledigen**, bedürfen keiner Bestätigung. Dies kann namentlich bei Öffentlichkeitsfahndungen relevant werden.[11] 7

V. Überprüfung[12]

Die Überlegungen bei § 131, 30 gelten entsprechend. Für die Überprüfung einer Anordnung nach § 131a Abs. 1 durch die Staatsanwaltschaft ist also der Ermittlungsrichter zuständig.[13] 8

§ 132
Sicherheitsleistung, Zustellungsbevollmächtigter

(1) [1]Hat der Beschuldigte, der einer Straftat dringend verdächtig ist, im Geltungsbereich dieses Gesetzes keinen festen Wohnsitz oder Aufenthalt, liegen aber die Voraussetzungen eines Haftbefehls nicht vor, so kann, um die Durchführung des Strafverfahrens sicherzustellen, angeordnet werden, daß der Beschuldigte
1. eine angemessene Sicherheit für die zu erwartende Geldstrafe und die Kosten des Verfahrens leistet und
2. eine im Bezirk des zuständigen Gerichts wohnende Person zum Empfang von Zustellungen bevollmächtigt.

[2]§ 116a Abs. 1 gilt entsprechend.

(2) Die Anordnung dürfen nur der Richter, bei Gefahr im Verzuge auch die Staatsanwaltschaft und ihre Ermittlungspersonen (§ 152 des Gerichtsverfassungsgesetzes) treffen.

(3) [1]Befolgt der Beschuldigte die Anordnung nicht, so können Beförderungsmittel und andere Sachen, die der Beschuldigte mit sich führt und die ihm gehören, beschlagnahmt werden. [2]Die §§ 94 und 98 gelten entsprechend.

Schrifttum

Böhm Gerichtssprache und Zustellungsbevollmächtigter bei Einspruch gegen Strafbefehl, NJW **2016** 307; *Brodowski* Einspruchseinlegung und Zustellungsvollmacht im Strafbefehlsverfahren gegen fremdsprachige Personen, StV **2016** 210; *Büttner* Zustellungsbevollmächtigte – Zeitbomben im Strafverfahren? DRiZ **2007** 188-190; *Dünnebier* Sicherstellung der Strafvollstreckung durch Sicherheitsleistung (§§ 127a, 132 StPO), NJW **1968** 1752; *Fromm* Über verkehrsrechtliche Verfehlungen durch Inhaber ausländischer Fahrerlaubnisse, SVR **2015** 290; *Geppert* Die Ahndung von Verkehrsverstößen durchreisender Ausländer, GA **1979** 281; *Gietl* Der Zustellungsbevollmächtigte im Strafbefehlsverfahren gegen EU-Ausländer: Eine Betrachtung der Probleme nach europäischem und nationalem Recht, StV **2017** 263; *Greßmann* Strafbefehls-

11 *Brodersen* NJW **2000** 2538.
12 Krit. *Ranft* 761 wegen fehlender Folgeregelungen (Richtigstellung, Wiedergutmachung).
13 OLG Brandenburg NStZ **2007** 54.

https://doi.org/10.1515/9783110274929-042

verfahren mit Auslandsberührung, NStZ **1991** 216; *Gropp* Zum verfahrenslimitierenden Wirkungsgehalt der Unschuldsvermutung, JZ **1991** 804; *Jacoby* Zulässigkeit von Anordnungen gem. § 132 Abs. 1 StPO gegen im Ausland befindliche Beschuldigte, StV **1993** 448; *Kulhanek* Zustellung eines Strafbefehls an Zustellungsbevollmächtigten, JR **2016** 207; *ders.* Anklagen mit Zustellungsbevollmächtigtem, NStZ **2015** 495; *Mayer* Die Zustellungsvollmacht im Strafprozessrecht, NStZ **2016** 76; *Meyer* Grenzen der Unschuldsvermutung, FS Tröndle (1989) 61; *Müllenbach* Die Zulässigkeit einer Anordnung nach § 132 StPO gegen den ausgereisten Beschuldigten, NStZ **2001** 637; *Putzke* Der Richtervorbehalt als Garantie der Unschuldsvermutung, StraFo **2016** 1; *Roth* Direkte Korrespondenz deutscher Staatsanwaltschaften und Strafgerichte mit Verfahrensbeteiligten im Ausland, NStZ **2014** 551; *Seifert* Zustellungsvollmacht, Strafbefehlsverfahren und der fair trial-Grundsatz, StV **2018** 123; *Weiß* Bedienstete der Ermittlungsbehörden als Zustellungsbevollmächtigte i.S.v. § 132 I 1 Nr. 2 StPO? Zugleich Besprechung von LG Berlin, Beschluss vom 3.11.2011 – 526 Qs 22/11, NStZ **2012** 305.

Entstehungsgeschichte

§ 132 hatte früher einen ähnlichen Inhalt, wie aktuell § 115a. Bei Neuregelungen im neunten Abschnitt wurde die Vorschrift durch A Nr. 6 des Gesetzes zur Abänderung der Strafprozessordnung vom 27.12.1926 (RGBl. I S. 529) gestrichen. Die jetzt geltende Vorschrift wurde eingefügt durch Art. 2 Nr. 7 EGOWiG. Die Verweisung auf die §§ 94 und 98 entstammt Art. 21 Nr. 38 EGStGB 1974. Durch Art. 3 Nr. 20 des 1. Justizmodernisierungsgesetzes v. 24.8.2004 (BGBl. I S. 2198) wurde in Absatz 2 das Wort „Hilfbeamten" durch „Ermittlungspersonen" ersetzt.

Übersicht

Alphabetische Übersicht

I. Allgemeines

1. Zweck der Regelung ist die Sicherung der Strafverfolgung und, wie sich aus Absatz 1 Nr. 1 ergibt, auch der Vollstreckung gegen Personen, die einer Straftat dringend verdächtig sind, im Geltungsbereich der StPO keinen festen Wohnsitz oder Aufenthalt haben und bei denen die Voraussetzungen eines Haftbefehls nicht erfüllt sind.[1] Anlassdelikte sind nicht nur Verkehrsstrafsachen;[2] die Vorschrift ist praktisch auch bei Anwendung bei Verstößen gegen das Ausländergesetz oder bei BtM-Delikten relevant.[3] Praktisch dürfte insofern die Bedeutung der Vorschrift an Bedeutung verlieren. Denn es werden zunehmend Möglichkeiten geschaffen, etwa im europäischen Ausland, Urkunden unmittelbar durch die Post zu übersenden (vgl. Art. 52 SDÜ)[4] bzw. gemäß § 37 Abs. 1 StPO i.V.m. § 183 Abs. 1 ZPO durch Einschreiben mit Rückschein zuzustellen.[5] 1

2. Personeller Anwendungsbereich. Umstritten ist, gegen wen Maßnahmen nach § 132 ergehen dürfen: Unstrittig sollen die Anordnungen eine Strafverfolgung **durchreisender Personen** sicherstellen[6] und sind deshalb auch auf Deutsche mit Auslandswohnsitz anwendbar.[7] 2

Umstritten ist, ob Maßnahmen auch gegen Personen ergriffen werden können, die im Inland leben, aber **ohne festen Wohnsitz** und Meldeadresse sind.[8] Der Wortlaut der – für durchreisende Personen gedachten – Vorschrift ist nicht eindeutig. Für die Möglichkeit der Anordnung einer Zustellungsbevollmächtigung scheint auf den ersten Blick das Verhältnismäßigkeitsprinzip zu sprechen, wenn Maßnahmen nach § 132 eine Verfahrensdurchführung sicherstellen und gleichzeitig Haft vermieden werden können.[9] Hier dürfte es jedoch auf den Einzelfall ankommen, denn die Anordnung einer Zustellungsbevollmächtigung kann nur bei ganz formalistischer Betrachtungsweise als Zwangsmaßnahme ohne Eingriffscharakter angesehen werden;[10] faktisch verändert sie die Rechtsposition von Beschuldigten nachhaltig. Milder ist die Anordnung einer Zustellungsbevollmächtigung *per se* nur, wenn ein Beschuldigter, dem Schriftstücke nicht postalisch zugestellt werden können, faktisch in der Lage ist, sich eigeninitiativ beim Bevollmächtigten über den Eingang von Schriftstücken kundig zu machen. Einzelheiten § 127a, 2 (s. Rn. 9). 3

Zweifelhaft ist ferner, ob gegen Personen, die sich (bereits) **im Ausland befinden**, noch Maßnahmen nach § 132 möglich sind, da dann etwa eine Durchsetzung nach Absatz 3 gar nicht mehr erfolgen kann.[11] Auch hier kommt es auf den Einzelfall an: Ist etwa 4

---

1 *Büttner* DRiZ **2007** 189; Zu verfassungsrechtlichen Fragen: *Amendt* 20, 41 ff., 159; *Geppert* GA **1979** 281; *Gropp* JZ **1991** 804; *Krauß* in: *Müller-Dietz* Strafrechtsdogmatik und Kriminalpolitik (1971) 161; *Meyer* FS Tröndle 61.

2 Vgl. zu deren praktischer Relevanz: *Fromm* SVR **2015** 290.

3 *Greßmann* NStZ **1991** 216.

4 Vgl. auch RiVASt Anh. II Anl. III sowie Art. 5 EURHÜbk v. 29.5.2000; zum Ganzen: vgl. Schomburg/Lagodny/Gleß/Hackner/*Gleß* Art. 52 SDÜ Rn. 1 ff.

5 Meyer-Goßner/*Schmitt* § 37, 25 f.; SSW/*Mosbacher*/*Claus* § 37, 38 ff.; LR/*Graalmann-Scheerer* § 37, 88 f.; KK/*Maur* § 409, 20; *Roth* NStZ **2014** 551 ff.

6 *Büttner* DRiZ **2007** 189; s. auch LG Erfurt NStZ-RR **1996** 180 (kein Verstoß gegen Art. 6 EGV); zur Vereinbarkeit mit EMRK-Vorgaben vgl. LG Landshut Beschl. v. 24.3.2016 – J Qs 76/16.

7 *Geppert* GA **1979** 281. Vgl. auch BayObLG Rpfleger **1996** 41.

8 LG Magdeburg NStZ **2007** 544; Zum Streitstand: *Mayer* NStZ **2016** 80; aus der früheren Literatur: *Plonka* Die Polizei **1973** 145; *Seetzen* NJW **1973** 2001.

9 *Kulhanek* NStZ **2015** 495 ff.

10 Vgl. etwa *Kulhanek* NStZ **2015** 496.

11 *LG Hamburg* NStZ **2006** 719 f.; Meyer-Goßner/*Schmitt* 1; SK/*Paeffgen* 2; KK/*Schultheis* 1; *Jakoby* StV **1993** 448.

mit einer Wiedereinreise in absehbarer Zeit zu rechnen,[12] kann eine Maßnahme nach § 132 zulässig sein.[13]

5 **3. EU-Diskriminierungsverbot.** Maßnahmen nach § 132 dürfen nicht in rechtswidriger Weise gegen **Ausländer diskriminieren**. Die Frage, wann dies der Fall ist, stellte sich bereits vor der europäischen Integration, etwa in Zusammenhang mit Art. 36 Abs. 1 der Rhein-Schiffahrtsakte[14] der verbietet, Prozesskautionen von Ausländern ihrer Nationalität wegen zu erheben, Maßnahmen nach § 132 wurden lange als nicht-diskriminierend angesehen, weil sie nicht wegen der Nationalität, sondern wegen Fehlens des Wohnsitzes in der Bundesrepublik erhoben wurden.

6 Das Problem unzulässiger Diskriminierung stellt sich heute aber aus neuer Perspektive mit Blick auf **EU-Ausländer**. Da **EU-Justizgrundrechte** (Art. 21, 45, 49 und 56 AEUV), die **RL 2012/13** und **die Rechtsprechung des EuGH** auf einen für alle EU-Bürger geltenden unionsweiten Mindeststandard von **Verteidigungsrechten** zielen, erscheint die Zulässigkeit einer Anordnung einer Zustellungsbevollmächtigung mit dem Ziel eines späteren Erlasses eines Strafbefehls als nicht EU-rechtskonform.[15] Wenn ein Strafbefehl nach Zustellung an einen Zustellungsbevollmächtigten nach zwei Wochen in Rechtskraft erwächst (§ 410 Abs. 1), selbst wenn eine beschuldigte Person vom Zustellungsbevollmächtigten nicht oder zu spät informiert wird, gilt diese Regelung zwar für In- und Ausländer gleichermaßen,[16] aber faktisch treffen Nachteile vor allem Beschuldigte aus dem Ausland oder obdachlose Personen, die für einwandfreie Arbeit ihrer Zustellungsbevollmächtigten (trotz möglicher Sprachschwierigkeiten[17] oder Unkenntnis der jeweiligen Rechtsordnung) einstehen müssen, ohne dass sie die Unwägbarkeiten von Zustellung und Weiterleitung beeinflussen können.[18] Einen Ausweg weist die EuGH-Rechtsprechung, zur **europarechtskonformen Anwendung** von nationalem Recht.[19] Es genügt danach, wenn durch entsprechende Rechtspraxis sichergestellt wird, dass Beschuldigte nicht aufgrund ihres Wohnortes diskriminiert werden.[20] In der Konsequenz ist durch die Rechtsanwendung sicherzustellen, dass im EU-Ausland lebende Beschuldigte tatsächlich (und letztlich verschuldensunabhängig)[21] über die volle Frist von zwei Wochen für einen Einspruch gegen einen Strafbefehl verfügen[22] und keine anderen negativen Konsequenzen erleiden. Eine Lösung kann entweder über eine Hemmung des Laufs der Einspruchsfrist trotz Zustellung an den Bevollmächtigten oder über eine entsprechende Handhabung der Wiedereinsetzung in den vorigen Stand bewerkstelligt wer-

---

12 LG Hamburg NStZ **2006** 719; KK/*Schultheis* 1; *Müllenbach* NStZ **2001** 637.

13 *Mayer* NStZ **2016** 80; *Müllenbach* NStZ **2001** 637.

14 BGBl. 1969 II S. 597; BGBl. 1974 II S. 1385.

15 *Böhm* NJW **2016** 307; *Brodowski* StV **2016** 211; *Gietl* StV **2017** 263; *Kulhanek* JR **2016** 210 ff.; *Seifert* StV **2018** 124. Zur unmittelbaren Anwendbarkeit von EU-Richtlinien im Bereich der Strafrechtspflege: Schomburg/Lagodny/Gleß/Hackner/*Gleß*/*Wahl* Einleitung Hauptteil 3 Rn. 52a.

16 OLG München NStZ-RR **2016** 249; vgl. auch *Mayer* NStZ **2016** 76 ff.

17 Zur Stärkung der Dolmetscherrechte: EuGH *Sleutjes*, Urt. v. 12.10.2017 – C-278/16 = StV **2018** 70 m. Anm. *Brodowski*/*Jahn*.

18 Vgl. *Kulhanek* JR **2016** 210 sowie AG Ludwigshafen SVR **2010** 277.

19 EuGH *Covaci*, Urt. v. 15.10.2015 – C-216/14 = NJW **2016** 303 m. Anm. *Böhm* = StV **2016** 205 m. Anm. *Brodowski* sowie EuGH *Tranca u.a.*, Urt. v. 22.3.2017 – C-124/16, C-188/16, C-213/16 = JR **2017** 488 m. Anm. *Zündorf* 488 ff. = StV **2018** 69 m. Anm. *Brodowski*. Demgegenüber halten SSW/*Satzger* 2 und *Gietl* StV **2017** 265 f. und 267 eine Anordnung der Zustellungsbevollmächtigung wegen Verstoßes gegen das Diskriminierungsverbot (Art. 18 AEUV) für prinzipiell unanwendbar gegenüber EU-Ausländern.

20 Vgl. *Brodowski* StV **2018** 69 sowie *Brodowski*/*Jahn* StV **2018** 71.

21 *Brodowski* StV **2018** 70; **a.A.** *Kulhanek* JR **2016** 207.

22 EuGH *Covaci*, Urt. v. 15.10.2015 – C-216/14 = NJW **2016** 303, 306; *Seifert* StV **2018** 124 f.

den,[23] verbunden mit einer entsprechenden Handhabung der Kostenfolge[24] und einer modifizierten Belehrung, die klar die besonderen Rechte von EU-Bürgern zum Ausdruck bringt.[25]

4. Verhältnismäßigkeit. Entscheidungen über Maßnahmen nach § 132 unterliegen 7
dem Verhältnismäßigkeitsprinzip.[26] Die anordnenden Stellen müssen zum einen prüfen, ob nicht mildere, gleich geeignete Optionen zur Verfügung stehen, etwa eine Aburteilung im beschleunigten Verfahren (§§ 417 ff.)[27] oder eine direkte Zustellung von Schriftstücken an Beschuldigte im Wege der Rechtshilfe.[28] Zum anderen kann die Verhältnismäßigkeit im engeren Sinne eine Einstellung nach § 205 oder eine andere mildere Maßnahme gebieten.[29]

II. Anordnung

1. Voraussetzungen (Absatz 1). Die Anordnung, eine Sicherheit zu leisten, ist von 8
drei Voraussetzungen abhängig, die mit denen des § 127a weitgehend übereinstimmen:

a) Wohnsitz. Maßnahmen nach § 132 können nur gegenüber denjenigen Beschul- 9
digten angeordnet werden, die keinen festen Wohnsitz oder Aufenthalt im Geltungsbereich der StPO haben. Fraglich ist, ob Anordnungen gegenüber Beschuldigten zulässig sind, die sich zwar ständig im Geltungsbereich der Strafprozessordnung aufhalten, aber keinen festen Wohnsitz und keine Meldeadresse haben (s. Rn. 3).[30] Da der Wortlaut der Vorschrift nicht eindeutig ist, stellt sich hier die Frage nach dem im Einzelfall zulässigen und verhältnismäßigen Vorgehen: Die Anordnung einer Zustellungsbevollmächtigung kann ein schonenderes Mittel sein, das den Beschuldigten auf freiem Fuß belässt, wenn der Schriftwechsel über einen Zustellungsbevollmächtigten geführt werden kann. Allerdings kann der Zustellungsbevollmächtigte mangels bekannter Nachsendeanschrift, die Schriftstücke nicht auf dem Postweg weiterleiten. Der Weg ist also nur gangbar, wenn der von der Haft verschonte Beschuldigte, sich eigeninitiativ beim Bevollmächtigten kundig machen kann; für Einzelheiten siehe § 127a, 2.[31]

b) Dringender Tatverdacht. Der Beschuldigte muss einer Straftat dringend ver- 10
dächtig (§ 112, 16) sein.

---

23 EuGH *Tranca u.a.*, Urt. v. 22.3.2017 – C-124/16, C-188/16, C-213/16 = JR **2017** 488 m. Anm. *Zündorf* 488 ff. = StV **2018** 69 m. Anm. *Brodowski*; Meyer-Goßner/*Schmitt* Rn. 9a; *Böhm* NJW **2016** 307; *Brodowski* StV **2016** 211; *Kulhanek* JR **2016** 210 ff.
24 Kosten nach § 473 Abs. 7 fallen der Staatskasse zur Last; *Brodowski* StV **2016** 211.
25 *Brodowski* StV **2018** 70.
26 Dazu etwa: *Fromm* SVR **2015** 290.
27 Vgl. zur Verhältnismässigkeitsprüfung bei Maßnahmen gegenüber EU-Ausländern: LG Landshut Beschl. v. 24.3.2016 – J Qs 76/16.
28 AG Kehl Beschl. v. 21.3.2016 – 3 Cs 206 Js 5241/15; vgl. Schomburg/Lagodny/Gleß/Hackner/*Gleß* Art. 52 SDÜ Rn. 1 ff.
29 Vgl. dazu einerseits LG Offenburg Beschl.v. 29.9.2015, Az. 3 Qs 84/15 und andererseits LG Hamburg NStZ **2006** 719 und LG Dresden Beschl. v. 23.1.2015 – 3 Qs 7/15 sowie AG Kehl Beschl. v. 3.3.2015 – 3 Cs 206 Js 13333/14.
30 Zum Streitstand: *Mayer* NStZ **2016** 80.
31 LG Frankfurt StV **1988** 381 (auch zum Versuch, den Wohnsitz durch Ausreise aufzugeben); LG Magdeburg NStZ **2007** 544; vgl. auch *Geppert* GA **1979** 281.

11 **c) Kein Haftbefehl.** Die Voraussetzungen eines Haftbefehls dürfen nicht vorliegen. Die Formulierung ist ungenau. Die **Voraussetzungen eines Haftbefehls** (ein Ausdruck der sonst nur noch in § 127 Abs. 2, § 127a Abs. 1 vorkommt) sind dringender Tatverdacht, Haftgrund und die Verhältnismäßigkeit (Vor § 112, 45; § 112, 15, 60). Da mit dem Verlangen, dass die Voraussetzungen eines Haftbefehls nicht vorliegen dürfen, der dringende Tatverdacht, der als erste Voraussetzung des Verfahrens aufgestellt worden ist, nicht wieder preisgegeben werden kann, muss man den Eingang des § 132 in folgender **Formulierung lesen**: „Hat der Beschuldigte im Geltungsbereich dieses Gesetzes keinen festen Wohnsitz oder Aufenthalt und ist er einer Straftat dringend verdächtig, liegen aber die *sonstigen* Voraussetzungen eines Haftbefehls nicht vor, ...“.

12 **2. Strafart.** Der Wortlaut schließt (wenngleich nicht so eindeutig wie in § 127a) eine Maßnahme aus, wenn eine Freiheitsstrafe oder eine freiheitsentziehende Maßregel zu erwarten ist. Aus der Formulierung „zu erwartende **Geldstrafe** und die Kosten des Verfahrens“ (Absatz 1 Nr. 1) lässt sich aber ableiten, dass das Verfahren wie das des § 127a nur zulässig ist, wenn „nicht damit zu rechnen ist, dass wegen der Tat eine Freiheitsstrafe verhängt oder eine freiheitsentziehende Maßregel der Besserung und Sicherung angeordnet wird“ (§ 127 Abs. 1 Nr. 1). In dieser Formulierung ist die Vorschrift zu lesen.[32] Da die Sicherheit nur die Geldstrafe abgelten kann, ist es für die Anwendung der Vorschrift bedeutungslos, dass ein **Fahrverbot** oder die Entziehung der Fahrerlaubnis zu erwarten ist.[33]

13 **3. Sicherheitsleistung.** Liegen die genannten Voraussetzungen vor, kann angeordnet werden, dass der Beschuldigte eine angemessene Sicherheit für die zu erwartende Geldstrafe und die Kosten des Verfahrens leistet (Absatz 1 Satz 1 Nr. 1). Die Entscheidung steht im pflichtgemäßen Ermessen der in Absatz 2 genannten Organe. Die Anordnung bedarf keiner Begründung.[34] Ist die Verhältnismäßigkeit fraglich, sollte eine Anordnung unterbleiben.[35] Gericht und Staatsanwaltschaft[36] (grundsätzlich jedoch nicht die Ermittlungspersonen, es sei denn, die Verhältnismäßigkeit ist erkennbar fraglich) können von der Anordnung absehen, wenn eine Einstellung gemäß § 153 in Betracht kommt. Falls eine **Einstellung nach § 153a** in Erwägung gezogen werden könnte, soll es zulässig sein, den Beschuldigten zu fragen, ob er im voraus (analog § 132) mit der Verrechnung der Sicherheit gegen eine Geldauflage einverstanden sei;[37] diese kann bei Verfahrenseinstellung mit Zustimmung des Angeklagten verrechnet werden.[38] Wegen der Art der Sicherheitsleistung und wegen ihrer Bemessung s. § 127a, 7, 8.

14 **4. Zustellungsbevollmächtigung.** Die **Anordnung einer Zustellungsbevollmächtigung** (Absatz 1 Nr. 2)[39] für ein bestimmtes Strafverfahren[40] steht im pflichtgemäßen Ermessen der in Absatz 2 genannten Organe.[41] Umstritten ist, welche Kriterien im Einzel-

---

32 *Dünnebier* NJW **1968** 1753; *Mayer* NStZ **2016** 81.
33 KK/*Schultheis* 4; Meyer-Goßner/*Schmitt* 6; SK/*Paeffgen* 3.
34 KK/*Schultheis* 5; Meyer-Goßner/*Schmitt* 10; SK/*Paeffgen* 4.
35 Vgl. SK/*Paeffgen* 3; KK/*Schultheis* 5; **a.A.** für Ermittlungspersonen wohl AK/*Krause* 9.
36 KK/*Schultheis* 5; vgl. aber AK/*Krause* 9.
37 KK/*Schultheis* 5; Meyer-Goßner/*Schmitt* 11; AK/*Krause* 10; krit.: SK/*Paeffgen* 4; *Geppert* GA **1979** 281; vgl. auch *Hanack* FS Gallas 339.
38 OLG Celle Beschl. v. 30.3.2015 – 1 Ws 90/15.
39 Ausf. zur Zustellungsbevollmächtigung: *Mayer* NStZ **2016** 76 ff.
40 *Büttner* DRiZ **2007** 189.
41 OLG Celle Beschl. v. 13.8.2012 – 2 Ws 195/12; zur Wirkung der Zustellung: *Mayer* NStZ **2016** 78.

nen an die Auswahl der Zustellungsbevollmächtigten zu stellen sind (vgl. auch § 127a, 10; § 116a, 14, 15).[42] In der Praxis werden oft geschäftsplanmäßig zur Entgegennahme von Zustellungen bestellte Bedienstete der Amtsgerichte benannt (vgl. Nr. 60 Abs. 1 Satz 2 RiStBV). Dies geschieht sogar ohne Namensnennung, wenn die Bestimmbarkeit anhand eines Geschäftsverteilungsplanes gegeben ist.[43] Fraglich ist, ob ein solches Vorgehen sachgerecht ist.[44] Insbesondere mit Blick auf EU-Vorgaben zur Sicherung von Verfahrensrechten aller (speziell auch ausländischer Beschuldigter) und der weitreichenden Folgen einer verfahrenssichernden Zustellungsvollmacht, ist dem LG Berlin in seinen Bedenken beizupflichten, wenn routinemäßig Personen **„aus dem Lager der Strafverfolgungsbehörden"** als Zustellungsbevollmächtigte ernannt werden.[45] Die bestehende Praxis kann sich zwar auf pragmatische Überlegungen stützen: Indem ein für die Behörden möglichst unkompliziertes Vorgehen möglich ist, wird etwa eine Verfahrensführung im Bereich massenhafter Bagatellkriminalität überhaupt tragbar.[46] Außerdem müssen Zustellungsbevollmächtigte ohnehin nicht per se als Interessensvertreter von Beschuldigten agieren[47] und eine Tätigkeit bei den Ermittlungsbehörden begründet nicht an sich Zweifel an einer ordnungsgemäßen Befolgung der mit der Zustellungsbevollmächtigung verbundenen Pflichten, insbesondere zur Weiterleitung von Schriftstücken.[48] Gleichwohl ist der Anschein eines „Insichgeschäfts der Justiz" nicht von der Hand zu weisen und erscheint vor dem Hintergrund der Rechtsentwicklung in der EU fragwürdig. Mit einer routinemäßigen Bestellung von Justizangestellten zu Zustellungsbevollmächtigten von Abwesenden ersetzen staatliche Behörden einen Willensakt der regelmäßig ausländischen Beschuldigten mit weitreichenden Konsequenzen für die Wahrnehmung der Verteidigungsrechte. Deshalb sollte die Ernennung von Justizbediensteten zu Zustellungsbevollmächtigten zumindest mit gewissen Sicherungsmaßnahmen für die Verteidigungsrechte flankiert werden. So sollten Zustellungsbevollmächtigte namentlich bezeichnet und verpflichtet werden, die Wahrnehmung ihrer Pflichten, insbesondere die Weiterleitung von Schriftstücken, im konkreten Fall zu dokumentieren.[49]

Die **Zustellungsvollmacht** umfasst Zustellungen jeder Art. Eine wirksame Zustel- 15
lung unterbricht die Verjährung.[50] Die Zustellungsvollmacht von Wahlverteidigern erlischt nicht, wenn sie etwa durch einen Antrag auf Bestellung als Pflichtverteidiger konkludent ihr Mandat niederlegen und dadurch ihre allgemeine Strafprozessvollmacht erlischt. Eine nachträgliche Änderung der Gesamtsituation (etwa Vorliegen der Bedingungen für einen Haftbefehl) oder eine einseitige Verzichtserklärung von Bevollmächtigten vor Abschluss des Verfahrens bringen eine Zustellungsvollmacht grundsätzlich nicht

---

42 OLG Düsseldorf VRS **71** (1986) 369; BayObLG JR **1990** 36 m. Anm. *Wendisch*; *Greßmann* NStZ **1991** 216 (Bevollmächtigte können z.B. sein: Vertreter eines Automobilclubs, Rechtsanwalt, Angehöriger der Strafverfolgungsbehörde oder des Gerichts, Freund oder Angehöriger des Beschuldigten, Spediteur); vgl. auch OLG München MDR **1995** 405 (Zustellung eines Urteils) sowie Nr. 60 RiStBV.

43 HK/*Posthoff* § 127a Rn. 6 m.w.N.; KMR/*Wankel* § 127a, 8; LG Landshut Beschl. v. 20.8.2013 – 6 Qs 86/13; *Weiß* NStZ **2012** 305; *Mayer* NStZ **2016** 78 m.w.N.

44 Vgl. KK/*Schultheis* § 127a, 6; *Greßmann* NStZ **1991** 217.

45 LG Berlin NStZ **2012** 334 (betr. ein an verschiedenen Verfahrensmängeln leidenden Strafverfahren); vgl. auch *Weiß* NStZ **2012** 305 f.; OLG München Beschl. v. 29.11.2012 – 4 VAs 055/12.

46 Vgl. dazu: *Seifert* StV **2018** 123.

47 *Weiß* NStZ **2012** 306 mit Verweis auf Gesetzgebungsmaterialien BTDrucks. **V** 2601 S. 18; *Mayer* NStZ **2016** 78.

48 SSW/*Mosbacher*/*Claus* § 37, 44; *Weiß* NStZ **2012** 305 mit Hinweis auf § 168 ZPO.

49 Vgl. auch *Seifert* StV **2018** 124 und 126.

50 AG Ludwigshafen SVR **2010** 277.

zum Erlöschen.[51] Im Interesse der Rechtssicherheit bleibt sie so lange in Kraft, bis der Vollmachtgeber Dritten gegenüber das Erlöschen angezeigt hat.[52]

16 **5. Zuständigkeit (Absatz 2). Anordnungsberechtigt** sind das Gericht, bei Gefahr im Verzug auch die Staatsanwaltschaft und ihre Ermittlungspersonen.[53] Örtlich zuständig ist das Amtsgericht, in dessen Bezirk die Handlung vorzunehmen ist (§ 162 Abs. 1 Satz 1). Weil die Sicherheit aus Anlass einer Straftat verlangt wird und der Beschuldigte im Geltungsbereich der Strafprozessordnung keinen festen Wohnsitz oder Aufenthalt hat, wird die Prozesshandlung regelmäßig beim Richter des Amtsgerichts, das für den Tatort zuständig ist, wahrzunehmen sein. Strittig ist, ob auch das Amtsgericht zuständig sein kann, in dessen Bezirk sich die beschuldigte Person aufhält.[54]

17 Offen ist, wie mit verschiedenen praktischen Schwierigkeiten umzugehen ist, wenn die **örtliche Zuständigkeit** aufgrund der Lebensumstände von Beschuldigten, für die Gerichte und Behörden unklar ist, namentlich ob zwingend über die reine Wohnungsanmeldung hinaus ein tatsächlicher, wenngleich nicht notwendig ununterbrochener Aufenthalt an einem Ort des Gerichtsbezirks vorliegen muss[55] bzw. ob es bei „beweglicher Zuständigkeit" genügt, wenn die Person in einem der denkbaren Bezirke wohnt. Der Gesetzeswortlaut ist hier wenig ergiebig und die konkrete Interessensabwägung hängt vom jeweiligen Einzelfall ab.[56]

18 Ein **Zuständigkeitswechsel** im weiteren Verfahrensverlauf – etwa nach Erhebung der öffentlichen Klage – hat auf die Wirksamkeit der Bevollmächtigung grundsätzlich keinen Einfluss. Gleichzeitig kann ein Gericht aber – etwa wenn der Bevollmächtigte umzieht – einen Austausch veranlassen und muss dies im Rahmen des pflichtgemäßen Ermessens auch.[57]

19 Bei **Gefahr im Verzug** sind auch die Staatsanwaltschaft und ihre Ermittlungspersonen (§ 152 GVG) zuständig. Gefahr im Verzug liegt vor, wenn die Abforderung der Sicherheit und notfalls die Beschlagnahme der Beförderungsmittel (Absatz 3) gefährdet wäre aufgrund der Verzögerung, die eintreten würde, wenn eine richterliche Anordnung erwirkt werden müsste.[58] Grundsätzlich gelten hier die Ausführungen bei § 131, 10 sinngemäß. Allerdings wurde diese Gefahr in der Praxis häufig als gegeben angenommen mit Hinweis auf die fehlende Möglichkeit, den Beschuldigten, nachdem die Amtsverrichtung zur Aufklärung der Straftat beendet ist, an der Fortbewegung zu hindern.[59] In Zeiten moderner Kommunkationsmittel sollte es aber regelmäßig möglich sein, ein **Gericht** zu informieren, insbesondere wenn ein Beschuldigter eine richterliche Entscheidung abwarten will.[60] Ein Richter kann dann – gegebenenfalls auch telefonisch – rechtliches Gehör gewähren.[61] Eine Anordnung der **Staatsanwaltschaft** wird kaum in Betracht kommen. Denn wenn die Staatsanwaltschaft zu erreichen ist, ist es meist auch

---

51 Vgl. zu dieser Problematik OLG Dresden StV **2006** 8; Meyer-Goßner/*Schmitt* Einl. 118; KK/*Fischer* Einl. 405.
52 KG Beschl. v. 19.9.2011 – (2) 1 Ss 361/11 (53/11).
53 *Mayer* NStZ **2016** 80 und 82.
54 S. dazu einerseits: *Dünnebier* NJW **1968** 1754 und andererseits: *Büttner* DRiZ **2007** 190.
55 KMR/*Wankel* § 127a, 8. Vgl. zum Begriff des „Wohnens" auch SK/*Paeffgen* § 116a, 6: tatsächlicher Lebens- (Arbeits-)Schwerpunkt.
56 OLG Düsseldorf VRS **71** (1986) 369, 370; SSW/*Herrmann* § 116a, 24 m.w.N.; vgl. auch *Dünnebier* NJW **1968** 1752, 1754; OLG Koblenz NStZ-RR **2004** 373, 374 f.
57 Vgl. dazu LR/*Hilger*[26] § 116a, 20; SK/*Paeffgen* § 116a, 6; KK/*Graf* § 116a, 7.
58 OLG Düsseldorf VRS **71** (1986) 369; *Dünnebier* NJW **1968** 1754.
59 Vgl. dazu etwa: *Putzke* StraFo **2016** 4 ff.
60 *Seifert* StV **2018** 124 f.
61 Zu den Einzelheiten: *Seifert* StV **2018** 125.

ein Gericht. Die Anordnung einer Ermittlungsperson der Staatsanwaltschaft kann auch mündlich eröffnet werden. Das wird oft geboten sein. Dann sollte sie schriftlich bestätigt werden.[62] Die gleichzeitige Anordnung einer Zustellungsbevollmächtigung mit einer von der Staatsanwaltschaft veranlassten **Ausschreibung** ist rechtswidrig und eine darauf gegründete Zustellung an den Bevollmächtigten entsprechend unwirksam.[63]

Polizeibeamte, denen die Eigenschaft einer Ermittlungsperson der Staatsanwaltschaft fehlt, sind – anders als in § 127a (§ 127a, 11) – nicht berechtigt, die Anordnung zu erteilen.[64] 20

Nach dem Wortlaut des Gesetzes kann auch der **erkennende Richter** (§ 28, 12ff.) die Anordnung erlassen; dies kann entsprechend dem Gang der Hauptverhandlung ausnahmsweise möglich und notwendig sein. Gerichtliche Anordnungen ergehen als **Beschluss**, nachdem die Staatsanwaltschaft (§ 33 Abs. 2) und der Beschuldigte (§ 33 Abs. 3) gehört worden sind, soweit nicht § 33 Abs. 4 einschlägt. 21

Die **Anhörung** von Beschuldigten vor einer richterlichen Anordnung, dass eine Zustellungsvollmacht zu erteilen ist, erfolgt gem. § 33[65] ggf. auch telefonisch.[66] Eine Ausnahme nach § 33 Abs. 4 ist regelmäßig nur gegeben, wenn die Anhörung aus tatsächlichen Gründen, z.B. weil ein notwendiger Dolmetscher nicht (rechtzeitig) zur Verfügung steht, nicht durchführbar ist, solange der Beschuldigte dem Zugriff der Strafverfolgungsbehörden unterliegt.[67] Kann eine Anhörung zunächst nicht durchgeführt werden, so ist sie zu einem späteren Zeitpunkt nachzuholen, wenn sich dann die Möglichkeit ergibt.[68] Wird eine Anhörung unterlassen, obwohl sie nach den konkreten Umständen möglich gewesen wäre, ist die erteilte Zustellungsvollmacht unwirksam. Dies ist auch ohne Beschwerde des Beschuldigten gegen die Anordnungsentscheidung von Amts wegen zu berücksichtigen. 22

In Eilfällen kann das Verfahren dort, wo der Beschuldigte angetroffen wird, durchgeführt werden.[69] Ist eine **Identitätsfeststellung** notwendig, so kann der Beschuldigte gemäß § 163b Abs. 1 Satz 2 festgehalten werden. § 127 Abs. 2 findet mangels Haftgrundes oder Verhältnismäßigkeit keine Anwendung.[70] Die Voraussetzungen einer Festnahme gemäß § 127 Abs. 1 Satz 1 dürften selten erfüllt sein. 23

6. Rechtsmittel. Beschuldigte haben das Recht, um richterliche Entscheidung nachzusuchen, wenn ein Beamter – Staatsanwalt oder Ermittlungsperson der Staatsanwaltschaft – Maßnahmen nach § 132 angeodnet hat. Dieses Recht folgt aus **§ 98 Abs. 2**, dessen Sätze 2 und 7 nach allgemeiner Auffassung überall dort anzuwenden sind, wo die Staatsanwaltschaft oder eine ihrer Ermittlungspersonen bei Gefahr im Verzug (statt das an sich zuständige Gericht) zu handeln ermächtigt sind.[71] 24

Gegen gerichtliche Entscheidungen oder gegen eine selbständige Anordnung (Rn. 7) ist die **Beschwerde** statthaft (§ 304 Abs. 1). Da diese grundsätzlich unbefristet ist, trifft 25

---

62 SK/*Paeffgen* 7; KMR/*Wankel* 4; *Dünnebier* NJW **1968** 1755.
63 LG Dresden NStZ-RR **2013** 286.
64 SK/*Paeffgen* 6; KK/*Schultheis* 7; Meyer-Goßner/*Schmitt* 12.
65 vgl. etwa AG Kehl Beschl. v. 4.11.2015 – 2 Cs 308 Js 20828/14; SK/*Paeffgen* 7; KMR/*Wankel* 4.
66 Zur telefonischen Anhörung BVerfG NJW **1994** 783 = NStZ **1994** 246.
67 LG Kehl Beschl. v. 4.11.2015 – 2 Cs 308 Js 20828/14; KK/*Maul* § 33, 12ff.; Meyer-Goßner/*Schmitt* § 33, 15ff.
68 Vgl. AG Kehl NStZ-RR **2016** 17, 18; LG Kehl Beschl. v. 4.11.2015 – 2 Cs 308 Js 20828/14.
69 SK/*Paeffgen* 5; KK/*Schultheis* 6; vgl. auch *Eb. Schmidt* Nachtr. II 7.
70 KK/*Schultheis* 6; SK/*Paeffgen* 5; vgl. OLG Düsseldorf VRS **71** (1986) 369.
71 KK/*Schultheis* 8; Meyer-Goßner/*Schmitt* 12; KMR/*Wankel* 6; *Dünnebier* NJW **1968** 1755; *Geppert* GA **1979** 281; *Greßmann* NStZ **1991** 216; *Seifert* StV **2018** 126; **a.A.** SK/*Paeffgen* 7 (§ 23 EGGVG).

das Gericht keine Belehrungspflicht (§ 35a); jedoch dürfte eine Belehrung regelmäßig deshalb angebracht sein, weil die Beschuldigten überwiegend Ausländer sein werden, denen das deutsche Recht nicht geläufig ist. Ist die Entscheidung ausnahmsweise die eines erkennenden Gerichts, ist die Beschwerde unzulässig (§ 305 Satz 1). Es besteht kein Anlass, eine Analogie zu § 305 Satz 2 zu suchen.[72] Die Anordnung, eine Sicherheit zu leisten, ist nicht vollstreckbar (Rn. 27) und daher den Entscheidungen des § 305 Satz 2 nicht gleichzustellen. Kommt es zur Beschlagnahme (Absatz 3), ist die Beschwerde auch gegen die Entscheidung eines erkennenden Gerichts statthaft (§ 305 Satz 2).[73] **Dritte** haben grundsätzlich kein Beschwerderecht gegen eine Anordnungsentscheidung nach § 132, selbst wenn etwa eine beschuldigte Person zur Abwendung einer Beschlagnahme nach § 132 Abs. 3 fremde Geldmittel benutzt.[74]

26 **7. Leistung der Sicherheit.** Zu Art und Bemessung der Sicherheit s. § 127a, 7, 8. Leistet der Beschuldigte die Sicherheit und bestellt er einen Zustellungsbevollmächtigten, ist eine Beschlagnahme unzulässig. Der Beschuldigte kann seinen Aufenthalt fortsetzen oder den Geltungsbereich der Strafprozessordnung verlassen. Im Übrigen nimmt das Verfahren seinen Fortgang. Häufig wird durch **Strafbefehl** oder im **Abwesenheitsverfahren** entschieden. Das zu § 127a, 14 Ausgeführte gilt auch hier. Bei einer **Verfahrenseinstellung** nach Erfüllung der Auflagen kann eine Geldauflage mit Zustimmung des Angeklagten mit einer Sicherheitsleistung verrechnet werden.[75]

III. Beschlagnahme (Absatz 3)

27 **1. Art der Beschlagnahme (Satz 1).** Die Anordnung, eine Sicherheit zu leisten, kann nicht zwangsweise vollstreckt werden. Zum Ausgleich sieht das Gesetz einen mittelbaren Zwang vor. Leistet die beschuldigte Person keine Sicherheit oder bestellt sie keinen Zustellungsbevollmächtigten, der im Gerichtsbezirk wohnt oder den das Gericht zugelassen hat, dann können Beförderungsmittel und andere Sachen beschlagnahmt werden, die der Beschuldigte mit sich führt und die ihm allein[76] gehören. Das – formale, nicht das wirtschaftliche[77] – Eigentum muss feststehen.[78] Nicht zur Beschlagnahme geeignet sind Gegenstände, die der Einziehung (§§ 111b, 111c) unterliegen, wohl aber solche, die auch als Beweismittel in Betracht kommen können.[79] Wird ein Gegenstand als Sicherheitsersatz und zur Erzwingung der Bestellung eines Bevollmächtigten beschlagnahmt, so ist dies kenntlich zu machen, weil die Beschlagnahmen, da sie unterschiedlichen Zwecken dienen, auch zu unterschiedlichen Zeitpunkten enden können.[80] Die Beschlagnahmebefugnis umfasst auch das Recht, zur Auffindung von Beschlagnahmegegenständen die Person, das Kraftfahrzeug, den Wohnwagen und die Ladung des Beschuldigten zu durchsuchen.[81]

---

72 **A.A.** MüKo/*Gerhold* 17.
73 *Geppert* GA **1979** 281; SK/*Paeffgen* 12.
74 LG Heilbronn Beschl. v. 6.9.2017 – 8 Qs 41/17.
75 OLG Celle Beschl. v. 30.3.2015 – 1 Ws 90/15.
76 KK/*Schultheis* 12; SK/*Paeffgen* 10; Meyer-Goßner/*Schmitt* 14; vgl. BGHSt **2** 337.
77 So aber KMR/*Wankel* 5.
78 H.M.; vgl. LG Krefeld DAR **1966** 192. Zur Frage eines gesetzlichen Sistierungsrechts de lege ferenda hinsichtlich fremder Fahrzeuge *Geppert* GA **1979** 281.
79 Vgl. Meyer-Goßner/*Schmitt* 14.
80 KK/*Schultheis* 10; Meyer-Goßner/*Schmitt* 16.
81 *Geppert* GA **1979** 281; KK/*Schultheis* 11; Meyer-Goßner/*Schmitt* 19; krit.: SK/*Paeffgen* 11.

Der Grundsatz der **Verhältnismäßigkeit** (Übermaßverbot) ist auch hier zu beachten (allgemein s.o. Rn. 5). Keinesfalls darf der Wert, der als Sicherheitsersatz beschlagnahmten Gegenstände, die zu erwartende Geldstrafe nebst Verfahrenskosten überschreiten.[82] Auch das berechtigte Interesse des Beschuldigten, bestimmte Gegenstände zu behalten (notwendige Kleidung), ist zu beachten.[83] Wegen einer zu erwartenden Strafe von einigen hundert Euro darf kein Kraftwagen beschlagnahmt werden, sondern nur etwa eine Uhr, Fotoausrüstung oder eine Camping-Ausrüstung. Auch dabei ist Zurückhaltung zu üben: Ist das Interesse des Beschuldigten an einer gebrauchten Sache erheblich höher, als der bei einer Versteigerung zu erzielende Wert, dann ist die Beschlagnahme unzulässig. Wegen einer Bagatellstrafe darf nicht die Habe des Beschuldigten verschleudert werden. 28

Zu den Sachen zählt auch **Geld**. Es eignet sich zur Beschlagnahme besonders, weil es leicht und ohne Verlust zu verwerten ist. Doch darf der Beschuldigte nicht seiner Unterhaltsmittel entblößt werden. Auch wird man wegen einer geringfügigen Strafe nicht so viel beschlagnahmen dürfen, dass der Beschuldigte zwar seinen Lebensunterhalt bestreiten kann, aber nur, wenn er entgegen seinen Plänen, alsbald nach Hause fährt. Den Schwierigkeiten, Verkehrsstrafen von Ausländern hereinzuholen, kann nicht durch harte Sicherstellungsmaßnahmen begegnet werden, sondern letztlich nur durch **internationale Vereinbarungen**. Ist § 132 nicht ohne unverhältnismäßige Härte durchzuführen, muss davon abgesehen werden, ihn anzuwenden. Hat der Beschuldigte keine beschlagnahmefähigen Gegenstände, ist eine Verfahrenssicherung nach § 132 nicht möglich; ihm ist die Weiterfahrt zu gestatten. 29

2. Form und Rechtsmittel (Satz 2). Obwohl die Beschlagnahme nicht dazu dient, Beweismittel sicherzustellen, finden – weil auch keine Einziehung zulässig ist (Rn. 21) – nicht die §§ 111b Abs. 2, 111c Abs. 1, 5, 6 und für das Verfahren § 111e Anwendung. Vielmehr ist wie bei Beweismitteln zu verfahren (Satz 2), jedoch mit der Maßgabe, dass die schriftliche Sicherstellung (§ 94 Abs. 1) ausscheidet und immer die Form der Beschlagnahme (Satz 1 vorletztes Wort; § 94 Abs. 2) zu wählen ist. Die Form kann § 111c Abs. 1 entnommen werden.[84] Danach sind die Sachen in Gewahrsam zu nehmen, ein Kraftfahrzeug etwa in einen Fuhrpark einzustellen. Die Beschlagnahme kann auch in anderer Weise, etwa durch Siegel, kenntlich gemacht werden. Doch empfiehlt sich immer die Verwahrung, weil ein Gebietsfremder, wenn er mit versiegelten Sachen die Bundesrepublik verlässt, kaum je wegen Siegelbruchs belangt werden kann. 30

Für die **Anordnung** der Beschlagnahme gilt § 98 Abs. 1. Gerichtliche Anordnungen ergehen als Beschluss, nachdem die Staatsanwaltschaft (§ 33 Abs. 2) und der Beschuldigte (§ 33 Abs. 3) gehört worden sind, wenn nicht § 33 Abs. 4 eingreift. Die Anordnung einer Ermittlungsperson der Staatsanwaltschaft kann auch mündlich eröffnet werden; oft wird das geboten sein. Dann sollte sie aber stets schriftlich bestätigt werden. § 98 Abs. 2 (richterliche Bestätigung) ist zu beachten. Wegen der Rechtsbehelfe und **Rechtsmittel** gilt das zu Rn. 13 Ausgeführte. 31

3. Beendigung der Beschlagnahme. Da der Beschuldigte die Beschlagnahme durch Sicherheitsleistung vermeiden kann, kann er sie auch jederzeit dadurch beenden, dass er die (ursprünglich verlangte) Sicherheit leistet.[85] Das Gericht ist dann verpflichtet, die Beschlagnahme aufzuheben und die Sache herauszugeben. Gleiches gilt, wenn nach- 32

82 Vgl. Nr. 60 RiStBV.
83 SK/*Paeffgen* 10; KK/*Schultheis* 12.
84 SK/*Paeffgen* 12; AK/*Krause* 7.
85 *Geppert* GA **1979** 281; KK/*Schultheis* 14; Meyer-Goßner/*Schmitt* 17.

träglich ein Zustellungsbevollmächtigter benannt wird. Zweckmäßigerweise wird der Beschuldigte in dem Beschlagnahmebeschluss auf diese Möglichkeit hingewiesen. Denn dem Staat ist nicht an dem oft schwer und ungünstig zu verwertenden Beschlagnahmegegenstand gelegen, sondern an der Sicherheit oder dem Zwangsmittel. Die Beschlagnahme ist auch aufzuheben, wenn der Beschuldigte freigesprochen oder das Verfahren eingestellt (§ 260 Abs. 3) wird.

33 Macht der Beschuldigte von der Möglichkeit, die Beschlagnahme zu beenden, keinen Gebrauch, steht die beschlagnahmte Sache als **Vollstreckungsgegenstand** für die Geldstrafe und die Kosten des Verfahrens zur Verfügung. Eine Einziehung ist unzulässig; ins Eigentum des Fiskus kann sie nicht übergehen. Vor der Vollstreckung, die regelmäßig mit einer Versteigerung verbunden sein wird, ist der Verurteilte zu benachrichtigen, damit er Strafe und Kosten bezahlen und damit die Beendigung der Beschlagnahme erwirken oder sich an der Versteigerung, ggf. durch einen Bevollmächtigten, beteiligen kann. Ist Geld beschlagnahmt worden, ist es wie eine Sicherheit des Beschuldigten zu behandeln.

IV. Bußgeldverfahren

34 Im Bußgeldverfahren findet § 132 entsprechende Anwendung (§ 46 Abs. 1 OWiG).[86]

ABSCHNITT 9b
Vorläufiges Berufsverbot

Vorbemerkungen

Durch das 2. StrRG vom 4.7.1969 (BGBl. I S. 717) wurden die Vorschriften über die Maßregel des Berufsverbots in den §§ 70 ff. StGB nicht unerheblich umgestaltet. Nicht zuletzt wurde hierbei ein vorläufiges Berufsverbot (siehe § 70 Abs. 2 und Abs. 4 StGB) vorgesehen, mit dem die Allgemeinheit vor berufs- und gewerbespezifischen Straftaten bereits geschützt werden soll, bevor ein Berufsverbot rechtskräftig angeordnet wird. Die insoweit notwendige Regelung enthält § 132a, der in einem eigenen Abschnitt durch Art. 21 Nr. 39 EGStGB vom 2.3.1974 (BGBl. I S. 469) in die StPO eingefügt wurde. Der Gesetzgeber konnte sich weder bei Erlass dieser Vorschrift noch zu einem späteren Zeitpunkt entschließen, die verschiedenen Regelungen über vorläufige Maßnahmen, mit denen zu Sicherungszwecken der Anordnung einer Maßregel der Besserung und Sicherung vorgegriffen werden kann, in einem Normenkomplex zusammenzufassen. Zu diesen vorläufigen Maßnahmen gehören außer dem vorläufigen Berufsverbot die vorläufige Entziehung der Fahrerlaubnis (§ 111a) und die einstweilige Unterbringung in einem psychiatrischen Krankenhaus oder in einer Entziehungsanstalt (§ 126a) bzw. wegen einer im Raum stehenden Anordnung einer nachträglichen Sicherungsverwahrung (§ 275a Abs. 6). Des Weiteren hätte hier die Regelung des § 112a über die Untersuchungshaft wegen Wiederholungsgefahr, bei der es sich ebenfalls um eine Sicherungsmaßnahme handelt, aufgenommen werden können. Stattdessen beließ der Gesetzgeber die schon damals bestehenden Vorschriften über vorläufige Anordnungen sichernder Maßregeln in §§ 111a, 126a in ihrem bestehenden Regelungszusammenhang und stellte § 132a mangels eines solchen Anknüpfungspunktes in der StPO in einen eigenen Abschnitt ein (BTDrucks. **7** 550 S. 296). Dass diese Bestimmungen somit über mehrere Abschnitte der

86 *Mayer* NStZ **2016** 80.

https://doi.org/10.1515/9783110274929-043

Strafprozessordnung verstreut sind, trägt jedenfalls nicht zur Übersichtlichkeit des Gesetzes bei und erschwert es, übergeordnete allgemeine Grundsätze für vorläufige Maßregeln herauszubilden.[1]

§ 132a
Anordnung und Aufhebung eines vorläufigen Berufsverbots

(1) [1]Sind dringende Gründe für die Annahme vorhanden, daß ein Berufsverbot angeordnet werden wird (§ 70 des Strafgesetzbuches), so kann der Richter dem Beschuldigten durch Beschluß die Ausübung des Berufs, Berufszweiges, Gewerbes oder Gewerbezweiges vorläufig verbieten. [2]§ 70 Abs. 3 des Strafgesetzbuches gilt entsprechend.

(2) Das vorläufige Berufsverbot ist aufzuheben, wenn sein Grund weggefallen ist oder wenn das Gericht im Urteil das Berufsverbot nicht anordnet.

Schrifttum

Gollner Zum Verschlechterungsverbot bei Entziehung der Fahrerlaubnis und beim Berufsverbot, JZ **1978** 637; *J. Kretschmer* Das strafprozessuale Verbot der reformatio in peius und die Maßregeln der Besserung und Sicherung (1999); *Möller* Vorläufige Maßregeln, Diss. Bonn 1982; *Eb. Schmidt* Repression und Prävention im Strafprozeß, JR **1970** 204; *Winter* Die vorläufigen Maßregeln im Strafprozeßrecht, ihre verfassungsrechtliche und organisationsrechtliche Problematik, Diss. Mannheim 1984; *Wolter* Untersuchungshaft, Vorbeugungshaft und vorläufige Sanktionen, ZStW **93** (1981) 452.

Entstehungsgeschichte

Die Vorschrift wurde durch Art. 21 Nr. 39 EGStGB vom 2.3.1974 (BGBl. I S. 469) eingefügt. Ihre amtliche Überschrift erhielt die Norm durch Art. 1 Nr. 13 i.V.m. Anlage 1 des Gesetzes zur Stärkung des Rechts des Angeklagten auf Vertretung in der Berufungsverhandlung und über die Anerkennung von Abwesenheitsentscheidungen in der Rechtshilfe vom 17.7.2015 mit Wirkung zum 25.7.2015 (BGBl. I S. 1332).

Übersicht

1 *Möller* 238 f.; *Winter* passim. Siehe auch *Wolter* ZStW **93** (1981) 452, 505 f., der den einstweiligen Maßregeln zudem eine „programmatische und interpretationsgeeignete Grundsatzbestimmung" über Zweck und Grenzen voranstellen will; zustimmend mit weiteren Änderungsvorschlägen *Möller* 239 ff.

https://doi.org/10.1515/9783110274929-044

Alphabetische Übersicht

I. Allgemeines

1 Das Berufsverbot des § 70 StGB kann nur durch ein Urteil im Strafverfahren oder im Sicherungsverfahren (§ 71 StGB i.V.m. §§ 413 ff.) angeordnet werden. Wirksam wird diese Maßregel erst mit Rechtskraft des Urteils (§ 70 Abs. 4 Satz 1 StGB). § 132a erlaubt aber einen Vorgriff auf eine solche Anordnung. Die Vorschrift wurde der Regelung des § 111a über die vorläufige Entziehung der Fahrerlaubnis nachgebildet (BTDrucks. **7** 550 S. 296), so dass die **Voraussetzungen** für Anordnung und Aufhebung des vorläufigen Verbots nach § 132a im Wesentlichen § 111a Abs. 1 und Abs. 2 entsprechen. Ergänzend darf daher weitgehend auf die Erläuterungen zu § 111a Abs. 1 und Abs. 2 (sowie zum ähnlich formulierten § 126a Abs. 1 und Abs. 3) verwiesen werden.

2 Die Maßregel des § 70 StGB will die Allgemeinheit vor den spezifischen Gefahren von Straftaten schützen, die Täter unter Missbrauch ihres Berufs bzw. ihres Gewerbes oder unter grober Verletzung ihrer diesbezüglichen Pflichten begehen.[1] Der **Sinn und Zweck** des § 132a besteht dementsprechend darin, diesen Schutz durch eine vorläufige Anordnung zu gewährleisten, ohne auf das Urteil oder sogar auf dessen Rechtskraft warten zu müssen.[2] Dies gilt nicht zuletzt vor dem Hintergrund, dass gerade Strafverfahren, in denen ein Berufsverbot in Betracht kommt (z.B. Wirtschaftsstrafverfahren, Strafverfahren gegen Ärzte), oft erhebliche tatsächliche und rechtliche Schwierigkeiten bereiten und daher bis zur Rechtskraft des Urteils nicht selten eine beträchtliche Zeit vergeht. In der Praxis werden Berufsverbote allerdings nicht häufig angeordnet.[3]

3 Nicht unumstritten ist die **Verfassungsmäßigkeit** des vorläufigen Berufsverbots. So wird mit beachtlichen Argumenten bezweifelt, ob eine solche präventivpolizeiliche Maßnahme überhaupt in der Strafprozessordnung verortet werden darf und demzufolge der Gesetzgebungskompetenz des Bundes unterfällt sowie ob sie darüber hinaus mit der Unschuldsvermutung vereinbar ist.[4] Allerdings darf nicht außer Acht gelassen werden, dass mit dem vorläufigen Berufsverbot kein beliebiges Interesse der Gefahrenabwehr verfolgt wird, sondern eine im konkreten Strafverfahren verhängbare Maßregel und de-

1 BGH NStZ **2004** 86, 87 f.
2 SK/*Paeffgen* 2.
3 Näher LK/*Hanack* § 70, 4.
4 SK/*Paeffgen* 3.

ren Anliegen abgesichert werden sollen.[5] Als problematisch erweist sich jedenfalls der erhebliche Eingriff in das Grundrecht der Berufsfreiheit aus Art. 12 Abs. 1 GG, der schon mit dem Berufsverbot als solchem[6] und ebenso mit seiner zudem vorläufigen Anordnung einhergeht. Mitunter kann ein vorläufiges Berufsverbot die Rechtsstellung des Beschuldigten sogar mehr beeinträchtigen als ein durch Urteil nach § 70 StGB angeordnetes Berufsverbot. Nicht zuletzt wegen dieser grundrechtlichen Dimension wurde die kriminalpolitische Notwendigkeit eines vorläufigen Berufsverbots bei den Gesetzesberatungen zum Teil durchaus kritisch gesehen.[7] Angezeigt ist deshalb eine restriktive, verfassungskonforme Auslegung der Norm (zu den erhöhten Anforderungen an die Anordnung einer solchen Maßnahme Rn. 10).[8]

II. Anordnung des vorläufigen Berufsverbots (Absatz 1)

1. Voraussetzungen (Absatz 1 Satz 1)

a) Anordnung des Berufsverbots nach § 70 StGB. § 132a Abs. 1 Satz 1 setzt dringende Gründe für die Annahme voraus, dass gegen den Beschuldigten ein Berufsverbot gemäß § 70 StGB angeordnet wird. Nach dessen Absatz 1 Satz 1 bedarf es hierfür einer **Anlasstat**, die der Täter unter Missbrauch seines Berufs oder Gewerbes oder unter grober Verletzung der mit ihnen verbundenen Pflichten begangen hat. Eine Ordnungswidrigkeit genügt nicht. Unter Missbrauch seines Berufs oder Gewerbes handelt, wer die ihm durch Beruf oder Gewerbe gegebenen Möglichkeiten bei seiner Berufstätigkeit bewusst und planmäßig zu Straftaten ausnutzt.[9] Eine grobe Verletzung der mit Beruf oder Gewerbe verbundenen Pflichten liegt vor, wenn der Täter diese Pflichten vorsätzlich oder fahrlässig missachtet.[10] Erforderlich ist jeweils ein **innerer Zusammenhang mit der beruflichen oder gewerblichen Tätigkeit**, als deren Ausfluss sich die Anlasstat somit darstellen muss; dass die Berufs- oder Gewerbeausübung lediglich die äußerliche Möglichkeit gewährt, die Tat zu begehen, genügt hingegen nicht.[11] Der Anordnung eines Berufsverbots steht nach zutreffender herrschender Meinung nicht entgegen, dass der Täter einem Berufsstand (z.B. Arzt, Rechtsanwalt) angehört, aus dem er im berufsgerichtlichen Verfahren ausgeschlossen werden kann.[12] 4

Weitere und meist besonders kritische Voraussetzung der Anordnung nach § 70 Abs. 1 Satz 1 StGB ist, dass eine **Gesamtwürdigung des Täters und seiner Tat** erkennen lässt, dass er bei weiterer Ausübung des Berufs, Berufszweiges, Gewerbes oder Gewerbezweiges erhebliche rechtswidrige Taten der soeben (Rn. 4) bezeichneten Art begehen wird.[13] Wird 5

5 *Möller* 192 ff. nimmt wegen dieses Zusammenhangs eine ungeschriebene (Annex-)Gesetzgebungskompetenz des Bundes für den Erlass vorläufiger Maßregeln an. Zur Diskussion schon *Eb. Schmidt* JR **1970** 204, 205 f. zu §§ 111a, 126a, wonach das spezialpräventiv orientierte Sicherungsstrafrecht entsprechende vorsorgliche Zwangsmaßnahmen im Strafprozessrecht erfordere. Nach *Wolter* ZStW **93** (1981) 452, 488 sollen einstweilige Maßregeln nicht gegen die Unschuldsvermutung verstoßen, da es keine „Ungefährlichkeitsvermutung" gebe; ebenso AK/*Krause* 1; siehe hierzu auch *Möller* 216 ff.

6 Dazu LK/*Hanack* § 70, 3.

7 Eingehend *Möller* 66 ff.

8 SSW/*Harrendorf* 2. Näher zur Verfassungsmäßigkeit des vorläufigen Berufsverbots *Möller* 188 ff.; *Winter* 124 ff.

9 Näher LK/*Hanack* § 70, 20 ff.

10 Näher LK/*Hanack* § 70, 23 ff.

11 Siehe hierzu LK/*Hanack* § 70, 18 f.

12 Ausführlich zum Verhältnis des strafgerichtlichen Berufsverbots zu außerstrafrechtlichen Maßnahmen LK/*Hanack* § 70, 85 ff.

13 Zu den Anforderungen an diese Prognoseentscheidung LK/*Hanack* § 70, 40 ff.

dem Täter erstmalig eine Anlasstat zur Last gelegt, sind ganz besonders strenge Anforderungen an die Annahme der weiteren Gefährlichkeit zu stellen. Hierbei ist vor allem zu prüfen, ob unter Berücksichtigung des Einzelfalls davon ausgegangen werden kann, dass sich der Täter bereits durch eine Verurteilung zur Strafe von weiteren Taten abhalten lassen wird.[14] Maßgeblich für die Gesamtwürdigung ist allein die Sachlage im Zeitpunkt des (letzten) tatrichterlichen Urteils.[15] Dass der Täter seinen Beruf gewechselt hat, überhaupt nicht mehr berufstätig ist[16] oder dass er durch ein berufs- oder anwaltgerichtliches Verfahren aus dem Berufsstand ausgeschlossen wurde[17] bzw. die Verwaltungsbehörde das Ruhen der Approbation des beschuldigten Arztes angeordnet hat,[18] hindert weder die Anordnung des Berufsverbots nach § 70 StGB noch dementsprechend dessen vorläufige Anordnung nach § 132a.

6 Anordnung und Dauer des Berufsverbots stehen im **pflichtgemäßen Ermessen** des Gerichts.[19] Dessen Ausübung hat sich an dem Schutz der Allgemeinheit als kriminalpolitischem Zweck des Berufsverbots zu orientieren. Hierbei bleibt aber nicht zuletzt zu berücksichtigen, wenn die Anlasstat nicht sehr schwer wiegt und die Wahrscheinlichkeit der zu erwartenden (erheblichen) weiteren Taten nicht sehr hoch ist, oder wenn besondere Umstände in der Person des Täters (hohes Alter, Unzumutbarkeit eines Berufswechsels) den Verzicht auf die Maßregel angezeigt erscheinen lassen. Im Rahmen des Ermessens kann nach zutreffender Ansicht ebenso geprüft werden, ob berufs- bzw. anwaltgerichtliche oder auch verwaltungsrechtliche Maßnahmen bereits verhängt wurden oder zu erwarten sind; dies ändert freilich nichts daran, dass die Strafgerichte eine – schon im Hinblick auf die abweichenden Voraussetzungen und Rechtsfolgen des Berufsverbots gegenüber den genannten Eingriffen – unabhängige Entscheidung treffen.[20] Im Übrigen darf im Hinblick auf den Grundsatz der Verhältnismäßigkeit ein Berufsverbot immer nur in dem sachlichen Umfang angeordnet werden, in dem dies zur Abwehr weiterer Gefahren erforderlich ist. Vielfach genügt es etwa, wenn das Verbot nur bestimmte Teile, Zweige oder Betätigungsformen innerhalb eines Berufs oder Gewerbes erfasst (zu den korrespondierenden Anforderungen beim vorläufigen Berufsverbot Rn. 15). Der untersagte Tätigkeitsbereich ist im Urteil genau zu bezeichnen (§ 260 Abs. 2).[21]

7 **b) Dringende Gründe.** Die Formulierung „dringende Gründe", die das Gesetz außer in § 132a Abs. 1 Satz 1 auch in § 111a Abs. 1 Satz 1, § 111b Abs. 1 Satz 2, § 111e Abs. 1 Satz 2, § 126a Abs. 1 und in § 275a Abs. 6 Satz 1 verwendet, stimmt mit dem Begriff des **dringenden Tatverdachts** überein, den § 112 Abs. 1 Satz 1, § 112a Abs. 1 Satz 1 für die Anordnung der Untersuchungshaft voraussetzen.[22] Das vorläufige Berufsverbot ist daher nur zulässig, wenn zum einen eine hohe Wahrscheinlichkeit dafür besteht, dass der Beschuldigte einer rechtswidrigen Tat überführt wird, deren Begehung nach § 70 StGB die Anordnung

---

14 OLG Frankfurt a.M. NStZ-RR **2003** 113, 114; SK/*Paeffgen* 7; siehe des Weiteren LK/*Hanack* § 70, 43 m.w.N.
15 Hierzu LK/*Hanack* § 70, 45 f.
16 BGHSt **28** 84, 86; BGH bei *Herlan* MDR **1954** 529; AnwK-StPO/*Walther* 5.
17 BGH NJW **1975** 1712; AnwK-StPO/*Walther* 7.
18 BGH NJW **1975** 2249, 2249 f.; OLG Frankfurt a.M. NStZ-RR **2001** 16; AK/*Krause* 4; AnwK-StPO/*Walther* 7; KMR/*Wankel* 4.
19 Näher hierzu LK/*Hanack* § 70, 75 ff.
20 MüKo/*Gerhold* 9; SSW/*Harrendorf* 6; SK/*Paeffgen* 8; siehe auch LK/*Hanack* § 70, 79; **a.A.** Meyer-Goßner/*Schmitt* 4; KMR/*Wankel* 4.
21 Eingehend zum Umfang und zur Bestimmtheit des Berufsverbots LK/*Hanack* § 70, 51 ff.
22 MüKo/*Gerhold* 6; AK/*Krause* 2. Aus der Rechtsprechung etwa LG Marburg NStZ-RR **2007** 172 zum Verdacht einer Straftat nach § 266a StGB.

des Berufsverbots rechtfertigt. Zum anderen bedarf es desselben Wahrscheinlichkeitsgrades für die Annahme, das erkennende Gericht werde es für erforderlich halten, ein Berufsverbot anzuordnen, weil die Gesamtwürdigung des Täters und seiner Tat die Gefahr weiterer erheblicher Straftaten der in § 70 Abs. 1 Satz 1 StGB bezeichneten Art ergibt (näher hierzu Rn. 5).[23]

2. Entscheidung des Gerichts

a) Form der Entscheidung. Nach § 132a Abs. 1 Satz 1 entscheidet das Gericht durch **Beschluss**. Grundlage der Entscheidung sind die durch die bisherigen Ermittlungen gewonnenen Erkenntnisse und Unterlagen. Es ist nicht Aufgabe des Gerichts, bei dem die Staatsanwaltschaft die Anordnung des vorläufigen Berufsverbots beantragt, weitere Ermittlungen zu führen.[24] Rechtfertigt das bisherige Ermittlungsergebnis die Anordnung nicht, so ist der Antrag abzulehnen. 8

b) Pflichtgemäßes Ermessen. § 132a ist eine **Kannvorschrift**. Die Anordnung eines vorläufigen Berufsverbots steht somit im pflichtgemäßen Ermessen des Richters.[25] Sollten dringende Gründe für die Annahme vorliegen, dass das erkennende Gericht die Maßregel nach § 70 StGB anordnen wird, ist zwar in der Regel auch die Anordnung eines vorläufigen Berufsverbots nach § 132a angezeigt.[26] Zu beachten bleibt aber, dass auch § 70 StGB die Anordnung des Berufsverbots nicht zwingend vorschreibt, sondern in das pflichtgemäße Ermessen des Gerichts stellt, das somit seinerseits von der Anordnung eines Berufsverbots aus Gründen der Verhältnismäßigkeit absehen könnte.[27] 9

Zudem und nicht zuletzt ist sorgfältig zu prüfen, ob eine Sofortmaßnahme notwendig ist und nicht trotz der konkreten Gefahrenlage bis zur Rechtskraft des Urteils abgewartet werden kann.[28] Schließlich greift die Anordnung einer solchen vorläufigen Maßnahme, die lediglich aufgrund einer schwächeren, nicht durch das Ergebnis einer Hauptverhandlung abgesicherten Entscheidungsbasis ergeht,[29] überaus intensiv wie weitgehend irreparabel in grundrechtlich geschützte Positionen von hoher Bedeutung ein. Eingedenk des überragenden Stellenwerts der Berufsfreiheit darf eine Anordnung daher nur verhängt werden, wenn sie notwendig ist, um bereits vor dem rechtskräftigen Abschluss des Hauptverfahrens **konkrete Gefahren für wichtige Gemeinschaftsgüter** abzuwehren, die sich aus einer weiteren Berufsausübung des Beschuldigten ergeben können.[30] Dem – nach § 62 StGB bei allen Maßregelanordnungen zu beachtenden – 10

---

23 OLG Frankfurt a.M. NStZ-RR **2003** 113; MüKo/*Gerhold* 5; SSW/*Harrendorf* 4; Radtke/Hohmann/*J. Kretschmer* 2; SK/*Paeffgen* 6; Meyer-Goßner/*Schmitt* 2; KK/*Schultheis* 3; eingehend *Möller* 76 ff.

24 MüKo/*Gerhold* 19.

25 MüKo/*Gerhold* 10; AK/*Krause* 4; SK/*Paeffgen* 7; KK/*Schultheis* 4; AnwK-StPO/*Walther* 5; **a.A.** KMR/*Wankel* 1.

26 AK/*Krause* 4; HK-GS/*Laue* 3; OK-StPO/*Niesler* 4; KK/*Schultheis* 3; *Möller* 113; siehe auch BGHSt **28** 84, 86.

27 Ebenso MüKo/*Gerhold* 7; SSW/*Harrendorf* 5.

28 OLG Nürnberg NStZ-RR **2011** 346, 347; SSW/*Harrendorf* 6.

29 OLG Hamm BeckRS **1988** 07332 Tz. 15 und OLG Karlsruhe StV **2002** 147, 149 bezeichnen daher die Anordnung eines vorläufigen Berufsverbots als „Ausnahme"; siehe auch BVerfGE **44** 105, 118.

30 BVerfGE **44** 105, 118; **48** 292, 298 jeweils zu § 150 Abs. 1 BRAO; BVerfGK **7** 110, 114; OLG Bremen StV **1997** 9; OLG Düsseldorf NStZ **1984** 379; OLG Hamm StV **2002** 315, 316; OLG Karlsruhe StV **1985** 49; OLG Nürnberg NStZ-RR **2011** 346 f.; MüKo/*Gerhold* 2; SSW/*Harrendorf* 5; AK/*Krause* 3; Radtke/Hohmann/*J. Kretschmer* 3; SK/*Paeffgen* 6 f.; AnwK-StPO/*Walther* 6; KMR/*Wankel* 2.

Grundsatz der Verhältnismäßigkeit kommt somit ein besonderer Stellenwert (auch) beim (vorläufigen) Berufsverbot zu.[31]

11 Die Gefahr erheblicher Rechtsverletzungen wird vor allem durch die **Art und Schwere der** vorgeworfenen **Anlasstat** indiziert.[32] Allerdings wird diese Indizwirkung entkräftet, wenn der Beschuldigte sich längere Zeit nach der Tat straffrei geführt hat und keine Anhaltspunkte für die Begehung weiterer gleichgelagerter oder ähnlicher Straftaten vorliegen.[33] Für die Verhängung eines vorläufigen Berufsverbots wurde in der Rechtsprechung des Weiteren etwa die Hartnäckigkeit des Täters herangezogen.[34]

12 Verhängte **Untersuchungshaft** steht der Maßnahme nach § 132a grundsätzlich nicht entgegen.[35] Schließlich muss für den Fall einer Entlassung des Beschuldigten aus der Untersuchungshaft sogleich gewährleistet sein, dass der Beschuldigte im Zusammenhang mit seinem Beruf keine weiteren Straftaten begeht.[36] Nicht zu überzeugen vermag es indessen, wenn in einem Erst-recht-Schluss aus dem mit der Inhaftierung in Untersuchungshaft (häufig) einhergehenden faktischen vorläufigen Berufsverbot gefolgert wird, einen Haftbefehl unter Auflagen, die sich in der Sache als vorläufiges Berufsverbot darstellen, außer Vollzug setzen zu können.[37] Vielmehr dürfen Weisungen und Auflagen nur angeordnet werden, um dem konkreten Haftgrund wie z.B. Fluchtgefahr in weniger einschneidendem Maße zu begegnen.[38]

13 Gegen **Abgeordnete** kann ein vorläufiges Berufsverbot (in Bezug auf Nebentätigkeiten) nach Art. 46 GG und den entsprechenden Vorschriften der Landesverfassungen (siehe hierzu § 152a) nur angeordnet werden, wenn das Parlament die Genehmigung zur Strafverfolgung erteilt hat. Zwar darf bereits aufgrund allgemein erteilter Genehmigung (siehe auch Nr. 192a RiStBV) ein Ermittlungsverfahren gegen Abgeordnete durchgeführt werden. Die allgemeine Genehmigung umfasst jedoch gerade nicht die Anordnung eines vorläufigen Berufsverbots (Nr. 192a Abs. 2 Buchst. e Satz 1 RiStBV).

14 **c) Inhalt der Entscheidung.** Der Gerichtsbeschluss muss – wie später das Urteil (§ 260 Abs. 2) – den Beruf oder Berufszweig, das Gewerbe oder den Gewerbezweig, dessen Ausübung dem Beschuldigten verboten wird, **genau bezeichnen**. Denn der Beschuldigte und seine Umwelt müssen – zumal im Hinblick auf die Strafbestimmung des § 145c StGB (ergänzend Rn. 18) – Klarheit darüber haben, was untersagt ist.[39] Diesen Anforderungen genügt etwa – um Beispiele aus der Rechtsprechung zur Bestimmtheit eines Berufsverbots nach § 70 StGB aufzugreifen[40] – das Verbot der „selbständigen Ausübung eines Handelsgewerbes“[41] oder des „Berufs als selbständiger Kauf-

---

31 Siehe etwa BVerfGE **44** 105, 117 zu § 150 Abs. 1 BRAO; OLG Bremen StV **1997** 9; OLG Hamm StV **2002** 315, 316; OLG Karlsruhe StV **2002** 147, 149; AK/*Krause* 4.

32 OLG Brandenburg StV **2001** 106; OLG Nürnberg NStZ-RR **2011** 346, 347; siehe auch BVerfGE **44** 105, 123; **48** 292, 298.

33 OLG Brandenburg StV **2001** 106; OLG Nürnberg NStZ-RR **2011** 346, 347; MüKo/*Gerhold* 11; SSW/*Harrendorf* 8; KK/*Schultheis* 4.

34 AG Bochum MedR **1988** 161, 162 für einen Arzt, der „zielgerichtet, systematisch und über Jahre hinweg“ Abrechnungsbetrügereien beging und diese auch „nach der Durchsuchung seiner Praxis und seinen mehrtägigen Vernehmungen durch Staatsanwaltschaft und Untersuchungsrichter fortgesetzt hat“; kritisch gegenüber der Entscheidung *Weber/Droste* NJW **1990** 2281, 2291.

35 BGHSt **28** 84, 86; SSW/*Harrendorf* 6; AK/*Krause* 4.

36 AG Bochum MedR **1988** 161, 162.

37 So aber OLG Köln BeckRS **2015** 06353 Tz. 2; KK/*Schultheis* 3.

38 OLG Hamm StV **2002** 315, 316; eingehend SK/*Paeffgen* 7b.

39 MüKo/*Gerhold* 13; SK/*Paeffgen* 10; KK/*Schultheis* 9; AnwK-StPO/*Walther* 8; KMR/*Wankel* 7.

40 Weitere Beispiele aus der Rechtsprechung bei LK/*Hanack* § 70, 54 ff.

41 BGH GA **1967** 153.

mann".[42] Mangels Bestimmtheit unzulässig wie unwirksam sind hingegen z.B. das Verbot „jeder selbständigen Geschäftstätigkeit"[43] bzw. „jeder selbständigen Gewerbetätigkeit"[44] oder der Ausübung „eines selbständigen Gewerbes",[45] der „Ausübung des Kaufmannsgewerbes",[46] der Betätigung „als Manager"[47] oder das Verbot einer Tätigkeit, die dem Täter „die Möglichkeit gibt, über fremde Gelder zu verfügen".[48] Umstritten ist die Zulässigkeit des Verbots einer „Ausübung des Vertreterberufs im weitesten Sinne".[49]

Der Grundsatz der Verhältnismäßigkeit (Rn. 9f.) gebietet nicht zuletzt, das vorläufige Berufsverbot ggf. auf **bestimmte Tätigkeiten** bzw. auf bestimmte Berufs- oder Gewerbezweige zu beschränken.[50] So genügt es bei einem wegen Abrechnungsbetrügereien angeklagten Augenarzt, das vorläufige Berufsverbot auf eine „Tätigkeit als niedergelassener Arzt" (mit eigener Praxis) zu beschränken, ohne indessen eine Beschäftigung als angestellter Augenarzt z.B. in einer Klinik zu untersagen.[51] 15

Der Richter darf von einem vorläufigen Berufsverbot **absehen**, wenn das sofortige Verbot für den Beschuldigten oder seine Angehörigen eine erhebliche Härte bedeutete und deshalb das erkennende Gericht nach § 456c Abs. 1 das Wirksamwerden des Verbots aufschieben könnte. Unzulässig ist es aber, ein vorläufiges Berufsverbot nur mit aufschiebender Wirkung anzuordnen.[52] 16

Der Beschluss ist mit **Gründen** zu versehen (§ 34). Darzulegen ist nicht zuletzt die Gefahrenlage sowie die Notwendigkeit, der Gefährdungssituation durch die Verhängung eines vorläufigen Berufsverbotes entgegenzuwirken.[53] Gleiches gilt für die gesetzlichen Voraussetzungen und die Angemessenheit der gerichtlichen Maßnahme im konkreten Einzelfall.[54] 17

d) Wirkung der Entscheidung. Die Anordnung eines vorläufigen Berufsverbots hat zur Folge, dass der Beschuldigte die ihm untersagte **Tätigkeit nicht mehr ausüben** darf. § 132a Abs. 1 Satz 2 bestimmt darüber hinaus die entsprechende Anwendung des § 70 Abs. 3 StGB. Nach dieser Vorschrift, die Umgehungen des Berufsverbots vorbeugen soll, darf der Täter, solange das Verbot wirksam ist, den Beruf, den Berufszweig, das Gewerbe oder den Gewerbezweig auch nicht für einen anderen ausüben oder durch eine von seinen Weisungen abhängige Person für sich ausüben lassen. Verstößt der Beschuldigte gegen das Verbot, so verwirklicht er den Straftatbestand des § 145c StGB, der auch das vorläufige Berufsverbot als strafgerichtliche Untersagung erfasst.[55] 18

---

42 BGH GA **1960** 183; siehe auch BGH BeckRS **1980** 02999.
43 BGH bei *Dallinger* MDR **1952** 530.
44 BGH GA **1967** 153; siehe auch OLG Karlsruhe NStZ **1995** 446 m. Anm. *Stree* zum Verbot der „Ausübung jedweder selbständiger Gewerbetätigkeit" und zu den Folgen für eine Strafbarkeit gemäß § 145c StGB.
45 BGH bei *Holtz* MDR **1979** 455.
46 BGH bei *Dallinger* MDR **1956** 143.
47 BGH bei *Dallinger* MDR **1958** 139.
48 BGH bei *Dallinger* MDR **1974** 12.
49 Bejahend OLG Celle NJW **1965** 265; kritisch etwa LK/*Hanack* § 70, 56.
50 OLG Hamm StV **2002** 315, 316; MüKo/*Gerhold* 12; SSW/*Harrendorf* 7; AK/*Krause* 4; SK/*Paeffgen* 7a; Meyer-Goßner/*Schmitt* 5; AnwK-StPO/*Walther* 5.
51 OLG Koblenz wistra **1997** 280.
52 MüKo/*Gerhold* 11; SSW/*Harrendorf* 6; SK/*Paeffgen* 7; Meyer-Goßner/*Schmitt* 3; KK/*Schultheis* 4; vgl. auch BTDrucks. **7** 550 S. 296.
53 BVerfGK **7** 110, 114; OLG Düsseldorf NStZ **1984** 379; OLG Karlsruhe StV **2002** 147, 149.
54 BVerfGK **7** 110, 114; OLG Hamm StV **2002** 315, 316.
55 Statt aller Schönke/Schröder/*Sternberg-Lieben* § 145c, 3; MüKo-StGB/*Zopfs* § 145c, 6; näher LK/*Krehl* § 145c, 9.

19 **Wirksam** wird das vorläufige Berufsverbot erst mit der **Bekanntmachung** an den Beschuldigten.[56] Da durch die Bekanntmachung der Anordnung keine verfahrensrechtliche Frist in Lauf gesetzt wird, genügt an sich sowohl gegenüber der Staatsanwaltschaft als auch gegenüber dem Beschuldigten die formlose Mitteilung (§ 35 Abs. 2 Satz 2). Von der Kenntnis des Beschuldigten hängt es jedoch ab, ob er das vorläufige Berufsverbot befolgen und, wenn er dagegen verstößt, sich nach § 145c StGB strafbar machen kann. Deshalb bietet sich eine förmliche Zustellung des Beschlusses an den Beschuldigten an.[57] Auf die Rechtsfolgen des § 132a Abs. 1 Satz 2 i.V.m. § 70 Abs. 3 StGB und auf die Strafvorschrift des § 145c StGB sollte der Beschuldigte bei der Bekanntmachung hingewiesen werden.[58]

20 **Angerechnet** wird die Zeit des vorläufigen Berufsverbots auf die Verbotsfrist des § 70 Abs. 1 StGB nur, soweit sie nach Verkündung des letzten tatrichterlichen Urteils verstrichen ist (§ 70 Abs. 4 Satz 2 StGB). Im Übrigen findet eine Anrechnung nicht statt. Jedoch verkürzt sich das Mindestmaß der Verbotsfrist des § 70 Abs. 1 StGB von einem Jahr auf drei Monate für die Zeit, während der ein vorläufiges Berufsverbot wirksam war (§ 70 Abs. 2 Satz 1 StGB). Zur **Bindung von Verwaltungsbehörden** an die Entscheidung nach § 132a siehe insbesondere § 35 Abs. 3 GewO.[59]

3. Verfahren

21 **a) Zuständigkeit.** Da die Anordnung nach § 132a erheblich in die Rechte des Beschuldigten eingreift, wird sie vom Gesetz ausschließlich dem **Richter** übertragen. Ein vorläufiges Berufsverbot kann nicht nur im Ermittlungsverfahren, sondern auch in späteren Verfahrensabschnitten angeordnet und sogar noch dann nachgeholt werden, wenn erst das Berufungsgericht die Maßregel nach § 70 StGB ausspricht. Wurde aber bereits ein Antrag der Staatsanwaltschaft, ein vorläufiges Berufsverbot anzuordnen, abgelehnt, ist die Anordnung nur zulässig, sofern sie auf neu hervorgetretene Tatsachen oder Beweismittel gestützt werden kann.

22 Im **Vorverfahren** entscheidet der Richter beim Amtsgericht (§ 162); in Staatsschutzsachen ist ebenso der Ermittlungsrichter nach § 169 zuständig.[60] Für die örtliche Zuständigkeit soll nach weitaus überwiegender Ansicht in den Kommentierungen zu § 132a die Vorschrift des § 162 Abs. 1 hingegen nicht maßgebend sein. Vielmehr sei mangels einer besonderen Regelung jeder Richter beim Amtsgericht zuständig, in dessen Bezirk ein Gerichtsstand nach §§ 7 ff. begründet sei.[61] Schließlich handele es sich bei der Anordnung des vorläufigen Berufsverbots um keine richterliche Untersuchungshandlung.[62] Allerdings ist dieser Begriff weit zu verstehen und erfasst gerade nicht nur Ermittlungsmaßnahmen, sondern auch verfahrenssichernde und vorbeugende Maßnahmen.[63] Deshalb ist ebenso das Berufsverbot trotz seines präventiven Charakters als richterliche Untersuchungshandlung

---

56 AK/*Krause* 7; SK/*Paeffgen* 12; Meyer-Goßner/*Schmitt* 8; KK/*Schultheis* 8; AnwK-StPO/*Walther* 8.

57 MüKo/*Gerhold* 19; AK/*Krause* 7; KK/*Schultheis* 8; AnwK-StPO/*Walther* 8; **a.A.** LR/*Gleß*[26] 16; OK-StPO/*Niesler* 7; SK/*Paeffgen* 12; Meyer-Goßner/*Schmitt* 8: Beschluss muss förmlich zugestellt werden.

58 MüKo/*Gerhold* 19; SSW/*Harrendorf* 10; SK/*Paeffgen* 12; Meyer-Goßner/*Schmitt* 8; KK/*Schultheis* 8.

59 Näher hierzu LK/*Hanack* § 70, 88; *Möller* 164 ff.

60 Vgl. BGHSt **28** 84, 84.

61 MüKo/*Gerhold* 17; LR/*Gleß*[26] 11; HK-GS/*Laue* 5; SK/*Paeffgen* 9; Meyer-Goßner/*Schmitt* 6; KK/*Schultheis* 7; AnwK-StPO/*Walther* 8.

62 LR/*Gleß*[26] 11; SK/*Paeffgen* 9; siehe auch *Möller* 105, der aber für eine entsprechende Anwendung des § 162 Abs. 1 plädiert.

63 KK/*Griesbaum* § 162, 4; MüKo/*Kölbel* § 162, 3; Meyer-Goßner/*Schmitt* § 162, 4.

anzusehen.[64] Zuständig ist daher der Ermittlungsrichter bei dem Amtsgericht, in dessen Bezirk die Staatsanwaltschaft oder ihre den Antrag stellende Zweigstelle ihren Sitz hat.

Nach Anklageerhebung ist das Gericht zuständig, das mit der Sache befasst ist (§ 162 Abs. 3 Satz 1). Das Berufungsgericht ist erst zuständig, nachdem ihm die Akten nach § 321 Satz 2 vorgelegt wurden; vorher entscheidet der erstzuständige Richter. Während des Revisionsverfahrens kann die Maßnahme nur angeordnet werden, wenn im tatrichterlichen Urteil ein (wegen § 70 Abs. 4 StGB mangels Rechtskraft noch nicht wirksames) Berufsverbot ausgesprochen wurde, weil nach § 132a Abs. 2 ansonsten sogar ein schon angeordnetes vorläufiges Berufsverbot aufzuheben wäre (Rn. 31).[65] Zuständig ist dann das Gericht, dessen Urteil angefochten wurde (§ 162 Abs. 3 Satz 2). Wurde im tatrichterlichen Urteil kein Berufsverbot verhängt, ist nach Aufhebung des Urteils und Zurückverweisung der Sache durch das Revisionsgericht der neue Tatrichter zuständig.[66] 23

b) Einzelheiten. Vor der Entscheidung ist die **Staatsanwaltschaft zu hören**, wenn sie nicht wie in der Regel selbst den Antrag auf Anordnung des vorläufigen Berufsverbots gestellt hat (§ 33 Abs. 2). Nach § 33 Abs. 3 ist auch der **Beschuldigte** vor der Entscheidung zu hören. Eine Anordnung nach § 33 Abs. 4 Satz 1 ohne vorherige Anhörung dürfte niemals geboten sein.[67] Angesichts der Bedeutung der Maßnahme sowie ihrer schwierigen tatsächlichen und rechtlichen Voraussetzungen sollte die Anhörung in der Regel durch den Richter selbst erfolgen.[68] 24

Gemäß § 140 Abs. 1 Nr. 3 liegt ein Fall der **notwendigen Verteidigung** vor, wenn ein Verfahren zu einem Berufsverbot führen kann. Da schon ein nur vorläufiges Berufsverbot intensiv in die Grundrechte des Betroffenen eingreift, genügen entsprechende tatsächliche Anhaltspunkte, dass eine solche vorläufige Maßnahme in Betracht kommt.[69] Diese Möglichkeit wird nicht zuletzt dann offenkundig, wenn die Staatsanwaltschaft ein vorläufiges Berufsverbot beantragt. Mit diesem Antrag hat daher die Staatsanwaltschaft zugleich die Bestellung eines Pflichtverteidigers zu beantragen (§ 141 Abs. 3 Satz 2).[70] 25

Strafverfahren, in denen eine Anordnung nach § 132a getroffen wurde, müssen mit ähnlicher **Beschleunigung** wie Haftsachen und Verfahren, in denen die Fahrerlaubnis nach § 111a vorläufig entzogen wurde, durchgeführt werden.[71] Sollte im Urteil kein Berufsverbot angeordnet werden bzw. die ausgesprochene Verbotsfrist die Dauer des vorläufigen Berufsverbots unterschreiten (§ 4 Abs. 1 Nr. 2 StrEG), ist der Staat nach § 2 Abs. 2 Nr. 6 StrEG **entschädigungspflichtig**. 26

III. Aufhebung des vorläufigen Berufsverbots (Absatz 2)

1. Allgemeines. Absatz 2 regelt die Voraussetzungen, unter denen ein vorläufiges Berufsverbot aufzuheben ist. Ausdrücklich angesprochen ist zum einen die Konstellation, dass der **Grund der Anordnung weggefallen** ist (näher Rn. 28 ff.). Zum anderen ist die vorläufige Maßnahme aufzuheben, wenn das Gericht im Urteil **kein Berufsverbot** 27

---

64 LR/*Erb*[26] § 162, 8; KK/*Griesbaum* § 162, 4; MüKo/*Kölbel* § 162, 3; Meyer-Goßner/*Schmitt* § 162, 4. Aus der Kommentarliteratur zu § 132a SSW/*Harrendorf* 9.
65 MüKo/*Gerhold* 18; SK/*Paeffgen* 9; KK/*Schultheis* 7.
66 Meyer-Goßner/*Schmitt* 6; KK/*Schultheis* 7.
67 SK/*Paeffgen* 10; ähnlich SSW/*Harrendorf* 9, der wegen der Intensität des Eingriffs § 33 Abs. 4 Satz 1 für unanwendbar erachtet; siehe hierzu auch OLG Frankfurt a.M. StV **2001** 496, 497.
68 SSW/*Harrendorf* 9; *Möller* 116.
69 MüKo/*Gerhold* 3; siehe hierzu auch *Möller* 122 f., 240 f.
70 SSW/*Harrendorf* 9; SK/*Paeffgen* 11.
71 SK/*Paeffgen* 4; AnwK-StPO/*Walther* 1; KMR/*Wankel* 1; siehe hierzu auch OLG Bremen StV **1997** 9.

anordnet (siehe hierzu Rn. 31). Wird die Anordnung nach § 132a aufgehoben, darf der Beschuldigte den Beruf oder das Gewerbe, dessen Ausübung ihm vorläufig untersagt war, sofort wieder ausüben; die Bekanntgabe der Entscheidung gegenüber dem Beschuldigten ist hierfür nicht erforderlich.[72] Wird eine Anordnung nach § 132a wegen Wegfall ihres Grundes aufgehoben, steht dies ihrer Wiederholung nicht entgegen, sofern sie aufgrund neu hervorgetretener Tatsachen oder Beweismittel gerechtfertigt ist, insbesondere wenn nunmehr das Berufsverbot im (noch nicht rechtskräftigen) Urteil endgültig angeordnet wird. Nicht in § 132a Abs. 2 aufgegriffen ist der Fall, dass das Gericht ein **Berufsverbot endgültig anordnet** und das Urteil rechtskräftig wird. Insoweit wird als selbstverständlich vorausgesetzt, dass das vorläufige Berufsverbot erlischt und es einer Aufhebung der Maßnahme nach § 132a nicht bedarf.[73]

28 **2. Wegfall des Grundes.** Ob der Grund für die ergangene Anordnung eines vorläufigen Berufsverbots zwischenzeitlich weggefallen ist, bleibt während des gesamten Verfahrens von Amts wegen zu prüfen.[74] Von Bedeutung kann insoweit vor allem eine längere **Dauer des Verfahrens** sein. Zwar reicht der bloße Zeitablauf als solcher nicht aus, um ein angeordnetes vorläufiges Berufsverbot als nicht mehr notwendig erscheinen zu lassen. Der Grund für die Maßnahme kann aber dann entfallen, wenn sich das Verfahren so lange hinzieht, dass für die Annahme, das erkennende Gericht werde die Maßregel noch für erforderlich halten, keine hohe Wahrscheinlichkeit mehr besteht.[75] Weshalb sich das Verfahren derart verzögert, ist unerheblich. Ebenso kann allein die Verletzung des Beschleunigungsgebots (Rn. 26) dazu führen, dass es nicht mehr verhältnismäßig erscheint, ein angeordnetes vorläufiges Berufsverbot weiterhin aufrechtzuerhalten.[76] Des Weiteren kann der Täter schon durch die vorläufige Maßnahme so beeindruckt sein, dass eine Wiederholungsgefahr entfällt.[77]

29 Das vorläufige Berufsverbot kann auch während des Rechtsmittelverfahrens noch aufgehoben werden. Uneinheitlich beurteilt wird allerdings, ob allein wegen des **Ablaufs der vom Erstrichter vorgesehenen Befristung** eines Berufsverbots nach § 70 StGB eine gleichfalls ergangene vorläufige Maßnahme aufzuheben ist. Insoweit bleibt vorab zunächst zu bemerken, dass das Berufsverbot erst mit Rechtskraft des Urteils wirksam wird (§ 70 Abs. 4 Satz 1 StGB). Dementsprechend setzt auch die Einrechnung der Dauer eines vorläufigen Berufsverbots die Verkündung des Urteils voraus, in dem die der Maßregel zugrunde liegenden tatsächlichen Feststellungen letztmals geprüft werden konnten (§ 70 Abs. 4 Satz 2 StGB). Der geschilderte Fristablauf allein führt daher nicht ohne Weiteres dazu, ein ebenso angeordnetes vorläufiges Berufsverbot aufheben zu müssen. **Im Berufungsverfahren** gilt dies selbst bei einer nur zugunsten des Angeklagten eingelegten Berufung, obwohl dieser dann in Bezug auf das Berufsverbot schlechter stünde als wenn er überhaupt kein Rechtsmittel eingelegt hätte.[78] Zwar erscheint dies fragwürdig, weil dadurch der Angeklagte in seiner Entschlussfreiheit beeinträchtigt werden könnte, das Rechtsmittel einzulegen, und weil nicht zuletzt der Eingriff in seine

---

72 MüKo/*Gerhold* 23; AK/*Krause* 9.

73 Siehe auch MüKo/*Gerhold* 24; KK/*Schultheis* 11: folgt „aus der Natur der Sache“; kritisch SK/*Paeffgen* 14.

74 MüKo/*Gerhold* 20; AK/*Krause* 10; HK-GS/*Laue* 7; SK/*Paeffgen* 16; Meyer-Goßner/*Schmitt* 11; KK/*Schultheis* 12; *Möller* 125.

75 SSW/*Harrendorf* 11; AK/*Krause* 10; OK-StPO/*Niesler* 8; Meyer-Goßner/*Schmitt* 12; KK/*Schultheis* 12; AnwK-StPO/*Walther* 9.

76 OLG Bremen StV **1997** 9; MüKo/*Gerhold* 20; SSW/*Harrendorf* 11; HK-GS/*Laue* 4.

77 AK/*Krause* 10.

78 SK/*Paeffgen* 16; **a.A.** AK/*Krause* 11; zur Diskussion auch MüKo/*Gerhold* 21; *Gollner* JZ **1978** 637.

Rechte von der vom Zufall abhängigen Dauer des Rechtsmittelverfahrens abhinge[79] und es häufig zu einem Verstoß gegen den Verhältnismäßigkeitsgrundsatz kommen könnte. Allerdings untersagt das Verbot der Schlechterstellung in § 331 Abs. 1 dem Berufungsgericht lediglich, ein Berufsverbot mit einer längeren Frist oder in einem größeren Umfang festzusetzen, nicht hingegen die Anordnung eines Berufsverbots von gleicher Länge. Aufzuheben ist das vorläufige Berufsverbot jedoch, wenn wegen des Zeitablaufs ein Berufsverbot nicht mehr genügend wahrscheinlich ist (siehe schon soeben Rn. 28).[80]

Ebenso stellt sich die Frage, ob die vorläufige Maßnahme aufzuheben ist, wenn 30 **während des Revisionsverfahrens** eine Zeit verstreicht, die der im (letzten) tatrichterlichen Urteil für das Berufsverbot bestimmten Frist entspricht, und nur der Angeklagte Revision eingelegt hat. Auch hier ist zunächst darauf hinzuweisen, dass das Verbot der Schlechterstellung (§ 358 Abs. 2) dem Tatrichter, an den die Sache nach jedenfalls in Bezug auf das Berufsverbot erfolgreicher Revision zurückverwiesen wird, nur untersagt, bei der erneuten Anordnung eine längere Frist oder ein umfänglicheres Verbot festzusetzen. Er ist aber rechtlich nicht daran gehindert – wenngleich dies in der Regel nur wenig wahrscheinlich sein mag –, ein Berufsverbot erneut und in gleicher Länge anzuordnen.[81] Auch im Revisionsverfahren erscheint es im Hinblick auf die Entschlussfreiheit des Angeklagten bzgl. der Anfechtung des tatrichterlichen Urteils nicht unbedenklich, das vorläufige Berufsverbot nicht stets schon mit Ablauf der vom letzten Tatrichter verhängten Verbotsfrist entfallen zu lassen.[82] Die Schwierigkeiten lösen sich im Bereich des § 132a jedoch zwanglos, wenn Folgendes bedacht wird: Für die Aufhebung des vorläufigen Berufsverbots ist auch während des Revisionsverfahrens grundsätzlich der letzte Tatrichter zuständig (Rn. 34). Er aber hat (aufgrund einer Hauptverhandlung) seine Entscheidung über die erforderliche Dauer eines Berufsverbots getroffen. Da das vorläufige Verbot dem endgültigen in seinen Wirkungen gleichsteht, kann er die Erforderlichkeit eines vorläufigen Verbots nicht mehr abweichend beurteilen. Daher ist er dazu verpflichtet, bei Verstreichen der angeordneten Verbotsdauer das vorläufige Berufsverbot von Amts wegen aufzuheben.[83] Bei der Entscheidung bleibt jedoch diejenige Zeit nach Erlass des letzten tatrichterlichen Urteils außer Betracht, in welcher der Angeklagte auf behördliche Anordnung in einer Anstalt verwahrt wurde (§ 70 Abs. 4 Satz 3 StGB).

3. Nichtanordnung im Urteil. Dass die Maßnahme nach § 132a aufzuheben ist, 31 wenn das Urteil, in dem von einer Maßregel gemäß § 70 StGB abgesehen wurde, Rechtskraft erlangt, versteht sich von selbst. § 132a Abs. 2 bestimmt aber darüber hinaus, dass die vorläufige Anordnung auch dann aufgehoben werden muss, wenn das Urteil, das den Angeklagten zwar verurteilt, eine Maßregel nach § 70 StGB aber nicht anordnet, noch **nicht rechtskräftig** ist. Auch in diesem Fall muss daher, ohne Rücksicht auf ein etwaiges zuungunsten des Angeklagten eingelegtes Rechtsmittel, das vorläufige Berufsverbot sofort entfallen. Die Rechtslage ist nicht anders als bei der vorläufigen Entziehung der Fahrerlaubnis (vgl. die Regelung des § 111a Abs. 2, der § 132a Abs. 2 entspricht) und bei Haft- und Unterbringungsbefehlen, bei denen § 120 Abs. 2 und § 126a Abs. 3 Satz 2 ausdrücklich festhalten, dass durch die Einlegung eines Rechtsmittels die Freilassung

79 Siehe auch MüKo/*Gerhold* 21; AK/*Krause* 11.
80 SSW/*Harrendorf* 11; Meyer-Goßner/*Schmitt* 12.
81 KK/*Schultheis* 12.
82 So in der Tat KK/*Schultheis* 12; siehe auch Meyer-Goßner/*Schmitt* 12; **abl.** AK/*Krause* 11.
83 Ebenso MüKo/*Gerhold* 21; SSW/*Harrendorf* 11; SK/*Paeffgen* 16. Siehe auch *J. Kretschmer* S. 287, der aber zur Vermeidung von Verzögerungen für die Zuständigkeit des Revisionsgerichts plädiert, da es sich um keine tatrichterliche Würdigung, sondern um eine einfache zeitliche Berechnung handele (Fn. 191).

nicht aufgehalten werden darf. Die in § 132a Abs. 2 für Urteile getroffene Regelung gilt entsprechend, wenn das Verfahren durch einen noch nicht rechtskräftigen Beschluss eingestellt wird.

32 Wurde gegen das Urteil ein Rechtsmittel zuungunsten des Angeklagten eingelegt, soll nach herrschender Ansicht eine **erneute Anordnung des vorläufigen Berufsverbots** stets zulässig sein, wenn neue Tatsachen oder Beweismittel bekannt werden, die in dem auf das Rechtsmittel ergehenden Urteil voraussichtlich zu einer Anordnung eines Berufsverbots nach § 70 StGB führen.[84] Einer uneingeschränkten Berücksichtigung neuer Tatsachen und Beweismittel im Rechtsmittelverfahren bleibt jedoch mit den Ausführungen von *Hanack* in der vorletzten Auflage zu widersprechen, beruht doch die Regelung des § 132a Abs. 2 erkennbar auf dem Gedanken, dass die Nichtanordnung eines Berufsverbots „im Urteil" einer vorläufigen Anordnung nach § 132a die Grundlage entziehe. Schließlich wird das Urteil in einer Hauptverhandlung gewonnen, die der Richter nach § 244 Abs. 2 auf alle entscheidungserheblichen Tatsachen und Beweismittel zu erstrecken hat. Dem Urteilsverfahren ist insoweit gegenüber dem Beschlussverfahren die Vermutung der größeren Richtigkeit oder zumindest eine Sperrwirkung für die vorläufige Maßnahme einzuräumen.[85] Mit diesem Gedanken lässt es sich – im Anschluss an die Differenzierung von *Gleß* in der Vorauflage – jedenfalls in der Revisionsinstanz nicht vereinbaren, dass sich der urteilende Richter selbst oder ein anderer Richter durch Beschluss aufgrund (angeblich oder wirklich) neuer Tatsachen oder Beweismittel über das Urteil hinwegsetzt. Indessen erscheint es selbst eingedenk der Bedeutung der grundrechtlich gesicherten Berufsausübung nicht gerechtfertigt, dass auch das Berufungsgericht als weitere Tatsacheninstanz neue bekannt gewordene Tatsachen und Beweismittel stets außer Betracht lassen soll. Daher kann im Berufungsverfahren vor der Entscheidung über das zuungunsten des Angeklagten eingelegte Rechtsmittel das vorläufige Berufsverbot erneut angeordnet werden, wenn aufgrund neuer Tatsachen oder Beweismittel mit einem endgültigen Berufsverbot zu rechnen ist.[86]

33 **4. Zuständigkeit.** Über die Aufhebung des vorläufigen Berufsverbots entscheidet das mit der Sache befasste Gericht. Im **Vorverfahren** ist daher das Amtsgericht zuständig, das die Anordnung nach § 132a getroffen hat (siehe hierzu Rn. 22). Da eine dem § 120 Abs. 3 entsprechende Regelung fehlt, ist das Gericht an einen Aufhebungsantrag der Staatsanwaltschaft nicht gebunden, muss die Maßnahme jedoch immer aufheben, wenn das Verfahren von dieser eingestellt wird.[87]

34 **Nach Anklageerhebung** entscheidet das Gericht, bei dem die Sache anhängig ist. Das Berufungsgericht ist zuständig, wenn ihm die Akten nach § 321 Satz 2 vorgelegt wurden. Das Revisionsgericht entscheidet über die vorläufige Maßregel nur, wenn es das im Urteil angeordnete Berufsverbot endgültig aufhebt oder wenn es das Verfahren einstellt.[88] Ansonsten ist das Tatgericht zuständig, das zuletzt mit der Sache befasst war.[89]

---

84 AK/*Krause* 12; OK-StPO/*Niesler* 9; Meyer-Goßner/*Schmitt* 11; KK/*Schultheis* 13; AnwK-StPO/*Walther* 10; KMR/*Wankel* 8; ebenso die h.M. zu § 111a (siehe hierzu LR/*Hauck* § 111a, 19).

85 LR/*Hanack*[25] 19.

86 Ebenso MüKo/*Gerhold* 22; SK/*Paeffgen* 17.

87 AK/*Krause* 9.

88 BGH StV **2004** 80, 82; MüKo/*Gerhold* 23; AK/*Krause* 13; HK-GS/*Laue* 5; SK/*Paeffgen* 18; Meyer-Goßner/*Schmitt* 13; KK/*Schultheis* 14.

89 AK/*Krause* 13; SK/*Paeffgen* 18; KK/*Schultheis* 14.

IV. Rechtsmittel

1. Rechtsmittel gegen die Entscheidung über die Anordnung. Der Beschluss über das vorläufige Berufsverbot ist, wenn er nicht von einem Strafsenat des Oberlandesgerichts (vgl. § 304 Abs. 4 Satz 2) oder vom Ermittlungsrichter des Bundesgerichtshofs gemäß § 169 Abs. 1 Satz 2 (vgl. § 304 Abs. 5) erlassen worden ist, mit der einfachen **Beschwerde** nach § 304 Abs. 1 anfechtbar.[90] Auch die Entscheidung des erkennenden Gerichts kann angefochten werden (§ 305 Satz 2), soll allerdings – entsprechend der Überprüfung des dringenden Tatverdachts bei der Haftprüfung – durch das Beschwerdegericht mangels eigener unmittelbarer Kenntnisse über den Verlauf und das Ergebnis der Beweisaufnahme nur eingeschränkt auf grobe Fehler und eine nicht vertretbare Begründung in tatsächlicher oder rechtlicher Hinsicht überprüfbar sein.[91] Die Beschwerde steht der Staatsanwaltschaft zu, wenn die Anordnung nach § 132a abgelehnt, dem Beschuldigten, wenn sie erlassen wurde; für die Staatsanwaltschaft gilt aber auch § 296 Abs. 2. Das Rechtsmittel hat keine aufschiebende Wirkung (§ 307 Abs. 1; vgl. aber auch § 307 Abs. 2). Weitere Beschwerde ist nach § 310 Abs. 2 ausgeschlossen. 35

Eine Beschwerde gegen den Beschluss des Amtsgerichts über das vorläufige Berufsverbot ist von der Strafkammer, bei der inzwischen Anklage erhoben wurde, und von dem Berufungsgericht, dem die Akten nach § 321 vorgelegt wurden, als **Antrag auf Aufhebung der Maßnahme** zu behandeln.[92] Gegen die Anordnung eines vorläufigen Berufsverbots durch das Landgericht ist die Beschwerde an das Oberlandesgericht zulässig. 36

2. Rechtsmittel gegen die Aufhebung. Gegen den Beschluss, der die Anordnung nach § 132a wieder aufhebt, kann die Staatsanwaltschaft nach § 304 Abs. 1 **Beschwerde** einlegen, auch wenn das erkennende Gericht entschieden hat (§ 305 Satz 2). Entscheidungen der Oberlandesgerichte sind nach § 304 Abs. 4 Satz 2 unanfechtbar, ebenso nach § 304 Abs. 5 Entscheidungen, die der Ermittlungsrichter des Bundesgerichtshofs gemäß § 169 Abs. 1 Satz 2 erlassen hat. 37

V. Mitteilungspflichten

Gegen **Angehörige bestimmter Berufe** sind **von Amts wegen** Pflichten zur Mitteilung der Anordnung oder Aufhebung eines vorläufigen Berufsverbots zu beachten (vgl. §§ 12ff. EGGVG). Das gilt unter anderem für Notarinnen, Notare und Angehörige der rechtsberatenden Berufe (Nr. 23 Abs. 1 Nr. 2 MiStra), für Angehörige bestimmter Berufe des Wirtschaftslebens und öffentlich bestellte und vereidigte Sachverständige und Dolmetscherinnen und Dolmetscher (Nr. 24 Abs. 1 Nr. 2 MiStra) und für Angehörige der Heilberufe wie z.B. Ärztinnen und Ärzte, Apothekerinnen und Apotheker und Hebammen (Nr. 26 Abs. 1 Nr. 2 MiStra). 38

---

90 Nach SSW/*Harrendorf* 14 und SK/*Paeffgen* 119 verstoßen § 304 Abs. 4 Satz 2 und Abs. 5 bzgl. des vorläufigen Berufsverbots wegen dessen Eingriffsintensität gegen Art. 19 Abs. 4 GG und sind daher verfassungswidrig. Wegen der vergleichbaren Intensität und der Unmöglichkeit späteren Rechtschutzes sind nach SSW/*Harrendorf* 14 die in diesen Normen genannten Ausnahmemöglichkeiten analog anzuwenden.

91 OLG Nürnberg NStZ-RR **2011** 346.

92 Vgl. zur Beschwerde gegen die vorläufige Entziehung der Fahrerlaubnis LR/*Hauck* § 111a, 94.

ZEHNTER ABSCHNITT
Vernehmung des Beschuldigten

Vorbemerkungen

Schrifttum

Altenhain/Haimerl Die gesetzliche Regelung der Verständigung im Strafverfahren – eine verweigerte Reform, JZ **2010** 327; *Bader* Das Verwendungsverbot des § 97 Absatz I 3 InsO, NZI **2009** 416; *Bartel* Auf dem Weg zur technischen Dokumentation der Hauptverhandlung in Strafsachen, StV **2018** 678; *Bertram* Die Verwendung präventivpolizeilicher Erkenntnisse im Strafverfahren (2009); *Beukelmann* Online-Durchsuchung und Quellen-TKÜ, NJW-Spezial **2017** 440; *Bosch* Aspekte des nemo-tenetur-Prinzips aus verfassungsrechtlicher und strafprozessualer Sicht (1998); *Böse* Die verfassungsrechtlichen Grundlagen des Satzes „Nemo tenetur se ipsum accusare", GA **2002** 101; *Christl* Europäische Mindeststandards für Beschuldigtenrechte – Zur Umsetzung der EU-Richtlinien über Sprachmittlung und Information im Strafverfahren, NStZ **2014** 378; *Dann/Schmidt* Im Würgegriff der SEC? – Mitarbeiterbefragungen und die Selbstbelastungsfreiheit, NJW **2009** 68; *Dose* Übermittlung und verfahrensübergreifende Verwendung von Zufallserkenntnissen (2013); *Dörr* Anmerkung zu Urt. v. 11.7.2006, §§ 150 ff., JuS **2007** 264; *Ehrenberg/Frohne* Doppelfunktionale Maßnahmen der Vollzugspolizei, Kriminalistik **2003** 737; *Engländer* Das nemo-tenetur-Prinzip als Schranke verdeckter Ermittlungen, ZIS **2008** 166; *Fateh-Moghadan* Selbstbestimmung im biotechnischen Zeitalter, Basler Juristische Mitteilungen **2018** 205; *Fischer/Maul* Tatprovozierendes Verhalten als polizeiliche Ermittlungsmaßnahme, NStZ **1992** 7; *Gazeas* Übermittlung nachrichtendienstlicher Erkenntnisse an Strafverfolgungsbehörden (2014); *Gleß* Wenn das Haus mithört: Beweisverbote im digitalen Zeitalter, StV **2018** 671; *dies.* Nemo tenetur se ipsum accusare und verwaltungsrechtliche Auskunftspflichten: Konflikt und Lösungsansätze am Beispiel der Schweizer Finanzmarktaufsicht, FS Beulke (2015) 723; *dies.* Gesetzliche Regelungen von Beweisverwertungsverboten – die Schweiz als Vorreiter? GedS Heine (2016) 127; *dies.* Der Einsatz von Videotechnologie in anderen europäischen Ländern, in: Strafverteidigertag (2011) 193; *Godenzi* Private Beweisbeschaffung im Strafprozess, Zürich 2008; *dies.* Das strafprozessuale Verbot staatlicher Beweishehlerei: Königsweg oder Luftschloss, GA **2008** 500; *Greco* „Fortgeleiteter Schmerz" – Überlegungen zum Verhältnis von Prozessabsprache, Wahrheitsermittlung und Prozessstruktur, GA **2016** 138; *Greco/Caracas* Internal investigations und Selbstbelastungsfreiheit, NStZ **2015** 15; *Grünwald*, Das Beweisrecht der Strafprozeßordnung (1997); *Gubitz* Doppelfunktionale Durchsuchung, NStZ **2016** 128; *Hauck* Heimliche Strafverfolgung und Schutz der Privatheit (2014); *Hilgendorf* „Die Schuld ist immer zweifellos"? – Offene Fragen bei Tatsachenfeststellung und Beweis mit Hilfe „intelligenter" Maschinen, in: Fischer (Hrsg.), Beweis, Baden-Baden 2019, 229; *Jäger* Beweiserhebungs- und Beweisverwertungsverbote als prozessuale Regelungsinstrumente im strafverfolgenden Rechtsstaat, GA **2008** 473; *Jahn* Der Beweistransfer aus dem Ermittlungsverfahren in die Hauptverhandlung nach dem Modell des AE-Beweisaufnahme, StV **2015** 778; *ders.* Gutachten für den 67. Dt. Juristentag 2008, in: Verhandlungen des 67. Deutschen Juristentages (2008), Band I, C 1, C 102; *Jutzi* Zur anlasslosen Wirtschaftlichkeits- und Qualitätsprüfung von Leistungserbringern der Eingliederungshilfe kraft Landesrechts, NZS **2018** 399; *Kadelbach* Anmerkung zu OLG Düsseldorf, Beschl. v. 15.11.1991 – VI 14/89, StV **1992** 503; *Knauer/Gaul* Internal investigations and fair trial – Überlegungen zu einer Anwendung des Fairnessgedankens, NStZ **2013** 193; *Kölbel* Selbstbelastungsfreiheiten (2006); *Krause/Prieß* Die bußgeldbefreiende Selbstanzeige bei fahrlässigen Verstößen im neuen Außenwirtschaftsrecht (§ 22 Absatz IV AWG n.F.), NStZ **2013** 688; *Krey/Jaeger* Nötigung durch Straßenblockade, NStZ **1995** 517; *Lagodny* Strafrecht vor den Schranken der Grundrechte (1996); *Lubig/Sprenger* Beweisverwertungsverbote aus dem Fairnessgebot des Art. 6 EMRK in der Rechtsprechung des EGMR, ZIS **2008** 433; *Macula* Verwaltungs(aufsichts)rechtliche Mitwirkungspflichten und strafprozessuale Selbstbelastungsfreiheit (2016); *Matula* Private Ermittlungen. Die eigen und staatlich initiierte Ermittlungstätigkeit von Privatpersonen im Kontext des strafprozessualen Täuschungsverbots (2012); *McGinley* Die Verarbeitung von Fluggastdaten für Strafverfolgungszwecke, DuD **2010** 250; *Mengel/Ullrich* Arbeitsrechtliche Aspekte unternehmensinterner Investigations, NZA **2006** 243; *Meyer-Goßner* Videoaufzeichnung der Hauptverhandlung – notwendige Reform oder Irrweg? FS Fezer (2008) 135; *Michel* Die audiovisuelle Aufzeichnung von Beschuldigtenvernehmungen im Ermittlungsverfahren (2019); *Mielchen* Verrat durch den eigenen PKW – wie kann man sich schützen? SVR **2014** 81; *Mitsch* Strafverfolgung

https://doi.org/10.1515/9783110274929-045

durch legendierte Verkehrskontrollen, NJW **2017** 3126; *Momsen* Internal Investigations zwischen arbeitsrechtlicher Mitwirkungspflicht und strafprozessualer Selbstbelastungsfreiheit, ZIS **2011** 508; *Mosbacher* Aktuelles Strafprozessrecht, JuS **2016** 706; *Mühlemann* Unternehmensinterne Untersuchungen und strafprozessuale Verwertbarkeit von Mitarbeiterbefragungen, Zürich 2018; *Müller/Römer* Legendierte Kontrollen Die gezielte Suche nach dem Zufallsfund, NStZ **2012** 543; *Nelles* Der Einfluß der Verteidigung auf Beweiserhebungen im Ermittlungsverfahren, StV **1986** 74; *Neubacher/Bachmann* Audiovisuelle Aufzeichnung von Vernehmungen junger Beschuldigter, ZRP **2017** 140; *Niehaus* Verwertbarkeit von Dashcam-Aufzeichnungen im Straf- und Ordnungswidrigkeitenverfahren, NZV **2016** 551; *Norouzi* Beschuldigtenäußerungen nach Einsatz unzulässiger Vernehmungsmethoden im Ausland, NJW **2011** 1526; *Nothelfer* Die Freiheit vom Selbstbezichtigungszwang (1989); *Ott* Der Grundsatz „nemo tenetur se ipsum accusare" unter besonderer Berücksichtigung der strassenverkehrsrechtlichen Pflichten (2012); *Pieth* Schweizerisches Strafprozessrecht 3. Aufl. (2016); *Rogall* Über die Folgen der rechtswidrigen Beschaffung des Zeugenbeweises im Strafprozess, JZ **1996** 944; *ders.* Hypothetische Ermittlungsverläufe im Strafprozess, NStZ **1988** 385; *Roggan* Die strafprozessuale Quellen-TKÜ und Online-Durchsuchung, StV **2017** 821; *Rottmeier* Kernbereich privater Lebensgestaltung und strafprozessuale Lauschangriffe (2017); *I. Roxin* Probleme und Strategien der Compliance-Begleitung in Unternehmen, StV **2012** 121; *Safferling/Rückert* Quellen-TKÜ und Online-Durchsuchung als neue Maßnahmen für die Strafverfolgung: Rechtliche und technische Herausforderungen, JR **2017** 16; *Schmid/Wessels* Event Data Recording für das hoch- und vollautomatisierte KfZ – eine kritische Betrachtung der neuen Regelungen im StVG, NZV **2017** 357; *Schneider* Der Anspruch des Beschuldigten auf schriftliche Übersetzung wesentlicher Unterlagen, StV **2015** 381; *Schoch* Schutz privater Rechte im Polizei- und Ordnungsrecht, Jura **2013** 1115; *Schuster* Die Europäische Ermittlungsanordnung – Möglichkeiten einer gesetzlichen Realisierung, StV **2015** 394; *Singelnstein* Strafprozessuale Verwendungsregelungen zwischen Zweckbindungsgrundsatz und Verwertungsverboten, ZStW **120** (2008) 854; *ders.* Bildaufnahmen, Orten, Abhören – Entwicklungen und Streitfragen beim Einsatz technischer Mittel zur Strafverfolgung, NStZ **2014** 305; *Singelnstein/Derin* Das Gesetz zur effektiveren und praxistauglicheren Ausgestaltung des Strafverfahrens, NJW **2017** 2646; *Stam* Die strafprozessuale Unverwendbarkeit der zwangsvollstreckungsrechtlichen Vermögensauskunft, StV **2015** 130; *Stoffer* Wie viel Privatisierung „verträgt" das strafprozessuale Ermittlungsverfahren? (2016); *Theile* „Internal Investigations" und Selbstbelastung, StV **2011** 386; *Trautmann* Verteidigungsmöglichkeiten bei der Verfolgung von im EU-Ausland begangenen Verkehrsverstößen, SVR **2018** 3; *Velten* Verkehrsdaten in der Strafverfolgung, FS Fezer (2008) 87; *Velten* Befugnisse der Ermittlungsbehörden zu Information und Geheimhaltung (1995); *Verrel* Nemo tenetur – Rekonstruktion eines Verfahrensgrundsatzes – 1. Teil, NStZ **1997** 361; *Wastl/Litzka/Pusch* SEC-Ermittlungen in Deutschland – eine Umgehung rechtsstaatlicher Mindeststandards! NStZ **2009** 71; *Wehage* Das Grundrecht auf Gewährleistung der Vertraulichkeit und Integrität von Informationsverarbeitungssystemen (2013); *Weßlau* Vorfeldermittlungen. Probleme der Legalisierung „vorbeugender Verbrechensbekämpfung" aus strafprozeßrechtlicher Sicht (1989); *Wohlers* Zur (Un-)Verwertbarkeit strafrechtswidrig erhobener Bild- und Audioaufzeichnungen des Tatgeschehens, JR **2016** 509; *Wohlers* Vorfeldermittlungen und andere Gefährdungen des justizförmigen Strafverfahrens, GA **2014** 675; *Zachariae* Gebrechen und Reform des deutschen Strafverfahrens (1846); *ders.* Handbuch des deutsches Strafprocesses, 1. Band (1861); *Zerbes* Unternehmensinterne Untersuchungen, ZStW **125** (2013) 559; *dies.* Spitzeln, Spähen, Spionieren. Sprengung strafprozessualer Grenzen durch Geheime Zugriffe auf Kommunikation (2010).

Übersicht

Alphabetische Übersicht

I. Allgemeines

1 Der Abschnitt enthält die Vorschriften über die richterliche Vernehmung von Beschuldigten sowie über die Art und Weise der Ladung zur Vernehmung und notfalls der zwangsweisen Vorführung. Die Bestimmungen sind in erster Hinsicht im Vorverfahren anwendbar. Sie gelten aber generell für förmliche Vernehmungen außerhalb der Hauptverhandlung, etwa auch für Vernehmungen im Rechtshilfeverkehr (vgl. § 133, 11).

II. Partizipation von Beschuldigten bei der Beweissammlung

2 Die **Partizipation von Beschuldigten bei der Beweissammlung** hat der Gesetzgeber in den §§ 133-136a grundsätzlich festgelegt. Das wird etwa daraus ersichtlich, dass die Vorgaben ebenfalls verbindlich sind, wenn Beschuldigte vor die Staatsanwaltschaft geladen und von ihr vernommen werden. Sie gelten gemäß § 163a Abs. 4 auch bei polizeilichen Vernehmungen. Sie sind zentral für die Rechtsstellung von Beschuldigten im Strafverfahren, die Beteiligte und nicht Objekte des Verfahrens sind und über den Tatvorwurf und ihre Rechte in einer für sie verständlichen Sprache informiert werden müssen, damit sie über ihre Partizipation in einem gegen sie gerichteten Verfahren angemessen entscheiden können. Vor diesem Hintergrund stellt sich die Frage der Anwendbarkeit in anderen Verfahren, die eine andere Zielrichtung als Strafverfahren haben, etwa Disziplinarverfahren[1] (vgl. § 136, 27). Denn Beschuldigte wirken heutzutage vermehrt außerhalb von förmlichen Vernehmungen an der Sammlung von Informationen mit, die bei Eröffnung eines Strafverfahrens gegen sie verwendet werden können. Da die Rechte von Beschuldigten in diesen unterschiedlichen Formen der Beweissammlung zumeist nicht speziell gesichert werden, erlangt die prinzipielle Anwendbarkeit von §§ 136 und 136a für das gesamte Strafverfahren zunehmende Bedeutung.[2]

---

1 Zur Anwendbarkeit in wehrdisziplinarrechtlichen Verfahren: BVerwG Urt. v. 28.2.2013 – 2 WD 34.10 = NVwZ-RR **2013** 115.

2 Vgl. dazu etwa auch: Bericht der Expertenkommission [hrsg. v. BMJV] **2015** 4, 27 ff., 51 ff.

1. Die **Verfahrensstellung von Individuen** wird durch §§ 136, 136a determiniert, die als rechtsstaatliche und grundrechtliche Sicherungen allgemeine Geltung beanspruchen. Entsprechend schreiben § 69 Abs. 3 und § 72 die Geltung von § 136a auch für die Vernehmung von Zeugen und Sachverständigen vor. Da die in §§ 136, 136a verbrieften Grundsätze nur punktuell durch konkrete gesetzliche Regelungen flankiert sind, kommt der Rechtsprechung eine ganz entscheidende Bedeutung zu. Heute legen Gerichte in weitgehendem Umfang Voraussetzungen, Reichweite und Durchsetzbarkeit der in §§ 136, 136a im Prinzip festgelegten Rechtsstellung fest. Das zeigt sich etwa an der Definition des Vernehmungsbegriffes, der Verteilung der Beweislast für ein möglicherweise unzulässiges Vorgehen[3] oder bei der Etablierung von zusätzlichen Erfordernissen wie dem des Widerspruchs gegen die Verwertung einer in unzulässiger Weise erlangten Information, s. Erl. zu § 136, 82 ff. 3

Darüber, dass im Strafverfahren die Wahrheit nicht auf jede Weise und nicht um jeden Preis aufgeklärt werden muss, herrscht im Grundsatz Einigkeit (§ 136a, 3). Allerdings sind die **Grenzen zulässiger Sachverhaltsermittlung** höchst strittig. Das gilt auch für jene Fallkonstellationen, in denen Beschuldigte durch ihre Mitwirkung zur Informationsermittlung beitragen. Ausgehend von der gesetzlichen Regelung in §§ 136, 136a waren zunächst vor allem Fragen in Zusammenhang mit der Verwertung von Einlassungen nach unzureichender Belehrung über Aussagefreiheit bzw. Verteidigung (Erl. bei § 136 Rn. 27 ff.) oder die Bestimmung dessen, was unzulässige Täuschung ist (s. § 136a Rn. 39 ff.), umstritten. Erst allmählich diskutierte man, inwieweit die Grundsätze analog auf andere Verfahren anzuwenden sind, etwa auf bestimmte Verwaltungsverfahren oder privat organisierte Ermittlungen (s.u. Rn. 8, 13). 4

Die Strafrechtswissenschaft muss sich diesen neuen Fragen stellen, um die in §§ 136, 136a für die Vernehmung von Beschuldigten etablierten **Verfahrensrechte** in neue Situationen der Informationsermittlung zu übersetzen. Die für eine konfrontative Befragung in einem strafrechtlichen Ermittlungsverfahren konzipierten Garantien aus der Ära einer liberal-bürgerlichen Kodifizierung des Strafprozesses in den sog. Reichsjustizgesetzen von 1877 müssen auf die aktuellen Herausforderungen des Strafverfahrens angepasst werden. Heute werden Beweise vermehrt im Rahmen polizeilicher Vorermittlungen, durch heimliche Überwachung und Einsatz moderner Informationstechnologien, ohne Wissen von Beschuldigten, aber unter deren Einbezug erhoben.[4] Ob so gesammelte Informationen überhaupt als Beweise verwendet werden dürften, ist fraglich, und wird – etwa wenn Strafverfahren durch Verständigung enden – nicht gesondert geprüft.[5] 5

2. Gefahren für die Rechte von Beschuldigten in Strafverfahren resultieren dementsprechend derzeit nicht mehr unbedingt aus der Anwendung unerlaubter Methoden in klassischen Vernehmungssituationen und der Verwertung dort gemachter Aussagen, sondern ergeben sich zusätzlich aus der Auflösung der Grenze zwischen polizeilichen Maßnahmen zur Gefahrenabwehr und repressiver Strafverfolgung,[6] aus Datensammlungen mit Hilfe moderner Informationstechnologien unabhängig von konkreten Strafverfahren[7] oder aus der Informationserhebung durch Verwaltungsbehörden bzw. Private 6

---

3 Fortschrittlich die Rechtsstellung der Beschuldigten sichernd: BGHSt **60** 50.

4 Vgl. dazu etwa: *Hauck* 17 ff.; *Velten* FS Fezer 105 ff.; *Weßlau* Vorfeldermittlungen *passim*; *Wohlers* GA **2014** 677 ff.; *Zerbes* 359 ff.

5 *Altenhain/Haimerl* JZ **2010** 327.

6 Vgl. etwa BGH NJW **2017** 3173; dagegen: *Mosbacher* JuS **2016** 708.

7 *Beukelmann* NJW-Spezial **2017** 440; *Safferling/Rückert* JR **2017** 16; *Roggan* StV **2017** 821 ff.; *Singelnstein/Derin* NJW **2017** 2646; *Wehage* 207.

und deren anschließender Kooperation mit den Strafverfolgungsbehörden.[8] Die Vernehmungssituation bleibt gleichzeitig von zentraler Bedeutung, da eine Einlassung oder gar ein Geständnis des Beschuldigten im Ermittlungsverfahren grundlegende Bedeutung für ein Strafverfahren hat.

III. Neue Formen der Informationssammlung

7 **Neue Formen der Informationssammlung** unter Mitwirkung von Beschuldigten[9] außerhalb einer Vernehmungssituation finden sich in ganz unterschiedlichen Bereichen.

8 **1. Verwaltungsverfahren** können Einzelne zur Mitwirkung (auch gegen deren Willen) verpflichten, wie etwa in Steuer- oder Zwangsvollstreckungsverfahren. Andere Verwaltungsverfahren werden durch Individuen in Gang gebracht, die dadurch einen Vorteil erlangen wollen; gleichzeitig müssen damit vielschichtige Interessenlagen zum Ausgleich gebracht werden (wie etwa beim Antrag auf Betrieb einer latent gefährlichen Anlage). Aber auch privatrechtliche Verfahren verlangen oft eine Offenlegung detaillierter Informationen (etwa im Rahmen von Arbeitsverhältnissen).[10] Private können darüber hinaus vom Staat mit einer Informationssammlung beauftragt werden (wie etwa bei Fluggast- oder Veranstaltungskontrollen).[11]

9 Allen diesen Sachverhalten ist gemeinsam, dass hierbei der Einzelne außerhalb eines Strafverfahrens Informationen über sich selbst offen legt, welche gleichsam im Nachhinein durch Verwertung in einem Strafprozess **zweckentfremdet** werden, um dem öffentlichen Anliegen nach Strafverfolgung auf einer möglichst umfassend ermittelten Tatsachengrundlage (§ 160 Abs. 2) Rechnung zu tragen. Dabei kommt es zu mannigfaltigen Zielkonflikten, weil nicht immer klar ist, ob im Einzelfall bestimmte Individualinteressen oder das öffentliche Interesse an einer möglichst umfassenden Sachverhaltserforschung vorgehen soll.

10 Informationssammlungen, die von staatlichen Stellen **unter Androhung von Nachteilen** und damit unter Zwang herausverlangt werden, wie etwa im Steuerveranlagungs-,[12] Zwangsvollstreckungs-[13] und Insolvenzverfahren[14] – dürfen nicht im Strafverfahren gegen die Mitwirkungspflichtigen verwendet werden.[15] Das Gleiche gilt grundsätzlich für Informationen, die Einzelne unter Zwang im Rahmen eines privatrechtlichen

---

8 Aus dem zwischenzeitlich fast unübersehbaren Schrifttum: MüKo/*Schuhr* 115; *Godenzi* GA **2008** 501 ff.; *Greco/Caracas* NStZ **2015** 15 m.w.N.; *Kölbel* 69 ff.; *Zerbes* ZStW **125** (2013) 551 ff.; *Stoffer* 62 ff.

9 Insofern ist zur Abgrenzung des Schutzbereichs die vom EGMR entwickelte sog. *Saunders*-Formel hilfreich, auch wenn sie nicht alle Zweifelsfragen löst: *„[The right not to incriminate oneself] does not extend to the use in criminal proceedings of material which may be obtained from the accused through the use of compulsory powers but which has an existence independent of the will of the suspect such as, inter alia, documents acquired pursuant to a warrant, breath, blood and urine samples and bodily tissue for the purpose of DNA testing."* EGMR *Saunders v. UK*, 19187/91, Urt. v. 17.12.1996, § 69. Es kommt also darauf an, ob Beweismittel vom Willen der Beschuldigten unabhängig geschaffen wurden.

10 Vgl. nur *Greco/Caracas* NStZ **2015** 15.

11 *McGinley* DuD **2010** 250 ff.

12 Vgl. etwa *Dose* 70 ff. und 127 ff.

13 Ausf. dazu mit Blick auf § 802c Abs. 1 Satz 1 ZPO: *Stam* StV **2015** 130; anders: BTDrucks. **16** 10069 S. 30.

14 § 97 Abs. 1 InsO; OLG Jena Beschl. v. 12.8.2010 – 1 Ss 45/10; Beck'sches Formularbuch für den Strafverteidiger/*Ritter*, 13. Beweisverbote Rn. 13; strittig ist, ob es sich nur um ein Verwertungs- oder um ein umfängliches Verwendungsverbot handelt, für letzteres LG Potsdam StV **2014** 407; **a.A.** *Bader* NZI **2009** 419 f.

15 EGMR *J.B. v. Schweiz*, 31827/96, Urt. v. 3.5.2001, § 71; EGMR *Chambaz v. Schweiz*, 11663/04, Urt. v. 5.4.2012 mit dissenting opinions; *Macula* 52 ff.

Verhältnisses herausgegeben haben – etwa unter Androhung arbeitsrechtlicher Nachteile in „Internal Investigations“. Hier gilt ein Beweisverwertungsverbot, damit die Selbstbelastungsfreiheit im anschließenden Strafprozess nicht zur Farce wird.

In Situationen, in denen Mitwirkungspflichtige Informationen preisgeben, um **individuelle Vorteile zu erhalten**, etwa Konzessionen oder auch das Recht zum (automatisierten) Fahren, ist weiter zu unterscheiden.[16] Solche Informationen könnten grundsätzlich in einem Strafverfahren verwendet werden,[17] soweit sich nicht schwerwiegende Zielkonflikte durch die Zweckänderung der Informationsverwendung ergeben[18] oder grundsätzlich übergeordnete Interessen entgegenstehen. Bei Antrag auf eine Konzession und daraus resultierenden Informationspflichten gegenüber der Behörde tritt der Einzelne in eine Art Sonderrechtsverhältnis, das bestimmte Vorteile, aber auch eine erhöhte Offenlegungspflicht mit sich bringt. Eine Schranke ergibt sich hier allerdings möglicherweise aus der Wirtschaftsfreiheit.[19] In anderen Fällen kann das Recht der informationellen Selbstbestimmung verletzt sein.[20] Eine solche Gefahr besteht vor allem bei der automatisierten Datenübertragung.[21] Wenn etwa künftig durch die Übertragung von Daten, die beim (automatisierten) Autofahren oder durch robotergestützte Prothesen generiert werden,[22] Individuen praktisch komplett überwachbar werden, darf die Verwertung solcher Informationen nicht dazu führen, dass die durch §§ 136, 136a verbrieften Rechte unterlaufen werden.[23] Schon deshalb empfiehlt es sich etwa, die Betroffenen *vor* einer mit einer planmässigen Informationssammlung verbundenen Interaktion ausdrücklich auf mögliche Einschränkungen des Rechts auf Selbstbelastungsfreiheit im Rahmen des entsprechenden Verhältnisses aufmerksam zu machen[24] oder aber Vorsorge zu treffen, dass eine Verwertung im Strafverfahren nicht möglich ist. 11

Als problematisch kann sich auch die Verwertbarkeit von preisgegebenen Informationen in Situationen darstellen, in denen staatliche Stellen Hilfe in **Notlagen** anbieten, dafür aber bestimmte Informationen fordern, etwa Informationen im Rahmen der **Sozialhilfe** oder im **Asylverfahren**, die sich nicht auf das Verfahren selbst beziehen.[25] Zweifelhaft ist, ob Informationen aus einem **Gespräch mit einem Konsularbeamten** während der Haft im Ausland verwertet werden können, wenn dies in Erfüllung der Hilfspflicht nach § 7 KonsG geschieht (zumal, wenn der Beschuldigte während der Vernehmungen geschlagen wird).[26] Im Sozialhilfe- und im Asylverfahren ersucht der Einzelne zwar um einen Vorteil; er tut dies aber aus existenziellen Gründen, weshalb hier schon mit Rücksicht auf die Menschenwürde ein Anlass zur Prüfung von Verwertungsverboten besteht.[27] Der Konsularbeamte etwa wird als *Beistand* zu den eigenen 12

16 Vgl. EGMR *O'Halloran und Francis v. UK*, 15809/02 und 25624/02, Urt. v. 29.6.2007 zur strafbewehrten Auskunftspflicht des Fahrzeughalters zur Nennung des Lenkers oder § 63a Abs. 2 Satz 1 StVG für die Datenübermittlung bei KfZ mit hoch- oder vollautomatisierter Fahrfunktion.
17 Wobei viele der hier aufgeworfenen Rechtsfragen noch ungeklärt sind, vgl. etwa *Macula* 74 ff. zur Frage des Verzichts auf die Selbstbelastungsfreiheit im Rahmen eines Sonderstatusverhältnisses.
18 Etwa bei einer Beweisverwertung von Angaben aus einem Asylverfahren, vgl. *Kadelbach* StV **1992** 507.
19 *Krause/Prieß* NStZ **2013** 688; *Jutzi* NZS **2018** 399.
20 Vgl. BVerfG Beschl. v. 6.5.2016 – 2 BvR 890/16; dazu *Greco* GA **2016** 138 ff. und 195 ff.
21 Vgl. etwa § 63a StVG sowie *Schmid/Wessels* NZV **2017** 361 f.; *Verrel* NStZ **1997** 363 f.
22 Zu den einzelnen Beispielen siehe *Fateh-Moghadan* BJM **2018** 225 ff., *Mielchen* SVR **2014** 81; *Schmid/Wessels* NZV **2017** 357.
23 Vgl. auch *Velten* FS Fezer 105 ff.; *Weßlau* 214 ff.
24 Vgl. *Macula* 81.
25 OLG Düsseldorf StV **1992** 506.
26 Vgl. aber BGHSt **55** 314 = NJW **2011** 1523 m. Anm *Norouzi*.
27 Ausf. dazu *Kadelbach* StV **1992** 507.

Staats*bürgern* gesandt; wechselt er dann mit ihm anvertrauten Informationen die Seite, so verletzt das grundsätzlich das Recht auf einen *fair trial*.[28]

13 **2.** Die **Beweissammlung durch Private** ist nicht den §§ 136, 136a unterworfen. Aber sie darf die darin verbrieften Rechte nicht unterlaufen, indem sich Hoheitsträger mit Hilfe von Privatpersonen der Verfahrensordnung entledigen. Wann durch Privatpersonen erlangte Beweismittel verwertbar sind, ist noch umstritten.[29] Aber es bestehen (wenige) anerkannte Grenzen, etwa betreffend die Nichtverwertbarkeit von Beweisen, welche Private in Anwendung menschenrechtswidriger Methoden beschafft haben.[30] Im Vorliegenden interessiert diese Debatte, die ganz unterschiedliche Fallkonstellationen betrifft,[31] nur insoweit, als die Erlangung von Beweismitteln durch Private die Rechte von Beschuldigten aus §§ 136, 136a berührt.[32] Aus dieser Perspektive kommt es nicht vorrangig auf die Rechtswidrigkeit der Erlangung von Beweismitteln durch Private an, sondern darauf, ob Private die betreffenden Beweismittel tatsächlich autonom beschafft haben oder ob die Art und Weise der Erlangung von Beweismitteln den Behörden zugerechnet werden muss oder kann,[33] und in einem zweiten Schritt ist zu klären, ob die Strafverfolgungsbehörden ein Beweismittel selber in der fraglichen Art und Weise hätten erlangen dürfen (siehe § 136a Rn. 12).[34]

14 Ob bzw. unter welchen Voraussetzungen durch Private im Rahmen des fast ubiquitären Einsatzes von moderner Informationstechnologie gefertigte **Bild- und Tonaufnahmen** verwertbar sein sollen, ist umstritten. Prominentes Beispiel sind sog. **Dashcam-Fotos** auf öffentlichen Straßen. Auch für diese Fälle gilt, dass von privat erlangten Beweisen nur gesprochen werden kann, wenn Private autonom Beweismittel geschaffen haben und weiter zu prüfen ist, ob staatliche Stellen diese Beweise hätten erlangen können. Allerdings löst das die neu auftauchenden Fragestellungen nicht umfänglich, denn gerade bei Dashcam-Aufnahmen im Strassenverkehr wäre den Behörden eine anlasslose «Totalüberwachung» verboten,[35] und es ist unklar, ab wann man annehmen dürfte, dass sie aufgrund eines Tatverdachts hätten eine Filmaufnahme anfertigen dürfen. Es wird hier in der Zukunft neuer Lösungsansätze bedürfen. Fürsprecher einer Verwertbarkeit weisen zutreffend darauf hin, dass das Verhältnis zwischen Datenschutzrecht und strafprozessualer Beweisführung wenig geklärt ist, aber jedenfalls per se kein strafprozessuales Beweisverbot aus der Verletzung von datenschutzrechtlichen Vorgaben abgeleitet werden kann.[36] Gegner einer Verwertbarkeit halten dem mit Recht entgegen, dass eine unbesehene strafprozessuale Verwertung privat gefertigter Aufnahmen einen Anreiz für Private schaffen könnte, vorausschauend eine Vorratsbeweissammlung anzulegen, was

---

28 Vgl. auch *Norouzi* NJW **2011** 1526; für eine Verwertbarkeit (wenn die Gewaltanwendung durch die ausländischen Vernehmungsorgane nicht in das Gespräch hinein wirkt): BGHSt **55** 314 = StV **2011** 334.

29 Grundlegend *Godenzi* passim; *Matula* passim; *Stoffer* passim.

30 Vgl. etwa *Jahn*, Gutachten für den 67. Dt. Juristentag 2008, C 102 f.

31 Von der privat getätigten Dashcam-Aufnahme bis zur Durchführung von Ordnungswidrigkeitsverfahren durch beauftrage Private, vgl. OLG Frankfurt a. M., Beschl. v. 26.4.2017 – 2 Ss-Owi 295/17; vgl. auch *Stoffer* 62 ff.

32 Vgl. *Gleß* FS Beulke 723 ff.; zur generellen Debatte siehe SSW/*Beulke* Einleitung 303 m.w.N.; *Eisenberg* (Beweisrecht) 397 ff., *Rogall* JZ **1996** 944, 949.

33 Vgl. etwa *Stoffer* 263 ff.

34 Vgl. BGHSt **14** 358, 365; LG Memmingen Urt. v. 14.1.2016 – 22 O 1983/13; *Grünwald* 163; SSW/*Beulke* Einleitung 317 ff.; *Niehaus* NZV **2016** 551, 552 f.; *Wohlers* JR **2016** 509.

35 Vgl. dazu etwa *Rottmeier* 136 ff.; *Niehaus* NZV **2016** 554.

36 OLG Stuttgart NJW **2016** 2280; allerdings dürfte der anlasslose Dauerbetrieb von Dashcams gegen § 4 Abs. 1 BDSG verstossen und ist insofern auch nicht durch § 4 Abs. 3 BDSG gerechtfertigt. Vgl. zur zivilprozessrechtlichen Beurteilung solcher Aufnahmen: BGH NJW **2018** 2883.

für Behörden unter anderem dann zu grossen Problemen führen dürfte, wenn die Zuverlässigkeit solcher Video- und Audio-Aufnahmen zu überprüfen ist.[37]

3. Internal Investigations sind regelmässig durch eine gewisse Macht- und Informationsasymmetrie (etwa durch ein bestimmtes arbeitsrechtliches) Verhältnis geprägt. 15
Sie können – jedenfalls dann, wenn diese Beweise mit Blick auf eine Nutzbarmachung in einem Strafverfahren geschaffen werden – nur dann gerichtsverwertbare Informationen hervorbringen, wenn Betroffene bei der privatrechtlichen Inpflichtnahme zur Offenlegung bestimmter Umstände einen den Maßstäben von §§ 133, 136a entsprechenden Schutz erhalten.[38] Fordern Arbeitgeber ihre Arbeitnehmer (möglicherweise auf Initiative staatlicher Stellen)[39] unter Androhung von Rechtsnachteilen auf, sich zu einem strafrechtlich relevanten Sachverhalt umfassend und wahrheitsgemäss zu äußern, muss ein Recht auf Verweigerung der Aussage ohne Gefahr von Rechtsnachteilen gelten. Ein solches kann direkt auf die Aussagefreiheit oder die vom BVerfG im Gemeinschuldner-Beschluss[40] herausgearbeiteten Prinzipien gründen.[41] Denn macht ein Arbeitgeber seinen Arbeitnehmer nicht auf mögliche Konsequenzen von Aussagen in einem Strafverfahren aufmerksam und überlässt diesem die Entscheidung auszusagen oder gewährleistet er keine adäquate Verteidigung bei der Informationssammlung, so verwehrt er der beschuldigten Person im privatrechtlichen Verhältnis jene Subjektstellung, die ihr im Strafverfahren zustünde. Daraus kann sich ein Verwertungsverbot ergeben.[42] Die Rechtsprechung hat sich bislang zu dieser Problematik noch nicht grundsätzlich geäußert. Die Erkenntnisse aus der Dokumentation von Internen Ermittlungen werden von Staatsanwaltschaften und Gerichten in der Praxis allerdings regelmäßig verwertet.[43]

4. Die **Überwachung des Einzelnen im Alltag** dürfte in der Zukunft immer mehr 16
Fragen der Verwertbarkeit privat erlangter Informationen aufwerfen, insbesondere wenn bestimmte Vorgänge des alltäglichen Lebens durch moderne Informationstechnologie (teil-)automatisiert und dadurch Daten generiert werden. Praktisch relevant wird diese Frage etwa in Zusammenhang mit der Zulassung von automatisiertem Fahren auf öffentlichen Strassen. § 63a StVG sieht vor, dass durch automatisiertes Fahren generierte Daten den für die Ahndung von Verkehrsverstößen zuständigen Behörden übermittelt werden. Solche Positions- und Zeitangaben sowie Daten über den Wechsel in der Fahrzeugsteuerung ermöglichen nicht nur Rückschlüsse über einzelne Fahrvorgänge, sondern letztlich die Erstellung eines umfänglichen Personenprofils. Insofern stellen sich hier prinzipielle Fragen nach Geltung der in §§ 136, 136a etablierten Schutzmechanismen für den Einzel-

---

37 Dazu etwa: *Stoffer* 194 ff.; vgl. zur Inanspruchnahme privater Telekommunikationsdienste für die Strafverfolgung *Roggan* StV **2017** 821 ff.; *Singelnstein* NStZ **2014** 306 ff.
38 Vgl. zur Verwertung der Ergebnisse interner Untersuchungen im Strafverfahren *Mühlemann* 113 ff.; LR/*Gössel* Einl. Abschn. L, 93 f.
39 So etwa *Zerbes* ZStW **125** (2013) 551 ff.; ihr insoweit folgend SK/*Rogall* 140 a.E.
40 BVerfG NJW **1981** 1431; SK/*Rogall* 132 und 143; vgl. aber *Greco/Caracas* NStZ **2015** 15 m.w.N., die den Gesamtschuldner-Beschluss in einem privatrechtlichen Zusammenhang für nicht übertragbar halten.
41 KK/*Diemer* § 136, 10; *I. Roxin* StV **2012** 121; *Mengel/Ullrich* NZA **2006** 243; *Dann/Schmidt* NJW **2009** 68; *Wastl/Litzka/Pusch* NStZ **2009** 71; *Zerbes* ZStW **125** (2013) 551, 559, die für eine Erweiterung des Schutzbereichs des nemo-tenetur-Grundsatzes plädiert.
42 *Godenzi* 292; *Greco/Caracas* NStZ **2015** 15 m.w.N.; *Kölbel* 70; *Knauer/Gaul* NStZ **2013** 193 f.; *Momsen* ZIS **2011** 508, 513 f.; *Zerbes* ZStW **125** (2013) 551 ff.; vgl. auch SK/*Rogall* 140; MüKo/*Schuhr* 115. Zur Fernwirkung s.: *Greco/Caracas* NStZ **2015** 15 m.w.N.; *Rotsch* Criminal Compliance in: Hb. Wirtschaftsstrafrecht (2015) Teil 1 Kap. 4 Rn. 61; *Theile* StV **2011** 386.
43 Vgl. etwa LG Hamburg NJW **2011** 942, 944. Siehe aber zur Einschränkung bei Verteidigungsunterlagen LG Braunschweig NStZ **2016** 308.

nen. Denn aufgrund der Möglicheit, mit Hilfe moderner Informationstechnologie retrospektiv auf große Datenmengen – auch aus dem privaten Lebensbereich – zuzugreifen[44] und diese in einem Strafprozess im Lichte aktueller Geschehnisse zu interpretieren, verschiebt sich die Informations- und Machtasymmetrie zusätzlich zugunsten staatlicher Behörden. Werden solche Informationen in ein Strafverfahren eingeführt, stehen den Einzelnen Verfahrensrechte, etwa ein Anspruch auf rechtliches Gehör oder das Recht, Beweisanträge zu stellen, erst viel später offen. Sie können sich dann erst in einer formellen Vernehmungssituation gegen das durch eine Art Datenzeitmaschine zusammengesetzte Bild verteidigen. Aber sie können in der Regel weder die technischen Grundlagen der automatisierten Datenrekonstruktion angreifen, noch haben sie die Möglichkeit in gleicher Weise wie die Verfolgungsbehörden, gespeicherte Daten retrospektiv zu analysieren und zu interpretieren. Es wird neue Verteidigungsrechte brauchen, damit sich ein Beschuldigter gegenüber automatisch generierten Befunden angemessen verteidigen kann. Zudem muss der Interessenskonflikt zwischen der staatlichen Pflicht zur Sachverhaltsaufklärung, dem Recht auf Selbstbelastungsfreiheit und dem grundrechtlich verankerten Recht auf informationelle Selbstbestimmung durch die adäquate gesetzliche Verankerung einer absolut geschützten Privatsphäre als Fixpunkt einer angemessenen Strafverfolgung im digitalen Zeitalter gelöst werden.[45] Die Essenz der Rechtsprechung des BVerfG dazu lautet: Trotz zunehmender Möglichkeiten einer Überwachung muss ein Kernbereich privater Lebensgestaltung bestehen bleiben.[46] Dieser Schutz gilt auch im Strafverfahren, insbesondere wenn bei Ermittlungen auf informationstechnische Systeme zugegriffen wird, etwa auf elektronische Geräte in Wohnungen oder Kraftfahrzeugen, Steuerungsanlagen der Haustechnik etc., die „einen Einblick in wesentliche Teile der Lebensgestaltung einer Person“ geben.[47] Offen bleibt jedoch (auch in der Rechtsprechung des BVerfG), welche Informationen aus vernetzten Haushaltsgeräten zum absolut geschützten Intimbereich im Strafverfahren gehören sollen.[48] Bevor dies nicht geklärt ist, vermittelt die Rechtsprechung *de facto* wenig Schutz. Dadurch gewinnen technische Sicherungen für den Erhalt einer unantastbaren Privatsphäre umso mehr an Bedeutung.[49]

17 **5.** Sog. **doppelfunktionelle Maßnahmen der Polizei** können zu Erkenntnissen führen, deren Verwertbarkeit im Strafverfahren umstritten ist. Wenn Polizeibeamte gleichzeitig Straftaten verhindern und darüber ermitteln wollen,[50] besteht die Gefahr, dass Informationen auf der Grundlage präventiv-polizeilicher Gesetze erlangt und dann unter Umgehung der Schranken des § 136 für das – repressive – Strafverfahren verwertet werden. Einem solchen Vorgehen sind nur selten ausdrückliche gesetzliche Grenzen gesetzt (wie etwa in § 161 Abs. 2), sodass hier die Gefahr besteht, dass strafprozessuale Verfahrensrechte ausgehebelt werden.[51] Die Rechtsprechung hebt zwar – mit unterschiedlicher Akzentuierung – die Gefahren einer parallelen Inanspruchnahme von Kompetenzen für verschiedene Fall-

44 *Hilgendorf* in: Fischer (Hrsg.), Beweis, 247 f.; *Gleß* StV **2018** 671 ff.
45 *Gleß* StV **2018** 676 f.; vgl. auch Volkszählungsurteil BVerfGE **65** 1; Grundrecht auf Gewährleistung der Vertraulichkeit und Integrität von Informationsverarbeitungssystemen BVerfGE **120** 274, Rn. 290–293; dazu auch *Nothelfer* 80 ff.; *Bosch* 49 f.; *Böse* GA **2002** 101 ff.; *Wehage* 207.
46 Vgl. BVerfGE **78** 77, 85; **84** 239, 279 f.; **115** 320, 344 f.
47 BVerfGE **120** 274 Rn. 173, 202 und 203.
48 BVerfGE **109** 279 ff.
49 *Gleß* StV **2018** 677; *Roggan* StV **2017** 821 ff.
50 BGH NJW **2017** 3173; *Bertram* 209 f.; *Dose* 158 ff.; *Ehrenberg/Frohne* Kriminalistik **2003** 737; *Schoch* Jura **2013** 1115; kritisch: *Rogall* NStZ **1988** 385, 391; *Mitsch* NJW **2017** 3126.
51 Vgl. BGH NJW **2017** 3173 Rz. 32 und 51; Meyer-Goßner/*Schmitt* § 105, 16; MüKo/*Hauschild* § 108, 7; *Gazeas* 521 ff.; *Müller/Römer* NStZ **2012** 543.

konstellationen hervor. So weist der 2. Strafsenat des BGH etwa auf das Risiko für den *fair trial*-Grundsatz hin, wenn Behörden durch gleichzeitige Inanspruchnahme repressiver und präventiver (oder sogar nachrichtendienstlicher)[52] Rechtsgrundlagen einen Beschuldigten aus „ermittlungstaktischen" Gründen irreführen und einen „Zufallsfund" vortäuschen.[53] Es fehlt aber eine gemeinsame Stellungnahme aller Senate.[54] Urteile der anderen Senate gehen offensichtlich davon aus, dass eine Beweissammlung durch einen zu präventiven Zwecken eingesetzten Lockspitzel auch der Strafverfolgung dienen kann,[55] weil sich die Maßnahme letztlich auf Aufklärung und Aburteilung von Straftaten richten,[56] auch wenn zum Zeitpunkt des Einsatzes ja gerade nicht klar ist, welcher konkrete Tatverdacht geklärt werden soll. In der Literatur steht man der Beweiserhebung über polizeiliche „hypothetische Ersatzeingriffe"[57] kritisch gegenüber und fordert ein Beweisverwertungsverbot insbesondere für die Fälle, in denen damit ein Richtervorbehalt für die Anordnung einer Maßnahme umgangen wird.[58] Nach hier vertretener Meinung gilt ein Beweisverwertungsverbot, sobald durch ein paralleles Agieren auf polizeilich-präventiver und strafprozessualer Grundlage die Rechte von Beschuldigten aus § 136 – etwa auf effektive Verteidigung – beeinträchtigt werden.[59] Wird beispielsweise einer beschuldigten Person nicht mehr – wie in § 136 gefordert – der gesamte Tatvorwurf eröffnet und/oder sind die diesem zugrunde liegenden Fakten nicht mehr umfassend in der Verfahrensakte dokumentiert,[60] kann nur ein Beweisverwertungsverbot das durch § 136 Abs. 2 verbriefte Anliegen absichern, dass die Vernehmung dem Beschuldigten Gelegenheit geben soll, die gegen ihn vorliegenden Verdachtsgründe zu beseitigen und die zu seinen Gunsten sprechenden Tatsachen geltend zu machen.

IV. Sicherung der Rechtsstellung von Individuen

Eine **Sicherung der Rechtsstellung von Individuen** bei neueren Formen der Beweissammlung ist in unterschiedlicher Weise denkbar. Bei der Entwicklung von Lösungsansätzen gilt es insbesondere zu bedenken, wo die Strafprozessordnung zur Sicherung von Rechten der Beschuldigten noch das Modell der Prozessordnung von 1877 zugrunde legt, obwohl sich die Realität des Strafverfahrens davon entfernt hat. Die Etablierung neuer Formen von Beweissammlung ist nur ein Beispiel. Durften die schützenden Formen im Strafverfahren in der Mitte des 19. Jahrhunderts bereits durch die Verankerung in der Strafprozessordnung als Garanten eines rechtsstaatlichen Verfahrens für Beschuldigte gelten,[61] ist dies heute schon deshalb nicht mehr der Fall, weil sich die Sachverhaltsaufklärung in außerstrafprozessuale Ermittlungstätigkeiten verlagert, für welche das Strafprozessrecht formell nicht gilt. 18

1. Eine **Konstitutionalisierung des Strafprozessrechts** durch einen Rückgriff auf Verfassungsrecht erscheint derzeit sowohl der Rechtsprechung als auch Teilen der Straf- 19

---

52 Grundlegend dazu *Gazeas* 339 ff.
53 BGH NStZ **2010** 294 = NJW **2010** 2452; vgl. auch BGH StV **2010** 465; kritisch dazu: *Velten* 205 f.
54 BGH NJW **2017** 3173; vgl. auch 5. *Strafsenats* zu einer polizeirechtlichen Zollkontrolle bei der Durchsuchung von Gepäck eines Beschuldigten am Flughafen (BGH StraFo **2011**, 358, 359).
55 Vgl. BGH St **45**, 321 = NJW **2000** 1123; BGH NStZ-RR **2016** 176; kritisch *Mosbacher* JuS **2016** 706.
56 BGHSt **41** 64; m.w.N.; zust. *Krey/Jaeger* NStZ **1995** 517; *Fischer/Maul* NStZ **1992** 7; *Weßlau* 90.
57 Vgl. aus jüngerer Zeit BGH NJW **2017** 3137 Rz. 37 sowie kritisch zu diesem Ansatz: *Rogall* NStZ **1988** 385, 391; *Mitsch* NJW **2017** 3126.
58 MüKo/*Kölbel* § 161, 43 und § 163, 28; Meyer-Goßner/*Schmitt* § 105, 1b; *Mitsch* NJW **2017** 3126.
59 MüKo/*Hauschild* § 108, 7; *Gubitz* NStZ **2016** 128; *Müller/Römer* NStZ **2012** 543, 546 f.; *Mosbacher* Jus **2016** 706, 709; *Mitsch* NJW **2017** 3126.
60 *Velten* 205 ff.; vgl. aber BGH NJW **2017** 3173 Rz. 53.
61 Vgl. *Zachariae* (Gebrechen) 123 ff.; *ders.* (Handbuch) 145 f.

rechtswissenschaft als beste Antwort auf Reformanliegen. Durch einen Rückgriff auf grundgesetzlich verankerte Individualrechte kann neuen Gefahren für die Rechtsstellung von Beschuldigten durch eine Art Konstitutionalisierung des Strafprozessrechts neuer Schutz gewährleistet werden.[62] Beispiele dafür sind etwa die verfassungsrechtliche Rechtsprechung zum Schutz des Rechts auf informationelle Selbstbestimmung im Strafverfahren[63] oder die Anerkennung eines Beweisverwertungsverbots infolge einer Verletzung des Rechts auf ein faires Verfahren.[64]

20 **2.** Die **funktionale Übertragung gesetzlicher Rechte**, etwa der durch §§ 136, 136a für die Vernehmung etablierten schützenden Formen auf andere Situationen der Informationserhebung, in denen Individuen an der staatlichen Beweissammlung mitwirken, ist eine zentrale Aufgabe eines modernen Strafprozessrechts.[65] Ziel ist es etwa, die kommunikative Autonomie derjenigen Personen zu sichern, die ein Strafverfahren befürchten müssen, gleichzeitig aber verpflichtet sind, Informationen beispielsweise im Rahmen einer privaten, insbesondere arbeitsrechtlichen Untersuchung preiszugeben; oder aber derjenigen, die auf die Nutzung von IT-Systemen angewiesen sind, die durch Auswertung der generierten Daten ein komplettes Nutzerprofil ergeben. Wenn das Schweigerecht als ein grundlegendes, aus der Menschenwürde resultierendes Recht verstanden wird, verbietet es auch jenseits einer Vernehmungssituation, Beschuldigte zur Selbstüberführung zu zwingen.[66] Aus dieser formellen Prämisse können verschiedene Konsequenzen abgeleitet werden: etwa das Recht vor der Mitwirkung über das Schweigerecht belehrt zu werden oder das Recht auf Aufklärung darüber, welche zunächst freiwillig in einem staatlichen Verfahren zur Verfügung gestellten Informationen vorhersehbar im Strafverfahren verwertet werden können; das Recht auf Wahrung einer staatlich unantastbaren Intim- oder Privatsphäre, die nicht durch Datenauswertung verletzt werden darf uä.[67] Folgefragen stellen sich, etwa in Bezug auf das Recht gehört zu werden und den Zugang zu einem Verteidiger, um eine adäquate Strafverteidigung zu sichern.

21 **3.** Die **Rechtsprechung des EGMR** sollte mit Blick auf eine möglichst einheitliche Entwicklung in Europa soweit sinnvoll als Leitlinie dienen. Diese gewährt Beschuldigten etwa das Recht zu schweigen („right to remain silent“) sowie ein weiter gefasstes Selbstbelastungsprivileg („privilege against self-incrimination“)[68] als Teil eines fairen Verfahrens (Art. 6 Abs. 1 EMRK) und unterstreicht dabei den engen Bezug zur Unschuldsvermutung (Art. 6 Abs. 2 EMRK).[69] Das vom EGMR anerkannte nemo tenetur-Prinzip geht damit über ein bloßes Aussageverweigerungsrecht hinaus. In der Strassburger Rechtsprechung wird es freilich im Einzelfall wieder oft relativiert.[70] Der Schutz der Aussagefreiheit wird

---

62 BVerfGE **35** 202 ff.; **45** 187 ff.; **65** 1 ff.; **98** 169 ff.; **90** 145 ff.; BVerfGE **10**, 279 ff. zum Großen Lauschangriff; BVerfGE **115** 320 ff. zur Rasterfahndung; BVerfGE **125** 260 ff. zur Vorratsdatenspeicherung; *Lagodny* 536; *Singelnstein* ZStW **120** (2008) 854, 855 ff.

63 Vgl. etwa BVerfGE **27** 1; BVerfGE **80** 367; BVerfGE **92** 191; BVerfGE **109**, 279 ff.; BVerfGE **115** 320.

64 Vgl. etwa BVerfGE **57** 250, 276; **64** 135, 145; BGHSt **53** 294; BGH StV **2010** 465.

65 Zum Begriff der kommunikativen Autonomie *Engländer* ZIS **2008** 166.

66 SK/*Rogall* 132.

67 Vgl. etwa BVerfGE **80** 367; BGHSt **50** 206; BGH BGHSt **57** 71 = JR **2012** 386 m. Anm. *Wohlers*; ausf. dazu *Ott* 74 ff.

68 Zur Unterscheidung des EGMR zwischen „the right to remain silent“ und dem „privilege against self-incrimination“, s. etwa EGMR J.B v. Schweiz, 31827/96, Urt. v. 3.5.2001, § 64.

69 Vgl. statt vieler EGMR UK, 19187/91, Urt. v. 17.12.1996, § 68 sowie *Ott* 106.

70 Selbst bei Verurteilung wegen Verletzung des nemo tenetur Grundsatzes betont der EGMR, dass es grundsätzlich Sache des Vertragsstaates sei, wie es eine solche Verletzung kompensiere und dem EGMR ferner durch das in Art. 14 Abs. 3 lit. g IPBPR ausdrücklich verankerte völkerrechtliche Verbot gesichert, einen Einzelnen zu zwingen, gegen sich selbst als Zeuge auszusagen oder sich schuldig bekennen zu müssen.[71]

4. Eine **generelle Regelung von Beweisverwertungsverboten** würde zur Klärung der Rechtsverhältnisse in den unterschiedlichen Fallkonstellationen maßgebllich beitragen. Die Frage möglicher Beweisverwertungsverbote in Zusammenhang mit der Verletzung von §§ 133–136 muss unter anderem mit der Schwierigkeit umgehen, dass diese Regelungen – anders als § 136a – keine Vorgabe zu möglichen Verwertungsverboten machen.[72] (Zu den Einzelheiten der Verwertungsverbote nach allgemeinen Grundsätzen siehe Erl. Einl. Abschn. L). 22

V. Videodokumentation von Beschuldigtenvernehmungen

Die **Videodokumentation von Beschuldigtenvernehmungen** wird in Zusammenhang mit der Verschiebung der Sachverhaltsfeststellung in das Ermittlungsverfahren und den damit verbundenen Transfer von Beweismitteln aus Vorverfahren in die Hauptverhandlung[73] in § 136 Abs. 4 n.F. vorgesehen. Videovernehmungen wären zwar bereits nach alter Rechtslage möglich, begegnen aber vielen Bedenken in der Justiz und wurden offensichtlich kaum praktiziert.[74] Ab 2020 ist eine audiovisuelle Aufzeichnung der ersten Vernehmung von Beschuldigten unter bestimmten Voraussetzungen für die Vernehmungsorgane verpflichtend. Allerdings kommt es hierbei insofern weiter auf den Willen des Beschuldigten an, als dieser seine Einlassung davon abhängig machen kann, dass keine Bild-Ton-Aufnahme gefertigt wird. Ihn vor die Wahl zu stellen, entweder an einer Videoaufnahme mitzuwirken oder sich gar nicht einlassen zu dürfen, wäre mit Blick auf die Selbstbelastungsfreiheit unzulässig (dazu Erl. von *Erb* bei § 163a Rn. 47).[75] Dem entspricht auch das im deutschen Rechtshilfeverkehr etablierte Zustimmungserfordernis von Beschuldigten zur Videovernehmung (§ 91c Abs. 1 IRG,[76] s. Erl. zu § 133 Rn. 11d); dort wird allerdings als sachlicher Grund die Unterwerfung unter eine ausländische Macht genannt, weil eine EEA-Videovernehmung regelmäßig durch eine ausländische Stelle geleitet wird.[77] Zur Gesetzgebungsgeschichte s. Erl zu § 136.[78] 23

Die Frage der adäquaten **Transkription** der Videovernehmung für die Akten erscheint noch ungeklärt. Die Gesetzesbegründung geht davon aus, dass eine umfängliche 24

---

lediglich eine Gesamtwürdigung des Verfahrens obliege: EGMR Deutschland, 54810/00, Urt. v. 11.7.2006, §§ 150 ff. = JuS **2007** 264 m. Anm. *Dörr*; vgl. auch EGMR Deutschland, 7215/10, Urt. v. 3.3.2016 = NJW **2017** 2811; EGMR Deutschland, 54648/09, Urt. v. 23.10.2014 = NJW **2015** 3631. Vgl. auch *Jäger* GA **2008** 480 und 488 f.; *Godenzi* GA **2008** 501 f.; *Lubig/Sprenger* ZIS **2008** 439 f.

71 Ahlbrecht/Böhm/*Esser*/Eckelmans Rn. 563 ff.

72 Zur Vorzugswürdigkeit einer gesetzlichen Regelung: *Gleß* GedS Heine 127 ff.; LR/*Gössel* Einl L 266.

73 Bericht der Expertenkommission **2015** [Hrsg. BMJV] 7 ff., 135 ff.; Alternativ-Entwurf Beweisaufnahme GA **2014** 1; *Jahn* StV **2015** 778.

74 Vgl. dazu *Bartel* StV **2018** 678 ff.; *Singelnstein/Derin* NJW **2017** 2646, 2649.

75 Vgl. auch RegE BTDrucks. **18** 11277 S. 25; grundlegend hierzu: *Michel* Die audiovisuelle Aufzeichnung von Beschuldigtenvernehmung im Ermittlungsverfahren, Diss. Passau 2019.

76 Ausf. dazu *Michel* S. 191 ff. Vgl. BTDrucks. **18** 9757 S. 62. Deutschland hatte bereits zu Art. 10 Abs. 9 des EURhÜbk die Erklärung abgegeben, dass eine Beschuldigtenvernehmung per Videokonferenz nicht grundsätzlich ausgeschlossen wird, aber nur auf freiwilliger Grundlage in Betracht kommt, BTDrucks. **15** 4233 S. 22.

77 BTDrucks. **18** 1773 S. 36 mit Verweis auf BTDrucks. **15** 4232 S. 13 f.; Schomburg/Lagodny/Gleß/Hackner/*Gleß/Schomburg* Art. 10 EURhÜbk, 23.

78 Gesetz zur effektiveren und praxistauglicheren Ausgestaltung des Strafverfahrens v. 17.8.2017, BGBl. I S. 3202, Vgl. § 58a Abs. 1 i.V.m. § 163a Abs. 1; *Singelnstein/Derin* NJW **2017** 2646.

wörtliche Transkription der Videovernehmung nicht erforderlich ist, sondern eine Verschriftlichung nur nach den bisherigen Grundsätzen erfolgen soll. Doch das erscheint fragwürdig. Erfahrungen aus dem Ausland zeigen einerseits, dass eine Videodokumentation insbesondere dann für die Verhandlungsführung hilfreich ist, wenn die audiovisuelle Aufzeichnung verschriftlicht, aber möglichst authentisch in die Verhandlung eingeführt werden kann. Das Erstellen einer wörtlichen Transkription ist dabei eine Option, aber nicht unbedingt vorzugswürdig gegenüber einer Zusammenfassung der wesentlichen Ergebnisse, solange alle Verfahrensbeteiligte ausreichend Einfluss auf die Transkription haben. Erfahrungen aus dem Ausland zeigen jedoch auch, dass jede Form der Transkription Fehlerquellen birgt, weshalb jederzeit ein Rückgriff auf die Videoaufnahme möglich sein muss.[79] Daraus muss man für das deutsche Strafverfahren lernen.[80]

25 Wenn eine Videodokumentation nicht angefertigt wurde, obwohl die Voraussetzungen von § 136 Abs. 4 Satz 2 vorlagen,[81] kommt ein **Verwertungsverbot** in Betracht, denn entgegen der Gesetzesbegründung[82] kann es sich hier nicht um eine bloße Ordnungsvorschrift zur Überprüfung der Einhaltung der Vernehmungsförmlichkeiten[83] oder eine Verbesserung der Zuverlässigkeit der Wahrheitsfindung handeln. Die Vorgabe dient vielmehr auch dem Schutz von Beschuldigten vor rechtswidrigen Vernehmungsmethoden, weshalb grundsätzlich ein Beweisverwertungsverbot in Betracht kommt.[84]

VI. Recht auf Verteidigung

26 Das **Recht auf Verteidigung** und das Recht auf rechtliches Gehör haben im Ermittlungsverfahren durch europäische Vorgaben eine Stärkung erfahren (s. § 136 Rn. 23) und werden in Zukunft noch weiter ausgebaut werden. Dass Verteidiger grundsätzlich bereits bei der ersten polizeilichen Vernehmung anwesend sein dürfen, gilt in Europa seit dem Salduz-Urteil des EGMR (Urt. v. 27.11.2008, Nr. 36391/02). Darüber hinaus wird dies für die EU-Staaten seit 2013 durch Art. 3 der EU-Richtlinie über das Recht auf Zugang zu einem Rechtsbeistand in Strafverfahren (RL 2013/48/EU) gewährleistet – mit Folgen für die Hinweispflichten auf das Anwesenheitsrecht von Verteidigern im Rahmen der Belehrung nach § 136 (Rn. 45). Tiefergreifende Änderungen durch die Praxis dürften sich aber vor allem aus der Umsetzung der EU-Richtlinie über die Prozesskostenhilfe in Strafverfahren ergeben (RL 2016/1919/EU):[85] Spätestens ab dem 5.5.2019 dürfen Beschuldigte einen Antrag auf Beiordnung eines Pflichtverteidigers stellen, sobald sie vorläufig festgenommen wurden. Über diesen Antrag ist unverzüglich, also noch vor einer ersten (polizeilichen) Vernehmung zu entscheiden.[86]

---

79 Dazu *Gleß* in: Strafverteidigertag, 197 ff.; *Haworth* Evidence & Proof 22 (**2018**), 432.
80 Vgl. etwa *Meyer-Goßner* FS Fezer 147 ff.
81 *Singelnstein/Derin* NJW **2017** 2649.
82 BTDrucks. **18** 11277 S. 27.
83 *Singelnstein/Derin* NJW **2017** 2649.
84 BTDrucks. **18** 11277 S. 24.
85 *Michel* 326 f. m.w.N. auf früheres Schrifttum; *Neubacher/Bachmann* ZRP **2017** 143; vgl. auch RL (EU) 2016/1919 v. 26.10.2016 über Prozesskostenhilfe für Verdächtige und beschuldigte Personen in Strafverfahren sowie für gesuchte Personen in Verfahren zur Vollstreckung eines Europäischen Haftbefehls, ABl. L 297 v. 4.11.2016, S. 1.
86 Zum Institut des Anwalts der ersten Stunde in der Schweiz *Pieth* 96 ff.

VII. Recht, Beweisanträge zu stellen

Das **Recht, Beweisanträge zu stellen,** besteht bereits im Ermittlungsverfahren, ist dort aber traditionell nicht so stark ausgestaltet wie in der Hauptverhandlung.[87] Grundsätzlich ist dieses Recht an der Subjektstellung von Beschuldigten, nicht an der Amtsermittlungspflicht der Strafverfolgungsbehörden (§ 160 Abs. 2) auszurichten. Es handelt sich um ein eigenständiges Recht, das bei den Ermittlungsorganen Prüfungs-, Befassungs- und Bescheidungspflichten auslöst.[88] Das Recht, bereits im Ermittlungsverfahren Beweisanträge zu stellen, hat Stärkung in Fällen mit Auslandsbezug erhalten: In solchen Verfahren kann unter bestimmten Voraussetzungen von der Möglichkeit einer Europäischen Ermittlungsanordnung (EEA) Gebrauch gemacht werden, die von Beschuldigten und ihren Verteidigern initiiert werden kann.[89] 27

VIII. Verhandlungssprache und Recht auf Übersetzung

Die Verhandlungssprache ist in Strafverfahren – infolge von Migrationsbewegungen und der Internationalisierung der Strafverfolgung – oftmals nicht mehr Muttersprache der Beschuldigten, weshalb dem Recht auf Dolmetschung und auf rechtliche Beratung in einer fremden Rechtsordnung stärkeres Gewicht zukommt. In diesem Zusammenhang erlangt die **Möglichkeit zur Videodokumentation** von Vernehmungen besondere Bedeutung, da dadurch Missverständnisse und Fehler in der Übersetzung entdeckt und gegebenenfalls korrigiert werden können. 28

Das **Recht auf Übersetzung und Dolmetschleistungen** wurde ebenfalls durch europäisches Recht gestärkt.[90] Insbesondere die EU-Vorgaben aus der RL 2010/64/EU[91] und RL 2012/13/EU[92] haben dazu beigetragen. Insgesamt ist das Ziel, dass eine beschuldigte Person den strafrechtlichen Vorwurf und die ihr zustehenden Rechte in jedem Verfahrensschritt verstehen kann.[93] Das gilt sowohl für die (ins Ausland gerichtete)[94] Ladung[95] als auch für Vernehmungen (vgl. Erl. zu § 136 Rn. 54a und 69) und Schriftstücke in den weiteren Verfahrensschritten.[96] 29

§ 133
Ladung

(1) Der Beschuldigte ist zur Vernehmung schriftlich zu laden.

(2) Die Ladung kann unter der Androhung geschehen, daß im Falle des Ausbleibens seine Vorführung erfolgen werde.

---

87 Zur bisherigen Entwicklung: *Nelles* StV **1986** 74 einerseits und LR/*Erb* § 163a, 107 ff. andererseits; zur Reform *Singelnstein/Derin* NJW **2017** 2651.
88 LR/*Erb* § 163a, 108 einerseits und KK/*Griesbaum* § 163a, 8 andererseits.
89 Vgl. Art. 1 Abs. 3 EEA-Richtlinie; BTDrucks. **18** 9757 S. 21; *Ahlbrecht*/Böhm/Esser/Eckelmans Rn. 1312; *Schuster* StV **2015** 394.
90 Vgl. dazu *Trautmann* SVR **2018** 3.
91 ABl. L 280 v. 26.10.2010, S. 1.
92 ABl. L 142 v. 1.6.2012, S. 1.
93 Siehe bereits für die Übersetzung einer Anklageschrift: BGH NStZ **2014** 735 sowie für Strafbefehl: EuGH Urt. v. 12.10.2017 – C-278/16 (*Sleutjes*) NJW **2018** 142.
94 Schomburg/Lagodny/Gleß/Hackner/*Gleß* Art. 5 EURhÜbk, 5.
95 Vgl. dazu Erl. zu § 133 4a sowie *Schneider* StV **2015** 381; *Christl* NStZ **2014** 378.
96 EuGH *Sleutjes*, Urt. v. 12.10.2017 – C 278/16 = NJW **2018** 142.

https://doi.org/10.1515/9783110274929-046

Schrifttum

Böse Die Europäische Ermittlungsanordnung – Beweistransfer nach neuen Regeln? ZIS **2014** 152; *Christl* Europäische Mindeststandards für Beschuldigtenrechte – Zur Umsetzung der EU-Richtlinien über Sprachmittlung und Information im Strafverfahren, NStZ **2014** 376; *Enzian* Das richterliche und das staatsanwaltschaftliche Vorführungsrecht, JR **1975** 277; *Gleß* Grenzüberschreitende Beweissammlung, ZStW **125** (2013) 573; *Grünwald* Probleme der Gegenüberstellung zum Zwecke der Wiedererkennung, JZ **1981** 423; *Haas* Der Beschuldigte als Augenscheinobjekt, GA **1997** 368; *Koschwitz* Die kurzfristige polizeiliche Freiheitsentziehung (1969); *Rogall* Der Beschuldigte als Beweismittel gegen sich selbst (1977); *Roth* Direkte Korrespondenz deutscher Staatsanwaltschaften und Strafgerichte mit Verfahrensbeteiligten im Ausland, NStZ **2014** 551; *Schenke* Kompetenz des Landesgesetzgebers zur Regelung polizeilicher Befugnisse auf dem Gebiet der Strafverfolgung? JR **1970** 48; *Eb. Schmidt* Der Vorführungsbefehl des Ermittlungsrichters – Androhung und Vollzug, JZ **1968** 354; *J. Schmidt* Verteidigung von Ausländern (2016); *Schneider* Der Anspruch des Beschuldigten auf schriftliche Übersetzung wesentlicher Unterlagen, StV **2015** 379; *Schomburg* Strafrecht und Rechtshilfe im Geltungsbereich von Schengen II, NJW **1995** 1931; *Schorn* Der Strafrichter (1960); *Staudinger* Keine Zwangsmittel gegen ausländische Zeugen – Anmerkung zu OLG Stuttgart 5 –3 StE 6/10, StraFo **2012** 12 [13]; *Trautmann* Verteidigungsmöglichkeiten bei der Verfolgung von im EU-Ausland begangenen Verkehrsverstößen, SVR **2018** 1; *Welp* Zwangsbefugnisse für die Staatsanwaltschaft (1979).

Übersicht

Alphabetische Übersicht

I. Anwendungsbereich

1 Die Vorschrift gilt unmittelbar nur für richterliche Vernehmungen. Für Vernehmungen durch die Staatsanwaltschaft ist sie nach § 163a Abs. 3 Satz 2 entsprechend anzuwenden. Die Polizei hingegen ist, unbeschadet der Rechte nach § 127 Abs. 2, §§ 163b, 163c, nicht berechtigt, einen Beschuldigten zwangsweise zur eigenen Vernehmung vorzuführen; auch das Polizeirecht der Länder kann ihr die Vorführung nicht gestatten.[1]

1 BGH NJW **1962** 1021; BayObLGSt **1956** 170; **1962** 177= NJW **1962** 2072 = JR **1963** 67 m. Anm. *Dünnebier*; OLG Schleswig NJW **1956** 1570; AK/*Gundlach* 2, 3; KK/*Diemer* 9; Meyer-Goßner/*Schmitt* 1; SK/*Rogall* 2;

Bedeutung hat § 133 in erster Linie für Vernehmungen durch den Ermittlungsrichter (§§ 162, 169). Die Vorschrift gilt aber nicht nur im Vorverfahren, sondern für alle richterlichen Vernehmungen des Beschuldigten bis zur Eröffnung des Hauptverfahrens, insbesondere auch für Vernehmungen nach § 173 Abs. 3, § 202[2] und § 80 Abs. 1.[3] Die Ladung zur Hauptverhandlung regelt § 216; diese Vorschrift ist auch anzuwenden, wenn der Angeklagte nach § 233 Abs. 2 Satz 1 vernommen werden soll. Für die Ladung zur Berufungsverhandlung gilt zusätzlich § 323 Abs. 1 Satz 2, und für die „Ladung" zur Revisionshauptverhandlung gilt allein § 350.

Im **Bußgeldverfahren** ist § 133 entsprechend anwendbar (§ 46 Abs. 1 und 5 OWiG). **1a**

Beschuldigte können auch im Rahmen der **Rechtshilfe** zur richterlichen Vernehmung für ein inländisches Strafverfahren im Ausland sowie zur (kommissarischen) Vernehmung für ein ausländisches Strafverfahen im Inland geladen werden. Soweit keine besonderen Regelungen existieren, gelten gemäß **§ 77 Abs. 1 IRG** die Regelungen der StPO. **1b**

Eine gewisse Sonderstellung haben audiovisuelle Vernehmungen innerhalb der EU auf der Grundlage einer **Europäischen Ermittlungsanordnung (EEA)**. Die in Art. 24 der Richtlinie 2014/41/EU (RL EEA)[4] niedergelegten Vorgaben stellen sowohl auf EU-Ebene wie auch für die deutsche Rechtsordnung insofern ein Novum dar,[5] als der sog. Anordnungsstaat die Vernehmung nach eigenem Recht durchführt,[6] gleichzeitig aber der sog. Vollstreckungsstaat berechtigt – und unter Umständen sogar innerstaatlich verpflichtet – ist, mit dem Anordnungsstaat bestimmte Vereinbarungen über die Durchführung der Vernehmung zu treffen (s. dazu im Einzelnen Erl. zu § 136, 1a und 87 f.).[7] In Deutschland sind die Einzelheiten einer **EEA-Videovernehmung** in **§ 91h IRG** geregelt;[8] die administrativen Vorgaben ergeben sich aus Nr. 77 und 210 der Richtlinien für den Verkehr mit dem Ausland in strafrechtlichen Angelegenheiten (RiVASt). Zu weiteren Sonderregelungen, insbesondere zur Ladung von Beschuldigten innerhalb der EU oder im Schengen-Ausland s.u. Rn. 11 f. **1c**

II. Beschuldigter

Beschuldigter ist jeder Tatverdächtige, gegen den allein oder mit anderen zusammen ein Ermittlungsverfahren eingeleitet worden ist (vgl. dazu Erl zu § 136, 4 f.). Ebenfalls Beschuldigter iSd § 133 Abs. 1 ist darüber hinaus der Angeschuldigte, der nach § 202 Satz 1 vernommen werden soll. **2**

III. Ladung

1. Inhalt. Die Ladung muss zum Ausdruck bringen, dass der Geladene als Beschuldigter vernommen werden soll.[9] Die ihm zur Last gelegte Straftat ist in der Ladung kurz **3**

Henkel 173; *Roxin/Schünemann* § 31, 23; *Schlüchter* 266.2; *Hust* NJW **1969** 22; *Koschwitz* 88; *Schenke* JR **1970** 48; *H. W. Schmidt* NJW **1962** 2190; **a.A.** *Peters* § 24 II.

2 OLG Schleswig SchlHA **1958** 290; h.M., z.B. KK/*Diemer* 2; Meyer-Goßner/*Schmitt* 1; SK/*Rogall* 1.

3 Meyer-Goßner/*Schmitt* § 81, 18; SK/*Rogall* 1.

4 Art. 24 Richtlinie 2014/41/EU v. 3.4.2014 über die Europäische Ermittlungsanordnung in Strafsachen (RL-EEA), ABl. EU L 130 v. 1.5.2014, S.1.

5 *Böse* ZIS **2014** 152.

6 BTDrucks. **18** 9757 S. 62; *Ahlbrecht* /Böhm/Esser/Eckelman Rn. 1311; vgl. zum sog. „forum regit actum"-Grundsatz: *Gleß* ZStW **125** (2013) 592 ff.

7 Vgl. im Einzelnen: *Eisenberg* (Beweisrecht) 473-492; Schomburg/Lagodny/Gleß/Hackner/*Zimmermann* § 91h, 1ff. IRG.

8 *Ahlbrecht*/Böhm/Esser/Eckelmans Rn. 1311.

9 KK/*Diemer* 5; Meyer-Goßner/*Schmitt* 4; KMR/*Pauckstadt-Maihold* 3; SK/*Rogall* 5; *Eb. Schmidt* 7; vgl. auch RiStBV Nr. 44 Abs. 1; **a.A.** AK/*Gundlach* 7: „soll".

zu bezeichnen.[10] Termin und Ort der richterlichen Vernehmung müssen in der Ladung genau angegeben werden. Die Ladung kann auch an einem anderen Ort als dem Gerichtsort erfolgen.[11] Ein Hinweis darauf, dass sich der Beschuldigte nicht zur Sache zu äußern braucht, ist in der Ladung zulässig, in der Regel aber unzweckmäßig, da sie beim Laien die Vorstellung wecken könnte, er müsse nicht erscheinen.[12] Das Gesetz sieht den Hinweis erst bei der Vernehmung vor (§ 136 Abs. 1 Satz 2). Auch die Richtlinie 2012/13/EU über das Recht auf Belehrung in Strafverfahren[13] gebietet insofern prinzipiell nichts anderes.

4 **2. Form.** Die Ladung darf nur der Richter anordnen. Sie erfolgt grundsätzlich schriftlich (vgl. aber Rn. 6), und zwar – aus Gründen des Persönlichkeitsschutzes – verschlossen, also als Brief, nicht etwa durch Postkarte (RiStBV Nr. 44 Abs. 1 Satz 3). Dabei muss nicht zwingend ein bestimmter Übermittlungsweg eingehalten werden. Es ist also auch eine Ladung per E-Mail möglich oder eine telegrafische Ladung oder eine solche durch Telefax, so lange sichergestellt ist, dass sie nicht durch unberechtigte Dritte eingesehen wird.[14] Eine förmliche Zustellung wird sich aber in der Regel empfehlen, insbesondere wenn die Vorführung angedroht wird, denn der Erlass des Vorführungsbefehls setzt voraus, dass der Zugang der Ladung nachgewiesen ist (unten Rn. 12). Abs. 1 gilt auch für in Haft befindliche Beschuldigte; für sie entfällt aber die Vorführungsandrohung nach Abs. 3, weil mit der Ladung ein Vorführungsbefehl an die JVA ergeht, vgl. § 36 Abs. 2 Satz 2 StVollzG.[15] Wegen der Ladung von Soldaten und Seeleuten vgl. Erl. bei § 48; zur Ladung von Beschuldigten im Ausland vgl. § 68 IRG[16] sowie Art. 52 SDÜ[17] sowie Art. 5 EURhÜbk und unten Rn. 11.

4a Die Ladung ist – auch nach Reform des § 187 GVG zur Umsetzung der Richtlinien 2010/64/EU über das Recht auf Dolmetschleistungen und Übersetzungen in Strafverfahren,[18] und 2012/13/EU über das Recht auf Belehrung und Unterrichtung in Strafverfahren[19] – nicht in der Liste, der in § 187 Abs. 2 Satz 1 GVG aufgezählten Schriftstücke, die in der Regel zu übersetzen sind. Zum Teil wird hieraus gefolgert, dass die Ladung selbst keiner Übersetzung bedürfe.[20] Demgegenüber stellt Art. 3 Abs. 3 RL 2010/64/EU auf eine Beurteilung der Übersetzungsnotwendigkeit in der konkreten Situation ab.[21] Nr. 181 Abs. 2 RiStBV bestimmt ferner, dass Ausländer, die der deutschen Sprache nicht hinreichend mächtig sind, in einer ihnen verständlichen Sprache geladen werden müssen.[22] Daraus ergibt sich, dass eine Ladung jedenfalls dann zu übersetzen ist, wenn für das Gericht hinreichende Hinweise bestehen, dass die Sprachkenntnisse eines Ladungsempfängers eine Überset-

10 SK/*Rogall* 5; AK/*Gundlach* 8; **a.A.**; Meyer-Goßner/*Schmitt* 4; *Eb. Schmidt* 7; LR/Hanack[25] 3; vgl. auch: RiStBV Nr. 44 Abs. 1 Satz 2.
11 *Eb. Schmidt* 7; KK/*Diemer* 5.
12 OLG Düsseldorf JZ **1974** 137; LG Köln NJW **1967** 1873; LG Mönchengladbach JZ **1970** 192; AK/*Gundlach* 9; KK/*Diemer* 5; Meyer-Goßner/*Schmitt* 4 (nicht unzulässig, „aber überflüssig"); *Eb. Schmidt* JZ **1968** 357; **a.A.** LG Aachen JMBlNRW **1970** 57, vgl. auch Rn. 11.
13 ABl. EU L 142 v. 1.6.2012, S. 1.
14 MüKo/*Schuhr* 7.
15 OLG Koblenz NStZ **1989** 93; KK/*Diemer* 3; Meyer-Goßner/*Schmitt* 5a.
16 Schomburg/Lagodny/Gleß/Hackner/*Schomburg/Hackner* 6. Aufl. (2019) Vor § 68, 30 IRG.
17 Schomburg/Lagodny/Gleß/Hackner/*Gleß* Art. 52 SDÜ, 30.
18 ABl. EU L 280 v. 26.10.2010, S. 1.
19 Vgl. dazu KOM(2010) 392 endg. v. 20.7.2010; MüKo/*Oğlakcıoğlu* § 187, 5 GVG.
20 MüKo/*Oğlakcıoğlu* § 187, 32 GVG; *J. Schmidt*, Rn. 314.
21 *Schneider* StV **2015** 379, 381.
22 *Christl* NStZ **2014** 376, 378.

zung erfordern.[23] Kommt das Gericht dieser Pflicht nicht nach, ist jedenfalls eine Wiedereinsetzung in den vorherigen Stand zu gewähren, wenn die Säumnis auf der Sprachunkundigkeit beruht.[24] Werden mit der Ladung Zwangsmaßnahmen angedroht, muss die Ladung übersetzt werden.[25] (Erl. zu Ladungen im Ausland s.u. Rn. 11).

3. Frist. Eine bestimmte Ladungsfrist sieht das Gesetz nicht vor. Die Zeit zwischen Ladung und Termin darf aber nicht allzu kurz bemessen werden; anderenfalls muss unter Umständen das Ausbleiben des Beschuldigten als entschuldigt angesehen werden.[26] 5

IV. Vernehmung ohne schriftliche Ladung

Eine Vernehmung, zu der die Beschuldigte nicht schriftlich geladen worden ist, wird 6 durch § 133 nicht ausgeschlossen. Es kann daher auch mündlich oder telefonisch, ja sogar durch Benachrichtigung über die Polizei geladen werden.[27] Allerdings darf in diesen Fällen keine Vorführung angedroht werden (unten Rn. 10). Eine Vernehmung ist ferner auch zulässig, wenn der Beschuldigte weder schriftlich noch mündlich geladen worden ist, sich aber unaufgefordert bei Gericht eingefunden hat.

V. Erscheinungspflicht

Nur die schriftliche Ladung begründet die Pflicht zum Erscheinen; eine Ausnahme 7 für die mündliche Ladung gilt lediglich, wenn sie der Richter dem Beschuldigten, namentlich bei einer unterbrochenen Vernehmung für deren Fortsetzung, verkündet (§ 35 Abs. 1; allg. M.). Einer Ladung, die der Urkundsbeamte anstelle des Richters angeordnet hat, braucht der Beschuldigte nicht zu folgen.[28]

Auch wenn sich eine beschuldigte Person **nicht zur Sache äußern will**, ist sie 8 grundsätzlich zum Erscheinen verpflichtet.[29] Das gilt selbst dann, wenn sie bereits vorher ausdrücklich erklärt hat, sich nicht einlassen zu wollen oder das dem Richter nach Erhalt der Ladung schriftlich oder telefonisch mitteilt.[30] Die Erscheinungspflicht besteht unabhängig von der Aussagefreiheit, weil der Vernehmungstermin außer der Vernehmung von Beschuldigten noch anderen Zwecken dienen kann. Der Richter kann es etwa für erforderlich halten, die beschuldigte Person zum Zwecke der Feststellung der Identität zu vernehmen, (ausführlich dazu § 136, 10) oder sich einen persönlichen Eindruck von ihr zu verschaffen. Richter können Beschuldigte ferner über den Sachstand des Verfahrens informieren, damit letztere vor diesem Hintergrund entscheiden können, ob eine Aussage aus ihrer Sicht sinnvoll erscheint oder nicht. Die Erscheinungspflicht aus § 133 hat aber nicht zum Zweck, dem Richter eine „Wahlgegenüberstellung"

---

23 *Schneider* StV **2015** 381; *Christl* NStZ **2014** 376, 378.
24 MüKo/*Oğlakcıoğlu* § 187, 32 GVG; vgl. auch LG Heilbronn StV **2011** 406.
25 OLG Bremen NStZ **2005** 527; OLG Dresden StV **2009** 348.
26 AK/*Gundlach* 10; KK/*Diemer* 4; KMR/*Pauckstadt-Maihold* 4; SK/*Rogall* 7.
27 KK/*Diemer* 6; Meyer-Goßner/*Schmitt* 3; KMR/*Pauckstadt-Maihold* 2.
28 RGSt 56 234.
29 LG Aachen JMBlNRW **1970** 57; LG Krefeld MDR **1968** 68; LG Mönchengladbach NJW **1968** 1392; AK/*Gundlach* 9; KK/*Diemer* 8; Meyer-Goßner/*Schmitt* 5; SK/*Rogall* 10; KMR/*Pauckstadt-Maihold* (65. EL Dez. 2012) 5.
30 BGHSt **39** 98 f. = JR **1994** 36 m. krit. Anm. *Welp*; LG Hannover NJW **1967** 791; LG Nürnberg-Fürth NJW **1967** 2126 m. Anm. *Sauer* NJW **1968** 167; *Lampe* MDR **1974** 538; eingehend *Eb. Schmidt* JZ **1968** 356; **a.A.** AG Mainz MDR **1967** 323; s. auch OLG Düsseldorf JZ **1974** 137.

zu ermöglichen, denn das Recht zur Ladung ermächtigt nicht zu weiter gehenden Eingriffen.[31]

VI. Androhung der Vorführung

9 Das Gesetz schreibt die Androhung der Vorführung nicht zwingend vor. Sie steht vielmehr im pflichtgemäßen Ermessen des Gerichts; es gilt das Verhältnismäßigkeitsprinzip.[32] Ein Richter sollte sie aber nur aussprechen, wenn er sie auch wahrmachen will.[33] Wird die Vorführung lediglich angedroht, unterbleibt dann aber trotz unentschuldigten Ausbleibens des Beschuldigten, kann ein Autoritätsverlust entstehen. Ein Richter, der erforderlichenfalls die Vorführung anordnen will, wird sie vorgängig androhen, denn wenn ein ohne Vorführungsandrohung geladener Beschuldigter nicht erscheint, muss er erneut, diesmal mit der Androhung der Vorführung geladen werden, damit sein Erscheinen erzwungen werden kann. Es empfiehlt sich daher grundsätzlich, bei jeder Ladung die Vorführung anzuordnen, falls der Richter sie nicht von vornherein für überflüssig hält oder aus anderen Gründen nicht anordnen will oder darf.[34] Dies ist insbesondere dann der Fall, wenn im konkreten Fall erwartet werden kann, dass die beschuldigte Person der Ladung auch ohne Zwangsmaßnahmen folgt, oder wenn sie wohlüberlegt und endgültig erklärt hat, keine Aussage zu machen und besondere Gründe, eine Vernehmung dennoch durchzuführen (Rn. 8), nicht bestehen.[35] Da auch Zeugen unter Hinweis auf die gesetzlichen Folgen ihres Ausbleibens geladen werden (§ 48), muss beim Beschuldigten nicht zurückhaltender verfahren werden, insbesondere wenn dadurch unter Umständen Verzögerungen entstehen.[36] Besonderheiten betreffend die Androhung von Zwangsmassnahmen ergeben sich in Zusammenhang mit der internationalen Rechtshilfe, etwa bei Durchführung einer EEA-Videovernehmung oder bei unmittelbarer Ladung von Beschuldigten im Ausland, s.u. Rn. 11a.

10 Die Vorführung darf nur in einer **schriftlichen Ladung** angedroht werden; ihre mündliche oder fernmündliche Androhung reicht also nicht.[37] Etwas anderes gilt nur, wenn eine Vernehmung, zu der der Beschuldigte erschienen ist, unterbrochen werden muss und der Richter den Beschuldigten mündlich zu ihrer Fortsetzung lädt und hierbei die Vorführung androht.[38] Geht es nicht um die Unterbrechung einer Vernehmung, sondern um die Ladung zu einer späteren *neuen* Vernehmung, hat die frühere Androhung ihre Wirksamkeit verloren, muss also die schriftliche Androhung wiederholt werden.[39]

10a Ermittlungsrichter können einer beschuldigten Person gemäss § 141 Abs. 3 Satz 3 einen **Verteidiger** beiordnen, wenn dessen Mitwirkung aufgrund der Bedeutung einer Vernehmung zur Wahrung der Beschuldigtenrechte geboten erscheint, selbst wenn die

---

31 *Grünwald* JZ **1981** 426; *Lampe* MDR **1974** 539; *Welp* JR **1994** 37; **a.A.** LR/*Hanack*[25] 8; KMR/*Pauckstadt-Maihold* (65. EL Dez. 2012) 5; vgl. auch *Haas* GA **1997** 370. Ein Recht zur Gegenüberstellung kann sich damit lediglich aus § 165 ergeben.

32 LG Mönchengladbach JZ **1970** 192; *Eb. Schmidt* JZ **1968** 360.

33 *Eb. Schmidt* JZ **1968** 355; RiStBV Nr. 44 Abs. 2.

34 *Eb. Schmidt* 8.

35 Vgl. BGH NJW **1962** 1020; KK/*Diemer* 9; Meyer-Goßner/*Schmitt* 6; SK/*Rogall* 12.

36 Anders *Schorn* 30.

37 AK/*Gundlach* 5; KK/*Diemer* 10; Meyer-Goßner/*Schmitt* 7; SK/*Rogall* 11, 14; KMR/*Pauckstadt-Maihold* 7.

38 AK/*Gundlach* 6; Meyer-Goßner/*Schmitt* 6; SK/*Rogall* 14; KK/*Diemer* 10; die mündliche Ladung hält auch hier *Schorn* (oben Rn. 9) 30 nicht für ausreichend.

39 KK/*Diemer* 10; SK/*Rogall* 14.

Staatsanwaltschaft keine Bestellung eines Pflichtverteidigers nach § 140 beantragt.[40] Hinter der Neuregelung durch das Gesetz zur effektiveren und praxistauglicheren Ausgestaltung des Strafverfahrens vom 17.8.2017 steht zum einen die Rechtsprechung des EGMR zur Wahrung des Konfrontationsrechts, insbesondere wenn Beschuldigte bei einer Vernehmung von Belastungszeugen ausgeschlossen sind.[41] Die Vertretung durch einen Verteidiger soll in dieser Situation sicherstellen, dass die Beschuldigtenrechte gewahrt werden können und unter dieser Massgabe eine Aussage vernehmungsersetzend in die Hauptverhandlung eingeführt werden kann. Zum anderen will die Gesetzesänderung verschiedenen EU-Vorgaben mit Blick auf eine europaweite Harmonisierung von Beschuldigtenrechten und damit auch auf verbesserte Bedingungen zur Transferierung von Beweismitteln über Staatsgrenzen hinaus gerecht werden.[42] Die richterliche Pflicht zur Beiordnung eines Verteidigers dient der Stärkung der Rechtsposition des Beschuldigten; dass dadurch auch einem Beweissicherungsbedürfnis der Strafverfolgungsbehörden Rechnung getragen wird, ist lediglich eine Folge davon.[43]

Die **Ladung** von **Beschuldigten im Ausland** für ein deutsches Strafverfahren erfolgt 11
regelmäßig im Wege der **Rechtshilfe**. Direkt ist eine Ladung im Ausland nur dann möglich, wenn eine besondere völkerrechtliche Vereinbarung dies zulässt.[44] Ob eine solche Möglichkeit besteht, ist im Einzelfall zu prüfen und variiert auch innerhalb Europas: Im Schengen-Verbund erlaubt Art. 52 SDÜ[45] eine unmittelbare Übersendung von Ladungen an einen Beschuldigten im Ausland.[46] Die Niederlegung einer Ladung im Schengen-Ausland gilt nicht als ausreichende Zustellung, ebensowenig eine Übersendung an den Verteidiger.[47] Im EU-Raum kann eine Ladung nach Art. 5 EURhÜbk[48] unmittelbar an einen Beschuldigten versandt werden.[49] Ohne besondere völkerrechtliche Vereinbarung ist eine Ladung hingegen im Rechtshilfeverkehr zu übermitteln. Deutschland hat insbesondere keinen unmittelbaren Geschäftsweg mit den Vertragsstaaten der Europarats-Konvention EuRhÜbk[50] über dessen 2. Zusatzprotokoll[51] eröffnet.[52] Strittig ist, ob mit Rücksicht auf das Territorialitätsprinzip in unmittelbar ins Ausland übersandten Ladungen **Zwangsmittel** angedroht werden dürfen. Rspr. und Teile der Lehre sehen das als zulässig an, solange ein eindeutiger Hinweis dahingehend angebracht wird, dass eine

---

40 Vgl. demgegenüber zur früheren Rechtslage: BGH Beschl. v. 9.9.2015 – 3 BGs 134/15.

41 Vgl. EGMR *Schatschaschwili v. Deutschland*, 9154/10, Urt. v. 15.12.2015; dazu aus jüngerer Zeit BGH NStZ **2017** 602 m. Anm. *Esser*.

42 BTDrucks. **18** 11277 S. 15.

43 Vgl. etwa *Christl* NStZ **2014** 376 ff.

44 Etwa auf der Grundlage von Art. 5 EURhÜbk, Schomburg/Lagodny/Gleß/Hackner/*Gleß* Art. 5 oder auf der Grundlage von Art. 52 SDÜ.

45 Übereinkommen v. 19.6.1990 zur Durchführung des Übereinkommens von Schengen v. 14.6.1985 betreffend den schrittweisen Abbau der Kontrollen an den gemeinsamen Grenzen, ABl. EU L 239 v. 22.9.2000, S. 19, BGBl. 1993 II S. 1010, 1902; 1994 II, 631; 1996 II, 242, 2542; 1997 II, 966; vgl. auch Schomburg/Lagodny/Gleß/Hackner/*Schomburg/Hackner* § 52, 1 IRG.

46 Schomburg/Lagodny/Gleß/Hackner/*Schomburg/Hackner* § 52, 1 IRG; *Roth* NStZ **2014** 557 f.

47 LG Nürnberg-Fürth StraFo **2009** 381; LG Saarbrücken StV **2011** 90; Schomburg/Lagodny/Gleß/Hackner/*Schomburg/Hackner* § 52, 1 IRG.

48 Übereinkommen v. 29.5.2000 über die Rechtshilfe in Strafsachen zwischen den Mitgliedstaaten der Europäischen Union (BGBl. 2005 II S. 650; ABl. Nr. C 197/1 v. 12.7.2000; BGBl. 2005 I S. 2189; BGBl. 2006 II S. 1379; ABl. EU L 307 v. 24.11.2007, S. 18; BTDrucks. **725** 04; BTDrucks. **15** 5487.

49 *Schomburg* NJW **1995** 1931.

50 Europäisches Übereinkommen über die Rechtshilfe in Strafsachen v. 20.4.1959 (BGBl. 1964 II S. 1369, 1386; 1976 II 1799) und v. 29.5.2000 (BGBl. 2005 II S. 651).

51 Zweites Zusatzprotokoll zum Europäischen Übereinkommen über die Rechtshilfe in Strafsachen v. 8.11.2001.

52 Schomburg/Lagodny/Gleß/Hackner/*Schierholt* Hauptteil II B 2b, Einf.

Vollstreckung der angedrohten Zwangsmaßnahme ausschließlich im Geltungsbereich der deutschen Strafprozessordnung erfolgen kann, da es sich insofern um eine Darlegung der Rechtslage handele[53] und so in RiVASt Nr. 116 Abs. 1 vorgesehen sei.[54] Demgegenüber machen andere Gerichte und Stimmen in der Literatur zu Recht geltend, dass eine Androhung von Zwangsmitteln über die Staatsgrenzen hinaus einer besonderen Legitimation durch eine völkerrechtliche Vereinbarung bedürfe, die im Einzelfall festzustellen ist. Die Androhung von Zwang kann je nach den Umständen wie ein Umgehungsversuch des Auslieferungsprozederes wirken. Die RiVASt können als allgemeine Richtlinien ohne Gesetzeskraft die Einschränkung staatlicher Rechte durch das Territorialitätsprinzip nicht modifizieren.[55] Einem Beschuldigten steht es frei, einer Ladung durch Einreise nach Deutschland nachzukommen.[56] Unmittelbar an Beschuldigte ins Ausland übersandte Ladungen sind zu **übersetzen**, wenn das Gericht mit Sprachproblemen rechnen muss (vgl. Nr. 181 Abs. 2 RiStBV; Art. 15 Abs. 3 2. ZP-EuRhÜbk bzw. Art. 5 Abs. 3 EURhÜbk, Art. 52 Abs. 2 SDÜ sowie Art. 6 Abs. 3 lit. a EMRK).[57] Die Übersetzung muss im Lichte der Pflichten aus der EMRK sowie im Rahmen der Kooperation mit anderen EU-Staaten nach Art. 3 RL 2010/64/EU[58] und Richtlinie 2012/13/EU[59] in dem Umfang erfolgen, dass der Beschuldigte den strafrechtlichen Vorwurf und die ihm zustehenden Rechte verstehen kann.[60] Nach Art. 5 Abs. 4 EURhÜbk ist in einer unmittelbar an einen Beschuldigten im EU-Ausland gerichteten Ladung klar zu vermerken, welche deutsche Stelle Auskunft über Rechte und Pflichten geben kann und unter welchen Voraussetzungen Anspruch auf einen Rechtsbeistand besteht.[61] Sind Sprachprobleme zu erwarten, muss auch dieser Vermerk übersetzt werden.

11a Deutsche Gerichte können ferner einem **ausländischen Ersuchen um Vernehmung** der beschuldigten Person durch eine Ladung – auch unter Androhung von Zwangsmitteln – nachkommen.[62] Eine Ladung zur kommissarischen Vernehmung folgt nach §§ 77, 59 Abs. 3 IRG dem deutschen Verfahrensrecht und ist im Lichte von Art. 6 Abs. 1 der RL 2012/13/EU über das Recht auf Belehrung in Strafverfahren[63] so zu formulieren,[64] dass Adressaten im Ausland die Bedeutung der Ladung verstehen. Dazu gehört u.a. eine Übersetzung der Strafvorschriften, gegen die ein Beschuldigter verstoßen haben soll,[65] ebenso eine genaue Mitteilung des Sachverhalts sowie die einschlägigen Belehrungen.[66] Dem Beschuldigten ist eventuell ein Verteidiger beizuordnen, §§ 77, 140.

---

53 OLG Karlsruhe Beschl. v. 16.9.2014 – 2 Ws 334/14; Brandenburg OLG Beschl. v. 7.4.2014 – 1 Ws 38/14; OLG Saarbrücken NStZ-RR **2010** 49; OLG Rostock NStZ **2010** 412; Schomburg/Lagodny/Gleß/Hackner/*Hackner* § 68, 30; *Roth* NStZ **2014** 557 f.; *Staudinger* StraFo **2012** 13.

54 Dort steht: «Zwangsmaßnahmen dürfen beschuldigten Personen nur angedroht werden, wenn in dem zuzustellenden Schriftstück darauf hingewiesen wird, dass diese im Hoheitsgebiet des ersuchten Staates nicht vollstreckt werden können.»

55 KG StraFo **2013** 425; OLG Köln NStZ-RR **2006** 22; OLG Frankfurt NStZ-RR **1999** 18.

56 BGH StV **2008** 397 m. Anm. *Schuster;* OLG Stuttgart StV **1999** 35, 36 m. Anm. *Lagodny*; zur Wahrung der Formalitäten: OLG Frankfurt NStZ-RR **1999** 18.

57 Vgl. dazu *Trautmann* SVR **2018** 3.

58 ABl. EU L 280 v. 26.10.2010, S. 1.

59 ABl. EU L 142 v. 1.6.2012, S. 1.

60 Siehe bereits für die Übersetzung einer Anklageschrift: BGH NStZ **2014** 735 sowie für Strafbefehl: EuGH *Sleutjes*, Urt. v. 12.10.2017 – C-278/16 = NJW **2018** 142.

61 Schomburg/Lagodny/Gleß/Hackner/*Lagodny* § 5, 5 IRG.

62 Schomburg/Lagodny/Gleß/Hackner/*Trautmann*/*Zimmermann* § 59, 93 IRG.

63 ABl. EU L 142 v. 1.6.2012, S. 1.

64 Schomburg/Lagodny/Gleß/Hackner/*Trautmann*/*Zimmermann* § 59, 99 f. IRG: Richtlinie beschränkt sich nicht auf rein innerstaatliche Strafverfahren.

65 Anders noch OLG Köln Beschl. v. 12.2.2004 – Ausl. 25/04.

66 Vgl. OLG Celle NdsRpfl. **1985** 143; OLG Köln StV **2016** 245 f.

Führt Deutschland für einen anderen EU-Staat eine **EEA-Videovernehmung** (vgl. oben Rn. 1c) – als Vollstreckungsstaat durch, so gelten grundsätzlich die gleichen Vorgaben wie für eine Beschuldigtenvernehmung in einem deutschen Verfahren (siehe dazu Erl. zu § 136 Rn. 14ff.) – und zwar gemäß § 91h Abs. 1 IRG auch für die Anordnung von Zwangsmaßnahmen.[67] Gleichwohl soll in einer Ladung zur EEA-Videovernehmung **keine Vorführung** angedroht werden.[68] Vielmehr geht die Gesetzesbegründung davon aus, dass Beschuldigte im Einklang mit § 91c Abs. 1 IRG einer solchen Videovernehmung zustimmen müssen.[69] Offen ist, was konkret der Gesetzgeber mit diesem Verweis bewirken will, denn § 91c IRG nimmt explizit Bezug auf § 61c IRG, der in der Strafprozessordnung die Vernehmung von Zeugen und Sachverständigen, nicht die von Beschuldigten regelt. Die europäischen Vorgaben liessen durchaus ein Zustimmungserfordernis zu, siehe Art. 24 Abs. 2 lit. a RL-EEA. Sachlicher Grund dafür ist, dass eine EEA-Videovernehmung durch eine ausländische Stelle (nämlich die zuständige Behörde des Anordnungsstaates) nach deren Recht geführt wird, vgl. auch § 91h Abs. 3 Satz 1 IRG. Eine erzwungene Vernehmung käme – laut der Gesetzesbegründung – einer unzulässigen Unterwerfung der zu vernehmenden Person unter das Recht des Anordnungsstaates gleich.[70] Das Einverständnis von Beschuldigten muss letztlich auch bei Videodokumentationen im deutschen Strafverfahren vorliegen; dieses Erfordernis ist mit Rücksicht auf den Schutz der Rechtsposition des Beschuldigten zu begrüßen.[71] 11b

VII. Vorführungsbefehl

1. Voraussetzungen. Obwohl § 133 Abs. 2 nur von der Androhung, nicht auch von der Möglichkeit der Vorführung spricht, ist selbstverständlich, dass das Gericht diese Androhung wahr machen kann. Ob es den Vorführungsbefehl erlässt, steht nach allgemeiner Meinung aber ebenfalls in seinem pflichtgemäßen Ermessen.[72] Dabei muss es grundsätzlich die Beeinträchtigung der (Grund-)Rechte des Betroffenen durch die Vorführung gegen das öffentliche Interesse an einer effektiven Strafverfolgung abwägen (zur Verhältnismäßigkeit, unten Rn. 14). Wenn in der Ladung darauf hingewiesen wurde, beim Ausbleiben des Beschuldigten werde angenommen, dass er sich nicht äußern wolle, darf der Beschuldigte nicht ohne weitere Androhung vorgeführt werden, weil der (ungeschickte) Hinweis beim Beschuldigten die Vorstellung erwecken muss, dass er in diesem Fall auch nicht zu erscheinen brauche.[73] Der Beschuldigte darf zwar mit einer Vorführung überrascht werden. Allerdings sind auch beim Vollzug der Vorführung das Verhältnismäßigkeitsprinzip sowie die Beschuldigtenrechte zu beachten, etwa der Anspruch auf rechtliches Gehör.[74] 12

Der **Erlass** des Vorführungsbefehls **setzt** grundsätzlich **voraus**, dass die Vorführung in einer schriftlichen Ladung angedroht worden (vgl. aber Rn. 10) und der Zugang 13

---

67 *Ahlbrecht*/Böhm/Esser/Eckelmans Rn. 1311.
68 Nr. 210 Abs. 3 sowie Nr. 77 Abs. 2 lit. a RiVASt.
69 Vgl. BTDrucks. **18** 9757 S. 62. Deutschland hatte bereits zu Artikel 10 Abs. 9 EURhÜbk die Erklärung abgegeben, dass eine Beschuldigtenvernehmung per Videokonferenz nicht grundsätzlich ausgeschlossen wird, aber nur auf freiwilliger Grundlage in Betracht kommt, BTDrucks. **15** 4233 S. 22.
70 BTDrucks. **18** 1773 S. 36 mit Verweis auf BTDrucks. **15** 4232 S. 13 f.
71 Vgl. dazu etwa Erl. von *Erb* § 163a, 47; sowie zum Rechtshilferecht Schomburg/Lagodny/Gleß/Hackner/*Gleß*/*Schomburg* Art. 10, 23 EURhÜbk.
72 BayVerfGH MDR **1973** 739; vgl. Rn. 9.
73 LG Köln NJW **1967** 1873; anders aber die h.M.: LG Aachen JMBlNRW **1970** 57; LG Mönchengladbach JZ **1970** 192; *Eb. Schmidt* JZ **1968** 357; AK/*Gundlach* 12; KK/*Diemer* 11; LR/*Meyer*[23] 11.
74 *Enzian* JR **1975** 277.

der Ladung nachgewiesen ist. Zur Ladung im Falle einer erneuten Vernehmung s. Rn. 10. Ferner darf der Vorführungsbefehl nur erlassen werden, wenn der Beschuldigte unentschuldigt ferngeblieben ist.[75] Dabei kommt es nicht darauf an, ob die beschuldigte Person sich entschuldigt *hat*; es genügt, dass ihr Ausbleiben entschuldigt *ist*. Der Richter muss daher ihm bekannte Hinderungsgründe berücksichtigen, auch wenn der Beschuldigte sie nicht geltend gemacht hat. Dem Ausbleiben steht es gleich, wenn der Beschuldigte in verhandlungsunfähigem Zustand, etwa nach Alkoholgenuss oder Drogeneinnahme, erscheint.[76] Kündigt der Beschuldigte vor dem Vernehmungstermin an, dass er der Ladung nicht folgen werde, so darf die Vorführung nicht ohne weiteres zum angesetzten Termin angeordnet werden, weil der Erklärung möglicherweise ein entschuldigender Irrtum zugrunde liegt; der Beschuldigte darf dann ohne erneute Ladung unter Androhung der Vorführung auch nicht zu einem anderen Termin vorgeführt werden, da der Vorführungsbefehl immer voraussetzt, dass der Beschuldigte in dem Termin fernbleibt, zu dem er geladen war.[77] Unter Umständen kommt hier aber eine Vorführung gemäß § 134 in Betracht.

14 **2. Verhältnismäßigkeit.** Umstritten ist, wann der Grundsatz der Verhältnismäßigkeit einer Vorführung entgegenstehen kann. Prinzipiell gilt der Grundsatz der Verhältnismäßigkeit für jedes staatliche Handeln, also auch für die Vorführung. Allerdings ist seine praktische Bedeutung eingeschränkt, schon weil Maßnahmen nach § 133 Abs. 2 die Freiheitsrechte von Beschuldigten normalerweise in so geringem Maße beeinträchtigen, dass die zwangsweise Durchführung der Erscheinenspflicht normalerweise nicht als unverhältnismäßig angesehen werden kann. [78] Eine Vorführung kann daher grundsätzlich auch bei geringfügigen Straftaten angeordnet werden;[79] und es ist insoweit auch unerheblich, ob das Strafverfahren, für das der Beschuldigte vernommen werden soll, im Inland oder im Ausland geführt wird, soweit ein Beschuldigter im Rahmen einer Rechtshilfeverpflichtung zur richterlichen Vernehmung vorgeladen wurde.[80] Fraglich ist, ob eine Vorführung dann unverhältnismäßig wird, wenn eine beschuldigte Person ausdrücklich oder stillschweigend erklärt hat, dass sie vor dem Richter nicht aussagen werde und es auch nicht aus anderen Gründen auf ihre persönliche Anwesenheit ankommt.[81] Dem könnte man nur zustimmen, wenn von vornherein feststünde, dass die Vorführung überflüssig ist.[82] Jedoch kann regelmäßig nicht von vornherein mit Sicherheit ausgeschlossen werden, dass der Beschuldigte, nachdem der Richter ihm nach § 136

---

75 *Eb. Schmidt* JZ **1968** 355; AK/*Gundlach* 14; KK/*Diemer* 12; Meyer-Goßner/*Schmitt* 7; KMR/*Pauckstadt-Maihold* 7; vgl. auch RiStBV Nr. 44 Abs. 2.

76 *Kaiser* NJW **1968** 188; AK/*Gundlach* 15.

77 Zum Letzteren OLG Stuttgart NJW **1956** 840; *Schorn* (Rn. 9) 31; zum Ersteren **a.A.** LR/*Meyer*[23] 12.

78 Eingehend *Eb. Schmidt* JZ **1968** 360; ebenso AK/*Gundlach* 16; Meyer-Goßner/*Schmitt* 7 (Verhältnismäßigkeitsgrundsatz stehe der Vorführung „niemals" entgegen); SK/*Rogall* 13; *Roxin*/*Schünemann* § 31, 25; *Schlüchter* 266.2 Fn. 336; vgl. auch KMR/*Pauchstadt-Maihold* 8. – Zur (umstrittenen) Vorführung vor die Staatsanwaltschaft gemäß § 163a Abs. 3 s. BGHSt **39** 96, 98 f. = JR **1994** 36 m. Anm. *Welp* und näher bei § 163a.

79 LG Krefeld MDR **1968** 68; auch bei den früheren Übertretungen war sie für zulässig gehalten worden (BayVerfGH MDR **1963** 739; LG Hannover NJW **1967** 792); KK/*Diemer* 13; **a.A.** OLG Zweibrücken NJW **1981** 534 für ein ausländisches Rechtshilfeersuchen in einer minimalen OWiG-Sache.

80 Insoweit missverständlich: OLG Zweibrücken NJW **1981** 535. Zu Rechtshilfeersuchen aus dem EU-Ausland: Schomburg/Lagodny/Gleß/Hackner/*Gleß* Einleitung zu Hauptteil III, 51 f.

81 LG Hannover NJW **1967** 792; LG Köln NJW **1967** 1873; LG Krefeld MDR **1968** 68; AG Stuttgart NJW **1966** 791.

82 *Eb. Schmidt* JZ **1968** 357.

Abs. 1 Satz 1 den Tatvorwurf eröffnet hat, seinen Entschluss ändert und sich zur Aussage bereit findet; seine Vorführung kann daher nicht bereits von vornherein überflüssig und zwecklos sein.[83] Zur Frage der *staatsanwaltschaftlichen* Vorführung (§ 163a Abs. 3 Satz 2) s. bei § 163a.

3. Form. Inhalt. Auch der Vorführungsbefehl muss schriftlich erlassen werden. Inhaltlich muss er den Anforderungen des § 134 Abs. 2 genügen (dort Rn. 6), also den Beschuldigten genau bezeichnen und die ihm zur Last gelegte Straftat nennen, worunter die gesetzliche Bezeichnung der Tat, nicht die Schilderung des tatsächlichen Vorgangs zu verstehen ist; ferner ist darin der Grund der Vorführung anzugeben. Dazu gehört die Angabe, dass und wie eine Beschuldigte geladen worden ist und dass ihr Ausbleiben nicht entschuldigt ist, oder, wenn sie Entschuldigungsgründe vorgebracht hat, dass und warum sie nicht als ausreichend angesehen werden. 15

4. Bekanntmachung. Der Vorführungsbefehl wird dem Beschuldigten nicht zugestellt, sondern unmittelbar vor Beginn der Zwangsmaßnahme eröffnet.[84] Dadurch wird ihm zwar jegliche Beschwerdemöglichkeit praktisch abgeschnitten, doch liegt dies in der Natur der Sache.[85] 16

5. Zur Vollstreckung vgl. Erl. zu § 134, 8. 17

VIII. Anfechtung

Gegen die richterliche Ladung (zur staatsanwaltschaftlichen vgl. bei § 163a) steht dem Beschuldigten die einfache Beschwerde nach § 304 Abs. 1 zu, wenn sie eine Vorführungsandrohung enthält.[86] Lehnt das Amtsgericht die Vorführung ab, so hat die Staatsanwaltschaft das Rechtsmittel der einfachen Beschwerde.[87] Das Beschwerdegericht, das dieses Rechtsmittel für begründet hält, darf die Vorführung nicht selbst anordnen, sondern muss die Sache an das Amtsgericht zurückverweisen.[88] Eine weitere Beschwerde nach § 310 ist ausgeschlossen.[89] Eine Ladung vor das Oberlandesgericht, etwa zur Vernehmung nach § 173 Abs. 3 oder § 202, ist hingegen unanfechtbar (§ 304 Abs. 4 Satz 2). 18

IX. Verwertbarkeit

Verstöße gegen § 133 beeinträchtigen die **Verwertbarkeit** der Vernehmung grundsätzlich nicht und begründen auch nicht die Revision.[90] 19

83 LG Nürnberg-Fürth NJW **1967** 2126; AK/*Gundlach* 11, 16; *Roxin/Schünemann* § 31, 25; *Eb. Schmidt* JZ **1968** 357; vgl. auch LG Mönchengladbach JZ **1970** 192.
84 *Eb. Schmidt* 5; **a.A.** *Enzian* JR **1975** 279, der die Mitteilung zur Wahrung des Anspruchs auf rechtliches Gehör für erforderlich hält; vgl. im Übrigen § 134, 7.
85 Zur verfassungsrechtlichen Unbedenklichkeit: BayVerfGH MDR **1963** 739.
86 *Eb. Schmidt* JZ **1968** 362; SK/*Rogall* 17; KMR/*Pauckstadt-Maihold* 10; *Welp* 19; *Gössel* GA **1976** 62; **a.A.**: LG Hannover NJW **1967** 791; KK/*Diemer* 15.
87 LG Aachen JMBlNRW **1970** 58; LG Köln NJW **1967** 1873; LG Krefeld MDR **1968** 68; LG Mönchengladbach NJW **1968** 1392; LG Nürnberg-Fürth NJW **1967** 2126; ganz h.L.
88 LG Mönchengladbach JZ **1970** 193; LG Nürnberg-Fürth NJW **1967** 2128; ganz h.L.
89 OLG Köln MDR **1952** 378; s. auch bei § 310.
90 SK/*Rogall* 20; MüKo/*Schuhr* 25; SSW/*Tsambikakis* 12.

X. Abgeordnete

20 Abgeordnete werden schon mit der Ladung, nicht erst mit der Vorführung oder ihrer Androhung, im Sinne des Art. 46 GG und der entsprechenden Landesverfassungen „zur Verantwortung gezogen". Sie ist daher nur unter den Voraussetzungen des Art. 46 Abs. 2 GG oder aufgrund der entsprechenden Vorschriften der Länderverfassungen zulässig. Die vom Deutschen Bundestag und den Landtagen allgemein erteilte Genehmigung (Anlage 6 zur GeschäftsO des Bundestages; vgl. bei § 152a; RiStBV Nr. 192a Abs. 1 und 2) erstreckt sich allerdings auch auf die Ladung und die Vorführungsanordnung; erst die Vorführung selbst stellt eine von der Genehmigung nicht mehr gedeckte Maßnahme dar, darf also ohne besondere Genehmigung nicht durchgeführt werden.[91] Anders stellt sich die Lage für Mitglieder des Europäischen Parlaments (EP) dar: Für diese gilt Art. 9 von Protokoll Nr. 7 zum konsolidierten EUV und AEUV.[92] Deutsche Mitglieder des EP können sich gegenüber deutschen Organen auf die Verweisungsnorm des Art. 9 lit. a berufen, nach dem Mitgliedern des EP im Hoheitsgebiet ihres eigenen Staates die den nationalen Parlamentsmitgliedern zuerkannte „Unverletzlichkeit" zusteht. Mitglieder des EP aus einem anderen EU-Staat dürfen ohne Aufhebung der „Unverletzlichkeit" ohnehin „weder festgehalten noch gerichtlich verfolgt werden" (Art. 9 lit. b). Da das Europäische Parlament nicht wie die deutschen Parlamente eine „allgemeine Genehmigung" ausgesprochen hat und Art. 10 lit. a auf die insoweit uneingeschränkte Unverletzlichkeit für die Dauer der Sitzungsperiode verweist, können alle Mitglieder des EP erst nach Aufhebung der Unverletzlichkeit zur Vernehmung geladen werden, es sei denn Art. 9 letzter Absatz greift ein. Nach dieser Vorschrift kann „[b]ei Ergreifung auf frischer Tat ... die Unverletzlichkeit nicht geltend gemacht werden". Die Aufhebung der Immunität im internen Verfahren ist in Art. 6 und 7 der EP-Geschäftsordnung geregelt.[93]

§ 134
Vorführung

(1) Die sofortige Vorführung des Beschuldigten kann verfügt werden, wenn Gründe vorliegen, die den Erlaß eines Haftbefehls rechtfertigen würden.

(2) In dem Vorführungsbefehl ist der Beschuldigte genau zu bezeichnen und die ihm zur Last gelegte Straftat sowie der Grund der Vorführung anzugeben.

Schrifttum

Benfer Die strafprozessuale Haussuchung als implizierte Befugnis? NJW **1980** 1611; *Enzian* Wesen und Wirken des Vorführungsbefehls, NJW **1957** 450; *ders.* Das richterliche und staatsanwaltschaftliche Vorführungsrecht, JR **1975** 277; *Grünwald* Probleme der Gegenüberstellung zum Zwecke der Wiedererkennung, JZ **1981** 423; *Kaiser* Die Wohnung als Schranke bei der Vollstreckung von Haft- und Vorführungsbefehlen? NJW **1964** 759; *ders.* Die Zelle als Verwahrungsort für Vorgeführte, NJW **1965** 1216; *Ladiges* Stillschweigende Durchsuchungsanordnungen im Strafverfahren? NStZ **2014** 609; *Lampe* Grenzen des Festhalterechts gegenüber vorgeführten Beschuldtigten und Zeugen im Ermittlungsverfahren, MDR **1974** 535; *Rasehorn* Probleme des Vorführungsbefehls, DRiZ **1956** 269; *Eb. Schmidt* Der Vorführungsbefehl des Ermittlungsrichters – Androhung und Vollzug, JZ **1968** 354.

---

91 KK/*Diemer* 16; KMR/*Pauckstadt-Maihold* 12; SK/*Rogall* 15; **a.A.** LR/*Meyer*[23] 19.
92 ABl. C 83/1 v. 30.3.2010.
93 ABl. EU L 116 v. 5.5.2011, S. 1.

https://doi.org/10.1515/9783110274929-047

Entstehungsgeschichte

Art. 21 Nr. 40 EGStGB ersetzte in Absatz 2 die Worte „strafbare Handlung" durch das Wort „Straftat".

Übersicht

Alphabetische Übersicht

I. Allgemeines

Der Ausdruck „sofortige Vorführung" in § 134 Abs. 1 ist nicht ganz treffend. Gemeint 1
ist – nach dem Sinnzusammenhang die Vorführung ohne vorausgegangene Ladung – im Gegensatz zur Vorführung nach § 133, die bei unentschuldigtem Ausbleiben des Beschuldigten angeordnet wird (allg. M.) und weniger strengen Anforderungen unterliegt. Die Anordnung der sofortigen Vorführung hat, wie bei § 133 (dort Rn. 1), durch Richter zu erfolgen, nicht durch die Polizei. Nach § 163a Abs. 3 Satz 2 gilt sie entsprechend für die Vorführung durch die Staatsanwaltschaft. § 134 ist nicht nur im Vorverfahren, sondern für alle richterlichen Vernehmungen des Beschuldigten bis zur Eröffnung des Hauptverfahrens anwendbar (vgl. § 133, 1).

Die sofortige Vorführung zum Zweck der Vernehmung darf verfügt werden, wenn 2
Gründe vorliegen, die den Erlass eines **Haftbefehls** rechtfertigen würden (§ 134 Abs. 1). Da es zum Erlass eines Haftbefehls der vorherigen Anhörung oder Vernehmung des Beschuldigten nicht bedarf (§ 33 Abs. 4 Satz 1), ist der Vorführungsbefehl nach § 134 nicht als eine den Haftbefehl vorbereitende Maßnahme, sondern nur als ein Mittel anzusehen, mit dem die Vernehmung des Beschuldigten herbeigeführt werden kann (allg. M.). Die Bestimmung will dem Richter einen Mittelweg zwischen der sofortigen Verhaftung und der Ladung zum Zweck der Vernehmung ermöglichen. Die vorherige Anhörung des Beschuldigten ist nach § 33 Abs. 4 ebensowenig wie beim Erlass eines Haftbefehls erforderlich.[1]

Die **praktische Bedeutung** der Vorschrift ist gering. Ihre Anwendung kommt in Be- 3
tracht, wenn der Richter als „Notstaatsanwalt" nach § 165 bei Gefahr im Verzug die überraschende Vorführung ohne vorangegangene Ladung für geboten hält;[2] wenn die Staatsanwaltschaft den Erlass eines Haftbefehls beantragt hat und der Richter sich zuvor durch Vernehmung des Beschuldigten darüber Gewissheit verschaffen will, ob die sich aus den Ermittlungsakten ergebenden Haftgründe bestehen; wenn die Staatsanwaltschaft gegen die Ablehnung oder gegen die Aufhebung oder Außervollzugsetzung des Haftbefehls Beschwerde eingelegt hat.

1 KK/*Diemer* 3; Meyer-Goßner/*Schmitt* 2; KMR/*Pauckstadt-Maihold* 2; *Enzian* JR **1975** 278.
2 *Eb. Schmidt* JZ **1968** 354.

II. Zulässigkeit der sofortigen Vorführung

4 Nach § 134 Abs. 1 müssen Gründe vorliegen, die den Erlass eines Haftbefehls rechtfertigen würden. Diese Gründe sind in den §§ 112 bis 113 umschrieben. In Erweiterung des Wortlauts von § 134 ist anzunehmen, dass die sofortige Vorführung auch angeordnet werden darf, wenn ein Unterbringungsbefehl nach § 126a erlassen werden könnte;[3] gerade in diesem Fall kann es zweckmäßig sein, dass sich der Richter, bevor er die freiheitsentziehende Maßnahme anordnet, einen persönlichen Eindruck vom Beschuldigten verschafft und ihm Gelegenheit gibt, entlastende Umstände vorzutragen. Eine sofortige Vorführung kann theoretisch auch in Durchführung eines Rechtshilfeverfahrens angeordnet werden. Auch wenn § 34 IRG eine solche Möglichkeit (anders als die Vorgängernorm § 30 DAG) nicht ausdrücklich erwähnt, ist diese als im Verhältnis zum Haftbefehl mildere, weil zeitlich begrenzte Maßnahme nach § 134 nicht ausgeschlossen. Die Vorführung des Beschuldigten kann aber nur das nach dem jeweiligen nationalen Recht zuständige und insofern mit Hoheitsgewalt ausgestattete Gericht anordnen.

III. Vorführungsbefehl

5 **1. Zuständigkeit.** Die Anordnung der Vorführung nach § 134 steht nur dem Richter, nicht dem Urkundsbeamten zu.[4] Zuständig ist das mit der Sache befasste Gericht, im Ermittlungsverfahren der nach §§ 125, 126, 162, 165, 169 zuständige Richter.

6 **2. Form. Inhalt.** Der Vorführungsbefehl ist, wie sich aus § 134 Abs. 2 ergibt, schriftlich zu erlassen (allg. M.). In ihm müssen Vorführungsort und -zeit angegeben und der Beschuldigte so genau bezeichnet werden, dass eine Personenverwechslung ausgeschlossen ist. Mit der erforderlichen Angabe der dem Beschuldigten zur Last gelegten Straftat meint § 134 Abs. 2 nur die gesetzliche Bezeichnung des Tatbestandes, nicht auch die Schilderung des tatsächlichen Vorgangs, wie sich aus einem Vergleich mit den §§ 114 Abs. 2, 136 Abs. 1 ergibt.[5] Für den ebenfalls anzugebenden Grund der Vorführung genügt nicht die bloße Bemerkung, dass Gründe gegeben sind, die den Erlass eines Haftbefehls rechtfertigen würden. Vielmehr ist darzulegen, dass dringender Tatverdacht besteht und der Haftgrund ist ebenso zu bezeichnen wie bei einem Haftbefehl (§ 114 Abs. 2 Nr. 3). Das erfordert regelmäßig eine kurze Tatschilderung. Jedoch ist die Angabe der Tatsachen, aus denen sich der dringende Tatverdacht und der Haftgrund ergeben (§ 114 Abs. 2 Nr. 4), entbehrlich;[6] das Gesetz verlangt nicht, dass der Vorführungsbefehl genauso ausführlich zu begründen ist wie der Haftbefehl.

7 **3. Bekanntmachung.** Der Vorführungsbefehl wird dem Beschuldigten bei der Vollstreckung (Rn. 8) eröffnet.[7] Jedenfalls auf Verlangen ist er ihm vorzuzeigen.[8] Ein An-

---

3 Ebenso AK/*Gundlach* 3; KK/*Diemer* 1; Meyer-Goßner/*Schmitt* 1; SK/*Rogall* 4.

4 Vgl. RGSt **56** 234.

5 AK/*Gundlach* 5; KK/*Diemer* 5-6; Meyer-Goßner/*Schmitt* 3; KMR/*Pauckstadt-Maihold* 3; SK/*Rogall* 11.

6 AK/*Gundlach* 5; KK/*Diemer* 5-6; Meyer-Goßner/*Schmitt* 3; SK/*Rogall* 11; **a.A.** *Eb. Schmidt* 4; *G. Schäfer* 258.

7 AK/*Gundlach* 6; KK/*Diemer* 7; Meyer-Goßner/*Schmitt* 4; SK/*Rogall* 13; *Pfeiffer* 1; vgl. auch BGH NStZ **1981** 23; OLG Stuttgart Justiz **1982** 340; AG Schwandorf NStZ **1987** 281; **a.A.** *Enzian* JR **1975** 279.

8 Meyer-Goßner/*Schmitt* 4; weitergehend KMR/*Pauckstadt-Maihold* 4 und SK/*Rogall* 13, der die Vorzeigung für erforderlich hielt, weil der Beschuldigte sonst nicht zum Gehorsam i.S. des § 113 StGB verpflichtet wäre; vgl. auch KK/*Diemer* 7 und AK/*Gundlach* 6: „wenn möglich" bzw. „im Regelfall" vorzuzeigen.

spruch auf Aushändigung einer Abschrift wie beim Haftbefehl (§ 114a Abs. 2) besteht nicht. Wenn die Vollstreckung eines schriftlich vorliegenden Vorführungsbefehls durch Fernsprecher oder Telefax veranlasst wird, was in Eilfällen zulässig ist,[9] muss dem Beschuldigten in sinngemäßer Anwendung des § 114a Abs. 1 Satz 2 vorläufig mitgeteilt werden, dass er auf richterliche Anordnung vorgeführt wird.[10]

4. Vollstreckung. Der Vorführungsbefehl ist zur Vollstreckung grundsätzlich der Staatsanwaltschaft zu übergeben (§ 36 Abs. 2 Satz 1). Bei inhaftierten Beschuldigten erfolgt die Vollstreckung durch den Anstaltsleiter.[11] **8**

Fraglich ist, ob der Vorführungsbefehl jene Beamte, welche die Staatsanwaltschaft mit der Vollstreckung beauftragt, dazu ermächtigt, die **Wohnung des Beschuldigten** (nicht aber die eines Dritten), zum Zweck seiner Ergreifung zu betreten und nach der vorzuführenden Person zu durchsuchen. Die bisher herrschende Meinung geht davon aus, dass hierfür keine besondere Durchsuchungsanordnung erforderlich sei.[12] Demgegenüber mehren sich die Stimmen im Schrifttum, die – vor allem mit Verweis auf den grundrechtlichen Schutz gegenüber zwangsweisem Zutritt und Durchsuchung einer Wohnung – eine implizite Durchsuchungsanordnung verneinen.[13] Gerade bei Erlass eines Vorführungsbefehls zeigt sich die Berechtigung dieser kritischen Stimmen: Der einen Vorführungsbefehl erlassende Richter prüft regelmässig weder die Voraussetzungen einer Hausdurchsuchung noch wird er genau ein zu durchsuchendes Objekt benennen.[14] In Abkehr von der noch in der Vorauflage vertretenen Ansicht ist deshalb eine in jedem Vorführungsbefehl implizit enthaltene Durchsuchungsanordnung abzulehnen. Wenn ein Richter eine Vorführung nicht daran scheitern lassen will, dass der Beschuldigte sich in seiner Wohnung verbirgt, muss er seinen Vorführungsbefehl mit einer Durchsuchungsanordnung nach §§ 102, 105 verbinden. **8a**

Der Vorführungsbefehl berechtigt zur **Anwendung unmittelbaren Zwangs**, insbesondere zur Festnahme des Beschuldigten, jedoch erst, wenn er ihm eröffnet ist.[15] Hierbei ist darauf zu achten, dass die Freiheitsbeschränkung nicht länger dauern darf, als zur Vorführung unbedingt erforderlich ist (§ 135, 2ff.). Zur Vorführung bei Nacht wird im Allgemeinen kein Anlass bestehen.[16] Die Festnahme kann aber nötigenfalls schon am Vorabend oder in den frühen Morgenstunden erfolgen (§ 135, 5). Wohnt der Beschuldigte weit entfernt vom Gerichtsort, so darf ein Gefangenentransportwagen benutzt werden, sofern dies geschieht, um die Frist des § 135 Satz 2 einzuhalten. Wird dabei eine Übernachtung erforderlich, darf der Vorzuführende in einer Arrestzelle untergebracht werden. Bei Widersetzlichkeit kann auch das Anlegen von Fesseln gerechtfertigt sein.[17] **9**

---

9 *Niese* 132ff.

10 KK/*Diemer* 7; Meyer-Goßner/*Schmitt* 4; sehr weitgehend in den Einzelheiten der Unterrichtung (im Hinblick auf § 113 StGB) OLG Stuttgart Justiz **1982** 339f.; ähnlich SK/*Rogall* 13; vgl. auch BGH NStZ **1981** 23.

11 § 36 Abs. 2 Satz 2 StVollzG sowie die entspr. Landesrechlichen Regelungen; dazu *Laubenthal/Nestler/Neubacher/Verrel* 46.

12 *Kaiser* NJW **1964** 759; KK/*Diemer* 8; SK/*Rogall* 14; MüKo/*Schuhr* 7; *Meyer-Goßner/Schmitt* 5; KMR/*Pauckstadt-Maihold* 5 vgl. auch OLG Frankfurt NJW **1964** 785.

13 LR/*Tsambikakis* § 105, 21f.; SK/*Wohlers/Jäger* § 105, 9; Gercke/*Gercke* § 102, 11; Radtke/Hohmann/*Ladiges* § 102, 5; diff. KMR/*Pauckstadt-Maihold* (65. EL Dez. 2012) 5; *Schlüchter* 325; *Benfer* NJW **1980** 1612; *Ladiges* NStZ **2014** 609, 614.

14 Vgl. auch LR/*Tsambikakis* § 105, 22; SK/*Wohlers/Jäger* § 105, 9; *Ladiges* NStZ **2014** 609, 614.

15 BGH NStZ **1981** 23; OLG Stuttgart Justiz **1982** 340; RGSt **12** 162; *Kaiser* NJW **1965** 1217.

16 KMR/*Pauckstadt-Maihold* 5; SK/*Rogall* 14 will sie nicht generell ausschließen; **a.A.** AK/*Gundlach* 8 im Anschluss an *Kaiser* NJW **1965** 1217 und OLG Köln GA **41** (1893) 157 in Anwendung alten preußischen Rechts: unzulässig.

17 *Kaiser* NJW **1965** 1217.

10 Der Vorführungsbefehl **verliert seine Wirksamkeit** nicht mit dem Beginn, sondern mit dem Abschluss der Vernehmung.[18] Bis dahin darf der Beschuldigte festgehalten werden; es wäre unzweckmässig, ihn erst zwangsweise vorzuführen, ihm dann aber vor dem Ende der Vernehmung Gelegenheit zu geben, sich zu entfernen. Nach Beendigung der Vernehmung muss er aber entlassen werden, sofern der Richter keinen Haft- oder Unterbringungsbefehl erlässt. Beendet ist die Vernehmung auch, wenn der Beschuldigte definitiv zum Ausdruck gebracht hat, nicht zur Sache aussagen zu wollen.[19] Der Vorführungsbefehl lebt nicht wieder auf, wenn der Beschuldigte einer erneuten Ladung nicht folgt; vielmehr bedarf es dann einer neuen Anordnung der Vorführung.[20]

IV. Anfechtung

11 Der Vorführungsbefehl kann mit der einfachen Beschwerde nach § 304 Abs. 1 angefochten werden, wenn er von einem Oberlandesgericht erlassen wurde, § 304 Abs. 4 Satz 2. Das Rechtsmittel hat keine aufschiebende Wirkung (§ 307 Abs. 1). Die weitere Beschwerde ist nach § 310 ausgeschlossen. Da die Vorführung normalerweise durch Freilassung oder durch den Erlass eines Haft- oder Unterbringungsbefehls überholt sein wird, bevor ein Rechtsmittel eingelegt wird oder ein Rechtsmittelgericht entscheiden kann, war zunächst strittig, welche praktische Bedeutung die Anfechtungsmöglichkeit hat. Die Rechtsprechung zum Rechtsschutzbedürfnis bei prozessualer Überholung,[21] insbesondere zum Rechtsschutzbedürfnis bei Freiheitsentziehungen auf Grund polizeilicher Eingriffe zur Durchsetzung eines Platzverweises[22] sowie zur Beugehaft[23] legt aber nahe, dass auch im Falle einer sofortigen Vorführung in bestimmten Fallkonstellationen trotz Aufhebung der Freiheitsbeschränkung ein Rechtsschutzbedürfnis nach Überprüfung der Zulässigkeit eines Vorführungsbefehls gegeben sein kann.[24]

12 Ausnahmsweise könnte auch eine Überprüfung nach § 98 Abs. 2 Satz 2 beantragt werden, wenn die beanstandete Form des Vollzugs nicht ausdrücklicher und evidenter Bestandteil der richterlichen Anordnung war (vgl. BGHSt **45** 183 ff.).

V. Abgeordnete

13 Gegen Abgeordnete darf ein Vorführungsbefehl nur unter den Voraussetzungen des Art. 46 Abs. 2 GG bzw. der entsprechenden Vorschriften der Länderverfassungen erlassen werden. Zu den Grenzen der allgemein erteilten Genehmigung zur Durchführung von Ermittlungsverfahren hinsichtlich der Vorführung s. bei § 133, 20.

VI. Vorführung zum Zwecke der Auslieferung

14 Eine Vorführung zum Zwecke der richterlichen Vernehmung ist auch im Rahmen der Erfüllung eines ausländischen Rechtshilfeersuchens oder eines Ersuchens eines interna-

---

18 KK/*Diemer* 8; Meyer-Goßner/*Schmitt* 6; SK/*Rogall* 15; **a.A.** *Enzian* NJW **1957** 415 (der aber ein besonderes, vom Vorführungsbefehl unabhängiges Festhalterecht für gegeben hält); *Lampe* MDR **1974** 538.
19 SK/*Rogall* 15; *Grünwald* JZ **1981** 426; näher *Kühne* 462.
20 Meyer-Goßner/*Schmitt* 6; SK/*Rogall* 15; *Enzian* NJW **1957** 450; **a.A.** *Rasehorn* DRiZ **1956** 269 für den Vorführungsbefehl nach § 230 Abs. 2. Vgl. auch § 133, 10.
21 BVerfG NJW **1997** 2163, 2164.
22 BVerfG StV **1999** 295.
23 BVerfG NJW **2000** 273.
24 Vgl. SK/*Rogall* 17 sowie LR/*Erb* § 161a, 52.

tionalen Strafgerichts oder Tribunals möglich.[25] Die gegenüber einem Haftbefehl mildere Massnahme der Vorführung kommt zum Zuge, wenn keine Anhaltspunkte dafür vorliegen, dass die gesuchte Person ihre Auslieferung durch Flucht vereiteln würde, und die Anordnung von Haft deshalb unverhältnismässig wäre.[26]

§ 135
Sofortige Vernehmung

[1]Der Beschuldigte ist unverzüglich dem Richter vorzuführen und von diesem zu vernehmen. [2]Er darf auf Grund des Vorführungsbefehls nicht länger festgehalten werden als bis zum Ende des Tages, der dem Beginn der Vorführung folgt.

Schrifttum

Baumann Die Bedeutung des Artikels 2 GG für die Freiheitsbeschränkung im Strafprozess, FS Eb. Schmidt (1961) 535; *Kaiser* Die Zelle als Verwahrungsort für Vorgeführte, NJW **1965** 1216; *Krehl/Eidam* Die überlange Dauer von Strafverfahren, NStZ **2006** 1; *Kropp* Verhältnismäßigkeit staatlicher Ermittlungsmaßnahmen unter zeitlichen Gesichtspunkten, ZRP **2001** 404; *Lampe* Grenzen des Festhalterechts gegenüber vorgeführten Beschuldigten und Zeugen im Ermittlungsverfahren, MDR **1974** 535; *Moritz* Vereinbarkeit des Vorführungsrechts der Staatsanwaltschaft mit Art. 104 GG? NJW **1977** 796; *Schnickmann* Das Vorführungsrecht der Staatsanwaltschaft und seine Vereinbarkeit mit Art. 104 GG, MDR **1976** 363.

Entstehungsgeschichte

Die Vorschrift lautete ursprünglich: „Der Vorgeführte ist sofort von dem Richter zu vernehmen. Ist dies nicht ausführbar, so kann er bis zu seiner Vernehmung, jedoch nicht über den nächstfolgenden Tag hinaus, festgehalten werden". Ihre jetzige Fassung erhielt sie durch Art. 1 Nr. 35 des 1. StVRG; sie ist erst im Vermittlungsausschuss zustande gekommen (BTDrucks. **7** 2810).

Übersicht

Alphabetische Übersicht

25 Vgl. §§ 15, 19 des Gesetzes über die Zusammenarbeit mit dem Internationalen Strafgerichtshof v. 21.6.2002.
26 OLG Stuttgart NStZ-RR **2003** 277 ff.

https://doi.org/10.1515/9783110274929-048

I. Geltungsbereich

1 Die Vorschrift gilt sowohl für die Vorführung wegen unentschuldigten Ausbleibens (§ 133) als auch für die Vorführung bei Vorliegen eines Haftgrundes (§ 134 Abs. 1). Eine Vorführung kann auch zum Zwecke der Durchführung einer Auslieferung an einen anderen Staat erfolgen.[1] Für die Hauptverhandlung gehen die §§ 230, 236, 329 Abs. 4 als Sondervorschriften vor. Die §§ 115, 115a sind im Vorführungsverfahren nicht anzuwenden; insoweit ist § 135 die Sondervorschrift.[2] § 135 gilt entsprechend bei der richterlichen Anordnung der Vorführung von Zeugen (§ 51 Abs. 1 Satz 3) und bei der staatsanwaltschaftlichen Anordnung der Vorführung des Beschuldigten (§ 163a Abs. 3 Satz 2) und von Zeugen (§ 161a Abs. 2 Satz 1).

II. Beschleunigungsgebot (Satz 1)

2 **1. Allgemeines.** § 135 Satz 1 enthält ein Beschleunigungsgebot. Der Vorführungsbefehl ist nur auf eine Freiheitsbeschränkung (Art. 104 Abs. 1 Satz 1 GG), nicht auf eine Freiheitsentziehung im engeren Sinne (Art. 104 Abs. 2 bis 4 GG) gerichtet.[3] Eine beschuldigte Person muss daher so schnell wie möglich dem Richter vorgeführt und von diesem vernommen werden, damit die durch den Vorführungsbefehl gerechtfertigte Freiheitsbeschränkung nicht infolge verzögerter Behandlung in eine unnötige Freiheitsentziehung umschlägt. Das muss schon bei der Wahl des Zeitpunkts der Vorführung beachtet werden. Er richtet sich grundsätzlich nach dem Termin, den der Richter für die Vernehmung festgesetzt hat; die Vorführung darf also nicht früher erfolgen, als zur Sicherstellung des Erscheinens des Beschuldigten im angesetzten Vernehmungstermin erforderlich ist. Auch der Richter hat den Termin bereits möglichst so festzusetzen, dass Verzögerungen vermieden werden (unten Rn. 5, 6). Insgesamt ist die Regelung als Teil der Sicherung gegen überlange Strafverfahren zu verstehen.[4]

3 **2. Unverzüglich.** In Angleichung an den Wortlaut ähnlicher Bestimmungen (§§ 115, 115a, 128) ist durch das 1. StVRG in § 135 Satz 1 das Wort „sofort" durch das Wort „unverzüglich" ersetzt worden. Sachlich unterscheiden sich die Begriffe nicht.[5] Der Begriff „unverzüglich" ist insbesondere nicht wie im bürgerlichen Recht (§ 121 BGB) dahin auszulegen, dass die Vorführung ohne schuldhaftes Zögern stattfinden muss; die Betrachtungsweise des auf ganz andere Rechtsbeziehungen und Rücksichtnahmen eingestellten bürgerlichen Rechts ist bei der Auslegung von Vorschriften, die das Verhalten staatlicher Behörden regeln, nicht angebracht.[6] „Unverzüglich" i.S.d. Strafprozessrechts verlangt vielmehr ein Handeln ohne jede nach den Umständen vermeidbare Säumnis. Tritt eine Verzögerung ein, so kommt es für ihre Zulässigkeit nicht darauf an, ob diese nicht schuldhaft, sondern ob sie sachlich berechtigt ist. Berechtigt ist jede Verzögerung, deren Gründe in rechtlichen oder tatsächlichen Hindernissen liegen. Der Beschuldigte wird „unverzüglich" vorgeführt, wenn das nach Lage der Sache und unter Berücksichtigung

---

1 OLG Stuttgart NStZ-RR **2003** 277 ff.; Schomburg/Lagodny/Gleß/Hackner/*Schomburg/Hackner* § 34, 7 ABl. m.w.N.
2 *Eb. Schmidt* Nachtrag I, 2.
3 KK/*Diemer* 2; Meyer-Goßner/*Schmitt* 2; SK/*Rogall* 2; *Lampe* MDR **1974** 536; vgl. auch BTDrucks. **7** 2600 S. 5; **a.A.** (Freiheitsentziehung) *Baumann* FS Schmidt 531; *Schnickmann* MDR **1976** 363 und *Moritz* NJW **1977** 796, bezogen auf die staatsanwaltschaftliche Vorführung gemäß § 163a Abs. 3.
4 Vgl. auch *Krehl/Eidam* NStZ **2006** 1; *Kropp* ZRP **2001** 404.
5 *Lampe* MDR **1974** 537.
6 Vgl. *Eb. Schmidt* Nachtrag I § 115, 7; ebenso SK/*Rogall* 4.

der Geschäftsverhältnisse der beteiligten Behörden mit der notwendigen Beschleunigung geschieht (vgl. auch § 115).

3. Unverzügliche Vorführung vor den Richter. Beschuldigte, die aufgrund des Vor- 4
führungsbefehls festgenommen wurden, müssen nach § 135 Satz 1 unverzüglich dem Richter vorgeführt und von diesem vernommen werden. Daraus folgt, dass der Zeitpunkt der Vorführung, wie in §§ 115, 115a, nicht unbedingt mit dem der Vernehmung zusammenfallen muss; denn sonst hätte es genügt, die unverzügliche Vernehmung des Beschuldigten vorzuschreiben. Da es weder sinnvoll noch zweckmäßig wäre, den Beschuldigten vor den Richter zu führen, obwohl dieser ihn zunächst nicht vernehmen kann, muss aus dem Wortlaut des § 135 Satz 1 geschlossen werden, dass die Vorführung nicht darin zu bestehen braucht, dass der Beschuldigte dem Richter sogleich persönlich gegenübergestellt wird. Vorführung bedeutet wie in §§ 115, 115a nur, dass der Ergriffene in den unmittelbaren Machtbereich des zuständigen Richters gebracht, also dessen unmittelbarer Verfügungsgewalt unterstellt wird (vgl. auch § 115). Der Beschuldigte ist dem Richter daher auch dann „vorgeführt", wenn er in das Gerichtsgefängnis eingeliefert oder in das Gerichtsgebäude gebracht und dort in einem Zimmer bewacht oder eingeschlossen wird.

Das Gebot der unverzüglichen Vorführung hindert nur dann nicht eine **Ergreifung** 5
des am Vernehmungsort wohnenden Beschuldigten zu einem mehrere Stunden vor dem Vernehmungstermin liegenden Zeitpunkt und seine vorläufige Verbringung in polizeilichen Gewahrsam, falls die Vorführung nicht anders sichergestellt werden kann. Sofern bestimmte Tatsachen dafür sprechen, dass der Beschuldigte sich ansonsten der Vorführung entziehen würde, darf er so frühzeitig, unter Umständen schon am Vorabend, festgenommen werden, dass er keine Gelegenheit hat, sein Vorhaben zu verwirklichen.[7] Beschuldigte, die tagsüber erfahrungsgemäß nicht erreichbar sind, dürfen schon in den frühen Morgenstunden in ihrer Wohnung ergriffen werden; bei Beschuldigten ohne festen Arbeitsplatz (Verkaufsfahrer, Handelsvertreter) könnte die Festnahme zu einem anderen Zeitpunkt oft praktisch gar nicht möglich sein. Bei sonstigen Beschuldigten ist die verhältnismäßig unauffällige Festnahme in der Wohnung der Ergreifung am Arbeitsplatz schon in ihrem eigenen Interesse vorzuziehen. Der Richter muss aber bei der Anberaumung des Vernehmungstermins auf die vorzeitige Ergreifung möglichst Rücksicht nehmen (Rn. 6). Der Richter hat bei der Terminplanung insbesondere auch zu berücksichtigen, dass der Beschuldigte vielfach schon am Vorabend oder in den frühen Morgenstunden zur Vernehmung gebracht wird.

4. Unverzügliche Vernehmung. Ist eine beschuldigte Person dem Richter vorge- 6
führt worden (oben Rn. 4), so muss sie sogleich vernommen werden, sofern dem nicht Hindernisse entgegenstehen, die es rechtfertigen, die Vernehmung aufzuschieben. Solche Hindernisse können in der Person des Richters (Erkrankung, andere unaufschiebbare Dienstgeschäfte) oder in der Person des Beschuldigten (Übermüdung, etwa nach längerem Transport), aber auch in der organisatorischen Einrichtung der Justiz liegen.[8] Auch die Verhinderung der Staatsanwaltschaft oder Verteidigung, die nach § 168c der Vernehmung beiwohnen dürfen, kann ein Hinderungsgrund sein (allg. M.). Trifft der Beschuldigte früher ein als erwartet, so muss der Richter weniger eilige Dienstgeschäfte zurückstellen und in der Regel etwa auch einen anderen Raum suchen, wenn das Vernehmungszimmer gerade nicht frei ist. Während der Vernehmung darf der Beschuldigte

---

7 BayVerfGHE **3** II 63.
8 AK/*Gundlach* 6; Meyer-Goßner/*Schmitt* 5; SK/*Rogall* 5; *Eb. Schmidt* 3; *Lampe* MDR **1974** 537.

aufgrund des Vorführungsbefehls daran gehindert werden, sich zu entfernen (näher § 134, 10).

III. Festhalten bis zum Ende des nächsten Tages (Satz 2)

7 **1. Zeitliche Grenze.** Nach der bis zum 1. StVRG geltenden Fassung des § 135 Satz 2 war es zulässig, den Beschuldigten ohne Rücksicht darauf, wann er zum Zweck der Vorführung ergriffen worden war, bis zum Ende des Tages festzuhalten, der auf den Tag seines Eintreffens bei Gericht folgt. Die Frist, die für den Transport zum Vernehmungsort benötigt wurde, war nicht einzurechnen.[9] Nunmehr zieht § 135 Satz 2 in Anlehnung an den Wortlaut des Art. 104 Abs. 2 Satz 3 GG die äußerste zeitliche Grenze bis zu der ein Festhalten des Betroffenen aufgrund des Vorführungsbefehls zulässig ist wesentlich enger. Der Beschuldigte darf, auch wenn bis dahin mit der Vernehmung nicht begonnen werden kann, nicht länger als bis zum Ende des Tages, der dem Beginn der Vorführung folgt, festgehalten werden; im Höchstfall also knapp 48 Stunden. Ob einer der beiden Tage arbeitsfrei ist, spielt keine Rolle.[10] Beginn der Vorführung iSd § 135 Satz 2 ist die Ergreifung des Beschuldigten zum Zwecke der Vorführung vor den Richter, nicht der Beginn dieser Vorführung selbst (s. hierzu Rn. 4). Der Zeitraum des § 135 Satz 2 umfasst also die gesamte Vorführung von der Ergreifung bis zum Ende der Vernehmung. Wohnt der Beschuldigte so weit vom Vernehmungsort entfernt, dass die Frist mit Sicherheit nicht eingehalten werden kann, so ist die Vorführung von vornherein unzulässig.

8 **Festgehalten** werden darf der Beschuldigte äußerstenfalls bis zum Ende (24 Uhr) des auf seine Ergreifung folgenden Tages. Der Richter darf ihn daher, wenn aus zwingenden Gründen (Rn. 6) eine Vernehmung nicht früher möglich ist, bis zum Ablauf der Frist festhalten. Wenn jedoch feststeht, dass eine Vernehmung bis dahin nicht durchgeführt werden kann, ist der Beschuldigte sofort freizulassen. Zweifelhaft ist, ob ein Festhalten über die in § 135 Satz 2 bestimmte Frist hinaus ausnahmsweise dann zulässig ist, wenn die Vernehmung vor Ablauf der Frist begonnen hat, aber bei Fristablauf noch nicht abgeschlossen worden ist. Man wird die Frage wohl verneinen müssen, obwohl dann die Vernehmung, unter Umständen gerade zum Nachteil des Beschuldigten, abgekürzt werden müsste.[11] Würde man eine ausnahmsweise Verlängerung der Frist bis zum Abschluss der Vernehmung erlauben, könnte die strenge zeitliche Beschränkung des § 135 Satz 2 unterlaufen werden, da die Vernehmung nicht in einem Zuge zu erfolgen braucht, sondern durch Pausen, auch während der Nachtruhe, unterbrochen werden darf oder sogar muss. Nach dem Ende der Vernehmung (vgl. § 134, 10) muss der Richter den Beschuldigten sofort entlassen, sofern er keinen Haft- oder Unterbringungsbefehl gegen ihn erlässt.

9 **2. Art des Festhaltens.** Über Art und Weise des Festhaltens bestimmt das Gesetz nichts. Hierüber entscheidet daher das Gericht[12] unter Beachtung des Verhältnismäßigkeitsgrundsatzes. Es hat dabei die voraussichtliche Dauer der Festhaltung zu berücksich-

---

9 *Eb. Schmidt* 4.

10 KK/*Diemer* 3; Meyer-Goßner/*Schmitt* 6; KMR/*Pauckstadt-Maihold* 6; SK/*Rogall* 7; *Pfeiffer* 2; vgl. auch *Eb. Schmidt* 5.

11 AK/*Gundlach* 8; KK/*Diemer* 3; KMR/*Pauckstadt-Maihold* 6; SK/*Rogall* 8; **a.A.** Meyer-Goßner/*Schmitt* 6; LR/*Meyer*[23] 8.

12 AK/*Gundlach* 9; KK/*Diemer* 4; Meyer-Goßner/*Schmitt* 7; SK/*Rogall* 9; *Pfeiffer* 2; *Kaiser* NJW **1965** 1216.

tigen. Die Festhaltung kann in der bloßen Bewachung im Gerichtszimmer durch den vorführenden Beamten oder durch einen Gerichtswachtmeister, aber auch in der Einschließung in einem Raum des Gerichts bestehen; auch die Aufnahme in einer Arrestzelle oder im Gerichtsgefängnis ist zulässig, etwa wenn der Beschuldigte am Abend vor dem für die Vernehmung bestimmten Tag ergriffen worden ist. Die für Untersuchungsgefangene geltenden Erleichterungen (§ 119) müssen unter allen Umständen gewahrt werden.[13]

§ 136
Erste Vernehmung

(1) [1]Bei Beginn der ersten Vernehmung ist dem Beschuldigten zu eröffnen, welche Tat ihm zur Last gelegt wird und welche Strafvorschriften in Betracht kommen. [2]Er ist darauf hinzuweisen, daß es ihm nach dem Gesetz freistehe, sich zu der Beschuldigung zu äußern oder nicht zur Sache auszusagen und jederzeit, auch schon vor seiner Vernehmung, einen von ihm zu wählenden Verteidiger zu befragen. [3]Möchte der Beschuldigte vor seiner Vernehmung einen Verteidiger befragen, sind ihm Informationen zur Verfügung zu stellen, die es ihm erleichtern, einen Verteidiger zu kontaktieren. [4]Auf bestehende anwaltliche Notdienste ist dabei hinzuweisen. [5]Er ist ferner darüber zu belehren, daß er zu seiner Entlastung einzelne Beweiserhebungen beantragen und unter den Voraussetzungen des § 140 Absatz 1 und 2 die Bestellung eines Verteidigers nach Maßgabe des § 141 Absatz 1 und 3 beanspruchen kann; zu Letzterem ist er dabei auf die Kostenfolge des § 465 hinzuweisen. [6]In geeigneten Fällen soll der Beschuldigte auch darauf, dass er sich schriftlich äußern kann, sowie auf die Möglichkeit eines Täter-Opfer-Ausgleiches hingewiesen werden.

(2) Die Vernehmung soll dem Beschuldigten Gelegenheit geben, die gegen ihn vorliegenden Verdachtsgründe zu beseitigen und die zu seinen Gunsten sprechenden Tatsachen geltend zu machen.

(3) Bei der ersten Vernehmung des Beschuldigten ist zugleich auf die Ermittlung seiner persönlichen Verhältnisse Bedacht zu nehmen.

(4) [1]Die Vernehmung des Beschuldigten kann in Bild und Ton aufgezeichnet werden. [2]Sie ist aufzuzeichnen, wenn

1. **dem Verfahren ein vorsätzlich begangenes Tötungsdelikt zugrunde liegt und der Aufzeichnung weder die äußeren Umstände noch die besondere Dringlichkeit der Vernehmung entgegenstehen, oder**
2. **die schutzwürdigen Interessen des Beschuldigten, insbesondere von**
   a) **Personen unter 18 Jahren oder**
   b) **Personen, die erkennbar unter eingeschränkten geistigen Fähigkeiten oder einer schwerwiegenden seelischen Störung leiden, durch die Aufzeichnung besser gewahrt werden können.**

[3]§ 58a Absatz 2 gilt entsprechend.*

13 KMR/*Pauckstadt-Maihold* 7.

* Die Ergänzung des § 136 um Absatz 4 tritt nach Art. 18 Abs. 2 des Gesetzes zur effektiveren und praxistauglicheren Ausgestaltung des Strafverfahrens v. 17.8.2017 erst am 1.1.2020 in Kraft.

https://doi.org/10.1515/9783110274929-049

Schrifttum

Ahlbrecht Strukturelle Defizite Europäischer Verteidiung – Gründe und Möglichkeiten ihrer Überwindung, StV **2012** 491; *Albrecht* Die Legende von der Gefahrenabwehr, HRRS **2017** 446; *dies.* Schweigen ist Silber, Reden ist Gold – Ausgleichs- und Rügemöglichkeiten bei belehrungsfehlerbedingtem Unterlassen einer günstigen Beschuldigteneinlassung ZStW **131** (2019) 97; *Altenhain* Dokumentationspflicht im Ermittlungsverfahren, Warum eigentlich nicht? ZIS **2015** 269; *Ambos* Beweisverwertungsverbote (2010); *ders.* Die transnationale Verwertung von Folterbeweisen, StV **2009** 151; *Arnold* Verteidigung in grenzüberschreitenden Strafverfahren in Europa, StV **2015** 588; *Artkämper* Wahrheitsfindung im Strafverfahren mit gängigen und innovativen Methoden, Kriminalistik **2009** 417; *Arzt* Begründung der Beschuldigten-Eigenschaft, Kriminalistik **1970** 379; *Aselmann* Die Selbstbelastungs- und Verteidigungsfreiheit (2004); *Augustin* Das Recht des Beschuldigten auf effektive Verteidigung (2013); *Barthelme* Die qualifizierte Belehrung bei Verfahrensverstössen im Strafprozess (2011); *Bauer* Die Aussage des über sein Schweigerecht nicht belehrten Beschuldigten, Diss. Göttingen 1972; *ders.* Die „Beweislastverteilung" bei unterlassener Belehrung des Beschuldigten, wistra **1993** 99; *Beckemper* Durchsetzbarkeit des Verteidigerkonsultationsrechts und die Eigenverantwortlichkeit des Beschuldigten (2002); *Bernsmann* Verwertungsverbot bei fehlender und mangelhafter Belehrung, StraFo **1998** 73; *Beulke* Muß die Polizei dem Beschuldigten vor der Vernehmung „Erste Hilfe" bei der Verteidigerkonsultation leisten? NStZ **1996** 257; *Beulke* Die Vernehmung des Beschuldigten – Einige Anmerkungen aus der Sicht der Prozeßrechtswissenschaft, StV **1990** 180; *Binding* Die Wahrheitspflicht im Prozesse, DJZ **1909** 162; *Bockemühl* Private Ermittlungen im Strafprozeß (1996); *Bosch* Aspekte des nemo-tenetur-Prinzips aus verfassungsrechtlicher und strafprozessualer Sicht (1998); *Böse* Die Verfassungsrechtlichen Grundlagen des Satzes „Nemo tenetur se ipsum accusare", GA **2002** 98; *Böse* Die Verwertung im Ausland gewonnener Beweismittel im deutschen Strafverfahren, ZStW **114** (2002) 148; *Böse* Die Europäische Ermittlungsanordnung – Beweistransfer nach neuen Regeln? ZIS **2014** 152; *Böse* Die „freiwillige Teilnahme an einem Atemalkoholtest – zur Reichweite strafprozessualer Belehrungspflichten, JZ **2015** 653; *Brandis* Beweisverbote als Belastungsverbote aus Sicht des Beschuldigten? (2001); *Bringewat* Der „Verdächtige" als schweigeberechtigte Auskunftsperson? JZ **1981** 289; *Brodersen* Das Strafverfahrensänderungsgesetz 1999, NJW **2000** 2536; *Burhoff* Praktische Fragen der „Widerspruchslösung", StraFo **2003** 267; *Christl* Europäische Mindeststandards für Beschuldigtenrechte – Zur Umsetzung der EU-Richtlinien über Sprachmittlung und Information im Strafverfahren, NStZ **2014** 376; *Cierniak/Herb* Pflicht zur Belehrung über die Freiwilligkeit an einer Atemalkoholmessung? NZV **2012** 409; *Cirener* Die Zulässigkeit von Verfahrensrügen in der Rechtsprechung des BGH – 1. & 2. Teil, NStZ-RR **2017** 65 & 101; *Coenen* Der Zeitpunkt für die Bestellung des Pflichtverteidigers (2006); *Dahs* Die Ausweitung des Widerspruchserfordernisses, StraFo **1998** 253; *Dallmeyer* Verletzt der zwangsweise Brechmitteleinsatz gegen Beschuldigte deren Persönlichkeitsrechte? StV **1997** 606; *Chr. Dannecker* Der nemo tenetur-Grundsatz – prozessuale Fundierung und Geltung für juristische Personen, ZStW **127** (2015) 370; *Dautert* Beweisverwertungsverbote und ihre Drittwirung (2015); *Degener* § 136 StPO und die Aussagefreiheit des Beschuldigten, GA **1992** 443; *Dencker* Über Heimlichkeit, Offenheit und Täuschung bei der Beweisgewinnung im Strafverfahren, StV **1994** 667; *Dencker* Belehrung des Angeklagten über sein Schweigerecht und Vernehmung zur Person, MDR **1975** 359; *Dencker* Zum Geständnis im Straf- und Strafprozeßrecht, ZStW **102** (1990) 51; *Dingeldey* Das Prinzip der Aussagefreiheit im Strafprozeß, JA **1984** 407; *Doege* Die Bedeutung des nemo-tenetur-Grundsatzes in nicht von Strafverfolgungsorganen geführten Befragungen (2016); *Dommann* Xeroxomania Une petite histoire de la photocopie a l'ere des copyshops, Transbordeur: photographie histoire société Vol 3 (**2019**) 76; *Dudel* Das Widerspruchserfordernis bei den Beweisverwertungsverboten (1999); *Duttge* Strafprozessualer Einsatz von V-Personen und Vorbehalt des Gesetzes, JZ **1996** 556; *Eder* Beweisverbote und Beweislast im Strafprozess (2015); *Eidam* Die strafprozessuale Selbstbelastungsfreiheit am Beginn des 21. Jahrhunderts (2007); *Eisenberg* Zur Rechtsstellung von Kindern im polizeilichen Ermittlungsverfahren, StV **1989** 554; *Eisenhardt* Das nemo tenetur-Prinzip: Grenze körperlicher Untersuchungen beim Beschuldigten (2007); *El-Ghazi/Merol* Der Widerspruch zur rechten Zeit, HRRS **2013** 413; *Engelhard* Die Vernehmung des Angeklagten und die damit zusammenhängenden Probleme, ZStW **58** (1939) 335; *Eschelbach* Rechtsfragen zum Einsatz von V-Leuten, StV **2000** 390; *Eser* Der Schutz vor Selbstbezichtigung im deutschen Strafprozeßrecht, ZStW **86** (1974) Beih. 136; *Eser* Aussagefreiheit und Beistand des Verteidigers im Ermittlungsverfahren, ZStW **79** (1967) 565; *Esser* Auf dem Weg zu einem europäischen Strafverfahrensrecht (2002); *Esser* Grenzen für verdeckte Ermittlungen gegen inhaftierte Beschuldigte aus dem europäischen nemo-tenetur-Grundsatz, JR **2004** 98; *Esser/Fischer* Menschenrechtliche Implikationen der Festnahme von Piraterieverdächtigen, JR **2010** 513; *Feigen* Neue Risiken für die Rechte des

Beschuldigten, Rudolphi-Symp. 161; *Fezer* Hat der Beschuldigte ein „Recht auf Lüge"? FS Stree/Wessels (1993) 663; *Fezer* Richterliche Kontrolle der Ermittlungstätigkeit der Staatsanwaltschaft vor Anklageerhebung? FS Schröder (2006) 407; *Fincke* Die Pflicht des Sachverständigen zur Belehrung des Beschuldigten, ZStW **86** (1974) 656; *Fincke* Zum Begriff des Beschuldigten und den Verdachtsgraden, ZStW **95** (1983) 918; *Foertsch* Die Berücksichtigung von Beweisverboten im Zwischenverfahren (2002); *Franke* Unterbliebene Pflichtverteidigerbeiordnung im Ermittlungsverfahren – § 141 III 1 StPO im Spannungsfeld zwischen Verwertungsverbot und sog. Beweiswürdigungslösung, GA **2002** 573; *von Freier* Selbstbelastungsfreiheit für Verbandspersonen ZStW **122** (2010) 117; *Gaede* Fairness als Teilhabe – Das Recht auf konkrete und wirksame Teilhabe durch Verteidigung gemäss Art. 6 EMRK (2007); *Gegenfurtner* Zum Recht des Angeklagten auf Schweigen in Verkehrsstrafsachen, DAR **1966** 98; *Geppert* Die „qualifizierte" Belehrung, GedS Meyer 93; *ders.* Notwendigkeit und rechtliche Grenzen der „informatorischen Befragung" im Strafverfahren, FS Oehler (1985) 323; *ders.* Zum Beginn der „Beschuldigten"-Eigenschaft, FS Schroeder (2006) 675; *ders.* Zur Belehrungspflicht über die Freiwilligkeit der Mitwirkung an einer Atemalkoholmessung und zu den Folgen ihrer Verletzung, NStZ **2014** 481; *von Gerlach* Die Begründung der Beschuldigteneigenschaft im Ermittlungsverfahren, NJW **1969** 776; *Gerson* Das Recht auf Beschuldigung (2016); *Gleß* Predictive policing und operative Verbrechensbekämpfung, GedS Weßlau (2016) 165; *dies.* Gesetzliche Regelungen von Beweisverwertungsverboten – die Schweiz als Vorreiter? GedS Heine (2016) 127; *dies.* Grenzüberschreitende Beweissammlung, ZStW **125** (2013) 573; *dies.* OHN(E)MACHT – Abschied von der Fiktion einer Waffengleichheit gegenüber europäischer Strafverfolgung? StV **2013** 317; *dies.* Der Einsatz von Videotechnologie in anderen europäischen Ländern, in: Strafverteidigertag (Hrsg.), ‚Wehe dem, der beschuldigt wird', 34. Strafverteidigertag 2010 (2011), 193; *dies.* Beweisrechtsgrundsätze einer grenzüberschreitenden Strafverfolgung (2006); *Gleß/Peters* Verwertungsverbot bei Verletzung der Pflicht zur Belehrung nach Art. 36 WÜK?, StV **2011** 369; *Grünwald* Das Beweisrecht der Strafprozeßordnung (1993); *Grünwald* Menschenrechte im Strafprozeß, StV **1987** 453; *Grünwald* Probleme der Gegenüberstellung zum Zwecke der Wiedererkennung, JZ **1981** 423; *Gundlach* Die Vernehmung des Beschuldigten im Ermittlungsverfahren (1984); *Hackethal* Der Einsatz von Vomitivmitteln zur Beweissicherung im Strafverfahren (2005); *Hamm* Staatliche Hilfe bei der Suche nach Verteidigern – Verteidigerhilfe zur Begründung von Verwertungsverboten, NJW **1996** 2185; *Hammerstein* Sachaufklärung durch inquisitorische Vernehmung des Angeklagten, FS Middendorf (1986) 111; *Hartwig* Strafprozessuale Folgen des verspäteten Widerspruchs gegen eine unzulässige Beweisverwertung, JR **1998** 359; *Hauf* Beweisverwertungsverbot: „in dubio pro reo" beim Nachweis von Verfahrensfehlern, MDR **1993** 195; *Haworth* Tapes, transcripts and trials: The routine contamination of police interview evidence, Evidence & Proof Vol. 22 (**2018**) 428; *Hecker* Verwertungsverbot infolge unterlassener Betroffenenbelehrung? NJW **1997** 1833; *Heinrich* Rügepflichten in der Hauptverhandlung und Disponibilität strafverfahrensrechtlicher Vorschriften, ZStW **112** (2000) 398; *Helgerth* Der „Verdächtige" als schweigeberechtigte Auskunftsperson und selbständiger Prozeßbeteiligter neben dem Beschuldigten und den Zeugen, Diss. Erlangen 1976; *Hemm* Der Anspruch auf Verteidigertelefonate während der Untersuchungshaft, NStZ **2018** 433; *Henkel* Die Zulässigkeit und die Verwertbarkeit von Tonbandaufnahmen bei der Wahrheitserforschung im Strafverfahren, JZ **1957** 148; *Herrmann* Das Recht des Beschuldigten vor der polizeilichen Vernehmung einen Verteidiger zu befragen, NStZ **1997** 209; *Hönig* Die strafmildernden Wirkung eines Geständnisses im Lichte der Strafzwecke (2004); *Huber-Lotterschmid* Verschwiegenheitspflichten, Zeugnisverweigerungsrechte und Beschlagnahmeverbote zugunsten juristischer Personen (2006); *Hülle* Das Geständnis des Beschuldigten vor dem Haftrichter und seine Beurkundung, DRiZ **1952** 166; *Ignor* Plädoyer für die Widerspruchslösung, FS Rieß (2002) 185; *Jäger* Pusten auf eigene Gefahr, JA **2015** 314; *Jäger* Ohne Widerspruch kein Beweisverwertungsverbot JA **2018** 711; *Jähnke/Schramm* Europäisches Strafrecht 2017; *Janicki* Beweisverbote im deutschen und englischen Strafprozeß. Auswirkungen auf die europäische Zusammenarbeit (2002); *Jeßberger* Kooperation und Strafzumessung (1999); *Kahlo* Soll es dem Staat im Strafprozeß rechtlich erlaubt sein, Verdachtsklärung durch Täuschungshandlungen zu unternehmen? FS Wolff (1998) 153; *Kasiske* Widersprüchlichkeiten der Widerspruchslösung, NJW-*Spezial* **2011** *376*; *Kasiske* Beweisverwertungsverbot bei Unterbleiben einer „qualifizierten" Belehrung, ZIS **2009** 319; *Keiser* Die Anwendung des „nemo-tenetur-Grundsatzes" auf das Prozessverhalten des Angeklagten, StV **2000** 633; *Keller* Zur strafprozessualen Verwertbarkeit von im Ausland abgelegten Geständnissen FS Fezer (2008) 225; *Kiehl* Verwertungsverbot für Beschuldigtenvernehmung ohne vorherige Belehrung: Der BGH korrigiert sich – überzeugend? NJW **1993** 501; *ders.* Neues Verwertungsverbot bei unverstandener Beschuldigtenbelehrung – neue Tücken für die Verteidigung, NJW **1994** 1267; *Klein* Inhalt und Reichweite des § 136 StPO (2005); *Kleinknecht* Ermittlungen der Polizei nach der „kleinen Strafprozeßreform", Kriminalistik **1965** 449; *Klemke* Unterlassene Pflichtverteidigerbestellung im Ermittlungsverfahren und ihre Konsequenzen, StV **2003** 413; *Knierim* Vom Aktenschrank zum Serverschrank – vom Nutzen der elektronischen Aktenführung in Strafsachen, FS Schlothauer (2018) 225; *Kohlhaas* Schlüsse aus dem Schweigen des Beschuldigten? NJW **1965** 2282; *Kölbel* Selbstbelastungsfreiheiten. Der nemo-tenetur-Satz im materiellen Strafrecht (2006); *Kraft* Das nemo tenetur-Prinzip und die sich daraus ergebenden Rechte des Beschuldigten in der polizeilichen Vernehmung (2002); *Kreß* Die verfassungsrechtliche Pflicht der deutschen Strafverfolgungsbehörden zur Berücksichtigung des Wiener Konsularrechtsübereinkommen, GA **2007** 296; *Kudlich* Strafprozess – noch mehr Reformbedarf? ZRP **2018** 9; *Kunert* Wie weit schützt die Strafprozeßordnung die Grundrechte des Beschuldigten? MDR **1967** 539; *Lange* Staatsanwaltschaftliche Vorermittlungen – ohne rechtliche Grundlage? DRiZ **2002** 264; *Leipold* Form und Umfang des Erklärungsrechts nach § 257 StPO und seine Auswirkungen auf die Widerspruchslösung des Bundesgerichtshofes, StraFo **2001** 300; *Lenckner* Mitbeschuldigter und Zeuge, FS Peters (1974) 333; *Lesch* „Hörfalle" und kein Ende, GA **2000** 355; *ders.* Inquisition und rechtliches Gehör in der Beschuldigtenvernehmung, ZStW **111** (1999) 624; *ders.* Der Beschuldigte im Strafverfahren – über den Begriff und die Konsequenzen der unterlassenen Belehrung, JA **1995** 157; *Linnenbaum* Belehrung und „qualifizierte" Belehrung im Strafverfahren (2009); *von der Lippe* Die „Widerspruchslösung" der Rechtsprechung für strafprozessuale Beweisverwertungsverbote (2001); *Maaß* Der Schutz besonders sensibler Zeugen durch den Einsatz von Videotechnik unter besonderer Berücksichtigung der Beschuldigtenrechte und Verfahrensprinzipien, Diss. Berlin 2012; *Maiberg* Zur Widerspruchsabhängigkeit von strafprozessualen Verwertungsverboten (2003); *Maul/Eschelbach* Die „Widerspruchslösung" von Beweisverbotsproblemen in der Rechtsprechung, StraFo **1996** 66; *Mayer* Die Vernehmung von Kindern als Beschuldigte im Rechtshilfeverfahren nach dem Europäischen Übereinkommen über die Rechtshilfe in Strafsachen, GA **1990** 508; *B. Mehle* Zeitpunkt und Umfang der Pflichtverteidigerbestellung, NJW **2007** 969; *ders.* Zeitpunkt und Umfang notwendiger Verteidigung im Ermittlungsverfahren (2006); *Meixner* Das Widerspruchserfordernis des BGH bei Beweisverwertungsverboten (2015); *Meurer* Informelle Ausforschung, FS Roxin (2011) 1281; *F. Meyer* Die Aussagefreiheit und das Prinzip der gegenseitigen Anerkennung, GA **2007** 15; *Meyer-Goßner/Appl* Die Ausweitung des Widerspruchserfordernisses, StraFo **1998** 258; *Meyer-Mews* Reden ist Silber – Schweigen ist strafbar? DStR **2013** 161: *Mezger* Die Beschuldigtenvernehmung auf psychologischer Grundlage, ZStW **40** (1919) 152; *Michel* Die audiovisuelle Aufzeichnung von Beschuldigtenvernehmungen im Ermittlungsverfahren, Diss. Passau 2019; *Mitsch* Strafprozessuale Beweisverbote im Spannungsfeld zwischen Jurisprudenz und realer Gefahr, NJW **2008** 2295; *Möller* Verfassungsrechtliche Überlegungen zum „nemo-tenetur"-Grundsatz und zur strafmildernden Berücksichtigung von Geständnissen, JR **2005** 314; *Moos* Beschuldigtenstatus und Prozeßrechtsverhältnis im österreichischen Strafverfahrensrecht, FS Jescheck (1985) 725; *Mörsch* Zur Rechtsstellung des Beschuldigten und seines Verteidigers im Vorverfahren, Diss. Mainz 1968; *Mosbacher* Rügepräklusion mangels Rechtsschutzbedürfnis zur Unzulässigkeit von Verfahrensrügen beim Unterlassen von Zwischenrechtsbehelfen, FS Widmaier (2008) 339; *ders.* Zur aktuellen Debatte um die Rügepräklusion, NStZ **2011** 606; *ders.* Aufzeichnung der Hauptverhandlung und Revision – ein Vorschlag, StV **2018** 182; *Müssig* Beweisverbote im Legitimationszusammenhang von Strafrechtstheorie und Strafverfahren, GA **1999** 119; *Nelles* Der Einfluß der Verteidigung auf Beweiserhebungen im Ermittlungsverfahren, StV **1986** 74; *Neubacher/Bachmann* Audiovisuelle Aufzeichnung von Vernehmungen junger Beschuldigter, ZRP **2017** 140; *Neuhaus* Ungeschriebene Belehrungspflichten im Rahmen des § 136 Abs. 1 S. 2 StPO und die Folgen ihrer Verletzung, StV **2010** 45; *ders.* Das Opferrechtsreformgesetz 2004, StV **2004** 620; *Neumann* Mitwirkungs- und Duldungspflichten des Beschuldigten bei körperlichen Eingriffen im Strafverfahren, FS Wolff (1998) 373; *Niemöller* Beruhensprüfung bei Verfahrensfehlern, NStZ **2015** 489; *Norouzi* Die audiovisuelle Vernehmung von Auslandszeugen (2010); *Nothacker* Das Absehen von der Verfolgung im Jugendstrafverfahren (§ 45 JGG), JZ **1982** 57; *Nothelfer* Die Freiheit vom Selbstbezichtigungszwang (1989); *Odenthal* Zulässigkeit und Beweiswert einer heimlichen Stimmenidentifizierung, NStZ **1995** 579; *Ott* Der Grundsatz „nemo tenetur se ipsum accusare" (2012); *Paul* Unselbständige Beweisverwertungsverbote in der Rechtsprechung, NStZ **2013** 489; *Pawlik* Verdeckte Ermittlungen und Schweigerecht des Beschuldigten. Zu den Anwendungsgrenzen der §§ 136 Abs. 1 S.2 und § 136a StPO, GA **1998** 378; *Peters* Fehlerquellen im Strafprozess, 2. Band, Systematische Untersuchungen und Folgerungen (1972); *Pfenninger* Die Wahrheitspflicht des Beschuldigten im Strafverfahren, FS Rittler (1957) 355; *Pieth* Schweizerisches Strafprozessrecht[3] (2016); *Ransiek* Belehrung über Aussagefreiheit und Recht der Verteidigerkonsultation: Folgerungen für die Beschuldigtenvernehmung, StV **1994** 343; *ders.* Die Rechte des Beschuldigten in der Polizeivernehmung (1990); *Rehbein* Die Verwertbarkeit von nachrichtendienstlichen Erkenntnisses aus dem In- und Ausland im deutschen Strafprozess (2011); *Renzikowski* Die förmliche Vernehmung des Beschuldigten und ihre Umgehung, JZ **1997** 710; *Rieß* Die Vernehmung des Beschuldigten im

Strafprozeß, JA **1980** 293; *Rogall* Vergabe von Vomitivmitteln als strafprozessuale Zwangsmaßnahme, NStZ **1998** 67; *ders.* Über die Folgen der rechtswidrigen Beschaffung des Zeugenbeweises im Strafprozeß, JZ **1996** 944; *ders.* Die Rolle des Ermittlungsverfahrens in der Bundesrepublik Deutschland, in Eser/Kaiser (Hrsg.) 2. Deutsch-ungarisches Kolloquium über Strafrecht und Kriminologie (1995) 75; *ders.* Beweisverbote im System des deutschen und des amerikanischen Strafverfahrensrechts, Rudolphi-Symp. 113; *ders.* Der Beschuldigte als Beweismittel gegen sich selbst (1977); *ders.* Zur Verwertbarkeit der Aussage einer noch nicht beschuldigten Person, MDR **1977** 978; *Rone* Notwendige Verteidigung und Verteidigerbeiordnung im Ermittlungsverfahren (2011); *Roxin* Für ein Beweisverwertungsverbot bei unterlassener qualifizierter Belehrung, HRRS **2009** 186; *ders.* Zum Hörfallen-Beschluß des Großen Senats für Strafsachen, NStZ **1997** 18; *ders.* Nemo tenetur: die Rechtsprechung am Scheideweg, NStZ **1995** 465; *Rüping* Zur Mitwirkungspflicht des Beschuldigten und Angeklagten, JR **1974** 135; *Rzepka* Zur Fairness im deutschen Strafverfahren (2000); *Salditt* Der *intelligent Agent* – neue „Ermittlungsperson" der Finanzbehörden?, FS Wessing (2015) 325; *Salger* Das Schweigerecht des Beschuldigten (1998); *Scherp* V-Personen als Ermittlungsmethode und Beweismittel im Strafverfahren. Eine kriminologisch-empirische Untersuchung, Diss. Mainz 1991; *Schilling* Illegale Beweise (2003); *Schlauri* Das Verbot des Selbstbelastungszwangs im Strafverfahren: Konkretisierung eines Grundrechts durch Rechtsvergleichung (2003); *Schlothauer* Zur Bedeutung der Beweisverwertungsverbote im Ermittlungs- und Zwischenverfahren, FS Lüderssen (2002) 761; *Schlothauer/Jahn* Zustimmung statt Widerspruch bei Beweisverwertungsverboten im Strafverfahren, RuP **2012** 222; *Schlothauer/Weider* Erweiterte Handlungsspielräume — gesteigerte Verantwortung der Verteidigung im künftigen Ermittlungsverfahren, StV **2004** 504; *Schmid/Wessels* Event Data Recording für das hoch- und vollautomatisierte KfZ – eine kritische Betrachtung der neuen Regelungen im StVG, NZV **2017** 357; *Eb. Schmidt* Sinn und Tragweite des Hinweises auf die Aussagefreiheit des Beschuldigten, NJW **1968** 1209; *ders.* Der Stand der Rechtsprechung zur Frage der Verwendbarkeit von Tonbandaufnahmen im Strafprozess, JZ **1964** 537; *Th. Schmidt* Crimes of Business in International Law Baden-Baden ua (2016); *Schmidt-Leichner* Ist und bleibt Schweigen des Beschuldigten zweischneidig? NJW **1966** 189; *Schmidt-Recla* Beweisverwertungsverbote und der Richter in Weiß, NJW **1998** 838; *B. Schmitt* Die Dokumentation der Hauptverhandlung, NStZ **2019** 1; *H. Schneider* Verdeckte Ermittlungen in Haftanstalten, NStZ **2001** 8; *ders.* Überlegungen zur strafprozessualen Zulässigkeit heimlich durchgeführter Stimmenvergleiche, GA **1997** 371; *Schomburg* Verteidigung im international-arbeitsteiligen Strafverfahren, NJW **2012** 348; *Schuler* Zur Diskussion um ein Aussageverweigerungsrecht juristischer Personen, JR **2003** 265; *Schumann* Verhör Vernehmung Befragung (2016); *Schurig* Belehrung und Beratung des Beschuldigten über sein Aussageverhalten (2003); *Schuster* Verwertbarkeit im Ausland gewonnener Beweise im deutschen Strafprozess (2006); *ders.* Verwertbarkeit von Beweismitteln bei grenzüberschreitender Strafverfolgung, ZIS **2016** 564; *ders.* Die Europäische Ermittlungsanordnung – Möglichkeiten einer gesetzlichen Realisierung, StV **2015** 393; *Schwaben* Die Rechtsprechung des BGH zwischen Aufklärungsrüge und Verwertungsverbot, NStZ **2002** 288; *Schwabenbauer* Dokumentationspflichten und die Beweislast für Verfahrenstatsachen im Strafprozess, NStZ **2014** 495; *Seebode* Über die Freiheit, die eigene Strafverfolgung zu unterstützen, JA **1980** 493; *ders.* Schweigen des Beschuldigten zur Person, MDR **1970** 185; *Sharpe* Electronically Recorded Evidence (1989); *Singelnstein* Predictive Policing: Algorithmenbasierte Straftatprognosen zur vorausschauenden Kriminalintervention, NStZ **2018** 1; *Singelnstein/Derin* Das Gesetz zur effektiveren und praxistauglicheren Ausgestaltung des Strafverfahrens – Was aus der StPO-Reform geworden ist, NJW **2017** 2646; *Soiné* Selbstbelastungsfreiheit und Beweisverwertung bei Verkehrsstraftaten und -ordnungswidrigkeiten, NZV **2016** 411; *Spöhr* Belehrungspflicht des Sachverständigen? NZV **1993** 334; *Spaniol* Das Recht auf Verteidigerbeistand im Grundgesetz und der Europäischen Menschenrechtskonvention (1990); *Sternberg-Lieben* Die „Hörfalle" – Eine Falle für die rechtsstaatliche Strafverfolgung? Jura **1995** 299; *von Stetten* Die elektronische Akte in Strafsachen: Segen oder Fluch? ZRP **2015** 138; *Stoffer* Wie viel Privatisierung verträgt das strafprozessuale Ermittlungsverfahren (2016); *Strate/Venzke* Unbeachtlichkeit einer Verletzung des § 137 Abs. 1 S. 1 StPO im Ermittlungsverfahren? StV **1986** 30; *Stree* Schweigen des Beschuldigten im Strafverfahren, JZ **1966** 593; *Swoboda* Videotechnik im Strafverfahren (2002); *Tepperwien* „Schöpferische Rechtsfindung" in der neueren Rechtsprechung des Bundesgerichtshofs zum Strafverfahrensrecht, FS Widmaier 583; *Tolksdorf* Verwertungsverbot wegen unterlassener Beschuldigtenbelehrung nur bei Widerspruch? FS Graßhof (1998) 255; *Velten* Justizentlastung durch Präklusion von Verfahrensrechten? FS Grünwald (1999) 753; *Verrel* Die Selbstbelastungsfreiheit im Strafverfahren (2001); *Verrel* Nemo tenetur, NStZ **1997** 361 (1. Teil), 415 (2. Teil); *von Stetten* Beweisverwertung beim Einsatz Verdeckter Ermittler (1998); *M. Vetter* Verteidigerkonsultation im Ermittlungsverfahren (2018); *Urbanzyk/Homann* Atemalkoholtests – Freiwilligkeit, Belehrungspflicht und Rechtsfolge bei fehlender Belehrung, DAR **2018** 402; *Wagner* Rechtliches Gehör im Ermittlungsverfahren, ZStW **109** (1997) 545; *Walder* Die Vernehmung des Beschuldigten (1965); *T. Walter* Der deutsche Strafprozess und das Völkerrecht, JR **2007** 99; *Wang* Einsatz Verdeckter Ermittler zum Entlocken des Geständnisses eines Beschuldigten (2015); *Wegner* Die „Fransson"-Entscheidung des EuGH – Eine Erschütterung im System der europäischen Grundrechte? HRRS **2013** 126; *Weigend* Das Konfrontationsrecht des Angeklagten – wesentliches Element eines fairen Verfahrens oder Fremdkörper im deutschen Strafprozess? FS Wolter (2013) 1145; *ders.* Der Fall LaGrand – Völkerrecht bricht Strafprozeßrecht, FS Lüderssen (2002) 463; *ders.* Festgenommene Ausländer haben ein Recht auf Benachrichtigung ihres Konsulats, StV **2008** 39; *Wessels* Schweigen und Leugnen im Strafverfahren, JuS **1966** 169; *Weßlau* Zwang, Täuschung und Heimlichkeit im Strafverfahren, ZStW **110** (1998) 1; *Weiler* Befragung von Beschuldigten oder aussageverweigerungsberechtigten Zeugen durch V-Leute, GA **1996** 101; *Wissgott* Probleme rechtsstaatlicher Garantien im Ermittlungsverfahren, Diss. Göttingen 1983; *Wohlers* Notwendige Verteidigung im Ermittlungsverfahren – die Bedeutung des Rechts auf konkrete und wirksame Verteidigung i.S.d. Art. 6 Abs. 3 lit. c EMRK als Massstab für die Auslegung des § 141 Abs. 3 StPO, FS Rudolphi (2004) 713; *ders.* Verwertungs-, Verwendungs- und/oder Belastungsverbote – die Rechtsfolgenseite der Lehre von den Beweisverwertungsverboten, GedS Weßlau (2016) 427; *Wölfl* Heimliche private Tonaufnahmen im Strafverfahren, StraFo **1999** 75; *H. A. Wolff* Selbstbelastung und Verfahrenstrennung (1997); *Wolter* Kriminalpolitik und Strafprozessrechtssystem, FS Roxin (2001) 1141; *Zerbes* Fragmentiertes Strafverfahren. Beweiserhebung und Beweisverwertung nach dem Verordnungsentwurf zur Europäischen Staatsanwaltschaft, ZIS **2015** 145; *F. Zimmermann* Die Europäische Ermittlungsanordnung: Schreckgespenst oder Zukunftsmodell für grenzüberschreitende Strafverfahren? ZStW **143** (2015) 154.

Entstehungsgeschichte

Absatz 1 wurde durch Art. 4 Nr. 1 StPÄG 1964 neu gefasst. Dabei wurden in Satz 1 die Worte „und welche Strafvorschriften in Betracht kommen" eingefügt. Satz 2 (ursprünglich: „Der Beschuldigte ist zu befragen, ob er etwas auf die Beschuldigung erwidern wolle") erhielt seine neue Fassung. Der jetzige Satz 4 wurde (seinerzeit als Satz 3) eingefügt. Durch Art. 1 Nr. 36 des 1. StVRG wurde in Absatz 1 der Satz 3 eingefügt. Absatz 1 Satz 4 hat der Gesetzgeber durch das Opferrechtsreformgesetz vom 24.6.2004 neu gefasst.

Das Gesetz zur Stärkung der Verfahrensrechte von Beschuldigten im Strafverfahren v. 2.7.2013 (Art. 2 Nr. 3, BGBl. I. S. 1938) hat § 136 Abs. 1 Satz 3 um folgenden Zusatz erweitert: „unter den Voraussetzungen des § 140 Absatz 1 und 2 die Bestellung eines Verteidigers nach Maßgabe des § 141 Absatz 1 und 3 beanspruchen kann". Damit soll Art. 3 Abs. 1 lit. b Richtlinie 2012/13/EU über das Recht auf Belehrung und Unterrichtung in Strafverfahren Rechnung getragen werden. Das Gesetz, das am 6.7.2013 in Kraft getreten ist, sah im ersten Entwurf noch vor, dass Beschuldigte darüber zu informieren seien, dass sie „unter den Voraussetzungen des § 140 Absatz 1 und 2 die Bestellung eines Verteidigers beanspruchen" können; der Einschub „nach Maßgabe des § 141 Absatz 1 und 3" war ein Vorschlag des Bundesrates.[1]

Das Gesetz zur effektiveren und praxistauglicheren Ausgestaltung des Strafverfahrens vom 17.8.2017, insoweit in Kraft getreten am 24.8.2017, hat der Belehrungspflicht nach Absatz 1 Satz 3 noch um folgenden Zusatz erweitert: „zu Letzterem ist er dabei auf die Kostenfolge des § 465 hinzuweisen".

Absatz 4 wurde durch das Gesetz zur effektiveren und praxistauglicheren Ausgestaltung des Strafverfahrens vom 17.8.2017 eingefügt. Die Verpflichtung zur audiovisuellen Dokumentation einer Vernehmung tritt jedoch (nach Art. 18 Abs. 2 des Gesetzes) erst am 1.1.2020 in Kraft (BGBl. I 2017 S. 3202).

---

1 Beschlussempfehlung und Bericht des Rechtsausschusses zu dem Gesetzesentwurf der Bundesregierung, Entwurf eines Gesetzes zur Stärkung der Verfahrensrechte von Beschuldigten im Strafverfahren (BTDrucks. **17** 12578 und BTDrucks. **17** 13528 vom 15.5.2013).

Durch das Zweite Gesetz zur Stärkung der Verfahrensrechte von Beschuldigten im Strafverfahren vom 27.8.2017 (BGBl. I S. 3295), das am 5.9.2017 in Kraft getreten ist, wird in Absatz 1 ein neuer Satz 3 hinzugefügt: „Möchte der Beschuldigte vor seiner Vernehmung einen Verteidiger befragen, sind ihm Informationen zur Verfügung zu stellen, die es ihm erleichtern, einen Verteidiger zu kontaktieren. Auf bestehende anwaltliche Notdienste ist dabei hinzuweisen."

Übersicht

Alphabetische Übersicht

I. Anwendungsbereich

1. Richterliche Vernehmungen. Die Vorschrift gilt unmittelbar nur für richterliche Vernehmungen, und zwar für alle richterlichen Vernehmungen vor und außerhalb der Hauptverhandlung, nicht nur für Vernehmungen im vorbereitenden Verfahren. Die Vernehmung durch den Haftrichter regeln die besonderen Vorschriften der §§ 115 Abs. 3, 115a Abs. 2 Satz 2, die für die richterliche Vernehmung nach einer vorläufigen Festnahme (§ 128) oder bei einer einstweiligen Unterbringung (§ 126a) entsprechend gelten. Handelt es sich bei der Vernehmung durch den Haftrichter um die erste richterliche Vernehmung, findet immer auch § 136 Anwendung (vgl. unten Rn. 46). Richterliche Vernehmungen des Beschuldigten im Ermittlungsverfahren, die nicht Haft- oder Unterbringungssachen betreffen, erfolgen außer im seltenen Fall des § 165 nur auf Antrag der Staatsanwaltschaft (§ 162), was vor allem aus Gründen der Beweissicherung geschieht, z.B. im Hinblick auf ein nach § 254 verwertbares Geständnis. Über die richterliche Kontrolle beim Festhalten zur Identitätsfeststellung (§ 163b) s. § 163c und die dort. Erl. Für die Vernehmung in der Hauptverhandlung gilt § 243 Abs. 2 bis 4; dabei findet § 136 Abs. 2 Anwendung (§ 243 Abs. 4 Satz 2). Im Bußgeldverfahren ist § 136 bei allen Vernehmungen im Vorverfahren anzuwenden (§ 46 Abs. 1 OWiG), jedoch mit den Einschränkungen, die sich aus § 55 Abs. 2 OWiG ergeben. 1

1a Richterliche Vernehmungen einer beschuldigten Person sind ferner im Rechtshilfeverfahren üblich.[2] Eine gewisse Sonderstellung nehmen hier grenzüberschreitende Videovernehmungen ein, wie sie insbesondere auf der Grundlage einer Europäischen Ermittlungsanordnung (EEA) erfolgen können.[3] Die in Art. 24 der RL 2014/41/EU (RL EEA)[4] niedergelegten Vorgaben stellen sowohl auf EU-Ebene wie auch für die deutsche Rechtsordnung ein Novum dar[5]: Der sog. Anordnungsstaat führt die Vernehmung nach eigenem Recht durch,[6] gleichzeitig ist der sog. Vollstreckungsstaat berechtigt (und unter Umständen sogar innerstaatlich verpflichtet), bei der Vernehmung bestimmte Modalitäten durchzusetzen, etwa Belehrungen nach der eigenen StPO oder Zurverfügungstellung eines Pflichtverteidigers.[7] Als Konsequenz stehen Beschuldigten in solchen Vernehmungen Rechte nach zwei Rechtsordnungen zu, worüber sie zu belehren sind. In Deutschland werden die Einzelheiten einer **EEA-Videovernehmung** in **§ 91h IRG** konkretisiert.[8] Die administrativen Vorgaben ergeben sich aus Nr. 210 und 77 den Richtlinien für den Verkehr mit dem Ausland in strafrechtlichen Angelegenheiten (RiVASt). Anders als für Zeugen oder Sachverständige gibt es aber keine telefonische Beschuldigtenvernehmung.[9] Dies wird für Deutschland durch § 91a Abs. 2 IRG klargestellt und ist zu begrüßen. Auch bei audiovisueller Zuschaltung eines Beschuldigten in einem gegen ihn gerichteten Strafverfahren bestehen Bedenken, ob ihm dies erlaubt, hinreichend präsent zu sein.[10] Dem kann man allerdings die Vorteile einer solchen Fernvernehmung gegenüber einer traditionell-rechtshilferechtlichen kommissarischen Vernehmung entgegensetzen.[11] Eine lediglich telefonische Zuschaltung genügt jedenfalls nicht.

2 **2. Staatsanwaltschaftliche und polizeiliche Vernehmungen.** § 136 ist auch bei der Vernehmung von Beschuldigten durch die Staatsanwaltschaft anzuwenden (§ 163a Abs. 3 Satz 2). Für polizeiliche Vernehmungen steht § 163a Abs. 4 Satz 1 anstelle des § 136 Abs. 1 Satz 1; Polizeibeamte brauchen danach dem Beschuldigten vor der Vernehmung nicht zu eröffnen, welche Strafbestimmungen in Betracht kommen. Die übrigen Regelungen des § 136 gelten auch bei polizeilichen Vernehmungen (§ 163a Abs. 4 Satz 2). Mit Inkrafttreten des Gesetzes v. 27.8.2017 gelten auch die Vorschriften über die Audio-Videodokumentation von Beschuldigtenvernehmungen nach § 136 Abs. 4.[12] Die Pflicht zur Belehrung über das Recht auf Dolmetscherleistungen ist noch gesondert normiert, vgl. § 163a Abs. 5.[13] Es ist Aufgabe der Staatsanwaltschaft, im Rahmen ihrer Verfahrensleitung auf die Einhaltung der Belehrungsbestimmungen insbesondere in polizeilichen Vernehmungen hinzuwirken.[14] Die Regelungen in § 136 sind ursprünglich für auf freiem

---

2 Vgl. Schomburg/Lagodny/Gleß/*Hackner* § 59, 38 ff. IRG und 56 bzw. § 83e IRG.

3 Zur Beweiserhebung durch eine Europäische Staatsanwaltschaft vgl. *Zerbes* ZIS **2015** 146 ff.

4 Art. 24 Richtlinie 2014/41/EU v. 3.4.2014 über die Europäische Ermittlungsanordnung in Strafsachen (RL-EEA), ABl. EU L 130 v. 1.5.2014, S. 1.

5 *Böse* ZIS **2014** 152.

6 BTDrucks. **18** 9757 S. 62; *Ahlbrecht*/Böhm/Esser/Eckelmans Rn. 1311; vgl. grundsätzlich zum „forum regit actum"-Grundsatz: *Gleß* ZStW **125** (2013) 592 ff.

7 Vgl. Im einzelnen Schomburg/Lagodny/Gleß/Hackner/*Zimmermann* § 91h, 1 ff. IRG.

8 *Ahlbrecht*/Böhm/Esser/Eckelmans Rn. 1311.

9 Vgl BTDrucks. **18** 9757 S. 56 sowie Art. 25 RL EEA.

10 Vgl. etwa *Beulke* ZStW **113** (2001) 725 f.; *Norouzi* 17 ff.

11 Vgl. *Rinio* NStZ **2004** 189; *Gleß* JR **2002** 98; *dies.*, in: 34. Strafverteidigertag, 197 f.; *Rose* wistra **2001** 292; *Weigend* 62. DJT [1998] C 55.

12 BGBl. 2017 I S. 3295.

13 Zur Protokollierung von Beschuldigtenvernehmungen vgl. § 168b Abs. 3.

14 Vgl. BGH Beschl. v. 6.3.2012 – 1 StR 623/11 = JA **2013** 155 (m. Anm. *Jäger*) = JuS **2012** 658 (m. Anm. *Jahn*).

Fuss befindliche Beschuldigte gedacht.[15] Sie gelten aber ebenso für aus der Haft vorgeführte beschuldigte Personen, die sich regelmässig in einer viel prekäreren Situation befinden und heute speziell belehrt werden müssen (s.u. Rn. 46f.). § 136 ist auch bei Befragungen durch die **Gerichtshilfe** (§ 160 Abs. 3 Satz 2; § 38 JGG) zu beachten,[16] weil diese als staatliches Verfahrensorgan oder jedenfalls als Prozesshilfeorgan eigener Art Ermittlungen durchführt, die sich zwar nicht auf die Tataufklärung im engeren Sinne beziehen, aber doch auf möglicherweise entscheidungserhebliche, täterbezogene Umstände und die sie stützenden Beweismittel; die Belehrungspflicht bezieht sich hier allerdings nicht auf die in Betracht kommenden Strafvorschriften, weil der Zweck dieser Belehrung mit dem spezifischen Auftrag des Gerichtshelfers nichts zu tun hat.[17] Für **Bewährungshelfer** gilt § 136 hingegen nicht, schon weil er am Erkenntnisverfahren nicht beteiligt ist.[18]

3. Sachverständigentätigkeit. Befragungen des Beschuldigten, die Sachverständi- 3
ge durchführen, sind nach herrschender Meinung keine Vernehmungen, und zwar auch nicht bei Explorationen (vgl. bei § 80). Etwaige Belehrungspflichten obliegen den die Begutachtung anordnenden Richtern oder anderen Justizorganen.[19] Daher soll nach herrschender Meinung § 136 für Sachverständige keine Bedeutung haben,[20] und zwar auch dann nicht, wenn Untersuchungen vorgenommen werden, bei denen die Mitwirkung des Beschuldigten nicht erzwungen werden kann.[21] Eine gänzliche Freistellung von jeder Belehrungspflicht erscheint aber nicht überzeugend, weil der Sachverständige im Auftrag der Strafverfolgungsorgane handelt[22] und sich jedenfalls bei vielen Befragungen ein Bezug zum Tatgeschehen, damit aber auch zu seiner Aufklärung, überhaupt nicht vermeiden lässt.[23] Damit die in § 136 festgelegten Belehrungspflichten im Bereich dieser Befragungen nicht umgangen werden, könnte man daher den Sachverständigen in analoger Anwendung der Vorschrift eine Belehrungspflicht, mindestens über die Aussagefreiheit, auferlegen.[24] Im Einzelfall können die Umstände sogar eine weitergehende Übertragung von Pflichten auf Sachverständige gebieten.[25] Dass in irgendeiner Form eine

---

15 KMR/*Pauckstadt-Maihold* (65. EL Dez. 2012) 2.
16 SSW/*Eschelbach* 11; Meyer-Goßner/*Schmitt* 2; SK/*Rogall* 30; *Roxin/Schünemann* § 25, 12; *Bottke* MSchrKrim. **1981** 71; *Lange* Die Gerichtshilfe und ihr Einbau in das Erkenntnisverfahren des überkommenen Strafprozesses, Diss. Freiburg 1980, 167; vgl. auch *Lühring* Die Berichterstattung des Jugendgerichtshelfers und ihre Grenzen (1992) 26.
17 *Bottke* MSchrKrim. **1981** 71.
18 Meyer-Goßner/*Schmitt* 2; SK/*Rogall* 30; **a.A.** *Schipholt* NStZ **1993** 470, die eine Belehrungspflicht als Hilfe zur Konfliktbewältigung befürwortet.
19 LG Münster StV **1981** 615; SK/*Rogall* 26; *Spöhr* 335; ebenso BGHSt **36** 220 = JZ **1990** 47 m. Anm. *Weigend* und BGH NStE § 81c Nr. 1 für die Belehrung von Zeugen; **a.A.** auch insoweit LR/*Meyer*[23] 3; *Peters* JR **1969** 233.
20 BGH NJW **1968** 2297 = JR **1969** 231 m. Anm. *Peters* = JZ **1969** 437 m. Anm. *Arzt*; BGH StV **1995** 565; BGH NJW **1998** 838 m. Anm. *Schmidt-Recla*; BGH NStZ **1997** 296 mit abl. Anm. *Eisenberg/Kopatsch*; OLG Hamm NJW **1967** 1524; KK/*Diemer* 3; Meyer-Goßner/*Schmitt* 2; SK/*Rogall* 27-29; LR/*Meyer*[23] 3; KMR/*Pauckstadt-Maihold* (65. EL Dez. 2012) 4; *Fincke* ZStW **86** (1974) 656ff.; vgl. auch *Bosch* 312; differenzierend: MüKo/*Schuhr* vor §§ 133ff., 46, 50 „Gesamtbetrachtung"; **a.A.** *Kindhäuser* § 21, 95.
21 Vgl. bei § 81a.
22 So dass für ihn auch § 136a gilt, s. dort Rn. 8.
23 So wird in der Praxis z.B. die tatbezogene Befragung des Beschuldigten bei Affektdelikten ständig geübt und ihr Ergebnis mit Billigung des BGH auch in der Hauptverhandlung verwertet. Vgl. auch *Spöhr* 334 für Verkehrsunfälle.
24 So LG Oldenburg StV **1994** 646; HK-GS/*Jäger* 1; *Kindhäuser* § 21, 95; *Roxin/Schünemann* § 25, 12; *Arzt* JZ **1969** 438; *Eisenberg/Kopatsch* NStZ **1997** 298; *Bauer* 123; vgl. auch *Hanack* JZ **1971** 169; **a.A.** KMR/*Pauckstadt-Maihold* (65. EL Dez. 2012) 4; *Bosch* 312; *Fincke* ZStW **86** (1974) 657 und *Rogall* 194.
25 *Peters* JR **1969** 233; vgl. auch SK/*Rogall* 17; *Geppert* Jura **1993** 252; **a.A.** *Fincke* ZStW **86** (1974) 671.

Belehrung erforderlich ist, ist jedenfalls im Endergebnis nicht zu bezweifeln,[26] ebenso dass eine Belehrung allenfalls vom Sachverständigen wiederholt werden muss, wenn sich der Beschuldigte seines Schweigerechts in der Situation der Begutachtung nicht mehr bewusst ist.[27]

II. Beschuldigter

4 **1. Begründung der Beschuldigteneigenschaft.** Nach herrschender Meinung hat im Strafverfahren derjenige die Stellung eines Beschuldigten inne, gegen den das Verfahren als Beschuldigter betrieben wird.[28] Was dies im Einzelfall voraussetzt, ist fraglich, da die Strafprozessordnung keinen formellen Beschuldigungsakt vorsieht.[29] Einigkeit besteht schon lange, dass ein vorhandener Tatverdacht alleine nicht ausreiche.[30] Als Beleg dafür wird auf § 60 Nr. 2 verwiesen, der die problematische Figur eines tatverdächtigen Zeugen quasi voraussetze.[31] Die Beschuldigteneigenschaft soll durch einen Willensakt der Strafverfolgungsbehörden als „Produkt eines Zuschreibungsprozesses"[32] begründet werden. Dazu genügt nach herrschender Ansicht – in entsprechender Anwendung des § 397 Abs. 1 AO – jede von einem Strafverfolgungsorgan getroffene Maßnahme, die erkennbar darauf abzielt, gegen die fragliche Person wegen einer Straftat vorzugehen.[33] Wann dies der Fall ist, hängt vom Einzelfall ab. So bedarf es nicht unbedingt einer nach außen tretenden Maßnahme; es kann genügen, wenn auf Grund eines sich „verdichtenden Verdachts" eine Behörde eine andere um Mitteilung weiterer Verdachtsmomente bittet und dies durch die Nennung bisheriger Verdachtsmomente untermauert.[34] Damit die Ermittlungsbehörden den Beschuldigtenstatus nicht willkürlich vorenthalten können, sind sie zum Vollzug eines solchen Willensaktes bei zureichendem Verdacht (Rn. 6) verpflichtet.[35] Auf den Willensakt komme es aber selbst dann an,

---

26 Vgl. *Dörig* NStZ **1988** 143; *Rieß* JA **1980** 296; *Rogall* 193; **a.A.** *Bosch* 312 f., der aber von der Unverwertbarkeit der Informationen ausgeht, welche der Beschuldigte gegenüber dem Sachverständigen ohne Bewusstsein der Aussagefreiheit gemacht hat, ebda. 315 f.

27 Vgl. auch SK/*Rogall* 29; *Eisenberg/Kopatsch* NStZ **1997** 298; *Weigend* JZ **1990** 48 (49) Anm. zu BGH 29.6.1989 – 4 StR 201/89.

28 BGHSt **10** 12; **34** 140; **37** 49; BGH NJW **1994** 2907; OLG Frankfurt NStZ **1988** 485; OLG Hamburg JR **1955** 394; OLG Hamm NJW **1974** 915; OLG Stuttgart MDR **1977** 70; KK/*Diemer* 4; Meyer-Goßner/*Schmitt* Einl. 76; SK/*Rogall* Vor § 133, 26; *Beulke/Swoboda* 110; *Roxin/Schünemann* § 25, 11; *Beulke* StV **1990** 181; *von Gerlach* NJW **1969** 777; *Gundlach* 26; *Lenckner* FS Peters 340; *Rieß* JA **1980** 298; *Rogall* 25 ff. und MDR **1977** 978; **a.A.** *Peters* § 28 I. Eingehend zum Ganzen *Fincke* ZStW **95** (1983) 918 ff.

29 Grundsätzlich zur Möglichkeit einer disbezüglichen Reform des deutschen Strafverfahrensrechts: *Gerson* 779 ff. und 823 ff.

30 So aber (sog. objektive Theorie) *Geerds* GA **1969** 327; *von Gerlach* NJW **1969** 776 und JR **1969** 149; *Helgerth* 54; *Wissgott* 351, 357 aus verfassungsrechtlicher Sicht.

31 Allerdings gibt es im deutschen Recht keine Auskunftsperson; zu dieser Figur im Schweizer Recht etwa *Pieth* 208 f.

32 SK/*Rogall* 26 und MDR **1977** 978.

33 Vgl. BGHSt **38** 228; BGH NStZ **1997** 398, 399 m. Anm. *Rogall*; eingehend und grundlegend *Rogall* 27 ff.; SK/*Rogall* Vor § 133, 31 ff. m.w.N.; ebenso u.a. *Beulke/Swoboda* 112 und StV **1990** 181; *Kindhäuser* § 6, 7; *Roxin/Schünemann* § 25, 11; *Eisenberg* (Beweisrecht) 505; *Klein* 18 f.; *Bringewat* JZ **1981** 292; *Dingeldey* JA **1984** 410; *Geppert* FS Oehler 328; *ders.* FS Schroeder 682; *Moos* FS Jescheck 753; *Müller-Dietz* ZStW **93** (1981) 1224; bei § 163a; kritisch *Bosch* 160 f.; *Gundlach* 34.

34 BGH StV **2015** 337 ff.

35 BGH NStZ **1987** 83; NStZ **1997** 398; NStZ-RR **2004** 368 m. Bespr. *Trüg* StraFo **2005** 202; OLG Koblenz StV **2005** 122. Es handelt sich dabei um die Ausfüllung eines unbestimmten Rechtsbegriffs; eingehend *Bosch* 156 f.; *Gundlach* 27 ff. und SSW/*Eschelbach* 13 f.; BGHSt **37** 51, 52 spricht zwar auch noch von „Ermessen", BGH NStZ-RR **2004** 368 aber nur von „Beurteilungsspielraum".

wenn nach Lage der Sache und dem Stand des Verfahrens die erforderlichen konkreten Verdachtsgründe objektiv vorliegen.[36] Der dadurch bedingten Gefahr einer Umgehung der Beschuldigtenrechte will der BGH durch eine Willkürausnahme entgegentreten.[37] Erkennen die Strafverfolgungsbehörden die Beschuldigteneigenschaft willkürlich nicht zu, kann sich – demnach abhängig von der objektiven Stärke des Tatverdachts – unter dem Gesichtspunkt der Umgehung der Beschuldigtenrechte ein Verstoß gegen die Belehrungspflicht ergeben.[38]

Die Rechtsunsicherheit und die damit verbundene Gefahr einer Umgehung der Beschuldigtenrechte, die sich aus dem Festhalten an einem bestimmten Willensakt der Ermittlungsbehörden ergibt,[39] steht zu Recht weiter in der Kritik. Dieser Gefahr kann nicht alleine mit einer vagen Willkürprüfung begegnet werden, es bedarf vielmehr einer „Objektivierung des Willensakts" durch eine Kombination von subjektiven und objektiven Merkmalen, die letztlich eine Inkulpationspflicht begründen können. Der förmlichen Einleitung des Ermittlungsverfahrens gleichzustellen sind jedenfalls Maßnahmen, die nur gegen einen Beschuldigten zulässig sind oder regelmäßig nur gegenüber einem Beschuldigten erfolgen, z.B. die Anordnung einer Untersuchung nach § 81a, eine vorläufige Festnahme nach § 127 oder eine Beschlagnahme nach §§ 94, 111b.[40] Aber auch andere objektiv der Strafverfolgung einer Person dienende Akte der Ermittlunsgbehörden können eine Inkulpationspflicht auslösen (s. u. Rn. 6a). 5

Die Pflicht zur Inkulpation, beurteilt sich neben der Bewertung ergriffener Maßnahmen nach der **Stärke des Tatverdachts,**[41] verlangt also jedenfalls, dass zureichende tatsächliche Anhaltspunkte (§ 152 Abs. 2) den konkreten Verdacht einer Straftat (§ 160 Abs. 1) gegen eine bestimmte Person ergeben. Der verfassungsrechtlichen Rechtsprechung folgend, gelten heute die in der StPO schematisch definierten Stufen eher als gleitende Skala, bei der für die Beurteilung der Rechtmässigkeit einer konkreten hoheitlichen Massnahme das Gewicht eines Ermittlungseingriffes gegen die Stärke des Tatverdachts im Rahmen einer Verhältnismäßigkeitsprüfung abzuwägen ist.[42] Bei Ermittlungen im Anfangsstadium kann die Entscheidung schwierig sein, welche Rechte einer Person zustehen, die noch nicht im Zentrum der Ermittlungen steht, beispielsweise ob jemand als Beschuldigter oder Zeuge zu behandeln ist bzw. zunächst „informell" befragt werden darf, und wie derartige Befragungen im weiteren Verfahren zu beurteilen sind (dazu im Einzelnen Erl. bei § 163a). Bei der richterlichen Vernehmung entstehen solche Probleme aus den in Rn. 11 genannten Gründen in der Regel nicht. 6

Fraglich ist, ob der Beschuldigtenbegriff des § 136 auf Grund neuer Rechtsentwicklungen, insbesondere auf Grund **europäischer Vorgaben** künftig flexibler auszulegen ist, als dies bisher von der herrschenden Meinung vertreten wird bzw., ob die in § 136 verankerten Rechte unabhängig von einer Beschuldigtenvernehmung zu gewähren sind (dazu unten Rn. 12). Dafür spricht, dass auf europäischer Ebene bloß Verdächtigte (Beschuldigte, Angeschuldigte, etc.) und förmlich Angeklagte hinsichtlich der Verfah- 6a

---

36 Insoweit **a.A.** *von Gerlach* NJW **1969** 779 f. und JR **1969** 150; *Grünwald* 78; *Gundlach* 40 und SSW/*Eschelbach* 13; vgl. auch *Geerds* GA **1965** 321 und *Peters* § 28 f. Dagegen eingehend *Rogall* 26.
37 BGH NStZ **2015** 291; BGHSt **51** 371 mit kritischer Anm. *Mikolajczyk* ZIS **2007** 565; BGH NStZ-RR **2004** 368; BGHSt **10** 12; kritisch auch SK/*Rogall* Vor § 133, 17; *Rogall* NStZ **1997** 400.
38 BGH NStZ **2008** 48.
39 Vgl. dazu *Rogall* jeweils aaO.
40 Anders für die Beschlagnahme (und die Durchsuchung) *Rogall* 25 und SK/*Rogall* Vor § 133, 23; *Beulke* StV **1990** 182. Kritisch zum Ganzen *Fincke* ZStW **95** (1983) 951.
41 BGHSt **37** 52; **38** 228; BGH NJW **1994** 2907.
42 Vgl. etwa BVerfGE **88** 40, 59; *Roxin/Schünemann* § 39, 16.

rensrechte weitgehend gleich behandelt werden.[43] Grund dafür ist unter anderem der Umstand, dass maßgebliche Weichen im Strafverfahren in allen europäischen Rechtsordnungen heute bereits vor der Hauptverhandlung gestellt werden. Unterstützt wird die Gleichstellung etwa durch den EGMR, der die **EMRK** autonom, also von formalen Begriffen nationaler Rechtsordnungen losgelöst interpretiert, und hierbei den Schutzbereich des Art. 6 EMRK grundsätzlich auch auf Verfahrensabschnitte vor einer formellen Beschuldigung ausdehnt.[44] Künftig dürften auch die verschiedenen EU-Richtlinien zur Stärkung der Rechte von Beschuldigten im Strafverfahren zur Gleichbehandlung von Verdächtigen und Beschuldigten beitragen.[45]

6b Desweiteren stellt sich die Frage, ob es mit Rücksicht auf den Einsatz neuer Technologien in der Strafverfolgung einer Erweiterung der Kriterien bedarf, die eine Inkulpationspflicht auslösen. Wenn etwa eine von staatlichen Organen eingesetzte Software durch die Verarbeitung großer Datenmengen eine **statistische Wahrscheinlichkeit der Straftatbegehung** an bestimmten Orten oder von bestimmten Personengruppen errechnet und entsprechend Tatverdächtige identifiziert werden (Bsp. predictive policing), müsste der statistisch begründete Verdacht eine Inkulpationspflicht auslösen,[46] wenn andernfalls Beschuldigtenrechte von betroffenen Personen umgangen würden.[47] Nimmt man die Kriterien von § 397 Abs. 1 AO ernst und fordert subjektiv den Verfolgungswillen der Strafverfolgungsbehörden und objektiv einen äusserlich wahrnehmbaren Willensakt,[48] dann könnten weiter entwickelte Formen von „predictive policing"-Programmen durchaus dazu führen, dass Personen „‚automatisch' zu Beschuldigten" werden.[49] Allerdings bedarf es bei den heute gebrauchten Programmen jedoch noch einer menschlichen Konkretisierung des Tatverdachts.[50]

7 Heute unumstritten ist, dass **Kinder** (§ 19 StGB) nicht Beschuldigte in einem deutschen Strafverfahren sein können,[51] da ihnen gegenüber ein Verfahrenshindernis, also ein Verbot der Strafverfolgung besteht (vgl. Erl. bei § 206a, 42). Dementsprechend ist eine Beschuldigtenvernehmung insofern nicht zulässig.[52]

8 Allerdings kann sich im Rahmen von internationaler **Rechtshilfe** die Frage stellen, ob Kinder als Beschuldigte vernommen werden dürfen, wenn eine ausländische Stelle um ein solches Vorgehen ersucht.[53] Dies könnte etwa im Rahmen der EU-Zusammenarbeit bei einer Europäischen Ermittlungsanordnung (EEA) der Fall sein. Bei einer rechtshilferecht-

---

43 Vgl. etwa Vorschlag der EG-Kommission für einen Rahmenbeschluss über bestimmte Verfahrensrechte in Strafverfahren vom 28.4.2004, KOM (2004) 328 endg.; zu Reformplänen in Österreich: *Soyer* ÖJZ **2005** 560 f.

44 Vgl. EGMR *Deweer v. Belgien*, 6903/75, Urt. v. 27.2.1980, Rn. 44, 46; EGMR *Escoubet v. Belgien*, 26780/95, Urt. v. 28.10.1999; LR/*Esser* Art. 14 Rn. 92; *Eser*, in: *J. Meyer* Charta der Grundrechte der EU (2005) Art. 48 Rn. 11a und 22; *Esser* 55; *Gaede* 188 ff.; *M. Vetter* 412 ff.

45 *Arnold* StV **2015** 588; *Ahlbrecht* StV **2012** 491.

46 Grundsätzlich gegen eine solche Pflicht SK/*Rogall* Vor § 133, 20; vgl. aber *Fincke* ZStW **95** (1985) 918, 931 ff.

47 *Singelnstein* NStZ **2018** 1; *Gleß* GedS Weßlau 165, 177 f.

48 SK/*Rogall* Vor § 133, 32 mw.N.

49 *Eisenberg* (Beweisrecht) Rn. 501; *Salditt* FS Wessing (2015) 330 ff.; dagegen SK/*Rogall* Vor § 133, 30.

50 Vgl. *Singelnstein* NStZ **2018** 7.

51 Die früher von Meyer-Goßner/*Schmitt* 3; *Becker* Polizei **1967** 105; *Frehsee* 209 ff. (eingehend); *Greiner* und *Häusler* Kriminalistik **1972** 92 und 94; LR/*Meyer*[23] 4 vertretene Position, dass Kinder als Beschuldigte behandelt werden können, erscheint aufgegeben; vgl. *Peters* § 28 I 5; *Wieczorek* Kriminalistik **1991** 374; **1972** 287; *Fincke* ZStW **95** (1983) 943 f. Vgl. auch *Eisenberg* StV **1989** 554; *Verrel* NStZ **2001** 286; *Naucke* und *Fincke* zit. bei *Gropp* ZStW **95** (1983) 1020 und 1024 (Tagungsbericht).

52 SK/*Rogall* Vor § 133, 18 m.w.N.; demgegenüber früher *Steinke* Kriminalistik **1972** 289 und LR/*Meyer*[23] 4.

53 Vgl. für eine Übersicht: Schomburg/Lagodny/Gleß/Hackner/*Zimmermann* IRS § 59, 62 ff. IRG.

lichen Vernehmung begründet das Rechtshilfeersuchen nach herrschender Meinung grundsätzlich verbindlich den Beschuldigtenstatus.[54] Insofern hält die Rspr.[55] eine Beschuldigtenvernehmung von Kindern für möglich, zumal weder das Verfassungsrecht noch der sog. ordre public ein Mindestalter vorgeben. Gleichzeitig besteht Einigkeit darüber, dass es auch in der Rechtshilfe eine Grenze für die Möglichkeit der Beschuldigtenvernehmung von Kindern geben muss, etwa wenn ein Kind altersbedingt nicht in der Lage ist, seine Situation als beschuldigte Person einzuschätzen und einschlägige Belehrungen zu verstehen. Der RegE zur EEA stellt sich auf den Standpunkt,[56] hier könne mit Verweis auf die Unzulässigkeit einer Beschuldigtenvernehmung von Kindern nach deutschem Recht ein Zurückweisungsrecht geltend gemacht werden (§ 91f Abs. 2 i.V.m. Abs. 5 IRG, sog. fehlende Verfügbarkeit einer Maßnahme nach nationalem Recht). Vertreter der Lehre suchen zu Recht andere Lösungen,[57] etwa auf Grundlage einer Verhältnismäßigkeitsprüfung: Wenn in einem anderen EU-Mitgliedstaat das Strafmündigkeitsalter deutlich unter der eigenen Altersgrenze liegt, besteht danach ein Weigerungsrecht nach § 91b IRG. Der Weg über die Verhältnismäßigkeit erscheint vorzugswürdig, da er den Vorteil hat, dass er eine adäquate Berücksichtigung der im Einzelfall involvierten Interessen verspricht und auch außerhalb der EU-Zusammenarbeit gangbar ist.[58] Die Beschuldigtenrechte können ihren besonderen Schutz nur entfalten, wenn eine altersgemässe Belehrung über die Aussagefreiheit und das Recht auf entlastende Beweiserhebungen erfolgt.[59]

Mit Blick auf die Verhängung von Verbandsgeldbußen gegen **Unternehmen** und der Forderung nach Umgestaltung dieses Verfahrens zu einem Strafverfahren[60] stellt sich die Frage nach einer Beschuldigtenstellung des Unternehmens und damit möglicherweise verbundenen Verfahrensrechten[61] bzw. Rechten von Vertretern juristischer Personen.[62] Freilich können Unternehmen ohnehin nicht selbst vernommen werden, sondern müssen sich einer natürlichen Person bedienen; instruktiv insofern die Erfahrungen mit dem Schweizer Recht, das Unternehmen[63] und unter bestimmten Umständen auch deren Vertretern im Strafprozess ein Mitwirkungsverweigerungsrecht einräumt.[64] **8a**

2. Behandlung bei Beschuldigteneigenschaft. Werden gegen eine bestimmte Person wegen einer bestimmten Tat Ermittlungen geführt (Rn. 4 ff.), so ist sie als Beschuldigte zu behandeln. Die zum Schutz von Beschuldigten bestehenden Sicherungen des § 136 (§ 163a Abs. 3 Satz 2, Abs. 4) dürfen weder durch eine **„informatorische Befra-** **9**

---

54 Dazu: OLG Schleswig NJW **1989** 2207 = NStZ **1989** 537 m.Anm. *Walter*; krit. *Mayer* GA **1990** 508.
55 OLG Schleswig NJW **1989** 2207 m. Anm. *Walter* NStZ **1989** 537; OLG Stuttgart NJW **1985** 573.
56 Vgl. BTDrucks. **18** 9757 S. 59; zur vorhergehenden Umsetzungsdiskussion: *F. Zimmermann* ZStW **127** (2015) 154.
57 Vgl. Schomburg/Lagodny/Gleß/Hackner/*Zimmermann* § 91e Rn. 19.
58 Schomburg/Lagodny/Gleß/Hackner/*Zimmermann* IRS § 59, 64 und 68 IRG; *Mayer*, GA **1990** 513 f.
59 AK/*Gundlach* 11; Meyer-Goßner/*Schmitt* Einl. 76; SK/*Rogall* Vor § 133, 18; MüKo/*Schuhr* Vor §§ 133 ff., 24; *Peters* § 28 I 5; *Eisenberg* (Beweisrecht) 507; *Rogall* 24.
60 Vgl. etwa Gesetzesantrag des Landes Nordrhein-Westfalen für ein Gesetz zur Einführung der strafrechtlichen Verantwortlichkeit von Unternehmen und sonstigen Verbände, abrufbar unter <https://www.strafrecht.de/media/files/docs/Gesetzentwurf.pdf>.
61 BVerfGE **95** 220 = NJW **1997** 1841; Meyer-Goßner/*Schmitt* 7b.
von Freier ZStW **122** (2010) 117 ff.; *Schuler* JR **2003** 265 ff.; zum Schweizer Recht: *Geth* ZStW **126** (2014) 106 ff.
62 Vgl. dazu etwa *Huber-Lotterschmid* 56 ff.
63 Für eine Anwendbarkeit von nemeo tenetur bspw.: *Chr. Dannecker* ZStW **127** (2015) 389 ff.
64 Ausf. *Geth* ZStW **126** (2014) 106 ff.; zur Sonderregelung für Banken s. Art. 285 Abs. 2 der Schweizer StPO, abrufbar unter <admin.ch>.

gung", noch durch „informelle Vorbesprechungen" umgangen werden.[65] Wenn Anlass besteht, eine Person als Beschuldigte zu vernehmen, hat das stets unter Beachtung der für sie geltenden Rechte zu geschehen.[66] Ist jemand als Beschuldigter zu behandeln, kommt es auch nicht auf die Stärke des Tatverdachts an. Das gilt insbesondere, wenn die Ermittlungen auf Grund einer Strafanzeige eingeleitet werden. Die Strafverfolgungsbehörde kann zwar von Ermittlungen absehen, wenn die Anzeige hierfür keine zureichenden Anhaltspunkte enthält (§ 152 Abs. 2), etwa weil der Anzeigende als „böswilliger Denunziant" bekannt oder die Anzeige aus anderen Gründen offensichtlich haltlos ist (vgl. bei § 160). Wird aber auf Grund der Anzeige gegen den Verdächtigten ermittelt, ist er immer Beschuldigter; eine Vernehmung als Zeuge ist unzulässig.[67]

10 Ist ein Ermittlungsverfahren gegen **mehrere Beschuldigte** eingeleitet worden, so muss jeder von ihnen auch dann als beschuldigte Person vernommen werden, wenn er nur zu den gegen den Mitbeschuldigten erhobenen Vorwürfen gehört wird (vgl. Erl. vor § 48 Rn 35). Zur streitigen Frage, ob das auch gilt, wenn gegen den Mitbeschuldigten ein gesondertes Strafverfahren anhängig ist, oder ob er insoweit im anderen Verfahren als Zeuge zu vernehmen ist, s. Erl. vor § 48, 36.

10a Wenn ein Ermittlungsverfahren gegen einen Beschuldigten eingeleitet worden ist, bleibt er auch nach **Wegfall des Tatverdachts** so lange Beschuldigter, bis das Verfahren nach § 170 Abs. 2 eingestellt oder ein etwa betriebenes Klageerzwingungsverfahren nach § 172 Abs. 2 abgeschlossen wird; erst dann darf er als Zeuge vernommen werden.[68] Wer in der Sache **rechtskräftig verurteilt** ist, kann, außer im Fall des zugelassenen Wiederaufnahmeverfahrens (§§ 359 ff.), nicht mehr als Beschuldigter vernommen werden.[69]

11 **3. Bindung der Richter an die Entscheidung der Staatsanwaltschaft.** Die originäre Entscheidung, ob jemand als Zeuge oder als Beschuldigter zu vernehmen ist, obliegt dem Richter nur, wenn er unter den praktisch kaum vorkommenden Voraussetzungen des § 165 tätig wird. Sonst ist er grundsätzlich daran gebunden, ob die Staatsanwaltschaft als Herrin des Ermittlungsverfahrens den zu Vernehmenden als Beschuldigten oder als Zeugen behandelt. Der Richter, der auf Ersuchen der Staatsanwaltschaft (§§ 162, 169) oder des Gerichts (§ 173 Abs. 3, § 233 Abs. 1, § 369 Abs. 1) eine Vernehmung durchführt, darf daher einen bisher als Zeugen Behandelten auch dann nicht als Beschuldigten laden oder vernehmen, wenn er objektiv tatverdächtig ist. Verletzt die Staatsanwaltschaft ihre Pflicht, die Beschuldigteneigenschaft zu begründen (oben Rn. 4), so hat der Richter die Vernehmung gemäß § 162 Abs. 3 als unzulässig abzulehnen. Zweifelhaft und umstritten ist jedoch, wie er zu verfahren hat, wenn eine solche Pflichtverletzung nicht

---

65 BGH NJW **2018** 1986; *Schlothauer/Weider/Wollschläger* 2043; *Schilling* 206; siehe aber: *Geppert* FS Schroeder 676; *Klein* 20; vgl. a: *Beckemper* 101 f.; *Lange* DRiZ **2002** 264 ff.; zur qualifizierten Belehrung nach „informatorischen Befragungen": *Schurig* 173.

66 Zur informatorisch polizeilichen Befragung von Personen, die nach Lage des Falles als Beschuldigte nicht oder noch nicht belehrt zu werden brauchen (vgl. BGHSt **38** 227 f.), insb. bei: Straßenverkehrsdelikten: Bay OLG NZV **2005** 494; OLG Oldenburg NStZ **1995** 412; LG München StV **1999** 143; AG Bayreuth NZV **2003** 202 m. Anm. *Hof*; s. im Einzelnen bei § 163a.

67 Meyer-Goßner/*Schmitt* 3; SK/*Rogall* Vor § 133, 22; vgl. auch *Fincke* ZStW **95** (1983) 18, 933, 947, 948; *von Gerlach* NJW **1969** 778; *Gundlach* 10; bei § 163a; **a.A.** *Kohlhaas* NJW **1965** 1255. AK/*Gundlach* 9 bejaht Beschuldigteneigenschaft offenbar bei jeder Anzeige.

68 Meyer-Goßner/*Schmitt* Einl. 81; SK/*Rogall* Vor § 133, 36 ff.; *von Gerlach* NJW **1969** 777 Fn. 12; vgl. auch OLG Hamm NJW **1974** 915 sowie Rn. 11 a.E.

69 SK/*Rogall* Vor § 133, 38; *Lenckner* FS Peters 342; vgl. auch OLG Düsseldorf StV **1982** 344 mit krit. Anm. *Prittwitz* zur Vernehmung des rechtskräftig abgeurteilten Mitangeklagten als Zeugen; kritisch *Grünwald* FS Klug 503.

vorliegt, sondern erst die richterliche Vernehmung überraschend ergibt, dass jemand, der als Zeuge vernommen werden soll, wegen Tatverdachts als Beschuldigter behandelt werden muss. Sicher dürfte sein, dass in diesem Falle Richter die Vernehmung nicht als Zeugenvernehmung fortführen dürfen, weil der staatsanwaltschaftliche Antrag nicht zur Missachtung des § 136 berechtigt. Die Frage ist also allein, ob die (weitere) Vernehmung als unzulässig abzubrechen ist oder – nach Belehrung entsprechend § 136 – zur Beschuldigtenvernehmung übergegangen werden darf. Mit der heute wohl herrschenden Meinung wird man annehmen müssen, dass das Letztere in der Regel gestattet ist, weil es dem Ziel einer zügigen Führung des Verfahrens und auch dem mutmaßlichen Willen der Staatsanwaltschaft entspricht.[70] Wenn Richter entgegen den dargelegten Grundsätzen eine Person zu Unrecht als Zeugen vernehmen, bleibt ein Verstoß gegen die Wahrheitspflicht nach §§ 153, 154 ohne strafrechtliche Folgen.[71] Nicht weigern darf sich der Richter jedoch, einen Beschuldigten, der nach seiner Auffassung nicht tatverdächtig ist, in dieser Eigenschaft zu vernehmen.[72]

III. Vernehmung. Erste Vernehmung

Ob eine Vernehmung im Ermittlungsverfahren ausschließlich dadurch charakterisiert wird, dass die Vernehmenden von Beschuldigten (oder Zeugen) in amtlicher Funktion eine „Aussage" verlangen,[73] oder ob hierzu auch das Bewusstsein der Vernommenen gehört, dass sie in amtlicher oder amtlich initiierter Weise zum Tatvorwurf befragt werden, ist umstritten. Eine – auch von der Rechtsprechung – vertretene Ansicht verlangt dieses Bewusstsein.[74] Dadurch können nicht nur durch verdeckt arbeitende Polizeibeamte, durch V-Leute und durch „Hörfallen" gewonnene Bekundungen der „verdeckt" befragten Beschuldigten (oder Zeugen) in weit stärkerem Maße prozessual verwertet werden, als es mit Rücksicht auf die Belehrungspflichten des § 136 und auch auf § 136a (sowie auf Zeugnisverweigerungsrechte) bei „offenen", also als solchen erkennbaren Vernehmungen, möglich wäre.[75] Mit dieser Annahme lässt sich ferner die Problematik fehlender Belehrungen bei Beweisermittlungen durch Private weitgehend umgehen.[76] Allerdings löst diese Prämisse weder alle Probleme noch überzeugt sie letztlich, insbesondere da sie den Schutzgedanken des § 136 nicht ausreichend Rechnung trägt. So bleibt zum Beispiel offen, ob es sich in bestimmten Zwangssituationen nicht doch um eine Vernehmung i.S.v. § 136 handelt, auch wenn einer beschuldigten Person kein staatlicher Hoheitsträger in amtlicher Funktion gegenübertritt und in dieser Eigenschaft Auskunft verlangt. Das gilt etwa dann, wenn eine Person sich im Rahmen interner Ermittlungen äußern muss und weiß, dass diese Äußerungen an die Strafverfolgungsbehörden weitergegeben werden[77] oder wenn in einem „verdeckten Verhör" ein staatliches 12

70 Streitig; näher bei § 162.
71 Vgl. BGHSt **10** 10.
72 *von Gerlach* NJW **1969** 779; vgl. auch bei § 162.
73 BGH NJW **2018** 1986, Rz. 18 m.w.N.; BGH JR **2011** 407 (m. Anm. *Eisenberg*) = JZ **2012** 263 (m. Anm. *Schumann*); *Stoffer* 239 und 261.
74 BGHSt (GrSt) **42** 139, 145; zustimmend: KMR/*Lesch* Vor § 133, 7; MüKo/*Schuhr* 28; *Bockemühl* 77; *Klein* 28; *Salger* 56; *von Stetten* 130; *Franke* JR **2000** 470; *Duttge* JZ **1996** 562; *Kudlich* JuS **1997** 699; *Lesch* ZStW **111** (1999) 638; *ders.* GA **2000** 362; *Müssig* GA **1999** 126 f.; *Pawlik* GA **1998** 389; *Popp* NStZ **1998** 95; *H. Schneider* NStZ **2001** 9; *Verrel* NStZ **1997** 415 f.; vgl. auch BVerfG NStZ **2000** 489; KK/*Diemer* § 136a, 6 m.w.N.; *Wang* 30 f.
75 Vgl. etwa: BGHSt (GrSt) **42** 139; BGH NJW **2007** 3138 (m. Anm. *Mayer-Mews*); BGH JR **2011** 407 m. Anm. *Eisenberg* = JZ **2012** 263 m. Anm. *Schumann*.
76 Zu Internal Investigations siehe Erl. Vor §§ 133 ff., 15 sowie Erl. Einl. L.
77 Siehe Erl. Vor §§ 133 ff., 15.

Organ zur Nötigung greift und damit eine relevante Zwangswirkung schafft.[78] Richtig ist es deshalb, von einem **„funktionalen Vernehmungsbegriff"** auszugehen und alle Situationen, in denen ein Ermittlungsorgan auf gezielte Weise direkt oder indirekt Aussagen von Beschuldigten (und Zeugen) herbeiführt, als Vernehmung anzusehen.[79] Das entschärft in gewissem Umfang die Gefahr, dass gestützt auf eine formale Betrachtungsweise gesetzliche Verfahrensrechte umgangen werden, die bei der Informationsgewinnung unter Mitwirkung von Beschuldigten zu beachten sind[80] (vgl. dazu im Einzelnen Erl. vor §§ 133ff., 8ff.).

13 **Erste Vernehmung** i.S.d. § 136 Abs. 1 und Abs. 3 ist die erste richterliche Vernehmung vor oder außerhalb der Hauptverhandlung. Regelmäßig hat bereits zuvor eine Vernehmung durch die Polizei oder die Staatsanwaltschaft stattgefunden; das ist insofern ohne Bedeutung, da auch Belehrungen und Hinweise, die Polizei und Staatsanwaltschaft bereits nach § 163a Abs. 3 und 4 erteilt haben, bei der ersten richterlichen Vernehmung wiederholt werden müssen. Insgesamt sollen die Belehrungspflichten das rechtliche Gehör während des gesamten Verfahrens sicherstellen,[81] deshalb kann nach Lage des Einzelfalles auch bei sukzessiven Vernehmungen die Wiederholung der Belehrung geboten sein.[82] Das gilt insbesondere, aber nicht nur für das Recht, Beweiserhebungen zu beantragen, etwa wenn der weiteren Vernehmung ein veränderter Tatvorwurf zugrunde liegt.[83] Entgegen dem insoweit missverständlichen Wortlaut des § 136 Abs. 1 ist der Begriff der „ersten Vernehmung" deshalb weit zu interpretieren.[84]

IV. Vernehmung zur Person

14 **1. Allgemeines.** Nach § 136 Abs. 3 ist bei der ersten richterlichen Vernehmung von Beschuldigten zugleich auf die Ermittlung der persönlichen Verhältnisse Bedacht zu nehmen. Nach den Vorstellungen des Gesetzgebers sollte sich diese Ermittlung sowohl auf die Identität (Name, Beruf, Wohnort usw.) als auch auf die weiteren Lebensumstände, also Werdegang, Familien- und Vermögensverhältnisse beziehen.[85] Nach überkommener Ansicht erfasst daher die Vernehmung zur Person bei § 136 wie bei § 243 Abs. 2 Satz 2 mehr als die bloße Feststellung der Identität.[86] Daraus ergibt sich jedoch ein bis heute nicht gelöstes Spannungsverhältnis zur Freiheit von Beschuldigten, sich nicht zur Sache äussern zu müssen, welches der Gesetzgeber lediglich für die Hauptverhandlung einigermassen geklärt hat.[87] § 243 Abs. 2 Satz 2 schreibt hier vor, dass die Vernehmung

78 BGH StV **2010** 465.
79 *Bernsmann* StV **1997** 116, 118; *Dencker* StV **1994** 676; *Derksen* JR **1997** 167, 169; *Haas* GA **1995** 235; *Hilger* NStZ **1985** 570; *Jahn* NJW **2018** 1989; *Köhler* ZStW **107** (1995) 24; *Lagodny* StV **1996** 170; *Lilie/Rudolph* NStZ **1995** 515; *Renzikowski* JZ **1997** 710, 713; *Rieß* NStZ **1996** 505; *Roxin* NStZ **1995** 18; *ders.* NStZ **1995** 465; *Rüping* 105; *Schilling* 204f.; *Wagner* NStZ **1989** 34; *Weiler* GA **1996** 101, 107; vgl. auch *Meurer* FS Roxin 1287; *Weßlau* ZStW **110** (1998) 34; *Weßlau* Vorfeldermittlungen **1989** 220; *Wolfslast* NStZ **1987** 104. Vgl. ferner EGMR *Allan v. UK*, 48539/99, Urt. v. 5.11.2002 = StV **2003** 257 m. Anm. *Gaede* sowie *Eidam* 65ff. und *Esser* JR **2004** 98; s. dazu im Einzelnen bei § 136a, 13; vgl. auch unten Rn. 91ff.
80 Vgl. auch SK/*Rogall* Vor § 133, 45; *Weßlau* ZStW **110** (1998) 20f.
81 KK/*Diemer* 5; Meyer-Goßner/*Schmitt* 1; SK/*Rogall* 4; vgl. auch *Wagner* ZStW **109** (1997) 562ff.
82 SK/*Rogall* 34; *Eb. Schmidt* Nachtr. I 6; **a.A.**: KK/*Diemer* 5; Meyer-Goßner/*Schmitt* 1; *Kleinknecht* Kriminalistik **1965** 452; LR/*Hanack*[25] 9a.
83 SK/*Rogall* 10; vgl. auch *Bosch* 143; *Kölbel* 41; teilweise einschränkend: KK/*Diemer* 5; *Eb. Schmidt* Nachtr. I 6; *Eser* ZStW **86** (1974) Beih. 150; *Fincke* ZStW **95** (1983) 561.
84 Vgl. auch SK/*Rogall* 4.
85 Vgl. *Hahn* **1** 140; dazu *Seebode* MDR **1970** 186 Fn. 15. Vgl. auch Erl. bei § 243.
86 BGH bei *Dallinger* MDR **1975** 368, wonach sich eine feste Grenze nicht bestimmen lasse; *Eb. Schmidt* 1; *Henkel* 175; *Gegenfurtner* DAR **1966** 98; diff. KMR/*Pauckstadt-Maihold* (65. EL Dez. 2012) 7.
87 Vgl. MüKo/*Schuhr* 19.

über die persönlichen Verhältnisse noch vor der Verlesung des Anklagesatzes und der Belehrung des Angeklagten über seine Aussagefreiheit stattfinden muss, obwohl seine persönlichen und wirtschaftlichen Verhältnisse bei der Strafzumessung von entscheidender Bedeutung sein können und oft auch für die Schuldfeststellung wesentlich sind. Angaben von Angeklagten, die vor der Belehrung gemacht wurden, können allerdings nicht nachteilig verwertet werden, wenn jemand nach der Belehrung die Aussage verweigert,[88] womit sich zeigt, dass die Erörterung dieser Verhältnisse bereits Teil der Vernehmung zur Sache i.S.d. § 243 Abs. 5 Satz 2 sein muss.[89] Was für § 243 richtig ist, muss aber bei § 136 ebenso gelten. Auch bei der richterlichen Vernehmung außerhalb der Hauptverhandlung sind daher bei der Vernehmung zur Person nur die Identität des Beschuldigten und solche persönlichen Umstände festzustellen, die für Verfahrensvoraussetzungen (z.B. Verhandlungsfähigkeit, Alter) Bedeutung haben;[90] seine weiteren Lebensumstände werden erst innerhalb der Vernehmung zur Sache erörtert, nachdem dem Beschuldigten die vom Gesetz vorgeschriebenen Hinweise und Belehrungen erteilt worden sind.[91]

2. Identitätsfeststellung. Persönliche Daten. Jede Vernehmung des Beschuldigten beginnt regelmäßig mit der Feststellung der Identität.[92] Die etwas vage Ausdrucksweise des § 136 Abs. 3 („Bedacht zu nehmen") steht dem nicht entgegen. Richter dürfen keine Beschuldigtenvernehmung zur Sache beginnen, bevor sie nicht sicher sind, wen sie vor sich haben und ob die betreffende Person die für eine Vernehmung erforderlichen persönlichen Verfahrensvoraussetzungen erfüllt. Sie müssen Beschuldigte daher zu den erforderlichen Personenangaben befragen. Dazu gehören in erster Linie die in § 111 Abs. 1 OWiG (früher § 360 Abs. 1 Nr. 8 StGB) aufgeführten Angaben über Vor-, Familien- und Geburtsnamen, Ort und Tag der Geburt,[93] nicht aber die in § 111 OWiG auch genannten Angaben über Familienstand, Beruf oder Wohnung, weil sie zur Identitätsfeststellung regelmäßig nicht erforderlich sind.[94] Die Staatsangehörigkeit des Vernommenen kann für die Feststellung der Zulässigkeit deutscher Strafverfolgung (i.S. des internationalen Strafrechts) ebenso von Bedeutung sein wie für die Frage, ob das Heimatkonsulat des Beschuldigten informiert werden muss, unten Rn. 55. Die Religionszugehörigkeit betrifft keine Frage der Identität. Selbst bei der Vernehmung zur Sache darf die beschuldigte Person wegen Art. 4 GG i.V.m. Art. 140 GG, Art. 136 Abs. 3 Satz 1 WeimVerf. nur dann nach dem Religionsbekenntnis gefragt werden, wenn ein Tatvorwurf dazu ausnahmsweise Anlass gibt.[95] Das Gleiche gilt für Fragen nach Abstammung oder politischer Ge- 15

88 Vgl. BayObLG JZ **1984** 440; OLG Hamburg GA **1976** 249; OLG Stuttgart NJW **1975** 703.
89 BayObLG JZ **1984** 440; *Blau* ZStW **81** (1969) 34; *Dencker* MDR **1975** 365; *Kleinknecht* FS Heinitz 658; *Rieß* JA **1980** 299; **a.A.** BGH bei *Dallinger* MDR **1975** 368 für Feststellungen zur Straf-, nicht aber zur Schuldfrage; *Eb. Schmidt* Nachtr. I § 243, 18; *Tröndle* DRiZ **1970** 216; offengelassen in BGHSt **25** 328 und OLG Stuttgart NJW **1975** 704. Vgl. auch Erl. bei § 243.
90 Ebenso AK/*Gundlach* 12; KK/*Diemer* 21; Meyer-Goßner/*Schmitt* 5; SK/*Rogall* Vor § 133, 68; *Roxin*/*Schünemann* § 25, 5; *Rieß* JA **1980** 299.
91 SK/*Rogall* 35; Meyer-Goßner/*Schmitt* 5; KK/*Diemer* 7; KMR/*Pauckstadt-Maihold* (65. EL Dez. 2012) 7.
92 Vgl. § 68 Satz 1 für die Zeugenvernehmung.
93 Näher *Göhler* OWiG § 111, 11 f.
94 BayObLGSt **1979** 16 und 191 für Beruf und Familienstand (bezogen auf Ordnungswidrigkeiten und mit unklarer Einschränkung); OLG Düsseldorf MDR **1987** 521; SK/*Rogall* 36 (mit Einschränkungen für die Staatsangehörigkeit; ebenso OLG Düsseldorf GA **1985** 459); **a.A.** die überkommene Meinung, soweit sie (s. Rn. 16) eine Auskunftspflicht bejaht, die sich dann auf alle in § 111 OWiG genannten Daten erstrecken soll. Zum Ganzen eingehend *Seebode* JA **1980** 495.
95 Vgl. auch Nr. 13 Abs. 5 RiStBV; enger SK/*Rogall* 36.

sinnung.[96] Wie in der Hauptverhandlung (§ 243 Abs. 5 Satz 5) darf der Beschuldigte bei richterlichen Vernehmungen im Vorverfahren nicht schon vor der Sachvernehmung nach Vorstrafen gefragt werden.[97]

16 **3. Auskunftspflicht?** Ob Beschuldigte verpflichtet sind, die Angaben zur Person zu machen, ist streitig. Nach früher herrschender Ansicht sollen sie diese Daten grundsätzlich nicht verweigern dürfen.[98] Diese Auffassung wird im Wesentlichen mit zwei Argumenten begründet: Erstens sei nach § 111 OWiG die Verweigerung der Angaben – im Umfang dieser Bestimmung – eine Ordnungswidrigkeit, deren Nichtachtung durch die verfahrensrechtliche Stellung als Beschuldigter allein nicht gerechtfertigt werden könne.[99] Zweitens schreibe das Gesetz zwar eine Belehrung darüber vor, dass der Beschuldigte keine Angaben zur Sache zu machen brauche, eine entsprechende Belehrung hinsichtlich der Angaben zur Person bestimme es aber nicht.[100]

17 Eine heute verbreitete **Gegenmeinung**[101] hingegen sieht es – zu Recht[102] – als entscheidend an, dass bereits die Angaben zur Person für Beschuldigte von erheblichem Nachteil sein können. Die Stellung des Beschuldigten bestimmt sich autonom, unabhängig von allgemeinen Bestimmungen, aus verfassungsrechtlichen und strafprozessualen Vorschriften.[103] Danach ist der Beschuldigte nicht verpflichtet, an seiner Strafverfolgung mitzuwirken, vielmehr steht ihm ein „Schweigerecht" zu.[104] Auch allgemeine Bestimmungen, welche etwa eine Ausweispflicht begründen[105] sind im Lichte des nemo tenetur-Grundsatzes auszulegen.[106]

18 Eine **vermittelnde Ansicht**[107] will Beschuldigten nur dann ein Recht zur Verweigerung der Angaben zugestehen, wenn im Einzelfall ein solcher Nachteil durch die Angabe droht. Das sei z.B. dann der Fall, wenn die vom Beschuldigten als persönliche Daten gemachten Angaben im Rahmen der Schuld- und Straffrage verwendet würden, obwohl er später die Aussage verweigert. Problematisch ist hier jedoch, dass sich eine solche Kollisionslage zwischen der Aussage zur Person und der zur Sache nicht stets im Voraus er-

96 Vgl. Art. 3 Abs. 3 GG.
97 **A.A.** LR/*Meyer*[23] 14; vgl. auch Rn. 61.
98 BGHSt **21** 364; **25** 17; BayObLGSt **1957** 221; **1969** 97 = NJW **1969** 2058 mit abl. Anm. *Seebode* = JR **1970** 71 mit zust. Anm. *Koffka*; OLG Düsseldorf NJW **1970** 1888; **1971** 2237; OLG Hamm NJW **1954** 1212; OLG Oldenburg MDR **1971** 861; OLG Stuttgart MDR **1987** 521; KK/*Diemer* 7; Meyer-Goßner/*Schmitt* 5; *Gössel* § 23 A II; *Henkel* 174; *Göhler* § 55, 8; *Dreves* DRiZ **1965** 113; *Gegenfurtner* DAR **1966** 98. Die häufig zitierte Entscheidung RGSt **72** 30 betrifft offenbar keine Beschuldigtenvernehmung.
99 BayObLGSt **1967** 97; LR/*Hanack*[25] 13; *Gössel* § 23 A II; *Schlüchter* 86.
100 Vgl. etwa LR/*Hanack*[25] 12 mit Hinweis darauf, dass das StPÄG 1964 habe insoweit auch keine Aussagefreiheit einführen wollen und Verweis auf BTDrucks. **IV** 178 S. 32: „An der Pflicht des Beschuldigten, die erforderlichen Angaben zur Person zu machen (vgl. § 360 Abs. 1 Nr. 8 StGB), ändert der Entwurf nichts."
101 Grundsätzlich *Seebode* JA **1980** 493; ferner *Eb. Schmidt* Nachtr. I 17; *zu Dohna* 106; *von Hippel* 432; *Peters* § 28 IV 2; *Rosenfeld* 122; *Dahs/Wimmer* NJW **1960** 2219; *Dingeldey* JA **1984** 412; *Eser* ZStW **79** (1967) 576; **86** (1974) Beih. 152; *Gundlach* 47; *Müller-Dietz* ZStW **93** (1981) 1226; *Pfenninger* FS Rittler 371; *Rüping* JR **1974** 135 ff. und ZStW **91** (1979) 352; *Walder* 117.
102 Insoweit **a.A.** LR/*Hanack*[25] 13.
103 *Grünwald* 59 und 66; *Eb. Schmidt* Nachtr. I 17; vgl. auch *Aselmann* 63.
104 Dazu etwa: *Kunert* MDR **1967** 539.
105 Wie etwa § 111 OWiG oder § 5 des Gesetzes über Personalausweise i.d.F. v. 21.4.1986 (BGBl. I S. 548).
106 Insofern übereinstimmend: KMR/*Pauckstadt-Maihold* 8; SK/*Rogall* Vor § 133, 71; *Eisenberg* (Beweisrecht) 540; *Müller-Dietz* ZStW **93** (1981) 1226.
107 OLG Düsseldorf MDR **1987** 521; OLG Stuttgart Justiz **1987** 74; AK/*Gundlach* 13; SK/*Rogall* Vor § 133, 71; *Roxin/Schünemann* § 25, 6 (Unzumutbarkeit normgemäßen Verhaltens); *Eisenberg* (Beweisrecht) 539 f.; *Schlüchter* 86 Fn. 243; *Salger* 28; *Petry* Beweisverbote im Strafprozeß (1971) 40; *Wessels* JuS **1966** 176; vgl. auch OLG Hamm NJW **1988** 274; *Aselmann* 52 m.w.N.

kennen lässt, zumal von nicht anwaltlich vertretenen Beschuldigten. Es kann von Beschuldigten ferner nicht verlangt werden, diese darzulegen und sich dabei selbst zu kompromittieren.[108]

Verfahrensrechtlich **erzwingen** lässt sich die Auskunft zur Person ohnehin nicht. 19
Auch § 163b begründet keine selbständige Auskunftspflicht (s. dort), sondern erlaubt Staatsanwaltschaft und Polizei nur, die notwendigen Maßnahmen zur Identitätsfeststellung zu treffen. Ein Haftbefehl lässt sich mit der Weigerung des Verdächtigen, seine Personalien zu nennen, im Allgemeinen nicht begründen, wie schon die Spezialregelung des § 163b i.V.m. § 163c zeigt.[109]

V. Eröffnung des Tatvorwurfs

1. Zeitpunkt. Die Eröffnung, welche Tat einer beschuldigten Person zur Last gelegt 20
wird und welche Strafvorschriften in Betracht kommen (§ 136 Abs. 1 Satz 1), ist „bei Beginn“ der ersten Vernehmung zu diesem Tatvorwurf zu machen. Sie *muss* im Hinblick auf ihren Zweck vor Eintritt in die Vernehmung zur Sache und vor der Belehrung über die Aussagefreiheit nach § 136 Abs. 1 Satz 2 stattfinden.[110] Es ist grundsätzlich dieselbe Reihenfolge einzuhalten, die § 243 Abs. 2 bis 3, 5 für die Vernehmung des Angeklagten in der Hauptverhandlung vorschreibt.

2. Inhalt. Die Eröffnung, des **Tatvorwurfs** muss so bestimmt sein, dass keine Zwei- 21
fel über den Gegenstand der Vernehmung bestehen und Beschuldigte in die Lage versetzt werden, sich zu verteidigen. Die Mitteilung, dass ein Diebstahl, ein Betrug oder ein Raub vorgeworfen wird, genügt daher nicht. Vielmehr ist der Sachverhalt – zumindest in groben Zügen – bekanntzugeben.[111]

Umstritten ist, welche Offenlegungspflichten darüber hinaus bestehen, ob etwa 22
auch die **Angabe von Beweismitteln** verlangt werden kann. Nach herrschender Ansicht muss der Vernehmende der beschuldigten Person nicht alle Umstände der Tat mitteilen, wie sie bis zur Vernehmung aufgeklärt wurden.[112] Vielmehr wird gewarnt: Der Vernehmende müsse sich „im Interesse einer sachgemäßen Aufklärung ... davor sogar hüten“ alles offenzulegen.[113] Demgegenüber fordert eine andere Ansicht, dass dem Beschuldigten grundsätzlich neben dem gesamten Tatvorwurf auch Beweistatsachen und -mittel mitzuteilen sind.[114] Dem ist zuzustimmen: Beschuldigte müssen alle relevanten Umstände kennen, um sich verteidigen bzw. eine informierte Entscheidung über ihr Schweigerecht treffen zu können. Nur wenn der Beschuldigte genau weiß, wessen er beschuldigt wird und welche Umstände den Tatvorwurf begründen, kann er entscheiden, wie er sich verteidigen will, etwa ob Reden oder Schweigen für ihn günstiger ist oder ob er bestimmte Beweiserhebungen beantragen will. Eine solche Vorgehensweise trägt auch dem Umstand Rechnung, dass die Strafverfolgungsbehörden zum Zeitpunkt der richterlichen

---

108 *Seebode* JA **1980** 495; *Eser* ZStW **79** (1967) 576; vgl. auch *Aselmann* 55 f.
109 Vgl. etwa: *Eb. Schmidt* JZ **1968** 365.
110 *Eb. Schmidt* JZ **1968** 365; allg. M.
111 Vgl. BGH NStZ **2012** 581 = JA **2013** 155 m. Anm. *Jäger* = JuS **2012** 658 m. Anm. *Jahn*; KK/*Diemer* 8; Meyer-Goßner/*Schmitt* 6; MüKo/*Schuhr* 21; SK/*Rogall* 69; Beispiele bei *Peters* § 41 III 2 und *Wagner* ZStW **109** (1997) 569 f.; vgl. auch *Grünwald* 60; *Fincke* ZStW **95** (1983) 918, 959 f.
112 BGH NJW **2017** 3173 Rz. 48; BGH NStZ **2012** 582; Meyer-Goßner/*Schmitt* 6; SSW/*Ziegler*/*Vordermayer* § 163a, 25; MüKo/*Schuhr* 2; KK/*Diemer* 8; vgl. auch *Eser* ZStW **86** (1974) Beih. 151; *Dencker* StV **1994** 676, *Fincke* aaO; vgl. auch unten Rn. 56.
113 LR/*Hanack*[25] 17 eingehend zur Feststellung von „Täterwissen“: *Eisenberg* (Beweisrecht) 728.
114 *Bosch* 145 ff.; *Grünwald* 62 f. und StV **1987** 453; *Albrecht* HRRS **2017** 446, 455.

Vernehmung bereits Gelegenheit hatten, ihre Sachverhaltshypothese in der Verfahrensakte zu dokumentieren und dem Beschuldigten dann ermöglicht werden muss, diese zu erschüttern.[115] Eine Einschränkung der Informationspflicht kann sich allenfalls analog aus § 147 Abs. 2 ergeben.

23 Ungeklärt ist bisher, ob bzw. welche konkreten Weisungen zu dieser Frage aus **europäischen Vorgaben**, insbesondere den Art. 6 Abs. 1 und Abs. 3 lit. a **EMRK**[116] sowie Art. 6 Abs. 1 der **RL 2012/13/EU** über das Recht auf Belehrung in Strafverfahren[117] folgen. Letztere verpflichtet Deutschland als EU-Mitgliedstaat, eine beschuldigte Person so detailliert zu belehren, dass ihr eine effektive Verteidigung möglich ist.[118] Fest steht zwar, dass Beschuldigte das Recht haben, über Art und Grund der Beschuldigung in Kenntnis gesetzt zu werden, wenn und weil sie von staatlichen Organen als Angeklagte resp. Beschuldigter vernommen werden.[119] Jedoch hat etwa auch der EGMR Zeitpunkt und Umfang dieser Informationspflicht bisher nicht eindeutig festgelegt.[120] Orientierungspunkt in der Rspr. des EGMR ist die Gewährleistung einer effektiven Verteidigung.[121]

24 Die besondere Funktion der Beschuldigtenvernehmung als Gewährleistung des rechtlichen Gehörs im Rahmen der Sachverhaltsaufklärung,[122] ist Maßstab für die Information des Beschuldigten, wenn eine Vernehmung zu **mehreren Taten** geplant ist. Nach herrschender Meinung braucht die Vernehmung nicht mit der Eröffnung eingeleitet zu werden, dass dem Beschuldigten mehrere Taten vorgeworfen werden und um welche es sich handelt.[123] Vielmehr dürfe die Vernehmung zunächst auf eine der Taten beschränkt werden. Weitere Tatvorwürfe könnten dann nacheinander zum Gegenstand der Vernehmung gemacht werden, wobei es genügen solle, dass die Eröffnung, welche weitere Tat zur Last gelegt werde, dem Beschuldigten erst gemacht werde, wenn er zu dieser Tat vernommen werde. Dem ist nicht zuzustimmen, da durch ein solches Vorgehen die Verteidigungsmöglichkeiten der beschuldigten Person ohne ausreichende Rechtfertigung eingeschränkt werden.[124] Klar unzulässig ist es nach allgemeiner Meinung, die Vernehmung über *eine* Tat zu nutzen, um vom Beschuldigten Äußerungen über eine *andere* zu erlangen, wenn ihm für diese andere der Tatvorwurf noch nicht eröffnet worden ist.[125]

25 Gegenstand der Unterrichtung ist **die Tat** im verfahrensrechtlichen Sinne.[126] Sie bezieht sich also auf einen einheitlichen Lebensvorgang, dessen Trennung der natürlichen Auffassung widersprechen würde. Nimmt der Vernehmende sachwidrig eine solche Trennung vor, um den Beschuldigten im Unklaren zu lassen,[127] verletzt er das Gesetz. Die Rechtsprechung bleibt bisher eine Antwort darauf schuldig, wie einer beschuldigten

---

115 Zu den daraus folgenden Konsequenzen für die Eröffnung eines Tatvorwurfs bei Beschuldigtenvernehmungen in Rechtshilfeverfahren vgl. KG Beschl. v. 10.2.2014 – 4 – 41/14, Rn. 6; OLG Köln Beschl. v. 2.2.2009 – AuslS 9/09.

116 *Esser* 437 ff.

117 ABl. EU L 142 v. 1.6.2012, S. 1.

118 Vgl. *Arnold* StV **2015** 588; *Ahlbrecht* StV **2012** 491; *Rudolf/Giese* ZRP **2007** 114.

119 Zum Beschuldigtenbegriff des EGMR s.o. Rn. 10; zum Recht auf Information nach EU-Recht.

120 Vgl. dazu etwa: EGMR *Pélissier and Sassi v. Frankreich*, 25444/94, Urt. v. 25.3.1999, Rn. 51 f.; *Esser* 403 ff., 438 ff.; *Gaede* 233 ff.

121 Vgl. etwa *Gaede* 594 ff.; *Safferling* NStZ **2004** 182.

122 Grundsätzlich zur Bedeutung des rechtlichen Gehörs im Ermittlungsverfahren: *Wagner* ZStW **109** (1997) 545 ff.

123 BGH NJW **2017** 3173 Rz. 49; KK/*Diemer* 8; Meyer-Goßner/*Schmitt* 6; SK/*Rogall* 41.

124 *Albrecht* HRRS **2017** 446, 456; vgl. auch *Fincke* ZStW **95** (1983) 918, 959; anders noch: LR/*Hanack*[25] 18.

125 AK/*Gundlach* 14; SK/*Rogall* 41; *Peters* § 41 III 2; *Eisenberg* (Beweisrecht) 545.

126 § 264; vgl. näher dort.

127 Vgl. den Fall von *Peters* § 41 III 2: Vernehmung als „Spanner“, während es in Wahrheit um die Frage ging, ob der „Spanner“ einen Mord begangen hatte.

Person ein Tatvorwurf in groben Zügen so weit erläutert werden kann, dass sie sich sachgerecht verteidigen kann, „jedoch nicht so weit, dass die Aufklärung des Sachverhalts und damit die Effektivität der Strafverfolgung darunter leiden".[128]

Welche Anforderungen an die Eröffnung der **in Betracht kommenden Strafvorschriften** gestellt werden müssen, erscheint bisher ungeklärt[129] und als Fragestellung in der wissenschaftlichen Diskussion oft vernachlässigt. Eine entsprechende Anwendung der strengen Pflichten aus § 265 Abs. 1 und 2 wird allgemein ausgeschlossen, weil § 265 eine ganz andere Situation betreffe. Der Zusammenhang mit der Eröffnung des Tatvorwurfs spricht jedoch dafür, dass die Unterrichtung über den Tatvorwurf in beiden Situationen sicherstellen soll, dass der Beschuldigte die rechtliche Richtung des Vorwurfs so weit verstehen kann, dass er sich gegenüber dem ihm zur Last gelegten Sachverhalt verteidigen kann.[130] Das Gesetz differenziert zwischen polizeilicher, staatsanwaltschaftlicher und richterlicher Vernehmung. In einer richterlichen oder staatsanwaltschaftlichen Vernehmung jedenfalls muss der Beschuldigte also z.B., wenn ihm die Entwendung einer fremden Handtasche vorgeworfen wird, darüber unterrichtet werden, dass das als Diebstahl strafbar sein kann und im Fall der gewaltsamen Entwendung als Raub. Gegebenenfalls ist auch eine Unterrichtung über Qualifikationen (§ 250 StGB) oder Regelbeispiele für besonders schwere Fälle (§ 243 StGB) erforderlich. Jedenfalls bei nicht völlig klaren Vorschriften sollten dem Beschuldigten die in Betracht kommenden Strafvorschriften vorgelesen und erläutert werden,[131] und zwar in langsamer, dem Verständnis förderlicher Form. Kann der Beschuldigte nach seinem Bildungsgrad und/oder nach der Art des Tatbestandes den vorgetragenen oder vorgelesenen Wortlaut ersichtlich allein nicht verstehen, verlangt der Zweck der Belehrung eine Erläuterung der Bestimmungen, aber nur umrissartig und lediglich anhand des Gesetzestextes. Zeigt sich während der Vernehmung, dass die Tat möglicherweise unter andere oder weitere Strafvorschriften fällt, ist der Beschuldigte, trotz des Gesetzeswortlauts („Beginn der ersten Vernehmung"), darauf ebenfalls hinzuweisen, wenn es für seine Verteidigung von Bedeutung sein könnte.[132] Die gegenteilige Auffassung widerspricht dem Zweck der Eröffnung und ist auch mit § 136 Abs. 2 nicht in Einklang zu bringen. 26

VI. Belehrung über die Aussagefreiheit

1. Allgemeines. Im deutschen Strafprozess gilt das aus rechtsstaatlichen und verfassungsrechtlichen Erwägungen abgeleitete Verbot des Zwangs zur Selbstbelastung (*nemo tenetur se ipsum accusare*, sog. nemo tenetur-Grundsatz), nach dem niemand verpflichtet ist, durch aktives Tun[133] an der eigenen Strafverfolgung mitzuwirken.[134] Daraus 27

---

128 Vgl. etwa die Ausführungen in BGH NJW **2017** 3173 Rz. 49 zur Frage der Belehrungspflicht über unterschiedliche Tatvorwürfe, ohne daraus Konsequenzen für den Einzelfall zu ziehen.

129 Vgl. LR/*Hanack*[25] 20 einerseits und *Bosch* 147 andererseits.

130 Ebenso *Kölbel* 42 m.w.N.

131 Weitergehend KK/*Diemer* 9; SK/*Rogall* 42: in der Regel vorzulesen; wie hier *Eisenberg* (Beweisrecht) 546.

132 SSW/*Eschelbach* 36; KK/*Diemer* 9; SK/*Rogall* 42; *Eisenberg* 546 aaO; *Fincke* ZStW **95** (1983) 957, 961; **a.A.**; *Eb. Schmidt* Nachtr. I 12 und LR/*Meyer*[23] 22.

133 Zur Frage, ob der nemo-tenetur-Grundsatz den Beschuldigten nur in Bezug auf die freie „geistige Handlungssteuerung" bzw. „Willensbildung" schützt oder auch vor Selbstbelastung durch vis absoluta, vgl. *Grünwald* JZ **1981** 428; *Rogall* NStZ **1998** 67 f.; *Weßlau* StV **1997** 343 einerseits und *Hackethal* 137; *Neumann* FS Wolff 376; *Verrel* 223 andererseits; ferner: *Rüping* 266; *Dallmeyer* StV **1997** 606; *Eidam* 156 ff.; zur neueren Diskussion etwa in Zusammenhang mit Atemalkoholtests s.u. Rn. 35a.

134 Dazu statt vieler und m.w.N. BVerfGE **38** 113; **56** 43 = NJW **1981** 1431; BGH NJW **2018** 1986 ff.; BGHSt **34** 45; **37** 343; **38** 220 und 305; SK/*Rogall* Vor § 133, 73, 130 ff.; *Bosch* 24 ff.; *Janicki* 157; *Rogall* 104 ff.; *Schilling* 200 ff.; *H. A. Wolff* 21 ff.; *Böse* GA **2002** 99 ff.; *Stürner* NJW **1981** 1757; *Weßlau* ZStW **110** (1998) 1 ff.

folgt als gesicherter Grundsatz, dass sich Beschuldigte zu den gegen sie erhobenen Vorwürfen nicht zu äußern brauchen. Auf internationaler Ebene verbrieft Art. 14 Abs. 3 **IPBPR** das Prinzip der Aussagefreiheit, das der prozessualen Stellung des Beschuldigten entspricht, der Beteiligter, nicht bloßes Objekt des Verfahrens ist.[135] Diesen internationalen Rechtsstandard hat der EGMR – obwohl nicht ausdrücklich in der EMRK normiert – als Teil des *fairen Verfahrens* nach Art. 6 Abs. 2 **EMRK** anerkannt (s.a. Erl. vor §§ 133ff. Rn. 21).[136] Heute ist das Verbot eines Selbstbelastungszwangs als Konsequenz aus Art. 6 Abs. 2 EMRK allgemein anerkannt.[137]

27a Wo der Schutz **des nemo tenetur-Grundsatzes** endet, ist allerdings streitig.[138] Das gilt etwa mit Blick auf die Verwertung von Angaben, die gegenüber verdeckten Ermittlern[139] oder von der Polizei gezielt zum Aushorchen eingesetzten Privatpersonen[140] gemacht werden oder Erklärungen, die außerhalb eines Strafverfahrens in einem anderen staatlichen oder privatrechtlichen Verfahren – unter mehr oder weniger Zwang – abgegeben wurden[141] sowie in Bezug auf das Verhältnis zwischen der Selbstbezichtigungsfreiheit und dem berechtigten Informationsinteresse Dritter.[142] Auch die Frage, wo eine „Bezichtigung“ eigentlich beginnt, ist umstritten.[143] Die Problematik hat sich in den vergangenen Jahrzehnten durch eine zunehmende Ausgestaltung von Verwaltungsverfahren mit **Mitwirkungs-**[144] und **Auskunftspflichten**, von Erklärungspflichten in privatrechtlichen Vertragsverhältnissen sowie den **Einsatz moderner Informationstechnologie** und den damit verbundenen Möglichkeiten zur Speicherung und Weitergabe von Daten verschärft.[145] Vgl. dazu auch Einl. vor §§ 133, 7.

28 Der Gesetzgeber setzt nicht voraus, dass Beschuldigte von ihrer Aussagefreiheit wissen, weshalb die staatlichen Organe verpflichtet sind, die betroffene Person diesbezüglich in einer für sie im Einzelfall verständlichen Art und Weise **zu belehren.**[146] Über

---

135 Vgl. etwa BVerfG NJW **1995** 555 (Kammer); BGHSt **5** 333f.; **14** 364; **31** 308; **38** 220; aus dem Schrifttum z.B. SK/*Rogall* Vor § 133, 66ff.; *Eb. Schmidt* Teil I 99; *Eser* ZStW **79** (1967) 565ff.; *Kühl* JuS **1986** 117; *Rieß* FS Reichsjustizamt 373ff.; *Rogall* 42ff.; *Schäfer* FS Dünnebier 11; LR/*Esser* MRK Art. 6 886 ; LR/*Stuckenberg*[26] § 205, 17; *Doege* 99f.

136 Vgl. etwa EGMR *John Murray v. GB*, 18731/91, Urt. v. 8.2.1996, Rn. 45 = EuGRZ **1996** 587 m. Anm. *Kühne*; EGMR *Saunders v. GB*, 19187/91, Urt. v. 17.12.1996, Rn. 68; EGMR *Heaney u. McGuiness v. Irland*, 34720/97, Urt. v. 21.12.2000, ECHR **2000**-XII, § 40; EGMR *J.B. v. Schweiz*, 31827/96, Urt. v. 3.5.2001, ECHR **2001**-III (= NJW **2002** 499); *Esser* 520; *Gaede* 312ff.; *Rau* Schweigen als Indiz der Schuld (2004) 308; *Meyer-Ladewig* EMRK-Handkommentar (2003) Art. 6, 52ff.; *Eser*, in: J. Meyer Charta der Grundrechte der EU (2014) Art. 48 Rn. 10a; *Schlauri* 171f.

137 Dazu im Gesamtzusammenhang der Verfahrensrechte: SK/*Rogall* Vor 133, 131 m.w.N.; *Kölbel* 39ff.; allerdings besteht in Bezug auf die daraus konkret abzuleitenden Konsequenzen noch Uneinigkeit, vgl. *Kühne* EuGRZ **1996** 571; *Möller* JR **2005** 316.

138 Dazu etwa *Kölbel* 44; *Rzepka* 388 einerseits und *Verrel* 238ff. andererseits; vgl. auch *Böse* GA **2002** 99ff.

139 BGHSt **52** 11 = NStZ **2007** 714 m. Anm. *Rogall* in NStZ **2008** 110 = JR **2008** 160 m. Anm. *Renzikowski* = JZ **2008** 258 m. Anm. *Duttge* = JA **2007** 903 m. Anm. *Bosch* = JuS **2007** 1146 m. Anm. *Jahn*; *Schumann* 205ff.

140 Beschl. NStZ **2011** 596 = JR **2011** 407 m. Anm. *Eisenberg* = JZ **2012** 263 m. Anm. *Schumann.*

141 Dazu Erl. vor §§ 133ff., 10 und 15.

142 Dazu etwa: BVerfGE **56** 37, 49 sowie LR/*Gössel* Einl. L 90; *Schurig* 127; *Böse* GA **2002** 121ff.

143 Vgl. zur Abgrenzung zwischen (unzulässigem) Zwang zur Selbstbelastung und Sachbeweis: *Bosch* 284; *Frister* ZStW **106** (1994) 319; *Verrel* 199ff.

144 Zum Atemalkoholtest, s.u. Rn. 35a.

145 Ein Beispiel dafür ist die Verpflichtung zum Event Data Recording (§ 63a StVG). *Schmid/Wessels* NZV **2017** 357.

146 *Eisenberg* (Beweisrecht) 564ff. Die unverstandene Belehrung (s.u. Rn. 86) steht der unterlassenen Belehrung gleich, BGHSt **39** 349.

die Informationsfunktion hinaus dient die Belehrungspflicht auch der Kommunikation zwischen Vernehmungsorgan und Beschuldigten: Die Belehrung soll Beschuldigten klar vor Augen führen, dass ab diesem Zeitpunkt, eine Strafverfolgungszwecken dienende Vernehmungssituation gegeben ist,[147] in der ihnen bestimmte Rechte zustehen.[148] Nach der bis 1965 geltenden Fassung des § 136 wurde der Beschuldigte lediglich befragt, „ob er etwas auf die Beschuldigung erwidern wolle". Eine deutlichere Belehrung hielt der historische Gesetzgeber von 1877 wohl auch deshalb nicht für angebracht, weil aus damaliger Sicht die richterliche Vernehmung vorrangig dem rechtlichen Gehör dienen sollte.[149] Welche weiteren Motive der Gesetzgeber mit der Reform der Belehrungsformel verfolgte, bleibt für Interpretationen offen, etwa ob er befürchtete, eine andere Belehrungsformel werde den Beschuldigten zum Schweigen ermuntern und ihm dadurch letztlich schaden, weil man gewohnt sei, Schweigen zu dessen Nachteil zu deuten.[150] Die verschiedenen Reformen des § 136 Abs. 1 durch das StPÄG 1964[151] und grundsätzlich auch durch die beiden Gesetze zur Stärkung der Verfahrensrechte von Beschuldigten im Strafverfahren von 2013 und 2017 sollten dem Beschuldigten seine Wahlfreiheit „eindeutiger und drastischer"[152] vor Augen führen. Das Schweigerecht und die diesbezügliche Belehrungspflicht hat die Rechtsprechung ferner durch ein grundsätzliches Beweisverwertungsverbot abgesichert (s.u. Rn. 77), das sogar dann greifen kann, wenn eine Äußerung des Beschuldigten außerhalb einer Vernehmung gemacht wurde (beispielsweise bei einer ärztlichen Untersuchung nach einer mutmaßlichen Brandstiftung).[153]

Wenn Beschuldigte von ihrem **Schweigerecht** Gebrauch machen, darf das Gericht 29 grundsätzlich die Aussageverweigerung nicht als mindere Verteidigungsmöglichkeit bewerten, auch wenn die Sachvernehmung dem Beschuldigten die Möglichkeit zur Verteidigung geben soll (§ 136 Abs. 2). Eine beschuldigte Person kann sich dazu entschließen, nichts zu sagen und dadurch von ihrer Aussagefreiheit Gebrauch zu machen.[154] Ob bzw. inwieweit dem Gericht im Einzelfall eine Fürsorgepflicht obliegen kann, Beschuldigte vor der Hauptverhandlung nachhaltig auf die Verteidigungsmöglichkeit durch eine Aussage aufmerksam zu machen, wird in der Literatur unterschiedlich beurteilt;[155] zu den Grenzen s.u. Rn. 34.

Für die Belehrung von Beschuldigten über die Aussagefreiheit bei **Vernehmungen** 30 **im Wege der internationalen Rechtshilfe** gelten grundsätzlich die Regelungen des Staates, in dem die Vernehmung durchgeführt wird („locus regit actum").[156] Wird eine richterliche Vernehmung im Wege der Rechtshilfe für ein ausländisches Strafverfahren in Deutschland durchgeführt, ist deshalb über die Aussagefreiheit zu belehren.[157] Die Belehrung gehört nach deutschem Verständnis grundsätzlich zum „ordre public" und ist

147 Treffend von *Geppert* als „Kriegserklärung des Staates" umschrieben (NStZ **2014** 487).
148 Vgl. *Bosch* 140 ff.; *Geppert* FS Schroeder 682; *Groth* 88; *Kölbel* 42; *Ransiek* StV **1994** 344; *Roxin* NStZ **1995** 466; vgl. auch *Müssig* GA **2004** 98; *Pawlik* GA **1998** 379.
149 *Degener* GA **1992** 455 ff.; zustimmend *Weßlau* ZStW **110** (1989) 34 f.; **a.A.** *Lesch* ZStW 111 (**1999**) 625 ff., 635.
150 Vgl. einerseits LR/*Hanack*[25] 21 mit Verweis auf *Hahn* **1** 139 ff., 701 ff. und andererseits *Grünwald* 61 f.
151 Zur Entstehungsgeschichte: *Bauer* 77 ff.; *Beckemper* 46 ff.; *Eb. Schmidt* NJW **1968** 1213 ff.; vgl. auch *Rieß* FS Kleinknecht 365 f.
152 *Eb. Schmidt* Nachtr. I 14; vgl. auch BGHSt **22** 174.
153 BGH NJW **2018** 1986.
154 Instruktiv: *Torka* 74; *Böse* GA **2002** 119; vgl. aber: LR/*Hanack*[25] 21.
155 Vgl. dazu etwa: LR/*Hanack*[25] 24; *Kleinknecht* JZ **1965** 156 einerseits und *Bosch* 136 f. andererseits.
156 Dazu: *Daamen* Zur Verwertbarkeit ausländischer Vernehmungsniederschriften (2004) 27 ff.
157 Schomburg/Lagodny/Gleß/Hackner/*Hackner* § 59, 39 IRG.

damit prinzipiell unverfügbar.[158] Wird im Ausland eine (richterliche) Vernehmung für ein deutsches Strafverfahren durchgeführt und entsprechend der am Ort geltenden Vorschriften nicht oder nicht in gleicher Weise über die Aussagefreiheit belehrt, so stellt sich die Frage, ob das über die Vernehmung angefertigte Protokoll verwertbar ist (s.u. Rn. 88). Jedenfalls müssen die deutschen Organe im Vorfeld mit den ihnen zur Verfügung stehenden Mitteln darauf hinwirken, dass die von der StPO vorgeschriebene Belehrung Beachtung findet.[159] Verletzungen der Belehrungspflicht durch ausländische Organe bei Vernehmungen im Rahmen der Rechtshilfe, werden der deutschen Justiz aber nicht ohne weiteres zugerechnet.[160]

31 **Europäische Vorgaben** für die Hinweispflicht auf die Aussagefreiheit können sich aus der Maxime eines fairen Verfahrens nach Art. 6 Abs. 2 **EMRK** ergeben (s.o. Rn. 10). Darüber hinaus haben die EU-Mitgliedstaaten mit der **RL 2012/13/EU**[161] und der **RL 2016/343/EU**[162] eine EU-weite Stärkung der Aussagfreiheit etabliert.[163]

32 **2. Form und Zeitpunkt des Hinweises.** Der Vernehmende muss den Hinweis auf die Aussagefreiheit immer dem Beschuldigten persönlich *selbst* erteilen. Er darf damit nicht einen Dritten beauftragen. Das gilt auch, wenn der Beschuldigte Jugendlicher oder Heranwachsender ist; ein dem gesetzlichen Vertreter oder dem Erziehungsberechtigten erteilter Hinweis genügt nicht.[164] Über den Zeitpunkt des Hinweises bestimmt § 136 Abs. 1 Satz 2 nichts. Folgt man der Ansicht, dass es dem Beschuldigten frei steht, Angaben zur Person zu machen (s.o. Rn. 16 f.), so ist er zu Beginn der Vernehmung zu belehren, auch wenn in der Hauptverhandlung der Hinweis auf die Aussagefreiheit erst nach Eröffnung des Tatvorwurfs erteilt wird (§ 243 Abs. 5 Satz 1). Ohnehin können Umstände des Einzelfalls es erforderlich machen, die Belehrung entsprechend der Gesamtsituation vorzunehmen, so etwa im Anschluss an „**Spontanäußerungen**" einer beschuldigten Person.[165] Wann Modifikationen unumgänglich sind und wie sich diese auf etwaige Beweisverwertungsverbote auswirken können, hängt vom Einzelfall ab.[166] Klar ist, dass eine Verwertbarkeit von Äußerungen in besonderen Situationen, in denen eine Belehrung nicht möglich war, nicht als Argumentationshilfe dafür dienen dürfen, die den Beschuldigten schützenden Formen durch ein entsprechendes Verhalten der staatlichen Organe aufzulösen. Deshalb handelt es sich beispielsweise nicht mehr um eine verwertbare „Spontanäußerung", wenn sich Polizeibeamte nach einem pauschalen Geständnis über eine beträchtliche Zeitspanne Einzelheiten der Tat berichten lassen, ohne den von ihnen ersichtlich als Beschuldigten behandelten Täter auf sein Aussageverweigerungsrecht hinzuweisen.[167] Die Belehrung nach § 136 und die nach § 52 schließen einander aus.[168]

33 Grundsätzlich schreibt das Gesetz einen Hinweis auf die Aussagefreiheit lediglich für die **erste richterliche Vernehmung** vor, dann aber ohne Rücksicht darauf, ob der

---

158 Schomburg/*Lagodny*/Gleß/Hackner/*Lagodny* § 73 IRG Rn. 50.
159 *Gleß* FS Grünwald 203 f. m.w.N. in Fn. 38.
160 BGH NJW **2011** 3314 = NStZ **2012** 152 = StV **2012** 81; BGH JR **2011** 170; kritisch zu diesem Ansatz: *Gleß* ZStW **125** (2013) 583 ff.
161 ABl. EU L 142 v. 1.6.2012, S. 1.
162 ABl. EU L 65 v. 11.3.2016, S. 1.
163 ABl. EU L 65 v. 11.3.2016, S. 1; vgl. auch *Arnold* StV **2015** 588; *Ahlbrecht* StV **2012** 491.
164 KK/*Diemer* 11; SK/*Rogall* 45.
165 Näher und treffend *Fezer* gegen BGH StV **1990** 194 (Anm.); vgl. auch SK/*Rogall* 44; *Beckemper* 104; *Bosch* 269 ff.; *Ransiek* 60 f. sowie: BayOLG NStZ-RR **2001** 49; OLG Oldenburg NStZ **1995** 412.
166 Vgl. etwa BGH NJW **2009** 3589 m. krit. Anm. *Meyer-Mews*.
167 BGHSt **58** 301, 305 f = JR **2014** 128 m. Anm. *Wohlers*; SK/*Rogall* Vor § 133, 44.
168 BayObLGSt **1977** 129 = NJW **1978** 387; AK/*Gundlach* 18; KK/*Diemer* 11; Meyer-Goßner/*Schmitt* 7.

Hinweis schon bei Vernehmungen durch die Polizei oder Staatsanwaltschaft erteilt worden ist (s.o. Rn. 13). Weder die Möglichkeit noch die Gewissheit, dass der Beschuldigte seine Rechte kennt, macht die Belehrung entbehrlich.[169] Bei einem zusätzlichen oder alternativen Vernehmungsgegenstand muss die Belehrung wiederholt werden, ebenso dann, wenn die frühere Belehrung bereits Jahre zurück liegt.[170] Ebenso ist die Belehrung in der Hauptverhandlung zu wiederholen, auch wenn der Beschuldigte schon bei einer früheren richterlichen Vernehmung belehrt worden war. Für den Hinweis ist nicht unbedingt der Gesetzeswortlaut zu nennen.[171] Es genügt jede Belehrung, die für den Beschuldigten unmissverständlich zum Ausdruck bringt, dass er nicht verpflichtet ist, sich zur Sache zu äußern. Die Frage, ob der Beschuldigte etwas auf die Beschuldigung erwidern wolle, genügt nicht,[172] da die *Frage* eben keine *Belehrung* darstellt und die Reform von 1965 eine solche Vagheit gerade verhindern wollte.[173]

Der Vernehmende muss die beschuldigte Person auf ihre Aussagefreiheit hinweisen.[174] Erklärt der Beschuldigte, dass er sich nicht zur Sache äußern wolle, so kann der Vernehmende ihn auf die **Nachteile hinweisen**, die ein Verteidigungsverzicht für ihn haben kann, insbesondere wenn das Ermittlungsergebnis ihn der Tat zu überführen scheint und mögliche entlastende Umstände, die allein er kennen kann, nur aufgeklärt werden können, wenn er sie nennt. Mit einer Empfehlung sich zur Sache zu äußern, muss sich der Richter auf Grund seiner neutralen Stellung aber zurückhalten, insbesondere wenn der Beschuldigte verteidigt ist.[175] Im Einzelfall kann aber ein wertfreier Hinweis auf die Nachteile des Schweigens angebracht sein, damit der Beschuldigte mögliche Vorteile einer Verteidigung durch Einlassung zur Sache versteht und eine informierte Entscheidung zwischen Aussage und Schweigen treffen kann.[176] Auf die Entschließungsfreiheit des Beschuldigten darf dabei aber niemals in unerlaubter Weise (§ 136a) eingewirkt werden, namentlich nicht durch Drohung oder durch das Versprechen eines gesetzlich nicht vorgeschriebenen Vorteils.[177] **34**

Der Beschuldigte kann seine Aussagebereitschaft im Laufe der Vernehmung **jederzeit zurücknehmen** und die Beantwortung einzelner Fragen ganz oder teilweise ablehnen.[178] Ein teilweises Schweigen kann aber nach herrschender Meinung unter bestimmten Umständen negativ bewertet werden (s.u. Rn. 38). **35**

Es herrscht Einigkeit, dass eine beschuldigte Person in gewissem Umfang (Aussehen, Körpergröße, Mimik, Gestik) auch dann materielles Beweismittel sein kann, wenn sie sich entschließt, zur Sache nicht auszusagen (näher bei § 261).[179] Strittig ist, ob sich die Belehrungspflicht nach § 136 über die Freiheit „sich zu der Beschuldigung zu äu- **35a**

---

169 BGHSt **38** 224; SK/*Rogall* 43; *Bauer* 107 ff.; vgl. auch AG Mannheim StV **1993** 182 – Bedeutung hat die Kenntnis aber für die Frage des Verwertungsverbots und der Revision, s.u. Rn. 79 und Rn. 112.
170 Vgl. BGHSt **47** 170, 172.
171 *Bauer* 104.
172 So aber noch BGH NJW **1966** 1718 mit abl. Anm. *Schmidt-Leichner*; OLG Schleswig bei *Ernesti/Jürgensen* SchlHA **1969** 151; *Meyer* JR **1967** 308.
173 Ablehnend KK/*Diemer* 12; vgl. auch *Eb. Schmidt* Nachtr. I 14 und NJW **1968** 1216; *Bauer* 106; *Eser* ZStW **79** (1967) 575 und **86** (1974) Beih. 153; *Stree* JZ **1966** 593 Fn. 4.
174 SSW/*Eschelbach* 44; KK/*Diemer* 11; Meyer-Goßner/*Schmitt* 7; SK/*Rogall* 43; *Eisenberg* (Beweisrecht) 562 ff.; *Walder* 133 ff.
175 KK/*Diemer* 12 unter Bezugnahme auf BGH 1 StR 156/65 v. 27.7.1965; vgl. aber noch LR/*Hanack*[25] 24.
176 *Bauer* 59; *Kleinknecht* Kriminalistik **1965** 452. Kritisch zum Ganzen *Bosch* 136 f.; *Hübner* (1983) 145; zu Vor- und Nachteilen des Schweigens etwa: *Eisenberg/Pincus* JZ **2003** 397 f.
177 BGHSt **58** 301, 304 = NJW **2013** 2769 m. Anm. *Wohlers* JR **2014** 131 und *Jäger* JA **2013** 793; Meyer-Goßner/*Schmitt* 8; *Eisenberg* (Beweisrecht) 56; vgl. § 136a, 48 ff.; 50 ff.
178 BGHSt **5** 334; *Eb. Schmidt* Nachtr. I 14; *Eser* ZStW **79** (1967) 576; allg. M.
179 Vgl. BGH StV **1993** 458; die Grenzen aufzeigend: *Keiser* StV **2000** 633; *Miebach* NStZ **2000** 235.

ßern" das auf **alle Maßnahmen** erstreckt, die eine Mitwirkung von Beschuldigten bei der Informationsgewinnung voraussetzen, *pars pro toto* sei hier auf die Debatte um die Durchführung von **Atemalkoholtests** verwiesen.[180] Soweit bisher ersichtlich, tendiert die Rechtsprechung mehrheitlich zur Verneinung einer Belehrungspflicht außerhalb der Vernehmung und einer Ablehnung eines Beweisverwertungsverbots, wenn andere Maßnahmen gänzlich ohne Belehrung durchgeführt werden.[181] Als Begründung dafür wird angeführt, dass keine gesetzlich[182] vorgeschriebene Belehrungspflicht existiere und eine analoge Anwendung der Belehrungspflicht aus § 136 nicht geboten sei, da es sich nicht um eine planwidrige Lücke handle;[183] selbst wenn eine entsprechende Belehrungspflicht bestünde, würde deren Verletzung angesichts der Rechtsprechung zu den Verwertungsverboten keine zwingende Nichtverwertung nach sich ziehen. Demgegenüber haben verschiedene Instanzgerichte für eine Belehrungspflicht und bei Verletzung für ein Verwertungsverbot votiert.[184] Dem stimmen diejenigen Stimmen in der Literatur zu, die zu Recht durchaus eine Möglichkeit zur analogen Anwendung der Belehrungspflicht über die Freiwilligkeit einer Mitwirkung an der eigenen Überführung aus § 136 sehen.[185] Inhaltlich lässt sich dies rechtfertigen durch den Grundsatz der Selbstbelastungsfreiheit und die Verpflichtung ein faires und rechtsstaatliches Verfahren zu führen.[186] Hinter der Diskussion verbirgt sich die grundsätzliche Frage, wozu Belehrungen eines Verdächtigten eigentlich dienen: Dazu, dass sich eine beschuldigte Person frei entscheiden kann, ob sie lieber aktiv in ein Röhrchen bläst oder passiv Blut entnehmen lässt, oder dazu, dass durch die Belehrung klar offen gelegt wird, worum es den Ermittlungsbehörden geht: Beweise gegen den Betroffenen zu sammeln. Wer sich auf den Standpunkt stellt, dass die Belehrung über die Aussagefreiheit, quasi als eine Art „Kriegserklärung" des Staates, das rechtliche Verhältnis zwischen Staat und Beschuldigten markiert,[187] muss diese konsequent in jeder Situation fordern, in der ein Betroffener ein Beweismittel gegen sich selbst schafft.[188]

35b Es ist fraglich, wie sich das Privileg der Selbstbelastungsfreiheit in Vernehmungen auf **andere Formen der Beweissammlungen** übertragen lässt, welche einer Mitwirkung eines Beschuldigten bedürfen, insbesondere, wenn diese kein Moment einer intellektuellen Unterwerfung bedürfen. Es spricht vieles dafür, dass es hier einer Neubestimmung bedarf, die in Rechnung stellt, dass sich ein verbotener Zwang zur Selbstbezichtigung nicht einfach nur dadurch feststellen lässt, dass passive Duldungspflicht immer als zulässig und eine Verpflichtung zur aktiven Mitwirkung immer als verboten gilt.[189] Eine Orientierungslinie könnten hier Urteile des EGMR vorgeben, die eine

---

180 Vgl. *Cierniak/Herb* NZV **2012** 409 einerseits und andererseits *Urbanzyk/Homann* DAR **2018** 402.

181 AG Michelstadt Urt. v. 22.9.2011 – 2 OWi 1400 Js 22301/11; OLG Brandenburg Beschl. v. 16.4.2013 – (2 B) 53 Ss OWi 58/13 (55/13); KG Beschl. v. 30.7.2014 – 3 Ws (B) 356/14 –, Rn. 3; *Cierniak/Herb* NZV **2012** 409; kritisch: *Böse* JZ **2015** 657 f.

182 Allerdings wird auf ministerielle Anordnungen zur Belehrung über Freiwilligkeit verwiesen, vgl. etwa *Cierniak/Herb* NZV **2012** 409.

183 *Cierniak/Herb* NZV **2012** 412.

184 AG Freiburg (Breisgau) Urt. v. 23.10.2009 – 27 Cs 540 Js 18733/09 – AK 2279/09; LG Freiburg (Breisgau) Urt. v. 21.9.2009 – 9 Ns 550 Js 11375; AG Frankfurt Urt. v.18.1.2010 – 998 OWi 2022 – 955 Js.

185 *Geppert* NStZ **2014** 481.

186 *Jäger* JA **2015** 314; *Mosbacher* NStZ **2015** 42 (Anm. zu KG Beschl. v. 30.7.2014); *Soiné* NZV **2016** 411; *Urbanzyk/Homann* DAR **2018** 405.

187 *Geppert* NStZ **2014** 485.

188 SK/*Rogall* Vor § 133, 73; *Bosch* 277 ff.; *Schlauri* 11 ff.; *H. A. Wolff* 92 ff.; **a.A.** *Pawlik* GA **1998** 378 ff.; *Lesch* ZStW **111** (1999) 624, 636 ff.

189 Vgl. dazu BVerfGE **56** 42; SK/*Rogall* Vor § 133, 73; *Salger* 14; *Günther* GA **1978** 193, 196; *Wolfslast* NStZ **1987** 103 f.; *Eisenhardt* 163 ff.

europaweit tragfähige Leitlinie formulieren wollen, auch wenn sie naturgemäss stark einzelfallorientiert bleiben. Ausgehend von der in EGMR Vereinigtes Königreich, 19187/91, Urt. v. 29.11.1996 gesetzten Prämisse steht das nemo tenetur-Prinzip einer Verwertung von Beweismitteln nicht entgegen, wenn diese durch Zwangsmaßnahmen beschafft wurden, solange sie eine vom Willen des Beschuldigten unabhängige Existenz haben, wie etwa „Atemproben" (aaO § 69). Die Orientierung an der Rolle und Behandlung des Beschuldigten hat der Gerichtshof fortgesetzt.[190] Auch in EGMR Deutschland, 54810/00, Urt. v. 11.7.2006 sah der EGMR einen Zwang zur Beweismittelerlangung als zulässig an, solange das Beweismittel durch normale Körperfunktionen erlangt werden kann, nicht aber wenn der Betroffene einer gefährlichen oder entwürdigenden Behandlung unterworfen wird: „Even if the defendant's active participation is required, it can be seen from *Saunders* that this concerns material produced by the normal functioning of the body (such as, for example, breath, urine or voice samples). In contrast, compelling the applicant in the instant case to regurgitate the evidence sought required the forcible introduction of a tube through his nose and the administration of a substance so as to provoke a pathological reaction in his body. As noted earlier, this procedure was not without risk to the applicant's health." (aaO § 114). Dem EGMR erscheint in seinen Urteilen eine Sicherung der Rechtsstellung verbunden mit dem Zugang zu Verteidigung und anderen Beschuldigtenrechten wichtiger als eine übersteigerte Orientierung an passiver Duldung und aktiver Mitwirkung.[191]

3. Aussagefreiheit und Beweiswürdigung. Strafzumessung. Aus einem **umfänglichen oder** einem nur **anfänglichen Schweigen** der beschuldigten Person, also wenn diese insgesamt die Einlassung verweigert, dürfen nach allgemeiner Meinung keine nachteiligen Schlüsse gezogen werden.[192] Das gilt selbst dann, wenn das Schweigen der beschuldigten Person dem Gericht unverständlich ist.[193] Ein völliges Schweigen liegt auch vor, wenn Beschuldigte sich auf pauschale Erklärungen beschränken, z.B. die Täterschaft allgemein bestreiten oder sich auf bloße Rechtsausführungen beschränken.[194] Wenn das Schweigen als Anzeichen für Schuld gewertet werden dürfte, wäre die beschuldigte Person zum Ersten in ihrer Entscheidung zwischen Aussage und Verweigerung nicht mehr frei. Zum Zweiten wäre eine solche richterliche Beweiswürdigung wohl regelmäßig unzulässig,[195] weil sie von einem Erfahrungssatz ausginge, dass nur der Schuldige schweigt, der Unschuldige hingegen redet, Richter aber die Gründe für das Schweigen von Beschuldigten nicht kennen.[196] Eine faktische Benachteiligung des schweigenden Angeklagten kann sich bekanntlich aber in Zusammenhang mit der strafmildernden Wirkung von Geständnissen ergeben.[197] Diese Problematik hat sich in der Praxis nicht wie von manchen befürchtet in Zusammenhang mit dem Ausbau des 36

190 Vgl. etwa EGMR *Tirado Ortiz und Lozano Martin v. Spanien*, 43486/98, Urt. v. 15.6.1999, Rn. 1.
191 EGMR *Desde v. Türkei*, 23909/03, Urt. v. 1.2.2011; *Ott* 153 f. m.w.N.
192 Statt aller BGH JA **2016** 73 m. Anm. *Kudlich* = NStZ **2016** 59 m. Anm. *Miebach*; Beschl. v. 13.10.2015 – 3 StR 344/15; BGH Beschl. v. 17.2.2016 – 1 StR 582/15; BGHSt **32** 140, 144; *Aselmann* 81 f.; *Bosch* 195: *Kölbel* 36 f. m.w.N.; *Miebach* NStZ **2000** 235; vgl. aber *Salger* 78.
193 BGH StV **1989** 90 m.w.N.
194 BGH NStZ **2007** 417; BGHSt **25** 368; **34** 326; *Miebach* NStZ **2000** 239 f.; näher zum Ganzen bei § 261.
195 Vgl. § 337, 127.
196 OLG Stuttgart VRS **69** (1985) 295; *Eisenberg* (Beweisrecht) 912; *K. H. Meyer* JR **1966** 352; *Eb. Schmidt* JZ **1970** 341; *Stree* JZ **1966** 595; *Aselmann* 71; *Schurig* 104; *Wissgott* 131; mit Hinweisen auf grundlegende interdisziplinäre Überlegungen: *F. Meyer* GA **2007** 20 f.; kritisch zum Ganzen SK/*Rogall* Vor § 133, 197 m.w.N.
197 Zur Frage der Zulässigkeit einer Honorierung eines Geständnisses ausserhalb von Verständigung vgl.: *Aselmann* 164 ff.; *Bosch* 197 ff.; *Hönig* 78 ff.; *Salger* 85; *Verrel* 53 ff.; *Weßlau* KJ **1993** 465.

Täter-Opfer-Ausgleichs (s.u. Rn. 53) verschärft, sondern vor allem in Zusammenhang mit den Verständigungen im Strafverfahren (s. § 136a, 63).

37 Für die Verwertung des **zeitweisen Schweigens**, also den Fall des unterschiedlichen Prozessverhaltens (die beschuldigte Person schweigt in einzelnen Verfahrensabschnitten oder bei einzelnen Vernehmungen, bei anderen redet sie), gilt Entsprechendes.[198] Dabei ist freilich zu beachten, dass Äußerungen, die der (ordnungsgemäß belehrte) Beschuldigte im Ermittlungsverfahren abgegeben hat, nach herrschender Meinung nicht nur unter den Voraussetzungen des § 254 in der Hauptverhandlung verwertbar sind, sondern auch durch Vernehmung der Verhörsperson.[199]

38 Nach sehr umstrittener, aber richtiger Meinung können hingegen grundsätzlich aus einem **teilweisen Schweigen** des Beschuldigten Schlüsse gezogen werden, also wenn er sich zu bestimmten Punkten äußert und zu anderen nicht,[200] denn wenn sich die beschuldigte Person als Beweismittel zur Verfügung stellt, also sich zur Sache einlässt, ist es trotz der Aussagefreiheit zwingend, dass ihre Bekundungen gemäß § 261 gewürdigt werden. Lehnt jemand, dem mehrere selbständige Taten vorgeworfen werden, es nur ab, über eine oder einige von ihnen keine Auskunft zu geben, liegt insoweit aber kein Teilschweigen, sondern ein völliges Schweigen vor, aus dem keine nachteiligen Schlüsse gezogen werden dürfen;[201] das Gleiche gilt, wenn jemand sich zunächst einlässt, dann aber die weitere Mitwirkung verweigert.[202] Doch darf das teilweise Schweigen bei der Beweiswürdigung immer nur verwertet werden, wenn das Gericht dies auf einen anerkannten Erfahrungssatz stützen kann, etwa dass es der Lebenserfahrung entspricht, dass sich ein Unschuldiger in der Situation des Beschuldigten im Einzelfall verteidigt hätte, wo der Beschuldigte geschwiegen hat.[203] Dann stellt sich allerdings die Frage, worauf ein Gericht einen solchen Erfahrungssatz gründen will. Es handelt sich hier also nicht vorrangig um ein Rechtsproblem, sondern um die Frage, ob in dem zu beurteilenden Einzelfall nach allgemeinen Erfahrungssätzen ein nachteiliger Schluss aus dem „partiellen Schweigen" möglich ist. Ferner gibt es Fälle des Teilschweigens, die ebensowenig wie das völlige Schweigen des Beschuldigten irgendwelche Schlüsse zu seinem Nachteil zulassen.[204] Das ist insbesondere der Fall, wenn die beschuldigte Person von vornherein erklärt, sie wolle über bestimmte Geschehnisse keine Auskunft geben; wenn sie sich nur zur Straffrage äußert; wenn sie nur nähere Erklärungen über ihr mangelhaftes Erinnerungsvermögen abgibt;[205] oder wenn sie nach langer Vernehmung erklärt, sie wolle nicht mehr aussagen, weil man ihr doch nicht glaube. Andererseits mag nach Lage des Einzelfalles das Teilschweigen auf ein Gericht mitunter wie ein Geständnis wirken, z.B. wenn der Beschuldigte die Frage, wo er zur Tatzeit gewesen sei, nicht beantwortet[206] oder wenn er auf den Vorhalt schweigt, er müsse doch das Alter seines jugendlichen Opfers gekannt haben. Entscheidend ist in diesen Fällen immer, ob man einen Erfah-

---

198 BGHSt **20** 281 f.; BGH StV **1994** 284; *Eisenberg* (Beweisrecht) 902 ff.; *Miebach* NStZ **2000** 235; vgl. aber: *Aselmann* 98; *Salger* 80 f.; s.a. bei § 261.
199 Vgl. bei § 254 sowie: *Eisenberg/Pincus* JZ **2003** 399 ff.
200 BGH NStZ **2014** 666 = StV **2015** 146; BGH NStZ **1999** 47; BGHSt **20** 298 – vgl. aber demgegenüber: BGHSt **45** 367; *Beulke/Swoboda* 495; *Rzepka* Zur Fairness im deutschen Strafverfahren (2000) 389; *Müller-Christmann* JuS **2001** 61; *Park* StV **2001** 591 f.; **a.A.** SK/*Rogall* Vor § 133, 209; vgl. auch *Kölbel* 38 f., m.w.N.; näher bei § 261; zu Anforderungen an die Belehrung bei Teilschweigen vgl. *Schurig* 61 ff.
201 BGHSt **32** 144 f. m.w.N.
202 BGHSt **45** 369 f.; *Beulke/Swoboda* 495.
203 Dazu *K. H. Meyer* JR **1966** 352.
204 *Wessels* JuS **1966** 172.
205 OLG Hamm NJW **1974** 250.
206 *K. H. Meyer* JR **1966** 352; **a.A.** *Wessels* JuS **1966** 172, der darauf hinweist, dass es dafür andere Gründe als ein schlechtes Gewissen geben kann.

rungssatz dergestalt anerkennt, dass ein Verteidigungswilliger nicht schweigt, wenn er sich durch Reden entlasten könnte.[207]

Auch bei der **Strafzumessung** darf das Schweigen des Beschuldigten oder eine andere Weigerung der Mitwirkung an der eigenen Strafverfolgung nicht zu seinem Nachteil berücksichtigt werden.[208] Die Weigerung, sich zur Sache einzulassen, rechtfertigt regelmäßig auch keine Schlüsse auf das Maß der persönlichen Schuld oder den Grad der Gefährlichkeit des Täters. Das gilt grundsätzlich auch, wenn die beschuldigte Person nicht völlig schweigt, sondern sich nur zu einzelnen Fragen nicht äußert.[209] Gleichwohl wird es von der Rechtsprechung und Teilen der Literatur aber wohl als zulässig angesehen, das Teilschweigen unter bestimmten Umständen als strafschärfend zu werten, etwa wenn der sonst geständige Beschuldigte die Auskunft über den Verbleib der Beute verschweige.[210] Insofern ist aber *Rogall* zu folgen, der zu Recht feststellt, dass eine strafschärfende Schlussfolgerung aus dem Schweigen von Beschuldigten einheitlich in allen Fällen als unzulässig anzusehen ist.[211] 39

VII. Hinweis auf das Recht zur Verteidigerkonsultation

Die beschuldigte Person hat in jeder Lage des Verfahrens das Recht, sich des Beistandes eines Verteidigers zu bedienen (§ 137 Abs. 1).[212] Sie kann schon vor ihrer Vernehmung einen Verteidiger zuziehen und sich beraten lassen. Auf dieses Recht muss sie vor der Vernehmung, zugleich mit der Belehrung über die Aussagefreiheit, hingewiesen werden. Das traditionell stark verankerte Recht auf Verteidigung hat im Laufe der letzten Jahre zusätzliche Stärkung erfahren, die auch zu einer Erweiterung der **Belehrungsformel** nach § 136 Abs. 1 Satz 3 Anlass gegeben hat.[213] In Umsetzung der RL 2012/13/EU verpflichtet der neu gefasste § 136 zur **Belehrung über eine unentgeltliche Beiordnung eines Pflichtverteidigers** bei richterlichen und – nach § 163a Abs. 3 Satz 2 und Abs. 4 Satz 2 – auch bei staatsanwaltschaftlichen und polizeilichen Vernehmungen. Die Belehrung hat bei einer notwendigen Verteidigung sowohl in den in § 140 Abs. 1 genannten Fällen als auch nach den allgemeinen Voraussetzungen in § 140 Abs. 2 zu erfolgen.[214] Die Verweisung auf § 141 Abs. 1 und 3 stellt klar, dass der Beschuldigte insbesondere darüber zu belehren ist, dass ihm nach § 141 Abs. 3 Satz 2 schon im Ermittlungsverfahren ein Verteidiger zu bestellen ist.[215] Ob allerdings die – auf Vorschlag des Bundesrates – gewählte 40

---

207 *K. H. Meyer* JR **1966** 353; **a.A.** *Eb. Schmidt* JZ **1970** 341, der aber eine Berücksichtigung des gesamten Prozessverhaltens zulassen will; vgl. auch SK/*Rogall* Vor § 133, 197.

208 Ganz h.M., BGH NJW **2000** 1962; BGH NStZ **2015** 601 m.w.N.; SSW/*Eschelbach* 67; SK/*Rogall* Vor § 133, 211 f.; *Eb. Schmidt* Nachtr. I 29; *Peters* § 28 IV 2; *Grünwald* 67; *Bosch* 196; *Dingeldey* JA **1984** 414; *Eser* ZStW **86** (1974) Beih. 162; *Rieß* JA **1980** 295.

209 BGH StV **1981** 277; BGH bei *Dallinger* MDR **1973** 370.

210 BGH bei *Dallinger* MDR **1966** 560; RG JW **1930** 713 m. Anm. *Unger*; vgl. auch BGHSt **49** 56 = NStZ **2004** 392; BGH NStZ **1981** 343; GA **1975** 84; ebenso z.B. AK/*Gundlach* 24; *Rieß* JA **1980** 295; kritisch: SSW/*Eschelbach* 67.

211 SK/*Rogall* Vor § 133, 211 f.

212 Zur Funktion von Verteidigern als Beistand von Beschuldigten, die dadurch – unabhängig davon, ob sie als Wahl- oder Pflichtverteidiger tätig werden – nicht gleichzeitig ein Organ der Rechtspflege sein können: LR/*Lüderssen/Jahn* Vor § 137, 33 ff., 67 ff.

213 Gesetz zur effektiveren und praxistauglicheren Ausgestaltung des Strafverfahrens v. 17.8.2017 (BGBl. Teil I 2017 S. 3202; BTDrucks. **18** 11277).

214 Gesetzesentwurf der Bundesregierung, Entwurf eines Gesetzes zur Stärkung der Verfahrensrechte von Beschuldigten im Strafverfahren, BTDrucks. **17** 12578, Begründung zu Nummer 3.

215 Beschlussempfehlung und Bericht des Rechtsausschusses zu dem Gesetzesentwurf der Bundesregierung, Entwurf eines Gesetzes zur Stärkung der Verfahrensrechte von Beschuldigten im Strafverfahren (BTDrucks. **17** 12578), BTDrucks. **17** 13528 S. 4.

Formulierung eine beschuldigte Person – wie von der RL 2012/13 intendiert – zur Kontaktierung eines Strafverteidigers ermutigen wird, tatsächlich einen Verteidiger zu kontaktieren, bleibt abzuwarten. Eine Belehrung dergestalt, dass man „unter den Voraussetzungen des § 140 Abs. 1 und 2 die Bestellung eines Verteidigers nach Maßgabe des § 141 Abs. 1 und 3" beanspruchen kann, dies aber die **Kostenfolge** des § 465 nach sich ziehen könnte, dürfte kaum wie eine Ermutigung klingen. Insbesondere wenn man bedenkt, dass die Voraussetzungen einer Verteidigerbestellung (insbesondere nach § 140 Abs. 2)[216] vor der ersten Vernehmung von Beschuldigten häufig nicht genau eingeschätzt werden können.[217] Bei der Formulierung ist vielmehr das Anliegen von Art. 3 Abs. 1 b) RL 2012/13/EU zu beachten.[218] Der ausdrückliche Hinweis auf die „Kostenfolge des § 465" ohne weitere Erläuterung birgt das Risiko, dass Beschuldigte ihr Verteidigungsrecht nur schwerlich verstehen und eher von einer Verteidigerbestellung abgeschreckt werden. Um das Anliegen der Gesetzesreformen, die Stärkung der Beschuldigtenrechte,[219] in der Praxis tatsächlich zu erreichen, ist eine Belehrungsformel wichtig, die Beschuldigte **möglichst neutral und verständlich über die Rechtslage in Kenntnis setzt**, damit sie die ihren konkreten Interessen entsprechende Entscheidung, ob sie einen Strafverteidiger wünschen, treffen können. Bereits die Entscheidung, ob ein Beschuldigter aussagen oder schweigen will, kann die Beratung mit einem Verteidiger erfordern.[220] Die Hinweispflicht auf das Recht auf einen Verteidiger entfällt auch nicht zwangsläufig, wenn die beschuldigte Person bereits einen **Wahl- oder Pflichtverteidiger** hat,[221] denn es kann etwa sein, dass sie mit diesem Verteidiger noch nicht oder noch nicht eingehender gesprochen hat und nicht weiß, dass sie sich vor der Vernehmung mit ihm beraten kann.[222] Der Hinweis ist nach einer gescheiterten Kontaktaufnahme zu einem Verteidiger zu wiederholen, damit die beschuldigte Person sich darüber bewusst ist, dass sie durch die vergebliche Bemühung ihr Konsultationsrecht nicht verwirkt hat.[223]

41 Wenn Beschuldigte erklären, einen Verteidiger zuziehen zu wollen, aber keinen Verteidiger kennen oder nicht ohne weiteres einen Verteidiger finden können, ergeben sich die weiteren Pflichten aus Absatz 1 Satz 3: Möchte die beschuldigte Person vor ihrer Vernehmung einen Verteidiger befragen, sind ihr Informationen zur Verfügung zu stellen, die es ihr erleichtern, einen Verteidiger zu kontaktieren. Dabei ist auf bestehende anwaltliche Notdienste hinzuweisen. Nach der Rechtsprechung sind staatliche Organe gegenüber der beschuldigten Person auch zu **aktiver Hilfestellung** verpflichtet.[224] Was das aber im Einzelfall bedeutet, lässt sich der Rechtsprechung bisher nicht eindeutig ent-

---

216 Vgl. zu der mit der kasuistischen Ausdifferenzierung verbundenen Unübersichtlichkeit LR/*Lüderssen/Jahn* § 140, 50.
217 Vgl. *Neuhaus* StV **2010** 45.
218 Vgl. zur Änderung des ursprünglich vorgeschlagenen Textes: Beschlussempfehlung und Bericht des Rechtsausschusses zu dem Gesetzesentwurf der Bundesregierung, Entwurf eines Gesetzes zur Stärkung der Verfahrensrechte von Beschuldigten im Strafverfahren (BTDrucks. **17** 12578) und BTDrucks. **17** 13528 sowie LR/*Gleß*[26] Bd. 12 Nachtrag § 136 7.
219 Zu den Zielen der Richtlinie 2012/13/EU über das Recht auf Belehrung und Unterrichtung in Strafverfahren vgl. KOM(2010) 392 endg. v. 20.7.2010.
220 BGHSt **38** 373.
221 So aber: Meyer-Goßner/*Schmitt* 10b; KK/*Diemer* 14; dagegen: *B. Mehle* NJW **2007** 973.
222 Vgl. auch SK/*Rogall* 48; *Roxin* JZ **1993** 426; *Dautert* 203; ferner: BGHSt **38** 375.
223 Meyer-Goßner/*Schmitt* 10a; KK/*Diemer* 14 mit Verweis auf BGHSt **42** 15 m. zust. Anm. *Müller* StV **1996** 358; vgl. ferner MüKo/*Schuhr* 68; *Beulke* NStZ **1996** 260 und *Hamm* NJW **1996**, 2185; kritisch dagegen noch *Schneider* Jura **1997** 131.
224 Zur Entwicklung der Rechtsprechung: BGHSt **38** 214; BGHSt **38** 372= JR **1993** 332 m. Anm. *Rieß* = JZ **1993** 425 m. Anm. *Roxin*; BGHSt **42** 15, 26 = NStZ **1996** 291 m. Bespr. *Beulke* NStZ **1996** 257 = StV **1996** 187 m. Bespr. *Müller* StV **1996** 358 = JA **1996** 747 m. Anm. *Fahl*; BGHSt **42** 170; **47** 233; BGH NStZ **2006** 236 = StV **2006** 567 m. Anm. *Beulke/Barisch*; vgl. auch *Ventzke* StV **1996** 525; *Wollweber* NStZ **1998** 311.

nehmen.[225] Seit der 5. Strafsenat die Pflicht zum „ernsthaften" Bemühen um Herstellung eines Kontakts zu einem Verteidiger statuiert hat,[226] gilt jedenfalls die kommentarlose Übergabe eines Branchenverzeichnisses an einen Beschuldigten nicht als ausreichend, wenn dieser einen Verteidiger wünscht, aber selbst nicht unmittelbar einen Anwalt benennen oder kontaktieren kann.[227] Aus der kasuistischen Interpretation der Pflicht zur „ersten Hilfe" durch die Strafsenate des BGH ergibt sich folgende Leitlinie:[228] Mittellose Beschuldigte, die einen Verteidiger wünschen, müssen auf die Möglichkeit der Pflichtverteidigung und Beratung durch den anwaltlichen Notdienst aufmerksam gemacht werden;[229] äußert eine beschuldigte Person keinen Wunsch auf Zuziehung eines Verteidigers, braucht sie aber auch nicht auf den anwaltlichen Notdienst hingewiesen werden.[230] Auch darf eine nächtliche Vernehmung, während derer eine beschuldigte Person mehrmals nach Konsultation mit einem Verteidiger verlangt, aber auf Grund der Uhrzeit keinen Anwalt erreichen kann,[231] nicht fortgesetzt werden, bis sie einen Verteidiger erreicht hat.[232] Hat sich ohne Wissen der beschuldigten Person ein Verteidiger gemeldet, so darf ihm diese Information nicht vorenthalten und die Vernehmung ohne entsprechenden Hinweis fortgesetzt werden.[233] Im Einzelnen bleibt die weitere Entwicklung abzuwarten.

Eine besondere Hinweispflicht gilt auch für die Fälle, in denen der Gesetzgeber bisher 42
nur im Mindestmaß spezielle Pflichten[234] der Strafverfolgungsbehörden gegenüber **Beschuldigten** anerkannt hat, deren **effektive Verteidigung aus besonderen Gründen gefährdet** erscheint, etwa bei ausländischen Beschuldigten,[235] aber auch bei Personen, die geistig beeinträchtigt[236] oder aus anderen Gründen der Sondersituation einer ersten Vernehmung nicht gewachsen sind.[237] Als Faustregel kann hier gelten, dass in dem Maße, in dem faktisch die Feststellung des relevanten Sachverhalts in das Ermittlungsverfahren vorverlagert wird, Waffengleichheit bereits in diesem Stadium gewährleistet sein muss. Deshalb beschränkt sich die Pflicht der staatlichen Organe in Zusammenhang mit der Realisierung des Rechts auf Verteidigerkonsultation nicht auf die förmliche Belehrung, sondern umfasst die Hilfestellungen, die unter den spezifischen Umständen[238] effektiv notwendig sind, damit Beschuldigte das Recht auf Verteidigerkonsultation tatsächlich ausüben können.[239]

225 Vgl. dazu: HK/*Lemke* 24; *Beckemper* 122; *Coenen* 101 ff.; *Verrel* 136.
226 BGHSt **38** 372; **42** 15.
227 BGHSt **42** 15 = NStZ **1996** 291 m. Bespr. *Beulke* NStZ **1996** 257 = StV **1996** 187 m. Bespr. *Müller* StV **1996** 358 = JA **1996** 747 m. Anm. *Fahl*.
228 BGHSt **38** 214; BGHSt **42** 15 einerseits und BGHSt **42** 170 ff.; BGHSt **47** 233 andererseits.
229 BGHSt **47** 233; BGH NStZ **2006** 236; KK/*Diemer* 14 vgl. zur Frage, inwieweit die Verletzung dieser Pflichten zu einem Verwertungsverbot führen, unten Rn. 95 ff.
230 BGHSt **47** 233 = JZ **2002** 897 m. Anm. *Roxin* ebda. 898.
231 BGHSt **42** 170.
232 Vgl. *Herrmann* NStZ **1997** 209; *Roxin* JZ **1997** 343: *Schwaben* NStZ **2002** 899; *Ventzke* StV **1996** 524; *Wolter* FS Roxin 1148 mit ihrer Kritik an BGHSt **42** 170.
233 BGH NStZ **1997** 502; Meyer-Goßner/*Schmitt* 10b.
234 Vgl. § 259 und §§ 185 ff. GVG.
235 Vgl. BGH NStZ **1996** 291; BGHSt **33** 150 ff.; BVerfG NJW **2007** 504; *T. Walter* JR **2007** 100 f.; s. a. zur Pflichtverteidigerbestellung bei ausländischen Beschuldigten *B. Mehle* 260.
236 Vgl. BGHSt **39** 351.
237 Vgl. etwa *Gaede* 793.
238 Der Umfang der Hilfspflicht bestimmt sich nach den Umständen des Einzelfalls (in Analogie zu § 140), vgl. BGHSt **38** 372; **42** 15; *Beulke* NStZ **1996** 260.
239 Ebenso: *Beulke* NStZ **1996** 259; *Hamm* NJW **1996** 2185; *Ransiek* StV **1994** 343; vgl. auch BGHSt **47** 236 sowie *Gaede* 790 ff. mit Verweis auf die EMRK.

43 Einigkeit herrscht darüber, dass die **Vernehmung zu unterbrechen** ist, wenn die beschuldigte Person erklärt, sie wolle sich zunächst mit einem Verteidiger beraten.[240] Bei der richterlichen Vernehmung muss dann in der Regel ein neuer Vernehmungstermin anberaumt werden, und zwar nach angemessener Frist.[241] Diese kann nach den Umständen des Einzelfalls von mehreren Stunden[242] bis zu mehreren Tagen[243] reichen. Die Erklärung, dass die beschuldigte Person sich zunächst mit einem Verteidiger beraten wolle, wird also nicht als Verweigerung der Aussage aufgefasst. Dem Beschuldigten, der die Konsultation wünscht, wird vielmehr grundsätzlich Gelegenheit zur Kontaktaufnahme mit einem Verteidiger[244] und gegebenenfalls zum unbewachten Gespräch (vgl. § 148) gegeben.[245] Umstritten ist aber, wann die Vernehmung de lege lata fortgesetzt werden darf, wenn Beschuldigte auf die zunächst begehrte Verteidigerkonsultation wieder verzichten (s.u. Rn. 99ff.). De lege ferenda wäre eine eindeutige Lösung für die Praxis wohl nur über eine klare Regelung der Vernehmungsunterbrechung in der Weise möglich, dass die Vernehmung erst wieder entweder nach einem ausdrücklichen und protokollierten Verzicht oder nach Beratung mit einem Verteidiger fortgesetzt werden kann,[246] denn die normative Pflicht zur Hilfestellung kann ohnehin nicht die – in jedem Einzelfall unterschiedlichen – faktischen Hindernisse einer Anwaltskonsultation zum Zeitpunkt der ersten Vernehmung beseitigen. Solange eine solche Regelung fehlt, können die Pflichten der Vernehmungsorgane nur anhand von Fallgruppen bestimmt werden, wobei als Orientierung dienen sollte, dass jede „einlassungsförderliche Frustrierung"[247] des Beschuldigten verboten ist. Solange der Gesetzgeber nicht reagiert, ist zu begrüßen, dass die Rechtsprechung Versäumnisse in diesem Bereich ausgleicht.

44 Die Beiordnung eines **Pflichtverteidigers** ist von Beginn eines Strafverfahrens, also auch im Vorverfahren vorgesehen (vgl. Erl. zu § 141). Der Betroffene hat hier ein Bezeichnungsrecht (§ 142 Abs. 1 Satz 1). Wird ein Pflichtverteidiger bestellt, so ist die beschuldigte Person darüber zu belehren[248] und die Vernehmung zu unterbrechen.[249] Unterbleibt eine ordnungsgemässe Belehrung über das Recht zur Pflichtverteidigung stellt sich die Frage, welche Konsequenzen dies hat neu im Lichte der Reform des § 136 Abs. 1 Satz 4 auf Grund von **EU-Vorgaben**. Vor der Ergänzung der Belehrungspflichten haben der BGH[250] und ein Teil der Literatur[251] ein **Beweisverwertungsverbot** als Folge einer im Einzelfall angezeigten Belehrung über die Möglichkeit der Pflichtverteidigung abgelehnt bzw. unter den Vorbehalt gestellt, dass eine beschuldigte Person ihre Rechte nicht kannte.[252] Andere

---

240 BGHSt **38** 373; *Beulke* NStZ **1996** 258 m.w.N.; vgl. zur Wiederaufnahme der Vernehmung nach dem Wunsch auf Verteidigerkonsultation: BGHSt **42** 170, 174; BGH NStZ **1997** 251; zur Unterbrechung bei der Bestellung eines Pflichtverteidigers vgl. *B. Mehle* 305 f. sowie die Erläuterungen zu §§ 140 ff.

241 KK/*Diemer* 14; SK/*Rogall* 49; *Eser* ZStW **79** (1967) 609; *Strate/Ventzke* StV **1986** 31 in Auseinandersetzung mit einer bedenklichen BGH-Entscheidung.

242 Etwa wenn der Beschuldigte bereits einen Verteidiger hat, vgl. *Beulke* NStZ **1996** 259.

243 In Fällen, in denen der Beschuldigte inhaftiert ist und noch einen Verteidiger suchen muss, vgl. *Beulke* NStZ **1996** 258 und 259.

244 *Beulke/Swoboda* 147; *Eisenberg* (Beweisrecht) 514.

245 BGHSt **46** 93; *Hemm* NStZ **2018** 436 m.w.N.

246 Unten Rn. 99 ff. sowie *Beckemper* 146 ff.

247 *Schneider* Jura **1997** 134.

248 *Coenen* 96; *B. Mehle* 305; *ders.* NJW **2007** 973; *Klemke* StV **2003** 414 f.; *Weider* StV **1987** 319 f.

249 So *Coenen* 97; *B. Mehle* 306; **a.A.** *Klemke* StV **2003** 414 f.; *Beckemper* JA **2002** 636; keine einheitliche Rspr.: BGHSt **47** 172, 178 f. = JR **2002** 290 m. Anm. *Wohlers* einerseits und BGHSt **47** 233, 235 f. = JR **2002** 897 m. Anm. *Roxin* andererseits.

250 BGH NStZ **2006** 236, 237; BGHSt **47** 233, 236 f. = JR **2002** 897 m. Anm. *Roxin*.

251 Vgl. *Franke* GA **2002** 573; *B. Mehle* 343.

252 BGHSt **25** 325, 339 = JR **1975** 339 m. krit. Anm. *Hanack*; BGHSt **47** 172, 174 = JR **2002** 290 mit abl. Anmerkung Wohlers; s. u. Rn. 79.

Stimmen in der Literatur befürworteten bereits in der Vergangenheit ein Beweisverwertungsverbot.[253] Mit der Modifikation der Pflichten nach § 136 auf Grund von Europarecht ist die Nichtbelehrung über das Recht auf Pflichtverteidigung gleich zu behandeln wie die Verletzung anderer Belehrungspflichten, die den ungehinderten Zugang zu einem Verteidiger sichern sollen. Entsprechend kann sie ein Verwertungsverbot auslösen. Vertritt man – auf der Grundlage einer vorrangig an staatlichen Verfolgungs- und Aufklärungsinteressen orientierten Betrachtungsweise – die gegenteilige Ansicht,[254] verkennt man das Ziel der EU-Vorgaben, bereits im Ermittlungsverfahren die Verteidigungsrechte durch einen möglichst ungehinderten Zugang zu einem Rechtsbeistand zu stärken. Das dafür angeführte Kontinuitätsargument konterkariert das Ziel der europäischen Rechtsetzung, wenn man die Rechtsrealität anerkennt: Für weniger gut situierte Beschuldigte verhindert die Angst vor den Kostenfolgen die grundsätzliche Zugangsmöglichkeit zu einem Verteidiger. Ein relatives Beweisverwertungsverbot bzw. eine „Beweiswürdigungslösung" schaffen das Risiko, dass Deutschland seine europäischen Umsetzungspflichten verletzt.[255] Wenn man das Recht auf Verteidigerkonsultation auch für mittellose Beschuldigte ernst nimmt,[256] muss eine Verletzung der Pflicht, in einer für die Betroffenen verständlichen Weise über die Möglichkeit der unentgeltlichen Verteidigerbestellung zu informieren, also grundsätzlich zu einem Verwertungsverbot führen.[257]

Verteidiger haben ein **Anwesenheitsrecht** bei der Vernehmung. Ob dieses nach 45 der Umsetzung der EU RL 2013/48 vom 22.10.2013 über das Recht auf Zugang zu einem Rechtsbeistand in Strafverfahren durch das Zweite Gesetz zur Stärkung der Verfahrensrechte von Beschuldigten im Strafverfahren v. 27.8.2017 unmittelbar aus § 136 Abs. 1 Satz 2 ergibt,[258] oder über § 168c (und für staatsanwaltschaftliche Vernehmungen über § 163a Abs. 3 Satz 2) kann dahingestellt bleiben. Ein solches ist nicht nur durch nationale Rechtsvorschriften, sondern auch in international verbindlichen Vorgaben verankert, etwa in der EMRK.[259] Allerdings fehlen in Bezug auf internationale Vorschriften oft klare und konkrete Angaben, die eine Rechtsdurchsetzung im Einzelfall ohne weiteres ermöglichen.[260]

In **§ 115 Abs. 3** ist eine Belehrung der beschuldigten Person über die Möglichkeit, vor 46 der Vernehmung einen Verteidiger zu befragen, nicht vorgesehen.[261] Gleichwohl gilt § 136 Abs. 1 Satz 2 auch hier.[262] Für die erste richterliche Vernehmung, um die es sich bei der Vernehmung nach § 115 Abs. 3 handeln kann, aber nicht immer handeln muss, ist § 136 die Sondervorschrift. Gleichwohl muss der auf Grund eines Haftbefehls ergriffene Beschuldigte spätestens am Tag nach der Vorführung vernommen werden (§ 115 Abs. 2, § 115a Abs. 2 Satz 1). Da diese Frist unbedingt einzuhalten ist, wird eine Vorbesprechung eines Beschuldigten mit einem Verteidiger nur in Betracht kommen, wenn dieser schon

---

253 SK/*Rogall* 54; *Klemke* StV **2003** 413, 415; *Schlothauer/Weider* StV **2004** 504, 515; *B. Mehle* NJW **2007** 972 f.; *Neuhaus*, StV **2010** 50 f.; *Rone* 226.
254 Vgl. etwa BGH NStZ **2018** 671 f.; OLG Köln Beschl. v. 12.6.2015 – 2 Ws 127/15; Meyer-Goßner/*Schmitt* 21.
255 Vgl. *Jähnke/Schramm* 176 f. und 188 ff.
256 BGHSt **38** 214; BGHSt **38** 372 = JR **1993** 332 m. Anm. *Rieß* = JZ **1993** 425 m. Anm. *Roxin*; BGHSt **42** 15 = BGH StV **1996** 187, 189 m. Anm. *Egon Müller* ebenda S. 353 = NStZ **1996**, 291 m. Anm. *Beulke* ebd. 257; *Rieß* JR **1993** 334; SK/*Rogall* 55.
257 Vgl. dazu *Eisenberg* (Beweisrecht) 373 ff.; *Mehle* NJW **2007** 973; *Rone* 226.
258 Zur früheren Rechtslage: *Wüllrich* StraFo **1996** 48.
259 *Coenen* 75 ff.; *Spaniol* 285 f.
260 Vgl. etwa zur Kasuistik des EGMR: *Esser* 466 ff. sowie *Gaede* 794 f.
261 Vgl. aber RhPfVerfGH NJW **2006** 3341.
262 KK/*Diemer* § 115 10; Meyer-Goßner/*Schmitt* § 115, 8; *Kleinknecht* JZ **1965** 156; *Hengsberger* JZ **1966** 212; **a.A.** *Dreves* DRiZ **1965** 113; *Gegenfurtner* DRiZ **1965** 334; vgl. auch § 115.

für ihn tätig ist oder von ihm sofort bestellt wird und noch rechtzeitig vor dem Vernehmungstermin, und sei es fernmündlich, benachrichtigt werden kann.[263]

47 Die Hinweispflicht auf das Recht der Verteidigerkonsultation gestaltet sich bei Vernehmungen mittels **Rechtshilfe** grundsätzlich wie bei einer Vernehmung in einem deutschen Strafverfahren (s.o. Rn. 30).[264] In einer richterlichen Vernehmung, die im Wege der Rechtshilfe für ein ausländisches Strafverfahren in Deutschland durchgeführt wird, muss deshalb auch auf das Recht zur Verteidigerkonsultation hingewiesen werden.[265] Soweit besondere rechtshilferechtliche Verpflichtungen die Konsultations- und Anwesenheitsrechte modifizieren, sind aber diese zu beachten.[266] Innerhalb der EU gilt Art. 4 EURhÜbk, wonach bei Leistung von Rechtshilfe für eine Vernehmung regelmäßig das Recht des ersuchenden Staates, also dessen Vorgaben betreffend die Verteidigerkonsultation, anzuwenden sind.[267] Die Pflicht zum Hinweis auf das Recht zur Verteidigerkonsultation sollte über Art. 6 Abs. 3 lit. c EMRK in allen EU-Staaten gelten. Wird eine Beschuldigtenvernehmung im Ausland für ein deutsches Strafverfahren durchgeführt, so müssen die deutschen Organe bestmöglich darauf hinwirken, dass die von der StPO vorgeschriebenen Belehrungspflichten Beachtung finden.[268]

48 Insgesamt sollten in der Justizpraxis die Belehrungen im Lichte **europäischer Vorgaben** erfolgen, nachdem der deutsche Gesetzgeber die Chance verpasst hat, durch eine entsprechende Formulierung der Belehrungsformel in § 136 das Recht auf Verteidigung klar zu stärken.[269] Neben dem EU-Recht gilt das Recht auf effektive Verteidigung nach **Art. 6 Abs. 3 lit. c EMRK,**[270] wonach beschuldigte Personen in bestimmten Fällen, z.B. bei besonderer Schutzwürdigkeit, über ihr Recht auf eine unentgeltliche Verteidigung belehrt werden müssen.[271] Beschuldigte können erst dann wirksam auf die Bestellung eines Verteidigers verzichten, wenn sie sich dieses Rechts voll bewusst sind und die Folgen des **Verzichts** abschätzen können.[272] Sollte sich im Justizalltag erweisen, dass die Belehrungen im deutschen Strafverfahren nicht den Anforderungen der EMRK, den oben unter Rn. 40 erläuterten Anforderungen an eine EU-konforme Umsetzung der RL 2012/13 oder den zugrunde liegenden Justizgrundrechten aus der EU-Grundrechtecharta[273] entsprechen, müsste einer europawidrigen Praxis notfalls durch eine Gesetzeskorrektur

263 *Eb. Schmidt* Nachtr. I § 115 13; *Kleinknecht* JZ **1965** 156.
264 Dazu etwa Schomburg/Lagodny/*Gleß*/Hackner III B Art. 11 EURhÜbk, 30 m.w.N.
265 *Gleß* FS Grünwald 201 m.w.N.
266 Vgl. BGH NStZ **1996** 2239; *Schuster* 29.
267 KK/*Diemer* 26a; MüKo/*Schuhr* 77; Schomburg/Lagodny/*Gleß*/Hackner III B Art. 4 EU-RhÜbk von 2000.
268 Dazu etwa: *Gleß* FS Grünwald 203 f. m.w.N. in Fn. 39; *Rogall* JZ **1996** 954.
269 Vgl. *Gleß* StV **2013** 317.
270 Dazu etwa: *Spaniol* Das Recht auf Verteidigerbeistand im Grundgesetz und der Europäischen Menschenrechtskonvention (1990); *Beulke* NStZ **1996** 259 m.w.N.; *Wohlers* FS Rudolphi 713 ff.
271 Etwa bei jugendlichen Personen, vgl. EGMR *Panovits v. Zypern*, 4268/04, Urt. v. 11.12.2008, Rn. 68; EGMR *Twalib v. Griechenland*, 24294/94, Urt. v. 9.6.1998, Rn. 55: vgl. auch *Wohlers* FS Rudolphi 727 ff.; LR/*Esser* Art. 6 EMRK, 755 unter Verweis auf Art. 14 Abs. 3 lit. d IPBPR.
272 Vgl. EGMR *Panovits v. Zypern*, 4268/04, Urt. v. 11.12.2008, Rn. 68: „The Court considers that given the vulnerability of an accused minor and the imbalance of power to which he is subjected by the very nature of criminal proceedings, a waiver by him or on his behalf of an important right under Article 6 can only be accepted where it is expressed in an unequivocal manner after the authorities have taken all reasonable steps to ensure that he or she is fully aware of his rights of defence and can appreciate, as far as possible, the consequence of his conduct"; ebenso EGMR *Sinichkin v. Russland*, 20508/03, Urt. v. 8.4.2010, Rn. 35 und 48. Aus deutscher Sicht: LR/*Lüderssen*/*Jahn* § 137, 66b.
273 In diesem Sinne *Callewaert* EuGRZ **2003** 198, 200; *Naumann* EuR **2008** 424; *Winkler* EuGRZ **2001** 18, 23 ff.; *Borowsky*, in: Meyer (Hrsg.), Charta der Grundrechte der Europäischen Union, 4. Aufl. (2014), Art. 52, 34, unter Hinweis auf Art. 52 Abs. 3 EUC; siehe auch *Wegner* HHRS **2013** 130.

entgegengetreten[274] oder eine unmittelbare Anwendung der Richtlinie[275] erwogen werden.

VIII. Belehrung über das Beweisantragsrecht

Über das Recht, zu seiner Entlastung einzelne Beweiserhebungen zu beantragen 49
(§ 136 Abs. 1 Satz 3), wird die beschuldigte Person zweckmäßigerweise im Anschluss an den Hinweis auf die Aussagefreiheit belehrt. Geschieht dies nicht, ist die Belehrung im Verlauf der Vernehmung nachzuholen. Bezweckt wird mit der Belehrungspflicht, dass die beschuldigte Person von ihren schon im Ermittlungsverfahren bestehenden Rechten Gebrauch machen kann. Der Gesetzgeber wollte dadurch die mit der Abschaffung der Schlussanhörung (früher § 169a Abs. 2) und des Schlussgehörs (früher § 169b) verbundenen Nachteile teilweise ausgleichen.[276] Die Belehrung ist auch erforderlich, wenn die beschuldigte Person bereits vorher erklärt hat, nicht aussagen zu wollen, da das Recht zur Antragstellung auch dann besteht.[277]

Nach § 163a Abs. 2 hat die beschuldigte Person im Ermittlungsverfahren gegenüber 50
Staatsanwaltschaft und Polizei das Recht, zu ihrer Entlastung die Aufnahme von Beweisen zu beantragen. Mit der **Vorverlagerung der Sachverhaltsfeststellung** vom Hauptverfahren auf das Ermittlungsverfahren gewinnt dieses Recht immer mehr an Bedeutung.[278] Dem Antrag muss stattgegeben werden, wenn die Beweise von Bedeutung sind. Wieweit sich aus der Regelung ein eigenständiger, über § 160 Abs. 2 hinausgehender, Beweiserhebungsanspruch ergibt, ist umstritten (dazu näher bei § 163a).[279] Die beschuldigte Person hat gemäß § 166 Abs. 1 ferner das Recht, bei der Vernehmung durch den Richter am Amtsgericht einzelne Beweiserhebungen zu beantragen. Nach bisher herrschender Meinung muss das Gericht die beantragten Erhebungen, auch wenn es sie für erheblich hält, nur unter den engen Voraussetzungen des § 166 Abs. 1 selbst vornehmen; im Übrigen nimmt es sie lediglich in die Vernehmungsniederschrift auf (vgl. näher bei § 166). Führen die Strafverfolgungsbehörden bzw. der Richter von der beschuldigten Person beantragte Beweiserhebungen nicht durch, so steht ihr de lege lata kein ordentlicher Rechtsbehelf zur Verfügung.[280] Angesichts einer zunehmenden Verlagerung der Sachverhaltsfeststellung in das Vorverfahren wird zu Recht de lege ferenda eine Stärkung der Beschuldigtenstellung mittels Durchsetzbarkeit des Beweiserhebungsanspruchs gefordert.[281]

Das Recht (Entlastungs-)Beweisanträge zu stellen, ist jedenfalls als Recht auf La- 51
dung und Vernehmung von Entlastungszeugen grundsätzlich in **Art. 6 Abs. 3 lit. c**

274 Vgl. *Wegner* HRRS **2013** 127. Umstritten ist, ob die EUC auch dann anwendbar ist, wenn eine nationale Norm zwar der Umsetzung einer Richtlinie dient, sich dabei aber noch im nationalen Umsetzungsspielraum bewegt, dazu: *Kingreen* in: Callies/Ruffert (Hrsg.), EUV/AEUV, 5. Aufl. (2016), Art. 51 GRCh, 10 ff. m.w.N.
275 Zur unmittelbaren Anwendbarkeit von EU-Richtlinien im Bereich der Strafrechtspflege: Schomburg/Lagodny/*Gleß*/Hackner/*Wahl* Einleitung Hauptteil 3 Rn. 52a.
276 BTDrucks. **7** 551 S. 69.
277 SSW/*Eschelbach* 130; KK/*Diemer* 15; Meyer-Goßner/*Schmitt* 11; SK/*Rogall* 57.
278 Vgl. *Perron* Das Beweisantragsrecht des Beschuldigten im deutschen Strafprozeß (1995) 143 ff. und 166; *Beulke* FS Rieß 37 f.; *Jahn* ZStW **115** (2003) 828; *Jung* JuS **1998** 1139; *Nelles* StV **1986** 78 f.; *Rieß* GedS Schlüchter 24.
279 Vgl. Meyer-Goßner/*Schmitt* 11; zur Abgrenzung eines Beweisantrages im Vorverfahren von einem Beweisantrag in der Hauptverhandlung vgl. *Perron* aaO 292 ff.; *Eisenberg* (Beweisrecht) 553.
280 Vgl. *Hamm/Hassemer/Pauly* 441; LG Berlin StV **2004** 10 m. abl. Anm. *Wohlers* (zu § 166); *Schlothauer* StV **1995** 164 f.
281 *Fezer* GedS Schröder 414 ff.; *Schreiber* FS Baumann 392; grundsätzlich: *Perron* aaO 497 ff.

EMRK verankert.[282] Offen ist aber bisher, ob und inwieweit dieses Recht auch im Vorverfahren gelten soll.

51a In Verfahren mit Auslandsbezug kann die Verteidigung unter bestimmten Voraussetzungen eine Europäische Ermittlungsanordnung **(EEA)** initiieren.[283]

IX. Hinweis auf die Möglichkeit einer schriftlichen Äußerung

52 Der Hinweis, dass sie sich auch schriftlich äußern könne (§ 136 Abs. 1 Satz 4), ist der beschuldigten Person im Allgemeinen nicht schon in der Ladung, sondern erst nach Beginn der Vernehmung mitzuteilen.[284] Wenn das Gesetz den Hinweis auf die **„geeigneten Fälle"** beschränkt, meint es wohl die Fälle richterlicher Vernehmungen, die mit dem Zweck durchgeführt werden, eine Niederschrift zu gewinnen, die notfalls nach § 254 verlesen werden kann. Die schriftliche Äußerung der beschuldigten Person ist allenfalls nach den §§ 249, 251 Abs. 1 verlesbar.[285] Ob die schriftliche Äußerung geeignet ist, entscheidet der Richter, gegen dessen Auffassung die die Vernehmung beantragende Staatsanwaltschaft das Recht der Beschwerde hat. Als „geeignet" werden Fälle angesehen, in denen die beschuldigte Person voraussichtlich hinreichend guten Willens und in der Lage ist, eine sachgerechte schriftliche Aussage zu machen.[286] In Betracht kommt diese Möglichkeit vor allem, wenn der Fall so einfach liegt, dass anzunehmen ist, Beschuldigte werden sich auch ohne nähere Anleitung sachgemäß äußern können.[287] In Betracht kommen im Einzelfall aber auch schwierigere Fälle, da das Gesetz, anders als bei § 163a Abs. 1 Satz 2, nicht auf die einfacheren beschränkt ist. Insoweit kann der Hinweis mitunter angezeigt sein, wenn die Einlassung besonders umfangreich ist oder die beschuldigte Person auf zahlreiche Unterlagen und Belege zurückgreifen muss, deren Erörterung in einer mündlichen Vernehmung unnötig zeitraubend wäre.[288] Die schriftliche Äußerung kann der mündlichen auch vorzuziehen sein, wenn die beschuldigte Person sich erst mit ihrem Verteidiger beraten möchte und dadurch ein neuer Vernehmungstermin eingespart werden kann.[289] Der Verteidiger kann die beschuldigte Person bei der Abfassung unterstützen oder diese anhand ihrer Sachdarstellung auch selbst fertigen.[290] Praktisch hat es übrigens die beschuldigte Person in der Hand, ob sie eine schriftliche Äußerung vorzieht, selbst wenn der Richter den Fall hierfür nicht als geeignet ansieht, denn niemand kann sie zur mündlichen Äußerung zwingen. Eine Ergänzung der mündlichen Aussage durch eine schriftliche Äußerung ist niemals zu verwehren.

X. Hinweis auf die Möglichkeit eines Täter-Opfer-Ausgleichs (TOA)

53 Ferner ist der Beschuldigte in geeigneten Fällen in der ersten Vernehmung auf die Möglichkeit eines **Täter-Opfer-Ausgleichs** hinzuweisen (§ 136 Abs. 1 Satz 5). Wann ein

---

282 Vgl. *Gaede* 276 f. m.w.N.
283 Vgl. Art. 1 Abs. 3 EEA-Richtlinie; BTDrucks. **18** 9757 S. 21; *Ahlbrecht*/Böhm/Esser/Eckelmans Rn. 1312; *Schuster* StV **2015** 394.
284 KK/*Diemer* 16; strenger: Meyer-Goßner/*Schmitt* 12; **a.A.** SK/*Rogall* 60.
285 Zur Änderung der Vorschriften über die Verlesung von Vernehmungsprotokollen u.ä. durch das Erste Justizmodernisierungsgesetz vgl. *Knauer*/*Wolf* NJW **2004** 2934 f.
286 KK/*Diemer* 16; Meyer-Goßner/*Schmitt* 12; SK/*Rogall* 60; vgl. auch *Kleinknecht* JZ **1965** 157.
287 *Kleinknecht* Kriminalistik **1965** 451.
288 KK/*Diemer* 16; Meyer-Goßner/*Schmitt* 12; SK/*Rogall* 60; vgl. auch *Eb. Schmidt* Nachtr. I 16.
289 KK/*Diemer* 16; Meyer-Goßner/*Schmitt* 12.
290 KK/*Diemer* 16; vgl. auch SSW/*Eschelbach* 132. Dazu *Dahs* Hdb. 241.

Fall grundsätzlich für eine Lösung durch einen TOA geeignet erscheint, hängt von der vorgeworfenen Straftat, Art und Umfang der Schädigung sowie dem Grad der persönlichen Betroffenheit des Opfers ab.[291] Nach allgemeiner Ansicht soll der Hinweis nach § 136 den Interessen des Beschuldigten, der auf diese Weise durch den Richter von dieser Möglichkeit erfährt, ebenso dienen wie dem Opferschutz, zu dessen Verwirklichung der TOA ins Leben gerufen wurde.[292] Letztlich wird es immer von den Umständen des Einzelfalls abhängen, ob ein Hinweis während der richterlichen Vernehmung geeignet erscheint. Einerseits verpflichtet § 155a die Staatsanwaltschaft und das Gericht ohnehin in jedem Stadium des Verfahrens zu prüfen, ob ein TOA in Betracht kommt, woraus auch eine Verpflichtung zur Information Beschuldigter resultiert. Andererseits darf gerade in der richterlichen Vernehmung, welche Beschuldigten das rechtliche Gehör gewähren soll[293] kein verfrühter Hinweis das Verfahren zu einer dann vielleicht nur „scheinkonsensualen" Lösung drängen. Das würde dem Anliegen des TOA nicht gerecht, der nicht nur ergriffen werden soll, um ein Strafverfahren zu vermeiden. Ungeeignet erscheint der Hinweis daher, wenn der Beschuldigte die Tat bestreitet oder die Aussage verweigert,[294] aber auch wenn anzunehmen ist, dass das Opfer dem Täter-Opfer-Ausgleich nicht zustimmen wird.[295] Die Vorschrift gilt unmittelbar nur für richterliche Vernehmungen. Über die Verweisungen in § 163a Abs. 3 und 4 gilt sie aber auch für Vernehmungen durch die Staatsanwaltschaft und die Polizei. Soweit sie sich an Staatsanwaltschaft und Gericht wendet, tritt sie ergänzend neben § 155a.[296]

XI. Belehrungspflichten in besonderen Fällen

Neben den in § 136 ausdrücklich genannten Hinweispflichten existieren unter bestimmten Umständen **besondere Belehrungspflichten**: 54

Beschuldigte, welche keine ausreichenden deutschen Sprachkenntnisse haben, erhalten vom Gericht einen Dolmetscher und sind darüber zu belehren, dass sie **Anspruch auf unentgeltliche Dolmetscherleistungen** während des gesamten Ermittlungsverfahrens haben (§ 187 Abs. 1 Satz 2 GVG).[297] Zu den entsprechenden EU-Vorgaben siehe RL 2010/64/EU über das Recht auf Dolmetscherleistungen und Übersetzungen in Strafverfahren sowie 2012/13/EU[298] über das Recht auf Belehrung und Unterrichtung in Strafverfahren.[299] Diese Belehrungspflichten gelten auch bei Festnahmen nach §§ 127 Abs. 2, 127b Abs. 1 Satz 1[300] und bei Identitätsfeststellungen nach § 163b[301] sowie bei polizeilichen Vernehmungen (§ 163a Abs. 5). Auch zum Zwecke der Auslieferung festgenommene Personen sind vor der Vernehmung zur Sache in einer für sie ver- 54a

291 Meyer-Goßner/*Schmitt* § 155a, 3.
292 *SK/Weßlau/Deiters* § 155a 1; zum Opferrechtsreformgesetz: *Ferber* NJW **2004** 2562; *Schork/König* NJ **2004** 537.
293 Dazu: *Böse* GA **2002** 119.
294 *Schork/König* NJ **2004** 537; vgl. auch BGH v. 19.12.2002 – 1 StR 405/02; *Hartmann* Staatsanwaltschaft und Täter-Opfer-Ausgleich (1998), 67 f.; *Schimmel* Täter-Opfer-Ausgleich als Alternative (2000) 14 f.; *Schädler* NStZ **2005** 367.
295 Meyer-Goßner/*Schmitt* 12a; SK/*Rogall* 61.
296 *SK/Weßlau/Deiters* § 155a 1 m.w.N.
297 § 114b Abs. 2 Satz 3.
298 ABl. EU L 280 v. 26.10.2010.
299 ABl. EU L 142 v. 1.6.2012, S. 1; vgl. dazu MüKo/*Oğlakcıoğlu* § 187, 5 GVG.
300 §§ 127 Abs. 4, 127b Abs. 1 Satz 2.
301 § 163c Abs. 1 Satz 3.

ständlichen Sprache umfassend zu belehren.[302] Die gegenteilige Auffassung[303] ist jedenfalls seit dem Gesetz zur Stärkung der Verfahrensrechte von Beschuldigten im Strafverfahren überholt[304] und war auch zuvor nicht mit Art. 5 Abs. 2, 6 Abs. 3 lit. a EMRK zu vereinbaren.[305]

55 Belehrungspflichten können – mit Rücksicht auf die Völkerrechtsfreundlichkeit des Grundgesetzes und die Bindung der Rechtsprechung an Gesetz und Recht[306] – auch aus internationalen Verpflichtungen resultieren.[307] Durch den Beitritt Deutschlands zum Wiener Übereinkommen über konsularische Beziehungen (WÜK)[308] etwa sind alle deutschen Organe gemäß **Art. 36 Abs. 1 lit. b Satz 3 WÜK** verpflichtet, ausländische Beschuldigte[309] über ihr **Recht auf konsularische Unterstützung** zu informieren, sobald sie inhaftiert werden.[310] Dadurch soll ihr subjektives Recht auf Unterstützung bei der Wahrnehmung von Verteidigungsrechten gewahrt werden.[311] Innerstaatlich konkretisiert **Nr. 135 RiVASt** die Regelung.[312] Die Belehrungspflicht entsteht schon dann bei der Festnahme, wenn bereits zu diesem Zeitpunkt Umstände auf die Ausländereigenschaft hinweisen.[313] Bei der Ausübung dieser Pflicht haben Behörden und Gerichte neben innerstaatlichen Vorgaben auch verbindliche Entscheidungen internationaler Gerichte zu berücksichtigen.[314] Kommen die deutschen Organe dieser Belehrungspflicht nicht nach, so verletzen sie das Recht der Betroffenen auf ein faires Verfahren.[315] Allerdings schützt Art. 36 Abs. 1 lit. b WÜK nach Rechtsprechung des BGH Betroffene nicht vor unbedachten Äußerungen, die sie vor Kontaktaufnahme mit dem für sie zuständigen Konsularbeamten bzw. der entsprechenden Belehrung über ihre diesbezüglichen Rechte machen.[316] Zu möglichen Konsequenzen s. u. Rn. 105.

55a **Inhaftierte Beschuldigte** befinden sich regelmässig in einer viel prekäreren Situation und genießen deshalb spezielle Rechte, die insbesondere durch das Gesetz zur Änderung des Untersuchungshaftrechts[317] eingeführt und durch das Gesetz zur Stärkung der Verfahrensrechte von Beschuldigten im Strafverfahren[318] ergänzt wurden. Nach § 114b sind inhaftierte Beschuldigte unverzüglich und schriftlich in einer für sie verständlichen Sprache über ihre Rechte zu belehren (§ 114b Abs. 1 Satz 1). Diese Belehrung

---

302 § 77 Abs. 1 IRG; Schomburg/Lagodny/Gleß/*Hackner* § 25, 7 IRG.
303 Vgl. etwa OLG Düsseldorf NJW **1993**, 3084.
304 Ausdrücklich in Bezug auf § 187 Abs. 1 GVG und § 114b Abs. 2 Satz 3 Begr RegE BTDrucks. **17** 12578 S. 10, 16.
305 OLG Frankfurt NJW **1980** 1238.
306 Art. 20 Abs. 3 GG i.V.m. Art. 59 Abs. 2 GG; BVerfG NJW **2007** 500, 501.
307 BVerfG NJW **2007** 500, 501.
308 BGBl. 1969 II S. 1585.
309 Das gilt auch, wenn der Beschuldigte seinen Lebensmittelpunkt in dem Staat hat, der das Strafverfahren gegen ihn führt, BVerfG NJW **2007** 500, 503.
310 BVerfG NJW **2007** 500, 501; BVerfG Beschl. v. 5.11.2013 – 2 BvR 1579/11 = NJW **2014** 532; *Gleß/Peters* StV **2011** 376.
311 Vgl. dazu: Internationaler Gerichtshof, „La Grand", Urt. v. 27.6.2001, *Germany* v. *U.S.A.*, ICJ-Reports **2001** 464 ff.; *Walther* HRRS **2004** 126 ff.
312 Abgedruckt in: Schomburg/Lagodny/Gleß/*Schomburg/Hackner* Anlage 11.
313 BVerfG NJW **2007** 500, 501.
314 Das von Deutschland ratifizierte Fakultativprotokoll zum Konsularrechtsübereinkommen (BGBl. 1969 II S. 1688) räumt dem Internationalen Gerichtshof Gerichtsbarkeit über die Auslegung und Anwendung des WÜK ein.
315 BVerfG NJW **2007** 500 ff.
316 BGH NStZ **2002**. Der BGH unterscheidet zwischen einem Gespräch in Erfüllung von diplomatischen Hilfspflichten und der Vernehmung (BGH NJW **2011** 1523 m. Anm. *Norouzi* 1525 = StV **2011** 334).
317 Vom 29.7.2009 (BGBl. I S. 2274).
318 Vom 2.7.2013 (BGBl. I. S. 1938).

umfasst – neben den in § 136 Abs. 1 erwähnten Rechte – einen Hinweis auf das Akteneinsichtsrecht des Verteidigers nach § 147.[319]

Besonderheiten betreffend die Belehrungspflichten können sich ferner bei einer grenzüberschreitenden **EEA-Videovernehmung**[320] ergeben. In einer solchen Vernehmung gilt grundsätzlich das Recht des Anordnungsstaats, gleichzeitig bleibt Deutschland als Vollstreckungsstaat verpflichtet, die beschuldigte Person bei Beginn der Vernehmung über ihre Rechte nach der deutschen StPO zu belehren, vgl. § 91h Abs. 3 IRG.[321] Falls notwendig, ist diese Belehrung zu übersetzen. Dass eine beschuldigte Person in einer von ausländischen Stellen nach deren Recht durchgeführten Vernehmung gleichwohl durch deutsche Hoheitsträger nach deutschem Recht belehrt wird, bedarf der Begründung. Da sich eine solche nicht aus deutschem Recht (alleine) ableiten lässt, beruft sich der deutsche Gesetzgeber auf die Verteilung der Aufgaben bei einer solchen Videovernehmung durch EU-Recht.[322] Danach kontrolliert ein Repräsentat des Vollstreckungsstaates die Einhaltung der wesentlichen Grundsätze seiner Rechtsordnung (Art. 24 Abs. 5 lit. a RL EEA). Er sieht seine Organe auch dann in der Pflicht einzuschreiten, sollte die Belehrung über die deutsche Verfahrensordnung von der die Vernehmung leitenden ausländischen Stelle unrichtig oder unvollständig sein.[323] Aus der in § 91h IRG verbrieften Belehrungspflicht folgt, dass sich Beschuldigte bei EEA-Videokonferenzen auf Vernehmungsrechte sowohl des Anordnungs- als auch des Vollstreckungsstaates berufen können: Es gilt insoweit also eine **individualschützende Meistbegünstigung**.[324] Dies ist ein mutiger Schritt in der EU-Zusammenarbeit, der einer lange geäusserten Forderung in der Strafrechtswissenschaft entspricht.[325] Er bringt aber auch gewisse Herausforderungen, da es im Einzelfall – gerade mit Blick auf unterschiedliche Verteidigungsrechte in einer Vernehmung und entsprechenden Belehrungsformeln – oft schwierig sein kann, zu entscheiden, welches nun das meistbegünstigende Recht ist, wenn die in unterschiedlichen Staaten gewährten Rechte nicht im Verhältnis *plus-minus*, sondern als *alia* in verschiedenen Formen auftreten.[326] 55b

XII. Beseitigung der Verdachtsgründe (§ 136 Abs. 2)

Nach § 136 Abs. 2 soll jede richterliche Vernehmung, nicht nur die erste, einer beschuldigten Person Gelegenheit geben, die gegen sie vorliegenden Verdachtsgründe zu beseitigen und die zu ihren Gunsten sprechenden Tatsachen geltend zu machen. Dies setzt voraus, dass ihr die Verdachtsgründe mitgeteilt werden. Das gilt auch, wenn die beschuldigte Person erklärt, sie wolle nicht aussagen, denn nur die Kenntnis aller vorliegenden Verdachtsmomente versetzt sie in die Lage, eine informierte Entscheidung für oder gegen eine Aussage zu treffen. Bei § 136 Abs. 2 handelt es sich also – entgegen der 56

---

319 § 114b Abs. 2 Satz 1 Nr. 2-4a und Satz 2.
320 Vgl. Art. 24 Richtlinie 2014/41/EU v. 3.4.2014 über die Europäische Ermittlungsanordnung in Strafsachen (RL-EEA), ABl. EU L 130 v. 1.5.2014, S. 1 und § 91h IRG.
321 Die Belehrung erfolgt nach § 77 Abs. 1 IRG in Verbindung mit der StPO, vgl. Muster 32 und Muster 32a der RiVASt. Art. 24 RL 5 lit. e Satz 1 RL EEA sieht zwar eine Belehrung „vor der Vernehmung" vor. Diese Formulierung dürfte sich aber auf die Vernehmung zur Sache beziehen und steht insofern im Einklang mit § 136 Abs. 1 Satz 2.
322 BTDrucks. **18** 9757 S. 77.
323 BTDrucks. **18** 9757 S. 77; vgl. zum rechtlichen Rahmen solcher Vernehmungen im Rechtshilferecht: *Keller* FS Fezer 233 ff.
324 BTDrucks. **18** 9757 S. 77; *Böse* ZIS **2014** 160; zur individualschützenden Meistbegünstigungsklausel in international-arbeitsteiligen Strafverfahren: *Gleß* ZStW **125** (2013) 597; *Schomburg* NJW **2012** 349.
325 *Gleß* 418 ff.
326 Vgl. *Keller* FS Fezer 233 ff; *Schuster* ZIS **2016** 568 ff; *Gleß* ZStW **125** (2013) 597 ff.

herrschenden Meinung[327] – nicht um eine bloße Sollvorschrift.[328] Sie verpflichtet den Vernehmenden vielmehr grundsätzlich dazu, Beschuldigte von Anfang an über das ganze Ergebnis der Ermittlungen zu unterrichten (vgl. auch Rn. 21 f.).[329] Sollte eine umfassende Information im Einzelfall die weitere Durchführung des Ermittlungsverfahrens gefährden, greift § 147 Abs. 2, wonach dem Verteidiger (und der beschuldigten Person) Informationen vorenthalten werden können.[330]

XIII. Vernehmung zur Sache

57 **1. Zweck der Vernehmung.** Umstritten ist, ob die Vernehmung der beschuldigten Person im Ermittlungsverfahren primär ihrer Verteidigung oder der Sachverhaltsaufklärung dient.[331] Die in § 136 normierten Pflichten sowie § 163a Abs. 1 sprechen dafür, dass sie primär zu Verteidigungszwecken bestimmt ist.[332] Beschuldigten wird durch die Vernehmung das rechtliche Gehör gewährt.[333] Ob die richterliche Vernehmung in gleichem Maße auch als Mittel zur Sachverhaltsaufklärung dient, ist strittig: Traditionell wird dies bejaht[334] mit Hinweis auf die Funktion der Beschuldigteneinlassung als Beweismittel im materiellen Sinne, da eine etwaige Aussage als Erkenntnisquelle des Gerichts der freien Beweiswürdigung unterliege.[335] Demgegenüber weisen viele Stimmen in der Literatur zu Recht darauf hin, dass der Gesetzgeber die richterliche Vernehmung primär als Mittel zur Gewährung rechtlichen Gehörs geschaffen hat und die beschuldigte Person insofern als Prozessbeteiligte auftritt.[336] Soweit die richterliche Vernehmung nicht im Rahmen und für Zwecke des Haftverfahrens (§§ 115, 115a, § 128) oder gemäß § 165 erfolgt, wird sie von der Staatsanwaltschaft zwar regelmäßig mit dem Ziel der Sachverhaltsaufklärung bzw. zum Zwecke der Beweissicherung beantragt. Sie behält aber auch dabei ihre primäre Ausrichtung am Verteidigungszweck. Demgemäß muss der Vernehmende der aussagebereiten beschuldigten Person Gelegenheit zu einer umfassenden Schilderung der Umstände aus ihrer Sicht geben und mit ihr die entlastenden Umstände erörtern, um ihrer Subjektstellung Rechnung zu tragen.

58 **2. Mündliche Äußerung.** Um eine Beschuldigtenvernehmung i.S.d. § 136 handelt es sich nur, wenn der beschuldigten Person Gelegenheit gegeben wird, sich vor dem Richter mündlich zu den Vorwürfen zu äußern.[337] Schlägt sie die Gelegenheit zur mündlichen Äußerung freiwillig aus, um sich schriftlich zu äußern (vgl. Rn. 52), muss die schriftliche

---

327 KK/*Diemer* 18; Meyer-Goßner/*Schmitt* 13; SK/*Rogall* 69; vgl. auch *Dencker* StV **1994** 676.
328 Anders noch LR/*Hanack*[25] 34.
329 *Degener* GA **1992** 466; *Grünwald* 63 f.; *Wagner* ZStW **109** (1997) 573.
330 *Grünwald* 63 f.
331 Vgl. *Rieß* JA **1980** 297; eingehend zur Entstehungsgeschichte *Degener* GA **1992** 456.
332 AK/*Gundlach* 29; SK/*Rogall* 18; *Eisenberg* (Beweisrecht) 510; *Dencker* StV **1994** 6765; *Rieß* aaO; *Rogall* 31 f.; wohl auch KK/*Diemer* 19 und Meyer-Goßner/*Schmitt* 14; vgl. auch *Wessels* JuS **1966** 170 f. Anders akzentuierend *Eb. Schmidt* Nachtr. I 13; *Henkel* 175; *Peters* § 41 III 1. – Fragwürdig und höchst auffallend ist das z.T. gänzlich andere Bild, das im spezifisch kriminalistischen Schrifttum vom Zweck speziell der polizeilichen Vernehmung entworfen wird; s. dazu *Rüping* JR **1974** 139 („wahre Subkultur der Kriminaltaktik"); *Ransiek* 17 ff.; *Degener* GA **1992** 445.
333 Vgl. etwa BGHSt **25** 332; *Böse* GA **2002** 117.
334 *Kindhäuser* § 6, 34; *Lesch* ZStW **111** (1999) 625 ff., 635; *Wagner* ZStW **109** (1997) 548 m.w.N.
335 BGHSt **20** 300; *Kleinknecht* JR **1966** 270; *Meyer* JR **1966** 310; *Eb. Schmidt* SJZ **1949** 449. Vgl. auch bei § 261.
336 *Degener* GA **1992** 462; *Grünwald* 60 f. und StV **1987** 453; *Weßlau* ZStW **110** (1998) 34 f.; vgl. aber auch: *Wagner* ZStW **109** (1997) 568 f. sowie *Lesch* ZStW **111** (1999) 625 ff., 635.
337 Zur Vernehmung bei stummen und tauben Personen vgl. § 186 GVG sowie von Ausländern vgl. § 185 GVG.

Erklärung zwar entgegengenommen werden; es handelt sich dann aber nicht um eine richterliche Niederschrift gemäß §§ 251 Abs. 1, 254.[338]

Eine richterliche Vernehmung liegt nur vor, wenn die beschuldigte Person sich *selbst zur Sache äußert*. Es genügt nicht, dass ihr der Richter das Protokoll über eine polizeiliche oder staatsanwaltschaftliche Vernehmung vorliest, lesen oder vorlesen lässt und die beschuldigte Person lediglich die Richtigkeit der dort fixierten Angaben bestätigt.[339] Auch wenn ein Beschuldigter vor dem Richter im Wesentlichen dieselben Angaben macht, wie vor der Polizei oder der Staatsanwaltschaft, darf das richterliche Vernehmungsprotokoll[340] hierauf nicht einfach Bezug nehmen. In einem solchen Fall gilt es aber ausnahmsweise als zulässig, das polizeiliche oder staatsanwaltschaftliche Protokoll zu verlesen, *nachdem* die beschuldigte Person ihre Aussage gemacht hat, und die Bestätigung zu protokollieren, dass sie es in dieser Form zum Gegenstand der richterlichen Vernehmung mache und es in der vom Polizeibeamten oder Staatsanwalt abgegebenen Fassung als Bestandteil ihrer Erklärung vor dem Richter betrachtet wissen wolle.[341] Auf eine solche Erklärung hinzuwirken, entspricht aber nicht dem Ziel einer richterlichen Vernehmung. Auch im Übrigen ist das genannte Verfahren nicht zu empfehlen;[342] die eingehende Protokollierung der Angaben, die der Beschuldigte vor dem Richter macht, ist der Bezugnahme auf frühere Vernehmungsniederschriften unter allen Umständen vorzuziehen. 59

3. Gang und Inhalt der Vernehmung. Die Vernehmung wird regelmäßig in deutscher Sprache durchgeführt; im Einzelfall kann aber auch eine andere Sprache gesprochen werden.[343] Bei einer Mehrheit von Beschuldigten wird in der Regel zunächst jeder von ihnen einzeln und in Abwesenheit der anderen vernommen. Das ist zwar nicht (wie in § 58 Abs. 1 für Zeugen) ausdrücklich bestimmt. Ein solches Vorgehen wird aber allgemein als zweckmäßig angesehen.[344] Zur Gegenüberstellung mit anderen Beschuldigten oder Zeugen s.u. Rn. 70f. 60

Nach § 136 Abs. 3 ist auf die **persönlichen Verhältnisse** bei der ersten richterlichen Vernehmung „Bedacht zu nehmen" (vgl. auch oben Rn. 14f.). Diese Verpflichtung bezieht sich auf alle Umstände, die für die Beurteilung des Schuldgehalts der Tat und die Rechtsfolgenentscheidung, insbesondere also die Bemessung der Tagessatzhöhe bei der Geldstrafe, die Strafaussetzung zur Bewährung, das Absehen von Strafe oder die Anordnung von Maßnahmen der Besserung und Sicherung von Bedeutung sein können. Zu erörtern sind regelmäßig das Vorleben des Beschuldigten, sein Werdegang, seine berufliche Tätigkeit sowie seine familiären und wirtschaftlichen Verhältnisse.[345] Ob diese Erörterungen der Vernehmung zum Tatvorwurf vorangestellt werden oder ihr folgen, ist eine Frage der Zweckmäßigkeit, die sich nach den Umständen des Einzelfalls richtet. Bei geringer Bedeutung des Tatvorwurfs oder bei zunächst nur geringer Stärke des Tatverdachts kann es im Hinblick auf die Privatsphäre des Beschuldigten angebracht sein, die Erörterung der persönlichen Verhältnisse zunächst kurz zu halten oder auch ganz zu 61

---

338 Zur Bedeutung der schriftlichen Äußerung bei der staatsanwaltschaftlichen oder polizeilichen Vernehmung (§ 163a Abs. 1 Satz 2) s. bei § 163a.
339 BGHSt **7** 73 = MDR **1955** 244 m. Anm. *Mittelbach*; BGH NStZ **1987** 86; bei *Dallinger* MDR **1974** 725; bei *Herlan* MDR **1954** 656; RGSt **24** 94; *Hülle* DRiZ **1952** 166.
340 §§ 168, 168a.
341 BGHSt **6** 281; BGH NStZ **1987** 86; NJW **1952** 1027; RGSt **25** 34; **40** 425; vgl. im Übrigen bei § 254.
342 BGHSt **7** 74; Meyer-Goßner/*Schmitt* 15; SK/*Rogall* 25; BGH JZ **1989** 348 m. Anm. *Fezer* m.w.N.
343 Vgl. dazu: *Hoffmann*/*Mildeberger* StraFo **2004** 412f.
344 *Eb. Schmidt* Nachtr. I 9.
345 Vgl. auch Nr. 13ff. RiStBV.

unterlassen.[346] Die Erörterung von Vorstrafen ist im Allgemeinen nur erforderlich, wenn sie für die Schuldfrage (etwa bei gleichartiger Tatbegehung) von Bedeutung ist oder wenn sich ein Auszug aus dem Zentralregister bei den Akten befindet und ergänzende Feststellungen, z.B. über Tat- und Vollstreckungszeiten, notwendig erscheinen.[347]

62 Die Vernehmung des Beschuldigten über die **vorgeworfene Tat** richtet sich nach den Umständen des Einzelfalls. Über die eigentliche Vernehmungstechnik[348] enthält das Gesetz, von den Verboten des § 136a abgesehen, keine Bestimmungen. Anders als bei Zeugen[349] ist insbesondere nicht vorgeschrieben, dass Beschuldigten zunächst Gelegenheit gegeben werden muss, sich im Zusammenhang zu der Beschuldigung zu äußern. Das hat insofern einen Sinn, als ein Zeuge möglichst unbeeinflusst bekunden soll, was er von einem bestimmten Ereignis weiß, während ein Beschuldigter (s.o. Rn. 57) Gelegenheit erhält, sich gegen bestimmte Vorwürfe zu verteidigen. Dennoch wird der Richter regelmäßig auch dem Beschuldigten, gerade weil es um seine Verteidigung geht, die Möglichkeit einer zusammenhängenden Äußerung einräumen[350] und ihn erst anschliessend ergänzend befragen.[351] Die Vernehmung sollte nicht von vornherein in der Form von Frage und Antwort durchgeführt werden.[352] Im Rahmen der zusammenhängenden Schilderung ist der Vernehmende, wo es dessen bedarf, berechtigt und gegebenenfalls verpflichtet, der beschuldigten Person durch Zwischenfragen, Hinweise und Vorhalte weiterzuhelfen, sie beim Thema zu halten und sie zu einer möglichst klaren, deutlichen und widerspruchsfreien Erklärung dessen zu veranlassen, was sie sagen will.[353] Dabei ist freilich Zurückhaltung geboten, weil der Vernehmende die Aussage nicht unlauter beeinflussen oder gar „manipulieren" darf und jeden Anschein vermeiden muss, dies zu tun. Bei zusätzlichen Fragen, die der Vernehmende nach Abschluss der zusammenhängenden Darstellung stellt, darf er den Beschuldigten durch sachliche Vorhalte mit Widersprüchen konfrontieren.

63 **4. Keine Wahrheitspflicht.** Die beschuldigte Person trifft verfahrensrechtlich **keine Wahrheitspflicht.** Die Frage, ob sie sittlich verpflichtet ist, bei ihrer Vernehmung die Wahrheit zu sagen und eine Tat einzugestehen, die sie begangen hat,[354] bewegt sich nicht auf prozessrechtlichem Gebiet und ist dementsprechend hier nicht zu erörtern. Verfahrensrechtliche Bestimmungen, aus denen sich eine Wahrheitspflicht ergibt oder mit denen eine derartige Pflicht sogar durchgesetzt werden könnte, gibt es nicht. Die lebhaft umstrittene Frage, ob den aussagebereiten Beschuldigten dennoch eine – als solche nicht sanktionierte – Pflicht zur Wahrheit trifft, ist danach aus *prozessualer* Sicht zu verneinen.[355] Daraus allein kann jedoch nicht ohne weiteres geschlossen werden, dass

346 KK/*Diemer* 22; Meyer-Goßner/*Schmitt* 16; SK/*Rogall* 71; *Eb. Schmidt* Nachtr. I 1.
347 Vgl. auch RiStBV Nr. 13 Abs. 1.
348 Hierzu etwa *Eisenberg* (Beweisrecht) 580 ff. mit zahlr. Nachw.; AK/*Kube* Vor § 133, 11 ff.; vgl. auch *Gundlach* 65 ff., 84 ff.
349 § 69 Abs. 1 Satz 1.
350 *Eisenberg* (Beweisrecht) 583; *Geerds* 177 ff.; *Gundlach* 156 ff.
351 OGHSt **3** 147; AK/*Gundlach* 29; KK/*Diemer* 19; SK/*Rogall* 33; *Roxin/Schünemann* § 25, 8; vgl. auch BGH StV **1982** 458 und **1990** 245 (für § 243 Abs. 4); *Hammerstein* FS Middendorf 111, 112; **a.A.** RGSt **68** 111.
352 OLG Schleswig bei *Ernesti/Jürgensen* SchlHA **1973** 186; SK/*Rogall* 33; *Henkel* 175; *Roxin/Schünemann* § 25, 8; *Eisenberg* (Beweisrecht) 583; *Gundlach* 170; *Grünwald* StV **1987** 453; s. auch BGHSt **13** 260; **a.A.** OLG Köln MDR **1956** 695; LR/*Hanack*[25] 40; KK/*Diemer* 19; Meyer-Goßner/*Schmitt* 17.
353 KK/*Diemer* 19; SK/*Rogall* 33.
354 Dazu (divergierend) z.B. RMG **11** 101; *Eb. Schmidt* Nachtr. I 23; *Henkel* 177; *Peters* § 28 IV 2; *Engelhard* ZStW **58** (1939) 358; *Rieß* JA **1980** 296; *Wessels* JuS **1966** 173; *Wimmer* ZStW **50** (1930) 538.
355 BGHSt **3** 152; **27** 379; OLG Hamm NJW **1957** 152; Meyer-Goßner/*Schmitt* 18; SK/*Rogall* Vor § 133, 72 m.w.N.; *Eb. Schmidt* Nachtr. I 20; *Rogall* 52 ff.; *Rüping* JR **1974** 139; *Meyer-Mews* DStR **2013** 161; **a.A.**

Beschuldigte ein generelles „Recht“ zur Lüge haben.[356] Wenn Beschuldigte wirklich berechtigt wären, ein Gericht anzulügen, dürften sich daraus keinerlei nachteilige Konsequenzen ergeben (s.u. Rn. 65).

Das **materielle Recht** kennt keinen Rechtfertigungsgrund für eine Lüge, der sich allein aus der Stellung als Beschuldigter in der Vernehmung ergibt. Macht eine beschuldigte Person unrichtige Angaben, welche die Tatbestände der §§ 145d, 164, 187, 258, 259 oder der §§ 27, 153, 154 StGB erfüllen, kann sie grundsätzlich bestraft werden.[357] Es gibt also für Beschuldigte zwar kein Recht zur Lüge, aber auch keine rechtliche Pflicht zur Wahrheit.[358] Sie dürfen schweigen oder sich, solange sie damit gegen kein Strafgesetz verstoßen, für die Lüge entscheiden, um „sich zu verteidigen“.[359] 64

Umstritten ist, ob dem Beschuldigten insofern **nachteilige Konsequenzen** aus der Entscheidung, die Unwahrheit zu sagen, drohen können, als seine Äußerung der freien Beweiswürdigung unterliegt, wenn er sich als Beweismittel (im weiteren Sinne) zur Verfügung stellt. Nach der von *Hanack* in der 25. Auflage vertretenen Ansicht kann es, wenn die beschuldigte Person bei einer Lüge ertappt wird, im Rahmen der freien Beweiswürdigung zulässig sein, Schlüsse auf deren gesamte Glaubwürdigkeit zu ziehen – „wenn auch mit der gebotenen Vorsicht“.[360] Das kann jedoch nur im Ausnahmefall zulässig sein. Auch bei der Rechtsfolgenentscheidung darf eine verteidigende Lüge nur unter ganz besonderen Voraussetzungen berücksichtigt werden: Nach heute allgemeiner Meinung ist das Leugnen kein Strafschärfungsgrund.[361] Das Prozessverhalten des überführten Täters wurde früher jedoch bei der Strafzumessung (als Nachtatverhalten im Sinne des § 46 Abs. 2 StGB) und auch bei der Prognoseentscheidung nach §§ 56, 57 ff. StGB berücksichtigt, wenn es aus Sicht des Gerichts – als Indizienschluss – Folgerungen etwa auf mangelnde Unrechtseinsicht zuließ.[362] Praktisch dürfte sich ein solcher Schluss in überzeugender Weise aber nur sehr selten ziehen lassen.[363] Aus gutem Grund ist daher die Rechtsprechung in der Anerkennung einer solchen Möglichkeit heute äußerst zurückhaltend.[364] 65

---

zu Dohna 107; *Peters* § 28 IV 2; *Binding* DJZ **1909** 162; *Mezger* ZStW **40** (1919) 162; *Mörsch* 95; *Walder* 80.

356 BGHSt **60** 198 = NStZ **2015** 689; BGH NStZ **2005** 517; OLG Braunschweig NJW **1947/48** 150; Meyer-Goßner/*Schmitt* und SK/*Rogall* aaO; *Eb. Schmidt* Nachtr. I 25; *Henkel* 177; *Aselmann* 177 und 186; *Fahl* Rechtsmißbrauch im Strafprozeß (2004) 90; *Kölbel* 25; *Engelhard* ZStW **58** (1939) 354; **a.A.** *Eschelbach* StV **2000** 390; *Fezer* FS Stree/Wessels 663; *Hauck* ZStW **27** (1907) 926; *Kohlhaas* NJW **1965** 2284.

357 Vgl. BGHSt **18** 204; **19** 305; BGH bei *Dallinger* MDR **1953** 272; RGSt **69** 173; RG DR **1942** 1782; OLG Hamm NJW **1957** 152; **1965** 62; OLG Koblenz NJW **1956** 561; OLG Schleswig SchlHA **1953** 219; *Henkel* 178; *Pfenninger* FS Rittler 370; *Rieß* JA **1980** 297; *Wessels* JuS **1966** 174; vgl. auch BayObLG JR **1986** 28 m. Anm. *Keller*. Zur materiellrechtlichen Bewertung eines „passiven“ oder „aktiven“ Verteidigungsverhaltens: *Aselmann* 117 ff. und 247 ff.

358 OLG Hamm NJW **1965** 62; KK/*Diemer* 20; *Beling* 310; *Kohlrausch* JW **1925** 1440; *Pfenninger* FS Rittler 370 ff.; *H. M. Schmidt* JZ **1958** 70; *R. Schmitt* DJZ **1909** 39; *Wessels* JuS **1966** 137; *Wissgott* 136.

359 BGH StV **1985** 357; BGH NStZ-RR **2018** 170; *Meyer-Mews* NJW **2000** 916. Zum Streit darüber, ob ein Anwalt zur Lüge raten dürfe: *Krekeler* NStZ **1989** 147 f. m.w.N.

360 LR/*Hanack*[25] 42 in diesem Sinne auch: KK/*Diemer* 20; *Kölbel* 36 f.; *Fezer* FS Stree/Wessels 682; *Rüping* JR **1974** 139; *Rieß* JA **1980** 297; *Eisenberg* (Beweisrecht) 550: „weil gerade ein *Unschuldiger* vielfältige Gründe haben kann, *Zuflucht* zur Lüge zu nehmen“.

361 Std. Rspr. z.B. BGH StV **1983** 102 und 105; NStZ **1987** 171; *Aselmann* 147 ff.; *Jeßberger* 69, 137; *Kölbel* 31 f. m.w.N.; *Detter* NStZ **2002** 133.

362 BGHSt **1** 105 und 107; BGH NJW **1961** 85; NStZ **1981** 257 mit zahlr. Nachw.; *Aselmann* 153; dagegen NK/*Streng* § 46, 77; *Torka* 164 und 257.

363 Zur Kritik an der Validität solcher Indizienschlüsse: *Frisch* FG BGH IV 293; *Dencker* ZStW **102** (1990) 56 f.; *Möller* JR **2005** 319 f.

364 BGH NStZ **2014** 396. Das gilt selbst bei auf Täuschung angelegtem Prozessverhalten (vgl. z.B. BGH JZ **1980** 335; StV **1981** 122 und 620). Zur früheren Rspr. vgl. BGHSt **1** 103, 105 und **1** 105, 107; diese Urteile sind

66 Den aussagebereiten Beschuldigten zur **Wahrheit zu ermahnen**, ist grundsätzlich nicht statthaft und nur ausnahmsweise insofern zulässig, als ihm sachlich mögliche Nachteile seines Leugnens vor Augen geführt werden.[365] Ein allgemeiner Hinweis, der Beschuldigte müsse die Wahrheit sagen, ist jedoch unzulässig; ein solcher Hinweis kann eine Täuschung i.S.d. § 136a darstellen (§ 136a, 39). Illegal ist es auch, einem Beschuldigten, gegen den noch keine zur Überführung ausreichenden Beweise vorliegen, zu erklären, die Aufklärung der Wahrheit liege in seinem eigenen Interesse.

XIV. Anwesenheitsrechte und -pflichten. Gegenüberstellungen

67 **1. Staatsanwalt und Verteidiger.** Sie sind gemäß § 168c Abs. 1, Abs. 5 berechtigt, an richterlichen Vernehmungen im Vorverfahren teilzunehmen. Für staatsanwaltschaftliche Vernehmungen gilt Entsprechendes (§ 163a Abs. 3 Satz 2). Zur Situation bei polizeilichen Vernehmungen vgl. die Erl. zu § 163a.

68 **2. Protokollführer.** Anders als bei staatsanwaltschaftlichen Vernehmungen (§ 168b) und bei polizeilichen Vernehmungen (dazu bei § 163a) ist die Mitwirkung eines Protokollführers bei richterlichen Vernehmungen durch § 168 gesetzlich als Regel vorgeschrieben.

69 **3. Dolmetscher.** Wann eine Zuziehung von Dolmetschern notwendig ist, ergibt sich aus den §§ 185, 186 GVG[366] sowie aus internationalen Vorgaben, insbesondere europäischem Recht, Richtlinien 2010/64/EU über das Recht auf Dolmetschleistungen und Übersetzungen in Strafverfahren[367] und 2012/13/EU über das Recht auf Belehrung und Unterrichtung in Strafverfahren[368] sowie der EMRK.[369] Grundsätzlich gilt, dass bei allen Beschuldigten, bei denen feststeht, dass sie der deutschen Sprache nicht hinreichend mächtig sind, eine Vernehmung nur unter Zuhilfenahme eines Dolmetschers durchgeführt werden darf.[370]

70 **4. Sachverständige und Zeugen.** Die Beiziehung von Sachverständigen durch den vernehmenden Richter kann, z.B. zur Beurteilung der Verhandlungsfähigkeit des Beschuldigten, geboten sein. Der Richter darf dem Sachverständigen gestatten, unmittelbar Fragen an den Beschuldigten zu stellen (§ 80 Abs. 2). Ohne besonderen Antrag (§ 162) ist der Richter nur in den Fällen des § 165 befugt, der beschuldigten Person bei ihrer Vernehmung Zeugen gegenüberzustellen (§ 58 Abs. 2), die er zu diesem Zweck lädt (näher bei § 58).[371] Zur Lage bei staatsanwaltschaftlichen und polizeilichen Vernehmungen s. die Erläuterungen zu § 161a und § 163a.

---

mit der neueren Rechtsprechung aber kaum noch in Einklang zu bringen, vgl. auch SK/*Rogall* Vor § 133, 72; *Eisenberg* (Beweisrecht) 551.

365 OLG Braunschweig NJW **1947/48** 150; KK/*Diemer* 19; Meyer-Goßner/*Schmitt* 18; SK/*Rogall* 70; **a.A.** *Fezer* FS Stree/Wessels 683; kritisch *Ransiek* StV **1994** 345.

366 Zur Möglichkeit die Vernehmung in einer anderen Sprache als deutsch durchzuführen vgl. *Hoffmann*/*Mildeberger* StraFo **2004** 412 f.; zur EEA-Videovernehmung s.u. Rn. 89.

367 ABl. EU L 280 v. 26.10.2010, S. 1.

368 Vgl. dazu KOM(2010) 392 endg. v. 20.7.2010; MüKo/*Oğlakcıoğlu* § 187, 5 GVG.

369 Zu den aus Art. 6 Abs. 3 lit. e EMRK folgenden Rechten: *Gaede* 287 ff.

370 BVerfG NStZ-RR **2004** 64; OLG Hamburg NStZ **2005** 227; *Eisenberg* (Beweisrecht) 528; *Paeffgen* NStZ **1989** 423.

371 Weitgehender noch: LR/*Hanack*[25] 47.

5. Mitbeschuldigte. Bei der Vernehmung von Mitbeschuldigten können sich Zielkonflikte ergeben, etwa wenn die Ermittlungsbehörden davon ausgehen, dass eine getrennte Vernehmung für die Sachverhaltsaufklärung förderlich ist, den einzelnen Beschuldigten jedoch ein Recht auf Konfrontation von Belastungszeugen nach Art. 6 Abs. 3 lit. d EMRK oder ein Teilnahmerecht zusteht. Die Auflösung eines solchen Konflikts ist umstritten. Das hat seinen Grund nicht nur darin, dass der Strafprozessordnung klare Linien diesbezüglich fehlen,[372] sondern liegt auch daran, dass sich das Konfrontationsrecht nach der EMRK nicht widerspruchsfrei in das deutsche Strafverfahren einfügt.[373] Die Rechtsprechung lehnt ein Anwesenheitsrecht von Mitbeschuldigten bei Vernehmungen immer noch grundsätzlich ab.[374] Demgegenüber plädieren Stimmen in der Literatur – insbesondere unter Hinweis auf die erweiterte Möglichkeit, den Inhalt richterlicher Vernehmungen in die Hauptverhandlung einzuführen – zu Recht für einen grundsätzlichen Vorrang der Verteidigungsinteressen, die ihrerseits ja auch einen Beitrag zu einer umfänglichen Klärung des Sachverhalts beitragen können. Bei der Entscheidung, in welchem Umfang Mitbeschuldigte an den jeweiligen Vernehmungen teilnehmen können bzw. müssen, spricht eine Abwägung des Interesses an einer tragfähigen Aufklärung des Sachverhalts und der Verteidigungsrechte grundsätzlich für ein Teilnahmerecht von Mitbeschuldigten an Vernehmungen. Eine konventionskonforme Auslegung der verschiedenen strafprozessualen Regelungen hat unter anderem die Konsequenz einer analogen Anwendung von § 168c Abs. 2.[375] Die Gegenüberstellung von Mitbeschuldigten durch den vernehmenden Richter ist unter den Voraussetzungen von § 165 zulässig (s.o. Rn. 70). 71

6. Beistände. Die Zulassung von Ehegatten und gesetzlichen Vertretern als Beistand unterliegt im Vorverfahren dem richterlichen Ermessen (§ 149 Abs. 3).[376] 72

7. Gesetzliche Vertreter und Erziehungsberechtigte. Nach § 67 Abs. 1 JGG haben der gesetzliche Vertreter und jeder Erziehungsberechtigte das Recht, gehört zu werden sowie Fragen und Anträge zu stellen und bei Untersuchungshandlungen anwesend zu sein, soweit der jugendliche Beschuldigte selbst diese Rechte hat.[377] Das gilt auch im Vorverfahren. Der Wortlaut des Gesetzes bezieht sich nicht explizit auf Vernehmungen. Da die Vernehmung aber unbestreitbar eine Untersuchungshandlung ist, gibt es keinen Grund, dem gesetzlichen Vertreter und dem Erziehungsberechtigten die Anwesenheit nicht zu gestatten. Bei Teilnahmeverdacht und Missbrauch können die Rechte nach Maßgabe des § 67 Abs. 4 JGG entzogen werden. 73

Anwesenheitsrechte bei **Vernehmungen im Wege der Rechtshilfe.** Für die Durchführung einer richterlichen Vernehmung im Wege der Rechtshilfe gelten grundsätzlich die Regelungen des Staates, in dem die Vernehmung durchgeführt wird („locus regit actum"). Wird in Deutschland ein Beschuldigter durch einen Richter für ein ausländisches Strafverfahren vernommen, gelten also prinzipiell die gleichen Regeln wie für inländische Beschuldigtenvernehmungen; aus praktischen Gründen empfiehlt es sich ohnehin, die im deutschen Recht vorgesehenen Anwesenheitsrechte zu beachten.[378] Eine 74

372 Vgl. etwa zum Streit um die Teilnahmerechte MüKo/*Kölbel* § 168c, 8 f.
373 Vgl. dazu *Weigend* FS Wolter 1156 ff.
374 BGHSt **42** 391, 395; BVerfG NJW **2007** 204; Meyer-Goßner/*Schmitt* § 168c, 1.
375 SK/*Wohlers*/*Albrecht* § 168c, 9 ff.; *Beulke*/*Swoboda* 156.
376 Vgl. auch zur sonstigen Zulassung im Ermittlungsverfahren, näher bei § 149.
377 Vgl. BGH Beschl. v. 11.7.2017 – 3 StR 510/16; BGH Beschl. v. 28.3.2018 – 4 StR 629/17.
378 *Gleß* FS Grünwald 201 m.w.N.; Schomburg/*Lagodny*/Gleß/Hackner § 59, 39 IRG.

richterliche Beschuldigtenvernehmung, die im Ausland für ein deutsches Strafverfahren durchgeführt wird, richtet sich dementsprechend grundsätzlich nach dem Recht des ersuchten Staates.[379] Gleichwohl müssen die deutschen Organe bestmöglich darauf hinwirken, dass die von der StPO vorgeschriebenen Anwesenheitsrechte Beachtung finden.[380] Soweit rechtshilferechtliche Vereinbarungen das Prinzip „locus regit actum" modifizieren, sind diese Sonderregelungen zu beachten.[381] Innerhalb der EU soll (nach Art. 4 EURhÜbk von 2000) grundsätzlich das Recht des ersuchenden Staates bei der Durchführung von Rechtshilfehandlungen gelten.[382]

XV. Protokoll

75 Richterliche Vernehmungen des Beschuldigten sind nach der Bestimmung des § 168a detailliert zu protokollieren (Näheres dort). Das Gesetz zur Stärkung der Verfahrensrechte von Beschuldigten im Strafverfahren legt mit der Neufassung von § 168b nunmehr einheitliche Dokumentationspflichten hinsichtlich Belehrungen und Untersuchungshandlungen für alle Ermittlungsbehörden fest und erfüllt damit die EU-Vorgaben aus Art. 7 RL 2010/64/EU sowie Art. 8 RL 2012/13/EU.[383]

XVI. Videodokumentation von Beschuldigtenvernehmungen

75a Die **Videodokumentation von Beschuldigtenvernehmungen** außerhalb der Hauptverhandlung[384] ist mit Inkrafttreten von § 136 Abs. 4 n.F. zum 1.1.2020 **verpflichtend**, (1.) wenn wegen eines **vorsätzlich begangenen Tötungsdelikts** vernommen wird[385] und der Aufzeichnung weder äußere Umstände noch die besondere Dringlichkeit der Vernehmung entgegenstehen, oder (2.) wenn **schutzwürdige Interessen** besonders **vulnerabler Beschuldigter** durch die Aufzeichnung besser gewahrt werden können, insbesondere bei **Jugendlichen** oder Beschuldigten, die erkennbar unter **eingeschränkten geistigen Fähigkeiten** oder einer **schwerwiegenden seelischen Störung** leiden. Eine audiovisuelle Dokumentation von Beschuldigtenvernehmungen war bereits zuvor möglich,[386] wurde aber wohl selten praktiziert.[387] Nach Inkrafttreten der Neuregelung müssen Gerichte und Behörden verschiedenste praktische und rechtliche Probleme[388] lösen. Die Regelung zur Videoaufzeichnung gilt grundsätzlich für alle richterlichen Vernehmungen vor der Hauptverhandlung.[389] Für die staatsanwaltschaftliche und polizeiliche Vernehmung gelten § 163a Abs. 3 Satz 2 bzw. Abs. 4 Satz 2.

---

379 Dieses Prinzip gilt grundsätzlich auch zwischen den Vertragsstaaten des Rechtshilfeübereinkommens des Europarates, Art. 4 EuRhÜbk von 1959, Schomburg/*Lagodny*/Gleß/Hackner II B Art. 4 EuRhÜbk von 1959.
380 *Gleß* FS Grünwald 203 f. m.w.N. in Fn. 39.
381 Vgl. BGH NStZ **1996** 2239; *Nagel* Beweisrechtsaufnahme im Ausland (1988) 163; *Böse* ZStW **114** (2002) 153.
382 Vgl. Schomburg/Lagodny/*Gleß*/Hackner III B Art. 4 EURhÜbk von 2000.
383 *Christl* NStZ **2014** 376.
384 Siehe unten Rn. 75 f.
385 Zur Kritik an diesem beschränkten Anwendungsbereich: *Michel* 46.
386 Vgl. dazu etwa *Altenhain* ZIS **2015** 269 ff. sowie LR/*Erb* § 163a, 47; KK/*Griesbaum* § 163a, 3a.
387 *Altenhain* ZIS **2015** 271; *Neubacher*/*Bachmann* ZRP **2017** 141; *Singelnstein*/*Derin* NJW **2017** 2649.
388 Vgl. etwa *Kudlich* ZRP **2018** 12 f.
389 KK/*Diemer* 3; SK/*Rogall* 2; AnwK-StPO/*Walther* 1, 4; *Michel* 149. Zur Anwendung (nur) im Ermittlungsverfahren: RegE eines Gesetzes zur effektiveren und praxistauglicheren Ausgestaltung des Strafverfahrens, BTDrucks. **18** 11277 S. 24.

1. Vernehmung bei Verdacht auf vorsätzliche Tötung. Unter den Begriff der **vorsätzlichen Tötungsdelikte** sollen nach dem Willen des Gesetzgebers neben den Tatbeständen der §§ 211 bis 221 StGB (Versuch und Vollendung) grundsätzlich auch erfolgsqualifizierte Delikte fallen, sofern Vorsatz bezüglich der schweren Folge vermutet wird.[390] In unklaren Fällen sollte eine Vernehmung audiovisuell festgehalten werden, auch um dem Gericht die Beurteilung der subjektiven Komponente vorzubehalten und Beschuldigtenrechte zu wahren. Geht eine Vernehmungsperson erst im Laufe einer Vernehmung von einer vorsätzlichen Tat aus, ist die Vernehmung zu beenden und mit einer neuen, videodokumentierten Vernehmung zu beginnen (s.u. Rn. 75d). Praktisch dürfte diese Verpflichtung nicht nur wichtige Erkenntnisse für die Beurteilung der subjektiven Seite konservieren, sondern dazu führen, dass die Behörden bei Anordnung einer Untersuchungshaft nach § 112 Abs. 3, immer eine audiovisuelle Vernehmung des inhaftierten Beschuldigten durchführen müssen.[391] Fraglich ist, wann **äußere Umstände** oder die **besondere Dringlichkeit** ein Absehen von der an sich angezeigten Videovernehmung erlauben. Keinen Ausnahmetatbestand begründet der Umstand, dass die Vernehmung an einem Ort durchgeführt wird, an dem keine Aufzeichnungsinfrastruktur vorhanden ist.[392] Es sind kaum Gründe denkbar, in denen Beschuldigte förmlich vernommen werden, aber nicht in eine für solche Vernehmung vorgesehene Räumlichkeit überführt werden können.[393] Selbst in der vom Gesetzgeber genannten Situation einer Nacheile sollte es regelmäßig möglich sein, in der Zeit, in der ein Verteidigerbeistand herbei geschafft wird, eine Videoaufnahme zu organisieren.[394] 75b

2. Vernehmung von vulnerablen Beschuldigten. In die Kategorie der Beschuldigten, deren schutzwürdige Interessen durch eine Videovernehmung zu wahren sind, fallen **Jugendliche**[395] und Personen, die infolge ihrer **geistigen Konstitution** weniger als andere in der Lage sind, in einer Vernehmungssituation einer möglichen Suggestion und etwaigem Druck Stand zu halten oder Wahrnehmungs- bzw. Ausdrucksprobleme haben und deshalb die besondere Tragweite ihrer Äußerungen nicht einschätzen können. Dies kann ein Risiko für die Wahrheitsfindung darstellen ebenso wie für die Wahrung der Rechtsinteressen von Beschuldigten.[396] Dabei deutet viel darauf hin, dass eine Videoaufnahme in vielen Fallkonstellationen eher der Wahrheitsfindung und weniger der Interessenswahrung vulnerabler Personen dienen dürfte, da für letztere neben Verteidigungsinteressen auch noch Persönlichkeitsrechte eine Rolle spielen.[397] Wie Vernehmungspersonen diesen Beurteilungsspielraum adäquat ausfüllen, erscheint im Wesentlichen noch ungeklärt.[398] Hier können internationale Vorgaben eine Rolle spielen, etwa die **Richtlinie (EU) 2016/800** vom 11.5.2016 über Verfahrensgarantien in Strafverfahren 75c

390 RegE BTDrucks. **18** 11277 S. 27; Meyer-Goßner/*Schmitt* 19c.
391 *Michel* 175 f.
392 Meyer-Goßner/*Schmitt* 19d. Vgl. dazu auch BVerfG NJW **2014** 1083 zu § 247a.
393 Vgl. a. *Singelnstein/Derin* NJW **2017** 2649.
394 Vgl. a. *Michel* 177 ff.
395 RegE BTDrucks. **18** 11277 S. 27, siehe auch EU RL 2016/800 vom 11.5.2016 über Verfahrensgarantien in Strafverfahren für Kinder, die Verdächtige oder beschuldigte Personen in Strafverfahren sind, ABl. EU L 132 v. 21.5.2016, 1.
396 Vgl. etwa Studien zur Abgabe falscher Geständnisse durch solche Personengruppen: *Peters* 26; *Nothacker* JZ **1982** 59; *Neubacher/Bachmann* ZRP **2017** 142.
397 Dazu etwa: *Michel* 183 ff.
398 Wenig hilfreich sind hier die gesetzgeberischen Überlegungen, etwa zur Frage, ob von einer Videovernehmung abgesehen werden kann, wenn die vernommene Person von der Kamera eingeschüchtert werden könnte, RegE BTDrucks. **18** 11277 S. 28.

gegen Kinder,[399] die den Schutz bestimmter Kinderinteressen grundsätzlich über die Wahrheitsfindung stellen.[400]

75d **3. Andere Vernehmungen.** In anderen Fällen steht die Videodokumentation im **Ermessen** des Gerichts.[401] Die Ausübung des pflichtgemäßen Ermessens erfordert insbesondere eine *ex-ante* Beurteilung der erwarteten Komplexität der Aussage oder der Erforderlichkeit zur Wahrung schützenswerter Interessen. Erweist sich eine ursprüngliche Einschätzung als irrig, muss die Vernehmungsperson das Gespräch unterbrechen und die Videotechnik zum Einsatz bringen.[402] Durch geeignete Maßnahmen ist sicherzustellen, dass die Aufzeichnung die Anforderungen an eine komplette Videoaufnahme erfüllt (s.o. Rn. 75b), insbesondere empfiehlt sich eine Art Vorspann zur Aussage mit Angaben zu der bis dahin geführten Vernehmung und erneuter adäquater Belehrung. § 136 Abs. 4 äußert sich nicht zur **Anordnungskompetenz** einer Videodokumentation, sondern geht davon aus, dass die Art der Beschuldigtenvernehmungen durch den vernehmenden Richter verfügt werden, während für die durch Staatsanwaltschaft oder Polizei durchgeführten Vernehmungen die Verweisungsvorschriften von § 163a Abs. 3 S. 2 bzw. Abs. 4 Satz 2 gelten.

75e **4. Zweck der Videoaufzeichnung.** Die Videoaufzeichnung der Beschuldigtenvernehmung dient unterschiedlichen Zwecken:[403] Sie fördert die **Sicherung der Wahrheitsfindung**[404] durch den Einsatz von Aufnahmetechnologien und schützt **Interessen von Beschuldigten.**[405] Sie eröffnet durch die Herstellung einer „Videokonserve" neue Möglichkeiten zum **transnationalen Beweistransfer.**[406] Die Regelung ist Teil einer generellen Entwicklung, vermehrt moderne Technologien zur Konservierung von Verfahrensschritten im Strafprozess zu nutzen. Im Speziellen trägt sie einer Verschiebung der Sachverhaltsfeststellung vom Hauptverfahren in das Ermittlungsverfahren Rechnung.[407] Der Reform ging eine kontroverse Debatte über Chancen und Nachteile einer solchen Beweissicherung voraus, die zeigt, wie groß der Schritt von handschriftlichen Aufzeichnungen zur Echtzeitaufnahme mit Hilfe digitaler Technologien ist.[408] Die unterschiedlichen Zweckbestimmungen können zu einem **Zielkonflikt** führen, etwa bei jugendlichen Beschuldigten, wenn eine audiovisuelle Dokumentation zwar eine bessere Sachverhaltsaufklärung verspricht, aber Persönlichkeitsrechte von Beschuldigten durch die Herstellung und Verwendung der Videoaufnahme unverhältnismäßig tangiert würden. Bei der Lösung dieses Konflikts sind konfligierende Interessen *in concreto* im Lichte der technologischen Entwicklung zu gewichten. **Digitale Videoaufnahmen** geben – anders als schriftliche Vernehmungsprotokolle – nicht nur Sachinformationen, sondern bieten einen ungefilterten Einblick in verbale und nonverbale Äußerungen eines (lediglich) Beschuldigten. Würden solche Aufnahmen über das Internet verbreitet, wären Rechte des Beschuldigten – möglicherweise irreparabel – verletzt. Vor diesem Hintergrund kann

---

399 ABl. EU L 132 v. 21.5.2016, 1.
400 Ausf. dazu *Michel* 201 ff.
401 *Singelnstein/Derin* NJW **2017** 2649.
402 Meyer-Goßner/*Schmitt* 19c.
403 BTDrucks. **17** 12418 S. 2, 15; zur Entwicklung der Gesetzgebung: *Michel* 31 ff.; *Altenhain* ZIS **2015** 270.
404 Meyer-Goßner/*Schmitt* 19a.
405 Vgl. RegE BTDrucks. **18** 11277 S. 24; *Michel* 24 ff.
406 RegE BTDrucks. **18** 11277 S. 24 f.
407 Bericht der Expertenkommission **2015** [Hrsg. BMJV], 7 ff., 135 ff.; Alternativ-Entwurf Beweisaufnahme GA **2014** 1; *Jahn* StV **2015** 778.
408 Vgl. dazu etwa *Altenhain* ZIS **2015** 275 ff.; *Artkämper* Kriminalistik **2009** 423.

sich beispielsweise eine Interessensabwägung dahingehend anbieten, bei Integration einer Beschuldigtenvernehmung in die elektronische Akte (s.u. Rn. 75n), den umfänglichen Aktenzugang (im Rahmen einer download-Option) nur den anwaltlichen Vertretern von Verletzten und Nebenklägern zu gewähren und nicht an Privatpersonen (s.u. Rn. 75m).

5. Zusammenspiel mit anderen Regelungen. Vergleichbar der in **§ 136 Abs. 2** getroffenen Regelung bezieht sich § 136 Abs. 4 nicht nur auf die erste Vernehmung.[409] Die Anordnung einer Videovernehmung ist auch auf richterliche Vernehmungen im Rechtshilferecht anwendbar; für den Rechtshilfeverkehr in der EU ergibt sich das bereits aus **§ 91c Abs. 1 IRG**[410] (siehe auch Erl. zu § 133, 11d.) Die Bedeutung der Videodokumentation erschließt sich erst in Zusammenschau mit vielen anderen Regelungen und Verweisungen. So werden **§ 163a Abs. 4 Satz 2** und **§ 2 Abs. 2 JGG** angepasst und erstrecken sich neu auch auf § 136 Abs. 4.[411] **§ 254 Abs. 1** gestattet die Einführung von Bild-Ton-Aufzeichnungen aller (nicht nur richterlicher) Vernehmungen in die Hauptverhandlung unter denselben Voraussetzungen wie ein schriftliches Protokoll der richterlichen Beschuldigtenvernehmung. Das Abspielen von Videoaufzeichnungen einer Beschuldigtenvernehmung kann aber nicht die Vernehmung von Beschuldigten in der Hauptverhandlung ersetzen (**§ 243 Abs. 5 Satz 2**). 75f

§ 136 Abs. 4 verweist auf **§ 58a Abs. 2.** Die in Satz 1 statuierte **Zweckbindungsregelung**[412] gebietet eine Nutzung der Videoaufzeichnung „nur für Zwecke der Strafverfolgung" und nur insoweit „als dies zur Erforschung der Wahrheit erforderlich ist". Das Gebot zur entsprechenden Anwendung der in § 100 Abs. 8 etablierten **Löschungsvorschrift** sowie der Akteneinsichtsrechte nach §§ 147, 406e gibt Anlass zu verschiedensten Anschlussfragen, s.u. Rn. 75m. Dies liegt zum einen an den Besonderheiten von Videoaufzeichnungen, die über die Informationsebene hinaus nonverbale Äußerungen enthalten, die etwa für Gefährdungsprofilierungen oder für eine „Lügenerkennung" ausgewertet werden könnten.[413] Zum anderen führen spezifische Unterschiede zwischen der (in § 58a primär geregelten) Aufnahme von Zeugenvernehmungen im Vergleich mit Beschuldigtenvernehmung zu anderen Fragestellungen, etwa mit Blick auf das Akteneinsichtsrecht (s.u. Rn. 75o). Der Gesetzgeber verweist in § 136 Abs. 4 **nicht** auf die **Widerspruchsmöglichkeit nach § 58a Abs. 3** gegen die Ausgabe von Aufzeichnungskopien an die Akteneinsichtsberechtigte. Es herrscht jedoch Einigkeit darüber, dass Persönlichkeitsrechte von Beschuldigten gerade im Umgang mit Videoaufzeichnungen von Vernehmungen im Strafverfahren besonderer Aufmerksamkeit bedürfen (etwa Kopierschutz[414]). 75g

6. Anwesenheitsrechte. Für die Aufzeichnung gelten die allgemeinen Anwesenheits- und Informationsregelungen betreffend **Verteidigung**, **Dolmetscher** und (bei Kindern und Jugendlichen) **Erziehungsberechtigte**. 75h

---

409 Vgl. oben Rn. 13 sowie KK/*Diemer* 5; SK/*Rogall* 4; *Eb. Schmidt*, Nachtr. I, 6.
410 Vgl. BTDrucks. **18** 9757 S. 62. Bereits zuvor waren Videoaufzeichnungen von Beschuldigtenvernehmungen nach Art. 10 EURhÜbk grundsätzlich möglich.
411 *Michel* 151.
412 Ausf. dazu *Michel* 235 ff.
413 Vgl. zu Letzterem *Michel* 240 f. sowie zur Problematik von Lügendetektoren § 136a 64 ff.
414 Vgl. Meyer-Goßner/*Schmitt* 19 f.

75i **7.** Der **Wille von Beschuldigten** ist für die Videoaufzeichnung einer Vernehmung formal unerheblich, aber praktisch von Bedeutung.[415] Denn eine beschuldigte Person kann von ihrem Schweigerecht Gebrauch und somit eine Einlassung faktisch davon abhängig machen, dass keine Bild-Ton-Aufnahme gefertigt wird. Sie vor die Wahl zu stellen, entweder an einer – auch zum Schutz ihrer Interessen angefertigten – Videoaufnahme mitzuwirken oder sich gar nicht einlassen zu dürfen, wäre mit Blick auf die Selbstbelastungsfreiheit unzulässig (dazu Erl. von *Erb* bei § 163a, 47).[416] Dem entspricht auch das im deutschen Rechtshilfeverkehr etablierte Zustimmungserfordernis von Beschuldigten zur Videovernehmung (§ 91c Abs. 1 IRG,[417] s. Erl. zu § 133, 11d); dort spielt allerdings als sachlicher Grund für die Verweigerungsmöglichkeit eine Rolle, dass eine EEA-Videovernehmung regelmäßig durch eine ausländische Stelle geleitet wird, der man sich im Inland nicht unterwerfen muss.[418] Als möglicher pragmatischer Ausweg böte sich eine Ausnahme von der Aufzeichnungspflicht mit Rücksicht auf die „äußeren Umstände" an.[419] Eine **heimliche audiovisuelle Dokumentation** ist – ebenso wie die geheime Tonbandaufnahme – unzulässig.[420]

75j **8.** Die **Modalitäten einer Videoaufnahme** der Beschuldigtenvernehmung hat der Gesetzgeber nicht geregelt, obwohl rechtstatsächliche, wahrnehmungspsychologische[421] und rechtsvergleichende Erkenntnisse nahe legen, dass eine Regelung des „Was" und „Wie" genauso wichtig sind, wie jene über das „Ob" solcher Dokumentationen. Unstreitig ist, dass der in § 136 **vorgegebene Vernehmungsablauf** insgesamt aufgezeichnet werden muss, bestehend aus der Vernehmung zur Person, der Erteilung der in § 136 Abs. 1 vorgeschriebenen Hinweise sowie die Vernehmung zur Sache.[422] Fraglich ist, ob darüber hinaus auch sog. **informatorische Vor- oder Zwischengespräche** aufgenommen oder jedenfalls in anderer Weise zum Inhalt der audiovisuellen Aufzeichnung zu machen sind. Die Ziele der Videoaufnahme (Sicherung der Wahrheitsfindung, Schutz der Beschuldigtenrechte und transnationaler Beweistransfer) sprechen grundsätzlich alle dafür, den gesamten Verlauf der Vernehmung mit Betreten des Vernehmungsraumes[423] aufzunehmen. Falls außerhalb dieses Raumes ein Gespräch zur Sache stattgefunden hat, ist dies in geeigneter Form durch die Vernehmungsperson in der Aufnahme zu dokumentieren. Zur Vermeidung etwaiger Streitigkeiten über Vernehmungsinhalt und -umstände erscheint es geboten, dass die für die Durchführung der Vernehmung verantwortliche Person am Ende eine Erklärung zur Vollständigkeit und Richtigkeit der Aufzeichnung abgibt.[424] Nicht zur Vernehmung – und damit nicht zum aufzunehmenden Inhalt – gehört etwa die vertrauliche Kommunikation zwischen Beschuldigten und Verteidigung.

---

415 Ausf. *Michel* 193 ff.
416 Vgl. auch RegE BTDrucks. **18** 11277 S. 25.
417 Vgl BTDrucks. **18** 9757 S. 62. Deutschland hatte bereits zu Art. 10 Abs. 9 EURhÜbk die Erklärung abgegeben, dass eine Beschuldigtenvernehmung per Videokonferenz nicht grundsätzlich ausgeschlossen wird, aber nur auf freiwilliger Grundlage in Betracht kommt, BTDrucks. **15** 4233 S. 22.
418 BTDrucks. **18** 1773 S. 36 mit Verweis auf BTDrucks. **15** 4232 S. 13 f.; Schomburg/Lagodny/Gleß/Hackner/*Gleß* Art. 10 EURhÜbk, 23.
419 Für diesen Lösungsweg etwa: *Michel* 200 f.
420 Vgl. zur Unzulässigkeit der heimlichen Tonbandaufnahme etwa: BGHSt **34**, 39, 52; *Henkel* JZ **1957** 150 f.; *Eb. Schmidt* JZ **1964** 538 (Verletzung des Allgemeinen Persönlichkeitsrechts); BGH Urt. v. 17.7.2014 – 4 StR 78/14 = StV **2015** 92, 95 f. (mit Anm. *Eisenberg*).
421 Siehe etwa *Michel* 225 ff.
422 Meyer-Goßner/*Schmitt* 19b.
423 *Michel* 154 mit Hinweis auf den RegE eines Gesetzes zur effektiveren und praxistauglicheren Ausgestaltung des Strafverfahrens, BTDrucks. **18** 11277 S. 26.
424 *Michel* 155.

Auch die **technischen Modalitäten einer Videoaufzeichnung** sind regelungsbedürftig, wie die Ausgestaltung des Aufnahmezimmers (Sitzplätze, adäquate Mikrophone und Videokameras, optimal mit Weitwinkelobjektiv zur Erfassung des gesamten Raumes).[425] Sie haben nicht nur für die Beurteilung der Vernehmungssituation durch das Gericht Bedeutung, sondern nach heutigem wahrnehmungspsychologischem Erkenntnisstand auch für die Aussage von Beschuldigten sowie die Bewertung von Aussagen durch die Gerichte.[426]

9. Integration in Verfahrensakten. In verschiedener Hinsicht ungeklärt ist ferner der weitere Umgang mit einer Videoaufzeichnung im Strafverfahren, etwa die Frage einer **Integration in die Verfahrensakten** (durch Transkription) und die Modalitäten des **Zugangs** zu einer Videoaufzeichnung der Beschuldigtenvernehmung **durch die Verfahrensbeteiligten.** 75k

a) Transkription. Offen ist, ob eine wörtliche **Transkription** der Videovernehmung prinzipiell erforderlich ist, oder ob eine Zusammenfassung der wesentlichen Ergebnisse mit entsprechenden Hinweisen auf die Videofundstelle genügt.[427] Entscheidend muss sein, wie den Verfahrensbeteiligten eine handhabbare Zusammenfassung des Vernehmungsergebnisses zur Verfügung gestellt werden kann, welche die Vorteile einer Videoaufnahme erhält.[428] Unter diesen Gesichtspunkten erscheint eine Verschriftlichung nach den bisherigen Protokollgrundsätzen nicht zweckmäßig.[429] Erfahrungen aus dem Ausland zeigen, dass eine Videodokumentation dann für die Verhandlungsführung hilfreich ist, wenn die audiovisuelle Aufzeichnung zwar verschriftlicht, aber in einer möglichst authentischen, zwischen den Verfahrensbeteiligten abgestimmten Kurzform in die Verhandlung eingeführt werden kann. Denkbar wäre ein Transkriptionsprotokoll, das im Entwurf von Staatsanwaltschaft und Verteidigung eingesehen und mit Korrekturvorschlägen versehen oder akkordiert werden kann, das durchgehend mit Verweisen auf die relevanten Stellen der Videoaufzeichnung versehen ist.[430] Wenn es im weiteren Lauf Dissens über den Wortlaut einer Einlassung gibt, kann jederzeit auf die Videoaufzeichnung zurückgegriffen werden, ebenso wenn es Nachfragen betreffend eine nonverbale Äußerung gibt. 75l

b) Aktenbestandteil oder Beweisstück? Strittig ist, ob Videoaufzeichnungen der Beschuldigtenvernehmungen als **Aktenbestandteil**[431] oder bloße **Beweisstücke**[432] zu behandeln sind, was unter anderem Konsequenzen für den Zugang der Verfahrensbeteiligten zu der Videoaufzeichnung haben kann. Die zuständigen Stellen zeichnen Ver- 75m

---

425 *Michel* 163 und 222 ff.; *Singelnstein/Derin* NJW **2017** 2649.
426 Die Bedeutung verdeutlicht exemplarisch der englische *Code of Practice on Visual Recording with Sound of Interviews with Suspects (Code F)*. Er wurde auf der Grundlage von Sec. 60A (1)(a) *Police and Criminal Evidence Act (PACE) 1984* erlassen und enthält detaillierte Vorschriften und Richtlinien („Notes for Guidance“) für die Handhabung des Videobeweises; *Sharpe* 86 ff.
427 Gegen eine wörtliche Transkription *Altenhain* ZIS **2015** 280; für eine wörtliche Transkription *Singelnstein/Derin* NJW **2017** 2649; differenzierend für spezielle Verfahren z.B. Haftsachen: Meyer-Goßner/*Schmitt* 19b.
428 Zur Diskussion von Vor- und Nachteilen: *Swoboda* 359 ff.
429 So Meyer-Goßner/*Schmitt* 19b. Vgl. a. RegE BTDrucks. **18** 11277 S. 26; *Michel* 231 ff.
430 Vgl. dazu *Gleß* in: Strafverteidigertag, 197 ff.; *Meyer-Goßner* FS Fezer 147 ff.
431 SK/*Velten* § 406e, 21; *Witting* FS Schiller 702; vgl. für Videoaufnahme von Zeugenvernehmungen: *Burhoff* (Ermittlungsv.) Rn. 4209; LR/*Ignor*/*Bertheau* § 58a, 41; MüKo/*Maier* § 58a, 74; KK/*Senge* § 58a, 9; SSW/*Tsambikakis* § 58a, 22.
432 SK/*Rogall* § 58a, 36; *Trück* NStZ **2004** 131; *Brodersen* NJW **2000** 2540.

nehmungen als Teil ihrer Sachverhaltsaufklärung auf; entsprechend läge eine Klassifizierung als Aktenbestandteil nahe. Folgte man dieser Logik ohne weitere Berücksichtigung der spezifischen Situation, führte der Verweis in § 136 Abs. 4 Satz 3 auf § 58a Abs. 2 und dem dort niedergelegten weiteren Verweis auf §§ 147, 406e dazu, dass Kopien der Aufzeichnungen von Beschuldigtenvernehmungen an **Verteidiger von Beschuldigten** (§ 147 Abs. 1–3), **anwaltliche Vertreter von Nebenklägern** (§ 395 i.V.m. § 406e Abs. 1, 2) und **Bevollmächtigte von (mutmaßlich) Verletzten** (§ 406e Abs. 1, 2 StPO) sowie **nicht verteidigte Beschuldigte** (§ 147 Abs. 4) und **nicht anwaltlich vertretene (mutmaßlich) Verletzte** (§ 406e Abs. 3) herausgegeben werden *könnten*,[433] allerdings mit der Maßgabe eines Kopier- und Weitergabeverbots.[434]

75n Parallel zu den Reformen zur Sicherung der Wahrheitsfindung durch Aufzeichnung von Vernehmungen von Beschuldigten hat der Gesetzgeber eine **elektronische Aktenführung** (s.u. Rn. 75o) etabliert. Wenn künftig alle Verfahrensbeteiligten Einsicht in die elektronisch geführte Akte[435] durch Bereitstellung der Akte zum Abruf über ein Akteneinsichtsportal erhalten (vgl. § 32f Abs. 1 Satz 1),[436] kommt es unter anderem maßgeblich auf die technische Gestaltung an, ob die gesetzgeberische Intention einer Wahrung der Persönlichkeitsrechte von Beschuldigten in dem intendierten Umfang erreicht werden kann. Sollte die Akteneinsicht durch eine Downloadoption zur Speicherung auf einem eigenen IT-System (und eben nicht nur ein temporäres Online-Einsichtsrecht) realisiert werden,[437] bedeutete ein Aktenzugang letztlich regelmäßig ein „Kopieren" aller Aktenbestandteile.[438] Eine Erklärung dafür, wie dies etwa mit dem Kopierverbot von Beschuldigten- und Zeugenvernehmungen nach § 58 Abs. 2 Satz 3 zu vereinbaren ist, gibt der Gesetzgeber nicht.

75o Es stellt sich schon deshalb die Frage, ob die gesetzgeberischen Anliegen *in toto* befolgt und gleichzeitig allen durch das Anliegen einer Sicherung von Beweismitteln tangierten Interessen, und hier speziell Beschuldigtenrechten und dem Recht auf informationelle Selbstbestimmung sowie schutzwürdigen Belangen von Verletzten, adäquat Rechnung getragen werden kann.[439] Zur Lösung dieses Konflikts[440] bieten sich zwei Wege an: Entweder werden Videoaufzeichnungen von Vernehmungen[441] als (digitale) **staatliche Beweissicherungsmaßnahme *sui generis*** klassifiziert, die einer eigenen Reglementierung bedürfen, oder das **Akteneinsichtsrecht** ist im Rahmen einer Ermessensentscheidung nach § 58a[442] dergestalt zu gewähren, dass **Beschuldigte und deren Verteidiger** sowie **anwaltliche Vertreter von Nebenklägern** und **Verletzten** prinzi-

---

433 Vgl. *Knierim* FS Schlothauer 230; *Hamm* FS Schlothauer 113 f.
434 § 58 Abs. 2 Satz 3; zum Kopierschutz: Meyer-Goßner/*Schmitt* 19 f.
435 Vgl. dazu Gesetz zur Einführung der elektronischen Akte in der Justiz und zur weiteren Forderung des elektronischen Rechtsverkehrs v. 5.7.2017, BGBl. I S. 2208.
436 Vgl. Referentenentwurf BMJV Verordnung über die Standards für die Einsicht in elektronische Akten im Strafverfahren, S. 3.
437 Vgl. RegE BTDrucks. **18** 9416 S. 56; *Michel* 259 ff.; *Kassebohm* StraFo **2017** 400.
438 *Von Stetten* ZRP **2015** 139f.
439 Vgl. SK/*Velten* § 406e, 1, 6 ff., 14 ff.; SSW/*Schöch* § 406e, 10; KK/*Zabeck* § 406e, 6; *Michel* 256; *Asholt* ZStW **126** (2014) 928 f. sowie RegE für ein Gesetz zur Einführung der elektronischen Akte in Strafsachen und zur weiteren Forderung des elektronischen Rechtsverkehrs, BTDrucks. **18** 9416 S. 65: „So kann es etwa unverhältnismäßig sein, wenn [...] in einem Bagatellverfahren Kenntnis von besonders [...] sensitiven Unterlagen [erlangt] würde" sowie RegE BTDrucks. **18** 11277 S. 25.
440 Gesetz zur Einführung der elektronischen Akte in der Justiz und zur weiteren Forderung des elektronischen Rechtsverkehrs v. 5.7.2017, BGBl. I S. 2208.
441 Vgl. a. *Swoboda* 384.
442 § 58a gewährt Ermessen („können"); **a.A.** h.M. (vor Einführung der elektronischen Aktenführung) KK/*Senge* § 58a, 9; LR/*Ignor*/*Bertheau* § 58a, 35; MüKo/*Maier* § 58a, 76.

piell ein elektronisches Zugangsrecht zu allen Aktenbestandteilen haben. Im Übrigen ist ein Einsichtsrecht zu gewähren, das sich prinzipiell auf Einsicht in die Aufzeichnung am Ort der Verwahrung beschränkt.[443] Das Strafverfahrensrecht kennt traditionell Einschränkungen der Akteneinsichtsrechte für Nebenkläger und Verletzte.[444] Diese erscheinen geboten, um die Gefahren einzuschränken, die sich ergeben, wenn Videoaufzeichnungen von Beschuldigtenvernehmungen über den Kreis von professionell gebundenen Verfahrensbeteiligten gestreut werden.[445] Eine restriktive Handhabung des (elektronischen) Akteneinsichtsrechts steht auch nicht im Widerspruch zum Willen des Gesetzgebers, der sich des Zusammenspiels der verschiedenen Neuregelungen nicht in allen Punkten bewusst war und in weit gehendem Umfang die Regelung neuer Fragen der Rechtspraxis überlassen hat.[446] Der Streit, ob eine Videoaufzeichnung Aktenbestandteil oder Beweisstück ist, erscheint ohnehin in vielerlei Hinsicht überholt. Er zielt auf eine Klassifizierung aus einer Zeit, in der sich durch den Zugang zu Fotokopiergeräten ein neues Verständnis von Akteneinsichtsrechten für die Verteidigung durchgesetzt hat.[447] Aktenbestandteile konnten kopiert, aber „Beweisstücke" (wie das blutige Messer oder der beschlagnahmte Rechner) nicht einfach dupliziert werden.

10. Ein **Beweisverwertungsverbot** kommt in Betracht, wenn es die zuständige Stelle unterlässt, von einer Vernehmung eine Videodokumentation anzufertigen, obwohl die Voraussetzungen von § 136 Abs. 4 vorliegen. Entgegen der Gesetzesbegründung[448] kann es sich hier nicht um eine bloße Ordnungsvorschrift zur Überprüfung der Einhaltung der Vernehmungsförmlichkeiten[449] handeln. Die Vorgabe dient vielmehr auch dem Schutz von Beschuldigten vor rechtswidrigen Vernehmungsmethoden; eine Verletzung muss entsprechend verfahrensrechtliche Konsequenzen haben.[450] **75p**

11. Rechtsmittelverfahren Es steht zu erwarten, dass Videoaufzeichnungen von Beschuldigtenvernehmungen zunehmend Bedeutung für **Rechtsmittelverfahren** erlangen, nicht nur in Zusammenhang mit Rügen ordnungsgemäßer Belehrung, sondern generell für die Rekonstruktion von Beweisfragen. Wie sich die Möglichkeit des Zugriffs auf eine konservierte Beschuldigtenvernehmung insbesondere auf Revisionsverfahren auswirken wird, ob es etwa zur befürchteten weiteren „Tatsacheninstanz" kommen wird,[451] bleibt abzuwarten.[452] Allerdings erscheint die Erwartung berechtigt, dass die Verfahrensbeteiligten Gebrauch von der Möglichkeit machen werden, um aus ihrer Sicht notwendige Korrekturen der Tatsachenfeststellung einzufordern, wenn eine Videoaufzeich- **75q**

---

443 Vgl. Nr. 187 Abs. 3 RiStBV; Meyer-Goßner/*Schmitt* § 147, 19a f.; SK-*Rogall* § 58a, 36; vgl. den Entwurf des Bundesrates für ein Gesetz zur Stärkung der Verletztenrechte, BTDrucks. **14** 4661 S. 11; *Neuhaus* StV **2004** 623 f.; *Maaß* 91.

444 Früher beschränkte sich das Akteneinsichtsrecht der beiden Letztgenannten auf bloße Auskünfte und Abschriften, vgl. SSW/*Beulke* § 147, 2 f., 47 f.; SSW/*Schöch* § 406e, 15.

445 *Michel* 260.

446 Ausf. zu den vielen Kehrtwendungen im Gesetzgebungsverfahren: *Michel* 252 ff., 257, 259.

447 Vgl. *Dommann* Transbordeur: photographie histoire société Vol 3 (2019) 76 ff. sowie die Entwicklungen im Akteneinsichtsrecht: EGMR *Schöps* v. *Deutschland*, 25116/94, Urt. v. 13.2.2001 = NJW **2002** 2015; *Garcia Alva* v. *Deutschland*, 23541/94, Urt. v. 13.2.2001 = NJW **2002** 2018; *Lietzow* v. *Deutschland*, 24479/94, Urt. v. 13.2.2001 = NJW **2002** 2013.

448 BTDrucks. **18** 11277 S. 27.

449 Vgl. *Singelnstein/Derin* NJW **2017** 2649.

450 BTDrucks. **18** 11277 S. 24.

451 Ausf. zu dieser Diskussion *Mosbacher* StV **2018** 182 ff.

452 Vgl. *Michel* 356 ff.; *Kudlich* ZRP **2018** 12 f.; *B. Schmitt* NStZ **2019** 8 ff.

nung Fehler belegen könnte. Das ist ihr gutes Recht, denn der Gesetzgeber hat die Videoaufzeichnung der Beschuldigtenvernehmung ja zur Sicherung der Wahrheitsfindung eingeführt (s.o. Rn. 75e).

75r Videoaufzeichnungen bergen das Potential, **blinde Flecken des deutschen Strafverfahrens** ins Licht zu rücken, wie etwa die Annahme, dass auf der Grundlage schriftlicher Notizen eine Vernehmung über einen komplexen Sachverhalt einwandfrei dokumentiert und auf dieser Grundlage im Wege der freien Beweiswürdigung regelmäßig eine einwandfreie Sachverhaltsrekonstruktion garantiert ist. Die gesetzgeberische Entscheidung für die audio-visuelle Aufzeichnung von Beschuldigtenvernehmungen bedeutet eine Chance, tradierte Annahmen über die bestmögliche Wahrheitssuche im Lichte **rechtsvergleichender Forschung**[453] und Erfahrungen aus der **internationalen Strafrechtspflege**[454] zu überdenken.

XVII. Anfechtung

76 Gegen die Art und Weise der richterlichen Vernehmung ist die Beschwerde zulässig (§ 304), soweit dem nicht § 304 Abs. 5 entgegensteht. Zum Rechtsschutzbedürfnis bei prozessualer Überholung[455] siehe Erl. zu § 304; zur Anfechtung staatsanwaltschaftlicher und polizeilicher Vernehmungen s. Erl. bei § 23 EGGVG.

XVIII. Verwertungsverbote

1. Gefährdungen der Aussagefreiheit

76a **a) Allgemeines.** Wann ein Beweisverwertungsverbot als Konsequenz einer Verletzung von § 136 eingreift, ist umstritten. Anders als bei § 136a fehlt eine gesetzliche Regelung möglicher Beweisverwertungsverbote.[456] Die Rechtsprechung bedient sich bei dieser Frage einer **einzefallorientierten Herangehensweise**, weshalb es schwierig ist, allgemeingültige Einschätzungen über das Eingreifen eines Beweisverwertungsverbots in einer bestimmten Fallkonstellation abzugeben. Gerade deshalb ist es aber notwendig, in Zusammenhang mit § 136 generelle Leitlinien festzuhalten: Ausgangspunkt der Rechtsprechung zum Eingreifen von Verwertungsverboten bei Nichtbeachtung der in § 136 verbürgten Vorgaben ist einerseits die Prämisse, dass es bloße **Ordnungsvorschriften** gebe, ohne freilich zu erklären, was deren Klassifizierung (im Gegensatz zu echten Gültigkeitsvorschriften) ausmacht,[457] und andererseits, dass bestimmte Verwertungsverbote nur eingreifen, wenn das betroffene Individuum einer Verwertung rechtzeitig widerspricht (Erl. zur **Widerspruchslösung** Rn. 82ff.). Auf die Nichtbeachtung von Ordnungsvorschriften folgt ohnehin grundsätzlich kein Beweisverwertungsverbot. Dass die Grenzen zwischen Ordnungsvorschriften und Gültigkeitsvorschriften aber fließend und durchaus entwicklungsfähig sind, zeigt gerade die Rechtsprechung des BGH zu § 136: Eine Verletzung der **Belehrung über das Schweigerecht** löst – mit Rücksicht auf die Bedeutung des nemo tenetur-Grundsatzes – nach ganz einhelliger Meinung (im Ver-

---

453 *Gleß* Strafverteidigertag 2010, 196; *Howarth* Evidence & Proof 22 (**2019**) 432.
454 *B. Schmitt* NStZ **2019** 1ff.
455 BVerfGE **96** 27 = NJW **1997** 2163, 2164; vgl. bei § 304.
456 Zur Vorzugswürdigkeit einer gesetzlichen Regelung: *Gleß* GedS Heine 127ff.
457 Zur Unterscheidung im Schweizer Recht vgl. Basler Kommentar zur Strafprozessordnung/*Gleß* Art. 141, 86.

fahren gegen den Betroffenen)[458] ein Verwertungsverbot aus,[459] obwohl § 136 Abs. 1 Satz 2 früher als bloße Ordnungsvorschrift angesehen wurde[460] (ausf. Erläuterungen unten Rn. 111). Ein Verstoß gegen das ebenfalls in den § 136 Abs. 1 Satz 2 verbürgte **Recht auf Verteidigerkonsultation** führt nach heute h.M. ebenfalls zu einem Verwertungsverbot (ausf. Erläuterungen unten Rn. 111).[461] Dagegen sollen andere Verletzungen des Rechts auf Aussagefreiheit oder Verstösse gegen die Vorschriften des § 136 Abs. 1 Satz 3 oder 4 zumeist folgenlos bleiben.[462] Ob Verstöße gegen die Pflicht zur Eröffnung des Tatvorwurfs aus § 136 Abs. 1 ein Verwertungsverbot nach sich ziehen können, hat die Rechtsprechung bisher offengelassen.[463] Auch die Folgen eines Verstoßes gegen die Belehrungspflicht über das Recht auf Dolmetschung nach der gesetzlichen Regelung infolge von EU-Vorgaben sind noch unklar. Nach hier vertretener Ansicht sollten Verletzungen von Rechten, welche die Rechtsstellung Beschuldigter bei einer Beweissammlung unter ihrer Mitwirkung zentral sichern, gleich behandelt werden, also bei Verletzung ein Beweisverbot nach sich ziehen können.

Dafür dass Beweisverwertungsverbote künftig eine größere Rolle durch eine verfas- **76b**
sungs- und menschenrechtliche Verankerung spielen könnten, spricht jene Judikatur, die neu ein Beweisverwertungsverbot infolge einer Verletzung des Rechts auf ein **faires Verfahren** in Betracht zieht, wenn eine Gesamtschau auf das Verfahren ergibt, dass im Einzelfall rechtsstaatlich zwingende Forderungen nicht eingehalten oder rechtsstaatlich Unverzichtbares preisgegeben wurde (BVerfGE **57** 250, 276; **64** 135, 145f.; BGHSt **53** 294). Allerdings steht und fällt die Wirkung eines solchen Ansatzes mit der Bereitschaft, im Einzelfall zu akzeptieren, dass ein relevantes Beweismittel tatsächlich der Sachverhaltsfeststellung entzogen wird. Zweifel an einer solchen Bereitschaft wecken der Verweis auf die Erfordernisse einer funktionstüchtigen Strafverfolgung[464] oder die Zurückhaltung einer Konstitutionalisierung des Strafprozessrechts auch über das deutsche Strafverfahren hinaus Hand zu bieten.[465] Eine besondere Rolle in der Grundsatzdiskussion kommt dem Schutz des Grundsatzes *„nemo tenetur se ipsum accusare"* zu.[466] Auch der BGH ist insoweit dem EGMR gefolgt, als der Grundsatz nicht nur die Freiheit vom Zwang zur Aussage oder zur Mitwirkung am Strafverfahren schützt, sondern prinzipiell der Freiheit und dem Schutz einer verdächtigen Person dient, damit sie Subjekt im Strafverfahren bleibt und nicht zum Objekt der behördlichen Ermittlungen wird.[467] Allerdings legen beide Gerichte eine Einzelfallbetrachtung zugrunde und kommen im Rahmen ihrer Abwägungslösungen selten zu einem Beweisverwertungsverbot.

b) Unterlassene Belehrung über die Aussagefreiheit. Wenn das Gesetz die **77**
Kenntnis der Aussagefreiheit beim Bürger nicht voraussetzt, sondern eine Belehrung darüber verlangt, ist es angesichts der Bedeutung der Aussagefreiheit (s.o. Rn. 27) im

458 Zur Wirkung gegenüber Mitbeschuldigten s.u. Rn. 90.
459 Eine Verletzung der Aussagefreiheit kann sogar außerhalb einer Vernehmung zu einem Verwertungsverbot führen, BGH NJW **2018** 1986.
460 So noch BGHSt **22** 170; die Klassifizierungsfrage offen lassend dann BGHSt **31** 395.
461 St. Rspr. seit BGHSt **47** 172; noch offen gelassen in BGH NStZ **1997** 609.
462 Meyer-Goßner/*Schmitt* 2.
463 BGH JuS **2012** 658 m. Anm. *Jahn*. Für ein Verwertungsverbot SK/*Wohlers*/*Albrecht* § 168a, 64 m.w.N.
464 BVerfGE **57** 250, 276; **64** 135, 145; BGHSt **53** 294 = JZ **2009** 1175 m. Anm. *Engländer*.
465 S.u. Rn. 105; BVerfG NJW **2014** 532 einerseits und *Gleß*/*Peters* StV **2011** 376 andererseits.
466 BGHSt **52** 11; **53** 294; vgl. EGMR *Bykov v. Russland*, 43787/02, Urt. v. 10.3.2009 = NJW **2010** 213 ; BGHSt **53** 294 = NJW **2009** 2463 = JZ **2009** 1175 (m. Anm. *Engländer*).
467 EGMR *Allan v. UK* = StV **2003** 257; vgl. BGH Beschl. v. 22.5.2013 – 4 StR 151/13; BGH NStZ **2009** 343; BGH NStZ **2011** 596 = JR **2011** 407 m. Anm. *Eisenberg* = JZ **2012** 263 m. Anm. *Schumann*.

Grundsatz zwingend, an die unterlassene Belehrung über diese Freiheit ein Verwertungsverbot zu knüpfen.[468] In Übereinstimmung mit der seit langem ganz herrschenden Meinung im Schrifttum[469] und in Abkehr von seiner früheren Rechtsprechung[470] anerkennt der BGH dies seit dem Jahr 1992 grundsätzlich an.[471] Auch eine Verletzung der Aussagefreiheit außerhalb einer Vernehmung nach § 136 kann ein Beweisverwertungsverbot auslösen, etwa wenn die eigenverantwortliche Entscheidung einer beschuldigten Person, ob und gegebenenfalls inwieweit sie im Strafverfahren mitwirken will, in Frage gestellt wird.[472] Trotz dieser an sich klärenden Rechtsprechung bleiben viele Fragen und Unwägbarkeiten, nicht nur in besonderen Konstellationen wie der „informatorischen Befragung"[473] oder der „heimlichen Vernehmung" und „Hörfallen"[474] (vgl. u. Rn. 91ff. sowie § 136a Rn. 52f.).

78 So stellt sich zunächst die Frage, wie der Umstand der Nichtbelehrung festzustellen ist: Nach Rechtsprechung des BGH[475] darf der Tatrichter bereits bei **Zweifeln**, ob die **Belehrung erteilt** worden ist, „den Inhalt der Vernehmung" nicht verwerten.[476] Zweifeln muss er im Wege des Freibeweises (vgl. § 244) nachgehen. Allmählich nähert sich die Rechtsprechung damit im Ergebnis einer bereits länger in der Literatur vertretenen Ansicht, nach der jedenfalls Zweifel aus Gründen, die in der Sphäre der Justiz liegen, die Vermutung der Rechtmäßigkeit und Justizförmigkeit des Verfahrens ernsthaft erschüttern und in der Konsequenz letztlich zu einem Verwertungsverbot führen müssen.[477] Das gilt angesichts der Bedeutung der Belehrung für das hochrangige Rechtsprinzip der Aussagefreiheit (s.o. Rn. 27) gerade auch hier.[478] Weil die Belehrung bei richterlichen Vernehmungen gemäß § 168a Abs. 1 zu protokollieren ist und bei polizeilichen sowie staatsanwaltschaftlichen Vernehmungen gemäß Nr. 45 Abs. 1 RiStBV aktenkundig gemacht werden muss, ist bei unterlassenen Angaben zur Belehrung in den Akten davon auszugehen, dass sie nicht stattgefunden hat,[479] wenn sich nicht auf andere Weise das Gegenteil

---

468 Unerheblich ist dabei, ob die Belehrung vorsätzlich oder unvorsätzlich unterlassen wird, *Verrel* 127f.

469 Nachweise etwa in BGHSt **38** 218; sowie bei LR/*Hanack*[24] 54f. Ebenso u.a. schon OLG Hamburg MDR **1967** 517; OLG Stuttgart MDR **1973** 951; LG München StV **1981** 615; AG Gelnhausen StV **1991** 106; AG Hameln NStZ **1990** 293 m. Anm. *Paulus*.

470 Insbes. BGHSt **22** 170 = JZ **1968** 750 mit abl. Anm. *Grünwald*; **31** 395 = NStZ **1983** 565 mit abl. Anm. *K. Meyer* = JZ **1983** 716 mit abl. Anm. *Grünwald* = JR **1984** 340 mit abl. Anm. *Fezer*.

471 BGHSt **38** 214 = NStZ **1992** 294 m. Anm. *Bohlander* S. 504 = JZ **1992** 918 m. Anm. *Roxin* = JR **1992** 381 m. Anm. *Fezer*; *Paul* NStZ **2013** 492; *Wohlers* NStZ **1993** 46; zum Vorlagebeschluss OLG Celle NStZ **1991** 403 = StV **1991** 249 m. Anm. *Amelung* S. 454; zu einem früheren Vorlagebeschluss des OLG Celle s. BGHSt **31** 395.zur Übertragbarkeit der Grundsätze auf das Ordnungswidrigkeitenrecht: *Hecker* NJW **1997** 1833.

472 BGH NJW **2018** 1986 m. Anm. *Jahn;* BGH StV **2015** 337 ff.; LG Hamburg Beschl. v. 23.10.2015 – 601 Qs 20/15.

473 Dazu etwa: BGHSt **38** 227f.; BayOLG NStZ-RR **2001** 51; OLG Köln StraFo **1998** 21; KK/*Diemer* § 136a 6; SK/*Rogall* Vor § 133, 47; *Verrel* NStZ **1997** 416 einerseits und LG Nürnberg StV **1994** 123; AG Hamburg StV **1994** 123; AG München StV **1990** 29; *Eisenberg* (Beweisrecht) 509a andererseits.

474 BGH NStZ **2011** 596 = JR **2011** 407 (m. Anm. *Eisenberg*) = JZ **2012** 263 (m. Anm. *Schumann*).

475 BGHSt **38** 224 (zum Recht auf Verteidigerkonsultation); **42** 15, 18; vgl. auch *Bosch* 325ff.; *Kraft* 331; *Schurig* 135.

476 BGH JR **2007** 125 m. Anm. *Wohlers*.

477 So mit Recht: *Foertsch* Die Berücksichtigung von Beweisverboten im Zwischenverfahren (2002) 58 und 93; *Mergner* 175; *Bohlander* NStZ **1992** 505; *Hauf* MDR **1993** 197; *Kaufmann* NStZ **1998** 474; *Wohlers* NStZ **1995** 46; *Schwabenbauer* NStZ **2014** 495; vgl. auch: § 136a, 78.

478 Im Ergebnis ebenso Meyer-Goßner/*Schmitt* 20; *Bohlander* NStZ **1992** 505; *Hauf* MDR **1993** 195; *Roxin* JZ **1992** 923; kritisch auch BezG Meiningen DAR **1992** 393 m. Anm. *Beck*; weitergehend, weil skeptisch gegenüber dem praktischen Nutzen, *Ransiek* StV **1994** 347; **a.A.** KK/*Diemer* 18; SK/*Rogall* Vor § 133, 188; *Bauer* wistra **1993** 99.

479 AG Offenbach StV **1993** 123.

feststellen lässt.[480] Die frühere Rechtsprechung verlangte hingegen (für polizeiliche Vernehmungen) nur, dass der Tatrichter „besonders darauf zu achten" hat, ob die Belehrung schriftlich fixiert worden ist. Was das in concreto bedeutete, blieb aber offen.[481] De lege ferenda wird seit Längerem die Forderung erhoben, der Staat solle die Beweislast tragen, und etwa in Form einer schriftlichen Verzichtserklärung nachweisen, dass der Beschuldigte die Belehrung über sein Recht auf eine Verteidigerkonsultation zur Kenntnis genommen und anschließend darauf verzichtet habe.[482]

Bei **Kenntnis von der Aussagefreiheit** verneint der BGH in Übereinstimmung mit der h.L. „ausnahmsweise" ein Verwertungsverbot trotz fehlender Belehrung, da der Beschuldigte in einem solchen Falle nicht in gleichem Maße schutzwürdig sei.[483] Das kann aber nur gelten, wenn erwiesen ist, dass eine Person tatsächlich Kenntnis von ihrem Recht hatte. Eine solche Kenntnis setzt das Gesetz jedoch nicht voraus, die Belehrung darüber muss vielmehr sogar bei bestehender Kenntnis erfolgen (s.o. Rn. 33). Deshalb ist ein Erfahrungssatz, dass „das Schweigerecht bestimmten Personengruppen, etwa Vorbestraften", bekannt ist, abzulehnen.[484] Der Tatrichter hat vielmehr konkret zu prüfen, ob der Beschuldigte sein Recht gekannt hat.[485] Lässt sich das nicht feststellen bzw. bestehen Zweifel daran, greift ein Verwertungsverbot ein.[486] Das gilt selbst dann, wenn der Beschuldigte in Gegenwart seines Verteidigers aussagt.[487] **79**

Steht jedoch sicher fest, dass der Beschuldigte **in jedem Fall ausgesagt** hätte, ist ein Verwertungsverbot auch bei fehlender Belehrung zu verneinen, weil die Aussage dann nicht auf den Verfahrensfehler zurückzuführen ist.[488] **80**

Eine **nachträgliche Zustimmung** des Beschuldigten kann, anders als bei § 136a, das Verwertungsverbot entfallen lassen. Voraussetzung ist aber, dass eine qualifizierte Belehrung erfolgt ist, die beschuldigte Person also nicht nur über ihr Recht, sondern auch darüber aufgeklärt wurde, dass alles, was sie bisher gesagt hat, nicht verwertet werden darf.[489] Beschuldigte haben insofern Verfügungsgewalt über die Verwertung ihrer Aussage.[490] **81**

---

480 Das gilt auch für BGHSt **38** 224.

481 Vgl. BGHSt **38** 224; BGH NStZ **1997** 609 m. krit. Anm. *Kaufmann* NStZ **1998** 474 und krit. Anm *Wollweber* StV **1999** 354; LR/*Hanack*[25] 54; *Kraft* 331; **a.A.** (also wie hier) *Fezer* JR **1992** 386; *Eisenberg* (Beweisrecht) 567; *Roxin* JZ **1992** 923; *Schilling* 210.

482 Mit Verweis auf die U.S.-amerikanische Doktrin: *Beulke* NStZ **1996** 259; *Lorenz* StV **1996** 172; *Ransiek* 88; vgl. auch *Bosch* 329; *Eder* 332; *Kraft* 237 und 332 sowie zur Frage der Darlegung von Umständen einer Beweisgewinnung durch verdeckte Ermittler: EGMR *Furcht v. Deutschland*, 54648/09, Urt. v. 23.10.2014, NJW **2015** 3631.

483 BGHSt **25** 325, 330; **42** 15, 22 (ausdrücklich gegen *Fezer* JR **1992** 385; *Widmaier* NStZ **1992** 519); BGH NStZ **1997**, 609 m. Anm. *Kaufmann* NStZ **1998** 474 und *Wollweber* StV **1999** 354; BGH JR **2005** 385, 386 m. Anm. *Mittag*; *Kindhäuser* § 6, 53; *Tolksdorf* FS Graßhof 264.

484 So BGHSt **38** 225; **47** 172; *Bernsmann* StraFo **1998** 75 f.; *Brüssow* StraFo **1998** 296; vgl. auch OLG Karlsruhe NZV **1994** 123; AG Mannheim StV **1993** 182; SK/*Rogall* Vor § 133, 188, der aber auf eine gegenteilige Diskussion in den USA hinweist; skeptisch zu der Argumentation *Ransiek* StV **1994** 344, der darum weitergehend vor allem auf den Schutz vor unbedachter Selbstbelastung abstellt. Wie hier: *Bosch* 330 f.

485 Dazu in einem Einzelfall BGH NJW **1994** 3365.

486 Noch weitergehend: *Wohlers* JR **2002** 295.

487 So auch SK/*Rogall* aaO; anders: BGHSt **38** 225; sowie LR/*Hanack*[25] 55, der bei anwaltlicher Vertretung die Kenntnis der Befugnis zum Schweigen regelmäßig als gegeben annimmt.

488 Im Erg. ebenso: SK/*Rogall* Vor § 133, 182.

489 *Barthelme* 178; *Linnenbaum* 107 f.; *Dautert* 203; nur ausnahmsweise Zulassung im Einzelfall BGHSt **53**, 112 = JR **2009** 380 (m. insoweit kritischer Anm. *Gleß/Wennekers*) = JA **2009** 471 (m. Anm. *Heintschel-Heinegg*).

490 *Schumann* 209 m.w.N.

82 Auf diesen Umstand hat der BGH – in Anknüpfung an reichsgerichtliche Rechtsprechung[491] – die sog. **Widerspruchslösung** gegründet,[492] mit deren Hilfe er die faktischen Probleme und Konsequenzen einer zweifelhaften Belehrung (s.o. Rn. 78) bzw. der zweifelhaften Kenntnis von der Aussagefreiheit (s.o. Rn. 79) für die Verwertbarkeit der Aussage in der Hauptverhandlung wesentlich entschärfen will: Die Rechtsprechung erachtet es grundsätzlich als einer Zustimmung gleich, wenn verteidigte Angeklagte in der Hauptverhandlung der Verwertung nicht spätestens bei der durch § 257 Abs. 1 veranlassten Befragung widersprechen.[493] Bei nicht verteidigten Angeklagten soll Entsprechendes gelten, wenn sie qualifiziert darüber belehrt worden sind, dass sie der Verwertung einer Aussage widersprechen können.[494] Diese Widerspruchslösung, in der sich Gedanken des Verzichts und der Verwirkung mischen,[495] ist sowohl im dogmatischen Ansatz als auch in der praktischen Umsetzung vielfältigen und schwerwiegenden Bedenken ausgesetzt:[496] Am wenigsten schwer wiegt wohl noch das Gegenargument, dass es für diesen Ansatz an einer **gesetzlichen Grundlage fehle** und die Verknüpfung mit § 257 Abs. 1 aus einem Erklärungsrecht eine Art Erklärungspflicht mache.[497] Dem könnte man durchaus entgegenhalten, dass die Richter nur wieder ein Stück des privilegierenden Rechtsinstituts genommen hätten, das sie durch die Anerkennung von gesetzlich ebenfalls nicht festgelegten Beweisverwertungsverboten dem Beschuldigten selbst gegeben hätten.[498]

---

491 RGSt **50** 364, 365; **58** 90 f.; **58** 100, 101.

492 BGHSt **38** 214, 225 ff.; **39** 349, 352; BGH NStZ **1997** 502; BGH JR **2005** 385, 386 (m. Anm. *Mittag*); BGH NJW **2018** 2279 (m. Anm. *Meyer-Mews*); zustimmend (u.a. mit Verweis auf die Anerkennung der Subjektstellung des Beschuldigten): *Kindhäuser* § 6 53; *Basdorf* StV **1997** 491; *Hamm* NJW **1996** 2188; *Ignor* FS Rieß (2002) 191; vgl. auch *E. A. Wolff* NJW **1953** 1658; kritisch und ablehnend dagegen: *Beulke* NStZ **1996** 262; *Bohlander* StV **1999** 563; *Dornach* NStZ **1995** 61; *Fezer* StV **1997** 58; *Grünwald* 149 f.; *Velten* FS Grünwald 753 ff.; *Heinrich* ZStW **112** (2000) 420; *Lesch* JA **1995** 162; *Maiberg* 252 ff.; *Maul/Eschelbach* StraFo **1996** 70; *Tolksdorf* FS Graßhof 265 ff.; *Ventzke* StV **1997** 547 ff.; *Wohlers* NStZ **1995** 46; zur Historie des Widerspruchserfordernisses in der Rechtsprechung etwa: *Dudel* 29 ff.; *Tolksdorf* FS Graßhof 261 f.; *Herrmann* NStZ **1997** 212.

493 Vgl. BGHSt **38** 214; BGH NJW **2006** 707; BGH StV **1996** 189; BGH NStZ **1997**, 609 m. Anm. *Kaufmann* NStZ **1998** 474 und *Wollweber* StV **1999** 354; OLG Frankfurt a. M. NStZ-RR **2011** 46, 48 m. abl. Bespr. *Kudlich* HRRS **2011** 114 (117 ff.); *El-Ghazi/Merol* HRRS **2013** 416 (mit einer verfassungskonformen Einschränkung für jene Fälle, in denen Betroffene keine Kenntnis von verwertungsrelevanten Umständen haben konnten, 418 ff.); kritisch gegenüber der Verknüpfung mit § 257 Abs. 1: BGHSt **61** 266, 269 = NJW **2017** 1332, 1334 m. Anm. *Zopfs* = NStZ **2017** 367 m. Anm. *Basdorf*; grundsätzlich **a.A.** etwa: *Leipold* StraFo **2001** 303, der vorschlägt, einen Widerspruch bis zum letzten Wort des Angeklagten zuzulassen. Nach Ansicht der Rechtsprechung genügt ein Sammelwiderspruch BGHSt **60** 38, 40; ein nicht wiederholter Widerspruch im Vorverfahren genüge nicht: BGH NStZ **1997** 502, dagegen: *Schlothauer* FS Lüderssen 769 ff.; *Meyer-Goßner/Appl* StraFo **1998** 258, 263; *Mosbacher* FS Widmaier 343 f. Der Widerspruch soll bis zum Ende der Beweisaufnahme zurückgenommen werden können, BGHSt **42** 23.

494 Der Widerspruch muss eindeutig erklärt werden (BGH NStZ **2004** 389) und wirkt in einer später ausgesetzten Hauptverhandlung fort (OLG Stuttgart StV **2001** 388).

495 Vgl. OLG Celle NZV **1993** 43; grundlegend: *Brandis* 195 ff.; *von der Lippe* 121 ff.; *Meixner*; mit ausführlicher Begründung gegen die Annahme ein Beweisverwertungsverbot entstünde ohnehin erst mit dem Widerspruch des Angeklagten: BGH NJW **2017** 1828 m. Anm. *Mayer-Mews* = NStZ **2017** 593 m. Anm. *Ventzke* = JA **2017** 715 m. Anm. *Jäger*.

496 Generell ablehnend SK/*Rogall* Vor § 133, 182; *Roxin/Schünemann* § 24, 34; *Eisenberg* (Beweisrecht) 429; *Grünwald* 149 f.; *Rogall* in Eser/Kaiser 92; *Conen/Tsambikakis* GA **2000** 373; vgl. auch *Maul/Eschelbach* StraFo **1996** 68, 69 f.; generell zustimmend hingegen KK/*Diemer* 28; differenziert *Hamm* NJW **1996** 2186; grundsätzlich zum Verlust der Rügeberechtigung: *Heinrich* ZStW **112** (2000) 400 ff.; *Kudlich* Strafprozess und allgemeines Missbrauchsverbot (1998) 53 ff.

497 Vgl. *Dahs* StraFo **1998** 257 f.; *Dudel* 214 f.; *Tolksdorf* FS Graßhof 266 f.; *El-Ghazi/Merol* HRRS **2013** 413.

498 Vgl. etwa *von der Lippe* 57.

Freilich darf man diesem Argument heute entgegenhalten, dass die fehlende gesetzliche Regelung der Beweisverwertungsverbote die Rechtsstellung von Beschuldigten in deutschen Strafverfahren in bedenklicher Weise unterminiert und mit Blick auf internationale,[499] insbesondere europäische Vorgaben[500] eine gesetzliche Regelung der Beweisverwertungsverbote wünschenswert wäre.[501]

Schwerer wiegt bereits der zweite Kritikpunkt, dass beim **verteidigten Angeklagten** 83 allein der **fehlende Widerspruch** des Verteidigers das Verwertungsverbot beseitigen können soll.[502] Das ist bedenklich, weil dem Verteidiger (aus welchen Gründen auch immer) entgangen sein kann, dass eine Belehrung unterblieben ist, so dass sich sein Schweigen nicht ohne Weiteres als Zustimmung oder Verzicht deuten lässt und deshalb auch nicht alleine eine Verwirkung begründen kann.[503] Zudem entbindet die „besondere Verantwortung" des Verteidigers, auf die der BGH u.a. abstellt, das Tatgericht nicht von der eigenen klaren Feststellung, ob ein – von den staatlichen Organen verschuldeter – Verfahrensfehler vorliegt bzw. geheilt worden ist.[504] Man könnte darum das Schweigen des Verteidigers überhaupt nur dann als ausreichend ansehen,[505] wenn er vom Gericht auf die Möglichkeit einer Zustimmung oder eines Widerspruchs hingewiesen worden wäre.[506] Dies gilt umso mehr, als einerseits die meisten Angeklagten wahrscheinlich nicht die Möglichkeit besitzen, die Qualität ihrer Verteidiger umfassend zu beurteilen (womit sich – insbesondere bei Ausbau der Pflichtverteidigung – die Frage nach einer staatlichen Pflicht zur Qualitätssicherung stellen kann)[507] und andererseits Teile der Rechtsprechung offensichtlich einen Widerspruch selbst dort fordern, wo auch ein pflichtbewusster Verteidiger dies kaum erwarten kann.[508]

Nicht überzeugend ist zum Dritten, dass der BGH die **zeitliche Bestimmung des Widerspruchs** an § 257 Abs. 1 orientiert.[509] *Fezer* hat bereits früh zu Recht darauf hingewiesen, dass § 257 das rechtliche Gehör schützt, nicht aber auf irgendwelche zeitlichen Begrenzungen der Verteidigungsmöglichkeiten angelegt ist.[510] Solche Begrenzungen sind zudem jedenfalls dann fragwürdig und in der StPO (bislang) auch nicht vorgesehen, wenn sie sich auf Verteidigungsvorbringen während einer noch laufenden Beweisaufnahme 84

499 Vgl. etwa zu Art. 36 WÜK BVerfG Beschl. v. 5.11.2013 – 2 BvR 1579/11 = NJW **2014** 532; *Gleß/Peters* StV **2011** 376.
500 *Böse* ZIS **2014** 159 mit Blick auf die „Berücksichtigungspflicht" von Verfahrensfehlern im Ausland bei Durchführung einer EEA.
501 *Gleß* GedS Heine 127 ff.
502 BGH **38** 226; BGH StraFo **2006** 74.
503 *Maiberg* 207 f.; *Bernsmann* StraFo **1998** 76; *Ventzke* StV **1997** 435.
504 *Maiberg* 254 f.; *Heinrich* ZStW **112** (2000) 422; *Tolksdorf* FS Graßhof 265; *Ventzke* StV **1997** 547; vgl. bereits: *Oehler* JZ **1951** 725.
505 In Hauptverhandlungen, die vor der Entscheidung BGHSt **38** 214 erfolgt waren, kam es auf einen eigenständigen Widerspruch des Verteidigers schon deswegen nicht an, weil er mit der vom BGH entwickelten Widerspruchslösung nicht rechnen konnte (OLG Celle NJW **1993** 545 und NZV **1993** 40).
506 *Fezer* JR **1992** 386. Ablehnend oder doch kritisch *Bohlander* NStZ **1992** 505; *Dornach* Der Strafverteidiger als Mitgarant eines justizförmigen Strafverfahrens (1994) 190 und NStZ **1995** 61; *Feigen* 162 f.; *Tolksdorf* FS Graßhof 265; *Hamm* NJW **1993** 295; *Kiehl* NJW **1993** 502; **1994** 1268.
507 Vgl. dazu ausf. *Augustin* 141 ff.
508 Vgl. OLG Karlsruhe NJW-Spezial **2010** 442, das einen Widerspruch für notwendig hält, obwohl der Amtsrichter die Verwertung von sich aus für unzulässig erachtete und der Verteidiger aus diesem Grunde auf den Widerspruch erstinstanzlich verzichtet hatte; demnach müsste selbst dann Widerspruch erhoben werden, wenn erstinstanzlich mangels Verwertbarkeit freigesprochen wird.
509 *Roxin/Schünemann* § 24, 34; *Leipold* StraFo **2001** 300 ff.; vgl. jetzt auch: BGHSt **61**, 266 = NJW **2017** 1332 m. Anm. *Zopfs* sowie BGH NStZ **2017** 593 m. Anm. *Ventzke*; grundlegend: *Meixner* 17 ff.
510 *Fezer* JZ **1994** 687; vgl. auch *Tolksdorf* FS Graßhof 267.

beziehen, weil die Verteidigung zu dieser Zeit die Notwendigkeit ihres Einwandes u.U. noch nicht oder noch nicht sicher genug abzuschätzen vermag.[511]

84a Die Unstimmigkeit der Widerspruchslösung zeigt sich auch bei der **Übertragung auf andere Fallkonstellationen** jenseits des § 136.[512] Wenn der 2. Strafsenat etwa die fehlende Dispositionsmacht der Verteidigung über rechtswidrig erlangte Sachbeweise für die Ablehnung einer Widerspruchslösung bei rechtswidrigen Beschlagnahmen heranzieht, schützt er den Angeklagten vor einer Rügepräklusion. Die dafür angeführte Begründung, dass Angeklagte Sachbeweise anders als frühere Äußerungen nicht mehr aus eigener Erinnerung erläutern oder erklären könnten und ihnen deshalb eine „Dispositionsmöglichkeit" fehle, überzeugt jedoch nicht. Hier geht es zunächst um die Frage, ob man überhaupt anerkennen will, dass Beschuldigte und ihre Verteidiger über die im Strafverfahren notwendige Sachverhaltsermittlung bestimmen.[513] Unabhängig davon, dient die Widerspruchslösung ja nicht dazu, Entlastungsoptionen für Angeklagte zu schaffen,[514] sondern dazu, der Verteidigung die Pflicht zuzuweisen, die Rechtmässigkeit staatlicher Ermittlungen zu prüfen und umfassend zu monieren. Die Argumente, die dagegen sprechen, eine solche Pflicht dem Angeklagten und seinem Verteidiger bei Sachbeweisen aufzubürden, gelten auch in Bezug auf Vernehmungen oder Überwachungsmaßnahmen. Beschuldigte und ihre Verteidiger sollten nicht für eine fristgerechte Abmahnung hoheitlicher Verfahrensverstöße zuständig sein.[515] Eine solche Zuständigkeit lässt sich insbesondere auch nicht auf zivilrechtliche Überlegungen gründen,[516] weil solche parteirechtlichen Erwägungen die inquisitionsrechtliche Ausprägung des deutschen Strafverfahrens verkennen: Die Sachverhaltsfeststellung in einem justizförmigen Prozedere ist Sache der Verfahrensleitung.[517] Bei der Lektüre mancher Entscheidung zur Prüfung eines Widerspruchs gegen eine Beweisverwertung gewinnt man den Eindruck, dass die schützenden Formen des Strafverfahrens hier gegen den Angeklagten gewendet und primär zum Schutze staatlicher Interessen herangezogen werden.[518]

85 Aus den genannten Gründen ist die Widerspruchslösung abzulehnen. Angebracht erscheint vielmehr das Erfordernis einer **positiven Zustimmung der beschuldigten Person** zur Verwertung von Aussagen, die ohne die in § 136 geforderten Hinweise auf Aussagefreiheit oder das Recht zur Verteidigerkonsultation gemacht wurden.[519] Dass die Rechtsprechung sich in näherer Zukunft einer Zustimmungslösung öffnet, erscheint eher unwahrscheinlich. Mit BGHSt **60** 38, 40, BGHSt **61** 266 und BGH, Beschl. v. 1.12.2016 – 3 StR 230/16[520] ist jedoch hoffentlich eine gewisse Bewegung in die höchstrichterliche Judikatur betreffend die hoch gesteckten Anforderungen an einen gültigen Widerspruch gegen die Verwertung von rechtswidrig erlangten Beweismitteln gekommen.[521]

---

511 Ablehnend darum *Fezer* in Anm. JZ **1994** 686; SK/*Rogall* Vor § 133, 182; *Feigen* 164.
512 BGHSt **61** 266 = NJW **2017** 1332 m. Anm. *Zopfs*; vgl. zuvor: BGHSt **51** 265, 296 f.
513 Vgl. dazu etwa *Widmaier* NStZ **1992**, 519, 521.
514 Wie es die Rechtsprechung mit ihrer Widerspruchslösung offensichtlich annimmt vgl. auch *Zopfs* NJW **2017** 1336.
515 *Tepperwien* FS Widmaier 591 f.; **a.A.** *Basdorf* NStZ **2017** 370; *Mosbacher* NStZ **2011** 608.
516 Vgl. etwa MüKo/*Schuhr* 72 m.w.N.
517 *Velten* FS Grünwald 753 ff., 773 m.w.N.
518 Vgl. etwa BGH NJW **2018** 2279 (m. Anm. *Meyer-Mews*); OLG Karlsruhe NJW-Spezial **2010** 442; OLG Celle NStZ **2014** 118: vgl. auch *Roxin/Schünemann* § 24, 34; *Engländer/Volk* § 28, 22; *Jäger* JA **2018** 712.
519 Ebenso: *Volk/Engländer* § 28, 22; *Leipold* StraFo **2001** 302; *Kasiske* NJW-Spezial **2011** 377; *Schlothauer/Jahn* RuP **2012** 222 (mit Gesetzgebungsvorschlag 223).
520 Abgedruckt in NJW **2017** 1828 m. Anm. *Mayer-Mews* = NStZ **2017** 593 m. Anm. *Ventzke* = JA **2017** 715 m. Anm. *Jäger*.
521 Vgl. auch *Ventzke* NStZ **2017** 593.

c) Nicht-Verstehen der Belehrung über die Aussagefreiheit. Versteht eine beschuldigte Person infolge ihrer geistigen oder seelischen Verfassung die Belehrung über die Aussagefreiheit inhaltlich nicht, dürfte sie in der Regel vernehmungs- oder sogar verhandlungsunfähig sein.[522] Im Normalverfahren ist dann eine Vernehmung zu unterlassen bzw. abzubrechen, ihr Ergebnis ist jedenfalls unverwertbar. Je nach Lage des Falles ist mit einer erneuten Vernehmung bis zum Abklingen der Störung zuzuwarten[523] oder aber das Verfahren vorläufig bzw. endgültig einzustellen.[524] Die vom BGH (in einem Sicherungsverfahren) vertretene Ansicht, dass es nicht angehe, beim aussagebereiten Beschuldigten, der die Belehrung möglicherweise oder mit Sicherheit nicht verstanden hat, von einer Vernehmung abzusehen, weil ihm sonst die Gelegenheit zur Entlastung (vgl. § 136 Abs. 2) abgeschnitten werde, überzeugt regelmäßig nur in den Fällen des Sicherungsverfahrens (§§ 413 ff.).[525] Offen ist bisher, ob das Gericht seine Ansicht tatsächlich auf das Sicherungsverfahren beschränken will oder ob es generell meint, dass die Vernehmung des aussagebereiten Beschuldigten durchzuführen sei und sich die Verwertbarkeit entsprechend den allgemeinen Grundsätzen[526] danach beurteile, ob der Vernommene oder sein Verteidiger der Verwertung widerspricht. Dem ist auch dann nicht zu folgen, wenn der Beschuldigte die Belehrung nur „möglicherweise" nicht verstanden hat, denn in diesem Fall muss der Tatrichter aufklären, ob er sie verstanden hat oder nicht. 86

d) Unterlassene Belehrung bei Auslandsvernehmungen und in DDR-Altfällen. 87
In der DDR waren bis zum 6. DDR-StRÄndG v. 29.6.1990 Belehrungen über eine Aussagefreiheit des Beschuldigten gesetzlich nicht vorgeschrieben und nicht üblich.[527] Der BGH hielt Vernehmungen, die – demgemäß – ohne Belehrung durchgeführt wurden, nur dann für unverwertbar, wenn die Voraussetzungen des § 136a vorlagen oder auf den Beschuldigten sonst in rechtsstaatswidriger Weise mit dem Ziel eingewirkt wurde, sein Schweigen aufzugeben.[528] Die Entscheidung steht hinsichtlich Begründung und Ergebnis in auffälligem Gegensatz zu der hohen Bedeutung, die das Gericht der Aussagefreiheit und der zu ihrer Sicherung dienenden Belehrungspflicht zuschreibt.[529] Sie ist wohl nur mit dem Bemühen zu erklären, die Beendigung anhängiger Verfahren gemäß dem EinigungsV zu sichern.[530]

Immer größere Bedeutung kommt der Frage zu, wie sich eine fehlende Aussagefreiheit bzw. eine fehlende Belehrung darüber auf die Verwertbarkeit von Erkenntnissen aus einer **Vernehmung im Ausland** auswirkt,[531] insbesondere wenn eine Beschuldigtenvernehmung an einem Ort durchgeführt wird, an dem eine solche Belehrung nicht vorgeschrieben ist. Die bislang als herrschend angesehene Meinung orientiert sich pragmatisch vor allem am Grundsatz „locus regit actum" und sieht die nach ausländischem 88

---

522 Zu diesen beiden Fähigkeiten näher bei § 205. Zu den Anforderungen an das Verstehen der Belehrung vgl. BGHR StPO § 136 Belehrung 2 sowie *Neuhaus* NStZ **1997** 312.
523 So etwa in Fällen schweren Schocks nach einem Verkehrsunfall, vgl. BezG Meiningen DAR **1992** 393 m. Anm. *Beck*.
524 Vgl. LR/*Stuckenberg*[26] § 205, 17.
525 Zur Beweiswürdigung in diesen Fällen s. BGHSt **2** 269. LG Verden StV **1986** 97 lehnt die Verwertung auch hier ab (und verweist auf die außerstrafrechtlichen Unterbringungsmöglichkeiten).
526 BGHSt **38** 214, 225 f. (oben Rn. 82 f.).
527 Dazu näher BGHSt **38** 263.
528 BGHSt **38** 263, 269 f. = JR **1993** 425 m. Anm. *Fezer*.
529 Vgl. BGHSt **38** 214; grundlegend: *Kiehl* NJW **1993** 503.
530 Vgl. BGHSt **38** 263, 266 = JR **1993** 425 m. Anm. *Fezer*; *Hauf* MDR **1993** 196 Fn. 21.
531 Zur speziellen Frage der Belehrungspflicht bei einer Festnahme von Piraterieverdächtigen durch die deutsche Marine s. *Esser/Fischer* JR **2010** 519.

Recht ordnungsgemäß gewonnenen Erkenntnisse als prinzipiell verwertbar an.[532] Das überzeugt nicht, da die **Verwertbarkeit eines ausländischen Beweismittels** nach dem Recht des Staates beurteilt werden muss, in dem das Beweismaterial für die Sachverhaltsfeststellung verwertet werden soll,[533] denn die Gerichte dieses Staates stützen ihr Urteil auf den festgestellten Sachverhalt. Die Rechtmäßigkeit der Erhebung nach dem Recht des ausländischen Staates hat darauf nur mittelbar Einfluss.[534] Die Verwertung der Aussage eines Beschuldigten, welcher diese ohne Belehrung über die Aussagefreiheit im Ausland gemacht hat, ist damit grundsätzlich unverwertbar.[535] Zwar sollte die Problematik heute in vielen Fällen praktisch durch entsprechende Regelungen im Rechtshilferecht entschärft sein. So gilt etwa für die Rechtshilfe zwischen den EU-Mitgliedstaaten bei Vernehmungen das Recht des ersuchenden Staates (Art. 4 EURhÜbk);[536] das heißt: In einer Vernehmung, die für ein deutsches Strafverfahren im Ausland durchgeführt wird, muss entsprechend belehrt werden. Dadurch können Verwertungsprobleme nur zum Teil gelöst werden. Das liegt zum einen daran, dass sich die grundsätzlich verschiedene Ausgestaltung der Belehrung über das Schweigerecht in Rechtsordnungen des sog. Common Law und Civil Law[537] (dank des Sonderwegs des Vereinigten Königreichs) weiter mitten durch Europa zieht und im außereuropäischen Rechtshilfeverkehr für Probleme sorgt.[538] Zum anderen stellt sich ohnehin prinzipiell die Frage nach der Bedeutung des Schweigerechts für spezielle Beweissammlungen, etwa außerhalb von Vernehmungssituationen (s.u. Rn. 91).

88a Nach Rechtsprechung und Literatur gelten im Übrigen folgende **Grundsätze** im Zusammenhang mit der Verwertung von Erkenntnissen aus ausländischen Vernehmungen: Ein Verwertungsverbot besteht jedenfalls dann, wenn (a) eine Beweiserhebung völkerrechtlich verbindliche und dem Individualrechtsgüterschutz dienende Garantien verletzt oder hierbei allgemeine rechtsstaatliche Grundsätze nicht eingehalten wurden;[539] (b) ein Betroffener nach der Aufklärung über sein Schweigerecht und seine Widerspruchsmöglichkeit im deutschen Strafverfahren der Verwertung widerspricht;[540] oder (c) eine Vernehmung gezielt im Ausland durchgeführt wird, um das deutsche Strafverfahrensrecht zu umgehen.[541]

---

532 BGH NStZ-RR **2002** 67; BGH StV **2001** 66; weitere Nachweise bei *Böse* ZStW **114** (2002) 169 f.; *Gleß* FS Grünwald 197 ff.; noch offen gelassen in: BGH NJW **1994** 3364 m. Anm. *Wohlers* NStZ **1995** 45 und Anm. *Britz* NStZ **1995** 607 und Anm. *Hauser* JR **1995** 254; sowie näher bei § 251. Zum Meinungsstand im Einzelnen: *Schuster* 122 ff.

533 BGH NStZ **2013** 596; *Gleß* 141 ff.

534 Vgl. BGH NStZ **1992** 394; BGH GA **1976** 219; *Wohlers* NStZ **1995** 595; vgl a. *Schuster* 134.

535 *Ahlbrecht*/Böhm/Esser/Eckelmans, Rn. 1388; *Böse* ZStW **114** (2002) 172; *Th. Schmidt* 493; *Schuster* 201, 204 ff.; *ders.* ZIS **2016** 569. vgl. auch BGH NStZ **1994** 595 m. Anm. *Britz* NStZ **1995** 608; *Sommer* StraFo **2003** 352 f.

536 Dazu: Schomburg/Lagodny/*Gleß*/Hackner III B Art. 4 EURhÜbk, 1 und 6.

537 Vgl. dazu etwa *Gleß* 214 ff.; zur Vereinbarkeit unterschiedlicher Umsetzungen des Rechts auf Aussagefreiheit in der nationalen StPO vgl. etwa BVerfG StV **2017** 241 m. Anm. *Esser.*

538 Vgl. etwa die Schilderung von Schuster ZIS **2016** 568 f.

539 BGH NStZ **2013** 596; BGH NStZ **2014** 608; *Ambos* 83 f.; *Gleß* JR **2008** 317; *Schuster* 122 ff., 133 f. Etwas zurückhaltender noch die frühere Rspr.: BGH NStZ **1998** 155 m.w.N.; BGH NStZ **1996** 609 m. Anm. *Rose* NStZ **1998** 154; BGH StV **1982** 154. Daraus folgt selbstverständlich auch die Unverwertbarkeit von im Ausland erlangten Folterbeweisen, *Ambos* StV **2009** 152 ff. (vgl. a § 136a).

540 Vgl. BGH NStZ **1992** 394; vgl. *Wohlers* NStZ **1995** 46 m.w.N.

541 BGH NStZ **1988** 563; vgl. KMR/*Eschelbach* § 223, 94 ff. zur Pflicht deutscher Organe auf eine Einhaltung deutscher Verfahrensvorschriften hinzuwirken: *Sander*/*Cirener* § 251, 55; *Gleß* FS Grünwald 202 f.; zu einem möglichen Verwertungsverbot, wenn sie diese Pflicht verletzen Meyer-Goßner/*Schmitt* § 251, 34a unter Hinweis auf BGH StV **2007** 627: „kann" zur Unverwertbarkeit führen.

e) Belehrungsfehler in EEA-Videovernehmungen. Ob sich als Konsequenz zu einer Verletzung von Belehrungspflichten im Rahmen einer **EEA-Videovernehmung** ein **Beweisverwertungsverbot** ergibt, bestimmt sich nach dem Recht des Staates, der die Vernehmung verwerten will, also dem EEA-Anordnungsstaat.[542] Agiert Deutschland als Vollstreckungsstaat, gelten die allgemeinen Regeln.[543] Beantragt Deutschland eine EEA-Videovernehmung in einem anderen EU-Mitgliedstaat, handelt es sich um eine deutsche Vernehmung, in der die beschuldigte Person – neben möglichen lokalen Belehrungen – auch über die Rechte des Anordnungsstaates, also die ihr nach § 136 zustehenden Rechte belehrt werden muss; geschieht dies nicht ordnungsgemäss, so greifen Verwertungsverbote nach den allgemeinen Regeln der deutschen Beweisverbotslehre.[544] In Zusammenhang mit EEA-Videovernehmungen können sich aber auch spezifische Probleme ergeben. Etwa wenn nicht nur nach dem Recht des Anordnungsstaates, sondern parallel nach dem des Vollstreckungsstaates belehrt wird und offen bleibt, was gilt. Eine Divergenz kann sich etwa ergeben, wenn nach lokalem Recht eine Belehrung dergestalt vorgesehen ist, dass bestimmte Alibibeweise sofort vorgetragen werden müssen oder ansonsten präkludiert sein können.[545] Auch hier muss mit Rücksicht auf den Schutz der Aussagefreiheit ein Verwertungsverbot eingreifen, da die Doppelbelehrung, auch individualschützende Funktion hat[546] und sich die deutschen Behörden bei Inanspruchnahme einer EEA das Verhalten der zuständigen Behörden des Vollstreckungsstaats zurechnen lassen müssen.[547] Zum gleichen Ergebnis käme man ohnehin, wenn der Beschuldigte der Verwertung im deutschen Strafverfahren widerspräche.[548] Ein weiteres Problem könnte sich dann ergeben, wenn sich nach einer EEA-Videovernehmung herausstellt, dass die zuständigen Stellen des Vollstreckungsstaats Rechte des Beschuldigten in der Vernehmung missachtet haben, etwa wenn der nach dem Recht des Vollstreckungsstaates notwendige Pflichtverteidiger nicht anwesend war. Im Fall einer erfolgreichen Anfechtung der Modalitäten einer EEA-Videovernehmung im Vollstreckungsstaat sieht die RL EEA eine **Berücksichtigungspflicht**, also die Beachtung eines etwaigen Verwertungsverbotes durch den Anordnungsstaat vor (allerdings im Einklang mit seinem nationalen Recht). Auf diese Weise sollen Verteidigungsrechte gewahrt und ein faires Verfahren gewährleistet werden (Art. 14 Abs. 7 RL EEA).[549] 89

f) Wirkung gegenüber Mitbeschuldigten. Der BGH hatte zunächst offen gelassen, ob das oben unter Rn. 77ff. beschriebene Verwertungsverbot auch gegenüber Dritten gelten solle.[550] Er hat die Frage dann später in entsprechender Anwendung seiner Grund- 90

542 Ausf. zum Verfahren *Schuster* ZIS **2016** 569.
543 Vgl. BGHSt **58** 32; Schomburg/Lagodny/*Gleß*/Hackner IRS, HT III B 1 b EURhÜbk Art. 4, 2; *Schuster* 214ff.; zur EEA vgl. *Böse* ZIS **2014** 159; *Schuster* ZIS **2016** 569.
544 *Norouzi* 220ff. sowie LR/*Gleß* § 136a, 11; vgl. auch BGH Beschl. v. 8.11.2006 – 1 StR 421/06.
545 Eine solche Problematik kann sich bei einer Belehrung nach sec. 34–39 Criminal Justice and Public Order Act 1994 (CJPOA) ergeben, vgl. *Gleß* 74; *Schuster* ZIS **2016** 569. Zur grundsätzlich anderen Herangehensweise in England/Wales vgl. auch BVerfG StV **2017** 241 m. Anm. *Esser*.
546 Neben der Funktion, dass durch die Videovernehmung ein Beweismittel gewonnen wird, das im Anordnungsstaat tatsächlich genutzt werden kann *F. Zimmermann* ZStW **127** (2015) 150f.
547 Vgl. EGMR *Stojkovic v. Frankreich und Belgien*, 25303/08, Urt. v. 27.10.2011 = NJW **2012** 3709 u. EGMR *Salduz v. Türkei*, 36391/02, Urt. v. 27.11.2008 = NJW **2009** 3707; BGHSt **58** 32 = StV **2014** 193, 194 m. Anm. *Schuster*; *G/P/K/G-Wilkitzki* Vor § 68, 17; *Böse* ZStW **114** (2002) 148, 153ff.; anders im traditionellen Rechtshilfeverkehr vgl. BGH NJW **2011**, 3314.
548 BGH NStZ **1992** 394; OLG Bremen NJW **1962** 2314.
549 *Böse* ZIS **2014** 161; *Heydenreich* StV **2012** 439, 444; *Schuster* StV **2014** 398; sehr viel restriktiver im Ansatz aber noch: BGHSt **58** 32 = NStZ **2013** 596 = StV **2014**, 193, 194 m. Anm. *Schuster*.
550 BGHSt **38** 228.

sätze zu § 55 verneint, weil die Belehrung ausschließlich dem Schutz des jeweiligen Beschuldigten diene, also den Rechtskreis von Mitbeschuldigten und Mitangeklagten nicht berühre.[551] Aber die sog. Rechtskreistheorie,[552] auf die sich der BGH früher stützte, war als solche von Anfang an umstritten und anfechtbar (s. Erl. zu § 337, 69 ff.). Sie ist überdies eine spezifisch revisionsrechtliche Konstruktion, die aus heutiger Sicht nicht mehr zur Klärung eines Beweisverwertungsverbots herangezogen werden kann und auch von der Rechtsprechung nicht mehr dazu herangezogen wird.[553] Ohnehin sollte sie nach ihrem eigenen Anspruch nicht für Vorschriften gelten, welche die „rechtsstaatlichen Grundlagen des Verfahrens" betreffen.[554] Wenn aber die Belehrung über die Aussagefreiheit auch dem Schutz eines fairen Verfahrens dient,[555] ist bereits auf der Grundlage der Rechtskreistheorie zweifelhaft, ob der Mitbeschuldigte die Folgen des Verfahrensverstoßes hinnehmen muss.[556] Im Ergebnis ist damit festzuhalten, dass auch wenn die Belehrung spezifisch die Aussagefreiheit des konkreten Beschuldigten schützen soll, es doch unannehmbar ist, den Gedanken des fairen Verfahrens bei den einer gemeinsamen Tat Beschuldigten gewissermaßen zu teilen, also den einen auf dem Wege eines Verfahrensverstoßes gegenüber dem anderen zu belasten oder gar zu überführen.[557] Im Extremfall könnte sonst von zwei nicht belehrten Beschuldigten der eine jeweils auf Grund der fehlerhaft gewonnenen Aussage des anderen verurteilt werden, und zwar wohl selbst dann, wenn zum Zwecke einer solchen „Überkreuzungsverwertung" die Belehrung jedes der beiden Beschuldigten bewusst unterlassen wurde.[558] Es erscheint daher bei Abwägung der widerstreitenden Gesichtspunkte notwendig, die Wirkung des Verwertungsverbots auch auf Mitangeklagte zu erstrecken.[559]

91 **g) „Vernehmungsähnliche Situationen", heimliche und verdeckte Ermittlungen, „Hörfallen".** Nach der hier vertretenen Ansicht (s.o. Rn. 12) ist eine Vernehmungssituation i.S.d. § 136 bei einer direkten oder indirekten Befragung des Beschuldigten zum Tatvorwurf auch gegeben, wenn der Beschuldigte sich des amtlichen Charakters der Befragung nicht bewusst ist, die Kommunikation in Struktur und Zielsetzung aber einer Vernehmung entspricht.[560] Von diesem Standpunkt aus unterliegen derartige Befragungen daher grundsätzlich den Belehrungspflichten des § 136 und damit dadurch erlangte Beweismittel im Falle unterlassener Belehrung mindestens auch dem im vorigen (s.o. Rn. 77 ff.) umrissenen Verwertungsverbot;[561] etwas anderes kann nach der hier vertretenen Ansicht nur gelten, soweit das Gesetz verschleierte Befragungen vorsieht oder doch gestattet. Die h.M. sieht das meist schon im Ansatz anders, weil sie diese Befragungen weder als von § 136 erfasste „Vernehmungen" betrachtet (s.o. Rn. 12 sowie § 136a, 15) noch eine entsprechende Bedeutung von § 136 für diese Form der Beweiserlangung an-

---

551 BGHSt **47** 172, 180 = JA **2002** 634 m. Anm. *Beckemper* = JR **2002** 290 m. Anm. *Wohlers*; BGH wistra **2000** 313; BGH NJW **1994** 3364; ebenso BayObLG NJW **1994** 1296; SK/*Rogall* Vor § 133, 188; *Lesch* JA **1995** 162.
552 BGHSt **11** 213, dazu LR/*Gössel* Einl. L 32 ff.
553 SK/*Wohlers* Einleitung 279.
554 Vgl. BGHSt **11** 214; **42** 15 21.
555 So ausdrücklich BGHSt **25** 330 und **38** 221.
556 Verneinend etwa *Brüssow* StraFo **1998** 298; *Dencker* StV **1995** 233; *Hamm* NJW **1996** 2189.
557 Vgl. dazu Meyer-Goßner/*Schmitt* 20; *Volk/Engländer* § 28, 23 m.w.N.; *Paul* NStZ **2013** 492.
558 Darauf macht zu Recht *Dencker* aaO 235 aufmerksam.
559 Grundlegend: *Hamm* NJW **1996** 2189; vgl. ferner *Dautert* 205 ff.
560 Vgl. auch: EGMR *Allan v. UK*, 48539/99, Urt. v. 5.11.2002 = StV **2003** 257 m. Anm. *Gaede*; *Böse* GA **2002** 102; *Renzikowski* JZ **1997** 713 ff.; *Weßlau* ZStW **110** (1998) 6 ff. sowie § 136a, 15. Zum Begriff (wie ihn auch die h.M. vertritt) *Stoffer* 423.
561 Vgl. aus Sicht der EMRK: EGMR StV **2003** 257 m. Anm. *Gaede; Esser* JR **2004** 98; s. aber BGH 3 StR 104/07 v, 26.7.2007.

erkennt, da dem Betroffenen ja keine staatliche Autorität gegenübertrete, sondern er sich frei entscheiden könne, „ob und in welchem Umfang er sich in dem Gespräch offenbaren wollte".[562] Nach h.M. kommt bei Befragungen im Rahmen verdeckter Ermittlungen ein Verwertungsverbot in analoger Anwendung des § 136a bei sog. vernehmungsähnlichen Situationen oder bei Verstößen gegen sonstige rechtsstaatliche Grundsätze in Betracht (§ 136a, 15). Sehr streitig ist jedoch auch innerhalb der herrschenden Meinung, ob heimliche Befragungen, die außerhalb des spezifischen Bereichs verdeckter Ermittlungen mit Hilfe sog. Hörfallen erfolgen, in der gleichen Weise zu behandeln sind oder ob sie als Umgehung der förmlichen Vernehmung unter dem Gesichtspunkt der unterlassenen Belehrung ein Verwertungsverbot auslösen (s.u. Rn. 93).

Nach dem Gesagten ist der Unterschied der Standpunkte im Rahmen des § 136 bei **verdeckten Ermittlungen** unerheblich, wenn und soweit man die Befragungsergebnisse auf Grund dieser Ermittlungen als solche für erlaubt und verwertbar hält. Verwertungsverbote können sich auch nach der hier vertretenen Ansicht nur aus § 136a oder sonstigen rechtsstaatlichen Grundsätzen ergeben, nicht aber aus der unterlassenen Belehrung selbst. Es liegt nahe, dies auf Grund der Gesetzesregelung über **Verdeckte Ermittler** (§§ 110a ff.) für deren Befragungen zu bejahen; vgl. dazu näher bei § 110c. Für Befragungen durch sonstige verdeckt auftretende Polizeibeamte oder durch (staatlich beauftragte) **V-Leute** aber fehlen entsprechende Regelungen oder Anhaltspunkte im Gesetz. Wenn die herrschende, insbesondere von der Rechtsprechung vertretene Meinung das Ergebnis ihrer Befragungen zum Tatvorwurf dennoch grundsätzlich für verwertbar hält, so kann sie das nur, weil sie die Zulässigkeit dieser Befragungen nach allgemeinen StPO-Normen bejaht oder voraussetzt; dies wird bei § 163 erörtert.[563] 92

Die verschiedenen Formen einer Befragung des Beschuldigten mit Hilfe von „**Hörfallen**", d.h. von gezielt veranlassten scheinbaren Privatgesprächen, die Polizeibeamte oder von ihnen Beauftragte heimlich mithören,[564] sind nur Unterfälle der verschleierten Befragungen. Die h.M. verfährt zwar folgerichtig, wenn sie diese, im Gegensatz zu der hier vertretenen Ansicht, ebenfalls nicht als „Vernehmungen" i.S.d. § 136 ansieht, sondern nach den in Rn. 91 genannten Aspekten beurteilt. Unter diesen Gesichtspunkten wird vielfach angenommen, dass die Befragungen als solche zulässig sind und ihre Ergebnisse nicht allein deswegen einem Verwertungsverbot unterliegen, weil sie „verdeckt" gewonnen sind.[565] Wenn man die Verwertung von Informationen aus verdeckten Ermittlungen durch V-Leute für zulässig hält, ist ein solcher Schluss in der Tat nahe liegend. Gleichwohl hat der 5. Strafsenat des BGH – unter grundsätzlicher Anerkennung verschleierter Befragungen bei verdeckten Ermittlungen sonstiger Art – dem Großen Strafsenat die 93

562 BGHSt **42** 139; MüKo/*Schuhr* 68; *Rehbein* 278 f.

563 Vgl. *Roxin/Schünemann* § 9, 19 a.E.; *Sinn* Jura **2003** 819; auch an dieser Stelle ist aber darauf hinzuweisen, dass – bereits aus den z.B. von *Fezer* JZ **1995** 972 dargelegten Gründen – die h.M. als verfassungsrechtlich bedenklich erscheint. Die Entwicklung in der Praxis bestärkt diese Bedenken noch, vgl. *Scherp* 83 ff.; *Weiler* GA **1996** 101 m.N.

564 Insbesondere: Mithören am Zweithörer des Telefons (BGHSt **39** 335, 348; BGH NStZ **1995** 410 und **1996** 200 m.w.N.; OLG Hamm NStZ **1988** 515; vgl. auch BVerfG NStZ **2000**. 489); aber auch: scheinbares Privatgespräch nach Abschluss der Vernehmung, das ein anderer Polizeibeamter heimlich mithört (LG Verden MDR **1975** 950).

565 BGH 3 StR 104/07 vom 26.7.2007; BGHSt **39** 335 ff.; zust. z.B. Meyer-Goßner/*Schmitt* § 100a, 1; SK/*Rudolphi* § 100a, 9; *Sternberg-Lieben* Jura **1995** 299; *Welp* NStZ **1994** 294; anders *Dencker* StV **1994** 671 (eingehend); *Lisken* NJW **1994** 2069; *Tietje* MDR **1994** 1078; eine davon getrennte Frage ist es, ob die Erkenntnisse etwa wegen „Täuschung" nach § 136a unverwertbar sind, dazu *Klein* 30 sowie § 136a, 43.

Frage vorgelegt, ob speziell die aus einem von der Polizei veranlassten und mitgehörten **Telefongespräch einer Privatperson** mit dem Beschuldigten gewonnenen Informationen schon im Hinblick auf die damit verbundene Umgehung der Belehrungspflicht nach § 136 Abs. 1 Satz 2 (§ 163a Abs. 4) unverwertbar sein sollten.[566] Der Große Strafsenat hat darauf[567] entschieden, dass Informationen, die der Staat Beschuldigten durch vorgetäuschte Privatgespräche entlockt, grundsätzlich verwertet werden dürften, weil insofern kein Verstoß gegen den nemo tenetur-Grundsatz und auch keine Umgehung der durch § 136 statuierten Belehrungspflicht vorliege. § 136 Abs. 1 solle Beschuldigte (nur) „vor der irrigen Annahme eines möglicherweise auf Grund des amtlichen Charakters einer Befragung empfundenen Aussagezwangs...schützen", nicht aber vor einem anderen Irrtum.[568] Eine Verwertung erscheine – nach einer „Gesamtabwägung"[569] – jedenfalls zur Aufklärung einer Straftat von erheblicher Bedeutung gerechtfertigt, wenn die Erforschung des Sachverhalts unter Einsatz anderer Ermittlungsmethoden erheblich weniger Erfolg versprechend oder wesentlich erschwert wäre.[570] Dem ist nicht zuzustimmen. Eine Anerkennung der Zulässigkeit von Hörfallen zur Verfolgung bestimmter schwererer Kriminalität bedeutete einen (weiteren) massiven Einbruch in das überkommene Ermittlungssystem und die Beschuldigtenrechte, insbesondere die Aushöhlung der heute auch von der Rechtsprechung in allgemeinen Aussagen hoch eingeschätzten Belehrungspflichten.[571] Weder kann der Zweck die Mittel heiligen noch ist selbstverständlich, dass das öffentliche Interesse an der Aufklärung einer mutmasslich schweren Straftat das Interesse eines Beschuldigten gegen einen erheblichen Tatvorwurf per se überwiegt.

94 Vom hier vertretenen Standpunkt aus (s.o. Rn. 91) ist die Auffassung des Großen Senats schon deswegen abzulehnen, weil die Befragungen mit Hilfe von **Hörfallen als** „Vernehmung" i.S.d. § 136 zu behandeln sind und nicht ersichtlich ist, dass das Gesetz für Vernehmungen dieser Art von der Norm abweichende Regeln vorsieht oder anerkannt.[572] Auch aus Sicht der Rechtsprechung, und zwar sowohl des BGH als auch des EGMR, greift ein Verwertungsverbot jedenfalls dann ein, wenn ein solches Gespräch nach erklärter Verweigerung, Angaben zur Sache zu machen, mittels einer Täuschung herbeigeführt wird.[573]

---

566 Zum Vorlagebeschluss: BGH NStZ **1996** 200 m. Anm. *Fezer* S. 289; **1995** 410 m. abl. Anm. *Seitz* S. 519 und grundsätzlicher Betrachtung *Roxin* JZ **1995** 469; dagegen der 1. StS des BGH, NStZ **1995** 557; SK/*Rogall* § 136a, 23 ff.

567 BGHSt **42** 145 ff. = NStZ **1998** 95 m. Anm. *Popp* = CR **1997** 364 m. Anm. *Bär* = JA **1997** 15 m. Anm. *Lesch* = JR **1997** 163 m. Anm. *Derksen*.

568 BGHSt **42** 139; befürwortend: *Duttge* JZ **1996** 562; *König* Kriminalistik **1997** 179; *Kudlich* JuS **1997** 699; *Lesch* ZStW **111** (1999) 638; *ders.* GA **2000** 362; *Müssig* GA **1999** 126 f.; *Pawlik* GA **1998** 385; *Popp* NStZ **1998** 95; *ders.* JA **1998** 904 f.; *Verrel* 146; *ders.* NStZ **1997** 415; ; vgl. auch *Renzikowski* JZ **1997** 713; kritisch dazu und teilweise **a.A.**: *Klein* 35 ff.; *Bernsmann* StV **1997** 116, 117; *Derksen* JR **1997** 167; *Meurer* FS Roxin 1281; *Rieß* NStZ **1996** 505; *Roxin* NStZ **1997** 18; *Weßlau* ZStW **110** (1998) 10 f.; *Wolter* FS II BGH 977.

569 BGHSt GrS **42** 139, 157; allgemein zur Abwägungslehre aus der jüngeren Rspr.: BGHSt **44** 243, 249; BGH NStZ **2000** 383 m. kritischen Anm. *Jahn*; zustimmend: *Rogall* FS Grünwald (1999) 523 ff.; kritisch: *Wolter* FS II BGH 989; vgl. auch LR/*Gössel* Einl. L 20 ff.).

570 BGHSt GrS **42** 139 = NStZ **1996** 502 m. Anm. *Rieß*. Eine dagegen gerichtete Verfassungsbeschwerde hat das BVerfG nicht zur Entscheidung angenommen, vgl. BVerfG NJW **2000** 3556 m. Anm. *Lamprecht* 3543. Vgl. auch *Beckemper* 59 ff.

571 Vgl. BGHSt **38** 218, oben Rn. 77: grundlegend zur Frage, ob täuschendes Staatshandeln zulässig sein kann: *Köhler* ZStW **107** (1995) 24 f.; *Kahlo* FS Wolff 185 ff.

572 *Schumann* 206 ff.

573 BGHSt **39** 335, 348; **40** 66 72; vgl. auch *Beulke* StV **1990** 184; *Odenthal* NStZ **1995** 580; *Popp* NStZ **1998** 95; *Schlüchter* 64; *Schneider* GA **1997** 37 sowie EGMR *Allan v. UK*, 48539/99, Urt. v. 5.11.2002 = StV **2003** 257 m. Anm. *Gaede*, dazu auch *Esser* JR **2004** 98.

2. Gefährdungen des Rechts zur Verteidigerkonsultation. In verschiedenen Urteilen[574] hat der BGH klargestellt, dass das in § 136 Abs. 1 Satz 2 vorausgesetzte Recht des Beschuldigten zur vorherigen Verteidigerkonsultation zu den wichtigsten Rechten gehört, weil es die Subjektstellung von Beschuldigten im Strafverfahren sichert. Seit dieser Entscheidung ist die bis dahin sehr vernachlässigte Frage, ob oder wann die Missachtung des Rechts zur Verteidigerkonsultation ein Verwertungsverbot begründet, in Fluss geraten. Abschließend geklärt ist sie bis heute noch nicht. Für § 136 ist sie künftig im Lichte der EU-Vorgaben zu beurteilen.[575] 95

Die **unterlassene Belehrung** über das Recht zur Verteidigerkonsultation (und dieser steht die nicht verstandene Belehrung gleich)[576] muss auf Grund der Bedeutung dieses Rechts (grundsätzlich zu einem Verwertungsverbot führen, weil das Gesetz auch hier die Kenntnis des Rechts beim Bürger nicht voraussetzt, es nach der gesetzlichen Wertung also ohne Belehrung nicht oder nicht hinreichend gesichert ist.[577] Erkennbar entspricht das auch den Prämissen und der Argumentation in den Grundsatzentscheidungen des BGH (s.o. Rn. 77).[578] 96

Nach der hier vertretenen Meinung gelten – jedenfalls seit der Reform des § 136 nach den europäischen Vorgaben zur Stärkung der Verteidigungsrechte – für die Begrenzung und den Beweis des Vorliegens dieses Verwertungsverbots die **Grundsätze, die bei unterlassener Belehrung über die Aussagefreiheit** anzuwenden sind, grundsätzlich entsprechend.[579] 97

Wird dem Beschuldigten die **Verteidigerkonsultation verwehrt**, gilt seit BGHSt **38** 372 ein Verwertungsverbot für dennoch abgegebene Äußerungen, weil eine Einhaltung des für den Beschuldigten so wichtigen Rechts nur so gewährleistet werden kann und weil im konkreten Fall[580] nach dem Verhalten des Vernehmungsbeamten beim Beschuldigten der Eindruck entstehen „musste", dass er die Rechte der Verteidigerkonsultation und der Aussageverweigerung zwar habe, aber nicht durchsetzen könne. Diese Grundsatzentscheidung hat mit Recht Zustimmung gefunden.[581] Sie hat aber viele Fragen offengelassen,[582] welche bisher auch durch die spätere Rechtsprechung nicht befriedigend gelöst wurden. 98

Offen bleibt etwa, wann ein das Beweisverbot auslösendes „Verwehren" bzw. eine unzureichende Belehrung der beschuldigten Person vorliegt. Dabei sind einerseits die Anforderungen der Rechtsprechung an die „Erste Hilfe" für den Beschuldigten zu berücksichtigen[583] und andererseits ist zu beachten, dass die – über ihre Rechte belehrte – 99

---

574 BGH NStZ **2008** 55; BGHSt **47** 172; BGHSt **38** 214; **38** 372 = JR **1993** 332 m. Anm. *Rieß* = JZ **1993** 425 m. Anm. *Roxin*; BGHSt **42** 15 = BGH StV **1996** 187, 189 m. Anm. *Egon Müller* ebd. S. 353 = NStZ **1996** 291 m. Anm. *Beulke* ebd. 257; dazu auch: *Fahl* JA **1996** 747; *Ventzke* StV **1996** 525.

575 *Schuster* 214 ff.; *ders.* ZIS **2016** 569.

576 BGHSt **39** 349, 352 = StV **1994** 4 m. Anm. *Fezer* JZ **1994** 686 und *Kiehl* NJW **1994** 1267; *Klein* 86 ff.

577 *Rone* 222 ff.

578 Vgl. BGHSt **38** 214; **38** 372; **39** 349, 352; **42** 15; **47** 172, 173. Ebenso *Roxin* JZ **1993** 427; *Kiehl* NJW **1994** 1267; im Erg. auch *Beulke/Swoboda* 469; *Ranft* 1692; vgl. auch *Ransiek* StV **1994** 343 ff. Für ein Verwertungsverbot schon früher *Strate/Venzke* StV **1986** 33 und ihnen folgend *Roxin/Schünemann* § 24, 37; AK/*Achenbach* § 163a, 31 für Fälle des § 140 Abs. 2; *Eisenberg* (Beweisrecht) 568; *Ransiek* 89. Durchgängig anders oder doch höchst zurückhaltend aber das sonstige frühere Schrifttum. Einschränkend noch heute SK/*Rogall* 91 ff.

579 Vgl. oben Rn. 81 ff.; BGH StV **1996** 189; BGHSt **47** 172; *Franke* GA **2002** 573 ff.

580 Der vernehmende Polizeibeamte erklärte u.a., der Beschuldigte müsse selbst wissen, ob er aussagen wolle oder nicht, und er werde „so lange vernommen ‚bis Klarheit' herrsche".

581 BGHSt **58** 301 = JR **2014** 131 m. Anm. *Wohlers*; *Jäger* JA **2013** 793; BGH StV **2007** 282 m. Anm. *Klein;* LG Schweinfurt StraFo **2013** 207 f.; *Rieß* JR **1993** 334; Meyer-Goßner/*Schmitt* 21; wohl auch SK/*Rogall* 91 ff.

582 Vgl. auch *Kiehl* NJW **1993** 504; *Rieß* JR **1993** 335.

583 Zu den Anforderungen an die „Erste Hilfe" für den Beschuldigten s.o. Rn. 99.

Person als Prozesssubjekt auf die zunächst gewünschte Einschaltung eines Verteidigers auch grundsätzlich wieder verzichten können muss,[584] und zwar auch dann, wenn sie entsprechende, sachlich gehaltene Bemerkungen der Verhörsperson von der Zweckmäßigkeit eines solchen Verzichts überzeugen.[585] Da die Reichweite des **Widerspruchserfordernisses**[586] durch die Rechtsprechung nicht umfänglich geklärt ist, stellt sich die Frage, ob dieses auch mit Blick auf die Verwertbarkeit von Aussagen gelten soll, die ein Beschuldigter macht, nachdem er erfolglos nach einem Verteidiger verlangt hat.[587] Nach hier vertretener Ansicht fällt es nicht in die Zuständigkeit von Beschuldigten die Rechtmässigkeit der Ermittlungen zu kontrollieren.

100 Die **praktischen Probleme**, die in den ganz unterschiedlichen Vernehmungssituationen entstehen können, wenn im Einzelfall festzustellen ist, ob bereits ein „Verwehren der Verteidigung" vorliegt, verdeutlicht die Rechtsprechung.[588] Diese zeigt auch, dass selbst bei sauberer Dokumentation nachträglich ein „Verwehren" oder ein Verzicht auf eine Verteidigerkonsultation durch eine Einlassung nicht immer nachvollzogen werden können.[589] Gerade im Lichte des Ausbaus der Verteidigerrechte durch EU-Vorgaben (s.o. Rn. 1a) erscheint es zu eng, wenn ein „Verwehren" nur bei einer nachgewiesenen Einwirkung wie bei § 136a anerkannt würde.[590] Vielmehr muss für das „Verwehren" schon reichen, dass ein Beschuldigter, der die Verteidigerkonsultation verlangt hat, vor deren Gewährung zu Äußerungen oder weiteren Äußerungen „in rechtswidriger Weise gedrängt" worden ist,[591] denn wenn ein solcher Druck (der durchaus bereits im massiveren Anschreien bestehen kann) erwiesen ist, wird man unter Berücksichtigung der typischen Vernehmungssituation in der Regel von der Annahme eines freiwilligen („echten") Verzichts auf die vorherige Verteidigerbefragung nicht mehr ausgehen können. Vielmehr begründet umgekehrt der Druck die gegenteilige Vermutung, dass nämlich der Beschuldigte glaubte, von seinem Recht auf Verteidigerkonsultation keinen Gebrauch mehr machen zu können.[592] Ausnahmen von dieser Vermutung erscheinen nur schwer vorstellbar, sind aber nach Lage des Einzelfalles dann denkbar, wenn konkrete Gründe den sicheren Schluss rechtfertigen, dass das rechtswidrige Verhalten für den Verzicht des Beschuldigten nicht von Einfluss gewesen sein kann. Ein Beweisverwertungsverbot erstreckt sich im Falle der verwehrten Verteidigerkonsultation auch auf Spontanäußerungen.[593]

---

584 Zu den Voraussetzungen eines solchen Verzichts aus Sicht der Rechtsprechung vgl. BGHSt **42** 15 einerseits und BGHSt **42** 170 andererseits; dazu: *Beulke* NStZ **1996** 261.

585 Anders *Strate/Venzke* StV **1986** 31 (grundsätzliches Verwertungsverbot); vgl. auch *Ransiek* StV **1994** 344 f., der jegliche Einwirkung auf den Beschuldigten für unzulässig hält.

586 Zur Kritik s.o. Rn. 82 f.

587 Offen gelassen in: BGH NStZ **1997** 609 m. Anm. *Kaufmann* NStZ **1998** 474 und *Wollweber* StV **1999** 354; vgl. auch BGHSt **47** 172, in der Tendenz bejaht; BGHSt **38** 372, **42** 15; BGH NStZ **1997** 502; *Burhoff* StraFo **2003** 268; Anm. *Kaufmann* NStZ **1998** 474; *Wollweber* StV **1999** 355.

588 BGH NJW **1992** 2905; BGHSt **38** 372, 375 f.; *Rieß* JR **1993** 335.

589 Die Umstände sind nach h.M. im Freibeweisverfahren zu klären, vgl. aber oben Rn. 78, wobei das Protokoll, das beim Beweis der Belehrung eine große Rolle spielt (oben Rn. 78), insoweit von geringerer Bedeutung ist, weil es die Einzelheiten der „Verwehrung" nicht ausweisen muss. BGH StV **1996** 188 „empfiehlt" eine Dokumentation der Vorgänge; vgl. auch *Ransiek* StV **1994** 347 und allgemein zum wünschenswerten Inhalt eines sachgemäßen Protokolls *Eisenberg* (Beweisrecht) 610 ff.

590 Danach soll ein „Anschreien als solches" nicht ausreichen; ausdrücklich dagegen aber BGH StV **1996** 189 (wo die Entscheidung versehentlich mit der Jahreszahl 1993 – statt 1992 – zitiert wird).

591 Vgl. etwa BGHSt **38** 372, 376; BGH StV **1996** 188 f.: Unterlaufen des Konsultationsrechts durch Entmutigung des Beschuldigten sowie die Erläuterungen zur (verbotenen) „einlassungsförderlichen Frustrierung", *Schneider* Jura **1997** 134.

592 Vgl. auch *Verrel* 136.

593 BGH JR **2014** 131 m. Anm. *Wohlers*; *Jäger* JA **2013** 793.

Fraglich ist ferner, wann ein Verwertungsverbot wegen eines Einverständnisses des (inhaftierten) Beschuldigten zur **Vernehmungsfortsetzung** entfällt, obwohl der Versuch einer Kontaktaufnahme zu einem Verteidiger gescheitert ist.[594] Grundsätzlich kann der Beschuldigte sich natürlich mit der Vernehmungsfortsetzung – auch formlos – einverstanden erklären. Angesichts der Bedeutung dieses Verzichts für die Verteidigungsrechte sollte diese aber immer ausdrücklich erklärt und protokolliert werden.[595] 101

3. Weitere Verwertungsverbote? Ob Verstöße gegen die sonstigen in § 136 enthaltenen Pflichten ein Verwertungsverbot nach sich ziehen können und ob in diesen Fällen ein Verwertungsverbot überhaupt ein ausreichendes Instrument wäre, wird immer noch wenig diskutiert.[596] Stellt man mit der herrschenden Meinung auch hier auf das Gewicht des Verfahrensverstoßes im Hinblick auf seine Bedeutung für den Betroffenen und das Gefüge des Strafverfahrensrechts ab (zum Ganzen näher Einl. K), so gilt – von den spezifischen Verstößen gegen die Verbote des § 136a abgesehen – dafür Folgendes: 102

Bei **Missachtung der in Absatz 1** normierten Pflichten, die nicht die Aussagefreiheit oder die Verteidigung betreffen, dürfte ein Verwertungsverbot in der Regel schon deswegen nicht in Betracht kommen, weil die Verstöße durch spätere Informationen gemäß § 201 Abs. 1 ausreichend geheilt werden können.[597] Im Übrigen besitzen die Verstöße im Rahmen des Gesamtvorgangs der Vernehmung und der Zuverlässigkeit ihrer Ergebnisse sowie zur Sicherung der Subjektstellung von Beschuldigten in der Regel keine so große Bedeutung, dass sie nach den heute vorherrschenden Kriterien die – im Zweifel gänzliche – Unverwertbarkeit der Aussage nach sich ziehen müssten. Anderes gilt nur im Einzelfall (und in Überschneidung mit § 136a) für besonders schwere Verstöße, die zugleich auch die Aussagefreiheit beeinträchtigen, so namentlich bei einer spezifischen Verschleierung des eigentlichen Tatvorwurfs.[598] Verstöße speziell gegen **Absatz 2 und 3** wiegen in der Regel ebenfalls nicht so schwer, dass sie ein Beweisverwertungsverbot nach sich ziehen. Im Falle des Absatz 3 fehlt es zudem regelmäßig schon an einer für das Urteil relevanten beweisrechtlichen Bedeutung. Und im Falle des Absatz 2 wird die Verwertbarkeit der als solche fehlerfrei herbeigeführten Aussage durch den Verstoß regelmäßig nicht berührt. So kommen Verwertungsverbote bei Missachtung von § 136 Abs. 2 und 3 wohl grundsätzlich nur bei gleichzeitiger Verletzung des § 136a in Betracht.[599] 103

Die EU-Vorgaben in den RL 2010/64/EU über das Recht auf **Dolmetschleistungen** und **Übersetzungen** in Strafverfahren sowie in RL 2012/13/EU[600] über das Recht auf Belehrung und Unterrichtung in Strafverfahren[601] stärken den Zugang von Beschuldigten zu Übersetzungen zentral. Belehrungen über das Recht auf einen Dolmetscher (und ein möglicher Verzicht) sind als wesentliche Förmlichkeit der Vernehmung zu dokumentieren (§§ 168, 168a, 187 Abs. 3 GVG). Die EU-Vorgaben sprechen dafür, dass diesem Recht 104

---

594 Vgl. dazu BGHSt **42** 15 einerseits und BGHSt **42** 170 andererseits; grundsätzlich zu Anforderungen an das strafverfahrensrechtliche Einverständnis: *Heinrich* ZStW **112** (2000) 425 f. m.w.N.

595 Vgl. BGHSt **42** 15, 19 sowie *Beulke* NStZ **1996** 261 f.

596 Pauschal verneinend KK/*Diemer* 27; Meyer-Goßner/*Schmitt* 21; differenzierend SK/*Rogall* 98 f. Grundlegend *Albrecht* ZStW **2019** 97 ff.

597 Vgl. LR/*Erb* § 163a, 118; SK/*Wohlers*/*Albrecht* § 168a, 64.

598 Vgl. BGHSt **37** 53; ebenso SK/*Rogall* 99; weitergehend *Ransiek* 89, der ersichtlich bei jeder fehlenden Belehrung über den Tatvorwurf und die in Betracht kommenden Strafvorschriften (die „Schwere der Tat") ein Verwertungsverbot annimmt, weil der Beschuldigte dann nicht sinnvoll über seine aus § 136 Abs. 1 Satz 2 folgenden Rechte entscheiden könne.

599 BGH JA **2013** 155 m. Anm. *Jäger* = JuS **2012** 658 m. Anm. *Jahn*; SK/*Rogall* 99 (der bei Verstößen gegen Absatz 2 aber Revisibilität bejaht).

600 ABl. EU L 280 v. 26.10.2010.

601 ABl. EU L 142 v. 1.6.2012, S. 1; vgl. dazu MüKo/*Oğlakcıoğlu* § 187, 5, GVG.

eine fundamentale Bedeutung zugemessen wird. Aus diesen Gründen muss bei Verletzung der Belehrungspflichten ein Beweisverwertungsverbot greifen.

105 Fraglich ist ferner, ob ein Verstoß gegen andere Belehrungspflichten, etwa **Art. 36 Abs. 1 lit. b Satz 3 WÜK**,[602] ein Verwertungsverbot nach sich ziehen sollte: Einigkeit herrscht darüber, dass Verstöße gegen Art. 36 WÜK berücksichtigt werden müssen und prinzipiell revisibel sind.[603] Während manche hier mit Hinweis auf die völkerrechtliche Pflichtverletzung ein kategorisches Beweisverwertungsverbot fordern,[604] wollen andere Stimmen die Frage des Beweisverwertungsverbots differenziert, nach der allgemeinen Dogmatik zu den Beweisverboten lösen.[605] Letztgenanntem Weg folgte das BVerfG, nach dessen Rechtsprechung sich aus einem Verstoß gegen Art. 36 WKÜ kein zwingendes Verwertungsverbot ergibt.[606] Er beruft sich darauf, dass der IGH die Rechtsfolgen eines Verstoßes in das Ermessen des strafverfolgenden Staates gestellt habe (IGH, ICJ Reports 2001, 464 Rn. 125 – *LaGrand*; ICJ Reports 2004, 12 Rn. 120 ff., 127, 141 – *Avena*); und dass auch das Völkerrecht kein zwingendes Beweisverwertungsverbot, also ein Beweisverwertungsverbot allein auf Grund der unterbliebenen Belehrung und unabhängig vom Vorliegen eines dadurch verursachten Nachteils, gebiete. Vielmehr sei es ausreichend, wenn im Fall nachweisbarer Kausalität des Belehrungsausfalls für den Verfahrensausgang die Möglichkeit der Urteilskorrektur bestehe.[607] Mit seinem Votum für eine Abwägungslösung hat das BVerfG die Chance verpasst, einem international verbürgten Individualrecht durch eine entsprechende Flankierung auf nationaler Ebene vom Lippenbekenntnis zum Rechtsanspruch zu verhelfen.[608]

106 **4. Fortwirkung und Fernwirkung.** Eine Fortwirkung des durch die Nichtbelehrung über die Aussagefreiheit oder die Missachtung des Rechts auf Verteidigerkonsultation begangenen Verfahrensverstoßes ist nicht anzuerkennen, wenn sich die beschuldigte Person – nach Belehrung bzw. Wegfall des Verstoßes[609] – erneut vernehmen lässt[610] bzw. von Neuem an einer Informationserhebung mitwirkt[611] oder der Verwertung eines fehlerhaft gewonnenen Beweises ausdrücklich zustimmt.[612] Bei einer erneuten Vernehmung setzt dies jedoch voraus, dass sie speziell auch darüber belehrt wurde, dass die frühere Aussage an sich unverwertbar ist und bei der neuen Vernehmung außer Betracht bleibt (sog. qualifizierte Belehrung).[613]

---

602 BGBl. 1969 II S. 1585.
603 Zur Berücksichtigungspflicht: BVerfG NJW **2014** 532; BVerfG NJW **2007** 500; *T. Walter* JR **2007** 99.
604 *S. Walther*, HRRS **2004** 130 f.
605 *Kreß* GA **2004** 707; *T. Walter* JR **2007** 99 („Widerspruchslösung"); *Weigend* FS Lüderssen 477.
606 BVerfG NJW **2014** 532; BVerfG NJW **2007** 500 ff.; zur Frage der „Altfälle" vgl. *T. Walter* JR **2007** 102 f.
607 BVerfG NJW **2014** 532; dazu auch *Weigend* StV **2008** 39 Fn. 51.
608 Vgl. *Gleß/Peters* StV **2011** 376.
609 Dazu – für die Verwehrung der Verteidigerkonsultation – BGHSt **38** 375.
610 Ganz h.M., vgl. (für die 1. Alt. des § 136 Abs. 1 Satz 2) z.B. BGHSt **22** 129 = JZ **1968** 750 m. Anm. *Grünwald*; **27** 359; Meyer-Goßner/*Schmitt* 9; SK/*Rogall* Vor § 133, 182; Alsberg/*Güntge* 911 m.w.N.
611 Vgl. etwa für den Atemalkoholtest: *Böse* JZ **2015** 657.
612 Ganz h.M., vgl. nur BGHSt **38** 225; ferner etwa SK/*Rogall* aaO; Alsberg/*Güntge* 942; *Eb. Schmidt* NJW **1968** 1217 verlangt dafür auch die Erklärung des Beschuldigten, dass er nach Belehrung ausgesagt hätte.
613 BGHSt **53** 112, 115 f. = NStZ **2009** 281 m. insoweit zust. Anm. *Gleß/Wennekers* JR **2009** 383; BGH NJW **2009** 3589 m. krit. Anm. *Meyer-Mews*; BGH Kriminalistik **2005** 325; LG Bad Kreuznach StV **1994** 293; LG Dortmund NStZ **1997** 356; LG Frankfurt StV **2003** 325 m. Anm. *Weigend* StV **2003** 436; KK/*Diemer* 27a; SK/*Rogall* vor § 133, 182; MüKo/*Schuhr* 29; *Eisenberg* (Beweisrecht) 577; *Roxin/Schünemann* § 24, 33; *Bauer* 178 ff.; *Bosch* 336 ff.; *Schurig* 164 ff.; *Neuhaus* NStZ **1997** 314; eingehend *Geppert* GedS Meyer 108; *Roxin* HRRS **2009** 186; *Kasiske* ZIS **2009** 321, 323; *Grünwald* 159 f.; mit Gesetzgebungsvorschlag *Mitsch* NJW **2008** 2300.

Ob die genannten Verwertungsverbote **Fernwirkung** besitzen, also auch nicht zur Anknüpfung für weitere Ermittlungen benutzt werden dürfen,[614] beurteilt sich – als allgemeines Problem der Beweisverbote – nach den bei § 136a, 76f. dargelegten Grundsätzen.[615] 107

5. Umfang. Soweit ein Verwertungsverbot besteht, darf die Aussage weder im Wege des Urkundenbeweises noch durch Vernehmung der Verhörsperson verwertet werden;[616] sie darf dann auch nicht zum Gegenstand eines Vorhalts gemacht werden.[617] 108

XIX. Revision

1. Allgemeines. Werden in der Hauptverhandlung Niederschriften über die richterliche Vernehmung des Beschuldigten verwertet, die in ihrer Form oder ihrem Zustandekommen **wesentliche Mängel** enthalten, so begründet das die Revision wegen eines Verfahrensmangels; vgl. dazu näher Erl. bei § 251. Zur parallelen Situation der Verwertung staatsanwaltschaftlicher und polizeilicher Protokolle s. Erl. bei § 163a, und zur Revision wegen Verletzung des § 136a (s. dort Rn. 80ff.). 109

Zu den wesentlichen Mängeln einer Beschuldigtenvernehmung gehört auch die **unterlassene Belehrung** oder die nicht-qualifizierte Belehrung[618] über die Aussagefreiheit und die Missachtung des Rechts auf Verteidigerkonsultation; zum Widerspruchserfordernis s.o. Rn. 82ff. Verstöße gegen die sonstigen in § 136 enthaltenen Pflichten dürften die Revision hingegen nur ausnahmsweise begründen, weil das Urteil in aller Regel nicht auf ihnen beruht.[619] 110

2. Revisible Verletzungen des § 136

a) Bei Nichtbelehrung über die Aussagefreiheit. Mit der grundsätzlichen Anerkennung eines Verwertungsverbots (s.o. Rn. 77) hat der Bundesgerichtshof in Übereinstimmung mit der ganz herrschenden Lehre[620] auch die grundsätzliche Revisibilität des Verfahrensverstoßes bejaht.[621] Die Ansicht, dass § 136 Abs. 1 Satz 2 eine nicht revisible Ordnungsvorschrift sei,[622] wird heute nicht mehr vertreten.[623] Entgegen der Ansicht des BGH zur Belehrungspflicht nach § 243 Abs. 5 Satz 1[624] hängt die Begründetheit der Revi- 111

---

614 Vgl. zur neueren Diskussion über eine Unterscheidung zwischen Verwertungs- und Verwendungsverboten LR/*Gössel* Einl. L 8; *Wohlers* GedS Weßlau 436ff.
615 Näher dazu *Bauer* 195ff.; grundsätzlich bejahend SK/*Rogall* Vor § 133, 189 sowie SK/*Wolter* Vor § 151 207; *Ransiek* 90; *Böse* JZ **2015** 658; für Abwägung im Einzelfall OLG Oldenburg StV **1995** 179; vgl. auch BGH NStZ **1995** 411 (verneinend für die oben Rn. 91 angesprochene „Hörfalle").
616 OLG Celle StV **1991** 250; AG Gelnhausen StV **1991** 206; KK/*Diemer* 29; SK/*Rogall* Vor § 133, 189 sowie *Rogall* 221; *El-Ghazi* 249ff., 261f.
617 SK/*Rogall* und *Rogall* aaO; *Bauer* 207; *Grünwald* JZ **1968** 754; **a.A.** *Eb. Schmidt* NJW **1968** 1218.
618 Vgl. zu den strengen Anforderungen an die Geltendmachung etwa OLG Hamm NStZ-RR **2009** 283, 284f.
619 KK/*Diemer* 29; Meyer-Goßner/*Schmitt* 21; SK/*Rogall* 100; *Schlothauer*/*Weider*/*Wollschläger* 2046; vgl. auch oben Rn. 102ff.
620 Vgl. nur KK/*Diemer* 29; Meyer-Goßner/*Schmitt* 21; SK/*Rogall* 100; die zahlr. Nachw. bei Alsberg/*Güntge* 911.
621 BGHSt **38** 218.
622 Vgl. BGHSt **22** 132f. m.N.; dagegen zweifelnd BGHSt **25** 327; **31** 398f. Näher LR/*Hanack*[24] 59.
623 *Verrel* NStZ **1997** 365.
624 BGHSt **25** 325.

sion auch nicht davon ab, ob die Belehrung erforderlich war, um den Beschuldigten (Angeklagten) über seine Aussagefreiheit zu unterrichten.[625]

112 Die **Revision ist begründet**, wenn das Urteil auf dem Verfahrensverstoß beruht (§ 337).[626] Das ist nicht der Fall, wenn der Beschuldigte seine Aussagefreiheit zweifelsfrei gekannt und dennoch ausgesagt hat oder wenn er einer Verwertung der ohne Belehrung gewonnenen Aussage nachträglich zugestimmt hat.[627] Ob eine nachträgliche Zustimmung vorliegt, beurteilt sich auch revisionsrechtlich bei Zweifeln nach den von der Rechtsprechung zur Bestimmung eines Verwertungsverbots entwickelten Grundsätzen (s.o. Rn. 81), jedoch mit den oben genannten Präzisierungen (s.o. Rn. 83f.). Nur wenn es an einer wirksamen Zustimmung fehlt, kommt es demnach darauf an, ob der Beschuldigte seine Aussagefreiheit gekannt und dennoch ausgesagt hat. Eine Vermutung, dass er diese Kenntnis gehabt hat, besteht nicht (s.o. Rn. 79). Daher trifft ihn als Beschwerdeführer, entgegen einer früher im Anschluss an BGHSt **25** 325, 332 zum Teil vertretenen Ansicht, auch keine besondere Darlegungslast, dass er an eine Aussagepflicht glaubte und deswegen zur Sache ausgesagt hat; die Revision kann vielmehr schon dann erfolgreich sein, wenn das Revisionsgericht ein Beruhen des Urteils auf dem Verfahrensverstoß nicht ausschließen kann.[628]

113 Im Übrigen muss der im Vorverfahren begangene Verfahrensfehler **im Urteil fortwirken**, sich in ihm also niedergeschlagen haben (vgl. bei § 336). Das ist der Fall, wenn die Beschuldigtenvernehmung im Urteil verwertet wird und das Beweisergebnis beeinflusst, also bei Verwertung eines Geständnisses nach § 254, bei Verwertung der Aussage eines nicht belehrten Mitbeschuldigten gemäß § 251 (streitig, s.o. Rn. 90), aber auch[629] bei Vernehmung der Verhörsperson über die Aussage des nicht belehrten Beschuldigten.

114 **b) Bei Missachtung des Rechts zur Verteidigerkonsultation.** Wenn man anerkennt, dass die unterlassene Belehrung über das Recht zur Verteidigerkonsultation grundsätzlich ein Verwertungsverbot begründet (s.o. Rn. 96), ist auch die Revisibilität dieses Verfahrensverstoßes nicht zu bezweifeln, und zwar entsprechend den hier dargelegten Maßstäben. Gerügt werden kann, dass einem Beschuldigten, der das Recht zwar kannte, die Wahrnehmung in der oben (Rn. 97f.) umschriebenen Weise aber verwehrt worden ist.[630] Die Rechtsprechung hat auch hier strenge Rügeanforderungen etabliert.[631]

3. Andere Revisionsgründe

115 **Bei Missachtung internationalen Rechts,** etwa des Rechts zur Konsultation mit dem Heimatkonsulat bei ausländischen Staatsangehörigen nach Art. 36 WÜK, wurde im Einzelfall durch die Rechtsprechung anerkannt, dass die Verletzung zwischenstaatlich verbindlicher Vereinbarungen sich – jedenfalls als Reflex – zugunsten eines Betroffenen

---

625 Ersichtlich im Ergebnis ebenso BGHSt **38** 226, vgl. ferner: *Bosch* 333ff.; *Brandis* 94.
626 *Cirener* NStZ-RR **2017** 66 und 102.
627 BGHSt **47** 173 m. abl. Anm. *Wohlers* JR **2002** 295.
628 BGHSt **38** 227; OLG Hamm NStZ-RR **2009** 283, 284 f.; *Herdegen* NStZ **1990** 517; ebenso die h.L., z.B. KK/*Diemer* 30; ersichtlich auch Meyer-Goßner/*Schmitt* 27; SK/*Rogall* Vor § 133, 179 und LR/*Hanack*[24] 61 m.w.N. auch zu der genannten Gegenansicht; vgl. ferner *Bosch* 332f. Ausf. zur Beruhensprüfung: *Niemöller* NStZ **2015** 489ff.
629 AK/*Gundlach* 40; Meyer-Goßner/*Schmitt* 27; SK/*Rogall* 100; vgl. oben Rn. 108.
630 Zu der insofern restriktiven Rechtsprechung vgl. BGH NStZ **2013** 299.
631 BGH NStZ **2010** 97 f.; *Schlothauer*/*Weider* StV **2004** 504, 515.

auswirken kann, etwa durch die Anerkennung eines Beweisverwertungsverbots, welches auch revisibel ist.[632]

4. Revisionsbegründung

Nach den strengen Grundsätzen der Rechtsprechung über die Begründung von Verfahrensrügen (vgl. Erl. bei § 344) erfordert die Begründung der Revision die genaue Angabe aller Tatsachen, die für die revisionsgerichtliche Beurteilung des behaupteten Verfahrensverstoßes von Bedeutung sind.[633] Dazu gehört neben der Rüge, der Tatrichter habe eine ohne Belehrung erfolgte Beschuldigtenvernehmung verwertet, auch die Mitteilung der Umstände, aus denen die Belehrungspflicht folgt, die Mitteilung des Inhalts der zu Unrecht verwerteten Aussage und die Darlegung, auf welche Weise sie in die Hauptverhandlung eingeführt und vom Gericht verwertet worden ist.[634] Zum notwendigen Revisionsvorbringen hinsichtlich der Verweigerung der Zuziehung eines Verteidigers bedarf es insbesondere der Mitteilung, ob auf den vom Beschuldigten erklärten Wunsch auf Zuziehung eines Verteidigers die Vernehmung unterbrochen worden ist, welchen Inhalt die im Anschluss daran geführten Gespräche zwischen Beschuldigtem und Vernehmungsbeamten im Einzelnen hatten und ob der Beschuldigte vor der Vernehmung erneut auf sein Recht auf Zuziehung eines Verteidigers hingewiesen worden ist oder ob Umstände ersichtlich waren, aus denen sich ergibt, dass sich der Beschuldigte dieses Rechts zweifelsfrei bewusst war.[635] Nicht erforderlich ist jedoch, dass der Angeklagte darlegt, er habe an eine Aussagepflicht geglaubt (s.o. Rn. 112) oder gemeint, dass er die ihm verwehrte vorherige Verteidigerkonsultation nicht durchsetzen könne (s.o. Rn. 98). Gemäß der „Widerspruchslösung" (oben Rn. 82ff.) verlangt die Rechtsprechung grundsätzlich auch die Angabe, dass der Verwertung in der Hauptverhandlung widersprochen wurde.[636] Widerspruch nach Zurückverweisung der Sache durch das Revisionsgericht genügt nicht.[637] Seit Längerem wird jedoch die allzu streng interpretierte Rügepräklusion nicht nur in der Literatur,[638] sondern auch von Teilen der Rechtsprechung[639] in Frage gestellt. Insbesondere die Kombination einer strengen Handhabung der revisionsrechtlichen Vorgaben mit dem durch die Rechtsprechung immer extensiver angewendeten Widerspruchserfordernis ruft Kritik hervor.[640] 116

---

632 Vgl. BGHSt **34** 334, 344; BGH NJW **2001** 2102, 2106; restriktiv aber mit Bezug auf die Schutzrichtung der völkerrechtlichen Regel: BGHSt **37** 32 f.; vgl. auch: *Habernicht* wistra **1982** 220; *Nagel* Beweisaufnahme im Ausland (1988) 317; *Schnigula* DRiZ **1984** 181; *Schuster* 135 f.

633 Vgl. etwa BGH NJW **2018** 2279 m. Anm. *Meyer-Mews*.

634 BGH NStZ **1993** 399; *Eisenberg* (Beweisrecht) 579.

635 BGH NStZ **1999** 154 mit Verweis auf BGHSt **42** 15; **42** 170.

636 BGH NJW **1994** 2906.

637 BGH NJW **2006** 707; BayObLG NJW **1997** 404; OLG Celle StV **1997** 68; dagegen: *Burhoff* StraFo **2003** 271; *Hartwig* JR **1998** 359.

638 Grundlegend *El-Ghazi* mit einer Übersicht über die vertretenen Meinungen 92 ff., 176 ff. und einem eigenen Ansatz: 240 ff.

639 BGHSt **61** 266, 269 = NJW **2017** 1332, 1334 m. Anm. *Zopfs* = NStZ **2017** 367 m. Anm. *Basdorf*; BGH NJW **2017** 1828 m. Anm. *Meyer-Mews* = NStZ **2017** 593 m. Anm. *Ventzke*; BGHSt **60** 38, 40; MüKo/*Wenske* § 203, 30 f.; Referat von *Becker* in: 67. DJT (2009) L 45, 54 ff.

640 *Burhoff* StraFo **2003** 271; *Hartwig* JR **1998** 359.

§ 136a
Verbotene Vernehmungsmethoden; Beweisverwertungsverbote

(1) [1]Die Freiheit der Willensentschließung und der Willensbetätigung des Beschuldigten darf nicht beeinträchtigt werden durch Mißhandlung, durch Ermüdung, durch körperlichen Eingriff, durch Verabreichung von Mitteln, durch Quälerei, durch Täuschung oder durch Hypnose. [2]Zwang darf nur angewandt werden, soweit das Strafverfahrensrecht dies zuläßt. [3]Die Drohung mit einer nach seinen Vorschriften unzulässigen Maßnahme und das Versprechen eines gesetzlich nicht vorgesehenen Vorteils sind verboten.

(2) Maßnahmen, die das Erinnerungsvermögen oder die Einsichtsfähigkeit des Beschuldigten beeinträchtigen, sind nicht gestattet.

(3) [1]Das Verbot der Absätze 1 und 2 gilt ohne Rücksicht auf die Einwilligung des Beschuldigten. [2]Aussagen, die unter Verletzung dieses Verbots zustande gekommen sind, dürfen auch dann nicht verwertet werden, wenn der Beschuldigte der Verwertung zustimmt.

Schrifttum

Achenbach Polygraphie pro reo? NStZ **1984** 350; *Allgayer* Die Verwendung von Zufallserkenntnissen aus Überwachungen der Telekommunikation gem. §§ 100a f. StPO, NStZ **2006** 603; *Ambos* Die transnationale Verwertung von Folterbeweisen, StV **2009** 151; *Amelung* Informationsbeherrschungsrechte im Strafprozeß (1990); *ders.* Verwendung eines Lügendetektors, NStZ **1982** 38; *ders.* Die Verwertbarkeit rechtswidrig gewonnener Beweismittel zugunsten des Angeklagten und deren Grenzen; StraFo **1999** 181; *ders.* „Rettungsfolter" und Menschenwürde, JR **2012** 18; *Arbeitskreis Alternativentwurf* Alternativentwurf Beweisaufnahme, GA **2014** 1; *Bader* Zum neuen § 136a StPO, JZ **1951** 123; *Baumann* Die Narcoanalyse, Diss. Münster 1950; *ders.* Sperrkraft der mit unzulässigen Mitteln herbeigeführten Aussage, GA **1959** 33; *Beck* Unterstützung der Strafermittlung durch die Neurowissenschaften, JR **2006** 146; *Beckemper* Durchsetzbarkeit des Verteidigerkonsultationsrechts und die Eigenverantwortlichkeit des Beschuldigten (2002); *Benfer* Grundrechtseingriffe im Ermittlungsverfahren[2] (1990); *Berning* „Lügendetektion" aus interdisziplinärer Sicht: (1992 Selbstverlag, Zusammenfassung MSchrKrim. **1993** 242); *Beulke* Die Vernehmung des Beschuldigten, StV **1990** 180; *Binder/Seemann* Die zwangsweise Verabreichung von Brechmitteln zur Beweissicherung, NStZ **2002** 234; *Birmanns* Das Geschäft mit dem Täter, NJW **1970** 1834; *Brandis* Beweisverbote als Belastungsverbote aus Sicht des Beschuldigten? 2001; *Bruns* „Widerspruchsvolles" Verhalten des Staates als neuartiges Strafverfolgungsverbot und Verfahrenshindernis, insbesondere beim tatprovozierenden Einsatz polizeilicher Lockspitzel; *Buchert* Grenzen polizeilicher Vernehmung, Kriminalistik **1972** 39; *Daamen* Zur Verwertbarkeit ausländischer Vernehmungsniederschriften (2004); *Dahle* Noch erlaubt oder schon verboten? Die Abgrenzung von erlaubter List und verbotener Täuschung, Kriminalistik **1990** 431; *Dallmeyer* Verletzt der zwangsweise Brechmitteleinsatz gegen Beschuldigte deren Persönlichkeitsrechte? StV **1997** 606; *Delvo* Der Lügendetektor im Strafprozeß der USA (1981); *Deiters* Aufklärungspflicht und Verständigung, GA **2014** 701; *Dencker* Verwertungsverbote im Strafprozeß (1977); *ders.* Über Heimlichkeit, Offenheit und Täuschung bei der Beweisgewinnung im Strafverfahren, StV **1994** 667; *Dettenborn* Anmerkungen zum Polygrafie-Beschluss des BGH für das Zivilverfahren, FPR **2003** 559; *Deutsch* Die heimliche Erhebung von Informationen und deren Aufbewahrung durch die Polizei (1992); *Döhring* Die Erforschung des Sachverhalts im Prozeß (1964); *Duttge* Das „selbständige Beweisverwertungsverbot, FS von Heintschel-Heinegg (2015) 103; *Eder* Beweisverbote und Beweislast im Strafprozess (2015); *El-Ghazi* Die Zuordnung von Gesetzesverletzungen zu Sach- und Verfahrensrüge in der strafprozessualen Revision (2014); *Erb* Notwehr als Menschenrecht, NStZ **2005** 593; *ders.* Verbotene Vernehmungsmethoden als staatlich veranlaßte Beeinträchtigungen der Willensfreiheit, FS Otto (2007) 864; *Erb* Beweisverwertungsverbote zum Nachteil des Beschuldigten? GA **2017** 113; *Erbs* Unzulässige Vernehmungsmethoden, NJW **1951** 386; *Eschelbach* Staatliche Selbstbelastungs-, Fremdbelastungs- und Tatprovokation, GA **2015** 545; *Esser* EGMR in Sachen Gäfgen v. Deutschland (22978/05), Urt. v. 30.6.2008, NStZ **2008** 657; *Fateh-Moghadan* Selbstbestimmung im biotechnischen Zeitalter, Basler Juristische Mitteilungen **2018** 205; *Fincke* Zum Begriff des

https://doi.org/10.1515/9783110274929-050

Beschuldigten und den Verdachtsgraden, ZStW **95** (1983) 918; *Freund* Zulässigkeit, Verwertbarkeit und Beweiswert eines heimlichen Stimmvergleichs – BGHSt 40, 66, JuS **1995** 394; *Frister* Der Lügendetektor – Zulässiger Sachbeweis oder unzulässige Vernehmungsmethode? ZStW **106** (1994) 305; *ders.* Zur strafmildernden Wirkung eines schuldanerkennenden Geständnisses, FS Rengier (2018) 377; *Fuchs* Die Hypnose von Zeugen im polizeilichen Ermittlungsverfahren, Kriminalistik **1983** 2; *Füllkrug* Unzulässige Vorteilszusicherung als verbotene Vernehmungsmethode, MDR **1989** 119; *ders.* Freiheit für den „Kronzeugen"? Die Grenzen zulässiger Vorteilsversprechung zur Erlangung von Täteraussagen, Kriminalistik **1985** 10; *Gau* Die rechtswidrige Beweiserhebung nach § 136a als Verfahrenshindernis (2006); *Geerds* Vernehmungstechnik (1976; 5. Aufl. des Werks von Meinert); *Gleß* Wenn das Haus mithört: Beweisverbote im digitalen Zeitalter, StV **2018** 671; *dies.* Protecting Human Rights through Exclusionary Rules? in: Böse/Bohlander/Klip/Lagodny (eds.), Justice Without Borders: Essays in Honour of Wolfgang Schomburg 2018, 159; *dies.* Die Würde des Zeugen ist antastbar? FS Paeffgen (2015) 703; *dies.* Beweisrechtsgrundsätze einer grenzüberschreitenden Strafverfolgung 2006; *dies.* Zur „Beweiswürdigungs-Lösung" des BGH, NJW **2001** 3606; *Godenzi* Private Beweisbeschaffung im Strafprozess, Diss. Zürich 2008; *ders.* Das strafprozessuale Verbot staatlicher Beweishehlerei: Königsweg oder Luftschloss, GA **2008** 500; *Greco* Was ist Folter? FS Schünemann (2014) 69; *Greco/Caracas* Internal investigations und Selbstbelastungsfreiheit, NStZ **2015** 7; *Gropp* Zur Verwertbarkeit eigenmächtig aufgezeichneter (Telefon-)Gespräche, StV **1989** 216; *Groth* Unbewusste Äusserungen und das Verbot der Selbstbelastung (2003); *Groß/Geerds* Handbuch der Kriminalistik[10] Bd. II (1978); *Grünwald* Zur Ankündigung von Strafmilderung für den Fall eines Geständnisses, NJW **1960** 1941; *ders.* Beweisverbote und Verwertungsverbote im Strafverfahren, JZ **1966** 489; *ders.* Menschenrechte im Strafprozeß, StV **1987** 453, *ders.* Das Beweisrecht der Strafprozeßordnung (1993); *Haas* Der Beschuldigte als Augenscheinsobjekt, GA **1997** 368; *Habscheid* Das Persönlichkeitsrecht als Schranke der Wahrheitsfindung im Prozeßrecht, GedS Peters (1967) 840; *Hackethal* Der Einsatz von Votivmitteln zur Beweissicherung im Strafverfahren (2005); *Hamm* Schluss der Debatte über Ausnahmen vom Folterverbot! NJW **2003** 946; *ders.* Monokeltests und Menschenwürde, NJW **1999** 922; *Harris* Verwertungsverbot für mittelbar erlangte Beweismittel: Die Fernwirkungsdoktrin in der Rechtsprechung im deutschen und amerikanischen Recht, StV **1991** 313; *Hauer* Geständnis und Absprache (2007); *Heine* Zur Verwertbarkeit von Aussagen im Ausland möglicherweise gefolterter Zeugen, NStZ **2013** 680; *Heinrich* Rügepflichten in der Hauptverhandlung und Disponibilität strafverfahrensrechtlicher Vorschriften, ZStW **112** (2000) 399; *Hellwig* Psychologie und Vernehmungstechnik bei Tatbestandsermittlungen[4] (1951); *Helmken* Zur Zulässigkeit von Fragen zur sexuellen Vergangenheit von Vergewaltigungsopfern, StV **1983** 81; *Hermes* Der § 136a StPO unter besonderer Berücksichtigung des darin enthaltenen Verwertungsverbots, Diss. Köln 1954; *Hilland* Das Beweisgewinnungsverbot des § 136a StPO, Diss. Tübingen 1981; *Hillenkamp* Verfahrenshindernisse von Verfassungswegen, NJW **1989** 2841; *ders.* Freie Willensbestimmung und Gesetz, JZ **2015** 391; *von Holstein* Zu § 136a StPO, MDR **1952** 340; *Jäger* Beweisverwertung und Beweisverwertungsverbote im Strafprozess (2003); *ders.* Beweiserhebungs- und Beweisverwertungsverbote als prozessuale Regelungsinstrumente im strafverfolgenden Rechtsstaat, GA **2008** 473; *ders.* Ohne Widerspruch kein Beweisverwertungsverbot JA **2018** 711; *Jahn* Beweiserhebungs- und Beweisverwertungsverbote im Spannungsfeld zwischen Garantien des Rechtsstaates und der effektiven Bekämpfung von Kriminailität und Terrorismus, Gutachten für den 67. DJT (2008); *ders.* Strafprozessrecht als geronnenes Verfassungsrecht – Hauptprobleme und Streitfragen des § 136a StPO, JuS **2005** 1057; *ders.* Ausforschung einer Beschuldigten durch Wahrsagerin in der Untersuchungshaft, JuS **2000** 441; *ders.* Gute Folter – schlechte Folter? KritV **2004** 24; *Jahn/Kudlich* Rechtsstaatswidrige Tatprovokation als Verfahrenshindernis: Spaltprozesse in Strafsachen beim BGH, JR **2016** 54; *Joerden* Verbotene Vernehmungsmethoden – Grundfragen des § 136a StPO, JuS **1993** 927; *Kahlo* Soll es dem Staat im Strafprozess rechtlich erlaubt sein, Verdachtsklärung durch Täuschungshandlungen zu unternehmen? FS Wolff (1998) 155; *Kargl/Kirsch* Zur Zulässigkeit eines untauglichen Beweismittels im Strafverfahren, JuS **2000** 537; *Kaspar* Strafprozessuale Verwertbarkeit nach rechtswidriger privater Beweisbeschaffung, GA **2013** 206; *Keller* Rechtliche Grenzen der Provokation von Straftaten (1989); *ders.* Privatisierung von Polizeifunktionen und strafprozessuale Beweisverwertungsverbote, FS Grünwald (1999) 267; *Kelnhofer* Hypothetische Ermittlungsverläufe im System der Beweisverbote (1994); *Klimke* Der Polygraphentest im Strafverfahren, NStZ **1981** 433; *Knögel* Der Lügendetektor, DRiZ **1954** 234; *Knoll* Die Fernwirkungen von Beweisverboten (1992); *Kohlhaas* Zur Anwendung des Lügendetektors, JR **1953** 450; *ders.* Die neuen wissenschaftlichen Methoden der Verbrechensaufklärung und der Schutz der Rechte des Beschuldigten, JR **1960** 246; *ders.* Strafprozessuale Beweisverbote im Straßenverkehrsrecht, DAR **1971** 62; *Konrad* Probleme der Begutachtung zu § 136a StPO, Recht & Psychologie **1995** 2; *Krack* Der Normzweck des § 136a StPO, NStZ **2002** 120; *Kramer* Unerlaubte Vernehmungsmethoden in der Untersuchungshaft – BGH v. 28.4.1987, 5 StR 666/86, Jura **1988** 520; *Kube/Leineweber* Polizeibeamte als Zeugen und Sachverständige[2] (1981); *Kudlich* Unzulässiger Einsatz eines Lockspitzels gegen einen Unverdächtigen, JuS **2000** 951; *Kühl* Strafrecht Allgemeiner Teil (2017); *Kühne* Strafprozessuale Beweisverbote und Art. 1 I Grundgesetz (1970); *Kunert* Wie weit schützt die Strafprozeßordnung die Grundrechte des Beschuldigten? MDR **1967** 539; *Lagodny* Verdeckte Ermittler und V-Leute im Spiegel von § 136a StPO als „angewandtem Verfassungsrecht", StV **1996** 167; *Lammer* Verdeckte Ermittlungen im Strafprozeß (1992); *Laux* Zum Begriff der Täuschung in § 136a Abs. I StPO, SchlHA **1951** 39; *Less* Zur Anwendung experimentalpsychologischer Methoden bei Zeugen, DRZ **1950** 322; *Lindner* Täuschungen in der Vernehmung des Beschuldigten, Diss. Frankfurt 1988; *Lüderssen* Verbrechensprophylaxe durch Verbrechensprovokation? FS Peters (1974) 349; *Maisch* Forensisch- psychologische Aspekte von Verstößen gegen § 136a StPO im Ermittlungsverfahren – Ein empirischer Beitrag, StV **1990** 314; *von der Mede* Die Berücksichtigung von Einlassungen des Angeklagten in der Revision, NStZ **2018** 77; *Mehle* Einige Anmerkungen zum gegenwärtigen Stand der Diskussion über die Fernwirkung des Verwertungsverbots nach § 136a Abs. 3 Satz 2 StPO, in: Wahrheitsfindung und ihre Schranken, SchrRAGStrafR Bd. 6 (1989) 172; *F. Meyer* Willensmängel beim Rechtsmittelverzicht des Angeklagten im Strafverfahren 2003; *F. Meyer/Wohlers* Tatprovokation quo vadis – zur Verbindlichkeit der Rechtsprechung des EGMR (auch) für das deutsche Strafprozessrecht, JZ **2015** 761; *Meyer-Mews* Die „in dubio contra reo"-Rechtsprechungspraxis bei Aussage-gegen-Aussage-Delikten, NJW **2000** 916; *Mitsch* Tatprovokation als Verfahrenshindernis, NStZ **2016** 52; *Müssig* Grenzen der Beweisverwertung beim Einsatz „Verdeckter Ermittler" gegen den Verdächtigen, GA **2004** 87; *Nack* Verwertung rechtswidriger Ermittlungen nur zugunsten des Beschuldigten? StraFo **1998** 366; *Nestler* „Wer einmal lügt, dem glaubt man nicht..." – Falschaussage, Glaubhaftigkeit, Lügendetektor, JA **2017** 10; *Niese* Narkoanalyse als doppelfunktionelle Prozeßhandlung, ZStW **63** (1951) 199; *Norouzi* Vom Rekonstruktionsverbot zum Dokumentationsgebot: Probleme der mangelnden Transparenz aus Sicht der Revisionsverteidigung, in: Schriftenreihe der Strafverteidigervereinigungen, Bd. 34, 2010, 215; *Otto* Grenzen und Tragweite der Beweisverbote im Strafverfahren, GA **1970** 289; *ders.* Die strafprozessuale Verwertbarkeit von Beweismitteln, die durch Eingriff in Rechte anderer von Privaten erlangt wurden, FS Kleinknecht (1985) 319; *Pawlik* Verdeckte Ermittlungen und das Schweigerecht des Beschuldigten, GA **1998** 378; *Peres* Strafprozessuale Beweisverbote und Beweisverwertungsverbote und ihre Grundlage in Gesetz, Verfassung und Rechtsfortbildung (1991); *Peters* Eine Antwort auf Undeutsch: Die Verwertbarkeit unwillkürlicher Ausdruckserscheinungen bei der Aussagewürdigung, ZStW **87** (1975) 663; *Petry* Beweisverbote im Strafprozeß (1971); *Pluisch* Zur prozessualen Verwertbarkeit von Einlassungen im Alkohol- oder Drogenrausch, NZV **1994** 52; *Popp* Hörfalle, Romeo und Knastbruder – oder wie viel List ist der Polizei erlaubt? JA **1998** 900; *Prittwitz* Der Lügendetektor im Strafverfahren, MDR **1982** 886; *Puppe* List im Verhör des Beschuldigten, GA **1978** 289; *Putzke* Die Renaissance des „Lügendetektors" in Straf- und Familiensachen, NJW-aktuell 42/**2013**, 14; *Putzke/Scheinfeld* Entlastungsbeweis: polygraphische Untersuchung – Taktisches zur Beweismittelerhebung im Strafverfahren, StraFo **2010** 58; *Putzke/Scheinfeld/Klein/Undeutsch* Polygraphische Untersuchungen im Strafprozess, ZStW **121** (2009) 607; *Radbruch* Grenzen der Kriminalpolizei, FS Sauer (1949) 121; *Ransiek* Die Rechte des Beschuldigten in der Polizeivernehmung (1990); *Reinecke* Die Fernwirkung von Beweisverboten (1990); *Rill* u.a. Forensische Psychophysiologie („Lügendetektion"), MschrKrim. **2003** 165; *Rogall* Beweisverbote im System des deutschen und des amerikanischen Strafverfahrensrechts, Symposium für Rudolphi (1996) 113; *ders.* Der Beschuldigte als Beweismittel gegen sich selbst (1977); *ders.* Die Vergabe von Vomitivmitteln als strafprozessuale Zwangsmaßnahme, NStZ **1998** 66; *ders.* Gegenwärtiger Stand und Entwicklungstendenzen der Lehre von den strafprozessualen Beweisverboten, ZStW **91** (1981) 1; *Röhrich* Rechtsprobleme bei der Vernehmung von V-Leuten für den Strafprozeß, Diss. Erlangen-Nürnberg 1994; *Roxin* Nemo tenetur: die Rechtsprechung am Scheideweg, NStZ **1995** 465; *Roxin/Schäfer/Widmaier* Die Mühlenteichtheorie – Zur Ambivalenz von Verwertungsverboten, StV **2006** 655; *Safferling* Der EuGH, die Grundrechtecharta und nationales Recht: Die Fälle Åkerberg Fransson und Melloni NStZ **2014** 545; *ders.* Verdeckte Ermittler im Strafverfahren – deutsche und europäische Rechtsprechung im Konflikt, NStZ **2006** 75; *Salditt* 25 Jahre Miranda, GA **1992** 51; *Saliger* Absolutes im Strafprozess? Über Das Folterverbot, seine Verletzung und die Folgen seiner Verletzung, ZStW **116** (2004) 35; *Schaefer* Effektivität und Rechtsstaatlichkeit der Strafverfolgung – Versuch einer Grenzziehung, NJW **1997** 2437; *C. Schmidt* Kompensation der unzulässigen staatlichen Tatprovokation, ZIS **2017** 56; *Eb. Schmidt/Schneider* Zur Frage der Eunarkon-Versuche in der gerichtlichen Praxis, SJZ **1949** 449; *H.W. Schmidt* Ermüdung des Beschuldigten gemäß § 136a StPO, MDR **1962** 358; *Schneider* Verdeckte Ermittlungen in Haftanstalten, NStZ **2001** 8; *ders.* Die Verwendung psychodiagnostischer Testverfahren bei der Prüfung der Eignung zum Führen von Kfz, JZ **1964** 750; *Schönke* Einige Bemerkungen zur Frage der Verwendung des „Wahrheitsserums", DRZ **1950** 145; *Schüller* Anmerkung zu EGMR, Urt. v. 25.9.2012 – 649/08 (El Haski v. Belgien), ZIS **2013** 245; *A. Schumann* Verhör, Vernehmung, Befragung 2016; *H. Schumann* Verfahrenshindernis beim Einsatz von V-Leuten als agents provocateurs? JZ **1986** 66; *K. Schumann* Brechmitteleinsatz ist Folter? StV **2006** 661; *Schünemann* Absprachen im Strafverfahren? Grundlagen, Gegenstände und Grenzen. Gutachten B zum 58. DJT 1990; *Schüssler* Das endgültige Aus oder neue Hoffnung für den „Lügendetektor"? JR **2003** 188; *Schwabe* Rechtsprobleme des „Lügendetektors", NJW **1979** 576; *ders.* Der „Lügendetektor" vor dem Bundesverfassungsgericht, NJW **1982** 367; *Seelmann* Menschenwürde als Würde der Gattung – ein Problem des Paternalismus? in: von Hirsch/Neumann/Seelmann (Hrsg.), Paternalismus im Strafrecht. Die Kriminalisierung von selbstschädigendem Verhalten (2010) 241; *Seier* Der strafprozessuale Vergleich im Lichte des § 136a StPO, JZ **1988** 683; *Sendler* Die Verwertung rechtswidrig erlangter Beweismittel im Strafprozeß mit Berücksichtigung des anglo-amerikanischen und französischen Rechts, Diss. Berlin 1956; *Sickor* Das Geständnis (2014); *Siegert* Zur Tragweite des § 136a StPO, DRiZ **1953** 98; *Sinn* Besondere Ermittlungsmassnahmen und die damit verbundenen Beweisprobleme, Jura **2003** 812; *Spendel* Wahrheitsfindung im Strafprozeß, JuS **1964** 465; *Steinke* Lügendetektor zugunsten des Beschuldigten? MDR **1987** 535; *Sternberg-Lieben* Die „Hörfalle" – Eine Falle für rechtsstaatliche Strafverfolgung? Jura **1995** 299; *Stoffer* Wie viel Privatisierung verträgt das strafprozessuale Ermittlungsverfahren (2016); *Stübinger* Lügendetektor ante portas. Zu möglichen Auswirkungen neurowissenschaftlicher Erkenntnisse auf den Strafprozess ZIS **2008** 538; *Tyszkiewicz* Tatprovokation als Ermittlungsmaßnahme (2014); *Undeutsch* Die Verwertbarkeit unwillkürlicher Ausdruckserscheinungen bei der Aussagewürdigung. Eine Anfrage von psychologischer Seite, ZStW **87** (1975) 650; *ders.* Die Untersuchung mit dem Polygraphen („Lügendetektor") – eine wissenschaftliche Methode zum Nachweis der Unschuld, FamRZ **1996** 329; *Volk* Kronzeugen praeter legem? – Vernehmungspraxis, Vorteilsversprechen, Verdunkelungsgefahr, NJW **1996** 879; *Wagner* Polygraphie im Strafverfahren (2012); *Walder* Die Vernehmung des Beschuldigten (1965); *Wang* Einsatz Verdeckter Ermittler zum Entlocken des Geständnisses eines Beschuldigten (2015); *Wegner* Täterschaftsermittlung durch Polygraphie (1981); *Weigend* Abgesprochene Gerechtigkeit, JZ **1990** 774; *Weiler* Befragung von Beschuldigten oder aussageverweigerungsberechtigten Zeugen im Ermittlungsverfahren durch V-Leute, GA **1996** 101; *Wesemann/Müller* Das gem. § 136a Abs. 3 StPO unverwertbare Geständnis und seine Bedeutung im Rahmen der Strafzumessung, StraFo **1998** 113; *Wohlers* Zur (Un-)Verwertbarkeit strafrechtswidrig erhobener Bild- und Audioaufzeichnungen des Tatgeschehens, JR **2016** 509; *Wolter* Staatlich gesteuerte Selbstbelastungsprovokation mit Umgehung des Schweigerechts, ZIS **2012** 238; *Würtenberger* Ist die Anwendung des Lügendetektors im deutschen Strafverfahren zulässig? JZ **1951** 772; *Zerbes* Spitzeln, Spähen, Spionieren. Sprengung strafprozessualer Grenzen durch geheime Zugriffe auf Kommunikation (2010); *Zerbes/El-Ghazi* Zugriff auf Computer: Von der gegenständlichen zur virtuellen Durchsuchung, NStZ **2015** 425.

Entstehungsgeschichte

Die Vorschrift wurde durch Art. 3 Nr. 51 VereinhG eingefügt.

Übersicht

Alphabetische Übersicht

I. Allgemeines

Weil die beschuldigte Person und andere Beteiligte nicht bloße Objekte des Strafverfahrens sind, verbieten sich bestimmte Vernehmungsmethoden von vornherein. Das bringt § 136a zum Ausdruck. Die Vorschrift dient insofern dem grundgesetzlichen Verständnis von Menschenwürde einerseits und der Bindung des Rechtsstaats daran andererseits;[1] mittelbar schützt sie auch vor Fehlerquellen in der strafprozessualen Beweisführung.[2] § 136a verbietet eine erniedrigende und unmenschliche Behandlung und schützt den freien Entschluss eines Beschuldigten, ob und wie er sich zu einem gegen ihn erhobenen Vorwurf eines strafbaren Verhaltens äußert, indem Täuschung, Zwang und Drohung untersagt werden.[3] Dieses normative Gebot stützt sich auch auf eine international anerkannte Grundüberzeugung, welche für die europäischen Staaten in Art. 3 und Art. 6 EMRK sowie für die internationale Gemeinschaft etwa in der **UN-Antifolterkonvention** (UNGAT)[4] zum Ausdruck kommt.[5] Die beschuldigte Person muss demnach selbst entscheiden können, ob sie sich zu den gegen sie erhobenen Vorwürfen äußert oder ob sie schweigt (§ 136 Abs. 1 Satz 2, § 163a Abs. 3 Satz 2, Abs. 4 Satz 2, § 243 Abs. 5 Satz 1). Aus einer solchen Sicht, die allein auch den verfassungsrechtlichen Prinzipien des Grundgesetzes entspricht (§ 136, 21), folgt, dass jede Manipulation der Willensbildung und -betätigung des Beschuldigten durch Drohung, Täuschung, Zwang und ähnliche Mittel verboten ist.[6] Insofern schützt § 136a auch eine bestimmte Kommunikationsstruktur während einer Vernehmung.[7] 1

1 *Beckemper* 115; *Grünwald* StV **1987** 454.
2 Vgl. KMR/*Pauckstadt-Maihold* 2 ff.; *Krack* NStZ **2002** 120.
3 Vgl. § 136 Abs. 1 Satz 2, § 163a Abs. 3 Satz 2, Abs. 4 Satz 2, § 243 Abs. 5 Satz 1; BVerfG NJW **2005** 2383; BGHSt **1** 387; **5** 290; **44** 134; BGH NStZ **1995** 606; LG Frankfurt a.M. NJW **2005** 892 m. Anm. *Jerouschek* JuS **2005** 296; SK/*Rogall* 4; KK/*Diemer* 1; *Rogall* 50 und 105; *Jahn* JuS **2005** 1057; *Frister* ZStW **106** (1994) 314; *Lagodny* StV **1996** 170; *Pawlik* GA **1998** 389; *Spendel* NJW **1966** 1108.
4 Vgl. etwa UN-Konvention gegen Folter oder grausame und unmenschliche Behandlungen oder Bestrafungen, UN-Antifolterkonvention (abgedruckt in: *Schomburg/Lagodny/Gleß/Hackner* Anhang 1c).
5 Diese Vorschriften sind auch bei der Auslegung von § 136a heranzuziehen, vgl. etwa die Bewertung eines „Brechmitteleinsatzes", Rn. 36.
6 Vgl. dazu aus dem umfangreichen Schrifttum: *Eb. Schmidt* 1 und *ders./Schneider* SJZ **1949** 450; *Spendel* NJW **1966** 1108.
7 *Müssig* GA **1999** 126: § 136 garantiere „grundlegende(n) Kommunikationsbedingungen im Strafverfahren, die eine Repräsentation der Verfahrensbeteiligten als Prozeß*subjekte* erlauben"; vgl. auch

2 Dass auf die Entschließungsfreiheit des Beschuldigten niemals mit dem Ziel eingewirkt werden darf, ihn auf eine der in § 136a genannten Weisen zu einer Aussage bzw. zu einer bestimmten Aussage zu veranlassen, erschien dem Gesetzgeber von 1877 selbstverständlich.[8] Deshalb nahm er eine besondere Bestimmung darüber in die Strafprozessordnung zunächst gar nicht auf. § 136a, der im Kern einen „ohnedies gültigen Prozessgrundsatz" enthält,[9] wurde im Jahre 1950 insbesondere aus zwei Gründen in das Gesetz eingefügt:[10] Zum einen hatte sich gezeigt, dass die Achtung vor der Würde des Menschen, die dem historischen Gesetzgeber als selbstverständlich galt, totalitären Staatssystemen wie dem NS-Regime nichts bedeutet. Die „schmerzlichen Erfahrungen einer Zeit, die diese Achtung vor der freien Entschließung eines Menschen, auf dem der Verdacht einer strafbaren Handlung ruht, vielfach verletzte",[11] legten es darum aber nahe, die unzulässige Einwirkung auf die Willensentschließung des Beschuldigten ausdrücklich zu verbieten.[12] Zum anderen wurden Ausforschungsmittel und -methoden entwickelt, denen der Gesetzgeber misstraute, etwa dem sog. Lügendetektor und der Narkoanalyse, die weder als Zwang noch als Täuschung angesehen werden konnten. Dem Gesetzgeber erschien deren Verbot angesichts der grundgesetzlichen Bindung notwendig, weil sich ihre Unzulässigkeit nicht von selbst verstand und insbesondere Zweifel darüber beseitigt werden sollten, ob die Einwilligung des Vernommenen sie zulässig machen könnten.[13]

3 § 136a ist damit vorrangig als eine prozessrechtliche Ausformung des Grundrechts auf **Achtung der Menschenwürde** (Art. 1 Abs. 1 GG) sowie der **Rechtsstaatlichkeit** zu verstehen.[14] Die Vorschrift statuiert ausdrücklich für die Vernehmung[15] eine normative Bindung, der sich weder das Verhörorgan noch Beschuldigte noch Zeugen oder Sachverständige entledigen können.[16] Diese Verpflichtung mag – wie jede aus der Menschenwürde abgeleitete Inpflichtnahme des Grundrechtsträgers – als paternalistischer Schutz des Einzelnen vor sich selbst als problematisch erscheinen.[17]

Gleichwohl ist bis heute anerkannt, dass die Vorschrift für die staatlich veranlasste Informationsgewinnung elementare Grundsätze aufstellt, die sich unabdingbar aus dem grundgesetzlichen Verständnis des Rechtsstaats ableiten.[18] Dem Vernommenen wird hierüber kein Verfügungsrecht eingeräumt; seine Einwilligung in verbotene Vernehmungsmethoden ist ohne Bedeutung (§ 136a Abs. 3 Satz 1). § 136a hat gerade deshalb über seinen unmittelbaren Geltungsbereich hinausgehende Bedeutung, weil die Vorschrift das zentrale Prinzip verdeutlicht, dass im Strafverfahren die Wahrheit nicht um

ders. GA **2004** 97, wo er insofern an die Lehre von den Informationsbeherrschungsrechten anknüpft, wie sie vor allem von *Amelung* vertreten wird, dazu: LR/*Gössel* Einl. L 224; vgl. auch *Krack* NStZ **2002** 124.

8 Auch mit Rücksicht auf die Strafbarkeit der Aussageerpressung gemäß § 343 StGB.

9 *Peters* § 41 II 1.

10 Zur Entstehungsgeschichte näher SK/*Rogall* 1 f.; vgl. auch *Lindner* 62; *Degener* GA **1992** 453.

11 BGHSt **1** 387.

12 Vgl. *Eb. Schmidt* Nachtr. I 3 und 4.

13 Zur Gesetzgebungsgeschichte SK/*Rogall* 2.

14 H.M. z.B. BGHSt **5** 333; **14** 364; BVerfG NStZ **1984** 82; AK/*Kühne* 1; KK/*Diemer* 1; Meyer-Goßner/*Schmitt* 1; SK/*Rogall* 3; *Peters* § 41 II 2; *Roxin/Schünemann* § 25, 17; *Kleinknecht* NJW **1964** 2185; *Puppe* GA **1978** 305; gegen die Referenz auf die Menschenwürde und für eine Betonung der Willensfreiheit: *Sickor* 263.

15 Zu dem hier zugrunde gelegten Vernehmungsbegriff vgl. § 136, 12.

16 Vgl. §§ 69 Abs. 3, 72. Das wirft in Grenzbereichen bei den Zeugen Probleme auf, denen ein Zeugnisverweigerungsrecht nicht zusteht. Für sie muss wie mittelbar wohl auch die „Sollvorschrift" des § 68a zeigt, die Grenze der verbotenen Einwirkung im Einzelfall möglicherweise anders bestimmt werden als beim Beschuldigten (und dem verweigerungsberechtigten Zeugen), der durch § 136a schon und insbesondere gegen den Angriff auf seine Aussagefreiheit geschützt wird.

17 Dazu etwa: *Eisenberg* (Beweisrecht) 696 m.w.N. Grundlegend: *Fateh-Moghadan* BJM **2018** 214.

18 BGHSt **31** 308: Ausprägung des „Leitgedankens der Rechtsstaatlichkeit", unter dem nach Art. 20 Abs. 3 GG das gesamte Strafverfahren steht.

jeden Preis erforscht werden darf oder gar muss.[19] Diese Grenzen der Strafverfolgung werden heute auch durch internationale Vorgaben anerkannt. § 136a dient also verschiedenen Zwecken und berührt verschiedene, z.T. sich überschneidende Rechts- und Verfassungsgrundsätze.[20] So mag es sich erklären, dass die Vorschrift im Einzelfall auch Vernehmungsmethoden verbieten kann, die für sich alleine noch nicht als Verletzung der Menschenwürde gelten könnten.[21]

Aus der „prozessualen Grundnorm"[22] des § 136a ergeben sich verschiedenste **Ausstrahlungen** auf Rechtsprobleme, welche die Vorschrift selbst nicht unmittelbar regelt. 4
Das gilt etwa für die Verwertung von rechtswidrig erlangten Beweismitteln, die eine beschuldigte Person aber entlasten könnten oder von Informationen, die Privatpersonen in rechtswidriger Weise beschafft haben (unten Rn. 12, 68, 71 sowie Erl. vor §§ 133 ff.), oder für die Beurteilung von prozessualen Willenserklärungen, die auf unkorrektem staatlichem Einfluss beruhen (unten Rn. 17). Die Vorschrift gilt entgegen der h.M. aber auch für den Einsatz **tatprovozierender Lockspitzel.**[23] Das Problem wird in diesem Kommentar, entsprechend der heute vorherrschenden Betrachtungsweise, in anderem Zusammenhang erörtert,[24] so dass hier nur Folgendes zu bemerken ist: Mit dem Grundgedanken des § 136a ist es etwa unvereinbar, das tatprovozierende Lockspitzelverhalten dann als Grundlage einer Verurteilung anzuerkennen, wenn sich ein Spitzel der durch § 136a verbotenen Methoden bedient.[25] Dies hat der EGMR in seinem vielbeachteten Urteil v. 23.10.2014 – 54648/09 (Furcht /Deutschland) klar festgestellt: „For the trial to be fair within the meaning of Article 6 § 1 of the Convention, all evidence obtained as a result of police incitement must be excluded [...]".[26] Der 2. Senat des BGH ist dem gefolgt.[27]

Hielte man immer noch ein anderes Ergebnis für richtig, sollte man sehen und einräumen, dass dies nicht nur im Widerspruch zu einem fair trial, sondern auch zum Grundgedanken des § 136a steht.[28] Dies offen zuzugeben, wäre schon deswegen nützlich, weil es das Bewusstsein für die Gefahren schärft und erhält, die mit dem kriminalpolitisch für notwendig erachteten Einsatz einer solchen Methode ohne Zweifel verbunden sind.

Kritische Akzente in der Einschätzung des § 136a und seiner Bedeutung finden sich in zunehmendem Maße. 5
Das hängt zum einen mit der allgemeinen Entwicklung der Beweisverbote zusammen, wenn man in der Praxis die Nichtverwertung eines rechtswidrig erlangten Beweismittels durch andere Lösungsstrategien vermeidet, wie etwa eine **Beweiswürdigungslösung**[29] oder eine Gesamtwürdigung aller Umstän-

---

19 Dazu statt vieler: BVerfG NStZ **1984** 82; NJW **2005** 2383; BGHSt **5** 290; **14** 365; **31** 309; **44** 134; *Eb. Schmidt* Teil I, 100; vgl. auch *Habscheid* GedS H. Peters 853; *Rogall* ZStW **91** (1979) 21; kritisch zur tatsächlichen Umsetzung: *Jahn* Anm. in BGH NStZ **2000** 383.
20 Vgl. etwa: SK/*Rogall* 4; *Peters* § 41 II 2 d; *Amelung* NStZ **1982** 40: Zweck, das Ansehen des Rechtsstaats und seiner Strafrechtspflege zu schützen; *Petry* 172 ff.; SSW/*Eschelbach* 4 ff.
21 Vgl. SK/*Rogall* 3; s. auch BVerfG NStZ **1984** 82; *Krack* NStZ **2002** 120.
22 *Eb. Schmidt* Teil I, 100.
23 Vgl. zum Ansatz der h.M.: *Tyszkiewicz* 178 ff.
24 Vgl. bei § 163 und § 206a.
25 Wie etwa im Fall BGH NStZ **1995** 506, wo der Spitzel gegenüber dem – zunächst widerstrebenden – Beschuldigten schließlich sogar Morddrohungen, gerichtet an ihn und seine Familie, einsetzte, der BGH aber nur einen Strafmilderungsgrund bejaht.
26 No 64; abgedruckt in NJW **2015** 3631, vgl. auch Anmerkungen von *Hauer* NJ **2015** 203; *Meyer/Wohlers* JZ **2015** 761; *Pauly* StV **2014** 411; *Petzsche* JR **2015** 88; *Satzger* Jura **2015** 660; *Sinn/Maly* NStZ **2015** 379; *Sommer* StraFo **2014** 508 sowie *Jahn/Kudlich* JR **2016** 60; *Mitsch* NStZ **2016** 57.
27 BGH NStZ **2016** 52.
28 Vgl. dazu *A.Schumann* 45 ff. m.w.N.; *Zerbes* 28 ff.
29 Vgl. BGH NStZ **2018** 51 m.w.N.; gegen eine Beweiswürdigungslösung etwa: *Gleß* NJW **2001** 3606 f.; *Greco/Caracas* NStZ **2015** 8; *Safferling* NStZ **2006** 81.

de.[30] Zum anderen wird die Vorschrift bei „verdeckten" („heimlichen") Befragungen zum Zwecke der Tataufklärung durch Polizeibeamte oder von ihnen eingeschaltete Dritte von der herrschenden Meinung als wenig passend oder gar als lästig empfunden (vgl. Rn. 15). Auch werden zum Teil gewisse Korrekturen gefordert, die sich auch zugunsten des Beschuldigten auswirken sollen.[31] Eine wohl noch nicht beendete Grundsatzdiskussion über die absoluten Grenzen, die § 136a einem Rechtsstaat zieht, hat der **„Fall Daschner/Gäfgen"** ausgelöst.[32] Ein stellvertretender Polizeipräsident hatte einem (zu jenem Zeitpunkt noch nicht überführten) Entführer Folter angedroht, damit dieser das Versteck des Opfers preisgeben solle und diese Androhung zu den Akten genommen. Die in der anschließend geführten Diskussion über eine ausnahmsweise Zulässigkeit der Androhung von Folter war seinerzeit nicht neu. Es gab auch bereits kurz nach den Erfahrungen mit dem totalitären System des nationalsozialistischen Deutschlands Stimmen in der Literatur, welche die Geltung des § 136a für bestimmte Fallkonstellationen in Frage stellten, so etwa in einem Kommentar zum Grundgesetz von 1957: Es müsse „mit Nachdruck gefragt werden, ob nicht zumindest gegenüber einem besonders ‚ausgekochten' vorbestraften Beschuldigten zur Wahrung der Würde etwa einer vergewaltigten Frau oder einer durch Verkehrsmord unter Alkoholeinfluss ums Leben gekommenen Person die Anwendung der durch § 136a verbotenen psychologischen Beweismittel und sonstiger Vernehmungsmethoden zulässig, ja von Abs. 1 (des Art. 1 GG) geradezu gefordert wird".[33] Die Diskussion hat eine neue Dimension in Zusammenhang mit dem weltweiten Kampf gegen Terrorismus erhalten, durch den die deutsche Justiz tatsächlich mit Folterbeweisen konfrontiert wird.[34] In der Diskussion zeigen sich fragwürdige Tendenzen, die das Prinzip des Folterverbots und bittere geschichtliche Erfahrungen gering zu achten.[35] Das Folterverbot gilt aus guten Gründen absolut.[36]

II. Anwendungsbereich

1. Adressaten der Vorschrift

6 **a) Strafverfolgungsorgane.** § 136a wendet sich, entsprechend seiner Rechtsnatur als Vorschrift des Strafverfahrensrechts, vor allem an Richter, an Staatsanwälte (§ 163a Abs. 3 Satz 2) und an Polizeibeamte (§ 163a Abs. 4 Satz 2), also an die mit der Strafverfolgung beauftragten Organe des Staates.[37] Sie dürfen die nach § 136a verbotenen Vernehmungsmethoden weder selbst anwenden, noch durch andere anwenden lassen.[38] Den

---

30 Vgl. EGMR *Jalloh v. Deutschland*, 54810/00, Urt. v. 11.7.2006, Rn. 150 ff. = JuS **2007** 264 m. Anm. *Dörr*; kritisch *Jäger* GA **2008** 480 und 488 f.; *Godenzi* GA **2008** 501 f.

31 So beim Polygrafen, s. unten Rn. 64.

32 EGMR *Gäfgen v. Deutschland*, 22978/05, Urt. v. 10.4.2007 = NJW **2007** 2461; EGMR *Gäfgen v. Deutschland*, 22978/05, Urt. v. 1.6.2010 = NJW **2010** 3145; LG Frankfurt JR **2012**, 36; *Amelung* JR **2012** 18 ff.; *Erb* NStZ **2005** 593 ff.; *Esser* NStZ **2008** 657 ff. *Saliger* ZStW **116** (2004) 38 f.;

33 Illustrativ für den Zeitgeist: *von Mangoldt/Klein*[2] Art. 1 Anm. 5 a; dazu in direkter Reaktion – erstaunlich milde: *Peters* FS Gmür 317; insbes. zur Frage nach Mitteln zur Wahrung der Würde von Zeugen: *Gleß* FS Paeffgen (2015) 703 ff.

34 Vgl. EGMR *El Haski v. Belgien*, 649/08, Urt. v. 25.9.2012; OLG Hamburg NJW **2005** 2329; *Ambos* StV **2009** 151; *Heine* NStZ **2013** 680.

35 Vgl. auch *Rieß* GA **1981** 48.

36 Vgl. auch *Gaede* 804 ff., 813 ff.

37 Vor diesem Hintergrund ist auch die Anwendbarkeit in disziplinarrechtlichen Verfahren zu beurteilen, hier wehrdisziplinarrechtliches Verfahren: BVerwG NVwZ-RR **2013** 115.

38 So z.B. (wenn auch oft eingeschränkt oder sogar widersprüchlich hinsichtlich des Geltungsbereichs für „Vernehmungen") BGHSt **34** 363; LG Hannover StV **1986** 521; KK/*Diemer* 3; Meyer-Goßner/*Schmitt* 2;

Strafverfolgungsorganen ist es daher auch untersagt, den Beschuldigten durch eine Privatperson, die sich dabei unerlaubter Mittel bedienen soll, zu einer Aussage zu bringen, ihn etwa in der Untersuchungshaft durch einen Polizeispitzel gezielt aushorchen zu lassen[39] oder aber Vernehmungen dorthin zu verlagern, wo die in § 136a bestimmten Grenzen nicht direkt greifen.[40] Umstritten ist bis heute, ob bzw. wann etwa die verschleierte Befragung durch beauftragte Dritte überhaupt als von § 136a erfasste Vernehmung oder ihr gleichzustellende „vernehmungsähnliche Situation" anzusehen ist (näher unten Rn. 15); und weit überwiegend wird angenommen, dass allein das Verschweigen des behördlichen Auftrags noch kein verbotenes Mittel (Täuschung) i.S.d. § 136a darstellt (dazu unten Rn. 43).

Um einen Fall der verbotenen Ausnutzung handelt es sich im Übrigen auch, wenn ein Gericht bei der Vernehmung die Anwendung unlauterer Methoden durch einen **frageberechtigten Prozessbeteiligten** (Staatsanwalt, Verteidiger, Nebenkläger) hinnimmt, schon weil sich die ergänzende Befragung als Bestandteil der Vernehmung darstellt, die in ihr Ergebnis unmittelbar einfließt oder einfließen kann. Das Recht zur Zurückweisung von Fragen gemäß § 241 verdichtet sich in der Hauptverhandlung (vgl. Rn. 14) insoweit zu einer Zurückweisungspflicht (vgl. auch bei § 241) und besteht im Kollegialgericht als Pflicht des Vorsitzenden auch gegenüber richterlichen Beisitzern. 7

b) Sachverständige, Augenscheinsgehilfen. Außer für die Strafverfolgungsorgane gilt § 136a auch für Sachverständige, die zur Vorbereitung ihres Gutachtens Beschuldigte oder Zeugen untersuchen, um Befundtatsachen festzustellen.[41] Da sie von Strafverfolgungsbehörden offiziell bestellt worden sind, um die Aufklärung des Sachverhalts zu fördern, dürfen sie sich ebenso wenig wie ihre Auftraggeber unerlaubter Mittel bedienen, um Beschuldigte oder Zeugen zum Reden zu bringen.[42] Die Forderung nach Einführung des § 136a ist seinerzeit gerade wegen eines Falles erhoben worden, in dem ein Beschuldigter durch Sachverständige mit Hilfe von Injektionen zur Aussage gebracht wurde.[43] Im offiziellen Auftrag der Strafverfolgungsorgane handeln auch die **Augenscheinsgehilfen** (vgl. bei § 86). Dass für sie die Verbote des § 136a daher ebenfalls gelten, ist an sich unbestritten.[44] Allerdings haben sich Rechtsprechung und Literatur bisher wenig damit auseinandergesetzt, welche Konsequenzen sich daraus – insbesondere mit Blick auf das Verbot von Zwang, Täuschung und Quälerei ergeben. Schon bei einer ärztlichen Untersuchung dürfte ein Beschuldigter oft nicht nachvollziehen können, was die Antwort auf eine Frage bedeutet; sicher kann das ein Laie nicht mehr bei einer ausführlichen forensisch-psychiatrischen Begutachtung oder bei modernen testpsychologischen Untersuchungen, etwa projektiven psychologischen Tests[45] (vgl. auch unten Rn. 64). 8

SK/*Rogall* 7; *Fincke* ZStW **86** (1974) 660; *Grünwald* JZ **1966** 497 Fn. 75; *Kohlhaas* JR **1960** 249; *Petry* 82; *Rogall* ZStW **91** (1979) 40; *Peters* Verh. 46. DJT Bd. I S. 161.

39 S.u. Rn. 44.

40 Vgl. *Hetzer* Rechtspraktisches Forum 34 (**2006**) 4 II sowie unten Rn. 72.

41 BGHSt **11** 211; BGH NJW **1968** 2298 = JR **1969** 231 m. Anm. *Peters* = JZ **1969** 437 m. Anm. *Arzt*; BGH VRS **29** (1965) 204; KK/*Diemer* 5; Meyer-Goßner/*Schmitt* 2, *Roxin*/*Schünemann* § 25 17; *Alsberg* 921 m.w.N.; *Dahs*/*Wimmer* NJW **1960** 2218; *Hilland* 14; *Rieß* JA **1980** 296; *Eb. Schmidt* NJW **1962** 665; **a.A.** AK/*Kühne* 8ff.; SK/*Rogall* 8; *Rüping* 40; *Eisenberg* (Beweisrecht) 629; *Fincke* ZStW **86** (1974) 258, die freilich die in verpönter Weise gewonnene Aussage für unverwertbar halten.

42 Eingehend *Hermes* 23ff.; *Peters* in BGH JR **1969** 231, 234 kommt zu diesem Ergebnis aufgrund der prozessualen Stellung des Sachverständigen als eines bloßen Beweismittels.

43 Vgl. *Eb. Schmidt* SJZ **1949** 449.

44 Meyer-Goßner/*Schmitt* 2; *Eb. Schmidt* NJW **1962** 665; **a.A.** wiederum AK/*Kühne* 12; SK/*Rogall* 9; *Eisenberg* (Beweisrecht) 629.

45 Dazu *Eisenberg* (Beweisrecht) 680 und 697.

9 **c) Verteidiger.** Nach allgemeiner Meinung nimmt § 136a den Verteidiger nicht in besonderer Weise in die Pflicht,[46] i.e. wirkt er an verbotenen Vernehmungsmethoden mit, so gilt § 136a nur (aber jedenfalls dann), wenn diese den Strafverfolgungsbehörden zuzurechnen sind bzw. wenn er aufgrund seiner Stellung Informationen erlangt, welche die Ermittlungsbehörden nicht hätten erlangen können, s. oben Rn. 10 sowie Erl. vor § 133, 13ff. Dass Verteidiger nicht von staatlichen Organen zu einer unerlaubten Täuschung benutzt werden dürfen, erscheint selbstverständlich.[47] Bisher hat die Frage nach der Inpflichtnahme von Verteidigern durch § 136a wenig Beachtung gefunden. Sie könnte aber in Zusammenhang mit dem zunehmenden **Ausbau der Verständigungspraxis** Bedeutung erlangen.

10 **d) Sonstige Personen; Drittwirkung für private Beweissammlung.** § 136a bezieht sich, wie schon seine Stellung in der StPO erkennen lässt, auf „Vernehmungen" durch Richter oder durch Strafverfolgungsorgane (vgl. Rn. 6) und verbietet in Absatz 3 daher auch nur die Verwertung unzulässig gewonnener „Aussagen" durch Justizorgane. Daraus folgt im Grundsatz, dass § 136a auf „Vernehmungen" und „Aussagen", die nicht von Strafverfolgungsorganen herrühren oder ihnen zurechenbar sind, keine unmittelbare Anwendung findet.[48] Die in der Vorschrift verbrieften Grundsätze dürfen aber nicht durch eine Beweissammlung von Privaten unterlaufen werden, weshalb sie jedenfalls auch Geltung in den Fällen beanspruchen, in denen Private Informationen in einer Form erlangen, die den Behörden zurechenbar sind[49] (s. o. Rn. 12 sowie Erl. vor § 133, 13).[50] Den Justizorganen zurechenbar ist eine Beweissammlung – entgegen der Rechtsprechung, die hierfür einen amtlichen Auftrag[51] oder gezielte Ausnutzung des rechtswidrigen Handelns Dritter fordert[52] – jede staatlich veranlasste oder geförderte Informationssammlung.[53] Die Vorschrift gilt dementsprechend jedenfalls, wenn Private mit staatlichen Organen mit dem Ziel der Informationssammlung zusammenwirken.[54] Während Versicherungsgesellschaften nicht gehindert sind, einem Täter eine Belohnung für Auskünfte über die Straftat, etwa für die Wiederbeschaffung der Beute oder die Nennung des Hehlers, zu versprechen oder zu zahlen,[55] ist ein Unternehmen bei Durchführung **interner Ermittlungen**, die ein arbeitsrechtliches Machtgefälle nutzen, um so erlangte Informationen den staatlichen Behörden zu übergeben durchaus an die durch § 136a gezogenen Grenzen gebunden. Allerdings fehlt für die vielen verschiedenen Fallgestaltungen noch eine gemeinsame Richtschnur, vgl. etwa zur Frage, ob Beweismittel verwer-

---

46 BGHSt **14** 190; OLG Nürnberg OLGSt § 302 S. 18; KK/*Diemer* 3; Meyer-Goßner/*Schmitt* 3; SK/*Rogall* 9; *Stoffer* 260.

47 Vgl. BGHSt **14** 192 = JR **1961** 70 m. Anm. *Eb. Schmidt*. Die Entscheidung ist freilich bedenklich, soweit sie einen Einfluss des Richters auf das in Frage stehende Verteidigerverhalten (Nahelegung eines Geständnisses) im konkreten Fall verneint. Dazu ablehnend *Grünwald* NJW **1960** 1941; *Hanack* JZ **1971** 170; LR/*Sarstedt*[22] 2. Vgl. auch den Fall von *Peters* § 41 II 2 b.

48 So die Rspr. BGHSt **34** 363 f.; **44** 134; offen gelassen in: BGHSt GrS **42** 148; *Eisenberg* (Beweisrecht) 395ff.; *Beulke/Swoboda* 131.

49 Siehe *Stoffer* 263ff.

50 Vgl. BGHSt **14** 358, 365; *LG Memmingen* Urt. v. 14.1.2016 – 22 O 1983/13; *Grünwald* 163; SSW/*Beulke*[2] Einleitung 307; *Niehaus* NZV **2016** 551, 554 f.; *Wohlers* JR **2016** 509.

51 Zur Anwendung auf beauftragte Sachverständige s.o. Rn. 8 sowie im Fall eines in die Untersuchungshaftzelle eingeschmuggelten Spitzels s.u. Rn. 44.

52 BGHSt **33** 224; *H. Schneider* NStZ **2001** 12 f.

53 Vgl. auch *Gaede* StV **2004** 52; *Jahn* JuS **2005** 1058. Unverwertbar ist deshalb entgegen BGH NJW **1989** 843 auch eine lediglich mit Kenntnis der Ermittlungsbehörden fortgesetzte Ausforschung; ebenso SK/*Rogall* 67, **a.A.** *Pfeiffer* 2, s.a. unten Rn. 44.

54 BGHSt **44** 129, 134; *Kaspar* GA **2013** 216; SK/*Rogall* 1.

55 *Rogall* ZStW **91** (1979) 41; anders *Birmanns* NJW **1970** 1834.

tet werden dürfen, wenn Zeugen den Beschuldigten oder andere Zeugen ohne amtlichen Auftrag ausfragen.[56] Dass die Handlungsfreiheit von Privatpersonen nicht durch das Prozessgesetz begrenzt wird, sondern generell durch materiell-rechtliche Normen, namentlich also durch das Strafgesetzbuch,[57] oder bei Verteidigern auch durch das anwaltliche Berufsrecht, ist hier nicht ausschlaggebend, sondern die Frage, wie eine mögliche Umgehung bestimmter Prozessrechtsgrundsätze durch ein zunehmendes Auslagern von Beweissammlungskompetenzen an Dritte verhindert wird, vgl. Zur Verwertbarkeit solcher Beweise s. u. Rn. 12 sowie LR/*Gössel* Einl. L Rn. 178 ff.

§ 136a findet auch keine unmittelbare Anwendung auf **ausländische Strafverfolgungsorgane,** es sei denn, sie sind deutscher Hoheitsgewalt unterstellt.[58] Das bedeutet indessen nicht, dass Beweismittel, die durch ausländische Hoheitsorgane mit Hilfe verbotener Vernehmungsmethoden erlangt wurden, ohne weiteres verwertbar sind. Vielmehr gilt in diesen Fallkonstellationen nicht nur die grundrechtliche Bindung der deutschen Justizorgane bei der Beweisverwertung, sondern wird in vielen Fällen darüber hinaus die Anwendung verbotener Vernehmungsmethoden durch ausländische Organe der deutschen Hoheitsgewalt zugerechnet werden müssen, wenn etwa in strukturierter Zusammenarbeit Vernehmungen in Drittstaaten ausgelagert oder aus diesen Erkenntnisse angefordert bzw. von dort angenommen werden.[59] Insofern geht die Entscheidung des 3. Strafsenats des BGH in eine falsche Richtung, die annimmt, dass Schläge bei Vernehmungen eines inhaftierten Beschuldigten keine Rolle spielen, solange im deutschen Strafverfahren nur Erkenntnisse aus Gesprächen des Beschuldigten mit einem deutschen Konsularbeamten während der fortbestehenden Inhaftierung verwertet werden sollen, in denen nicht geschlagen wurde.[60] Nur eine strikte Haltung gegenüber Folter entspricht dem Verbot einer entwürdigenden Behandlung von Beschuldigten und beugt „Foltertourismus" vor.[61] 11

Der Umstand, dass § 136a keine unmittelbare Anwendung auf **Privatpersonen** oder insoweit als Nicht-Hoheitsträger angesehene Personen[62] findet, bedeutet nicht, dass unter Verstoß gegen die Grundsätze des § 136a beschaffte Beweismittel von den Justizorganen ohne Weiteres benutzt werden dürften, denn § 136a regelt das Problem der Beweisverbote nicht erschöpfend, sondern nur in einem besonderen Ausschnitt. Die Vorschrift besagt also insbesondere nicht, dass für die von ihr nicht erfassten Verhaltensweisen „Privater" kein Verwertungsverbot besteht. Diese Frage beurteilt sich grundsätzlich nach den allgemeinen, umstrittenen Grundsätzen über Beweisverbote.[63] § 136a hat für diese allgemeinen Grundsätze freilich eine gewisse mittelbare Bedeutung, weil die Vorschrift einen Ausdruck rechtsstaatlichen Denkens enthält, insbesondere deutlich macht, dass die Wahrheitsfindung im Strafprozess nicht um jeden Preis erfolgen darf. Im Einzelnen gehen die Ansichten, ob oder wann Beweise verwertbar sind, die Privatpersonen in einer 12

---

56 Keine Geltung des § 136a: OLG Oldenburg NJW **1953** 1137; *Kleinknecht* NJW **1966** 1542; KK/*Diemer* 3; Meyer-Goßner/*Schmitt* 3; SK/*Rogall* 10; *Eb. Schmidt* 22; *Roxin*/*Schünemann* § 24, 65; dagegen: *Hilland* 20 ff.; *Jäger* 222 f.; *Keller* FS Grünwald 280.

57 Insbesondere die §§ 223, 240 StGB.

58 OLG Hamburg NJW **2005** 2329; Meyer-Goßner/*Schmitt* 3; zu Möglichkeiten, fremde Amtsträger deutscher Hoheitsgewalt zu unterstellen vgl.: *Gleß*/*Lüke* Jura **2000** 402 f. m.w.N.

59 Vgl. *Hetzer* Rechtspolitisches Forum 34 (**2006**) 4 ff.

60 BGHSt **55** 314 = NJW **2011** 1523 (m. Anm *Norouzi)*.

61 Vgl. auch EGMR *El Haski v. Belgien*, 649/08, Urt. v. 25.9.2012 = ZIS **2013** 245 m. Anm. *Schüller*; *Ambos* StV **2009** 152 ff.

62 Etwa ausländische Hoheitsorgane, vgl. OLG Hamburg NJW **2005** 2329, zu Besonderheiten dieser Konstellation s.u. Rn. 72.

63 Dazu allgemein Einl. Abschnitt K.

dem Geist des § 136a zuwiderlaufenden oder sonst rechtswidrigen Weise erlangt haben, weit auseinander. Die h.M. lässt ihre Verwertung grundsätzlich zu.[64] Eine Ausnahme soll – als Ergebnis einer Abwägung der Interessen im Einzelfall – nur für solche Erklärungen gelten, die unter besonders krassem Verstoß gegen die Menschenwürde, etwa durch Folter, gewonnen worden sind.[65] Eine andere Meinung hält demgegenüber, insbesondere weil die staatliche Schutzverpflichtung auch gegenüber den Angriffen Einzelner bestehe, eine Beeinträchtigung des Rechtsstaatsprinzips bereits für gegeben, wenn sich der Staat eine Verletzung von Individualrechtsgütern zur Durchsetzung des staatlichen Strafanspruchs zu Nutze macht, und entnimmt dem in unterschiedlichem Umfang ein sehr weitgehendes oder auch umfängliches Verwertungsverbot.[66] Der letztgenannten Ansicht ist auch mit Blick auf den in § 136a enthaltenen Grundgedanken zuzustimmen: Die Verwertung eines privat beschafften Beweises ist dann unzulässig, wenn das Beweismittel nicht durch die staatlichen Behörden hätte erlangt werden können, insbesondere weil die Beweissammlung des **Kernbereichs des Grundrechtsschutzes** berührt, auf dessen Verletzung eine rechtsstaatliche Strafrechtspflege nicht aufbauen kann.[67] So dürfen durch Folter erlangte Geständnisse nie verwertet werden. Heimliche Tonbandaufnahmen durch Private, die durch § 201 StGB verboten sind, dürfen wegen des mit ihr verbundenen Einbruchs in die grundrechtlich geschützte Privatsphäre von den Strafverfolgungsorganen deshalb nur verwertet werden, wenn solche Aufnahmen etwa nicht in den Kernbereich des unantastbaren Familien- oder Intimlebens eingreifen.[68]

13 Besondere Probleme können in diesem Zusammenhang entstehen, wenn die staatlichen Organe unzulässige Einwirkungen Dritter *bei einer Vernehmung* **ausnutzen**, insbesondere um vom Beschuldigten eine Aussage zu erlangen. *Hanack* hat in der 25. Aufl. dieses Kommentars, das ursprünglich von *Meyer* in der 23. Aufl. gebildete Beispiel,[69] dass der Beschuldigte ein Geständnis ablegen will, weil er durch Dritte getäuscht oder bedroht worden ist, so bewertet, dass der Vernehmende die ihm erkennbar fortwirkende Einwirkung nicht „ausnutzen" dürfe, d.h. er dürfe sie sich nicht „zu eigen machen". Der Vernehmende sei aber nicht verpflichtet, eine fortwirkende Täuschung oder Drohung auszuräumen, und zwar insbesondere dann nicht, wenn der Beschuldigte unter ihrem Einfluss selbst ein Geständnis ablegen wolle. Dazu sei er sogar im Fall der Drohung (der

---

64 Ausführliche Nachweise dazu bei LR/*Gössel* Einl. Abschn. L 178 ff.

65 OLG Celle NJW **1985** 640; *Kleinknecht* NJW **1966** 1543 (auf dessen Ausführungen die h.M. entscheidend zurückgeht); KK/*Diemer* 3; Meyer-Goßner/*Schmitt* 3; *Alsberg* 922; *Eisenberg* (Beweisrecht) 397; *Kindhäuser* § 23, 35; *Roxin/Schünemann* § 24, 65; *Bienert* Private Ermittlungen und ihre Bedeutung für die Beweisverwertungsverbote (1997) 155 ff.; *Nüse* JR **1966** 285; *Walder* 196; *Stoffer* 489; vgl. auch BGHSt **27** 355. Anders *Kohlhaas* DAR **1971** 68; gegen jede Ausdehnung auf die von Privaten beschafften Beweismittel auch AK/*Kühne* 13; KK/*Senge* vor § 48, 52; *Dencker* 98 f.; *Feldmann* NJW **1959** 855. Zur Frage der Übertragbarkeit des Menschenwürdearguments: *Godenzi* 208 ff.

66 *Rogall* ZStW **91** (1981) 41 verlangt eine Abwägung im Einzelfall, hält aber die Verletzung des Verbots der Selbstbelastung stets für beachtlich; vgl. auch SK/*Rogall* 14 ff. *Haffke* GA **1973** 83 stellt ebenfalls auf eine solche Abwägung ab, die aber regelmäßig eine Prävalenz des Aufklärungsinteresses ergebe. *Amelung* 43 bejaht ein Verwertungsverbot, wenn der Eingriff zu dem Zweck begangen ist, den Verletzten einer Verurteilung zuzuführen, vgl. auch die Fortführung des Ansatzes der Informationsbeherrschungsrechte für diese Fallkonstellationen durch *Müssig* GA **2004** 98 ff. und *Renzikowski* JZ **1997** 714 ff.; *Otto* FS Kleinknecht 319 ff. stellt auf den durch die Menschenwürde garantierten Bereich der Persönlichkeitsentfaltung ab.

67 Vgl. auch *Jahn* C 127.

68 Dazu *Gleß* StV **2018** 671 m.w.N.; vgl. *Wohlers* JR **2016** 509 ff.; *Gropp* StV **1989** 222 ff.

69 LR/*Meyer*[23] 30 ist im Anschluss an *Walder* 166 ff., der Auffassung dass der Vernehmende, dem die weiterwirkende unzulässige Einwirkung erkennbar ist, das Geständnis nicht entgegennehmen dürfe; er müsse vielmehr zuvor den Irrtum beseitigen oder die Drohung unwirksam machen; erst dann dürfe er den Beschuldigten vernehmen.

an sich schwerer wiege als der der Täuschung) nicht einmal berechtigt, weil es grundsätzlich Sache des Beschuldigten sei, zu entscheiden, wie er sich in einer solchen Konfliktsituation verhalte.[70] Danach wäre dem Vernehmenden die Drohung oder Täuschung in dieser Fallkonstellation nicht zuzurechnen. Dem ist nicht zuzustimmen: Eine Drohung oder Täuschung, welche die Willensentscheidungs- oder Willensbetätigungsfreiheit des Vernommenen beeinträchtigt und an die der Vernehmende (aus Sicht des Vernommenen) anknüpft, muss dem Vernehmenden in jedem Falle zugerechnet werden.[71] Hat er von Irrtum oder Drohung Kenntnis, muss er diese „so gut wie möglich unwirksam machen" bevor er eine Vernehmung durchführt, sonst macht er ihn sich zu Nutze.[72]

2. Geschützter Personenkreis. § 136a gilt unmittelbar nur für richterliche Vernehmungen Beschuldigter, und zwar in jedem Verfahrensabschnitt, auch in der Hauptverhandlung (vgl. Rn. 27). Für die staatsanwaltschaftliche und polizeiliche Beschuldigtenvernehmung ist er nach § 163a Abs. 3 Satz 2, Abs. 4 Satz 2 entsprechend anzuwenden. Dass auch Zeugen nicht unter Anwendung der nach § 136a verbotenen Mittel richterlich vernommen werden dürfen, schreibt ferner § 69 Abs. 3 vor. Nach § 72 ist diese Bestimmung bei der Vernehmung von Sachverständigen entsprechend anzuwenden. Die §§ 69, 72 gelten nach § 161a Abs. 1 Satz 2 auch für Vernehmungen von Zeugen und Sachverständigen durch die Staatsanwaltschaft. Nach § 163a Abs. 5 findet § 136a bei Vernehmungen von Zeugen und Sachverständigen durch die Polizei Anwendung. Alle diese Vorschriften gelten nach § 46 Abs. 1 OWiG im Bußgeldverfahren entsprechend. 14

3. Geltung bei Vernehmungen. Die Verbote des § 136a gelten nur für Vernehmungen (Rn. 10). Was darunter – hier und bei § 136 – zu verstehen ist, ist seit einiger Zeit streitig. Rechtsprechung und Literatur stimmen im Ausgangspunkt überein: Vernehmungen sind jedenfalls amtliche Befragungen von Beschuldigten sowie von Zeugen und Sachverständigen in Bezug auf die „Beschuldigung" (§ 136 Abs. 1 Satz 2) oder den „Gegenstand der Untersuchung" (§ 69 Abs. 1 Satz 2, § 72) im Rahmen eines Strafverfahrens.[73] Umstritten ist allerdings, ob auch Situationen dem Vernehmungsbegriff unterfallen, in denen Hoheitsträger einer Person nicht formell als Vernehmungsorgane gegenüber treten: Nach herrschender Ansicht fallen unter den Vernehmungsbegriff nur jene Situationen, in denen einer vernommenen Person der amtliche Charakter der Befragung bewusst ist oder zumindest konkludent durch staatliche Autorität zur Aussage motiviert wird.[74] Begründet wird diese Ansicht insbesondere mit der systematischen Stellung des § 136a im Gesetz, ihrem Zweck, dem Unterschied zwischen einer „förmlichen" Befragung und der freiwilligen Auskunft gegenüber einer (vermeintlichen) Privatperson sowie mit dem Gedanken, dass das Gesetz den Strafverfolgungsorganen ein heimliches Vorgehen nicht 15

70 Würde ihm etwa im Zusammenhang mit einer von ihm begangenen Straftat mit der Tötung seines als Geisel genommenen Kindes gedroht, könne nur er entscheiden, ob er sich der Polizei offenbare. Wenn er das aber wolle, sei die Polizei auch berechtigt oder sogar verpflichtet, sein Geständnis entgegenzunehmen. Das folge mittelbar auch aus § 154c; wäre es anders, könnte es diese Vorschrift gar nicht geben. (Insoweit) Zustimmend SK/*Rogall* 20; *Lindner* 128; **a.A.** AK/*Kühne* 13 a.E. (Vernehmung ausnahmslos verboten).

71 Vgl. LR/*Meyer*[23] im Anschluss an *Walder* 166 ff.; *Stoffer* 319.

72 Ebenso KK/*Diemer* 4; *Eisenberg* (Beweisrecht) 401; einschränkend: LR/*Hanack*[25] 11; SK/*Rogall* 20; **a.A.** *Erb* FS Otto 876 f.

73 Näher SK/*Rogall* § 136, 14 ff.; *Fincke* ZStW **95** (1983) 948 ff.

74 BGH NStZ **1996** 502 (vgl. § 136, 66); BGHSt **34** 363; **40** 211, 213; im Erg. auch BGHSt **34** 346; BGH NStZ **1995** 410 und 557; **1996** 200; ersichtlich auch AK/*Kühne* 5 und Meyer-Goßner/*Schmitt* 4; SK/*Rogall* 22 ff. und JZ **1987** 850; *Deutsch* 242 f.; *Fincke* ZStW **95** (1983) 948; *J. Meyer* NStZ **1983** 468 („selbstverständlich"); *Otto* GA **1970** 299; *Popp* JA **1998** 901; *Roxin* NStZ **1995** 465; *Sinn* Jura **2003** 818; *Schlüchter/Radbruch* NStZ **1995** 353.

unbedingt verbiete. Dies führt dazu, dass eine „heimliche Vernehmung" als solche von § 136a (und von § 136, vgl. dort Rn. 12) grundsätzlich nicht erfasst wird. In Betracht kommen soll insoweit vielmehr nur eine entsprechende Anwendung des § 136a bei sog. **vernehmungsähnlichen Situationen.**[75] Im Übrigen sei bei der verdeckten Ermittlungstätigkeit der Strafverfolgungsorgane regelmäßig nur zu prüfen, ob die heimliche Informationsbeschaffung als solche gegen rechtsstaatliche Grundsätze verstoße. Nach der hier vertretenen Meinung ist demgegenüber unter „Vernehmung" jede (indirekte oder direkte) Herbeiführung einer Aussage durch ein Strafverfolgungsorgan zu verstehen (sog. funktionaler Vernehmungsbegriff, s. Erl. zu § 136 Rn. 12, vgl. auch Rn. 6, 8). Dazu gehört etwa auch die „verdeckte" („heimliche") Vernehmung, bei welcher die vernommene Person nicht erkennt, dass sie einer amtlichen Befragung ausgesetzt ist,[76] denn wenn das Gesetz den staatlichen Organen bei der Befragung von Beschuldigten und Zeugen bestimmte Vernehmungsmethoden verbietet (und bestimmte Belehrungspflichten auferlegt), können sich die Organe von diesen Verboten (und Pflichten) grundsätzlich nicht durch eine Flucht in vernehmungsähnliche Situationen befreien; weder dadurch, dass sie sich bei der Befragung als Privatperson gerieren noch dadurch, dass sie die Befragung von beauftragten Privatpersonen durchführen lassen. Daran ändert auch nichts, dass es natürlich einen Unterschied macht, ob sich jemand gegenüber vermeintlichen Privatpersonen äußert oder gegenüber ihn „offen" vernehmenden Strafverfolgungsorgane, denn auf diesen Unterschied kommt es hier nicht an, sondern darauf, dass Hoheitsträger (offen oder verdeckt) den Einzelnen mit dem Ziel staatlicher Informationsgewinnung zur Kommunikation motivieren.[77] Eine „Vernehmung" ist daher auch die gezielte telefonische Befragung eines Partnervermittlers durch einen Polizeibeamten, der sich dabei als potentieller Kunde ausgibt,[78] oder die Befragung zur „Beschuldigung" bzw. zum „Gegenstand der Untersuchung" durch Verdeckte Ermittler, durch beauftragte V-Leute und durch sonstige zur Befragung eingeschaltete Dritte. Liegt nach den vorgängig geschilderten Kriterien eine Vernehmung vor, ist § 136a direkt anwendbar. Eines Rückgriffs auf die ebenso vage wie verräterische Figur der „vernehmungsähnlichen Situation"[79] oder auf allgemeine Rechtsgrundsätze bedarf es nicht. Der Rückgriff ist vielmehr rechtsfehlerhaft, wenn und soweit er benutzt wird oder darauf hinausläuft, die Verbote des § 136a zu überspielen oder einzuschränken.[80] Allein mit der hier vertretenen Sicht stimmt auch überein, dass nach wohl unstreitiger Meinung eine „Vernehmung" auch

---

75 Klare Konturen hat die Figur der vernehmungsähnlichen Situation aber nicht gewonnen, vgl. SK/*Rogall* 25 f.; *Eisenberg* (Beweisrecht) 637; *Renzikowski* JZ **1997** 712. Im Schrifttum wird sie meist auf Fälle bezogen, in denen sich der Vernommene der Befragung nicht ohne weiteres entziehen kann und eine „ordentliche" Vernehmung rechtsmissbräuchlich umgangen wird; vgl. etwa SK/*Rogall* 26 m.w.N., ferner *Kramer* Jura **1988** 523; *Sternberg-Lieben* Jura **1995** 306. Die Rechtsprechung folgt dem in Einzelfällen (insbes. BGHSt **34** 363; vgl. BGH NStZ **1995** 410 f.), lehnt aber eine entsprechende Anwendung des § 136a allein wegen verdeckter Ermittlungen ab (BGHSt **39** 346 ff.; BGH GA **1981** 85; NStZ **1995** 410); zur Diskussion in der Literatur vgl.: *Jäger* 178; *Kinzig* StV **1999** 288 ff.; *Kudlich* JuS **2000** 953; *Popp* JA **1998** 901; *Roxin* NStZ **1999** 150, Anm. zu BGH, Urt. v. 21.7.1998 – 5 StR 302-97; *H. Schneider* NStZ **2001** 9 f.; *A.Schumann* 12 ff.; *Weiler* GA **1996** 107; *Wang* 154 f.

76 Vgl. BGHSt **17** 19, BGH NJW **1983** 1570; LG Darmstadt StV **1990** 104; LG Stuttgart NStZ **1985** 568; *Alsberg* 920; *Dencker* StV **1994** 674 f.; *Keller* 120 ff.; *Kühl* StV **1986** 188; *Lindner* 88 ff.; *Lüderssen* FS Peters 361 ff.; *Ransiek* 61; *Röhrich* 240 ff.; *Seebode* JR **1988** 427; *Sendler* 16, 20 ff.; *Weiler* GA **1996** 107 f.; *Lagodny* StV **1996** 168 ff.; tendenziell *Lammer* 162 f. Gänzlich abweichend *Gusy* StV **1995** 449 und gegen ihn *Widmaier* ebd. 621.

77 Vgl. auch EGMR *Bykov v. Russland*, 43787/02, Urt. v. 10.3.2009 = NJW **2010** 213.

78 LG Stuttgart NStZ **1985** 568 m. Anm. *Hilger*; **a.A.** Meyer-Goßner/*Schmitt* 4; *Wieczorek* Kriminalistik **1986** 165.

79 Dazu etwa *Stoffer* 371 ff.

80 Vgl. *Beulke* StV **1990** 183: Flucht aus § 136a.

dann vorliegt, wenn ihr alle Voraussetzungen oder Sicherungen fehlen, die das Gesetz für sie kennt.[81]

Auf Beweismittel, die **in anderer Weise** als durch Vernehmung gewonnen werden, ist § 136a grundsätzlich nicht anzuwenden. Nicht in den Bereich des § 136a (und des § 136 Abs. 1 Satz 2) gehören danach Fälle, in denen ein Ermittlungsorgan Erklärungen entgegennimmt, die jemand, ohne hierzu aufgefordert zu sein, von sich aus abgibt, z.B. bei spontanen Äußerungen, von Beschuldigten.[82] Eine Täuschung – mit der Konsequenz eines Verwertungsverbots – liegt hingegen vor, wenn einem Beschuldigten erklärt wird, es handle sich um „Vorgespräche in lockerer Atmosphäre" (nach erfolgter Belehrung), die noch nicht in die offizielle und zu Protokoll genommene Aussage einfließen.[83] Dass die Grenzen hier insbesondere dann fließend sind, wenn Äußerungen am Rande von Vernehmungen gemacht werden, zeigt etwa der Fall eines Beschuldigten, der rechtswidrig festgehalten wurde und sich in einer Vernehmungspause gegenüber einem nahe stehenden Dritten von sich aus äußerte als er sich unter polizeilicher Bewachung und in großer innerer Anspannung befand.[84] Nach hier vertretener Ansicht fällt eine Äußerung jedenfalls dann unter § 136a, wenn staatliche Organe gezielt eine Situation schaffen, um einem Beschuldigten selbstbelastende Äußerungen zu entlocken.[85] **16**

4. Prozessuale Willenserklärungen. § 136a bezieht sich nach Wortlaut und Zweck ausschließlich auf Vernehmungen im Rahmen der Beweissammlung und nicht auf andere Erklärungen in einem Strafverfahren. Da jedoch keine Vorschrift Beschuldigte (oder andere Verfahrensbeteiligte) davor schützt, dass sie aufgrund eines von Staatsorganen verursachten Willensmangels eine verfahrensrechtliche Erklärung abgeben (etwa einen Rechtsmittelverzicht oder Rückzug einer Strafanzeige), wird diskutiert, ob § 136a auf alle Prozesserklärungen anzuwenden ist.[86] Das erscheint insofern problematisch als die Frage, mit welchen strafprozessualen Mitteln die Wahrheit erforscht werden darf, nicht identisch mit der Frage ist, wie die Gültigkeit oder Ungültigkeit von prozessualen Willenserklärungen, zu beurteilen ist. Entsprechend kann § 136a jedenfalls nicht unmittelbar und auch nicht analog Anwendung finden.[87] Werden Erklärungen von Prozessbeteiligten aber durch objektiv unwahre Erklärungen eines Gerichts oder der Verfolgungsbehörden veranlasst, oder beruhen sie sogar auf rechtswidrigen Drohungen dieser Organe, haftet der Willenserklärung ein solcher Mangel an, dass das staatliche Verfahren auf ihm in der Regel nicht aufbauen kann und sie deshalb als „nicht verwertbar" angesehen werden müssen.[88] Die Rechtssicherheit, auf die bei Abgabe prozessgestaltender Willenserklärungen sonst regelmäßig abzustellen ist, muss hier zurücktreten.[89] Auch **17**

---

81 Vgl. nur SK/*Rogall* § 136, 14; *Dencker* StV **1995** 675 Fn. 69. *Weiler* GA **1996** 107.

82 Vgl. BGH NJW **1990** 461; BGH bei *Dallinger* MDR **1970** 14; auch OLG Düsseldorf NJW **1969** 1840. Zur umstrittenen Frage, wie derartige Äußerungen zu behandeln sind, vgl. bei § 163a.

83 AG Delmenhorst StV **1991** 254; AG München StV **1990** 104; vgl. unten Rn. 40 (Täuschung über Rechtsfragen, nämlich das Vorliegen einer Vernehmung; zust. *Eisenberg* (Beweisrecht) 658).

84 Vgl. BGHSt **34** 370 = NStZ **1988** 233 mit krit. Anm. *Hamm*.

85 **A.A.** BGHSt **33** 223 = StV **1986** 185 mit abl. Anm. *Kühl*; Meyer-Goßner/*Schmitt* 4; vgl. auch *Fezer* JZ **1996** sowie SK/*Rogall* 23, der aber aus anderem Grunde Unzulässigkeit bejaht.

86 *F. Meyer* 91 ff.

87 BGHSt **17** 14 = JR **1962** 92 m. Anm. *Eb. Schmidt* = JZ **1963** 226 m. Anm. *Oehler*; OLG Celle GA **1970** 285; OLG Frankfurt NJW **1971** 950; OLG Köln NJW **1968** 2349 = JR **1969** 392 m. Anm. *Koffka*; heute ganz h.L., vgl. nur SK/*Rogall* 34; HK/*Jäger* 7 alle m.w.N.; **a.A.** oder doch weiter gehend: OLG Bremen JZ **1955** 680 m. Anm. *Eb. Schmidt*; OLG Düsseldorf NJW **1960** 210 m. Anm. *Feldmann* und *Mölders*; OLG Hamm NJW **1976** 1952 m.w.N.; Roxin/*Schünemann* § 22, 7; *Heinrich* ZStW **112** (2000) 424.

88 *F. Meyer* 93 f.

89 Vgl. BGHSt **43** 195; OLG Frankfurt NJW **1991** 950; KK/*Diemer* 7; *Eisenberg* (Beweisrecht) 641.

wenn eine analoge Anwendung nicht in Betracht kommt, bieten die Grundgedanken des § 136a einen wichtigen Anhaltspunkt für die Beurteilung, wann prozessuale Erklärungen aus diesen Gründen unwirksam sind.[90]

III. Beschränkung auf Beeinträchtigungen der Willensfreiheit

18 Die in § 136a aufgeführten Mittel untersagt Absatz 1 nur insoweit, als sie die Freiheit der Willensbetätigung beeinträchtigen.[91] Für die Fälle des Absatzes 2 folgt Entsprechendes schon aus ihrer Eigenart. Eine Beeinträchtigung der genannten Art liegt vor, wenn die vernommene Person wegen eines inadäquaten Drucks[92] nicht mehr in der Lage ist, frei darüber zu entscheiden, ob, in welchem Umfang oder mit welchem Inhalt sie aussagen will. § 136a verlangt demnach nicht, auf jeden Zustand einer körperlichen oder seelischen Beeinträchtigung, der sich irgendwie nachteilig auf die Entschließungen des Vernommenen auswirken könnte, Rücksicht zu nehmen.[93] Vielmehr muss die Beeinträchtigung eine **Erheblichkeitsschwelle** erreichen, bei deren Überschreitung der Vernommene zum Objekt des Verfahrens degradiert wird.[94] Diese Einschränkung ist wesentlich. Sie hat zur Folge, dass z.B. eine *gewisse* Ermüdung oder eine Sachverhaltsdarstellung, die den Vernommenen nur über den Hintergrund der Fragen des Vernehmenden im Unklaren lässt (ohne ihn zu täuschen), nicht verboten sind, jedenfalls aber nicht zur Unverwertbarkeit der Aussage führen. Die Grenzziehung erfolgt zwar unter normativen Aspekten,[95] bleibt aber dennoch weitgehend Sache verständiger Würdigung der Situation im Einzelfall. Wo es völlig fern liegt, dass sich jemand durch eine Ermüdung geringeren Grades zu einer Aussage bringen lässt, fehlt es an der vorausgesetzten Beeinträchtigung der Willensfreiheit. Doch kommt es dabei immer auf den Einzelfall und die Gesamtsituation an. So ist z.B. der Satz, dass niemand einen Mord zugibt, „weil er eine Zigarette bekommt oder nicht bekommt",[96] für sich grundsätzlich richtig. Er verliert im Einzelfall aber möglicherweise seine Berechtigung beim starken Raucher, der im Rahmen stundenlanger intensiver Vernehmungen in seiner Konzentrationsfähigkeit beeinträchtigt ist oder bei dem neben der Sucht nach Nikotin sonstige Besonderheiten vorliegen (vgl. auch unten Rn. 27, 33, 37). Bei der **Vernehmung Jugendlicher** können sich insofern spezielle Fragestellungen ergeben.[97] In allen diesen Fallkonstellationen empfiehlt es sich, die Protokollierungspflichten der verschiedenen Vernehmungsorgane de lege ferenda zu überdenken und es bleibt abzuwarten, welche Veränderungen mit der Videodokumentation einhergehen werden.

IV. Verbotene Mittel des Absatzes 1

19 **1. Allgemeines.** Die in § 136a Abs. 1 verbotenen Mittel lassen sich oft nicht genau voneinander abgrenzen.[98] So gehen Misshandlung und Quälerei ineinander über, wobei

---

90 In diesem Sinne z.B. BGHSt **17** 14, 18; **19** 104; OLG Celle GA **1970** 285; KG JR **1988** 480; KK/*Diemer* 7; *Eisenberg* (Beweisrecht) 641; enger SK/*Rogall* 34 („allenfalls mitberücksichtigen"); differenzierend *Michael* Der Grundsatz in dubio pro reo im Strafverfahrensrecht (1981) 154.

91 Dazu etwa: KMR/*Pauckstadt-Maihold* 25; *Wolter* ZIS **2012** 241 f.; vgl. zur jüngeren Diskussion um die Bedeutung der Willensfreiheit für die Strafrechtspflege: *Hillenkamp* JZ **2015** 400.

92 KK/*Diemer* 8, SK/*Rogall* 36.

93 BGHSt **1** 379; BayObLG JR **1980** 432; LG Marburg StV **1993** 238; Meyer-Goßner/*Schmitt* 5; SK/*Rogall* 35 f.; *Eisenberg* (Beweisrecht) 642; *Hilland* 88 f.; *Eb. Schmidt* NJW **1962** 666.

94 *Jahn* JuS **2005** 1058; vgl. auch KMR/*Pauckstadt-Maihold* 29 f.; *Sickor* 253 ff.

95 Vgl. SK/*Rogall* 36.

96 LR/*Meyer*[23] 10 im Anschluss an BGHSt **5** 290.

97 Instruktiv dazu: *Eisenberg* NJW **1988** 1250 sowie ders. JZ **1999** 281 jeweils m.w.N.

98 KK/*Diemer* 9; KMR/*Pauckstadt-Maihold* 7.

die Misshandlung einen eher körperlichen, die Quälerei einen eher seelischen Schwerpunkt hat. Drohung und Versprechen treten vielfach gleichzeitig oder wechselweise auf, weil das eine die Kehrseite des anderen sein kann: Wer dem Beschuldigten androht, er werde ihn bei weiterem Bestreiten vorläufig festnehmen, verspricht ihm gleichzeitig die Freiheit für den Fall, dass er ein Geständnis ablegt. Weitere Überschneidungen ergeben sich, wenn etwa Drohungen eine Misshandlung zum Gegenstand haben, ein körperlicher Eingriff das Mittel des Zwangs ist oder Mittel durch körperlichen Eingriff (Injektion) verabreicht werden. Ein Versprechen ist, wenn es nicht ernst gemeint wird, gleichzeitig eine Täuschung.[99] Bei der praktischen Anwendung des § 136a kann es daher erforderlich sein, ein Verhalten unter mehreren Gesichtspunkten zu prüfen.[100]

Die Aufzählung der verbotenen Mittel in § 136a wird im Schrifttum nicht ohne Grund **20** gelegentlich für **überflüssig** gehalten, weil sie nur verwirre[101] und vom Kern ablenke: „dass der Beschuldigte nicht zum Objekt gemacht, nicht seiner Willensfreiheit beraubt, dass er Prozesssubjekt und Persönlichkeit bleiben soll".[102] Jedenfalls ist die Aufzählung **nicht abschließend**; die Vorschrift nennt nur Beispiele unzulässiger Beeinträchtigungen.[103] In entsprechender Anwendung des § 136a sind darüber hinaus alle Maßnahmen verboten, mit denen derselbe Zweck verfolgt wird, wie mit den durch die Vorschrift ausdrücklich erfassten Mitteln und Methoden.[104] Ferner kann ein und dasselbe Verhalten auch gegen § 136a verstoßen, wobei Absatz 2 der Vorschrift gegenüber Absatz 1 von geringerer praktischer Bedeutung ist.[105]

De lege lata verbietet auf **europäischer Ebene** die **EMRK** als Vernehmungsmetho- **21** den ausdrücklich **Folter**[106] und erniedrigende und unmenschliche Behandlung in Art. 3 EMRK[107] (Rn. 1) sowie bestimmte Formen von Zwang, Druck und Täuschung.[108] Während aus Art. 3 EMRK ein striktes Verwertungsverbot abgeleitet wird,[109] vertritt der EGMR in vielen anderen Fällen eine Gesamtwürdigungslösung.[110] Art. 4 EUC etabliert ebenfalls ein Folterverbot und Verbot der unmenschlichen Handlung.[111] Zum Nachweis der Folter s.u. Rn. 78.

2. Misshandlung. Der Begriff entspricht nach ganz h.M. dem des Tatbestands von § 223 **22** StGB.[112] Erfasst wird also nicht nur die eigentliche Verletzung des Körpers, sondern schon

---

99 BGH bei *Dallinger* MDR **1954** 17; vgl. auch BGH bei *Holtz* MDR **1989** 684.
100 Vgl. etwa BGH bei *Holtz* MDR **1989** 684.
101 *Eb. Schmidt* 7; *Bader* JZ **1951** 123.
102 *Eb. Schmidt* 7; vgl. Rn. 3.
103 BGHSt **5** 354; ganz h.M., z.B. KK/*Diemer* 9; Meyer-Goßner/*Schmitt* 6; SK/*Rogall* 40; *Kindhäuser* § 6, 38; *Roxin/Schünemann* § 25, 18; *Eb. Schmidt* 7; *Jahn* JuS **2005** 1057.
104 BayObLG JR **1980** 432; Meyer-Goßner/*Schmitt* 6; *Eb. Schmidt* 9; *Roxin/Schünemann* § 25, 18 ff.; *Dallinger* SJZ **1950** 734; *Erbs* NJW **1951** 387; *von Holstein* MDR **1952** 340; *Kohlhaas* JR **1960** 247.
105 *Jahn* JuS **2005** 1057 m.w.N.
106 Ausf. zum Begriff der Folter *Greco* FS Schünemann 69 ff.
107 Dazu: *Esser* 378 ff.
108 Dazu *Esser* 529 ff.; *Gaede* 761 ff.
109 *Esser* NStZ **2008** 675 ff.
110 EGMR *Bykov v. Russland*, 43787/02, Urt. v. 10.3.2009, Rn. 90 = NJW **2010** 213; EGMR *Allan v. UK*, 48539/99, Urt. v. 5.11.2002, Rn. 43; EGMR *Affair Khan v. UK*, 35394/97, Urt. v. 12.5.2000, Rn. 35, 37; *Meyer/Wohlers* JZ **2015** 761; EGMR *Teixeira de Castro v. Portugal*, 25829/94, Urt. v. 9.6.1998, Rn. 39 = NStZ **1999** 47; *Jäger* GA **2008** 473 ff.; *Meyer/Wohlers* JZ **2015** 761.
111 Zur Bindung der EU an Standards der EMRK über Art. 6 EUV vgl. *Ahlbrecht/Böhm/Esser/Eckelmans* Rn. 79; zur Bindung der EU-Mitgliedstaaten an EU-Vorgaben vgl. etwa EuGH (Große Kammer) *Äkerberg/Fransson*, Beschl. v. 7.5.2013, C-617/10 = NJW **2013** 1415 ; *Safferling* NStZ **2014** 545.
112 Z.B. KK/*Diemer* 11; Meyer-Goßner/*Schmitt* 7; SK/*Rogall* 43; *Kindhäuser* § 6, 39; *Eb. Schmidt* 8; *Erbs* aaO; eingehend *Hilland* 29 ff.

die nicht ganz geringfügige Beeinträchtigung des körperlichen Wohlbefindens. Verboten sind danach unmittelbare Einwirkungen auf den Körper (Beibringung von Verletzungen, Fußtritte, Schläge) ebenso wie mittelbare Einwirkungen auf den körperlichen Zustand, wie sie etwa durch Nahrungsentzug, durch grelle Beleuchtung bei Vernehmungen, durch andauernde laute Geräusche, ständiges Stören im Schlaf oder dadurch eintreten, dass der Beschuldigte einer für den Körper unzuträglichen Kälte oder Wärme ausgesetzt wird.[113] Länger dauernde Maßnahmen dieser Art sind auch als **Quälerei** zu werten (unten Rn. 37).[114] Ohrfeigen durch die Polizei während einer Vernehmung können – wenn sie nicht das Niveau einer körperlichen Misshandlung erreichen – jedenfalls als erniedrigende Behandlung qualifiziert werden.[115] Eine Misshandlung kann auch durch **Unterlassen** begangen werden,[116] wie schon das Beispiel des Nahrungsentzugs zeigt.[117] Diese Situation ist insbesondere gegeben, wenn der Beschuldigte, etwa nach vorläufiger Festnahme, unversorgt vernommen wird, obwohl er verletzt oder krank ist oder unter erheblichen Entzugserscheinungen leidet.[118] Auch hier überschneidet sich die Misshandlung mit der Quälerei.

23 Das Verbot der Misshandlung beinhaltet auch das **Folterverbot**,[119] das in Zusammenhang mit dem „Fall Daschner/Gäfgen"[120] in das öffentliche Interesse gerückt ist.[121] Da Folter nach der hier vertretenen Auffassung immer unzulässig ist,[122] erübrigt sich eine Diskussion präventiv-polizeilicher Fragestellungen sowie der Frage, ob bzw. unter welchen Voraussetzungen eine „doppelfunktionelle Maßnahme" vorliegen könnte und welche Konsequenzen daraus allenfalls abzuleiten wären.[123] Drohen staatliche Organe mit Folter oder misshandeln sie eine Person mit dem Ziel, Informationen für ein Strafverfahren zu gewinnen, so verstoßen sie gegen § 136a,[124] ius cogens sowie gegen internationale Vorgaben[125] und machen sich strafbar.[126] So erlangte Beweise sind unverwertbar.

---

113 Wohl nicht in der Untersuchungshaft, aber im allgemeinen Vollzug finden sich solche Bedingungen auch in deutschen Justizvollzugsanstalten vgl. BVerfG NJW **2015** 2100.
114 Nach anderer Meinung wohl nur als Quälerei (z.B. KK/*Diemer* 11; SK/*Rogall* 43).
115 EGMR *Bouyid v. Belgien*, 23380/09, Urt. v. 28.9.2015 = NJOZ **2017** 703.
116 Wobei es auf die Voraussetzungen des § 13 StGB nicht ankommt.
117 *Hilland* 95; vgl. auch Meyer-Goßner/*Schmitt* 7; SK/*Rogall* 43; **a.A.** *Groß/Geerds* II 145.
118 Zum Letzteren SK/*Rogall* 43; *Eisenberg* (Beweisrecht) 607; OLG Hamm StV **1999** 360; unklar AK/*Kühne* 25, der offenbar das Vorenthalten von Suchtstoff selbst als Misshandlung ansieht; speziell zur Frage der Misshandlung durch bloßes Ausnutzen suchtbedingter Entzugserscheinungen: KMR/*Pauckstadt-Maihold* 12; *Joerden* JuS **1993** 929.
119 Zur Diskussion um den Folterbegriff vgl. *Saliger* ZStW **116** (2004) 41 f.
120 Vgl. etwa: *Hamm* NJW **2003** 946; *Hecker* KJ **2003** 210; *Jahn* KritV **2004** 24; *Jerouscheck/Kölbel* JZ **2003** 613; *Kinzig* ZStW **115** (2003) 799 ff.; *Merten* JR **2003** 404; *Miehe* NJW **2003** 1219; *Wittreck* DÖV **2003** 873.
121 Vgl. *Saliger* ZStW **116** (2004) 38 f.
122 *Jahn* Strafrecht des Staatsnotstandes (2004), 514 m.w.N.; *ders.* JuS **2005** 1062; *Borowsky* in: J. Meyer, Charta der Grundrechte der EU (2005) Art. 4 Rn. 21 m. Hinweisen auf die EGMR-Rspr.; **a.A.**: Vize-Polizeipräsident *Daschner* FAZ v. 22.2.2003, 61; *Miehe* NJW **2003** 1220; *Brugger* JZ **2000** 165 ff.: „Rettungsfolter" sei erlaubt. Zur möglichen Rechtfertigung (der Androhung) von „Rettungsfolter" auf der Grundlage von strafrechtlichen Notrechten: *Saliger* ZStW **116** (2004) 48 f. m.w.N.; vgl. ferner: *Hilgendorf* JZ **2004** 331 ff.
123 Vgl. dazu etwa: *Saliger* ZStW **116** (2004) 42 ff. m.w.N.
124 LG Frankfurt StV **2003** 325 m. Anm. *Weigend* StV **2003** 436; *Hassemer* FS Maihofer 183; *Saliger* ZStW **116** (2004) 49.
125 Zum Folterverbot durch die UNCAT und Art. 3 EMRK (s.o. Rn. 1) treten in jüngerer Zeit weitere europäische Vorgaben, dazu im Einzelnen: *Borowsky* in: J. Meyer, Charta der Grundrechte der EU (2005) Art. 4 Rn. 3 ff.
126 NK-StGB/*Neumann* § 34, 118d; *Kühl* § 8 Rn. 174; *Roxin* (StrafR) § 16 Rn. 96; *Saliger* ZStW **116** (2004) 63 ff. m.w.N., insbesondere zur Frage der Berücksichtigung besonderer Umstände auf der Schuldebene.

3. Ermüdung. Nach dem Zweck des § 136a ist darunter ein Zustand zu verstehen, in dem die Willenskraft ohne Anwendung irgendwelcher Mittel infolge des Ruhebedürfnisses so abgesunken ist, dass die Freiheit der Willensbildung und -betätigung ernsthaft gefährdet ist.[127] Dieser Zustand kann auch vorliegen, wenn der Beschuldigte trotz ausreichender Bettruhe erkennbar keinen Schlaf gefunden hat.[128] Der vom Gesetz vorausgesetzte Grad der Ermüdung kann konkret schwer festzusetzen und zu ermitteln sein.[129] In Betracht kommen vor allem extreme Fälle wie Dauerverhöre[130] oder die Entgegennahme des Geständnisses eines Beschuldigten, der 30 Stunden keine Gelegenheit zum Schlafen hatte.[131] Ermüdende oder anstrengende Vernehmungen sind als solche weder unzulässig noch vermeidbar.[132] Sie müssen jedoch abgebrochen werden, wenn die Ermüdung des Vernommenen so weit fortgeschritten ist, dass er zu freien Entschließungen nicht mehr fähig erscheint.[133] Den Beschuldigten durch ermüdende Vernehmungen zu zermürben, ist unter allen Umständen verboten. Nächtliche Vernehmungen sind durch § 136a nicht unbedingt ausgeschlossen, falls sie sachlich gerechtfertigt sind und nicht Ermüdungszwecken dienen.[134] Das ist etwa der Fall bei Vernehmungen oder Hauptverhandlungen, die zur Besichtigung der Unfallstelle in Verkehrsstrafsachen zur Nachtzeit erforderlich sind.[135] Die nächtliche Vernehmung erscheint grundsätzlich suspekt, weil sie den Verdacht begründen kann, dass die Vernehmung dem Vernommenen „keine Ruhe" lassen soll, also zur Ausnutzung objektiver Ermüdung geschieht.[136] Eine solche Vermutung wird auch nicht per se dadurch widerlegt, dass wegen eines Tötungsdeliktes ermittelt wird.[137] 24

Gleichgültig ist, ob der Vernehmende die Ermüdung zur Beeinflussung der Aussage **absichtlich herbeigeführt oder** ob er eine schon vorhandene Ermüdung ausgenutzt hat.[138] Ohne Bedeutung ist auch, ob der Vernehmende überhaupt **erkannt hat**, dass ein die Vernehmung unzulässig machender Ermüdungszustand gegeben war. Es kommt nur 25

---

127 Sachlich übereinstimmend z.B. KK/*Diemer* 12; Meyer-Goßner/*Schmitt* 8; KMR/*Pauckstadt-Maihold* 9; eingehend zum Ganzen *H. W. Schmidt* MDR **1962** 358; *Döhring* 209 ff.; *Hilland* 31 ff.; *Maisch* StV **1990** 319; vgl. auch *Konrad* Recht & Psychiatrie **1995** 2.

128 Entgegen BGHSt **38** 293.

129 Vgl. BGH bei *Pfeiffer/Miebach* NStZ **1984** 15 in einem Einzelfall; KMR/*Pauckstadt-Maihold* 9.

130 *Walder* 154.

131 BGHSt **13** 60, wo der BGH auch noch darauf abstellt, dass der Beschuldigte „an der Grenze des Schwachsinns" stand, „eine Neigung zu impulsiven Entgleisungen" hatte und „übermäßig stimmungslabil" war; BGHSt **60** 50 = NJW **2015** 360 („mindestens 38 Stunden nicht geschlafen"); vgl. auch *Hanack* JZ **1971** 170.

132 Meyer-Goßner/*Schmitt* 8; *Eb. Schmidt* 11; *Erbs* NJW **1951** 387; *Pauli* DRZ **1950** 462; vgl. auch KK/*Diemer* 12; kritisch *Hilland* 32.

133 Vgl. *H. W. Schmidt* MDR **1962** 358; KK/*Diemer* 12; SK/*Rogall* 44; instruktiv *Maisch* StV **1990** 320 m.w.N.

134 BGHSt **1** 376 = JZ **1952** 86 m. Anm. *Bader*; BGHSt **38** 294; KK/*Diemer* 12; Meyer-Goßner/*Schmitt* 8; SK/*Rogall* 46; *Eb. Schmidt* 12; vgl. auch *Siegert* DRiZ **1953** 100 fordert eine Wiederholung am Tage; kritisch mit guten Gründen *Hilland* 38.

135 Vgl. BGHSt **12** 332. Im entschiedenen Fall war es allerdings nicht nötig, die Verhandlung von 21 Uhr „bis gegen Morgen" fortzusetzen; ablehnend darum *Hanack* JZ **1971** 170.

136 Vgl. auch BGHSt **1** 376; KMR/*Pauckstadt-Maihold* 9.

137 So aber noch: BGHSt **1** 376; vgl. demgegenüber BGHSt **60** 50; Meyer-Goßner/*Schmitt* 8. Kritisch oder ablehnend zur früheren Rechtsprechung: SK/*Rogall* 45; *Eb. Schmidt* 12; *Bader* JZ **1952** 88; *von Holstein* MDR **1952** 341; *Hilland* 38 ff.

138 BGHSt **1** 379 = JZ **1952** 86 m. Anm. *Bader*; BGHSt **12** 332; **13** 61; **38** 293 (unklar); BGHSt **60** 50; KK/*Diemer* 13; KMR/*Pauckstadt-Maihold* 9; Meyer-Goßner/*Schmitt* 8; *Eb. Schmidt* 11 und NJW **1962** 665; *Roxin/Schünemann* § 25, 21; *Erb* FS Otto 875; *Niese* JZ **1955** 220; *Döhring* 212; *Hilland* 35; *Ransiek* 70; **a.A.** SK/*Rogall* 44; *Groß/Geerds* II 146; *Erbs* NJW **1951** 387, die nur die Herbeiführung oder die Verstärkung einer bereits vorhandenen Ermüdung für unzulässig halten.

darauf an, dass der Beschuldigte tatsächlich erheblich ermüdet war,[139] weil dann die entscheidende Beeinträchtigung der Willensfreiheit vorliegt.

26 Die **nachträgliche Feststellung** der Ermüdung ist nur aufgrund objektiver Anhaltspunkte möglich. Keine Billigung verdient jedoch die Auffassung, dass regelmäßig davon ausgegangen werden könne, die vernommene Person hätte die Aussage schon verweigert, wenn sie wirklich so ermüdet gewesen wäre, dass sie sich in ihrer Willensfreiheit beeinträchtigt fühlte.[140] Gerade eine ermüdete Person wird nicht ohne Weiteres den Weg zur Aussageverweigerung finden, falls sie ihn aus anderen Gründen nicht ohnedies scheut.[141]

27 Auch in der **Hauptverhandlung** sind die rechtlichen Folgen einer die Willensfreiheit beeinträchtigenden Ermüdung des Angeklagten nach § 136a zu beurteilen.[142] Die gegenteilige Auffassung, dass es insoweit nur um eine Frage der Verhandlungsunfähigkeit gehe,[143] überzeugt nicht. Verhandlungsunfähigkeit und willensbeeinträchtigende Ermüdung sind nicht dasselbe (vgl. auch Rn. 32). Es ist nicht einzusehen und nicht zu rechtfertigen, vorhandene oder gar herbeigeführte Ermüdungen in der Hauptverhandlung anders zu behandeln, als bei sonstigen Vernehmungen und für Ermüdungen während der Hauptverhandlung das unbedingte Verwertungsverbot des § 136a Abs. 3 auszuschließen.

28 **4. Körperliche Eingriffe.** Sie fallen regelmäßig bereits unter den Gesichtspunkt der Misshandlung (oben Rn. 22), der Verabreichung von Mitteln, etwa durch Injektionen (Rn. 29), oder der Quälerei (unten Rn. 37). Im Sinne des § 136a ist ein körperlicher Eingriff jede Maßnahme, die sich unmittelbar auf den Körper einer Person auswirkt, insbesondere die körperliche Unversehrtheit beeinträchtigt. Untersagt sind aber auch bestimmte schmerzlose und folgenlose Ermittlungsmethoden, die den Körper einbeziehen; anderenfalls hätte es ihrer Erwähnung im Gesetz nicht bedurft. Die Anwendung des **Polygrafen** („Lügendetektor"), der als bloßes Messgerät eingestuft wird, stellt danach keinen körperlichen Eingriff, sondern eine umstrittene Methode eigener Art dar (unten Rn. 64). Gleiches gilt für die Phallometrie (Aufzeichnung der Penisreaktion) und ähnliche Methoden, die bei § 81a behandelt werden.

29 **5. Verabreichung von Mitteln.** Hierunter fällt jede Einführung von festen, flüssigen oder gasförmigen Stoffen in den menschlichen Körper. Gleichgültig ist, ob die Mittel eingenommen, ob sie Speisen oder Getränken beigefügt, ob sie eingeatmet, eingespritzt, in den Körper eingerieben oder in Körperöffnungen eingeführt werden.[144] In Betracht kommen namentlich berauschende, betäubende, hemmungslösende oder einschläfernde Mittel, aber auch Weckmittel. Dabei ist zu beachten, dass die Verabreichung von Mitteln nicht schlechthin, sondern nur dann verboten ist, wenn sie die Willensfreiheit beeinträchtigende Auswirkungen auf den körperlichen oder geistigen Zustand der zu vernehmenden Person hat. Das ist allein durch Verabreichung von **Tabak**, auch im Rahmen einer anstrengenden Vernehmung, bei einem gesunden Menschen nicht der

---

139 BGHSt **60** 50 = NJW **2015** 360; OLG Frankfurt VRS **36** (1969) 366; AG Verden StV **1987** 527; KK/*Diemer* 13; Meyer-Goßner/*Schmitt* 8; AnwK-StPO/*Walther* 23; *Eb. Schmidt* 12; *H. W. Schmidt* MDR **1962** 358; **a.A.** SK/*Rogall* 44.

140 So aber BGHSt **38** 293; KK/*Diemer* 13; *H. W. Schmidt* MDR **1962** 359; LR/*Meyer*[23]; wie hier SK/*Rogall* 45; *Eisenberg* (Beweisrecht) 646.

141 Ebenso: SK/*Rogall* Rn. 44 f.; vgl. auch *Hilland* 34.

142 BGH bei *Dallinger* MDR **1953** 598; wohl auch BGHSt **12** 332; ebenso KMR/*Pauckstadt-Maihold* 21, SK/*Rogall* 47; *Hilland* 42 (der zu Recht darauf hinweist, dass der Frage bisher wenig Beachtung geschenkt worden ist); LR/*Sarstedt*[22] Anm. 4 b.

143 Meyer-Goßner/*Schmitt* 8.

144 *Erbs* NJW **1951** 387 und die ganz h.M. Eingehend zum Ganzen *Hilland* 67 ff.

Fall;[145] die Ausnutzung der Nikotinsucht kommt daher nur in anderer Form, nämlich unter dem Gesichtspunkt der Quälerei in Betracht (unten Rn. 33, 37).

Berauschendes Mittel ist auch der **Alkohol**. Ob bzw. welche Auswirkungen er auf den psychischen Zustand eines Vernommenen hat, kommt auf den Einzelfall an. Seine Verabreichung sollte vermieden werden, ist aber nicht ausnahmslos unzulässig.[146] Zu den **hemmungslösenden**, betäubenden und einschläfernden Wirkstoffen gehören etwa Thiopental, Methohaxital, Scopolamin, Hexobarbital, Aminobarbital und andere Barbiturate. Derartige Mittel dürfen unter keinen Umständen verabreicht werden. Nach fast allgemeiner Ansicht ist es insbesondere untersagt, sie als „Wahrheitsserum" oder „Plauderdroge" zur Gewinnung wahrheitsgemäßer Aussagen zu benutzen, denn eine solche **Narkoanalyse**, bei der durch die Beibringung hemmungslösender Mittel eine erhöhte Bereitschaft erzielt wird, sich mitzuteilen, beinhaltet eine nach § 136a verbotene Aufhebung der Kraft zur gelenkten Willensbetätigung.[147] 30

Untersagt ist auch die Verabreichung von **Weckmitteln**[148] wie Benzedrin und Pervitin. Coffein ist zwar ebenfalls ein Weckmittel, gehört seiner Art nach aber nicht zu den Stoffen, deren Verabreichung ausnahmslos verboten ist. Es ist durchaus zulässig, den Beschuldigten bei der Vernehmung eine Tasse Kaffee oder auch mehrere trinken zu lassen. Auch andere Mittel, die nur der Stärkung oder Erfrischung dienen, fallen nicht unter das Verbot des § 136a Abs. 1,[149] ebensowenig Medikamente und Injektionen, die unter dem Gesichtspunkt einer medizinischen Therapie den krankhaften Zustand der zu vernehmenden Person bekämpfen sollen, etwa Kopfschmerztabletten oder Spritzen gegen Herz- und Kreislaufschwäche. Die Vernehmung ist aber unzulässig, wenn als Nebenwirkung eine Veränderung des körperlichen oder geistigen Zustandes eintritt, die die Willensentschließung und -betätigung ernsthaft beeinträchtigt. Im Übrigen ist bei Vernehmungen, die nur unter Anwendung derartiger Mittel möglich sind, grundsätzlich Vorsicht geboten; sie sollten im Zweifel unterbleiben oder nur unter Zuziehung eines Arztes erfolgen. 31

Das Vernehmungsverbot setzt auch bei der Verabreichung von Mitteln lediglich voraus, dass hierdurch eine **Beeinträchtigung der Willensfreiheit** eintritt. Ob sie vom Vernehmenden bezweckt oder auch nur erkannt worden ist, spielt, wie bei der Ermüdung (Rn. 24), keine Rolle.[150] § 136a greift jedoch nicht nur ein, wenn der Vernehmende oder (vgl. Rn. 6, 8) in seinem Auftrag ein anderer die fraglichen Mittel verabreicht, sondern auch, wenn der Vernommene sie selbst eingenommen hat: Auch wer sich durch Alkohol selbst in den Zustand der Trunkenheit versetzt, darf nicht vernommen werden.[151] Entsprechendes gilt auch bei Einnahme von Rauschgiften im engeren Sinne.[152] 32

---

145 Unklar oder anders jedoch BGHSt **5** 290; KK/*Diemer* 15; *Beulke/Swoboda* 133; *Roxin/Schünemann* § 25, 22; LR/*Meyer*[23] 19; auch *Hilland* 89 hält die Verabreichung unter Hinweis auf eine Umfrage unter Strafrichtern bei Drogenabhängigen für ein im Einzelfall unerlaubtes Mittel.

146 LR/*Meyer*[23] 20; wohl auch SK/*Rogall* 51; anders *Siegert* DRiZ **1953** 99.

147 OLG Hamm DRZ **1950** 212; KK/*Diemer* 17; Meyer-Goßner/*Schmitt* 10; SK/*Rogall* 4938; *Roxin* § 25, 221; *Eisenberg* (Beweisrecht) 649; *Erbs* NJW **1951** 387; *Less* DRZ **1950** 322; *Niese* ZStW **63** (1951) 199 ff.; *Radbruch* FS Sauer 123; *Eb. Schmidt/Schneider* SJZ **1949** 449; *Schönke* DRZ **1950** 145; eingehend *Hilland* 69 ff.; **a.A.** *Sauer* JR **1949** 500; *Siegert* DRiZ **1953** 99; *Schaumann* FS Pfenninger 139 ff. will die Narkoanalyse wenigstens zur Persönlichkeitsforschung zulassen; hiergegen mit Recht *Fincke* ZStW **86** (1974) 668 Fn. 40.

148 BGHSt **11** 211.

149 KK/*Diemer* 16; Meyer-Goßner/*Schmitt* 10; KMR/*Pauckstadt-Maihold* 11; SK/*Rogall* 50; *Siegert* aaO.

150 OLG Köln StV **1989** 521; AG Verden StV **1987** 527.

151 OLG Frankfurt VRS **36** (1969) 366; OLG Köln StV **1989** 520; KK/*Diemer* 16; Meyer-Goßner/*Schmitt* 10; KMR/*Pauckstadt-Maihold* 11; *Neuhaus* NStZ **1997** 312; **a.A.** LG Celle VRS **41** (1971) 206, das in solchen Fällen jedenfalls kein Verwertungsverbot für gegeben hält; **a.A.** auch SK/*Rogall* 51; *Reitberger* Kriminalistik **1965** 17; *Pluisch* NZV **1994** 52; offengelassen von BGH bei *Dallinger* MDR **1970** 14.

152 LG Mannheim NJW **1977** 346; LG Marburg StV **1993** 238.

33 Umstritten ist in diesem Zusammenhang jedoch, wann die Vernehmung **Angetrunkener** oder **Süchtiger** gegen § 136a verstößt. Eine verbreitete Meinung bejaht das nur, wenn die Verhandlungsfähigkeit ausgeschlossen ist.[153] Zwar mögen für diese Meinung Gesichtspunkte der Praktikabilität sowie der Umstand sprechen, dass der Vernommene seinen Zustand regelmäßig selbst herbeigeführt hat, also keine „Verabreichung" vorliegt.[154] Aber das alles vermag die Einsicht nicht zu hindern, dass Alkohol- oder Rauschmittelgenuss die Freiheit der Willensentschließung und -betätigung schon erheblich vor dem Stadium der Verhandlungsunfähigkeit beeinträchtigen kann. Und eben dies auszunutzen, verbietet § 136a (vgl. Rn. 25), sodass das Ausnutzen einer Intoxikation trotz des scheinbar einschränkenden Gesetzeswortlauts unzulässig ist.[155] Den Justizorganen ist in diesen Fällen auch durchaus zuzumuten, im Ermittlungsverfahren von der sofortigen Vernehmung abzusehen, zumal die für Trunkenheitsdelikte entscheidende Blutprobe ja dennoch entnommen werden kann (§ 81a). Wann aufgrund des Alkohol- oder Drogenkonsums eine relevante Beeinträchtigung vorliegt, hängt vom Einzelfall ab. Dass bei einem alkoholgewohnten Beschuldigten die Willensfreiheit bei 2 Promille Blutalkoholgehalt noch nicht ernsthaft beeinträchtigt ist,[156] wird man, wenn nicht weitere Umstände hinzutreten, wohl noch annehmen können. Als solche weiteren Umstände zu berücksichtigen sind, insbesondere Schockzustände nach einem Verkehrsunfall sowie Ermüdungen, die die Schwelle des § 136a für sich nicht erreichen.[157] Beim Süchtigen ergibt sich eine entsprechende Beeinträchtigung der Vernehmungsfähigkeit noch nicht aus der bloßen Abhängigkeit vom Rauschmittel, wohl aber aus den Wirkungen einer konkreten Intoxikation, etwa der Einnahme kurz vor der Vernehmung oder Festnahme, im Übrigen aber auch bei Leistungsausfällen aufgrund starker Entzugserscheinungen.[158]

34 § 136a verbietet nur die Verabreichung, nicht die **Weigerung**, dem Beschuldigten Mittel zu geben. Das Vorenthalten von Zigaretten ist daher insoweit nicht verboten.[159] Eine solche kann aber, falls dies ohne Grund geschieht und der Beschuldigte ein starker Raucher ist, als Quälerei zu werten sein,[160] wenn auch nur unter besonderen Voraussetzungen, wie etwa beim Versprechen, nach abgelegtem Geständnis, Zigaretten zu geben. Entsprechendes gilt für das Vorenthalten sonstiger Mittel. Handelt es sich um Mittel, die der Vernommene aus gesundheitlichen Gründen benötigt (Verletzung, Krankheit), ist das Vorenthalten Quälerei oder ein der „Misshandlung" gleichzustellendes verbotenes Verhalten. Handelt es sich um ein Mittel, dessen Konsum illegal ist, so ist ein Arzt hinzuzuziehen, bevor die Entzugserscheinungen zur Quälerei werden.

---

153 OLG Köln StV **1989** 521 m.w.N.; LG Münster StV **1981** 613; KK/*Diemer* 16 (die aber beim Drogenkonsum anders entscheiden); Meyer-Goßner/*Schmitt* 10; SK/*Rogall* 51; *Eb. Schmidt* NJW **1962** 666; *Dallinger* MDR **1970** 14 Fn. 7; *Dencker* JuS **1980** 210; LR/*Meyer*[23] 22; eingehend und kritisch *Hilland* 82 ff.

154 Vgl. nur *Dencker* JuS **1980** 210 f., der darum auch den Vergleich zur Unverwertbarkeit einer nicht von den Strafverfolgungsbehörden hervorgerufenen Ermüdung (oben Rn. 25) für unberechtigt hält.

155 Im Ergebnis ebenso AK/*Kühne* 31a; **a.A.** *Erb* FS Otto 875. Es zeigt sich hier ein beträchtlicher Wertungswiderspruch zwischen dem traditionellen Begriff der Verhandlungsfähigkeit und den durch § 136a verbotenen Vernehmungsmethoden.

156 So BGH bei *Dallinger* MDR **1970** 14 = Blutalkohol **1970** 404 m. Anm. *Händel*; **a.A.** *Hilland* 87, der im Hinblick auf das „Höchstmaß an Konzentration", das die Vernehmung dem Beschuldigten abverlangt, die Grenze bei 1,3 ‰ ansetzt.

157 Im Wesentlichen ebenso *Dahs/Wimmer* NJW **1960** 2218; LG Mannheim NJW **1977** 346 hält die Verwertung der Aussage eines Zeugen, der sich durch Rauschgiftkonsum im Zustand zumindest verminderter Willens- und Entscheidungsfreiheit befindet, für unzulässig; dem zustimmend *Deckers* StV **1986** 140.

158 Näher hierzu *Täschner* NJW **1984** 641; NStZ **1993** 322; *Glatzel* StV **1981** 191; **1994** 46; vgl. auch BGH NStZ **1984** 179; *Pluisch* NZV **1994** 52.

159 Vgl. BGHSt **5** 290; KMR/*Pauckstadt-Maihold* 11.

160 KK/*Diemer* 18; *Schlüchter* 90; *Erbs* NJW **1951** 387; *Hilland* 93; vgl. aber auch Rn. 29.

Auch die in der **Hauptverhandlung** bestehende oder eingetretene Beeinträchtigung der Willensfreiheit als Folge der Einnahme von Mitteln, insbesondere des übermäßigen Genusses von Alkohol, ist entgegen LR/*Meyer*[23] nach § 136a zu beurteilen. Insoweit gilt das Gleiche wie bei der Ermüdung (oben Rn. 27). 35

Die h.M. hielt die zwangsweise **Verabreichung von Brechmitteln** bei Verdacht des Drogenschmuggels (Bsp. „Kokainbömbchen" im Magen) nach Maßgabe des § 81a Abs. 1 Satz 1 grundsätzlich für zulässig, solange die Verhältnismäßigkeit des Eingriffs gewahrt sei, zu der auch gehöre, dass ein Nachteil für die Gesundheit des Beschuldigten[161] ausgeschlossen sei.[162] Dem steht heute jedenfalls ein Urteil des EGMR entgegen, in dem ein Brechmitteleinsatz u.a. als „unmenschliche und erniedrigende Behandlung" i.S.v. Art. 3 EMRK und als Verstoß gegen die – aus Art. 6 EMRK hergeleitete – Selbstbelastungsfreiheit eingestuft wird.[163] Diese Bewertung gründet der EGMR allerdings auf die Umstände des Einzelfalls und verurteilt damit den Brechmitteleinsatz nicht per se als Verstoß gegen Art. 3 EMRK. 36

6. Quälerei. Die Zufügung körperlicher Schmerzen fällt bereits unter den Begriff der Misshandlung (oben Rn. 22), kann freilich bei längerer Dauer oder wiederholter Zufügung zugleich Quälerei sein.[164] Eigenständige Bedeutung hat der Begriff der Quälerei also nur hinsichtlich typischerweise länger andauernder oder sich wiederholender Verursachung oder Herbeiführung seelischer Schmerzen oder Leiden. Darunter fällt namentlich die längere Zeit dauernde entwürdigende Behandlung durch schwere Kränkungen, also etwa durch Beschimpfungen und fortgesetztes Anschreien, aber auch Dunkelhaft oder Erzeugung von Angst und Hoffnungslosigkeit.[165] Immer ist jedoch erforderlich, dass es sich um eine im Rahmen der Vernehmung unangemessene Einwirkung handelt. Es kann daher zulässig sein, den Beschuldigten auf die Leiden der Opfer hinzuweisen.[166] Auch die Erörterung ekelerregender Sachverhalte verstößt nicht gegen § 136a, wenn sie sich nicht vermeiden lässt, kann jedoch zur Quälerei werden, wenn mit ihrer Hilfe unnötigerweise ein **seelischer Druck** ausgeübt wird. Welche Art von Fragen als angemessen erscheinen, ist im Einzelfall zu bestimmen. Dabei ist zu beachten, dass sich Zeugen, anders als Beschuldigte, nicht durch Schweigen einer Befragung entziehen können, und deshalb – wenn ihnen kein Zeugnisverweigerungsrecht zusteht – möglicherweise sie quälenden Fragen nicht entziehen können.[167] Wiederholte nächtliche Vernehmungen, die ebenso gut am Tag hätten stattfinden können, sprechen regelmäßig für Quälerei.[168] Die Vorenthaltung von Genussmitteln, insbesondere die Ausnutzung der 37

---

161 Grundsätzlich kritisch aus medizinischer Sicht wegen Nebenwirkungen: *Dettmeyer u.a.* Medizinrecht **2000** 316 ff.; zu Durchführungsmängeln: *Bachmann u.a.* Kriminalistik **2004** 681 f.

162 Vgl. BVerfG StV **2000** 1; KG Berlin NStZ-RR **2001** 204 = KG JR **2001** 162 m. abl. Anm. *Hackethal*; OLG Bremen NStZ **2000** 270; KK/*Senge* § 81a, 6a; *Eisenberg* (Beweisrecht) 1638; *Verrel* 220 ff.; *Rogall* NStZ **1998** 66; *Schaefer* NJW **1997** 2437.; **a.A.** OLG Frankfurt a.M. StV **1996** 651; *Dallmeyer* StV **1997** 606; *Rüping*[3] Rn. 266; vgl. auch *Binder/Seemann* NStZ **2002** 234 ff.; differenzierend: *Hackethal* 132 ff., 147 ff.

163 EGMR *Jalloh v. Deutschland*, 54810/00, Urt. v. 11.7.2006 = StV **2006** 617 m. Anm. *K. Schumann* StV **2006** 661; allerdings hat der EGMR offen gelassen, ob jeder Verstoß gegen Art. 3 EMRK auch einen Verstoß gegen Art. 6 EMRK begründe; vgl. auch *Eidam* 123 ff.; *Schuhr* NJW **2006** 3538.

164 Zur Überschneidung und Abgrenzung der beiden Alternativen s. Rn. 22; vgl. auch Rn. 19.

165 *Erbs* NJW **1951** 387; KK/*Diemer* 18; Meyer-Goßner/*Schmitt* 11; SK/*Rogall* 53.

166 BGHSt **1** 387; KK/*Diemer* 18; *Erbs* NJW **1951** 387; vgl. auch *Peters* § 41 II 3; kritisch *Ransiek* 13. Nach BGH bei Meyer-Goßner/*Schmitt* 11 dürfen dem Beschuldigten Lichtbilder der Opfer gezeigt werden.

167 *Gleß* FS Paeffgen 704 ff.; vgl. etwa zu Fragen zur sexuellen Vergangenheit eines Vergewaltigungsopfers *Helmken* StV **1983** 81.

168 KK/*Diemer* 18; strenger LR/*Meyer*[23] 25: „sind als Quälerei anzusehen"; vgl. auch *von Holstein* MDR **1952** 341 sowie oben Rn. 24.

Nikotinsucht bei starken Rauchern, kann ebenfalls eine Quälerei bedeuten (oben Rn. 34). In besonderen Fällen wird auch die Verweigerung der Kontaktaufnahme mit Angehörigen (vgl. § 114b) Quälerei sein können.[169]

38 Auch bei **geringer Zeitdauer** der Einwirkung kann im Einzelfall Quälerei vorliegen.[170] Die Frage, ob oder wann die Missachtung der besonderen **seelischen Schmerzempfindlichkeit** des Beschuldigten eine Quälerei darstellt, ist sehr umstritten. Der Streit hat sich namentlich an einer Entscheidung des BGH entzündet, die den Fall betraf, dass einem Beschuldigten, der verdächtigt wurde, sein „besonders geliebtes" Kind („sein Ein und Alles") getötet zu haben, trotz seiner flehentlichen Bitten wiederholt gedroht worden war, er werde zur Leiche des Kindes geführt, wenn er nicht weitere Einzelheiten der Tatbegehung angebe, und der, als er dann tatsächlich zur Leiche gebracht wurde, dort „schreiend zusammenbrach" und ein (weiteres) Geständnis ablegte.[171] Der BGH hat einen Verstoß gegen § 136a in der Form der Quälerei bejaht, weil der Beschuldigte „verfahrensrechtlich Anspruch darauf (habe), dass seine besondere seelische Schmerzempfindlichkeit während der Aufklärung der Tat ... nicht missachtet" werde.[172] Das ist richtig, weil der Beschuldigte durch Ausnutzung dieser Schmerzempfindlichkeit zu einer Aussage gebracht wurde, die er (wenn auch mit Hinweis auf Erinnerungslücken) von sich aus nicht machen wollte. In derartiger Weise die Entschließungsfreiheit des Beschuldigten zu brechen, ist den Strafverfolgungsbehörden grundsätzlich nicht gestattet und darum, bei hinreichender Stärke des Drucks und der Schmerzempfindlichkeit, Quälerei.[173] Insofern enthält das Urteil des BGH, entgegen verbreiteter Tendenzen im Schrifttum, in seiner Kernaussage nicht nur die Entscheidung eines Falls mit Ausnahmecharakter; es erlaubt, wiederum entgegen verbreiteter Tendenzen, auch keine Relativierung dieser Kernaussage im Hinblick auf angebliche Notwendigkeiten oder Erfordernisse der Verbrechensaufklärung. Was für den Beschuldigten gilt, sollte eigentlich erst recht für den Zeugen richtig sein. Allerdings wird auf seine besondere seelische Schmerzempfindlichkeit nicht im gleichen Umfang Rücksicht genommen, wenn der Zeuge zur Verweigerung der Aussage nicht berechtigt ist. Da das Verbot der Quälerei als Ausprägung des Grundrechts der Menschenwürde (oben Rn. 3) auch für ihn besteht, unterliegt seine Pflicht, zur Sachaufklärung beizutragen, insoweit ebenfalls Grenzen. Die Einzelheiten erscheinen aber ungeklärt.

7. Täuschung

39 **a) Allgemeines.** Das wohl schwierigste Merkmal des § 136a ist das der Täuschung. Dies dürfte zum einen daran liegen, dass die Täuschung zwar rechtsstaatlich bedenklich

---

169 *Hilland* 95 ff.

170 KK/*Diemer* 18; *Eb. Schmidt* 8; *Erbs* NJW **1951** 387; LR/*Meyer*[23] 26; wohl zu Recht kritisch *Hilland* 103, der auf die Intention des Vernehmenden abstellt.

171 BGHSt **15** 187 = LM Nr. 12 zu § 136a m. Anm. *Martin*; näher zu der Entscheidung *Händel* und *Rottberg* Strafrechtspflege und Strafrechtsreform (Bundeskriminalamt 1961) 221 und 241; *Wentzky* Kriminalistik **1964** 240; *Hanack* JZ **1971** 170; *Hilland* 97 ff.

172 Dem zustimmend z.B. KK/*Diemer* 18; *Eb. Schmidt* Nachtr. I 6 („klassisches Beispiel" für Quälerei); *Döhring* 216; *Joerden* JuS **1993** 929. Skeptisch, ablehnend oder doch auf die besonderen Umstände abstellend z.B. Meyer-Goßner/*Schmitt* 11; SK/*Rogall* 53; LR/*Sarstedt*[22] 4e; LR/*Meyer*[23] 26; *G. Schäfer* 269.

173 Hier könnte sogar Ausübung verbotenen Zwangs i.S.v. § 136a vorliegen, da eine Pflicht des Beschuldigten zur „Anerkennung" der Leiche i.S.d. § 88 Satz 2, die anderen Notwendigkeiten dient, hier nicht in Betracht kam. Aus § 88 Satz 2 den Umkehrschluss zu ziehen, dass die besondere seelische Schmerzempfindlichkeit unbeachtlich sei, verbietet sich; näher AK/*Maiwald* § 88, 5; vgl. auch SSW/*Eschelbach* 31 f.; **a.A.** aber wohl *Kühne* 895 Fn. 57.

erscheint, aber nicht ohne weiteres die Menschenwürde verletzt.[174] Es dürfte zum anderen darauf beruhen, dass ein gewisses Maß an Verschleierung oder unterlassener Offenlegung („im Dunkeln tappen lassen") traditionell als zulässiger Teil einer strafrechtlichen Vernehmung angesehen wird.[175] Es besteht deshalb weitgehende Einigkeit, dass das Merkmal restriktiv auszulegen sei,[176] weil nur eine „vorsichtig einschränkende Auslegung hier Ergebnisse vermeidet, die die Ermittlungstätigkeit der Strafverfolgungsbehörden lahmlegt" *(Eb. Schmidt)*. Die Frage aber, nach welchen Kriterien und in welchem Maß eine solche Einschränkung zu erfolgen hat, ist bis heute offen und umstritten. Die früher verbreitete Unterscheidung zwischen grober Lüge und feiner List, die sich ohnedies nicht vermeiden ließen,[177] führt nicht weit und ist schon deswegen fragwürdig, weil gerade die feineren Methoden der Täuschung sich im Einzelfall besonders nachhaltig auf die Willensfreiheit auswirken können.[178] Aber auch der viel benutzte Begriff der List selbst bleibt unscharf und problematisch.[179] Hilfreich ist es vielmehr, zur Abgrenzung zwischen zulässigen und unzulässigen Fragen, Vorhalten u.ä. einerseits auf den Zweck der Vernehmung, nämlich das Gewähren des rechtlichen Gehörs (§ 136, 57) und andererseits auf den Zweck des § 136a, Vernehmungsmethoden zu verbieten, welche die Freiheit der Willensentschließung oder Willensbetätigung im Kern beeinträchtigen, abzustellen.[180] Die beschuldigte Person soll dementsprechend durch die Art und Weise der Vernehmung Gelegenheit erhalten, sich zum ihr tatsächlich vorgeworfenen Verhalten und den verdachtsbegründenden Sachverhaltsmomenten zu äußern und ihre Freiheit, das Ob und Wie ihrer Aussage zu bestimmen, darf nicht durch Täuschungen verletzt werden.[181]

b) Möglicher Gegenstand der Täuschung. Falsche Vorstellungen im umschriebenen Sinne können sich auf Rechtsfragen, auf Tatsachen jeder Art, aber auch auf die Absichten des Vernehmenden beziehen. Eine unzulässige Täuschung über **Rechtsfragen** liegt z.B. vor, wenn dem Beschuldigten vorgespiegelt wird, er führe nur ein unverbindliches Privatgespräch,[182] er werde lediglich als Zeuge vernommen, er sei zur Aussage ver- **40**

---

174 *Otto* GA **1970** 290; *Lindner* 43 m.w.N.; *Kühne* Beweisverbote 129; vgl. auch *Puppe* 289, die im Übrigen meint, dass die Täuschung das einzige Merkmal des § 136a sei, das nicht unter § 343 StGB falle (was *Rüping* JR **1974** 137 kritisiert).

175 So auch LR/*Hanack*[25] 33.

176 BGH NStZ **1996** 502 (m. Anm. *Rieß*); BGH NStZ **2011** 596 = JR **2011** 407 (m. Anm. *Eisenberg*) = JZ **2012** 263 (m. Anm. *Schumann*); *Eb. Schmidt* 13; KK/*Diemer* 19; Meyer-Goßner/*Schmitt* 12; SK/*Rogall* 56; *Beulke/Swoboda* 135; *Roxin/Schünemann* § 25, 24; *Baumann* GA **1959** 34; *Dallinger* SJZ **1950** 734; *Erbs* NJW **1951** 388; *Otto* GA **1970** 294; *Puppe* 288; kritisch gegenüber diesen Einschränkungsbemühungen *Eisenberg* (Beweisrecht) 655; *Hilland* 106 ff.; *Lindner* 29 ff.; differenzierend KMR/*Pauckstadt-Maihold* 13; *Ransiek* 68; *Degener* GA **1992** 464.

177 *Eb. Schmidt* 13; *Siegert* DRiZ **1953** 98; *Buchert* Kriminalistik **1972** 41; LR/*Sarstedt*[22] 4 f.; vgl. auch *Dahle* Kriminalistik **1990** 431; *Schroth* JuS **1998** 971.

178 Auch *Eb. Schmidt* Nachtr. I 10 ist später von dieser Differenzierung abgerückt; gegen sie z.B. auch SK/*Rogall* 56; *Eisenberg* (Beweisrecht) 655; *Beulke* StV **1990** 182; *Degener* GA **1992** 447, 464; *Lindner* 18; *Otto* GA **1970** 96; *Puppe* 290; *Ransiek* 67 ff.; *Rieß* JA **1980** 296; *Walder* 160.

179 *Puppe* 289; *Hilland* 108.

180 Ähnlich SK/*Rogall* 56 f., 64; *Otto* GA **1970** 299; *Puppe* 297 (die dann S. 305 aber zu dem Schluss kommt, dass § 136a den Schutz vor Geständniserschleichung gar nicht übernehmen könne, diese These aber in NStZ **1986** 405 relativiert hat; kritisch zu Puppe *Wolfslast* NStZ **1987** 104); *Lindner* 61, 69, der vor allem auf das allgemeine Persönlichkeitsrecht und das Recht auf ein faires Verfahren abstellt; vgl. auch BGHSt **35** 329; *Peters* § 41 II 3; *Beulke/Swoboda* 135 ff.; *Roxin/Schünemann* § 25, 24; **a.A.** *Günther* StV **1988** 422; wohl auch AK/*Kühne* 41.

181 NStZ **2017** 214; OLG Köln GA **1973** 119.

182 SK/*Rogall* 62; *Lindner* 90; Fall AG Delmenhorst StV **1991** 254.

pflichtet,[183] er müsse die Wahrheit sagen (vgl. § 136, 63ff.), die ihm vorgeworfene Tat könne allenfalls nur mit einer Geldstrafe geahndet werden (unten Rn. 50), sein Schweigen könne als Beweis seiner Schuld gelten,[184] ein Geständnis werde unter allen Umständen strafmildernd berücksichtigt oder die Strafvereitelung in Bezug auf einen nahen Angehörigen sei strafbar. Eine unzulässige Täuschung über **Tatsachen** liegt vor, wenn sie sich auf das Ob und Wie der Aussage auswirken kann, z.B. durch die unwahre Behauptung, der Mittäter habe bereits gestanden,[185] mehrere Belastungszeugen hätten ausgesagt, das Überführungsmaterial sei gefunden worden oder es lägen erdrückende Beweise vor, obwohl in Wahrheit kein dringender Tatverdacht besteht.[186] Eine unzulässige Täuschung über **Absichten** des Vernehmenden ist gegeben, wenn er den falschen Eindruck erweckt, er werde die Aussage in bestimmter Weise behandeln, z.B. daraus keine für den Beschuldigten nachteiligen Folgen ziehen.[187] Nicht verboten ist es dem Vernehmenden jedoch, dem Beschuldigten gegenüber freundlich aufzutreten,[188] obwohl er mit dem Beschuldigten meist etwas durchaus Unerfreuliches vorhat: Er will ihn zur Angabe von Tatsachen veranlassen, von denen er in der Regel annimmt oder annehmen muss, dass ihr Bekanntwerden für den Beschuldigten unangenehme Folgen hat. Ferner kann Gegenstand der Täuschung die **behördliche Funktion** derjenigen Person sein, welche die Informationen generiert. Das ist etwa der Fall, wenn sich die Behörden der Mitwirkung von Spitzeln und sonstiger Privatpersonen bedienen.[189]

41 **c) Absichtliche Täuschungen.** Das Verbot der Täuschung in § 136a Abs. 1 soll nach tradierter Meinung nicht jede „kriminalistische List" bei Vernehmungen verbieten.[190] Die Vorschrift schließt jedoch jedenfalls eine „List" aus, die darin besteht, den Beschuldigten oder Zeugen anzulügen. Bewusst falsche Angaben über Rechtsfragen und das Vorspiegeln oder Entstellen von Tatsachen sind daher nach herrschender Meinung zu Recht ausnahmslos untersagt.[191] Verboten ist auch die absichtliche konkludente Täuschung durch nichtverbales Verhalten, z.B. wenn der Vernehmende absichtlich eine Pistole glei-

183 OLG Oldenburg NJW **1967** 1098; allg. M., z.B. *Eisenberg* (Beweisrecht) 658; *Otto* GA **1970** 301; *Lindner* 89; *Eb. Schmidt* NJW **1968** 1217.
184 *Wessels* JuS **1966** 171.
185 LG Freiburg StV **2004** 647.
186 BGHSt **35** 328 m. Anm. *Bloy* JR **1990** 164 sowie Anm. *Fezer* JZ **1989** 347; OLG Frankfurt StV **1998** 119; im Einzelnen zur Täuschung über die Beweislage: OLG Karlsruhe MMR **2005** 115 m. Anm. *Bär* = JuS **2004** 1020 m. Anm. *Kudlich* einerseits und *Allgayer* NStZ **2006** 603 andererseits.
187 BGH bei *Dallinger* MDR **1974** 17; vgl. auch AG München StV **1990** 104 (Täuschung über Tragweite und Verwertbarkeit einer Aussage bei sprachunkundigem Ausländer). Hierher gehört wohl auch der umstrittene Fall des LG Verden MDR **1975** 950 (provoziertes „Privatgespräch" nach Abschluss der Vernehmung, das ein anderer Beamter mithört); insoweit **a.A.** *Walder* 189; *Hilland* 114; *Reitberger* Kriminalistik **1968** 353; wohl auch Meyer-Goßner/*Schmitt* 14; im Ergebnis wie hier SK/*Rogall* 62; *Döhring* 205; *Eisenberg* (Beweisrecht) 658.
188 BGH NJW **1953** 1114; dazu *Puppe* 298 Fn. 36; Hinweis, dass medizinisch-psychologischer Test entlastend wirken könne, OLG Cell, DAR **2018** 384; vgl. auch einerseits KK/*Diemer* 20; SK/*Rogall* 65; andererseits: *Ransiek* 68.
189 Vgl. BGHSt **44** 129 m. krit. Anm. *Hanack* JR **1999** 348; *Eisenberg* (Beweisrecht) 659.
190 Vgl. nur BGH NStZ **2017** 241 (m. Anm. *Gubitz*); BGHSt **31** 399; **35** 329 (= JR **1990** 164 m. Anm. *Bloy* = JZ **1989** 347 m. Anm. *Fezer*); **37** 52; h.M., z.B. KK/*Diemer* 20; Meyer-Goßner/*Schmitt* 15; MüKo/*Schuhr* 40; *Kindhäuser* § 6, 45; *Roxin/Schünemann* § 25, 24.
191 BGH NStZ **2017** 241 (m. Anm. *Gubitz*); BGHSt **37** 53; OLG Köln MDR **1972** 965; KK/*Diemer* 19; Meyer-Goßner/*Schmitt* 14f.; SK/*Rogall* 60ff.; *Kindhäuser* § 6, 45; *Peters* § 41 II 3; *Roxin/Schünemann* § 25, 24; *Kleinknecht* JZ **1953** 534; *Walder* 160; eingehend und differenzierend *Puppe* 301ff., 304, die Täuschungen ausnehmen will, die den Beschuldigten einer Lüge überführen.

chen Fabrikats so auf den Schreibtisch platziert, dass der Beschuldigte daraus den Schluss ziehen muss, es handele sich um die zur Überführung geeignete Tatwaffe.[192] Dabei ist auch nicht zwischen groben Lügen und feineren „Überlistungen" zu unterscheiden (Rn. 39). Bei geringfügigen Verdrehungen der Wahrheit kann nur zweifelhaft sein, ob sie die Willensfreiheit des Beschuldigten überhaupt beeinträchtigen; das richtet sich nach den Gegebenheiten des Einzelfalls.[193] Bei beabsichtigten Täuschungen ist auch nicht nach der Stellung des Vernehmenden zu unterscheiden. Die Annahme, dem Gericht sei zwar jede Täuschung verboten, nicht aber der Polizei oder der Staatsanwaltschaft, widerspricht dem Gesetz und der rechtsstaatlichen Einbindung der verschiedenen Strafverfolgungsorgane in das Verfahren.[194] Vielmehr sollten alle Ermittlungs- und Justizorgane bewusst doppeldeutige Erklärungen vermeiden[195] und nicht in einer Weise fragen, die den Beschuldigten „bei geringer Aufmerksamkeit und Intelligenz" zu falschen Schlussfolgerungen bringt.[196] Das Spekulieren mit solchen Methoden, insbesondere mit der unterschiedlichen Aufmerksamkeit oder Intelligenz des Vernommenen, bedeutet vielmehr grundsätzlich eine untersagte Täuschung, weil es darauf abzielt, seine intellektuellen oder sonstigen Schwächen gezielt zur Manipulation auszunutzen.

d) Verschweigen von Rechten und Tatsachen. Das Gesetz verpflichtet Gericht, 42
Staatsanwaltschaft und Polizei zu vielfältigen **Belehrungen** von Beschuldigten und Zeugen über ihre allgemeinen und besonderen Rechte. Das Verschweigen dieser Rechte ist unzulässig. Man wird jedoch das Unterlassen einer vorgeschriebenen Belehrung nicht regelmäßig als Fall der verbotenen Täuschung nach § 136a ansehen dürfen,[197] denn das Gesetz bringt nicht zum Ausdruck, dass die Verletzung von Belehrungspflichten, die im Übrigen auch unterschiedliche Bedeutung haben, generell das Verwertungsverbot des § 136a Abs. 3 nach sich ziehen soll. Die Entscheidung über die Folgen einer solchen Verletzung richten sich danach, ob in der Vernehmungssituation die Voraussetzungen für eine informierte und autonome Entscheidung des Beschuldigten betreffend seinen Aussagewillen gewährleistet waren (näher § 136, 77ff.). Das muss selbst dann gelten, wenn sich nachweisen lässt, dass die Belehrung bewusst unterlassen worden ist. Anders ist die Sachlage jedoch dann, wenn dem Vernehmenden erkennbar ist, dass der Vernommene sich aufgrund der unterlassenen Belehrung über einen zentral seine Rechtsstellung betreffenden Umstand irrt, insbesondere glaubt, er habe kein Recht auf einen Strafverteidiger[198] oder er sei zu einer Aussage verpflichtet. Einen derartigen, von ihm erzeugten oder auch nur ausgenutzten Irrtum über das zentrale Recht eines Beschuldigten oder Zeugen darf ein Hoheitsträger nicht ausnutzen.[199] Tut er es doch, so verstößt er gegen § 136a.

---

192 SK/*Rogall* 60; *Lindner* 107; *Erb* FS Otto 876; anders aber SK/*Rogall* 66 und *Peters* § 41 II 3 beim Einsatz eines scheinbaren Polizeihundes zur Überführung (dazu und dagegen *Puppe* 290).
193 Vgl. *Beulke* StV **1990** 182; *Erb* FS Otto 875f.; kritisch gegenüber jeder Form der „List" auch: LG Freiburg StV **2004** 647f.
194 Heute ganz h.M.; vgl. schon *Radbruch* FS Sauer 126; *Eb. Schmidt* Nachtr. I 4; anders jedoch *Siegert* DRiZ **1953** 100.
195 **A.A.** Meyer-Goßner/*Schmitt* 15.
196 So aber LR/*Meyer*[23] 28 im Anschluss an *Siegert* aaO; *Kube*/*Leineweber* 173; dagegen *Puppe* 298; *Lindner* 105; vgl. auch *Hilland* 108.
197 Vgl. BGHSt **31** 399f.
198 BGH NStZ-RR **2006**, 181, der aber fälschlicherweise nicht von Verwertungsverbot ausgeht.
199 In Bezug auf vermeintliche Aussagepflicht: BayObLG NJW **1979** 2625; OLG Oldenburg NJW **1967** 1098; ebenso KK/*Diemer* 22; Meyer-Goßner/*Schmitt* 17; SK/*Rogall* 61; BGH JR **1961** 70, 71 m. Anm. *Eb. Schmidt*; *Walder* 124; In Bezug auf Recht auf Strafverteidigung: Beck'sches Formularbuch für den Strafverteidiger/*Ritter*, 13. Beweisverbote, Rn. 5; **a.A.** BGH NStZ-RR **2006** 181.

43 Fraglich ist, inwieweit eine Vernehmungsperson ihr Wissen über **Tatsachen** verschweigen darf. Die Antwort hängt letztlich nicht von § 136a, sondern vom Verständnis vom Zweck der ersten richterlichen Vernehmung und von § 136 Abs. 2 ab. Wenn man – wie hier (Erl. § 136 Rn. 24 und 57) – davon ausgeht, dass die richterliche Vernehmung vor allem der Verteidigung dienen und der beschuldigten Person rechtliches Gehör verschaffen soll, hat sie zunächst zum Ziel, den Vernommenen darüber zu unterrichten, welcher strafrechtliche Vorwurf gegen ihn erhoben wird, und auf welche Sachverhaltsmomente sich dieser im Wesentlichen stützt. Im Rahmen dieser Informationspflicht darf der Vernehmende nicht vorsätzlich bestimmte Tatsachen verschweigen, um den Vernommenen zu täuschen.[200] Vielmehr muss er den Vernommenen – unter Vorbehalt einer analogen Anwendung von § 147 Abs. 2 – umfänglich informieren (vgl. § 136, 22). Das bedeutet also nicht, dass die Vernehmungsorgane zu Beginn der Vernehmung „alle Karten auf den Tisch legen" müssen,[201] sie müssen etwa nicht von vornherein erklären, in welchen tatsächlichen oder rechtlichen Zusammenhang sie Tatsachen zu stellen gedenken, nach denen sie fragen. Aber sie sind etwa zur Aufklärung darüber, welche Beweise bereits vorliegen und welche Tatsachen schon ermittelt worden sind, im Rahmen des § 136 Abs. 2 verpflichtet (näher Erl. zu § 136, 56) und müssen insgesamt die Vernehmung so führen, dass eine beschuldigte Person die Chance erhält, mit ihrer Darstellung des Sachverhalts die Ermittlungshypothese zu hinterfragen.

44 Ob oder wann Befragungen von Beschuldigten und Zeugen in Form von **„verdeckten Vernehmungen"** und von **„Hörfallen"** (vgl. § 136, 66) Täuschungen sind, ist in mehrfacher Weise fraglich:[202] Nach der hier vertretenen Meinung handelt es sich bei diesen Befragungen um Vernehmungen, die daher grundsätzlich unter den Anwendungsbereich des § 136a fallen können (oben Rn. 15). „Täuschungen" können sie allerdings nicht sein, soweit das versteckte Vorgehen gesetzlich erlaubt ist, weil ein erlaubtes Verhalten nicht mit § 136a in Widerspruch stehen kann.[203] Hält man also mit der insbesondere von der Rechtsprechung vertretenen Meinung **„heimliche Vernehmungen"** durch Verdeckte Ermittler, verdeckt auftretende Polizeibeamte und V-Leute als solche für gestattet,[204] liegt allein in der Verschleierung des amtlichen Charakters der Befragungen noch keine Täuschung vor; sie kommt vielmehr erst in Betracht, wenn über die Verschleierung hinaus mit spezifisch täuschenden Mitteln auf den Befragten eingewirkt wird.[205] Eine unzulässige Täuschung liegt damit vor, wenn etwa ein Verdeckter Ermittler bei einem Haftbesuch täuschend mit einem empfindlichen Übel droht (Tötung einer unbeteiligten Dritten) und einen Beschuldigten gegen seinen Willen zu selbstbelastenden Äußerungen drängt[206] oder wenn einem Beschuldigten in einer U-Haft vorgetäuscht wird, er erhalte

---

200 Anders LR/*Hanack*[25] 37 und die noch h.M.: *Erb* FS Otto 876; SK/*Rogall* 60; KK/*Diemer* 21; Meyer-Goßner/*Schmitt* 16; *Hilland* 116; vgl. auch BGHSt **37** 53; **39** 348; **40** 70 ff.; krit. *Dencker* StV **1994** 667; zur Kritik an der h.M. s. KMR/*Pauckstadt-Maihold* 13; *Lesch* ZStW **111** (1999) 643 ff. Zum Ganzen *Lindner* 111 ff.

201 Vgl. OLG Köln MDR **1972** 965; KK/*Diemer* 20; *Eisenberg* (Beweisrecht) 669; *Eb. Schmidt* Nachtr. I 13. Vgl. auch § 136, 17.

202 Grundlegend zur Frage, ob täuschendes Staatshandeln zulässig ist: *Köhler* ZStW **107** (1995) 24 f.; *Kahlo* FS Wolff 185 ff.

203 Zur Kritik an heimlichen Ermittlungsmethoden: *Velten* Befugnisse der Ermittlungsbehörden zu Information und Geheimhaltung (1995); *dies.* Transparenz staatlichen Handelns und Demokratie – Zur Zulässigkeit verdeckter Polizeiarbeit (1996); *Wolter* ZIS **2012** 240 ff.

204 Dazu näher bei § 110c und bei § 163; vgl. auch § 136, 64 f. sowie BGH NJW **2007** 3138 = NStZ **2007** 714 = StV **2007** 509, Rn. 14.

205 Vgl. – im Ansatz folgerichtig – z.B. BGHSt **33** 223; ferner etwa SK/*Rogall* 68; grundsätzlich dagegen: *Eschelbach* GA **2015** 545 ff.

206 BGHSt **55** 138, 146.

abweichend vom normalen Ablauf überwachungsfreien Besuch von seiner Ehefrau, während seine Unterhaltung mit ihr in Wahrheit heimlich aufgezeichnet wird.[207] Eine Täuschung liegt auch vor, wenn ein Verdeckter Ermittler, der die einzige Kontaktperson einer inhaftierten beschuldigten Person außerhalb des Vollzugs ist und auf dessen Wohlwollen sie für den Erhalt von Vollzugslockerungen angewiesen ist, ein Freundschaftsverhältnis vorspielt und sie als vermeintlicher Freund zu einer Aussage drängt, obwohl die beschuldigte Person bereits in der offiziellen Vernehmung erklärt hatte, dass sie schweigen wolle.[208] Kritischer stellt sich die Situation nach dem hier vertretenen Standpunkt freilich dar, wenn und soweit man „heimliche Vernehmungen" ohne gesetzliche Grundlage für unzulässig hält; und kritischer stellt sie sich nach diesem Standpunkt ferner bei **Hörfallen** einschließlich des Mithörens am Zweithörer ohne Ermächtigungsgrundlage dar:[209] Einen Bürger in ein scheinbar persönliches oder telefonisches Privatgespräch zu verwickeln und ihn mit Hilfe dieses Gesprächs amtlich auszuhorchen, greift über ein zulässiges Verschweigen von Tatsachen (Rn. 43) und das erlaubte Unterhalten eines Irrtums (vgl. Rn. 46) weit hinaus. Es enthält eine Irreführung über die vorausgesetzte Privatheit des Gesprächs, und zwar durch das Hervorrufen der falschen Annahme, ein vertrauliches Privatgespräch zu führen.[210] Eine Irreführung durch staatliche Organe ist ohne eine gesetzliche Grundlage im Rechtsstaat – auch bei restriktiver Auslegung des Täuschungsbegriffs (s.o. Rn. 39) – normativ wie faktisch gravierend. Sie wäre als allgemeine polizeiliche Ermittlungsmethode nicht akzeptabel. Fraglich ist daher allein, ob mit der Täuschung auch die vom Gesetz verlangte Beeinträchtigung der Entschließungsfreiheit (Rn. 18 und 39) verbunden ist. Die h.M. verneint auch das, weil sich der Befragte dem „Privatgespräch" ja entziehen könne.[211] Aber zu bedenken bleibt, dass der beauftragte Spitzel in vielen Fällen oder sogar regelmäßig gerade das zu verhindern bemüht sein wird, so etwa durch den Abbau von Argwohn, durch Ausnutzen, Verstärken oder Bestätigen vorhandenen Vertrauens, durch Missbrauch eines Angehörigenverhältnisses,[212] durch Scheinberatung des Getäuschten in einer für ihn kritischen Lage oder durch ergänzende konkrete Einzeltäuschungen aufgrund seines Hintergrundwissens. Der typischerweise gezielte Einsatz solcher Verunsicherungen wird von der herrschenden Meinung als nicht gravierend eingestuft. Eine staatlich veranlasste Irreführung dürfte aber nur zu oft so wirksam sein und beeinträchtigt die Entschließungsfreiheit. Deshalb gilt zu Recht ein Verwertungsverbot, wenn staatliche Organe eine solche Verunsicherung bei einem Beschuldigten auslösen, der sich unter staatlicher Kontrolle befindet – etwa in der Haft – wie beim eingeschleusten **Spitzel**

---

207 BGHSt **53** 294, 305.

208 BGHSt **52** 11.

209 Hier sieht die Rspr. in der „Falle" selbst ebenfalls keine verbotene Täuschung, sondern nur in einer hinzukommenden spezifischen Täuschung oder in der Anwendung eines anderen durch § 136a verbotenen Mittels; so BGHSt **39** 347; **40** 72 und 216; BGH NStZ **1995** 411; **1996** 201 und 503; vgl. auch BVerfG NStZ **2000**. 489. Die umstrittene Frage, ob Hörfallen nicht schon aus anderen Gründen unzulässig sind, ist an dieser Stelle nicht zu erörtern.

210 Insoweit ebenso z.B. *Klein* 30; *Roxin* NStZ **1995** 465; *Eisenberg* (Beweisrecht) 659; *Lammer* 167; vgl. auch *Dencker* StV **1994** 673; *Achenbach/Perschke* StV **1994** 580; *Lagodny* StV **1996** 169; *Weiler* GA **1996** 114; *Wolter* GA **1999** 177 grundsätzlich **a.A.** die Rspr., vgl. nur BGHSt **39** 348; **40** 216; BGHGrS NStZ **1996** 503; ferner etwa *Sternberg-Lieben* Jura **1995** 307.

211 Besonders deutlich SK/*Rogall* 68 und NStZ **1987** 851; *Roxin* JZ **1995** 465; *Sternberg-Lieben* Jura **1995** 308; vgl. auch BGHGrS NStZ **1996** 503; *Lammer* 167 f.; *H.Schumann* JZ **1986** 67; vgl. auch *Popp* JA **1998** 901.

212 Vgl. LG Darmstadt StV **1990** 104, das darum zu Recht eine Verwertung ablehnt; *Eisenberg* (Beweisrecht) 638.

in der Untersuchungshaft[213] oder bei einer **Ausforschung durch einen Mithäftling.**[214]

45 Wird eine Vernehmung des Beschuldigten vom Opfer zum Zwecke der **heimlichen Stimmenidentifizierung** mitgehört, so liegt darin keine die Entschließungsfreiheit beeinträchtigende Täuschung.[215]

46 **e) Ausnutzung eines Irrtums.** Fraglich ist, ob § 136a nur eingreift, wenn ein Vernehmungsorgan auf die ursächliche Erregung eines Irrtums hinwirkt. Wenn eine vernommene Person – ohne Zutun der Vernehmungsbehörde – bei der Vernehmung erkennbar von irrigen Vorstellungen ausgeht, dann ist der Vernehmende zur Aufklärung des Beschuldigten über den Ermittlungsstand nur im Rahmen des § 136 Abs. 2 verpflichtet, und zwar insofern als die Vernehmung Gelegenheit geben muss, sich zu verteidigen.[216] Die Strafverfolgungsbehörden müssen in diesem Rahmen auch Fragen von Beschuldigten beantworten.[217] Die Frage, wo im Einzelnen die Grenze zwischen zulässiger Ausnutzung eines unabhängig vom Verhalten der Strafverfolgungsbehörden bestehenden Irrtums und unzulässiger Verteidigungsbeschränkung mittels Täuschung durch Unterlassen liegt, wird in der jüngeren Diskussion kaum behandelt.[218] Fest steht jedenfalls, dass der Vernehmende einen Irrtum des Vernommenen nicht in sonstiger Weise bestärken, insbesondere den Irrtum nicht durch zusätzliche Erklärungen ausweiten oder vertiefen darf.[219]

47 Ob die Grundsätze zur Ausnutzung eines Irrtums über Tatsachen auch für irrige Vorstellungen des Beschuldigten von der **rechtlichen Bewertung der Tat** gelten, ist wenig untersucht. Da die Vernehmung dem rechtlichen Gehör und der Verteidigung dient, müssen alle Strafverfolgungsorgane und der Richter ohnedies, den Beschuldigten auch darauf hinweisen, „welche Strafvorschriften in Betracht kommen".[220] Daraus ergibt sich für sie auch die Pflicht, grobe Fehlvorstellungen des Beschuldigten richtigzustellen. Obwohl für Polizeibeamte eine entsprechende Hinweispflicht nicht normiert ist (Erl. zu § 136 Rn. 2), wird man aber auch bei ihnen annehmen müssen, dass sie verpflichtet sind, erkennbare Fehlvorstellungen über die rechtliche Einstufung der Tat, die der Aussagebereitschaft des Beschuldigten zugrunde liegen, auszuräumen,[221] denn die heutigen Grund-

---

213 BGHSt **34** 362 (mit abl. Anm. *Fezer* JZ **1987** 937, mit abl. Anm *Grünwald* StV **1987** 470, m. abl. Anm. *Neuhaus* NJW **1990** 1221, m. abl. Anm. *Seebode* JR **1988** 427, m. abl. Anm. *Wagner* NStZ **1989** 34) bejaht Beeinträchtigung der Entschließungsfreiheit, aber durch Zwang. Nach überwiegender Meinung liegt (auch) Täuschung vor; zu dem Komplex näher SK/*Rogall* 67; *Kramer* Jura **1988** 520; *Popp* JA **1998** 903 f.; *H. Schneider* NStZ **2001** 8 ff. jeweils m.w.N. – Unverwertbar ist entgegen BGH NJW **1989** 843 auch eine lediglich mit Kenntnis der Ermittlungsbehörden fortgesetzte Ausforschung; ebenso SK/*Rogall* 67, **a.A.** *Pfeiffer* 2.

214 BGHSt **44** 134 mit zust. Anm. *Jahn* JuS **2000** 442; vgl. auch *Hanack* JR **1999** 349; *Esser* JR **2004** 100 f.; *Roxin* NStZ **1999** 150.

215 Vgl. BGHSt **40** 66, dazu abl. Anm. *Eisenberg* NStZ **1994** 597; *Achenbach/Perschke* StV **1994** 577 und krit. Besprechung *Odenthal* NStZ **1995** 579; *Freund* JuS **1995** 304. Problematisch ist freilich der Beweiswert der Identifizierung *(Odenthal)* und umstritten ist, ob es sich nicht schon um einen unzulässigen Eingriff in das Persönlichkeitsrecht handelt (dazu SK/*Rogall* 69 mit Nachw.).

216 Gar nicht zur Aufklärung verpflichtet: Meyer-Goßner/*Schmitt* 17; KK/*Diemer* 22; SK/*Rogall* 61; *Erb* FS Otto 876; vgl. dagegen: *Eb. Schmidt* NJW **1962** 665; *Popp* JA **1998** 901 f.

217 Anders noch LR/*Hanack*[25] 37.

218 Vgl. aber *Erb* FS Otto 876.

219 BGH StV **1988** 421 (insoweit in BGHSt **34** 63 nicht abgedruckt), hier verneint der BGH eine Vertiefung im konkreten Fall aber zu Unrecht (vgl. *Günther* StV **1988** 421; *Sieg* MDR **1987** 551; ebenso Meyer-Goßner/*Schmitt* 17; SK/*Rogall* 61); OLG Köln NJW **1972** 965; *Beulke* StV **1990** 182; *Döhring* 205; *Erbs* NJW **1951** 388; *Hilland* 116; kritisch *Deutsch* 242.

220 §§ 163a Abs. 3, 136 Abs. 1 Satz 1.

221 **A.A.** *Lindner* 130.

sätze rechtsstaatlichen Verfahrens begründen ein berechtigtes Vertrauen des Einzelnen, auch von der Polizei nicht über die zentralen Grundlagen des rechtlichen Zusammenhangs einer Vernehmung im Dunkeln gelassen zu werden.

Einen erkennbaren **Irrtum über die Aussagefreiheit** muss der Vernehmende stets beseitigen (oben Rn. 42). **48**

f) Unbeabsichtigte Täuschungen. Umstritten ist, ob auch die nicht vorsätzliche Täuschung, also das fahrlässige Erregen eines Irrtums, unter das Verbot des § 136a fällt.[222] Die höchstrichterliche Rechtsprechung verneint dies[223] im Gegensatz zu einer in der Literatur verbreiteten Meinung.[224] Letztgenannter Ansicht ist zuzustimmen: Wenn der Vernehmende zumindest die Möglichkeit der Entstehung einer relevanten Fehlvorstellung bei der zu vernehmenden Person *erkennen muss*, fällt sein Verhalten unter § 136a; dabei darf an vernehmende Polizeibeamte ein anderer Maßstab angelegt werden als an vernehmende Richter. Nur ein solcher Ansatz schützt die Aussagefreiheit effektiv. Die von *Hanack* in der 25. Aufl. dieses Kommentars vertretene Meinung, dass schon der Begriff der Täuschung ein finales, auf absichtliche Entstellung ausgerichtetes Moment enthalte, überzeugt nicht, denn die Auslegung der Merkmale des § 136a muss sich zu allererst am Zweck der Norm, der Sicherung der Aussagefreiheit des Vernommenen, orientieren. Subjektive Momente des Vernehmenden können nur mittelbar Berücksichtigung finden. Für die Sicherung der Aussagefreiheit ist es unmaßgeblich, ob der Vernehmende absichtlich oder „fahrlässig" täuscht. Aus diesem Grunde greift auch das Argument nicht, der fahrlässig durch die staatlichen Organe verursachte Irrtum sei nicht in dem Maße mit dem Makel der Rechtsstaatswidrigkeit behaftet wie die gezielte Irreführung.[225] Unmaßgeblich ist auch, dass ein Irrtum, der auf Fahrlässigkeit beruht, oftmals nur schwer nachzuweisen ist. Das ist eine pragmatische Erwägung, die bisher soweit ersichtlich nicht empirisch überprüft wurde. Auch die absichtliche Täuschung in einer Vernehmung dürfte in vielen Fällen nur schwer nachzuweisen sein.[226] Entsprechend bezieht sich die in diesem Zusammenhang herangezogene Rechtsprechung oft nicht direkt auf Täuschungen in Vernehmungen, sondern auf die Abgabe von Prozesserklärungen.[227] **49**

Insgesamt sprechen die gewichtigeren Gründe (Vorbeugung von Missbrauch; Sicherung der Willensfreiheit gegenüber nachlässigen Vernehmungspersonen) gegen eine restriktive Auslegung. Eine **Täuschung** ist deshalb grundsätzlich auch dann anzunehmen, wenn der Vernehmende in der Vernehmung vorwerfbar **fahrlässig** über Tatsachen täuscht.[228] Gleiches gilt, wenn er über einen rechtlichen Umstand täuscht:[229] Erklärt der **50**

---

222 Zum Meinungsstand: KMR/*Pauckstadt-Maihold* 13; *Eisenberg* (Beweisrecht) 663 ff.; *Achenbach* StV **1989** 516.

223 BGHSt **31** 399 f.; **37**, 52.

224 *Eb. Schmidt* Nachtr. I 13; *Grünwald* NJW **1960** 1942; *Jahn* JuS **2005** 1060; *Kunert* MDR **1967** 541; *Lindner* 98 und 191; *Siegert* DRiZ **1953** 101; *Popp* NStZ **1998** 95; *Puppe* 295 f. und *Eisenberg* (Beweisrecht) 664 f. wollen nicht-vorsätzliche Irrtumserregung durch standardisierte Zeichen erfassen und *Hilland* 108 ff. jede objektive Täuschung, die einen vernünftigen Menschen zu einem bestimmten Vernehmungsverhalten veranlasst. Vgl. auch *Ransiek* 67 ff. sowie OLG Bremen JZ **1955** 680 (mit zust. Anm. *Eb. Schmidt*) und NJW **1967** 2023; OLG Düsseldorf NJW **1960** 210 m. Anm. *Feldmann* und *Mölders*; OLG Hamm NJW **1960** 1967.

225 LR/*Hanack*[25] 41.

226 Vgl. *Eisenberg* (Beweisrecht) 665.

227 Zu diesem Argument LR/*Hanack*[25] 41.

228 **A.A.** (Erfordernis einer bewussten Täuschung) BGHSt **31** 399 f.; **35** 325; **37** 53; BGH NStZ **2004** 631; BGH StV **1989** 515 mit abl. Anm. *Achenbach*; OLG Oldenburg NJW **1967** 1098; LG Verden MDR **1975** 950; KK/*Diemer* 19; LR/*Hanack*[25] 41; Meyer-Goßner/*Schmitt* 13; SK/*Rogall* 58 f.; SSW/*Eschelbach* 35; *Otto* GA **1970** 299.

229 OLG Bremen NJW **1967** 2022; LR/*Meyer*[23] 29; *Knauth* NJW **1978** 744; **a.A.** BGH StV **1989** 515 mit abl. Anm. *Achenbach*; KK/*Diemer* 19; SK/*Rogall* 59; Meyer-Goßner/*Schmitt* 13; Vgl. auch Rn. 40.

Vernehmende dem Beschuldigten irrig, er könne die Tat ruhig gestehen, weil sie nach geltendem Recht nicht strafbar sei oder nur mit einer Geldbuße geahndet werde, muss das hierauf abgelegte Geständnis stets unverwertbar sein, denn die beschuldigte Person hat einen Anspruch auf die Richtigkeit von Rechtsauskünften. Es ist rechtsstaatlich nicht akzeptabel, Angaben, die der Beschuldigte aufgrund einer irreführenden Rechtsauskunft gemacht hat, zu seinem Nachteil zu berücksichtigen (vgl. auch Rn. 49).[230] Die Frage, ob der Vernehmende die Auskünfte aus Unkenntnis oder in böser Absicht gegeben hat, kann nicht entscheidend sein.

51 **g)** Vor einer Diskussion darüber, ob **Suggestivfragen** in einer Vernehmung als unzulässige Vernehmungsmethode qualifiziert werden müssen, sollte man sich vor Augen führen, dass der Begriff nicht eindeutig definiert ist und mit unterschiedlichen Bedeutungsgehalten verwendet wird. Versteht man unter Suggestivfragen jene Fragen, die eine bestimmte Antwort ohne Rücksicht auf ihre sachliche Richtigkeit fast zwingend nahe legen,[231] so erscheint eine früher vertretene Meinung bedenklich, die solche Fragen ohne Weiteres insbesondere deswegen für zulässig hält,[232] weil sie die Willensbildung oder -betätigung des Beschuldigten im Zweifel nicht beeinträchtigen könnten.[233] Richtigerweise wird man Suggestivfragen, die systemwidrig auf eine Überrumpelung von Beschuldigten hinauslaufen, im Einzelfall als unzulässige Täuschung ansehen müssen[234] ebenso wie absichtlich verwirrende Fragen, die schon eine gezielte Irrtumserregung enthalten.[235] Angesichts der fehlenden Eindeutigkeit des Begriffs wird hier zwar kaum eine exakte Grenze von praktischem Wert zu ziehen sein; ob es nahe liegt – im Hinblick auf ihre unterschiedlichen Pflichten und Rechte im Verfahren – die Schwelle bei Beschuldigten höher anzusetzen als bei nicht zur Aussageverweigerung berechtigten Zeugen oder bei Sachverständigen,[236] ist unklar und hängt vom Einzelfall ab. Antworten auf Fragen, die eine bestimmte Antwort nahelegen, aber noch nicht eindeutig als verbotene Suggestivfragen zu qualifizieren sind, dürfte das Gericht wenig Beweiswert zuordnen.

52 **h) Heimliche Tonbandaufnahmen** während einer Vernehmung, sind zur Beeinträchtigung der Willensfreiheit des Vernommenen in aller Regel nicht geeignet.[237] Sie lassen sich daher, wenn überhaupt, nur als ein der Täuschung gleichzustellender Verstoß besonderer Art (vgl. Rn. 19) ansehen. Dies entspricht im Ergebnis der seit langem herrschenden Meinung, die schon vor Einführung des § 201 StGB bzw. des § 298 a.F. StGB im Jahre 1967 überwiegend angenommen hat, dass es verboten sei, die Vernehmung des Beschuldigten oder Zeugen auf Tonband aufzunehmen, wenn ihm dies verschwiegen wird oder wenn ihm sogar zugesichert wurde, ein Tonband werde nicht laufen.[238] Die

---

230 Vgl. SK/*Rogall* 58, der aber grundsätzlich auf die bewusste Enstellung der Wahrheit abstellen will aaO 59.
231 Dazu: *Hilland* 122.
232 LR/*Meyer*[23] 32; *Roesen* NJW **1958** 978; *Hellwig* 274 empfiehlt ihre Verwendung sogar ausdrücklich.
233 Gegen ihre Zulassung *Eb. Schmidt* DRiZ **1960** 427; Bedenken erhebt auch *Reitberger* Kriminalistik **1965** 16; vgl. auch *Peters* § 41 II 3.
234 Ähnlich *Hilland* 124; zust. *Maisch* StV **1990** 318; weitergehend *Degener* GA **1992** 464: immer verboten. Bei Kindern hält *Geerds* 168 Suggestivfragen mit Recht stets für unzulässig.
235 Ähnlich SK/*Rogall* 65; *Eisenberg* (Beweisrecht) 672; *Maisch* aaO m.w.N.; wohl auch SSW/*Eschelbach* 38; KK/*Diemer* 20 für Fragen, die dem Beschuldigten eine angeblich entlastende Tatsache in den Mund legen.
236 *Hilland* 123 ff.
237 *Siegert* DRiZ **1955** 103; eingehend *Lindner* 169, 177 und (zum Ganzen) *Delakouras* 245 ff.
238 KK/*Diemer* 25; KMR/*Paulus* § 244, 572; *Henkel* JZ **1957** 150; *Kleinknecht* NJW **1966** 1541; *Kohlhaas* JR **1960** 247; *Nüse* JR **1966** 286; *Eb. Schmidt* JZ **1956** 208; *R. Schmitt* JuS **1967** 21; *Siegert* DRiZ **1953** 102 und GA

heute verbreitete Begründung, dass die Strafvorschrift des § 201 StGB, die auch für Verhörspersonen gilt,[239] ist zwar naheliegend, aber besagt nicht viel, solange eine einschlägige gesetzliche Regelung zur daraus folgenden prozessualen Konsequenz fehlt; zum Meinungsstand betreffend das Eingreifen eines Verwertungsverbots: LR/*Gössel* Einl. Abschn. L Rn. 21, 114 ff. Nach hier vertretener Ansicht verbietet sich eine Verwertung schon deshalb, weil das Vorgehen den gesetzlichen Vorgaben widerspricht.[240]

8. Hypnose. Ob oder wann die dem Gesetz zugrunde liegende Vorstellung zutrifft, jemand könne durch Hypnose zu Äußerungen gebracht werden, die ohne eine solche Behandlung unterblieben, oder ob man der Zuverlässigkeit von Aussagen unter Hypnose per se misstraute, kann hier offen bleiben. Wenn man eine willensbeeinträchtigende Wirkung unterstellt, gleicht die Hypnose infolge der Ausschaltung oder Beeinträchtigung des Bewusstseins der Narkoanalyse.[241] Ihr Verbot ist, entsprechend dem Gesetzeswortlaut, absolut;[242] es gilt für alle Vernehmungen und für jeden Grad von Hypnose. Eine Ausnahme ist mit *Peters* § 41 II 3 lediglich zur Beseitigung posthypnotischer Hemmungen anzuerkennen, weil dies gerade der Wiederherstellung des freien Willens dienen soll.[243] **53**

Wie schwer die Grenze zwischen zulässiger und unzulässiger Informationsgewinnung durch neuere psychologische Methoden zu ziehen ist, zeigt die Bewertung **projektiver psychologischer Tests**, die unter Umgehung des Bewusstseins der Testperson Informationen vermitteln sollen.[244] Sie sind keine Hypnose und dürften ihr auch nicht gleichzustellen sein. Fraglich ist gleichwohl, ob sie in Bezug auf den Beschuldigten als ungeschriebener Fall des § 136a anzusehen sind.[245] Zwar zielen diese Tests nicht auf eine Auswertung von Ansichten und Empfindungen unter Ausschaltung des Bewusstseins, aber ein Proband weiß auch hier nicht, welche Informationen er durch sein Tun und seine Äußerungen dem Untersuchenden verschafft.[246] Es erscheint zwar einerseits nicht berechtigt, die Tests als rechtsstaatswidrige Missachtung der Menschenwürde anzusehen. Andererseits aber spricht der Verlust an Informationskontrolle doch für eine verbotene Vernehmungsmethode.[247] In der gutachterlichen Praxis des Strafprozesses werden die Methoden – bei Einwilligung – teilweise angewendet. Auch das BVerwG und das **54**

1957 265; im Ergebnis auch SK/*Rogall* 69, der im Anschluss an *Peters* und mit *Hilland* 118 auf das Gesetzlichkeitsprinzip abstellt.

239 Vgl. dazu MüKo-StGB/*Graf* § 201, 16 m.w.N.

240 Vgl. zur Bedeutung gesetzlicher Ermächtigungsgrundlagen für die strafprozessuale Beweissammlung: *Zerbes/El-Ghazi* NStZ **2015** 425 ff.

241 Näher *Hilland* 129 f.

242 KK/*Diemer* 28; Meyer-Goßner/*Schmitt* 19; SK/*Rogall* 70; SSW/*Eschelbach* 44; eingehend *Hilland* 126 ff.; **a.A.** *Leß* DRiZ **1950** 322 und *Fuchs* Kriminalistik **1983** 2, die sie beim Zeugen für zulässig halten, *Hellwig* 218, 298, der sie darüber hinaus beim Beschuldigten im Falle der Zustimmung für zulässig halten. *Fuchs* erklärt die gewonnene Aussage aber für gerichtlich nicht verwertbar.

243 Ebenso SK/*Rogall* 70; SSW/*Eschelbach* 44; *Eisenberg* (Beweisrecht) 679; ausdrücklich dagegen Meyer-Goßner/*Schmitt* 19; *Hilland* 131.

244 Ausf. dazu: *Groth* 47 ff.

245 KK/*Diemer* 28; **a.A.** *Grünwald* 74. Bedenken auch bei *Eisenberg* (Beweisrecht) 680; *Eb. Schmidt* Nachtr. I 2; *Peters* § 40 II 5.

246 Vgl. *Möller/Laux/Deister*[3] Psychiatrie und Psychotherapie 366; OLG München NJW **1979** 604 weist auf die Ähnlichkeit zum Polygrafen hin; vgl. auch *Peters* ZStW **87** (1975) 676.

247 Vgl. auch *Grünwald* 74; *Groth* 152, die eine Verwertung der Ergebnisse aus projektiven Tests zulassen will, wenn die Testperson nachträglich zustimmt, was freilich nicht möglich wäre, wenn es sich um eine verbotene Vernehmungsmethode handelte.

BAG halten sie für zulässig.[248] Ob sie aber im Strafrecht zu mehr als zur Hypothesengenerierung dienen können, erscheint zweifelhaft. Nach Ansicht von Psychologen und Gutachtern sind die testtheoretischen Kennwerte für solche Verfahren mit Blick auf Zuverlässigkeit (Reliabilität) und Gültigkeit (Validität) eher niedrig, worauf im Rahmen eines Gutachtens immer explizit hingewiesen werden sollte.[249]

55 **9. Zwang.** Er darf nach § 136a Abs. 1 Satz 2 nur angewendet werden, soweit ihn das Strafverfahrensrecht zulässt. Das ist etwa der Fall, wenn das Erscheinen und die Aussage eines Zeugen (§§ 51, 70) oder Sachverständigen (§ 77) erzwungen werden soll. Der Beschuldigte darf zwar zum Erscheinen vor Gericht (§ 134) und der Staatsanwaltschaft (§ 163a Abs. 3), nicht aber zur Aussage gezwungen werden. Zwangsmittel, die das Gesetz insoweit oder zur Erreichung anderer Zwecke vorsieht (Untersuchungshaft, körperliche Untersuchung, Beschlagnahme), dürfen aufgrund des § 136a in ihrer erkennbaren „Zweckbindung“[250] nicht missbraucht, also nicht prozessordnungswidrig angewendet werden. Dass sie aber auch bei korrekter Anwendung die Aussagewilligkeit des Vernommenen beeinflussen können, ist ohne Bedeutung. Bei der Vernehmung während oder im Zusammenhang mit einer vorläufigen Festnahme oder mit Untersuchungshaft ist daher verbotener Zwang regelmäßig nur dann gegeben, wenn die Freiheitsentziehung gezielt zur Beeinflussung des Aussageverhaltens benutzt wird.[251] Allein darin, dass Staatsanwaltschaft oder Polizei den rechtmäßig Festgenommenen innerhalb der Frist des § 128 Abs. 1 Satz 1 vernehmen, liegt kein Zwang.[252] Wird gegen den Beschuldigten kein Zwang ausgeübt, so liegt allein darin, dass er sich subjektiv in eine Zwangslage versetzt fühlt, noch kein Verstoß gegen § 136a; eine als peinlich, lästig oder ärgerlich empfundene Maßnahme ist als solche noch kein unerlaubter Zwang. Auch unangenehme Fragen sind daher nicht ohne Weiteres wegen einer solchen Wirkung verboten.[253] Unzulässiger Zwang (in einem „verdeckten Verhör“) liegt nach Ansicht der Rechtsprechung jedenfalls dann vor, wenn ein staatliches Organ zur Nötigung greift und damit eine relevante Zwangswirkung schafft.[254] Einen Sonderfall des unerlaubten Zwangs regelt § 393 Abs. 1 AO durch das Verbot, im Besteuerungsverfahren zulässige Zwangsmittel nach Einleitung eines Steuerstrafverfahrens einzusetzen.

56 **10. Drohung mit einer verfahrensrechtlich unzulässigen Maßnahme.** Eine Drohung i.S.d. § 136a Abs. 1 Satz 3 liegt vor beim Inaussichtstellen eines Übels, auf dessen Eintritt der Vernehmende Einfluss zu haben behauptet; ob das tatsächlich der Fall ist,

---

248 BVerwGE **17** 346 und BAG JZ **1964** 772 (für Eignungsprüfungen zum Führen von Kraftfahrzeugen; dazu *H. J. Schneider* JZ **1964** 750). Äußerst kritisch hingegen OLG München NJW **1979** 603 in einer Familienrechtssache.

249 *Möller/Laux/Deister*³ Psychiatrie und Psychotherapie 366.

250 SK/*Rogall* 84.

251 BGH StV **2005** 201 m. Anm. *Eidam*; vgl. BGH StV **1996** 76 (gegen LG Kreuznach StV **1993** 629) mit abl. Anm. *Fezer*, der bei objektiv rechtswidriger Untersuchungshaft ein Verwertungsverbot bejaht; BGH NStZ **1990** 195 m.w.N.; StV **1992** 357; OLG Frankfurt StV **1992** 583; SK/*Rogall* 84; *Eisenberg* (Beweisrecht) 691; *Eidam* 310 ff.

252 BGH NStZ **1990** 195 = JR **1991** 84 m. Anm. *Fezer*; KK/*Diemer* 29; Meyer-Goßner/*Schmitt* 20; ablehnend *Nelles* StV **1992** 385, 390; *Schlothauer/Nobis* Untersuchungshaft, Rn. 227, 338 halten nach Ablauf der Frist stets ein Verwertungsverbot für gegeben.

253 LG Bremen MDR **1952** 122.

254 BGH StV **2010** 465, in dem der 5. Strafsenat § 136a im Sinne eines funktionellen Vernehmungsbegriffs anwendet.

spielt keine Rolle.[255] Erfasst wird auch die konkludente Drohung[256] und diejenige Drohung, die sich gegen eine dem Täter nahestehende Person richtet, gegen die keine von Aufklärungsinteressen getragene hoheitliche Maßnahme erforderlich ist, z.B. gegen den unbeteiligten Ehegatten.[257] Die Drohung mit einer zulässigen Maßnahme ist an sich nicht verboten. Sie ist jedoch nur dann statthaft, wenn der Vernehmende zum Ausdruck bringt, er werde seine Entschließungen allein von den sachlichen Notwendigkeiten abhängig machen, da er sonst mit einer verfahrensrechtlich nicht zulässigen, weil willkürlich angewendeten Maßnahme droht.[258] Regelmäßig übt der Vernehmende durch die Drohung einer willkürlichen Anwendung einer Maßnahme auch unzulässigen Zwang aus, weshalb die eigenständige Bedeutung der Drohung mit einer unzulässigen Maßnahme bezweifelt wird[259] – jedenfalls aber wird sie vom Gesetzgeber als eine Fallkonstellation des § 136a genannt. Dementsprechend darf z.B. einem Beschuldigten, der einen offenbar Unschuldigen der Täterschaft bezichtigt, ein Strafverfahren nach § 164 StGB bzw. einem Zeugen, der allem Anschein nach falsch aussagt, ein Strafverfahren wegen Meineids, uneidlicher Falschaussage oder Strafvereitelung angedroht werden.[260] Die Drohung mit einer vorläufigen Festnahme ist regelmäßig dann nicht verboten, wenn die Inhaftierung zulässig wäre.[261] Entsprechendes gilt für den Fall, dass der Beschuldigte sein früheres Geständnis widerruft und ihm daraufhin (sachlich korrekt) erklärt wird, das stehe der in Aussicht genommenen Haftentlassung entgegen. Solche Erklärungen sind jedoch trotz ihrer rechtlichen Zulässigkeit keineswegs unbedenklich.[262] Unzulässig ist es unter allen Umständen, mit einer vorläufigen Festnahme oder mit einer Verhaftung zu drohen, die nach den §§ 112, 127 nicht statthaft wäre.[263] Auch die Drohung gegenüber einem Jugendlichen, er komme in ein geschlossenes Erziehungsheim, wenn er nicht gestehe,[264] ist grundsätzlich unzulässig, ebenso die Drohung mit dem Widerruf einer Strafaussetzung bei unberechtigter Zeugnisverweigerung[265] oder die Drohung mit Bloßstellung gegenüber Dritten.[266]

Warnungen, Belehrungen und **Hinweise** sind keine Drohungen. Sie unterscheiden 57
sich von diesen entweder dadurch, dass nicht behauptet wird, die nachteiligen Folgen würden im konkreten Fall eintreten, oder durch die unmissverständliche Erklärung des Vernehmenden, dass er auf den Eintritt dieser Folgen weder Einfluss habe noch nehmen

---

255 KK/*Diemer* 30; SK/*Rogall* 72; *Beulke/Swoboda* 134; *Grünwald* NJW **1960** 1941; *Hilland* 134 f. stellt dabei stark auf die Person des Vernommenen ab.

256 *Hilland* 140: „arglistige" Drohung, z.B. Schreie aus dem Nebenzimmer, die auf Tonband abgespielt werden, aber auch das Gespräch zweier Vernehmungsbeamter, in dem sie sich zur Einschüchterung des Vernommenen über angeblich in anderen Fällen angewendeten unlauteren Zwang unterhalten.

257 Näher dazu *Hilland* 142 ff.; weitergehend SK/*Rogall* 71; *Eisenberg* (Beweisrecht) 682.

258 KK/*Diemer* 30; Meyer-Goßner/*Schmitt* 22; SK/*Rogall* 74; *Eb. Schmidt* Nachtr. I 6, der jedoch zur Vorsicht mahnt; *Eisenberg* (Beweisrecht) 683; kritisch *Hilland* 136; vgl. auch *Degener* GA **1992** 464.

259 Hierzu KMR/*Pauckstadt-Maihold* 19.

260 Vgl. BGH bei *Dallinger* MDR **1956** 727; *Erbs* NJW **1951** 388 hält das für eine bloße Warnung oder Belehrung; vgl. auch BGH bei *Dallinger* MDR **1966** 25.

261 BGH bei *Dallinger* MDR **1953** 723; **1956** 527; BGH GA **1955** 246; KK/*Diemer* 30; SK/*Rogall* 74; *Henkel* 178; *Roxin/Schünemann* § 25, 25; **a.A.** *Erbs* NJW **1951** 388, der nur Drohungen zulassen will, die das Gesetz ausdrücklich zur Willensbeugung eines zu Vernehmenden vorsieht; *Ransiek* 64, der alle auf Geständnis bezogenen Drohungen für verboten hält; **a.A.** auch *Grünwald* 70; *Degener* GA **1992** 464.

262 So mit Recht *Döhring* 208; zust. LR/*Meyer*[23] 36.

263 BGH NJW **2005** 279; *Widmaier* NJW **2005** 1985. Beispielsweise Drohung mit der Festnahme wegen Verdunkelungsgefahr, wenn diese kein Haftgrund wäre, BGH bei *Dallinger* MDR **1971** 18; BGH NStZ **2004** 549; BGH StraFo **2004** 127 m. Anm. *Eidam*; vgl. auch *Volk* NJW **1996** 879.

264 Vgl. den Fall bei *Regina Lange* Fehlerquellen im Ermittlungsverfahren (1980) 88.

265 LG Bielefeld StV **1993** 239.

266 OLG Naumburg StV **2004** 529; Meyer-Goßner/*Schmitt* 21; *Eisenberg* (Beweisrecht) 682.

werde. Derartige Einwirkungen auf die Entschließungen insbesondere des Beschuldigten, die ihm die Besinnung auf die richtige Wertung seiner Interessen ermöglichen, sind nicht verboten, sondern schaffen die Voraussetzungen für eine aufgeklärte Entscheidung durch den Betroffenen.[267] Die Abgrenzung macht in der abstrakten Umschreibung keine Mühe, wohl aber in der Anwendung auf den Einzelfall, insbesondere bei der Beurteilung von Grenzfällen.[268] Das gilt namentlich für Hinweise auf die **strafmildernden Folgen** im Falle eines geänderten Prozessverhaltens des Beschuldigten. Sie sind, trotz der damit möglicherweise verbundenen mittelbaren Einflussnahme, bei Vernehmungen im Ermittlungsverfahren unter bestimmten Umständen berechtigt, sofern der Vernehmende sich darauf beschränkt, wahrscheinliche Reaktionen des erkennenden Gerichts (wahrheitsgemäß) darzustellen.[269] Sie sind jedoch fragwürdig, wenn es sich um Hinweise des erkennenden Gerichts selbst handelt, insbesondere wenn sie in drängender Form erfolgen und darum beim Angeklagten den Eindruck hervorrufen, das Gericht sei, etwa zur Verfahrensbeschleunigung, an einer Änderung seines Prozessverhaltens interessiert, werde also die Änderung (Geständnis) im Zweifel strafmildernd berücksichtigen.[270] Derartige Hinweise enthalten leicht die konkludente Androhung, der Angeklagte werde die mildere Strafe sonst nicht erhalten. Sie bedeuten daher nicht ohne Weiteres lediglich eine zulässige „Belehrung über die übliche Strafzumessungspraxis",[271] sondern nach Lage des Einzelfalles u.U. durchaus einen unzulässigen Geständnisdruck. Zweifelhaft ist auch, ob man die Belehrung als zulässig ansehen kann, der Beschuldigte werde im Fall eines Geständnisses aus berechtigten Sachgründen nicht abgeschoben.[272]

58 **11. Versprechen eines gesetzlich nicht vorgesehenen Vorteils.**[273] Nach h.M. setzt das Versprechen i.S.d. § 136a Abs. 1 Satz 3 die Abgabe einer bindenden Zusage voraus, auf deren Einhaltung der Versprechensempfänger vertrauen darf.[274] Da aber auf die Willensfreiheit des Vernommenen auch oder gerade durch das Inaussichtstellen unberechtigter Vorteile unlauterer Einfluss genommen werden kann, muss ein solches, durch den Wortlaut des Gesetzes nicht ausgeschlossenes Verhalten nach dem Zweck der Vorschrift ausreichen,[275] zumal die Grenzen fließend sind. Im Übrigen stellen sich die Fälle des unzulässigen Versprechens oft auch als verschleierte Drohung dar (so enthält die Zusage der Freilassung die Androhung der weiteren Freiheitsentziehung) und bedeuten vielfach zugleich auch eine Täuschung.[276]

---

267 BGH bei *Dallinger* MDR **1991** 18; h.L., z.B. KK/*Diemer* 31; Meyer-Goßner/*Schmitt* 21; SK/*Rogall* 73; *Schlüchter* 92.1; *Peters* 41 II 3; vgl. auch BGH NJW **1994** 3366; kritisch *Hilland* 135; *Ransiek* StV **1994** 345.
268 Z.B. im Fall BGH StV **1989** 515 bei der leichtfertigen telefonischen Äußerung eines Staatsanwalts; dazu treffend *Achenbach* Anm. ebenda.
269 Vgl. BGHSt **1** 387 = JZ **1952** 86 mit krit. Anm. *Bader*; ablehnend *Niese* JZ **1953** 220. – *Grünwald* NJW **1960** 1941 will aus gutem Grund *nur* solche Belehrungen zulassen.
270 So im Fall BGHSt **14** 191. Ablehnend *Grünwald* NJW **1960** 1961; *Hanack* JZ **1971** 170; *Frister* FS Rengier 379 Fn. 8.
271 So aber LR/*Meyer*[23] 37, eingehend zur Strafmilderung nach einem Geständnis *Hammerstein* StV **2007** 48 ff.
272 So noch LR/*Hanack*[25] mit Verweis auf BGH bei *Holtz* MDR **1979** 637; KK/*Diemer* 30; Meyer-Goßner/*Schmitt* 22; SK/*Rogall* 74.
273 Eingehend *Füllkrug* MDR **1989** 119.
274 BGHSt **14** 191 = JR **1961** 70 m. Anm. *Eb. Schmidt*; BGH StV **1984** 456; OLG Hamm NJW **1968** 955; KK/*Diemer* 32; Meyer-Goßner/*Schmitt* 23; SK/*Rogall* 76; *Eb. Schmidt* 20; *Erbs* NJW **1951** 389; *Füllkrug* MDR **1989** 120; wohl auch *Roxin/Schünemann* § 25, 26.
275 Ebenso *Grünwald* 70 und NJW **1960** 1941; *Schlüchter* 93; *Eisenberg* (Beweisrecht) 685; *Ransiek* 66; *Volk* NJW **1996** 880; vgl. auch SK/*Velten* § 257c, 26. *Schünemann* Gutachten z. 58. DJT S. B 99 hält die Entgegensetzung "in ihrer Holzschnittartigkeit" für unbrauchbar, AK/*Kühne* 52 für eher theoretisch.
276 Zum Sonderfall der unkorrekten Absprachen unten Rn. 63.

Unter **Vorteil** ist die Herbeiführung eines Zustandes zu verstehen, der vom Empfänger des Versprechens als günstig empfunden wird. Das Versprechen kleinerer Annehmlichkeiten (Zusage von Kaffee bzw. anderen Getränken oder einer Zigarette) ist noch kein Vorteil im Sinne der Vorschrift, jedenfalls aber im Allgemeinen nicht geeignet, die Willensfreiheit des Vernommenen zu beeinträchtigen.[277] Es könnte aber, etwa beim starken Raucher, ausnahmsweise durch andere Alternativen des § 136a erfasst sein (oben Rn. 27, 33). 59

Schwierigkeiten bereitete von jeher die Frage, was hier unter einem **unzulässigen Vorteil** zu verstehen ist, wann also das sog. Koppelungsverbot greift. Strittig ist, ob jeder Vorteil unzulässig ist, der als Gegenleistung für eine Aussage oder den Inhalt einer Aussage gemacht wird.[278] Diese Meinung geht offenbar auf *Eb. Schmidt* 18 zurück, der im Versprechen eines Vorteils, auf den der Beschuldigte ohnedies Anspruch hat, die Androhung eines prozessordnungswidrigen Verhaltens für den Fall sieht, dass der Beschuldigte die von ihm gewünschte Aussage nicht macht, worin „übrigens zugleich auch eine Täuschung liegen könnte“. Fraglich ist, ob es dafür einen rechtlich nicht vorgesehenen Vorteil braucht, der entweder überhaupt nicht oder doch im konkreten Fall rechtlich nicht gewährt werden darf oder ob jeder Vorteil ausreichen könnte. Darf ein Vorteil aber gewährt werden, ist es grundsätzlich nicht unzulässig, ihn zu versprechen, selbst wenn dadurch die Willensfreiheit des Vernommenen erheblich beeinflusst werden kann. Das Versprechen eines erlaubten Vorteils enthält insofern keine unlautere Beeinflussung,[279] Brisanz erhält die Debatte aber dadurch, dass mittlerweile einerseits für verschiedene Fallkonstellationen, Strafmilderungen oder sogar ein Absehen von Strafe vorgesehen ist, wenn Straftäter ihre Wissen offenbaren (s.u. Rn. 61) und andererseits im Rahmen von Verständigungen nach § 257c die Ablegung eines Geständnisses zu einer milderen Strafe führen kann (s.u. Rn. 63). 60

Wenn **Straftätern, die ihr Wissen offenbaren**, eine mildere Strafe oder sogar ein Absehen von Strafe versprochen wird,[280] handelt es sich um einen gesetzlich vorgesehenen „Vorteil“, über den im Rahmen einer Vernehmung belehrt werden darf. Ebenfalls nicht verboten ist es nach dem Gesagten (Rn. 60), diese Vorteile zu versprechen oder wahrheitsgemäß in Aussicht zu stellen, wenn ihre Voraussetzungen vorliegen;[281] insoweit ist daher der „Handel“ mit dem staatlichen Strafanspruch, wie immer man darüber denkt, an sich kein Fall des § 136a (vgl. Rn. 63). Das alles gilt freilich nur für Zusagen durch die dafür zuständigen Instanzen und innerhalb des ihnen gesetzlich eingeräumten Ermessens, denn das Versprechen muss sich immer auf einen Umstand beziehen, der im Einflussbereich und folglich auch in der Kompetenz des Vernehmenden liegt.[282] Über die gesetzlichen Ausnahmefälle hinaus stets unzulässig ist die Zusage von Straflosigkeit gegenüber einem Mitbeschuldigten oder „Kronzeugen“ für den Fall, dass er seinen Komplizen belastet.[283] Unzulässig ist aus dem gleichen Grund das Versprechen, im Fall eines Ges- 61

---

277 KK/*Diemer* 32; Meyer-Goßner/*Schmitt* 23; SK/*Rogall* 77; SSW/*Eschelbach* 53; *Schlüchter* 94; *Hilland* 138.

278 Sowohl LR/*Meyer*[23] 38 ff. und ihm folgend BVerfG NStZ **1984** 82; KK/*Diemer* 32; *Erbs* NJW **1951** 388.

279 Zustimmend AK/*Kühne* 51a; SK/*Rogall* 78; vgl. auch Meyer-Goßner/*Schmitt* 23; *Schlüchter* 93; *Schünemann* Gutachten z. 58. DJT S. B 100; vgl. auch BGH StV **1989** 470 (Aussetzung einer Belohnung bei nicht aussagebereitem Zeugen).

280 So insbesondere § 31 BtMG, Art. 4 KronzG, aber auch §§ 87 Abs. 3, 98 Abs. 2, 99 Abs. 3, 129 Abs. 6 und 7, 129a Abs. 7, 158 Abs. 1 StGB. Vgl. im Übrigen auch *Eb. Schmidt* 18.

281 Vgl. BGH bei *Pfeiffer/Miebach* NStZ **1987** 217 für § 31 BtMG.

282 BGHSt **20** 268 = JZ **1966** 197 m. Anm. *Bader*; AG Hannover StV **1986** 523; KK/*Diemer* 33; SK/*Rogall* 79; *Eb. Schmidt* 19; *Erbs* NJW **1951** 389. Vgl. auch Rn. 62.

283 OLG Hamm StV **1984** 456; KK/*Diemer* 32; Meyer-Goßner/*Schmitt* 23; *Volk* NJW **1996** 881; eingehend *Füllkrug* Kriminalistik **1985** 410; MDR **1989** 121. Zur Problematik der Kronzeugenregelung: BGH NStZ **2003** 673; *Mühlhoff/Pfeiffer* ZRP **2003** 121; *Peglau* ZRP **2001** 103.

tändnisses von einer namentlichen Anzeige abzusehen.[284] Wird ein solcher Vorteil von einer ausländischen Behörde zugesagt, so kann sich eine Verletzung von § 136a nach einer Entscheidung des BVerfG nur dann ergeben, wenn das Vorgehen den deutschen Behörden aufgrund eines einvernehmlichen Zusammenwirkens zugerechnet werden kann.[285] Diese Entscheidung ist aber jedenfalls dahingehend einzuschränken, dass maßgeblich sein muss, ob das Verhalten der ausländischen Organe den deutschen Behörden schon deshalb zuzurechnen ist, weil es im Rahmen einer international arbeitsteiligen Zusammenarbeit o.ä. erfolgt, s.o. Rn. 11.

62 Im Grundsatz entsprechend dem Vorigen (Rn. 61) zu behandeln ist das Versprechen von Vorteilen, die der vernommenen Person objektiv zustehen, wenn sie bei der Vernehmung ihr **Verhalten ändert**. Dazu gehört in erster Linie das Versprechen der Freilassung für den Fall, dass der Beschuldigte die Tat gesteht. Ein solches ist statthaft, wenn keine Fluchtgefahr besteht und die Verdunkelungsgefahr durch ein Geständnis beseitigt würde.[286] Sie ist entsprechend unzulässig, wenn eine vorhandene Fluchtgefahr durch ein Geständnis nicht berührt werden könnte.[287] Versprechungen hinsichtlich Vorteile, die der Vernehmende selbst nicht gewähren kann, sind unzulässig (Rn. 61). Daher dürfen Polizeibeamte eine Haftentlassung oder Haftverschonung nicht zusagen; bringen sie das klar zum Ausdruck, dann dürfen sie versprechen, dass sie sich bei einem Geständnis dafür einsetzen würden, wenn das der Wahrheit entspricht. Bietet ein Polizeibeamter dem vorläufig Festgenommenen die Freilassung an, wenn er ein Versteck offenbart, verspricht der Beamte dann einen unberechtigten Vorteil, wenn er – trotz des Offenbarens – den Festgenommenen nach Lage des Falles nicht freilassen dürfte.[288] Entsprechend darf ein Sitzungsvertreter der Staatsanwaltschaft einem Zeugen, der sich durch eine wahrheitsgemäße Aussage selbst einer Straftat bezichtigen würde, die Einstellung nach § 154 versprechen, wenn die in Frage stehende Tat im Schuldumfang überschaubar ist und gegen die Anwendung des § 154 auch sonst keine Bedenken bestehen.[289] Einen Vorteil, auf den der Vernommene ohnedies Anspruch hat, unter dem Anschein zuzusagen, es handele sich eigentlich um etwas Unkorrektes („gesetzlich nicht Vorgesehenes"), ist unzulässig, weil die Entschließungsfreiheit des Vernommenen auch dadurch unlauter beeinflusst werden kann.[290]

63 Die Frage eines unzulässigen Versprechens stellt sich auch, wenn einem mutmaßlichen Straftäter im Rahmen einer **Verständigung** ein Vorteil für ein Geständnis versprochen wird.[291] In einer Grundsatzentscheidung (vor der gesetzlichen Regelung der Verständigung in § 257c) hat der Große Senat des BGH entschieden, dass § 136a auch für Verständigungen gilt, solche Absprachen jedoch nicht ohne Weiteres ein unzulässiges Versprechen von Vorteilen (oder einen sonstigen Verstoß gegen § 136a) enthalten.[292] Ver-

---

284 BGH bei *Dallinger* MDR **1954** 17.
285 Vgl. BVerfG NStZ **1984** 82; KK/*Diemer* 3.
286 BGH bei *Dallinger* MDR **1952** 532; KK/*Diemer* 33; SK/*Rogall* 80; **a.A.** *Peters* § 41 II 3; vgl. auch *Erbs* NJW **1951** 389.
287 BGHSt **20** 268 = JZ **1966** 179 m. Anm. *Bader*; KK/*Diemer* 33; SK/*Rogall* 80.
288 Beispiel von *Benfer* 297, der das offenbar stets für unzulässig hält.
289 BGH bei *Pfeiffer* NStZ **1982** 188; bei *Pfeiffer/Miebach* NStZ **1987** 217; vgl. auch BVerfG wistra **1987** 134; OLG Hamm NJW **1968** 954. Grundlegend: *Schünemann* Gutachten 58. DJT S. B 106. Allgemein zu den Grenzen des zulässigen Versprechens bei § 154 *Volk* NJW **1996** 879 ff.
290 SK/*Rogall* 81; *Seier* JZ **1988** 778; vgl. auch *Schünemann* Gutachten 58. DJT S. B 104.
291 *Schünemann* Gutachten 58. DJT, 1990, S. B 98 ff. m.w.N.; *Kölbel* NStZ **2003** 234 *Küpper/Bode* Jura **1999** 359; *Kuckein* FS Meyer-Goßner 69; *Seier* JZ **1988** 633; *Volk* NJW **1996** 879; *Weigend* JZ **1990** 778; s. auch *Zschockelt* NStZ **1991** 308.
292 BGHGrS NJW **2005** 1444 ff. (im Anschluss an BGHSt **43** 195 ff.) m. Anm. *Dahs* NStZ **2005** 580 = Anm. *Duttge/Schoop* StV **2005** 421 = Anm. *Rieß* JR **2005** 435 = Anm. *Satzger* JA **2005** 684 = Anm. *Seher* JZ **2005**

einbarungen über Rechtsfolgen sah die Rechtsprechung vielmehr auch ohne gesetzliche Grundlage als grundsätzlich sinnvoll und erlaubt an, wenn sie den Beschuldigten zulässigerweise zu einem Verhalten motivieren, das zu seinen Gunsten berücksichtigt werden darf (s.o. Rn. 57 und 60). Die von der Rechtsprechung aufgestellten Grundsätze haben Eingang in das Gesetz zur Regelung der Verständigung im Strafverfahren gefunden.[293] Die gesetzliche Regelung hat jedoch nicht die erhoffte Klärung gebracht. Der Gesetzgeber hat weder adäquat Stellung zum Verhältnis von § 257c zu § 136a genommen noch in § 46 StGB eine explizite Möglichkeit zum Abweichen von der schuldangemessenen Frage in Fällen der Verständigung nach § 257c eröffnet. Letztlich konnte er auch einer Absprachenpraxis jenseits des Gesetzes keinen Einhalt gebieten.[294] Damit bleiben entscheidende Eckpunkte offen, unter anderem, welche Vorteile für ein Geständnis in Aussicht gestellt werden und wann das Angebot einer nicht schuldangemessenen Strafe zulässig ist.[295] Klar ist, dass § 136a als Grundsatznorm (s. vor §§ 133ff. Rn. 3) auch für konsensuale Verfahrensbeendigungen gilt. Fraglich ist, wann das Koppelungsverbot in den verschiedenen Fallkonstellationen greift. Eine klare Position vertritt insoweit *Velten*, die das Inaussichtstellen einer Strafmilderung für ein sog. taktisches Geständnis als Versprechen eines unzulässigen Vorteils ansieht ebenso wie das Inaussichtstellen einer schuldunterschreitenden Strafe – mit der Konsequenz, dass im Rahmen einer solchen Verständigung abgegebenen Geständnisse unverwertbar sind, unabhängig davon dass der Beschuldigte die Verwertung möchte.[296] Für ihren Ansatz spricht die klare und konsequente Grenzziehung. Die Rechtsprechung und der Großteil der Autoren scheuen eine solche strikte Linie, lassen die Kriterien zur Abgrenzung zulässiger von unzulässigen Absprachen vage und zielen eher auf eine Einzelfallbewertung.[297] Das Gesetz gibt hier keine klare Lösung vor. Der Aufruf von *Velten*, man müsse den Gesetzgeber einfach «beim Wort nehmen», der § 46 StGB ohne Einschränkung belassen habe, löst weder den Normkonflikt eindeutig noch dürfte sich das Parlament dadurch gezwungen sehen, flächendeckend in der Verständigungsdebatte Farbe zu bekennen. Deshalb bedarf es eines Lösungsansatzes, der den Leitgedanken von § 136a auch bei Absprachen im Strafverfahren Geltung verleiht. Unzulässig sind jedenfalls Vereinbarungen, die gegen zwingendes Recht verstoßen; etwa wenn sie das Legalitätsprinzip und die Pflicht zur Erforschung der materiellen Wahrheit verletzen[298] oder wenn im Gegenzug für ein Geständnis eine schuldunangemessene Strafmilderung in Aussicht gestellt wird.[299] Wenn für den Fall eines absprachegemäßen Geständnisses eine unangemessen milde Strafe bzw. für den Fall, dass keine Absprache zustande kommt, eine schuldunangemessen hohe Strafe in Aussicht gestellt wird, ist von einem unzulässigen Druck durch eine sog. Sanktionsschere auszugehen.[300] Die Zusicherung, im Falle eines Geständnisses, ein bestimmtes Straf-

---

634 = Anm. *Theile* StraFo **2005** 409; KMR/*Pauckstadt-Maihold* 20; *Altenhein*/*Haimerl* GA **2005** 281; *Jahn* JuS **2005** 1058; *Saliger* JuS **2006** 8; *Widmaier* NJW **2005** 1985.

293 Gesetz vom 29.7.2009, BGBl. 2353. Vgl. zur Gesetzeshistorie: BTDrucks. **16** 4197 S. 5ff., Strafrechtsausschuss der BRAK ZRP **2005** 235; *Leipold* NJW-Spezial **2006** 235.

294 Vgl. SK/*Wohlers* Einl. Rn. 142ff. m.w.N.

295 Dazu etwa: *Hauer* 269f.; *Sickor* 392ff; *Frister* FS Rengier 380f.

296 SK/*Velten* § 257c, 50. Auch der Gesetzgeber hatte ein „qualifiziertes", i.e. überprüfbares Geständnis: BTDrucks. **16** 4197 S. 9 gefordert. Vgl. auch *Deiters* GA **2014**, 711f.

297 Vgl. etwa BGH wistra **2012** 271, 271; Meyer-Goßner/*Schmitt* 23.

298 Vgl. BVerfG NStZ **1987** 419 (Kammer) m. Anm. *Gallandi*; BGHSt **36** 210; **37** 10; **37** 298; **38** 102.

299 BGH StraFo **2003** 97 m. Anm. *Salditt*; SK/*Velten* § 257c Rn. 50; *Eidam* 247ff.; vgl. auch BTDrucks. **16** 4197 S. 14.

300 BGH NStZ **2007** 655; BGH StV **2007** 619; BGH Beschl. v. 6.2.2018 – 1 StR 606/17; KK/*Moldenhauer*/*Wenske* § 257c, 75f. m.w.N.

maß nicht zu überschreiten oder die Strafe zur Bewährung auszusetzen, soll aber ohne das Hinzutreten weiterer Umstände nicht als Verstoß gegen § 136a gelten.[301] Verboten ist stets das in Aussicht stellen einer milderen Strafe, wenn der Geständige auf Rechtsmittel verzichtet;[302] denn die Überprüfbarkeit der Absprachepraxis soll Fälle insbesondere „faktischer Aussageerpressung" verhindern.[303] Eine unzulässige Vereinbarung muss nicht während der Vernehmung selbst getroffen werden; es reicht, dass der Beschuldigte, etwa über seinen Verteidiger (Rn. 9), eine zwischen diesem und dem Gericht abgesprochene Verständigung kennt.

64 **12.** Nach h.M. gilt der Einsatz eines **Polygrafen** („Lügendetektor") als verbotene Vernehmungsmethode i.S.d. § 136a. Es handelt sich dabei nach allgemeinem Verständnis um eine Apparatur, mit der unter anderem Blutdruck, Pulsschlag, Atmung und Schweißabsonderung gemessen werden, um anhand der gemessenen Reaktion, die der Vernommene nicht (oder angeblich nicht) zu steuern vermag, Schlüsse auf die subjektive Richtigkeit des Ausgesagten zu ziehen.[304] Die in § 136a genannten Beispiele erfassen eine solche Beweiserhebung nicht ausdrücklich als verbotene Vernehmungsmethode; sie ist insbesondere nicht, wie früher etwa LR/*Sarstedt*[22] angenommen hatte, als körperlicher Eingriff anzusehen. Nach einer früher fast allgemein vertretenen Ansicht galt die Verwendung von Polygrafen jedoch in sinngemäßer Anwendung des § 136a schon deswegen als unzulässig, weil der mit ihr verbundene „Einblick in die Seele des Beschuldigten und ihre unbewussten Regungen"[305] nicht erlaubt sei und auch durch die Einwilligung des Vernommenen nicht statthaft werde.[306] Dieser Argumentation folgt die Rechtsprechung nicht.[307] Stimmen in der Litertur machen geltend, dass eine sinnvolle Anwendung der Methode ohnehin die völlige innere Zustimmung der vernommenen Person zwingend voraussetze[308] und sich insofern kaum von anderen psychologischen Tests (vgl. oben Rn. 54) und von gewissen Explorationen unterscheide, die zwar nicht unbedingt ungewollte Körpervorgänge registrierten, wohl aber „unbewusste Seelenregungen". Bereits vor der Grundsatzentscheidung in BGHSt **44** 308 ff. hatten sich in der Literatur[309] (u.a. in Reaktion auf eine befremdlich oberflächliche Entscheidung des BVerfG)[310] Stimmen gemehrt, die – meist im Sinne einer ultima ratio und unter besonde-

---

301 Insoweit noch **a.A.** LR/*Hanack*[25] 55.

302 BGHSt **43** 204 f.; SK/*Rogall* 81; KMR/*Pauckstadt-Maihold* 20.

303 *Widmaier* NJW **2005** 1985 mit Verweis auf BGH NJW **2005** 279, das die Frage in Zusammenhang mit willkürlicher Verhaftung behandelt.

304 Näher zur Funktionsweise: *Delvo* 18 ff.; *Delakouras* 162 ff.; *Frister* 305 ff.; *Groth* 43 ff.; *Schüssler* Polygraphie im deutschen Strafverfahren (2002) 21 ff. sowie zu den beiden wesentlichen Testverfahren: KMR/*Pauckstadt-Maihold* 21; *Groth* 44 ff.

305 BGHSt **5** 335.

306 BGHSt **5** 332; OLG Hamm DRZ **1950** 212; aus dem älteren Schrifttum z.B. *Eb. Schmidt* Teil I 102; *Bohne* FS Lehmann 27; *Kohlhaas* JR **1953** 405; *Niese* ZStW **63** (1951) 199 m.w.N.; *Würtenberger* JZ **1951** 772. – Ablehnend OLG Frankfurt NStZ **1988** 425;. KK/*Diemer* 34; Meyer-Goßner/*Schmitt* 24; SK/*Rogall* 88 ff.; *Beulke*/*Swoboda* 141; *Peters* § 40 II 5 und ZStW **87** (1975) 663; *Ranft* 351 f.; *Schlüchter* 98; *Frister* 303; *Rieß* GA **1984** 140; *Duttge* FS von Heintschel-Heinegg 107.

307 Vgl. BGHSt **44** 308 ff. = BGH JR **1999** 380 m. Anm. *Amelung*; vgl. auch Hamm NJW **1999** 922; kritisch zur Bewertung der Tests: *Offe*/*Offe* MSchrKrim. **2004** 91 ff.; vgl. auch *Rill* u.a. MSchrKrim. **2003** 165 ff.

308 Vgl. *Delvo* 78 mit Nachw.; *Schwabe* NJW **1979** 576.

309 Vgl. aus der älteren Literatur *Undeutsch* ZStW **87** (1975) 650; dazu und dagegen *Peters* ZStW **87** (1975) 663 sowie *Undeutsch* MSchrKrim. **1979** 228 sowie (speziell bei Verdacht des Kindesmissbrauchs) FamRZ **1996** 329; *Frister* ZStW **106** (1994) 305.

310 NJW **1982** 375 (Vorprüfungsausschuss), wo u.a. bemerkt wird, dass dem Gerät bei einer angenommenen Treffsicherheit von 90 % letztlich „nur eine geringe Aussagekraft ... beizumessen (sei), deren Bedeutung ersichtlich in keinem Verhältnis zur Schwere des erforderlichen Eingriffs stünde", vgl.

ren Kautelen oder aufgrund detaillierter Gesetzesregelung – mit oft eindrucksvoller Argumentation die Zulassung der Apparatur bei Einwilligung des Beschuldigten und zu seiner Entlastung forderten.[311] Ob das – de lege ferenda[312] – wünschenswert (und in der Begrenzung, insbesondere auf Beschuldigte) möglich wäre, kann hier dahingestellt bleiben.[313] In seiner Grundsatzentscheidung hat der BGH zwar prinzipiell eine einverständliche Nutzung des Polygrafentests nicht ausgeschlossen, aber gleichzeitig entschieden, dass es sich bei einer polygrafischen Untersuchung mit Hilfe des Kontrollfragentests um ein **ungeeignetes, weil unzuverlässiges Beweismittel** handle.[314] Gleichwohl sind die Forderungen in der Literatur nach einer Anwendung, zumindest zur Entlastung von Beschuldigten, nicht verstummt.[315] Dabei wird einerseits darauf verwiesen, dass Polygrafen in anderen Gerichtsprozessen und Verfahren eingesetzt würden (etwa im Familienrecht und vor Sportschiedsgerichten).[316] Andererseits wird angeführt, dass durch die Weiterentwicklung des Polygrafentests dessen Einsatz nicht mehr per se als unzuverlässiges Beweismittel angesehen werden könne,[317] zumal Beschuldigten nicht unter Berufung auf ihre Menschenwürde eine Möglichkeit abgeschnitten werden könne, sich zu entlasten.[318] Die vielfältigen Argumente für und gegen einen Einsatz von derzeit auf dem Markt befindlichen Polygrafen sind bekannt.[319] Die Verweise auf den Einsatz solcher Tests in Strafverfahren im Ausland führen bei genauer Recherche regelmäßig zu der Erkenntnis, dass Polygrafen teilweise zur Vorabklärung, aber nicht als Beweis in der Schuldfrage verwendet werden dürfen.[320] Nach dem heutigen Bild von Theorie und Praxis der Methode[321] erscheint der Polygrafentest für den Vernommenen vielfach psychisch durchaus

---

auch BVerfG NJW **1998** 1938 und BVerfG StraFo **1998** 16 sowie OLG Karlsruhe StV **1998** 530; LG Wuppertal NStZ-RR **1997** 76.

311 *Amelung* NStZ **1982** 38; *Benfer* 296; *Berning* 229 ff.; *Delakouras* 182; *Delvo* 365 ff.; *Hilland* 43 ff., 65; *Klimke* NStZ **1981** 433; *Prittwitz* MDR **1982** 886; *Schwabe* NJW **1979** 576 und **1982** 368; *Wegner* 183 ff. Schon früher wollten *Knögel* DRiZ **1954** 234 und *Pfenninger* FS Rittler 372 die Methode allgemein, *Petry* 175 beim Beschuldigten und *Less* DRZ **1950** 322 beim Zeugen zulassen. Vgl. auch *Jaworski* Kriminalistik **1990** 129 zu einem Fall erfolgreicher Entlastung in der polnischen Gerichtspraxis. Eingehend zur Furcht vor einem „Dammbruch": *Eisenberg* (Beweisrecht) 696 f. Grundsätzlich zur Geltung des Verwertungsverbots nach § 136a Abs. 3 S. 2 für entlastende Beweise vgl. HK/*Lemke* 46; *Dencker* 73 ff.; *Erbs* NJW **1951** 389; *Wesemann/Müller* StraFo **1998** 113 sowie zur Unverfügbarkeit von 136a: *Heinrich* ZStW **112** (2000) 416 f. und 419.

312 Bereits de lege lata zulässig: *Groth* 151.

313 Strikt dagegen: SK/*Rogall* 95; HK/*Ahlbrecht* 29, *Eisenberg* (Beweisrecht) 696.

314 BGHSt **44** 308 ff. = BGH JR **1999** 380 m. Anm. *Amelung*; BGH StV **2011** 518 (kritisch dazu *Putzke* ZJS **2011** 557); vgl. auch *Hamm* NJW **1999** 922; kritisch zur Bewertung der Tests: *Offe/Offe* MSchrKrim. **2004** 91 ff.; vgl. auch *Rill* u.a. MSchrKrim. **2003** 165 ff.

315 Vgl. etwa *Meyer-Mews* NJW **2000** 916; *Kargl/Kirsch* JuS **2000** 537; *Putzke/Scheinfeld/Klein/Undeutsch* ZStW **121** (2009) 607; für die Anwendung im Ermittlungsverfahren *Fabian/Stadler* **2000** 607; *Putzke/Scheinfeld* StraFo **2010** 58; eingehend: *Schüssler* Polygraphie im deutschen Strafverfahren (2002); *ders.* JR **2003** 188; *Wagner* passim.

316 *Putzke* ZJS **2011** 557; *Putzke* NJW-aktuell 42/**2013**, 14 mit Verweis auf AG Bautzen Beschl. v. 28.1.2013 – 12 F 1032/12 sowie OLG Dresden Beschl. v. 14.5.2013 – 21 UF 787/12.

317 AG Bautzen Urt. v. 26.3.2013, 40 Ls 330 Js 6351/12 Rn. 34 ff.

318 Vgl. *Amelung* NStZ **1982** 39; *Prittwitz* MDR **1982** 895; *Hilland* 64; *Putzke/Scheinfeld* StraFo **2010** 58; *Nestler* JA **2017** 10.

319 Ausführlich dazu etwa: *Eisenberg* (Beweisrecht) 693 ff.

320 Etwa für die U.S.A.: United States Supreme Court *United States v. Scheffer, 523 U.S. 303 (1998)*, das sich gegen Polygrafen-Beweise ausspricht und für Polen Art. 171 para. 5 no 2 Kodeks postępowania karnego, der solche Tests als Beweismittel ausdrücklich verbietet.

321 Vgl. etwa zur Praxis in den U.S.A. das US Attorneys Manual, das sich gegen den Einsatz von Polygrafen ausspricht, <https://www.justice.gov/usam/criminal-resource-manual-262-polygraphs-introduction-trial>.; zur früheren Rechtslage *Rieß* GA **1984** 140 sowie zur Entwicklung dieser Tests belastend, vor allem aber nur im Rahmen eines äußerst komplizierten Sachverständigenbeweises anwendbar, bei dem, entgegen verbreiteter Meinung, jedenfalls für die praktische Handhabung im Strafprozess erhebliche Fehlerquellen nahe liegen.[322] Ein Einsatz von Polygrafen würde mit Blick auf § 136a zahllose Beweis- und Rechtsfragen aufwerfen, etwa ob im Rahmen eines solchen Tests eine Person zur Überprüfung der Reaktion getäuscht werden dürfte. Ferner dürfte der Einwand nicht auszuräumen sein, dass eine beschuldigte Person ihre Aussage auf den Aufzeichnungsvorgang ausrichtet, ihn also doch willentlich beeinflusst, ganz abgesehen davon, dass sie bei der Vorbereitung offenbar über die Wirkungsweise der Apparatur nicht aufgeklärt werden könnte bzw. getäuscht werden müsste.[323] So wären, zumal auch mit Blick auf das Problem des mittelbaren Drucks, die Konsequenzen einer Zulassung kaum überschaubar.[324] Auch in den USA wird der Polygraf zwar im Ermittlungsverfahren eingesetzt, als gerichtliches Beweismittel aber grundsätzlich abgelehnt.[325] Es sprechen die besseren Gründe für den Nichteinsatz eines solchen Messverfahrens. Ausschlaggebend dafür ist sowohl der Zweifel an der Verlässlichkeit von Polygrafentests als auch die Beeinträchtigung der Willensbildungs- und Willensbetätigungsfreiheit der Testperson.[326]

64a Allerdings muss sich, wer etwa projektive Tests als grundsätzlich zulässig erachtet (s.o. Rn. 54), der Frage stellen, was wirklich Grund für das Verbot ist. Ist es tatsächlich ein Vorbehalt gegenüber einer Mechanisierung der Beweisführung mit Menschen, weil eine „Zwischenschaltung der Maschine als solcher [...] den Betroffenen zum Inquisiten, zum Objekt in einem apparativen Vorgang macht“?[327] Dann dürften sich angesichts der rasanten technologischen Entwicklung bald neue Fragen stellen. Nicht nur bildgebende Verfahren in der Neurologie, sondern auch Messung und auswertende Interpretation von **Körperdaten** durch „smart gadgets“ werden in verschiedenen Bereichen erfolgreich eingesetzt.[328] Wenn etwa „wearable robots“, also tragbare Geräte oder Kleidung, die andauernd Körperdaten messen, um mögliche Gesundheitsgefahren zu kontrollieren,[329] von vielen Menschen freiwillig getragen werden und die Messdaten große Validität zeigen, so könnte das die gegen einen Polygrafeneinsatz vorgebrachten Einwände zunehmend in Frage stellen. Eine erfolgreiche Erfassung und Deutung von Daten durch Roboter dürfte einerseits die Frage aufwerfen, ob der Einwand der Unzuverlässigkeit bei künftigen Generationen von Polygrafen noch trägt. Andererseits ist der prinzipielle Einwand, dass die Menschenwürde es verbiete, Beschuldigte zum Objekt eines apparativen Vorganges zu machen, vor dem Hintergrund zu prüfen, dass sich Menschen in ihrem Privat- und Berufsleben immer häufiger einer Kontrolle durch Roboter aussetzen. Letzterem kann zwar mit Recht entgegengehalten werden, dass eine Verwertung von Informationen, die durch Körperdatenmessgeräte generiert werden, im Strafverfahren ganz andere Fragestellungen aufwerfen als eine Nutzung solcher Daten im Privat- oder Berufsleben, einmal ganz

---

allgemein: *Dettenborn/Lindner* PraxRPsych **2001** 35 ff.; *Rill* u.a. MSchrKrim. **2003** 165 ff.; *Stübinger* ZIS **2008** 540 ff.

322 Die Ausführungen von *Delvo* insbes. S. 54 ff., 93 ff. machen das evident; vgl. auch *Wegner* passim zur Beurteilung durch U.S.-Gerichte; *Achenbach* NStZ **1984** 350; *Steinke* MDR **1988** 535.

323 So jedenfalls ganz klar *Delvo* 24, 25.

324 Vgl. auch *Peters* § 40 II 5.

325 Wenn auch aus sehr unterschiedlichen, z.T. durch die andere Verfahrensstruktur bedingten Gründen, dazu etwa: *Daniels* 27 Champions 36 (**2003**) sowie *Delvo* 120 ff.; *Wegner* 33 ff.; *Berning* 166 ff.; vgl. auch *Stübinger* ZIS **2008** 542 ff sowie das US Attorneys Manual, das sich gegen den Einsatz von Polygrafen ausspricht, <https://www.justice.gov/usam/criminal-resource-manual-262-polygraphs-introduction-trial>.

326 SK/*Rogall* 93 m.w.N.

327 *Achenbach* NStZ **1984** 350 f.; vgl. auch *Stübinger* ZIS **2008** 540 ff.

328 Vgl. etwa Beck JR **2006** 147 f.

329 *Fateh-Moghadan* Basler Juristische Mitteilungen **2018** 225 ff.

abgesehen davon, dass noch unklar ist, welche Beweisfrage mit einem Polygrafeneinsatz im Strafverfahren beantwortet werden könnte.[330] Insgesamt würden sich bei einer Verwertung von Daten aus „intelligenten Geräten", die den Lebensalltag eines Individuums praktisch umfassend rekonstruieren können, neue Fragen stellen, die aber eher auf eine Erhaltung der Freiheit zur Selbstbelastung und die Sicherung einer effektiven Verteidigung zielen, insbesondere wenn nicht sichergestellt ist, dass Beschuldigte die robotergestützte Generierung von Informationen, die gegen sie verwendet werden, vor Gericht in Frage stellen können. (s.a. vor Erl. zu vor § 133, 16).

V. Verbotene Methoden des Absatzes 2

Zur Beeinträchtigung des Erinnerungsvermögens oder der Einsichtsfähigkeit geeignete Maßnahmen fallen regelmäßig schon unter die nach § 136a Abs. 1 verbotenen Mittel, da sie vor allem in Ermüdung, körperlichen Eingriffen, Verabreichung von Mitteln oder in Hypnose bestehen. So fällt es schwer, für sie überhaupt eigenständige Beispiele zu finden. Für notwendig gehalten hat der Gesetzgeber § 136a Abs. 2 offensichtlich, weil sich die Verbote des Absatzes 1 nur gegen die Beeinträchtigung des Willens richten, jedenfalls aber das Erinnerungsvermögen vom Willen unabhängig ist. 65

Die Beeinträchtigung des **Erinnerungsvermögens** berührt die Fähigkeit, in der Vergangenheit liegende Tatsachen oder Vorgänge durch Denkarbeit zu reproduzieren. Beim Beschuldigten hindert dies seine Verteidigung. Er darf daher insbesondere nicht künstlich in einen Zustand versetzt werden, in dem ihm Alibizeugen, Rechtfertigungs- und Entschuldigungsgründe oder andere Tatsachen entfallen. Sog. Fangfragen sind, selbst wenn sie den Vernommenen kurzfristig ablenken, als solche noch keine Beeinträchtigung des Erinnerungsvermögens.[331] Im Einzelfall Anderes gilt allenfalls, wenn sie so gehäuft, massiv und langdauernd eingesetzt werden, dass sie das Erinnerungsbild des Vernommenen für einen relevanten Vernehmungszeitraum zerstören. 66

Eine Herabsetzung der **Einsichtsfähigkeit** hindert den Vernommenen, sich seiner Verantwortung bewusst zu bleiben. Das kann zwar Tatsachen zutage fördern, die sonst vielleicht nicht aufgedeckt würden, widerspricht aber beim Beschuldigten seiner vorausgesetzten Subjektstellung und im Übrigen dem Ethos eines rechtsstaatlichen Strafverfahrens (vgl. Rn. 1). Verboten sind alle Maßnahmen, durch die sich das Wertungsvermögen des Vernommenen so verschiebt, dass er verkennt oder nicht mehr erkennt, was er eigentlich sagen will, was erlaubt oder verboten ist, was ihn belasten kann. Eine Minderung des Einsichtsvermögens kann insbesondere durch Alkoholkonsum herbeigeführt werden. Vorhaltungen beeinträchtigen die Einsichtsfähigkeit nicht.[332] 67

VI. Unbeachtlichkeit der Einwilligung (Absatz 3 Satz 1)

Dass eine beschuldigte Person nicht darin einwilligt, körperlich misshandelt, getäuscht, gequält oder bedroht zu werden, ist in der Regel selbstverständlich. Die Vorschrift des § 136a Abs. 3 Satz 1 erschien dem Gesetzgeber aber erforderlich, um der Gefahr zu begegnen, dass eine Person in der Vernehmung, insbesondere ein Beschuldigter, sich mit der Anwendung anderer verbotener Methoden, etwa der Narkoanalyse, der 68

330 *Eisenberg* (Beweisrecht) 694.
331 KK/*Diemer* 36; Meyer-Goßner/*Schmitt* 25; *Schlüchter* 97; *Erbs* NJW **1951** 389; einschränkend *Peters* § 41 II 3 a.E.; vgl. auch SK/*Rogall* 37; *Walder* 158.
332 Vgl. *Erbs* NJW **1951** 389.

Hypnose oder auch des Polygrafen (s. Rn. 64) einverstanden erklärt oder sogar darum bittet, wenn ihm dies nützlich erscheinen könnte.[333] Wäre eine Einwilligung in unzulässige Vernehmungsmethoden zulässig, bestünde nicht nur die Gefahr, bei Beschuldigten oder Zeugen, die in eine solche Maßnahme nicht einwilligten, nachteilige Schlüsse zu ziehen, oder sie zu einer solchen Einwilligung zu drängen, sondern der Rechtsstaat würde eine selbst auferlegte Bindung zur Disposition des Individuums stellen.[334] Dass der bloße Hinweis auf eine Bindung des einzelnen Grundrechtsträgers durch die Menschenwürde aber heute nicht mehr ohne Weiteres überzeugt, zeigt schon die Diskussion um den Einsatz von Polygrafen auf Wunsch von Beschuldigten zur erhofften Entlastung (oben Rn. 64).[335] Die Diskussion, inwieweit der Gesetzgeber bestimmte Informationsquellen *per se* von der Beweisführung ausschließen darf, um Menschenwürde zu schützen,[336] dürfte noch an Brisanz gewinnen, wenn menschliches Verhalten mit der zunehmenden Digitalisierung der Lebensumgebung beständig registriert und die dadurch generierten Daten für eine Beweisführung in Strafverfahren ausgewertet werden könnten.[337] Nach heute immer noch h.M. haben jedoch weder Beschuldigte noch Zeugen noch deren gesetzliche Vertreter Verfügungsbefugnis über verbotene Methoden der Beweiserhebung (s. auch unten Rn. 71).

VII. Verwertungsverbot (Absatz 3 Satz 2)

69 **1. Allgemeines.** Gerichte dürfen Aussagen, die im Vorverfahren oder in der Hauptverhandlung durch eine Verletzung des § 136a erlangt worden sind,[338] auch mit Einwilligung des in unerlaubter Weise Vernommenen bei der Entscheidung nicht verwerten. Zweck des § 136a Abs. 3 Satz 2 ist in erster Hinsicht, jede Unklarheit darüber zu beseitigen, dass das Verwertungsverbot auch besteht, wenn der Beschuldigte oder Zeuge erst *nachträglich* in die Benutzung seiner Aussage einwilligt. Die Unzulässigkeit der Verwertung gegen seinen Willen setzt die Vorschrift als selbstverständlich voraus.[339] Insofern unterscheidet sie sich aus den in Rn. 68 genannten Gründen von ähnlichen Verboten in anderen Vorschriften.[340] Praktische Bedeutung hat die Regelung freilich nur bei einem Teil der verbotenen Methoden, denn ein Beschuldigter oder Zeuge, der nach Zwang, Täuschung, Drohung oder unlauterem Versprechen die Verwertung der Aussage erlauben würde, ist in der Regel auch bereit, sie ohne Zwang usw. zu wiederholen; dann aber bestehen gegen die Verwertung im Grundsatz keine Bedenken (unten Rn. 75).

70 **2. Ursächlicher Zusammenhang.** Ein Verwertungsverbot besteht nur, wenn und soweit die Anwendung des unerlaubten Mittels mit der Aussage in ursächlichem Zusammenhang steht.[341] So macht eine Täuschungshandlung die Verwertung nur unzulässig, wenn sie die Willensbildung oder -betätigung des Beschuldigten oder Zeugen beeinträch-

---

333 Dazu etwa: *Frister* ZStW **106** (1994) 313 f.; *Tolksdorf* FS Graßhof 257 f.

334 Zu den unterschiedlichen Begründungsansätzen: *Eisenberg* (Beweisrecht) 705.

335 Vgl. SK/*Rogall* 91; *Amelung* StV **1985** 289.

336 Ausf. zur Frage, ob hier Gattungs- oder Individualwürde geschützt wird: *Seelmann* 241.

337 Dazu: *Fateh-Moghadan* Basler Juristische Mitteilungen **2018** 225 ff.

338 Ein Verwertungsverbot kann sich darüber hinaus auch aus anderen – insbesondere internationalen – Regelungen ergeben, etwa Beweisverwertungsverbot nach Art. 15 UNCAT (s. u. Rn. 79), vgl. BVerfG EuGRZ **1996** 328; NJW **2004** 1858; OLG Hamburg NJW **2005** 2328; *Schomburg/Lagodny/Gleß/Hackner/Lagodny* § 73, 90a IRG.

339 *Roxin/Schünemann* § 25, 17; *Fezer* JuS **1978** 105; *Grünwald* JZ **1983** 719; *Hanack* JZ **1971** 169; *Alsberg* 919 m.w.N. *Petry* 124 hält die Vorschrift für verfehlt und fordert ihre Streichung.

340 § 52 Abs. 3; § 81c Abs. 3 Satz 2 Halbsatz 2.

341 Insoweit allg. M., z.B. KK/*Diemer* 38; Meyer-Goßner/*Schmitt* 28; *Beulke/Swoboda* 142; SK/*Rogall* 102 und *Schlüchter* 88.1 verlangen eine doppelte Kausalitätsbeziehung.

tigt hat.[342] Daran fehlt es z.B., wenn der Beschuldigte die Täuschung erkannt und trotzdem ausgesagt hat.[343] Der ursächliche Zusammenhang muss aber nicht erwiesen sein; ein Verwertungsverbot besteht schon, wenn er sich nicht ausschließen lässt,[344] wobei streitig ist (dazu Rn. 78), ob immerhin der Verstoß als solcher feststehen muss.

3. Umfang. Das Verwertungsverbot gilt für alle Aussagen, die auf verbotenen Methoden beruhen, die von den Strafverfolgungsorganen bei Vernehmungen (oben Rn. 15) angewendet oder (s. oben Rn. 6, 8) veranlasst worden sind.[345] Aus dem Umstand, dass § 136a Abs. 3 Satz 2 eine mögliche Einwilligung von Beschuldigten in verbotene Vernehmungsmethoden als unbeachtlich erklärt, wird häufig geschlossen, dass auch entlastende Beweise unter das Verwertungsverbot fallen müssen.[346] Darauf gründet sich die h.M. mit der Annahme, dass es ohne Bedeutung sei, ob eine unter Verletzung von § 136a erlangte Einlassung für den Beschuldigten günstig oder ungünstig sei, denn das Gesetz wolle die unzulässigen Methoden als solche eliminieren.[347] **71**

Demgegenüber äußern in jüngerer Zeit vermehrt Stimmen Zweifel, ob der „lapidare Hinweis auf die einfache Gesetzeslage" einen Verstoß gegen Art. 1 Abs. 1 GG bzw. gegen den Schuldgrundsatz rechtfertigen könnte, wenn auf Grundlage der Verfügungssperre in § 136a ein Entlastungsbeweis nicht verwertet und in der Folge sehenden Auges eine unschuldige Person verurteilt würde.[348] Vieles spricht dafür, die Konsequenzen eines Verstoßes gegen § 136a mit Blick auf **Entlastungsbeweise** neu zu überdenken und zu prüfen, ob und wann ein Entlastungsverbot sachlich gerechtfertigt sein könnte.[349] **71a**

Offen ist, worauf eine differenzierende Herangehensweise gestützt werden könnte. Zunächst fallen verschiedene, bereits in der Rechtsprechung vorhandene Ansätze ins Auge, welche das gesetzlich vorgeschriebene Beweisverwertungsverbot ohnehin einschränken: Zum ersten lassen die Gerichte sowieso nicht auf jede durch § 136a erfasste Handlung ein Verwertungsverbot folgen.[350] Man könnte auch überlegen, ob nicht in Fällen von Entlastungsbeweisen der Grundgedanke der vom BGH für § 136 entwickelten sog. **Widerspruchslösung** (zur Kritik s. dort Rn. 77 ff.) auf bestimmte Fälle von § 136a angewendet werden könnte: Die prinzipiell bedenkliche Widerspruchslösung (i.e. Heilung eines Verfahrensfehlers, wenn Verletzte bzw. ihre Verteidigung der Verwertung dadurch erlangter Beweismittel nicht explizit rechtzeitig widerspricht) würde dann vermeintlich zugunsten der Betroffenen verwendet. Dahinter steht die Erwägung, dass sich aus der Widerspruchslösung eine grundsätzliche Dispositionsbefugnis der Betroffenen über **71b**

---

342 **A.A.** *Walder* 148.

343 Meyer-Goßner/*Schmitt* 28; *Alsberg* 923; *Meyer* JR **1966** 311; *Rieß* JA **1980** 301; BGHSt **22** 175 und SK/*Rogall* 65 halten in diesem Fall gar keine Täuschung für gegeben.

344 BGHSt **5** 290; **13** 61; **34** 369; LG Mannheim NJW **1977** 346; KK/*Diemer* 38; Meyer-Goßner/*Schmitt* 28; SK/*Rogall* 102.

345 Stimmen in der Literatur sehen bei bestimmter staatlicher Täuschung von und Einwirkung auf Beschuldigte sogar ein Verfahrenshindernis als angemessen an, vgl. etwa *Eschelbach* GA **2015** 545 ff.

346 *Brandis* 166.

347 BGHSt **5** 290; HK/*Lemke* 46; KK/*Diemer* 38; Meyer-Goßner/*Schmitt* 27; SK/*Rogall* 99; *Peters* § 41 II 4 a; *Eisenberg* (Beweisrecht) 713; *Baumann* 4; *Heinrich* ZStW **112** (2000) 419 f.; *Kleinknecht* NJW **1964** 2185; *Wesemann/Müller* StraFo **1998** 113; **a.A.** *Erbs* NJW **1951** 389; *Dencker* 73 ff.; *Reinecke* 219 ff.; *Sendler* 56 ff.; *Walder* 197.

348 *Erb* GA **2017** 118.

349 Vgl. dazu die sog. Mühlenteichtheorie von *Roxin/Schäfer/Widmaier* FS Strauda (2006) 435 ff. = StV **2006** 655 ff.; sowie zur aktuellen Diskussion: SK/*Wohlers* Einleitung Rn. 248 ff. und *Erb* GA **2017** 116 ff.

350 Vgl. BGH NStZ-RR **2006** 181.

Verwertungsverbote ergebe.[350a] Einmal von der grundsätzlichen Fragwürdigkeit dieses Ansatzes abgesehen, darf auch zu Recht bezweifeln, dass durch eine Nutzung der Widerspruchslösung zugunsten der Betroffenen dieses Konzept quasi vom Kopf auf die Beine gestellt wird. Wenn man eine Dispositionsbefugnis der Betroffenen über an sich unverwertbare Beweise anerkennen will, bedarf dies eines tragfähigen Ansatzes, der die Vereinbarkeit dieses Weges mit der Verwertungssperre des § 136a Abs. 3 theoretisch und praktisch darlegt. Hier gilt es insbesondere zu bedenken, dass Beweise oft nicht nur klar ent- oder belastend, sondern zweideutig sein können und neben dem Aussagenden auch noch dritte Personen (insbesondere Mitangeklagte) betreffen können.[350b] Ein blosser Hinweis auf eine „Schonung von Justizressourcen", wie etwa durch den 5. Strafsenat in 5 StR 17/18 genügt sicher nicht als Rechtsfertigung für eine Ausdehnung der Widerspruchslösung in den Bereich des § 136a.[351] Vielmehr bedürfte es einer validen Begründung dafür, weshalb verteidigte Angeklagte *contra legem* einer Verwertung (befristet durch den in § 257 Abs. 1 genannten Zeitpunkt) widersprechen müssten, wenn Beweise nicht einmal mit ihrer Zustimmung verwertet werden dürften.[352] Die Frage nach den Entlastungsverboten kann nicht umfassend mit Hilfe der sog. Widerspruchslösung gelöst werden. Valide Ansatzpunkte könnten in den dem Gesetz vorgelagerten Grundprinzipien, etwa der Rechtsförmigkeit des Strafverfahrens und der Unschuldsvermutung, zu finden sein.

71c Das Verwertungsverbot besteht für **jedes Verfahren bzw. jeden Verfahrensabschnitt**, in dem der Inhalt der gesetzeswidrig erlangten Aussage als Beweismittel für eine Entscheidung verwendet wird.[353] Es gilt also auch für die Strafzumessung, unter anderem mit der Konsequenz, dass etwa ein nach § 136a unverwertbares Geständnis nicht strafmildernd berücksichtigt werden soll.[354] Umstritten ist, ob ein unverwertbares Geständnis für und gegen Mitbeschuldigte Wirkung entfalten kann.[355] Dagegen darf in einem Straf- oder Disziplinarverfahren gegen den Vernehmungsbeamten festgestellt werden, welchen Wortlaut die von ihm erzielte Aussage gehabt hat. Betrifft der Verstoß gegen § 136a nicht die gesamte Aussage, so ist der ordnungsgemäß zustande gekommene Teil, der durch den Verstoß nicht berührt wird, verwertbar.[356]

72 Fraglich ist, wie Erkenntnisse zu behandeln sind, die im **Ausland** durch verbotene Vernehmungsmethoden erlangt wurden: Auch wenn das deutsche Strafprozessrecht prinzipiell nur für deutsche Hoheitsträger gilt, so herrscht doch Einigkeit darüber, dass deutsche Strafverfolgungsbehörden nicht verbotene Vernehmungsmethoden durch Behörden fremder Staaten veranlassen oder sonst in zurechenbarer Weise ausnutzen dürfen.[357] Um-

---

350a Aus der Widerspruchslösung ebenfalls eine Dispositionsmöglichkeit des Beschuldigten speziell als Lösung für die Probleme der Entlastungsbeweise ableitend: BGHSt **51** 1, 3; *Jahn* Gutachten zum 67. Deutschen Juristentag C 112 ff.

350b *Erb* GA **2017** 123 m.w.N.

351 NJW **2018** 2279 m. Anm. *Meyer-Mews* = NStZ **2018** 733 m. Anm. *Börner* = StV **2018** 772 m. Anm. *Schäuble*; vgl. auch BGH NStZ **1996** 290.

352 KMR/*Pauckstadt-Maihold* 24; *Jäger* JA **2018** 711; vgl. auch BGHSt **61** 266; KK/*Diemer* 40 a.E.; MüKo/*Schuhr* Rn. 104; BeckFormB Strafverteidiger/*Ignor*/*Dießner*, Beck'sches Formularbuch für den Strafverteidiger, VIII A.

353 BGH NStZ **2005** 393; SK/*Rogall* 99; *Eisenberg* (Beweisrecht) 712; **a.A.** LR/*Meyer*[23] 48 und KK/*Diemer* 38 unter Bezugnahme auf eine unveröff. BGH-Entscheidung (v. 20.2.1976 – 2 StR 431/75).

354 Vgl. auch *Wesemann*/*Müller* StraFo **1998** 113 ff.

355 LG Stuttgart NStZ **1985** 569 mit insoweit zust. Anm. *Hilger*; SK/*Rogall* 99; *Eisenberg* (Beweisrecht) 712; **a.A.** OLG Köln NJW **1979** 1218. Ausf. zum Streitstand: *Amelung* StraFo **1999** 184; *Nack* StraFo **1998** 372 ff.

356 Allg. M. vgl. statt aller *Alsberg* 923 mit Nachw. in Fn. 977.

357 Meyer-Goßner/*Schmitt* 3; *Schroeder* ROW **1969** 199.

stritten ist jedoch, welche Konsequenzen in den Fällen zu ziehen sind, in denen verbotene Vernehmungsmethoden ganz unabhängig vom Handeln deutscher Organe durch ausländische Hoheitsträger angewendet werden. Das OLG Hamburg hat im *Fall Motassadeq* ausgeführt, das Verwertungsverbot des § 136a greife unmittelbar nur, wenn deutsche Organe unzulässige Vernehmungsmethoden anwendeten.[358] Die Vorschrift sei auf Vernehmungen durch ausländische Strafverfolgungsorgane entsprechend (wie bei Privatleuten) anwendbar.[359] Dem ist nicht zuzustimmen.[360] Dass fremde Hoheitsträger wie Privatpersonen und nicht wie Hoheitsträger behandelt werden, erscheint heute angesichts international arbeitsteiliger Strafverfahren nicht mehr ausnahmslos gerechtfertigt.[361] In diesem Zusammenhang ist das Handeln fremder Hoheitsträger nicht nur oft zurechenbar, deutsche Gerichte müssen in bestimmten Fallkonstellationen sogar das Handeln ausländischer Organe überprüfen,[362] etwa wenn die Beweisverwertung im Lichte der Beweiserhebung zu beurteilen ist.[363] Ferner ist zu berücksichtigen, dass jedenfalls im Falle von Folter und vergleichbaren Vernehmungsmethoden ein Beweisverwertungsverbot ganz unabhängig von der rechtlichen Beurteilung der Beweiserhebung durch den Erhebungsstaat eingreift.[364] Insgesamt ist festzuhalten: Das Beweisverwertungsverbot des § 136a Abs. 3 Satz 2 greift auch, wenn ausländische Strafverfolgungsorgane verbotene Vernehmungsmethoden anwenden. Noch ungelöst scheint hier die Beweisfrage.[365] Hier sollte der Grundsatz gelten, dass im Zweifel zugunsten des Beschwerdeführers zu entscheiden ist, wenn dieser durch „hinreichend verlässliche Anhaltspunkte" die Rechtsmäßigkeit und Justizförmigkeit des (fremden) staatlichen Verfahrens ernsthaft erschüttert hat.[366] Zum Beweisverwertungsverbot nach Art. 15 UNCAT s.u. Rn. 79.

4. Inhalt. Unzulässig ist nach allgemeiner Meinung[367] jede unmittelbare und jede mittelbare Verwertung der Aussage, die mit Hilfe einer verbotenen Vernehmungsmethode erlangt wurde. Sie darf weder durch Verlesung der über sie aufgenommenen Niederschrift, noch durch Vorhalte[368] noch durch Anhörung der Vernehmungsperson als Zeugen oder durch Anhörung eines Dritten, der bei der Vernehmung anwesend war, in die Verhandlung eingeführt werden.[369] Die Bekundung der dennoch vernommenen Verhörsperson ist nicht verwertbar.[370] 73

---

358 OLG Hamburg NJW **2005** 2329.
359 OLG Hamburg NJW **2005** 2329, so. Rn. 11.
360 Vgl. auch OLG Frankfurt NStZ **1988** 425; *Eisenberg* (Beweisrecht) 355; *Böse* ZStW **114** (2002) 153.
361 Dazu etwa: *Schomburg/Lagodny/Gleß/Hackner* Einleitung 105 ff.
362 Vgl. BGH NStZ **1994** 595 m.w.N. zur Überprüfung von Vernehmungen, die durch ausländische Organe durchgeführt wurden.
363 Dazu etwa: *Gleß* FS Grünwald 207 f.; *Gössel* FS Hanack 289. Ausf. zur Verwertung von ausländischen Vernehmungsniederschriften: *Daamen* 27 ff.; *Gleß* 413 ff.; hier könnte auch der Ansatz von den Informationsbeherrschungsrechten nutzbar gemacht werden, vgl. *Amelung* FS Roxin 1259 ff.; *Eisenberg* (Beweisrecht) 367a.
364 Dazu etwa: *Grünwald* 143 f.; *Eisenberg* (Beweisrecht) 400a.
365 Vgl. OLG Hamburg NJW **2005** 2330 mit Verweis auf BGHSt **16** 165.
366 Vgl. unten Rn. 78. Dafür spricht auch, dass der EGMR zur Effektuierung des Folterverbots zunehmend mit Beweiserleichterungen oder gar einer Beweislastumkehr arbeitet, vgl. dazu etwa: EGMR *Balogh v. Ungarn*, 47940/99, Urt. v. 20.7.2004 dazu: *Borowsky* in: J. Meyer, Charta der Grundrechte der EU (2005) Art. 4, 19.
367 Vgl. *Alsberg* 919 m.w.N.; LG Hannover StV **1986** 522.
368 BGH bei *Dallinger* MDR **1973** 371.
369 Etwa für durch Folter erlangte Aussagen: LG Frankfurt StV **2003** 325 m. Anm. *Weigend* StV **2003** 436; *Saliger* ZStW **116** (2004) 51.
370 BGH bei *Dallinger* MDR **1973** 371; KK/*Diemer* 39; SK/*Rogall* 106; *Alsberg* 925; *Grünwald* JZ **1966** 494 Fn. 55; *Neuhaus* NStZ **1997** 313; *Weiler* FS Peters 456 f.; **a.A.** *Baumann* GA **1959** 43.

74 **5. Fortwirkung.** Ist ein Beschuldigter oder Zeuge unter Verstoß gegen § 136a vernommen worden, so hindert das nicht daran, ihn erneut, auf rechtmäßige Weise, zu vernehmen. Die neue Aussage darf dann grundsätzlich verwertet werden.[371] Da eine spätere Aussage vom Verwertungsverbot aber erfasst wird, wenn der Verstoß gegen § 136a fortwirkt und die Aussagefreiheit des Beschuldigten weiterhin beeinträchtigt,[372] sollte eine zweite Vernehmung stets durch eine andere Person durchgeführt werden. Sie muss nicht nur jegliche Bezugnahme auf die frühere Aussage vermeiden, sondern auch die **qualifizierte Belehrung** enthalten, dass die frühere Aussage nicht verwertet werden kann.[373] Uneinheitlich ist bisher die Rechtsprechung zu der Frage, wann der bei einer ersten Aussage ausgeübte Druck, insbesondere wenn sie infolge Quälerei oder durch Drohung zustande gekommen ist, so fortwirkt, dass er auch die zweite Vernehmung unverwertbar macht.[374] Beim Beschuldigten kommt es nicht darauf an, ob er die spätere Aussage nicht gemacht hätte, wenn er nicht durch unerlaubte Mittel zu der früheren veranlasst worden wäre, schon weil er sonst in seiner Stellung als Prozesssubjekt in ganz sachwidriger Weise beeinträchtigt würde. Maßgebend ist daher allein, ob er sich bei der zweiten Aussage seiner Entscheidungsmöglichkeit bewusst war.[375] Die Aussage eines Beschuldigten oder Zeugen, die darauf beruht, dass zuvor ein Anderer unter Verstoß gegen § 136a vernommen und dadurch die Wahrheit ans Licht gekommen ist, darf verwertet werden, wenn die Aussage ohne behördliches Zutun mittelbar aus der verbotenen Vernehmung entstanden ist, z.B. dadurch, dass die Eltern des in unzulässiger Weise vernommenen Kindes im Dorf den Inhalt der Aussage verbreiten und sich daraufhin andere Zeugen melden.[376]

75 **6. Fernwirkung.** Ob oder wann Beweismittel benutzt werden dürfen, die erst aufgrund der durch die unerlaubte Methode gewonnenen Aussage erlangt oder bekannt geworden sind, ist zweifelhaft und – im Zusammenhang mit der allgemeinen Problematik der Beweisverwertungsverbote (Einl. K) – höchst umstritten.[377] Bei grober Betrachtung lassen sich drei Meinungen unterscheiden: Nach **einer Meinung** ist, entsprechend dem Wortlaut des § 136a, grundsätzlich nur die Verwertung der „Aussage" als Beweismittel verboten, nicht jedoch ihre Verwertung als Grundlage weiterer Ermittlungen, also nicht die Benutzung mittelbar durch die Aussage erlangter Beweise.[378] Führte also z.B. das auf unzulässige Weise erlangte Geständnis des Beschuldigten dazu, dass die Diebesbeute, die Leiche des Opfers und die Tatwaffe mit zum Beweis

---

371 BGHSt **1** 379; **22** 134 = JZ **1968** 750 m. Anm. *Grünwald*; **27** 359; **37** 53 m.w.N.; ganz h.L.

372 BGH NStZ **1995** 462; vgl. auch BGHSt NStZ **1996** 291; ganz h. Lehre.

373 Zur qualifizierten Belehrung, siehe näher § 136, 56; ebenso BGH Kriminalistik **2005** 325; LG Bad Kreuznach StV **1994** 293; LG Dortmund NStZ **1997** 356; LG Frankfurt StV **2003** 325 m. Anm. *Weigend* StV **2003** 436; SK/*Rogall* 104; KK/*Diemer* 41; *Beulke*/*Swoboda* 119 und 142; *Schurig* 167; *Geppert* GedS Meyer (1990) 110 f.

374 Vgl. dazu BGHSt **15** 187; **17** 364; **27** 358; **35** 332; BGH NJW **1995** 2047; StV **1996** 360; bei *Pfeiffer* NStZ **1981** 94; OLG Frankfurt NStZ **1988** 425; LG Aachen NJW **1978** 2257 (zu dieser Entscheidung kritisch *Alsberg* 924 Fn. 981); KK/*Diemer* 40; SK/*Rogall* 103; *Roxin*/*Schünemann* § 25, 16; zweifelnd BGHSt **22** 134; *Eb. Schmidt* 23 will schon die geringste Möglichkeit, dass die Unfreiheit fortgewirkt hat, genügen lassen; tendenziell **a.A.** Meyer-Goßner/*Schmitt* 30.

375 BGHSt **22** 135 = JZ **1968** 750 m. Anm. *Grünwald*; **35** 331, 332 m.w.N. = JZ **1989** 347 m. Anm. *Fezer* = JR **1990** 164 m. Anm. *Bloy*; BGH NStZ **1988** 419; herrschende Lehre; zurückhaltender *Peters* § 41 II 4 c.

376 *Peters* § 41 II 4 c; *Baumann* GA **1959** 39 ff.; *Alsberg* 924.

377 Zum Meinungsstand etwa: SK/*Rogall* 108 ff.; *Eisenberg* (Beweisrecht) 714 ff.; *Knoll* 29 ff.; *Mergner* Fernwirkung von Beweisverwertungsverboten (Diss. Köln 2005) 37 ff.; *Müssig* GA **1999** 136 f.; *Wesemann*/*Müller* StraFo **1998** 113.

378 BGHSt **34** 362; OLG Hamburg MDR **1976** 601; OLG Stuttgart NJW **1973** 1941; Meyer-Goßner/*Schmitt* 31; KMR/*Pauckstadt-Maihold* 27; *Baumann* GA **1959** 42; *Döhring* 214; *Erbs* NJW **1951** 389; *Heinitz* JR **1964** 444; *Kramer* Jura **1988** 524; *Petry* 126.

geeigneten Tatspuren sichergestellt werden können, „muss in dem Strafverfahren nicht so getan werden, als existierten diese Beweismittel nicht".[379] Begründet wird das vor allem damit, dass man ansonsten zu kriminalpolitisch unerträglichen Ergebnissen käme und die oft kaum zu lösende Frage erörtern müsste, ob die Beweismittel nicht auch auf ordnungsgemäßem Wege zu erlangen gewesen wären. Die **Gegenmeinung**[380] orientiert sich an der **„fruit of the poisonous tree doctrine"** aus dem amerikanischen Recht bzw. der dort entwickelten **„hypothetical clean path doctrine"**.[381] Die Idee, dass man die Frucht eines verbotenen Baumes nicht nutzen darf, oder nur, wenn es auch einen „nicht vergifteten Weg" dorthin gegeben hätte, verdanken ihre Entstehung vor allem dem Wunsch, bedenklichen Ermittlungsmethoden amerikanischer Polizeibehörden disziplinierend entgegenzuwirken.[382] Nach der „fruit of the poisonous tree doctrine" ist auch die Verwertung der mittelbar erlangten Beweise grundsätzlich unzulässig, weil die Verbote des § 136a sonst im Ergebnis umgangen und ausgehöhlt werden könnten, insbesondere der Anreiz bliebe, sie zur Gewinnung mittelbarer Beweise doch anzuwenden, oder weil jedenfalls der Vertrauensschutz und die Freiheit vor Selbstbelastung eine solche Folge gebiete. Eine im Vordringen befindliche **Mittelmeinung**[383] will, wenn auch mit unterschiedlicher Akzentuierung, auf eine **Abwägung im Einzelfall** abstellen, insbesondere berücksichtigen, ob in besonders grober Weise gegen die Rechtsordnung verstoßen worden ist. Die **Rechtsprechung** (insbesondere der BGH) lehnt eine Fernwirkung tendenziell ab[384] und geht damit von einer prinzipiellen Verwertbarkeit weiterer Erkenntnisse aus, wobei die Zulässigkeit der Verwertung von einer Abwägung der widerstreitenden Interessen im Einzelfall abhängen soll. Die Rechtsprechung kommt damit – wenig überraschend – zu uneinheitlichen Ergebnissen:[385] So hat das LG Frankfurt im „Fall Daschner/Gäfgen" (Androhung von Folter) eine Fernwirkung des Beweisverbotes aus § 136a nicht grundsätzlich ausgeschlossen und ist dabei der hier dargestellten Mittelmeinung gefolgt.[386] Die kritische Diskussion der praktischen

---

379 So bereits LR/*Meyer*[23] 51.

380 LG Hannover StV **1986** 522; *Alsberg* 925; *Henkel* 271; *Kühne* 541; *Peters* § 41 II 4 b (anders aber für Täuschungen); *Dencker* 78 ff.; *Eisenberg* (Beweisrecht) 714 ff.; *Grünwald* 158 und StV **1987** 471; *Beulke* ZStW **103** (1991) 669; *Kohlhaas* JR **1960** 248 und DAR **1971** 66; *Mehle* SchrRAGStrafR 1989, 176 ff.; *Neuhaus* NJW **1990** 1221; *Nüse* JR **1966** 284; *Otto* GA **1970** 294; *Paulus* GedS Meyer 328; *Peres* 142; *Reinecke* 181 ff. (mit Ausnahmen); *Sendler* 39 ff.; *Spendel* JuS **1964** 471 und NJW **1966** 1105; *Walder* 194; im Ergebnis ebenso: *Amelung* 50 mit Bezug auf die Lehre von den Informationsbeherrschungsrechten; *Jäger* 131 ff.; 226 ff.; unter Zugrundelegung einer „beweisgegenstandsbezogenen Verwertungsverbotslehre".

381 Aus U.S. Perspektive und rechtsvergleichender Sicht: *Thaman* 45 St. Louis Law Journal 581 (**2001**); zur U.S. Doktrin vgl. *Forbes* 55 Fordham L. Rev. 1221 (**1987**).

382 Rechtsvergleichend zu diesen Ansätzen: *Mergner* Fernwirkung von Beweisverwertungsverboten (Diss. Köln 2005) 37 ff. und 76 ff.: *Harris* StV **1991** 313; *Salditt* GA **1992** 59; *Rogall* Rudolphi-Symp. 133; zur Berücksichtigung hypothetischer Ermittlungsverläufe im deutschen Strafverfahrensrecht: *Jahn/Dallmeyer* NStZ **2005** 297 ff. m.w.N.

383 KK/*Diemer* 42; SK/*Rogall* 110, 112; vgl. AK/*Kühne* 83 ff.; *Füllkrug* MDR **1989** 122; *Kleinknecht* NJW **1966** 1545 (Fernwirkung nur in extremen Fällen); *Kelnhofer* 255 ff.; *Knoll* 58 ff. (mit vielen Einzelheiten und z.T. bedenklich); *Peters* Gutachten 46. DJT S. 99; *Maiwald* JuS **1978** 384; *Schlüchter* JR **1984** 517; *Wolter* NStZ **1984** 276; s.a. LR/*Rieß*[24] § 152, 27.

384 Diese Konsequenz zeigt etwa BGHSt **34** 362: Dort werden zwar die Angaben des Beschuldigten gegenüber dem in die U-Haft-Zelle eingeschleusten Polizeispitzel für unverwertbar gehalten (oben Rn. 44), nicht hingegen die Bekundungen eines Zeugen, den die Polizei erst aufgrund der Angaben des Beschuldigten gegenüber dem Spitzel ausfindig gemacht hat.

385 Vgl. etwa BGHSt **27** 329; **29** 249; **34** 364 f.; OLG Stuttgart NJW **1973** 1942; vgl. aber auch BGHSt **32** 70 f. Zur Kritik an der Rspr. vgl. *Dallmeyer* 216; *Müssig* GA **1999** 135; *Rogall* ZStW **91** (1979) 35.

386 LG Frankfurt StV **2003** 325 m. krit. Anm. *Weigend* StV **2003** 436; grundsätzlich zustimmend, aber krit. hinsichtlich der konkreten Umsetzung der Abwägungslehre durch das LG: *Saliger* ZStW **116** (2004) 55; vgl. BVerfG NJW **2005** 656.

Wirksamkeit von Beweisverboten in den letzten Jahren legt nahe, dass ein gewichtiges Moment für den Wirkungsgrad von Beweisverboten die Anerkennung einer Fernwirkung (in bestimmten Fallkonstellationen) ist.[387]

76 Eine **differenzierende Lösung** erscheint zwar grundsätzlich richtig. Aber es bedarf hier in Zukunft wohl noch weiterer sinnvoller Präzisierung. Es handelt sich bei der Fernwirkung um eine Frage, die § 136a Abs. 3 als solche gar nicht beantwortet, auch nicht durch das Abstellen auf die „Aussage“, weshalb auch die erstgenannte Meinung abzulehnen ist. Die Fernwirkung betrifft vielmehr ein generelles Problem der Beweisverbote.[388] Die herrschende, wenn auch sehr umstrittene Auffassung, dass sich die Wirkung dieser Verbote nicht einheitlich lösen lässt, sondern von der Art des Verstoßes und der übrigen Sachlage abhängt (vgl. dazu die Erläuterungen unter Einl. Abschn. L), könnte einerseits den in sich unterschiedlich gewichtigen Fällen des § 136a vermutlich am ehesten gerecht werden. Wichtig erscheint es insofern zu bedenken, dass das Verhältnis zwischen Beweiserhebungsverboten und Beweisverwertungsverboten in vielerlei Hinsicht immer noch ungeklärt ist.[389] Andererseits gibt es Fallgruppen, bei denen eine Fernwirkung stets angenommen werden muss, wie etwa bei einer unter Folter erlangten Aussage. Dass diese Richtlinie immer wieder in Erinnerung gerufen werden muss, zeigen die Urteile im „Fall Daschner/Gäfgen“ sowie die Entscheidungen zur Verwertbarkeit von Folterbeweisen aus dem Ausland (s.o. Rn. 5).

77 **7. Beweis des Verfahrensverstoßes.** Ob ein Verstoß gegen § 136a vorliegt, hat der Tatrichter gegebenenfalls unter Verwendung aller erreichbaren Beweismittel, auch durch Vernehmung der Verhörsperson, aufzuklären.[390] Fraglich ist, ob diese Feststellungen – als prozesserhebliche Tatsachen, die nicht den Inhalt der für die Schuld- und Straffrage bedeutsamen Aussage betreffen, sondern nur die Art ihres Zustandekommens – immer im Wege des Freibeweises festzustellen sind.[391] Das hat unter anderem Auswirkungen auf die Reichweite der Amtsaufklärungspflicht nach § 244 Abs. 2, die im Freibeweisverfahren nur entsprechend gilt, so dass Beweisanträge nicht ausdrücklich beschieden zu werden brauchen und auch aus anderen als den in § 244 Abs. 3 bis 5 genannten Gründen abgelehnt werden dürfen. Die Anwendung des Freibeweisverfahrens kann in bestimmten Fallkonstellationen, etwa bei der Überprüfung, ob eine Aussage (im Ausland) durch Folter erlangt wurde, zu einer Überbürdung der Beweislast auf den Beschuldigten führen und überzeugt nicht,[392] denn die Prüfung des Verstoßes ist zugleich auch für die Frage bedeutsam, ob die Aussage im Rahmen der Schuldfeststellungen überhaupt verwendet werden darf. Sie überschneidet sich ferner regelmäßig

---

387 *Gleß* in Böse/Bohlander/Klip/Lagodny 159 ff.

388 AK/*Kühne* 83; SK/*Rogall* 109 m.w.N.; vgl. SSW/*Eschelbach* 66 f; *Kelnhofer* 22 ff. und 141 ff.; *Knoll* 1 ff.; *Reinecke* 44.

389 Vgl. etwa *Grünwald* 143 ff.

390 BGH bei *Dallinger* MDR **1951** 568; BGH Beschl. v. 3.5.2011 – 3 StR 277/10 = StV **2012** 3; *Schlothauer*/*Weider*/*Wollschläger* 2035.

391 BGHSt **16** 166 = JR **1962** 108 m. Anm. *Eb. Schmidt*; BGH NJW **1994** 2905 (insoweit in BGHSt **40** 211 nicht abgedruckt) BGH Beschl. v. 4.2.2016 – 1 StR 604/15; KK/*Diemer* 43; Meyer-Goßner/*Schmitt* 32; KMR/*Pauckstadt-Maihold* 31; SK/*Rogall* 101; *Alsberg* 252 m.w.N. Zum Freibeweis vgl. bei § 244 und Einl. G V.

392 Ablehnend (und für Strengbeweis) AK/*Schöch* § 244, 14; *Peters* § 41 II 4 d bb; *Ranft* 1536; *Schlüchter* 744; *Eisenberg* (Beweisrecht) 707; *Arbeitskreis Alternativentwurf* (AE-Beweisaufnahme) GA **2014** 39; differenzierend *Fezer* JZ **1989** 349. *Eg. Peters* Der sog. Freibeweis im Zivilprozess (1962) 55 sieht in der h.M. ein „Musterbeispiel“ für die fragwürdige Handhabung der Unterscheidung zwischen materiellrechtlich und prozessual erheblichen Tatsachen; vgl. insgesamt zur Frage der Beweislast für Beweisverbote: *Eder* passim.

mit der Frage nach dem materiellen Beweiswert der Aussage, wie sich zeigt, wenn sie für verwertbar gehalten wird. Diese Beurteilung aber ist nach der heutigen Rechtsprechung der Revisionsgerichte als Voraussetzung für die richtige Anwendung des sachlichen Rechts grundsätzlich auch im Rahmen der Sachrüge relevant und im Wege des Strengbeweises zu klären, so dass es naheliegt, eine doppelrelevante Tatsache mit der Folge anzunehmen (vgl. bei § 244), dass in der Hauptverhandlung der **Strengbeweis** vorgeht.

Beschuldigte, die sich darauf berufen, dass eine Einlassung unter Folter zustande gekommen sei, müssen – auch wenn es sich um eine Vernehmung im Ausland handelt – hohen Beweisanforderungen genügen, um nachzuweisen, dass Folter angewendet wurde und sie nur deshalb ausgesagt haben.[393] Bloße **Zweifel am Vorliegen** einer unzulässigen Vernehmungsmethode (nicht: an ihrer Ursächlichkeit, s. oben Rn. 70) werden von vielen als unbeachtlich angesehen.[394] Das überzeugt aber selbst dann nicht, wenn man mit der h.M. (s.o. Rn. 77) annimmt, dass ein Verstoß gegen § 136a allein das Verfahrensrecht beträfe.[395] Heute gelten Zweifel am Vorliegen eines Verfahrensverstoßes bei § 136a jedenfalls dann als beachtlich, wenn aus Gründen, die in der Sphäre der Justiz liegen, die Vermutung der Rechtmäßigkeit und Justizförmigkeit des staatlichen Verfahrens durch „hinreichend verlässliche Anhaltspunkte"[396] ernsthaft erschüttert ist.[397] Dieser Maßstab entspricht der neueren Rechtsprechung des EGMR, wonach ein reales Risiko genügt, dass eine Aussage unter Folter oder unmenschlicher oder erniedrigender Behandlung gewonnen worden ist, um ein Verwertungsverbot bezüglich dieser Aussage zu begründen.[398] Der Vernommene darf in dieser typischerweise für ihn ungünstigen Beweislage nicht mit der Beweislast alleine gelassen werden.[399] Dass sehr hohe Anforderungen zu Fehlentscheidungen führen können, haben in jüngerer Zeit vor allem Fälle mit Auslandsbezug gezeigt. So erkannte etwa das OLG Hamburg im „Motassadeq-Verfahren" nicht auf ein Verwertungsverbot der mutmaßlich unter Folter erlangten Aussagen von Zeugen, die sich im Gewahrsam von US-Behörden befanden. Dem Gericht lagen fundierte Berichte unterschiedlicher Menschenrechtsorganisationen und Presseorgane über Folter an mutmaßlichen Al-Qaida-Mitgliedern in US-Gewahrsam nach den Anschlägen vom 11. September 2001 vor, die es nicht durch Auskünfte von deutschen oder US-Behörden entkräften konnte.[400] Jahre später belegte der Untersuchungsbericht des Geheimdienstausschusses des US-Senats (Committee Study of the Central Intelligence Agency's Detention and Interrogation Program) die Foltermethoden des Auslandsgeheimdienstes und dass mindestens einer der Zeugen, dessen Vernehmung 78

393 Vgl. BGH NStZ **2008** 643 = JuS **2008** 836 (m. Anm. *Jahn*); aber BGHSt **55** 314 = NJW **2011** 1523 (m. Anm *Norouzi*). Vgl. demgegenüber die gerichtliche Sachaufklärungspflicht bei Hinweisen auf Foltergefahr in Abschiebungsfällen: BVerfG NVwZ **2018** 318.

394 So – meist bezogen auf das Revisionsverfahren – BGHSt **16** 167; **31** 400; BGH VRS **29** (1965) 204; BGH bei *Herlan* MDR **1955** 652; BGH bei *Martin* DAR **1975** 119; LG Marburg StV **1993** 238; KK/*Diemer* 43; Meyer-Goßner/*Schmitt* 33; SK/*Rogall* 101; *Alsberg* 923. Offengelassen von BGHSt **41** 89. AnwKomm/*Sommer*/*Walther* 53; ausf. zum Meinungsstand SK/*Rogall* 101.

395 Vgl. dazu *El-Ghazi* 254 f.

396 BGHSt **16** 166 = JR **1962** 108, 111 m. Anm. *Eb. Schmidt*; *Eisenberg* (Beweisrecht) 709; vgl. *Jahn* JuS **2005** 1062.

397 Vgl. BGH StV **2007** 65; BGHSt **60** 50 = NJW **2015** 360 sowie Erl. zu § 337; eingehend *Lehmann* Die Behandlung des zweifelhaften Verfahrensverstoßes im Strafprozeß (1983) 114 ff. m.w.N.; *Jahn* C 128. Ebenso (speziell für § 136a) auch AK/*Kühne* 78; *Peters* § 41 II 4 d bb; *Eb. Schmidt* Nachtr. I 24; *Hanack* JZ **1971** 170; **a.A.** KK/Diemer 43.

398 EGMR *El Haski v. Belgien*, 649/08, Urt. v. 25.9.2012; *Schüller* ZIS **2013** 245.

399 *Kühne* 534; vgl. auch *Burkhard* StraFo **2001** 41; weitergehend: *Ransiek* StV **1994** 347.

400 OLG Hamburg NJW **2005** 2326, 2329.

Gegenstand der Entscheidung des OLG Hamburg war, über einen längeren Zeitraum hinweg in massiver Art und Weise Folter und entwürdigender Behandlung unterworfen worden war.

79 **8. Verwertungsverbot nach Art. 15 UN-Antifolterübereinkommen.** In Zusammenhang mit der Verwertung von Erkenntnissen, die durch Vernehmungen im Ausland gewonnen wurden, stellt sich – insbesondere, wenn man wie die herrschende Meinung eine direkte Anwendbarkeit von § 136a Abs. 3 Satz 2 verneint[401] – in verschiedenen Konstellationen die Frage, unter welchen Umständen sich ein Verwertungsverbot direkt aus internationalen Vorgaben ergibt. Einigkeit herrscht darüber, dass Art. 15 UNCAT[402] unmittelbar ein Verwertungsverbot im deutschen Strafverfahren begründen kann. Uneinigkeit herrscht aber etwa über die Anforderungen an den Beweis, dass Aussagen durch Folter herbeigeführt wurden. Nach der bisher veröffentlichten Rechtsprechung muss das Gericht nach einer Prüfung im Wege des Freibeweisverfahrens[403] vom Vorliegen verbotener Vernehmungsmethoden überzeugt sein.[404]

79a **9. Verwertungsverbot infolge Verletzung von Art. 3 EMRK.** Auch der EGMR hat mit Blick auf den Einsatz von Folter und/oder erniedrigender Behandlung mit dem Ziel einer Beweissammlung für das Strafverfahren absolute Grenzen gesetzt: Danach ist die Verwertung von Folterbeweisen immer verboten.[405] Der EGMR scheint aber eine etwas flexiblere Haltung in Bezug auf eine Beweiserlangung infolge erniedrigender Behandlung zu haben,[406] und verschließt sich einer Vorgabe an die EMRK-Vertragsstaaten im Falle einer Verletzung von Art. 3 eine Fernwirkung von Beweisverboten zu etablieren.[407] Insgesamt verfolgt der EGMR auch hier eine Lösung über einen Gesamtwürdigungsansatz, in den die Schwere der mutmaßlichen Straftat, mögliche Opferinteressen etc.[408] aber eben auch Art und Ausmaß des Verfahrensverstoßes[409] Eingang finden.

VIII. Revision

80 Die Verwertung einer Vernehmung entgegen dem Verbot des § 136a Abs. 3 wird im Revisionsverfahren nicht von Amts wegen berücksichtigt.[410] Vielmehr begründet nur die entsprechende Rüge die Revision wegen Verletzung des Verfahrensrechts, wenn das angefochtene Urteil auf dem Verstoß beruhen kann. Das – praeter legem für § 136 entwickelte – Widerspruchserfordernis (siehe § 136, Rn. 82 ff.) kann im Bereich des § 136a jedoch grundsätzlich nicht greifen, weil die Verwertbarkeit nicht zur Disposition des Betroffenen steht.[411] Der Beschwerdeführer muss bei seiner Rüge die Tatsachen, aus denen sich die unzulässigen Vernehmungsmethoden ergeben, in der Revisionsbegründungs-

---

401 Siehe hierzu auch Rn. 72.
402 BVerfG EuGRZ **1996** 328; NJW **2004** 1858; OLG Hamburg NJW **2005** 2328; Schomburg/Lagodny/Gleß/Hackner-*Lagodny* § 73, 90a IRG.
403 OLG Hamburg NJW **2005** 2328 f.
404 Vgl. OLG Hamburg NJW **2005** 2328, das die Schwächen dieses Verfahrens beispielhaft vor Augen führt; s. aber oben Rn. 72.
405 Vgl. EGMR *Gäfgen v. Deutschland*, 22978/05, Urt. v. 1.6.2010, Rn. 99 ff.
406 Vgl. EGMR *Jalloh v. Deutschland*, 54810/00, Urt. v. 11.7.2006, Rn. 82, 103 ff.
407 Vgl. EGMR *Gäfgen v. Deutschland*, 22978/05, Urt. v. 1.6.2010, Rn. 104 ff.
408 Vgl. *Macula* 28 ff. und 56 ff.
409 *Macula* 28 ff. und 56 ff.
410 BVerfG NStZ **2002** 487; *Kleinknecht* NJW **1966** 1544; *Hanack* JZ **1971** 171; *El-Ghazi* 254 ff.; **a.A.** offenbar *Henkel* 181.
411 Vgl. § 136a Abs. 3 Satz 2; *Fezer* StV **1997** 57; s. aber auch: BGH NJW **1996** 290, 291.

schrift form- und fristgerecht vortragen (§ 344 Abs. 2 Satz 2), wozu regelmäßig der vollständige Inhalt der Sitzungsniederschriften[412] sowie diejenigen Tatsachenbehauptungen gehören, aus denen sich wenigstens die *Möglichkeit* eines ursächlichen Zusammenhangs zwischen der verbotenen Einwirkung und der verwerteten Aussage ergibt.[413] Geht es um die tatrichterliche Verwertung einer im Ermittlungsverfahren unter Verstoß gegen § 136a gewonnenen Aussage, muss sich der Tatsachenvortrag nicht nur auf die Entstehung der Aussage beziehen, sondern auch auf ihre rechtsfehlerhafte Verwendung (Erhebung und Verwertung) in der Hauptverhandlung.[414] Ob die Voraussetzungen des § 136a vorliegen, stellt das Revisionsgericht nach noch h.M. regelmäßig im Wege des Freibeweises fest, wobei es an die Feststellungen des Tatrichters nicht gebunden ist.[415] Zweifel am Vorliegen des Verstoßes muss es dabei, entgegen der herrschenden Meinung nach den in Rn. 77 dargelegten Grundsätzen berücksichtigen. Die Freibeweisprüfung kommt – was nach der hier vertretenen Meinung (Rn. 77) praktisch bedeutsam ist – aber nicht in Betracht, wenn der Tatrichter im Strengbeweisverfahren Feststellungen über den Inhalt der Aussage getroffen hat; denn dann handelt es sich um doppelrelevante Tatsachen, die im Revisionsverfahren durch Freibeweis nicht überprüft werden können (vgl. Erl. zu § 337), gegebenenfalls aber die Aufklärungsrüge begründen.[416] Behauptet die Staatsanwaltschaft oder der Nebenkläger, der Tatrichter habe zu Unrecht ein Verwertungsverbot nach § 136a Abs. 3 angenommen, ist dieses Vorbringen revisionsrechtlich als Verletzung der Aufklärungspflicht zu rügen (s.o. Rn. 74) vorliegt.[417]

Wenn eine **Verständigung** gegen § 136a verstößt (vgl. o. Rn. 63), kann dies unter bestimmten Umständen die Revision begründen.[418] Bei einer Drucksituation infolge einer „Sanktionsschere" muss vorgetragen werden, dass das Aussageverhalten auf der unverhältnismäßig großen Differenz zwischen der im Falle eines Geständnisses in Aussicht gestellten und der nach streitiger Beweisaufnahme zu erwartenden Strafe beruht habe.[419] **81**

Trotz seines besonderen Charakters (Rn. 3) dürfte § 136a bei verbotenen Vernehmungsmethoden gegenüber dem Beschuldigten mindestens im Wege der erweiternden Auslegung i.S.d. § 339 als eine Verfahrensvorschrift anzusehen sein, die lediglich **zu Gunsten des Angeklagten** gegeben ist.[420] Ihre Verletzung bei einer Vernehmung des Beschuldigten kann daher insoweit nur die Revision des Angeklagten oder eine zu sei- **82**

---

412 BGH NStZ-RR **2003** 144; Meyer-Goßner/*Schmitt* 33; vgl. auch BVerfG NJW **2005** 1999.

413 BVerfG NStZ **2002** 487; BGH Beschl. v. 29.4.2015 – 5 StR 87/15; BGH NStZ **2001** 551; BGH StV **1988** 470; OLG Neustadt NJW **1964** 313; Meyer-Goßner/*Schmitt* 33; SK/*Rogall* 127. Vgl. auch BGH StV **1994** 63 und **1996** 360 sowie BGH bei *Pfeiffer* NStZ **1981** 94 und 298 speziell für Darlegungen zur Frage der Fortwirkung (Rn. 74).

414 BVerfG NStZ **2002** 487.

415 BGHSt **14** 191; **16** 166 = JR **1962** 108 m. Anm. *Eb. Schmidt*; BGH bei *Miebach* NStZ **1988** 211; OLG Frankfurt VRS **36** (1969) 366; KK/*Diemer* 43; Meyer-Goßner/*Schmitt* 33; SK/*Rogall* 101; *El-Ghazi* 263.

416 *Fezer* JZ **1989** 349. Vgl. aber auch Rn. 83. Grundlegend dazu: *El-Ghazi* 254 ff. mit der Differenzierung, ob Tatrichter Feststellungen im Strengbeweisverfahren treffen musste, weil es sich um doppelrelevante Tatsachen handelt, oder freiwillig Strengbeweisgrundsätze anwendete, weil letzteres nicht die Kompetenzen des Revisionsgerichts aushebeln dürfe.

417 BGH NJW **1995** 2047; allgemein kritisch zum Vortrag von „Negativtatsachen" bei der Verfahrensrüge *Dahs* FS Salger 217 ff.

418 Vgl. dazu BGHGrS NJW **2005** 1444 ff. m. Anm. *Dahs* NStZ **2005** 580 = Anm. *Duttge/Schoop* StV **2005** 421 = Anm. *Rieß* JR **2005** 435 = Anm. *Satzger* JA **2005** 684 = Anm. *Seher* JZ **2005** 634 = Anm. *Theile* StraFo **2005** 409 und die Nachweise in Rn. 63 sowie zur früheren Rechtsprechung BGH NStZ **1993** 28; *Pfeiffer* 5.

419 BGH NStZ **2007** 655; BGH StV **2007** 619; BGH Beschl. v. 6.2.2018 – 1 StR 606/17.

420 Ebenso SK/*Rogall* 128; *Eisenberg* (Beweisrecht) 725; LR/*Meyer*[23] 56; **a.A.** KMR/*Pauckstadt-Maihold* § 339, 5; *Amelunxen* Die Revision der Staatsanwaltschaft (1980) 54.

nen Gunsten eingelegte Revision der Staatsanwaltschaft geltend machen. Ist § 136a jedoch bei der Vernehmung eines Zeugen mit dem Ziel verletzt worden, ihn zu einer dem Beschuldigten günstigen Aussage zu bewegen, so kann die Verwertung dieser Aussage auch zuungunsten des Angeklagten mit der Revision der Staatsanwaltschaft gerügt werden. Der Angeklagte kann auch die unzulässige Herbeiführung des Geständnisses eines Mitangeklagten rügen.[421]

83 Ob die Auffassung des BGH (folge-)richtig ist, dass ein Verstoß gegen § 136a **nicht mit der Sachrüge**, sondern *nur* mit der Verfahrensrüge geltend gemacht werden kann,[422] erscheint zweifelhaft (s. Rn. 77).[423] Die Entscheidung über den Verstoß, also über Verwertung oder Nichtverwertung der Aussage, betrifft ja regelmäßig zugleich auch die Tragfähigkeit der Feststellungen zur Schuldfrage, die gerade der BGH heute (in weitgehender Verwischung der traditionellen Abgrenzung zwischen Verfahrens- und Sachrüge) als Voraussetzung richtiger Rechtsanwendung auch mit der Sachrüge kontrolliert.[424] So müsste er nach diesen Grundsätzen z.B. die Annahme des Tatrichters, eine Aussage sei nicht durch Ermüdung verursacht und darum glaubwürdig, auch auf die Sachrüge hin kontrollieren, wenn auch nur anhand der Urteilsurkunde.

IX. Weitere Rechtsfragen

84 In Zusammenhang mit der Androhung bzw. Anwendung bestimmter verbotener Vernehmungsmethoden wird ferner diskutiert, unter welchen Umständen allenfalls ein **Verfahrenshindernis** begründet werden könnte: In Rede stand zum einen ein Verfahrenshindernis wegen Folterandrohung;[425] zum anderen ein Verfahrenshindernis infolge des Einsatzes tatprovozierender polizeilicher Lockspitzel.[426] Ein Verfahrenshindernis nahm die Rechtsprechung aber – nach einem restriktiven Ansatz – nur in Fällen an, in denen aufgrund eines massiven Rechtsverstoßes eine Verhandlung über einen Prozessgegenstand mit dem Ziel einer Sachentscheidung ausgeschlossen erscheint.[427] In Zusammenhang mit § 136a wird generell die Ansicht vertreten, dass der Gesetzgeber sich ausdrücklich für die Konsequenz eines Beweisverwertungsverbots und nicht für ein Verfahrenshindernis entschieden habe.[428] Möglicherweise wird diese Debatte aber nach dem vielbeachteten Urteil des EGMR v. 23.10.2014 – 54648/09 (Furcht /Deutschland)[429] neu entfacht (s.o. Rn. 4). Es stellt sich die Frage, ob nicht grundsätzlich in bestimmten Fallkonstellationen aufgrund dem Gesetz vorgeordneter, insbesondere internationaler Vorgaben eine Kompensation eines Verfahrensverstoßes durch ein Beweisverbot unzureichend ist und deshalb bestimmten Verletzungen der in § 136a (oder § 136)[430] verbrieften

---

421 BGH bei *Dallinger* MDR **1971** 18.
422 BGH bei *Holtz* MDR **1976** 988; bei *Miebach* NStZ **1988** 211; ebenso KK/*Diemer* 43; Meyer-Goßner/*Schmitt* 33; SK/*Rogall* 127; *Eisenberg* (Beweisrecht) 723.
423 Vgl. einerseits *von der Mede* NStZ **2018** 79; *Norouzi* in: Schriftenreihe der Strafverteidigervereinigungen Bd. 34, S. 219 f., andererseits *El-Ghazi* 282 f.; 316 ff.
424 Vgl. bei § 337.
425 Dazu etwa: *Gau* 123.
426 Vgl. *Bruns* NStZ **1983** 49; *Hillenkamp* NJW **1989** 2843; *Meyer/Wohlers* JZ **2015** 761.
427 BGHSt **46** 168 f. m.w.N.; BVerfG DVBl. **2003** 600 (Senatsmehrheit).
428 BGHSt **42** 193; **45** 334 m.w.N.; LG Frankfurt StV **2003** 325 m. Anm. *Weigend* StV **2003** 436; **a.A.** *Gau* 122; vgl. auch BVerfG NJW **2005** 656 sowie *Krack* GA **2003** 537; grundsätzlich zustimmend: KK/*Diemer* 38.
429 EGMR *Furcht v. Deutschland*, 54648/09, Urt. v. 23.10.2014 = NJW **2015** 3631, vgl. etwa die Anmerkungen von *Hauer* NJ **2015** 203; *Meyer/Wohlers* JZ **2015** 761; *Pauly* StV **2014** 411; *Petzsche* JR **2015** 88; *Satzger* Jura **2015** 660; *Sinn/Maly* NStZ **2015** 379; *Sommer* StraFo **2014** 508 sowie *Jahn/Kudlich* JR **2016** 60; *Mitsch* NStZ **2016** 57.
430 *Albrecht* ZStW **131** (2019) 97.

Vorgaben mit anderen Mitteln zu begegnen ist. Bis auf weiteres dürfte die deutsche Rechtsprechung aber grundsätzlich weiter zurückhaltend gegenüber dem Rückgriff auf Verfahrenshindernisse bleiben, selbst in gravierenden Verstößen gegen § 136a.[431] Gleichzeitig hat aber auch der 2. Strafsenat des BGH infolge des EGMR-Urteils anerkannt, dass ein Staat bei Anwendung bestimmter Ermittlungsmethoden schlichtweg das Recht zu strafen verliert.[432]

431 BVerfG NJW **2005** 656; LG Frankfurt StV **2003** 325 m. Anm. *Weigend* StV **2003** 436; **a.A.** *Saliger* ZStW **116** (2004) 61 für Fälle „schwerster Misshandlung und Quälerei".

432 BGH NStZ **2016**, 52; vgl. auch BGHSt **45** 333; *Meyer/Wohlers* JZ **2015** 761; *C. Schmidt* ZIS **2017** 61 ff.; demgegenüber aber auch BGHSt **46** 171 ff. und zuvor bereits BGHSt **35** 140; *Meyer-Goßner* NStZ **2003** 169.

Sachregister

Die fetten Zahlen verweisen auf die Kapitel der Einleitung bzw. auf die Paragraphen, die mageren auf die Randnummern.

https://doi.org/10.1515/9783110274929-051